제 4 판

형법
사용
설명서

저자 **임 동 민**
감수 **이 상 원**

박영사

제4판 서 문

형법사용설명서 제4판을 출간합니다.

2024. 12.까지의 최신판례를 반영하였습니다. 개정 작업에 도움을 주신 김동현 학우님과 성원해 주신 독자분들께 감사드립니다.

이 책의 부족한 부분을 보완하려 노력하겠습니다. 수정사항이나 추가판례는 아래의 QR코드를 통해 독자분들께 올리겠습니다.

늘 감사합니다.

2024년 겨울
임동민

QR코드를 스캔하시면
형법사용설명서의 추가자료를 확인할 수 있습니다

제3판 서 문

형법사용설명서 제3판을 출간합니다.

비문과 오타를 바로잡고, 2023. 12. 21.까지의 최신판례를 반영하였습니다. 개정 작업에 도움을 주신 백승윤 학우님, 이메일을 통해 크고 작은 오류를 알려주신 독자분께 감사드립니다. 제3판을 출간할 수 있도록 성원해 주신 모든 독자분께 감사드립니다.

세상에 도움이 되는 책이 될 수 있도록 가꾸어 나가겠습니다.
감사합니다.

2023년 겨울
임동민

제2판 서 문

형법사용설명서 제2판을 출간합니다. 제2판은 초판의 부족한 부분을 채우기 위해 노력했습니다. 비문과 오타를 바로 잡고, 2022. 9. 15.자 대법원 판례공보까지의 최신판례를 반영했습니다.

제2판 출간의 기회를 주신 독자 여러분께 고개 숙여 감사드립니다. 이 책에 대한 응원, 감사, 질문을 담은 메일을 보내주신 독자분들께도 감사드립니다. 앞으로도 소중히 읽고 마음을 담아 답하겠습니다.

서울대학교 법학전문대학원 교수님들께 감사드립니다. 감수를 맡아주신 이상원 교수님, 이 책을 강의교재로 채택하여 주신 한인섭 교수님, 특강의 기회를 마련해주신 이계정 교수님과 홍진영 교수님께 감사드립니다.

검사라면 무엇을 위해 어떻게 살아야 하는지 가르쳐주신 김준섭 지도교수님과 법무연수원 교수님들께 감사드립니다. 검사들이 당당하게 일할 수 있도록 도와주시고, 늘 깊은 지혜를 내려주시는 송경호 검사장님과 박영진 차장님께 감사드립니다. 항상 따뜻하게 품어주시는 성상욱 부장님, 반지부부장님과 형사 7부 선배님들께도 감사드립니다. 불철주야 서초의 밤을 밝히는 7부의 수사관님, 실무관님들께도 감사드립니다.

출판의 전 과정을 물심양면으로 지원해주신 박영사 임직원분들께 감사드립니다.

2022. 12.

임동민

서 문

로스쿨에서 형법을 공부할 때면 이런 생각을 하곤 했습니다. '이 많은 판례를 누가 요약해주면 얼마나 편할까?', '민법을 열심히 공부한 선배가 재산범죄를 해설해주면 얼마나 좋을까?' 그럴 때면 '내가 해볼까?'라는 생각이 잠시 스쳤지만 이내 파도처럼 몰려오는 시험들에 모래처럼 부서지고 말았습니다.

군법무관이 되어 검사임용을 준비하기로 마음먹고 책을 펴자 같은 생각이 들었습니다. '누군가는 해야 하는데' 생각하다가 '내가 해볼까?' 옴짝대다가 '꼭 너일 필요는 없잖아' 중얼거리며 생각의 쳇바퀴가 서너 바퀴쯤 돌았을 때 '일단 써보자' 결심했습니다.

예상보다 쉽지 않았습니다. '더 많은 실무를 경험하고, 더 깊이 법학을 연구한 뒤에 교재를 써야 하지 않나?' 의구심이 발목을 붙잡았습니다. 행여 미천한 실력이 드러나지는 않을까 걱정도 되었습니다. 하지만 실무의 경험이 쌓이고 학문적 성취가 무르익을수록, 수험생이었던 기억은 엷어지고 수험의 감각은 풍화되고 말 것이라는 두려움이 일렁였습니다. 두려움으로 의구심을 이기며 이 책을 완성하였습니다.

정말 좋은 형법 교재를 만들고 싶었습니다. 첫째, '민사집행과 소송사기'·'부동산 양도담보(매도담보)와 가등기담보법'·'민사집행과 강제집행면탈' 등 민사법과 형사법이 얽혀있는 쟁점을 한땀 한땀 풀어나가고, 이를 다시 입체적으로 도식화하려 노력했습니다. 둘째, 원심판결을 충실히 검토하였습니다. 대법원 판시에 가려져 있는 사실관계와 죄책을 정확하게 발굴하고 정리하려 노력했습니다. 셋째, 이 책에 수록된 모든 판결을 요약하였습니다. 하여 이 책이 교과서와 단권화 교재 두 역할을 모두 수행할 수 있도록 하였습니다.

이 책이 세상에 나오기까지 도움을 주신 모든 분께 감사를 전하고 싶습니다. 가장 먼저, 이 책의 감수를 맡아주신 서울대학교 이상원 교수님께 감사드립니다. 교수님의 형사법 강의를 만날 수 있어 이 책을 시작할 수 있었고, 교수님의 깊고 넓은 지혜를 빌릴 수 있어 이 책을 완성할 수 있었습니다. 갚을 수 없는 학은(學恩)을 갚아 나가는 자세로 더 열심히, 더 바르게 살겠습니다.

이 책을 열정적으로 검토해주신 최제환 법무관님께 감사드립니다. 형사법에 대한 무한한 열정과 애정으로 이 책의 빈틈을 꼼꼼히 메워주셨습니다.

서울대학교의 모든 형사법 교수님들께 감사드립니다. 민사법, 특히 민사집행법을 탄탄하게 가르쳐주신 이계정 교수님께 감사드립니다. 학문적 방랑까지도 품어주시고 응원해주시는 정순섭 지도 교수님께도 감사드립니다. 법무연수원에서 검찰실무를 가르쳐주신 김한조 교수님, 최재아 교수님, 서효원 교수님, 박정난 교수님께 감사드립니다.

군 생활 동안 동고동락하며 원고를 애독해주신 권장안, 김성천, 김호종, 박기현, 송민석, 안형진, 윤여현, 이원경, 전우석 법무관님께 감사드립니다. 특히 이 책의 기획과 구상을 함께 하고, 지칠 때면 용기를 불어넣어 주신 윤여현, 전우석 두 형님께 감사드립니다. 이 책의 이름을 지어주신 성 아윤 재판연구원님, 늘 현명한 조언을 해주신 정재원 변호사님께도 감사드립니다.

각자의 위치에서 국토방위에 임하는 모든 국군 장병 여러분께 감사드립니다.

어린 나이와 짧은 경력에도 불구하고 저를 믿고 함께하여 주신 박영사의 안종만 회장님, 안상준 대표님, 임재무 상무님, 이승현 과장님, 손준호 대리님께 감사드립니다.

끝으로 늘 가장 좋은 친구가 되어주시는 부모님과 나의 분신과도 같은 두 동생에게 사랑을 전합니다.

2022. 1. 11.
임동민

형법사용설명서 소개

첫째, 이 책은 변호사시험 고득점에 필요한 판례·이론·학설을 충실히 담았습니다. 이 책의 주된 초점은 '판례'이며 이론·학설은 변호사시험을 위해 필요한 범위에 한하여 다루었습니다. 법학전문대학원협의회(한국형사법학회)에서 선정한 형법표준판례 543개를 모두 수록하였고 사법연수원에서 발간하는 형사판례요약집의 주요 판례를 상세히 수록하였습니다.

둘째, '민사집행과 소송사기'·'부동산 양도담보(매도담보)와 가등기담보법'·'민사집행과 강제집행면탈' 등 민사법과 형사법이 얽혀있는 쟁점을 한땀 한땀 풀어나가고, 이를 다시 입체적으로 도식화하려 노력했습니다.

셋째, 원심 판결을 충실히 검토하였습니다. 대법원 판결은 법리만 축약 제시하거나 사실관계를 아예 다루지 않는 경우가 많습니다. 대법원 판결 뒤에 숨겨져 있는 사실관계와 죄책을 충실히 발굴하고자, 이 책에 실린 모든 판결의 원심판결까지 충실히 검토하고 반영하였습니다.

넷째, 모든 판례를 요약하였습니다. 많은 수험생들이 교과서로 공부한 뒤 단권화 교재를 따로 만들곤 합니다. 이 책은 교과서와 단권화 교재의 역할을 모두 수행할 수 있으리라 생각합니다.

다섯째, 이 책에서 사용하는 기호와 의미는 다음과 같습니다.

> [동지] 해당 판례와 동지의 판례입니다.
>
> [비교] 해당 판례와 비교하여 알아두어야 할 판례입니다.
>
> 참고 판례의 사실관계 또는 간략한 참고사항을 덧붙입니다.
>
> 해설 해당 판례에 대한 상세한 해설을 덧붙입니다.
>
> 표준 법학전문대학원협의회(한국형사법학회)에서 선정한 형법표준판례입니다.
>
> 例規 '공소장 및 불기소장에 기재할 죄명에 관한 예규'(대검찰청 예규)상의 죄명입니다.

여러분의 *합격을 기원합니다.*

차 례

PART 03 형벌론

CHAPTER 01

형벌

CHAPTER 02

보안처분

각론

PART 01 개인적 법익에 대한 죄

CHAPTER 01
생명과 신체에 대한 죄

CHAPTER 02
자유에 대한 죄

CHAPTER 03
공중의 건강에 대한 죄

CHAPTER 04
사회의 도덕에 대한 죄

Study guide: Criminal law

총론

형법**사용설명서**

PART

01

서론

죄형법정주의

01   죄형법정주의의 의의

Ⅰ   개념

죄형법정주의란 '어떤 행위가 범죄가 되고 그 범죄에 대하여 어떤 종류와 범위의 형벌을 과할 것인가'는 행위 이전에 미리 성문의 법률에 규정되어 있어야 한다는 원칙을 말한다. 죄형법정주의에 반하는 형벌법규는 위헌이며 무효가 된다.

Ⅱ   기능

① **보장적 기능**을 갖는다. 국가형벌권의 한계를 정함으로써 그 자의적 행사로부터 국민의 자유와 안전을 보장한다. ② **적극적 일반예방기능**을 갖는다. 일반 국민들에게 규범의식을 내면화시킴으로써 사회의 법질서 안정에 기여한다.

Ⅲ   위반의 효과

① **대법원**에 의하여 죄형법정주의 원칙에 위배된 것으로 판단된 명령 등은 당해 사건에서 무효가 된다. ② **헌법재판소**에 의하여 위헌으로 결정된 형벌에 관한 법률 또는 법률의 조항은 소급하여 그 효력을 상실한다. 다만 해당 법률 또는 법률의 조항에 대하여 종전에 합헌으로 결정한 사건이 있는 경우에는 그 결정이 있는 날의 다음 날로 소급하여 효력을 상실한다(헌법재판소법 제47조 제3항).

Ⅰ 성문법률주의

1. 의의

범죄와 형벌은 성문의 법률에 규정되어야 한다는 원칙을 말한다. 여기서의 법률은 형식적 의미의 법률을 의미하므로 ① 범죄와 형벌을 명령·규칙 등에 의하여 규정하거나 ② 관습법을 처벌근거로 삼는 것은 죄형법정주의에 위반된다.

2. 위임입법의 허용 및 한계

(위임입법의 허용) 사회현상의 복잡다기화, 국회의 전문적·기술적 능력의 한계 등으로 인하여 형사처벌에 관련된 모든 법규를 예외 없이 형식적 의미의 법률에 의하여 규정한다는 것은 사실상 불가능하다.[1] 따라서 범죄와 형벌에 대한 규정을 명령·규칙 등 하위법규에 위임할 필요성이 인정된다.

(위임입법의 요건) 위임입법은 ① 특히 긴급한 필요가 있거나 미리 법률로써 자세히 정할 수 없는 부득이한 사정이 있는 경우에 한하여 ② 수권법률(위임법률)이 구성요건의 점에서는 처벌대상인 행위가 어떠한 것인지 이를 예측할 수 있을 정도로 구체적으로 정하고 ③ 형벌의 점에서는 형벌의 종류 및 그 상한과 폭을 명확히 규정하는 것을 전제로 허용된다.[2] 관련 판례를 살펴본다.

판례 형벌법규 위임입법의 허용요건

"법률이 없으면 범죄도 없고 형벌도 없다."라는 말로 표현되는 죄형법정주의는 이미 제정된 정의로운 법률에 의하지 아니하고는 처벌되지 아니한다는 원칙으로서 이는 무엇이 처벌될 행위인가를 국민이 예측가능한 형식으로 정하도록 하여 개인의 법적 안정성을 보호하고 성문의 형벌법규에 의한 실정법질서를 확립하여 국가형벌권의 자의적(恣意的)행사로부터 개인의 자유와 권리를 보장하려는 법치국가 형법의 기본원칙이다.

형벌법규에서 위임입법은 죄형법정주의의 법률주의에 반하는지, 허용된다면 어떤 범위에서 허용되는지 문제된다. 형벌법규는 국민의 자유와 권리에 심각한 효과를 주므로, ① 형벌법규에서 법률의 위임은 미

---

1 대법원 2002. 11. 26. 선고 2002도2998 판결
2 대법원 2002. 11. 26. 선고 2002도2998 판결

리 법률로써 자세히 정할 수 없는 부득이한 사정이 있는 경우에 한정되어야 하고 ② 이러한 경우일지라도 법률에서 범죄의 구성요건은 처벌대상인 행위가 어떠한 것일 것이라고 이를 예측할 수 있을 정도로 구체적으로 정하고 ③ 형벌의 종류 및 그 상한과 폭을 명백히 규정하여야 한다. (헌법재판소 1991. 7. 8. 선고 91헌가4 전원재판부 결정) **표준**

참고 복표발행, 현상기타사행행위단속법 제9조는 벌칙규정이면서도 형벌만을 규정하고 범죄의 구성요건의 설정은 완전히 백지위임하고 있는 것이나 다름없어 위임입법의 한계를 규정한 헌법 제75조와 죄형법정주의를 규정한 헌법 제12조 제1항, 제13조 제1항에 위반된다고 보았다.

판례 공공기관운영법 제53조가 '공기업의 임직원으로서 공무원이 아닌 사람은 형법 제129조(수뢰죄)의 적용에서는 이를 공무원으로 본다'고 규정할 뿐 공기업의 구체적인 지정에 관하여는 기획재정부장관의 고시에 의하도록 규정 - 합헌

공공기관의 운영에 관한 법률(이하 '법'이라고 한다) 제4조, 제5조 제1항, 제2항, 제3항 제1호 (가)목, 제53조, 공공기관의 운영에 관한 법률 시행령(이하 '시행령'이라고 한다) 제7조의 취지와 내용에 더하여 법의 입법 목적과 경제상황이나 정책상 목적에 따라 공공기관의 사업 내용이나 범위 등이 계속적으로 변동할 수밖에 없는 현실, 국회가 공공기관의 재정상태와 직원 수의 변동, 수입액 등을 예측하기 어렵고 그러한 변화에 대응하여 그때마다 법률을 개정하는 것도 용이하지 아니한 점 등을 감안할 때 공무원 의제규정의 적용을 받는 공기업 등의 정의규정을 법률이 아닌 시행령이나 고시 등 그 하위규범에서 정하는 것에 부득이한 측면이 있고, 법 및 시행령상 '시장형 공기업'의 경우 자산규모가 2조 원 이상으로 직원 정원이 50인 이상인 공공기관으로서 총수입액 중 자체수입액이 85% 이상인 기업을 의미하는 것으로 명시적으로 규정되어 있어서 법령에서 비교적 구체적으로 요건과 범위를 정하여 공공기관 유형의 지정 권한을 기획재정부장관에게 위임하고 있는 것으로 볼 수 있으며, 특히 종래 '기타공공기관'으로 지정되어 있다가 기획재정부장관 고시에 의하여 '시장형 공기업'으로 지정된 기관의 임직원은 고시를 통하여 그 기관이 '시장형 공기업'으로 지정되었는지 여부를 확인할 수 있고, 시장형 공기업의 임직원이라는 의미가 불명확하다고 볼 수도 없는 점 등에 비추어 보면, 법 제53조가 공기업의 임직원으로서 공무원이 아닌 사람은 형법 제129조의 적용에 있어서는 이를 공무원으로 본다고 규정하고 있을 뿐 구체적인 공기업의 지정에 관하여는 그 하위규범인 기획재정부장관의 고시에 의하도록 규정하였다 하더라도 죄형법정주의에 위배되거나 위임입법의 한계를 일탈한 것으로 볼 수 없다. (대법원 2013. 6. 13. 선고 2013도1685 판결) **표준**

참고 법률에서 비교적 구체적으로 요건과 범위를 정하여 공공기관 유형의 지정 권한을 장관에게 위임하고 이에 따라 하위규범인 장관의 고시에 의하여 구체적인 사항을 규정하였기 때문에 죄형법정주의·위임입법 한계에 위반되지 않는다는 취지이다.

3. 관습형법의 금지

관습법에 의하여 새로운 구성요건을 창설하거나 형벌과 보안처분을 가중하는 것은 허용되지 않는다. 또한 관습법에 의하여 친고죄의 고소 등 소추조건을 완화하는 것도 허용되지 아니한다. 다만 예외적으로 ① 관습법이 간접적으로 성문형법규정의 해석에만 영향을 미치는 것(간접적 법원성) 또는 ② 행위자에게 유리한 관습법을 적용하는 것은 허용된다.

Ⅱ 소급효금지의 원칙

1. 의의

소급효금지의 원칙이란 형벌법규는 법규 시행 이후의 행위에 대해서만 적용되고 시행 이전의 행위에까지 소급하여 적용할 수 없다는 원칙을 말한다.

2. 적용 범위

가. 불리한 소급효의 금지

소급효금지의 원칙은 불리한 사후법의 소급을 금지할 뿐 유리한 법률의 소급효를 금지하지는 않는다. 형법 제1조 제2항도 유리한 법률의 소급효를 인정한다.[3]

판례 (노역장 유치기간의 하한을 중하게 변경시키는) 개정 노역장유치조항의 시행 전에 행해진 범죄행위에 대해서도 공소제기의 시기가 개정 노역장유치조항의 시행 이후라면 이를 적용토록 하는 부칙조항 – 위헌 형벌불소급원칙에서 의미하는 '처벌'은 형법에 규정되어 있는 형식적 의미의 형벌 유형에 국한되지 않으며, 범죄행위에 따른 제재의 내용이나 실제적 효과가 형벌적 성격이 강하여 신체의 자유를 박탈하거나 이에 준하는 정도로 신체의 자유를 제한하는 경우에는 형벌불소급원칙이 적용되어야 한다. 노역장유치는 그 실질이 신체의 자유를 박탈하는 것으로서 징역형과 유사한 형벌적 성격을 가지고 있으므로 형벌불소급원칙의 적용대상이 된다.

노역장유치조항은 1억 원 이상의 벌금형을 선고받는 자에 대하여 유치기간의 하한을 중하게 변경시킨 것이므로, 이 조항 시행 전에 행한 범죄행위에 대해서는 범죄행위 당시에 존재하였던 법률을 적용하여야 한다. 그런데 부칙조항은 노역장유치조항의 시행 전에 행해진 범죄행위에 대해서도 공소제기의 시기가 노역장유치조항의 시행 이후이면 이를 적용하도록 하고 있으므로, 이는 범죄행위 당시 보다 불이익한 법률을 소급 적용하도록 하는 것으로서 헌법상 형벌불소급원칙에 위반된다. (헌법재판소 2017. 10. 26. 선고 2015헌바239, 2016헌바177(병합) 전원재판부 결정)

판례 유리한 소급효는 허용됨

헌법재판소법 제47조 제3항 본문은 형벌에 관한 법률조항에 대하여 위헌결정이 선고된 경우 그 조항이 소급하여 효력을 상실한다고 규정하고 있으므로, 형벌에 관한 법률조항이 소급하여 효력을 상실한 경우에 당해 조항을 적용하여 공소가 제기된 피고사건은 범죄로 되지 않은 때에 해당한다. 따라서 법원은 그 피고사건에 대하여 형사소송법 제325조 전단에 따라 무죄를 선고하여야 한다. (대법원 2018. 10. 25. 선고 2015도17936 판결)

---

3 **형법 제1조(범죄의 성립과 처벌)** ② 범죄 후 법률이 변경되어 그 행위가 범죄를 구성하지 아니하게 되거나 형이 구법(舊法)보다 가벼워진 경우에는 신법(新法)에 따른다.

나. 보안처분과 소급효금지의 원칙

형벌이 아닌 보안처분에 대해서도 소급효금지의 원칙이 적용되는지 여부가 문제된다. 판례는 '실질적으로 신체의 자유를 제한하는지 여부'를 기준으로 하여 소급효금지의 원칙을 적용한다. 관련 판례를 살펴본다.

> **판례** 가정폭력처벌법상 사회봉사명령 – 소급효금지의 대상 ○
> 가정폭력범죄의 처벌 등에 관한 특례법이 정한 보호처분 중의 하나인 사회봉사명령은 가정폭력범죄를 범한 자에 대하여 환경의 조정과 성행의 교정을 목적으로 하는 것으로서 형벌 그 자체가 아니라 보안처분의 성격을 가지는 것이 사실이다. 그러나 한편으로 이는 가정폭력범죄행위에 대하여 형사처벌 대신 부과되는 것으로서, 가정폭력범죄를 범한 자에게 의무적 노동을 부과하고 여가시간을 박탈하여 실질적으로는 신체적 자유를 제한하게 되므로, 이에 대하여는 원칙적으로 형벌불소급의 원칙에 따라 행위시법을 적용함이 상당하다.
> 가정폭력범죄의 처벌 등에 관한 특례법상 사회봉사명령을 부과하면서, 행위시법상 사회봉사명령 부과시간의 상한인 100시간을 초과하여 상한을 200시간으로 올린 신법을 적용한 것은 위법하다. (대법원 2008. 7. 24.자 2008어4 결정) **표준**

> **판례** 집행유예시에 부가하는 보호관찰 – 소급효금지의 대상 ×
> 개정 형법 제62조의2 제1항에 의하면 형의 집행을 유예를 하는 경우에는 보호관찰을 받을 것을 명할 수 있고, 같은 조 제2항에 의하면 제1항의 규정에 의한 보호관찰의 기간은 집행을 유예한 기간으로 하고, 다만 법원은 유예기간의 범위 내에서 보호관찰의 기간을 정할 수 있다고 규정되어 있는바, 위 조항에서 말하는 보호관찰은 형벌이 아니라 보안처분의 성격을 갖는 것으로서, 과거의 불법에 대한 책임에 기초하고 있는 제재가 아니라 장래의 위험성으로부터 행위자를 보호하고 사회를 방위하기 위한 합목적적인 조치이므로, 그에 관하여 반드시 행위 이전에 규정되어 있어야 하는 것은 아니며, 재판시의 규정에 의하여 보호관찰을 받을 것을 명할 수 있다고 보아야 할 것이고, 이와 같은 해석이 형벌불소급의 원칙 내지 죄형법정주의에 위배되는 것이라고 볼 수 없다. (대법원 1997. 6. 13. 선고 97도703 판결)

---

4 헌법재판소법 제47조(위헌결정의 효력) ① 법률의 위헌결정은 법원과 그 밖의 국가기관 및 지방자치단체를 기속(羈束)한다.
  ② 위헌으로 결정된 법률 또는 법률의 조항은 그 결정이 있는 날부터 효력을 상실한다.
  ③ 제2항에도 불구하고 형벌에 관한 법률 또는 법률의 조항은 소급하여 그 효력을 상실한다. 다만, 해당 법률 또는 법률의 조항에 대하여 종전에 합헌으로 결정한 사건이 있는 경우에는 그 결정이 있는 날의 다음 날로 소급하여 효력을 상실한다.

동지 아청법상 신상 공개명령 – 소급효금지의 대상 × (대법원 2011. 3. 24. 선고 2010도14393, 2010전도120 판결)

동지 전자장치부착법상 전자감시제도 – 소급효금지의 대상 × (대법원 2010. 12. 23. 선고 2010도11996, 2010전도86 판결)

다. 소송법과 소급효금지의 원칙

형법(실체법)이 아닌 형사소송법(절차법)에도 소급효금지의 원칙이 적용되는지 여부가 문제된다. 판례는 공소시효의 사후적 정지에 대하여, ① **부진정소급효**(시행 당시 공소시효 미완성)는 원칙적으로 허용된다고 보았다. ② **진정소급효**(시행 당시 공소시효 완성)는 원칙적으로 허용되지 않는다고 보았지만 예외적으로 신뢰보호의 요청에 우선하는 심히 중대한 공익상의 사유가 소급입법을 정당화하는 경우에는 허용될 수 있다고 보았다. 관련 판례를 살펴본다.

판례 부진정소급효 – 원칙적 허용

개정 형사소송법(1995. 12. 29. 법률 제5054호로 개정된 것) 시행 당시 공소시효가 완성되지 아니한 범죄에 대한 공소시효가 위 법률이 개정되면서 신설된 제253조 제3항에 의하여 피고인이 외국에 있는 기간 동안 정지되었다고 보아 공소제기시에 공소시효의 기간이 경과되지 아니하였다고 한 사례. (대법원 2003. 11. 27. 선고 2003도4327 판결)

판례 진정소급효 – 원칙적 금지 · 예외적 허용

소급입법은 새로운 입법으로 이미 종료된 사실관계 또는 법률관계에 작용케 하는 진정소급입법과 현재 진행중인 사실관계 또는 법률관계에 작용케 하는 부진정소급입법으로 나눌 수 있는바, 부진정소급입법은 원칙적으로 허용되지만 소급효를 요구하는 공익상의 사유와 신뢰보호의 요청 사이의 교량과정에서 신뢰보호의 관점이 입법자의 형성권에 제한을 가하게 되는데 반하여, 기존의 법에 의하여 형성되어 이미 굳어진 개인의 법적 지위를 사후입법을 통하여 박탈하는 것 등을 내용으로 하는 진정소급입법은 개인의 신뢰보호와 법적 안정성을 내용으로 하는 법치국가원리에 의하여 특단의 사정이 없는 한 헌법적으로 허용되지 아니하는 것이 원칙이고 다만 일반적으로 국민이 소급입법을 예상할 수 있었거나 법적 상태가 불확실하고 혼란스러워 보호할 만한 신뢰이익이 적은 경우와 소급입법에 의한 당사자의 손실이 없거나 아주 경미한 경우 그리고 신뢰보호의 요청에 우선하는 심히 중대한 공익상의 사유가 소급입법을 정당화하는 경우 등에는 예외적으로 진정소급입법이 허용된다. (헌법재판소 1999. 7. 22. 선고 97헌바76, 98헌바50 · 51 · 52 · 54 · 55(병합) 전원재판부 결정)

라. 판례변경과 소급효금지의 원칙

판례가 불리하게 변경된 경우에 변경판례를 행위시에 소급적용하는 것이 소급효금지의 원칙에 반하는지 여부가 문제된다. 판례는 부정한다.

Ⅲ   명확성의 원칙

1. 의의

명확성의 원칙이란 형법은 범죄의 구성요건과 형사제재에 관한 규정을 법관의 자의적 해석이 허용되지 않도록 구체적으로 명확하게 규정하여야 한다는 원칙을 말한다.

2. 내용

가. 구성요건의 명확성

구성요건은 통상의 판단능력을 가진 일반인이 합리적으로 판단할 때 무엇이 금지되어 있는가를 예견할 수 있을 정도로 명확하게 규정하여야 하고 법관이 자의적으로 확장할 수 없는 개념을 사용해야 한다.[5] 다만 명확성의 원칙이란 최대한이 아닌 최소한의 명확성을 요구하는 것으로서, 그 문언이 법관의 보충적인 가치판단을 통해서 그 의미내용을 확인할 수 있고, 그러한 보충적 해석이 해석자의 개인적인 취향에 따라 좌우될 가능성이 없다면 명확성의 원칙에 반한다고 할 수 없다.[6]

---

5 대법원 2000. 11. 16. 선고 98도3665 전원합의체 판결
6 대법원 2008. 10. 23.자 2008초기264 결정

[판례] 명확성 원칙의 개념·판단기준

헌법 제12조 제1항 후문은 누구든지 법률과 적법한 절차에 의하지 아니하고는 처벌, 보안처분 또는 강제노역을 받지 아니한다고 규정하고 있다. 이러한 죄형법정주의의 원칙은 법률이 처벌하고자 하는 행위가 무엇이며 그에 대한 형벌이 어떠한 것인지를 누구나 예견할 수 있고, 그에 따라 자신의 행위를 결정할 수 있도록 구성요건을 명확하게 규정할 것을 요구한다. 그러나 처벌법규의 구성요건이 명확하여야 한다고 하더라도 입법권자가 모두 구성요건을 단순한 의미의 서술적인 개념에 의하여 규정하여야 한다는 것은 아니다. 처벌법규의 구성요건이 다소 광범위하여 어떤 범위에서는 법관의 보충적인 해석을 필요로 하는 개념을 사용하였다고 하더라도 그 점만으로 헌법이 요구하는 처벌법규의 명확성의 원칙에 반드시 배치되는 것이라고 볼 수 없다. 즉 건전한 상식과 통상적인 법감정을 가진 사람으로 하여금 그 적용대상자가 누구이며 구체적으로 어떠한 행위가 금지되고 있는지 충분히 알 수 있도록 규정되어 있다면 죄형법정주의의 명확성의 원칙에 위배되지 않는다고 보아야 한다. (헌법재판소 2006. 7. 27. 선고 2005헌바19 전원재판부 결정) **표준**

참고 형법 제349조 부당이득죄의 '궁박'·'현저하게 부당한 이익'이라는 구성요건이 명확성 원칙에 반하지 않는다고 보았다.

나. 제재의 명확성

형법은 형벌의 종류와 범위를 특정하여야 한다. 부정기형, 즉 형의 기간을 특정하지 않고 선고하되, 형의 집행단계에서 그 기간이 결정되는 형이 허용되는지 문제된다. ① 형의 장기·단기가 전혀 정해지지 않은 절대적 부정기형은 허용되지 않는다. ② 형의 장기·단기 또는 장기만 정해진 상대적 부정기형은 허용된다(소년법 제60조[7]).

[판례] 예비·음모를 처벌한다고만 규정하고 형을 별도로 정하지 않음 – 명확성 원칙 위반

부정선거관련자처벌법 제5조 제4항에 동법 제5조 제1항의 예비음모는 이를 처벌한다고만 규정하고 있을 뿐이고 그 형에 관하여 따로 규정하고 있지 아니한 이상 죄형법정주의의 원칙상 위 예비음모를 처벌할 수 없다. (대법원 1977. 6. 28. 선고 77도251 판결)

---

7 **소년법 제60조(부정기형)** ① 소년이 법정형으로 장기 2년 이상의 유기형(有期刑)에 해당하는 죄를 범한 경우에는 그 형의 범위에서 장기와 단기를 정하여 선고한다. 다만, 장기는 10년, 단기는 5년을 초과하지 못한다. ② 소년의 특성에 비추어 상당하다고 인정되는 때에는 그 형을 감경할 수 있다. ③ 형의 집행유예나 선고유예를 선고할 때에는 제1항을 적용하지 아니한다. ④ 소년에 대한 부정기형을 집행하는 기관의 장은 형의 단기가 지난 소년범의 행형(行刑) 성적이 양호하고 교정의 목적을 달성하였다고 인정되는 경우에는 관할 검찰청 검사의 지휘에 따라 그 형의 집행을 종료시킬 수 있다.

Ⅳ 유추해석금지의 원칙

1. 의의

유추해석금지의 원칙이란 법률에 규정이 없는 사항에 대하여 그것과 유사한 성질을 가지는 사항에 관한 법률을 적용하는 것을 금지하는 원칙을 말한다.

2. 적용범위

가. 불리한 유추해석

① 형법각칙의 모든 범죄구성요건과 형법총칙의 모든 가벌성에 관한 규정에 대하여 불리한 유추적용은 금지된다. ② 피고인에게 유리한 위법성조각사유·책임조각사유·소추조건·처벌조각사유의 범위를 제한적으로 유추적용하는 것 역시 불리한 유추해석이므로 금지된다.

불리한 유추해석에 해당하는 사례를 살펴보자.

> [판례] 항공사 부사장이 지상에서 푸시백 중이던 비행기를 탑승구로 돌아가게 한 행위 - "항공기의 항로를 변경"에 해당 ×
>
> 항공보안법 제42조는 "위계 또는 위력으로써 운항 중인 항공기의 항로를 변경하게 하여 정상 운항을 방해한 사람은 1년 이상 10년 이하의 징역에 처한다."라고 규정하고 있다. 같은 법 제2조 제1호는 '운항 중'을 '승객이 탑승한 후 항공기의 모든 문이 닫힌 때로부터 내리기 위하여 문을 열 때까지'로 정의하였다. 그러나 항공보안법에 '항로'가 무엇인지에 관하여 정의한 규정은 없다.
>
> 죄형법정주의는 국가형벌권의 자의적인 행사로부터 개인의 자유와 권리를 보호하기 위하여 범죄와 형벌을 법률로 정할 것을 요구한다. 그러한 취지에 비추어 보면 형벌법규의 해석은 엄격하여야 하고, 문언의 가능한 의미를 벗어나 피고인에게 불리한 방향으로 해석하는 것은 죄형법정주의의 내용인 확장해석금지에 따라 허용되지 아니한다.
>
> 법령에서 쓰인 용어에 관해 정의규정이 없는 경우에는 원칙적으로 사전적인 정의 등 일반적으로 받아들여진 의미에 따라야 한다. 국립국어원의 표준국어대사전은 항로를 '항공기가 통행하는 공로(空路)'로 정의하고 있다. 국어학적 의미에서 항로는 공중의 개념을 내포하고 있음이 분명하다. 항공기 운항과 관련하여 '항로'가 지상에서의 이동 경로를 가리키는 용어로 쓰인 예를 찾을 수 없다. 본죄의 객체는 '운항 중'의 항공기이다. 그러나 위계 또는 위력으로 변경할 대상인 '항로'는 별개의 구성요건요소로서 그 자체로 죄형법정주의 원칙에 부합하게 해석해야 할 대상이 된다. 항로가 공중의 개념을 내포한 말이고, 입법자가 그 말뜻을 사전적 정의보다 넓은 의미로 사용하였다고 볼 자료가 없다. 지상의 항공기가 이동할 때 '운항 중'이 된다는 이유만으로 그때 다니는 지상의 길까지 '항로'로 해석하는 것은 문언의 가능한 의미를 벗어난다. 지상에서 이동하는 항공기의 경로를 함부로 변경하는 것은 다른 항공기나 시설물과 충돌할 수 있어 위험성이 큰 행위임이 분명하다. 그러나 처벌의 필요성만으로 죄형법정주의 원칙을 후

퇴시켜서는 안 된다. 그런 행위는 기장에 대한 업무방해죄로 처벌할 수 있을 뿐만 아니라, 많은 경우 폭행·협박 또는 위계를 수반할 것이므로 10년 이하의 징역으로 처벌 가능한 직무집행방해죄(항공보안법 제43조) 등에 해당할 수 있어 처벌의 공백이 생기는 것도 아니다. (대법원 2017. 12. 21. 선고 2015도8335 전원합의체 판결) **표준**

판례 군용물을 편취당한 자 – "군용물분실죄" 해당 ×
군용물분실죄에서의 분실은 행위자의 의사에 의하지 아니하고 물건의 소지를 상실한 것을 의미한다고 할 것이며, 이 점에서 하자가 있기는 하지만 행위자의 의사에 기해 재산적 처분행위를 하여 재물의 점유를 상실함으로써 편취당한 것과는 구별된다고 할 것이고, 분실의 개념을 군용물의 소지 상실시 행위자의 의사가 개입되었는지의 여부에 관계없이 군용물의 보관책임이 있는 자가 결과적으로 군용물의 소지를 상실하는 모든 경우로 확장해석하거나 유추해석할 수는 없다. (대법원 1999. 7. 9. 선고 98도1719 판결)

판례 블로그·미니홈피·카페 등 사적 인터넷 게시공간의 운영자가 이에 게시된 타인의 글을 삭제할 권한이 있는데도 삭제하지 않고 그대로 둔 행위 – 국가보안법상 이적행위 목적 "소지"에 해당 × (대법원 2012. 1. 27. 선고 2010도8336 판결)

판례 특수폭행치상죄(제262조·제261조)의 처벌은 신설된 특수상해죄(제258조의2)가 아닌 기존의 상해죄(제257조 제1항)의 예에 의함
특수폭행치상죄의 해당규정인 형법 제262조, 제261조는 형법 제정 당시부터 존재하였는데, 형법 제258조의2 특수상해죄의 신설 이전에는 형법 제262조의 "전 2조의 죄를 범하여 사람을 사상에 이르게 한 때에는 제257조 내지 제259조의 예에 의한다."라는 규정 중 '제257조 내지 제259조의 예에 의한다'의 의미는 형법 제260조(폭행, 존속폭행) 또는 제261조(특수폭행)의 죄를 범하여 상해, 중상해, 사망의 결과가 발생한 경우, 그 결과에 따라 상해의 경우에는 형법 제257조, 중상해의 경우에는 형법 제258조, 사망의 경우에는 형법 제259조의 예에 준하여 처벌하는 것으로 해석·적용되어 왔다.
그런데 2016. 1. 6. 형법 개정으로 특수상해죄가 형법 제258조의2로 신설됨에 따라 문언상으로 형법 제262조의 '제257조 내지 제259조의 예에 의한다'는 규정에 형법 제258조의2가 포함되어 특수폭행치상의 경우 특수상해인 형법 제258조의2 제1항의 예에 의하여 처벌하여야 하는 것으로 해석될 여지가 생기게 되었다.
그러나 형벌규정 해석에 관한 법리와 폭력행위 등 처벌에 관한 법률의 개정 경과 및 형법 제258조의2의 신설 경위와 내용, 그 목적, 형법 제262조의 연혁, 문언과 체계 등을 고려할 때, 특수폭행치상의 경우 형법 제258조의2의 신설에도 불구하고 종전과 같이 형법 제257조 제1항의 예에 의하여 처벌하는 것으로 해석함이 타당하다. (대법원 2018. 7. 24. 선고 2018도3443 판결)

판례 범행발각·지명수배된 자가 체포 전에 자수 – "자수"에 해당 ○
형벌법규의 해석에 있어서 법규정 문언의 가능한 의미를 벗어나는 경우에는 유추해석으로서 죄형법정주의에 위반하게 된다. 그리고 유추해석금지의 원칙은 모든 형벌법규의 구성요건과 가벌성에 관한 규정에 준용되는데, 위법성 및 책임의 조각사유나 소추조건, 또는 처벌조각사유인 형면제 사유에 관하여 그 범위를 제한적으로 유추적용하게 되면 행위자의 가벌성의 범위는 확대되어 행위자에게 불리하게 되는 바, 이는 가능한 문언의 의미를 넘어 범죄구성요건을 유추적용하는 것과 같은 결과가 초래되므로 죄형

법정주의의 파생원칙인 유추해석금지의 원칙에 위반하여 허용될 수 없다. 한편 형법 제52조나 국가보안법 제16조 제1호에서도 공직선거법 제262조에서와 같이 모두 '범행발각 전'이라는 제한 문언 없이 "자수"라는 단어를 사용하고 있는데 형법 제52조나 국가보안법 제16조 제1호의 "자수"에는 범행이 발각되고 지명수배된 후의 자진출두도 포함되는 것으로 판례가 해석하고 있으므로 이것이 "자수"라는 단어의 관용적 용례라고 할 것인바, 공직선거법 제262조의 "자수"를 '범행발각 전에 자수한 경우'로 한정하는 풀이는 "자수"라는 단어가 통상 관용적으로 사용되는 용례에서 갖는 개념 외에 '범행발각 전'이라는 또 다른 개념을 추가하는 것으로서 결국은 '언어의 가능한 의미'를 넘어 공직선거법 제262조의 "자수"의 범위를 그 문언보다 제한함으로써 공직선거법 제230조 제1항 등의 처벌범위를 실정법 이상으로 확대한 것이 되고, 따라서 이는 단순한 목적론적 축소해석에 그치는 것이 아니라, 형면제 사유에 대한 제한적 유추를 통하여 처벌범위를 실정법 이상으로 확대한 것으로서 죄형법정주의의 파생원칙인 유추해석금지의 원칙에 위반된다. (대법원 1997. 3. 20. 선고 96도1167 전원합의체 판결) **표준**

판례 청탁금지법상 처벌규정의 소극적 구성요건인 "상급 공직자등" 해석
처벌규정의 소극적 구성요건을 문언의 가능한 의미를 벗어나 지나치게 좁게 해석하게 되면 피고인에 대한 가벌성의 범위를 넓히게 되어 죄형법정주의의 파생원칙인 유추해석금지원칙에 어긋날 우려가 있으므로 법률문언의 통상적인 의미를 벗어나지 않는 범위 내에서 합리적으로 해석할 필요가 있다. 청탁금지법 제8조 제3항 제1호에서 정한 '상급 공직자등'이란 금품등 제공의 상대방보다 높은 직급이나 계급의 사람으로서 금품등 제공 상대방과 직무상 상하관계에 있고 그 상하관계에 기초하여 사회통념상 위로·격려·포상 등을 할 수 있는 지위에 있는 사람을 말하고, 금품등 제공자와 그 상대방이 직무상 명령·복종이나 지휘·감독관계에 있어야만 이에 해당하는 것은 아니다. (대법원 2018. 10. 25. 선고 2018도7041 판결)

판례 舊 아청법상 반의사불벌죄에서 피해청소년이 처벌불원의사표시를 하는 데에 법정대리인의 동의가 필요하다고 해석할 수 없음
만약 반의사불벌죄에 있어서 피해자에게 의사능력이 있음에도 불구하고 그 처벌을 희망하지 않는다는 의사표시 또는 처벌희망 의사표시의 철회에 법정대리인의 동의가 있어야 하는 것으로 본다면, 이는 피고인 또는 피의자에 대한 처벌희망 여부를 결정할 수 있는 권한을 명문의 근거 없이 새롭게 창설하여 법정대리인에게 부여하는 셈이 되어 부당하다. (대법원 2009. 11. 19. 선고 2009도6058 전원합의체 판결)
동지 친고죄에 관한 고소의 주관적 불가분원칙을 규정하는 형사소송법 제233조가 공정거래위원회의 (전속)고발에도 적용된다고 해석할 수는 없음 (대법원 2010. 9. 30. 선고 2008도4762 판결, 대법원 2011. 7. 28. 선고 2008도5757 판결)
해설 소추조건에 대한 불리한 유추해석은 금지된다.

불리한 유추해석에 해당하지 않아 허용되는 경우를 살펴보자.

판례 집행유예를 선고하는 경우 보호관찰과 사회봉사를 동시에 명할 수 있음
형법 제62조의2 제1항은 "형의 집행을 유예하는 경우에는 보호관찰을 받을 것을 명하거나 사회봉사 또

는 수강을 명할 수 있다.”고 규정하고 있는바, 그 문리에 따르면, 보호관찰과 사회봉사는 각각 독립하여 명할 수 있다는 것이지, 반드시 그 양자를 동시에 명할 수 없다는 취지로 해석되지는 아니하다. (대법원 1998. 4. 24. 선고 98도98 판결) 표준

판례 미성년자의제강간·강제추행죄를 규정한 형법 제305조에 의하여 미수범도 처벌할 수 있음
미성년자의제강간·강제추행죄를 규정한 형법 제305조가 “13세 미만의 부녀를 간음하거나 13세 미만의 사람에게 추행을 한 자는 제297조, 제298조, 제301조 또는 제301조의2의 예에 의한다”로 되어 있어 강간죄와 강제추행죄의 미수범의 처벌에 관한 형법 제300조를 명시적으로 인용하고 있지 아니하나, 형법 제305조의 입법 취지는 성적으로 미성숙한 13세 미만의 미성년자를 특별히 보호하기 위한 것으로 보이는바 이러한 입법 취지에 비추어 보면 동조에서 규정한 형법 제297조와 제298조의 ‘예에 의한다’는 의미는 미성년자의제강간·강제추행죄의 처벌에 있어 그 법정형뿐만 아니라 미수범에 관하여도 강간죄와 강제추행죄의 예에 따른다는 취지로 해석되고, 이러한 해석이 형벌법규의 명확성의 원칙에 반하는 것이거나 죄형법정주의에 의하여 금지되는 확장해석이나 유추해석에 해당하는 것으로 볼 수 없다. (대법원 2007. 3. 15. 선고 2006도9453 판결)

나. 유리한 유추해석

피고인에게 유리한 유추해석은 허용된다.

다. 소송법규정

소송법규정에 대해서는 유추해석이 원칙적으로 허용된다. 그러나 소추조건 등에 대한 불리한 유추해석은 금지된다.

V 적정성의 원칙

1. 의의

적정성의 원칙이란 범죄와 형벌을 규정하는 법률의 내용은 기본적 인권을 실질적으로 보장할 수 있도록 적정해야 한다는 원칙을 말한다. 적정성의 원칙은 실질적 법치주의가 형법에 구현된 것이라고 볼 수 있다.[8]

---

8 임웅, 형법총론, 법문사, 2019, 40-41쪽.

2. 내용

① **과잉금지 원칙(비례성 원칙)** – 형법은 국민의 기본권을 제한하는 법률로서, 목적의 정당성, 수단의 적합성, 침해의 최소성, 법익의 균형성을 갖추어야 한다. ② **필요성 원칙** – 형법은 최후수단으로서 불가피한 최소한도에 그쳐야 한다. ③ **책임원칙** – 형벌은 행위자에게 책임이 있는 경우에 한하여 책임의 정도를 초과하지 않는 범위 내에서 부과되어야 한다.

[판례] 종업원의 위반행위에 대하여 양벌조항으로서 개인인 영업주에게 과실 여부 등을 묻지 않고 동일하게 무기 또는 2년 이상의 징역형의 법정형으로 처벌하도록 규정한 '보건범죄단속에 관한 특별조치법' – 책임원칙 위반 ○

이 사건 법률조항이 종업원의 업무 관련 무면허의료행위가 있으면 이에 대해 영업주가 비난받을 만한 행위가 있었는지 여부와는 관계없이 자동적으로 영업주도 처벌하도록 규정하고 있고, 그 문언상 명백한 의미와 달리 "종업원의 범죄행위에 대해 영업주의 선임감독상의 과실(기타 영업주의 귀책사유)이 인정되는 경우"라는 요건을 추가하여 해석하는 것은 문리해석의 범위를 넘어서는 것으로서 허용될 수 없으므로, 결국 위 법률조항은 다른 사람의 범죄에 대해 그 책임 유무를 묻지 않고 형벌을 부과함으로써, 법정형에 나아가 판단할 것 없이, 형사법의 기본원리인 '책임없는 자에게 형벌을 부과할 수 없다'는 책임주의에 반한다. (헌법재판소 2007. 11. 29. 선고 2005헌가10 전원재판부 결정) **표준**

형법의 적용범위

| **01** | 형법의 시간적 적용범위 |

　행위시와 재판시 사이에 법률의 변경이 있는 경우에 구법(행위시법)과 신법(재판시법) 중 어느 법률을 적용할 것인가 문제된다. 우리 형법은 원칙적으로 행위시법을, 예외적으로 재판시법을 적용한다.

I　원칙: 행위시법주의

1. 의의

> 제1조(범죄의 성립과 처벌) ① 범죄의 성립과 처벌은 행위 시의 법률에 의한다.

　형법 제1조 제1항은 행위시법주의를 선언하여 사후입법에 의한 처벌을 금지한다(소급효금지).

2. 행위시의 결정

　판례는 범죄의 실행행위 종료시를 행위시로 본다. 따라서 범죄행위의 착수시점 또는 범죄행위 후의 결과 발생시점은 행위시를 결정하는 기준이 될 수 없다.

> [판례] 행위시 – 범죄행위의 종료시
> 범죄의 성립과 처벌은 행위시의 법률에 의한다고 할 때의 "행위시"라 함은 범죄행위의 종료시를 의미한다. (대법원 1994. 5. 10. 선고 94도563 판결)

　실행행위가 신·구법에 걸쳐 행하여진 경우, 즉 범죄의 실행행위의 종료 이전에 법률이 변경된 경우 적용법규가 문제된다. 이때 실행행위는 신법이 시행된 이후에 종료되었으므로 신법이 행위시법으로 적용된다. 다만 신법 시행 전 행위에 대해서는 구법을 적용한다는 부칙이 있는 경우 등 주의를 요하는 판례가 있다.

판례 법 개정 전후에 걸친 포괄일죄 – 신법 적용

포괄일죄로 되는 개개의 범죄행위가 법 개정의 전후에 걸쳐서 행하여진 경우에는 신·구법의 법정형에 대한 경중을 비교하여 볼 필요도 없이 범죄 실행 종료시의 법이라고 할 수 있는 신법을 적용하여 포괄일죄로 처단하여야 한다. (대법원 1998. 2. 24. 선고 97도183 판결)

판례 특정경제범죄가중처벌법 시행 전후에 걸쳐 상습사기 범행을 한 자가 동법 시행 이후 편취한 가액이 동법 제3조 제1항의 가중처벌 구성요건을 충족하는 경우 – 특경법위반 포괄일죄

형법 부칙 제4조 제1항은 "1개의 죄가 본법시행 전후에 걸쳐서 행하여진 때에는 본법 시행전에 범한 것으로 간주한다"고 규정하고 있으나 위 부칙은 형법시행에 즈음하여 구형법과의 관계에서 그 적용범위를 규정한 경과법으로서 형법 제8조에서 규정하는 총칙규정이 아닐 뿐 아니라 범죄의 성립과 처벌은 행위시의 법률에 의한다고 규정한 형법 제1조 제1항의 해석으로서도 행위종료시의 법률의 적용을 배제한 점에서 타당한 것이 아니므로 신·구형법과의 관계가 아닌 다른 법과의 관계에서는 위 부칙을 적용 내지 유추적용할 것이 아니다. 따라서 상습으로 사기의 범죄행위를 되풀이 한 경우에 특정경제범죄가중처벌등에 관한 법률시행 이후의 범행으로 인하여 취득한 재물의 가액이 위 법률 제3조 제1항 제3호의 구성요건을 충족하는 때는 그중 법정형이 중한 위 특정경제범죄가중처벌등에 관한 법률위반의 죄에 나머지 행위를 포괄시켜 특정경제범죄가중처벌등에 관한 법률위반의 죄로 처단하여야 한다. (대법원 1986. 7. 22. 선고 86도1012 전원합의체 판결)

판례 개정된 방문판매 등에 관한 법률 시행 전후에 걸쳐 동법 위반행위(포괄일죄)를 계속한 경우 – 신법 적용

2007. 1. 19. 법률 제8259호로 개정된 방문판매 등에 관한 법률 제23조 제2항이 시행된 이후에도 포괄일죄인 위 법률 위반 범행이 계속된 경우 그 범죄실행 종료시의 법이라고 할 수 있는 신법을 적용하여 포괄일죄로 처단하여야 하고, 또한 "이 법 시행 전의 행위에 대한 벌칙의 적용에 있어서는 종전의 규정에 따른다."는 방문판매 등에 관한 법률 부칙(2007. 1. 19.) 제3조가 적용될 수도 없다. (대법원 2009. 9. 10. 선고 2009도5075 판결)

비교 법 개정 전후에 걸친 계속범인데, 부칙에서 '신법 시행 전 행위는 구법에 의한다'는 경과규정이 있는 경우 – 구·신법 각각 적용

일반적으로 계속범의 경우 실행행위가 종료되는 시점에서의 법률이 적용되어야 할 것이나, 법률이 개정되면서 그 부칙에서 '개정된 법 시행 전의 행위에 대한 벌칙의 적용에 있어서는 종전의 규정에 의한다'는 경과규정을 두고 있는 경우 개정된 법이 시행되기 전의 행위에 대해서는 개정 전의 법을, 그 이후의 행위에 대해서는 개정된 법을 각각 적용하여야 한다. (대법원 2001. 9. 25. 선고 2001도3990 판결)

판례 상습강제추행죄 조항이 신설되기 이전의 범행을 상습강제추행죄로 처벌할 수 없음

포괄일죄에 관한 기존 처벌법규에 대하여 그 표현이나 형량과 관련한 개정을 하는 경우가 아니라 애초에 죄가 되지 아니하던 행위를 구성요건의 신설로 포괄일죄의 처벌대상으로 삼는 경우에는 신설된 포괄

일죄 처벌법규가 시행되기 이전의 행위에 대하여는 신설된 법규를 적용하여 처벌할 수 없다(형법 제1조 제1항). 이는 신설된 처벌법규가 상습범을 처벌하는 구성요건인 경우에도 마찬가지라고 할 것이므로, 구성요건이 신설된 상습강제추행죄가 시행되기 이전의 범행은 상습강제추행죄로는 처벌할 수 없고 행위 시법에 기초하여 강제추행죄로 처벌할 수 있을 뿐이며, 이 경우 그 소추요건도 상습강제추행죄에 관한 것이 아니라 강제추행죄에 관한 것이 구비되어야 한다. (대법원 2016. 1. 28. 선고 2015도15669 판결)

동지 상습 아동·청소년성착취물 제작죄 조항이 신설되기 이전의 범행을 상습 아동·청소년성착취물 제작죄로 처벌할 수 없음(행위시법에 기초하여 일반 아동·청소년성착취물 제작죄로 처벌할 수 있음) (대법원 2022. 12. 29. 선고 2022도10660 판결)

Ⅱ   예외: 재판시법주의

1. 제1조 제2항

가. 의의

제1조(범죄의 성립과 처벌) ② 범죄 후 법률이 변경되어 그 행위가 범죄를 구성하지 아니하게 되거나 형이 구법(舊法)보다 가벼워진 경우에는 신법(新法)에 따른다.

형법 제1조 제2항은 행위자에게 유리한 신법의 소급적용을 인정하고 있다.

나. 적용요건

1) 범죄 후 법률변경

'범죄 후'란 실행행위 종료 후 재판확정 전을 말한다. '법률변경'이란 가벌성의 존부와 정도를 규율하는 총체적 법상태의 개정과 폐지를 의미한다. ① 기업회계기준의 개정여부,[9] ② 군사기밀 지정·해제 여부,[10] ③ 세율변경은[11] 법률변경에 해당하지 않는다.

2) "범죄를 구성하지 아니하는 경우" 또는 "형이 구법보다 가벼워진 경우"

(범죄를 구성하지 아니하는 경우) 형법각칙·특별형법의 범죄구성요건이 폐지된 경우, 위법성조각사유 등 형법총칙 변경으로 가벌성이 폐지된 경우를 말한다. 공소가 제기되면 면소판결을 해야

---

9 대법원 2007. 6. 1. 선고 2006도1813 판결
10 대법원 2000. 1. 28. 선고 99도4022 판결
11 대법원 1984. 12. 26. 선고 83도1988 판결

한다(형사소송법 제326조 제4호).[12] 그러나 법률·법률조항에 대하여 위헌결정이 내려지거나,[13] 헌법불합치결정이 내려진 경우에는 면소판결이 아니라 무죄판결을 해야 한다.[14]

(형이 구법보다 가벼워진 경우) ① 신법의 형이 구법의 형보다 경한 경우, 신법(재판시법)이 적용된다. ② 신법의 형이 구법의 형보다 중한 경우 또는 형의 경중에 차이가 없는 경우에는 제1조 제1항이 적용되어, 구법(행위시법)이 적용된다.[15] ③ 범죄 후 수 차례 법률이 변경되어 중간시법이 있는 경우, 모든 법을 비교하여 가장 경한 법률을 적용한다.[16]

형의 경중은 형법 제50조를 기준으로 판단한다. 형의 경중은 원칙적으로 처단형·선고형이 아닌 법정형을 기준으로 비교하고, 법정형 중 병과형·선택형이 있을 때에는 이 중 가장 중한 형을 기준으로 비교하는 것이 원칙이다.[17]

3) 법령변경이 '형사법적 관점의 변화'를 전제로 한 법령의 변경일 것

구 판례는 형법 제1조 제2항의 법률의 변경이란, 법률이념의 변경에 따라 '반성적 고려'에서 법령을 개폐한 경우를 말한다고 보았다(97도2632 판결 등).

그러나 신 판례는 형법 제1조 제2항과 형사소송법 제326조 제4호에서 말하는 법령의 변경은 해당 형벌법규의 가벌성에 관한 '형사법적 관점의 변화'를 전제로 한 법령의 변경을 의미하는 것이라고 보았다. 신 판례는 '반성적 고려'에 따라 변경된 것인지를 따지지 않고 '형사법적 관점의 변화'만 인정되면 형법 제1조 제2항이 적용된다고 보아, 구 판례에 비하여 형법 제1조 제2항의 적용 범위를 더욱 넓게 보고 있다.

> **판례** 형법 제1조 제2항과 형사소송법 제326조 제4호에서 말하는 법령의 변경은 해당 형벌법규의 가벌성에 관한 "형사법적 관점의 변화"를 전제로 한 법령의 변경을 의미함
>
> 형법 제1조 제1항은 "범죄의 성립과 처벌은 행위 시의 법률에 따른다."라고 하여 행위시법주의의 원칙을 규정하고, 형법 제1조 제2항은 "범죄 후 법률이 변경되어 그 행위가 범죄를 구성하지 아니하게 되거나 형이 구법보다 가벼워진 경우에는 신법에 따른다."라고 하여 행위시법주의의 예외로 재판시법주의를 규정하고 있다. 이러한 형법 제1조의 문언과 입법취지 등을 종합하여 보면, 형법 제1조 제2항과 형사소

---

12 **형사소송법 제326조(면소의 판결)** 다음 경우에는 판결로써 면소의 선고를 하여야 한다. 4. 범죄 후의 법령개폐로 형이 폐지되었을 때
13 대법원 1992. 5. 8. 선고 91도2825 판결, 대법원 2015. 3. 12. 선고 2014도12101 판결
14 대법원 2011. 6. 23. 선고 2008도7562 전원합의체 판결
15 대법원 1991. 10. 8. 선고 91도1911 판결
16 대법원 1968. 12. 17. 선고 68도1324 판결, 대법원 2012. 9. 13. 선고 2012도7760 판결
17 대법원 1992. 11. 13. 선고 92도2194 판결

송법 제326조 제4호에서 말하는 법령의 변경은 해당 형벌법규에 따른 범죄의 성립 및 처벌과 직접 관련된 것이어야 하고, 이는 결국 해당 형벌법규의 가벌성에 관한 형사법적 관점의 변화를 전제로 한 법령의 변경을 의미하는 것이다. … (중략) … 해당 형벌법규의 가벌성과 직접적으로 관련된 형사법적 관점의 변화가 있는지 여부는 종래 대법원판례가 기준으로 삼은 반성적 고려 유무와는 구별되는 것이다. 이는 입법자에게 과거의 처벌이 부당하였다는 반성적 고려가 있었는지 여부를 추단하는 것이 아니라, 법령의 변경이 향후 문제된 형사처벌을 더 이상 하지 않겠다는 취지의 규범적 가치판단을 기초로 한 것인지 여부를 판단하는 것이다. 이는 입법자의 내심의 동기를 탐지하는 것이 아니라, 객관적으로 드러난 사정을 기초로 한 법령해석을 의미한다. (대법원 2022. 12. 22. 선고 2020도16420 전원합의체 판결)

다. 구체적 검토

이하에서는 구체적인 법령의 종류에 따라 그 변경이 '형사법적 관점의 변화'를 전제로 한 변경에 해당하는지 여부를 살펴본다.

1) 형벌법규 자체 또는 그로부터 수권 내지 위임을 받은 법령의 변경

[판례] 형벌법규 자체 또는 그로부터 수권 내지 위임을 받은 법령의 변경 – 형사법적 관점의 변화 ○ 구성요건을 규정한 형벌법규 자체 또는 그로부터 수권 내지 위임을 받은 법령의 변경에 따라 범죄를 구성하지 아니하게 되거나 형이 가벼워진 경우에는, 당연히 해당형벌법규에 따른 범죄의 성립 및 처벌과 직접적으로 관련된 형사법적 관점의 변화에 근거한 것으로 인정할 수 있으므로, 형법 제1조 제2항과 형사소송법 제326조 제4호가 그대로 적용된다. 형벌법규가 대통령령, 총리령, 부령과 같은 헌법상 열거된 법규명령이 아닌 고시 등 행정규칙·행정명령, 조례 등에 구성요건의 일부를 수권 내지 위임한 경우에도 그 고시 등 규정이 위임입법의 한계를 벗어나지 않는 한 모법인 형벌법규와 결합하여 형사처벌의 근거가 되는 것이므로, 고시 등 규정이 변경되는 경우에도 마찬가지로 형법 제1조 제2항과 형사소송법 제326조 제4호에서 말하는 법령의 변경에 해당한다. (대법원 2022. 12. 22. 선고 2020도16420 전원합의체 판결)

참고 피고인이 도로교통법 위반(음주운전)죄로 4회 처벌받은 전력이 있음에도 술에 취한 상태로 전동킥보드를 운전하였다고 하여 구 도로교통법(2020. 6. 9. 법률 제17371호로 개정되어 2020. 12. 10. 시행되기 전의 것, 이하 같다) 위반(음주운전)으로 기소되었는데, 구 도로교통법이 2020. 6. 9. 개정되어 원심판결 선고 후인 2020. 12. 10. 개정 도로교통법이 시행되면서 제2조 제19호의2 및 제21호의2에서 전동킥보드와 같은 '개인형 이동장치'와 이를 포함하는 '자전거 등'에 관한 정의규정을 신설함에 따라 개인형 이동장치 음주운전 행위는 자동차 등 음주운전 행위를 처벌하는 제148조의2의 적용 대상에서 제외되는 한편 자전거 등 음주운전 행위를 처벌하는 제156조 제11호가 적용되어 법정형이 종전보다 가볍도록 법률이 변경되고 별도의 경과규정은 두지 않은 사안에서, 도로교통법 제44조 제1항 위반 전력이 있는 사람이 다시 술에 취한 상태로 전동킥보드를 운전한 행위는, 법률 개정 전에는 구 도로교통법 제148조의2 제1항이 적용되어 2년 이상 5년 이하의 징역이나 1천만 원 이상 2천만 원 이하의 벌금으로 처벌되었으나, 법률 개정 후에는 도로교통법 제156조 제11호가 적용되어 20만 원 이하의 벌금이나 구류 또는 과료로 처벌되게 되었고, 이러한 법률 개정은 구성요건을 규정한 형벌법규 자체의 개정에 따라 형이 가벼워진 경우에 해당함이 명백하므로, 종전 법령이 반성적 고려에 따라 변경된 것인지를 따지지 않고 형법 제1조 제2항에 따라 신법인 도로교통법 제156조 제11호, 제44조 제1항으로 처벌할 수 있을 뿐이라는 이유로, 행위시법인 구 도로교통법 제148조의2 제1항, 도로교통법 제44조 제1항을 적용하여 공소사실을 유죄로 인정한 원심판결은 더 이상 유지될 수 없다고 한 사례

2) 형벌법규 자체 또는 그로부터 수권 내지 위임을 받은 법령이 아닌 다른 법령이 변경된 경우

판례 형벌법규 자체 또는 그로부터 수권 내지 위임을 받은 법령이 아닌 다른 법령의 변경 - 개별적 판단

해당 형벌법규 자체 또는 그로부터 수권 내지 위임을 받은 법령이 아닌 다른 법령이 변경되어 결과적으로 해당 형벌법규에 따른 범죄가 성립하지 아니하게 되거나 형이 가벼워진 경우에는, 문제된 법령의 변경이 해당 형벌법규에 따른 범죄의 성립 및 처벌과 직접적으로 관련된 형사법적 관점의 변화를 주된 근거로 하는 것인지 여부를 면밀히 따져 보아야 한다. …(중략)… 법령의 변경이 해당 형벌법규에 따른 범죄의 성립 및 처벌과 직접적으로 관련된 형사법적 관점의 변화를 주된 근거로 한다고 해석할 수 있을 때 형법 제1조 제2항과 형사소송법 제326조 제4호를 적용할 수 있다. 따라서 해당 형벌법규와 수권 내지 위임관계에 있지 않고 보호목적과 입법취지를 달리하는 민사적·행정적 규율의 변경이나, 형사처벌에 관한 규범적 가치판단의 요소가 배제된 극히 기술적인 규율의 변경 등에 따라 간접적인 영향을 받는 것에 불과한 경우는 형법 제1조 제2항과 형사소송법 제326조 제4호에서 말하는 법령의 변경에 해당한다고 볼 수 없다. (대법원 2022. 12. 22. 선고 2020도16420 전원합의체 판결)

동지 법무사인 피고인은 개인파산·회생사건 관련 법률사무를 위임받아 취급하여 변호사법 제109조 제1호 위반으로 기소되었는데, 재판계속 중에 법무사법이 개정되어 법무사의 업무로 '개인의 파산사건 및 개인회생사건 신청의 대리'가 추가되었음-형사법적 관점의 변화 × → 형법 제1조 제2항 적용 × → 변호사법위반죄 ○ (대법원 2023. 2. 23. 선고 2022도4610 판결)

3) 법령이 스스로 유효기간을 구체적인 일자나 기간으로 특정하고 있는데 그 유효기간이 경과한 경우

판례 법령이 스스로 유효기간을 구체적인 일자나 기간으로 특정하고 있는데 그 유효기간이 경과하여 더 이상 효력을 갖지 않게 된 경우 - 형사법적 관점의 변화 ×

법령 제정 당시부터 또는 폐지 이전에 스스로 유효기간을 구체적인 일자나 기간으로 특정하여 효력의 상실을 예정하고 있던 법령이 그 유효기간을 경과함으로써 더 이상 효력을 갖지 않게 된 경우도 형법 제1조 제2항과 형사소송법 제326조 제4호의 적용 대상인 법령의 변경에 해당한다고 볼 수 없다. 이러한 법령 자체가 명시적으로 예정한 유효기간의 경과에 따른 효력 상실은 일반적인 법령의 개정이나 폐지 등과 같이 애초의 법령이 변경되었다고 보기 어렵고, 어떠한 형사법적 관점의 변화 내지 형사처벌에 관한 규범적 가치판단의 변경에 근거하였다고 볼 수도 없다. 유효기간을 명시한 입법자의 의사를 보더라도 유효기간 경과 후에 형사처벌 등의 제재가 유지되지 않는다면 유효기간 내에도 법령의 규범력과 실효성을 확보하기 어려울 것이므로, 특별한 사정이 없는 한 유효기간 경과 전의 법령 위반행위는 유효기간 경과 후에도 그대로 처벌하려는 취지라고 보는 것이 합리적이다. (대법원 2022. 12. 22. 선고 2020도16420 전원합의체 판결)

해설 ① 법령의 유효기간이 구체적인 일자나 기간으로 특정된 경우(이른바 '협의의 한시법')에 대해서는 위

와 같이 다수의견이 명확히 형법 제1조 제2항의 적용을 배제하였다. 즉, 행위시법의 추급효를 인정하였다. 그렇다면 ② 일정한 사건의 발생에 따라 효력의 소멸을 예정한 법령이나, ③ 그 내용과 목적이 일시적 사정에 대처하기 위하여 제정된 법령 전반에도 형법 제1조 제2항의 적용이 배제되는 것인지 여부(행위시법의 추급효 가 인정되는지 여부)가 문제된다. 다수의견은 이를 명확히 밝히고 있지 아니하다. 다만, 별개의견의 지적·다수 의견에 대한 대법관 이동원의 보충의견 등을 모두 종합하면, ②, ③의 경우에는 형법 제1조 제2항이 적용되고 (행위시법의 추급효가 인정되지 않고), 다만 입법자가 명확하게 경과규정을 두어 행위시법을 적용하는 경우에 한하여 형법 제1조 제2항을 배제한다고 봄(행위시법의 추급효가 인정된다고 봄)이 상당하다.

- 협의의 한시법 유효기간 경과 : 형사법적 관점의 변화 × → 형법 제1조 제2항 ×
- 광의의 한시법 중 나머지 법령의 소멸 : 형사법적 관점의 변화 ○ → 형법 제1조 제2항 ○

이상의 논의를 간략히 표로 정리한다.

법령 변경의 종류	변경의 효과
형벌법규 자체의 변경	형사법적 관점의 변화 ○ → 형법 제1조 제2항 ○(재판시법주의)
수권·위임을 받은 법령이나 고시 등 규정의 변경	형사법적 관점의 변화 ○ → 형법 제1조 제2항 ○(재판시법주의)
그 밖의 법령변경	개별적 판단
법령이 정한 구체적 유효기간의 경과 (협의의 한시법)	형사법적 관점의 변화 × → 형법 제1조 제2항 ×(행위시법주의)

2. 제1조 제3항

제1조(범죄의 성립과 처벌) ③ 재판이 확정된 후 법률이 변경되어 그 행위가 범죄를 구성하지 아니하게 된 경우에는 형의 집행을 면제한다.

제1조 제3항 역시 앞서 제1조 제2항에서 살펴본 것과 같이 '형사법적 관점의 변화를 전제 로 하여 법령이 변경된 경우'에 한하여 적용된다. 제1조 제2항·제3항을 표로 비교한다.

	범죄 후 재판확정 전 법률변경	재판확정 후 법률변경
비범죄화	면소판결(제2항)	형집행 면제(제3항)
경한 형으로 변경	신법 적용(제2항)	변화 없음

3. 제1조 제2항·제3항의 적용배제 – 경과규정

신법에서 경과규정을 둠으로써 유리한 신법의 적용을 배제할 수 있다. 즉, 입법자는 '형사법적 관점의 변화를 전제로 하여 법령을 변경'시키는 경우에도, 경과규정을 두는 방법으로 유리한 신법의 적용을 배제시키고, 유리한 신법의 시행 전까지는 구법을 적용시킬 수 있다.

> **판례** 형을 가볍게 개정하면서 부칙으로 개정법 시행 전의 범죄에 대하여 종전의 법을 적용하도록 규정할 수 있음
>
> 형법 제1조 제2항 및 제8조에 의하면 범죄 후 법률의 변경에 의하여 형이 구법보다 경한 때에는 신법에 의한다고 규정하고 있으나 신법에 경과규정을 두어 이러한 신법의 적용을 배제하는 것도 허용되는 것으로서, 형을 종전보다 가볍게 형벌법규를 개정하면서 그 부칙으로 개정된 법의 시행 전의 범죄에 대하여 종전의 형벌법규를 적용하도록 규정한다 하여 헌법상의 형벌불소급의 원칙이나 신법우선주의에 반한다고 할 수 없다. (대법원 1999. 4. 13.자 99초76 결정, 대법원 2018. 2. 8. 선고 2016도16757 판결)

---

02 형법의 장소적 적용범위

I 속지주의

> 제2조(국내범) 본법은 대한민국영역내에서 죄를 범한 내국인과 외국인에게 적용한다.

(의의) 속지주의란 자국의 영역 내에서 발생한 모든 범죄에 대해서 범죄인의 국적을 불문하고 자국의 형법을 적용한다는 원칙을 말하는 것으로 형법 제2조가 규정하고 있다. **(요건)** ① '대한민국의 영역'이란 한반도와 그 부속도서를 말한다. 판례에 의하면 북한도 이에 속한다.[18] ② '죄를 범한' 이란 행위·결과 중 어느 것이라도 대한민국의 영역 내에서 발생함을 말한다.

> **판례** 외국에 소재한 대한민국 영사관 내부 – 대한민국 영역 ✕
>
> 중국 북경시에 소재한 대한민국 영사관 내부는 여전히 중국의 영토에 속할 뿐 이를 대한민국의 영토로서 그 영역에 해당한다고 볼 수 없을 뿐 아니라, 사문서위조죄가 형법 제6조의 대한민국 또는 대한민국

---

18 대법원 1957. 9. 20. 선고 4290형상228 판결, 대법원 1997. 11. 20. 선고 97도2021 전원합의체 판결

국민에 대하여 범한 죄에 해당하지 아니함은 명백하다. (대법원 2006. 9. 22. 선고 2006도5010 판결)

[동지] 외국인이 북한의 지령을 받아 외국 주재 북한이익대표부를 방문하여 북한공작원을 만남으로 인한 국가보안법 위반행위 – 대한민국 영역 × (대법원 2008. 4. 17. 선고 2004도4899 전원합의체 판결)

[판례] 외국인이 대한민국 공무원에게 알선한다는 명목으로 금품수수하였는데, 알선행위 장소는 국외였으나 금품수수가 국내에서 이루어짐 – 대한민국 영역 ○ (대법원 2000. 4. 21. 선고 99도3403 판결)

[판례] 공모를 대한민국 영역 내에서 행한 공모공동정범 – 대한민국 영역 ○

형법 제2조를 적용함에 있어서 공모공동정범의 경우 공모지도 범죄지로 보아야 한다. (대법원 1998. 11. 27. 선고 98도2734 판결)

Ⅱ 기국주의

제4조(국외에 있는 내국선박 등에서 외국인이 범한 죄) 본법은 대한민국영역외에 있는 대한민국의 선박 또는 항공기내에서 죄를 범한 외국인에게 적용한다.

(의의) 기국주의는 속지주의의 확장으로서 우리 형법 제4조가 규정하고 있다. (요건) ① '대한민국의 영역 외'란 외국과 공해의 영역을 말한다. ② '대한민국의 선박 또는 항공기'란 대한민국의 선적·국적을 취득한 선박·항공기를 말한다. ③ '죄를 범한'이란 행위·결과 중 어느 것이라도 대한민국의 영역 내에서 발생함을 말한다.

Ⅲ 속인주의

제3조(내국인의 국외범) 본법은 대한민국영역외에서 죄를 범한 내국인에게 적용한다.

(의의) 속인주의란 자국민의 범죄에 대해서는 범죄지를 불문하고 자국형법을 적용한다는 원칙을 말하는 것으로 형법 제3조가 규정하고 있다. (요건) '내국인'이란 범행 당시에 대한민국의 국적을 가진 자를 말한다. 내국인이 국외에서 범한 모든 범죄에 대하여 우리 형법이 적용된다.

[판례] 필리핀에서 도박을 한 대한민국 국민 – 내국인 ○ (대법원 2001. 9. 25. 선고 99도3337 판결)

[판례] 대한민국 내 미국문화원을 치외법권지역으로 본다는 전제하에 그곳에서 죄를 범한 대한민국 국민 – 내국인 ○

국제협정이나 관행에 의하여 대한민국내에 있는 미국문화원이 치외법권지역이고 그 곳을 미국영토의 연장으로 본다 하더라도 그 곳에서 죄를 범한 대한민국 국민에 대하여 우리 법원에 먼저 공소가 제기되고 미국이 자국의 재판권을 주장하지 않고 있는 이상 속인주의를 함께 채택하고 있는 우리나라의 재판권은 동인들에게도 당연히 미친다. (대법원 1986. 6. 24. 선고 86도403 판결)

Ⅳ 보호주의

제5조(외국인의 국외범) 본법은 대한민국영역외에서 다음에 기재한 죄를 범한 외국인에게 적용한다.
  1. 내란의 죄 2. 외환의 죄 3. 국기에 관한 죄 4. 통화에 관한 죄 5. 유가증권, 우표와 인지에 관한 죄 6. 문서에 관한 죄중 제225조 내지 제230조 7. 인장에 관한 죄중 제238조
제6조(대한민국과 대한민국국민에 대한 국외범) 본법은 대한민국영역외에서 대한민국 또는 대한민국국민에 대하여 전조에 기재한 이외의 죄를 범한 외국인에게 적용한다. 단 행위지의 법률에 의하여 범죄를 구성하지 아니하거나 소추 또는 형의 집행을 면제할 경우에는 예외로 한다.

(의의) 보호주의란 자국·자국민의 법익을 침해하는 범죄에 대하여 범인의 국적·범죄지를 불문하고 자국형법을 적용하는 원칙을 말한다. 형법 제5조, 제6조는 보호주의에 입각하여 외국인의 국외범에 대해서도 우리 형법이 적용되는 경우를 규정하고 있다. 외국인의 국외범이 제5조에 해당하는 경우 예외 없이 우리 형법이 적용되지만, 제6조에 해당하는 경우 상호주의에 입각한 예외가 인정될 수 있다는 점에서 둘 간 차이가 있다. 이하 제5조와 제6조를 나누어 살펴본다.

(제5조) 제5조 규정 범죄를 범한 외국인의 국외범은 예외 없이 우리 형법이 적용된다. 제5조가 적용되는 범죄는 ① 내란의 죄 ② 외환의 죄 ③ 국기에 관한 죄 ④ 통화에 관한 죄 ⑤ 유가증권, 우표와 인지에 관한 죄 ⑥ 문서에 관한 죄 중 공문서위조·변조, 자격모용에 의한 공문서작성, 허위공문서작성, 공전자기록위작·변작, 공정증서원본불실기재, 위조 등 공문서행사, 공문서부정행사 ⑦ 인장에 관한 죄 중 공인 등 위조·부정사용이다. 예를 들어 미국인이 미국에서 대한민국의 국립대학교 총장 명의의 졸업증서를 위조하여 한국대사관에 제출한 경우가 이에 해당한다.

(제6조) 제6조에 해당하는 외국인의 국외범은 상호주의 예외에 해당하지 않는 한 우리 형법이 적용된다. 제6조는 외국인이 국외에서 대한민국 또는 대한민국 국민의 법익이 직접적으로 침해되는 결과를 야기하는 죄를 범한 경우 적용된다. 단 행위지의 법률에 의하여 범죄를 구성하지 않거나 소추·형의 집행을 면제할 경우에는 예외로 한다.

(정리) 다음의 순서로, 외국인의 국외범에 대하여 우리 형법을 적용할 수 있는지를 판단한다. ① 제5조에 규정된 범죄를 범하였다면 우리 형법이 적용된다. ② 대한민국(국민)의 법익이 직접적

으로 침해되는 결과를 야기하는 죄를 범하였다면 제6조에 따라 우리 형법이 적용된다. 다만 상호주의 예외가 있다. ③ 그밖의 범죄를 저질렀다면 우리 형법이 적용되지 않는다.

판례 뉴질랜드인이 뉴질랜드에서 대한민국 국민에 대하여 사기 – 제6조 ○ (대법원 2008. 7. 24. 선고 2008도4085 판결)

판례 내국법인 대표자인 외국인이 내국법인이 외국에 설립한 특수목적법인에 위탁해 둔 자금을 횡령 – 제6조 ○

내국 법인의 대표자인 외국인이 내국 법인이 외국에 설립한 특수목적법인에 위탁해 둔 자금을 정해진 목적과 용도 외에 임의로 사용한 데 따른 횡령죄의 피해자는 당해 금전을 위탁한 내국 법인이다. 따라서 그 행위가 외국에서 이루어진 경우에도 행위지의 법률에 의하여 범죄를 구성하지 아니하거나 소추 또는 형의 집행을 면제할 경우가 아니라면 그 외국인에 대해서도 우리 형법이 적용되어(형법 제6조), 우리 법원에 재판권이 있다. (대법원 2017. 3. 22. 선고 2016도17465 판결)

판례 중국인이 중국 북경 소재 대한민국 영사관 내에서 여권발급신청서를 위조 – 제6조 × (대법원 2006. 9. 22. 선고 2006도5010 판결)

동지 중국인이 중국에서 대한민국 국적 주식회사의 인장을 위조 – 제6조 × (대법원 2002. 11. 26. 선고 2002도4929 판결)

동지 캐나다인이 캐나다에서 위조사문서 행사 – 제6조 × (대법원 2011. 8. 25. 선고 2011도6507 판결) **표준 해설** 외국인은 국외에서 사문서위조죄를 범하였다. ① 사문서위조죄는 제5조 규정 범죄가 아니다. ② 사문서위조죄는 대한민국·대한민국 국민의 법익이 직접 침해되는 범죄가 아니므로 제6조가 적용되지 않는다.

V 세계주의

제296조의2(세계주의) 제287조부터 제292조까지 및 제294조는 대한민국 영역 밖에서 죄를 범한 외국인에게도 적용한다.

세계주의란 범죄지·범죄인의 국적을 불문하고 인류공동의 법익을 침해하는 행위에 대하여 자국형법을 적용하는 원칙을 말한다. 형법은 약취·유인 및 인신매매의 죄에 대해서 세계주의를 도입하였다.[19] 예를 들어 프랑스인이 일본에서 미성년자 약취·유인죄를 저질렀는데 우연히 대한민국에서 체포된 경우, 대한민국 형법으로 의율할 수 있다.

---

19 다만 동죄의 예비·음모죄(제296조)에 대해서는 제296조의2가 적용되지 않는다.

Ⅵ 외국에서 받은 형집행의 효력

> 제7조(외국에서 집행된 형의 산입) 죄를 지어 외국에서 형의 전부 또는 일부가 집행된 사람에 대해서는 그 집행된 형의 전부 또는 일부를 선고하는 형에 산입한다.

구 형법은 외국에서 형의 전부 또는 일부의 집행을 받은 자에 대하여 형을 감경 또는 면제할 수 있도록 하였는데(임의적 감면), 이에 대한 헌법재판소의 헌법불합치결정과 후속입법에 따라 위와 같이 필요적 산입으로 변경되었다. 관련 판례를 살펴본다.

> **판례** 외국에서 집행 받은 형의 전부·일부 산입 후 잔여 형이 있을 경우 다시 형을 선고할 수 있음
> 외국에서 형의 집행을 받은 자에 대하여 형을 선고한 것을 위법하다고 할 수 없다. (대법원 1988. 1. 19. 선고 87도2287 판결)
>
> **판례** 외국에서 미결구금된 자 – '형의 전부 또는 일부가 집행된 사람'에 해당 ×
> '외국에서 형의 전부 또는 일부가 집행된 사람'이란 문언과 취지에 비추어 '외국 법원의 유죄판결에 의하여 자유형이나 벌금형 등 형의 전부 또는 일부가 실제로 집행된 사람'을 말한다고 해석하여야 한다. 형사사건으로 외국 법원에 기소되었다가 무죄판결을 받은 사람은, 설령 그가 무죄판결을 받기까지 상당 기간 미결구금되었더라도 이를 유죄판결에 의하여 형이 실제로 집행된 것으로 볼 수는 없으므로, '외국에서 형의 전부 또는 일부가 집행된 사람'에 해당한다고 볼 수 없고, 그 미결구금 기간은 형법 제7조에 의한 산입의 대상이 될 수 없다. (대법원 2017. 8. 24. 선고 2017도5977 전원합의체 판결) **표준**

03 형법의 인적 적용범위

Ⅰ 의의

형법의 인적 적용범위란 형법이 어떤 사람에게 적용되는가의 문제이다. 원칙적으로 형법의 시간적·장소적 적용범위 내에 있는 모든 사람에게 적용된다.

Ⅱ 국내법상 고려사항

① **대통령**은 내란 또는 외환의 죄를 범한 경우를 제외하고는 재직 중 형사소추를 받지 않는다(헌법 제84조).[20] ② **국회의원**은 국회에서 직무상 행한 발언과 표결에 관해 국회 밖에서 책임을 지지 않는다(헌법 제45조).[21]

Ⅲ 국제법상 고려사항

① 외국의 원수와 외교관, 그 가족 및 내국인이 아닌 종자에 대하여는 우리 형법이 적용되지 않는다는 견해와 인적 처벌조각사유인 국제법상 면책특권이 인정될 뿐이라는 견해가 대립한다. ② **한미간의 군대지위협정(SOFA)에 따라 공무집행 중의 미군범죄**에 대하여는 미군 당국이 1차적 재판관할권을 갖는데, 이는 우리 형법의 적용을 배제하는 것이라는 견해와 재판권이 배제될 뿐이라는 견해가 대립한다.

---

20 ① 형법의 인적 적용범위에 대한 예외라는 견해와 ② 소추조건이 결여될 뿐이라는 견해가 대립한다.
21 자세한 내용은 헌법의 몫으로 남겨둔다.

Study guide: Criminal law

형법**사용설명서**

PART

02

범죄론

범죄의 기본개념

| **01** | 범죄의 의의와 종류 |

Ⅰ 범죄의 성립요건·처벌조건·소추조건

1. 범죄의 성립요건

범죄의 성립요건이란 형식적 범죄개념의 세 가지 요소인 ① 구성요건해당성 ② 위법성 ③ 책임을 말한다. 이를 결한 경우 무죄이다.

① **구성요건해당성**이란 구체적인 행위가 법률에 규정된 범죄의 구성요건에 합치되는 것을 말한다. ② **위법성**이란 구성요건에 해당하는 행위가 법질서 전체의 입장에서 허용되지 않는다는 부정적 가치판단을 말한다. ③ **책임**이란 구성요건에 해당하고 위법한 행위를 한 개인에 대한 비난가능성을 말한다.

2. 범죄의 처벌조건

범죄의 처벌조건이란 일단 성립한 범죄의 가벌성만을 좌우하는 실체법적 조건을 말한다. 종류는 아래와 같다.

	의의	예
객관적 처벌조건	범죄가 성립된 경우에도 형벌권을 발생시키는 데 추가로 필요한 외부적·객관적 사유	사전수뢰죄에 있어 '공무원 또는 중재인이 된 사실'(제129조 제2항)
인적 처벌조각사유	이미 성립한 범죄에 관하여 행위 당시에 존재하는 행위자의 특별한 신분관계를 고려하여 형벌권 발생을 저지시키는 인적 사정	친족상도례 중 형면제사유(제328조 제1항)

범죄의 처벌조건 결여의 효과는 다음과 같다.

① 형면제판결	범죄의 처벌조건이 결여되면 형면제판결을 한다 (객관적 처벌조건의 결여에 대해서는 견해대립이 있다).
② 정당방위 가능	범죄의 처벌조건이 결여되어도 위법한 행위이므로 이에 대한 정당방위는 가능하다.
③ 공범성립 가능	객관적 처벌조건이 결여되어도 구성요건해당성·위법성 인정되므로 교사범·종범은 성립 가능하고(제한적 종속형식), 인적 처벌조각사유는 신분자에게만 적용될 뿐 공범에게는 적용되지 않는다.
④ 착오 부정	인적처벌조각사유는 객관적으로 존재하기만 하면 그 효과를 인정받게 되며 행위자가 이를 인식할 것을 요하지 않는다. 예컨대 아들이 아버지 시계를 제3자 소유라 오인하고 절취하여도 형을 면제받으며, 아들이 제3자의 시계를 아버지 소유라 오인하고 절취하여도 형을 면제받지 못한다.

3. 범죄의 소추조건

범죄의 소추조건이란 범죄가 성립하고, 형벌권이 발생한 경우라도 그 범죄에 대해서 형사소송법상의 소추를 하기 위하여 필요한 조건을 말한다. 종류는 아래와 같다.

	의의	예
친고죄	피해자 기타 고소권자의 고소가 있어야만 공소를 제기할 수 있는 범죄(정지조건부범죄)	① 절대적 친고죄: 모욕죄, 사자명예훼손죄, 비밀침해죄 ② 상대적 친고죄: 범인과 피해자 사이에 일정한 신분관계가 있는 경우에만 친고죄(형법 제328조 제2항)
반의사불벌죄	피해자의 의사와 관계없이 공소제기를 할 수 있으나, 피해자가 처벌을 원치 않는다는 의사를 명백히 한 경우에는 공소제기가 부적법하게 되는 범죄(해제조건부범죄)	폭행죄, 협박죄, 명예훼손죄, 과실치상죄 등

소추조건이 결여되면 공소기각판결을 한다. 그밖의 정당방위·공범성립·착오에 대해서는 범죄의 처벌조건 결여와 같다. 범죄의 성립요건·처벌조건·소추조건의 주요 내용을 표로 정리한다.

	성립요건	처벌조건	소추조건
예시	범인도피죄의 친족 등 책임조각사유	친족상도례 중 형면제 사유	• 친고죄 • 반의사불벌죄
재판	무죄	형면제판결	공소기각판결
검사	• 구성요건 결여–혐의없음 • 위법성 또는 책임 결여–죄가안됨	공소권없음	
정당 방위	• 구성요건, 위법성 결여–불가 • 책임 결여–가능	가능	
공범	• 구성요건, 위법성 결여–간접정범 • 책임 결여–공범	가능	

Ⅱ 범죄의 종류

1. 결과범·거동범

범죄를 구성요건적 결과발생 여부를 기준으로 구별한 것이다.

	결과범	거동범
의의	구성요건이 행위는 물론 그 외의 일정한 결과 발생을 요하는 범죄	구성요건이 결과 발생을 요하지 않고 행위만으로 충족되는 범죄
예	살인죄, 상해죄, 절도죄	폭행죄, 명예훼손죄, 위증죄
인과관계 및 객관적 귀속	구성요건 요소 ○	구성요건 요소 ×

2. 침해범·위험범

범죄를 보호법익에 대한 침해 정도에 따라 구별한 것이다. 침해범이란 보호법익의 현실적 침해를 요하는 범죄이다. 위험범은 보호법익에 대한 위험의 야기로 족한 범죄이다. 위험범은 아래와 같이 다시 추상적 위험범과 구체적 위험범으로 분류된다.

	추상적 위험범	구체적 위험범
의의	법익침해의 일반적 위험성만으로 구성요건이 충족되는 범죄	법익침해의 현실적 위험성까지 야기된 경우에 구성요건이 충족되는 범죄
위험의 발생	구성요건 요소 ×	구성요건 요소 ○
위험의 인식	고의 인식대상 ×	고의 인식대상 ○
범죄의 성질	대부분 거동범	대부분 결과범
위험발생 입증	불요	필요
예	현주(공용)건조물방화죄 타인소유일반건조물방화죄 공무집행방해죄, 위증죄, 무고죄, 명예훼손죄, 업무방해죄	자기소유일반건조물방화죄[22] 일반물건방화죄

3. 즉시범·상태범·계속범

범죄를 범죄행위의 시간적 계속성을 기준으로 구별한 것이다.

① **즉시범**이란 구성요건적 행위가 법익침해를 초래하면 곧 기수 및 행위종료가 되는 범죄를 말한다. ② **상태범**이란 구성요건적 행위가 법익침해를 초래하면 기수 및 행위종료가 되지만, 기수 이후에도 위법상태가 존속되는 범죄를 말한다. ③ **계속범**이란 구성요건적 행위가 법익침해를 초래한 후 어느 정도 시간적 계속이 있어야 기수가 되고, 기수 이후에도 법익침해가 계속되고 있는 동안에는 행위가 종료되지 않고 계속되는 범죄를 말한다.

	즉시범	상태범	계속범
의의	기수＝행위종료	기수＝행위종료 (단 위법상태 존속)	기수≠행위종료
예시	살인죄	절도죄	감금죄
공소시효 기산점	기수시		행위종료시
공동정범·공범 성립시기	기수시까지 가능		행위종료시까지 가능
정당방위 가능시기	기수시까지 가능		행위종료시까지 가능

---

22 **형법 제166조(일반건조물 등 방화)** ② 자기 소유인 제1항의 물건을 불태워 공공의 위험을 발생하게 한 자는 7년 이하의 징역 또는 1천만원 이하의 벌금에 처한다. 이처럼 구체적 위험범은 '위험 발생'이 별도의 구성요건 요소로 드러난다.

관련 판례를 살펴본다.

판례 즉시범과 계속범의 구별실익 – 공소시효의 기산점

구 농지법(2005. 1. 14. 법률 제7335호로 개정되기 전의 것) 제2조 제9호에서 말하는 '농지의 전용'이 이루어지는 태양은, 첫째로 농지에 대하여 절토, 성토 또는 정지를 하거나 농지로서의 사용에 장해가 되는 유형물을 설치하는 등으로 농지의 형질을 외형상으로뿐만 아니라 사실상 변경시켜 원상회복이 어려운 상태로 만드는 경우가 있고, 둘째로 농지에 대하여 외부적 형상의 변경을 수반하지 않거나 외부적 형상의 변경을 수반하더라도 사회통념상 원상회복이 어려운 정도에 이르지 않은 상태에서 그 농지를 다른 목적에 사용하는 경우 등이 있을 수 있다. 전자의 경우와 같이 농지전용행위 자체에 의하여 당해 토지가 농지로서의 기능을 상실하여 그 이후 그 토지를 농업생산 등 외의 목적으로 사용하는 행위가 더 이상 '농지의 전용'에 해당하지 않는다고 할 때에는, 허가 없이 그와 같이 농지를 전용한 죄는 그와 같은 행위가 종료됨으로써 즉시 성립하고 그와 동시에 완성되는 즉시범이라고 보아야 한다. 그러나 후자의 경우와 같이 당해 토지를 농업생산 등 외의 다른 목적으로 사용하는 행위를 여전히 농지전용으로 볼 수 있는 때에는 허가 없이 그와 같이 농지를 전용하는 죄는 계속범으로서 그 토지를 다른 용도로 사용하는 한 가벌적인 위법행위가 계속 반복되고 있는 계속범이라고 보아야 한다.

농지에 잡석 등을 깔아 정지작업이 이루어져 사실상 원상회복이 어렵게 된 토지를 전용하였다는 공소사실에 대하여, 공소 범행 당시 농지로서의 현상을 상실한 토지를 사용한 것이 농지전용죄를 구성하는지 여부를 먼저 살펴본 다음 공소시효의 기산점을 판단하여야 한다는 이유로, 정지작업의 종료시점을 공소시효의 기산점으로 보아 공소시효가 완성되었다고 본 원심판결을 파기한 사례. (대법원 2009. 4. 16. 선고 2007도6703 전원합의체 판결) **표준**

판례 수감자 甲이 간수자를 폭행하고 탈주하는 데에 성공하자 그 이후에 피고인이 甲에게 승용차를 인도하여 甲의 도피를 도움 – ① 범인도피죄 ○ ② 도주원조죄 ×

도주죄는 즉시범으로서 범인이 간수자의 실력적 지배를 이탈한 상태에 이르렀을 때에 기수가 되어 도주행위가 종료하는 것이고, 도주원조죄는 도주죄에 있어서의 범인의 도주행위를 야기시키거나 이를 용이하게 하는 등 그와 공범관계에 있는 행위를 독립한 구성요건으로 하는 범죄이므로, 도주죄의 범인이 도주행위를 하여 기수에 이르른 이후에 범인의 도피를 도와 주는 행위는 범인도피죄에 해당할 수 있을 뿐 도주원조죄에는 해당하지 아니한다. (대법원 1991. 10. 11. 선고 91도1656 판결) **표준**

판례 군형법상 무단이탈죄 – 즉시범

군형법 제79조에 규정된 무단이탈죄는 즉시범으로서 허가없이 근무장소 또는 지정장소를 일시 이탈함과 동시에 완성되고 그 후의 사정인 이탈 기간의 장단 등은 무단이탈죄의 성립에 아무런 영향이 없다. (대법원 1983. 11. 8. 선고 83도2450 판결)

판례 학대죄 – 상태범 또는 즉시범

학대죄는 자기의 보호 또는 감독을 받는 사람에게 육체적으로 고통을 주거나 정신적으로 차별대우를 하는 행위가 있음과 동시에 범죄가 완성되는 상태범 또는 즉시범이라 할 것이다. (대법원 1986. 7. 8.

선고 84도2922 판결)

> [판례] 무허가 법인묘지를 설치하여 장사법위반 – 즉시범 (대법원 2018. 6. 28. 선고 2017도7937 판결)
>
> [판례] 내란죄 – 상태범 (대법원 1997. 4. 17. 선고 96도3376 전원합의체 판결)
>
> **참고** 다수인이 한 지방의 평온을 해할 정도의 폭동을 하였을 때 이미 내란의 구성요건은 완전히 충족된다고 보았다.

4. 일반범 · 신분범 · 자수범

범죄를 구성요건적 행위의 주체성을 기준으로 구별한 것이다. ① **일반범**이란 누구나 구성요건적 행위의 주체가 될 수 있는 범죄를 말한다. ② **신분범**이란 일정한 신분이 있는 자만이 구성요건적 행위의 주체가 될 수 있는 범죄를 말한다. 예컨대 수뢰죄, 위증죄, 횡령죄, 배임죄가 이에 해당한다. ③ **자수범**이란 자연인 행위자 자신이 직접 구성요건적 행위를 해야 정범이 될 수 있는 범죄를 말한다. 자수범의 경우 타인의 행위를 이용하여 간접정범의 형태로 범할 수 없으며, 교사범·종범만이 가능할 뿐이다. 위증죄, 군무이탈죄, 도주죄는 자수범이다. 반면에 강제추행죄는 자수범이 아니므로 간접정범 형태로 저지를 수 있다.[23]

5. 목적범

구성요건의 주관적 요소로서 고의 이외에 일정한 행위의 목적을 필요로 하는 범죄를 말한다. 목적범에 있어서 목적의 달성 여부는 기수범의 성립에 영향이 없다.

6. 경향범

행위의 객관적 측면이 행위자의 일정한 주관적 경향의 발현으로 행해졌을 때 성립하는 범죄를 말한다. 예컨대 학대죄, 공연음란죄가 이에 해당한다.

7. 표현범

행위자의 내면적인 지식상태와 모순되는 표현으로서 행위가 행해졌을 때 성립하는 범죄를 말한다. 예컨대 위증죄, 무고죄가 이에 해당한다.

---

23 대법원 2018. 2. 8. 선고 2016도17733 판결

	인과적 행위론	목적적 행위론	사회적 행위론
행위	• 의사에 기인한 신체적 동작 • 유의적 거동에 의한 외부세계의 인과적 변화	• 목적 활동성의 작용	• 사회적으로 중요성을 가지는 사람의 행태[24]
특징	• **자연적 행위개념** – 의사는 야기적 기능에 그칠 뿐 인과과정을 지배·조종하는 힘이 아님 • 의사내용인 고의·과실을 행위에서 분리하여 책임요소로 봄	• **존재론적 행위개념** – 의사를 행위의 본질적 요소로 봄 • 고의·과실을 주관적 구성요건요소로 봄	• **기능적 행위개념** – 인과적·목적적 행위론 결합을 보완한 기능적 개념 • 사회적 의미성·중요성이 행위의 상위개념이 됨
비판	• 의사내용 고려 않아 고의행위 의미 파악할 수 없음 • 거동성 없는 부작위를 행위개념에 불포함	• 목적적 조종 결여된 과실과 부작위를 행위개념에 불포함	• 이론적 통일성 결여

	고전적 범죄체계	신고전적 범죄체계	목적적 범죄체계	합일태적 범죄체계
특징	객관적 요소(불법)·주관적 요소(책임) 이분	특별한 주관적 구성요건요소 인정	고의를 포함한 모든 주관적 요소를 구성요건요소로 파악(불법의 주관화, 책임의 탈주관화·규범화)	• 신고전적 범죄체계와 목적적 범죄체계 절충 • 고의·과실의 이중적 지위 인정
행위	인과적 행위론	규범적·인과적 행위론	목적적 행위론	사회적 행위론

---

24 우리 판례도 사회적 행위론에 따른다고 평가된다(대법원 2015. 11. 12. 선고 2015도6809 전원합의체 판결).

	고전적 범죄체계	신고전적 범죄체계	목적적 범죄체계	합일태적 범죄체계
구성 요건	• 객관적·기술적 요소만으로 구성 • 주관적 요소는 책임, 규범적 요소는 위법성	• 규범적 요소와 주관적 요소가 구성요건에도 있음을 발견 (ex 불법영득의사)	• 고의를 일반적 주관적 구성요건요소로 이해 • 과실도 구성요건요소로 이해	• 목적적 행위론 수용
위법성	• 전체법질서의 기준에 의한 행위의 법적 평가(형식적 위법성론) • 구성요건은 위법성과 동등한 범죄요소 • 불법의 본질은 결과반가치	• 실질적인 사회적 유해성으로 파악하여 불법의 가장 중요한 요소로 봄(실질적 위법성론) • 구성요건은 불법을 유형화하는 보조기능 불과 • 불법의 본질은 결과반가치	• 불법은 행위자와 관련된 인적 불법이므로, 불법의 본질은 행위반가치(인적 불법론) • 주관적 정당화요소를 모든 위법성조각사유에 있어서 일반화	• 불법을 행위반가치와 결과반가치의 불가분적 연관속에서 이해(이원적·인적 불법론) • 주관적 정당화요소를 모든 위법성조각사유에 있어서 일반화
책임	• 심리적 책임개념 – 책임은 고의·과실 • 책임내용 – 책임능력은 책임조건이고 고의·과실을 책임형식으로 이해	• 규범적 책임개념 – 책임을 비난가능성이라는 평가적 개념으로 이해 • 책임내용 – 책임능력, 책임형식(고의·과실), 기대가능성 • 위법성인식은 고의의 내용	• 순수규범적 책임개념 – 위법성인식은 고의와 분리된 독자적 책임요소 • 책임내용 – 책임능력, 위법성인식, 기대가능성	• 심정반가치로서의 고의와 주관적 과실은 책임요소로 파악 • 책임내용 – 책임형식(고의·과실), 책임능력, 위법성인식, 기대가능성

04 행위의 주체와 객체

Ⅰ 행위의 주체

1. 자연인

자연인은 연령·책임능력 유무와 무관하게 행위의 주체가 된다.

2. 법인의 범죄능력

법인도 행위의 주체가 될 수 있는지, 즉 법인에게 범죄능력을 인정할 수 있는지 문제된다. ① **법인실재설**이 지배적인 대륙법계는 오히려 법인의 범죄능력을 부정하고 ② **법인의제설**이 지배적인 영미법계에서는 오히려 법인의 범죄능력을 인정한다. 즉 법인의 범죄능력의 인정여부는 사법상 법인이론과 논리필연적 관계에 있는 게 아니라, 형법이론적·형사정책적 고려의 결과에 지나지 않는다. 우리 **판례**는 법인의 범죄능력을 부정한다.

> [판례] 법인의 범죄능력 부정
> 형법 제355조 제2항의 배임죄에 있어서 타인의 사무를 처리할 의무의 주체가 법인이 되는 경우라도 법인은 다만 사법상의 의무주체가 될 뿐 범죄능력이 없는 것이며 그 타인의 사무는 법인을 대표하는 자연인인 대표기관의 의사결정에 따른 대표행위에 의하여 실현될 수 밖에 없어 그 대표기관은 마땅히 법인이 타인에 대하여 부담하고 있는 의무내용 대로 사무를 처리할 임무가 있다 할 것이므로 법인이 처리할 의무를 지는 타인의 사무에 관하여는 법인이 배임죄의 주체가 될 수 없고 그 법인을 대표하여 사무를 처리하는 자연인인 대표기관이 바로 타인의 사무를 처리하는 자 즉 배임죄의 주체가 된다. (대법원 1984. 10. 10. 선고 82도2595 전원합의체 판결) **표준**
> [동지] 비법인사단의 범죄능력 부정 (대법원 1997. 1. 24. 선고 96도524 판결)

3. 법인에 대한 처벌

가. 형벌능력

각종 행정형법에서는 행위자 이외에 법인도 처벌하는 양벌규정을 두는데, 이 경우 법인에게 형벌능력을 인정할 수 있는지 문제된다. 판례는 법인의 범죄능력은 부정하지만, 법인에 대한 처벌규정이 있는 경우에는 형벌능력을 긍정한다.

> [판례] 법인의 형벌능력 인정
> 법인은 기관인 자연인을 통하여 행위를 하게 되는 것이기 때문에, 자연인이 법인의 기관으로서 범죄행위를 한 경우에도 행위자인 자연인이 범죄행위에 대한 형사책임을 지는 것이고, 다만 법률이 목적을 달성하기 위하여 특별히 규정하고 있는 경우에만 행위자를 벌하는 외에 법률효과가 귀속되는 법인에 대하여도 벌금형을 과할 수 있을 뿐이다. (대법원 1994. 2. 8. 선고 93도1483 판결)

나. 법인처벌의 근거

① **무과실책임설**은 행정단속목적 달성을 위하여 정책상 무과실책임을 인정한 것이라는 견해 ② **과실책임설**은 임·직원에 대한 선임·감독에 있어서의 법인의 과실책임을 인정한 것이라는 견해 ③ **이원설**은 행위자가 법인의 기관인 경우에는 무과실책임, 행위자가 법인의 종업원인 경우에는 과실책임이라는 견해이다. **판례**를 살펴본다. 대법원·헌법재판소는 대표자의 범죄행위에 대해서는 법인의 직접책임을, 종업원의 범죄행위에 대해서는 법인의 과실책임을 인정하여 이원설에 가까운 것으로 보인다.

[판례] 종업원의 범죄행위에 대한 법인처벌의 근거 – 과실책임

이 사건 법률조항은 법인이 고용한 종업원 등이 업무에 관하여 같은 법 제30조 제2항 제1호를 위반한 범죄행위를 저지른 사실이 인정되면, 법인이 그와 같은 종업원 등의 범죄에 대해 어떠한 잘못이 있는지를 전혀 묻지 않고 곧바로 그 종업원 등을 고용한 법인에게도 종업원 등에 대한 처벌조항에 규정된 벌금형을 과하도록 규정하고 있는바, 오늘날 법인의 반사회적 법익침해활동에 대하여 법인 자체에 직접적인 제재를 가할 필요성이 강하다 하더라도, 입법자가 일단 "형벌"을 선택한 이상, 형벌에 관한 헌법상 원칙, 즉 법치주의와 죄형법정주의로부터 도출되는 책임주의원칙이 준수되어야 한다. 그런데 이 사건 법률조항에 의할 경우 법인이 종업원 등의 위반행위와 관련하여 선임·감독상의 주의의무를 다하여 아무런 잘못이 없는 경우까지도 법인에게 형벌을 부과될 수밖에 없게 되어 법치국가의 원리 및 죄형법정주의로부터 도출되는 책임주의원칙에 반하므로 헌법에 위반된다. (헌법재판소 2009. 7. 30. 선고 2008헌가14 전원재판부 결정) **표준**

양벌규정에 의한 영업주의 처벌은 금지위반행위자인 종업원의 처벌에 종속하는 것이 아니라 독립하여 그 자신의 종업원에 대한 선임감독상의 과실로 인하여 처벌되는 것이므로 종업원의 범죄성립이나 처벌이 영업주 처벌의 전제조건이 될 필요는 없다. (대법원 2006. 2. 24. 선고 2005도7673 판결)

[동지] 법인이 설립되기 이전의 자연인이 한 행위에 대하여 법인처벌 불가 (대법원 2018. 8. 1. 선고 2015도10388 판결)

[판례] 대표자의 범죄행위에 대한 법인처벌의 근거 – 직접책임

법인은 기관을 통하여 행위하므로 법인이 대표자를 선임한 이상 그의 행위로 인한 법률효과는 법인에게 귀속되어야 하고, 법인 대표자의 범죄행위에 대하여는 법인 자신이 자신의 행위에 대한 책임을 부담하여야 하는바, 법인 대표자의 법규위반행위에 대한 법인의 책임은 법인 자신의 법규위반행위로 평가될 수 있는 행위에 대한 법인의 직접책임으로서, 대표자의 고의에 의한 위반행위에 대하여는 법인 자신의 고의에 의한 책임을, 대표자의 과실에 의한 위반행위에 대하여는 법인 자신의 과실에 의한 책임을 부담하는 것이다. 따라서, 법인의 '대표자' 관련 부분은 대표자의 책임을 요건으로 하여 법인을 처벌하므로 책임주의원칙에 반하지 아니한다. (헌법재판소 2010. 7. 29. 선고 2009헌가25, 29, 36, 2010헌가6, 25(병합) 전원재판부 결정, 대법원 2022. 11. 17. 선고 2021도701 판결) **표준**

다. 양벌규정의 적용대상

양벌규정의 적용대상에 관한 판례를 살펴본다.

> **판례** 지방자치단체 공무원이 고유사무 수행 중 법률위반 – 지방자치단체 양벌규정 처벌 ○
>
> 국가가 본래 그의 사무의 일부를 지방자치단체의 장에게 위임하여 그 사무를 처리하게 하는 기관위임사무의 경우에는 지방자치단체는 국가기관의 일부로 볼 수 있는 것이지만, 지방자치단체가 그 고유의 자치사무를 처리하는 경우에는 지방자치단체는 국가기관의 일부가 아니라 국가기관과는 별도의 독립한 공법인이므로, 지방자치단체 소속 공무원이 지방자치단체 고유의 자치사무를 수행하던 중 도로법 제81조 내지 제85조의 규정에 의한 위반행위를 한 경우에는 지방자치단체는 도로법 제86조의 양벌규정에 따라 처벌대상이 되는 법인에 해당한다. (대법원 2005. 11. 10. 선고 2004도2657 판결)
>
> **비교** 지방자치단체 공무원이 기관위임사무 수행 중 법률위반 – 지방자치단체 양벌규정 처벌 × (대법원 2009. 6. 11. 선고 2008도6530 판결)

> **판례** 형식적 경영자와 실질적 경영자가 다른 경우 양벌규정 적용대상 – 실질적 경영자
>
> 약국을 실질적으로 경영하는 약사가 다른 약사를 고용하여 그 고용된 약사를 명의상의 개설약사로 등록하게 해두고 실질적인 영업약사가 약사 아닌 종업원을 직접 고용하여 영업하던 중 그 종업원이 약사법 위반 행위를 하였다면 약사법 제78조의 양벌규정상의 형사책임은 그 실질적 경영자가 지게 된다. (대법원 2000. 10. 27. 선고 2000도3570 판결)

> **판례** 합병시 소멸법인이 부담하던 형사책임이 존속법인에 승계 ×
>
> 회사합병이 있는 경우 피합병회사의 권리·의무는 사법상의 관계나 공법상의 관계를 불문하고 모두 합병으로 인하여 존속하는 회사에 승계되는 것이 원칙이지만, 그 성질상 이전을 허용하지 않는 것은 승계의 대상에서 제외되어야 한다. … (중략)… 현행법하에서는 합병으로 인하여 소멸한 법인이 그 종업원 등의 위법행위에 대해 양벌규정에 따라 부담하던 형사책임은 그 성질상 이전을 허용하지 않는 것으로서 합병으로 인하여 존속하는 법인에 승계되지 않는다. (대법원 2015. 12. 24. 선고 2015도13946 판결, 대법원 2007. 8. 23. 선고 2005도4471 판결)

> **판례** 명문규정 없는 한 비법인사단으로 확장해석 불가
>
> 자동차운수사업법 제72조 제5호는 같은 법 제58조의 규정에 의한 허가를 받지 아니하고 자가용자동차를 유상으로 운송용에 제공하거나 임대한 자를 처벌한다고 규정하고, 같은 법 제74조는 이른바 양벌규정으로서 "법인의 대표자나 법인 또는 개인의 대리인, 사용인 기타의 종업원이 그 법인 또는 개인의 업무와 관련하여 같은 법 제72조의 위반행위를 한 때에는 행위자를 벌하는 외에 그 법인 또는 개인에 대하여도 각 해당 조항의 벌금형에 처한다"고 규정하고 있을 뿐이고 법인격 없는 사단에 대하여서도 위 양벌규정을 적용할 것인가에 관하여는 아무런 명문의 규정을 두고 있지 아니하므로, 죄형법정주의의 원칙상 법인격 없는 사단에 대하여는 같은 법 제74조에 의하여 처벌할 수 없고, 나아가 법인격 없는 사단에 고용된 사람이 유상운송행위를 하였다 하여 법인격 없는 사단의 구성원 개개인이 위 법 제74조 소정의 "개인"의 지위에 있다하여 처벌할 수도 없다. (대법원 1995. 7. 28. 선고 94도3325 판결)

Ⅱ 행위의 객체·보호의 객체

행위의 객체란 구성요건적 행위의 구체적 대상을 말한다. 예컨대 살인죄의 사람, 상해죄의 사람의 신체, 절도죄의 타인의 재물이 이에 해당한다. 행위의 객체는 물질적·외형적 대상으로서 감각적으로 지각할 수 있다.

보호의 객체란 형법에 의하여 보호되는 법익을 말한다. 예컨대 살인죄의 생명, 상해죄의 신체의 완전성, 절도죄의 소유권이 이에 해당한다. 보호의 객체는 구성요건에 의하여 보호되는 가치적·관념적 대상이다.

구성요건

01 구성요건이론

(의의) 구성요건이란 형법상 금지 또는 요구되는 행위가 무엇인가를 추상적·일반적으로 기술해 놓은 것을 말한다.

(구성요건과 위법성의 관계) 구성요건과 위법성의 관계에 대한 학설대립이 있다. ① **인식근거설 (통설)**은 구성요건을 위법성의 인식근거·징표로 본다. 불법은 구성요건해당성과 위법성조각사유의 부존재라는 두 가지 요건에 의하여 이루어진다고 본다. ② **소극적 구성요건표지이론**은 형법 각 본조의 구성요건을 '적극적 구성요건표지'로, 위법성조각사유를 '소극적 구성요건표지'로 이해한다. 즉 구성요건의 존재와 위법성조각사유의 부존재가 모두 인정되어야 구성요건해당성이 인정된다. 이 견해에 따르면 범죄체계는 구성요건(불법) – 책임 2단계가 된다.

02 결과반가치와 행위반가치

결과반가치론은 불법의 본질은 법익의 침해 또는 그 위험에 있다는 견해이다.

행위반가치론은 ① 인적 불법론과 ② 일원적·주관적 인적 불법론으로 나뉜다. ① 인적 불법론은 불법의 본질은 야기된 결과(결과반가치)에만 있는 것이 아니라 이보다도 이를 야기한 인간의 행위 (행위반가치)에 있다는 견해이다. ② 일원적·주관적 인적 불법론은 불법을 오직 행위반가치만으로 근거 지우고 결과반가치를 불법의 영역에서 몰아내어 객관적 처벌조건으로 이해하는 견해이다. 이에 대해서는 기수·미수간의 법정형 차이는 행위반가치만으론 설명할 수 없고 결과반가치를 함께 고려할 때 가능하다는 비판이 있다.

이원적·인적 불법론(행위반가치·결과반가치 이원론)은 결과반가치와 행위반가치를 동등한 불법요소로 이해하는 견해이다.

03 부작위범

Ⅰ 작위·부작위의 구별

작위란 규범적으로 금지된 행위를 적극적으로 하는 경우를 말한다. 부작위란 규범적으로 요구되는 특정한 행위를 하지 않은 것을 말한다. 그런데 하나의 행위가 작위적 요소와 부작위적 요소를 동시에 포함하고 있는 경우, 어느 것을 형법적 평가의 대상으로 삼아야 할 것인지 문제된다.

> 🗨 쟁점검토: 작위와 부작위의 구별
>
> 1. 문제
>   하나의 행위가 작위적 요소와 부작위적 요소를 동시에 포함하는 경우 어느 것을 형법적 평가의 대상으로 삼을 것인지 문제된다.
> 2. 학설
>   ① **자연적 관찰방법(에너지투입설)**: 사람의 의사에 기초한 신체적 활동·적극적인 에너지 투입에 의하여 결과가 발생한 경우 작위를 형법적 평가의 대상으로 본다.
>   ② **규범적(평가적) 관찰방법**: 행위의 사회적 의미의 중점·법적 비난의 초점이 어디에 있는가를 기준으로 작위와 부작위를 구별한다.
> 3. 판례
>   자신의 신체적 활동이나 물리적·화학적 작용을 통하여 적극적으로 타인의 법익을 침해하였다면 작위라 보아 ① **자연적 관찰방법(에너지투입설)**을 취한다.
> 4. 검토
>   부작위의 작위에 대한 보충성을 인정해야 한다는 점, ② **규범적(평가적) 관찰방법**은 자의적 판단의 우려가 있다는 점 등을 고려할 때에 판례가 타당하다.

판례를 살펴본다.

> 판례 ① 신체적 활동 ② 물리적·화학적 작용 ③ 적극적 타인 법익 침해 – 작위
> 어떠한 범죄가 적극적 작위에 의하여 이루어질 수 있음은 물론 결과의 발생을 방지하지 아니하는 소극적 부작위에 의하여도 실현될 수 있는 경우에, 행위자가 자신의 신체적 활동이나 물리적·화학적 작용을 통하여 적극적으로 타인의 법익 상황을 악화시킴으로써 결국 그 타인의 법익을 침해하기에 이르렀다면, 이는 작위에 의한 범죄로 봄이 원칙이고, 작위에 의하여 악화된 법익 상황을 다시 되돌이키지 아니한 점에 주목하여 이를 부작위범으로 볼 것은 아니며, 나아가 악화되기 이전의 법익 상황이, 그 행위자가

과거에 행한 또 다른 작위의 결과에 의하여 유지되고 있었다 하여 이와 달리 볼 이유가 없다. (대법원 2004. 6. 24. 선고 2002도995 판결) **표준**

해설 이른바 보라매 병원 사건이다. 보호자(처)가 의학적 권고에도 불구하고 치료를 요하는 환자의 퇴원을 간청하여 담당 전문의·주치의가 치료중단 및 퇴원을 허용하는 조치를 취함으로써 환자를 사망에 이르게 한 사건이다. ① **보호자**에게는 (부작위) 살인죄, ② **담당 전문의·주치의**에게는 (작위) 살인방조죄가 인정되었다. ③ **1년차 수련의**는 고의가 부정되어 무죄가 선고되었다. 이하에서는 ② **담당전문의·주치의**에 대한 판시를 요약하여 살펴본다.

담당전문의와 주치의는 1년차 수련의에게 피해자를 집으로 후송하고 호흡보조장치를 제거할 것을 지시하는 등의 적극적 행위를 통하여 보호자의 부작위에 의한 살인행위를 도운 것이므로 이는 작위에 해당한다. 다만 담당 전문의와 주치의에게 환자의 사망이라는 결과 발생에 대한 정범의 고의는 인정되나 환자의 사망이라는 결과나 그에 이르는 사태의 핵심적 경과를 계획적으로 조종하거나 저지·촉진하는 등으로 지배하고 있었다고 보기는 어려워 공동정범의 객관적 요건인 이른바 기능적 행위지배가 흠결되었기에 작위에 의한 살인방조죄만 성립한다.

Ⅱ 부작위범

> 제18조(부작위범) 위험의 발생을 방지할 의무가 있거나 자기의 행위로 인하여 위험발생의 원인을 야기한 자가 그 위험발생을 방지하지 아니한 때에는 그 발생된 결과에 의하여 처벌한다.

1. 진정부작위범과 부진정부작위범의 구별

진정부작위범이란 구성요건의 규정형식이 부작위범인 경우를 말한다. 예컨대 퇴거불응죄, 다중불해산죄, 집합명령위반죄, 전시공수계약불이행죄가 이에 해당한다.

부진정부작위범이란 구성요건의 규정형식은 작위범이지만 이를 부작위에 의해서도 실현한 경우를 말한다. 이를 '부작위에 의한 작위범'이라 표현하기도 한다.

> **판례** 진정부작위범과 죄수
> 일정한 기간 내에 잘못된 상태를 바로잡으라는 행정청의 지시를 이행하지 않았다는 것을 구성요건으로 하는 범죄는 이른바 진정부작위범으로서 그 의무이행기간의 경과에 의하여 범행이 기수에 이름과 동시에 작위의무를 발생시킨 행정청의 지시 역시 그 기능을 다한 것으로 보아야 한다.
> 2개월 내에 작위의무를 이행하라는 행정청의 지시를 이행하지 아니한 행위와 7개월 후 다시 같은 내용의 지시를 받고 이를 이행하지 아니한 행위는 성립의 근거와 일시 및 이행기간이 뚜렷이 구별되어 서로 양립이 가능한 전혀 별개의 범죄로서 동일성이 없다. (대법원 1994. 4. 26. 선고 93도1731 판결)

2. 부작위범의 일반적 성립요건

범죄의 일반적 성립요건과 마찬가지로 ① 구성요건해당성(객관적 구성요건요소·주관적 구성요건요소) ② 위법성 ③ 책임이 요구된다. 이 중에서 주관적 구성요건요소, 위법성, 책임은 다른 범죄와 구별하여 더 서술할 게 없다. 이하에서는 '객관적 구성요건요소'를 분설한다.

가. 구성요건적 부작위

1) 구성요건적 상황

작위가 요구되는 객관적 상황이 존재하여야 한다. 진정부작위범은 각칙의 구성요건 속에 이 상황이 상세히 규정되어 있다. 부진정부작위범은 구성요건적 결과발생의 위험성이 이 상황이 된다.

2) 부작위

작위의무를 이행하지 않았다는 부작위가 있어야 한다.

3) 개별적 행위가능성

행위자가 작위의무를 이행할 수 있는 가능성이 있어야 한다.

4) 보증인 지위·행위정형의 동가치성

부진정부작위범에서만 요구된다. 후술한다.

나. 구성요건적 결과와 인과관계·객관적 귀속

진정부작위범은 거동범이므로 결과발생을 요하지 않으나, 부진정부작위범은 결과범이므로 결과발생을 요한다. 따라서 부진정부작위범은 부작위와 구성요건적 결과 사이에 인과관계 및 객관적 귀속이 인정되어야 한다.

Ⅲ 부진정부작위범의 특유의 구성요건

진정부작위범과 달리 부진정부작위범 성립에는 ① 보증인지위와 ② 행위정형의 동가치성이 추가로 요구된다. 부진정부작위범은 부작위에 의하여 작위범의 구성요건을 실현하는 것이므로, 부작위에 의한 범행이 작위에 의한 구성요건의 실현과 동등하게 평가될 수 있어야 하기 때문이다.

1. 보증인지위

가. 의의

① **보증인지위**란 일정한 법익과 특수하고 밀접한 관계를 맺고 있어서 그 법익이 침해되지 않도록 보증해 주어야 할 지위를 말한다. ② 이러한 지위로부터 발생하는 결과발생방지의무를 **보증인의무**라 한다.

나. 체계적 지위

'착오'와 관련하여 보증인지위와 보증인의무의 체계적 지위가 문제된다.

💬 쟁점검토: 보증인지위·보증인의무의 체계적 지위

1. 학설
   ① **위법성요소설**: 보증인지위·보증인의무를 모두 위법성요소로 본다. 이에 대한 착오는 위법성의 착오가 된다.
   ② **구성요건요소설**: 보증인지위·보증인의무를 모두 구성요건요소로 본다. 이에 대한 착오는 구성요건적 착오가 된다.
   ③ **이분설**: 보증인지위는 구성요건요소, 보증인의무는 위법성요소로 본다. 따라서 보증인지위에 대한 착오는 구성요건적 착오, 보증인의무에 대한 착오는 위법성의 착오가 된다.
2. 검토
   ① **위법성요소설**은 보증인지위에 있지 않은 자의 부작위도 부진정부작위범의 구성요건에 해당하게 된다는 점에서 부당하고, ② **구성요건요소설**은 다른 형법상의 법적 의무는 위법성 요소인데 보증인의무만 구성요건요소로 본다는 점에서 부당하므로, ③ **이분설**이 타당하다.

[문제 1] 양부가 연탄가스에 중독된 양자를 발견하였으나 자신은 양부이므로 양자를 구할 의무가 없다 생각하여 방치하여 사망케 하였다. 이분설에 의할 때 양부의 죄책은?

　해설　보증인의무에 대한 착오로서 위법성의 착오가 된다. 책임설에 의하면 착오에 정당한 이유가 있는지 여부에 따라 고의범 성립 여부가 문제된다. 양부는 보증인지위는 인식했으나 보증인의무를 착오하였고 그 착오에 정당한 이유가 인정될 사정이 없기에 부작위 살인죄가 성립한다.

[문제 2] 양부가 익사 직전의 자기 아이를 남의 아이인 줄 알고 구하지 않아 사망케 하였다. 이분설에 의할 때 양부의 죄책은?

　해설　보증인지위에 대한 착오로서 구성요건적 착오가 된다. 고의가 조각되고 과실이 인정되어 과실치사죄가 성립한다.

다. 발생근거

보증인지위의 발생근거가 문제된다.

> 💬 쟁점검토: 보증인지위의 발생근거
>
> **1. 문제**
>
> 형법 제18조는 보증인을 '위험의 발생을 방지할 의무가 있거나 자기의 행위로 인하여 위험발생의 원인을 야기한 자'라고만 규정하여 보증인지위 및 작위의무의 발생근거가 문제된다.
>
> **2. 학설**
>
> ① **형식설**: 법령, 계약, 선행행위, 조리 등 형식에 따라 확정한다.
>
> ② **실질설**: 법익보호를 위한 보호의무와 위험발생을 감시해야 할 안전의무로 구별해 법익보호라는 실질적 기준에 따라 확정한다.
>
> **3. 판례**
>
> 법령, 법률행위, 선행행위는 물론 기타 신의성실 원칙, 사회상규, 조리상 작위의무가 기대되는 경우에도 법적 작위의무가 인정된다고 보아 ① **형식설**을 취한다.
>
> **4. 검토**
>
> ② **실질설**은 작위의무의 발생근거를 고려하지 않아 작위의무의 범위를 지나치게 확장시킬 우려가 있어 판례가 타당하다.

발생근거별로 보증인지위의 내용을 살펴본다.

① **법령에 의한 작위의무**는 성문법·불문법·공법·사법을 불문한다. 친권자의 보호의무(민법 제913조), 부부간의 부양의무(민법 제826조), 운전자의 구호의무(도로교통법 제54조), 경찰관의 보호조치의무(경찰관 직무집행법 제4조)가 대표적이다.

② **계약에 의한 작위의무**는 계약에 의하여 보호의무를 인수한 경우를 말한다. 계약의 유·무효를 불문한다. 고용계약에 의한 보호의무, 간호사의 환자 간호의무, 유아원 보모의 아동보호의무가 대표적이다.

③ **선행행위에 의한 작위의무**는 자기의 행위로 위험발생의 원인을 야기한 자의 위험발생방지의무를 말한다. 형법 제18조에서 명문으로 규정한다. 탈진상태에 있는 피감금자에 대한 감금자의 구호의무 등 선행하는 범죄행위로 인하여 법익침해 상황에 처한 피해자를 구호할 의무가 대표적이다.

④ **신의성실 원칙, 사회상규, 조리에 의한 작위의무**는 무제한 확장될 위험이 있기 때문에 제한된 범위에서 인정된다.[25] 목적물 하자에 대한 신의칙상 고지의무, 동거하는 고용자에 대한 고용주의 보호의무가 대표적이다.

관련 판례를 살펴본다.

---

25 상당수 판례는 사기죄의 '부작위 기망행위'와 관련되므로 그 부분에서 살펴보는 것으로 한다.

판례 보증인지위 – 법령·법률행위·선행행위·신의성실 원칙·사회상규·조리에 의해 발생

작위의무는 법적인 의무이어야 하므로 단순한 도덕상 또는 종교상의 의무는 포함되지 않으나 작위의무가 법적인 의무인 한 성문법이건 불문법이건 상관이 없고 또 공법이건 사법이건 불문하므로, 법령, 법률행위, 선행행위로 인한 경우는 물론이고 기타 신의성실의 원칙이나 사회상규 혹은 조리상 작위의무가 기대되는 경우에도 법적인 작위의무는 있다. (대법원 1996. 9. 6. 선고 95도2551 판결)

판례 세월호 사건

(작위와 부작위의 구별) 자연적 의미에서의 부작위는 거동성이 있는 작위와 본질적으로 구별되는 무(無)에 지나지 아니하지만, 형법 제18조에서 말하는 부작위는 법적 기대라는 규범적 가치판단 요소에 의하여 사회적 중요성을 가지는 사람의 행태가 되어 법적 의미에서 작위와 함께 행위의 기본 형태를 이루게 되므로, 특정한 행위를 하지 아니하는 부작위가 형법적으로 부작위로서의 의미를 가지기 위해서는, 보호법익의 주체에게 해당 구성요건적 결과 발생의 위험이 있는 상황에서 행위자가 구성요건의 실현을 회피하기 위하여 요구되는 행위를 현실적·물리적으로 행할 수 있었음에도 하지 아니하였다고 평가될 수 있어야 한다.

(보증인지위의 발생근거) 나아가 살인죄와 같이 일반적으로 작위를 내용으로 하는 범죄를 부작위에 의하여 범하는 이른바 부진정 부작위범의 경우에는 보호법익의 주체가 법익에 대한 침해위협에 대처할 보호능력이 없고, 부작위행위자에게 침해위협으로부터 법익을 보호해 주어야 할 법적 작위의무가 있을 뿐 아니라, 부작위행위자가 그러한 보호적 지위에서 법익침해를 일으키는 사태를 지배하고 있어 작위의무의 이행으로 결과발생을 쉽게 방지할 수 있어야 부작위로 인한 법익침해가 작위에 의한 법익침해와 동등한 형법적 가치가 있는 것으로서 범죄의 실행행위로 평가될 수 있다. 다만 여기서의 작위의무는 법령, 법률행위, 선행행위로 인한 경우는 물론, 신의성실의 원칙이나 사회상규 혹은 조리상 작위의무가 기대되는 경우에도 인정된다.

(부작위범의 고의) 또한 부진정 부작위범의 고의는 반드시 구성요건적 결과발생에 대한 목적이나 계획적인 범행 의도가 있어야 하는 것은 아니고 법익침해의 결과발생을 방지할 법적 작위의무를 가지고 있는 사람이 의무를 이행함으로써 결과발생을 쉽게 방지할 수 있었음을 예견하고도 결과발생을 용인하고 이를 방관한 채 의무를 이행하지 아니한다는 인식을 하면 족하며, 이러한 작위의무자의 예견 또는 인식 등은 확정적인 경우는 물론 불확정적인 경우이더라도 미필적 고의로 인정될 수 있다. 이때 작위의무자에게 이러한 고의가 있었는지는 작위의무자의 진술에만 의존할 것이 아니라, 작위의무의 발생근거, 법익침해의 태양과 위험성, 작위의무자의 법익침해에 대한 사태지배의 정도, 요구되는 작위의무의 내용과 이행의 용이성, 부작위에 이르게 된 동기와 경위, 부작위의 형태와 결과발생 사이의 상관관계 등을 종합적으로 고려하여 작위의무자의 심리상태를 추인하여야 한다.

(부작위범의 공동정범 – 선장이 아닌 선원들에 대한 부작위 살인죄 부정) 항해 중이던 선박의 선장 피고인 甲, 1등 항해사 피고인 乙, 2등 항해사 피고인 丙이 배가 좌현으로 기울어져 멈춘 후 침몰하고 있는 상황에서 피해자인 승객 등이 안내방송 등을 믿고 대피하지 않은 채 선내에 대기하고 있음에도 아무런 구조조치를 취하지 않고 퇴선함으로써, 배에 남아있던 피해자들을 익사하게 하고, 나머지 피해자들의 사망을 용인하였으나 해경 등에 의해 구조되었다고 하여 살인 및 살인미수로 기소된 사안에서, 피고인 乙, 丙은 간부 선원이기는 하나 나머지 선원들과 마찬가지로 선박침몰과 같은 비상상황 발생 시 각자

비상임무를 수행할 현장에 투입되어 선장의 퇴선명령이나 퇴선을 위한 유보갑판으로의 대피명령 등에 대비하다가 선장의 실행지휘에 따라 승객들의 이동과 탈출을 도와주는 임무를 수행하는 사람들로서, 임무의 내용이나 중요도가 선장의 지휘 내용이나 구체적인 현장상황에 따라 수시로 변동될 수 있을 뿐 아니라 퇴선유도 등과 같이 경우에 따라서는 승객이나 다른 승무원에 의해서도 비교적 쉽게 대체 가능하고, 따라서 승객 등의 퇴선을 위한 선장의 아무런 지휘·명령이 없는 상태에서 피고인 乙, 丙이 단순히 비상임무 현장에 미리 가서 추가 지시에 대비하지 아니한 채 선장과 함께 조타실에 있었다거나 혹은 기관부 선원들과 함께 3층 선실 복도에서 대기하였다는 사정만으로, 선장과 마찬가지로 선내 대기중인 승객 등의 사망 결과나 그에 이르는 사태의 핵심적 경과를 계획적으로 조종하거나 저지·촉진하는 등 사태를 지배하는 지위에 있었다고 보기 어려운 점 등 제반 사정을 고려하면, 피고인 乙, 丙이 간부 선원들로서 선장을 보좌하여 승객 등을 구조하여야 할 지위에 있음에도 별다른 구조조치를 취하지 아니한 채 사태를 방관하여 결과적으로 선내 대기 중이던 승객 등이 탈출에 실패하여 사망에 이르게 한 잘못은 있으나, 그러한 부작위를 작위에 의한 살인의 실행행위와 동일하게 평가하기 어렵고, 또한 살인의 미필적 고의로 피고인 甲의 부작위에 의한 살인행위에 공모 가담하였다고 단정하기도 어려우므로, 피고인 乙, 丙에 대해 부작위에 의한 살인의 고의를 인정하기 어렵다고 한 원심의 조치는 정당하다.

(선장에 대한 부작위 살인죄 인정) 선장의 권한이나 의무, 해원의 상명하복체계 등에 관한 해사안전법 제45조, 구 선원법(2015. 1. 6. 법률 제13000호로 개정되기 전의 것) 제6조, 제10조, 제11조, 제22조, 제23조 제2항, 제3항은 모두 선박의 안전과 선원 관리에 관한 포괄적이고 절대적인 권한을 가진 선장을 수장으로 하는 효율적인 지휘명령체계를 갖추어 항해 중인 선박의 위험을 신속하고 안전하게 극복할 수 있도록 하기 위한 것이므로, 선장은 승객 등 선박공동체의 안전에 대한 총책임자로서 선박공동체가 위험에 직면할 경우 그 사실을 당국에 신고하거나 구조세력의 도움을 요청하는 등의 기본적인 조치뿐만 아니라 위기상황의 태양, 구조세력의 지원 가능성과 규모, 시기 등을 종합적으로 고려하여 실현가능한 구체적인 구조계획을 신속히 수립하고 선장의 포괄적이고 절대적인 권한을 적절히 행사하여 선박공동체 전원의 안전이 종국적으로 확보될 때까지 적극적·지속적으로 구조조치를 취할 법률상 의무가 있다. 또한 선장이나 승무원은 수난구호법 제18조 제1항 단서에 의하여 조난된 사람에 대한 구조조치의무를 부담하고, 선박의 해상여객운송사업자와 승객 사이의 여객운송계약에 따라 승객의 안전에 대하여 계약상 보호의무를 부담하므로, 모든 승무원은 선박 위험 시 서로 협력하여 조난된 승객이나 다른 승무원을 적극적으로 구조할 의무가 있다. 따라서 선박침몰 등과 같은 조난사고로 승객이나 다른 승무원들이 스스로 생명에 대한 위협에 대처할 수 없는 급박한 상황이 발생한 경우에는 선박의 운항을 지배하고 있는 선장이나 갑판 또는 선내에서 구체적인 구조행위를 지배하고 있는 선원들은 적극적인 구호활동을 통해 보호능력이 없는 승객이나 다른 승무원의 사망 결과를 방지하여야 할 작위의무가 있으므로, 법익침해의 태양과 정도 등에 따라 요구되는 개별적·구체적인 구호의무를 이행함으로써 사망의 결과를 쉽게 방지할 수 있음에도 그에 이르는 사태의 핵심적 경과를 그대로 방관하여 사망의 결과를 초래하였다면, 부작위는 작위에 의한 살인행위와 동등한 형법적 가치를 가지고, 작위의무를 이행하였다면 결과가 발생하지 않았을 것이라는 관계가 인정될 경우에는 작위를 하지 않은 부작위와 사망의 결과 사이에 인과관계가 있다. (대법원 2015. 11. 12. 선고 2015도6809 전원합의체 판결) **표준**

해설 세월호 사건이다. ① 선장에 대하여는 (부작위) 살인·살인미수죄 등이 ② 1등 항해사에 대하여는 도주선박의 선장·승무원을 가중처벌하는 특정범죄가중처벌법 위반(제5조의12)이, ③ 나머지 선원들에 대하여는 유기치사·유기치상죄 등이 인정되었다.

위 판례는 ① 작위·부작위 구별 ② 보증인지위 발생근거 ③ 부작위범의 고의, 특히 살인죄의 미필적 고의 ④ 부작위범의 공동정범 등 부작위범 주요 쟁점을 풍부하게 다룬다.[26]

판례 피고인이 조카인 피해자(10세)를 살해하기로 마음먹고 저수지로 데리고 가서 미끄러지기 쉬운 제방 쪽으로 유인하여 함께 걷다가 피해자가 물에 빠지자 구호하지 아니하여 익사케 함 – (부작위) 살인죄 ○

피해자의 숙부로서 익사의 위험에 대처할 보호능력이 없는 나이 어린 피해자를 익사의 위험이 있는 저수지로 데리고 갔던 피고인으로서는 피해자가 물에 빠져 익사할 위험을 방지하고 피해자가 물에 빠지는 경우 그를 구호하여 주어야 할 법적인 작위의무가 있다고 보아야 할 것이고, 피해자가 물에 빠진 후에 피고인이 살해의 범의를 가지고 그를 구호하지 아니한 채 그가 익사하는 것을 용인하고 방관한 행위(부작위)는 피고인이 그를 직접 물에 빠뜨려 익사시키는 행위와 다름없다고 형법상 평가될 만한 살인의 실행행위라고 보는 것이 상당하다. (대법원 1992. 2. 11. 선고 91도2951 판결) **표준**

참고 선행행위에 의한 작위의무가 인정된다. 행위정형의 동가치성도 인정되었다.

판례 유괴범인 피고인이 피해자(중학교 1학년)를 유인한 후 양 손목과 발목을 묶고 얼굴에 모포를 씌워 감금한 후 이틀이 지났는데, 피해자가 이미 탈진 상태에 이르러 박카스를 마시지 못하고 그냥 흘려버릴 정도였고, 피고인이 피해자의 얼굴에 모포를 덮어씌워 놓고 그냥 나오면서 '피해자를 그대로 두면 죽을 것 같다'는 생각이 들었음에도 병원에 옮기지 않고 방치하여 사망 – (부작위) 살인죄 ○

피고인이 미성년자를 유인하여 포박 감금한 후 단지 그 상태를 유지하였을 뿐인데도 피감금자가 사망에 이르게 된 것이라면 피고인의 죄책은 감금치사죄에 해당한다 하겠으나, 나아가서 그 감금상태가 계속된 어느 시점에서 피고인에게 살해의 범의가 생겨 피감금자에 대한 위험발생을 방지함이 없이 포박감금상태에 있던 피감금자를 그대로 방치함으로써 사망케 하였다면 피고인의 부작위는 살인죄의 구성요건적 행위를 충족하는 것이라고 평가하기에 충분하므로 부작위에 의한 살인죄를 구성한다. (대법원 1982. 11. 23. 선고 82도2024 판결) **표준**

참고 선행행위에 의한 작위의무가 인정된다. 행위정형의 동가치성도 인정되었다.

판례 도로교통법상 구호조치의무·신고의무

도로교통법 제50조 제1항, 제2항이 규정한 교통사고발생시의 구호조치의무 및 신고의무는 … (중략) … 교통사고를 발생시킨 당해 차량의 운전자에게 그 사고발생에 있어서 고의·과실 혹은 유책·위법의 유무에 관계없이 부과된 의무라고 해석함이 상당할 것이므로, 당해 사고에 있어 귀책사유가 없는 경우에도 위 의무가 없다 할 수 없고, 또 위 의무는 신고의무에만 한정되는 것이 아니므로 타인에게 신고를 부탁하고 현장을 이탈하였다고 하여 위 의무를 다한 것이라고 말할 수는 없다. (대법원 2002. 5. 24. 선고 2000도1731 판결, 대법원 2015. 10. 15. 선고 2015도12451 판결)

판례 법무사가 아닌 사람이 법무사로 소개·호칭되는 데도 자신이 법무사 아니라는 사실을 밝히지 않은 채 법무사 행세를 계속하여 근저당권설정계약서 작성 – (부작위) 법무사법 위반 ○ (대법원 2008.

---

26 판례의 내용을 거의 그대로 담았으나 가독성을 위해 문단별로 소제목을 붙이고, 일부 내용의 순서나 용어를 수정하였다.

2. 28. 선고 2007도9354 판결)

참고 ① 계약상 또는 조리상의 법적인 작위의무가 있다고 보았다. 행위정형의 동가치성도 인정되었다. ② 법무사법 제3조 제2항에 따르면 법무사 아닌 자는 법무사·유사명칭을 사용할 수 없다.

판례 백화점에서 바이어를 보조하여 특정매장에 관한 상품관리 등을 담당하는 직원이 자신이 관리하는 특정매장 점포에서 가짜 상표가 새겨진 상품을 진열·판매하는 사실을 발견하고도 방치함 - (부작위) 상표법위반 방조 및 부정경쟁방지법위반 방조 ○ (대법원 1997. 3. 14. 선고 96도1639 판결)

참고 근로계약상·조리상의 의무가 있다고 보았다. 행위정형의 동가치성도 인정되었다.

2. 행위정형의 동가치성

행위정형의 동가치성은 보증인지위에 있는 자의 부작위가 작위에 의한 구성요건 실현과 동등한 것으로 평가될 수 있어야 함을 말한다. 관련 판례를 살펴본다.

판례 행위정형의 동가치성 – 부작위가 작위에 의한 법익침해와 동등한 형법적 가치가 있는 경우
형법이 금지하고 있는 법익침해의 결과발생을 방지할 법적인 작위의무를 지고 있는 자가 그 의무를 이행함으로써 결과발생을 쉽게 방지할 수 있었음에도 불구하고 그 결과의 발생을 용인하고 이를 방관한 채 그 의무를 이행하지 아니한 경우에, 그 부작위가 작위에 의한 법익침해와 동등한 형법적 가치가 있는 것이어서 그 범죄의 실행행위로 평가될 만한 것이라면, 작위에 의한 실행행위와 동일하게 부작위범으로 처벌할 수 있다고 할 것이다. (대법원 1992. 2. 11. 선고 91도2951 판결) **표준**

판례 부작위 현주건조물방화치사상죄로 기소되었으나 개별적 행위가능성·행위정형의 동가치성이 부정된 사례
피고인이 모텔 방에 투숙하여 담배를 피운 후 재떨이에 담배를 끄게 되었으나 담뱃불이 완전히 꺼졌는지 여부를 확인하지 않은 채 불이 붙기 쉬운 휴지를 재떨이에 버리고 잠을 잔 과실로 담뱃불이 휴지와 옆에 있던 침대시트에 옮겨 붙게 함으로써 화재가 발생하였고, 부작위에 의한 현주건조물방화치사 및 현주건조물방화치상죄가 성립하기 위하여는, 피고인에게 법률상의 소화의무가 인정되는 외에 소화의 가능성 및 용이성이 있었음에도 그 의무를 위반하여야 하는데, 이 사건 화재가 피고인의 중대한 과실 있는 선행행위로 발생한 이상 피고인에게 이 사건 화재를 소화할 법률상 의무는 있다 할 것이나, 피고인이 이 사건 화재 발생 사실을 안 상태에서 모텔을 빠져나오면서도 모텔 주인이나 다른 투숙객들에게 이를 알리지 아니하였다는 사정만으로는 피고인이 이 사건 화재를 용이하게 소화할 수 있었다고 보기 어렵다. (대법원 2010. 1. 14. 선고 2009도12109, 2009감도38 판결)

Ⅳ 관련문제

1. 부작위범의 미수

① **진정부작위범**은 거동범이므로 미수를 인정할 수 없다는 게 다수설이나, 형법은 퇴거불응죄의 미수를 인정하고 있다.

② **부진정부작위범**은 미수규정이 있는 범죄를 부작위의 형태로 저지르는 경우, 미수가 인정될 수 있다. 예컨대 세월호 사건에서 부작위 살인미수죄가 인정되었다.

2. 부작위범과 공범

부작위범에 대한 공범을 살펴본다. ① **부작위범 사이의 공동정범**은 성립할 수 있다. **부작위범과 작위범 사이의 공동정범**도 성립할 수 있다. ② **부작위범을 도구로 이용한 간접정범**은 성립할 수 있다. 보증인에게 작위의무를 이행하지 못하도록 강요한 경우 간접정범이 성립한다. ③ **부작위범에 대한 교사범·방조범**은 성립할 수 있다. 이때 교사·방조는 작위에 의한 것이므로 교사범·방조범에게 보증인지위가 요구되지 않는다.

부작위에 의한 공범을 살펴본다. ① **부작위에 의한 간접정범**은 불가하다. 부작위에 의한 피용자에 대한 의사지배를 인정할 수 없기 때문이다. ② **부작위에 의한 교사**는 불가하다. 부작위는 피교사자에 대해서 현실적으로 아무런 심리적 영향을 주지 못하기 때문이다. ③ **부작위에 의한 방조**는 가능하다. 결과발생을 방지해야 할 보증인지위에 있는 자가 정범의 범행을 방치한 경우, 부작위에 의한 방조가 가능하다.

	공범유형	인정여부
부작위범에 대한 공범	부작위범 사이의 공동정범	○
	부작위범과 작위범 사이의 공동정범	○
	간접정범	○
	교사범	○ (보증인 지위 불요)
	방조범	○ (보증인 지위 불요)
부작위에 의한 공범	간접정범	×
	교사범	×
	방조범	○ (보증인 지위 필요)

관련 판례를 살펴본다.

판례 부작위범 사이의 공동정범 – 가능

부작위범 사이의 공동정범은 다수의 부작위범에게 공통된 의무가 부여되어 있고 그 의무를 공통으로 이행할 수 있을 때에만 성립한다. (대법원 2008. 3. 27. 선고 2008도89 판결) **표준**

판례 부작위에 의한 방조 – 가능

형법상 방조는 작위에 의하여 정범의 실행을 용이하게 하는 경우는 물론, 직무상의 의무가 있는 자가 정범의 범죄행위를 인식하면서도 그것을 방지하여야 할 제반 조치를 취하지 아니하는 부작위로 인하여 정범의 실행행위를 용이하게 하는 경우에도 성립된다. (대법원 1996. 9. 6. 선고 95도2551 판결)

동지 입찰업무 담당 공무원이 입찰보증금이 횡령되고 있는 사실을 방치 – (부작위) 업무상횡령 방조 ○ (대법원 1996. 9. 6. 선고 95도2551 판결)

동지 은행 지점장이 부하들의 배임행위를 알고도 방치 – (부작위) 업무상배임 방조 ○ (대법원 1984. 11. 27. 선고 84도1906 판결)

---

3. 과실의 부작위범

① 진정부작위범 ② 부진정부작위범을 불문하고 (이론상) 과실에 의한 부작위범이 성립할 수 있다. ① 다만 우리 형법은 과실의 진정부작위범을 처벌하는 규정을 두고 있지 않다. ② 따라서 구성요건에 해당하는 결과를 방지해야 할 보증인지위가 있는 경우에 한하여, 과실의 부진정부작위범만이 문제될 수 있다.

---

04 인과관계와 객관적 귀속

I 인과관계

1. 의의

제17조(인과관계) 어떤 행위라도 죄의 요소되는 위험발생에 연결되지 아니한 때에는 그 결과로 인하여 벌하지 아니한다.

(의의) 인과관계란 발생된 결과를 행위자의 행위에 의한 것으로 귀속시키는 데에 필요한 행위와 결과 사이의 연관관계를 말한다. 구성요건의 내용으로서 결과 발생을 요하는 결과범 또는 침해범에서만 문제되며 거동범에서는 문제되지 않는다.

(효과) 인과관계가 부정되면 기수범이 성립할 수 없게 되어 고의범의 경우 미수범이 성립한다. 다만 과실범의 경우 미수를 처벌하는 규정이 없으므로 범죄가 성립하지 않는다.

2. 인과관계에 관한 학설

인과관계에 관한 학설을 살펴본다.[27]

가. 조건설

절대적 제약공식을 사용하여 '일정한 선행사실이 없었다면 결과도 발생하지 아니하였다'는 논리적 조건관계만 있으면 인과관계를 인정하는 견해이다. 조건설에 따르면 인과관계가 인정되는 범위가 지나치게 확대된다는 비판이 있다.

나. 원인설

조건설에 의하여 인과관계가 인정되는 조건 중에서 결과발생에 중요한 영향을 준 조건과 단순한 조건을 구별하여 전자를 '원인'이라 칭하고 이에 대해서만 인과관계를 인정하는 견해이다. 원인과 조건을 구별하는 명확한 기준이 없다는 비판을 받는다.

다. 상당인과관계설

판례가 취하는 견해이다. 사회생활상 일반적인 생활경험에 비추어 그러한 행위로부터 그러한 결과가 발생하는 것이 상당하다고 인정될 때, 즉 개연성이 있을 때 그 행위와 결과 사이에는 인과관계가 있다고 보는 견해이다. 상당성의 판단기준이 모호하여 법적 안정성을 해칠 우려가 있다는 비판을 받는다.

라. 중요설

인과관계와 귀책의 문제를 구별하여, 인과관계의 존부는 조건설에 의하여 논리적으로 판단되지만 형법적 평가인 결과귀속은 개별 구성요건에 반영된 형법적 중요성에 따라 규범적으로 판단해야 한다는 견해이다. 결과귀속에 있어서 구성요건적 중요성만을 강조할 뿐 실질적인 판단기준을 제시

---

27 인과관계에 관한 학설은 본래 인과관계의 각 유형(기본적, 이중적, 누적적, 가설적, 단절적, 비유형적 인과관계)과 함께 살펴보아야 한다. 학설에 따라 각 유형의 결론이 달라지기 때문이다. 그러나 변호사시험의 출제경향을 고려하여 이 부분은 서술을 생략한다.

하지 못한다는 비판을 받는다.

마. 합법칙적 조건설

결과가 행위에 시간적으로 뒤따르면서 그 행위와 자연법칙적으로 연관되어 있을 때 행위와 결과 간에 인과관계가 인정된다는 견해이다. 조건설과 마찬가지로 인과관계의 인정범위가 지나치게 넓다는 비판을 받는다.

바. 인과관계 중단론

인과관계가 진행되는 중에 타인의 고의행위나 예기치 못한 우연한 사정이 개입된 경우에는 선행행위와 결과 사이의 인과관계가 중단된다는 이론이다. 조건설에 의한 인과관계 확대를 제한하기 위해 만들어졌다.

3. 판례

이하 인과관계와 관련된 판례를 살펴본다.[28] 먼저 인정례를 살펴본다.

[판례] 피해자를 2회에 걸쳐 두 손으로 힘껏 밀어 땅바닥에 넘어뜨리는 폭행을 가했는데, 그 충격으로 인한 쇼크성 심장마비로 사망함 – 폭행치사죄(인과) ○

위 피해자에게 그 당시 심관성동맥경화 및 심근섬유화 증세등의 심장질환의 지병이 있었고 음주로 만취된 상태였으며 그것이 피해자가 사망함에 있어 영향을 주었다고 해서 피고인의 폭행과 피해자의 사망간에 상당인과 관계가 없다고 할 수 없다. (대법원 1986. 9. 9. 선고 85도2433 판결) **표준**

[동지] 피고인이 피해자의 멱살을 잡아 흔들고 주먹으로 가슴과 얼굴을 1회씩 구타하고 멱살을 붙들고 넘어뜨리는 등 신체 여러 부위에 표피박탈, 피하출혈 등의 외상이 생길 정도로 심하게 폭행을 가했는데, 평소 심장질환을 앓던 피해자가 관상동맥부전과 허혈성심근경색 등으로 사망함 – 폭행치사죄(인과) ○

피고인의 폭행의 방법, 부위나 정도 등에 비추어 피고인의 폭행과 피해자의 사망과 간에 상당인과관계가 있었다고 볼 수 있다. (대법원 1989. 10. 13. 선고 89도556 판결)

[비교] 고교 교사인 피고인이 학생인 피해자의 뺨을 때렸는데, 평소 허약상태에서 온 급격한 뇌압상승으로 A가 넘어져 사망함 – 폭행치사죄(인과) ✕

고등학교 교사가 제자의 잘못을 징계코자 왼쪽뺨을 때려 뒤로 넘어지면서 사망에 이르게 한 경우 위 피해자는 두께 0.5미리밖에 안되는 비정상적인 얇은 두개골이었고 또 뇌수송을 가진 심신허약자로서 좌측뺨을 때리자 급성뇌성압상승으로 넘어지게 된 것이라면 위 소위와 피해자의 사망간에는 이른바 인과관계가 없는 경우에 해당한다. (대법원 1978. 11. 28. 선고 78도1961 판결) **표준**

---

28 상당수의 판례는 강도치사상·강간치사상·업무상 과실치사상 등 형법각론과 관련되므로 해당 죄명에서 살펴보는 것으로 한다.

판례 조폭인 피고인들이 각목 등으로 피해자의 머리·몸을 마구 때리고 낫으로 팔과 다리 등을 닥치는 대로 내려찍어 자상을 가하였는데, 피해자가 입원 중 콜라와 김밥 등을 함부로 먹은 탓으로 유발된 합병증으로 사망함 – 살인죄(인과) ○

살인의 실행행위가 피해자의 사망이라는 결과를 발생하게 한 유일한 원인이거나 직접적인 원인이어야만 되는 것은 아니므로, 살인의 실행행위와 피해자의 사망과의 사이에 다른 사실이 개재되어 그 사실이 치사의 직접적인 원인이 되었다고 하더라도 <u>그와 같은 사실이 통상 예견할 수 있는 것에 지나지 않는다면 살인의 실행행위와 피해자의 사망과의 사이에 인과관계가 있는 것으로 보아야 한다.</u> (대법원 1994. 3. 22. 선고 93도3612 판결) **표준**

판례 피고인이 피해자의 복부를 주먹으로 1회 강타하여 장파열로 인한 복막염으로 사망하였는데, 의사의 수술지연 등의 과실이 공동원인이 된 경우 – 폭행치사죄(인과) ○ (대법원 1984. 6. 26. 선고 84도831, 84감도129 판결)

판례 연탄가스 중독환자가 퇴원하며 의사인 피고인에게 병명 물었으나 피고인이 아무런 요양방법을 지도해주지 않아 환자가 처음 사고가 난 방에서 다시 자다가 재차 연탄가스에 중독 – 업무상과실치상죄(인과) ○ (대법원 1991. 2. 12. 선고 90도2547 판결)

판례 피고인이 자동차를 운전하다 횡단보도를 걷던 보행자 甲을 들이받아 그 충격으로 횡단보도 밖에서 甲과 동행하던 피해자 乙이 밀려 넘어져 상해를 입음 – 乙 부분 교특치상죄(인과) ○ (대법원 2011. 4. 28. 선고 2009도12671 판결)

이어서 부정례를 살펴본다.

판례 수영장에서 사망한 초등학생의 사망원인이 밝혀지지 않은 경우 – 업무상과실치사(인과) ×
파도수영장에서 물놀이하던 초등학교 6학년생이 수영장 안에 엎어져 있는 것을 수영장 안전요원이 발견하여 인공호흡을 실시한 뒤 의료기관에 후송하였으나 후송 도중 사망한 사고에 있어서 그 사망원인이 구체적으로 밝혀지지 아니한 상태라면 안전요원과 수영장 관리책임자에게 업무상 주의의무를 게을리한 과실이 있고 그 주의의무 위반으로 인하여 피해자가 사망하였다고 볼 수 없다. (대법원 2002. 4. 9. 선고 2001도6601 판결)

판례 피고인이 고속버스와의 안전거리를 확보하지 않은 상태로 진행하다가 제한최고속도를 시속 20km 초과하여 추월하다가 야간에 고속도로를 무단횡단하는 보행자 충격 – 교특치사죄(인과) × (대법원 2000. 9. 5. 선고 2000도2671 판결)

II. 객관적 귀속

1. 의의

객관적 귀속이란 인과관계가 인정되는 결과를 행위자의 행위에 객관적으로 귀속시킬 수 있는가를 확정하는 이론이다.

2. 구체적 판단기준

가. 지배가능성이론

인과관계가 인정되는 결과를 행위자에게 귀속시키기 위해서는 그 인과과정 및 결과가 행위자에게 지배가능한 것이어야 한다는 이론이다.

나. 위험창출이론

객관적 귀속이 인정되기 위해서는 행위자의 행위가 법적으로 허용되지 않는 위험을 창출·강화시켜야 한다는 이론이다.

다. 위험실현이론

객관적 귀속이 인정되기 위해서는 행위자가 창출·강화시킨 위험이 구성요건적 결과에 사실상 실현되어야 한다는 이론이다.

📋 쟁점검토: 합법적 대체행위

1. 문제
   행위자가 금지된 행위를 함으로써 결과를 실현시켰으나 합법적 행위를 하였더라도 동일결과가 발생하였을 개연성이 있는 경우에도 객관적 귀속을 인정할 수 있는지 문제된다.
2. 학설
   ① **무죄추정설(의무위반관련이론)**: 합법적 행위를 했더라면 결과회피가 확실한 경우에 한하여 객관적 귀속을 긍정한다.
   ② **위험증대설**: 행위자가 결과발생의 위험을 증대시킨 이상 객관적 귀속을 긍정한다.
3. 판례
   판례는 ① **무죄추정설**에 가까운 입장을 보인다.
4. 검토
   ② **위험증대설**은 '의심스러울 때에는 피고인의 이익'으로 한다는 형사법의 대원칙에 반하기에 판례가 타당하다.

라. 규범의 보호목적이론

(의의) 행위자의 행위에 의하여 창출·강화된 위험이 실현되어 구성요건적 결과가 실현된 경우라도, 그 인과과정의 진행을 방지하는 것이 규범의 보호목적이 아닐 경우에는 객관적 귀속을 부정한다는 이론이다. **(규범의 보호목적이론 판단기준)** ① 행위가 위험을 창출·강화하여 결과를 실현시켰더라도, 그러한 결과를 제지하는 것이 주의규범의 보호목적이 아니라 주의의무의 반사적 보호에 불과한 경우에는 객관적 귀속을 부정한다. ② 위험을 인식한 피해자의 고의적인 자기위태화로 결과가 발생한 경우, 당해 구성요건 규범의 보호영역 밖에서 결과가 발생한 것이므로 객관적 귀속을 부정한다.

3. 판례

관련 판례를 살펴본다. 먼저 합법적 대체행위에 관한 판례를 살펴본다.

> **판례** 합법적 대체행위를 했다면 결과회피가 확실한 경우에 한하여 객관적 귀속 인정
> 혈청에 의한 간기능검사를 시행하지 않거나 이를 확인하지 않은 피고인들의 과실과 피해자의 사망 간에 인과관계가 있다고 하려면 피고인들이 수술 전에 피해자에 대한 간기능검사를 하였더라면 피해자가 사망하지 않았을 것임이 입증되어야 할 것인데도(수술 전에 피해자에 대하여 혈청에 의한 간기능검사를 하였더라면 피해자의 간기능에 이상이 있었다는 검사결과가 나왔으리라는 점이 증명되어야 할 것이다) 원심은 피해자가 수술당시에 이미 간손상이 있었다는 사실을 증거 없이 인정함으로써 채증법칙위반 및 인과관계에 관한 법리오해의 위법을 저지른 것이다. (대법원 1990. 12. 11. 선고 90도694 판결) **표준**
> **해설** 수술주관의사·마취담당의사가 할로테인을 사용한 전신마취에 의하여 난소종양절제수술을 함에 앞서 혈청의 생화학적 반응에 의한 간기능검사로 환자의 간 상태를 정확히 파악하지 아니한 채 개복수술을 시행하여 환자가 급성전격성간염으로 인하여 사망한 사건이다. 원심은 의사들에게 업무상과실을 인정하였다. 이에 대해 대법원은 과실과 사망이라는 결과를 연결하기 위해서는 합법적 대체행위시 결과회피가 확실하다는 점을 검사가 입증하여야 한다고 보아 원심을 파기하였다.

> **판례** 가습기 살균제를 제조·판매하며 독성 화학물질 안전성 검증을 하였더라면 유해성을 확인할 수 있었을 것이 분명한 경우 – 업무상과실치사상죄(객관적 귀속) ○
> 이러한 원심의 판단은, 피고인 A가 2000. 10.경 또는 그 이후에 급성 흡입독성시험을 실시하였다면, AL의 유해성을 확인할 수 있었을 것이므로, 위 피고인이 급성 흡입독성시험을 실시하지 않은 업무상과실과 사상의 결과 사이에 인과관계가 인정된다는 취지로 볼 수 있다. (대법원 2018. 1. 25. 선고 2017도12537 판결) **표준**
> **참고** 합법적 대체행위를 했더라면 결과회피가 확실하였으므로 객관적 귀속이 인정된다는 취지이다.

> **판례** 피고인이 적색 등화에 따라 정지하였더라면 교통사고가 발생하지 않았을 것임이 분명한 경우 – 교특치상죄(객관적 귀속) ○

택시 운전자인 피고인이 교통신호를 위반하여 4거리 교차로를 진행한 과실로 교차로 내에서 甲이 운전하는 승용차와 충돌하여 甲 등으로 하여금 상해를 입게 하였다고 하여 교통사고처리 특례법 위반으로 기소된 사안에서, 피고인의 택시가 차량 신호등이 적색 등화임에도 횡단보도 앞 정지선 직전에 정지하지 않고 상당한 속도로 정지선을 넘어 횡단보도에 진입하였고, 횡단보도에 들어선 이후 차량 신호등이 녹색 등화로 바뀌자 교차로로 계속 직진하여 교차로에 진입하자마자 교차로를 거의 통과하였던 甲의 승용차 오른쪽 뒤 문짝 부분을 피고인 택시 앞 범퍼 부분으로 충돌한 점 등을 종합할 때, 피고인이 적색 등화에 따라 정지선 직전에 정지하였더라면 교통사고는 발생하지 않았을 것임이 분명하여 피고인의 신호위반행위가 교통사고 발생의 직접적인 원인이 되었다고 보아야 하는데도, 이와 달리 보아 공소를 기각한 원심판결에 신호위반과 교통사고의 인과관계에 관한 법리오해의 위법이 있다고 한 사례. (대법원 2012. 3. 15. 선고 2011도17117 판결) **표준**

참고 합법적 대체행위를 했더라면 결과회피가 확실하였으므로 객관적 귀속이 인정된다는 취지이다.

판례 피고인이 트럭의 왼쪽 바퀴를 중앙선 위에 올려놓은 상태에서 운전하지 않았더라도 교통사고를 피할 수 없었던 경우 – 교특치상죄(객관적 귀속) ×

피고인이 트럭을 도로의 중앙선 위에 왼쪽 바깥 바퀴가 걸친 상태로 운행하던 중 피해자가 승용차를 운전하여 피고인이 진행하던 차선으로 달려오다가 급히 자기 차선으로 들어가면서 피고인이 운전하던 트럭과 교행할 무렵 다시 피고인의 차선으로 들어와 그 차량의 왼쪽 앞 부분으로 트럭의 왼쪽 뒷바퀴 부분을 스치듯이 충돌하고 이어서 트럭을 바짝 뒤따라 가던 차량을 들이받았다면, 설사 피고인이 중앙선 위를 달리지 아니하고 정상 차선으로 달렸다 하더라도 사고는 피할 수 없다 할 것이므로 피고인 트럭의 왼쪽 바퀴를 중앙선 위에 올려놓은 상태에서 운전한 것만으로는 위 사고의 직접적인 원인이 되었다고 할 수 없다. (대법원 1991. 2. 26. 선고 90도2856 판결)

참고 합법적 대체행위를 하였더라도 결과회피가 불확실하므로 객관적 귀속이 부정된다는 취지이다.

이어서 규범의 보호목적이론에 관한 판례를 살펴본다.

판례 (甲 → 피고인 → 乙) 피고인이 앞차인 乙과 안전거리를 준수하지 않았는데, 甲이 피고인의 차를 충격하여 피고인이 乙을 충격한 경우 – 업무상과실치상(객관적 귀속) ×

피고인 운전의 차가 이미 정차하였음에도 뒤쫓아오던 차의 충돌로 인하여 앞차를 충격하여 사고가 발생한 경우, 설사 피고인에게 안전거리를 준수치 않은 위법이 있었다 할지라도 그것이 이 사건 피해결과에 대하여 인과관계가 있다고 단정할 수 없다. (대법원 1983. 8. 23. 선고 82도3222 판결)

판례 피고인이 파출소에 방화하였는데, 당시 숙직 경찰관이 적극적으로 진화작업에 열중한 나머지 2도 화상을 입게 된 경우 – 현주건조물방화치상죄(객관적 귀속) × (대법원 1966. 6. 28. 선고 66도1 판결)

I 의의

> 제13조(고의) 죄의 성립요소인 사실을 인식하지 못한 행위는 벌하지 아니한다. 다만, 법률에 특별한 규정이 있는 경우에는 예외로 한다.

(의의) 구성요건적 고의란 객관적 행위상황을 인식하고 구성요건을 실현하려는 의사를 말한다. 고의는 ① **지적요소**와 ② **의지적 요소**를 그 내용으로 한다. ① 고의는 객관적 구성요건요소에 해당하는 사실의 인식이 있어야 한다. ② 나아가 고의는 구성요건의 실현을 목표로 하는 의사가 있어야 한다.[29·30]

(존재시기) 구성요건적 고의는 행위시, 즉 구성요건을 실행할 때 있어야 한다. 고의는 행위시에 존재해야 하므로 ① **사전고의**나 ② **사후고의**는 고의가 아니며 과실범의 문제이다. ① **사전고의**란 행위 이전에는 구성요건의 실현의사를 가지고 있었으나 구성요건실현시에는 고의가 없었던 경우 ② **사후고의**란 고의 없이 구성요건적 결과를 실현한 후에 비로소 그 결과를 인식하고 용인한 경우를 말한다.

II 내용

1. 지적 요소

고의는 객관적 구성요건요소에 해당하는 모든 사실을 인식해야 성립한다. 고의의 인식대상을 표로 정리한다.

---

29 고의의 체계적 지위에 대해서는 ① 구성요건설 ② 책임요소설 ③ 이중적 지위설(구성요건요소인 동시에 책임요소라는 견해)이 대립한다.

30 구성요건적 고의와 구별해야 하는 개념으로 ① 불법고의와 ② 책임고의가 있다. 구성요건적 고의는 인식대상의 범위가 객관적 구성요건요소에 국한되는 고의를 말하고 일반적으로 '고의'라 하면 이 구성요건적 고의를 말한다. ① 불법고의란 행위자가 구성요건실현의 인식·의사를 가짐과 동시에 위법성조각사유에 해당하지 않는다는 사실을 인식하면서도 행위를 하는 경우의 고의를 말한다. 불법고의는 소극적 구성요건표지이론에서 사용하는 고의 개념이다. ② 책임고의란 구성요건실현의 인식과 의사를 가지고 내심적으로 법질서 전체에 대하여 사회적인 반항의 태도를 보이는 경우의 고의를 말한다. 책임고의는 고의가 구성요건요소인 동시에 책임요소라는 이중적 지위설에서 주로 사용하는 고의 개념이다.

고의의 인식대상 ○	고의의 인식대상 ×
① 행위의 주체·객체 ② 행위·결과 ③ 행위의 수단·태양·상황 ④ 인과관계 ⑤ 구체적 위험범에서 위험발생 ⑥ 가중적·감경적 구성요건요소	① 객관적 귀속 ② 결과적 가중범에 있어서 중한 결과 ③ 추상적 위험범에서 위험발생 ④ 처벌조건·소추조건 ⑤ 책임능력·기대가능성 ⑥ 상습범의 상습성 ⑦ 형벌법규·행위의 가벌성

2. 의지적 요소

고의는 행위자가 인식한 내용을 실현하려는 의사가 있어야 성립한다. 의지적 요소의 구체적 내용을 둘러싸고 견해가 대립한다.

🗨 **쟁점검토: 고의의 의지적 요소 – 미필적 고의의 의미**

1. 문제
지적요소가 인정된다는 가정하에 의지적 요소의 구체적 내용이 문제된다. 이는 '인식 있는 과실'과 '미필적 고의'를 구별하는 기준이 된다.

2. 학설
① **용인설**: 결과발생의 가능성을 인식하면서도 이를 용인하는 것을 말한다.
② **가능성설**: 결과발생의 구체적 가능성을 인식하는 것을 말한다.
③ **감수설**: 결과발생의 가능성을 인식하면서도 이를 감수하는 것을 말한다.

3. 판례
판례는 '미필적 고의는 범죄사실의 발생 가능성에 대한 인식이 있음은 물론 나아가 그 위험을 용인하는 내심의 의사가 있어야 한다'고 하여 ① **용인설**을 취한다.

4. 검토
최종적인 결과발생 자체에 대한 행위자의 의지를 기준으로 삼아야 하므로 판례가 타당하다.

Ⅲ 종류

1. 확정적 고의

확정적 고의란 구성요건적 결과의 실현을 행위자가 인식하였거나 확실히 예견한 경우를 말한다.

2. 불확정적 고의

가. 미필적 고의

미필적 고의란 행위자가 객관적 구성요건실현의 가능성을 인식하고 그것을 용인하는 내심의 의사가 있는 경우를 말한다.

나. 택일적 고의

택일적 고의란 행위자가 두 가지 이상의 구성요건·결과 중에서 어느 하나만 실현하기를 원하지만 그 중 어느 결과가 발생해도 좋다고 생각하고 행위하는 경우를 말한다.

Ⅳ 판례

고의에 관한 판례를 살펴본다. 우선 기본판례를 살펴본다.

(판례) 지적 요소가 결여된 경우(객관적 구성요건요소를 인식하지 못한 경우) – 고의 ×

절도의 범의는 타인의 점유하에 있는 타인소유물을 그 의사에 반하여 자기 또는 제3자의 점유하에 이전하는 데에 대한 인식을 말하므로, 타인이 그 소유권을 포기하고 버린 물건으로 오인하여 이를 취득하였다면 이와 같이 오인하는 데에 정당한 이유가 인정되는 한 절도의 범의를 인정할 수 없다. (대법원 1989. 1. 17. 선고 88도971 판결)

(동지) 피해자가 자정 가까운 시간에 점포를 폐점하면서 제조연월일이 오래된 빵을 별다른 감수조치를 취함이 없이 점포 밖에 방치하여 피고인이 가져감 – 절도죄(고의) × (대법원 1984. 12. 11. 선고 84도2002 판결)

(동지) 피고인이 친구소유의 고양이를 자신이 친구로부터 빌렸다가 잃어버린 고양이로 잘못 알고 가져감 – 절도죄(고의) × (대법원 1983. 9. 13. 선고 83도1762, 83감도315 판결)

(판례) 의지적 요소가 결여된 경우 – 고의 ×

제분에 이기지 못하여 식도를 휘두르는 피고인을 말리거나 그 식도를 뺏으려고 한 그 밖의 피해자들을 닥치는 대로 찌르는 무차별 횡포를 부리던 중에 그의 부(父)까지 찌르게 된 결과를 빚은 경우 피고인이 칼에 찔려 쓰러진 부를 부축해 데리고 나가지 못하도록 한 일이 있다고 하여 그의 부를 살해할 의사로 식도로 찔러 살해하였다는 사실을 인정하기는 어렵다고 봄이 상당하다. (대법원 1977. 1. 11. 선고 76도3871 판결)

(판례) 미필적 고의 – ① 결과발생 가능성 인식 ② 결과발생 용인하는 내심의 의사

미필적 고의라 함은 결과의 발생이 불확실한 경우 즉 행위자에 있어서 그 결과발생에 대한 확실한 예견은 없으나 그 가능성은 인정하는 것으로, 이러한 미필적 고의가 있었다고 하려면 결과발생의 가능성에 대한 인식이 있음은 물론 나아가 결과발생을 용인하는 내심의 의사가 있음을 요한다. (대법원 1987. 2. 10. 선고 86도2338 판결)

이어서 구체적 사건에서의 고의 인정례·부정례를 살펴본다.

[판례] 인체의 급소를 잘 알고 있는 무술교관 출신의 피고인이 무술의 방법으로 피해자의 울대(聲帶)를 가격하여 사망케 함 – 살인죄(고의) ○ (대법원 2000. 8. 18. 선고 2000도2231 판결)

[판례] 선장인 피고인이 피조개양식장에 피해를 주지 아니하도록 피조개양식장까지의 거리를 약 30m로 유지할 수 있도록 닻줄을 5샤클로 감아 놓았으나, 태풍에 대비하여 닻줄을 50m 더 늘려서 7샤클로 묘박하는 바람에 피조개양식장에 물적피해 야기 – 손괴죄의 미필적 고의 ○ (대법원 1987. 1. 20. 선고 85도221 판결) **표준**

참고 다만 태풍을 만나게 된 위급상황에서 선박·선원들의 안전을 위하여 가장 적절하고 필요불가결한 조치에 해당한다고 보아 '긴급피난'으로 인정되었다(무죄).

[판례] 유흥주점을 운영하는 피고인이 채용하려는 자(17세)에게 주민등록증을 보여달라 요구하였지만 이를 제시하지 않고 나이를 속였음에도 채용을 보류·거부하지 않고 채용하였고, 근무하는 2주 동안 신분·연령을 확인하지 아니함 – 청소년보호법위반(고의) ○ (대법원 2011. 1. 13. 선고 2010도10029 판결) **표준**

[판례] 청소년출입금지업소의 업주 및 종사자가 자신이 부담하는 출입자 연령확인조치를 취하지 아니함으로써 청소년이 당해 업소에 출입 – 청소년보호법위반(고의) ○ (대법원 2007. 11. 16. 선고 2007도7770 판결)

[판례] 대구지하철 화재 후 청소 작업이 진행되자 실종자 유족들이 항의하였는데 대구지하철공사 사장이 이를 중단하거나 수사기관과 협의하지 않음 – 증거인멸죄(고의) ×

대구지하철화재 사고 현장을 수습하기 위한 청소 작업이 한참 진행되고 있는 시간 중에 실종자 유족들로부터 이의제기가 있었음에도 대구지하철공사 사장이 즉각 청소 작업을 중단하도록 지시하지 아니하였고 수사기관과 협의하거나 확인하지 아니하였다고 하여 위 사장에게 그러한 청소 작업으로 인하여 증거인멸의 결과가 발생할 가능성을 용인하는 내심의 의사까지 있었다고 단정하기는 어렵다. (대법원 2004. 5. 14. 선고 2004도74 판결) **표준**

[판례] 피고인이 적성검사 미필로 운전면허가 취소된 사실 모르고 운전 – 무면허운전죄(고의) ×

도로교통법 제109조 제1호, 제40조 제1항 위반의 죄는 유효한 운전면허가 없음을 알면서도 자동차를 운전하는 경우에만 성립하는, 이른바 고의범이므로, 기존의 운전면허가 취소된 상태에서 자동차를 운전하였더라도 운전자가 면허취소사실을 인식하지 못한 이상 도로교통법위반(무면허운전)죄에 해당한다고 볼 수 없고, 관할 경찰당국이 운전면허취소처분의 통지에 갈음하는 적법한 공고를 거쳤다 하더라도, 그것만으로 운전자가 면허가 취소된 사실을 알게 되었다고 단정할 수는 없다. 운전면허증 앞면에 적성검사 기간이 기재되어 있고, 뒷면 하단에 경고 문구가 있다는 점만으로 피고인이 정기적성검사 미필로 면허가 취소된 사실을 미필적으로나마 인식하였다고 추단하기 어렵다. (대법원 2004. 12. 10. 선고 2004도6480 판결)

[동지] 경찰의 운전면허취소 '통지'에 갈음한 '공고'가 적법하게 이루어졌다 할지라도 피고인이 운전면허 취소

를 인식하였다고 볼 수 없음 (대법원 1993. 3. 23. 선고 92도3045 판결)

> [비교] 이미 적성검사미필 면허취소 전력이 있는 자가 다시 적성검사 받지 않아 운전면허취소 '공고'되었는데
> 운전한 경우 – 무면허운전죄(고의) ○
> 면허증에 그 유효기간과 적성검사를 받지 아니하면 면허가 취소된다는 사실이 기재되어 있고, 이미 적성검사
> 미필로 면허가 취소된 전력이 있는데도 면허증에 기재된 유효기간이 5년 이상 지나도록 적성검사를 받지 아
> 니한 채 자동차를 운전하였다면 비록 적성검사 미필로 인한 운전면허 취소사실이 통지되지 아니하고 공고되
> 었다 하더라도 면허취소사실을 알고 있었다고 보아야 하므로 무면허운전죄가 성립한다. (대법원 2002. 10.
> 22. 선고 2002도4203 판결)

06 구성요건적 착오

I 논의의 범위 확정

구성요건적 착오 문제를 본격적으로 살펴보기에 앞서 논의의 범위를 확정한다. 구성요건적 착오
란 행위자가 인식한 사실과 실제로 발생한 사실이 모두 범죄사실에 해당하나 양자가 불일치하는
경우를 말한다. 구성요건적 착오와 이에 인접한 착오 유형을 아래 표로 살펴본다.

	유형	예시	효과
구성요건적 착오	인식: 범죄 ○ ≠ 발생: 범죄 ○	甲을 저격하였는데 乙이 사망	구성요건적 착오
1유형	인식: 범죄 ○ ≠ 발생: 범죄 ×	사람인 줄 알고 쏘았으나 바위였던 경우	반전된 구성요건적 착오: 고의는 존재하나 결과 미발생 → **미수범 성부** 문제
2유형	인식: 범죄 × ≠ 발생: 범죄 ○	바위인 줄 알고 쏘았으나 사람이었던 경우	고의(인식)가 없었으므로 고의탈락 → **과실범 성부** 문제

위와 같이 ① 인식사실은 범죄사실이나 발생사실은 범죄사실이 아닌 1유형은 고의는 인정되나
결과가 발생하지 않았으므로 미수범 성부가 문제된다. ② 인식사실은 범죄사실이 아니나 발생사실
은 범죄사실인 2유형은 고의가 탈락하여 과실범 성부가 문제된다. 이로써 인접한 착오 유형(1·2
유형)은 해결했다. 우리는 남은 구성요건적 착오를 해결하러 간다.[31]

---

31 구성요건적 착오에 관한 학설대립은 백가쟁명과 같다. 무엇에 관해 대립하는지 쟁점을 확정해두고 학설이 대립하

Ⅱ 구성요건적 착오 문제

1유형·2유형을 제거하고 구성요건적 착오에 진입하였다. 우리 형법은 구성요건적 착오의 해결 도구를 딱 하나만 조문으로 제공하고(제15조 제1항), 나머지는 학설에 맡겨둔다. 따라서 일단 제15조 제1항이 해결해주는 유형이 무엇인지를 살펴보고, 나머지 유형을 학설로 해결하러 간다.

1. 제15조 제1항과 구성요건적 착오

> **제15조(사실의 착오)** ① 특별히 무거운 죄가 되는 사실을 인식하지 못한 행위는 무거운 죄로 벌하지 아니한다.

형법 제15조 제1항은 행위자가 가벼운 죄를 인식하고 행위를 하였으나 무거운 죄가 되는 사실이 발생한 경우에 적용된다. 제15조 제1항의 '특별히'는 두 개의 구성요건이 기본적 구성요건과 가중적 구성요건의 관계에 있는 경우에만 적용됨을 의미한다. 제15조 제1항이 적용되는 경우, 행위자는 가벼운 죄로 벌한다. 판례를 살펴본다.

> **판례** 보통살인의 고의로 존속살해죄를 범함 – 보통살인죄로 처벌 (제15조 제1항)
> 피고인은 甲을 살해하려 하였으나, 깜깜한 밤이고 집합인의 다수로 인하여 혼잡하여 처조모와 장모임을 인식하지 못하고 이들을 살해한 사실을 인정할 수 있는데, 이는 형법 제15조 제1항 소정의 "특히 중한 죄가 되는 사실을 인식하지 못한 배우자의 직계존속살인 행위"에 해당하므로 보통살인죄의 형으로 처단하여야 한다. (대법원 1960. 10. 31. 선고 4293형상494 판결)[32]

2. 나머지 구성요건적 착오

1유형·2유형을 제거하여 구성요건적 착오에 진입하였고, 제15조 제1항이 해결해주는 유형도 제거하였다. 남은 착오의 굵직한 부분을 이곳에서 살펴본다.

① 일단 구성요건적 착오의 유형을 살펴본다. 총 4개의 유형이 만들어지는데 이들이 **'쟁점'**의 역할을 수행한다. 이어서 이 쟁점들에 대한 ② **학설**과 ③ **판례**의 입장을 살펴본다.

는 게 아니라, 학설에 따라 쟁점의 평면 자체가 달라진다. 따라서 어떠한 학설을 취하는지에 따라 구성요건적 착오를 서술하는 체계마저 달라진다. 이 책의 목적상 우리는 수험적으로 구성요건적 착오에 접근한다.

32 판례 원문이 해독하기 어려워 대폭 수정하였다.

가. 구성요건적 착오의 유형

1) 구체적 사실의 착오·추상적 사실의 착오

① 구체적 사실의 착오란 행위자가 인식한 범죄사실과 실제로 발생한 범죄사실이 동일한 구성요건에 속하지만 구체적으로 일치하지 않는 경우를 말한다. 예컨대 甲을 살해하려 했으나 乙을 살해한 경우가 이에 해당한다.

② 추상적 사실의 착오란 행위자가 인식한 범죄사실과 실제로 발생한 범죄사실이 서로 다른 구성요건에 속하는 경우를 말한다. 예컨대 甲의 개를 살해하려 했으나 甲을 살해한 경우가 이에 해당한다.

2) 객체의 착오·방법의 착오

① 객체의 착오란 행위객체의 동일성을 착오한 경우를 말한다. 예컨대 甲이라 믿고 저격하였으나 乙이 사망한 경우(구체적 사실의 착오 중 객체의 착오), 甲의 개라 믿고 저격하였으나 甲이 사망한 경우(추상적 사실의 착오 중 객체의 착오)가 이에 해당한다.

② 방법의 착오란 행위의 수단·방법이 빗나가 행위자가 의도한 객체 이외의 객체에서 결과가 발생한 경우를 말한다. 예컨대 甲을 저격하였으나 빗나가 옆에 서 있던 乙이 사망한 경우(구체적 사실의 착오 중 방법의 착오), 甲의 개를 저격하였으나 빗나가 옆에 서 있던 甲이 사망한 경우(추상적 사실의 착오 중 방법의 착오)가 이에 해당한다.

3) 소결

이로써 ① 구체적 사실의 착오 중 객체의 착오 ② 구체적 사실의 착오 중 방법의 착오 ③ 추상적 사실의 착오 중 객체의 착오 ④ 추상적 사실의 착오 중 방법의 착오라는 4가지 유형(쟁점)이 확정되었다. 이하 학설은 결국 이 4가지 쟁점을 어떻게 해결할 것인가에 대한 견해의 대립이다.

나. 학설

1) 구체적 부합설

행위자가 인식한 범죄사실과 실제로 발생한 범죄사실이 구체적으로 일치하는 경우에만 발생사실에 대한 고의의 성립을 인정한다. 그 외에는 발생사실에 대한 고의를 부정하여 '인식사실에 대한 고의범(미수)'과 '발생사실에 대한 과실범'의 상상적 경합이 성립한다고 본다. 구체적 부합설은 ① 구체적 사실의 착오 중 객체의 착오만을 '구체적으로 일치하는 경우'라 본다. 이에 대해서 고의의 기수책임이 지나치게 좁다는 비판이 있다.

　① 구체적 사실의 착오 중 객체의 착오(甲이라 믿고 저격하였으나 乙이 사망한 경우) - 乙에 대한 살

인기수죄

② 구체적 사실의 착오 중 방법의 착오(甲을 저격하였으나 빗나가 옆에 서 있던 乙이 사망한 경우) —
甲에 대한 살인미수죄와 乙에 대한 과실치사죄의 상상적 경합

③ 추상적 사실의 착오 중 객체의 착오(甲의 개라 믿고 저격하였으나 甲이 사망한 경우) — 손괴미수죄
와 甲에 대한 과실치사죄의 상상적 경합

④ 추상적 사실의 착오 중 방법의 착오(甲의 개를 저격하였으나 빗나가 옆에 서 있던 甲이 사망한 경
우) — 손괴미수죄와 甲에 대한 과실치사죄의 상상적 경합

2) 법정적 부합설

행위자가 인식한 범죄사실과 실제로 발생한 범죄사실이 법정적으로 일치하는 경우에만 발생사
실에 대한 고의의 성립을 인정한다.[33] 그 외에는 발생사실에 대한 고의를 부정하여 '인식사실에 대
한 고의범(미수)'과 '발생사실에 대한 과실범'의 상상적 경합이 성립한다고 본다. 법정적 부합설은
① 구체적 사실의 착오 중 객체의 착오와 ② 구체적 사실의 착오 중 방법의 착오가 '법정적으로
일치하는 경우'라 본다. 이에 대해서는 ②까지 고의책임을 인정하는 것은 고의의 특정성을 무시하
여 일반적 고의를 인정한 잘못이 있다는 비판이 있다.

① 구체적 사실의 착오 중 객체의 착오(甲이라 믿고 저격하였으나 乙이 사망한 경우) — 乙에 대한 살
인기수죄

② 구체적 사실의 착오 중 방법의 착오(甲을 저격하였으나 빗나가 옆에 서 있던 乙이 사망한 경우) —
乙에 대한 살인기수죄

③ 추상적 사실의 착오 중 객체의 착오(甲의 개라 믿고 저격하였으나 甲이 사망한 경우) — 손괴미수죄
와 甲에 대한 과실치사죄의 상상적 경합

④ 추상적 사실의 착오 중 방법의 착오(甲의 개를 저격하였으나 빗나가 옆에 서 있던 甲이 사망한 경
우) — 손괴미수죄와 甲에 대한 과실치사죄의 상상적 경합

3) 추상적 부합설

인식사실과 발생사실이 추상적으로 부합하면 발생사실에 대한 고의의 성립을 인정한다. 추상적
부합설은 구체적 사실의 착오(①·②)에 관해서는 법정적 부합설과 동일하게 해결한다.

---

33 법정적 부합설은 다시 '무엇이 법정적으로 부합하는 것인가'에 대한 견해대립에 따라 ① 구성요건부합설과 ② 죄질
부합설로 나뉜다. ① 구성요건부합설은 인식사실과 발생사실의 구성요건이 일치하는 경우를 말한다고 본다. ② 죄
질부합설은 인식사실과 발생사실의 구성요건이 일치하는 경우는 물론 구성요건이 다르더라도 죄질이 부합하는 경
우까지를 말한다고 본다. 예를 들면 점유이탈물횡령죄와 절도죄에 대해서 ① 구성요건부합설은 법정적으로 부합하
지 않는다고 보고, ② 죄질부합설은 법정적으로 부합한다고 본다.

추상적 사실의 착오의 경우, 가벼운 죄를 인식하고 무거운 죄를 범한 경우 가벼운 죄의 기수와 무거운 죄의 과실범의 상상적 경합이 성립한다고 본다. 다만 무거운 죄를 인식하고 가벼운 죄를 범한 경우 무거운 죄의 미수만 성립한다는 견해와 가벼운 죄의 기수와 무거운 죄의 과실범의 상상적 경합이 성립한다는 견해가 대립한다.

이에 대해서는 행위자의 의사와 부합하지 않는 사실에 대하여까지 고의를 인정하여 죄형법정주의에 반한다는 비판이 있다.

① 구체적 사실의 착오 중 객체의 착오(甲이라 믿고 저격하였으나 乙이 사망한 경우) − 乙에 대한 살인기수죄
② 구체적 사실의 착오 중 방법의 착오(甲을 저격하였으나 빗나가 옆에 서 있던 乙이 사망한 경우) − 乙에 대한 살인기수죄
③ 추상적 사실의 착오 중 객체의 착오(甲의 개라 믿고 저격하였으나 甲이 사망한 경우) − 손괴기수죄와 甲에 대한 과실치사죄의 상상적 경합[34]
④ 추상적 사실의 착오 중 방법의 착오(甲의 개를 저격하였으나 빗나가 옆에 서 있던 甲이 사망한 경우) − 손괴기수죄와 甲에 대한 과실치사죄의 상상적 경합[35]

4) 소결

이상의 논의를 표로 정리한다.

착오의 종류		구체적 부합설	법정적 부합설	추상적 부합설
구체적 사실의 착오	객체의 착오	발생사실 고의기수		
	방법의 착오			
추상적 사실의 착오	객체의 착오	인식사실 고의미수 · 발생사실 과실범 (상상적 경합)		• 경죄인식 중죄발생 → 경죄기수 · 중죄과실범 (상경) • 중죄인식 경죄발생 → 경죄기수 · 중죄과실범 (상경) vs 중죄미수
	방법의 착오			

---

34 가벼운 죄를 인식하고 무거운 죄를 범한 경우이다.
35 가벼운 죄를 인식하고 무거운 죄를 범한 경우이다.

다. 판례

판례는 법정적 부합설을 취한다.

판례 구체적 사실의 착오 중 객체의 착오 – 발생사실 고의기수

A 조직 조직원 甲 등이 '피해자'를 'B 조직원인 乙'로 잘못 알고 각목과 쇠파이프로 마구 때리고, 낫으로 팔·다리 등을 닥치는 대로 여러 차례 힘껏 내리찍어 살해한 경우 … (중략) … 살인죄의 범의는 자기의 행위로 인하여 피해자가 사망할 수도 있다는 사실을 인식·예견하는 것으로 족하지 피해자의 사망을 희망하거나 목적으로 할 필요는 없고, 또 확정적인 고의가 아닌 미필적 고의로도 족하다. (대법원 1994. 3. 22. 선고 93도3612 판결) **표준**

참고 피해자를 乙로 오인하여 피해자를 살인 – 피해자에 대한 살인기수죄 ○

판례 구체적 사실의 착오 중 방법의 착오 – 발생사실 고의기수

갑이 을등 3명과 싸우다가 힘이 달리자 식칼을 가지고 이들 3명을 상대로 휘두르다가 이를 말리면서 식칼을 뺏으려던 피해자 병에게 상해를 입혔다면 갑에게 상해의 범의가 인정되며 상해를 입은 사람이 목적한 사람이 아닌 다른 사람이라 하여 과실상해죄에 해당한다고 할 수 없다. (대법원 1987. 10. 26. 선고 87도1745 판결)

참고 3명에 대한 상해행위가 빗나가 丙에게 상해를 입힌 경우 – 丙에 대한 상해기수죄 ○

판례 구체적 사실의 착오 중 방법의 착오 – 발생사실 고의기수

사람을 살해할 목적으로 총을 발사한 이상 그것이 목적하지 아니한 다른 사람에게 명중되어 사망의 결과가 발생하였다 하더라도 살의를 조각하지 않는 것이라 할 것이니 원심인정과 같이 피고인이 하사 공소외 1을 살해할 목적으로 발사한 총탄이 이를 제지하려고 피고인 앞으로 뛰어들던 병장 공소외 2에게 명중되어 공소외 2가 사망한 본건의 경우에 있어서의 공소외 2에 대한 살인죄가 성립한다 할 것이므로 공소외 2에 대한 피고인의 살의를 부정하는 논지도 이유 없다. (대법원 1975. 4. 22. 선고 75도727 판결)

참고 하사 공소외 1을 저격하였으나 빗나가 병장 공소외 2를 명중 – 공소외 2에 대한 살인기수죄 ○

판례 구체적 사실의 착오 중 방법의 착오 – 발생사실 고의기수

피고인이 먼저 피해자 1을 향하여 살의를 갖고 소나무 몽둥이(증 제1호, 길이 85센티미터 직경 9센티미터)를 양손에 집어들고 힘껏 후려친 가격으로 피를 흘리며 마당에 고꾸라진 동녀와 동녀의 등에 업힌 피해자 2의 머리부분을 위 몽둥이로 내리쳐 피해자 2를 현장에서 두개골절 및 뇌좌상으로 사망케 한 소위를 살인죄로 의율한 원심조처는 정당하게 긍인되며 소위 타격의 착오가 있는 경우라 할지라도 행위자의 살인의 범의성립에 방해가 되지 아니하다. (대법원 1984. 1. 24. 선고 83도2813 판결) **표준**

참고 피해자 1을 때리려 하였으나 빗나가 피해자 2가 맞아 사망 – 피해자 2에 대한 살인기수죄 ○

판례 구체적 사실의 착오 중 방법의 착오 – 발생사실 고의기수

피고인이 공소외인과 동인의 처를 살해할 의사로서 농약 1포를 숭늉 그릇에 투입하여 공소외인가의 식당에 놓아둠으로써 그 정을 알지 못한 공소외인의 장녀가 이를 마시게 되어 동인을 사망케 한 경우, 피고인이 공소외인의 장녀를 살해할 의사는 없었다 하더라도 … (중략) … 공소외인의 장녀에 대하여

살인죄가 성립한다. (대법원 1968. 8. 23. 선고 (68도884 판결)

참고 공소외인·그 처를 살해하려 농약을 탔으나 빗나가 그 장녀가 마시고 사망 – 장녀에 대한 살인기수죄 ○

지금까지 구성요건적 착오의 굵직한 부분을 모두 해결했다. 이하에서는 남은 쟁점들을 가볍게 살펴본다.

3. 병발 사례와 착오

예상외의 사실이 병발한 경우 법적 효과가 문제된다. 구체적 부합설, 법정적 부합설, 추정적 부합설은 각기 다른 결론을 내린다. 이하 구체적 부합설의 입장을 표로 정리한다.[36]

병발사례 – 살인의 고의로 A를 저격		구체적 부합설
A 사망	B 사망	A에 대한 살인기수죄와 B에 대한 과실치사죄의 상상적 경합
A 사망	B 상해	A에 대한 살인기수죄와 B에 대한 과실치상죄의 상상적 경합
A 상해	B 사망	A에 대한 살인미수죄와 B에 대한 과실치사죄의 상상적 경합
A 상해	B 상해	A에 대한 살인미수죄와 B에 대한 과실치상죄의 상상적 경합

4. 가중적·감경적 구성요건요소에 대한 착오

가. 가중적 구성요건요소에 대한 착오

① 가벼운 죄를 인식하고 무거운 죄를 범한 경우, 앞서 살펴본 제15조 제1항의 문제에 해당한다.

② 무거운 죄를 인식하고 가벼운 죄를 범한 경우, 학설을 정리하기 어려울 정도로 논의가 복잡하게 얽혀있다. 무엇도 다수설이라 평가되지 않는다. 출제가능성이 낮다.

나. 감경적 구성요건요소에 대한 착오

① 가벼운 죄를 인식하고 무거운 죄를 범한 경우, 다수설에 따르면 제15조 제1항이 적용된다. 예컨대 피해자의 촉탁·승낙이 있는 것으로 인식하고 살해하였으나 실제로는 없었던 경우, 다수설

---

36 법정적 부합설, 추상적 부합설은 그 안에서도 견해의 대립이 심해 출제가능성이 낮다. 이러한 부분까지 모두 정리하고 암기하는 것은 비효율적이라 생각한다.

에 따르면 제15조 제1항이 적용되어 촉탁·승낙 살인죄가 성립한다.

② 무거운 죄를 인식하고 가벼운 죄를 범한 경우, 다수설에 따르면 무거운 죄가 성립한다. 예컨대 피해자의 촉탁·승낙이 없는 것으로 인식하고 살해하였으나 실제로는 있었던 경우, 다수설에 따르면 보통살인죄가 성립한다.

Ⅲ 인과관계의 착오와 개괄적 고의

1. 인과관계의 착오

(의의) 인과관계의 착오란 행위자가 인식한 범죄사실과 실제로 발생한 범죄사실이 법적으로 일치하지만, 그 결과에 이르는 인과과정이 행위자가 인식했던 인과과정과 다른 경우를 말한다.

(인과관계 착오의 법적 취급) 인과관계 착오의 법적 취급에 대한 견해 대립이 있다. ① **구성요건적 착오설(다수설)**은 인과관계도 객관적 구성요건요소이므로 이에 대한 착오는 구성요건적 착오의 문제라 본다. 이 견해는 나아가 그 착오가 본질적인 경우에 한하여 발생사실에 대한 고의기수를 부정해야 한다고 본다. ② **객관적 귀속설**은 이 문제를 객관적 귀속의 문제라 본다.

(본질적 착오) 구성요건적 착오설에 따를 때 본질적 착오에 대한 판단기준이 문제된다. 다수설은 일반적 생활경험을 기초로 한 객관적 예견가능성을 기준으로 인과관계의 착오의 본질성(중요성)을 판단한다. 구성요건적 착오설에 따르면 비본질적 착오인 경우, 발생사실에 대한 고의기수범이 인정된다. 본질적 착오인 경우, 인식사실에 대한 고의미수범과 발생사실에 대한 과실범의 상상적 경합이 성립한다.

2. 개괄적 고의

행위자가 첫 번째 행위에 의하여 이미 결과가 발생했다고 믿었으나, 사실은 연속된 두 번째 행위에 의하여 결과가 야기된 경우, 법적 처리가 문제된다.

💬 쟁점검토: 개괄적 고의

1. 문제

행위자가 1행위에 의해 결과가 발생했다고 믿었는데, 실은 2행위에 의해 결과가 발생한 경우 법적 처리가 문제된다.

---

2. 학설

① **개괄적 고의설**: 2행위 부분에 대해서도 1행위의 고의가 개괄적으로 미쳐 고의기수범이 성립한다.

② **인과관계 착오설**: 인과관계 착오 문제이며 비본질적 착오이므로 발생사실에 대한 고의기수범이 성립한다.

③ **계획실현설**: 행위자의 범행계획실현으로 평가될 수 있으므로 고의기수범이 성립한다.

④ **미수와 과실의 경합범설**: 서로 다른 독자적인 행위이므로 1행위의 미수범과 2행위의 과실범이 실체적 경합관계에 있다.

⑤ **객관적 귀속설**: 인과과정의 인식은 고의의 내용이 아니므로 객관적 귀속으로 해결한다.

3. 판례

판례는 '전 과정을 개괄적으로 보면 피해자의 살해라는 처음에 예견된 사실이 결국은 실현된 것으로서 살인죄가 성립한다.'고 보아 고의기수범을 인정하였다. 이에 대해서 ①·②·③설은 각자 자신의 견해를 따른 것이라 본다.

4. 검토

고의는 범행의 전과정에 걸쳐 요구되는 것이 아니라 범행에 착수하여 인과관계가 진행되는 시점까지만 존재하면 족하는 것이므로 고의기수의 책임을 묻는 판례의 결론은 타당하다.

관련 판례를 살펴본다.

[판례] 돌로 내려치는 1행위시에는 살인의 고의가 있었으나 이로 인하여 사망하지 않았는데 피고인은 사망하였다고 믿었고, 2행위인 매장행위시에는 살인의 고의가 없는 상태였으나 이로 인하여 사망한 경우 – 살인기수죄 ○

사실관계가 위와 같이 피해자가 피고인들이 살해의 의도로 행한 구타 행위에 의하여 직접 사망한 것이 아니라 죄적을 인멸할 목적으로 행한 매장행위에 의하여 사망하게 되었다 하더라도 전과정을 개괄적으로 보면 피해자의 살해라는 처음에 예견된 사실이 결국은 실현된 것으로서 피고인들은 살인죄의 죄책을 면할 수 없다 할 것이므로 같은 취지에서 피고인들을 살인죄로 의율한 제1심 판결을 유지한 원심의 조치는 정당하고 거기에 아무런 잘못도 없다. (대법원 1988. 6. 27. 선고 88도650 판결) **표준**

I 서론

1. 과실의 의의

> 제14조(과실) 정상적으로 기울여야 할 주의(注意)를 게을리하여 죄의 성립요소인 사실을 인식하지 못한 행위는 법률에 특별한 규정이 있는 경우에만 처벌한다.

과실이란 사회생활상 요구되는 주의의무를 위반·태만함으로써 구성요건적 결과발생을 예견하지 못하거나 회피하지 못한 경우를 말한다.[38] 과실범의 불법과 책임은 고의범보다 가볍기에 법률에 처벌규정이 있는 경우에 한하여 처벌된다.

> [판례] 고의범에 대한 처벌규정으로 과실범 처벌 불가
> 과실범은 법률에 특별한 규정이 있는 경우에 한하여 처벌되며 형벌법규의 성질상 과실범을 처벌하는 특별규정은 그 명문에 의하여 명백, 명료하여야 한다. 전기통신법 제110조 제1항은 고의범에 관한 규정이고 동 조항의 "기타의 방법으로 공중통신설비의 기능에 장해를 주어"라는 기재부분을 들어 과실로 인하여 통신설비를 손괴하는 행위 유형을 포함하는 것이라고 풀이 할 수 없다. (대법원 1983. 12. 13. 선고 83도2467 판결)
> [동지] 행정상의 단속을 주안으로 하는 법규라 하더라도 '명문규정이 있거나 해석상 과실범도 벌할 뜻이 명확한 경우'를 제외하고는 형법의 원칙에 따라 '고의'가 있어야 벌할 수 있음 (대법원 2010. 2. 11. 선고 2009도9807 판결)

2. 과실의 종류

가. 인식 없는 과실·인식 있는 과실

(의의) ① 인식 없는 과실이란 행위자가 주의의무를 위반하여 구성요건의 실현가능성을 인식하

---

37 형법총론의 "과실"은 형법각론의 과실치사상죄·업무상과실치사상죄·중과실치사상죄·중실화죄 등과 깊이 연관된다. 여기에서는 총론상 과실의 이해와 직결되는 판례만을 담았다. 나머지는 되도록 각론의 각 죄 부분에 담았다.

38 과실의 체계적 지위가 문제된다. ① 구성요건요소설 ② 위법성요소설 ③ 책임요소설 ④ 이중적 지위설이 대립한다. 다수설인 ④ 이중적 지위설에 따르면 과실은 구성요건요소이며 책임요소이다. 구성요건요소로서 과실은 객관적 주의의무위반을, 책임요소로서 과실은 주관적 주의의무위반을 말한다.

지 못한 경우를 말한다. ② **인식 있는 과실**이란 행위자가 구성요건의 실현가능성을 인식하고서도 구성요건이 실현되지 않을 것으로 신뢰하고 주의의무를 위반한 경우를 말한다.

(구별실익) 인식 없는 과실·인식 있는 과실은 모두 형법상 과실로 평가되므로 구별실익이 없다. 다만 인식 있는 과실은 앞서 살펴본 미필적 고의와의 경계에 있기 때문에 고의와 과실을 나누는 경계지점이라 할 수 있다.

판례 인식 없는 과실·인식 있는 과실은 모두 형법상 과실책임 ○

호텔의 사장 또는 영선과장인 피고인들에게는 화재가 발생하면 불이 확대되지 않도록 계단과 복도등을 차단하는 갑종방화문은 항상 자동개폐되도록 하며, 숙박업들이 신속하게 탈출대피할 수 있도록 각층의 을종방화문(비상문)은 언제라도 내부에서 외부로의 탈출방향으로 밀기만 하면 그대로 열려지도록 설비 관리하고, 화재시에는 즉시 전층 각객실에 이를 알리는 감지기, 수신기, 주경종, 지구경종을 완벽하게 정상적으로 작동하도록 시설관리하여야 할 업무상의 주의의무가 있다 할 것이다.

호텔의 사장 또는 영선과장인 피고인들이 오보가 잦다는 이유로 자동화재조기탐지 및 경보시설인 수신기의 지구경종스위치를 내려 끈 채 봉하고, 영업상 미관을 해친다는 이유로 각층에 설치된 갑종방화문을 열어두게 하고 옥외피난계단으로 통하는 을종방화문은 도난방지등의 이유로 고리를 끼워 피난구로서의 역할을 다하지 못하게 하였다면, 이와 같은 피고인들의 주의의무 해태는 결과적으로 건물의 화재발생시에 있어서 숙박객 등에게 신속하게 화재를 알릴 수 없게 되고 발화지점에서의 상하층에의 연소방지를 미흡하게 하고 또 숙박객 등을 비상구를 통해 신속하게 옥외로 대피시키지 못하게 하는 것임은 경험상 명백하다 할 것이므로, 이 사건 화재로 인한 숙박객 등의 사상이라는 결과는 충분히 예견가능한 것이라고 할 것이다.

소위 과실범에 있어서의 비난가능성의 지적 요소란 결과발생의 가능성에 대한 인식으로서 인식있는 과실에는 이와 같은 인식이 있고, 인식없는 과실에는 이에 대한 인식자체도 없는 경우이나, 전자에 있어서 책임이 발생함은 물론, 후자에 있어서도 그 결과발생을 인식하지 못하였다는 데에 대한 부주의 즉 규범적 실재로서의 과실책임이 있다고 할 것이다. (대법원 1984. 2. 28. 선고 83도3007 판결) **표준**

나. 보통과실·업무상과실·중과실

① **보통과실**은 일반인에게 통상적으로 요구되는 주의의무를 위반하는 경우를 말한다. ② **업무상과실**은 일정한 업무에 종사하는 자가 당해 업무수행상 요구되는 주의의무를 위반하는 경우를 말한다. 판례는 '과실 유무를 판단할 때에는 같은 업무와 직무에 종사하는 보통인의 주의 정도를 표준으로 하여야 한다'고 본다.[39] ③ **중과실**은 주의의무를 현저히 태만한 경우로서 행위자가 극히 근소한 주의를 함으로써 결과발생을 예견할 수 있었음에도 불구하고 부주의하여 이를 예견하지 못한

---

39 대법원 2011. 9. 8. 선고 2009도13959 판결

경우를 말한다.[40]

Ⅱ 과실범의 구성요건해당성[41]

1. 객관적 주의의무 위반

가. 객관적 주의의무의 내용

객관적 주의의무위반이란 행위자가 사회생활상 요구되는 주의의무를 태만히하여 예견가능하고 따라서 회피가능했던 결과를 야기하는 경우를 말한다. 즉, 객관적 주의의무는 ① 행위자가 사전에 법익침해에 대한 위험성을 인식하여야 할 **결과예견의무**와 ② 행위자가 위험성을 인식했을 때 구성요건적 결과발생을 방지하는 조치를 취할 **결과회피의무**를 내용으로 한다.

나. 객관적 주의의무의 판단기준

주의의무의 판단기준에 대해서 ① **객관설**은 일반인의 주의능력을 기준으로 판단해야 한다고 본다(통설, 판례). 이에 따르면 행위자가 일반인을 초과하는 특수지식·경험을 갖추고 있더라도 이는 고려하지 아니한다. ② **주관설**은 행위자 본인의 주의능력을 기준으로 주의의무 위반 여부를 판단해야 한다고 본다. 본인이 주의할 수 있는 능력 이상의 것을 기대할 수 없다는 점을 논거로 한다. 이에 따르면 행위자의 주의능력이 평균인에 미달하여 자신의 능력을 모두 발휘하더라도 결과발생 예견이 불가능하면 주의의무 위반이 인정되지 않는다.

다. 객관적 주의의무의 근거

주의의무는 법령뿐만 아니라 조리·판례·경험칙 등에 의하여 요구되기도 한다.

2. 결과발생

과실범은 결과범이므로 구성요건적 결과가 발생해야 한다.

3. 인과관계 및 객관적 귀속

가. 인과관계

행위자의 과실과 구성요건적 결과발생 사이에는 인과관계가 있어야 한다.

---

40 대법원 1980. 10. 14. 선고 79도305 판결
41 과실범의 위법성·책임은 고의범과 구별하여 서술할 만큼의 (수험적) 필요성이 없다.

나. 객관적 귀속

행위자가 창출·강화시킨 위험이 구성요건적 결과를 실현시켜야 한다.

판례 합법적 대체행위를 했다면 결과회피가 확실한 경우에 한하여 객관적 귀속 인정

피고인이 농배양을 하지 않은 과실이 피해자의 사망에 기여한 인과관계 있는 과실이 된다고 하려면, 농배양을 하였더라면 피고인이 투약해 온 항생제와 다른 어떤 항생제를 사용하게 되었을 것이라거나 어떤 다른 조치를 취할 수 있었을 것이고, 따라서 피해자가 사망하지 않았을 것이라는 점을 심리·판단하여야 한다. (대법원 1996. 11. 8. 선고 95도2710 판결)

동지 의사가 설명의무를 다하였다고 하더라도 동일 사고가 발생하는 경우 – 객관적 귀속 ×

피고인이 피해자나 공소외 2에게 공소사실 기재와 같은 내용으로 수술의 위험성에 관하여 설명하였다고 하더라도 피해자나 공소외 2가 수술을 거부하였을 것이라고 단정하기 어렵다. 원심이 유지한 제1심이 적법하게 채택한 증거를 종합하여 보더라도 피고인의 설명의무 위반과 피해자의 사망 사이에 상당인과관계가 있다는 사실이 합리적 의심의 여지가 없이 증명되었다고 보기 어렵다. (대법원 2015. 6. 24. 선고 2014도11315 판결)

판례 과실에 따른 결과가 규범의 보호범위 안에서 발생하여야 객관적 귀속 인정

신호등에 의하여 교통정리가 행하여지고 있는 ㅏ자형 삼거리의 교차로를 녹색등화에 따라 직진하는 차량의 운전자는 특별한 사정이 없는 한 다른 차량들도 교통법규를 준수하고 충돌을 피하기 위하여 적절한 조치를 취할 것으로 믿고 운전하면 족하고, 대향차선 위의 다른 차량이 신호를 위반하고 직진하는 자기 차량의 앞을 가로질러 좌회전할 경우까지 예상하여 그에 따른 사고발생을 미리 방지하기 위한 특별한 조치까지 강구하여야 할 업무상의 주의의무는 없고, 위 직진차량 운전자가 사고지점을 통과할 무렵 제한속도를 위반하여 과속운전한 잘못이 있었다 하더라도 그러한 잘못과 교통사고의 발생과의 사이에 상당인과관계가 있다고 볼 수 없다. (대법원 1993. 1. 15. 선고 92도2579 판결)

참고 피고인은 ㅏ자형 삼거리 교차로를 녹색등화에 따라 제한속도를 위반하여 직진하였는데, 신호를 위반하여 피고인의 차량을 가로질러 좌회전하던 피해자의 오토바이와 충돌하여 피해자 상해입음 – 교특치상죄(객관적 귀속) ×

판례 과실에 따른 결과가 규범의 보호범위 안에서 발생하여야 객관적 귀속 인정

녹색등화에 따라 왕복 8차선의 간선도로를 직진하는 차량의 운전자는 특별한 사정이 없는 한 왕복 2차선의 접속도로에서 진행하여 오는 다른 차량들도 교통법규를 준수하여 함부로 금지된 좌회전을 시도하지는 아니할 것으로 믿고 운전하면 족하고, 접속도로에서 진행하여 오던 차량이 아예 허용되지 아니하는 좌회전을 감행하여 직진하는 자기 차량의 앞을 가로질러 진행하여 올 경우까지 예상하여 그에 따른 사고발생을 미리 방지하기 위하여 특별한 조치까지 강구할 주의의무는 없다 할 것이고, 또한 운전자가 제한속도를 지키며 진행하였더라면 피해자가 좌회전하여 진입하는 것을 발견한 후에 충돌을 피할 수 있었다는 등의 사정이 없는 한 운전자가 제한속도를 초과하여 과속으로 진행한 잘못이 있다 하더라도 그러한 잘못과 교통사고의 발생 사이에 상당인과관계가 있다고 볼 수는 없다. (대법원 1998. 9. 22. 선고 98도1854 판결) **표준**

참고 피고인은 제한속도를 위반하여 직진하였는데, 피해자가 금지된 좌회전을 감행하는 바람에 사고가 발생

Ⅲ 객관적 주의의무의 제한원리

허용된 위험의 이론과 신뢰의 원칙은 과실범의 객관적 주의의무를 제한하여 과실범의 성립범위를 축소시키는 이론이다.

1. 허용된 위험의 이론

현대 산업사회의 사회적 필요에 따라 행해지는 위험 수반 행위의 경우, 행위자가 결과를 회피하기 위한 조치를 충분히 하였다면, 그 행위에 의하여 법익침해 결과가 발생했을지라도 형사책임을 지울 수 없다. 예컨대 교통수단, 건설공사 등의 경우가 이에 해당한다.

2. 신뢰의 원칙

가. 의의

피해자의 적절한 행위를 신뢰하는 것이 타당한 때에는 법익침해가 발생한 경우에도 이를 허용하는 원칙으로서 허용된 위험의 특별한 경우에 해당한다. 예컨대, 교통규칙을 준수하는 운전자는 다른 운전자들도 교통규칙을 준수할 것을 신뢰해도 좋고, 다른 운전자들이 교통규칙을 위반하는 경우까지 예상하여 이에 대한 방어조치를 취할 의무는 없다.

나. 적용범위

1) 도로교통과 신뢰의 원칙

관련 판례를 살펴본다.

> 판례 상대방 차량이 중앙선을 침범하여 진입할 것까지를 예견하고 감속하는 등 조치를 강구하여야 할 주의의무는 없음 (대법원 1982. 4. 13. 선고 81도2720 판결)

> 판례 운전자가 교차로에 일단 먼저 진입하였다면 피해자가 자신의 진행속도보다 빠른 속도로 무모하게 교차로에 진입하여 자신이 운전하는 차량과 충격할지 모른다는 것까지 예상하고 대비하여 운전하여야 할 주의의무는 없음 (대법원 1992. 8. 18. 선고 92도934 판결)

판례 녹색등화에 직진한 이상 상대 차량의 신호위반을 예상하여 조치할 의무 없음

신호등 녹색등화에 따라 직진하는 차량의 운전자는 다른 차량이 신호를 위반하고 직진하는 차량의 앞을 가로 질러 좌회전할 경우까지를 예상하여 그에 따른 사고발생을 미연에 방지할 특별한 조치까지 강구할 업무상의 주의의무는 없음 (대법원 1985. 1. 22. 선고 84도1493 판결)

판례 차높이 제한표지를 확인한 이상 차량을 일시 정차하여 충돌 위험성 확인할 의무 없음

차높이 제한표지가 설치되어 있는 지점을 통과하는 운전자들은 그 표지판이 차량의 통행에 장애가 없을 정도의 여유고를 계산하여 설치된 것이라고 믿고 운행하면 되는 것이고, 구조물의 실제 높이와 제한표지상의 높이와의 차이가 전혀 없어졌을 가능성을 예견하여 차량을 일시 정차시키고 그 충돌 위험성이 있는지 여부까지 확인한 후 운행하여야 할 주의의무는 없음 (대법원 1997. 1. 24. 선고 95도2125 판결)

판례 고속국도를 주행하는 차량의 운전자는 도로 양측에 휴게소가 있는 경우에도 동 도로상에 보행자가 있음을 예상하여 감속 등의 조치를 할 주의의무 없음 (대법원 1977. 6. 28. 선고 77도403 판결)

동지 자동차전용도로 운전자는 반대차선에서 횡단하는 보행자들이 있을 것까지 예상하여 전방주시할 의무 없음 (대법원 1990. 1. 23. 선고 89도1395 판결)

동지 횡단보도 신호가 적색인 상태에서 보행자가 건너올 것이라고 예상하여 조치할 의무 없음 (대법원 1993. 2. 23. 선고 92도2077 판결)

판례 육교 설치 차도에서 보행자가 차도로 뛰어들 것이라고 예상하고 조치할 의무 없음

각종 차량의 내왕이 번잡하고 보행자의 횡단이 금지되어 있는 육교밑 차도를 주행하는 자동차운전자가 전방 보도위에 서있는 피해자를 발견했다 하더라도 육교를 눈앞에 둔 동인이 특히 차도로 뛰어들 거동이나 기색을 보이지 않는 한 일반적으로 동인이 차도로 뛰어들어 오리라고 예견하기 어려운 것이므로 이러한 경우 운전자로서는 일반보행자들이 교통관계법규를 지켜 차도를 횡단하지 아니하고 육교를 이용하여 횡단할 것을 신뢰하여 운행하면 족하다 할 것이고 불의에 뛰어드는 보행자를 예상하여 이를 사전에 방지해야 할 조치를 취할 업무상 주의의무는 없다. (대법원 1985. 9. 10. 선고 84도1572 판결)

판례 야간의 차량 운전자에게 무등화인 자전거가 무단횡단할 것을 예상하고 조치할 의무 없음 (대법원 1984. 9. 25. 선고 84도1695 판결)

2) 분업적 의료행위와 신뢰의 원칙

신뢰의 원칙은 분업적 의료행위에도 적용된다. ① 수평적 분업관계에서는 신뢰의 원칙이 적용된다. ② 그러나 수직적 분업관계, 지휘감독관계에서는 신뢰의 원칙이 적용되지 않는다.

판례 의사와 의사 사이 – 신뢰의 원칙 ○

의사가 환자에 대하여 주된 의사의 지위에서 진료하는 경우라도, 자신은 환자의 수술이나 시술에 전념하고 마취과 의사로 하여금 마취와 환자 감시 등을 담당토록 하거나, 특정 의료영역에 관한 진료 도중 환자에게 나타난 문제점이 자신이 맡은 의료영역 내지 전공과목에 관한 것이 아니라 그에 선행하거나

병행하여 이루어진 다른 의사의 의료영역 내지 전공과목에 속하는 등의 사유로 다른 의사에게 그 관련된 협의 진료를 의뢰한 경우처럼 서로 대등한 지위에서 각자의 의료영역을 나누어 환자 진료의 일부를 분담하였다면, 진료를 분담 받은 다른 의사의 전적인 과실로 환자에게 발생한 결과에 대하여는 책임을 인정할 수 없다.

내과의사가 신경과 전문의에 대한 협의진료 결과 피해자의 증세와 관련하여 신경과 영역에서 이상이 없다는 회신을 받았고, 그 회신 전후의 진료 경과에 비추어 그 회신 내용에 의문을 품을 만한 사정이 있다고 보이지 않자 그 회신을 신뢰하여 뇌혈관계통 질환의 가능성을 염두에 두지 않고 내과 영역의 진료 행위를 계속하다가 피해자의 증세가 호전되기에 이르자 퇴원하도록 조치한 경우, 피해자의 지주막하출혈을 발견하지 못한 데 대하여 내과의사의 업무상과실을 인정할 수 없다. (대법원 2003. 1. 10. 선고 2001도3292 판결) **표준**

판례 **약사와 제약회사 사이 – 신뢰의 원칙 ○**

약사는 의약품을 판매하거나 조제함에 있어서 그 의약품이 그 표시 포장상에 있어서 약사법 소정의 검인 합격품이고 또한 부패 변질 변색되지 아니하고 유효기간이 경과되지 아니함을 확인하고 조제판매한 경우에는 특별한 사정이 없는 한 관능시험 및 기기시험까지 할 주의의무가 없으므로 그 약의 표시를 신뢰하고 이를 사용한 경우에는 과실이 없다고 볼 수 있다. (대법원 1976. 2. 10. 선고 74도2046 판결)

판례 **의사와 간호사 사이 – 신뢰의 원칙 × (의사의 업무상 과실 ○)**

의사는 전문적 지식과 기능을 가지고 환자의 전적인 신뢰하에서 환자의 생명과 건강을 보호하는 것을 업으로 하는 자로서, 그 의료행위를 시술하는 기회에 환자에게 위해가 미치는 것을 방지하기 위하여 최선의 조치를 취할 의무를 지고 있고, 간호사로 하여금 의료행위에 관여하게 하는 경우에도 그 의료행위는 의사의 책임하에 이루어지는 것이고 간호사는 그 보조자에 불과하므로, 의사는 당해 의료행위가 환자에게 위해가 미칠 위험이 있는 이상 간호사가 과오를 범하지 않도록 충분히 지도·감독을 하여 사고의 발생을 미연에 방지하여야 할 주의의무가 있고, 이를 소홀히 한 채 만연히 간호사를 신뢰하여 간호사에게 당해 의료행위를 일임함으로써 간호사의 과오로 환자에게 위해가 발생하였다면 의사는 그에 대한 과실책임을 면할 수 없다. (대법원 1998. 2. 27. 선고 97도2812 판결)

참고 의사가 간호사로 하여금 단독으로 수혈을 하도록 내버려 둠으로써 의료사고 발생 – 의사의 업무상 과실 ○

판례 **의사와 간호사 사이 – 신뢰의 원칙 × (의사의 업무상 과실 ○)**

마취환자의 마취회복업무를 담당한 의사로서는 마취환자가 수술 도중특별한 이상이 있었는지를 확인하여 특별한 이상이 있었던 경우에는 보통 환자보다 더욱 감시를 철저히 하고, 또한 마취환자가 의식이 회복되기 전에는 호흡이 정지될 가능성이 적지 않으므로 피해자의 의식이 완전히 회복될 때까지 주위에서 관찰하거나 적어도 환자를 떠날 때는 피해자를 담당하는 간호사를 특정하여 그로 하여금 환자의 상태를 계속 주시하도록 하여 만일 이상이 발생한 경우에는 즉시 응급조치가 가능하도록 할 의무가 있다. 피해자를 감시하도록 업무를 인계받지 않은 간호사가 자기 환자의 회복처치에 전념하고 있었다면 회복실에 다른 간호사가 남아있지 않은 경우에도 다른 환자의 이상증세가 인식될 수 있는 상황에서라야 이에 대한 조치를 할 의무가 있다고 보일 뿐 회복실 내의 모든 환자에 대하여 적극적, 계속적으로 주시, 점검을 할 의무가 있다고 할 수 없다. (대법원 1994. 4. 26. 선고 92도3283 판결)

참고 마취과 의사 甲이 회복실로 이송된 피해자의 회복 여부 확인하지 않고 회복실을 떠나 피해자는 사망하였는데, 이때 회복실에는 피해자를 담당하지 않는 간호사 乙이 있었으나 이를 알지 못했음 – ① 甲 업무상 과실 ○ ② 乙 업무상 과실 ×

판례 전공의와 수련의 사이 – 신뢰의 원칙 × (전공의의 업무상 과실 ○)

환자의 주치의 겸 정형외과 전공의가 같은 과 수련의의 처방에 대한 감독의무를 소홀히 한 나머지, 환자가 수련의의 잘못된 처방으로 인하여 상해를 입게 된 경우, 의사가 다른 의사와 의료행위를 분담하는 경우에도 자신이 환자에 대하여 주된 의사의 지위에 있거나 다른 의사를 사실상 지휘 감독하는 지위에 있다면, 그 의료행위의 영역이 자신의 전공과목이 아니라 다른 의사의 전공과목에 전적으로 속하거나 다른 의사에게 전적으로 위임된 것이 아닌 이상, 의사는 자신이 주로 담당하는 환자에 대하여 다른 의사가 하는 의료행위의 내용이 적절한 것인지의 여부를 확인하고 감독하여야 할 업무상 주의의무가 있고, 만약 의사가 이와 같은 업무상 주의의무를 소홀히 하여 환자에게 위해가 발생하였다면, 의사는 그에 대한 과실 책임을 면할 수 없다. (대법원 2007. 2. 22. 선고 2005도9229 판결)

이때 그 의료행위가 지휘·감독 관계에 있는 다른 의사에게 전적으로 위임된 것으로 볼 수 있는지 여부는 위임받은 의사의 자격 내지 자질과 평소 수행한 업무, 위임의 경위 및 당시 상황, 그 의료행위가 전문적인 의료영역 및 해당 의료기관의 의료 시스템 내에서 위임 하에 이루어질 수 있는 성격의 것이고 실제로도 그와 같이 이루어져 왔는지 여부 등 여러 사정에 비추어 해당 의료행위가 위임을 통해 분담 가능한 내용의 것이고 실제로도 그에 관한 위임이 있었다면, 그 위임 당시 구체적인 상황 하에서 위임의 합리성을 인정하기 어려운 사정이 존재하고 이를 인식하였거나 인식할 수 있었다고 볼 만한 다른 사정에 대한 증명이 없는 한, 위임한 의사는 위임받은 의사의 과실로 환자에게 발생한 결과에 대한 책임이 있다고 할 수 없다.

나아가, 의료행위에 앞서 환자에게 그로 인하여 발생할 수 있는 위험성 등을 구체적으로 설명하여야 하는 주체는 원칙적으로 주된 지위에서 진료하는 의사라 할 것이나 특별한 사정이 없는 한 다른 의사를 통한 설명으로도 충분하다. 따라서 이러한 경우 다른 의사에게 의료행위와 함께 그로 인하여 발생할 수 있는 위험성에 대한 설명까지 위임한 주된 지위의 의사의 주의의무 위반에 따른 책임을 인정하려면, 그 위임사실에도 불구하고 위임하는 의사와 위임받는 의사의 관계 및 지위, 위임하는 의료행위의 성격과 그 당시의 환자 상태 및 그에 대한 각자의 인식 내용, 위임받은 의사가 그 의료행위 수행에 필요한 경험과 능력을 보유하였는지 여부 등에 비추어 위임의 합리성을 인정하기 어려운 경우에 해당하여야 한다. (대법원 2022. 12. 1. 선고 2022도1499 판결)

다. 적용의 한계

신뢰의 원칙에도 한계가 있다. ① 상대방의 규칙 위반을 이미 인식한 경우 ② 상대방의 개인적 특성·상황에 따라 규칙 준수를 신뢰할 수 없었던 경우 ③ 사고다발지역의 경우 ④ 운전자가 스스로 교통규칙을 위반한 경우에는 신뢰의 원칙이 적용되지 않는다. 관련 판례를 살펴본다.

판례 고속도로 무단횡단자를 제동거리 밖에서 발견하였으나 미조치 – 업무상 과실 ○

고속도로를 무단횡단하는 보행자를 충격하여 사고를 발생시킨 경우라도 운전자가 상당한 거리에서 보행자의 무단횡단을 미리 예상할 수 있는 사정이 있었고, 그에 따라 즉시 감속하거나 급제동하는 등의 조치를 취하였다면 보행자와의 충돌을 피할 수 있었다는 등의 특별한 사정이 인정되는 경우에만 자동차 운전자의 과실이 인정될 수 있다. (대법원 2000. 9. 5. 선고 2000도2671 판결)

동지 상대방의 중앙선 침범을 이미 목격하였음에도 미조치 – 업무상 과실 ○ (대법원 1986. 2. 25. 선고 85도2651 판결)

해설 ① 상대방의 규칙 위반을 이미 인식한 경우에 해당한다.

판례 어린아이가 우측로변으로 걸어가고 있음에도 미조치했는데 아이가 느닷없이 튀어나와 사고 발생함 – 업무상 과실 ○ (대법원 1970. 8. 18. 선고 70도1336 판결)

동지 통행금지시간이 임박한 23:45경이라면 일반적으로 차량의 통행이 적어 통금에 쫓긴 통행인들이 도로를 횡단하는 것이 예사이므로, 버스와 버스 사이로 무단횡단하는 사람을 예상하고 조치할 의무 있음 (대법원 1980. 5. 27. 선고 80도842 판결)

해설 ② 상대방의 개인적 특성·상황에 따라 규칙 준수를 신뢰할 수 없었던 경우에 해당한다.

판례 자동차를 운전하는 피고인이 앞선 자전거가 좌회전하지 않을 거라 믿고 추월하려다가 자전거를 탄 피해자가 도로의 왼쪽에 있던 마을 입구로 들어가기 위해 좌회전하여 사고발생 – 업무상 과실 ○

신뢰의 원칙은 상대방 교통관여자가 도로교통의 제반법규를 지켜 도로교통에 임하리라고 신뢰할 수 없는 특별한 사정이 있는 경우에는 그 적용이 배제된다고 할 것인바 본사건의 사고지점이 노폭 약 10미터의 편도 1차선 직선도로이며 진행방향 좌측으로 부락으로 들어가는 소로가 정(丁)자형으로 이어져 있는 곳이고 당시 피해자는 자전거 짐받이에 생선상자를 적재하고 앞서서 진행하고 있었다면 피해자를 추월하고자 하는 자동차운전사는 자전거와 간격을 넓힌 것만으로는 부족하고 경적을 울려서 자전거를 탄 피해자의 주의를 환기시키거나 속도를 줄이고 그의 동태를 주시하면서 추월하였어야 할 주의의무가 있다고 할 것이고 그같은 경우 피해자가 도로를 좌회전하거나 횡단하고자 할 때에는 도로교통법의 규정에 따른 조치를 취하리라고 신뢰하여도 좋다고 하여 위 사고발생에 대하여 운전사에게 아무런 잘못이 없다고 함은 신뢰의 원칙을 오해한 위법이 있다. (대법원 1984. 4. 10. 선고 84도79 판결) **표준**

해설 ② 상대방의 개인적 특성·상황에 따라 규칙 준수를 신뢰할 수 없었던 경우에 해당한다.

Ⅳ 과실범 관련문제

1. 과실범의 미수

형법상 과실범 미수 처벌 규정은 없다. 불가벌이다.[42]

---

42 이론상 과실범의 미수 성부·처벌 가부에 대한 견해의 대립은 있다.

2. 과실범의 공범

① **과실범의 공동정범**은 인정된다. 공동정범 부분에서 후술한다. ② **과실에 의한 교사·방조**는 인정되지 않는다. ③ **과실범에 대한 교사·방조**범은 인정되지 않는다. 다만 ④ **과실범을 이용하는 간접정범**은 성립할 수 있다.

3. 과실의 부작위범

① 형법상 진정부작위범에 대한 과실범 처벌규정은 없다. ② 이론상 과실에 의한 부진정부작위범의 성립은 가능하다.

---

08 결과적 가중범

I 서론

1. 결과적 가중범의 의의

> 제15조(사실의 착오) ② 결과 때문에 형이 무거워지는 죄의 경우에 그 결과의 발생을 예견할 수 없었을 때에는 무거운 죄로 벌하지 아니한다.

(의의) 결과적 가중범이란 고의에 의한 기본범죄에 의하여, 행위자가 예견할 수 있었던 중한 결과가 발생한 때에 그 형이 가중되는 범죄를 말한다. 같은 결과를 과실로 실현한 과실범보다 가중처벌한다. 중한 결과가 고의적인 기본범죄에 전형적으로 내포된 잠재적인 위험의 실현이라는 점에서 과실범보다 행위반가치가 크기 때문이다.

(종류) 결과적 가중범의 종류에는 ① **진정결과적 가중범**과 ② **부진정결과적 가중범**이 있다. ① **진정결과적 가중범**이란 중한 결과가 과실에 의하여 발생한 경우에만 결과적 가중범이 성립하는 경우를 말한다. 예컨대 강간치상죄·유기치사죄·폭행치상죄가 이에 속한다. 대부분의 결과적 가중범은 여기에 속한다. ② **부진정결과적 가중범**이란 중한 결과를 과실로 발생케 한 경우뿐만 아니라 고의로 발생케 한 경우도 결과적 가중범이 성립할 수 있는 경우를 말한다. 예컨대 특수공무방해치상죄·현주건조물방화치사상죄가 이에 속한다.

2. 부진정결과적 가중범

가. 부진정결과적 가중범 인정여부

> 📋 쟁점검토: 부진정결과적 가중범 인정여부
>
> 1. 문제
>   (기본 범죄에 대한 고의를 넘어서) 중한 결과에 대한 고의가 있는 경우에도 결과적 가중범이 성립할
>   수 있는지 문제된다.
> 2. 학설
>   ① **부정설**: 처음부터 중한 결과에 대한 고의가 있으면 중한 결과를 내용으로 하는 고의범만 성립할
>   뿐이다.
>   ② **긍정설**: 기본범죄를 통하여 고의로 중한 결과를 발생케 한 경우를 동일한 결과를 과실로 발생케
>   한 경우보다 무겁게 처벌하는 규정이 없는 경우, 형의 불균형을 시정하기 위하여 부진정결과적
>   가중범을 인정하여야 한다.
> 3. 판례
>   현주건조물방화치사상죄는 중한 결과에 대한 과실이 있는 경우 뿐만 아니라 고의가 있는 경우도 포
>   함된다고 판시하여 ② **긍정설**을 취한다.
> 4. 검토
>   ① **부정설**은 형의 불균형을 방치한다는 점에서 판례가 타당하다.

우리 형법에 규정된 주요 부진정결과적 가중범을 살펴본다. ① 현주건조물방화치사상죄 ② 특수
공무방해치상죄 ③ 교통방해치상죄 ④ 중상해죄·중유기죄·중손괴죄·중권리행사방해죄가 있다.[43]

나. 부진정결과적 가중범 죄수문제

> 📋 쟁점검토: 부진정결과적 가중범의 죄수
>
> 1. 문제
>   부진정결과적 가중범을 인정할 경우, 중한 결과에 대하여 고의범을 별도로 인정할 수 있는지 문제된다.
> 2. 학설
>   ① **1설**: 결과적 가중범과 중한 결과에 대한 고의범의 상상적 경합이 성립한다.
>   ② **2설**: 결과적 가중범만 성립한다.
> 3. 판례
>   중한 결과에 대한 고의범의 형이 결과적 가중범의 형보다 중한 경우는 두 죄의 상상적 경합이 성립
>   하지만, 그 외의 경우에는 결과적 가중범만 성립한다.

---

43 중체포죄·중감금죄는 애초에 결과적 가중범이 아니다.

관련 판례를 살펴본다.

부진정결과적 가중범의 죄수문제

기본범죄를 통하여 고의로 중한 결과를 발생하게 한 경우에 가중 처벌하는 부진정결과적가중범에서, 고의로 중한 결과를 발생하게 한 행위가 별도의 구성요건에 해당하고 그 고의범에 대하여 결과적가중범에 정한 형보다 더 무겁게 처벌하는 규정이 있는 경우에는 그 고의범과 결과적가중범이 상상적 경합관계에 있지만, 위와 같이 고의범에 대하여 더 무겁게 처벌하는 규정이 없는 경우에는 결과적가중범이 고의범에 대하여 특별관계에 있으므로 결과적가중범만 성립하고 이와 법조경합의 관계에 있는 고의범에 대하여는 별도로 죄를 구성하지 않는다.

직무를 집행하는 공무원에 대하여 위험한 물건을 휴대하여 고의로 상해를 가한 경우에는 특수공무집행방해치상죄만 성립할 뿐, 이와는 별도로 폭력행위 등 처벌에 관한 법률 위반(집단·흉기 등 상해)죄를 구성하지 않는다. (대법원 2008. 11. 27. 선고 2008도7311 판결) 표준

참고 특수공무집행방해치상죄는 3년 이상의 징역, 폭처법위반은 (판결 선고 당시 개정되어) 3년 이상의 징역으로 법정형이 동일하였다(원심판결 참고).

판례 직계존속을 살해할 목적으로 방화하여 사망 – ① 현주건조물방화치사죄 ○ ② 존속살해죄 ○ (상상적 경합)[44]

형법 제164조 후단이 규정하는 현주건조물방화치사상죄는 그 전단이 규정하는 죄에 대한 일종의 가중처벌 규정으로서 과실이 있는 경우뿐만 아니라, 고의가 있는 경우에도 포함된다고 볼 것이므로 사람을 살해할 목적으로 현주건조물에 방화하여 사망에 이르게 한 경우에는 현주건조물방화치사죄로 의율하여야 하고 이와 더불어 살인죄와의 상상적경합범으로 의율할 것은 아니며, 다만 존속살인죄와 현주건조물방화치사죄는 상상적경합범 관계에 있으므로, 법정형이 중한 존속살인죄로 의율함이 타당하다. (대법원 1996. 4. 26. 선고 96도485 판결) 표준

동지 사람을 살해할 목적으로 방화하여 사망 – ① 현주건조물방화치사죄 ○ ② 살인죄 × (대법원 1996. 4. 26. 선고 96도485 판결)[45] 표준

동지 재물을 강취한 후 살해할 목적으로 방화하여 사망 – ① 현주건조물방화치사죄 ○ ② 강도살인죄 ○ (상상적 경합) (대법원 1998. 12. 8. 선고 98도3416 판결)[46] 표준

비교 피고인은 피해자들의 집에 찾아가 甲·乙·丙·丁 중 甲·乙을 방망이로 머리를 때려 실신시키고 휘발유를 뿌린 후 불을 질렀는데, 甲·乙은 기절한 상태였으므로 그대로 사망하였고, 丙·丁은 불타는 집에서 빠져나오려고 하였으나 피고인이 문을 막아 사망 – 피해자 甲·乙에 대해서는 ① 현주건조물방화치사죄만이 성립.[47] 피해자 丙·丁에 대해서는 ① 현주건조물방화죄 ○ ② 살인죄 ○ (실체적경합)

살인죄는 일신전속적인 개인적 법익을 보호하는 범죄이므로, 이 사건에서와 같이 불을 놓은 집에서 빠져 나오

---

44 위 판례 당시에는 존속살해죄가 현주건조물방화치사죄보다 법정형이 높았다. 현행 형법상 현주건조물방화치사죄의 법정형과 존속살해죄의 법정형은 동일하다. 따라서 현재를 기준으로 하면 현주건조물방화치사죄만이 성립한다.

45 현주건조물방화치사죄가 살인죄보다 법정형이 높다.

46 강도살인죄가 현주건조물방화치사죄보다 법정형이 높다.

47 현주건조물방화치사죄가 살인죄보다 법정형이 높다.

려는 피해자들을 막아 소사케 한 행위는 1개의 행위가 수개의 죄명에 해당하는 경우라고 볼 수 없고, 위 방화행위와 살인행위는 법률상 별개의 범의에 의하여 별개의 법익을 해하는 별개의 행위라고 할 것이니, 현주건조물방화죄와 살인죄는 실체적 경합관계에 있다. (대법원 1983. 1. 18. 선고 82도2341 판결) **표준**

해설 ① 위 판례 ② 동지판례 ③ '비교판례 중 피해자 甲·乙에 대한 부분'은, 1개의 행위라고 평가할 수 있어(방화행위와 살인행위를 1개의 행위라 평가할 수 있어) 양 죄의 상상적 경합 (또는 현주건조물방화치사죄만 성립)이 인정될 수 있다. 그러나 '비교판례 중 피해자 丙·丁에 대한 부분'은 방화행위와 문을 가로막은 살인행위가 전혀 겹치지 않으며 별개의 범의를 가진 행위이기 때문에 실체적 경합이 인정된 것이다.

II 결과적 가중범의 성립요건

이하 결과적 가중범의 성립요건 중 구성요건해당성을 분설한다.

1. 기본범죄

형법상 결과적 가중범의 기본범죄는 언제나 고의범이어야 한다. ① **(미수 포함)** 기본범죄는 기수·미수를 불문한다.[48] 예컨대 강간이 미수에 그친 경우라도 그 수단이 된 폭행에 의하여 피해자가 상해를 입었으면 강간치상죄가 성립한다.[49] ② **(과실범 불포함)** 기본범죄가 과실범인 경우 결과적 가중범이 성립하지 아니한다. ③ **(작위·부작위 불문)** 기본범죄가 고의범인 한 작위범인지 부작위범인가는 불문한다.

2. 중한 결과의 발생

중한 결과는 기본범죄에 내포된 전형적인 위험의 실현으로서 ① 강간치사상죄처럼 사망·상해와 같은 법익침해가 대부분이지만 ② 중상해죄처럼 생명에 대한 위험발생과 같이 구체적 위험인 경우도 있다.

3. 인과관계·객관적 귀속

(인과관계) 기본범죄와 중한 결과 사이에 인과관계가 있어야 한다. 판례는 결과에 상당한 조건에 대하여만 인과관계를 인정하는 상당인과관계설의 입장이다. **(객관적 귀속)** 인과관계가 있는 때에도 중한 결과를 행위자에게 객관적으로 귀속하기 위하여는 지배가능성의 원칙, 위험실현의 원칙을 결합한 귀속의 기준이 충족되어야 한다. 판례는 중한 결과는 중간 원인을 거치지 않고 기본범죄로

---

48 다만 예외적으로 법 문언상 결과적 가중범의 기본범죄에 '기본범죄의 미수범'이 포함되지 않는다고 해석될 경우, 결과적 가중범의 성립이 부정된다(대법원 95도94 판결).

49 대법원 1988. 11. 8. 선고 88도1628 판결

부터 직접 야기된 것이어야 한다고 본다(직접성의 원칙).

> **판례** 피고인들로부터 폭행을 당하고 당구장 3층 화장실에 숨어 있던 피해자가 다시 피고인들로부터 폭행당하지 않으려고 창문 밖으로 숨으려다가 실족하여 사망 – 폭행치사죄 ○
>
> 피고인들의 위 폭행행위와 피해자의 사망 사이에는 인과관계가 있다고 할 것이므로 폭행치사죄의 공동정범이 성립된다. (대법원 1990. 10. 16. 선고 90도1786 판결)
>
> **해설** 피해자·제3자의 과실에 의하여 중한 결과가 발생한 경우, 행위자는 이러한 중간개입행위를 예견할 수 있으므로 결과귀속이 인정된다.[50] 그러나 피해자·제3자의 고의(중과실)에 의하여 중한 결과가 발생한 경우, 행위자가 예견할 수 없으므로 객관적 귀속이 부정될 것이다.
>
> **판례** 피고인이 피해자에게 상해를 가해 피해자가 빈사상태에 빠지자 사망한 것으로 오인하고, 자신의 행위를 은폐하고 자살로 위장하고자 피해자를 베란다 밑 13m 아래로 떨어뜨려 그때야 사망에 이르게 함 – 상해치사죄 ○ (대법원 1994. 11. 4. 선고 94도2361 판결) **표준**
>
> 피고인이 피해자에게 우측 흉골골절 및 늑골골절상과 이로 인한 우측 심장벽좌상과 심낭내출혈 등의 상해를 가함으로써, 피해자가 바닥에 쓰러진 채 정신을 잃고 빈사상태에 빠지자, 피해자가 사망한 것으로 오인하고, 피고인의 행위를 은폐하고 피해자가 자살한 것처럼 가장하기 위하여 피해자를 베란다로 옮긴 후 베란다 밑 약 13m 아래의 바닥으로 떨어뜨려 피해자로 하여금 현장에서 좌측 측두부 분쇄함몰골절에 의한 뇌손상 및 뇌출혈 등으로 사망에 이르게 하였다면, 피고인의 행위는 포괄하여 단일의 상해치사죄에 해당한다. (대법원 1994. 11. 4. 선고 94도2361 판결)
>
> **해설** 이른바 '개괄적 과실' 사안이다. 결과적 가중범의 객관적 귀속, 즉 '직접성' 인정 여부가 문제된다. ① **직접성 부정설**은 상해죄와 과실치사죄의 실체적 경합범으로 본다. ② **직접성 긍정설**은 단일한 상해치사죄로 본다. 판례는 ②설을 취하였다. 생각건대 죄적은폐를 위하여 자살로 위장시키는 것은 종종 발생하는 범죄 형태로서 기본범죄인 상해행위에 전형적으로 내포된 위험의 실현으로 평가할 수 있어 판례가 타당하다.

4. 중한 결과에 대한 예견가능성(과실)

중한 결과에 대한 예견가능성은 과실과 동일한 의미이다. 관련 판례를 살펴본다.

> **판례** 기본범죄 행위시에 중한 결과에 대한 예견가능성이 있어야 결과적 가중범 성립함
>
> 형법 제15조 제2항이 규정하고 있는 이른바 결과적 가중범은 행위자가 행위시에 그 결과의 발생을 예견할 수 없을 때에는 비록 그 행위와 결과 사이에 인과관계가 있다 하더라도 중한 죄로 벌할 수 없다. (대법원 1988. 4. 12. 선고 88도178 판결)
>
> **동지** 폭행치사죄는 결과적 가중범으로서 폭행과 사망의 결과 사이에 인과관계가 있는 외에 사망의 결과에

---

50 대법원 2014. 7. 24. 선고 2014도6206 판결 – "행위와 결과 사이에 피해자나 제3자의 과실 등 다른 사실이 개재된 때에도 그와 같은 사실이 통상 예견될 수 있는 것이라면 상당인과관계를 인정할 수 있다."

대한 예견가능성 즉 과실이 있어야 하고, 이러한 예견가능성의 유무는 폭행의 정도와 피해자의 대응상태 등 구체적 상황을 살펴서 엄격하게 가려야 함 (대법원 2010. 5. 27. 선고 2010도2680 판결)

판례 가연물질이 많은 대학도서관 옥내에서 공무집행을 방해할 목적으로 화염병을 투척 – 특수공무방해치사상죄(예견가능성) ○ (대법원 1990. 6. 22. 선고 90도767 판결)

판례 피고인이 피해자 뺨 때리고 두 손으로 어깨를 잡아 넘어뜨리고 머리를 세멘트벽에 부딪치게 하였는데, 그 후 지병이 악화되어 22일 만에 사망 – 폭행치사죄(예견가능성) ○ (대법원 1983. 1. 18. 선고 82도697 판결)

비교 공장에서 동료 사이에 말다툼을 하던 중 피고인의 삿대질을 피하려고 뒷걸음치던 피해자가 장애물에 걸려 넘어져 두개골절로 사망 – 폭행치사죄(예견가능성) × (대법원 1990. 9. 25. 선고 90도1596 판결)

판례 피고인이 피해자를 강제추행하자 차에서 뛰어내려 사망 – 강제추행치사죄(예견가능성) ×
피고인이 친구 5명과 같이 술집에서 그집 작부로 있는 피해자 등 6명과 더불어 밤 늦도록 술을 마시고 모두 각자의 상대방과 성교까지 하였는데 술값이 부족하여 친구집에 가서 돈을 빌리려고 위 일행중 피고인과 공소외 1, 2가 함께 봉고차를 타고 갈때 공소외 1과 성교를 한 피해자도 그 차에 편승하게 된 사실과 피고인과 피해자가 그 차에 마주앉아 가다가 피고인이 장난삼아 피해자의 유방을 만지고 피해자가 이를 뿌리치자 발을 앞으로 뻗어 치마를 위로 걷어올리고 구두발로 그녀의 허벅지를 문지르는 등 그녀를 강제로 추행하자 그녀가 욕설을 하면서 갑자기 차의 문을 열고 뛰어 내림으로써 부상을 입고 사망한 경우, 피고인이 그때 피해자가 추행행위를 피하기 위하여 달리는 차에서 뛰어내려 사망에 이르게 될 것이라고 예견할 수 없고 달리 이를 인정할 만한 증거가 없다. (대법원 1988. 4. 12. 선고 88도178 판결)
참고 피고인 일행과 피해자 일행이 각각 서로의 상대방과 성교를 한 직후에 벌어진 일이라는 점이 감안된 것으로 보인다.

끝으로 판례를 하나 살펴보고 관련문제로 넘어간다.

판례 ① 피해자를 강간한 후 피해자가 추궁하자 ② 피해자를 목 졸라 살해 – ① 강간죄 ② 살인죄 (실체적 경합)
피해자를 강간한 후 피해자가 울면서 자신의 장래를 책임지라고 이를 추궁하자 피고인이 피해자를 타이르던 중 피해자가 계속 반항하므로 순간적으로 그녀를 살해할 것을 결의하고 양손으로 피해자의 목을 졸라 그 자리에서 질식 사망케 한 것이라면 피고인에게는 당시 살인의 확정적 범의가 있었음이 분명하여 결과적 가중범의 범의를 논할 여지가 없다. (대법원 1986. 11. 11. 선고 86도1989 판결)
참고 강간치사죄가 아니라 강간죄 및 살인죄가 성립한다.

Ⅲ 관련문제

1. 결과적 가중범의 공동정범

> 🗨 쟁점검토: 결과적 가중범의 공동정범
>
> ### 1. 문제
> 기본범죄를 공모한 후 공동정범자 중 일부가 기본범죄를 초과하는 중한 결과를 발생시킨 경우, 나머지 가담자에 대하여 결과적 가중범의 공동정범이 인정될 수 있는지 여부가 문제된다. 예컨대, 甲·乙이 강간을 공모하였는데, 甲이 강간 중 피해자에게 상해를 발생시킨 경우, 乙에게까지 강간치상의 공동정범을 인정할 수 있는지 여부가 문제된다.
>
> ### 2. 학설
> ① **긍정설**: 과실범의 공동정범도 성립 가능하다는 전제 하에 중한 결과에 대한 예견가능성이 있다면 결과적 가중범의 공동정범을 인정할 수 있다고 본다.
> ② **부정설**: 과실범의 공동정범은 성립하지 않는다는 전제 하에 고의범의 기본범죄에 대해서만 공동정범이 성립하고 중한 결과에 대해서는 각자의 과실을 평가하여 개별적으로 결과적 가중범이 성립할 뿐이라고 본다.
>
> ### 3. 판례
> **판례**는 ① **긍정설**을 취한다.
>
> ### 4. 검토
> 생각건대 행위를 공동으로 할 의사가 있었던 이상, 결과를 공동으로 할 의사까지는 요하지 않는다는 행위공동설에 따라 판례가 타당하다.

관련 판례를 살펴본다.

> [판례] 기본범죄를 공동으로 할 의사가 있으면 족하고 (중한 결과를 공동으로 할 의사가 없었더라도) 중한 결과에 대한 예견가능성이 있다면, 결과적 가중범의 공동정범 ○
>
> 결과적 가중범인 상해치사죄의 공동정범은 폭행 기타의 신체침해 행위를 공동으로 할 의사가 있으면 성립되고 결과를 공동으로 할 의사는 필요 없으며, 여러 사람이 상해의 범의로 범행 중 한 사람이 중한 상해를 가하여 피해자가 사망에 이르게 된 경우 나머지 사람들은 사망의 결과를 예견할 수 없는 때가 아닌 한 상해치사의 죄책을 면할 수 없다. (대법원 2000. 5. 12. 선고 2000도745 판결, 대법원 1978. 1. 17. 선고 77도2193 판결, 대법원 1993. 8. 24. 선고 93도1674 판결)
>
> [동지] 특수공무집행방해치상죄의 공동정범은 기본행위를 공동으로 할 의사가 있으면 족하고 결과적가중범으로서 행위자가 그 결과를 의도할 필요는 없고 그 결과의 발생을 예견할 수 있으면 족함 (대법원 2002. 4. 12. 선고 2000도3485 판결, 대법원 1997. 10. 10. 선고 97도1720 판결) **표준**
>
> [동지] 현존하는 건조물을 방화하는 집단행위의 과정에서 일부 집단원이 고의행위로 살상을 가한 경우에도 다

른 집단원에게 그 사상의 결과가 예견 가능한 것이었다면 다른 집단원도 그 결과에 대하여 현존건조물방화치사상의 책임을 면할 수 없음 (대법원 1996. 4. 12. 선고 96도215 판결)

2. 결과적 가중범의 교사범·방조범

기본범죄를 교사·방조하였으나 정범이 기본범죄의 범위를 초과하여 중한 결과를 발생시킨 경우, 결과적 가중범의 교사범·방조범이 인정될 수 있는지 문제된다. 판례는 중한 결과에 대한 예견가능성이 있는 경우 결과적 가중범의 교사범·방조범이 성립한다고 본다.

> **판례** 교사범이 중한 결과에 대한 예견가능성 있는 경우 결과적 가중범의 교사범 ○
> 교사자가 피교사자에 대하여 상해 또는 중상해를 교사하였는데 피교사자가 이를 넘어 살인을 실행한 경우 일반적으로 교사자는 상해죄 또는 중상해죄의 교사범이 되지만 이 경우 교사자에게 피해자의 사망이라는 결과에 대하여 과실 내지 예견가능성이 있는 때에는 상해치사죄의 교사범으로서의 죄책을 지울 수 있다. (대법원 1993. 10. 8. 선고 93도1873 판결, 대법원 1997. 6. 24. 선고 97도1075 판결)

3. 결과적 가중범의 미수

> 🗨 쟁점검토: 결과적 가중범의 미수
> 1. 문제
>   기본범죄가 미수에 그쳤지만 중한 결과가 발생한 경우에 결과적 가중범의 미수가 성립하는지 여부가 문제된다.
> 2. 학설
>   ① **긍정설**: 과형의 적절한 조정이 필요하다는 점, 일부 결과적 가중범에 대해서만 특별히 미수처벌규정을 두고 있다는 점에서 이를 긍정한다.
>   ② **부정설**: 결과적 가중범의 성질상 중한 결과가 발생한 이상 기수에 달한 것이지 기본범죄의 기수 여부는 중요치 않다는 점, 결과적 가중범의 미수범 처벌조항은 입법상 실수에 불과하다는 점에서 이를 부정한다.
> 3. 판례
>   **판례**는 ② **부정설**을 취한다.
> 4. 검토
>   생각건대 과형의 적절한 조정은 양형으로 해결할 수 있기에 판례가 타당하다.

관련 판례를 살펴본다.

판례 기본범죄 미수＋중한 결과 발생＝결과적 가중범 기수

형법 제337조의 강도상해, 치상죄는 재물강취의 기수와 미수를 불문하고 범인이 강도범행의 기회에 사람을 상해하거나 치상하게 되면 성립하는 것이다. (대법원 1986. 9. 23. 선고 86도1526 판결)

동지 위험한 물건인 전자충격기를 사용하여 강간을 시도하다가 미수에 그치고, 피해자에게 약 2주간의 치료를 요하는 안면부 좌상 등의 상해를 입힘 – 성폭법상 특수강간치상죄 ○ (대법원 2008. 4. 24. 선고 2007도 10058 판결)

동지 특수강간이 미수에 그쳤다고 하더라도 그로 인하여 피해자가 상해를 입었으면 특수강간치상죄가 성립함 (대법원 2013. 8. 22. 선고 2013도7138 판결) 표준

위법성

01 위법성의 이론

Ⅰ 위법성의 의의

위법성이란 구성요건에 해당하는 행위가 법질서 전체의 입장과 객관적으로 모순·충돌하는 성질을 말한다. 위법성은 법질서 전체의 입장에서 내리는 부정적 가치판단으로서, 판단기준은 성문법규·관습법·국제법·사회상규를 모두 포괄한다.

Ⅱ 위법성의 본질

① **형식적 위법성론**이란 법규범의 형식은 명령과 금지로 구성되므로 이러한 법규범을 위반하는 것에 위법성의 본질이 있다고 본다. ② **실질적 위법성론**은 규범의 근저에 놓여 있는 실질적 기준에 따라 위법성의 의미를 파악하려는 입장이다.

Ⅲ 위법성 판단 기준

	객관적 위법성론	주관적 위법성론
의의	위법성이란 객관적 평가규범에 대한 위반을 의미함	위법성이란 주관적 의사결정규범에 대한 위반을 의미함
법의 성격	객관적 평가규범: 법규범은 인간의 행위를 사회질서의 관점에서 평가하는 것을 가능케 하며 개인에 대한 명령을 포함하지 않음	주관적 의사결정규범: 법규범은 일차적으로 개인에게 법적으로 무가치한 행위를 의사결정해서는 안 된다는 명령임

	객관적 위법성론	주관적 위법성론
수명자	모든 사람 (책임무능력자 포함)	책임능력자
책임무능력자의 침해에 대한 정당방위 가부	위법하기에 정당방위 가능	위법하지 않기에 정당방위 불가

Ⅳ 위법성조각사유

1. 의의

위법성조각사유란 구성요건에 해당하는 행위의 위법성을 배제하는 특별한 사유를 말한다. 정당화사유 또는 허용규범이라고도 한다.

형법상 위법성조각사유	① 정당행위 ② 정당방위 ③ 긴급피난 ④ 자구행위 ⑤ 피해자의 승낙 ⑥ 진실성·공익성 갖춘 명예훼손
특별법상 위법성조각사유	① 모자보건법상 인공임신중절(제14조) ② 형사소송법상 현행범체포(제212조) ③ 민법상 점유권자의 자력구제(제209조) 등

2. 구성요소

위법성조각사유는 ① 객관적 정당화상황과 ② 주관적 정당화요소로 구성된다.

	의의	예시
객관적 정당화상황	구성요건에 해당하는 행위의 결과반가치를 상쇄시키는 객관적 정당화상황	정당방위의 성립요건인 '현재의 부당한 침해'
주관적 정당화요소	구성요건에 해당하는 행위의 행위반가치를 상쇄시키는 주관적 정당화의사	정당방위의 방위의사, 긴급피난의 피난의사

3. 효과

위법성조각사유가 인정되는 경우의 법적 효과를 책임조각사유와 비교하여 살펴본다.

	위법성조각사유	책임조각사유
행위자	형벌 · 보안처분 불가	형벌 불가 · 보안처분 가능
공범(제한적 종속형식)	공범 불성립	공범 성립
상대방	정당방위 불가	정당방위 가능

Ⅴ 주관적 정당화요소

위법성조각사유의 구성요소 중 주관적 정당화요소를 따로 떼어 자세히 살펴본다.

1. 의의

주관적 정당화요소란 객관적 정당화상황을 인식하고 이에 기하여 행위한다는 의사를 말한다. 이는 구성요건에 해당하는 행위의 행위반가치를 상쇄하는 기능을 수행한다.

2. 주관적 정당화요소의 내용

	내용
인식요구설	정당화상황의 인식으로 족하며 목적 · 동기 등 의사는 필요치 않음
인식 · 의사요구설 (다수설)	정당화상황의 인식 이외에 정당화 의사까지 필요하다.
성실한 검토요구설	개개의 정당화인식 · 의사에 더하여 정당화상황의 존부에 대한 성실한 검토가 필요하다.

3. 우연방위(주관적 정당화요소 결여)의 해결

가. 문제점

객관적 정당화상황은 존재하지만 주관적 정당화요소 없이 행위한 경우(우연방위) 법적 효과가 문제된다. 예컨대 甲이 乙을 저격하였는데 알고 보니 乙 역시 저격당하기 직전 甲을 향해 총의 방아쇠를 당기려고 하였던 경우가 문제된다.[51]

---

51 이는 위법성조각사유의 전제사실에 대한 착오와는 반대 방향의 착오이다.

나. 주관적 정당화요소의 요부

1차 쟁점으로 위법성 조각을 위해 주관적 정당화요소가 필요한지 여부가 문제된다.

① **필요설**은 행위반가치·결과반가치 이원론(이원적·인적 불법론)의 입장에서 이미 성립한 결과 반가치뿐만 아니라 행위반가치도 상쇄되어야 하므로 주관적 정당화요소가 필요하다고 본다.

② **불요설**은 결과반가치 일원론의 입장에서 객관적으로 행위와 결과가 있고 양자 사이에 인과 관계만 인정되면 불법이 성립하는데, 우연방위의 경우 객관적인 법익침해가 없으므로 주관적 정당화요소가 불요하다고 본다. **판례**는 ① 필요설을 취한다.

> [판례] 위법성 조각되기 위해서는 주관적 정당화요소 필요
> 현재의 위난이 존재하는 상태이었다고 가정하더라도 소위 피난의사 있었다고 인정할 수 없는 이상 이건 긴급피난의 성립을 인정할 수 없다. (대법원 1980. 5. 20. 선고 80도306 판결)

다. 주관적 정당화요소를 결한 경우의 효과

2차 쟁점으로 주관적 정당화요소 결여시 법적 효과가 문제된다.

① **위법성조각설** – 불요설의 입장에서 위법성이 조각되어 무죄라고 본다. 이에 대해서는 주관적 정당화요소의 존부를 동일취급하여 부당하다는 비판이 있다.

② **기수범설** – 필요설의 입장에서 위법성이 조각되지 않아 기수범으로 처벌해야 한다고 본다. 이에 대해서는 객관적 정당화상황의 존부를 동일취급하여 부당하다는 비판이 있다.

③ **불능미수범설** – 필요설의 입장에서 정당방위상황이 존재하여 행위자가 위법한 행위를 할 수 없음에도 할 수 있다고 착오하여 행위함으로써 행위반가치는 인정되지만 결과반가치가 결여되었다는 점에서 미수의 불법구조와 같으므로 불능미수 규정을 유추적용해야 한다는 견해이다.

라. 판례

판례는 "현재의 위난이 존재하는 상태이었다고 가정하더라도 소위 피난의사 있었다고 인정할 수 없는 이상 이건 긴급피난의 성립을 인정할 수 없다."라고 판시하였는데,[52] 이를 두고 기수범설을 취한 것이라는 견해와, 이 사건은 처음부터 내란미수죄로 기소된 것이므로 단정할 수 없다는 견해가 대립한다.

---

52 대법원 1980. 5. 20. 선고 80도306 판결

마. 검토

생각건대 ① 위법성조각설은 객관적인 측면에 ② 기수범설은 주관적인 측면에 치우쳐 있으므로 ③ 불능미수범설이 타당하다.

02 정당방위

> 제21조(정당방위) ① 현재의 부당한 침해로부터 자기 또는 타인의 법익(法益)을 방위하기 위하여 한 행위는 상당한 이유가 있는 경우에는 벌하지 아니한다.

I 의의

정당방위란 자기 또는 타인의 법익에 대한 현재의 부당한 침해를 방위하기 위한 상당한 이유가 있는 행위를 말한다. 정당방위는 사전적 긴급행위의 일종으로서 "不正 대 正"의 관계에 있다.

II 성립요건

1. 자기·타인의 법익

(타인 법익) 자기 이외에 타인의 법익을 보호하기 위한 정당방위도 인정된다.

(법익 범위) 법에 의하여 보호되는 모든 개인적 법익은 정당방위에 의해 보호될 수 있다. 법익은 형법에 의하여 보호되는 것에 한정되지 않는다. 민법상 점유, 가족관계 등도 보호될 수 있다.

(국가적·사회적 법익) 국가적·사회적 법익에 대한 보호도 정당방위가 인정되는지 문제된다. ① 국가의 재산권 등 개인적 법익이 문제되는 경우에는 정당방위가 가능하다. ② 그러나 정당방위는 본래 개인의 법익보호를 위해서 탄생한 개념이고, 국가적·사회적 법익의 보호는 국가의 임무이므로 원칙적으로 이를 위한 정당방위는 인정되지 않는다.[53]

---

53 예외적으로 국가적·사회적 법익에 대한 중대명백한 위해에 대해서는 정당방위가 가능하다는 견해도 있다.

관련 판례를 살펴본다.

> **판례** 타인을 위한 정당방위 가능
>
> 차량통행문제를 둘러싸고 피고인의 부와 다툼이 있던 피해자가 그 소유의 차량에 올라타 문안으로 운전해 들어가려 하자 피고인의 부가 양팔을 벌리고 이를 제지하였으나 위 피해자가 이에 불응하고 그대로 그 차를 피고인의 부 앞쪽으로 약 3미터 가량 전진시키자 위 차의 운전석 부근 옆에 서 있던 피고인이 부가 위 차에 다치겠으므로 이에 당황하여 위 차를 정지시키기 위하여 운전석 옆 창문을 통하여 피해자의 머리털을 잡아당겨 그의 흉부가 위 차의 창문틀에 부딪혀 약간의 상처를 입게 한 행위는 부의 생명, 신체에 대한 현재의 부당한 침해를 방위하기 위한 행위로서 정당방위에 해당한다. (대법원 1986. 10. 14. 선고 86도1091 판결)

> **판례** 노조위원장인 피고인이 전투경찰로부터 조합원들이 불법체포되는 것을 목격하고, 이를 제지하며 전투경찰의 방패를 당기고 밀어 상해를 가함 - 정당방위 ○ (대법원 2017. 3. 15. 선고 2013도2168 판결) **표준**
>
> **참고** 타인의 법익에 대한 침해를 방어하기 위한 정당방위도 가능하다.

> **판례** 아버지의 신체·'신분'을 위한 정당방위 가능
>
> 타인이 보는 자리에서 자식으로부터 인륜상 용납할 수 없는 폭언과 함께 폭행을 가하려는 피해자를 1회 구타한 행위는 피고인의 신체에 대한 법익뿐만 아니라 아버지로서의 신분에 대한, 법익에 대한 현재의 부당한 침해를 방위하기 위한 행위로써 정황에 비추어 볼 때 피고인으로서는 피해자에게 일격을 가하지 아니할 수 없는 상당한 이유가 있는 행위로써 정당방위에 해당한다. (대법원 1974. 5. 14. 선고 73도2401 판결)

> **판례** 국가적·사회적 법익을 위한 정당방위 불가
>
> 국군보안사령부의 민간인에 대한 정치사찰을 폭로한다는 명목으로 군무를 이탈한 행위가 정당방위나 정당행위에 해당하지 아니한다. (대법원 1993. 6. 8. 선고 93도766 판결)

2. 현재의 부당한 침해

가. 침해

침해란 법익에 대한 실해·위험을 야기시키는 인간의 행위를 말한다.

나. 현재성

(의의) 현재의 침해란 법익에 대한 침해가 급박한 상태에 있거나 방금 막 개시되었거나 아직도 계속되고 있는 경우를 말한다. **(판단기준)** 침해의 현재성은 방어행위시가 아니라 침해행위시(방어효과의 발생시)를 기준으로 판단한다. 예컨대 자동보안장치를 미리 설치하였는데(방어행위) 도둑이

침입할 때에 작동하였다면(침해행위) 침해의 현재성이 인정된다.

과거 또는 장래의 침해에 대해서는 정당방위를 할 수 없다. ① **(착수 전 방위)** 침해행위가 실행의 착수 이전일지라도 방어를 지체한다면 더 이상 방어가 어려워지는 경우에는 현재성이 인정된다. 예컨대 상대방이 권총에 실탄을 장전하려 하는 때에는 현재성이 인정된다. ② **(기수 후 방위)** 침해행위가 기수에 달한 이후에도 법익침해가 계속되고 있는 경우에는 현재성이 인정된다. ③ **(지속적 위험)** 과거부터 계속되어 온 침해행위가 언제든지 반복될 가능성이 있는 경우 현재성이 인정된다.

현재성과 관련된 판례를 살펴본다.

[판례] 침해의 현재성–자기 또는 타인의 법익에 대한 침해상황이 종료되기 전까지

'침해의 현재성'이란 침해행위가 형식적으로 기수에 이르렀는지에 따라 결정되는 것이 아니라 자기 또는 타인의 법익에 대한 침해상황이 종료되기 전까지를 의미하는 것이므로, 일련의 연속되는 행위로 인해 침해상황이 중단되지 아니하거나 일시 중단되더라도 추가 침해가 곧바로 발생할 객관적인 사유가 있는 경우에는 그중 일부 행위가 범죄의 기수에 이르렀더라도 전체적으로 침해상황이 종료되지 않은 것으로 볼 수 있다. (대법원 2023. 4. 27. 선고 2020도6874 판결)

[판례] 피해자가 피고인 운전의 차량 앞에 뛰어들어 함부로 타려고 하고 이에 항의하는 피고인의 바지춤을 잡아당겨 찢고 피고인을 끌고 가려다가 넘어지자, 피고인이 피해자의 양 손목을 경찰관이 도착할 때까지 약 3분간 잡아 누름 – 정당방위 ○ (대법원 1999. 6. 11. 선고 99도943 판결)

[판례] 甲社가 피고인이 점유하던 공사현장에 실력을 행사하여 들어와 현수막·간판을 설치하고 담장에 글씨를 쓰자, 피고인이 그 현수막을 찢고 간판 등에 쓰여진 글씨를 지움 – 정당방위 ○ (대법원 1989. 3. 14. 선고 87도3674 판결)

참고 피고인의 시공 및 공사현장의 점유를 방해하는 것으로서 현재의 부당한 침해에 해당한다고 보았다.

[판례] 지속적 위험에 대한 현재성은 인정되었으나 상당성이 부정된 사례 – 반복적으로 강간해 온 의붓아버지가 잠이 든 사이 칼로 찔러 살해한 사건

정당방위가 성립하려면 침해행위에 의하여 침해되는 법익의 종류, 정도, 침해의 방법, 침해행위의 완급과 방위행위에 의하여 침해될 법익의 종류, 정도 등 일체의 구체적 사정들을 참작하여 방위행위가 사회적으로 상당한 것이어야 하고, 정당방위의 성립요건으로서의 방어행위에는 순수한 수비적 방어뿐 아니라 적극적 반격을 포함하는 반격방어의 형태도 포함되나, 그 방어행위는 자기 또는 타인의 법익침해를 방위하기 위한 행위로서 상당한 이유가 있어야 한다.

피고인이 약 12살 때부터 의붓아버지인 피해자의 강간행위에 의하여 정조를 유린당한 후 계속적으로 이 사건 범행무렵까지 피해자와의 성관계를 강요받아 왔고, 그 밖에 피해자로부터 행동의 자유를 간섭받아 왔으며, 또한 그러한 침해행위가 그 후에도 반복하여 계속될 염려가 있었다면, 피고인들의 이 사건 범행 당시 피고인의 신체나 자유등에 대한 현재의 부당한 침해상태가 있었다고 볼 여지가 없는 것은 아니나, 그렇다고 하여도 피고인이 상피고인과 사전에 공모하여 범행을 준비하고 의붓아버지가 제대로

반항할 수 없는 상태에서 식칼로 심장을 찔러 살해한 행위는 사회통념상 상당성을 결여하여 정당방위가 성립하지 아니한다. (대법원 1992. 12. 22. 선고 92도2540 판결) **표준**

참고 ① 현재성은 인정되었으나 상당성이 부정되어 정당방위가 인정되지 않았다는 점을 기억해야 한다. ② 상당성이 부정되어 과잉방위에도 해당하지 않는다고 보았다.

[판례] 현재성은 인정되었으나 상당성이 부정된 사례 – 뺨을 맞자 이에 대항하여 병으로 찌를 듯이 겨누어 협박한 사건

피고인이 피해자로부터 갑작스럽게 뺨을 맞는 등 폭행을 당하여 서로 멱살을 잡고 다투자 주위 사람들이 싸움을 제지하였으나 피해자에게 대항하기 위하여 깨어진 병으로 피해자를 찌를 듯이 겨누어 협박한 경우, 피고인의 행위는 자기의 법익에 대한 현재의 부당한 침해를 방어하기 위한 것이라고 볼 수 있으나, 맨손으로 공격하는 상대방에 대하여 위험한 물건인 깨어진 병을 가지고 대항한다는 것은 사회통념상 그 정도를 초과한 방어행위로서 상당성이 결여된 것이고, 또 주위사람들이 싸움을 제지하였다는 상황에 비추어 야간의 공포나 당황으로 인한 것이었다고 보기도 어렵다. (대법원 1991. 5. 28. 선고 91도80 판결)

[판례] 임차인인 피고인이 임대차 기간 만료 후에도 방을 비워주지 않겠다 폭언하자, 임대인의 며느리가 홧김에 쇠사슬로 창문을 부수었고, 이에 격분한 피고인이 빠루를 들고 나와 미처 도망가지 못한 구경꾼인 마을주민 두 명에게 상해를 가함 – 정당방위 ✕

피해자의 침해행위에 대하여 자기의 권리를 방위하기 위한 부득이한 행위가 아니고, 그 침해행위에서 벗어난 후 분을 풀려는 목적에서 나온 공격행위는 정당방위에 해당한다고 할 수 없다. (대법원 1996. 4. 9. 선고 96도241 판결)

참고 현재성이 부정되었다.

다. 부당성

(의의) 침해행위는 객관적으로 법질서와 모순되는 위법한 것이어야 한다. 침해는 위법하면 족하고 유책할 필요는 없으므로 정신병자·형사미성년자의 공격에 대한 정당방위는 가능하다. **(싸움과 정당방위)** 상호간 침해를 유발한 것이므로 원칙적으로 정당방위는 성립하지 않는다. 다만 예외적으로 ① 싸움에서 예상할 수 있는 정도를 초과한 과격한 침해행위에 대한 반격의 경우 ② 싸움이 중지된 상태에서 한편이 새로이 갑자기 다시 공격하는 경우 ③ 외관상 싸움이지만 실은 일방적 폭행인 경우 등에는 정당방위가 인정될 수 있다. 관련 판례를 살펴본다.

[판례] 불법한 체포에 대항하여 상해 – 정당방위 ○

경찰관의 행위가 적법한 공무집행을 벗어나 불법하게 체포한 것으로 볼 수밖에 없다면, 그 체포를 면하려고 반항하는 과정에서 경찰관에게 상해를 가한 것은 불법 체포로 인한 신체에 대한 현재의 부당한 침해에서 벗어나기 위한 행위로서 정당방위에 해당하여 위법성이 조각된다. (대법원 2000. 7. 4. 선고 99도4341 판결)

판례 위법성이 조각되는 연설을 하는 자의 연설을 방해함 – 정당방위 ✕

공직선거 후보자 합동연설회장에서 후보자 갑이 적시한 연설 내용이 다른 후보자 을에 대한 명예훼손 또는 후보자비방의 요건에 해당되나 그 위법성이 조각되는 경우, 갑의 연설 도중에 을이 마이크를 빼앗고 욕설을 하는 등 물리적으로 갑의 연설을 방해한 행위가 갑의 '위법하지 않은 정당한 침해'에 대하여 이루어진 것일 뿐만 아니라 '상당성'을 결여하여 정당방위의 요건을 갖추지 못하였다. (대법원 2003. 11. 13. 선고 2003도3606 판결)

이어서 싸움에 관한 판례를 살펴본다.

판례 (싸움 원칙) 가해행위는 방어행위인 동시에 공격행위임 – 정당방위 ✕

피해자 일행 중 1명의 뺨을 때린 데에서 비롯된 가해자 등의 행위는 피해자 일행의 부당한 공격을 방위하기 위한 것이라기보다는 서로 공격할 의사로 싸우다가 먼저 공격을 받고 이에 대항하여 가해하게 된 것이라고 봄이 상당하고 이와 같은 싸움의 경우 가해행위는 방어행위인 동시에 공격행위의 성격을 가지므로 정당방위 또는 과잉방위행위라고 볼 수 없다. (대법원 1993. 8. 24. 선고 92도1329 판결)

판례 (싸움 원칙) 가해행위는 방어행위인 동시에 공격행위임 – 정당방위 ✕

만취한 피해자가 자신의 누나인 甲의 머리채를 잡고 때리자, 甲의 남편인 피고인이 피해자와 싸우게 되었는데, 그 과정에서 몸무게가 85kg 이상인 피해자가 62kg의 피고인을 침대 위에 넘어뜨리고 피고인의 가슴 위에 올라타 목부분을 누르자 호흡이 곤란하게 된 피고인이 안간힘을 쓰면서 허둥대다가 그곳 침대 위에 놓여있던 과도로 피해자에게 상해를 가한 경우, 이러한 가해행위는 방어행위인 동시에 공격행위의 성격을 가지므로 정당방위 또는 과잉방위행위라고 볼 수 없다. (대법원 2000. 3. 28. 선고 2000도228 판결, 대법원 2021. 5. 7. 선고 2020도15812 판결) **표준**

판례 (싸움 예외 ①) 싸움에서 예상되는 정도를 초과한 공격에 대한 방위 – 정당방위 ○

싸움을 함에 있어서 격투를 하는 자 중의 한사람의 공격이 그 격투에서 당연히 예상할 수 있는 정도를 초과하여 살인의 흉기 등을 사용하여온 경우에는 이를 '부당한 침해'라고 아니할 수 없으므로 이에 대하여는 정당방위를 허용하여야 한다. (대법원 1968. 5. 7. 선고 (68도370 판결)

판례 (싸움 예외 ②) 싸움이 중지되었는데 새로이 개시된 별개의 가해행위에 대한 방위 – 정당방위 ○

싸움이 중지된 후 다시 피해자들이 새로이 도발한 별개의 가해행위를 방어하기 위하여 단도로써 상대방의 복부에 자상을 입힌 행위는 정당방위에 해당한다. (대법원 1957. 3. 8. 선고 4290형상18 판결)

판례 (싸움 예외 ③) 외관상 싸움일 뿐 일방적 폭행에 대한 방위 – 정당방위 ○

겉으로는 서로 싸움을 하는 것처럼 보이더라도 실제로는 한쪽 당사자가 일방적으로 위법한 공격을 가하고 상대방은 이러한 공격으로부터 자신을 보호하고 이를 벗어나기 위한 저항수단으로서 유형력을 행사한 경우에는, 그 행위가 새로운 적극적 공격이라고 평가되지 아니하는 한, 이는 사회관념상 허용될 수 있는 상당성이 있는 것으로서 위법성이 조각된다.

甲(피고인)과 자신의 남편과의 관계를 의심하게 된 피해자가 자신의 아들 등과 함께 甲의 아파트에 찾아가 현관문을 발로 차는 등 소란을 피우다가, 출입문을 열어주자 곧바로 甲을 밀치고 신발을 신은 채로 거실로 들어가 피해자 일행이 서로 합세하여 甲을 구타하기 시작하였고, 甲(피고인)은 이를 벗어나기 위하여 손을 휘저으며 발버둥치는 과정에서 피해자 등에게 상해를 가하게 된 사안에서, 피해자의 남편과 甲이 불륜을 저지른 것으로 생각하고 이를 따지기 위하여 甲의 집을 찾아가 甲을 폭행하기에 이른 것이라는 것만으로 피해자 등의 위 공격행위가 적법하다고 할 수 없고, 甲은 그러한 위법한 공격으로부터 자신을 보호하고 이를 벗어나기 위한 사회관념상 상당성 있는 방어행위로서 유형력의 행사에 이르렀다고 할 것이어서 위 행위의 위법성이 조각된다. (대법원 2010. 2. 11. 선고 2009도12958 판결)

참고 정당방위 외에 정당행위에도 해당한다고 보았다.

판례 (싸움 예외 ③) 외관상 싸움일 뿐 일방적 폭행에 대한 방위 – 정당방위 ○

피해자와 그 남편인 甲이 함께 피고인 乙이 '피해자가 첩의 자식'이라는 헛소문을 퍼뜨렸다며 먼저 乙의 멱살을 잡고 밀어 넘어뜨리고 배 위에 올라타 주먹으로 팔, 얼굴 등을 폭행하였고, 甲도 이에 가세하여 乙의 얼굴에 침을 뱉으며 발로 밟아 폭행을 한 사실, 이에 연로한 탓에 힘에 부쳐 달리 피할 방법이 없던 乙은 이를 방어하기 위하여 피해자와 甲의 폭행에 대항하여 피해자의 팔을 잡아 비틀고, 다리를 무는 등으로 하여 피해자에게 오른쪽 팔목과 대퇴부 뒤쪽에 멍이 들게 하여 약 2주간의 치료를 요하는 상해를 가한 경우, 정당방위가 인정된다. (대법원 1999. 10. 12. 선고 99도3377 판결)

참고 정당방위 외에 정당행위에도 해당한다고 보았다.

판례 (싸움 예외 ③) 외관상 싸움일 뿐 일방적 폭행에 대한 방위 – 정당방위 ○

피고인은 식당에서 甲과 함께 술을 마시던 중 甲은 피고인이 자신에게 욕설을 하였다는 이유로 주먹으로 피고인의 얼굴을 수회 때리고, 발로 피고인의 가슴을 걸어 찬 후 피고인이 식당 밖으로 피신하자 따라나가 플라스틱 의자로 피고인의 팔부위를 수회 내리치는 바람에 피고인이 약 4주간의 치료를 요하는 늑골골절상을 입었고, 그 과정에서 위와 같이 폭행을 가하는 甲의 손과 멱살 등을 잡고 밀친 사실을 인정할 수 있는바, 그렇다면 이는 상대방의 부당한 공격에서 벗어나거나 이를 방어하려고 한 행위였다고 봄이 상당하다. (대법원 1996. 12. 23. 선고 96도2745 판결)

3. 방위행위

(방위의사) 방위행위자에게는 정당방위상황에 대한 인식·방어행위를 실현한다는 의사가 있어야 한다. 방위의사는 정당방위의 주관적 정당화요소에 해당한다. (상대방) 방위행위는 침해자에 대해서만 할 수 있으며, 제3자에 대한 반격은 정당방위가 성립할 수 없다. (태양) 방위행위에는 순수한 수비적 방위인 보호방위 뿐만 아니라 적극적 반격을 포함한 공격방위도 포함된다.

4. 상당한 이유

(의의) 상당한 이유는 정당방위의 필요성과 요구성을 그 내용으로 한다. (내용) ① **적합성의 원**

칙은 필요하다. 방위행위는 위험을 제거하는 데 적합한 수단이어야 한다. ② **최소침해의 원칙**은 필요하다. 방위수단 중에서 공격자에게 가장 피해가 적은 수단이어야 한다. ③ **보충성의 원칙**·④ **균형성의 원칙**은 불요하다.[54] 정당방위는 不正 대 正의 관계에 있기 때문이다.

(**정당방위의 제한**) 정당방위는 법질서 전체의 입장에서 요구·허용된 행위여야 하므로, 요구되지 않은 방위행위는 사회윤리적 관점에서 제한된다. ① **책임없는 자의 침해에 대한 방위**, ② **보증관계에 있는 자의 침해에 대한 방위**는 회피가능성이 있는 경우에는 피하거나, 피할 수 없는 상황에서도 보호방위에 그쳐야 한다. ③ **극히 경미한 침해에 대한 방위**, ④ **도발된 침해에 대한 방위**는 허용되지 않는다.[55]

판례 피고인의 주점에서 甲 등 3인이 내실까지 들어와 소변을 보아 피고인이 항의하자 甲 등이 피고인을 집단구타하였고 이에 피고인이 甲을 업어치기로 넘어뜨려 상해 입힘 – 정당방위 ○ (대법원 1981. 8. 25. 선고 80도800 판결)

판례 절도범으로 오인받은 자가 야간에 군중들로부터 무차별 구타를 당하자 이를 방위하기 위하여 소지하고 있던 손톱깎기 칼을 휘둘러 상해를 입힘 – 정당방위 ○ (대법원 1970. 9. 17. 선고 70도1473 판결)

판례 강제추행범의 혀를 깨물어 설절단상을 입힘 – 정당방위 ○
갑과 을이 공동으로 인적이 드문 심야에 혼자 귀가중인 병여에게 뒤에서 느닷없이 달려들어 양팔을 붙잡고 어두운 골목길로 끌고들어가 담벽에 쓰러뜨린 후 갑이 음부를 만지며 반항하는 병여의 옆구리를 무릎으로 차고 억지로 키스를 함으로 병여가 정조와 신체를 지키려는 일념에서 엉겁결에 갑의 혀를 깨물어 설절단상을 입혔다면 병여의 범행은 자기의 신체에 대한 현재의 부당한 침해에서 벗어나려고 한 행위로서 그 행위에 이르게 된 경위와 그 목적 및 수단, 행위자의 의사등 제반사정에 비추어 위법성이 결여된 행위이다. (대법원 1989. 8. 8. 선고 89도358 판결) 표준
참고 방위행위의 상당성이 인정되었다. 비록 균형성의 원칙에는 반하지만 정당방위는 이를 요구하지 않는다.

판례 부락민들이 계속하여 피고인에게 돌을 던지고, 피해자는 피고인을 구타하므로 피고인이 상처를 입고 분개하여 마침 소지하고 있던 칼로 피해자의 가슴에 자상을 입힘 – 정당방위 × (대법원 1966. 3. 5. 선고 66도63 판결) 표준
참고 "정당방위에 있어서는 긴급피난의 경우와 같이 불법한 침해에 대해서 달리 피난방법이 없었다는 것을 반드시 필요로 하는것이 아니"라고 보아 보충성 원칙이 불요된다는 점을 명시하였다.

판례 피해자가 야간에 술에 취해 병원에 있던 과도로 대형 유리창문 깨뜨리고 복부에 칼을 대고 할복자

---

54 대법원 1991. 9. 10. 선고 91다19913 판결 – "정당방위에 있어서는 반드시 방위행위에 보충의 원칙은 적용되지는 않으나 방위에 필요한 한도내의 행위로서 사회윤리에 위배되지 않는 상당성있는 행위임을 요하는 것이다."
55 구체적 유형에 따라 학설의 대립이 있으나 수험적으로는 '허용되지 않는다'라고 생각하면 족하다.

CHAPTER 03 위법성 **103**

살하겠다고 난동 피우자, 경찰관 2명이 칼빈소총을 발사하여 피해자 왼쪽 가슴 관통해 사망 – 정당방위 ×
위 경찰관 등이 공포를 발사하거나 소지한 가스총과 경찰봉을 사용하여 위 망인의 항거를 억제할 시간
적 여유와 보충적 수단이 있었다고 보여지고, 또 부득이 총을 발사할 수 밖에 없었다고 하더라도 하체부
위를 향하여 발사함으로써 그 위해를 최소한도로 줄일 여지가 있었다고 보여지므로, 칼빈소총을 1회
발사하여 피해자의 왼쪽 가슴 아래 부위를 관통하여 사망케 한 경찰관의 총기사용행위는 경찰관직무집
행법 제11조 소정의 총기사용 한계를 벗어난 것이다. (대법원 1991. 9. 10. 선고 91다19913 판결)
참고 방위행위의 상당성이 부정되었다. 특히 '최소침해의 원칙'을 위반하였다고 보았다.

판례 피해자가 칼을 들고 피고인을 찌르자 그 칼을 뺏어 그 칼로 반격을 가한 결과 피해자에게 상해를
입힘 – 정당방위 × (대법원 1984. 1. 24. 선고 83도1873 판결)

판례 전투경찰대원이 상관의 다소 심한 기합에 격분하여 상관을 사살함 – 정당방위 × (대법원 1984.
6. 12. 선고 84도683 판결)

판례 이혼소송중인 남편이 찾아와 가위로 폭행하고 변태적 성행위를 강요하는 데에 격분하여 처가 칼로
남편의 복부를 찔러 사망에 이르게 함 – 정당방위 × (대법원 2001. 5. 15. 선고 2001도1089 판결) **표준**
해설 피해자를 전혀 모르는 사람이라고 가정한다면 정당방위가 인정되었을 것이다. 이 경우는 (비록 이혼소
송 중이지만) '보증관계에 있는 자의 침해'에 대해서는 정당방위가 제한된다는 원리가 적용된 사안이다.

판례 피고인이 밤나무 단지에서 피해자가 밤 18개를 푸대에 주워 담는것을 보고 푸대를 빼앗으려다
반항하는 피해자의 뺨과 팔목을 때려 상처를 입힘 – 정당방위 × (대법원 1984. 9. 25. 선고 84도1611
판결)
참고 극히 경미한 침해에 대한 방위행위에 해당한다.

판례 피고인이 피해자를 살해하려고 먼저 가격하였는데 피해자가 이에 대해 반격하자 피해자를 살해
함 – 정당방위 ×
피고인이 위 피해자를 살해하려고 먼저 가격한 이상 피해자의 반격이 있었다하여 피해자를 살해한 피고
인의 소위가 정당방위에 해당한다고 볼 수는 없다. (대법원 1983. 9. 13. 선고 83도1467 판결) **표준**
참고 도발된 침해에 대한 방위행위에 해당한다.

끝으로 경찰관의 무기사용과 정당방위에 관한 판례를 하나 살펴본다.

판례 경찰관의 무기사용과 정당방위
경찰관직무집행법 제10조의4 제1항에 의하면, 경찰관은 범인의 체포, 도주의 방지, 자기 또는 타인의
생명·신체에 대한 방호, 공무집행에 대한 항거의 억제를 위하여 필요하다고 인정되는 상당한 이유가
있을 때 그 사태를 합리적으로 판단하여 필요한 한도 내에서 무기를 사용할 수 있되, 다만 형법에 규정
한 정당방위나 긴급피난에 해당하는 때, 사형·무기 또는 장기 3년 이상의 징역이나 금고에 해당하는
죄를 범하거나 범하였다고 의심할 만한 충분한 이유가 있는 자가 경찰관의 직무집행에 대하여 항거하거

나 도주하려고 할 때 또는 체포, 도주의 방지나 항거의 억제를 위하여 다른 수단이 없다고 인정되는 상당한 이유가 있는 때를 제외하고는 무기 사용으로 인하여 사람에게 위해를 주어서는 안된다고 규정하고 있고, 경찰관의 무기 사용이 위와 같은 요건을 충족하는지 여부는 범죄의 종류, 죄질, 피해법익의 경중, 위해의 급박성, 저항의 강약, 범인과 경찰관의 수, 무기의 종류, 무기 사용의 태양, 주변의 상황 등을 고려하여 사회통념상 상당하다고 평가되는지 여부에 따라 판단하여야 하고, 특히 사람에게 위해를 가할 위험성이 큰 권총의 사용에 있어서는 그 요건을 더욱 엄격하게 판단하여야 할 것이다. (대법원 2004. 3. 25. 선고 2003도3842 판결) **표준**

Ⅲ 과잉방위·오상방위

제21조(정당방위) ② 방위행위가 그 정도를 초과한 경우에는 정황(情況)에 따라 그 형을 감경하거나 면제할 수 있다.
③ 제2항의 경우에 야간이나 그 밖의 불안한 상태에서 공포를 느끼거나 경악(驚愕)하거나 흥분하거나 당황하였기 때문에 그 행위를 하였을 때에는 벌하지 아니한다.

1. 과잉방위

(의의) 과잉방위란 현재의 부당한 침해를 방위하기 위한 행위를 하였으나 그 방위행위가 상당성의 정도를 넘은 경우를 말한다.

(성립요건) ① 현재의 부당한 침해와 방어의사가 존재하여야 한다. ② 방위행위가 상당성을 초과하여야 한다. ③ 과잉행위가 공포·경악·흥분·당황 등 심리적 열악감·심약적 충동에서 비롯되어야 한다. 적개심·호전성·복수심 등 공격성향적 충동에서 비롯된 경우 과잉방위가 성립하지 않는다.

(효과) ① **형벌감면적 과잉방위** – 방위행위가 그 정도를 초과한 때에는 정황에 의하여 그 형을 감경·면제할 수 있다(제21조 제2항). ② **불가벌적 과잉방위** – 과잉행위가 야간 기타 불안스러운 상태 하에서 공포, 경악, 흥분 또는 당황으로 인한 때에는 책임이 조각되어 벌하지 아니한다(제21조 제3항).

판례 술에 취한 甲·乙·丙 3인이 소주병·사이다병·시멘트벽돌로 공격하자 피고인이 도망가다가 이에 대항하기 위하여 곡괭이 자루를 집어 들고 마구 휘둘러 丙의 머리를 때려 사망하고 乙에게는 상해를 입힘 – 과잉방위 ○ (대법원 1991. 9. 10. 선고 91다19913 판결)
참고 형벌감면적 과잉방위가 인정된 사건이다.

판례 흉폭한데다가 술에 취하여 식칼로 난동을 부리는 오빠를 목 졸라 살해 – 과잉방위 ○

평소 흉포한 성격인데다가 술까지 몹시 취한 피해자가 심하게 행패를 부리던 끝에 피고인들을 모두 죽여버리겠다면서 식칼을 들고 피해자의 어머니에게 달려들어 찌를듯이 면전에 칼을 들이대다가 피해자의 남동생으로부터 제지를 받자, 다시 피해자의 남동생의 목을 손으로 졸라 숨쉬기를 어렵게 한 위급한 상황에서 피고인이 순간적으로 그를 구하기 위하여 피해자에게 달려들어 그의 목을 조르면서 뒤로 넘어뜨린 행위는 피해자의 어머니·남동생의 생명, 신체에 대한 현재의 부당한 침해를 방위하기 위한 상당한 행위라 할 것이고, 나아가 위 사건당시 피해자가 피고인의 위와 같은 방위행위로 말미암아 뒤로 넘어져 피고인의 몸아래 깔려 더 이상 침해행위를 계속하는 것이 불가능하거나 또는 적어도 현저히 곤란한 상태에 빠졌음에도 피고인이 피해자의 몸위에 타고앉아 그의 목을 계속하여 졸라 누름으로써 결국 피해자로 하여금 질식하여 사망에 이르게 한 행위는 정당방위의 요건인 상당성을 결여한 행위라고 보아야 할 것이나, 극히 짧은 시간내에 계속하여 행하여진 피고인의 위와 같은 일련의 행위는 이를 전체로서 하나의 행위로 보아야 할 것이므로, 방위의사에서 비롯된 피고인의 위와 같이 연속된 전후행위는 하나로서 형법 제21조 제2항 소정의 과잉방위에 해당한다 할 것이고, 당시 야간에 흉포한 성격에 술까지 취한 피해자가 식칼을 들고 피고인을 포함한 가족들의 생명, 신체를 위협하는 불의의 행패와 폭행을 하여 온 불안스러운 상태하에서 공포, 경악, 흥분 또는 당황등으로 말미암아 저질러진 것이라고 보아야 할 것이다. (대법원 1986. 11. 11. 선고 86도1862 판결)

참고 불가벌적 과잉방위가 인정되어 무죄이다.

판례 피고인 甲이 처 乙과 야간에 극장구경을 마치고 귀가중인데 술에 취한 피해자 丙이 甲의 조카딸에게 음경을 내놓고 소변을 보면서 키스를 하려고 하였는데, 이에 甲이 말리자 丙이 甲의 뺨을 때리고 돌을 들어 구타하려고 하고, 나아가 乙을 땅에 넘어뜨리고 돌로 때리려 하자, 甲이 발로 丙의 복부를 걷어차 사망함 – 과잉방위 ○ (대법원 1974. 2. 26. 선고 73도2380 판결)

참고 불가벌적 과잉방위가 인정되어 무죄이다.

판례 피고인이 남자 6명의 피해자 일당으로부터 별 이유 없이 구타를 당하던 중 이로부터 벗어나기 위하여 맥주병을 들고 위협을 하였는데, 이때 피고인을 뒤에서 끌어안은 피해자와 함께 넘어져 뒹굴며 옥신각신하는 과정에서 맥주병이 깨어져 피해자에게 상해 발생 – 과잉방위 ○ (대법원 2005. 7. 8. 선고 2005도2807 판결)

참고 불가벌적 과잉방위가 인정되어 무죄이다.

판례 피고인이 피해자와 말다툼을 하다가 낫을 들고 반항하는 피해자로부터 낫을 빼앗아 피해자의 가슴, 배, 등, 뒤통수, 목, 왼쪽 허벅지 부위 등을 10여 차례 찔러 피해자 사망케 함 – 과잉방위 × (대법원 2007. 4. 26. 선고 2007도1794 판결) **표준**

판례 피해자가 구타하자 피고인이 길이 26cm의 과도로 복부를 3·4회 찔러 상해를 가함 – 과잉방위 × (대법원 1989. 12. 12. 선고 89도2049 판결)

판례 피해자가 뺨을 치고 손톱깎기 칼로 찔러 피고인이 1cm 정도의 상처를 입자, 약 20센티미터의 과도로 피해자 복부 찌름 – 과잉방위 × (대법원 1968. 12. 24. 선고 68도1229 판결)

2. 오상방위

오상방위란 현재의 부당한 침해가 존재하지 않음에도 불구하고 그것이 존재하는 것으로 오인하고 방위행위를 한 경우이다. 오상방위는 '위법성조각사유의 전제사실에 대한 착오'에 해당하는데 이에 대해서는 후술한다.

> (판례) 피고인인 상병 甲은 피해자인 병장 乙과 교대시간이 늦었다는 이유로 언쟁하다가, 甲이 乙을 구타하였는데 乙이 '월남에서는 사람 하나 죽인 것은 파리를 죽인 것과 같다. 너 하나 못 죽일 줄 아느냐.' 고 말하고 카빈소총을 甲의 등 뒤에 겨누며 실탄을 장전하고 발사할 듯이 위협하자 甲은 당황하여 뒤로 돌며 카빈소총을 乙의 복부에 발사하여 사망케 함 – 정당방위 ○, 오상방위 ○
>
> **(정당방위 해당)** 구타를 하였음에 불과한 피고인으로서는 피해자가 실탄이 장전되어있는 카빙소총을 피고인의 등뒤에 겨누며 발사할 것 같이 위협하는 방위 행위는 위와 같은 싸움에서 피고인이 당연히 예상하였던 상대방의 방위행위라고는 인정할 수 없으므로 이는 부당한 침해라고 아니할 수 없고, 피고인이 피해자를 먼저 사살하지 않으면 피고인의 생명이 위험하다고 느낀 나머지 뒤로 돌아서면서 소지중인 카빙총을 발사하였다는 행위는 현재의 급박하고도 부당한 침해를 방위하기 위한 행위로서 상당한 이유가 있는 행위이다.
>
> **(오상방위 해당)** 가사 피해자에게 피고인을 상해할 의사가 없고 객관적으로 급박하고 부당한 침해가 없었다고 가정하더라도 피고인으로서는 현재의 급박하고도 부당한침해가 있는 것으로 오인하는데 대한 정당한 사유가 있는 경우에 해당한다. (대법원 1968. 5. 7. 선고 68도370 판결) **표준**
>
> **해설** 판례는 오상방위에 대하여 '정당한 이유'가 있으면 위법성이 조각된다고 보는데, 이 사건의 경우 정당한 이유가 인정된다는 취지이다.

3. 오상과잉방위

오상과잉방위란 현재의 부당한 침해가 존재하지 않음에도 불구하고 존재한다고 오인하고 상당성을 초과하는 방위행위를 한 경우이다. 오상방위와 과잉방위가 결합된 경우이다. 다수설은 오상방위의 일종으로 취급한다.

	과잉방위	오상방위	오상과잉방위
정당방위상황	존재	부존재	부존재
상당성	초과	준수	초과
법적 효과	임의적 감면·불가벌	정당한 이유 → 위법성 조각	판례 없음

03 긴급피난

> 제22조(긴급피난) ① 자기 또는 타인의 법익에 대한 현재의 위난을 피하기 위한 행위는 상당한 이유가
> 있는 때에는 벌하지 아니한다.

I 의의

(의의) 긴급피난이란 자기 또는 타인의 법익에 대한 현재의 위난을 피하기 위한 상당한 이유가
있는 행위를 말한다. 긴급피난은 ① 위난의 원인의 위법·적법을 불문한다는 점, ② 위난을 야기한
자 뿐만 아니라 이와 무관한 제3자에게도 가능하다는 점에서 "正 대 正"의 관계로 표현된다.

(본질) 긴급피난의 본질에 대해서는 ① **책임조각설** ② **위법성조각설** ③ **이분설**의 견해 대립이
있으나 **판례**는 ② **위법성조각설**을 취하고 있다. 긴급피난을 위법성조각사유로 보면 긴급피난 행위
는 위법성이 조각되는 행위이므로 이에 대한 정당방위는 허용되지 않는다.

II 성립요건

1. 자기·타인의 법익

(타인 법익) 자기 이외에 타인의 법익을 보호하기 위한 긴급피난도 인정된다.

(법익 범위) 법에 의하여 보호되는 모든 개인적 법익은 긴급피난에 의해 보호될 수 있다. 법익은
형법에 의하여 보호되는 것에 한정되지 않는다.

(국가적·사회적 법익) 정당방위와 달리 긴급피난으로 보호할 수 있는 법익에는 개인적 법익 뿐
만 아니라 국가적 법익·사회적 법익도 포함된다(다수설).

2. 현재의 위난

가. 위난

위난이란 법익침해가 발생할 수 있는 가능성이 있는 상태를 의미한다. ① **(행위성 불요)** 위난이
사람의 행위에 의한 것이든 동물·전쟁·천재지변에 의한 것인건 불문한다. 따라서 동물에 쫓기자
타인의 집에 주거침입하여 몸을 숨긴 경우 위법성이 조각된다. ② **(위법성 불요)** 위난의 원인은

적법·위법을 불문한다. ③ **(긴급피난에 대한 긴급피난)** 위난의 원인에는 제한이 없으므로 긴급피난에 대한 긴급피난 또한 가능하다.

(자초위난) 긴급피난상황에 대한 책임이 없을 것이 긴급피난의 요건은 아니므로 피난자의 귀책사유로 위난이 초래된 경우에도 상당성을 준수하는 범위에서 이에 대한 긴급피난이 가능하다. 그러나 애초부터 피난행위를 할 목적으로 위난을 자초한 경우에는 긴급피난이 허용되지 않는다.

PART 02

> [판례] 강간범이 피해자가 손가락을 깨물자 이를 비틀어 뽑다 피해자 치아결손 – 긴급피난 ×(강간치상죄 ○)
> 피고인이 스스로 야기한 강간범행의 와중에서 피해자가 피고인의 손가락을 깨물며 반항하자 물린 손가락을 비틀며 잡아 뽑다가 피해자에게 치아결손의 상해를 입힌 소위를 가리켜 법에 의하여 용인되는 피난행위라 할 수 없다. (대법원 1995. 1. 12. 선고 94도2781 판결) **표준**

나. 현재성

(의의) 현재의 위난이란 그 침해가 즉시 또는 곧 발생할 것으로 예견되는 경우를 말한다. 긴급피난에서 위난의 현재성은 정당방위에서 침해의 현재성보다 넓은 개념이다(다수설). **(예방적 긴급피난)** 위난으로 인한 손해발생이 임박한 것은 아니나 피난행위를 미룰 경우 그 피해가 훨씬 증대될 것으로 예상되는 경우 현재성이 인정된다. **(지속적 위난)** 위험상태가 오랫동안 반복되어 앞으로도 같은 침해가 예상되는 지속적 위난의 경우 현재성이 인정된다.

3. 피난행위

(피난의사) 긴급피난자에게는 긴급피난상황에 대한 인식과 우월적 이익을 보호한다는 의사가 있어야 한다. 피난의사가 피난행위의 유일한 동기일 것은 요하지 않는다. 피난의사는 긴급피난의 주관적 정당화 요소에 해당한다. **(상대방)** (정당방위의 방위행위와는 달리) 피난행위는 위난과 관계없는 제3자에 대해서도 가능하다. **(태양)** 방위행위에는 위난의 원인에 대해 직접 반격하거나 위난을 유발한 당사자의 법익을 침해하여 법익을 보전하는 방어적 긴급피난과 위난과 관계없는 제3자의 법익을 희생시키고 법익을 보전하는 공격적 긴급피난이 있다.

> [판례] 피난의사가 있어야 긴급피난이 성립함
> 그 당시의 사태가 소론 현재의 위난이 존재하는 상태이었다고 가정하더라도 소위 피난의사 있었다고 인정할 수 없는 이상 이건 긴급피난의 성립을 인정할 수 없다. (대법원 1980. 5. 20. 선고 80도306 판결)

4. 상당한 이유

(의의) 긴급피난은 "正 대 正"의 관계이므로 정당방위보다 엄격한 상당성을 요구한다. (내용) ① **적합성의 원칙** – 피난행위 자체가 사회윤리나 법정신에 비추어 적합한 수단이어야 한다.[56] ② **보충성의 원칙** – 긴급피난은 피난행위에 의하지 않고는 달리 위난을 피할 수 없을 것을 요한다. 즉 피난행위가 최후의 수단이어야 한다. ③ **균형성의 원칙** – 긴급피난에 의하여 보호되는 이익이 침해되는 이익보다 본질적으로 우월한 것이어야 한다.

[판례] 선장인 피고인이 피조개양식장에 피해를 주지 아니하도록 피조개양식장까지의 거리를 약 30m로 유지할 수 있도록 닻줄을 5샤클로 감아 놓았으나, 태풍에 대비하여 닻줄을 50m 더 늘려서 7샤클로 묘박하는 바람에 피조개양식장에 물적피해 야기 – 긴급피난 ○

선박이동에도 새로운 공유수면점용허가가 있어야 하고 휴지선을 이동하는 데는 예인선이 따로 필요한 관계로 비용이 많이 들어 다른 해상으로 이동을 하지 못하고 있는 사이에 태풍을 만나게 되었다면 피고인들로서는 태풍을 만나게 된 위급한 상황에서 선박과 선원들의 안전을 위하여 사회통념상가장 적절하고 필요불가결하다고 인정되는 조치를 취하였다면 형법상 긴급피난으로서 위법성이 없어서 범죄가 성립되지 아니한다고 보아야 하고 미리 선박을 이동시켜 놓아야 할 책임을 다하지 아니함으로써 위와 같은 긴급한 위난을 당하였다는 점만으로는 긴급피난을 인정하는데 아무런 방해가 되지 아니한다. (대법원 1987. 1. 20. 선고 85도221 판결) **표준**

참고 손괴죄에 대한 미필적 고의를 인정하면서도 긴급피난을 인정하여 무죄라 보았다.

[판례] 모체의 건강을 구하기 위한 낙태행위 – 긴급피난 ○

임신의 지속이 모체의 건강을 해칠 우려가 현저할 뿐더러 기형아 내지 불구아를 출산할 가능성마저도 없지 않다는 판단하에 부득이 취하게된 산부인과 의사의 낙태 수술행위는 정당행위 내지 긴급피난에 해당되어 위법성이 없는 경우에 해당된다. (대법원 1976. 7. 13. 선고 75도1205 판결)

[판례] 집회장소 사용을 불허한 甲 대학 측의 협조요청에 따라 경찰관들이 甲 대학 출입문에서 집회에 참가하려는 자의 출입을 저지하였는데, 이에 피고인 등이 신고 없이 乙대학교로 장소를 옮겨 집회함 – 긴급피난 × (대법원 1990. 8. 14. 선고 90도870 판결)

[판례] 아파트 입주자대표회의 회장이 다수 입주민들의 민원에 따라 위성방송 수신을 방해하는 케이블TV 방송의 시험방송 송출을 중단시키기 위하여 위 케이블TV 방송의 방송안테나를 절단하도록 지시 – 긴급피난 × (대법원 2006. 4. 13. 선고 2005도9396 판결) **표준**

참고 긴급피난·정당행위에 해당하지 않아 업무방해죄가 인정되었다.

---

56 적합성의 원칙은 다시 ① 사회윤리적 적합성과 ② 법적 절차 적합성으로 나뉜다. ① 피난행위는 사회윤리적으로 적합한 행위여야 한다. 예컨대 다른 사람을 구하기 위하여 강제로 채혈을 하거나 장기를 적출하는 것은 긴급피난이 성립할 수 없다. ② 위난을 피하기 위한 법적 절차가 존재한다면 이에 따르지 않은 피난행위는 적합성이 없다. 따라서 진범인이 아님에도 구속기소된 피고인이 도주하거나 위증을 교사하는 것은 긴급피난이 성립할 수 없다.

판례 타인의 집 대문 앞에 은신하고 있다가 경찰관의 명령에 따라 순순히 손을 들고 나오다가 그대로 도주하는 범인을 경찰관이 뒤따라 추격하면서 등 부위에 권총을 발사하여 사망케함 – 긴급피난 × (대법원 1991. 5. 28. 선고 91다10084 판결)

참고 상당성이 부정되었다.

판례 피고인이 피해자의 개가 자신의 애완견을 물어뜯자 소지하고 있던 기계톱으로 피해자의 개를 절개하여 죽임 – 긴급피난 ×

긴급피난이란 자기 또는 타인의 법익에 대한 현재의 위난을 피하기 위한 상당한 이유 있는 행위를 말하고, 여기서 '상당한 이유 있는 행위'에 해당하려면, 첫째 피난행위는 위난에 처한 법익을 보호하기 위한 유일한 수단이어야 하고, 둘째 피해자에게 가장 경미한 손해를 주는 방법을 택하여야 하며, 셋째 피난행위에 의하여 보전되는 이익은 이로 인하여 침해되는 이익보다 우월해야 하고, 넷째 피난행위는 그 자체가 사회윤리나 법질서 전체의 정신에 비추어 적합한 수단일 것을 요하는 등의 요건을 갖추어야 한다. 피고인으로서는 자신의 진돗개를 보호하기 위하여 몽둥이나 기계톱 등을 휘둘러 피해자의 개들을 쫓아버리는 방법으로 자신의 재물을 보호할 수 있었을 것이므로 피해견을 기계톱으로 내리쳐 등 부분을 절개한 것은 피난행위의 상당성을 넘은 행위로서 형법 제22조 제1항에서 정한 긴급피난의 요건을 갖춘 행위로 보기 어려울 뿐 아니라, 그 당시 피해견이 피고인을 공격하지도 않았고 피해견이 평소 공격적인 성향을 가지고 있었다고 볼 자료도 없는 이상 형법 제22조 제3항에서 정한 책임조각적 과잉피난에도 해당하지 아니한다. (대법원 2016. 1. 28. 선고 2014도2477 판결)

판례 甲 정당 당직자인 피고인들 등이 국회 외교통상 상임위원회 회의장 앞 복도에서 출입이 봉쇄된 회의장 출입구를 뚫을 목적으로 회의장 출입문 및 그 안쪽에 쌓여있던 책상, 탁자 등 집기를 손상하거나, 국회의 심의를 방해할 목적으로 소방호스를 이용하여 회의장 내에 물을 분사 – 긴급피난 × (대법원 2013. 6. 13. 선고 2010도13609 판결)

참고 정당행위·긴급피난에 해당하지 않아 공용물건손상·국회회의장소동죄가 인정되었다.

판례 어머니가 갑자기 기절을 하여 이를 치료하기 위하여 군무이탈 – 긴급피난 × (대법원 1969. 6. 10. 선고 69도690 판결)

Ⅲ 긴급피난의 특칙

> **제22조(긴급피난)** ② 위난을 피하지 못할 책임이 있는 자에 대하여는 전항의 규정을 적용하지 아니한다.

(원칙) 직무를 수행함에 있어서 마땅히 일정한 위난을 감수해야 할 의무가 있는 자(군인, 소방관, 경찰관 등)에게는 긴급피난이 원칙적으로 허용되지 않는다. **(예외)** 다만 이러한 특별의무자들에게 언제나 절대적인 희생의무가 인정되는 것은 아니다. 따라서 타인을 위한 긴급피난이나 감수할 범위를 넘는 자기의 위난에 대해서는 긴급피난이 허용된다.

Ⅳ 과잉피난·오상피난

제22조(긴급피난) ③ 전조 제2항과 제3항의 규정은 본조에 준용한다.

(**과잉피난**) 현재의 위난에 대한 피난행위는 있었으나 그 피난행위가 상당성의 정도를 초과한 경우이다. 이 경우 과잉방위에 관한 규정이 준용된다. (**오상피난**) 현재의 위난이 존재하지 않음에도 불구하고 그것이 존재하는 것으로 오인하고 피난행위를 한 경우이다. 이 경우 위법성조각사유의 객관적 전제사실에 대한 착오의 문제가 된다.

Ⅴ 의무의 충돌

1. 의의

(**의의**) 동시에 이행하여야 할 수 개의 의무 중 일부의 의무는 이행하였으나, 이행하지 못하고 방치한 나머지 부분이 구성요건에 해당되는 경우 위법성이 조각된다. (**법적 성질**) 의무의 충돌의 법적성질에 대하여 견해대립이 있으나, 다수설에 따르면 긴급피난으로 본다.

2. 성립요건

① (**충돌상황**) 두 개 이상의 법적 의무가 충돌하고 의무의 불이행이 구성요건에 해당하여야 한다. ② (**상당성**) 높은 가치의 의무·최소한 동가치 의무를 택하여 이행해야 한다. ③ (**주관적 정당화 요소**) 행위자에게 의무의 충돌에 대한 인식 및 높은 가치 또는 적어도 동가치의 의무를 이행한다는 인식이 있어야 한다.

(**적용범위**) ① **작위의무와 작위의무의 충돌**의 경우, 의무의 충돌에 해당한다. 예컨대 아버지가 물에 빠진 두 아이를 모두 혼자 구조해야 하는 경우가 그러하다. ② **작위의무와 부작위의무의 충돌**의 경우, 긍정설과 부정설이 대립한다. 예컨대 고열로 혼수상태에 빠진 아들을 병원으로 데려가기 위해 음주운전하는 경우가 그러하다. 생각건대 결국 이익형량에 따라 긴급피난 인정여부를 결정해야 할 것이다. ③ **부작위의무와 부작위의무의 충돌**의 경우, 수 개의 부작위의무는 동시에 이행할 수 있으므로 의무의 충돌이 아니다.

04 자구행위

> 제23조(자구행위) ① 법률에서 정한 절차에 따라서는 청구권을 보전(保全)할 수 없는 경우에 그 청구권
> 의 실행이 불가능해지거나 현저히 곤란해지는 상황을 피하기 위하여 한 행위는 상당한 이유가 있는
> 때에는 벌하지 아니한다.

I 의의

자구행위란 권리자가 그 권리를 침해당한 때에 공권력의 발동에 의하지 않고 자력에 의하여 그 권리를 보전하는 행위를 말한다. 자구행위는 사후적 긴급행위로서 국가권력의 대행이라는 점에서 위법성이 조각된다.

II 성립요건

1. 자구행위상황: 법정절차 의하여 청구권 보전하는 것이 불가능

가. 청구권

청구권이란 특정인에게 작위·부작위를 요구할 수 있는 사법상 권리를 말한다. 보전이 가능한 청구권만을 말하며 원상회복이 불가능한 청구권, 생명·신체·자유·정조·명예에 관한 청구권은 이에 포함되지 않는다.

나. 불법한 침해

자구행위는 침해된 권리를 보전하기 위한 행위이므로 이에 대한 불법한 침해가 있어야 한다. 자구행위는 사후적 긴급행위이므로 과거의 침해에 대해서만 가능하다.[57]

---

57 정당방위와 구별되는 지점이다. ① 절도범인을 현장에서 추적하여 재물을 탈환한 경우, 절도 기수 이후이더라도 현재성이 인정되어 정당방위에 해당한다. 반면 상당한 시일이 경과된 후 도품 탈환하는 경우는 과거의 침해에 대한 것으로서 자구행위에 해당한다. ② 퇴거불응자에 대한 강제퇴거행위 역시 현재의 불법에 대한 대응이므로 정당방위가 성립한다.

다. 법정절차에 의한 보전 불가능

(법정절차) 법정절차란 민사소송법상의 가압류·가처분 등 보전절차 뿐만 아니라 경찰 기타 국가 공권력에 의한 구제절차가 마련되어 있는 경우 자구행위가 불가하다. **(보전 불가능)** 자구행위는 시간·장소적으로 공적 구제를 기다릴 여유가 없고, 후일 공적 수단에 의할지라도 그 실효를 거두지 못할 긴급한 사정이 있는 경우에 한하여 할 수 있다(보충성). 청구권 보전이 가능한 가옥명도청구, 토지반환청구, 점유사용권을 회복하기 위한 자구행위는 원칙적으로 불가하다.

2. 자구행위: 청구권의 실행불능·현저한 실행곤란 피하기 위한 행위

가. 청구권의 실행불능·현저곤란

지체 없이 자구행위를 하지 않으면 청구권의 실행이 불가능하거나 현저 곤란한 사정을 말한다(제2 보충성).[58]

나. 피하기 위한 행위

자구행위는 청구권을 직접 실현하는 수단이 아니라 채권자로서의 지위를 확보하는 청구권의 보전수단이다. 자기 소유의 특정물을 절도로부터 탈환하는 것은 자구행위에 해당한다. 대체물의 경우, 청구권 보전의 범위를 벗어나 재산을 임의처분하거나 이행을 받아 스스로 변제충당하는 행위는 자구행위가 될 수 없다.

다. 자구의사

자구행위상황에 대한 인식과 청구권의 실행불능 또는 현저한 실행곤란을 피하기 위한 의사가 있어야 한다.

3. 상당한 이유

① 보충성의 원칙 ② 균형성의 원칙 ③ 적합성의 원칙이 요구된다.

Ⅲ 판례

자구행위 성부에 관한 판례를 모아 살펴본다. 자구행위가 인정된 사례를 찾기 어렵다.

---

58 자구행위로서 위법성이 조각되기 위해서는 ① 법정절차에 의한 청구권보전이 불가능한 긴급한 사정 이외에 ② 즉시 자력으로 구제하지 않으면 청구권 실행이 불가능·현저곤란 해지는 긴급사정까지 존재해야 한다는 것이다. 즉 두 가지 측면의 보충성이 요구된다.

판례 피해자가 다른 친구들 앞에서 피고인 전과사실 폭로하며 명예를 훼손하자 피고인이 구타함 – 자구행위 × (대법원 1969. 12. 30. 선고 69도2138 판결)

참고 명예훼손은 원상회복이 불가능한 청구권으로서 자구행위의 대상이 될 수 없다.

판례 민사소송이 계속 중인 건조물의 자물쇠를 쇠톱으로 절단하고 침입 – 자구행위 ×

소유권의 귀속에 관한 분쟁이 있어 민사소송이 계속중인 건조물에 관하여 현실적으로 관리인이 있음에도 위 건조물의 자물쇠를 쇠톱으로 절단하고 침입한 소위는 법정절차에 의하여 그 권리를 보전하기가 곤란하고 그 권리의 실행불능이나 현저한 실행곤란을 피하기 위해 상당한 이유가 있는 행위라고 할 수 없다. (대법원 1985. 7. 9. 선고 85도707 판결)

판례 채무자인 피해자가 대금 지불 않고 화랑 폐쇄 후 도주하자, 피고인이 화랑을 뜯어내고 물건 절취 – 자구행위 ×

피고인이 피해자에게 석고를 납품한 대금을 받지 못하고 있던중 피해자가 화랑을 폐쇄하고 도주하자, 피고인이 야간에 폐쇄된 화랑의 베니어판 문을 미리 준비한 드라이버로 뜯어 내고 피해자의 물건을 몰래 가지고 나왔다면, 위와 같은 피고인의 강제적 채권추심 내지 이를 목적으로 하는 물품의 취거행위를 형법 제23조 소정의 자구행위라고 볼 수 없다. (대법원 1984. 12. 26. 선고 84도2582, 84감도397 판결)

판례 토지소유권자가 피해자가 운영하는 회사에 대하여 그 토지의 인도 등을 구할 권리가 있다는 이유로 위 회사로 들어가는 진입로를 폐쇄 – 자구행위 × (대법원 2007. 5. 11. 선고 2006도4328 판결)

참고 업무방해죄가 성립한다.

판례 인근 상가의 통행로로 이용되고 있는 토지의 사실상 지배권자가 토지에 철주와 철망을 설치하고 포장된 아스팔트를 걷어냄으로써 통행로로 이용하지 못하게 함 – 자구행위 × (대법원 2007. 12. 28. 선고 2007도7717 판결)

참고 일반교통방해죄가 성립한다.

Ⅳ 과잉자구행위 · 오상자구행위

제23조(자구행위) ② 제1항의 행위가 그 정도를 초과한 경우에는 정황에 따라 그 형을 감경하거나 면제할 수 있다.

(과잉자구행위) 자구행위가 상당성을 초과하는 경우이다. 과잉자구행위는 정황에 의하여 형을 감경·면제할 수 있다. 그러나 형법 제21조 제3항이 준용되지는 않는다. 불가벌적 정당방위·불가벌적 긴급피난이 인정되는 것과 구별하자. **(오상자구행위)** 위법성조각사유의 객관적 전제사실에 대한 착오의 문제가 된다.

05 피해자의 승낙

> 제24조(피해자의 승낙) 처분할 수 있는 자의 승낙에 의하여 그 법익을 훼손한 행위는 법률에 특별한 규정이 없는 한 벌하지 아니한다.

피해자의 동의의 형법상 취급에 대해 표로 정리한다.

유형	규정
구성요건해당성 조각	① 절도죄 ② 주거침입죄 ③ 강간죄 ④ 강제추행죄 ⑤ 비밀침해죄 ⑥ 문서위조죄 등
위법성 조각	피해자의 승낙(제24조)
감경적 구성요건	① 보통살인죄 → 승낙살인죄 ② 타인소유일반건조물방화죄 → 자기소유일반건조물방화죄
범죄성립 영향 없음	① 미성년자의제강간 ② 아동혹사죄 ③ 미성년자 약취유인죄 ④ 피구금자간음죄 ⑤ 무고죄

I 양해

(의의) 양해란 구성요건이 피해자의 의사에 반하는 때에만 실현될 수 있는 범죄에 있어서 피해자가 그 법익의 침해에 동의한 경우를 말한다. **(효과)** 양해가 인정되는 경우 구성요건해당성이 조각된다.

(피해자의 승낙과 구별) ① 피해자가 침해에 동의한 법익의 가치가 개인의 의사와 독립해서는 존재의의가 약한 경우, 그 동의는 '양해'에 해당하여 구성요건해당성을 조각한다. ② 반면 그 법익의 가치가 공동체를 위해서도 중요한 비중을 갖는 경우, 그 동의는 '승낙'으로서 위법성을 조각한다 (다수설).

> **판례** 甲이 동거 중인 乙의 지갑에서 현금을 꺼내가는 것을 보고도 乙이 만류 아니함 – 양해 ○
> 피고인이 동거중인 피해자의 지갑에서 현금을 꺼내가는 것을 피해자가 현장에서 목격하고도 만류하지 아니하였다면 피해자가 이를 허용하는 묵시적 의사가 있었다고 봄이 상당하여 이는 절도죄를 구성하지 않는다. (대법원 1985. 11. 26. 선고 85도1487 판결)

> **[판례]** 임의사용이 사전적으로 승인된 비료구입권 용지를 부정목적으로 가져감 - 양해 ○
>
> 군 농업협동조합에서 비료구입권 용지를 비치하고 필요한 조합원으로 하여금 임의로 사용하도록 사전 묵시의 승인을 한 경우에는 설혹 부정사용의 목적으로 그 용지 5매를 가져갔다 하더라도 절도죄가 성립한다 할 수 없다. (대법원 1964. 11. 17. 선고 64도515 판결)

> **[판례]** 피해자의 하자 있는 양해의 효력을 인정한 사례(절도죄 ×)
>
> 피고인이 피해자에게 이 사건 밍크 45마리에 관하여 자기에게 그 권리가 있다고 주장하면서 이를 가져간 데 대하여 피해자의 묵시적인 동의가 있었다면 피고인의 주장이 후에 허위임이 밝혀졌더라도 피고인의 행위는 절도죄의 절취행위에는 해당하지 않는다. (대법원 1990. 8. 10. 선고 90도1211 판결)

Ⅲ 피해자의 승낙

1. 의의

피해자의 승낙이란 법익의 주체가 상대방에게 자기의 법익에 대한 침해를 허용하는 것을 말하며 일정한 요건 하에서 승낙을 받은 법익침해행위는 원칙적으로 위법성이 조각된다.

2. 성립요건

가. 법익을 처분할 수 있는 자의 유효한 승낙

① **(승낙자)** 승낙자는 법익주체인 피해자가 되는 것이 원칙이나, 예외적으로 법익주체는 아니나 처분권이 인정된 자(법정대리인)도 승낙자가 될 수 있다. ② **(승낙능력)** 피해자에게 법익의 의미와 침해의 결과를 인식할 수 있는 등의 능력이 있어야 한다. ③ **(승낙의 대상법익)** 승낙으로 처분할 수 있는 법익은 개인적 법익에 한한다. ④ **(유효한 승낙의 표시)** 승낙은 자유로운 의사결정에 의한 진지한 승낙이어야 한다. 기망·착오 등 하자 있는 의사표시로 행해진 승낙은 효력이 없다. 승낙은 법익침해 이전에 표시되어야 한다. 승낙은 자유롭게 철회될 수 있으나 철회 전의 행위에 대해서는 영향이 없다.

나. 승낙에 의한 법익침해행위

승낙받은 행위자의 법익침해행위가 구성요건에 해당하여야 한다. 법익침해행위는 고의행위 뿐만 아니라 과실행위에 의할 수도 있다. 행위자는 피해자의 승낙이 있었다는 사실을 인식하고 행위를 하였어야 한다.

다. 상당성

승낙에 의한 행위는 사회상규에 위배되지 않아야 한다. 즉 법질서 전체의 정신 내지 사회윤리에 비추어 용인될 수 있는 것이어야 한다.

라. 법률에 특별한 규정이 없을 것

승낙살인죄와 같이 승낙에도 불구하고 처벌하는 규정이 없어야 한다.

3. 판례

피해자의 승낙에 관한 판례를 살펴본다.

> **판례** 피고인이 실제 계주의 승낙을 받고 업무를 대행하여 계원들로부터 계금 받음 – 승낙 ○
> 피고인이 계원들로 하여금 공소외 (갑)대신 피고인을 계주로 믿게 하여 계금을 지급하고 불입금을 지급받아 위계를 사용하여 공소외 (갑)의 계운영업무를 방해하였다고 하여도 피고인에 대하여 다액의 채무를 부담하고 있던 공소외 (갑)으로서는 채권확보를 위한 피고인의 요구를 거절할 수 없었기 때문에 피고인이 계주의 업무를 대행하는데 대하여 이를 승인 내지 묵인한 사실이 인정된다면 피고인의 소위는 이른바 위 공소외 (갑)의 승락이 있었던 것으로서 위법성이 조각되어 업무방해죄가 성립되지 않는다. (대법원 1983. 2. 8. 선고 82도2486 판결)
> **참고** 계운영에 관한 업무방해죄가 성립하지 않는다.

> **판례** 오진을 받은 환자가 수술에 동의함 – 승낙 ×
> 의사가 자신의 시진, 촉진결과 등을 과신한 나머지 초음파검사 등 피해자의 병증이 자궁외 임신인지, 자궁근종인지를 판별하기 위한 정밀한 진단방법을 실시하지 아니한 채 피해자의 병명을 자궁근종으로 오진하고 이에 근거하여 의학에 대한 전문지식이 없는 피해자에게 자궁적출술의 불가피성만을 강조하였을 뿐 위와 같은 진단상의 과오가 없었으면 당연히 설명받았을 자궁외 임신에 관한 내용을 설명받지 못한 피해자로부터 수술승낙을 받았다면 위 승낙은 부정확 또는 불충분한 설명을 근거로 이루어진 것으로서 수술의 위법성을 조각할 유효한 승낙이라고 볼 수 없다. (대법원 1993. 7. 27. 선고 92도2345 판결) **표준**
> **참고** 업무상과실치상이 인정되었다. 유효한 승낙이라 볼 수 없다.

> **판례** 피고인(임차인)이 피해자(임대인) 甲의 상가건물에 대한 임대차계약 당시 甲의 어머니 乙로부터 인테리어 공사 승낙을 받았는데, 이후 乙이 임대차보증금 잔금 미지급을 이유로 즉시 공사를 중단하고 퇴거할 것을 요구하자 도끼를 집어 던져 상가 유리창을 손괴 – 승낙 ×
> 위법성조각사유로서의 피해자의 승낙은 언제든지 자유롭게 철회할 수 있다고 할 것이고, 그 철회의 방법에는 아무런 제한이 없다. 乙이 위 의사표시로써 시설물 철거에 대한 동의를 철회하였다고 보아야 한다. (대법원 2011. 5. 13. 선고 2010도9962 판결)

Ⅲ 추정적 승낙

1. 의의

추정적 승낙이란 피해자의 현실적인 승낙이 없었다고 하더라도 행위 당시의 모든 객관적 사정에 비추어 볼 때 만일 피해자가 행위의 내용을 알았더라면 당연히 승낙하였을 것으로 기대되는 경우를 말한다.

2. 성립요건

가. 피해자의 승낙과 공통되는 요건

피해자의 승낙의 요건을 그대로 요한다.

나. 추정적 승낙의 특유한 요건

① (보충성) 추정적 승낙은 현실적 승낙을 얻는 것이 불가능한 경우에만 허용된다. ② (객관적 추정) 승낙의 추정은 모든 사정을 객관적으로 평가하였을 때, 피해자가 행위의 내용을 알았거나 승낙이 가능했더라면 반드시 승낙했을 것이 분명한 경우여야 한다. ③ (명시적 반대의사 부존재) 피해자가 반대의사를 명백히 한 경우에는 승낙의 추정이 불가능하다. ④ (양심에 따른 심사) 행위자는 모든 사정을 양심에 따라 심사한 후 승낙을 추정하여야 한다(다수설).

3. 판례

> **판례** 피고인이 종친회 결의서를 작성할 당시 피고인의 동생들이 작성을 승낙하였는데, 피고인의 아들들이나 그 동생들의 아들들인 나머지 종친회원들의 명시적·구체적 승낙을 받진 않은 경우 – 추정적 승낙 ○ (대법원 1993. 3. 9. 선고 92도3101 판결)
>
> **참고** 사문서위조죄가 성립하지 않는다.
>
> **판례** 건물의 소유권 분쟁 계속 중 주거침입 – 추정적 승낙 ×
>
> 건물의 소유자라고 주장하는 피고인과 그것을 점유관리하고 있는 피해자 사이에 건물의 소유권에 대한 분쟁이 계속되고 있는 상황이라면 피고인이 그 건물에 침입하는 것에 대한 피해자의 추정적 승락이 있었다거나 피고인의 이 사건 범행이 사회상규에 위배되지 않는다고 볼 수 없다. (대법원 1989. 9. 12. 선고 89도889 판결) **표준**
>
> **판례** 채권자들(피고인들)이 채무자(피해자)에 대한 채권을 우선적으로 확보할 목적으로 피해자의 물건을 무단으로 절취 – 추정적 승낙 ×
>
> 채권을 확보할 목적이라고 할지라도 취거 당시에 점유 이전에 관한 점유자의 명시적·묵시적인 동의가 있었던 것으로 인정되지 않는 한 점유자의 의사에 반하여 점유를 배제하는 행위를 함으로써 절도죄는 성립하는 것이고, 그러한 경우에 특별한 사정이 없는 한 불법영득의 의사가 없었다고 할 수는 없다. 추정적 승낙이란 피해자의 현실적인 승낙이 없었다고 하더라도 행위 당시의 모든 객관적 사정에 비추어 볼 때 만일 피해자가 행위의 내용을 알았더라면 당연히 승낙하였을 것으로 예견되는 경우를 말하는바, 기록에 비추어 살펴보면, 피고인들이 피해자의 가구들을 취거할 당시 피해자의 추정적 승낙이 있다고 볼 수 없다. (대법원 2006. 3. 24. 선고 2005도8081 판결)

---

06 정당행위

I 의의

> **제20조(정당행위)** 법령에 의한 행위 또는 업무로 인한 행위 기타 사회상규에 위배되지 아니하는 행위는 벌하지 아니한다.

정당행위란 사회상규에 위배되지 아니하여 국가적·사회적으로 정당화되는 행위를 말한다. 정당행위는 정당방위·긴급피난·자구행위·피해자의 승낙 등 개별적 위법성조각사유 이외의 사유를 포괄하는 일반적 위법성조각사유이다.

Ⅱ 법령에 의한 행위

1. 의의

법령에 근거하여 권리 또는 의무로서 행하여지는 행위를 말한다.

2. 종류

가. 공무원의 직무집행행위

> **[판례]** 상관의 명령에 따라 물고문 – 정당행위 ×
>
> 공무원이 그 직무를 수행함에 있어 상관은 하관에 대하여 범죄행위 등 위법한 행위를 하도록 명령할 직권이 없는 것이고, 하관은 소속상관의 적법한 명령에 복종할 의무는 있으나 그 명령이 참고인으로 소환된 사람에게 가혹행위를 가하라는 등과 같이 명백한 위법 내지 불법한 명령인 때에는 이는 벌써 직무상의 지시명령이라 할 수 없으므로 이에 따라야 할 의무는 없다.
>
> 설령 대공수사단 직원은 상관의 명령에 절대 복종하여야 한다는 것이 불문율로 되어 있다 할지라도 국민의 기본권인 신체의 자유를 침해하는 고문행위 등이 금지되어 있는 우리의 국법질서에 비추어 볼 때 그와 같은 불문율이 있다는 것만으로는 고문치사와 같이 중대하고도 명백한 위법명령에 따른 행위가 정당한 행위에 해당하거나 강요된 행위로서 적법행위에 대한 기대가능성이 없는 경우에 해당하게 되는 것이라고는 볼 수 없다. (대법원 1988. 2. 23. 선고 87도2358 판결)

> **[판례]** 안기부 직원인 피고인이 대선을 앞두고 특정 후보에 대한 반대여론 조성목적으로 허위사실 유포하라는 명령을 받아 이를 실행 – 정당행위 × (대법원 1999. 4. 23. 선고 99도636 판결)

> **[판례]** 피해자를 경찰서보호실에 감금 – 정당행위 ×
>
> 법정의 절차없이 피해자를 경찰서보호실에 감금한 행위는 수사목적달성을 위하여 적절한 행위라고 믿고 한 정당행위라 할 수 없고 직무상의 권능을 행사함에 있어서 법정의 조건을 구비하지 아니하고 이를 행사한 것은 곧 직권을 남용하여 불법감금한 것에 해당한다. (대법원 1971. 3. 9. 선고 70도2406 판결)

나. 사인의 현행범인 체포

현행범인을 체포하는 행위는 법령상 정당행위로서 위법성이 조각된다.[59]

> **[판례]** 피고인의 차를 손괴하고 도망가려는 피해자를 도망가지 못하게 멱살을 잡고 흔들어 피해자에게 전치 14일의 흉부찰과상을 가함 – 정당행위 ○

---

59 **형사소송법 제212조(현행범인의 체포)** 현행범인은 누구든지 영장없이 체포할 수 있다.

적정한 한계를 벗어나는 현행범인 체포행위는 그 부분에 관한 한 법령에 의한 행위로 될 수 없다고 할 것이나, 적정한 한계를 벗어나는 행위인가 여부는 결국 정당행위의 일반적 요건을 갖추었는지 여부에 따라 결정되어야 할 것이지 그 행위가 소극적인 방어행위인가 적극적인 공격행위인가에 따라 결정되어야 하는 것은 아니다. (대법원 1999. 1. 26. 선고 98도3029 판결) **표준**

다. 징계행위

친권자·교사의 징계행위가 정당행위에 해당하는지 문제된다. 특히 친권자·교사의 '체벌'이 문제된다.

친권자의 체벌의 경우, 구 민법 제915조는 친권자·후견인의 징계권을 규정하고 있었다.[60] 그러나 이 조문은 2021. 1. 26. "친권자의 징계권 규정은 아동학대 가해자인 친권자의 항변사유로 이용되는 등 아동학대를 정당화하는 데 악용될 소지가 있는바, 징계권 규정을 삭제함으로써 이를 방지하고 아동의 권리와 인권을 보호"하기 위하여 삭제되었다.[61] 따라서 친권자의 체벌이 정당행위로 인정될 여지가 대폭 줄어들었다.

교사의 체벌의 경우, 구 초·중등교육법 시행령에 따르면 문언해석상 '교육상 불가피한 경우', 체벌이 허용된다고 볼 수 있었다.[62] 그러나 2011. 3. 18. 시행령 개정으로 직접체벌은 명백히 금지된다 (간접체벌의 경우 다툼의 여지가 있다).[63] 따라서 교사의 직접체벌행위는 정당행위로 인정될 수 없다.[64]

판례 친권자가 아들에게 야구방망이로 때릴 듯한 태도를 취하면서 "죽여 버린다."고 말함 – 정당행위 ×
친권자는 자를 보호하고 교양할 권리의무가 있고(민법 제913조) 그 자를 보호 또는 교양하기 위하여 필요한 징계를 할 수 있기는 하지만(민법 제915조) 인격의 건전한 육성을 위하여 필요한 범위 안에서 상당한 방법으로 행사되어야만 할 것인데, 스스로의 감정을 이기지 못하고 야구방망이로 때릴 듯이 피해자에게 "죽여 버린다."고 말하여 협박하는 것은 그 자체로 피해자의 인격 성장에 장해를 가져올 우려가 커서 이를 교양권의 행사라고 보기도 어렵다. (대법원 2002. 2. 8. 선고 2001도6468 판결)
참고 협박죄가 인정되었다.

---

60 **구 민법 제915조(징계권)** 친권자는 그 자를 보호 또는 교양하기 위하여 필요한 징계를 할 수 있고 법원의 허가를 얻어 감화 또는 교정기관에 위탁할 수 있다.
61 민법 [시행 2021. 1. 26.] [법률 제17905호, 2021. 1. 26., 일부개정] 제정·개정이유
62 **구 초·중등교육법 시행령 제31조(학생의 징계 등)** ⑦ 학교의 장은 법 제18조 제1항 본문의 규정에 의한 지도를 하는 때에는 교육상 불가피한 경우를 제외하고는 학생에게 신체적 고통을 가하지 아니하는 훈육·훈계등의 방법으로 행하여야 한다.
63 **초·중등교육법 시행령 제31조(학생의 징계 등)** ⑧ 학교의 장은 법 제18조 제1항 본문에 따라 지도를 할 때에는 학칙으로 정하는 바에 따라 훈육·훈계 등의 방법으로 하되, 도구, 신체 등을 이용하여 학생의 신체에 고통을 가하는 방법을 사용해서는 아니 된다.
64 자세한 내용에 대해서는 조국, "학생인권조례 이후 학교체벌의 허용 여부와 범위", 서울대학교 법학 제54권 제1호, 서울대학교 법학연구소, 2013, 111–134쪽.

판례 여자중학교 체육교사인 피고인이 피해자들을 교실 밖 공개된 장소에서 훈육 명목으로 폭행하고, 욕설을 하여 모욕함 – 정당행위 ×

초·중등교육법령에 따르면 교사는 학교장의 위임을 받아 교육상 필요하다고 인정할 때에는 징계를 할 수 있고 징계를 하지 않는 경우에는 그 밖의 방법으로 지도를 할 수 있는데 그 지도에 있어서는 교육상 불가피한 경우에만 신체적 고통을 가하는 방법인 이른바 체벌로 할 수 있고 그 외의 경우에는 훈육, 훈계의 방법만이 허용되어 있는바, 교사가 학생을 징계 아닌 방법으로 지도하는 경우에도 징계하는 경우와 마찬가지로 교육상의 필요가 있어야 될 뿐만 아니라 특히 학생에게 신체적, 정신적 고통을 가하는 체벌, 비하(卑下)하는 말 등의 언행은 교육상 불가피한 때에만 허용되는 것이어서, 학생에 대한 폭행, 욕설에 해당되는 지도행위는 학생의 잘못된 언행을 교정하려는 목적에서 나온 것이었으며 다른 교육적 수단으로는 교정이 불가능하였던 경우로서 그 방법과 정도에서 사회통념상 용인될 수 있을 만한 객관적 타당성을 갖추었던 경우에만 법령에 의한 정당행위로 볼 수 있을 것이고, 교정의 목적에서 나온 지도행위가 아니어서 학생에게 체벌, 훈계 등의 교육적 의미를 알리지도 않은 채 지도교사의 성격 또는 감정에서 비롯된 지도행위라든가, 다른 사람이 없는 곳에서 개별적으로 훈계, 훈육의 방법으로 지도·교정될 수 있는 상황이었음에도 낯모르는 사람들이 있는 데서 공개적으로 학생에게 체벌·모욕을 가하는 지도행위라든가, 학생의 신체나 정신건강에 위험한 물건 또는 지도교사의 신체를 이용하여 학생의 신체 중 부상의 위험성이 있는 부위를 때리거나 학생의 성별, 연령, 개인적 사정에서 견디기 어려운 모욕감을 주어 방법·정도가 지나치게 된 지도행위 등은 특별한 사정이 없는 한 사회통념상 객관적 타당성을 갖추었다고 보기 어렵다. (대법원 2004. 6. 10. 선고 2001도5380 판결)

참고 2011. 3. 18. 개정된 초·중등교육법 시행령에 따르면 직접체벌은 전면 금지된다.

판례 교사가 피해자인 학생이 욕설을 하였는지를 확인도 하지 못할 정도로 침착성과 냉정성을 잃은 상태에서 욕설을 하지도 아니한 학생을 오인하여 구타 – 정당행위 × (대법원 1980. 9. 9. 선고 80도762 판결)

판례 상관인 피고인이 군내부에서 부하인 방위병들의 훈련중에 그들에게 군인정신을 환기시키기 위하여 감금·구타 – 정당행위 ×

감금과 구타행위는 징계권 내지 훈계권의 범위를 넘어선 것으로 위법하다. (대법원 1984. 6. 12. 선고 84도799 판결)

판례 피고인(상사)이 평소 잦은 폭력으로 겁을 먹은 상태의 부대원들에게 청소 불량 등을 이유로 40분 내지 50분간 머리박아(속칭 '원산폭격')를 시키거나 양손을 깍지 낀 상태에서 약 2시간 동안 팔굽혀펴기를 50–60회 정도 하게 함 – 정당행위 ×

상사 계급의 피고인이 부대원들에게 얼차려를 지시할 당시 얼차려의 결정권자도 아니었고 소속 부대의 얼차려 지침상 허용되는 얼차려도 아니라는 등의 이유로, 피고인의 얼차려 지시 행위를 형법 제20조의 정당행위로 볼 수 없다. (대법원 2006. 4. 27. 선고 2003도4151 판결)

참고 강요죄가 인정되었다. 2009년 군형법 개정에 따라 위력행사가혹행위죄가 신설된 이후, 유사사례에 대하여는 위력행사가혹행위죄로 의율하는 경우가 많다.[65]

판례 채권자(피고인)가 채무자(피해자)에게 채무변제를 추궁하였는데 채무자가 자신은 잘못한 것 없다고 나이가 더 많은 채권자에게 대들자 채권자가 채무자를 폭행 – 정당행위 × (대법원 2000. 2. 25. 선고 99도4305 판결)

[비교] 피해자가 동네 어른들이 모여있는 곳에서 노인에게 담배를 청하는 등 불손하게 행동하고 타인을 넘어뜨리고 올라타 목을 조르자, 피고인이 이를 제지하기 위하여 방빗자루로 엉덩이를 2회 때림 – 정당행위 ○ (대법원 1978. 12. 13. 선고 78도2617 판결)

라. 노동쟁의 행위

근로자의 쟁의행위는 법령에 의한 행위로서 업무방해죄 등의 구성요건에 해당하더라도 위법성이 조각될 수 있다(노동조합 및 노동관계조정법 제37조 이하). 이를 위해서는 ① (주체) 단체교섭의 주체로 될 수 있는 자여야 한다. ② (목적) 근로조건의 향상을 위한 노사간의 자치적 교섭을 조성하는 데에 목적이 있어야 한다. ③ (절차) 사용자의 단체교섭 거부 및 조합원의 찬성결정 등 절차를 거쳐야 한다. ④ (수단) 사용자의 재산권과 조화를 이루어야 한다.

[판례] 쟁의행위의 정당행위 해당 요건
근로자의 쟁의행위가 형법상 정당행위가 되기 위하여는 첫째 그 주체가 단체교섭의 주체로 될 수 있는 자이어야 하고, 둘째 그 목적이 근로조건의 향상을 위한 노사간의 자치적 교섭을 조성하는 데에 있어야 하며, 셋째 사용자가 근로자의 근로조건 개선에 관한 구체적인 요구에 대하여 단체교섭을 거부하였을 때 개시하되 특별한 사정이 없는 한 조합원의 찬성결정 등 법령이 규정한 절차를 거쳐야 하고, 넷째 그 수단과 방법이 사용자의 재산권과 조화를 이루어야 함은 물론 폭력의 행사에 해당되지 아니하여야 한다는 여러 조건을 모두 구비하여야 한다. (대법원 2001. 10. 25. 선고 99도4837 전원합의체 판결) 이러한 기준은 쟁의행위의 목적을 알리는 등 적법한 쟁의행위에 통상 수반되는 부수적 행위가 형법상 정당행위에 해당하는지 여부를 판단할 때에도 동일하게 적용된다. (대법원 2022. 10. 27. 선고 2019도10516 판결)

[판례] (주체) 노동조합 아닌 일부 조합원 집단의 쟁의행위 – 정당행위 ×
현행법상 적어도 노동조합이 결성된 사업장에 있어서의 쟁의행위가 노동조합법 제2조 소정의 형사상 책임이 면제되는 정당행위가 되기 위하여는 반드시 그 쟁의행위의 주체가 단체교섭이나 단체협약을 체결할 능력이 있는 노동조합일 것이 요구되고, 일부 조합원의 집단이 노동조합의 승인 없이 또는 그 지시에 반하여 쟁의행위를 하는 경우에는 형사상 책임이 면제될 수 없다. (대법원 1995. 10. 12. 선고 95도1016 판결)

[판례] (목적) 경영주체의 고도의 경영상 결단에 속하는 사항에 대한 쟁의행위 – 정당행위 ×
정리해고나 사업조직의 통폐합 등 기업의 구조조정의 실시 여부는 경영주체의 고도의 경영상 결단에

---

65 **군형법 제62조(가혹행위)** ① 직권을 남용하여 학대 또는 가혹한 행위를 한 사람은 5년 이하의 징역에 처한다. ② 위력을 행사하여 학대 또는 가혹한 행위를 한 사람은 3년 이하의 징역 또는 700만원 이하의 벌금에 처한다.

속하는 사항으로서 이는 원칙적으로 단체교섭의 대상이 될 수 없고, 그것이 긴박한 경영상의 필요나 합리적 이유 없이 불순한 의도로 추진되는 등의 특별한 사정이 없는 한, 노동조합이 실질적으로 그 실시 자체를 반대하기 위하여 쟁의행위에 나아간다면, 비록 그 실시로 인하여 근로자들의 지위나 근로조건의 변경이 필연적으로 수반된다고 하더라도 그 쟁의행위는 목적의 정당성을 인정할 수 없다. 또한 쟁의행위에서 추구되는 목적이 여러 가지이고 그 중 일부가 정당하지 못한 경우에는 주된 목적 내지 진정한 목적의 당부에 의하여 그 쟁의목적의 당부를 판단하여야 하고, 부당한 요구사항을 제외하였다면 쟁의행위를 하지 않았을 것이라고 인정되는 경우에는 그 쟁의행위 전체가 정당성을 갖지 못한다고 보아야 한다. (대법원 2011. 1. 27. 선고 2010도11030 판결)

(동지) 구조조정이나 합병 등 기업의 경쟁력을 강화하기 위한 경영주체의 경영상 조치는 원칙적으로 노동쟁의의 대상이 될 수 없음 (대법원 2003. 11. 13. 선고 2003도687 판결)

(판례) (목적) 공권력 개입에 대한 항의를 목적으로 한 쟁의행위 – 정당행위 × (대법원 1993. 1. 29. 선고 90도450 판결)

(판례) (목적) 구속된 노조원에 대한 형사재판에 영향을 줄 목적의 쟁의행위 – 정당행위 × (대법원 1991. 1. 23. 선고 90도2852 판결)

(판례) (절차) 노동조합법 제41조 제1항에서 정한 '노동조합원의 직접·비밀·무기명투표에 의한 찬성결정'이라는 절차를 위반한 쟁의행위 – 정당행위 × (대법원 2001. 10. 25. 선고 99도4837 전원합의체 판결)

(비교) (절차) 노동조합이 노동위원회에 노동쟁의 조정신청을 하였는데, 조정결정이 내려지기 전에 쟁의행위 – 정당행위 ○
노동쟁의는 특별한 사정이 없는 한 그 절차에 있어 조정절차를 거쳐야 하는 것이지만, 이는 반드시 노동위원회가 조정결정을 한 뒤에 쟁의행위를 하여야만 그 절차가 정당한 것은 아니라고 할 것이고, 노동조합이 노동위원회에 노동쟁의 조정신청을 하여 조정절차가 마쳐지거나 조정이 종료되지 아니한 채 조정기간이 끝나면 조정절차를 거친 것으로서 쟁의행위를 할 수 있다. (대법원 2003. 12. 26. 선고 2001도1863 판결)

(비교) (절차) 노동조합법 시행령 제17조의 서면신고절차 준수하지 않은 쟁의행위 – 정당행위 ○
노동조합 및 노동관계조정법 시행령 제17조에서 규정하고 있는 쟁의행위의 일시·장소·참가인원 및 그 방법에 관한 서면신고의무는 쟁의행위를 함에 있어 그 세부적·형식적 절차를 규정한 것으로서 쟁의행위에 적법성을 부여하기 위하여 필요한 본질적인 요소는 아니므로, 신고절차의 미준수만을 이유로 쟁의행위의 정당성을 부정할 수는 없다. (대법원 2007. 12. 28. 선고 2007도5204 판결)

(판례) (절차) 적법한 절차를 거치지 않고 정시출근 투쟁 – 정당행위 ×
단체협약에 따른 공사 사장의 지시로 09 : 00 이전에 출근하여 업무준비를 한 후 09 : 00부터 근무를 하도록 되어 있음에도 피고인이 쟁의행위의 적법한 절차를 거치지도 아니한 채 조합원들로 하여금 집단으로 09 : 00 정각에 출근하도록 지시를 하여 이에 따라 수백, 수천 명의 조합원들이 집단적으로 09 : 00 정각에 출근함으로써 전화고장수리가 지연되는 등으로 위 공사의 업무수행에 지장을 초래하였다면 … (중략) … 정당행위에 해당한다고 볼 수 없다. (대법원 1996. 5. 10. 선고 96도419 판결)

(판례) (수단) ① 병존적 점거 – 정당행위 ○ ② 전면적·배타적 점거 – 정당행위 ×

직장 또는 사업장시설의 점거는 적극적인 쟁의행위의 한 형태로서 그 ① 점거의 범위가 직장 또는 사업장시설의 일부분이고 사용자측의 출입이나 관리지배를 배제하지 않는 병존적인 점거에 지나지 않을 때에는 정당한 쟁의행위로 볼 수 있으나, 이와 달리 ② 직장 또는 사업장시설을 전면적, 배타적으로 점거하여 조합원 이외의 자의 출입을 저지하거나 사용자측의 관리지배를 배제하여 업무의 중단 또는 혼란을 야기케 하는 것과 같은 행위는 이미 정당성의 한계를 벗어난 것이라고 볼 수밖에 없다. (대법원 2007. 12. 28. 선고 2007도5204 판결)

판례 (수단) 노조원 80여 명이 병원 복도를 점거하여 철야농성하며 노래와 구호를 부르고, 출입을 통제하거나 병원장을 방에서 나오지 못하게 함 – 정당행위 × (대법원 1992. 4. 10. 선고 91도3044 판결)

비교 (수단) 업무개시 전 시간, 점심시간을 이용하여 노래합창·피켓시위·침묵시위 등 – 정당행위 ○ (대법원 1992. 12. 8. 선고 92도1645 판결)

비교 (수단) 노조 간부들이 회사의 산업안전보건법 위반 사실의 증거수집 등을 목적으로 공장에 들어간 행위 – 정당행위 ○ (대법원 2020. 7. 29. 선고 2017도2478 판결)

판례 (수단) 지하철공사노조원이 승객들에게 무임승차를 권유하는 방법으로 쟁의행위 – 정당행위 × (대법원 1990. 5. 15. 선고 90도357 판결)

수급인 소속 근로자의 쟁의행위가 도급인의 사업장에서 일어난 경우에 대한 판례를 살펴본다.

판례 수급인 소속 근로자의 쟁의행위가 도급인의 사업장에서 일어나 도급인의 법익을 침해한 경우, ① 수급인에 대한 관계에서 쟁의행위의 정당성을 갖추었다는 사정만으로 도급인에 대한 관계에서까지 위법성이 조각되는 것은 아니지만, ② 법질서 전체의 정신에 비추어 용인될 수 있는 행위에 해당한다면 위법성이 조각됨

쟁의행위가 정당행위로 위법성이 조각되는 것은 사용자에 대한 관계에서 인정되는 것이므로, 제3자의 법익을 침해한 경우에는 원칙적으로 정당성이 인정되지 않는다. 그런데 도급인은 원칙적으로 수급인 소속 근로자의 사용자가 아니므로, 수급인 소속 근로자의 쟁의행위가 도급인의 사업장에서 일어나 도급인의 형법상 보호되는 법익을 침해한 경우에는 사용자인 수급인에 대한 관계에서 쟁의행위의 정당성을 갖추었다는 사정만으로 사용자가 아닌 도급인에 대한 관계에서까지 법령에 의한 정당한 행위로서 법익침해의 위법성이 조각된다고 볼 수는 없다.

그러나 수급인 소속 근로자들이 집결하여 함께 근로를 제공하는 장소로서 도급인의 사업장은 수급인 소속 근로자들의 삶의 터전이 되는 곳이고, 쟁의행위의 주요 수단 중 하나인 파업이나 태업은 도급인의 사업장에서 이루어질 수밖에 없다. 또한 도급인은 비록 수급인 소속 근로자와 직접적인 근로계약관계를 맺고 있지는 않지만, 수급인 소속 근로자가 제공하는 근로에 의하여 일정한 이익을 누리고, 그러한 이익을 향수하기 위하여 수급인 소속 근로자에게 사업장을 근로의 장소로 제공하였으므로 그 사업장에서 발생하는 쟁의행위로 인하여 일정 부분 법익이 침해되더라도 사회통념상 이를 용인하여야 하는 경우가 있을 수 있다. 따라서 사용자인 수급인에 대한 정당성을 갖춘 쟁의행위가 도급인의 사업장에서 이루어져 형법상 보호되는 도급인의 법익을 침해한 경우, 그것이 항상 위법하다고 볼 것은 아니고, 법질서 전

체의 정신이나 그 배후에 놓여있는 사회윤리 내지 사회통념에 비추어 용인될 수 있는 행위에 해당하는 경우에는 형법 제20조의 '사회상규에 위배되지 아니하는 행위'로서 위법성이 조각된다. (대법원 2020. 9. 3. 선고 2015도1927 판결)

마. 기타

> **판례** 강원랜드 카지노 출입 – 정당행위 ○
>
> 도박죄의 보호법익보다 좀더 높은 국가이익을 위하여 예외적으로 내국인의 출입을 허용하는 폐광지역개발지원에관한특별법 등에 따라 카지노에 출입하는 것은 법령에 의한 행위로 위법성이 조각된다. (대법원 2004. 4. 23. 선고 2002도2518 판결)
>
> **판례** 법원의 감정인 지정결정, 감정촉탁에 따른 비감정평가사의 감정평가 – 정당행위 ○
>
> 민사소송법 제335조에 따른 법원의 감정인 지정결정 또는 같은 법 제341조 제1항에 따른 법원의 감정촉탁을 받은 경우에는 감정평가업자가 아닌 사람이더라도 그 감정사항에 포함된 토지 등의 감정평가를 할 수 있고, 이러한 행위는 법령에 근거한 법원의 적법한 결정이나 촉탁에 따른 것으로 형법 제20조의 정당행위에 해당하여 위법성이 조각된다. (대법원 2021. 10. 14. 선고 2017도10634 판결)
>
> **판례** 집행관이 집행채권자 甲 조합 소유 아파트에서 유치권을 주장하는 피고인을 상대로 부동산인도집행을 실시하자, 피고인이 이에 불만을 갖고 아파트 출입문과 잠금 장치를 훼손하며 강제로 개방하고 아파트에 들어감 – 정당행위 ✕ (대법원 2017. 9. 7. 선고 2017도9999 판결)
>
> **참고** 재물손괴 및 건조물침입이 인정되었다. 민법상 자력구제(민법 제209조)가 인정되지 않는다.

Ⅲ 업무로 인한 행위

1. 의의

법령에 규정이 없는 경우에도 업무의 내용이 사회윤리상 정당하다고 인정되는 때에는 위법성이 조각된다.

2. 종류

가. 치료행위

> **판례** 의사가 분만 중 인공분만기인 "샥숀"을 사용하여 약간의 상해 발생 – 정당행위 ○ (대법원 1978. 11. 14. 선고 78도2388 판결)
>
> **판례** 의사가 정상적인 진찰행위의 일환으로 태반의 일부를 떼어냄 – 정당행위 ○ (대법원 1976. 6. 8. 선고 76도144 판결)
>
> **판례** 甲이 스스로 수지침 한 봉지를 사 가지고 피고인을 찾아와서 수지침 시술을 부탁하므로, 피고인은 아무런 대가 없이 1회적 시술행위를 함 – 정당행위 ○ (대법원 2000. 4. 25. 선고 98도2389 판결) **표준**
> **참고** 피고인은 의료인이 아니므로 위 행위는 무면허 의료행위로서 의료법위반에 해당한다. 다만 정당행위가 인정되어 무죄이다.
>
> **판례** 의사가 모발이식시술을 하면서 이에 관하여 어느 정도 지식을 가지고 있는 간호조무사로 하여금 모발이식시술행위 중 일정 부분을 직접 하도록 맡겨둔 채 별반 관여하지 않음 – 정당행위 × (대법원 2007. 6. 28. 선고 2005도8317 판결)
> **참고** 의료법위반이 인정되었다.
>
> **판례** 무면허자인 피고인이 영리목적으로 부항침·부항을 이용하여 체내의 혈액을 밖으로 배출되도록 함 – 정당행위 × (대법원 2004. 10. 28. 선고 2004도3405 판결)
>
> **판례** 자격기본법에 의한 민간자격관리자로부터 대체의학자격증을 수여받은 자가 사업자등록을 한 후 침술원을 개설하여 무면허로 침술행위 – 정당행위 × (대법원 2003. 5. 13. 선고 2003도939 판결)
>
> **판례** 외국에서 침구사자격을 취득하였으나 국내에서 침술행위를 할 수 있는 면허나 자격을 취득하지 못한 자가 단순한 수지침 정도의 수준을 넘어 체침을 시술 – 정당행위 × (대법원 2002. 12. 26. 선고 2002도5077 판결)
>
> **판례** 조산사가 산모의 분만 과정 중 별다른 응급상황이 없음에도 독자적 판단으로 산모에게 포도당이나 옥시토신을 투여함 – 정당행위 × (대법원 2007. 9. 6. 선고 2005도9670 판결)

나. 기타

> **판례** 신임 조합장으로 취임하여 대의원총회에서 사회를 보던 피고인이 회의진행의 질서유지를 위한 필요조치로서 이사회의 불신임결의 과정에 대한 진상보고를 하면서 '피해자는 긴급 이사회에서 불신임을 받고 쫓겨나간 사람'이라고 발언하여 명예훼손 – 정당행위 ○ (대법원 1990. 4. 27. 선고 89도1467 판결)

[판례] 신문기자인 피고인이 피해자에게 2회에 걸쳐 증여세 포탈에 대한 취재를 요구하면서 이에 응하지 않으면 자신이 취재한 내용대로 보도하겠다고 말하여 협박 – 정당행위 ○

피고인이 취재와 보도를 빙자하여 고소인에게 부당한 요구를 하기 위한 취지는 아니었던 점, 당시 피고인이 고소인에게 취재를 요구하였다가 거절당하자 인터뷰 협조요청서와 서면질의 내용을 그 자리에 두고 나왔을 뿐 폭언을 하거나 보도하지 않는 데 대한 대가를 요구하지 않은 점, 관할 세무서가 피고인의 제보에 따라 탈세 여부를 조사한 후 증여세를 추징하였다고 피고인에게 통지한 점, 고소인에게 불리한 사실을 보도하는 경우 기자로서 보도에 앞서 정확한 사실 확인과 보도 여부 등을 결정하기 위해 취재 요청이 필요했으리라고 보이는 점 등 제반 사정에 비추어, 위 행위가 설령 협박죄에서 말하는 해악의 고지에 해당하더라도 특별한 사정이 없는 한 기사 작성을 위한 자료를 수집하고 보도하기 위한 것으로서 신문기자의 일상적 업무 범위에 속하여 사회상규에 반하지 아니하는 행위라고 보는 것이 타당하다. (대법원 2011. 7. 14. 선고 2011도639 판결)

[판례] 회사 관리사원들이 해고항의농성의 주동자인 해고근로자들을 다른 근로자와 분산시켜 귀가시키거나, 불응시에는 경찰에 고발, 인계할 목적으로 간부사원회의의 지시에 따라 위 근로자들을 봉고차에 강제로 태운 다음 그곳에서 내리지 못하게 하여 감금행위 – 정당행위 × (대법원 1989. 12. 12. 선고 89도875 판결)

[판례] 사제가 죄지은 자를 능동적으로 고발하지 않는 것에 그치지 아니하고 은신처 마련, 도피자금 제공등 범인을 적극적으로 인닉·도피케 함 – 정당행위 × (대법원 1983. 3. 8. 선고 82도3248 판결)

[판례] 불법감청(녹음)에 관여하지 아니한 언론기관이 불법감청에 담긴 내용을 보도하는 경우의 정당행위 해당성

불법 감청·녹음 등에 관여하지 아니한 언론기관이, 그 통신 또는 대화의 내용이 불법 감청·녹음 등에 의하여 수집된 것이라는 사정을 알면서도 이를 보도하여 공개하는 행위가 형법 제20조의 정당행위로서 위법성이 조각된다고 하기 위해서는, 첫째 보도의 목적이 불법 감청·녹음 등의 범죄가 저질러졌다는 사실 자체를 고발하기 위한 것으로 그 과정에서 불가피하게 통신 또는 대화의 내용을 공개할 수밖에 없는 경우이거나, 불법 감청·녹음 등에 의하여 수집된 통신 또는 대화의 내용이 이를 공개하지 아니하면 공중의 생명·신체·재산 기타 공익에 대한 중대한 침해가 발생할 가능성이 현저한 경우 등과 같이 비상한 공적 관심의 대상이 되는 경우에 해당하여야 하고, 둘째 언론기관이 불법 감청·녹음 등의 결과물을 취득할 때 위법한 방법을 사용하거나 적극적·주도적으로 관여하여서는 아니 되며, 셋째 보도가 불법 감청·녹음 등의 사실을 고발하거나 비상한 공적 관심사항을 알리기 위한 목적을 달성하는 데 필요한 부분에 한정되는 등 통신비밀의 침해를 최소화하는 방법으로 이루어져야 하고, 넷째 언론이 그 내용을 보도함으로써 얻어지는 이익 및 가치가 통신비밀의 보호에 의하여 달성되는 이익 및 가치를 초과하여야 한다. 여기서 이익의 비교·형량은, 불법 감청·녹음된 타인 간의 통신 또는 대화가 이루어진 경위와 목적, 통신 또는 대화의 내용, 통신 또는 대화 당사자의 지위 내지 공적 인물로서의 성격, 불법 감청·녹음 등의 주체와 그러한 행위의 동기 및 경위, 언론기관이 불법 감청·녹음 등의 결과물을 취득하게 된 경위와 보도의 목적, 보도의 내용 및 보도로 인하여 침해되는 이익 등 제반 사정을 종합적으로 고려하여 정하여야 한다. (대법원 2011. 3. 17. 선고 2006도8839 전원합의체 판결)

참고 방송사 기자인 피고인이, 구 국가안전기획부 정보수집팀이 타인 간의 사적 대화를 불법 녹음하여 생성한 도청자료인 녹음테이프와 녹취보고서를 입수한 후 이를 자사의 방송프로그램을 통하여 공개 – 정당행위 × (통비법위반 ○)

판례 불법감청(녹음)에 관여하지 아니한 국회의원이 불법감청에 담긴 내용을 ① 보도자료로 작성하여 국회 의원회관에서 기자들에게 배포 – 공소기각(면책특권) ○ ② 그 보도자료를 자신의 인터넷 홈페이지에 게재 – 통비법위반 ○ (정당행위 ×)

헌법 제45조는 "국회의원은 국회에서 직무상 행한 발언과 표결에 관하여 국회 외에서 책임을 지지 아니한다"고 규정하여 국회의원의 면책특권을 인정하고 있다. 그 취지는 국회의원이 국민의 대표자로서 국회 내에서 자유롭게 발언하고 표결할 수 있도록 보장함으로써 국회가 입법 및 국정통제 등 헌법에 의하여 부여된 권한을 적정하게 행사하고 그 기능을 원활하게 수행할 수 있도록 보장하는 데에 있다. 따라서 면책특권의 대상이 되는 행위는 국회의 직무수행에 필수적인 국회의원의 국회 내에서의 직무상 발언과 표결이라는 의사표현행위 자체에만 국한되지 아니하고 이에 통상적으로 부수하여 행하여지는 행위까지 포함하며, 그와 같은 부수행위인지 여부는 구체적인 행위의 목적·장소·태양 등을 종합하여 개별적으로 판단하여야 한다. 국회의원인 피고인이, 구 국가안전기획부 내 정보수집팀이 대기업 고위관계자와 중앙일간지 사주 간의 사적 대화를 불법 녹음한 자료를 입수한 후 그 대화 내용과, 전직 검찰간부인 피해자가 위 대기업으로부터 이른바 떡값 명목의 금품을 수수하였다는 내용이 게재된 보도자료를 작성하여 국회 법제사법위원회 개의 당일 국회 의원회관에서 기자들에게 배포한 사안에서, 피고인이 국회 법제사법위원회에서 발언할 내용이 담긴 위 보도자료를 사전에 배포한 행위는 국회의원 면책특권의 대상이 되는 직무부수행위에 해당하므로, 피고인에 대한 허위사실적시 명예훼손 및 통신비밀보호법 위반의 점에 대한 공소를 기각하여야 한다.

국회의원인 피고인이, 구 국가안전기획부 내 정보수집팀이 대기업 고위관계자와 중앙일간지 사주 간의 사적 대화를 불법 녹음한 자료를 입수한 후 그 대화내용과, 위 대기업으로부터 이른바 떡값 명목의 금품을 수수하였다는 검사들의 실명이 게재된 보도자료를 작성하여 자신의 인터넷 홈페이지에 게재하였다고 하여 통신비밀보호법 위반으로 기소된 사안에서, 피고인이 국가기관의 불법 녹음 자체를 고발하기 위하여 불가피하게 위 녹음 자료에 담겨 있던 대화 내용을 공개한 것이 아니고, 위 대화가 피고인의 공개행위시로부터 8년 전에 이루어져 이를 공개하지 아니하면 공익에 대한 중대한 침해가 발생할 가능성이 현저한 경우로서 비상한 공적 관심의 대상이 되는 경우에 해당한다고 보기 어려우며, 전파성이 강한 인터넷 매체를 이용하여 불법 녹음된 대화의 상세한 내용과 관련 당사자의 실명을 그대로 공개하여 방법의 상당성을 결여하였고, 위 게재행위와 관련된 사정을 종합하여 볼 때 위 게재에 의하여 얻어지는 이익 및 가치가 통신비밀이 유지됨으로써 얻어지는 이익 및 가치를 초월한다고 볼 수 없으므로, 피고인이 위 녹음 자료를 취득하는 과정에 위법이 없었더라도 위 행위는 형법 제20조의 정당행위에 해당한다고 볼 수 없다. (대법원 2011. 5. 13. 선고 2009도14442 판결)

Ⅳ 사회상규에 위배되지 않는 행위

1. 의의

사회상규에 위배되지 않는 행위란 법질서 전체의 정신이나 그 배후의 지배적인 사회윤리 내지 사회통념에 비추어 원칙적으로 용인될 수 있는 행위를 말한다.

> **[판례]** 정당행위 요건 - ① 목적 정당성 ② 수단 상당성 ③ 법익균형성 ④ 긴급성 ⑤ 보충성
>
> 형법 제20조 소정의 '사회상규에 위배되지 아니하는 행위'라 함은 법질서 전체의 정신이나 그 배후에 놓여 있는 사회윤리 내지 사회통념에 비추어 용인될 수 있는 행위를 말하고, 어떠한 행위가 사회상규에 위배되지 아니하는 정당한 행위로서 위법성이 조각되는 것인지는 구체적인 사정 아래서 합목적적, 합리적으로 고찰하여 개별적으로 판단하여야 할 것인바, 이와 같은 정당행위를 인정하려면 첫째 그 행위의 동기나 목적의 정당성, 둘째 행위의 수단이나 방법의 상당성, 셋째 보호이익과 침해이익과의 법익권형성, 넷째 긴급성, 다섯째 그 행위 외에 다른 수단이나 방법이 없다는 보충성 등의 요건을 갖추어야 한다. (대법원 2001. 2. 23. 선고 2000도4415 판결, 대법원 1984. 5. 22. 선고 84도39 판결)
>
> ① '목적의 정당성'과 ② '수단의 상당성' 요건은 행위의 측면에서 사회상규의 판단 기준이 된다. 사회상규에 위배되지 아니하는 행위로 평가되려면 행위의 동기와 목적을 고려하여 그것이 법질서의 정신이나 사회윤리에 비추어 용인될 수 있어야 한다. 수단의 상당성·적합성도 고려되어야 한다. 또한 보호이익과 침해이익 사이의 ③ 법익균형은 결과의 측면에서 사회상규에 위배되는지를 판단하기 위한 기준이다. 이에 비하여 행위의 ④ 긴급성과 ⑤ 보충성은 수단의 상당성을 판단할 때 고려요소의 하나로 참작하여야 하고 이를 넘어 독립적인 요건으로 요구할 것은 아니다. 또한 그 내용 역시 다른 실효성 있는 적법한 수단이 없는 경우를 의미하고 '일체의 법률적인 적법한 수단이 존재하지 않을 것'을 의미하는 것은 아니라고 보아야 한다. (대법원 2023. 5. 18. 선고 2017도2760 판결)

2. 종류

가. 수단의 상당성이 문제된 사례

> **[판례]** 甲社 감사인 피고인이 경영진과의 불화로 한 달 가까이 결근하다가 회사 감사실에 침입하여 자신이 사용하던 컴퓨터(가압류 상태였음)에서 하드디스크를 떼어간 후 4개월 가까이 지난 시점에 반환 - 정당행위 ×
>
> **참고** 방실침입죄·절도죄·공무상표시무효죄가 인정되었다.
>
> **[판례]** 김구 선생 암살범인 안○○를 살해함 - 정당행위 ×
>
> 피고인이 백범 김구의 암살범인 안○○를 살해한 범행의 동기나 목적은 주관적으로는 정당성을 가진다

고 하더라도 우리 법질서 전체의 관점에서는 사회적으로 용인될 수 있을 만한 정당성을 가진다고 볼 수 없다. (대법원 1997. 11. 14. 선고 97도2118 판결)

판례 종교적 신념에 반한다는 이유로 단군상을 제거하거나 손괴함 - 정당행위 × (대법원 2001. 9. 4. 선고 2001도3167 판결)

판례 아내가 행방불명된 남편에 불리한 민사판결 선고되자 남편 명의 항소장 임의작성하여 제출 - 정당행위 × (대법원 1994. 11. 8. 선고 94도1657 판결)

나. 소극적 저항행위

상대방의 불법적인 공격으로부터 벗어나기 위한 본능적인 소극적 방어행위는 사회상규에 위배되지 않는다.

판례 피고인이 자기의 앞가슴을 잡고 있는 피해자의 손을 떼어 내기 위하여 피해자의 손을 뿌리침 - 정당행위 ○

그와 같은 행위는 피해자의 불법적인 공격으로부터 벗어나기 위한 본능적인 소극적 방어행위에 지나지 아니하여 사회통념상 허용될 상당성이 있는 위법성이 결여된 행위라고 볼 여지가 있다. (대법원 1987. 10. 26. 선고 87도464 판결)

판례 피해자가 양손으로 피고인의 넥타이를 잡고 늘어져 후경부피하출혈상을 입을 정도로 목이 졸리게 된 피고인이 피해자를 떼어놓기 위하여 왼손으로 자신의 목 부근 넥타이를 잡은 상태에서 오른손으로 피해자의 손을 잡아 비틀면서 서로 밀고 당김 - 정당행위 ○ (대법원 1996. 5. 28. 선고 96도979 판결) **표준**

판례 분쟁이 있던 옆집 사람이 야간에 술에 만취된 채 시비를 하며 거실로 들어오려 하므로 이를 제지하며 밀어내는 과정에서 2주 상해를 입힘 - 정당행위 ○ (대법원 1995. 2. 28. 선고 94도2746 판결)

판례 강제연행을 모면하기 위하여 팔꿈치로 뿌리치면서 가슴을 잡고 벽에 밀어 붙임 - 정당행위 ○ (대법원 1982. 2. 23. 선고 81도2958 판결)

다. 권리의 실행행위

판례 매수인 甲이 매도인 乙의 대리인 丙에게 '매매건물을 명도하거나 명도소송비용 내놓지 않으면 고소하여 구속시키겠다'고 말함 - 정당행위 ○ (대법원 1984. 6. 26. 선고 84도648 판결)

판례 甲社가 피고인에게 공립유치원의 놀이시설 제작 및 설치공사를 하도급 주었는데, 피고인이 유치원 행정실장 등에게 공사대금의 직접 지급을 요구하였으나 거절당하자 놀이시설의 일부인 보호대를 칼

로 뜯어내고 일부 놀이시설은 철거함 – 정당행위 ✕

피고인에게 공사대금 직불청구권이 있고 놀이시설의 정당한 유치권자로서 공사대금 채권을 확보할 필요가 있었다고 하더라도, 위와 같은 피고인의 행위가 수단과 방법의 상당성이 인정된다거나 공사대금 확보를 위한 유치권을 행사하는 데에 긴급하고 불가피한 수단이었다고 볼 수 없다. (대법원 2017. 5. 30. 선고 2017도2758 판결)

참고 공용물건손상죄가 인정되었다.

라. 선거관련 행위

판례 낙선운동 – 정당행위 ✕

피고인들이 확성장치 사용, 연설회 개최, 불법행렬, 서명날인운동, 선거운동기간 전 집회 개최 등의 방법으로 특정 후보자에 대한 낙선운동을 함으로써 공직선거및선거부정방지법에 의한 선거운동제한 규정을 위반한 피고인들의 같은 법 위반의 각 행위는 위법한 행위로서 허용될 수 없는 것이고, 피고인들의 위 각 행위가 시민불복종운동으로서 헌법상의 기본권 행사 범위 내에 속하는 정당행위이거나 형법상 사회상규에 위반되지 아니하는 정당행위 또는 긴급피난의 요건을 갖춘 행위로 볼 수는 없다. (대법원 2004. 4. 27. 선고 2002도315 판결)

판례 후보자가 유권자에게 축의금으로서 중앙선거관리위원회규칙이 정한 금액인 금 30,000원을 초과하여 금 50,000원을 지급한 사유가 후보자가 모친상시 그로부터 받은 같은 금액의 부의금에 대한 답례 취지인 경우 – 정당행위 ✕ (대법원 1999. 5. 25. 선고 99도983 판결)

판례 당내 경선에서 특정인을 지지하도록 부탁할 목적하에 타인의 술값 40,000원을 지불 – 정당행위 ✕ (대법원 1996. 6. 14. 선고 96도405 판결)

마. 기타

판례 사용자가, 적법한 직장폐쇄 기간 중 일방적으로 업무에 복귀하겠다고 하면서 사용자의 정당한 퇴거요구에 불응한 채 계속하여 사업장 내로 진입을 시도하는 해고 근로자를 경미하게 폭행·협박 – 정당행위 ○ (대법원 2005. 6. 9. 선고 2004도7218 판결)

비교 사용자가 정당하게 직장폐쇄를 개시하였으나, 어느 시점 이후에 근로자가 쟁의행위를 중단하고 업무에 복귀할 의사를 표시하였음에도 직장폐쇄를 계속 유지하면서 쟁의행위에 대한 방어적인 목적에서 벗어나 적극적으로 노동조합의 조직력을 약화시키기 위한 목적 등을 갖는 공격적 직장폐쇄의 성격으로 변질된 경우 – 정당행위 ✕ (노동조합법위반 ○) (대법원 2017. 7. 11. 선고 2013도7896 판결)

판례 방송통신심의위원회 심의위원인 피고인이 자신의 인터넷 블로그에 위원회에서 음란정보로 의결한 '남성의 발기된 성기 사진'을 게시 – 정당행위 ○

피고인의 게시물은 다른 블로그의 화면 다섯 개를 갈무리하여 옮겨온 남성의 발기된 성기 사진 8장(이하 '사진들'이라 한다)과 벌거벗은 남성의 뒷모습 사진 1장을 전체 게시면의 절반을 조금 넘는 부분에 걸쳐 게시하고, 이어서 정보통신에 관한 심의규정 제8조 제1호를 소개한 후 피고인의 의견을 덧붙이고 있으므로 사진들과 음란물에 관한 논의의 형성·발전을 위한 학술적, 사상적 표현 등이 결합된 결합 표현물로서 … (중략) … 목적의 정당성, 수단이나 방법의 상당성, 보호법익과 침해법익 간의 법익균형성이 인정되어 법질서 전체의 정신이나 그 배후에 놓여 있는 사회윤리 내지 사회통념에 비추어 용인될 수 있는 행위에 해당하므로, 원심이 게시물의 전체적 맥락에서 사진들을 음란물로 단정할 수 없다. (대법원 2017. 10. 26. 선고 2012도13352 판결)

판례 집달관이 집행력 있는 판결정본·신분증 제시하였음에도 채무자 아들이 주거에 들어오지 못하게 하자 이를 배제하고 채무자 주거 들어가고자 채무자 아들을 밀침 – 정당행위 ○ (대법원 1993. 10. 12. 선고 93도875 판결)

판례 집회의 신고내용에 포함되지 않은 삼보일배 행진을 함 – 정당행위 ○
이 사건 집회·시위가 주된 참가단체 등에 있어서 신고내용과 다소 달라진 면이 있다고 하더라도, 이 사건 삼보일배 행진이라는 시위방법 자체에 있어서는 그 장소, 형태, 내용, 방법과 결과 등에 비추어 시위의 목적 달성에 필요한 합리적인 범위에서 사회통념상 용인될 수 있는 다소의 피해를 발생시킨 경우에 불과하다고 보이고, 또한 신고내용에 포함되지 않은 삼보일배 행진을 한 것이 신고제도의 목적 달성을 심히 곤란하게 하는 정도에 이른다고 볼 수도 없으므로, 결국 피고인들의 위와 같은 행위는 사회상규에 반하지 아니하는 행위로서 위법성이 조각된다. (대법원 2010. 4. 8. 선고 2009도11395 판결)

판례 아파트 관리회사 전환 분쟁 중, 입주자대표회의 임원 및 관리회사 직원들의 ① 저수조 청소 위한 침입은 정당행위 ○ ② 관리비 고지서 뺏거나 사무실의 집기 들어내는 행위는 정당행위 ×
① 아파트 입주자대표회의의 임원 또는 아파트관리회사의 직원들인 피고인들이 기존 관리회사의 직원들로부터 계속 업무집행을 제지받던 중 저수조 청소를 위하여 출입문에 설치된 자물쇠를 손괴하고 중앙공급실에 침입한 행위는 정당행위에 해당하나, ② 관리비 고지서를 빼앗거나 사무실의 집기 등을 들어낸 행위는 정당행위에 해당하지 않는다. (대법원 2006. 4. 13. 선고 2003도3902 판결)

판례 간통 현장을 직접 목격하고 그 사진을 촬영하기 위하여 상간자의 주거에 침입 – 정당행위 × (대법원 2003. 9. 26. 선고 2003도3000 판결)

판례 임차인에 대한 단전·단수조치와 정당행위
호텔 내 주점의 임대인이 임차인의 차임 연체를 이유로 계약서상 규정에 따라 위 주점에 대하여 단전·단수조치를 취한 경우, ① 약정 기간이 만료되었고 임대차보증금도 차임연체 등으로 공제되어 이미 남아있지 않은 상태에서 미리 예고한 후 단전·단수조치를 하였다면 형법 제20조의 정당행위에 해당하지만, ② 약정 기간이 만료되지 않았고 임대차보증금도 상당한 액수가 남아있는 상태에서 계약해지의 의사표시와 경고만을 한 후 단전·단수조치를 하였다면 정당행위로 볼 수 없다. (대법원 2007. 9. 20. 선고 2006도9157 판결) **표준**

판례 사무실 임차인이 임대차계약 종료 후 갱신계약 여부에 관한 의사표시나 명도의무를 지체하고 있다는 이유로 임대인이 단전조치 – 정당행위 × (대법원 2006. 4. 27. 선고 2005도8074 판결)

참고 업무방해가 인정되었다.

판례 택시 운전사인 피고인이 고객인 가정주부들에게 입에 담지 못할 욕설을 퍼부은 데서 발단이 되어 가정주부인 피해자 등으로부터 핸드백과 하이힐 등으로 얻어 맞게 되자 그 때문에 입은 상처를 고발하기 위해 파출소로 끌고 감을 빙자하여 피해자의 손목을 잡아 틀어 상해를 가함 – 정당행위 × (대법원 1991. 12. 27. 선고 91도1169 판결)

판례 갑 주식회사 대표이사인 피고인이 주주총회 등에서 특정 의결권 행사방법을 독려하기 위한 방법으로 갑 회사의 주주총회 등에 참석하여 사전투표 또는 직접투표 방식으로 의결권을 행사한 주주들에게 갑 회사에서 발행한 20만 원 상당의 상품교환권 등을 제공함 – 정당행위 ×
피고인이 갑 회사의 계산으로 사전투표와 직접투표를 한 주주들에게 무상으로 20만 원 상당의 상품교환권 등을 각 제공한 것은 주주총회 의결권 행사와 관련된 이익의 공여로서 사회통념상 허용되는 범위를 넘어서는 것이어서 상법상 주주의 권리행사에 관한 이익공여의 죄에 해당한다. (대법원 2018. 2. 8. 선고 2015도7397 판결)

책임

---

01 책임이론

I 책임의 의의

(의의) 책임이란 법규범의 요구에 따라 적법하게 행위할 수 있었음에도 불구하고 불법을 결의하고 위법한 행위를 하였다는 것에 대하여 행위자에게 가해지는 비난가능성을 말한다. 위법성은 행위가 전체 법질서와 충돌한다는 객관적 판단인데 반하여 책임은 행위자에게 행위에 대한 책임을 지울 수 있는가에 대한 주관적 판단이다. **(책임주의)** 책임주의란 책임 없으면 범죄는 성립할 수 없고 형량도 책임의 대소에 따라 결정되어야 한다는 원칙을 말한다.

II 책임의 근거

	도의적 책임론	사회적 책임론
책임	자유의사를 가진 자가 자유의사에 의하여 적법한 행위를 할 수 있음에도 불구하고 위법행위를 한 데 대한 윤리적 비난	소질·환경에 의하여 결정된 행위자의 반사회적 성격에 가해지는 사회적 비난
책임능력	행위의 시비를 변별하고 이에 따라 행위할 수 있는 범죄능력	사회방위처분인 형벌이 효과를 거둘 수 있는 형벌능력(수형능력)
책임능력 요구시점	범죄행위시	재판시 (또는 형벌부과시)
인간의 의사	비결정론 → 자유의사 ○	결정론 → 자유의사 ×
책임의 근거	의사책임론: 자유의사에 기초한 위법한 의사형성	성격책임론: 행위자의 반사회적 성격

	도의적 책임론	사회적 책임론
비난의 대상	행위 책임론: 개별행위가 비난대상	행위자 책임론: 사회적으로 위험한 성격이 비난대상
형벌·보안처분 관계	이원론: 자유의사 있는 자는 형벌 책임무능력자는 보안처분	일원론: 질적 차이 없고 양적 차이만 있음

Ⅲ 책임의 본질

1. 심리적 책임론

(의의) 심리적 책임론이란 책임의 실체를 결과에 대한 행위자의 심리적 관계로 이해하여 심리적 사실인 고의·과실만 있으면 책임이 있다는 견해이다. 고전적 범죄체계에 의하면 모든 객관적·외적 요소는 구성요건·위법성에 속하고 주관적·내적 요소는 책임에 속하므로 고의·과실이 책임의 본질이 된다. (비판) ① 행위나 결과에 대하여 행위자의 심리적 관계가 있을 수 없는 인식 없는 과실에 대하여 책임을 인정할 수 없게 된다는 점 ② 고의나 과실이 있지만 책임능력이 부정되거나 기대가능성 때문에 책임이 조각되는 경우를 설명할 수 없다는 점에서 비판이 있다.

2. 규범적 책임론

(의의) 규범적 책임론이란 책임을 평가적 가치관계로 이해하여 적법한 다른 행위가 가능했음에도 위법한 행위를 행한 행위자에 대한 비난가능성을 책임의 본질로 이해하는 견해이다. (종류) ① 복합적 책임개념(신고전적 범죄체계)은 책임의 구성요소를 고의·과실, 책임능력, 기대가능성으로 이해하고 다만 위법성의 인식은 책임고의의 한 요소로 이해한다. ② 순수한 규범적 책임개념(목적적 범죄체계)은 고의와 위법성의 인식을 분리시켜, 책임의 구성요소를 책임능력, 위법성의 인식, 기대가능성으로 이해한다. ③ 신복합적 책임개념(합일태적 범죄체계)은 책임의 구성요소를 책임능력, 위법성의 인식, 책임형식으로서의 고의·과실, 기대가능성으로 이해한다. (비판) ① 복합적 책임개념은 규범적 평가를 의미하는 책임개념에 평가의 대상인 고의·과실을 포함시켜 '대상의 평가'와 '평가의 대상'을 혼합시켰다는 점, ② 순수한 규범적 책임개념은 책임평가에서 고의·과실을 제거함으로써 책임개념의 공허화를 초래한다는 점에서 비판이 있다.

3. 예방적 책임론(기능적 책임론)

(의의) 예방적 책임론이란 책임개념은 형벌의 전제로서 필요조건에 불과하고 처벌의 필요성 여부에 대해서는 아무런 근거를 제시하지 못하므로 책임의 내용을 형벌의 예방목적에 의하여 보충·대체해야 한다는 이론을 말한다. (종류) ① Roxin의 답책성론은 책임개념은 형벌의 제한근거로서 필요조건이지만, 처벌여부 및 정도는 형벌의 예방목적에 의하여 결정되어야 한다는 견해이다. ② Jakobs의 사회적 기능이론은 일방예방적 목적만이 책임개념에 내용을 제공하고 형벌의 근거가 된다는 견해이다. (비판) ① 형법과 형사정책의 과제를 혼동함으로써 일반예방에 대한 관계에서 책임주의가 갖는 제한적 기능을 무력화시킨다는 점 ② 형벌목적의 고려는 형벌론에서 충분히 달성할 수 있기에 책임판단에서 이를 검토할 이유가 없다는 점에서 비판이 있다.

02 책임능력

I 의의

(의의) 책임능력이란 행위자가 법규범의 명령과 금지를 인식하고 법규범에 따라 행동할 수 있는 능력을 말한다. 이는 ① 법과 불법을 변별할 수 있는 지적 능력(사물변별능력)과 ② 의사를 결정하고 행동을 제어할 수 있는 의지적 능력(의사결정능력)으로 구성된다.

(규정방법) ① **생물학적 방법**은 형법이 행위자의 비정상적 상태를 기술하고 그러한 상태가 있으면 책임능력이 없다고 하는 방법이다. 예컨대 형사미성년자(제9조), 청각 및 언어 장애인(제11조)이 이에 해당한다. 책임능력 유무는 의사 등 전문가의 감정에 의하여 판단한다.

② **심리적·규범적 방법**은 행위자의 사물변별능력 또는 의사결정능력이 없으면 책임능력이 없다고 하는 방법이다. 책임능력 유무는 법관이 판단한다.

③ **혼합적 방법**은 행위자의 비정상적인 상태는 생물학적 방법으로 규정하고, 이 요소가 사물변별·의사결정에 미치는 영향은 심리적·규범적 방법에 의해 규정하는 방법을 말한다. 예컨대 심신상실(제10조 제1항), 심신미약(제10조 제2항)은 이에 해당한다. 책임능력 유무는 의사 등 전문가의 생물학적 감정을 기초로 법관이 심리적 방법에 의한 검토를 통하여 법률적으로 판단한다.

> **판례** 심신상실·심신미약의 판단 – 혼합적 방법
>
> 형법 제10조에 규정된 심신장애는 ① 생물학적 요소로서 정신병 또는 비정상적 정신상태와 같은 정신적 장애가 있는 외에 ② 심리학적 요소로서 이와 같은 정신적 장애로 말미암아 사물에 대한 변별능력과 그에 따른 행위통제능력이 결여되거나 감소되었음을 요하므로, 정신적 장애가 있는 자라고 하여도 범행 당시 정상적인 사물변별능력이나 행위통제능력이 있었다면 심신장애로 볼 수 없다. (대법원 2007. 2. 8. 선고 2006도7900 판결) **표준**

Ⅱ 책임무능력자

1. 형사미성년자

> 제9조(형사미성년자) 14세되지 아니한 자의 행위는 벌하지 아니한다.

14세가 되지 아니한 자는 사물변별능력·의사결정능력을 불문하고 책임능력이 부정된다. 형사미성년자의 행위는 책임이 조각되므로 형벌을 과할 순 없으나 소년법에 따른 보호처분은 가능하다.[66] 형사미성년자에 해당하는지 여부, 즉 만 14세 이상인지 여부는 범행 당시를 기준으로 한다.

> **판례** (소년법) 소년범 감경 적용대상인 '소년' 여부 판단시기 – 사실심판결 선고시
>
> 소년법이 적용되는 '소년'이란 심판시에 19세 미만인 사람을 말하므로, 소년법의 적용을 받으려면 심판시에 19세 미만이어야 한다. 따라서 소년법 제60조 제2항의 적용대상인 '소년'인지의 여부도 심판시, 즉 사실심판결 선고시를 기준으로 판단되어야 한다. (대법원 2009. 5. 28. 선고 2009도2682,2009전도7 판결)
>
> **판례** (소년법) 상대적 부정기형의 선고대상으로서 '소년' 여부 판단시기 – 사실심판결 선고시
>
> 피고인이 항소심판결선고 당시 소년법 제2조 소정의 소년이어서 부정기형이 선고되었다면 그후 상고심에서 와서 성년이 되었다고 하더라도 부정기형을 선고한 항소심판결을 파기할 사유가 되지 않는다. (대법원 1990. 9. 28. 선고 90도1772 판결)
>
> **판례** 소년법에 의한 보호처분을 받은 사실도 상습성 인정의 자료가 될 수 있음 (대법원 1990. 6. 26. 선고 90도887 판결)

---

66 소년법상 특별규정 중 참고할 만한 내용은 다음과 같다. ① 보호처분 – 형벌법령에 저촉되는 행위를 한 10세 이상 14세 미만인 소년 등에 대해서는 보호처분이 가능하다(소년법 제4조, 제32조). ② 사형·무기형의 완화 – 범행 당시 18세 미만인 소년에 대하여 사형·무기형으로 처할 경우 15년의 유기징역으로 한다(소년법 제59조). ③ 부정기형 – 법정형으로 장기 2년 이상의 유기형에 해당하는 죄를 범한 경우에는 그 형의 범위에서 장기와 단기를 정하여 선고한다. 다만, 장기는 10년, 단기는 5년을 초과하지 못한다(소년법 제60조 제1항 및 제3항).

2. 심신상실자

> 제10조(심신장애인) ① 심신장애로 인하여 사물을 변별할 능력이 없거나 의사를 결정할 능력이 없는 자의 행위는 벌하지 아니한다.

심신상실자란 ① 심신장애로 인하여(생물학적 요소) ② 사물변별능력이 없거나 의사결정능력이 없는 자(심리적·규범적 요소)를 말한다. 심신장애란 정신장애·정신기능의 장애를 뜻하며, 반드시 신체기관의 손상이나 신체적인 질병에 의한 장애만 뜻하는 것은 아니다. 심신상실자는 책임이 조각되어 처벌되지 아니한다.

심신장애 존부에 대한 판례를 살펴본다.

[판례] 심신장애 요건 – ① 심신장애 ② 사물변별능력 또는 의사결정능력 없음

심신장애는 ① 정신병 또는 비정상적 정신상태와 같은 정신적 장애가 있는 외에 이와 같은 정신적 장애로 말미암아 ② 사물에 대한 변별능력이나 그에 따른 행위통제능력이 결여 또는 감소되었음을 요하므로, ① 정신적 장애가 있는 자라고 하여도 ② 범행 당시 정상적인 사물변별능력과 행위통제능력이 있었다면 심신장애로 볼 수 없다. (대법원 2013. 1. 24. 선고 2012도12689 판결)

[판례] 정신병과 동등 평가될 정도의 충동조절장애 – 심신장애 ○

자신의 충동을 억제하지 못하여 범죄를 저지르게 되는 현상은 정상인에게서도 얼마든지 찾아볼 수 있는 일로서, 특단의 사정이 없는 한 성격적 결함을 가진 자에 대하여 자신의 충동을 억제하고 법을 준수하도록 요구하는 것이 기대할 수 없는 행위를 요구하는 것이라고는 할 수 없으므로, 원칙적으로 충동조절장애와 같은 성격적 결함은 형의 감면사유인 심신장애에 해당하지 아니한다고 봄이 상당하지만, 그 이상으로 사물을 변별할 수 있는 능력에 장애를 가져오는 원래의 의미의 정신병이 도벽의 원인이라거나 혹은 도벽의 원인이 충동조절장애와 같은 성격적 결함이라 할지라도 그것이 매우 심각하여 원래의 의미의 정신병을 가진 사람과 동등하다고 평가할 수 있는 경우에는 그로 인한 절도 범행은 심신장애로 인한 범행으로 보아야 한다.

피고인에게 우울증 기타 정신병이 있고 특히 생리도벽이 발동하여 절도 범행을 저지른 의심이 든다는 이유로 전문가에게 피고인의 정신상태를 감정시키는 등의 방법으로 심신장애 여부를 심리하여야 한다고 한 사례. (대법원 1999. 4. 27. 선고 99도693, 99감도17 판결, 대법원 2009. 2. 26. 선고 2008도9867 판결)

[동지] 정신병과 동등 평가될 정도의 소아기호증 – 심신장애 ○

소아기호증과 같은 질환이 있다는 사정은 그 자체만으로는 형의 감면사유인 심신장애에 해당하지 아니한다고 봄이 상당하고, 다만 그 증상이 매우 심각하여 원래의 의미의 정신병이 있는 사람과 동등하다고 평가할 수 있거나, 다른 심신장애사유와 경합된 경우 등에는 심신장애를 인정할 여지가 있다. (대법원 2007. 2. 8. 선고 2006도7900 판결)

[동지] 정신병과 동등 평가될 정도의 성주물성애증 – 심신장애 ○

무생물인 옷 등을 성적 각성과 희열의 자극제로 믿고 이를 성적 흥분을 고취시키는 데 쓰는 성주물성애증이라

는 정신질환이 있다고 하더라도 그러한 사정만으로는 절도 범행에 대한 형의 감면사유인 심신장애에 해당한다고 볼 수 없고, 다만 그 증상이 매우 심각하여 원래의 의미의 정신병이 있는 사람과 동등하다고 평가할 수 있거나, 다른 심신장애사유와 경합된 경우 등에는 심신장애를 인정할 여지가 있다. (대법원 2013. 1. 24. 선고 2012도12689 판결)

> **판례** 기억하고 있어도 심신상실(장애)가 인정될 수 있음
>
> 범행당시 정신분열증으로 심신장애의 상태에 있었던 피고인이 피해자를 살해한다는 명확한 의식이 있었고 범행의 경위를 소상하게 기억하고 있다고 하여 범행당시 사물의 변별능력이나 의사결정능력이 결여된 정도가 아니라 미약한 상태에 있었다고 단정할 수는 없는 것인바, 피고인이 피해자를 살해할 만한 다른 동기가 전혀 없고, 오직 피해자를 "사탄"이라고 생각하고 피해자를 죽여야만 피고인. 자신이 천당에 갈 수 있다고 믿어 살해하기에 이른 것이라면, 피고인은 범행당시 정신분열증에 의한 망상에 지배되어 사물의 선악과 시비를 구별할 만한 판단능력이 결여된 상태에 있었던 것으로 볼 여지가 없지 않다. (대법원 1990. 8. 14. 선고 90도1328 판결)
>
> **동지** 범행 전후 사정을 사리에 맞도록 기억하고 있다하여 반드시 범행 당시 사물변별능력을 갖추고 있다고 할 수 없음 (대법원 1969. 10. 14. 선고 69도1265 판결)
>
> **동지** 범행을 기억하고 있지 않다는 사실만으로 바로 범행 당시 심신상실 상태에 있었다고 단정할 수 없음 (대법원 1985. 5. 28. 선고 85도361 판결)
>
> **동지** 사물변별능력과 기억능력은 일치하는 것은 아니며 다만 범행 당시 사정을 자세히 기억하고 있다는 것은 사물변별능력 판단에 중요자료가 될 수 있음 (대법원 1978. 1. 31. 선고 77도3428 판결)

심신장애 판단에 관한 판례를 살펴본다.

> **판례** 심신장애 판단 - ① 법률적 판단 ○ ② 전문감정인의 의견에 기속 ×
>
> 형법 제10조 제1항 및 제2항 소정의 심신장애의 유무 및 정도의 판단은 법률적 판단으로서 반드시 전문감정인의 의견에 기속되어야 하는 것은 아니고, 정신분열병의 종류 및 정도, 범행의 동기 및 원인, 범행의 경위 및 수단과 태양, 범행 전후의 피고인의 행동, 증거인멸 공작의 유무, 범행 및 그 전후의 상황에 관한 기억의 유무 및 정도, 반성의 빛 유무, 수사 및 공판정에서의 방어 및 변소의 방법과 태도, 정신병 발병 전의 피고인의 성격과 그 범죄와의 관련성 유무 및 정도 등을 종합하여 법원이 독자적으로 판단할 수 있다.
>
> 피고인이 편집형 정신분열증환자로서 심신상실의 상태에 있었다는 감정인의 의견을 배척하고 제반 사정을 종합하여 심신미약으로만 인정한 사례. (대법원 1994. 5. 13. 선고 94도581 판결, 대법원 1999. 1. 26. 선고 98도3812 판결, 대법원 2007. 2. 8. 선고 2006도7900 판결)
>
> **동지** 형법 제10조의 사물을 판별할 능력 또는 의사를 결정할 능력은 자유의사를 전제로 한 의사결정의 능력에 관한 것으로서, 그 능력의 유무와 정도는 감정사항에 속하는 사실문제라 할지라도 그 능력에 관한 확정된 사실이 심신상실 또는 심신미약에 해당하는 여부는 법률문제에 속함 (대법원 1968. 4. 30. 선고 68도400 판결) **표준**

판례 기록 등으로 심신장애 여부를 판단할 수 있는 경우, 전문가 감정 없어도 적법함

피고인의 정신장애의 정도는 전문가의 감정에 의하여 가리는 것이 원칙적으로 바람직한 것이지만 기록에 나타난 제반자료와 공판정에서의 피고인의 태도 등을 종합하여 그 정도가 판단되는 경우에는 전문가의 감정에 의하지 않고 이를 인정하였다 하여 위법이라 할 수 없다. (대법원 1987. 7. 21. 선고 87도1141, 87감도102 판결)

동지 심신장애의 여부는 기록에 나타난 제반자료와 공판정에서의 피고인의 태도 등을 종합하여 판단하여도 무방 (대법원 1984. 5. 22. 선고 84도545 판결)

비교 심신장애 의심이 드는데도 심신장애 여부를 심리하지 않은 경우 – 위법

피고인에게 우울증 기타 정신병이 있고 특히 생리도벽이 발동하여 절도 범행을 저지른 의심이 든다는 이유로 전문가에게 피고인의 정신상태를 감정시키는 등의 방법으로 심신장애 여부를 심리하여야 한다. (대법원 1999. 4. 27. 선고 99도693,99감도17 판결)

비교 심신장애 의심이 드는데도 심신장애 여부를 심리하지 않은 경우 – 위법

피고인이 생리기간 중에 심각한 충동조절장애에 빠져 절도 범행을 저지른 것으로 의심이 되는데도 전문가에게 피고인의 정신상태를 감정시키는 등의 방법으로 심신장애 여부를 심리하지 아니한 원심판결을 심리미진과 심신장애에 관한 법리오해의 위법이 있다는 이유로 파기한 사례. (대법원 2002. 5. 24. 선고 2002도1541 판결)

해설 종합한다. 법원은 ① 심신장애 여부에 의심이 든다면 이를 심리하여 판단하여야 한다. ② 이때 전문가의 감정을 실시하는 것이 바람직한 방법이나 제반자료 등으로 심신장애 여부를 판단할 수 있는 경우에까지 반드시 전문가 감정을 실시해야 하는 것은 아니다.

판례 피고인의 심신장애의 정도가 상실·미약 중 불분명한 경우 법원이 취하여야 할 조치

피고인이 범행 당시 그 심신장애의 정도가 단순히 사물을 변별할 능력이나 의사를 결정할 능력이 미약한 상태에 그쳤는지 아니면 그러한 능력이 상실된 상태이었는지 여부가 불분명하므로, 원심으로서는 먼저 피고인의 정신상태에 관하여 충실한 정보획득 및 관계 상황의 포괄적인 조사·분석을 위하여 피고인의 정신장애의 내용 및 그 정도 등에 관하여 정신의로 하여금 감정을 하게 한 다음, 그 감정결과를 중요한 참고자료로 삼아 범행의 경위, 수단, 범행 전후의 행동 등 제반 사정을 종합하여 범행 당시의 심신상실 여부를 경험칙에 비추어 규범적으로 판단하여 그 당시 심신상실의 상태에 있었던 것으로 인정되는 경우에는 무죄를 선고하여야 한다. (대법원 1998. 4. 10. 선고 98도549 판결)

판례 심신장애 존부 판단은 범죄행위시를 기준으로 함

피고인이 평소 간질병 증세가 있었더라도 범행 당시에는 간질병이 발작하지 아니하였다면 이는 책임감면사유인 심신장애 내지는 심신미약의 경우에 해당하지 아니한다. (대법원 1983. 10. 11. 선고 83도1897 판결)

Ⅲ 한정책임능력자

1. 심신미약자

> 제10조(심신장애인) ② 심신장애로 인하여 전항의 능력이 미약한 자의 행위는 형을 감경할 수 있다.

심신미약자란 ① 심신장애로 인하여(생물학적 요소) ② 사물변별능력이나 의사결정능력이 미약한 자(심리적·규범적 요소)를 말한다. 심신미약자는 형을 감경할 수 있다(임의적 감경).

> **[판례]** 고정적 정신질환자가 정신질환의 영향으로 행위통제능력 저하되어 범행 – 심신미약 ○
> 정신적 장애가 있는 자라고 하여도 범행 당시 정상적인 사물판별능력이나 행위통제능력이 있었다면 심신장애로 볼 수 없음은 물론이나, 정신적 장애가 정신분열증과 같은 고정적 정신질환의 경우에는 범행의 충동을 느끼고 범행에 이르게 된 과정에 있어서의 범인의 의식상태가 정상인과 같아 보이는 경우에도 범행의 충동을 억제하지 못한 것이 흔히 정신질환과 연관이 있을 수 있고, 이러한 경우에는 정신질환으로 말미암아 행위통제능력이 저하된 것이어서 심신미약이라고 볼 여지가 있다. (대법원 1992. 8. 18. 선고 92도1425 판결)
>
> **[판례]** 심신미약이라고 하여 반드시 상습성이 부정되지 않음
> 행위자가 범죄행위 당시 심신미약 등 정신적 장애상태에 있었다고 하여 일률적으로 그 행위자의 상습성이 부정되는 것은 아니다. (대법원 2009. 2. 12. 선고 2008도11550 판결)

2. 청각 및 언어 장애인(농아자)

> 제11조(청각 및 언어 장애인) 듣거나 말하는 데 모두 장애가 있는 사람의 행위에 대해서는 형을 감경한다.

청각 및 언어 장애인(농아자)이란 청각기능과 발음기능 모두에 선천적·후천적으로 장애가 있는 자를 말한다. 형을 필요적으로 감경한다.

Ⅳ 원인에 있어서 자유로운 행위

> 제10조(심신장애인) ③ 위험의 발생을 예견하고 자의로 심신장애를 야기한 자의 행위에는 전2항의 규정을 적용하지 아니한다.

1. 의의

(의의) 원인에 있어서 자유로운 행위란 책임능력이 있는 자가 고의 또는 과실로 자신을 심신장애 상태에 빠지게 한 후 이 상태에서 범죄를 실현하는 것을 말한다. 예컨대, ① 살인을 결심한 자가 용기를 얻기 위하여 만취한 후 명정상태에서 범행을 저지른 경우(고의) ② 음주하여 만취한 자가 운전하다가 사고를 낸 경우(과실)가 이에 속한다.

(효과) 원인에 있어서 자유로운 행위에 대하여는 형법 제10조 제1항·제2항의 적용이 배제되어 심신상실 상태에서의 행위일지라도 책임이 조각되지 아니하며, 심신미약 상태에서의 행위일지라도 형이 감경되지 않는다.

2. 가벌성의 근거

책임주의는 행위와 책임이 동시에 존재할 것을 요구한다. 따라서 심신장애 상태에서의 행위시 책임능력이 없거나 미약한 자를 처벌하는 이론적 근거가 무엇인지 문제된다.

	일치설 (구성요건모델설)	예외설	반무의식상태설
내용	자신을 도구로 이용하는 간접정범과 유사하므로, 원인행위가 실행행위임. 원인행위시에 책임능력이 있었던 이상 책임능력자로 처벌이 가능하다.	심신장애 상태에서의 행위가 실행행위임. 원인행위와 실행행위는 불가분의 연관관계에 있으므로 전체적으로 보아 책임능력자로 처벌이 가능하다.	원인행위는 예비행위이고 심신장애상태 하에서의 행위가 실행행위임. 실행행위는 반(半)무의식적 상태에서 이루어지는 한 주관적 요소를 인정할 수 있음.
특징	① 원인행위가 실행행위 ② 책임과 행위의 동시존재원칙에 충실	① 심신장애상태 하에서의 행위가 실행행위 ② 책임과 행위의 동시존재원칙의 예외를 주장	① 반무의식적 상태라는 중간적 개념 주장 ② 책임과 행위의 동시존재원칙 유지 가능
비판	① 실행행위 정형성 무시 ② 예비와 구별 곤란 ③ 미수범 처벌 대폭 확대	책임주의의 예외를 인정	반무의식적행위라는 원인행위와 실행행위의 중간행위를 인정하면 대부분의 경우에 책임능력이 인정되어 법적 안정성 해침

3. 유형과 법적 효과

원인에 있어서 자유로운 행위는 크게 4개의 유형으로 분류할 수 있다.

		원인설정행위	심신장애상태하의 행위	효과
고의에 의한 원인에 있어서 자유로운 행위	제1유형	고의	고의	고의책임
과실에 의한 원인에 있어서 자유로운 행위	제2유형	고의	과실	과실책임
	제3유형	과실	고의	과실책임
	제4유형	과실	과실	과실책임

각 유형의 예시를 든다. ① **제1유형**은 사람을 상해하기로 마음먹고 고의로 음주한 후 명정상태에서 이를 행한 경우 ② **제2유형**은 고의로 음주한 후 명정상태에서 평소 감정이 안 좋았던 사람을 폭행한 경우(음주 당시 범죄의 고의는 없었음) ③ **제3유형**은 절도를 계획한 자가 부주의로 환각제를 소화제로 잘못 알고 복용한 후 환각상태에서 절도를 한 경우 ④ **제4유형**은 과실로 만취상태에 빠진 자가 명정상태에서 사람을 폭행한 경우(음주 당시 범죄의 고의는 없었음)

[판례] (제1유형) 대마초 흡연시에 이미 범행을 예견하고 자의로 심신장애를 야기한 경우 심신장애로 인한 감경 등을 할 수 없음
피고인들은 상습적으로 대마초를 흡연하는 자들로서 이 사건 각 살인범행 당시에도 대마초를 흡연하여 그로 인하여 심신이 다소 미약한 상태에 있었음은 인정되나, 이는 위 피고인들이 피해자들을 살해할 의사를 가지고 범행을 공모한 후에 대마초를 흡연하고, 위 각 범행에 이른 것으로 대마초 흡연시에 이미 범행을 예견하고도 자의로 위와 같은 심신장애를 야기한 경우에 해당하므로, 형법 제10조 제3항에 의하여 심신장애로 인한 감경 등을 할 수 없다. (대법원 1996. 6. 11. 선고 96도857 판결) **표준**

[판례] (제2유형) 원인설정행위인 음주행위는 고의, 심신장애상태하 행위인 업무상 과실치상(교통사고)은 과실이므로 교특치상(과실범)이 성립하고, 이후 도주까지 하였으므로 특가법 도주치상이 인정됨.
형법 제10조 제3항은 고의에 의한 원인에 있어서의 자유로운 행위만이 아니라 과실에 의한 원인에 있어서의 자유로운 행위까지도 포함하는 것으로서 위험의 발생을 예견할 수 있었는데도 자의로 심신장애를 야기한 경우도 그 적용 대상이 된다고할 것이어서, 피고인이 음주운전을 할 의사를 가지고 음주만취한 후 운전을 결행하여 교통사고를 일으켰다면 피고인은 음주시에 교통사고를 일으킬 위험성을 예견하였는데도 자의로 심신장애를 야기한 경우에 해당하므로 위 법조항에 의하여 심신장애로 인한 감경 등을 할 수 없다. (대법원 1992. 7. 28. 선고 92도999 판결) **표준**

03 위법성의 인식

I 위법성의 인식의 의의

위법성의 인식이란 행위자가 자신의 행위가 공동사회의 질서에 반하고 법적으로 금지되어 있다는 것을 인식하는 것을 말한다. 위법성의 인식이 있어야 법규범을 알면서도 범죄를 결의하였다는 것에 대한 비난이 가능하기에 위법성인식은 책임비난의 핵심이 된다.

> **판례** 위법성의 인식 – 행위가 사회정의와 조리에 어긋난다는 인식
> 범죄의 성립에 있어서 위법의 인식은 그 범죄사실이 사회정의와 조리에 어긋난다는 것을 인식하는 것으로서 족하고 구체적인 해당 법조문까지 인식할 것을 요하는 것은 아니므로 설사 형법상의 허위공문서작성죄에 해당되는 줄 몰랐다고 가정하더라도 그와 같은 사유만으로는 위법성의 인식이 없었다고 할 수 없다. (대법원 1987. 3. 24. 선고 86도2673 판결) **표준**

II 위법성의 인식의 체계적 지위

'위법성의 인식'이 책임요소가 된다는 점에 대해서는 견해 대립이 없다. 다만 '위법성의 인식'이 고의의 내용인가에 대해서는 고의설과 책임설이 대립한다.

1. 고의설

고의설은 고의를 책임요소로 본다(인과적 행위론). 고의설은 고의의 내용으로서 구성요건에 해당하는 객관적 사실의 인식 이외에 다시 위법성의 인식이 필요하다고 본다. 따라서 위법성의 인식이 없으면 원칙적으로 책임요소인 고의가 조각된다.

위법성의 인식의 정도에 관하여 엄격고의설과 제한적 고의설로 나뉜다.

가. 엄격고의설

(의의) 고의가 성립하기 위해서는 현실적인 위법성의 인식이 있어야 한다. 위법성의 현실적 인식이 결여되면 고의범은 성립할 수 없고 과실범의 성부만 문제될 뿐이다. **(비판)** 확신범·상습범·격정범 등은 위법성의 현실적 인식이 없는 경우가 대부분이므로 고의범으로 처벌할 수 없고 과실범 처벌규정이 없으면 처벌을 할 수 없다는 형사정책적 결함이 있다.

나. 제한적 고의설

(의의) 고의가 성립하기 위해서는 현실적인 위법성의 인식까지 필요한 것은 아니고 위법성의 인식가능성만 있으면 족하다. 이는 엄격고의설의 결함을 시정하기 위한 견해이다. (비판) 위법성의 인식가능성, 즉 착오의 회피가능성이라는 과실적 요소를 고의의 내용에 포함시킨다는 잘못이 있다.

	엄격고의설	제한적 고의설
위법성의 현실적 인식 ○	고의	고의
위법성의 인식가능성 ○+인식 ×	과실	고의
위법성의 인식가능성 ×+인식 ×	불법	불법

2. 책임설

책임설은 위법성의 인식을 구성요건적 고의와 분리시켜 독자적인 책임요소로 본다(목적적행위론). 즉 고의는 주관적 구성요건에 속하고 위법성의 인식은 독자적인 책임요소가 된다는 것이다. 위법성의 인식이 없으면 고의에는 영향이 없고 다만 금지착오 문제로서 회피가능성을 기준으로 책임을 조각하거나 감경할 뿐이다.

위법성조각사유의 전제사실의 착오를 어떻게 처리할 것인지에 관하여 엄격책임설과 제한적 책임설로 나뉜다.

가. 엄격책임설

(의의) 행위의 위법성에 관한 모든 착오는 금지착오이다. 위법성조각사유의 전제사실에 대한 착오도 금지착오이다. (비판) 행위정황에 관한 착오인 위법성조각사유의 전제사실에 대한 착오를 규범평가에 관한 착오인 금지착오와 동일시하는 것은 잘못이라는 비판이 있다.

나. 제한적 책임설

위법성조각사유의 존재·한계에 관한 착오는 금지착오에 해당하고, 위법성조각사유의 전제사실에 대한 착오는 그 법적 효과에 있어서 구성요건적 착오와 동일하다고 본다.

	엄격책임설	제한적 책임설
위법성조각사유의 존재·한계에 대한 착오	금지착오	금지착오
위법성조각사유의 전제사실에 대한 착오	금지착오	제3의 착오 (구성요건적 착오 유사)

I 금지착오의 의의

1. 의의

> 제16조(법률의 착오) 자기의 행위가 법령에 의하여 죄가 되지 아니하는 것으로 오인한 행위는 그 오인에 정당한 이유가 있는 때에 한하여 벌하지 아니한다.

(의의) 금지착오(법률의 착오)란 행위자가 행위시에 구성요건적 사실은 인식하였으나 위법성의 인식이 없는 경우를 말한다. (구별개념) 반전된 금지착오란 위법하지 않은 행위를 위법하다고 오인한 경우로서 이는 처음부터 구성요건해당성이 없으므로 불가벌이다(환각범). 예컨대 동성애가 위법하다고 생각한 경우가 이에 해당한다.

2. 종류

금지착오의 종류(태양)를 표로 살펴본다.

		내용	해결
직접적 금지착오	법률의 부지	행위자가 금지규범의 존재를 알지 못함 건축법상 허가대상인 줄 모르고 용도변경함	① 학설: 금지착오 ○ ② 판례: 금지착오 ×
	효력의 착오	행위자가 금지규범의 효력이 없다고 오인함 **ex** 특정 형법규정이 위헌이라 오인함	금지착오 ○
	포섭의 착오	행위자가 금지규범을 너무 좁게 해석하여 자기의 행위가 허용된다고 믿음 **ex** 국립대학 교수에 대해서는 증뢰죄가 성립하지 않는다 믿고 뇌물 공여	금지착오 ○
간접적 금지착오	위법성조각사유 존재에 대한 착오	위법성조각사유가 없음에도 존재한다고 오인함 **ex** 아들에 대한 징계권 있다고 믿고 구타	금지착오 ○
	위법성조각사유 한계에 대한 착오	위법성조각사유의 법적한계를 오인함 **ex** 사인이 현행범을 체포하며 주거침입까지 허용된다 오인함	금지착오 ○
	위법성조각사유 전제사실 착오	위법성조각사유의 전제사실이 존재하지 아니함에도 존재한다고 오인함 **ex** 야간에 우체부를 강도로 오인하고 정당방위 의사로 폭행함	① 학설: 대립 (후술) ② 판례: 위법성 조각 (정당한 이유)

통설은 법률의 부지 역시 금지착오 문제로 해결해야 한다고 본다. 그러나 판례는 단순한 법률의 부지는 금지착오에 해당하지 않는다고 본다.

> **[판례]** 법률의 부지 – 금지착오 ✕
>
> 형법 제16조에서 "자기가 행한 행위가 법령에 의하여 죄가 되지 아니한 것으로 오인한 행위는 그 오인에 정당한 이유가 있는 때에 한하여 벌하지 아니한다."라고 규정하고 있는 것은 단순한 법률의 부지를 말하는 것이 아니고 일반적으로 범죄가 되는 경우이지만 자기의 특수한 경우에는 법령에 의하여 허용된 행위로서 죄가 되지 아니한다고 그릇 인식하고 그와 같이 그릇 인식함에 정당한 이유가 있는 경우에는 벌하지 않는다는 취지이다. (대법원 2005. 9. 29. 선고 2005도4592 판결)
>
> **[판례]** 유흥접객업소의 업주가 경찰당국의 단속대상에서 제외되어 있는 만 18세 이상의 고등학생이 아닌 미성년자는 출입이 허용되는 것으로 알고 있음 – 유죄 (대법원 1985. 4. 9. 선고 85도25 판결) **표준**
>
> **[판례]** 건축법상 허가대상인 줄 모르고 근린생활 건축물을 교회로 용도변경하여 사용 – 유죄 (대법원 1995. 8. 25. 선고 95도1351 판결)

Ⅱ 형법 제16조의 '정당한 이유'

금지착오의 정당한 이유가 인정되는 경우, 고의설에 따르면 고의가 조각되고, 책임설에 따르면 책임이 조각된다. 대법원은 일부 판례에서 고의설에 입각하여 법률의 착오가 고의(범의)를 조각한다고 판시한 바 있으나,[67] 대부분의 판례에서는 '무죄'라고 판단할 뿐 고의·책임 중 구체적으로 어느 것이 조각되는지 명시적으로 밝히지 않는다. '정당한 이유'의 해석에 관한 판례를 살펴본다.

---

67 ① 대법원 1970. 9. 22. 선고 70도1206 판결 – "민사소송법 기타 공법의 해석을 잘못하여 압류물의 효력이 없어진 것으로 착오하였거나 또는 봉인 등을 손상 또는 효력을 해할 권리가 있다고 오신한 경우에는 형벌법규의 부지와 구별되어 범의를 저각한다고 해석할 것이다."
② 대법원 1974. 11. 12. 선고 74도2676 판결 – "주민등록법 17조의 7에 의하여 주민등록지를 공법관계에 있어서의 주소로 볼 것이므로 주민등록지를 이전한 이상 향토예비군설치법 3조 4항 동법시행령 22조 1항 4호에 의하여 대원신고를 하여야하나 이미 주거를 이동하고 같은 주소에 대원신고를 하였던 터이므로 피고인이 재차 동일 주소에 대원신고(주소이동)를 아니하였음이 향토예비군설치법 15조 6항에 말한 정당한 사유가 있다고 오인한데서 나온 행위였다면 이는 법률착오가 범의를 조각하는 경우이다."

1. 판단기준

> **판례** 정당한 이유 – ① 위법가능성에 대한 심사숙고 ② 지적능력을 다하여 회피 위한 진지한 노력
> 정당한 이유가 있는지 여부는 행위자에게 자기 행위의 위법의 가능성에 대해 심사숙고하거나 조회할
> 수 있는 계기가 있어 자신의 지적 능력을 다하여 이를 회피하기 위한 진지한 노력을 다하였더라면 스스
> 로의 행위에 대하여 위법성을 인식할 수 있는 가능성이 있었음에도 이를 다하지 못한 결과 자기 행위의
> 위법성을 인식하지 못한 것인지 여부에 따라 판단하여야 할 것이고, 이러한 위법성의 인식에 필요한
> 노력의 정도는 구체적인 행위정황과 행위자 개인의 인식능력 그리고 행위자가 속한 사회집단에 따라
> 달리 평가되어야 한다. (대법원 2006. 3. 24. 선고 2005도3717 판결) **표준**
>
> **참고** 국회의원이 의정보고서를 발간하는 과정에서 선거법규에 저촉되지 않는다고 오인 – 정당한 이유 ×

2. 판례

> **판례** 피고인이 서울특별시 공문, 피고인 가입의 서울시 식용유협동조합 도봉구 지부의 질의에 대한
> 도봉구청의 질의회신 등의 공문 등을 믿고 행동 – 정당한 이유 ○ (대법원 1983. 2. 22. 선고 81도2763
> 판결) **표준**
>
> **판례** 광역시의회 의원이 선거구민들에게 의정보고서를 배부하기에 앞서 미리 관할 선거관리위원회 소
> 속 공무원들에게 자문을 구하고 그들의 지적에 따라 수정한 의정보고서를 배부 – 정당한 이유 ○ (대법
> 원 2005. 6. 10. 선고 2005도835 판결)
>
> **판례** 허가를 담당하는 공무원이 허가를 요하지 않는다고 잘못 알려 준 것을 믿고 행동 – 정당한 이유
> ○ (대법원 1993. 9. 14. 선고 92도1560 판결, 대법원 1995. 7. 11. 선고 94도1814 판결)
>
> **판례** 국유재산을 대부받아 주유소를 경영하는 자가 건축허가사무 담당 공무원에게 위 국유지상에 건
> 축물을 건축할 수 있는지의 여부를 문의하여, 위 국유재산을 불하받지 못하게 되면 건물을 즉시 철거하
> 겠다는 각서를 제출하면 건축허가가 될 수 있다는 답변을 듣고 건축허가신청서를 제출하여 건축허가까
> 지 받고 건축 – 정당한 이유 ○ (대법원 1993. 10. 12. 선고 93도1888 판결)
>
> **판례** 음반법과 그 시행령에 따르면 '18세 미만 출입금지'라는 표시 부착하라 규정하고 관할부서 역시
> 그에 따라 행정지도하여, 업주가 18세 이상 19세 미만 청소년을 출입시킴 – 정당한 이유 ○ (대법원
> 2002. 5. 17. 선고 2001도4077 판결)
>
> **판례** 가감삼십전대보초와 한약 가지수에만 차이가 있는 십전대보초를 제조하고 그 효능에 관하여 광
> 고를 한 사실에 대하여 이전에 검찰의 혐의없음 결정을 받은 적이 있는 경우, 피고인이 한의사·약사·한약업
> 사 면허나 의약품판매업 허가가 없이 의약품인 가감삼십전대보초를 판매 – 정당한 이유 ○ (대법원
> 1995. 8. 25. 선고 95도717 판결)

비교 숙박업소에서 위성방송수신장치를 이용하여 수신한 외국의 음란한 위성방송프로그램을 투숙객 등에게 제공한 행위(풍속법위반)를 저지른 피고인이 그 이전에 그와 유사한 행위로 '혐의없음' 처분을 받은 전력이 있다거나 일정한 시청차단장치를 설치한 경우 – 정당한 이유 × (대법원 2010. 7. 15. 선고 2008도11679 판결)

판례 활법 종목의 사회체육지도자 자격증을 취득한 후 당국의 인가를 받아 활법원을 설립·운영하고 있는 피고인이 주로 찾아오는 척추질환 등의 환자들로부터 그 용태를 물어 그 증세를 판단하고 이에 따라 척추와 골반, 다리 등에 나타나는 불균형상태를 교정한다 하여 손이나 기타 방법으로 압박하는 등의 시술을 반복 계속 – 정당한 이유 × (대법원 1995. 4. 7. 선고 94도1325 판결)

참고 무면허 의료행위에 해당한다. 활법원 인가에 이러한 무면허 의료행위 인가가 포함되지 않는다.

판례 피고인이 탐정업을 세무서에 사업자등록 신청을 하고 이를 받아 주자 특정인 소재탐지, 사생활 조사 등의 행위를 한 경우 – 정당한 이유 ×

신용조사업법에서 금지하고 있는 특정인의 소재를 탐지하거나 사생활을 조사하는 행위 등을 제외하더라도 탐정업이 하나의 사업으로 존재할 수 있는 것이므로 탐정업이 정부기관에 의하여 하나의 업종으로 취급되고 있다거나 세무서에서 사업자등록을 받아 주었다고 하여 그것이 위 법률에서 금지하는 행위까지를 할 수 있다는 취지는 아님이 분명하고 그렇다면 피고인이 특정인 소재탐지, 사생활조사 등의 행위가 죄가 되지 않는다고 믿은 데에 정당한 이유가 있었다고는 할 수 없다. (대법원 1994. 8. 26. 선고 94도780 판결)

판례 공무원이 법규의 해석을 잘못하여 직무에 관하여 실시한 봉인 등의 표시가 법률상 효력이 없다고 믿고 손상 등의 방법으로 그 효용을 해함 – 정당한 이유 × (대법원 2000. 4. 21. 선고 99도5563 판결)

판례 피고인이 공무원에게 위법 여부를 질의하였으나 관계 공무원이 이에 대한 확실한 답변을 하지 아니한 상황에서 행위 – 정당한 이유 × (대법원 2003. 4. 11. 선고 2003도451 판결)

판례 약 23년 경력 형사계 강력반장이 검사의 수사지휘대로만 하면 모두 적법한 것이라 생각하고 허위공문서 작성 – 정당한 이유 × (대법원 1995. 11. 10. 선고 95도2088 판결)

판례 가처분결정으로 직무집행정지 중에 있던 종단대표자가 변호사의 조언을 듣고 종단소유의 보관금을 소송비용으로 사용 – 정당한 이유 × (대법원 1990. 10. 16. 선고 90도1604 판결)

판례 피고인들이 저작권 침해물 링크 사이트를 운영하기 시작한 이후에, 저작권자의 공중송신권을 침해하는 웹페이지 등으로 링크를 하는 행위만으로는 저작권법위반 방조죄가 성립하지 않는다는 판결이 선고된 경우 – 정당한 이유 ×

피고인들이 이 사건 사이트를 운영하던 도중에 대법원 2015. 3. 12. 선고 2012도13748 판결(저작권법위반 방조 무죄)이 선고되었지만, 이 판결은 대법원 2021. 9. 9. 선고 2017도19025 전원합의체 판결(저작권법위반방조 유죄)로 변경되었다. 법률 위반 행위 중간에 일시적으로 판례에 따라 그 행위가 처벌대상이 되지 않는 것으로 해석되었던 적이 있었다고 하더라도 그것만으로 자신의 행위가 처벌되지 않는 것으로 믿은 데에 정당한 이유가 있다고 할 수 없다. (대법원 2021. 11. 25. 선고 2021도10903 판결)

판례 피고인이 순경 甲에게 몸을 들이밀어 경위 乙로부터 제지받자 화가 나, "왜 미는데 씹할"이라고 욕설하면서 손으로 경위 乙의 몸을 4회 밀침 – 정당한 이유 ×

공무집행방해죄에서 공무집행의 적법성에 관한 피고인의 잘못된 법적 평가로 인하여 자신의 행위가 금지되지 않는다고 오인한 경우에는 그 오인에 정당한 이유가 있는지를 살펴보아야 한다. 이때 피고인의 오인에 정당한 이유가 있는지는 구체적인 행위 정황, 오인에 이르게 된 계기나 원인, 행위자 개인의 인식 능력, 행위자가 속한 사회집단에서 일반적으로 기대되는 오인 회피 노력의 정도와 회피 가능성 등을 고려할 때 피고인이 이러한 오인을 회피할 가능성이 있는지에 따라 판단하여야 한다. (대법원 2024. 7. 25. 선고 2023도16951 판결)

참고 원심은 乙의 행위는 위법하다고 할 수 없으나, 피고인은 경찰관들에게 유형력을 행사할 의도가 없었는데도 乙이 자신의 몸을 밀치자 이를 위법하다고 오인하여 저항한 것이므로, 위법성 조각사유의 전제사실에 대한 착오에 해당하고 그 오인에 정당한 사유가 있다는 이유로 무죄라 판단하였다. 반면, 대법원은 '이 사건에서 위와 같은 행위로 나아가게 된 전제사실 자체에 관하여는 피고인의 인식에 어떠한 착오도 존재하지 않고, 다만 경찰관인 乙의 직무집행의 적법성에 대한 피고인의 주관적인 법적 평가가 잘못되었을 여지가 있을 뿐이다. 그러므로 위법성 조각사유의 전제사실에 대한 착오가 있었다고 보기 어렵다.'고 판시하였다. 이에 덧붙여, '공무집행이 적법한데도 위법하다고 오인한 경우에는 형법 제16조가 적용된다'고 보았다. 즉, 위 사건은 결론은 물론, 쟁점의 주소 자체에 대하여 원심과 대법원의 견해가 엇갈린 사건이다. 이러한 관점의 차이는 직무집행 적법성 요건의 체계적 지위에 관한 학설대립에서 기인한 것으로 보이나, 수험적 관점에선 이상의 내용만 이해하는 것으로 족하다.

Ⅲ 위법성조각사유의 전제사실의 착오

1. 의의

위법성조각사유의 전제사실에 대한 착오란 행위자가 존재하지 않는 위법성조각사유의 전제사실이 존재한다고 오신하고 위법성조각사유에 해당하는 행위를 한 경우를 말한다. 예컨대 야간에 우편배달부를 강도로 오인하고 정당방위 의사로 폭행한 경우가 이에 해당한다.

2. 법적 효과

> 🗨 **쟁점검토: 위법성조각사유의 전제사실의 착오**
>
> **1. 문제**
> 행위자가 존재하지 않는 위법성조각사유의 전제사실이 존재한다고 오신하고 위법성조각사유에 해당하는 행위를 한 경우, 법적 효과가 문제된다.
>
> **2. 학설**
> **가) 고의설:** 위법성의 인식은 고의를 구성하고, 고의는 책임요소이다.
> ① **엄격고의설:** 현실적 위법성 인식이 없으므로 고의(책임)가 조각되고 과실범 성부만 문제된다.
> ② **제한적 고의설:** 착오에 과실이 있으면 고의범이 성립하고 과실이 없으면 고의(책임)가 조각된다.

나) **책임설**: 위법성의 인식은 구성요건적 고의와 분리되는 독자적인 책임요소이다.

　　① **엄격책임설**: 구성요건적 사실 그 자체는 인식했으므로 구성요건적 고의는 조각될 수 없고, 착오로 위법성 인식하지 못했으므로 금지착오의 문제이다. 정당한 이유 없으면 고의범이 성립하고, 정당한 이유 있으면 책임이 조각된다.

　　② **유추적용설(제한적 책임설)**: 위법성조각사유의 객관적 전제사실은 구성요건의 객관적 요소와 유사성이 있으므로 구성요건적 착오 규정인 형법 제13조를 유추적용한다. 따라서 고의가 조각되고 과실범 성부만 문제된다.

　　③ **법효과제한적 책임설(제한적 책임설)**: 객체를 침해한다는 사실에 대한 인식·인용은 있으므로 구성요건적 고의는 조각되지 아니하나, 착오로 인하여 행위자의 심정반가치를 인정할 수 없으므로 책임고의가 조각되어 그 법적 효과에 있어서는 구성요건적 고의가 조각된 것처럼 과실범의 성부만 문제된다.

다) **기타**

　　① **소극적 구성요건표지이론**: 위법성조각사유는 소극적 구성요건표지이므로, 위법성조각사유의 전제사실에 관한 착오는 구성요건적 착오(형법 제13조 문제)로서 불법고의가 조각되고 과실범 성부만 문제된다.

3. **판례**

착오에 정당한 이유가 있으면 위법성을 조각하고 정당한 이유가 없으면 고의범의 성립을 인정하여 독자적인 견해를 취한다.

4. **검토**

위법성조각사유의 전제사실에 대한 착오에서 비난의 핵심은 행위자의 부주의성에 있지 법배반적 심정에 있는 것이 아니라는 점, 행위자에게 고의범으로서의 책임까지 지울 만한 심정반가치를 인정할 수 없다는 점에서 **법효과제한적 책임설**이 타당하다.

판례를 살펴본다.

판례 복싱클럽 코치인 피고인 甲은, 복싱클럽 관장 乙과 복싱클럽 등록을 취소하러 온 피해자 丙 사이에 싸움이 시작되고 丙이 왼손을 주머니에 넣어 휴대용 녹음기를 꺼내어 움켜쥐자 이를 '호신용 작은 칼'로 착각하여 이를 빼앗기 위하여 丙의 왼손을 잡아 쥐고 있는 주먹을 강제로 펴게 하여 요치 4주의 상해를 가함 – 위법성 조각(정당한 이유) ○ (대법원 2023. 11. 2. 선고 2023도10768 판결)

참고 대법원이 '위법성조각사유의 전제사실에 관한 착오' 관련 판례라고 명시하였다.

판례 오상정당행위 – 정당한 이유를 기준으로 위법성 조각

소속 중대장의 당번병이 근무시간중은 물론 근무시간 후에도 밤늦게 까지 수시로 영외에 있는 중대장의 관사에 머물면서 집안일을 도와주고 그 자녀들을 보살피며 중대장 또는 그 처의 심부름을 관사를 떠나서까지 시키는 일을 해오던 중 사건당일 중대장의 지시에 따라 관사를 지키고 있던중 중대장과 함께 외출나간 그 처로부터 24:00경 비가 오고 밤이 늦어 혼자 귀가할 수 없으니 관사로부터 1.5킬로미터 가량 떨어진 지점까지 우산을 들고 마중을 나오라는 연락을 받고 당번병으로서 당연히 해야 할 일로

생각하고 그 지점까지 나가 동인을 마중하여 그 다음날 01:00경 귀가하였다면 위와 같은 당번병의 관사 이탈 행위는 중대장의 직접적인 허가를 받지 아니 하였다 하더라도 당번병으로서의 그 임무범위내에 속하는 일로 오인하고 한 행위로서 그 오인에 정당한 이유가 있어 위법성이 없다고 볼 것이다. (대법원 1986. 10. 28. 선고 86도1406 판결)

05 기대가능성

I 기대가능성의 의의

기대가능성이란 행위시의 구체적 사정으로 보아 행위자가 범죄행위를 하지 않고 적법행위를 할 것을 기대할 수 있는 가능성을 의미한다. 판례는 기대불가능성을 초법규적 책임조각사유로 이해한다.[68]

기대불가능성과 관련된 형법규정을 살펴본다.

	책임조각사유	책임감면·감경사유
총칙	① 강요된 행위(제12조) ② 면책적 과잉방위(제21조 제3항) ③ 과잉피난 (제22조 제3항)	① 과잉방위 (제21조 제2항) ② 과잉피난(제22조 제3항) ③ 과잉자구행위(제23조 제2항)
각칙	친족간 범인은닉·증거인멸 (제151조 제2항, 제155조 제4항)	① 단순도주죄(제145조) 　＜ 도주원조죄(제147조) ② 위조통화취득후지정행사죄(제210조) 　＜ 위조통화행사죄(제207조 제4항)

---

68 대법원 1966. 3. 22. 선고 65도1164 판결

Ⅱ 판단기준

	행위자표준설	평균인표준설 (판례)	국가표준설
내용	행위 당시에 행위자가 처했던 구체적 사정하에서 그의 능력을 표준으로 판단	사회일반의 평균인이 행위자 입장에 있었을 경우를 기준으로 적법행위의 기대가능성 유무를 판단	적법행위를 기대하고 있는 국가가 법질서 내지 현실을 지배하고 있는 국가이념에 따라 판단
비판	행위자별로 책임 여부와 정도가 달라짐	평균인이라는 개념이 불명확함	국가는 항상 국민에게 법질서 준수를 기대하므로 책임이 조각되는 경우가 없어짐

기대가능성에 관한 판례를 살펴본다.

(판례) 기대가능성 판단기준 – 평균인 표준설

기대가능성이 있는지 여부를 판단하기 위해서는, 행위 당시의 구체적 상황하에 행위자 대신에 사회적 평균인을 두고 이 평균인의 관점에서 그 기대가능성 유무를 판단하여야 할 것이다. (대법원 2004. 7. 15. 선고 2004도2965 전원합의체 판결)

(판례) 유죄판결 확정된 피고인이 별건 기소된 공범의 사건에서 위증 – 기대가능성 ○

자신의 강도상해 범행을 일관되게 부인하였으나 유죄판결이 확정된 피고인이 별건으로 기소된 공범의 형사사건에서 자신의 범행사실을 부인하는 증언을 한 사안에서, 피고인에게 사실대로 진술할 기대가능성이 있으므로 위증죄가 성립한다. (대법원 2008. 10. 23. 선고 2005도10101 판결) **표준**

(판례) 직장상사의 업무상 배임에 부하가 가담 – 기대가능성 ○

직장의 상사가 범법행위를 하는데 가담한 부하에게 직무상 지휘·복종관계에 있다 하여 범법행위에 가담하지 않을 기대가능성이 없다고 할 수 없다. (대법원 1999. 7. 23. 선고 99도1911 판결)

(판례) 처자가 생활고로 행방불명되자 탈영(군무이탈) – 기대가능성 ○ (대법원 1969. 12. 23. 선고 69도2084 판결)

(판례) 교수인 피고인 甲이 출제교수들로부터 대학원입학문제를 제출받아 피고인 乙·丙에게 이를 알려주자 乙·丙은 답안 쪽지를 작성한 다음 이를 답안지에 그대로 베껴쓰고 그 정을 모르는 시험감독관에게 제출 – 乙·丙 기대가능성 ○ (대법원 1991. 11. 12. 선고 91도2211 판결)

(비교) 입학시험 응시자가 우연한 기회에 출제될 시험문제를 알게 되어 해답을 암기한 후 그 암기에 따라 입학시험답안을 작성·제출 – 기대가능성 ✕

입학시험에 응시한 수험생으로서, 자기 자신이 부정한 방법으로 탐지한 것이 아니고 우연한 기회에 미리 출제될 시험문제를 알게 되어 그에 대한 답을 암기하였을 경우, 그 암기한 답에 해당된 문제가 출제되었다 하여도 위와 같은 경위로서 암기한 답을 그 입학시험 답안지에 기재하여서는 아니된다는 것을 그 일반 수험자에게 기대한다는 것은 보통의 경우 도저히 불가능하다. (대법원 1966. 3. 22. 선고 65도1164 판결)

해설 위 판례는 계획 부정시험, 비교판례는 우연히 알게 된 답을 기재한 부정시험으로서 사안을 달리한다. 둘 모두 위계에 의한 업무방해가 문제되었다.

판례는 병역법 제88조 제1항의 "정당한 사유"는 (책임조각사유가 아니라) 구성요건해당성을 조각하는 사유라 보았다.

판례 양심적 병역거부 – 병역법 제88조 제1항의 '정당한 사유' 인정되어 무죄
병역법 제88조 제1항은 국방의 의무를 실현하기 위하여 현역입영 또는 소집통지서를 받고도 정당한 사유 없이 이에 응하지 않은 사람을 처벌함으로써 입영기피를 억제하고 병력구성을 확보하기 위한 규정이다. 위 조항에 따르면 정당한 사유가 있는 경우에는 피고인을 벌할 수 없는데, 여기에서 정당한 사유는 구성요건해당성을 조각하는 사유이다. 이는 형법상 위법성조각사유인 정당행위나 책임조각사유인 기대불가능성과는 구별된다. (대법원 2018. 11. 1. 선고 2016도10912 전원합의체 판결)
동지 양심적 예비군거부 – 예비군법 제15조 제9항 제1호의 '정당한 사유' 인정되어 무죄 (대법원 2021. 1. 28. 선고 2018도4708 판결)

Ⅲ 강요된 행위

제12조(강요된 행위) 저항할 수 없는 폭력이나 자기 또는 친족의 생명, 신체에 대한 위해를 방어할 방법이 없는 협박에 의하여 강요된 행위는 벌하지 아니한다.

1. 의의

(의의) 강요된 행위란 저항할 수 없는 폭력이나 자기 또는 친족의 생명, 신체에 대한 위해를 방어할 방법이 없는 협박에 의한 행위를 말한다. 강요된 행위는 적법행위의 기대가능성이 없다는 점을 고려하여 책임조각사유로 규정된 것이다.

2. 요건

① **저항할 수 없는 폭력**이 있어야 한다. 강제적·심리적 폭력은 포함되나 절대적 폭력은 포함되지 않는다. 절대적 폭력에 의한 행위는 애초에 형법상의 행위라고 볼 수 없으므로 구성요건해당성이 조각되기 때문이다. ② **자기 또는 친족의 생명·신체에 대한 위해를 방어할 방법이 없는 협박**이 있어야 한다. ③ **강요된 행위**가 있어야 한다. 이는 폭력·협박과의 사이에 인과관계가 인정되는 행

위로서 구성요건에 해당하는 위법한 행위여야 한다.

행위자의 책임 있는 사유로 강제상태가 야기된 때(자초한 강제상태)에는 적법행위에 대한 기대가 능성이 없었다고 할 수 없어 강요된 행위에 해당하지 않는다.

3. 효과

(피강요자의 책임) 강요된 행위는 책임이 조각된다. (강요자의 책임) ① 강요행위 자체에 대한 강요죄가 성립한다. ② 나아가 행위자를 도구로 이용하였기에 강요한 행위가 범죄라면, 그 범죄의 간접정범이 성립한다.

4. 판례

[판례] 저항할 수 없는 폭력의 의미

형법 제12조 소정의 저항할 수 없는 폭력은, 심리적인 의미에 있어서 육체적으로 어떤 행위를 절대적으로 하지 아니할 수 없게 하는 경우와 윤리적 의미에 있어서 강압된 경우를 말하고, 협박이란 자기 또는 친족의 생명, 신체에 대한 위해를 달리 막을 방법이 없는 협박을 말하며, 강요라 함은 피강요자의 자유스런 의사결정을 하지 못하게 하면서 특정한 행위를 하게 하는 것을 말한다. (대법원 1983. 12. 13. 선고 83도2276 판결)

[판례] 북에 납북된 상태에서 그들 요구대로 강연을 하는 등 북괴의 활동을 찬양·고무하고 정보를 제공한 행위 – 강요된 행위 ○ (대법원 1971. 12. 14. 선고 71도1657 판결)

[판례] 18세 소년이 취직할 수 있다는 감언에 속아 일본으로 건너가 조총련 간부들의 감시 내지 감금하에 강요에 못 이겨 공산주의자가 되어 북한에 갈 것을 서약함 – 강요된 행위 ○ (대법원 1972. 5. 9. 선고 71도1178 판결)

[판례] 납북된 것은 맞으나 이후 북괴로부터 무전기, 난수표, 공작금을 받고 남한에 잠입하여 간첩방조행위를 하면서도 자수하지 않음 – 강요된 행위 × (대법원 1968. 9. 24. 선고 68도841 판결)

[판례] 어떤 사람의 성장교육 과정을 통하여 형성된 내재적인 관념 내지 확신으로 인하여 행위자 스스로의 의사결정이 사실상 강제되는 결과를 낳게 하는 경우 – 강요된 행위 × (대법원 1990. 3. 27. 선고 89도1670 판결) **표준**

[판례] 납북 경험이 있는 자가 다시 월선조업하다 납북하여 간첩방조행위 – 강요된 행위 ×

어로저지선을 넘어 어로의 작업을 하면 북괴구성원에게 납치될 염려가 있으며 만약 납치된다면 대한민국의 각종 정보를 북괴에게 제공하게 된다 함은 일반적으로 예견된다고 하리니 피고인이 그전에 선원으로 월선조업을 하다가 납북되었다가 돌아온 경험이 있는 자로서 월선하자고 상의하여 월선조업을 하다가 납치되어 북괴의 물음에 답하여 제공한 사실을 강요된 행위라 할 수 없다. (대법원 1971. 2. 23. 선고 70도2629 판결)

미수론

01 미수범의 일반이론

I 범죄의 실현단계

1. 범죄결심

범죄결심은 범죄를 실현하려는 의사를 내심에서 확정하는 단계이다. 이는 순수한 심리적 현상에 지나지 않으므로 원칙적으로 형법적 평가의 대상이 아니다.

2. 예비·음모

① 예비는 범죄의사의 실현을 위한 준비행위를 말하고 ② 음모는 2인 이상이 일정한 범죄를 실현하기 위하여 서로 의사를 교환하고 합의하는 것을 말한다. 예비·음모는 법률에 특별한 규정이 있는 경우에 한하여 예외적으로 처벌한다(제28조).

3. 미수

범죄의 실행에 착수하여 행위를 종료하지 못하였거나 결과가 발생하지 아니한 경우를 말한다(제25조 제1항).

4. 기수

실행에 착수한 행위가 구성요건의 모든 표지를 충족시킨 경우를 말한다.

5. 종료

기수 이후에 보호법익에 대한 침해가 실질적으로 끝난 경우를 말한다.

02 장애미수

I 의의

> 제25조(미수범) ① 범죄의 실행에 착수하여 행위를 종료하지 못하였거나 결과가 발생하지 아니한 때에
> 는 미수범으로 처벌한다.
> ② 미수범의 형은 기수범보다 감경할 수 있다.

행위자가 범죄의 실행에 착수하였으나 의외의 장애사유로 인하여 범죄를 완성하지 못한 경우를 말한다. 장애미수가 인정되는 경우, 기수범에 비해서 형을 임의적으로 감경할 수 있다.

II 성립요건

1. 주관적 구성요건

가. 고의

미수범의 경우에도 기수범과 같은 고의가 있어야 한다. 행위자가 처음부터 미수에 그치겠다는 '미수의 고의'는 형법상 고의로 인정되지 않는다.

나. 특별한 주관적 구성요건요소

고의 이외에 특별한 주관적 구성요건요소를 요하는 범죄의 경우, 그 요소도 미수범의 주관적 구성요건요소가 된다. 예컨대 목적·불법영득의사가 이에 속한다.

2. 실행의 착수

실행의 착수란 구성요건을 실현하는 행위를 직접적으로 개시하는 것을 말한다. 실행의 착수는 예비·음모와 미수를 가르는 기준이 된다.

	내용	비판
형식적 객관설	구성요건에 해당하는 정형적인 행위 또는 그 일부행위를 시작한 때에 실행의 착수가 인정됨	① 실행의 착수를 인정하는 시점이 너무 늦음 ② 간접정범의 실행의 착수를 설명하기 곤란함
실질적 객관설	① Frank 공식: 자연적으로 보아 구성요건적 행위와 필연적 결합관계에 있는 구성요건 실현의 전 단계의 행위도 실행의 착수가 인정됨 ② 행위가 보호법익에 대하여 직접적인 위험을 야기시킨 때 또는 법익침해에 밀접한 행위가 있을 때에 실행의 착수가 인정됨	① 기준이 불분명함 ② 행위자의 범죄계획을 도외시함
주관설	행위자의 범죄의사를 기본으로 실행의 착수 시기를 판단하여, 범의의 비약적 표동이 있는 때에 실행의 착수가 인정됨	① 미수를 예비의 단계까지 확장할 우려가 있음 ② 범죄의사를 중시하고 구성요건적 행위정형성을 도외시하여 죄형법정주의에 반할 수 있음
절충설 (다수설)	행위자의 주관적 범죄계획에 비추어 구성요건 실현에 대한 직접적 행위가 있을 때 실행의 착수가 인정됨	

범죄유형별 실행의 착수시기를 정리한다.

	실행의 착수시기
간접정범	이용자의 이용행위시(다수설)
공동정범	공동정범 중 1인이 공동의 범행계획에 따라 실행에 착수한 때
교사범	정범의 실행의 착수
종범	정범의 실행의 착수

3. 범죄의 미완성

장애사유로 인하여 구성요건적 결과가 발생하지 않아야 한다. 결과가 발생한 경우에도 인과관계·객관적 귀속이 부정되면 미수가 된다.

Ⅲ 판례

장애미수와 관련된 판례를 살펴본다.[69]

> **판례** 실행의 착수 일반론
>
> 주거침입죄의 실행의 착수는 주거자, 관리자, 점유자 등의 의사에 반하여 주거나 관리하는 건조물 등에 들어가는 행위, 즉 구성요건의 일부를 실현하는 행위까지 요구하는 것은 아니고 범죄구성요건의 실현에 이르는 현실적 위험성을 포함하는 행위를 개시하는 것으로 족하다. (대법원 2008. 4. 10. 선고 2008도 1464 판결)

> **판례** 절도의 착수시기 – 물색행위시
>
> 절도죄의 실행의 착수시기는 재물에 대한 타인의 사실상의 지배를 침해하는 데에 밀접한 행위를 개시한 때라고 보아야 함 (대법원 1992. 9. 8. 선고 92도1650, 92감도80 판결)

> **판례** 입영대상자가 병역면제처분을 받을 목적으로 병원으로부터 허위의 병사용진단서를 발급받음 – 병역법위반 착수 ×
>
> 병역법 제86조는 "병역의무를 기피하거나 감면받을 목적으로 도망하거나 행방을 감춘 때 또는 신체손 상이나 사위행위를 한 사람은 1년 이상 3년 이하의 징역에 처한다."라고 규정하고 있는데, 여기에서 '사 위행위'라 함은 병역의무를 감면 받을 조건에 해당하지 않거나 그러한 신체적 상태가 아님에도 불구하 고 병무행정당국을 기망하여 병역의무를 감면 받으려고 시도하는 행위를 가리키는 것이므로, 다른 행위 태양인 도망·잠적 또는 신체손상에 상응할 정도로 병역의무의 이행을 면탈하고 병무행정의 적정성을 침해할 직접적인 위험이 있는 단계에 이르렀을 때에 비로소 사위행위의 실행을 한 것이라고 보아야 할 것이다. (대법원 2005. 9. 28. 선고 2005도3065 판결)

> **판례** 은행강도 범행으로 강취할 돈을 송금받을 계좌를 개설 – 범죄수익은닉죄 착수 ×
>
> 범죄수익은닉의 규제 및 처벌 등에 관한 법률 제3조 제1항 제3호에서 정한 범죄수익 등의 은닉에 관한 죄의 미수범으로 처벌하려면 그 실행에 착수한 것으로 인정되어야 하고, 위와 같은 은닉행위의 실행에 착수하는 것은 범죄수익 등이 생겼을 때 비로소 가능하므로, 아직 범죄수익 등이 생기지 않은 상태에서 는 범죄수익 등의 은닉에 관한 죄의 실행에 착수하였다고 인정하기 어렵다. (대법원 2007. 1. 11. 선고 2006도5288 판결)

> **판례** 필로폰 구해달라는 부탁과 함께 대금 지급받음 – 필로폰 매매행위 착수 ×
>
> 필로폰을 매수하려는 자에게서 필로폰을 구해 달라는 부탁과 함께 돈을 지급받았다고 하더라도, 당시 필로폰을 소지 또는 입수한 상태에 있었거나 그것이 가능하였다는 등 매매행위에 근접·밀착한 상태에

---

69 이곳에서는 ① 장애미수의 개념과 관련된 판례 ② 형법각론에서 다루지 않는 죄의 미수에 관한 판례를 위주로 살펴본다. 나머지는 형법각론의 각 죄 부분에서 살펴보기로 한다.

서 대금을 지급받은 것이 아니라 단순히 필로폰을 구해 달라는 부탁과 함께 대금 명목으로 돈을 지급받은 것에 불과한 경우에는 필로폰 매매행위의 실행의 착수에 이른 것이라고 볼 수 없다. (대법원 2015. 3. 20. 선고 2014도16920 판결)

03 중지미수

Ⅰ 의의

> 제26조(중지범) 범인이 실행에 착수한 행위를 자의(自意)로 중지하거나 그 행위로 인한 결과의 발생을 자의로 방지한 경우에는 형을 감경하거나 면제한다.

중지미수란 범죄의 실행에 착수한 자가 그 범죄가 완성되기 전에 자의로 실행행위를 중지하거나 실행행위로 인한 결과의 발생을 방지한 경우를 말한다. 중지미수가 인정되는 경우, 기수범에 대하여 필요적으로 감면한다.

Ⅱ 성립요건

1. 주관적 요건

가. 일반적 주관적 요건

장애미수와 마찬가지로 ① 기수의 고의 ② 특별한 주관적 구성요건요소가 필요하다.

나. 특수한 주관적 요건: 자의성

1) 학설

	내용
객관설	내부적 동기로 범죄를 완성하지 못하면 중지미수, 외부적 사정으로 범죄를 완성하지 못하면 장애미수

	내용
Frank 공식	할 수 있었음에도 불구하고 하기를 원하지 않아서 중지한 경우 중지미수, 하려고 하였지만 할 수가 없어서 중지한 경우 장애미수
주관설	윤리적 동기에 의하여 중지한 경우 중지미수 그 이외의 사유로 중지한 경우 장애미수
규범설	중지의 동기가 필요적 감면의 보상을 받을 만한 가치가 있는 경우 중지미수, 그렇지 않으면 장애미수
절충설 (다수설)	사회일반 경험상 강제적 장애사유가 없음에도 자율적 동기로 중지하면 중지미수 사회일반 경험상 강제적 장애사유로 인하여 타율적 중지하면 장애미수

2) 판례

판례는 절충설을 따른다.

> **판례** 자의성 – 일반 사회통념상 범죄를 완수함에 장애가 되는 사정에 의한 것이 아닌 중지
> 범죄의 실행행위에 착수하고 그 범죄가 완수되기 전에 자기의 자유로운 의사에 따라 범죄의 실행행위를
> 중지한 경우에 그 중지가 일반 사회통념상 범죄를 완수함에 장애가 되는 사정에 의한 것이 아니라면
> 이는 중지미수에 해당한다. (대법원 1999. 4. 13. 선고 99도640 판결)

3) 자의성 판단의 기초

중지미수는 인적 감면사유이므로 자의성의 판단은 객관적·외부적 사실을 기준으로 판단하는 것
이 아니라 행위자가 주관적으로 인식한 사실을 기초로 판단한다. 따라서 ① 객관적으로 장애가 있
었으나 이를 모르고 중지한 경우, 자의성이 인정된다. ② 객관적으로 장애가 없었으나 장애가 있다
고 오인하고 중지한 경우, 자의성이 부정된다.

2. 객관적 요건

가. 실행의 착수

실행의 착수가 있어야 성립할 수 있다.

나. 실행의 중지·결과의 방지

1) 실행의 중지(착수미수의 중지)

착수미수의 중지란, 행위자가 실행에 착수하였으나 실행행위를 종료하지 못한 경우를 말한다.

① 실행행위의 중지와 ② 결과의 불발생이 있어야 인정된다.

2) 결과발생의 방지(실행미수의 방지)

실행미수의 방지란, 행위자가 실행에 착수하여 실행행위를 종료하였으나 결과가 발생하지 아니한 경우를 말한다. ① 결과발생의 방지와 ② 결과의 불발생과 ③ 둘 사이에 인과관계가 있어야 한다. 행위자가 결과방지를 위한 노력을 하였음에도 불구하고 결과가 발생한 경우에는 범죄가 이미 기수에 이른 것이므로 중지미수가 인정될 수 없다.

Ⅲ 판례

중지미수에 관한 판례를 살펴본다.

> **판례** 강간 착수하였는데 피해자가 '친해지면 응해주겠다'고 하자 중지함 – 중지미수 ○
> 피고인이 피해자를 강간하려다가 피해자의 다음 번에 만나 친해지면 응해 주겠다는 취지의 간곡한 부탁으로 인하여 그 목적을 이루지 못한 후 피해자를 자신의 차에 태워 집에까지 데려다 주었다면 피고인은 자의로 피해자에 대한 강간행위를 중지한 것이고 피해자의 다음에 만나 친해지면 응해 주겠다는 취지의 간곡한 부탁은 사회통념상 범죄실행에 대한 장애라고 여겨지지는 아니하므로 피고인의 행위는 중지미수에 해당한다. (대법원 1993. 10. 12. 선고 93도1851 판결)

> **비교** 강간하려고 음부를 만지는데 피해자가 '수술해 배가 아프다' 애원하자 중단 – 중지미수 × (장애미수 ○)
> 피고인 갑, 을, 병이 강도행위를 하던 중 피고인 갑, 을은 피해자를 강간하려고 작은 방으로 끌고가 팬티를 강제로 벗기고 음부를 만지던 중 피해자가 수술한 지 얼마 안 되어 배가 아프다면서 애원하는 바람에 그 뜻을 이루지 못하였다면, 강도행위의 계속 중 이미 공포상태에 빠진 피해자를 강간하려고 한 이상 강간의 실행에 착수한 것이고, 피고인들이 간음행위를 중단한 것은 피해자를 불쌍히 여겨서가 아니라 피해자의 신체조건상 강간을 하기에 지장이 있다고 본 데에 기인한 것이므로, 이는 일반의 경험상 강간행위를 수행함에 장애가 되는 외부적 사정에 의하여 범행을 중지한 것에 지나지 않는 것으로서 중지범의 요건인 자의성을 결여하였다. (대법원 1992. 7. 28. 선고 92도917 판결)

> **비교** ① 강간하려는데 피해자 어린 딸이 울어 도주한 경우 ② 강간하려는데 피해자가 '곧 남편 돌아온다' 말하여 도주한 경우 – 중지미수 × (장애미수 ○) (대법원 1993. 4. 13. 선고 93도347 판결)

> **판례** 살해하려 칼로 찔렀는데 피가 흘러나오자 겁먹고 중지함 – 중지미수 × (장애미수 ○)
> 피고인이 피해자를 살해하려고 그의 목 부위와 왼쪽 가슴 부위를 칼로 수 회 찔렀으나 피해자의 가슴 부위에서 많은 피가 흘러나오는 것을 발견하고 겁을 먹고 그만 두는 바람에 미수에 그친 것이라면, 위와 같은 경우 많은 피가 흘러나오는 것에 놀라거나 두려움을 느끼는 것은 일반 사회통념상 범죄를 완수함에 장애가 되는 사정에 해당한다고 보아야 할 것이므로, 이를 자의에 의한 중지미수라고 볼 수 없다. (대법원 1999. 4. 13. 선고 99도640 판결)

참고 살인미수(장애미수)가 인정되었다.

판례 방화 후 불길이 치솟는 것을 보고 겁이 나서 불을 끔 - 중지미수 × (장애미수 ○)

치솟는 불길에 놀라거나 자신의 신체안전에 대한 위해 또는 범행 발각시의 처벌 등에 두려움을 느끼는 것은 일반 사회통념상 범죄를 완수함에 장애가 되는 사정에 해당한다고 보아야 할 것이므로, 이를 자의에 의한 중지미수라고는 볼 수 없다. (대법원 1997. 6. 13. 선고 97도957 판결)

판례 밀수범죄 착수하였는데 범행 당일 세관직원들이 잠복근무 하는 것을 보고 중지 - 중지미수 × (장애미수 ○) (대법원 1986. 1. 21. 선고 85도2339 판결)

판례 피고인이 甲에게 위조한 예금통장 사본 등을 보여주면서 외국회사에서 투자금을 받았다고 거짓말하며 자금 대여를 요청하였으나(사기죄 착수), 甲과 함께 그 입금 여부를 확인하기 위해 은행에 가던 중 은행 입구에서 차용을 포기하고 돌아감 - 중지미수 × (장애미수 ○) (대법원 2011. 11. 10. 선고 2011도10539 판결)

이어서 기수에 이르러 중지미수가 인정되지 않은 판례를 살펴본다.

판례 타인의 재물을 공유하는 자가 공유대지를 담보로 제공하고 가등기를 경료하였는데 그 후 가등기를 말소함 - 횡령 중지미수 × (기수 ○) (대법원 1978. 11. 28. 선고 78도2175 판결)

판례 피고인이 대마 2상자를 사가지고 돌아오다 '이 장사를 다시 하게 되면 내 인생을 망치게 된다'는 생각이 들어 이를 불태움 - 대마매매 중지미수 × (기수 ○) (대법원 1983. 12. 27. 선고 83도2629, 83감도446 판결)

Ⅳ 관련문제

1. 예비의 중지

예비의 중지란 이미 예비행위를 한 자가 예비행위를 자의로 중지하거나 실행의 착수를 포기하는 것을 말한다. 중지미수 규정을 예비에 대하여도 준용할 수 있는지가 문제된다.

① **부정설**은 중지미수는 실행의 착수 이후의 개념이므로 예비·음모에 대해서는 준용할 수 없다고 본다. ② **긍정설**은 형의 불균형을 시정하기 위하여 준용하여야 한다고 본다. **판례**는 **부정설**을 취한다.

> **판례** 예비의 중지 – 중지미수 규정 적용 ×
>
> 중지범은 범죄의 실행에 착수한 후 자의로 그 행위를 중지한 때를 말하는 것이고 실행의 착수가 있기 전인 예비음모의 행위를 처벌하는 경우에 있어서 중지범의 관념은 이를 인정할 수 없다. (대법원 1999. 4. 9. 선고 99도424 판결)

2. 공범과 중지미수

① '공모관계의 이탈'과 ② '공범과 중지미수'를 구별해야 한다. ① 공범 중 1인이 실행의 착수에 이르기 전에 이탈한 경우 '공모관계의 이탈'이 문제된다. ② 이에 반해 공범 중 1인이 실행의 착수에 이른 후 이탈한 경우 '공범과 중지미수'가 문제된다. 이하 ② '공범과 중지미수'를 논한다(① '공모관계의 이탈'은 공동정범 부분에서 다룬다).

(요건) 중지미수가 인정되기 위해서는 다른 공범 전원의 실행행위를 중지시키거나 모든 결과의 발생을 방지하여야 한다. 만일 실행의 착수 이후 자신의 행위는 중지하였으나 다른 공범이 기수로 나아간 경우, 공범 모두는 기수의 죄책을 진다.

(효과) 위 요건을 충족하여 중지미수가 인정되는 경우, 그 효과는 자의로 중지한 자에게만 미치므로, 자의로 중지한 자는 중지미수가 되지만 나머지 공범은 장애미수가 된다.

> **판례** 절도의 공범인 피고인이 가책을 느낀 나머지 스스로 결의를 바꾸어 피해자에게 다른 공범의 침입사실을 알려 그와 함께 다른 공범을 체포한 경우 – 중지미수 ○ (대법원 1986. 3. 11. 선고 85도2831 판결)
>
> **판례** 피고인과 甲이 합동하여 피해자를 강간하기로 하고 피고인이 망을 보는 사이 甲이 먼저 강간한 후, 이어 피고인이 강간하려다가 피해자의 반항과 사정에 강간을 하지 않은 경우 – 중지미수 × (기수 ○)
>
> 다른 공범의 범행을 중지하게 하지 아니한 이상 자기만의 범의를 철회, 포기하여도 중지미수로는 인정될 수 없다. 위 甲이 피고인과의 공모하에 강간행위에 나아간 이상 비록 피고인이 강간행위에 나아가지 않았다 하더라도 중지미수에 해당하지는 않는다고 할 것이다. (대법원 2005. 2. 25. 선고 2004도8259 판결)
>
> **판례** 甲은 乙·丙이 야간에 합동하여 강도할 때 망을 보기로 공모함. 甲은 乙·丙이 피해자 집에 침입한 후 담배를 사기 위해 현장을 떠나 망을 보지 않음. 乙·丙은 강도범행 중 피해자들에게 상해까지 가함 – 甲 중지미수 × (기수 ○)
>
> 행위자 상호간에 범죄의 실행을 공모하였다면 다른 공모자가 이미 실행에 착수한 이후에는 그 공모관계에서 이탈하였다고 하더라도 공동정범의 책임을 면할 수 없는 것이므로 피고인 등이 금품을 강취할 것을 공모하고 피고인은 집 밖에서 망을 보기로 하였으나, 다른 공모자들이 피해자의 집에 침입한 후 담배

를 사기 위해서 망을 보지 않았다고 하더라도, 피고인은 판시 강도상해죄의 공동정범의 죄책을 면할 수가 없다. (대법원 1984. 1. 31. 선고 83도2941 판결)

해설 야간에 이루어지는 합동강도의 실행의 착수시기는 주거침입을 기준으로 판단한다. 이미 공범들이 실행에 착수한 이상 공모관계의 이탈은 인정되지 않고 다만 중지미수가 문제된다. 사건의 경우, 공범들이 중지하지 않은 이상, 甲은 공범들이 저지른 범죄에 대한 죄책을 진다. 甲에게 강도상해죄가 인정된다.

판례 포괄일죄의 범행 일부를 실행한 후 이탈하였으나 나머지 공동정범들이 범행을 계속 범한 경우 – 포괄일죄 전체에 대한 책임 ○

피고인이 포괄일죄의 관계에 있는 범행의 일부를 실행한 후 공범관계에서 이탈하였으나 다른 공범자에 의하여 나머지 범행이 이루어진 경우, 피고인이 관여하지 않은 부분에 대하여도 죄책을 부담한다. (대법원 2011. 1. 13. 선고 2010도9927 판결, 대법원 2002. 8. 27. 선고 2001도513 판결)

참고 ① 2010도9927은 구 증권거래법상 금지된 시세조정행위(주가조작)를 일부 실행한 후 이탈한 사안, ② 2001도513은 단계사기를 일부 실행한 후 이탈한 사안이다. 두 사안 모두 나머지 공동정범의 범행을 중지시키지 않았으므로, 전체 범행에 대한 공동정범의 죄책을 진다.

04 불능미수

I 의의

> **제27조(불능범)** 실행의 수단 또는 대상의 착오로 인하여 결과의 발생이 불가능하더라도 위험성이 있는 때에는 처벌한다. 단, 형을 감경 또는 면제할 수 있다.

불능미수란 행위자가 의도한 결과의 발생은 사실상 불가능하지만 위험성이 인정되어 미수범으로 처벌되는 경우를 말한다.[70] 객관적으로 결과발생이 불가능함에도 행위자는 결과발생이 가능하다고 오인한 것으로서 반전된 구성요건적 착오에 해당한다. 불능미수가 인정되는 경우, 형을 감경 또는 면제할 수 있다.

---

70 용어를 정리한다. ① '불능미수'는 결과발생이 불가능하나 위험성이 있는 행위로서 처벌대상이 된다. 반면에 ② '불능범'은 결과발생이 불가능하고 위험성도 없는 행위로서 불가벌이다. 판례에서 '불능범'이라 함은 무죄란 뜻이다.

Ⅱ 성립요건

1. 주관적 요건

장애미수와 마찬가지로 ① 기수의 고의 ② 특별한 주관적 구성요건요소가 필요하다.

2. 객관적 요건

가. 실행의 착수

실행의 착수가 있어야 성립할 수 있다.

나. 결과발생의 불가능

(의의) 불능미수는 실행의 수단의 착오 또는 대상의 착오로 인하여 결과의 발생이 불가능할 것을 요한다. **(수단의 착오)** 수단의 착오란 수단의 불가능성을 의미한다. 이는 구성요건적 착오의 방법의 착오와 구별된다. **(대상의 착오)** 대상의 착오란 객체의 불가능성을 의미하며 그 원인은 사실상 불가능한 경우와 법률상 불가능한 경우를 모두 포함한다. 이는 구성요건적 착오에서의 객체의 착오, 즉 행위객체의 동일성에 대한 착오와 구별된다.

다. 위험성

위험성 판단기준을 아래 표로 정리한다.

	위험성판단의 기초	판단자	판단기준
구 객관설	행위 당시 사정	일반인	절대적 불능 – 불능범 상대적 불능 – 불능미수
구체적 위험설 (신 객관설)	행위자 및 일반인 인식사정	일반인	위험성 ○ – 불능미수 위험성 × – 불능범
추상적 위험설	행위자 인식사정	일반인	위험성 ○ – 불능미수 위험성 × – 불능범
주관설	행위자 인식사정	행위자	위험성 ○ – 불능미수 위험성 × – 불능범

판례는 구 객관설과 추상적 위험설 사이에서 일관되지 않다.

> **판례** 판례상 '위험성' – 구 객관설
> 불능범은 범죄행위의 성질상 결과발생의 위험이 절대로 불능한 경우를 말하는 것이다. (대법원 1985. 3. 26. 선고 85도206 판결)

> **판례** 판례상 '위험성' – 추상적 위험설
> 불능범의 판단기준으로서 위험성 판단은 피고인이 행위 당시에 인식한 사정을 놓고 이것이 객관적으로 일반인의 판단으로 보아 결과발생의 가능성이 있느냐를 따져야 한다. (대법원 1978. 3. 28. 선고 77도4049 판결)

Ⅲ 판례

위험성이 긍정되어 불능미수가 인정된 사례를 살펴본다.

> **판례** 일정량 이상을 먹으면 사람이 죽을 수도 있는 '초우뿌리'나 '부자' 달인 물을 마시게 하여 피해자를 살해하려다 미수에 그침 – 위험성 ○ (대법원 2007. 7. 26. 선고 2007도3687 판결)

> **판례** 속칭 "히로뽕" 제조를 위해 그 원료인 염산에 페트린 및 수종의 약품을 교반하여 "히로뽕" 제조를 시도하였으나 그 약품배합미숙으로 그 완제품을 제조하지 못함 – 위험성 ○ (대법원 1985. 3. 26. 선고 85도206 판결)

> **판례** 피고인이 향정신성의약품을 매수하려 하였으나 매도인이 소금을 교부함으로써 미수에 그침 – 위험성 ○ (향정신성의약품매매의 불능미수 ○) (대법원 1998. 10. 23 선고 98도2313 판결)

> **판례** 권총에 총알을 충전하여 발사하였으나 탄자가 불량하여 불발 – 위험성 ○ (대법원 1954. 1. 30. 선고 4286형상103 판결)

> **판례** 피해자를 살해하라면서 공범에게 치사량의 농약이 든 병을 주고, 또 피해자 소유의 승용차의 브레이크호스를 잘라 제동기능을 상실시켜 피해자가 차를 운전하다가 인도에 부딪치게 함 – 위험성 ○
> 피고인이 원심 상피고인에게 피해자를 살해하라고 하면서 준 원비 – 디 병에 성인 남자를 죽게 하기에 족한 용량의 농약이 들어 있었고, 또 피고인이 피해자 소유 승용차의 브레이크호스를 잘라 브레이크액을 유출시켜 주된 제동기능을 완전히 상실시킴으로써 그 때문에 피해자가 그 자동차를 몰고 가다가 반대차선의 자동차와의 충돌을 피하기 위하여 브레이크 페달을 밟았으나 전혀 제동이 되지 아니하여 사이드브레이크를 잡아 당김과 동시에 인도에 부딪치게 함으로써 겨우 위기를 모면하였다면 피고인의 위 행위는 어느 것이나 사망의 결과발생에 대한 위험성을 배제할 수 없다 할 것이므로 각 살인미수죄를 구성한다. (대법원 1990. 7. 24. 선고 90도1149 판결)

위험성이 부정되어 불능미수가 성립되지 않은 사례를 살펴본다.

판례 소송비용을 편취할 의사로 소송비용의 지급을 구하는 손해배상청구의 소를 제기 – 위험성(사기미수죄) ×

민사소송법상 소송비용의 청구는 소송비용액 확정절차에 의하도록 규정하고 있으므로, 위 절차에 의하지 아니하고 손해배상금 청구의 소 등으로 소송비용의 지급을 구하는 것은 소의 이익이 없는 부적법한 소로서 허용될 수 없다고 할 것이다. 따라서 소송비용을 편취할 의사로 소송비용의 지급을 구하는 손해배상청구의 소를 제기하였다고 하더라도 이는 객관적으로 소송비용의 청구방법에 관한 법률적 지식을 가진 일반인의 판단으로 보아 결과 발생의 가능성이 없어 위험성이 인정되지 않는다고 할 것이다. (대법원 2005. 12. 8. 선고 2005도8105 판결) 표준

판례 사망한 자를 상대로 제소한 경우 – 위험성(사기미수죄) ×

소송사기에 있어서 피기망자인 법원의 재판은 피해자의 처분행위에 갈음하는 내용과 효력이 있는 것이어야 하고, 그렇지 아니하는 경우에는 착오에 의한 재물의 교부행위가 있다고 할 수 없어서 사기죄는 성립되지 아니한다고 할 것이므로, 피고인의 제소가 사망한 자를 상대로 한 것이라면 이와 같은 사망한 자에 대한 판결은 그 내용에 따른 효력이 생기지 아니하여 상속인에게 그 효력이 미치지 아니하고 따라서 사기죄를 구성한다고 할 수 없다. (대법원 2002. 1. 11. 선고 2000도1881 판결) 표준

원심은 불능미수를 인정하였으나 대법원은 실행의 착수를 부정하여 무죄를 선고한 사건을 살펴본다.

판례 피고인과 甲은 필로폰이 용해되어 있는 워터볼 장난감을 국제우편으로 반입한 후 이를 용해하여 판매하기로 공모하였고, 피고인은 베트남에 거주하는 甲에게 국제우편을 받을 주소를 알려주었고, 甲이 보낸 워터볼을 받아보았으나 필로폰이 들어있지 않았음 – 필로폰 수입죄 착수 ×

향정신성의약품 수입행위로 인한 위해 발생의 위험은 향정신성의약품의 양륙 또는 지상반입에 의하여 발생하고 그 의약품을 선박이나 항공기로부터 양륙 또는 지상에 반입함으로써 기수에 달한다. 이 사건과 같이 국제우편 등을 통하여 향정신성의약품을 수입하는 경우에는 국내에 거주하는 사람이 수신인으로 명시되어 발신국의 우체국 등에 향정신성의약품이 들어 있는 우편물을 제출할 때에 범죄의 실행에 착수하였다고 볼 수 있다. 따라서 피고인이 공소외인에게 필로폰을 받을 국내 주소를 알려주었다고 하더라도 공소외인이 필로폰이 들어 있는 우편물을 발신국의 우체국 등에 제출하였다는 사실이 밝혀지지 않은 이상 피고인 등의 이러한 행위는 향정신성의약품 수입의 예비행위라고 볼 수 있을지언정 이를 가지고 향정신성의약품 수입행위의 실행에 착수하였다고 할 수는 없다. (대법원 2019. 5. 16. 선고 2019도97 판결)

해설 불능미수 역시 실행의 착수를 전제한 개념이다. 아래 표로 원심과 대법원의 입장을 정리한다.

	수신인이 주소 알려줌 (이 사건)	발신인이 우편물 제출함	선박·항공기로부터 양륙·지상반입
원심	착수 (+ 위험성 ○) → 불능미수 ○		
대법원	예비→불가벌	착수	기수

판례는 불능미수와 장애미수를 구별하여 판단한다.

판례 불능미수와 장애미수의 구별

피고인이 피해자를 독살하려 하였으나 동인이 토함으로써 그 목적을 이루지 못한 경우에는 피고인이 사용한 독의 양이 치사량 미달이어서 결과발생이 불가능한 경우도 있을 것이고, 한편 형법은 장애미수와 불능미수를 구별하여 처벌하고 있으므로 원심으로서는 이 사건 독약의 치사량을 좀더 심리하여 피고인의 소위가 위 미수중 어느 경우에 해당하는지 가렸어야 할 것이다. (대법원 1984. 2. 14. 선고 83도2967 판결) **표준**

해설 치사량에 미달하는 독약으로 살인을 시도한 사건이다. 원심은 만연히 장애미수라 판단하였는데, 대법원은 독약의 치사량 미달 여부를 자세히 심리하여, 치사량에 현저히 미달하는 경우에는 장애미수가 아니라 불능미수로 판단했어야 한다는 취지로 원심을 파기하였다. 즉, 결과발생 가능성을 배제할 수 없는 경우에는 장애미수가 성립하고, 결과발생 가능성이 배제되나 위험성이 인정되는 경우에는 불능미수가 성립하므로 둘은 엄격히 영역을 달리한다는 취지이다.

---

05 예비죄

Ⅰ 의의

제28조(음모, 예비) 범죄의 음모 또는 예비행위가 실행의 착수에 이르지 아니한 때에는 법률에 특별한 규정이 없는 한 벌하지 아니한다.

(의의) ① 예비는 범죄의사의 실현을 위한 준비행위를 말하고 ② 음모는 2인 이상이 일정한 범죄를 실현하기 위하여 서로 의사를 교환하고 합의하는 것을 말한다. 예비·음모는 법률에 특별한 규

정이 있는 경우에 한하여 예외적으로 처벌한다(제28조).[71]

(법적 성격) 예비죄는 효과적인 법익보호가 필요한 경우에 미수 이전의 단계까지 구성요건을 확장한 기본범죄의 수정적 구성요건이다(발현형태설, 판례[72]).

Ⅱ 성립요건

1. 주관적 요건

① **(예비의 고의)** 예비죄는 고의범이므로 예비죄가 성립하기 위하여는 고의가 있어야 하며, 과실에 의한 예비는 예비죄로 처벌할 수 없다. ② **(목적범)** 예비죄는 목적범이므로 고의 이외에 기본범죄를 범할 목적을 요한다.

2. 객관적 요건

예비행위는 범죄실현을 위한 외부적 준비행위일 것을 요한다. 단순한 범죄계획, 내심적 준비, 범죄의사의 표시는 이에 속하지 않는다. 예비는 물적 예비 뿐만 아니라 인적 예비까지 포함한다.

Ⅲ 판례

관련 판례를 살펴본다.

> **판례** 예비는 범죄 실현에 실질적으로 기여할 수 있는 외적행위를 필요로 함
> 살인예비죄가 성립하기 위하여는 형법 제255조에서 명문으로 요구하는 살인죄를 범할 목적 외에도 살인의 준비에 관한 고의가 있어야 하며, 나아가 실행의 착수까지에는 이르지 아니하는 살인죄의 실현을 위한 준비행위가 있어야 한다. 여기서의 준비행위는 물적인 것에 한정되지 아니하며 특별한 정형이 있는 것도 아니지만, 단순히 범행의 의사 또는 계획만으로는 그것이 있다고 할 수 없고 객관적으로 보아서 살인죄의 실현에 실질적으로 기여할 수 있는 외적 행위를 필요로 한다. (대법원 2009. 10. 29. 선고 2009도7150 판결) **표준**

---

71 예비·음모를 처벌하는 주요 범죄 중 수험적으로 의미가 있는 것은 다음과 같다. ① 살인죄 ② 강도죄 ③ 강간죄 ④ 각종 약취·유인죄와 인신매매죄 ⑤ 현주건조물방화죄 등 ⑥ 통화위조죄 ⑦ 유가증권위조죄 ⑧ 내란죄
72 대법원 1976. 5. 25. 선고 75도1549 판결

참고 甲이 乙을 살해하기 위하여 丙, 丁 등을 고용하면서 그들에게 대가의 지급을 약속 – 살인예비죄 ○

판례 음모는 범죄합의에 실질적인 위험성이 인정될 때에 비로소 인정됨

형법상 음모죄가 성립하는 경우의 음모란 2인 이상의 자 사이에 성립한 범죄실행의 합의를 말하는 것으로, 범죄실행의 합의가 있다고 하기 위하여는 단순히 범죄결심을 외부에 표시·전달하는 것만으로는 부족하고, 객관적으로 보아 특정한 범죄의 실행을 위한 준비행위라는 것이 명백히 인식되고, 그 합의에 실질적인 위험성이 인정될 때에 비로소 음모죄가 성립한다. (대법원 1999. 11. 12. 선고 99도3801 판결)

참고 甲·乙이 수 회에 걸쳐 '총을 훔쳐 전역 후 은행이나 현금수송차량을 털어 한탕 하자'는 말을 나눈 정도 – 강도음모죄 ×

판례 강도에 쓸 흉기를 휴대하고 통행인의 출현을 대기하는 경우 – 강도예비죄 ○ (대법원 1948. 8. 17. 선고 4281형상80 판결)

판례 피고인이 행사할 목적으로 미리 준비한 물건들과 옵세트인쇄기를 사용하여 한국은행권 100원권을 사진찍어 그 필름 원판 7매와 이를 확대하여 현상한 인화지 7매를 만듦 – 통화위조예비죄 ○

아직 통화위조의 착수에는 이르지 아니하였고, 그 예비단계에 불과하다고 봄이 상당하다. (대법원 1966. 12. 6. 선고 66도1317 판결) **표준**

비교 종량제 쓰레기봉투에 인쇄할 시장 명의의 문안이 새겨진 필름을 제조 – 무죄

아직 위 시장 명의의 공문서인 종량제 쓰레기봉투를 위조하는 범행의 실행의 착수에 이르지 아니한 것으로서 그 준비단계에 불과한 것으로 보아 무죄를 선고한 원심판결을 수긍한 사례 (대법원 2007. 2. 23. 선고 2005도7430 판결)

해설 통화위조는 예비·음모를 처벌하지만, 공문서위조는 예비·음모를 처벌하지 않는다.

판례 살인에 사용하기 위한 흉기를 준비하였으나 그 흉기로서 살해할 대상자가 확정되지 않음 – 살인예비죄 × (대법원 1959. 9. 1. 선고 4292형상387 판결)

판례 일본으로 밀항하고자 도하비로 일화 100만엔을 주기로 약속하였으나 이후 밀항을 포기함 – 밀항음모죄 × (대법원 1986. 6. 24. 선고 86도437 판결)

Ⅳ 관련문제

1. 예비죄의 공범

(예비죄의 공동정범) 2인 이상이 공동하여 기본범죄를 실현하고자 하였으나 가벌적 예비행위에 그친 경우, 예비죄의 공동정범이 성립한다.

(예비죄의 교사범) "형법은 예비죄의 교사범을 효과없는 교사의 일종으로서 음모·예비에 준하여 처벌하는 특별규정을 둔다(제31조 제2항[73])"고 보는 유력한 견해가 있다.[74]

(예비죄의 종범) 형법은 예비죄의 종범에 관하여 따로 규정을 두지 아니한다. 판례는 예비죄의 종범을 부정한다.

판례 예비죄의 종범 ×

형법 32조 1항 소정 타인의 범죄란 정범이 범죄의 실현에 착수한 경우를 말하는 것이므로 종범이 처벌되기 위하여는 정범의 실행의 착수가 있는 경우에만 가능하고 형법 전체의 정신에 비추어 정범이 실행의 착수에 이르지 아니한 예비의 단계에 그친 경우에는 이에 가공하는 행위가 예비의 공동정범이 되는 경우를 제외하고는 종범의 성립을 부정하고 있다고 보는 것이 타당하다. (대법원 1976. 5. 25. 선고 75도 1549 판결) **표준**

---

2. 예비죄의 미수

예비는 실행의 착수 전 단계이므로 예비죄의 미수는 성립할 수 없다.

---

73 **형법 제31조(교사범)** ②교사를 받은 자가 범죄의 실행을 승낙하고 실행의 착수에 이르지 아니한 때에는 교사자와 피교사자를 음모 또는 예비에 준하여 처벌한다.

74 이재상·장영민·강동범, 형법총론, 박영사, 2017, 430쪽.

공범론

01 공범이론

Ⅰ 서설

1. 범죄참가형태

범죄참가형태를 아래 표로 정리한다.

	형태	법적 효과
정범	간접정범	교사·방조의 예로 처벌(제34조 제1항)
	공동정범	전부책임: 각자를 정범으로 처벌(제30조)
	동시범	개별책임: 각칙상의 정범으로 처벌
	합동범	전부책임: 각칙상의 정범으로 (가중)처벌
공범	교사범	정범과 동일한 형으로 처벌(제31조 제1항)
	종범	정범의 형을 필요적 감경하여 처벌(제32조 제2항)

2. 임의적 공범·필요적 공범

최광의의 공범	임의적 공범	공동정범
		교사범
		방조범
	필요적 공범	집합범
		대향범

가. 임의적 공범

임의적 공범이란 1인이 단독으로도 실행할 수 있는 범죄를 2인 이상이 협력하여 실행하는 경우의 공범형태를 말한다. 공동정범, 교사범, 종범을 말한다.

나. 필요적 공범

구성요건 자체가 처음부터 2인 이상이 참가해서만 실행할 수 있고 1인이 단독으로 실행이 불가능하도록 규정된 공범형태를 말한다. 필요적 공범은 반드시 2인 이상의 자가 관여하여 구성요건을 실현시켜야 하기에 각 관여자는 정범의 지위에 있다.

1) 집합범

다수인이 동일목표를 향한 집단적인 공동행위를 한 경우 범죄가 성립하는 유형이다. 예컨대 소요죄, 내란죄가 있다.

2) 대향범

2인 이상이 상호 대립방향의 행위를 통하여 동일 목표를 지향하는 경우 범죄가 성립하는 유형이다. 예컨대 대향자 모두를 처벌하는 경우로 수뢰죄와 증뢰죄, 배임수재죄와 배임증재죄가 있다. 대향자 중 일방만을 처벌하는 경우로 공무상 비밀누설죄, 음화판매죄, 범인은닉·도피죄가 있다.

다. 대향범에 대한 공범규정 적용여부

1) 내부관여자

대향범 중 일방만을 처벌하는 경우, 처벌되지 않는 대향자에게 처벌되는 대향자의 범죄에 대한 공범의 성립을 인정할 수 있는지 여부가 문제된다. 판례는 부정한다.

판례 대향범 중 일방만을 처벌하는 경우, 처벌되지 않는 자에게 총칙상 공범 적용 ×
2인 이상 서로 대향된 행위의 존재를 필요로 하는 대향범에 대하여는 공범에 관한 형법총칙 규정이 적용될 수 없는데, 형법 제127조는 공무원 또는 공무원이었던 자가 법령에 의한 직무상 비밀을 누설하는 행위만을 처벌하고 있을 뿐 직무상 비밀을 누설받은 상대방을 처벌하는 규정이 없는 점에 비추어, 직무상 비밀을 누설받은 자에 대하여는 공범에 관한 형법총칙 규정이 적용될 수 없다고 보는 것이 타당하다.
(대법원 2011. 4. 28. 선고 2009도3642 판결) 표준
참고 변호사 사무실 직원인 피고인 甲이 법원공무원인 피고인 乙에게 부탁하여, 수사 중인 사건의 체포영장 발부자 명단을 누설받음 – 甲 공무상비밀누설교사 ×

판례 변호사법이 '변호사 아닌 자가 변호사를 고용하여 법률사무소를 개설·운영하는 행위'를 처벌하는 경우, 고용된 변호사는 공범 ×

변호사 아닌 자가 변호사를 고용하여 법률사무소를 개설·운영하는 행위에 있어서는 변호사 아닌 자는 변호사를 고용하고 변호사는 변호사 아닌 자에게 고용된다는 서로 대향적인 행위의 존재가 반드시 필요하고, 나아가 변호사 아닌 자에게 고용된 변호사가 고용의 취지에 따라 법률사무소의 개설·운영에 어느 정도 관여할 것도 당연히 예상되는바, 이와 같이 변호사가 변호사 아닌 자에게 고용되어 법률사무소의 개설·운영에 관여하는 행위는 위 범죄가 성립하는 데 당연히 예상될 뿐만 아니라 범죄의 성립에 없어서는 아니 되는 것인데도 이를 처벌하는 규정이 없는 이상, 그 입법 취지에 비추어 볼 때 변호사 아닌 자에게 고용되어 법률사무소의 개설·운영에 관여한 변호사의 행위가 일반적인 형법 총칙상의 공모, 교사 또는 방조에 해당된다고 하더라도 변호사를 변호사 아닌 자의 공범으로서 처벌할 수는 없다. (대법원 2004. 10. 28. 선고 2004도3994 판결)

(판례) 약사법이 매수자만을 처벌하는 경우, 매도인은 방조범 ×
매도, 매수와 같이 2인 이상의 서로 대향된 행위의 존재를 필요로 하는 관계에 있어서는 공범이나 방조범에 관한 형법총칙 규정의 적용이 있을 수 없고, 따라서 매도인에게 따로 처벌규정이 없는 이상 매도인의 매도행위는 그와 대향적 행위의 존재를 필요로 하는 상대방의 매수범행에 대하여 공범이나 방조범관계가 성립되지 아니한다. (대법원 2001. 12. 28. 선고 2001도5158 판결)

(판례) 노동조합법이 '쟁의행위 기간 중 쟁의행위로 중단된 업무의 수행을 위하여 당해 사업과 관계없는 자를 채용 또는 대체하는 사용자'만을 처벌하는 경우, 사용자에게 고용되어 대체근로 한 자는 공범 ×
(대법원 2020. 6. 11. 선고 2016도3048 판결)

참고 노조 간부인 피고인들은 사용자에게 고용되어 대체근로한 甲을 '현행범체포'하는 과정에서 상해를 가하였는데, 甲이 노동조합법위반의 공범이 아닌 이상 피고인들의 행위는 적법한 현행범체포가 아니므로 정당행위가 인정되지 않고 폭처법위반(공동상해) 성립함.

(판례) 화물자동차운수사업법이 '자가용화물자동차 소유자의 유상운송행위'를 처벌하는 경우, 유상운송행위의 상대방은 공범 ×
자가용화물자동차의 소유자가 유상으로 화물을 운송하는 행위를 함에 있어서는, 자가용화물자동차의 소유자에게 대가를 지급하고 화물의 운송이라는 용역을 제공받는 상대방의 행위의 존재가 반드시 필요하고, 따라서 자가용화물자동차의 소유자에게 대가를 지급하고 의뢰하여 화물의 운송이라는 용역을 제공받는 상대방의 행위가 있을 것으로 당연히 예상되는바, 이와 같이 자가용화물자동차 소유자의 유상운송이라는 범죄가 성립하는 데 당연히 예상될 뿐만 아니라 위와 같은 범죄의 성립에 없어서는 아니 되는 상대방의 행위를 따로 처벌하는 규정이 없는 이상, 그 입법 취지에 비추어 볼 때, 자가용화물자동차의 소유자에게 대가를 지급하고 운송을 의뢰하여 화물운송이라는 용역을 제공받은 상대방의 행위가, 자가용화물자동차 소유자와의 관계에서, 일반적인 형법 총칙상의 공모, 교사 또는 방조에 해당된다고 하더라도 자가용화물자동차 소유자의 유상운송행위의 상대방을 자가용화물자동차 소유자의 유상운송행위의 공범으로 처벌할 수 없다. (대법원 2005. 11. 25. 선고 2004도8819 판결)

(비교) 신용정보법이 '사생활 등을 조사하는 행위를 업으로 하는 자'를 처벌하는데, 이를 의뢰한 자 – 신용정보법위반교사 ○
신용정보의 이용 및 보호에 관한 법률은 신용정보회사 등이 아니면서 특정인의 소재 및 연락처를 알아내거나 금융거래 등 상거래관계 외의 사생활 등을 조사하는 행위를 업으로 하는 자를 처벌하는 규정을 두고 있는바,

2인 이상의 서로 대향된 행위의 존재를 필요로 하는 대향범에 대하여는 공범에 관한 형법총칙의 규정이 적용될 수 없다고 할 것이나, 위와 같이 <u>사생활 조사 등을 업으로 한다는 것은 그러한 행위를 계속하여 반복하는 것을 의미하고</u>, 이에 해당하는지 여부는 사생활 조사 등 행위의 반복·계속성 여부, 영업성의 유무, 그 목적이나 규모, 횟수, 기간, 태양 등의 여러 사정을 종합적으로 고려하여 사회통념에 따라 판단할 것으로 반드시 영리의 목적이 요구되는 것은 아니라 할 것이므로, <u>사생활 조사 등을 업으로 하는 행위에 그러한 행위를 의뢰하는 대향된 행위의 존재가 반드시 필요하다거나 의뢰인의 관여행위가 당연히 예상된다고 볼 수 없고, 따라서 사생활 조사 등을 업으로 하는 행위와 그 의뢰행위는 대향범의 관계에 있다고 할 수 없다.</u> (대법원 2012. 9. 13. 선고 2012도5525 판결)

> **해설** 비교판례는 신용정보법위반이 대향범이 아니라는 전제 하에 의뢰자의 교사죄를 인정하였다. 그러나 다시 생각해보아도 신용정보법위반이 대향범이 아니라고 볼 근거는 빈약하다. 이에 대하여는 대법원이 공범 규정 적용이 배제되어 결론의 구체적 타당성을 상실할 우려가 있는 사안에서는 대향범의 범위 자체를 제한하는 것은 아닌지 의문이라는 비판이 있다.[75]

> **판례** 대향범이 아니라는 전제 하에 총칙 공범 규정 적용을 인정한 사례
>
> 특정범죄 가중처벌 등에 관한 법률 제8조의2 제1항은 영리를 목적으로 조세범 처벌법 제10조 제3항 및 제4항 전단의 죄를 범한 사람을 그 각 호의 구분에 따라 가중처벌하도록 규정하고 있고, 조세범 처벌법 제10조 제3항 제3호는 재화 또는 용역을 공급하지 아니하거나 공급받지 아니하고 부가가치세법에 따른 매출·매입처별 세금계산서합계표를 거짓으로 기재하여 정부에 제출한 행위를 한 자를 처벌하도록 규정하고 있다. 위와 같이 '재화 또는 용역을 공급하는 자가 허위의 매출처별 세금계산서합계표를 정부에 제출하는 행위'와 '재화 또는 용역을 공급받는 자가 허위의 매입처별 세금계산서합계표를 정부에 제출하는 행위'가 서로 대향된 행위의 존재를 필요로 하는 대향범의 관계에 있다고 할 수는 없고, '재화 또는 용역을 공급하는 자가 허위의 매출처별 세금계산서합계표를 정부에 제출하는 행위'와 '재화 또는 용역을 공급받는 자가 허위의 매입처별 세금계산서합계표를 정부에 제출하는 행위'가 별도로 처벌된다고 하여 재화 또는 용역을 공급받는 자가 이를 공급하는 자의 허위 매출처별 세금계산서합계표 제출행위에 가담하는 경우에 공범에 관한 형법총칙의 규정이 적용될 수 없는 것은 아니므로, 재화 또는 용역을 공급받는 자가 이를 공급하는 자의 허위 매출처별 세금계산서합계표 제출행위에 가담하였다면 그 가담 정도에 따라 그 범행의 공동정범이나 교사범 또는 종범이 될 수 있다. (대법원 2014. 12. 11. 선고 2014도11515 판결)

2) 외부관여자

① 대향자 쌍방을 모두 처벌하는 경우, 각 대향자의 외부관여자에 대해서는 총칙상 공범 규정이 적용된다. ② 대향자 일방만을 처벌하는 경우, 처벌되는 대향자의 외부관여자에 대해서는 총칙상 공범 규정이 적용된다. 그러나 처벌되지 않는 대향자의 외부관여자에 대해서는 총칙상 공범 규정이 적용되지 않는다.

---

75 서효원, "직접적 처벌 규정 없는 대향자에 대한 공범 규정 적용", 법학논고 제57집, 경북대학교 법학연구원, 2017, 51-84쪽.

> **판례**) 특가법이 알선수재만을 처벌하는 경우, 증재자에 대해서 교사·방조한 자는 공범 ×
>
> 금품 등의 수수와 같이 2인 이상의 서로 대향된 행위의 존재를 필요로 하는 관계에 있어서는 공범이나 방조범에 관한 형법총칙 규정의 적용이 있을 수 없다. 따라서 금품 등을 공여한 자에게 따로 처벌규정이 없는 이상, 그 공여행위는 그와 대향적 행위의 존재를 필요로 하는 상대방의 범행에 대하여 공범관계가 성립되지 아니하고, 오로지 금품 등을 공여한 자의 행위에 대하여만 관여하여 그 공여행위를 교사하거나 방조한 행위도 상대방의 범행에 대하여 공범관계가 성립되지 아니한다. (대법원 2014. 1. 16. 선고 2013도6969 판결)

Ⅱ 정범과 공범의 구별

1. 정범의 개념

제한적 정범개념이론과 확장적 정범개념이론을 아래 표로 정리한다.

	제한적 정범개념이론	확장적 정범개념이론
내용	구성요건에 해당하는 행위를 스스로 행한 자만이 정범임(그 외의 행위에 의하여 결과 야기에 가공한 자는 공범임)	구성요건적 결과의 발생에 조건을 설정한 자는 그것이 구성요건적 행위인지를 불문하고 모두 정범임
특징	① 인과관계론 중 원인설 ② 정범·공범 구별 학설 중 객관설 ③ 정범만이 원래 가벌적임 → 공범규정은 형벌확장사유 ④ 간접정범은 실행 없으므로 이론적으로는 정범 아님 → 간접정범 별도 인정 필요 ⑤ 형법의 보장적 기능 중시	① 인과관계론 중 조건설 ② 정범·공범 구별 학설 중 주관설 ③ 교사범·종범도 원래 정범임 → 공범규정은 형벌축소사유 ④ 간접정범은 이론적으로도 정범임 → 간접정범 개념 불필요 ⑤ 형법의 보장적 기능 침해

2. 정범과 공범의 구별기준

가. 객관설

1) 형식적 객관설

(의의) 구성요건적 실행행위를 직접 행한 자가 정범이고, 그 외의 행위를 통하여 조건을 제공한

자는 공범이다. 제한적 정범개념이론을 근거로 한다. (비판) 스스로 실행행위를 하지 않는 간접정범과 집단의 배후조종자를 공동정범으로 인정할 수 없다는 점에서 비판받는다.

2) 실질적 객관설

(의의) 인과관계론의 원인설을 근거로 행위기여의 위험성의 정도에 따라 정범과 공범을 구별한다. (종류) 위험성의 정도의 판단 방법에 따라 ① **필요설**은 결과발생에 대하여 필요불가결한 행위 여부를 기준으로 ② **동시설**은 행위수행의 시점을 기준으로 ③ **직접설**은 직접적 인과관계 여부를 기준으로 삼는다. (비판) 원인과 조건의 구별이 어렵다는 비판을 받는다.

나. 주관설

(의의) 인과관계론의 조건설을 근거로 오로지 주관적 요소에 의해서만 정범과 공범을 구별한다. (종류) ① **의사설**은 정범의 고의를 가진 자는 정범, 공범의 고의를 가진 자는 공범으로 본다. ② **이익설**은 범죄의 결과가 자기의 이익을 위한 경우는 정범, 타인의 이익을 위한 경우는 공범으로 본다. (비판) ① **의사설**은 순환론에 빠져있다는 점, ② **이익설**은 자기·타인의 이익이 명백지 않다는 점에서 비판을 받는다.

다. 행위지배설

(의의) 제한적 정범개념에 기초를 두면서도 주관적 요소를 고려하여, 객관적 요소·주관적 요소로 형성된 행위지배의 개념을 기준으로 정범과 공범을 구별한다. 직접정범은 실행지배, 간접정범은 의사지배, 공동정범은 기능적 행위지배가 있어야 정범성을 인정한다. (비판) 의무범·신분범·자수범은 행위지배에 의하여 정범성이 인정되는 것은 아니라는 점에서 비판을 받는다.[76]

판례는 행위지배설에 따라 정범과 공범을 구별한다.

[판례] 기능적 행위지배 유무에 따라 공동정범과 종범이 구별됨
공동정범의 본질은 분업적 역할분담에 의한 기능적 행위지배에 있으므로 공동정범은 공동의사에 의한 기능적 행위지배가 있음에 반하여 종범은 그 행위지배가 없는 점에서 양자가 구별된다. (대법원 1989. 4. 11. 선고 88도1247 판결)

[판례] 공동정범과 종범을 구별한 구체적 사례
게임산업진흥에 관한 법률 제26조 제2항에서 '청소년게임제공업 등을 영위하고자 하는 자'란 청소년게임제공업 등을 영위함으로 인한 권리의무의 귀속주체가 되는 자(이하 '영업자'라고 한다)를 의미하므로, 영업활동에 지배적으로 관여하지 아니한 채 단순히 영업자의 직원으로 일하거나 영업을 위하여 보조한

---

76 의무범이란 형법 이전의 특별한 의무의 위반을 본질로 하는 범죄를 말한다.

경우, 또는 영업자에게 영업장소 등을 임대하고 사용대가를 받은 경우 등에는 같은 법 제45조 위반에 대한 본질적인 기여를 통한 기능적 행위지배를 인정하기 어려워, 이들을 방조범으로 처벌할 수 있는지는 별론으로 하고 공동정범으로 처벌할 수는 없다. (대법원 2011. 11. 10. 선고 2010도11631 판결) **표준**

참고 피고인이 甲, 乙의 부탁으로 자신이 운영하는 가게 옆에 크레인 게임기들을 설치할 장소와 이용할 전력을 제공하고 대가를 받았다는 점만으로는 (공모)공동정범으로 의율할 수 없음

Ⅲ 공범의 종속성

1. 종속성의 유무

공범은 정범에 종속하여 성립하는지 아니면 독립하여 성립하는지가 문제된다. 공범종속성설과 공범독립성설을 아래 표로 정리한다. 판례와 통설은 공범종속성설을 따른다.

	공범종속성설	공범독립성설
의의	공범은 정범의 현실적인 실행행위가 있어야 성립됨 (즉 공범의 성립은 정범의 성립에 종속함) 객관주의 범죄이론에 근거함	공범은 독립된 범죄이므로 교사·방조행위가 있으면 정범의 실행행위가 없더라도 공범이 성립함 주관주의 범죄이론에 근거함
공범의 성립요건	최소한 정범의 실행의 착수가 있어야 공범역시 미수범으로 처벌됨 (미수의 공범 ○, 공범의 미수 ×)	정범의 실행의 착수 불문하고 공범은 처벌됨 (미수의 공범 ○, 공범의 미수 ○)
기도된 교사	제31조 제2항·제3항은 특별규정	제31조 제2항·제3항은 독립성설에 따른 규정
간접정범	피이용자의 행위를 정범의 행위로 볼 수 없는 경우, 처벌의 흠결을 피하기 위하여 간접정범 개념이 필요	교사·방조가 있는 이상 공범은 성립하므로 간접정범 개념은 불요
공범과 신분	신분의 연대성을 규정한 제33조 본문이 원칙규정	신분의 개별성을 규정한 제33조 단서가 원칙규정
자살관여죄	자살이 범죄가 아님에도 교사·방조자를 처벌하는 제252조 제2항은 특별규정	제252조 제2항은 공범독립성설에 따른 규정

판례는 공범종속성설을 따른다.

공범은 정범에 종속하여 성립함

정범의 성립은 교사범, 방조범의 구성요건의 일부를 형성하고 교사범, 방조범이 성립함에는 먼저 정범
의 범죄행위가 인정되는 것이 그 전제요건이 되는 것은 공범의 종속성에 연유하는 당연한 귀결이다.
(대법원 1981. 11. 24. 선고 81도2422 판결)

2. 종속성의 정도

공범이 정범에 종속하여 성립한다는 전제 하에, 정범이 범죄의 어느 단계까지의 요건을 구비한
경우에 공범이 성립할 수 있는지가 문제된다. 제한적 종속형식이 통설이다. 판례의 태도에 대해서
는 견해 대립이 있으나 수험적으로는 제한적 종속형식이라 이해하면 족하다.

학설	내용
최소한 종속형식	정범의 행위가 **구성요건**에 해당하면 공범의 성립을 인정함
제한적 종속형식 (통설)	정범의 행위가 **구성요건**에 해당하고 **위법**하면 공범의 성립을 인정함
극단적 종속형식	정범의 행위가 **구성요건**에 해당하고 **위법·유책**하면 공범의 성립을 인정함
초극단적 종속형식	정범의 행위가 **구성요건**에 해당하고 **위법·유책**할 뿐만 아니라 나아가 **가벌성의 조건**까지 모두 갖추어야 공범의 성립을 인정함

02　간접정범

I　간접정범의 의의

제34조(간접정범, 특수한 교사, 방조에 대한 형의 가중) ① 어느 행위로 인하여 처벌되지 아니하는 자
또는 과실범으로 처벌되는 자를 교사 또는 방조하여 범죄행위의 결과를 발생하게 한 자는 교사 또는
방조의 예에 의하여 처벌한다.

(의의) 간접정범이란 타인을 생명 있는 도구로 이용하여 간접적으로 범죄를 실행하는 형태의 범
죄를 말한다.

(본질) 간접정범은 타인을 이용한다는 점에서 교사범과 유사하며, 행위지배를 한다는 점에서 정범과 유사하다. 따라서 간접정범이 정범인지 공범인지 여부가 문제된다. **(통설·판례)** 행위지배설에 따르면, 피이용자의 행위는 이용자의 의사의 실현에 불과하고, 이용자는 우월한 사실인식을 토대로 피이용자의 행위를 지배하고 이를 통해 범죄를 실현하는 의사지배로 인하여 정범이 된다. 대법원도 간접정범의 정범성을 긍정하고 있다고 해석된다.[77]

Ⅱ 간접정범의 성립요건

1. 피이용자 – 어느 행위로 인하여 처벌되지 아니하는 자(또는 과실범으로 처벌되는 자)

가. 구성요건해당성이 없는 행위

객관적 구성요건을 충족하지 못하는 행위를 이용할 수 있다. ① 이용자의 강요·기망에 의하여 피이용자가 자살·자상하는 경우 ② 진정신분범에서 신분자가 '신분 없는 고의 있는 도구'를 이용하는 경우(예컨대 공무원이 처를 이용하여 수뢰한 경우)가 대표적이다.

주관적 구성요건을 충족하지 못하는 행위를 이용할 수 있다. ① 피이용자의 고의 없는 행위를 이용하는 경우 ② 목적범에서 '목적 없는 고의 도구'를 이용하는 경우가 대표적이다.

나. 위법성이 없는 행위

① 정당방위를 이용하는 경우 ② 긴급피난을 이용하는 경우 ③ 정당행위를 이용하는 경우가 대표적이다.

다. 책임이 없는 행위

제한적 종속형식에 따르면 '책임 없는 도구'를 이용하는 경우, 간접정범 이외에 교사범도 성립할 수 있다. 이 때에는 정범개념의 우위성에 따라 간접정범의 성립여부를 먼저 검토하여야 한다. 이용자가 피이용자를 도구로 장악하여 우월한 의사지배에 의하여 이용한 경우에는 간접정범이 성립하고, 이러한 의사지배가 인정되지 않는 경우에는 교사범이 성립한다.

라. 과실범으로 처벌되는 자

과실범으로 처벌되는 자를 이용하는 경우, 피이용자는 과실범으로 처벌되고 이용자는 간접정범

---

77 대법원 1983. 6. 14. 선고 83도515 판결. 이용식, 형법총론, 박영사, 2018, 96쪽.

으로 처벌된다. 과실범으로 처벌되지 않는 자의 과실을 이용하는 경우에도 이용자는 간접정범으로 처벌된다.

2. 이용행위

가. 교사 또는 방조

간접정범은 의사지배를 하는 정범이므로 여기서의 교사·방조는 교사범이나 종범에 있어서와 같은 의미가 아니라 사주 또는 이용의 의미이다.

나. 실행의 착수

간접정범의 실행의 착수시기는 피용자의 실행행위 착수시가 아니라, 이용자가 피이용자를 이용하기 시작한 때이다(다수설).

다. 결과의 발생

구성요건에 해당하는 사실을 실현하여야 한다. 만일 범죄행위의 결과가 발생하지 아니한 때에는 간접정범의 미수로 처벌된다.

3. 관련 판례

간접정범에 관한 판례를 살펴본다.[78]

> **판례** 7세·3세의 자녀들에게 '함께 죽자'며 물속으로 유인하여 익사케 함 – 살인죄 간접정범 ○
> 피고인이 7세, 3세 남짓된 어린자식들에 대하여 함께 죽자고 권유하여 물속에 따라 들어오게 하여 결국 익사하게 하였다면 비록 피해자들을 물속에 직접 밀어서 빠뜨리지는 않았다고 하더라도 자살의 의미를 이해할 능력이 없고 피고인의 말이라면 무엇이나 복종하는 어린 자식들을 권유하여 익사하게 한 이상 살인죄의 범의는 있었음이 분명하다. (대법원 1987. 1. 20. 선고 86도2395 판결) **표준**
>
> **판례** 피해자를 협박하여 그로 하여금 자상케 함 – 중상해죄의 간접정범 ○ (대법원 1970. 9. 22. 선고 70도1638 판결) **표준**
>
> **판례** 성인인 피해자를 협박하여 피해자로 하여금 자위영상을 촬영케 하고 이를 전송받음 – 강제추행죄 간접정범 ○
> 강제추행죄는 사람의 성적 자유 내지 성적 자기결정의 자유를 보호하기 위한 죄로서 정범 자신이 직접 범죄를 실행하여야 성립하는 자수범이라고 볼 수 없으므로, 처벌되지 아니하는 타인을 도구로 삼아 피해자를 강제로 추행하는 간접정범의 형태로도 범할 수 있다. 여기서 강제추행에 관한 간접정범의 의사

---

78 허위공문서작성죄의 간접정범에 관한 판례는 해당 죄 부분에서 살펴보는 것으로 한다.

를 실현하는 도구로서의 타인에는 피해자도 포함될 수 있으므로, 피해자를 도구로 삼아 피해자의 신체를 이용하여 추행행위를 한 경우에도 강제추행죄의 간접정범에 해당할 수 있다. (대법원 2018. 2. 8. 선고 2016도17733 판결) **표준**

판례 내란의 목적이 없는 대통령을 이용하여 비상계엄 전국확대 선포 – 내란죄 간접정범 ○
범죄는 '어느 행위로 인하여 처벌되지 아니하는 자'를 이용하여서도 이를 실행할 수 있으므로(형법 제34조 제1항), 내란죄의 경우 '국헌문란의 목적'을 가진 자가 그러한 목적이 없는 자를 이용하여 이를 실행할 수도 있다. (대법원 1997. 4. 17. 선고 96도3376 전원합의체 판결) **표준**

판례 사법경찰관이 피해자를 구속하기 위하여 진술조서 등을 허위로 작성한 후 검사와 영장전담판사를 기망하여 구속영장을 발부받아 피해자를 구금함 – 직권남용감금죄 간접정범 ○ (대법원 2006. 5. 25. 선고 2003도3945 판결) **표준**

참고 피이용자인 검사·판사의 정당행위를 이용한 경우에 해당한다.

판례 정유회사 경영자의 청탁으로 ① 국회의원이 위 경영자와 지역구 지방자치단체장 사이에 정유공장의 지역구 유치와 관련한 간담회를 주선하고 ② 위 경영자는 정유회사 소속 직원들로 하여금 위 국회의원이 사실상 지배·장악하고 있던 후원회에 후원금을 기부하게 함 – ① 국회의원은 정치자금법위반죄 ○ ② 경영자는 정치자금법위반죄의 간접정범 ○
경영자는 자세한 내막을 알지 못하여 정치자금법 위반죄를 구성하지 않는 직원들의 기부행위를 유발하고 이를 이용하여 자신의 범죄를 실현한 것이어서 간접정범으로서의 죄책을 면할 수 없다 할 것이다. (대법원 2008. 9. 11. 선고 2007도7204 판결) **표준**

판례 부정수표단속법상 허위신고죄는 간접정범 형태로 범할 수 없음[79]
부정수표단속법의 목적이 부정수표 등의 발행을 단속처벌함에 있고(제1조), 허위신고죄를 규정한 위 법 제4조가 "수표금액의 지급 또는 거래정지처분을 면하게 할 목적"이 아니라 "수표금액의 지급 또는 거래정지처분을 면할 목적"을 요건으로 하고 있는데 수표금액의 지급책임을 부담하는 자 또는 거래정지처분을 당하는 자는 오로지 발행인에 국한되는 점에 비추어 볼 때 발행인 아닌 자는 위 법조가 정한 허위신고죄의 주체가 될 수 없고, 허위신고의 고의 없는 발행인을 이용하여 간접정범의 형태로 허위신고죄를 범할 수도 없다. (대법원 1992. 11. 10. 선고 92도1342 판결) **표준**

Ⅲ 간접정범의 처벌

1. 간접정범 기수의 처벌

간접정범은 교사 또는 방조의 예에 의하여 처벌한다(제34조 제1항). 간접정범의 이용행위가 외형

---

79 **부정수표단속법 제4조(거짓 신고자의 형사책임)** 수표금액의 지급 또는 거래정지처분을 면할 목적으로 금융기관에 거짓 신고를 한 자는 10년 이하의 징역 또는 20만원 이하의 벌금에 처한다.

상 교사에 해당할 때에는 교사의 예에 의하여 정범과 동일한 형으로 처벌하고(제31조), 방조에 해당할 때에는 방조의 예에 의하여 정범의 형보다 감경한다(제32조).

2. 간접정범 미수의 처벌

일반적인 미수범의 처벌규정에 의하여 처벌되어야 한다.

Ⅳ 특수교사 · 방조

> **제34조(간접정범, 특수한 교사, 방조에 대한 형의 가중)** ② 자기의 지휘, 감독을 받는 자를 교사 또는 방조하여 전항의 결과를 발생하게 한 자는 교사인 때에는 정범에 정한 형의 장기 또는 다액에 그 2분의 1까지 가중하고 방조인 때에는 정범의 형으로 처벌한다.

03 공동정범

Ⅰ 공동정범의 의의

> **제30조(공동정범)** 2인 이상이 공동하여 죄를 범한 때에는 각자를 그 죄의 정범으로 처벌한다.

(의의) 공동정범이란 2인 이상이 공동하여 죄를 범한 경우를 말한다. (정범성의 본질) 공동정범의 정범성은 공동의 범행계획에 의한 분업적 행위실행에 의하여 전체계획을 지배하였다는 기능적 행위지배에 있다. 따라서 전체계획의 일부만을 실행했을지라도 그 결과 전부에 대해서 정범의 책임을 진다.

공동정범의 본질에 관한 견해대립을 표로 정리한다.

	범죄공동설	행위공동설 (판례)
내용	수인이 공동하여 특정한 범죄를 행하는 것이 공동정범임. 공동으로 행하는 대상은 1개의 특정한 '범죄'로서, 각 공동행위자의 고의까지도 동일한 범죄사실에 속하여야 함(고의공동설). 과실범의 공동정범을 부정함.	수인이 행위를 공동으로 하여 각자 자기의 범죄를 수행하는 것이 공동정범임. 공동으로 행하는 대상은 특정한 '범죄'가 아니라 '행위' 그 자체임. 과실범의 공동정범을 긍정함.

Ⅱ 공동정범의 성립요건

공동정범이 성립하기 위해서는 ① 주관적 요건인 공동실행의 의사(공모)와 ② 객관적 요건인 공동의 실행행위(실행행위의 분담)가 필요하다. 이하에서는 이 두 요건을 살펴보되, ① 공동실행의 의사(공모)의 관련문제로서 (i) 승계적 공동정범과 (ii) 과실범의 공동정범을, ② 공동의 실행행위의 관련문제로서 (i) 공모공동정범과 (ii) 공모관계의 이탈을 함께 살펴본다.

1. 주관적 요건

가. 공동실행의 의사 (공모)

1) 의의

주관적 요건으로서 2인 이상의 자가 공동으로 수립한 범행계획에 따라 공동으로 범죄를 실행하려는 공동실행의 의사가 있어야 한다(공동가공의 의사, 공모, 공모의사).

[판례] 공동실행의 의사의 의의
공동가공의 의사는 타인의 범행을 인식하면서도 이를 제지하지 아니하고 용인하는 것만으로는 부족하고, 공동의 의사로 특정한 범죄행위를 하기 위하여 일체가 되어 서로 다른 사람의 행위를 이용하여 자기의 의사를 실행에 옮기는 것을 내용으로 하여야 한다. (대법원 2018. 9. 13. 선고 2018도7658, 2018전도 54, 55, 2018보도6, 2018모2593 판결)

[판례] 전자제품 등을 밀수입해 올 테니 이를 팔아달라는 제의를 받고 승낙 – 밀수입 범행의 공모 × (대법원 2000. 4. 7. 선고 2000도576 판결)

[판례] 오토바이를 절취하여 오면 그 물건을 사 주겠다고 함 – 절도 범행의 공모 × (대법원 1997. 9. 30. 선고 97도1940 판결)

[판례] 피해자 일행을 한 사람씩 나누어 강간하자는 피고인 일행의 제의에 아무런 대답도 하지 않고

CHAPTER 06 공범론 **187**

따라 다니다가 자신의 강간 상대방으로 남겨진 공소외인에게 일체의 신체적 접촉도 시도하지 않은 채 다른 일행이 인근 숲속에서 강간을 마칠 때까지 공소외인과 함께 이야기만 나눔 - 강간 범행의 공모 × (대법원 2003. 3. 28. 선고 2002도7477 판결) 표준

(판례) 편면적 공동정범은 인정되지 않음

공동정범은 행위자 상호간에 범죄행위를 공동으로 한다는 공동가공의 의사를 가지고 범죄를 공동실행하는 경우에 성립하는 것으로서, 여기에서의 공동가공의 의사는 공동행위자 상호간에 있어야 하며 행위자 일방의 가공의사만으로는 공동정범관계가 성립할 수 없다. (대법원 1985. 5. 14. 선고 84도2118 판결) 표준

참고 단, 편면적 종범은 인정되므로 방조범으로 처벌될 수 있다.

2) 의사연락의 방법

공동실행의 의사가 인정되기 위해서는 가담자 상호간에 의사의 연락이 있어야 하며, 의사연락의 방법은 명시적·묵시적(암묵적)·순차적·간접적 의사연락을 불문한다.

(판례) 순차적·암묵적 의사연락에 따른 공모 가능함

2인 이상이 범죄에 공동가공하는 공범관계에 있어 공모는 법률상 어떤 정형을 요구하는 것이 아니고 2인 이상이 공모하여 범죄에 공동가공하여 범죄를 실현하려는 의사의 결합만 있으면 되는 것으로서, 순차적으로 또는 암묵적으로 상통하여 그 의사의 결합이 이루어지면 공모관계가 성립하고, 이러한 공모가 이루어진 이상 실행행위에 직접 관여하지 아니한 사람이라도 다른 공범자의 행위에 대하여 공동정범으로서의 형사책임을 진다. 따라서 사기의 공모공동정범이 그 기망방법을 구체적으로 몰랐다고 하더라도 공모관계를 부정할 수 없다. (대법원 2013. 8. 23. 선고 2013도5080 판결)

(동지) 묵시적 의사연락에 따른 공모 가능함

공모공동정범에서, 공범자들 사이에 그 알선 등과 관련하여 금품이나 이익을 수수하기로 명시적 또는 암묵적인 공모관계가 성립하고 그 공모 내용에 따라 공범자 중 1인이 금품이나 이익을 수수하였다면, 사전에 특정 금액 이하로만 받기로 약정하였다든가 수수한 금액이 공모 과정에서 도저히 예상할 수 없는 고액이라는 등과 같은 특별한 사정이 없는 한, 그 수수한 금품이나 이익 전부에 관하여 위 각 죄의 공모공동정범이 성립하는 것이며, 수수할 금품이나 이익의 규모나 정도 등에 대하여 사전에 서로 의사의 연락이 있거나 수수한 금품 등의 구체적 금액을 공범자가 알아야 공모공동정범이 성립하는 것은 아니다. (대법원 2010. 10. 14. 선고 2010도387 판결)

(동지) 전체의 모의과정이 없어도 공모 인정됨

2인 이상이 공모하여 범죄에 공동 가공하는 공범관계에 있어 공모는 법률상 어떤정형을 요구하는 것이 아니고 공범자 상호간에 직접 또는 간접적으로 범죄의 공동실행에 관한 암묵적인 의사의 연락이 있으면 족한 것으로, 비록 전체의 모의과정이 없었다고 하더라도 수인 사이에 의사의 연락이 있으면 공동정범이 성립될 수 있다. (대법원 1994. 3. 11. 선고 93도2305 판결) 표준

(판례) 범행 하나하나에 대한 개별적 의사 연락 없어도 암묵적 공모에 따른 기능적 행위지배 인정됨

공모자들이 그 공모한 범행을 수행하거나 목적 달성을 위하여 나아가는 도중에 부수적인 다른 범죄가 파생되리라고 예상하거나 충분히 예상할 수 있는데도 그러한 가능성을 외면한 채 이를 방지하기에 충분한 합리적인 조치를 취하지 아니하고 공모한 범행에 나아갔다가 결국 그와 같이 예상되던 범행들이 발생하였다면, 비록 그 파생적인 범행 하나하나에 대하여 개별적인 의사의 연락이 없었더라도 당초의 공모자들 사이에 그 범행 전부에 대하여 암묵적인 공모는 물론 그에 대한 기능적 행위지배가 존재한다고 보아야 할 것이다. (대법원 2013. 9. 12. 선고 2013도6570 판결, 대법원 2007. 4. 26. 선고 2007도428 판결) **표준**

[판례] 안수기도에 참여하여 목사가 안수기도의 방법으로 폭행을 하는 과정에 시종일관 폭행행위를 보조하였을 뿐 아니라 더 나아가 스스로 피해자를 폭행하기도 한 신도 – 공모 ○
목사의 폭행행위를 인식하고서도 이를 안수기도의 한 방법으로 알고 묵인함으로써 폭행행위에 관하여 묵시적으로 의사가 상통하였고 나아가 그 행위에 공동가공함으로써 공동정범의 책임을 면할 수 없다. (대법원 1994. 8. 23. 선고 94도1484 판결)

[판례] 딱지어음을 전전유통시킨 경우 – 공모 ○
이른바 딱지어음을 발행하여 매매한 이상 사기의 실행행위에 직접 관여하지 아니하였다고 하더라도 공동정범으로서의 책임을 면하지 못하고, 딱지어음의 전전유통경로나 중간 소지인들 및 그 기망방법을 구체적으로 몰랐다고 하더라도 공모관계를 부정할 수는 없다. (대법원 1997. 9. 12. 선고 97도1706 판결)

3) 의사연락의 시기

의사연락의 시기에 따라서 ① 예모적 공동정범이란 실행행위 개시 이전에 공동실행의 의사가 성립한 경우를 말하고 ② 우연적 공동정범이란 실행행위시에 공동실행의 의사가 성립한 경우를 말하고 ③ 승계적 공동정범이란 선행자가 실행에 착수한 후 실행행위가 종료되기 전에 후행자와 공동실행의 의사가 성립한 경우를 말한다.

[판례] 공모는 범죄행위시에 있으면 족하고 사전모의 불요함
공동정범의 성립에 필요로 하는 범죄를 공동실행할 의사는 범죄행위시에 존재하면 족하고 반드시 사전모의가 있어야만 하는 것은 아니다. (대법원 1985. 8. 20. 선고 84도1373 판결)

[판례] 범죄의 계속 중에도 공모 성립 가능
공범자가 공갈행위의 실행에 착수한 후 그 범행을 인식하면서 그와 공동의 범의를 가지고 그 후의 공갈행위를 계속하여 재물의 교부나 재산상 이익의 취득에 이른 때에는 공갈죄의 공동정범이 성립한다. (대법원 1997. 2. 14. 선고 96도1959 판결)

나. 승계적 공동정범

> 🖺 **쟁점검토: 승계적 공동정범**
>
> **1. 문제**
>
> 승계적 공동정범이란 선행자의 실행행위가 일부 종료된 후 그 행위의 종료 전에 후행가담자와 공동
> 의사가 성립된 경우를 말한다. 범죄행위 도중에 공모가 성립한 경우에도 공동정범이 성립할 수 있으
> 므로, 선행자와 후행자 사이에는 공동정범이 성립한다. 이때 후행자의 가담 이전에 선행자에 의해
> 이루어진 행위 부분을 후행자에게도 귀책시킬 수 있는지 여부가 문제된다.
>
> **2. 학설**
>
> ① **적극설**: 후행가담자에게 선행자의 가담 이전 행위를 이용하려는 의사가 있었으므로 범행 전체에
>   대해 공동정범이 인정된다고 본다.
> ② **소극설**: 사후고의가 인정되지 않는다는 점, 후행가담자의 행위와 선행 범죄사실 사이에 인과관계
>   를 인정할 수 없다는 점에서 가담 이후의 행위에 대해서만 공동정범이 인정된다고 본다. 소극설
>   중 일부는 후행자에게 전체범죄에 대한 방조범이 성립한다고 본다.
>
> **3. 판례**
>
> 판례는 ② **소극설**을 취한다. 포괄일죄에 대해서는 가담 이후의 행위에 대해서만 공동정범이 인정된
> 다고 보았고, 단순일죄(결합범)에 대해서는 전체 범죄에 대한 방조범이 인정된다고 보았다.
>
> **4. 검토**
>
> 생각건대 형법상 공동실행의 의사는 소급될 수 없다는 점, 후행가담자에게 선행사실에 대한 책임을
> 인정하는 것은 자기책임의 원칙에 반한다는 점에서 판례가 타당하다.

판례를 살펴본다.

> **판례** 포괄일죄의 승계적 공동정범 – 가담 이후의 범행에 대해서만 공동정범 죄책 ○
> 포괄적일죄의 일부에 공동정범으로 가담한 자는 비록 그가 그때에 이미 이루어진 종전의 범행을 알았다
> 하여도 그 가담 이후의 범행에 대해서만 공동정범으로서 책임을 진다. (대법원 1982. 6. 8. 선고 82도
> 884 판결)
>
> **판례** 단순일죄(결합범)의 승계적 방조범 – 단순일죄(결합범) 전체에 대해서 방조범 죄책 ○
> 특정범죄가중처벌등에 관한 법률 제5조의2 제2항 제1호 소정의 죄는 형법 제287조의 미성년자 약취,
> 유인행위와 약취 또는 유인한 미성년자의 부모 기타 그 미성년자의 안전을 염려하는 자의 우려를 이용
> 하여 재물이나 재산상의 이익을 취득하거나 이를 요구하는 행위가 결합된 단순일죄의 범죄라고 봄이
> 상당하므로 비록 타인이 미성년자를 약취, 유인한 행위에는 가담한 바 없다 하더라도 사후에 그 사실을
> 알면서 약취, 유인한 미성년자를 부모 기타 그 미성년자의 안전을 염려하는 자의 우려를 이용하여 재물
> 이나 재산상의 이익을 취득하거나 요구하는 타인의 행위에 가담하여 이를 방조한 때에는 단순히 재물등

요구행위의 종범이 되는데 그치는 것이 아니라 종합범인 위 특정범죄가중처벌등에 관한 법률 제5조의2 제2항 제1호 위반죄의 종범에 해당한다. (대법원 1982. 11. 23. 선고 82도2024 판결)

다. 과실범의 공동정범

📑 쟁점검토: 과실범의 공동정범
1. 문제
   2인 이상이 공동의 과실에 의하여 과실범의 구성요건적 결과를 발생시킨 경우, 과실범의 공동정범이 성립할 수 있는지 문제된다.
2. 학설
   ① **긍정설**: 행위공동설은 공동의 의사로 행위를 하면 족하므로 과실범의 공동정범이 성립할 수 있다고 본다.
   ② **부정설**: 범죄공동설은 동일한 고의범의 범위 내에서만 공동정범이 성립되므로 과실범의 공동정범은 성립될 수 없다고 본다.
3. 판례
   2인 이상이 어떠한 과실 행위를 서로의 의사연락 아래 하여 범죄가 되는 결과를 발생케 한 경우, 과실범의 공동정범이 성립할 수 있다고 보아 ① **긍정설**을 취한다.
4. 검토
   형법 제30조는 '공동하여 죄를 범한 때'라고만 규정할 뿐 죄를 고의범에 한정하여 규정하지 않았으므로 판례가 타당하다.

관련 판례를 살펴본다.

판례 과실범의 공동정범 인정됨
형법 제30조에 「공동하여 죄를 범한 때」의 「죄」는 고의범이고 과실범이고를 불문한다고 해석하여야 할 것이고 따라서 공동정범의 주관적 요건인 공동의 의사도 고의를 공동으로 가질 의사임을 필요로 하지 않고 고의 행위이고 과실 행위이고 간에 그 행위를 공동으로 할 의사이면 족하다고 해석하여야 할 것이므로 2인 이상이 어떠한 과실 행위를 서로의 의사연락 아래 하여 범죄되는 결과를 발생케 한 것이라면 여기에 과실범의 공동정범이 성립되는 것이다. (대법원 1962. 3. 29. 선고 4294형상598 판결) 표준

판례 (성수대교 붕괴사고) 성수대교의 건설사 책임자, 현장감독자, 감독공무원 – 과실범 공동정범 ○
피고인들에게는 트러스 제작상, 시공 및 감독의 과실이 인정되고, 감독공무원들의 감독상의 과실이 합쳐져서 이 사건 사고의 한 원인이 되었으며, 한편 피고인들은 이 사건 성수대교를 안전하게 건축되도록 한다는 공동의 목표와 의사연락이 있었다고 보아야 할 것이므로, 피고인들 사이에는 이 사건 업무상과

실치사상등죄에 대하여 형법 제30조 소정의 공동정범의 관계가 성립된다. (대법원 1997. 11. 28. 선고 97도1740 판결)

참고 ① 업무상과실치사상죄 ② 업무상과실일반교통방해죄 ③ 업무상과실자동차추락죄의 공동정범이 인정되었다.

동지 (삼풍백화점 붕괴사고) 삼풍백화점 건축의 단계별 관련자들 – 과실범 공동정범 ○ (대법원 1996. 8. 23. 선고 96도1231 판결)

판례 군용 지프차의 선임 탑승자가 운전병을 데리고 주점에 들어가서 같이 음주한 다음 운전케 하여 운전병이 음주로 인하여 취한 탓으로 사고 발생 – 과실범 공동정범 ○ (대법원 1979. 8. 21. 선고 79도1249 판결)

참고 선임 탑승자에게도 교특치상죄, 업무상과실군용물손괴죄가 인정되었다.

판례 운전수인 피고인이 불의의 발병으로 자동차를 운전할 수 없게 되자 동승한 운전경험이 있는 차주가 운전하다 과실로 사고를 일으킴 – 과실범 공동정범 ×
차주의 운전상의 과실행위에 운전수와의 상호간의 의사연락이 있었다고 보거나 운전행위를 저지하지 않은 원인행위가 차주의 운전상의 부주의로 인한 결과발생에까지 미친다고 볼 수 없다. (대법원 1974. 7. 23. 선고 74도778 판결)

판례 피고인이 운전자의 부탁으로 조수석에 동승하여 운전을 지적·교정해 주려 했었는데 운전자의 과실로 사고발생 – 과실범 공동정범 ×
피고인이 운전자의 부탁으로 차량의 조수석에 동승한 후, 운전자의 차량운전행위를 살펴보고 잘못된 점이 있으면 이를 지적하여 교정해 주려 했던 것에 그치고 전문적인 운전교습자가 피교습자에 대하여 차량운행에 관해 모든 지시를 하는 경우와 같이 주도적 지위에서 동 차량을 운행할 의도가 있었다거나 실제로 그같은 운행을 하였다고 보기 어렵다면 그같은 운행중에 야기된 사고에 대하여 과실범의 공동정범의 책임을 물을 수 없다. (대법원 1984. 3. 13. 선고 82도3136 판결)

2. 객관적 요건

가. 공동의 실행행위

(의의) 공동정범이 성립하기 위해서는 공동의 범행결의에 기초한 공동의 실행행위가 있어야 한다. (정도) 공동의 실행행위는 전체계획에 의하여 결과를 실현하는 데 불가결한 요건이 되는 기능을 분담한 경우에 인정된다. 범죄수행에 불가결한 행위라면 구성요건의 전부 또는 일부뿐만 아니라 구성요건의 범위 외의 행위, 예컨대 망을 보는 행위, 공모자가 도망갈 수 있도록 자동차를 대기하고 있는 행위 역시 공동의 실행행위가 될 수 있다. (방법) 작위·부작위를 불문하며 신체적 행위분담에 제한되지 않고 정신적 역할분담도 가능하다. (시기) 범죄의 실행의 착수 이후 종료 이전에 있어야 한다.
관련 판례를 살펴본다.

[판례] 행위결정을 강화하도록 협력 – 공동의 실행행위 ○

공모에 의한 범죄의 공동실행은 모든 공범자가 스스로 범죄의 구성요건을 실현하는 것을 전제로 하지 아니하고, 그 실현행위를 하는 공범자에게 그 행위결정을 강화하도록 협력하는 것으로도 가능하며, 이에 해당하는지 여부는 행위 결과에 대한 각자의 이해 정도, 행위 가담의 크기, 범행지배에 대한 의지 등을 종합적으로 고려하여 판단하여야 한다. (대법원 2006. 12. 22. 선고 2006도1623 판결)

[판례] 폭력단체 수괴가 싸움 현장에 모습을 나타내어 '전부 죽이라'고 외침 – 공동의 실행행위 ○

부하들이 흉기를 들고 싸움을 하고 있는 도중에 폭력단체의 두목급 수괴의 지위에 있는 을이 그 현장에 모습을 나타내고 더우기나 부하들이 흉기들을 소지하고 있어 살상의 결과를 초래할 것을 예견하면서도 전부 죽이라는 고함을 친 행위는 부하들의 행위에 큰 영향을 미치는 것으로서 을은 이로써 위 싸움에 가세한 것이라고 보지 아니할 수 없고, 나아가 부하들이 칼, 야구방망이 등으로 피해자들을 난타, 난자하여 사망케 한 것이라면 을은 살인죄의 공동정범으로서의 죄책을 면할 수 없다. (대법원 1987. 10. 13. 선고 87도1240 판결)

[판례] 범행을 공모한 후 실행을 분담하지 않고 단순히 망을 본 경우 – 공동의 실행행위 ○

공동정범이 성립하기 위하여는 반드시 공범자간에 사전 모의가 있어야 하는 것은 아니며, 암묵리에 서로 협력하여 공동의 범의를 실현하려는 의사가 상통하면 공모가 있다할 것이고 공모가 있는 이상 반드시 각 범행의 실행을 분담할 것을 요하지 아니하고, 단순히 망을 보았어도 공범의 책임을 면할 수 없다 할 것이므로, 강간을 모의한 공동피고인중의 1인이 강간하고 있는 중 다른 피고인이 강간피해자의 딸을 살해하고 다시 전자는 강간을 끝내고 망을 보고 있는 사이에 후자가 강간피해자를 묶고 집에 불을 놓아 피해자를 살해한 경우 전자는 강간 이후의 다른 피고인의 일련의 범행에 대하여 공동정범의 죄책을 면할 수 없다. (대법원 1982. 10. 26. 선고 82도1818 판결) **표준**

[판례] 공범자의 강간 중 피해자의 자녀들을 감시한 경우 – 공동의 실행행위 ○

피고인이 공범들과 함께 강도범행을 저지른 후 피해자의 신고를 막기 위하여 공범들이 묶여있는 피해자를 옆방으로 끌고가 강간범행을 할 때에 피고인은 자녀들을 감시하고 있었다면 공범들의 강도강간범죄에 공동가공한 것이라 하겠으므로 비록 피고인이 직접강간행위를 하지 않았다 하더라도 강도강간의 공동죄책을 면할 수 없다. (대법원 1986. 1. 21. 선고 85도2411 판결)

[판례] 위조된 문서의 당사자인 것처럼 행세하여 피해자에게 문서의 진정성을 확인시켜줌 – 공동의 실행행위 ○

공동피고인이 위조된 부동산임대차계약서를 담보로 제공하고 피해자로부터 돈을 빌려 편취할 것을 계획하면서 피해자가 계약서상의 임대인에게 전화를 하여 확인할 것에 대비하여 피고인에게 미리 전화를 하여 임대인 행세를 하여달라고 부탁하였고, 피고인은 위와 같은 사정을 잘 알면서도 이를 승낙하여 실제로 피해자의 남편으로부터 전화를 받자 자신이 실제의 임대인인 것처럼 행세하여 전세금액 등을 확인함으로써 위조사문서의 행사에 관하여 역할분담을 한 사안에서, 피고인의 행위는 위조사문서행사에 있어서 기능적 행위지배의 공동정범 요건을 갖추었다. (대법원 2010. 1. 28. 선고 2009도10139 판결)

나. 공모공동정범

공모공동정범 이론은 2인 이상의 자가 범죄를 공모한 후 그 공모자 가운데 일부가 공모에 따라 범죄의 실행에 나아간 때에는 실행행위를 직접 담당하지 아니한 공모자에게도 공동정범이 성립한다는 이론이다. 판례는 '범죄에 대한 본질적 기여를 통한 기능적 행위지배'가 존재하는 경우에 한하여 공모공동정범을 긍정한다.

> [판례] 공모공동정범 요건 – 범죄에 대한 본질적 기여를 통한 기능적 행위지배
>
> 형법 제30조의 공동정범은 공동가공의 의사와 그 공동의사에 의한 기능적 행위지배를 통한 범죄 실행이라는 주관적·객관적 요건을 충족함으로써 성립하므로, 공모자 중 구성요건행위를 직접 분담하여 실행하지 않은 사람도 위 요건의 충족 여부에 따라 이른바 공모공동정범으로서의 죄책을 질 수 있다. 구성요건행위를 직접 분담하여 실행하지 않은 공모자가 공모공동정범으로 인정되기 위해서는 전체 범죄에서 그가 차지하는 지위·역할, 범죄 경과에 대한 지배나 장악력 등을 종합하여 그가 단순한 공모자에 그치는 것이 아니라 범죄에 대한 본질적 기여를 통한 기능적 행위지배가 존재한다고 인정되어야 한다.
>
> 공모공동정범의 경우 범죄의 수단과 모습, 가담하는 인원과 그 성향, 범행 시간과 장소의 특성, 범행과정에서 타인과의 접촉 가능성과 예상되는 반응 등 여러 상황에 비추어, 공모자들이 공모한 범행을 수행하거나 목적을 달성하고자 나아가는 도중에 부수적인 다른 범죄가 파생되리라고 예상하거나 충분히 예상할 수 있는데도 그러한 가능성을 외면한 채 이를 방지하기에 충분한 합리적인 조치를 취하지 않고 공모한 범행에 나아갔다가 결국 그와 같이 예상되던 범행들이 발생하였다면, 비록 그 파생적인 범행 하나하나에 대하여 개별적인 의사의 연락이 없었더라도 당초의 공모자들 사이에 그 범행 전부에 대하여 암묵적인 공모는 물론 그에 대한 기능적 행위지배가 존재한다고 보아야 한다. (대법원 2018. 4. 19. 선고 2017도14322 전원합의체 판결, 대법원 2009. 6. 23. 선고 2009도2994 판결)
>
> 공모공동정범에 있어서 공모는 2인이상의 자가 협력해서 공동의 범의를 실현시키는 의사에 대한 연락을 말하는 것으로 소론과 같이 실행행위를 담당하지 아니하는 공모자에게 그 실행자를 통하여 자기의 범죄를 실현시키는 주체적인 의사가 있어야 함은 물론이나, 반드시 배후에서 범죄를 기획하고 그 실행행위를 부하 또는 자기가 지배할 수 있는 사람에게 실행하게 하는 실질상의 괴수의 위치에 있어야 할 필요는 없다 할 것이다. (대법원 1980. 5. 20. 선고 80도306 판결)
>
> [판례] 공모공동정범의 인정근거 – 범죄의 집단화 현상에 대한 대응
>
> 공모공동정범은 공동범행의 인식으로 범죄를 실행하는 것으로 공동의사주체로서의 집단전체의 하나의 범죄행위의 실행이 있음으로 성립하고 공모자 모두가 그 실행행위를 분담하여 이를 실행할 필요가 없고 실행행위를 분담하지 않아도 공모에 의하여 수인간에 공동의사주체가 형성되어 범죄의 실행행위가 있으면 그 실행행위를 분담하지 않았다고 하더라도 공동의사주체로서 정범의 죄책을 지게하는 것이니 범죄의 집단화현상으로 볼때 범행의 모의만 하고 실행행위는 분담하지 않아도 그 범행에 중요한 소임을 하는 것을 간과할 수 없기 때문에 이를 공모공동정범으로서 처단하는 것이다. (대법원 1983. 3. 8. 선고 82도3248 판결)

판례 (국정원 댓글사건) 국정원장 甲·3차장 乙·심리전단장 丙은 비록 직접 댓글을 작성하는 등의 사이버활동을 하지 않았지만 이에 대하여 (공모)공동정범의 책임을 짐

국가정보원의 원장 피고인 갑, 3차장 피고인 을, 심리전단장 피고인 병이 심리전단 산하 사이버팀 직원들과 공모하여 인터넷 게시글과 댓글 작성, 찬반클릭, 트윗과 리트윗 행위 등의 사이버 활동을 함으로써 국가정보원 직원의 직위를 이용하여 정치활동에 관여함과 동시에 제18대 대통령선거와 관련하여 공무원의 지위를 이용한 선거운동을 하였다고 하여 구 국가정보원법 위반 및 구 공직선거법 위반으로 기소된 사안에서, 국가정보원의 정보기관으로서의 조직, 역량과 상명하복에 의한 업무수행 체계, 사이버팀 직원들이 범행을 수행한 구체적인 방법과 모습, 피고인들이 각각 국가정보원의 원장과 3차장, 심리전단장으로서 사이버팀을 지휘·감독하던 지위와 역할, 사이버 활동이 이루어질 당시 피고인들이 회의석상에서 직원들에게 한 발언 및 지시 내용 등 제반 사정을 종합하면, 사이버팀 직원들이 한 사이버 활동중 일부는 구 국가정보원법상 국가정보원 직원의 직위를 이용한 정치활동 관여 행위 및 구 공직선거법상 공무원의 지위를 이용한 선거운동에 해당하며, 이러한 활동을 구 국가정보원법에 따른 직무범위 내의 정당한 행위로 볼 수 없고, 피고인들이 실행행위자인 사이버팀 직원들과 순차 공모하여 범행에 대한 기능적 행위지배를 함으로써 범행에 가담하였다는 등의 이유로, 피고인들에게 구 국가정보원법 위반죄와 구 공직선거법 위반죄를 인정한 원심판단이 정당하다고 한 사례. (대법원 2018. 4. 19. 선고 2017도14322 전원합의체 판결)

판례 몽둥이 등을 든 일부 조합원들이 집회 장소를 지키고 있던 용역경비원들을 폭행하거나 상해를 가했는데, 조합 간부가 현장에서 직접 용역경비원들을 폭행하지는 않았으나 노조원들을 지휘하는 역할을 수행한 경우 – 공모공동정범 ○ (대법원 2009. 8. 20. 선고 2008도11138 판결)

판례 국회의원 후보자 甲과 그 유세위원인 乙·丙이 상대후보를 낙선시킬 목적으로 허위사실 공표할 것을 공모한 후 乙만이 실행에 나간 경우 – 甲· 丙 공모공동정범 ○ (대법원 2002. 4. 10.자 2001모193 결정)

판례 건설관련 회사의 유일한 지배자가 장기간에 걸쳐 건설공사 현장소장들의 뇌물공여행위를 보고받고 이를 확인·결재함 – 공모공동정범 ○ (대법원 2010. 7. 15. 선고 2010도3544 판결) **표준**

판례 배임증재에 본질적 기여한 자가 재물 등이 제공되는 방법은 구체적으로 몰랐던 경우 – 공모공동정범 ○

배임증재의 공모공동정범이 다른 공모공동정범에 의하여 수재자에게 재물 또는 재산상 이익이 제공되는 방법을 구체적으로 몰랐다고 하더라도 공모관계를 부정할 수 없다. (대법원 2015. 7. 23. 선고 2015도3080 판결)

판례 공모공동정범 성립의 효과 – 정범의 책임 ○

직접 실행행위에 관여하지 안했더라도 다른 사람의 행위를 자기의사의 수단으로 하여 범죄를 하였다는 점에서 자기가 직접 실행행위를 분담한 경우와 형사책임의 성립에 차이를 둘 이유가 없다. (대법원 1988. 4. 12. 선고 87도2368 판결)

판례 시위의 단순참가자가 체포된 이후 다른 참가자들이 범한 범죄 - 공모공동정범 ✕

전국노점상총연합회가 주관한 도로행진시위에 참가한 피고인이 다른 시위 참가자들과 함께 경찰관 등에 대한 특수공무집행방해 행위를 하던 중 체포된 사안에서, 단순 가담자인 피고인에게 체포된 이후에 이루어진 다른 시위참가자들의 범행에 대하여는 본질적 기여를 통한 기능적 행위지배가 존재한다고 보기 어려워 공모공동정범의 죄책을 인정할 수 없다. (대법원 2009. 6. 23. 선고 2009도2994 판결)

다. 공모관계의 이탈

① '공모관계의 이탈'과 ② '공범과 중지미수'를 구별해야 한다. ① 공범 중 1인이 실행의 착수에 이르기 전에 이탈한 경우 '공모관계의 이탈'이 문제된다. ② 이에 반해 공범 중 1인이 실행의 착수에 이른 후 이탈한 경우 '공범과 중지미수'가 문제된다. 이하 ① 공모관계의 이탈을 논한다(② '공범과 중지미수'는 중지미수 부분에서 다루었다).

(공모관계의 이탈 요건) ① **주관적 요건** - 범행결의를 포기한 공모자가 그 사실을 다른 공모자에게 표시하여야 한다. 판례는 묵시적 표시도 가능하다고 본다. ② **객관적 요건** - 범행결의를 포기한 공모자는 자신이 실행에 미친 영향력을 제거하여야 한다. 즉, 예비단계에서 기여된 자신의 범행기여를 제거함으로써 기능적 행위지배를 해소해야 한다.

(효과) 공모관계의 이탈이 인정되어 자신의 기여분과 결과의 인과성을 차단한 경우, 공동정범이 성립하지 않는다. 그러나 공모관계의 이탈이 인정되지 않는 경우에는 공동정범이 성립한다.

판례 공모관계의 이탈 요건 - 기능적 행위지배 해소 (기여분 제거)

공모공동정범에 있어서 공모자 중의 1인이 다른 공모자가 실행행위에 이르기 전에 그 공모관계에서 이탈한 때에는 그 이후의 다른 공모자의 행위에 관하여는 공동정범으로서의 책임은 지지 않는다 할 것이나, 공모관계에서의 이탈은 공모자가 공모에 의하여 담당한 기능적 행위지배를 해소하는 것이 필요하므로 공모자가 공모에 주도적으로 참여하여 다른 공모자의 실행에 영향을 미친 때에는 범행을 저지하기 위하여 적극적으로 노력하는 등 실행에 미친 영향력을 제거하지 아니하는 한 공모자가 구속되었다는 등의 사유만으로 공모관계에서 이탈하였다고 할 수 없다. (대법원 2010. 9. 9. 선고 2010도6924 판결)

공모공동정범에 있어서 그 공모자중의 1인이 다른 공모자가 실행행위에 이르기 전에 그 공모관계에서 이탈한 때에는 그 이후의 다른 공모자의 행위에 관하여 공동정범으로서의 책임은 지지 않는다고 할 것이고 그 이탈의 표시는 반드시 명시적임을 요하지 않는다. (대법원 1986. 1. 21. 선고 85도2371, 85감도 347 판결) **표준**

판례 폭력조직의 조직원 甲은 반대파를 공격하러 가기 위해 여러 대의 차에 분승하여 출발하기 직전, 범행에 휘말리고 싶지 않아 그곳에서 택시를 타고 귀가하였는데, 다른 조직원들은 공모한 대로 반대파 두목을 살해함 - 공모관계 이탈 ○

피고인에게도 그 범행에 가담하려는 의사가 있어 공모 관계가 인정된다 하더라도 다른 조직원들이 각이 사건 범행에 이르기 전에 그 공모 관계에서 이탈한 것이라 할 것이므로 피고인은 위 공모 관계에서 이탈한 이후의 행위에 대하여는 공동정범으로의 책임을 지지 않는다. (대법원 1996. 1. 26. 선고 94도2654 판결)

참고 甲은 단순 조직원으로서 별다른 기여분이 없으므로 위와 같이 귀가한 사실만으로 공모관계 이탈이 인정되었다.

[판례] 甲은 다른 공범들과 미성년자 성매매 알선을 주도적으로 계획하고 피해자를 유인하였는데 甲이 별건으로 수감 중인 동안 다른 공범들이 계획대로 미성년자 성매매 알선을 수차례 범함 – 甲 공모관계 이탈 ✕

甲이 乙과 공모하여 가출 청소년 丙(여, 16세)에게 낙태수술비를 벌도록 해 주겠다고 유인하였고, 乙로 하여금 丙의 성매매 홍보용 나체사진을 찍도록 하였으며, 丙이 중도에 약속을 어길 경우 민형사상 책임을 진다는 각서를 작성하도록 한 후, 자신이 별건으로 체포되어 구치소에 수감 중인 동안 丙이 乙의 관리 아래 12회에 걸쳐 불특정 다수 남성의 성매수 행위의 상대방이 된 대가로 받은 돈을 丙, 乙 및 甲의 처 등이 나누어 사용한 사안에서, 丙의 성매매 기간 동안 甲이 수감되어 있었다 하더라도 위 甲은 乙과 함께 미성년자유인죄, 구 청소년의 성보호에 관한 법률(2009. 6. 9. 법률 제9765호 아동·청소년의 성보호에 관한 법률로 전부 개정되기 전의 것) 위반죄의 책임을 진다. (대법원 2010. 9. 9. 선고 2010도6924 판결)

[판례] 甲은 다른 3명의 공모자들과 강도 모의를 하면서 삽을 들고 사람을 때리는 시늉을 하는 등 모의를 주도하였는데, 다른 공모자들이 강도 대상을 지목하고 뒤쫓아갈 때 막상 甲은 비대한 체격 때문에 따라가지 못하고 현장에서 200m 떨어진 곳에 앉아 있었고, 그동안 나머지 공모자들이 강도상해 범함 – 甲 공모관계 이탈 ✕

다른 3명의 공모자들과 강도 모의를 하면서 삽을 들고 사람을 때리는 시늉을 하는 등 그 모의를 주도한 피고인이 함께 범행 대상을 물색하다가 다른 공모자들이 강도의 대상을 지목하고 뒤쫓아 가자 단지 "어?"라고만 하고 비대한 체격 때문에 뒤따라가지 못한 채 범행현장에서 200m 정도 떨어진 곳에 앉아 있었으나 위 공모자들이 피해자를 쫓아가 강도상해의 범행을 한 사안에서, 피고인에게 공동가공의 의사와 공동의사에 기한 기능적 행위지배를 통한 범죄의 실행사실이 인정되므로 강도상해죄의 공모관계에 있고, 다른 공모자가 강도상해죄의 실행에 착수하기까지 범행을 만류하는 등으로 그 공모관계에서 이탈하였다고 볼 수 없으므로 강도상해죄의 공동정범으로서의 죄책을 진다. (대법원 2008. 4. 10. 선고 2008도1274 판결) **표준**

참고 '공범과 중지미수' 쟁점이 아니라 '공모관계의 이탈' 쟁점이 문제라는 점을 유의하자.

교사범의 공범관계의 이탈 역시 위 법리가 그대로 적용된다.

[판례] 교사범의 이탈 – 피교사자에 대한 범죄실행 결의 해소 필요
교사범이 그 공범관계로부터 이탈하기 위해서는 피교사자가 범죄의 실행행위에 나아가기 전에 교사범

에 의하여 형성된 피교사자의 범죄 실행의 결의를 해소하는 것이 필요하고, 이때 교사범이 피교사자에게 교사행위를 철회한다는 의사를 표시하고 이에 피교사자도 그 의사에 따르기로 하거나 또는 교사범이 명시적으로 교사행위를 철회함과 아울러 피교사자의 범죄 실행을 방지하기 위한 진지한 노력을 다하여 당초 피교사자가 범죄를 결의하게 된 사정을 제거하는 등 제반 사정에 비추어 객관적·실질적으로 보아 교사범에게 교사의 고의가 계속 존재한다고 보기 어렵고 당초의 교사행위에 의하여 형성된 피교사자의 범죄 실행의 결의가 더 이상 유지되지 않는 것으로 평가할 수 있다면, 설사 그 후 피교사자가 범죄를 저지르더라도 이는 당초의 교사행위에 의한 것이 아니라 새로운 범죄 실행의 결의에 따른 것이므로 교사자는 형법 제31조 제2항에 의한 죄책을 부담함은 별론으로 하고 형법 제31조 제1항에 의한 교사범으로서의 죄책을 부담하지는 않는다고 할 수 있다. (대법원 2012. 11. 15. 선고 2012도7407 판결) **표준**

참고 甲은 乙에게 전화하여 '丙의 불륜관계를 이용하여 공갈할 것'을 교사하였고 乙은 丙을 미행하여 불륜증거를 촬영한 후 甲에게 알렸는데, 甲은 마음을 바꿔 乙에게 여러 차례 전화하여 '수고비 500~1,000만 원을 줄테니 공갈을 중단하라' 만류하였지만, 乙은 이를 명시적으로 거절하고 丙을 공갈하여 재물을 교부받음 - 甲 공갈교사 ○ (교사범의 이탈 ×)

Ⅲ 공동정범의 착오

공동정범의 착오에 관하여는 구성요건적 착오에 관한 이론이 그대로 적용되는데, 자세한 내용은 교사의 착오에서 함께 살펴보는 것으로 한다.

Ⅳ 공동정범의 처벌

공동정범은 각자를 그 죄의 정범으로 처벌한다(제30조). 즉 비록 일부만을 실행한 자라도 공동의 범행결의 안에서 발생한 결과 전체에 대해서 단독으로 야기한 경우와 동일하게 책임을 진다.

> **판례** 공동정범의 처벌 – 일부실행·전부책임
> 공모가 이루어진 이상 실행행위에 직접 관여하지 아니한 자라도 다른 공모자의 행위에 대하여 공동정범으로서 형사적 책임을 진다. (대법원 2004. 3. 12. 선고 2004도126 판결)

V 동시범

1. 동시범의 의의

동시범이란 2인 이상이 공동실행의 의사 없이 동시 또는 이시에 동일객체에 대해서 각자 구성요 건적 결과를 실현한 경우를 말한다. 동시범은 공동의 범행결의가 없다는 점에서 공동정범과 구별된 다. 동시범은 단독정범이 우연히 경합된 경우이므로 공동정범과 달리 개별책임의 원칙이 적용된다.

2. 제19조의 독립행위의 경합

> 제19조(독립행위의 경합) 동시 또는 이시의 독립행위가 경합한 경우에 그 결과발생의 원인된 행위가 판명되지 아니한 때에는 각 행위를 미수범으로 처벌한다.

가. 성립요건

① 다수인의 동시 또는 이시의 실행행위가 있어야 한다. 실행행위를 한 것 자체가 불분명한 경우 에는 동시범이 인정될 수 없다. ② 공동실행의 의사(공모)가 부존재해야 한다. 공모가 존재하면 공 동정범이 성립한다. ③ 행위객체의 동일성이 인정되어야 한다. ④ 경합한 독립행위로 인한 결과 발생이 있어야 한다. 결과가 불발생하면 각 행위자는 당연히 미수범이 되고 제19조가 적용되지 않 는다. ⑤ 인과관계가 판명되지 않아야 한다. 인과관계가 판명되면 그에 따라 각자 판명된 인과관계 에 따른 책임을 진다.

> 판례 실행행위 자체가 불분명한 경우, 동시범이 인정되지 않음
> 상해죄에 있어서의 동시범은 두사람 이상이 가해행위를 하여 상해의 결과를 가져올 경우에 그 상해가 어느 사람의 가해행위로 인한 것인지가 분명치 않다면 가해자 모두를 공동정범으로 본다는 것이므로 가해행위를 한것 자체가 분명치 않은 사람에 대하여는 동시범으로 다스릴 수 없다. (대법원 1984. 5. 15. 선고 84도488 판결)

> 판례 공동실행의 의사(공모)가 인정되면 공동정범이 성립함
> 상호의사의 연락이 있어 공동정범이 성립한다면, 독립행위경합 등의 문제는 아예 제기될 여지가 없다. (대법원 1997. 11. 28. 선고 97도1740 판결)

> 판례 과실 동시범의 인과관계 증명책임
> 선행 교통사고와 후행 교통사고 중 어느 쪽이 원인이 되어 피해자가 사망에 이르게 되었는지 밝혀지지 않은 경우 후행 교통사고를 일으킨 사람의 과실과 피해자의 사망 사이에 인과관계가 인정되기 위해서는 후행 교통사고를 일으킨 사람이 주의의무를 게을리하지 않았다면 피해자가 사망에 이르지 않았을 것이

라는 사실이 증명되어야 하고, 그 증명책임은 검사에게 있다. (대법원 2007. 10. 26. 선고 2005도 8822 판결)

[판례] 甲, 乙이 함께 담배를 피우다 분리수거장 방향으로 담배꽁초를 던져 버리고 현장을 떠난 후 화재가 발생함 - 각자 실화죄 ○(인과관계 ○ → 제19조 적용 ×)

피고인들 각자 본인 및 상대방이 버린 담배꽁초 불씨가 살아 있는지를 확인하고 이를 완전히 제거하는 등 화재를 미리 방지할 주의의무가 있음에도 이를 게을리 한 채 만연히 현장을 떠난 과실이 인정되고 이러한 피고인들 각자의 과실이 경합하여 위 화재를 일으켰다고 보아, 피고인들 각자의 실화죄 책임을 인정한 원심판결을 수긍하는 한편, 원심판단 중 위 화재가 피고인들 중 누구의 행위에 의한 것인지 인정하기에 부족하다는 취지의 부분은 '피고인들 중 누구의 담배꽁초로 인하여 위 화재가 발생하였는지 인정할 증거가 부족하다.'는 의미로 선해할 수 있고, 이는 피고인들의 각 주의의무 위반과 위 화재의 발생 사이에 인과관계가 인정된다는 취지의 부가적 판단이므로, 이와 다른 전제에서 '원인행위가 불명이어서 피고인들은 실화죄의 미수로 불가벌에 해당하거나 적어도 피고인들 중 일방은 실화죄가 인정될 수 없다.'는 취지의 피고인들 주장은 받아들이기 어렵다고 한 사례(대법원 2023. 3. 9. 선고 2022도16120 판결)

나. 효과

① 경합된 독립행위가 고의행위인 경우에는 미수범으로 처벌된다. ② 경합된 독립행위가 과실행위인 경우에는 과실범의 미수를 처벌하는 규정이 없으므로 처벌할 수 없다.

제19조의 효과를 직관적으로 이해해보자. 제19조 요건이 인정되면 '결과 부존재'가 의제된다고 이해하면 좋다.

① 甲과 乙이 의사 연락 없이 살인의 고의로 동시에 丙을 저격하여 丙이 사망하였으나 누가 쏜 총알에 사망한 것인지 알 수 없는 경우, 丙의 사망이라는 결과가 부존재한다고 의제하자. 甲은 丙을 저격하였으나 결과가 부존재하므로 살인미수죄가 성립하고, 乙 역시 이와 같다.

② 甲과 乙이 의사 연락 없이 과실로 각각 丙을 차로 치어 丙이 사망하였으나 누가 충격하여 사망한 것인지 알 수 없는 경우, 丙의 사망이라는 결과가 부존재한다고 의제하자. 甲은 과실로 丙을 차로 치었으나 결과가 부존재하므로 무죄이고, 乙 역시 이와 같다(이론적으로는 과실범의 미수를 처벌하는 규정이 없으므로 무죄라 보는 것이 정확하나, 수험적으로는 결과부존재 의제로 사고하는 게 더 빠르고 간편하다).

3. 제263조의 동시범의 특례

제263조(동시범) 독립행위가 경합하여 상해의 결과를 발생하게 한 경우에 있어서 원인된 행위가 판명되지 아니한 때에는 공동정범의 예에 의한다.

가. 의의

독립행위가 경합하여 '상해의 결과'를 발생한 경우, 원인된 행위가 판명되지 아니한 때에도 공동정범의 예에 의한다. 제263조는 피고인에게 자기의 행위로 인하여 상해의 결과가 발생하지 않았음을 증명하도록 거증책임을 전환한 규정이다(다수설).

나. 성립요건

① 2인 이상의 **폭행행위·상해행위**가 공동실행의 의사 없이 행해져야 한다. ② **상해·사망의 결과**가 발생하여야 한다. 제263조는 상해의 결과만을 규정하나 판례는 사망의 결과가 발생한 경우에도 제263조가 적용될 수 있다고 본다. ③ 상해·사망의 결과의 **원인행위가 판명되지 않아야 한다.**

제263조의 적용범위를 살펴본다. ① 제263조는 '상해의 결과'가 발생한 경우에 적용되므로 **상해죄·폭행치상죄**는 당연히 적용된다. ② 판례는 '사망의 결과'가 발생한 **상해치사죄·폭행치사죄**의 경우에도 제263조가 적용된다고 본다. ③ **강간치상죄·강도치상죄**는 보호법익을 달리하여 적용되지 아니한다. 따라서 제19조가 적용되므로 결과부존재가 의제된다.

[판례] 상해치사죄·폭행치사죄의 동시범 – 제263조에 따라 결과존재 의제
시간적 차이가 있는 독립된 상해행위나 폭행행위가 경합하여 사망의 결과가 일어나고 그 사망의 원인된 행위가 판명되지 않은 경우에는 공동정범의 예에 의하여 처벌할 것이다. (대법원 2000. 7. 28. 선고 2000도2466 판결) **표준**

[판례] 강간치상죄의 동시범 – 제19조에 따라 결과부존재 의제
형법 제263조의 동시범은 상해와 폭행죄에 관한 특별규정으로서 동 규정은 그 보호법익을 달리하는 강간치상죄에는 적용할 수 없다. (대법원 1984. 4. 24. 선고 84도372 판결) **표준**
참고 상해의 결과가 부존재 의제되므로 강간죄만이 성립한다.

다. 효과

원인된 행위가 판명되지 아니한 때에는 공동정범의 예에 의한다.

제263조의 효과를 직관적으로 이해해보자. 제263조 요건이 인정되면 '결과 존재'가 의제된다고 이해하면 좋다. 甲과 乙이 의사 연락 없이 이시에 丙을 폭행하여 丙이 사망하였으나 누구의 폭행으로 사망한 것인지 알 수 없는 경우, 丙의 사망이라는 결과를 甲·乙 모두에게 존재한다고 의제하자. 甲이 丙을 폭행하였는데 丙이 사망하였으므로 폭행치사죄가 성립하고, 乙 역시 이와 같다.

I 교사범의 의의

> 제31조(교사범) ① 타인을 교사하여 죄를 범하게 한 자는 죄를 실행한 자와 동일한 형으로 처벌한다.

(의의) 교사범이란 타인을 교사하여 범죄실행의 결의를 생기게 하고 이 결의에 의하여 범죄를 실행하게 하는 자를 말한다. 교사범은 행위지배가 없는 공범이라는 점에서 기능적 행위지배가 인정되는 공동정범과 구별된다. (본질) 교사범은 피교사자인 정범의 실행행위가 있을 경우에 그에 종속해서 성립하며, 종속의 정도는 제한적 종속형식이 적용된다.

> **판례** 정범의 실행행위가 있어야 교사범이 성립함
> 교사범이 성립하기 위해서는 교사자의 교사행위와 정범의 실행행위가 있어야 하는 것이므로, 정범의 성립은 교사범의 구성요건의 일부를 형성하고 교사범이 성립함에는 정범의 범죄행위가 인정되는 것이 그 전제요건이 된다. (대법원 2000. 2. 25. 선고 99도1252 판결)

II 교사범의 성립요건

1. 교사자에 관한 요건

가. 교사행위

(의의) 교사행위란 범죄의 결의가 없는 타인에게 범죄의 결의를 가지게 하는 일체의 행위를 말한다. (중복된 교사) 피교사자가 이미 범죄를 결의하고 있는 경우, 교사의 성립여부가 문제된다. ① **동일범죄를 교사**한 경우, 교사행위라고 할 수 없으며 무형적 방법에 의한 종범 또는 실패한 교사(제31조 제3항) 성립이 가능할 뿐이다. ② **가중범죄를 교사**한 경우, 기존 결의와는 다른 불법을 결의케 하였으므로 전체 범죄에 대한 교사가 성립한다(다수설). 예컨대 절도를 결의한 자에게 강도를 교사한 경우가 이에 해당한다. ③ **감경범죄를 교사**한 경우, 위험감소의 경우로서 객관적 귀속이 부정되어 교사가 성립할 수는 없고 방조만 성립할 수 있다(다수설). 예컨대 특수강도를 결의한 자를 설득하여 단순강도를 범하게 한 경우, 단순강도의 방조죄만 성립한다.

(교사의 수단) 범죄결의에 영향을 미칠 수 있는 것이면 족하며 수단·방법에는 제한이 없다. 명시적·묵시적, 직접적·간접적, 단독적·공동적인 것을 불문한다. 다만 부작위에 의한 교사, 과실에 의한 교사는 인정되지 않는다.

나. 교사의 고의

(이중의 고의) 교사의 고의는 이중의 고의를 말하는데 ① 정범에게 범죄의 결의를 가지게 한다는 사실(교사의 고의)과 ② 정범을 통하여 범죄를 실현한다는 사실(정범의 고의)에 대한 인식·의사를 말한다. (기수의 고의) 교사자는 피교사자의 행위가 기수에 이를 것을 인식하고 교사하여야 한다. 교사자가 피교사자의 행위가 미수에 그칠 것을 의도하면서 교사하는 경우(미수의 교사) 교사의 고의가 인정되지 않기에 교사범이 성립될 수 없다(통설). (편면적 교사) 편면적 교사에 의한 범행결의는 있을 수 없으므로 교사범이 성립할 수 없다.

2. 피교사자에 관한 요건

가. 피교사자의 범행결의

(의의) 피교사자는 교사에 의하여 범죄실행의 결의를 하여야 한다. (실패한 교사) 피교사자가 범죄실행을 승낙하지 아니한 경우, 교사자는 예비·음모로 처벌될 뿐이다(제31조 제3항). (과실범에 대한 교사) 교사에 의한 범행결의라는 심리적 과정이 없으므로 교사범이 성립하지 않고 다만 간접정범이 성립할 수 있다.

나. 피교사자의 실행행위

(의의) 피교사자가 실행에 착수하여야 한다. 피교사자의 실행행위는 구성요건에 해당하고 위법해야 한다(제한적 종속형식). (효과 없는 교사) 피교사자가 범행은 결의하였으나 실행행위를 하지 않은 경우 교사자 및 피교사자는 예비·음모로 처벌될 뿐이다(제31조 제2항).

3. 관련판례

교사와 관련된 판례를 살펴본다.

[판례] 피교사자가 이미 결의한 범행을 중복하여 교사 - 교사 ✕
교사범이란 타인(정범)으로 하여금 범죄를 결의하게 하여 그 죄를 범하게 한 때에 성립하는 것이고 피교사자는 교사범의 교사에 의하여 범죄실행을 결의하여야 하는 것이므로, 피교사자가 이미 범죄의 결의를 가지고 있을 때에는 교사범이 성립할 여지가 없다. (대법원 1991. 5. 14. 선고 91도542 판결, 대법원 2012. 8. 30. 선고 2010도13694 판결) 표준

[판례] 교사가 범행결의의 유일한 조건일 필요는 없음

교사범의 교사가 정범이 죄를 범한 유일한 조건일 필요는 없으므로, 교사행위에 의하여 정범이 실행을 결의하게 된 이상 비록 정범에게 범죄의 습벽이 있어 그 습벽과 함께 교사행위가 원인이 되어 정범이 범죄를 실행한 경우에도 교사범의 성립에 영향이 없다. (대법원 1991. 5. 14. 선고 91도542 판결)

[판례] 피해자를 "정신차릴 정도로 때려주라"고 말함 – 상해 교사 ○ (대법원 1997. 6. 24. 선고 97도1075 판결)

참고 이 사건에서 정범은 상해를 넘어 살인을 실행하였는데(교사의 착오), 교사자에게 사망 결과에 대한 예견가능성이 있는 경우 상해치사죄의 교사범이 성립할 수 있다고 보았다.

[판례] 장물을 19회 매수한 자가 "도망다니려면 돈도 필요할텐데 열심히 일 하라"며 드라이버 1개 사준 경우 – 절도 교사 ○

교사범이 성립하기 위하여는 범행의 일시, 장소, 방법 등의 세부적인 사항까지를 특정하여 교사할 필요는 없는 것이고, 정범으로 하여금 일정한 범죄의 실행을 결의할 정도에 이르게 하면 교사범이 성립된다 할 것이다. (대법원 1991. 5. 14. 선고 91도542 판결)

[비교] 연소한 자에게 '밥 값을 구하여 오라'고 말하자 그 자가 절도함 – 절도 교사 × (대법원 1984. 5. 15. 선고 84도418 판결)

[판례] 피고인이 결혼을 전제로 교제하던 여성 甲의 임신 사실을 알고 수 회에 걸쳐 낙태를 권유하였다가 거부당하자, 甲에게 출산 여부는 알아서 하되 더 이상 결혼을 진행하지 않겠다고 통보하고, 이후에도 아이에 대한 친권을 행사할 의사가 없다고 하면서 낙태할 병원을 물색해 주기도 하였는데, 그 후 甲이 피고인에게 알리지 아니한 채 자신이 알아본 병원에서 낙태시술을 받음 – 낙태 교사 ○

피고인은 甲에게 직접 낙태를 권유할 당시뿐만 아니라 출산 여부는 알아서 하라고 통보한 이후에도 계속 낙태를 교사하였고, 甲은 이로 인하여 낙태를 결의·실행하게 되었다고 보는 것이 타당하며, 甲이 당초 아이를 낳을 것처럼 말한 사실이 있다는 사정만으로 피고인의 낙태교사행위와 甲의 낙태결의 사이에 인과관계가 단절되는 것은 아니라는 이유로, 피고인에게 낙태교사죄를 인정한 원심판단을 정당하다고 한 사례. (대법원 2013. 9. 12. 선고 2012도2744 판결) 표준

Ⅲ 교사의 착오

교사의 착오는 ① 피교사자에 대한 착오와 ② 실행행위의 착오로 나누어 볼 수 있다. ① 피교사자의 책임능력에 대한 인식은 교사자의 고의의 내용에 포함되지 않으므로 이에 대한 착오는 교사범의 고의를 조각하지 않는다. 따라서 피교사자가 책임무능력자였으나 책임능력자로 오인한 경우나 그 반대의 경우 모두 교사범이 성립한다.

이하에서는 ② 실행행위의 착오에 관하여 살펴본다. 실행행위에 대한 착오란 교사자가 교사한 범죄와 피교사자(정범)가 실행한 범죄가 일치하지 않는 경우를 말한다.

1. 구체적 사실의 착오

예컨대, 교사자가 피교사자에게 甲을 살해할 것을 교사하였는데 착오로 乙을 살해한 경우의 해결이 문제된다.

가. 구체적 부합설

피교사자의 객체의 착오의 경우, ① **객체의 착오설**은 착오에 있어서도 공범종속이론이 적용되기에 정범의 객체의 착오가 교사범에게도 그대로 전달된다고 본다. 따라서 교사자는 구체적 사실의 착오 중 객체의 착오를 저지른 것이다. ② **방법의 착오설**은 교사자의 입장에서 정범의 객체의 착오는 의도하지 않았던 객체에 대하여 결과가 발생하는 것이므로 방법의 착오와 구조가 동일하다고 본다. 따라서 교사자는 구체적 사실의 착오 중 방법의 착오를 저지른 것이다.

피교사자의 방법의 착오의 경우, 교사자에게도 방법의 착오가 인정된다.

나. 법정적 부합설

피교사자의 객체의 착오·방법의 착오를 불문하고 교사자의 고의에는 영향이 없으므로 발생사실에 대한 교사범이 성립한다. 따라서 교사자에게는 乙에 대한 살인죄의 교사범이 성립한다.

2. 추상적 사실의 착오

추상적 사실의 착오의 내용은 표로 정리한다.

실행의 내용		교사자의 책임	예시
교사에 미달		① 교사한 범죄의 예비·음모(제31조 제2항) 및 ② 피교사자의 실행범죄의 교사범의 상상적 경합	강도교사 → 절도: ① 강도예비 ② 절도교사의 상상적 경합
교사를 초과	본질적 질적 초과	발생사실에 대한 교사범 성립하지 않고, 교사한 범죄의 예비·음모 성립함	강도교사 → 강간: 강도예비 강간교사 → 방화: 강간예비
	비본질적 질적 초과	교사한 범죄의 교사범 성립함	사기교사 → 공갈: 사기교사 공갈교사 → 강도: 공갈교사
	양적 초과	원칙적으로는 교사한 범죄의 교사범이 성립함. 예외적으로 피교사자가 중한 범죄·결과적 가중범을 실현하고 교사자에게 예견가능성이 있었다면 결과적 가중범의 교사범이 성립함.	절도교사 → 강도: 절도교사(원칙) 상해교사 → 살인: 상해치사교사(예외)

관련 판례를 살펴본다.

> **판례** 교사의 양적 초과로 중한 범죄 발생하고 교사자에게 예견가능성이 있는 경우
>
> 교사자가 피교사자에 대하여 상해 또는 중상해를 교사하였는데 피교사자가 이를 넘어 살인을 실행한 경우에, 일반적으로 교사는 상해죄 또는 중상해죄의 죄책을 지게 되는 것이지만 이 경우에 교사자에게 피해자의 사망이라는 결과에 대하여 과실 내지 예견가능성이 있는 때에는 상해치사죄의 죄책을 지울 수 있다. (대법원 2002. 10. 25. 선고 2002도4089 판결) **표준**
>
> **참고** 상해교사 → 살인: 상해치사 교사
>
> **판례** 교사의 양적 초과로 중한 범죄 발생했으나 교사자에게 예견가능성 없는 경우
>
> 교사자가 피교사자에게 피해자를 "정신차릴 정도로 때려주라"고 교사하였다면 이는 상해에 대한 교사로 봄이 상당하다…(중략) … 피고인이 피해자의 사망이라는 결과를 예측하였다거나 또는 피해자의 사망의 결과에 대하여 과실이 있었다고 인정하기 어렵다. (대법원 1997. 6. 24. 선고 97도1075 판결)

교사의 착오 법리는 종범의 착오에도 그대로 적용된다.

> **판례** 군인 甲·乙·丙이 함께 술을 마시던 중, 하급자 丙이 취중에 남의 자동차를 손괴하고도 상급자에게 무례하게 행동하자 乙이 丙을 폭행하려고 하였고, 甲은 처음에는 乙을 제지하려고 애쓰다가 丙의 무례한 행동이 계속되자 乙이 丙을 교육시킨다는 정도로 가볍게 생각하고 각목을 乙에게 건네주었는데, 乙이 그 각목으로 丙을 폭행하여 사망케 함 – ① 乙 특수폭행치사 ○ ② 甲 특수폭행 방조 ○ (특수폭행치사 방조 ×)
>
> 甲으로서는 丙이 乙의 폭행으로 사망할 것으로 예견할 수 있었다고 볼 수 없다. (대법원 1998. 9. 4. 선고 98도2061 판결)
>
> **판례** 종범의 착오 일반론
>
> 방조자의 인식과 정범의 실행간에 착오가 있고 양자의 구성요건을 달리한 경우에는 원칙적으로 방조자의 고의는 조각되는 것이나 그 구성요건이 중첩되는 부분이 있는 경우에는 그 중복되는 한도내에서는 방조자의 죄책을 인정하여야 할 것이다. (대법원 1985. 2. 26. 선고 84도2987 판결)

교사의 착오 법리는 공동정범의 착오에도 그대로 적용된다.

> **판례** 甲·乙·丙은 강도를 공모하고 丁의 집 안방에 들어가 甲과 乙은 丁을 때려 반항을 업압하고, 甲은 빼앗을 물건을 찾느라 정신이 없었는데, 그동안 乙은 丁이 움직이지 못하도록 머리를 붙잡고 丙은 丁을 강간하였음 – ① 甲 특수강도 ○ ② 乙·丙 강도강간 ○

甲은 丙의 강간사실을 알게 된것은 이미 실행의 착수가 이루어지고 난 다음이었음이 명백하고 강간사실을 알고나서도 암묵리에 그것을 용인하여 그로 하여금 강간하도록 할 의사로 강간의 실행범인 丙과 강간 피해자의 머리 등을 잡아준 乙와 함께 일체가 되어 乙·丙의 행위를 통하여 자기의 의사를 실행하였다고는 볼 수 없다 할 것이고 따라서 결국 강도강간의 공모사실을 인정할 증거가 없다고 하지 않을 수 없다. (대법원 1988. 9. 13. 선고 88도1114 판결) **표준**
참고 공동정범의 착오 중 본질적 질적 초과(강도공모 → 강간실행)에 속하는 사안이다.

Ⅳ 교사범의 처벌

교사범은 정범과 동일한 형으로 처벌한다(제31조 제1항). 동일한 형이란 법정형을 의미하므로 선고형은 달라질 수 있고, 정범의 형보다 중한 형이 선고될 수도 있다. 공범은 그 성립에 있어서 정범에 종속될 뿐이며 처벌에 있어서는 종속되지 않는다. 따라서 교사범의 처벌을 위해 반드시 정범이 먼저 처벌되어야 하는 것은 아니다.

Ⅴ 관련문제

1. 교사의 교사(간접교사)

간접교사에는 ① 처음부터 피교사자로 하여금 제3자를 교사하도록 하여 범죄를 실행케 한 경우 ② 타인을 교사하였는데 피교사자가 직접 실행하지 않고 다시 제3자를 교사하여 실행케 한 경우가 있다. 간접교사도 교사의 죄책을 지는지 문제된다. 다수설은 간접교사도 교사에 속한다고 본다.

> **판례** 간접교사에서 중간교사자 – 교사 ○
> 갑이 을에게 범죄를 저지르도록 요청한다 함을 알면서 갑의 부탁을 받고 갑의 요청을 을에게 전달하여 을로 하여금 범의를 야기케 하는 것은 교사에 해당한다. (대법원 1974. 1. 29. 선고 73도3104 판결)
> **참고** 생각건대 간접교사와 직접교사 사이에 실질적 차이가 없으므로, 간접교사의 최초교사자 역시 교사에 해당한다고 볼 것이다.

2. 교사의 미수

> 제31조(교사범) ② 교사를 받은 자가 범죄의 실행을 승낙하고 실행의 착수에 이르지 아니한 때에는 교사자와 피교사자를 음모 또는 예비에 준하여 처벌한다.
> ③ 교사를 받은 자가 범죄의 실행을 승낙하지 아니한 때에도 교사자에 대하여는 전항과 같다.

'교사의 미수'는 '미수의 교사'와 구별해야 한다. '미수의 교사'란 교사자가 피교사자의 행위가 미수에 그칠 것을 의도하면서 교사하는 경우를 말하는데, 교사자에게 요구되는 이중의 고의가 부정되므로 불벌이다. '교사의 미수'는 아래 표로 정리한다.

교사의 미수		내용	처벌
기도된 교사	실패한 교사 (제31조 제3항)	피교사자가 승낙하지 않거나 피교사자가 이미 결의함	교사자만 예비·음모
	효과 없는 교사 (제31조 제2항)	피교사자가 승낙하였으나 실행에 착수하지 않음	교사자·피교사자 모두 예비·음모
협의의 교사의 미수		피교사자가 실행에 착수하였으나 미수에 그침	교사자·피교사자 모두 미수범 (제31조 제1항)

관련 판례를 살펴본다.

> 판례 실패한 교사 – 교사자만 예비·음모로 처벌
> 권총 등을 교부하면서 사람을 살해하라고 한 자는 피교사자의 범죄실행결의의 유무와 관계없이 그 행위 자체가 독립하여 살인예비죄를 구성한다. (대법원 1950. 4. 18. 선고 4283형상10 판결)

3. 예비의 교사

교사자가 구성요건적 결과를 실현할 의사로 교사하였고 피교사자 역시 이를 승낙하였으나 실행에 착수에 나아가지 못한 채 예비에 그친 경우, 이는 효과 없는 교사에 해당한다. 따라서 교사자·피교사자 모두 예비·음모에 준하여 처벌된다(제31조 제2항).

I 종범의 의의

제32조(종범) ① 타인의 범죄를 방조한 자는 종범으로 처벌한다.
  ② 종범의 형은 정범의 형보다 감경한다.

(의의) 종범이란 타인의 범죄를 방조한 자를 말한다. (구별개념) 종범은 이미 범행결의를 가진 자의 실행행위를 돕거나 그 결의를 강화시킨다는 점에서 교사범과 구별된다. 또한 종범은 의사연락과 행위지배가 없는 공범이라는 점에서 공동의사를 기초로 기능적 행위지배를 하는 공동정범과 구별된다. (본질) 종범은 피방조자의 실행행위가 있을 경우에 그에 종속해서 성립하며, 종속의 정도는 제한적 종속형식이 적용된다.

판례 정범의 실행행위가 있어야 종범이 성립함
방조죄는 정범의 범죄에 종속하여 성립하는 것으로서 방조의 대상이 되는 정범의 실행행위의 착수가 없는 이상 방조죄만이 독립하여 성립될 수 없다. (대법원 1979. 2. 27. 선고 78도3113 판결)

판례 병원 원장인 피고인 甲 등이 가짜 환자인 乙 등에게 허위의 입·퇴원확인서를 작성·교부하여 乙 등이 보험회사로부터 보험금을 편취하는 것을 방조하였다고 기소되었는데, 乙 등의 사기죄가 증거불충분으로 성립하지 않는 경우 – 甲 사기방조죄 ×
정범인 을 등의 범죄가 성립되지 않는 이상 방조범에 불과한 피고인 갑 등의 범죄도 성립될 수 없는데도, 사기방조의 공소사실을 유죄로 인정한 원심판결에 법리오해의 위법이 있다고 한 사례 (대법원 2017. 5. 31. 선고 2016도12865 판결)
참고 만약 乙에게 사기죄가 인정되고, 甲의 위 행위도 모두 인정되었다면 甲에게 사기방조죄가 인정되었을 것이다.

방조행위가 각칙상 독립된 구성요건적 행위로 특별히 규정된 경우에는 방조행위 자체가 정범의 실행행위에 해당하므로 제32조는 적용되지 않는다(즉, 종범감경을 할 수 없다).[80] 이러한 죄들로는 간첩방조죄, 도주원조죄, 자살방조죄, 도박장소등개설죄가 있다.

---

80 마찬가지로 교사행위가 각칙상 독립된 구성요건적 행위로 특별히 규정된 경우(자살교사죄)에는 교사행위 자체가 정범의 실행행위에 해당하므로 형법총칙상의 교사범규정은 적용되지 않는다.

Ⅱ 종범의 성립요건

1. 방조자에 관한 요건

가. 방조행위

(의의) 방조행위란 정범의 실행행위를 가능·용이하게 해주거나 정범의 범행결의를 강화시키는 행위를 말한다.

(방조의 수단) 정범의 실행행위를 돕는 것이면 족하고 수단·방법의 제한은 없다. 정신적 방조, 물질적 방조 모두 가능하다. (부작위 방조) 방조범이 보증인지위에 있는 경우 부작위에 의한 방조도 가능하다. 공동방조 또한 가능하다.

(방조의 시기) ① 실행의 착수 전에 장래의 실행행위를 예상하고 이를 용이하게 하는 행위를 하여 방조하는 것도 가능하다. 이 경우에도 피방조자가 실행의 착수로 나아가야 방조가 성립하는 것이지 예비단계에 머무르는 경우 방조가 성립하지 않는다(예비의 종범). ② 기수 이후 범죄행위 종료 이전의 단계에서도 방조가 성립할 수 있다. 예컨대 절도범을 추격하는 소유자를 막아서 도주를 돕는 행위는 절도방조에 해당한다. ③ 그러나 범죄행위 종료 이후에는 방조가 성립할 수 없다. 경우에 따라서 장물보관죄·범인은닉죄·증거인멸죄 등이 문제될 뿐이다.

나. 방조의 고의

(이중의 고의) 방조의 고의는 이중의 고의를 말하는데 ① 정범의 실행을 방조한다는 사실(방조의 고의)과 ② 정범의 행위가 구성요건적 결과를 실현한다는 사실(정범의 고의)에 대한 인식·의사를 말한다. (기수의 고의) 방조자는 피방조자의 행위가 기수에 이를 것을 인식하고 방조하여야 한다. 방조자가 피방조자의 행위가 미수에 그칠 것을 의도하면서 방조하는 경우(미수의 방조), 방조의 고의가 인정되지 않기에 방조범이 성립될 수 없다(통설). (편면적 방조) 정범이 방조행위를 인식하지 못한 경우에도 종범이 성립할 수 있다.

2. 피방조자에 관한 요건

(실행행위) 피방조자는 최소한 실행의 착수를 하여야 한다. (기도된 방조) 형법은 기도된 교사와는 달리 기도된 방조를 처벌하는 규정을 두고 있지 않다. 따라서 정범이 예비의 단계에 그친 경우인 예비의 종범은 인정되지 아니한다. (과실범에 대한 방조) 정범의 실행행위는 고의에 의한 것이어야 하므로 과실범에 대한 방조는 인정되지 않는다. 다만 이 경우 간접정범이 성립할 수 있다.

3. 관련 판례

방조와 관련된 판례를 살펴본다. 우선 방조의 성립요건 일반에 관한 판례를 살펴본다.

> **판례** 방조행위 수단·방법에는 제한이 없음
>
> 형법상 방조행위는 정범이 범행을 한다는 정을 알면서 그 실행행위를 용이하게 하는 행위로서 그것은 정범의 실행에 대하여 물질적 방법이건, 정신적 방법이건, 직접적이건, 간접적이건 가리지 아니한다. (대법원 1982. 9. 14. 선고 80도2566 판결)
>
> 형법상 방조행위는 정범의 실행행위를 용이하게 하는 직접, 간접의 모든 행위를 가리키는 것으로서 그 방조는 유형적, 물질적인 방조뿐만 아니라 정범에게 범행의 결의를 강화하도록 하는 것과 같은 무형적, 정신적 방조행위까지도 이에 해당한다. (대법원 1995. 9. 29. 선고 95도456 판결)

> **판례** 방조범 고의 – ① 방조의 고의와 ② 정범의 고의 (이중의 고의)
>
> 형법상 방조행위는 정범이 범행을 한다는 정을 알면서 그 실행행위를 용이하게 하는 직접·간접의 행위를 말하므로, 방조범은 ① 정범의 실행을 방조한다는 이른바 방조의 고의와 ② 정범의 행위가 구성요건에 해당하는 행위인 점에 대한 정범의 고의가 있어야 하나, 이와 같은 고의는 내심적 사실이므로 피고인이 이를 부정하는 경우에는 사물의 성질상 고의와 상당한 관련성이 있는 간접사실을 증명하는 방법에 의하여 입증할 수밖에 없다.

> **판례** 방조범의 고의의 내용 – 정범이 누구인지·실행행위의 일시 장소에 대한 인식 불요
>
> 정범의 복제권 침해행위가 실행되는 일시, 장소, 객체 등을 구체적으로 인식할 필요가 없으며, 나아가 정범이 누구인지 확정적으로 인식할 필요도 없다. (대법원 2007. 12. 14. 선고 2005도872 판결) **표준**
> **참고** 소리바다 서비스를 운영하여 그 이용자들로 하여금 구 저작권법상 복제권의 침해행위를 할 수 있도록 한 소리바다 서비스 운영자 – 저작권법위반 방조 ○

> **판례** 편면적 종범 – 방조죄 ○
>
> 원래 방조범은 종범으로서 정범의 존재를 전제로 하는 것이다. 즉 정범의 범죄행위 없이 방조범만이 성립될 수는 없다. 이른바 편면적 종범에 있어서도 그 이론은 같다. 편면적 종범에서도 정범의 범죄행위 없이 방조범만이 성립될 수 없다. (대법원 1974. 5. 28. 선고 74도509 판결)
>
> **해설** 편면적 종범의 성립이 가능하다는 전제 하에, 정범의 실행행위(실행의 착수)가 있어야 한다는 판례이다. 편면적 공동정범·편면적 교사범은 인정되지 않는다.

> **판례** 방조의 시기 – 실행의 착수 전에도 가능하나 정범이 실행행위로 나아가야 함
>
> 종범은 정범의 실행행위 중에 이를 방조하는 경우는 물론이고 실행의 착수 전에 장래의 실행행위를 예상하고 이를 용이하게 하는 행위를 하여 방조한 경우에도 정범이 그 실행행위에 나아갔다면 성립한다. (대법원 1997. 4. 17. 선고 96도3377 전원합의체 판결)

이어서 방조 성부에 관한 판례를 살펴본다.

[판례] 시위 직전에 주동자로부터 지시를 받고 시위현장 사진촬영 행위를 한 자 – 집시법위반 등 방조 ○
덕적도 핵폐기장 설치 반대 시위의 일환으로 행하여진 대학생들의 인천시청 기습점거 시위에 대하여
전혀 모르고 있다가 시위 직전에 주동자로부터 지시를 받고 시위현장 사진촬영행위를 한 자에 대하여,
시위행위에 대한 공동정범으로서의 범의는 부정하고 방조범으로서의 죄책만 인정한 사례. … (중략) …
피고인은 위 원심 공동피고인 등의 범행을 돕겠다는 의도에서 이 사건 사진촬영 행위에 나아간 것으로
인정되는 점 등에 비추어 피고인의 이 사건 사진촬영행위 등은 이 사건 폭력행위, 시위, 공용물건손상
등 범행의 방조행위가 된다고 하지 않을 수 없다. (대법원 1997. 1. 24. 선고 96도2427 판결)
참고 정신적 방조행위로 볼 수 있다.

[판례] 인터넷 포털 사이트 내 오락채널 총괄팀장 甲과 운영 직원인 乙에게 콘텐츠제공업체들이 게재하
는 음란만화의 삭제를 요구할 조리상의 의무가 있음에도 콘텐츠제공업체들에게 그 삭제를 요구하지 않
고 방치 – 음란물공연전시 방조 ○
공소외 주식회사의 담당직원인 피고인들은 콘텐츠 제공업체들이 위 성인만화방에 게재하는 만화 콘텐
츠를 관리·감독할 권한과 능력을 갖고 있었다고 할 것이고, 따라서 이 사건 음란만화들이 지속적으로
게재되고 있다는 사실을 안 이상 이를 게재한 콘텐츠 제공업체들에게 그 삭제를 요구할 조리상의 의무
가 있었다고 할 것이다. 원심이 같은 취지에서 피고인들에게 위와 같은 작위의무가 있다고 판단하여
피고인들을 구 전기통신기본법 제48조의2 위반 방조죄로 처벌한 조치는 정당하다.[81] (대법원 2006. 4.
28. 선고 2003도4128 판결) **표준**
해설 부작위에 의한 방조범 성립을 인정했다는 점에서 중요판례이다.

[판례] 자동차운전면허가 없는 자에게 승용차를 제공하여 그로 하여금 무면허운전을 하게 함 – 무면허운
전 방조 ○ (대법원 2000. 8. 18. 선고 2000도1914 판결)

[판례] 도박하는 자리에서 도금으로 사용하리라는 정을 알면서 채무변제조로 금원을 교부 – 도박 방조
○ (대법원 1970. 7. 28. 선고 70도1218 판결)

[판례] 부동산의 명의수탁자가 신탁자의 승낙없이 목적부동산을 제3자에게 매각하려는 것을 알면서도 수
탁자에게 매수자를 소개해 준 부동산소개업자 – 횡령 방조 ○ (대법원 1988. 3. 22. 선고 87도2585 판결)
참고 최신 대법원 전합판결에 따라 위법한 양자간 명의신탁에서 명의수탁자의 임의처분은 무죄이다. 다만
방조를 이해하는 용도로 참고만 하자.

[판례] 간호보조원의 무면허 진료행위 이후에 의사 甲이 진료부 기재행위 함 – 甲 무면허의료행위 방조 ○
진료부는 환자의 계속적인 진료에 참고로 공하여지는 진료상황부이므로 간호보조원의 무면허 진료행위
가 있은 후에 이를 의사가 진료부에다 기재하는 행위는 정범의 실행행위종료 후의 단순한 사후행위에

---

81 **구 전기통신기본법 제48조의2(벌칙)** 전기통신역무를 이용하여 음란한 부호·문언·음향 또는 영상을 반포·판매 또
는 임대하거나 공연히 전시한 자는 1년 이하의 징역 또는 1천만원 이하의 벌금에 처한다.

불과하다고 볼 수 없고 무면허 의료행위의 방조에 해당한다. (대법원 1982. 4. 27. 선고 82도122 판결)

판례 저작재산권자의 이용허락 없이 전송되는 공중송신권 침해 게시물로 연결되는 링크를 이른바 '다시보기' 사이트 등에 게시함으로써 공중의 구성원에게 제공하는 행위 – 저작권법위반 방조 ○

방조범은 정범에 종속하여 성립하는 범죄이므로 방조행위와 정범의 범죄 실현 사이에는 인과관계가 필요하다. 방조범이 성립하려면 방조행위가 정범의 범죄 실현과 밀접한 관련이 있고 정범으로 하여금 구체적 위험을 실현시키거나 범죄 결과를 발생시킬 기회를 높이는 등으로 정범의 범죄 실현에 현실적인 기여를 하였다고 평가할 수 있어야 한다. 정범의 범죄 실현과 밀접한 관련이 없는 행위를 도와준 데 지나지 않는 경우에는 방조범이 성립하지 않는다.

최근 저작재산권자의 이용허락 없이 전송되는 방송프로그램, 영화, 만화 등 침해 게시물로 연결되는 링크를 공중에게 제공하면서 배너 광고를 통해 광고 수익을 얻는 등의 방식으로 링크를 온라인상 저작권 침해물의 유통 경로로 악용하는 이른바 '다시보기' 사이트 등의 링크 사이트(이하 '저작권 침해물 링크 사이트'라 한다)나 모바일 어플리케이션이 급속히 확산되었다. 비록 링크 자체는 연결 통로의 역할을 하는 것으로서 중립적 기술이라고 할지라도 링크가 제공되는 환경, 링크의 게시 목적과 방법 등의 여러 사정을 고려하면 전송의 방법으로 저작재산권을 침해하는 정범의 범죄 실현에 조력하는 행위가 될 수 있다. 저작권 침해물 링크 사이트에서 침해 게시물에 연결되는 링크를 제공하는 경우 등과 같이, 링크 행위자가 정범이 공중송신권을 침해한다는 사실을 충분히 인식하면서 그러한 침해 게시물 등에 연결되는 링크를 인터넷 사이트에 영리적·계속적으로 게시하는 등으로 공중의 구성원이 개별적으로 선택한 시간과 장소에서 침해 게시물에 쉽게 접근할 수 있도록 하는 정도의 링크 행위를 한 경우에는 침해 게시물을 공중의 이용에 제공하는 정범의 범죄를 용이하게 하므로 공중송신권 침해의 방조범이 성립한다. (대법원 2021. 9. 9. 선고 2017도19025 전원합의체 판결)

참고 피고인은 자신이 개설하여 운영하는 이른바 '다시보기 링크사이트'인 이 사건 사이트 게시판에, 성명불상의 정범들이 저작재산권자의 이용허락 없이 해외 동영상 공유사이트에 업로드한 영상저작물에 연결되는 링크를 2015. 7. 25.부터 2015. 11. 24.까지 총 450회에 걸쳐 게시함

동지 피고인들이 성명불상자가 저작권자의 허락 없이 동영상 공유 플랫폼 사이트에 업로드한 저작물에 팝업창 방식으로 링크를 제공하는 다시보기 링크 사이트를 운영, 관리함 – 저작권법위반 방조 ○ (대법원 2021. 11. 25. 선고 2021도10903 판결)

비교 상대방에게 성적 수치심이나 혐오감을 일으키는 말, 음향, 글, 그림, 영상 또는 물건이 담겨 있는 웹페이지 등에 대한 인터넷 링크(internet link)를 보내는 행위 – 통신매체 이용음란 ○ (대법원 2017. 6. 8. 선고 2016도21389 판결)

판례 입영기피를 결심한 자에 대하여 "잘 되겠지, 몸조심하라"하고 악수를 나눔 – 병역법위반 방조 ✕ (대법원 1983. 4. 12. 선고 82도43 판결)

판례 피고인은 '물게임' 사이트의 온라인게임(합법)에서 통용되는 사이버머니를 구입하고자 하는 사람을 유인하여 돈을 받고 위 게임사이트에 접속하여 일부러 패하는 방법으로 사이버머니를 판매하였는데 '도박개장방조죄'로 기소됨 – 도박개장 방조 ✕ (대법원 2007. 11. 29. 선고 2007도8050 판결)

해설 물게임 사이트 개설자는 단순히 합법적인 게임을 개발·제공하고 있었기에 도박개장죄의 정범이 성립하지 않고, 따라서 정범의 도박개장행위가 인정되지 않는 이상 피고인의 도박개장방조죄도 성립하지 않는다.

정범이 사위의 방법으로 병사용 진단서를 발급받아 관할 병무청에 제출하는 단계에까지 이르지 아니하였으므로 병역법 제86조에서 정하고 있는 사위행위의 실행에 착수한 것으로 볼 수 없는데, 그 정범을 방조한 경우 – 병역법위반 방조 ✕ (대법원 2005. 11. 10. 선고 2005도1995 판결)

참고 정범이 실행의 착수로 나아가지 않은 이상 방조가 인정되지 않는다.

Ⅲ 종범의 착오

종범의 착오에 관하여는 교사의 착오 법리가 그대로 적용된다.

Ⅳ 종범의 처벌

(의의) 종범은 정범의 형보다 감경한다(제32조 제2항). 동일한 형이란 법정형을 의미하므로 선고형은 달라질 수 있고, 정범의 형보다 중한 형이 선고될 수도 있다. (정범이 미수) 정범이 미수에 그친 경우 종범은 이중으로 형이 감경될 수 있다. (특수방조) 자기의 지휘·감독을 받는 자를 방조한 때에는 정범의 형으로 처벌된다(제34조 제2항).

판례 감경 – 법정형 ○ 선고형 ✕

형법 제32조 제2항은 "종범의 형은 정범의 형보다 감경한다."라고 규정하고 있다. 여기서 감경한다는 것은 법정형을 정범보다 감경한다는 것이지 선고형을 감경한다는 것이 아니므로, 종범에 대한 선고형이 정범보다 가볍지 않다 하더라도 위법이라 할 수 없다. (대법원 2015. 8. 27. 선고 2015도8408 판결)

Ⅴ 관련문제

1. 종범의 종범(간접종범)

종범을 방조한 경우, 종범이 성립한다.

판례 종범의 종범 (간접종범) – 종범 ○

방조행위가 정범의 실행에 대하여 간접적이거나 직접적이거나를 가리지 아니하고 정범이 범행을 한다는 점을 알면서 그 실행행위를 용이하게 한 이상 종범으로 처벌함이 마땅하며 간접적으로 정범을 방조하는 경우 방조자에 있어 정범이 누구에 의하여 실행되어지는가를 확지할 필요가 없다. (대법원 1977.

2. 교사의 종범

교사범을 방조한 경우, 정범에 대한 방조로 보아 종범이 성립한다.

3. 종범의 교사

방조행위를 교사한 경우, 실질적으로 정범을 방조한 것으로 보아 종범이 성립한다.

4. 방조의 미수

협의의 방조의 미수, 즉 정범이 실행에 착수하였으나 미수에 그친 경우에는 정범·종범 모두 미수범으로 처벌된다.

기도된 방조, 즉 ① 방조행위가 정범의 범행결의나 범죄실행에 영향을 미치지 못한 **효과 없는 방조**나 ② 피방조자에 의하여 방조가 거부된 **실패한 방조** 모두 교사와 달리 처벌규정이 없어 불가벌이다.

---

06 공범과 신분

I 서론

1. '공범과 신분'의 의의

> 제33조(공범과 신분) 신분이 있어야 성립되는 범죄에 신분 없는 사람이 가담한 경우에는 그 신분 없는 사람에게도 제30조부터 제32조까지의 규정을 적용한다. 다만, 신분 때문에 형의 경중이 달라지는 경우에 신분이 없는 사람은 무거운 형으로 벌하지 아니한다.

(의의) 공범과 신분이란 신분이 범죄의 성립이나 형의 가감에 영향을 미치는 경우에 신분자와 비신분자가 공범관계에 있을 때 비신분자를 신분자에 대하여 종속적으로 취급할 것인가 아니면 독립적으로 취급할 것인가의 문제이다.

(공범의 종속성과의 관계) 공범종속설에 의하면 신분자와 비신분자간 공범관계는 당연히 가능하

고 형벌의 가감도 불요하다. 그러나 공범독립성설에 의하면 신분자와 비신분자간 공범관계는 불가능하다. **(형법)** 우리 형법은 제33조 본문은 공범의 종속성을, 단서는 공범의 독립성을 규정하여 양자의 입장을 절충한다.

2. 신분의 의의

(의의) 신분이란 일정한 범죄에 관한 특별한 인적 표지로서 범인의 특수한 성질·지위·상태를 말한다.

(유형) ① **인적 성질**은 행위자에게만 인정되는 정신적·육체적 또는 법적인 특성이다. 예컨대 성별, 연령, 심신장애가 있다. ② **인적 지위**는 다른 사람과의 관계에서 행위자만이 가지는 특수한 지위나 관계를 말한다. 예컨대 공무원, 의사, 친족, 직계존속이 있다. ③ **인적 상태**란 인적 성질·지위에 포함되지 않는 특별한 신분적 표지를 말한다. 예컨대 업무성, 상습성, 누범이 있다.

(모해목적의 신분성) 신분요소는 행위자관련요소여야 하므로 누구에게나 존재할 수 있는 행위 관련적 표지는 신분개념에 포함되지 않는다는 것이 다수설이다. 즉 고의, 불법영득의사, 목적은 신분이 아니라는 것이다. 그러나 판례는 모해 목적을 부진정신분으로 보고 있다.[82]

신분의 종류를 아래 표로 정리한다.

		의의	예
구성적 신분 (진정신분범)		행위자에게 일정한 신분이 있어야 범죄가 성립하는 경우	수뢰죄 '공무원' 횡령죄 '보관자' 허위공문서작성죄 '공무원' 아동학대처벌법상 아동학대 '보호자'
가감적 신분 (부진정신분범)		신분에 의하여 형이 가중·감경되는 경우	업무상횡령죄 '업무자' 영아살해죄 '직계존속'
소극적 신분	불법조각적 신분	특정한 신분을 가진 자에게 일반인에게 금지되어 있는 행위를 특히 허용하는 경우	의료법위반 '의사'
	책임조각적 신분	행위자에게 일정한 신분이 존재함으로써 책임이 조각되는 경우	범인은닉죄 '친족·동거가족' 형사미성년자
	형벌조각적 신분	행위자에게 일정한 신분이 존재함으로써 범죄 자체는 성립하나 형벌이 면제되는 경우	친족상도례 '친족'

---

82 대법원 1994. 12. 23. 선고 93도1002 판결

Ⅱ 형법 제33조의 해석론

1. 본문과 단서의 관계

형법 제33조 본문은 신분의 연대성을, 단서는 신분의 독립성(책임의 개별화)을 규정하고 있다. 본문과 단서의 관계·적용범위에 대한 견해의 대립이 있다.

① **본문 진정신분범·단서 부진정신분범설**은 본문은 진정신분범의 공범성립·과형의 문제를, 단서는 부진정신분범의 공범성립·과형의 문제를 규정한다고 본다(통설). 본문은 '신분관계로 인하여 성립될 범죄'라고 규정하고 있어 부진정신분범은 여기에 해당하지 않는다는 점, 범죄의 성립과 처벌은 분리될 수 없다는 점을 근거로 한다.

② **본문 성립·단서 과형설**은 본문은 진정신분범의 공범성립·과형과 부진정신분범의 공범성립의 문제를, 단서는 부진정신분범의 과형의 문제를 규정한다고 본다(판례). 단서의 "무거운 형으로 벌하지 아니한다"를 '중한 죄가 성립하지 아니한다.'고까지 해석할 수 없다는 점, 본문을 진정신분범에 제한하여 적용하여야 할 근거가 없다는 점을 근거로 한다.

판례는 ②설을 취한다.

판례 진정신분범 성립·과형 및 부진정신분범 성립은 본문 / 부진정신분범 과형은 단서
업무상의 임무라는 신분관계가 없는 자가 그러한 신분관계 있는 자와 공모하여 업무상배임죄를 저질렀다면, 그러한 신분관계가 없는 공범에 대하여는 형법 제33조 단서에 따라 단순배임죄에서 정한 형으로 처단하여야 한다. 이 경우에는 신분관계 없는 공범에게도 같은 조 본문에 따라 일단 신분범인 업무상배임죄가 성립하고 다만 과형에서만 무거운 형이 아닌 단순배임죄의 법정형이 적용된다. (대법원 2018. 8. 30. 선고 2018도10047 판결) **표준**

이상의 논의를 표로 정리한다.

①설 (통설)		②설 (판례)	
진정신분범 성립	제33조 본문	진정신분범 성립	제33조 본문
진정신분범 과형		진정신분범 과형	
부진정신분범 성립	제33조 단서	부진정신분범 성립	
부진정신분범 과형		부진정신분범 과형	제33조 단서

이상의 논의를 짧게 정리한다.

📑 쟁점검토: 형법 제33조 본문과 단서의 관계

1. 문제

형법 제33조 본문은 신분의 연대성을, 단서는 신분의 독립성(책임의 개별화)을 규정하고 있는데, 둘 간의 관계 및 적용범위에 대한 견해의 대립이 있다.

2. 학설

① **본문 진정신분범·단서 부진정신분범설**: 본문은 진정신분범의 공범성립·과형의 문제를, 단서는 부진정신분범의 공범성립·과형의 문제를 규정한다.

② **본문 성립·단서 과형설**: 본문은 진정신분범의 공범성립·과형과 부진정신분범의 공범성립의 문제를, 단서는 부진정신분범의 과형의 문제를 규정한다.

3. 판례

판례는 ② **본문 성립·단서 과형설**을 취한다.

4. 검토

생각건대 단서의 '중한 형으로 벌하지 아니한다'를 '중한 죄가 성립하지 아니한다'고까지 해석할 근거가 없다는 점에서 판례가 타당하다.

2. 형법 제33조 본문·단서의 해석

지금부터는 제33조 본문·단서를 해석하며 아래 Ⓐ, Ⓑ, Ⓒ, Ⓓ 유형의 사례를 해결한다.[83] 결론을 먼저 표로 정리하고 하나씩 풀어나간다.

문제사례			비신분자의 죄책	
			통설	판례
구성적 신분 (진정신분범)	Ⓐ	비신분자 → 신분자 비신분자 + 신분자	성립 – 본문	성립 – 본문
			과형 – 본문	과형 – 본문
	Ⓑ	신분자 → 비신분자	신분자는 간접정범	신분자는 간접정범
가감적 신분 (부진정신분범)	Ⓒ	비신분자 → 신분자 비신분자 + 신분자	성립 – 단서	성립 – 본문
			과형 – 단서	과형 – 단서
	Ⓓ	신분자 → 비신분자	성립 – 단서	성립 – 단서
			과형 – 단서	과형 – 단서

---

83 이하의 서술체계는 '통설'에 입장에 따른 서술체계이다. 통설은 ⒶⒷ 문제를 제33조 본문의 해석으로, ⒸⒹ 문제를 제33조 단서의 해석으로 해결하기 때문이다. 이러한 체계가 간편하다는 점(이에 반해 판례의 결론에 따라 체계를 재구성하면 조금 더 복잡해진다), 모든 교과서에서 이 체계에 따라 서술한다는 점에서 이 책도 이에 따른다.

가. 제33조 본문 해석(Ⓐ·Ⓑ 유형의 해결)

제33조 본문은 다음과 같다. "신분이 있어야 성립되는 범죄에 신분 없는 사람이 가담한 경우에는 그 신분 없는 사람에게도 제30조부터 제32조까지의 규정을 적용한다."[84]

1) 비신분자가 신분자에게 가공한 경우(Ⓐ)

진정신분범에 가담한 비신분자에게도 본문에 따라 제30조(공동정범)·제31조(교사범)·제32조(종범)가 적용된다.[85]

① 공무원 아닌 甲이 공무원 乙과 함께 수뢰한 경우 또는 乙의 수뢰를 교사·방조한 경우, 乙은 수뢰죄가, 甲은 수뢰죄의 공동정범·교사범·방조범이 성립한다. ② 甲이 乙을 교사하여 법정서 위증하게 한 경우, 乙은 위증죄가, 甲은 위증죄의 교사범이 성립한다.

관련 판례를 살펴본다.

판례 의사가 아닌 甲이 의사 乙을 교사하여 허위진단서 작성케 함 – ① 의사 乙 허위진단서작성 ○ ② 甲 허위진단서작성 교사 ○

피고인으로부터 교사를 받은 자가 피고인이 교사한대로 의사와 공모하여 허위진단서를 작성하였다면 형법 제33조에 의하여 피고인은 허위진단서작성의 교사죄의 죄책을 면할 길 없다 할 것이다. (대법원 1967. 1. 24. 선고 66도1586 판결)

참고 진정신분범에서 비신분자가 신분자를 교사한 경우이다.

판례 공무원 아닌 甲이 공무원 乙과 공동하여 허위공문서 작성 – ① 공무원 乙 허위공문서작성 ○ ② 甲 허위공문서작성 ○

공무원이 아닌 자는 형법 제228조의 경우를 제외하고는 허위공문서작성죄의 간접정범으로 처벌할 수 없으나, 공무원이 아닌 자가 공무원과 공동하여 허위공문서작성죄를 범한 때에는 공무원이 아닌 자도 형법 제33조, 제30조에 의하여 허위공문서작성죄의 공동정범이 된다. (대법원 2006. 5. 11. 선고 2006도1663 판결)

참고 진정신분범에서 비신분자와 신분자가 공동으로 범죄를 저지른 경우이다.

판례 피해아동의 친모인 乙이 자신의 남자친구인 甲과 공모하여 아동을 학대함으로써 사망에 이르게 한 경우 – ① 친모 乙 아동학대치사 ○ ② 甲 아동학대치사 ○ (대법원 2021. 9. 16. 선고 2021도5000 판결)

참고 진정신분범에서 비신분자와 신분자가 공동으로 범죄를 저지른 경우이다.

---

84 "신분이 있어야 성립되는 범죄"에 대해서 통설은 진정신분범이라, 판례는 진정신분범과 부진정신분범 모두가 포함된다고 본다.

85 제33조 본문이 간접정범에도 적용되어 비신분자가 신분자를 이용한 간접정범이 될 수 있는가 문제되는데 부정설이 다수설이다.

2) 신분자가 비신분자에게 가공한 경우(Ⓑ)

형법 제33조 본문은 비신분자가 신분자에게 관여하는 경우에만 적용될 수 있으며 신분자가 비신분자에게 관여하는 경우에는 적용할 수 없다(통설).

진정신분범에서 신분자가 비신분자를 교사·방조하여 범죄를 실행케 한 경우 '신분 없는 고의 있는 도구'를 이용한 간접정범이 성립한다(통설). 예컨대 공무원 乙이 공무원 아닌 甲을 교사하여 뇌물을 수수한 경우, 甲은 불가벌이고, 乙에게는 수뢰죄의 간접정범이 성립한다(이와 달리, 甲·乙이 공모하였다면 Ⓑ 영역이 아닌 Ⓐ 영역으로 간다).

나. 제33조 단서 해석(Ⓒ·Ⓓ 유형의 해결)

제33조 단서는 다음과 같다. "다만, 신분 때문에 형의 경중이 달라지는 경우에 신분이 없는 사람은 무거운 형으로 벌하지 아니한다."[87]

1) 비신분자가 신분자에게 가공한 경우(Ⓒ)

(가중적 신분범에 가공) 비신분자가 가중적 신분자에게 가공한 경우를 살펴본다. 통설에 의하면

---

86 **군형법 제41조(근무 기피 목적의 사술)** ① 근무를 기피할 목적으로 신체를 상해한 사람은 다음 각 호의 구분에 따라 처벌한다. 1. 적전인 경우: 사형, 무기 또는 5년 이상의 징역 2. 그 밖의 경우: 3년 이하의 징역 ② 근무를 기피할 목적으로 질병을 가장하거나 그 밖의 위계(위계)를 한 사람은 다음 각 호의 구분에 따라 처벌한다. 1. 적전인 경우: 10년 이하의 징역 2. 그 밖의 경우: 1년 이하의 징역

87 "신분 때문에 형의 경중이 달라지는 경우"에 대해서 통설은 부진정신분범을 말한다 본다. 즉 제33조 단서는 부진정신분범에 가담한 비신분자의 공범의 성립과 과형의 문제를 규정한다는 것이다. 그러나 판례는 이에 대해서 부진정신분범의 과형을 규정한 것 뿐이라고 본다.

비신분자에게는 보통범죄의 공범이 성립하고 보통범죄의 형으로 처벌받는다. 그러나 판례에 의하면 비신분자에게는 부진정신분범의 공범이 성립하나 보통범죄의 형으로 처벌받는다. **(사례)** 예컨대, 甲과 乙이 공동하여 乙의 아버지 丙을 살해한 경우, 통설은 甲은 보통살인죄의 공동정범이 성립하고 그에 따라 처벌된다고 보는데, 판례는 甲은 존속살해죄의 공동정범이 성립하나 보통살인죄로 처벌된다고 본다(통설·판례 모두 乙은 존속살해죄가 성립하고 처벌된다고 본다).

> **판례** 실자(아들)와 더불어 남편을 살해한 처 – 존속살해죄 성립·보통살인죄 처벌 (대법원 1961. 8. 2. 선고 4294형상284 판결)
>
> **판례** 은행원이 아닌 甲이 은행원 乙과 공모하여 업무상 배임 – ① 甲 업무상배임죄 성립·단순배임죄 처벌 ② 乙 업무상배임죄 성립·처벌
>
> 은행원이 아닌 자가 은행원들과 공모하여 업무상 배임죄를 저질렀다 하여도, 이는 업무상 타인의 사무를 처리하는 신분관계로 인하여 형의 경중이 있는 경우이므로, 그러한 신분관계가 없는 자에 대하여서는 형법 제33조 단서에 의하여 형법 제355조 제2항(단순배임죄)에 따라 처단하여야 한다. (대법원 1986. 10. 28. 선고 86도1517 판결)
>
> **해설** 피가담범죄인 업무상배임죄가 진정신분범의 성격(배임죄)과 비진정신분범의 성격('업무상' 배임죄는 가중적 신분범)을 동시에 가지고 있는 경우이다. 느슨하게 따져보면 그저 ⓒ사례라고 볼 수도 있고, 엄밀히 따져보면 ⒶⒶ사례와 ⓒ사례의 결합사례라 볼 수 있다. ① 통설은 甲은 단순배임죄 성립·처벌이라고 본다. ② 판례는 甲은 업무상배임죄 성립·단순배임죄 처벌이라 본다.
>
> **판례** 보관자 아닌 甲이 업무상 보관자 乙과 공모하여 업무상 횡령 – ① 甲 업무상횡령죄 성립·단순횡령죄 처벌 ② 乙 업무상횡령죄 성립·처벌
>
> 면의 예산과는 별도로 면장이 면민들로부터 모금하여 그 개인명으로 예금하여 보관하고 있던 체육대회 성금의 업무상 점유보관자는 면장뿐이므로 면의 총무계장이 면장과 공모하여 업무상횡령죄를 저질렀다 하여도 업무상 보관책임있는 신분관계가 없는 총무계장에 대하여는 형법 제33조 단서에 의하여 형법 제355조 제2항(단순횡령죄)에 따라 처단하여야 한다. (대법원 1989. 10. 10. 선고 87도1901 판결)

(감경적 신분범에 가공) 비신분자가 감경적 신분자에게 가공한 경우, 제33조 단서의 "중한 형으로 벌하지 아니한다."에 따라 경한 형으로 처벌해야 하는지 문제된다. ① **긍정설**은 명문 규정에 따라야 한다고 본다. ② **부정설**(통설)은 형의 감경사유는 언제나 신분자의 일신에 한하고 공범자에게는 미치지 않으므로 비신분자는 보통범죄로 처벌해야 한다고 본다. 생각건대 책임의 개별화원칙상 정범의 책임감경신분에까지 공범이 종속된다고 보는 것은 부당하므로 부정설이 타당하다. 명시적인 판례는 없다.

2) 신분자가 비신분자에게 가공한 경우(ⓓ)

제33조 단서는 '신분 때문에 형의 경중이 달라지는 경우'라고 규정할 뿐, 신분이 정범과 공범 누구에게 있는가는 불문하므로 ⓓ 영역에도 적용되어 성립과 처벌이 모두 개별화된다. 예컨대, 甲이 乙을 교사하여 자신의 아버지 丙을 살해하게 한 경우, 甲은 존속살해교사죄가 성립하고 그에 따라 처벌되고, 乙은 보통살해죄가 성립하고 그에 따라 처벌된다.

> **판례** 甲이 A를 모해할 목적으로 乙에게 위증을 교사하였는데, 乙은 모해의 목적 없이 위증 – ① 甲 모해위증교사죄 성립·처벌 ② 乙 위증죄 성립·처벌
>
> 형법 제33조 소정의 이른바 신분관계라 함은 남녀의 성별, 내·외국인의 구별, 친족관계, 공무원인 자격과 같은 관계뿐만 아니라 널리 일정한 범죄행위에 관련된 범인의 인적관계인 특수한 지위 또는 상태를 지칭하는 것이다.
>
> 형법 제152조 제1항과 제2항은 위증을 한 범인이 형사사건의 피고인 등을 '모해할 목적'을 가지고 있었는가 아니면 그러한 목적이 없었는가 하는 범인의 특수한 상태의 차이에 따라 범인에게 과할 형의 경중을 구별하고 있으므로, 이는 바로 형법 제33조 단서 소정의 "신분관계로 인하여 형의 경중이 있는 경우"에 해당한다고 봄이 상당하다.
>
> 피고인이 갑을 모해할 목적으로 을에게 위증을 교사한 이상, 가사 정범인 을에게 모해의 목적이 없었다고 하더라도, 형법 제33조 단서의 규정에 의하여 피고인을 모해위증교사죄로 처단할 수 있다.
>
> 형법 제31조 제1항은 협의의 공범의 일종인 교사범이 그 성립과 처벌에 있어서 정범에 종속한다는 일반적인 원칙을 선언한 것에 불과하고, 신분관계로 인하여 형의 경중이 있는 경우에 신분이 있는 자가 신분이 없는 자를 교사하여 죄를 범하게 한 때에는 형법 제33조 단서가 형법 제31조 제1항에 우선하여 적용됨으로써 신분이 있는 교사범이 신분이 없는 정범보다 중하게 처벌된다. (대법원 1994. 12. 23. 선고 93도1002 판결) **표준**
>
> **해설** 모해의 '목적'을 '신분'으로 이해하였다는 점에서 중요판결이다.

Ⅲ 소극적 신분과 공범

형법 제33조는 구성적 신분·가감적 신분에 대해서만 규정하고 소극적 신분에 대해서는 언급이 없다. 따라서 이 문제는 공범의 종속성 일반이론으로 돌아가 제한적 종속형식에 따라 해결해야 한다.

1. 불법조각적 신분과 공범

가. 비신분자가 신분자에게 가공한 경우

신분자의 적법행위에 관여한 것이므로 비신분자에게도 범죄가 성립되지 않는다. 예컨대, 의사

아닌 甲이 의사 乙에게 의료행위를 교사한 경우, 둘 모두 불가벌이다.

나. 신분자가 비신분자에게 가공한 경우

정범인 비신분자의 불법효과가 신분자에게도 연대적으로 미치므로 신분자에게도 그 범죄의 공범이 성립한다.

[판례] 치과의사 甲이 환자 유치를 위해 치과기공사 乙에게 진료행위를 하도록 지시하여 乙이 진료행위를 함 – ① 甲 의료법위반 교사 ○ ② 乙 의료법위반 ○ (대법원 1986. 7. 8. 선고 86도749 판결) **표준**

[동지] 의사 甲이 간호사 乙에게 자신이 입회하지 않은 상태에서 환자의 사망진단을 하게 함 – ① 甲 의료법위반 교사 ○ ② 乙 의료법위반 ○ (대법원 2022. 12. 29. 선고 2017도10007 판결)

[판례] 의사 甲이 간호사 乙의 무면허의료행위에 공모하고 실행분담함 – 甲·乙 의료법위반 ○

의사가 간호사의 무면허의료행위가 실시되는 데 간호사와 함께 공모하여 그 공동의사에 의한 기능적 행위지배가 있었다면, 의사도 무면허의료행위의 공동정범으로서의 죄책을 진다. (대법원 2012. 5. 10. 선고 2010도5964 판결)

[동지] 의료인일지라도 의료인 아닌 자의 의료행위에 공모하여 가공하면 의료법 제25조 제1항이 규정하는 무면허의료 행위의 공동정범으로서의 책임을 짐 (대법원 1986. 2. 11. 선고 85도448 판결)

---

2. 책임조각적 신분·형벌조각적 신분과 공범

① 비신분자가 신분자에게 가공한 경우 ② 신분자가 비신분자에게 가공한 경우를 불문하고, 신분자는 책임·형벌이 조각되어 처벌받지 않으나, 비신분자는 범죄가 성립하고 처벌된다.

죄수론

01 죄수이론

죄수론이란 범죄의 수를 결정하고 그 경우에 어떻게 처벌할 것인가를 다루는 이론이다. 죄수의 결정 기준에 관하여는 ① 행위표준설 ② 법익표준설 ③ 의사표준설 ④ 구성요건표준설이 대립하는데 판례는 구체적 사안마다 기준을 달리하고 있다.

02 일죄

(의의) 일죄란 범죄의 수가 1개인 것을 말한다. 즉 범죄행위가 1개의 구성요건에 1회 해당하는 경우이다. (종류) 일죄에는 1개의 행위가 1개의 구성요건을 충족하여 당연히 일죄가 되는 ① 본래의 의미의 일죄 이외에 ② **법조경합** 및 ③ **포괄일죄**가 있다.

I 법조경합

1. 의의

(의의) 법조경합이란 1개·수 개의 행위가 외관상 수 개의 구성요건에 해당하는 것 같이 보이나, 구성요건 상호간의 논리적 관계 때문에 실제로는 한 구성요건만 적용되고 다른 구성요건은 배척되어 일죄만 성립하는 경우를 말한다. (구별개념) 법조경합은 외관상 수 죄일 뿐 실질적으로 일죄라는 점에서, 실질적으로도 수 죄인 상상적 경합·실체적 경합과 구별된다.

2. 유형

가. 일반론

법조경합의 유형을 아래 표로 정리한다.

	내용	예시
특별 관계	어떤 구성요건이 다른 구성요건의 모든 요소를 포함하고 그 외에 다른 요소까지 요구하는 경우 → 일반규정 배제·특별규정 적용	① 살해죄 < 존속살해죄 ② 강도죄 < 강도강간죄 ③ 상해죄 < 상해치사죄
보충 관계	어떤 구성요건이 다른 구성요건의 적용이 없을 때 보충적으로만 적용되는 경우 → 보충법 배제·일반법 적용	• 명시적 보충관계 　① 일반건조물방화죄 < 현주건조물방화죄 　② 일반이적죄 < 외환유치죄·모병이적죄· 　　 간첩죄 • 묵시적 보충관계(해석상 인정) 　① 예비 < 미수 < 기수[88] 　② 종범 < 교사범 < 정범[89] 　③ 부작위범 < 작위범[90]
흡수 관계	어떤 구성요건의 불법·책임내용이 다른 구성요건의 불법·책임내용을 포함하지만 특별관계·보충관계에는 해당하지 않는 경우[91] → 피흡수법 배제·흡수법 적용	• 불가벌적 수반행위 　① 폭행·협박 < 감금 　② 인장위조 < 사문서위조 • 불가벌적 사후행위
택일 관계	양립할 수 없는 두 개의 구성요건 중에서 어느 하나만 적용되는 경우	• 1개의 행위에 대하여 　① 절도죄와 권리행사방해죄 　② 절도죄와 횡령죄

　　법조경합 중 특별관계·보충관계·택일관계에 관한 판례를 간단히 살펴본다. 흡수관계(불가벌적 수반행위·불가벌적 사후행위)는 항을 바꾸어 따로 살펴본다.

88　불가벌적 사전행위로서 범죄실현을 위한 전단계의 범죄는 같은 대상에 대한 다음 단계의 침해가 있으면 독자적 의의를 잃고 불가벌이 된다.
89　가벼운 침해방법은 무거운 침해방법에 대하여 보충관계에 있다.
90　가벼운 침해방법은 무거운 침해방법에 대하여 보충관계에 있다.
91　이 경우는 흡수법의 구성요건이 피흡수법의 구성요건을 포함하는 것이 아니라는 점에서 특별관계와 구별되고, 서로 다른 범죄가 결합한 것이라는 점에서 보충관계와 구별된다.

> **판례** 특별관계 - 폭행·협박 〈 강간
>
> 폭행 또는 협박으로 부녀를 강간한 경우에는 강간죄만 성립하고, 그것과 별도로 강간의 수단으로 사용된 폭행·협박이 형법상의 폭행죄나 협박죄 또는 폭력행위등처벌에관한법률위반의 죄를 구성한다고는 볼 수 없으며, 강간죄와 이들 각 죄는 이른바 법조경합의 관계일 뿐이다. (대법원 2002. 5. 16. 선고 2002도51 전원합의체 판결)

> **판례** 보충관계 - 살인예비·살인미수 〈 살인기수
>
> 살해의 목적으로 동일인에게 일시 장소를 달리하고 수차에 걸쳐 단순한 예비행위를 하거나 또는 공격을 가하였으나 미수에 그치다가 드디어 그 목적을 달성한 경우 … (중략) … 그 살해의 목적을 달성할 때까지의 행위는 모두 실행행위의 일부로서 이를 포괄적으로 보고 단순한 한개의 살인기수죄로 처단할 것이지 살인예비 내지 미수죄와 동 기수죄의 경합죄로 처단할 수는 없는 것이다. (대법원 1965. 9. 28. 선고 65도695 판결) **표준**

> **판례** 보충관계 - 부작위범인 직무유기 〈 작위범인 범인도피
>
> 피고인이 검사로부터 범인을 검거하라는 지시를 받고서도 그 직무상의 의무에 따른 적절한 조치를 취하지 아니하고 오히려 범인에게 전화로 도피하라고 권유하여 그를 도피케 하였다는 범죄사실만으로는 직무위배의 위법상태가 범인도피행위 속에 포함되어 있는 것으로 보아야 할 것이므로, 이와 같은 경우에는 작위범인 범인도피죄만이 성립하고 부작위범인 직무유기죄는 따로 성립하지 아니한다. (대법원 1996. 5. 10. 선고 96도51 판결)

나. 불가벌적 수반행위

(의의) 법조경합 중 흡수관계의 한 유형인 '불가벌적 수반행위'를 따로 살펴본다. 불가벌적 수반행위란 특정한 범죄행위에 일반적·전형적으로 결합되어 있는 제3의 경미한 위법행위를 말한다. **(구별개념)** 이러한 전형성이 부정되면 주로 '상상적 경합'이 인정된다.

불가벌적 수반행위가 인정된 경우를 살펴본다.

> **판례** 불가벌적 수반행위 vs 상상적 경합
>
> 상상적 경합은 1개의 행위가 실질적으로 수개의 구성요건을 충족하는 경우를 말하고, 법조경합은 1개의 행위가 외관상 수개의 죄의 구성요건에 해당하는 것처럼 보이나 실질적으로 1죄만을 구성하는 경우를 말하며, 실질적으로 1죄인가 또는 수죄인가는 구성요건적 평가와 보호법익의 측면에서 고찰하여 판단하여야 한다. 그리고 이른바 '불가벌적 수반행위'란 법조경합의 한 형태인 흡수관계에 속하는 것으로서, 행위자가 특정한 죄를 범하면 비록 논리 필연적인 것은 아니지만 일반적·전형적으로 다른 구성요건을 충족하고 이때 그 구성요건의 불법이나 책임 내용이 주된 범죄에 비하여 경미하기 때문에 처벌이 별도로 고려되지 않는 경우를 말한다. (대법원 2012. 10. 11. 선고 2012도1895 판결) **표준**

판례 감금의 수단으로 범한 협박죄는 감금죄에 흡수됨

감금을 하기 위한 수단으로서 행사된 단순한 협박행위는 감금죄에 흡수되어 따로 협박죄를 구성하지 아니한다. (대법원 1982. 6. 22. 선고 82도705 판결)

비교 강간죄(강도죄)의 수단으로 범한 감금죄와 강간죄(강도죄) – 상상적 경합

감금행위가 강간죄나 강도죄의 수단이 된 경우에도 감금죄는 강간죄나 강도죄에 흡수되지 아니하고 별죄를 구성한다. (대법원 1997. 1. 21. 선고 96도2715 판결)

판례 인장위조죄는 사문서위조죄에 흡수됨 (대법원 1978. 9. 26. 선고 78도1787 판결)

판례 매출전표에 대한 사문서위조·동행사죄는 신용카드부정사용죄에 흡수됨 (대법원 1992. 6. 9. 선고 92도77 판결)

판례 교특법(치상)은 특가법(위험운전치상)에 흡수됨

음주로 인한 특정범죄가중처벌 등에 관한 법률 위반(위험운전치사상)죄는 그 입법 취지와 문언에 비추어 볼 때, 주취상태의 자동차 운전으로 인한 교통사고가 빈발하고 그로 인한 피해자의 생명·신체에 대한 피해가 중대할 뿐만 아니라, 사고발생 전 상태로의 회복이 불가능하거나 쉽지 않은 점 등의 사정을 고려하여, 형법 제268조에서 규정하고 있는 업무상과실치사상죄의 특례를 규정하여 가중처벌함으로써 피해자의 생명·신체의 안전이라는 개인적 법익을 보호하기 위한 것이다. 따라서 그 죄가 성립하는 때에는 차의 운전자가 형법 제268조의 죄를 범한 것을 내용으로 하는 교통사고처리특례법 위반죄는 그 죄에 흡수되어 별죄를 구성하지 아니한다. (대법원 2008. 12. 11. 선고 2008도9182 판결)

비교 도로교통법상 업무상과실재물손괴죄와 특가법(위험운전치상) – 상상적 경합

음주 또는 약물의 영향으로 정상적인 운전이 곤란한 상태에서 자동차를 운전하여 사람을 상해에 이르게 함과 동시에 다른 사람의 재물을 손괴한 때에는 특정범죄가중처벌 등에 관한 법률 위반(위험운전치사상)죄 외에 업무상과실 재물손괴로 인한 도로교통법 위반죄가 성립하고, 위 두 죄는 1개의 운전행위로 인한 것으로서 상상적 경합관계에 있다. (대법원 2010. 1. 14. 선고 2009도10845 판결)

판례 향정신성의약품 소지죄는 향정신성의약품 수수죄에 흡수됨

향정신성의약품관리법 제42조 제1항 제1호가 규정하는 향정신성의약품수수의 죄가 성립되는 경우에는 그 수수행위의 결과로서 그에 당연히 수반되는 향정신성의약품의 소지행위는 수수죄의 불가벌적 수반행위로서 수수죄에 흡수되고 별도의 범죄를 구성하지 않는다고 볼 것이다. (대법원 1990. 1. 25. 선고 89도1211 판결)

비교 향정신성의약품 수수죄와 향정신성의약품 매매죄 – 실체적 경합

수인이 공모공동하여 향정신성의약품을 매수한 후 그 공범자 사이에 그 중 일부를 수수하는 경우에 있어서 그 매수의 범행 당시 공범들이 각자 그 구입자금을 갹출하여 그 금액에 상응하는 분량을 분배하기로 약정하고, 그 약정에 따라 이를 수수하는 경우와 같이 그 수수행위와 매매행위가 불가분의 관계에 있는 것이라거나 매매행위에 수반되는 필연적 결과로서 일시적으로 행하여진 것에 지나지 않는다고 평가되지 아니하는 한, 그 수수행위는 매매행위에 포괄 흡수되지 아니하고 향정신성의약품매매죄와는 별도로 향정신성의약품수수죄가 성립하고, 두 죄는 실체적 경합관계에 있다. (대법원 1998. 10. 13. 선고 98도2584 판결)

비교 대마소지죄와 대마매매죄 – 실체적 경합

매입한 대마를 처분함이 없이 계속 소지하고 있는 경우에 있어서 그 소지행위가 매매행위와 불가분의 관계에

있는 것이라거나, 매매행위에 수반되는 필연적 결과로서 일시적으로 행하여진 것에 지나지 않는다고 평가되지 않는 한 그 소지행위는 매매행위에 포괄 흡수되지 아니하고 대마매매죄와는 달리 대마소지죄가 성립한다고 보아야 할 것인바, 흡연할 목적으로 대마를 매입한 후 흡연할 기회를 포착하기 위하여 이틀 이상 하의주머니에 넣고 다님으로써 소지한 행위는 매매행위의 불가분의 필연적 결과라고 평가될 수 없다. (대법원 1990. 7. 27. 선고 90도543 판결)

판례 반란에 수반하여 일어난 지휘관계엄지역수소이탈·불법진퇴는 반란죄에 흡수됨 (대법원 1997. 4. 17. 선고 96도3376 전원합의체 판결)

불가벌적 수반행위가 부정된 경우를 살펴본다.

판례 1개의 행위가 형법과 행정적 처벌법규에 해당하면 상상적 경합
1개의 행위로서 형법의 구성요건과 행정적 처벌법규(농지개혁법)의 구성요건에 각 해당하는 경우에 이 양자간의 관계는 특별관계 또는 흡수관계 등 법조경합으로 볼 것이 아니라 상상적 경합으로 보아야 할 것이다. (대법원 1961. 10. 12. 선고 4293형상966 판결)

판례 공직선거법상 선거의 자유방해죄와 형법상의 업무방해죄 – 법조경합 ✕
보호법익과 구성요건을 서로 달리하는 것이므로, 위 양죄의 관계를 위 선거의 자유방해죄가 성립할 경우 업무방해죄가 이에 흡수되는 법조경합관계라고 볼 수는 없고, 또한 이와 같이 위 양죄가 서로 별개의 죄인 이상 업무방해죄로 이 사건 공소가 제기된 후에 공직선거법에 정당의 당내 경선의 자유 방해행위에 대한 위 제237조 제5항 제2호의 처벌규정이 신설되었다고 하여 이 사건 범행의 경우를 범행 후 법령 개폐로 인하여 형이 폐지된 때에 해당한다고 보아 처벌할 수 없다고 할 것은 아니다. (대법원 2006. 6. 15. 선고 2006도1667 판결)

판례 업무방해죄와 폭행죄 – 상상적 경합
업무방해죄와 폭행죄는 구성요건과 보호법익을 달리하고 있고, 업무방해죄의 성립에 일반적·전형적으로 사람에 대한 폭행행위를 수반하는 것은 아니며, 폭행행위가 업무방해죄에 비하여 별도로 고려되지 않을 만큼 경미한 것이라고 할 수도 없으므로, 설령 피해자에 대한 폭행행위가 동일한 피해자에 대한 업무방해죄의 수단이 되었다고 하더라도 그러한 폭행행위가 이른바 '불가벌적 수반행위'에 해당하여 업무방해죄에 대하여 흡수관계에 있다고 볼 수는 없다. (대법원 2012. 10. 11. 선고 2012도1895 판결) 표준

판례 (업무상) 배임죄와 배임수재죄 – 실체적 경합
배임죄는 타인의 사무를 처리하는 자가 그 임무에 위배하는 행위가 있어야 하고 그 행위로서 본인에게 손해를 가함으로써 성립하는 것이나 부정한 청탁을 받거나 금품을 수수한 것을 그 요건으로 하지 않고 있으므로 이들 양 죄는 행위의 태양을 전연 달리하고 있어 일반법과 특별법관계가 아닌 별개의 독립된 범죄라고 보아야 하고 … (중략) … 업무상 배임죄가 배임수재죄에 흡수되는 관계에 있다거나 결과적 가중범의 관계에 있다고는 할 수 없으므로 위 양죄를 형법 제37조 전단의 경합범으로 의율처단하였음은 정당하다. (대법원 1984. 11. 27. 선고 84도1906 판결)

다. 불가벌적 사후행위

(의의) 법조경합 중 흡수관계의 한 유형인 '불가벌적 사후행위'를 따로 살펴본다. 불가벌적 사후행위란 범죄에 의하여 획득한 위법한 이익을 확보·사용·처분하는 사후행위가 별개의 구성요건에 해당하지만 그 불법이 이미 앞선 범죄에 의하여 완전히 평가되었기 때문에 별죄를 구성하지 않는 경우를 말한다. (구별개념) 불가벌적 사후행위가 부정되는 경우, 주로 '실체적 경합'이 인정된다.

(요건) 불가벌적 사후행위의 요건을 살펴본다. ① 사후행위는 그 자체로는 범죄의 구성요건에 해당하여야 한다. ② 가벌적 사전범죄를 범한 행위자의 사후행위여야 한다. ③ 사후행위는 주된 범죄와 동일한 보호법익·동일한 행위객체에 대한 것이어야 한다. ④ 사후행위는 사전 범죄의 침해의 양을 초과하지 않아야 한다. ⑤ 주된 범죄는 재산죄인 경우가 보통이지만 반드시 재산죄에 제한되지 않는다.[92] 관련 판례를 살펴본다.[93]

> [판례] 횡령물의 처분 – 불가벌적 사후행위
> 횡령죄는 상태범이므로 횡령행위의 완료후에 행하여진 횡령물의 처분행위는 그것이 그 횡령행위에 의하여 평가되어 버린 것으로 볼 수 있는 범위 내의 것이라면 새로운 법익의 침해를 수반하지 않은 이른바 불가벌적사후행위로서 별개의 범죄를 구성하지 않는다. (대법원 1978. 11. 28. 선고 78도2175 판결)
>
> [판례] 간첩행위로 탐지·수집한 사항을 타인에게 보고·누설 – 불가벌적 사후행위
> 간첩행위는 기밀에 속한 사항 또는 도서, 물건을 탐지·수집한 때에 기수가 되는 것이므로 간첩이 이미 탐지·수집하여 지득하고 있는 사항을 타인에게 보고·누설하는 행위는 간첩의 사후행위로서 위 조항에 의하여 처단의 대상이 되는 간첩행위 자체라고 할 수 없다. (대법원 2011. 1. 20. 선고 2008재도11 전원합의체 판결)

Ⅱ 포괄일죄

1. 의의

(의의) 포괄일죄란 수 개의 행위가 포괄적으로 1개의 구성요건에 해당하여 일죄를 구성하는 경우이다. (구별개념) 포괄일죄는 행위의 수와 관계없이 본래 일죄라는 점에서 외형상 수 죄처럼 보

---

92 예컨대 간첩이 탐지·수집한 국가기밀을 적국에 누설한 경우, 학설은 불가벌적 사후행위에 해당한다고 보고 판례는 불가벌적 사후행위라고 보기도 하고 간첩의 포괄일죄에 해당한다고 보기도 한다.

93 이곳에서는 불가벌적 사후행위·실체적 경합의 개념과 직결되는 판례만 살펴보고, 나머지는 형법각론의 각 죄 부분에서 살펴보는 것으로 한다.

이는 **법조경합**과 구별된다. 또한 본래 일죄라는 점에서 실질적으로 수 죄이지만 처벌만 일죄로 하는 **상상적 경합**과 구별된다.

> **판례** 포괄일죄의 의의
> 포괄일죄라는 것은 일반적으로 각기 따로 존재하는 수개의 행위가 당해 구성요건을 한번 충족하여 본래적으로 일죄라는 것으로 이 수개의 행위가 혹은 흡수되고 혹은 사후행위가 되고 혹은 위법상태가 상당 정도 시간적으로 경과하는 등으로 본래적으로 일죄의 관계가 이루어지는 것이므로 별개의 죄가 따로 성립하지 않음은 물론 과형상의 일죄와도 이 점에서 그 개념 등을 달리하는 것이다. (대법원 1982. 11. 23. 선고 82도2201 판결)

> **판례** 포괄일죄의 요건 – ① 범의의 단일성 ② 시간적·장소적 연관성 ③ 방법 간 동일성
> 수개의 범죄행위를 포괄하여 하나의 죄로 인정하기 위하여는 ① 범의의 단일성 외에도 각 범죄행위 사이에 ② 시간적·장소적 연관성이 있고 ③ 범행의 방법 간에도 동일성이 인정되는 등 수개의 범죄행위를 하나의 범죄로 평가할 수 있는 경우에 해당하여야 한다. (대법원 2005. 9. 15. 선고 2005도1952 판결)

> **판례** 포괄일죄 vs 실체적 경합
> 동일 죄명에 해당하는 수 개의 행위를 단일하고 계속된 범의로 일정기간 계속하여 행하고 그 피해법익도 동일한 경우에는 이들 각 행위를 통틀어 포괄일죄로 처단하여야 할 것이나, 수 개의 범행에서 범의의 단일성과 계속성이 인정되지 아니하거나 범행방법이 동일하지 않다면 각 범행은 실체적 경합범에 해당한다. (대법원 2013. 11. 28. 선고 2013도10467 판결, 대법원 2010. 11. 11. 선고 2007도8645 판결) **표준**

2. 유형

포괄일죄의 유형을 아래 표로 정리한다.

	내용	예시
협의의 포괄일죄	1개의 구성요건에 동일한 법익을 침해하는 여러 행위태양이 함께 규정되어 있는 경우, 여러 행위태양에 해당하는 일련의 행위가 포괄하여 일죄가 되는 경우	① 수뢰죄 (뇌물의 요구·약속·수수) ② 체포·감금죄 (체포와 감금) ③ 장물죄 (장물의 취득·양도·운반·보관)
결합범	개별적으로 독립된 범죄의 구성요건에 해당하는 수 개의 행위가 1개의 구성요건에 결합하여 일죄를 구성하는 경우	① 강도죄 (폭행·협박죄 + 절도죄) ② 강도강간죄 (강도죄 + 강간죄)

	내용	예시
계속범	위법상태를 야기하는 행위와 야기된 위법상태를 유지하는 행위가 포괄하여 1개의 구성요건을 실현하는 경우[94]	① 감금죄 ② 주거침입죄
접속범	단독으로도 범죄가 될 수 있는 수 개의 행위가 동일기회에 동일법익에 대하여 불가분적으로 접속하여 행해졌을 때 포괄하여 일죄로 되는 경우	① 절도범이 대기해 놓은 자동차에 재물을 수 회 반출하여 싣는 방법으로 절취 ② 동일기회에 같은 부녀를 수 회 강간
연속범	연속하여 행하여진 수 개의 행위가 동종의 범죄에 해당하는 경우	① 단일한 범의로 신용카드 부정사용행위를 동일한 방법으로 반복 ② 절도범이 쌀창고에서 수일에 걸쳐 매일 밤 한 가마씩 절취
집합범	다수의 동종의 행위가 동일한 의사의 경향에 따라 반복될 것이 당연히 예상되어 있기 때문에 수 개의 행위가 일괄하여 일죄를 구성하는 경우	① 상습범 ② 영업범 ③ 직업범

3. 효과

(실체법적 효과) 포괄일죄는 일죄이므로 하나의 죄로 처벌된다. 구성요건을 달리하는 행위가 포괄일죄가 되는 경우에는 중한 죄 일죄만 성립한다. 포괄일죄의 일부분에 대한 공범의 성립도 가능하다.

> 판례 상습범의 중간에 동종의 상습범의 확정판결이 있는 경우, 확정판결 전후의 범행은 두 개의 죄로 분단됨 (대법원 2004. 9. 16. 선고 2001도3206 전원합의체 판결) **표준**
> 동지 포괄일죄로 되는 개개의 범죄행위가 다른 종류의 죄의 확정판결의 전후에 걸쳐서 행하여진 경우에는 그 죄는 2죄로 분리되지 않고 확정판결 후인 최종의 범죄행위시에 완성됨 (대법원 2003. 8. 22. 선고 2002도5341 판결)

(소송법적 효과) 포괄일죄는 소송법상으로도 일죄이므로 공소의 효력·기판력은 포괄일죄의 내용이 되는 행위 전부에 미친다.

4. 관련 판례

포괄일죄 일반에 관한 판례를 살펴본다.

---

94 계속범은 기수시기와 종료시기가 일치하지 않으므로 기수 이후에도 종료 이전까지는 공동정범·종범의 성립이 가능하다. 공소시효의 기산점은 종료시이다.

판례 횡령죄의 포괄일죄

수개의 업무상 횡령행위라 하더라도 피해법익이 단일하고, 범죄의 태양이 동일하며, 단일 범의의 발현에 기인하는 일련의 행위라고 인정될 때에는 포괄하여 1개의 범죄가 성립하고, 또한 수개의 업무상 횡령행위 도중에 공범자의 변동이 있는 경우라 하더라도 그 수개의 행위가 위와 같은 기준을 충족하는 것이라면 별개의 죄가 되는 것이 아니라 포괄일죄가 된다. (대법원 2009. 2. 12. 선고 2006도6994 판결)

판례 사기죄의 포괄일죄 vs 실체적 경합

단일한 범의의 발동에 의하여 상대방을 기망하고 그 결과 착오에 빠져 있는 동일인으로부터 어떤 기간 동안 동일한 방법에 의하여 금원을 편취한 경우에는 이를 포괄적으로 관찰하여 일죄로 처단하는 것이 상당하나, 수인의 피해자에 대하여 각별로 기망행위를 하여 각각 재물을 편취한 경우에는 비록 범의가 단일하고 범행방법이 동일하더라도 각피해자의 피해법익은 독립한 것이므로 이를 포괄일죄로 파악할 수는 없고 피해자별로 독립한 수개의 사기죄가 성립된다. (대법원 1989. 6. 13. 선고 89도582 판결)

판례 ① 배임수재의 포괄일죄 – 동일인으로부터 여러 차례 금품 수수 ② 배임수재의 실체적 경합 – 여러 사람으로부터 각각 부정한 청탁 받고 각각 금품 수수

① 타인의 사무를 처리하는 자가 동일인으로부터 그 직무에 관하여 부정한 청탁을 받고 여러 차례에 걸쳐 금품을 수수한 경우, 그것이 단일하고도 계속된 범의 아래 일정기간 반복하여 이루어진 것이고 그 피해법익도 동일한 때에는 이를 포괄일죄로 보아야 한다. ② 다만, 여러 사람으로부터 각각 부정한 청탁을 받고 그들로부터 각각 금품을 수수한 경우에는 비록 그 청탁이 동종의 것이라고 하더라도 단일하고 계속된 범의 아래 이루어진 범행으로 보기 어려워 그 전체를 포괄일죄로 볼 수 없다. (대법원 2008. 12. 11. 선고 2008도6987 판결)

참고 회원제 골프장 예약업무 담당자 甲이 부킹대행업자 乙·丙으로부터 수차례에 걸쳐 부정한 청탁과 금품을 수수한 뒤 주말부킹권을 판매함 – ① 乙로부터 수재한 배임수재죄들은 포괄일죄 관계, ② 丙으로부터 수재한 배임수재죄들은 포괄일죄 관계에 있고, ①과 ②는 실체적 경합 관계에 있음.

동지 수뢰죄의 포괄일죄 vs 실체적 경합

여러 개의 뇌물수수행위가 있는 경우에 그것이 단일하고 계속된 범의하에 동종의 범행을 일정 기간 반복하여 행한 것이고, 그 피해법익도 동일한 경우에는 각 범행을 통틀어 포괄일죄로 볼 것이지만, 그러한 범의의 단일성과 계속성을 인정할 수 없을 때에는 각 범행마다 별개의 죄가 성립하는 것으로서 경합범으로 처단하는 것이 마땅하다. (대법원 1998. 2. 10. 선고 97도2836 판결)

판례 저작물에 대한 침해행위(저작권법위반)의 포괄일죄 vs 실체적 경합

저작재산권 침해행위는 저작권자가 같더라도 저작물별로 침해되는 법익이 다르므로, 각각의 저작물에 대한 침해행위는 원칙적으로 각 별개의 죄를 구성한다. 다만 단일하고도 계속된 범의 아래 동일한 저작물에 대한 침해행위가 일정기간 반복하여 행하여진 경우에는 포괄하여 하나의 범죄가 성립한다고 볼 수 있다. (대법원 2012. 5. 10. 선고 2011도12131 판결)

포괄일죄가 인정된 경우를 살펴본다.

판례 직무유기죄 – 포괄일죄(계속범)

직무유기죄는 그 직무를 수행하여야 하는 작위의무의 존재와 그에 대한 위반을 전제로 하고 있는바, 그 작위의무를 수행하지 아니함으로써 구성요건에 해당하는 사실이 있었고 그 후에도 계속하여 그 작위의무를 수행하지 아니하는 위법한 부작위상태가 계속되는 한 가벌적 위법상태는 계속 존재하고 있다고 할 것이며 형법 제122조 후단은 이를 전체적으로 보아 1죄로 처벌하는 취지로 해석되므로 이를 즉시범이라고 할 수 없다. (대법원 1997. 8. 29. 선고 97도675 판결)

판례 하나의 사건에 관하여 한 번 선서한 증인이 같은 기일에서 여러 사실에 대하여 위증하여 위증죄 – 포괄일죄(접속범)

하나의 사건에 관하여 한 번 선서한 증인이 같은 기일에 여러 가지 사실에 관하여 기억에 반하는 허위의 진술을 한 경우 이는 하나의 범죄의사에 의하여 계속하여 허위의 진술을 한 것으로서 포괄하여 1개의 위증죄를 구성하는 것이고 각 진술마다 수 개의 위증죄를 구성하는 것이 아니므로, 당해 위증 사건의 허위진술 일자와 같은 날짜에 한 다른 허위진술로 인한 위증 사건에 관한 판결이 확정되었다면, 비록 종전 사건 공소사실에서 허위의 진술이라고 한 부분과 당해 사건 공소사실에서 허위의 진술이라고 한 부분이 다르다 하여도 종전 사건의 확정판결의 기판력은 당해 사건에도 미치게 되어 당해 위증죄 부분은 면소되어야 한다. (대법원 1998. 4. 14. 선고 97도3340 판결)

동지 하나의 소송사건에서 동일한 선서 하에 이루어진 법원의 감정명령에 따라 감정인이 동일한 감정명령사항에 대하여 수차례에 걸쳐 허위의 감정보고서를 제출 – 포괄일죄(접속범) (대법원 2000. 11. 28. 선고 2000도1089 판결)

판례 피해자를 1회 간음하고 200m쯤 오다가 다시 1회 간음하여 강간죄 – 포괄일죄(접속범)

피해자를 위협하여 항거불능케 한 후 1회 간음하고 2백미터쯤 오다가 다시 1회 간음한 경우에 있어 피고인의 의사 및 그 범행시각과 장소로 보아 두번째의 간음행위는 처음 한 행위의 계속으로 볼 수 있어 이를 단순일죄로 처단한 것은 정당하다. (대법원 1970. 9. 29. 선고 70도1516 판결)

비교 피해자를 1회 강간하여 상처입게 한 후 약 1시간 후에 장소를 옮겨 다시 강간 – ① 강간치상죄 ② 강간죄 (실체적 경합)

피해자를 1회 강간하여 상처를 입게한 후 약 1시간후에 장소를 옮겨 같은 피해자를 다시 1회 강간한 행위는 그 범행시간과 장소를 달리하고 있을 뿐만 아니라 각 별개의 범의에서 이루어진 행위로서 형법 제37조 전단의 실체적 경합범에 해당한다. (대법원 1987. 5. 12. 선고 87도694 판결)

판례 특수강도가 동일한 장소에서 동일한 방법에 의하여 시간적으로 접착된 상황에서 이루어졌는데 피해자가 여러 사람인 경우 – 포괄일죄(접속범)

당원은 일찍이 단일한 범의로써 절취한 시간과 장소가 접착되어 있고 같은 사람의 관리하에 있는 방안에서 소유자가 다른 물건을 여러 가지 절취한 경우에는 단순일죄가 성립한다고 판시한 바 있는데 이는 이 사건과 같은 강도죄의 경우에도 적용이 되는 것이라 함이 상당하고 또 절도나 강도죄와 같은 도죄의 죄수를 정하는 표준이 반드시 법익 침해의 개수에만 의거하지 않는 경우가 있다는 것을 말한 것이라

할 것이라 할 것이다. (대법원 1979. 10. 10. 선고 79도2093 판결)

［판례］ 선거운동을 위하여 다수의 조합원을 호별로 방문한 경우 호별방문죄 죄수 – 포괄일죄(연속범)

농업협동조합법상의 호별방문죄는 연속적으로 두 집 이상을 방문함으로써 성립하는 범죄로서 선거운동을 위하여 다수의 조합원을 호별로 방문한 때에는 포괄일죄로 보아야 한다. (대법원 2007. 7. 12. 선고 2007도2191 판결, 대법원 2010. 7. 8. 선고 2009도14558 판결)

［판례］ 음주운전하여 1차 사고 내고 그대로 음주운전하여 2차 사고를 낸 경우, 음주운전죄 죄수 – 포괄일죄(연속범)

음주운전으로 인한 도로교통법 위반죄의 보호법익과 처벌방법을 고려할 때, 혈중알콜농도 0.05% 이상의 음주상태로 동일한 차량을 일정기간 계속하여 운전하다가 1회 음주측정을 받았다면 이러한 음주운전행위는 동일 죄명에 해당하는 연속된 행위로서 단일하고 계속된 범의하에 일정기간 계속하여 행하고 그 피해법익도 동일한 경우이므로 포괄일죄에 해당한다. 음주상태로 자동차를 운전하다가 제1차 사고를 내고 그대로 진행하여 제2차 사고를 낸 후 음주측정을 받아 도로교통법 위반(음주운전)죄로 약식명령을 받아 확정되었는데, 그 후 제1차 사고 당시의 음주운전으로 기소된 사안에서 위 공소사실이 약식명령이 확정된 도로교통법 위반(음주운전)죄와 포괄일죄 관계에 있다. (대법원 2007. 7. 26. 선고 2007도4404 판결)

［비교］ 여러 날에 걸친 무면허운전행위 – 1일마다 실체적 경합

무면허운전으로 인한 도로교통법위반죄에 있어서는 어느 날에 운전을 시작하여 다음날까지 동일한 기회에 일련의 과정에서 계속 운전을 한 경우 등 특별한 경우를 제외하고는 사회통념상 운전한 날을 기준으로 운전한 날마다 1개의 운전행위가 있다고 보는 것이 상당하므로 운전한 날마다 무면허운전으로 인한 도로교통법위반의 1죄가 성립한다고 보아야 할 것이고, 비록 계속적으로 무면허운전을 할 의사를 가지고 여러 날에 걸쳐 무면허운전행위를 반복하였다 하더라도 이를 포괄하여 일죄로 볼 수는 없다. (대법원 2002. 7. 23. 선고 2001도6281 판결)

［판례］ 무면허의료행위의 반복 – 포괄일죄(집합범)

무면허의료행위는 그 범죄의 구성요건의 성질상 동종행위의 반복이 예상되는 것이므로 반복된 수개의 행위는 포괄적으로 한 개의 범죄로서 처단되어야 할 것이다. (대법원 1966. 9. 20. 선고 66도928 판결)

［비교］ 변호사 아닌 사람이 당사자·내용을 달리하는 법률사건에 관한 법률사무 취급하여 변호사법위반 – 실체적 경합

변호사가 아니면서 금품·향응 또는 그 밖의 이익을 받거나 받을 것을 약속하고 또는 제3자에게 이를 공여하게 하거나 공여하게 할 것을 약속하고 법률사건에 관하여 감정·대리·중재·화해·청탁·법률상담 또는 법률관계 문서 작성, 그 밖의 법률사무를 취급하거나 이러한 행위를 알선하는 변호사법 제109조 제1호 위반행위에서 당사자와 내용을 달리하는 법률사건에 관한 법률사무 취급은 각기 별개의 행위라고 할 것이므로, 변호사가 아닌 사람이 각기 다른 법률사건에 관한 법률사무를 취급하여 저지르는 위 변호사법위반의 각 범행은 특별한 사정이 없는 한 실체적 경합범이 되는 것이지 포괄일죄가 되는 것이 아니다. (대법원 2015. 1. 15. 선고 2011도14198 판결)

［비교］ 의사 아닌 자의 의료기관 개설에 따른 의료법위반죄에 있어서, 피고인이 甲 명의로 병원 개설한 후 그 명의를 乙·丙·丁으로 순차변경한 경우 죄수 – 개설자 명의별로 '실체적 경합'

의료기관의 개설자 명의는 의료기관을 특정하고 동일성을 식별하는 데에 중요한 표지가 되는 것이므로, 비의

료인이 의료기관을 개설하여 운영하는 도중 개설자 명의를 다른 의료인 등으로 변경한 경우에는 그 범의가 단일하다거나 범행방법이 종전과 동일하다고 보기 어렵다. 따라서 개설자 명의별로 별개의 범죄가 성립하고 각 죄는 실체적 경합범의 관계에 있다고 보아야 한다. (대법원 2018. 11. 29. 선고 2018도10779 판결)

비교 성매매장소 제공에 따른 성매매처벌법위반죄에 있어서, 피고인이 甲·乙에게 성매매장소를 제공하였다는 범죄사실로 각 약식명령이 확정되었는데, 그와 다른 시기에 같은 건물을 丙에게 성매매장소로 제공하였다는 공소사실로 기소된 경우 – 실체적 경합 (대법원 2020. 5. 14. 선고 2020도1355 판결)

포괄일죄가 부정된 경우를 살펴본다.

판례 컴퓨터로 음란 동영상을 제공한 제1범죄행위로 서버컴퓨터가 압수된 이후 다시 장비를 갖추어 동종의 제2범죄행위를 범함 – 실체적 경합

컴퓨터로 음란 동영상을 제공한 제1범죄행위로 서버컴퓨터가 압수된 이후 다시 장비를 갖추어 동종의 제2범죄행위를 하고 제2범죄행위로 인하여 약식명령을 받아 확정된 사안에서, 피고인에게 범의의 갱신이 있어 제1범죄행위는 약식명령이 확정된 제2범죄행위와 실체적 경합관계에 있다. (대법원 2005. 9. 30. 선고 2005도4051 판결)

판례 히로뽕 완제품을 제조할 때 함께 만든 액체 히로뽕 반제품을 땅에 묻어 두었다가 약 1년 9월 후에 위 반제품으로 그 완제품을 제조 – 실체적 경합 (대법원 1991. 2. 26. 선고 90도2900 판결)

판례 같은 피해자에 대하여 여러 차례 약취·유인을 시도하였으나 미수에 그친 후 끝내 약취유인 살해에 이르렀는데 그 사이에 범의 철회가 인정된 경우 – 실체적 경합

피고인이 미성년자를 유인하여 금원을 취득할 마음을 먹고 공소외 (갑)으로 하여금 피해자를 유인토록 하였으나 동인의 거절로 미수에 그치고, 같은달 2차에 걸쳐 다시 피해자를 유인하였으나 마음이 약해져 각 실행을 중지하여 미수에 그치고, 다음달 드디어 동 피해자를 인치, 살해하고 금원을 요구하는 내용의 협박편지를 피해자의 마루에 갖다 놓고 피해자의 안전을 염려하는 부모로부터 재물을 취득하려 했다면, 피고인은 당초의 범의를 철회 내지 방기하였다가 다시 범의를 일으켜 위 마지막의 약취유인 살해에 이른 것이라고 하지 않을 수 없으니, 그간에 범의의 갱신이 있어 그간의 범행이 단일한 의사발동에 인한 것이라고는 할 수 없으므로 위 각 미수죄와 기수죄를 경합범으로 의율한 원심판단은 정당하다. (대법원 1983. 1. 18. 선고 82도2761 판결)

판례 피고인이 권총에 실탄 6발을 장전하여 처와 자식들의 머리에 각기 1발씩 순차로 발사하여 살해 – 실체적 경합

피고인이 단일한 범의로 동일한 장소에서 동일한 방법으로 시간적으로 접착된 상황에서 처와 자식들을 살해하였다고 하더라도 휴대하고 있던 권총에 실탄 6발을 장전하여 처와 자식들의 머리에 각기 1발씩 순차로 발사하여 살해하였다면, 피해자들의 수에 따라 수개의 살인죄를 구성한다. (대법원 1991. 8. 27. 선고 91도1637 판결)

> **판례** 사기 · 횡령 · 배임 – 실체적 경합
>
> 포괄일죄라 함은 각기 따로 존재하는 수개의 행위가 한개의 구성요건을 한번 충족하는 경우를 말하므로 구성요건을 달리하고 있는 횡령, 배임 등의 행위와 사기의 행위는 포괄일죄를 구성할 수 없다. (대법원 1988. 2. 9. 선고 87도58 판결)

> **판례** 마약소지범이 ① 자신의 집에 메스암페타민 0.8g을 숨겨두어 소지하다가 ② 투약하고 남은 0.38g을 모텔 화장실 천장에 숨겨 소지함 – 실체적 경합 (대법원 2011. 2. 10. 선고 2010도16742 판결)

03 수죄

Ⅰ 상상적 경합

1. 의의

> 제40조(상상적 경합) 한 개의 행위가 여러 개의 죄에 해당하는 경우에는 가장 무거운 죄에 대하여 정한 형으로 처벌한다.

(의의) 상상적 경합이란 1개의 행위가 수 개의 죄에 해당하는 경우를 말한다. (구별개념) 수 죄간의 진정한 경합이라는 점에서 외관상 경합에 불과한 **법조경합**과 구별된다. 행위가 1개인 점에서 행위가 수 개인 **실체적 경합**과 구별된다.

2. 요건

가. 1개의 행위

(행위의 단일성) 1개의 행위란 법적 평가를 떠나 사회관념상 행위가 사물자연의 상태로서 1개로 평가되는 것을 말한다. (행위의 동일성) 수 죄 사이에 객관적 실행행위의 동일성이 인정되어야 한다.

나. 수 개의 죄에 해당

1개의 행위로 수 개의 범죄가 성립하여야 한다. ① 이종의 상상적 경합, 예컨대 1개의 폭탄을 던져 살인 · 상해 · 손괴를 한 경우 뿐만 아니라 ② 동종의 상상적 경합, 예컨대 1개의 폭탄을 던져 수인을 살해한 경우도 이에 해당한다.

다. 관련 문제: 연결효과에 의한 상상적 경합

(쟁점) A죄와 B죄는 실체적 경합 관계에 있는데, A죄와 C죄, B죄와 C죄는 각각 상상적 경합 관계에 있다면 A죄와 B죄가 C죄에 의하여 연결되어 A·B·C죄 모두를 상상적 경합범으로 취급할 수 있는지 문제된다. (학설) ① 긍정설 ② 부정설 등이 대립한다. (판례) 판례는 '가장 중한 죄에 정한 형으로 처단하면 족한 것이고 따로이 경합범 가중을 할 필요가 없다'고 판시하여 긍정설과 동일한 효과를 인정한다. 즉, A죄와 B죄에 대한 (실체적) 경합범 가중을 하지 않는다는 게 핵심이다.

[판례] A죄(허위공문서작성)와 B죄(허위작성공문서행사)는 실체적 경합인데 두 죄가 각각 C죄(수뢰후 부정처사죄)와 상상적 경합 관계에 있는 경우, A죄와 B죄는 실체적 경합에 따른 가중을 할 필요 없음
예비군 중대장이 그 소속예비군으로부터 금원을 교부받고 그 예비군이 예비군훈련에 불참하였음에도 불구하고 참석한 것처럼 허위내용의 중대학급편성명부를 작성, 행사한 경우라면 수뢰후 부정처사죄 외에 별도로 허위공문서작성 및 동행사죄가 성립하고 이들 죄와 수뢰후 부정처사죄는 각각 상상적 경합관계에 있다고 할 것이다.
허위공문서작성죄와 동행사죄가 수뢰후 부정처사죄와 각각 상상적 경합관계에 있을 때에는 허위공문서작성죄와 동행사죄 상호간은 실체적 경합범관계에 있다고 할지라도 상상적 경합범관계에 있는 수뢰후 부정처사죄와 대비하여 가장 중한 죄에 정한 형으로 처단하면 족한 것이고 따로이 경합가중을 할 필요가 없다. (대법원 1983. 7. 26. 선고 83도1378 판결)
[동지] A죄(공도화변조)와 B죄(변조공도화행사)는 실체적 경합인데 두 죄가 각각 C죄(수뢰후부정처사죄)와 상상적 경합 관계에 있는 경우, A죄와 B죄는 실체적 경합에 따른 가중을 할 필요 없음 (대법원 2001. 2. 9. 선고 2000도1216 판결) 표준

---

3. 효과

(실체법적 효과) 상상적 경합은 실질상 수 죄이지만 과형상 일죄이므로 1개의 형으로 처벌하되 가장 중한 죄에 정한 형으로 처벌한다(제40조). (전체적 대조주의) 형의 경중의 비교방법에 대해서 판례는 상한과 하한 모두 중한 형으로 처벌하고 경한 죄에 병과형·부가형이 있으면 이를 병과한다고 하여 전체적 대조주의를 취한다.

(소송법적 효과) ① (과형상의 일죄) 수 죄 중 일부에 대한 공소제기의 효력·기판력은 수 죄 전부에 미친다. ② (실질적인 수 죄) 공소시효·친고죄에서의 고소는 각 죄별로 논한다.

효과에 관한 판례를 살펴본다.

판례 실체법적 효과 – 전체적 대조주의

형법 제40조가 규정하는 1개의 행위가 수개의 죄에 해당하는 경우에는 '가장 중한 죄에 정한 형으로 처벌한다.' 함은 그 수개의 죄명 중 가장 중한 형을 규정한 법조에 의하여 처단한다는 취지와 함께 다른 법조의 최하한의 형보다 가볍게 처단할 수는 없다는 취지 즉, 각 법조의 상한과 하한을 모두 중한 형의 범위 내에서 처단한다는 것을 포함하는 것으로 새겨야 한다.

상상적 경합의 관계에 있는 사기죄와 변호사법 위반죄에 대하여 형이 더 무거운 사기죄에 정한 형으로 처벌하기로 하면서도, 필요적 몰수·추징에 관한 구 변호사법 제116조, 제111조에 의하여 청탁 명목으로 받은 금품 상당액을 추징한 원심의 조치를 수긍한 사례. (대법원 2006. 1. 27. 선고 2005도8704 판결, 대법원 1984. 2. 28. 선고 83도3160 판결) **표준**

동지 상상적 경합관계에 있는 죄들 중 형이 더 무거운 죄에 정한 징역형으로 처벌하되, 벌금형을 병과할 수 있도록 규정한 나머지 죄에 따라 벌금형을 병과할 수 있음 (대법원 2008. 12. 24. 선고 2008도9169 판결)

판례 소송법적 효과 – 일부에 대한 기판력은 전부에 미침

형법 제40조의 상상적 경합관계의 경우에는 그 중 1죄에 대한 확정판결의 기판력은 다른 죄에 대하여도 미친다. (대법원 2011. 2. 24. 선고 2010도13801 판결)

판례 소송법적 효과 – 공소시효는 각 죄별로 판단함

사기죄와 변호사법 위반죄는 상상적 경합의 관계에 있으므로, 변호사법 위반죄의 공소시효가 완성되었다고 하여 그 죄와 상상적 경합관계에 있는 사기죄의 공소시효까지 완성되는 것은 아니다. (대법원 2006. 12. 8. 선고 2006도6356 판결)

4. 관련 판례

상상적 경합과 관련된 판례를 살펴본다.[95]

판례 상상적 경합 vs 법조경합

상상적 경합은 1개의 행위가 실질적으로 수개의 구성요건을 충족하는 경우를 말하고, 법조경합은 1개의 행위가 외관상 수개의 죄의 구성요건에 해당하는 것처럼 보이나 실질적으로 1죄만을 구성하는 경우를 말하며, 실질적으로 1죄인가 또는 수죄인가는 구성요건적 평가와 보호법익의 측면에서 고찰하여 판단하여야 한다. (대법원 2000. 7. 7. 선고 2000도1899 판결)

판례 음주운전과 무면허운전 – 상상적 경합

무면허인데다가 술이 취한 상태에서 오토바이를 운전하였다는 것은 위의 관점에서 분명히 1개의 운전

---

95 이곳에서는 상상적 경합의 개념과 직결되는 판례만 살펴보고, 나머지는 형법각론의 각 죄 부분에서 살펴보는 것으로 한다.

행위라 할 것이고 이 행위에 의하여 도로교통법 제111조 제2호, 제40조와 제109조 제2호, 제41조 제1항의 각 죄에 동시에 해당하는 것이니 두 죄는 형법 제40조의 상상적 경합관계에 있다. (대법원 1987. 2. 24. 선고 86도2731 판결)

[비교] 도로교통법 위반에 있어서 음주운전과 음주측정거부 – 실체적 경합 (대법원 2004. 11. 12. 선고 2004도5257 판결)

[비교] 음주로 인한 특가법위반(위험운전치사상)과 도로교통법위반(음주운전) – 실체적 경합 (대법원 2008. 11. 13. 선고 2008도7143 판결) **표준**

Ⅱ 실체적 경합

1. 의의

> 제37조(경합범) 판결이 확정되지 아니한 수개의 죄 또는 금고 이상의 형에 처한 판결이 확정된 죄와 그 판결확정전에 범한 죄를 경합범으로 한다.

(의의) 실체적 경합범에는 ① **동시적 경합범**과 ② **사후적 경합범**이 있다. ① **동시적 경합범(전단 경합범)**이란 판결이 확정되지 아니한 수 개의 죄로서 동시심판이 가능한 경우를 말한다. ② **사후적 경합범(후단 경합범)**이란 금고 이상의 형에 처한 판결이 확정된 죄와 그 판결확정 전에 범한 죄로서 동시심판이 가능했던 경우를 말한다.

2. 동시적 경합범

가. 요건

① 수 죄는 모두 판결이 확정되지 않아야 한다. 따라서 경합범 중 일부가 파기환송되고 나머지는 확정된 때에는 동시적 경합범이 될 수 없다. ② 수 죄가 하나의 재판에서 같이 판결될 가능성이 있어야 한다. 즉 수 죄는 모두 기소되어 병합심리되어야 한다.

동시적 경합범 요건 일반에 관한 판례를 살펴본다.

> [판례] 경합범 중 ① 일부는 파기환송되고 ② 나머지는 확정됨 – 실체적 경합 ×
> 피고인에 대한 병역법위반죄와 하천법위반죄의 경합범에 대하여 항소심이 전자에 대해서는 유죄, 후자에 대해서는 무죄를 선고하자 검사만이 후자에 대해서 상고하여 상고심이 후자 부분만을 파기환송하였으면 항소심은 후자에 대해서만 심판해야 한다. (대법원 1974. 10. 8. 선고 74도1301 판결)

나. 효과

> 제38조(경합범과 처벌례) ① 경합범을 동시에 판결할 때에는 다음 각 호의 구분에 따라 처벌한다.
> 1. 가장 무거운 죄에 대하여 정한 형이 사형, 무기징역, 무기금고인 경우에는 가장 무거운 죄에 대하여 정한 형으로 처벌한다.
> 2. 각 죄에 대하여 정한 형이 사형, 무기징역, 무기금고 외의 같은 종류의 형인 경우에는 가장 무거운 죄에 대하여 정한 형의 장기 또는 다액(多額)에 그 2분의 1까지 가중하되 각 죄에 대하여 정한 형의 장기 또는 다액을 합산한 형기 또는 액수를 초과할 수 없다. 다만, 과료와 과료, 몰수와 몰수는 병과(倂科)할 수 있다.
> 3. 각 죄에 대하여 정한 형이 무기징역, 무기금고 외의 다른 종류의 형인 경우에는 병과한다.
> ② 제1항 각 호의 경우에 징역과 금고는 같은 종류의 형으로 보아 징역형으로 처벌한다.

동시적 경합범이 인정되는 경우, ① 가장 중한 죄에 정한 형이 사형·무기징역·무기금고인 때에는 **흡수주의**(제1항 제1호) ② 각 죄에 정한 형이 사형·무기징역·무기금고 이외의 동종의 형인 때에는 **가중주의**(제1항 제2호) ③ 각 죄에 정한 형이 이종의 형인 때에는 **병과주의**(제1항 제3호)가 인정된다.

이하 효과와 관련된 판례를 살펴본다.

[판례] 흡수주의

형법 제38조 제1항 제1호는 경합범 중 가장 중한 죄에 정한 형이 사형 또는 무기징역이나 무기금고인 때에는 가장 중한 죄에 정한 형으로 처벌하도록 규정하고 있으므로, 경합범 중 가장 중한 죄의 소정형에서 무기징역형을 선택한 이상 무기징역형으로만 처벌하고 따로이 경합범가중을 하거나 가장 중한 죄가 누범이라 하여 누범가중을 할 수 없다. (대법원 1992. 10. 13. 선고 92도1428 전원합의체 판결)

[판례] 가중주의 – 가장 중한 장기의 2분의 1까지 가중하여 상한 + 가장 중한 단기를 하한으로 보아 가중함

경합범의 처벌에 관하여 형법 제38조 제1항 제2호 본문은 각 죄에 정한 형이 사형 또는 무기징역이나 무기금고 이외의 동종의 형인 때에는 가장 중한 죄에 정한 장기 또는 다액에 그 2분의 1까지 가중하도록 규정하고 그 단기에 대하여는 명문을 두고 있지 않고 있으나 가장 중한 죄 아닌 죄에 정한 형의 단기가 가장 중한 죄에 정한 형의 단기보다 중한 때에는 위 본문 규정취지에 비추어 그 중한 단기를 하한으로 한다고 새겨야 할 것이다. (대법원 1985. 4. 23. 선고 84도2890 판결) **표준**

[판례] 가중주의

제1심이 피고인에 대한 각 공소사실을 모두 유죄로 인정하여 벌금형을 선고하였는데, 각 죄의 법정형 중 부정경쟁방지 및 영업비밀보호에 관한 법률 위반죄의 벌금형은 '그 재산상 이득액의 2배 이상 10배 이하에 상당하는 벌금'이고, 구 국가기술자격법 위반죄의 벌금형 상한은 500만 원, 입찰방해죄의 벌금형 상한은 700만 원인 사안에서, 제1심이 부정경쟁방지 및 영업비밀보호에 관한 법률 위반죄에 관하여 최

소한의 이득액으로 인정한 70만 원을 기준으로 벌금형의 상한을 그 10배인 700만 원으로 보는 경우 경합범인 위 각 죄의 벌금형 상한은 1,050만 원이다. (대법원 2012. 5. 10. 선고 2012도675 판결)

참고 70만 원의 10배인 700만 원에 2분의 1을 가중하면 1,050만 원이 된다.

판례 병과주의는 각 죄에 정한 형이 이종인 경우뿐만 아니라 일죄에 대하여 무기징역이나 무기금고 이외의 이종의 형을 병과할 것을 규정한 경우에도 적용됨 (대법원 1954. 6. 10. 선고 4287형상210 판결)

다. 관련 판례

실체적 경합범(동시적 경합범)과 관련된 판례는 모두 형법각론의 각 죄 부분에서 살펴본다.[96]

3. 사후적 경합범

가. 요건

첫째, 금고 이상의 형에 처한 판결이 확정된 죄와 그 판결확정 전에 범한 죄만이 사후적 경합범이 된다.

둘째, 판결확정 전후의 죄는 경합범이 아니다. 甲이 A, B, C죄를 범한 후 A죄에 대하여 금고 이상의 형에 처한 확정판결을 받고 그 후 다시 D, E죄를 범한 경우, A, B, C죄는 사후적 경합범이고 D, E죄는 동시적 경합범이 된다. A, B, C죄와 D, E죄는 경합범이 아니다.[97] 즉 사후적 경합범은 '죄를 범한 순서'가 기준이 되는 게 아니라 **'동시심판 가능성이 있는 범죄인지 여부'**가 기준이 되는 것이다.

셋째, 확정판결은 금고 이상의 형에 처하는 것임을 요한다. 판결이 확정된 죄가 ① 일반사면 받거나, ② 집행유예 기간의 경과로 형 선고가 실효되거나, ③ 선고유예 기간의 경과로 면소된 것으로 간주되어도 사후적 경합범이 된다. 다만 금고 이상의 형이 아니라 ④ 벌금형(약식명령)이 확정된 경우, 그 전후의 범죄는 사후적 경합범이 될 수 없고 동시적 경합범이 될 수 있다.

나. 효과

제39조(판결을 받지 아니한 경합범, 수개의 판결과 경합범, 형의 집행과 경합범) ① 경합범중 판결을 받지 아니한 죄가 있는 때에는 그 죄와 판결이 확정된 죄를 동시에 판결할 경우와 형평을 고려하여 그 죄에 대하여 형을 선고한다. 이 경우 그 형을 감경 또는 면제할 수 있다.

---

96 실체적 경합과 관련된 판례들을 형법총론에서 일부, 형법각론에서 일부 살펴보는 것보다는 각 죄 부분에서 일괄하여 살펴보는 것이 효율적이라 생각한다.
97 따라서 2개의 주문으로 형을 각각 선고해야 한다. 즉 두 개의 형이 병과되는 것이다.

제39조 제1항은 이미 확정판결이 있는 범죄는 일사부재리의 원칙상 다시 판결할 수 없으므로 아직 판결을 받지 아니한 죄에 대해서만 형을 선고하되, 사후적 경합범이 동시적 경합범으로 처벌되는 경우보다 불리하지 않도록 형평을 고려하여 형을 선고하도록 한 것이다(임의적 감면). 효과에 관한 판례를 살펴본다.

> [판례] 형법 제37조 후단 경합범에 대하여 형법 제39조 제1항에 의하여 형을 감경할 때에도 법률상 감경에 대한 형법 제55조 제1항이 적용되어, 유기징역을 감경할 때에는 그 형기의 2분의 1 미만으로는 감경할 수 없음 (대법원 2019. 4. 18. 선고 2017도14609 전원합의체 판결) **표준**
>
> [참고] 즉, 유기징역을 감경하는 경우, 형법 제55조 제1항 3호에 따라 장기 및 단기를 1/2로 감경한다는 의미이다.
>
> [판례] 형의 감면 여부는 법원이 재량에 따라 판단함
> 형법 제37조의 후단 경합범에 대하여 심판하는 법원은 판결이 확정된 죄와 후단 경합범의 죄를 동시에 판결할 경우와 형평을 고려하여 후단 경합범의 처단형의 범위 내에서 후단 경합범의 선고형을 정할 수 있는 것이고, 그 죄와 판결이 확정된 죄에 대한 선고형의 총합이 두 죄에 대하여 형법 제38조를 적용하여 산출한 처단형의 범위 내에 속하도록 후단 경합범에 대한 형을 정하여야 하는 제한을 받는 것은 아니며, 후단 경합범에 대한 형을 감경 또는 면제할 것인지는 원칙적으로 그 죄에 대하여 심판하는 법원이 재량에 따라 판단할 수 있다.
> 무기징역에 처하는 판결이 확정된 죄와 형법 제37조의 후단 경합범의 관계에 있는 죄에 대하여 공소가 제기된 경우, 법원은 두 죄를 동시에 판결할 경우와 형평을 고려하여 후단 경합범에 대한 처단형의 범위 내에서 후단 경합범에 대한 선고형을 정할 수 있고, 형법 제38조 제1항 제1호가 형법 제37조의 전단 경합범 중 가장 중한 죄에 정한 처단형이 무기징역인 때에는 흡수주의를 취하였다고 하여 뒤에 공소제기된 후단 경합범에 대한 형을 필요적으로 면제하여야 하는 것은 아니다. (대법원 2008. 9. 11. 선고 2006도8376 판결) **표준**

다. 관련 판례

사후적 경합범 관련 판례를 연습문제로 먼저 풀어보자. 이후 각 문제의 근거가 되는 판례를 살펴본다.

[문제] 사후적 경합범의 해결

5월	6월	7월	8월	9월	10월	11월	12월
A	B	C		D	E	F	현재

(공통사항) 피고인은 위 일시에 각 범행을 저질렀다. 현재를 기준으로 A ~ F에 대해 모두 유죄판결을 내릴 때 죄수 관계는 어떻게 될까?

[문제 1] C에 대한 확정판결이 8월에 내려졌다. 현재를 기준으로 판결하라.

→A, B, C는 사후적 경합범 관계에 있다. D, E, F는 동시적 경합범 관계에 있다. A, B, C와 D, E, F는 경합범 관계가 아니므로 2개의 주문으로 형을 선고한다.

[문제 2] 문제 1에서 C에 대한 확정판결이 벌금형인 경우?

→A~F죄는 모두 동시적 경합범이므로 1개의 주문으로 형을 선고한다.

[문제 3] 문제 1에서 7월부터 10월까지 범해진 포괄일죄인 G를 추가하여 판결하라.

→G는 종료시인 10월에 범한 죄로 취급되므로 G, D, E, F는 동시적 경합범 관계에 있다. A, B, C와 G, D, E, F는 경합범 관계가 아니므로 2개의 주문으로 형을 선고한다.

[문제 4] 문제 1에서 C에 대한 징역형 집행유예 기간이 11월에 경과한 경우?

→ 문제 1의 결론이 유지된다.

[문제 5] 문제 1에서 A, B, D, E, F가 상습절도이고 C는 단순절도인 경우?

→C죄에 대한 확정판결은 A, B와 D, E, F를 분리시키지 못하므로 A, B, D, E, F는 포괄일죄의 관계에 있다. 1개의 주문으로 형을 선고한다.

[문제 6] 문제 1에서 A, B, D, E, F가 상습절도이고 C도 상습절도인 경우는?

→C죄에 대한 확정판결은 A, B와 D, E, F를 분리시킨다. A, B에 대해서는 면소를 D, E, F에 대해서는 유죄(포괄일죄)를 선고한다.

[문제 7] 사실관계를 아래와 같이 변경한다. A에 대한 확정판결이 8월, B에 대한 확정판결이 10월(D 범행 이후)에 이루어진 경우, ① C, D와 B는 사후적 경합범인가? ② 나아가 이 경우 C, D와 E는 동시적 경합범인가?

5월	6월	7월	8월	9월	10월	11월	12월
A	B			C	D	E	현재

→ ① A 확정판결로 인하여 C, D와 B는 애초부터 동시심판 가능성이 없어 사후적 경합범이 될 수 없다.
   ② B 확정판결로 인하여 C, D와 E는 동시적 경합법이 될 수 없다. 따라서 2개의 주문으로 형을 선고한다(C, D에 대한 유죄 선고와 E에 대한 유죄 선고).

이하 관련 판례를 살펴본다. 위 문제와 연관하여 살펴본다.

판례 [문제 1] 판결확정 전후의 범죄는 서로 경합범 관계에 있지 아니하므로 2개의 주문으로 형을 선고함

이 사건 각 죄의 중간에 피고인에 대한 2009. 8. 28.자 확정판결이 존재하여 2009. 8. 26.자 및 2009. 8. 27.자 마약류관리에 관한 법률 위반(향정)죄와 2009. 9. 17.자 마약류관리에 관한 법률 위반(향정)죄는 서로 경합범 관계에 있지 않게 되었으므로, 형법 제39조 제1항에 따라 2개의 주문으로 형을 선고하여야 한다. (대법원 2010. 11. 25. 선고 2010도10985 판결)

[문제 3] 포괄일죄는 최종의 범죄행위시에 완성됨

포괄일죄로 되는 개개의 범죄행위가 다른 종류의 죄의 확정판결의 전후에 걸쳐서 행하여진 경우에는 그 죄는 2죄로 분리되지 않고 확정판결 후인 최종의 범죄행위시에 완성되는 것이다. (대법원 2001. 8. 21. 선고 2001도3312 판결)

판례 [문제 4] 일반사면·집행유예 기간 경과·선고유예 기간 경과는 사후적 경합범 성립에 영향 없음

형법 제37조 후단의 경합범에 있어서 '판결이 확정된 죄'라 함은 수개의 독립된 죄 중의 어느 죄에 대하여 확정판결이 있었던 사실 자체를 의미하고 일반사면으로 형의 선고의 효력이 상실된 여부는 묻지 않는다. (대법원 1996. 3. 8. 선고 95도2114 판결)

여기에서의 확정판결에는 집행유예의 판결과 선고유예의 판결도 포함되고 집행유예의 선고나 형의 선고유예를 받은 후 그 유예기간이 경과하여 형의 선고가 실효되었거나 면소된 것으로 간주되었다 하더라도 마찬가지이다. (대법원 1992. 11. 24. 선고 92도1417 판결)

판례 [문제 5·6] 상습범의 중간에 동종의 상습범의 확정판결이 있는 경우, 확정판결 전후의 범행은 두 개의 죄로 분단됨

상습범으로서 포괄적 일죄의 관계에 있는 여러 개의 범죄사실 중 일부에 대하여 유죄판결이 확정된 경우에, 그 확정판결의 사실심판결 선고 전에 저질러진 나머지 범죄에 대하여 새로이 공소가 제기되었다면 그 새로운 공소는 확정판결이 있었던 사건과 동일한 사건에 대하여 다시 제기된 데 해당하므로 이에 대하여는 판결로써 면소의 선고를 하여야 하는 것인바(형사소송법 제326조 제1호), 다만 이러한 법리가 적용되기 위해서는 전의 확정판결에서 당해 피고인이 상습범으로 기소되어 처단되었을 것을 필요로 하는 것이고, 상습범 아닌 기본 구성요건의 범죄로 처단되는 데 그친 경우에는, 가사 뒤에 기소된 사건에서 비로소 드러났거나 새로 저질러진 범죄사실과 전의 판결에서 이미 유죄로 확정된 범죄사실 등을 종합하여 비로소 그 모두가 상습범으로서의 포괄적 일죄에 해당하는 것으로 판단된다 하더라도 뒤늦게 앞서의 확정판결을 상습범의 일부에 대한 확정판결이라고 보아 그 기판력이 그 사실심판결 선고 전의 나머지 범죄에 미친다고 보아서는 아니된다. (대법원 2004. 9. 16. 선고 2001도3206 전원합의체 판결) 표준

판례 [문제 7] 심화사례

피고인이 범한 甲죄, 乙죄, 丙죄의 범행일시는 모두 피고인의 丁죄 등에 대한 판결(이하 '제1판결'이라 한다) 확정 이후이고, 그 중 甲죄와 乙죄의 범행일시는 피고인의 戊죄에 대한 판결(이하 '제2판결'이라 한다) 확정 전인 반면 丙죄의 범행일시는 그 이후인데, 戊죄의 범행일시가 제1판결 확정 전인 사안에서, 戊죄와 甲죄 및 乙죄는 처음부터 동시에 판결할 수 없었던 경우여서, 경합범 중 판결을 받지 아니한 죄에 대하여 형을 선고할 때는 그 죄와 판결이 확정된 죄를 동시에 판결할 경우와 형평을 고려하도록 한 형법 제39조 제1항은 여기에 적용될 여지가 없으나, 그렇다고 마치 확정된 제2판결이 존재하지 않는 것처럼 甲죄 및 乙죄와 丙죄 사이에 형법 제37조 전단의 경합범 관계가 인정되어 형법 제38조가 적용된다고 볼 수도 없으므로, 확정된 제2판결의 존재로 인하여 이를 전후한 甲죄 및 乙죄와 丙죄 사이에는 형법 제37조 전·후단의 어느 경합범 관계도 성립할 수 없고, 결국 각각의 범죄에 대하여 별도로 형을 정하여 선고할 수밖에 없다는 이유로, 같은 취지의 원심판단을 정당하다고 한 사례. (대법원 2011. 6. 10. 선고 2011도2351 판결)

해설 문제 7은 이 판례를 근거로 만들어졌다.

위 판례	위 문제
丁죄	A죄
戊죄	B죄
甲죄 · 乙죄	C · D죄
丙죄	E죄

판례 [문제 7] 심화사례

형법 제37조 후단 및 제39조 제1항의 문언, 입법 취지 등에 비추어 보면, 아직 판결을 받지 아니한 죄가 이미 판결이 확정된 죄와 동시에 판결할 수 없었던 경우에는 형법 제37조 후단의 경합범 관계가 성립할 수 없고 형법 제39조 제1항에 따라 동시에 판결할 경우와 형평을 고려하여 형을 선고하거나 그 형을 감경 또는 면제할 수도 없다고 해석함이 타당하다.

아직 판결을 받지 아니한 수개의 죄가 판결 확정을 전후하여 저질러진 경우 판결 확정 전에 범한 죄를 이미 판결이 확정된 죄와 동시에 판결할 수 없었던 경우라고 하여 마치 확정된 판결이 존재하지 않는 것처럼 그 수개의 죄 사이에 형법 제37조 전단의 경합범 관계가 인정되어 형법 제38조가 적용된다고 볼 수도 없으므로, 판결 확정을 전후한 각각의 범죄에 대하여 별도로 형을 정하여 선고할 수밖에 없다. (대법원 2018. 11. 29. 선고 2018도14863 판결, 대법원 2014. 3. 27. 선고 2014도469 판결) **표준**

판례 [문제 7] 심화사례

피고인을 금고 이상의 형에 처한 甲죄에 대한 판결이 확정되고, 그 후에 甲죄 판결확정일 이전에 저질러진 乙죄에 대하여 금고 이상의 형에 처하는 판결이 확정되었는데, 피고인의 정보통신망 이용촉진 및 정보보호 등에 관한 법률(이하 '정보통신망법'이라고 한다) 위반 범행이 甲죄 판결확정일과 乙죄 판결확정일 사이에 저질러진 사안에서, 정보통신망법 위반죄와 판결이 확정된 乙죄는 처음부터 동시에 판결을 선고할 수 없었으므로 제1심이 정보통신망법 위반죄에 대하여 형법 제39조 제1항에 따라 乙죄와 동시에 판결할 경우와 형평을 고려하여 형을 선고한 것은 위법한데도, 이와 달리 보아 제1심판결을 그대로 유지한 원심판결에 형법 제39조 제1항에 관한 법리오해의 위법이 있다고 한 사례. (대법원 2012. 9. 27. 선고 2012도9295 판결)

판례 ① 재심판결이 확정된 A죄와 ② A죄 범행 이후 ~ A죄에 대한 재심판결 확정 전에 범한 B죄는 사후적 경합범 ×

유죄의 확정판결을 받은 사람이 그 후 별개의 후행범죄를 저질렀는데 유죄의 확정판결에 대하여 재심이 개시된 경우, 후행범죄가 재심대상판결에 대한 재심판결 확정 전에 범하여졌다 하더라도 아직 판결을 받지 아니한 후행범죄와 재심판결이 확정된 선행범죄 사이에는 형법 제37조 후단에서 정한 경합범 관계 (이하 '후단 경합범'이라 한다)가 성립하지 않는다.

재심판결이 후행범죄 사건에 대한 판결보다 먼저 확정된 경우에 후행범죄에 대해 재심판결을 근거로 후단 경합범이 성립한다고 하려면 재심심판법원이 후행범죄를 동시에 판결할 수 있었어야 한다. 그러나 아직 판결을 받지 아니한 후행범죄는 재심심판절차에서 재심대상이 된 선행범죄와 함께 심리하여 동시에 판결할 수 없었으므로 후행범죄와 재심판결이 확정된 선행범죄 사이에는 후단 경합범이 성립하지 않고, 동시에 판결할 경우와 형평을 고려하여 그 형을 감경 또는 면제할 수 없다. (대법원 2019. 6. 20. 선고 2018도20698 전원합의체 판결)

참고 덧붙여 이 판결에서는 확정된 재심판결의 기판력이 B죄에 대한 재판에서도 미치는지 여부가 문제되었다. 판례는 선행범죄에 대한 재심판결의 기판력은 후행범죄에 미치지 않는다고 보아 부정하였다. 자세한 내용은 형사소송법의 영역이다.

판례 ① 재심의 대상이 된 A죄(선행범죄)에 관한 유죄 확정판결(재심대상판결)에 대하여 다시 재심판결에서 금고 이상의 형이 확정된 경우, ② 재심대상판결 이전에 범한 B죄와 재심대상판결 이후에 범한 C죄 사이에는 형법 제37조 전단의 경합범 관계가 성립하지 않으므로 2개의 주문으로 형을 선고하여야 함

재심대상판결 이전 범죄(B죄)는 재심판결이 확정되기 이전에 범한 죄일 뿐만 아니라 재심대상판결이 확정되기 이전까지 선행범죄(A죄)와 함께 기소되거나 이에 병합되어 동시에 판결을 받아 하나의 형을 선고받을 수 있었다. 따라서 재심대상판결 이전 범죄(B죄)는 선행범죄(A죄)와 형법 제37조 후단의 경합범 관계에 있고, 형법 제39조 제1항에 따라 하나의 형이 선고되어야 한다.

반면, 재심대상판결 이후 범죄(C죄)는 비록 재심판결 확정 전에 범하여졌더라도 재심판결이 확정된 선행범죄(A죄)와 사이에 형법 제37조 후단의 경합범이 성립하지 않는다. 재심대상판결 이후 범죄가 종료하였을 당시 선행범죄(A죄)에 대하여 이미 재심대상판결이 확정되어 있었고, 그에 관한 비상구제절차인 재심심판절차에서는 별개의 형사사건인 재심대상판결 이후 범죄 사건을 병합하여 심리하는 것이 허용되지 아니하여, 재심대상판결 이후 범죄는 처음부터 선행범죄와 함께 심리하여 동시에 판결을 받음으로써 하나의 형을 선고받을 수 없기 때문이다.

결국 재심대상판결 이전 범죄(B죄)는 선행범죄(A죄)와 형법 제37조 후단의 경합범 관계에 있지만, 재심대상판결 이후 범죄(C죄)는 선행범죄(A죄)와 형법 제37조 후단의 경합범 관계에 있지 아니하므로, 재심대상판결 이전 범죄(B죄)와 재심대상판결 이후 범죄(C죄)는 형법 제37조 전단의 경합범 관계로 취급할 수 없어 형법 제38조가 적용될 수 없는 이상 별도로 형을 정하여 선고하여야 한다. (대법원 2023. 11. 16. 선고 2023도10545 판결)

형법
사용
설명서

Study guide: Criminal law

형법사용설명서

형벌

---

01   형벌의 종류

I   형벌의 종류

> 제41조(형의 종류) 형의 종류는 다음과 같다.
> 1. 사형 2. 징역 3. 금고 4. 자격상실 5. 자격정지
> 6. 벌금 7. 구류 8. 과료 9. 몰수

형벌이란 국가가 범죄에 대한 법률상의 효과로서 범죄자에 대하여 과하는 법익의 박탈을 말한다. 형벌은 박탈되는 법익의 종류에 따라 생명형(1. 사형), 자유형(2. 징역 3. 금고 7. 구류), 재산형(6. 벌금 8. 과료 9. 몰수), 명예형(4. 자격상실 5. 자격정지)으로 분류된다.

II   사형

> 제66조(사형) 사형은 교정시설 안에서 교수(絞首)하여 집행한다.

사형이란 수형자의 생명을 박탈하는 것을 내용으로 하는 형벌이다. 사형제도의 위헌성이 문제되나 대법원·헌법재판소는 합헌이라 보았다.[98]

> **판례** 사형 – 합헌
> 헌법 제12조 제1항에 의하면 형사처벌에 관한 규정이 법률에 위임되어 있을 뿐 그 처벌의 종류를 제한

---

98 헌법재판소 2010. 2. 25. 선고 2008헌가23 전원재판부 결정

하지 않고 있으며, 현재 우리나라의 실정과 국민의 도덕적감정 등을 고려하여 국가의 형사정책으로 질서유지와 공공복리를 위하여 형법 등에 사형이라는 처벌의 종류를 규정하였다 하여 이것이 헌법에 위반된다고 할 수 없다. (대법원 1991. 2. 26. 선고 90도2906 판결)

[판례] 사형선고의 엄격성
사형은 인간의 생명을 박탈하는 냉엄한 궁극의 형벌로서 사법제도가 상정할 수 있는 극히 예외적인 형벌이라는 점을 감안할 때, 사형의 선고는 범행에 대한 책임의 정도와 형벌의 목적에 비추어 누구라도 그것이 정당하다고 인정할 수 있는 특별한 사정이 있는 경우에만 허용되어야 한다. (대법원 2016. 2. 19. 선고 2015도12980 전원합의체 판결)

Ⅲ 자유형

제42조(징역 또는 금고의 기간) 징역 또는 금고는 무기 또는 유기로 하고 유기는 1개월 이상 30년 이하로 한다. 단, 유기징역 또는 유기금고에 대하여 형을 가중하는 때에는 50년까지로 한다.

제46조(구류) 구류는 1일 이상 30일 미만으로 한다.

제67조(징역) 징역은 교정시설에 수용하여 집행하며, 정해진 노역(勞役)에 복무하게 한다.

제68조(금고와 구류) 금고와 구류는 교정시설에 수용하여 집행한다.

자유형이란 수형자의 신체의 자유를 박탈하는 것을 내용으로 하는 형벌을 말한다. ① 징역 ② 금고 ③ 구류가 있다. 금고는 정역을 부과하지 않는다는 점에서 징역과 구별된다.

Ⅳ 재산형

1. 벌금·과료

제45조(벌금) 벌금은 5만원 이상으로 한다. 다만, 감경하는 경우에는 5만원 미만으로 할 수 있다.

제47조(과료) 과료는 2천원 이상 5만원 미만으로 한다.

제69조(벌금과 과료) ① 벌금과 과료는 판결확정일로부터 30일내에 납입하여야 한다. 단, 벌금을 선고할 때에는 동시에 그 금액을 완납할 때까지 노역장에 유치할 것을 명할 수 있다.
② 벌금을 납입하지 아니한 자는 1일 이상 3년 이하, 과료를 납입하지 아니한 자는 1일 이상 30일 미만의 기간 노역장에 유치하여 작업에 복무하게 한다.

제70조(노역장 유치) ① 벌금이나 과료를 선고할 때에는 이를 납입하지 아니하는 경우의 노역장 유치기간을 정하여 동시에 선고하여야 한다.

② 선고하는 벌금이 1억원 이상 5억원 미만인 경우에는 300일 이상, 5억원 이상 50억원 미만인 경우에는 500일 이상, 50억원 이상인 경우에는 1천일 이상의 노역장 유치기간을 정하여야 한다.

제71조(유치일수의 공제) 벌금이나 과료의 선고를 받은 사람이 그 금액의 일부를 납입한 경우에는 벌금 또는 과료액과 노역장 유치기간의 일수(日數)에 비례하여 납입금액에 해당하는 일수를 뺀다.

재산형은 범인으로부터 일정한 재산의 박탈을 내용으로 하는 형벌이다. ① 벌금 ② 과료 ③ 몰수가 있다. 관련 판례를 살펴본다.

판례 징역형과 벌금형 중 벌금형을 선택한 결과, 노역장유치기간이 징역형 장기를 초과하여도 적법함
벌금형에 대한 노역장유치기간의 산정에는 형법 제69조 제2항에 따른 제한이 있을 뿐 그 밖의 다른 제한이 없으므로, 징역형과 벌금형 가운데서 벌금형을 선택하여 선고하면서 그에 대한 노역장유치기간을 환산한 결과 선택형의 하나로 되어 있는 징역형의 장기보다 유치기간이 더 길 수 있게 되었다 하더라도 이를 위법이라고 할 수는 없다. (대법원 2000. 11. 24. 선고 2000도3945 판결)

동지 징역과 벌금형이 병과된 경우에 벌금형의 환형유치기간이 3년을 넘지 않는 징역형의 기간보다 길다 하더라도 위법이라 할 수 없음 (대법원 1971. 3. 30. 선고 71도251 판결)

2. 몰수

가. 의의

제48조(몰수의 대상과 추징) ① 범인 외의 자의 소유에 속하지 아니하거나 범죄 후 범인 외의 자가 사정을 알면서 취득한 다음 각 호의 물건은 전부 또는 일부를 몰수할 수 있다.
1. 범죄행위에 제공하였거나 제공하려고 한 물건
2. 범죄행위로 인하여 생겼거나 취득한 물건
3. 제1호 또는 제2호의 대가로 취득한 물건
② 제1항 각 호의 물건을 몰수할 수 없을 때에는 그 가액(價額)을 추징한다.
③ 문서, 도화(圖畵), 전자기록(電磁記錄) 등 특수매체기록 또는 유가증권의 일부가 몰수의 대상이 된 경우에는 그 부분을 폐기한다.

제49조(몰수의 부가성) 몰수는 타형에 부가하여 과한다. 단, 행위자에게 유죄의 재판을 아니할 때에도 몰수의 요건이 있는 때에는 몰수만을 선고할 수 있다.

(**의의**) 몰수는 범죄 반복의 방지와 범죄로 인한 이익취득을 금지할 목적으로 범죄행위와 관련된 재산을 박탈하는 재산형이다.

(**성질**) ① 몰수는 원칙적으로 다른 형에 부가하여 부과한다(부가형). 다만 예외적으로 유죄의 재판을 아니 할 때에도 몰수의 요건이 있는 때에는 몰수만을 선고할 수 있다. ② 몰수는 형식적으로는 형벌의 일종이지만 실질적으로는 대물적 보안처분에 속한다(통설).

(**종류**) 몰수에는 ① 임의적 몰수와 ② 필요적 몰수가 있다. ① 임의적 몰수의 경우, 몰수 여부는 원칙적으로 법관의 자유재량에 의하여 결정한다(제48조). 그러나 뇌물죄의 뇌물(제134조), 배임수재죄의 재물(제357조 제3항) 등은 반드시 몰수해야 한다(필요적 몰수).

이하 몰수의 성질 등에 관한 판례를 살펴본다.

[판례] 몰수·추징 – 법원의 재량판단

형법 제48조 제1항 제1호, 제2항에 의한 몰수 및 추징은 임의적인 것이므로 그 추징의 요건에 해당되는 물건이라도 이를 추징할 것인지의 여부는 법원의 재량에 맡겨져 있다. (대법원 2002. 9. 4. 선고 2000도515 판결)

[판례] 제49조 단서에도 불구하고 ① 공소사실이 인정되지 않는 경우 ② 공소사실에 관하여 이미 공소시효가 완성된 경우 – 몰수 불가

형법 제49조 단서는 행위자에게 유죄의 재판을 하지 아니할 때에도 몰수의 요건이 있는 때에는 몰수만을 선고할 수 있다고 규정하고 있으므로 몰수뿐만 아니라 몰수에 갈음하는 추징도 위 규정에 근거하여 선고할 수 있다고 할 것이나 우리 법제상 공소의 제기 없이 별도로 몰수나 추징만을 선고할 수 있는 제도가 마련되어 있지 아니하므로 위 규정에 근거하여 몰수나 추징을 선고하기 위하여서는 몰수나 추징의 요건이 공소가 제기된 공소사실과 관련되어 있어야 하고, 공소사실이 인정되지 않는 경우에 이와 별개의 공소가 제기되지 아니한 범죄사실을 법원이 인정하여 그에 관하여 몰수나 추징을 선고하는 것은 불고불리의 원칙에 위반되어 불가능하며, 몰수나 추징이 공소사실과 관련이 있다 하더라도 그 공소사실에 관하여 이미 공소시효가 완성되어 유죄의 선고를 할 수 없는 경우에는 몰수나 추징도 할 수 없다. (대법원 1992. 7. 28. 선고 92도700 판결, 대법원 2016. 12. 15. 선고 2016도16170 판결)

[동지] 면소판결의 경우, 별도로 몰수만을 선고할 수 없음 (대법원 2007. 7. 26. 선고 2007도4556 판결)

[판례] 피고인 이외의 제3자의 소유물에 대하여 몰수를 선고한 판결의 효력 – 제3자의 소유권에 미치지 않음

형사법상 몰수는 공소사실에 관하여 형사재판을 받는 피고인에 대한 유죄의 판결에서 다른 형에 부가하여 선고되는 형인 점에 비추어, 피고인 이외의 제3자의 소유에 속하는 물건에 대하여 몰수를 선고한 판결의 효력은 원칙적으로 몰수의 원인이 된 사실에 관하여 유죄의 판결을 받은 피고인에 대한 관계에서 그 물건을 소지하지 못하게 하는 데 그치고 그 사건에서 재판을 받지 아니한 제3자의 소유권에 어떤 영향을 미치는 것은 아니다. (대법원 1999. 5. 11. 선고 99다12161 판결)

> **판례** 압수절차가 위법한 경우에도 몰수 가능
>
> 한편 법원이나 수사기관은 필요한 때에는 증거물 또는 몰수할 것으로 사료하는 물건을 압수할 수 있으나, 몰수는 반드시 압수되어 있는 물건에 대하여서만 하는 것이 아니므로, 몰수대상물건이 압수되어 있는가 하는 점 및 적법한 절차에 의하여 압수되었는가 하는 점은 몰수의 요건이 아니다.
>
> 이미 그 집행을 종료함으로써 효력을 상실한 압수·수색영장에 기하여 다시 압수·수색을 실시하면서 몰수대상물건을 압수한 경우, 압수 자체가 위법하게 됨은 별론으로 하더라도 그것이 위 물건의 몰수의 효력에는 영향을 미칠 수 없다. (대법원 2003. 5. 30. 선고 2003도705 판결)
>
> **동지** 판결선고 전 검찰에 의하여 압수된 후 피고인에게 환부된 물건도 피고인으로부터 몰수 가능 (대법원 1977. 5. 24. 선고 76도4001 판결)
>
> **판례** 검사 의견 없어도 몰수·추징 가능
>
> 몰수나 추징은 일종의 형으로서 직권으로 하는 것이므로 검사가 추징을 구하는 의견을 진술하여야 선고할 수 있는 것은 아니다. (대법원 1989. 2. 14. 선고 88도2211 판결, 대법원 2007. 1. 25. 선고 2006도8663 판결)

나. 요건

1) 대물적 요건

대물적 요건은 아래 1호·2호·3호 중 하나를 충족해야 한다.

① 범죄행위에 제공하였거나 제공하려고 한 물건(1호)은 예컨대 살인에 사용한 권총, 살인에 사용하려고 준비했으나 실제로 사용하지 못한 권총을 말한다.

② 범죄행위로 인하여 생하였거나 이로 인하여 취득한 물건(2호)은 예컨대 도박으로 딴 판돈, 범인 은닉의 사례로 받은 금품을 말한다.

③ 전 2호의 대가로 취득한 물건(3호)은 예컨대 장물의 매각대금을 말한다.

2) 대인적 요건

대인적 요건은 ①·② 중 하나를 충족해야 한다.

① 범인 이외의 자의 소유에 속하지 아니할 것이어야 한다. 즉 판결선고 당시 권리관계를 기준으로 범인소유이어야 한다는 것이다.

② 범죄 후 범인 이외의 자가 정을 알면서 취득한 물건이어야 한다. 즉 범인 이외의 자가 취득 당시에 그 물건이 제48조 제1항 각호에 해당함을 알면서 취득한 경우를 말한다.

3) 관련 판례

우선 대물적 요건과 관련된 판례들을 살펴본다.

판례 마트에서 수 회 상품을 절취하여 자신의 승용차에 싣고 간 경우, 승용차 – 몰수 ○

형법 제48조 제1항 제1호의 "범죄행위에 제공한 물건"은, 가령 살인행위에 사용한 칼 등 범죄의 실행행위 자체에 사용한 물건에만 한정되는 것이 아니며, 실행행위의 착수 전의 행위 또는 실행행위의 종료 후의 행위에 사용한 물건이더라도 그것이 범죄행위의 수행에 실질적으로 기여하였다고 인정되는 한 위 법조 소정의 제공한 물건에 포함된다. … (중략) … 피고인은 대형할인매장을 1회 방문하여 범행을 할 때마다 1~6개 품목의 수십만 원어치 상품을 절취하여 이를 자신의 소나타 승용차(증 제1호)에 싣고 갔고, 그 물품의 부피도 전기밥솥·해머드릴·소파커버·진공포장기·안마기·전화기·DVD플레이어 등 상당한 크기의 것이어서 대중교통수단을 타고 운반하기에 곤란한 수준이었으므로, 이 사건 승용차는 단순히 범행장소에 도착하는 데 사용한 교통수단을 넘어서 이 사건 장물의 운반에 사용한 자동차라고 보아야 할 것이다. (대법원 2006. 9. 14. 선고 2006도4075 판결) **표준**

참고 대물적 요건 – ① 충족 ○, 대인적 요건 – ① 충족 ○

판례 피해자로 하여금 사기도박에 참여하도록 유인하기 위하여 고액의 수표를 제시해 보인 경우, 수표 – 몰수 ○

위 수표가 직접적으로 도박자금으로 사용되지 아니하였다 할지라도, 위 수표가 피해자로 하여금 사기도박에 참여하도록 만들기 위한 수단으로 사용된 이상, 이를 몰수할 수 있고, 그렇다고 하여 피고인에게 극히 가혹한 결과가 된다고 볼 수는 없다. (대법원 2002. 9. 24. 선고 2002도3589 판결)

참고 대물적 요건 – ① 충족 ○, 대인적 요건 – ① 충족 ○

판례 오락실업자·상품권업자·환전소 운영자가 공모하여 사행성 전자식 유기기구에서 경품으로 배출된 상품권을 현금으로 환전하면서 그 수수료를 일정한 비율로 나누어 가지는 방식으로 영업을 하여 사행행위규제법을 위반한 경우, 환전소 운영자가 환전소에 보관하던 현금 전부 – 몰수 ○

환전소 운영자가 환전소에 보관하던 현금 전부가 위와 같은 상품권의 환전을 통한 범죄행위에 제공하려 하였거나 그 범행으로 인하여 취득한 물건에 해당하여 형법 제48조 제1항 제1호 또는 제2호의 규정에 의하여 몰수의 대상이 되고, 환전소 운영자가 위 환전소 내에 보관하고 있던 현금 중 일부를 생활비 등의 용도로 소비하였다고 하여 달리 볼 것이 아니라고 한 사례. (대법원 2006. 10. 13. 선고 2006도3302 판결)

참고 대물적 요건 – ① 또는 ② 충족 ○, 대인적 요건 – ① 충족 ○

판례 장차 미신고 해외송금(외국환거래법위반)하려고 자기앞수표·현금을 소지하고 있던 중 체포된 경우, 자기앞수표·현금 – 몰수 ×

어떠한 물건을 '범죄행위에 제공하려고 한 물건'으로서 몰수하기 위하여는 그 물건이 유죄로 인정되는 당해 범죄행위에 제공하려고 한 물건임이 인정되어야 한다. … (중략) … 체포될 당시에 미처 송금하지 못하고 소지하고 있던 자기앞수표나 현금은 장차 실행하려고 한 외국환거래법 위반의 범행에 제공하려는 물건일 뿐, 그 이전에 범해진 외국환거래법 위반의 '범죄행위에 제공하려고 한 물건'으로는 볼 수 없으므로 몰수할 수 없다. (대법원 2008. 2. 14. 선고 2007도10034 판결)

참고 대물적 요건 – ① 충족 × (기소된 당해 범죄에 제공하려고 한 물건이 아니라는 취지이다.)

판례 수입신고 주요사항을 허위로 신고하여 관세법을 위반한 경우, 수입대상물 – 몰수 ×

관세법 제188조 1호 소정의 물품에 대한 수입신고를 함에 있어서 주요사항을 허위로 신고한 경우에 위 물건은 신고의 대상물에 지나지 않아 신고로서 이루어지는 허위신고죄의 범죄행위 자체에 제공되는 물 건이라고 할 수 없으므로 형법 48조 1항 소정의 몰수요건에 해당한다고 볼 수 없다. (대법원 1974. 6. 11. 선고 74도352 판결)

참고 대물적 요건 – ① 충족 ×

판례 부동산 1차 매수계약에 따른 소이등을 하지 않아 관련법을 위반한 경우, 전매계약에 따라 취득한 대금 – 몰수 ×

부동산의 소유권을 이전받을 것을 내용으로 하는 계약(1차 계약)을 체결한 자가 그 부동산에 대하여 다시 제3자와 소유권이전을 내용으로 하는 계약(전매계약)을 체결한 것이 부동산등기 특별조치법 제8 조 제1호 위반행위에 해당하는 경우, 전매계약에 의하여 제3자로부터 받은 대금은 위 조항의 처벌대상 인 '1차 계약에 따른 소유권이전등기를 하지 않은 행위'로 취득한 것이 아니므로 형법 제48조에 의한 몰수나 추징의 대상이 될 수 없다. (대법원 2007. 12. 14. 선고 2007도7353 판결) **표준**

참고 대물적 요건 – ② 충족 ×

판례 폐기물 처리업체 운영자인 피고인들이 폐기물 불법매립한 경우, 폐기물 배출업체로부터 폐기물 인수하며 받은 돈 – 몰수 ×

원심이 피고인들에게 '사업장폐기물배출업체로부터 인수받은 폐기물을 폐기물관리법에 따라 허가 또는 승인을 받거나 신고한 폐기물처리시설이 아닌 곳에 매립하였다.'는 범죄행위를 인정하면서 피고인들이 사업장폐기물배출업체로부터 받은 돈을 형법 제48조에 따라 몰수·추징한 사안에서, 위 돈을 형법 제48 조의 몰수·추징의 대상으로 보기 위해서는 피고인들의 위와 같은 범죄행위로 인하여 취득하였다는 점, 즉 위 돈이 피고인들과 사업장폐기물배출업체 사이에 피고인들의 범죄행위를 전제로 수수되었다는 점 이 인정되어야 한다는 이유로, 사업장폐기물배출업체로부터 정상적인 절차에 따라 폐기물이 처리되는 것을 전제로 돈을 받았다는 피고인들 주장에 관하여 심리하지 아니한 채 막연히 피고인들이 폐기물을 불법적으로 매립할 목적으로 돈을 받고 폐기물을 인수하였다는 사정만을 근거로 위 돈이 범죄행위로 인하여 생하였거나 이로 인하여 취득된 것이라고 본 원심판결에 몰수·추징에 관한 법리오해 및 심리미 진의 잘못이 있다고 한 사례. (대법원 2021. 7. 21. 선고 2020도10970 판결)

참고 대물적 요건 – ② 충족 ×

판례 장물을 처분하여 그 대가로 취득한 압수물은 몰수할 것이 아니라 피해자에게 교부

피고인이 제1심 공판정에서 진술한 바와 같이 장물의 일부를 처분하여 그 대가로 취득하였다가 압수 된 것임이 분명하여 이는 몰수할 것이 아니라 형사소송법 제333조 제2항의 규정에 의하여 피해자에게 교부하여야 할 것이다. (대법원 1969. 1. 21. 선고 68도1672 판결)

참고 장물의 매각대금은 대물적 요건 ③에 속하지만, 피해자가 있는 경우 형사소송법 제333조 규정에 의 한다.[99]

---

99 **형사소송법 제333조(압수장물의 환부)** ① 압수한 장물로서 피해자에게 환부할 이유가 명백한 것은 판결로써 피해

범죄수익은닉의 규제 및 처벌 등에 관한 법률(이하 '범죄수익은닉규제법')에 대해서 살펴본다. 범죄수익은닉규제법은 ① 특히 범죄수익을 엄격히 환수해야 하는 '중대범죄'의 범위를 정하고(제2조 제1호 및 별표), ② 중대범죄와 관련된 범죄수익의 취득에 관한 사실을 가장하거나 범죄수익을 은닉하는 행위 등을 처벌하고(제3조 내지 제4조), ③ 중대범죄와 관련된 범죄수익의 몰수 및 추징에 관한 특례를 규정한다(제8조 내지 제10조의4). 우리가 주목할 부분은 ③이다.

형법상 몰수의 대물적 요건과 범죄수익은닉규제법상 몰수의 대물적 요건은 다르다. 형법 제48조가 몰수의 대상을 '물건'으로 한정하고 있는 것에 비하여 범죄수익은닉규제법은 몰수의 대상을 '중대범죄의 범죄행위에 의하여 생긴 재산 또는 그 범죄행위의 보수로 얻은 재산'으로 규정하여 그 범위가 훨씬 넓다. 예컨대, '재산적 가치가 인정되는 무형의 재산'의 경우, 형법상 몰수의 대상(물건)은 아니나 범죄수익은닉규제법상 몰수의 대상(재산)이 된다.

[판례] 형법상 몰수('물건') vs 범죄수익은닉규제법상 몰수('재산')

형법 제48조 제1항은 '범죄행위로 인하여 생(生)하였거나 이로 인하여 취득한 물건'으로서 범인 이외의 자의 소유에 속하지 아니하거나 범죄 후 범인 이외의 자가 정을 알면서 취득한 물건의 전부 또는 일부를 몰수할 수 있다고 규정하면서(제2호), 제2항에서는 제1항에 기재한 물건을 몰수하기 불능한 때에는 그 가액을 추징하도록 규정하고 있다. 이와 같이 형법 제48조는 몰수의 대상을 '물건'으로 한정하고 있다. 이는 범죄행위에 의하여 생긴 재산 및 범죄행위의 보수로 얻은 재산을 범죄수익으로 몰수할 수 있도록 한 범죄수익은닉의 규제 및 처벌 등에 관한 법률이나 범죄행위로 취득한 재산상 이익의 가액을 추징할 수 있도록 한 형법 제357조 등의 규정과는 구별된다. 민법 제98조는 물건에 관하여 '유체물 및 전기 기타 관리할 수 있는 자연력'을 의미한다고 정의하는데, 형법이 민법이 정의한 '물건'과 다른 내용으로 '물건'의 개념을 정의하고 있다고 볼 만한 사정도 존재하지 아니한다.

피고인이 갑, 을과 공모하여 정보통신망을 통하여 음란한 화상 또는 영상을 배포하고, 도박 사이트를 홍보하였다는 공소사실로 기소되었는데, 원심이 공소사실을 유죄로 인정하면서 피고인이 범죄행위에 이용한 웹사이트 매각을 통해 취득한 대가를 형법 제48조에 따라 추징한 사안에서, 위 웹사이트는 범죄행위에 제공된 무형의 재산에 해당할 뿐 형법 제48조 제1항 제2호에서 정한 '범죄행위로 인하여 생하였거나 이로 인하여 취득한 물건'에 해당하지 않으므로, 피고인이 위 웹사이트 매각을 통해 취득한 대가는 형법 제48조 제1항 제2호, 제2항이 규정한 추징의 대상에 해당하지 않는다는 이유로, 이와 달리 보아 위 웹사이트 매각대금을 추징한 원심판결에 형법 제48조에서 정한 몰수·추징에 관한 법리오해의 잘못이 있다고 한 사례. (대법원 2021. 10. 14. 선고 2021도7168 판결)

참고 정통망법위반(음란물유포)은 범죄수익은닉규제법상 중대범죄에 해당하고, 웹사이트 매각 대가는 무형

자에게 환부하는 선고를 하여야 한다. ② 전항의 경우에 장물을 처분하였을 때에는 판결로써 그 대가로 취득한 것을 피해자에게 교부하는 선고를 하여야 한다. ③ 가환부한 장물에 대하여 별단의 선고가 없는 때에는 환부의 선고가 있는 것으로 간주한다. ④ 전3항의 규정은 이해관계인이 민사소송절차에 의하여 그 권리를 주장함에 영향을 미치지 아니한다.

의 '재산'에 해당하므로, 범죄수익은닉규제법상 몰수, 추징을 했다면 적법했을 것으로 보인다.

[판례] 음란물유포·도박개장방조의 대가로 비트코인을 취득한 경우, 비트코인 – 범죄수익은닉규제법상 몰수 ○

범죄수익은닉규제법은 "중대범죄에 해당하는 범죄행위에 의하여 생긴 재산 또는 그 범죄행위의 보수로 얻은 재산"을 범죄수익으로 규정하고[제2조 제2호 (가)목], 범죄수익을 몰수할 수 있다고 규정한다(제8조 제1항 제1호). 그리고 범죄수익은닉규제법 시행령은 "은닉재산이란 몰수·추징의 판결이 확정된 자가 은닉한 현금, 예금, 주식, 그 밖에 재산적 가치가 있는 유형·무형의 재산을 말한다."라고 규정하고 있다 (제2조 제2항 본문). 위와 같은 범죄수익은닉규제법의 입법 취지 및 법률 규정의 내용을 종합하여 보면, 범죄수익은닉규제법에 정한 중대범죄에 해당하는 범죄행위에 의하여 취득한 것으로 재산적 가치가 인정되는 무형재산도 몰수할 수 있다.

피고인이 음란물유포 인터넷사이트를 운영하면서 정보통신망 이용촉진 및 정보보호 등에 관한 법률(이하 '정보통신망법'이라 한다) 위반(음란물유포)죄와 도박개장방조죄에 의하여 비트코인(Bitcoin)을 취득한 사안에서, 범죄수익은닉의 규제 및 처벌 등에 관한 법률(이하 '범죄수익은닉규제법'이라 한다) [별표] 제1호 (사)목에서는 형법 제247조의 죄를, [별표] 제24호에서는 정보통신망법 제74조 제1항 제2호의 죄를 중대범죄로 규정하고 있어 피고인의 정보통신망법 위반(음란물유포)죄와 도박개장방조죄는 범죄수익은닉규제법에 정한 중대범죄에 해당하며, 비트코인은 경제적인 가치를 디지털로 표상하여 전자적으로 이전, 저장 및 거래가 가능하도록 한, 이른바 '가상화폐'의 일종인 점, 피고인은 위 음란사이트를 운영하면서 사진과 영상을 이용하는 이용자 및 음란사이트에 광고를 원하는 광고주들로부터 비트코인을 대가로 지급받아 재산적 가치가 있는 것으로 취급한 점에 비추어 비트코인은 재산적 가치가 있는 무형의 재산이라고 보아야 하고, 몰수의 대상인 비트코인이 특정되어 있다는 이유로, 피고인이 취득한 비트코인을 몰수할 수 있다고 본 원심판단이 정당하다고 한 사례. (대법원 2018. 5. 30. 선고 2018도3619 판결) **표준**

참고 형법상 몰수의 대물적 요건은 '물건'이므로 비트코인은 이 요건을 충족하지 못한다. 추징 역시 몰수를 전제로 하기에 불가하다.

이어서 대인적 요건과 관련된 판례들을 살펴본다.

[판례] 대인적 요건에서 '범인'의 범위 – 공동정범·교사범·방조범·필요적 공범 모두 포함

형법 제48조 제1항의 '범인'에는 공범자도 포함되므로 피고인의 소유물은 물론 공범자의 소유물도 그 공범자의 소추 여부를 불문하고 몰수할 수 있고, 여기에서의 공범자에는 공동정범, 교사범, 방조범에 해당하는 자는 물론 필요적 공범관계에 있는 자도 포함된다.

형법 제48조 제1항의 '범인'에 해당하는 공범자는 반드시 유죄의 죄책을 지는 자에 국한된다고 볼 수 없고 공범에 해당하는 행위를 한 자이면 족하므로 이러한 자의 소유물도 형법 제48조 제1항의 '범인 이외의 자의 소유에 속하지 아니하는 물건'으로서 이를 피고인으로부터 몰수할 수 있다. (대법원 2006. 11. 23. 선고 2006도5586 판결, 대법원 2000. 5. 12. 선고 2000도745 판결, 대법원 1984. 5. 29. 선고 83도2680 판결) **표준**

[비교] 관세법상 특칙

관세법 제282조 제2항에서 정한 몰수는 형법총칙의 몰수에 대한 특별규정으로서 필요적인 몰수에 관한 규정

이라 할 것이고, 같은 조항이 같은 법 제269조 제2항 및 제3항, 제274조 제1항 제1호의 경우에는 범인이 소유 또는 점유하는 그 물품을 몰수한다고 규정한 이상 범인이 점유하는 물품은 누구의 소유에 속함을 불구하고 소유자가 선의였든가 악의였든가를 가리지 않고 그 사실에 관하여 재판을 받는 범인에 대한 관계에서 이를 몰수하여야 한다고 해석할 것이다. (대법원 2004. 3. 26. 선고 2003도8014 판결)

판례 강도상해 범행에 자동차를 사용하였는데 피고인은 자동차가 처의 소유라고 진술하고 있고 실제로도 처 명의로 등록되어 있는 경우, 자동차 – 몰수 ✕

참고 대인적 요건 – ① 충족 ✕

판례 군 피.엑스(P.X)에서 공무원인 군인이 그 권한에 의하여 작성한 월간판매실적보고서의 내용에 일부 허위기재한 경우, 월간 판매실적보고서 – 몰수 ✕

군 피.엑스(P.X)에서 공무원인 군인이 그 권한에 의하여 작성한 월간판매실적보고서의 내용에 일부 허위기재된 부분이 있더라도 이는 공무소인 소관 육군부대의 소유에 속하는 것이므로 이를 허위공문서 작성의 범행으로 인하여 생긴 물건으로 누구의 소유도 불허하는 것이라 하여 형법 제48조 제1항 제1호를 적용, 몰수하였음은 부당하다. (대법원 1983. 6. 14. 선고 83도808 판결)

참고 대인적 요건 – ① 충족 ✕

판례 피고인이 타인에게 도박자금으로 금전을 대여한 경우, 금전 – 몰수 ✕

피고인이 다른 공동 피고인들에게 도박자금으로 금원을 대여하였다면 그 금원은 그 때부터 피고인의 소유가 아니라 동 공동 피고인들의 소유에 귀속하게 되므로 그것을 동 공동 피고인들로부터 형법 제48조 제1항 제1호나 제2호를 적용하여 몰수함은 모르되 피고인으로 부터 몰수할 성질의 것은 아니다. (대법원 1982. 9. 28. 선고 82도1669 판결)

참고 대인적 요건 – ① 충족 ✕

다. 추징·폐기

1) 추징·폐기의 사유

(추징 사유) 몰수대상인 물건이 몰수하기 불능한 때에는 그 가액을 추징한다(제48조 제2항). '몰수하기 불능한 때'라 함은 몰수의 대물적, 대인적 요건은 모두 충족되나, 몰수의 대상인 물건이 사실상·법률상의 원인으로 몰수할 수 없는 경우를 의미한다. (폐기 사유) 문서, 도화, 전자기록 등 특수매체기록 또는 유가증권의 일부가 몰수에 해당하는 때에는 그 부분을 폐기한다(제48조 제3항).

판례 추징의 대상이 되는 범죄수익을 특정할 수 없는 경우 – 추징 불가 (대법원 2007. 6. 14. 선고 2007도2451 판결)

판례 마약류 관리에 관한 법률에 따른 추징에서 소유자나 최종소지인에게서 마약류 전부 또는 일부를 몰수한 경우, 다른 취급자들에 대하여 몰수된 마약류의 가액을 추징할 수 없음 (대법원 2016. 6. 9. 선고 2016도4927 판결)

2) 추징의 성질

추징은 몰수에 갈음하여 그 가액의 납부를 명하는 사법처분이나 실질적으로는 부가형의 성질을 가진다.

> **[판례]** 특별사면이 있는 경우 추징에 대하여는 형 선고의 효력이 상실되지 않음
> 추징은 부가형이지만 징역형의 집행유예와 추징의 선고를 받은 사람에 대하여 징역형의 선고의 효력을 상실케 하는 동시에 복권하는 특별사면이 있는 경우에 추징에 대하여도 형 선고의 효력이 상실된다고 볼 수는 없다. (대법원 1996. 5. 14.자 96모14 결정)

3) 추징의 방법

(추징의 방법) ① 개별추징을 원칙으로 하나 개별액을 알 수 없으면 평등분할액을 추징해야 한다. ② 그러나 몰수·추징이 징벌적 성격을 가지고 있을 경우에는 공동연대추징을 한다. **(추징가액)** 추징가액은 판결선고시의 가액을 기준으로 산정한다.

추징의 방법 일반과 관련된 판례를 살펴본다.

> **[판례]** 수인이 공동으로 뇌물수수 – ① 개별추징 원칙 ② 알 수 없는 경우 평등분할 추징
> 수인이 공모하여 뇌물을 수수한 경우에 몰수불능으로 그 가액을 추징하려면 어디까지나 개별적으로 추징할 것이며, 수수금품을 개별적으로 알 수 없을 때에는 평등하게 추징할 것이지 피고인 전원으로부터 수수한 금품의 가액을 공동으로 추징할 수 없다. (대법원 1975. 4. 22. 선고 73도1963 판결) **표준**
>
> **[판례]** 수인이 공동으로 범죄수익을 얻은 경우, 실질적으로 귀속된 이익이 없는 사람에 대하여 추징할 수 없음
> 게임산업진흥에 관한 법률(이하 '게임산업법'이라 한다) 제44조 제1항 위반의 범죄행위에 의하여 생긴 수익의 추징은 부정한 이익을 박탈하여 이를 보유하지 못하게 하는 데에 목적이 있으므로, 수인이 공동으로 불법게임장 영업을 하여 이익을 얻은 경우에는 그 분배받은 금원, 즉 실질적으로 귀속된 이익금만을 개별적으로 추징하여야 하고, 실질적으로 귀속된 이익이 없는 피고인에 대하여는 추징할 수 없다. 그리고 게임 이용자들에게 환전하여 준 금원이 있는 경우 그 범죄로 얻은 수익은 매출액에서 게임 이용자들에게 환전하여 준 금액을 공제하고 남은 금액이다. (대법원 2014. 7. 10. 선고 2014도4708 판결)
>
> **[판례]** 추징하여야 할 가액이 몰수선고를 받았더라면 잃게 될 이득액을 초과하면 안 됨
> 몰수의 취지가 범죄에 의한 이득의 박탈을 그 목적으로 하는 것이고 추징도 이러한 몰수의 취지를 관철하기 위한 것이라는 점을 고려하면 몰수하기 불능한 때에 추징하여야 할 가액은 범인이 그 물건을 보유하고 있다가 몰수의 선고를 받았더라면 잃게 될 이득상당액을 의미하므로, 추징하여야 할 가액이 몰수의 선고를 받았더라면 잃게 될 이득상당액을 초과하여서는 아니 된다. (대법원 2017. 9. 21. 선고 2017도8611 판결)

판례 범죄행위로 취득한 주식의 가액을 추징하는 경우, 주식의 취득대가는 추징금액에서 공제하지 않음

범죄행위로 인하여 물건을 취득하면서 그 대가를 지급하였다고 하더라도 범죄행위로 취득한 것은 물건 자체이고 이는 몰수되어야 할 것이나, 이미 처분되어 없다면 그 가액 상당을 추징할 것이고, 그 가액에서 이를 취득하기 위한 대가로 지급한 금원을 뺀 나머지를 추징해야 하는 것은 아니다. (대법원 2005. 7. 15. 2003도4293 판결)

판례 변호사법 위반으로 취득한 금품의 가액을 추징하는 경우, 그 범행과정에서 지출한 비용을 공제할 수 없음 (대법원 2008. 10. 9. 선고 2008도6944 판결)

징벌적 추징에 관한 판례를 살펴본다.

판례 징벌적 추징 – 공동연대추징

외국환관리법상의 몰수와 추징은 일반 형사법의 경우와 달리 범죄사실에 대한 징벌적 제재의 성격을 띠고 있다고 할 것이므로, 여러 사람이 공모하여 범칙행위를 한 경우 몰수대상인 외국환 등을 몰수할 수 없을 때에는 각 범칙자 전원에 대하여 그 취득한 외국환 등의 가액 전부의 추징을 명하여야 하고, 그 중 한 사람이 추징금 전액을 납부하였을 때에는 다른 사람은 추징의 집행을 면할 것이나, 그 일부라도 납부되지 아니하였을 때에는 그 범위 내에서 각 범칙자는 추징의 집행을 면할 수 없다. (대법원 1998. 5. 21. 선고 95도2002 전원합의체 판결)

동지 특정경제범죄가중처벌등에관한법률 제10조 제3항, 제1항에 의한 몰수·추징 – 징벌적 추징

특정경제범죄가중처벌등에관한법률 제10조 제3항, 제1항에 의한 몰수·추징은 범죄로 인한 이득의 박탈을 목적으로 한 형법상의 몰수·추징과는 달리 재산국외도피 사범에 대한 징벌의 정도를 강화하여 범행 대상인 재산을 필요적으로 몰수하고 그 몰수가 불능인 때에는 그 가액을 납부하게 하는 소위 징벌적 성격의 처분이라고 보는 것이 상당하므로 그 도피재산이 피고인들이 아닌 회사의 소유라거나 피고인들이 이를 점유하고 그로 인하여 이득을 취한 바가 없다고 하더라도 피고인들 모두에 대하여 그 도피재산의 가액 전부의 추징을 명하여야 한다. (대법원 2005. 4. 29. 선고 2002도7262 판결)

동지 관세법상 추징 – 징벌적 추징 (대법원 2007. 12. 28. 선고 2007도8401 판결)

동지 마약류관리에관한법률상 추징 – 징벌적 추징 (대법원 2000. 9. 8. 선고 2000도546 판결)

동지 밀항단속법상 몰수·추징 – 징벌적 추징 (대법원 2008. 10. 9. 선고 2008도7034 판결)

추징가액에 관한 판례를 살펴본다.

판례 추징가액은 재판선고시의 가격을 기준으로 함 (대법원 1991. 5. 28. 선고 91도352 판결)

판례 피고인이 범죄행위로 취득한 주식이 ① 판결 선고시의 주가를 알 수 없을 뿐만 아니라(판결 선고 전에 그 발행회사가 다른 회사에 합병됨) ② 무상증자 받은 주식과 다시 매입한 주식까지 섞어서 처분되

어 그 처분가액을 정확히 알 수 없는 경우 – 주식의 시가가 가장 낮을 때를 기준으로 산정한 가액을 추징하여야 함 (대법원 2005. 7. 15. 선고 2003도4293 판결)

Ⅴ 명예형

제43조(형의 선고와 자격상실, 자격정지) ① 사형, 무기징역 또는 무기금고의 판결을 받은 자는 다음에 기재한 자격을 상실한다.
1. 공무원이 되는 자격
2. 공법상의 선거권과 피선거권
3. 법률로 요건을 정한 공법상의 업무에 관한 자격
4. 법인의 이사, 감사 또는 지배인 기타 법인의 업무에 관한 검사역이나 재산관리인이 되는 자격
② 유기징역 또는 유기금고의 판결을 받은 자는 그 형의 집행이 종료하거나 면제될 때까지 전항 제1호 내지 제3호에 기재된 자격이 정지된다. 다만, 다른 법률에 특별한 규정이 있는 경우에는 그 법률에 따른다.

제44조(자격정지) ① 전조에 기재한 자격의 전부 또는 일부에 대한 정지는 1년 이상 15년 이하로 한다.
② 유기징역 또는 유기금고에 자격정지를 병과한 때에는 징역 또는 금고의 집행을 종료하거나 면제된 날로부터 정지기간을 기산한다.

명예형이란 범인의 명예 또는 자격을 박탈하는 것을 내용으로 하는 형벌이다. ① 자격상실 ② 자격정지가 있다.

Ⅵ 형의 경중

제50조(형의 경중) ① 형의 경중은 제41조 각 호의 순서에 따른다. 다만, 무기금고와 유기징역은 무기금고를 무거운 것으로 하고 유기금고의 장기가 유기징역의 장기를 초과하는 때에는 유기금고를 무거운 것으로 한다.
② 같은 종류의 형은 장기가 긴 것과 다액이 많은 것을 무거운 것으로 하고 장기 또는 다액이 같은 경우에는 단기가 긴 것과 소액이 많은 것을 무거운 것으로 한다.
③ 제1항 및 제2항을 제외하고는 죄질과 범정(犯情)을 고려하여 경중을 정한다.

형의 경중의 판단이 필요한 경우를 살펴본다. ① 신·구형법의 경중비교(제1조 제2항), ② 상상적

경합의 처벌(제40조), ③ 경합범의 처벌(제38조 제1항 제2호) ④ 불이익변경금지의 원칙 적용(형사소송법 제368조)의 문제를 해결하기 위해서 형의 경중의 판단이 필요하다.

02 형의 양정

I 의의

형의 양정(양형)이란 형벌에 규정된 형벌의 종류와 범위 내에서 법관이 구체적인 행위자에 대하여 선고할 형벌의 종류와 양을 정하는 것을 말한다.

II 형의 양정의 단계

① **법정형**이란 개개의 구성요건에 규정되어 있는 형벌을 말한다. ② **처단형**이란 법정형을 가중·감경하여 처벌의 범위가 구체화된 형벌의 범위를 말한다. ③ **선고형**이란 법원이 처단형의 범위 내에서 구체적으로 형을 양정하여 당해 피고인에게 선고하는 형을 말한다.

III 형의 가중·감경·면제

1. 형의 가중

죄형법정주의의 원칙상 법률상 가중만 인정되고 재판상 가중은 인정되지 않는다.

법률상 가중사유	사유
일반적 (총칙상) 가중사유	• 경합범 가중(제38조)·누범 가중(제35조) • 특수교사·방조 가중(제34조 제2항)
특수적 (각칙상) 가중사유	• 상습범 가중(ex 상습폭행죄·상습협박죄·상습도박죄 등) • 특수범죄(ex 특수공무방해죄·특수주거침입죄 등)

관련 판례를 살펴본다.

> **[판례]** 상습특수상해죄를 범한 때에 '특수상해죄에서 정한 형의 2분의 1까지 가중한다'고 규정하는데, 이는 법정형의 단기와 장기를 모두 가중함을 의미함
>
> 형법은 제264조에서 상습으로 제258조의2의 죄를 범한 때에는 그 죄에 정한 형의 2분의 1까지 가중한다고 규정하고, 제258조의2 제1항에서 위험한 물건을 휴대하여 상해죄를 범한 때에는 1년 이상 10년 이하의 징역에 처한다고 규정하고 있다. 위와 같은 형법 각 규정의 문언, 형의 장기만을 가중하는 형법 규정에서 그 죄에 정한 형의 장기를 가중한다고 명시하고 있는 점, 형법 제264조에서 상습범을 가중처벌하는 입법 취지 등을 종합하면, 형법 제264조는 상습특수상해죄를 범한 때에 형법 제258조의2 제1항에서 정한 법정형의 단기와 장기를 모두 가중하여 1년 6개월 이상 15년 이하의 징역에 처한다는 의미로 새겨야 한다. (대법원 2017. 6. 29. 선고 2016도18194 판결) **표준**

2. 형의 감경

형의 감경은 (형의 가중과는 달리) 법률상 감경과 재판상 감경(제53조[100])이 모두 인정된다. 법률상의 감경사유가 수 개 있을 경우에는 거듭 감경할 수 있으나 작량감경사유가 수 개 있는 경우에는 거듭 감경할 수 없다.

> **[판례]** 절도죄에 대한 징역형과 도교법위반죄에 대한 벌금형을 병과하면서 징역형에만 작량감경 – 가능
>
> 형법 제38조 제1항 제3호에 의하여 징역형과 벌금형을 병과하는 경우에는 각 형에 대한 범죄의 정상에 차이가 있을 수 있으므로 징역형에만 작량감경을 하고 벌금형에는 작량감경을 하지 아니하였다고 하여 이를 위법하다고 할 수 없다. (대법원 2006. 3. 23. 선고 2006도1076 판결)
>
> **[판례]** 1개의 증권거래법위반죄(現 자본시장법위반죄)에 대하여 징역형과 벌금형을 병과하면서 징역형에만 작량감경 – 불가
>
> 하나의 죄에 대하여 징역형과 벌금형을 병과하는 경우, 특별한 규정이 없는 한 징역형에만 작량감경을 하고 벌금형에는 작량감경을 하지 않는 것은 위법하다. (대법원 2009. 2. 12. 선고 2008도6551 판결)

3. 형의 면제

(의의) 형의 면제란 범죄가 성립하여 형벌권이 발생하였으나 일정한 사유로 인하여 형벌을 과하

---

100 **형법 제53조(정상참작감경)** 범죄의 정상(情狀)에 참작할 만한 사유가 있는 경우에는 그 형을 감경할 수 있다.

지 않는 경우를 말한다. 법률상 면제만 인정되고 재판상 면제는 인정되지 않는다. **(구별개념)** 형면제판결은 유죄판결의 일종으로서 판결확정 전의 사유를 원인으로 한다는 점에서 판결확정 후의 사유를 원인으로 하는 형집행의 면제와 구별된다.

형의 감경·감면사유를 아래 표로 정리한다.

법률상 감면	효과	종류
일반적 (총칙상) 감경사유	필요적 감경	• 청각 및 언어 장애인(제11조) • 종범(제32조 제2항)
	필요적 감면	• 중지미수(제26조)
	임의적 감경	• 심신미약(제10조 제2항) • 장애미수(제25조 제2항)
	임의적 감면	• 과잉방위(제21조 제2항) • 과잉피난(제22조 제3항) • 과잉자구행위(제23조 제2항) • 불능미수(제27조 단서) • 자수 또는 자복(제52조 제1항)
특수적 (각칙상) 감경사유	필요적 감면	• 괄호 안 범죄의 예비·음모죄의 자수 (내란죄, 외환죄, 외국에 대한 사전죄, 폭발물사용죄, 방화죄, 통화위조죄) • 괄호 안 범죄대상의 재판·징계처분 확정 전 자수·자백 (위증죄, 허위감정통역번역죄, 무고죄)
	임의적 감경	• 범죄단체조직죄(제114조), • 피약취된 자 등의 석방(제295조의2) • 인질의 석방(제324조의6)

4. 자수와 자복

> **제52조(자수, 자복)** ① 죄를 지은 후 수사기관에 자수한 경우에는 형을 감경하거나 면제할 수 있다.
> ② 피해자의 의사에 반하여 처벌할 수 없는 범죄의 경우에는 피해자에게 죄를 자복(自服)하였을 때에도 형을 감경하거나 면제할 수 있다.

가. 자수와 자복의 구별

① 자수란 범인이 자발적으로 자신의 범죄사실을 수사기관에 신고하여 소추를 구하는 의사표시를 말한다. ② 자복이란 반의사불벌죄에 있어서 범인이 피해자에게 자신의 범죄를 고백하는 것을 말한다. 구체적 내용을 아래 표로 정리한다.

	자수	자복
대상	모든 범죄	반의사불벌죄
상대방	수사기관	피해자
주체	범인 자신 (단 신고·고지는 제3자를 통해 가능)	
시기	발각전후를 불문함	
내용	범죄사실을 알림	
효과	총칙상 임의적 감면사유 (각칙상 필요적 감면사유인 경우 있음)	총칙상 임의적 감면사유
공범	자수·자복은 일신전속적임	

나. 관련 판례

자수에 관한 판례를 살펴본다.

> [판례] 범죄성립요건을 갖춘 객관적 사실을 자발적으로 신고 – 자수 ○
>
> 법률상의 형의 감경사유가 되는 자수를 위하여는, 범인이 자기의 범행으로서 범죄성립요건을 갖춘 객관적 사실을 자발적으로 수사관서에 신고하여 그 처분에 맡기는 것으로 족하고, 더 나아가 법적으로 그 요건을 완전히 갖춘 범죄행위라고 적극적으로 인식하고 있을 필요까지는 없다. (대법원 1995. 6. 30. 선고 94도1017 판결)

> [판례] 혐의사실 보도 후 소환 전, 수사기관에 자진출석하여 모두 자백 – 자수 ○
>
> 신문지상에 혐의사실이 보도되기 시작하였는데도 수사기관으로부터 공식소환이 없으므로 자진출석하여 사실을 밝히고 처벌을 받고자 담당 검사에게 전화를 걸어 조사를 받게 해달라고 요청하여 출석시간을 지정받은 다음 자진출석하여 혐의사실을 모두 인정하는 내용의 진술서를 작성하고 검찰 수사과정에서 혐의사실을 모두 자백한 경우 피고인은 수사책임 있는 관서에 자기의 범죄사실을 자수한 것으로 보아야 하고 법정에서 수수한 금원의 직무관련성에 대하여만 수사기관에서의 자백과 차이가 나는 진술을 하였다 하더라도 자수의 효력에는 영향이 없다. (대법원 1994. 9. 9. 선고 94도619 판결)

> [판례] 자수가 성립한 이후 번복하여 범행 부인 – 자수 ○
>
> 일단 자수가 성립한 이상 자수의 효력은 확정적으로 발생하고 그 후에 범인이 번복하여 수사기관이나

법정에서 범행을 부인한다고 하더라도 일단 발생한 자수의 효력이 소멸하는 것은 아니라고 할 것이다. (대법원 1999. 7. 9. 선고 99도1695 판결, 대법원 2002. 8. 23. 선고 2002도46 판결)

(판례) 수사기관의 직무상 질문·조사에 응하여 범죄사실 진술 – 자수 ×

자수라 함은 범인이 스스로 수사책임이 있는 관서에 자기의 범행을 고하고 그 처분을 구하는 의사표시를 하는 것을 말하고, 가령 수사기관의 직무상의 질문 또는 조사에 응하여 범죄사실을 진술하는 것은 자백일 뿐 자수로는 되지 않는다. (대법원 1982. 9. 28. 선고 82도1965 판결)

(동지) 세관 검색시 금속탐지기에 의해 대마 휴대 사실이 발각될 상황에서 세관 검색원의 추궁에 의하여 대마 수입 범행을 시인 – 자수 × (대법원 1999. 4. 13. 선고 98도4560 판결)

(동지) 피고인이 경찰관의 여죄 추궁 끝에 다른 범죄사실을 자백 – 자수 × (대법원 2006. 9. 22. 선고 2006도 4883 판결)

(판례) 범죄사실을 부인하거나 죄의 뉘우침이 없는 자수 – 자수 ×

형법 제52조 제1항 소정의 자수란 범인이 자발적으로 자신의 범죄사실을 수사기관에 신고하여 그 소추를 구하는 의사표시로서 이를 형의 감경사유로 삼는 주된 이유는 범인이 그 죄를 뉘우치고 있다는 점에 있으므로 범죄사실을 부인하거나 죄의 뉘우침이 없는 자수는 그 외형은 자수일지라도 법률상 형의 감경사유가 되는 진정한 자수라고는 할 수 없다. (대법원 1994. 10. 14. 선고 94도2130 판결) **표준**

(동지) 수사기관에의 자발적 신고의 내용이 자기의 범행을 명백히 부인하는 등의 내용으로 자기의 범행으로서 범죄성립요건을 갖추지 아니한 사실일 경우 – 자수 × (대법원 1999. 9. 21. 선고 99도2443 판결)

(동지) 자수서를 소지하고 수사기관에 자발적으로 출석하였으나 자수서를 제출하지 아니하고 범행사실도 부인하였으며 그 이후 구속까지 된 상태에서 자수서를 제출하고 범행사실을 시인 – 자수 × (대법원 2004. 10. 14. 선고 2003도3133 판결)

(판례) 5,000만 원 수뢰하여 특가법 저질렀으나 3,000만 원 수뢰하였다고 자발적 신고 – 자수 ×

비록 당시의 신고가 자발적이라고 하더라도 이는 그 신고된 내용에 해당하는 특정범죄가중처벌등에관한법률 제2조 제1항 제2호, 형법 제129조 위반죄에 비하여 뇌물죄의 보호법익에 대한 침해 또는 침해 위험의 정도 및 그 위법성이 상대적으로 높기 때문에 적용법조와 법정형을 달리하는 이 사건 특정범죄가중처벌등에관한법률 제2조 제1항 제1호, 형법 제129조 위반죄의 범죄성립요건에 관하여 신고한 것이라고 할 수 없으므로 이 사건 죄에 관한 자수가 성립하였다고 할 수 없고, 그 이후 검찰에 의한 보강수사와 추궁에 따라 5,000만 원을 받은 사실을 자백하였다고 하더라도 달리 볼 수는 없으며, 나아가 이 사건 죄 중 피고인이 당초부터 시인한 3,000만 원 부분에 한하여 자수의 효력을 인정하여 그 부분에 관하여 법률상 감경을 할 수 있는 것도 아니다. (대법원 2004. 6. 24. 선고 2004도2003 판결)

(판례) 경찰관에게 검거되기 전에 친지에게 전화로 자수의사를 전달 – 자수 × (대법원 1985. 9. 24. 선고 85도1489 판결)

(판례) 수 개의 범죄사실 중 일부에 관하여만 자수한 경우에는 그 부분 범죄사실에 대하여만 자수의 효력이 있음 (대법원 1994. 10. 14. 선고 94도2130 판결)

5. 형의 가감례

형의 가감례란 형의 가중·감경의 순서와 그 정도 및 방법에 관한 준칙을 말한다. 이하 조문을 살핀 후 관련 판례를 살핀다.

가. 형종의 선택

> 제54조(선택형과 정상참작감경) 한 개의 죄에 정한 형이 여러 종류인 때에는 먼저 적용할 형을 정하고 그 형을 감경한다.

조문을 살피면 족하다.

나. 가중·감경의 순서

> 제56조(가중·감경의 순서) 형을 가중·감경할 사유가 경합하는 경우에는 다음 각 호의 순서에 따른다.
> 1. 각칙 조문에 따른 가중 2. 제34조제2항에 따른 가중 3. 누범 가중
> 4. 법률상 감경 5. 경합범 가중 6. 정상참작감경

조문을 살피면 족하다.

다. 가중·감경의 정도 및 방법

> 제42조(징역 또는 금고의 기간) 징역 또는 금고는 무기 또는 유기로 하고 유기는 1개월 이상 30년 이하로 한다. 단, 유기징역 또는 유기금고에 대하여 형을 가중하는 때에는 50년까지로 한다.
>
> 제55조(법률상의 감경) ① 법률상의 감경은 다음과 같다.
> 1. 사형을 감경할 때에는 무기 또는 20년 이상 50년 이하의 징역 또는 금고로 한다.
> 2. 무기징역 또는 무기금고를 감경할 때에는 10년 이상 50년 이하의 징역 또는 금고로 한다.
> 3. 유기징역 또는 유기금고를 감경할 때에는 그 형기의 2분의 1로 한다.
> 4. 자격상실을 감경할 때에는 7년 이상의 자격정지로 한다.
> 5. 자격정지를 감경할 때에는 그 형기의 2분의 1로 한다.
> 6. 벌금을 감경할 때에는 그 다액의 2분의 1로 한다.
> 7. 구류를 감경할 때에는 그 장기의 2분의 1로 한다.
> 8. 과료를 감경할 때에는 그 다액의 2분의 1로 한다.
> ② 법률상 감경할 사유가 수개있는 때에는 거듭 감경할 수 있다.

아래 판례를 참고하여 조문을 살피면 족하다.

판례 3호 – '형기'는 장기와 단기를 모두 포함하므로 장기·단기를 2분의 1로 함

형법 제55조 제1항 제3호에 의하여 형기를 감경할 경우 여기서의 형기라 함은 장기와 단기를 모두 포함한다. (대법원 1983. 11. 8. 선고 83도2370 판결)

판례 임의적 감경사유의 존재가 인정되고 법관이 그에 따라 징역형에 대해 법률상 감경을 하는 이상 형법 제55조 제1항 제3호에 따라 상한과 하한을 모두 2분의 1로 감경함

필요적 감경의 경우에는 감경사유의 존재가 인정되면 반드시 형법 제55조 제1항에 따른 법률상 감경을 하여야 함에 반해, 임의적 감경의 경우에는 감경사유의 존재가 인정되더라도 법관이 형법 제55조 제1항에 따른 법률상 감경을 할 수도 있고 하지 않을 수도 있다. 나아가 임의적 감경사유의 존재가 인정되고 법관이 그에 따라 징역형에 대해 법률상 감경을 하는 이상 형법 제55조 제1항 제3호에 따라 상한과 하한을 모두 2분의 1로 감경한다. 이러한 현재 판례와 실무의 해석은 여전히 타당하다. (대법원 2021. 1. 21. 선고 2018도5475 전원합의체 판결)

참고 별개의견 요지는 다음과 같다. "할 수 있다."는 것은 감경을 '하는 경우의 범위'와 '하지 않는 경우의 범위' 모두에 걸쳐서 선고형을 정할 수 있다는 의미로 보아야 한다. 그렇다면 감경을 하지 않은 범위의 상한과 감경을 한 범위의 하한 사이가 임의적 감경의 처단형 범위가 된다. 이를 간단히 '법정형의 하한만 감경된다'고 이해할 수도 있다.

판례 6호 – '다액'은 '금액'이라고 해석하여 금액의 상한·하한을 2분의 1로 함

형법 제55조 제1항 제6호의 벌금을 감경할 때의 「다액」의 2분의 1이라는 문구는 「금액」의 2분의 1이라고 해석하여 그 상한과 함께 하한도 2분의 1로 내려가는 것으로 해석하여야 한다. (대법원 1978. 4. 25. 선고 78도246 전원합의체 판결)

판례 작량감경의 방법 – 제55조 방법에 따름

본조에 의한 작량감경에 있어서도 일정한 범위를 정하여 그 범위내에서만 각 범죄사정에 적합한 양형을 하여야 하고 작량감경의 방법도 본법 제55조 소정 방법에 따라야 한다. (대법원 1964. 10. 28. 선고 64도454 판결)

참고 다만 작량감경 사유가 수 개 있어도 1회만 감경할 수 있다.

IV 양형

제51조(양형의 조건) 형을 정함에 있어서는 다음 사항을 참작하여야 한다.
  1. 범인의 연령, 성행, 지능과 환경
  2. 피해자에 대한 관계
  3. 범행의 동기, 수단과 결과
  4. 범행 후의 정황

(의의) 양형이란 법원이 법정형에 가능한 수정을 가하여 얻어진 처단형의 범위 내에서 범인과 범행 등에 관련된 제반정황을 고려하여 구체적으로 선고할 형의 양을 정하는 것을 말한다. **(이중평가 금지)** 법적 구성요건요소로 되어 있는 형의 가중·감경사유를 다시 양형의 참작사유로 삼을 수 없다. 예컨대 흉기를 휴대한 특수절도의 경우, 흉기라는 범행수단을 다시 양형에서 고려해서는 안 된다.

Ⅴ 판결선고전 구금일수의 산입

> **제57조(판결선고전 구금일수의 통산)** ① 판결선고전의 구금일수는 그 전부를 유기징역, 유기금고, 벌금이나 과료에 관한 유치 또는 구류에 산입한다.
> ② 전항의 경우에는 구금일수의 1일은 징역, 금고, 벌금이나 과료에 관한 유치 또는 구류의 기간의 1일로 계산한다.

(의의) 판결선고 전 구금이란 범죄의 혐의를 받고 있는 자를 재판이 확정될 때까지 구금하는 것, 즉 미결구금을 말한다. 판결선고 전의 구금일수는 전부를 징역 등에 산입하여야 한다.

> **판례** 미결구금일수의 일부 산입 허용 – 위헌
> 헌법상 무죄추정의 원칙에 따라 유죄판결이 확정되기 전에 피의자 또는 피고인을 죄 있는 자에 준하여 취급함으로써 법률적·사실적 측면에서 유형·무형의 불이익을 주어서는 아니되고, 특히 미결구금은 신체의 자유를 침해받는 피의자 또는 피고인의 입장에서 보면 실질적으로 자유형의 집행과 다를 바 없으므로, 인권보호 및 공평의 원칙상 형기에 전부 산입되어야 한다. (헌법재판소 2009. 6. 25. 선고 2007헌바25 전원재판부 결정)
>
> **동지** 미결구금일수는 전부 산입
> 형법 제57조 제1항 중 "또는 일부" 부분은 헌법재판소 2009. 6. 25. 선고 2007헌바25 사건의 위헌결정으로 효력이 상실되었다. 그리하여 판결선고 전 미결구금일수는 그 전부가 법률상 당연히 본형에 산입하게 되었으므로, 판결에서 별도로 미결구금일수 산입에 관한 사항을 판단할 필요가 없다고 할 것이다. (대법원 2009. 12. 10. 선고 2009도11448 판결)
>
> **판례** 법원이 판결선고 전의 구금일수를 구속영장이 발부되지 아니한 다른 범죄사실에 관한 죄의 형에 산입할 수 있음
> 수개의 공소사실로 공소가 제기된 피고인이 그 중 일부의 범죄사실만으로 구속영장이 발부되어 구금되어 있었고, 법원이 그 수개의 범죄사실을 병합심리한 끝에 피고인에게 구속영장이 발부된 일부 범죄사실에 관한 죄의 형과 나머지 범죄사실에 관한 죄의 형으로 나누어 2개의 형을 선고할 경우에 일부 범죄사실에 의한 구금의 효과는 피고인의 신병에 관한 한 나머지 범죄사실에도 미친다고 보아 그 구금일수

를 어느 죄에 관한 형에 산입할 것인가의 문제는 법원의 재량에 속하는 사항이라고 할 것이므로 법원이 판결선고 전의 구금일수를 구속영장이 발부되지 아니한 다른 범죄사실에 관한 죄의 형에 산입할 수도 있다. (대법원 1996. 5. 10. 선고 96도800 판결)

[판례] 형의 집행과 구속영장의 집행이 경합하는 경우의 미결구금 – 산입 ×

형의 집행과 구속영장의 집행이 경합하고 있는 경우에는 구속 여부와 관계없이 피고인 또는 피의자는 형의 집행에 의하여 구금을 당하고 있는 것이어서, 구속은 관념상은 존재하지만 사실상은 형의 집행에 의한 구금만이 존재하는 것에 불과하므로 … (중략) … 오히려 이것을 통산한다면 하나의 구금으로써 두 개의 자유형의 집행을 동시에 하는 것과 같게 되는 불합리한 결과가 되어 피고인에게 부당한 이익을 부여하게 되므로, 이러한 경우의 미결구금은 본형에 통산하여서는 아니된다. (대법원 2001. 10. 26. 선고 2001도4583 판결)

[판례] 노역장유치기간 – 산입 ×

정식재판청구기간을 도과한 약식명령에 기하여 피고인을 노역장에 유치하는 것은 형의 집행이므로 그 유치기간은 형법 제57조가 규정한 미결구금일수에 해당하지 아니한다. … (중략) … 법원은 노역장 유치기간을 미결구금일수로 보아 이를 본형에 산입할 수는 없고, 그 유치기간은 나중에 본형의 집행단계에서 그에 상응하는 벌금형이 집행된 것으로 간주될 뿐이다. (대법원 2007. 5. 10. 선고 2007도2517 판결)

[판례] 피고인이 범행 후 미국으로 도주하였다가 대한민국정부와 미합중국정부 간의 범죄인 인도조약에 따라 체포되어 인도절차를 밟기 위한 절차에 해당하는 기간 – 산입 ×

피고인이 미결구금일수로서 본형에의 산입을 요구하는 일수가 공소의 목적을 달성하기 위하여 어쩔 수 없이 이루어진 강제처분 기간이 아니라, 범죄인 인도조약에 따라 체포되어 인도절차를 밟기 위한 절차에 해당하는 기간에 불과하여 본형에 산입될 미결구금일수에 해당하지 않는다. (대법원 2005. 10. 28. 선고 2005도5822 판결)

[동지] 필리핀에서 범행을 저지른 피고인이 필리핀 당국에 의하여 체포된 후 강제로 출국되기까지의 기간 – 산입 × (대법원 2003. 2. 11. 선고 2002도6606 판결)

[판례] 미결구금기간이 확정된 징역 또는 금고의 본형기간을 초과한 결과가 생겼다 하여 위법하다고 할 수 없음 (대법원 1989. 10. 10. 선고 89도1711 판결)

[동지] 산입된 미결구금기간이 본형기간을 초과한 경우에도 그 본형의 '집행'을 유예할 수 있음 (대법원 2008. 2. 29. 선고 2007도9137 판결)

Ⅵ   판결의 공시

제58조(판결의 공시) ① 피해자의 이익을 위하여 필요하다고 인정할 때에는 피해자의 청구가 있는 경우에 한하여 피고인의 부담으로 판결공시의 취지를 선고할 수 있다.

② 피고사건에 대하여 무죄의 판결을 선고하는 경우에는 무죄판결공시의 취지를 선고하여야 한다. 다만, 무죄판결을 받은 피고인이 무죄판결공시 취지의 선고에 동의하지 아니하거나 피고인의 동의를 받을 수 없는 경우에는 그러하지 아니하다.
③ 피고사건에 대하여 면소의 판결을 선고하는 경우에는 면소판결공시의 취지를 선고할 수 있다.

판결의 공시란 피해자의 이익이나 피고인의 명예회복을 위해 판결의 선고와 동시에 관보·일간 신문 등을 통하여 판결의 전부·일부를 공적으로 주지시키는 제도이다.

03 누범

I 의의

제35조(누범) ① 금고(禁錮) 이상의 형을 선고받아 그 집행이 종료되거나 면제된 후 3년 내에 금고 이상에 해당하는 죄를 지은 사람은 누범(累犯)으로 처벌한다.
② 누범의 형은 그 죄에 대하여 정한 형의 장기(長期)의 2배까지 가중한다.

(의의) 금고 이상의 형을 선고받아 그 집행이 종료되거나 면제된 후 3년 내에 금고 이상에 해당하는 범죄를 다시 범한 경우를 말한다. (합헌) 누범가중 규정이 일사부재리 원칙·평등원칙에 반하여 위헌인지 여부가 문제되었으나 대법원·헌법재판소는 합헌이라 보았다.[101] (구별개념) 누범과 상습범을 아래 표로 구별한다.

	누범	상습범
개념	반복된 처벌	반복된 범죄에 징표된 범죄경향
전과 요부	필요	불필요
죄질의 동일성	불필요	필요
가중근거	행위책임	행위자책임

누범과 상습범의 관계를 다룬 판례를 살펴본다.

---

101 헌법재판소 1995. 2. 23. 선고 93헌바43 전원재판부 결정, 대법원 2008. 12. 24. 선고 2006도1427 판결

Ⅱ 누범가중의 요건

1. 전범에 대해 금고 이상의 형을 선고받을 것

(의의) 전범의 형은 금고 이상의 형으로서 선고형을 의미한다. **(유효)** 금고 이상의 형의 선고는 유효하여야 한다. 따라서 형선고의 효력이 상실된 때에는 누범전과가 될 수 없다. ① 일반사면·집행유예기간의 경과는 형선고 효력이 상실되므로 누범전과가 될 수 없다. ② 특별사면·복권은 형선고 효력이 유지되므로 누범전과가 될 수 있다.

판례 특별사면 받아 형집행을 면제받고 후에 복권된 경우에도 형선고효력 유지되므로 누범전과 ○
형의 선고를 받은 자가 특별사면을 받아 형의 집행을 면제받고 또 후에 복권이 되었다 하더라도 형의 선고의 효력이 상실되는 것은 아니므로 특별사면으로 출소한 후 3년 이내에 다시 범죄를 저지른 자에 대한 누범가중은 정당하다. (대법원 1986. 11. 11. 선고 86도2004 판결)

판례 복권을 받아도 형선고효력 유지되므로 누범전과 ○ (대법원 1981. 4. 14. 선고 81도543 판결)

판례 일반사면은 형선고효력 상실되므로 누범전과 × (대법원 1965. 11. 30. 선고 65도910 판결)

판례 집행유예기간경과는 형선고효력 상실되므로 누범전과 × (대법원 1970. 9. 22. 선고 70도1627 판결)

판례 형실효법에 따라 형이 실효된 경우 누범전과 × (대법원 2002. 10. 22. 선고 2002감도39 판결) **표준**

판례 재심판결로 인하여 효력을 상실한 확정판결은 누범전과 ×
피고인이 폭력행위등처벌에관한법률위반(집단·흉기등재물손괴등)죄 등으로 징역 8월을 선고받아 판결이 확정되었는데(이하 '확정판결'이라고 한다), 그 집행을 종료한 후 3년 내에 상해죄 등을 범하였다는 이유로 제1심 및 원심에서 누범으로 가중처벌된 사안에서, 피고인이 누범전과인 확정판결에 대해 재심을 청구하여, 재심개시절차에서 재심대상판결 중 헌법재판소가 위헌결정을 선고하여 효력을 상실한 구 폭력행위 등 처벌에 관한 법률을 적용한 부분에 헌법재판소법 제47조 제4항의 재심사유가 있다는 이유로 재심대상판결 전부에 대하여 재심개시결정이 이루어졌고, 상해죄 등 범행 이후 진행된 재심심판절차에서 징역 8월을 선고한 재심판결이 확정됨으로써 확정판결은 당연히 효력을 상실하였으므로, 더 이상 상해죄 등 범행이 확정판결에 의한 형의 집행이 끝난 후 3년 내에 이루어진 것이 아니라고 한 사례. (대법원 2017. 9. 21. 선고 2017도4019 판결)

2. 전범의 형의 집행이 종료되거나 면제될 것

(의의) 형집행종료란 형기가 만료된 경우를 말한다. 형집행면제란 ① 특별사면에 의하여 형의 집행이 면제된 때(사면법 제5조) ② 형의 시효가 완성된 때(제77조) 등을 말한다. 형집행종료·형집 행면제 이전에 범한 죄, 즉 형의 집행 전·집행 중·집행정지 중에 범한 죄 또는 집행유예기간중·가석 방기간중에 범한 죄는 누범이 될 수 없다.

> **판례** 집행유예기간중 범한 죄 – 누범가중 ✕
>
> 금고이상의 형을 받고 그 형의 집행유예기간 중에 금고 이상에 해당하는 죄를 범하였다 하더라도 이는 누범가중의 요건을 충족시킨 것이라 할 수 없다. (대법원 1983. 8. 23. 선고 83도1600 판결)
>
> **판례** 가석방기간중 범한 죄 – 누범가중 ✕
>
> 잔형기간경과전인 가석방기간중에 본건 범행을 저질렀다면 이를 형법 35조에서 말하는 형집행종료 후에 죄를 범한 경우에 해당한다고 볼 수 없으므로 여기에 누범가중을 할 수 없는 이치라 할 것이다. (대법원 1976. 9. 14. 선고 76도2071 판결) **표준**

3. 후범은 전범의 형집행종료·형집행면제 후 3년 이내에 범할 것

(의의) 형집행종료·형집행면제 후 3년 이내에 후범을 행해야 한다. 3년 이내인지 여부는 실행의 착수를 기준으로 한다. 포괄일죄의 경우, 일부 행위가 3년 내에 행해졌다면 전체행위가 누범가중이 된다. 관련 판례를 살펴본다.

> **판례** 3년 이내에 실행의 착수 – 누범가중 ○
>
> 다시 금고 이상에 해당하는 죄를 범하였는지 여부는 그 범죄의 실행행위를 하였는지 여부를 기준으로 결정하여야 하므로 3년의 기간 내에 실행의 착수가 있으면 족하고, 그 기간 내에 기수에까지 이르러야 되는 것은 아니다. (대법원 2006. 4. 7. 선고 2005도9858 전원합의체 판결)
>
> **판례** 포괄일죄의 일부행위가 3년 이내에 이루어짐 – 전체 누범가중 ○
>
> 포괄일죄의 일부 범행이 누범기간 내에 이루어진 이상 나머지 범행이 누범기간 경과 후에 이루어졌더라도 그 범행 전부가 누범에 해당한다고 보아야 한다. (대법원 2012. 3. 29. 선고 2011도14135 판결)
>
> **동지** 상습범의 일부행위가 3년 이내에 이루어짐 – 전체 누범가중 ○ (대법원 1985. 7. 9. 선고 85도1000 판결)
>
> **판례** 누범기간의 기산점은 '형집행 종료일'이 아니라 '형집행 종료일의 다음날'임 (대법원 2021. 2. 25. 선고 2020도8728 판결)

> **판례** 두 개 이상의 징역형(금고형)을 선고받아 각 형을 연이어 집행받음에 있어, 하나의 형의 집행을 마치고 또 다른 형의 집행을 받던 중(복역 중) 먼저 집행된 형의 집행종료일로부터 3년 내에 금고 이상에 해당하는 죄를 저지른 경우 – ① 집행 중인 형에 대한 관계에서는 누범 ×, ② 앞서 집행을 마친 형에 대한 관계에서는 누범 ○ (대법원 2021. 9. 16. 선고 2021도8764 판결)

4. 후범은 금고 이상에 해당하는 죄일 것

후범은 금고 이상의 형에 해당하는 죄일 것을 요한다. 이는 법정형이 아니라 선고형을 의미한다.

> **판례** 후범에 대한 선고형이 금고 이상이어야 함
>
> 형법 제35조 제1항에 규정된 "금고 이상에 해당하는 죄"라 함은 유기금고형이나 유기징역형으로 처단할 경우에 해당하는 죄를 의미하는 것으로서 법정형 중 벌금형을 선택한 경우에는 누범가중을 할 수 없다. (대법원 1982. 9. 14. 선고 82도1702 판결)

> **판례** 전범과 후범은 상관관계가 없어도 무방함
>
> 형법 제35조가 누범에 해당하는 전과사실과 새로이 범한 범죄 사이에 일정한 상관관계가 있다고 인정되는 경우에 한하여 적용되는 것으로 제한하여 해석하여야 할 아무런 이유나 근거가 없고, 위 규정이 헌법상의 평등원칙 등에 위배되는 것도 아니다. (대법원 2008. 12. 24. 선고 2006도1427 판결)

Ⅲ 누범의 효과

누범의 형은 그 죄에 정한 형의 장기의 2배까지 가중한다(제35조 제2항). 단기는 가중하지 않으며 장기도 50년을 초과할 수 없다(제42조). 누범이 실체적 경합범인 경우에는 각 죄에 대하여 먼저 누범가중을 한 후에 경합범으로 처벌한다. 누범이 상상적 경합인 경우에는 각 죄에 대하여 먼저 누범가중을 한 후 가장 중한 죄의 형으로 처벌한다.

> **판례** 범죄의 누적이 구성요건으로 되어 있는 경우에도 형법상 누범가중 ○
>
> 폭력행위 등 처벌에 관한 법률 제3조 제4항에 해당하여 처벌하는 경우에도 형법 제35조의 누범가중 규정의 적용은 면할 수 없다. (대법원 2007. 8. 23. 선고 2007도4913 판결)

Ⅳ 판결선고후의 누범발각

> **제36조(판결선고후의 누범발각)** 판결선고후 누범인 것이 발각된 때에는 그 선고한 형을 통산하여 다시 형을 정할 수 있다. 단, 선고한 형의 집행을 종료하거나 그 집행이 면제된 후에는 예외로 한다.

제36조 본문은 전과사실의 확정으로 인한 재판의 부당한 지연을 막기 위하여 재판확정 후에도 누범인 것이 발각된 때 이미 선고한 형을 가중할 수 있도록 한 것이다. 제36조 단서는 이미 자유를 회복하고 사회로 복귀한 범죄인의 현상태를 존중하는 데 그 취지가 있다.

누범을 마무리하기 전에 특정범죄가중처벌법상의 누범전과에 관한 판례를 살펴본다.

[판례] 특가법 제5조의4 제5항의 누범가중 – '동일한 호'에서 정한 죄에 대한 누범을 의미함

특정범죄 가중처벌 등에 관한 법률(이하 '특정범죄가중법'이라고 한다) 제5조의4 제5항의 규정 취지는 같은 항 각호에서 정한 죄 가운데 동일한 호에서 정한 죄를 3회 이상 반복 범행하고, 다시 그 반복 범행한 죄와 동일한 호에서 정한 죄를 범하여 누범에 해당하는 경우에는 동일한 호에서 정한 법정형으로 처벌한다는 뜻으로 보아야 한다. 그러므로 특정범죄가중법 제5조의4 제5항 제1호 중 '이들 죄를 범하여 누범으로 처벌하는 경우' 부분에서 '이들 죄'란, 앞의 범행과 동일한 범죄일 필요는 없으나, 특정범죄가중법 제5조의4 제5항 각호에 열거된 모든 죄가 아니라 앞의 범죄와 동종의 범죄, 즉 형법 제329조 내지 제331조의 죄 또는 그 미수죄를 의미하고, 누범관계에 있는 앞의 범행이 '이들 죄'와 동종의 범죄일 것을 요한다. (대법원 2020. 2. 27. 선고 2019도18891 판결, 대법원 2023. 12. 21. 선고 2023도12852 등 판결, 대법원 2024. 1. 25. 선고 2023도14307 판결)

해설 1호는 절도의 죄, 2호는 강도의 죄, 3호는 장물의 죄를 규정한다. 조문을 일독하자.[102]

[판례] 특가법 제5조의4 제5항의 누범전과 – 사후적 경합범으로 처벌된 전과 포함

처벌조항 중 '세 번 이상 징역형을 받은 사람'은 그 문언대로 형법 제329조 등의 죄로 세 번 이상 징역형을 받은 사실이 인정되는 사람으로 해석하면 충분하고, 전범 중 일부가 나머지 전범과 사이에 후단 경합범의 관계에 있다고 하여 이를 처벌조항에 규정된 처벌받은 형의 수를 산정할 때 제외할 것은 아니다. (대법원 2020. 3. 12. 선고 2019도17381 판결)

---

102 **특정범죄 가중처벌 등에 관한 법률 제5조의4(상습 강도·절도죄 등의 가중처벌)** ⑤「형법」제329조부터 제331조까지, 제333조부터 제336조까지 및 제340조·제362조의 죄 또는 그 미수죄로 세 번 이상 징역형을 받은 사람이 다시 이들 죄를 범하여 누범(累犯)으로 처벌하는 경우에는 다음 각 호의 구분에 따라 가중처벌한다.

1. 「형법」제329조부터 제331조까지의 죄(미수범을 포함한다)를 범한 경우에는 2년 이상 20년 이하의 징역에 처한다.
2. 「형법」제333조부터 제336조까지의 죄 및 제340조제1항의 죄(미수범을 포함한다)를 범한 경우에는 무기 또는 10년 이상의 징역에 처한다.
3. 「형법」제362조의 죄를 범한 경우에는 2년 이상 20년 이하의 징역에 처한다.

판례 특가법 제5조의4 제5항에 정한 형에 다시 형법 제35조 누범가중을 하여야 함

특정범죄 가중처벌 등에 관한 법률 제5조의4 제5항은 입법 취지가 반복적으로 범행을 저지르는 절도 사범에 관한 법정형을 강화하기 위한 데 있고, 조문의 체계가 일정한 구성요건을 규정하는 형식으로 되어 있으며, 적용요건이나 효과도 형법 제35조와 달리 규정되어 있다. 이러한 처벌 규정은 형법 제35조 (누범) 규정과는 별개로 새로운 구성요건을 창설한 것으로 해석해야 한다. 따라서 처벌 규정에 정한 형에 다시 형법 제35조의 누범가중한 형기범위 내에서 처단형을 정하여야 한다. (대법원 2020. 5. 14. 선고 2019도18947 판결)

판례 집유기간 경과하여 특가법 제5조의4 제5항의 "징역형"에 해당하지 않음에도, 그 확정판결에 적용된 형벌 규정에 대한 위헌결정 취지에 따른 재심판결에서 다시 징역형의 집행유예가 선고·확정된 후 유예기간 중이라면, 그 재심판결은 "징역형"에 포함되지 아니함 (대법원 2022. 7. 28. 선고 2020도 13705 판결)

해설 ① 이미 집유기간 경과하여 "징역형"에 해당하지 않게 되었음에도, 형벌 규정에 대한 위헌결정에 따른 재심절차에서 다시 집행유예가 선고되었다는 우연한 사정변경만으로 "징역형"에 해당한다고 보는 것은 부당하다는 점, ② 만일 재심판결을 "징역형"에 포함시킨다면, 위헌 규정에 근거하여 처벌받은 피고인의 재심청구권의 행사를 위축시킨다는 점 때문이다.

04 집행유예·선고유예·가석방

I 집행유예

1. 의의

집행유예란 일단 유죄를 인정하여 형을 선고하되 일정한 요건 아래 일정기간 그 형의 집행을 유예하고 그것이 취소·실효됨이 없이 유예기간을 경과한 때에는 형의 선고의 효력을 상실케 하는 제도이다.

2. 집행유예의 요건

제62조(집행유예의 요건) ① 3년 이하의 징역이나 금고 또는 500만원 이하의 벌금의 형을 선고할 경우에 제51조의 사항을 참작하여 그 정상에 참작할 만한 사유가 있는 때에는 1년 이상 5년 이하의 기간 형의 집행을 유예할 수 있다. 다만, 금고 이상의 형을 선고한 판결이 확정된 때부터 그 집행을 종료하거나 면제된 후 3년까지의 기간에 범한 죄에 대하여 형을 선고하는 경우에는 그러하지 아니하다.
② 형을 병과할 경우에는 그 형의 일부에 대하여 집행을 유예할 수 있다.

가. 3년 이하의 징역이나 금고 또는 500만 원 이하의 벌금형을 선고할 경우일 것

법정형이 아니라 선고형을 말한다.

나. 정상에 참작할 만한 사유가 있을 것

정상에 참작할 만한 사유가 있다는 것은 형을 집행하지 않고 선고하는 것만으로도 피고인에게 재범의 위험성이 없다고 인정되는 경우를 말한다. 재범의 위험성 여부는 형법 제51조의 사항을 종합하여 판결선고시를 기준으로 판단한다.

다. 집행유예의 결격기간 내의 범죄가 아닐 것

금고 이상의 형을 선고한 판결이 확정된 때부터 그 집행을 종료하거나 면제된 후 3년까지의 기간에 '범한' 죄가 아닐 것을 말한다. 따라서 ① 금고 이상의 형을 선고한 판결이 확정되기 전에 '범한' 죄와 ② 금고 이상의 형에 대한 집행을 종료하거나 면제된 후 3년 이후에 '범한' 죄에 대하여는 판결선고시기를 불문하고 집행유예를 선고할 수 있다.

집행유예기간 중에 범한 범죄에 대한 집행유예 가능성이 문제된다. 아래 판례로 살펴본다.

> **판례** 집행유예기간 중에 범한 죄에 대하여 공소가 제기된 후, 그 재판 도중에 집행유예기간이 경과한 경우, 집행유예기간 중에 범한 죄에 대하여 다시 집행유예를 선고할 수 있음
>
> 형법 제62조 제1항 단서에서 규정한 '금고 이상의 형을 선고한 판결이 확정된 때'는 실형뿐 아니라 형의 집행유예를 선고한 판결이 확정된 경우도 포함된다.
>
> 집행유예 기간 중에 범한 죄에 대하여 형을 선고할 때에, 집행유예의 결격사유를 정하는 형법 제62조 제1항 단서 소정의 요건에 해당하는 경우란, ① 이미 집행유예가 실효 또는 취소된 경우와 ② 그 선고 시점에 미처 유예기간이 경과하지 아니하여 형 선고의 효력이 실효되지 아니한 채로 남아 있는 경우로 국한되고, ③ 집행유예가 실효 또는 취소됨이 없이 유예기간을 경과한 때에는, 형의 선고가 이미 그 효력을 잃게 되어 '금고 이상의 형을 선고'한 경우에 해당한다고 보기 어려울 뿐 아니라, 집행의 가능성이 더 이상 존재하지 아니하여 집행종료나 집행면제의 개념도 상정하기 어려우므로 위 단서 소정의 요건에 해당하지 않는다고 할 것이므로, ③ 집행유예 기간 중에 범한 범죄라고 할지라도 집행유예가 실효 취소됨이 없이 그 유예기간이 경과한 경우에는 이에 대해 다시 집행유예의 선고가 가능하다. (대법원 2007. 2. 8. 선고 2006도6196 판결, 대법원 2019. 1. 17. 선고 2018도17589 판결) **표준**
>
> **참고** ①·②의 경우 집행유예 결격이지만, ③의 경우 집행유예 선고가 가능하다.

3. 집행유예와 보호관찰·사회봉사명령·수강명령

> **제62조의2(보호관찰, 사회봉사·수강명령)** ① 형의 집행을 유예하는 경우에는 보호관찰을 받을 것을 명

하거나 사회봉사 또는 수강을 명할 수 있다.

② 제1항의 규정에 의한 보호관찰의 기간은 집행을 유예한 기간으로 한다. 다만, 법원은 유예기간의 범위내에서 보호관찰기간을 정할 수 있다.

③ 사회봉사명령 또는 수강명령은 집행유예기간내에 이를 집행한다.

형의 집행을 유예하는 경우에는 보호관찰·사회봉사·수강을 명할 수 있다. 관련 판례를 살펴본다.

[판례] 사회봉사명령 – ① 일·근로활동 ○ ② 금원 출연·준법경영 주제의 강연 및 기고 ✕

형법과 보호관찰 등에 관한 법률의 관계 규정을 종합하면, 사회봉사는 형의 집행을 유예하면서 부가적으로 명하는 것이고 집행유예 되는 형은 자유형에 한정되고 있는 점 등에 비추어, 법원이 형의 집행을 유예하는 경우 명할 수 있는 사회봉사는 자유형의 집행을 대체하기 위한 것으로서 500시간 내에서 시간 단위로 부과될 수 있는 일 또는 근로활동을 의미하는 것으로 해석되므로, 법원이 형법 제62조의2의 규정에 의한 사회봉사명령으로 피고인에게 일정한 금원을 출연하거나 이와 동일시할 수 있는 행위를 명하는 것은 허용될 수 없다. … (중략) … 준법경영을 주제로 하는 강연과 기고를 명하는 것은 헌법상 양심의 자유 등에 대한 심각하고 중대한 침해가능성, 사회봉사명령의 의미나 내용에 대한 다툼의 여지 등의 문제가 있어 허용될 수 없다. (대법원 2008. 4. 11. 선고 2007도8373 판결)

---

4. 집행유예의 효과

가. 집행유예의 선고

집행유예의 요건이 구비되면 1년 이상 5년 이하의 범위 내에서 법원의 재량으로 집행유예를 선고할 수 있다.

[판례] 사후적 경합범 관계에 있는 두 개의 범죄에 대하여 두 개의 자유형을 선고하면서 하나의 자유형에만 집행유예 – 가능

형법 제37조 후단의 경합범 관계에 있는 두 개의 범죄에 대하여 하나의 판결로 두 개의 자유형을 선고하는 경우 그 두 개의 자유형은 각각 별개의 형이므로 형법 제62조 제1항에 정한 집행유예의 요건에 해당하면 그 각 자유형에 대하여 각각 집행유예를 선고할 수 있는 것이고, 또 그 두 개의 징역형 중 하나의 징역형에 대하여는 실형을 선고하면서 다른 징역형에 대하여 집행유예를 선고하는 것도 우리 형법상 이러한 조치를 금하는 명문의 규정이 없는 이상 허용되는 것으로 보아야 한다. (대법원 2001. 10. 12. 선고 2001도3579 판결) 표준

[비교] 1개의 자유형 중 일부에 대해서는 실형을 선고하고 나머지에 대해서는 집행유예 – 불가

집행유예의 요건에 관한 형법 제62조 제1항이 '형'의 집행을 유예할 수 있다고만 규정하고 있다고 하더라도,

이는 같은 조 제2항이 그 형의 '일부'에 대하여 집행을 유예할 수 있는 때를 형을 '병과'할 경우로 한정하고 있는 점에 비추어 보면, 조문의 체계적 해석상 하나의 형의 전부에 대한 집행유예에 관한 규정이라 할 것이고, 또한 하나의 자유형에 대한 일부집행유예에 관하여는 그 요건, 효력 및 일부 실형에 대한 집행의 시기와 절차, 방법 등을 입법에 의해 명확하게 할 필요가 있어, 그 인정을 위해서는 별도의 근거 규정이 필요하므로 하나의 자유형 중 일부에 대해서는 실형을, 나머지에 대해서는 집행유예를 선고하는 것은 허용되지 않는다. (대법원 2007. 2. 22. 선고 2006도8555 판결)

참고 제62조 제2항과 제59조 제2항을 비교할 때 이 법리는 선고유예에서도 그대로 적용된다. 선고유예에 있어서도 위 판례와 동지인 판례가 있다.[103]

나. 집행유예기간 경과의 효과

> 제65조(집행유예의 효과) 집행유예의 선고를 받은 후 그 선고의 실효 또는 취소됨이 없이 유예기간을 경과한 때에는 형의 선고는 효력을 잃는다.

집행유예기간 경과의 효과에 관한 판례를 살펴본다.

판례 집행유예기간의 시기 – 집행유예 선고한 판결 확정일

우리 형법이 집행유예기간의 시기(始期)에 관하여 명문의 규정을 두고 있지는 않지만 형사소송법 제459조가 "재판은 이 법률에 특별한 규정이 없으면 확정한 후에 집행한다."고 규정한 취지나 집행유예 제도의 본질 등에 비추어 보면 집행유예를 함에 있어 그 집행유예기간의 시기는 집행유예를 선고한 판결 확정일로 하여야 하고 법원이 판결 확정일 이후의 시점을 임의로 선택할 수는 없다. (대법원 2002. 2. 26. 선고 2000도4637 판결)

판례 집행유예기간 경과 – ① 누범전과 × ② 사후적 경합범 ○

형법 제65조 소정의 "형의 선고는 효력을 잃는다"는 취의는 형의 선고의 법률적 효과가 없어진다는 것일 뿐 형의 선고가 있었다는 기왕의 사실 자체까지 없어진다는 뜻이 아니다. (대법원 1983. 4. 2.자 83모8 결정)

---

5. 집행유예의 실효와 취소

가. 집행유예의 실효

집행유예가 실효되는 경우, 선고된 형이 집행된다.

---

103 대법원 1976. 6. 8. 선고 74도1266 판결

> **제63조(집행유예의 실효)** 집행유예의 선고를 받은 자가 유예기간 중 고의로 범한 죄로 금고 이상의 실형을 선고받아 그 판결이 확정된 때에는 집행유예의 선고는 효력을 잃는다.

나. 집행유예의 취소

1) 필요적 취소

> **제64조(집행유예의 취소)** ① 집행유예의 선고를 받은 후 제62조 단행의 사유가 발각된 때에는 집행유예의 선고를 취소한다.

관련 판례를 살펴본다.

> **[판례]** 집행유예 선고의 판결확정 전에 이미 수사단계에서 검사가 집행유예 결격사유가 되는 전과의 존재를 당연히 알 수 있는 객관적 상황이 존재하였음에도 부주의로 알지 못한 경우 – 집행유예 취소 ×
> 형법 제64조 제1항에 의하면 집행유예의 선고를 받은 후 형법 제62조 단행의 사유가 발각된 때에는 집행유예의 선고를 취소한다고 규정되어 있는바, 여기에서 집행유예를 선고받은 후 형법 제62조 단행의 사유 즉 금고 이상의 형의 선고를 받아 집행을 종료한 후 또는 집행이 면제된 후로부터 5년을 경과하지 아니한 자인 것이 발각된 때라 함은 집행유예 선고의 판결이 확정된 후에 비로소 위와 같은 사유가 발각된 경우를 말하고 그 판결확정 전에 결격사유가 발각된 경우에는 이를 취소할 수 없으며, 이때 판결확정 전에 발각되었다고 함은 검사가 명확하게 그 결격사유를 안 경우만을 말하는 것이 아니라 당연히 그 결격사유를 알 수 있는 객관적 상황이 존재함에도 부주의로 알지 못한 경우도 포함된다. (대법원 2001. 6. 27.자 2001모135 결정)

> **[판례]** 집행유예기간을 이미 경과한 후에야 사유 발각된 경우 – 집행유예 취소 ×
> 집행유예의 선고를 받은 후 그 선고의 실효 또는 취소됨이 없이 유예기간을 경과한 때에는 형법 제65조가 정하는 바에 따라 형의 선고는 효력을 잃는 것이고, 그와 같이 유예기간이 경과함으로써 형의 선고가 효력을 잃은 후에는 형법 제62조 단행의 사유가 발각되었다고 하더라도 그와 같은 이유로 집행유예를 취소할 수 없고 그대로 유예기간경과의 효과가 발생한다. (대법원 1999. 1. 12.자 98모151 결정)

2) 임의적 취소

> **제64조(집행유예의 취소)** ② 제62조의2의 규정에 의하여 보호관찰이나 사회봉사 또는 수강을 명한 집행유예를 받은 자가 준수사항이나 명령을 위반하고 그 정도가 무거운 때에는 집행유예의 선고를 취소할 수 있다.

관련 판례를 살펴본다.

> **판례** 준수사항·명령위반사실이 범죄행위인 경우, 기소·재판과 무관하게 집행유예 취소 가능
> 형법 제62조의2의 규정에 의하여 보호관찰이나 사회봉사 또는 수강을 명한 집행유예를 받은 자가 준수
> 사항이나 명령을 위반한 경우에 그 위반사실이 동시에 범죄행위로 되더라도 그 기소나 재판의 확정여부
> 등 형사절차와는 별도로 법원이 보호관찰등에관한법률에 의한 검사의 청구에 의하여 형법 제64조 제2
> 항에 규정된 집행유예 취소의 요건에 해당하는가를 심리하여 준수사항이나 명령 위반사실이 인정되고
> 위반의 정도가 무거운 때에는 집행유예를 취소할 수 있다. (대법원 1999. 3. 10.자 99모33 결정)

Ⅱ 선고유예

1. 의의

선고유예는 범정이 경미한 범죄인에 대하여 일정기간 형의 선고를 유예하고 그 유예기간을 특별
한 사고 없이 경과한 때에는 면소된 것으로 간주하는 제도이다.

2. 선고유예 요건

> 제59조(선고유예의 요건) ① 1년 이하의 징역이나 금고, 자격정지 또는 벌금의 형을 선고할 경우에 제51
> 조의 사항을 고려하여 뉘우치는 정상이 뚜렷할 때에는 그 형의 선고를 유예할 수 있다. 다만, 자격정
> 지 이상의 형을 받은 전과가 있는 사람에 대해서는 예외로 한다.
> ② 형을 병과할 경우에도 형의 전부 또는 일부에 대하여 선고를 유예할 수 있다.

가. 1년 이하의 징역·금고, 자격정지·벌금의 형을 선고할 경우일 것

구류형에 대하여는 선고유예를 할 수 없다.[104] 관련 판례를 살펴본다.

> **판례** 양벌규정 적용에 있어서 회사 대표자에게 선고유예하였어도 회사에 대하여 선고유예 아니할 수
> 있음
> 회사 대표자의 위반행위에 대하여 징역형의 형량을 작량감경하고 병과하는 벌금형에 대하여 선고유예
> 를 한 이상 양벌규정에 따라 그 회사를 처단함에 있어서도 같은 조치를 취하여야 한다는 논지는 독자적
> 인 견해에 지나지 아니하여 받아들일 수 없다. (대법원 1995. 12. 12. 선고 95도1893 판결)

---

104 대법원 1993. 6. 22. 선고 93오1 판결

판례 ① 주형 선고유예 ○ ② 부가형(몰수·추징) 선고유예 ○ - 가능

형법 제59조에 의하더라도 몰수는 선고유예의 대상으로 규정되어 있지 아니하고 다만 몰수 또는 이에 갈음하는 추징은 부가형적 성질을 띄고 있어 그 주형에 대하여 선고를 유예하는 경우에는 그 부가할 몰수 추징에 대하여도 선고를 유예할 수 있으나, 그 주형에 대하여 선고를 유예하지 아니하면서 이에 부가할 몰수 추징에 대하여서만 선고를 유예할 수는 없다. (대법원 1988. 6. 21. 선고 88도551 판결, 대법원 1978. 4. 25. 선고 76도2262 판결)

동지 ① 주형 선고유예 ○ ② 부가형(몰수·추징) 선고유예 × - 가능

추징은 성질상 몰수와 다를 바 없으므로 주형을 선고유예하고 추징만을 선고할 수 있다. (대법원 1981. 4. 14. 선고 81도614 판결, 대법원 1990. 4. 27. 선고 89도2291 판결)

참고 ① 주형 선고유예 × ② 부가형 선고유예 × - 가능
① 주형 선고유예 × ② 부가형 선고유예 ○ - 불가

나. 개전의 정상이 현저할 것

행위자에게 형을 선고하지 않아도 재범의 위험이 없다고 인정되는 경우를 말한다.

판례 범죄사실을 자백하지 않고 부인하는 경우에도 선고유예가 가능함

'개전의 정상이 현저한 때'가 반드시 피고인이 죄를 깊이 뉘우치는 경우만을 뜻하는 것으로 제한하여 해석하거나, 피고인이 범죄사실을 자백하지 않고 부인할 경우에는 언제나 선고유예를 할 수 없다고 해석할 것은 아니다. (대법원 2003. 2. 20. 선고 2001도6138 전원합의체 판결)

다. 자격정지 이상의 형을 받은 전과가 없을 것

재범의 위험성이 적은 초범에 대해서만 선고유예를 할 수 있다.

판례 집행유예를 선고받고 기간이 경과한 경우 - 선고유예 불가

형법 제59조 제1항 단행에서 정한 "자격정지 이상의 형을 받은 전과"라 함은 자격정지 이상의 형을 선고받은 범죄경력 자체를 의미하는 것이고, 그 형의 효력이 상실된 여부는 묻지 않는 것으로 해석함이 상당하다고 할 것이고, 따라서 형의 집행유예를 선고받은 자는 형법 제65조에 의하여 그 선고가 실효 또는 취소됨이 없이 정해진 유예기간을 무사히 경과하여 형의 선고가 효력을 잃게 되었다고 하더라도 형의 선고의 법률적 효과가 없어진다는 것일 뿐, 형의 선고가 있었다는 기왕의 사실 자체까지 없어지는 것은 아니므로, 형법 제59조 제1항 단행에서 정한 선고유예 결격사유인 "자격정지 이상의 형을 받은 전과가 있는 자"에 해당한다고 보아야 한다. (대법원 2003. 12. 26. 선고 2003도3768 판결, 대법원 2012. 6. 28. 선고 2011도10570 판결) **표준**

동지 형실효법에 따라 형이 실효된 경우 - 선고유예 불가 (대법원 2004. 10. 15. 선고 2004도4869 판결)

판례 자격정지 이상의 형을 받은 전과의 판단시점 - 판결선고시 ○ (범행시 ×)

선고유예가 주로 범정이 경미한 초범자에 대하여 형을 부과하지 않고 자발적인 개선과 갱생을 촉진시키고자 하는 제도인 점, 형법은 선고유예의 예외사유를 '자격정지 이상의 형을 받은 전과'라고만 규정하고 있을 뿐 그 전과를 범행 이전의 것으로 제한하거나 형법 제37조 후단 경합범 규정상의 금고 이상의 형에 처한 판결에 의한 전과를 제외하고 있지 아니한 점, 형법 제39조 제1항은 경합범 중 판결을 받지 아니한 죄가 있는 때에는 그 죄와 판결이 확정된 죄를 동시에 판결할 경우와 형평을 고려하여 그 죄에 대하여 형을 선고하여야 하는데 이미 판결이 확정된 죄에 대하여 금고 이상의 형이 선고되었다면 나머지 죄가 위 판결이 확정된 죄와 동시에 판결되었다고 하더라도 선고유예가 선고되었을 수 없을 것인데 나중에 별도로 판결이 선고된다는 이유만으로 선고유예가 가능하다고 하는 것은 불합리한 점 등을 종합하여 보면, 형법 제39조 제1항에 의하여 형법 제37조 후단 경합범 중 판결을 받지 아니한 죄에 대하여 형을 선고하는 경우에 있어서 형법 제37조 후단에 규정된 금고 이상의 형에 처한 판결이 확정된 죄의 형도 형법 제59조 제1항 단서에서 정한 '자격정지 이상의 형을 받은 전과'에 포함된다고 봄이 상당하다. (대법원 2010. 7. 8. 선고 2010도931 판결, 대법원 2018. 4. 10. 선고 2018오1 판결)

3. 선고유예와 보호관찰

> 제59조의2(보호관찰) ① 형의 선고를 유예하는 경우에 재범방지를 위하여 지도 및 원호가 필요한 때에는 보호관찰을 받을 것을 명할 수 있다.
> ② 제1항의 규정에 의한 보호관찰의 기간은 1년으로 한다.

집행유예와 달리 선고유예의 조건으로 사회봉사명령·수강명령을 부과할 수는 없다.

4. 선고유예의 효과

가. 선고유예의 선고

선고유예의 판결여부는 법원의 재량에 속한다. 그러나 유예기간은 언제나 2년이다.

> 판례 선고유예 판결에서도 그 판결이유에서는 선고할 형의 종류와 양, 즉 선고형을 정해 놓아야 하고 그 선고를 유예하는 형이 벌금형일 경우에는 그 벌금액 뿐만 아니라 환형유치처분까지 해 두어야 함 (대법원 1988. 1. 19. 선고 86도2654 판결, 대법원 2015. 1. 29. 선고 2014도15120 판결)

나. 선고유예기간 경과의 효과

> 제60조(선고유예의 효과) 형의 선고유예를 받은 날로부터 2년을 경과한 때에는 면소된 것으로 간주한다.

5. 선고유예의 실효

가. 필요적 실효

> 제61조(선고유예의 실효) ① 형의 선고유예를 받은 자가 유예기간 중 자격정지 이상의 형에 처한 판결이 확정되거나 자격정지 이상의 형에 처한 전과가 발견된 때에는 유예한 형을 선고한다.

관련 판례를 살펴본다.

> **판례** 선고유예판결확정 전에 이미 수사단계에서 검사가 선고유예 결격사유가 되는 전과의 존재를 당연히 알 수 있는 객관적 상황이 존재하였음에도 부주의로 알지 못한 경우 – 선고유예 실효 ✕
>
> 형법 제61조 제1항에서 말하는 '형의 선고유예를 받은 자가 자격정지 이상의 형에 처한 전과가 발견된 때'란 형의 선고유예의 판결이 확정된 후에 비로소 위와 같은 전과가 발견된 경우를 말하고 그 판결확정 전에 이러한 전과가 발견된 경우에는 이를 취소할 수 없으며, 이때 판결확정 전에 발견되었다고 함은 검사가 명확하게 그 결격사유를 안 경우만을 말하는 것이 아니라 당연히 그 결격사유를 알 수 있는 객관적 상황이 존재함에도 부주의로 알지 못한 경우도 포함한다. (대법원 2008. 2. 14.자 2007모845 결정)
>
> **판례** 선고유예기간을 이미 경과한 후에야 사유 발각된 경우 – 선고유예 실효 ✕
>
> 형법 제60조, 제61조 제1항, 형사소송법 제335조, 제336조 제1항의 각 규정에 의하면, 형의 선고유예를 받은 자가 유예기간 중 자격정지 이상의 형에 처한 판결이 확정되더라도 검사의 청구에 의한 선고유예 실효의 결정에 의하여 비로소 선고유예가 실효되는 것이고, 또한 형의 선고유예의 판결이 확정된 후 2년을 경과한 때에는 형법 제60조가 정하는 바에 따라 면소된 것으로 간주되고, 그와 같이 유예기간이 경과함으로써 면소된 것으로 간주된 후에는 실효시킬 선고유예의 판결이 존재하지 아니하므로 선고유예 실효의 결정(선고유예된 형을 선고하는 결정)을 할 수 없으며, 이는 원결정에 대한 집행정지의 효력이 있는 즉시항고 또는 재항고로 인하여 아직 그 선고유예 실효 결정의 효력이 발생하기 전 상태에서 상소심에서 절차 진행 중에 그 유예기간이 그대로 경과한 경우에도 마찬가지이다. (대법원 2007. 6. 28.자 2007모348 결정, 대법원 2018. 2. 6.자 2017모3459 결정) **표준**

나. 임의적 실효

> 제61조(선고유예의 실효) ② 제59조의2의 규정에 의하여 보호관찰을 명한 선고유예를 받은 자가 보호관찰기간중에 준수사항을 위반하고 그 정도가 무거운 때에는 유예한 형을 선고할 수 있다.

Ⅲ 가석방

1. 의의

가석방이란 자유형을 집행받고 있는 자가 개전의 정이 현저하다고 인정되는 때에 형기만료전에 조건부로 수형자를 석방하고 일정한 기간을 경과한 때에는 형의 집행을 종료한 것으로 간주하는 제도이다.

2. 요건

> **제72조(가석방의 요건)** ① 징역이나 금고의 집행 중에 있는 사람이 행상(行狀)이 양호하여 뉘우침이 뚜렷한 때에는 무기형은 20년, 유기형은 형기의 3분의 1이 지난 후 행정처분으로 가석방을 할 수 있다.
> ② 제1항의 경우에 벌금이나 과료가 병과되어 있는 때에는 그 금액을 완납하여야 한다.
>
> **제73조(판결선고 전 구금과 가석방)** ① 형기에 산입된 판결선고 전 구금일수는 가석방을 하는 경우 집행한 기간에 산입한다.
> ② 제72조제2항의 경우에 벌금이나 과료에 관한 노역장 유치기간에 산입된 판결선고 전 구금일수는 그에 해당하는 금액이 납입된 것으로 본다.

관련 판례를 살펴본다.

> **[판례]** 사형이 무기징역으로 특별감형된 경우 구금된 사형집행대기기간을 처음부터 무기징역을 받은 경우와 동일하게 가석방요건 중의 하나인 형의 집행기간에 산입할 수는 없음
> 사형집행을 위한 구금은 미결구금도 아니고 형의 집행기간도 아니며 특별감형은 형을 변경하는 효과만 있을 뿐이고 이로 인하여 형의 선고에 의한 기성의 효과는 변경되지 아니다. (대법원 1991. 3. 4.자 90모 59 결정)

3. 가석방 기간과 보호관찰

> **제73조의2(가석방의 기간 및 보호관찰)** ① 가석방의 기간은 무기형에 있어서는 10년으로 하고, 유기형에 있어서는 남은 형기로 하되, 그 기간은 10년을 초과할 수 없다.
> ② 가석방된 자는 가석방기간중 보호관찰을 받는다. 다만, 가석방을 허가한 행정관청이 필요가 없다고 인정한 때에는 그러하지 아니하다.

4. 가석방의 효과

> 제76조(가석방의 효과) ① 가석방의 처분을 받은 후 그 처분이 실효 또는 취소되지 아니하고 가석방기간
> 을 경과한 때에는 형의 집행을 종료한 것으로 본다.

5. 가석방의 실효·취소와 그 효과

> 제74조(가석방의 실효) 가석방 기간 중 고의로 지은 죄로 금고 이상의 형을 선고받아 그 판결이 확정된
> 경우에 가석방 처분은 효력을 잃는다.
>
> 제75조(가석방의 취소) 가석방의 처분을 받은 자가 감시에 관한 규칙을 위배하거나, 보호관찰의 준수사
> 항을 위반하고 그 정도가 무거운 때에는 가석방처분을 취소할 수 있다.
>
> 제76조(가석방의 효과) ② 전2조의 경우에는 가석방중의 일수는 형기에 산입하지 아니한다.

05 형의 시효·소멸·기간

Ⅰ 형의 시효, 정지, 중단

> 제78조(형의 시효의 기간) 시효는 형을 선고하는 재판이 확정된 후 그 집행을 받지 아니하고 다음 각
> 호의 구분에 따른 기간이 지나면 완성된다.
> 1. 삭제
> 2. 무기의 징역 또는 금고: 20년
> 3. 10년 이상의 징역 또는 금고: 15년
> 4. 3년 이상의 징역이나 금고 또는 10년 이상의 자격정지: 10년
> 5. 3년 미만의 징역이나 금고 또는 5년 이상의 자격정지: 7년
> 6. 5년 미만의 자격정지, 벌금, 몰수 또는 추징: 5년
> 7. 구류 또는 과료: 1년
>
> 제77조(형의 시효의 효과) 형(사형은 제외한다)을 선고받은 자에 대해서는 시효가 완성되면 그 집행이
> 면제된다.
>
> 제79조(형의 시효의 정지) ① 시효는 형의 집행의 유예나 정지 또는 가석방 기타 집행할 수 없는 기간은
> 진행되지 아니한다.

② 시효는 형이 확정된 후 그 형의 집행을 받지 아니한 사람이 형의 집행을 면할 목적으로 국외에 있는 기간 동안은 진행되지 아니한다.

제80조(형의 시효의 중단) 시효는 징역, 금고 및 구류의 경우에는 수형자를 체포한 때, 벌금, 과료, 몰수 및 추징의 경우에는 강제처분을 개시한 때에 중단된다.

관련 판례를 살펴본다.

[판례] 채권에 대한 강제집행의 방법으로 벌금형을 집행하는 경우의 형의 시효중단

벌금에 있어서의 시효는 강제처분을 개시함으로 인하여 중단되고(형법 제80조), 여기서 채권에 대한 강제집행의 방법으로 벌금형을 집행하는 경우에는 검사의 징수명령서에 기하여 '법원에 채권압류명령을 신청하는 때'에 강제처분인 집행행위의 개시가 있는 것으로 보아 특별한 사정이 없는 한 그때 시효중단의 효력이 발생하며, 한편 그 시효중단의 효력이 발생하기 위하여 집행행위가 종료되거나 성공하였음을 요하지 아니하고, 수형자에게 집행행위의 개시사실을 통지할 것을 요하지 아니한다. 따라서 일응 수형자의 재산이라고 추정되는 채권에 대하여 압류신청을 한 이상 피압류채권이 존재하지 아니하거나 압류채권을 환가하여도 집행비용 외에 잉여가 없다는 이유로 집행불능이 되었다고 하더라도 이미 발생한 시효중단의 효력이 소멸하지는 않는다. (대법원 2009. 6. 25.자 2008모1396 결정)

[동지] 채권에 대한 강제집행의 방법으로 추징형을 집행하는 경우, 법원에 채권압류명령을 신청하는 때에 시효중단의 효력이 발생함 (대법원 2023. 2. 23.자 2021모3227 결정)

[판례] 수형자가 벌금의 일부를 납부한 경우의 형의 시효중단

수형자가 벌금의 일부를 납부한 경우에는 이로써 집행행위가 개시된 것으로 보아 그 벌금형의 시효가 중단된다고 봄이 상당하고, 이 경우 벌금의 일부 납부란 수형자 본인이 스스로 벌금을 일부 납부한 경우, 즉 벌금의 일부를 수형자 본인 또는 그 대리인이나 사자가 수형자 본인의 의사에 따라 이를 납부한 경우를 말하는 것이고, 수형자 본인의 의사와는 무관하게 제3자가 이를 납부한 경우는 포함되지 아니한다. (대법원 2001. 8. 23.자 2001모91 결정)

Ⅱ 형의 소멸 등

제82조(복권) 자격정지의 선고를 받은 자가 피해자의 손해를 보상하고 자격정지 이상의 형을 받음이 없이 정지기간의 2분의 1을 경과한 때에는 본인 또는 검사의 신청에 의하여 자격의 회복을 선고할 수 있다.

Ⅲ 형의 기간

제83조(기간의 계산) 연(年) 또는 월(月)로 정한 기간은 연 또는 월 단위로 계산한다.

제85조(형의 집행과 시효기간의 초일) 형의 집행과 시효기간의 초일은 시간을 계산함이 없이 1일로 산정한다.

제86조(석방일) 석방은 형기종료일에 하여야 한다.

제84조(형기의 기산) ① 형기는 판결이 확정된 날로부터 기산한다.

② 징역, 금고, 구류와 유치에 있어서는 구속되지 아니한 일수는 형기에 산입하지 아니한다.

보안처분

　　보안처분이란 행위 속에 객관화된 행위자의 장래의 위험성 때문에 행위자의 치료·교육·재사회화를 위한 개선과 그에 대한 보안이라는 사회방위를 주목적으로 하여 과해지는 형벌 이외의 형사제재를 말한다. 이하 관련 판례를 살펴본다.

판례　재범의 위험성 판단시점 – 판결시

성폭력범죄의 재범의 위험성 유무는 피부착명령청구자의 직업과 환경, 당해 범행 이전의 행적, 그 범행의 동기, 수단, 범행 후의 정황, 개전의 정 등 여러 사정을 종합적으로 평가하여 객관적으로 판단하여야 하고, 이러한 판단은 장래에 대한 가정적 판단이므로 판결시를 기준으로 하여야 한다. (대법원 2010. 12. 9. 선고 2010도7410, 2010전도44 판결)

판례　재범의 위험성의 정도 – 상당한 개연성

성폭력범죄의 재범의 위험성이라 함은 재범할 가능성만으로는 부족하고 피부착명령청구자가 장래에 다시 성폭력범죄를 범하여 법적 평온을 깨뜨릴 상당한 개연성이 있음을 의미한다. (대법원 2010. 12. 9. 선고 2010도7410, 2010전도44 판결)

판례　상습성과 재범의 위험성 – 필연관계는 아님

당해 범행이 상습의 습벽에 의한 것이라 하여 재범의 위험성이 반드시 있다고 할 수 없다. (대법원 1999. 5. 14. 선고 99도791, 99감도22 판결)

판례　작량감경(개전의 정)이 인정되는 경우에도 재범의 위험성 인정 가능

개전의 정이 있어 작량감경을 하였다고 하더라도 잠재적인 재범의 위험성은 범행 후의 개전의 정과는 반드시 일치하는 것은 아니라고 할 것이므로 작량감경을 하였다고 해서 재범의 위험성을 인정 못할바 아니다. (대법원 1983. 3. 8. 선고 83도59, 83감도20 판결)

형법
사용
설명서

각론

PART

01

개인적 법익에 대한 죄

생명과 신체에 대한 죄

01 살인의 죄

I 살인죄

제250조(살인, 존속살해) ① 사람을 살해한 자는 사형, 무기 또는 5년 이상의 징역에 처한다.	
例規 제250조 ① 살인	미수 ○ 예비·음모 ○

🔍 **핵심단어**
• ① 사람 ② 살해
• 사람의 시기 ① 진통설 ② 일부노출설 ③ 전부노출설 ④ 독립호흡설 대립하나 판례 ①

1. 객체: 사람

살인죄의 객체는 사람이다. 언제부터 사람이고(시기), 언제까지 사람인지(종기) 문제될 수 있다. 판례와 학설을 함께 알아두자.

사람의 시기를 살펴보자.

💬 쟁점검토: 사람의 시기

1. 문제
   언제부터 살인죄의 객체인 '사람'이 되는지 문제된다.
2. 학설
   ① **진통설(분만개시설):** 분만을 위하여 자궁경부·자궁구가 열리기 시작하는 개방진통시
   ② **일부노출설:** 태아의 신체 일부가 모체에서 노출된 때
   ③ **전부노출설:** 태아의 신체 전부가 모체로부터 분리된 때
   ④ **독립호흡설:** 독립하여 폐에 의한 호흡을 개시한 때

3. 판례
   ① **진통설(분만개시설)**을 따른다.
4. 검토
   분만 중인 영아에 대한 형법적 보호필요성이 있다는 점, 개정 형법 역시 '사회적 약자인 영아를 범죄로부터 두텁게 보호'하기 위하여 영아살해죄 및 영아유기죄를 폐지하였는바 진통설에 따르지 않으면 영아를 살해한 경우 처벌의 공백이 발생한다는 점에서 판례가 타당하다.

[판례] 사람의 시기 – 진통설

사람의 생명과 신체의 안전을 보호법익으로 하고 있는 형법상의 해석으로서는 사람의 시기는 규칙적인 진통을 동반하면서 태아가 태반으로부터 이탈하기 시작한 때 다시 말하여 분만이 개시된 때(소위 진통설 또는 분만개시설)라고 봄이 타당하며 이는 형법 제251조(영아살해)에서 분만 중의 태아도 살인죄의 객체가 된다고 규정하고 있는 점을 미루어 보아도 그 근거를 찾을 수 있는 바이니 조산원이 분만 중인 태아를 질식사에 이르게 한 경우에는 업무상 과실치사죄가 성립한다. (대법원 1982. 10. 12. 선고 81도2621 판결)

[판례] 제왕절개수술에 의한 분만시 사람의 시기 – 수술시(자궁절개시) ○ (수술필요시 ×)

(검사는) 공소외인은 임신성 당뇨증상 및 이미 두 번의 제왕절개 출산 경험이 있는 37세의 고령의 임산부이었고, 분만예정일을 14일이나 넘겨 이 사건 태아가 5.2kg까지 성장한 상태이어서 의학적으로 자연분만이 부적절하여 제왕절개 수술이 유일한 출산방법이었으므로 공소외인의 위 입원시점을 분만의 시기로 볼 수 있다고도 주장하나, '의학적으로 제왕절개 수술이 가능하였고 규범적으로 수술이 필요하였던 시기'는 판단하는 사람 및 상황에 따라 다를 수 있어, 분만개시 시점 즉, 사람의 시기도 불명확하게 된다는 점에서 채용하기 어렵다. (대법원 2007. 6. 29. 선고 2005도3832 판결)

사람의 종기를 살펴보자.

📑 쟁점검토: 사람의 종기

1. 문제
   언제까지 살인죄의 객체인 '사람'인지가 문제된다.
2. 학설
   ① **호흡종지설**: 호흡이 영구적으로 정지한 때
   ② **맥박종지설**: 심장의 고동인 맥박이 영구적으로 정지한 때
   ③ **종합설**: 호흡·맥박이 모두 영구적으로 정지한 때
   ④ **뇌사설**: 뇌기능이 종국적으로 정지되 뇌사상태에 이르렀을 때
3. 판례
   명시적인 판례는 없다.

2. 행위: 살해

살해란 고의로 사람의 생명을 자연적인 시기에 앞서서 단절시키는 것을 말한다. 살해의 수단과 방법에는 제한이 없다.

살인죄의 착수는 행위자가 살의를 가지고 타인의 생명을 위태롭게 하는 행위를 직접 개시한 때에 인정된다.

> **판례** 피고인이 피해자를 살해할 것을 마음먹고 밖으로 나가 낫을 들고 피해자에게 다가서려 하였으나 제3자가 제지하여 목적을 이루지 못함 – 살인미수 ○ (대법원 1986. 2. 25. 선고 85도2773 판결)
>
> **판례** 피고인이 상관인 중대장을 살해 보복할 목적으로 수류탄의 안전핀을 빼고 그 사무실로 들어감 – 살인미수 ○ (대법원 1970. 6. 30. 선고 70도861 판결)
>
> **참고** 군형법상 상관살해미수가 인정되었다.

3. 기타

가. 고의

사람을 살해한다는 사실에 대한 고의가 있어야 한다.

> **판례** 살인의 고의 판단 기준
> 살인죄에 있어서의 범의는 반드시 살해의 목적이나 계획적인 살해의 의도가 있어야만 인정되는 것은 아니고 자기의 행위로 인하여 타인의 사망의 결과를 발생시킬 만한 가능 또는 위험이 있음을 인식하거나 예견하면 족한 것이고 그 인식 또는 예견은 확정적인 것은 물론 불확정적인 것이라도 이른바 미필적 고의로도 인정되는 것인데, 피고인이 살인의 범의를 자백하지 아니하고 상해 또는 폭행의 범의만이 있었을 뿐이라고 다투고 있는 경우에 피고인에게 범행 당시 살인의 범의가 있었는지 여부는 피고인이 범행에 이르게 된 경위, 범행의 동기, 준비된 흉기의 유무·종류·용법, 공격의 부위와 반복성, 사망의 결과 발생가능성 정도, 범행 후에 있어서의 결과회피행동의 유무 등 범행 전후의 객관적인 사정을 종합하여 판단할 수밖에 없다. (대법원 2000. 8. 18. 선고 2000도2231 판결)
>
> **판례** 인체의 급소를 잘 알고 있는 무술교관 출신의 피고인이 무술의 방법으로 피해자의 울대를 가격하여 사망 – 살인죄(고의) ○ (대법원 2000. 8. 18. 선고 2000도2231 판결)
>
> **판례** 건장한 체격의 군인이 왜소한 체격의 피해자를 폭행하고 특히 급소인 목을 설골이 부러질 정도로 세게 졸라 사망 – 살인죄(고의) ○ (대법원 2001. 3. 9. 선고 2000도5590 판결)

판례 피고인이 9세의 여자 어린이에 불과하여 항거를 쉽게 제압할 수 있는 피해자의 목을 감아서 졸라 실신시킨 후 그곳을 떠나버려 피해자 사망 – 살인죄(고의) ○ (대법원 1994. 12. 22. 선고 94도2511 판결)

나. 죄수

피해자의 수를 기준으로 죄수를 결정한다. 1개의 행위로 수인을 살해하면 수 개의 살인죄의 상상적 경합이, 각각의 행위로 수인을 살해하면 수 개의 살인죄의 실체적 경합이 성립한다.

판례 단일한 범의로 1인에 대한 살인예비 · 살인미수 · 살인기수 행위 – 1개의 살인기수

살해의 목적으로 동일인에게 일시 장소를 달리하고 수차에 걸쳐 단순한 예비행위를 하거나 또는 공격을 가하였으나 미수에 그치다가 드디어 그 목적을 달성한 경우 … (중략) … 범의의 갱신이 없는 한 … (중략) … 그 살해의 목적을 달성할 때까지의 행위는 모두 실행행위의 일부로서 이를 포괄적으로 보고 단순한 한 개의 살인기수죄로 처단할 것이지 살인예비 내지 미수죄와 동 기수죄의 경합죄로 처단 할 수 없는 것이다. (대법원 1965. 9. 28. 선고 65도695 판결)

참고 범의의 갱신이 없다는 점이 핵심이다.

Ⅱ 존속살해죄

제250조(살인, 존속살해) ② 자기 또는 배우자의 직계존속을 살해한 자는 사형, 무기 또는 7년 이상의 징역에 처한다.	
例規 제250조 ② 존속살해	미수 ○ 예비 · 음모 ○

🔍 **핵심단어**
• ① 직계존속 ② 살해

존속살해죄 위헌여부가 문제되었으나 헌법재판소는 합헌이라 보았다.

판례 존속살해죄 – 합헌

조선시대 이래 현재에 이르기까지 존속살해죄에 대한 가중처벌은 계속되어 왔고, 그러한 입법의 배경에는 우리 사회의 효를 강조하는 유교적 관념 내지 전통사상이 자리 잡고 있는 점, 존속살해는 그 패륜성

에 비추어 일반 살인죄에 비하여 고도의 사회적 비난을 받아야 할 이유가 충분한 점, 이 사건 법률조항의 법정형이 종래의 '사형 또는 무기징역'에서 '사형, 무기 또는 7년 이상의 징역'으로 개정되어 기존에 제기되었던 양형에 있어서의 구체적 불균형의 문제도 해소된 점을 고려할 때 이 사건 법률조항이 형벌체계상 균형을 잃은 자의적 입법으로서 평등원칙에 위반된다고 볼 수 없다. (헌법재판소 2013. 7. 25. 선고 2011헌바267 전원재판부 결정) **표준**

1. 객체: 자기·배우자의 직계존속

직계존속은 민법에 의하여 정해진다. ① 부의 전처의 출생자와 배우자(계자와 계모) 사이 ② 부의 혼인 외의 자와 배우자(서자와 적모간) 사이에는 직계존비속 관계가 부정된다. 양자의 존속살해죄 판례를 살펴본다.

판례 피고인이 입양의 의사로 친생자 출생신고를 하고 자신을 계속 양육하여 온 사람을 살해 – 존속살해죄 ○ (대법원 2007. 11. 29. 선고 2007도8333, 2007감도22 판결) **표준**

참고 입양요건이 구비된 친생자 출생신고의 경우, 입양신고로 보아 입양의 효력이 인정된다.

판례 양자가 실부모를 살해한 경우 – 존속살해죄 ○

양자가 양가친족과 법정혈족관계를 맺더라도 친생부모와의 자연혈족 관계는 소멸하지 않는다. (대법원 1967. 1. 31. 선고 66도1483 판결)

판례 피고인이 입양요건 갖추지 못한 채 자신을 친생자로 출생신고하여 양육한 사실상의 모를 살해 – 존속살해죄 ×

피살자(여)가 그의 문전에 버려진 영아인 피고인을 주어다 기르고 그 부와의 친생자인것 처럼 출생신고를 하였으나 입양요건을 갖추지 아니하였다면 피고인과의 사이에 모자관계가 성립될 리 없으므로, 피고인이 동녀를 살해하였다고 하여도 존속살인죄로 처벌할 수 없다. 당사자 간에 양친자관계를 창설하려는 명백한 의사가 있고 나아가 기타입양의 성립요건이 모두 구비된 경우에 입양신고 대신 친생자 출생신고가 있다면 형식에 다소 잘못이 있더라도 입양의 효력이 있다고 해석함이 가할 것이나, 이 사건에 있어서는 이 점에 관하여는 아무런 심리와 판단이 없다. 그렇다면 위 피살자가 피고인의 직계존속임을 전제로 하여 피고인의 이 사건 소위에 대하여 존속살인으로 의률 처단하였음은 위법이다. (대법원 1981. 10. 13. 선고 81도2466 판결)

참고 친생자 출생신고가 입양신고로서의 효력이 있는지 여부를 심리하여야 한다는 취지이다.

혼외자의 존속살해(상해)죄 판례를 살펴본다.

판례 혼외자가 인지·출생신고 없는 상태에서 생모 살해 – 존속살해죄 ○

혼인 외의 출생자와 생모간에는 생모의 인지나 출생신고를 기다리지 않고 자의 출생으로 당연히 법률상

의 친족관계가 생기는 것이다. (대법원 1980. 9. 9. 선고 80도1731 판결)

[비교] 친생자로 등재되어 있으나 친생자 아닌 子가 친생자로 등재된 父 상해 – 존속상해죄 ×

친자관계라는 사실은 호적상의 기재여하에 의하여 좌우되는 것은 아니며 호적상 친권자라고 등재되어 있다 하더라도 사실에 있어서 그렇지 않은 경우에는 법률상 친자관계가 생길 수 없다 할 것인바, 피고인은 호적부 상 피해자와 모 사이에 태어난 친생자로 등재되어 있으나 피해자가 집을 떠난 사이 모가 타인과 정교관계를 맺어 피고인을 출산하였다면 피고인과 피해자 사이에는 친자관계가 없으므로 존속상해죄는 성립될 수 없다. (대법원 1983. 6. 28. 선고 83도996 판결)

[해설] 혼외자의 父에 대한 존속살해죄가 성립하기 위해서는 父가 ① 생물학적 父여야 하며(83도996 판결) ② 법률상의 父여야 한다(통설). 따라서 ① 등록상 父이나 실제 父가 아니라면 존속살해죄의 객체가 될 수 없다(83도996 판결). 또한 ② 실제 父이지만 인지를 하지 않았다면 존속살해죄의 객체가 될 수 없다.

'배우자'는 현재의 배우자만을 의미하므로 배우자이었던 자 또는 배우자가 될 자는 여기에 포함되지 않는다.

'배우자'는 생존하는 배우자를 의미하므로 사망한 배우자의 직계존속을 살해하면 보통살인죄가 성립한다. 친족상도례가 적용되는 '인척'의 경우, 단순히 배우자의 사망만으로는 인척관계가 소멸되지 않는다는 점과 비교된다. 인척의 경우, ① 배우자의 사망 및 재혼 ② 이혼 ③ 혼인취소 등의 사유로 소멸한다.

2. 행위: 살해

앞서 살펴본 것과 같다.

Ⅲ 영아살해죄

제251조(영아살해) 직계존속이 치욕을 은폐하기 위하거나 양육할 수 없음을 예상하거나 특히 참작할 만한 동기로 인하여 분만중 또는 분만직후의 영아를 살해한 때에는 10년 이하의 징역에 처한다.	
例規 제251조 영아살해	미수 ○

🔍 **핵심단어**
• ① 직계존속 ② 치욕은폐·양육불가·참작동기 ③ 분만 중·직후 영아 ④ 살해

영아살해죄는 2023. 8. 8. 형법 개정에 따라 폐지되었다. 2024. 2. 9. 시행된다.

Ⅳ 촉탁·승낙살인죄

제252조(촉탁, 승낙에 의한 살인 등) ① 사람의 촉탁이나 승낙을 받아 그를 살해한 자는 1년 이상 10년 이하의 징역에 처한다.	
例規 제252조 ① (촉탁, 승낙)살인	미수 ○

> 🔍 **핵심단어**
> • ① 촉탁·승낙 ② 사람 ③ 살해

1. 객체: 촉탁·승낙을 한 사람

촉탁 또는 승낙을 한 자이다. 다만 죽음의 의미를 이해할 능력이 있고, 살해에 대한 촉탁·승낙의 효과를 판단할 능력이 있는 자여야 한다. 따라서 유아나 심신상실자는 객체가 될 수 없다.

2. 행위: 촉탁·승낙을 받아 살해

① 촉탁이란 이미 죽음을 결의한 자로부터 살해의 부탁을 받는 것을 말하며, ② 승낙이란 이미 살해의사를 가진 자가 피해자의 살해에 대한 동의를 얻는 것을 말한다.

Ⅴ 자살교사·방조죄

제252조(촉탁, 승낙에 의한 살인 등) ② 사람을 교사하거나 방조하여 자살하게 한 자도 제1항의 형에 처한다.	
例規 제252조 ② 자살(교사, 방조)	미수 ○

> 🔍 **핵심단어**
> • ① 교사·방조 ② 사람 ③ 자살케 함

1. 객체: 사람

행위자 이외의 자연인이다. 자살의 의미를 이해할 능력이 있고, 자살을 판단할 능력이 있는 자여야 한다. 따라서 자살의 의미를 이해할 능력이 없는 자를 교사·방조하여 자살케 한 경우에는 살인죄의 간접정범이 성립한다.

> **판례** 7세·3세의 자녀들에게 '함께 죽자'며 물속으로 유인하여 익사케 함 – ① 자살교사죄 × ② 살인죄 간접정범 ○
>
> 피고인이 7세, 3세 남짓된 어린자식들에 대하여 함께 죽자고 권유하여 물속에 따라 들어오게 하여 결국 익사하게 하였다면 비록 피해자들을 물속에 직접 밀어서 빠뜨리지는 않았다고 하더라도 자살의 의미를 이해할 능력이 없고 피고인의 말이라면 무엇이나 복종하는 어린 자식들을 권유하여 익사하게 한 이상 살인죄의 범의는 있었음이 분명하다. (대법원 1987. 1. 20. 선고 86도2395 판결) **표준**
>
> **참고** 자녀들은 자살의 의미를 이해할 능력이 없기에 자살교사의 객체가 될 수 없다.

2. 행위: 자살을 교사·방조하여 자살케 함

① 자살교사란 자살의사가 없는 자에게 자살을 결의케 하는 것을 말한다. ② 자살방조란 이미 자살을 결의하고 있는 자의 자살행위를 용이하게 하는 것을 말한다.

> **판례** 자살방조죄의 의미 – 자살행위를 용이하게 실행토록 함
>
> 자살방조죄는 자살하려는 사람의 자살행위를 도와주어 용이하게 실행하도록 함으로써 성립되는 것으로서, 그 방법에는 자살도구인 총, 칼 등을 빌려주거나 독약을 만들어 주거나, 조언 또는 격려를 한다거나 기타 적극적, 소극적, 물질적, 정신적 방법이 모두 포함된다. (대법원 1992. 7. 24. 선고 92도1148 판결)

3. 고의

> **판례** 자살방조죄의 고의 – 자살행위를 용이하게 하는 행위에 대한 인식 요구됨
>
> 자살방조죄가 성립하기 위해서는 그 방조 상대방의 구체적인 자살의 실행을 원조하여 이를 용이하게 하는 행위의 존재와 그 점에 대한 행위자의 인식이 요구된다. (대법원 2010. 4. 29. 선고 2010도2328 판결)

> **판례** 처가 남편과 말다툼을 하다 '죽고 싶다', '같이 죽자'고 하며 남편에게 기름을 사오라 하자 남편이 휘발유 1병을 사다주었는데 처가 몸에 휘발유를 뿌리고 불을 붙여 자살 – 자살방조죄(고의) ○
>
> 피고인이 이 사건 당시 피해자에게 휘발유를 사다주면 이를 이용하여 자살할 수도 있다는 것을 충분히 예상할 수 있었음에도 피해자에게 휘발유를 사다주어 피해자가 자살하도록 방조한 것이다. (대법원 2010. 4. 29. 선고 2010도2328 판결)

> **비교** 甲은 여친 乙의 전남친 丙이 몸에 휘발유를 끼얹은 채 찾아와 차량을 가로막으며 '乙이 내리지 않으면

죽겠다'고 말하자 '죽어라'며 소지하고 있는 라이터를 건네주었는데, 丙이 진짜로 몸에 불을 붙여 화상으로 사망 – 자살방조죄(고의) ×

甲도 丙의 행동을 실제 자살할 마음이 없이 乙의 마음을 돌리려는 것이라고 받아들였을 것이어서 丙이 실제 자살하거나 몸에 불을 붙이는 행동으로 나아갈 것을 예견하였다고 볼 수 없다. (대법원 2008. 9. 25. 선고 2008도6556 판결)

판례 피고인이 금원 편취 목적(판매 목적 ×)으로 자살카페 게시판에 자살용 유독물 판매 광고 – 자살방조죄(고의) × (대법원 2005. 6. 10. 선고 2005도1373 판결)

참고 피고인은 판매광고를 하고 피해자들과 이메일을 주고받고 통화는 하였으나 실제로 편취로 나아가지는 못했다. 변사자들은 다른 경로로 입수한 청산염을 이용하여 자살하였다.

Ⅵ 위계·위력에 의한 살인죄

제253조(위계 등에 의한 촉탁살인 등) 전조의 경우에 위계 또는 위력으로써 촉탁 또는 승낙하게 하거나 자살을 결의하게 한 때에는 제250조의 예에 의한다.	
例規 제253조 (위계, 위력)(촉탁, 승낙)살인, (위계, 위력)자살결의	미수 ○ 예비·음모 ○

🔍 **핵심단어**
- ① 위계·위력 ② 촉탁·승낙 ③ 사람 ④ 살해
- ① 위계·위력 ② 자살결의 ③ 사람 ④ 자살케 함

① 위계란 목적이나 수단을 상대방에게 알리지 아니하고 그의 부지·착오를 이용하여 목적을 달성하는 것을 말한다. ② 위력이란 사람의 의사를 제압하기에 족한 세력으로서 유형적·무형적 힘을 말한다.

Ⅶ 살인예비·음모죄

제255조(예비, 음모) 제250조와 제253조의 죄를 범할 목적으로 예비 또는 음모한 자는 10년 이하의 징역에 처한다.
例規 제255조 (제250조, 제253조 각 죄명)(예비, 음모)

보통살인죄·존속살해죄·위계위력에 의한 살인죄를 범할 목적으로 예비 또는 음모함으로써 성립한다.

> [판례] 甲이 乙을 살해하기 위하여 丙, 丁 등을 고용하면서 그들에게 대가의 지급을 약속 – 살인예비죄 ○ (대법원 2009. 10. 29. 선고 2009도7150 판결) **표준**
>
> [판례] 살해의 용도에 공하기 위한 흉기를 준비하였으나 그 흉기로서 살해할 대상자가 확정되지 않음 – 살인예비죄 × (대법원 1959. 9. 1. 선고 4292형상387 판결)

02 상해와 폭행의 죄

I 상해죄

제257조(상해, 존속상해) ① 사람의 신체를 상해한 자는 7년 이하의 징역, 10년 이하의 자격정지 또는 1천만원 이하의 벌금에 처한다. ② 자기 또는 배우자의 직계존속에 대하여 제1항의 죄를 범한 때에는 10년 이하의 징역 또는 1천500만원 이하의 벌금에 처한다.	
例規 제257조 ① 상해 ② 존속상해	미수 ○

🔍 **핵심단어**
- ① 사람(직계존속)의 신체 ② 상해
- ① 신체의 완전성 훼손 ② 생리적 기능에 장해를 초래

2인 이상이 공동하여 상해한 경우, 폭력행위 등 처벌에 관한 법률이 적용된다.[1] 존속상해죄의 경우, 존속살해죄의 법리가 그대로 적용된다.

---

1 **폭력행위 등 처벌에 관한 법률 제2조(폭행 등)** ② 2명 이상이 공동하여 다음 각 호의 죄를 범한 사람은 「형법」 각 해당 조항에서 정한 형의 2분의 1까지 가중한다. 1. 「형법」 제260조제1항(폭행), 제283조제1항(협박), 제319조(주거침입, 퇴거불응) 또는 제366조(재물손괴 등)의 죄 2. 「형법」 제260조제2항(존속폭행), 제276조제1항(체포, 감금), 제283조제2항(존속협박) 또는 제324조제1항(강요)의 죄 3. 「형법」 제257조제1항(상해)·제2항(존속상해), 제276조제2항(존속체포, 존속감금) 또는 제350조(공갈)의 죄

1. 객체: 사람의 신체

타인의 신체를 의미하므로 자상은 상해죄를 구성하지 못한다. 다만 타인을 협박하여 자상케 한 경우, 상해죄의 간접정범에 해당한다.

> **판례** 피고인이 피해자를 협박하여 그로 하여금 자상케 함 – 상해죄 간접정범 ○ (대법원 1970. 9. 22. 선고 70도1638 판결)

태아에게 상해를 가한 경우 태아를 모체의 일부로 보아 모체에 대한 상해가 성립하는지 문제된다. 판례는 태아는 모체의 일부로 볼 수 없어 임산부에 대한 상해가 될 수 없다고 보았다.

> **판례** 낙태행위 – 임산부에 대한 상해죄 ×
> 현행 형법이 사람에 대한 상해 및 과실치사상의 죄에 관한 규정과는 별도로 태아를 독립된 행위객체로 하는 낙태죄, 부동의 낙태죄, 낙태치상 및 낙태치사의 죄 등에 관한 규정을 두어 포태한 부녀의 자기낙태행위 및 제3자의 부동의 낙태행위, 낙태로 인하여 위 부녀에게 상해 또는 사망에 이르게 한 행위 등에 대하여 처벌하도록 한 점, 과실낙태행위 및 낙태미수행위에 대하여 따로 처벌규정을 두지 아니한 점 등에 비추어 보면, 우리 형법은 태아를 임산부 신체의 일부로 보거나, 낙태행위가 임산부의 태아양육, 출산 기능의 침해라는 측면에서 낙태죄와는 별개로 임산부에 대한 상해죄를 구성하는 것으로 보지는 않는다고 해석된다. 따라서 태아를 사망에 이르게 하는 행위가 임산부 신체의 일부를 훼손하는 것이라 거나 태아의 사망으로 인하여 그 태아를 양육, 출산하는 임산부의 생리적 기능이 침해되어 임산부에 대한 상해가 된다고 볼 수는 없다. (대법원 2007. 6. 29. 선고 2005도3832 판결) **표준**

2. 행위: 상해

상해의 개념에 대하여 학설 대립이 있다.

> 💬 **쟁점검토: 상해의 개념**
> 1. 문제
>   상해의 개념이 무엇인지 문제된다.
> 2. 학설
>   ① **신체의 완전성침해설**: 상해란 신체의 완전성에 대한 침해를 말한다.
>   ② **생리적 기능훼손설**: 상해란 생리적 기능의 훼손을 말한다.
>   ③ **절충설**: 상해란 생리적 기능의 훼손 이외에 신체외관에 중대한 변경을 가하는 경우까지 포함한다.

3. 판례

①설을 취하기도, ②설을 취하기도, ①설과 ②설을 모두 포괄하기도 한다.

이하에서는 상해의 개념에 대한 판례 입장을 살펴본다.

(판례) ① 신체의 완전성침해설
상해죄의 성립에는 상해의 고의와 신체의 완전성을 해하는 행위 및 이로 인하여 발생하는 인과관계 있는 상해의 결과가 있어야 함. (대법원 1982. 12. 28. 선고 82도2588 판결)

(판례) ② 생리적 기능훼손설
강제추행치상죄에 있어서의 상해는 피해자의 신체의 건강상태가 불량하게 변경되고 생활기능에 장애가 초래되는 것을 말함. (대법원 2000. 3. 23. 선고 99도3099 판결)
참고 피해자의 음모의 모근 부분을 남기고 모간 부분을 잘라내어 상해가 부정되었다.

(판례) ① 신체의 완전성침해설 + ② 생리적 기능훼손설
성폭력범죄의처벌및피해자보호등에관한법률 제9조 제1항의 상해는 피해자의 신체의 완전성을 훼손하거나 생리적 기능에 장애를 초래하는 것으로, 반드시 외부적인 상처가 있어야만 하는 것이 아니고, 여기서의 생리적 기능에는 육체적 기능뿐만 아니라 정신적 기능도 포함된다. (대법원 1999. 1. 26. 선고 98도3732 판결)
참고 '생리적 기능'에는 '정신적 기능'도 포함된다는 점에 유의한다.

(판례) ① 신체의 완전성침해설 + ② 생리적 기능훼손설
병역법 제86조는 "병역의무를 기피하거나 감면받을 목적으로 도망하거나 행방을 감춘 때 또는 신체손상이나 사위행위를 한 사람은 1년 이상 3년 이하의 징역에 처한다."의 행위 유형 중의 하나인 '신체손상'의 개념은 신체의 완전성을 해하거나 생리적 기능에 장애를 초래하는 '상해'의 개념과 일치되어야 하는 것은 아니며 병역의무의 기피 또는 감면사유에 해당되도록 신체의 변화를 인위적으로 조작하는 행위까지를 포함하는 개념이다. (대법원 2004. 3. 25. 선고 2003도8247 판결) 표준

상해에 해당하는지 여부가 문제된 판례들을 살펴본다.

(판례) 피해자가 오랜 시간 동안의 협박·폭행으로 기절하였다가 119 구급차 안에서 겨우 정신을 차림 – 상해죄 ○
오랜 시간 동안의 협박과 폭행을 이기지 못하고 실신하여 범인들이 불러온 구급차 안에서야 정신을 차리게 되었다면, 외부적으로 어떤 상처가 발생하지 않았다고 하더라도 생리적 기능에 훼손을 입어 신체에 대한 상해가 있었다고 본 사례. (대법원 1996. 12. 10. 선고 96도2529 판결) 표준

(판례) 우측 두부 타박으로 인한 피하출혈, 부종 및 찰과상, 두정부와 우측 발목 타박으로 부종과 동통

발생 – 강도상해죄 ○ (대법원 2002. 1. 11. 선고 2001도5925 판결)

[판례] 강간 피해자에게 정신과적 증상인 외상 후 스트레스 장애(PTSD) 발생 – 강간치상죄 ○ (대법원 1999. 1. 26. 선고 98도3732 판결)

[판례] 강간과정에서 발생한 폭행으로 보행불능·수면장애·식욕감퇴 발생 – 강간치상죄 ○ (대법원 1969. 3. 11. 선고 69도161 판결)

[판례] 강간과정에서 주먹으로 피해자의 얼굴 때려 코피 흘리고 콧등 부음 – 강간치상죄 ○ (대법원 1991. 10. 22. 선고 91도1832 판결)

[판례] 강제추행범이 피해자 젖가슴 꽉 잡아 약 10일간 치료 요하는 좌상 발생 – 강제추행치상죄 ○ (대법원 2000. 2. 11. 선고 99도4794 판결)

[판례] 강제추행범이 8세인 피해자 추행 과정에서 입힌 외음부염증 – 미성년자의제강제추행치상죄 ○ (대법원 1996. 11. 22. 선고 96도1395 판결)

[판례] 의사가 난소의 제거로 이미 임신불능 상태에 있는 피해자의 자궁 적출 – 업무상과실치상죄 ○ (대법원 1993. 7. 27. 선고 92도2345 판결)

[판례] 약 1주간의 치료를 요하는 좌측팔 부분의 동전크기의 멍 – 상해죄 × (대법원 1996. 12. 23. 선고 96도2673 판결)

[판례] 강간도중 흥분하여 피해자의 어깨를 입으로 빨아서 생긴 반상출혈상 – 강간치상죄 × (대법원 1986. 7. 8. 선고 85도2042 판결)

3. 기타

가. 고의

판례는 폭행에 대한 인식만으로 충분하고 상해를 가할 의사의 존재까지는 필요하지 않다고 본다.

[판례] 상해죄의 고의 – 폭행에 관한 인식이 있으면 충분
상해죄의 성립에는 상해의 원인인 폭행에 대한 인식이 있으면 충분하고 상해를 가할 의사의 존재까지는 필요하지 아니한 것인바, 기록에 의하면, 피고인이 비록 공소외 1 등의 손에서 벗어나기 위해서이기는 하나 그들과 몸싸움을 벌인 것은 분명하고, 피고인이 팔꿈치 또는 손으로 경찰관들을 밀어 넘어뜨렸다면 적어도 폭행에 대한 인식은 있었다고 봄이 상당하므로, 피고인에게 폭력에 대한 범의조차 없다고 본 원심의 판단 부분은 수긍하기 어렵다. (대법원 2000. 7. 4. 선고 99도4341 판결) **표준**

폭행의 고의가 없으면 당연히 상해의 고의도 없음

상해죄는 결과범이므로 그 성립에는 상해의 원인인 폭행에 관한 인식이 있으면 충분하고 상해를 가할 의사의 존재는 필요하지 않으나, 폭행을 가한다는 인식이 없는 행위의 결과로 피해자가 상해를 입었던 경우에는 상해죄가 성립하지 아니한다. (대법원 1983. 3. 22. 선고 83도231 판결)

참고 피고인 甲은 포장마차에서 乙과 술내기 팔씨름을 하여 甲이 이겼는데도 乙이 다시 한 번 하자고 덤벼들자 식칼을 집어들어 팔뚝을 1회 그어 자해하고, 이를 제지하려고 포장마차 주인 丙이 뒤에서 붙잡자 제지를 벗어나려고 부리치다가 丙에게 상해를 입혔다. 판례는 폭행의 고의도 없었다는 이유로 상해죄가 성립하지 않는다 보았다.

판례 상해의 고의 vs 살인의 고의

수인이 가벼운 상해 또는 폭행 등의 범의로 범행중 1인의 소위로 살인의 결과를 발생케 한 경우, 그 나머지 자들은 상해 또는 폭행죄 등과 결과적 가중범의 관계에 있는 상해치사 또는 폭행치사 등의 죄책은 면할 수 없다고 하더라도 위 살인등 소위는 전연 예기치 못하였다 할 것이므로 그들에게 살인죄의 책임을 물을 수는 없다 할 것이다. (대법원 1984. 10. 5. 선고 84도1544 판결) **표준**

나. 죄수 등

피해자의 수에 따라 죄수를 결정한다.

판례 수 개의 행위로 수 명의 피해자에게 상해 – 상해죄의 실체적 경합

상해를 입힌 행위가 동일한 일시, 장소에서 동일한 목적으로 저질러진 것이라 하더라도 피해자를 달리 하고 있으면 피해자별로 각각 별개의 상해죄를 구성한다고 보아야 할 것이고 1개의 행위가 수개의 죄에 해당하는 경우라고 볼 수 없다. (대법원 1983. 4. 26. 선고 83도524 판결)

Ⅱ 중상해죄

제258조(중상해, 존속중상해) ① 사람의 신체를 상해하여 생명에 대한 위험을 발생하게 한 자는 1년 이상 10년 이하의 징역에 처한다.

② 신체의 상해로 인하여 불구 또는 불치나 난치의 질병에 이르게 한 자도 전항의 형과 같다.

③ 자기 또는 배우자의 직계존속에 대하여 전2항의 죄를 범한 때에는 2년 이상 15년 이하의 징역에 처한다.

例規 제258조 ①, ② 중상해 ③ 중존속상해	미수 ×

1. 기본 범죄: 상해

앞서 살펴본 상해를 기본범죄로 하는 결과적 가중범이다.

2. 중한 결과: 생명에 대한 위험, 불구·불치·난치의 질병

① 생명에 대한 위험이란 생명에 대한 구체적 위험을 말한다. ② 불구란 신체의 전체조직상 중요 부분이 절단되거나 고유기능이 상실된 경우를 말한다. ③ 불치·난치의 질병이란 치료의 가능성이 없거나 현저히 곤란한 질병을 말한다. 관련 판례를 살펴본다.

[판례] 얼굴을 때려 실명케 함 - 중상해죄 ○ (대법원 1960. 4. 6. 선고 4292형상395 판결)

[판례] 1~2개월간 입원할 정도로 다리가 부러진 상해 또는 칼로 찔려 3주간의 치료를 요하는 우측흉부 자상 - 중상해죄 × (대법원 2005. 12. 9. 선고 2005도7527 판결) **표준**

[판례] 얼굴을 때려 치아 2개 탈구됨 - 중상해죄 × (대법원 1960. 2. 29. 선고 4292형상413 판결)

Ⅲ 특수상해죄

제258조의2(특수상해) ① 단체 또는 다중의 위력을 보이거나 위험한 물건을 휴대하여 제257조제1항 또는 제2항의 죄를 범한 때에는 1년 이상 10년 이하의 징역에 처한다.
② 단체 또는 다중의 위력을 보이거나 위험한 물건을 휴대하여 제258조의 죄를 범한 때에는 2년 이상 20년 이하의 징역에 처한다.

例規 제258조2 ① 특수(제257조 제1항, 제2항 각 죄명) ② 특수(제258조 각 죄명)	미수 ○^{2}

① 단체·다중의 위력을 보여 상해한 경우, ② 위험한 물건을 휴대하여 상해한 경우 특수상해죄가 성립한다. 2인 이상이 공동하여 상해한 경우, 폭력행위 등 처벌에 관한 법률이 적용되므로,[3] ①은 폭처법이 적용되기 어려운 경우(**ex** 폭력집회)에 한하여 활용된다. 위험한 물건·휴대의 개념 등은 특수폭행에서 함께 정리하는 것으로 한다.

Ⅳ 상해치사죄·존속상해치사죄

제259조(상해치사) ① 사람의 신체를 상해하여 사망에 이르게 한 자는 3년 이상의 유기징역에 처한다.
  ② 자기 또는 배우자의 직계존속에 대하여 전항의 죄를 범한 때에는 무기 또는 5년 이상의 징역에 처한다.

例規 제259조 ① 상해치사 ② 존속상해치사	미수 ×

🔍 **핵심단어**

• ① 상해죄 ② 사망에 이르게 함
• ① 존속상해죄 ② 사망에 이르게 함

상해죄·존속상해죄를 범하여 사망에 이르게 함으로써 성립하는 범죄로서, 결과적 가중범이다.

판례 피고인이 계속하여 상해행위를 가하자 피해자가 이를 피하려다 차량에 치어 사망 – 상해치사죄 ○ (대법원 1996. 5. 10. 선고 96도529 판결) **표준**

판례 피고인이 피해자에게 상해를 가해 피해자가 빈사상태에 빠지자 사망한 것으로 오인하고, 자신의 행위를 은폐하고 자살로 위장하고자 피해자를 베란다 밑 13m 아래로 떨어뜨려 그때야 사망에 이르게 함 – 상해치사죄 ○ (대법원 1994. 11. 4. 선고 94도2361 판결) **표준**

---

2 단 특수중상해죄는 미수 ×
3 **폭력행위 등 처벌에 관한 법률 제2조(폭행 등)** ② 2명 이상이 공동하여 다음 각 호의 죄를 범한 사람은 「형법」 각 해당 조항에서 정한 형의 2분의 1까지 가중한다. 1. 「형법」 제260조제1항(폭행), 제283조제1항(협박), 제319조(주거침입, 퇴거불응) 또는 제366조(재물손괴 등)의 죄 2. 「형법」 제260조제2항(존속폭행), 제276조제1항(체포, 감금), 제283조제2항(존속협박) 또는 제324조제1항(강요)의 죄 3. 「형법」 제257조제1항(상해)·제2항(존속상해), 제276조제2항(존속체포, 존속감금) 또는 제350조(공갈)의 죄

제260조(폭행, 존속폭행) ① 사람의 신체에 대하여 폭행을 가한 자는 2년 이하의 징역, 500만원 이하의 벌금, 구류 또는 과료에 처한다.

② 자기 또는 배우자의 직계존속에 대하여 제1항의 죄를 범한 때에는 5년 이하의 징역 또는 700만원 이하의 벌금에 처한다.

③ 제1항 및 제2항의 죄는 피해자의 명시한 의사에 반하여 공소를 제기할 수 없다.

例規 제260조 ① 폭행 ② 존속폭행 | 미수 ×

🔍 **핵심단어**

• ① 사람(직계존속)의 신체 ② 폭행
• 폭행이란 ① 사람의 신체에 ② 육체적·정신적으로 고통을 주는 유형력 행사

　2인 이상이 공동하여 폭행한 경우, 폭력행위 등 처벌에 관한 법률이 적용된다.[4] 존속폭행죄의 경우, 존속살해죄의 법리가 그대로 적용된다.

1. 객체: 사람의 신체

앞서 살펴본 것과 같다.

2. 행위: 폭행

가. 형법상 폭행의 개념

　형법상 폭행의 개념을 먼저 정리한다. 구성요건에서 "폭행"이라 규정하여도 다 같은 의미의 폭행이 아니다. 폭행을 ① 최광의 ② 광의 ③ 협의 ④ 최협의로 나누어 그 의미와 이에 해당하는 범죄를 살펴본다.

---

4 폭력행위 등 처벌에 관한 법률 제2조(폭행 등) ② 2명 이상이 공동하여 다음 각 호의 죄를 범한 사람은 「형법」 각 해당 조항에서 정한 형의 2분의 1까지 가중한다. 1. 「형법」 제260조제1항(폭행), 제283조제1항(협박), 제319조(주거침입, 퇴거불응) 또는 제366조(재물손괴 등)의 죄 2. 「형법」 제260조제2항(존속폭행), 제276조제1항(체포, 감금), 제283조제2항(존속협박) 또는 제324조제1항(강요)의 죄 3. 「형법」 제257조제1항(상해)·제2항(존속상해), 제276조제2항(존속체포, 존속감금) 또는 제350조(공갈)의 죄

	의미	해당 범죄
최광의	사람·물건 등 대상을 불문한 일체의 유형력 행사	내란죄·소요죄
광의	사람에 대한 직접·간접의 유형력 행사	공무집행방해죄
협의	사람의 신체에 대한 유형력의 행사	폭행죄
최협의	반항을 불가능하게 하거나 현저히 곤란하게 할 정도의 유형력의 행사	강도죄·강간죄[5]

나. 폭행죄의 폭행

협의의 폭행으로서 사람의 신체에 대한 유형력의 행사를 말한다. 유형력은 사람의 신체에 대하여 행사되어야 하며 물건에 대한 유형력의 행사는 폭행이 아니다. 그러나 반드시 사람의 신체에 직접 접촉하는 것으로 한정되진 않는다. 관련 판례를 살펴본다.

[판례] 협의의 폭행 – ① 신체에 대한 유형력 행사 ② 반드시 신체접촉 요하지 않음

폭행죄에서 말하는 폭행이란 사람의 신체에 대하여 육체적·정신적으로 고통을 주는 유형력을 행사함을 뜻하는 것으로서 피해자의 신체에 공간적으로 근접하여 고성으로 폭언이나 욕설을 하거나 동시에 손발이나 물건을 휘두르거나 던지는 행위는 직접 피해자의 신체에 접촉하지 아니하였다 하더라도 피해자에 대한 불법한 유형력의 행사로서 폭행에 해당될 수 있다. (대법원 2016. 10. 27. 선고 2016도9302 판결, 대법원 1956. 12. 12. 선고 4289형상297 판결, 1990. 2. 13. 선고 89도1406 판결) **표준**

[판례] 자신의 차를 가로막는 피해자를 부딪칠 듯이 차를 조금씩 전진시키는 것을 반복하였으나 직접 접촉은 없었던 경우 – 특수폭행죄(폭행) ○ (대법원 2016. 10. 27. 선고 2016도9302 판결)

[비교] 전화를 걸어 고성을 내거나 전화 대화를 녹음 후 듣게 하는 행위 – 폭행죄 ×

유형력의 행사는 신체적 고통을 주는 물리력의 작용을 의미하므로 신체의 청각기관을 직접적으로 자극하는 음향도 경우에 따라서는 유형력에 포함될 수 있다. 거리상 멀리 떨어져 있는 사람에게 전화기를 이용하여 전화하면서 고성을 내거나 그 전화 대화를 녹음 후 듣게 하는 경우에는 특수한 방법으로 수화자의 청각기관을 자극하여 그 수화자로 하여금 고통스럽게 느끼게 할 정도의 음향을 이용하였다는 등의 특별한 사정이 없는 한 신체에 대한 유형력의 행사를 한 것으로 보기 어렵다. (대법원 2003. 1. 10. 선고 2000도5716 판결) **표준**

[판례] 채권자 甲이 빚독촉을 하다 채무자 乙을 밀어 넘어트려 뒹굴게 하여 乙 등에 업힌 생후 7개월의 딸 丙에게 두개골정 등 상해를 입혀 사망케 함 – 丙에 대한 폭행치사죄 ○

피고인이 폭행을 가한 대상자와 그 폭행의 결과 사망한 대상자는 서로 다른 인격자라 할지라도 위와 같이 어린애를 업은 사람을 밀어 넘어트리면 그 어린애도 따라서 필연적으로 넘어질 것임은 피고인도 예견하였을 것이므로 어린애를 업은 사람을 넘어트린 행위는 그 어린애에 대해서도 역시폭행이 된다.

---

5 ① 강도죄의 경우, "상대방의 반항을 억압하거나 항거불능하게 할 정도"이어야 한다. ② 강간죄의 경우, "상대방의 항거를 불가능하게 하거나 현저히 곤란하게 할 정도"이어야 한다. 약간의 차이가 있다.

(대법원 1972. 11. 28. 선고 72도2201 판결)

판례 안수기도에 수반하는 신체적 행위가 단순히 손을 얹거나 누르는 정도가 아니라 가슴·배를 반복하여 누르거나 때려 그로 인하여 사망에 이른 정도인 경우 - 폭행치사죄 ○ (대법원 1994. 8. 23. 선고 94도1484 판결)

이어서 부정례를 살펴본다.

판례 피해자에게 욕설을 하고 피해자 집의 대문을 발로 참 - 폭행죄 × (대법원 1991. 1. 29. 선고 90도2153 판결)

판례 비닐봉지에 넣어 둔 인분을 피해자 집 앞마당에 던짐 - 폭행죄 × (대법원 1977. 2. 8. 선고 75도2673 판결)

판례 피고인이 시정된 탁구장문과 주방문을 부수고 주방으로 들어가 방문을 열어주지 않으면 모두 죽여버린다고 폭언하면서 시정된 방문을 수 회 발로 참 - 폭행죄 × (대법원 1984. 2. 14. 선고 83도3186, 83감도535 판결)

참고 위 판결은 이러한 행위는 "재물손괴죄 또는 단순협박죄에 해당"할 수 있다고 보았다.

판례 단순히 눈을 부릅뜨고 "이 십팔놈아, 가면 될 것 아니냐"고 욕설함 - 폭행죄 × (대법원 2001. 3. 9. 선고 2001도277 판결)

판례 상대방의 시비를 만류하면서 조용히 얘기나 하자며 그의 팔을 2, 3회 잡아당김 - 폭행죄 × (대법원 1986. 10. 14. 선고 86도1796 판결)

판례 피해자가 시비를 걸려고 양팔을 잡는 것을 피하고자 몸을 틀어 뿌리침 - 폭행죄 × (대법원 1985. 10. 8. 선고 85도1915 판결)

판례 피해자가 먼저 피고인에게 덤벼들고, 뺨을 꼬집고, 주먹으로 쥐어 박자 피고인이 상대방을 부둥켜 안음 - 폭행죄 × (대법원 1977. 2. 8. 선고 76도3758 판결)

3. 기타

가. 위법성

위법성 조각사유와 관련된 판례들을 살펴본다.

판례 속칭 '생일빵'을 한다는 명목 하에 피해자를 가격하여 사망케 함 - 폭행치사죄(위법성) ○ (대법원 2010. 5. 27. 선고 2010도2680 판결)

판례 피해자가 피고인을 따라다니며 귀찮게 싸움을 걸어오는 것을 막으려고 피고인이 피해자의 멱살을 잡고 밀어 넘어뜨림 – 폭행죄(위법성) × (대법원 1983. 5. 24. 선고 83도942 판결)

참고 정당행위에 해당한다.

판례 乙이 丙과 주차 문제로 다투던 중, 乙이 丙의 뺨을 때리고 丙의 아버지인 甲을 밀어 넘어뜨리자, 甲이 싸움을 말리기 위하여 乙의 멱살을 잡음 – 甲 폭처법 공동폭행죄(위법성) × (대법원 1996. 2. 23. 선고 95도1642 판결)

참고 甲의 행위는 싸움 과정에서 이루어진 소극적인 방어행위이다.

나. 소추조건

폭행죄·존속폭행죄는 피해자의 명시한 의사에 반하여 공소를 제기할 수 없다. 그러나 폭처법상 공동폭행의 경우 반의사불벌죄가 아니다.[6]

Ⅵ 특수폭행죄

제261조(특수폭행) 단체 또는 다중의 위력을 보이거나 위험한 물건을 휴대하여 제260조제1항 또는 제2항의 죄를 범한 때에는 5년 이하의 징역 또는 1천만원 이하의 벌금에 처한다.	
例規 제261조 특수(제260조 각 죄명)	미수 ×

핵심단어
- ① 단체·다중의 위력 ② 폭행죄
- ① 위험한 물건 ② 휴대 ③ 폭행죄
- 위험한 물건이란 ① 상대방·제3자 ② 생명·신체에 ③ 위험을 느낄 수 있는 물건
- 휴대란 ① 현장에서 사용할 의도로 몸 가까이 소지 ② 범행에 널리 이용

① 단체·다중의 위력을 보여 폭행한 경우, ② 위험한 물건을 휴대하여 폭행한 경우 특수폭행 죄가 성립한다. 2인 이상이 공동하여 폭행한 경우, 폭력행위 등 처벌에 관한 법률이 적용되므로,[7]

---

6 폭력행위 등 처벌에 관한 법률 제2조(폭행 등) ④ 제2항과 제3항의 경우에는 「형법」 제260조제3항 및 제283조제3항을 적용하지 아니한다.

7 폭력행위 등 처벌에 관한 법률 제2조(폭행 등) ② 2명 이상이 공동하여 다음 각 호의 죄를 범한 사람은 「형법」 각 해당 조항에서 정한 형의 2분의 1까지 가중한다. 1. 「형법」 제260조제1항(폭행), 제283조제1항(협박), 제319조(주거침입, 퇴거불응) 또는 제366조(재물손괴 등)의 죄 2. 「형법」 제260조제2항(존속폭행), 제276조제1항(체포, 감금), 제283조제2항(존속협박) 또는 제324조제1항(강요)의 죄 3. 「형법」 제257조제1항(상해)·제2항(존속상해), 제276조제2

①은 폭처법이 적용되기 어려운 경우(ex 폭력집회)에 한하여 활용된다.

특수폭행죄는 폭행죄와 달리 반의사불벌죄가 아니다.

1. 단체·다중의 위력을 보여 폭행

① 단체란 공동목적을 가진 다수인의 계속적·조직적인 결합체를 말한다. ② 다중이란 단체를 이루지 못한 다수인의 집합을 말한다. ③ 위력이란 사람의 의사를 제압할 수 있는 일체의 세력을 의미한다. 실무상 주로 집회에서 발생한 폭력행위에 적용된다.

> **판례** ① 다중 – 단체를 이루지 못한 다수인의 집합 ② 위력 – 사람의 의사를 제압할 수 있는 세력
> '다중'이라 함은 단체를 이루지 못한 다수인의 집합을 말하는 것으로, 이는 결국 집단적 위력을 보일 정도의 다수 혹은 그에 의해 압력을 느끼게 해 불안을 줄 정도의 다수를 의미한다 할 것이고, 다중의 '위력'이라 함은 다중의 형태로 집결한 다수 인원으로 사람의 의사를 제압하기에 족한 세력을 지칭하는 것으로서 그 인원수가 다수에 해당하는가는 행위 당시의 여러 사정을 참작하여 결정하여야 할 것이며, 이 경우 상대방의 의사가 현실적으로 제압될 것을 요하지는 않는다고 할 것이지만 상대방의 의사를 제압할 만한 세력을 인식시킬 정도는 되어야 한다. (대법원 2006. 2. 10. 선고 2005도174 판결)

2. 위험한 물건을 휴대하여 폭행

가. 위험한 물건

① 위험한 물건이란 사회통념에 비추어 물건의 객관적 성질·사용방법에 따라 상대방·제3자가 생명·신체에 위험을 느낄 수 있는 물건을 말한다. ② 이에 반해 흉기란 본래 살상용·파괴용으로 만들어진 것이거나 이에 준할 정도의 위험성을 가진 물건을 말한다. 위험한 물건이 더 넓은 개념, 흉기가 더 좁은 개념이다.

	의미	적용범죄
위험한 물건	상대방·제3자가 생명·신체에 위험을 느낄 수 있는 물건	① 폭행·상해·협박·주거침입·재물손괴·체포감금·강요·공갈 등 8개 범죄의 특수범[8] ② 특수공무집행방해
흉기	본래 살상용·파괴용으로 제작되거나 또는 이에 준할 위험성이 있는 물건	① 특수절도 ② 특수강도

항(존속체포, 존속감금) 또는 제350조(공갈)의 죄

위험한 물건과 관련된 판례들을 살펴본다. 판례는 물건 그 자체의 속성 뿐만 아니라 그 물건이 사용된 방법, 행위에 이르게 된 경위 등을 종합적으로 고려하여 위험한 물건 해당성을 판단한다. 인정례를 먼저 살펴본다.

[판례] 위험한 물건 – 상대방·제3자가 생명·신체에 위험을 느낄 수 있는 물건

'위험한 물건'에 해당하는지 여부는 구체적인 사안에서 사회통념에 비추어 그 물건을 사용하면 상대방이나 제3자가 생명 또는 신체에 위험을 느낄 수 있는지 여부에 따라 판단하여야 한다. (대법원 1981. 7. 28. 선고 81도1046 판결, 대법원 2009. 3. 26. 선고 2007도3520 판결)

'위험한 물건'이라 함은 흉기는 아니라고 하더라도 널리 사람의 생명, 신체에 해를 가하는 데 사용할 수 있는 일체의 물건을 포함한다고 풀이할 것이므로, 본래 살상용·파괴용으로 만들어진 것뿐만 아니라 다른 목적으로 만들어진 칼, 가위, 유리병, 각종 공구, 자동차 등은 물론 화학약품 또는 사주된 동물 등도 그것이 사람의 생명·신체에 해를 가하는 데 사용되었다면 본조의 '위험한 물건'이라 할 것이며, 한편 이러한 물건을 '휴대하여'라는 말은 소지뿐만 아니라 널리 이용한다는 뜻도 포함하고 있다. (대법원 2002. 9. 6. 선고 2002도2812 판결)

[판례] 견인료납부 요구하는 교통관리직원을 승용차 앞범퍼 부분으로 들이받음 – 특수폭행죄(위험물건) ○ (대법원 1997. 5. 30. 선고 97도597 판결)

[해설] 자동차 이용 범죄의 경우, ① 위험한 물건 여부 ② 휴대 여부가 모두 쟁점이 된다.

[판례] 피고인이 甲에게 겁을 주기 위하여 자동차를 정차한 후 4~5m 후진하여 甲이 승차하고 있던 자동차 충돌 – ① 특수상해죄 ○ ② 특수손괴죄 ○ (상상적 경합) (대법원 2010. 11. 11. 선고 2010도10256 판결) [표준]

[판례] 자동차를 이용하여 다른 사람의 자동차 2대를 손괴한 경우 – 특수손괴죄(위험물건) ○ (대법원 2003. 1. 24. 선고 2002도5783 판결)

[비교] 피고인이 소형승용차(라노스)로 아들을 승낙 없이 자동차에 태우고 떠나려는 피해자들 일행의 차량(쏘나타)을 들이받음 – ① 특수상해죄 × ② 특수손괴죄 ×

피고인이 이혼 분쟁 과정에서 자신의 아들을 승낙 없이 자동차에 태우고 떠나려고 하는 피해자들 일행을 상대로 급하게 추격 또는 제지하는 과정에서 이 사건 자동차를 사용하게 된 점, 이 사건 범행은 소형승용차(라노스)로 중형승용차(쏘나타)를 충격한 것이고, 충격할 당시 두 차량 모두 정차하여 있다가 막 출발하는 상태로서 차량 속도가 빠르지 않았으며 상대방 차량의 손괴 정도가 그다지 심하지 아니한 점, 이 사건 자동차의 충격으로 피해자들이 입은 상해의 정도가 비교적 경미한 점 등의 여러 사정을 종합하면, 피고인의 이 사건 자동차 운행으로 인하여 사회통념상 상대방이나 제3자가 생명 또는 신체에 위험을 느꼈다고 보기 어렵다. (대법원 2009. 3. 26. 선고 2007도3520 판결)

[해설] 일반적으로 자동차로 사람이나 자동차를 충격한 경우 '위험한 물건·휴대'가 인정된다. 비교판례는 구체적 사정에 따라 극히 이례적으로 위험한 물건 해당성이 부정된 사례이다. 비교판례는 존속상해죄·상해죄·손

---

8 폭력행위 등 처벌에 관한 법률 제2조에 따라 공동범이 인정되는 범죄들이기도 하다.

괴죄의 상상적 경합을 인정하였다.

[판례] 국회의원인 피고인이 국회 본회의 심리를 막기 위하여 의장석 앞 발언대 뒤에서 CS최루분말 비산형 최루탄 1개를 터뜨리고 최루탄 몸체에 남아있는 최루분말을 국회부의장 甲에게 뿌림 – ① 특수폭행죄 ② 특수공무집행방해죄 ③ 특수국회회의장소동죄 등(위험물건) ○ (대법원 2014. 6. 12. 선고 2014도1894 판결)

[판례] 피해자에게 농약을 먹이려 하고 당구큐대로 폭행함 – 특수폭행죄(위험물건) ○ (대법원 2002. 9. 6. 선고 2002도2812 판결)

참고 농약·당구큐대 모두 위험한 물건에 해당한다.

[판례] 삽날 길이 21cm 가량의 야전삽으로 이마를 내려침 – 특수상해죄(위험물건) ○ (대법원 2001. 11. 30. 선고 2001도5268 판결)

[판례] 깨지지 않은 맥주병으로 내리쳐 상해함 – 특수상해죄(위험물건) ○ (대법원 1991. 12. 27. 선고 91도2527 판결)

[판례] 길이 140cm, 지름 4cm인 대나무로 머리 여러 차례 때려 상해함 – 특수상해죄(위험물건) ○ (대법원 2017. 12. 28. 선고 2015도5854 판결)

이어서 부정례를 살펴본다.

[판례] 쇠파이프(길이 2미터, 직경 5센치미터)로 머리를 구타당하면서 이에 대항하여 그곳에 있던 각목(길이 1미터, 직경 5센치미터)으로 상대방의 허리를 구타한 경우 – 특수상해죄(위험물건) ×
용법에 따라서는 사람을 살상할 수 있는 물건이 폭력행위등 처벌에 관한 법률 제3조 제1항 소정의 위험한 물건인지의 여부는 구체적인 사안에 따라서 사회통념에 비추어 그 물건을 사용하면 그 상대방이나 제3자가 곧 위험성을 느낄 수 있는가의 여부에 따라 이를 판단하여야 할 것이다. (대법원 1981. 7. 28. 선고 81도1046 판결)

[판례] 피해자가 거짓말 하였다는 이유로 당구큐대로 머리를 3~4회 가볍게 톡톡 때리고 배를 1회 밀어 폭행 – 특수폭행죄(위험물건) × (대법원 2004. 5. 14. 선고 2004도176 판결)

[판례] 경륜장 사무실에서 술에 취해 소란을 피우면서 '소화기'를 집어던졌지만 특정인을 겨냥하여 던진 것이 아닌 경우 – 특수폭행죄(위험물건) × (대법원 2010. 4. 29. 선고 2010도930 판결)

[판례] 피해자가 먼저 식칼을 들고 나와 피고인을 찌르려다가 피고인이 그 칼을 뺏은 다음 피해자를 훈계하면서 칼의 칼자루 부분으로 피해자의 머리를 가볍게 침 – 특수폭행죄(위험물건) × (대법원 1989. 12. 22. 선고 89도1570 판결)

나. 휴대

휴대란 소지와 이용을 모두 포함한다. 즉, ① 범죄현장에서 사용할 의도 아래 위험한 물건을 몸 또는 몸 가까이에 소지하는 것과 ② 범행에 널리 이용하는 것을 모두 포함한다.

판례 휴대-① 사용할 의도로 몸 가까이 소지 ② 범행에 널리 이용

위험한 물건의 "휴대"라 함은 범죄현장에서 사용할 의도 아래 위험한 물건을 몸 또는 몸 가까이에 소지하는 것을 말하는 것이고, 자기가 기거하는 장소에 보관하였다는 것만으로는 위 법조에서 말하는 위험한 물건의 휴대라고 할 수 없다. (대법원 1992. 5. 12. 선고 92도381 판결)

'휴대하여'라는 말은 소지뿐만 아니라 널리 이용한다는 뜻도 포함하고 있다. (대법원 1997. 5. 30. 선고 97도597 판결)

범행에 사용하려는 의도 아래 흉기를 소지하거나 몸에 지니는 경우를 가리키는 것이지 그 범행과는 전혀 무관하게 우연히 이를 소지하게 된 경우까지를 포함하는 것은 아니다. (대법원 1990. 4. 24. 선고 90도401 판결)

범행 현장에서 위험한 물건을 사용하려는 의도가 있었는지는 피고인의 범행 동기, 위험한 물건의 휴대 경위 및 사용 방법, 피고인과 피해자와의 인적 관계, 범행 전후의 정황 등 모든 사정을 합리적으로 고려하여 판단하여야 한다. 또한 위험한 물건을 휴대하였다고 하기 위하여는, 피고인이 범행 현장에 있는 위험한 물건을 사실상 지배하면서 언제든지 그 물건을 곧바로 범행에 사용할 수 있는 상태에 두면 충분하고, 피고인이 그 물건을 현실적으로 손에 쥐고 있는 등 피고인과 그 물건이 반드시 물리적으로 부착되어 있어야 하는 것은 아니다. (대법원 2024. 6. 13. 선고 2023도18812 판결)

판례 피고인이 칼을 들고 피해자에게 욕설을 하며 칼로 주방의자를 찌르고, 피해자의 머리 등을 수회 때리는 등 약 4시간 30분 동안 피해자를 협박하고 때려 요치 2주의 상해를 가함-① 특수협박죄(휴대) ○, ② 특수상해죄(휴대) ○ (대법원 2024. 6. 13. 선고 2023도18812 판결)

판례 피고인이 깨어진 유리조각을 들고 피해자의 얼굴에 던짐-특수폭행죄(휴대) ○ (대법원 1982. 2. 23. 선고 81도3074 판결)

판례 피고인이 과도를 호주머니에 지니고 있었지만 폭행과정에서 사용하지는 않음-특수폭행죄(휴대) ○ (대법원 1984. 4. 10. 선고 84도353 판결)

참고 범행에 사용하려는 의도 아래 소지한 이상 휴대가 인정되고, 실제로 사용하였을 것을 요하지 않는다. 따라서 특수폭행죄 성립한다.

판례 피고인이 청산염 2g 정도를 협박편지에 동봉 우송하여 피해자에 도달-특수협박죄(휴대) × (대법원 1985. 10. 8. 선고 85도1851 판결)

판례 버섯 채취하러 산에 가면서 칼을 휴대한 자가 '우연히' 주거침입하면서 소지한 경우-특수주거침입죄(휴대) × (대법원 1990. 4. 24. 선고 90도401 판결)

3. 고의

위험한 물건을 휴대하고 폭행한다는 사실에 대한 인식·의사가 있어야 한다. 다만 휴대를 상대방에게 인식시켜야 할 필요도 없고, 실제로 그 물건을 사용할 필요도 없다.

Ⅶ 폭행치사상죄

제262조(폭행치사상) 제260조와 제261조의 죄를 지어 사람을 사망이나 상해에 이르게 한 경우에는 제 257조부터 제259조까지의 예에 따른다.	
例規 제262조 (제260조, 제261조 각 죄명)(치사, 치상)	미수 ×

🔍 핵심단어
- ① 폭행죄·존속폭행죄·특수폭행죄·특수존속폭행죄 ② 상해·사망에 이르게 함

폭행죄 등을 범하여 상해·사망에 이르게 함으로써 성립하는 범죄로서, 결과적 가중범이다. 관련 판례를 살펴본다.

> 판례 피고인들로부터 폭행을 당하고 당구장 3층 화장실에 숨어 있던 피해자가 다시 피고인들로부터 폭행당하지 않으려고 창문 밖으로 숨으려다가 실족하여 사망 – 폭행치사죄 ○ (대법원 1990. 10. 16. 선고 90도1786 판결)

Ⅷ 상습상해·폭행죄

제264조(상습범) 상습으로 제257조, 제258조, 제258조의2, 제260조 또는 제261조의 죄를 범한 때에는 그 죄에 정한 형의 2분의 1까지 가중한다.
例規 제264조 상습(제257조, 제258조, 제258조의2, 제260조, 제261조 각 죄명)

상습폭행 등에 관한 판례를 살펴본다.

판례 피고인이 단일한 상습성으로 제3자인 甲을 폭행하고 자신의 母를 존속폭행 – 1개의 상습존속폭행죄

피고인이 상습으로 갑을 폭행하고, 어머니 을을 존속폭행하였다는 내용으로 기소된 사안에서, 피고인에게 폭행 범행을 반복하여 저지르는 습벽이 있고 이러한 습벽에 의하여 단순폭행, 존속폭행 범행을 저지른 사실이 인정된다면 단순폭행, 존속폭행의 각 죄별로 상습성을 판단할 것이 아니라 포괄하여 그중 법정형이 가장 중한 상습존속폭행죄만 성립할 여지가 있는데도, 이와 달리 상습폭행과 존속폭행의 2개 행위로 파악하여, 피고인에게 단순폭행의 습벽이 인정된다는 이유로 상습폭행 부분을 유죄로 인정하면서도 존속폭행의 습벽까지는 인정할 증거가 없다는 이유에서 상습존속폭행은 성립할 수 없고 존속폭행만 성립할 수 있다고 전제한 다음, 을이 제1심판결 선고 전에 처벌을 원하지 않는다는 의사를 밝혔다는 이유로 존속폭행 부분에 대하여 주문에서 공소기각을 선고한 원심판결에 형법 제264조, 폭행죄의 상습성, 죄수 등에 관한 법리오해의 잘못이 있다. (대법원 2018. 4. 24. 선고 2017도10956 판결)

해설 피해자가 여러 명임에도 불구하고 하나의 상습존속폭행으로 묶여질 수 있음에 유의하자.

판례 피고인이 단일한 상습성으로 존속을 폭행·상해 – 1개의 상습존속상해죄

직계존속인 피해자를 폭행하고, 상해를 가한 것이 존속에 대한 동일한 폭력습벽의 발현에 의한 것으로 인정되는 경우, 그 중 법정형이 더 중한 상습존속상해죄에 나머지 행위들을 포괄시켜 하나의 죄만이 성립한다. (대법원 2003. 2. 28. 선고 2002도7335 판결)

판례 상습성 판단 기준 – ① 상해·폭행행위의 습벽 ○ ② 다른 범죄의 습벽 ×

상해죄 및 폭행죄의 상습범에 관한 형법 제264조는 "상습으로 제257조, 제258조, 제258조의2, 제260조 또는 제261조의 죄를 범한 때에는 그 죄에 정한 형의 2분의 1까지 가중한다."라고 규정하고 있다. 형법 제264조에서 말하는 '상습'이란 위 규정에 열거된 상해 내지 폭행행위의 습벽을 말하는 것이므로, 위 규정에 열거되지 아니한 다른 유형의 범죄까지 고려하여 상습성의 유무를 결정하여서는 아니 된다. (대법원 2018. 4. 24. 선고 2017도21663 판결)

참고 재물손괴나 주거침입의 전과까지 고려하여 상습성을 판단해서는 안 된다는 취지이다.

---

03 과실치사상의 죄

I 과실치상죄·과실치사죄

제266조(과실치상) ① 과실로 인하여 사람의 신체를 상해에 이르게 한 자는 500만원 이하의 벌금, 구류 또는 과료에 처한다.
② 제1항의 죄는 피해자의 명시한 의사에 반하여 공소를 제기할 수 없다.

제267조(과실치사) 과실로 인하여 사람을 사망에 이르게 한 자는 2년 이하의 금고 또는 700만원 이하의 벌금에 처한다.

例規 제266조 과실치상 제267조 과실치사	미수 ×

🔍 **핵심단어**
- ① 과실로 ② 사람의 신체 ③ 상해에 이르게 함
- ① 과실로 ② 사람 ③ 사망에 이르게 함
- 과실이란 평균인에게 요구되는 주의의무 위반

과실로 인하여 상해·사망에 이르게 한 경우 성립한다. 뒤에서 살펴볼 업무상과실·중과실치사상 죄에서 업무가 탈락한 경우, 반드시 과실치사상죄를 검토하여야 한다.

과실치상죄는 반의사불벌죄이다. 과실치사죄·업무상과실치사상죄·중과실치사상죄는 반의사불 벌죄가 아니다.

임대인의 과실과 관련된 판례를 살펴본다.

판례 임대인의 수선의무 – ① 사용불가 파손상태 ② 대규모 수선의무
임대차 목적물상의 하자의 정도가 ① 그 목적물을 사용할 수 없을 정도의 파손 상태라고 볼 수 없다든 지 ② 임대인에게 수선의무가 있는 대규모의 것이라고 볼 수 없어 임차인의 통상의 수선 및 관리의무에 속한다고 보여지는 경우에는 그 하자로 인하여 가스 중독사가 발생하였더라도 임대인에게 과실이 있다 할 수 없으나, 이러한 판단을 함에 있어 단순히 하자 자체의 상태만을 고려할 것이 아니라 그 목적물의 구조 및 전반적인 노후화 상태 등을 아울러 참작하여 대규모적인 수선이 요구되는지를 판단하여야 하 며, 대규모의 수선 여부가 분명하지 아니한 경우에는 임대차 전후의 임대차 목적물의 상태 내지 하자로 인한 위험성의 징후 여부와 평소 임대인 또는 임차인의 하자 상태의 지실 내지 발견 가능성 여부, 임차 인의 수선 요구 여부 및 이에 대한 임대인의 조치 여부 등을 종합적으로 고려하여 임대인의 과실 유무를 판단하여야 한다. (대법원 1993. 9. 10. 선고 93도196 판결)

참고 연탄가스 중독사고로 임차인이 사망하였는데 임대인에게 과실치사죄가 인정된 사건이다. 사건 발생 전 임차인으로부터 '연탄가스 냄새가 많이 나고 사람들이 두 차례나 연탄가스를 마셔 죽을 뻔하기까지 했으니 방을 고쳐달라'는 요구를 받고도 아무런 조치를 취하지 아니하였다는 점이 주요 논거가 되었다.

판례 부엌과 창고홀로 통하는 방문에 1.2cm~2cm 틈이 있고 그 문틈과 문자체 사이에 0.5cm의 틈이 두 군데 있는 정도의 하자로 인해 임차인이 연탄가스에 중독사망 – 임대인 과실치사죄 × (대법원 1986. 7. 8. 선고 86도383 판결)

판례 임대인이 연탄아궁이의 외부 굴뚝보수공사를 마친 뒤에도 임차인이 약 1개월동안 아무런 이상 없이 위 방실을 점유·사용해 왔는데, 사고 당일 부엌에서 출입문과 환기창을 모두 닫아놓고 연탄 아궁

이에 연탄불을 피워 놓은 채 목욕을 하는 바람에 그 연탄 아궁이에서 새어나온 연탄가스의 일산화탄소에 중독 사망 – 임대인 과실치사죄 × (대법원 1985. 3. 26. 선고 84도3085 판결)

(판례) 임차인이 사용하던 방문에 약간의 틈이 있다거나 연통 등 까스배출시설에 결함이 있는 정도의 하자로 인해 임차인이 연탄가스 중독되어 사망 – 임대인 중과실치사죄 X (대법원 1986. 6. 24. 선고 85도2070 판결)

나머지 과실치사·상에 관한 판례를 살펴본다.

(판례) 임차인이 자신의 비용으로 설치·사용하던 가스설비의 휴즈콕크를 아무런 조치 없이 제거하고 이사를 간 후 가스공급을 개별적으로 차단할 수 있는 주밸브가 열려져 가스가 유입되어 폭발사고가 발생 – ① 과실폭발성물건파열죄 ○[9] ② 과실치사·상죄 ○
구 액화석유가스의안전및사업관리법상의 관련 규정 취지와 그 주밸브가 누군가에 의하여 개폐될 가능성을 배제할 수 없다는 점 등에 비추어 그 휴즈콕크를 제거하면서 그 제거부분에 아무런 조치를 하지 않고 방치하면 주밸브가 열리는 경우 유입되는 가스를 막을 아무런 안전장치가 없어 가스 유출로 인한 대형사고의 가능성이 있다는 것은 평균인의 관점에서 객관적으로 볼 때 충분히 예견할 수 있다는 이유로 임차인의 과실과 가스폭발사고 사이의 상당인과관계를 인정한 사례. (대법원 2001. 6. 1. 선고 99도5086 판결) 표준

(판례) 골프경기 중 공을 앞이 아닌 뒤로 보내는 실수로 캐디를 상해 – 과실치상죄 ○
운동경기에 참가하는 자가 경기규칙을 준수하는 중에 또는 그 경기의 성격상 당연히 예상되는 정도의 경미한 규칙위반 속에 제3자에게 상해의 결과를 발생시킨 것으로서, 사회적 상당성의 범위를 벗어나지 아니하는 행위라면 과실치상죄가 성립하지 않는다. 그러나 골프경기를 하던 중 골프공을 쳐서 아무도 예상하지 못한 자신의 등 뒤편으로 보내어 등 뒤에 있던 경기보조원(캐디)에게 상해를 입힌 경우에는 주의의무를 현저히 위반하여 사회적 상당성의 범위를 벗어난 행위로서 과실치상죄가 성립한다. (대법원 2008. 10. 23. 선고 2008도6940 판결) 표준

(판례) 캐디인 피고인이 손님 甲, 乙, 丙, 丁의 라운딩 중, ① 피해자 甲을 乙의 앞쪽에 위치하도록 하였고 ② 乙에게는 그의 공을 찾아 골프채를 건네준 다음, ③ 丙의 공을 찾는 곳으로 이동하였는데 → 그때 乙이 친 공에 甲이 맞아 부상을 입었음 – 과실치상죄 ○
경기보조원은 그 업무의 내용상 기본적으로는 골프채의 운반·이동·취급 및 경기에 관한 조언 등으로 골프경기 참가자를 돕는 역할을 수행하면서 아울러 경기 진행 도중 위와 같이 경기 참가자의 행동으로 다른 사람에게 상해의 결과가 발생할 위험성을 고려해 예상할 수 있는 사고의 위험을 미연에 방지하기 위한 조치를 취함으로써 경기 참가자들의 안전을 배려하고 그 생명·신체의 위험을 방지할 업무상주의

---

9 형법 제173조의2(과실폭발성물건파열등) ① 과실로 제172조제1항, 제172조의2제1항, 제173조제1항과 제2항의 죄를 범한 자는 5년 이하의 금고 또는 1천500만원 이하의 벌금에 처한다. ② 업무상과실 또는 중대한 과실로 제1항의 죄를 범한 자는 7년 이하의 금고 또는 2천만원 이하의 벌금에 처한다.

의무를 부담한다. (대법원 2022. 12. 1. 선고 2022도11950 판결)

판례 피고인이 중앙선에 서서 횡단을 중단한 피해자의 팔을 갑자기 잡아끌고 횡단하게 만들어 교통사고 발생 – 과실치사죄 ○ (대법원 2002. 8. 23. 선고 2002도2800 판결)

판례 피고인과 피해자가 파도가 치는 바닷가 바위 위에서 곧 전역할 병사를 헹가래쳐서 장난삼아 바다에 빠뜨리려고 하다가 그가 발버둥치는 바람에 그의 발을 붙잡고 있던 피해자가 미끄러져 익사 – 과실치사죄 ○ (대법원 1990. 11. 13. 선고 90도2106 판결)

판례 함께 술을 마신 후 만취된 피해자를 촛불이 켜져 있는 방안에 혼자 눕혀 놓고 촛불을 끄지 않고 나오는 바람에 화재가 발생하여 피해자가 사망 – 과실치사죄 ○ (대법원 1994. 8. 26. 선고 94도1291 판결)

판례 담임교사인 피고인이 학생들에게 교실청소를 시켜왔고 유리창을 청소할 때는 교실안쪽에서만 닦도록 지시하였는데도 유독 피해자만이 베란다로 넘어 갔다가 밑으로 떨어져 사망 – 과실치사죄 × (대법원 1989. 3. 28. 선고 89도108 판결)

Ⅱ 업무상과실·중과실치사상죄

제268조(업무상과실·중과실 치사상) 업무상 과실 또는 중대한 과실로 사람을 사망이나 상해에 이르게 한 자는 5년 이하의 금고 또는 2천만원 이하의 벌금에 처한다.

例規 제268조 (업무상, 중)과실(치사, 치상)	미수 ×

🔍 핵심단어

• ① 업무상과실·중과실 ② 사람 ③ 사망·상해에 이르게 함
• 업무란 ① 사회생활상 지위 ② 계속적·반복적으로 행하는 사무
• 업무상 과실이란 업무상 요구되는 주의의무 위반
• 중과실이란 ① 주의의무 위반의 정도가 현저 ② 조금만 주의하였더라면 결과회피 가능

1. 업무상 과실

가. 업무

업무란 사람이 사회생활상의 지위에 기하여 계속적·반복적으로 행하는 사무를 말한다. 반드시 적법한 허가에 기할 필요는 없다.

판례 업무 – ① 사회생활상 지위에 기하여 ② 계속적·반복적으로 종사하는 사무

업무상과실치사상죄에 있어서의 업무란 사람의 사회생활면에 있어서의 하나의 지위로서 계속적으로 종사하는 사무를 말하고, 여기에는 수행하는 직무 자체가 위험성을 갖기 때문에 안전배려를 의무의 내용으로 하는 경우는 물론 사람의 생명·신체의 위험을 방지하는 것을 의무내용으로 하는 업무도 포함된다 할 것이다. (대법원 2007. 5. 31. 선고 2006도3493 판결)

판례 무면허운전 중 피해자들을 치어 사상케 함 – 업무상과실치사상죄 ○ (대법원 1972. 10. 31. 선고 72도2001 판결)

동지 골재채취허가를 받지 않고 골재채취업무를 하다 사망케 함 – 업무상과실치사죄 ○ (대법원 1985. 6. 11. 선고 84도2527 판결)

참고 업무상 과실치사상죄에 있어서 업무는 허가받은 적법한 업무에 한하지 않는다.

판례 공휴일·야간의 구치소 당직간부가 수용자들의 생명·신체에 대한 위험을 방지할 의무 위반하여 사망케 함 – 업무상과실치사죄 ○ (대법원 2007. 5. 31. 선고 2006도3493 판결)

참고 수용자가 헛소리를 하고 구토를 하며 입에서 거품을 내며 전신발작을 하고 피와 이물질을 토하며 피오줌을 누는 등의 상태임에도 별다른 조치를 취하지 아니하였다.

판례 피고인이 완구상 점원으로서 완구배달을 하기 위하여 자전거를 타고 소매상을 돌아다니다가 사고를 냄 – 업무상과실치상죄 ○ (대법원 1972. 5. 9. 선고 72도701 판결)

판례 건물의 소유자·임대인인 피고인이, 건물 2층으로 올라가는 계단의 전면 벽이 아크릴 소재의 창문 형태로 되어 있고 별도의 고정장치가 없는데도, 안전바를 설치하는 등 낙하사고 방지를 위한 관리를 하지 않아 2층에서 나오던 甲이 신발을 신으려 아크릴 벽면에 기대는 과정에서 벽면이 떨어지고 1층으로 추락하여 상해를 입음 – ① 업무상과실치상죄 × ② 과실치상죄 ○

건물 소유자가 안전배려나 안전관리 사무에 계속적으로 종사하거나 그러한 계속적 사무를 담당하는 지위를 가지지 않은 채 단지 건물을 비정기적으로 수리하거나 건물의 일부분을 임대하였다는 사정만으로는 건물 소유자의 위와 같은 행위가 업무상과실치상죄의 '업무'에 해당한다고 보기 어렵다. … (중략) … 업무상과실치상의 공소사실을 이유에서 무죄로 판단하고 축소사실인 과실치상 부분을 유죄로 인정한 원심판결은 정당하다. (대법원 2017. 12. 5. 선고 2016도16738 판결) **표준**

참고 업무상과실치상에서 업무가 탈락한 경우에도 이처럼 과실치상이 성립할 수 있다.

판례 건물의 소유자·임대인인 甲과 2층 임차인인 乙이 화재예방점검, 전기점검 등을 미실시하였는데 4층 건물의 2층 내부 벽면에 설치된 분전반을 통해 3층과 4층으로 가설된 전선이 합선으로 단락되어 화재가 나 상해가 발생한 경우 – 甲·乙 업무상과실치상죄 ×

(甲 부분) 4층 건물의 2층 내부 벽면에 설치된 분전반을 통해 3층과 4층으로 가설된 전선이 합선으로 단락되어 화재가 나 상해가 발생한 사안에서, 4층 건물의 소유자로서 위 건물 2층을 임대하였다는 사정만으로 업무상과실치상죄에 있어서의 '업무'에 관한 증명이 있다고 보기 어렵다.

(乙 부분) 발화지점으로 지적된 분전반이 건물의 2층 내부 벽면에 매립·설치되어 있고, 건물 3층과 4층에 이르는 전선은 벽체 내부의 통로를 따라 분전반 후면을 거쳐 배선되어 있는 건물의 화재와 관련하여,

분전반이나 전선이 임차인의 지배관리영역에 속하는 것인지 여부, 임차인에게 위 분전반이나 그 내부 전선의 이상으로 인한 화재를 예방하여야 할 주의의무가 있다고 볼 특별한 사정이 있는지 여부, 나아가 그 주의의무가 '업무상'의 주의에 속하는지 여부 등을 심리하지 않은 채, 분전반이나 건물의 3층과 4층에 이르는 전선이 화재원인이고 10여 년간 건물 2층을 임차해 오면서 당해 건물의 안전에 이상이 있음을 알고 있었다는 이유만으로, 임차인에게 '업무상 주의의무' 위반이 있다고 볼 수 없다. (대법원 2009. 5. 28. 선고 2009도1040 판결)

참고 검찰은 甲·乙을 업무상과실치상 공동정범으로 기소하고 원심은 유죄를 인정하였으나 대법원은 甲·乙 모두에게 업무성이 인정되지 않는다고 보아 파기하였다.

나. 과실

업무상 '과실'이란 업무상 요구되는 주의의무를 태만히 함으로써 결과발생을 예견하지 못하거나 회피하지 못한 경우를 말한다.

먼저 자동차 운전자 등의 과실에 관한 판례를 살펴본다. 이 부분은 교통사고처리특례법위반(치사·치상), 특정범죄가중처벌등에관한법률위반(도주치사·도주치상)과 깊게 관련되어 있다.[10] 교통형법을 깊이 있게 다루는 것은 이 책의 범위를 벗어나기에, '과실'의 의미를 이해하는 정도에서만 가볍게 다루기로 한다.[11]

판례 고속도로가 얼고 짙은 안개가 껴있음에도 제한속도 달림 – 업무상 과실 ○

고속도로의 노면이 결빙된 데다가 짙은 안개로 시계가 20m 정도 이내였다면 차량운전자는 제한시속에 관계없이 장애물 발견 즉시 제동정지할 수 있을 정도로 속도를 줄이는 등의 조치를 취하였어야 할 것이므로 단순히 제한속도를 준수하였다는 사실만으로는 주의의무를 다하였다 할 수 없다. (대법원 1990. 12. 26. 선고 89도2589 판결)

동지 야간에 고속도로에서 차량을 운전하는 자는 주간에 정상적인 날씨 아래에서 고속도로를 운행하는 것과는 달리 노면상태 및 가시거리상태 등에 따라 고속도로상의 제한최고속도 이하의 속도로 감속·서행할 주의의무가 있음 (대법원 1999. 1. 15. 선고 98도2605 판결)

---

10 **교통사고처리 특례법 제3조(처벌의 특례)** ① 차의 운전자가 교통사고로 인하여 「형법」 제268조의 죄를 범한 경우에는 5년 이하의 금고 또는 2천만원 이하의 벌금에 처한다.
　특정범죄 가중처벌 등에 관한 법률 제5조의3(도주차량 운전자의 가중처벌) ① 「도로교통법」 제2조에 규정된 자동차·원동기장치자전거의 교통으로 인하여 「형법」 제268조의 죄를 범한 해당 차량의 운전자(이하 "사고운전자"라 한다)가 피해자를 구호(救護)하는 등 「도로교통법」 제54조제1항에 따른 조치를 하지 아니하고 도주한 경우에는 다음 각 호의 구분에 따라 가중처벌한다.
　1. 피해자를 사망에 이르게 하고 도주하거나, 도주 후에 피해자가 사망한 경우에는 무기 또는 5년 이상의 징역에 처한다.
　2. 피해자를 상해에 이르게 한 경우에는 1년 이상의 유기징역 또는 500만원 이상 3천만원 이하의 벌금에 처한다.
11 이주원, 특별형법, 홍문사, 2020은 교통형법을 체계적이고 깊이 있게 정리한다.

[판례] 캐디가 카트 승객들에게 손잡이를 잡도록 고지하지 않고, 손잡이를 잡았는지 확인하지 않고 출발하고, 각도 70도가 넘는 길을 빠르게 달리며 우회전하여 피해자들이 카트에서 떨어져 상해 – 업무상 과실 ○ (대법원 2010. 7. 22. 선고 2010도1911 판결)

[판례] 피고인이 무단횡단하던 피해자가 중앙선 부근에 서 있는 것을 발견하였음에도 제한속도를 위반하여 택시를 운행하였고, 피해자가 반대방향 차량에 치어 피고인이 운전하던 차량의 15m 전방에 떨어졌음에도 피하지 못하고 충격 – 업무상 과실 ○ (대법원 1995. 12. 26. 선고 95도715 판결)

[비교] 피고인이 택시를 운행하던 중, 피해자가 무단횡단하다가 반대방향 차량에 치어 피고인이 운전하던 차량의 바로 앞에 떨어지는 바람에 피하지 못하고 충격 – 업무상 과실 × (대법원 1987. 9. 22. 선고 87도516 판결)

[판례] 피고인이 차의 시동을 끄고 1단 기어가 들어가 있는 상태에서 시동열쇠를 끼워놓은 채 11세의 어린이를 조수석에 남겨두고 차에서 내렸는데, 어린이가 시동열쇠를 돌리며 악셀러레이터 페달을 밟아 차량이 진행하여 사고가 발생 – 업무상 과실 ○ (대법원 1986. 7. 8. 선고 86도1048 판결)

[판례] 반대차선에서 과속진행한 오토바이 운전자가 돌에 부딪혀 피고인 차량으로 튀어 들어오는 바람에 이를 피하지 못하고 역과하여 사망 – 업무상 과실 × (대법원 1984. 7. 10. 선고 84도813 판결)

[판례] 버스운전사인 피고인이 출발하려는 순간 피해자가 뒷바퀴 밑으로 들어가 역과하여 사망 – 업무상 과실 × (대법원 1984. 7. 10. 선고 84도687 판결)

이어서 공사 감독자 등의 과실에 관한 판례를 살펴본다.

[판례] 성수대교 사건의 각 단계별 관련자 – ① 업무상과실치사상죄 ② 업무상과실일반교통방해죄 ③ 업무상과실자동차추락죄의 공동정범(과실범의 공동정범) ○

성수대교 붕괴사고에서 교량 건설회사의 트러스 제작 책임자, 교량공사 현장감독, 발주 관청의 공사감독 공무원 등에게 업무상과실치사상, 업무상과실일반교통방해, 업무상과실자동차추락죄 등의 유죄를 인정한 사례.

구 형법(1995. 12. 29. 법률 제5057호로 개정되기 전의 것) 제189조 제2항, 제185조에서 업무상과실일반교통방해의 한 행위태양으로 규정한 '손괴'라고 함은 물리적으로 파괴하여 그 효용을 상실하게 하는 것을 말하므로, 이 사건 성수대교의 건설 당시의 부실제작 및 부실시공행위 등에 의하여 트러스가 붕괴되는 것도 위 '손괴'의 개념에 포함된다.

구 형법(1995. 12. 29. 법률 제5057호로 개정되기 전의 것) 제189조 제2항에서 말하는 '업무상과실'의 주체는 기차, 전차, 자동차, 선박, 항공기나 기타 일반의 '교통왕래에 관여하는 사무'에 직접·간접으로 종사하는 자이어야 할 것인바, 성수대교는 차량 등의 통행을 주된 목적으로 하여 건설된 교량이므로, 그 건설 당시 제작, 시공을 담당한 자도 '교통왕래에 관여하는 사무'에 간접적으로 관련이 있는 자에 해당한다고 본 사례.

업무상과실로 인하여 교량을 손괴하여 자동차의 교통을 방해하고 그 결과 자동차를 추락시킨 경우에는 구 형법(1995. 12. 29. 법률 제5057호로 개정되기 전의 것) 제189조 제2항, 제185조 소정의 업무상과실 일반교통방해죄와 같은 법 제189조 제2항, 제187조 소정의 업무상과실자동차추락죄가 성립하고, 위 각 죄는 형법 제40조 소정의 상상적 경합관계에 있다.

성수대교와 같은 교량이 그 수명을 유지하기 위하여는 건설업자의 완벽한 시공, 감독공무원들의 철저한 제작시공상의 감독 및 유지·관리를 담당하고 있는 공무원들의 철저한 유지·관리라는 조건이 합치되어야 하는 것이므로, 위 각 단계에서의 과실 그것만으로 붕괴원인이 되지 못한다고 하더라도, 그것이 합쳐지면 교량이 붕괴될 수 있다는 점은 쉽게 예상할 수 있고, 따라서 위 각 단계에 관여한 자는 전혀 과실이 없다거나 과실이 있다고 하여도 교량붕괴의 원인이 되지 않았다는 등의 특별한 사정이 있는 경우를 제외하고는 붕괴에 대한 공동책임을 면할 수 없다. 피고인들에게는 트러스 제작상, 시공 및 감독의 과실이 인정되고, 감독공무원들의 감독상의 과실이 합쳐져서 이 사건 사고의 한 원인이 되었으며, 한편 피고인들은 이 사건 성수대교를 안전하게 건축되도록 한다는 공동의 목표와 의사연락이 있었다고 보아야 할 것이므로, 피고인들 사이에는 이 사건 업무상과실치사상등죄에 대하여 형법 제30조 소정의 공동정범의 관계가 성립된다고 보아야 할 것이다. (대법원 1997. 11. 28. 선고 97도1740 판결) 표준

판례 공사감리자가 관계 법령과 계약에 따른 감리업무를 소홀히 하여 건축물 붕괴 등으로 사상 발생 – 업무상 과실치사상죄 ○ (대법원 2010. 6. 24. 선고 2010도2615 판결)

동지 현장감독 공무원인 피고인이 甲 회사가 전문 건설업 면허를 소지한 乙 회사의 명의를 빌려 원수급인인 丙 회사로부터 콘크리트 타설공사를 하도급받아 전문 건설업 면허나 건설기술 자격이 없는 개인인 丁에게 재하도급주어 이 사건 공사를 시공하도록 한 사실을 알았거나 쉽게 알 수 있었음에도 불구하고 직무를 유기·태만히 하여 丁의 시공방법의 오류 등으로 인해 건물이 붕괴한 경우 – 업무상 과실치사상죄 ○ (대법원 1995. 9. 15. 선고 95도906 판결)

판례 도급인의 주의의무 – ① 법령에 의한 관리·감독의무 ② 구체적인 지시·감독시에 발생

도급계약의 경우 원칙적으로 도급인에게는 수급인의 업무와 관련하여 사고방지에 필요한 안전조치를 취할 주의의무가 없으나, ① 법령에 의하여 도급인에게 수급인의 업무에 관하여 구체적인 관리·감독의무 등이 부여되어 있거나 ② 도급인이 공사의 시공이나 개별 작업에 관하여 구체적으로 지시·감독하였다는 등의 특별한 사정이 있는 경우에는 도급인에게도 수급인의 업무와 관련하여 사고방지에 필요한 안전조치를 취할 주의의무가 있다. (대법원 2016. 3. 24. 선고 2015도8621 판결, 대법원 2015. 10. 29. 선고 2015도5545 판결)

동지 건설회사의 현장대리인인 피고인이 건설회사가 전문업자에 도급 준 타워크레인 설치작업에 관여하지 않고 있었는데 사고 발생 – 업무상 과실치사상죄 × (대법원 2005. 9. 9. 선고 2005도3108 판결)

동지 주택수리 공사에 관하여 전문적 지식이 없는 도급인인 피고인이 구체적인 작업을 주택수리업자에게 일임하였는데 사고 발생 – 업무상 과실치상죄 × (대법원 2002. 4. 12. 선고 2000도3295 판결)

판례 공사현장 안전업무 담당자인 피고인이 횡단보도 표시선 안쪽으로 돌출된 강철빔 주위에 라바콘 3개를 설치·신호수 1명 배치하였는데, 피해자가 만화책을 읽으면서 급히 뛰어가다 강철빔에 부딪혀 상해 – 업무상 과실치상죄 × (대법원 2014. 4. 10. 선고 2012도11361 판결)

판례 현장소장인 피고인이 작업반장에게 작업 중단을 지시하였는데 작업반장이 이를 무시하고 작업을

하다가 사고가 발생한 경우 – 업무상 과실치사죄 × (대법원 1984. 4. 10. 선고 83도3365 판결)

이어서 의료인의 과실에 관한 판례를 살펴본다.

의료인의 업무상 과실 판단기준 – 객관설

의료과오사건에 있어서 의사의 과실을 인정하려면 결과 발생을 예견할 수 있고 또 회피할 수 있었음에도 이를 하지 못한 점을 인정할 수 있어야 하고, 위 과실의 유무를 판단함에는 같은 업무와 직무에 종사하는 일반적 보통인의 주의 정도를 표준으로 하여야 하며, 이때 사고 당시의 일반적인 의학의 수준과 의료환경 및 조건, 의료행위의 특수성 등을 고려하여야 한다.

또한, 의사는 진료를 행함에 있어 환자의 상황과 당시의 의료수준 그리고 자기의 지식경험에 따라 적절하다고 판단되는 진료방법을 선택할 상당한 범위의 재량을 가진다고 할 것이고, 그것이 합리적인 범위를 벗어난 것이 아닌 한 진료의 결과를 놓고 그중 어느 하나만이 정당하고 이와 다른 조치를 취한 것은 과실이 있다고 말할 수는 없다. (대법원 2008. 8. 11. 선고 2008도3090 판결) **표준**

의사에게 의료행위로 인한 업무상과실치사상죄를 인정하기 위해서는, 의료행위 과정에서 공소사실에 기재된 업무상과실의 존재는 물론 그러한 업무상과실로 인하여 환자에게 상해·사망 등 결과가 발생한 점에 대하여도 엄격한 증거에 따라 합리적 의심의 여지가 없을 정도로 증명이 이루어져야 한다. 설령 의료행위와 환자에게 발생한 상해·사망 등 결과 사이에 인과관계가 인정되는 경우에도, 검사가 공소사실에 기재한 바와 같은 업무상과실로 평가할 수 있는 행위의 존재 또는 그 업무상과실의 내용을 구체적으로 증명하지 못하였다면, 의료행위로 인하여 환자에게 상해·사망 등 결과가 발생하였다는 사정만으로 의사의 업무상과실을 추정하거나 단순한 가능성·개연성 등 막연한 사정을 근거로 함부로 이를 인정할 수는 없다. (대법원 2023. 1. 12. 선고 2022도11163 판결)

산후조리원의 신생아 집단관리를 맡은 책임자가 신생아가 체중 감소·잦은 설사 등의 이상증세를 보임에도 의사 등의 진찰을 받도록 하지 않고 산모에게 알리고 산모의 지시에 따르는 바람에 신생아가 사망 – 업무상 과실치사죄 ○ (대법원 2007. 11. 16. 선고 2005도1796 판결)

의사인 피고인이 제왕절개수술 시행 중 태반조기박리를 발견하고도 출혈 여부 관찰을 간호사에게 지시하였다가 수술 후 약 45분이 지나 대량출혈을 확인하고 전원 조치하였으나 전원받는 병원에게 피해자의 상태·응급조치의 긴급성을 충분히 설명하지 않음 – 업무상 과실치사죄 ○ (대법원 2010. 4. 29. 선고 2009도7070 판결)

참고 전원받는 의료진의 조치가 다소 미흡하여 도착 후 80분이 지나 수혈이 시작되어 피해자가 사망에 이르렀는데, 피고인에게 업무상 과실·인과관계가 인정되어 업무상 과실치사가 인정되었다.

산부인과 의사가 산모의 태반조기박리에 대한 대응조치로서 응급 제왕절개 수술을 시행하기로 결정함에도 불구하고 미리 혈액을 준비하지 않음 – 업무상 과실치사죄 ○ (대법원 2000. 1. 14. 선고 99도3621 판결)

산부인과 의사가 일반적인 제왕절개 수술에 있어서 미리 혈액을 준비하지 않음 – 업무상 과실치사죄 × (대법원 1997. 4. 8. 선고 96도3082 판결)

판례 야간 당직간호사 甲이 담당 환자의 심근경색 증상을 당직의사 乙에게 제대로 보고하지 않아 당직의사 乙이 필요한 조치를 취하지 못한 채 환자가 사망 – ① 甲 업무상 과실치사죄 ○, ② 乙 업무상 과실치사죄 × (대법원 2007. 9. 20. 선고 2006도294 판결)

판례 간호사 乙이 의사 甲의 처방에 의한 정맥주사를 의사의 입회 없이 간호실습생(간호학과 대학생) 丙에게 실시하도록 하여 의료사고 발생 – ① 의사 甲 – 업무상 과실치사죄× ② 간호사 乙 – 업무상 과실치사죄 ○ ③ 간호실습생 丙 – 업무상 과실치사죄 ○[12] (대법원 2003. 8. 19. 선고 2001도3667 판결) **표준**

판례 한의사인 피고인이 피해자에게 문진하여 과거 봉침을 맞고도 별다른 이상반응이 없었다는 답변을 듣고 알레르기 반응검사를 생략한 채 환부에 봉침시술 – 업무상 과실치상죄 × (대법원 2011. 4. 14. 선고 2010도10104 판결) **표준**

참고 피해자는 과거 알레르기 반응검사·12일 전 봉침시술에서 이상반응이 없었기에 피고인에게 새로이 알레르기 반응검사를 실시할 의무가 인정되지 않는다.

판례 의사인 피고인이 요추 척추후궁절제 수술도중에 수술용 메스가 부러지자 이를 찾기 위한 최선의 노력을 다하였으나, 찾지 못하고 무리하게 제거할 경우의 위험성을 고려하여 부러진 메스 조각을 그대로 둔 채 봉합 – 업무상 과실치상죄 × (대법원 1999. 12. 10. 선고 99도3711 판결)

판례 병원 인턴인 피고인이 익수 환자 甲을 구급차에 태워 다른 병원으로 이송하였는데, 담당의사 乙로부터 앰부 배깅·진정제 투여 업무만을 지시받아 구급차에 비치된 산소통의 산소잔량을 따로 확인하지 아니함 – 업무상 과실치사죄 × (대법원 2011. 9. 8. 선고 2009도13959 판결)

판례 외래담당의사·담당 수련의들의 의료행위에 대하여 대학병원 과장이라는 이유만으로 지시감독의무가 인정되지는 않음 (대법원 1996. 11. 8. 선고 95도2710 판결)

이어서 나머지 판례를 살펴본다.

판례 철판 수백 장의 운반을 의뢰한 피고인이 절단면이 날카롭고 무거운 철판을 묶기에 부적합한 폴리에스터 끈을 사용하여 철판 묶음 작업을 해두었고, 이로 인해 철판을 차에서 내리는 과정에서 철판이 쏟아져 화물차 운전자가 사망 – 업무상 과실치사죄 ○ (대법원 2009. 7. 23. 선고 2009도3219 판결)

판례 포클레인 기사인 피고인이 토사를 덤프트럭에 적재하는 작업을 하면서 포클레인으로 퍼서 올린 토사가 부근의 자전거도로로 떨어지게 하여 자전거를 타고 그곳을 지나던 피해자들이 떨어진 돌에 부딪혀 넘어지게 하여 피해자들에게 상해를 입게 함 – 업무상 과실치상죄 ○

공사현장에서 포클레인을 이용해 땅을 파서 흙을 트럭에 싣는 작업을 하는 경우 적재물이 낙하하여 사

---

12 乙·丙에 대한 결론 부분은 다음 논문을 참고하였다. 한창훈, "의사가 간호사의 진료보조행위에 일일이 입회하여 지도·감독하여야 하는지 여부(소극) 및 입회가 필요한 경우의 판단 기준", 대법원판례해설 제48호, 법원도서관, 2004, 591–624쪽

람이 다치거나 주변 통행에 방해가 되는 등의 사고가 발생할 수 있으므로 포클레인 기사는 낙하사고를 방지하기 위하여 필요한 조치를 취하여야 한다고 판단한 후, 사람의 통행이 빈번한 산책로와 자전거도로 부근에서 적재 작업을 하는 피고인으로서는 작업 중 토사 등 적재물이 덤프트럭 적재함 밖으로 떨어지지 않도록 충분한 주의를 기울이거나 그것이 어려운 경우 작업의 중단 내지 안전펜스 설치나 신호수의 배치요구를 하는 등의 조치를 취하여야 할 업무상 주의의무가 있었다. (대법원 2021. 11. 11. 선고 2021도11547 판결)

판례 분식점 운영자인 피고인이 음식 배달차 식당 출입문을 열고 나가던 중 마침 그 출입문 앞쪽 길가에 서 있던 피해자의 오른발 뒤꿈치를 출입문 모서리 부분으로 충격하여 상해를 입게 함 – 업무상 과실치상죄 × (대법원 2009. 10. 29. 선고 2009도5753 판결)

참고 업무상 과실은 부정되나 (일반) 과실은 인정되므로 과실치상죄는 성립할 것이라고 보았으나, 과실치상죄의 공소시효가 도과하였다는 이유로 면소판결이 선고되었다.

판례 수영장의 경영자인 피고인이 미끄럼틀에 안전요원을 배치하였는데 안전요원이 성인풀 쪽을 지키고 있는 사이 피해자(9세)가 미끄럼틀 손잡이에 입부분을 부딪쳐 상해를 입음 – 업무상 과실치상죄 ×

안전요원이 사고방지조치의무를 제대로 이행하지 않을 것에 대비하여 피고인이 안전조치지시 외에 안전요원의 지시에 따르지 아니하면 미끄럼틀을 이용할 수 없도록 쇠사슬을 설치하거나, 낙하지점 부근에 다른 사람들이 접근하여 오지 않도록 안전시설을 설치하고, 수영장 내에 안전요원을 충분히 배치하여 미끄럼틀 낙하지점에 다른 사람이 접근하지 못하게 하여 충돌을 방지하게 할 구체적이고 직접적인 업무상 주의의무가 있다고 할 수 없다. (대법원 1992. 11. 13. 선고 92도610 판결)

판례 술을 마시고 찜질방에 들어온 甲이 찜질방 직원 몰래 후문으로 나가 술을 더 마시고 들어와 잠을 자다가 사망한 경우, 찜질방 직원 및 영업주의 죄책 – 업무상 과실치사죄 × (대법원 2010. 2. 11. 선고 2009도9807 판결)

판례 교사가 학생의 손바닥을 때리기 위해 회초리를 들어올리다가 옆에서 구경하는 다른 학생의 눈을 찌름 – 업무상 과실치상죄 × (대법원 1985. 7. 9. 선고 84도822 판결)

2. 중과실

중과실이란 주의의무위반의 정도가 현저한 경우, 즉 조금만 주의하였더라면 결과발생을 회피할 수 있었음에도 이를 태만히 한 경우를 말한다. 관련 판례를 살펴본다.

판례 중과실 – 극히 근소한 주의만 다하면 결과발생을 회피할 수 있는 경우

중과실은 행위자가 극히 근소한 주의를 함으로써 결과발생을 인식할 수 있음에도 불구하고 부주의로서 이를 인식하지 못한 경우를 말하는 것이고 경과실과의 구별은 구체적인 경우에 사회통념을 고려하여 결정될 문제이다. (대법원 1960. 3. 9. 선고 4292형상761 판결)

판례 성냥불이 꺼진 것을 확인하지 아니한 채 플라스틱 휴지통에 던져 화재 발생 – 중과실 ○ (대법원 1993. 7. 27. 선고 93도135 판결)

비교 전기에 관한 전문지식이 없는 호텔오락실의 경영자가 호텔의 전기보안담당자에게 통고하지 아니한 채 무자격 전기기술자로 하여금 전기공사를 하게 하여 화재발생 – 중과실 × (대법원 1989. 10. 13. 선고 89도 204 판결)

참고 두 판례 모두 중실화·중과실치사(상)가 동시에 문제되었다.

판례 피고인이 84세 여자 노인과 11세의 여자 아이를 상대로 안수기도 중 그들을 바닥에 눕혀 놓고 기도를 한 후 "마귀야 물러가라", "왜 안 나가느냐"는 등 소리를 치면서 배와 가슴 부분을 세게 때리고 누르는 등의 행위를 여자 노인에게는 약 20분간, 여자아이에게는 약 30분간 반복하여 그들을 사망케 함 – 중과실치사죄 ○ (대법원 1997. 4. 22. 선고 97도538 판결)

판례 경찰관인 피고인들은 또 다른 경찰관 甲·피해자 乙과 술을 먹고 있었는데, 甲과 乙이 총을 번갈 아 자기의 머리에 대고 쏘는 "러시아 룰렛" 게임을 하다가 乙이 자신이 쏜 총에 맞아 사망 – ① 피고인 들 중과실치사죄 × ② 甲 중과실치사죄 ○

경찰관인 피고인들은 동료 경찰관 갑 및 피해자 을과 함께 술을 많이 마셔 취하여 있던 중 갑자기 위 갑이 총을 꺼내 을과 같이 총을 번갈아 자기의 머리에 대고 쏘는 소위 "러시안 룰렛"게임을 하다가 을이 자신이 쏜 총에 맞아 사망한 경우 피고인들은 위 갑과 을이 "러시안 룰렛"게임을 함에 있어 갑과 어떠한 의사의 연락이 있었다거나 어떠한 원인행위를 공동으로 한 바가 없고, 다만 위 게임을 제지하지 못하였을 뿐인데 보통사람의 상식으로서는 함께 수차에 걸쳐서 흥겹게 술을 마시고 놀았던 일행이 갑자 기 자살행위와 다름없는 위 게임을 하리라고는 쉽게 예상할 수 없는 것이고(신뢰의 원칙), 게다가 이 사건 사고는 피고인들이 "장난치지 말라"며 말로 위 갑을 만류하던 중에 순식간에 일어난 사고여서 음 주만취하여 주의능력이 상당히 저하된 상태에 있던 피고인들로서는 미처 물리력으로 이를 제지할 여유 도 없었던 것이므로, 경찰관이라는 신분상의 조건을 고려하더라도 위와 같은 상황에서 피고인들이 이 사건 "러시안 룰렛"게임을 즉시 물리력으로 제지하지 못하였다 한들 그것만으로는 위 갑의 과실과 더불 어 중과실치사죄의 형사상 책임을 지울 만한 위법한 주의의무위반이 있었다고 평가할 수 없다. (대법원 1992. 3. 10. 선고 91도3172 판결) **표준**

참고 위 판례는 동석자 경찰관들에 대해서는 중과실치사·과실치사가 성립하지 않는다는 취지이다. 직접 러 시안 룰렛을 한 경찰관 甲에 대해서는 원심에서 이미 중과실치사죄가 인정되었다.

판례 피고인이 며느리가 음독한 후 신음하고 있음을 발견하고 ① 비눗물 등을 마시게 하여 여러차례 토하게 하고 ② 10km 이상 거리에 있는 의사보단 부락에서 의사로 통하는 매약상을 불러 치료하는 것이 낫다는 생각에 그를 초빙하여 치료케 하였으나 결국 사망 – 중과실치사죄 × (대법원 1969. 7. 22. 선고 69도684 판결)

04 낙태의 죄

낙태의 죄에는 ① 자기낙태죄(제269조 제1항) ② 동의낙태죄(제269조 제2항) ③ 업무상동의낙태죄(제270조 제1항) ④ 부동의낙태죄(제270조 제2항) ⑤ 낙태치사상죄(제269조 제3항·제270조 제3항)가 있다.

헌법재판소는 아래 결정을 통해 ① 자기낙태죄 ③ 업무상동의낙태죄 중 의사에 관한 부분에 대하여 헌법불합치결정을 내렸는데, 입법시한인 2020. 12. 31.까지 법률이 개정되지 않아 위 조항들은 2021. 1. 1.부터 효력을 상실하게 되었다. 이로써 낙태의 죄는 전면적인 폐지·개정을 앞두고 있다. 새로운 입법을 기다리며 이 절은 넘어간다.

판례 자기낙태죄·업무상동의낙태죄(중 의사 부분)에 대한 헌법불합치 결정

자기낙태죄 조항은 입법목적을 달성하기 위하여 필요한 최소한의 정도를 넘어 임신한 여성의 자기결정권을 제한하고 있어 침해의 최소성을 갖추지 못하고 있으며, 법익균형성의 원칙도 위반하였다고 할 것이므로, 과잉금지원칙을 위반하여 임신한 여성의 자기결정권을 침해하는 위헌적인 규정이다. 업무상동의낙태죄와 자기낙태죄는 대향범이므로, 임신한 여성의 자기낙태를 처벌하는 것이 위헌이라고 판단되는 경우에는 동일한 목표를 실현하기 위해 부녀의 촉탁 또는 승낙을 받아 낙태하게 한 의사를 형사처벌하는 의사낙태죄 조항도 당연히 위헌이 되는 관계에 있다. (헌법재판소 2019. 4. 11. 선고 2017헌바127 전원재판부 결정)

판례 업무상동의낙태죄 위반 – 무죄

헌법재판소는 "형법(1995. 12. 29. 법률 제5057호로 개정된 것) 제269조 제1항, 제270조 제1항 중 '의사'에 관한 부분(이하 '이 사건 법률조항'이라고 한다)은 모두 헌법에 합치되지 아니한다. 위 조항들은 2020. 12. 31.을 시한으로 입법자가 개정할 때까지 계속 적용된다."라는 내용의 헌법불합치결정을 선고하였고(헌법재판소 2019. 4. 11. 선고 2017헌바127 결정, 이하 '이 사건 헌법불합치결정'이라고 한다), 국회는 2020. 12. 31.까지 위 법률조항들을 개정하지 않았다.

헌법재판소의 헌법불합치결정은 헌법과 헌법재판소법이 규정하고 있지 않은 변형된 형태이지만 법률조항에 대한 위헌결정에 해당하므로(대법원 2009. 1. 15. 선고 2004도7111 판결 등 참조), 이 사건 법률조항에 관하여 선고된 이 사건 헌법불합치결정은 형벌에 관한 법률조항에 대한 위헌결정이다. 그리고 헌법재판소법 제47조 제3항 본문에 따라 형벌에 관한 법률조항에 대하여 위헌결정이 선고된 경우 그 조항은 소급하여 효력을 상실하므로, 법원은 해당 조항이 적용되어 공소가 제기된 피고사건에 대하여 형사소송법 제325조 전단에 따라 무죄를 선고하여야 한다. (대법원 2021. 2. 25. 선고 2020도12108 판결)

I 유기죄

제271조(유기, 존속유기) ① 나이가 많거나 어림, 질병 그 밖의 사정으로 도움이 필요한 사람을 법률상 또는 계약상 보호할 의무가 있는 자가 유기한 경우에는 3년 이하의 징역 또는 500만원 이하의 벌금에 처한다.

② 자기 또는 배우자의 직계존속에 대하여 제1항의 죄를 지은 경우에는 10년 이하의 징역 또는 1천500만원 이하의 벌금에 처한다.

③ 제1항의 죄를 지어 사람의 생명에 위험을 발생하게 한 경우에는 7년 이하의 징역에 처한다.

④ 제2항의 죄를 지어 사람의 생명에 위험을 발생하게 한 경우에는 2년 이상의 유기징역에 처한다.

例規 제271조 ① 유기 ② 존속유기 ③ 중유기 ④ 중존속유기	미수 ×

🔍 **핵심단어**

• ① 법률상·계약상 보호의무 있는 자 ② 요부조자 ③ 유기
• 주체는 ① 법률상 ② 계약상 보호의무 있는 자 (③ 사회상규, ④ 선행행위, ⑤ 조리는 ×)
• 유기란 ① 보호 없는 상태에 둠으로써 ② 그의 생명·신체에 위험을 가져오는 행위

이하에서는 유기죄를 살펴본다.

1. 주체: 법률상·계약상 보호의무 있는 자

유기죄의 주체는 요부조자를 보호할 법률상·계약상 의무 있는 자이다.

보호의무의 발생근거가 법률·계약에만 한정되는지 문제된다. 즉 사회상규·선행행위·조리에 근거한 보호의무가 인정될 수 있는지 문제된다. 판례는 부진정부작위범의 경우 법률·계약 이외에 선행행위·신의성실의 원칙·사회상규·조리상 작위의무를 인정하지만, 유기죄의 경우 법률·계약상 의무만을 인정한다.

사회상규상의 보호의무·위법한 선행행위에 따른 보호의무가 부정된 판례를 살펴본다.

판례 술에 취한 甲과 乙은 우연히 동행하게 되었는데, 둘 다 도로 위에서 실족하여 2m 아래 개울로 떨어져 5시간 자고 일어나 도로 위로 올라가려 헤매던 중, 乙은 후두부 타박상을 입어서 정상적으로 움직이기 어렵게 되었고, 甲은 혼자 도로 위로 올라왔으나 乙에 대한 구호조치 하지 않아 乙 사망 – 甲 유기죄(보호의무) ×

현행 형법은 법률상 또는 계약상의 의무있는 자만을 유기죄의 주체로 규정하고 있어 명문상 사회상규상

의 보호책임을 관념할 수 없다고 하겠으니 유기죄의 죄책을 인정하려면 보호책임이 있게 된 경위 사정 관계등을 설시하여 구성요건이 요구하는 법률상 또는 계약상보호의무를 밝혀야 하고 설혹 동행자가 구 조를 요하게 되었다 하여도 일정거리를 동행한 사실만으로서는 피고인에게 법률상 계약상의 보호의무 가 있다고 할 수 없으니 유기죄의 주체가 될 수 없다. (대법원 1977. 1. 11. 선고 76도3419 판결)

참고 도덕적으로 비난가능하나 법률상·계약상 의무가 없다. 살인죄의 부진정부작위범으로 기소하였다면 행 위정형의 동가치성이 부정되었을 것이다.

판례 강간치상 범인이 실신상태의 피해자를 방치하고 떠남 – 유기죄(보호의무) ✕ (대법원 1980. 6. 24. 선고 80도726 판결) **표준**

참고 강간치상죄 외에 별도의 유기죄가 성립하지 않는다.

이하 법률상·계약상 보호의무에 관한 판례를 살펴본다.

판례 사실혼 관계에 있는 자를 방치 – 유기죄(보호의무) ○

법률상 보호의무 가운데는 민법 제826조 제1항에 근거한 부부간의 부양의무도 포함되며, 나아가 법률상 부부는 아니지만 사실혼 관계에 있는 경우에도 위 민법 규정의 취지 및 유기죄의 보호법익에 비추어 위와 같은 법률상 보호의무의 존재를 긍정하여야 하지만, 이러한 사실혼에 해당되어 법률혼에 준하는 보호를 받기 위하여는 단순한 동거 또는 간헐적인 정교관계를 맺고 있다는 사정만으로는 부족하고, 그 당사자 사이에 주관적으로 혼인의 의사가 있고 객관적으로도 사회관념상 가족질서적인 면에서 부부공 동생활을 인정할 만한 혼인생활의 실체가 존재하여야 한다. (대법원 2008. 2. 14. 선고 2007도3952 판 결) **표준**

참고 필로폰 치사량을 복용한 자를 구호하지 않아 유기치사로 기소되었는데 ① 동거·내연관계에 불과하여 사실혼 관계 아니라는 점 ② 치사량 복용 상황을 인식하였다고 보기 부족하다는 점에서 무죄가 되었다(위 판례 제목은 법리를 요약한 것이다).

판례 주점 운영자인 피고인이 손님으로 와서 수일 동안 식사는 한 끼도 하지 않고 술만 마시는 피해자 를 주점에 그대로 방치하여 저체온증 등으로 사망 – 유기치사죄(보호의무) ○

'계약상 의무'는 간호사나 보모와 같이 계약에 기한 주된 급부의무가 부조를 제공하는 것인 경우에 반드 시 한정되지 아니하며, 계약의 해석상 계약관계의 목적이 달성될 수 있도록 상대방의 신체 또는 생명에 대하여 주의와 배려를 한다는 부수적 의무의 한 내용으로 상대방을 부조하여야 하는 경우를 배제하는 것은 아니라고 할 것이다.

피해자가 피고인의 지배 아래 있는 주점에서 3일 동안 과도하게 술을 마시고 추운 날씨에 난방이 제대 로 되지 아니한 주점 내 소파에서 잠을 자면서 정신을 잃은 상태에 있었다면, 피고인은 주점의 운영자로 서 피해자의 생명 또는 신체에 대한 위해가 발생하지 아니하도록 피해자를 주점 내실로 옮기거나 인근 에 있는 여관에 데려다 주어 쉬게 하거나 피해자의 지인 또는 경찰에 연락하는 등 필요한 조치를 강구하 여야 할 계약상의 부조의무를 부담한다고 판단하여 유기치사죄를 인정한 원심판결을 수긍한 사례. (대 법원 2011. 11. 24. 선고 2011도12302 판결) **표준**

경찰관인 피고인으로서는 술에 만취된 피해자가 향토예비군 4명에게 떼메어 운반되어 지서 나무의자 위에 눕혀 놓았을 때 숨이 가쁘게 쿨쿨 내뿜고 자신의 수족과 의사도 자제할 수 없는 상태에 있음에도 불구하고 근 3시간 동안이나 아무런 구호조치를 취하지 아니한 것은 유기죄에 대한 범의를 인정할 수 있다. (대법원 1972. 6. 27. 선고 72도863 판결)

참고 경찰관직무집행법(제1조 목적, 제4조 보호조치)을 근거로 법률상 보호의무를 인정하였다.

2. 객체: 요부조자

유기죄의 객체인 요부조자란 나이가 많거나 어림, 질병 그 밖의 사정으로 도움이 필요한 사람을 말한다.

3. 행위: 유기

유기란 요부조자를 보호 없는 상태에 둠으로써 그의 생명·신체에 위험을 가져오는 행위를 말한다.

판례 11세 환자에게 수혈이 필요함에도 생모가 종교적 이유로 수혈거부 – 유기치사죄 ○

생모가 사망의 위험이 예견되는 그 딸에 대하여는 수혈이 최선의 치료방법이라는 의사의 권유를 자신의 종교적 신념이나 후유증 발생의 염려만을 이유로 완강하게 거부하고 방해하였다면 이는 결과적으로 요부조자를 위험한 장소에 두고 떠난 경우나 다름이 없다고 할 것이고 그때 사리를 변식할 지능이 없다고 보아야 마땅한 11세 남짓의 환자본인 역시 수혈을 거부하였다고 하더라도 생모의 수혈거부 행위가 위법한 점에 영향을 미치는 것이 아니다. (대법원 1980. 9. 24. 선고 79도1387 판결)

비교 의사가 수혈거부 환자의 자기결정권에 따라 비수혈 수술하다 사망 – 업무상 과실치사죄 ✕

환자의 명시적인 수혈 거부 의사가 존재하여 수혈하지 아니함을 전제로 환자의 승낙(동의)을 받아 수술하였는데 수술 과정에서 수혈을 하지 않으면 생명에 위험이 발생할 수 있는 응급상태에 이른 경우에, 환자의 생명을 보존하기 위해 불가피한 수혈 방법의 선택을 고려함이 원칙이라 할 수 있지만, 한편으로 환자의 생명 보호에 못지않게 환자의 자기결정권을 존중하여야 할 의무가 대등한 가치를 가지는 것으로 평가되는 때에는 이를 고려하여 진료행위를 하여야 한다. … (중략) … 따라서 피고인이 자신의 직업적 양심에 따라 망인의 자기결정권을 존중하여 망인에게 타가수혈하지 아니하고 이 사건 인공고관절 수술을 시행한 행위에 대하여 업무상 과실치사에 관한 범죄의 증명이 없는 경우에 해당한다. (대법원 2014. 6. 26. 선고 2009도14407 판결)

해설 수혈거부 행위에 대한 형사처벌이 문제된다. 위 판례처럼 환자가 요부조자인 경우 보호자를 유기치사로 의율할 수 있다. 그러나 비교판례처럼 환자가 요부조자가 아닌 경우, 보호자를 유기치사로 의율할 수 없고, 의사 또한 과실치사로 의율하기 어렵다.

4. 고의

> **판례** 甲은 호텔 7층 객실에서 乙에게 성관계를 요구하였고, 乙은 甲 모르게 뛰어내려 생명에 위험이 발생하였는데, 甲은 이 사실을 모르고 호텔을 나옴 – 유기죄(고의) ×
>
> 유기죄에 있어서는 행위자가 요부조자에 대한 보호책임의 발행원인이 된 사실이 존재한다는 것을 인식하고 이에 기한 부조의무를 해태한다는 의식이 있음을 요한다. (대법원 1988. 8. 9. 선고 86도225 판결)

Ⅱ 영아유기죄

> **제272조(영아유기)** 직계존속이 치욕을 은폐하기 위하거나 양육할 수 없음을 예상하거나 특히 참작할 만한 동기로 인하여 영아를 유기한 때에는 2년 이하의 징역 또는 300만원 이하의 벌금에 처한다.

例規 제272조 영아유기	미수 ×

> **🔍 핵심단어**
> • ① 직계존속 ② 치욕은폐·양육불가·참작동기 ③ 영아 ④ 유기

영아유기죄는 2023. 8. 8. 형법 개정에 따라 폐지되었다. 2024. 2. 9. 시행된다.

Ⅲ 학대죄

> **제273조(학대, 존속학대)** ① 자기의 보호 또는 감독을 받는 사람을 학대한 자는 2년 이하의 징역 또는 500만원 이하의 벌금에 처한다.
> ② 자기 또는 배우자의 직계존속에 대하여 전항의 죄를 범한 때에는 5년 이하의 징역 또는 700만원 이하의 벌금에 처한다.

例規 제273조 ① 학대 ② 존속학대	미수 ×

> **🔍 핵심단어**
> • ① 보호·감독자 ② 피보호·감독자 ③ 학대
> • 학대란 육체적·정신적인 고통을 가하는 가혹한 대우

보호·감독자가 피보호·감독자를 학대함으로써 성립한다. 학대란 육체적·정신적인 고통을 가하

는 가혹한 대우를 의미한다.

> **[판례]** 학대란 ① 육체적 고통 ② 정신적 차별로서 ③ 유기에 준할 정도의 행위
>
> 형법 제273조 제1항에서 말하는 '학대'라 함은 육체적으로 고통을 주거나 정신적으로 차별대우를 하는 행위를 가리키고, 이러한 학대행위는 형법의 규정체제상 학대와 유기의 죄가 같은 장에 위치하고 있는 점 등에 비추어 단순히 상대방의 인격에 대한 반인륜적 침해만으로는 부족하고 적어도 유기에 준할 정도에 이르러야 한다. (대법원 2000. 4. 25. 선고 2000도223 판결) **표준**
>
> **해설** 이 사건은 피고인이 자신의 딸과 8년 동안 매년 4회~8회 성관계를 지속한 사건이다. 대법원은 "피고인이 피해자와 성관계를 가진 행위를 가리켜 위와 같은 의미의 학대행위에 해당한다고 보기는 어렵다"고 보아 학대죄를 무죄라 본 원심에 동의하였다. 다만 원심은 미성년자의제강간치상죄 부분을 유죄로 인정하였고 대법원도 동의하였다.
>
> **[판례]** 학대죄 – 상태범 · 즉시범
>
> 학대죄는 자기의 보호 또는 감독을 받는 사람에게 육체적으로 고통을 주거나 정신적으로 차별대우를 하는 행위가 있음과 동시에 범죄가 완성되는 상태범 또는 즉시범이라 할 것이고 비록 수십회에 걸쳐서 계속되는 일련의 폭행행위가 있었다 하더라도 그중 친권자로서의 징계권의 범위에 속하여 위 위법성이 조각되는 부분이 있다면 그 부분을 따로 떼어 무죄의 판결을 할 수 있다. (대법원 1986. 7. 8. 선고 84도2922 판결) **표준**

Ⅳ 아동혹사죄

> **제274조(아동혹사)** 자기의 보호 또는 감독을 받는 16세 미만의 자를 그 생명 또는 신체에 위험한 업무에 사용할 영업자 또는 그 종업자에게 인도한 자는 5년 이하의 징역에 처한다. 그 인도를 받은 자도 같다.

例規 제274조 아동혹사	미수 ×

> 🔍 **핵심단어**
>
> • ① 16세 미만의 자 보호 · 감독자 ② 생명 · 신체에 위험 업무 ③ 영업자 등에게 ④ 인도

V 유기치사상죄

제275조(유기등 치사상) ① 제271조 또는 제273조의 죄를 범하여 사람을 상해에 이르게 한 때에는 7년 이하의 징역에 처한다. 사망에 이르게 한 때에는 3년 이상의 유기징역에 처한다.

② 자기 또는 배우자의 직계존속에 대하여 제271조 또는 제273조의 죄를 범하여 상해에 이르게 한 때에는 3년 이상의 유기징역에 처한다. 사망에 이르게 한 때에는 무기 또는 5년이상의 징역에 처한다.

例規 제275조 ① (제271조제1항, 제3항, 제272조, 제273조제1항 각 죄명)(치상, 치사) ② (제271조제2항, 제4항, 제273조제2항 각 죄명)(치상, 치사)	미수 ×

🔍 **핵심단어**
• ① 유기죄·학대죄 등 ② 상해·사망에 이르게 함

관련 판례를 살펴본다.

판례 피해자가 청산가리를 음독하여 기절한 것을 발견하였음에도 아무런 조치 취하지 아니함 – 유기치사죄(인과관계) ×

치사량의 청산가리를 음독했을 경우 미처 인체에 흡수되기 전에 지체없이 병원에서 위 세척을 하는 등 응급 치료를 받으면 혹 소생할 가능은 있을지 모르나 이미 이것이 혈관에 흡수되어 피고인이 피해자를 변소에서 발견했을 때의 피해자의 증상처럼 환자의 안색이 변하고 의식을 잃었을 때는 우리의 의학기술과 의료시설로서는 그 치료가 불가능하여 결국 사망하게 되는 것이고 또 일반적으로 병원에서 음독환자에게 위세척 호흡촉진제 강심제주사 등으로 응급가료를 하나 이것이 청산가리 음독인 경우에는 아무런 도움도 되지 못하는 것이므로 피고인의 유기행위와 피해자의 사망간에는 상당인과 관계가 없다 할 것이다. (대법원 1967. 10. 31. 선고 67도1151 판결) **표준**

자유에 대한 죄

01 협박의 죄

I 협박죄

제283조(협박, 존속협박) ① 사람을 협박한 자는 3년 이하의 징역, 500만원 이하의 벌금, 구류 또는 과료에 처한다.

② 자기 또는 배우자의 직계존속에 대하여 제1항의 죄를 범한 때에는 5년 이하의 징역 또는 700만원 이하의 벌금에 처한다.

③ 제1항 및 제2항의 죄는 피해자의 명시한 의사에 반하여 공소를 제기할 수 없다

例規 제283조 ① 협박 ② 존속협박	미수 ○

🔍 **핵심단어**

- ① 사람(직계존속) ② 협박
- 협박이란 ① 사람에게 ② 공포심을 일으킬 정도의 ③ 해악 고지
- 제3자를 통한 해악은 ① 제3자 행위 지배하는 것처럼 언동 ② 이와 같이 인식된 경우
- 기수는 ① 해악을 고지함으로써 상대방이 그 의미를 인식 ○ ② 공포심 발생 ×
- 고의는 ① 공포심 해악 고지 ○ ② 해악 실현 의도 × ③ 단순한 감정적 욕설 ×

2인 이상이 공동하여 협박한 경우, 폭력행위 등 처벌에 관한 법률이 적용된다.[13]

---

13 **폭력행위 등 처벌에 관한 법률 제2조(폭행 등)** ② 2명 이상이 공동하여 다음 각 호의 죄를 범한 사람은 「형법」 각 해당 조항에서 정한 형의 2분의 1까지 가중한다. 1. 「형법」 제260조제1항(폭행), 제283조제1항(협박), 제319조(주거침입, 퇴거불응) 또는 제366조(재물손괴 등)의 죄 2. 「형법」 제260조제2항(존속폭행), 제276조제1항(체포, 감금), 제283조제2항(존속협박) 또는 제324조제1항(강요)의 죄 3. 「형법」 제257조제1항(상해)·제2항(존속상해), 제276조제2항(존속체포, 존속감금) 또는 제350조(공갈)의 죄

1. 객체: 사람

사람을 협박함으로써 성립된다. '법인'을 협박한 경우 협박죄가 성립하지 않는다. 그러나 법인과 밀접한 사람에게 해악을 고지한 경우, 그 사람에 대한 협박죄가 성립할 수 있다.

> **판례** 협박죄 객체 – 사람 ○, 법인 ✕
>
> 협박죄는 사람의 의사결정의 자유를 보호법익으로 하는 범죄로서 형법규정의 체계상 개인적 법익, 특히 사람의 자유에 대한 죄 중 하나로 구성되어 있는바, 위와 같은 협박죄의 보호법익, 형법규정상 체계, 협박의 행위 개념 등에 비추어 볼 때, 협박죄는 자연인만을 그 대상으로 예정하고 있을 뿐 법인은 협박죄의 객체가 될 수 없다. (대법원 2010. 7. 15. 선고 2010도1017 판결) **표준**
>
> **참고** 법인이 협박죄의 객체가 될 수 없다는 법리는 실무상 큰 의미가 없다. 이 사건에서도 검사는 '법인'을 피해자로 보아 기소한 게 아니라, 법인과 밀접한 '사람'을 피해자로 보아 기소하였고 협박죄가 인정되었다. 위 법리 역시 방론으로 제시된 것이다.

2. 행위: 협박

가. 협박의 개념

협박이란 일반적으로 보아 사람으로 하여금 공포심을 일으킬 정도의 해악을 고지하는 것을 말한다. 해악의 내용은 상대방에 대한 것 또는 상대방과 밀접한 관계가 있는 제3자(법인 포함)에 대한 것이어야 한다.

> **판례** 협박 – ① 사람에게 ② 공포심을 일으킬 정도의 ③ 해악 고지
>
> 협박이란 일반적으로 보아 사람으로 하여금 공포심을 일으킬 정도의 해악을 고지하는 것을 의미하며, 그 고지되는 해악의 내용, 즉 침해하겠다는 법익의 종류나 법익의 향유 주체 등에는 아무런 제한이 없다. 따라서 피해자 본인이나 그 친족뿐만 아니라 그 밖의 '제3자'에 대한 법익 침해를 내용으로 하는 해악을 고지하는 것이라고 하더라도 피해자 본인과 제3자가 밀접한 관계에 있어 그 해악의 내용이 피해자 본인에게 공포심을 일으킬 만한 정도의 것이라면 협박죄가 성립할 수 있다. 이 때 '제3자'에는 자연인 뿐만 아니라 법인도 포함된다 할 것인데, 피해자 본인에게 법인에 대한 법익을 침해하겠다는 내용의 해악을 고지한 것이 피해자 본인에 대하여 공포심을 일으킬 만한 정도가 되는지 여부는 고지된 해악의 구체적 내용 및 그 표현방법, 피해자와 법인의 관계, 법인 내에서의 피해자의 지위와 역할, 해악의 고지에 이르게 된 경위, 당시 법인의 활동 및 경제적 상황 등 여러 사정을 종합하여 판단하여야 한다. (대법원 2010. 7. 15. 선고 2010도1017 판결) **표준**
>
> **판례** A社 지사장인 피고인이 자신의 횡령행위에 대한 책임을 모면하기 위하여 본사에 '회사의 내부비리 등을 관계 기관에 고발하겠다'는 취지의 서면을 보내고 A社 임원에게 전화를 걸어 위 같은 취지로

발언 – 협박죄 ○ (대법원 2010. 7. 15. 선고 2010도1017 판결) **표준**

비교 피고인이 경찰서에 전화를 걸어 경찰관에게 '관할구역 내에 있는 甲 정당의 당사를 폭파하겠다'고 말함 – 협박죄 ×

피고인은 甲 정당에 관한 해악을 고지한 것이므로 각 경찰관 개인에 관한 해악을 고지하였다고 할 수 없고, 다른 특별한 사정이 없는 한 일반적으로 甲 정당에 대한 해악의 고지가 각 경찰관 개인에게 공포심을 일으킬 만큼 서로 밀접한 관계에 있다고 보기 어렵다. (대법원 2012. 8. 17. 선고 2011도10451 판결)

판례 공군 중사가 상관인 피해자에게 그의 비위 등을 기록한 내용을 제시하며 자신에게 폭언한 사실을 인정 않으면 상부기관에 제출하겠다고 말함 – 협박죄 ○ (대법원 2008. 12. 11. 선고 2008도8922 판결)

참고 군형법상 상관협박죄가 성립한다.

판례 피고인이 동거남과 과거 성관계를 가진 피해자에게 "사람을 사서 쥐도 새도 모르게 파묻어버리겠다. 너까지 것 쉽게 죽일 수 있다."라고 함 – 협박죄 ×

행위자의 언동이 단순한 감정적인 욕설 내지 일시적 분노의 표시에 불과하여 주위사정에 비추어 가해의 의사가 없음이 객관적으로 명백한 때에는 협박행위 내지 협박의 의사를 인정할 수 없다. (대법원 2006. 8. 25. 선고 2006도546 판결)

동지 피해자와 언쟁 중 '입을 찢어 버릴라'라고 함 – 협박죄 × (대법원 1986. 7. 22. 선고 86도1140 판결)

나. 해악고지의 방법

해악고지의 방법에는 제한이 없다. 언어·문서·거동, 명시적·묵시적을 불문한다.

판례 가위로 목을 찌를 듯이 겨눔 – 협박죄 ○

협박죄에 있어서의 해악을 가할 것을 고지하는 행위는 통상 언어에 의하는 것이나 경우에 따라서는 한 마디 말도 없이 거동에 의하여서도 고지할 수 있는 것이다. (대법원 1975. 10. 7. 선고 74도2727 판결)

판례 피고인이 피해자와 술을 마시던 중 화가 나 횟집 주방에 있던 회칼 2자루를 들고 나와 죽어버리겠다며 자해하려고 함 – 협박죄 ○

피고인의 행위는 단순한 자해행위 시늉에 불과한 것이 아니라 피고인의 요구에 응하지 않으면 피해자에게 어떠한 해악을 가할 듯한 위세를 보인 행위로서 협박에 해당한다고도 볼 수 있다. (대법원 2011. 1. 27. 선고 2010도14316 판결)

비교 경찰관의 임의동행을 요구 받은 피고인이 자기집 안방으로 피하여 문을 잠근 후 면도칼로 앞가슴 등을 그어 피를 보이면서 죽어버리겠다한 경우 – 특수공무집행방해죄(폭행·협박) × (대법원 1976. 3. 9. 선고 75도3779 판결)

해악은 행위자가 직접 고지해도 되고 제3자를 통해서 간접적으로 고지해도 된다.

> (판례) 제3자를 통한 해악 – ① 제3자의 행위를 지배하는 것처럼 언동 ② 제3자의 행위를 지배하는 것처럼 인식된 경우
>
> 협박의 경우 행위자가 직접 해악을 가하겠다고 고지하는 것은 물론, 제3자로 하여금 해악을 가하도록 하겠다는 방식으로도 해악의 고지는 얼마든지 가능하지만, 이 경우 ① 고지자가 제3자의 행위를 사실상 지배하거나 제3자에게 영향을 미칠 수 있는 지위에 있는 것으로 믿게 하는 명시적·묵시적 언동을 하였거나 ② 제3자의 행위가 고지자의 의사에 의하여 좌우될 수 있는 것으로 상대방이 인식한 경우에 한하여 비로소 고지자가 직접 해악을 가하겠다고 고지한 것과 마찬가지의 행위로 평가할 수 있고, 만약 고지자가 위와 같은 명시적·묵시적 언동을 하거나 상대방이 위와 같이 인식을 한 적이 없다면 비록 상대방이 현실적으로 외포심을 느꼈다고 하더라도 이러한 고지자의 행위가 협박죄를 구성한다고 볼 수는 없다. (대법원 2006. 12. 8. 선고 2006도6155 판결)
>
> **해설** 대법원 판결에는 사실관계가 기재되어 있지 않아 원심에 드러난 사실관계를 정리한다. 피고인은 ① 112에 전화를 하여 경찰관에게 '내 휴대폰으로 대전역을 폭파시키겠다는 문자메시지를 받았는데 발신자 전화번호는 A이므로 알아봐 달라'고 말하고 ② 동대구지하철역에 전화를 하여 역무원에게 '내 휴대폰으로 문자메시지가 왔는데 A번을 가진 사람이 지하철을 폭파하겠다는 내용이다. 알아서 해라'고 말함. 검사는 피해자를 '대전광역시 도시철도공사 관리자'로 보아 기소하였으나 위와 같은 법리에 따라 무죄가 선고되었다.[14]
>
> (판례) 甲이 ① 피해자 丙의 장모 乙에게 서류를 보이면서 "요구를 들어주지 않으면 서류를 세무서로 보내 피해자 丙을 망하게 하겠다."라고 말하여 乙로 하여금 丙에게 위와 같은 사실을 전하게 하고, ② 다음 날 丙의 처에게 전화하여 "며칠 있으면 국세청에서 조사가 나올 것이니 그렇게 아시오."라고 말함 – 협박죄 ○ (대법원 2007. 6. 1. 선고 2006도1125 판결)

다. 기수·미수

협박죄의 기수시기에 대하여 견해의 대립이 있다. ① **침해범설**은 해악의 고지에 의하여 상대방이 현실적인 공포심이 발생하면 기수이고, 그렇지 않으면 미수라 주장한다. 협박죄의 미수처벌규정이 존재한다는 점이 논거이다. ② **위험범설**은 해악의 고지가 있고 상대방이 의미를 인식한 이상 기수라 주장한다. **판례**는 ② **위험범설**을 따른다.

> (판례) 협박죄의 기수 – 해악을 고지함으로써 상대방이 그 의미를 인식 ○ (공포심 발생 ×)
> 협박죄가 성립하려면 고지된 해악의 내용이 … (중략) … 일반적으로 사람으로 하여금 공포심을 일으키

---

14 이와 같이 대법원 판결에는 '법리'만 제시되어 있는 경우, 원심에서 사실관계를 찾아 메모해두면 유용하다. 위 문제가 사례형이나 기록형으로 출제된다면 법리를 알고도 사실관계를 몰라 쟁점을 파악하기 어려울 수 있다.

게 하기에 충분한 것이어야 하지만, 상대방이 그에 의하여 현실적으로 공포심을 일으킬 것까지 요구하는 것은 아니며, 그와 같은 정도의 해악을 고지함으로써 상대방이 그 의미를 인식한 이상, 상대방이 현실적으로 공포심을 일으켰는지 여부와 관계없이 그로써 구성요건은 충족되어 협박죄의 기수에 이르는 것으로 해석하여야 한다.

결국, 협박죄는 사람의 의사결정의 자유를 보호법익으로 하는 위험범이라 봄이 상당하고, 협박죄의 미수범 처벌조항은 ① 해악의 고지가 현실적으로 상대방에게 도달하지 아니한 경우나, ② 도달은 하였으나 상대방이 이를 지각하지 못하였거나 고지된 해악의 의미를 인식하지 못한 경우 등에 적용될 뿐이다. (대법원 2007. 9. 28. 선고 2007도606 전원합의체 판결) **표준**

참고 정보보안과 소속 경찰관이 지위를 내세우면서 타인의 민사분쟁에 개입하여 '빨리 채무를 변제하지 않으면 상부에 보고하여 문제를 삼겠다'고 말하였는데, 상대방이 전혀 공포심을 느끼지 않은 사건이다. 객관적으로 보면 공포심을 일으킬만한 해악의 고지이므로 협박죄 기수가 인정되었다.

3. 기타

가. 고의

해악을 고지한다는 인식·의사만 있으면 족하며 해악을 실현할 의사는 요하지 않는다.

판례 고의 – ① 해악 고지의 고의로 충분 ② 해악 실현할 의도까지 불요 ③ 단순한 감정적·일시적 욕설 등은 부족

협박죄에 있어서의 고의는 ① 행위자가 그러한 정도의 해악을 고지한다는 것을 인식, 인용하는 것을 그 내용으로 하고 ② 고지한 해악을 실제로 실현할 의도나 욕구는 필요로 하지 아니하고, 다만 ③ 행위자의 언동이 단순한 감정적인 욕설 내지 일시적 분노의 표시에 불과하여 주위사정에 비추어 가해의 의사가 없음이 객관적으로 명백한 때에는 협박행위 내지 협박의 의사를 인정할 수 없으나 위와 같은 의미의 협박행위 내지 협박의사가 있었는지의 여부는 행위의 외형뿐만 아니라 그러한 행위에 이르게 된 경위, 피해자와의 관계 등 주위상황을 종합적으로 고려하여 판단해야 할 것이다. (대법원 1991. 5. 10. 선고 90도2102 판결)

해설 정도가 강한 순으로 나열하면 ② 〉 ① 〉 ③이다. 위 판례는 협박의 고의에 대하여 ③으로는 부족하고, ①이 되어야 인정되고, ②까지는 불필요하다는 의미이다.

판례 甲이 누나 乙의 집에서 온 몸에 연소성이 높은 고무놀을 바르고 라이타 불을 켜는 동작을 하면서 이를 말리려는 乙 등에게 가위, 송곳을 휘두르면서 "방에 불을 지르겠다" "가족 전부를 죽여버리겠다"고 소리쳤고 乙이 甲의 행위를 약 1시간 가량 말렸으나 듣지 아니하여 무섭고 두려워서 신고함 – 협박죄(고의) ○

피고인의 행위는 ① 피해자 등에게 공포심을 일으키기에 충분할 정도의 해악을 고지한 것이고, 나아가 ② 피고인에게 실제로 피해자 등의 신체에 위해를 가할 의사나 불을 놓을 의사가 없었다고 할지라도 ① 위와 같은 해악을 고지한다는 점에 대한 인식, 인용은 있었다고 봄이 상당하고, 피해자가 그 이상의 행동에 이르지 못하도록 막은 바 있다 해도 ③ 피고인의 행위가 단순한 감정적 언동에 불과하거나 가해

의 의사가 없음이 객관적으로 명백한 경우에 해당한다고는 볼 수 없다. (대법원 1991. 5. 10. 선고 90도 2102 판결)

참고 ②에는 미치지 못하나 ①은 인정되고 ③에 그친다고 볼 수는 없다는 것이다.

나. 위법성

정당한 권리행사의 수단으로 협박한 경우 위법성이 조각되는지 문제된다. 판례는 사회상규에 반하는지 여부를 종합적으로 고려해서 판단한다.

판례 권리행사·직무집행의 일환으로 해악고지 – 사회상규 반하는지에 따라 협박죄 결정

권리행사나 직무집행의 일환으로 상대방에게 일정한 해악을 고지한 경우, 그 해악의 고지가 정당한 권리행사나 직무집행으로서 사회상규에 반하지 아니하는 때에는 협박죄가 성립하지 아니하나, 외관상 권리행사나 직무집행으로 보이더라도 실질적으로 권리나 직무권한의 남용이 되어 사회상규에 반하는 때에는 협박죄가 성립한다고 보아야 할 것인바, 구체적으로는 그 해악의 고지가 정당한 목적을 위한 상당한 수단이라고 볼 수 있으면 위법성이 조각되지만, 위와 같은 관련성이 인정되지 아니하는 경우에는 그 위법성이 조각되지 아니한다. (대법원 2007. 9. 28. 선고 2007도606 전원합의체 판결) **표준**

판례 정보보안과 소속 경찰관이 지위를 내세우면서 타인의 민사분쟁에 개입하여 '빨리 채무를 변제하지 않으면 상부에 보고하여 문제를 삼겠다'고 말함 – 협박죄(위법성) ○

상대방이 채무를 변제하고 피해 변상을 하는지 여부에 따라 직무집행 여부를 결정하겠다는 취지이더라도 정당한 직무집행이라거나 목적 달성을 위한 상당한 수단으로 인정할 수 없어 정당행위에 해당하지 않는다. (대법원 2007. 9. 28. 선고 2007도606 전원합의체 판결) **표준**

판례 피고인 등이 A社 대표이사 甲에게 A社의 이중계약체결·비자금조성의혹을 제기하면서 민사소송·형사고발·세무서 등 관계기관 및 언론사에 제보하겠다는 취지의 통지문 보냄 – 협박죄(위법성) ○ (대법원 2012. 5. 24. 선고 2011도5910 판결)

판례 사채업자인 피고인이 채무자 甲에게, 채무를 변제하지 않으면 과거 행적·사채를 쓴 사실 등을 남편과 시댁에 알리겠다는 등의 문자메시지 발송 – 협박죄(위법성) ○ (대법원 2011. 5. 26. 선고 2011도2412 판결)

판례 임금체불, 사무실 임대료 연체 등 경영악화되자 직접적 이해당사자이자 직원인 피고인들이 대표이사 겸 최대주주인 피해자를 만나 '사임제안서'를 전달하였는데, 그 요지는 ① 피해자가 대표이사 사임 및 주식 중 10%를 제외한 나머지를 포기하면 체불 임금·퇴직금 등에 관한 법적 책임을 전부 면제시켜 주되, ② 이를 거부하면 임금체불을 신고하고, 주요 투자자에게 고지하여 법적 분쟁을 겪게 하겠다는 것임 – 협박죄(위법성) × (대법원 2022. 12. 15. 선고 2022도9187 판결)

기타 위법성 조각사유 관련 판례를 살펴본다.

> **판례** 친권자가 스스로의 감정을 이기지 못하고 子에게 야구방망이로 때릴 듯이 "죽여 버린다."고 말함 – 협박죄(위법성) ○
>
> 친권자는 자를 보호하고 교양할 권리의무가 있고(민법 제913조) 그 자를 보호 또는 교양하기 위하여 필요한 징계를 할 수 있기는 하지만(민법 제915조) 인격의 건전한 육성을 위하여 필요한 범위 안에서 상당한 방법으로 행사되어야만 할 것인데, 스스로의 감정을 이기지 못하고 야구방망이로 때릴 듯이 피해자에게 "죽여 버린다."고 말하여 협박하는 것은 그 자체로 피해자의 인격 성장에 장해를 가져올 우려가 커서 이를 교양권의 행사라고 보기도 어렵다. (대법원 2002. 2. 8. 선고 2001도6468 판결)

> **판례** 甲이 먼 친척인 乙(13세, 女)이 수박서리를 하는 것으로 오해하고 "앞으로 수박이 없어지면 네 책임으로 한다"고 말함 (이후 乙은 음독자살) – 협박죄(위법성) ×
>
> "앞으로 수박이 없어지면 네 책임으로 한다"고 말하였다고 하더라도 그것만으로는 구체적으로 어떠한 법익에 어떠한 해악을 가하겠다는 것인지를 알 수 없어 이를 해악의 고지라고 보기 어렵고, 가사 위와 같이 말한 것이 다소간의 해악의 고지에 해당한다고 가정하더라도, 피고인이 전에도 여러 차례 수박을 절취당하여 그 범인을 붙잡기 위해 수박밭을 지키고 있던 중 마침 같은 마을에 거주하며 피고인과 먼 친척간이기도 한 피해자가 피고인의 수박밭에 들어와 두리번거리는 것을 발견하자 피해자가 수박을 훔치려던 것으로 믿은 나머지 피해자를 훈계하려고 위와 같이 말하였으며 그 과정에서 폭행을 가하거나 달리 유형력을 행사한 바는 없었다면, 가사 피고인이 위와 같이 말한 것으로 인하여 피해자가 어떤 공포심을 느꼈다고 하더라도 피고인이 위와 같은 말을 하게 된 경위, 피고인과 피해자의 나이 및 신분관계 등에 비추어 볼 때 이는 정당한 훈계의 범위를 벗어나는 것이 아니어서 사회상규에 위배되지 아니하므로 위법성이 없다. (대법원 1995. 9. 29. 선고 94도2187 판결)

다. 죄수 등

타죄와의 관계를 살펴본다.

> **판례** 피고인이 흉기로 찔러 죽인다고 한 후, 다시 주먹과 발로 수 회 구타하여 상해를 가함 – ① 협박죄 ○ ② 상해죄 ○ (실체적 경합)
>
> 같은 무렵에 같은 장소에서 저질러진 것이라 하더라도 위 두 행위는 별개 독립의 행위로서 실체적 경합범의 관계에 있다. (대법원 1982. 6. 8. 선고 82도486 판결)

> **비교** 피고인이 소주병으로 피해자 머리를 1회 쳐서 상해를 가하고 이어서 가위를 들어 피해자를 찔러 죽인다고 협박함 – 1개의 상해죄
>
> 피고인의 협박사실행위는 상해의 단일범의 하에서 이루어진 하나의 폭언에 불과하여 위 상해죄에 포함되는 행위이다. (대법원 1976. 12. 14. 선고 76도3375 판결)

> **판례** 피고인이 슈퍼마켓사무실에서 식칼을 들고 피해자를 협박하고, 식칼을 들고 매장을 돌아다니며 손
> 님을 내쫓음 – ① 협박죄 ○ ② 업무방해죄 ○ (실체적 경합) (대법원 1991. 1. 29. 선고 90도2445 판결)

라. 소추조건

협박죄·존속협박죄는 피해자의 명시한 의사에 반하여 공소를 제기할 수 없다. 그러나 폭력행위
등 처벌에 관한 법률의 적용을 받는 공동협박의 경우 반의사불벌죄가 아니다.[15]

Ⅱ 특수협박죄

제284조(특수협박) 단체 또는 다중의 위력을 보이거나 위험한 물건을 휴대하여 전조제1항, 제2항의 죄를 범한 때에는 7년 이하의 징역 또는 1천만원 이하의 벌금에 처한다.	
例規 제284조 특수(제283조 각 죄명)	미수 ○

🔍 **핵심단어**

- ① 단체·다중의 위력 ② 협박죄
- ① 위험한 물건 ② 휴대 ③ 협박죄
- 위험한 물건이란 ① 상대방·제3자 ② 생명·신체에 ③ 위험을 느낄 수 있는 물건
- 휴대란 ① 현장에서 사용할 의도로 몸 가까이 소지 ② 범행에 널리 이용

기본적인 법리는 앞서 살펴본 특수폭행죄와 같다. 특수협박죄는 협박죄와 달리 반의사불벌죄가
아니다.

> **판례** 실탄이 장전되지 아니한 공기총을 겨누어 협박 – 특수협박죄 ○
> 피고인이 공기총에 실탄을 장전하지 아니하였다고 하더라도 범행 현장에서 공기총과 함께 실탄을 소지
> 하고 있었고 피고인으로서는 언제든지 실탄을 장전하여 발사할 수도 있으므로 공기총이 '위험한 물건'에
> 해당한다. (대법원 2002. 11. 26. 선고 2002도4586 판결)

> **판례** 피고인이 청산염 2g 정도를 협박편지에 동봉 우송하여 피해자에 도달 – 특수협박죄 ×
> 폭력행위등 처벌에 관한 법률 제3조 제1항에서 말하는 위험한 물건의 "휴대"라고 함은 범행 현장에서

---

15 **폭력행위 등 처벌에 관한 법률 제2조(폭행 등)** ④ 제2항과 제3항의 경우에는 「형법」 제260조제3항 및 제283조제3
  항을 적용하지 아니한다.

사용할 의도아래 위험한 물건을 몸 또는 몸 가까이에 소지하는 것을 말한다 할 것이므로 청산염 2그램 정도를 협박편지에 동봉 우송하여 피해자에게 도달하게 하였다는 것만으로는 이를 위 법조에서 말하는 위험한 물건의 휴대라고 할 수는 없을 것이다. (대법원 1985. 10. 8. 선고 85도1851 판결)

Ⅲ 상습협박죄

제285조(상습범) 상습으로 제283조제1항, 제2항 또는 전조의 죄를 범한 때에는 그 죄에 정한 형의 2분의 1까지 가중한다.

例規 제285조 상습(제283조, 제284조 각 죄명)

02 강요의 죄

Ⅰ 강요죄

제324조(강요) ① 폭행 또는 협박으로 사람의 권리행사를 방해하거나 의무없는 일을 하게 한 자는 5년 이하의 징역 또는 3천만원 이하의 벌금에 처한다.

例規 제324조 ① 강요	미수 ○

🔍 **핵심단어**
- ① 사람 ② 폭행·협박 ③ 권리행사방해·의무없는 일 하게 함
- 협박이란 ① 의사결정 자유 제한 ② 의사실행 자유 방해할 만한 해악 고지

강요죄는 공갈죄와는 달리 재산범죄가 아니므로 친족상도례가 적용되지 않는다. 2인 이상이 공동하여 강요한 경우, 폭력행위 등 처벌에 관한 법률이 적용된다.[16]

---

16 폭력행위 등 처벌에 관한 법률 제2조(폭행 등) ② 2명 이상이 공동하여 다음 각 호의 죄를 범한 사람은 「형법」 각 해당 조항에서 정한 형의 2분의 1까지 가중한다. 1. 「형법」 제260조제1항(폭행), 제283조제1항(협박), 제319조

1. 객체: 사람

앞서 협박죄에서 살펴본 것과 같다.

2. 행위

가. 폭행·협박

① 폭행이란 사람의 의사결정·의사실행에 영향을 미쳐 강제효과를 발생시킬 수 있는 유형력의 행사를 말한다(광의의 폭행). ② 협박은 객관적으로 사람의 의사결정의 자유를 제한하거나 의사실행의 자유를 방해할 정도로 겁을 먹게 할 만한 해악을 고지하는 것을 말한다. 관련 판례를 살펴본다.

판례 강요죄의 협박 – ① 의사결정 자유 제한 ② 의사실행 자유 방해할 만한 해악 고지

강요죄는 폭행 또는 협박으로 사람의 권리행사를 방해하거나 의무 없는 일을 하게 하는 범죄이다. 여기에서 협박은 객관적으로 사람의 의사결정의 자유를 제한하거나 의사실행의 자유를 방해할 정도로 겁을 먹게 할 만한 해악을 고지하는 것을 말한다. 이와 같은 협박이 인정되기 위해서는 발생 가능한 것으로 생각할 수 있는 정도의 구체적인 해악의 고지가 있어야 한다.

해악의 고지는 반드시 명시적인 방법이 아니더라도 말이나 행동을 통해서 상대방에게 어떠한 해악을 끼칠 것이라는 인식을 갖도록 하면 충분하고, 제3자를 통해서 간접적으로 할 수도 있다. 행위자가 그의 직업, 지위 등에 기초한 위세를 이용하여 불법적으로 재물의 교부나 재산상 이익을 요구하고 상대방이 불응하면 부당한 불이익을 입을 위험이 있다는 위구심을 일으키게 하는 경우에도 해악의 고지가 된다. 협박받는 사람이 공포심 또는 위구심을 일으킬 정도의 해악을 고지하였는지는 행위 당사자 쌍방의 직무, 사회적 지위, 강요된 권리·의무에 관련된 상호관계 등 관련 사정을 고려하여 판단해야 한다.

행위자가 직무상 또는 사실상 상대방에게 영향을 줄 수 있는 직업이나 지위에 있고 직업이나 지위에 기초하여 상대방에게 어떠한 요구를 하였더라도 곧바로 그 요구 행위를 위와 같은 해악의 고지라고 단정하여서는 안 된다. 특히 공무원이 자신의 직무와 관련한 상대방에게 공무원 자신 또는 자신이 지정한 제3자를 위하여 재산적 이익 또는 일체의 유·무형의 이익 등을 제공할 것을 요구하고 상대방은 공무원의 지위에 따른 직무에 관하여 어떠한 이익을 기대하며 그에 대한 대가로서 요구에 응하였다면, 다른 사정이 없는 한 공무원의 위 요구 행위를 객관적으로 사람의 의사결정의 자유를 제한하거나 의사실행의 자유를 방해할 정도로 겁을 먹게 할 만한 해악의 고지라고 단정하기는 어렵다.

행위자가 직업이나 지위에 기초하여 상대방에게 어떠한 이익 등의 제공을 요구하였을 때 그 요구 행위가 강요죄의 수단으로서 해악의 고지에 해당하는지 여부는 행위자의 지위뿐만 아니라 그 언동의 내용과 경위, 요구 당시의 상황, 행위자와 상대방의 성행·경력·상호관계 등에 비추어 볼 때 상대방으로 하여금

(주거침입, 퇴거불응) 또는 제366조(재물손괴 등)의 죄 2. 「형법」 제260조제2항(존속폭행), 제276조제1항(체포, 감금), 제283조제2항(존속협박) 또는 제324조제1항(강요)의 죄 3. 「형법」 제257조제1항(상해)·제2항(존속상해), 제276조제2항(존속체포, 존속감금) 또는 제350조(공갈)의 죄

그 요구에 불응하면 어떠한 해악에 이를 것이라는 인식을 갖게 하였다고 볼 수 있는지, 행위자와 상대방이 행위자의 지위에서 상대방에게 줄 수 있는 해악을 인식하거나 합리적으로 예상할 수 있었는지 등을 종합하여 판단해야 한다. 공무원인 행위자가 상대방에게 어떠한 이익 등의 제공을 요구한 경우 위와 같은 해악의 고지로 인정될 수 없다면 직권남용이나 뇌물 요구 등이 될 수는 있어도 협박을 요건으로 하는 강요죄가 성립하기는 어렵다. (대법원 2019. 8. 29. 선고 2018도13792 전원합의체 판결) **표준**

판례 민주노총 전국건설노조 소속 노조원인 피고인들이, 현장소장인 피해자 甲이 노조원이 아닌 피해자 乙의 건설장비를 투입하여 공사를 진행하자 ① '민주노총이 어떤 곳인지 아느냐, 현장에서 장비를 빼라'는 취지로 말하거나 ② 공사 발주처에 부실공사가 진행되고 있다는 취지의 진정을 제기하는 방법으로 공사현장에서 사용하던 장비를 철수하게 하고 '현장에서 사용하는 모든 건설장비는 노조와 합의하여 결정한다'는 협약서를 작성하게 함 – 폭처법 공동강요죄 ○ (대법원 2017. 10. 26. 선고 2015도16696 판결)

판례 환경단체 회원인 피고인들이 축산 농가들의 폐수 배출 단속활동을 벌이면서 배출현장을 사진촬영하거나 지적하는 한편, 폐수 배출사실을 확인하는 내용의 사실확인서를 징구하는 과정에서 서명하지 아니할 경우 법에 저촉된다고 겁을 줌 – 폭처법 공동강요죄 ○ (대법원 2010. 4. 29. 선고 2007도7064 판결)

판례 직장 상사가 범죄행위를 저지른 부하직원에게 사직을 단순히 권유 – 강요죄 ✕
직장에서 상사가 범죄행위를 저지른 부하직원에게 징계절차에 앞서 자진하여 사직할 것을 단순히 권유하였다고 하여 이를 강요죄에서의 협박에 해당한다고 볼 수는 없다. (대법원 2008. 11. 27. 선고 2008도7018 판결) **표준**

판례 대통령비서실장 등이 이른바 좌파 지원배제에 이르는 과정에서 이에 소극적인 공무원들로 하여금 사직서를 제출하도록 요구함 – 강요죄 ✕
대통령비서실장을 비롯한 피고인들 등이 문화체육관광부 공무원들을 통하여 문화예술진흥기금 등 정부의 지원을 신청한 개인·단체의 이념적 성향이나 정치적 견해 등을 이유로 한국문화예술위원회·영화진흥위원회·한국출판문화산업진흥원이 수행한 각종 사업에서 이른바 좌파 등에 대한 지원배제에 이르는 과정에서, 공무원 갑 및 지원배제 적용에 소극적인 문화체육관광부 1급 공무원 을 등에 대하여 사직서를 제출하도록 요구하고, 한국문화예술위원회·영화진흥위원회·한국출판문화산업진흥원 직원들로 하여금 지원심의 등에 개입하도록 지시함으로써 업무상·신분상 불이익을 당할 위험이 있다는 위구심을 일으켜 의무 없는 일을 하게 하였다는 강요의 공소사실로 기소된 사안에서, 피고인들이 상대방의 의사결정의 자유를 제한하거나 의사실행의 자유를 방해할 정도로 겁을 먹게 할 만한 해악을 고지하였다는 점에 대한 증명이 부족하다고 본 원심판단을 수긍한 사례 (대법원 2020. 1. 30. 선고 2018도2236 전원합의체 판결)

판례 피고인은 이 사건 도로의 소유자인데, 피해자를 포함한 이 사건 도로 인접 주택 소유자들에게 도로 지분을 매입할 것을 요구하였음에도 피해자 등이 이를 거부하자, 피해자 주택 대문 바로 앞에 피고인의 차량을 주차하여 피해자가 자신의 차량을 주차장에 출입할 수 없도록 함 – 강요죄(폭행) ✕
폭행은 사람에 대한 직접적인 유형력의 행사뿐만 아니라 간접적인 유형력의 행사도 포함하며, 반드시 사람의 신체에 대한 것에 한정되지 않는다. 사람에 대한 간접적인 유형력의 행사를 강요죄의 폭행으로 평가하기 위해서는 피고인이 유형력을 행사한 의도와 방법, 피고인의 행위와 피해자의 근접성, 유형력이 행사된 객체와 피해자의 관계 등을 종합적으로 고려해야 한다. … (중략) …

피고인이 피해자를 폭행하여 차량 운행에 관한 권리행사를 방해하였다고 평가하기 어렵다. 그 이유는 다음과 같다. 피고인은 피해자로 하여금 주차장을 이용하지 못하게 할 의도로 공소외인 차량을 피해자 주택 대문 앞에 주차하였으나, 주차 당시 피고인과 피해자 사이에 물리적 접촉이 있거나 피고인이 피해자에게 어떠한 유형력을 행사했다고 볼만한 사정이 없다. 피고인의 행위로 피해자에게 주택 외부에 있던 피해자 차량을 주택 내부의 주차장에 출입시키지 못하는 불편이 발생하였으나, 피해자는 차량을 용법에 따라 정상적으로 사용할 수 있었다. (대법원 2021. 11. 25. 선고 2018도1346 판결)

나. 권리행사방해·의무 없는 일 하게 함

권리행사방해란 행사할 수 있는 권리를 행사하지 못하게 하는 것을 말한다.

> **판례** 피고인이 피해자의 해외도피를 방지하기 위하여 피해자를 협박하고 겁먹은 피해자의 상태를 이용하여 여권을 교부하게 하여 강제 회수함 – 강요죄(권리방해) ○ (대법원 1993. 7. 27. 선고 93도901 판결)
>
> **참고** 피해자가 해외여행을 할 권리가 사실상 침해되었다고 보아 강요 기수를 인정하였다.

> **판례** 전답의 점유를 침탈당한 피해자가 이를 실력으로 회수하려 들자 피고인이 폭행함 – 강요죄(권리방해) ✕
>
> 전답의 점유를 침탈당한 자라도 이를 실력으로 회수할 수 없는 것이니 그 전답의 점유를 실력으로 회수하려는 자에게 폭행을 가하였다면 이는 단순폭행죄에 해당한다 할 것이고 권리행사를 방해하였다고는 논할 수 없다. (대법원 1961. 11. 9. 선고 4294형상357 판결)

의무 없는 일 하게 함이란 의무 없는 자에게 일정한 작위·부작위 또는 수인을 강요하는 것을 말한다.

> **판례** '의무 없는 일' – 법률상 의무 없는 일
>
> '의무 없는 일'이란 법령, 계약 등에 기하여 발생하는 법률상 의무 없는 일을 말하므로, 법률상 의무 있는 일을 하게 한 경우에는 강요죄가 성립할 여지가 없다. (대법원 2012. 11. 29. 선고 2010도1233 판결) **표준**

> **판례** 골프시설의 운영자가 골프회원에게 불리하게 변경된 내용의 회칙에 대하여 동의한다는 내용의 등록신청서를 제출하지 아니하면 회원으로 대우하지 아니하겠다고 통지 – 강요죄(의무강요) ○ (대법원 2003. 9. 26. 선고 2003도763 판결)

판례 피고인이 피해자를 협박하여 법률상 의무 없는 진술서를 작성케 함 – 강요죄(의무강요) ○ (대법원 1974. 5. 14. 선고 73도2578 판결)

비교 甲이 투자금 회수를 위해 ① 乙을 강요하여 물품대금을 횡령하였다는 자인서를 받아낸 뒤 ② 이를 근거로 돈을 갈취함 – ①·② 모두 포함하여 하나의 공갈죄 ○ (대법원 1985. 6. 25. 선고 84도2083 판결)

판례 군인인 상관이 직무수행 태만·지시사항 불이행·허위보고 등을 한 부하에게 근무태도 교정·직무수행 감독 목적으로 직무수행 내역을 일지 형식으로 기재·보고하도록 명령함 – 강요죄(의무강요) × (대법원 2012. 11. 29. 선고 2010도1233 판결) **표준**

참고 법률상 의무 있는 일이므로 강요죄가 성립하지 않는다고 보았다.

판례 폭력조직 前 두목인 피고인이 톱스타가 팬미팅 계약을 불이행한다 믿고 공연을 하도록 강요하면서 만남을 요구하고, 불이행시 안 좋은 일이 있을 거라고 말함 – 강요죄(의무강요) ×
폭행 또는 협박으로 법률상 의무 있는 일을 하게 한 경우에는 폭행 또는 협박죄만 성립할 뿐 강요죄는 성립하지 아니한다. 폭력조직 전력이 있는 피고인이 특정 연예인에게 팬미팅 공연을 하도록 강요하면서 만날 것을 요구하고, 팬미팅 공연이 이행되지 않으면 안 좋은 일을 당할 것이라고 협박한 사안에서, 위 연예인에게 공연을 할 의무가 없다는 점에 대한 미필적 인식 즉, 강요죄의 고의가 피고인에게 있었다고 단정하기 어렵다. (대법원 2008. 5. 15. 선고 2008도1097 판결)

강요죄는 폭행·협박에 의하여 권리행사가 현실적으로 방해되거나, 의무 없는 일을 현실적으로 했을 때 기수가 된다. 폭행·협박을 하였으나 아직 권리행사가 방해되지 못한 경우 등에는 미수가 된다.

Ⅱ 특수강요죄

제324조(강요) ② 단체 또는 다중의 위력을 보이거나 위험한 물건을 휴대하여 제1항의 죄를 범한 자는 10년 이하의 징역 또는 5천만원 이하의 벌금에 처한다.

例規 제324조 ② 특수강요	미수 ○

핵심단어
- ① 단체·다중의 위력 ② 강요죄
- ① 위험한 물건 ② 휴대 ③ 강요죄
- 위험한 물건이란 ① 상대방·제3자 ② 생명·신체에 ③ 위험을 느낄 수 있는 물건
- 휴대란 ① 현장에서 사용할 의도로 몸 가까이 소지 ② 범행에 널리 이용

기본적인 법리는 앞서 살펴본 특수폭행죄와 같다.

Ⅲ   인질강요죄

제324조의2(인질강요) 사람을 체포·감금·약취 또는 유인하여 이를 인질로 삼아 제3자에 대하여 권리행
  사를 방해하거나 의무없는 일을 하게 한 자는 3년 이상의 유기징역에 처한다.

제324조의3(인질상해·치상) 제324조의2의 죄를 범한 자가 인질을 상해하거나 상해에 이르게 한 때에는
  무기 또는 5년 이상의 징역에 처한다.

제324조의4(인질살해·치사) 제324조의2의 죄를 범한 자가 인질을 살해한 때에는 사형 또는 무기징역에
  처한다. 사망에 이르게 한 때에는 무기 또는 10년 이상의 징역에 처한다.

例規 제324조의2 인질강요 제324조의3 인질(상해, 치상) 제324조의4 인질(살해, 치사)	미수 ○[17]

🔍 **핵심단어**
* ① 사람 ② 체포·감금·약취·유인하여 인질 ③ 제3자 권리행사방해·의무 없는 일 하게 함

조문을 확인한다.

---

03   체포와 감금의 죄

Ⅰ   체포·감금죄

제276조(체포, 감금, 존속체포, 존속감금) ① 사람을 체포 또는 감금한 자는 5년 이하의 징역 또는 700만
  원 이하의 벌금에 처한다.
  ② 자기 또는 배우자의 직계존속에 대하여 제1항의 죄를 범한 때에는 10년 이하의 징역 또는 1천500
  만원 이하의 벌금에 처한다.

例規 제276조 ① 체포, 감금 ② 존속(체포, 감금)	미수 ○

---

17 단 인질치상죄·인질치사죄는 미수 ×

2인 이상이 공동하여 체포·감금한 경우, 폭력행위 등 처벌에 관한 법률이 적용된다.[18]

1. 객체: 사람

사람의 범위에 대하여 학설대립이 있다.[19] 통설은 광의설로 현실적으로 신체활동의 자유가 없을지라도 곧 활동이 기대되는 잠재적 자유를 가진 자라면 객체가 된다는 견해이다. 이에 따르면 수면자·명정자·정신병자·불구자는 객체가 되고, 출산직후 영아는 객체가 되지 않는다. 판례는 '정신병자도 감금죄의 객체가 될 수 있다'는 판례만 있을 뿐 정확한 입장을 파악할 순 없다.

> **판례** 정신병자 – 감금죄 객체 ○ (대법원 2002. 10. 11. 선고 2002도4315 판결) **표준**

2. 행위

가. 체포·감금

① 체포란 사람의 신체에 대하여 직접적·현실적인 구속을 가하여 신체활동의 자유를 박탈하는

---

18 **폭력행위 등 처벌에 관한 법률 제2조(폭행 등)** ② 2명 이상이 공동하여 다음 각 호의 죄를 범한 사람은 「형법」 각 해당 조항에서 정한 형의 2분의 1까지 가중한다. 1. 「형법」 제260조제1항(폭행), 제283조제1항(협박), 제319조 (주거침입, 퇴거불응) 또는 제366조(재물손괴 등)의 죄 2. 「형법」 제260조제2항(존속폭행), 제276조제1항(체포, 감금), 제283조제2항(존속협박) 또는 제324조제1항(강요)의 죄 3. 「형법」 제257조제1항(상해)·제2항(존속상해), 제276조제2항(존속체포, 존속감금) 또는 제350조(공갈)의 죄

19 학설 대립은 다음과 같이 정리할 수 있다.

	의의	객체성
① 최광의설	모든 자연인이 객체 ○	모든 자연인 – ○
② 광의설(통설)	현실적 활동자유 없을지라도 잠재적 활동자유 있으면 객체 ○	수면자·명정자·정신병자·불구자 – ○ 출산직후의 영아 – ×
③ 중간설	활동의사 없는 자는 객체 × 활동 가능성 기대되는 자는 객체 ○	정신병자·불구자 – ○ 수면자·명정자·유아 – ×
④ 협의설	현실적 활동자유 없으면 객체 ×	수면자·명정자·정신병자·유아·불구자 – ×

것을 말한다. ② 감금이란 사람을 일정한 장소 밖으로 나가지 못하게 하여 신체활동의 자유를 장소적으로 제한하는 것을 말한다. 체포·감금의 수단·방법에는 제한이 없다.

(판례) 체포·감금 – ① 물리적·유형적 장애 ② 심리적·무형적 장애에 의한 경우 포괄

감금죄는 사람의 행동의 자유를 그 보호법익으로 하여 사람이 특정한 구역에서 나가는 것을 불가능하게 하거나 또는 심히 곤란하게 하는 죄로서 이와 같이 사람이 특정한 구역에서 나가는 것을 불가능하게 하거나 심히 곤란하게 하는 그 장해는 물리적, 유형적 장해뿐만 아니라 심리적, 무형적 장해에 의하여서도 가능하고 또 감금의 본질은 사람의 행동의 자유를 구속하는 것으로 행동의 자유를 구속하는 그 수단과 방법에는 아무런 제한이 없으므로 그 수단과 방법에는 유형적인 것이거나 무형적인 것이거나를 가리지 아니하며 감금에 있어서의 사람의 행동의 자유의 박탈은 반드시 전면적이어야 할 필요가 없으므로 감금된 특정구역 내부에서 일정한 생활의 자유가 허용되어 있었다고 하더라도 감금죄의 성립에는 아무 소장이 없다. (대법원 2000. 3. 24. 선고 2000도102 판결) **표준**

참고 피해자가 피고인들 및 그 하수인들과 같은 장소에 있거나 감시되어 행동의 자유가 구속되어 있는 기간 중에 ① 술집에서 술을 마시기도 하고 ② 아는 사람들이나 검찰청에 전화를 걸기도 하고 ③ 새벽에 한증막에 가서 잠을 자고 돌아오기도 한 경우 – 감금죄 ○

(판례) 채권자인 피고인 甲이 채무자인 피해자 乙을 여관으로 데리고 간 후 8일 동안, ① 처와 만나게 해주었으며 ② 함께 술집에 가서 술을 마시는 등 특정 지역 내에서 일정한 생활의 자유를 허용하였지만 甲의 잦은 폭행으로 인해 신고를 받은 경찰에 의해 이 상태가 해소된 경우 – 감금죄 ○ (대법원 1984. 5. 15. 선고 84도655 판결)

참고 검사는 중감금죄로 기소하였고 원심은 무죄를 선고하였으나 대법원은 감금이 인정된다는 취지로 파기환송하였다.

(판례) 경찰관인 피고인 甲 등이, 경찰관인 피해자 乙을 임의동행 형식으로 경찰서로 연행한 후, 경찰서 안에서 甲 등과 같이 식사도 하게 하고 사무실 안팎을 내왕하게 하였지만, 乙을 경찰서 밖으로 나가지 못하도록 신체의 자유를 유형·무형으로 억압 – 직권남용감금죄 ○ (대법원 1991. 12. 30.자 91모5 결정)

(판례) 피고인들이 도박자금을 빌려간 피해자에게 "내가 전주에서 생활을 하는 식구인데 내 돈 안 갚고 병신 된 놈 많다" 등의 말을 하여 겁 먹은 피해자로 하여금 사무실에서 못 나가게 함 – 폭처법 공동감금죄 ○ (대법원 2011. 9. 29. 선고 2010도5962 판결)

(판례) 피고인 甲은 피해자 乙이 '만약 도피하면 심한 해를 당할지도 모른다'는 공포감에 도피를 단념하고 있는 상태에서 乙을 호텔로 데리고 가 유숙한 후 乙과 함께 항공기로 국외에 나감 – 감금죄 ○ (대법원 1991. 8. 27. 선고 91도1604 판결)

(판례) 정신의료기관의 장이 자의로 입원한 환자의 퇴원 요구가 있는데도 구 정신보건법에 정해진 절차를 밟지 않은 채 방치 – 감금죄 ○

구 정신보건법(2015. 1. 28. 법률 제13110호로 개정되기 전의 것, 이하 같다) 제23조 제2항은 '정신의료기관의 장은 자의(자의)로 입원 등을 한 환자로부터 퇴원 신청이 있는 경우에는 지체 없이 퇴원을 시켜

야 한다'고 정하고 있다(2016. 5. 29. 법률 제14224호로 전부 개정된 정신건강증진 및 정신질환자 복지
서비스 지원에 관한 법률 제41조 제2항은 '정신의료기관 등의 장은 자의입원 등을 한 사람이 퇴원 등을
신청한 경우에는 지체 없이 퇴원 등을 시켜야 한다'고 정하고 있다). 환자로부터 퇴원 요구가 있는데도
구 정신보건법에 정해진 절차를 밟지 않은 채 방치한 경우에는 위법한 감금행위가 있다. (대법원 2017.
8. 18. 선고 2017도7134 판결)

[비교] 정신건강의학과 의사인 甲·乙이 의학적 판단에 따라 피해자에게 피해사고·망상장애의 의심이 있다고
판단하여 입원이 필요하다는 진단을 하고 관련 법령에 따라 강제 입원시킴 – 폭처법 공동감금죄 ✕
정신건강의학과 전문의인 피고인 甲, 乙이 각각 피해자의 아들 피고인 丙 등과 공동하여 피해자를 응급이송차
량에 강제로 태워 병원으로 데려가 입원시켰다고 하여 폭력행위 등 처벌에 관한 법률 위반(공동감금)으로 기
소된 사안에서, 망상장애와 같은 정신질환의 경우 진단적 조사 또는 정확한 진단을 위해 지속적인 관찰이나
특수한 검사가 필요한 때에도 환자의 입원이 고려될 수 있고, 피고인 甲, 乙은 보호의무자인 피고인 丙의
진술뿐만 아니라 피해자를 직접 대면하여 진찰한 결과를 토대로 피해자에게 피해사고나 망상장애의 의심이
있다고 판단하여 입원이 필요하다는 진단을 한 것이므로, 진단 과정에 정신건강의학과 전문의로서 최선의 주
의를 다하지 아니하거나 신중하지 못했던 점이 일부 있었더라도 피해자를 정확히 진단하여 치료할 의사로
입원시켰다고 볼 여지 또한 충분하여 피고인 甲, 乙에게 감금죄의 고의가 있었다거나 이들의 행위가 형법상
감금행위에 해당한다고 단정하기 어렵다. (대법원 2015. 10. 29. 선고 2015도8429 판결)

나. 기수·미수

[판례] 체포 ① 착수 – 신체적 활동의 자유를 현실적으로 침해하는 행위를 개시 ② 기수 – 신체의 자유를
구속한다고 인정될 정도의 시간적 계속
'체포'는 사람의 신체에 대하여 직접적이고 현실적인 구속을 가하여 신체활동의 자유를 박탈하는 행위를
의미하는 것으로서 수단과 방법을 불문한다. ② 체포죄는 계속범으로서 체포의 행위에 확실히 사람의
신체의 자유를 구속한다고 인정할 수 있을 정도의 시간적 계속이 있어야 하나, ① 체포의 고의로써 타인
의 신체적 활동의 자유를 현실적으로 침해하는 행위를 개시한 때 체포죄의 실행에 착수하였다고 볼 것
이다. (대법원 2018. 2. 28. 선고 2017도21249 판결) **표준**

[판례] 피해자 乙이 피고인 甲으로부터 강간미수 피해를 입은 후, ① 甲의 집에서 나가려고 하는데 甲이
나가지 못하도록 현관에서 거실 쪽으로 乙을 3회 밀었고, ② 乙이 뿌리치고 나와 엘리베이터를 기다리
는데 甲이 팬티바람으로 쫓아 나와 엘리베이터를 탄 피해자의 팔을 잡고 끌어내려 하였고, ③ 甲이 닫
히는 엘리베이터 문을 손으로 막으며 들어오려 하자 乙이 甲의 가슴을 밀어냄 – 체포미수죄 ○ (대법원
2018. 2. 28. 선고 2017도21249 판결) **표준**
참고 강간미수와 체포미수의 실체적 경합이 인정되었다.

[판례] 甲 등이 乙의 팔을 잡아 당기거나 등을 미는 등의 방법으로 乙을 끌고 가려고 하다가 실패함 – 체
포미수죄 ○ (대법원 2020. 3. 27. 선고 2016도18713 판결)
참고 이 과정에서 상해가 발생하였다는 이유로 체포치상죄로 기소되었으나 상해가 인정되지 않았다.

3. 기타

가. 위법성

위법성 조각사유에 관한 판례를 살펴본다.

> **판례** 수용시설에 수용중인 부랑인들의 야간도주를 방지하기 위하여 그 취침시간중 출입문을 안에서 시정조치 – 감금죄(위법성) × (대법원 1988. 11. 8. 선고 88도1580 판결)
>
> **참고** 정당행위에 해당된다고 보았다.
>
> **판례** 정신병자의 어머니의 의뢰 및 승낙하에 감호를 위하여 보호실 문을 야간에 한해서 3일간 시정하여 출입을 못하게 함 – 감금죄(위법성) × (대법원 1980. 2. 12. 선고 79도1349 판결)
>
> **참고** 사회통념상 부득이 한 조처로서 수긍될 수 있는 정도이므로 위법성이 없다고 보았다.

나. 죄수 등

타죄와의 관계를 살펴본다.

> **판례** 감금의 수단으로 범한 협박죄 – 감금죄에 흡수됨
>
> 감금을 하기 위한 수단으로서 행사된 단순한 협박행위는 감금죄에 흡수되어 따로 협박죄를 구성하지 아니한다. (대법원 1982. 6. 22. 선고 82도705 판결)
>
> **판례** 강간죄(강도죄)의 수단으로 범한 감금죄 – 강간죄(강도죄)와 상상적 경합
>
> 강간죄의 성립에 언제나 직접적으로 또 필요한 수단으로서 감금행위를 수반하는 것은 아니므로 감금행위가 강간미수죄의 수단이 되었다 하여 감금행위는 강간미수죄에 흡수되어 범죄를 구성하지 않는다고 할 수는 없는 것이고, 그때에는 감금죄와 강간미수죄는 일개의 행위에 의하여 실현된 경우로서 형법 제40조의 상상적 경합관계에 있다.
>
> 피고인이 피해자가 자동차에서 내릴 수 없는 상태에 있음을 이용하여 강간하려고 결의하고, 주행중인 자동차에서 탈출불가능하게 하여 외포케 하고 50킬로미터를 운행하여 여관 앞까지 강제연행한 후 강간하려다 미수에 그친 경우 위 협박은 감금죄의 실행의 착수임과 동시에 강간미수죄의 실행의 착수라고 할 것이다. (대법원 1983. 4. 26. 선고 83도323 판결)
>
> **비교** 강간·강도 종료 이후에도 감금 – 실체적 경합
>
> 감금행위가 단순히 강도상해 범행의 수단이 되는 데 그치지 아니하고 강도상해의 범행이 끝난 뒤에도 계속된 경우에는 1개의 행위가 감금죄와 강도상해죄에 해당하는 경우라고 볼 수 없고, 이 경우 감금죄와 강도상해죄는 형법 제37조의 경합범 관계에 있다. (대법원 2003. 1. 10. 선고 2002도4380 판결) **표준**

Ⅱ 　중체포·감금죄

제277조(중체포, 중감금, 존속중체포, 존속중감금) ① 사람을 체포 또는 감금하여 가혹한 행위를 가한 자는 7년 이하의 징역에 처한다.
　② 자기 또는 배우자의 직계존속에 대하여 전항의 죄를 범한 때에는 2년 이상의 유기징역에 처한다.

例規 제277조 ① 중체포, 중감금 ② 중존속(체포, 감금)　｜　미수 ○

🔍 핵심단어
- ① 체포·감금죄 ② 가혹한 행위
- 가혹한 행위란 육체적·정신적으로 고통을 주는 일체의 행위

체포·감금죄를 범한 자가 가혹한 행위를 한 때에 성립한다. 관련 판례를 살펴본다.

[판례] 피고인이 ① 피해자인 동거녀(19세)가 있는 안방문에 못질을 하여 감금하고 ② 피해자를 때리고 옷을 벗기는 등의 행위를 하여 ③ 피해자가 이를 피하기 위하여 창문을 통해 밖으로 뛰어내리려 하자 피고인이 이를 제지하였고, 피고인이 거실로 나오는 사이에 피해자가 안방 창문을 통하여 알몸으로 아파트 아래 잔디밭으로 뛰어내리다가 사망 – 중감금치사죄(가혹행위) ○ (대법원 1991. 10. 25. 선고 91도2085 판결) **표준**

Ⅲ 　특수체포·감금죄

제278조(특수체포, 특수감금) 단체 또는 다중의 위력을 보이거나 위험한 물건을 휴대하여 전 2조의 죄를 범한 때에는 그 죄에 정한 형의 2분의 1까지 가중한다.

例規 제278조 특수(제276조, 제277조 각 죄명)　｜　미수 ○

🔍 핵심단어
- ① 단체·다중의 위력 ② 체포, 감금
- ① 위험한 물건 ② 휴대 ③ 체포, 감금
- 위험한 물건이란 ① 상대방·제3자 ② 생명·신체에 ③ 위험을 느낄 수 있는 물건
- 휴대란 ① 현장에서 사용할 의도로 몸 가까이 소지 ② 범행에 널리 이용

기본적인 법리는 앞서 살펴본 특수폭행죄와 같다.

> **판례** 피고인들이 대한상이군경회원 80여 명과 공동으로 호텔 출입문을 봉쇄하며 피해자들의 출입을 방해 – 특수감금죄 ○ (대법원 1983. 9. 13. 선고 80도277 판결)

Ⅳ 상습체포·감금죄

제279조(상습범) 상습으로 제276조 또는 제277조의 죄를 범한 때에는 전조의 예에 의한다.

例規 제279조 상습(제276조, 제277조 각 죄명)

Ⅴ 체포·감금치사상죄

제281조(체포·감금등의 치사상) ① 제276조 내지 제280조의 죄를 범하여 사람을 상해에 이르게 한 때에는 1년 이상의 유기징역에 처한다. 사망에 이르게 한 때에는 3년 이상의 유기징역에 처한다.
② 자기 또는 배우자의 직계존속에 대하여 제276조 내지 제280조의 죄를 범하여 상해에 이르게 한 때에는 2년 이상의 유기징역에 처한다. 사망에 이르게 한 때에는 무기 또는 5년이상의 징역에 처한다.

例規 제281조 ① (제276조제1항, 제277조제1항 각 죄명)(치상, 치사), (특수, 상습)(제276조제1항, 제277조제1항 각 죄명)(치상, 치사) ② (제276조제2항, 제277조제2항 각 죄명)(치상, 치사), (특수, 상습)(제276조제2항, 제277조제2항 각 죄명)(치상, 치사)	미수 ×

🔍 **핵심단어**
• ① 체포·감금죄 등 ② 상해·사망에 이르게 함

체포·감금죄를 범하여 사람을 상해·사망에 이르게 한 경우 성립한다. 관련 판례를 살펴본다.

> **판례** 피해자를 강제로 승용차에 태운 뒤 운전하여 가자 겁에 질린 피해자가 차에서 뛰어 내려 상해 – 감금치상죄 ○ (대법원 2000. 5. 26. 선고 2000도440 판결)

> **판례** 승용차로 피해자를 가로막아 승차하게 한 후 하차 요구를 무시한 채 당초 목적지가 아닌 다른 장소를 향하여 시속 약 60km~70km의 속도로 진행하자 피해자가 뛰어내려 상해를 입고 그 결과 사망 – 감금치사죄 ○ (대법원 2000. 2. 11. 선고 99도5286 판결)

4일 가량 물조차 제대로 마시지 못하고 잠도 자지 아니하여 거의 탈진 상태에 이른 피해자의 손과 발을 17시간 이상 묶어 두고 좁은 차량 속에서 움직이지 못하게 감금하여 사망에 이름 – 감금치사죄 ○ (대법원 2002. 10. 11. 선고 2002도4315 판결)

04 약취·유인 및 인신매매의 죄

Ⅰ 미성년자 약취·유인죄

제287조(미성년자의 약취, 유인) 미성년자를 약취 또는 유인한 사람은 10년 이하의 징역에 처한다.	
例規 제287조 미성년자(약취, 유인)	미수 ○ 예비·음모 ○

🔍 **핵심단어**

• ① 미성년자 ② 약취·유인
• 약취(유인)이란 ① 폭행·협박(기망·유혹) ② 피해자 의사에 반하여(하자있는 의사에 기하여) ③ 자유로운 생활관계·보호관계 이탈 ④ 자기·제3자 실력적 지배

1. 주체

본죄의 주체에는 제한이 없다. 미성년자의 보호감독자가 수인인 경우, 일방이 주체가 될 수 있는지 문제된다. 판례는 긍정한다.

부모 중 일방이 타방의 미성년자에 대한 평온한 보호·양육을 깨뜨리고 탈취 – 주체 ○
미성년자를 보호·감독하는 사람이라고 하더라도 ① 다른 보호감독자의 보호·양육권을 침해하거나 ② 자신의 보호·양육권을 남용하여 미성년자 본인의 이익을 침해하는 때에는 미성년자에 대한 약취죄의 주체가 될 수 있는데, 그 경우에도 해당 보호감독자에 대하여 약취죄의 성립을 인정할 수 있으려면 그 행위가 위와 같은 의미의 약취에 해당하여야 한다. 그렇지 아니하고 폭행, 협박 또는 불법적인 사실상의 힘을 사용하여 그 미성년자를 평온하던 종전의 보호·양육 상태로부터 이탈시켰다고 볼 수 없는 행위에 대하여까지 다른 보호감독자의 보호·양육권을 침해하였다는 이유로 미성년자에 대한 약취죄의 성립을 긍정하는 것은 형벌법규의 문언 범위를 벗어나는 해석으로서 죄형법정주의의 원칙에 비추어 허용될 수

없다. 따라서 부모가 이혼하였거나 별거하는 상황에서 미성년의 자녀를 부모의 일방이 평온하게 보호·양육하고 있는데, 상대방 부모가 폭행, 협박 또는 불법적인 사실상의 힘을 행사하여 그 보호·양육 상태를 깨뜨리고 자녀를 탈취하여 자기 또는 제3자의 사실상 지배하에 옮긴 경우, 그와 같은 행위는 특별한 사정이 없는 한 미성년자에 대한 약취죄를 구성한다고 볼 수 있다. 그러나 이와 달리 미성년의 자녀를 부모가 함께 동거하면서 보호·양육하여 오던 중 부모의 일방이 상대방 부모나 그 자녀에게 어떠한 폭행, 협박이나 불법적인 사실상의 힘을 행사함이 없이 그 자녀를 데리고 종전의 거소를 벗어나 다른 곳으로 옮겨 자녀에 대한 보호·양육을 계속하였다면, 그 행위가 보호·양육권의 남용에 해당한다는 등 특별한 사정이 없는 한 설령 이에 관하여 법원의 결정이나 상대방 부모의 동의를 얻지 아니하였다고 하더라도 그러한 행위에 대하여 곧바로 형법상 미성년자에 대한 약취죄의 성립을 인정할 수는 없다. (대법원 2013. 6. 20. 선고 2010도14328 전원합의체 판결) **표준**

판례 친권자인 아버지가 외조부가 맡아서 양육해 오던 미성년인 子를 子의 의사에 반하여 사실상 자신의 지배하에 옮김 – 미성년자약취유인죄(주체) ○
피해자를 본인의 의사에 반하여 강제로 차에 태우고 할아버지에게 간다는 등의 거짓말로 속인 후 고아원에 데려가 피해자의 수용문제를 상담하고, 개사육장에서 잠을 재운 후 다른 아동복지상담소에 데리고 가는 등으로 사실상 지배함으로써 미성년자인 피해자를 약취하였다. (대법원 2008. 1. 31. 선고 2007도8011 판결)

판례 乙은 美 법원에 前 배우자인 甲을 상대로 '乙과 자녀들에 대한 접근금지 명령'을 신청·인용 받았는데, 甲은 면접교섭 시간을 이용하여 자녀들을 데리고 대한민국으로 입국 – 미성년자약취유인죄(주체) ○ (대법원 2017. 12. 13. 선고 2015도10032 판결)

판례 이혼소송 중 비양육친인 피고인(남, 한국인)이 면접교섭권을 행사하기 위하여 프랑스에서 양육친(여, 프랑스인)과 함께 생활하던 피해아동(만 5세)을 대한민국으로 데려온 후 면접교섭 기간이 종료하였음에도 프랑스에 있는 양육친에게 데려다 주지 않고 양육친과 연락을 두절한 후 가정법원의 유아인도명령 등에도 불응 – 미성년자약취죄(주체) ○ (대법원 2021. 9. 9. 선고 2019도16421 판결)

판례 베트남 여성인 피고인이 생후 약 13개월 된 子를 출생 이후 줄곧 양육하여 오다가, 남편의 의사에 반하여 子를 데리고 베트남으로 입국 – 미성년자약취유인죄(주체) × (대법원 2013. 6. 20. 선고 2010도14328 전원합의체 판결) **표준**

참고 ① 제반 사정을 종합할 때 피고인이 子를 데리고 베트남으로 떠난 행위는 어떠한 실력을 행사하여 子의 평온하던 종전의 보호·양육 상태로부터 이탈시킨 것이라기보다 친권자인 모(母)로서 출생 이후 줄곧 맡아왔던 子에 대한 보호·양육을 계속 유지한 행위에 해당한다고 보았다. ② 정확히는 국외이송목적약취죄(제288조 제3항)로 기소된 사건이지만 미성년자약취죄에 관한 판례로 이해해도 무리 없다.

2. 객체: 미성년자

본죄의 객체는 미성년자에 한정된다.

3. 행위: 약취·유인

① 약취란 폭행·협박을 수단으로 사람을 자유로운 생활관계로부터 이탈시켜 자기·제3자의 실력적 지배하에 옮기는 것을 말한다. ② 유인이란 기망·유혹을 수단으로 같은 결과를 만드는 것을 말한다.

약취에 관한 판례를 살펴본다.

> **판례** 약취 – ① 폭행·협박 ② 피해자 의사에 반하여 ③ 자유로운 생활관계·보호관계 이탈 ④ 자기·제3자 실력적 지배하에 옮김
>
> 약취행위는 피해자를 그 의사에 반하여 자유로운 생활관계 또는 보호관계로부터 범인이나 제3자의 사실상 지배하에 옮기는 행위를 말하는 것으로서, 폭행 또는 협박을 수단으로 사용하는 경우에 그 폭행 또는 협박의 정도는 상대방을 실력적 지배하에 둘 수 있을 정도이면 족하고 반드시 상대방의 반항을 억압할 정도의 것임을 요하지는 아니하고, 뿐만 아니라 약취에는 폭행 또는 협박 이외의 사실상의 힘에 의한 경우도 포함되며, 어떤 행위가 위와 같은 약취행위에 해당하는지 여부는 행위의 목적과 의도, 행위 당시의 정황, 행위의 태양과 종류, 피해자의 의사 등을 종합하여 판단하여야 한다. (대법원 2009. 7. 9. 선고 2009도3816 판결)
>
> **참고** 술에 만취한 피고인이 11세 여학생의 소매를 잡아끌며 "우리 집에 같이 자러 가자"고 하였는데 피해자가 거부하면서 신고함 – 간음목적약취미수죄 ○
>
> **판례** 약취 – 약취행위에 피해자의 동의가 있더라도 보호감독자의 감호권 침해하면 성립
>
> 미성년자약취죄의 입법 취지는 심신의 발육이 불충분하고 지려와 경험이 풍부하지 못한 미성년자를 특별히 보호하기 위하여 그를 약취하는 행위를 처벌하려는 데 그 입법의 취지가 있으며, ① 미성년자의 자유 외에 ② 보호감독자의 감호권도 그 보호법익으로 하고 있다는 점을 고려하면, 피고인과 공범들이 피해자(여, 14세)를 보호·감독하고 있던 그 아버지 공소외인의 감호권을 침해하여 그녀를 자신들의 사실상 지배로 옮긴 이상 미성년자약취죄가 성립한다 할 것이고, 위 약취행위에 피해자의 동의가 있었다 하더라도 본죄가 성립한다. (대법원 2003. 2. 11. 선고 2002도7115 판결) **표준**
>
> **판례** 미성년자의 아버지 부탁으로 그 아이들을 보호하고 있는 자가 아이들 어머니의 인도요구를 거부함 – 미성년자약취죄 × (대법원 1974. 5. 28. 선고 74도840 판결)

약취행위는 실력적 지배하에 두면 족하며 장소적 이전을 필요로 하지는 않는다.

> **판례** 약취는 ① 객체를 실력적 지배하에 두면 족함 ② 장소적 이전은 불요함
>
> 미성년자가 혼자 머무는 주거에 침입하여 그를 감금한 뒤 폭행 또는 협박에 의하여 부모의 출입을 봉쇄하거나, 미성년자와 부모가 거주하는 주거에 침입하여 부모만을 강제로 퇴거시키고 독자적인 생활관계를 형성하기에 이르렀다면 비록 장소적 이전이 없었다 할지라도 형법 제287조의 미성년자약취죄에 해

당함이 명백하지만, 강도 범행을 하는 과정에서 혼자 주거에 머무르고 있는 미성년자를 체포·감금하거나 혹은 미성년자와 그의 부모를 함께 체포·감금, 또는 폭행·협박을 가하는 경우, 나아가 주거지에 침입하여 미성년자의 신체에 위해를 가할 것처럼 협박하여 부모로부터 금품을 강취하는 경우와 같이, 일시적으로 부모와의 보호관계가 사실상 침해·배제되었다 할지라도, 그 의도가 미성년자를 기존의 생활관계 및 보호관계로부터 이탈시키는 데 있었던 것이 아니라 단지 금품 강취를 위하여 반항을 제압하는 데 있었다거나 금품 강취를 위하여 고지한 해악의 대상이 그곳에 거주하는 미성년자였던 것에 불과하다면, 특별한 사정이 없는 한 미성년자를 약취한다는 범의를 인정하기 곤란할 뿐 아니라, 보통의 경우 시간적 간격이 짧아 그 주거지를 중심으로 영위되었던 기존의 생활관계로부터 완전히 이탈되었다고 평가하기도 곤란하다. (대법원 2008. 1. 17. 선고 2007도8485 판결)

참고 미성년자 혼자 머무는 주거에 침입하여 강도 범행을 하는 과정에서 일시적으로 부모와의 보호관계가 사실상 침해·배제된 경우 – 미성년자약취죄 ×

유인에 관한 판례를 살펴본다.

판례 유인 – ① 기망·유혹 ② 하자 있는 의사에 기하여 ③ 자유로운 생활관계·보호관계 이탈 ④ 자기·제3자 실력적 지배하에 옮김

형법 제288조에서 말하는 '유인'이란 기망 또는 유혹을 수단으로 사람을 꾀어 그 하자 있는 의사에 따라 그 사람을 자유로운 생활관계 또는 보호관계로부터 이탈하게 하여 자기 또는 제3자의 사실적 지배 아래로 옮기는 행위를 말하고, 여기서 사실적 지배라고 함은 미성년자에 대한 물리적·실력적인 지배관계를 의미한다. (대법원 2007. 5. 11. 선고 2007도2318 판결) **표준**

참고 피고인이 11세 여학생을 유혹하여 모텔 앞길에서부터 모텔 301호실까지 데려감 – 간음목적유인죄(기수) ○

판례 甲이 독자적인 교리설교를 주입시켜 미성년자인 乙이 스스로 가출함 – 미성년자유인죄 ○

피해자가 스스로 가출하여 피고인 등의 한국복음전도회 부산 및 마산 지관에 입관할 것을 호소하였다고 하더라도 피고인들의 독자적인 교리설교에 의하여 하자 있는 의사로 가출하게 된 것이고, 동 피해자의 보호 감독권자의 보호관계로부터 이탈시키고 피고인들의 지배하에서 그들 교리에서 말하는 소위 "주의일"(껌팔이 등 행상)을 하도록 도모한 이상 미성년자 유인죄의 성립에 소장이 없다. (대법원 1982. 4. 27. 선고 82도186 판결)

4. 기타

가. 고의

판례 고의 – ① 미성년자임을 알면서 유인 ○ ② 피해자 의사에 반함 인식 ×

미성년자유인죄라 함은 기망 유혹과 같은 달콤한 말을 수단으로 하여 미성년자를 꾀어 현재의 보호상태

로부터 이탈케 하여 자기 또는 제3자의 사실적 지배하에 옮기는 것으로서 사려없고 나이어린 피해자의 하자있는 의사를 이용하는데 있는 것이며 본죄의 범의는 피해자가 미성년자임을 알면서 유인행위에 대한 인식이 있으면 족하고 유인하는 행위가 피해자의 의사에 반하는 것까지 인식할 필요는 없으며 또 피해자가 하자있는 의사로 자유롭게 승락하였다 하더라도 본죄의 성립에 소장이 없다. (대법원 1976. 9. 14. 선고 76도2072 판결)

나. 죄수 등

판례 미성년자를 유인한 자가 계속하여 미성년자를 감금하였을 때에는 미성년자유인죄 이외에 감금죄가 별도로 성립 (대법원 1998. 5. 26. 선고 98도1036 판결)

참고 피고인이 10세인 여학생으로 하여금 부모에게 말하지 말고 나오도록 유인한 다음 화물차에 태우고 다니며 "네가 집에 돌아가면 경찰이 붙잡아 소년원에 보낸다"고 위협하고, 셋방에서 함께 기거한 경우 – ① 미성년자유인죄 ② 감금죄 (실체적 경합)

판례 미성년자인 피해자를 약취한 후 강간을 목적으로 가혹한 행위 및 상해를 가하고 나아가 강간·살인미수를 범한 경우의 죄수 – 아래 ①과 ②의 실체적 경합

미성년자인 피해자를 약취한 후에 강간을 목적으로 피해자에게 가혹한 행위 및 상해를 가하고 나아가 그 피해자에 대한 강간 및 살인미수를 범하였다면, 이에 대하여는 ① 약취한 미성년자에 대한 상해 등으로 인한 특정범죄 가중처벌 등에 관한 법률 위반죄 및 ② 미성년자인 피해자에 대한 강간 및 살인미수 행위로 인한 성폭력범죄의 처벌 등에 관한 특례법 위반죄가 각 성립하고, 설령 상해의 결과가 피해자에 대한 강간 및 살인미수행위 과정에서 발생한 것이라 하더라도 위 각 죄는 서로 형법 제37조 전단의 실체적 경합범 관계에 있다. (대법원 2014. 2. 27. 선고 2013도12301, 2013전도252, 2013치도2 판결) 표준

II 추행·간음·결혼·영리목적 약취·유인죄

제288조(추행 등 목적 약취, 유인 등) ① 추행, 간음, 결혼 또는 영리의 목적으로 사람을 약취 또는 유인한 사람은 1년 이상 10년 이하의 징역에 처한다.

② 노동력 착취, 성매매와 성적 착취, 장기적출을 목적으로 사람을 약취 또는 유인한 사람은 2년 이상 15년 이하의 징역에 처한다.

③ 국외에 이송할 목적으로 사람을 약취 또는 유인하거나 약취 또는 유인된 사람을 국외에 이송한 사람도 제2항과 동일한 형으로 처벌한다.

例規 제288조 ① (추행, 간음, 결혼, 영리)(약취, 유인)
           ② (노동력착취, 성매매, 성적착취, 장기적출)(약취, 유인)
           ③ 국외이송(약취, 유인), (피약취자, 피유인자)국외이송
	미수 ○
	 예비·음모 ○

> 🔍 **핵심단어**
> - ① 추행·간음·결혼·영리·노동력 착취·성매매·성적착취·장기적출·국외이송 목적 ② 사람 ③ 약취·유인
> - 약취·유인이란 ① 폭행·협박·기망·유혹 ② 피해자 의사에 반하여 ③ 자유로운 생활관계·보호관계 이탈
   ④ 자기·제3자 실력적 지배

앞선 미성년자 약취·유인죄에서 함께 살펴보았다.

Ⅲ   인신매매죄

제289조(인신매매) ① 사람을 매매한 사람은 7년 이하의 징역에 처한다.
  ② 추행, 간음, 결혼 또는 영리의 목적으로 사람을 매매한 사람은 1년 이상 10년 이하의 징역에 처한다.
  ③ 노동력 착취, 성매매와 성적 착취, 장기적출을 목적으로 사람을 매매한 사람은 2년 이상 15년 이하의 징역에 처한다.
  ④ 국외에 이송할 목적으로 사람을 매매하거나 매매된 사람을 국외로 이송한 사람도 제3항과 동일한 형으로 처벌한다.

例規 제289조 ① 인신매매
           ② (추행, 간음, 결혼, 영리)인신매매
           ③ (노동력착취, 성매매, 성적착취, 장기적출)인신매매
           ④ 국외이송인신매매, 피매매자국외이송
	미수 ○
	 예비·음모 ○

약취·유인죄와 전체적인 조문의 구조가 유사하다. 인신매매란 사람의 신체를 물건처럼 유상으로 상대방에게 인도하고, 상대방은 그 교부를 받아 실력적 지배를 행사하는 것을 말한다.

> **판례** 피고인은 18세의 여성을 디스코클럽에서 만나 '스키장 가자'고 유인하여 군산까지 자동차로 데려가 윤락가 포주에게 80만원을 주고 지배를 넘김 – 인신매매죄 ○
> 부녀매매죄는 부녀자의 신체의 자유를 그 일차적인 보호법익으로 하는 죄로서 그 행위의 객체는 부녀이고, 여자인 이상 그 나이나 성년, 미성년, 기혼 여부 등을 불문한다고 보아야 하고, 행위의 주체에는

제한이 없으니 반드시 친권자등의 보호자만이 본 죄의 주체가 될 수 있다는 것도 근거 없는 해석이라 할 것이며, 요컨대 본죄의 성립 여부는 그 주체 및 객체에 중점을 두고 볼 것이 아니라 매매의 일방이 어떤 경위로 취득한 부녀자에 대한 실력적 지배를 대가를 받고 그 상대방에게 넘긴다고 하는 행위에 중점을 두고 판단하여야 하므로 매도인이 매매 당시 부녀자를 실력으로 지배하고 있었는가 여부 즉 계속된 협박이나 명시적 혹은 묵시적인 폭행의 위협 등의 험악한 분위기로 인하여 보통의 부녀자라면 법질서에 보호를 호소하기를 단념할 정도의 상태에서 그 신체에 대한 인계인수가 이루어졌는가의 여부에 달려 있다고 하여야 할 것이다. (대법원 1992. 1. 21. 선고 91도1402 전원합의체 판결) **표준**

참고 당시 형법에 따라 "추업사용목적 인신매매죄"가 인정된 것으로 보인다. 현행법에 따르면 성매매인신매매죄가 인정될 것이다.

Ⅳ 피약취자 등 상해·치사죄, 살인·치사죄

제290조(약취, 유인, 매매, 이송 등 상해·치상) ① 제287조부터 제289조까지의 죄를 범하여 약취, 유인, 매매 또는 이송된 사람을 상해한 때에는 3년 이상 25년 이하의 징역에 처한다.

② 제287조부터 제289조까지의 죄를 범하여 약취, 유인, 매매 또는 이송된 사람을 상해에 이르게 한 때에는 2년 이상 20년 이하의 징역에 처한다.

제291조(약취, 유인, 매매, 이송 등 살인·치사) ① 제287조부터 제289조까지의 죄를 범하여 약취, 유인, 매매 또는 이송된 사람을 살해한 때에는 사형, 무기 또는 7년 이상의 징역에 처한다.

② 제287조부터 제289조까지의 죄를 범하여 약취, 유인, 매매 또는 이송된 사람을 사망에 이르게 한 때에는 무기 또는 5년 이상의 징역에 처한다.

例規 제290조 ① (피약취자, 피유인자, 피매매자, 피국외이송자)상해 ② (피약취자, 피유인자, 피매매자, 피국외이송자)치상 제291조 ① (피약취자, 피유인자, 피매매자, 피국외이송자)살해 ② (피약취자, 피유인자, 피매매자, 피국외이송자)치사	미수 ○ 예비·음모 ○

I 성범죄 개관

		기본 5유형 성범죄[20]	위계·위력 → 간음·추행	(합의 下) 간음·추행		
19세 이상 성인	일반	형법 제297조 이하	심신미약자 : 형법 제302조 업무下 위계·위력 간음: 형법 제303조 1항 업무下 위계·위력 추행: 성폭법 제10조 1항	불벌[21]		
	친족	성폭법 제5조[22]	上同	上同		
	장애인	성폭법 제6조	성폭법 제6조	上同		
아동·청소년 (19세 미만 13세 이상)[23]		아청법 제7조	아청법 제7조	19세 미만 16세 이상	불벌	19세 미만 장애인에 대한 특수한 행위태양: 아청법 제8조
				16세 미만 13세 이상	형법 제305조 제2항	
13세 미만		성폭법 제7조	성폭법 제7조	형법 제305조 제1항		

---

20 강간, 유사강간, 강제추행, 준강간, 준강제추행.

21 다만 예외적으로 구금下 간음은 형법 제303조 제2항, 구금下 추행은 성폭법 제10조 제2항에 의해 처벌됨.

22 5개 유형 중 유사강간 누락.

23 "아동·청소년"이란 19세 미만의 자를 말한다(아청법 제2조 제1호).

성폭행 피해자의 진술의 신빙성 판단기준에 관한 판례를 살펴본다.

> **[판례]** 성폭행 피해자 진술의 신빙성 판단
>
> 법원이 성폭행이나 성희롱 사건의 심리를 할 때에는 그 사건이 발생한 맥락에서 성차별 문제를 이해하고 양성평등을 실현할 수 있도록 '성인지 감수성'을 잃지 않도록 유의하여야 한다(양성평등기본법 제5조 제1항 참조). 우리 사회의 가해자 중심의 문화와 인식, 구조 등으로 인하여 성폭행이나 성희롱 피해자가 피해사실을 알리고 문제를 삼는 과정에서 오히려 피해자가 부정적인 여론이나 불이익한 처우 및 신분 노출의 피해 등을 입기도 하여 온 점 등에 비추어 보면, 성폭행 피해자의 대처 양상은 피해자의 성정이나 가해자와의 관계 및 구체적인 상황에 따라 다르게 나타날 수밖에 없다. 따라서 개별적, 구체적인 사건에서 성폭행 등의 피해자가 처하여 있는 특별한 사정을 충분히 고려하지 않은 채 피해자 진술의 증명력을 가볍게 배척하는 것은 정의와 형평의 이념에 입각하여 논리와 경험의 법칙에 따른 증거판단이라고 볼 수 없다. (대법원 2018. 10. 25. 선고 2018도7709 판결, 대법원 2021. 3. 11. 선고 2020도15259 판결, 대법원 2019. 9. 9. 선고 2019도2562 판결)
>
> 성범죄 사건을 심리할 때에는 사건이 발생한 맥락에서 성차별 문제를 이해하고 양성평등을 실현할 수 있도록 '성인지적 관점'을 유지하여야 하므로, 개별적·구체적 사건에서 성범죄 피해자가 처하여 있는 특별한 사정을 충분히 고려하지 않은 채 피해자 진술의 증명력을 가볍게 배척하는 것은 정의와 형평의 이념에 입각하여 논리와 경험의 법칙에 따른 증거판단이라고 볼 수 없지만, 이는 성범죄 피해자 진술의 증명력을 제한 없이 인정하여야 한다거나 그에 따라 해당 공소사실을 무조건 유죄로 판단해야 한다는 의미는 아니다. (대법원 2024. 1. 4. 선고 2023도13081 판결)
>
> **[동지]** 피고인의 친딸로 가족관계에 있던 피해자가 '마땅히 그러한 반응을 보여야만 하는 피해자'로 보이지 않는다는 이유만으로 피해자 진술의 신빙성을 함부로 배척할 수 없다. 그리고 친족관계에 의한 성범죄를 당하였다는 피해자의 진술은 피고인에 대한 이중적인 감정, 가족들의 계속되는 회유와 압박 등으로 인하여 번복되거나 불분명해질 수 있는 특수성이 있다는 점을 고려해야 한다. (대법원 2020. 8. 20. 선고 2020도6965, 2020전도74(병합) 판결)
>
> **[참고]** 대법원은 행정소송에서 최초로 '성인지 감수성(gender sensitivity)'을 법적 판단기준으로 채택하였고,[24] 이후 2018도7709 등 판례들을 통해 형사재판으로 적용범위를 확대시켰다. 현재 성범죄 사건 실무상 가장 영향력 있는 판례들 중 하나이다. 한편, 대법원은 2023도13081 판결을 통하여 2018도7709 등 판례의 법리를 그대로 이어가되, 다만 성범죄 피해자 진술의 증명력을 제한 없이 인정하여야 한다는 것은 아니라는 취지로 법리를 덧붙였다.

이하 성범죄 판례를 해설할 때는 판결 당시 법령에 따른 정확한 죄명에 집착하지 않는다. 해당 판결의 법리, 현행법령 등에 기초하여 죄명을 기재하는 것으로 한다. 성범죄 관련법령은 제·개정이 워낙 빈번하여 당시 판례의 죄명에 집착하면 오히려 혼동을 야기한다.

---

24 대법원 2018. 4. 12. 선고 2017두74702 판결

Ⅱ 강간죄

형법 제297조(강간) 폭행 또는 협박으로 사람을 강간한 자는 3년 이상의 유기징역에 처한다.	
例規 제297조 강간	미수 ○ 예비·음모 ○

> 🔍 **핵심단어**
> - ① 폭행·협박 ② 사람 ③ 강간
> - 폭행·협박은 피해자의 항거를 불가능·현저 곤란하게 할 정도여야 함
> - 폭행·협박과 강간은 인과관계만 있으면 족하지 반드시 폭행·협박이 선행할 필요는 없음

1. 객체

"사람"으로서 남녀를 불문한다. 구 형법은 강간죄의 객체를 '부녀'로 정하고 있어 법률상의 처, 성전환자가 객체가 될 수 있는지 문제 되었지만, 판례는 모두 긍정하였다.

> **판례** 법률상의 처 – 구 형법상 강간죄의 객체인 '부녀' ○
> 강간죄의 보호법익이 현재 또는 장래의 배우자인 남성을 전제로 한 관념으로 인식될 수 있는 '여성의 정조' 또는 '성적 순결'이 아니라, 자유롭고 독립된 개인으로서 여성이 가지는 성적 자기결정권이라는 사회 일반의 보편적 인식과 법감정을 반영한 것으로 볼 수 있다. 부부 사이에 민법상의 동거의무가 인정된다고 하더라도 거기에 폭행, 협박에 의하여 강요된 성관계를 감내할 의무가 내포되어 있다고 할 수 없다. … (중략) … 혼인관계가 파탄된 경우뿐만 아니라 혼인관계가 실질적으로 유지되고 있는 경우에도 남편이 반항을 불가능하게 하거나 현저히 곤란하게 할 정도의 폭행이나 협박을 가하여 아내를 간음한 경우에는 강간죄가 성립한다고 보아야 한다. (대법원 2013. 5. 16. 선고 2012도14788, 2012전도252 전원합의체 판결) **표준**

> **판례** 성전환자 – 구 형법상 강간죄의 객체인 '부녀' ○ (대법원 2009. 9. 10. 선고 2009도3580 판결) **표준**

2. 폭행·협박

폭행·협박은 피해자의 항거를 불가능하게 하거나 현저히 곤란하게 할 정도의 것이어야 한다.

판례 강간죄의 폭행·협박 – 피해자 항거를 불가능·현저 곤란하게 할 정도여야 함

강간죄가 성립하려면 가해자의 폭행·협박은 피해자의 항거를 불가능하게 하거나 현저히 곤란하게 할 정도의 것이어야 하고, 그 폭행·협박이 피해자의 항거를 불가능하게 하거나 현저히 곤란하게 할 정도의 것이었는지 여부는 그 폭행·협박의 내용과 정도는 물론, 유형력을 행사하게 된 경위, 피해자와의 관계, 성교 당시와 그 후의 정황 등 모든 사정을 종합하여 판단하여야 한다. (대법원 2007. 1. 25. 선고 2006도5979 판결)

판례 피고인이 피해자를 여관방으로 유인한 뒤 문 잠그고 "옆방에 친구들 많다. 한 명하고 할래, 여러 명하고 할래?"라고 말하며 성행위를 요구함 – 강간죄(폭행·협박) ○ (대법원 2000. 8. 18. 선고 2000도1914 판결)

판례 노래방 도우미인 피해자가 울면서 하지 말라 하고 "사람 살려"라고 소리를 지르며 반항하였음에도 강간함 – 강간죄(폭행·협박) ○ (대법원 2005. 7. 28. 선고 2005도3071 판결)

참고 나아가 피해자에게 외음부찰과상 등이 발생하여 강간치상죄가 성립한다고 보았다.

판례 피고인이 유부녀 피해자에게 ① 혼인 외 성관계 사실을 폭로하겠다고 협박하고 ② 폭력조직 부하들을 동원하여 신체 등에 위해를 가할 수도 있다고 협박하여 간음·추행함 – 강간죄(폭행·협박) ○ (대법원 2007. 1. 25. 선고 2006도5979 판결)

판례 피고인이 간음을 시도하자 피해자가 "죽은 시어머니를 위한 제청방에서 이런 짓을 하면 벌 받는다"고 말하며 안방으로 장소를 옮겨 간음하였고, 피해자는 시아버지로부터 전화를 받았음에도 구원을 요청하지 않은 경우 – 강간죄(폭행·협박) × (대법원 1991. 5. 28. 선고 91도546 판결)

판례 수면제 등 약물투약하여 피해자를 수면, 의식불명에 이르게 하고 강간 – 강간치상죄 ○

수면제 등 약물을 투약하여 피해자를 일시적으로 수면 또는 의식불명 상태에 이르게 한 경우에 약물로 인하여 피해자의 건강상태가 나쁘게 변경되고 생활기능에 장애가 초래되었다면 이는 상해에 해당한다. (대법원 2017. 7. 11. 선고 2015도3939 판결)

동지 수면내시경검사 직후 전신마취제를 투여하고 간음 – 강간죄 ○ (준강간죄 ×) (부산고등법원 2008. 4. 16. 선고 2008노47 판결)

해설 ① 마취된 피해자의 심신상실·항거불능을 이용하여 간음했다면 **준강간죄**가 성립한다. ② 이에 반해 강간을 할 고의로 마취제로 피해자의 심신상실·항거불능을 일으켜 간음했다면 **강간(치상)죄**가 성립한다.

3. 강간

강간행위란 폭행·협박에 의하여 반항이 억압된 상대방과 간음하는 것을 말한다.

판례 폭행·협박이 반드시 간음행위보다 선행될 필요는 없음

강간죄에서의 폭행·협박과 간음 사이에는 인과관계가 있어야 하나, 폭행·협박이 반드시 간음행위보다

선행되어야 하는 것은 아니다. ⋯ (중략) ⋯ 피고인은 피해자의 의사에 반하여 기습적으로 자신의 성기를 피해자의 성기에 삽입하고, 피해자가 움직이지 못하도록 반항을 억압한 다음 간음행위를 계속한 사실을 알 수 있다. 이와 같은 피고인의 행위는, 비록 간음행위를 시작할 때 폭행·협박이 없었다고 하더라도 간음행위와 거의 동시 또는 그 직후에 피해자를 폭행하여 간음한 것으로 볼 수 있고, 이는 강간죄를 구성한다. (대법원 2017. 10. 12. 선고 2016도16948, 2016전도156 판결)

강간죄의 기수·미수를 살펴본다. ① 강간죄는 폭행·협박을 개시한 때에 실행의 착수가 인정되고, ② 남자의 성기가 여자의 성기 속에 들어가기 시작하는 순간에 기수가 인정된다.

[판례] 새벽 4시 여자 혼자 있는 방문을 쾅쾅쾅 치고 베란다를 통해 침입 시도 – 강간미수죄(착수) ○
피고인이 간음할 목적으로 새벽 4시에 여자 혼자 있는 방문 앞에 가서 피해자가 방문을 열어 주지 않으면 부수고 들어갈 듯한 기세로 방문을 두드리고 피해자가 위험을 느끼고 창문에 걸터 앉아 가까이 오면 뛰어 내리겠다고 하는데도 베란다를 통하여 창문으로 침입하려고 하였다면 강간의 수단으로서의 폭행에 착수하였다고 할 수 있으므로 강간의 착수가 있었다고 할 것이다. (대법원 1991. 4. 9. 선고 91도288 판결) **표준**

[판례] 차량 운전자가 동승자를 강간하기로 마음먹고 50km 속도로 주행하며 여관 앞에 도착함 – 강간미수죄(착수) ○
피고인이 피해자가 자동차에서 내릴 수 없는 상태에 있음을 이용하여 강간하려고 결의하고, 주행중인 자동차에서 탈출불가능하게 하여 외포케 하고 50킬로미터를 운행하여 여관 앞까지 강제연행한 후 강간하려다 미수에 그친 경우 위 협박은 감금죄의 실행의 착수임과 동시에 강간미수죄의 실행의 착수라고 할 것이다. (대법원 1983. 4. 26. 선고 83도323 판결)

[판례] 피고인이 주거침입하여 사촌동생인 피해자의 가슴과 엉덩이를 만졌으나 피해자가 "야!!" 하자 후다닥 도망 – 강간미수죄(착수) ✕
강간죄의 실행의 착수가 있었다고 하려면 강간의 수단으로서 폭행이나 협박을 한 사실이 있어야 할 터인데 피고인이 강간할 목적으로 피해자의 집에 침입하였다 하더라도 안방에 들어가 누워 자고 있는 피해자의 가슴과 엉덩이를 만지면서 간음을 기도하였다는 사실만으로는 강간의 수단으로 피해자에게 폭행이나 협박을 개시하였다고 하기는 어렵다. (대법원 1990. 5. 25. 선고 90도607 판결)
참고 원심은 (대법원과 달리) 강간미수죄를 인정하였는데 이를 통해 사실관계를 자세히 발굴한다. '피고인은 1989.7.18. 02:50경 자기의 사촌여동생인 피해자(여, 18세)를 강간할 목적으로 경남 산청읍 소재 위 피해자의 집에 담을 넘어 침입한 후 안방에 들어가 누워 자고있던 위 피해자의 가슴과 엉덩이를 만지면서 피해자를 강간하려 하였으나 위 피해자가 야 하고 크게 고함을 치자 도망감으로서 그 목적을 이루지 못하고 미수에 그쳤다'고 보았다.

4. 죄수

> **판례** 피해자를 1회 간음하고 200m 쯤 오다가 다시 1회 간음하여 강간죄 - 포괄일죄(접속범) (대법원 1970. 9. 29. 선고 70도1516 판결)

> **비교** 피해자를 1회 강간하여 상처입게 한 후 약 1시간 후에 장소를 옮겨 다시 강간 - ① 강간치상죄 ② 강간죄 (실체적 경합) (대법원 1987. 5. 12. 선고 87도694 판결)

> **판례** 피해자를 차량에서 강간하려다 미수에 그쳤는데 1시간 30분 후 차량 안에서 강간 - ① 강간미수죄 ② 강간죄 (실체적 경합) (대법원 1996. 9. 6. 선고 96도1763 판결)

Ⅲ 유사강간죄

제297조의2(유사강간) 폭행 또는 협박으로 사람에 대하여 구강, 항문 등 신체(성기는 제외한다)의 내부에 성기를 넣거나 성기, 항문에 손가락 등 신체(성기는 제외한다)의 일부 또는 도구를 넣는 행위를 한 사람은 2년 이상의 유기징역에 처한다.	
例規 제297조의2 유사강간	미수 ○ 예비·음모 ○

🔍 핵심단어
- ① 폭행·협박 ② 구강, 항문 등 신체 내부에 성기를 넣거나 ③ 성기, 항문에 손가락 등 신체의 일부 또는 도구를 넣음
- 폭행·협박은 피해자의 항거를 불가능·현저 곤란하게 할 정도여야 함

Ⅳ 강제추행죄

제298조(강제추행) 폭행 또는 협박으로 사람에 대하여 추행을 한 자는 10년 이하의 징역 또는 1천500만 원 이하의 벌금에 처한다.	
例規 제298조 강제추행	미수 ○

🔍 핵심단어
- ① 폭행·협박 ② 사람 ③ 추행

- 폭행 – 상대방의 신체에 대하여 불법한 유형력을 행사
- 협박 – 공포심을 일으킬 수 있는 정도의 해악을 고지
- 추행이란 객관적으로 성적 수치심·혐오감을 유발하여 성적 도덕관념에 반하는 행위

1. 폭행·협박

구 판례는 강제추행죄의 '폭행 또는 협박'의 의미에 관하여 이를 두 가지 유형으로 나누어, 폭행행위 자체가 곧바로 추행에 해당하는 경우(이른바 기습추행형)에는 상대방의 의사를 억압할 정도의 것임을 요하지 않고 상대방의 의사에 반하는 유형력의 행사가 있는 이상 그 힘의 대소강약을 불문한다고 판시하는 한편, 폭행 또는 협박이 추행보다 시간적으로 앞서 그 수단으로 행해진 경우(이른바 폭행·협박 선행형)에는 상대방의 항거를 곤란하게 하는 정도의 폭행 또는 협박이 요구된다고 판시하여 왔다.

신 판례는 강제추행죄의 '폭행 또는 협박'은 상대방의 신체에 대하여 불법한 유형력을 행사(폭행)하거나 일반적으로 보아 상대방으로 하여금 공포심을 일으킬 수 있는 정도의 해악을 고지(협박)하는 것이라고 보았다.

살피건대, 신 판례는 구 판례 영역 중 '폭행·협박 선행형'에서 폭행·협박을 지나치게 좁게 보았던 법리를 수정하여 이를 넓게 보겠다는 데에 초점이 있다. 생각건대, 성범죄 수사·재판 실무에서는 이미 강제추행에 있어서 폭행·협박을 매우 넓게 인정하고 있었던 바, 신판례는 이와 같은 실무상 변화를 수용하는 취지로 볼 수 있다.

> **판례** 강제추행죄의 '폭행 또는 협박' – ① 상대방의 신체에 대하여 불법한 유형력을 행사(폭행) ② 공포심을 일으킬 수 있는 정도의 해악을 고지(협박)
> 강제추행죄의 '폭행 또는 협박'은 상대방의 항거를 곤란하게 할 정도로 강력할 것이 요구되지 아니하고, 상대방의 신체에 대하여 불법한 유형력을 행사(폭행)하거나 일반적으로 보아 상대방으로 하여금 공포심을 일으킬 수 있는 정도의 해악을 고지(협박)하는 것이라고 보아야 한다. 구체적인 이유는 다음과 같다. ① 강제추행죄에서 추행의 수단이 되는 '폭행 또는 협박'에 대해 피해자의 항거가 곤란할 정도일 것을 요구하는 종래의 판례 법리는 강제추행죄의 범죄구성요건이나 자유롭고 평등한 개인의 성적 자기결정권이라는 보호법익과 부합하지 아니한다. …(중략)… 종래의 판례 법리는 피해자의 '항거곤란'이라는 상태적 개념을 범죄구성요건에 포함시켜 폭행 또는 협박의 정도가 일반적인 그것보다 더 높은 수준일 것을 요구하였다. 그에 따라 강제추행죄가 성립하기 위해서는 높은 수준의 의사 억압 상태가 필요하다고 보게 되고, 이는 피해자가 실제로 어떠한 항거를 하였는지 살펴보게 하였으며, 반대로 항거가 없었던 경우에는 그러한 사정을 이유로 성적 자기결정권의 침해를 부정하는 결과를 초래하기도 하였다. 하지만

이와 같이 피해자의 '항거곤란'을 요구하는 것은 여전히 피해자에게 '정조'를 수호하는 태도를 요구하는 입장을 전제하고 있다고 볼 수 있고, 개인의 성적 자유 내지 성적 자기결정권을 보호법익으로 하는 현행 법의 해석으로 더 이상 타당하다고 보기 어렵다.

② 강제추행죄에서 '폭행 또는 협박'은 형법상 폭행죄 또는 협박죄에서 정한 '폭행 또는 협박'을 의미하는 것으로 분명히 정의되어야 하고, 이는 판례 법리와 재판 실무의 변화에 비추어 볼 때 법적 안정성 및 판결에 대한 예측가능성을 높이기 위하여도 필요하다. …(중략)…

③ 강제추행죄의 '폭행 또는 협박'의 의미를 위와 같이 정의한다고 하여 위력에 의한 추행죄와 구별이 불분명해지는 것은 아니다. 위력에 의한 추행죄에서 '위력'이란 사람의 자유의사를 제압하거나 혼란하게 할 만한 일체의 세력을 말하는 것으로, 유형적이든 무형적이든 묻지 아니하는바, 이는 강제추행죄에서의 '폭행 또는 협박'과 개념적으로 구별된다. …(중략)…

어떠한 행위가 강제추행죄의 '폭행 또는 협박'에 해당하는지 여부는 행위의 목적과 의도, 구체적인 행위 태양과 내용, 행위의 경위와 행위 당시의 정황, 행위자와 상대방과의 관계, 그 행위가 상대방에게 주는 고통의 유무와 정도 등을 종합하여 판단하여야 한다. (대법원 2023. 9. 21. 선고 2018도13877 전원합의체 판결)

참고 피고인이 자신의 주거지 방안에서 4촌 친족관계인 피해자 갑(여, 15세)의 학교 과제를 도와주던 중 갑을 양팔로 끌어안은 다음 침대에 쓰러뜨린 후 갑의 가슴을 만짐 – 성폭법상 친족강제추행 ○

판례 피해자와 춤을 추면서 피해자의 유방을 만짐 – 강제추행죄 ○ (대법원 2002. 4. 26. 선고 2001도2417 판결)

참고 구 판례 영역 중 '기습추행형'에 관한 판례이다. 그대로 유지된다.

판례 피고인이 밤길에 17세 여성을 뒤따라가 껴안으려 양팔을 높이 들었다가 피해자가 소리쳐 껴안지 못한 경우 – 아청법 강제추행미수죄 ○

피고인이 밤에 술을 마시고 배회하던 중 버스에서 내려 혼자 걸어가는 피해자 갑(여, 17세)을 발견하고 마스크를 착용한 채 뒤따라가다가 인적이 없고 외진 곳에서 가까이 접근하여 껴안으려 하였으나, 갑이 뒤돌아보면서 소리치자 그 상태로 몇 초 동안 쳐다보다가 다시 오던 길로 되돌아갔다고 하여 아동·청소년의 성보호에 관한 법률 위반으로 기소된 사안 … (중략) … 피고인은 갑을 추행하기 위해 뒤따라간 것으로 추행의 고의를 인정할 수 있고, 피고인이 가까이 접근하여 갑자기 뒤에서 껴안는 행위는 일반인에게 성적 수치심이나 혐오감을 일으키게 하고 선량한 성적 도덕관념에 반하는 행위로서 갑의 성적 자유를 침해하는 행위여서 그 자체로 이른바 '기습추행' 행위로 볼 수 있으므로, 피고인의 팔이 갑의 몸에 닿지 않았더라도 양팔을 높이 들어 갑자기 뒤에서 껴안으려는 행위는 갑의 의사에 반하는 유형력의 행사로서 폭행행위에 해당하며, 그때 '기습추행'에 관한 실행의 착수가 있는데, 마침 갑이 뒤돌아보면서 소리치는 바람에 몸을 껴안는 추행의 결과에 이르지 못하고 미수에 그쳤으므로, 피고인의 행위는 아동·청소년에 대한 강제추행미수죄에 해당한다고 한 사례. (대법원 2015. 9. 10. 선고 2015도6980, 2015모2524(병합) 판결) 표준

참고 구 판례 영역 중 '기습추행형'에 관한 판례이다. 그대로 유지된다.

판례 피고인이 피해자 집에서 갑자기 피해자 상의를 올려 유방 만지고, 하의를 내림 – 강제추행죄 ○ (대법원 1994. 8. 23. 선고 94도630 판결)

참고 구 판례 영역 중 '기습추행형'에 관한 판례이다. 그대로 유지된다.

판례 미용업체 사장이 회식 중 ① 직원의 볼에 입을 맞추고 ② 하지 말라고 거부하였음에도 오른쪽 허벅지를 쓰다듬음 – 강제추행죄 ○

여성인 을이 성적 수치심이나 혐오감을 느낄 수 있는 부위인 허벅지를 쓰다듬은 행위는 을의 의사에 반하여 이루어진 것인 한 을의 성적 자유를 침해하는 유형력의 행사에 해당할 뿐 아니라 일반인에게도 성적 수치심이나 혐오감을 일으키게 하는 추행행위라고 보아야 하는 점, 원심은 무죄의 근거로서 피고인이 을의 허벅지를 쓰다듬던 당시 을이 즉시 피고인에게 항의하거나 반발하는 등의 거부의사를 밝히는 대신 그 자리에 가만히 있었다는 점을 중시한 것으로 보이나, 성범죄 피해자의 대처 양상은 피해자의 성정이나 가해자와의 관계 및 구체적인 상황에 따라 다르게 나타날 수밖에 없다는 점에서 위 사정만으로는 강제추행죄의 성립이 부정된다고 보기 어려운 점 등을 종합할 때 기습추행으로 인한 강제추행죄의 성립을 부정적으로 볼 수 없다. (대법원 2020. 3. 26. 선고 2019도15994 판결)

참고 구 판례 영역 중 '기습추행형'에 관한 판례이다. 그대로 유지된다.

2. 추행

추행이란 행위자의 주관적인 목적을 불문하고, 객관적으로 일반인에게 성적 수치·혐오의 감정을 느끼게 하는 행위를 말한다.

판례 추행 – 객관적으로 일반인에게 성적 수치심·혐오감을 일으키게 하는 행위

'추행'이란 객관적으로 일반인에게 성적 수치심이나 혐오감을 일으키게 하고 선량한 성적 도덕관념에 반하는 행위로서 피해자의 성적 자유를 침해하는 것이고, 이에 해당하는지는 피해자의 의사, 성별, 연령, 행위자와 피해자의 이전부터의 관계, 행위에 이르게 된 경위, 구체적 행위태양, 주위의 객관적 상황과 그 시대의 성적 도덕관념 등을 종합적으로 고려하여 신중히 결정되어야 한다. 그리고 강제추행죄의 성립에 필요한 주관적 구성요건으로 성욕을 자극·흥분·만족시키려는 주관적 동기나 목적이 있어야 하는 것은 아니다. (대법원 2013. 9. 26. 선고 2013도5856 판결)

참고 피고인이 알고 지내던 여성이 자신의 머리채를 잡자 보복의 의미로 여성의 입술, 귀 등을 입으로 깨무는 등의 행위를 함 – 강제추행 ○

판례 추행 – 피해자가 성적 수치심·혐오감을 실제로 느낄 필요 없음

추행 행위에 해당하기 위해서는 객관적으로 일반인에게 성적 수치심이나 혐오감을 일으키게 할 만한 행위로서 선량한 성적 도덕관념에 반하는 행위를 행위자가 대상자를 상대로 실행하는 것으로 충분하고, 그 행위로 말미암아 대상자가 성적 수치심이나 혐오감을 반드시 실제로 느껴야 하는 것은 아니다. (대법원 2021. 10. 28. 선고 2021도7538 판결)

참고 피고인이 놀이터 의자에 앉아 통화를 하고 있는 피해자의 뒤로 몰래 다가가 피해자의 머리카락 및 옷 위에 소변을 보았는데, 피해자는 사건 당시에 이를 알지 못한 경우 – 강제추행죄 ○

[판례] 피고인이 공터에서 피해자들(8세, 7세)에게 다가가 피해자들을 끌어안고 음부를 1회 만짐 – 성폭법 13세미만 강제추행죄 ○

피고인의 위 행위는 순간적인 행위이지만 피해자들의 의사에 반하여 행하여진 유형력의 행사로서, 객관적으로 일반인에게 성적 수치심이나 혐오감을 불러일으키고 선량한 성적 도덕관념에 반하는 행위에 해당하고, 그로 인하여 정신적·육체적으로 미숙한 피해자들의 심리적 성장 및 성적 정체성의 형성에 부정적 영향을 미쳤다고 할 것이므로, 앞서 본 법리에 비추어 볼 때 강제추행행위에 해당한다. (대법원 2012. 6. 14. 선고 2012도3893, 2012감도14, 2012전도83 판결)

[판례] 피고인이 엘리베이터에서 피해자를 칼로 위협하여 꼼짝 못하도록 하여 실력지배하에 둔 다음 자위행위 모습을 보여준 행위 – 강제추행죄 ○

피고인이 엘리베이터라는 폐쇄된 공간에서 피해자들을 칼로 위협하는 등으로 꼼짝하지 못하도록 자신의 실력적인 지배하에 둔 다음 피해자들에게 성적 수치심과 혐오감을 일으키는 자신의 자위행위 모습을 보여 주고 피해자들로 하여금 이를 외면하거나 피할 수 없게 한 행위는 강제추행죄의 추행에 해당한다. (대법원 2010. 2. 25. 선고 2009도13716 판결)

[비교] 피고인이 엘리베이터에서 피해자(여, 11세)를 향하여 성기를 꺼내어 잡고 여러 방향으로 움직이다가 놀란 피해자 쪽으로 가까이 다가감 – 성폭법 13세미만 위력추행죄 ○

피고인은 나이 어린 甲을 범행 대상으로 삼아, 의도적으로 협소하고 폐쇄적인 엘리베이터 내 공간을 이용하여 甲이 도움을 청할 수 없고 즉시 도피할 수도 없는 상황을 만들어 범행을 한 점 등 제반 사정에 비추어 볼 때, 비록 피고인이 甲의 신체에 직접적인 접촉을 하지 아니하였고 엘리베이터가 멈춘 후 甲이 위 상황에서 바로 벗어날 수 있었다고 하더라도, 피고인의 행위는 甲의 성적 자유의사를 제압하기에 충분한 세력에 의하여 추행행위에 나아간 것으로서 위력에 의한 추행에 해당한다. (대법원 2013. 1. 16. 선고 2011도7164, 2011전도124 판결)

[비교] 공개된 도로에서 바지를 벗어 피해자(여, 48세)에게 성기를 보여줌 – 강제추행죄 ×

피고인이 피해자 甲(여, 48세)에게 욕설을 하면서 자신의 바지를 벗어 성기를 보여준 경우, 甲의 성별·연령, 행위에 이르게 된 경위, 甲에 대하여 어떠한 신체 접촉도 없었던 점, 행위장소가 사람 및 차량의 왕래가 빈번한 도로로서 공중에게 공개된 곳인 점, 피고인이 한 욕설은 성적인 성질을 가지지 아니하는 것으로서 '추행'과 관련이 없는 점, 甲이 자신의 성적 결정의 자유를 침해당하였다고 볼 만한 사정이 없는 점 등 제반 사정을 고려할 때, 단순히 피고인이 바지를 벗어 자신의 성기를 보여준 것만으로는 폭행 또는 협박으로 '추행'을 하였다고 볼 수 없다. (대법원 2012. 7. 26. 선고 2011도8805 판결) **표준**

해설 ① 위 판례는 칼로 위협한 후 추행행위가 이루어졌으므로 '일반추행'으로 분류할 수 있다. ② 첫 번째 비교판례는 강제추행이 아니라 '위력에 의한 추행'이라는 점을 기억해야 한다. ③ 두 번째 비교판례는 '추행' 자체가 부정되었다는 점을 기억해야 한다.

[판례] 피고인이 골프장 여종업원들에게 골프장 사장과의 친분관계를 내세워 신분상 불이익을 가할 것처럼 협박하여 러브샷 방법으로 술을 마심 – 강제추행죄 ○ (대법원 2008. 3. 13. 선고 2007도10050 판결)

[판례] 취한 양부가 입양한 딸(10세)과 잠을 자다가 다리로 딸의 몸을 누르며 엉덩이, 가슴 만짐 – 성폭법 친족관계 강제추행죄 ○ (대법원 2008. 4. 10. 선고 2007도9487 판결)

[판례] 직장 상사가 등 뒤에서 피해자의 의사에 명백히 반하여 어깨를 주무른 경우 – 성폭법 업무상 위

력추행죄 ○ (대법원 2004. 4. 16. 선고 2004도52 판결)

판례 회사 대표가 회식 중 ① 직원인 피해자에게 결혼 여부 등에 관하여 이야기하던 중 왼팔로 피해자의 머리를 감싸며 헤드락하고, ② 잠시 후 양손으로 피해자의 머리카락을 잡고 흔들고, ③ 잠시 후 피해자의 어깨를 수회 침 – 강제추행죄 ○ (대법원 2020. 12. 24. 선고 2020도7981 판결)

판례 피고인이 피해자(여, 2세)에게 사탕을 주며 나이를 물었는데, 피해자가 아무 대답 않자 대답을 재촉하는 상황에서 피해자의 어머니가 피해자의 팔을 잡아끌면서 피고인의 손이 피해자의 몸 부분 옷 위로 잠시 닿았던 경우 – 성폭법 13세미만 강제추행죄 × (대법원 2017. 10. 31. 선고 2016도21231 판결)

판례 육군 중대장이 소속 중대원들의 젖꼭지 등 특정 신체부위를 비틀거나 때린 경우 – 군형법 추행죄 × 군형법 제92조의 추행죄는 군 내부의 건전한 공적생활을 영위하고, 이른바 군대가정의 성적 건강을 유지하기 위하여 제정된 것으로서, 주된 보호법익은 '개인의 성적 자유'가 아니라 '군이라는 공동사회의 건전한 생활과 군기'라는 사회적 법익이다. 육군 중대장이 소속 중대원들의 젖꼭지 등 특정 신체부위를 비틀거나 때린 사안에서, 장소의 공개성, 범행시각, 피해자들이 불특정 다수인 점 등에 비추어 군이라는 공동사회의 건전한 생활과 군기를 침해하는 비정상적인 성적 만족 행위라고 보기 어려우므로, 군형법 제92조의 추행죄에 해당하지 않는다. (대법원 2008. 5. 29. 선고 2008도2222 판결)

해설 ① 위 판례사건 당시 군형법 제92조는 "계간 기타 추행을 한 자는 1년 이하의 징역에 처한다."라 규정하였다. 이 규정은 폭행이나 협박을 수단으로 요구하지 않고, 상호 간의 합의에 의한 성적 행위를 처벌하기 위한 규정이다. 보호법익 역시 성적 자기결정권이 아니라 군 내부의 건전한 생활과 군기이다.[25][26] 위 규정은 군형법 제92조의6으로 옮겨 지금까지도 남아있다.[27] ② 2009년 군형법 개정을 통해 '군인'을 객체로 한 성범죄가 군형법상 범죄로 신설되었다(군형법 제92조 내지 제92조의8). 이에 실무상 군인에 대한 강간, 강제추행 등의 범죄는 군형법으로 의율된다. 군형법상 성범죄는 최소 징역형으로 벌금형이 없다.

판례 피고인이 차량 안에서 운전 연수를 받던 甲의 운전이 미숙하다는 이유로 주먹으로 甲의 오른쪽 허벅지를 1회 밀침 – 강제추행죄 × (대법원 2024. 8. 1. 선고 2024도3061 판결)

강제추행죄가 자수범인지 여부가 문제되었으나 판례는 부정하였다. 즉 강제추행은 간접정범의 형태로도 범할 수 있다.

---

25 고석, 온주 군형법 제92조의6, 2019.

26 대법원 2022. 4. 21. 선고 2019도3047 전원합의체 판결은 동성인 군인 사이의 항문성교 및 그 유사행위가 사적 공간에서 자발적 의사 합치에 따라 이루어진 사건에서 "군형법 제92조의6는 동성인 군인 사이의 항문성교나 그 밖에 이와 유사한 행위가 사적 공간에서 자발적 의사 합치에 따라 이루어지는 등 군이라는 공동사회의 건전한 생활과 군기를 직접적, 구체적으로 침해한 것으로 보기 어려운 경우에는 적용되지 않는다"고 판시하였다. 따라서 향후 이 규정은 동성인 군인 사이의 항문성교 등이 군의 건전한 생활과 군기를 직접적, 구체적으로 침해한 경우에 한하여 적용될 것인바, 그 장소가 군부대인지 여부, 행위 시간이 근무시간인지 여부, 행위자가 공동의 직무를 수행하는지 여부, 지휘관계인지 여부 등이 핵심요소로 고려될 것으로 보인다.

27 군형법 제92조의6(추행) 제1조제1항부터 제3항까지에 규정된 사람에 대하여 항문성교나 그 밖의 추행을 한 사람은 2년 이하의 징역에 처한다.

> **판례** 성인인 피해자를 협박하여 피해자로 하여금 자위영상을 촬영케하고 이를 전송받음 – 강제추행죄 간접정범 ○
>
> 강제추행죄는 사람의 성적 자유 내지 성적 자기결정의 자유를 보호하기 위한 죄로서 정범 자신이 직접 범죄를 실행하여야 성립하는 자수범이라고 볼 수 없으므로, 처벌되지 아니하는 타인을 도구로 삼아 피해자를 강제로 추행하는 간접정범의 형태로도 범할 수 있다. 여기서 강제추행에 관한 간접정범의 의사를 실현하는 도구로서의 타인에는 피해자도 포함될 수 있으므로, 피해자를 도구로 삼아 피해자의 신체를 이용하여 추행행위를 한 경우에도 강제추행죄의 간접정범에 해당할 수 있다. (대법원 2018. 2. 8. 선고 2016도17733 판결) **표준**
>
> **비교** 아동청소년인 피해자를 협박하여 성착취물을 촬영케 한 경우 – 아청법 성착취물 제작죄 ○ (대법원 2018. 1. 25. 선고 2017도18443 판결)

Ⅴ 준강간죄·준강제추행죄

> **제299조(준강간, 준강제추행)** 사람의 심신상실 또는 항거불능의 상태를 이용하여 간음 또는 추행을 한 자는 제297조, 제297조의2 및 제298조의 예에 의한다.

例規 제299조 준강간, 준유사강간, 준강제추행	미수 ○ 예비·음모 ○[28]

> 🔍 **핵심단어**
>
> • ① 심신상실 또는 항거불능의 상태를 이용하여 ② 간음 또는 추행
> • 심신상실이란 ① 정신기능 장애로 ② 정상적 판단능력 없는 상태
> • 항거불능이란 ① 심리적·물리적으로 ② 반항이 절대불가·현저곤란한 상태

1. 심신상실 또는 항거불능 상태를 이용

관련 판례를 살펴본다.

> **판례** ① 심신상실 – 정신기능 장애로 정상적 판단능력 없는 상태 ② 항거불능 – 심리적·물리적으로 반항이 절대불가·현저곤란

---

28 예비, 음모죄는 준강간죄에 한정한다(형법 제305조의3).

준강간죄에서 ① '심신상실'이란 정신기능의 장애로 인하여 성적 행위에 대한 정상적인 판단능력이 없는 상태를 의미하고, ② '항거불능'의 상태란 심신상실 이외의 원인으로 심리적 또는 물리적으로 반항이 절대적으로 불가능하거나 현저히 곤란한 경우를 의미한다. 이는 준강제추행죄의 경우에도 마찬가지이다. 피해자가 깊은 잠에 빠져 있거나 술·약물 등에 의해 일시적으로 의식을 잃은 상태 또는 완전히 의식을 잃지는 않았더라도 그와 같은 사유로 정상적인 판단능력과 대응·조절능력을 행사할 수 없는 상태에 있었다면 준강간죄 또는 준강제추행죄에서의 심신상실 또는 항거불능 상태에 해당한다. (대법원 2021. 2. 4. 선고 2018도9781 판결)

[판례] 교회 여신도들이 종교적 믿음이 무너지는 충격에 따른 당황·경악 등 정신적 혼란에 빠져있을 때 교회 노회장이 간음·추행함 – 준강간(준강제추행)죄 ○ (대법원 2009. 4. 23. 선고 2009도2001 판결) 표준
[동지] 교회 목사인 피고인이 교인들로 하여금 피고인의 사업체에서 일하며 단체생활을 하도록 하고 교인들에게 마치 자신이 '선지자'인 것처럼 성경을 왜곡하여 설교하는 등 절대적인 지위를 유지하는 상황에서 여성 신도들을 간음·추행함 – 준강간(준강제추행)죄 ○ (대법원 2021. 8. 26. 선고 2021도7497 판결)

[판례] 피해자가 잠결에 피고인을 자신의 애인으로 착각하여 반항하지 않고 성교 – 준강간죄(객체) ✕ 피고인이 술에 취하여 안방에서 잠을 자고 있던 피해자를 발견하고 갑자기 욕정을 일으켜 피해자의 옆에 누워 피해자의 몸을 더듬다가 피해자의 바지를 벗기려는 순간 피해자가 어렴풋이 잠에서 깨어났으나 피해자는 잠결에 자신의 바지를 벗기려는 피고인을 자신의 애인으로 착각하여 반항하지 않고 응함에 따라 피해자를 1회 간음한 사실을 인정한 다음, 이와 같이 피해자가 잠결에 피고인을 자신의 애인으로 잘못 알았다고 하더라도 피해자의 위와 같은 의식상태를 심신상실의 상태에 이르렀다고 보기 어렵다. (대법원 2000. 2. 25. 선고 98도4355 판결)

[비교] 피고인이 피해자가 심신상실 또는 항거불능의 상태에 있다고 인식하고 그러한 상태를 이용하여 간음할 의사로 피해자를 간음하였으나, 실제로는 피해자가 심신상실 또는 항거불능의 상태에 있지 않은 경우 – 준강간죄의 불능미수 ○
이 경우, 실행의 수단 또는 대상의 착오로 인하여 준강간죄에서 규정하고 있는 구성요건적 결과의 발생이 처음부터 불가능하였고 실제로 그러한 결과가 발생하였다고 할 수 없다. 피고인이 준강간의 실행에 착수하였으나 범죄가 기수에 이르지 못하였으므로 준강간죄의 미수범이 성립한다. 피고인이 행위 당시에 인식한 사정을 놓고 일반인이 객관적으로 판단하여 보았을 때 준강간의 결과가 발생할 위험성이 있으므로 준강간죄의 불능미수가 성립한다. (대법원 2019. 3. 28. 선고 2018도16002 전원합의체 판결) 표준

해설 비교판례로 인하여 위 판례가 변경·폐기되었다고 보기 어렵다. 두 판례는 ① 피해자의 성적 자기결정권 침해 여부 및 정도 ② 피고인의 고의 등에서 차이가 있다.
① 위 판례의 경우, 피해자가 피고인을 자신의 애인으로 알고 '불을 끄라'고 말했다는 점, 성교 중 피고인에게 '누구냐'고 물었다는 점, 피고인이 여관에 가자고 하자 피해자는 '그냥 빨리 하라'고 말했다는 점 등을 근거로 피해자의 성적 자기결정권에 대한 심각한 침해가 없었음을 고려한 것으로 보인다. 반면 **비교판례**의 경우, 피해자가 '너무 무서워서 소리 내지 못했다.'고 진술했다는 점, 성교가 합의하에 이루어졌다고 추단할 수 없다는 점 등을 근거로 성적 자기결정권에 대한 심각한 침해가 있었음을 고려한 것으로 보인다.
② 이를 뒤집어 피고인의 고의에 대해서도 생각해보자. 위 **판례**의 경우, 피해자와 계속하여 대화하였으므로 준강간의 고의가 인정되기 어려운 데 반하여, **비교판례**의 경우, 피해자는 계속하여 술에 취해 자는 척하고 있었으므로 준강간의 고의는 인정될 것이다. 이처럼 두 판례는 사실관계를 달리한다.

'알코올 블랙아웃'과 '의식상실'에 관한 최신 판례를 살펴본다.

> [판례] ① 블랙아웃 – 심신상실·항거불능 × ② 의식상실(passing out) – 심신상실·항거불능 ○
> 음주 후 준강간 또는 준강제추행을 당하였음을 호소한 피해자의 경우, ① 범행 당시 알코올이 위의 기억형성의 실패만을 야기한 알코올 블랙아웃 상태였다면 피해자는 기억장애 외에 인지기능이나 의식 상태의 장애에 이르렀다고 인정하기 어렵지만, 이에 비하여 ② 피해자가 술에 취해 수면상태에 빠지는 등 의식을 상실한 패싱아웃 상태였다면 심신상실의 상태에 있었음을 인정할 수 있다. 또한 '준강간죄 또는 준강제추행죄에서의 심신상실·항거불능'의 개념에 비추어, 피해자가 의식상실 상태에 빠져 있지는 않지만 알코올의 영향으로 의사를 형성할 능력이나 성적 자기결정권 침해행위에 맞서려는 저항력이 현저하게 저하된 상태였다면 '항거불능'에 해당하여, 이러한 피해자에 대한 성적 행위 역시 준강간죄 또는 준강제추행죄를 구성할 수 있다.[29] (대법원 2021. 2. 4. 선고 2018도9781 판결)

2. 간음 또는 추행

준강간의 착수에 관한 판례를 살펴본다.

> [판례] 준강간 착수 – 피해자의 항거불능의 상태를 이용하여 간음을 할 의도를 가지고 간음의 수단이라고 할 수 있는 행동을 시작
> 피고인이 잠을 자고 있는 피해자의 옷을 벗긴 후 자신의 바지를 내린 상태에서 피해자의 음부 등을 만지고 자신의 성기를 피해자의 음부에 삽입하려고 하였으나 피해자가 몸을 뒤척이고 비트는 등 잠에서 깨어 거부하는 듯한 기색을 보이자 더 이상 간음행위에 나아가는 것을 포기한 경우, 준강간죄의 실행에 착수하였다고 본 사례. (대법원 2000. 1. 14. 선고 99도5187 판결)
>
> [판례] 피고인이 피해자 甲(여, 18세)과 성관계를 할 의사로 술에 취하여 모텔 침대에 잠들어 있는 甲의 속바지를 벗기다가 甲이 깨어나자 중단함 – 아청법 준강간 미수죄 ○ (대법원 2019. 2. 14. 선고 2018도19295 판결)

---

29 판결요지를 추가로 덧붙인다. 의학적 개념으로서의 ① '알코올 블랙아웃(black out)'은 중증도 이상의 알코올 혈중농도, 특히 단기간 폭음으로 알코올 혈중농도가 급격히 올라간 경우 그 알코올 성분이 외부 자극에 대하여 기록하고 해석하는 인코딩 과정(기억형성에 관여하는 뇌의 특정 기능)에 영향을 미침으로써 행위자가 일정한 시점에 진행되었던 사실에 대한 기억을 상실하는 것을 말한다. 알코올 블랙아웃은 인코딩 손상의 정도에 따라 단편적인 블랙아웃과 전면적인 블랙아웃이 모두 포함한다. 그러나 ② 알코올의 심각한 독성화와 전형적으로 결부된 형태로서의 의식상실의 상태, 즉 알코올의 최면진정작용으로 인하여 수면에 빠지는 의식상실(passing out)과 구별되는 개념이다.

VI 미성년자의제 강간·강제추행죄

> **제305조(미성년자에 대한 간음, 추행)** ① 13세 미만의 사람에 대하여 간음 또는 추행을 한 자는 제297조, 제297조의2, 제298조, 제301조 또는 제301조의2의 예에 의한다.
> ② 13세 이상 16세 미만의 사람에 대하여 간음 또는 추행을 한 19세 이상의 자는 제297조, 제297조의2, 제298조, 제301조 또는 제301조의2의 예에 의한다.

例規 제305조 미성년자의제(강간, 유사강간, 강제추행, 강간상해, 강간치상, 강간살인, 강간치사, 강제추행상해, 강제추행치상, 강제추행살인, 강제추행치사)	미수 ○[30] 예비·음모 ○

🔍 **핵심단어**
- ① 13세 미만의 사람을 ② 간음·추행
- ① 19세 이상의 자가 ② 13세 이상 16세 미만의 사람을 ③ 간음·추행

구 형법상 본죄의 객체는 13세 미만의 사람이었으나, 제305조 제2항이 신설되어 16세 미만의 사람으로 객체가 확대되었다(2020. 5. 19. 신설). 의제강간의 객체 확대는 아동·청소년의 정상적인 성적 발육을 보호한다는 측면에서는 긍정적이나, 13세 이상 16세 미만 청소년의 성적 자기결정권을 지나치게 제약한다는 측면에서는 부정적일 것이다.

> **판례** 의제강간 등은 피해자의 동의가 있더라도 성립
> 형법 제305조에 규정된 13세미만 부녀에 대한 의제강간, 추행죄는 그 성립에 있어 위계 또는 위력이나 폭행 또는 협박의 방법에 의함을 요하지 아니하며 피해자의 동의가 있었다고 하여도 성립하는 것이다. (대법원 1982. 10. 12. 선고 82도2183 판결)
> **참고** 13세미만인 사람과 합의 하에 간음하여 상해를 입게함 – 미성년자의제강간치상죄 ○
>
> **판례** 성욕을 자극·흥분·만족시키려는 주관적 동기·목적은 불요함
> 형법 제305조의 미성년자의제강제추행죄는 '13세 미만의 아동이 외부로부터의 부적절한 성적 자극이나 물리력의 행사가 없는 상태에서 심리적 장애 없이 성적 정체성 및 가치관을 형성할 권익'을 보호법익으로 하는 것으로서, 그 성립에 필요한 주관적 구성요건요소는 고의만으로 충분하고, 그 외에 성욕을 자극·흥분·만족시키려는 주관적 동기나 목적까지 있어야 하는 것은 아니다. (대법원 2006. 1. 13. 선고 2005도6791 판결)
> **참고** 남교사인 피고인이 교실에서 초등학교 4학년 남학생의 성기를 만짐 – 미성년자의제강제추행죄 ○

---

30 상해·치상·살인·치사 부분 제외

미성년자의제 강간죄 등의 미수범도 처벌함

형법 제305조에서 규정한 형법 제297조와 제298조의 '예에 의한다'는 의미는 미성년자의제강간·강제추행죄의 처벌에 있어 그 법정형뿐만 아니라 미수범에 관하여도 강간죄와 강제추행죄의 예에 따른다는 취지로 해석되고, 이러한 해석이 형벌법규의 명확성의 원칙에 반하는 것이거나 죄형법정주의에 의하여 금지되는 확장해석이나 유추해석에 해당하는 것으로 볼 수 없다. (대법원 2007. 3. 15. 선고 2006도9453 판결)

참고 미성년자의제 강간죄 등을 규정한 제305조가 미수범 처벌규정인 제300조를 명시적으로 채택하고 있지 않지만 '예에 의한다'는 문언의 의미상 제300조까지 포함하여 채택한 것으로 해석해야 한다는 취지이다.

Ⅶ 강간상해 · 치상죄, 강간살인 · 치사죄

제301조(강간 등 상해·치상) 제297조, 제297조의2 및 제298조부터 제300조까지의 죄를 범한 자가 사람을 상해하거나 상해에 이르게 한 때에는 무기 또는 5년 이상의 징역에 처한다.

제301조의2(강간등 살인·치사) 제297조, 제297조의2 및 제298조부터 제300조까지의 죄를 범한 자가 사람을 살해한 때에는 사형 또는 무기징역에 처한다. 사망에 이르게 한 때에는 무기 또는 10년 이상의 징역에 처한다.

例規 제301조 (제297조, 제297조의2, 제298조, 제299조 각 죄명)(상해, 치상) 　　　제301조의2 (제297조, 제297조의2, 제298조, 제299조 각 죄명)(살인, 치사)	미수 × 예비·음모 ○[31]

🔍 **핵심단어**

• ① 강간죄, 유사강간죄, 강제추행죄, 준강간죄, 준강제추행죄, 미성년자의제강간죄, 미성년자의제강제추행죄 및 그 미수범 ② 상해·살해하거나 이르게 함

1. 주체

강간죄, 유사강간죄, 강제추행죄, 준강간죄, 준강제추행죄, 미성년자의제강간죄, 미성년자의제강제추행죄 및 그 미수범을 범한 자가 주체가 된다.

---

31 예비, 음모죄는 강간 등 상해죄에 한정한다(형법 제305조의3).

판례 강간이 미수에 그쳤으나 상해의 결과가 발생한 경우 – 강간치상죄 ○

강간이 미수에 그친 경우라도 그 수단이 된 폭행에 의하여 피해자가 상해를 입었으면 강간치상죄가 성립하는 것이며, 미수에 그친 것이 피고인이 자의로 실행에 착수한 행위를 중지한 경우이든 실행에 착수하여 행위를 종료하지 못한 경우이든 가리지 않는다. (대법원 1988. 11. 8. 선고 88도1628 판결)

2. 행위: 상해, 살해 또는 상해, 사망에 이르게 하는 것

가. 강간 등의 기회

사상의 결과는 간음·추행의 기회에 생겨야 한다. 예컨대, 강간이 모두 종료된 이후에 별개의 범의로 상해를 가하는 경우 강간상해가 아닌 강간죄와 상해죄의 실체적 경합범이 성립한다.

판례 강간의 기회 – ① 강간의 수단 ② 간음행위 자체 ③ 강간 수반 행위 → 사상 발생

강간이 미수에 그치거나 간음의 결과 사정을 하지 않은 경우라도 그로 인하여 피해자가 상해를 입었으면 강간치상죄가 성립하는 것이고, 강간치상죄에 있어 상해의 결과는 ① 강간의 수단으로 사용한 폭행으로부터 발생한 경우뿐 아니라 ② 간음행위 그 자체로부터 발생한 경우나 ③ 강간에 수반하는 행위에서 발생한 경우도 포함하는 것이다. (대법원 1999. 4. 9. 선고 99도519 판결)

판례 강간의 기회가 아닌 별개의 범의를 일으켜 살해 – 강간살인죄 ×

피해자를 2회 강간하여 2주간 치료를 요하는 질입구파열창을 입힌 자가 피해자에게 용서를 구하였으나 피해자가 이에 불응하면서 위 강간사실을 부모에게 알리겠다고 하자 피해자를 살해하여 위 범행을 은폐시키기로 마음먹고 철사줄과 양손으로 피해자의 목을 졸라 질식 사망케 하였다면, 동인의 위와 같은 소위는 강간치상죄와 살인죄의 경합범이 된다. (대법원 1987. 1. 20. 선고 86도2360 판결)

나. 상해

판례 강간 등 치상·상해의 '상해' 판단기준

강간행위에 수반하여 생긴 상해가 극히 경미한 것으로서 굳이 치료할 필요가 없어서 자연적으로 치유되며 일상생활을 하는 데 아무런 지장이 없는 경우에는 강간치상죄의 상해에 해당되지 아니한다고 할 수 있을 터이나, 그러한 논거는 피해자의 반항을 억압할 만한 폭행 또는 협박이 없어도 일상생활 중 발생할 수 있는 것이거나 합의에 따른 성교행위에서도 통상 발생할 수 있는 상해와 같은 정도임을 전제로 하는 것이므로 그러한 정도를 넘는 상해가 그 폭행 또는 협박에 의하여 생긴 경우라면 상해에 해당된다고 할 것이며, 피해자의 건강상태가 나쁘게 변경되고 생활기능에 장애가 초래된 것인지는 객관적, 일률적으로 판단될 것이 아니라 피해자의 연령, 성별, 체격 등 신체, 정신상의 구체적 상태를 기준으로 판단되어야 한다. (대법원 2005. 5. 26. 선고 2005도1039 판결) **표준**

판례 수면제 등 약물 투약하여 피해자 일시적으로 수면·의식불명 상태 이름 – 강간치상죄 ○

수면제와 같은 약물을 투약하여 피해자를 일시적으로 수면 또는 의식불명 상태에 이르게 한 경우에도 약물로 인하여 피해자의 건강상태가 불량하게 변경되고 생활기능에 장애가 초래되었다면 자연적으로 의식을 회복하거나 외부적으로 드러난 상처가 없더라도 이는 강간치상죄나 강제추행치상죄에서 말하는 상해에 해당한다. (대법원 2017. 6. 29. 선고 2017도3196 판결)

판례 강간범이 피해자가 손가락을 깨물자 이를 비틀어 뽑다 피해자 치아결손 발생 – 강간치상죄 ○

피고인이 스스로 야기한 강간범행의 와중에서 피해자가 피고인의 손가락을 깨물며 반항하자 물린 손가락을 비틀며 잡아 뽑다가 피해자에게 치아결손의 상해를 입힌 소위를 가리켜 법에 의하여 용인되는 피난행위라 할 수 없다. (대법원 1995. 1. 12. 선고 94도2781 판결) 표준

판례 피해자의 새로 형성된 처녀막이 강간 과정에서 파열 – 강간치상죄 ○

처녀막은 부녀자의 신체에 있어서 생리조직의 일부를 구성하는 것으로서, 그것이 파열되면 정도의 차이는 있어도 생활기능에 장애가 오는 것이라고 보아야 하고, 처녀막 파열이 그와 같은 성질의 것인 한 비록 피해자가 성경험을 가진 여자로서 특이체질로 인해 새로 형성된 처녀막이 파열되었다 하더라도 강간치상죄를 구성하는 상처에 해당된다. (대법원 1995. 7. 25. 선고 94도1351 판결)

판례 14세 소녀가 소형차 안에서 강간을 모면하려고 저항하며 입은 '무릎 찰과상' – 강간치상죄 ○ (대법원 2005. 5. 26. 선고 2005도1039 판결)

판례 강간 피해자에게 정신과적 증상인 외상 후 스트레스 장애(PTSD) 발생 – 강간치상죄 ○ (대법원 1999. 1. 26. 선고 98도3732 판결)

판례 피고인이 피해자 젖가슴 꽉 잡아 약 10일간 치료 요하는 좌상 등 발생 – 강제추행치상죄 ○ (대법원 2000. 2. 11. 선고 99도4794 판결)

판례 8세인 피해자가 추행 과정에서 입은 외음부염증 – 미성년자의제강제추행치상죄 ○ (대법원 1996. 11. 22. 선고 96도1395 판결)

판례 강간과정에서 발생한 폭행으로 보행불능·수면장애·식욕감퇴 발생 – 강간치상죄 ○ (대법원 1969. 3. 11. 선고 69도161 판결)

판례 강간 과정에서 주먹으로 피해자의 얼굴과 머리를 몇 차례 때려 코피 흘리고 콧등 부음 – 강간치상죄 ○ (대법원 1991. 10. 22. 선고 91도1832 판결)

판례 부녀의 음모를 1회용 면도기로 일부 깎음 – 강제추행치상죄 ✕

음모는 성적 성숙함을 나타내거나 치부를 가려주는 등의 시각적·감각적인 기능 이외에 특별한 생리적 기능이 없는 것이므로, 피해자의 음모의 모근(毛根) 부분을 남기고 모간(毛幹) 부분만을 일부 잘라냄으로써 음모의 전체적인 외관에 변형만이 생겼다면, 이로 인하여 피해자에게 수치심을 야기하기는 하겠지만, 병리적으로 보아 피해자의 신체의 건강상태가 불량하게 변경되거나 생활기능에 장애가 초래되었다

고 할 수는 없을 것이므로, 그것이 폭행에 해당할 수 있음은 별론으로 하고 강제추행치상죄의 상해에 해당한다고 할 수는 없다. (대법원 2000. 3. 23. 선고 99도3099 판결)

판례 강제추행 과정에서 입은 가슴부 찰과상이 자연치유 가능할 정도로 경함 – 강제추행치상죄 ×

피고인이 피해자를 폭행하여 비골 골절 등의 상해를 가한 다음 강제추행한 사안에서, 피고인의 위 폭행을 강제추행의 수단으로서의 폭행으로 볼 수 없어 위 상해와 강제추행 사이에 인과관계가 없다는 이유로, 폭력행위 등 처벌에 관한 법률 위반죄로 처벌한 상해를 다시 결과적 가중범인 강제추행치상죄의 상해로 인정한 원심판결을 파기한 사례.

강제추행 과정에서 입힌 가슴부 찰과상 등이 별도의 치료를 받지 않더라도 일상생활을 하는 데 아무런 지장이 없고 시일이 경과함에 따라 자연적으로 치유되었다면 강제추행치상죄의 상해에 해당하지 않을 여지가 있다는 이유로, 이를 강제추행치상죄의 상해에 해당한다고 본 원심판결을 파기한 사례. (대법원 2009. 7. 23. 선고 2009도1934 판결)

참고 상해를 가한 뒤 별도의 범의로 강제추행한 경우 – ① 상해죄 ② 강제추행죄 (실체적 경합)

판례 강간도중 흥분하여 피해자의 어깨를 입으로 빨아서 생긴 동전크기 정도의 반상출혈상 – 강간치상죄 × (대법원 1986. 7. 8. 선고 85도2042 판결)

판례 강간시도 중 피해자의 손바닥에 약 2센티미터 정도의 긁힌 상처 발생 – 강간치상죄 × (대법원 1987. 10. 26. 선고 87도1880 판결)

다. 고의 또는 예견가능성

① 강간 등 상해·살인죄의 경우, 상해·살인에 대한 '고의'가 요구된다. ② 강간 등 치상·치사의 경우, 상해·살인에 대한 '예견가능성'이 요구된다. 이하에서는 예견가능성이 문제된 판례를 살펴본다.

판례 피고인이 피해자를 속셈학원 강사로 채용하고 교재 설명을 구실로 호텔 객실로 유인하여 감금후 강간하려 하자 피해자가 반항하였고, 피고인이 대실연장을 위한 전화를 하던 사이 피해자가 객실 창문을 통해 탈출하려다 추락사 – 강간치사죄 ○

폭행이나 협박을 가하여 간음을 하려는 행위와 이에 극도의 흥분을 느끼고 공포심에 사로잡혀 이를 피하려다 사상에 이르게 된 사실과는 이른바 상당인과관계가 있어 강간치사상죄로 다스릴 수 있다. (대법원 1995. 5. 12. 선고 95도425 판결) 표준

판례 피고인들이 의도적으로 피해자를 술에 취하도록 유도하고 수차례 강간한 후 의식불명 상태에 빠진 피해자를 비닐창고로 옮겨 놓아 피해자가 저체온증으로 사망한 사안 – 강간치사죄 ○ (대법원 2008. 2. 29. 선고 2007도10120 판결)

판례 피고인이 피해자(여, 17세)를 간음하려고 피임약을 강제로 먹인 후 옥상까지 끌고 가 협박하자

피해자가 옥상 끝까지 도망하다 뛰어내려 상해를 입음 – 강간치상죄 ○ (대법원 1978. 7. 11. 선고 78도1331 판결)

판례 피해자가 강간을 모면하기 위하여 4층 여관방의 창문을 넘어 뛰어내리다가 상해를 입음 – 강간치상죄 ✕

피해자가 피고인과 만나 함께 놀다가 큰 저항 없이 여관방에 함께 들어갔으며, 피고인이 강간을 시도하면서 한 폭행 또는 협박의 정도가 강간의 수단으로는 비교적 경미하였고, 피해자가 여관방 창문을 통하여 아래로 뛰어내릴 당시에는 피고인이 소변을 보기 위하여 화장실에 가 있는 때이어서 피해자가 일단 급박한 위해상태에서 벗어나 있었을 뿐 아니라, 무엇보다도 4층에 위치한 위 방에서 밖으로 뛰어내리는 경우에는 크게 다치거나 심지어는 생명을 잃는 수도 있는 것인 점을 아울러 본다면, 이러한 상황 아래에서 피해자가 강간을 모면하기 위하여 4층에서 창문을 넘어 뛰어내리거나 또는 이로 인하여 상해를 입기까지 되리라고는 예견할 수 없다고 봄이 경험칙에 부합한다. (대법원 1993. 4. 27. 선고 92도3229 판결) **표준** **참고** (93년이 아닌) 오늘날 대법원이었다면 결론이 달랐을 것이다. 다만 표준판례이므로 그 내용을 자세히 옮겨둔다.

판례 피고인과 피해자가 마찰 없이 성교를 마친 후, 피고인이 잠시 방 밖으로 나가자 피해자가 문을 잠그고 여관종업원에게 전화로 구조요청을 하고, 피고인이 방문을 흔들자 피해자가 3층에서 창문을 넘어 탈출하다가 상해를 입음 – 강간치상죄 ✕ (대법원 1985. 10. 8. 선고 85도1537 판결)

판례 강간을 당한 피해자가 집에 돌아가 음독자살 – 강간치사죄 ✕

강간을 당한 피해자가 집에 돌아가 음독자살하기에 이른 원인이 강간을 당함으로 인하여 생긴 수치심과 장래에 대한 절망감 등에 있었다 하더라도 그 자살행위가 바로 강간행위로 인하여 생긴 당연의 결과라고 볼 수는 없으므로 강간행위와 피해자의 자살행위 사이에 인과관계를 인정할 수는 없다. (대법원 1982. 11. 23. 선고 82도1446 판결)

범죄실행에 직접 가담하지 않은 강간공모자와 강간치상죄의 공동정범의 죄책에 관한 판례를 살펴본다.

판례 甲은 강간을 공모하였으나 직접 범죄실행에 가담하지는 않았는데, 다른 공모자 중 1인이 강간치상으로 나아간 데 대하여 예견가능성이 있던 경우 – 甲 강간치상죄 ○

공동정범의 경우에 공범자 전원이 일정한 일시, 장소에 집합하여 모의하지 아니하고 공범자중의 수인을 통하여 범의의 연락이 있고 그 범죄내용에 대하여 포괄적 또는 개별적인 의사연락이나 그 인식이 있었다면 그들 전원이 공모관계에 있다 할 것이고, 이와 같이 공모한 후 공범자중의 1인이 설사 범죄실행에 직접 가담하지 아니하였다 하더라도 다른 공모자가 분담실행한 공모자가 실행한 행위에 대하여 공동정범의 책임이 있다 할 것이며, 공범자 중 수인이 강간의 기회에 상해의 결과를 야기하였다면 다른 공범자가 그 결과의 인식이 없었더라도 강간치상죄의 책임이 없다고 할 수 없는 것이다. (대법원 1984. 2. 14. 선고 83도3120 판결) **표준**

VIII 미성년자·심신미약자 간음·추행죄

> **제302조(미성년자 등에 대한 간음)** 미성년자 또는 심신미약자에 대하여 위계 또는 위력으로써 간음 또는 추행을 한 자는 5년 이하의 징역에 처한다.

例規 제302조 (미성년자, 심신미약자)(간음, 추행)	미수 ×

🔍 핵심단어

- ① 미성년자·심신미약자 ② 위계·위력 ③ 간음·추행
- 위계란 간음의 목적을 달성하기 위하여 오인, 착각, 부지를 일으키고 이를 이용하는 행위를 말하며, 위계의 대상은 ① 간음행위 자체 ② 간음행위의 동기 ③ 간음행위에 결부된 대가를 모두 포함
- 위력이란 피해자의 성적 자유의사를 제압하기에 충분한 유무형의 세력을 말함

1. 객체: 미성년자 또는 심신미약자

본 죄의 객체로서 '미성년자'는 어떤 의미를 가질까? 미성년자 中 아동·청소년에 대한 위 범죄에 대해서는 아청법 제7조가 적용되고, 미성년자 中 13세 미만의 자에 대한 위 범죄에 대해서는 성폭법 제7조가 적용된다(아청법·성폭법의 형량이 더 높다). 그렇다면 형법 제302조의 '미성년자'는 더 이상 의미가 없는 것일까?

아청법 제2조 제1호는 아동·청소년에서 "만 19세에 도달하는 연도의 1월 1일을 맞이한 자"를 제외한다. 따라서 "만 19세에 도달하는 연도의 1월 1일을 맞이"하였지만 만 19세 미만인 자에 대한 위 범죄의 경우, 형법 제302조가 적용된다. 실무상 특히 생일을 맞이하지 않은 대학교 신입생이 이에 해당한다.

심신미약자란 정신기능의 장애로 인하여 정상적인 판단능력이 부족한 자를 말한다.

2. 위계·위력

위계란 상대방을 착오에 빠지게 하여 정상적인 판단을 그르치게 하는 것을 말한다. 구 판례는 오인, 착각, 부지란 간음행위 자체에 대한 오인, 착각, 부지에 한정되는 것이지 간음행위와 불가분적 관련성이 인정되지 않는 다른 조건에 관한 오인, 착각, 부지를 가리키는 것은 아니라고 판시하였다(2001도5074 판결). 이러한 법리에 근거하여 법원은 ① 피고인이 청소년에게 성교의 대가로 돈을 주겠다고 거짓말하고 청소년이 이에 속아 피고인과 성교행위를 한 경우(2001도5074 판결), ② 피고인이 심신미약자인 피해자에게 남자를 소개시켜 준다고 거짓말을 하여 여관으로 유인하여 간음한 경우(2002도2029 판결), 위계를 부정하였다.

이에 대해 첫째, 미성년자에 대한 성적 자기결정권을 보호한다는 입법취지에 부합하지 않는다는 비판, 둘째, 위력은 비교적 폭넓게 인정되는데 위계는 지나치게 한정적으로 인정되어 불균형하다는 비판이 제기되었다. 대법원은 이러한 비판을 받아들여 아래 판결과 같이 위계의 범위를 대폭 확장하였다.[32]

> **판례** 위계란 간음의 목적을 달성하기 위하여 오인, 착각, 부지를 일으키고 이를 이용하는 행위를 말하며, 위계의 대상은 ① 간음행위 자체 ② 간음행위의 동기 ③ 간음행위에 결부된 대가를 모두 포함
> 위계에 의한 간음죄에서 '위계'란 행위자의 행위목적을 달성하기 위하여 피해자에게 오인, 착각, 부지를 일으키게 하여 이를 이용하는 것을 말한다. 이러한 위계의 개념 및 성폭력범행에 특히 취약한 사람을 보호하고 행위자를 강력하게 처벌하려는 입법 태도, 피해자의 인지적·심리적·관계적 특성으로 온전한 성적 자기결정권 행사를 기대하기 어려운 사정 등을 종합하면, 행위자가 간음의 목적으로 피해자에게 오인, 착각, 부지를 일으키고 피해자의 그러한 심적 상태를 이용하여 간음의 목적을 달성하였다면 위계와 간음행위 사이의 인과관계를 인정할 수 있고, 따라서 위계에 의한 간음죄가 성립한다. 왜곡된 성적 결정에 기초하여 성행위를 하였다면 왜곡이 발생한 지점이 성행위 그 자체인지 성행위에 이르게 된 동기인지는 성적 자기결정권에 대한 침해가 발생한 것은 마찬가지라는 점에서 핵심적인 부분이라고 하기 어렵다. 피해자가 오인, 착각, 부지에 빠지게 되는 대상은 ① 간음행위 자체일 수도 있고, ② 간음행위에 이르게 된 동기이거나 ③ 간음행위와 결부된 금전적·비금전적 대가와 같은 요소일 수도 있다.
> 다만 행위자의 위계적 언동이 존재하였다는 사정만으로 위계에 의한 간음죄가 성립하는 것은 아니므로 위계적 언동의 내용 중에 피해자가 성행위를 결심하게 된 중요한 동기를 이룰 만한 사정이 포함되어 있어 피해자의 자발적인 성적 자기결정권의 행사가 없었다고 평가할 수 있어야 한다. … (중략) … 피고인이 스마트폰 채팅 애플리케이션을 통하여 알게 된 14세의 피해자에게 자신을 '고등학교 2학년인 갑'이라고 거짓으로 소개하고 채팅을 통해 교제하던 중 자신을 스토킹하는 여성 때문에 힘들다며 그 여성을 떼어내려면 자신의 선배와 성관계를 하여야 한다는 취지로 피해자에게 이야기하고, 피고인과 헤어지는 것이 두려워 피고인의 제안을 승낙한 피해자를 마치 자신이 갑의 선배인 것처럼 행세하여 간음한 사안에서, 14세에 불과한 아동·청소년인 피해자는 36세 피고인에게 속아 자신이 갑의 선배와 성관계를 하는 것만이 갑을 스토킹하는 여성을 떼어내고 갑과 연인관계를 지속할 수 있는 방법이라고 오인하여 갑의 선배로 가장한 피고인과 성관계를 하였고, 피해자가 위와 같은 오인에 빠지지 않았다면 피고인과의 성행위에 응하지 않았을 것인데, 피해자가 오인한 상황은 피해자가 피고인과의 성행위를 결심하게 된 중요한 동기가 된 것으로 보이고, 이를 자발적이고 진지한 성적 자기결정권의 행사에 따른 것이라고 보기 어렵다는 이유로, 피고인은 간음의 목적으로 피해자에게 오인, 착각, 부지를 일으키고 피해자의 그러한 심적 상태를 이용하여 피해자를 간음한 것이므로 이러한 피고인의 간음행위는 위계에 의한 것이라고 평가할 수 있음에도 이와 달리 본 원심판결에 위계에 의한 간음죄에 관한 법리오해의 위법이 있다고 한 사례. (대법원 2020. 8. 27. 선고 2015도9436 전원합의체 판결)

---

32 이상 홍진영, "판례평석: 위계에 의한 간음죄에서 위계의 의미 ─ 대법원 2020. 8. 27. 선고 2015도9436 전원합의체 판결 ─", 법률신문 2020. 11. 19.을 참고하였음.

참고 아청법 위계간음죄가 인정되었다. 위 전합 판결 이후 아래 동지판결들이 선고되면서 이른바 '그루밍 성범죄'에 대한 위계간음죄 적용 가능성이 높아졌다.

동지 피고인이 15세인 피해자에게 연예기획사에서 일하는 매니저와 사진작가의 1인 2역을 하면서 거짓말을 하여 피해자로 하여금 모델이 되기 위한 연기 연습 및 사진 촬영 연습의 일환으로 성관계를 한다는 착각에 빠지게 한 후, 마치 자신이 위 매니저가 소개한 사진작가인 것처럼 행세하면서 피해자를 간음함 – 아청법 위계간음죄 ○ (대법원 2022. 4. 28. 선고 2021도9041 판결)

'위력'이란 피해자의 성적 자유의사를 제압하기에 충분한 세력으로서 유형적이든 무형적이든 묻지 않으며, 폭행·협박뿐 아니라 행위자의 사회적·경제적·정치적인 지위나 권세를 이용하는 것도 가능하다.

판례 피고인이 피해자(여, 16세)의 동의 하에 필로폰 주사를 놓았고 피해자가 심신미약 상태에 빠지자 ① 피해자에게 유사성행위를 시키고 ② 피해자의 항문에 손가락을 넣고 ③ 피해자의 항문에 샤워기 호스를 꽂아 물을 주입한 경우 – 심신미약자 위력추행죄 ○ (대법원 2019. 6. 13. 선고 2019도3341 판결)

해설 ① 검사는 피고인의 '피해자가 미성년자임을 몰랐다'는 변소를 받아들여 아청법 위력추행죄·아청성매매죄를 적용하지 않았다.[33] ② 검사는 피해자가 심신상실 상태에는 이르지 않았다고 보아 준유사강간죄 등을 적용하지 않은 것으로 보인다.

판례 건장한 20대 남자가 피해자(여, 15세, 48kg)의 거부에도 불구하고 피해자의 몸 위로 올라간 것 외에 별다른 유형력을 행사하지는 않은 채 성교로 나아감 – 아청법 위력간음죄 ○ (대법원 2008. 7. 24. 선고 2008도4069 판결)

판례 16세인 피해자에게 성매매대금을 지급하였으나 성교행위에 응하지 않자 강압적인 어투로 성교행위에 응할 것을 요구하는 메시지를 보내고, 추가적으로 돈을 빌려준 뒤에는 연체시마다 성교행위를 해야 한다는 등의 내용이 담긴 차용증을 작성한 뒤 이를 근거로 수차례에 걸쳐서 성교행위를 요구하는 메시지를 보냄 – 아청법 위력간음미수죄 ○ (대법원 2020. 10. 29. 선고 2020도4015 판결)

3. 간음·추행

앞서 살펴본 것과 같다.

---

33 판례 中 "이 부분 공소사실에 대하여 아동·청소년의 성을 사는 행위를 처벌하도록 규정한 청소년성보호법 제13조를 적용하지 않고 이 죄를 적용한 것은 당시 피해자가 아동·청소년이라는 사실을 몰랐다는 피고인의 변소를 받아들였기 때문으로 보인다"

Ⅸ 업무상 위력 등에 의한 간음·추행죄

> 제303조(업무상위력 등에 의한 간음) ① 업무, 고용 기타 관계로 인하여 자기의 보호 또는 감독을 받는 사람에 대하여 위계 또는 위력으로써 간음한 자는 7년 이하의 징역 또는 3천만원 이하의 벌금에 처한다.
>
> 성폭법 제10조(업무상 위력 등에 의한 추행) ① 업무, 고용이나 그 밖의 관계로 인하여 자기의 보호, 감독을 받는 사람에 대하여 위계 또는 위력으로 추행한 사람은 3년 이하의 징역 또는 1천500만원 이하의 벌금에 처한다.

例規 제303조 ① (피보호자, 피감독자)간음 성폭법 제10조 성폭력범죄의처벌등에관한특례법위반(업무상위력등에의한추행)	미수 ×

🔍 **핵심단어**

- ① 업무·고용 등에 따라 보호자·감독자 ② 피보호자·피감독자 ③ 위계·위력 ④ 간음·추행
- 피보호자·피감독자란 ① 직장 안에서 보호 또는 감독 받는 자 ② 사실상 보호 또는 감독을 받는 자 ③ 채용 절차에서 영향력의 범위 안에 있는 자
- 위계란 간음의 목적을 달성하기 위하여 오인, 착각, 부지를 일으키고 이를 이용하는 행위를 말하며, 위계의 대상은 ① 간음행위 자체 ② 간음행위의 동기 ③ 간음행위에 결부된 대가를 모두 포함
- 위력이란 피해자의 성적 자유의사를 제압하기에 충분한 유무형의 세력을 말함

1. 주체: 업무·고용 기타 관계에 따라 보호자·감독자인 자

객체와 동전의 양면 관계에 있다.

2. 객체: 업무·고용 기타 관계에 따라 피보호자·피감독자인 자

> **판례** 피보호자·피감독자 – ① 직장 안에서 보호 또는 감독 받는 자 ② 사실상 보호 또는 감독을 받는 자 ③ 채용 절차에서 영향력의 범위 안에 있는 자
>
> '업무, 고용이나 그 밖의 관계로 인하여 자기의 보호, 감독을 받는 사람'에는 ① 직장 안에서 보호 또는 감독을 받거나 ② 사실상 보호 또는 감독을 받는 상황에 있는 사람뿐만 아니라 ③ 채용 절차에서 영향력의 범위 안에 있는 사람도 포함된다. ③ 편의점 업주인 피고인이 아르바이트 구인 광고를 보고 연락한 갑을 채용을 빌미로 불러내 면접을 한 후 자신의 집으로 유인하여 갑의 성기를 만지고 갑에게 피고인의 성기를 만지게 하였다고 하여 성폭력범죄의 처벌 등에 관한 특례법 위반(업무상위력등에의한추행)으로 기소된 사안에서, 피고인이 채용 권한을 가지고 있는 지위를 이용하여 갑의 자유의사를 제압하여 갑을 추행하였다고 본 원심판단이 정당하다고 한 사례. (대법원 2020. 7. 9. 선고 2020도5646 판결)
>
> **참고** 편의점주인인 피고인이 알바 면접을 보러 온 피해자를 집으로 유인하여 성기를 만짐 – 성폭법 업무상위력추행죄 ○

> **판례** '피고인'이 '처가 운영하는 미장원의 종업원'을 위력으로 간음 – 업무상위력간음죄 ○
>
> 비록 피고인이 직접 피해자를 동 미장원의 종업원으로 고용한 것은 아니라 하더라도 자기의 처가 경영하는 미장원에 매일같이 출입하면서 미장원 일을 돕고 있었다면 미장원 종업원인 피해자는 피고인을 주인으로 대접하고 또 그렇게 대접하는 것이 우리의 일반사회실정이라 할 것이고 … (중략) … ② 피고인은 피해자에 대하여 사실상 자기의 보호 또는 감독을 받는 상황에 있는 부녀의 경우에 해당된다 (대법원 1976. 2. 10. 선고 74도1519 판결)

> **판례** 병원 응급실 당직 의사가 가벼운 교통사고로 인하여 경미한 상처를 입고 입원한 여성 환자들의 바지와 속옷을 내리고 음부 윗부분을 진료행위를 가장하여 수 회 누름 – 성폭법 업무상위계추행죄 ○ (대법원 2005. 7. 14. 선고 2003도7107 판결)

3. 위계·위력

앞에서 살펴본 것과 같다.

4. 간음·추행

앞에서 살펴본 것과 같다.

X   피구금자 간음죄

> 제303조(업무상위력 등에 의한 간음) ② 법률에 의하여 구금된 사람을 감호하는 자가 그 사람을 간음한 때에는 10년 이하의 징역에 처한다.
>
> 성폭법 제10조(업무상 위력 등에 의한 추행) ② 법률에 따라 구금된 사람을 감호하는 사람이 그 사람을 추행한 때에는 5년 이하의 징역 또는 2천만원 이하의 벌금에 처한다.

例規 제303조 ② 피감호자간음 성폭법 제10조 성폭력범죄의처벌등에관한특례법위반 (업무상위력등에의한추행)	미수 ×

> 🔍 **핵심단어**
> • ① 법률에 의한 피구금자를 감호하는 자 ② 피구금자를 ③ 간음·추행

피구금자가 간음·추행에 '동의'한 경우에도 성립한다.

XI 성폭력범죄의 처벌 등에 관한 특례법

1. 주거침입강간 등

> **제3조(특수강도강간 등)** ① 「형법」 제319조제1항(주거침입), 제330조(야간주거침입절도), 제331조(특수절도) 또는 제342조(미수범. 다만, 제330조 및 제331조의 미수범으로 한정한다)의 죄를 범한 사람이 같은 법 제297조(강간), 제297조의2(유사강간), 제298조(강제추행) 및 제299조(준강간, 준강제추행)의 죄를 범한 경우에는 무기징역 또는 7년 이상의 징역에 처한다.
> ② 「형법」 제334조(특수강도) 또는 제342조(미수범. 다만, 제334조의 미수범으로 한정한다)의 죄를 범한 사람이 같은 법 제297조(강간), 제297조의2(유사강간), 제298조(강제추행) 및 제299조(준강간, 준강제추행)의 죄를 범한 경우에는 사형, 무기징역 또는 10년 이상의 징역에 처한다.

例規 제3조 제1항 성폭력범죄의처벌등에관한특례법위반[(주거침입, 절도)(강간, 유사강간, 강제추행, 준강간, 준유사강간, 준강제추행)] 제3조 제2항 성폭력범죄의처벌등에관한특례법위반[특수강도(강간, 유사강간, 강제추행, 준강간, 준유사강간, 준강제추행)]	미수 ○ 예비·음모 ○

> 🔍 **핵심단어**
> • ① 주거침입죄, 야간주거침입절도죄, 특수절도죄, 특수강도죄 및 그 미수범(주거침입미수죄 제외) ② 강간, 유사강간, 강제추행, 준강간, 준강제추행

가. 주체: 주거침입죄 등

본죄는 타인의 주거에 침입하여 성범죄를 저지르는 자를 가중처벌하기 위해 신설되었다. 본죄의 주체는 주거침입죄, 야간주거침입절도죄, 특수절도죄, 특수강도죄 및 그 미수범(주거침입미수죄 제외)으로서 형법상 주거에 침입하여 범죄를 저지는 자를 모두 포함한다.[34]

> **판례** 피고인이 자신을 남자화장실까지 부축해주던 피해자를 강제로 주점 여자화장실로 끌고 들어간 후, 화장실 안에서 유사강간하려 미수에 그침 – 성폭법 주거침입유사강간미수죄 ×
> 주거침입강제추행죄 및 주거침입강간죄 등은 사람의 주거 등을 침입한 자가 피해자를 간음, 강제추행 등 성폭력을 행사한 경우에 성립하는 것으로서, 주거침입죄를 범한 후에 사람을 강간하는 등의 행위를 하여야 하는 일종의 신분범이고, 선후가 바뀌어 강간죄 등을 범한 자가 그 피해자의 주거에 침입한 경우

---

34 주거에 침입하지 않는 형태의 특수절도, 특수강도의 경우에도 성폭법 제3조가 적용되는지 문제될 수 있으나, 조문의 문언해석상 적용된다고 볼 것이다.

에는 이에 해당하지 않고 강간죄 등과 주거침입죄 등의 실체적 경합범이 된다. 그 실행의 착수시기는 주거침입 행위 후 강간죄 등의 실행행위에 나아간 때이다. (대법원 2021. 8. 12. 선고 2020도17796 판결)

해설 화장실이라는 방실에 침입한 후 유사강간 행위에 나아가야 위 죄가 성립하는 것이지, 화장실에 침입하기 전에 이미 폭행을 개시한 이상(주점 여자화장실로 끌고 들어가려는 행위가 폭행임), 주거침입유사강간죄를 범할 수 있는 지위 즉, '주거침입죄를 범한 자'에 해당하지 않는다는 것이다. 유사강간미수죄와 방실침입죄의 실체적 경합범이 성립한다.

나. 행위: 강간 등

주거침입죄 등을 저지른 자가 강간, 유사강간, 강제추행, 준강간, 준강제추행을 범해야 한다.

다만, 헌법재판소는 성폭법 제3조 제1항 중 "주거침입죄를 범한 자가 강제추행, 준강제추행을 범한 경우에는 무기징역 또는 7년 이상의 징역에 처한다."라고 정한 부분은 (단순)위헌이라고 결정하였다(헌법재판소 2023. 2. 23. 선고 2021헌가9 등 결정). 위 결정에 따라서 ① 주거침입죄 + 강제추행죄, ② 주거침입죄 + 준강제추행죄의 경우, 성폭법 제3조 제1항이 적용되지 않고, 형법이 적용된다.

판례 피고인이 강간할 목적으로 피해자를 따라 피해자가 거주하는 아파트 내부의 엘리베이터에 탄 다음 그 안에서 폭행을 가하여 반항을 억압한 후 계단으로 끌고 가 피해자를 강간하고 상해를 입힘 – 성폭법 강간상해죄 ○ (대법원 2009. 9. 10. 선고 2009도4335 판결) **표준**

참고 다가구용 단독주택이나 공동주택 내부에 있는 엘리베이터, 공용 계단과 복도는 주거침입죄의 객체가 된다. 따라서 성폭법 주거침입강간죄가 성립하고 나아가 상해까지 가하였기에 성폭법 강간상해죄(제8조)가 인정된다.

판례 준강도범 – 성폭법 특수강도강간죄 주체 ✕

성폭력범죄의 처벌 및 피해자보호 등에 관한 법률 제5조 제2항에 정하는 특수강도강제추행죄의 주체는 형법의 제334조 소정의 특수강도범 및 특수강도미수범의 신분을 가진 자에 한정되는 것으로 보아야 하고, 형법 제335조, 제342조에서 규정하고 있는 준강도범 내지 준강도미수범은 성폭력범죄의 처벌 및 피해자보호 등에 관한 법률 제5조 제2항의 행위주체가 될 수 없다. (대법원 2006. 8. 25. 선고 2006도2621 판결)

참고 ① 판례가 말하는 성폭법 "제5조 제2항"은 현행 "제3조 제2항"과 같다. ② 준강도범은 형법상 강도강간죄의 주체는 될 수 있다.

---

2. 특수강간 등

제4조(특수강간 등) ① 흉기나 그 밖의 위험한 물건을 지닌 채 또는 2명 이상이 합동하여 「형법」 제297조 (강간)의 죄를 범한 사람은 무기징역 또는 7년 이상의 징역에 처한다.
② 제1항의 방법으로 「형법」 제298조(강제추행)의 죄를 범한 사람은 5년 이상의 유기징역에 처한다.
③ 제1항의 방법으로 「형법」 제299조(준강간, 준강제추행)의 죄를 범한 사람은 제1항 또는 제2항의 예에 따라 처벌한다.

例規 제4조 제1항 성폭력범죄의처벌등에관한특례법위반(특수강간) 제4조 제2항 성폭력범죄의처벌등에관한특례법위반(특수강제추행) 제4조 제3항 성폭력범죄의처벌등에관한특례법위반[특수(준강간, 준강제추행)]	미수 ○ 예비·음모 ○

🔍 **핵심단어**
- ① 흉기·위험한 물건을 휴대하고 ② 강간·강제추행·준강간·준강제추행
- ① 2명 이상이 합동하여 ② 강간·강제추행·준강간·준강제추행

가. 흉기 또는 위험한 물건을 휴대하고 강간 등

판례 피고인이 피해자의 부엌에 있던 칼·운동화 끈을 들고 피해자의 방 안으로 들어가서 협박한 후 운동화 끈으로 손목을 묶은 후 강간하였으나, 부엌칼은 사용 아니함 – 성폭법 특수강간죄 ○
범행 현장에서 범행에 사용하려는 의도 아래 흉기 등 위험한 물건을 소지하거나 몸에 지닌 이상 그 사실을 피해자가 인식하거나 실제로 범행에 사용하였을 것까지 요구되는 것은 아니다. (대법원 2004. 6. 11. 선고 2004도2018 판결)

나. 2명 이상이 합동하여 강간 등

판례 피고인들이 피해자들을 야산으로 유인한 다음 각자 마음에 드는 피해자들을 데리고 100m 이내의 거리에 흩어져 동시 또는 순차적으로 피해자들을 각각 강간 – 성폭법 특수강간죄 ○ (대법원 2004. 8. 20. 선고 2004도2870 판결)

해설 피고인 1, 2, 3, 4 중 4는 망을 보고 1, 2, 3은 피해자 1, 2, 3을 각각 강간하였다. 이때 피고인 1은 피해자 1, 2, 3 각각에 대한 특수강간죄의 죄책을 진다(각 피해자 별로 특수강간죄 성립하고 각 죄들 간에는 실체적 경합). 피고인 1, 2, 3, 4가 합동범이라는 하나의 (관념적) 유기체로 결합된 이상, 피고인 1이 직접 피해자 2, 3을 강간하지 않았더라도 피해자 2, 3에 대한 죄책을 부인할 수 없다. 피고인 2, 3, 4 역시 피고인 1과 같다.

3. 친족관계에의한강간 등

제5조(친족관계에 의한 강간 등) ① 친족관계인 사람이 폭행 또는 협박으로 사람을 강간한 경우에는 7년 이상의 유기징역에 처한다.

② 친족관계인 사람이 폭행 또는 협박으로 사람을 강제추행한 경우에는 5년 이상의 유기징역에 처한다.

③ 친족관계인 사람이 사람에 대하여 「형법」 제299조(준강간, 준강제추행)의 죄를 범한 경우에는 제1항 또는 제2항의 예에 따라 처벌한다.

④ 제1항부터 제3항까지의 친족의 범위는 4촌 이내의 혈족·인척과 동거하는 친족으로 한다.

⑤ 제1항부터 제3항까지의 친족은 사실상의 관계에 의한 친족을 포함한다.

例規 제5조 제1항 성폭력범죄의처벌등에관한특례법위반(친족관계에의한강간) 　　　 제5조 제2항 성폭력범죄의처벌등에관한특례법위반(친족관계에의한강제추행) 　　　 제5조 제3항 성폭력범죄의처벌등에관한특례법위반[친족관계에의한(준강간, 준강제추행)]	미수 ○ 예비·음모 ○

🔍 **핵심단어**

• ① 친족관계인 사람이 ② 강간·강제추행·준강간·준강제추행

친족관계에는 사실상의 관계에 의한 친족도 포함된다(성폭법 제5조 제5항).

판례 사실상의 양자의 양부는 친생자출생신고 전후를 불문하고 성폭법상 친족관계 ○

피고인이 피해자의 생모의 동의를 얻어 피해자를 입양할 의사로 데려왔으나 자신의 처의 동의 없이 피해자를 자신과 처 사이의 친생자로 출생신고를 한 경우, 친생자출생신고 전에는 제5항의 '사실상의 관계에 의한 친족'에 해당하고, 친생자출생신고 후에는 같은 법 제7조 제1항의 '친족'에 해당함. (대법원 2006. 1. 12. 선고 2005도8427 판결)

판례 피고인이 사실혼 관계인 아내의 딸을 강간 – 성폭법 친족관계 강간죄 ○

법률이 정한 혼인의 실질관계는 모두 갖추었으나 법률이 정한 방식, 즉 혼인신고가 없기 때문에 법률상 혼인으로 인정되지 않는 이른바 사실혼으로 인하여 형성되는 인척도 같은 법 제7조 제5항이 규정한 사실상의 관계에 의한 친족에 해당한다. (대법원 2000. 2. 8. 선고 99도5395 판결)

판례 의붓아버지가 의붓딸을 준강간 – 성폭법 친족관계 준강간죄 ○ (대법원 2020. 11. 5. 선고 2020도10806 판결)

판례 의붓할아버지가 의붓손녀를 (준)강제추행 – 성폭법 친족관계 (준)강제추행죄 ×

피고인과 의붓손녀는 단지 혈족의 배우자의 혈족의 관계에 있을 뿐이어서 인척관계에 있다고 볼 수 없으므로 피고인에게 성폭력범죄의처벌및피해자보호등에관한법률 제7조 제2항, 제3항이 적용될 여지가

없고, 나아가 죄형법정주의의 원칙에 비추어, 법정절차 미이행의 경우에 대비하여 마련된 같은 법 제7조 제5항의 규정에 의하여 민법에 정한 인척 내지 친족의 개념 자체를 확대할 수는 없으므로, 피고인은 피해자에 대한 관계에서 같은 법 제7조 제5항 소정의 '사실상의 관계에 의한 친족'에도 해당하지 않는다고 한 사례. (제주지방법원 2004. 12. 22. 선고 2004고합183 판결)

해설 피고인 甲의 아들 乙은 여자 丙과 사실혼 관계를 맺고 있는데 丙은 이전의 결혼관계에서 딸(피해자 丁)을 두고 있었다. 甲이 丁을 강제추행하여 친족관계에 의한 강제추행이 성립하는지 여부가 문제 되었다. 만일 甲이 乙을 낳고 乙이 丁을 낳았다면 丁은 甲의 (직계)혈족이므로 둘은 당연히 친족관계에 있다. 그러나 이 사건의 경우, 丁은 甲의 "혈족의(乙) 배우자의(丙) 혈족(丁)"이므로 인척 관계가 인정되지 않는다.

4. 장애인강간 등

제6조(장애인에 대한 강간·강제추행 등) ① 신체적인 또는 정신적인 장애가 있는 사람에 대하여 「형법」 제297조(강간)의 죄를 범한 사람은 무기징역 또는 7년 이상의 징역에 처한다.

② 신체적인 또는 정신적인 장애가 있는 사람에 대하여 폭행이나 협박으로 다음 각 호의 어느 하나에 해당하는 행위를 한 사람은 5년 이상의 유기징역에 처한다.

1. 구강·항문 등 신체(성기는 제외한다)의 내부에 성기를 넣는 행위

2. 성기·항문에 손가락 등 신체(성기는 제외한다)의 일부나 도구를 넣는 행위

③ 신체적인 또는 정신적인 장애가 있는 사람에 대하여 「형법」 제298조(강제추행)의 죄를 범한 사람은 3년 이상의 유기징역 또는 3천만원 이상 5천만원 이하의 벌금에 처한다.

④ 신체적인 또는 정신적인 장애로 항거불능 또는 항거곤란 상태에 있음을 이용하여 사람을 간음하거나 추행한 사람은 제1항부터 제3항까지의 예에 따라 처벌한다.

⑤ 위계(僞計) 또는 위력(威力)으로써 신체적인 또는 정신적인 장애가 있는 사람을 간음한 사람은 5년 이상의 유기징역에 처한다.

⑥ 위계 또는 위력으로써 신체적인 또는 정신적인 장애가 있는 사람을 추행한 사람은 1년 이상의 유기징역 또는 1천만원 이상 3천만원 이하의 벌금에 처한다.

⑦ 장애인의 보호, 교육 등을 목적으로 하는 시설의 장 또는 종사자가 보호, 감독의 대상인 장애인에 대하여 제1항부터 제6항까지의 죄를 범한 경우에는 그 죄에 정한 형의 2분의 1까지 가중한다

例規 제6조 제1항 성폭력범죄의처벌등에관한특례법위반(장애인강간) 제6조 제2항 성폭력범죄의처벌등에관한특례법위반(장애인유사성행위) 제6조 제3항 성폭력범죄의처벌등에관한특례법위반(장애인강제추행) 제6조 제4항 성폭력범죄의처벌등에관한특례법위반[장애인(준강간, 준유사성행위, 준강제추행)] 제6조 제5항 성폭력범죄의처벌등에관한특례법위반(장애인위계등간음) 제6조 제6항 성폭력범죄의처벌등에관한특례법위반(장애인위계등추행) 제6조 제7항 성폭력범죄의처벌등에관한특례법위반(장애인피보호자간음)	미수 ○ 예비·음모 ○

<table>
</table>

<h3>핵심단어</h3>

• ① 신체적 정신적 장애인 ② 강간·유사강간·강제추행·준강간·준강제추행·위계위력간음추행 등

관련 판례를 살펴본다.

판례 '정신적인 장애가 있는 사람'의 의미

성폭력범죄의 처벌 등에 관한 특례법 제6조에서 정하는 '정신적인 장애가 있는 사람'이란 '정신적인 기능이나 손상 등의 문제로 일상생활이나 사회생활에서 상당한 제약을 받는 사람'을 가리킨다. 장애인복지법에 따른 장애인 등록을 하지 않았다거나 그 등록 기준을 충족하지 못하더라도 여기에 해당할 수 있다. (대법원 2021. 10. 28. 선고 2021도9051 판결)

5. 13세미만미성년자강간 등

제7조(13세 미만의 미성년자에 대한 강간, 강제추행 등) ① 13세 미만의 사람에 대하여 「형법」 제297조(강간)의 죄를 범한 사람은 무기징역 또는 10년 이상의 징역에 처한다.

② 13세 미만의 사람에 대하여 폭행이나 협박으로 다음 각 호의 어느 하나에 해당하는 행위를 한 사람은 7년 이상의 유기징역에 처한다.

1. 구강·항문 등 신체(성기는 제외한다)의 내부에 성기를 넣는 행위

2. 성기·항문에 손가락 등 신체(성기는 제외한다)의 일부나 도구를 넣는 행위

③ 13세 미만의 사람에 대하여 「형법」 제298조(강제추행)의 죄를 범한 사람은 5년 이상의 유기징역에 처한다.

④ 13세 미만의 사람에 대하여 「형법」 제299조(준강간, 준강제추행)의 죄를 범한 사람은 제1항부터 제3항까지의 예에 따라 처벌한다.

⑤ 위계 또는 위력으로써 13세 미만의 사람을 간음하거나 추행한 사람은 제1항부터 제3항까지의 예에 따라 처벌한다.

<table>
<tr><td>

例規 제7조 제1항 성폭력범죄의처벌등에관한특례법위반(13세미만미성년자강간)

제7조 제2항 성폭력범죄의처벌등에관한특례법위반(13세미만미성년자유사성행위)

제7조 제3항 성폭력범죄의처벌등에관한특례법위반(13세미만미성년자강제추행)

제7조 제4항 성폭력범죄의처벌등에관한특례법위반장애인[13세미만미성년자(준강간, 준유사성행위, 준강제추행)]

제7조 제5항 성폭력범죄의처벌등에관한특례법위반13세미만미성년자위계등(간음, 유사성행위, 추행)

</td><td>

미수 ○

예비·음모 ○

</td></tr>
</table>

• ① 13세 미만의 사람 ② 강간·유사강간·강제추행·준강간·준강제추행·위계위력간음추행 등

관련 판례를 살펴본다.

[판례] 성폭법상 13세 미만 미성년자 강간이 인정되려면, 피고인이 피해자가 13세 미만의 여자임을 알면서 강간하였다는 사실이 검사에 의하여 증명되어야 함 (대법원 2012. 8. 30. 선고 2012도7377 판결)

6. 강간상해·치상, 강간살인·치사

제8조(강간 등 상해·치상) ① 제3조제1항, 제4조, 제6조, 제7조 또는 제15조(제3조제1항, 제4조, 제6조 또는 제7조의 미수범으로 한정한다)의 죄를 범한 사람이 다른 사람을 상해하거나 상해에 이르게 한 때에는 무기징역 또는 10년 이상의 징역에 처한다.

② 제5조 또는 제15조(제5조의 미수범으로 한정한다)의 죄를 범한 사람이 다른 사람을 상해하거나 상해에 이르게 한 때에는 무기징역 또는 7년 이상의 징역에 처한다.

제9조(강간 등 살인·치사) ① 제3조부터 제7조까지, 제15조(제3조부터 제7조까지의 미수범으로 한정한다)의 죄 또는 「형법」 제297조(강간), 제297조의2(유사강간) 및 제298조(강제추행)부터 제300조(미수범)까지의 죄를 범한 사람이 다른 사람을 살해한 때에는 사형 또는 무기징역에 처한다.

② 제4조, 제5조 또는 제15조(제4조 또는 제5조의 미수범으로 한정한다)의 죄를 범한 사람이 다른 사람을 사망에 이르게 한 때에는 무기징역 또는 10년 이상의 징역에 처한다.

③ 제6조, 제7조 또는 제15조(제6조 또는 제7조의 미수범으로 한정한다)의 죄를 범한 사람이 다른 사람을 사망에 이르게 한 때에는 사형, 무기징역 또는 10년 이상의 징역에 처한다.

例規 제8조 성폭력범죄의처벌등에관한특례법위반[강간등(상해, 치상)] 제9조 성폭력범죄의처벌등에관한특례법위반[강간등(살인, 치사)]	미수 ○

7. 공중밀집장소에서의추행

제11조(공중 밀집 장소에서의 추행) 대중교통수단, 공연·집회 장소, 그 밖에 공중(公衆)이 밀집하는 장소에서 사람을 추행한 사람은 3년 이하의 징역 또는 3천만원 이하의 벌금에 처한다.

例規 성폭법 제11조 성폭력범죄의처벌등에관한특례법위반(공중밀집장소에서의추행)	미수 ×

• ① 대중교통수단 등 공중밀집장소 ② 사람을 ③ 추행

관련 판례를 살펴본다.

> 판례 공중밀집장소 – 공중의 이용에 상시적으로 제공, 개방된 상태에 놓인 곳
> '공중이 밀집하는 장소'에는 현실적으로 사람들이 빽빽이 들어서 있어 서로간의 신체적 접촉이 이루어지고 있는 곳만을 의미하는 것이 아니라 이 사건 찜질방 등과 같이 공중의 이용에 상시적으로 제공·개방된 상태에 놓여 있는 곳 일반을 의미한다. … (중략) … 그 행위 당시의 현실적인 밀집도 내지 혼잡도에 따라 그 규정의 적용 여부를 달리한다고 할 수는 없다. (대법원 2009. 10. 29. 선고 2009도5704 판결)
> 참고 찜질방 수면실에서 옆에 누워 있던 피해자의 가슴을 손으로 만진 행위 – 성폭법 공중밀집장소 추행죄 ○

> 판례 피고인이 지하철 내에서 피해자 등 뒤에 밀착하여 무릎을 굽힌 후 성기를 피해자의 엉덩이 부분에 붙이고 앞으로 내밀음 – 성폭법 공중밀집장소 추행죄 ○ (대법원 2020. 6. 25. 선고 2015도7102 판결)

> 판례 자폐성 장애 겸 지적장애인인 피고인이 전동차에서 피해자의 옆자리에 앉아 피해자의 왼팔 상박 맨살에 자신의 오픈팔 상박 맨살을 비비고, 피해자가 이를 피해 옆좌석으로 이동하자 재차 옆자리로 이동하여 같은 행위를 한 경우 – 성폭법 공중밀집장소 추행죄 ×
> 피고인이 자폐성 장애인이거나 지적장애인에 해당하는 경우에도 마찬가지로서, 외관상 드러난 피고인의 언행이 비장애인의 관점에서 이례적이라거나 합리적이지 않다는 이유만으로 함부로 고의를 추단하거나 이를 뒷받침하는 간접사실로 평가해서는 안 되고, 전문가의 진단이나 감정 등을 통해 피고인의 장애 정도, 지적·판단능력 및 행동양식 등을 구체적으로 심리한 후 피고인이 공소사실 기재 행위 당시 특정 범행의 구성요건 해당 여부에 관한 인식을 전제로 이를 용인하는 내심의 의사까지 있었다는 점에 관하여 합리적인 의심을 할 여지가 없을 정도의 확신에 이르러야 한다. (대법원 2024. 1. 4. 선고 2023도13081 판결)

8. 성적목적다중이용장소침입

> 제12조(성적 목적을 위한 다중이용장소 침입행위) 자기의 성적 욕망을 만족시킬 목적으로 화장실, 목욕장·목욕실 또는 발한실(發汗室), 모유수유시설, 탈의실 등 불특정 다수가 이용하는 다중이용장소에 침입하거나 같은 장소에서 퇴거의 요구를 받고 응하지 아니하는 사람은 1년 이하의 징역 또는 1천만원 이하의 벌금에 처한다.

例規 성폭법 제12조 성폭력범죄의처벌등에관한특례법위반(성적목적다중이용장소침입)	미수 ×

9. 통신매체이용음란

> **제13조(통신매체를 이용한 음란행위)** 자기 또는 다른 사람의 성적 욕망을 유발하거나 만족시킬 목적으로 전화, 우편, 컴퓨터, 그 밖의 통신매체를 통하여 성적 수치심이나 혐오감을 일으키는 말, 음향, 글, 그림, 영상 또는 물건을 상대방에게 도달하게 한 사람은 2년 이하의 징역 또는 2천만원 이하의 벌금에 처한다.

例規 성폭법 제13조 성폭력범죄의처벌등에관한특례법위반(통신매체이용음란)	미수 ×

> **핵심단어**
> • ① 성적 욕망 만족 목적 ② 통신매체 ③ 성적 수치심, 혐오감 일으키는 그림, 영상 등 ④ 상대방에게 도달

관련 판례를 살펴본다.

> **판례** 상대방에게 성적 수치심이나 혐오감을 일으키는 말, 음향, 글, 그림, 영상 또는 물건이 담겨 있는 웹페이지 등에 대한 인터넷 링크(internet link)를 보냄 – 성폭법 통신매체이용음란죄 ○
> '상대방에게 도달하게 한다'는 것은 '상대방이 성적 수치심을 일으키는 그림 등을 직접 접하는 경우뿐만 아니라 상대방이 실제로 이를 인식할 수 있는 상태에 두는 것'을 의미한다. 따라서 … (중략) … 상대방에게 성적 수치심을 일으키는 그림 등이 담겨 있는 웹페이지 등에 대한 인터넷 링크(internet link)를 보내는 행위를 통해 그와 같은 그림 등이 상대방에 의하여 인식될 수 있는 상태에 놓이고 실질에 있어서 이를 직접 전달하는 것과 다를 바 없다고 평가되고, 이에 따라 상대방이 이러한 링크를 이용하여 별다른 제한 없이 성적 수치심을 일으키는 그림 등에 바로 접할 수 있는 상태가 실제로 조성되었다면, 그러한 행위는 전체로 보아 성적 수치심을 일으키는 그림 등을 상대방에게 도달하게 한다는 구성요건을 충족한다. (대법원 2017. 6. 8. 선고 2016도21389 판결)

> **판례** 피고인이 20세의 여성 하급자인 피해자에게 일과 시간 이후 저녁에 1시간 가량 전화를 하면서 '교제하는 이성과 성관계 경험이 있는지 여부, 성관계를 하지 않은 이유에 대한 질문, 성관계 자세를 포함한 자신의 성관계 경험과 당시 느꼈던 기분'을 이야기함 – 성폭법 통신매체이용음란죄 ○ (대법원 2022. 9. 29. 선고 2020도11185 판결)

> **판례** 피고인이 피해자의 성기를 비하, 조롱하고 피해자가 성적 매력이 없다는 취지의 문자 메시지를

보낸 경우 – 성폭법 통신매체이용음란죄 ○

'성적 욕망'에는 성행위나 성관계를 직접적인 목적이나 전제로 하는 욕망뿐만 아니라, 상대방을 성적으로 비하하거나 조롱하는 등 상대방에게 성적 수치심을 줌으로써 자신의 심리적 만족을 얻고자 하는 욕망도 포함된다. 또한 이러한 '성적 욕망'이 상대방에 대한 분노감과 결합되어 있더라도 달리 볼 것은 아니다. (대법원 2018. 9. 13. 선고 2018도9775 판결)

[판례] 통신매체 이용 않고 음란한 내용이 담긴 편지를 직접 상대 주거지 문에 꽂아 둠 – 성폭법 통신매체이용음란죄 ×

위 규정은 자기 또는 다른 사람의 성적 욕망을 유발하는 등의 목적으로 '전화, 우편, 컴퓨터나 그 밖에 일반적으로 통신매체라고 인식되는 수단을 이용하여' 성적 수치심 등을 일으키는 말, 글, 물건 등을 상대방에게 전달하는 행위를 처벌하고자 하는 것임이 문언상 명백하므로, 위와 같은 통신매체를 이용하지 아니한 채 '직접' 상대방에게 말, 글, 물건 등을 도달하게 하는 행위까지 포함하여 위 규정으로 처벌할 수 있다고 보는 것은 법문의 가능한 의미의 범위를 벗어난 해석으로서 실정법 이상으로 처벌 범위를 확대하는 것이다. (대법원 2016. 3. 10. 선고 2015도17847 판결)

10. 카메라등이용촬영 등

제14조(카메라 등을 이용한 촬영) ① 카메라나 그 밖에 이와 유사한 기능을 갖춘 기계장치를 이용하여 성적 욕망 또는 수치심을 유발할 수 있는 사람의 신체를 촬영대상자의 의사에 반하여 촬영한 자는 7년 이하의 징역 또는 5천만원 이하의 벌금에 처한다.

② 제1항에 따른 촬영물 또는 복제물(복제물의 복제물을 포함한다. 이하 이 조에서 같다)을 반포·판매·임대·제공 또는 공공연하게 전시·상영(이하 "반포등"이라 한다)한 자 또는 제1항의 촬영이 촬영 당시에는 촬영대상자의 의사에 반하지 아니한 경우(자신의 신체를 직접 촬영한 경우를 포함한다)에도 사후에 그 촬영물 또는 복제물을 촬영대상자의 의사에 반하여 반포등을 한 자는 7년 이하의 징역 또는 5천만원 이하의 벌금에 처한다.

③ 영리를 목적으로 촬영대상자의 의사에 반하여 「정보통신망 이용촉진 및 정보보호 등에 관한 법률」 제2조제1항제1호의 정보통신망(이하 "정보통신망"이라 한다)을 이용하여 제2항의 죄를 범한 자는 3년 이상의 유기징역에 처한다.

④ 제1항 또는 제2항의 촬영물 또는 복제물을 소지·구입·저장 또는 시청한 자는 3년 이하의 징역 또는 3천만원 이하의 벌금에 처한다.

⑤ 상습으로 제1항부터 제3항까지의 죄를 범한 때에는 그 죄에 정한 형의 2분의 1까지 가중한다.

例規 성폭법 제14조 제1항 성폭력범죄의처벌등에관한특례법위반(카메라등이용촬영) 성폭법 제14조 제2항 성폭력범죄의처벌등에관한특례법위반(카메라등이용촬영물반포등) 성폭법 제14조 제3항 성폭력범죄의처벌등에관한특례법위반(영리목적카메라등이용촬영물반포등)	미수 ○

성폭법 제14조 제4항 성폭력범죄의처벌등에관한특례법위반(카메라등이용촬영물소지등)

성폭법 제14조 제5항 성폭력범죄의처벌등에관한특례법위반(상습카메라등이용촬영·반포등)

본 죄는 타인의 '신체'를 촬영한 경우 성립한다. ① 컴퓨터로 상대방과 야한 화상채팅을 하면서 휴대폰으로 컴퓨터 모니터를 촬영한 경우, ② 휴대폰으로 상대방과 야한 화상채팅을 하면서 그 휴대폰에 설치된 어플을 활용하여 영상캡쳐한 경우, 객체가 타인의 "신체"에 해당하지 않아 본 죄가 성립하지 않는다. 아래 판례를 통해 자세히 살펴본다.

> **판례** 컴퓨터로 야한 화상채팅을 하면서 휴대폰으로 컴퓨터 모니터를 촬영 - 성폭법 카메라등이용촬영죄 ✕
>
> 피고인이 피해자 甲(여, 14세)과 인터넷 화상채팅 등을 하면서 카메라 기능이 내재되어 있는 피고인의 휴대전화를 이용하여 甲의 유방, 음부 등 신체 부위를 甲의 의사에 반하여 촬영하였다고 하여 구 성폭력범죄의 처벌 등에 관한 특례법(2012. 12. 18. 법률 제11556호로 전부 개정되기 전의 것, 이하 '법'이라 한다) 위반(카메라등이용촬영)으로 기소된 사안에서, 甲은 스스로 자신의 신체 부위를 화상카메라에 비추었고 카메라 렌즈를 통과한 상의 정보가 디지털화되어 피고인의 컴퓨터에 전송되었으며, 피고인은 수신된 정보가 영상으로 변환된 것을 휴대전화 내장 카메라를 통해 동영상 파일로 저장하였으므로 피고인이 촬영한 대상은 甲의 신체 이미지가 담긴 영상일 뿐 甲의 신체 그 자체는 아니라고 할 것이어서 법 제13조 제1항의 구성요건에 해당하지 않으며, 형벌법규의 목적론적 해석도 해당 법률문언의 통상적인 의미 내에서만 가능한 것으로, 다른 사람의 신체 이미지가 담긴 영상도 위 규정의 '다른 사람의 신체'에 포함된다고 해석하는 것은 법률문언의 통상적인 의미를 벗어나는 것이므로 죄형법정주의 원칙상 허용될 수 없다는 이유로 피고인에게 무죄를 인정한 원심판단을 정당하다고 한 사례. (대법원 2013. 6. 27. 선고 2013도4279 판결)

> **판례** 휴대폰으로 야한 화상채팅을 하면서 그 휴대폰에 설치된 어플로 영상캡쳐한 경우 - 성폭법 카메라등이용촬영죄 ✕
>
> 원심이 ① 원심 판시 범죄일람표 1 기재의 64편의 동영상은 남성인 피고인이 마치 피고인이 여성인 것처럼 행세하며 휴대전화 채팅프로그램을 통하여 피해자들과 영상통화를 하면서 피해자들로 하여금 자위행위를 하도록 유도하는 한편 그러한 자위행위 영상을 휴대전화의 화면을 계속적으로 캡쳐하여 이를 저장하는 모바일 애플리케이션을 이용하여 저장한 동영상인 사실, ② 원심 판시 범죄일람표 2 중 연번 67 내지 84 기재의 18편의 동영상은 피고인이 인터넷을 통하여 다운로드하여 소지하고 있던 동영상인 사실 등을 인정한 다음, 그 판시와 같은 사정을 들어 위 총 82편의 동영상은 각 동영상에 출연하는

피해자들이 피고인 또는 성명불상의 사람과 영상통화를 하면서 스스로 촬영한 동영상을 피고인, 성명불상의 사람이 전송받아 이를 저장한 것에 불과하다고 보아 성폭력처벌법 제14조의 '촬영' 또는 '촬영물'에 해당하지 않는다고 판단하여 성폭력처벌법 제14조 각 항의 위반으로 인한 성폭력처벌법 위반(카메라 등이용 촬영)의 공소사실을 무죄로 인정한 것은 정당하고, 거기에 성폭력처벌법 제14조의 '촬영' 및 '촬영물'의 의미에 관한 법리를 오해하는 등의 잘못이 없다. (대법원 2018. 3. 15. 선고 2017도21656 판결)

(동지) 피고인이 피해자와 영상통화를 하면서 피해자가 나체로 샤워하는 모습을 휴대전화 녹화기능을 이용하여 녹화·저장한 경우-성폭법 카메라등이용촬영죄 × (대법원 2024. 10. 31. 선고 2024도10477 판결)

이하에서는 나머지 판례를 정리한다.

(판례) 버스 안에서 레깅스 바지를 입고 서 있던 피해자의 엉덩이 부위 등 하반신을 피해자 몰래 동영상 촬영 – 성폭법 카메라등이용촬영죄 ○

피해자가 성적 자유를 침해당했을 때 느끼는 성적 수치심은 부끄럽고 창피한 감정으로만 나타나는 것이 아니라 분노·공포·무기력·모욕감 등 다양한 형태로 나타날 수 있다. 성적 수치심의 의미를 협소하게 이해하여 부끄럽고 창피한 감정이 표출된 경우만을 보호의 대상으로 한정하는 것은 성적 피해를 당한 피해자가 느끼는 다양한 피해 감정을 소외시키고 피해자로 하여금 부끄럽고 창피한 감정을 느낄 것을 강요하는 결과가 될 수 있으므로, 피해 감정의 다양한 층위와 구체적인 범행 상황에 놓인 피해자의 처지와 관점을 고려하여 성적 수치심이 유발되었는지 여부를 신중하게 판단해야 한다. (대법원 2020. 12. 24. 선고 2019도16258 판결)

참고 위 판례의 취지에 따라 검찰은 내부 규칙상 '성적 수치심'이란 표현을 '성적 불쾌감'으로 변경한다.[35]

(판례) 야간에 버스 안에서 옆 좌석 여성(18세)의 치마 밑 허벅다리 부분 촬영 – 성폭법 카메라등이용촬영죄 ○

촬영한 부위가 '성적 욕망 또는 수치심을 유발할 수 있는 타인의 신체'에 해당하는지 여부는 객관적으로 피해자와 같은 성별, 연령대의 일반적이고도 평균적인 사람들의 입장에서 성적 욕망 또는 수치심을 유발할 수 있는 신체에 해당되는지 여부를 고려함과 아울러, 당해 피해자의 옷차림, 노출의 정도 등은 물론, 촬영자의 의도와 촬영에 이르게 된 경위, 촬영 장소와 촬영 각도 및 촬영 거리, 촬영된 원판의 이미지, 특정 신체 부위의 부각 여부 등을 종합적으로 고려하여 구체적·개별적·상대적으로 결정하여야 한다. (대법원 2008. 9. 25. 선고 2008도7007 판결)

(동지) 피고인이 청바지를 입은 여성을 따라다니면서 계단을 오르는 모습을 바로 뒤에서 엉덩이를 부각하여 촬영한 경우 본죄가 성립하나, 특별히 엉덩이를 부각하지 않고 일상복인 청바지를 입은 여성의 뒷모습 전신을 어느 정도 떨어진 거리에서 촬영한 경우 본죄가 불성립함 (대법원 2022. 3. 17. 선고 2021도13203 판결)

(판례) ① '반포'는 불특정 또는 다수인에 대한 무상교부 행위 ② '제공'은 '반포'에 이르지 아니하는

---

35 JTBC, "[단독] 논란됐던 '성적 수치심'을 '불쾌감'으로…검찰, 표현 바꾼다", 2021. 5. 19.

무상교부 행위를 말함

'반포'는 불특정 또는 다수인에게 무상으로 교부하는 것을 말하고, 계속적·반복적으로 전달하여 불특정 또는 다수인에게 반포하려는 의사를 가지고 있다면 특정한 1인 또는 소수의 사람에게 교부하는 것도 반포에 해당할 수 있다. 한편 '반포'와 별도로 열거된 '제공'은 '반포'에 이르지 아니하는 무상 교부 행위를 말하며, '반포'할 의사 없이 특정한 1인 또는 소수의 사람에게 무상으로 교부하는 것은 '제공'에 해당한다. (대법원 2016. 12. 27. 선고 2016도16676 판결)

(동지) 피해자 본인에게 교부하는 행위는 '제공'에 해당하지 않음 (대법원 2018. 8. 1. 선고 2018도1481 판결)

카메라등이용촬영죄의 기수·미수에 대해 살펴본다.

(판례) 촬영버튼을 누르고 일정시간이 지났는데 촬영종료(저장) 버튼을 누르지 않음 – 성폭법 카메라등이용촬영죄 기수 ○

디지털카메라나 동영상 기능이 탑재된 휴대전화 등의 기계장치는, 촬영된 영상정보가 사용자 등에 의해 전자파일 등의 형태로 저장되기 전이라도 일단 촬영이 시작되면 곧바로 촬영된 피사체의 영상정보가 기계장치 내 RAM(Random Access Memory) 등 주기억장치에 입력되어 임시저장되었다가 이후 저장명령이 내려지면 기계장치 내 보조기억장치 등에 저장되는 방식을 취하는 경우가 많고, 이러한 저장방식을 취하고 있는 카메라 등 기계장치를 이용하여 동영상 촬영이 이루어졌다면 범행은 촬영 후 일정한 시간이 경과하여 영상정보가 기계장치 내 주기억장치 등에 입력됨으로써 기수에 이르는 것이고, 촬영된 영상정보가 전자파일 등의 형태로 영구저장되지 않은 채 사용자에 의해 강제종료되었다고 하여 미수에 그쳤다고 볼 수는 없다. (대법원 2011. 6. 9. 선고 2010도10677 판결)

(비교) 촬영대상이 특정되어 카메라의 렌즈를 통하여 피사체에 초점이 맞추어짐 – 성폭법 카메라등이용촬영죄 미수 ○

범인이 피해자를 촬영하기 위하여 육안 또는 캠코더의 줌 기능을 이용하여 피해자가 있는지 여부를 탐색하다가 피해자를 발견하지 못하고 촬영을 포기한 경우에는 촬영을 위한 준비행위에 불과하여 성폭력처벌법위반(카메라등이용촬영)죄의 실행에 착수한 것으로 볼 수 없다. 이에 반하여 ① 범인이 카메라 기능이 설치된 휴대전화를 피해자의 치마 밑으로 들이밀거나, ② 피해자가 용변을 보고 있는 화장실 칸 밑 공간 사이로 집어넣는 등 카메라 등 이용 촬영 범행에 밀접한 행위를 개시한 경우에는 성폭력처벌법위반(카메라등이용촬영)죄의 실행에 착수하였다고 볼 수 있다. (대법원 2021. 3. 25. 선고 2021도749 판결, 대법원 2021. 8. 12. 선고 2021도7035 판결, 대법원 2011. 11. 20. 선고 2011도12415 판결)

카메라등이용촬영죄의 실행의 착수가 있다고 하기 위하여는 촬영대상이 특정되어 카메라 등 기계장치의 렌즈를 통하여 피사체에 초점을 맞추는 등 기계장치에 영상정보를 입력하기 위한 구체적이고 직접적인 행위가 개시되어야 함 (헌법재판소 2019. 11. 28. 선고 2017헌바182, 2019헌바182(병합) 전원재판부 결정)

11. 허위영상물편집 등

제14조의2(허위영상물 등의 반포등) ① 사람의 얼굴·신체 또는 음성을 대상으로 한 촬영물·영상물 또는 음성물(이하 이 조에서 "영상물등"이라 한다)을 영상물등의 대상자의 의사에 반하여 성적 욕망 또는 수치심을 유발할 수 있는 형태로 편집·합성 또는 가공(이하 이 조에서 "편집등"이라 한다)한 자는 7년 이하의 징역 또는 5천만원 이하의 벌금에 처한다.

② 제1항에 따른 편집물·합성물·가공물(이하 이 조에서 "편집물등"이라 한다) 또는 복제물(복제물의 복제물을 포함한다. 이하 이 조에서 같다)을 반포등을 한 자 또는 제1항의 편집등을 할 당시에는 영상물등의 대상자의 의사에 반하지 아니한 경우에도 사후에 그 편집물등 또는 복제물을 영상물등의 대상자의 의사에 반하여 반포등을 한 자는 7년 이하의 징역 또는 5천만원 이하의 벌금에 처한다.

③ 영리를 목적으로 영상물등의 대상자의 의사에 반하여 정보통신망을 이용하여 제2항의 죄를 범한 자는 3년 이상의 유기징역에 처한다.

④ 제1항 또는 제2항의 편집물등 또는 복제물을 소지·구입·저장 또는 시청한 자는 3년 이하의 징역 또는 3천만원 이하의 벌금에 처한다.

⑤ 상습으로 제1항부터 제3항까지의 죄를 범한 때에는 그 죄에 정한 형의 2분의 1까지 가중한다.

例規 성폭법 제14조의2 제1항 성폭력범죄의처벌등에관한특례법위반(허위영상물편집등) 성폭법 제14조의2 제2항 성폭력범죄의처벌등에관한특례법위반(허위영상물반포등) 성폭법 제14조의2 제3항 성폭력범죄의처벌등에관한특례법위반(영리목적허위영상물반포등) 성폭법 제14조의2 제4항 성폭력범죄의처벌등에관한특례법위반(상습허위영상물편집·반포등)	미수 ○

딥페이크 등을 처벌하기 위하여 2020. 5. 19. 신설된 규정이다. 2024. 10. 16. 개정을 통하여 제1항에서 "반포등을 할 목적으로" 요건을 삭제하였다.

12. 촬영물등이용협박 등

제14조의3(촬영물 등을 이용한 협박·강요) ① 성적 욕망 또는 수치심을 유발할 수 있는 촬영물 또는 복제물(복제물의 복제물을 포함한다), 제14조의2제2항에 따른 편집물등 또는 복제물(복제물의 복제물을 포함한다)을 이용하여 사람을 협박한 자는 1년 이상의 유기징역에 처한다. <개정 2024. 10. 16.>

② 제1항에 따른 협박으로 사람의 권리행사를 방해하거나 의무 없는 일을 하게 한 자는 3년 이상의 유기징역에 처한다.

③ 상습으로 제1항 및 제2항의 죄를 범한 경우에는 그 죄에 정한 형의 2분의 1까지 가중한다.

例規 성폭법 제14조의3 제1항 성폭력범죄의처벌등에관한특례법위반(촬영물등이용협박) 성폭법 제14조의3 제2항 성폭력범죄의처벌등에관한특례법위반(촬영물등이용강요) 성폭법 제14조의3 제3항 성폭력범죄의처벌등에관한특례법위반[상습(촬영물등이용 협박, 촬영물등이용강요)]	미수 ○

이른바 'N번방 사건' 등에 따라 2020. 5. 19. 신설된 규정이다.

> 判例 이미 만들어진 촬영물을 수단으로 협박하면 충분하고, 촬영물 등을 직접 제시하거나 반드시 소지하고 있을 필요는 없음
> '촬영물 등을 이용하여'는 '촬영물 등'을 인식하고 이를 방편 또는 수단으로 삼아 협박행위에 나아가는 것을 의미한다. 한편 협박죄에 있어서의 협박이라 함은 '사람으로 하여금 공포심을 일으킬 수 있을 정도의 해악의 고지'라 할 것이고, 해악을 고지하는 방법에는 제한이 없어 언어 또는 문서에 의하는 경우는 물론 태도나 거동에 의하는 경우도 협박에 해당한다. 따라서 실제로 촬영, 제작, 복제 등의 방법으로 만들어진 바 있는 촬영물 등을 방편 또는 수단으로 삼아 유포가능성 등 공포심을 일으킬 수 있을 정도의 해악을 고지한 이상 성폭력처벌법 제14조의3 제1항의 죄는 성립할 수 있고, 반드시 행위자가 촬영물 등을 피해자에게 직접 제시하는 방법으로 협박해야 한다거나 협박 당시 해당 촬영물 등을 소지하고 있거나 유포할 수 있는 상태일 필요는 없다. (대법원 2024. 5. 30. 선고 2023도17896 판결)
> 參考 피고인이 피해자에게 피해자의 음부 사진을 그 남편에게 제공하겠다고 협박하였으나, 협박 당시에는 이미 위 사진을 삭제한 경우-성폭법위반(촬영물등이용협박) ○

XII 아동·청소년의 성보호에 관한 법률

1. 아청법 적용대상

제2조(정의) 이 법에서 사용하는 용어의 뜻은 다음과 같다.
  1. "아동·청소년"이란 19세 미만의 사람을 말한다.

아동·청소년이란 19세 미만의 사람을 말한다.

2. 아동·청소년에 대한 강간 등

제7조(아동·청소년에 대한 강간·강제추행 등) ① 폭행 또는 협박으로 아동·청소년을 강간한 사람은 무기징역 또는 5년 이상의 유기징역에 처한다.

② 아동·청소년에 대하여 폭행이나 협박으로 다음 각 호의 어느 하나에 해당하는 행위를 한 자는 5년 이상의 유기징역에 처한다.

1. 구강·항문 등 신체(성기는 제외한다)의 내부에 성기를 넣는 행위

2. 성기·항문에 손가락 등 신체(성기는 제외한다)의 일부나 도구를 넣는 행위

③ 아동·청소년에 대하여 「형법」 제298조의 죄를 범한 자는 2년 이상의 유기징역 또는 1천만원 이상 3천만원 이하의 벌금에 처한다.

④ 아동·청소년에 대하여 「형법」 제299조의 죄를 범한 자는 제1항부터 제3항까지의 예에 따른다.

⑤ 위계(僞計) 또는 위력으로써 아동·청소년을 간음하거나 아동·청소년을 추행한 자는 제1항부터 제3항까지의 예에 따른다.

⑥ 제1항부터 제5항까지의 미수범은 처벌한다.

例規 제7조 제1항 아동·청소년의성보호에관한법률위반(강간)	
제7조 제2항 아동·청소년의성보호에관한법률위반(유사성행위) 제7조 제3항 아동·청소년의성보호에관한법률위반(강제추행) 제7조 제4항 아동·청소년의성보호에관한법률위반(준강간, 준유사성행위, 준강제추행) 제7조 제5항 아동·청소년의성보호에관한법률위반[위계등(간음, 유사성행위, 추행)]	미수 ○ 예비·음모 ○

🔍 **핵심단어**

① 아동·청소년에 대하여
② 강간·유사강간·강제추행·준강간·준강제추행·위계위력 간음추행 등

3. 장애인간음 등

제8조(장애인인 아동·청소년에 대한 간음 등) ① 19세 이상의 사람이 13세 이상의 장애 아동·청소년(「장애인복지법」 제2조제1항에 따른 장애인으로서 신체적인 또는 정신적인 장애로 사물을 변별하거나 의사를 결정할 능력이 미약한 아동·청소년을 말한다. 이하 같다)을 간음하거나 13세 이상의 장애 아동·청소년으로 하여금 다른 사람을 간음하게 하는 경우에는 3년 이상의 유기징역에 처한다.

② 19세 이상의 사람이 13세 이상의 장애 아동·청소년을 추행한 경우 또는 13세 이상의 장애 아동·청소

년으로 하여금 다른 사람을 추행하게 하는 경우에는 10년 이하의 징역 또는 1천500만원 이하의 벌금에 처한다.

제8조의2(13세 이상 16세 미만 아동·청소년에 대한 간음 등) ① 19세 이상의 사람이 13세 이상 16세 미만인 아동·청소년(제8조에 따른 장애 아동·청소년으로서 16세 미만인 자는 제외한다. 이하 이 조에서 같다)의 궁박(窮迫)한 상태를 이용하여 해당 아동·청소년을 간음하거나 해당 아동·청소년으로 하여금 다른 사람을 간음하게 하는 경우에는 3년 이상의 유기징역에 처한다.
② 19세 이상의 사람이 13세 이상 16세 미만인 아동·청소년의 궁박한 상태를 이용하여 해당 아동·청소년을 추행한 경우 또는 해당 아동·청소년으로 하여금 다른 사람을 추행하게 하는 경우에는 10년 이하의 징역 또는 1천500만원 이하의 벌금에 처한다.

例規 제8조 제1항 아동·청소년의성보호에관한법률위반(장애인간음) 　　　제8조 제2항 아동·청소년의성보호에관한법률위반(장애인추행) 　　　제8조의2 제1항 아동·청소년의성보호에관한법률위반(16세미만아동·청소년간음) 　　　제8조의2 제2항 아동·청소년의성보호에관한법률위반(16세미만아동·청소년추행)	미수 ×

🔍 **핵심단어**
- ① 19세 이상의 자 ② 13세 이상 장애 아동청소년을 ③ 간음·추행
- ① 19세 이상의 자 ② 13세 이상 장애 아동청소년으로 하여금 ③ 다른 사람 간음·추행케함

4. 성착취물제작 등

제11조(아동·청소년성착취물의 제작·배포 등) ① 아동·청소년성착취물을 제작·수입 또는 수출한 자는 무기징역 또는 5년 이상의 유기징역에 처한다.
② 영리를 목적으로 아동·청소년성착취물을 판매·대여·배포·제공하거나 이를 목적으로 소지·운반·광고·소개하거나 공연히 전시 또는 상영한 자는 5년 이상의 징역에 처한다.
③ 아동·청소년성착취물을 배포·제공하거나 이를 목적으로 광고·소개하거나 공연히 전시 또는 상영한 자는 3년 이상의 징역에 처한다.
④ 아동·청소년성착취물을 제작할 것이라는 정황을 알면서 아동·청소년을 아동·청소년성착취물의 제작자에게 알선한 자는 3년 이상의 징역에 처한다.
⑤ 아동·청소년성착취물을 구입하거나 아동·청소년성착취물임을 알면서 이를 소지·시청한 자는 1년 이상의 징역에 처한다.
⑥ 제1항의 미수범은 처벌한다
⑦ 상습적으로 제1항의 죄를 범한 자는 그 죄에 대하여 정하는 형의 2분의 1까지 가중한다.
제11조의2(아동·청소년성착취물을 이용한 협박·강요) ① 아동·청소년성착취물을 이용하여 그 아동·청

소년을 협박한 자는 3년 이상의 유기징역에 처한다.

② 제1항에 따른 협박으로 그 아동·청소년의 권리행사를 방해하거나 의무 없는 일을 하게 한 자는 5년 이상의 유기징역에 처한다.

③ 제1항과 제2항의 미수범은 처벌한다.

④ 상습적으로 제1항 및 제2항의 죄를 범한 자는 그 죄에 대하여 정하는 형의 2분의 1까지 가중한다.

例規 제11조 제5항 아동·청소년의성보호에관한법률위반(성착취물소지등) 제11조 제7항 아동·청소년의성보호에관한법률위반(상습성착취물제작·배포등) 그 외의 11조 아동·청소년의성보호에관한법률위반(성착취물제작·배포등)	미수 ○ (①항만)

아동청소년 성착취물의 의미와 판단 기준은 무엇일까. 구 아청법은 '아동청소년 성착취물' 대신 '아동청소년 이용음란물'이라는 용어를 사용하였는데 아동청소년 이용음란물의 의미를 다룬 판례를 살펴본다.

判例 '아동청소년 성착취물'이란 아동·청소년 또는 그로 명백히 인식될 수 있는 자의 성적 표현물 구 아동·청소년의 성보호에 관한 법률(2012. 12. 18. 법률 제11572호로 전부 개정되기 전의 것)의 입법 목적과 개정 연혁, 표현물의 특징 등에 비추어 보면, 위 법률 제2조 제5호에서 말하는 '아동·청소년으로 인식될 수 있는 표현물'이란 사회 평균인의 시각에서 객관적으로 보아 명백하게 청소년으로 인식될 수 있는 표현물을 의미하고, 개별적인 사안에서 표현물이 나타내고 있는 인물의 외모와 신체발육에 대한 묘사, 음성 또는 말투, 복장, 상황 설정, 영상물의 배경이나 줄거리 등 여러 사정을 종합적으로 고려하여 신중하게 판단하여야 한다. (대법원 2019. 5. 30. 선고 2015도863 판결)

参考 현행 아청법 제2조 제4호·제5호를 일독할 필요가 있다.[36]

判例 고등학교 여자기숙사의 여러 방실에서 여학생들이 옷을 갈아입는 등 일상생활을 하는 모습을 원거리에서 망원렌즈를 이용하여 창문을 통해 몰래 촬영한 영상 – 아동청소년이용음란물 ○

아동·청소년 등이 일상적인 생활을 하면서 신체를 노출한 것일 뿐 적극적인 성적 행위를 한 것이 아니

---

36 4. "아동·청소년의 성을 사는 행위"란 아동·청소년, 아동·청소년의 성(性)을 사는 행위를 알선한 자 또는 아동·청소년을 실질적으로 보호·감독하는 자 등에게 금품이나 그 밖의 재산상 이익, 직무·편의제공 등 대가를 제공하거나 약속하고 다음 각 목의 어느 하나에 해당하는 행위를 아동·청소년을 대상으로 하거나 아동·청소년으로 하여금 하게 하는 것을 말한다. 가. 성교 행위 나. 구강·항문 등 신체의 일부나 도구를 이용한 유사 성교 행위 다. 신체의 전부 또는 일부를 접촉·노출하는 행위로서 일반인의 성적 수치심이나 혐오감을 일으키는 행위 라. 자위 행위

  5. "아동·청소년성착취물"이란 아동·청소년 또는 아동·청소년으로 명백하게 인식될 수 있는 사람이나 표현물이 등장하여 제4호의 어느 하나에 해당하는 행위를 하거나 그 밖의 성적 행위를 하는 내용을 표현하는 것으로서 필름·비디오물·게임물 또는 컴퓨터나 그 밖의 통신매체를 통한 화상·영상 등의 형태로 된 것을 말한다.

더라도 이를 몰래 촬영하는 방식 등으로 성적 대상화하였다면 이와 같은 행위를 표현한 영상 등은 아동·청소년이용음란물에 해당한다. (대법원 2023. 11. 16. 선고 2021도4265 판결)

판례 피고인의 웹사이트에 아동청소년성착취물이 저장된 다른 웹사이트로 연결되는 링크를 게시하여 불특정·다수인이 링크를 이용하여 별다른 제한 없이 성착취물에 바로 접할 수 있는 상태를 실제로 조성 – 배포·전시 ○ (대법원 2023. 10. 12. 선고 2023도5757 판결)

판례 ① 피고인이 '개설'한 텔레그램 채널에 아동청소년성착취물 영상을 게시하면서 그 접속상태를 유지한 경우 ② 피고인이 성착취물이 게시된 텔레그램 채널에 '참여'하였으나 성착취물을 자신의 텔레그램 채널 등에 전달하거나, 다운로드하지는 않은 경우 – ① 소지 ○, ② 소지 × (대법원 2023. 10. 12. 선고 2023도5757 판결)

아동청소년 성착취물 '제작'은 ① 아동청소년을 협박하여 제작한 경우는 물론 ② 아동청소년의 동의를 받고 제작한 경우까지를 포함된다. 성폭법 카메라등이용촬영죄, 강제추행죄의 간접정범과 경계선상에 있는데 아래에서 자세히 정리한다.

📋 중요쟁점: 성착취물 제작

아동·청소년 성착취물 제작죄는 성폭법 카메라이용촬영죄와 달리, 객체의 동의가 있어도 성립한다. 따라서 상대방에게 '자위 영상을 찍어서 보내라'고 지시한 사건은 아래 네 가지로 분류하여 평가할 수 있다. 대상이 청소년인 경우 협박 유무와 관계없이 성착취물 제작죄가 성립한다. 이에 반해 대상이 성인인 경우 협박이 있으면 강제추행죄가 성립하나, 협박이 없는 경우 불가벌이다. 유포 등이 없는 한 카메라이용촬영죄로도 처벌이 불가하다.

		대상	
		청소년	성인
행위	협박하여 스스로 촬영케 함	Ⓐ 아청법 성착취물 제작죄[37] (2020도18285 판결)	Ⓒ 강제추행죄 간접정범 (2016도17733 판결)
	합의하여 스스로 촬영케 함	Ⓑ 아청법 성착취물 제작죄 (2018도9340 판결)	불가벌

판례 Ⓐ 아동·청소년인 피해자를 협박하여 성적 행위를 스스로 촬영케 한 경우 – 아청법 성착취물 제작죄 ○

피고인이 아동·청소년인 피해자를 협박하여 스스로 아동·청소년의 성보호에 관한 법률 제2조 제4호의

---

37 아청법상 강제추행죄 성부도 문제될 수 있다. 대법원 판례는 아직 없다. 다만 검사의 기소에 따라, ① 아청법상 성착취물 제작죄와 아청법상 강제추행죄를 실체적 경합으로 인정한 하급심 판례 ② 아청법상 성착취물 제작죄와 아청법상 강제추행죄를 상상적 경합으로 인정한 하급심 판례 모두 발견된다. 죄수에 대한 대법원 판례를 기다린다.

어느 하나에 해당하는 행위 또는 그 밖의 성적 행위에 해당하는 아동·청소년 자신의 행위를 내용으로 하는 화상·영상 등을 생성하게 하고 이를 인터넷 사이트 운영자의 서버에 저장시켜 피고인의 휴대전화기에서 재생할 수 있도록 한 경우, 간접정범의 형태로 같은 법 제11조 제1항에서 정한 아동·청소년이용음란물을 제작하는 행위에 해당한다. (대법원 2018. 1. 25. 선고 2017도18443 판결, 대법원 2021. 3. 25. 선고 2020도18285 판결)

[비교] ⓒ 성인인 피해자를 협박하여 피해자로 하여금 자위 영상을 촬영케하고 이를 전송받음 – 강제추행죄 간접정범 ○ (대법원 2018. 2. 8. 선고 2016도17733 판결) 표준

[판례] ⓑ 청소년에게 '돈을 줄 테니 카메라로 자위 영상을 촬영하여 보내라'고 지시하고 청소년이 이에 따라 촬영 후 전송하였는데 피고인은 저장하거나 유포하지는 않음 – 아청법 성착취물 제작죄 ○
아동·청소년의 성보호에 관한 법률(이하 '청소년성보호법'이라 한다)의 입법목적은 아동·청소년을 대상으로 성적 행위를 한 자를 엄중하게 처벌함으로써 성적 학대나 착취로부터 아동·청소년을 보호하고 아동·청소년이 책임 있고 건강한 사회구성원으로 성장할 수 있도록 하려는 데 있다. 아동·청소년이용음란물은 직접 피해자인 아동·청소년에게는 치유하기 어려운 정신적 상처를 안겨줄 뿐만 아니라, 이를 시청하는 사람들에게까지 성에 대한 왜곡된 인식과 비정상적 가치관을 조장한다. 따라서 아동·청소년을 이용한 음란물 '제작'을 원천적으로 봉쇄하여 아동·청소년을 성적 대상으로 보는 데서 비롯되는 잠재적 성범죄로부터 아동·청소년을 보호할 필요가 있다. 특히 인터넷 등 정보통신매체의 발달로 음란물이 일단 제작되면 제작 후 제작자의 의도와 관계없이 언제라도 무분별하고 무차별적으로 유통에 제공될 가능성이 있다. 이러한 점에 아동·청소년을 이용한 음란물 제작을 처벌하는 이유가 있다. 그러므로 아동·청소년의 동의가 있다거나 개인적인 소지·보관을 1차적 목적으로 제작하더라도 청소년성보호법 제11조 제1항의 '아동·청소년이용음란물의 제작'에 해당한다고 보아야 한다.
피고인이 직접 아동·청소년의 면전에서 촬영행위를 하지 않았더라도 아동·청소년이용음란물을 만드는 것을 기획하고 타인으로 하여금 촬영행위를 하게 하거나 만드는 과정에서 구체적인 지시를 하였다면, 특별한 사정이 없는 한 아동·청소년이용음란물 '제작'에 해당한다. 이러한 촬영을 마쳐 재생이 가능한 형태로 저장이 된 때에 제작은 기수에 이르고 반드시 피고인이 그와 같이 제작된 아동·청소년이용음란물을 재생하거나 피고인의 기기로 재생할 수 있는 상태에 이르러야만 하는 것은 아니다. 이러한 법리는 피고인이 아동·청소년으로 하여금 스스로 자신을 대상으로 하는 음란물을 촬영하게 한 경우에도 마찬가지이다. (대법원 2018. 9. 13. 선고 2018도9340 판결)

[판례] (기타) 아동청소년이 본인의 사적소지를 목적으로 본인을 대상으로 음란물 촬영한 경우 – 아청법 성착취물 제작죄 ✕
아동·청소년인 행위자 본인이 사적인 소지를 위하여 자신을 대상으로 '아동·청소년이용음란물'에 해당하는 영상 등을 제작하거나 그 밖에 이에 준하는 경우로서, 영상의 제작행위가 헌법상 보장되는 인격권, 행복추구권 또는 사생활의 자유 등을 이루는 사적인 생활 영역에서 사리분별력 있는 사람의 자기결정권의 정당한 행사에 해당한다고 볼 수 있는 예외적인 경우에는 위법성이 없다고 볼 수 있다. 아동·청소년은 성적 가치관과 판단능력이 충분히 형성되지 아니하여 성적 자기결정권을 행사하고 자신을 보호할 능력이 부족한 경우가 대부분이므로 영상의 제작행위가 이에 해당하는지 여부는 아동·청소년의 나이와 지적·사회적 능력, 제작의 목적과 동기 및 경위, 촬영 과정에서 강제력이나 위계 혹은 대가가 결부되었

는지 여부, 아동·청소년의 동의나 관여가 자발적이고 진지하게 이루어졌는지 여부, 아동·청소년과 영상 등에 등장하는 다른 인물과의 관계, 영상 등에 표현된 성적 행위의 내용과 태양 등을 종합적으로 고려하여 신중하게 판단하여야 한다. (대법원 2015. 2. 12. 선고 2014도11501, 2014전도197 판결)

기타 판결을 살펴본다.

[판례] 아동·청소년으로 하여금 성착취물을 제작하게 한 후 이를 전송받아 보관한 경우, ① 성착취물제작죄 외에 ② 성착취물소지죄가 별도로 성립하지 않고 흡수됨. 다만 제작에 수반된 소지를 벗어나 사회통념상 새로운 소지가 있었다고 평가할 수 있는 별도의 소지행위를 게시한 경우에는 성착취물소지죄가 별도로 성립함 (대법원 2021. 7. 8. 선고 2021도2993 판결)

명예와 신용에 대한 죄

01 | 명예에 관한 죄

I 명예훼손죄

제307조(명예훼손) ① 공연히 사실을 적시하여 사람의 명예를 훼손한 자는 2년 이하의 징역이나 금고 또는 500만원 이하의 벌금에 처한다.

② 공연히 허위의 사실을 적시하여 사람의 명예를 훼손한 자는 5년 이하의 징역, 10년 이하의 자격정지 또는 1천만원 이하의 벌금에 처한다.

제310조(위법성의 조각) 제307조제1항의 행위가 진실한 사실로서 오로지 공공의 이익에 관한 때에는 처벌하지 아니한다.

제312조(고소와 피해자의 의사) ② 제307조와 제309조의 죄는 피해자의 명시한 의사에 반하여 공소를 제기할 수 없다.

例規 제307조 명예훼손	미수 ×

🔍 **핵심단어**

- ① 공연히 ② 사실 ③ 적시 ④ 명예훼손
- 명예란 ① 사람의 가치 ② 사회적 평가
- 공연성이란 ① 불특정 ② 다수인 인식할 수 있는 상태 ③ 1인 전파가능성
- 사실이란 ① 구체적인 과거·현재 ② 사실관계 ③ 보고·진술 ④ 증거 입증가능성
- 적시란 ① 특정인 명예 침해될 수 있도록 ② 구체적으로 지적·표시
- 제310조 ① 진실한 사실 ② 오로지 공공의 이익 → 위법성 조각
- 진실성 ① 중요부분 진실합치 ② 세부차이·다소과장 무방
- 공익성 ① 주요목적이 공익 ② 국가·사회 다수인 이익 ③ 특정한 집단·구성원 이익

1. 객체: 사람의 명예

명예훼손죄의 보호법익은 사람의 외적 명예이다. 따라서 사람의 가치에 대한 사회적 평가(외적 명예)를 저하시킬 만한 구체적 사실을 적시하는 경우 본죄가 성립한다. 자연인·법인·법인격 없는 단체는 명예의 주체가 된다.

국가·지자체는 명예훼손죄·모욕죄의 피해자가 될 수 없다.

[판례] 외부적 명예 – 사람의 가치에 대한 사회적 평가

명예훼손죄와 모욕죄의 보호법익은 다같이 사람의 가치에 대한 사회적 평가인 이른바 외부적 명예인 점에서는 차이가 없으나 다만 명예훼손은 사람의 사회적 평가를 저하시킬 만한 구체적 사실의 적시를 하여 명예를 침해함을 요하는 것으로서 구체적 사실이 아닌 단순한 추상적 판단이나 경멸적 감정의 표현으로서 사회적 평가를 저하시키는 모욕죄와 다르다. (대법원 1987. 5. 12. 선고 87도739 판결) **표준**

[판례] 법인 – 명예훼손죄 피해자 ○

우리 대법원은 명예훼손죄가 어떤 특정한 사람 또는 인격을 보유하는 단체에 대하여 그 명예를 훼손함으로써 성립한다고 판시하여(대법원 2000. 10. 10. 선고 99도5407 판결 참조) 일관되게 명예훼손죄에서 법인도 피해자에 해당되는 것을 전제로 판결하고 있으며, 정보통신망법의 허위사실 적시 정보통신망을 통한 명예훼손죄의 경우에도 '사람'에는 자연인뿐만 아니라 법인도 포함된다고 판시하고 있다(대법원 2009. 10. 29. 선고 2009도3696 판결 참조). (서울중앙지방법원 2018. 8. 16. 선고 2017노4184 판결)
참고 법인도 정통망법상 명예훼손죄의 피해자가 될 수 있다는 취지의 2심 판결로서 대법원 2018도14171 판결에 의하여 (상고기각) 확정되었음.

[판례] 국가·지자체 – 명예훼손죄·모욕죄 피해자 ✕

형법이 명예훼손죄 또는 모욕죄를 처벌함으로써 보호하고자 하는 사람의 가치에 대한 평가인 외부적 명예는 개인적 법익으로서, 국민의 기본권을 보호 내지 실현해야 할 책임과 의무를 지고 있는 공권력의 행사자인 국가나 지방자치단체는 기본권의 수범자일 뿐 기본권의 주체가 아니고, 정책결정이나 업무수행과 관련된 사항은 항상 국민의 광범위한 감시와 비판의 대상이 되어야 하며 이러한 감시와 비판은 그에 대한 표현의 자유가 충분히 보장될 때에 비로소 정상적으로 수행될 수 있으므로, 국가나 지방자치단체는 국민에 대한 관계에서 형벌의 수단을 통해 보호되는 외부적 명예의 주체가 될 수는 없고, 따라서 명예훼손죄나 모욕죄의 피해자가 될 수 없다. (대법원 2016. 12. 27. 선고 2014도15290 판결)
참고 피고인이 고흥군청 홈페이지에 고흥군에 대한 허위 내용의 글을 게시하고 경멸적 표현의 글을 게재하였고, 이는 고흥군수에 대한 경멸적 의사를 표현한 것으로 볼 수 있는 경우 – ① 고흥군에 대한 명예훼손죄·모욕죄 ✕ ② 고흥군수에 대한 모욕죄 ○

[판례] 정부 업무수행에 대한 비판이 공직자에 대한 명예훼손죄 되기 위한 요건 – 공직자 개인에 대한 ① 악의적 ② 심히 경솔한 공격으로 ③ 현저히 상당성을 잃은 경우 ○

정부 또는 국가기관의 업무수행과 관련된 사항은 항상 국민의 감시와 비판의 대상이 되어야 하는 것이

고 정부 또는 국가기관은 형법상 명예훼손죄의 피해자가 될 수 없으므로(형법과 정보통신망법은 명예훼손죄의 피해자를 '사람'으로 명시하고 있다), 정부 또는 국가기관의 업무수행과 관련된 사항에 관한 표현으로 그 업무수행에 관여한 공직자에 대한 사회적 평가가 다소 저하될 수 있다고 하더라도, 그 내용이 공직자 개인에 대한 악의적이거나 심히 경솔한 공격으로서 현저히 상당성을 잃은 것으로 평가되지 않는한, 그로 인하여 곧바로 공직자 개인에 대한 명예훼손이 된다고 할 수 없다.

방송국 프로듀서 등 피고인들이 특정 프로그램 방송보도를 통하여 '미국산 쇠고기 수입을 위한 제2차 한미 전문가 기술협의'(이른바 '한미 쇠고기 수입 협상')의 협상단 대표와 주무부처 장관이 협상을 졸속으로 체결하여 국민을 인간광우병(vCJD) 위험에 빠뜨리게 하였다는 취지로 표현하는 등 그 자질 및 공직수행 자세를 비하하여 이들의 명예를 훼손하였다는 내용으로 기소된 사안에서, 보도내용 중 일부가 객관적 사실과 다른 허위사실 적시에 해당한다고 하면서도, 위 방송보도가 국민의 먹을거리와 이에 대한 정부 정책에 관한 여론형성이나 공개토론에 이바지할 수 있는 공공성 및 사회성을 지닌 사안을 대상으로 하고 있는 점, 허위사실의 적시로 인정되는 방송보도 내용은 미국산 쇠고기의 광우병 위험성에 관한 것으로 공직자인 피해자들의 명예와 직접적인 연관을 갖는 것이 아닐 뿐만 아니라 피해자들에 대한 악의적이거나 현저히 상당성을 잃은 공격으로 볼 수 없는 점 등의 사정에 비추어, 피고인들에게 명예훼손의 고의를 인정하기 어렵다. (대법원 2011. 9. 2. 선고 2010도17237 판결)

[동지] 세월호참사 국민대책회의 공동위원장인 피고인이 언론사 기자와 시민 등을 상대로 기자회견을 하던 중 '세월호 참사 7시간 동안 박근혜 대통령이 마약이나 보톡스를 했다는 의혹이 사실인지 청와대를 압수·수색해서 확인했으면 좋겠다'는 취지로 발언 – 명예훼손죄 × (대법원 2021. 3. 25. 선고 2016도14995 판결)

피해자를 집합명칭으로 표현한 경우, 본죄가 성립할 수 있는지 문제된다. 집합적 명사가 어떤 범위에 속하는 특정인을 가리키는 것이 명백하면 본죄가 성립한다.

[판례] 집합명칭 명예훼손 – 특정 범위에 속하는 특정인을 가리키는 것이 명백한 경우 ○
명예훼손죄는 어떤 특정한 사람 또는 인격을 보유하는 단체에 대하여 명예를 훼손함으로써 성립하는 것이므로 피해자가 특정되어야 한다. 집합적 명사를 쓴 경우에도 어떤 범위에 속하는 특정인을 가리키는 것이 명백하면, 이를 각자의 명예를 훼손하는 행위라고 볼 수 있다. 그러나 명예훼손의 내용이 집단에 속한 특정인에 대한 것이라고 해석되기 힘들고 집단표시에 의한 비난이 개별구성원에 이르러서는 비난의 정도가 희석되어 구성원 개개인의 사회적 평가에 영향을 미칠 정도에 이르지 않는 것으로 평가되는 경우에는 구성원 개개인에 대한 명예훼손이 성립하지 않는다. (대법원 2018. 11. 29. 선고 2016도14678 판결)

[판례] 피고인이 작성·배포한 보도자료에 'A 고교(교사 66명) 3.19 동지회 소속 교사들이 학생들을 선동하여 무단하교를 하게 하였다고 적시' – 명예훼손죄(특정) ○
서울시민 또는 경기도민이라 함과 같은 막연한 표시에 의해서는 명예훼손죄를 구성하지 아니한다 할 것이지만, 집합적 명사를 쓴 경우에도 그것에 의하여 그 범위에 속하는 특정인을 가리키는 것이 명백하면, 이를 각자의 명예를 훼손하는 행위라고 볼 수 있다. (대법원 2000. 10. 10. 선고 99도5407 판결) **표준**

명예훼손죄가 인정되려면 객체를 특정하여 사실을 적시하여야 한다. 객체의 특정과 관련된 판례를 살펴본다.

판례 피고인은 종중 자산관리위원장인 甲과 다투어 왔는데 80세대 중 50세대가 종중원인 마을의 방송을 통해 "어떤 분자가 종중재산을 횡령착복하였다"고 말함 – 명예훼손죄 ○
명예훼손죄가 성립하려면 반드시 사람의 성명을 명시하여 허위의 사실을 적시하여야만 하는 것은 아니므로 사람의 성명을 명시한 바없는 허위사실의 적시행위도 그 표현의 내용을 주위사정과 종합판단하여 그것이 어느 특정인을 지목하는 것인가를 알아차릴 수 있는 경우에는 그 특정인에 대한 명예훼손죄를 구성한다. (대법원 1982. 11. 9. 선고 82도1256 판결)

판례 피해자가 네이버 뉴스 기사에 '개인적으로는 무죄찬성입니다.'라고 댓글을 달자, 피고인이 "내가 당신 부모를 강간한 다음 ○○○인 척하면 무죄 판결 받아야 한다는 뜻 같습니다."라고 댓글을 달았는데, 피해자에 관하여 ID만을 알 수 있을 뿐 그 ID를 가진 사람이 피해자라는 점을 알 수 없는 경우 – ① 명예훼손죄(특정) × ② 모욕죄(특정) ×
이 사건과 같이 명예훼손 또는 모욕을 당한 피해자의 인터넷 아이디(ID)만을 알 수 있을 뿐 그 밖의 주위사정, 즉 문제된 뉴스 기사와 이에 대한 청구인의 의견, 피고소인들의 댓글 내용, 해당 인터넷 게시판의 이용 범위 등을 종합해보더라도 그와 같은 인터넷 아이디(ID)를 가진 사람이 청구인이라고 알아차리기 어렵고 달리 이를 추지할 수 있을 만한 아무런 자료가 없는 경우에 있어서는, 외부적 명예를 보호법익으로 하는 명예훼손죄 또는 모욕죄의 피해자가 청구인으로 특정되었다고 볼 수 없으므로, 특정인인 청구인에 대한 명예훼손죄 또는 모욕죄가 성립하는 경우에 해당하지 아니한다. (헌법재판소 2008. 6. 26. 선고 2007헌마461 전원재판부 결정)
참고 검사의 혐의없음 처분에 대하여 취소를 구하는 헌법소원심판을 청구하였으나 기각된 사건이다. 온라인 댓글·게임·채팅에서의 명예훼손죄·모욕죄에 관한 하급심 동향을 가볍게 살펴보면, ① ID와 함께 자신의 이름 등을 밝혔음에도 그에 모욕적인 댓글·채팅을 게시하는 경우 ② 게임 공간 안에서 그 ID가 하나의 인격적 표지로 인정될 정도로 알려져 있는 경우 유죄가 인정된 사례들이 발견된다.

2. 행위

가. 공연성

공연성이란 불특정 또는 다수인이 인식할 수 있는 상태를 말한다. 판례는 이른바 '전파성이론'을 취하여 1인에게 사실을 적시한 경우에도 그 자가 불특정·다수인에게 전파할 가능성이 있으면 공연성을 인정한다. 판례는 상대방이 사실적시자와 특별한 관계가 있는지, 상대방이 피해자와 특별한 관계가 있는지, 직무상 이를 취급하는 관계에 있는지 등을 중심으로 전파가능성 여부를 판단한다.[38]

판례 공연성 – 한사람에게 사실 적시하더라도 불특정·다수인에게 전파가능성 인정시 ○

공연성은 불특정 또는 다수인이 인식할 수 있는 상태를 의미하고, 비록 개별적으로 한사람에 대하여 사실을 유포하였다고 하더라도 그로부터 불특정 또는 다수인에게 전파될 가능성이 있다면 공연성의 요건을 충족하지만 이와 달리 전파될 가능성이 없다면 특정한 한 사람에 대한 사실의 유포는 공연성을 결한다. (대법원 2000. 5. 16. 선고 99도5622 판결)

특정한 소수에게만 발언하였다는 점은 공연성이 부정되는 유력한 사정이 될 수 있으므로, 그와 같은 사정 하에서의 전파가능성에 관하여는 검사의 엄격한 증명이 필수적이다. 구체적인 사안에서 공연성이 인정되는지 여부는 발언을 하게 된 경위와 당시 상황, 발언의 내용·방법, 행위자의 의도, 행위자·상대방의 태도, 행위자·상대방·피해자의 관계와 지위 등 행위 당시의 구체적인 사정을 심리한 후 상대방이 불특정 또는 다수인에게 전파할 가능성이 있는지 등을 종합하여 객관적으로 판단하여야 한다. (대법원 2020. 11. 19. 선고 2020도5813 전원합의체 판결)

판례 전파가능성에 대한 엄격한 판단기준

공연성은 명예훼손죄의 구성요건으로서, 특정 소수에 대한 사실적시의 경우 공연성이 부정되는 유력한 사정이 될 수 있으므로, 전파될 가능성에 관하여는 검사의 엄격한 증명이 필요하다. 전파가능성을 이유로 명예훼손죄의 공연성을 인정하는 경우에는 적어도 범죄구성요건의 주관적 요소로서 미필적 고의가 필요하므로 전파가능성에 대한 인식이 있음은 물론 나아가 그 위험을 용인하는 내심의 의사가 있어야 하고, 행위자가 전파가능성을 용인하고 있었는지 여부는 외부에 나타난 행위의 형태와 상황 등 구체적인 사정을 기초로 일반인이라면 그 전파가능성을 어떻게 평가할 것인가를 고려하면서 행위자의 입장에서 그 심리상태를 추인하여야 한다. 친밀하고 사적인 관계뿐만 아니라 공적인 관계에 있어서도 조직 등의 업무와 관련하여 사실의 확인 또는 규명 과정에서 발언하게 된 것이거나, 상대방의 가해에 대하여 대응하는 과정에서 발언하게 된 경우 및 수사·소송 등 공적인 절차에서 그 당사자들 사이에 공방을 하던 중 발언하게 된 경우 등이라면 그 발언자의 전파가능성에 대한 인식과 위험을 용인하는 내심의 의사를 인정하는 것은 신중하여야 한다. 공연성의 존부는 발언자와 상대방 또는 피해자 사이의 관계나 지위, 대화를 하게 된 경위와 상황, 사실적시의 내용, 적시의 방법과 장소 등 행위 당시의 객관적 제반 사정에 관하여 심리한 다음, 그로부터 상대방이 불특정 또는 다수인에게 전파할 가능성이 있는지 여부를 검토하여 종합적으로 판단하여야 한다. (대법원 2021. 10. 14. 선고 2020도11004 판결)

참고 피고인이 관련 민사소송에서 피해자의 주장에 부합하는 확인서를 작성해 준 甲을 찾아가 방문 경위를 설명하고 甲으로부터 기존 확인서와 상반되는 취지의 사실확인서를 다시금 교부받는 과정에서 피해자에 대한 명예훼손성 발언을 하였으나, 이 사건 발언을 들은 상대방은 甲이 유일하며, 이 사건 발언이 달리 전파된 바 없음 – 명예훼손죄(공연성) ×

---

38 조균석·이완규·조석영·서정민, 형사법통합연습, 박영사, 2019, 295쪽.

(동지) 전파가능성에 대한 엄격한 판단기준

발언 상대방이 발언자나 피해자의 배우자, 친척, 친구 등 사적으로 친밀한 관계에 있는 경우 또는 직무상 비밀유지의무 또는 이를 처리해야 할 공무원이나 이와 유사한 지위에 있는 경우에는 그러한 관계나 신분으로 비밀의 보장이 상당히 높은 정도로 기대되는 경우로서 공연성이 부정된다. 위와 같이 발언자와 상대방, 그리고 피해자와 상대방이 특수한 관계에 있는 경우 또는 상대방이 직무상 특수한 지위나 신분을 가지고 있는 경우에 공연성을 인정하려면 그러한 관계나 신분에도 불구하고 불특정 또는 다수인에게 전파될 수 있다고 볼 만한 특별한 사정이 존재하여야 한다. (대법원 2020. 12. 30. 선고 2015도12933 판결)

인정례를 살펴본다.

(판례) 피고인이 상대방과 말다툼을 하던 중 각자의 배우자와 마을사람들이 있는 상태에서 '상대방은 아주 질이 나쁜 전과자'라고 크게 소리침 – 명예훼손죄(공연성) ○ (대법원 2020. 11. 19. 선고 2020도5813 전원합의체 판결)

(판례) 도급인인 피고인이 수급인인 피해자의 소개로 공사현장에서 일한 상대방에게 '지급할 노임 중 1,900만 원을 피해자가 수령한 후 유용하였다'고 문자메시지를 보냄 – 명예훼손죄(공연성) ○ (대법원 2021. 4. 8. 선고 2020도18437 판결)

(판례) 피고인의 말을 들은 사람은 한 사람씩에 불과하였으나 그들이 피고인과 특별한 친분관계가 없는 경우 – 명예훼손죄(공연성) ○ (대법원 1996. 7. 12. 선고 96도1007 판결)

(판례) 개인 블로그의 비공개 대화방에서 상대방으로부터 비밀을 지키겠다는 말을 듣고 일대일로 대화 – 명예훼손죄(공연성) ○ (대법원 2008. 2. 14. 선고 2007도8155 판결) **표준**

(판례) 피해자와 같은 교회를 다니는 3명에게 "피해자가 처자식 있는 남자와 살고 있다는 데 아느냐"고 함 – 명예훼손죄(공연성) ○

명예훼손죄에 있어서의 사실의 적시는 그 사실의 적시자가 스스로 실험한 것으로 적시하던 타인으로부터 전문한 것으로 적시하던 불문한다. (대법원 1985. 4. 23. 선고 85도431 판결)

(판례) 진정서와 고소장을 다수인(19명, 193명)에게 개별적으로 보냄 – 출판물명예훼손죄(공연성) ○ (대법원 1991. 6. 25. 선고 91도347 판결)

(판례) 직장의 전산망에 설치된 전자게시판에 타인의 명예를 훼손하는 내용의 글을 게시 – 명예훼손죄(공연성) ○ (대법원 2000. 5. 12. 선고 99도5734 판결)

(판례) 피해자의 시어머니와 제3자에게 "피해자가 시커멓게 생긴 놈하고 매일같이 붙어 다닌다. 점방 마치면 여관에 가서 누워자고 아침에 들어온다"고 함 – 명예훼손죄(공연성) ○ (대법원 1983. 10. 11. 선고 83도2222 판결)

참고 피해자의 시어머니에게만 이야기했다면 공연성이 부정되었을 것이다.

(판례) 피고인이 경찰관으로부터 고문 받았다는 허위사실을 4인에게 순차 유포 – 명예훼손죄(공연성) ○

(대법원 1985. 12. 10. 선고 84도2380 판결)

판례 피고인이 피해자에 대한 명예훼손성 출판물 15부를 같은 교회에 다니는 교인 15인에게 배부 – 출판물명예훼손죄(공연성) ○ (대법원 1984. 2. 28. 선고 83도3124 판결)

이어서 부정례를 살펴본다.

판례 피고인이 자신의 아들 등에게 폭행당하여 입원한 피해자 병실로 찾아가, ① 피고인 ② 피고인의 일행인 丙 ③ 피해자의 어머니 甲 ④ 甲의 이웃인 乙 등 총 4명이 있는 자리에서 "학교에 알아보니 피해자에게 원래 정신병이 있었다고 하더라"고 허위사실 말함 – 명예훼손죄(공연성) ×

피고인·甲·乙·丙 4명이 있는 자리에서 피해자에 대한 폭행사건에 관하여 대화를 나누던 중 위 발언을 한 것이라면 불특정 또는 다수인이 인식할 수 있는 상태라고 할 수 없고, 또 그 자리에 있던 사람들의 관계 등 여러 사정에 비추어 피고인의 발언이 불특정 또는 다수인에게 전파될 가능성이 있다고 보기도 어려워 공연성이 없다. (대법원 2011. 9. 8. 선고 2010도7497 판결)

참고 丙은 피고인과, 乙은 甲과 사적으로 매우 가깝거나 이해관계가 합치되는 사람들이었다.

판례 甲이 피해자 乙에게 귓속말로 '乙이 丙과 부적절한 성적 관계를 맺었다'는 취지의 이야기를 함 – 명예훼손죄(공연성) ×

어느 사람에게 귓속말 등 그 사람만 들을 수 있는 방법으로 그 사람 본인의 사회적 가치 내지 평가를 떨어뜨릴 만한 사실을 이야기하였다면, 위와 같은 이야기가 불특정 또는 다수인에게 전파될 가능성이 있다고 볼 수 없어 명예훼손의 구성요건인 공연성을 충족하지 못하는 것이며, 그 사람이 들은 말을 스스로 다른 사람들에게 전파하였더라도 위와 같은 결론에는 영향이 없다. (대법원 2005. 12. 9. 선고 2004도2880 판결)

판례 이혼소송 중인 처가 남편의 친구에게 남편의 명예를 훼손하는 문구가 기재된 서신을 보냄 – 명예훼손죄(공연성) × (대법원 2000. 2. 11. 선고 99도4579 판결)

판례 조합장인 피고인이 피해자의 측근 1인에게 이사회에서 피해자를 불신임하게 된 사유를 설명하며 피해자의 여자관계 소문을 말함 – 명예훼손죄(공연성) × (대법원 1990. 4. 27. 선고 89도1467 판결)

판례 중학교 교사에 대해 "전과범으로서 교사직 팔아가며 이웃을 해치고 고발을 일삼는 악덕 교사"라는 진정서를 학교법인 이사장 앞으로 제출 – 명예훼손죄(공연성) × (대법원 1983. 10. 25. 선고 83도2190 판결)

판례 피고인이 다방에서 피해자와 동업관계에 있으며 피해자와 친한 사이인 甲에게 피해자 험담 – 명예훼손죄(공연성) × (대법원 1984. 2. 28. 선고 83도891 판결)

판례 피고인이 피해자의 친척 한 사람에게 피해자의 불륜 사실 말함 – 명예훼손죄(공연성) × (대법원 1981. 10. 27. 선고 81도1023 판결)

(판례) 피고인을 명예훼손으로 고소할 목적으로 피고인의 발언을 유도하며 비밀녹음을 한 사람들을 상대로 한 발언 – 명예훼손죄(공연성) ×

피고인을 명예훼손죄로 고소할 수 있도록 그 증거자료를 미리 은밀하게 수집, 확보하기 위하여 피고인의 발언을 유도하였다고 의심되는 사람들에게 한 피해자의 여자 문제 등 사생활에 관한 피고인의 발언은 이들이 수사기관 이외의 다른 사람들에게 전파할 가능성이 있다고 단정하기는 어렵다. (대법원 1996. 4. 12. 선고 94도3309 판결)

(판례) 피고인이 피고인의 처로부터 전날 외박한 사실에 대하여 추궁당하자 이를 모면코자 '피해자와 여관방에서 동침한 사실이 있다'고 말함 – 명예훼손죄(공연성) × (대법원 1984. 3. 27. 선고 84도86 판결)

(판례) 피고인이 과부를 유혹하는 과정에서 '남편 있는 여자 甲(피해자)도 서방질을 하는데 과부가 서방을 두는 것이 무슨 잘못이냐'고 말함 – 명예훼손죄(공연성) × (대법원 1982. 2. 9. 선고 81도2152 판결)
(참고) 나아가 명예훼손의 고의가 없다고 보았다.

(판례) 빌라를 관리하고 있는 피고인들이 빌라 아랫집에 거주하는 甲으로부터 누수 문제로 공사 요청을 받게 되자, 甲과 전화통화를 하면서 빌라의 임차인인 피해자들에 대하여 '누수 공사 협조의 대가로 과도하고 부당한 요구를 하거나 막말과 욕설을 하였다'는 취지로 발언하고, '무식한 것들', '이중인격자' 등으로 말함 – ① 명예훼손죄(공연성) ×, ② 모욕죄(공연성) × (대법원 2022. 7. 28. 선고 2020도8336 판결)
(참고) 위 발언들은 신속한 누수 공사 진행을 요청하는 甲에게 임차인인 피해자들의 협조 문제로 공사가 지연되는 상황을 설명하는 과정에서 나온 것으로서, 피고인들이 전파가능성에 대한 인식과 위험을 용인하는 내심의 의사에 기하여 위 발언들을 하였다고 단정하기 어렵다고 보았다.

나. 사실

사실이란 현실적으로 발생하고 증명할 수 있는 과거·현재의 상태를 의미하며 의견과 구별된다. 사실은 사람의 사회적 평가(외적 명예)를 저하시킬 만큼 구체적이어야 한다.

(판례) 사실 – ① 구체적인 과거·현재 ② 사실관계 ③ 보고·진술 ④ 증거 입증가능성
명예훼손죄에서의 사실의 적시란 가치판단이나 평가를 내용으로 하는 의견표현에 대치되는 개념으로서 ① 시간과 공간적으로 구체적인 과거 또는 현재의 ② 사실관계에 관한 ③ 보고 내지 진술을 의미하며, ④ 그 표현내용이 증거에 의한 입증이 가능한 것을 말한다. (대법원 2017. 5. 11. 선고 2016도19255 판결, 대법원 2000. 2. 25. 선고 98도2188 판결)

(판례) 사실 – ① 사회적 가치 내지 ② 평가 침해가능성 있는 ③ 구체적 사실
명예훼손죄가 성립하기 위해서는 피해자의 사회적 가치 내지 평가가 침해될 가능성이 있는 구체적 사실을 적시하여야 하는바, 어떤 표현이 명예훼손적인지 여부는 그 표현에 대한 사회통념에 따른 객관적 평가에 의하여 판단하여야 한다. (대법원 2008. 11. 27. 선고 2008도6728 판결)

(판례) 사실 – 공지의 사실도 포함

명예훼손죄가 성립하기 위하여는 반드시 숨겨진 사실을 적발하는 행위만에 한하지 아니하고 이미 사회의 일부에 잘 알려진 사실이라고 하더라도 이를 적시하여 사람의 사회적 평가를 저하시킬 만한 행위를 한 때에는 명예훼손죄를 구성한다. (대법원 1994. 4. 12. 선고 93도3535 판결)

(판례) 피고인이 경찰관을 상대로 진정한 사건이 내사종결 처리되었음에도 "사건을 조사한 경찰관이 내 일부로 검찰청에서 구속영장이 떨어진다."고 말함 – 명예훼손죄(사실) ○

장래의 일을 적시하더라도 그것이 과거 또는 현재의 사실을 기초로 하거나 이에 대한 주장을 포함하는 경우에는 명예훼손죄가 성립한다. (대법원 2003. 5. 13. 선고 2002도7420 판결)

(판례) 피해자가 동성애자라는 내용의 글을 인터넷사이트에 게시 – 명예훼손죄(사실) ○

가치중립적인 표현을 사용하였다 하더라도 사회 통념상 그로 인하여 특정인의 사회적 평가가 저하되었다고 판단된다면 명예훼손죄가 성립할 수 있다. (대법원 2007. 10. 25. 선고 2007도5077 판결)

(비교) 피고인이 "(주)진로가 아사히 맥주에 지분이 50% 넘어가 일본 기업이 됐다."고 말함 – 명예훼손죄(사실) ×

피해자 회사의 대주주 내지 지배주주가 일본 회사라고 적시하는 경우 일부 소비자들이 '참이슬' 소주의 구매에 소극적이 될 여지가 있다 하더라도 이를 사회통념상 공소사실 기재 피해자 회사의 사회적 가치 내지 평가가 침해될 가능성이 있는 명예훼손적 표현이라고 볼 수 없다. (대법원 2008. 11. 27. 선고 2008도6728 판결)

해설 같은 가치중립적 표현이더라도 사회적 평가를 저하시킬만한 내용인지에 따라 결론이 달라진다.

(판례) PD 등이 '한미 쇠고기 수입 협상'의 협상단 대표·주무장관이 미국산 쇠고기 실태를 제대로 알지 못하였다고 보도 – 명예훼손죄(사실) ×

정부가 미국 도축시스템의 실태 중 아무 것도 본 적이 없다는 구체적 사실을 적시한 것이 아니라, 미국산 쇠고기 수입위생조건 협상에 필요한 만큼 미국 도축시스템의 실태를 제대로 알지 못하였다는 주관적 평가를 내린 것이라고 판시한 점 등에 비추어, 이 부분 보도내용을 비판 내지 의견 제시로 보아 명예훼손죄에서 말하는 '사실의 적시'에 해당하지 않는다. (대법원 2011. 9. 2. 선고 2010도17237 판결)

(판례) 목사가 예배중 특정인을 가리켜 "이단 중에 이단이다"라고 설교 – 명예훼손죄(사실) × (대법원 2008. 10. 9. 선고 2007도1220 판결)

(판례) 피고인이 인터넷 게시판에 자신이 서울특별시 제2기동대 전경대원인 것처럼 하여 "기동대 전경 일동은 시민진압 명령을 거부하기로 결정하였다. 상부의 명령을 무조건 거부하겠다."는 취지의 글을 게시 – 명예훼손죄(사실) ×

이 사건 글은 허위의 사실을 근거로 삼아 마치 이 사건 기동대 소속 어느 누군가가 작성한 것처럼 되어 있지만, 그 전체적인 내용은 경찰 상부에서 내린 진압명령이 불법적이어서 이에 불복하기로 결정하였다는 취지로서, 이러한 진압명령에 집단적으로 거부행위를 하겠다는 것이 이 사건 기동대 소속 전경들의 사회적 가치나 평가를 객관적으로 저하시키는 표현에 해당한다고 보기 어렵다. (대법원 2014. 3. 27. 선고 2011도11226 판결)

판례 피고인이 종교단체의 지도자가 사망한 경위를 우스꽝스럽게 묘사하고 비하 – 명예훼손죄(사실) ×

종교에 대한 비판은 성질상 어느 정도의 편견과 자극적인 표현을 수반하게 되는 경우가 많으므로, 타 종교의 신앙의 대상에 대한 모욕이 곧바로 그 신앙의 대상을 신봉하는 종교단체나 신도들에 대한 명예 훼손이 되는 것은 아니고, 종교적 목적을 위한 언론·출판의 자유를 행사하는 과정에서 타 종교의 신앙의 대상을 우스꽝스럽게 묘사하거나 다소 모욕적이고 불쾌하게 느껴지는 표현을 사용하였더라도 그것이 그 종교를 신봉하는 신도들에 대한 증오의 감정을 드러내는 것이거나 그 자체로 폭행·협박 등을 유발할 우려가 있는 정도가 아닌 이상 허용된다고 보아야 한다. (대법원 2014. 9. 4. 선고 2012도13718 판결)

참고 검사는 종교단체를 피해자로 하여 기소하였는데, 종교단체의 평가를 저하시킬 만한 구체적 사실이 아니라는 취지이다.

판례 피고인이 피해자와 공소외인을 지칭하며 "년놈이 신고해서 경찰서에 갔다왔다. 년은 안 나오고 놈만 나왔다"고만 말한 경우 – 명예훼손죄(사실) ×

누구든지 범죄가 있다고 생각하는 때에는 고발할 수 있는 것이므로, 어떤 사람이 범죄를 고발하였다는 사실이 주위에 알려졌다고 하여 그 고발사실 자체만으로 고발인의 사회적 가치나 평가가 침해될 가능성이 있다고 볼 수는 없을 터이고, 다만 그 고발의 동기나 경위가 불순하다거나 온당하지 못하다는 등의 사정이 있고 이러한 사정이 함께 알려진 경우에 고발인의 명예가 침해될 가능성이 있다. (대법원 1994. 6. 28. 선고 93도696 판결)

동지 甲이 제3자에게 "乙(피해자)이 丙을 선거법 위반으로 고발하였다"는 말만 함 – 명예훼손죄(사실) × (대법원 2009. 9. 24. 선고 2009도6687 판결)

판례 동장인 피고인이 동 주민자치위원에게 전화를 걸어 '어제 마을제사 행사에 이혼녀인 (피해자) 甲도 참석을 하여, 참석자들 사이에 안 좋게 평가하는 말이 많았다'는 취지로 말하고, 저녁식사 모임에서 '甲은 이혼했다는 사람이 왜 마을제사 행사에 왔는지 모르겠다'는 취지로 말함 – 명예훼손죄(사실) × (대법원 2022. 5. 13. 선고 2020도15642 판결)

허위의 사실을 적시한 경우 형법 제307조 제2항이 적용되어 가중처벌된다. 허위에 관한 판례를 살펴본다.

판례 허위 – 중요 부분이 객관적 사실과 합치되지 않는 사실

적시된 사실이 허위의 사실인지 여부를 판단함에 있어서는 적시된 사실의 내용 전체의 취지를 살펴볼 때 중요한 부분이 객관적 사실과 합치되는 경우에는 세부(細部)에 있어서 진실과 약간 차이가 나거나 다소 과장된 표현이 있다 하더라도 이를 허위의 사실이라고 볼 수는 없다. (대법원 2000. 2. 25. 선고 99도4757 판결, 대법원 2014. 3. 13. 선고 2013도12430 판결)

판례 종중의 사무총장인 피고인이 이사회 결의에 따라 책을 출간하며 책자와 안내문에는 '甲이 乙의 맏형 또는 丙의 장자가 될 수 없다는 사실이 입증된다' 등이라 적었는데, '甲은 乙의 맏형이고 丙의 장자'라는 사실이 민사판결에서 확인된 경우 – 허위사실적시 ×

민사판결의 사실인정이 항상 진실한 사실에 해당한다고 단정할 수는 없다. 따라서 다른 특별한 사정이 없는 한, 그 진실이 무엇인지 확인할 수 없는 과거의 역사적 사실관계 등에 대하여 민사판결을 통하여 어떠한 사실인정이 있었다는 이유만으로, 이후 그와 반대되는 사실의 주장이나 견해의 개진 등을 형법상 명예훼손죄 등에 있어서 '허위의 사실 적시'라는 구성요건에 해당한다고 쉽게 단정하여서는 아니 된다. (대법원 2017. 12. 5. 선고 2017도15628 판결)

참고 ① 대법원은 위 표현은 피고인의 주관적 의견·견해·주장에 해당하고 다만 이를 강조하기 위하여 구체적인 사실관계를 단정하는 형태로 서술한 것에 불과하다고 보았다. ② 민사재판은 6:4의 심증이 형성되면 6이 승소하는 구조인데, 이로 인하여 4의 주장을 영구 봉쇄할 수 없다는 취지이다.

다. 적시

적시란 앞서 살펴본 '사실'을 특정인의 명예가 침해될 수 있을 정도로 구체적으로 지적·표시하는 것을 말한다.

판례 사실의 '적시' – 특정인의 명예가 침해될 수 있을 정도로 구체적으로 표시·암시

사실의 적시는 사실을 직접적으로 표현한 경우에 한정될 것은 아니고, 간접적이고 우회적인 표현에 의하더라도 그 표현의 전취지에 비추어 그와 같은 사실의 존재를 암시하고, 또 이로써 특정인의 사회적 가치 내지 평가가 침해될 가능성이 있을 정도의 구체성이 있으면 족한 것이다. (대법원 1991. 5. 14. 선고 91도420 판결)

참고 교수가 학생들 앞에서 피해자의 이성관계를 암시하는 발언을 함 – 명예훼손죄(적시) ○

판례 피고인이 '민생법안이 널려 있어도 / 국회에 앉아 있으면 하품만 하는 년이지 / 아니지 국회 출석률 꼴지이지'라는 시를 게시 – 명예훼손죄(적시) ○ (대법원 2007. 5. 10. 선고 2007도1307 판결)

판례 피고인이 군수로 당선된 甲 후보의 운전기사 乙이 선거법 위반으로 구속되었다는 소문을 듣고, 마치 관할 지방검찰청 지청에서 수사상황·피의사실을 공표하는 것처럼 문자메시지를 기자들에게 발송하였는데, 해당 지청장·지청 구성원의 명예를 훼손하였다는 혐의로 기소 – 명예훼손죄(적시) ×

공소사실 기재 문자메시지는 '관할 지청에서 乙을 구속하고 甲 군수를 조사하고 있다'는 취지의 내용으로 보일 뿐이고, 피고인이 지청장실 전화번호 끝자리를 생략한 허위 발신번호를 게재한 사정까지 함께 고려하더라도 문자메시지 내용에서 '지청장 또는 지청 구성원이 그와 같은 내용을 알린다'는 사실이 곧바로 유추될 수 있다고 보이지 않으므로, 위 문자메시지에 의하여 지청장 또는 지청 구성원의 사회적 가치나 평가를 저하시키기에 충분한 구체적인 사실의 적시가 있다고 볼 수 없다. (대법원 2011. 8. 18. 선고 2011도6904 판결)

판례 온라인 공간에서 타인 사칭하여 저속한 글 게시 – 정통망법 명예훼손죄(적시) ×

단순히 그 사람을 사칭하여 마치 그 사람이 직접 작성한 글인 것처럼 가장하여 게시글을 올리는 행위는 그 사람에 대한 사실을 드러내는 행위에 해당하지 아니하므로 정보통신망법 제70조 제2항의 "사실을 드러내어"에 해당하지 않는다. (대법원 2016. 3. 24. 선고 2015도10112 판결, 대법원 2018. 5. 30. 선고

2017도607 판결)

해설 정통망법 명예훼손죄의 "사실을 드러내어"는 형법 명예훼손죄의 "사실 적시"와 같다. 위 판례들의 사실관계를 정리한다.

① 甲은 데이트 어플에 접속한 뒤 피해자 乙의 인적사항을 자기 소개란에 입력하고 乙의 사진을 프로필로 등록한 뒤, 연락을 해오는 남성들에게 자신이 乙인 것처럼 실명과 휴대폰 번호를 알려줌 – 정통망법 명예훼손죄(적시) × (대법원 2016. 3. 24. 선고 2015도10112 판결)

② 甲은 모 사이트에서 피해자 乙이 타 포털에서 사용하는 닉네임과 같은 닉네임으로, 마치 乙이 직접 작성한 글인 것처럼 여러 글을 게시함 – 정통망법 명예훼손죄(적시) × (대법원 2018. 5. 30. 선고 2017도607 판결)

판례 피고인이 초등학생 딸에 대한 학교폭력을 신고하여 교장이 가해학생에 대하여 학교폭력대책자치위원회 의결에 따라 '피해학생에 대한 접촉, 보복행위의 금지' 등의 조치를 하였는데, 그 후 피고인이 자신의 카카오톡 계정 프로필 상태메시지에 "학교폭력범은 접촉금지!!!"라는 글과 주먹 모양 이모티콘 3개를 게시함 – 정통망법 명예훼손죄(적시) ×

피고인이 '학교폭력범'이라는 단어를 사용하였다고 하여 실제 일어난 학교폭력 사건에 관해 언급한 것이라고 단정할 수 없고, '접촉금지'라는 어휘는 통상적으로 '접촉하지 말 것'이라는 의미로 이해되며, 위 의결 등을 통해 을에게 위 조치가 내려졌다는 사실이 을과 같은 반 학생들이나 그 부모들에게 알려졌음을 인정할 증거도 없으므로, 피고인이 상태메시지를 통해 을의 학교폭력 사건이나 그 사건으로 을이 받은 조치에 대해 기재함으로써 을의 사회적 가치나 평가를 저하시키기에 충분한 구체적인 사실을 드러냈다고 볼 수 없다. (대법원 2020. 5. 28. 선고 2019도12750 판결)

판례 피고인이 '야당 대통령후보였던 피해자는 일명 부림사건의 변호인으로서 체제전복을 위한 활동을 한 국가보안법 위반 사범들을 변호하면서 그들과 동조하여 그들과 동일하게 체제전복과 헌법적 기본질서를 부정하는 공산주의 활동 내지 운동을 해 왔다.'라고 발언함 – 명예훼손죄(적시) × (대법원 2021. 9. 16. 선고 2020도12861 판결)

판례 피고인은 '제국의 위안부'라는 책을 출판하였는데, 그 내용에는 ① 위안부들은 본인의 선택에 따라 성매매를 하는 매춘업에 종사하는 사람이다, ② 위안부들은 일본군에 애국적, 자긍적으로 협력하였다, ③ 위안부들의 동원 과정에서 일본군의 강제 연행은 없었다 등의 내용이 명시적 또는 암시적으로 포함되었음 – 명예훼손죄(적시) ×

학문적 표현의 자유를 실질적으로 보장하기 위해서는, 학문적 연구 결과 발표에 사용된 표현의 적절성은 형사 법정에서 가려지기보다 자유로운 공개토론이나 학계 내부의 동료평가 과정을 통하여 검증되는 것이 바람직하다. 그러므로 학문적 연구에 따른 의견 표현을 명예훼손죄에서 사실의 적시로 평가하는 데에는 신중할 필요가 있다. 역사학 또는 역사적 사실을 연구 대상으로 삼는 학문 영역에서의 '역사적 사실'과 같이, 그것이 분명한 윤곽과 형태를 지닌 고정적인 사실이 아니라 사후적 연구, 검토, 비판의 끊임없는 과정 속에서 재구성되는 사실인 경우에는 더욱 그러하다. 이러한 점에서 볼 때, 학문적 표현을 그 자체로 이해하지 않고, 표현에 숨겨진 배경이나 배후를 섣불리 단정하는 방법으로 암시에 의한 사실 적시를 인정하는 것은 허용된다고 보기 어렵다. (대법원 2023. 10. 26. 선고 2017도18697 판결)

3. 기타

가. 고의

> **[판례]** 전파가능성으로 공연성 인정하려면 이에 대한 인식 필요
>
> 전파가능성을 이유로 명예훼손죄의 공연성을 인정하는 경우에는 적어도 범죄구성요건의 주관적 요소로서 미필적 고의가 필요하므로 전파가능성에 대한 인식이 있음은 물론 나아가 그 위험을 용인하는 내심의 의사가 있어야 한다. (대법원 2004. 4. 9. 선고 2004도340 판결)

> **[판례]** 허위사실적시 명예훼손의 고의는 허위인 점·평가 저해의 점 인식 필요
>
> 명예훼손죄에 있어서의 범의는 그 구성요건사실 즉 적시한 사실이 허위인 점과 그 사실이 사람의 사회적 평가를 저하시킬 만한 것이라는 점을 인식하는 것을 말하고 특히 비방의 목적이 있음을 요하지 않는다. (대법원 1991. 3. 27. 선고 91도156 판결)

> **[판례]** 마트 운영자인 피고인이 불미스러운 소문의 진위를 확인코자 납품업체 직원 甲에게 '점장 乙이 입점비를 돈으로 받아 해먹었고 지금 뒷조사 중이다. 입점비를 얼마나 줬냐?'고 말하고 혼자만 알고 있으라 당부함 – 명예훼손죄(고의) × (대법원 2018. 6. 15. 선고 2018도4200 판결) **표준**

> **[판례]** 중간책임자인 피고인이 부하인 (피해자) 甲으로부터 성추행 사건에 대해 보고받은 사실이 있음에도, 직원 5명이 있는 회의 자리에서 상급자로부터 경과보고를 요구받으면서 책임을 추궁받자 이에 대답하는 과정에서 '(피해자) 甲은 성추행 사건에 대해 애초에 보고한 사실이 없다. 그런데도 이를 수사기관 등에 신고하지 않았다고 과태료 처분을 받는 것은 억울하다.'는 취지로 발언함 – 명예훼손죄(고의) ×
>
> 회의 자리에서 상급자로부터 책임을 추궁당하며 질문을 받게 되자 이에 대답하는 과정에서 타인의 명예를 훼손하는 듯한 사실을 발설하게 된 것이라면 그 발설 내용과 경위·동기 및 상황 등에 비추어 명예훼손의 고의를 인정하기 어렵고, 또한 질문에 대하여 단순한 확인 취지의 답변을 소극적으로 한 것에 불과하다면 이를 명예훼손에서 말하는 사실의 적시라고 단정할 수도 없다. (대법원 2022. 4. 14. 선고 2021도17744 판결)

> **[판례]** 명예훼손 사실을 발설하였는지에 관한 질문에 대답하는 과정에서 명예훼손 사실을 발설한 경우 – 명예훼손죄(고의) × (대법원 2010. 10. 28. 선고 2010도2877 판결)

나. 착오

허위사실을 진실한 사실로 오인하고 적시한 경우, 제307조 제1항의 명예훼손죄가 성립한다(형법 제15조 제1항). 진실한 사실을 허위사실로 오인하고 적시한 경우, 큰 고의는 작은 고의를 포함하므로 제307조 제1항의 명예훼손죄가 성립한다.

적시된 사실이 허위의 사실이라고 하더라도 허위성에 대한 인식이 없는 경우에는 제307조 제1항의 명예훼손죄가 성립

제307조 제1항의 '사실'은 제2항의 '허위의 사실'과 반대되는 '진실한 사실'을 말하는 것이 아니라 가치판단이나 평가를 내용으로 하는 '의견'에 대치되는 개념이다. 따라서 제307조 제1항의 명예훼손죄는 적시된 사실이 진실한 사실인 경우이든 허위의 사실인 경우이든 모두 성립될 수 있고, 특히 적시된 사실이 허위의 사실이라고 하더라도 행위자에게 허위성에 대한 인식이 없는 경우에는 제307조 제2항의 명예훼손죄가 아니라 제307조 제1항의 명예훼손죄가 성립될 수 있다. 제307조 제1항의 법정형이 2년 이하의 징역 등으로 되어 있는 반면 제307조 제2항의 법정형은 5년 이하의 징역 등으로 되어 있는 것은 적시된 사실이 객관적으로 허위일 뿐 아니라 행위자가 그 사실의 허위성에 대한 주관적 인식을 하면서 명예훼손행위를 하였다는 점에서 가별성이 높다고 본 것이다. (대법원 2017. 4. 26. 선고 2016도18024 판결)

다. 형법 제310조에 의한 위법성조각사유

1) 요건: 진실성·공익성

적시된 사실의 중요부분이 진실과 합치되는 진실한 사실이어야 한다. 따라서 허위사실 적시에 의한 명예훼손죄에 해당하는 행위에 대해서는 제310조가 적용될 여지가 없다.

진실성 – 중요 부분이 진실과 합치되는 사실

'진실한 사실'이란 그 내용 전체의 취지를 살펴볼 때 중요한 부분이 객관적 사실과 합치되는 사실이라는 의미로서 일부 자세한 부분이 진실과 약간 차이가 나거나 다소 과장된 표현이 있다고 하더라도 무방하다. (대법원 2001. 10. 9. 선고 2001도3594 판결)

사실의 적시가 오로지 공공의 이익에 관한 것이어야 한다.

공익성 – ① 주요한 목적·동기가 공공의 이익을 위한 것으로서 ② 국가·사회 기타 다수인의 이익 ③ 특정한 집단·구성원의 이익

공공의 이익에 관한 것에는 널리 국가·사회 기타 일반 다수인의 이익에 관한 것뿐만 아니라 특정한 사회집단이나 그 구성원 전체의 관심과 이익에 관한 것도 포함하는 것이다. (대법원 2004. 10. 15. 선고 2004도3912 판결)

행위자의 주요한 목적이나 동기가 공공의 이익을 위한 것이라면 부수적으로 다른 사익적 목적이나 동기가 내포되어 있더라도 형법 제310조의 적용을 배제할 수 없다. (대법원 1996. 10. 25. 선고 95도1473 판결)

개인의 사적인 신상에 관한 사실이라고 하더라도 그가 관계하는 사회적 활동의 성질이나 이를 통하여 사회에 미치는 영향력의 정도 등의 여하에 따라서는 그 사회적 활동에 대한 비판 내지 평가의 한 자료가

될 수 있는 것이므로 개인의 사적인 신상에 관하여 적시된 사실도 그 적시의 주요한 동기가 공공의 이익을 위한 것이라면 위와 같은 의미에서 형법 제310조 소정의 공공의 이익에 관한 것으로 볼 수 있는 경우가 있다. (대법원 1996. 4. 12. 선고 94도3309 판결)

[판례] 공익성 인정 = 비방목적 부정

'비방할 목적'은 공공의 이익을 위한 것과는 행위자의 주관적 의도의 방향에서 상반되므로, 적시한 사실이 공공의 이익에 관한 것인 경우에는 특별한 사정이 없는 한 비방할 목적은 부정된다. (대법원 2018. 11. 29. 선고 2016도14678 판결)

관련 판례를 살펴본다.

[판례] 학교 운영의 공공성 보장 등을 요구하기 위하여 이사장·교장의 집 앞에서 그들의 주소까지 명시하며 집단 시위 – 명예훼손죄(위법성) ○ (대법원 2008. 3. 14. 선고 2006도6049 판결)

[판례] 회사 대표이사에게 압력을 가하여 단체협상에서 양보를 얻어내기 위한 방법의 하나로 현수막과 피켓을 들고 확성기를 사용하여 반복해서 불특정다수 행인을 상대로 소리치면서 거리행진 – 명예훼손죄(위법성) ○ (대법원 2004. 10. 15. 선고 2004도3912 판결)

[판례] 피고인이 피해자에 대한 징계절차 회부 사실이 기재된 문서를 근무현장 방재실, 기계실, 관리사무실의 각 게시판에 게시함 – 명예훼손죄(위법성) ○

징계혐의 사실은 징계절차를 거친 다음 확정되는 것이므로 징계절차에 회부되었을 뿐인 단계에서 그 사실을 공개함으로써 피해자의 명예를 훼손하는 경우, 이를 사회적으로 상당한 행위라고 보기는 어려운 점, 피해자에 대한 징계 의결이 있기 전에 징계절차에 회부되었다는 사실이 공개되는 경우 피해자가 입게 되는 피해의 정도는 가볍지 않은 점 등을 종합하면, 피해자에 대한 징계절차 회부 사실을 공지하는 것이 회사 내부의 원활하고 능률적인 운영의 도모라는 공공의 이익에 관한 것으로 볼 수 없다. (대법원 2021. 8. 26. 선고 2021도6416 판결)

[판례] 甲 대학교 총학생회장인 피고인이 총학생회 주관의 농활 사전답사 과정에서 피해자 乙을 비롯한 학생회 임원진의 음주 및 음주운전 사실이 있었음을 계기로 음주운전 및 이를 묵인하는 관행을 공론화하여 '총학생회장으로서 음주운전을 끝까지 막지 못하여 사과드립니다.'라는 제목의 글을 써 페이스북 등에 게시함

게시글의 전체적인 취지·내용에 비추어 중요한 부분은 '을이 술을 마신 상태에서 음주운전을 하였고 피고인도 이를 끝까지 제지하지 않았으며, 피고인 역시 음주운전 차량에 동승하였다.'는 점으로서 객관적 사실과 합치되므로, 비록 을이 마신 술의 종류·양과 같은 세부적 부분이 객관적 사실과 정확히 일치하지 않더라도 게시글의 중요한 부분은 '진실한 사실'에 해당하는 점, 피고인은 사회적으로 음주운전에 엄격해진 분위기와 달리 농활 과정의 관성적인 음주운전 문화가 해당 개인은 물론 농활에 참여한 학내 구성원 등의 안전을 위협하고 이로 인해 총학생회의 자치활동에마저 부정적인 사회적 인식을 초래할 수 있다는 문제의식 아래 게시글을 올린 것으로 보이므로, 게시글은 주된 의도·목적의 측면에서 공익성이 충분히

인정되는 점, 게시글을 올린 시점이 을의 음주운전 행위일로부터 약 4개월이 경과되었고, 을의 갑 대학교 단과대학 학생회장 출마 시점으로부터 약 2주일 전이라는 점에서 그 의도·목적상 을의 출마와 관련성이 있다고 볼 여지도 있으나, 게시글의 중요 부분은 객관적인 사실로서 을의 준법의식·도덕성·윤리성과 직결되는 부분이어서 단과대학 학생회장으로서의 적격 여부와 상당한 관련성이 있을 뿐만 아니라 단과대학 구성원 전체의 관심과 이익에 관한 사항에 해당하는 점 등을 종합하면, 피고인의 행위는 형법 제310조에 따라 위법성이 조각된다고 봄이 타당하다. (대법원 2023. 2. 2. 선고 2022도13425 판결)

[판례] 재단법인 이사장 甲이 전임 이사장 乙에 대한 무고죄 유죄판결을 받자, 피고인들이 퇴진 시위하며 유죄판결 받은 사실 적시 – 명예훼손죄(위법성) × (대법원 2017. 6. 15. 선고 2016도8557 판결)

[판례] 교사 丙이, 교장 甲이 여성 기간제교사 乙에게 차 접대 요구·부당한 대우를 하였다는 인상을 주는 내용의 글 게재 – 명예훼손죄(위법성) × (대법원 2008. 7. 10. 선고 2007도9885 판결)

[판례] 아파트 동대표인 피고인이 의혹을 해명코자 의혹제기자가 명예훼손죄로 입건된 사실 등을 기재한 문서 배포 – 명예훼손죄(위법성) × (대법원 2005. 7. 15. 선고 2004도1388 판결)

[판례] 피고인들이 종중 회장 선출을 위한 종친회에서 (실제 특경법 횡령 전과가 있는) 피해자의 종친회 회장 출마에 반대하면서 "피해자는 남의 재산을 탈취한 사기꾼이다. 사기꾼은 내려오라."고 말함 – 명예훼손죄(위법성) × (대법원 2022. 2. 11. 선고 2021도10827 판결)

[판례] 교회 담임목사를 출교처분한다는 취지의 교단산하 재판위원회 판결문을 복사하여 신도들에게 배포 – 명예훼손죄(위법성) × (대법원 1989. 2. 14. 선고 88도899 판결)

[판례] 암시하는 방식의 사실 적시의 경우 제310조 판단대상 – 암시된 사실

객관적으로 피해자의 사회적 평가를 저하시키는 사실에 관한 보도내용이 소문이나 제3자의 말, 보도를 인용하는 방법으로 단정적인 표현이 아닌 전문 또는 추측한 것을 기사화한 형태로 표현하였지만, 그 표현 전체의 취지로 보아 그 사실이 존재할 수 있다는 것을 암시하는 방식으로 이루어진 경우에는 사실을 적시한 것으로 보아야 한다. 그리고 이러한 보도내용으로 인한 형법 제307조 제1항, 제2항과 구 정보통신망 이용촉진 및 정보보호 등에 관한 법률(2007. 12. 21. 법률 제8778호로 개정되기 전의 것) 제61조 제1항, 제2항 등에 의한 명예훼손죄의 성립 여부나 형법 제310조의 위법성조각사유의 존부 등을 판단할 때, 객관적으로 피해자의 명예를 훼손하는 보도내용에 해당하는지, 그 내용이 진실한지, 거기에 피해자를 비방할 목적이 있는지, 보도내용이 공공의 이익에 관한 것인지 여부 등은 원칙적으로 그 보도내용의 주된 부분인 암시된 사실 자체를 기준으로 살펴보아야 한다. 그 보도내용에 인용된 소문 등의 내용이나 표현방식, 그 신빙성 등에 비추어 암시된 사실이 무엇이고, 그것이 진실인지 여부 등에 대해 구체적으로 심리·판단하지 아니한 채 그러한 소문, 제3자의 말 등의 존부에 대한 심리·판단만으로 바로 이를 판단해서는 안 된다. (대법원 2008. 11. 27. 선고 2007도5312 판결)

2) 효과

① (실체법적 효과) 제310조의 '처벌하지 아니한다.'는 위법성이 조각됨을 말한다. ② (소송법적

효과) 제310조에 의해서 거증책임이 피고인에게 전환되는지 문제되는데 판례는 긍정한다.

> **[판례]** 진실성·공익성은 행위자가 증명하여야 함(거증책임 전환)
>
> 방송 등 언론매체가 사실을 적시하여 타인의 명예를 훼손하는 행위를 한 경우 형법 제310조에 의하여 처벌되지 않기 위해서는 적시된 사실이 객관적으로 볼 때 공공의 이익에 관한 것으로서 행위자도 공공의 이익을 위하여 그 사실을 적시한 것이어야 될 뿐만 아니라, 그 적시된 사실이 진실한 것이거나 적어도 행위자가 그 사실을 진실한 것으로 믿었고, 또 그렇게 믿을 만한 상당한 이유가 있어야 할 것이며, 한편 그것이 진실한 사실로서 오로지 공공의 이익에 관한 때에 해당된다는 점은 행위자가 증명하여야 한다. (대법원 2007. 5. 10. 선고 2006도8544 판결) **표준**
>
> 그 증명은 유죄의 인정에 있어 요구되는 것과 같이 법관으로 하여금 의심할 여지가 없을 정도의 확신을 가지게 하는 증명력을 가진 엄격한 증거에 의하여야 하는 것은 아니다. (대법원 1996. 10. 25. 선고 95도 1473 판결)
>
> **[판례]** 공익성의 입증정도
>
> 공인이나 공적 기관의 공적 활동 혹은 정책에 대하여는 국민의 알 권리와 다양한 사상, 의견의 교환을 보장하는 언론의 자유의 측면에서 그에 대한 감시와 비판기능이 보장되어야 하므로 명예를 훼손당한 자가 공인인지, 그 표현이 객관적으로 국민이 알아야 할 공공성, 사회성을 갖춘 공적 관심사안에 관한 것으로 사회의 여론형성 내지 공개토론에 기여하는 것인지, 피해자가 그와 같은 명예훼손적 표현의 위험을 자초한 것인지 여부 등의 사정도 적극 고려되어야 한다. 따라서 이러한 공적 관심사안에 관하여 진실하거나 진실이라고 봄에 상당한 사실을 공표한 경우에는 그것이 악의적이거나 현저히 상당성을 잃은 공격에 해당하지 않는 한 원칙적으로 공공의 이익에 관한 것이라는 증명이 있는 것으로 보아야 한다. (대법원 2007. 1. 26. 선고 2004도1632 판결)

3) 진실성에 대한 착오

허위사실을 진실로 오인하고 공공의 이익을 위하여 적시한 경우 법적 효과가 문제된다. 학설과 판례를 모두 살펴본다.

> 📑 쟁점검토: 허위사실을 진실로 오인하고 공익을 위하여 적시한 경우
>
> **1. 문제**
>
> 허위사실을 진실로 오인하고 공공의 이익을 위하여 적시한 경우 법적 효과가 문제된다.
>
> **2. 학설**
>
> ① **위법성조각사유의 전제사실에 대한 착오설**: 진실성 요건은 위법성 조각사유이므로 위전착에 해당한다. 법효과제한적 책임설에 의하면 고의책임 조각되어 과실범이 되므로 불가벌이다(명예훼손죄는 과실범 처벌 규정 없음).

② **성실한 검토의무설**: 검토의무 충실이행시 위법성이 조각된다. 불이행시 제307조 제1항의 명예훼손죄가 성립한다.

③ **제15조 제1항의 착오설**: 기본적 – 가중적 구성요건 간 착오에 해당한다.

3. 판례

행위자가 진실하다 믿었고, 그에 객관적인 상당한 이유가 있는 경우 위법성 조각하여 ②에 가깝다.

> [판례] 허위사실을 진실로 오인하고 공익을 위하여 적시 – 상당한 이유에 따라 위법성 조각
>
> 적시된 사실이 공공의 이익에 관한 것이면 진실한 것이라는 증명이 없다 할지라도 행위자가 진실한 것으로 믿었고 또 그렇게 믿을 만한 상당한 이유가 있는 경우에는 위법성이 없다고 보아야 할 것이다. (대법원 1996. 8. 23. 선고 94도3191 판결)

> [판례] 한겨레신문 기자 甲은 A대학 총학생회장인 丙의 변사체 발견 사건을 취재하는 과정에서 '丙이 사망 직전 동행한 사람은 안기부 직원 乙이다.'를 진실로 믿고 그대로 보도하였으나 진실이 아니었음 – 출판물명예훼손죄(위법성) ✕ (대법원 1996. 8. 23. 선고 94도3191 판결)
>
> **참고** 丙이 여수에서 거문도까지 가는 배에 안기부 직원 乙이 우연히 동승한 사실이 확인되었다.

> [판례] 노조 조합장이 전임 조합장의 업무처리 내용 중 근거자료가 불명확한 부분에 대하여 전임 조합장의 업무집행을 비난하는 내용의 대자보를 공공의 이익을 위하여, 진실이라 믿고 작성·부착함 – 명예훼손죄(위법성) ✕ (대법원 1993. 6. 22. 선고 92도3160 판결)

라. 소추조건

명예훼손죄는 피해자의 명시한 의사에 반하여 공소를 제기할 수 없다.

마. 모욕과의 구별

명예훼손은 구체적인 사실을 적시하는 행위인데 반하여 모욕은 구체적 사실이 아닌 추상적 판단·경멸적 감정으로 표현하는 행위를 말한다. 실무상 명예훼손 행위를 모욕죄로 기소하는 경우는 거의 없으나, 모욕 행위를 명예훼손죄로 기소하여 무죄가 선고되는 경우는 종종 있다. 이하에서는 그러한 판례를 살펴본다.

> [판례] "빨갱이 계집년", "만신(무당)", "첩년" – 명예훼손죄 ✕
>
> 명예훼손죄에 있어서 '사실의 적시'라 함은 사람의 사회적 평가를 저하시키는데 충분한 구체적 사실을 적시하는 것을 말하므로, 이를 적시하지 아니하고 단지 모멸적인 언사를 사용하여 타인의 사회적 평가를 경멸하는, 자기의 추상적 판단을 표시하는 것 ("빨갱이 계집년" "만신(무당)" "첩년"이라고 말한 것)은 사람을 모욕한 경우에 해당한다. (대법원 1981. 11. 24. 선고 81도2280 판결)

> [판례] "애꾸눈, 병신" – 명예훼손죄 ✕ (대법원 1994. 10. 25. 선고 94도1770 판결)

판례 "아무것도 아닌 똥꼬다리 같은 놈" – 명예훼손죄 × (대법원 1989. 3. 14. 선고 88도1397 판결)

판례 "늙은 화냥년의 간나, 너가 화냥질을 했잖아" – 명예훼손죄 × (대법원 1987. 5. 12. 선고 87도739 판결)

바. 죄수 등

죄수 관련 판례를 살펴본다.

판례 ① 허위사실적시 명예훼손과 ② 허위사실유포 업무방해 – 상상적 경합

허위사실을 유포한 1개의 행위가 형법 제314조 제1항의 허위사실 유포에 의한 업무방해죄 뿐 아니라 형법 제307조 제2항의 허위사실적시에 의한 명예훼손죄에도 해당하는 경우 그 2개의 죄는 상상적 경합 관계에 있다. (대법원 2007. 11. 15. 선고 2007도7140 판결)

동지 피고인이 한국소비자보호원을 비방할 목적으로 18회에 걸쳐서 출판물에 의하여 공연히 허위의 사실을 적시·유포함 – ① 출판물명예훼손죄 ○ ② (허위사실유포) 업무방해죄 ○ (상상적 경합) (대법원 1993. 4. 13. 선고 92도3035 판결)

Ⅱ 사자 명예훼손죄

제308조(사자의 명예훼손) 공연히 허위의 사실을 적시하여 사자의 명예를 훼손한 자는 2년 이하의 징역 이나 금고 또는 500만원 이하의 벌금에 처한다.

제312조(고소와 피해자의 의사) ① 제308조와 제311조의 죄는 고소가 있어야 공소를 제기할 수 있다.

例規 제308조 사자명예훼손	미수 ×

🔍 **핵심단어**
• ① 공연히 ② 허위사실 ③ 적시 ④ 사자의 명예훼손

진실한 사실을 적시하는 경우, 본죄가 성립하지 않는다. 본죄는 친고죄이므로 고소가 있어야 공소를 제기할 수 있다. 고소권자는 사자의 친족 또는 자손이다. 관련 판례를 살펴본다.

판례 피고인이 사망자의 사망사실을 알면서 '위 망인은 사망한 것이 아니고 빚 때문에 도망다니며 죽은 척 하는 나쁜 놈'이라고 함 – 사자명예훼손죄 ○ (대법원 1983. 10. 25. 선고 83도1520 판결)

Ⅲ 출판물에 의한 명예훼손죄

제309조(출판물 등에 의한 명예훼손) ① 사람을 비방할 목적으로 신문, 잡지 또는 라디오 기타 출판물에 의하여 제307조제1항의 죄를 범한 자는 3년 이하의 징역이나 금고 또는 700만원 이하의 벌금에 처한다.
② 제1항의 방법으로 제307조제2항의 죄를 범한 자는 7년 이하의 징역, 10년 이하의 자격정지 또는 1천500만원 이하의 벌금에 처한다.

제312조(고소와 피해자의 의사) ② 제307조와 제309조의 죄는 피해자의 명시한 의사에 반하여 공소를 제기할 수 없다.

例規 제309조 (출판물, 라디오)에의한명예훼손	미수 ×

🔍 **핵심단어**

• ① 비방할 목적 ② 출판물 ③ 명예훼손죄
• 기타 출판물이란 ① 등록·출판된 제본 인쇄물 ② 준하는 효용·기능을 가진 인쇄물
• 비방목적이란 사람의 인격적 평가를 저하시키려는 의도

비방할 목적으로 출판물에 의한 명예훼손죄를 범한 경우 본죄가 성립한다. 출판물 대신 '정보통신망을 통하여' 동일한 행위를 하면 정보통신망법위반죄가 성립한다.[39]

1. 출판물

신문·잡지·라디오 기타 출판물에 의하여 범행이 이루어져야 한다.

---

39 정보통신망 이용촉진 및 정보보호 등에 관한 법률 제70조(벌칙) ① 사람을 비방할 목적으로 정보통신망을 통하여 공공연하게 사실을 드러내어 다른 사람의 명예를 훼손한 자는 3년 이하의 징역 또는 3천만원 이하의 벌금에 처한다. ② 사람을 비방할 목적으로 정보통신망을 통하여 공공연하게 거짓의 사실을 드러내어 다른 사람의 명예를 훼손한 자는 7년 이하의 징역, 10년 이하의 자격정지 또는 5천만원 이하의 벌금에 처한다. ③ 제1항과 제2항의 죄는 피해자가 구체적으로 밝힌 의사에 반하여 공소를 제기할 수 없다.

판례 기타 출판물 – ① 등록·출판된 제본 인쇄물 ② 준하는 효용·기능을 가진 인쇄물

'기타 출판물'에 해당한다고 하기 위하여는 ① 등록·출판된 제본 인쇄물이나 ② 제작물은 아니라고 할지라도 적어도 그와 같은 정도의 효용과 기능을 가지고 사실상 출판물로 유통·통용될 수 있는 외관을 가진 인쇄물로 볼 수 있어야 한다. (대법원 1998. 10. 9. 선고 97도158 판결) 표준

판례 컴퓨터 워드프로세서로 작성되어 프린트된 A4 용지 7쪽 분량의 인쇄물 – 출판물명예훼손죄(출판물) × (대법원 2000. 2. 11. 선고 99도3048 판결) 표준

판례 낱장의 종이에 단편적으로 피고인의 주장을 광고하는 문안이 인쇄됨 – 출판물명예훼손죄(출판물) × (대법원 1998. 10. 9. 선고 97도158 판결)

판례 가로 약 25cm, 세로 약 30cm되는 모조지 위에 싸인펜으로 특정인의 인적사항, 인상, 말씨 등을 기재하고 위 사람은 정신분열증 환자로서 무단가출하였으니 연락해 달라는 취지의 내용을 기재한 광고문 – 출판물명예훼손죄(출판물) × (대법원 1986. 3. 25. 선고 85도1143 판결)

2. 명예훼손

명예훼손의 기본 법리는 앞서 살펴본 것과 같다. 이곳에서는 기자 등을 이용하여 간접정범의 형태로 본죄를 범한 경우를 중심으로 판례를 살펴본다.

판례 기자에게 허위기사 재료를 제공하여 보도케 함 – 출판물명예훼손죄 간접정범

출판물에 의한 명예훼손죄는 간접정범에 의하여 범하여질 수도 있으므로 타인을 비방할 목적으로 허위의 기사 재료를 그 정을 모르는 기자에게 제공하여 신문 등에 보도되게 한 경우에도 성립할 수 있다. (대법원 2002. 6. 28. 선고 2000도3045 판결)

판례 대학 사무처장인 피고인이 기자에게 총장을 고소한 교수들에 대하여 '이상한 남녀관계인데, 치정행각 가리기 위해 개명하였고, 확인해보면 알 것. 취재하라.'고 말하여 기자가 이를 보도함 – 명예훼손죄(공연성) ○ (대법원 2017. 9. 7. 선고 2016도15819 판결)

비교 甲이 기자 乙에게 丙에 관한 명예훼손성 사실 적시하였으나 乙이 기사를 쓰지 않음 – 명예훼손죄(공연성) × 통상 기자가 아닌 보통 사람에게 사실을 적시할 경우에는 그 자체로서 적시된 사실이 외부에 공표되는 것이므로 그 때부터 곧 전파가능성을 따져 공연성 여부를 판단하여야 할 것이지만, 그와는 달리 기자를 통해 사실을 적시하는 경우에는 기사화되어 보도되어야만 적시된 사실이 외부에 공표된다고 보아야 할 것이므로 기자가 취재를 한 상태에서 아직 기사화하여 보도하지 아니한 경우에는 전파가능성이 없다고 할 것이어서 공연성이 없다고 봄이 상당하다. (대법원 2000. 5. 16. 선고 99도5622 판결) 표준

해설 기자에게 사실을 적시한 경우, 전파 '가능성'이 아니라 기사를 통한 '전파' 여부에 따라 공연성을 결정한다.

판례 甲이 乙 비방목적으로 A 기자에게 甲이 동대표 선거 당선되고도 선거무효가 된 경위에 관하여

허위사실을 설명하고 자료를 제공하여 이를 믿은 기자로 하여금 보도케 함 – 출판물명예훼손죄 ○ (대법원 2004. 5. 14. 선고 2003도5370 판결)

[판례] 甲이 신문사 기자인 乙에게 연예인 A의 실명을 거론하면서 허위사실을 적시함으로써 A를 비방할 목적으로 기사의 자료를 제공하자, 이를 진실한 것으로 오신한 乙이 기사를 작성하여 공표함 – 출판물명예훼손죄 ○ (대법원 2009. 11. 12. 선고 2009도8949 판결) **표준**

[판례] 의사가 의료기기 회사와의 분쟁을 정치적으로 해결코자 국회의원에게 허위사실 제보하였는데, 국회의원이 이를 발표하여 일간신문에 보도 – 출판물명예훼손죄 × (허위사실적시 명예훼손죄 ○)
제보자가 기사의 취재·작성과 직접적인 연관이 없는 자에게 허위의 사실을 알렸을 뿐인 경우에는, 제보자가 피제보자에게 그 알리는 사실이 기사화 되도록 특별히 부탁하였다거나 피제보자가 이를 기사화할 것이 고도로 예상되는 등의 특별한 사정이 없는 한, 피제보자가 언론에 공개하거나 기자들에게 취재됨으로써 그 사실이 신문에 게재되어 일반 공중에게 배포되더라도 제보자에게 출판·배포된 기사에 관하여 출판물에 의한 명예훼손죄의 책임을 물을 수는 없다. (대법원 2002. 6. 28. 선고 2000도3045 판결)
참고 파기환송심 및 그에 대한 대법원 판결은 허위사실적시 명예훼손죄(제307조 제2항)가 성립한다고 보았다.

[판례] 본죄 공소시효 기산점 – ① 글의 게시 시점 ○ ② 글의 삭제 시점 ×
서적·신문 등 기존의 매체에 명예훼손적 내용의 글을 게시하는 경우에 그 게시행위로써 명예훼손의 범행은 종료하는 것이며 그 서적이나 신문을 회수하지 않는 동안 범행이 계속된다고 보지는 않는다는 점을 고려해 보면, 정보통신망을 이용한 명예훼손의 경우에, 게시행위 후에도 독자의 접근가능성이 기존의 매체에 비하여 좀 더 높다고 볼 여지가 있다 하더라도 그러한 정도의 차이만으로 정보통신망을 이용한 명예훼손의 경우에 범죄의 종료시기가 달라진다고 볼 수는 없다. (대법원 2007. 10. 25. 선고 2006도346 판결) **표준**
참고 ①로 보면 공소시효가 도과하고, ②로 보면 공소시효가 남는 사건이었다.

3. 비방할 목적

비방의 목적이란 사람의 인격적 평가를 저하시키려는 의도를 말한다.

[판례] 공익성 인정 = ① 출판물명예훼손죄 ② 정통망법 명예훼손죄의 각 비방목적 부정
형법 제309조 제1항 소정의 '사람을 비방할 목적'이란 가해의 의사 내지 목적을 요하는 것으로서 공공의 이익을 위한 것과는 행위자의 주관적 의도의 방향에 있어 서로 상반되는 관계에 있다고 할 것이므로, 형법 제310조의 공공의 이익에 관한 때에는 처벌하지 아니한다는 규정은 사람을 비방할 목적이 있어야 하는 형법 제309조 제1항 소정의 행위에 대하여는 적용되지 아니하고 그 목적을 필요로 하지 않는 형법 제307조 제1항의 행위에 한하여 적용되는 것이고, 반면에 적시한 사실이 공공의 이익에 관한 것인 경우에는 특별한 사정이 없는 한 비방 목적은 부인된다고 봄이 상당하므로 이와 같은 경우에는 형법 제307조 제1항 소정의 명예훼손죄의 성립 여부가 문제될 수 있고 이에 대하여는 다시 형법 제310조에 의한

위법성 조각 여부가 문제로 될 수 있다. (대법원 2003. 12. 26. 선고 2003도6036 판결)

정보통신망 이용촉진 및 정보보호 등에 관한 법률 제70조 제1, 2항에서 정한 '사람을 비방할 목적'이란 가해의 의사 내지 목적을 요하는 것으로, … (중략) … 비방할 목적이란 공공의 이익을 위한 것과는 행위자의 주관적 의도의 방향에 있어 서로 상반되는 관계에 있으므로, 적시한 사실이 공공의 이익에 관한 것인 경우에는 특별한 사정이 없는 한 비방할 목적은 부인된다고 봄이 상당하고, 여기에서 '적시한 사실이 공공의 이익에 관한 경우'라 함은 적시된 사실이 객관적으로 볼 때 공공의 이익에 관한 것으로서 행위자도 주관적으로 공공의 이익을 위하여 그 사실을 적시한 것이어야 하는데, 공공의 이익에 관한 것에는 널리 국가·사회 기타 일반 다수인의 이익에 관한 것뿐만 아니라 특정한 사회집단이나 그 구성원 전체의 관심과 이익에 관한 것도 포함하는 것이다. 나아가 그 적시된 사실이 이러한 공공의 이익에 관한 것인지 여부는 당해 명예훼손적 표현으로 인한 피해자가 공무원 내지 공적 인물과 같은 공인(公人)인지 아니면 사인(私人)에 불과한지 여부, 그 표현이 객관적으로 국민이 알아야 할 공공성·사회성을 갖춘 공적 관심 사안에 관한 것으로 사회의 여론형성 내지 공개토론에 기여하는 것인지 아니면 순수한 사적인 영역에 속하는 것인지 여부, 피해자가 그와 같은 명예훼손적 표현의 위험을 자초한 것인지 여부, 그리고 그 표현에 의하여 훼손되는 명예의 성격과 그 침해의 정도, 그 표현의 방법과 동기 등 제반 사정을 고려하여 판단하여야 하고, 행위자의 주요한 동기 내지 목적이 공공의 이익을 위한 것이라면 부수적으로 다른 사익적 목적이나 동기가 내포되어 있더라도 비방할 목적이 있다고 보기는 어렵다. (대법원 2011. 11. 24. 선고 2010도10864 판결) 표준

정보통신망법 제70조 제2항의 비방할 목적이 있는지 여부는 피고인이 드러낸 사실이 거짓인지 여부와 별개의 구성요건으로서, 드러낸 사실이 거짓이라고 해서 비방할 목적이 당연히 인정되는 것은 아니다. 그리고 이 규정에서 정한 모든 구성요건에 대한 증명책임은 검사에게 있다. (대법원 2020. 12. 10. 선고 2020도11471 판결)

해설 공익성이 인정되는 경우 검토 순서는 다음과 같다.
① 출판물명예훼손죄 (비방목적 ×) → ② 명예훼손죄 (구성요건 ○) → ③ 제310조 검토

판례 인터넷 기사란에 특정 여자연예인이 재벌의 아이를 낳았거나 그 대가를 받은 것처럼 댓글이 달린 상황에서 "모 재벌님하고의 관계는 끝났나?"라는 댓글을 추가 게시 – 정통망법 명예훼손죄(비방) ○ (대법원 2008. 7. 10. 선고 2008도2422 판결) 표준

판례 甲은 양육비 미지급자의 신상정보를 공개하는 사이트 'Bad Fathers'의 운영에 관계된 사람이고 乙은 위 사이트에 자신의 전 배우자인 피해자 丙을 제보한 사람인데, 甲·乙은 각자 또는 공모하여 위 사이트에 丙 등 피해자 5명의 이름, 얼굴 사진, 거주지, 직장명 등 신상정보를 공개하는 글이 게시되게 하고, 乙은 인스타그램에 위 사이트 게시글의 링크 주소를 첨부하고 丙에 대하여 "미친년"이라는 표현을 덧붙인 글을 게시 – 甲·乙 정통망법 명예훼손죄(비방) ○ (대법원 2024. 1. 4. 선고 2022도699 판결)

판례 지역 여성단체가 홈페이지·소식지에 '국립대학교 교수가 자신의 연구실 내에서 제자인 여학생을 성추행하였다'는 내용의 글을 게시 – 정통망법 명예훼손죄(비방) × (대법원 2005. 4. 29. 선고 2003도2137 판결)

참고 무죄 취지로 원심 유죄판결을 파기하였다.

판례 인터넷 지식검색 질문·답변 게시판에 성형시술 결과가 만족스럽지 못하다는 주관적인 평가를 주된 내용으로 하는 댓글 게시 – 정통망법 명예훼손죄(비방) × (대법원 2009. 5. 28. 선고 2008도8812 판결)

참고 무죄 취지로 원심 유죄판결을 파기하였다. 전체적으로 보아 성형시술을 받을 것을 고려하고 있는 다수의 인터넷 사용자들의 의사결정에 도움이 되는 정보 및 의견의 제공이라는 공공의 이익에 관한 것이어서 비방할 목적이 없다고 보았다.

판례 甲 운영의 산후조리원을 이용한 피고인이 9회에 걸쳐 인터넷 카페·블로그 등에 자신이 겪은 불편사항 등을 후기 형태로 게시 – 정통망법 명예훼손죄(비방) × (대법원 2012. 11. 29. 선고 2012도10392 판결)

참고 무죄 취지로 원심 유죄판결을 파기하였다.

판례 대한항공 858기 폭파사건에 관한 의혹을 소설의 형식으로 제기하고자 집필, 출간 – 정통망법 명예훼손죄(비방) × (대법원 2009. 6. 11. 선고 2009도156 판결)

참고 무죄 취지로 원심 유죄판결을 파기하였다.

판례 피고인은 甲과 네이버밴드에서 총학생회 선거에 관한 의견을 주고 받는 과정에서, 피해자의 실명을 거론하면서 '○○○이라는 학우가 학생회비도 내지 않고 총학생회장 선거에 출마하려 했다가 이래저래 학과를 분열시킨 사례가 있다. 그러한 부분은 지양했으면 한다.'는 댓글을 게시하였음 – 정통망법 명예훼손죄(비방) × (대법원 2020. 3. 2. 선고 2018도15868 판결)

참고 무죄 취지로 원심 유죄판결을 파기하였다.

판례 피고인이 고등학교 동창인 甲으로부터 사기 범행을 당했던 사실과 관련하여 같은 학교 동창 10여 명이 참여하던 단체 채팅방에서 '甲이 내 돈을 갚지 못해 사기죄로 감방에서 몇 개월 살다가 나왔다. 집에서도 포기한 애다. 너희들도 조심해라.'라는 내용의 글을 게시함 – 정통망법 명예훼손죄(비방) × (대법원 2022. 7. 28. 선고 2022도4171 판결)

참고 무죄 취지로 원심 유죄판결을 파기하였다.

4. 기타

가. 위법성

비방의 목적이 있는 출판물에 의한 명예훼손에 대해서는 제310조가 적용되지 않는다.

나. 소추조건

출판물명예훼손죄·정통망법 명예훼손죄는 피해자의 명시한 의사에 반하여 공소를 제기할 수 없다.

Ⅳ 모욕죄

제311조(모욕) 공연히 사람을 모욕한 자는 1년 이하의 징역이나 금고 또는 200만원 이하의 벌금에 처한다.

제312조(고소와 피해자의 의사) ① 제308조와 제311조의 죄는 고소가 있어야 공소를 제기할 수 있다.

例規 제311조 모욕	미수 ×

🔍 **핵심단어**

- ① 공연히 ② 모욕
- 공연성이란 ① 불특정 ② 다수인 인식할 수 있는 상태 ③ 1인 전파가능성
- 모욕이란 사람의 사회적 평가를 저하시킬 만한 ① 추상적 판단 ② 경멸적 감정을 표현

1. 객체: 사람

앞서 명예훼손죄에서 살펴본 것과 같다. 집합적 명사를 쓴 경우에도 어떤 범위에 속하는 특정인을 가리키는 것이 명백하면 본죄가 성립한다.

판례 "아나운서 하려면 다 줄 생각을 해야 하는데 할 수 있겠느냐" – 모욕죄(특정) ×
모욕죄는 특정한 사람 또는 인격을 보유하는 단체에 대하여 사회적 평가를 저하시킬 만한 경멸적 감정을 표현함으로써 성립하므로 그 피해자는 특정되어야 한다. 그리고 이른바 집단표시에 의한 모욕은, 모욕의 내용이 집단에 속한 특정인에 대한 것이라고는 해석되기 힘들고, 집단표시에 의한 비난이 개별구성원에 이르러서는 비난의 정도가 희석되어 구성원 개개인의 사회적 평가에 영향을 미칠 정도에 이르지 아니한 경우에는 구성원 개개인에 대한 모욕이 성립되지 않는다고 봄이 원칙이고, 비난의 정도가 희석되지 않아 구성원 개개인의 사회적 평가를 저하시킬 만한 것으로 평가될 경우에는 예외적으로 구성원 개개인에 대한 모욕이 성립할 수 있다. 한편 구성원 개개인에 대한 것으로 여겨질 정도로 구성원 수가 적거나 당시의 주위 정황 등으로 보아 집단 내 개별구성원을 지칭하는 것으로 여겨질 수 있는 때에는 집단 내 개별구성원이 피해자로서 특정된다고 보아야 할 것인데, 구체적인 기준으로는 집단의 크기, 집단의 성격과 집단 내에서의 피해자의 지위 등을 들 수 있다. (대법원 2014. 3. 27. 선고 2011도15631 판결) **표준**

2. 행위

가. 공연성

앞서 명예훼손죄에서 살펴본 것과 같다.

판례 ① 피고인 ② 처 ③ 피해자(사돈)들 ④ 그들의 딸·사위·매형이 있는 여관방에서 "사이비 기자 운운" 또는 "너 이 쌍년 왔구나"라고 말함 – 모욕(공연성) × (대법원 1984. 4. 10. 선고 83도49 판결)

판례 구의원인 甲이 지역위원회 여성위원장 및 자율방범대 대장인 乙에게 자율방범대대원인 丙에 관하여 "입 열면 막말과 비속어, 욕설이 난무하는 丙과 가까이 해서 대장님이 득 될 것은 없다고 봅니다." 는 등의 메시지를 전송함 – 모욕(공연성) ×

발언의 내용 역시 피해자의 외부적 명예나 인격적 가치에 대한 사회적 평가를 저하시키거나 인격을 허물어뜨릴 정도로 모멸감을 주는 혐오스러운 표현이라기보다는 전체적으로 피해자의 입장에서 불쾌함을 느낄 정도의 부정적·비판적 의견이나 불편한 감정을 거칠게 나타낸 정도의 표현에 그치는 것으로서, 발언에 담긴 취지가 아니라 그와 같은 조악한 표현 자체를 피해자에게 그대로 옮겨 전파하리라는 사정을 쉽게 예상하기 어려운 경우에는 전파가능성을 인정함에 더욱 신중을 기할 필요가 있다. (대법원 2024. 1. 4. 선고 2022도14571 판결)

참고 乙은 丙에게 처신에 주의할 필요가 있다는 원론적 수준의 조언만 하였을 뿐 丙을 포함한 불특정·다수인에게 메시지 자체를 전파하지는 않았다. 대법원은 이러한 乙의 태도, 의사, 인식 및 메시지 처리 내역은 공연성을 부정할 만한 소극적 사정에 해당한다고 보았다.

나. 모욕

모욕의 수단과 방법에는 제한이 없다. 실무상 특정인을 겨냥하여 "시발놈", "개새끼" 등의 욕설을 포함한 폭언을 하는 경우 모욕죄로 기소한다.

판례 모욕 – 사람의 사회적 평가를 저하시킬 만한 ① 추상적 판단 ② 경멸적 감정을 표현

모욕이란 사실을 적시하지 아니하고 사람의 사회적 평가를 저하시킬 만한 ① 추상적 판단이나 ② 경멸적 감정을 표현하는 것을 의미한다. 따라서 어떠한 표현이 상대방의 인격적 가치에 대한 사회적 평가를 저하시킬 만한 것이 아니라면 설령 그 표현이 다소 무례한 방법으로 표시되었다 하더라도 이를 두고 모욕죄의 구성요건에 해당한다고 볼 수 없다. (대법원 2018. 11. 29. 선고 2017도2661 판결)

판례 피고인이 택시 기사와 요금 시비하자 경찰관(피해자)이 피고인에게 '요금 지불하고 귀가하세요' 라 하니 피고인이 택시기사·동료 경찰관들이 듣는 가운데 "뭐야. 개새끼야", "뭐 하는 거야 새끼들아", "씨팔놈들아 개새끼야"라고 큰 소리로 욕설 – 모욕죄 ○

당시 피고인에게 정당한 요금을 지불하게 하고 안전하게 귀가하게 하기 위하여 법집행을 하려는 경찰관 개인을 향하여 경멸적 표현을 담은 욕설을 함으로써 경찰관 개인의 인격적 가치에 대한 평가를 저하시킬 위험이 있는 모욕행위를 하였다고 볼 것이다. (대법원 2017. 4. 13. 선고 2016도15264 판결)

비교 피고인이 택시 기사와 요금 시비하여 신고를 받고 출동한 경찰관 갑에게 늦게 도착한 데 대하여 항의하는 과정에서 "아이 씨발!"이라고 말함 – 모욕죄 ×

피고인의 위 "아이 씨발!"이라는 발언은 구체적으로 상대방을 지칭하지 않은 채 단순히 발언자 자신의 불만이나 분노한 감정을 표출하기 위하여 흔히 쓰는 말로서 상대방을 불쾌하게 할 수 있는 무례하고 저속한 표현이

기는 하지만 위와 같은 사정에 비추어 직접적으로 피해자를 특정하여 그의 인격적 가치에 대한 사회적 평가를 저하시킬 만한 경멸적 감정을 표현한 모욕적 언사에 해당한다고 단정하기는 어렵다. (대법원 2015. 12. 24. 선고 2015도6622 판결)

판례 경찰관에게 "젊은 놈의 새끼야, 순경새끼, 개새끼야.", "씨발 개새끼야, 좆도 아닌 젊은 새끼는 꺼져 새끼야." - 모욕죄 ○ (대법원 2016. 10. 13. 선고 2016도9674 판결)

판례 피고인이 블로그에 특정인에 대하여 '듣보잡', '함량미달', '함량이 모자라도 창피한 줄 모를 정도로 멍청하게 충성할 사람', '싼 맛에 갖다 쓰는 거죠', '비욘 드보르잡', '개집'이라 표현 - 모욕죄 ○ (대법원 2011. 12. 22. 선고 2010도10130 판결)

판례 동네사람 4명과 구청직원 2명 등이 있는 자리에서 피해자가 듣는 가운데 피해자를 가리키면서 "저 망할년 저기 오네" - 모욕죄 ○ (대법원 1990. 9. 25. 선고 90도873 판결)

판례 피고인이 뉴스 댓글난에 이른바 '국민첫사랑', '국민여동생'으로 알려진 연예인 피해자를 '국민호텔녀'로 지칭하는 댓글을 게시함 - 모욕죄 ○ (대법원 2022. 12. 15. 선고 2017도19229 판결)

판례 '자칭 타칭 甲하면 떠오르는 키워드!!!'라는 게시글에 '선무당이 사람 잡는다, 자승자박, 아전인수, 사필귀정, 자업자득, 자중지란, 공황장애 ㅋ'라는 댓글 게시 - 모욕죄 ×
피고인이 댓글로 게시한 '공황장애 ㅋ'라는 표현이 상대방을 불쾌하게 할 수 있는 무례한 표현이기는 하나, 상대방의 인격적 가치에 대한 사회적 평가를 저하시킬 만한 표현에 해당한다고 보기는 어렵다. (대법원 2018. 5. 30. 선고 2016도20890 판결)

판례 입주자대표회의 감사인 피고인이 관리소장 甲의 업무처리에 항의하기 위해 甲을 방문한 자리에서 언쟁을 하다가 "야, 이따위로 일할래", "나이 처먹은 게 무슨 자랑이냐"라고 함 - 모욕죄 × (대법원 2015. 9. 10. 선고 2015도2229 판결)

판례 "부모가 그런 식이니 자식도 그런 것이다" - 모욕죄 ×
상대방의 기분이 다소 상할 수 있다고 하더라도 그 내용이 너무나 막연하여 그것만으로 곧 상대방의 명예감정을 해하여 형법상 모욕죄를 구성한다고 보기는 어렵다. (대법원 2007. 2. 22. 선고 2006도8915 판결)

판례 해고자이자 노조 간부인 피고인이 노사 관계자 140여 명이 있는 가운데 피고인보다 15살이 많은 회사 부사장인 乙을 향해 "야 철수야, 철수가 여기 있네, 니 이름이 철수잖아, 철수야 나오니까 좋지?" 등으로 여러 차례 乙의 이름을 부름 - 모욕죄 × (대법원 2018. 11. 29. 선고 2017도2661 판결)

판례 피고인이 직원들에게 민주노총 지부장인 피해자가 관리하는 사업소의 문제 등을 지적하는 내용의 카톡을 보냈는데 그 내용 중 "민주노총 ○○○지부장은 정말 야비한 사람인 것 같습니다."라고 표현함 - 모욕죄 × (대법원 2022. 8. 31. 선고 2019도7370 판결)

판례 피고인이 자신의 유튜브 채널에 피해자 甲의 방송 영상을 게시하면서 甲의 얼굴에 '개' 얼굴을 합성함 - 모욕죄 ×
영상의 전체적인 내용을 살펴볼 때, 피고인이 갑의 얼굴을 가리는 용도로 동물 그림을 사용하면서 갑에 대한 부정적인 감정을 다소 해학적으로 표현하려 한 것에 불과하다고 볼 여지도 상당하므로, 해당 영상이 갑을 불쾌하게 할 수 있는 표현이기는 하지만 객관적으로 갑의 인격적 가치에 대한 사회적 평가를 저하시킬 만한 모욕적 표현을 한 경우에 해당한다고 단정하기 어렵다. (대법원 2023. 2. 2. 선고 2022도4719 판결)

3. 기타

가. 위법성

정당행위로서 위법성이 조각되는지 여부가 문제된 경우를 살펴본다.

[판례] 피고인들이 소속 노조위원장 甲을 '어용', '앞잡이' 등으로 지칭하여 표현한 현수막, 피켓 등을 장기간 반복하여 도로변 등에 게시함 – 모욕죄(위법성) ○ (대법원 2021. 9. 9. 선고 2016도88 판결)

[판례] 골프 캐디들의 구직 사이트 내 회원 게시판에서 특정 골프클럽의 운영상 불합리성을 비난하는 글을 게시하며 클럽담당자에 대하여 '한심하고 불쌍한 인간' 등 경멸적 표현 – 모욕죄(위법성) × (대법원 2008. 7. 10. 선고 2008도1433 판결)

[판례] 시사프로그램을 시청한 후 방송국 홈페이지의 시청자 의견란에 게시한 글 중 특히, "그렇게 소중한 자식을 범법행위의 변명의 방패로 쓰시다니 정말 대단하십니다."는 등의 표현 – 모욕죄(위법성) × 피해자에게 자신의 의견에 대한 반박이나 반론을 구하면서, 자신의 판단과 의견의 타당함을 강조하는 과정에서 부분적으로 그와 같은 표현을 사용한 것으로서 사회상규에 위배되지 않는다고 봄이 상당하다. (대법원 2003. 11. 28. 선고 2003도3972 판결)

[판례] 인터넷 신문사 소속 기자 甲이 작성한 기사가 인터넷 포털 사이트의 '핫이슈' 난에 게재되자, 피고인이 "이런걸 기레기라고 하죠?"라는 댓글을 게시함 – 모욕죄(위법성) ×
'기레기'는 기자인 갑의 사회적 평가를 저하시킬 만한 추상적 판단이나 경멸적 감정을 표현한, 모욕적 표현에 해당하나, 피고인은 기사를 본 독자들이 자신의 의견을 자유롭게 펼칠 수 있도록 마련된 '네티즌 댓글' 난에 위 댓글을 게시한 점, 위 기사는 특정 제조사 자동차 부품의 안전성에 대한 논란이 많은 가운데 이를 옹호하는 제목으로 게시되었는데, 위 기사가 게재되기 직전 다른 언론사에서 이와 관련한 부정적인 내용을 방송하였고, 위 기사를 읽은 상당수의 독자들은 위와 같은 방송 내용 등을 근거로 위 기사의 제목과 내용, 이를 작성한 갑의 행위나 태도를 비판하는 의견이 담긴 댓글을 게시하였으므로 이러한 의견은 어느 정도 객관적으로 타당성 있는 사정에 기초한 것으로 볼 수 있는 점, 위 댓글의 내용, 작성시기와 위치, 위 댓글 전후로 게시된 다른 댓글의 내용과 흐름 등에 비추어 볼 때, 위 댓글은 그 전후에 게시된 다른 댓글들과 같은 견지에서 방송 내용 등을 근거로 위 기사의 제목과 내용, 이를 작성한 갑의 행위나 태도를 비판하는 의견을 강조하거나 압축하여 표현한 것이라고 평가할 수 있고, '기레기'는 기사 및 기자의 행태를 비판하는 글에서 비교적 폭넓게 사용되는 단어이며, 위 기사에 대한 다른 댓글들의 논조 및 내용과 비교할 때 댓글의 표현이 지나치게 악의적이라고 하기도 어려운 점을 종합하면, 위 댓글

을 작성한 행위는 사회상규에 위배되지 않는 행위로서 형법 제20조에 의하여 위법성이 조각된다고 한 사례. (대법원 2021. 3. 25. 선고 2017도17643 판결)

판례 피고인이 해군 부사관 동기생 단톡방에서, 직속상관인 피해자가 목욕탕 청소담당 교육생들에게 과실 지적을 많이 한다는 이유로, "도라이 ㅋㅋㅋ 습기가 그렇게 많은데"라고 표현함 – 상관모욕죄(위법성) ×[40] (대법원 2021. 8. 19. 선고 2020도14576 판결)

판례 피고인이 페이스북에 "또 나쁜 짓한 거 고발당했다. ○○○. 간첩조작질 공안검사 출신 변호사. 매카시스트. 철면피 파렴치 양두구육...(후략)"이란 글을 게시함 – 모욕죄(위법성) × (대법원 2022. 8. 25. 선고 2020도16897 판결)

판례 노조원인 피고인이 페이스북에 노조 간부들을 지칭하며 "버스노조 악의 축, 乙과 丙을 구속수사 하라!!"는 내용이 포함된 글을 게시함 – 모욕죄(위법성) × (대법원 2022. 10. 27. 선고 2019도14421 판결)

나. 소추조건

본죄는 친고죄이므로 고소가 있어야 공소를 제기할 수 있다.

02 신용·업무와 경매에 관한 죄

I 신용훼손죄

제313조(신용훼손) 허위의 사실을 유포하거나 기타 위계로써 사람의 신용을 훼손한 자는 5년 이하의 징역 또는 1천500만원 이하의 벌금에 처한다.	
例規 제313조 신용훼손	미수 ×

---

40 **군형법 제64조(상관 모욕 등)** ① 상관을 그 면전에서 모욕한 사람은 2년 이하의 징역이나 금고에 처한다.
  ② 문서, 도화(圖畵) 또는 우상(偶像)을 공시(公示)하거나 연설 또는 그 밖의 공연(公然)한 방법으로 상관을 모욕한 사람은 3년 이하의 징역이나 금고에 처한다.
  ③ 공연히 사실을 적시하여 상관의 명예를 훼손한 사람은 3년 이하의 징역이나 금고에 처한다.
  ④ 공연히 거짓 사실을 적시하여 상관의 명예를 훼손한 사람은 5년 이하의 징역이나 금고에 처한다.

1. 객체: 사람의 신용

사람에는 자연인·법인·법인격 없는 단체가 포함된다. 신용이란 사람의 경제적 지위에 대한 사회적 평가, 즉 사람의 지불능력·지불의사에 대한 사회적 신뢰를 말한다.

> 판례 신용 – 사람의 지급능력·지급의사에 대한 사회적 신뢰
>
> '신용'은 경제적 신용, 즉 사람의 지급능력 또는 지급의사에 대한 사회적 신뢰를 의미한다. (대법원 2011. 5. 13. 선고 2009도5549 판결) **표준**
>
> 판례 甲 퀵서비스 운영자가 배달업무 중 손님의 불만이 예상되면 경쟁업체인 乙 퀵서비스 명의의 영수증을 작성·교부함 – 신용훼손죄(신용) ✕
>
> 퀵서비스 운영자인 피고인이 배달업무를 하면서, 손님의 불만이 예상되는 경우에는 평소 경쟁관계에 있는 피해자 운영의 퀵서비스 명의로 된 영수증을 작성·교부함으로써 손님들로 하여금 불친절하고 배달을 지연시킨 사업체가 피해자 운영의 퀵서비스인 것처럼 인식하게 한 사안에서, 퀵서비스의 주된 계약내용이 신속하고 친절한 배달이라 하더라도, 그와 같은 사정만으로 위 행위가 피해자의 경제적 신용, 즉 지급능력이나 지급의사에 대한 사회적 신뢰를 저해하는 행위에 해당한다고 보기는 어렵다. (대법원 2011. 5. 13. 선고 2009도5549 판결)
>
> **해설** 원심은 위 사건에 대한 예비적 공소사실인 **허위사실 유포**에 의한 **업무방해죄**를 유죄로 인정하였다. 대법원 역시 상고를 기각함으로써 이를 유지하였다. 위 사안을 '무죄'로 기억해서는 안 된다.
>
> 판례 피고인이 "피해자 점포의 물건값이 유달리 비싸다"고 말함 – 신용훼손죄(신용) ✕
>
> 물건의 값은 그 사람의 지불의사에 대한 사회적 신뢰를 훼손하는 것이라고는 볼 수 없다. (대법원 1969. 1. 21. 선고 68도1660 판결)

2. 행위: 허위사실 유포·위계로 신용훼손

허위사실이란 객관적 진실과 다른 내용의 사실을 말한다. 유포란 전파가능성 있는 1인 또는 불특정·다수인에게 전파시키는 것을 말한다. 따라서 '허위사실 유포'는 앞서 살펴본 허위사실 적시 명예훼손과 동일하다. 위계란 상대방의 오인·착오·부지 등을 이용하는 일체의 행위를 말한다.

판례 피고인이 조흥은행 본점 앞으로 '甲이 대출금 이자를 연체하여 위 은행의 지점장인 乙이 3,000만 원의 연체이자를 대납하였다'라는 허위사실이 기재된 편지를 보냄 – 신용훼손죄(위계) ○

피고인이 위 편지를 조흥은행 본점에 송부한 행위가 그 내용을 불특정 또는 다수인에게 전파시킨 경우에 해당한다고 보기는 어려우나, 그로써 조흥은행의 오인 또는 착각 등을 일으켜 위계로써 피해자의 신용을 훼손한 경우에는 해당한다 할 것이다. 또한, 위 편지의 내용 중 기본적인 사실이 진실이라 하더라도, 위와 같이 상당부분의 허위내용을 부가시킴으로써 신용훼손의 정도가 증가된 이상 신용훼손죄의 성립에 영향이 생기는 것도 아니다. (대법원 2006. 12. 7. 선고 2006도3400 판결)

참고 중학교 교사에 대해 "전과범으로서 교사직 팔아가며 이웃을 해치고 고발을 일삼는 악덕 교사"라는 진정서를 학교법인 이사장 앞으로 제출한 경우, 명예훼손죄의 공연성이 인정되지 않는다. (대법원 1983. 10. 25. 선고 83도2190 판결)

해설 신용훼손죄의 허위사실 '유포'에는 해당하지 않고 '위계'에 해당한다.

판례 계주 지위를 탐내던 피고인이 "甲女는 집도 없고 남편도 없는 과부이며, 계주로서 계불입금을 모아서 도망가더라도 어느 한 사람 책임지고 도와줄 사람없는 알몸이다."라 말함 – 신용훼손죄(허위) ×

허위사실의 유포라 함은 객관적으로 진실과 부합하지 않는 과거 또는 현재의 사실을 유포하는 것으로서 (미래의 사실도 증거에 의한 입증이 가능할 때에는 여기의 사실에 포함된다고 할 것이다.) 피고인의 단순한 의견이나 가치판단을 표시하는 것은 이에 해당하지 않는다. (대법원 1983. 2. 8. 선고 82도2486 판결) **표준**

해설 판례는 ① 甲이 8년 전부터 남편 없이 세 자녀를 데리고 생계를 꾸리고 있다는 점, 甲이 경제적 여유가 없었다는 점에서 위 발언이 '허위' 사실이라 볼 수 없다고 보았다. 나아가 ② 甲에 대한 개인적 의견이나 평가를 진술한 것에 불과하여 허위 '사실'이라 볼 수 없다고 보았다.

3. 고의

판례 유포한 사실이 허위라는 점에 대한 적극적 인식 필요

'허위의 사실을 유포한다'고 함은 실제의 객관적인 사실과 다른 사실을 불특정 또는 다수인에게 전파시키는 것을 말하는데, 이러한 경우 그 행위자에게 행위 당시 자신이 유포한 사실이 허위라는 점을 적극적으로 인식하였을 것을 요한다. (대법원 2006. 5. 25. 선고 2004도1313 판결) **표준**

판례 고의 – 미필적 인식으로 충분

신용훼손죄에 있어서의 범의는 반드시 확정적인 고의를 요하는 것은 아니고, 허위사실을 유포하거나 기타 위계를 사용한다는 점과 그 결과 다른 사람의 신용을 저하시킬 염려가 있는 상태가 발생한다는 점에 대한 미필적 인식으로도 족하다. (대법원 2006. 12. 7. 선고 2006도3400 판결)

Ⅱ 업무방해죄

제314조(업무방해) ① 제313조의 방법 또는 위력으로써 사람의 업무를 방해한 자는 5년 이하의 징역 또는 1천500만원 이하의 벌금에 처한다.

例規 제314조 ① 업무방해	미수 ×

🔍 **핵심단어**

- ① 허위사실 유포·위계·위력 ② 업무방해
- 업무란 ① 직업·사회생활상 지위 ② 계속적 종사 ③ 사무·사업
- 업무는 ① 사실상 평온 사회적 활동의 기반 족함 ② 업무기초인 계약·행정행위 등이 적법할 필요 없음 ③ 단, 사회생활상 용인할 수 없는 반사회성 띄면 안 됨
- 위계란 ① 행위목적을 달성하기 위하여 ② 오인·착각·부지를 ③ 야기·이용
- 위력이란 ① 사람의 자유의사 ② 제압·혼란케 할 만한 ③ 일체의 세력
- 업무방해란 ① 업무의 집행 자체 방해 및 ② 널리 업무의 경영 저해

---

1. 객체: 사람의 업무

사람에는 자연인·법인·법인격 없는 단체가 포함된다. 업무란 사람이 사회생활상 지위에 기하여 계속적으로 종사하는 사무·사업을 말한다. 업무는 사무가 평온상태에서 계속적으로 행해져 사회생활의 기반을 갖추면 족하고 반드시 적법할 필요는 없다.

판례 업무 – ① 직업·사회생활상 지위 ② 계속적 종사 ③ 사무·사업

업무란 ① 직업 또는 사회생활상의 지위에 기하여 ② 계속적으로 종사하는 ③ 사무나 사업의 일체를 의미하고, 그 업무가 주된 것이든 부수적인 것이든 가리지 아니하며, 일회적인 사무라 하더라도 그 자체가 어느 정도 계속하여 행해지는 것이거나 혹은 그것이 직업 또는 사회생활상의 지위에서 계속적으로 행하여 온 본래의 업무수행과 밀접불가분의 관계에서 이루어진 경우에도 이에 해당한다. (대법원 2005. 4. 15. 선고 2004도8701 판결)

판례 업무 – ① 사실상 평온 사회적 활동의 기반 족함 ② 업무기초인 계약·행정행위 등이 적법할 필요 없음 ③ 단, 사회생활상 용인할 수 없는 반사회성 띄면 안 됨

'업무'라 함은 직업 또는 계속적으로 종사하는 사무나 사업을 말하는 것으로서 타인의 위법한 행위에 의한 침해로부터 보호할 가치가 있는 것이면 되고, 그 업무의 기초가 된 계약 또는 행정행위 등이 반드시 적법하여야 하는 것은 아니라고 할 것이다. (대법원 1991. 6. 28. 선고 91도944 판결 참조)

어떤 사무나 활동 자체가 위법의 정도가 중하여 사회생활상 도저히 용인될 수 없는 정도로 반사회성을 띠는 경우에는 업무방해죄 보호대상이 되는 '업무'에 해당한다고 볼 수 없다. (대법원 2011. 10. 13. 선고

인정례를 먼저 살펴본다.

판례 회사가 경영상 계획의 일환으로 시간적·절차적으로 일정기간 소요가 예상되는 사업장 이전을 추진·실시하는데 이를 방해 – 업무방해죄(업무) ○

회사가 사업장의 이전을 계획하고 그 이전을 전후하여 사업을 중단 없이 영위할 목적으로 이전에 따른 사업의 지속적인 수행방안, 새 사업장의 신축 및 가동개시와 구 사업장의 폐쇄 및 가동중단 등에 관한 일련의 경영상 계획의 일환으로서 시간적·절차적으로 일정기간의 소요가 예상되는 사업장 이전을 추진, 실시하는 행위는 그 자체로서 일정기간 계속성을 지닌 업무의 성격을 지니고 있을 뿐만 아니라 회사의 본래 업무인 목적 사업의 경영과 밀접불가분의 관계에서 그에 수반하여 이루어지는 것으로 볼 수 있으므로 이 점에서도 업무방해죄에 의한 보호의 대상이 되는 업무에 해당한다. (대법원 2005. 4. 15. 선고 2004도8701 판결)

비교 공장의 이전과 같은 일회적인 사무를 방해 – 업무방해죄(업무) ×

업무방해죄에 있어서의 "업무"라 함은 사람이 그 사회생활상의 지위에 기하여 계속적으로 종사하는 사무나 사업을 의미하는 것으로서, 주된 업무뿐만 아니라 이와 밀접불가분한 관계에 있는 부수적인 업무도 포함되는 것이지만, 계속하여 행하는 사무가 아닌 공장의 이전과 같은 일회적인 사무는 업무방해죄의 객체가 되는 "업무"에 해당되지 않는다. (대법원 1989. 9. 12. 선고 88도1752 판결)

해설 둘 모두 일부 사원이 회사의 사업장·공장의 이전을 위력으로 방해한 사건이다. 판례사건의 '사업장'은 비교사건의 '공장'보다 규모가 더 크고 이전에 필요한 시간이 훨씬 길다. 사실관계를 구체적으로 출제하긴 어렵고 법리의 문구를 비교하여 알아두는 것으로 족하다.

판례 종중 정기총회를 주재하는 종중 회장의 의사진행업무를 방해 – 업무방해죄(업무) ○

종중 정기총회를 주재하는 종중 회장의 의사진행업무 자체는 1회성을 갖는 것이라고 하더라도 그것이 종중 회장으로서의 사회적인 지위에서 계속적으로 행하여 온 종중 업무수행의 일환이라면 업무에 해당한다. (대법원 1995. 10. 12. 선고 95도1589 판결)

비교 주주로서 주주총회에서 의결권 행사를 방해 – 업무방해죄(업무) ×

주주로서 주주총회에서 의결권 등을 행사하는 것은 주식의 보유자로서 그 자격에서 권리를 행사하는 것에 불과하다. (대법원 2004. 10. 28. 선고 2004도1256 판결)

판례 경비원이 상사의 명에 따라 對노조 유인물을 배부하였는데, 이를 방해 – 업무방해죄(업무) ○

경비원은 상사의 명령에 의하여 주로 경비업무등 노무를 제공하는 직분을 가지고 있는 것이므로 상사의 명에 의하여 그 직장의 업무를 수행한다면 설사 그 업무가 본조의 계속적인 직무권한에 속하지 아니한 일시적인 것이라 할지라도 본죄의 업무에 해당한다. (대법원 1971. 5. 24. 선고 71도399 판결)

판례 의사 甲을 명의자로 하여 의료인이 아닌 乙이 개설·운영하는 병원에서 피고인이 큰 소리를 지르거나 환자 진료 예약이 있는 甲을 붙잡고 있는 등의 방법으로 업무를 방해 – 업무방해죄(업무) ○

의료인이나 의료법인이 아닌 자가 의료기관을 개설하여 운영하는 행위는 업무방해죄의 보호대상이 되는 업무에 해당하지 않는다. 그러나 무자격자에 의해 개설된 의료기관에 고용된 의료인이 환자를 진료한다고 하여 그 진료행위 또한 당연히 반사회성을 띠는 행위라고 볼 수는 없다. 이때 의료인의 진료업무가 업무방해죄의 보호대상이 되는 업무인지는 의료기관의 개설·운영 형태, 해당 의료기관에서 이루어지는 진료의 내용과 방식, 피고인의 행위로 인하여 방해되는 업무의 내용 등 사정을 종합적으로 고려하여 판단해야 한다. (대법원 2023. 3. 16. 선고 2021도16432 판결)

해설 이른바 '사무장 병원'에서 난리를 친 경우, 업무방해죄가 성립되는지 여부가 문제된다. 기존의 대법원은 위 판례 본문 중 첫 번째 문장의 법리를 제시하며 무죄취지로 판시하였다(대법원 2001. 11. 30. 선고 2001도2015 판결). 그러나 위 판결을 통해 대법원은 업무성을 일률적으로 부정할 수는 없고 구체적으로 따져보아야 한다는 취지로 입장을 약간 변경하였다. 위 판결은 무죄 원심을 파기한 것이므로 유죄 취지로 이해함이 상당하다. 수험적으로는 다음과 같이 이해한다. ① 무자격자의 병원 운영업무 - 업무 × ② 무자격자에 고용된 의료인의 환자 진료업무 - 업무 ○

판례 한국도로공사가 하이패스 도입을 결정하고 입찰을 실시하면서 업체 선정을 위한 현장성능시험을 시행하였는데(당시 입찰에 참가한 회사가 입찰참여조건을 위반하여 성능시험 자체가 부적합한 것으로 드러남), 피고인이 전파발생기를 사용하여 이 시험업무를 방해 - 업무방해죄(업무) ○ (대법원 2010. 5. 27. 선고 2008도2344 판결)

판례 아파트관리사무실의 경리가 관리단 총회에서 새로이 선임된 관리인에 의하여 재임명되어 경리업무를 수행하였는데(위 관리인 선임에 무효사유가 있음), 경리업무를 방해 - 업무방해죄(업무) ○ (대법원 2006. 3. 9. 선고 2006도382 판결)

판례 본당을 사실상 점유·관리하던 목사로부터 사전 승인 받아 본당에서 임시 노회를 진행하였는데(목사가 본당에 대한 법적인 관리권한 없었음), 이를 방해 - 업무방해죄(업무) ○ (대법원 2009. 2. 12. 선고 2008도11486 판결)

판례 건물의 전차인이 평온하게 음식점등 영업을 하면서 점유를 계속하였는데(임대인의 승낙은 없었음), 이를 방해 - 업무방해죄(업무) ○ (대법원 1986. 12. 23. 선고 86도1372 판결)

판례 공장 종업원들이 공장 정문을 봉쇄하고 출입통제하는 등 공장정문의 정상적인 계폐업무를 방해 - 업무방해죄(업무) ○ (대법원 1992. 2. 11. 선고 91도1834 판결)

이어서 부정례를 살펴본다.

판례 건물 임대인이 구청장의 조경공사 촉구지시에 따라 임대 건물 앞에서 1회적인 조경공사하는데 이를 방해 - 업무방해죄(업무) × (대법원 1993. 2. 9. 선고 92도2929 판결)

판례 주부가 개인적 용무로 고속버스터미널 근처 건물 주차장에 주차하였는데, 주차장 관리인인 피고인이 차량 앞 범퍼와 손수레 사이를 쇠사슬로 묶어 둠 - 업무방해죄(업무) ×
'업무'란 직업 기타 사회생활상의 지위에 기하여 계속적으로 종사하는 사무 또는 사업을 말하는 것으로서, 직업이나 사회생활상의 지위에 기한 것이라고 보기 어려운 단순한 개인적인 일상생활의 일환으로 행하여지는 사무는 업무방해죄의 보호대상인 업무에 해당한다고 볼 수 없다. (대법원 2017. 11. 9. 선고 2014도3270 판결)

[비교] 피고인이 평소 굴착기를 주차하던 공간에 차를 대놓았다는 이유로 차량 주변에 콘크리트, 굴삭기 부품 등을 갖다놓아 차량이 18시간 동안 움직일 수 없도록 함 – 재물손괴죄 ○

피고인이 피해 차량의 앞뒤에 쉽게 제거하기 어려운 철근콘크리트 구조물 등을 바짝 붙여 놓은 행위는 피해 차량에 대한 유형력의 행사로 보기에 충분하다. 비록 피고인의 행위로 피해 차량 자체에 물리적 훼손이나 기능적 효용의 멸실 내지 감소가 발생하지 않았다고 하더라도, 피해자가 피고인이 놓아 둔 위 구조물로 인하여 피해 차량을 운행할 수 없게 됨으로써 일시적으로 본래의 사용목적에 이용할 수 없게 된 이상, 차량 본래의 효용을 해한 경우에 해당한다고 봄이 타당하다. (대법원 2021. 5. 7. 선고 2019도13764 판결)

참고 2014도3270 판결 사건의 원심은 주위적 공소사실인 재물손괴에 대하여 '쇠사슬로 묶는 과정에서 범퍼가 손괴되었다고 단정하기 어렵'다고 보아 무죄를 선고하였다.

[판례] 화물차 기사인 피고인은, 도로관리청으로부터 권한을 위임받아 과적단속 업무를 담당하는 피해자의 적재량 재측정을 거부하면서, 재측정의 목적으로 피고인의 차량에 올라탄 피해자를 그대로 둔 채 차량을 진행 – 업무방해죄(업무) ×

도로관리청 또는 그로부터 권한을 위임받아 과적차량 단속을 위한 적재량 측정의 업무를 수행하는 자라고 하더라도, 적재량 측정을 강제할 수 있는 법령상의 근거가 없는 한, 측정에 불응하는 자를 고발하는 것은 별론으로 하고, 측정을 강제하기 위한 조치를 취할 권한은 없으므로, 이를 위한 조치가 정당한 업무집행이라고 볼 수는 없다. (대법원 2010. 6. 10. 선고 2010도935 판결)

해설 결론이 자연스럽지 못하다고 느낄 수 있다. 이렇게 생각해보자. 불법체포하려는 경찰관에 대한 폭행은 ① 적법한 직무집행이 아니므로 공무집행방해죄의 구성요건이 조각되고 ② 정당방위가 인정되므로 폭행죄의 위법성이 조각된다. 이 사건 피해자는 공무수탁사인으로서 국가작용의 일부를 담당하는 자이므로 업무의 범위를 보다 엄격하게 인정한 것으로 보면 자연스럽다.

[판례] 양도인(피고인) 甲이 양수인(피해자) 乙이 운영하는 식당에서 양은그릇 2개를 부딪치며 "이 가게는 내 가게이다. 골든벨 울리니 마음껏 먹어라."고 소리치고 컴퓨터 모니터에 표시된 주문내역 지우려고 소란을 피움 – 업무방해죄(업무) ×

업무의 양도·양수 여부를 둘러싸고 분쟁이 발생한 경우에 양수인의 업무에 대한 양도인의 업무방해죄가 인정되려면, 당해 업무에 관한 양도·양수합의의 존재가 인정되어야 함은 물론이고, 더 나아가 그 합의에 따라 당해 업무가 실제로 양수인에게 양도된 후 사실상 평온하게 이루어져 양수인의 사회적 활동의 기반이 됨으로써 타인, 특히 양도인의 위법한 행위에 의한 침해로부터 보호할 가치가 있는 업무라고 볼 수 있을 정도에 이르러야 한다. (대법원 2013. 8. 23. 선고 2011도4763 판결)

해설 이 판례는 두 가지 측면에서 중요 판결이다. ① 피고인에 대한 현행범 체포는 적법하다. 체포 당시의 구체적 상황에 기하여 객관적·합리적으로 판단하면 업무방해죄의 혐의가 상당하기 때문이다. 따라서 체포하려는 경찰관을 폭행한 부분에 대해서는 공무집행방해죄가 인정되었다. ② 피해자의 업무는 보호 가치 있는 업무라 볼 수 없어 위력행사 업무방해죄가 불성립하였다.

[판례] 공인중개사 아닌 자의 중개업 방해 – 업무방해죄(업무) ×

공인중개사인 피고인이 자신의 명의로 등록되어 있으나 실제로는 공인중개사가 아닌 피해자가 주도적으로 운영하는 형식으로 동업하여 중개사무소를 운영하다가 위 동업관계가 피해자의 귀책사유로 종료되고 피고인이 동업관계의 종료로 부동산중개업을 그만두기로 한 경우, 피해자의 중개업은 법에 의하여 금지된 행위로서 형사처벌의 대상이 되는 범죄행위에 해당하는 것으로서 업무방해죄의 보호대상이 되는 업무라고 볼 수 없다. (대법원 2007. 1. 12. 선고 2006도6599 판결)

(동지) 폭력조직 간부인 피고인이 조직원들과 공모하여 피해자가 운영하는 성매매업소 앞에 속칭 '병풍'을 치거나 차량을 주차하는 방법으로 성매매업소 운영 방해 – 업무방해죄(업무) × (대법원 2011. 10. 13. 선고 2011도7081 판결)

(판례) 법원의 직무집행정지 가처분결정에 의하여 그 직무집행이 정지된 자가 법원의 결정에 반하여 직무를 수행하는 것을 방해 – 업무방해죄(업무) × (대법원 2002. 8. 23. 선고 2001도5592 판결)

(판례) 백화점 입주상인들이 영업을 하지 않고 매장 내에서 점거 농성만을 하면서 기존의 전기시설에 임의로 전선을 연결하여 각종 전열기구를 사용하였는데, 백화점 대표이사인 피고인이 화재위험이 높다고 판단하여 부득이 단전조치 – 업무방해죄(업무) ×

백화점 경영 회사의 대표이사인 피고인이 부득이 단전조치를 취하였다면, 그 단전조치 당시 보호받을 업무가 존재하지 않았을 뿐만 아니라 화재예방 등 건물의 안전한 유지 관리를 위한 정당한 권한 행사의 범위 내의 행위에 해당하므로 피고인의 단전조치가 업무방해죄를 구성한다고 볼 수 없다. (대법원 1995. 6. 30. 선고 94도3136 판결)

(판례) 학생들이 학교에 등교하여 교실에서 수업을 듣는 것을 방해 – 업무방해죄(업무) ×

초등학생들이 학교에 등교하여 교실에서 수업을 듣는 것은 헌법 제31조가 정하고 있는 무상으로 초등교육을 받을 권리 및 초·중등교육법 제12, 13조가 정하고 있는 국가의 의무교육 실시의무와 부모들의 취학의무 등에 기하여 학생들 본인의 권리를 행사하는 것이거나 국가 내지 부모들의 의무를 이행하는 것에 불과할 뿐 그것이 '직업 기타 사회생활상의 지위에 기하여 계속적으로 종사하는 사무 또는 사업'에 해당한다고 할 수 없다. (대법원 2013. 6. 14. 선고 2013도3829 판결)

(판례) 주택재개발정비사업조합 구역 내 건물의 소유자인 피고인들이 위 건물에 대한 건물명도소송 확정판결에 따른 강제집행을 보상액이 적다는 이유로 위력으로 방해함으로써 집행관에게 집행위임을 한 조합의 이주·철거업무를 방해 – 업무방해죄(업무) ×

집행관은 집행관법 제2조에 따라 재판의 집행 등을 담당하면서 그 직무 행위의 구체적 내용이나 방법 등에 관하여 전문적 판단에 따라 합리적인 재량을 가진 독립된 단독의 사법기관이다. 따라서 채권자의 집행관에 대한 집행위임은 비록 민사집행법 제16조 제3항, 제42조 제1항, 제43조 등에 '위임'으로 규정되어 있더라도 이는 집행개시를 구하는 신청을 의미하는 것이지 일반적인 민법상 위임이라고 볼 수는 없다. …(중략)… 위 강제집행은 특별한 사정이 없는 한 집행위임을 한 조합의 업무가 아닌 집행관의 고유한 직무에 해당하고, 설령 피고인들이 집행관의 강제집행 업무를 방해하였더라도 이를 채권자인 조합의 업무를 직접 방해한 것으로 볼 만한 증거도 부족하므로, 피고인들이 조합의 업무를 방해하였다고 볼 수 없고 피고인들의 행위와 조합의 업무방해 사이에 상당인과관계가 있다고 단정할 수도 없다. (대법원 2023. 4. 27. 선고 2020도34 판결)

공무가 '업무'에 포함되는지 여부가 문제된다. 공무집행방해죄의 구성요건은 '폭행'이지만 업무방해죄의 구성요건은 이보다 넓은 '위력'이라는 점에 실익이 있다. ① 긍정설은 구별필요성이 없다고, ② 부정설은 공무집행방해죄가 위력이 아닌 '폭행'으로 규정한 취지를 고려해야 한다고 주장한다. 판례는 부정설을 취한다.

> **판례** 공무 – 업무방해죄 객체 ✕
> 형법이 업무방해죄와는 별도로 공무집행방해죄를 규정하고 있는 것은 사적 업무와 공무를 구별하여 공무에 관해서는 공무원에 대한 폭행, 협박 또는 위계의 방법으로 그 집행을 방해하는 경우에 한하여 처벌하겠다는 취지라고 보아야 할 것이고, 따라서 공무원이 직무상 수행하는 공무를 방해하는 행위에 대해서는 업무방해죄로 의율할 수는 없다고 해석함이 상당하다. (대법원 2009. 11. 19. 선고 2009도4166 전원합의체 판결) **표준**
>
> **판례** 피고인 등이 경찰청 1층 민원실에서 진정사건과 관련하여 청장 면담 등을 요구하면서 이를 제지하는 경찰관들에게 큰소리로 욕설을 하고 행패를 부림 – 업무방해죄(업무) ✕ (대법원 2009. 11. 19. 선고 2009도4166 전원합의체 판결)
>
> **판례** 경찰청 민원실에서 말똥을 책상 및 민원실 바닥에 뿌리고 소리를 지르는 등 난동을 부림 – 업무방해죄(업무) ✕ (대법원 2010. 2. 25. 선고 2008도9049 판결)

2. 행위

가. 허위사실 유포

허위사실이란 객관적 진실과 다른 내용의 사실을 말한다. 유포란 전파가능성 있는 1인 또는 불특정·다수인에게 전파시키는 것을 말한다. 따라서 '유포'는 명예훼손·모욕죄에서 살펴본 공연성의 개념과 연동하여 이해할 필요가 있다.

> **참고** 업무방해죄에서 '허위사실의 유포'의 의미
> 업무방해죄에서 '허위사실의 유포'란 객관적으로 진실과 부합하지 않는 사실을 유포하는 것으로서 단순한 의견이나 가치판단을 표시하는 것은 이에 해당하지 않는다. 유포한 대상이 사실과 의견 가운데 어느 것에 속하는지 판단할 때는 언어의 통상적 의미와 용법, 증명가능성, 문제 된 말이 사용된 문맥, 당시의 사회적 상황 등 전체적 정황을 고려해서 판단해야 한다. 의견표현과 사실 적시가 혼재되어 있는 경우에는 이를 전체적으로 보아 허위사실을 유포하여 업무를 방해한 것인지 등을 판단해야지, 의견표현과 사실 적시 부분을 분리하여 별개로 범죄의 성립 여부를 판단해서는 안 된다. 반드시 기본적 사실이 거짓이어야 하는 것은 아니고 비록 기본적 사실은 진실이더라도 이에 거짓이 덧붙여져 타인의 업무를 방해할 위험이 있는

경우도 업무방해에 해당한다. 그러나 그 내용 전체의 취지를 살펴볼 때 중요한 부분이 객관적 사실과 합치되고 단지 세부적으로 약간의 차이가 있거나 다소 과장된 표현이 있는 정도에 지나지 않아 타인의 업무를 방해할 위험이 없는 경우는 이에 해당하지 않는다. (대법원 2021. 9. 30. 선고 2021도6634 판결)

> 판례 회사의 소방사업부장이 소속 직원들에게 회사에서 소방사업부를 정리하기로 하였으며 자신이 독립하여 이를 운영하기로 하였다고 하여 직원들로부터 사표를 제출받음 – 업무방해죄(허위) ○ (대법원 2002. 3. 29. 선고 2000도3231 판결)
>
> 참고 피해자는 위 회사의 대표이사이다.
>
> 판례 甲이 과거 자신의 변호사 사무실 앞에서 등에 붉은색 페인트로 "무죄라고 약속하고 이백만 원에 선임했다. 사건담당 변호사" 등의 허위사실 기재한 가운을 입고 주변 배회 – 업무방해죄(허위) ○ (대법원 1991. 8. 27. 선고 91도1344 판결)
>
> 판례 지역주택조합 설립을 반대하는 피고인들이 "지역주택조합 실패 시 개발 투자금 전부 날릴 수 있으니 주의하세요"라는 현수막 게재 – 업무방해죄(허위) ×
>
> 내용의 전체 취지를 살펴볼 때 중요한 부분은 객관적 사실과 합치되는데 단지 세부적인 사실에 약간 차이가 있거나 다소 과장된 정도에 불과하여 타인의 업무를 방해할 위험이 없는 경우는 이에 해당하지 않는다. 피고인들이 자신들이 거주하는 지역에 지역주택조합이 설립되어 주택건설사업이 진행되는 것에 대한 반대의견을 표명하면서 지역주택조합에 투자하였다가 그 사업이 실패할 경우 투자금 손실을 입을 수 있다는 사실을 과장하여 표현한 것에 불과하므로, 이를 허위사실의 유포에 해당한다고 보기는 어렵다. (대법원 2017. 4. 13. 선고 2016도19159 판결)

나. 위계

행위자가 행위목적을 달성하기 위하여 상대방에게 오인·착각·부지를 일으키게 하여 이를 이용하는 것을 말한다. 인정례를 먼저 살펴본다.

> 참고 업무방해죄에서 '위계' – ① 행위목적 달성 위해 ② 오인·착각·부지를 ③ 야기·이용
>
> 위계에 의한 업무방해죄에서 '위계'란 행위자가 행위목적을 달성하기 위하여 상대방에게 오인·착각 또는 부지를 일으키게 하여 이를 이용하는 것을 말하고, 업무방해죄의 성립에는 업무방해의 결과가 실제로 발생함을 요하지 않고 업무방해의 결과를 초래할 위험이 발생하면 족하며, 업무수행 자체가 아니라 업무의 적정성 내지 공정성이 방해된 경우에도 업무방해죄가 성립한다. (대법원 2021. 3. 11. 선고 2016도14415 판결, 대법원 2010. 3. 25. 선고 2009도8506 판결, 대법원 2013. 11. 28. 선고 2013도5117 판결)
>
> 참고 해운법령상 한국해운조합이 선임한 선박운항관리자인 피고인들이 출항 전 안전점검 하지 않았거나 부실하게 하였음에도 마치 출항 전 여객선 안전점검 보고서가 선장에 의해 정상적으로 작성·제출되고, 자신들이 출항 전 안전점검을 제대로 실시한 것처럼 위 보고서에 확인·서명 – 업무방해죄(위계) ○
>
> 판례 甲 정당의 비례 국회의원 당내 경선과정에서 피고인들이 선거권자들로부터 인증번호만을 전달받은 뒤 그들 명의로 특정 후보자에게 전자투표 – 업무방해죄(위계) ○

컴퓨터 등 정보처리장치에 정보를 입력하는 등의 행위가 그 입력된 정보 등을 바탕으로 업무를 담당하는 사람의 오인, 착각 또는 부지를 일으킬 목적으로 행해진 경우에는 그 행위가 업무를 담당하는 사람을 직접적인 대상으로 이루어진 것이 아니라고 하여 위계가 아니라고 할 수는 없다.

甲 정당의 제19대 국회의원 비례대표 후보자 추천을 위한 당내 경선과정에서 피고인들이 선거권자들로부터 인증번호만을 전달받은 뒤 그들 명의로 특정 후보자에게 전자투표를 함으로써 위계로써 甲 정당의 경선관리 업무를 방해하였다는 내용으로 기소된 사안에서, 국회의원 비례대표 후보자 명단을 확정하기 위한 당내 경선은 정당의 대표자나 대의원을 선출하는 절차와 달리 국회의원 당선으로 연결될 수 있는 중요한 절차로서 직접투표의 원칙이 그러한 경선절차의 민주성을 확보하기 위한 최소한의 기준이 된다고 할 수 있는 점 등 제반 사정을 종합할 때, 당내 경선에도 직접·평등·비밀투표 등 일반적인 선거원칙이 그대로 적용되고 대리투표는 허용되지 않는다는 이유로 피고인들에게 유죄를 인정한 사례 (대법원 2013. 11. 28. 선고 2013도5117 판결)

동지 피고인들이 전화를 다수 개통하고 특정 지지자들의 명단을 이용하여 휴대전화에 착신전환하는 방법으로 여론조사에 응답하도록 하여 여론조사 결과 조작 – 업무방해죄(위계) ○ (대법원 2013. 11. 28. 선고 2013도5814 판결)

판례 저축은행 임직원인 피고인이 영업정지 임박 상태에서 그 은행에 파견되어 있던 금감원 감독관에게 알리지 않고 특정 고액 예금채권자들에게 영업정지 예정사실 알려주어 예금 인출하도록 함 – 업무방해죄(위계) ○ (대법원 2013. 1. 24. 선고 2012도10629 판결)

참고 나아가 이러한 행위는 저축은행에 대한 업무상 배임죄에 해당한다.

판례 한국도로공사 고속도로 통행요금징수 기계화시스템 현장평가에서 A사 직원들이 소형화물차 16대의 타이어 공기압을 인위적으로 낮추어 접지면을 증가시킨 후 톨게이트를 통과하게 함 – 업무방해죄(위계) ○ (대법원 1994. 6. 14. 선고 93도288 판결)

판례 게임사이트에서 사설 프로그램 이용하여 약관상 양도가 금지되는 포커머니를 약속된 상대방에게 이전해 줌 – 업무방해죄(위계) ○ (대법원 2009. 10. 15. 선고 2007도9334 판결)

판례 대작 논문을 석사학위논문 심사에 제출한 경우 – 업무방해죄(위계) ○ (대법원 1996. 7. 30. 선고 94도2708 판결)

비교 피고인은 지도교수 등이 대작한 박사학위 논문 예비심사용 자료를 마치 자신이 작성한 것처럼 발표하여 예비심사에 합격함 – 업무방해죄(위계) ×
학위논문을 작성함에 있어 자료를 분석, 정리하여 논문의 내용을 완성하는 일의 대부분을 타인에게 의존하였다면 그 논문은 타인에 의하여 대작된 것이라고 보아야 할 것이나, 학위청구논문의 작성계획을 밝히는 예비심사 단계에서 제출된 논문 또는 자료의 경우에는 아직 본격적인 연구가 이루어지기 전이고, 연구주제 선정, 목차 구성, 논문작성계획의 수립, 기존 연구성과의 정리 등에 논문지도교수의 폭넓은 지도를 예정하고 있다고 할 것이어서 학위논문과 동일하게 볼 수 없다. (대법원 2023. 9. 14. 선고 2021도13708 판결)

판례 노동운동을 할 목적으로 자신의 신분을 숨긴 채 타인 명의로 허위의 학력, 경력을 기재한 이력서와 생활기록부 등을 제출하여 채용시험에 합격 – 업무방해죄(위계) ○ (대법원 1992. 6. 9. 선고 91도2221 판결)

판례 교수인 피고인 갑이 출제교수들로부터 대학원입학문제를 제출받아 피고인 을, 병에게 이를 알려주자 그들이 답안쪽지를 작성한 다음 이를 답안지에 그대로 베껴써서 그 정을 모르는 시험감독관에게 제출 – 업무방해죄(위계) ○ (대법원 1991. 11. 12. 선고 91도2211 판결)

참고 위계로써 입시감독업무가 방해되었다.

부정례를 살펴본다.

판례 인터넷 자유게시판 등에 실제의 객관적인 사실을 게시 – 업무방해죄(위계) × (대법원 2007. 6. 29. 선고 2006도3839 판결)

판례 피고인이 ① 피해자 게임회사들의 모바일게임의 게임머니나 능력치를 높일 수 있는 변조된 게임프로그램을 해외 사이트에서 다운로드 받은 다음, ② 어플리케이션 수정 프로그램을 이용하여 피고인이 위와 같은 게임프로그램을 제공한다는 것을 나타내는 문구가 게임프로그램 실행 시 화면에 나올 수 있도록 게임프로그램을 변조한 후, ③ 피고인이 직접 개설한 모바일 어플리케이션 공유사이트 게시판에 위와 같이 변조한 게임프로그램들을 게시·유포 – 업무방해죄(위계) ×

게임이용자가 이 사건 공소사실과 같이 변조된 게임프로그램을 자신의 모바일 기기에 설치하고 이를 실행하여 게임서버에 접속하는 경우, 게임회사로서는 위와 같이 변조된 게임프로그램을 설치·실행하여 서버에 접속한 게임이용자와 정상적인 게임프로그램을 설치·실행하여 서버에 접속한 게임이용자를 구별할 수 없게 되므로, 게임이용자가 변조된 게임프로그램을 설치·실행하여 게임서버에 접속하여야 비로소 게임회사에 대한 위계에 의한 업무방해죄가 성립한다고 할 것이다. (대법원 2017. 2. 21. 선고 2016도15144 판결)

해설 변조된 프로그램으로 게임에 접속하였다면 본죄가 성립한다. 판결이유를 요약하면 다음과 같다. 이 사건 공소장(공소사실)에는 피고인이 변조 프로그램을 게시하고 유포하였다는 내용만 기재되었을 뿐, 피고인이 어떠한 방법으로 변조 프로그램을 실행하여 피해자에 대한 위계를 일으켰는지 기재되지 않았다. 따라서 법원은 피고인이 공유사이트 게시판에서 변조 프로그램을 다운로드 받아 이를 실행하여 게임서버에 접속한 게임이용자와 공모관계에 있다고 인정될 경우 업무방해죄의 공동정범이 성립할 수 있음은 별론으로 하고, 피고인이 공소사실과 같은 방법으로 변조 프로그램을 게시·유포하였다는 사실만으로는 위계에 의한 업무방해죄가 성립한다고 볼 수 없다고 본 것이다.

판례 보이스피싱 현금수거책인 피고인이 무매체 입금거래 한도(1인 1일 100만 원)를 피하기 위하여 상선으로부터 제공받은 제3자의 이름과 주민등록번호를 ATM기에 입력한 후 100만 원 이하의 금액으로 나누어 불상의 계좌로 무매체 입금함 – 업무방해죄(위계) ×

피고인이 자동화기기에 제3자의 이름, 주민등록번호와 수령계좌를 입력한 후 현금을 투입하고 피고인이 입력한 정보에 따라 수령계좌로 그 돈이 입금됨으로써 무매체 입금거래가 완결되었다고 볼 수 있는데, 이러한 무매체 입금거래가 완결되는 과정에서 은행 직원 등 다른 사람의 업무가 관여되었다고 볼 만한 사정은 없으므로, ...(중략)... 업무방해죄에 있어 위계에 해당한다고 할 수 없다. (대법원 2022. 2. 11. 선고 2021도15246 판결)

판례 교사인 피고인이 ① 다른 교사가 출제할 것이라고 예측되는 예상문제를 선정하여 학원장 등에게 제공하고 ② 시험의 출제위원으로서 문제를 선정하고 시험실시자에게 제출하기 전에 이를 제3자에게 유출하였으나 그 후 유출된 문제가 시험실시자에게 제출되지 않음 – ①·② 업무방해죄(위계) ×

(① 부분) 객관적으로 보아 당해 출제교사가 출제할 것이라고 예측되는 순수한 예상문제를 선정하여 수험생이나 그 교습자에게 주는 행위를 가지고 시험실시업무를 방해하는 행위라고 할 수는 없다. (② 부분) 시험의 출제위원이 문제를 선정하여 시험실시자에게 제출하기 전에 이를 유출하였다고 하더라도 이러한 행위 자체는 위계를 사용하여 시험실시자의 업무를 방해하는 행위가 아니라 그 준비단계에 불과한 것이고, 그 후 그와 같이 유출된 문제가 시험실시자에게 제출되지도 아니하였다면 그러한 문제유출로 인하여 시험실시 업무가 방해될 추상적인 위험조차도 있다고 할 수 없으므로 업무방해죄가 성립한다고 할 수 없다. (대법원 1999. 12. 10. 선고 99도3487 판결)

업무담당자에게 허위자료를 제출한 행위에 대한 판례를 모아 살펴본다.

판례 허위자료에 대해 ① 업무담당자가 사실을 충분히 확인 아니한 경우 – 위계 × ② 업무담당자가 충분히 심사를 하였음에도 허위 발견 못하여 수리한 경우 – 위계 ○

상대방으로부터 신청을 받아 상대방이 일정한 자격요건 등을 갖춘 경우에 한하여 그에 대한 수용 여부를 결정하는 업무에 있어서는 신청서에 기재된 사유가 사실과 부합하지 않을 수 있음을 전제로 그 자격요건 등을 심사·판단하는 것이므로, ① 그 업무담당자가 사실을 충분히 확인하지 아니한 채 신청인이 제출한 허위의 신청사유나 허위의 소명자료를 가볍게 믿고 이를 수용하였다면 이는 업무담당자의 불충분한 심사에 기인한 것으로서 신청인의 위계가 업무방해의 위험성을 발생시켰다고 할 수 없어 위계에 의한 업무방해죄를 구성하지 않지만, ② 신청인이 업무담당자에게 허위의 주장을 하면서 이에 부합하는 허위의 소명자료를 첨부하여 제출한 경우 그 수리 여부를 결정하는 업무담당자가 관계 규정이 정한 바에 따라 그 요건의 존부에 관하여 나름대로 충분히 심사를 하였음에도 신청사유 및 소명자료가 허위임을 발견하지 못하여 그 신청을 수리하게 될 정도에 이르렀다면, 이는 업무담당자의 불충분한 심사가 아니라 신청인의 위계행위에 의하여 업무방해의 위험성이 발생한 것이어서 위계에 의한 업무방해죄가 성립한다. (대법원 2007. 12. 27. 선고 2007도5030 판결)

판례 피고인 甲, 乙이 공모하여, ① 피고인 甲은 丙 고교(사립)의 학생 丁이 약 10개월 동안 총 84시간의 봉사활동을 한 것처럼 허위로 기재된 (교외 기관 명의의) 봉사활동확인서를 발급받아 피고인 乙에게 교부하고, ② 피고인 乙은 이를 丁의 담임교사를 통하여 丙 고교에 제출하여 丁으로 하여금 학교장 명의의 봉사상을 수상하도록 함 – 업무방해죄(위계) ○ (대법원 2020. 9. 24. 선고 2017도19283 판결)

판례 대한주택공사가 시행하는 택지개발사업의 공동택지용지 수의공급업무와 관련하여 신청자격이 없는 자가 매매계약일자를 허위기재한 소유토지조서 등 신청자격이 있는 것처럼 보이는 자료를 첨부하여 수의공급신청 – 업무방해죄(위계) ○ (대법원 2007. 12. 27. 선고 2007도5030 판결)

판례 피고인이 주한외국영사관에 비자발급을 신청함에 있어 ① 허위자료 제출하고 ② 타인에게 허위 답변 연습시키고 면접케 하고 ③ 재직 문의 전화에 허위 답변함 – 업무방해죄(위계) ○ (대법원 2004. 3. 26. 선고 2003도7927 판결)

판례 대학교 시간강사 임용과 관련하여 허위의 학력이 기재된 이력서만을 제출 – 업무방해죄(위계) × (대법원 2009. 1. 30. 선고 2008도6950 판결)

판례 계좌개설 신청인이 접근매체를 양도할 의사로 금융기관에 법인 명의의 계좌를 개설하면서 예금거래신청서 등에 금융거래의 목적이나 접근매체의 양도의사 유무 등에 관한 사실을 허위로 기재하였으나, 계좌개설 심사업무를 담당하는 금융기관의 업무담당자가 단순히 예금거래신청서 등에 기재된 계좌개설 신청인의 허위 답변만을 그대로 믿고 그 내용의 진실 여부를 확인할 수 있는 증빙자료의 요구 등 추가적인 확인조치 없이 법인 명의의 계좌를 개설해 줌 – 업무방해죄(위계) × (대법원 2023. 8. 31. 선고 2021도17151 판결)

다. 위력

위력이란 사람의 의사를 제압할 만한 일체의 세력을 말한다.

판례 위력 – ① 사람의 자유의사 ② 제압·혼란케 할 만한 ③ 일체의 세력
업무방해죄의 '위력'이란 사람의 자유의사를 제압·혼란하게 할 만한 일체의 세력으로, 유형적이든 무형적이든 묻지 아니하고, 현실적으로 피해자의 자유의사가 제압되어야만 하는 것도 아니다. (대법원 2016. 10. 27. 선고 2016도10956 판결)

인정례를 살펴본다.

판례 피고인이 피해자들이 경작 중이던 농작물을 트랙터를 이용하여 갈아엎은 다음 그곳에 이랑을 만들고 새로운 농작물을 심어 피해자의 자유로운 논밭 경작 행위를 불가능하게 함 – 업무방해죄(위력) ○
위력은 반드시 업무에 종사 중인 사람에게 직접 가해지는 세력만을 의미하는 것은 아니고, 사람의 자유의사를 제압하기에 족한 일정한 물적 상태를 만들어 사람으로 하여금 자유로운 행동을 불가능하게 하거나 현저히 곤란하게 하는 행위도 이에 포함될 수 있다. (대법원 2009. 9. 10. 선고 2009도5732 판결)

판례 ① A대 입학처장인 피고인 甲은 총장 丙과 공모 후 면접위원들에게 '금메달을 가지고 올 특기생이 대통령 비선실세 乙의 딸이고 총장 丙이 무조건 뽑으라고 하신다'고 이야기하여, 서류평가 순위 9위였던 위 특기자는 면접 평가 1위를 하여 체육특기자 전형 합격자에 포함됨 ② 甲과 丙은 교무회의 당시 교무위원들에게 위와 같이 면접평가가 부정하게 실시된 사실을 알리지 않은 채, 교무위원들로 하여금 면접평가가 공정하게 진행되었다고 오인·착오하게 하여 위 특기생을 선발하는 내용이 포함된 입학사정

안건에 대해 심의·의결하게 함 – ① 업무방해죄(위력) ○ ② 업무방해죄(위계) ○

비선실세로 알려진 乙, A대 총장인 丙 및 입학처장인 甲 자신의 사회적·경제적·정치적 지위와 권세를 이용하여 면접위원들에게 압박을 가하였고, 이는 면접위원들의 자유의사를 제압·혼란케할 만한 '위력'에 해당하며, 이로 인하여 면접평가 업무의 적정성이나 공정성이 방해되었다고 봄이 타당하다. (대법원 2018. 5. 15. 선고 2017도19499 판결)

[비교] 甲 고교 교장인 피고인이 신입생 입학 사정회의 과정에서 면접위원들에게 "참 선생님들이 말을 안 듣네. 중학교는 이 정도면 교장 선생님한테 권한을 줘서 끝내는데. 왜 그러는 거죠?" 등 특정학생을 합격시키라는 취지의 발언을 하여 특정 학생의 면접 점수를 상향시켜 신입생으로 선발되도록 함 – 업무방해죄(위력) ×
피고인은 학교 교장이자 학교입학전형위원회 위원장으로서 위 사정회의에 참석하여 자신의 의견을 밝힌 후 계속하여 논의가 길어지자 발언을 한 것인바, 그 발언에 다소 과도한 표현이 사용되었더라도 위력을 행사하였다고 단정하기 어렵다. (대법원 2023. 3. 30. 선고 2019도7446 판결)

[판례] 피고인이 자신의 명의로 등록이 되어 있고 자신이 상주하여 지게차 판매 등을 하고 있는 지위를 이용하여, 피해자의 사업장 출입을 금지하기 위하여 출입문에 설치된 자물쇠의 비밀번호를 변경 – 업무방해죄(위력) ○ (대법원 2009. 4. 23. 선고 2007도9924 판결)

참고 사업장은 실질적으로 피해자가 단독으로 운영하여 왔고 사업장 내 재산은 피해자의 단독 소유였다.

[판례] 피고인이 자신의 명의로 등록되어 있는 피해자 운영의 학원에 대하여 피해자의 승낙을 받지 아니하고 폐원신고 – 업무방해죄(위력) ○ (대법원 2005. 3. 25. 선고 2003도5004 판결)

[비교] 건물을 임차하여 학원을 운영하던 피고인이 새로운 임차인에게 건물을 인도한 이후에도 자신 명의로 된 학원설립등록을 말소하지 않고 휴원신고를 연장함 – 업무방해죄(위력) ×
기존의 휴원신고 기간이 만료됨으로 인하여 바로 피고인 명의의 학원설립등록이 자동적으로 말소되는 것인지 여부를 확인할 수 없는 등, 피고인의 휴원연장신고와 피해자가 이 사건 건물에서 학원설립등록을 하지 못한 점 사이에 인과관계가 있다고 단정하기 어렵다. (대법원 2010. 11. 25. 선고 2010도9186 판결)

[판례] 임대인이 임차인의 물건을 임의로 철거·폐기할 수 있다는 임대차계약 조항에 따라 임대인이 임차인 점포의 간판을 철거하고 출입문을 봉쇄 – 업무방해죄(위력) ○ (대법원 2005. 3. 10. 선고 2004도341 판결)

참고 법률이 정한 집행기관에 강제집행을 신청하지 않고 채권자가 임의로 강제집행을 하기로 하는 계약은 사회질서에 반하는 것으로 민법 제103조에 의하여 무효라고 보았다.

[판례] 대부업체 직원이 대출금을 회수하기 위하여 소액의 지연이자를 문제삼으며 소규모 간판업자인 채무자의 휴대전화로 수백 회에 이르는 전화공세 – 업무방해죄(위력) ○ (대법원 2005. 5. 27. 선고 2004도8447 판결)

[판례] 시장번영회 회장인 피고인이 피해자가 시장번영회를 상대로 잦은 진정을 하고 협조를 하지 않는다는 이유로 시장번영회 총회결의에 의하여 피해자 소유점포에 대하여 정당한 권한 없이 단전조치 – 업무방해죄(위력) ○
피해자가 번영회를 상대로 잦은 진정을 하고 협조를 하지 않는다는 이유로 그의 점포에 단전조치를 할 정당한 권한없이 단전조치를 한 것이라면 이는 결의에 참가한 회원의 위력에 의한 업무방해행위에 해당한다 할 것이므로 피해자에게 사전통고를 한 여부나 피고인이 회장의 자격으로 단전조치를 한 여부는

위 죄의 성립에 아무런 영향이 없다. (대법원 1983. 11. 8. 선고 83도1798 판결)

[비교] 시장번영회 회장이 이사회 결의·시장번영회의 관리규정에 따라서 관리비 체납자의 점포에 대하여 실시한 단전조치 – 업무방해죄(위법성) × (대법원 2004. 8. 20. 선고 2003도4732 판결)

[비교] 시장번영회 회장이 관리규정을 위반하여 칸막이를 천장까지 설치한 일부 점포주들에 대하여 단전조치 – 업무방해죄(위법성) × (대법원 1994. 4. 15. 선고 93도2899 판결)

[참고] 두 비교판례 모두 '정당행위'가 인정되었다.

[판례] 甲社 임원인 피고인이 대리점 사업자들과 의견대립이 고조되자, 대리점 사업자 乙이 일정액의 사용료를 지급하고 판매정보 교환 등에 이용해 오던 甲社의 내부전산망 전체 및 고객관리시스템 중 자유게시판에 대한 접속권한 차단 – 업무방해죄(위력) ○ (대법원 2012. 5. 24. 선고 2009도4141 판결)

[판례] 피고인을 포함한 집회 참가자 1,500여 명이 신고한 집회장소 벗어나 피해자 회사 운영 매장을 둘러싸고 함성을 지르고, 경찰과 충돌하여 폭력 행사하고, 이러한 매장점거 시도로 인해 매장을 방문한 손님들의 출입이 현저 곤란해짐 – 업무방해죄(위력) ○ (대법원 2011. 10. 13. 선고 2009도5698 판결)

[판례] 신고한 옥외집회에서 고성능 확성기 등을 사용하여 발생된 소음이 82.9dB 내지 100.1dB에 이르고, 사무실 내에서의 전화통화, 대화 등이 어려웠으며, 밖에서는 부근을 통행하기조차 곤란하였고, 인근 상인들도 소음으로 인한 고통을 호소하는 정도 – 업무방해죄(위력) ○ (대법원 2004. 10. 15. 선고 2004도4467 판결)

[참고] 인근 상인 및 사무실 종사자들에 대한 업무방해죄가 인정되었다.

[판례] 인터넷카페의 운영진인 피고인 등이 특정 신문들의 광고주들에게 불매운동의 일환으로 지속적·집단적으로 항의전화를 하거나 광고주들의 홈페이지에 항의글을 게시하는 등의 방법으로 광고중단을 압박함으로써 위력으로 ① 광고주들 및 ② 신문사들의 업무를 방해하였다고 기소됨 – ① 업무방해죄(위력) ○ ② 업무방해죄(위력) ×

위력은 원칙적으로 피해자에게 행사되어야 하므로, 그 위력 행사의 상대방이 피해자가 아닌 제3자인 경우 그로 인하여 피해자의 자유의사가 제압될 가능성이 직접적으로 발생함으로써 이를 실질적으로 피해자에 대한 위력의 행사와 동일시할 수 있는 특별한 사정이 있는 경우가 아니라면 피해자에 대한 업무방해죄가 성립한다고 볼 수 없다. … (중략) 피고인들의 위 행위가 광고주들의 자유의사를 제압할 만한 세력으로서 위력에 해당한다고 본 것은 정당하나, 나아가 피고인들의 행위로 신문사들이 실제 입은 불이익이나 피해의 정도, 그로 인하여 신문사들의 영업활동이나 보도에 관한 자유의사가 제압될 만한 상황에 이르렀는지 등을 구체적으로 심리하여 살펴보지 아니한 채, 신문사들에 대한 직접적인 위력의 행사가 있었다고 보아 유죄를 인정한 원심판결에 업무방해죄의 구성요건인 위력의 대상 등에 관한 법리를 오해하여 심리를 다하지 아니한 잘못이 있다. (대법원 2013. 3. 14. 선고 2010도410 판결)

부정례를 살펴본다.

[판례] 甲社의 사우나에서 시설, 보일러, 전기 등을 관리하던 피고인이, 甲社가 乙에게 사우나를 인계하는 과정에서 자신을 부당해고하였다는 이유로 전기배전반의 위치, 각 스위치의 작동방법 등을 알려주지

않음 – 업무방해죄(위력) × (대법원 2017. 11. 9. 선고 2017도12541 판결)

판례 피고인이 甲과 창고를 신축하는 데 필요한 형틀공사 계약을 체결한 후 공사를 완료하였는데, 甲이 공사대금을 주지 않자 당초 자신의 공사를 위해 쌓아 두었던 건축자재를 공사 완료 후 치우지 않음 – 업무방해죄(위력) ×

건축자재를 공사 완료 후에 단순히 치우지 않은 행위가 위력으로써 갑의 추가 공사 업무를 방해하는 업무방해죄의 실행행위로서 갑의 업무에 대하여 하는 적극적인 방해행위와 동등한 형법적 가치를 가진다고 볼 수 없다. (대법원 2017. 12. 22. 선고 2017도13211 판결)

판례 종손인 피고인(만 74세)이 자신의 동의 없이 종중이 토지를 매도하기로 하고 측량하려 하자 종중원들과 측량기사에게 "내 허락 없이 측량을 하면 가만두지 않겠다."며 30~40분 정도 시비함 – 업무방해죄(위력) ×

피고인이 소리치며 시비를 하였다고 하여 피해자의 자유의사를 제압하기에 족한 위력을 행사한 것이라고 할 수 없다. (대법원 1999. 5. 28. 선고 99도495 판결)

판례 계약갱신 및 체납임·관리비 상당액 납입 독려차 나온 동대문종합시장주식회사 사원에게 상인협의회 임원이 "너희들이 무엇인데 상인협의회에서 하는 일을 방해하며 협의회에서 돌리는 유인물을 압수하느냐 당장 해임시키겠다" 말함 – 업무방해죄(위력) × (대법원 1983. 10. 11. 선고 82도2584 판결)

판례 장애인복지협회의 지부장으로서 협회에 대한 회계자료열람권을 가진 피고인이 협회 사무실에서 회계서류 등의 열람을 요구하는 과정에서 협회 직원들을 불러 모아 상당한 시간 동안 이야기를 하거나 피고인의 요구를 거부하는 직원에게 다소 언성을 높여 책임을 지게 될 수 있다고 이야기함 – 업무방해죄(위력) × (대법원 2021. 7. 8. 선고 2021도3805 판결)

쟁의행위에 관한 판례를 모아 살펴본다.

판례 파업의 위력 해당성 – ① 예측할 수 없는 시기에 전격적 ② 사업운영에 심대한 혼란·막대한 손해 ③ 사용자의 사업계속 자유의사 제압·혼란
'위력'이란 사람의 자유의사를 제압·혼란케 할 만한 일체의 세력을 말한다. 쟁의행위로서 파업(노동조합 및 노동관계조정법 제2조 제6호)도, 단순히 근로계약에 따른 노무의 제공을 거부하는 부작위에 그치지 아니하고 이를 넘어서 사용자에게 압력을 가하여 근로자의 주장을 관철하고자 집단적으로 노무제공을 중단하는 실력행사이므로, 업무방해죄에서 말하는 위력에 해당하는 요소를 포함하고 있다.
근로자는 원칙적으로 헌법상 보장된 기본권으로서 근로조건 향상을 위한 자주적인 단결권·단체교섭권 및 단체행동권을 가지므로(헌법 제33조 제1항), 쟁의행위로서 파업이 언제나 업무방해죄에 해당하는 것으로 볼 것은 아니고, 전후 사정과 경위 등에 비추어 ① 사용자가 예측할 수 없는 시기에 전격적으로 이루어져 ② 사용자의 사업운영에 심대한 혼란 내지 막대한 손해를 초래하는 등으로 ③ 사용자의 사업계속에 관한 자유의사가 제압·혼란될 수 있다고 평가할 수 있는 경우에 비로소 집단적 노무제공의 거부가 위력에 해당하여 업무방해죄가 성립한다고 보는 것이 타당하다. (대법원 2011. 3. 17. 선고 2007도482 전원합의체 판결) **표준**

판례 쟁의행위가 업무방해죄에 해당한다는 정을 아는 제3자가 쟁의행위의 실행을 용이하게 함 – 업무방해 방조죄 ○

쟁의행위가 업무방해죄에 해당하는 경우 제3자가 그러한 정을 알면서 쟁의행위의 실행을 용이하게 한 경우에는 업무방해방조죄가 성립할 수 있다. 다만 헌법 제33조 제1항이 규정하고 있는 노동3권을 실질적으로 보장하기 위해서는 근로자나 노동조합이 노동3권을 행사할 때 제3자의 조력을 폭넓게 받을 수 있도록 할 필요가 있고, 나아가 근로자나 노동조합에 조력하는 제3자도 헌법 제21조에 따른 표현의 자유나 헌법 제10조에 내재된 일반적 행동의 자유를 가지고 있으므로, 위법한 쟁의행위에 대한 조력행위가 업무방해방조에 해당하는지 판단할 때는 헌법이 보장하는 위와 같은 기본권이 위축되지 않도록 업무방해방조죄의 성립 범위를 신중하게 판단하여야 한다. (대법원 2021. 9. 16. 선고 2015도12632 판결)

판례 근로자 100명 중 2명이 지역집회 참가를 이유로 2시간 파업에 참여 – 업무방해죄(위력) × (대법원 2011. 10. 27. 선고 2009도3390 판결)

판례 철도노조 간부인 피고인들이 '구내식당 외주화 반대' 등 한국철도공사의 경영권에 속하는 사항을 주장하면서, 업무 관련 규정을 지나치게 철저히 준수하는 등의 방법으로 안전운행투쟁을 전개하여 열차가 지연 운행되도록 함 – 업무방해죄(위력) × (대법원 2014. 8. 20. 선고 2011도468 판결)

라. 업무방해

업무의 집행 자체를 방해하는 것은 물론이고 널리 업무의 경영을 저해하는 것도 포함된다.

판례 업무방해 – ① 업무의 집행 자체 방해 ② 널리 업무의 경영 저해

업무를 '방해한다'고 함은 업무의 집행 자체를 방해하는 것은 물론이고 널리 업무의 경영을 저해하는 것도 포함하고, 업무방해죄의 성립에 있어서는 업무방해의 결과가 실제로 발생할 필요까지는 없고 이를 초래할 위험을 발생시키는 것만으로 충분하다. (대법원 2013. 3. 14. 선고 2010도410 판결)

판례 피고인이 서류배달업 회사가 고객으로부터 배달을 의뢰받은 서류의 포장 안에 특정종교를 비방하는 내용의 전단을 집어넣어 함께 배달되게 함 – 업무방해죄(방해) ○

피해자 회사가 그 업무를 수행함에 있어 고객이 배달을 의뢰하지 않은 이 사건 전단이 서류와 함께 전달이 됨으로써 이를 배달받은 사람으로서는 위 서류뿐 아니라 이 사건 전단도 배달을 의뢰한 고객이 보낸 것으로 오인하게 되고 더구나 이 사건 전단의 내용이 특정 종교를 심하게 비방하는 것으로서 사회통념상 용인되기 어렵다고 할 것이므로 결국 피해자가 배달을 의뢰한 고객의 위탁취지에 어긋나게 업무를 처리한 결과가 되었다고 할 것이고, 배달을 의뢰받은 서류 자체가 훼손되지 않고 배달되었다고 하여 피해자의 업무가 방해되지 않았다고 할 수 없다고 할 것이다. 뿐만 아니라 위와 같이 배달을 의뢰한 고객의 위탁취지에 어긋나게 배달이 이루어짐으로써 종국에는 피해자의 업무의 경영이 저해될 위험이 발행하였다고 하지 아니할 수 없다. (대법원 1999. 5. 14. 선고 98도3767 판결)

판례 피고인이 다른 사람이 작성한 논문을 단독 혹은 공동으로 작성한 논문인 것처럼 학술지에 제출하여 발표한 논문연구실적을 부교수 승진심사 서류에 포함하여 제출 – 업무방해죄(방해) ○

당해 논문을 제외한 다른 논문만으로도 부교수 승진 요건을 월등히 충족하고 있었다는 등의 사정만으로는 승진심사 업무의 적정성이나 공정성을 해할 위험성이 없었다고 단정할 수 없다. (대법원 2009. 9. 10. 선고 2009도4772 판결)

판례 임시주총결과 대표이사로 선임된 피해자가 업무집행 위하여 사무실에 들어가려는 것을, 피고인들이 3월 4일부터 4월 30일까지 제지함 – 업무방해죄(방해) ○ (대법원 1997. 3. 11. 선고 96도2801 판결)

판례 비실명자산 거래자가 기존의 비실명예금을 합의차명에 의하여 명의대여자의 실명으로 전환한 행위가 금융기관의 실명전환에 관한 업무를 방해한 것이라고 기소됨 – 업무방해죄(방해) ✕

실명전환사무를 처리하는 금융기관의 업무는 실명전환을 청구하는 자가 권리자의 외관을 가지고 있는지 여부를 확인하고 그의 명의가 위 긴급명령에서 정하고 있는 주민등록표상의 명의 등 실명인지 여부를 확인하는 것일 뿐이지, 나아가 그가 과연 금융자산의 실질적인 권리자인지 여부를 조사·확인하는 것까지 그 업무라고 할 수는 없다. 따라서 기존의 비실명예금을 합의차명에 의하여 명의대여자의 실명으로 전환한 행위는 위 긴급명령에 따른 금융기관의 실명전환에 관한 업무를 방해한 것이라 할 수 없다. (대법원 1997. 4. 17. 선고 96도3377 전원합의체 판결)

비교 금융사 직원이 전산기록상의 가명계좌원장 삭제하고 양도성예금증서 17매가 원래부터 실명계좌에 보관되어 있었던 것처럼 실명계좌 원장을 전산조작 – 업무방해죄(방해) ○ (대법원 1995. 11. 14. 선고 95도1729 판결)

판례 도급인(피고인)의 공사계약 해제가 적법하고 수급인(피해자)이 스스로 공사를 중단한 상태에서 도급인(피고인)이 공사현장에 남아 있는 수급인(피해자) 소유의 공사자재 등을 다른 곳에 옮겨 놓음 – 업무방해죄(방해) ✕ (대법원 1999. 1. 29. 선고 98도3240 판결)

판례 피해자가 조경수 운반을 위하여 사용하던 피고인 소유 토지 위의 현황도로에 피고인이 축대를 쌓아 그 통행을 막았으나, 그 도로폐쇄에도 불구하고 대체도로를 이용하여 종전과 같이 조경수 운반차량 등을 운행할 수 있는 경우 – 업무방해죄(방해) ✕ (대법원 2007. 4. 27. 선고 2006도9028 판결)

기수시기에 관한 판례를 살펴본다.

판례 업무방해죄 기수시기 – 업무방해의 결과를 초래할 위험 발생

업무방해죄의 성립에는 업무방해의 결과가 실제로 발생함을 요하지 않고 업무방해의 결과를 초래할 위험이 발생하는 것이면 족하며, 업무수행 자체가 아니라 업무의 적정성 내지 공정성이 방해된 경우에도 업무방해죄가 성립한다. (대법원 2008. 1. 17. 선고 2006도1721 판결)

3. 기타

가. 채용비리·입학비리와 업무방해죄

> 📋 **중요쟁점: 채용비리·입학비리와 업무방해죄[41]**
>
> 우리 법은 채용비리·입학비리를 업무방해죄로 의율한다. 관련 판례를 이해하기 위해서는 채용비리·입학비리에서 주로 문제되는 두 가지 쟁점을 짚어보아야 한다.
>
> **1. 업무의 타인성 – 타인의 업무인가?**
>
> 대표자 아닌 자가 채용비리 등을 저지른 경우, 법인 또는 대표자의 업무를 방해한 것이므로 업무의 타인성이 쉽게 인정된다. 그런데 대표자가 주도적으로 채용비리 등을 저지른 경우, '자기의 업무'이므로 업무의 타인성이 부정되는 것은 아닌지 문제된다. 대법원은 두 가지 접근으로 업무의 타인성을 인정한다. ① 대표자와 법인을 분리시킨 뒤, 대표자에게 법인의 업무는 타인의 업무에 해당한다고 본다.[42] ② 면접관 등 절차에 참여하는 자의 업무는 대표자로부터 독립된 업무이므로 타인의 업무라 본다.[43] 즉 대표자는 자기의 업무를 방해한 것이 아니라 '법인' 또는 '절차참여자'의 업무를 방해한 것이다.
>
> **2. 위계의 상대방 – 누구에 대한 위계인가?**
>
> 업무의 타인성이라는 산을 넘으면 '위계의 상대방'이라는 쟁점이 남는다. 대표자가 절차참여자(면접관 등)들을 속여서 채용비리를 저지른 경우, 절차참여자들이 위계의 상대방이 되므로 업무방해죄가 성립한다. 그런데 대표자와 모든 절차참여자들이 합심하여 채용비리를 저지른 경우, 위계의 상대방이 존재하는지가 문제된다. 대법원은 '법인'은 위계의 상대방이 될 수 없고 그 밖에 속은 사람이 없으므로 업무방해죄가 성립하지 않는다고 본다.[44] 즉, 위계가 탈락하여 업무방해죄가 불성립한다.

---

41 이하에서는 이상원, "채용비리는 업무방해인가", 형사법의 신동향 제70호, 대검찰청, 2021, 241–287쪽; 김태헌, "채용비리 사건에서 위계에 의한 업무방해죄 적용관련 실무상쟁점 검토", 법조 제67권 제4호, 법조협회, 2018, 217–248쪽; 박재평, "채용비리와 위계에 의한 업무방해죄 — 실무상 주요 쟁점을 중심으로 —", 법학논총 제36권 제2호, 한양대학교 법학연구소, 2019, 119–137쪽을 참고하였다.

42 대법원 2007. 12. 27. 선고 2005도6404 판결. "지방공사 사장이 신규직원 채용권한을 행사하는 것은 공사의 기관으로서 공사의 업무를 집행하는 것이므로, 위 권한의 귀속주체인 사장 본인에 대한 관계에서도 업무방해죄의 객체인 타인의 업무에 해당한다."

43 대법원 2018. 5. 15. 선고 2017도19499 판결. "V대 학칙 등에 따라 V대의 입학에 관한 업무가 총장인 피고인 C의 권한에 속한다고 하더라도, 그중 면접업무는 면접위원들에게, 신입생 모집과 사정업무는 교무위원들에게 각 위임되었고, 그 수임자들은 각자의 명의와 책임으로 수임받은 권한을 행사하여야 한다. 따라서 위와 같이 위임된 업무는 면접위원들 및 교무위원들의 독립된 업무에 속하고, 총장인 피고인 C와의 관계에서도 타인의 업무에 해당한다."

44 대법원 2007. 12. 27. 선고 2005도6404 판결. "신규직원 채용권한을 가지고 있는 지방공사 사장이 시험업무 담당자들에게 지시하여 상호 공모 내지 양해하에 시험성적조작 등의 부정한 행위를 한 경우, 법인인 공사에게 신규직원 채용업무와 관련하여 오인·착각 또는 부지를 일으키게 한 것이 아니므로, '위계'에 의한 업무방해죄에 해당하지 않는다."

이에 대하여 ① 절차참여자 중 일부만이 비리를 저지르면 유죄인데, 모두가 합심하면 무죄라는 결론은 책임에 비례하지 않는다는 비판,[45] ② '법인'이 업무의 주체인만큼 위계의 상대방도 될 수 있다는 비판이 있다.[46]

3. 결론

수험적으로 거칠게 결론을 내린다.[47] 첫째, Ⓐ 절차참여자 모두가 합심하여 채용비리를 저지른 경우, (법인의 업무를 방해한 것이지만) 위계의 상대방이 없어 업무방해죄 불성립한다.

둘째, Ⓑ 절차참여자 중 일부가 채용비리를 저지른 경우, 법인·다른 절차참여자의 업무는 타인의 업무에 해당하고, 절차참여자 중 채용비리에 가담하지 않은 자에 대한 위계가 인정되므로 업무방해죄가 원칙적으로 성립한다. Ⓒ 다만 예외적으로 면접관의 업무범위를 매우 협소하게 해석하여 무죄를 선고한 경우도 있다(2016도18858 판결).

	업무의 타인성	위계의 상대방	결론	
전원 합심 범행	○	×	Ⓐ 무죄 (2005도6404)	
일부 범행	○	○	Ⓑ 원칙: 유죄	Ⓒ 예외: 무죄 (2016도18858)

판례 Ⓐ 직원채용 권한 갖는 지방공사 사장이 시험업무 담당자들과 상호 공모·양해 하에 시험성적조작 등 부정한 행위를 함 – 업무방해죄 ×

① 지방공사 사장이 신규직원 채용권한을 행사하는 것은 공사의 기관으로서 공사의 업무를 집행하는 것이므로, 위 권한의 귀속주체인 사장 본인에 대한 관계에서도 업무방해죄의 객체인 타인의 업무에 해당한다. ② 그러나 신규직원 채용권한을 가지고 있는 지방공사 사장이 시험업무 담당자들에게 지시하여 상호 공모 내지 양해하에 시험성적조작 등의 부정한 행위를 한 경우, 법인인 공사에게 신규직원 채용업무와 관련하여 오인·착각 또는 부지를 일으키게 한 것이 아니므로, '위계'에 의한 업무방해죄에 해당하지 않는다. (대법원 2007. 12. 27. 선고 2005도6404 판결)

해설 대표자인 사장에게도 법인의 업무는 '타인의 업무'이다. 그러나 모든 절차참여자가 합심한 이상, 위계가 인정되지 않는다.

판례 Ⓑ 평교수인 甲이 ① 편입학 자격을 갖추지 못한 자들에 대한 사정대장을 편입학 사정회의에 제출하고, 총장이 절차에 따라 날인 아니하였음에도 학생 乙을 편입학 합격자로 발표함 ② 학생 乙의 성적표에 시험답안지의 점수와는 다른 점수 기재하고 학생 丙의 시험답안지 임의 작성 – ① 업무방해죄 ○ ② 업무방해죄 ×

업무방해죄에 있어서의 행위의 객체는 타인의 업무이고, 여기서 타인이라 함은 범인 이외의 자연인과

---

45 이상원, "채용비리는 업무방해인가", 형사법의 신동향 제70호, 대검찰청, 2021, 281–282쪽.

46 박재평, "채용비리와 위계에 의한 업무방해죄 — 실무상 주요 쟁점을 중심으로 —", 법학논총 제36권 제2호, 한양대학교 법학연구소, 2019, 130–131쪽.

47 거칠게 내린 결론인만큼 대법원 2017. 5. 30. 선고 2016도18858 판결처럼 딱 들어맞지 않는 사례도 있다. 그러나 이러한 사고의 틀을 일단 만들어둔 뒤 예외를 하나씩 공부하는 방법이, 아무런 사고의 틀 없이 산발적으로 판례를 공부하는 방법보다는 효율적이라 믿는다.

법인 및 법인격 없는 단체를 가리키므로, 법적 성질이 영조물에 불과한 대학교 자체는 업무방해죄에 있어서의 업무의 주체가 될 수 없다. 대학 편입학업무의 주체는 대학교가 아닌 총장이고, 성적평가업무의 주체는 대학교가 아닌 담당교수이다. (대법원 1999. 1. 15. 선고 98도663 판결)

참고 ①은 총장의 편입학업무 방해에 해당한다. ②는 자기 업무이므로 본죄 불성립한다.

판례 ⑧ 대학교 총장 甲이 기부금을 낸 자의 자녀들의 성적 또는 지망학과를 고쳐 모집인원 범위 내에 들도록 사정부를 허위 작성 후 그 정을 모르는 입학사정위원들에게 제출하여 입학사정케 함 – 업무방해죄 ○ (대법원 1993. 5. 11. 선고 92도255 판결)

동지 A대 학칙 등에 따라 입학업무가 총장 甲의 권한에 속하지만, 면접업무는 면접위원들에게, 신입생 모집과 사정업무는 교무위원들에게 위임되었다면, 이는 甲과의 관계에서 타인의 업무에 속하므로 甲은 업무방해의 주체가 될 수 있다. (대법원 2018. 5. 15. 선고 2017도19499 판결)

해설 대표자인 총장에게도 입학사정위원들·면접위원들의 업무는 '타인의 업무'이다.

판례 ⑧ 학부모들이 대학교 교무처장 등에게 부정입학을 청탁하면서 그 대가로 대학교 측에 기부금 명목의 금품을 제공하고, 교무처장 등이 그들의 실제 입학시험 성적을 임의로 고쳐 사정부를 허위로 작성한 다음 이를 그 정을 모르는 입학사정 위원들에게 제출하여 그들로 하여금 그 사정부에 따라 입학사정을 하게 함 – 업무방해죄 ○ (대법원 1994. 3. 11. 선고 93도2305 판결) 표준

참고 학부모들·교무처장에게 업무방해죄가 인정되었다.

판례 ⑧ 수산업협동조합 조합장인 피고인의 지시에 따라 채점업무 담당자들이 점수를 조작하여 특정 응시자를 면접대상자에 포함시켰는데 면접위원들은 이를 몰랐던 경우 – 업무방해죄 ○

수산업협동조합의 신규직원 채용에 응시한 甲과 乙이 필기시험에서 합격선에 못 미치는 점수를 받게 되자, 채점업무 담당자들이 조합장인 피고인의 지시에 따라 점수조작행위를 통하여 이들을 필기시험에 합격시킴으로써 필기시험 합격자를 대상으로 하는 면접시험에 응시할 수 있도록 한 사안에서, 위 점수조작행위에 공모 또는 양해하였다고 볼 수 없는 일부 면접위원들이 조합의 신규직원 채용업무로서 수행한 면접업무는 위 점수조작행위에 의하여 방해되었다. (대법원 2010. 3. 25. 선고 2009도8506 판결)

판례 ⑧ 한국자산관리공사가 매각업무 주간사를 선정하기 위해 구성한 1차 선정위원회에서 평가표에 따를 경우 甲이 乙보다 불리하다고 판단되자, 배점을 수정하여 甲을 1순위·乙을 2순위로 선정하고, 이를 고지하지 않은 채 별도의 민간전문가도 참여하는 2차 선정위원회에 심사결과 및 수정된 평가표를 제출함 – 업무방해죄 ○

평가표의 임의 수정 및 제출행위는 위계에 해당하고 이로 인하여 위 2차 선정위원회의 민간전문가가 매각 주간사를 선정하는 업무의 적정성 내지 공정성을 해할 위험이 발생하였으므로 위계에 의한 업무방해죄가 성립한다. (대법원 2008. 1. 17. 선고 2006도1721 판결)

참고 채용비리·입학비리 사안은 아니지만 여러 단계로 구성된 내부 절차에서 위계 업무방해죄가 문제 되었다는 점에서 법리적으로 동일한 사건이다.

판례 ⑧ 채점절차가 실질적으로 완료되어 채점위원이라고 하더라도 채점상의 착오를 바로 잡기 위한 것이 아닌 한 더 이상 채점결과를 변경할 수 없는 단계에서 일부 응시생들을 합격시킬 목적만으로 채점결과를 변경 – 업무방해죄 ○ (대법원 1993. 12. 28. 선고 93도2669 판결)

참고 대학원위원회의 합격자 사정업무를 위계로써 방해하였다고 보았다.

판례 ⓒ 피고인(상무이사 D) 외 3인의 면접위원(A·B·C)이 면접을 실시하였는데 A가 채점표를 제출하고 먼저 면접장소를 떠난 후, D가 면접점수와 무관하게 자신이 임의로 순위를 정한 명단을 B·C에 제시하여 이들의 동의를 받고 그에 따라 최종합격자를 결정하였으며 대표이사인 E도 이러한 채용을 양해함 – 업무방해죄 ✕

① 회사의 직원 채용 업무는 대표이사인 E에게 귀속되고 이 사건 업무방해죄의 피해자로 특정한 A는 면접위원으로 참가하였을 뿐이므로 그의 업무는 '공정하고 객관적인 직원 채용에 관한 업무'가 아니라 직원 채용을 위한 '면접업무'에 불과하다. ② A는 응시자들에 대한 면접을 마치고 채점표를 작성하여 제출한 뒤 면접장소를 이탈함으로써 면접업무는 종료되었다. 이처럼 피고인이 최종합격자를 선정하는 데 영향력을 행사하였더라도 그러한 행위가 면접업무를 이미 마친 A에게 오인·착각 또는 부지를 일으켰다고 할 수 없다. ③ 직원 채용권한을 갖고 있는 회사의 대표이사 E는 이 사건 채용계획에 정해진 최종합격자 결정 방법과는 다르게 피고인이 적합하다고 판단한 응시자를 최종합격자로 채용하는 것을 양해하였다. 따라서 A에 대한 업무방해죄를 유죄로 인정한 원심판결을 파기하고 환송한다. (대법원 2017. 5. 30. 선고 2016도18858 판결)

해설 기존 대법원 법리로는 이해하기 쉽지 않은 예외적 판결이므로 주의하자. 굳이 수험적으로 이해하자면 ① 사전적으로 면접관을 속이는 행위, 즉 부정하게 면접대상자를 정하는 행위는 면접관의 업무를 방해하는 것이지만(2009도8506), ② 사후적으로 면접관의 의사를 무시한 행위, 즉 면접이 끝난 이후에 면접 결과를 무시하고 최종합격자를 결정하는 행위는 면접관의 업무를 방해하는 것이 아니라고 외워두자(2016도18858). 위 판결은 기존의 대법원 판결과는 달리 업무방해죄를 엄격하게 해석하였다는 평가를 받는다.[48]

나. 고의

판례 고의 – 미필적 인식으로 충분
업무방해죄의 고의 또한 반드시 업무방해의 목적이나 계획적인 업무방해의 의도가 있어야만 하는 것은 아니고, 자신의 행위로 인하여 타인의 업무가 방해될 가능성 또는 위험에 대한 인식이나 예견으로 충분하며, 그 인식이나 예견은 확정적인 것은 물론 불확정적인 것이라도 이른바 미필적 고의로 인정된다. (대법원 2012. 5. 24. 선고 2009도4141 판결)

판례 유포한 사실이 허위라는 점에 대한 적극적 인식 필요
허위사실을 유포한다고 함은 실제의 객관적 사실과 서로 다른 사항을 내용으로 하는 사실을 불특정 다수인에게 전파시키는 것을 말하고, 특히 이러한 경우 그 행위자에게 행위 당시 자신이 유포한 사실이 허위라는 점을 적극적으로 인식하였을 것을 요한다. (대법원 1994. 1. 28. 선고 93도1278 판결)

---

48 이상원, "판례평석: 채용비리와 업무방해 – 대법원 2017. 5. 30. 선고 2016도18858 판결 –", 법률신문 2020. 10. 29.

다. 위법성

위법성 조각사유에 관한 판례를 살펴본다.

판례 임차인에 대한 단전·단수조치와 정당행위

호텔 내 주점의 임대인이 임차인의 차임 연체를 이유로 계약서상 규정에 따라 위 주점에 대하여 단전·단수 조치를 취한 경우, ① 약정 기간이 만료되었고 임대차보증금도 차임연체 등으로 공제되어 이미 남아있지 않은 상태에서 미리 예고한 후 단전·단수조치를 하였다면 형법 제20조의 정당행위에 해당하지만, ② 약정 기간이 만료되지 않았고 임대차보증금도 상당한 액수가 남아있는 상태에서 계약해지의 의사표시와 경고만을 한 후 단전·단수조치를 하였다면 정당행위로 볼 수 없다. (대법원 2007. 9. 20. 선고 2006도9157 판결) **표준**

판례 피해자가 불특정·다수인의 통행로로 이용되어 오던 기존통로의 일부 소유자인 피고인으로부터 사용승낙을 받지 아니한 채 통로를 활용하여 공사차량을 통행하게 함으로써 피고인의 영업에 다소 피해가 발생하자 피고인이 자신 소유의 승용차를 통로에 주차시켜 놓음 – 업무방해죄(위법성) ○ (대법원 2005. 9. 30. 선고 2005도4688 판결)

참고 정당행위에 해당하지 않는다고 보았다.

판례 동물권보호단체 회원인 피고인들 등이 甲社 공장 정문 앞 도로에서 자신들의 손을 콘크리트가 들어있는 가방으로 결박한 채 드러누워 생닭 운반 트럭들을 가로막고 "닭을 죽이면 안 된다"는 플래카드를 걸고 구호, 노래를 부름 – 업무방해죄(위법성) ○ (대법원 2024. 8. 1. 선고 2021도2084 판결)

참고 정당행위에 해당하지 않는다고 보았다.

판례 甲 대학교는 학교법인의 전 이사장 乙이 부정입학과 관련된 금품수수 등의 혐의로 구속되었다가 甲 대학교 총장으로 선임됨에 따라 학내 갈등을 빚던 중, 총학생회 간부인 피고인들이 총장 乙과의 면담을 요구하면서 총장실 입구에서 진입을 시도하거나, 교무위원회 회의실에 들어가 총장의 사퇴를 요구하면서 이를 막는 학교 교직원들과 실랑이를 벌임 – 업무방해죄(위법성) × (대법원 2023. 5. 18. 선고 2017도2760 판결)

참고 사회상규에 위배되지 아니하는 정당행위에 해당한다고 보았다.

라. 죄수 등

타죄와의 관계를 살펴본다.

판례 피고인이 같은 일시, 장소에서 피해자의 기념전시회에 참석한 손님들에게 피해자가 공사대금을 주지 않는다는 취지로 소리를 치며 소란을 피움 – ① 업무방해죄 ○ ② 명예훼손죄 ○ (상상적 경합) (대법원 2007. 2. 23. 선고 2005도10233 판결)

판례 피고인이 한국소비자보호원을 비방할 목적으로 18회에 걸쳐서 출판물에 의하여 공연히 허위의 사실을 적시·유포함 – ① (허위사실유포) 업무방해죄 ○ ② 출판물명예훼손죄 ○ (상상적 경합) (대법원 1993. 4. 13. 선고 92도3035 판결)

판례 ① 업무방해죄와 ② 폭행죄 – 상상적 경합

업무방해죄와 폭행죄는 구성요건과 보호법익을 달리하고 있고, 업무방해죄의 성립에 일반적·전형적으로 사람에 대한 폭행행위를 수반하는 것은 아니며, 폭행행위가 업무방해죄에 비하여 별도로 고려되지 않을 만큼 경미한 것이라고 할 수도 없으므로, 설령 피해자에 대한 폭행행위가 동일한 피해자에 대한 업무방해죄의 수단이 되었다고 하더라도 그러한 폭행행위가 이른바 '불가벌적 수반행위'에 해당하여 업무방해죄에 대하여 흡수관계에 있다고 볼 수는 없다. (대법원 2012. 10. 11. 선고 2012도1895 판결) **표준**

Ⅲ 컴퓨터업무방해죄

제314조(업무방해) ② 컴퓨터등 정보처리장치 또는 전자기록등 특수매체기록을 손괴하거나 정보처리장치에 허위의 정보 또는 부정한 명령을 입력하거나 기타 방법으로 정보처리에 장애를 발생하게 하여 사람의 업무를 방해한 자도 제1항의 형과 같다.

例規 제314조 ② (컴퓨터등손괴, 전자기록등손괴, 컴퓨터등장애)업무방해	미수 ×

🔍 **핵심단어**
- ① 컴퓨터등 정보처리장치·전자기록등 특수매체기록 ② 손괴·허위정보·부정명령·기타 ③ 정보처리 장애 발생 ④ 업무방해
- 정보처리 장애란 정보처리장치가 ① 사용목적 부합기능 불가 ② 사용목적 다른 기능 수행

공소장예규를 기준으로 ① 컴퓨터등손괴업무방해 ② 전자기록등손괴업무방해 ③ 컴퓨터등장애업무방해로 구분할 수 있다.

1. 객체: 정보처리장치·특수매체기록

특수매체기록이란 사람의 지각으로 인식할 수 없는 방식에 의하여 만들어진 기록으로서 정보처리장치에 의해 정보처리에 사용되는 것을 말한다.

정보처리장치의 의미는 아래 판례와 같다.

정보처리장치 – 자동적으로 계산·데이터처리를 할 수 있는 전자장치

'컴퓨터 등 정보처리장치'란 자동적으로 계산이나 데이터처리를 할 수 있는 전자장치로서 하드웨어와 소프트웨어를 모두 포함한다. (대법원 2004. 7. 9. 선고 2002도631 판결)

2. 행위

가. 손괴·허위정보 입력·부정명령 입력·기타 방법

① 손괴 ② 허위정보 ③ 부정명령 ④ 기타방법의 개념

① '손괴'란 유형력을 행사하여 물리적으로 파괴·멸실시키는 것뿐 아니라 전자기록의 소거나 자력에 의한 교란도 포함하며, '② 허위의 정보 또는 ③ 부정한 명령의 입력'이란 ② 객관적으로 진실에 반하는 내용의 정보를 입력하거나 ③ 정보처리장치를 운영하는 본래의 목적과 상이한 명령을 입력하는 것이고, ④ '기타 방법'이란 컴퓨터의 정보처리에 장애를 초래하는 가해수단으로서 컴퓨터의 작동에 직접·간접으로 영향을 미치는 일체의 행위를 말한다. (대법원 2012. 5. 24. 선고 2011도7943 판결) **표준**

조합장인 피고인이 자신에 대한 감사활동을 방해하기 위하여 조합 사무실에 있던 컴퓨터에 ① 비밀번호를 설정하고 ② 하드디스크를 분리·보관 – ①은 허위정보·부정명령 입력, ②는 손괴이므로 컴퓨터업무방해죄 ○ (대법원 2012. 5. 24. 선고 2011도7943 판결)

컴퓨터시스템 서버를 관리하던 직원이 전보발령을 받아 더 이상 웹서버를 관리 운영할 권한이 없는 상태에서, 홈페이지 관리자의 아이디·비밀번호를 무단 변경 – 컴퓨터업무방해죄(부정) ○ (대법원 2006. 3. 10. 선고 2005도382 판결)

시스템관리자가 메인컴퓨터의 비밀번호를 후임자에게 알려주지 않음 – 컴퓨터업무방해죄 × (대법원 2004. 7. 9. 선고 2002도631 판결)

나. 정보처리 장애 발생·업무방해

정보처리 장애 – 정보처리장치가 ① 사용목적 부합기능 불가 ② 사용목적과 다른 기능 수행

위 죄가 성립하기 위해서는 위와 같은 가해행위의 결과 정보처리장치가 그 사용목적에 부합하는 기능을 하지 못하거나 사용목적과 다른 기능을 하는 등 정보처리의 장애가 현실적으로 발생하였을 것을 요한다. … (중략) … 단순히 메인 컴퓨터의 비밀번호를 알려주지 아니한 것만으로는 정보처리장치의 작동에 직접 영향을 주어 그 사용목적에 부합하는 기능을 하지 못하게 하거나 사용목적과 다른 기능을 하게 하였다고 볼 수 없다. (대법원 2004. 7. 9. 선고 2002도631 판결)

포털사이트 운영회사의 통계집계시스템 서버에 허위의 클릭정보를 전송하여 검색순위 결정 과정에서 위와 같이 전송된 허위의 클릭정보가 실제로 통계에 반영됨 – 컴퓨터업무방해죄(장애) ○

형법 제314조 제2항의 '컴퓨터 등 장애 업무방해죄'가 성립하기 위해서는 가해행위 결과 정보처리장치가 그 사용목적에 부합하는 기능을 하지 못하거나 사용목적과 다른 기능을 하는 등 정보처리에 장애가 현실적으로 발생하였을 것을 요하나, 정보처리에 장애를 발생하게 하여 업무방해의 결과를 초래할 위험이 발생한 이상, 나아가 업무방해의 결과가 실제로 발생하지 않더라도 위 죄가 성립한다. 따라서 포털사이트 운영회사의 통계집계시스템 서버에 허위의 클릭정보를 전송하여 검색순위 결정 과정에서 위와 같이 전송된 허위의 클릭정보가 실제로 통계에 반영됨으로써 정보처리에 장애가 현실적으로 발생하였다면, 그로 인하여 실제로 검색순위의 변동을 초래하지는 않았다 하더라도 '컴퓨터 등 장애 업무방해죄'가 성립한다. (대법원 2009. 4. 9. 선고 2008도11978 판결) **표준**

참고 업무방해의 현실적 결과 없이 업무를 방해할 우려만 있으면 기수가 된다는 점도 떠올리자(미수범 처벌 규정 없음).

판례 피고인이 악성프로그램을 활용하여 악성프로그램이 설치된 피해 컴퓨터 사용자들이 실제로 '네이버' 검색창에 해당 검색어를 검색하거나 해당 스폰서링크를 클릭하지 않았음에도 그와 같이 검색하고 클릭한 것처럼 네이버의 관련 시스템 서버에 허위의 신호를 발송 – 컴퓨터업무방해죄(장애) ○

피고인의 행위는 객관적으로 진실에 반하는 내용의 정보인 '허위의 정보'를 입력한 것에 해당하고, 그 결과 네이버의 관련 시스템 서버에서 실제적으로 검색어가 입력되거나 특정 스폰서링크가 클릭된 것으로 인식하여 그에 따른 정보처리가 이루어졌으므로 이는 네이버의 관련 시스템 등 정보처리장치가 그 사용목적에 부합하는 기능을 하지 못하거나 사용목적과 다른 기능을 함으로써 정보처리의 장애가 현실적으로 발생하였고, 이로 인하여 네이버의 검색어 제공서비스 등의 업무나 네이버의 스폰서링크 광고주들의 광고 업무가 방해되었다. (대법원 2013. 3. 28. 선고 2010도14607 판결)

판례 드루킹이 댓글순위 조작 프로그램인 킹크랩을 사용하여 포털사이트의 뉴스 기사 댓글에 공감·비공감 클릭을 하게 함으로써 마치 이용자들이 실제로 네이버 등에 접속하여 클릭한 것처럼 허위 클릭 신호를 보내 네이버 등 통계 집계시스템에 반영되도록 함 – 컴퓨터업무방해죄(장애) ○ (대법원 2020. 2. 13. 선고 2019도12194 판결)

판례 피고인들이 배포한 '업링크솔루션'이라는 프로그램은, 네이버 포털사이트 서버가 이용자의 컴퓨터에 정보를 전송하는 데에는 아무런 영향을 주지 않고, 다만 이용자의 동의에 따라 컴퓨터 화면에서만 네이버로부터 전송받은 원래 모습과는 달리 피고인들의 광고가 대체 혹은 삽입된 형태로 나타나도록 함 – 컴퓨터업무방해죄(장애) ✕

이것만으로는 정보처리장치의 작동에 직접·간접으로 영향을 주어 그 사용목적에 부합하는 기능을 하지 못하게 하거나 사용목적과 다른 기능을 하게 하였다고 볼 수 없어 컴퓨터 등 장애 업무방해죄로 의율할 수 없다. (대법원 2010. 9. 30. 선고 2009도12238 판결)

해설 ① 검사는 피해자를 네이버(운영사)로 보아 기소하였다. 그런데 위 프로그램은 네이버 서버에 어떠한 정보·명령을 입력하는 게 아니어서 네이버 서버에 대한 정보처리 장애를 일으키지 않는다. 앞서 유죄가 인정된 판례들은 모두 네이버로 신호가 발송되어 입력되었다는 점과 구별된다. 그럼 위 프로그램을 설치한 이용자들을 피해자로 볼 수 있을까? 피고인들이 위 프로그램을 무단으로 설치한 것도 아니고 이용자들이 자발적으로 다운받아 이용한 이상 본죄가 성립하지 않을 것이다. ② 다만 피고인들의 위와 같은 네이버의 배너광고를 같은 크기의 피고인들의 배너광고로 대체하는 방식(이른바 '대체광고 방식'), 화면의 여백에 피고인들의 배너광고를 노출시키는 방식(이른바 '여백광고 방식') 등의 행위는 부정경쟁방지및영업비밀보호에관한법률위반죄

에 해당한다고 보았다.[49]

> **판례** 여기어때 창업자인 피고인 등이 야놀자의 '바로예약 앱'과 통신하는 API 서버의 URL과 API 서버로 정보를 호출하는 명령구문들을 알아내어, 자체 개발한 '야놀자 크롤링 프로그램'을 사용하여 API 서버에 명령구문을 입력하는 방식으로 야놀자 숙박업소 정보를 수집함 – 컴퓨터업무방해죄(장애) ✕ (대법원 2022. 5. 12. 선고 2021도1533 판결)
>
> **참고** 그 밖에 ① 정통망법상 정보통신망 침입, ② 저작권법상 데이터베이스제작자 복제권 침해 모두 인정되지 아니하였다.

Ⅳ 경매·입찰방해죄

> 제315조(경매, 입찰의 방해) 위계 또는 위력 기타 방법으로 경매 또는 입찰의 공정을 해한 자는 2년 이하의 징역 또는 700만원 이하의 벌금에 처한다.

例規 제315조 (경매, 입찰)방해	미수 ✕

> 🔍 **핵심단어**
> • ① 위계·위력·기타 방법 ② 경매·입찰 ③ 공정 해함
> • 공정 해함이란 공정한 자유경쟁 방해할 염려 있는 상태 발생

1. 객체: 경매·입찰

① 경매란 매도인이 다수의 매수인으로부터 구두의 청약을 받고, 그 중에 최고가격의 청약자에게 승낙을 함으로써 성립하는 매매이다. ② 입찰이란 경쟁계약에 있어서 다수인으로 하여금 문서로 계약내용을 표시하게 하고, 그 중 가장 유리한 청약자와 계약을 체결하는 것을 말한다. 본죄의 보호대상에는 국가·공공단체가 행하는 경매·입찰 뿐만 아니라 사인이 행하는 경매·입찰도 포함된다.[50]

---

49 **부정경쟁방지법 제2조(정의)** 이 법에서 사용하는 용어의 뜻은 다음과 같다. 1. "부정경쟁행위"란 다음 각 목의 어느 하나에 해당하는 행위를 말한다. 나. 국내에 널리 인식된 타인의 성명, 상호, 표장(標章), 그 밖에 타인의 영업임을 표시하는 표지(상품 판매·서비스 제공방법 또는 간판·외관·실내장식 등 영업제공 장소의 전체적인 외관을 포함한다)와 동일하거나 유사한 것을 사용하여 타인의 영업상의 시설 또는 활동과 혼동하게 하는 행위
  제18조(벌칙) ③ 다음 각 호의 어느 하나에 해당하는 자는 3년 이하의 징역 또는 3천만원 이하의 벌금에 처한다. 1. 제2조제1호(아목, 차목 및 카목은 제외한다)에 따른 부정경쟁행위를 한 자
50 경매·입찰방해죄는 공정거래법 제19조 제1항 제8호와 규제범위가 상당 부분 겹친다. 따라서 본죄의 판례들을 이해할 때에는 경쟁제한성 등 공정거래법의 기본 법리를 떠올리면 도움이 된다.

[판례] 한국토지공사가 토지 분양하기 위하여 유자격 신청자들을 대상으로 무작위 공개추첨하여 1인의 수분양자를 선정하는 절차를 진행하는데, 신청자격이 없는 피고인이 총 12인의 신청자 중 9인의 신청자의 자격과 명의를 빌려 그 당첨확률을 약 75%까지 인위적으로 높여 분양을 신청 – 경매방해죄(경매) ✕

위 분양절차는 공정한 자유경쟁을 통한 적정한 가격형성을 목적으로 하는 입찰절차에 해당하지 않고, 피고인이 분양절차에 참가한 것은 9인의 신청자와 맺은 합작투자의 약정에 따른 것으로서 위 분양업무의 주체인 한국토지공사가 예정하고 있던 범위 내의 행위이므로, 위 추첨방식의 분양업무의 적정성과 공정성 등을 방해하는 행위라고 볼 수 없어 입찰방해죄나 업무방해죄가 성립하지 않는다. (대법원 2008. 5. 29. 선고 2007도5037 판결) **표준**

해설 본죄는 경매·입찰의 공정을 통한 정상적인 가격형성을 목표로 한다. 이 사건의 경우 추첨에 참여하는 자들이 어떠한 가격을 적어내거나 조건을 제시하지 않고, 단순히 1/n의 확률로 당첨자가 결정되는 방식이기에 피고인의 행위로 인해 경쟁제한성이 초래되었다고 볼 수 없다.

[판례] 조폭두목 甲이 乙 등에게 지시하여 乙 등이 재입찰 장소에서 타 참가자들에게 양보를 종용하며 응찰을 포기하도록 하였으나, 1차 입찰에서 낙찰받은 丙이 "왜 문의도 없이 재입찰을 시작하느냐"고 항의하자 재입찰이 진행되지 않음 – 입찰방해죄(입찰) ✕

입찰방해죄가 성립하려면 최소한 적법하고 유효한 입찰 절차의 존재가 전제되어야 하는 것인데, 위와 같은 사실관계를 종합하면 처음부터 무슨 재입찰절차가 존재하였다 할 수 없어 결국 입찰방해죄는 성립할 수 없게 된다. (대법원 2005. 9. 9. 선고 2005도3857 판결)

해설 아무리 나쁜 행위를 하였어도 방해된 입찰이 존재하지 않는 한 본죄 불성립한다.

[판례] 실제로는 수의계약을 체결하면서 입찰절차를 거쳤다는 증빙을 남기기 위하여 입찰을 전혀 시행하지 아니한 채 형식적인 입찰서류만을 작성하여 입찰이 있었던 것처럼 조작 – 입찰방해죄(입찰) ✕

입찰방해 행위가 있다고 인정하기 위하여는 그 방해의 대상인 입찰이 현실적으로 존재하여야 한다고 볼 것이므로, 실제로 실시된 입찰절차에서 실질적으로는 단독입찰을 하면서 마치 경쟁입찰을 한 것처럼 가장하는 경우와는 달리, 실제로는 수의계약을 체결하면서 입찰절차를 거쳤다는 증빙을 남기기 위하여 입찰을 전혀 시행하지 아니한 채 형식적인 입찰서류만을 작성하여 입찰이 있었던 것처럼 조작한 행위는 위 규정에서 말하는 입찰방해 행위에 해당한다고 할 수 없다. (대법원 2001. 2. 9. 선고 2000도4700 판결)

독점규제 및 공정거래에 관한 법률 제19조(부당한 공동행위의 금지) ① 사업자는 계약·협정·결의 기타 어떠한 방법으로도 다른 사업자와 공동으로 부당하게 경쟁을 제한하는 다음 각 호의 어느 하나에 해당하는 행위를 할 것을 합의(이하 "부당한 공동행위"라 한다)하거나 다른 사업자로 하여금 이를 행하도록 하여서는 아니된다. 8. 입찰 또는 경매에 있어 낙찰자, 경락자(競落者), 투찰(投札)가격, 낙찰가격 또는 경락가격, 그 밖에 대통령령으로 정하는 사항을 결정하는 행위

2. 행위

가. 위계·위력·기타 방법

위계·위력은 앞서 살펴본 업무방해죄와 동일하다.

> **판례** 학교법인의 이사장과 직원이 특정업자와 공모하여 예정가격을 미리 알려 줌으로써 그 특정업자가 공정한 자유경쟁 없이 공사를 낙찰받을 수 있도록 함 – 입찰방해죄(위계) ○ (대법원 2007. 5. 31. 선고 2006도8070 판결)
>
> **해설** 알려주지 않았다면 특정업자가 더 낮은 가격(비용)에 공사를 해낼 수 있다고 투찰하여 낙찰받거나, 타 업자가 낙찰받았을 것이다.
>
> **판례** 입찰장소의 주변을 에워싸고 사람들의 출입을 막는 등 위력을 사용하여 입찰에 참가하려는 사람을 참석하지 못하도록 함 – 입찰방해죄(위력) ○ (대법원 1993. 2. 23. 선고 92도3395 판결)

나. 공정 해함

경매·입찰의 공정, 즉 적정한 가격을 형성하는 공정한 자유경쟁이 방해될 우려가 있는 상태를 발생시키는 것을 말한다. 경매·입찰의 공정의 현실적 침해결과를 요하지는 않는다.

> **판례** 공정 해함 – 공정한 자유경쟁 방해할 염려 있는 상태 발생
> 입찰의 공정을 해하는 행위란 '공정한 자유경쟁을 방해할 염려가 있는 상태를 발생시키는 것, 즉, 공정한 자유경쟁을 통한 적정한 가격형성에 부당한 영향을 주는 상태를 발생시키는 것'을 의미한다. (대법원 2003. 9. 26. 선고 2002도3924 판결) **표준**
> '경매의 공정을 해하는 행위'란 공정한 자유경쟁을 방해할 염려가 있는 상태를 발생시키는 것으로서 가격을 결정하는 데 있어서뿐 아니라 적법하고 공정한 경쟁방법 자체를 해하는 행위를 포함한다. 법률적으로 경매결과에 영향을 미칠 수 있는 행위뿐 아니라 경매에 참가하려는 자의 의사결정에 사실상 영향을 미칠 수 있는 행위도 '경매의 공정을 해하는 행위'에 해당할 수 있다. (대법원 2006. 6. 9. 선고 2005도8494 판결)

담합이란 경매·입찰의 참가자들이 특정인의 경락·낙찰을 위하여 일정한 가격 이상 또는 이하로 호가·입찰하지 않기로 약정하는 것을 말한다.

판례 담합의 기준 – ① 전부 참여 × ② 입찰 공정을 해할 정도의 참여 ○

가장경쟁자를 조작하거나 입찰의 경쟁에 참가하는 자가 서로 통모하여 그 중의 특정한 자를 낙찰자로 하기 위하여 일정한 가격 이하 또는 이상으로 입찰하지 않을 것을 협정하거나 입찰을 포기하게 하는 등의 ① 소위 담합행위가 입찰방해죄로 되기 위하여는 반드시 입찰참가자 전원과의 사이에 담합이 이루어져야 하는 것은 아니고, ② 입찰참가자들 중 일부와의 사이에만 담합이 이루어진 경우라고 하더라도 그것이 입찰의 공정을 해하는 것으로 평가되는 이상 입찰방해죄는 성립한다. (대법원 2006. 6. 9. 선고 2005도8498 판결)

비교 담합시도하였으나 입찰 공정을 해할 정도가 아닌 경우 – 입찰방해죄(공정) ×

입찰자들의 전부 또는 일부 사이에서 담합을 시도하는 행위가 있었을 뿐 실제로 담합이 이루어지지 못하였고, 또 위계 또는 위력 기타의 방법으로 담합이 이루어진 것과 같은 결과를 얻어내거나 다른 입찰자들의 응찰 내지 투찰행위를 저지하려는 시도가 있었지만 역시 그 위계 또는 위력 등의 정도가 담합이 이루어진 것과 같은 결과를 얻어내거나 그들의 응찰 내지 투찰행위를 저지할 정도에 이르지 못하였고 또 실제로 방해된 바도 없다면, 이로써 공정한 자유경쟁을 방해할 염려가 있는 상태 즉, 공정한 자유경쟁을 통한 적정한 가격형성에 부당한 영향을 주는 상태를 발생시켜 그 입찰의 공정을 해하였다고 볼 수 없어, 이는 입찰방해미수행위에 불과하고 입찰방해죄의 기수에 이르렀다고 할 수는 없다. 한편, 입찰방해미수죄는 따로 처벌규정이 없어 처벌되지 아니한다. (대법원 2003. 9. 26. 선고 2002도3924 판결)

판례 입찰자들 상호간에 A 특정업체가 낙찰받기로 하는 담합이 이루어진 상태에서 다른 입찰자들은 합의에 따라 입찰에 참가하였으나 피고인은 자신이 낙찰받기 위하여 당초의 합의에 따르지 아니한 채 낙찰받기로 한 A 특정업체보다 저가로 입찰하여 낙찰받음 – 입찰방해죄(공정) ○

일부 입찰자(피고인)의 행위는 위와 같은 담합을 이용하여 낙찰을 받은 것이라는 점에서 적법하고 공정한 경쟁방법을 해한 것이 되고, 따라서 이러한 일부 입찰자의 행위 역시 입찰방해죄에 해당한다. (대법원 2010. 10. 14. 선고 2010도4940 판결) **표준**

해설 담합을 깼는데 왜 입찰이 방해되었다고 보는 것일까? 아래 표로 예시를 만들어보았다. 이 사건 입찰에서는 가장 낮은 금액(공사비용)을 써낸 사람이 낙찰된다. ① 담합이 없었더라면 C가 100으로 낙찰되었을 것이다. ② A,B,C는 담합하여 A가 400으로 낙찰받기로 합의하였다. ③ 그런데 B가 이 합의를 깨고 399를 적어내어 낙찰받았다. B는 합의를 깼기 때문에 공정경쟁을 해하지 않은 것일까? 아니다. 담합이 없었더라면 낙찰가는 100이었을텐데, B는 이 사건 담합을 이용하여 399로 낙찰을 받아갔기 때문에 공정경쟁을 해하였다.

	담합 ×	담합 ○ (A 낙찰)	이 사건
A	300	400 (낙찰)	400
B (피고인)	200	500	399 (낙찰)
C	100 (낙찰)	500	500

판례 고속도로 휴게소 운영권 입찰에서 여러 회사가 각자 입찰에 참가하되 누구라도 낙찰될 경우 동업하여 새로운 회사를 설립하고 그 회사로 하여금 휴게소를 운영하기로 합의한 후 입찰에 참가 – 입찰방해죄(공정) ○ (대법원 2006. 12. 22. 선고 2004도2581 판결)

해설 참가자들은 어차피 동업이 예정되어 적극적으로 가격 경쟁할 유인 없다.

판례 일부 입찰참가자들이 가격을 합의하고, 낙찰이 되면 특정 업체가 모든 공사를 하기로 합의하는 등 담합하여 투찰행위 – 입찰방해죄(공정) ○

이는 '적법하고 공정한 경쟁방법'을 해하는 행위로서 입찰의 공정을 해하는 경우에 해당하며, 결과적으로 위 투찰에 참여한 업체의 수가 많아서 실제로 가격형성에 부당한 영향을 주지 않았다고 하더라도 입찰방해죄가 성립한다. (대법원 2009. 5. 14. 선고 2008도11361 판결)

판례 담합을 통하여 실질적으로 단독입찰하면서 경쟁입찰인 것처럼 가장 – 입찰방해죄(공정) ○ (대법원 1988. 3. 8. 선고 87도2646 판결)

판례 입찰에 참가하는 회원사들이 추첨에 기하여 순번제로 단독응찰하고 나머지 일부 회원사는 이에 들러리를 서는 방식으로 사실상 단독으로 입찰 – 입찰방해죄(공정) ○ (대법원 1991. 10. 22. 선고 91도1961 판결)

해설 이러한 합의 없이 각자 입찰했다면 시장경쟁 원리에 따라 이 입찰을 가장 필요로 하는 자가 가장 낮은 가격(공사비용)을 투찰하여 낙찰받았을 것인데, 위와 같은 행위로 실제 회원사들이 공사를 진행할 수 있는 최저 금액보다 높은 금액으로 낙찰받았기에 본 죄가 성립한다.

판례 피고인이 이 사건 각 부동산에 대한 투자자를 구하여 분양대금이 충분히 모일 때까지 이 사건 각 부동산이 경매로 타인에게 넘어가는 것을 저지하기 위하여, 제3자 명의로 감정가보다 훨씬 높은 금액으로 낙찰받고 매각대금을 납부하지 않는 행위를 반복함 – 입찰방해죄 ○

피고인은 민사집행법상 기일입찰 방식의 경매절차에서 경매목적물을 매수할 의사나 능력 없이 오로지 경매목적물이 제3자에게 매각되는 것을 저지하기 위하여 경매절차를 지연할 목적으로 다른 사람의 명의를 이용하여 감정가와 현저하게 차이가 나는 금액으로 입찰하는 행위를 반복함으로써 제3자의 매수를 사실상 봉쇄하여 전체적으로 경매절차를 형해화하는 정도에 이르렀고, 이는 위계로써 경매의 공정을 해한 것으로 볼 수 있다. (대법원 2023. 12. 21. 선고 2023도10254 판결)

판례 甲사가 입찰에 참가한 5개 社중에 (무의미한) 1개 社와만 담합하였을 뿐인 경우 – 입찰방해죄(공정) ✕

담합이 있고 그에 따른 담합금이 수수되었다 하더라도 입찰시행자의 이익을 해함이 없이 자유로운 경쟁을 한 것과 동일한 결과로 되는 경우에는 입찰의 공정을 해할 위험성이 없다고 할 것인바, 이 사건 입찰에 참가한 (갑), (을), (병), (정), (무)의 5개 회사 중에서 (갑)회사의 전무인 피고인이 담합한 것은 (을)회사가 들러리로 세운 (병)회사 뿐이며 (을), (무)회사와는 담합이 이루어지지 아니하여 그들의 투찰가격은 모두 입찰예정가격을 넘고 있으며, 피고인 역시 (을)회사 등으로부터 확답을 못얻어 불안한 나머지 당초 예정한 것보다 훨씬 높은 가격으로 응찰하였고, (병)회사 등이 (을)회사의 들러리로 입찰에 참가하게 된 사정을 몰랐다면 비록 피고인이 담합을 제의하였으나 실질적인 입찰참가자인 (을), (무)회사 등이 이를 받아들이지 않은 이상 그들을 형식적으로 입찰에 참가하게 하여 피고인의 실질적인 단독입찰을 경쟁입찰로 가장한 것이라고 볼 수 없고 결국은 자유경쟁을 한 것과 동일한 결과로 되어 위 (병)회사가 부정한 이익을 받았다 하더라도 그것만으로는 입찰방해죄가 성립한다고 볼 수 없다. (대법원 1983. 1. 18. 선고 81도824 판결)

판례 주문자의 예정가격 내에서 무모한 출혈경쟁을 방지하고자 담합 – 입찰방해죄(공정) ✕

피고인 1, 2, 3의 담합의 목적이 세탁물 단가 가격을 올려 주문자의 이익을 해하려는 것이 아니고, 주문자의 예정가격 내에서 무모한 경쟁을 방지하려고 함에 있다고 보아야 할 것이고, 이러한 경우에 담합자끼리 금품의 수수가 있었다고 하더라도 입찰자체의 공정을 해하였다고는 볼 수 없다고 할 것이다. (대법원 1971. 4. 20. 선고 70도2241 판결) **표준**

참고 매우 이례적인 판결이다.

기수시기에 관한 판례를 살펴본다.

판례 경매·입찰방해죄 기수시기 – 입찰의 공정을 해할 행위를 하면 충분 (결과 불요)

입찰방해죄는 위계 또는 위력 기타의 방법으로 입찰의 공정을 해하는 경우에 성립하는 위태범으로서, 입찰의 공정을 해할 행위를 하면 그것으로 족한 것이지 현실적으로 입찰의 공정을 해한 결과가 발생할 필요는 없다.

소위 담합행위를 한 경우에는 담합자 상호간에 금품의 수수와 상관없이 입찰의 공정을 해할 위험성이 있다 할 것이고, 담합자 상호간에 담합의 대가에 관한 다툼이 있었고, 실제의 낙찰단가가 낙찰예정단가보다 낮아 입찰시행자에게 유리하게 결정되었다고 하여 그러한 위험성이 없었다거나 입찰방해죄가 미수에 그친 것이라고 할 수는 없다. (대법원 1994. 5. 24. 선고 94도600 판결)

사생활의 평온에 대한 죄

01 비밀침해의 죄

I 비밀침해죄

제316조(비밀침해) ① 봉함 기타 비밀장치한 사람의 편지, 문서 또는 도화를 개봉한 자는 3년 이하의
징역이나 금고 또는 500만원 이하의 벌금에 처한다.
② 봉함 기타 비밀장치한 사람의 편지, 문서, 도화 또는 전자기록등 특수매체기록을 기술적 수단을
이용하여 그 내용을 알아낸 자도 제1항의 형과 같다.
제318조(고소) 본장의 죄는 고소가 있어야 공소를 제기할 수 있다.

例規 제316조 ① (편지, 문서, 도화)개봉 ② (편지, 문서, 도화, 전자기록등)내용탐지	미수 ×

🔍 **핵심단어**
• ① 봉함 기타 비밀장치한 편지·문서·도화·전자기록 등 특수매체기록 ② 개봉·기술적 내용탐지

본죄는 친고죄이므로 고소가 있어야 공소를 제기할 수 있다. 관련 판례를 살펴본다.

(판례) 2단 서랍의 아랫칸에 잠금장치가 되어 있었는데, 윗칸을 밖으로 빼내어 아랫칸을 개봉한 경우 –
문서개봉죄 ○
'봉함 기타 비밀장치가 되어 있는 문서'란 '기타 비밀장치'라는 일반 조항을 사용하여 널리 비밀을 보호
하고자 하는 위 규정의 취지에 비추어 볼 때, 반드시 문서 자체에 비밀장치가 되어 있는 것만을 의미하
는 것은 아니고, 봉함 이외의 방법으로 외부 포장을 만들어서 그 안의 내용을 알 수 없게 만드는 일체의
장치를 가리키는 것으로, 잠금장치 있는 용기나 서랍 등도 포함한다. (대법원 2008. 11. 27. 선고 2008도
9071 판결) 표준

판례 회사의 이익을 빼돌린다는 소문을 확인할 목적으로, 피해자가 사용하면서 비밀번호를 설정하여 비밀장치를 한 전자기록인 개인용 컴퓨터의 하드디스크를 검색 – 전자기록등내용탐지죄(위법성) ✕

'회사의 직원이 회사의 이익을 빼돌린다'는 소문을 확인할 목적으로, 비밀번호를 설정함으로써 비밀장치를 한 전자기록인 피해자가 사용하던 '개인용 컴퓨터의 하드디스크'를 떼어내어 다른 컴퓨터에 연결한 다음 의심이 드는 단어로 파일을 검색하여 메신저 대화 내용, 이메일 등을 출력한 사안에서, 피해자의 범죄 혐의를 구체적이고 합리적으로 의심할 수 있는 상황에서 피고인이 긴급히 확인하고 대처할 필요가 있었고, 그 열람의 범위를 범죄 혐의와 관련된 범위로 제한하였으며, 피해자가 입사시 회사 소유의 컴퓨터를 무단 사용하지 않고 업무 관련 결과물을 모두 회사에 귀속시키겠다고 약정하였고, 검색 결과 범죄 행위를 확인할 수 있는 여러 자료가 발견된 사정 등에 비추어, 피고인의 그러한 행위는 사회통념상 허용될 수 있는 상당성이 있는 행위로서 형법 제20조의 '정당행위'에 해당한다. (대법원 2009. 12. 24. 선고 2007도6243 판결)

판례 피고인이 피해자의 컴퓨터에 해킹프로그램(컴퓨터 사용자가 키보드로 입력하는 내용을 그대로 전송해 주는 '키로그' 프로그램)을 몰래 설치해 피해자의 네이트온, 카카오톡, 구글 계정의 각 아이디 및 비밀번호를 알아냄 – 전자기록등내용탐지죄(비밀장치) ✕

전자기록 등 특수매체기록이란 일정한 저장매체에 전자방식이나 자기방식 또는 광기술 등 이에 준하는 방식에 의하여 저장된 기록을 의미한다. 특히 전자기록은, 그 자체로는 물적 실체를 가진 것이 아니어서 별도의 표시·출력장치를 통하지 아니하고는 보거나 읽을 수 없고, 그 생성 과정에 여러 사람의 의사나 행위가 개재됨은 물론 추가 입력한 정보가 프로그램에 의하여 자동으로 기존의 정보와 결합하여 새로운 전자기록을 작출하는 경우도 적지 않으며, 그 이용 과정을 보아도 그 자체로서 객관적·고정적 의미를 가지면서 독립적으로 쓰이는 것이 아니라 개인 또는 법인이 전자적 방식에 의한 정보의 생성·처리·저장·출력을 목적으로 구축하여 설치·운영하는 시스템에서 쓰임으로써 예정된 증명적 기능을 수행한다. 이처럼 개정 형법이 전자기록 등 특수매체기록을 위 각 범죄의 행위 객체로 신설·추가한 입법 취지, 전자기록등내용탐지죄의 보호법익과 그 침해행위의 태양 및 가벌성 등에 비추어 볼 때, 이 사건 아이디 등은 전자방식에 의하여 피해자의 노트북 컴퓨터에 저장된 기록으로서 형법 제316조 제2항의 '전자기록 등 특수매체기록'에 해당한다. 따라서 특정인의 의사가 표시되지 않았다는 점만을 들어 이 사건 아이디 등을 전자기록 등에서 제외한 원심의 판단은 잘못이다.

한편, 형법 제316조 제2항 소정의 전자기록등내용탐지죄는 봉함 기타 비밀장치한 전자기록 등 특수매체기록을 기술적 수단을 이용하여 그 내용을 알아낸 자를 처벌하는 규정인바, 전자기록 등 특수매체기록에 해당하더라도 봉함 기타 비밀장치가 되어 있지 아니한 것은 이를 기술적 수단을 동원해서 알아냈더라도 전자기록등내용탐지죄가 성립하지 않는다. … (중략) … 인정사실만으로는 이 사건 아이디 등 혹은 그 내용이 기록된 텍스트 파일에 봉함 기타 비밀장치가 되어 있는 것으로 볼 수 없고 달리 이를 인정할 증거가 없으며, 오히려 피해자의 노트북 컴퓨터 그 자체에는 비밀번호나 화면보호기 등 별도의 보안장치가 설정되어 있지 않았던 것으로 보일 뿐이다. 결국 이 사건 아이디 등이 형법 제316조 제2항에 규정된 전자기록 등 특수매체기록에는 해당하더라도 이에 대하여 별도의 보안장치가 설정되어 있지 않은 등 비밀장치가 된 것으로 볼 수 없는 이상, 이 사건 아이디 등을 위 프로그램을 이용하여 알아냈더라도 전자기록등내용탐지죄가 성립하지 않는다. (대법원 2022. 3. 31. 선고 2021도8900 판결)

참고 피고인이 이 사건 아이디 등을 이용해 피해자의 네이트온 계정 등에 접속한 행위 및 이를 통해 피해자와 다른 사람들 사이의 대화내용 등을 다운로드 받은 행위에 대해서는 원심에서 정통망법위반(정보통신망침해등)죄, 전자기록등내용탐지죄가 인정되었고 이 부분에 대해서는 피고인과 검사 모두 상고하지 아니하였다.

Ⅱ   업무상비밀누설죄

> **제317조(업무상비밀누설)** ① 의사, 한의사, 치과의사, 약제사, 약종상, 조산사, 변호사, 변리사, 공인회계사, 공증인, 대서업자나 그 직무상 보조자 또는 차등의 직에 있던 자가 그 직무처리중 지득한 타인의 비밀을 누설한 때에는 3년 이하의 징역이나 금고, 10년 이하의 자격정지 또는 700만원 이하의 벌금에 처한다. <개정 1995. 12. 29., 1997. 12. 13.>
> ② 종교의 직에 있는 자 또는 있던 자가 그 직무상 지득한 사람의 비밀을 누설한 때에도 전항의 형과 같다.
>
> **제318조(고소)** 본장의 죄는 고소가 있어야 공소를 제기할 수 있다.

例規 제317조 업무상비밀누설	미수 ×

🔍 **핵심단어**
• ① 의료인·변호사 등이 ② 직무처리 중 지득한 타인의 비밀 ③ 누설

조문을 확인하는 것으로 충분하다.

> **[판례]** 병원에서 분실된 진료기록의 일부를 당사자가 증거로 제출 – 업무상비밀누설죄 × (대법원 1992. 5. 22. 선고 91다39320 판결)

02   주거침입의 죄

Ⅰ   주거침입죄

> **제319조(주거침입, 퇴거불응)** ① 사람의 주거, 관리하는 건조물, 선박이나 항공기 또는 점유하는 방실에 침입한 자는 3년 이하의 징역 또는 500만원 이하의 벌금에 처한다.

例規 제319조 ① (주거, 건조물, 선박, 항공기, 방실)침입	미수 ○

> 🔍 **핵심단어**
> - ① 주거·건조물 등 ② 침입
> - 위요지란 건조물 인접토지로서 ① 건조물 이용에 제공 ② 제3자 함부로 출입할 수 없다는 점이 명확히 드러남
> - 침입이란 주거의 사실상 평온상태를 해치는 행위 태양으로 주거에 들어가는 행위

2인 이상이 공동하여 주거침입한 경우, 폭력행위 등 처벌에 관한 법률이 적용된다.[51]

주거침입의 요건을 분설하기 전에 보호법익을 검토한다. ① 주거권설과 ② 사실상의 평온설이 대립한다. 무권리자의 점유 보호 여부가 논의의 실익이다. 판례는 ②설을 취하며 무권리자의 점유를 보호한다.

판례 주거침입죄 보호법익 – 사실상의 (주거의) 평온 ○ (주거권 ×)

주거침입죄는 사실상의 주거의 평온을 보호법익으로 하는 것이므로 그 거주자 또는 간수자가 건조물 등에 주거 또는 간수할 권리를 가지고 있는 여부는 범죄의 성립을 좌우하는 것이 아니며 점유할 권리없는 자의 점유라 하더라도 그 주거의 평온은 보호되어야 할 것이므로 권리자가 그 권리를 실현함에 있어 법에 정하여진 절차에 의하지 아니하고 그 주거 또는 건조물에 침입하는 경우에는 주거침입죄가 성립한다. (대법원 1984. 4. 24. 선고 83도1429 판결)

판례 경락인이 당연무효인 경락허가결정에 기한 인도명령에 따라 건물의 점유를 확보하였는데, 건물의 소유자인 피고인이 무단으로 건물에 들어감 – 주거침입죄 ○

근저당권설정등기가 되어 있지 아니한 별개 독립의 이 사건 건물이 근저당권의 목적으로 된 대지 및 건물과 일괄하여 경매된 경우 이 사건 건물에 대한 경락허가결정이 당연무효라고 하더라도 이에 기한 인도명령에 의한 집행으로서 일단 이 사건 건물의 점유가 경락인에게 이전된 이상 이 사건 건물의 소유자인 피고인이 위 무효인 인도집행에 반하여 위 건물에 들어간 경우에도 주거침입죄는 성립한다. (대법원 1984. 4. 24. 선고 83도1429 판결, 대법원 1985. 3. 26. 선고 85도122 판결)

해설 소유자는 이미 형성된 경락인의 점유를 사적으로 침탈할 게 아니라 법원을 통해 정당한 권리를 행사하는 방식으로 점유를 이전받아야 한다.

판례 甲 소유의 집을 동거중인 乙이 丙에게 매각·인도하여 丙의 점유가 형성되었는데 甲이 그 집을 무단으로 들어감 – 주거침입죄 ○ (대법원 1989. 9. 12. 선고 89도889 판결)

---

51 **폭력행위 등 처벌에 관한 법률 제2조(폭행 등)** ② 2명 이상이 공동하여 다음 각 호의 죄를 범한 사람은 「형법」 각 해당 조항에서 정한 형의 2분의 1까지 가중한다. 1. 「형법」 제260조제1항(폭행), 제283조제1항(협박), 제319조(주거침입, 퇴거불응) 또는 제366조(재물손괴 등)의 죄 2. 「형법」 제260조제2항(존속폭행), 제276조제1항(체포, 감금), 제283조제2항(존속협박) 또는 제324조제1항(강요)의 죄 3. 「형법」 제257조제1항(상해)·제2항(존속상해), 제276조제2항(존속체포, 존속감금) 또는 제350조(공갈)의 죄

> **판례** 舊 재단 측이 농아원을 관리할 법률상의 권한을 상실한 뒤에도 계속하여 점유하고 있었는데, 피고인들이 강제적으로 진입함 – 폭처법 공동주거침입죄 ○ (대법원 2007. 7. 27. 선고 2006도3137 판결)

1. 객체: 주거·건조물 등

① 주거란 사람이 먹고 자고 눕고 일어나는 데에(기와침식, 起臥寢食) 사용되는 공간을 의미한다. ② 건조물이란 주거를 제외한 일체의 건물 및 위요지를 말한다. ③ 방실이란 건물 내에서 사실상 지배·관리하는 일구획을 말한다. 그 외에 ④ 선박과 ⑤ 항공기도 객체가 된다.

대법원은 ① 아파트의 공용계단·복도 역시 '주거'에 포함되고 ② 건조물 인접토지로서 건조물 이용에 제공되고 제3자가 함부로 출입할 수 없다는 점이 객관적으로 명확히 드러나는 위요지 역시 '건조물'에 포함된다고 보아 문언에 비해 그 범위를 확장시킨다. 주거에 관한 판례를 먼저 살펴본다.

> **판례** 다가구용 단독주택이나 공동주택 내부에 있는 공용 계단과 복도 침입 – 주거침입죄 ○
> 주거침입죄에서 주거란 단순히 가옥 자체만을 말하는 것이 아니라 그 정원 등 위요지를 포함한다. 따라서 다가구용 단독주택이나 다세대주택·연립주택·아파트 등 공동주택 안에서 공용으로 사용하는 계단과 복도는, 주거로 사용하는 각 가구 또는 세대의 전용 부분에 필수적으로 부속하는 부분으로서 그 거주자들에 의하여 일상생활에서 감시·관리가 예정되어 있고 사실상의 주거의 평온을 보호할 필요성이 있는 부분이므로, 특별한 사정이 없는 한 주거침입죄의 객체인 '사람의 주거'에 해당한다. (대법원 2009. 8. 20. 선고 2009도3452 판결)
>
> **비교** 야간에도 개방하는 영업소가 들어있는 건물의 복도·계단에 출입 – 주거침입죄 ×
> 다방, 당구장, 독서실 등의 영업소가 들어서 있는 건물중 공용으로 사용되는 계단과 복도는 주야간을 막론하고 관리자의 명시적 승낙이 없어도 누구나 자유롭게 통행할 수 있는 곳이라 할 것이므로 관리자가 1층 출입문을 특별히 시정하지 않는 한 범죄의 목적으로 위 건물에 들어가는 경우 이외에는 그 출입에 관하여 관리자나 소유자의 묵시적 승낙이 있다고 봄이 상당하여 그 출입행위는 주거침입죄를 구성하지 않는다. (대법원 1985. 2. 8. 선고 84도2917 판결)
>
> **판례** 다가구용 단독주택인 빌라의 잠기지 않은 대문을 열고 들어가 공용 계단으로 빌라 3층까지 올라갔다가 1층으로 내려옴 – 주거침입죄 기수 ○ (대법원 2009. 8. 20. 선고 2009도3452 판결)
>
> **판례** 수일 전에 피해자를 두 차례 강간하였던 피고인이 대문을 몰래 열고 들어와 담장과 피해자가 거주하던 방 사이의 좁은 통로에서 창문을 통하여 방안을 엿봄 – 주거침입죄 기수 ○
> 주거라 함은 단순히 가옥 자체만을 말하는 것이 아니라 그 위요지를 포함한다. (대법원 2001. 4. 24. 선고 2001도1092 판결) **표준**

이어서 건조물에 관한 판례를 먼저 살펴본다.[52]

[판례] 위요지 – 건조물 인접토지로서 ① 건조물 이용에 제공 ② 제3자 함부로 출입할 수 없다는 점이 명확히 드러남

'건조물'은 주거침입죄가 사실상 주거의 평온을 보호법익으로 하는 점에 비추어 엄격한 의미에서의 건조물 그 자체뿐만이 아니라 그에 부속하는 위요지를 포함한다고 할 것이나, 여기서 위요지라고 함은 건조물에 인접한 그 주변의 토지로서 외부와의 경계에 담 등이 설치되어 그 토지가 건조물의 이용에 제공되고 또 외부인이 함부로 출입할 수 없다는 점이 객관적으로 명확하게 드러나야 한다. (대법원 2010. 4. 29. 선고 2009도14643 판결)

[판례] 화단의 설치, 수목의 식재 등으로 담장의 설치를 대체하여 그 주변 토지가 건물, 화단, 수목 등으로 둘러싸여 건조물의 이용에 제공되었다는 것이 명확히 드러남 – 위요지 ○ (퇴거불응죄의 '건조물'에 해당함) (대법원 2010. 3. 11. 선고 2009도12609 판결)

[비교] 도로에 바로 접하여 있고, 도로에서 주거용 건물·축사 4동·비닐하우스 2동으로 이루어진 시설로 들어가는 입구 등에 문·담 기타 설비가 전혀 없고, 노폭 5m 정도의 통로로 누구나 자유롭게 드나들 수 있었는데, 피고인이 차를 몰고 위 통로로 진입하여 축사 앞 공토까지 들어감 – 건조물침입죄(위요지) × (대법원 2010. 4. 29. 선고 2009도14643 판결)

[판례] 알루미늄 샷시로 된 벽·지붕을 갖춘 1.5평의 담배점포에 침입하여 절도 – 야간주거침입절도죄 (건조물) ○

건조물은 주위벽 또는 기둥과 지붕 또는 천정으로 구성된 구조물로서 사람이 기거하거나 출입할 수 있는 장소를 말하며 반드시 영구적인 구조물일 것을 요하지 않는다. (대법원 1989. 2. 28. 선고 88도2430, 88감도194 판결)

[판례] 피고인 등 70명 정도의 근로자가 약 10평 정도 방실 등이 있는 골리앗크레인에 무단침입 – 폭처법 공동주거침입죄(건조물) ○ (대법원 1991. 6. 11. 선고 91도753 판결)

[비교] 피고인들이 타워크레인에 무단침입 – 폭처법 공동주거침입죄(건조물) ×

피고인들이 건물신축 공사현장에 무단으로 들어간 뒤 타워크레인에 올라가 이를 점거한 사안에서, 타워크레인은 건설기계의 일종으로서 작업을 위하여 토지에 고정되었을 뿐이고 운전실은 기계를 운전하기 위한 작업공간 그 자체이지 건조물침입죄의 객체인 건조물에 해당하지 아니하고, 피고인들이 위 공사현장에 컨테이너박스 등으로 가설된 현장사무실 또는 경비실 자체에 들어가지 아니하였다면, 피고인들이 위 공사현장의 구내에 들어간 행위를 위 공사현장 구내에 있는 건조물인 위 각 현장사무실 또는 경비실에 침입한 행위로 보거나, 위 공사현장 구내에 있는 건축 중인 건물에 침입한 행위로 볼 수 없다. (대법원 2005. 10. 7. 선고 2005도5351 판결)

해설 비교판례를 분석한다. ① 타워크레인은 작업공간 그 자체이므로 건조물이라 볼 수 없다. ② 공사현장의 현장사무실·경비실은 건조물이긴하나 침입한 적이 없다. ③ 공사현장 주변 토지는 (아직 건조물이 아닌)

---

[52] 판례는 '주거침입죄'와 '건조물침입죄'를 엄밀히 구별하지 않고 혼용한다. 이하 죄명은 판례를 따른다.

공사중인 건축물의 이용에 제공될 뿐이어서 위요지의 요건('건조물의 이용에 제공')을 갖추지 못하였다. 따라서 주거침입죄 불성립한다. 그러나 ④ 타워크레인을 이틀 넘게 점거하여 농성한 이상 피해자의 건물신축 업무에 대한 (위력)업무방해죄가 성립한다(무죄가 아니다).

참고 구글에 '골리앗크레인 내부'를 검색하여 본다. 길거리에서 볼 수 있는 담배점포 수준의 내부를 갖추고 있고 간이침대를 두고 생활이 가능하다. '타워크레인 내부'를 검색하여 본다. 포크레인 운전석보다 약간 넓을 뿐이다.

판례 피해자 소유의 ① 축사 건물·② 부지를 임의경매절차에서 매수한 피고인이 ② 부지 밖에 ③ 별개의 토지 위에 존재하는 ④ 독립한 건조물인 소독시설을 통로로 삼아 ① 위 축사건물에 출입 – 건조물침입죄(건조물) ○ (대법원 2007. 12. 13. 선고 2007도7247 판결)

판례 피고인들이 촉석루 내 의기사에 보관 중이던 공용물건인 논개영정을 적법한 권한 없이 강제로 철거할 목적으로 위 의기사에 들어감 – 폭처법 공동주거침입죄(건조물) ○ (대법원 2007. 3. 15. 선고 2006도7079 판결)

해설 ① 의기사가 건조물에 해당한다는 점, ② 범죄목적 출입은 침입에 해당한다는 점 모두 쟁점이다.

판례 피고인 등은 골프장 부지에 설치된 사드(THAAD) 기지 외곽 철조망에 도착하자 각목과 장갑을 이용해 통과한 뒤 300m 정도 진행하다가 내곽 철조망에 도착하자 모포와 장갑을 이용해 통과한 뒤 사드기지 내부 1km 지점까지 진입하였는데, 내부에는 클럽하우스·골프텔 등의 건축물이 있었음 – 폭처법 공동주거침입죄(건조물) ○

위 사드기지는 더 이상 골프장으로 사용되고 있지 않을 뿐만 아니라 이미 사드발사대 2대가 반입되어 이를 운용하기 위한 병력이 골프장으로 이용될 당시의 클럽하우스, 골프텔 등의 건축물에 주둔하고 있었고, 군 당국은 외부인 출입을 엄격히 금지하기 위하여 사드기지의 경계에 외곽 철조망과 내곽 철조망을 2중으로 설치하여 외부인의 접근을 철저하게 통제하고 있었으므로, 위 사드기지의 부지는 기지 내 건물의 위요지에 해당한다. (대법원 2020. 3. 12. 선고 2019도16484 판결)

2. 행위: 침입

구 판례는 '침입'이란 주거자의 명시적·추정적 의사에 반하여 주거에 들어가는 행위를 말하며, 일반인의 출입이 허용된 음식점이라 하더라도 영업주의 명시적 또는 추정적 의사에 반하여 들어간 이상 주거침입죄가 성립한다고 보았다(95도2674 판결).

그러나 신 판례는 주거자의 의사가 아닌 침입의 객관적 행위 태양을 기준으로 '침입' 여부를 판단한다. 즉, 침입이란 주거의 사실상 평온상태를 해치는 행위 태양으로 주거에 들어가는 것을 말하고, 출입 당시 객관적·외형적으로 드러난 행위 태양을 기준으로 판단함이 원칙이며, 거주자의 의사에 반하는지 여부는 사실상의 평온상태를 해치는 행위 태양인지를 평가할 때 고려할 요소 중 하나이지만 주된 평가 요소는 아니다(2017도18272 전합 판결).

주거자의 명시적 의사에 반하여 주거에 들어가는 행위의 경우, 신 판례·구 판례 어느 것에 따르더라도 본죄가 인정될 것이다. 문제는 주거자의 추정적 의사에 반하는 경우이다. 구 판례는 이에 대해 폭넓게 주거침입죄를 인정하였지만, 신 판례는 그 범위를 무척 좁게 보고 있다. 2017도18272 전합 판결 등 신 판례들을 통해 '침입'의 의미를 살펴본다. 특히 주거자의 추정적 의사에 반하여 주거에 들어가는 행위에 대한 신 판례의 입장에 주목해야 한다.

판례 피고인들이 공모하여 피해자들이 운영하는 각 음식점에서 인터넷 언론사 기자 甲을 만나 식사를 대접하면서 甲이 부적절한 요구를 하는 장면 등을 확보할 목적으로 녹음·녹화장치를 설치하거나 장치의 작동 여부 확인 및 이를 제거하기 위하여 손님을 가장하여 각 음식점의 방실에 들어감 – 주거침입죄(침입) ✕

주거침입죄는 사실상 주거의 평온을 보호법익으로 한다. 주거침입죄의 구성요건적 행위인 침입은 주거침입죄의 보호법익과의 관계에서 해석하여야 하므로, 침입이란 주거의 사실상 평온상태를 해치는 행위 태양으로 주거에 들어가는 것을 의미하고, 침입에 해당하는지는 출입 당시 객관적·외형적으로 드러난 행위 태양을 기준으로 판단함이 원칙이다. 사실상의 평온상태를 해치는 행위 태양으로 주거에 들어가는 것이라면 대체로 거주자의 의사에 반하겠지만, 단순히 주거에 들어가는 행위 자체가 거주자의 의사에 반한다는 주관적 사정만으로는 바로 침입에 해당한다고 볼 수 없다. 거주자의 의사에 반하는지는 사실상의 평온상태를 해치는 행위 태양인지를 평가할 때 고려할 요소 중 하나이지만 주된 평가 요소가 될 수는 없다. 따라서 침입행위에 해당하는지는 거주자의 의사에 반하는지가 아니라 사실상의 평온상태를 해치는 행위 태양인지에 따라 판단되어야 한다.

행위자가 거주자의 승낙을 받아 주거에 들어갔으나 범죄나 불법행위 등(이하 '범죄 등'이라 한다)을 목적으로 한 출입이거나 거주자가 행위자의 실제 출입 목적을 알았더라면 출입을 승낙하지 않았을 것이라는 사정이 인정되는 경우 행위자의 출입행위가 주거침입죄에서 규정하는 침입행위에 해당하려면, 출입하려는 주거 등의 형태와 용도·성질, 외부인에 대한 출입의 통제·관리 방식과 상태, 행위자의 출입 경위와 방법 등을 종합적으로 고려하여 행위자의 출입 당시 객관적·외형적으로 드러난 행위 태양에 비추어 주거의 사실상 평온상태가 침해되었다고 평가되어야 한다. 이때 거주자의 의사도 고려되지만 주거 등의 형태와 용도·성질, 외부인에 대한 출입의 통제·관리 방식과 상태 등 출입 당시 상황에 따라 그 정도는 달리 평가될 수 있다.

일반인의 출입이 허용된 음식점에 영업주의 승낙을 받아 통상적인 출입방법으로 들어갔다면 특별한 사정이 없는 한 주거침입죄에서 규정하는 침입행위에 해당하지 않는다. 설령 행위자가 범죄 등을 목적으로 음식점에 출입하였거나 영업주가 행위자의 실제 출입 목적을 알았더라면 출입을 승낙하지 않았을 것이라는 사정이 인정되더라도 그러한 사정만으로는 출입 당시 객관적·외형적으로 드러난 행위 태양에 비추어 사실상의 평온상태를 해치는 방법으로 음식점에 들어갔다고 평가할 수 없으므로 침입행위에 해당하지 않는다. (대법원 2022. 3. 24. 선고 2017도18272 전원합의체 판결)

동지 재물을 훔칠 목적으로 5회에 걸쳐 피해자가 관리하는 식당에 출입함 – 주거침입죄(침입) ✕ (대법원 2022. 5. 12. 선고 2022도2907 판결)

동지 피고인이 담배를 절취할 목적으로 편의점에 들어가 직원에게 담배 1보루를 달라고 하여 받은 후 그대로 도주함 – 야간건조물침입절도죄(침입) ✕ (대법원 2022. 7. 28. 선고 2022도5659 판결)

(동지) 임차인 피해자가 카페 영업을 중단하면서 임대인 피고인에게 임차 희망자가 방문하는 경우 출입하도록 출입문 열쇠를 맡겼는데, 피고인은 임대차기간 중임에도 임의로 카페에 들어가 피해자의 집기를 철거함 – ① 주거침입죄(침입) ×, ② 재물손괴죄 ○ (대법원 2022. 7. 28. 선고 2022도419 판결)

(동지) 남자친구인 피고인이 피해자의 안방에 카메라가 부착된 TV인 사실을 숨기고 피해자에게 TV를 설치해주겠다면서 안방까지 들어감 – 주거침입죄(침입) × (대법원 2022. 4. 28. 선고 2022도1717 판결)

(동지) 피고인이 일요일 야간에 피해회사 사무실에 절도 목적으로 출입하였으나, 피고인은 피해회사에 파견근무 중이었고 교부받은 스마트키를 이용하여 들어감 – 주거침입죄(침입) × (대법원 2023. 6. 29. 선고 2023도3351 판결)

(판례) 시사프로그램의 프로듀서와 촬영감독이 구치소장의 허가 없이 구치소에 수용 중인 사람을 취재하기 위하여 접견허가를 받은 다음 명함지갑 형태의 녹음·녹화장비를 소지한 채 접견실에 들어가 수용자를 취재 – ① 위계공집방죄 × ② 주거침입죄(침입) ×

관리자에 의해 출입이 통제되는 건조물에 관리자의 승낙을 받아 건조물에 통상적인 출입방법으로 들어갔다면, 이러한 승낙의 의사표시에 기망이나 착오 등의 하자가 있더라도 특별한 사정이 없는 한 형법 제319조 제1항에서 정한 건조물침입죄가 성립하지 않는다. 이러한 경우 관리자의 현실적인 승낙이 있었으므로 가정적·추정적 의사는 고려할 필요가 없다. 단순히 승낙의 동기에 착오가 있다고 해서 승낙의 유효성에 영향을 미치지 않으므로, 관리자가 행위자의 실제 출입 목적을 알았더라면 출입을 승낙하지 않았을 사정이 있더라도 건조물침입죄가 성립한다고 볼 수 없다. 나아가 관리자의 현실적인 승낙을 받아 통상적인 출입방법에 따라 건조물에 들어간 경우에는 출입 당시 객관적·외형적으로 드러난 행위태양에 비추어 사실상의 평온상태를 해치는 모습으로 건조물에 들어간 것이라고 평가할 수도 없다. (대법원 2022. 3. 31. 선고 2018도15213 판결, 대법원 2022. 4. 28. 선고 2020도8030 판결)

(판례) 마트산업노동조합의 간부와 조합원인 피고인들(7명)이 홈플러스 강서점에 방문한 대표이사 등에게 해고와 전보 인사발령에 항의하기 위하여 식품매장에 들어가 당시 현장점검을 하던 피해자(점장)와 대표이사 등 간부들(20명 이상)을 약 30분간 따라다니면서 그 근처에서 피켓을 들고 서있거나 요구사항을 외침 – ① 업무방해죄(위력) × ② 주거침입죄(침입) × (대법원 2022. 9. 7. 선고 2021도9055 판결)

(참고) ① 홈플러스 강서점 2층 매장은 일반적으로 개방되어 있는 장소라는 점, ② 피고인들은 영업시간에 손님들이 이용하는 정문과 매장 입구를 차례로 통과하여 2층 매장에 들어가면서 보안요원 등에게 제지를 받거나 보안요원이 자리를 비운 때를 노려 몰래 들어가는 등 특별한 조치를 취하지도 아니한 점 등에 비추어 관리자의 추정적 의사에 반하였더라도 그러한 사정만으로는 사실상의 평온상태를 해치는 행위 태양으로 출입하였다고 평가할 수 없다고 보았다.

(동지) 피고인들이 공동하여 ○○시청에 이르러 150여 명의 조합원들과 함께 시청 1층 로비로 들어가 바닥에 앉아 구호를 외치며 소란을 피우긴 했지만, 시청 1층 중앙현관을 통해 1층 로비에 들어가면서 공무원 등으로부터 아무런 제지를 받지 않았고, 다수의 힘 또는 위세를 이용하여 들어간 정황도 없는 경우 – 주거침입죄(침입) × (대법원 2022. 6. 16. 선고 2021도7087 판결)

(동지) 업무시간 중 출입자격 등의 제한 없이 일방적으로 개방되어 있는 장소에 들어간 경우, 관리자의 명시적 출입금지 의사 및 조치가 없었던 이상 그 출입 행위가 결과적으로 관리자의 추정적 의사에 반하였다는 사정만으로는 사실상의 평온상태를 해치는 행위태양으로 출입하였다고 평가할 수 없음 (대법원 2024. 1. 4. 선고 2022도15955 판결)

[판례] 피해자와 교제하였으나 약 7개월 전 헤어진 피고인이 피해자 거주 아파트 지하 2층 주차장에서 피해자의 집이 속해 있는 동으로 연결된 출입구의 공동출입문에 교제 당시 피해자를 통해 알게 된 비밀번호를 입력하여 위 출입구로 들어가 엘리베이터를 탑승하여 피해자의 집이 있는 층으로 올라가고, 현관문 앞에 이르러 약 1분간 현관문 비밀번호를 누르며 피해자의 집에 출입하려고 시도하다가 피해자가 '누구세요'라고 묻자 도주함 – 주거침입죄(침입) ○

아파트 등 공동주택의 공동현관에 출입하는 경우에도, 그것이 주거로 사용하는 각 세대의 전용 부분에 필수적으로 부속하는 부분으로 거주자와 관리자에게만 부여된 비밀번호를 출입문에 입력하여야만 출입할 수 있거나, 외부인의 출입을 통제·관리하기 위한 취지의 표시나 경비원이 존재하는 등 외형적으로 외부인의 무단출입을 통제·관리하고 있는 사정이 존재하고, 외부인이 이를 인식하고서도 그 출입에 관한 거주자나 관리자의 승낙이 없음은 물론, 거주자와의 관계 기타 출입의 필요 등에 비추어 보더라도 정당한 이유 없이 비밀번호를 임의로 입력하거나 조작하는 등의 방법으로 거주자나 관리자 모르게 공동현관에 출입한 경우와 같이, 그 출입 목적 및 경위, 출입의 태양과 출입한 시간 등을 종합적으로 고려할 때 공동주택 거주자의 사실상 주거의 평온상태를 해치는 행위태양으로 볼 수 있는 경우라면 공동주택 거주자들에 대한 주거침입에 해당할 것이다. (대법원 2022. 1. 27. 선고 2021도15507 판결)

참고 판례는 다음 이유를 종합하여 피고인의 행위는 피해자와 같은 동에 거주하는 입주자들의 사실상 주거의 평온상태를 해치는 행위라고 보아 공동주택 내부의 공용 부분에 대한 주거침입죄를 인정하였다. ① 피고인은 이 사건 아파트 거주자가 아니며 피해자와 교제 당시 일시적으로 출입하였을 뿐 약 7개월 동안 출입하지 않았고, ② 피해자의 주거에 '몰래' 들어간다는 의도를 가지고 있었으며, ③ 피해자가 피고인과의 만남을 거부하는 상황이었고 피해자에게 아무런 사전 연락조차 없었으며 당시는 심야시간이었다. 이 판례는 비록 2017도18272 전합 판결 선고 전의 판결이지만, '침입'을 판단하는 데에 있어 주거자의 의사가 아니라 사실상 주거의 평온상태를 해치는 행위태양인지 여부를 기준으로 하였다는 점에서 위 전합 판결과 같은 취지의 판결이라 할 수 있다.

[동지] 피고인은 근처 편의점에서 처음 마주친 피해자의 뒤를 계속하여 따라가다가 피해자가 거주하는 아파트 건물의 공동출입문을 통과하여 엘리베이터에 탑승함 – ① 주거침입죄(침입) ○ (대법원 2022. 4. 14. 선고 2022도1272, 2022전도9 판결)

[동지] 피고인이 예전 여자친구인 甲의 사적 대화 등을 몰래 녹음하거나, 현관문에 甲에게 불안감을 불러일으킬 수 있는 문구가 기재된 마스크를 걸어놓거나, 甲이 다른 남자와 찍은 사진을 올려놓으려는 의도로 3차례에 걸쳐 야간에 甲이 거주하는 빌라 건물의 공동현관, 계단을 통해 甲의 2층 주거 현관문 앞까지 들어감 – 주거침입죄(침입) ○ (대법원 2024. 2. 15. 선고 2023도15164 판결)

[동지] 피고인이 甲이 거주하는 빌라 건물의 공동현관문을 열고 들어가 5층 계단까지 침입한 후 공업용 접착제를 흡입함 – 주거침입죄(침입) ○

거주자가 아닌 외부인이 공동주택의 공용부분에 출입한 것이 공동주택 거주자들에 대한 주거침입에 해당하는지를 판단할 때에도 공용부분이 일반 공중에 출입이 허용된 공간이 아니고 주거로 사용되는 각 가구 또는 세대의 전유부분에 필수적으로 부속하는 부분으로서 거주자들 또는 관리자에 의하여 외부인의 출입에 대한 통제·관리가 예정되어 있어 거주자들의 사실상 주거의 평온을 보호할 필요성이 있는 부분인지, 공동주택의 거주자들이나 관리자가 평소 외부인이 그곳에 출입하는 것을 통제·관리하였는지 등의 사정과 외부인의 출입 목적 및 경위, 출입의 태양과 출입한 시간 등을 종합적으로 고려하여 '주거의 사실상 평온상태가 침해되었는지'의 관점에서 객관적·외형적으로 판단하여야 한다. (대법원 2024. 6. 27. 선고 2023도16019 판결)

판례 피고인이 '피해자에게 100m 이내로 접근하지 말 것' 등을 명하는 접근금지가처분 결정이 있음에도 임의로 피해자가 근무하는 사무실 안으로 들어감 – 건조물침입죄(침입) ○

사생활 보호의 필요성이 큰 사적 주거, 외부인의 출입이 엄격히 통제되는 건조물에 거주자나 관리자의 승낙 없이 몰래 들어간 경우 또는 출입 당시 거주자나 관리자가 출입의 금지나 제한을 하였음에도 이를 무시하고 출입한 경우에는 사실상의 평온상태가 침해된 경우로서 침입행위가 될 수 있다. (대법원 2024. 2. 8. 선고 2023도16595 판결)

이하에서는 '침입'의 구체적 사례들을 살펴본다. 위 2017도18272 전합 판결은 "95도2674 판결을 비롯하여 같은 취지의 대법원 판결들"을 변경한다고 언급할 뿐, 그 범위를 명확히 특정하지 않는다. 따라서 이하에서는 위 전합 판결의 (묵시적) 변경범위에 속하는지 여부도 짧게 다룬다.

판례 육군간부후보생 시험의 대리응시자들이 시험장에 입장함 – 주거침입죄(침입) ○ (대법원 1967. 12. 19. 선고 67도1281 판결)

참고 유지될 것으로 보인다. 2017도18272 전합 판결에서 대법관 김재형, 대법관 안철상은 별개의견으로, 대법관 노태악, 대법관 천대엽은 다수의견의 보충의견을 통해 위 판결이 유지됨을 전제로 각자의 논지를 전개하였다. 특히 대법관 노태악, 대법관 천대엽의 다수의견의 보충의견을 아래와 같이 옮긴다.
"한편 대법원 1967. 12. 19. 선고 67도1281 판결은 육군간부후보생 모집을 위한 학과시험에 대리(代理)로 응시하기 위하여 시험장에 출입한 사안으로서 관리자의 출입 승낙이 있었더라도 사실상의 평온상태를 해치는 행위 태양으로 시험장에 출입한 것으로 평가할 수 있으므로 폐기 대상에 포함되지 않는다. <u>일반인의 자유로운 출입이 허용되지 않고 출입자격이 실제 시험에 응시하는 수험생으로 엄격히 제한되는 시험장에 출입하기 위해 관리자를 기망하여 출입 승낙을 받아 시험장에 출입한 행위는, 출입 당시 객관적·외형적으로 드러난 행위 태양에 비추어 사실상의 평온상태를 해치는 경우에 해당한다고 볼 수 있기 때문이다.</u> 출입이 엄격히 제한되는 사적 주거나 건조물 등에 출입하기 위해 출입자격이나 조건을 기망하여 거주자나 관리자로부터 승낙을 받아 출입한 행위는 주거 등의 형태와 용도·성질, 외부인에 대한 출입의 통제·관리 방식과 상태 등에 비추어 그러한 기망적인 출입행위 자체로 주거 등의 사실상 평온상태를 해치는 행위 태양이라고 볼 수 있고, 단순히 출입 승낙이라는 의사를 형성하는 과정에 착오가 있는 경우와 같다고 볼 수는 없다. 이러한 점에서 침입 여부를 판단할 때 사실상의 평온상태가 침해되었는지가 기준이 되어야 폐기 대상인 대법원 95도2674 판결과 유지되는 대법원 67도1281 판결을 구별할 수 있다."

판례 피고인이 피해자와 이웃 사이어서 평소 그 주거에 무상출입하던 관계에 있었는데 범죄 목적으로 그 주거에 들어감 – 주거침입죄(침입) ○ (대법원 1983. 7. 12. 선고 83도1394 판결)

참고 폐기된 것으로 보인다.

판례 피고인이 피해자인 금남여객자동차주식회사에서 버스차장으로 근무하는 관계로 그 회사의 차고나 사무실에 출입할 수 있었는데 절취의 목적으로 들어감 – 주거침입죄(침입) ○ (대법원 1979. 10. 30. 선고 79도1882 판결)

참고 폐기된 것으로 보인다.

판례 피고인이 일반적으로 출입이 허가된 건물(터미널)을 출입이 금지된 시간에 그 건물담벽에 있던 드럼통을 딛고 담벽을 넘어 들어간 후 그곳 마당에 있던 아이스박스통과 삽을 같은 건물 화장실 유리창문 아래에 놓고 올라가 위 창문을 연 후 이를 통해 들어감 – 주거침입죄(침입) ○ (대법원 1990. 3. 13. 선고 90도173 판결)

참고 유지될 것으로 보인다.

판례 회사의 회장이었던 피고인이 퇴사한 이후 약 20일이 지나서 비정상적인 방법으로 사무실에 들어감 – 주거침입죄(침입) ○

평소 그 건조물에 출입이 허용된 사람이라 하더라도 주거에 들어간 행위가 거주자나 관리자의 명시적 또는 추정적 의사에 반함에도 불구하고 감행된 것이라면 주거침입죄는 성립하며, 출입문을 통한 정상적인 출입이 아닌 경우 특별한 사정이 없는 한 그 침입 방법 자체에 의하여 위와 같은 의사에 반하는 것으로 보아야 한다. (대법원 2007. 8. 23. 선고 2007도2595 판결) **표준**

참고 유지될 것으로 보인다.

판례 피고인이 피해자가 사용중인 공중화장실의 용변칸에 노크하여 남편으로 오인한 피해자가 용변칸 문을 열자 강간할 의도로 용변칸에 들어감 – 주거침입죄(침입) ○ (대법원 2003. 5. 30. 선고 2003도1256 판결)

참고 유지될 것으로 보인다. 객관적·외형적 행위태양상 침입에 해당될 것으로 보인다.

판례 직장 노조원들이 농성을 목적으로 '학생회의 동의'를 얻어 학생회관에 들어감 – 주거침입죄(침입) ○

학생회관의 관리권은 그 대학당국에 귀속된다고 보아야 하므로 학생회의 동의가 있어 그 침입이 위법하지 않다고 믿었다 하더라도 이에 정당사유가 있다고 볼 수 없어 주거침입죄가 성립한다. (대법원 1995. 4. 14. 선고 95도12 판결)

참고 유지될 것으로 보인다. 관리자의 명시한 의사에 반한 것으로 보인다.

판례 대학교가 ① 행사개최 불허 ② 외부인 출입 금지 ③ 경찰에 경비지원을 요청하였는데 피고인이 다수의 학생들과 함께 행사 개최를 목적으로 대학교에 들어가는 과정에서 교직원·경찰의 구체적 제지를 당하지 않음 – 특수건조물침입죄(침입) ○

대학교가 한국대학총학생회연합의 행사개최를 불허하고 외부인의 출입을 금지하는 한편 경찰에 시설물 보호를 위한 경비지원을 요청하였음에도 피고인이 다른 많은 학생들과 함께 위 행사에 참여하거나 주최하기 위하여 대학교에 들어간 것이라면, 들어갈 당시 경찰공무원 또는 대학교의 교직원들로부터 구체적으로 출입을 제지당하지 아니하였다고 하더라도 대학교 관리자의 의사에 반하여 다중의 위력으로써 건조물인 대학교에 침입한 것이다. (대법원 2003. 5. 13. 선고 2003도604 판결)

참고 유지될 것으로 보인다. 관리자의 명시한 의사에 반한 것으로 보인다.

판례 관리자의 출입제지에도 불구하고 다중이 고함·소란을 피우며 건조물 출입 – 특수건조물침입죄(침입) ○ (대법원 1996. 5. 10. 선고 96도419 판결)

참고 유지될 것으로 보인다. 관리자의 명시한 의사에 반한 것으로 보인다.

판례 공동주택 입주자대표회의가 입주자 아닌 외부인의 단지 내 주차장에 대한 출입금지를 결정하고

그 사실을 외부인에게 통보하였음에도 외부인이 주차장에 들어감 – 건조물침입죄(침입) ○

설령 외부인이 일부 입주자 등의 승낙을 받고 단지 안의 주차장에 들어갔다고 하더라도 개별 입주자 등은 그 주차장에 대한 본질적인 권리가 침해되지 않는 한 입주자대표회의의 단지 안의 주차장 관리에 관한 결정에 따를 의무가 있으므로 건조물침입죄의 성립에 영향이 없다. (대법원 2021. 1. 14. 선고 2017도21323 판결)

참고 유지될 것으로 보인다. 관리자의 명시한 의사에 반한 것으로 보인다. 피고인은 건식 손세차 서비스 영업을 영위하는 자로서, 위 입주자대표회의가 신청하여 인용된 법원의 출입금지 가처분 결정에도 불구하고 일부 입주자와 세차용역계약을 맺고 지하주차장에 들어가 차량을 세차하였다.

판례 피고인이 집을 나간 아내를 만나기 위해 장인인 피해자가 거주하는 처갓집에 들어갔는데, ① 피해자에게 '아내가 지금 오지 않으면 처갓집에 휘발유를 뿌리겠다', '처갓집을 부수고 불을 지르겠다' 등의 문자메시지를 보내고 ② 처갓집에 들어가는 과정에서 창문을 깨뜨렸으며 ③ 처갓집에 들어가며 휘발유로 추정되는 물질을 소지한 경우 – 주거침입죄(침입) ○ (대법원 2021. 10. 28. 선고 2021도9242 판결)

참고 유지될 것으로 보인다. 관리자의 명시한 의사에 반한 것으로 보인다.

판례 임차인이 임대차기간이 종료된 이후에도 계속 건물을 점유하자, 소유자가 임의로 건물출입문에 판자를 대었고, 임차인이 판자를 뜯고 건물에 들어감 – 건조물침입죄(침입) × (대법원 1973. 6. 26. 선고 73도460 판결)

참고 전합 판결과 직접적 관련 없다.

판례 평소 출입이 허락된 피고인이 범죄 목적 없이 주거에 들어갔다가 범의를 일으켜 절도 – 주거침입죄(침입) ×

피고인이 인근동리에 사는 고모의 아들인 피해자의 집에 잠시 들어가 있는 동안에 동 피해자에게 돈을 갚기 위하여 찾아온 동 피해자의 이질의 돈을 절취하였다면 피고인이 당초부터 불법목적을 가지고 위 피해자의 집에 들어갔거나 그의 의사에 반하여 그의 집에 들어간 것이 아니어서 주거침입죄 부분은 무죄에 해당한다. (대법원 1984. 2. 14. 선고 83도2897 판결)

참고 전합 판결과 직접적 관련 없다.

공동거주자의 동의와 관련된 판례를 살펴본다. 과거 대법원은 공동거주자의 추정적 의사에 반하는 출입행위는 주거침입죄에 해당한다고 보았다(예컨대 부부가 함께 거주하는 주거에 상간녀를 출입시키는 행위). 그러나 최근 대법원은 전원합의체 판결을 통해 공동거주자의 추정적 의사에 반하는 출입행위라 할지라도 주거의 사실상 평온상태를 해치지 아니하였다면 주거침입죄가 성립하지 않는다고 보아 기존의 견해를 변경하였다.

판례 피고인 甲이 유부녀 乙과 교제 중, 乙과 그의 남편 丙이 공동으로 거주하는 아파트에 이르러 乙이 열어 준 현관 출입문을 통해 3회에 걸쳐 출입함 – 주거침입죄(침입) ×

주거침입죄의 보호법익은 사적 생활관계에 있어서 사실상 누리고 있는 주거의 평온, 즉 '사실상 주거의 평온'으로서, 주거를 점유할 법적 권한이 없더라도 사실상의 권한이 있는 거주자가 주거에서 누리는 사실적 지배·관리관계가 평온하게 유지되는 상태를 말한다. 외부인이 무단으로 주거에 출입하게 되면 이러한 사실상 주거의 평온이 깨어지는 것이다. 이러한 보호법익은 주거를 점유하는 사실상태를 바탕으로 발생하는 것으로서 사실적 성질을 가진다.

한편 공동주거의 경우에는 여러 사람이 하나의 생활공간에서 거주하는 성질에 비추어 공동거주자 각자는 다른 거주자와의 관계로 인하여 주거에서 누리는 사실상 주거의 평온이라는 법익이 일정 부분 제약될 수밖에 없고, 공동거주자는 공동주거관계를 형성하면서 이러한 사정을 서로 용인하였다고 보아야 한다.

부재중인 일부 공동거주자에 대하여 주거침입죄가 성립하는지를 판단할 때에도 이러한 주거침입죄의 보호법익의 내용과 성질, 공동주거관계의 특성을 고려하여야 한다. 공동거주자 개개인은 각자 사실상 주거의 평온을 누릴 수 있으므로 어느 거주자가 부재중이라고 하더라도 사실상의 평온상태를 해치는 행위태양으로 들어가거나 그 거주자가 독자적으로 사용하는 공간에 들어간 경우에는 그 거주자의 사실상 주거의 평온을 침해하는 결과를 가져올 수 있다. 그러나 공동거주자 중 주거 내에 현재하는 거주자의 현실적인 승낙을 받아 통상적인 출입방법에 따라 들어갔다면, 설령 그것이 부재중인 다른 거주자의 의사에 반하는 것으로 추정된다고 하더라도 주거침입죄의 보호법익인 사실상 주거의 평온을 깨트렸다고 볼 수는 없다. 만일 외부인의 출입에 대하여 공동거주자 중 주거 내에 현재하는 거주자의 승낙을 받아 통상적인 출입방법에 따라 들어갔음에도 불구하고 그것이 부재중인 다른 거주자의 의사에 반하는 것으로 추정된다는 사정만으로 주거침입죄의 성립을 인정하게 되면, 주거침입죄를 의사의 자유를 침해하는 범죄의 일종으로 보는 것이 되어 주거침입죄가 보호하고자 하는 법익의 범위를 넘어서게 되고, '평온의 침해' 내용이 주관화·관념화되며, 출입 당시 현실적으로 존재하지 않는, 부재중인 거주자의 추정적 의사에 따라 주거침입죄의 성립 여부가 좌우되어 범죄 성립 여부가 명확하지 않고 가벌성의 범위가 지나치게 넓어지게 되어 부당한 결과를 가져오게 된다.

주거침입죄의 구성요건적 행위인 침입은 주거침입죄의 보호법익과의 관계에서 해석하여야 한다. 따라서 침입이란 '거주자가 주거에서 누리는 사실상의 평온상태를 해치는 행위태양으로 주거에 들어가는 것'을 의미하고, 침입에 해당하는지 여부는 출입 당시 객관적·외형적으로 드러난 행위태양을 기준으로 판단함이 원칙이다. 사실상의 평온상태를 해치는 행위태양으로 주거에 들어가는 것이라면 대체로 거주자의 의사에 반하는 것이겠지만, 단순히 주거에 들어가는 행위 자체가 거주자의 의사에 반한다는 거주자의 주관적 사정만으로 바로 침입에 해당한다고 볼 수는 없다. (대법원 2021. 9. 9. 선고 2020도12630 전원합의체 판결)

판례 가정불화로 처와 일시 별거 중인 남편이 그의 부모와 함께 주거지에 들어가려고 하는데 처로부터 집을 돌보아 달라는 부탁을 받은 처제가 출입을 못하게 하자, 출입문에 설치된 잠금장치를 손괴하고 주거지에 출입한 경우 – 폭처법 공동주거침입죄(침입) ×

주거침입죄의 객체는 행위자 이외의 사람, 즉 '타인'이 거주하는 주거 등이라고 할 것이므로 행위자 자신이 단독으로 또는 다른 사람과 공동으로 거주하거나 관리 또는 점유하는 주거 등에 임의로 출입하더라도 주거침입죄를 구성하지 않는다. 다만 다른 사람과 공동으로 주거에 거주하거나 건조물을 관리하던 사람이 공동생활관계에서 이탈하거나 주거 등에 대한 사실상의 지배·관리를 상실한 경우 등 특별한 사정이 있는 경우에 주거침입죄가 성립할 수 있을 뿐이다.

주거침입죄가 사실상 주거의 평온을 보호법익으로 하는 이상, 공동주거에서 생활하는 공동거주자 개개인은 각자 사실상 주거의 평온을 누릴 수 있다고 할 것이다. 그런데 공동거주자 각자는 특별한 사정이 없는 한 공동주거관계의 취지 및 특성에 맞추어 공동주거 중 공동생활의 장소로 설정한 부분에 출입하여 공동의 공간을 이용할 수 있는 것과 같은 이유로, 다른 공동거주자가 이에 출입하여 이용하는 것을 용인할 수인의무도 있다. 그것이 공동거주자가 공동주거를 이용하는 보편적인 모습이기도 하다. 이처럼 공동거주자 각자가 공동생활의 장소에서 누리는 사실상 주거의 평온이라는 법익은 공동거주자 상호 간의 관계로 인하여 일정 부분 제약될 수밖에 없고, 공동거주자는 이러한 사정에 대한 상호 용인하에 공동주거관계를 형성하기로 하였다고 보아야 한다. 따라서 공동거주자 상호 간에는 특별한 사정이 없는 한 다른 공동거주자가 공동생활의 장소에 자유로이 출입하고 이를 이용하는 것을 금지할 수 없다.

공동거주자 중 한 사람이 법률적인 근거 기타 정당한 이유 없이 다른 공동거주자가 공동생활의 장소에 출입하는 것을 금지한 경우, 다른 공동거주자가 이에 대항하여 공동생활의 장소에 들어갔더라도 이는 사전 양해된 공동주거의 취지 및 특성에 맞추어 공동생활의 장소를 이용하기 위한 방편에 불과할 뿐, 그의 출입을 금지한 공동거주자의 사실상 주거의 평온이라는 법익을 침해하는 행위라고는 볼 수 없으므로 주거침입죄는 성립하지 않는다. 설령 그 공동거주자가 공동생활의 장소에 출입하기 위하여 출입문의 잠금장치를 손괴하는 등 다소간의 물리력을 행사하여 그 출입을 금지한 공동거주자의 사실상 평온상태를 해쳤더라도 그러한 행위 자체를 처벌하는 별도의 규정에 따라 처벌될 수 있음은 별론으로 하고, 주거침입죄가 성립하지 아니함은 마찬가지이다.

공동거주자 각자가 상호 용인한 통상적인 공동생활 장소의 출입 및 이용행위의 내용과 범위는 공동주거의 형태와 성질, 공동주거를 형성하게 된 경위 등에 따라 개별적·구체적으로 살펴보아야 한다. 공동거주자 중 한 사람의 승낙에 따른 외부인의 공동생활 장소의 출입 및 이용행위가 외부인의 출입을 승낙한 공동거주자의 통상적인 공동생활 장소의 출입 및 이용행위의 일환이자 이에 수반되는 행위로 평가할 수 있는 경우에는 이러한 외부인의 행위는 전체적으로 그 공동거주자의 행위와 동일하게 평가할 수 있다. 따라서 공동거주자 중 한 사람이 법률적인 근거 기타 정당한 이유 없이 다른 공동거주자가 공동생활의 장소에 출입하는 것을 금지하고, 이에 대항하여 다른 공동거주자가 공동생활의 장소에 들어가는 과정에서 그의 출입을 금지한 공동거주자의 사실상 평온상태를 해쳤더라도 주거침입죄가 성립하지 않는 경우로서, 그 공동거주자의 승낙을 받아 공동생활의 장소에 함께 들어간 외부인의 출입 및 이용행위가 전체적으로 그의 출입을 승낙한 공동거주자의 통상적인 공동생활 장소의 출입 및 이용행위의 일환이자 이에 수반되는 행위로 평가할 수 있는 경우라면, 이를 금지하는 공동거주자의 사실상 평온상태를 해쳤음에도 불구하고 그 외부인에 대하여도 역시 주거침입죄가 성립하지 않는다고 봄이 타당하다. (대법원 2021. 9. 9. 선고 2020도6085 전원합의체 판결)

쟁의행위와 주거침입에 관한 판례들을 살펴본다.

[판례] 해고근로자인 피고인 등이 노조원들에 의한 회사 점거 중 노조간부들이 무단점거한 노조 임시사무실에 들어감 – 폭처법 공동주거침입죄(침입) ○

해고근로자들의 출입을 위와 같은 방법으로 허락해 왔음이 원심설시와 같다 하더라도, 이는 어디까지나 회사의 업무가 정상적으로 수행되고 있는 경우에 복직협의 등에 관련하여 필요한 범위내의 출입에 한정된 것이라고 봄이 상당할 것인바, 기록에 의하면, 위 사무실은 당시 노조간부들이 무단으로 점거하여 노조 임시사무실로 사용하고 있던 중이었을 뿐 아니라, 피고인이 위 사무실에 들어간 시점도 위 회사 노조원들에 의해 회사가 점거되어 회사의 업무가 정상적으로 수행되지 아니할 때이다. (대법원 1994. 2. 8. 선고 93도120 판결)

[비교] 해고근로자가 경비원의 제지를 뿌리치고 회사 내 노조사무실로 들어감 - 건조물침입죄(침입) ×
해고근로자가 조합원의 자격으로서 회사 내 노조사무실에 들어가는 것은 정당한 행위로서 회사측에서도 이를 제지할 수 없는 것이므로 노조사무실 출입목적으로 경비원의 제지를 뿌리치고 회사 내로 들어가는 것은 건조물침입죄로 벌할 수 없다. (대법원 1991. 11. 8. 선고 91도326 판결)

[판례] 근로자들이 사용자인 甲社 외에도 乙社가 병존적으로 관리·사용하는 빌딩 로비에 쟁의행위를 이유로 침입하여 그 중 일부를 점거하며 농성 - 폭처법 공동주거침입죄(침입) ○
2인 이상이 하나의 공간에서 공동생활을 하고 있는 경우에는 각자 주거의 평온을 누릴 권리가 있으므로, 사용자가 제3자와 공동으로 관리·사용하는 공간을 사용자에 대한 쟁의행위를 이유로 관리자의 의사에 반하여 침입·점거한 경우, 비록 그 공간의 점거가 사용자에 대한 관계에서 정당한 쟁의행위로 평가될 여지가 있다 하여도 이를 공동으로 관리·사용하는 제3자의 명시적 또는 추정적인 승낙이 없는 이상 위 제3자에 대하여서까지 이를 정당행위라고 하여 주거침입의 위법성이 조각된다고 볼 수는 없다. (대법원 2010. 3. 11. 선고 2009도5008 판결)

[판례] 정당한 쟁의행위가 아닌 직장폐쇄가 있었는데, 근로자들이 평소 출입이 허용되는 사업장 안에 들어감 - 폭처법 공동주거침입죄(침입) × (대법원 2002. 9. 24. 선고 2002도2243 판결)

[비교] 정당한 직장폐쇄에도 불구하고 근로자들이 회사의 의사에 반하여 공장에 들어감 - 폭처법 공동주거침입죄(침입) ○ (대법원 2012. 5. 24. 선고 2010도9963 판결)

기수·미수에 관하여 살펴본다.

[판례] 착수 - 주거침입의 실현에 이르는 현실적 위험성을 포함하는 행위의 개시
주거침입죄의 실행의 착수는 주거자, 관리자, 점유자 등의 의사에 반하여 주거나 관리하는 건조물 등에 들어가는 행위, 즉 구성요건의 일부를 실현하는 행위까지 요구하는 것은 아니고 범죄구성요건의 실현에 이르는 현실적 위험성을 포함하는 행위를 개시하는 것으로 족하므로, 출입문이 열려 있으면 안으로 들어가겠다는 의사 아래 출입문을 당겨보는 행위는 바로 주거의 사실상의 평온을 침해할 객관적인 위험성을 포함하는 행위를 한 것으로 볼 수 있어 그것으로 주거침입의 실행에 착수한 것으로 보아야 한다. (대법원 2006. 9. 14. 선고 2006도2824 판결)

[판례] 절취목적으로 다세대 주택 내 여러 호수의 출입문을 당겨봄 - 야간주거침입절도미수죄(착수) ○ (대법원 2006. 9. 14. 선고 2006도2824 판결)

비교 침입 대상인 아파트에 사람이 있는지 확인하기 위해 초인종을 누름 – 주거침입미수죄(착수) × (대법원 2008. 4. 10. 선고 2008도1464 판결) **표준**

해설 두 판례 모두 다가구용 단독주택이긴하나 공동주택 내부에 있는 공용 계단과 복도 역시 '주거'에 해당한다는 2009도3452 판결이 등장하기 前 판례임에 유의하자.

판례 야간에 타인의 집의 창문을 열고 집 안으로 얼굴을 들이밀어 신체 일부가 집 안으로 들어감 – 주거침입죄 기수 ○

주거침입죄는 사실상의 주거의 평온을 보호법익으로 하는 것이므로, 반드시 행위자의 신체의 전부가 범행의 목적인 타인의 주거 안으로 들어가야만 성립하는 것이 아니라 신체의 일부만 타인의 주거 안으로 들어갔다고 하더라도 거주자가 누리는 사실상의 주거의 평온을 해할 수 있는 정도에 이르렀다면 범죄구성요건을 충족하는 것이라고 보아야 하고, 따라서 주거침입죄의 범의는 반드시 신체의 전부가 타인의 주거 안으로 들어간다는 인식이 있어야만 하는 것이 아니라 신체의 일부라도 타인의 주거 안으로 들어간다는 인식이 있으면 족하다. 이러한 범의로써 예컨대 주거로 들어가는 문의 시정장치를 부수거나 문을 여는 등 침입을 위한 구체적 행위를 시작하였다면 주거침입죄의 실행의 착수는 있었다고 보아야 하고, 신체의 극히 일부분이 주거 안으로 들어갔지만 사실상 주거의 평온을 해하는 정도에 이르지 아니하였다면 주거침입죄의 미수에 그친다.

야간에 타인의 집의 창문을 열고 집 안으로 얼굴을 들이미는 등의 행위를 하였다면 피고인이 자신의 신체의 일부가 집 안으로 들어간다는 인식하에 하였더라도 주거침입죄의 범의는 인정되고, 또한 비록 신체의 일부만이 집 안으로 들어갔다고 하더라도 사실상 주거의 평온을 해하였다면 주거침입죄는 기수에 이르렀다. (대법원 1995. 9. 15. 선고 94도2561 판결) **표준**

해설 주거침입죄의 기수시기에 대해서 ① 전부침입설 ② 일부침입설이 대립되는데 판례는 ②를 취한다.

3. 기타

가. 위법성

위법성 조각사유가 문제된 판례들을 살펴본다.

판례 간통 현장을 직접 목격하고 그 사진을 촬영하기 위하여 상간자의 주거에 침입 – 주거침입죄(위법) ○ (대법원 2003. 9. 26. 선고 2003도3000 판결)

판례 건물 소유자라 주장하는 甲과 점유자인 乙 사이에 분쟁이 계속 중인 상황에서 甲이 건물에 침입 – 주거침입죄(위법) ○

건물의 소유자라고 주장하는 피고인과 그것을 점유관리하고 있는 피해자 사이에 건물의 소유권에 대한 분쟁이 계속되고 있는 상황이라면 피고인이 그 건물에 침입하는 것에 대한 피해자의 추정적 승락이 있었다거나 피고인의 이 사건 범행이 사회상규에 위배되지 않는다고 볼 수 없다. (대법원 1989. 9. 12. 선고 89도889 판결)

판례 연립주택 아래층에 사는 피해자가 상수도관의 밸브를 임의로 잠근 후 이를 피고인에게 알리지 않아 하루 동안 수돗물이 나오지 않은 고통을 겪었던 피고인이 상수도관의 밸브를 확인하고 이를 열기 위하여 부득이 피해자의 집에 들어감 – 주거침입죄(위법) × (대법원 2004. 2. 13. 선고 2003도7393 판결)

참고 정당행위에 해당한다.

나. 죄수 등

판례 ① 형법상 상습절도죄와 ② 주간에 이루어진 주거침입죄 – 실체적 경합

형법 제330조에 규정된 야간주거침입절도죄 및 형법 제331조 제1항에 규정된 특수절도(야간손괴침입절도)죄를 제외하고 일반적으로 주거침입은 절도죄의 구성요건이 아니므로 절도범인이 범행수단으로 주거침입을 한 경우에 주거침입행위는 절도죄에 흡수되지 아니하고 별개로 주거침입죄를 구성하여 절도죄와는 실체적 경합의 관계에 서는 것이 원칙이다. 또 형법 제332조는 상습으로 단순절도(형법 제329조), 야간주거침입절도(형법 제330조)와 특수절도(형법 제331조) 및 자동차 등 불법사용(형법 제331조의2)의 죄를 범한 자는 그 죄에 정한 각 형의 2분의 1을 가중하여 처벌하도록 규정하고 있으므로, 위 규정은 주거침입을 구성요건으로 하지 않는 상습단순절도와 주거침입을 구성요건으로 하고 있는 상습야간주거침입절도 또는 상습특수절도(야간손괴침입절도)에 대한 취급을 달리하여, 주거침입을 구성요건으로 하고 있는 상습야간주거침입절도 또는 상습특수절도(야간손괴침입절도)를 더 무거운 법정형을 기준으로 가중처벌하고 있다. 따라서 상습으로 단순절도를 범한 범인이 상습적인 절도범행의 수단으로 주간(낮)에 주거침입을 한 경우에 주간 주거침입행위의 위법성에 대한 평가가 형법 제332조, 제329조의 구성요건적 평가에 포함되어 있다고 볼 수 없다. 그러므로 형법 제332조에 규정된 상습절도죄를 범한 범인이 범행의 수단으로 주간에 주거침입을 한 경우 주간 주거침입행위는 상습절도죄와 별개로 주거침입죄를 구성한다. 또 형법 제332조에 규정된 상습절도죄를 범한 범인이 그 범행 외에 상습적인 절도의 목적으로 주간에 주거침입을 하였다가 절도에 이르지 아니하고 주거침입에 그친 경우에도 주간 주거침입행위는 상습절도죄와 별개로 주거침입죄를 구성한다. (대법원 2015. 10. 15. 선고 2015도8169 판결) **표준**

비교 ① 특가법 제5조의4 제6항 상습절도죄와 ② 주간에 이루어진 주거침입죄 – ①만 성립

특정범죄 가중처벌 등에 관한 법률 제5조의4 제6항에 규정된 상습절도 등 죄를 범한 범인이 그 범행의 수단으로 주거침입을 한 경우에 주거침입행위는 상습절도 등 죄에 흡수되어 위 조문에 규정된 상습절도 등 죄의 1죄만이 성립하고 별개로 주거침입죄를 구성하지 않으며, 또 위 상습절도 등 죄를 범한 범인이 그 범행 외에 상습적인 절도의 목적으로 주거침입을 하였다가 절도에 이르지 아니하고 주거침입에 그친 경우에도 그것이 절도상습성의 발현이라고 보이는 이상 주거침입행위는 다른 상습절도 등 죄에 흡수되어 위 조문에 규정된 상습절도 등 죄의 1죄만을 구성하고 상습절도 등 죄와 별개로 주거침입죄를 구성하지 않는다. (대법원 2017. 7. 11. 선고 2017도4044 판결) **표준**

해설 형법 제332조는 각 죄에 정한 각 형의 2분의 1을 가중하여 처벌한다. 즉 상습으로 단순절도죄를 범한 사람은 '단순절도죄'에서 정한 형의 2분의 1이 가중될 뿐이므로 주거침입에 대한 평가는 포함되어 있지 않다. 이에 반해 특가법 제5조의4 제6항은 구성요건 안에 단순절도죄 외에도 주거침입으로 절도를 범한 죄도 다 포괄되어 있는데 법정형이 단일하게 "3년 이상 25년 이하"라 규정한다.[53] 즉 '각 죄'에 대한 개별 평가를

맡기고 있는 게 아니라, 여러 죄를 포괄한 하나의 구성요건에 대한 포괄적인 평가가 내려지는 것이다. 따라서 특가법이 적용되는 경우에는 그 안에 주거침입에 관한 평가도 포함되어 있다고 본다.

> **[판례]** 다른 사람의 주택에 무단 침입한 범죄사실로 이미 유죄판결을 받은 사람이 그 판결이 확정된 후에도 퇴거하지 않은 채 계속하여 당해 주택에 거주 – 별도의 주거침입죄 ○ (대법원 2008. 5. 8. 선고 2007도11322 판결)

Ⅱ 퇴거불응죄

제319조(주거침입, 퇴거불응) ② 전항의 장소에서 퇴거요구를 받고 응하지 아니한 자도 전항의 형과 같다.	
例規 제319조 ② 퇴거불응	미수 ○

> 🔍 **핵심단어**
> • ① 주거 등에 적법·과실로 들어간 자 ② 퇴거요구를 받고도 불응

2인 이상이 공동하여 퇴거불응한 경우, 폭력행위 등 처벌에 관한 법률이 적용된다.

애초에 주거권자의 의사에 반하여 주거에 출입한 경우에는 주거침입죄가 성립한다. 따라서 주거 등에 적법하게 들어간 자·과실로 들어간 자만이 본 죄의 주체가 될 수 있다.

퇴거요구의 주체는 주거자·관리자·점유자 등이며 요구는 1회로도 충분하고 명시적·묵시적 요구를 불문한다. 이러한 요구를 받고도 퇴거할 수 있음에도 퇴거하지 아니한 경우 본죄가 성립한다. 이하 관련 판례를 살펴본다.

> **[판례]** 잡상인인 피고인이 지하철 내에서 승객들에게 무릎보호대를 판매하다 철도보안관에게 적발되어 지하철역 밖으로 퇴거요구 당하였음에도 불응 – 퇴거불응죄 ○
> 철도보안관은 철도안전법령에 따라 피고인을 지하철역 밖으로 퇴거시킬 수 있는 정당한 권한이 있다.
> (대법원 2015. 4. 23. 선고 2014도655 판결)

> **[판례]** 적법하게 직장점거를 개시한 근로자들이 적법히 직장폐쇄를 단행한 사용자로부터 퇴거요구를 받

---

53 **특정범죄 가중처벌 등에 관한 법률 제5조의4(상습 강도·절도죄 등의 가중처벌)** ⑥ 상습적으로 「형법」 제 329조부터 제331조까지의 죄나 그 미수죄 또는 제2항의 죄로 두 번 이상 실형을 선고받고 그 집행이 끝나거나 면제된 후 3년 이내에 다시 상습적으로 「형법」 제329조부터 제331조까지의 죄나 그 미수죄 또는 제2항의 죄를 범한 경우에는 3년 이상 25년 이하의 징역에 처한다.

고도 불응 – 퇴거불응죄 ○ (대법원 1991. 8. 13. 선고 91도1324 판결)

[비교] 노조파업 시작한 지 불과 4시간 만에 단행된 부당한 직장폐쇄조치에 따른 퇴거요구에 대하여 조합원들이 불응 – 퇴거불응죄 × (대법원 2007. 12. 28. 선고 2007도5204 판결)

[판례] 정당한 퇴거요구를 받고 건물에서 나가면서 가재도구 등을 남겨둔 경우 – 퇴거불응죄 ×
주거침입죄에서의 침입이 신체적 침해로서 행위자의 신체가 주거에 들어가야 함을 의미하는 것과 마찬가지로 퇴거불응죄의 퇴거 역시 행위자의 신체가 주거에서 나감을 의미한다. (대법원 2007. 11. 15. 선고 2007도6990 판결) **표준**

[판례] 마약 투약한 피고인이 숙박업소에서 1박 하던 중 다른 손님들과 시비가 되어 경찰이 출동하였고, 관리자인 피해자로부터 퇴실시간이 되었음을 이유로 퇴거요구를 받았으나 횡설수설하며 퇴거하지 않은 경우 – 퇴거불응죄 ○
형법 제319조 제2항의 퇴거불응죄는 주거나 건조물·방실 등의 사실상 주거의 평온을 보호법익으로 하는 것으로, 거주자나 관리자·점유자로부터 주거나 건조물·방실 등에서 퇴거요구를 받고도 응하지 아니하면 성립하는데, 이때 주거 등에 관하여 거주·관리·점유할 법률상 정당한 권한을 가지고 있어야만 거주자나 관리자·점유자가 될 수 있는 것은 아니다. 이는 숙박업자가 고객에게 객실을 제공하여 일시적으로 이를 사용할 수 있도록 하고 고객으로부터 사용에 따른 대가를 지급받는 숙박계약이 종료됨에 따라 고객이 숙박업소의 관리자 등으로부터 퇴거요구를 받은 경우에도 원칙적으로 같다.
다만 숙박계약에서 숙박업자는 통상적인 임대차계약과는 달리 다수의 고객에게 반복적으로 객실을 제공하여 영업을 영위하고, 객실이라는 공간 외에도 객실 안의 시설이나 서비스를 함께 제공하여 객실 제공 이후에도 필요한 경우 객실에 출입하기도 하며, 사전에 고객과 사이에 대실기간을 단기간으로 정하여 대실기간 경과 후에는 고객의 퇴실 및 새로운 고객을 위한 객실 정비를 예정한다. 이와 같은 숙박계약의 특수성을 고려하면, 고객이 개별 객실을 점유하고 있더라도 숙박업소 및 객실의 구조 및 성격, 고객이 개별 객실을 점유하게 된 경위 및 점유 기간, 퇴실시간의 경과 여부, 숙박업자의 관리 정도, 고객에 대한 퇴거요구의 사유 등에 비추어 오히려 고객의 개별 객실에 대한 점유가 숙박업자의 전체 숙박업소에 대한 사실상 주거의 평온을 침해하는 것으로 평가할 수 있는 특별한 사정이 있는 경우에는 숙박업자가 고객에게 적법하게 퇴거요구를 하였음에도 고객이 응하지 않을 때 퇴거불응죄가 성립할 수 있다. (대법원 2023. 12. 14. 선고 2023도9350 판결)

Ⅲ 특수주거침입죄

제320조(특수주거침입) 단체 또는 다중의 위력을 보이거나 위험한 물건을 휴대하여 전조의 죄를 범한 때에는 5년 이하의 징역에 처한다.	
例規 제320조 특수(제319조 각 죄명)	미수 ○

- ① 단체·다중의 위력 ② 주거침입죄·퇴거불응죄
- ① 위험한 물건 ② 휴대 ③ 주거침입죄·퇴거불응죄
- 위험한 물건이란 ① 상대방·제3자 ② 생명·신체에 ③ 위험을 느낄 수 있는 물건
- 휴대란 ① 현장에서 사용할 의도로 몸 가까이 소지 ② 범행에 널리 이용

특수폭행죄에서 살펴본 기본적인 법리가 그대로 적용된다. 관련 판례를 살펴본다.

판례 흉기 휴대의 기준이 되는 자 – ① 직접 침입한 자 ○ ② 밖에서 망을 본 자 ×

수인이 흉기를 휴대하여 타인의 건조물에 침입하기로 공모한 후 그중 일부는 밖에서 망을 보고 나머지 일부만이 건조물 안으로 들어갔을 경우에 있어서 특수주거침입죄의 구성요건이 충족되었다고 볼 수 있는지의 여부는 직접 건조물에 들어간 범인을 기준으로 하여 그 범인이 흉기를 휴대하였다고 볼 수 있느냐의 여부에 따라 결정되어야 한다. (대법원 1994. 10. 11. 선고 94도1991 판결)

Ⅳ 주거·신체수색죄

제321조(주거·신체 수색) 사람의 신체, 주거, 관리하는 건조물, 자동차, 선박이나 항공기 또는 점유하는 방실을 수색한 자는 3년 이하의 징역에 처한다.

例規 제321조 (신체, 주거, 건조물, 자동차, 선박, 항공기, 방실)수색	미수 ○

╔═══════════════════════════╗
┃ 🔍 **핵심단어**
╚═══════════════════════════╝

- ① 신체·주거·건조물·자동차·선박·항공기·방실 ② 수색

관련 판례를 살펴본다.

판례 주주총회에 참석한 주주가 강제로 사무실을 뒤져 회계장부 찾아냄 – 방실수색죄 ○

회사의 정기주주총회에 적법하게 참석한 주주라고 할지라도 주주총회장에서의 질문, 의사진행 발언, 의결권의 행사 등의 주주총회에서의 통상적인 권리행사 범위를 넘어서서 회사의 구체적인 회계장부나 서류철 등을 열람하기 위하여는 별도로 상법 제466조 등에 정해진 바에 따라 회사에 대하여 그 열람을 청구하여야 하고, 만일 회사에서 정당한 이유 없이 이를 거부하는 경우에는 법원에 그 이행을 청구하여 그 결과에 따라 회계장부 등을 열람할 수 있을 뿐 주주총회 장소라고 하여 회사측의 의사에 반하여 회사

의 회계장부를 강제로 찾아 열람할 수는 없다. (대법원 2001. 9. 7. 선고 2001도2917 판결)

참고 주주총회에 참석한 주주이므로 주거침입죄로는 기소되지 않았다.

재산에 대한 죄

---

01 총론

I 재산죄의 객체

> 🔍 **핵심단어**
>
> • 재물은 ① 동산·부동산 등 유체물 ② 물리적·물질적으로 관리가능한 동력
> • 재물은 소유자·점유자의 주관적 가치 있으면 족하고 객관적·금전적 교환가치는 불요
> • 재산상 이익은 사법상 보호되는 경제적 이익에 한정되지 않음

---

1. 재물

> 제346조(동력) 본장의 죄에 있어서 관리할 수 있는 동력은 재물로 간주한다.

가. 재물의 범위

재물과 재산상 이익의 구별은 ① 장물죄의 성립 여부, ② 횡령죄와 배임죄의 구별에서 특히 의미를 갖는다. 이하에서는 우선 '동력'에 해당하는지 여부와 관련된 판례를 살펴본다.

> [판례] 재물은 ① 동산·부동산 등 유체물 ② 물리적·물질적으로 관리가능한 동력을 말함
> 횡령죄에 있어서의 재물은 ① 동산, 부동산의 유체물에 한정되지 아니하고 ② 관리할 수 있는 동력도 재물로 간주되지만, 여기에서 말하는 관리란 물리적 또는 물질적 관리를 가리킨다고 볼 것이고, 재물과 재산상 이익을 구별하고 횡령과 배임을 별개의 죄로 규정한 현행 형법의 규정에 비추어 볼 때 사무적으로 관리가 가능한 채권이나 그 밖의 권리 등은 재물에 포함된다고 해석할 수 없다. (대법원 1994. 3. 8. 선고 93도2272 판결)
> **참고** 횡령죄의 객체인 '재물'에 관한 설시이다. (부동산이 포함된다는 점을 제외하고는) 절도죄의 '재물'과 같다.

[판례] 전기를 가로채는 행위(도전, 盜電) – 절도죄(재물) ○

피고인이 정식 인가도 없이 남전회사 공작물인 저압간선 중간 2개소의 복피를 박탈하고 이에 전선을 접선시켜 피고인 점포 2층에 전등장치를 하고 3개월간 전등 2개를 무단사용한 경우에는 절도죄가 성립한다. (대법원 1958. 10. 31. 선고 4291형상361 판결)

[비교] 舊 점유자인 피고인이 전기코드 뽑지 않은 상태에서 법원의 인도명령집행 당함 – 절도죄(타인점유) ×

갑은 강제경매 절차에서 피고인 소유이던 토지 및 그 지상 건물을 매수한 후 법원으로부터 인도명령을 받아 인도집행을 하였는데, 피고인이 인도집행 전에 건물 외벽에 설치된 전기코드에 선을 연결하여 피고인이 점유하며 창고로 사용 중인 컨테이너로 전기를 공급받아 사용하였다고 하여 절도로 기소된 사안에서, 피고인은 인도명령의 집행이 이루어지기 전까지는 당초부터 피고인이 점유·관리하던 전기를 사용한 것에 불과할 뿐 타인이 점유·관리하던 전기를 사용한 것이라고 할 수 없고, 피고인에게 절도의 범의도 인정할 수 없다고 한 사례 (대법원 2016. 12. 15. 선고 2016도15492 판결)

[판례] 컴퓨터에 저장된 정보를 출력하여 생성된 문서 취거 – ① 컴퓨터 저장정보에 대한 절도죄(재물) × ② 종이에 대한 절도죄(타인소유) ×

절도죄의 객체는 관리가능한 동력을 포함한 '재물'에 한한다 할 것이고, 또 절도죄가 성립하기 위해서는 그 재물의 소유자 기타 점유자의 점유 내지 이용가능성을 배제하고 이를 자신의 점유하에 배타적으로 이전하는 행위가 있어야만 할 것인바, 컴퓨터에 저장되어 있는 '정보' 그 자체는 유체물이라고 볼 수도 없고, 물질성을 가진 동력도 아니므로 재물이 될 수 없다 할 것이며, 또 이를 복사하거나 출력하였다 할지라도 그 정보 자체가 감소하거나 피해자의 점유 및 이용가능성을 감소시키는 것이 아니므로 그 복사나 출력 행위를 가지고 절도죄를 구성한다고 볼 수도 없다.

피고인이 컴퓨터에 저장된 정보를 출력하여 생성한 문서는 피해 회사의 업무를 위하여 생성되어 피해 회사에 의하여 보관되고 있던 문서가 아니라, 피고인이 가지고 갈 목적으로 피해 회사의 업무와 관계없이 새로이 생성시킨 문서라 할 것이므로, 이는 피해 회사 소유의 문서라고 볼 수는 없다 할 것이어서, 이를 가지고 간 행위를 들어 피해 회사 소유의 문서를 절취한 것으로 볼 수는 없다. (대법원 2002. 7. 12. 선고 2002도745 판결) **표준**

[동지] 정보탈취 목적의 복사행위 – 절도죄(재물) ×

회사 직원이 업무와 관련하여 다른 사람이 작성한 회사의 문서를 복사기를 이용하여 복사를 한 후 원본은 제자리에 갖다 놓고 그 사본만 가져간 경우, 그 회사 소유의 문서의 사본을 절취한 것으로 볼 수는 없다. (대법원 1996. 8. 23. 선고 95도192 판결)

[비교] 사원이 퇴사하며 회사연구실에 보관 중인 기술문서사본을 들고나오는 행위 – 절도죄(재물) ○

피고인이 근무하던 회사를 퇴사하면서 가져간 서류가 이미 공개된 기술내용에 관한 것이고 외국회사에서 선전용으로 무료로 배부해 주는 것이며 동 회사연구실 직원들이 사본하여 사물처럼 사용하던 것이라도 위 서류들이 회사의 목적업무중 기술분야에 관한 문서들로서 국내에서 쉽게 구할 수 있는 것도 아니며 연구실 직원들의 업무수행을 위하여 필요한 경우에만 사용이 허용된 것이라면 위 서류들은 위 회사에 있어서는 소유권의 대상으로 할 수 있는 주관적 가치분만 아니라 그 경제적 가치도 있는 것으로 재물에 해당한다 할 것이어서 이를 취거하는 행위는 절도에 해당 (대법원 1986. 9. 23. 선고 86도1205 판결)

[비교] 원주주명부를 복사하여 놓은 복사본을 취거함 – 절도죄(재물) ○ (대법원 2004. 10. 28. 선고 2004도5183 판결) **표준**

판례 타인의 전화기 무단사용하여 전화통화함 – 절도죄(재물) ×

타인의 전화기를 무단으로 사용하여 전화통화를 하는 행위는 전기통신사업자가 그가 갖추고 있는 통신선로, 전화교환기 등 전기통신설비를 이용하고 전기의 성질을 과학적으로 응용한 기술을 사용하여 전화가입자에게 음향의 송수신이 가능하도록 하여 줌으로써 상대방과의 통신을 매개하여 주는 역무, 즉 전기통신사업자에 의하여 가능하게 된 전화기의 음향송수신기능을 부당하게 이용하는 것으로, 이러한 내용의 역무는 무형적인 이익에 불과하고 물리적 관리의 대상이 될 수 없어 재물이 아니라고 할 것이므로 절도죄의 객체가 되지 아니한다. (대법원 1998. 6. 23. 선고 98도700 판결)

참고 타 죄 성부를 검토한다. ① 상대방의 처분행위가 없어 사기 불성립, ② 명령 입력하여 정보처리하지 않아 컴사기 불성립, ③ 유료자동설비라 볼 수 없어 편의시설부정이용 불성립할 것이다.

판례 자기 논에 물을 품어 넣기 위해 수로에 특수 공작물 설치하여 저수함 – 절도죄 ×

조합원은 누구나 수로에 있는 물을 자기 논에 넣어 관개에 이용할 수 있고 어떤 조합원이라도 수로를 막아서 물을 사용할 수 없다는 것이므로 피해자가 자기논에 물을 품어 넣기 위하여 특수한 공작물을 설치하여 저수하였다 하여도 그 물이 물을 막은 사람의 사실상이나 법률상 지배하는 것이 되지 못한다. (대법원 1964. 6. 23. 선고 64도209 판결)

판례 명의신탁 받은 '광업권'을 반환거부 – 횡령죄(재물) ×

광업권은 재물인 광물을 취득할 수 있는 권리에 불과하지 재물 그 자체는 아니므로 횡령죄의 객체가 된다고 할 수 없을 것이고, 광업법 제12조가 광업권을 물권으로 하고 광업법에서 따로 정한 경우를 제외하고는 부동산에 관한 민법 기타 법령의 규정을 준용하도록 규정하고 있다 하여 광업권이 부동산과 마찬가지로 횡령죄의 객체가 된다고 할 수는 없을 것이다. (대법원 1994. 3. 8. 선고 93도2272 판결)

판례 주권 – 재물 ○ vs 주식 – 재물 ×

상법상 주식은 자본구성의 단위 또는 주주의 지위(株主權)를 의미하고, 주주권을 표창하는 유가증권인 주권(株券)과는 구분이 되는바, 주권(株券)은 유가증권으로서 재물에 해당되므로 횡령죄의 객체가 될 수 있으나, 자본의 구성단위 또는 주주권을 의미하는 주식은 재물이 아니므로 횡령죄의 객체가 될 수 없다. (대법원 2005. 2. 18. 선고 2002도2822 판결)

동지 ① 예탁결제원에 예탁되어 계좌 간 대체 기재의 방식에 의하여 양도되는 주권 – 재물 ○, ② 주권이 발행되지 않은 상태에서 주권불소지 제도, 일괄예탁 제도 등에 근거하여 예탁결제원에 예탁된 것으로 취급되어 계좌 간 대체기재의 방식에 의하여 양도되는 주식 – 재물 × (대법원 2023. 6. 1. 선고 2020도2884 판결)

나. 재물의 가치성

재물은 소유자가 소유권의 대상으로 할 수 있는 주관적 가치만 있으면 족하고 경제적 교환가치는 요하지 않는다.

판례 재물은 소유자·점유자의 주관적 가치 있으면 족하고 객관적·금전적 교환가치는 불요

재산죄의 객체인 재물은 반드시 객관적인 금전적 교환가치를 가질 필요는 없고 소유자, 점유자가 주관

적인 가치를 가지고 있음으로서 족하다고 볼 것이므로 그것이 제3자에 대한 관계에 있어서 객관적 가치가 경미하여 교환 가격을 갖지 않는다 하더라도 당사자간에 있어서 경제적 가치가 상당한 것이라면 재물인 성질을 잃지 않는 것이다. (대법원 1976. 1. 27. 선고 74도3442 판결) **표준**

참고 발행자가 회수하여 세 조각으로 찢은 약속어음을 절취함 – 절도죄(재물) ○

동지 백지의 자동차출고의뢰서 용지를 절취함 – 절도죄(재물) ○ (대법원 1996. 5. 10. 선고 95도3057 판결)

판례 주권포기각서를 편취함 – 사기죄(재물) ○ (대법원 1996. 9. 10. 선고 95도2747 판결)

참고 기망이 부정되어 무죄취지 파기되었다.

판례 법원으로부터 송달된 심문기일소환장을 절취함 – 절도죄(재물) ○ (대법원 2000. 2. 25. 선고 99도5775 판결)

판례 사실상 퇴사하며 회사의 승낙 없이 부동산매매계약서 사본들을 들고 나옴 – 절도죄(재물) ○ (대법원 2007. 8. 23. 선고 2007도2595 판결)

판례 인감증명서 절취함 – 절도죄(재물) ○ (대법원 1986. 9. 23. 선고 85도1775 판결)

판례 주민등록증 절취함 – 절도죄(재물) ○ (대법원 1969. 12. 9. 선고 69도1627 판결)

다. 부동산의 재물성

사기죄, 공갈죄, 횡령죄에 있어서 부동산은 당연히 재물에 포함된다. 부동산이 절도죄의 객체가 될 수 있는지 문제된다. 절취는 점유이전을 개념요소로 하는데 부동산은 점유이전이 불가능하므로 절도죄의 객체가 될 수 없다. 다만 부동산이었던 정착물이 토지에서 분리되거나, 건물의 일부가 건물에서 떨어져 나온 때에는 절도죄의 객체가 될 것이다. 예컨대 부동산에 부합되어 있었던 입목을 캐내어 절취한 경우, 캐내어진 입목은 그때부터는 동산이기에 절도죄가 성립한다.

라. 금제품의 재물성

법률에 의하여 소유·소지가 금지되어 있는 물건(금제품)의 재물성이 문제된다. 판례는 긍정한다.

판례 위조된 유가증권 – 재물 ○
유가증권도 그것이 정상적으로 발행된 것은 물론 비록 작성권한 없는 자에 의하여 위조된 것이라고 하더라도 절차에 따라 몰수되기까지는 그 소지자의 점유를 보호하여야 한다는 점에서 형법상 재물로서 절도죄의 객체가 된다. 리프트탑승권 발매기를 전산조작하여 위조한 탑승권을 발매기에서 뜯어 간 행위는 탑승권 위조행위와 위조탑승권 절취행위가 결합된 것이라는 이유로, 위조탑승권의 장물성을 인정한 사례. (대법원 1998. 11. 24. 선고 98도2967 판결) **표준**

참고 리조트 직원 甲은 탑승권 발매기를 임의조작하여 출력된 탑승권을 뜯어가 그 정을 아는 乙에게 판매 – ① 甲 유가증권위조죄 ○·절도죄 ○ (실체적 경합) ② 乙 장물취득죄 ○

2. 재산상 이익

> 🔍 **핵심단어**
> • 재산상 이익은 사법상 보호되는 경제적 이익에 한정되지 않음

(의의) 재산상의 이익이란 재물 이외의 일체의 재산적 가치 있는 이익을 말한다. **(개념)** 재산상 이익이 법질서에 의해 승인된 범위 내에서의 이익에 한정되는지 여부가 문제된다. ① **법률적 재산설**은 경제적 가치는 불문하고 민법상 개인이 갖는 모든 재산적 권리·의무의 총체를 재산상 이익으로 본다. ② **경제적 재산설**을 법적 권리 여부는 불문하고 경제적 이익의 총체를 재산상 이익으로 본다. ③ **판례**는 '사법상 보호되는 경제적 이익만을 의미하지 아니'한다고 보아 **경제적 재산설**을 취한다.

판례 성행위의 대가(매음료)를 지급할 것처럼 기망한 후 지급하지 않음 – 사기죄(이익) ○
일반적으로 부녀와의 성행위 자체는 경제적으로 평가할 수 없고, 부녀가 상대방으로부터 금품이나 재산상 이익을 받을 것을 약속하고 성행위를 하는 약속 자체는 선량한 풍속 기타 사회질서에 위반한 사항을 내용으로 하는 법률행위로서 무효이나, 사기죄의 객체가 되는 재산상의 이익이 반드시 사법(私法)상 보호되는 경제적 이익만을 의미하지 아니하고, 부녀가 금품 등을 받을 것을 전제로 성행위를 하는 경우 그 행위의 대가는 사기죄의 객체인 경제적 이익에 해당하므로, 부녀를 기망하여 성행위 대가의 지급을 면하는 경우 사기죄가 성립한다. (대법원 2001. 10. 23. 선고 2001도2991 판결) **표준**
해설 피고인이 술집 여종업원과 성매매를 한 뒤 절취한 신용카드로 결제한 사건이다.

판례 피고인들이 폭행·협박으로 피해자로 하여금 매출전표에 서명케하고 교부 받음 – 특수강도죄(이익) ○
피고인들이 폭행·협박으로 피해자로 하여금 매출전표에 서명을 하게 한 다음 이를 교부받아 소지함으로써 이미 외관상 각 매출전표를 제출하여 신용카드회사들로부터 그 금액을 지급받을 수 있는 상태가 되었는바, 피해자가 각 매출전표에 허위 서명한 탓으로 피고인들이 신용카드회사들에게 각 매출전표를 제출하여도 신용카드회사들이 신용카드 가맹점 규약 또는 약관의 규정을 들어 그 금액의 지급을 거절할 가능성이 있다 하더라도, 그로 인하여 피고인들이 각 매출전표 상의 금액을 지급받을 가능성이 완전히 없어져 버린 것이 아니고 외견상 여전히 그 금액을 지급받을 가능성이 있는 상태이므로, 결국 피고인들이 '재산상 이익'을 취득하였다고 볼 수 있다. (대법원 1997. 2. 25. 선고 96도3411 판결)

Ⅱ 형법상 점유

1. 의의

형법상의 점유는 재물에 대하여 사실상의 지배를 하고 있는 상태를 말한다. 형법상의 점유는 사실상의 개념인데 반하여 민법상의 점유는 규범적인 개념으로 특히 아래와 같은 차이가 있다.

	민법상 점유	형법상 점유
점유상속	○	×
간접점유	○	×
점유보조자의 점유	×	○

형법상의 점유 개념이 잘 드러난 판례를 살펴보자.

> **판례** 피고인과 甲이 동거하던 중 甲이 사망하였는데, 피고인이 동거 중이던 집에서 甲의 가방 취거 - 절도죄(타인점유) ×
>
> 절도죄란 재물에 대한 타인의 점유를 침해함으로써 성립하는 것이다. 여기서의 '점유'라고 함은 현실적으로 어떠한 재물을 지배하는 순수한 사실상의 관계를 말하는 것으로서, 민법상의 점유와 반드시 일치하는 것이 아니다. 물론 이러한 현실적 지배라고 하여도 점유자가 반드시 직접 소지하거나 항상 감수(監守)하여야 하는 것은 아니고, 재물을 위와 같은 의미에서 사실상으로 지배하는지 여부는 재물의 크기·형상, 그 개성의 유무, 점유자와 재물과의 시간적·장소적 관계 등을 종합하여 사회통념에 비추어 결정되어야 한다. 그렇게 보면 종전 점유자의 점유가 그의 사망으로 인한 상속에 의하여 당연히 그 상속인에게 이전된다는 민법 제193조는 절도죄의 요건으로서의 '타인의 점유'와 관련하여서는 적용의 여지가 없고, 재물을 점유하는 소유자로부터 이를 상속받아 그 소유권을 취득하였다고 하더라도 상속인이 그 재물에 관하여 위에서 본 의미에서의 사실상의 지배를 가지게 되어야만 이를 점유하는 것으로서 그때부터 비로소 상속인에 대한 절도죄가 성립할 수 있다.
> 피고인이 내연관계에 있는 甲과 아파트에서 동거하다가, 甲의 사망으로 甲의 상속인인 乙 및 丙 소유에 속하게 된 부동산 등기권리증 등 서류들이 들어 있는 가방을 위 아파트에서 가지고 가 절취하였다는 내용으로 기소된 사안에서, 피고인이 甲의 사망 전부터 아파트에서 甲과 함께 거주하였고, 甲의 자식인 乙 및 丙은 위 아파트에서 전혀 거주한 일이 없이 다른 곳에서 거주·생활하다가 甲의 사망으로 아파트 등의 소유권을 상속하였으나, 乙 및 丙이 甲 사망 후 피고인이 가방을 가지고 가기까지 그들의 소유권 등에 기하여 아파트 또는 그곳에 있던 가방의 인도 등을 요구한 일이 전혀 없는 사정 등에 비추어, 피고인이 가방을 들고 나온 시점에 乙 및 丙이 아파트에 있던 가방을 사실상 지배하여 점유하고 있었다고 볼 수 없어 피고인의 행위가 乙 등의 가방에 대한 점유를 침해하여 절도죄를 구성한다고 할 수 없는데도, 이와 달리 보아 절도죄를 인정한 원심판결에 절도죄의 점유에 관한 법리오해 등의 위법이 있다고 한 사례. (대법원 2012. 4. 26. 선고 2010도6334 판결) **표준**

2. 점유의 타인성

가. 의의

이하에서는 점유의 타인성에 관한 기본판례들을 살펴본다. ① 타인소유·타인점유 재물을 취거하면 절도가, ② 타인소유·자기점유 재물을 취거하면 횡령이, ③ 점유가 이탈된 재물을 취거하면 점유이탈물횡령이 성립한다. (④ 자기소유·타인점유 재물을 취거하면 권리행사방해가 성립한다.)

판례 당구장 내 유실물을 취거함 – 절도죄(타인점유) ○

어떤 물건을 잃어버린 장소가 당구장과 같이 타인의 관리 아래 있을 때에는 그 물건은 일응 그 관리자의 점유에 속한다 할 것이고, 이를 그 관리자 아닌 제3자가 취거하는 것은 유실물횡령이 아니라 절도죄에 해당한다. (대법원 1988. 4. 25. 선고 88도409 판결)

동지 피씨방 내 유실물을 취거함 – 절도죄(타인점유) ○ (대법원 2007. 3. 15. 선고 2006도9338 판결)

비교 지하철 차내 유실물을 취거함 – 점유이탈물횡령죄 ○

승객이 놓고 내린 지하철의 전동차 바닥이나 선반 위에 있던 물건을 가지고 간 경우, 지하철의 승무원은 유실물법상 전동차의 관수자로서 승객이 잊고 내린 유실물을 교부받을 권능을 가질 뿐 전동차 안에 있는 승객의 물건을 점유한다고 할 수 없고, 그 유실물을 현실적으로 발견하지 않는 한 이에 대한 점유를 개시하였다고 할 수도 없으므로, 그 사이에 위와 같은 유실물을 발견하고 가져간 행위는 점유이탈물횡령죄에 해당함은 별론으로 하고 절도죄에 해당하지는 않는다. (대법원 1999. 11. 26. 선고 99도3963 판결)

비교 고속버스 차내 유실물을 취거함 – 점유이탈물횡령죄 ○ (대법원 1993. 3. 16. 선고 92도3170 판결)

판례 강간 피해자가 도피하며 범죄현장에 두고 간 가방에서 돈을 꺼냄 – 절도죄(타인점유) ○

강간을 당한 피해자가 도피하면서 현장에 놓아두고 간 손가방은 점유이탈물이 아니라 사회통념상 피해자의 지배하에 있는 물건이라고 보아야 할 것이다. (대법원 1984. 2. 28. 선고 84도38 판결)

동지 폭행을 당해 졸도하여 의식을 상실한 자의 폭행 현장에 떨어진 물건 가져감 – 절도죄(타인점유) ○ (대법원 1956. 8. 17. 선고 4289형상170 판결)

판례 종중소유의 분묘를 간수하고 있는 산지기가 그 분묘에 설치된 석등 취거 – 절도죄(타인점유) ○ (대법원 1985. 3. 26. 선고 84도3024, 84감도474 판결)

판례 임차인이 냉장고 전기 코드를 뽑지 않은 상태에서 퇴거 – 절도죄(타인점유) ×

임차인이 임대계약 종료 후 식당건물에서 퇴거하면서 종전부터 사용하던 냉장고의 전원을 켜 둔 채 그대로 두었다가 약 1개월 후 철거해 가는 바람에 그 기간 동안 전기가 소비된 사안에서, 임차인이 퇴거 후에도 냉장고에 관한 점유·관리를 그대로 보유하고 있었다고 보아야 하므로, 냉장고를 통하여 전기를 계속 사용하였다고 하더라도 이는 당초부터 자기의 점유·관리하에 있던 전기를 사용한 것일 뿐 타인의 점유·관리하에 있던 전기가 아니어서 절도죄가 성립하지 않는다고 한 사례. (대법원 2008. 7. 10. 선고 2008도3252 판결)

판례 홧김에 사표 쓰고 회사에서 자신이 보관·관리 중이던 비자금 서류 등을 취거 – 절도죄(타인점유) ✕

상사와의 의견 충돌 끝에 항의의 표시로 사표를 제출한 다음 평소 피고인이 전적으로 보관, 관리해 오던 이른바 비자금 관계 서류 및 금품이 든 가방을 들고 나온 경우, 불법영득의 의사가 있다고 할 수 없을 뿐만 아니라, 그 서류 및 금품이 타인의 점유하에 있던 물건이라고도 볼 수 없다고 한 사례. (대법원 1995. 9. 5. 선고 94도3033 판결)

참고 이처럼 불법영득의사가 부정된 이상 횡령죄도 성립하지 않을 것이다.

사자의 점유를 인정할 수 있는지 문제된다. 판례는 피해자의 사망과 시간적·장소적 근접성이 인정되는 동안에는 사자의 생전점유를 인정한다.

판례 피해자 살인 후 4시간 30분 머물다 현장에서 피해자 물건을 취거 – 절도죄(타인점유) ○

피해자를 살해한 방에서 사망한 피해자 곁에 4시간 30분쯤 있다가 그곳 피해자의 자취방 벽에 걸려 있던 피해자가 소지하는 물건들을 영득의 의사로 가지고 나온 경우 피해자가 생전에 가진 점유는 사망 후에도 여전히 계속되는 것으로 보아야 한다. (대법원 1993. 9. 28. 선고 93도2143 판결) **표준**

해설 애초에 물건을 강취할 의사로 사람을 살인하였다면 '강도살인'이 성립한다. 이 사건은 살인 이후에 별개의 범의를 일으켜 절도를 저지른 경우이다.

나. 상하관계에서의 점유자

점포주인과 종업원, 위탁자와 수탁자처럼 상하관계가 인정되는 경우, 물건의 점유자는 누구인지 문제된다. 판례는 ① 상급자의 관리·감독이 유지되고 있는 경우, 상급자가 점유자가 되고 ② 상급자의 관리·감독이 단절된 경우, 하급자가 점유자가 된다고 본다.

판례 ① 경리직원과 보조직원이 동행하여 은행에서 현금을 인출하였고 ② 보조직원이 현금 일부를 소지한 채 사무실로 돌아왔는데 ③ 보조직원이 현금 일부를 가짜 돈뭉치로 바꿔치기하여 경리직원에게 교부함 – 절도죄(타인점유) ○

피고인의 운반을 위한 소지는 피고인의 독립적인 점유에 속하는 것이 아니고 피해자의 점유에 종속하는 점유의 기관으로서 소지함에 지나지 않으므로 이를 영득한 행위는 피해자의 점유를 침탈함에 돌아가기 때문에 절도죄가 성립한다. (대법원 1966. 1. 31. 선고 65도1178 판결)

판례 철도운송 승무원들이 그 운송중의 화물을 취거 – 특수절도죄(타인점유) ○

이 운송중의 화물은 교통부의 기관에 의하여 점유보관되는 것이라 해석되고, 피고인들의 점유 보관하에 있는 것이라 볼 수 없다. (대법원 1969. 7. 8. 선고 69도798 판결)

비교 화물자동차 운전수가 커피 3상자를 운송 중 매각 처분 – 횡령죄(자기점유) ○ (대법원 1957. 10. 20.

선고 4290형상281 판결)

판례 피해자 소유의 오토바이를 타고 심부름을 가다가 마음이 변하여 그대로 타고 가버림 – 횡령죄(자기점유) ○

피해자가 그 소유의 오토바이를 타고 심부름을 다녀오라고 하여서 그 오토바이를 타고 가다가 마음이 변하여 이를 반환하지 아니한 채 그대로 타고 가버렸다면 횡령죄를 구성함은 별론으로 하고 적어도 절도죄를 구성하지는 아니한다. (대법원 1986. 8. 19. 선고 86도1093 판결) **표준**

판례 점포 종업원이 주인 부재중 금고의 돈과 점포의 오토바이를 취거 – 횡령죄(자기점유) ○

민법상 점유보조자(점원)라고 할지라도 그 물건에 대하여 사실상 지배력을 행사하는 경우에는 형법상 보관의 주체로 볼 수 있으므로 이를 영득한 경우에는 절도죄가 아니라 횡령죄에 해당한다. (대법원 1982. 3. 9. 선고 81도3396 판결)

참고 피해자는 피고인에게 금고 열쇠와 오토바이 열쇠를 맡기고 금고 안의 돈은 배달될 가스대금으로 지급할 것을 지시한 후 외출하였다.

판례 위탁자로부터 의류 48장 운반을 의뢰받은 지게 짐꾼이 이를 매각 처분 – 횡령죄(자기점유) ○ (대법원 1982. 11. 23. 선고 82도2394 판결)

판례 동직원으로부터 시금고 입금하라 교부 받은 현금 등을 동회의 사환이 소비 – 횡령죄(자기점유) ○ (대법원 1968. 10. 29. 선고 68도1222 판결)

참고 사환이란 동사무소에서 기계적, 육체적 노동에 종사하는 자를 말한다.

다. 대등한 공동점유에서의 점유자

형법은 공동소유·공동점유를 각각 타인소유·타인점유로 취급한다. 따라서 ① 공동점유 중인 타인 소유 물건을 취거하면 절도가 성립한다. ② 단독점유 중인 공동소유(합유·총유) 물건을 영득하면 횡령이 성립한다. 아래 판례들을 통해 정리하자.

판례 부부가 별거 중에 남편은 돈궤짝을 소지하고, 아내는 그 열쇠를 소지하던 중 아내가 돈궤짝 안에 들어있던 인장을 취거 – 절도죄(타인점유) ○

인장이 들은 돈궤짝을 사실상 별개 가옥에 별거 중인 남편이 그 거주가옥에 보관중이었다면 처가 그 돈궤짝의 열쇠를 소지하고 있었다고 하더라도 그안에 들은 인장은 처의 단독보관하에 있은 것이 아니라 남편과 공동보관하에 있다고 보아야 할 것이므로, 공동보관자중의 1인인 처가 다른 보관자인 남편의 동의없이 불법영득의 의사로 위 인장을 취거한 이상 절도죄를 구성한다고 보아야 할 것이다. (대법원 1984. 1. 31. 선고 83도3027 판결)

판례 조합원 중 1인이 조합원의 공동점유에 속하는 합유물인 동업사업의 재고품을 승낙 없이 취거함 – 절도죄(타인점유) ○

조합원의 1인이 조합원의 공동점유에 속하는 합유의 물건을 다른 조합원의 승락없이 조합원의 점유를 배제하고 단독으로 자신의 지배하에 옮긴다는 인식이 있었다면 절도죄에 있어서의 불법영득의 의사가 있었다고 볼 것이다. (대법원 1982. 12. 28. 선고 82도2058 판결)

[동지] 원래 피고인 소유였지만 동업체에 제공되어 이제는 공동점유중인 물건을 취거함 – 절도죄(타인점유) ○
동업체에 제공된 물품은 동업관계가 청산되지 않는 한 동업자들의 공동점유에 속하므로, 그 물품이 원래 피고인의 소유라거나 피고인이 다른 곳에서 빌려서 제공하였다는 사유만으로는 절도죄의 객체가 됨에 지장이 없다. (대법원 1995. 10. 12. 선고 94도2076 판결)

[비교] 동업자 중 1인이 동업재산인 금전을 보관 중에 임의사용 – 횡령죄(자기점유) ○
동업자의 한 사람이 동업재산을 보관 중 임의로 횡령하였다면 지분비율에 관계없이 임의로 횡령한 금액 전부에 대하여 횡령죄의 죄책을 부담한다. (대법원 2000. 11. 10. 선고 2000도3013 판결)

[판례] 교회가 甲·乙 교파로 분열되었는데, 甲교파 소속교인이 자기 교파만의 사용을 위해 교회재산을 취거함 – 절도죄(타인점유) ○
하나의 교회가 두 개 이상으로 분열된 경우 그 재산의 처분에 관하여 교회 장정 등에 규정이 없는 한 분열 당시 교인들의 총의에 따라 그 귀속을 정하여야 하고 그와 같은 절차 없이 위 재산에 대하여 다른 교파의 점유를 배제하고 자기 교파만의 지배에 옮긴다는 인식 아래 이를 가지고 갔다면 절도죄를 구성한다. (대법원 1998. 7. 10. 선고 98도126 판결)

Ⅲ 불법영득의사

1. 의의

불법영득의사란 권리자를 배제하고 타인의 물건을 자기 소유물처럼 이용, 처분하려는 의사를 말한다.

2. 불법영득의사 요부

절도죄가 성립하기 위해서는 불법영득의사가 필요하다.

[판례] 절도죄 성립을 위해서는 불법영득의사 필요함
절도죄의 성립에 있어서 영구적으로 그 물건의 경제적 이익을 보지할 의사가 필요치는 아니하여도 단순한 점유의 침해만으로서는 절도죄가 구성될 수 없고 소유권 또는 이에 준하는 본권을 침해하는 의사 즉 목적물의 물질을 영득할 의사나 또 물질의 가치만을 영득할 의사이든 적어도 그 재물에 대한 영득의 의사가 있어야 할 것이다. (대법원 1965. 2. 24. 선고 64도795 판결) **표준**
참고 군인이 자신이 잃어버린 총을 보충하기 위하여 같은 소속대 타 중대 군용 칼빙소총 1정을 무단으로 가지고 나옴 – 절도죄(불법영득) ×

3. 내용

불법영득의사는 ① 배제의사－재물에 대한 권리자의 종래 지위를 배제하려는 의사와 ② 이용의사－소유자와 유사한 지배력을 행사하여 물건을 사용·수익·처분하려는 의사로 구성된다.

판례 불법영득의사－① 배제의사 ② 이용의사

절도죄의 성립에 필요한 불법영득의 의사라 함은 ① 권리자를 배제하고 타인의 물건을 자기의 소유물과 같이 ② 이용, 처분할 의사를 말하고 영구적으로 그 물건의 경제적 이익을 보유할 의사임은 요치 않으며 일시사용의 목적으로 타인의 점유를 침탈한 경우에도 이를 반환할 의사 없이 상당한 장시간 점유하고 있거나 본래의 장소와 다른 곳에 유기하는 경우에는 이를 일시 사용하는 경우라고는 볼 수 없으므로 영득의 의사가 없다고 할 수 없다. (대법원 2002. 9. 6. 선고 2002도3465 판결) **표준**

참고 소유자 승낙 없이 오토바이를 타고 가서 다른 장소에 버림－절도죄(불법영득) ○

동지 피해자 영업점에서 허락 없이 그의 휴대폰 가지고 나와 사용 후 1~2시간 후 영업점 정문 옆 화분에 놓아둠－절도죄(불법영득) ○ (대법원 2012. 7. 12. 선고 2012도1132 판결) **표준**

동지 길가에 시동 걸어 놓은 채 세워진 모르는 사람의 자동차를 운전하고 200m 감－절도죄(불법영득) ○ (대법원 1992. 9. 22. 선고 92도1949 판결)

동지 길가에 세워진 오토바이를 타고 가서 1시간 50분 후 본래 있던 곳에서 7~8m 되는 장소에 방치－절도죄(불법영득) ○ (대법원 1981. 10. 13. 선고 81도2394 판결)

판례 피고인 甲은 A社로부터 승용차 리스하여 운행하던 중, 사채업자 乙에게 이를 담보 목적으로 인도하였고, 乙은 丙에게 이를 매도하였는데, 甲은 丙이 점유 중이던 자동차를 취거하여 1달 뒤 A社에 반납함－절도죄(불법영득) ○

어떠한 물건을 점유자의 의사에 반하여 취거하는 행위가 결과적으로 소유자의 이익으로 된다는 사정 또는 소유자의 추정적 승낙이 있다고 볼 만한 사정이 있다고 하더라도, 다른 특별한 사정이 없는 한 그러한 사유만으로 불법영득의 의사가 없다고 할 수는 없다. (대법원 2014. 2. 21. 선고 2013도14139 판결)

해설 절도죄의 피해자는 소유자와 점유자이다. 소유자인 A社에게 이익이 된다거나 A社의 추정적 승낙이 있다고 볼 만한 사정이 있더라도 점유자인 丙의 의사에 반하여 취거한 이상 불법영득의사 인정된다.

판례 사용절도란 ① 경제적 가치 소모 경미 ② 사용 후 즉시 반환 ③ 본래 장소에 반환

타인의 물건을 점유자의 승낙없이 무단사용하는 경우에 있어서 그 사용으로 물건자체가 가지는 경제적 가치가 상당한 정도로 소모되거나 또는 사용후 본래의 장소가 아닌 다른 곳에 버리거나 곧 반환하지 아니하고 장시간 점유하고 있었다면 그 소유권 또는 본권을 침해할 의사가 있다고 보아 불법영득의 의사를 인정할 수 있을 것이나 그렇지 아니하고 그 사용으로 인한 가치의 소모가 무시할 수 있을 정도로 경미하고 또 사용후 곧 반환하였다면 그 소유권 또는 본권을 침해할 의사가 있다고 할 수 없어 불법영득의 의사를 인정할 수 없다. (대법원 1987. 12. 8. 선고 87도1959 판결)

참고 차용금증서 연대보증 목적으로 피해자 인감도장 몰래 꺼내어 사용 후 제자리에 둠－절도죄(불법영득) ×

(동지) 혼인신고서 작성 목적으로 피해자 도장을 몰래 꺼내어 사용 후 제자리에 둠 – 절도죄(불법영득) × (대법원 2000. 3. 28. 선고 2000도493 판결)

(동지) 동네 선배로부터 차량을 빌렸다가 반환하지 아니한 보조열쇠를 이용하여 그 후 3차례에 걸쳐 위 차량을 2~3시간 정도 운행한 후 원래 주차된 곳에 갖다 놓아 반환함 – 절도죄(불법영득) × (대법원 1992. 4. 24. 선고 92도118 판결)[54]

(동지) 불법영득의사 없이 타인 자동차 일시 사용한 경우 휘발유 소비는 자동차 일시사용에 포함되어 휘발유에 대한 절도죄는 불성립함 (대법원 1984. 4. 24. 선고 84도311 판결)

(판례) 피고인이 타인 소유의 버스요금함 서랍 견본 1개를 그에 대한 최초 고안자로서의 권리를 확보하겠다는 생각으로 가지고 나가 변리사에게 의장출원을 의뢰하고 그 도면을 작성한 뒤 당일 이를 원래 있던 곳에 가져다 둠 – 절도죄(불법영득) × (대법원 1991. 6. 11. 선고 91도878 판결)

(참고) 대법원은 방론으로 타인이 고안한 물건을 빼내어 의장출원을 하는 경우, 의장법상의 처벌규정이 있다고 밝혔다(의장법은 '디자인보호법'으로 개정됨).

(판례) 내연녀의 물건을 가져와 보관하면서 그가 이를 찾으러 오면 반환하면서 타일러 내연관계 회복하려 한 경우 – 절도죄(불법영득) × (대법원 1992. 5. 12. 선고 92도280 판결)

(판례) 군인이 총기를 분실하고 이를 보충하기 위해 타부대 소총 취거해 보충 – 절도죄(불법영득) × 소속중대에서 총기를 분실하고 그를 보충하기 위하여 타부대 총기를 취거해 왔다고 하면은 그 행위는 자기 또는 타인을 위한 영득의사에 의한 행위라고는 할 수 없다. (대법원 1977. 6. 7. 선고 77도1069 판결)

(판례) 살인자가 피해자 주머니에서 지갑 꺼내어 살해도구 등 증거품들과 함께 소각 – 절도죄(불법영득) × 피고인이 살해된 피해자의 주머니에서 지갑을 꺼낸 것은 자신의 살인 범행의 증거를 인멸하기 위한 것이어서 결국 불법영득의 의사가 있었다고 보기 어렵다. (대법원 2000. 10. 13. 선고 2000도3655 판결)

(판례) 가구회사 디자이너가 평소 임의처분 허용된 본인 제작 디자인 도면을 증거확보 위하여 가지고 나옴 – 절도죄(불법영득) × 피고인은 회사로부터 부당하게 징계를 받았다고 생각하고 노동위원회에 구제신청을 하면서 자신이 그동안 회사업무에 충실하였다는 사실을 입증하기 위한 자료로 삼기 위하여 이를 가지고 나온 것이라면 피고인에게 위 도면들에 대한 불법영득의 의사가 있었다고 볼 수 없다. (대법원 1992. 3. 27. 선고 91도2831 판결)

(판례) 번호 얻기 위해 피해자가 떨어뜨린 전화요금영수증 습득 후 돌려주지 않음 – 절도죄(불법영득) × (대법원 1989. 11. 28. 선고 89도1679 판결)

(판례) 사촌형제 집무실서 그의 잘못을 나무라다 화가 나 그를 혼내주려 가방을 들고 나옴 – 절도죄(불법영득) × (대법원 1993. 4. 13. 선고 93도328 판결)

---

54 자동차등불법사용죄(제331조의2) 검토가 필요하나 이 죄가 신설(1995. 12. 29.)되기 이전의 범죄이다.

판례 군인이 사격장에서 군무를 이탈하며 총기를 휴대함 – 절도죄(불법영득) ×

피고인이 군무를 이탈할 때 총기를 휴대하고 있는지 조차 인식할 수 없는 정신상태에 있었고 총기는 어떤 경우라도 몸을 떠나서는 안된다는 교육을 지속적으로 받아왔다면 사격장에서 군무를 이탈하면서 총기를 휴대하였다는 것만 가지고는 피고인에게 불법영득의 의사가 있었다고 할 수 없다. (대법원 1992. 9. 8. 선고 91도3149 판결)

예금통장·신용카드의 일시사용에 관한 판례를 따로 살펴본다.

💬 중요쟁점: 예금통장 일시사용 vs 신용카드 일시사용

[핵심 단어]

• 예금통장
  - 경제적 가치 화체 × → 유가증권 ×
  - 예금액 증명기능 ○ → 예금인출시 그만큼 증명기능 상실 ○ → 경제적 가치 소모 ○
  - 일시사용 후 반환 → 불법영득의사 ○
• 신용카드
  - 경제적 가치 화체 × → 유가증권 ×
  - 회원증명·서비스자격증명 ○ → 현금인출시 그만큼 기능 상실 × → 경제적 가치 소모 ×
  - 일시사용 후 반환 → 불법영득의사 ×

판례 예금인출시 예금통장의 예금액 증명기능 상실하여 즉시 반환해도 불법영득의사 ○

예금통장은 예금채권을 표창하는 유가증권이 아니고 그 자체에 예금액 상당의 경제적 가치가 화체되어 있는 것도 아니지만, 이를 소지함으로써 예금채권의 행사자격을 증명할 수 있는 자격증권으로서 예금계약사실 뿐 아니라 예금액에 대한 증명기능이 있고 이러한 증명기능은 예금통장 자체가 가지는 경제적 가치라고 보아야 하므로, 예금통장을 사용하여 예금을 인출하게 되면 그 인출된 예금액에 대하여는 예금통장 자체의 예금액 증명기능이 상실되고 이에 따라 그 상실된 기능에 상응한 경제적 가치도 소모된다. 그렇다면 타인의 예금통장을 무단사용하여 예금을 인출한 후 바로 예금통장을 반환하였다 하더라도 그 사용으로 인한 위와 같은 경제적 가치의 소모가 무시할 수 있을 정도로 경미한 경우가 아닌 이상, 예금통장 자체가 가지는 예금액 증명기능의 경제적 가치에 대한 불법영득의 의사를 인정할 수 있으므로 절도죄가 성립한다. (대법원 2010. 5. 27. 선고 2009도9008 판결) **표준**

판례 현금인출시 신용카드의 경제적 가치 소모 없어 즉시 반환하면 불법영득의사 ×

신용카드업자가 발행한 신용카드는 이를 소지함으로써 신용구매가 가능하고 금융의 편의를 받을 수 있다는 점에서 경제적 가치가 있다 하더라도, 그 자체에 경제적 가치가 화체되어 있거나 특정의 재산권을 표창하는 유가증권이라고 볼 수 없고, 단지 신용카드회원이 그 제시를 통하여 신용카드회원이라는 사실을 증명하거나 현금자동지급기 등에 주입하는 등의 방법으로 신용카드업자로부터 서비스를 받을 수 있는 증표로서의 가치를 갖는 것이어서, 이를 사용하여 현금자동지급기에서 현금을 인출하였다 하더라도 신용카드 자체가 가지는 경제적 가치가 인출된 예금액만큼 소모되었다고 할 수 없으므로, 이를 일시 사용하고 곧 반환한 경우에는 불법영득의 의사가 없다. (대법원 1999. 7. 9. 선고 99도857 판결)

참고 판례는 현금카드,[55] 직불카드[56] 역시 즉시 반환하면 불법영득의사를 부정한다.

4. 대상

불법영득의사의 대상이 무엇인가 문제된다. ① 재물의 물체 그 자체를 대상으로 한다는 **물체설** ② 재물이 가진 경제적 가치를 대상으로 한다는 **가치설** ③ 둘 모두를 대상으로 한다는 **절충설**이 대립한다. **판례**는 '목적물의 물질을 영득할 의사이거나 또는 그 물질의 가치만을 영득할 의사이든 적어도 그 재물에 대한 영득의 의사가 있어야 한다'고 하여 ③ **절충설**을 취한다.

> **판례** 불법영득의사의 대상은 ① 물체 그 자체와 ② 물체의 경제적 가치를 모두 포괄
> 타인의 의사에 반하여 그 소유 물건의 점유를 침탈한 사람이 그 목적물을 영구적으로 자기 소유로 할 의사가 아니고 그 소유자에 대한 채권담보의 의사만을 가지고 있었다 하더라도 타인의 소유자로서의 점유를 배제하고 그 소유권의 지니고 있는 담보가치를 취득하기 위하여 그 물건의 점유를 침해한 이상 절도죄의 불법영득의 의사가 있다. (대법원 1973. 2. 26. 선고 73도51 판결)
> **참고** 채권자가 채무자의 의사에 반하여 채무자 소유물을 담보목적으로 취거 – 절도죄(불법영득) ○

5. '불법'의 의미

불법영득의사의 불법이 무엇인가 문제된다. ① 실질적인 소유권질서와의 모순되는 상태를 의미한다는 **영득의 불법설**과 ② 절취행위의 불법설을 의미한다는 **절취의 불법설**이 대립한다. 판례는 '행위자에게 반환청구권이 있어도 점유자의 승낙 없이 물건을 가져갔다면 절도죄가 성립한다'고 보아 ② **절취의 불법설**을 취한다.

> **판례** 변제기 도과로 인도청구권을 갖게 된 채권자가 채무자의 동의 없이 굴삭기를 취거 – 절도죄(불법영득) ○
> 형법상 절취란 타인이 점유하고 있는 자기 이외의 자의 소유물을 점유자의 의사에 반하여 그 점유를 배제하고 자기 또는 제3자의 점유로 옮기는 것을 말하는 것으로, 비록 약정에 기한 인도 등의 청구권이 인정된다고 하더라도, 취거 당시에 점유 이전에 관한 점유자의 명시적·묵시적인 동의가 있었던 것으로

---

55 대법원 1998. 11. 10. 선고 98도2642 판결
56 대법원 2006. 3. 9. 선고 2005도7819 판결

인정되지 않는 한, 점유자의 의사에 반하여 점유를 배제하는 행위를 함으로써 절도죄는 성립하는 것이고, 그러한 경우에 특별한 사정이 없는 한 불법영득의 의사가 없었다고 할 수는 없다.

한편 굴삭기 매수인이 약정된 기일에 대금채무를 이행하지 아니하면 굴삭기를 회수하여 가도 좋다는 약정을 하고 각서와 매매계약서 및 양도증명서 등을 작성하여 판매회사 담당자에게 교부한 후 그 채무를 불이행하자 그 담당자가 굴삭기를 취거하여 매도한 경우, 굴삭기에 대한 소유권 등록 없이 매수인의 위와 같은 약정 및 각서 등의 작성, 교부만으로 굴삭기에 대한 소유권이 판매회사로 이전될 수는 없으므로 굴삭기 취거 당시 그 소유권은 여전히 매수인에게 남아 있고, 매수인의 의사표시 중에 자신의 동의나 승낙 없이 현실적으로 자신의 점유를 배제하고 굴삭기를 가져가도 좋다는 의사까지 포함되어 있었던 것으로 보기는 어렵다는 이유로, 그 굴삭기 취거행위는 절도죄에 해당하고 불법영득의 의사도 인정된다고 한 사례. (대법원 2001. 10. 26. 선고 2001도4546 판결)

[비교] 변제기를 도과한 동산양도담보에서, 양도담보권자가 담보목적물을 매각하고 목적물반환청구권을 양도하여 제3자(매수인)로 하여금 목적물을 취거하게 한 경우 – 절도죄 ×
금전채무를 담보하기 위하여 채무자가 그 소유의 동산을 채권자에게 양도하되 점유개정에 의하여 채무자가 이를 계속 점유하기로 한 경우, 특별한 사정이 없는 한 동산의 소유권은 신탁적으로 이전되고, 채권자와 채무자 사이의 대내적 관계에서 채무자는 의연히 소유권을 보유하나 대외적인 관계에 있어서 채무자는 동산의 소유권을 이미 채권자에게 양도한 무권리자가 된다. 따라서 동산에 관하여 양도담보계약이 이루어지고 채권자가 점유개정의 방법으로 인도를 받았다면, 그 정산절차를 마치기 전이라도 양도담보권자인 채권자는 제3자에 대한 관계에 있어서는 담보목적물의 소유자로서 그 권리를 행사할 수 있다.
한편, 양도담보권자인 채권자가 제3자에게 담보목적물인 동산을 매각한 경우, 제3자는 채권자와 채무자 사이의 정산절차 종결 여부와 관계없이 양도담보 목적물을 인도받음으로써 소유권을 취득하게 되고, 양도담보의 설정자가 담보목적물을 점유하고 있는 경우에는 그 목적물의 인도는 채권자로부터 목적물반환청구권을 양도받는 방법으로도 가능하다. 채권자가 양도담보 목적물을 위와 같은 방법으로 제3자에게 처분하여 그 목적물의 소유권을 취득하게 한 다음 그 제3자로 하여금 그 목적물을 취거하게 한 경우, 그 제3자로서는 자기의 소유물을 취거한 것에 불과하므로, 채권자의 이 같은 행위는 절도죄를 구성하지 않는다. (대법원 2008. 11. 27. 선고 2006도4263 판결)

[해설] ① 판례사건의 경우 변제기가 지나면 인도청구권을 인정한다는 약정에 그치지만, 비교사건의 경우 대외적 소유권을 이전시키는 양도담보라는 점. ② 판례사건의 경우 피해자와 가해자 모두 채권계약의 대내적 관계에 있는 자들이지만, 비교사건의 경우 제3자가 개입됨에 따라 양도담보계약의 대외적 관계가 (즉, 채권자가 대외적 소유자라는 것이) 부각된다는 점, ③ 판례사건의 경우 굴삭기는 소유권 이전에 등록이 필요하지만, 비교사건의 경우 피해동산(통발어구)은 소유권 이전이 필요하지 않다는 점에서 차이가 있다. 따라서 판례사건에서 채권자는 인도청구권을 행사하는 등 절차를 거쳐야 비로소 소유자가 되는 것이나, 비교사건에서 채권자는 이미 대외적 소유자이며 변제기 지난 이상 별도의 소유권 이전 절차도 불요하므로 제3자에게 매각하여 취거케 하여도 절도죄는 불성립한다.

[판례] 채권자가 자기채권 추심을 위하여 채무자의 책상서랍을 뜯어 돈을 꺼내감 – 절도죄(불법영득) ○ (대법원 1983. 4. 12. 선고 83도297 판결)

[판례] 회사의 채권을 확보할 목적으로 회사의 총무과장이 채무자 소유의 자동차를 채무자의 승낙없이 운전하여 회사로 옮겨 놓은 다음, 법원의 가압류결정과 감수보존명령에 따라 집달관이 보관하게 될 때까지 위 회사의 지배하에 둠 – 절도죄(불법영득) ○ (대법원 1990. 5. 25. 선고 90도573 판결)

[판례] ① 甲社가 乙에게 철재를 외상판매하고 약속어음을 수령하였는데 ② 그 어음이 부도가 나 甲社는 乙에 대한 철재 반환청구권 갖게 되었는데 ③ 甲社 사원인 피고인이 乙로부터 철재를 매수하여 점유하고 있는 丙으로부터 철재를 취거 – 절도죄(불법영득) ○ (대법원 1983. 11. 22. 선고 83도2539 판결)

IV 친족상도례

1. 의의

> 제328조(친족간의 범행과 고소) ① 직계혈족, 배우자, 동거친족, 동거가족 또는 그 배우자간의 제323조의 죄는 그 형을 면제한다.
> ② 제1항이외의 친족간에 제323조의 죄를 범한 때에는 고소가 있어야 공소를 제기할 수 있다.
> ③ 전2항의 신분관계가 없는 공범에 대하여는 전2항을 적용하지 아니한다.

친족상도례란 재산죄에 있어서 피해자와 범인 사이에 친족관계가 있는 경우, 범인에게 유리한 효과를 부여하는 특례규정이다. 아래 표로 내용을 개관한다.

	친족의 범위	법적 효과	법적 성격	주문
제328조 제1항 ★헌법 불합치 (적용중지)	직계혈족, 배우자, 동거친족, 동거가족 또는 그 배우자간	형을 면제	인적 처벌조각사유	法: 형면제판결 檢: 공소권없음
제328조 제2항	그 외의 친족 =(8촌 이내 혈족 +4촌 이내 인척)	고소가 있어야 공소 제기 가능	상대적 친고죄 → 소추조건	法: 공소기각판결 檢: 공소권없음

그런데, 헌법재판소는 2024. 6. 27. 형법 제328조 제1항에 대하여 헌법불합치결정을 내려 현재 해당 조항의 효력이 중지된 상태이다. 제328조 제1항을 준용하는 규정을 두고 있는 절도, 사기, 공갈, 횡령, 배임, 장물에 대하여도 마찬가지로 그 효력이 중지된다. 헌법재판소는 2025. 12. 31.까지 개선입법이 이루어지지 않으면 제328조 제1항은 2026. 1. 1.부터 효력을 상실한다고 결정하였다. 향후 제328조 제1항의 적용범위가 축소되는 형태로 개정이 이루어질 것으로 예상된다.

> **[판례]** 직계혈족, 배우자, 동거친족, 동거가족 또는 그 배우자간의 권리행사방해죄는 그 형을 면제하도록 한 형법 제328조 제1항은 형사피해자의 재판절차진술권을 침해하므로 헌법불합치
>
> 가족·친족 관계에 관한 우리나라의 역사적·문화적 특징이나 재산범죄의 특성, 형벌의 보충성에 비추어, 친족상도례의 필요성은 수긍할 수 있다. 그런데 심판대상조항은 재산범죄의 가해자와 피해자 사이의 일정한 친족관계를 요건으로 하여 일률적으로 형을 면제하도록 규정하고 있는바, 적용대상 친족의 범위가 지나치게 넓고, 심판대상조항이 준용되는 재산범죄들 가운데 불법성이 경미하다고 보기 어려운 경우가 있다는 점에서 제도적 취지에 부합하지 않는 결과를 초래할 우려가 있고, 미성년자나 질병, 장애 등으로 가족과 친족 사회 내에서 취약한 지위에 있는 구성원에 대한 경제적 착취를 용인할 우려가 있다. 그럼에도 법관으로 하여금 이러한 사정을 전혀 고려할 수 없도록 하고 획일적으로 형면제 판결을 선고하도록 한 심판대상조항은 형사피해자가 법관에게 적절한 형벌권을 행사하여줄 것을 청구할 수 없도록 하는 것으로서 입법재량을 일탈하여 현저히 불합리하거나 불공정하므로 형사피해자의 재판절차진술권을 침해한다. (헌법재판소 2024. 6. 27. 선고 2020헌마468 등 결정)

제328조 제1항의 "그 배우자"의 범위가 문제된다. 판례는 "'그 배우자'는 동거가족의 배우자만을 의미하는 것이 아니라 직계혈족, 동거친족, 동거가족 모두의 배우자를 의미"한다고 보았다(2011도1765 판결). 예컨대 甲이 사촌형 乙과 동거 중 미국으로 유학 떠난 사촌 형수 丙 소유 다이아몬드를 절취한 경우, 丙이 甲을 고소하였더라도 제328조 제1항이 적용되어 甲의 형이 면제된다(검찰실무기출).

제328조 제2항이 적용되어 상대적 친고죄가 되는 경우, 고소기간이 적용되어 범인을 알게 된 날로부터 6월을 경과하면 고소하지 못한다(형사소송법 제230조 제1항).

2. 적용범위

가. 범죄의 범위

형법상 재산죄 중 친족상도례가 적용되는 범죄와 적용되지 않는 범죄는 다음과 같이 정리할 수 있다. 폭행·협박이 수단이 되거나, 재물의 효용이 해하여지거나, 강제집행이라는 국가기능을 해하는 경우에는 친족상도례가 적용되지 않는다.

친족상도례 적용 ○	권리행사방해, 절도, 사기, 공갈, 횡령, 배임, 장물
친족상도례 적용 ×	강도, 손괴, 강제집행면탈, 점유강취, 준점유강취

친족상도례가 적용되는 재산죄에 대해서는 특별형법(특경법·폭처법)이 적용되는 경우에도 친족상도례가 적용된다.

> **[판례]** 특별형법상의 재산범죄는 ① 성질이 유지되고 ② 적용배제 규정 없기 때문에 친족상도례 적용됨
> ① 형법상 횡령죄의 성질은 '특정경제범죄 가중처벌 등에 관한 법률'(이하 '특경법'이라고 한다) 제3조 제1항에 의해 가중 처벌되는 경우에도 그대로 유지되고, ② 특경법에 친족상도례에 관한 형법 제361조, 제328조의 적용을 배제한다는 명시적인 규정이 없으므로, 형법 제361조는 특경법 제3조 제1항 위반죄에도 그대로 적용된다. (대법원 2013. 9. 13. 선고 2013도7754 판결)

친족상도례 적용 특별형법 범죄	특정경제범죄가중처벌등에관한법률위반 – 사기, 공갈, 횡령, 배임 폭력행위등처벌에관한법률위반 – 공동공갈[57] **참고** 甲과 그 친구들은 공동하여 甲의 사촌동생인 乙을 공갈하였는데 乙이 아무도 고소하지 않음 – ① 甲 – 공소권 없음 ② 나머지 피의자들 – 기소 (검찰실무 기출)

장물죄에 대한 친족상도례는 다음과 같이 정리할 수 있다.

	친족의 범위	법적 효과	법적 성격
장물범과 피해자	직계혈족, 배우자, 동거친족, 동거가족 또는 그 배우자간	형면제판결 (檢: 공소권없음) ★헌법불합치(적용중지)	인적 처벌조각사유
장물범과 피해자	그 외의 친족 =(8촌 이내 혈족 +4촌 이내 인척)	공소기각판결 (檢: 공소권없음)	상대적 친고죄 → 소추조건
장물범과 본범[58]	직계혈족, 배우자, 동거친족, 동거가족 또는 그 배우자간	형의 필요적 감면	면제 – 인적처벌조각사유 감경 – 책임감경사유

나. 친족의 범위

친족의 범위는 민법에 따른다. 중요 조문은 아래와 같다.

> **제777조(친족의 범위)** 친족관계로 인한 법률상 효력은 이 법 또는 다른 법률에 특별한 규정이 없는 한 다음 각호에 해당하는 자에 미친다.
> 1. 8촌 이내의 혈족
> 2. 4촌 이내의 인척
> 3. 배우자

---

57 폭처법 공동공갈, 형법 특수공갈의 경우, 기록형이나 사례형에서 '친족상도례'를 떠올리기 어려우니 유의하자.
58 형법 제365조 제2항

제768조(혈족의 정의) 자기의 직계존속과 직계비속을 직계혈족이라 하고 자기의 형제자매와 형제자매의 직계비속, 직계존속의 형제자매 및 그 형제자매의 직계비속을 방계혈족이라 한다

제769조(인척의 계원) 혈족의 배우자, 배우자의 혈족, 배우자의 혈족의 배우자를 인척으로 한다.

제775조(인척관계 등의 소멸) ① 인척관계는 혼인의 취소 또는 이혼으로 인하여 종료한다.
② 부부의 일방이 사망한 경우 생존 배우자가 재혼한 때에도 제1항과 같다

친족의 범위는 ① 8촌 이내의 혈족 ② 4촌 이내의 인척 ③ 배우자이다. 혈족은 간단히 말해 나와 피가 섞인 자를 말한다. 예컨대 아버지의 동생, 어머니의 언니 모두 나와 피가 섞인 자이므로 혈족이다.

인척은 ① 혈족의 배우자, ② 배우자의 혈족, ③ 배우자의 혈족의 배우자를 말한다. 그러므로 '혈족의 배우자의 혈족' 또는 '배우자의 혈족의 배우자의 혈족'은 인척에 포함되지 않는다. 글로만 읽어서는 무슨 말인지 쉽게 와닿지 않는다. 아래 표를 보자. 생각보다 간단하다. 나=아내라고 생각하자. 나 또는 아내와 피가 섞인 자(혈족, 배우자의 혈족), 그리고 그 사람의 배우자(혈족의 배우자, 배우자의 혈족의 배우자)까지가 친족이다. '우리 부부'와 '그들 부부'까지만 친족인 셈이다.[59] 거기서 한 발만 더 나가면 친족이 아니다. 실제 검찰실무 기록에서 '이모부의 동생'이 친족상도례 적용대상인지 여부가 출제된 적이 있다. 나와 피가 섞인 이모의 남편이 아니므로, 즉 '그들 부부'가 아니므로 친족이 아니다.

혈족의 배우자의 혈족	혈족의 배우자 (인척)	혈족	본인 = 배우자	배우자의 혈족 (인척)	배우자의 혈족의 배우자 (인척)	배우자의 혈족의 배우자의 혈족
	그들 부부		우리 부부	그들 부부		
이모부의 동생	나의 이모부	나의 이모	나=아내	아내의 이모	아내의 이모부	아내의 이모부의 동생
친족 ×	친족 ○	친족 ○	동일체	친족 ○	친족 ○	친족 ×

조금 더 심화시켜보자. 인척관계 소멸 여부가 문제될 수 있다. 민법 제775조를 일독하고 아래 표로 정리하자.

---

59 내가 피해자라면 범인을 떠올리며 두 가지만 질문해보자. ① 저 사람이 우리 부부랑 피가 섞였나? ② 저 사람 배우자가 우리 부부랑 피가 섞였나? 둘 다 아니라면 친족이 아니다. 둘 중에 하나라도 긍정된다면 혈족 또는 인척이므로 8촌(혈족인 경우) 또는 4촌(인척인 경우) 내에 속하는지를 검토해야 한다.

사유	인척 소멸 여부
배우자의 사망	×
배우자의 사망 후 재혼	○
이혼·혼인취소	○

친족관계에 착오가 있는 경우, 주관적 착오는 다 무시하고 오로지 객관적 친족관계 존부에 따라 판단한다. ① 범행 당시 친족관계를 몰랐어도 실제 친족관계 있다면 친족상도례가 적용되고, ② 범행 당시 친족관계에 있었다 오신하였지만 실제 없는 경우에는 친족상도례가 적용되지 않는다.

공범관계에 대해 살펴보자. 친족상도례는 '상대적' 친고죄이므로 범인마다 개별적으로 적용되는 것이지 공범으로 확장되지 않는다.

구도 (① 甲 친족 × ② 乙 친족 ○)	친족상도례 적용 여부	
甲 → 乙 교사	甲 – X	乙 – ○
乙 → 甲 교사	甲 – X	乙 – ○
甲 + 乙 공동정범	甲 – X	乙 – ○

3. 관련 판례

지금까지 친족상도례의 개념을 살펴보았으므로, 이하에서는 관련 판례를 살펴본다.

판례 사기를 목적으로 혼인 → 혼인 자체가 무효 – 친족상도례 ×

민법 제815조 제1호는 당사자 사이에 혼인의 합의가 없는 때에는 그 혼인을 무효로 한다고 규정하고 있고, 이 혼인무효 사유는 당사자 사이에 사회관념상 부부라고 인정되는 정신적·육체적 결합을 할 의사를 가지고 있지 않은 경우를 가리킨다. ··· (중략) ··· 사기죄를 범하는 자가 금원을 편취하기 위한 수단으로 피해자와 혼인신고를 한 것이어서 그 혼인이 무효인 경우라면, 그러한 피해자에 대한 사기죄에서는 친족상도례를 적용할 수 없다고 할 것이다. (대법원 2015. 12. 10. 선고 2014도11533 판결)

판례 사돈은 친족이 아님

피고인이 백화점 내 점포에 입점시켜 주겠다고 속여 피해자로부터 입점비 명목으로 돈을 편취하였다며 사기로 기소된 사안에서, 피고인의 딸과 피해자의 아들이 혼인하여 피고인과 피해자가 사돈지간이라고 하더라도 민법상 친족으로 볼 수 없다. (대법원 2011. 4. 28. 선고 2011도2170 판결)

해설 사돈은 아들(혈족)의 배우자(배우자)의 아버지(혈족)이다. 혈족의 배우자의 혈족은 친족이 아니다(조금 더 간단히 생각하면 ① 사돈은 우리 부부랑 피가 섞이지도 않았고 ② 사돈의 배우자 역시 우리 부부랑 피가 섞이지도 않았으므로 촌수 계산할 필요 없이 친족이 아니다).

[판례] 절취한 예금통장으로 자금이체를 한 경우 컴사기죄의 피해자 – 금융기관(친족상도례 ×)

친척 소유 예금통장을 절취한 자가 그 친척 거래 금융기관에 설치된 현금자동지급기에 예금통장을 넣고 조작하는 방법으로 친척 명의 계좌의 예금 잔고를 자신이 거래하는 다른 금융기관에 개설된 자기 계좌로 이체한 경우, 그 범행으로 인한 피해자는 이체된 예금 상당액의 채무를 이중으로 지급해야 할 위험에 처하게 되는 그 친척 거래 금융기관이라 할 것이고, 거래 약관의 면책 조항이나 채권의 준점유자에 대한 법리 적용 등에 의하여 위와 같은 범행으로 인한 피해가 최종적으로는 예금 명의인인 친척에게 전가될 수 있다고 하여, 자금이체 거래의 직접적인 당사자이자 이중지급 위험의 원칙적인 부담자인 거래 금융기관을 위와 같은 컴퓨터 등 사용사기 범행의 피해자에 해당하지 않는다고 볼 수는 없으므로, 위와 같은 경우에는 친족 사이의 범행을 전제로 하는 친족상도례를 적용할 수 없다. (대법원 2007. 3. 15. 선고 2006도2704 판결) **표준**

참고 손자가 할아버지 예금통장 절취 후 ATM기에서 자신의 계좌로 예금 이체한 사건

[판례] 친족관계의 존부 기준 시기 ① 원칙: 범행 당시 ② 예외: 인지의 소급효

형법 제344조, 제328조 제1항 소정의 친족간의 범행에 관한 규정이 적용되기 위한 친족관계는 원칙적으로 범행 당시에 존재하여야 하는 것이지만, 부가 혼인 외의 출생자를 인지하는 경우에 있어서는 민법 제860조에 의하여 그 자의 출생시에 소급하여 인지의 효력이 생기는 것이며, 이와 같은 인지의 소급효는 친족상도례에 관한 규정의 적용에도 미친다고 보아야 할 것이므로, 인지가 범행 후에 이루어진 경우라고 하더라도 그 소급효에 따라 형성되는 친족관계를 기초로 하여 친족상도례의 규정이 적용된다. (대법원 1997. 1. 24. 선고 96도1731 판결)

[판례] 친족인 자와 친족 아닌 자가 공유·합유하고 있는 재산에 대한 범죄 – 친족상도례 ×

피고인 등이 공모하여, 피해자 甲, 乙 등을 기망하여 甲, 乙 및 丙과 부동산 매매계약을 체결하고 소유권을 이전받은 다음 잔금을 지급하지 않아 같은 금액 상당의 재산상 이익을 편취하였다는 내용으로 기소된 사안에서, 甲은 피고인의 8촌 혈족, 丙은 피고인의 부친이나, 위 부동산이 甲, 乙, 丙의 합유로 등기되어 있어 피고인에게 형법상 친족상도례 규정이 적용되지 않는다고 본 원심판단을 수긍한 사례. (대법원 2015. 6. 11. 선고 2015도3160 판결)

① 절도죄에서 점유자와 소유자가 다른 경우 ② 횡령죄에서 소유자와 위탁자가 다른 경우 ③ 사기죄에서 피편취자와 피기망자가 다른 경우, 친족상도례 적용 여부가 문제된다. 아래의 표처럼 정리할 수 있다.

죄명	피해자 해당성 (친족관계 요부)	
절도죄	① 소유자 – ○ (要)	② 점유자 – ○ (要)
횡령죄	① 소유자 – ○ (要)	② 위탁자 – ○ (要)
사기죄	① 피편취자 – ○ (要)	② **피기망자 – × (不要)**

판례 절도죄의 친족상도례 – ① 소유자 ② 점유자 모두와 친족관계 요구됨

친족상도례에 관한 규정은 범인과 피해물건의 소유자 및 점유자 모두 사이에 친족관계가 있는 경우에만 적용되는 것이고 절도범인이 피해물건의 소유자나 점유자의 어느 일방과 사이에서만 친족관계가 있는 경우에는 그 적용이 없다. (대법원 1980. 11. 11. 선고 80도131 판결) **표준**

참고 세탁소에 맡겨진 이모의 옷을 훔친 경우 – 소유자인 이모는 친족이나, 점유자인 세탁소 사장은 친족이 아니므로 이모의 고소 불문 기소 ○ (검찰실무 기출)

비교 결혼한 오빠가 부재중일 때 그의 집에서 그의 소유 민화 절취 – 친족상도례 ○

이건 피해품인 민화가 피고인의 오빠가 매수한 것이라면 이는 동인의 특유재산으로서 이에 대한 점유·관리권은 동인에게 있다 할 것이고 범행당시 비록 동인이 집에 없었다 하더라도 그것이 동인소유의 집 벽에 걸려있던 이상 동인의 지배력이 미치는 범위안에 있는 것이라 할 것이므로 동인의 소지에 속하고 그 부부의 공동점유하에 있다고 볼 수는 없어 이를 절취한 행위에 대하여는 친족상도례가 적용된다. (대법원 1985. 3. 26. 선고 84도365 판결)

판례 횡령죄의 친족상도례 – ① 소유자 ② 위탁자 모두와 친족관계 요구됨

횡령범인이 위탁자가 소유자를 위해 보관하고 있는 물건을 위탁자로부터 보관받아 이를 횡령한 경우에 형법 제361조에 의하여 준용되는 제328조 제2항의 친족간의 범행에 관한 조문은 범인과 피해물건의 소유자 및 위탁자 쌍방 사이에 같은 조문에 정한 친족관계가 있는 경우에만 적용되고, 단지 횡령범인과 피해물건의 소유자간에만 친족관계가 있거나 횡령범인과 피해물건의 위탁자간에만 친족관계가 있는 경우에는 적용되지 않는다. (대법원 2008. 7. 24. 선고 2008도3438 판결)

판례 사기죄의 친족상도례 – ① 피편취자와 친족관계 요구 ② 피기망자와 친족관계 불요

법원을 기망하여 제3자로부터 재물을 편취한 경우에 피기망자인 법원은 피해자가 될 수 없고 재물을 편취당한 제3자가 피해자라고 할 것이므로 피해자인 제3자와 사기죄를 범한 자가 직계혈족의 관계에 있을 때에는 그 범인에 대하여 형법 328조 1항을 준용하여 형을 면제하여야 한다. (대법원 1976. 4. 13. 선고 75도781 판결)

---

02 절도의 죄

I 절도죄

제329조(절도) 타인의 재물을 절취한 자는 6년 이하의 징역 또는 1천만원 이하의 벌금에 처한다.	
例規 제329조 절도	미수 ○

1. 객체: 재물

가. 의의

절도의 객체는 타인이 점유하는 타인 소유물이다. 우선 '소유의 타인성'이 문제된 간단한 판례부터 살펴본다.

> **판례** 甲이 乙의 이름을 빌려 식품접객업 영업허가증 발급받았는데 乙이 이를 취거함 – 절도죄 ○
> 식품접객업 영업허가가 행정관청의 허가이고 그 영업 자체가 국민의 보건과 관계가 있으며, 나아가 부가가치세법에 의한 사업자등록이 납세의무와 관련되어 있다 하더라도, 당사자 사이에서 그 허가명의 및 등록명의를 대여하는 것이 허용되지 않는다고 볼 것은 아니다. 명의대여 약정에 따른 신청에 의하여 발급된 영업허가증과 사업자등록증은 피해자가 인도받음으로써 피해자의 소유가 되었다고 할 것이므로, 이를 명의대여자가 가지고 간 행위가 절도죄에 해당한다고 한 사례. (대법원 2004. 3. 12. 선고 2002도5090 판결)

> **판례** 광산개발 위해 섬에 반입되었으나 10년 동안 섬에 유기된 발전기, 경운기 엔진 취거 – 절도죄 ×
> 육지로부터 멀리 떨어진 섬에서 광산을 개발하기 위하여 발전기, 경운기 엔진을 섬으로 반입하였다가 광업권 설정이 취소됨으로써 광산개발이 불가능하게 되자 육지로 그 물건들을 반출하는 것을 포기하고 그대로 유기하여 둔채 섬을 떠난 후 10년 동안 그 물건들을 관리하지 않고 있었다면, 그 섬에 거주하는 피고인이 그 소유자가 섬을 떠난지 7년이 경과한 뒤 노후된 물건들을 피고인 집 가까이에 옮겨 놓았다 하더라도, 그 물건들의 반입 경위, 그 소유자가 섬을 떠나게 된 경위, 그 물건들을 옮긴 시점과 그간의 관리상황 등에 비추어 볼 때 피고인이 그 물건들을 옮겨 갈 당시 원소유자나 그 상속인이 그 물건들을 점유할 의사로 사실상 지배하고 있었다고는 볼 수 없으므로, 그 물건들을 절도죄의 객체인 타인이 점유하는 물건으로 볼 수 없다고 한 원심판결을 수긍한 사례 (대법원 1994. 10. 11. 선고 94도1481 판결)

> **판례** 어업권자 甲이 어업구역 내에서 수산물 양식하는데 乙이 그 안에서 자연산 수산물 채취 – 절도죄 ×
> 수산업법에 의한 소위 양식어업권은 행정관청의 면허를 받아 해상의 일정구역내에서 그 소유의 수산동·식물을 양식할 수 있는 권리를 가리키는 것으로서 그 면허를 받았다는 사실만으로써 곧 당해구역내에 자연적으로 번식하는 수산동·식물에 관하여 당연히 소유권이나 점유권을 취득한다고 할 수는 없으므로, 공소외인이 굴 양식면허를 받은 위 구역내에서 피고인들이 자연서식의 반지락을 채취하였다고 하더라도 수산업법위반이 됨은 별론으로 하고 절도죄를 구성한다고는 할 수 없다. (대법원 1983. 2. 8. 선고 82도696 판결)
> **동지** 어업권자와 어업권행사계약을 체결하고 어업권을 행사하는 피해자의 양식장에서 '자연산' 모시조개를

무단 채취 – 절도죄 ✕ (대법원 2010. 4. 8. 선고 2009도11827 판결)

판례 甲의 토지 위에 乙이 권원 없이 감나무를 식재한 뒤 乙이 감을 수확함 – 乙 절도죄 ○
타인의 토지상에 권원 없이 식재한 수목의 소유권은 토지소유자에게 귀속하고 권원에 의하여 식재한
경우에는 그 소유권이 식재한 자에게 있으므로, 권원 없이 식재한 감나무에서 감을 수확한 것은 절도죄
에 해당한다. (대법원 1998. 4. 24. 선고 97도3425 판결)

동지 甲의 토지 위에 乙이 권원(임차권)에 의하여 대나무를 식재하였는데 甲이 이를 벌채함 – 甲 절도죄 ○
(대법원 1980. 9. 30. 선고 80도1874 판결)

비교 甲의 토지 위에 乙이 농작물을 무단으로 경작하였는데 甲이 이를 갈아버림 – 甲 손괴죄 ○
타인소유의 토지에 사용수익의 권한없이 농작물을 경작한 경우에 그 농작물의 소유권은 경작한 사람에게 귀
속된다. (대법원 1970. 3. 10. 선고 70도82 판결)

판례 甲·乙이 생강농사 동업 중 불화가 생겨 乙이 나오지 않자, 甲이 마저 밭을 경작하여 생강 반출
함 – 절도죄 ✕
두 사람으로 된 동업관계 즉, 조합관계에 있어 그 중 1인이 탈퇴하면 조합관계는 해산됨이 없이 종료되
어 청산이 뒤따르지 아니하며 조합원의 합유에 속한 조합재산은 남은 조합원의 단독소유에 속하고, 탈
퇴자와 남은 자 사이에 탈퇴로 인한 계산을 하여야 한다. (대법원 2009. 2. 12. 선고 2008도11804 판결)
참고 乙이 묵시적으로 동업탈퇴한 것이라고 봄.

나. 소유권유보부매매와 절도죄

소유권유보부매매의 경우, 소유자는 누구일까? ① 등기(등록)이 불요한 일반적인 동산의 경우,
소유권유보부매매가 인정되어 매도인이 소유자가 된다. ② 그러나 등기(등록)이 필요한 경우, 소유
권유보부매매가 인정되지 않으므로, 명의자인 매수인이 소유자가 된다.

판례 (등기·등록 요구되는 동산에 대해서는 소유권유보부매매 인정 안 됨) 매도인 甲이 동산을 매도
하면서 소유권을 유보한 채 매수인 乙 앞으로 등록을 마쳤는데, 甲이 乙 점유 중인 동산을 취거 – 절도
죄 ○
소유권유보부매매는 동산을 매매함에 있어 매매목적물을 인도하면서 대금완납시까지 소유권을 매도인
에게 유보하기로 특약한 것을 말하며, 이러한 내용의 계약은 동산의 매도인이 매매대금을 다 수령할
때까지 그 대금채권에 대한 담보의 효과를 취득·유지하려는 의도에서 비롯된 것이다. 따라서 부동산과
같이 등기에 의하여 소유권이 이전되는 경우에는 등기를 대금완납시까지 미룸으로써 담보의 기능을 할
수 있기 때문에 군이 위와 같은 소유권유보부매매의 개념을 원용할 필요성이 없으며, 일단 매도인이
매수인에게 소유권이전등기를 경료하여 준 이상은 특별한 사정이 없는 한 매수인에게 소유권이 귀속되
는 것이다. 한편 자동차, 중기, 건설기계 등은 비록 동산이기는 하나 부동산과 마찬가지로 등록에 의하
여 소유권이 이전되고, 등록이 부동산 등기와 마찬가지로 소유권이전의 요건이므로, 역시 소유권유보부
매매의 개념을 원용할 필요성이 없는 것이다. (대법원 2010. 2. 25. 선고 2009도5064 판결)
동지 매도인 甲社가 소유권을 유보한 채 중기를 매수인 乙에게 매도하고, 이를 지입회사 丙앞으로 등록하여

주었는데, 甲社의 사원들이 乙이 점유하던 동산 취거 – 특수절도죄 ○

을이 갑회사로부터 중기를 갑회사에 소유권을 유보하고 할부로 매수한 다음 병회사에 이를 지입하고 중기등록원부에 병회사를 소유자로 등록한 후 을의 갑에 대한 할부매매대금 채무를 담보하기 위하여 갑명의로 근저당권 설정등록을 하였으며 위 중기는 을이 이를 점유하고 있었는데 갑의 회사원인 피고인들이 합동하여 승낙 없이 위 중기를 가져간 경우, 지입자(을)가 사실상의 처분관리권을 가지고 있다고 하여도 이는 지입자와 지입받은 회사(병)와의 내부관계에 지나지 않는 것이고 대외적으로는 자동차등록원부상의 소유자 등록이 원인무효가 아닌 한 지입받은 회사가 소유권자로서의 권리(처분권 등)를 가지고 의무(공과금 등 납세의무, 중기보유자의 손해배상 책임 등)를 지는 것이므로 피고인들의 중기취거행위는 지입받은 회사인 병의 중기등록원부상의 소유권을 침해한 것으로서 특수절도죄에 해당한다. (대법원 1989. 11. 14. 선고 89도773 판결)

해설 ① 자동차 명의신탁의 경우, 신탁자가 대내적 소유자, 수탁자가 대외적 소유자로서 '소유자'가 둘로 쪼개진다. 그러나 **자동차 소유권유보부매매**는 그 효력 자체가 인정되지 않고 명의자를 기준으로 소유자를 판단한다. ② (등기를 불요하는) 일반적인 동산 소유권유보부 매매시 대금 지급전까지 대내적·대외적 소유권자는 매도인이다. 따라서 매수인이 이를 임의처분하면 횡령죄가 성립한다.

다. 동산 양도담보와 절도죄

동산 양도담보와 절도죄를 살펴본다.

판례 甲이 동산에 대하여 ① 乙에게 1차 양도담보설정하고 ② 丙에게 2차 양도담보설정하였는데 ③ 丙이 그 동산을 취거한 경우 – 丙 절도죄 ○

금전채무를 담보하기 위하여 채무자가 그 소유의 동산을 채권자에게 양도하되 점유개정의 방법으로 인도하고 채무자가 이를 계속 점유하기로 약정한 경우 특별한 사정이 없는 한 그 동산의 소유권은 신탁적으로 이전되는 것에 불과하여, 채권자와 채무자 사이의 대내적 관계에서는 채무자가 소유권을 보유하나 대외적인 관계에서의 채무자는 동산의 소유권을 이미 채권자에게 양도한 무권리자가 되는 것이어서 다시 다른 채권자와 사이에 양도담보설정계약을 체결하고 점유개정의 방법으로 인도하더라도 선의취득이 인정되지 않는 한 나중에 설정계약을 체결한 채권자로서는 양도담보권을 취득할 수 없는데, 현실의 인도가 아닌 점유개정의 방법으로는 선의취득이 인정되지 아니하므로 결국 뒤의 채권자는 적법하게 양도담보권을 취득할 수 없다. 돈사에서 대량으로 사육되는 돼지에 대한 이중의 양도담보설정계약이 체결된 경우 뒤에 양도담보설정계약을 체결한 이중양수 채권자가 임의로 돼지를 반출한 행위가 절도죄를 구성한다고 한 사례 (대법원 2007. 2. 22. 선고 2006도8649 판결)

비교 변제기를 도과한 동산양도담보에서, 양도담보권자가 담보목적물을 매각하고 목적물반환청구권을 양도하여 제3자(매수인)로 하여금 목적물을 취거하게 한 경우 – 절도죄 × (대법원 2008. 11. 27. 선고 2006도4263 판결)

라. 자동차 명의신탁과 절도죄

부동산 명의신탁이 부동산실명법에 의해 금지되는 것과 달리 자동차 명의신탁은 허용된다. 자동차 명의신탁이 인정되는 경우, 소유자는 ① 대내적 소유자(명의신탁자) ② 대외적 소유자(명의수탁자)로 분화된다.

명의신탁된 자동차가 절취(취거)된 경우, ① 범인·피해자를 확정함으로써 ② 대내적 소유관계·대외적 소유관계 중 무엇을 기준으로 소유자를 확정할 것인지를 결정하여야 한다. 이하에서 자세히 살펴본다.

📝 **중요쟁점: 자동차 명의신탁과 절도죄**

1. 자동차 명의신탁

　(요건) 자동차 명의신탁은 "당사자 사이에 소유권을 등록 명의자 아닌 자가 보유하기로 약정"한 경우에 인정된다.[60] (효과) 명의신탁이 인정되면 ① 신탁자가 대내적 소유자 ② 수탁자가 대외적 소유자가 된다.

2. 대내적 소유관계 vs 대외적 소유관계 결정

　① 신탁자·수탁자가 범인(공범 포함)·피해자에 각각 속하는 경우 '대내적 소유관계'에 따라 죄명이 결정된다. ② 그 외의 경우 '대외적 소유관계'에 따라 죄명이 결정된다. 이하 그 결과를 표로 정리한다.

소유자		범인	피해자(점유자)	결과
대내관계: 신탁자	Ⓐ	신탁자	수탁자	권리행사방해
	Ⓑ	수탁자	신탁자	절도
대외관계: 수탁자	Ⓒ	신탁자	제3자	절도
	Ⓓ	수탁자	제3자	권리행사방해
	Ⓔ	신탁자·수탁자	제3자	권리행사방해

　Ⓐ·Ⓑ의 경우, 명의신탁의 당사자인 신탁자와 수탁자가 범인·피해자이므로 대내적 소유관계에 따라 소유자가 결정된다(신탁자). Ⓐ 신탁자(소유자)가 자기 물건을 취거하였기에 권리행사방해죄가 성립한다. Ⓑ 수탁자가 신탁자의 물건을 절취하였기에 절도죄가 성립한다.

　Ⓒ·Ⓓ·Ⓔ의 경우, 제3자가 피해자이므로 대외적 소유관계에 따라 소유자가 결정된다(수탁자). Ⓒ 신탁자가 수탁자 소유·제3자 점유 재물을 절취하여 절도죄가 성립한다. Ⓓ 수탁자(소유자)가 자기 물건을 취거하여 권리행사방해죄가 성립한다. Ⓔ 역시 Ⓓ와 같다.

3. 자동차 지입계약은 명의신탁인가?[61]

　지입계약이란 "화물자동차운송사업면허를 가진 운송사업자(지입회사)와 실질적으로 자동차를 소유하고 있는 지입차주 사이의 계약으로 외부적으로는 자동차를 운송사업자 명의로 등록하여 운송사

---

60 대법원 1989. 9. 12. 선고 88다카18641 판결, 대법원 2003. 5. 30. 선고 2000도5767 판결, 대법원 2007. 1. 11. 선고 2006도4498 판결

61 자동차 지입제란 자동차운송사업자와 실질적으로 자동차를 소유하고 있는 차주간의 계약으로 외부적으로는 자동차를 운송사업자 명의로 등록하여 운송사업자에게 귀속시키고 내부적으로는 지입차주가 독립된 관리 및 계산으로 영업을 하며 운송사업자에 대하여는 지입료를 지불하는 운송사업형태를 말한다(김영구, "자동차 지입제도와 관련된 몇 가지 법률문제", 검찰 50호, 대검찰청, 1973, 206쪽).

업자에게 귀속시키고 내부적으로는 각 차주들이 독립된 관리 및 계산으로 영업을 하며 운송사업자에 대하여는 지입료를 지불하는 운송사업형태"이다(2000다20069 판결).

자동차 지입계약이 자동차 명의신탁인지 문제된다. 판례는 부정한다.[62] 판례는 단순한 지입계약만으로는 자동차 명의신탁이 성립되지 않으며 "소유권을 지입차주가 보유하기로 약정하였다는 등의 특별한 사정"이 있는 경우에 한하여 명의신탁이 성립한다고 본다.[63] 명의신탁 약정에는 신탁자와 수탁자가 그 명의와 무관하게 신탁자가 자동차를 소유하기로 하는 내용(대내적 관계의 소유권유보)이 포함되어 있는데, 이와 달리 지입계약에는 대내적 관계의 소유권유보가 당연하게 포함되지 않기 때문이다. 통상적인 지입계약에서 지입자주가 지입회사와의 관계에서 소유권을 보유하기로 약정한 사례는 거의 발견하기 어렵다.

대법원은 자동차 지입계약의 경우, 자동차의 대내적·대외적 소유자는 명의자인 지입회사라 본다.[64] 따라서 ① 지입차주가 지입회사의 물건을 취거한 경우 '자기소유' 물건이 아니므로 권리행사방해죄가 성립하지 않는다고 보았고(2000도5767 판결), ② 지입회사의 대표자가 지입차주의 물건을 취거한 경우 '자기소유' 물건이므로 권리행사방해죄가 성립한다(91도1170 판결)고 보았다. 만약 지입계약이 명의신탁이라 가정한다면 ①은 Ⓐ, ②는 Ⓑ유형으로 분류되어 도저히 일관되게 설명할 수 없다.[65]

4. 결론

① 자동차 명의신탁이 인정되는 경우 대내적 소유자·대외적 소유자로 소유자가 분화된다. ② 명의신탁된 자동차가 절취(취거)된 경우, 범인-피해자를 결정하여 대내·대외 관계를 확정한다. 이에 따라 절도죄·권리행사방해죄가 나뉜다. ③ 자동차 지입계약은 명의신탁이 아니다. 그저 명의자인 지입회사가 소유자이다.

관련 판례를 확인한다.

---

62 송명호, "지입제와 관련된 법률문제", 인권과 정의 제330호, 대한변호사협회, 2004, 89-116쪽, 그밖에 법원, 검찰 등의 업무 매뉴얼 역시 같은 취지이다. 일부 '하급심'의 '민사'판례 중 지입계약해지를 명의신탁해지로 표현한 예가 상당수 발견된다. 그러나 '대법원'은 적어도 '형사사건'에서만큼은 일관되게 지입회사를 대내외적 소유자로 보고 있다.

63 대법원 2003. 5. 30. 선고 2000도5767 판결

64 자동차 지입계약이 명의신탁인지 여부를 답안지에서 논할 필요는 '전혀' 없다. 다만 이러한 이론을 알아야만 아래 판례를 일관되게 이해할 수 있다.

65 이와 달리 2018도14365 판결은 지입계약을 명의신탁으로 본 것 아닌지 의문이 들 수 있다. 대법원은 지입회사 운영자가 무단으로 지입차량에 저당권을 설정한 경우, 배임죄가 성립한다고 보았다. 판례 문구 중 "지입제는 … 외부적으로는 자동차를 운송사업자 명의로 등록하여 운송사업자에게 귀속"시킨다는 부분이 명의신탁을 의미하는 것은 아닌지 오해를 야기한다. 그러나 판결전문·원심판결·참조판례 등을 종합하면, 위 판결이 지입계약을 명의신탁이라고 평가했다고 볼 수 없다. 대법원은 지입자주가 '대내적 소유자'라 평가하지 아니하며, 단지 지입차주가 "실질적으로 자동차를 소유"하고, "각 (지입)차주들이 내부적으로는 독립된 관리 및 계산으로 영업"한다고 평가하는 데에 그친다. 즉, 위 표현들은 지입차량의 대내적·대외적 소유자는 여전히 지입회사이지만, 지입계약의 특수성을 감안하여 지입회사의 지입차주에 대한 재산관리·보호의무가 인정된다는 취지일 뿐이다. 이와 달리 지입계약을 명의신탁으로 본다면 2000도5767 판결, 91도1170 판결 등을 도저히 설명할 수 없다.

판례 ⑧ 명의수탁자와 제3자가 공모하여 명의신탁자가 점유하는 자동차 취거 – 절도죄 ○

자동차나 중기(또는 건설기계)의 소유권의 득실변경은 등록을 함으로써 그 효력이 생기고 그와 같은 등록이 없는 한 대외적 관계에서는 물론 당사자의 대내적 관계에 있어서도 그 소유권을 취득할 수 없는 것이 원칙이지만, 당사자 사이에 그 소유권을 그 등록 명의자 아닌 자가 보유하기로 약정하였다는 등의 특별한 사정이 있는 경우에는 그 내부관계에 있어서는 그 등록 명의자 아닌 자가 소유권을 보유하게 된다. 자동차 명의신탁관계에서 제3자가 명의수탁자로부터 승용차를 가져가 매도할 것을 허락받고 인감증명 등을 교부받아 위 승용차를 명의신탁자 몰래 가져간 경우, 위 제3자와 명의수탁자의 공모·가공에 의한 절도죄의 공모공동정범이 성립한다고 한 사례. (대법원 2007. 1. 11. 선고 2006도4498 판결)

판례 ⑧ 명의수탁자가 명의신탁자 점유의 자동차 취거 – 절도죄 ○

피고인이 자신의 명의로 등록된 자동차를 사실혼 관계에 있던 甲에게 증여하여 甲만이 이를 운행·관리하여 오다가 서로 별거하면서 재산분할 내지 위자료 명목으로 甲이 소유하기로 하였는데, 피고인이 이를 임의로 운전해 간 사안에서, 자동차 등록명의와 관계없이 피고인과 甲 사이에서는 甲을 소유자로 보아야 한다는 이유로 절도죄를 인정한 원심판단을 정당하다고 한 사례 (대법원 2013. 2. 28. 선고 2012도15303 판결)

해설 피고인이 자신의 등록명의를 그대로 둔 채 甲에게 소유권을 넘겨주기로 약정하였으므로, 이때부터는 甲이 명의신탁자, 피고인이 명의수탁자가 된다.

판례 © 명의신탁자가 제3자가 담보 목적으로 점유 중인 자동차 취거 – 절도죄 ○

피고인이 자신의 모(母) 甲 명의로 구입·등록하여 甲에게 명의신탁한 자동차를 乙에게 담보로 제공한 후 乙 몰래 가져가 절취하였다는 내용으로 기소된 사안에서, 乙에 대한 관계에서 자동차의 소유자는 甲이고 피고인은 소유자가 아니므로 乙이 점유하고 있는 자동차를 임의로 가져간 이상 절도죄가 성립한다고 본 원심판단을 정당하다고 한 사례. (대법원 2012. 4. 26. 선고 2010도11771 판결)

해설 ① (친족상도례) 이 사건은 제3자가 피해자이므로 대외적 소유인 甲이 소유권자가 된다. 소유자인 甲은 피고인의 母로서 친족관계에 있지만, 점유자인 제3자는 친족관계 없으므로 친족상도례 적용되지 않는다. ② (©로 변형) 사실관계를 변형하여 명의수탁자인 甲이 범행에 가담했다고 전제하자. 명의신탁자·명의수탁자 모두가 범인인 경우, 제3자가 점유 중인 자기 물건을 취거하여 권리행사방해죄가 성립한다(검찰실무 기출).

판례 © 명의수탁자가 제3자에게 자동차를 매도하였는데, 명의신탁자가 제3자 점유의 자동차 취거 – 절도죄 ○ (대법원 2014. 9. 25. 선고 2014도8984 판결)

판례 ©·⑥ 신탁자·수탁자가 공모하여, 제3자에게 담보로 제공된 자동차를 취거하였다는 혐의로 권리행사방해죄의 공동정범으로 기소되었는데, 수탁자에게 무죄가 인정되는 경우, 신탁자는 권리행사방해죄의 주체가 될 수 없음

형법 제323조의 권리행사방해죄는 타인의 점유 또는 권리의 목적이 된 자기의 물건을 취거, 은닉 또는 손괴하여 타인의 권리행사를 방해함으로써 성립하므로 그 취거, 은닉 또는 손괴한 물건이 자기의 물건이 아니라면 권리행사방해죄가 성립할 수 없다.

물건의 소유자가 아닌 사람은 형법 제33조 본문에 따라 소유자의 권리행사방해 범행에 가담한 경우에 한하여 그의 공범이 될 수 있을 뿐이다. 그러나 권리행사방해죄의 공범으로 기소된 물건의 소유자에게

고의가 없는 등으로 범죄가 성립하지 않는다면 공동정범이 성립할 여지가 없다.

원심은, 공동정범으로 기소된 위 에쿠스 승용차의 소유자인 공소외인이 무죄인 이상, 피고인 단독으로는 더 이상 권리행사방해죄의 주체가 될 수 없고, 달리 피고인이 위 에쿠스 승용차의 소유자임을 인정할 증거가 없다고 판단하여 위 공소사실을 유죄로 인정한 제1심판결을 파기하고 무죄를 선고하였다. 원심의 판단은 위 법리에 비추어 정당하다. (대법원 2017. 5. 30. 선고 2017도4578 판결) **표준**

[동지] 피고인이, 자신이 관리하는 건물에 거주하는 피해자를 내쫓을 목적으로 자신의 아들인 甲을 교사하여 그곳 현관문에 설치된 피고인 소유 디지털 도어락의 비밀번호를 변경하게 함 – 권리행사방해 교사죄 ×
이 사건 도어락은 피고인 소유의 물건일 뿐 甲 소유의 물건은 아니라는 것이다. 따라서 앞서 본 법리에 비추어 보면, 甲이 자기의 물건이 아닌 이 사건 도어락의 비밀번호를 변경하였다고 하더라도 권리행사방해죄가 성립할 수 없고, 이와 같이 정범인 甲의 권리행사방해죄가 인정되지 않는 이상 교사자인 피고인에 대하여 권리행사방해교사죄도 성립할 수 없다. (대법원 2022. 9. 15. 선고 2022도5827 판결)

[판례] (차량지입) 지입차주 甲이 지입회사 A社에 택시를 지입하여 운행하던 중 A社의 요구로 택시를 회사 차고지에 입고하였다가 A社 승낙 없이 가져감 – 권리행사방해죄 ×
피고인이 택시를 회사에 지입하여 운행하였다고 하더라도, 피고인이 회사와 사이에 위 택시의 소유권을 피고인이 보유하기로 약정하였다는 등의 특별한 사정이 없는 한, 위 택시는 그 등록명의인 회사의 소유이고 피고인의 소유는 아니라고 할 것이므로 회사의 요구로 위 택시를 회사 차고지에 입고하였다가 회사의 승낙을 받지 않고 이를 가져간 피고인의 행위는 권리행사방해죄에 해당하지 않는다. (대법원 2003. 5. 30. 선고 2000도5767 판결)

[동지] 피고인이 굴삭기를 지입회사 A社에 지입하여 중기등록원부에 A社 소유권등록이 되어 있는 상태에서 굴삭기를 취거함 – 권리행사방해죄 ×
피고인이 이건 굴삭기를 취거할 당시 그 굴삭기를 공소외 회사에 지입하여 그 회사명의로 중기등록원부에 소유권등록이 되어 있었다면 위 굴삭기는 위 회사의 소유이고 피고인의 소유가 아니라 할 것이므로 이를 취거한 행위는 권리행사방해죄를 구성하지 않는다. (대법원 1985. 9. 10. 선고 85도899 판결)

해설 차량지입은 명의신탁이 아니다. 소유자는 대내·대외 불문 명의자인 지입회사이다. 만약 차량지입이 명의신탁이라면 Ⓐ유형으로 분류되어 권리행사방해죄가 성립했을 것이다. 또는 피고인(지입차주)의 점유가 인정된다면 횡령죄가 문제되었을 것이다.

[판례] (차량지입) 지입회사 대표이사인 피고인이 직무집행행위로서 지입차주가 점유하던 차량을 취거 – 권리행사방해죄 ○
주식회사의 대표이사가 대표이사의 지위에 기하여 그 직무집행행위로서 타인이 점유하는 위 회사의 물건을 취거한 경우에는, 위 행위는 위 회사의 대표기관으로서의 행위라고 평가되므로, 위 회사의 물건도 권리행사방해죄에 있어서의 "자기의 물건"이라고 보아야 할 것이다. (대법원 1992. 1. 21. 선고 91도1170 판결)

해설 차량지입은 명의신탁이 아니다. 소유자는 대내·대외 불문 명의자인 지입회사이다. 이 사건은 지입회사(대표자)가 자기 물건인 차량을 취거하여 권리행사방해죄가 성립한다. 만약 차량지입이 명의신탁이라면 Ⓑ유형으로 분류되어 절도죄가 성립했을 것이다.

2. 행위: 절취

가. 의의

절취란 타인 점유의 재물에 대하여 점유자의 의사에 반하여 그 점유자의 점유를 배제하고 자기 또는 제3자의 점유로 옮기는 것을 말한다. 간단한 판례부터 살펴본다.

[판례] 甲이 동거중인 乙의 지갑에서 현금을 꺼내가는 것을 보고도 乙이 만류 아니함 – 절도죄 ✕

피고인이 동거중인 피해자의 지갑에서 현금을 꺼내가는 것을 피해자가 현장에서 목격하고도 만류하지 아니하였다면 피해자가 이를 허용하는 묵시적 의사가 있었다고 봄이 상당하여 이는 절도죄를 구성하지 않는다. (대법원 1985. 11. 26. 선고 85도1487 판결)

[판례] 절취한 신용카드로 현금자동지급기에서 계좌이체 – 절도죄 ✕ (컴사기죄 ○) (대법원 2008. 6. 12. 선고 2008도2440 판결) **표준**

[비교] 절취한 신용카드로 현금자동지급기에서 현금을 인출 – 절도죄 ○ (컴사기죄 ✕) (대법원 2003. 5. 13. 선고 2003도1178 판결, 대법원 2002. 7. 12. 선고 2002도2134 판결)

참고 후술하는 "신용카드 관련범죄"에서 자세히 다룬다.

점유자의 점유를 배제하는 수단·방법에는 제한이 없다. 따라서 기망을 수단으로 점유를 배제하는 방식의 '책략절도'도 절도죄에 해당한다. 책략절도는 기망을 수단으로 점유만을 배제하는 것이고, 사기는 기망을 수단으로 피기망자의 처분행위까지 이끌어내는 것이라는 점에서 구별된다.

[판례] 금방 주인에게서 구입할 것처럼 목걸이를 건네받은 뒤 화장실 가겠다 하고 도주 – 절도죄 ○

피고인이 피해자 경영의 금방에서 마치 귀금속을 구입할 것처럼 가장하여 피해자로부터 순금목걸이 등을 건네받은 다음 화장실에 갔다 오겠다는 핑계를 대고 도주한 것이라면 위 순금목걸이 등은 도주하기 전까지는 아직 피해자의 점유하에 있었다고 할 것이므로 이를 절도죄로 의율 처단한 것은 정당하다. (대법원 1994. 8. 12. 선고 94도1487 판결) **표준**

[동지] 피해자에게 잠깐 책을 보겠다고 교부받은 뒤 가져감 – 절도죄 ○ (대법원 1983. 2. 22. 선고 82도3115 판결)

[판례] 예식장 축의금 접수인인 것처럼 행세하여 축의금 교부받음 – 절도죄 ○

피해자의 교부행위의 취지는 신부측에 전달하는 것일 뿐 피고인에게 그 처분권을 주는 것이 아니므로, 이를 피고인에게 교부한 것이라고 볼 수 없고 단지 신부측 접수대에 교부하는 취지에 불과하므로 피고인이 그 돈을 가져간 것은 신부측 접수처의 점유를 침탈하여 범한 절취행위라고 보는 것이 정당하다. (대법원 1996. 10. 15. 선고 96도2227, 96감도94 판결) **표준**

판례 자전거를 살 의사가 없음에도 시운전을 빙자하여 교부받고 도주 – 절도죄 × (사기죄 ○) (대법원 1968. 5. 21. 선고 68도480 판결)

나. 기수·미수

절도의 실행의 착수시기는 물색을 시작한 때이다.

판례 절도의 착수시기 – 물색행위시

절도죄의 실행의 착수시기는 재물에 대한 타인의 사실상의 지배를 침해하는 데에 밀접한 행위를 개시한 때라고 보아야 하므로, 야간이 아닌 주간에 절도의 목적으로 타인의 주거에 침입하였다고 하여도 아직 절취할 물건의 물색행위를 시작하기 전이라면 주거침입죄만 성립할뿐 절도죄의 실행에 착수한 것으로 볼 수 없는 것이어서 절도미수죄는 성립하지 않는다. (대법원 1992. 9. 8. 선고 92도1650, 92감도80 판결)

판례 피해자 집에 침입 후 부엌에서 금품을 물색하던 중 발각되어 도주 – 절도미수죄(착수) ○ (대법원 1987. 1. 20. 선고 86도2199, 86감도245 판결)

비교 피해자의 집 현관을 통하여 그 집 마루 위에 올라서서 창고문 쪽으로 향하다가 발각 – 절도미수죄(착수) × (대법원 1986. 10. 28. 선고 86도1753 판결)

판례 절도목적으로 방 안까지 들어갔다가 절취할 재물을 찾지 못해 거실로 나옴 – 절도미수죄(착수) ○ (대법원 2003. 6. 24. 선고 2003도1985, 2003감도26 판결) **표준**

판례 차량 안의 현금 등을 훔치려고 문 손잡이를 잡고 열려고 하던 중 발각 – 절도미수죄(착수) ○ (대법원 2009. 9. 24. 선고 2009도5595 판결)

동지 차량 안의 밍크코트를 훔치려고 문 손잡이를 잡아당기다가 발각 – 절도미수죄(착수) ○ (대법원 1986. 12. 23. 선고 86도2256 판결)

비교 차량 안의 물건 훔칠 생각으로 손전등으로 자동차 유리창 내부를 비춤 – 절도미수죄(착수) ×

노상에 세워 놓은 자동차안에 있는 물건을 훔칠 생각으로 자동차의 유리창을 통하여 그 내부를 손전등으로 비추어 본 것에 불과하다면 비록 유리창을 따기 위해 면장갑을 끼고 있었고 칼을 소지하고 있었다 하더라도 절도의 예비행위로 볼 수는 있겠으나 타인의 재물에 대한 지배를 침해하는데 밀접한 행위를 한 것이라고는 볼 수 없어 절취행위의 착수에 이른 것이었다고 볼 수 없다. (대법원 1985. 4. 23. 선고 85도464 판결)

판례 범인들이 함께 담을 넘어 마당에 들어가 구리를 찾기 위하여 담에 붙어 걸음 – 특수절도미수죄(착수) ○ (대법원 1989. 9. 12. 선고 89도1153 판결)

판례 응접실 책상 위 라디오 1대를 훔치려고 동 라디오선을 건드리다 발각 – 절도미수죄(착수) ○ (대법원 1966. 5. 3. 선고 66도383 판결)

판례 소매치기가 피해자의 양복 호주머니에 손을 뻗쳐 그 겉을 더듬음 – 절도미수죄(착수) ○ (대법원 1984. 12. 11. 선고 84도2524 판결)

[비교] 소매치기가 가방으로 피해자 하의 왼쪽 주머니를 스치면서 지나감 – 절도미수죄(착수) ×
소를 흥정하고 있는 피해자의 뒤에 접근하여 그가 들고 있던 가방으로 돈이 들어 있는 피해자의 하의 왼쪽 주머니를 스치면서 지나간 행위는 단지 피해자의 주의력을 흐트려 주머니속에 들은 금원을 절취하기 위한 예비단계의 행위에 불과한 것이고 이로써 실행의 착수에 이른 것이라고는 볼 수 없다. (대법원 1986. 11. 11. 선고 86도1109, 86감도143 판결)

[판례] 고속버스 선반 위에 올려진 피해자의 007가방의 한쪽 걸쇠만 열었는데 발각 – 절도미수죄(착수) ○ (대법원 1983. 10. 25. 선고 83도2432, 83감도420 판결)

[판례] 甲이 절도 목적으로 乙의 방으로 들어갔으나 乙이 방 근처에 이르자 도망 – 절도미수죄(착수) ×
피고인이 방안에 들어간 때로부터 피해자에게 발각될 때까지 물색행위를 할 만한 충분한 시간이 경과하였다면 절도목적으로 침입한 이상 물색행위를 하였을 것으로 보아도 무방하지만, 그럴만한 시간적 여유가 없었다면 피고인이 방안에서 뛰어 나온 것만 가지고 절취할 물건을 물색하다가 뛰어 나온 것으로 단정할 수는 없을 것이다. (대법원 1992. 9. 8. 선고 92도1650, 92감도80 판결)

[판례] 피해자를 골목길로 유인하여 돈을 절취하려고 기회를 엿봄 – 절도미수죄(착수) ×
평소 잘 아는 피해자에게 전화채권을 사주겠다고 하면서 골목길로 유인하여 돈을 절취하려고 기회를 엿본 행위만으로는 절도의 예비행위는 될지언정 행위의 방법, 태양 및 주변상황 등에 비추어 볼때 타인의 재물에 대한 사실상 지배를 침해하는데 밀접한 행위가 개시되었다고 단정할 수 없다. (대법원 1983. 3. 8. 선고 82도2944 판결)

[판례] 피해자의 집 부엌문에 시정된 열쇠고리의 장식을 뜯음 – 절도미수죄(착수) × (대법원 1989. 2. 28. 선고 88도1165 판결)

절도의 기수시기에 대해서 ① **접촉설** ② **취득설** ③ **이전설** ④ **은닉설**이 있으나, 판례는 ② **취득설**을 취한다.

[판례] 야간에 까페에 침입하여 장식장 안의 통장 등을 들고 나오다가 발각되어 돌려줌 – 야간주거침입절도죄(기수) ○
피고인은 피해자의 재물에 대한 소지(점유)를 침해하고, 일단 피고인 자신의 지배 내에 옮겼다고 볼 수 있으니 절도의 미수에 그친 것이 아니라 야간주거침입절도의 기수라고 할 것이다. (대법원 1991. 4. 23. 선고 91도476 판결) 표준
[동지] 피해자 집에서 탁상시계, 라디오를 가지고 나오다가 피해자가 '도둑이야' 하자 탁상시계는 그 집 방문 밖에 떨어뜨리고, 라디오는 방에 던진 채 달아남 – 절도죄(기수) ○ (대법원 1964. 4. 22. 선고 64도112 판결)
[판례] 창고에서 물건을 밖으로 들고 나와 손수레에 싣고 운반해가다가 체포 – 절도죄(기수) ○ (대법원 1984. 2. 14. 선고 83도3242, 83감도546 판결)

판례 자동차에 들어가 핸드브레이크 풀었는데 10m 굴러감 - 절도미수죄 ○

자동차를 절취할 생각으로 자동차의 조수석문을 열고 들어가 시동을 걸려고 시도하는 등 차 안의 기기를 이것저것 만지다가 핸드브레이크를 풀게 되었는데 그 장소가 내리막길인 관계로 시동이 걸리지 않은 상태에서 약 10미터 전진하다가 가로수를 들이받는 바람에 멈추게 되었다면 절도의 기수에 해당한다고 볼 수 없을 뿐 아니라 도로교통법 제2조 제19호 소정의 자동차의 운전에 해당하지 아니한다. (대법원 1994. 9. 9. 선고 94도1522 판결)

비교 길가에 시동을 걸어놓은 채 세워둔 자동차를 함부로 운전하고 약 200m 감 - 절도기수죄 ○ (대법원 1992. 9. 22. 선고 92도1949 판결)

3. 죄수 등

가. 죄수

절도의 죄수에 관한 판례를 살펴본다. 절도의 죄수는 점유침해의 수에 따라 결정된다.

판례 범인이 식당에 놓여진 甲 소유의 전축 등과 丁 소유의 시계 등을 절취 - 일죄

단일범의로서 절취한 시간과 장소가 접착되어 있고 같은 관리인의 관리하에 있는 방 안에서 소유자를 달리하는 두 사람의 물건을 절취한 경우에는 1개의 절도죄가 성립한다. (대법원 1970. 7. 21. 선고 70도1133 판결)

판례 ① 甲의 집에 침입하여 물건 절도하고 ② 甲의 집에 세들어사는 乙의 방에서 절도미수 - 실체적 경합 (대법원 1989. 8. 8. 선고 89도664 판결)

나. 타죄와의 관계

절도 기수 이후의 행위에 대해 별죄가 성립하는지 문제된다. 예컨대 절도로 취득한 장물을 처분하는 행위가 별도의 사기죄를 구성하는지 문제된다. 판례는 장물이 현금이거나, 수표와 같이 환금이 간편한 경우에 한하여 불가벌적 사후행위라고 본다. 관련 판례를 살펴본다.

판례 절취한 장물을 자기 소유인 것처럼 제3자에게 담보로 제공하고 돈 받음 - 사기죄 ○

절도범인이 그 절취한 장물을 자기 것인양 제3자를 기망하여 금원을 편취한 경우에는 장물에 관하여 소비 또는 손괴하는 경우와는 달리 제3자에 대한 관계에 있어서는 새로운 법익의 침해가 있다고 할 것이므로 절도죄 외에 사기죄의 성립을 인정할 것이다. (대법원 1980. 11. 25. 선고 80도2310 판결)

동지 절취한 전당표를 전당포 주인에게 교부하고 전당물을 교부받음 - 사기죄 ○

절취한 전당표를 제3자에게 교부하면서 자기 누님의 것이니 찾아 달라고 거짓말을 하여 이를 믿은 제3자가

전당포에 이르러 그 종업원에게 전당표를 제시하여 기망케 하고 전당물을 교부받게 하여 편취하였다면 이는 사기죄를 구성하는 것이다. (대법원 1980. 10. 14. 선고 80도2155 판결)

판례 절취한 은행예금통장을 은행원에게 자기 소유인 것처럼 교부하여 예금인출 – 사기죄 ○
절취한 은행예금통장을 이용하여 은행원을 기망해서 진실한 명의인이 예금을 찾는 것으로 오신시켜 예금을 편취한 것이라면 새로운 법익의 침해로 절도죄 외에 따로 사기죄가 성립한다. (대법원 1974. 11. 26. 선고 74도2817 판결)

참고 ① 예금통장 절취 후 ② 예금인출청구서 위조하여 ③ 은행직원에게 행사하는 방법으로 예금인출 – ① 절도죄 ○ ② 사문서위조·동행사죄 ○ ③ 사기죄 ○ (실체적 경합)

판례 절취한 신용카드로 물건을 구입한 경우 – ① 사기죄 ○ ② 신용카드부정사용 ○ (실체적 경합) (대법원 1996. 7. 12. 선고 96도1181 판결)

판례 절취한 대마를 흡입목적으로 소지 – 대마소지죄 ○ (대법원 1999. 4. 13. 선고 98도3619 판결)

판례 기업에 유용한 영업비밀이 담겨 있는 타인의 CD를 절취한 후 그 영업비밀을 사용 – 부정경쟁방지법위반 ○ (대법원 2008. 9. 11. 선고 2008도5364 판결)

판례 절취한 열차승차권을 역직원에게 자기 소유인 것처럼 교부하여 현금환불 – 사기죄 ×
열차승차권은 그 자체에 권리가 화체되어 있는 무기명증권이므로 이를 곧 사용하여 승차하거나 권면가액으로 양도할 수 있고 매입금액의 환불을 받을 수 있는 것으로서 열차승차권을 절취한 자가 환불을 받음에 있어 비록 기망행위가 수반한다 하더라도 절도죄 외에 따로히 사기죄가 성립하지 아니한다. (대법원 1975. 8. 29. 선고 75도1996 판결)

판례 절취한 자기앞수표를 음식대금으로 교부하고 거스름돈을 환불받음 – 사기죄 ×
금융기관발행의 자기앞수표는 그 액면금을 즉시 지급받을 수 있어 현금에 대신하는 기능을 하고 있으므로 절취한 자기앞수표를 현금 대신으로 교부한 행위는 절도행위에 대한 가벌적 평가에 당연히 포함되는 것으로 봄이 상당하다 할 것이므로 절취한 자기앞수표를 음식대금으로 교부하고 거스름돈을 환불받은 행위는 절도의 불가벌적 사후처분행위로서 사기죄가 되지 아니한다. (대법원 1987. 1. 20. 선고 86도1728 판결, 대법원 1982. 7. 27. 선고 82도822 판결)

비교 편취한 약속어음을 제3자(은행)에게 편취사실 숨기고 할인받음 – 사기죄 ○ (대법원 2005. 9. 30. 선고 2005도5236 판결)

비교 편취한 약속어음을 편취 피해자에 대한 채권의 변제에 충당함 – 횡령죄 × (대법원 1983. 4. 26. 선고 82도3079 판결)

비교 절취한 백지가계수표를 위조하여 현금으로 할인받음 – ① 수표위조죄 및 위조유가증권행사죄 ○ ② 사기죄 ○

Ⅱ 야간주거침입절도죄

제330조(야간주거침입절도) 야간에 사람의 주거, 관리하는 건조물, 선박, 항공기 또는 점유하는 방실(房室)에 침입하여 타인의 재물을 절취(竊取)한 자는 10년 이하의 징역에 처한다.	
例規 제330조 야간(주거, 건조물, 선박, 항공기, 방실)침입절도	미수 ○

> 🔍 **핵심단어**
>
> • ① 야간 ② 주거침입 ③ 절취
> • 야간이란 일몰 후부터 다음 날 일출 전까지를 말함.
> • 야간주거침입절도는 주거침입과 밀접한 행위를 한때에 실행의 착수 인정됨.

1. 야간

(의의) 야간이란 일몰 후 일출 전을 말한다. (야간의 범행) 주거침입행위·절취행위 중 어떤 것이 야간에 이루어져야 하는지 문제된다. 판례는 주거침입행위만 야간에 이루어지면 족하다고 본다. 야간이 인정되지 않는 경우, 반드시 주거침입죄와 절도죄(또는 폭처법 공동주거침입죄와 특수절도죄)를 각각 검토하여야 한다.

> [판례] 형법 제330조에서 '야간에'라고 함은 일몰 후부터 다음날 일출 전까지를 말함 (대법원 2015. 8. 27. 선고 2015도5381 판결)
>
> [판례] ① 주거침입 ② 절도 중 ① 주거침입이 야간에 이루어져야 함
> 형법은 제329조에서 절도죄를 규정하고 곧바로 제330조에서 야간주거침입절도죄를 규정하고 있을 뿐, 야간절도죄에 관하여는 처벌규정을 별도로 두고 있지 아니하다. 이러한 형법 제330조의 규정형식과 그 구성요건의 문언에 비추어 보면, 형법은 야간에 이루어지는 주거침입행위의 위험성에 주목하여 그러한 행위를 수반한 절도를 야간주거침입절도죄로 중하게 처벌하고 있는 것으로 보아야 하고, 따라서 주거침입이 주간에 이루어진 경우에는 야간주거침입절도죄가 성립하지 않는다고 해석하는 것이 타당하다. (대법원 2011. 4. 14. 선고 2011도300, 2011감도5 판결) **표준**
> **참고** ① 야간에 주거침입하여 주간에 절도한 경우 – 야간주거침입절도죄 ○ ② 주간에 주거침입하여 야간에 절도한 경우 – 야간주거침입절도죄 ×(주거침입죄와 절도죄 ○)
>
> [판례] ① 주거침입 ② 절도 중 ① 주거침입이 이루어질 때 절도의 고의가 있어야 함
> 야간주거침입절도죄는 주거침입죄와 절도죄의 결합범으로서 시간적으로 주거침입행위가 선행되는 것이므로 그 실행의 착수시점인 주거침입이 이루어질 때 절도의 고의가 있어야 한다. 야간에 주거침입행위가 있은 후 비로소 절도의 고의가 생겼다면 주거침입죄와 절도죄의 경합범이 될 수 있을지언정 야간주거침입절도죄는 성립하지 않는다. (대법원 2025. 1. 9. 선고 2022도5573 판결)

2. 주거침입

야간주거침입절도의 실행의 착수시기는 '주거침입'을 기준으로 판단한다. 따라서 주거침입에 밀접한 행위를 한때에 야간주거침입절도의 착수가 인정된다.

[판례] 야간주거침입절도의 착수 - '주거침입시'를 기준으로 함('절취시' 기준 ×)

야간에 타인의 재물을 절취할 목적으로 사람의 주거에 침입한 경우에는 주거에 침입한 단계에서 이미 형법 제330조에서 규정한 야간주거침입절도죄라는 범죄행위의 실행에 착수한 것이라고 보아야 한다. (대법원 1984. 12. 26. 선고 84도2433 판결)

주거침입죄의 실행의 착수는 주거자, 관리자, 점유자 등의 의사에 반하여 주거나 관리하는 건조물 등에 들어가는 행위 즉, 구성요건의 일부를 실현하는 행위까지 요구하는 것은 아니고, 범죄구성요건의 실현에 이르는 현실적 위험성을 포함하는 행위를 개시하는 것으로 족하다. (대법원 2003. 10. 24. 선고 2003도4417 판결) **표준**

[판례] 아파트 베란다 철제난간에 올라가 유리창문 열려고 시도 - 야간주거침입절도미수죄(착수) ○ (대법원 2003. 10. 24. 선고 2003도4417 판결) **표준**

[판례] 절취목적으로 다세대 주택 내 여러 호수의 출입문을 당겨봄 - 야간주거침입절도미수죄(착수) ○ (대법원 2006. 9. 14. 선고 2006도2824 판결)

[판례] 다세대주택에 침입하고자 가스배관을 타고 올라가다 발각되어 그냥 뛰어내림 - 야간주거침입절도미수죄(착수) × (대법원 2008. 3. 27. 선고 2008도917 판결)

---

3. 절취

앞서 살펴본 절도죄와 같다.

Ⅲ 특수절도죄

제331조(특수절도) ① 야간에 문이나 담 그 밖의 건조물의 일부를 손괴하고 제330조의 장소에 침입하여 타인의 재물을 절취한 자는 1년 이상 10년 이하의 징역에 처한다.

② 흉기를 휴대하거나 2명 이상이 합동하여 타인의 재물을 절취한 자도 제1항의 형에 처한다.

例規 제331조 특수절도	미수 ○

---

1. 야간손괴후주거침입절도
   - ① 야간 ② 손괴후 ③ 주거침입 ④ 절도
   - 손괴란 ① 물리적으로 문호, 장벽, 건조물 일부 ② 훼손하여 ③ 효용 상실
2. 흉기휴대절도
   - ① 흉기를 ② 휴대하여 ③ 절도
   - 흉기란 본래 살상용·파괴용이거나 이에 준하는 위험성을 가진 물건
   - 휴대란 흉기를 몸 가까이에 소지하거나 널리 이용
3. 합동절도
   - ① 2인 이상 합동하여 ② 절도
   - 합동이란 ① 공모 ② 실행행위 분담 ③ 실행행위에 있어서 시간적·장소적으로 협동관계
   - 합동범의 공동정범은 ① 자기의사의 수단으로 삼아 범행 ② 정범성의 표지 있으면 성립

특수절도죄는 ① 야간손괴후주거침입절도 ② 흉기휴대절도 ③ 합동절도로 나누어 살펴본다.

1. 야간손괴후주거침입절도

야간손괴후주거침입절도는 ① 야간에 ② 손괴 후 ③ 주거침입하여 ④ 절도한 경우 성립한다. 야간손괴후주거침입절도의 실행의 착수는 '손괴'를 기준으로 판단한다.

> **판례** 야간에 절도의 목적으로 출입문에 장치된 자물통 고리를 절단하고 출입문을 손괴한 뒤 집안으로 침입하려다가 발각 – 특수절도미수죄(착수) ○ (대법원 1986. 9. 9. 선고 86도1273 판결)

> **판례** 야간에 피해자의 집에 침입하여 잠겨진 방실의 문고리를 부시다가 발각 – 특수절도미수죄(착수) ○ (대법원 1977. 7. 26. 선고 77도1802 판결)

손괴는 문호 등의 일부를 물질적으로 훼손하여 그 효용을 상실시키는 행위를 말한다.

> **판례** 손괴란 ① 물리적으로 문호, 장벽, 건조물 일부 ② 훼손하여 ③ 효용 상실
> 형법 제331조 제1항에 정한 '문호 또는 장벽 기타 건조물의 일부'라 함은 주거 등에 대한 침입을 방지하기 위하여 설치된 일체의 위장시설(圍障施設)을 말하고, '손괴'라 함은 물리적으로 위와 같은 위장시설을 훼손하여 그 효용을 상실시키는 것을 말한다. (대법원 2004. 10. 15. 선고 2004도4505 판결)

> **판례** 야간에 불이 꺼져 있는 상점의 출입문을 발로 걷어차자 잠금 고리의 아래쪽 부착 부분이 출입문에서 떨어져 출입문과의 사이가 뜨게 되면서 출입문이 열려 상점 안으로 침입하여 재물을 절취 – 특수절

도죄(손괴) ○ (대법원 2004. 10. 15. 선고 2004도4505 판결)

[판례] 야간에 연탄집게와 식도로서 방문고리를 파괴하고 방에 침입하여 재물을 절취 – 특수절도죄(손괴) ○ (대법원 1979. 9. 11. 선고 79도1736 판결)

[판례] 범인이 창문과 방충망을 창틀에서 '분리'하였을 뿐인 경우 – 특수절도죄(손괴) × (대법원 2015. 10. 29. 선고 2015도7559 판결)

참고 야간손괴후주거침입절도에서 손괴가 탈락하므로 야간주거침입절도죄가 성립한다.

2. 흉기휴대절도

흉기휴대절도는 ① 흉기를 ② 휴대하여 ③ 절도한 경우 성립한다.

[판례] 흉기는 본래 살상용·파괴용이거나 이에 준하는 위험성을 가진 물건

흉기는 본래 살상용·파괴용으로 만들어진 것이거나 이에 준할 정도의 위험성을 가진 것으로 봄이 상당하고, 그러한 위험성을 가진 물건에 해당하는지 여부는 그 물건의 본래의 용도, 크기와 모양, 개조 여부, 구체적 범행 과정에서 그 물건을 사용한 방법 등 제반 사정에 비추어 사회통념에 따라 객관적으로 판단할 것이다. (대법원 2015. 10. 29. 선고 2015도7559 판결)

참고 휴대란 흉기를 ① 몸 가까이에 소지하거나 ② 널리 이용하는 것을 말한다.

3. 합동절도

가. 합동의 의미

합동절도는 ① 2인 이상이 합동하여 ② 절도한 경우 성립한다. '합동'의 의미가 문제된다. 판례는 공동정범의 요건에 추가적으로 '실행행위에 있어서 시간적으로나 장소적으로 협동관계'를 요한다.

🗐 쟁점검토: 합동범의 의미

1. 문제점

형법 제331조 제2항의 "2명 이상이 합동하여"의 의미가 문제된다.

2. 판례

① **공모공동정범설**: 공모공동정범을 합동범에 한하여 인정한다.

② **가중적 공동정범설**: 합동범의 본질은 공동정범이지만 집단범죄이므로 특별히 형을 가중하는 것이다.

③ **현장설**: 다수인의 시간적·장소적 협동관계를 의미한다.

④ **현장적 공동정범설**: 합동은 다수인의 시간적·장소적 협동관계를 말하지만, 배후자의 경우 현장에 있지 않더라도 합동범의 공동정범이 될 수 있다.

3. 판례

주관적 공모와 객관적 실행행위 분담은 물론, 나아가 실행행위에 있어서 시간적 장소적 협동관계를 요구한다고 하여 ③ **현장설**이라 평가된다.

관련 판례를 살펴본다.

판례 합동이란 실행행위에 있어서 시간적·장소적으로 협동관계에 있음을 말함.

형법 제331조 제2항 후단의 2인 이상이 합동하여 타인의 재물을 절취한 경우의 특수절도죄가 성립하기 위하여는 ① 주관적 요건으로서의 공모와 ② 객관적 요건으로서의 실행행위의 분담이 있어야 하고 그 ③ 실행행위에 있어서는 시간적으로나 장소적으로 협동관계에 있음을 요한다.
피고인이 피해자의 형과 범행을 모의하고 피해자의 형이 피해자의 집에서 절취행위를 하는 동안 피고인은 그 집 안의 가까운 곳에 대기하고 있다가 절취품을 가지고 같이 나온 경우 시간적, 장소적으로 협동관계가 있었다고 보아 실행행위의 분담이 없었다고 판단한 원심판결을 파기한 사례. (대법원 1996. 3. 22. 선고 96도313 판결)

판례 공범이 절취행위를 하는 중 망을 본 자는 그 공범과 시간적·장소적 협동관계가 인정되기에 특수절도죄가 성립함 (대법원 1989. 3. 14. 선고 88도837 판결)

판례 공범들이 절취하는 동안 범행 장소 부근에서 차량으로 대기 – 특수절도죄 ○ (대법원 1988. 9. 13. 선고 88도1197 판결)

비교 乙·丙이 황소를 절취하여 오는 동안 甲이 범행 장소에서 떨어진 국도에서 차량으로 대기하다가 황소를 싣고 운반함 – 특수절도죄 ×
"갑"이 공모한 내용대로 국도상에서 "을" "병" 등이 당일 마을에서 절취하여 온 황소를 대기하였던 트럭에 싣고 운반한 행위는 시간적으로나 장소적으로 절취행위와 협동관계가 있다고 할 수 없어 합동절도죄로 문의할 수는 없으나 공동정범에 있어서 범죄행위를 공모한 후 그 실행행위에 직접 가담하지 아니하더라도 다른 공범자의 죄책을 면할 수 없으니 "갑"의 소위는 본건 공소사실의 범위에 속한다고 보아지므로 "갑"은 일반 절도죄의 공동정범 또는 합동절도방조로서의 죄책을 면할 수 없다. (대법원 1976. 7. 27. 선고 75도2720 판결)

판례 甲은 피해자 소유의 영산홍 1그루를 캐낸 후 乙에게 운반을 도와 달라고 전화하였는데, 乙이 현장에 도착하여 함께 영산홍을 자동차에 싣는 과정에서 발각됨 – ① 甲 절도죄(기수) ○ ② 乙 장물운반죄 ○
입목을 절취하기 위하여 캐낸 때에 소유자의 입목에 대한 점유가 침해되어 범인의 사실적 지배하에 놓이게 되므로 범인이 그 점유를 취득하고 절도죄는 기수에 이른다. 이를 운반하거나 반출하는 등의 행위는 필요하지 않다. 절도범인이 혼자 입목을 땅에서 완전히 캐낸 후에 비로소 제3자가 가담하여 함께 입목을 운반한 사안에서, 특수절도죄의 성립을 부정한 사례. (대법원 2008. 10. 23. 선고 2008도6080 판결) 표준

해설 합동절도가 인정되기 위해서는 절도 범행 중에 합동이 이루어져야 한다. 절도의 기수시점을 '캐낸 때'가 아니라 자동차까지 '운반할 때'라고 본다면 甲, 乙에게는 특수절도죄가 인정된다.

나. 합동범의 공동정범

현장에서 시간적·장소적 협동관계를 이루지는 않은 자에 대해서도 합동범의 공동정범이 인정될 수 있는지 여부가 문제된다. 판례는 합동범의 배후자에 대하여 합동범의 공동정범 성립을 긍정한다.

판례 합동범의 공동정범 – ① 자기의사의 수단으로 삼아 범행 ② 정범성의 표지

삐끼주점의 지배인인 피고인이 피해자 오건수로부터 신용카드를 강취하고 신용카드의 비밀번호를 알아낸 후 현금자동지급기에서 인출한 돈을 삐끼주점의 분배관계에 따라 분배할 것을 전제로 하여 … (중략) … 피고인은 삐끼주점 내에서 피해자를 계속 붙잡아 두면서 감시하는 동안 원심 공동피고인 1, 2 및 공소외인은 피해자의 위 신용카드를 이용하여 현금자동지급기에서 현금을 인출하기로 공모하였고 … (중략) … 현금자동지급기에서 현금 4,730,000원을 절취한 사실을 인정하기에 넉넉한바 … (중략) … 피고인이 합동절도의 범행을 현장에서 실행한 원심 공동피고인 1, 2 및 공소외인과 공모한 것만으로서도 그들의 행위를 자기 의사의 수단으로 하여 합동절도의 범행을 하였다고 평가될 수 있는 합동절도 범행의 정범성의 표지를 갖추었다 (대법원 1998. 5. 21. 선고 98도321 전원합의체 판결) **표준**

판례 3인 이상이 합동절도를 모의한 후 2인 이상이 범행을 실행하였는데, 직접 실행행위에 가담하지 않은 피고인이 ① 범인들을 서로 소개하여 주었고 ② 범행도구인 면장갑·쇼핑백을 구입하여 주었고 ③ 장물인 현금을 운반한 후 수익을 분배 받음 – 특수절도의 공동정범 ○ (대법원 2011. 5. 13. 선고 2011도2021 판결) **표준**

참고 검찰은 피고인이 망을 보아 특수절도라는 취지로 기소하였는데, 원심은 피고인이 망을 보지 않았음을 이유로 무죄를 선고하였다. 대법원은 망을 보지 않았더라도 특수절도의 공동정범이 성립한다는 취지로 원심을 파기하였다.

판례 특수강도 공모자 중 1인이 현장에 가담 않고 장물처분만 알선 – 특수강도의 공동정범 ○

특수강도의 범행을 모의한 이상 범행의 실행에 가담하지 아니하고, 공모자들이 강취해 온 장물의 처분을 알선만하였다 하더라도, 특수강도의 공동정범이 된다 할 것이므로 장물알선죄로 의율할 것이 아니다. (대법원 1983. 2. 22. 선고 82도3103, 82감도666 판결)

참고 합동강도 형태의 특수강도죄에 있어서도 '합동범의 공동정범'이 인정된다.

다. 합동절도의 착수시기

합동절도의 착수시기가 문제된다. 아래 표로 정리한다.

	손괴	주거침입	절도
주간의 합동행위	폭처법 공동손괴	폭처법 공동주거침입	합동절도 (착수시기: 물색)
야간의 합동행위	합동절도 (착수시기: 손괴·주거침입 기준)[66]		

① 주간에 2인 이상이 합동하여 절도한 경우 착수시기는 '절취행위'를 기준으로 판단한다. 그에 앞서 손괴·주거침입을 범한 경우 특수절도죄와 별도로 폭처법상 공동손괴죄·공동주거침입죄가 성립한다.

② 야간에 2인 이상이 합동하여 절도한 경우 착수시기는 '손괴' 또는 '주거침입'을 기준으로 판단한다. 야간손괴후주거침입절도의 착수시기는 손괴를, 야간주거침입절도죄의 착수시기는 주거침입을 기준으로 한다는 점을 고려한 것이다. 손괴·주거침입행위는 합동절도에 흡수된다.

판례 주간에 이루어진 합동절도의 착수는 '절취행위'를 기준으로 판단

형법 제331조 제2항의 특수절도에 있어서 주거침입은 그 구성요건이 아니므로, 절도범인이 그 범행수단으로 주거침입을 한 경우에 그 주거침입행위는 절도죄에 흡수되지 아니하고 별개로 주거침입죄를 구성하여 절도죄와는 실체적 경합의 관계에 있게 되고, 2인 이상이 합동하여 야간이 아닌 주간에 절도의 목적으로 타인의 주거에 침입하였다 하여도 아직 절취할 물건의 물색행위를 시작하기 전이라면 특수절도죄의 실행에는 착수한 것으로 볼 수 없는 것이어서 그 미수죄가 성립하지 않는다. (대법원 2009. 12. 24. 선고 2009도9667 판결) **표준**

참고 주간에 이루어진 합동절도에 앞서 이루어진 주거침입 행위는 합동절도에 흡수되지 않는다. 별도로 폭처법상 공동주거침입죄가 성립한다.

동지 피고인이 아파트 신축공사 현장 안에 있는 건축자재 등을 훔칠 생각으로 공범과 함께 위 공사현장 안으로 들어간 후 창문을 통하여 신축 중인 아파트의 지하실 안쪽을 살핌 – 특수절도미수죄(착수) × (대법원 2010. 4. 29. 선고 2009도14554 판결)

판례 야간에 이루어진 합동절도의 착수는 '손괴'·'주거침입'을 기준으로 판단

두 사람이 공모 합동하여 다른 사람의 재물을 절취하려고 한 사람은 망을 보고 한 사람은 기구를 가지고 출입문의 자물쇠를 떼어내거나, 출입문의 환기창문을 열었다면 특수절도죄의 실행에 착수하였다 할 것이다.

원심이 확정한 사실에 의하면 ① 피고인 2는 원심 공동피고인 1과 공모 합동하여 야간에 그 판시의 인쇄소에서 피고인 2는 망을 보고 원심공동피고인이 드라이바로 출입문 자물쇠를 떼어낸 다음 침입하려고 하다가 피해자에게 발각되어 미수에 그쳤고 ② 또 원심공동피고인 2와 합동하여 야간에 그 판시 당구장에서 피고인은 망을 보고 원심공동피고인 2는 출입문 환기창문을 열고 침입하려고 하다가 피해자에게 발각되어 미수에 그쳤다는 것인바 원심이 이에 대하여 특정범죄가중처벌등에 관한 법률 제5조의 4 제1항(상습특수절도미수)으로 의율한 것은 정당하고 거기에 소론과 같은 법리오해의 위법이 없다. (대법원 1986. 7. 8. 선고 86도843 판결)

해설 ①은 야간에 이루어진 합동절도의 착수를 '손괴'를 기준으로, ②는 야간에 이루어진 합동절도의 착수를 '주거침입'을 기준으로 판단하였다.

---

66 ① 손괴 → 주거침입 → 절도의 경우, 착수시기는 손괴시를 기준으로 판단한다. ② (손괴 없이) 주거침입 → 절도의 경우, 착수시기는 주거침입시를 기준으로 판단한다.

Ⅳ 자동차등불법사용죄

제331조의2(자동차등 불법사용) 권리자의 동의없이 타인의 자동차, 선박, 항공기 또는 원동기장치자전거를 일시 사용한 자는 3년 이하의 징역, 500만원 이하의 벌금, 구류 또는 과료에 처한다.	
例規 제331조의2 (자동차, 선박, 항공기, 원동기장치자전거) 불법사용	미수 ○

앞서 불법영득의사에서 자동차를 일시사용하고 반환한 경우 절도죄가 성립하지 않는다는 판례를 다수 살펴보았다. 이러한 행위를 처벌하기 위하여 자동차등불법사용죄가 신설되었다(1995. 12. 29. 신설).

사용이란 자동차 등을 그 본래의 용도인 교통수단으로 사용하는 것을 말한다. 따라서 자동차 안에서 잠을 자는 행위, 장물을 은닉한 행위는 본 죄로 처벌할 수 없다.

> **판례** 삼촌의 카센타서 차를 몰래 타고 나가 며칠간 동네에서 타다 적발 – 자동차불법사용죄 ○
> 甲이 삼촌이 운영하는 카센터에서 종업원으로 일하는 乙과 함께 삼촌 친구의 자동차를 하루만 운전하다가 돌려주기로 마음먹고 몰래 운전하여 나갔다가 며칠동안 돌아다니다가 불심검문에 걸려 체포되었다면 甲·乙은 위 차량을 반환할 의사를 가지고 피해자의 동의 없이 일시 사용한 것이라고 볼 여지가 충분히 있고, 만일 사실이 그러하다면 피고인 등의 위와 같은 행위에 대하여 형법 제331조의2에서 규정하고 있는 자동차등불법사용죄의 죄책을 물을 수 있음은 별론으로 하고, 특수절도죄로 의율·처벌할 수는 없다. (대법원 1998. 9. 4. 선고 98도2181 판결)

Ⅴ 상습절도죄

제332조(상습범) 상습으로 제329조 내지 제331조의2의 죄를 범한 자는 그 죄에 정한 형의 2분의 1까지 가중한다.	
例規 제332조 상습(제329조 내지 331조의2 각 죄명)	미수 ○

상습으로 수 개의 절취행위를 한 경우에는 포괄일죄가 되고, 절도·야간주거침입절도·특수절도를 상습으로 반복한 경우에는 가장 중한 상습특수절도죄의 포괄일죄가 성립한다. 관련 판례를 살펴본다.

> **[판례]** 상습으로 3회의 절도·4회의 야간주거침입절도·1회의 야간주거침입절도미수 – 상습야간주거침
> 입절도죄 ○ (대법원 1976. 5. 25. 선고 76도1124 판결)

> **[판례]** 절도습벽의 발현으로 자동차등불법사용 범행 – 상습절도죄에 흡수됨
> 상습절도 등의 범행을 한 자가 추가로 자동차등불법사용의 범행을 한 경우에 그것이 절도 습벽의 발현
> 이라고 보이는 이상 자동차등불법사용의 범행은 상습절도 등의 죄에 흡수되어 1죄만이 성립하고 이와
> 별개로 자동차등불법사용죄는 성립하지 않는다. (대법원 2002. 4. 26. 선고 2002도429 판결)

03 강도의 죄

Ⅰ 강도죄

제333조(강도) 폭행 또는 협박으로 타인의 재물을 강취하거나 기타 재산상의 이익을 취득하거나 제삼자로 하여금 이를 취득하게 한 자는 3년 이상의 유기징역에 처한다.	
例規 제333조 강도	미수 ○ 예비·음모 ○

> 🔍 **핵심단어**
> • ① 폭행·협박 ② 타인의 재물·재산상 이익 ③ 강취
> • 폭행·협박이란 객관적으로 상대방의 반항을 억압·항거불능케 할 정도임을 요함.

1. 객체: 재물·재산상 이익

타인의 재물·재산상 이익 모두가 객체가 된다.

> **[판례]** 찢어진 어음을 강취함 – 강도죄(재물) ○
> 찢어진 어음이라 하더라도 그것이 아직 객관적인 경제적 가치 내지 금전적 교환가치를 가지고 있는 경
> 우에는 피해자가 재사용가능하거나 적어도 피해자에게는 그 어음의 원인채권을 변제받기 위한 증거 내
> 지 수단으로 쓸 수 있는 사정이 있다할 것이므로 그 어음조각은 여전히 강도죄의 객체인 재물에 해당한
> 다. (대법원 1987. 10. 13. 선고 87도1240 판결)

판례 칼로 찌른 뒤 지불각서를 쓰게 함 – 강도죄(이익) ○

권리의무관계의 외형상 변동의 사법상 효력의 유무는 그 범죄의 성립에 영향이 없고, 법률상 정당하게 그 이행을 청구할 수 있는 것이 아니라도 강도죄에 있어서의 재산상의 이익에 해당하는 것이며, 따라서 이와 같은 재산상의 이익은 반드시 사법상 유효한 재산상의 이득만을 의미하는 것이 아니고 외견상 재산상의 이득을 얻을 것이라고 인정할 수 있는 사실관계만 있으면 된다. (대법원 1994. 2. 22. 선고 93도428 판결) **표준**

2. 폭행·협박

강도죄의 폭행·협박의 정도는 상대방의 반항을 억압하거나 항거불능하게 할 정도의 것이어야 한다.

판례 강도죄 폭행·협박 – 객관적으로 상대방의 반항 억압·항거불능케 할 정도

강도죄에 있어서 폭행과 협박의 정도는 사회통념상 객관적으로 상대방의 반항을 억압하거나 항거불능케 할 정도의 것이라야 한다. (대법원 2001. 3. 23. 선고 2001도359 판결)

해설 강도죄의 폭행·협박에 이르지 못한 경우 공갈죄 검토를 요한다. 다만 공갈죄의 경우, 상대방의 '처분'이 요구됨에 유의하자.

판례 범인이 미리 준비한 돌멩이로 피해자 안면 1회 강타(전치 3주)하고 가방 취거 – 강도상해죄 ○ (대법원 1986. 12. 23. 선고 86도2203 판결)

판례 기차 옆자리 승객에게 약물 탄 주스를 먹이고 현금 가져감 – 강도죄 ○

약물을 탄 오렌지를 먹자 마자 정신이 혼미해지고 그 후 기억을 잃었다는 것은 강도죄에 있어서 항거불능 상태를 말하는 것은 될지언정 이것만으로는 약물중독 상해를 인정할 자료가 되지 못한다. (대법원 1984. 12. 11. 선고 84도2324 판결)

동지 신경안정제 4알을 탄 우유를 마시게하고 졸음에 빠지자 그의 물건을 가져감 – 강도죄 ○ (대법원 1979. 9. 25. 선고 79도1735 판결)

판례 범인들이 대낮에 채무자를 승합차에 태우고 '도박 빚 갚으라'며 이곳저곳 태우고 다님 – 특수강도죄 ×

이 사건 ① 범행이 일어난 시각은 대낮이며(12:30경에서 14:23경 사이), 피고인 일행이 피해자를 데려갔다는 ② 공동묘지도 큰길에서 멀리 떨어져 있다거나 인적이 드물어 장소 자체에서 외포심을 불러일으킬 수 있을 정도의 곳이라고는 보이지 아니하고, 피고인 일행은 공동묘지로 가는 도중 ③ 슈퍼마켓에 들러 피해자의 요구에 의하여 캔 맥주를 사 주었고, 휴대전화로 통장입금하라는 말을 듣고 ④ 피해자를 직접 대면하기를 원하는 피해자 고모의 요구를 받아들여 고모가 있는 장소까지 차를 몰고 가서 피해자와 고모를 대면시켜 주고 고모로부터 추가입금을 받았을 뿐 아니라, 피고인은 피해자 측으로부터 돈을 받은 다음 그런 취지의 ⑤ 확인서까지 작성해 주었다는 것이고, 그 과정에서 ⑥ 피고인 일행이 피해자에

게 어떠한 유형적인 물리력도 행사하지 아니하였음은 원심이 인정한 사실인바, 그렇다면 제1심과 원심이 인정하는 바와 같이 피고인들 일행 4명이 피해자를 체포하여 승합차에 감금한 상태에서 경찰관을 사칭하면서 기소중지 상태의 피해자에 대하여 '경찰서로 가자.', '돈을 갚지 않으면 풀어줄 수 없다.' 또는 '돈을 더 주지 않으면 가만 두지 않겠다.'는 등의 협박을 하였다는 정도만으로는, 공갈죄에 있어서의 폭행과 협박에 해당함은 별론으로 하더라도, 사회통념상 객관적으로 상대방의 반항을 억압하거나 항거불능케 할 정도에 이르렀다고 볼 수는 없다(경우에 따라 감금행위 자체를 강도의 수단인 폭행으로 볼 수 있다고 하더라도, 원심이 인정하고 있는 사정만으로는 이 사건에서의 감금행위가 위에서 말하는 반항을 억압하거나 항거불능케 할 정도라고 보이지 아니한다). (대법원 2001. 3. 23. 선고 2001도359 판결)

[판례] 굉장히 어설프게 칼을 내보이며 중고생에게 삥을 뜯으려 하였으나 이들이 '돌려달라'·'싫다'고 말함 – 특수강도죄 ✕

피고인이 이건 두 번의 범행시 비록 칼을 내보이기는 하였으나 범행시간과 장소 및 불과 일이백원정도의 잔돈만을 소지하고 있는 15, 6세 정도의 소년만을 대상자로 선정 범행한 점, 피해자가 피고인에게 "내돈을 돌려 주어"라고 요구했고 피고인이 피해자에게 시계를 벗어 달라고 했으나 시계는 안주었다는 취지의 진술이 있는 점등의 사정으로 보아 그의 협박의 정도가 피해자등의 반항을 억압함에 족한 협박이라고 볼 수 없는 경우에는 피고인을 강도죄로 처단할 수 없다. (대법원 1976. 8. 24. 선고 76도1932 판결)

3. 강취

가. 재물 강취

폭행·협박과 재물강취 사이에는 인과관계가 있어야 한다. 이에 관한 판례를 살펴본다.

[판례] 피고인이 범인들과 함께 (강취 목적이 아닌) 혼내주려는 목적으로 피해자를 폭행하던 중 다른 범인들이 계속 폭행하는 사이 피해자 주머니에서 지갑 꺼내갔는데 피해자에게 상해가 발생함 – 강도상해죄(인과) ○

피고인이 강도의 범의 없이 공범들과 함께 피해자의 반항을 억압함에 충분한 정도로 피해자를 폭행하던 중 공범들이 피해자를 계속하여 폭행하는 사이에 피해자의 재물을 취거한 경우에는 피고인 및 공범들의 위 폭행에 의한 반항억압의 상태와 재물의 탈취가 시간적으로 극히 밀접하여 전체적·실질적으로 재물 탈취의 범의를 실현한 행위로 평가할 수 있으므로 강도죄의 성립을 인정할 수 있고, 그 과정에서 피해자가 상해를 입었다면 강도상해죄가 성립한다고 보아야 한다. (대법원 2013. 12. 12. 선고 2013도11899 판결)

[판례] 강간범이 강간할 목적으로 피해자를 폭행·협박하여 반항 억압하였는데, 그 상태가 계속 중임을 이용하여 재물 탈취 – 강도죄(인과) ○

강도죄는 재물탈취의 방법으로 폭행, 협박을 사용하는 행위를 처벌하는 것이므로 폭행, 협박으로 타인의 재물을 탈취한 이상 피해자가 우연히 재물탈취 사실을 알지 못하였다고 하더라도 강도죄는 성립하고, 폭행, 협박당한 자가 탈취당한 재물의 소유자 또는 점유자일 것을 요하지도 아니하며, 강간범인이 부녀를 강간할 목적으로 폭행, 협박에 의하여 반항을 억업한 후 반항억압 상태가 계속 중임을 이용하여 재물을 탈취하는 경우에는 재물탈취를 위한 새로운 폭행, 협박이 없더라도 강도죄가 성립한다. (대법원 2010. 12. 9. 선고 2010도9630 판결) **표준**

참고 피고인이 야간에 甲의 주거에 침입하여 드라이버를 들이대며 ① 甲을 강간할 목적으로 폭행·협박하여 반항을 억압하고 ② 그 상태가 계속 중임을 이용하여 乙 소유의 핸드백을 탈취하고 ③ 다시 이어서 강간행위를 한 경우 – 성폭법 특수강도강간죄 ○ (강도강간죄 성립에 관한 법리는 후술함)

판례 모텔에서 성교행위 거부 이유로 주점도우미를 이불 덮어씌우고 폭행한 후 나가다가 주점도우미의 가방 속 현금 취거 – 강도죄(인과) ×

피고인이 타인에 대하여 반항을 억압함에 충분한 정도의 폭행 또는 협박을 가한 사실이 있다 해도 그 타인이 재물 취거의 사실을 알지 못하는 사이에 그 틈을 이용하여 피고인이 우발적으로 타인의 재물을 취거한 경우에는 위 폭행이나 협박이 재물 탈취의 방법으로 사용된 것이 아님은 물론, 그 폭행 또는 협박으로 조성된 피해자의 반항억압의 상태를 이용하여 재물을 취득하는 경우에도 해당하지 아니하여 양자 사이에 인과관계가 존재하지 아니한다 할 것이므로, 위 폭행 또는 협박에 의한 반항억압의 상태가 처음부터 재물 탈취의 계획하에 이루어졌다거나 양자가 시간적으로 극히 밀접되어 있는 등 전체적·실질적으로 단일한 재물 탈취의 범의의 실현행위로 평가할 수 있는 경우에 해당하지 아니하는 한 강도죄의 성립을 인정하여서는 안 될 것이다. (대법원 2009. 1. 30. 선고 2008도10308 판결)
참고 상해죄와 절도죄의 실체적 경합이 인정될 것이다.

판례 반항 불가능한 폭행·협박 후 상당 시간 경과 후 다른 장소에서 금원을 교부받음 – 강도죄(인과) ×
피고인의 위와 같은 폭행, 협박으로 인하여 위 피해자의 의사가 억압하여 반항이 불가능한 정도에 이르렀다고 하더라도 그후 피고인의 폭행, 협박으로부터 벗어난 이후에는 그러한 의사억압상태가 계속된다고 보기는 어렵다 할 것이고, 기록을 살펴보아도 위 금원 교부 당시에 다시 피해자의 의사를 억압하여 반항을 불가능하게 할 정도의 폭행, 협박이 있었다거나, 이전의 폭행, 협박으로 인한 의사억압 상태가 위 금원교부시까지 계속되었다고 볼 특별한 사정이 있었다고 볼 증거는 없고, 오히려 기록상 위 피해자가 피고인과 헤어진 후 피고인으로부터 다시 돈을 요구하는 무선호출연락을 받고 피고인이 다시 행패를 부릴 것이 두려워 은행에서 예금을 인출하여 피고인에게 지급하였다는 사정이 엿보이므로(수사기록 87면), 위 금원교부는 위 피해자의 의사에 반하여 반항이 불가능한 상태에서 강취된 것이라기보다는 피해자의 하자 있는 의사에 의하여 교부된 즉 갈취당한 것으로 보인다. 따라서 위와 같은 사실관계라면 특수강도죄의 미수로 처벌할 수는 있을지언정 이를 특수강도죄의 기수로 처벌한 원심판결에는 위 재물의 교부가 피해자의 의사에 의한 것인지 아니면 피해자의 의사와 무관하게 강취당한 것인지에 관하여 심리를 제대로 하지 아니한 채 사실을 오인하였거나 특수강도죄 소정의 강취의 점에 관하여 법리를 오해한 위법이 있다 할 것이다. (대법원 1995. 3. 28. 선고 95도91 판결)
참고 ① 폭행·협박을 가한 부분에 대해서는 특수강도미수죄가, 이후 금원을 교부받은 행위에 대해서는 공갈죄(기수)가 성립한다는 취지인지, ② 특수강도미수죄 또는 공갈죄(기수) 중 한 가지만 성립한다는 것인지 불분명하다. 파기환송심의 결론을 추적할 수는 없었다.

나. 이익 강취

(처분행위 불요) 채무면탈 형태의 강도죄가 성립하기 위해서 피해자의 '처분행위'가 요구되는지

문제된다. 판례는 상대방의 반항을 억압할 정도의 폭행·협박을 수단으로 재산상 이익을 취득하면 족할 뿐, 처분행위는 불요하다고 본다.

(채무면탈 강도죄) 채무면탈 형태의 강도죄는 ① 채무를 면할 목적으로 ② 상대방에게 폭행·협박을 가하여 ③ 사실상 채무를 면탈한 경우에 성립한다. 즉, '법률상 채무'를 면할 필요까지는 없다.

[판례] 불법이득의사 존부는 신중하고 면밀하게 심리·판단되어야 함

강도상해죄가 성립하려면 먼저 강도죄의 성립이 인정되어야 하고, 강도죄가 성립하려면 불법영득 또는 불법이득의 의사가 있어야 한다. 채권자를 폭행·협박하여 채무를 면탈함으로써 성립하는 강도죄에서 불법이득의사는 단순 폭력범죄와 구별되는 중요한 구성요건 표지이다. 폭행·협박 당시 피고인에게 채무를 면탈하려는 불법이득의사가 있었는지는 신중하고 면밀하게 심리·판단되어야 한다. 불법이득의사는 마음속에 있는 의사이므로, 피고인과 피해자의 관계, 채무의 종류와 액수, 폭행에 이르게 된 경위, 폭행의 정도와 방법, 폭행 이후의 정황 등 범행 전후의 객관적인 사정을 종합하여 불법이득의사가 있었는지를 판단할 수밖에 없다. (대법원 2021. 6. 30. 선고 2020도4539 판결)

참고 피고인이 15만 9천원 어치의 맥주를 주문하여 마신 뒤, 술집 주인과 술값 지급 문제로 실랑이를 하다 술집 주인 등을 폭행하였으나, 현장에서 벗어나지 않고 주점 바닥에 누워 있었는데, 피고인이 현장을 이탈하지 않았다는 점, 피고인은 소득이 있고 당일 타 주점에서는 술값 등을 결제했다는 점 등을 종합할 때 불법이득의사를 인정할 수 없다고 보았다.

[판례] 술집에서 주인과 둘이 있던 중 술값 면하려 주인 살해하고 현금 취거 – 강도살인죄 ○

피고인이 피해자를 살해하면 피해자는 피고인에 대하여 술값 채권을 행사할 수 없게 되고, 피해자 이외의 사람들에게는 피해자가 피고인에 대하여 술값 채권을 가지고 있음이 알려져 있지 아니한 탓으로 피해자의 상속인이 있다 하더라도 피고인에 대하여 그 채권을 행사할 가능성은 없다 하겠다. 그러므로 위와 같은 상황에서 피고인이 채무를 면탈할 목적으로 피해자를 살해한 것은 재산상의 이익을 취득할 목적으로 피해자를 살해한 것이라 할 수 있고, 또한 피고인이 피해자를 살해한 행위와 즉석에서 피해자가 소지하였던 현금을 탈취한 행위는 서로 밀접하게 관련되어 있기 때문에 살인행위를 이용하여 재물을 탈취한 행위라고 볼 수 있다. (대법원 1999. 3. 9. 선고 99도242 판결)

[동지] 채무를 면할 목적으로 상속 없는 피해자를 살해하여 채권추심 면함 – 강도살인죄 ○ (대법원 1971. 4. 6. 선고 71도287 판결)

[판례] 택시비 면할 목적으로 기사를 살해하고 택시를 운전하고 도주 – 강도살인죄 ○ (대법원 1985. 10. 22. 선고 85도1527 판결)

[동지] 택시비 면할 목적으로 기사를 살해하려 하였으나 실패하고 도주 – 강도살인미수죄 ○ (대법원 1964. 9. 8. 선고 64도310 판결)

[판례] 피고인들이 피해자를 속여 그로부터 성매매대금 명목의 돈을 받고, 뒤이어 그 반환을 요구하는 피해자를 폭행·협박한 후 돈을 가지고 현장을 이탈함 – 특수강도죄 ○ (대법원 2020. 10. 15. 선고 2020도7218 판결)

판례 채권자가 변제기 유예 요청을 거부하며 모욕하자 홧김에 살인 – 강도살인죄 ✕

'재산상 이익의 취득'을 인정하기 위하여는 재산상 이익이 사실상 피해자에 대하여 불이익하게 범인 또는 제3자 앞으로 이전되었다고 볼 만한 상태가 이루어져야 하는데, 채무의 존재가 명백할 뿐만 아니라 채권자의 상속인이 존재하고 그 상속인에게 채권의 존재를 확인할 방법이 확보되어 있는 경우에는 비록 그 채무를 면탈할 의사로 채권자를 살해하더라도 일시적으로 채권자측의 추급을 면한 것에 불과하여 재산상 이익의 지배가 채권자측으로부터 범인 앞으로 이전되었다고 보기는 어려우므로, 이러한 경우에는 강도살인죄가 성립할 수 없다. (대법원 2004. 6. 24. 선고 2004도1098 판결) **표준**

참고 나아가 범인은 살인행위로부터 15시간이 지난 후 현장으로 돌아와 피해자의 주머니에서 10만원의 돈을 꺼내 갔다. 판례는 이에 대하여 '살해 후 상당한 시간이 지난 후에 별도의 범의에 터잡아 이루어진 재물 취거행위를 그보다 앞선 살인행위와 합쳐서 강도살인죄로 처단할 수 없다.'고 보았다. 즉 강도의 기회에 살인이 이루어지지 않았다는 것이다.

해설 이상 채무면탈 강도죄가 문제된 사건들은 모두 채무를 법률적으로 면하지 못한다는 점에서는 동일하다. 그러나 인정례들은 술값·택시비 등 일단 현장을 이탈하면 채권을 행사하기 어려운 사례들인데, 이와 달리 부정례(위 판례)는 피해자의 처가 채권을 인지하고 있어 채권 추급이 가능하다는 점에서 차이가 있다. 즉 채무 면탈 강도죄는 '사실상' 채무면제에 이르렀는지 여부가 기준이 된다.

강도죄의 실행의 착수시기는 폭행·협박 개시시, 기수시기는 재물·재산상 이익 취득시이다.

4. 기타

가. 죄수

강도죄는 (강도상해 등을 제외하고는) 원칙적으로 재산침해의 요소, 즉 점유의 개수를 기준으로 죄수를 판단한다. 일단 점유의 수에 따라 죄의 개수가 결정되고, 폭행·협박의 수에 따라 실체적 경합 또는 상상적 경합의 수가 결정되는 것이다. 아래 표와 같이 정리한다.

사례	점유	폭행·협박	결과
⒜ 甲이 乙 칼로 찌르고 乙 물건 강취	1	1	하나의 강도죄
⒝ 甲이 한 집에 모여 있는 가족 乙·丙을 폭행하고 물건 강취	1	2	하나의 강도죄
⒞ 甲이 乙 칼로 찌르며 폭행·협박 중 丙이 마침 이를 봄. 甲이 乙·丙 물건 강취	2	1	乙에 대한 강도죄 및 丙에 대한 강도죄의 상상적 경합
⒟ 甲이 여관 1층서 乙 물건을 강취 후 이어서 2층 丙 방에서도 물건을 강취	2	2	乙에 대한 강도죄 및 丙에 대한 강도죄의 실체적 경합

판례 ⑧ 甲이 한 집에 모여 있는 가족 乙·丙을 협박하고 물건 강취 – 일죄

강도가 시간적으로 접착된 상황에서 가족을 이루는 수인에게 폭행·협박을 가하여 집안에 있는 재물을 탈취한 경우 그 재물은 가족의 공동점유 아래 있는 것으로서, 이를 탈취하는 행위는 그 소유자가 누구인지에 불구하고 단일한 강도죄의 죄책을 진다. (대법원 1996. 7. 30. 선고 96도1285 판결)

판례 ⓒ 甲이 乙 칼로 찌르며 폭행·협박 중 丙이 마침 이를 봄. 甲이 乙·丙 물건 강취 – 상상적 경합

피고인이 여관에서 종업원 乙을 칼로 찔러 상해를 가하고 객실로 끌고 들어가는 등 폭행·협박을 하고 있던 중, 마침 다른 방에서 나오던 여관의 주인 丙도 같은 방에 밀어 넣은 후, 주인 丙으로부터 금품을 강취하고, 1층 안내실에서 종업원 乙 소유의 현금을 꺼내 갔다면, 여관 종업원 乙과 주인 丙에 대한 각 강도행위가 각별로 강도죄를 구성하되 피고인이 피해자인 종업원 乙과 주인 丙을 폭행·협박한 행위는 법률상 1개의 행위로 평가되는 것이 상당하므로 위 2죄는 상상적 경합범관계에 있다고 할 것이다. (대법원 1991. 6. 25. 선고 91도643 판결) **표준**

판례 ⓓ 甲이 여관 1층서 乙 물건을 강취 후 이어서 2층 丙 방에서도 물건을 강취 – 실체적 경합

여관에 들어가 1층 안내실에 있던 여관의 관리인인 피해자 乙의 목에 칼을 들이대고 "조용히 하라"고 하면서 그의 왼쪽 발가락을 칼로 1회 찔러 상해를 가하고, 그로부터 현금과 손목시계 및 여관방실들의 열쇠를 강취한 다음, 다시 2층으로 올라가서 201호실의 문을 위 열쇠로 열고 들어가 투숙객들로부터 금품을 강취하고, 이어서 같은 방법으로 202호실과 207호실의 투숙객들로부터 각각 금품을 강취하였다는 것이므로, 원심이 위 피고인들의 위와 같은 각 행위는 비록 시간적으로 접착된 상황에서 동일한 방법으로 이루어지기는 하였으나, 포괄하여 1개의 강도상해죄만을 구성하는 것이 아니라 실체적 경합범의 관계에 있는 것이라고 하겠으니, 위 피고인들이 201호실 및 202호실과 207호실의 각 투숙객들에 대한 특수강도죄에 관하여 이미 유죄의 확정판결을 받았다고 하더라도, 그 확정판결의 효력은 피해자 乙에 대한 강도상해 행위에 대하여는 미치지 않는다는 취지로 판단한 것은 정당하다. (대법원 1991. 6. 25. 선고 91도643 판결) **표준**

판례 ① 예금통장 강취 후 ② 예금인출청구서 위조하여 ③ 은행 직원에게 행사하는 방법으로 예금인출 – ① 강도죄 ○ ② 사문서위조·동행사죄 ○ ③ 사기죄 ○ (실체적 경합) (대법원 1991. 9. 10. 선고 91도1722 판결)

강도죄와 달리 강도상해(치상)죄는 점유가 아니라 상해를 입은 피해자의 수에 따라 죄수를 결정한다. 관련 판례를 살펴본다.

판례 강도가 1개의 강도 기회에 수 명의 피해자에게 각각 상해를 입히면 – 강도상해죄 실체적 경합

강도가 한 개의 강도범행을 하는 기회에 수명의 피해자에게 각 폭행을 가하여 각 상해를 입힌 경우에는 각 피해자별로 수개의 강도상해죄가 성립하며 이들은 실체적 경합범의 관계에 있다. (대법원 1987. 5. 26. 선고 87도527 판결)

강도죄·준강도죄와 공무집행방해죄의 죄수관계를 살펴본다.

판례 ① 준강도죄와 공무집행방해죄의 죄수관계 ② 강도죄와 공무집행방해죄의 죄수관계

절도범인이 체포를 면탈할 목적으로 경찰관에게 폭행 협박을 가한 때에는 준강도죄와 공무집행방해죄를 구성하고 양죄는 상상적 경합관계에 있으나, 강도범인이 체포를 면탈할 목적으로 경찰관에게 폭행을 가한 때에는 강도죄와 공무집행방해죄는 실체적 경합관계에 있고 상상적 경합관계에 있는 것이 아니다. (대법원 1992. 7. 28. 선고 92도917 판결) **표준**

해설 아래 표를 보자. 가운데가 사실관계, 위·아래가 법적 평가이다. 두 법적평가가 폭행·상해의 사실관계를 공유하는 경우 상상적 경합이 되고, 그렇지 않다면 실체적 경합이 된다.

준강도죄		
절도범인이	체포면탈목적	공무원을 폭행
		공무집행방해죄

절도범인 체포면탈목적으로 공무원을 폭행 → ① 준강도죄 ② 공무집행방해죄 (상경)

강도죄		
강도범인이	체포면탈목적	공무원을 폭행
		공무집행방해죄

강도범인 체포면탈목적으로 공무원을 폭행 → ① 강도죄 ② 공무집행방해죄 (실경)

강도상해죄		
강도범인이	체포면탈목적	공무원을 상해
		공무집행방해죄

강도범인 체포면탈목적으로 공무원을 상해 → ① 강도상해죄 ② 공무집행방해죄 (상경)

(준)강도상해죄		
절도범인이	체포면탈목적	공무원을 상해
		공무집행방해죄

절도범인 체포면탈목적으로 공무원을 상해 → ① 강도상해죄 ② 공무집행방해죄 (상경)

나. 불법영득의사

강도죄 역시 불법영득의사가 요구된다. 불법영득의사가 부정되어 강도죄가 성립하지 않는 사례를 살펴본다.

판례 강간하는 과정에서 피해자들이 도망가지 못하게 손가방을 빼앗은 행위 – 강도죄 × (대법원 1985. 8. 13. 선고 85도1170 판결)

> **판례** 피해자 강간 후 '돈 내놔'하여 받은 돈을 즉시 '팁'이라며 브래지어 속으로 넣음 – 강도죄 ✕
>
> 불법영득을 하려 한 것이 아니라 피해자를 희롱하기 위하여 돈을 뺏은 다음 그대로 돌려주려고 한 의도였다고 할 것이므로 불법영득의 의사가 있었다고 보기 어렵다. (대법원 1986. 6. 24. 선고 86도776 판결)

다. 위법성

권리자가 폭행·협박으로 강취한 경우, 위법성조각사유에 해당하지 않아 강도죄가 성립한다.

> **판례** 외상물품대금채권 회수를 의뢰받은 자가 폭행·협박으로 추심 – 강도죄(위법성) ○
>
> 채권자로부터 채무자에 대한 외상물품 대금채권의 회수를 의뢰받았다 하더라도, 채무자의 반항을 억압할 정도의 폭행과 협박을 가하여 재물 및 재산상 이득을 취득한 이상 이는 정당한 권리행사라고 볼 수 없음이 명백하여 강도상해죄가 성립함에는 아무런 지장이 없다. (대법원 1995. 12. 12. 선고 95도2385 판결)

Ⅱ 특수강도죄

제334조(특수강도) ① 야간에 사람의 주거, 관리하는 건조물, 선박이나 항공기 또는 점유하는 방실에 침입하여 제333조의 죄를 범한 자는 무기 또는 5년 이상의 징역에 처한다.

② 흉기를 휴대하거나 2인 이상이 합동하여 전조의 죄를 범한 자도 전항의 형과 같다.

例規 제334조 특수강도	미수 ○ 예비·음모 ○

🔍 **핵심단어**

1. 야간주거침입강도
   - ① 야간 ② 주거침입 ③ 강도
2. 흉기휴대강도
   - ① 흉기를 ② 휴대하여 ③ 강도
   - 흉기란 본래 살상용·파괴용이거나 이에 준하는 위험성을 가진 물건
   - 휴대란 흉기를 몸 가까이에 소지하거나 널리 이용
3. 합동강도
   - ① 2인 이상 합동하여 ② 강도
   - 합동이란 ① 공모 ② 실행행위 분담 ③ 실행행위에 있어서 시간적·장소적으로 협동관계
   - 합동범의 공동정범은 ① 자기의사의 수단으로 삼아 범행 ② 정범성의 표지 있으면 성립

절도의 죄의 체계와 거의 같다. 다만 절도는 야간주거침입절도를 별개의 죄로 규정하고, 야간손

괴후주거침입절도를 특수절도죄의 한 형태로 두고 있는 것과 달리, 강도는 야간주거침입강도를 특수강도의 한 형태로 두고, 야간손괴후주거침입강도는 따로 규율하지 않는다.

	절도	강도
야간 + 주거침입	야간주거침입절도	특수강도
야간 + 손괴 + 주거침입	특수절도	손괴 + 특수강도

1. 야간주거침입강도

야간주거침입강도의 착수시기가 문제된다. 판례는 ① 주거침입시로 본 경우와 ② 폭행·협박시로 본 경우 모두 있어 수험생 입장에서 혼돈이 예상된다. 생각건대, 주거침입시를 기준으로 한 판례가 더 나중이라는 점, 최근 하급심판례 중에도 주거침입시를 기준으로 판시한 것이 발견된다는 점,[67] 실무상 주거침입시를 기준으로 기소하는 경우가 대부분이라는 점 등을 고려할 때에 ① 주거침입시를 착수시기로 이해하면 된다.

> 판례 야간주거침입강도의 착수시기는 '주거침입시'를 기준으로 함
>
> 형법 제334조 제1항 소정의 야간주거침입강도죄는 주거침입과 강도의 결합범으로서 시간적으로 주거침입행위가 선행되므로 주거침입을 한 때에 본죄의 실행에 착수한 것으로 볼 것인바, 같은 조 제2항 소정의 흉기휴대 합동강도죄에 있어서도 그 강도행위가 야간에 주거에 침입하여 이루어지는 경우에는 주거침입을 한 때에 실행에 착수한 것으로 보는 것이 타당하다. (대법원 1992. 7. 28. 선고 92도917 판결) 표준
>
> 비교 야간주거침입강도의 착수시기는 '폭행·협박시'를 기준으로 함
>
> 특수강도의 실행의 착수는 강도의 실행행위 즉 사람의 반항을 억압할 수 있는 정도의 폭행 또는 협박에 나아갈 때에 있다 할 것이다. 강도의 범의로 야간에 칼을 휴대한 채 타인의 주거에 침입하여 집안의 동정을 살피다가 피해자를 발견하고 갑자기 욕정을 일으켜 칼로 협박하여 강간한 경우, 야간에 흉기를 휴대한 채 타인의 주거에 침입하여 집안의 동정을 살피는 것만으로는 특수강도의 실행에 착수한 것이라고 할 수 없으므로 위의 특수강도에 착수하기도 전에 저질러진 위와 같은 강간행위가 구 특정범죄가중처벌등에관한법률 제5조의6 제1항 소정의 특수강도강간죄에 해당한다고 할 수 없다. (대법원 1991. 11. 22. 선고 91도2296 판결) 표준

2. 흉기휴대강도

"흉기", "휴대"는 특수절도죄에서 살펴본 것과 같다.

---

67 대구고등법원 2018. 8. 30. 선고 2018노228 판결.

3. 합동강도

"합동"은 특수절도죄에서 살펴본 것과 같다.

Ⅲ 준강도죄

제335조(준강도) 절도가 재물의 탈환에 항거하거나 체포를 면탈하거나 범죄의 흔적을 인멸할 목적으로 폭행 또는 협박한 때에는 제333조 및 제334조의 예에 따른다.

例規 제335조 준강도, 준특수강도	미수 ○

🔍 **핵심단어**

• ① 절도범이 ② 재물탈환 항거목적·체포면탈목적·죄적인멸목적 ③ 폭행·협박
• 폭행·협박 – 객관적으로 상대방의 반항 억압·항거불능케 할 정도 要
• 폭행·협박은 절도의 기회에 이루어져야 함.
• 절도의 기회란 ① 실행 중 ② 실행 직후 ③ 포기 직후 등 사회통념상 범죄 완료 아니한 때
• 준강도는 강도와 '절취'와 '폭행·협박'의 선후만 다르기에 '절취'를 기준으로 기수판단
• 준특수강도는 폭행·협박시에 흉기를 휴대하였는지 여부를 기준으로 판단

---

1. 절도범

절도에는 단순절도, 야간주거침입절도, 특수절도, 상습절도가 모두 포함된다. 절도의 미수범 역시 포함된다. 절도 미수범에도 이르지 못한 자는 준강도죄의 주체가 될 수 없다.

판례 피고인이 술집 주인으로부터 술값 요구받자 유인·폭행하고 도주 – 준강도죄 ×

피고인이 술집 운영자 甲으로부터 술값의 지급을 요구받자 甲을 유인·폭행하고 도주함으로써 술값의 지급을 면하여 재산상 이익을 취득하고 상해를 가하였다고 하여 강도상해로 기소되었는데, 원심이 위 공소사실을 '피고인이 甲에게 지급해야 할 술값의 지급을 면하여 재산상 이익을 취득하고 甲을 폭행하였다'는 범죄사실로 인정하여 준강도죄를 적용한 사안에서, 원심이 인정한 범죄사실에는 그 자체로 절도의 실행에 착수하였다는 내용이 포함되어 있지 않음에도 준강도죄를 적용하여 유죄로 인정한 원심판결에 준강도죄의 주체에 관한 법리오해의 잘못이 있다고 한 사례. (대법원 2014. 5. 16. 선고 2014도2521 판결)

참고 파기환송심에서 강도죄가 인정되었다.

---

2. 폭행·협박

가. 폭행·협박의 정도

준강도죄의 폭행·협박의 정도는 상대방의 반항을 억압하거나 항거불능하게 할 정도의 것이어야 한다. 현실적으로 반항을 억압하였음을 필요로 하는 것은 아니다.

> **판례** 준강도죄의 폭행·협박 – 객관적으로 상대방의 반항 억압·항거불능케 할 정도
>
> 형법 제335조의 준강도죄의 구성요건인 폭행은 같은법 제333조의 폭행의 정도와의 균형상 상대방의 반항(항쟁)을 억압할 정도 즉 반항을 억압하는 수단으로서 일반적, 객관적으로 가능하다고 인정하는 정도면 족하다 할 것이고 이는 체포되려는 구체적 상황에 비추어 체포의 공격력을 억압함에 족한 정도의 것인 여부에 따라 결정되어야 할 것이므로 피고인이 옷을 잡히자 체포를 면하려고 충동적으로 저항을 시도하여 잡은 손을 뿌리친 정도의 폭행을 준강도죄로 의율할 수는 없다. (대법원 1985. 5. 14. 선고 85도619 판결)
>
> **참고** 절도범이 옷을 잡히자 체포를 면하려고 잡은 손을 뿌리침 – 준강도죄(폭행) ✕
>
> **판례** 절도범이 건장한 체포자로부터 전치 3개월을 요하는 중상을 입을 정도로 심하게 맞자 솥뚜껑으로 이를 막아보다 상해 입힘 – 준강도죄(폭행) ✕
>
> 피고인의 위 행위는 일반적, 객관적으로 피해자의 체포의사를 제압할 정도의 폭행에 해당하지 않는다고 할 것이므로 준강도상해죄는 성립되지 않는다. (대법원 1990. 4. 24. 선고 90도193 판결)

나. 폭행·협박의 상대방

상대방은 절도 피해자에 제한되지 않는다. 따라서 제3자인 체포자·경찰관을 폭행한 경우에도 준강도죄가 성립한다.

다. 폭행·협박의 시기: 절도의 기회

폭행·협박은 절도의 기회, 즉 절도에 시간적·장소적으로 근접할 때 이루어져야 한다. 절도를 저지른 자가 10일 뒤 긴급체포하러 온 경찰관의 체포를 면탈할 목적으로 폭행하면 준강도가 성립하지 않는다.

> **판례** 절도의 기회란 ① 실행 중 ② 실행 직후 ③ 포기 직후 등 사회통념상 범죄 완료 아니한 때
>
> 준강도는 절도범인이 절도의 기회에 재물탈환·항거등의 목적으로 폭행 또는 협박을 가함으로써 성립되는 것이므로 그 폭행 또는 협박은 ① 절도의 실행에 착수하여 그 실행중이거나 ② 그 실행 직후 또는 ③ 실행의 범의를 포기한 직후로서 사회통념상 범죄행위가 완료되지 아니하였다고 인정될 만한 단계에

서 행하여짐을 요한다. (대법원 1984. 9. 11. 선고 84도1398, 84감도214 판결)

준강도는 절도범인이 절도의 기회에 재물탈환의 항거 등의 목적으로 폭행 또는 협박을 가함으로써 성립되는 것으로서, 여기서 절도의 기회라고 함은 절도범인과 피해자 측이 절도의 현장에 있는 경우와 절도에 잇달아 또는 절도의 시간·장소에 접착하여 피해자 측이 범인을 체포할 수 있는 상황, 범인이 죄적인 멸에 나올 가능성이 높은 상황에 있는 경우를 말하고, 그러한 의미에서 피해자 측이 추적태세에 있는 경우나 범인이 일단 체포되어 아직 신병확보가 확실하다고 할 수 없는 경우에는 절도의 기회에 해당한다. (대법원 2009. 7. 23. 선고 2009도5022 판결) 표준

(판례) 절도범이 담을 넘었다가 발각되어 추격을 받던 중 200m 떨어진 곳에서 폭행 – 준강도죄 ○
야간에 절도의 목적으로 피해자의 집에 담을 넘어 들어간 이상 절취한 물건을 물색하기 전이라고 하여도 이미 야간주거침입절도의 실행에 착수한 것이라고 하겠고, 그후 피해자에게 발각되어 계속 추격당하거나 재물을 면탈하고자 피해자에게 폭행을 가하였다면 그 장소가 소론과 같이 범행현장으로부터 200미터 떨어진 곳이라고 하여도 절도의 기회 계속중에 폭행을 가한 것이라고 보아야 할 것이다. (대법원 1984. 9. 11. 선고 84도1398,84감도214 판결)

(판례) 절도범이 발각되어 도주하다 뒤쫓아 온 보안요원에게 잡혀 보안사무실 인도되어 경위파악 중 폭행 – 준강도죄 ○
피고인은 절도행위가 발각되어 도주하다가 곧바로 뒤쫓아 온 보안요원 이대철에게 붙잡혀 보안사무실로 인도되어 피해자로부터 그 경위를 확인받던 중 체포된 상태를 벗어나기 위해서 위 피해자에게 폭행을 가하여 상해를 가한 사실이 인정되고, 사실관계가 이러하다면 피고인은 일단 체포되었다고는 하지만 아직 신병확보가 확실하다고 할 수 없는 단계에서 체포된 상태를 면하기 위해서 피해자를 폭행하여 상해를 가한 것이므로 이러한 피고인의 행위는 절도의 기회에 체포를 면탈할 목적으로 폭행하여 상해를 가한 것으로서 강도상해죄에 해당한다. (대법원 2001. 10. 23. 선고 2001도4142, 2001감도100 판결)

(판례) 절도범이 경비원에게 발각되어 경비원이 파출소에 신고하려하자 '잘해보자'며 폭행 – 준강도죄 ○
피고인이 점유자 또는 소유자의 승락없이 물건을 갖고 나오다 경비원에게 발각되어 동인이 절도범인 체포사실을 파출소에 신고전화하려는데 피고인이 잘해 보자며 대들면서 폭행을 가한 경우에는, 설사 그 같은 행위가 피고인이 사장도 잘 안다며 전화확인을 하자는 제의를 경비원이 거부하면서 내일이나 모레와서 확인한 후에 가져가라하자 피고인이 자기의 것이니 무조건 달라고 시비한 끝에 저질러진 것이라 하여도, 그곳이 체포현장이었고 주위 사람에게 도주를 방지케 부탁한 상태아래 일어난 것이라면 준강도 행위에 해당한다. (대법원 1984. 7. 24. 선고 84도1167, 84감도171 판결)

(판례) 절도 마치고 10분 지나, 피해자 집으로부터 200m 떨어진 버스정류장에서 붙잡혀 피해자의 집으로 돌아온 뒤 비로소 폭행 – 준강도죄 ×
피해자의 집에서 절도범행을 마친지 10분 가량 지나 피해자의 집에서 200m 가량 떨어진 버스정류장이 있는 곳에서 피고인을 절도범인이라고 의심하고 뒤쫓아 온 피해자에게 붙잡혀 피해자의 집으로 돌아왔을 때 비로소 피해자를 폭행한 경우, 그 폭행은 사회통념상 절도범행이 이미 완료된 이후에 행하여졌다는 이유로 준강도죄가 성립하지 않는다고 한 사례. (대법원 1999. 2. 26. 선고 98도3321 판결)

라. 준강도의 기수·미수

준강도의 기수·미수의 판단기준이 문제된다. ① 절취의 기수·미수에 따라 결정되는지 ② 폭행·협박의 기수·미수에 따라 결정되는지 견해가 대립한다. 판례는 강도죄와 마찬가지로 ① 절취의 기수 여부를 기준으로 본다.

> **판례** 준강도는 강도와 절취, 폭행·협박의 선후만 다르기에 절취행위를 기준으로 기수 판단
>
> 형법 제335조에서 절도가 재물의 탈환을 항거하거나 체포를 면탈하거나 죄적을 인멸할 목적으로 폭행 또는 협박을 가한 때에 준강도로서 강도죄의 예에 따라 처벌하는 취지는, 강도죄와 준강도죄의 구성요건인 재물탈취와 폭행·협박 사이에 시간적 순서상 전후의 차이가 있을 뿐 실질적으로 위법성이 같다고 보기 때문인바, 이와 같은 준강도죄의 입법 취지, 강도죄와의 균형 등을 종합적으로 고려해 보면, 준강도죄의 기수 여부는 절도행위의 기수 여부를 기준으로 하여 판단하여야 한다. (대법원 2004. 11. 18. 선고 2004도5074 전원합의체 판결) **표준**
>
> **참고** 甲과 乙이 주점에서 양주 40병을 바구니에 절취 중 종업원이 다가오는 소리 듣고 양주를 그대로 둔 채 나가다 종업원에게 붙잡히자 체포면탈 목적으로 폭행 – 준강도미수죄 ○

3. 목적

① 재물의 탈환에 항거하거나 ② 체포를 면탈하거나 ③ 죄적을 인멸할 목적으로 폭행·협박하여야 한다. 이른바 날치기 사건을 통하여 준강도의 목적을 살펴보자.

> **판례** 자동차 날치기범인 甲·乙은 甲이 피해자 丙 방향으로 차를 운전하고 乙은 조수석에서 가방을 낚아채고, 甲은 그대로 운전하였는데 이 과정에서 丙이 골절상을 입음 – 강도치상죄 ×
>
> 날치기와 같이 강력적으로 재물을 절취하는 행위는 때로는 피해자를 전도시키거나 부상케 하는 경우가 있고, 구체적인 상황에 따라서는 이를 강도로 인정하여야 할 때가 있다 할 것이나, 그와 같은 결과가 피해자의 반항억압을 목적으로 함이 없이 점유탈취의 과정에서 우연히 가해진 경우라면 이는 절도에 불과한 것으로 보아야 한다.
>
> 준강도죄에 있어서의 '재물의 탈환을 항거할 목적'이라 함은 일단 절도가 재물을 자기의 배타적 지배하에 옮긴 뒤 탈취한 재물을 피해자측으로부터 탈환당하지 않기 위하여 대항하는 것을 말한다.
>
> 피해자의 상해가 차량을 이용한 날치기 수법의 절도시 점유탈취의 과정에서 우연히 가해진 것에 불과하고, 그에 수반된 강제력 행사도 피해자의 반항을 억압하기 위한 목적 또는 정도의 것은 아니었던 것으로 보아 강도치상죄로 의율한 원심판결을 파기한 사례: (대법원 2003. 7. 25. 선고 2003도2316 판결)
>
> **비교** 날치기범 甲은 피해자 乙이 ATM기에서 나오자 가방을 낚아채려 하였고 乙은 가방을 놓치지 않으려 버티다 넘어지기까지 하였는데 甲이 계속하여 5m 정도 乙을 끌고 가는 과정에서 乙에게 상해 발생 – 강도치상죄 ○

소위 '날치기'와 같이 강제력을 사용하여 재물을 절취하는 행위가 때로는 피해자를 넘어뜨리거나 상해를 입게 하는 경우가 있고, 그러한 결과가 피해자의 반항 억압을 목적으로 함이 없이 점유탈취의 과정에서 우연히 가해진 경우라면 이는 강도가 아니라 절도에 불과하지만, 그 강제력의 행사가 사회통념상 객관적으로 상대방의 반항을 억압하거나 항거 불능케 할 정도의 것이라면 이는 강도죄의 폭행에 해당한다. 그러므로 날치기 수법의 점유탈취 과정에서 이를 알아채고 재물을 뺏기지 않으려는 상대방의 반항에 부딪혔음에도 계속하여 피해자를 끌고 가면서 억지로 재물을 빼앗은 행위는 피해자의 반항을 억압한 후 재물을 강취한 것으로서 강도에 해당한다.

날치기 수법으로 피해자가 들고 있던 가방을 탈취하면서 가방을 놓지 않고 버티는 피해자를 5m 가량 끌고 감으로써 피해자의 무릎 등에 상해를 입힌 경우, 반항을 억압하기 위한 목적으로 가해진 강제력으로서 그 반항을 억압할 정도에 해당한다고 보아 강도치상죄의 성립을 인정한 사례. (대법원 2007. 12. 13. 선고 2007도7601 판결)

> **참고** 강도치상죄가 부정되는 경우, ① 절도죄(특수절도죄) ② 상해죄(폭처법 공동상해죄)의 검토가 요구된다.

4. 기타

가. 죄수

> **판례** 절도가 체포를 면탈할 목적으로 추격하여 온 수인에 대하여 같은 기회에 동시 또는 이시에 폭행 또는 협박 – 준강도죄 포괄일죄 (대법원 1966. 12. 6. 선고 66도1392 판결)

> **판례** 절도범이 체포를 면탈할 목적으로 체포하려는 여러 명의 피해자에게 같은 기회에 폭행을 가하여 그 중 1인에게만 상해를 가함 – 1개의 강도상해죄 (대법원 2001. 8. 21. 선고 2001도3447 판결)

나. 공범

절도의 공동정범 중 1인이 준강도·강도상해(치상)으로 나아간 경우, 다른 공범자들에게도 죄책을 인정할 수 있는지 문제된다. 판례는 폭행·협박을 예견할 수 있었으면 공동정범의 죄책을 진다고 보았다.

검찰실무에서는 이러한 예견가능성 쟁점이 빈출된다. 여러 명이 절도를 공모하였는데 범행 중 1인이 준강도·강도상해(치상)으로 나아가는 것이다. 이때 기록상 다음의 단서를 기준으로 예견가능성을 판단해야 한다. 피의자들이 절도를 공모할 때에 ① 범행 장소에 사람이 있는 곳으로 인식하였는지 아니면 비어 있는 곳으로 인식하였는지 ② 만일 사람이 존재할 경우, 폭행·협박을 사용해서라도 범행하자 결의했는지 ③ 흉기를 휴대하고 침입하였는지가 대표적이다.

판례 절도범인 중 1인이 나머지 범인의 폭행을 예상한 경우 – 강도상해죄 ○

준강도가 성립하려면 절도가 절도행위의 실행중 또는 실행직후에 체포를 면탈할 목적으로 폭행, 협박을 한 때에 성립하고 이로써 상해를 가하였을 때에는 강도상해죄가 성립되는 것이고, 공모합동하여 절도를 한 경우 범인중의 하나가 체포를 면탈할 목적으로 폭행을 하여 상해를 가한 때에는 나머지 범인도 이를 예기하지 못한 것으로 볼 수 없다면 강도상해죄의 죄책을 면할 수 없다. (대법원 1984. 2. 28. 선고 83도3321 판결)

참고 이론상 '강도치상'이 성립하는 것이 맞으나 판례는 강도상해라 고집한다. 생각건대, 두 죄의 형량이 같기 때문에 굳이 수정하지 않는 것으로 보인다.

판례 절도범인 중 1인이 나머지 범인의 폭행을 예상한 경우 – 강도상해죄 ○

피고인들이 합동하여 절도범행을 하는 도중에, 사전에 구체적인 의사연락이 없었다고 하여도, 피고인이 체포를 면탈할 목적으로 피해자를 힘껏 떠밀어 콘크리트바닥에 넘어뜨려 상처를 입게 함으로써 추적을 할 수 없게 한 경우, 폭행의 정도가 피해자의 추적을 억압할 정도의 것이었던 이상 피고인들은 강도상해의 죄책을 면할 수 없다. (대법원 1991. 11. 26. 선고 91도2267 판결)

판례 절도 공모 당시 만일을 대비하여 식칼을 준비하였다면 발각 시 폭행을 예상했다고 보아야 함

피고인들과 공소외 1이 소매치기할 것을 공모하고 만일을 대비하여 각 식칼 1자루씩을 나누어 가진후 합동하여 피해자 이영희의 손지갑을 절취하였으나 그 범행이 발각되자 두 갈래로 나누어 도주 중 원심 공동피고인은 피해자 송남종과 김종호의, 피고인 과 공소외 1은 피해자 김종용과 김연수의 각 추격을 받게되자 체포를 면탈할 목적으로 각 소지중인 식칼을 위 추격자들을 향하여 휘두리고 원심공동피고인은 길에 있던 벽돌을 위 송남종에게 던져서 상해를 가하였다. (대법원 1984. 10. 10. 선고 84도1887, 84감도296 판결)

참고 강도상해죄의 공동정범이 인정된다.

판례 절도 공모 당시 빈 가게로 알았으나 알고보니 사람이 있었던 경우 폭행을 예상했다고 볼 수 없음

절도를 공모한 피고인이 다른 공모자 (갑)의 폭행행위에 대하여 사전양해나 의사의 연락이 전혀 없었고, 범행장소가 빈 가게로 알고 있었고, 위 (갑)이 담배창구를 통하여 가게에 들어가 물건을 절취하고 피고인은 밖에서 망을 보던중 예기치 않았던 인기척 소리가 나므로 도주해버린 이후에 위 (갑)이 창구에 몸이 걸려 빠져 나오지 못하게 되어 피해자에게 붙들리자 체포를 면탈할 목적으로 피해자에게 폭행을 가하여 상해를 입힌 것이고, 피고인은 그동안 상당한 거리를 도주하였을 것으로 추정되는 상황하에서는 피고인이 위 (갑)의 폭행행위를 전연 예기할 수 없었다고 보여지므로 피고인에게 준강도상해죄의 공동책임을 지울 수 없다. (대법원 1984. 2. 28. 선고 83도3321 판결)

참고 피고인은 사전에 공모한 범위 내에서만 죄책을 진다. 따라서 특수절도죄가 인정될 것이다.

판례 절도범인 甲·乙이 丙으로부터 추격당하다 甲은 먼저 체포되었고, 丙이 1km를 더 추격하여 乙을 체포하고 나무 몽둥이로 때리자 乙이 이를 배앗아 丙을 폭행하여 상해를 가함 – 甲 강도상해죄(예견) ×

피고인으로서는 사전에 제1심 공동 피고인과의 사이에 상의한 바 없었음은 물론 체포 현장에 있어서도 피고인과의 사이에 전혀 의사연락 없이 제1심 공동 피고인이 피해자로부터 그가 가지고 간 몽둥이로

구타당하자 돌연 이를 빼앗아 피해자를 구타하여 상해를 가한 것으로서 피고인이 이를 예기하지 못하였다고 할 것이므로 동 구타상해행위를 공모 또는 예기하지 못한 피고인에게까지 준강도 상해의 죄책을 문의할 수 없다고 해석함이 타당하다 (대법원 1982. 7. 13. 선고 82도1352 판결)

참고 甲은 특수절도죄가, 乙은 강도상해죄가 인정된다.

다. 처벌

형법 제335조는 준강도를 단순강도 또는 특수강도의 예에 의한다고 한다(제335조). 그렇다면 준강도와 준특수강도를 가르는 기준이 ① 절취행위의 태양인지, ② 폭행·협박의 태양인지가 문제된다. 판례는 ② 폭행·협박의 태양에 따라 준강도와 준특수강도가 구별된다고 보았다.

나아가 어떠한 ② 폭행·협박의 태양에 해당해야 준특수강도가 되는지 문제된다. 명시적인 대법원 판례는 없지만, 다수의 하급심은 폭행·협박의 태양이 특수강도의 태양에 해당할 때, 즉, 야간에 주거를 침입하거나, 흉기를 휴대하거나, 2인 이상이 합동한 경우에 준특수강도를 인정한다(피고인이 야간에 타인의 주거에 침입하여 재물을 훔치려다 미수에 그치고 나아가 체포를 면탈할 목적으로 피해자를 폭행한 경우 준특수강도미수가 성립한다는 서울고등법원 2019노158, 2019전노9 판결 등).

판례 준특수강도는 폭행·협박시에 흉기를 휴대하였는지 여부를 기준으로 함

절도범인이 처음에는 흉기를 휴대하지 아니하였으나, 체포를 면탈할 목적으로 폭행 또는 협박을 가할 때에 비로소 흉기를 휴대 사용하게된 경우에는 형법 제334조의 예에 의한 준강도(특수강도의 준강도)가 된다. (대법원 1973. 11. 13. 선고 73도1553 전원합의체 판결)

참고 (소수의견) 준강도죄를 규정한 형법 제335조에는 범죄의 주체는 절도범인이요, 목적이 있어야 하며 행위는 폭행, 협박으로만 되어 있지 행위의 정도, 방법 따위에 대하여는 언급이 없으므로 목적이나 행위로서는 단순강도의 준강도냐 또는 특수강도이냐를 구별 지을 근거가 없으므로 행위의 주체인 절도의 태양에 따라 구별지어야 한다.

Ⅳ 인질강도죄

제336조(인질강도) 사람을 체포·감금·약취 또는 유인하여 이를 인질로 삼아 재물 또는 재산상의 이익을 취득하거나 제3자로 하여금 이를 취득하게 한 자는 3년 이상의 유기징역에 처한다.	
例規 제336조 인질강도	미수 ○ 예비·음모 ○

V 강도상해·치상죄

제337조(강도상해, 치상) 강도가 사람을 상해하거나 상해에 이르게 한때에는 무기 또는 7년 이상의 징역에 처한다.	
例規 제337조 강도(상해, 치상)	미수 ○ 예비·음모 ○

🔍 핵심단어
• ① 강도범 ② 강도의 기회에 ③ 사람을 상해·치상
• 강도의 기회란 ① 실행 중 ② 실행 직후 ③ 포기 직후 등 사회통념상 범죄 완료 아니한 때

강도상해죄는 강도죄와 상해죄의 결합범이고, 강도치상죄는 강도죄와 과실치상죄의 결합범으로서 결과적 가중범이다.

1. 강도범

강도·특수강도·준강도·인질강도 및 그 미수범을 포함한다.

2. 강도의 기회

강도의 기회에 관한 판례를 살펴본다.

> **판례** 강도의 기회란 ① 실행 중 ② 실행 직후 ③ 포기 직후 등 사회통념상 범죄 완료 아니한 때
> 형법 제337조의 강도상해죄는 강도범인이 강도의 기회에 상해행위를 함으로써 성립하므로 강도범행의 실행 중이거나 실행 직후 또는 실행의 범의를 포기한 직후로서 사회통념상 범죄행위가 완료되지 아니하였다고 볼 수 있는 단계에서 상해가 행하여짐을 요건으로 한다. 그러나 반드시 강도범행의 수단으로 한 폭행에 의하여 상해를 입힐 것을 요하는 것은 아니고 상해행위가 강도가 기수에 이르기 전에 행하여져야만 하는 것은 아니므로, 강도범행 이후에도 피해자를 계속 끌고 다니거나 차량에 태우고 함께 이동하는 등으로 강도범행으로 인한 피해자의 심리적 저항불능 상태가 해소되지 않은 상태에서 강도범인의

상해행위가 있었다면 강취행위와 상해행위 사이에 다소의 시간적·공간적 간격이 있었다는 것만으로는 강도상해죄의 성립에 영향이 없다. (대법원 2014. 9. 26. 선고 2014도9567 판결)

[판례] 범인이 택시승객인 척 탑승하여 기사를 노끈으로 묶어 강도 범행하였는데, 이후 범인이 계속 운전하던 중 피해자가 결박을 풀고 달아나자 쫓아가 칼로 찌름 – 강도상해죄 ○

피고인이 피해자로부터 강취한 택시에 피해자를 태우고 돌아다니는 동안 피해자는 피고인의 강도범행에 의하여 계속 제압된 상태에 있었다고 할 것이므로, 피고인이 그로부터 도망하려는 피해자에게 상해를 가한 경우 사회통념상 강도범행이 완료되지 아니한 상태에서 '강도의 기회'에 상해행위를 저지른 것으로 볼 수 있고, 피고인의 상해행위를 새로운 결의에 의해 강도범행과는 별개의 기회에 이루어진 독립의 행위라고 하기는 어렵다. (대법원 2014. 9. 26. 선고 2014도9567 판결)

[판례] 택시비 면할 목적으로 과도를 들이대자 운전수 급우회전하여 상해 입음 – 강도치상죄 ○

강도치상죄에 있어서의 상해는 강도의 기회에 범인의 행위로 인하여 발생한 것이면 족한 것이므로, 피고인이 택시를 타고 가다가 요금지급을 면할 목적으로 소지한 과도로 운전수를 협박하자 이에 놀란 운전수가 택시를 급우회전하면서 그 충격으로 피고인이 겨누고 있던 과도에 어깨부분이 찔려 상처를 입었다면, 피고인의 위 행위를 강도치상죄에 의율함은 정당하다. (대법원 1985. 1. 15. 선고 84도2397 판결)

[판례] 강도범이 자신의 발을 붙잡는 피해자를 30m 끌고 가 상해 발생 – 강도상해죄 ○ (대법원 1984. 6. 26. 선고 84도970 판결)

[판례] 강도범인이 피해자로부터 재물을 강취하고 피해자가 운전하는 자동차를 타고 도주하다가 경찰관이 뒤따라오자 피해자를 칼로 찔렀는데, 강취와 상해 사이에 1시간 20분 간격이 있었던 경우 – 강도상해죄 ○ (대법원 1992. 1. 21. 선고 91도2727 판결)

[판례] 피해자가 도주하는 강도범을 덮쳐 강도가 들고 있던 벽돌의 철사에 상해입음 – 강도상해죄 ×

강도상해죄는 강도가 사람을 상해한 경우에 성립하는 것이므로 도주하는 강도를 체포하기 위해 위에서 덮쳐 오른손으로 목을 잡고, 왼손으로 앞부분을 잡는 순간 강도가 들고 있던 벽돌에 끼어 있는 철사에 찔려 부상을 입었다거나 또는 도망하려는 공범을 뒤에서 양팔로 목을 감싸잡고 내려오다 같이 넘어져 부상을 입은 경우라면 위 부상들은 피해자들의 적극적인 체포행위 과정에서 스스로의 행위의 결과로 입은 상처이어서 위 상해의 결과에 대하여 강도상해죄로 의율할 수 없다. (대법원 1985. 7. 9. 선고 85도1109 판결)

3. 상해·치상

상해는 고의적으로 사람의 건강을 해하는 것, 치상은 과실에 의하여 상해의 결과를 초래하는 것을 말한다.

[판례] 甲이 도박으로 3200만원 잃고 눈 돌자 乙이 안방으로 도망가 문을 잠궜는데, 甲이 '죽인다 돈 내놓으라'며 칼을 문틈 사이로 쑤셔 넣으며 벌컥벌컥벌컥하자 乙이 창문 뛰어내려 상해 발생 – 甲 강도치상죄 ○

피고인이 피해자와 함께 도박을 하다가 돈 3,200만 원을 잃자 도박을 할 때부터 같이 있었던 일행 2명 외에 후배 3명을 동원한 데다가 피고인은 식칼까지 들고 위 피해자로부터 돈을 빼앗으려고 한 점, 위 피해자는 이를 피하려고 도박을 하고 있었던 위 집 안방 출입문을 잠그면서 출입문이 열리지 않도록 완강히 버티고 있었던 점, 이에 피고인이 위 피해자에게 "이 새끼 죽여 버리겠다."고 위협하면서 위 출입문 틈 사이로 위 식칼을 집어 넣어 잠금장치를 풀려고 하고 발로 위 출입문을 수회 차서 결국 그 문을 열고 위 안방 안으로 들어 왔으며, 칼을 든 피고인 외에도 그 문 밖에 피고인의 일행 5명이 있어 그 문을 통해서는 밖으로 탈출하기가 불가능하였던 점 등을 종합하여 보면 피고인의 위 폭행·협박행위와 위 피해자의 상해 사이에는 상당인과관계가 있고, 피고인으로서는 위 피해자가 위 도박으로 차지한 금원을 강취당하지 않기 위하여 반항하면서 경우에 따라서는 베란다의 외부로 통하는 창문을 통하여 위 주택 아래로 뛰어 내리는 등 탈출을 시도할 가능성이 있고 그러한 경우에는 위 피해자가 상해를 입을 수 있다는 예견도 가능하였다고 봄이 상당하므로, 피고인의 위 범죄사실은 강도치상죄를 구성한다고 본 사례. (대법원 1996. 7. 12. 선고 96도1142 판결)

강도상해죄의 기수·미수는 상해의 기수·미수에 따라 결정되며, 강도의 기수·미수와는 무관하다. 강도치상죄는 상해의 결과가 발생한 때 기수가 되며, 강도의 기수·미수와는 무관하다. 결합범·결과적 가중범의 일반원리에 따라 당연한 결과이다.

[판례] 범인이 절취품을 물색하던 중 피해자가 '도둑이야' 하자 체포면탈목적으로 상해 – ○
피고인이 절취품을 물색중 피해자가 잠에서 깨어나 "도둑이야"고 고함치자 체포를 면탈할 목적으로 그녀에게 이불을 덮어 씌우고 입과 목을 졸라 상해를 입혔다면 절도의 목적달성여부에 관계없이 강도상해죄가 성립한다. (대법원 1985. 5. 28. 선고 85도682 판결)

4. 공범

강도의 공동정범 중 1인이 강도상해(치상)으로 나아간 경우, 다른 공범자가 상해·치상을 예견하였다면 공동정범의 죄책을 진다(결과적 가중범의 공동정범).

우리는 앞서 준강도죄의 공범 부분에서 예견가능성을 공부했다. 준강도의 경우, 절도만 공모하였으나 폭행·협박으로 나아간 경우이므로 예견가능성이 실제로 문제된다. 그러나 강도상해·치상·살인·치사의 경우, 일단 폭행·협박을 사용하며 강취하기로 공모한 이상 살인, 상해 등에 대한 예견가능성은 쉽게 인정된다. 판례의 양은 방대하나 부정례를 찾아보기 어렵다.

[판례] 칼을 들고 강도에 나섰다면 다른 공범들도 상해에 대한 예견가능성 ○
강도합동범 중 1인이 피고인과 공모한대로 과도를 들고 강도를 하기 위하여 피해자의 거소를 들어가

피해자를 향하여 칼을 휘두른 이상 이미 강도의 실행행위에 착수한 것임이 명백하고, 그가 피해자들을 과도로 찔러 상해를 가하였다면 대문 밖에서 망을 본 공범인 피고인이 구체적으로 상해를 가할 것까지 공모하지 않았다 하더라도 피고인은 상해의 결과에 대하여도 공범으로서의 책임을 면할 수 없다. (대법원 1998. 4. 14. 선고 98도356 판결)

형법총론에서 자세히 살펴보았던 '공모관계의 이탈' 관련 판례들을 간단히 살펴본다.

> **판례** 甲은 乙·丙이 야간에 합동하여 강도할 때 망을 보기로 공모함. 甲은 乙·丙이 피해자 집에 침입한 후 담배를 사기 위해 현장을 떠나 망을 보지 않음. 乙·丙은 강도범행 중 피해자들에게 상해까지 가함 - 甲 강도상해죄 ○ (대법원 1984. 1. 31. 선고 83도2941 판결)
>
> **참고** 야간에 이루어진 합동범 형태의 특수강도죄의 착수시기는 '주거침입'시이다. 따라서 甲은 乙·丙이 주거에 침입한 이후 현장을 떠난 이상, 공모관계의 이탈이 인정될 수 없다(중지미수의 문제일 뿐이다).
>
> **판례** 甲은 다른 3명의 공모자들과 강도 모의를 하면서 삽을 들고 사람을 때리는 시늉을 하는 등 모의를 주도하였는데, 다른 공모자들이 강도 대상을 지목하고 뒤쫓아갈 때 막상 甲은 비대한 체격 때문에 따라가지 못하고 현장에서 200m 떨어진 곳에 앉아 있었고 그동안 나머지 공모자들이 강도상해 범함 - 甲 강도상해죄 ○ (대법원 2008. 4. 10. 선고 2008도1274 판결) **표준**

Ⅵ 강도살인·치사죄

제338조(강도살인·치사) 강도가 사람을 살해한 때에는 사형 또는 무기징역에 처한다. 사망에 이르게 한 때에는 무기 또는 10년 이상의 징역에 처한다.	
例規 제338조 강도(살인, 치사)	미수 ○ 예비·음모 ○

🔍 **핵심단어**

• ① 강도범 ② 강도의 기회에 ③ 사람을 살인·치사

강도살인죄의 주체인 '강도'에는 준강도를 포함한다.

> **판례** 절도범이 체포·면탈 목적으로 사람을 살해 - 강도살인죄 ○
> 강도살인죄(형법 제338조)의 주체인 강도는 준강도죄(형법 제335조)의 강도범인을 포함한다고 할 것이

므로 절도가 체포를 면탈할 목적으로 사람을 살해한 때에는 강도살인죄가 성립한다. (대법원 1987. 9. 22. 선고 87도1592 판결)

살인행위는 강도의 기회에 이루어져야 한다.

> **판례** 괴물체격 강도범을 순찰차에 우겨넣었으나 갑자기 칼 뽑아 들어 경찰 살해 – 강도살인죄 ○
> 강도범행 직후 신고를 받고 출동한 경찰관이 위 범행 현장으로부터 약 150m 지점에서, 화물차를 타고 도주하는 피고인을 발견하고 순찰차로 추적하여 격투 끝에 피고인을 붙잡았으나, 피고인이 너무 힘이 세고 반항이 심하여 수갑도 채우지 못한 채 피고인을 순찰차에 억지로 밀어 넣고서 파출소로 연행하고자 하였는데, 그 순간 피고인이 체포를 면하기 위하여 소지하고 있던 과도로써 옆에 앉아 있던 경찰관을 찔러 사망케 하였다면 피고인의 위 살인행위는 강도행위와 시간상 및 거리상 극히 근접하여 사회통념상 범죄행위가 완료되지 아니한 상태에서 이루어진 것이라고 보여지므로(위 살인행위 당시에 피고인이 체포되어 신체가 완전히 구속된 상태였다고 볼 수 없다), 원심이 피고인을 강도살인죄로 적용하여 처벌한 것은 옳다고 한 사례. (대법원 1996. 7. 12. 선고 96도1108 판결)
>
> **판례** 감금한 상태에서 물건 강취하고 5시간 경과 뒤 살해하려다 실패 – 강도살인미수죄 ○
> 피고인 2의 위 살인미수행위가 소론과 같이 새로운 범의를 일으켜 저지른 것이었다고 하여도 위 흉행이 강도의 기회의 연장선상의 시점에서 그와 관련하여 행하여진 것임이 인정되는 이상 강도살인 미수죄의 구성요건은 충족된다. (대법원 1976. 12. 14. 선고 76도3267 판결)
>
> **판례** 범인이 피해자 살해하고 현장 이탈하였는데 15시간이 지나 현장서 재물 취거 – 강도살인죄 ✕
> 피고인이 피해자 소유의 돈과 신용카드에 대하여 불법영득의 의사를 갖게 된 것이 살해 후 상당한 시간이 지난 후로서 살인의 범죄행위가 이미 완료된 후의 일이라면, 살해 후 상당한 시간이 지난 후에 별도의 범의에 터잡아 이루어진 재물 취거행위를 그보다 앞선 살인행위와 합쳐서 강도살인죄로 처단할 수 없다고 한 사례. (대법원 2004. 6. 24. 선고 2004도1098 판결) **표준**
> **참고** 강도죄 – 이익강취 부분에서 자세히 살펴본 판례이다.

강도살인죄의 기수·미수는 살인행위의 기수·미수를 기준으로 판단한다.[68] 즉 강도미수가 살인한 경우 강도살인죄가 성립한다.

강도의 공동정범 중 1인이 강도살인(치사)로 나아간 경우, 다른 공범자가 살인·치사를 예견하였다면 공동정범의 죄책을 진다. 일단 폭행·협박을 사용하기로 강취하기로 공모한 이상 살인·상해 등에 대한 예견가능성은 쉽게 인정된다. 부정례를 찾아보기 어렵다.

---

68 대법원 1957.10.11. 선고 4290형상313 판결

> **판례** 강도범 중 1인이 강도의 기회에 살인한 경우, 나머지 공범들 예견가능성 있으면 강도치사죄 ○

강도의 공범자 중 1인이 강도의 기회에 피해자에게 폭행 또는 상해를 가하여 살해한 경우, 다른 공모자가 살인의 공모를 하지 아니하였다고 하여도 그 살인행위나 치사의 결과를 예견할 수 없었던 경우가 아니면 강도치사죄의 죄책을 면할 수 없다고 할 것이다. (대법원 1991. 11. 12. 선고 91도2156 판결)

> **판례** 칼을 들고 강도에 나섰다면 다른 공범들도 살인에 대한 예견가능성 ○

피고인들이 등산용 칼을 이용하여 노상강도를 하기로 공모한 사건에서 범행 당시 차안에서 망을 보고 있던 피고인 갑이나 등산용 칼을 휴대하고 있던 피고인 을과 함께 차에서 내려 피해자로부터 금품을 강취하려 했던 피고인 병으로서는 그때 우연히 현장을 목격하게 된 다른 피해자를 피고인 을이 소지중인 등산용 칼로 살해하여 강도살인행위에 이를 것을 전혀 예상하지 못하였다고 할 수 없으므로 피고인들 모두는 강도치사죄로 의율처단함이 옳다. (대법원 1990. 11. 27. 선고 90도2262 판결)

> **판례** 칼·쇠파이프를 들고 강도에 나섰다면 다른 공범들도 살인에 대한 예견가능성 ○ (대법원 1984. 2. 28. 선고 83도3162 판결)

강도살인의 고의에 대한 판례를 살펴본다.

> **판례** 강도가 베개로 피해자 머리를 3분 누르자 저항 멈추고 사지 늘어짐에도 계속 누름 – 강도살인죄 ○ (대법원 2002. 2. 8. 선고 2001도6425 판결)

Ⅶ 강도강간죄

제339조(강도강간) 강도가 사람을 강간한 때에는 무기 또는 10년 이상의 징역에 처한다.	
例規 제339조 강도강간	미수 ○ 예비·음모 ○

> 🔍 **핵심단어**
> • ① 강도범 ② 강도의 기회에 ③ 사람을 강간

관련 판례를 살펴본다.

판례 특수강간범이 강간 중 강도행위 하고 이어서 다시 강간행위 계속 – 성폭법 특수강도강간죄 ○
강간범이 강간행위 후에 강도의 범의를 일으켜 그 부녀의 재물을 강취하는 경우에는 강도강간죄가 아니라 강간죄와 강도죄의 경합범이 성립될 수 있을 뿐이지만, 강간행위의 종료 전 즉 그 실행행위의 계속 중에 강도의 행위를 할 경우에는 이때에 바로 강도의 신분을 취득하는 것이므로 이후에 그 자리에서 강간행위를 계속하는 때에는 강도가 부녀를 강간한 때에 해당하여 형법 제339조에 정한 강도강간죄를 구성하고, 구 성폭력범죄의 처벌 및 피해자보호 등에 관한 법률(2010. 4. 15. 법률 제10258호 성폭력범죄의 피해자보호 등에 관한 법률로 개정되기 전의 것) 제5조 제2항은 형법 제334조(특수강도) 등의 죄를 범한 자가 형법 제297조(강간) 등의 죄를 범한 경우에 이를 특수강도강간 등의 죄로 가중하여 처벌하는 것이므로, 다른 특별한 사정이 없는 한 특수강간범이 강간행위 종료 전에 특수강도의 행위를 한 이후에 그 자리에서 강간행위를 계속하는 때에도 특수강도가 부녀를 강간한 때에 해당하여 구 성폭력범죄의 처벌 및 피해자보호 등에 관한 법률 제5조 제2항에 정한 특수강도강간죄로 의율할 수 있다. (대법원 2010. 12. 9. 선고 2010도9630 판결) **표준**

참고 피고인이 야간에 甲의 주거에 침입하여 드라이버를 들이대며 ① 甲을 강간할 목적으로 폭행·협박하여 반항을 억압하고 ② 그 상태가 계속 중임을 이용하여 乙 소유의 핸드백을 탈취하고 ③ 다시 이어서 강간행위를 한 경우 – 성폭법 특수강도강간죄 ○

판례 강도미수범이 강간(기수)한 경우 – 강도강간죄(기수) ○ (대법원 1984. 10. 10. 선고 84도1880 판결)

판례 범인들이 강도를 모의하고 甲(男)으로부터 강취하고, 乙(女)을 강간 – 강도강간죄 ○ (대법원 1991. 11. 12. 선고 91도2241 판결)

판례 甲·乙·丙이 강도 후 乙·丙은 피해자를 옆방으로 끌고 가 강간하고 그동안 甲은 피해자의 자녀를 감시함 – 甲 강도강간죄 ○
피고인이 공범들과 함께 강도범행을 저지른 후 피해자의 신고를 막기 위하여 공범들이 묶여있는 피해자를 옆방으로 끌고가 강간범행을 할 때에 피고인은 자녀들을 감시하고 있었다면 공범들의 강도강간범죄에 공동가공한 것이라 하겠으므로 비록 피고인이 직접강간행위를 하지 않았다 하더라도 강도강간의 공동죄책을 면할 수 없다. (대법원 1986. 1. 21. 선고 85도2411 판결)

판례 ① 강도가 피해자에게 상해를 입혔으나 재물의 강취에는 이르지 못하고 ② 그 자리에서 항거불능 상태에 빠진 피해자를 간음한 경우 – ① 강도상해죄 ② 강도강간죄 (상상적 경합)
강도가 피해자에게 상해를 입혔으나 재물의 강취에는 이르지 못하고 그 자리에서 항거불능 상태에 빠진 피해자를 간음한 경우에는 강도상해죄와 강도강간죄만 성립하고 그 실행행위의 일부인 강도미수 행위는 위 각 죄에 흡수되어 별개의 범죄를 구성하지 않는다. (대법원 2010. 4. 29. 선고 2010도1099 판결)

동지 강도가 재물강취의 뜻을 재물의 부재로 이루지 못한 채 미수에 그쳤으나 그 자리에서 항거불능의 상태에 빠진 피해자를 간음할 것을 결의하고 실행에 착수했으나 역시 미수에 그쳤더라도 반항을 억압하기 위한 폭행으로 피해자에게 상해를 입힌 경우 – 강도강간미수죄와 강도치상죄의 상상적 경합 (대법원 1988. 6. 28. 선고 88도820 판결)

참고 같은 논리로 강도강간범이 사람을 상해·치상한 경우 강도강간죄와 강도상해·치상죄의 상상적 경합이 인정될 것이다. 살인·치사의 경우도 같다.

Ⅷ 해상강도죄

제340조(해상강도) ① 다중의 위력으로 해상에서 선박을 강취하거나 선박내에 침입하여 타인의 재물을 강취한 자는 무기 또는 7년 이상의 징역에 처한다.

② 제1항의 죄를 범한 자가 사람을 상해하거나 상해에 이르게 한때에는 무기 또는 10년 이상의 징역에 처한다.

③ 제1항의 죄를 범한 자가 사람을 살해 또는 사망에 이르게 하거나 강간한 때에는 사형 또는 무기징역에 처한다.

例規 제340조 ① 해상강도 ② 해상강도(상해, 치상) ③ 해상강도(살인, 치사, 강간)	미수 ○ 예비·음모 ○

관련 판례를 살펴본다.

판례 선박을 매도·침몰시키려고 한 경우에도 선박에 대한 강취(불법영득의사)가 인정됨
선장을 비롯한 일부 선원들을 살해하는 등의 방법으로 선박의 지배권을 장악하여 목적지까지 항해한 후 선박을 매도하거나 침몰시키려고 한 경우에 선박에 대한 불법영득의 의사가 있다고 보아 해상강도살인죄로 인정한 사례(페스카마 15호 선상 살인사건). (대법원 1997. 7. 25. 선고 97도1142 판결)

Ⅸ 상습강도죄

제341조(상습범) 상습으로 제333조, 제334조, 제336조 또는 전조 제1항의 죄를 범한 자는 무기 또는 10년 이상의 징역에 처한다.

例規 제341조 상습(제333조, 제334조, 제336조, 제340조 제1항 각 죄명)	미수 ○ 예비·음모 ○

강도, 특수강도, 인질강도, 해상강도는 상습강도에 포함된다. 반면에 ① 강도상해(치상), ② 강도살인(치사), ③ 강도강간, ④ 준강도는 상습범 규정에 포함되지 않는다. 따라서 상습강도에 대한 확정판결의 기판력은 위 범죄들에 미치지 않는다.

> **판례** 상습강도죄 – 강도강간죄·강도상해죄 제외
> 형법 제341조나 특정범죄가중처벌등에관한법률에서 강도, 특수강도, 약취강도, 해상강도의 각 죄에 관해서는 상습범가중처벌규정을 두고 있으나 강도상해, 강도강간 등 각 죄에 관해서는 상습범가중처벌규정을 두고 있지 아니하므로 특수강도죄와 그 후에 범한 강도강간 및 강도상해 등 죄는 포괄일죄의 관계에 있지 아니하다. (대법원 1992. 4. 14. 선고 92도297 판결)

X 강도예비 · 음모죄

> 제343조(예비, 음모) 강도할 목적으로 예비 또는 음모한 자는 7년 이하의 징역에 처한다.
>
> **例規** 제343조 강도(예비, 음모)

관련 판례를 살펴본다.

> **판례** 강도에 쓸 흉기를 휴대하고 통행인의 출현을 대기 – 강도예비죄 ○ (대법원 1948. 8. 17. 선고 4281형상80 판결)
>
> **판례** 범인들이 "총을 훔쳐 전역 후 은행이나 현금차 털어 한탕 하자"는 말만 나눔 – 강도예비 × (대법원 1999. 11. 12. 선고 99도3801 판결)
>
> **판례** 절도상습범이 '언젠가 절도 발각되면 체포면탈에 도움될거야' 생각으로 칼 휴대 – 강도예비 × 강도예비·음모죄가 성립하기 위해서는 예비·음모 행위자에게 미필적으로라도 '강도'를 할 목적이 있음이 인정되어야 하고 그에 이르지 않고 단순히 '준강도'할 목적이 있음에 그치는 경우에는 강도예비·음모죄로 처벌할 수 없다. (대법원 2006. 9. 14. 선고 2004도6432 판결) **표준**

XI 점유강취죄

제325조(점유강취, 준점유강취) ① 폭행 또는 협박으로 타인의 점유에 속하는 자기의 물건을 강취(强取)한 자는 7년 이하의 징역 또는 10년 이하의 자격정지에 처한다.

② 타인의 점유에 속하는 자기의 물건을 취거(取去)하는 과정에서 그 물건의 탈환에 항거하거나 체포를 면탈하거나 범죄의 흔적을 인멸할 목적으로 폭행 또는 협박한 때에도 제1항의 형에 처한다.

③ 제1항과 제2항의 미수범은 처벌한다.

例規 제325조 ① 점유강취, ② 준점유강취, ③ (제1항, 제2항 각 죄명)미수	미수 ○

🔍 **핵심단어**

- ① 폭행·협박 ② 타인점유 자기소유 재물 ③ 강취
- 폭행·협박이란 객관적으로 상대방의 반항을 억압·항거불능케 할 정도임을 요함.
- ① 타인점유 자기소유 재물 취거 기회에 ② 재물탈환 항거목적 or 체포면탈목적 or 죄적인멸목적 ③ 폭행·협박
- 폭행·협박 – 객관적으로 상대방의 반항 억압·항거불능케 할 정도 要
- 폭행·협박은 취거의 기회에 이루어져야 함.
- 취거기회란 ① 실행 중 ② 실행 직후 ③ 포기 직후 등 사회통념상 범죄 완료 아니한 때

기존 수험서에서 주목하지 않는 점유강취에 대해서도 짚고 넘어갈 필요가 있다. 조문의 구조는 기본적으로 강도죄·준강도죄와 동일하나 객체가 '자기소유·타인점유의 물건'이다. 아래의 연습문제를 가볍게 풀고 넘어가자.

[문제] 채무자 甲은 채권자 乙에게 채무 담보 목적으로 자기소유의 다이아몬드를 제공하였다. 甲은 乙이 보관하는 다이아몬드를 취거하기로 마음먹고 乙의 주거에 침입하였다. 무사히 다이아몬드를 취득한 甲은 현관문을 나서던 중 乙에게 발각되자 체포를 면탈하기 위하여 乙을 강하게 밀친 후 도주하였다. 乙은 별도의 상해를 입지는 않았다.

경찰은 수사 결과 ① 주거침입죄 ② 권리행사방해죄 ③ 폭행 (또는 ① 주거침입죄 ② 준강도죄) 기소의견으로 송치하였다. 이때 검사는 甲을 어떠한 죄명으로 기소하여야 하는가?

해설 정답은 ① 주거침입죄 ② 준점유강취죄이다. 점유강취의 조문을 자세히 살피고 강도죄와의 관계, 권리행사방해죄와의 관계를 잘 정리해두어야 한다.

04 사기의 죄

I 사기죄

제347조(사기) ① 사람을 기망하여 재물의 교부를 받거나 재산상의 이익을 취득한 자는 10년 이하의 징역 또는 2천만원 이하의 벌금에 처한다.

② 전항의 방법으로 제삼자로 하여금 재물의 교부를 받게 하거나 재산상의 이익을 취득하게 한 때에도 전항의 형과 같다.

例規 제347조 사기	미수 ○

🔍 **핵심단어**

• ① 기망행위 ② 착오 야기 ③ 처분행위 ④ 재물·재산상이익 취득 → 사기 성립 (⑤ 재산상 손해 불요)
• 피기망자는 ① 재산상 피해자 아니어도 되나, ② 피해자 재산 처분행위 할 수 있는 권한·지위가 요구
• 고지의무란 ① 경험칙상 상대방이 알았더라면 ② 그 법률행위 하지 않을 것이 명백한 경우 → 고지의무 있는 자가 상대방 착오에도 불구하고 고지하지 아니하면 묵시적 기망 ○
• 과장·허위광고는 ① 중요사항에 ② 신의칙에 반할 정도의 ③ 허위를 고지한 경우 사기죄 성립
• 보험계약의 체결만으로 사기의 착수가 되려면 상법상 고지의무 위반으론 부족, ① 보험사고 이미 발생하였는데 묵비, ② 보험사고 개연성 농후, ③ 보험사고 조작하려는 의도로 보험계약 체결해야 함
• 처분의사는 ① 착오에 빠진 피기망자가 어떤 행위를 한다는 인식이 있으면 충분하고, ② 그 행위의 결과에 대한 인식까지는 불요함
• 확실한 ① 변제의사·능력이 없는데도 변제할 것처럼 가장하여 ② 금원차용하면 편취의 고의 인정
• 권리자가 ① 사회통념상 권리행사 수단으로 ② 용인할 수 없는 정도의 기망 사용 → 사기 성립

이득액이 5억원 이상인 경우, 특정경제범죄 가중처벌 등에 관한 법률이 적용된다.[69]

---

69 **특정경제범죄 가중처벌 등에 관한 법률 제3조(특정재산범죄의 가중처벌)** ①「형법」제347조(사기), 제347조의2(컴퓨터등 사용사기), 제350조(공갈), 제350조의2(특수공갈), 제351조(제347조, 제347조의2, 제350조 및 제350조의2의 상습범만 해당한다), 제355조(횡령·배임) 또는 제356조(업무상의 횡령과 배임)의 죄를 범한 사람은 그 범죄행위로 인하여 취득하거나 제3자로 하여금 취득하게 한 재물 또는 재산상 이익의 가액(이하 이 조에서 "이득액"이라 한다)이 5억원 이상일 때에는 다음 각 호의 구분에 따라 가중처벌한다.
1. 이득액이 50억원 이상일 때: 무기 또는 5년 이상의 징역
2. 이득액이 5억원 이상 50억원 미만일 때: 3년 이상의 유기징역

1. 객체

가. 재물

재물의 개념은 절도죄 부분과 동일하다.

판례 피고인이 피해자 명의 수분양권을 이중 매도할 목적으로 피해자 인감증명서 편취 – 사기죄(재물) ○
인감증명서는 인감과 함께 소지함으로써 인감 자체의 동일성을 증명함과 동시에 거래행위자의 동일성과 거래행위가 행위자의 의사에 의한 것임을 확인하는 자료로서 개인의 권리의무에 관계되는 일에 사용되는 등 일반인의 거래상 극히 중요한 기능을 가진다. 따라서 그 문서는 다른 특별한 사정이 없는 한 재산적 가치를 가지는 것이어서 형법상의 '재물'에 해당한다고 할 것이다. … (중략) … 피고인이 피해자에게서 매수한 재개발아파트 수분양권을 이미 매도하였는데도 마치 자신이 피해자의 입주권을 정당하게 보유하고 있는 것처럼 피해자의 딸과 사위에게 거짓말하여 피해자 명의의 인감증명서 3장을 교부받은 사안에서, 위 인감증명서는 피해자측이 발급받아 소지하게 된 피해자 명의의 것으로서 재물성이 인정된다 할 것인데, 피고인이 피해자측을 기망하여 이를 교부받은 이상 재물에 대한 편취행위가 성립한다고 보아야 하고, 피고인은 피해자의 재개발아파트 수분양권을 이중으로 매도할 목적으로 그에 중요한 의미를 가지는 피해자 명의의 인감증명서를 기망에 의하여 취득하였다는 것이므로 위 인감증명서에 대한 편취의 고의도 인정하기에 충분하므로, 위와 같은 피고인의 행위에 대하여는 재물의 편취에 의한 사기죄가 성립한다. (대법원 2011. 11. 10. 선고 2011도9919 판결[70])

---

70 이 사건의 사실관계를 깊게 이해하기 위해 1심 판결 중 범죄사실 부분을 가져온다.
피고인은 2003. 2. 8.경 재개발지역인 서울 강북구 미아8동 (이하 3 생략)에 거주하던 공소외 1로부터 재개발 아파트 분양권을 매수하여 이를 공소외 6에게 7,800만 원에 전매하였다. 이때 피고인은 공소외 1 명의로 재개발 아파트가 배정될 때 공소외 1의 별도의 도움 없이도 공소외 1 명의로 등기한 후 공소외 6 명의로 다시 소유권을 이전할 수 있도록 하는데 필요한 서류인 공소외 1 명의의 인감증명서, 공소외 1의 인장이 날인된 아파트 매도 각서, 매매예약계약서 등 속칭 '밑서류'를 공소외 1로부터 교부받아 공소외 6에게 건네주었다. 따라서 공소외 6은 공소외 1 명의로 재개발 아파트가 배정되면 위 서류들을 이용하여 자신 명의로 소유권 이전등기를 경료할 수 있었다.
피고인은 위와 같이 공소외 6에게 공소외 1의 아파트 분양권을 이미 매도하였음에도 불구하고 공소외 1의 분양권을 다시 이중매도하기로 마음먹었는데, 이중매도하기 위해서는 또다시 공소외 1로부터 인감증명서 등 속칭 '밑서류'를 받아내야 했으나 공소외 1은 이미 자신의 분양권을 매도하였기 때문에 그와 같은 서류를 다시 교부해줄 리가 없었다.
이에 피고인은 2005. 하반기부터 공소외 7을 통하여 공소외 1의 딸인 공소외 8에게 전화하여 마치 자신이 공소외 1의 입주권을 매수하여 보유하고 있는 사람처럼 말하면서 아파트를 배정받아 입주할 때 서류를 보완해야 하는데 협조해 달라면서 수시로 전화하는 등 위 공소외 8로 하여금 피고인과 공소외 7이 공소외 1의 입주권을 매수하여 보유하고 있는 사람으로 오인하도록 유도하였다.
그러던 중 피고인은 2006. 5. 22.경 서울 강남구 역삼2동 동사무소에서 공소외 7로 하여금 피해자 공소외 1의 딸인 공소외 8과 공소외 8의 남편인 공소외 9에게 "아파트 동호수 추첨 등에 필요하니 공소외 1 명의의 인감증명서를 발급받아 달라."고 말하게 하였다. 이에 속아 인감증명서가 이중매매에 이용될 것이라는 것을 전혀 모른 채 입주권을 정당하게 보유하고 있는 사람이 아파트를 배정받는데 사용할 것으로 오인한 공소외 8, 9로부터 그 자리에서 공소외 1 명의의 인감증명서 3장을 교부받아 편취하였다.

[비교] 인장사취 사안에서는 인감도장에 대한 불법영득의사가 부정됨

피고인이 진실한 용도를 속이고 피해자로부터 그 인감도장을 교부받아 이 사건 부동산에 관한 소유권이전등 기절차에 필요한 관계서류를 작성하여 그 명의로 소유권이전등기를 마쳤다 하여도 피해자의 처분행위가 있었다고 할 수 없고 또 인감도장이라는 재물을 영득할 의사가 없었던 것이라면 피고인에 대한 이건 사기공소사실에 관하여 무죄를 선고한 것은 옳고 사기죄의 법리를 오해한 위법이 없다. (대법원 1990. 2. 27. 선고 89도335 판결)

해설 인장사취 사건(인감증명서, 인감도장 등을 사취한 후 이를 기반으로 매매계약서 등을 작성하여 피해자의 부동산을 처분)의 경우, 이미 사문서위조·처분행위로 나아간 이상 인감도장 등에 대한 불법영득의사를 인정할 필요가 없다. **인장사취**의 경우, 사문서위조·동행사죄, 공정증서원본불실기재·동행사죄가 성립하고, 부동산·인감도장 등에 대한 사기죄는 부정된다. 이에 반해 **판례사건**은 아직 문서위조 및 처분행위로 나아가지 못한 상태이기에 부득이 인감증명서에 대한 불법영득의사를 인정하여 사기죄로 처벌한 것으로 보인다. 서 **명사취**와 인장사취에 대해서는 뒤에서 자세히 살펴본다.

[판례] 무효인 약속어음증서를 편취 – 사기죄(재물) ○

약속어음공정증서에 증서를 무효로 하는 사유가 존재한다고 하더라도 그 증서 자체에 이를 무효로 하는 사유의 기재가 없고 외형상 권리의무를 증명함에 족한 체제를 구비하고 있는 한 그 증서는 형법상의 재물로서 사기죄의 객체가 됨에 아무런 지장이 없다. (대법원 1995. 12. 22. 선고 94도3013 판결)

[판례] 보험가입사실증명원을 편취 – 사기죄(재물) ✕

보험가입사실증명원은 교통사고를 일으킨 차가 교통사고처리특례법 제4조에서 정한 취지의 보험에 가입하였음을 보험회사가 증명하는 내용의 문서일 뿐이고 거기에 재물이나 재산상의 이익의 처분에 관한 사항을 포함하고 있는 것은 아니므로, 이러한 문서의 불법취득에 의해 침해된 또는 침해될 우려가 있는 법익은 보험가입사실증명원인 서면 그 자체가 아니고 그 문서가 교통사고처리특례법 제4조에 정한 보험에 가입한 사실의 진위에 관한 내용이라고 할 것이고, 따라서 이러한 증명에 의하여 사기죄에서 말하는 재물이나 재산상의 이익이 침해된 것으로 볼 것은 아니어서 보험가입사실증명원은 사기죄의 객체가 되지 아니한다. (대법원 1997. 3. 28. 선고 96도2625 판결)

나. 재산상 이익

[판례] 피해자를 기망하여 피해자의 주식계좌에 대한 사용권한을 부여받음 – 사기죄(이익) ○

경제적 이익을 기대할 수 있는 자금운용의 권한 내지 지위의 획득도 그 자체로 경제적 가치가 있는 것으로 평가할 수 있다면 사기죄의 객체인 재산상의 이익에 포함된다.

피고인이 자신이 개발한 주식운용프로그램을 이용하면 상당한 수익을 낼 수 있고 만일 손해가 발생하더라도 원금과 은행 정기예금 이자 상당의 반환은 보장하겠다는 취지로 피해자 甲을 기망하여 甲의 자금이 예치된 甲 명의의 주식계좌에 대한 사용권한을 부여받아 재산상 이익을 취득하였다는 내용으로 기소된 사안에서, 주식운용에 따른 수익금이 발생할 경우 피고인이 그 중 1/2에 해당하는 돈을 매달 지급받기로 약정한 점 등 제반 사정을 종합하면, 피고인은 장래의 수익 발생을 조건으로 한 수익분배청구권을 취득하였을 뿐 아니라 그러한 경제적 이익을 기대할 수 있는 자금운용의 권한과 지위를 획득하였고, 이는 주식거래의 특성 등에 비추어 충분히 경제적 가치가 있다고 평가할 수 있으므로 甲을 기망하여

그러한 권한과 지위를 획득한 것 자체를 사기죄의 객체인 재산상 이익을 취득한 것으로 볼 수 있다. (대법원 2012. 9. 27. 선고 2011도282 판결) **표준**

비교 법원을 기망하여 부재자의 재산관리인으로 선임됨 – 사기죄(이익) ×
부재자 재산관리인으로 선임되었다는 것 만으로써는 어떤 재산권이나 재산상의 이득을 얻은 것이라고는 볼 수 없다. (대법원 1973. 9. 25. 선고 73도1080 판결)

판례 금품을 받고 성행위 하는 부녀를 기망하여 성행위 대가의 지급을 면함 – 사기죄(이익) ○ (대법원 2001. 10. 23. 선고 2001도2991 판결) **표준**

판례 [변제기 유예] 피고인이 종전 채무의 변제기를 늦출 목적으로 피해자에게 딱지어음 교부 – 사기죄(이익) ○[71]
채무이행을 연기받는 것도 사기죄에 있어서 재산상의 이익이 되므로 채무자가 채권자에 대하여 소정기일까지 지급할 의사나 능력이 없음에도 종전 채무의 변제기를 늦출 목적에서 (딱지)어음을 발행, 교부한 경우에는 사기죄가 성립한다. (대법원 2007. 3. 30. 선고 2005도5972 판결)

동지 [상계] 매도인(피고인)이 매수인들(피해자들)을 기망하여 매매대금 중 일부를 매수인들(피해자들)의 매도인(피고인)에 대한 기존 채권과 상계한 경우 – 사기죄(이익) ○
피고인이 피해자들을 기망하여 부동산을 매도하면서 매매대금 중 일부를 피해자들의 피고인에 대한 기존 채권과 상계하는 방법으로 지급받아 채무 소멸의 재산상 이익을 취득하였다는 내용으로 기소된 사안에서, 피고인이 상계에 의하여 기존 채무가 소멸되는 재산상 이익을 취득하였다고 보아 사기죄를 인정한 원심판단을 정당하다고 한 사례. (대법원 2012. 4. 13. 선고 2012도1101 판결)

비교 [변제] 피고인이 채무의 변제를 위하여 위조 약속어음을 교부 – 사기죄(이익) ×
위조된 약속어음을 진정한 약속어음인 것처럼 속여 기왕의 물품대금채무의 변제를 위하여 채권자에게 교부하였다고 하여도 어음이 결제되지 않는 한 물품대금채무가 소멸되지 아니하므로 사기죄는 성립되지 않는다. (대법원 1983. 4. 12. 선고 82도2938 판결,[72] 대법원 1982. 9. 28. 선고 82도1759 판결)

비교 [변제] 피고인이 자신의 채권자에 대하여 채무의 변제를 위하여 허위 채권을 양도 – 사기죄(이익) ×
사기죄는 사람을 기망하여 자기 또는 제3자로 하여금 재물 또는 재산상의 이익을 얻거나 얻게 하는 경우에 성립하는 것인 바, 자기의 채권자에 대한 채무이행으로 채권을 양도하였다 하더라도 위 채권이 존재하지 않는다면 이를 양도하였다 하여 권리이전의 효력을 발생할 수 없는 것이고 따라서 채권자에 대한 기존의 채무도 소멸하는 것이 아니므로 채무면탈의 효과도 발생할 수 없어 위 채권의 양도로써 재산상의 이득을 취하였다고는 볼 수 없으므로 사기죄는 성립하지 않는다. (대법원 1985. 3. 12. 선고 85도74 판결)

비교 [변제 등] 차용금채무에 갈음한 양도담보·대물변제계약을 체결하였지만 계약을 전후하여 채무의 일부를 변제충당한 경우 – 사기죄(이익) ×
피고인은 위와 같이 대물변제계약을 체결한 이후 피해자 주식회사에게 2억 4,490만 원을 지급하였는데, 피해자 주식회사는 위와 같이 지급받은 돈 중 112,144,000원으로 위 차용원리금채무 중 일부에 변제충당한 사실을 인정할 수 있다. 위 인정 사실에 의하면, 피고인과 피해자 주식회사 사이에 기존의 6억 원 차용금채무의 이행에 갈음하여 이 사건 기계들을 양도함으로써 위 차용금채무를 확정적으로 면제 내지 소멸시키기로 하는 약정 내지 처분행위가 있었다고 단정할 수는 없다. (대법원 2009. 2. 12. 선고, 2008도10971 판결)

---

71 딱지어음이란 채권자가 채무자로부터 정상적으로 결제될 가능성이 없는 어음을 말한다.
72 다만 피고인이 약속어음을 위조·교부하였으므로 유가증권위조 및 동행사죄가 성립한다.

해설 비교판례들의 경우, 어음교부·채권양도에 대하여 채권자가 확정적으로 채무 소멸을 인정해주었다는 등의 특별한 사정이 없는 한, 채무자로서 얻은 재산상 이익이 없다. 반면 **위 판례**의 경우, 변제기 유예라는 확실한 이익을 얻었다. **동지판례**의 경우, 채권 상계를 통한 채무소멸이라는 확실한 이익을 얻었다.

[판례] 채무자가 (가압류)채권자를 기망하여 부동산가압류를 해제 – 사기죄(이익) ○

부동산가압류결정을 받아 부동산에 관한 가압류집행까지 마친 자가 그 가압류를 해제하면 소유자는 가압류의 부담이 없는 부동산을 소유하는 이익을 얻게 되므로, 가압류를 해제하는 것 역시 사기죄에서 말하는 재산적 처분행위에 해당하고, 그 이후 가압류의 피보전채권이 존재하지 않는 것으로 밝혀졌다고 하더라도 가압류의 해제로 인한 재산상의 이익이 없었다고 할 수 없다. (대법원 2007. 9. 20. 선고 2007도5507 판결)

[동지] 수분양권자가 그 소유권이전등기청구권을 가압류당하자 채무를 변제하겠다고 가압류채권자를 기망하여 가압류를 해제하게 한 후 채무를 변제하지 않음 – 사기죄(이익) ○ (대법원 2007. 7. 26. 선고 2007도3160 판결)

[판례] 유동적 무효상태인 부동산 매매계약을 체결하였는데, 매수인(피고인)이 매도인(피해자)에게 대출금·잔금을 정산해 줄 것처럼 기망하여 부동산에 근저당권을 설정한 경우 – 사기죄(이익) ○

피고인(매수인)이 피해자(매도인)에게 대출금 및 매매대금의 정산을 미끼로 위 피해자로 하여금 이 사건 토지에 근저당권을 설정하게 하여 이를 담보로 차용한 돈을 피고인 개인의 사업자금으로 사용하였다면 사기죄가 성립한다. (대법원 2008. 2. 14. 선고 2007도10658 판결)

[판례] 차용금의 일부를 빌려주겠다고 피해자를 기망하여 그를 연대보증인이 되게 한 후 신용금고로부터 돈을 차용하여 강제집행까지 당하게 함 – 사기죄(이익) ○ (대법원 1982. 10. 26. 선고 82도2217 판결)

[판례] 상대방을 기망하여 비트코인을 이체받음 – 사기죄(이익) ○

비트코인은 경제적인 가치를 디지털로 표상하여 전자적으로 이전, 저장과 거래가 가능하도록 한 가상자산의 일종으로 사기죄의 객체인 재산상 이익에 해당한다. (대법원 2021. 11. 11. 선고 2021도9855 판결)

2. 기망행위

(의의) 기망행위란 허위의 의사표시에 의하여 타인을 착오에 빠뜨리는 일체의 행위를 말한다. 이미 착오에 빠져있는 상태를 이용하는 것 또한 기망행위에 해당한다. **(착수)** 사기의 고의로 기망행위를 개시한 때에 사기죄의 실행의 착수가 인정된다.

가. 기망의 상대방

기망의 상대방은 자연인이어야 한다.

[판례] 사기죄의 피해자가 법인·단체인 경우, 피기망자는 대표자 등 결정권자여야 함.
사기죄의 피해자가 법인이나 단체인 경우에 기망행위로 인한 착오, 인과관계 등이 있었는지는 법인이나

단체의 대표 등 최종 의사결정권자 또는 내부적인 권한 위임 등에 따라 실질적으로 법인의 의사를 결정하고 처분을 할 권한을 가지고 있는 사람을 기준으로 판단하여야 한다.

따라서 피해자 법인이나 단체의 대표자 또는 실질적으로 의사결정을 하는 최종결재권자 등이 기망행위자와 동일인이거나 기망행위자와 공모하는 등 기망행위임을 알고 있었던 경우에는 기망행위로 인한 착오가 있다고 볼 수 없고, 재물 교부 등의 처분행위가 있었더라도 기망행위와 인과관계가 있다고 보기 어렵다. 이러한 경우에는 사안에 따라 업무상횡령죄 또는 업무상배임죄 등이 성립하는 것은 별론으로 하고 사기죄가 성립한다고 볼 수 없다.

반면에 피해자 법인이나 단체의 업무를 처리하는 실무자인 일반 직원이나 구성원 등이 기망행위임을 알고 있었더라도, 피해자 법인이나 단체의 대표자 또는 실질적으로 의사결정을 하는 최종결재권자 등이 기망행위임을 알지 못한 채 착오에 빠져 처분행위에 이른 경우라면, 피해자 법인에 대한 사기죄의 성립에 영향이 없다. (대법원 2017. 9. 26. 선고 2017도8449 판결, 대법원 2017. 8. 29. 선고 2016도18986 판결) **표준**

[판례] 휴대폰 대리점 점주가 ① 대리점 컴퓨터로 이동통신회사 전산망에 접속하여 사용정지된 휴대전화를 사용할 수 있도록 하거나 ② 유심칩 읽기를 통해 문자메시지 발송한도 해제 – 사기죄(기망) ✕

피고인이, 휴대전화 문자메시지를 발송하더라도 이용대금을 납부할 의사와 능력이 없는데도, 단독으로 또는 공범들과 함께 이용대금 미납 등의 사유로 사용이 정지되거나 유심칩(USIM Chip) 분실로 사용할 수 없게 된 휴대전화를 구입한 후 이른바 '대포폰'으로 유통시켜 사용하도록 하거나 유심칩 읽기를 통하여 해당 휴대전화의 문자발송제한(1일 500개)을 해제하고 광고성 문자를 대량 발송하는 방법으로 이동통신회사들로부터 이용대금 상당의 재산상 이득을 취득하였다는 내용으로 기소된 사안에서, 피고인이 이동통신 판매대리점의 컴퓨터를 이용하여 이동통신회사들의 전산망에 접속한 다음 전산상으로 사용정지된 휴대전화를 사용할 수 있도록 하거나 유심칩 읽기를 통해 문자메시지 발송한도를 해제한 것은 전산상 자동으로 처리된 것일 뿐 사기죄 구성요건인 '사람을 기망하여 재산상 이득을 취득한 경우'에 해당한다고 볼 수 없다. (대법원 2011. 7. 28. 선고 2011도5299 판결)

참고 다만 정통망법상 정보통신망 침입행위에 대해서는 유죄가 인정되었다(제72조 제1항 제1호, 제48조 제1항 위반죄, 현행법상 제72조 제1항 제9호, 제48조 제1항 위반[73])

피기망자와 재산상 피해자가 반드시 일치할 필요는 없다. 이처럼 피기망자와 피해자가 다른 경우를 '삼각사기'라 부른다. 삼각사기에서 피기망자는 피해자의 재산에 대해 처분행위를 할 수 있는 권한·지위를 가진 자이어야 한다. 삼각사기의 대표적 유형인 '소송사기'는 사기 일반을 모두 살펴본 뒤 항을 바꾸어 따로 살펴보는 것으로 한다.

---

[73] 정보통신망 이용촉진 및 정보보호 등에 관한 법률 제48조(정보통신망 침해행위 등의 금지) ① 누구든지 정당한 접근권한 없이 또는 허용된 접근권한을 넘어 정보통신망에 침입하여서는 아니 된다.

판례 삼각사기의 경우, 피기망자는 피해자를 위해 재산을 처분할 수 있는 권능·지위 가져야 함

사기죄가 성립되려면 피기망자가 착오에 빠져 어떠한 재산상의 처분행위를 하도록 유발하여 재산적 이득을 얻을 것을 요하고, 피기망자와 재산상의 피해자가 같은 사람이 아닌 경우에는 피기망자가 피해자를 위하여 그 재산을 처분할 수 있는 권능을 갖거나 그 지위에 있어야 하지만, 여기에서 피해자를 위하여 재산을 처분할 수 있는 권능이나 지위라 함은 반드시 사법상의 위임이나 대리권의 범위와 일치하여야 하는 것은 아니고 피해자의 의사에 기하여 재산을 처분할 수 있는 서류 등이 교부된 경우에는 피기망자의 처분행위가 설사 피해자의 진정한 의도와 어긋나는 경우라고 할지라도 위와 같은 권능을 갖거나 그 지위에 있는 것으로 보아야 한다. (대법원 1994. 10. 11. 선고 94도1575 판결) **표준**

참고 부동산 소유자가 토지매각을 위임하기 위하여 딸·사위에게 인감도장을 교부하였고, 딸·사위는 다시 甲에게, 甲은 다시 乙에게 토지매각을 위임하며 인감도장을 교부하였는데, 피고인은 乙을 기망하여 부동산에 근저당권을 설정한 경우 – (乙에게 처분권능·지위가 인정되므로) 사기죄 ○

나. 명시적 기망행위

명시적인 언어·문서 등에 의하여 허위의 주장을 하는 것을 말한다. 이하에서는 우선 인정례를 살펴본다.

판례 (무속인도 아닌) 甲이 乙에게 '기도로 귀신을 쫓아 아내의 병을 낫게 하겠다'고 하며 장기간 1억 889만 원을 받음 – 사기죄(기망) ○

피고인이 피해자에게 불행을 고지하거나 길흉화복에 관한 어떠한 결과를 약속하고 기도비 등의 명목으로 대가를 교부받은 경우에 전통적인 관습 또는 종교행위로서 허용될 수 있는 한계를 벗어났다면 사기죄에 해당한다. (대법원 2017. 11. 9. 선고 2016도12460 판결)

동지 스스로 '하나님'이라 칭하는 사이비 교주 甲이 '헌금 아니면 영생 없다'며 고액 헌금 받음 – 사기죄(기망) ○ (대법원 1995. 4. 28. 선고 95도250 판결)

비교 甲이 乙·丙에게 '조상천도제를 지내지 아니하면 좋지 않은 일이 생긴다'고 고지하여 그 비용 명목으로 각각 79만 원, 83만 원을 교부받음 – 공갈죄 × (대법원 2002. 2. 8. 선고 2000도3245 판결)

판례 편면적 도박(사기도박) – ① 사기죄 ○ ② 도박죄 × (피해자별로 각 사기죄의 상상적 경합)

도박이란 2인 이상의 자가 상호간에 재물을 도(賭)하여 우연한 승패에 의하여 그 재물의 득실을 결정하는 것이므로, 이른바 사기도박과 같이 도박당사자의 일방이 사기의 수단으로써 승패의 수를 지배하는 경우에는 도박에서의 우연성이 결여되어 사기죄만 성립하고 도박죄는 성립하지 아니한다.

사기죄는 편취의 의사로 기망행위를 개시한 때에 실행에 착수한 것으로 보아야 하므로, 사기도박에서도 사기적인 방법으로 도금을 편취하려고 하는 자가 상대방에게 도박에 참가할 것을 권유하는 등 기망행위를 개시한 때에 실행의 착수가 있는 것으로 보아야 한다.

피고인 등이 사기도박에 필요한 준비를 갖추고 그러한 의도로 피해자들에게 도박에 참가하도록 권유한 때 또는 늦어도 그 정을 알지 못하는 피해자들이 도박에 참가한 때에는 이미 사기죄의 실행에 착수하였

다고 할 것이므로, 피고인 등이 그 후에 사기도박을 숨기기 위하여 얼마간 정상적인 도박을 하였더라도 이는 사기죄의 실행행위에 포함되는 것이어서 피고인에 대하여는 피해자들에 대한 사기죄만이 성립하고 도박죄는 따로 성립하지 아니함에도, 이와 달리 피해자들에 대한 사기죄 외에 도박죄가 별도로 성립하는 것으로 판단하고 이를 유죄로 인정한 원심판결에 사기도박에 있어서의 실행의 착수시기 등에 관한 법리오해의 위법이 있다고 한 사례.

피고인 등이 피해자들을 유인하여 사기도박으로 도금을 편취한 행위는 사회관념상 1개의 행위로 평가하는 것이 타당하므로, 피해자들에 대한 각 사기죄는 상상적 경합의 관계에 있다고 보아야 한다. (대법원 2011. 1. 13. 선고 2010도9330 판결, 대법원 2015. 10. 29. 선고 2015도10948 판결) **표준**

참고 사기도박의 경우, ① 도박 해당성(X) ② 사기 해당성(○) ③ 사기죄 착수시기(기망행위시) ④ 죄수(상경)가 모두 쟁점이 될 수 있다. 사기도박의 피해자들에 대해서는 도박죄가 성립하지 않는다.

[판례] 개정 전 회계기준 적용하여야 함에도 개정 후 회계기준 적용하여 유리하게 재무제표를 작성하고 은행에 제출함으로써 대출받음 – 사기죄(기망) ○ (대법원 2007. 6. 1. 선고 2006도1813 판결)

[판례] 피고인이 누르면 30초에 1000원 부과되는 통화회선을 빌려 '음성메시지 도착' 문자 뿌려 통화 버튼 누르게 함 – 사기죄(기망) ○ (대법원 2004. 10. 15. 선고 2004도4705 판결)

이하에서는 이어서 부정례를 살펴본다.

[판례] 피고인들이 甲에게 자동차를 매도하겠다 거짓말하고 대금을 받고 자동차를 양도하였는데, 그 차에 미리 부착한 GPS로 위치 추적하여 자동차를 취거함 – ① 사기죄(기망) × ② 특수절도죄 ○
피고인 등이 피해자 갑 등에게 자동차를 매도하겠다고 거짓말하고 자동차를 양도하면서 매매대금을 편취한 다음, 자동차에 미리 부착해 놓은 지피에스(GPS)로 위치를 추적하여 자동차를 절취하였다고 하여 사기 및 특수절도로 기소된 사안에서, 피고인이 갑 등에게 자동차를 인도하고 소유권이전등록에 필요한 일체의 서류를 교부함으로써 갑 등이 언제든지 자동차의 소유권이전등록을 마칠 수 있게 된 이상, 피고인이 자동차를 양도한 후 다시 절취할 의사를 가지고 있었더라도 자동차의 소유권을 이전하여 줄 의사가 없었다고 볼 수 없고, 피고인이 자동차를 매도할 당시 곧바로 다시 절취할 의사를 가지고 있으면서도 이를 숨긴 것을 기망이라고 할 수 없어, 결국 피고인이 자동차를 매도할 당시 기망행위가 없었으므로, 피고인에게 사기죄를 인정한 원심판결에 법리오해의 잘못이 있다고 한 사례. (대법원 2016. 3. 24. 선고 2015도17452 판결)

[판례] 타인의 일반전화를 무단 사용하여 전화통화 – 사기죄(기망) ×
타인의 일반전화를 무단으로 이용하여 전화통화를 하는 행위는 전기통신사업자인 한국전기통신공사가 일반전화 가입자인 타인에게 통신을 매개하여 주는 역무를 부당하게 이용하는 것에 불과하여 한국전기통신공사에 대한 기망행위에 해당한다고 볼 수 없을 뿐만 아니라, 이에 따라 제공되는 역무도 일반전화 가입자와 한국전기통신공사 사이에 체결된 서비스이용계약에 따라 제공되는 것으로서 한국전기통신공사가 착오에 빠져 처분행위를 한 것이라고 볼 수 없다. (대법원 1999. 6. 25. 선고 98도3891 판결) **표준**

[판례] 피고인이 문화재수리기능자 자격증을 대여받아 사용하고 부정한 방법으로 문화재수리업 등록을 한 후 '문화재기술자보유현황'·'위 자격증 사본' 등을 충주시에 제출하여 문화재수리 도급계약을 체결하였으나, 피고인은 이 수리를 직접 수행하지 않고 타사 소속 기술자로 하여금 수리를 완료케 하였고 충주시는 별다른 하자가 없어 공사대금 지급함 – 사기죄(기망) ✕

공사도급계약에서 편취에 의한 사기죄의 성립 여부는 계약 당시를 기준으로 피고인에게 공사를 완성할 의사나 능력이 없음에도 피해자에게 공사를 완성할 것처럼 거짓말을 하여 피해자로부터 공사대금 등을 편취할 고의가 있었는지에 의하여 판단하여야 한다. 이때 법원으로서는 공사도급계약의 내용, 체결 경위 및 계약의 이행과정이나 그 결과 등을 종합하여 판단하여야 한다. 사기죄의 보호법익은 재산권이므로, 기망행위에 의하여 국가적 또는 공공적 법익이 침해되었다는 사정만으로 사기죄가 성립한다고 할 수 없다. 따라서 공사도급계약 당시 관련 영업 또는 업무를 규제하는 행정법규나 입찰 참가자격, 계약절차 등에 관한 규정을 위반한 사정이 있는 때에는 그러한 사정만으로 공사도급계약을 체결한 행위가 기망행위에 해당한다고 단정해서는 안 되고, 그 위반으로 말미암아 계약 내용대로 이행되더라도 공사의 완성이 불가능하였다고 평가할 수 있을 만큼 그 위법이 공사의 내용에 본질적인 것인지 여부를 심리·판단하여야 한다. (대법원 2019. 12. 27. 선고 2015도10570 판결)

[해설] 다만 ① 자격증 대여하여 사용하고, 부정한 방법으로 문화재 수리업 등록한 부분에 대해서는 **문화재수리법위반**이, ② 계약과정서 위 서류들을 사용한 행위에 대해서는 **위계공무집행방해죄**가 인정되었다. 무죄가 아니다.

[동지] 피고인이 구 시설물의 안전관리에 관한 특별법상 하도급 제한 규정을 위반하여 안전진단용역을 낙찰받은 후 하도급 업체들에 하도급을 주어 용역을 수행하게 하고 발주처로부터 용역대금을 교부 받음 – 사기죄(기망) ✕ (대법원 2021. 10. 14. 선고 2016도16343 판결)

[동지] 피고인이 설립한 갑 주식회사는 설립 자본금을 가장납입하고, 자격증 대여자를 보유 건설기술자로 등록하는 등 자본금 요건과 기술자 보유 요건을 가장하여 전문건설업을 부정 등록한 무자격 건설업자로 전문공사를 하도급받을 수 없음에도, 이를 바탕으로 공사 발주기관을 기망하여 특허 사용협약을 체결하고, 해당 공사를 낙찰받은 건설회사 담당자를 속여 하도급 계약을 체결한 후, 공사대금을 지급받음 – 사기죄(기망) ✕ (대법원 2023. 1. 12. 선고 2017도14104 판결)

다. 묵시적 기망행위

일반적으로 '행동에 의하여 허위의 주장을 하는 것'을 말한다. 대표적으로 ① 무전취식·무전숙박 즉, 돈이 없으나 있는 것처럼 행동한 경우, ② 처분권 없는 자의 처분행위, 즉 처분권한이 없으나 있는 것처럼 행동한 경우 등이 있다.[74]

[판례] 무전취식 – 사기죄(기망) ○

무전취식의 경우에도 그 음식물을 사겠다는 범인의 매매청약의 의사표시는 민법 제107조의 진의아닌 의사표시이고 음식점 주인은 범인의 진의아님을 모르고 승낙의의사표시를 한 것이 되기 때문에 그 음식

---

74 명시적, 묵시적, 부작위 기망행위는 명확히 구별되지 않는다. 이는 우리의 이해를 돕기 위한 도구일 뿐이므로 구분에 집착할 필요는 없다.

물 매매(공급)계약은 위 법조에 의하여 유효하므로 범인은 그 음식물대금을 지급할 의무가 있고 그 이행을 지체할 때는 민사적으로는 채무불이행의 책임을 지는 동시에 형사적으로는 위 비진의의사표시는 기망행위가 되고 위 음식점주인은 착오에 빠져 승낙의 의사표시를 하게 되었고 또 그 착오로 말미암아 음식물을 교부하였으니 사기죄가 성립함은 당연한 이치이다. (대법원 1978. 6. 13. 선고 78도721 판결)

판례 절취한 장물을 자기 소유인 것처럼 제3자에게 담보로 제공하고 돈 받음 – 사기죄(기망) ○ (대법원 1980. 11. 25. 선고 80도2310 판결)

비교 장물죄로 취득한 자기앞수표를 현금 대신 교부하여 사용 – 사기죄(기망) × (대법원 1993. 11. 23. 선고 93도213 판결)

판례 채권의 담보로 가옥소유권이 채무자 甲에서 채권자 乙로 이전되었음에도, 채무자 甲과 丙이 공모하여 甲의 소유인 양 타인에게 임대하고 임대보증금 받음 – 사기죄(기망) ○ (대법원 1984. 1. 31. 선고 83도1501 판결)

판례 절취한 예금통장을 자신의 것인양 은행원에게 교부하여 예금을 찾음 – 사기죄(기망) ○ (대법원 1974. 11. 26. 선고 74도2817 판결)

참고 ① 예금통장 절취 후 ② 예금인출청구서 위조하여 ③ 은행직원에게 행사하는 방법으로 예금인출 – ① 절도죄 ○ ② 사문서위조·동행사죄 ○ ③ 사기죄 ○ (실체적 경합)

판례 전대금지특약이 없는 상황에서 임차인이 사용부분 중 일부를 甲에게 전대 – 사기죄(기망) ×
전대금지 등의 특약이 없는 이 사건에 있어서 피고인이 그 사용부분중 일부를 위 甲에게 임대한 것은 그 권리범위내에 속하여 이를 사기죄로 문의할 수 없다. (대법원 1982. 12. 14. 선고 82도2465 판결)

판례 부동산 명의수탁자 甲이 자신이 명의수탁자란 사실을 숨긴 채 매도 – 사기죄(기망) ×
부동산의 명의수탁자가 부동산을 제3자에게 매도하고 매매를 원인으로 한 소유권이전등기까지 마쳐 준 경우, 명의신탁의 법리상 대외적으로 수탁자에게 그 부동산의 처분권한이 있는 것임이 분명하고, 제3자로서도 자기 명의의 소유권이전등기가 마쳐진 이상 무슨 실질적인 재산상의 손해가 있을 리 없으므로 그 명의신탁 사실과 관련하여 신의칙상 고지의무가 있다거나 기망행위가 있었다고 볼 수도 없어서 그 제3자에 대한 사기죄가 성립될 여지가 없고, 나아가 그 처분시 매도인(명의수탁자)의 소유라는 말을 하였다고 하더라도 역시 사기죄가 성립하지 않으며, 이는 자동차의 명의수탁자가 처분한 경우에도 마찬가지이다. (대법원 2007. 1. 11. 선고 2006도4498 판결)

동지 부동산의 이중매도인 甲이 제1매수인 乙과의 계약사실을 제2매수인 丙에게 고지하지 아니하고 매도함 – 사기죄(기망) ×
부동산의 이중매매에 있어서 매도인이 제1의 매매계약을 일방적으로 해제할 수 없는 처지에 있었다는 사정만으로는, 바로 제2의 매매계약의 효력이나 그 매매계약에 따르는 채무이행, 또는 제2의 매수인의 매매목적물에 대한 권리의 실현에 장애가 된다고도 볼 수 없는 것이므로 매도인이 제2의 매수인에게 그와 같은 사정을 고지하지 아니하였다고 하여 제2의 매수인을 기망한 것이라고 할 수 없다. (대법원 1991. 12. 24. 선고 91도2698 판결)

판례 피고인이 부동산에 대해 甲과 신탁금지약정 체결한 사실을 乙 은행에 알리지 않고 부동산을 담보신탁하고 대출받음 – 사기죄(기망) ×
피고인이 甲에게 이 사건 오피스텔 중 17세대를 대물변제조로 이전해 주고 甲의 동의 없이 이를 신탁할 수 없다는 취지의 약정을 체결하였다는 사정만으로는 이 사건 신탁계약의 효력과 그 신탁계약에 따르는 채무의 이행에 장애를 가져오거나 수탁자와 우선수익자의 권리실현에 장애가 된다고 볼 수 없고, 따라서 피고인이 피해자(乙 은행)에게 이 사건 신탁금지약정을 체결한 사실을 고지하지 아니하였다고 하여 피해자를 기망한 것이라고 평가할 수는 없을 것이다. (대법원 2012. 4. 13. 선고 2011도2989 판결)

라. 부작위 기망행위

부작위 기망행위가 인정되기 위해서는 행위자에게 상대방에 대해서 사실을 알려야 할 고지의무가 인정되어야 한다. 고지의무는 법령, 계약, 선행행위는 물론 신의성실의 원칙에 의해서도 발생할 수 있다. 이하에서는 인정례를 먼저 살펴본다.

판례 부작위 기망은 고지의무 있는 자가 상대의 착오 알면서도 고지하지 아니함을 말하고, 고지의무는 경험칙상 상대방이 알았더라면 그 법률행위를 하지 않았을 것이 명백한 경우를 말함

사기죄의 요건으로서의 기망은 널리 재산상의 거래관계에 있어 서로 지켜야 할 신의와 성실의 의무를 저버리는 모든 적극적 또는 소극적 행위를 말하는 것이고, 이러한 소극적 행위로서의 부작위에 의한 기망은 법률상 고지의무 있는 자가 일정한 사실에 관하여 상대방이 착오에 빠져 있음을 알면서도 이를 고지하지 아니함을 말하는 것으로서, 일반거래의 경험칙상 상대방이 그 사실을 알았더라면 당해 법률행위를 하지 않았을 것이 명백한 경우에는 신의칙에 비추어 그 사실을 고지할 법률상 의무가 인정되는 것이다. (대법원 1998. 12. 8. 선고 98도3263 판결)

판례 임대인이 임대목적물이 경매 진행 중이란 사실을 알리지 않고 임대차계약을 체결 – 사기죄(기망) ○

임대인이 임대차계약을 체결하면서 임차인에게 임대목적물이 경매진행중인 사실을 알리지 아니한 경우, 임차인이 등기부를 확인 또는 열람하는 것이 가능하더라도 사기죄가 성립한다. (대법원 1998. 12. 8. 선고 98도3263 판결)

비교 임대인이 부동산에 저당권 설정된 사실 고지 않고 임대차계약을 체결했지만, 임대인이 계약당시 그 부동산이 경매되리라는 사정을 알지 못한 경우 – 사기죄(기망) × (대법원 1985. 9. 10. 선고 85도1306 판결)

판례 토지소유권자 甲이 그 토지가 협의매수·수용될 것이라는 점을 고지 않고 매도 – 사기죄(기망) ○ (대법원 1993. 7. 13. 선고 93도14 판결)

동지 부동산소유권자 甲이 목적물 소유권 귀속에 관한 재심소송이 계속 중이라는 사실 고지 않고 매도 – 사기죄(기망) ○ (대법원 1986. 9. 9. 선고 86도956 판결)

동지 부동산소유권자 甲이 목적물에 대한 명도소송 계속 중이며 점유이전금지가처분까지 되어 있다는 사실 고지 않고 매도 – 사기죄(기망) ○ (대법원 1985. 3. 26. 선고 84도301 판결)

동지 부동산에 관하여 유언으로 재단법인에 출연되었는지 여부가 문제되고, 다른 부동산에 관해서는 이미 위 유언이 유효하다는 판결까지 있었으나 그 사실 고지 않고 매도 – 사기죄(기망) ○ (대법원 1992. 8. 14. 선고 91도2202 판결)

동지 부동산이 이미 제3자에게 경락허가결정이 되어 있었으나 그 사실 고지 않고 전세 내줌 – 사기죄(기망) ○ (대법원 1974. 3. 12. 선고 74도164 판결)

판례 토지소유권자 甲이 목적물에 대한 가등기·근저당권설정등기 경료된 사실을 고지 않고 매도 – 사기죄(기망) ○ (대법원 1981. 8. 20. 선고 81도1638 판결)

비교 부동산소유권자 甲이 목적물에 대한 근저당권설정등기 경료된 사실을 고지 않고 매도하였지만, 적극적으로 동 사실을 은폐한 것이 아니고, 매수인이 등기사실을 알았다면 매매계약을 체결하지 아니하였으리라는 사정이 없는 경우 – 사기죄(기망) × (대법원 1972. 3. 28. 선고 72도255 판결)

판례 명의신탁자 甲이 매도인 명의를 수탁자 乙로 하여 제3자와 매매계약 체결하는데, 수탁자 乙이 매도를 반대하며 절차이행에 협조하기를 거절하고 있다는 사정을 고지 않음 – 사기죄(기망) ○ (대법원 2007. 11. 30. 선고 2007도4812 판결)

참고 나아가 신탁자 甲이 乙 명의로 처분문서를 작출한 부분에 대해서는 사문서위조·행사가 인정되었다.

판례 토지소유권자로 등기된 甲이 자신이 진정한 소유자 아님을 알면서도, 수용보상금으로 공탁된 공탁금의 출급을 신청하여 수령 – 사기죄(기망) ○

토지의 소유자로 등기되어 있다고 하더라도 자신이 진정한 소유자가 아닌 사실을 알게 된 이상, 당해 토지의 수용보상금을 수령함에 있어서 당해 토지를 수용한 기업자나 공탁공무원에게 그러한 사실을 고지하여야 할 의무가 있다고 보아야 할 것이고, 이러한 사실을 고지하지 아니한 채 수용보상금으로 공탁된 공탁금의 출급을 신청하여 이를 수령한 이상 기망행위가 없다고 할 수 없다. (대법원 1994. 10. 14. 선고 94도1911 판결)

판례 피고인이 甲 저축은행의 대출심사에서 '다른 금융회사 동시 진행 중인 대출 있는지' 묻자 (사실은 있으나) '없다'고 답하였고 나아가 甲으로부터 대출 받은 지 6개월 만에 프리워크아웃 신청 – 사기죄(기망) ○
피고인은 갑 저축은행에 대하여 다른 금융회사에 동시에 진행 중인 대출이 있는지를 허위로 고지하였고, 갑 저축은행이 제대로 된 고지를 받았더라면 대출을 해주지 않았을 것으로 판단된다. (대법원 2018. 8. 1. 선고 2017도20682 판결)

판례 가맹점주가 용역제공을 가장한 허위 매출전표임을 고지 않고 카드사에 제출하여 대금 청구 – 사기죄(기망) ○ (대법원 1999. 2. 12. 선고 98도3549 판결)

판례 빌딩을 경락받은 甲 등이 수분양자들과 비정상적인 이면약정을 체결하고 점포를 분양하였음에도, 금융기관에 이면약정을 감춘 채 분양 중도금의 집단적 대출을 교섭하여 대출 받음 – 사기죄(기망) ○ (대법원 2006. 2. 23. 선고 2005도8645 판결)

판례 다단계 회사가 실현 불가능한 고율의 수당을 지급할 것처럼 기망하여 투자 받음 – 사기죄(기망) ○ (대법원 2005. 10. 28. 선고 2005도5774 판결)

판례 ① 주식회사의 주주 겸 대표이사 甲이 신주발행절차에서 자신이 취득할 주식을 乙에게 매도하면서 다만 그 방법을 乙이 회사에 직접 신주를 인수하는 절차를 취하였는데, 甲이 乙로부터 주식매매대금을 지급받고도 이를 신주인수대금으로 회사에 납입하지 않고 개인적 용도로 사용함 ② 甲은 乙에게 100주를 매도한다고만 이야기했을 뿐, 100주가 증자 전의 주식이 아니라 증자 후 주식이라는 점을 제대로 알리지 아니함 – ① 횡령죄 ○ ② 사기죄 ○

(① 횡령죄) 주식회사의 주주 겸 대표이사가 장차 신주발행절차에서 자신이 취득하게 될 주식을 타인에게 매도하고자 하면서 다만 양도소득세 등의 부담을 피하기 위해 주식매수인이 회사에 대해 직접 신주를 인수하는 절차를 취한 경우, 회사에 대한 관계에서 신주인수인은 대표이사가 아니라 주식매수인이므로 대표이사가 주식매수인으로부터 받은 주식매매대금은 신주인수대금으로서 이를 보관 중 개인적인 용도로 사용하였다면 횡령죄를 구성한다.

주식회사의 대표이사가 타인을 기망하여 회사가 발행하는 신주를 인수하게 한 다음 그로부터 납입받은 신주인수대금을 보관하던 중 횡령한 행위는 사기죄와는 전혀 다른 새로운 보호법익을 침해하는 행위로서 별죄를 구성한다.

(② 사기죄) 주식매도인이 주식매수인에게 주식거래의 목적물이 증자 전의 주식이 아니라 증자 후의 주식이라는 점을 제대로 알리지 않은 것이 사기죄의 기망행위에 해당한다고 본 사례. (대법원 2006. 10. 27. 선고 2004도6503 판결)

판례 의사 甲은 피해자들이 'A 시술을 받으면 아들 낳을 것'이란 착오에 빠져있는 걸 알면서도 A 시술의 효과나 원리에 대해 사실대로 고지 않고 시술함. – 사기죄(기망) ○ (대법원 2000. 1. 28. 선고 99도2884 판결)

판례 수표·어음이 지급기일에 결제되지 않으리라 예견하면서도 수취인에게 고지 않고 할인 받음 – 사기죄(기망) ○ (대법원 1998. 12. 9. 선고 98도3282 판결)

판례 甲은 乙과 국내 독점판매계약을 체결하면서 그 물건이 이미 丙에 의해 국내 판매되고 있음을 고지 않음 – 사기죄(기망) ○ (대법원 1996. 7. 30. 선고 96도1081 판결)

판례 국가연구개발사업에서 연구책임자(의대 교수)가 학생연구원들의 연구비를 처음부터 자신이 관리하는 공동관리계좌에 귀속시킬 의도로 산학협력단으로부터 학생연구비를 지급받아 개인적인 용도 등으로 사용 – 사기죄(기망) ○

부작위 기망에 관한 법리는 국가연구개발사업 등에 있어 연구책임자가 산학협력단으로부터 학생연구비의 사용 용도와 귀속 여부를 기망하여 편취하는 경우에도 마찬가지로 적용된다. 즉, 연구책임자가 처음부터 소속 학생연구원들에 대한 개별 지급의사 없이 공동관리계좌를 관리하면서 사실상 그 처분권을 가질 의도 하에 이를 숨기고 산학협력단에 연구비를 신청하여 이를 지급받았다면 이는 산학협력단에 대한 관계에 있어 기망에 의한 편취행위에 해당한다. 다만 연구책임자가 원래 용도에 부합하게 학생연구원들의 사실상 처분권 귀속 하에 학생연구원들의 공동비용 충당 등을 위하여 학생연구원들의 자발적인 의사에 근거하여 공동관리계좌를 조성하고 실제로 그와 같이 운용한 경우라면, 비록 공동관리계좌의 조성 및 운영이 관련 법령이나 규정 등에 위반되더라도 그러한 사정만으로 불법영득의사가 추단되어 사기죄가 성립한다고 단정할 수 없다. 이 경우 사기죄 성립 여부는 공동관리계좌 개설의 경위, 실질적 관리 및 처분권의 귀속, 연구비가 온전히 법률상 귀속자인 학생연구원들의 공동비용을 위하여 사용되었는지 여부 등을 종합적으로 고려하여 판단하여야 한다. (대법원 2021. 9. 9. 선고 2021도8468 판결)

이어서 부정례를 살펴본다.

[판례] 예금주 甲이 사기범 乙에게 편취당한 송금의뢰인 丙이 甲의 계좌로 송금한 돈을 은행에서 인출한 경우 – 은행을 피해자로 한 사기죄(기망) ✕

송금의뢰인이 수취인의 예금계좌에 계좌이체 등을 한 이후, 수취인이 은행에 대하여 예금반환을 청구함에 따라 은행이 수취인에게 그 예금을 지급하는 행위는 계좌이체금액 상당의 예금계약의 성립 및 그 예금채권 취득에 따른 것으로서 은행이 착오에 빠져 처분행위를 한 것이라고 볼 수 없으므로, 결국 이러한 행위는 은행을 피해자로 한 형법 제347조의 사기죄에 해당하지 않는다고 봄이 상당하다. (대법원 2010. 5. 27. 선고 2010도3498 판결) **표준**

[비교] 甲은 丙에게 통장을 양도하고, 丙이 丁에게 보이스피싱 사기를 범하여 丁이 甲의 통장으로 돈을 입금하였는데 (단, 甲은 통장양도를 금지한 전자금융거래법을 위반하였을 뿐 사기의 공동정범·방조범은 아니었음) 이때 甲이 이를 인출하여 사용 – ① 丁에 대한 횡령죄 ○ ② 丙에 대한 횡령죄 ✕ (대법원 2018. 7. 19. 선고 2017도17494 전원합의체 판결) **표준**

해설 위 판례를 한 발 더 살펴본다. 검사는 ① 甲이 사기범 乙에게 통장을 양도한 부분을 전자금융거래법위반으로 ② 甲이 丙으로부터 입금된 돈을 은행에서 인출한 부분을 은행에 대한 사기죄로 기소하였다. ③ 甲이 乙의 사기범행에 직접 가담하거나 방조하지 않았기 때문에 이에 대한 사기(방조)죄로 기소하지는 않았다. 이에 대해 2심·대법원은 ① 전자금융거래법위반은 유죄 ② 사기죄는 무죄로 결론 내린 것이다. 생각건대, ②부분을 丙에 대한 횡령죄로 기소하였다면 유죄가 되었을 것이다(비교판례 참조).

[판례] 유명가수인 피고인이 화가 甲에게 돈을 주고 ① 자신의 기존 콜라주 작품을 회화로 그려오게 하거나 ② 자신이 추상적인 아이디어만 제공하고 이를 甲이 임의대로 회화로 표현하게 하거나 ③ 기존 자신의 그림을 그대로 그려달라고 하는 등의 작업을 지시한 다음 甲으로부터 완성된 그림을 건네받아 배경색을 일부 덧칠하는 등의 경미한 작업만 추가하고 자신의 서명을 하였음에도, 위와 같은 방법으로 그림을 완성한다는 사실을 고지하지 아니하고 자신이 직접 그린 친작인 것처럼 전시하여 그림을 판매하였다는 내용으로 기소됨 – 사기죄(기망) ✕

피고인이 미술작품의 창작과정, 특히 조수 등 다른 사람이 관여한 사정을 알리지 않은 것이 신의칙상 고지의무 위반으로서 사기죄에서의 기망행위에 해당하고 그 그림을 판매한 것이 판매대금의 편취행위라고 보려면 두 가지의 전제, 즉 ① 미술작품의 거래에서 창작과정을 알려주는 것, 특히 작가가 조수의 도움을 받았는지 등 다른 관여자가 있음을 알려주는 것이 관행이라는 것 및 ② 미술작품을 구매한 사람이 이러한 사정에 관한 고지를 받았더라면 거래에 임하지 아니하였을 것이라는 관계가 인정되어야 하고, 미술작품의 거래에서 기망 여부를 판단할 때에는 미술작품에 위작 여부나 저작권에 관한 다툼이 있는 등의 특별한 사정이 없는 한 법원은 미술작품의 가치 평가 등은 전문가의 의견을 존중하는 사법자제 원칙을 지켜야 한다는 이유로, 피해자들의 구매 동기 등 제반 사정에 비추어 검사가 제출한 증거만으로는 피해자들이 미술작품을 피고인의 친작으로 착오한 상태에서 구매한 것이라고 단정하기 어렵다고 보아 피고인에게 무죄를 선고한 원심판단을 수긍한 사례. (대법원 2020. 6. 25. 선고 2018도13696 판결)

[판례] 공인중개사인 피고인이 양도인으로부터 권리금 3,000만 원을 받을 수 있도록 중개해달라고 요구 받았음에도 양수인에게 '원래 권리금이 5,000만 원인데 4,000만 원으로 깎은 것'이라고 하며 권리금으로 4,000만 원 교부 받음 – 사기죄(기망) ✕

매매로 인한 법률관계에 아무런 영향도 미칠 수 없는 것이어서 매수인의 권리의 실현에 장애가 되지 아니하는 사유까지 매도인이 매수인에게 고지할 의무가 있다고는 볼 수 없다. (대법원 2015. 5. 28. 선고

2014도8540 판결)

동지 공인중개사인 피고인이 2억 9,500만원에 입주권을 매도하면서, 사실은 이를 2억 5천에 매입했었다는 사실을 고지하지 않은 경우 – 사기죄(기망) × (대법원 2011. 1. 27. 선고 2010도5124 판결)

판례 매도인 甲이 중고 자동차를 매도하며 할부금융회사 또는 보증보험에 대한 할부금 채무가 존재한 다는 사실을 고지하지 않은 경우 – 사기죄(기망) ×

승용차 자체에 대하여 저당권이 설정되어 있었다거나, 가압류 집행이 되어 있었다는 등의 사정은 없었 던 것으로 보인다. 또한 기록상 자동차 매매계약에 따라 할부금 채무가 당연히 매수인에게 승계되는 것이라고 볼 근거도 없다. 사정이 이와 같다면 전 소유자들이 각각 매매 목적물인 자동차와 관련하여 할부금 채무를 부담하고 있다 하더라도 그로 인하여 자동차 매수인들이 장차 계약 목적물인 자동차의 소유권을 확보하지 못할 위험이 생기는 것은 아니다. (대법원 1998. 4. 14. 선고 98도231 판결)

판례 채권자 甲이 채권을 乙에게 양도하였음에도 채무자 丙에게 통지 아니한 상태에서, 丙으로부터 채무를 변제받음 – 丙에 대한 사기죄(기망) ×

채무자는 채권자로부터 채권의 양도통지를 받지 않은 이상 채무금은 원래의 채권자에게 반환할 의무 가 있는 것이므로, 채권양도 통지 전에는 그 채무자가 채권자에게 그 채무금을 반환하면 유효한 변제가 되는 것이고 채권자에 대하여 위 채무금의 지급을 거부할 권리를 유보하고 양수인에게만 지급해야 할 특 별한 사정이 없는 한 채무자로서는 양수인이 채무의 지급을 구한다 하더라도 이를 거부할 권리가 있으므 로 채권자가 위 채권의 양도사실을 밝히지 아니하고 직접 위 외상대금을 수령하였다 하여 기망수단을 써서 채무자를 착오에 빠뜨려 그 대금을 편취한 것이라 할 수 없다. (대법원 1984. 5. 9. 선고 83도2270 판결)

비교 채권자 甲이 채권을 乙에게 양도하였음에도 채무자 丙에게 통지 아니한 상태에서, 丙으로부터 채무를 변제받아 그 금전을 임의소비함 – 乙에 대한 횡령죄 × (대법원 2022. 6. 23. 선고 2017도3829 전원합의체 판결)

판례 매도인 甲은 매수인 乙과 매매잔금을 건네주고 받는 행위를 끝마친 후에 매수인이 수표 1장을 더 주었다는 사실을 알게 되었음에도 반환하지 아니함 – 사기죄(기망) ×

매수인이 매도인에게 매매잔금을 지급함에 있어 착오에 빠져 지급해야 할 금액을 초과하는 돈을 교부하 는 경우, 매도인이 사실대로 고지하였다면 매수인이 그와 같이 초과하여 교부하지 아니하였을 것임은 경험 칙상 명백하므로, 매도인이 매매잔금을 교부받기 전 또는 교부받던 중에 그 사실을 알게 되었을 경우에 는 특별한 사정이 없는 한 매도인으로서는 매수인에게 사실대로 고지하여 매수인의 그 착오를 제거하여야 할 신의칙상 의무를 지므로 그 의무를 이행하지 아니하고 매수인이 건네주는 돈을 그대로 수령한 경우에는 사기죄에 해당될 것이지만, 그 사실을 미리 알지 못하고 매매잔금을 건네주고 받는 행위를 끝마친 후에 야 비로소 알게 되었을 경우에는 주고 받는 행위는 이미 종료되어 버린 후이므로 매수인의 착오 상태를 제거하기 위하여 그 사실을 고지하여야 할 법률상 의무의 불이행은 더 이상 그 초과된 금액 편취의 수단으 로서의 의미는 없으므로, 교부하는 돈을 그대로 받은 그 행위는 점유이탈물횡령죄가 될 수 있음은 별론으 로 하고 사기죄를 구성할 수는 없다. (대법원 2004. 5. 27. 선고 2003도4531 판결) 표준

참고 점유이탈물횡령죄가 성립할 수 있다.

마. 과장·허위광고

과장·허위광고 판례를 살펴본다.

판례 과장광고의 사기죄 해당 여부는 중요한 사항에 관하여 신의칙에 반해 비난받을 정도로 허위의 고지를 했는지 여부로 판단

일반적으로 상품의 선전, 광고에 있어 다소의 과장, 허위가 수반되는 것은 그것이 일반 상거래의 관행과 신의칙에 비추어 시인될 수 있는 한 기망성이 결여된다고 하겠으나 거래에 있어서 중요한 사항에 관하여 구체적 사실을 거래상의 신의성실의 의무에 비추어 비난받을 정도의 방법으로 허위로 고지한 경우에는 과장, 허위광고의 한계를 넘어 사기죄의 기망행위에 해당한다. (대법원 1997. 9. 9. 선고 97도1561 판결)

판례 신생 수입브랜드 시계를 전통 지닌 브랜드로 허위광고하고 고가 판매 – 사기죄(기망) ○ (대법원 2008. 7. 10. 선고 2008도1664 판결)

판례 식육식당 주인이 한우만을 취급한다는 취지의 상호를 사용하고 광고선전판·식단표 등에도 한우만을 사용한다고 기재하였으나, 실은 수입 쇠갈비를 판매 – 사기죄(기망) ○ (대법원 1997. 9. 9. 선고 97도1561 판결)

비교 식당 주인이 메뉴판에 원산지를 국산이라 기재하고도 중국산 부세를 제공하였지만, 고작 2만원짜리 정식에 20만원짜리 굴비가 나올 리 없기에, 손님들이 속았다 보기 어려운 경우 – 사기죄(인과) ✕
식당 주인이 식당을 운영하면서 중국산 부세를 조리하여 제공하면서도 메뉴판에 원산지를 국내산이라고 기재하여 마치 국내산 식재와 굴비인 것처럼 손님들을 기망하였다고 기소된 사안에서, 피고인은 전남 영광군 법성포에서 굴비처럼 가공한 중국산 부세를 20,000원짜리 점심 식사 등에 굴비 대용품으로 사용한 점, 위 식당에서 사용되는 중국산 부세와 같은 크기의 국내산 굴비는 1마리에 200,000원 내외의 고가인 점 등에 비추어 보면, 손님들이 메뉴판에 기재된 국내산이라는 원산지 표시에 속아 식당을 이용하였다고 보기 어렵다고 한 사례 (대법원 2017. 6. 8. 선고 2015도12932 판결)

해설 위 판례의 경우 손님들이 한우라고 믿을만한 가격에 판매가 되었는데, 비교판례의 경우 손님들이 도저히 국산 굴비라고 믿을 수 없는 저렴한 가격에 판매가 되었다는 점에서 구별된다. 만일 비교판례 사실관계를 변형하여 40만원짜리 프리미엄 정식에 국산 굴비 대신 부세를 내왔다면 사기죄가 인정되었을 것이다. 비교판례의 경우 농수산물의원산지표시에관한법률위반만이 인정된다.

판례 백화점의 식품매장에서 당일 판매되지 못하고 남은 생식품들에 대하여 그 다음날 아침 포장지를 교체하면서 가공일자가 재포장일자로 기재된 바코드라벨을 부착하여 재판매 – 사기죄(기망) ○ (대법원 1995. 7. 28. 선고 95도1157 판결)

판례 신상품임에도 불구하고 "종전가격 → 할인가격"을 비교표시한 변칙세일 – 사기죄(기망) ○ (대법원 1992. 9. 14. 선고 91도2994 판결)

판례 TV홈쇼핑서 근본 없는 종자로 인공재배한 삼을 '산양산삼 중 우수한 것만을 선정하여 감정인의 감정'도 받았다 하고 판매 – 사기죄(기망) ○ (대법원 2002. 2. 5. 선고 2001도5789 판결)

판례 부동산 관련 업체가 지자체의 특정 용역보고서만을 근거로 미확정인 개발계획이 마치 확정된 것처럼 정보를 제공하여 토지를 매매 – 사기죄(기망) ○ (대법원 2008. 10. 23. 선고 2008도6549 판결)

비교 甲이 乙에게 토지매수를 권유하며 언급한 내용이 ① 객관적 사실에 부합하거나 ② 확정된 것은 아닐지라도 연구용역 보고서, 신문스크랩 등에 기초한 경우 – 사기죄(기망) × (대법원 2007. 1. 25. 선고 2004도45 판결)

바. 보험사기

보험사기와 관련된 판례를 살펴보자.

판례 보험계약의 체결이 기망행위(사기의 착수)가 되려면 상법상 고지의무 위반으론 부족하고 ① 보험사고 이미 발생하였는데 묵비 ② 보험사고 개연성 농후 ③ 보험사고 조작하려는 의도로 보험계약을 체결해야 함

생명보험계약은 사람의 생명에 관한 '우연한 사고'에 대하여 보험금을 지급하기로 하는 약정을 말하고, 여기서 '우연한 사고'라 함은 사고가 피보험자가 예측할 수 없는 원인에 의하여 발생하는 것으로서 고의에 의한 것이 아니고 예견하지 않았는데 우연히 발생하고 통상적인 과정으로는 기대할 수 없는 결과를 가져오는 사고를 의미한다. 따라서 보험계약자가 상법상 고지의무를 위반하여 보험자와 생명보험계약을 체결한다고 하더라도 그 보험금은 보험계약의 체결만으로 지급되는 것이 아니라 우연한 사고가 발생하여야만 지급되는 것이므로, 상법상 고지의무를 위반하여 보험계약을 체결하였다는 사정만으로 보험계약자에게 미필적으로나마 보험금 편취를 위한 고의의 기망행위가 있었다고 단정하여서는 아니 되고, 더 나아가 ① 보험사고가 이미 발생하였음에도 이를 묵비한 채 보험계약을 체결하거나 ② 보험사고 발생의 개연성이 농후함을 인식하면서도 보험계약을 체결하는 경우 또는 ③ 보험사고를 임의로 조작하려는 의도를 갖고 보험계약을 체결하는 경우와 같이 그 행위가 '보험사고의 우연성'과 같은 보험의 본질을 해할 정도에 이르러야 비로소 보험금 편취를 위한 고의의 기망행위를 인정할 수 있다고 할 것이다. (대법원 2012. 11. 15. 선고 2010도6910 판결)

참고 피고인이 보험계약 당시 완치된 남편의 항암치료전력을 묵비하였는데(상법상 고지의무 위반) 이후 남편이 사망하여 보험금을 청구·지급받음 – 사기죄(기망) ×

비교 이미 질병을 앓고 있는 자가 이를 묵비한 채 보험계약을 체결하고 직후 보험금을 청구함(보험금이 지급되지는 않음) – 사기미수죄(기망) ○

특정 질병을 앓고 있는 사람이 보험회사가 정한 약관에 그 질병에 대한 고지의무를 규정하고 있음을 알면서도 이를 고지하지 아니한 채 그 사실을 모르는 보험회사와 그 질병을 담보하는 보험계약을 체결한 다음 바로 그 질병의 발병을 사유로 하여 보험금을 청구하였다면 특별한 사정이 없는 한 사기죄에 있어서의 기망행위 내지 편취의 범의를 인정할 수 있고, 보험회사가 그 사실을 알지 못한 데에 과실이 있다거나 고지의무위반을 이유로 보험계약을 해제할 수 있다고 하여 사기죄의 성립에 영향이 생기는 것은 아니다. (대법원 2007. 4. 12. 선고 2007도967 판결) 표준

판례 보험사기의 기수 – 보험금을 지급받았을 때

피고인이, 갑에게 이미 당뇨병과 고혈압이 발병한 상태임을 숨기고 을 생명보험 주식회사와 피고인을 보험계약자로, 갑을 피보험자로 하는 2건의 보험계약을 체결한 다음, 고지의무 위반을 이유로 을 회사로부터 일방적 해약이나 보험금 지급거절을 당할 수 없는 이른바 면책기간 2년을 도과한 이후 갑의 보험사고 발생을 이유로 을 회사에 보험금을 청구하여 당뇨병과 고혈압 치료비 등의 명목으로 14회에 걸쳐 보험금을 수령하여 편취하였다는 내용으로 기소된 사안에서, 피고인의 보험계약 체결행위와 보험금 청구행위는 을 회사를 착오에 빠뜨려 처분행위를 하게 만드는 일련의 기망행위에 해당하고 을 회사가 그에 따라 보험금을 지급하였을 때 사기죄는 기수에 이르며, 그 전에 을 회사의 해지권 또는 취소권이 소멸되었더라도 마찬가지라는 이유로, 이와 달리 보험계약이 체결되고 최초 보험료가 납입된 때 또는 을 회사가 보험계약을 더 이상 해지할 수 없게 되었을 때 또는 고지의무 위반 사실을 알고 보험금을 지급하거나 지급된 보험금을 회수하지 않았을 때 사기죄가 기수에 이른다는 전제 아래 공소사실 전부에 대하여 공소시효가 완성되었다고 보아 면소를 선고한 원심판결에 보험금 편취를 목적으로 하는 사기죄의 기수시기에 관한 법리를 오해한 위법이 있다. (대법원 2019. 4. 3. 선고 2014도2754 판결) **표준**

판례 ① 甲이 乙女의 부탁을 받고, 그녀의 남편 丙인 듯 행세하여 丙 명의로 3개의 생명보험계약을 체결하였고 ② 이후 丙은 사망하여 乙이 보험금 8억원 청구하여 지급받음 → ①에만 가담하고 ②에는 가담하지 않은 甲의 행위는? 사기죄 공동정범 × (방조범 ○)

타인의 사망을 보험사고로 하는 생명보험계약을 체결함에 있어 제3자가 피보험자인 것처럼 가장하여 체결하는 등으로 그 유효요건이 갖추어지지 못한 경우에도, 보험계약 체결 당시에 이미 보험사고가 발생하였음에도 이를 숨겼다거나 보험사고의 구체적 발생 가능성을 예견할 만한 사정을 인식하고 있었던 경우 또는 고의로 보험사고를 일으키려는 의도를 가지고 보험계약을 체결한 경우와 같이 보험사고의 우연성과 같은 보험의 본질을 해칠 정도라고 볼 수 있는 특별한 사정이 없는 한, 그와 같이 하자 있는 보험계약을 체결한 행위만으로는 미필적으로라도 보험금을 편취하려는 의사에 의한 기망행위의 실행에 착수한 것으로 볼 것은 아니다. 그러므로 그와 같이 기망행위의 실행의 착수로 인정할 수 없는 경우에 피보험자 본인임을 가장하는 등으로 보험계약을 체결한 행위는 단지 장차의 보험금 편취를 위한 예비행위에 지나지 않는다.

한편 종범은 정범이 실행행위에 착수하여 범행을 하는 과정에서 이를 방조한 경우뿐 아니라, 정범의 실행의 착수 이전에 장래의 실행행위를 미필적으로나마 예상하고 이를 용이하게 하기 위하여 방조한 경우에도 그 후 정범이 실행행위에 나아갔다면 성립할 수 있다. (대법원 2013. 11. 14. 선고 2013도7494 판결)

참고 대법원은 **사기방조죄**만이 인정될 수 있다는 취지로 사기죄 공동정범을 인정한 원심을 파기하였다. ("위 각 보험회사를 기망하여 보험금을 지급받은 편취행위는 다른 특별한 사정이 없는 한 乙이 위 각 보험계약이 유효하게 체결된 것처럼 기망하여 보험회사에 보험금을 청구한 때에 실행의 착수가 있었던 것으로 보아야 할 것이고, 甲이 그 보험계약의 체결 과정에서 피보험자인 丙을 가장하는 등으로 乙을 도운 행위는 그 사기범행을 위한 예비행위에 대한 방조의 여지가 있을 뿐이라 할 것이다.")

판례 1,000만원도 안 되는 말(馬)을 4,000만원이라 속이고 보험체결하고 보험금 청구·지급받음 – 사기죄(기망) ○

보험계약자가 보험계약 체결 시 보험금액이 목적물의 가액을 현저하게 초과하는 초과보험 상태를 의도

적으로 유발한 후 보험사고가 발생하자 초과보험 사실을 알지 못하는 보험자에게 목적물의 가액을 묵비한 채 보험금을 청구하여 보험금을 교부받은 경우, 보험자가 보험금액이 목적물의 가액을 현저하게 초과한다는 것을 알았더라면 같은 조건으로 보험계약을 체결하지 않았을 뿐만 아니라 협정보험가액에 따른 보험금을 그대로 지급하지 아니하였을 관계가 인정된다면, 보험계약자가 초과보험 사실을 알지 못하는 보험자에게 목적물의 가액을 묵비한 채 보험금을 청구한 행위는 사기죄의 실행행위로서의 기망행위에 해당한다. (대법원 2015. 7. 23. 선고 2015도6905 판결)

[판례] 甲은 회사 수련회에서 다른 임원과 말다툼 하다가 홧김에 유리문을 발로 차는 바람에 오른쪽 발에 상해를 입었음에도 '회사 수련회에서 모래사장을 맨발로 뛰다 유리에 발을 찔려 상해를 입었다'는 허위 내용으로 산업재해보상보험 요양신청서를 작성·근로복지공단에 제출하여 산업재해보상보험급여 지급 받음 – 사기죄(기망) ○ (대법원 2007. 5. 10. 선고 2007도1780 판결)

[판례] 실제 지급받을 수 있는 보험금보다 더 받으려고 장기 입원하여 보험금 받은 경우, 편취액 – 지급받은 보험금 전부
기망행위를 수단으로 한 권리행사의 경우 그 권리행사에 속하는 행위와 그 수단에 속하는 기망행위를 전체적으로 관찰하여 그와 같은 기망행위가 사회통념상 권리행사의 수단으로서 용인할 수 없는 정도라면 그 권리행사에 속하는 행위는 사기죄를 구성하는데, 보험금을 지급받을 수 있는 사유가 있다 하더라도 이를 기화로 실제 지급받을 수 있는 보험금보다 다액의 보험금을 편취할 의사로 장기간의 입원 등을 통하여 과다한 보험금을 지급받는 경우에는 지급받은 보험금 전체에 대하여 사기죄가 성립한다. (대법원 2009. 5. 28. 선고 2008도4665 판결, 대법원 2011. 2. 24. 선고 2010도17512 판결)
[동지] 장기간 과다하게 통원치료를 받은 후 실제 지급받을 수 있는 보험금보다 많은 보험금을 청구한 경우, 편취액 – 지급받은 보험금 전부 (대법원 2021. 8. 12. 선고 2020도13704 판결)

사. 의료기관과 사기죄

의료기관과 관련된 사기죄 판례를 살펴본다.

[판례] 의료법인 명의로 개설된 의료기관을 실질적으로 비의료인이 개설·운영하였다고 판단하기 위한 요건
의료법인 명의로 개설된 의료기관을 실질적으로 비의료인이 개설·운영하였다고 판단하려면, 비의료인이 의료법인 명의 의료기관의 개설·운영에 주도적으로 관여하였다는 점을 기본으로 하여, 비의료인이 외형상 형태만을 갖추고 있는 의료법인을 탈법적인 수단으로 악용하여 적법한 의료기관 개설·운영으로 가장하였다는 사정이 인정되어야 한다. 이러한 사정은 비의료인이 실질적으로 재산출연이 이루어지지 않아 실체가 인정되지 아니하는 의료법인을 의료기관 개설·운영을 위한 수단으로 악용한 경우, 의료법인의 재산을 부당하게 유출하여 의료법인의 공공성, 비영리성을 일탈한 경우에 해당되면 인정될 수 있다. (대법원 2023. 7. 17. 선고 2017도1807 전원합의체 판결, 대법원 2023. 10. 26. 선고 2022도90 판결)

[판례] 비의료인이 의료인 명의로 개설한 의료기관이 국민건강보험공단에 요양급여비용의 지급청구 – 사기죄(기망) ○

국민건강보험법 제42조 제1항 제1호는 요양급여를 실시할 수 있는 요양기관 중 하나인 의료기관을 '의료법에 따라 개설된 의료기관'으로 한정하고 있다. 따라서 의료법 제33조 제2항을 위반하여 적법하게 개설되지 아니한 의료기관에서 환자를 진료하는 등의 요양급여를 실시하였다면 해당 의료기관은 국민건강보험법상 요양급여비용을 청구할 수 있는 요양기관에 해당되지 아니하므로 요양급여비용을 적법하게 지급받을 자격이 없다. 따라서 비의료인이 개설한 의료기관이 마치 의료법에 의하여 적법하게 개설된 요양기관인 것처럼 국민건강보험공단에 요양급여비용의 지급을 청구하는 것은 국민건강보험공단으로 하여금 요양급여비용 지급에 관한 의사결정에 착오를 일으키게 하는 것으로서 사기죄의 기망행위에 해당하고, 이러한 기망행위에 의하여 국민건강보험공단에서 요양급여비용을 지급받을 경우에는 사기죄가 성립한다. 이 경우 의료기관의 개설인인 비의료인이 개설 명의를 빌려준 의료인으로 하여금 환자들에게 요양급여를 제공하게 하였다 하여도 마찬가지이다. (대법원 2015. 7. 9. 선고 2014도11843 판결, 대법원 2016. 3. 24. 선고 2014도13649 판결)

참고 이 경우, 사기죄의 피해자는 국민건강보험공단이다.

비교 기망행위에 의하여 조세를 포탈하거나 조세의 환급·공제를 받는 경우 – 사기죄 ×
기망행위에 의하여 조세를 포탈하거나 조세의 환급·공제를 받은 경우에는 조세범처벌법 제9조에서 이러한 행위를 처벌하는 규정을 별도로 두고 있을 뿐만 아니라, 조세를 강제적으로 징수하는 국가 또는 지방자치단체의 직접적인 권력작용을 사기죄의 보호법익인 재산권과 동일하게 평가할 수 없는 것이므로 조세범처벌법 위반죄가 성립함은 별론으로 하고, 형법상 사기죄는 성립하지 않는다. 한편 주유소 운영자가 농·어민 등에게 조세특례제한법에 정한 면세유를 공급한 것처럼 위조한 면세유류공급확인서로 정유회사를 기망하여 면세유를 공급받음으로써 면세유와 정상유의 가격 차이 상당의 이득을 취득한 사안에서, 정유회사에 대하여 사기죄를 구성하는 것은 별론으로 하고, 국가 또는 지방자치단체를 기망하여 국세 및 지방세의 환급세액 상당을 편취한 것으로 볼 수 없다고 한 사례. (대법원 2008. 11. 27. 선고 2008도7303 판결)

비교 피고인이 담당 공무원을 기망하여 납부의무가 있는 농지보전부담금을 면제받음 – 사기죄 ×
기망행위에 의하여 국가적 또는 공공적 법익을 침해하는 경우라도 그와 동시에 형법상 사기죄의 보호법익인 재산권을 침해하는 것과 동일하게 평가할 수 있는 때에는 행정법규에서 사기죄의 특별관계에 해당하는 처벌규정을 별도로 두고 있지 않는 한 사기죄가 성립할 수 있다. 그런데 중앙행정기관의 장, 지방자치단체의 장 등 법률에 따라 금전적 부담의 부과권한을 부여받은 자(이하 '부과권자'라 한다)가 재화 또는 용역의 제공과 관계없이 특정 공익사업과 관련하여 권력작용으로 부담금을 부과하는 것은 일반 국민의 재산권을 제한하는 침해행정에 속한다. 이러한 침해행정 영역에서 일반 국민이 담당 공무원을 기망하여 권력작용에 의한 재산권 제한을 면하는 경우에는 부과권자의 직접적인 권력작용을 사기죄의 보호법익인 재산권과 동일하게 평가할 수 없는 것이므로, 행정법규에서 그러한 행위에 대한 처벌규정을 두어 처벌함은 별론으로 하고, 사기죄는 성립할 수 없다. (대법원 2019. 12. 24. 선고 2019도2003 판결)

참고 2008도7303 판결과 달리 정유회사에 대한 사기죄로 기소한 2006도6687 판결의 경우 사기죄가 인정되었다.

판례 비의료인이 의료인 명의로 개설한 의료기관이 보험회사 등에 자동차손해배상보장법에 따라 자동차보험진료수가를 청구 – 사기죄(기망) ×
개설자격이 없는 비의료인이 의료법 제33조 제2항을 위반하여 개설한 의료기관이라고 하더라도, 면허를 갖춘 의료인을 통해 피해자에 대한 진료가 이루어지고 보험회사 등에 자동차손해배상 보장법에 따라 자동차보험진료수가를 청구한 것이라면 보험회사 등으로서는 특별한 사정이 없는 한 그 지급을 거부할 수 없다고 보아야 한다. 따라서 피해자를 진료한 의료기관이 위 의료법 규정에 위반되어 개설된 것이라는 사정은 피해자나 해당 의료기관에 대한 보험회사 등의 자동차보험진료수가 지급의무에 영향을 미칠 수 있는 사유가 아니어서, 해당 의료기관이 보험회사 등에 이를 고지하지 아니한 채 그 지급을 청구하였다고 하여 사기죄에서 말하는 기망이 있다고 볼 수는 없다. (대법원 2018. 4. 10. 선고 2017도17699 판결)

판례 비의료인이 의료인 명의로 개설한 의료기관이 진료사실증명 등을 발급해 줌으로써 위 의료기관에서 치료를 받은 교통사고 환자들로 하여금 보험회사들로부터 실손의료비를 지급받게 함 – 사기죄(기망) ✕

상법 제737조, 제739조의2, 제739조의3의 규정과 실손의료보험이 보험회사가 피보험자의 질병 또는 상해로 인한 의료비 상당의 손해를 보상하는 것을 내용으로 한다는 점을 종합해 보면, 실손의료보험에는 상법상 상해보험에 관한 규정이 준용되고, 그 경우 인보험인 상해보험에서와 마찬가지로 실손의료보험에서도 보험사고가 발생하면 보험수익자만이 보험회사에 대해 실손의료비 청구권을 행사할 수 있다고 보아야 한다. 반면 피보험자를 진료한 의료기관으로서는 피보험자나 보험수익자로부터 그에 따른 진료비를 지급받을 수 있고, 경우에 따라 보험수익자의 청구에 응하여 진료사실증명 등을 발급해 줌으로써 단순히 그 보험금 청구 절차를 도울 수 있을 뿐이다. 따라서 특별한 사정이 없는 한 피보험자를 진료한 의료기관이 의료법 제33조 제2항에 위반되어 개설된 것이라는 사정은 해당 피보험자에 대한 보험회사의 실손의료비 지급의무에 영향을 미칠 수 있는 사유가 아니라고 보아야 하고, 설령 해당 의료기관이 보험회사 등에 이를 고지하지 아니한 채 보험수익자에게 진료사실증명 등을 발급해 주었다 하더라도, 그러한 사실만으로는 사기죄에서 말하는 기망이 있다고 볼 수는 없다. (대법원 2018. 4. 10. 선고 2017도17699 판결)

판례 의료인이 다른 의료인 명의로 개설한 의료기관이 국민건강보험공단에 요양급여비용의 지급청구 – 사기죄(기망) ✕

비록 의료법 제4조 제2항은 '의사, 치과의사, 한의사 또는 조산사'(이하 '의료인'이라 한다)가 다른 의료인의 명의로 의료기관을 개설하거나 운영하는 행위를 제한하고 있으나, 이를 위반하여 개설·운영되는 의료기관도 의료기관 개설이 허용되는 의료인에 의하여 개설되었다는 점에서 제4조 제2항이 준수된 경우와 본질적 차이가 있다고 볼 수 없다. 또한 의료인이 다른 의료인의 명의로 의료기관을 개설·운영하면서 실시한 요양급여도 국민건강보험법에서 정한 요양급여의 기준에 부합하지 않는 등의 다른 사정이 없는 한 정상적인 의료기관이 실시한 요양급여와 본질적인 차이가 있다고 단정하기 어렵다. 의료법이 의료인의 자격이 없는 일반인이 제33조 제2항을 위반하여 의료기관을 개설한 경우와 달리, 제4조 제2항을 위반하여 의료기관을 개설·운영하는 의료인에게 고용되어 의료행위를 한 자에 대하여 별도의 처벌규정을 두지 아니한 것도 이를 고려한 것으로 보인다.

따라서 의료인으로서 자격과 면허를 보유한 사람이 의료법에 따라 의료기관을 개설하여 건강보험의 가입자 또는 피부양자에게 국민건강보험법에서 정한 요양급여를 실시하고 국민건강보험공단으로부터 요양급여비용을 지급받았다면, 설령 그 의료기관이 다른 의료인의 명의로 개설·운영되어 의료법 제4조 제2항을 위반하였더라도 그 자체만으로는 국민건강보험법상 요양급여비용을 청구할 수 있는 요양기관에서 제외되지 아니하므로, 달리 요양급여비용을 적법하게 지급받을 수 있는 자격 내지 요건이 흠결되지 않는 한 국민건강보험공단을 피해자로 하는 사기죄를 구성한다고 할 수 없다. (대법원 2019. 5. 30. 선고 2019도1839 판결)

참고 비의료인의 의료인 명의 의료기관 개설(의료법 제33조 제2항 위반)의 경우 처벌규정이 있지만, 의료인

의 다른 의료인 명의 의료기관 개설(의료법 제4조 제2항 위반)의 경우 처벌규정이 없다.[75]

판례 의사가 전화진찰 하였음에도 내원진찰로 가장하여 국민건강보험공단에 요양급여비용의 지급청구 – 사기죄(기망) ○ (대법원 2013. 4. 26. 선고 2011도10797 판결)

참고 내원진찰만이 요양급여 대상이고, 전화진찰은 요양급여 대상이 아니었다.

판례 의사 甲이 가짜 환자들의 입원을 허가하여 형식상 입원치료를 받도록 하고 입원확인서를 발급하여 주어 가짜 환자들이 보험금 수령함 – 甲 사기방조죄 ○ (대법원 2006. 1. 12. 선고 2004도6557 판결)

판례 의료기관이 보험회사가 진료수가를 삭감할 것을 미리 예상하고, 허위로 과다하게 진료수가를 청구 – 사기죄 ○ (대법원 2008. 2. 29. 선고 2006도5945 판결)

아. 불법원인급여

① 불법원인급여물 편취가 사기죄에 해당하는지 문제되는데 판례는 긍정한다. ② 불법원인급여물에 대한 횡령이 부정되는 것과 구별해야 한다. ① 사기의 경우, 기망을 통해 범인이 불법원인급여물을 취득하는 것이기 때문에 죄책이 인정된다. ② 반면 횡령의 경우, 이미 취득하여 범인의 소유가 되어버린 불법원인급여물을 횡령하는 것이기 때문에 죄책이 부정된다.

판례 불법원인급여에 대한 사기죄 ○
민법 제746조의 불법원인급여에 해당하여 급여자가 수익자에 대한 반환청구권을 행사할 수 없다고 하더라도, 수익자가 기망을 통하여 급여자로 하여금 불법원인급여에 해당하는 재물을 제공하도록 하였다면 사기죄가 성립한다. 피고인이 피해자 공소외인으로부터 도박자금으로 사용하기 위하여 금원을 차용하였더라도 사기죄의 성립에는 영향이 없다. (대법원 2006. 11. 23. 선고 2006도6795 판결)

판례 甲이 乙에게 '대법관 로비자금 1.5억 빌려달라'고 하자, 乙이 액면금 1.5억 약속어음 1매를 교부하였는데 甲이 1천만 원만 변호사 선임비로 쓰고 나머지는 개인사용 – 사기죄 ○ (대법원 1995. 9. 15. 선고 95도707 판결)

---

75 **의료법 제33조(개설 등)** ② 다음 각 호의 어느 하나에 해당하는 자가 아니면 의료기관을 개설할 수 없다. 이 경우 의사는 종합병원·병원·요양병원·정신병원 또는 의원을, 치과의사는 치과병원 또는 치과의원을, 한의사는 한방병원·요양병원 또는 한의원을, 조산사는 조산원만을 개설할 수 있다. 1. 의사, 치과의사, 한의사 또는 조산사 2. 국가나 지방자치단체 3. 의료업을 목적으로 설립된 법인(이하 "의료법인"이라 한다) … (이하 생략)
의료법 제87조(벌칙) 제33조제2항을 위반하여 의료기관을 개설하거나 운영하는 자는 10년 이하의 징역이나 1억원 이하의 벌금에 처한다.
의료법 제4조(의료인과 의료기관의 장의 의무) ② 의료인은 다른 의료인 또는 의료법인 등의 명의로 의료기관을 개설하거나 운영할 수 없다.

3. 착오의 야기

행위자의 기망행위로 인하여 피기망자에게 착오가 야기되어야 한다. 착오란 인식과 현실의 불일치를 의미한다.

> **[판례]** 차용금의 용도·변제계획에 관해 진실에 반하는 사실을 고지하여 금전을 교부받음 – 사기죄 ○
> 타인으로부터 금전을 차용함에 있어서 그 차용한 금전의 용도나 변제할 자금의 마련방법에 관하여 사실대로 고지하였더라면 상대방이 응하지 않았을 경우에 그 용도나 변제자금의 마련방법에 관하여 진실에 반하는 사실을 고지하여 금전을 교부받은 경우에는 사기죄가 성립하고, 이 경우 차용금채무에 대한 담보를 제공하였다는 사정만으로는 결론을 달리 할 것은 아니다. (대법원 2005. 9. 15. 선고 2003도5382 판결)
>
> **[동지]** 창업자금 대출금의 용도에 관해 진실에 반하는 사실을 고지하고 보증신청 – 사기죄 ○
> 명의상의 학원 원장에 불과한 자가 외환위기 후 신규창업 자금을 지원하기 위한 생계형 창업특별보증제도의 목적 및 대출금의 용도에 반하여 창업자금 대출금 중 일부를 개인적인 용도로 사용할 생각이었음에도 불구하고 이를 속이고 위 대출금을 위 학원 운전자금 용도로 사용하겠다면서 보증을 신청한 행위가 사기죄의 기망행위에 해당한다고 한 사례. (대법원 2003. 12. 12. 선고 2003도4450 판결)
>
> **[동지]** 전업농 육성 정책자금인 농지구입자금 융자금 용도에 관해 거짓 고지하고 융자신청 – 사기죄 ○ (대법원 2005. 5. 26. 선고 2002도5566 판결)
>
> **[동지]** 甲이 '돈을 빌려주면 접대비로 써 개발제한구역 해제받고 토지소유자로부터 커미션 받아 돈을 갚겠다'고 거짓 고지하고 돈을 받아 생활비에 씀 – 사기죄 ○ (대법원 1996. 2. 27. 선고 95도2828 판결)

기망행위와 착오 사이에는 인과관계가 있어야 한다. 관련 판례를 살펴본다.

> **[판례]** 기망행위 → 착오 → 재물·이익 공여 사이에는 인과관계 필요함
> 사기죄는 타인을 기망하여 착오에 빠뜨리고 처분행위를 유발하여 재물을 교부받거나 재산상 이익을 얻음으로써 성립하는 것으로, 기망행위와 상대방의 착오 및 재물의 교부 또는 재산상 이익의 공여 사이에 순차적인 인과관계가 있어야 한다. (대법원 2017. 12. 5. 선고 2017도14423 판결, 대법원 2009. 6. 23. 선고 2008도1697 판결, 대법원 2011. 10. 13. 선고 2011도8829 판결) **표준**
>
> **[판례]** 피고인이 자신의 변제능력 없음을 알고 있는 금융기관에 대하여 '변제기 안에 갚겠다' 말하자 이 말만을 그대로 믿고 대출해줌 – 사기죄(인과) ×
> 일반 사인이나 회사가 금원을 대여한 경우와는 달리 전문적으로 대출을 취급하면서 차용인에 대한 체계적인 신용조사를 행하는 금융기관이 금원을 대출한 경우에는, 비록 대출 신청 당시 차용인에게 변제기 안에 대출금을 변제할 능력이 없었고, 금융기관으로서 자체 신용조사 결과에는 관계없이 '변제기 안에 대출금을 변제하겠다'는 취지의 차용인 말만을 그대로 믿고 대출하였다고 하더라도, 차용인의 이러한 기망행위와 금융기관의 대출행위 사이에 인과관계를 인정할 수는 없다 할 것이다. (대법원 2000. 6. 27. 선고 2000도1155 판결)

금융기관의 재무상태 등에 대한 실사에 과실이 있더라도 사기죄 성립할 수 있음

대부업자가 대출 당시 대출금채무를 변제할 의사나 능력이 없음에도 있는 것처럼 새마을금고를 기망하여 이에 속은 새마을금고로부터 대출금을 편취하였고 그 편취의 범의도 인정된다고 보아, 위 대출이 새마을금고의 재무상태 등에 대한 실사를 거쳐 실행됨으로써 새마을금고가 위 대출이 가능하다는 착오에 빠지는 원인 중에 새마을금고 측의 과실이 있더라도 사기죄의 성립이 인정된다. (대법원 2009. 6. 23. 선고 2008도1697 판결)

4. 처분행위

처분행위란 재산상의 손해를 초래하는 작위 또는 부작위를 말한다.

판례 처분행위의 기능과 의미

사기죄에서 처분행위는, 행위자의 기망행위에 의한 피기망자의 착오와 행위자 등의 재물 또는 재산상 이익의 취득이라는 최종적 결과를 중간에서 매개·연결하는 한편, 착오에 빠진 피해자의 행위를 이용하여 재산을 취득하는 것을 본질적 특성으로 하는 사기죄와 피해자의 행위에 의하지 아니하고 행위자가 탈취의 방법으로 재물을 취득하는 절도죄를 구분하는 역할을 한다. 처분행위가 갖는 이러한 역할과 기능을 고려하면, 피기망자의 의사에 기초한 어떤 행위를 통해 행위자 등이 재물 또는 재산상의 이익을 취득하였다고 평가할 수 있는 경우라면, 사기죄에서 말하는 처분행위가 인정된다. (대법원 2017. 2. 16. 선고 2016도13362 전원합의체 판결, 대법원 2018. 8. 1. 선고 2018도7030 판결)

판례 부동산 소유자가 가등기권자를 기망하여 가등기를 말소 – 사기죄(처분) ○

부동산 위에 소유권이전청구권 보전의 가등기를 마친 자가 그 가등기를 말소하면 부동산 소유자는 가등기의 부담이 없는 부동산을 소유하게 되는 이익을 얻게 되는 것이므로, 가등기를 말소하는 것 역시 사기죄에서 말하는 재산적 처분행위에 해당하고, 설령 그 후 위 가등기에 의하여 보전하고자 하였던 소유권이전청구권이 존재하지 않아 위 가등기가 무효임이 밝혀졌다고 하더라도 가등기의 말소로 인한 재산상의 이익이 없었던 것으로 볼 수 없다. (대법원 2008. 1. 24. 선고 2007도9417 판결)

판례 피해자 甲은 매장에서 지갑을 떨어뜨렸는데, 10분쯤 후 피고인이 같은 매장에서 물건을 구매한 뒤, 지갑을 발견하여 습득한 매장 주인 乙로부터 '이 지갑이 선생님 지갑이 맞느냐'는 질문을 받자 '내 것이 맞다'라고 답한 후 지갑을 교부받아 가지고 감 – 사기죄(처분) ○

을은 지갑을 습득하여 진정한 소유자에게 돌려주어야 하는 지위에 있으므로 갑을 위하여 이를 처분할 수 있는 권능을 갖거나 그 지위에 있었으며, 이러한 처분 권능과 지위에 기초하여 지갑의 소유자라고 주장하는 피고인에게 지갑을 교부하였고 이를 통해 피고인이 지갑을 취득하여 자유로운 처분이 가능한 상태가 되었으므로, 을의 행위는 사기죄에서 말하는 처분행위에 해당하고 피고인의 행위를 절취행위로 평가할 수 없다. (대법원 2022. 12. 29. 선고 2022도12494 판결)

판례 피고인이 배당이의 소송 1심에서 패소하고 항소한 자를 기망하여 항소를 취하케 함 – 사기죄(처분) ○

배당이의 소송의 제1심에서 패소판결을 받고 항소한 자가 그 항소를 취하하면 그 즉시 제1심판결이 확정되고 상대방이 배당금을 수령할 수 있는 이익을 얻게 되는 것이므로 위 항소를 취하하는 것 역시 사기

죄에서 말하는 재산적 처분행위에 해당한다고 할 것이다. (대법원 2002. 11. 22. 선고 2000도4419 판결)

[판례] 피고인이 甲에게 사업자등록 명의 빌려주면 세금·채무는 피고인이 부담하겠다 말하고 호텔을 운영하였으나, ① 甲에게 조세부과처분이 내려지고 ② 甲 명의의 채무가 발생한 경우 – 사기죄(처분) ✕
피고인이 甲에게 사업자등록 명의를 빌려주면 세금이나 채무는 모두 자신이 변제하겠다고 속여 그로부터 명의를 대여받아 호텔을 운영하면서 甲으로 하여금 호텔에 관한 각종 세금 및 채무 등을 부담하게 함으로써 재산상 이익을 편취하였다는 내용으로 기소된 사안에서, 甲이 명의를 대여하였다는 것만으로 피고인이 위와 같은 채무를 면하는 재산상 이익을 취득하는 甲의 재산적 처분행위가 있었다고 보기 어렵다. (대법원 2012. 6. 28. 선고 2012도4773 판결)

해설 ① 조세: 타인 명의로 사업자등록을 하고 사업을 영위한 경우, 실제 사업자 아닌 명의자에 대한 조세부과처분은 위법하다. 과세관청은 거래가 사실상 귀속되는 실제 사업자를 납세의무자로 한다는 실질과세 원칙에 따라 실제 사업자에게 과세할 수 있다. ② 채무: 타인에게 사업자등록 명의를 대여한 경우 그 명의대여자는 상법 제24조에 의해 자기를 영업주로 오인하여 거래한 제3자에 대하여 그 타인과 연대하여 변제할 책임을 지기는 하나, 이러한 명의대여자의 책임은 명의자를 사업주로 오인하여 거래한 제3자를 보호하기 위한 법정책임인 것이지, 명의대여자가 거래 상대방에게 채무부담을 하기로 하는 내용의 법률행위 등 처분행위에 기한 책임은 아니다. → 甲이 사업자명의를 빌려준 행위가 피고인에 대한 처분행위라고 볼 수 없다.

[판례] 금괴무역상 甲은 운반책인 피고인에게 금괴를 나누어 허리에 차게 한 후 이들을 감시하며 비행기 탑승장으로 이동하였는데, 피고인이 화장실이 급하다 거짓말을 하여 금괴를 빼돌리고 여전히 허리에 차고 있는 것처럼 행동하였음 – 사기죄(처분) ✕
재물에 대한 사기죄에 있어서 처분행위란, 범인의 기망에 따라 피해자가 착오로 재물에 대한 사실상의 지배를 범인에게 이전하는 것을 의미하므로, 외관상 재물의 교부에 해당하는 행위가 있었다고 하더라도, 재물이 범인의 사실상의 지배 아래에 들어가 그의 자유로운 처분이 가능한 상태에 놓이지 않고 여전히 피해자의 지배 아래에 있는 것으로 평가된다면, 그 재물에 대한 처분행위가 있었다고 볼 수 없다. (대법원 2018. 8. 1. 선고 2018도7030 판결)

해설 운반책들이 무역상의 금괴 교부 행위로 인하여 금괴에 대한 사실상의 지배를 취득하였다고 보기 어렵다. "위와 같은 이동 과정에서 운반책들이 피해자의 눈을 피해 금괴를 2차 운반책들에게 전달하기 전까지 금괴는 아직 피해자의 지배하에 있었고, 2차 운반책들에 대한 금괴 전달행위로 인하여 그 점유 또는 사실상의 지배가 범인들에게 이전되었다고 할 수 있다. 결국, 운반책들이 피해자로부터 금괴를 교부받은 것만으로는 범인들의 편취의사에 기초하여 피해자의 재물을 취득한 것으로 볼 수 없다."는 판시로 미루어 보아 절도죄로는 의율 가능할 것으로 보인다.

[판례] 피고인이 피해자들을 기망하여 이자 지급 약정하에 대여금을 교부받았으나 이자를 지급하지 않음 – ① 대여금 부분 – 사기죄(처분) ◯ ② 이자 부분 – 사기죄(처분) ✕
피고인이 피해자들을 기망하여 투자금 명목의 돈을 편취하는 과정에서 이자 지급 약정하에 대여금을 교부받았으나 이자를 지급하지 않은 사안에서, 위 이자 부분에 대해서도 사기죄가 성립하기 위하여는 피고인의 기망행위로 인해 이자 부분에 관한 별도의 처분행위가 있어야 하는데, 이에 대하여 피해자들의 처분행위가 있었다고 단정할 자료가 없는데도, 피고인의 기망행위와 위 이자 발생 사이에 인과관계를 인정하여 유죄를 인정한 원심판단에 심리미진이나 채증법칙 위반 또는 법리오해의 위법이 있다고 한 사례. (대법원 2011. 4. 14. 선고 2011도769 판결)

부작위에 의한 처분행위를 따로 살펴보자. 피기망자(피해자)가 기망행위에 속아 청구권의 존재 자체를 몰라 청구권을 행사하지 못한 경우, 부작위에 의한 처분행위가 인정된다.

[판례] 출판사 경영자인 피고인이 작가에게 판매부수를 속이고 지급하여야 할 인세 중 일부만을 지급 – 사기죄(처분) ○

출판사 경영자가 출고현황표를 조작하는 방법으로 실제출판부수를 속여 작가에게 인세의 일부만을 지급한 사안에서, 작가가 나머지 인세에 대한 청구권의 존재 자체를 알지 못하는 착오에 빠져 이를 행사하지 아니한 것이 사기죄에 있어 부작위에 의한 처분행위에 해당한다고 본 사례. (대법원 2007. 7. 12. 선고 2005도9221 판결)

[비교] 甲은 乙로부터 토지 매도를 위임받고 그 토지를 丙에게 60만원에 매도하였음에도, 乙에게 30만원에 매도했다며 30만원 만을 교부함 – ① 사기죄 × ② 횡령죄 ○

자기가 점유하는 타인의 재물을 횡령하기 위하여 기망수단을 쓴 경우에는 피기망자에 의한 재산처분행위가 없으므로 일반적으로 횡령죄만 성립되고 사기죄는 성립되지 아니한다. … (중략) … 피고인이 이중 금 300,000원을 영득하기 위하여 금 300,000원에 매각하였다고 피해자를 기망하여 금 300,000원만 위탁자에 교부하고 나머지 금 300,000원을 불법영득하였어도 피해자에 있어 그 300,000원을 초과하여 매각하여도 그 초과분에 대한 청구권을 포기한다는 재산적 처분행위를 아니한 본건에 있어서는 사기죄로 단죄할 수 없다. (대법원 1980. 12. 9. 선고 80도1177 판결)

[판례] 동업자 甲이 동업에 필요한 권리금을 자신이 납부한 것처럼 허위 사용내역서를 다른 동업자 乙에게 작성·교부하여 출자금 지급을 면제받으려 함 – 사기미수죄(처분) ○

피고인이 점포에 대한 권리금을 지급한 것처럼 허위의 사용내역서를 작성·교부하여 동업자들을 기망하고 출자금 지급을 면제받으려 하였으나 미수에 그친 사안에서, 동업자들이 피고인에 대한 출자의무를 명시적으로 면제하지 않았더라도, 착오에 빠져 이를 면제해 주는 결과에 이를 수 있어, 이는 부작위에 의한 처분행위에 해당한다고 한 사례 (대법원 2009. 3. 26. 선고 2008도6641 판결)

처분행위와 관련된 중요쟁점인 '인장사취'와 '서명사취' 사안을 따로 살펴보자.[76]

---

76 이하 김일연, "판례평석: 사기죄와 피기망자의 처분의사", 법률신문 2017. 4. 3.을 참고하였음.

📑 중요쟁점: 인장사취 vs 서명사취

	개념	사기죄 성부	결론
인장사취	용도 등을 속여 피해자로부터 인장(도장) 등을 교부받은 후 임의로 피해자 명의의 처분문서를 위조하고 이를 바탕으로 등기를 경료하는 행위	① 피해자 • 처분행위 × ② 피기망자(등기공무원) • 처분권한 × → 사기죄 ×	① 사기죄 × ② 사문서위조 및 동행사죄 ○ ③ 공정증서원본불실기재 및 동행사죄 ○
서명사취	서류의 의미·용도를 속인 뒤 피해자로 하여금 처분문서에 직접 서명·날인케하여 처분문서를 확보하고 이를 바탕으로 등기를 경료하는 행위	피해자(=피기망자) • 처분행위 ○ → 사기죄 ○	① 사기죄 ○ ② 사문서위조 및 동행사죄 ○ ③ 공정증서원본불실기재 및 동행사죄 ○ (②·③ 성부에 대해서는 견해대립 있음)

[판례] 인장사취 – ① 사기죄 × ② 사문서위조 및 동행사죄 ○ ③ 공정증서원본불실기재 및 동행사죄 ○ 타인 명의의 등기서류를 위조하여 등기공무원에게 제출함으로써 피고인 명의로 소유권이전등기를 마쳤다고 하여도 피해자의 처분행위가 없을 뿐 아니라 등기공무원에게는 위 부동산의 처분권한이 있다고 볼 수 없어 사기죄가 성립하지 않는다. (대법원 1981. 7. 28. 선고 81도529 판결, 대법원 1982. 2. 9. 선고 81도944 판결)

[동지] 인장사취
토지의 일부만을 매수한 자가 그 부분만을 분할 이전하겠다고 거짓말하여 소유자로부터 인장을 교부받아 토지전부에 관하여 소유권이전등기를 필한 경우에는 매수하지 아니한 부분에 관한 등기에 대하여는 위 소유자의 처분 행위가 없었을 뿐만 아니라 등기 공무원에게는 그 처분권한이 있다고 볼 수 없어 사기죄가 성립하지 않는다. (대법원 1982. 3. 9. 선고 81도1732 판결)

[동지] 인장사취
피고인이 피해자에게 부동산매도용인감증명 및 등기의무자본인확인서면의 진실한 용도를 속이고 그 서류들을 교부받아 피고인 등 명의로 위 부동산에 관한 소유권이전등기를 경료하였다 하여도 피해자의 위 부동산에 관한 처분행위가 있었다고 할 수 없을 것이고 따라서 사기죄를 구성하지 않는다. (대법원 2001. 7. 13. 선고 2001도1289 판결)

[동지] 인장사취 유사사례
양도증서 등 특허 관련 명의변경 서류를 위조하여 일본국 특허청 공무원에게 제출함으로써 특허의 출원자를 자신의 명의로 변경한 사안에서, 특허권에 관한 처분행위가 있었다고 볼 수 없으므로 사기죄를 구성하지 않는다고 한 사례 (대법원 2007. 11. 16. 선고 2007도3475 판결)

[판례] (서명사취) 처분의사는 피기망자가 어떠한 행위를 한다는 인식으로 족하고, 행위의 결과에 대한 인식까지 요하지는 않음 → 부동산 소유자에게 용도를 속인 뒤 처분문서에 직접 서명·날인케하여 처분문서를 확보하는 경우 – 사기죄 ○
사기죄에서 피기망자의 처분의사는 기망행위로 착오에 빠진 상태에서 형성된 하자 있는 의사이므로 불

완전하거나 결함이 있을 수밖에 없다. 처분행위의 법적 의미나 경제적 효과 등에 대한 피기망자의 주관적 인식과 실제로 초래되는 결과가 일치하지 않는 것이 오히려 당연하고, 이 점이 사기죄의 본질적 속성이다. 따라서 처분의사는 착오에 빠진 피기망자가 어떤 행위를 한다는 인식이 있으면 충분하고, 그 행위가 가져오는 결과에 대한 인식까지 필요하다고 볼 것은 아니다. … (중략) … 비록 피기망자가 처분행위의 의미나 내용을 인식하지 못하였더라도, 피기망자의 작위 또는 부작위가 직접 재산상 손해를 초래하는 재산적 처분행위로 평가되고, 이러한 작위 또는 부작위를 피기망자가 인식하고 한 것이라면 처분행위에 상응하는 처분의사는 인정된다. 다시 말하면 피기망자가 자신의 작위 또는 부작위에 따른 결과까지 인식하여야 처분의사를 인정할 수 있는 것은 아니다.

서명사취 사안에서 피기망자가 처분문서의 내용을 제대로 인식하지 못하고 처분문서에 서명 또는 날인함으로써 내심의 의사와 처분문서를 통하여 객관적·외부적으로 인식되는 의사가 일치하지 않게 되었더라도, 피기망자의 행위에 의하여 행위자 등이 재물이나 재산상 이익을 취득하는 결과가 초래되었다고 할 수 있는 것은 그러한 재산의 이전을 내용으로 하는 처분문서가 피기망자에 의하여 작성되었다고 볼 수 있기 때문이다. 이처럼 피기망자가 행위자의 기망행위로 인하여 착오에 빠진 결과 내심의 의사와 다른 효과를 발생시키는 내용의 처분문서에 서명 또는 날인함으로써 처분문서의 내용에 따른 재산상 손해가 초래되었다면 그와 같은 처분문서에 서명 또는 날인을 한 피기망자의 행위는 사기죄에서 말하는 처분행위에 해당한다. 아울러 비록 피기망자가 처분결과, 즉 문서의 구체적 내용과 법적 효과를 미처 인식하지 못하였더라도, 어떤 문서에 스스로 서명 또는 날인함으로써 처분문서에 서명 또는 날인하는 행위에 관한 인식이 있었던 이상 피기망자의 처분의사 역시 인정된다.

피고인 등이 토지의 소유자이자 매도인인 피해자 갑 등에게 토지거래허가 등에 필요한 서류라고 속여 근저당권설정계약서 등에 서명·날인하게 하고 인감증명서를 교부받은 다음, 이를 이용하여 갑 등의 소유 토지에 피고인을 채무자로 한 근저당권을 을 등에게 설정하여 주고 돈을 차용하는 방법으로 재산상 이익을 취득하였다고 하여 특정경제범죄 가중처벌 등에 관한 법률 위반(사기) 및 사기로 기소된 사안에서, 갑 등은 피고인 등의 기망행위로 착오에 빠진 결과 토지거래허가 등에 필요한 서류로 잘못 알고 처분문서인 근저당권설정계약서 등에 서명 또는 날인함으로써 재산상 손해를 초래하는 행위를 하였으므로 갑 등의 행위는 사기죄에서 말하는 처분행위에 해당하고, 갑 등이 비록 자신들이 서명 또는 날인하는 문서의 정확한 내용과 문서의 작성행위가 어떤 결과를 초래하는지를 미처 인식하지 못하였더라도 토지거래허가 등에 관한 서류로 알고 그와 다른 근저당권설정계약에 관한 내용이 기재되어 있는 문서에 스스로 서명 또는 날인함으로써 그 문서에 서명 또는 날인하는 행위에 관한 인식이 있었던 이상 처분의사도 인정됨에도, 갑 등에게 그 소유 토지들에 근저당권 등을 설정하여 줄 의사가 없었다는 이유만으로 갑 등의 처분행위가 없다고 보아 공소사실을 무죄로 판단한 원심판결에 사기죄의 처분행위에 관한 법리오해의 잘못이 있다고 한 사례. (대법원 2017. 2. 16. 선고 2016도13362 전원합의체 판결) **표준 해설** 처분행위가 인정되려면 처분의사가 있어야 하는데, 대법원은 그 처분의사의 의미를 '처분결과(문서의 구체적 내용과 그 법적 효과)에 대한 인식'으로 보지 않고, '어떤 처분문서에 서명 또는 날인한다는 인식'으로 보아 그 견해를 변경하였다.

사기죄 이외에도 사문서위조 및 동행사가 성립한다.[77] "명의인을 기망하여 문서를 작성케 하는 경우는 서명,

---

77 김일연, "판례평석: 사기죄와 피기망자의 처분의사", 법률신문 2017. 4. 3. 역시 동지이다.

날인이 정당히 성립된 경우에도 기망자는 명의인을 이용하여 서명 날인자의 의사에 반하는 문서를 작성케 하는 것이므로 사문서위조죄가 성립한다."는 2000도778 판결이 적용될 것이다. 공전자기록등불실기재 및 동행사죄 성립은 당연하다.

참고 '처분행위'에 대한 대법원의 오랜 입장을 전향적으로 변경한 판례이기 때문에 변경범위가 어디까지인지에 관한 견해 대립이 있다. 대표적으로 대법원 90도2037 판결이 변경된 것인지 문제될 수 있다. 당시 대법원은 "한문 판독능력이 없는 피해자에게 백미 100가마를 변제한다면서 백미 10가마의 보관증을 백미 100가마의 보관증이라고 속여 교부한 행위"의 경우 피해자의 처분행위가 없었기에 사기죄가 성립하지 않는다고 보았다. 이제는 사기죄가 성립할까? 단언하기 어렵지만 전합판결의 취지에 따라 사기죄가 성립한다고 보는 것이 타당하다. 수험생 입장에서는 판례의 변경 범위까지 고민할 필요는 없을 것으로 보인다.

5. 재산상 손해

사기죄를 규정하는 형법 제347조는 피해자의 '재산상 손해'를 요건으로 하지 않는다. 판례 역시 사기죄 성립에 재산상 손해를 요구하지 않는다.

판례 사기죄 성립에 '재산상 손해'는 요구되지 않음

사기죄는 타인을 기망하여 그로 인한 하자 있는 의사에 기하여 재물의 교부를 받거나 재산상의 이득을 취득함으로써 성립되는 범죄로서 그 본질은 기망행위에 의한 재산이나 재산상 이익의 취득에 있는 것이고 상대방에게 현실적으로 재산상 손해가 발생함을 요건으로 하지 아니한다. 대출의뢰인들이 그들 명의의 예금통장에서 자동이체 방법으로 대출원리금을 전액 납부하였거나 비교적 장기간에 걸쳐 여러 차례 납부하였다는 점도 사기죄의 성립에 아무런 지장이 없다. (대법원 2004. 4. 9. 선고 2003도7828 판결) **표준**

판례 주유소 운영자 甲이 농민들에게 면세유를 공급한 것처럼 부당하게 발급받은 면세유류공급확인서로 석유정제업자를 기망하여 부가가치세 등에 상당한 석유류 취득 – 사기죄 ○

피고인은 (상호 생략)주유소를 운영하면서 위 주유소에서 농민들에게 면세된 가격으로 석유류를 공급해준 사실이 없음에도 농업협동조합으로부터 면세유류공급확인서를 부당하게 발급받아 이를 이용하여 농민들에게 석유류를 면세된 가격에 공급한 것처럼 현대오일뱅크 주식회사(이하 '현대오일뱅크'라 한다)를 기망하여 위 주유소가 위 회사로부터 석유류를 공급받으면서 부담한 부가가치세나 교통세 등에 상당하는 석유류를 교부받았는바, 피고인이 현대오일뱅크를 기망하여 재물의 교부를 받은 이상 현대오일뱅크에 대하여 사기죄가 성립한다고 할 것이고, 이로 인하여 현대오일뱅크에 현실적으로 재산상 손해가 없다고 하여 달리 볼 것은 아니다. (대법원 2009. 1. 15. 선고 2006도6687 판결)

판례 분식회계 재무제표로 금융기관을 기망하여 대출 받았는데 ① 사전에 충분한 담보를 제공하였거나 ② 사후에 대출금을 상환한 경우 – 사기죄 ○ (대법원 2005. 4. 29. 선고 2002도7262 판결)

---

6. 재물을 교부받거나 재산상 이익을 취득

피기망자의 처분행위로 인하여 자기 또는 제3자가 재산상 이익을 취득하여야 한다. 이미 앞서 많은 판례를 살펴보아 이 부분에서 따로 살펴볼 판례는 많지 않다.

가. 제3자 취득 사기

> **판례** 제3자 취득 사기 – 제3자가 범인의 ① 도구 ② 대리인 ③ 불법영득의사와의 관련성
>
> 범인이 기망행위에 의해 스스로 재물을 취득하지 않고 제3자로 하여금 재물의 교부를 받게 한 경우에 사기죄가 성립하려면, 그 제3자가 범인과 사이에 ① 정을 모르는 도구 또는 ② 범인의 이익을 위해 행동하는 대리인의 관계에 있거나, 그렇지 않다면 ③ 적어도 불법영득의사와의 관련상 범인에게 그 제3자로 하여금 재물을 취득하게 할 의사가 있어야 한다. (대법원 2012. 5. 24. 선고 2011도15639 판결)

> **판례** 甲이 乙에게 이중매도한 택지분양권을 순차 매수한 丙·丁에게 이중매도 사실을 숨긴 채 자신의 명의로 형식적인 매매계약서를 작성해 준 경우 – 甲이 직접 매매대금을 수령하지 않았더라도 순차 매도인들이 이익을 보았으므로 丙·丁에 대한 사기죄 ○
>
> 원심이 확정한 사실관계에 의하여 인정되는 다음과 같은 사정, 즉 이 사건 각 매매계약은 당초 피고인이 이 사건 분양권을 이중으로 매도함으로써 초래된 것이고, 그 각 매매대금을 교부받은 성명불상자나 공소외 1은 피고인과 사이에 직접적 또는 형식적으로 이 사건 분양권에 관한 매매계약을 체결한 자들로서 피고인과 전혀 무관계한 제3자라고는 볼 수 없는 점, 피고인은 그 자신의 의사에 기해 형식상 매도인의 지위에서 피해자들에게 각 매매계약서를 작성해 주었고, 그에 따른 사례금도 수령하였던 점, 만약 피고인이 이 사건 각 매매계약에 협력하지 않았더라면, 그 각 실질적 매도인인 성명불상자나 공소외 1은 공소외 1이나 공소외 2로부터 각 매매대금을 교부받을 수 없었고, 피고인의 협력으로 인하여 결과적으로 각 상당액의 전매차익을 취하게 되었던 점 등을 앞서 본 법리에 비추어 보면, 피고인에게는 이 사건 각 매매계약에 있어 실질적 매도인인 성명불상자나 공소외 1로 하여금 그 각 매매대금을 취득하게 할 의사가 있었다고 볼 여지가 충분하고, 이는 위 각 매매대금 상당의 경제적 이익이 궁극적으로 피고인에게 연결되지 않았다 하여 달리 볼 것도 아니라 할 것이다. (대법원 2009. 1. 30. 선고 2008도9985 판결)

나. 기수·미수

'기망행위'가 있는 때에 사기죄의 착수가 인정된다.

> **판례** 태풍 피해복구보조금 지원받고자 허위 피해신고 – 사기미수죄(착수) ×
>
> 태풍 피해복구보조금 지원절차가 행정당국에 의한 실사를 거쳐 피해자로 확인된 경우에 한하여 보조금 지원신청을 할 수 있도록 되어 있는 경우, 피해신고는 국가가 보조금의 지원 여부 및 정도를 결정함에 있어 그 직권조사를 개시하기 위한 참고자료에 불과하다는 이유로 허위의 피해신고만으로는 위 보조금 편취범행의 실행에 착수한 것이라고 볼 수 없다. (대법원 1999. 3. 12. 선고 98도3443 판결)

동지 허위의 보조금 정산보고서 제출 – 사기미수죄(착수) ×

장애인단체의 지회장이 지방자치단체로부터 보조금을 더 많이 지원받기 위하여 허위의 보조금 정산보고서를 제출한 경우, 보조금 정산보고서는 보조금의 지원 여부 및 금액을 결정하기 위한 참고자료에 불과하고 직접적인 서류라고 할 수 없다는 이유로 보조금 편취범행(기망)의 실행에 착수한 것으로 보기 어렵다. (대법원 2003. 6. 13. 선고 2003도1279 판결)

해설 위 판례들을 '기망행위' 챕터에서 기망행위 부정례로 정리할 수도 있다. '사기죄의 실행에 착수가 없다'는 곧 '기망행위가 없다'와 같은 의미이다.

'재물 교부·재산상 이익 취득'이 이루어지면 사기죄의 기수가 인정된다.

판례 피고인 甲의 주문에 따라 제작된 도자기(甲이 지은 詩가 새겨짐) 중 ① 일부는 실제로 배달되었고 ② 나머지는 피해자가 배달을 위하여 보관 중인 경우 – 사기죄(기수) ○

사기죄에 있어서 '재물의 교부'란 범인의 기망에 따라 피해자가 착오로 재물에 대한 사실상의 지배를 범인에게 이전하는 것을 의미하는데, 재물의 교부가 있었다고 하기 위하여 반드시 재물의 현실의 인도가 필요한 것은 아니고 재물이 범인의 사실상의 지배 아래에 들어가 그의 자유로운 처분이 가능한 상태에 놓인 경우에도 재물의 교부가 있었다고 보아야 할 것이다. (대법원 2003. 5. 16. 선고 2001도1825 판결)

해설 총 5,000개의 도자기는 백두산 미륵불상 건립사업을 홍보하기 위하여 피고인이 지은 시(詩)와 그의 낙관 및 백두산을 배경으로 한 미륵불상 사진 등이 새겨져 있어 피고인 등에게만 소용이 있을 뿐 다른 용도로 사용할 수 없음. 또한 이미 1,600개는 甲 지정대로 배달하였고, 3,400개는 甲이 지정한 배달을 위하여 보관 중임. → 5,000개 모두에 대한 피고인의 사실상 지배 인정되어 사기죄(기수) ○

판례 피고인 甲은 乙의 명의를 빌려 계좌를 개설하고 통장·도장은 乙에게 보관시키고 자신은 그 계좌의 현금인출카드를 소지하고 있었는데, 피고인 甲이 乙을 기망하여 계좌로 돈을 송금 받음 – 사기죄(기수) ○

타인의 명의를 빌려 예금계좌를 개설한 후, 통장과 도장은 명의인에게 보관시키고 자신은 위 계좌의 현금인출카드를 소지한 채, 명의인을 기망하여 위 예금계좌로 돈을 송금하게 한 경우, 자신은 통장의 현금인출카드를 소지하고 있으면서 언제든지 카드를 이용하여 차명계좌 통장으로부터 금원을 인출할 수 있었고, 명의인을 기망하여 위 통장으로 돈을 송금받은 이상, 이로써 송금받은 돈을 자신의 지배하에 두게 되어 편취행위는 기수에 이르렀다고 할 것이고, 이후 편취금을 인출하지 않고 있던 중 명의인이 이를 인출하여 갔다 하더라도 이는 범죄성립 후의 사정일 뿐 사기죄의 성립에 영향이 없다. (대법원 2003. 7. 25. 선고 2003도2252 판결)

다. 편취액 산정

사기죄에서 편취액이 5억 이상이면 특경법에 따라 가중처벌 된다. 이하에서는 편취액 계산에 관한 판례를 살펴본다.

판례 사기죄에서 대가가 일부 지급되거나 담보가 제공된 경우에도, 편취액은 교부 금원 전부임 (대가·담보상당액 공제 ×)

금원 편취를 내용으로 하는 사기죄에서는 기망으로 인한 금원 교부가 있으면 그 자체로써 피해자의 재산침해가 되어 바로 사기죄가 성립하고, 상당한 대가가 지급되었다거나 피해의 전체 재산상에 손해가 없다 하여도 사기죄의 성립에는 영향이 없다. 그러므로 사기죄에서 그 대가가 일부 지급되거나 담보가 제공된 경우에도 편취액은 피해자로부터 교부된 금원으로부터 그 대가 또는 담보 상당액을 공제한 차액이 아니라 교부받은 금원 전부라고 보아야 한다. (대법원 2017. 12. 22. 선고 2017도12649 판결)

판례 甲 은행은 담보물 가액의 50%를 대출하여주는데 피고인이 가액 1억의 물건을 가액 2억이라고 속여 1억원을 대출받은 경우, 편취액은 1억 전부임

담보로 제공할 목적물의 가액을 허위로 부풀려 금융기관으로부터 대출을 받은 경우 그 대출이 기망행위에 의하여 이루어진 이상 그로써 사기죄는 성립하고, 이 경우 사기죄의 이득액에서 담보물의 실제 가액을 전제로 한 대출가능금액을 공제하여야 하는 것은 아니다. (대법원 2019. 4. 3. 선고 2018도19772 판결)

판례 甲이 丙으로부터 대출받고자 乙을 기망하여 乙 소유 부동산에 丙 명의의 근저당권을 설정한 경우, 편취액은 부동산의 시가 범위 내의 채권 최고액

제3자로부터 금원을 융자받거나 물품을 외상으로 공급받을 목적으로 타인을 기망하여 그 타인 소유의 부동산에 제3자 앞으로 근저당권을 설정케 한 자가 그로 인하여 취득하는 재산상 이익은 그 타인 소유의 부동산을 자신의 제3자와의 거래에 대한 담보로 이용할 수 있는 이익이고, 그 가액(이득액)은 원칙적으로 그 부동산의 시가 범위 내의 채권 최고액 상당이다. (대법원 2015. 4. 23. 선고 2014도16980 판결) **표준**

판례 자금중개업자 甲이 대출의뢰인 乙로부터 5억 원을 대출해 달라는 위임을 받았음에도 10억 원의 위임이 있는 것처럼 丙을 기망하여 선이자를 공제한 8억 8천만 원을 교부받은 경우, 편취액은 8억 8천만원 (대법원 2012. 4. 13. 선고 2012도216 판결)

판례 어음·수표 할인에 의한 사기에서 편취액 – ① 어음 액면금 × ② 실제 수령한 현금 ○

어음·수표의 할인에 의한 사기죄에서 피고인이 피해자로부터 수령한 현금액이 피고인이 피해자에게 교부한 어음 등의 액면금보다 적을 경우, 피고인이 취득한 재산상의 이익액은, 당사자가 선이자와 비용을 공제한 현금액만을 실제로 수수하면서도 선이자와 비용을 합한 금액을 대여원금으로 하기로 하고 대여이율을 정하는 등의 소비대차특약을 한 경우 등의 특별한 사정이 없는 한, 위 어음 등의 액면금이 아니라 피고인이 수령한 현금액이다. (대법원 2009. 7. 23. 선고 2009도2384 판결, 대법원 1998. 12. 9. 선고 98도3282 판결)

비교 배임행위를 범하며 대출금·약속어음 할인금에서 선이자 공제한 경우 → 이득액은 대출금·약속어음 액면금 전액 (선이자 공제 ×) (대법원 2004. 7. 9. 선고 2004도810 판결)

판례 부동산 소유권을 편취한 경우 편취액 = 시가 – (근저당권) 채권최고액 내 피담보채무액 – (압류) 집행채권액 – (가압류) 피보전채권액

사람을 기망하여 부동산의 소유권을 이전받거나 제3자로 하여금 이전받게 함으로써 이를 편취한 경우에 특정경제범죄 가중처벌 등에 관한 법률 제3조의 적용을 전제로 하여 그 부동산의 가액을 산정함

에 있어서는, 그 부동산에 아무런 부담이 없는 때에는 그 부동산의 시가 상당액이 곧 그 가액이라고 볼 것이지만, 그 부동산에 근저당권설정등기가 경료되어 있거나 압류 또는 가압류 등이 이루어져 있는 때에는 특별한 사정이 없는 한 아무런 부담이 없는 상태에서의 그 부동산의 시가 상당액에서 근저당권의 채권최고액 범위 내에서의 피담보채권액, 압류에 걸린 집행채권액, 가압류에 걸린 청구금액 범위 내에서의 피보전채권액 등을 뺀 실제의 교환가치를 그 부동산의 가액으로 보아야 한다. (대법원 2007. 4. 19. 선고 2005도7288 전원합의체 판결)

[판례] 투자금 수령 → 이익금 지급 → 투자금 수령 → 이익금 지급한 폰지사기에서 편취액은 투자금의 총합
교부받은 투자금을 피해자들에게 반환하였다가 다시 그 돈을 재투자받는 방식으로 계속적으로 투자금을 수수하였다면 그 각 편취범행으로 교부받은 투자금의 합계액이 특정경제범죄 가중처벌 등에 관한 법률 제3조 제1항 소정의 이득액이 되는 것이지, 반환한 원금 및 수익금을 공제하여 이득액을 산정해야 하는 것은 아니다. (대법원 2006. 5. 26. 선고 2006도1614 판결)

[판례] 현실적 수수 있는 재투자(구매)금액 – 편취액에 포함
재물을 편취한 후 예금계좌 등으로 그 일부를 수당 등의 명목으로 입금해 주어 피해자가 이를 현실적으로 수령한 다음, 일정기간 후 이를 가지고 다시 물품을 구매하는 형식으로 재투자 하였다면, 이는 새로운 법익의 침해가 발생한 경우라고 할 것이어서 그 재구매 금액은 편취액에서 제외할 성질의 것이 아니라고 할 것이다. (대법원 2005. 10. 28. 선고 2005도5774 판결)

[비교] 현실적 수수 없는 재투자금액 – 편취액에서 제외
재물을 편취한 후 현실적인 자금의 수수 없이 형식적으로 기왕에 편취한 금원을 새로이 장부상으로만 재투자 하는 것으로 처리한 경우, 그 재투자금액은 이를 편취액의 합산에서 제외하여야 한다. (대법원 2007. 1. 25. 선고 2006도7470 판결) **표준**

7. 기타

가. 고의

사기죄의 고의에 관한 판례를 살펴본다.

[판례] 변제기일 내 변제의사·변제능력이 없음에도 불구하고 있는 것처럼 가장하여 차용 – 사기죄(고의) ○
사기죄의 주관적 구성요건인 편취의 고의는 피고인이 자백하지 않는 한 범행 전후 피고인의 재력, 환경, 범행의 내용, 거래의 이행과정, 피해자와의 관계 등과 같은 객관적인 사정을 종합하여 판단하여야 한다. 민사상 금전대차관계에서 채무불이행 사실을 가지고 바로 차용금 편취의 고의를 인정할 수는 없으나 피고인이 확실한 변제의 의사가 없거나 또는 차용 시 약속한 변제기일 내에 변제할 능력이 없는 데도 변제할 것처럼 가장하여 금원을 차용한 경우에는 편취의 고의를 인정할 수 있다. (대법원 2018. 8. 1. 선고 2017도20682 판결)
사기죄가 성립하는지는 행위 당시를 기준으로 판단하여야 하므로, 소비대차 거래에서 차주가 돈을 빌릴 당시에는 변제할 의사와 능력을 가지고 있었다면 비록 그 후에 변제하지 않고 있더라도 이는 민사상

채무불이행에 불과하며 형사상 사기죄가 성립하지는 아니한다. 따라서 소비대차 거래에서, 대주와 차주 사이의 친척·친지와 같은 인적 관계 및 계속적인 거래 관계 등에 의하여 대주가 차주의 신용 상태를 인식하고 있어 장래의 변제 지체 또는 변제불능에 대한 위험을 예상하고 있었거나 충분히 예상할 수 있는 경우에는, 차주가 차용 당시 구체적인 변제의사, 변제능력, 차용 조건 등과 관련하여 소비대차 여부를 결정지을 수 있는 중요한 사항에 관하여 허위 사실을 말하였다는 등의 다른 사정이 없다면, 차주가 그 후 제대로 변제하지 못하였다는 사실만을 가지고 변제능력에 관하여 대주를 기망하였다거나 차주에 게 편취의 범의가 있었다고 단정할 수 없다. (대법원 2016. 4. 28. 선고 2012도14516 판결) **표준**

동지 투자약정 당시 투자자로부터 투자금을 지급받아 투자자에게 설명한 투자사업에 사용하더라도 일정 기간 내에 원금을 반환할 의사나 능력이 없음에도 마치 일정 기간 내에 투자자에게 원금을 반환할 것처럼 거짓말을 하고 투자받음 – 사기죄(고의) ○

위 거짓말을 한 경우에는 투자를 받는 사람과 투자자의 관계, 거래의 상황, 투자자의 경험, 지식, 성격, 직업 등 행위 당시의 구체적인 사정에 비추어 투자자가 원금반환 약정을 전적으로 믿고 투자를 한 경우라면 사기죄의 요건으로서 기망행위에 해당할 수 있고, 이때 투자금 약정 당시를 기준으로 피해자로부터 투자금을 편취할 고의가 있었는지 여부를 판단하여야 할 것이다. (대법원 2013. 9. 26. 선고 2013도3631 판결)

동지 파산신청 2년 전부터 불과 40여 일 전까지 여러 사람들로부터 돈을 빌려서 채무변제와 생활비 등으로 사용 – 사기죄(고의) ○ (대법원 2007. 11. 29. 선고 2007도8549 판결)

판례 기업경영자가 파산에 의한 채무불이행 가능성을 인식할 수 있었으나 그 사태를 피할 수 있는 가능성이 있다고 믿었고, 계약이행을 위해 노력할 의사가 있었던 경우 – 사기죄(고의) ×

피해자가 피고인의 신용상태를 인식하고 있어 장래의 변제지체 또는 변제불능에 대한 위험을 예상하고 있거나 예상할 수 있었다면, 피고인이 구체적인 변제의사, 변제능력, 거래조건 등 거래 여부를 결정지을 수 있는 중요한 사항을 허위로 말하였다는 등의 사정이 없는 한, 피고인이 그 후 제대로 변제하지 못하였다는 사실만 가지고 변제능력에 관하여 피해자를 기망하였다거나 사기죄의 고의가 있었다고 단정할 수 없다. 또한 사업의 수행과정에서 이루어진 거래에 있어서 그 채무불이행이 예측된 결과라고 하여 그 기업경영자에 대한 사기죄의 성부가 문제된 경우, 그 거래시점에서 그 사업체가 경영부진 상태에 있었기 때문에 사정에 따라 파산에 이를 수 있다고 예견할 수 있었다는 것만으로 사기죄의 고의가 있다고 단정하는 것은 발생한 결과에 따라 범죄의 성부를 결정하는 것과 마찬가지이다. 따라서 설사 기업경영자가 파산에 의한 채무불이행의 가능성을 인식할 수 있었다고 하더라도 그러한 사태를 피할 수 있는 가능성이 있다고 믿었고, 계약이행을 위해 노력할 의사가 있었을 때에는 사기죄의 고의가 있었다고 단정하여서는 안 된다. (대법원 2016. 6. 9. 선고 2015도18555 판결)

동지 계속적인 물품거래 도중 일시적인 자금 압박으로 물품대금을 지급하지 못함 – 사기죄(고의) × (대법원 2003. 1. 24. 선고 2002도5265 판결)

동지 甲은 부도 이후 물품을 계속 공급하여 주면 영업을 재개하여 부도 당시 발생한 물품대금채무를 줄여가 겠다고 약속하였고, 피해자들이 계속하여 물품을 공급하였는데 결국 다시 거래가 중단되었으나 중단 당시의 잔존 물품대금액이 부도 당시의 기발생 물품대금액보다 줄어든 경우 – 사기죄(고의) × (대법원 2002. 9. 24. 선고 2002도3488 판결)

보이스피싱 현금수거책의 고의에 관한 판례를 살펴본다. 실무상 보이스피싱 현금수거책은 사기죄(공동정범), 사기방조죄로 의율된다.[78] 보이스피싱 현금수거책의 고의는 넓게 인정되는 편이다.

> **판례** 보이스피싱 현금수거책 등의 고의 판단 요소
>
> 전화 등 전기통신수단을 이용한 금융사기 조직범죄(이하 '보이스피싱'이라 한다)에서 현금수거책의 공모사실이나 범의는 다른 공범과 순차적으로 또는 암묵적으로 상통함으로써 범죄에 공동가공하여 범죄를 실현하려는 의사가 결합되어 피해자의 현금을 수거한다는 사실을 인식하는 것으로 족하다. 이러한 인식은 미필적인 것으로도 충분하고 전체 보이스피싱 범행방법이나 내용까지 구체적으로 인식할 것을 요하지는 않는다. 보이스피싱 현금수거책인 피고인이 현금수거 사실을 인정하면서도 공모사실이나 사기죄의 고의를 부인하고, 공모사실이나 고의를 증명할 다른 보이스피싱 조직원 등 범행관련자들의 진술도 없는 경우, 그 공모사실이나 고의의 인정여부는 현금수거책과 보이스피싱 조직원인 공범 사이에 이루어진 의사연락의 내용과 그 연락수단, 현금수거업무를 맡긴 사람을 직접 대면하였는지, 그 과정에 근로계약서나 업무위탁계약서 등이 정상적으로 작성되었는지 등을 비롯하여 현금수거업무를 담당하게 된 경위와 과정이 통상적인 것이라고 볼 수 있는지 여부, 현금수거업무의 구체적 내용과 절차, 현금수거를 위해 피해자를 만났을 때 피해자에게 보인 행태와 언동, 현금수거를 위해 사용한 구체적 수단, 특히 피해자에게 제시하거나 교부한 공문서나 사문서 등이 있는 경우 그 문서의 생성, 작성 경위, 그 내용 및 작성명의자 등과 피고인이 맡은 현금수거업무의 관련성, 피고인의 현금수거 횟수와 수거액의 규모, 수거한 현금을 다시 다른 사람의 금융계좌 등으로 전달, 교부, 송금할 때 사용한 방법, 특히 제3자의 성명, 주민등록번호 등 개인정보를 사용하였는지 여부, 보수의 정도나 그 지급방식, 피고인의 나이, 지능, 경력 등과 같은 여러 사정을 종합적으로 고려하여 합리적으로 판단하는 방법에 의하여야 한다. (대법원 2024. 12. 12. 선고 2024도10141 판결)

나. 위법성

권리자가 권리실현의 수단으로 기망에 의하여 재물을 교부받은 경우, 사기죄가 성립하는지 문제된다.

> **판례** 기망을 통한 권리행사 – 사회통념상 권리행사의 수단으로 용인할 수 없는 정도라면 사기죄 성립
>
> 기망행위를 수단으로 한 권리행사의 경우 그 권리행사에 속하는 행위와 그 수단에 속하는 기망행위를 전체적으로 관찰하여 그와 같은 기망행위가 사회통념상 권리행사의 수단으로서 용인할 수 없는 정도라면 그 권리행사에 속하는 행위는 사기죄를 구성한다. (대법원 2003. 12. 26. 선고 2003도4914 판결)

---

[78] (참고) 2023. 5. 16.자 법개정에 따라 2023. 11. 16.자로 시행된 전기통신금융사기 피해 방지 및 피해금 환급에 관한 특별법 제15조의2는 형법상 사기죄에 비하여 법정형도 더 높고, 벌금형을 병과할 수 있다는 점에서 사기죄보다 더 자주 활용된다.

판례 수표를 갈취당한 자가 분실하였다고 허위로 공시최고신청하여 제권판결을 선고받음 – 수표소지자에 대한 사기죄(위법성) ○ (대법원 2003. 12. 26. 선고 2003도4914 판결)

동지 가계수표 발행인이 타인의 수표 소지 사실을 알면서도 허위로 공시최고신청하여 제권판결을 선고받은 경우 – 수표소지자에 대한 사기죄(위법성) ○ (대법원 1999. 4. 9. 선고 99도364 판결)

판례 부동산소이등 청구소송에서 승소확정판결 받은 甲이 굳이 패소한 피해자에게 매매잔금을 공탁해 줄 것처럼 거짓말로 합의한 후 그에 따라 소이등 이전 받음 – 사기죄(위법성) ○
부동산 소유권이전등기절차 이행을 구하는 소를 제기하여 동시이행 조건 없이 이행을 명하는 승소확정판결을 받은 피고인이, 부동산 소유권을 이전받더라도 매매잔금을 공탁할 의사나 능력이 없음에도 피해자에게 매매잔금을 공탁해 줄 것처럼 거짓말을 하여 그러한 내용으로 합의한 후 그에 따라 부동산 소유권을 임의로 이전받은 사안에서, 피고인의 행위는 사회통념상 권리행사의 수단으로서 용인할 수 있는 범위를 벗어난 것으로 사기죄의 기망행위에 해당한다고 한 사례 (대법원 2011. 3. 10. 선고 2010도14856 판결)

판례 유효한 근저당권자의 대리인 甲이 채무자이자 소유자인 乙을 대리하여 경매개시결정 정본을 받을 권한이 없음에도 乙 명의 위임장을 위조하여 법원에 제출하고 경매개시결정 정본을 교부받음 – 사기미수죄(위법성) ○ (대법원 2009. 7. 9. 선고 2009도295 판결)

참고 ① 사기미수죄에 더하여 사문서위조·동행사가 인정되었다. ② 경매개시결정 정본을 수령하여야만 경매절차가 진행된다. 경매절차가 종료되기 전에 발각되어 미수이다.

판례 채권자 甲이 채무자 乙에게 '환전해주겠다'하고 약속어음 교부받아 변제에 충당함 – 사기죄(위법성) ○ (대법원 1982. 9. 14. 선고 82도1679 판결)

동지 채권자 甲이 채무자 乙로부터 현금으로 결제할 것처럼 기망하여 물품을 교부받은 후 채무자 乙과 존재에 다툼이 있는 채권으로 상계하겠다고 함 – 사기죄(위법성) ○ (대법원 1997. 11. 11. 선고 97도2220 판결)

판례 점유취득시효 완성한 甲이 등기명의인 乙을 상대로 소유권이전등기청구소송을 제기하면서 점유권원 증거를 위조하고 진정성립에 대한 위증을 교사함 – 사기죄(위법성) ○
토지를 20년 이상 점유하여 왔더라도 그 점유권원의 성질이 불분명하여 일단 자주점유로 추정받기는 하나, 상대방이 그 추정을 번복시킬 수 있는 사실을 입증하면 취득시효를 인정받을 수 없어 결국 상대방의 입증 여부에 따라 소송의 승패가 결정되는 소송에서, 소송의 승패에 결정적인 증거인 자주점유의 권원에 관한 처분문서를 위조하고, 그 성립에 관한 위증을 교사함으로써 상대방의 추정번복의 입증을 원천적으로 봉쇄하고 법원으로서도 그 처분문서의 성립이 인정되는 한 채증법칙상 그 문서의 내용대로 인정할 수밖에 없도록 하는 등의 소송행위는 사회통념상 도저히 용인될 수 없다고 할 것이므로, 비록 점유자가 자주점유로 추정받는다고 하더라도 위와 같은 기망행위에 의하여 적극적으로 법원을 기망하여 착오에 빠지게 함으로써 승소판결을 받고, 등기까지 했던 것이라면 그 행위는 정당한 권리행사라 할 수 없어 사기죄를 구성한다. (대법원 1997. 10. 14. 선고 96도1405 판결)

비교 점유취득시효를 완성한 甲이 등기명의인이자 사자인 乙을 상대로 소유권이전등기 소송을 제기하여 의제자백에 의한 승소판결을 받아 자기 앞으로 등기를 경료함 – 사기죄 × (대법원 1987. 3. 10. 선고 86도864 판결)
참고 비교판례의 경우 사자를 상대로 한 소송사기는 불능범(무죄)이므로 불성립, 공정증서원본불실기재죄는 실체관계에 부합하는 등기이므로 불성립한다.

다. 죄수 등

피해자가 1인인 경우, 사기죄의 죄수에 관한 판례를 살펴본다.

判例 사기죄 죄수판단 기준

단일한 범의의 발동에 의하여 상대방을 기망하고 그 결과 착오에 빠져 있는 동일인으로부터 일정 기간 동안 동일한 방법에 의하여 금원을 편취한 경우에는 이를 포괄적으로 관찰하여 일죄로 처단하는 것이 가능할 것이나, 범의의 단일성과 계속성이 인정되지 아니하거나 범행방법이 동일하지 않은 경우에는 각 범행은 실체적 경합범에 해당한다. (대법원 2004. 6. 25. 선고 2004도1751 판결)

判例 甲이 취직교제비 명목으로 乙로부터 여러 차례 재물 수수 - 사기죄 포괄일죄

피고인이 취직교제비 명목으로 금원을 편취함에 있어 동일 피해자로부터 재물을 여러차례에 걸쳐 수수함으로써 그 행위가 여러개로 보이더라도 그것이 단일하고 계속되는 범의에 의하여 이루어진 것이고 동일한 법익을 침해한 때에는 사기죄의 포괄일죄로 보는 것이 상당하다. (대법원 1988. 9. 6. 선고 87도1166 판결)

判例 甲이 乙을 기망하여 1994. 2.부터 1994. 11.까지 휴대폰 할부대금·사용료 226만원 지급되도록 함 - 사기죄 포괄일죄 (대법원 1996. 1. 26. 선고 95도2437 판결)

判例 동일 피해자로부터 3회에 걸쳐 돈을 편취하였는데 시간적 간격이 각 2개월 이상이고 기망방법도 다른 경우 - 사기죄 (각 실체적 경합)

피고인이 동일한 피해자로부터 3회에 걸쳐 돈을 편취함에 있어서 그 시간적 간격이 각 2개월 이상이 되고 그 기망방법에 있어서도 ① 처음에는 경매보증금을 마련하여 시간을 벌어주면 경매목적물을 처분하여 갚겠다고 거짓말을 하였고, ② 두번째는 한번만 더 시간을 벌면 위 부동산이 처분될 수 있다고 하여 돈을 빌려주게 하고, ③ 마지막에는 돈을 빌려주지 않으면 두번에 걸쳐 빌려준 돈도 갚을 수 없게 되었다고 거짓말을 함으로써 피해자로 하여금 부득이 그 돈을 빌려주지 않을 수 없는 상태에 놓이게 하였다면 피고인에게 범의의 단일성과 계속성이 있었다고 보여지지 아니하므로 위의 각 범행은 실체적 경합범에 해당한다. (대법원 1989. 11. 28. 선고 89도1309 판결) **표준**

判例 甲이 乙을 기망하여 재물·재산상이익을 취득하며 乙에게 일정한 대가를 지급한 경우, 이후에 ① 다시 甲이 乙을 기망하여 그 대가를 편취하거나 ② 다시 甲이 乙로부터 대가를 위탁받아 보관하던 중 횡령하는 경우 - ① 별도의 사기죄 ○ ② 별도의 횡령죄 ○

사기죄에서 피해자에게 그 대가가 지급된 경우, 피해자를 기망하여 그가 보유하고 있는 그 대가를 다시 편취하거나 피해자로부터 그 대가를 위탁받아 보관 중 횡령하였다면, 이는 새로운 법익의 침해가 발생한 경우이므로, 기존에 성립한 사기죄와는 별도의 새로운 사기죄나 횡령죄가 성립한다. (대법원 2009. 10. 29. 선고 2009도7052 판결)

판례 물품대금 변제의사·능력 없음에도 기망하여 물품을 공급받으면 '물품'에 대한 사기죄 성립하는데 이후에 물품대금채무 불이행한 경우 – 별도의 사기죄 ×

물품대금을 변제할 의사나 능력이 없음에도 피해자를 기망하여 물품을 공급받는 경우 피해자의 착오에 의한 재산적 처분행위는 물품의 교부로서 이로써 재물에 대한 사기죄가 성립하고, 그 이후에 물품대금채무를 변제하지 아니한 것은 채무불이행에 불과하여 별도로 재산상 이익을 편취한 것이라고는 볼 수 없으며, 다만 또 다른 기망 행위에 의하여 그 채무변제의 유예를 받거나 채무를 면제받은 경우 등 피해자의 별개의 처분행위가 있는 경우에 한하여 재산상 이익 편취에 의한 사기죄가 성립할 수 있을 것이다. (대법원 2005. 11. 24. 선고 2005도7481 판결)

피해자가 수인인 경우, 사기죄의 죄수에 관한 판례를 살펴본다.

판례 사기죄의 피해자가 수인인 경우 죄수판단

사기죄에서 수인의 피해자에 대하여 각 피해자별로 기망행위를 하여 각각 재물을 편취한 경우에 그 범의가 단일하고 범행방법이 동일하다고 하더라도 포괄일죄가 성립하는 것이 아니라 피해자별로 1개씩의 죄가 성립하는 것으로 보아야 한다. 다만 피해자들이 하나의 동업체를 구성하는 등으로 피해 법익이 동일하다고 볼 수 있는 사정이 있는 경우에는 피해자가 복수이더라도 이들에 대한 사기죄를 포괄하여 일죄로 볼 수도 있다. (대법원 2011. 4. 14. 선고 2011도769 판결)

판례 백화점 직원인 피고인이 전날 판매하고 남은 재고품의 포장지를 교체하면서 가공일자가 재포장일자로 기재된 바코드라벨을 부착하여 냉장매대에 진열해 놓음으로써 그것이 마치 판매 당일 가공된 신선한 상품인 것처럼 소비자들을 기망하여 판매함 – 소비자별로 사기죄 ○ (실체적 경합)

사기죄에 있어서 수인의 피해자에 대하여 각별로 기망행위를 하여 각각 재물을 편취한 경우, 그 범의가 단일하고 범행방법이 동일하다고 하더라도 포괄1죄가 되는 것이 아니라, 피해자별로 1개씩의 죄가 성립하는 것으로 보아야 할 것이고, 이러한 경우 그 공소사실은 각 피해자와 피해자별 피해액을 특정할 수 있도록 기재하여야 할 것인바, '일정한 기간 사이에 성명미상의 고객들로부터 1일 평균 매상액 상당의 생식품을 판매함으로써 그 대금 상당액을 편취하였다'는 내용은 피해자나 피해액이 특정되었다고 할 수 없을 것이다. 그렇다면, 이 사건 피고인에 대한 범죄사실은 위 이향자를 제외한 나머지 고객들에 관한 부분에 있어서는 피해자와 피해액이 구체적으로 특정되었다고 할 수 없다. (대법원 1995. 8. 22. 선고 95도594 판결)

참고 법리적으로는 소비자별로 사기죄가 성립하고 이들은 실체적 경합관계에 있을 것이나, 위처럼 공소사실이 특정되지 않아 유죄의 원심판결이 파기되었다.

판례 계주 甲이 계원 乙·丙에게 개별적으로 기망하여 계불입금을 편취 – 실체적 경합

다수의 계(契)를 조직하여 수인의 계원들을 개별적으로 기망하여 계불입금을 편취한 사안에서, 각 피해자별로 독립하여 사기죄가 성립하고 그 사기죄 상호간은 실체적 경합범 관계에 있다. (대법원 2010. 4. 29. 선고 2010도2810 판결)

판례 계주 甲이 계원 乙·丙으로부터 단일하고 계속된 범의 아래 같은 장소에서 반복하여 계불입금을 편취 – 피해자별로 1개의 사기죄(포괄일죄)가 성립하고 포괄일죄 상호간은 상상적 경합

단일하고 계속된 범의아래 같은 장소에서 반복하여 여러 사람으로부터 계불입금을 편취한 소위는 피해자별로 포괄하여 1개의 사기죄가 성립하고 이들 포괄일죄 상호간은 상상적 경합관계에 있다고 볼 것이므로 그중 일부 피해자들로부터 계불입금을 편취하였다는 공소사실에 대하여 확정판결이 있었다면 나머지 피해자들에 대한 이 사건 공소사실에 대하여도 위 판결의 기판력이 미치게 된다고 할 것이다. (대법원 1990. 1. 25. 선고 89도252 판결)

참고 수 개의 기망행위로 수명으로부터 편취한 경우, 사기죄의 실체적 경합이 인정된다. 반면에 1개의 기망행위로 수명으로부터 편취한 경우, 사기죄의 상상적 경합이 인정된다.

판례 甲이 乙·丙·丁을 같은 날·같은 장소에서 1개의 기망행위로 편취 – 상상적 경합

다수의 피해자에 대하여 각별로 기망행위를 하여 각각 재산상 이익을 편취한 경우에는 범의가 단일하고 범행방법이 동일하더라도 각 피해자의 피해법익은 독립한 것이므로 이를 포괄일죄로 파악할 수 없고 피해자별로 독립한 사기죄가 성립된다. 다만 피해자들이 하나의 동업체를 구성하는 등으로 피해 법익이 동일하다고 볼 수 있는 사정이 있는 경우에는 피해자가 복수이더라도 이들에 대한 사기죄를 포괄하여 일죄로 볼 수도 있을 것이다. 그리고 1개의 기망행위에 의하여 다수의 피해자로부터 각각 재산상 이익을 편취한 경우에는 피해자별로 수 개의 사기죄가 성립하고, 그 사이에는 상상적 경합의 관계에 있는 것으로 보아야 한다. (대법원 2015. 4. 23. 선고 2014도16980 판결) **표준**

참고 甲이 같은 일시, 장소에서 부동산의 각 3분의1 지분을 소유하고 있는 乙·丙·丁을 기망하여 그 부동산에 근저당권설정계약 체결함 – 乙·丙·丁에 대한 각 사기죄(상상적 경합)

판례 피고인이 부부인 피해자들을 기망하여 피해자별로 계약서를 작성하고 피해자별 명의 각 계좌로부터 돈을 송금받아 편취함 – 사기죄 포괄일죄(대법원 2023. 12. 21. 선고 2023도13514 판결)

참고 대법원은 부부인 피해자들에 대한 ① 기망행위의 공통성, ② 기망행위에 이르게 된 경위, ③ 재산 교부에 관한 의사결정의 공통성, ④ 재산의 형성·유지 과정, ⑤ 재산 교부의 목적 및 방법, ⑥ 기망행위 이후의 정황 등을 종합적으로 고려하여, 부부인 피해자들의 피해법익이 동일한 경우로 볼 수 있다고 보았다.

사기죄와 타 죄의 관계를 살펴본다.

판례 편취한 약속어음을 제3자(은행)에게 편취사실 숨기고 할인받음 – 사기죄 ○

편취한 약속어음을 그와 같은 사실을 모르는 제3자에게 편취사실을 숨기고 할인받는 행위는 당초의 어음 편취와는 별개의 새로운 법익을 침해하는 행위로서 기망행위와 할인금의 교부행위 사이에 상당인과 관계가 있어 새로운 사기죄를 구성한다 할 것이고, 설령 그 약속어음을 취득한 제3자가 선의이고 약속어음의 발행인이나 배서인이 어음금을 지급할 의사와 능력이 있었다 하더라도 이러한 사정은 사기죄의 성립에 영향이 없다. (대법원 2005. 9. 30. 선고 2005도5236 판결)

비교 편취한 약속어음을 편취 피해자에 대한 채권의 변제에 충당함 – 횡령죄 ×

피고인이 당초부터 피해자를 기망하여 약속어음을 교부받은 경우에는 그 교부받은 즉시 사기죄가 성립하고

그 후 이를 피해자에 대한 피고인의 채권의 변제에 충당하였다 하더라도 불가벌적 사후행위가 됨에 그칠 뿐, 별도로 횡령죄를 구성하지 않는다. (대법원 1983. 4. 26. 선고 82도3079 판결)

(비교) 절취한 자기앞수표를 음식대금으로 교부하고 거스름돈을 환불받음 – 사기죄 × (대법원 1987. 1. 20. 선고 86도1728 판결, 대법원 1982. 7. 27. 선고 82도822 판결)

(판례) 甲이 乙을 기망하여 사기이용계좌로 돈을 이체받은 경우(사기죄 ○), 뒤이어 甲이 현금을 인출한 행위가 乙에 대한 횡령죄? ×

전기통신금융사기(이른바 보이스피싱 범죄)의 범인이 피해자를 기망하여 피해자의 돈을 사기이용계좌로 송금·이체받았다면 이로써 편취행위는 기수에 이른다. 따라서 범인이 피해자의 돈을 보유하게 되었더라도 이로 인하여 피해자와 사이에 어떠한 위탁 또는 신임관계가 존재한다고 할 수 없는 이상 피해자의 돈을 보관하는 지위에 있다고 볼 수 없으며, 나아가 그 후에 범인이 사기이용계좌에서 현금을 인출하였더라도 이는 이미 성립한 사기범행의 실행행위에 지나지 아니하여 새로운 법익을 침해한다고 보기도 어려우므로, 위와 같은 인출행위는 사기의 피해자에 대하여 따로 횡령죄를 구성하지 아니한다. 그리고 이러한 법리는 사기범행에 이용되리라는 사정을 알고서도 자신 명의 계좌의 접근매체를 양도함으로써 사기범행을 방조한 종범이 사기이용계좌로 송금된 피해자의 돈을 임의로 인출한 경우에도 마찬가지로 적용된다. (대법원 2017. 5. 31. 선고 2017도3894 판결, 대법원 2017. 5. 31. 선고 2017도3045 판결)

(참고) ① 甲의 사기범행을 방조한 방조범이 현금을 인출한 경우에도 횡령죄 불성립한다. ② 반면 甲에게 통장을 양도하였을 뿐(전자금융거래법위반 ○), 사기의 공범(공동정범·교사범·방조범)이 아닌 자가 현금을 인출한 경우에는 횡령죄가 성립한다.

(판례) 甲 종친회 회장인 피고인이 위조한 甲 종친회 규약 등을 공탁관에게 제출하여 甲 종친회가 피공탁자로 공탁된 수용보상금을 출급받아 편취하였는데(사기죄 ○), 뒤이어 수용보상금 반환을 거부함 – 甲 종친회에 대한 횡령죄 ×

피고인이 공탁관을 기망하여 공탁금을 출급받음으로써 갑 종친회를 피해자로 한 사기죄가 성립하고, 그 후 갑 종친회에 대하여 공탁금 반환을 거부한 행위는 새로운 법익의 침해를 수반하지 않는 불가벌적 사후행위에 해당할 뿐 별도의 횡령죄가 성립하지 않는다고 한 사례 (대법원 2015. 9. 10. 선고 2015도8592 판결)

(비교) 대표이사인 피고인이 회사 상가분양 사업 수행하며 수분양자들을 기망하여 분양대금을 편취하였는데(사기죄 ○), 뒤이어 분양대금을 임의로 소비 – 회사에 대한 횡령죄 ○

대표이사가 회사의 상가분양 사업을 수행하면서 수분양자들을 기망하여 편취한 분양대금은 회사의 소유로 귀속되는 것이므로, 대표이사가 그 분양대금을 횡령하는 것은 사기 범행이 침해한 것과는 다른 법익을 침해하는 것이어서 회사를 피해자로 하는 별도의 횡령죄가 성립된다. (대법원 2005. 4. 29. 선고 2005도741 판결)

(판례) 사기죄와 뇌물수수죄 – 상상적 경합

뇌물을 수수할 때 공여자를 기망한 경우, 수수자에게는 뇌물수수죄가, 교부자에게는 뇌물공여죄가 성립한다. 이때 뇌물수수자에게는 뇌물죄와 사기죄의 상상적 경합이 인정된다. (대법원 2015. 10. 29. 선고 2015도12838 판결)

(판례) 사기죄와 위조통화행사죄 – 실체적 경합

통화위조에 관한 규정은 공공의 거래상의 신용 및 안전을 보호하는 공공적인 법익을 보호함을 목적으로 하고 있고, 사기죄는 개인의 재산법익에 대한 죄이어서 양죄는 그 보호법익을 달리하고 있으므로 위조통화를 행사하여 재물을 불법영득한 때에는 위조통화행사죄와 사기죄의 양죄가 성립된다. (대법원 1979. 7. 10. 선고 79도840 판결) **표준**

참고 일견 하나의 행위임에도 실체적 경합이 인정된다는 점에 유의해야 한다.

[판례] 사기죄와 부정수표단속법위반 – 실체적 경합

사기의 공소사실이 단순히 피고인이 피해자에게 가계수표를 발행 교부하여 그 할인금 명목으로 금원을 차용하였다는 것만이 아니라, 피고인이 마치 타인에 대하여 전세보증금채권을 가지고 있어 변제자력이 있는 것처럼 피해자를 기망하여 금원을 편취하였다는 것이므로 피고인이 피해자로부터 위 금원을 교부 받음에 있어 피해자에게 가계수표를 발행 교부하였고 그 가계수표의 부도로 이에 대하여 부정수표단속 법위반죄의 확정판결이 있었다 해도 양 범죄사실은 사회적 사실관계가 그 기본적인 점에서 동일하다고 볼 수 없어 그 확정판결의 기판력이 이에 미치지 아니한다고 한 사례. (대법원 1992. 3. 31. 선고 91도2828 판결, 대법원 2004. 6. 25. 선고 2004도1751 판결)

[비교] 배임죄와 부정수표단속법위반 – 상상적 경합

당좌수표를 조합 이사장 명의로 발행하여 지급기일에 지급되지 아니하게 한 사실로 인한 부정수표단속법위반 죄와 동일한 수표를 발행하여 조합에 대하여 재산상 손해를 가한 사실로 인한 업무상배임죄의 죄수는 상상적 경합관계에 있다. (대법원 2004. 5. 13. 선고 2004도1299 판결)

[판례] 사기죄는 유사수신행위법위반죄와 실체적 경합 ○, 불가벌적 사후행위 ×(대법원 2023. 11. 16. 선고 2023도12424 판결)

라. 소송사기

소송사기란 ① 법원에 허위사실을 주장하거나 허위증거를 제출하여 ② 유리한 판결을 받고 ③ 이에 의하여 강제집행을 하여 재산을 취득하는 경우를 말한다.

[판례] 소송사기죄의 의의·성립요건

소송사기는 법원을 속여 자기에게 유리한 판결을 얻음으로써 상대방의 재물 또는 재산상 이익을 취득하는 범죄로서, 이를 쉽사리 유죄로 인정하게 되면 누구든지 자기에게 유리한 주장을 하고 소송을 통하여 권리구제를 받을 수 있는 민사재판제도의 위축을 가져올 수밖에 없으므로, 피고인이 그 범행을 인정한 경우 외에는 그 소송상의 주장이 사실과 다름이 객관적으로 명백하고 피고인이 그 주장이 명백히 거짓인 것을 인식하였거나 증거를 조작하려고 하였음이 인정되는 때와 같이 범죄가 성립하는 것이 명백한 경우가 아니면 이를 유죄로 인정하여서는 아니 되고, 단순히 사실을 잘못 인식하였다거나 법률적 평가를 잘못하여 존재하지 않는 권리를 존재한다고 믿고 제소한 행위는 사기죄를 구성하지 아니하며, 소송상 주장이 다소 사실과 다르더라도 존재한다고 믿는 권리를 이유 있게 하기 위한 과장표현에 지나지 아니하는 경우 사기의 범의가 있다고 볼 수 없고, 또한 소송사기에서 말하는 증거의 조작이란 처분문서 등을 거짓으로 만들어내거나 증인의 허위 증언을 유도하는 등으로 객관적·제3자적 증거를 조작하는 행위를 말한다. (대법원 2007. 9. 6. 선고 2006도3591 판결)

1) 주체

원고 뿐만 아니라 피고도 소송사기의 주체가 될 수 있다.

> **판례** 피고도 소송사기의 주체가 될 수 있음
>
> 소송사기는 법원을 기망하여 자기에게 유리한 판결을 얻음으로써 상대방의 재물 또는 재산상 이익을 취득하는 것을 내용으로 하는 범죄로서, 원고측에 의한 소송사기가 성립하기 위하여는 제소 당시에 그 주장과 같은 채권이 존재하지 아니하다는 것만으로는 부족하고 그 주장의 채권이 존재하지 아니한 사실을 잘 알고 있으면서도 허위의 주장과 입증으로써 법원을 기망한다는 인식을 하고 있어야만 하는 것이고, 이와 마찬가지로, 피고측에 의한 소송사기가 성립하기 위하여는 원고 주장과 같은 채무가 존재한다는 것만으로는 부족하고 그 주장의 채무가 존재한다는 사실을 잘 알고 있으면서도 허위의 주장과 입증으로써 법원을 기망한다는 인식을 하고 있어야만 한다. (대법원 2004. 3. 12. 선고 2003도333 판결)

2) 기망행위

단순한 부인·불리한 사실에 대한 묵비는 기망이 될 수 없다. 소송에서 당사자라면 누구나 할 수 있는 행위이기 때문이다. 허위증거를 조작하여 제출하는 등 적극적인 속임수가 있어야 기망행위가 인정된다.

> **판례** 甲이 乙 명의 차용증을 가지고 있지만 채권의 존재에 관하여 乙과 다툼이 있는 상황에서 乙 명의 차용증을 새로 위조하여 약정이자 내용을 추가하고, 자신의 처에 대한 채권자인 丙에게 차용원금 및 위조된 차용증에 기한 약정이자를 양도하고, 丙으로 하여금 乙을 상대로 양수금 청구소송을 제기하도록 함 – 甲 사기미수죄 간접정범 ○
>
> 자기에게 유리한 판결을 얻기 위하여 소송상의 주장이 사실과 다름이 객관적으로 명백하거나 증거가 조작되어 있다는 정을 인식하지 못하는 제3자를 이용하여 그로 하여금 소송의 당사자가 되게 하고 법원을 기망하여 소송 상대방의 재물 또는 재산상 이익을 취득하려 하였다면 간접정범의 형태에 의한 소송사기죄가 성립하게 된다. (대법원 2007. 9. 6. 선고 2006도3591 판결)

> **판례** 甲社와 乙社는 평소 어음 할인과정에서 물품공급계약서를 허위로 작성해왔는데, 실제로는 甲社 경영자인 丙이 乙社에 물품 공급한 사실이 없음에도 乙社를 상대로 물품대금 청구소송을 제기하고 위 허위 계약서를 증거로 제출하였다가 소송을 취하함 – 사기미수죄 ○
>
> 소송사기는 법원을 기망하여 제3자의 재물을 편취할 것을 기도하는 것을 내용으로 하는 것으로서, 사기죄로 인정하기 위하여는 제소 당시 그 주장과 같은 권리가 존재하지 않는다는 것만으로는 부족하고, 그 주장의 권리가 존재하지 않는 사실을 잘 알고 있으면서도 허위의 주장과 입증으로 법원을 기망한다는 인식을 요한다. 그러나 허위의 내용으로 소송을 제기하여 법원을 기망한다는 고의가 있는 경우에 법원을 기망하는 것은 반드시 허위의 증거를 이용하지 않더라도 당사자의 주장이 법원을 기망하기에 충분한 것이라면 기망수단이 된다. (대법원 2011. 9. 8. 선고 2011도7262 판결)

판례 기한미도래 채권임에도 즉시 지급을 구하는 신청취지로 지급명령 신청 – 사기죄 × (대법원 1982. 7. 27. 선고 82도1160 판결)

판례 근로자 乙은 甲社에 2011.11.경 입사~2016. 3. 11. 퇴직함. 甲社 대표이사 A는 乙에게 입사~ 2015. 4. 31.까지 포괄일급에 '일급의 8.3%에 해당하는 퇴직적립금'을 포함하여 임금을 지급하였음. 그런데 이러한 '퇴직적립금'이 퇴직금으로서 법적 효력이 없다는 것을 알게 된 A는 그제서야 정상적인 퇴직금 전액을 지급한 후, 대신 지금까지 지급한 '퇴직적립금'에 대한 부당이득반환의 소를 제기하였음. 이 소송에서 A는 2015. 5. 1.자 근로계약서의 일급란 기재 금액을 변조하여 증거자료로 제출하였음. – 사기죄 × 갑 주식회사 대표이사인 피고인이, 2011. 11.경 갑 회사에 입사하여 기계정비공으로 근무하다가 2016. 3. 11. 퇴직한 근로자 을을 상대로 2011. 12.부터 2015. 4.까지 포괄일급에 포함하여 이미 지급한 퇴직적립금에 대하여 부당이득반환청구 소송을 제기하면서 2015. 5. 1.자 근로계약서의 일급란 기재 금액을 변조하여 증거자료로 제출한 사안에서, 갑 회사는 을에게 포괄일급에 일급의 8.3%에 해당하는 퇴직적립금을 포함하여 임금을 지급하였는데, 을의 퇴사 후 위와 같이 을에게 지급된 퇴직적립금이 퇴직금 지급으로서의 효력이 없다는 자문을 받고 별도로 퇴직금 전액을 지급하였으므로 피고인이 이미 지급한 퇴직적립금에 대하여 부당이득반환의 소를 제기한 것은 정당한 권리행사의 일환으로 이루어진 것으로서, 이러한 피고인의 주장이 허위의 주장이라거나 이로써 법원을 기망한 것이라고 볼 수 없고, 또한 피고인이 제기한 부당이득반환청구 소송은 2015. 5. 1.자 근로계약서가 작성되기 전까지 갑 회사가 을에게 지급한 퇴직적립금의 반환을 구하는 것으로 2015. 5. 1. 이후에 지급한 임금과 관련된 청구를 하고 있지 않으므로 2015. 5. 1. 이후의 근로조건에 관한 내용을 규정한 위 근로계약서는 위 소송의 권리발생 사유에 관한 증거가 될 수 없어 소송의 내용이나 결과에 전혀 영향을 미칠 수 없으며, 비록 피고인이 위 소송을 제기하면서 위 근로계약서의 일급란 기재 금액을 변조하여 제출하였더라도 그것만으로 피고인이 증거조작을 통하여 법원을 기망한 것이라거나 피고인에게 허위사실을 증명함으로써 법원을 기망한다는 인식이 있었다고 볼 수 없다. (대법원 2018. 12. 28. 선고 2018도13305 판결)

참고 다만 사문서변조 및 동행사죄가 성립한다.

판례 甲이 소제기에 앞서 乙에 대한 일방적인 권리주장을 기재한 통고서 등을 내용증명으로 발송한 후 이를 법원에 증거로 제출 – 사기죄 ×

피고인이 소송 제기에 앞서 그 명의로 피해자에 대한 일방적인 권리주장을 기재한 통고서 등을 작성하여 내용증명우편으로 발송한 다음, 이를 법원에 증거로 제출하였다 하더라도, 증거를 조작하였다고 볼 수는 없다. (대법원 2004. 3. 25. 선고 2003도7700 판결)

판례 甲이 금융기관에 乙 명의로 예금하면서 자신만이 인출할 수 있게 해달라 요청하자 직원이 시스템에 '甲이 예금, 인출 예정'이라고 입력하고 乙이 이의를 제기하지 않았는데, 후에 乙이 금융기관 상대로 예금지급소송 제기·금융기관의 변제공탁으로 패소 – 사기미수죄 ×

예금명의자가 아닌 출연자 등을 예금계약의 당사자라고 볼 수 있는 경우는, 금융기관과 출연자 등 사이에 실명확인 절차를 거쳐 서면으로 이루어진 예금명의자와의 예금계약을 부정하여 그의 예금반환청구권을 배제하고, 출연자 등과 예금계약을 체결하여 그에게 예금반환청구권을 귀속시키겠다는 명확한 의사의 합치가 있는 극히 예외적인 경우로 제한되어야 하고, 이러한 의사의 합치는 위 법률에 따라 실명확인 절차를 거쳐 작성된 예금계약서 등의 증명력을 번복하기에 충분할 정도의 명확한 증명력을 가진 구체적이고 객관적인 증거에 의하여 매우 엄격하게 인정하여야 한다. (대법원 2011. 5. 13. 선고 2009도5386 판결)

참고 제반 사정에 비추어 예금주는 여전히 피고인이라 보았다.

판례 甲은 乙에 대한 손해배상채권에 기하여 피고인을 상대로 '피고인이 乙로부터 부동산을 매수한 것은 사해행위에 해당한다.'는 이유로 사해행위취소소송을 제기하여 제1심에서 승소판결을 받고, 피고인은 이에 대해 추완항소를 제기하였는데, 피고인은 선행 사해행위취소소송을 제기한 채권자 丙과의 사이에 성립한 조정 결과에 따른 가액배상금의 변제를 완료하였으므로 이를 사해행위 대상 부동산의 담보가치에서 공제하여야 한다고 주장하며 해당 금융거래내역을 증거로 제출하였으나, 사실은 미리 丙으로부터 송금받은 금원을 거의 그대로 재송금한 거래내역에 불과하여 실제 채무변제가 완료되지는 않았고, 피고인의 항소는 기각된 사안 – 사기미수죄 ×(대법원 2022. 5. 26. 선고 2022도1227 판결)

참고 원심 및 대법원 전문을 살피더라도 결론을 쉽게 이해하기 어렵다. 굳이 설명하자면, ① 丙과 피고인은 민사조정 당시 피고인이 장차 부동산을 유리한 가격으로 처분하여 배상금을 지급할 때까지 그 이행기한을 유예하되, 자신의 친인척 등 계좌를 통한 송금과정을 거쳐 일단 조정조서상의 가액배상금 6억 원을 지급받은 것으로 하는 내용의 합의를 보았던 점, ② 피고인은 변호사와의 상담을 통해 위와 같은 합의의 의미가, 丙에 대한 조정조서상의 금원은 다 상환한 것이고, 다만 丙으로부터 6억 원을 '다시' 빌리는 별개의 채무부담약정을 체결한 것으로 이해한 것으로 보이는 점 등에 비추어 편취 고의를 인정하기 어렵다고 보았다. 결론을 암기할 수밖에 없다.

판례 채권자가 채권배당절차에서 실제 배당받아야 할 금액을 초과한 금액을 수령하였음에도 사기의 고의를 인정할 수 없는 경우

채권자의 가압류의 피보전채권액에 터잡아 배당표가 작성되어 가압류채권자에 대한 배당액이 공탁된 다음 위 가압류의 본안소송 확정판결에서 채권자에게 인용된 금액 중 일부가 변제되어 위 잔존채권액이 가압류의 피보전채권액보다 작아졌다고 하더라도 원리금 산정 및 일부 변제에 따른 충당과정이 간단치 아니하여 잔존채권액을 쉽게 확정할 수 없는 등 그 배당금이 위 잔존채권액을 초과하는 것이 명백하지 아니한 이상 위 확정판결에서 인용된 금액 전부가 잔존하는 것처럼 위 확정판결정본을 그대로 집행법원에 제출하여 실제 배당받아야 할 금액을 초과한 금액을 수령하였다고 하더라도 채권자에게 사기의 고의를 인정할 수는 없다. (대법원 2002. 6. 28. 선고 2001도1610 판결)

판례 피고인들에게 민사소송 제기한 피해자를 상대로, 사실은 나중에야 합의금을 마련할 수 있는 상황임에도 "신속히 합의금 지급하겠다"라고 말하여 피고인들의 합의금 지급 및 피해자의 소·가압류 취하를 내용으로 하는 조정에 응하게 함 – 사기죄 ×

소송당사자들은 조정절차를 통해 원만한 타협점을 찾는 과정에서 자신에게 유리한 결과를 얻기 위하여 노력하고, 그 과정에서 다소간의 허위나 과장이 섞인 언행을 하는 경우도 있다. 이러한 언행이 일반 거래관행과 신의칙에 비추어 허용될 수 있는 범위 내라면 사기죄에서 말하는 기망행위에 해당한다고 볼 수는 없다. 통상의 조정절차에서는 조정채무 불이행에 대한 제재수단뿐만 아니라 소송비용의 처리 문제나 청구취지에 포함되지 않은 다른 잠재적 분쟁에 관한 합의내용도 포함될 수 있고, 소송절차를 단축시켜 집행권원을 신속히 확보하기 위한 목적에서 조정이 성립되는 경우도 있다. 소송당사자가 조정에 합의한 것은 이러한 부수적 사정에 따른 이해득실을 모두 고려한 이성적 판단의 결과로 보아야 하고, 변호사 등 소송

대리인이 조정절차에 참여하여 조정이 성립한 경우에는 더욱 그러하다.

따라서 조정에 따른 이행의무를 부담하는 피고가 조정성립 이후 청구원인에 관한 주된 조정채무를 제때 이행하지 않았다는 사정만으로 원고에게 신의칙상 주의의무를 다하지 아니하였다거나 조정성립과 상당인과관계 있는 손해가 발생하였다고 쉽사리 단정하여서는 아니 된다. (대법원 2024. 1. 25. 선고 2020도10330 판결)

소송비용부담의 재판에 관한 판결을 살펴본다.

> **판례** ① 법원을 기망하여 소송비용액확정결정을 받는 행위 - 사기죄 ○, ② 소명자료 제출 없이 단지 실제와 다른 비용액에 관한 주장만 하는 경우 - 사기죄 ✕
>
> 소송비용부담의 재판은 소송비용상환의무의 존재를 확정하고 그 지급을 명하는 데 그치고, 구체적인 소송비용의 액수는 민사소송법 제110조 제1항에 의한 소송비용액확정결정을 통하여 확정되며, 소송비용의 상환을 구하는 자는 소송비용액확정결정에 집행문을 부여받아 그 확정된 소송비용액에 관하여 강제집행을 할 수 있는바, 허위 내용으로 법원을 기망하여 자기에게 유리한 소송비용액확정결정을 받는 행위는 사기죄를 구성할 수 있다. 한편 소송비용액확정결정을 신청할 때에는 비용계산서, 그 등본과 비용액을 소명하는 데 필요한 서면을 제출하여야 하므로(민사소송법 제110조 제2항), 당사자가 단순히 실제 사실과 다른 비용액에 관한 주장만 한 경우를 사기죄로 인정하는 것에는 신중하여야 한다. 소송비용 중 당사자 등이 소송 기타 절차를 수행하기 위하여 법원에 납부하는 인지액 및 민사예납금 등 이른바 '재판비용'은 관할법원이 스스로 보존하고 있는 재판서 및 소송기록 등에 의하여 계산할 것이 예정되어 있고, 당사자가 소송 등 수행을 위하여 제3자에게 직접 지출하는 이른바 '당사자비용'은 신청인이 반드시 소명하여야 하므로, 소명자료 등을 조작하거나 허위의 소명자료 등을 제출함이 없이 단지 실제 사실과 다른 비용액에 관한 주장만 하는 경우에는 특별한 사정이 없는 한 법원을 기망하였다고 단정하기 어렵기 때문이다. (대법원 2024. 6. 27. 선고 2021도2340 판결)
>
> **참고** 피고인이 가처분사건에서 변호사를 선임한 적이 없음에도 소송비용액확정신청을 하면서 변호사비용 500만 원을 기재하였으나, 변호사 비용에 관하여는 아무런 소명자료를 제출하지 않은 경우 - 사기죄 ✕

3) 판결의 처분행위성

법원의 재판은 피해자의 처분행위에 갈음하는 내용·효력을 가져야 한다. 따라서 ① 공모자에 대한 소송 ② 사자나 허무인에 대한 소송은 소송사기죄를 구성하지 않는다.

> **판례** 甲·乙이 공모한 뒤 甲이 乙을 상대로 허위 제소하여 의제자백 판결 받아 소이등 - 사기죄 ✕
>
> 소송사기에 있어 피기망자인 법원의 재판은 피해자의 처분행위에 갈음하는 내용과 효력이 있는 것이어야 하므로, 피고인이 타인과 공모하여 그 공모자를 상대로 제소하여 의제자백의 판결을 받아 이에 기하여 부동산의 소유권이전등기를 하였다고 하더라도 이는 소송 상대방의 의사에 부합하는 것으로서 착오에 의한 재산적 처분행위가 있다고 할 수 없어 동인으로부터 부동산을 편취한 것이라고 볼 수 없고,

또 그 부동산의 진정한 소유자가 따로 있다고 하더라도 피고인이 의제자백판결에 기하여 그 진정한 소유자로부터 소유권을 이전받은 것이 아니므로 그 소유자로부터 부동산을 편취한 것이라고 볼 여지도 없다. (대법원 1997. 12. 23. 선고 97도2430 판결, 대법원 1996. 8. 23. 선고 96도1265 판결)

> **판례** 재판상 화해는 새로운 법률관계를 창설하는 것이므로 사기죄 ×
>
> 재판상 화해는 그것으로 인하여 새로운 법률관계가 창설되는 것이므로 화해의 내용이 실제 법률관계와 일치하지 않는다고 하여 사기죄가 성립할 여지는 없다. (대법원 1968. 2. 27. 선고 67도1579 판결)

4) 기수·미수

소송사기의 착수는 원고의 경우, 법원에 소를 제기한 때(지급명령을 신청한 때), 피고의 경우, 허위의 증거를 제출하거나 그에 따른 주장을 담은 답변서·준비서면을 제출한 때 인정된다. 소송사기의 기수는 승소판결이 확정된 때 성립한다.

> **판례** 소송사기의 착수는 '소제기'로 족하고 '유효한 송달'은 불요함
>
> 소송사기는 법원을 기망하여 자기에게 유리한 판결을 얻고 이에 터잡아 상대방으로부터 재물의 교부를 받거나 재산상 이익을 취득하는 것을 말하는 것으로서 소송에서 주장하는 권리가 존재하지 않는 사실을 알고 있으면서도 법원을 기망한다는 인식을 가지고 소를 제기하면 이로써 실행의 착수가 있고 소장의 유효한 송달을 요하지 아니한다고 할 것인바, 이러한 법리는 제소자가 상대방의 주소를 허위로 기재함으로써 그 허위주소로 소송서류가 송달되어 그로 인하여 상대방 아닌 다른 사람이 그 서류를 받아 소송이 진행된 경우에도 마찬가지로 적용된다. (대법원 2006. 11. 10. 선고 2006도5811 판결)

> **판례** 피고가 소송사기 주체인 경우 ① 허위내용의 서류를 증거로 제출하거나 ② 그에 따른 주장을 담은 답변서나 준비서면을 제출한 때에 착수 ○ (대법원 1998. 2. 27. 선고 97도2786 판결)

> **판례** 허위내용 지급명령 ① 신청시 착수 ○ ② 확정시 기수 ○
>
> 지급명령신청에 대해 상대방이 이의신청을 하면 지급명령은 이의의 범위 안에서 그 효력을 잃게 되고 지급명령을 신청한 때에 소를 제기한 것으로 보게 되는 것이지만 이로써 이미 실행에 착수한 사기의 범행 자체가 없었던 것으로 되는 것은 아니다.
>
> 지급명령을 송달받은 채무자가 2주일 이내에 이의신청을 하지 않는 경우에는 구 민사소송법 제445조에 따라 지급명령은 확정되고, 이와 같이 확정된 지급명령에 대해서는 항고를 제기하는 등 동일한 절차 내에서는 불복절차가 따로 없어서 이를 취소하기 위해서는 재심의 소를 제기하거나 위 법 제505조에 따라 청구이의의 소로써 강제집행의 불허를 소구할 길이 열려 있을 뿐인데, 이는 피해자가 별도의 소로써 피해구제를 받을 수 있는 것에 불과하므로 허위의 내용으로 신청한 지급명령이 그대로 확정된 경우에는 소송사기의 방법으로 승소 판결을 받아 확정된 경우와 마찬가지로 사기죄는 이미 기수에 이르렀다고 볼 것이다. (대법원 2004. 6. 24. 선고 2002도4151 판결)

판례 원고가 ① 특정 권원에 기하여 민사소송을 진행하던 중 ② 법원에 조작된 증거를 제출하면서 종전에 주장하던 특정 권원과 별개의 허위의 권원을 추가로 주장하였으나 이후 ③ 후속주장을 철회함 – 사기미수죄 ○

피고인이 특정 권원에 기하여 민사소송을 진행하던 중 법원에 조작된 증거를 제출하면서 종전에 주장하던 특정 권원과 별개의 허위의 권원을 추가로 주장하는 경우에 그 당시로서는 종전의 특정권원의 인정 여부가 확정되지 아니하였고, 만약 종전의 특정 권원이 배척될 때에는 조작된 증거에 의하여 법원을 기망하여 추가된 허위의 권원을 인정받아 승소판결을 받을 가능성이 있으므로, 가사 나중에 법원이 종전의 특정 권원을 인정하여 피고인에게 승소판결을 선고하였다고 하더라도, 피고인의 이러한 행위는 특별한 사정이 없는 한 소송사기의 실행의 착수에 해당된다. (대법원 2004. 6. 25. 선고 2003도7124 판결)

판례 신축중인 다세대주택 4동의 건축주 명의변경을 목적으로 하는 사기소송 제기하여 전부 승소판결 확정되었는데, 3동에 관해서만 건축주 명의변경 이루어짐 – 4동 전부에 관해서 사기죄(기수) ○

소송사기의 경우에는 당해 소송의 판결이 확정된 때에 범행이 기수에 이르는 것이므로, 신축중인 다세대주택 4동의 건축주 명의변경을 목적으로 하는 사기소송을 제기하여 4동 전부에 대하여 승소판결을 선고받아 그 판결이 확정된 이상 승소판결을 받은 후 3동에 관하여만 건축주 명의변경이 이루어졌다 하더라도 4동 전부에 대하여 건축허가에 따른 재산상 이익을 취득한 사기죄의 기수에 이른 것으로 보아야 한다. (대법원 1997. 7. 11. 선고 95도1874 판결)

참고 건축허가 명의가 변경된다고 해서 소유권이 이전되는 것은 아니므로 이 사건 사기죄로 인하여 취득한 재산상 이익은 다세대 주택 그 자체가 아니라, '건축주로서 공사를 계속하여 다세대주택을 완공하고 사용승인을 받은 다음 건축물대장에 등재하여 완공된 다세대주택에 관하여 그의 명의로 소유권보존등기를 경료할 수 있는 등 건축허가에 따른 재산상 이익'이다.

판례 피고인이 국가 명의로 소유권보존등기 되어 있는 토지에 대하여 소유권보존등기 말소청구 – 사기죄 ○ (① 소제기시 착수 ② 승소확정시 기수)

국가 명의로 소유권보존등기가 되어 있는 상태에서 소유권보존등기의 말소 청구를 하고 청구의 일부인용 판결에 준하는 화해권고결정이 확정된 이상, 청구인용 부분에 대하여는 법원을 기망하여 유리한 결정을 받음으로써 '대상 토지의 소유명의를 얻을 수 있는 지위'라는 재산상 이익을 취득하였다고 할 것이고, 이는 사기죄의 대상인 재산상 이익의 편취에 해당한다는 이유로, 위 청구인용 부분에 대하여 사기죄, 그리고 화해권고결정에 의하여 등기말소청구를 포기한 부분에 대하여 사기미수죄를 각 인정한 원심 판단을 수긍한 사례 (대법원 2011. 12. 13. 선고 2011도8873 판결, 대법원 2006. 4. 7. 선고 2005도9858 전원합의체 판결)

비교 소유자로 등기된 적이 있었던 자가 소유권이전등기 말소청구 – 사기죄 ○ (① 소제기시 착수 ② 승소확정시 기수)

부동산등기부상 소유자로 등기된 적이 있는 자가 자기 이후에 소유권이전등기를 경료한 등기명의인들을 상대로 허위의 사실을 주장하면서 그들 명의의 소유권이전등기의 말소를 구하는 소송을 제기한 경우 그 소송에서 승소한다면 등기명의인들의 등기가 말소됨으로써 그 소송을 제기한 자의 등기명의가 회복되는 것이므로 이는 법원을 기망하여 재물이나 재산상 이익을 편취한 것이라고 할 것이고 따라서 등기명의인들 전부 또는 일부를 상대로 하는 그와 같은 말소등기청구 소송의 제기는 사기의 실행에 착수한 것이라고 보아야 한다. (대법원 2003. 7. 22. 선고 2003도1951 판결)

비교 소유자로 등기된 적이 없었던 자가 소유권이전등기말소 소송 제기 – 사기죄 ×

피고인이 갑 명의로, 갑이 이 건 임야를 매수한 일이 없음에도 매수한 것 처럼 허위의 사실을 주장하여 위 임야에 대한 소유권이전등기를 거친 자들을 상대로 각 그 소유권이전등기말소를 구하는 소송을 제기하였다가 취하하였다고 하여도, 위 소송의 결과 원고로 된 갑이 승소한다고 가정하더라도 위 피고들의 등기가 말소될 뿐이고 이것만으로 피고인이 위 임야에 관한 어떠한 권리를 취득하거나 의무를 면하는 것은 아니므로 법원을 기망하여 재물이나 재산상 이익을 편취한 것이라고 보기 어려우니 위 소제기 행위를 가리켜 사기의 실행에 착수한 것이라고 할 수 없다. (대법원 1981. 12. 8. 선고 81도1451 판결)

해설 소유권보존등기 말소청구의 경우 (소유권이전등기 말소청구와는 달리) 피고인이 과거에 등기된 적이 있었는지 여부를 불문하고 소송사기의 주체성이 인정된다. 보존등기 말소청구에서 승소하면 부동산등기법 제65조 제2호에 따라 단독으로 말소등기 후 자기 이름으로 보존등기를 경료할 수 있기 때문이다(이에 반해 소유권이전등기 말소청구에서 승소한 자는 해당 이전등기를 말소할 수 있을 뿐 자기 이름으로 새로운 이전등기를 경료할 수 있는 것은 아니다).[79]

소송사기죄의 불능미수가 부정된 경우를 살펴본다(불능범, 무죄).

판례 사망한 자를 상대로 허위 제소한 경우 – 사기미수죄 ×

소송사기에 있어서 피기망자인 법원의 재판은 피해자의 처분행위에 갈음하는 내용과 효력이 있는 것이어야 하고, 그렇지 아니하는 경우에는 착오에 의한 재물의 교부행위가 있다고 할 수 없어서 사기죄는 성립되지 아니한다고 할 것이므로, 피고인의 제소가 사망한 자를 상대로 한 것이라면 이와 같은 사망한 자에 대한 판결은 그 내용에 따른 효력이 생기지 아니하여 상속인에게 그 효력이 미치지 아니하고 따라서 사기죄를 구성한다고 할 수 없다. (대법원 2002. 1. 11. 선고 2000도1881 판결) **표준**

동지 허무인·비존재 단체를 상대로 허위 제소한 경우 – 사기미수죄 ×

실재하고 있지 아니한 자에 대하여 판결이 선고되더라도 그 판결은 피해자의 처분행위에 갈음하는 내용과 효력을 인정할 수 없고, 따라서 착오에 의한 재물의 교부행위를 상정할 수 없는 것이므로 사기죄의 성립을 시인할 수 없다. (대법원 1992. 12. 11. 선고 92도743 판결)

동지 무권한자를 상대로 허위 제소한 경우 – 사기미수죄 ×

피고인이 타인소유의 부동산에 관하여 아무런 권한이 없는 사람을 상대로 소유권확인등의 청구소송을 제기함으로써 법원을 기망하여 승소판결을 받고 그 확정판결을 이용하여 동 부동산에 대한 소유권보존등기를 경료했다 하여도, 위 판결의 효력은 소송당사자들 사이에만 미치고 제3자인 부동산소유자에게는 미치지 아니하여 위 판결로 인하여 위 부동산에 대한 제3자의 소유권이 피고인에게 이전되는 것도 아니므로 사기죄를 구성한다고 볼 수 없다. (대법원 1985. 10. 8. 선고 84도2642 판결)

해설 판례는 위와 같은 경우 소송사기의 불능미수가 성립하지 않는다고 본다.

판례 소송비용을 편취할 의사로 소송비용의 지급을 구하는 손해배상청구의 소를 제기 – 사기미수죄 ×[80]

---

79 **부동산등기법 제65조(소유권보존등기의 신청인)** 미등기의 토지 또는 건물에 관한 소유권보존등기는 다음 각 호의 어느 하나에 해당하는 자가 신청할 수 있다. 2. 확정판결에 의하여 자기의 소유권을 증명하는 자

80 다음의 민사소송법 조문을 참고한다.
　　제104조(각 심급의 소송비용의 재판) 법원은 사건을 완결하는 재판에서 직권으로 그 심급의 소송비용 전부에 대하여

민사소송법상 소송비용의 청구는 소송비용액 확정절차에 의하도록 규정하고 있으므로, 위 절차에 의하지 아니하고 손해배상금 청구의 소 등으로 소송비용의 지급을 구하는 것은 소의 이익이 없는 부적법한 소로서 허용될 수 없다고 할 것이다. 따라서 소송비용을 편취할 의사로 소송비용의 지급을 구하는 손해배상청구의 소를 제기하였다고 하더라도 이는 객관적으로 소송비용의 청구방법에 관한 법률적 지식을 가진 일반인의 판단으로 보아 결과 발생의 가능성이 없어 위험성이 인정되지 않는다고 할 것이다. (대법원 2005. 12. 8. 선고 2005도8105 판결) **표준**

[판례] 甲·乙 부부는 임대차계약 후 임차건물에 거주하였으나, 임대차계약서상 임차인 명의에 甲만을 기재하였고, 전입신고는 처 乙만이 마쳤음. 임차건물에 경매가 시작되자 배당을 받기 위하여 甲은 임대차계약서상 임차인 명의를 甲에서 乙로 변경하고 경매법원에 배당요구 – 사기미수죄 ✕

임대인과 임대차계약을 체결한 임차인이 임차건물에 거주하기는 하였으나 그의 처만이 전입신고를 마친 후에 경매절차에서 배당을 받기 위하여 임대차계약서상의 임차인 명의를 처로 변경하여 경매법원에 배당요구를 한 경우, 실제의 임차인이 전세계약서상의 임차인 명의를 처의 명의로 변경하지 아니하였다 하더라도 소액임대차보증금에 대한 우선변제권 행사로서 배당금을 수령할 권리가 있다 할 것이어서, 경매법원이 실제의 임차인을 처로 오인하여 배당결정을 하였더라도 이로써 재물의 편취라는 결과의 발생은 불가능하다 할 것이고, 이러한 임차인의 행위를 객관적으로 결과발생의 가능성이 있는 행위라고 볼 수도 없으므로 형사소송법 제325조에 의하여 무죄를 선고하여야 한다. (대법원 2002. 2. 8. 선고 2001도6669 판결)

5) 민사집행과 소송사기

민사집행의 세계에서 소송사기가 발생하는 순간, 고난이도 판례들이 탄생한다. 이하에서는 어렴풋하게나마 민사집행의 큰 그림을 그려보고, 이를 바탕으로 소송사기 판례들을 한땀 한땀 풀어나간다.[81]

재판하여야 한다. 다만, 사정에 따라 사건의 일부나 중간의 다툼에 관한 재판에서 그 비용에 대한 재판을 할 수 있다. **제110조(소송비용액의 확정결정)** ① 소송비용의 부담을 정하는 재판에서 그 액수가 정하여지지 아니한 경우에 제1심 법원은 그 재판이 확정되거나, 소송비용부담의 재판이 집행력을 갖게된 후에 당사자의 신청을 받아 결정으로 그 소송비용액을 확정한다. ② 제1항의 확정결정을 신청할 때에는 비용계산서, 그 등본과 비용액을 소명하는 데 필요한 서면을 제출하여야 한다. ③ 제1항의 결정에 대하여는 즉시항고를 할 수 있다.

81 보다 자세한 내용에 관하여는 임동민, "강제집행절차를 통한 소송사기에 관한 연구 – 이른바 '집행사기'의 기망행위 및 재산상 이익을 중심으로 –", 저스티스 제204호, 한국법학원, 2024, 113–143쪽.

💬 중요쟁점: 민사집행과 소송사기

Ⅰ. 민사집행 엿보기[82]

	금전채권		① **부동산**
채권자 甲	→	채무자 乙	② **동산** ③ **금전채권 (제3채무자 丙)** ④ **부동산소유권이전등기청구권 (제3채무자 丙)**

甲은 乙에 대하여 금전채권을 가지고 있다. 乙은 도무지 돈을 갚지를 않는다. 乙의 재산으로는 ① 부동산 ② 동산 ③ 금전채권 ④ 부동산소유권이전등기청구권이 있다. 甲은 금전채권을 실현하기 위하여 어떠한 조치를 취해야 할까? 시간 순으로 **1단계**, **가압류**를 통해 乙의 재산을 동결(freezing)시킨다. **2단계**, **소송**을 제기하여 집행권원을 확보한다. **3단계**, **압류**를 통해 빚잔치(경매 등)를 열고 내가 가진 금전채권만큼의 재산을 받아온다.

1단계, 가압류. 甲은 乙의 ① 부동산 ② 동산 ③·④ 채권에 대해 가압류 신청을 하여 乙의 재산 처분을 금지시켜야 한다.

2단계, 소송. 甲은 乙에 대한 금전채권의 존재를 입증하여 집행권원을 확보하여야 한다. 대표적인 집행권원이 '판결'이다. 甲은 乙에 대해 소송을 제기하여 승소확정판결을 받아냄으로써 집행권원을 확보하여야 한다(甲이 乙에 대해 이미 공정증서라는 집행권원을 가지고 있는 경우, 1단계 – 가압류, 2단계 – 소송이 불요하다. 곧바로 3단계 – 압류부터 시작하면 된다).

3단계, 압류. 甲은 판결(공정증서)를 권원으로 乙의 재산에 대한 강제집행으로 나아간다.

– 乙의 ① 부동산 ② 동산에 대해선 강제경매를 신청하여 경매를 개시하고 낙찰금에 대하여 배당을 받으면 된다.

– 乙의 ③ 丙에 대한 금전채권의 강제집행 방법을 살펴보자. ③–Ⓐ 채권압류 및 추심명령을 통해 채권추심권한을 얻어내고 그 권한에 기해 丙을 상대로 추심금청구소송을 제기하면 된다. 또는 ③–Ⓑ 채권압류 및 전부명령을 통해 乙의 丙에 대한 채권 자체를 아예 취득할 수 있다(취득한 채권을 근거로 전부금청구소송을 제기할 수 있다).

– 乙의 ④ 丙에 대한 소유권이전등기청구권에 대한 강제집행 방법을 살펴보자. 일단 소유권이전등기청구권을 압류한 뒤, 그 부동산을 채무자 乙 명의로 등기이전시키고 부동산에 대해 강제경매를 개시하고 낙찰금에 대하여 배당을 받을 수 있다.

다음 단계로 넘어가기 전에, '집행법원'이라는 개념을 알아보자. '집행법원'이라 함은 민사집행법에서 규정한 집행행위에 관한 법원의 처분이나 그 행위에 관한 법원의 협력사항을 관할하는 법원을 말한다(민사집행법 제3조). 집행법원이라고 하여 '서울중앙집행법원'이 따로 있는 것은 아니다. 집행법원은 지방법원 내의 사무분장 사항으로서 원칙적으로 단독판사가 담당한다. 즉, 서울중앙지방법원의 어느 단독판사가 집행법원의 직무를 수행하는 것이다. 위에서 설명한 1단계 – 가압류, 3단계 – 압류와 같은 신청사건은 집행법원이 담당한다. 가압류, 압류를 하려면 어떻게 해야 할까. 서울중앙지방법원에 (가)압류신청서를 제출하면, 집행법원(단독판사)이 이를 신속하게 심사하여

---

82 이하 민사집행법에 관한 내용은 서울대학교 이계정 교수님의 '민사집행법' 강의안을 참고하였다.

명령을 발부한다. 우리가 떠올리는 일반적인 민사소송의 모습과는 사뭇 다르다.

　　이제 민사집행의 단계적 개요가 어렴풋하게나마 이해가 된다. 다만 乙의 ③ 丙에 대한 금전채권의 강제집행, 즉 추심명령·전부명령에 대해서는 조금 더 살펴보고 싶어진다.

II. 금전채권에 대한 압류

집행채권		피압류채권	
(압류) 채권자 甲	→ 채무자 乙	→	제3채무자 丙

1. 기본개념

① **집행권원**이란 '乙은 甲에게 금전을 지급하라'는 내용의 판결·공정증서를 말한다.

② **금전채권 가압류**란 乙의 금전채권(피압류채권)의 처분을 미리 금지시키는 것으로서 집행권원을 불요한다(1단계).

③ **금전채권 압류 및 추심명령**이란 피압류채권을 직접 추심할 권리를 甲에게 부여하는 법원의 명령으로서 집행권원을 요구한다(3단계). 압류 및 추심명령을 통해 채권추심권한을 얻은 甲은 丙을 상대로 추심금청구소송을 제기할 수 있다(채권추심권한을 얻었을 뿐 채권 그 자체를 취득한 것은 아니라는 점에서 전부명령과 차이가 있다).

④ **금전채권 압류 및 전부명령**이란 피압류채권을 채권자 甲 앞으로 이전(취득)시키는 법원의 명령으로서 집행권원을 요구한다(3단계). 압류 및 전부명령을 통해 채권 자체를 취득한 甲은 채권자로서 丙을 상대로 전부금청구소송을 제기할 수 있다.

⑤ 금전채권에 대한 '압류'는 '추심명령' 또는 '전부명령'과 한 몸이다.

⑥ **'추심명령', '전부명령'은 금전채권에 대한 압류에서만 사용되는 개념으로서, 부동산소유권이전등기청구권에 대한 추심명령, 전부명령은 있을 수 없다.** 소유권이전등기청구권에 대한 강제집행은 압류 → 등기 → 부동산 경매로 이어진다. (추심·전부가 아니다.) 금전채권에 대한 압류와 부동산소유권이전등기청구권에 대한 압류는 완전히 다른 절차이다.

⑦ 금전채권 '가압류'는 집행권원(판결·공정증서)을 확보하지 못한 단계에서 상대방의 재산을 동결시키는 것이고(1단계), 금전채권 '압류'는 집행권원을 확보한 상태에서 본격적인 빚잔치로 나아가는 것이다(3단계).

2. 중요 쟁점

① **집행권원의 존부는 (집행)법원의 심사대상이다.** 따라서 거짓 공정증서로 乙의 채권을 (가)압류한 경우 집행법원에 대한 기망행위가 인정된다.

② **피압류채권의 존부는 (집행)법원의 심사대상이 아니다.** 따라서 허위의 피압류채권에 대한 채권 (가)압류의 경우 집행법원에 대한 기망행위가 인정되지 않는다.

　　→ 집행법원은 왜 집행권원의 존부는 심사하면서, 피압류채권의 존부는 심사하지 않을까? 집행법원은 압류 등 신청사건을 전담하는 법원으로서 신속성을 요체로 한다. 피압류채권의 존부는 후속하는 추심금청구소송·전부금청구소송에서 본안 문제로 다툴 것이지 압류명령을 내리는 단계에서 다룰 쟁점이 아니다.

　　→ 민원업무를 처리하는 시청 민원실 직원을 집행법원 판사에 빗대어 생각해본다. "신청인 甲님, 乙에 대한 집행권원 제출하세요. (심사 후) 서울중앙지방법원 확정판결 있으시네요. 네, 집행권원

있는 거 맞으시구요. 乙이 丙에 대해 채권을 가지고 있다고 주장하고 계시는 거지요? 이 부분은 제가 지금 판단하지는 않고요, 제가 지금 압류 및 추심명령(또는 압류 및 전부명령) 끊어드리면 丙을 피고로 하는 본안소송 제기하셔서 입증하시면 됩니다. 자 다음 신청인, 들어오세요!" (이해를 돕기 위한 거친 비유에 불과하다. 실제로 집행법원 판사가 기일을 여는 경우는 드물다.)

판례 甲이 허위의 집행권원에 기하여 乙의 금전채권(피압류채권)에 대한 압류·전부명령 받았으나 전부채권(피압류채권)이 없거나 전부명령이 무효인 경우 – 사기죄(기수) ○[83]

형법 347조 소정의 재산상 이익처분은 그 재산상의 이익을 법률상 유효하게 취득함을 필요로 하지 아니하고 그 이익 취득이 법률상 무효라 하여도 외형상 취득한 것이면 족한 것이므로 피전부채권이 법률상으로는 유효한 것이 아니고 전부명령이 효력을 발생할 수 없다 하여도 피전부채권이나 전부명령이 외형상으로 존재하는 한 위 법조 소정의 재산상 이익취득이다. (대법원 1975. 5. 27. 선고 75도760 판결)

해설 집행권원 존부는 법원의 심사대상인데, '거짓 공정증서'를 제출하였기에 기망이 인정된다. 피압류채권이 부존재·무효라 할지라도 이미 외형상의 재산상 이익(피보전채권의 변제 혹은 피전부채권)을 취득한 이상 사기죄가 성립한다.

판례 甲이 허위의 집행권원에 기하여 乙의 소유권이전등기청구권(피압류채권)에 대한 압류명령 받은 경우 (다만 등기·경매·배당으로 못 나아감) – 사기미수죄 ○

공소사실의 요지는, 피고인이 허위 내용의 약속어음 공정증서를 집행권원으로 하여 대전 동구 (주소 생략) 토지에 관한 피해자 회사의 대전광역시 동구청에 대한 소유권이전등기청구권에 대하여 압류신청을 하여 그 압류명령 결정을 받았고, 위 토지에 대한 소유권이전등기가 피해자 회사 명의로 경료되면 위 토지에 대하여 경매절차를 진행하고자 하였으나, 피해자 회사의 채권자가 피해자 회사를 통하여 채권자 명의로 소유권이전등기를 마치는 바람에 그 뜻을 이루지 못하여 미수에 그쳤다는 것이다.

민사집행법 제244조에서 규정하는 부동산에 관한 권리이전청구권에 대한 강제집행은 그 자체를 처분하여 대금으로 채권에 만족을 기하는 것이 아니고, 부동산에 관한 권리이전청구권을 압류하여 청구권의 내용을 실현시키고 부동산을 채무자의 책임재산으로 귀속시킨 다음 다시 부동산에 대한 경매를 실시하여 매각대금으로 채권에 만족을 기하는 것이다. 이러한 경우 소유권이전등기청구권에 대한 압류는 당해 부동산에 대한 경매의 실시를 위한 사전 단계로서의 의미를 가지나, 전체로서의 강제집행절차를 위한 일련의 시작행위라고 할 수 있으므로, 허위 채권에 기한 공정증서를 집행권원으로 하여 채무자의 소유권이전등기청구권에 대하여 압류신청을 한 시점에 소송사기의 실행에 착수하였다고 볼 것이다. (대법원 2015. 2. 12. 선고 2014도10086 판결)

해설 집행권원 존부는 법원의 심사대상인데, '거짓 공정증서'를 제출하였기에 기망이 인정된다. 피압류채권인 소유권이전등기청구권에 대해 압류명령까지 내려졌다. 그렇다면 75도760 판결처럼 기수 아닌가 의문이 들 수 있다. 하지만 ① 금전채권이 피압류채권인 경우 채권압류·전부명령으로 집행이 완료되는 것과 달리, ② 소유권이전등기청구권이 피압류채권인 경우, 압류 후에도 등기·경매·배당까지 나아가야 한다. 기수라고 보기엔 아직 갈 길이 멀다.

---

83 甲이 허위의 집행권원에 기하여, 금전채권인 피압류채권에 대한 압류 및 "추심명령"을 받은 경우에도 사기죄의 기수에 해당한다(대법원 2007. 10. 11. 선고 2007도5541 판결).

피압류채권	1단계	2단계	3단계	4단계	5단계
금전채권	집행권원확보	채권압류·전부명령 → 집행완료 (기수)			
소이등채권	집행권원확보	채권압류 → 집행시작 (미수)	부동산 등기	부동산 경매	배당 → 집행완료

판례 甲이 진실한 집행권원에 기하여 乙의 허위의 금전채권(피압류채권)에 대한 압류·전부명령 (및 압류·추심명령) 받은 경우 – 무죄

소송사기는 법원을 기망하여 자기에게 유리한 판결을 얻음으로써 상대방의 재물 또는 재산상 이익을 취득하는 것을 내용으로 하는 범죄로서, 소송사기가 성립하기 위하여는 제소 당시에 그 주장과 같은 채권이 존재하지 아니한다는 것만으로는 부족하고, 그 주장의 채권이 존재하지 아니하는 사실을 잘 알면서도 허위의 주장과 입증으로써 법원을 기망한다는 인식을 하고 있어야만 한다. 한편, 채권에 대한 압류 및 전부(추심)명령을 신청한 경우, 집행력 있는 정본의 존부, 집행개시의 요건 구비 여부 등은 법원의 심사 대상이지만 피압류채권의 존부는 그 심사 대상이 아니다.

피고인(乙회사 운영자)이 '乙회사의 丙에 대한 채권'이 존재하지 않는다는 사실을 알면서 그 사실을 모르는 甲(乙회사에 대한 채권자)에게 '乙회사의 丙에 대한 채권'의 압류 및 전부(추심)명령을 신청하게 하여 그 명령을 받게 한 사안에서, 甲이 乙회사에 대하여 진정한 채권을 가지고 있는 이상, 위와 같은 사정만으로는 법원을 기망하였다고 볼 수 없고, 甲이 丙을 상대로 전부(추심)금 소송을 제기하지 않은 이상 소송사기의 실행에 착수하였다고 볼 수도 없다고 한 사례. (대법원 2009. 12. 10. 선고 2009도9982 판결)

참고 이 사건 공소사실은 채무자 乙의 대표자인 피고인이 고의 없는 채권자 甲을 이용하여 사기죄를 범한 간접정범이라는 것이었다. 편의상 제목과 같이 정리하였다.

해설 피압류채권의 존부는 법원의 기망대상이 아니므로, 사기의 착수(기망행위)가 없다.

여기까지 왔으면 이해 못 할 판례가 없다. 나머지 민사집행과 관련된 판례를 살펴본다.

판례 허위채권에 의한 '가압류(1단계)' – 사기미수죄(착수) ✕

가압류는 강제집행의 보전방법에 불과하고 그 기초가 되는 허위의 채권에 의하여 실제로 청구의 의사표시를 한 것이라고 할 수 없으므로 소의 제기 없이 가압류신청을 한 것만으로는 사기죄의 실행에 착수한 것이라고 할 수 없다. (대법원 1982. 10. 26. 선고 82도1529 판결, 대법원 1988. 9. 13. 선고 88도55 판결)

비교 甲이 허위의 집행권원에 기하여 乙의 소유권이전등기청구권(피압류채권)에 대한 압류명령 받은 경우 (다만 등기·경매·배당으로 못 나아감) – 사기미수죄(착수) ○ (대법원 2015. 2. 12. 선고 2014도10086 판결)

해설 가압류는 1단계, 압류는 3단계로서 가운데에 소송(2단계)이라는 가장 핵심적인 절차를 사이에 두고 있는 (시간적으로) 멀고도 먼 관계이다. 1 – 2 – 3단계를 차례로 밟아나가는 경우에 있어서 소송사기의 착수, 기수 시점은 아래와 같이 정리할 수 있다. (소송 – 2단계 없이 곧바로 압류 – 3단계로 나아가는 경우, 즉 ① 허위의 공정증서를 활용한 압류 ② 이미 변제받은 채권에 대한 확정판결을 활용한 압류 등과는 구별해야 한다.)

$$\begin{array}{ccccccc}
\text{가압류} & & \text{소제기} & & & & \text{압류} \\
\text{[1단계]} & \rightarrow & \text{[2단계]} & \rightarrow & \text{승소확정} & \rightarrow & \text{[3단계]} & \rightarrow & \text{경매 등 집행완료} \\
\text{(착수 ×)} & & \text{(착수 ○)} & & \text{(기수)} & & &
\end{array}$$

[판례] 甲의 乙에 대한 승소판결 확정되어 乙이 변제하였음에도 甲이 승소판결을 집행권원으로 활용해 乙에 대한 강제집행 완료해버림 – 사기죄(기수) ○

민사판결의 주문에 표시된 채권을 변제받거나 상계하여 그 채권이 소멸되었음에도 불구하고, 판결정본을 소지하고 있음을 기화로 이를 근거로 하여 강제집행을 하였다면 사기죄를 구성한다. (대법원 1992. 12. 22. 선고 92도2218 판결)

[비교] 甲의 乙에 대한 승소판결 확정되어 乙이 변제하였음에도 甲이 승소판결을 집행권원으로 활용해 乙의 동산을 압류하였으나 강제집행을 완료하지는 못함 – 사기미수죄 ○

대여금 채권자가 채무자에 대하여 승소확정판결을 받은 대여원리금채권을 그 판결확정후에 전액을 변제받고서도 형식상 적법한 채무명의인 판결정본을 그대로 소지하고 있음을 이용하여 위 판결정본에 기한 채권이 존재함을 내세워 집달관으로 하여금 그 집행절차를 수임하게 하여 위 채무자 소유의 동산에 압류집행을 하도록 하였다면 채권자의 위 소위는 사기미수에 해당한다. (대법원 1988. 4. 12. 선고 87도2394 판결)

[비교] 乙이 변제하였음에도 甲이 乙에 대한 약속어음 공정증서를 활용해 乙 부동산 압류 및 경매개시결정 받았으나 강제집행을 완료하지는 못함 – 사기미수죄 ○

채무자가 강제집행을 승낙한 취지의 기재가 있는 약속어음 공정증서에 있어서 그 약속어음의 원인관계가 소멸하였음에도 불구하고, 약속어음 공정증서 정본을 소지하고 있음을 기화로 이를 근거로 하여 강제집행을 하였다면 사기죄를 구성한다. (강제경매 개시결정을 받았으나 채무자의 채무자의 청구이의 신청이 받아들여져 강제경매 개시결정이 취소된 사안) (대법원 1999. 12. 10. 선고 99도2213 판결)

[해설] 소송(2단계) 없이 곧바로 압류(3단계)로 나아가는 경우, 즉 ① 허위의 공정증서를 활용하여 곧바로 압류하는 경우(앞서 살펴본 75도760 판결, 2014도10086 판결이 이에 해당) ② 이미 변제받은 채권에 대한 확정판결·공정증서를 활용하여 압류하는 경우, '압류'를 착수시, '집행완료'를 기수로 본다.

$$\begin{array}{ccccc}
\text{이미 확보한} & & \text{압류} & & \\
\text{판결·공정증서} & \rightarrow & \text{[3단계]} & \rightarrow & \text{경매 등 집행완료} \\
 & & \textbf{(착수)} & & \textbf{(기수)}
\end{array}$$

[판례] 피고인이 부동산 경매절차에서 허위의 공사대금채권을 근거로 유치권 신고 – 사기미수죄(착수) ×

유치권자가 경매절차에서 유치권을 신고하는 경우 법원은 이를 매각물건명세서에 기재하고 그 내용을 매각기일공고에 적시하나, 이는 경매목적물에 대하여 유치권 신고가 있음을 입찰예정자들에게 고지하는 것에 불과할 뿐 처분행위로 볼 수는 없고, 또한 유치권자는 권리신고 후 이해관계인으로서 경매절차에서 이의신청권 등 몇 가지 권리를 얻게 되지만 이는 법률의 규정에 따른 것으로서 재물 또는 재산상 이득을 취득하는 것으로 볼 수도 없다는 점을 근거로 들어, 허위 공사대금채권을 근거로 유치권 신고를 하였더라도 이를 소송사기 실행의 착수가 있다고 볼 수는 없다. (대법원 2009. 9. 24. 선고 2009도5900 판결)

[비교] 피고인이 허위로 부풀려진 공사대금채권을 근거로 유치권에 의한 경매신청 – 사기미수죄(착수) ○

유치권에 의한 경매를 신청한 유치권자는 일반채권자와 마찬가지로 피담보채권액에 기초하여 배당을 받게 되는 결과 피담보채권인 공사대금 채권을 실제와 달리 허위로 크게 부풀려 유치권에 의한 경매를 신청할 경우 정당한 채권액에 의하여 경매를 신청한 경우보다 더 많은 배당금을 받을 수도 있으므로, 이는 법원을 기망하여 배당이라는 법원의 처분행위에 의하여 재산상 이익을 취득하려는 행위로서, 불능범에 해당한다고 볼 수 없고, 소송사기죄의 실행의 착수에 해당한다. (대법원 2012. 11. 15. 선고 2012도9603 판결)

[비교] 피고인이 허위의 임대차계약서를 근거로 임차권등기명령 신청 – 사기미수죄(착수) ○

임차권등기명령의 집행에 의한 임차권등기가 경료되면 임차인은 제3조 제1항의 규정에 의한 대항력 및 제5조 제2항의 규정에 의한 우선변제권을 취득하고, 임차권등기 이후에는 제3조 제1항의 대항요건을 상실하더라도 이미 취득한 대항력 또는 우선변제권을 상실하지 아니하는 효력이 있으므로, 그 임차권등기의 기초가 되는 임대차계약이 통정허위표시로서 무효라 하더라도, 장차 피신청인의 이의신청 또는 취소신청에 의한 법원의 재판을 거쳐 그 임차권등기가 말소될 때까지는 신청인은 외형상으로 우선변제권 있는 임차인으로서 부동산 담보권에 유사한 권리를 취득하게 된다 할 것이니, 이러한 이익은 재산적 가치가 있는 구체적 이익으로서 사기죄의 객체인 재산상 이익에 해당한다고 봄이 상당하다. … (중략) … 진정한 임차권자가 아니면서 허위의 임대차계약서를 법원에 제출하여 임차권등기명령을 신청하면 그로써 소송사기의 실행행위에 착수한 것으로 보아야 하고, 나아가 그 임차보증금 반환채권에 관하여 현실적으로 청구의 의사표시를 하여야만 사기죄의 실 행의 착수가 있다고 볼 것은 아니다. (대법원 2012. 5. 24. 선고 2010도12732 판결)

[참고] 이 사건의 경우, 임차권등기가 경료되어 사기죄 기수가 인정된다. 임차권등기명령 신청시에 착수가, 등 기경료시에 기수가 인정된다.[84]

[판례] 피고인 丙이 피해자 甲에 대한 채권 없음에도 甲 명의 허위 차용증 작성하고 甲의 부동산에 丙 명의 근저당권설정등기 → 丙의 부동산임의경매신청 → 부동산 매각(乙이 낙찰) → 丙이 배당금 교부받음. 검찰은 丙을 사기로 기소하며 공소사실에 피해자를 甲이라 기재하였음. 이에 대해 원심 법원은 '어차피 경매는 무효이므로 甲이 피해를 본 것이 없다.'는 취지로 무죄를 선고함. 대법원은 乙에 대한 사기죄로 처벌하여야 한다는 취지에서 원심 파기 (대법원 2017. 6. 19. 선고 2013도564 판결)

기소된 공소사실의 재산상 피해자와 공소장에 기재된 피해자가 다른 것이 판명된 경우에는 공소사실의 동일성을 해치지 않고 피고인의 방어권 행사에 실질적 불이익을 주지 않는 한 공소장변경절차 없이 직권으로 공소장 기재의 피해자와 다른 실제의 피해자를 적시하여 이를 유죄로 인정하여야 한다.

근저당권자가 집행법원을 기망하여 원인무효이거나 피담보채권이 존재하지 않는 근저당권에 기해 채무자 또는 물상보증인 소유의 부동산에 대하여 임의경매신청을 함으로써 경매절차가 진행된 결과 부동산이 매각되었더라도 그 경매절차는 무효로서 채무자나 물상보증인은 부동산의 소유권을 잃지 않고, 매수인은 부동산의 소유권을 취득할 수 없다.

이러한 경우에 허위의 근저당권자가 매각대금에 대한 배당절차에서 배당금을 지급받기에 이르렀다면 집행법원의 배당표 작성과 이에 따른 배당금 교부행위는 매수인에 대한 관계에서 그의 재산을 처분하여 직접 재산상 손해를 야기하는 행위로서 매수인의 처분행위에 갈음하는 내용과 효력을 가진다.

피고인이 피해자 갑에 대한 대여금 채권이 없음에도 갑 명의의 차용증을 허위로 작성하고 갑 소유의 부동산에 관하여 피고인 앞으로 근저당권설정등기를 마친 다음, 그에 기하여 부동산임의경매를 신청하여 배당금을 교부받아 편취하였다는 내용으로 기소된 사안에서, 공소사실과 동일성이 인정되고 피고인의 방어권 행사에 불이익을 주지 않는 이상 피해자가 공소장에 기재된 갑이 아니라고 하여 곧바로 피고인에게 무죄를 선고할 것이 아니라 진정한 피해자를 가려내어 그 피해자에 대한 사기죄로 처벌하여야 하고, 공소사실에 따른 실제 피해자는 부동산 매수인 을이므로 을에 대한 관계에서 사기죄가 성립한다. (대법원 2017. 6. 19. 선고 2013도564 판결)

---

84 사법연수원, 2020년 법학전문대학원 형사재판실무 과제4 사례연구 해설, 2020, 9쪽.

6) 죄수 등

소송사기의 죄수에 관한 판례를 살펴본다.

> **판례** 허위소송으로 승소확정판결 받은 자가(사기죄 기수 ○) 이에 의하여 등기를 경료함 – 공정증서원 본불실기재 및 동행사죄 ○
>
> 법원을 기망하여 승소판결을 받고 그 확정판결에 의하여 소유권이전등기를 경료한 경우에는 사기죄와 별도로 공정증서원본 불실기재죄가 성립하고 양죄는 실체적 경합범 관계에 있다. (대법원 1983. 4. 26. 선고 83도188 판결)

Ⅱ 컴퓨터등사용사기죄

> **제347조의2(컴퓨터등 사용사기)** 컴퓨터등 정보처리장치에 허위의 정보 또는 부정한 명령을 입력하거나 권한 없이 정보를 입력·변경하여 정보처리를 하게 함으로써 재산상의 이익을 취득하거나 제3자로 하여금 취득하게 한 자는 10년 이하의 징역 또는 2천만원 이하의 벌금에 처한다.
>
> | **例規** 제347조의2 컴퓨터등사용사기 | 미수 ○ |
> | --- | --- |
>
> **핵심단어**
> - ① 컴퓨터등 정보처리장치 ② 허위정보입력·부정명령입력·무권한정보 입력 변경 ③ 정보처리 ④ 재산상 이익 취득

이득액이 5억원 이상인 경우, 특정경제범죄 가중처벌 등에 관한 법률이 적용된다.[85]

1. 객체: 재산상 이익

> **판례** 예금주 甲으로부터 5만 원 현금 인출해 오라는 부탁을 받은 乙이 20만 원 인출 – 컴사기죄(이익) ○
>
> 예금주인 현금카드 소유자로부터 일정한 금액의 현금을 인출해 오라는 부탁을 받으면서 이와 함께 현금

---

85 **특정경제범죄 가중처벌 등에 관한 법률 제3조(특정재산범죄의 가중처벌)** ① 「형법」 제347조(사기), 제347조의2(컴 퓨터등 사용사기), 제350조(공갈), 제350조의2(특수공갈), 제351조(제347조, 제347조의2, 제350조 및 제350조의2 의 상습범만 해당한다), 제355조(횡령·배임) 또는 제356조(업무상의 횡령과 배임)의 죄를 범한 사람은 그 범죄행 위로 인하여 취득하거나 제3자로 하여금 취득하게 한 재물 또는 재산상 이익의 가액(이하 이 조에서 "이득액"이라 한다)이 5억원 이상일 때에는 다음 각 호의 구분에 따라 가중처벌한다.
   1. 이득액이 50억원 이상일 때: 무기 또는 5년 이상의 징역
   2. 이득액이 5억원 이상 50억원 미만일 때: 3년 이상의 유기징역

카드를 건네받은 것을 기화로 그 위임을 받은 금액을 초과하여 현금을 인출하는 방법으로 그 차액 상당을 위법하게 이득할 의사로 현금자동지급기에 그 초과된 금액이 인출되도록 입력하여 그 초과된 금액의 현금을 인출한 경우에는 그 인출된 현금에 대한 점유를 취득함으로써 이 때에 그 인출한 현금 총액 중 인출을 위임받은 금액을 넘는 부분의 비율에 상당하는 재산상 이익을 취득한 것으로 볼 수 있으므로 이러한 행위는 그 차액 상당액에 관하여 형법 제347조의2(컴퓨터등사용사기)에 규정된 '컴퓨터 등 정보처리장치에 권한 없이 정보를 입력하여 정보처리를 하게 함으로써 재산상의 이익을 취득'하는 행위로서 컴퓨터 등 사용사기죄에 해당된다. (대법원 2006. 3. 24. 선고 2005도3516 판결) **표준**

해설 위임 범위를 초과한 15만 원을 '재물'로 보면 절도죄가 성립해야 할 것인데, 대상판결은 '이익'으로 보아 컴사기죄를 인정하였다. 위 판례를 선해하여 설명하는 평석을 아래와 같이 요약한다.[86] ① ATM기 현금인출을 절도죄로 의율한 이유는 카드 소지인의 의사에 명백히 반하는 상태(절취·강취)에서의 현금인출은 ATM기 관리자의 의사에도 반하기 때문이다. 이에 반해 위 판례의 경우, 예금주로부터 현금인출을 위임받은 이상 그 범위를 초과하여 인출한 행위는 민법상 표현대리에 해당하여 ATM기 관리자의 의사에 반한다고 볼 수 없다. ② 타인 계좌에 무권한 정보를 입력하여 자기 계좌로 이체한 경우, 이체 시점에 컴사기죄가 성립할 뿐 사후에 이를 인출하여도 절도죄가 성립하지 않는다. 위 판례 역시 예금주로부터 위임받은 범위를 벗어나 20만 원을 입력하였을 때, 예금주 통장에서는 본래 인출하려던 5만원을 초과한 15만 원의 재산상 손해가 발생한 것이고 이것이 바로 피고인이 획득한 재산상 이익이며, 이후의 현금 취득은 형법상 불가벌적 행위가 된다는 것이다. **참고** 이 경우 배임죄도 성립하며 컴퓨터등사용사기죄와 상상적 경합범 관계에 있다는 주장도 있다.[87] 파기환송심은 (검찰의 기소에 따라) 컴퓨터등사용사기죄 유죄를 인정하였다.

[판례] 피고인이 타인 명의 도용하여 발급받은 신용카드의 번호·비밀번호를 인터넷사이트에 입력하여 신용정보조회 사용료가 지급되도록 함 – 컴사기죄(이익) ○ (대법원 2003. 1. 10. 선고 2002도2363 판결) **참고** 다음의 연습 문제를 풀어보자.[88]

[공통 상황] 甲은 버스에서 乙의 신용카드가 들어있는 지갑을 취득하였다(점유이탈물횡령죄 ○). 甲은 지갑 안에 乙의 신용카드 비밀번호가 적혀 있는 것을 발견하였다.

[문제 1] 甲은 인터넷 쇼핑몰에 접속하여 캐논 디지털카메라 1대를 주문하면서 위 신용카드 번호와 비밀번호를 입력하여 대금 50만 원을 결제하였다. 甲은 다음 날 디지털카메라 1대를 배송받았다. 甲의 죄책은?

해설 사기죄. 신용카드에 대한 정당한 사용권한이 있는 것처럼 인터넷 쇼핑몰 가맹점주를 기망하여 그로부터 재물을 편취한 것이다.

[문제 2] 甲은 스마트폰에 설치된 CGV 앱을 통해 모바일 영화관람권 5장을 사면서 결제화면에 위 신용카드 번호 등 정보를 입력하여 대금 4만 원을 결제하였다. 甲은 직후 모바일 영화관람권 5장이 발행된 것을 확인하였다. 甲의 죄책은?

---

86 이상 조국, "판례평석: 위임범위를 초과한 타인의 현금카드 사용 현금인출의 형사적 죄책 – 대법원 2006. 3. 24. 선고 2005도3516 판결 –", 법률신문 2007. 4. 30.을 참고하였음.

87 이동신, "예금주인 현금카드 소유자로부터 일정액의 현금을 인출해 오라는 부탁과 함께 현금카드를 건네받아 그 위임받은 금액을 초과한 현금을 인출한 행위가 컴퓨터등사용사기죄를 구성하는지 여부", 대법원판례해설 제62호, 법원도서관, 2006, 412–422쪽

88 사법연수원 제48기 형사재판실무 사례연구 1의 문제와 해설을 참고하였음.

해설 컴퓨터등사용사기죄. 모바일 영화관람권은 일종의 권리이므로 재산상 이익에 해당하고 스마트폰 어플에 신용카드 정보를 입력한 행위는 컴퓨터등 정보처리장치에 권한 없이 정보를 입력하여 정보처리를 하게 한 행위에 해당한다.

판례 절취·강취·타인명의 모용발급한 카드로 현금자동지급기에서 현금을 인출 – 컴사기죄(이익) ×
우리 형법은 재산범죄의 객체가 재물인지 재산상의 이익인지에 따라 이를 재물죄와 이득죄로 명시하여 규정하고 있는데, 형법 제347조가 일반 사기죄를 재물죄 겸 이득죄로 규정한 것과 달리 형법 제347조의 2는 컴퓨터등사용사기죄의 객체를 재물이 아닌 재산상의 이익으로만 한정하여 규정하고 있으므로, 절취한 타인의 신용카드로 현금자동지급기에서 현금을 인출하는 행위가 재물에 관한 범죄임이 분명한 이상 이를 위 컴퓨터등사용사기죄로 처벌할 수는 없다고 할 것이고, 입법자의 의도가 이와 달리 이를 위 죄로 처벌하고자 하는 데 있었다거나 유사한 사례와 비교하여 처벌상의 불균형이 발생할 우려가 있다는 이유만으로 그와 달리 볼 수는 없다.
참고 재물인 현금에 대해서는 절도죄가 성립한다.

객체는 '재산상 이익'에 한정된다. 따라서 ① '재물'을 취득한 경우 컴퓨터등사용사기죄가 불성립한다는 점 ② 컴퓨터등사용사기죄에 의해 취득한 재산상 이익은 장물죄의 객체가 될 수 없다는 점에 유의하자.

2. 컴퓨터 등 정보처리장치

자동적으로 계산·정보처리를 할 수 있는 전자장치를 말한다. 대표적으로 컴퓨터, 은행의 현금자동지급기(ATM)가 있다.

3. 허위정보입력·부정명령입력·무권한정보 입력 또는 변경

① 허위정보입력이란 진실에 반하는 내용의 정보를 입력하는 것을 말한다. ② 부정명령입력이란 당해 시스템의 사무처리 목적에 비추어 지시해서는 안 될 명령을 입력하는 것을 말한다. ③ 무권한정보 입력 또는 변경이란 권한이 없는 자가 진정한 정보를 임의로 입력하거나 변경하는 행위를 말한다.

판례 피고인은 甲社의 전자복권구매시스템에서 가상계좌 잔액이 1,000원 이하일 때 복권 구매명령을 입력하면 가상계좌로 복권 구매요청금과 동일한 가상현금이 입금되는 프로그램 오류를 발견하고, 반복하여 잔액을 1,000원 이하로 만들고 복권 구매명령을 입력함으로써 구매요청금 상당의 금액이 입금되게 함 – 컴사기죄(부정) ○
'부정한 명령의 입력'은 당해 사무처리시스템에 예정되어 있는 사무처리의 목적에 비추어 지시해서는 안 될 명령을 입력하는 것을 의미한다. 따라서 설령 '허위의 정보'를 입력한 경우가 아니라고 하더라도, 당해 사무처리시스템의 프로그램을 구성하는 개개의 명령을 부정하게 변개·삭제하는 행위는 물론 프로그램 자체에서 발생하는 오류를 적극적으로 이용하여 그 사무처리의 목적에 비추어 정당하지 아니한 사무처리를 하게 하는 행위도 특별한 사정이 없는 한 위 '부정한 명령의 입력'에 해당한다고 보아야 한다. 피고인이 甲 주식회사에서 운영하는 전자복권구매시스템에서 은행환불명령을 입력하여 가상계좌 잔액이 1,000원 이하로 되었을 때 복권 구매명령을 입력하면 가상계좌로 복권 구매요청금과 동일한 액수의 가상현금이 입금되는 프로그램 오류를 이용하여 잔액을 1,000원 이하로 만들고 다시 복권 구매명령을 입력하는 행위를 반복함으로써 피고인의 가상계좌로 구매요청금 상당의 금액이 입금되게 한 사안에서, 피고인의 행위는 형법 제347조의2에서 정한 '허위의 정보 입력'에 해당하지는 않더라도, 프로그램 자체에서 발생하는 오류를 적극적으로 이용하여 사무처리의 목적에 비추어 정당하지 아니한 사무처리를 하게 한 행위로서 '부정한 명령의 입력'에 해당한다. (대법원 2013. 11. 14. 선고 2011도4440 판결)

판례 신용카드가맹점 점주인 피고인은 외국인들이 가져온 신용카드가 위조카드임을 알았음에도 아무런 조치를 취하지 않고 그대로 카드단말기에 신용카드를 결제하여 승인을 요청함 – 컴사기죄(무권한) ○ (대법원 2007. 8. 23. 선고 2007도2070 판결)

판례 금융기관 직원 甲이 범죄목적으로 전산단말기를 이용하여 특정계좌에 거액을 무자원 송금함 – 컴사기죄(무권한) ○ (대법원 2006. 1. 26. 선고 2005도8507 판결)

판례 A社 직원 甲이 권한 없이 A社 아이디·패스워드 입력하여 인터넷뱅킹 접속 후 A社 계좌에서 자기 계좌로 1억원을 이체함 – 컴사기죄(무권한) ○ (대법원 2004. 4. 16. 선고 2004도353 판결) **표준**
참고 甲이 그 일부를 인출하여 그 정을 아는 乙에게 교부하였는데 乙에게는 장물취득죄가 인정되지 않았다.

4. 정보처리를 하게 함

입력된 허위정보·부정명령·무권한정보에 따라 계산처리과정을 실행하게 하여 진실에 반하는 기록을 만들게 하는 것을 말한다. 사기죄의 '처분행위'와 기능적으로 동일하다. 정보처리가 없으면, 사기죄에서 처분행위가 없는 것과 마찬가지로 구성요건이 충족되지 않는다.

판례 컴퓨터등사용사기의 '정보처리' = 사기죄의 '처분행위'
형법 제347조의2는 컴퓨터 등 정보처리장치에 허위의 정보 또는 부정한 명령을 입력하거나 권한 없이 정보를 입력·변경하여 정보처리를 하게 함으로써 재산상의 이익을 취득하거나 제3자로 하여금 취득하게 하는 행위를 처벌하고 있다. 이는 재산변동에 관한 사무가 사람의 개입 없이 컴퓨터 등에 의하여 기계적·자동적으로 처리되는 경우가 증가함에 따라 이를 악용하여 불법적인 이익을 취하는 행위도 증가하였으나 이들 새로운 유형의 행위는 사람에 대한 기망행위나 상대방의 처분행위 등을 수반하지 않아 기존 사기죄로는 처벌할 수 없다는 점 등을 고려하여 신설한 규정이다. 여기서 '정보처리'는 사기죄에서 피해자의 처분행위에 상응하므로 입력된 허위의 정보 등에 의하여 계산이나 데이터의 처리가 이루어짐으로써 직접적으로 재산처분의 결과를 초래하여야 하고, 행위자나 제3자의 '재산상 이익 취득'은 사람의 처분행위가 개재됨이 없이 컴퓨터 등에 의한 정보처리 과정에서 이루어져야 한다. (대법원 2014. 3. 13. 선고 2013도16099 판결) **표준**

판례 甲은 시설공사 발주처인 지자체의 공무원 컴퓨터·입찰자 컴퓨터에 악성프로그램을 각각 설치하여 낙찰하한가를 알아내었는데, 甲은 乙社에 낙찰가능 입찰금액 알려주고 乙은 이를 활용해 낙찰받음 – 컴사기죄(정보처리) ×

피고인 1 등이 조달청의 국가종합전자조달시스템에 입찰자들이 선택한 추첨번호가 변경되어 저장되도록 하는 등 권한 없이 정보를 변경하여 정보처리를 하게 함으로써 직접적으로 얻은 것은 낙찰하한가에 대한 정보일 뿐, 위와 같은 정보처리의 직접적인 결과 특정 건설사가 낙찰자로 결정되어 낙찰금액 상당의 재산상 이익을 얻게 되었다거나 그 낙찰자 결정이 사람의 처분행위가 개재됨이 없이 컴퓨터 등의 정보처리과정에서 이루어졌다고 보기 어렵다. (대법원 2014. 3. 13. 선고 2013도16099 판결)

참고 위 대법원 판결은 컴사기죄를 인정한 원심을 파기하고 나머지 상고이유에 대해서는 판단을 생략하였다. 원심 및 파기환송심을 추적한 결과, 원심 판결이 유죄로 인정한 ① 甲의 악성프로그램 유포 부분은 정통망법 위반 ② 甲이 낙찰하한가를 알아내고 누설한 부분은 입찰방해죄가 인정되었다.

기수시기에 관한 판례를 살펴본다.

판례 금융기관 직원이 전산단말기를 이용하여 다른 공범들이 지정한 특정계좌에 돈이 입금된 것처럼 허위의 정보를 입력하는 방법으로 위 계좌로 입금되도록 하였으나, 이후 입금이 취소되어 현실적으로 인출되지 못한 경우 – 컴사기죄 기수 ○ (대법원 2006. 9. 14. 선고 2006도4127 판결)

5. 죄수 등

판례 컴사기죄 성립한 이후 인출한 현금을 교부 받은 자 – 장물취득죄 ×

컴퓨터등사용사기죄의 범행으로 예금채권을 취득한 다음 자기의 현금카드를 사용하여 현금자동지급기에서 현금을 인출한 경우, 현금카드 사용권한 있는 자의 정당한 사용에 의한 것으로서 현금자동지급기 관리자의 의사에 반하거나 기망행위 및 그에 따른 처분행위도 없었으므로, 별도로 절도죄나 사기죄의 구성요건에 해당하지 않는다 할 것이고, 그 결과 그 인출된 현금은 재산범죄에 의하여 취득한 재물이 아니므로 장물이 될 수 없다고 한 사례. (대법원 2004. 4. 16. 선고 2004도353 판결) **표준**

판례 절취한 타인의 신용카드를 이용하여 현금지급기에서 계좌이체 하였는데(컴사기죄 ○) 이후 현금 인출 – 절도죄 ×

절취한 타인의 신용카드를 이용하여 현금지급기에서 계좌이체를 한 행위는 컴퓨터등사용사기죄에서 컴퓨터 등 정보처리장치에 권한 없이 정보를 입력하여 정보처리를 하게 한 행위에 해당함은 별론으로 하고 이를 절취행위라고 볼 수는 없고, 한편 위 계좌이체 후 현금지급기에서 현금을 인출한 행위는 자신의 신용카드나 현금카드를 이용한 것이어서 이러한 현금인출이 현금지급기 관리자의 의사에 반한다고 볼 수 없어 절취행위에 해당하지 않으므로 절도죄를 구성하지 않는다. (대법원 2008. 6. 12. 선고 2008도2440 판결)

Ⅲ 신용카드 관련범죄

1. 개괄

취득 경위에 따른 범죄	사용 양태에 따른 범죄			
	물품구입	현금서비스	예금인출	ARS 대출 / 예금이체
자기 명의 신용카드 △ 발급 당시 결제의사·능력 없음 → 신용카드 취득: ① 사기 ○ (카드회사 / 포괄일죄), ② 여전법위반 × △ 정상발급 후 결제의사·능력 없음 → 물품구입·현금서비스·예금인출·ARS 대출 / 예금이체: ① 사기 ○ (카드회사 / 포괄일죄), ② 여전법위반 ×	① 사기 ○ (가맹점주 / 실·경) ② 여전법위반 ○ →제3호 (포괄일죄)	① 절도 ○ (ATM 관리자) ② 여전법위반 ○ →제3호 (포괄일죄)	① 절도 ○ (ATM 관리자) ② 여전법위반 ×	① 컴사기 ○ (금융기관) ② 여전법위반 ×
타인 명의 신용카드 △ 분실: 점유이탈물횡령 △ 절취: 절도	① 사기 ○ (가맹점주 / 실·경) ② 여전법위반 ○ →제4호 (포괄일죄)	① 절도 ○ (ATM 관리자) ② 여전법위반 × (포괄일죄)	① 절도 ○ (ATM 관리자) ② 여전법위반 ×	① 컴사기 ○ (금융기관) ② 여전법위반 ×
△ 강취: 강도	① 사기 ○ (가맹점주 / 실·경) ② 여전법위반 ○ →제4호 (포괄일죄)	① 절도 ○ (ATM 관리자) ② 여전법위반 × (포괄일죄)	① 절도 ○ (ATM 관리자) ② 여전법위반 ×	① 컴사기 ○ (금융기관) ② 여전법위반 ×
△ 편취: 사기 △ 갈취: 공갈	① 사기 ○ (가맹점주 / 실·경) ② 여전법위반 ○ →제4호 (포괄일죄)	① 절도 × (사기·공갈과 포괄일죄) ② 여전법위반 × (포괄일죄)	① 절도 × (사기·공갈과 포괄일죄) ② 여전법위반 ×	① 컴사기 × (사기·공갈과 포괄일죄) ② 여전법위반 ×
타인 명의 모용하여 발급받은 신용카드 ① 사기 ○ (카드회사) ② 사문서위조 및 동행사 ○ ③ 사문서위조 및 동행사죄 ○ (신청서)	① 사기 ○ (가맹점주 / 실·경) ② 여전법위반 × ③ 사문서위조 및 동행사죄 ○ (매출전표)	① 절도 ○ (ATM 관리자) ② 여전법위반 ×	① 절도 ○ (ATM 관리자) ② 여전법위반 ×	① 컴사기 ○ (금융기관) ② 여전법위반 ×

2. 판례 검토

여신전문금융업법 조문을 살펴본 후 관련 판례를 살펴본다. 이하 여전법 제70조 제1항 제2호·제3호·제4호를 위반한 경우를 "신카부사죄(신용카드부정사용죄)"라 부른다.[89]

여신전문금융업법

제2조(정의) 이 법에서 사용하는 용어의 뜻은 다음과 같다.

5. "신용카드가맹점"이란 다음 각 목의 자를 말한다.

가. 신용카드업자와의 계약에 따라 신용카드회원·직불카드회원 또는 선불카드소지자(이하 "신용카드회원등"이라 한다)에게 신용카드·직불(直拂)카드 또는 선불(先拂)카드(이하 "신용카드등"이라 한다)를 사용한 거래에 의하여 물품의 판매 또는 용역의 제공 등을 하는 자

제70조(벌칙) ① 다음 각 호의 어느 하나에 해당하는 자는 7년 이하의 징역 또는 5천만원 이하의 벌금에 처한다.

1. 신용카드등을 위조하거나 변조한 자

2. 위조되거나 변조된 신용카드등을 판매하거나 사용한 자

3. 분실하거나 도난당한 신용카드나 직불카드를 판매하거나 사용한 자

4. 강취(强取)·횡령하거나, 사람을 기망(欺罔)하거나 공갈(恐喝)하여 취득한 신용카드나 직불카드를 판매하거나 사용한 자

5. 행사할 목적으로 위조되거나 변조된 신용카드등을 취득한 자

6. 거짓이나 그 밖의 부정한 방법으로 알아낸 타인의 신용카드 정보를 보유하거나 이를 이용하여 신용카드로 거래한 자 … (이하 생략)

해설 법 제2조 5호 가목에 따르면 신용카드·직불카드·선불카드를 '신용카드등'이라 한다. 따라서 회원권카드·현금카드는 '신용카드등'에 해당하지 않는다.

---

89 제70조 제1항 제6호 신용카드부정이용행위에 대하여 간단히 살펴본다. ① 이 규정은 인터넷 등을 통한 전자상거래의 경우에는 신용카드 제시, 매출전표 작성 없이도 정보 입력행위만으로 거래가 이루어지는 점을 고려하여 2002. 3. 30. 법률 제6681호로 여전법을 개정하면서 신설된 규정이다. ② 판례가 '거짓이나 그 밖의 부정한 방법으로 알아낸 신용카드 정보'를 좁게 인정하여 신카부사죄만큼 자주 활용되는 조문은 아니다. 대법원 2008. 3. 27. 선고 2008도839 판결은 제6호의 경우 진정하게 발급된 타인의 신용카드를 전제로 하여 그 신용카드 정보를 그 타인으로부터 부정 취득하는 행위를 말한다고 해석하면서 타인의 이름을 도용하여 신용카드를 발급받음으로써 자기가 알게 된 그 신용카드의 비밀번호 등은 제6호의 신용카드 정보에 해당하지 않는다고 하였다. ③ 실무상 절취 등으로 취득한 타인의 신용카드의 정보를 이용하여 전자상거래 등으로 물건을 구입한 경우, 제6호 위반죄가 인정되는지 여부가 문제된다. 미지의 영역이다. 긍정설과 부정설이 대립한다(체감상 여전법위반을 제외하고 사기죄, 컴사기죄로만 기소하는 경우가 더 많은 것으로 느껴진다). 부정설은 '부정한 방법'은 단순 절취 등을 넘어 해킹 등에 이르러야 한다고 주장한다.

가. 자기 명의 신용카드

신카부사죄는 '타인의' 신용카드를 사용한 경우에 성립하므로 본죄는 성립하지 않는다.

> **판례** 자기 명의 신용카드 부정발급 후 부정사용 → 카드회사에 대한 사기죄 포괄일죄
>
> 피고인이 카드사용으로 인한 대금결제의 의사와 능력이 없으면서도 있는 것 같이 가장하여 카드회사를 기망하고, 카드회사는 이에 착오를 일으켜 일정 한도 내에서 카드사용을 허용해 줌으로써 피고인은 기망당한 카드회사의 신용공여라는 하자 있는 의사표시에 편승하여 자동지급기를 통한 현금대출도 받고, 가맹점을 통한 물품구입대금 대출도 받아 카드발급회사로 하여금 같은 액수 상당의 피해를 입게 함으로써, 카드사용으로 인한 일련의 편취행위가 포괄적으로 이루어지는 것이다. 따라서 카드사용으로 인한 카드회사의 손해는 그것이 자동지급기에 의한 인출행위이든 가맹점을 통한 물품구입행위이든 불문하고 모두가 피해자인 카드회사의 기망당한 의사표시에 따른 카드발급에 터잡아 이루어지는 사기의 포괄일죄이다. (대법원 1996. 4. 9. 선고 95도2466 판결) **표준**

> **판례** 자기 명의 신용카드 정상발급 후 부정사용 → 카드회사에 대한 사기죄 포괄일죄
>
> 카드회원이 일시적인 자금궁색 등의 이유로 그 채무를 일시적으로 이행하지 못하게 되는 상황이 아니라 이미 과다한 부채의 누적 등으로 신용카드 사용으로 인한 대출금채무를 변제할 의사나 능력이 없는 상황에 처하였음에도 불구하고 신용카드를 사용하였다면 사기죄에 있어서 기망행위 내지 편취의 범의를 인정할 수 있다고 한 사례. (대법원 2005. 8. 19. 선고 2004도6859 판결)

나. 타인 명의 모용 발급 신용카드

> **판례** 타인 명의 모용 발급 신용카드 → ① 카드취득(사기죄) ② 물품구입(사기죄) ③ 현금인출(절도죄)
>
> 피고인이 타인의 명의를 모용하여 신용카드를 발급받은 경우, 비록 카드회사가 피고인으로부터 기망을 당한 나머지 피고인에게 피모용자 명의로 발급된 신용카드를 교부하고, 사실상 피고인이 지정한 비밀번호를 입력하여 현금자동지급기에 의한 현금대출(현금서비스)을 받을 수 있도록 하였다 할지라도, 카드회사의 내심의 의사는 물론 표시된 의사도 어디까지나 카드명의인인 피모용자에게 이를 허용하는 데 있을 뿐, 피고인에게 이를 허용한 것은 아니라는 점에서 피고인이 타인의 명의를 모용하여 발급받은 신용카드를 사용하여 현금자동지급기에서 현금대출을 받는 행위는 카드회사에 의하여 미리 포괄적으로 허용된 행위가 아니라, 현금자동지급기의 관리자의 의사에 반하여 그의 지배를 배제한 채 그 현금을 자기의 지배하에 옮겨 놓는 행위로서 절도죄에 해당한다고 봄이 상당하다. (대법원 2002. 7. 12. 선고 2002도2134 판결)
>
> **해설** ① 자기 명의로 발급받은 신용카드의 경우, 신용카드 회사의 카드사용에 대한 포괄적 허용이 인정된다. 반면에 타인 명의 모용 발급의 경우, 이러한 포괄적 허용이 부정되므로 개별 행위마다 별개의 죄책이 성립한다. ② 타인 명의 모용 발급 신용카드로 물품구입·현금서비스를 하는 경우에도 신용카드부정사용죄가 성립하지 않는다. 여전법 제70조 제1항 제4호의 신용카드부정사용죄는 "사람"을 기망하여 취득한 신용카드

를 사용한 경우에 성립하는데, 타인 명의를 모용하여 신용카드를 발급받은 행위는 '신용카드社'를 기망한 것이지 '사람'을 기망한 것이 아니기 때문이다. ③ 카드발급신청서를 위조하고 교부한 경우, 사문서위조 및 동행사죄가 성립한다.

다. 타인 명의 신용카드 부정사용

1) 물품구입

통설과 판례는 사기죄 성립을 인정한다. 사기죄는 가맹점을 피해자로 하여 가맹점별로 각각 성립하고 이들은 실체적 경합 관계에 있다.

나아가 카드에 대하여 절도·점유이탈물횡령(이상 제3호), 강도·사기·공갈(이상 제4호)의 죄를 범한 자가 그 카드를 사용한 경우 신카부사죄가 성립한다. 수 개의 신카부사죄는 포괄일죄 관계에 있다.

[판례] 절취한 신용카드로 수 회 물품 구입 – ① 사기죄(가맹점마다 실경) ② 신카부사죄(포괄일죄)
피고인은 절취한 카드로 가맹점들로부터 물품을 구입하겠다는 단일한 범의를 가지고 그 범의가 계속된 가운데 동종의 범행인 신용카드 부정사용행위를 동일한 방법으로 반복하여 행하였고, 또 위 신용카드의 각 부정사용의 피해법익도 모두 위 신용카드를 사용한 거래의 안전 및 이에 대한 공중의 신뢰인 것으로 동일하므로, 피고인이 동일한 신용카드를 위와 같이 부정사용한 행위는 포괄하여 일죄에 해당하고, 신용카드를 부정사용한 결과가 사기죄의 구성요건에 해당하고 그 각 사기죄가 실체적 경합관계에 해당한다고 하여도 신용카드부정사용죄와 사기죄는 그 보호법익이나 행위의 태양이 전혀 달라 실체적 경합관계에 있으므로 신용카드 부정사용행위를 포괄일죄로 취급하는데 아무런 지장이 없다고 한 사례. (대법원 1996. 7. 12. 선고 96도1181 판결)

[판례] 편취한 신용카드로 물품 구입 – ① 사기죄 ② 신카부사죄(실체적 경합)
'기망하거나 공갈하여 취득한 신용카드나 직불카드'는 문언상 '기망이나 공갈을 수단으로 하여 다른 사람으로부터 취득한 신용카드나 직불카드'라는 의미이므로, '신용카드나 직불카드의 소유자 또는 점유자를 기망하거나 공갈하여 그들의 자유로운 의사에 의하지 않고 점유가 배제되어 그들로부터 사실상 처분권을 취득한 신용카드나 직불카드'라고 해석되어야 한다. (대법원 2022. 12. 16. 선고 2022도10629 판결)
[참고] 피고인이 교도소 수용 중인 피해자에게 '너의 변호인 선임했는데 성공사례비를 먼저 주어야 한다. 며칠 뒤 큰돈이 나오니 피해자 명의의 신용카드로 성공사례비를 지불한 뒤 카드대금을 금방 갚겠다.'는 내용의 편지를 보내고 그로부터 신용카드 교부받은 뒤 개인적인 용도로 총 23회에 걸쳐 합계 3천만 원 상당을 결재함 – ① 사기죄 ② 신카부사죄(실체적 경합)

[판례] 강취한 신용카드로 물품 구입 – ① 사기죄 ② 신카부사죄(실체적 경합)
강취한 신용카드를 가지고 자신이 그 신용카드의 정당한 소지인인양 가맹점의 점주를 속이고 그에 속은 점주로부터 주류 등을 제공받아 이를 취득한 것이라면 신용카드부정사용죄와 별도로 사기죄가 성립한

다. (대법원 1997. 1. 21. 선고 96도2715 판결)

판례 신카부사죄 기수시기 – ① 카드제시 ② 매출전표 서명 및 ③ 교부까지 이루어져야 함

신용카드를 절취한 사람이 대금을 결제하기 위하여 신용카드를 제시하고 카드회사의 승인까지 받았다고 하더라도 매출전표에 서명한 사실이 없고 도난카드임이 밝혀져 최종적으로 매출취소로 거래가 종결되었다면, 신용카드 부정사용의 미수행위에 불과하다. (대법원 2008. 2. 14. 선고 2007도8767 판결)

표준

해설 신카부사죄의 경우 위조·변조된 신용카드의 사용에 한하여 미수범 처벌 규정이 있을 뿐 나머지에 대해서는 미수범 처벌 규정이 없다. 따라서 절취한 신용카드를 사용하려다 미수에 그친 경우, 신카부사죄로 의율할 수 없다(이 경우 사문서부정행사죄가 성립할 수 있다는 견해도 있다). 실무상 '도난카드임이 밝혀져 매출전표에 서명·교부하지 못한 경우'에는 '사기(미수)죄'만으로 의율하는 경우가 많다.[90]

판례 매출전표에 대한 사문서위조 및 동행사죄는 신카부사죄에 흡수됨

신용카드업법 제25조 제1항은 신용카드를 위조·변조하거나 도난·분실 또는 위조·변조된 신용카드를 사용한 자는 7년 이하의 징역 또는 5천만 원 이하의 벌금에 처한다고 규정하고 있는바, 위 부정사용죄의 구성요건적 행위인 신용카드의 사용이라 함은 신용카드의 소지인이 신용카드의 본래 용도인 대금결제를 위하여 가맹점에 신용카드를 제시하고 매출표에 서명하여 이를 교부하는 일련의 행위를 가리키고 단순히 신용카드를 제시하는 행위만을 가리키는 것은 아니라고 할 것이므로, 위 매출표의 서명 및 교부가 별도로 사문서위조 및 동행사의 죄의 구성요건을 충족한다고 하여도 이 사문서위조 및 동행사의 죄는 위 신용카드부정사용죄에 흡수되어 신용카드부정사용죄의 1죄만이 성립하고 별도로 사문서위조 및 동행사의 죄는 성립하지 않는다. (대법원 1992. 6. 9. 선고 92도77 판결)

문제의 판례가 있다. 피고인이 폭행·협박을 통해 신용카드를 취득하고 사용하여 공갈죄가 인정되었음에도 불구하고 신용카드부정사용죄는 부정된 사안이다. 여전법 제70조 제1항 제4호 문언에 배치되는 것으로 보인다.

판례 공갈로 취득한 신용카드로 물품구입·현금서비스 하였음에도 신용카드부정사용죄 ✕

피고인 1은 과다한 술값 청구에 항의하는 피해자들을 폭행 또는 협박하여 피해자들로부터 일정 금액을 지급받기로 합의한 다음 피해자들이 결제하라고 건네준 신용카드로, 합의한 대로 현금서비스를 받거나, 편의점에서 술과 담배를 구입하는 것으로 매출전표를 작성하고 피해자들의 서명을 거쳐 매출전표의 작성을 완료한 후 2–3일 지나 편의점에서 신용카드 결제금액 상당의 술과 담배를 인도받아 술값에 충당한 사실을 알 수 있는바, 이와 같이 합의에 따라 피해자들이 건네준 신용카드로 현금서비스를 받거나

---

90 실무상 식당에서 음식을 주문하여 식사를 마친 뒤 절취한 신용카드를 사용하려다 미수에 그친 경우, 사기죄(기수)로 의율한다. 이에 반해 옷가게에서 절취한 신용카드로 옷을 구입하려다 미수에 그친 경우, 사기미수죄로 의율한다. 즉 재물의 취득 여부로 미수·기수를 구별한다.

물품을 구입하고 매출전표를 작성하였고, 매출전표에 피해자들 본인이 서명까지 한 경우에는 비록 피고인 1이 피해자들을 폭행 또는 협박하여 피해자들로 하여금 술값을 결제하도록 하기에 이르렀다고 하더라도 신용카드에 대한 피해자들의 점유가 피해자들의 의사에 기하지 않고 이탈하였다거나 배제되었다고 보기 어렵다. (대법원 2006. 7. 6. 선고 2006도654 판결)

해설 원심이 제시하는 추가적 근거와 판례 평석을 요약하여 위 판례를 해부한다.[91] ① 물품구입 부분을 먼저 살핀다. 신용카드의 '사용'은 i) 가맹점에 신용카드를 제시하고 ii) 매출전표에 서명하여 iii) 이를 교부하는 일련의 행위를 말하는데(2007도8767), 이 사건의 경우 피해자들이 직접 ii) 매출전표에 서명한 이상, 부정사용죄의 실행의 착수라고 할 수는 있으나(미수불벌), '사용' 개념이 인정될 수는 없다. 따라서 불벌이다. ② 현금서비스 부분을 살핀다. 피고인 등이 신용카드를 현금지급기에 투입하고 비밀번호와 인출금액을 입력하여 현금인출조작을 완료한 이상, '사용' 개념이 인정된다. 그러나 그에 앞서 "공갈하여 취득한 신용카드"가 탈락한다. 구체적 사실관계를 살펴보면, 피해자들은 피고인 등의 폭행, 협박으로 인하여 일정금액을 지급하기로 합의하고 그 방법으로서 물품구입·현금서비스 방법을 선택하였다. 실제로 피고인 등은 피해자들의 신용카드로 합의사항을 이행한 후 곧바로 신용카드를 반환하였다. 위 판례는 이러한 점을 고려해 피고인 등의 갈취대상은 "일정금액"일 뿐, "신용카드 그 자체"가 아니라 본 것이다. 즉, i) 신용카드 자체에 대한 불법영득의사가 부존재할 뿐만 아니라 ii) 신용카드 자체에 대한 피해자들의 점유가 배제되었다고 보기도 부족하다는 것이다. 수험적으로 정리한다. ① 여전법 제70조 제1항 4호에 따라 "공갈하여 취득한 신용카드"를 사용하면 신용카드 부정사용죄가 성립한다. ② 다만 공갈의 객체가 신용카드인지 여부를 면밀히 확인하여야 한다(위 현금서비스 부분). ③ 나아가 피의자가 카드의 제시 및 매출전표의 서명·교부라는 일련의 행위를 하여 '사용'하였는지 면밀히 확인하여야 한다(위 물품구입 부분).

2) 현금서비스

판례는 현금자동지급기의 관리자의 의사에 반하여 그의 지배를 배제하고 그 현금을 자기의 지배하에 두는 행위로서 절도죄가 성립한다고 본다. 다만 피해자로부터 카드를 편취·갈취한 경우, 비록 하자있는 의사표시이기는 하지만 피해자의 승낙에 기한 인출이기 때문에 사기죄·공갈죄 이외에 절도죄가 별도로 성립하지 않는다.

나아가 카드에 대하여 절도·점유이탈물횡령 (이상 제3호), 강도·사기·공갈 (이상 제4호)의 죄를 범한 자가 그 카드를 사용한 경우 신카부사죄가 성립한다. 수 개의 신카부사죄는 포괄일죄 관계에 있다.

[판례] 타인 명의 모용 발급 신용카드로 현금서비스 – 절도죄 ○
타인의 명의를 모용하여 발급받은 신용카드를 사용하여 현금자동지급기에서 현금대출을 받는 행위는 카드회사에 의하여 미리 포괄적으로 허용된 행위가 아니라, 현금자동지급기의 관리자의 의사에 반하여

---

91 이주원, 특별형법, 홍문사, 2022, 698–701쪽. 일부 수험서는 "여전법 제70조 제1항 제4호에도 불구하고 판례는 공갈죄로 취득한 신용카드 사용에 대해서는 신카부사죄 성립을 부정한다."고 서술하는데 대단히 잘못된 설명이라고 생각한다.

그의 지배를 배제한 채 그 현금을 자기의 지배하에 옮겨 놓는 행위로서 절도죄에 해당한다고 봄이 상당하다. (대법원 2002. 7. 12. 선고 2002도2134 판결)

판례 절취한 신용카드로 현금인출기에서 현금서비스 받음 – ① 절도죄 ② 신용카드부정사용죄 (실체적 경합)

신용카드회원이 대금결제를 위하여 가맹점에 신용카드를 제시하고 매출표에 서명하는 일련의 행위뿐 아니라 신용카드를 현금인출기에 주입하고 비밀번호를 조작하여 현금서비스를 제공받는 일련의 행위도 신용카드의 본래 용도에 따라 사용하는 것으로 보아야 한다.

피해자 명의의 신용카드를 부정사용하여 현금자동인출기에서 현금을 인출하고 그 현금을 취득까지 한 행위는 신용카드업법 제25조 제1항의 부정사용죄에 해당할 뿐 아니라 그 현금을 취득함으로써 현금자동인출기 관리자의 의사에 반하여 그의 지배를 배제하고 그 현금을 자기의 지배하에 옮겨 놓는 것이 되므로 별도로 절도죄를 구성하고, 위 양 죄의 관계는 그 보호법익이나 행위태양이 전혀 달라 실체적 경합관계에 있는 것으로 보아야 한다. (대법원 1995. 7. 28. 선고 95도997 판결)

3) 현금인출

여기서 "현금인출"이란 ATM기에서 예금을 인출하는 행위를 말한다. 현금인출에 대하여 판례는 ATM기 관리자의 의사에 반하여 그의 지배를 배제하고 그 현금을 자기의 지배하에 두는 행위로서 절도죄가 성립한다고 본다(은행창구 인출의 경우, 예금인출청구서 작출 부분에 대해서는 사문서위조 및 동행사죄가, 은행 직원에게 예금 인출할 권한이 있는 것처럼 기망하여 인출하는 행위에 대해서는 사기죄가 성립한다).

다만 피해자로부터 카드를 편취·갈취한 경우, 비록 하자있는 의사표시이기는 하지만 피해자의 승낙에 기한 인출이기 때문에 사기죄·공갈죄 이외에 절도죄가 별도로 성립하지 않는다.

예금인출은 신용카드의 본래 용법에 따른 행위라 볼 수 없으므로 신용카드부정사용죄가 성립하지 않는다.[92]

판례 강취한 현금카드로 (ATM기) 현금 인출 – 절도죄 ○

강도죄는 공갈죄와는 달리 피해자의 반항을 억압할 정도로 강력한 정도의 폭행·협박을 수단으로 재물을 탈취하여야 성립하므로, 피해자로부터 현금카드를 강취하였다고 인정되는 경우에는 피해자로부터 현금카드의 사용에 관한 승낙의 의사표시가 있었다고 볼 여지가 없다. 따라서 강취한 현금카드를 사용하여 현금자동지급기에서 예금을 인출한 행위는 피해자의 승낙에 기한 것이라고 할 수 없으므로, 현금자동지급기 관리자의 의사에 반하여 그의 지배를 배제하고 그 현금을 자기의 지배하에 옮겨 놓는 것이

---

92 신용카드나 직불카드도 사문서의 일종이므로 여신전문금융업법위반죄가 성립하지 않는 경우에도 사문서부정행사죄(형법 제236조)는 성립한다는 견해도 있다.

되어서 강도죄와는 별도로 절도죄를 구성한다. (대법원 2007. 5. 10. 선고 2007도1375 판결) **표준**

동지 강취한 직불카드로 (ATM기) 현금 인출 – 절도죄 ○ (대법원 2007. 4. 13. 선고 2007도1377 판결) **표준**

비교 ① 예금통장·인장 갈취 후 ② 예금인출청구서 위조하여 ③ 은행 직원에게 행사하는 방법으로 예금인출 – ① 공갈죄 ○ ② 사문서위조·동행사죄 ○ ③ 사기죄 ○ (실체적 경합)

예금통장과 인장을 갈취한 후 예금 인출에 관한 사문서를 위조한 후 이를 행사하여 예금을 인출한 행위는 공갈죄 외에 별도로 사문서위조, 동행사 및 사기죄가 성립한다. (대법원 1979. 10. 30. 선고 79도489 판결)

비교 ① 예금통장 강취 후 ② 예금인출청구서 위조하여 ③ 은행 직원에게 행사하는 방법으로 예금인출 – ① 강도죄 ○ ② 사문서위조·동행사죄 ○ ③ 사기죄 ○ (실체적 경합)

영득죄에 의하여 취득한 장물을 처분하는 것은 재산죄에 수반하는 불가벌적 사후행위에 불과하므로 다른 죄를 구성하지 않는다 하겠으나 <u>강취한 은행예금통장을 이용하여 은행직원을 기망하여 진실한 명의인이 예금의 환급을 청구하는 것으로 오신케 함으로써 예금의 환급 명목으로 금원을 편취하는 것은 다시 새로운 법익을 침해하는 행위이므로 장물의 단순한 사후처분과는 같지 아니하고 별도의 사기죄를 구성한다.</u> (대법원 1990. 7. 10. 선고 90도1176 판결) **표준**

비교 ① 예금통장 절취 후 ② 예금인출청구서 위조하여 ③ 은행직원에게 행사하는 방법으로 예금인출 – ① 절도죄 ○ ② 사문서위조·동행사죄 ○ ③ 사기죄 ○ (실체적 경합)

절취한 은행예금통장을 이용하여 은행원을 기망해서 진실한 명의인이 예금을 찾는 것으로 오신시켜 예금을 편취한 것이라면 새로운 법익의 침해로 절도죄 외에 따로 사기죄가 성립한다. (대법원 1974. 11. 26. 선고 74도2817 판결)

판례 갈취한 현금카드로 (ATM기) 현금 인출 – 절도죄 × (공갈죄 포괄일죄)

예금주인 현금카드 소유자를 협박하여 그 카드를 갈취한 다음 피해자의 승낙에 의하여 현금카드를 사용할 권한을 부여받아 이를 이용하여 현금자동지급기에서 현금을 인출한 행위는 모두 피해자의 예금을 갈취하고자 하는 피고인의 단일하고 계속된 범의 아래에서 이루어진 일련의 행위로서 포괄하여 하나의 공갈죄를 구성하므로, 현금자동지급기에서 피해자의 예금을 인출한 행위를 현금카드 갈취행위와 분리하여 따로 절도죄로 처단할 수는 없다. 왜냐하면 위 예금 인출 행위는 <u>하자 있는 의사표시이기는 하지만 피해자의 승낙에 기한 것이고, 피해자가 그 승낙의 의사표시를 취소하기까지는 현금카드를 적법, 유효하게 사용할 수 있으므로,</u> 은행으로서도 피해자의 지급정지 신청이 없는 한 그의 의사에 따라 그의 계산으로 적법하게 예금을 지급할 수밖에 없기 때문이다. (대법원 2007. 5. 10. 선고 2007도1375 판결, 대법원 1996. 9. 20. 선고 95도1728 판결) **표준**

동지 편취한 현금카드로 (ATM기) 현금 인출 – 절도죄 × (사기죄 포괄일죄)

예금주인 현금카드 소유자로부터 그 카드를 편취하여, 비록 하자 있는 의사표시이기는 하지만 현금카드 소유자의 승낙에 의하여 사용권한을 부여받은 이상, 그 소유자가 승낙의 의사표시를 취소하기까지는 현금카드를 적법, 유효하게 사용할 수 있으며, 은행 등 금융기관은 현금카드 소유자의 지급정지 신청이 없는 한 카드 소유자의 의사에 따라 그의 계산으로 적법하게 예금을 지급할 수밖에 없는 것이므로, 피고인이 현금카드의 소유자로부터 현금카드를 사용한 예금인출의 승낙을 받고 현금카드를 교부받은 행위와 이를 사용하여 현금자동지급기에서 예금을 여러 번 인출한 행위들은 모두 현금카드 소유자의 예금을 편취하고자 하는 피고인의 단일하고 계속된 범의 아래에서 이루어진 일련의 행위로서 포괄하여 하나의 사기죄를 구성한다고 볼 것이지, 현금자동지급기에서 카드 소유자의 예금을 인출, 취득한 행위를 현금자동지급기 관리자의 의사에 반하여 그가 점유하고 있는 현금을 절취한 것이라 하여 이를 현금카드 편취행위와 분리하여 따로 절도죄로 처단할 수는 없다. (대법원 2005. 9. 30. 선고 2005도5869 판결)

판례 예금인출은 신용카드 등의 본래 용법에 따른 사용이라고 볼 수 없어 신카부사죄 ×

여신전문금융업법 제70조 제1항 소정의 부정사용이라 함은 위조·변조 또는 도난·분실된 신용카드나 직불카드를 진정한 카드로서 신용카드나 직불카드의 본래의 용법에 따라 사용하는 경우를 말하는 것이 므로, 절취한 직불카드를 온라인 현금자동지급기에 넣고 비밀번호 등을 입력하여 피해자의 예금을 인출한 행위는 여신전문금융업법 제70조 제1항 소정의 부정사용의 개념에 포함될 수 없다. (대법원 2003. 11. 14. 선고 2003도3977 판결)

4) ARS대출 / 계좌이체

타인 신용카드로 ARS대출 받거나 계좌이체하는 경우, 컴퓨터등사용사기죄가 성립한다.

신카부사죄에 대해 살펴본다. 계좌이체의 경우, 신용카드를 그 본래의 용법대로 사용한 것이 아니라 현금카드 기능으로 사용한 것에 불과하므로 신카부사죄가 성립하지 않는다.

ARS 대출의 경우, 명확한 판례가 없다. 계좌이체·현금인출과는 달리 신용거래적 성격을 가지므로 본래적 용법이 긍정되어 신카부사죄가 성립한다고 볼 수도 있다. 수험생 입장에서는 판례가 없는 영역은 과감하게 건너뛰는 것이 좋다.

판례 타인 명의 모용 발급 신용카드로 ARS 대출 – 컴퓨터등사용사기죄 ○

타인의 명의를 모용하여 발급받은 신용카드의 번호와 그 비밀번호를 이용하여 ARS 전화서비스나 인터넷 등을 통하여 신용대출을 받는 방법으로 재산상 이익을 취득하는 행위 역시 미리 포괄적으로 허용된 행위가 아닌 이상, 컴퓨터등 정보처리장치에 권한 없이 정보를 입력하여 정보처리를 하게 함으로써 재산상 이익을 취득하는 행위로서 컴퓨터등사용사기죄에 해당한다. (대법원 2006. 7. 27. 선고 2006도3126 판결)

참고 위 판례의 경우, '신용카드社'를 기망한 것이지 '사람'을 기망한 것이 아니므로 신카부사죄로 기소되지 않았다. 절취 등으로 취득한 신용카드로 ARS 대출하는 경우 신카부사죄 성부는 여전히 미지의 영역이다.

Ⅳ 준사기죄

제348조(준사기) ① 미성년자의 사리분별력 부족 또는 사람의 심신장애를 이용하여 재물을 교부받거나 재산상 이익을 취득한 자는 10년 이하의 징역 또는 2천만원 이하의 벌금에 처한다.

② 제1항의 방법으로 제3자로 하여금 재물을 교부받게 하거나 재산상 이익을 취득하게 한 경우에도 제1항의 형에 처한다.

例規 제348조 준사기	미수 ○

🔍 **핵심단어**

① 미성년자의 사리분별력 부족 또는 ② 사람의 심신장애 이용 ③ 재물·재산상 이익 취득

Ⅴ 편의시설부정이용죄

제348조의2(편의시설부정이용) 부정한 방법으로 대가를 지급하지 아니하고 자동판매기, 공중전화 기타 유료자동설비를 이용하여 재물 또는 재산상의 이익을 취득한 자는 3년 이하의 징역, 500만원 이하의 벌금, 구류 또는 과료에 처한다.

例規 제348조의2 편의시설 부정이용	미수 ○

🔍 **핵심단어**

• ① 부정한 방법으로 대가를 지급하지 않고 ② 자동판매기, 공중전화 기타 유료자동설비 이용 ③ 재물·재산상 이익 취득

1. 객체: 재물·재산상 이익

앞서 살펴본 것과 같다.

2. 부정한 방법으로 대가를 면하고 유료자동설비를 이용

관련 판례를 살펴본다.

> **판례** 전화카드(후불식 전화카드)를 절취하여 전화통화에 이용 – 편의시설부정이용죄 ✕
> 타인의 전화카드(한국통신의 후불식 통신카드)를 절취하여 전화통화에 이용한 경우에는 통신카드서비스 이용계약을 한 피해자가 그 통신요금을 납부할 책임을 부담하게 되므로, 이러한 경우에는 피고인이 '대가를 지급하지 아니하고' 공중전화를 이용한 경우에 해당한다고 볼 수 없어 편의시설부정이용의 죄를 구성하지 않는다. (대법원 2001. 9. 25. 선고 2001도3625 판결) **표준**
>
> **비교** 전화카드(후불식 전화카드)를 절취하여 전화통화에 이용 – 사문서부정행사죄 ○
> 사용자에 관한 각종 정보가 전자기록되어 있는 자기띠가 카드번호와 카드발행자 등이 문자로 인쇄된 플라스틱 카드에 부착되어 있는 전화카드의 경우 그 자기띠 부분은 카드의 나머지 부분과 불가분적으로 결합되어

전체가 하나의 문서를 구성하므로, 전화카드를 공중전화기에 넣어 사용하는 경우 비록 전화기가 전화카드로부터 판독할 수 있는 부분은 자기띠 부분에 수록된 전자기록에 한정된다고 할지라도, 전화카드 전체가 하나의 문서로서 사용된 것으로 보아야 하고 그 자기띠 부분만 사용된 것으로 볼 수는 없으므로 절취한 전화카드를 공중전화기에 넣어 사용한 것은 권리의무에 관한 타인의 사문서를 부정행사한 경우에 해당한다. (대법원 2002. 6. 25. 선고 2002도461 판결)

[비교] 선불식 전화카드를 위조 - 유가증권위조죄 ○

형법 제214조에서 유가증권이라 함은, 증권상에 표시된 재산상의 권리의 행사와 처분에 그 증권의 점유를 필요로 하는 것을 총칭하는 것인바, 공중전화카드는 그 표면에 전체 통화가능 금액과 발행인이 문자로 기재되어 있고, 자기(磁氣)기록 부분에는 당해 카드의 진정성에 관한 정보와 잔여 통화가능 금액에 관한 정보가 전자적 방법으로 기록되어 있어, 사용자가 카드식 공중전화기의 카드 투입구에 공중전화카드를 투입하면 공중전화기에 내장된 장치에 의하여 그 자기정보가 해독되어 당해 카드가 발행인에 의하여 진정하게 발행된 것임이 확인된 경우 잔여 통화가능 금액이 공중전화기에 표시됨과 아울러 그 금액에 상당하는 통화를 할 수 있도록 공중전화기를 작동하게 하는 것이어서, 공중전화카드는 문자로 기재된 부분과 자기기록 부분이 일체로써 공중전화 서비스를 제공받을 수 있는 재산상의 권리를 화체하고 있고, 이를 카드식 공중전화기의 카드 투입구에 투입함으로써 그 권리를 행사하는 것으로 볼 수 있으므로, 공중전화카드는 형법 제214조의 유가증권에 해당한다. 따라서 폐공중전화카드의 자기기록 부분에 전자정보를 기록하여 사용가능한 공중전화카드를 만드는 행위는 유가증권위조죄에 해당한다. (대법원 1998. 2. 27. 선고 97도2483 판결) **표준**

VI 부당이득죄

제349조(부당이득) ① 사람의 곤궁하고 절박한 상태를 이용하여 현저하게 부당한 이익을 취득한 자는 3년 이하의 징역 또는 1천만원 이하의 벌금에 처한다. ② 제1항의 방법으로 제3자로 하여금 부당한 이익을 취득하게 한 경우에도 제1항의 형에 처한다.	
例規 제349조 부당이득	미수 ×

[🔍 핵심단어]
• ① 사람의 곤궁하고 절박한 상태 ② 이용하여 ③ 현저하게 부당한 이익을 취득

1. 객체: 재산상 이익

앞서 살펴본 것과 같다.

2. 궁박한 상태

반드시 경제적인 궁박상태에 한하지 않고 정신적·육체적인 것도 포함된다.

판례 토지매수인인 乙社는 대출이자 부담을 피하기 위해 소유권을 시급히 확보해야 하고 목적 토지의 명의자인 문중원들과 문중 사이에 소유권 분쟁(민사소송)이 진행중이었는데 이때 문중대표자이자 목적 토지의 공유지분권자인 甲이 목적 토지 전부에 대한 명의 이전을 대가로, 자기 지분에 대해서는 문중 명의 매매계약과 따로 매매계약을 체결하여 나머지 지분권자들의 3배 이상의 매매대금을 수령함 – 부당이득죄(궁박) ○

토지매수인인 건설회사가 아파트 건설사업의 순조로운 진행과 막대한 은행융자금 이자의 부담을 피하기 위해 토지소유권을 시급히 확보해야 하는 처지여서 목적 토지에 관하여 명의자인 문중원들과 문중 사이의 소유권 분쟁에 관한 민사소송의 종료시까지 기다릴 여유가 없는 사정을 이용하여, 문중 대표자이자 목적 토지의 공유지분권자인 사람이 자기 지분에 대해 문중 명의 매매계약과 따로 별도의 매매계약을 체결하고 나머지 지분권자들의 3배 이상의 매매대금을 수령한 것은 건설회사의 궁박을 이용하여 현저하게 부당한 이득을 취한 것으로서 부당이득죄가 성립한다고 본 사례 (대법원 2007. 12. 28. 선고 2007도6441 판결)

판례 乙재건축조합이 사업을 추진함에 있어서 甲의 토지가 반드시 필요한 것이 아니었음에도 甲의 토지를 확보하는 것이 乙조합의 이익에 가장 부합한다는 판단하에 甲을 설득하였고, 甲이 이에 응해 토지를 시세보다 비싼 가격에 매도함 – 부당이득죄(궁박) ✕

피고인이 피해자인 재건축조합에게 토지를 시세보다 비싼 가격으로 매도하였더라도 그 매매대금이 현저하게 부당하다고 단정할 수 없거나, 위 조합이 재건축사업을 추진함에 있어서 위 토지가 반드시 필요한 것은 아니었고, 이를 매입하지 아니하고도 재건축을 추진할 대안이 있었음에도 재건축조합의 이익에 가장 부합한다는 판단하에 피고인을 설득하여 위 토지를 매입하게 된 사정 등에 비추어 재건축조합의 궁박 상태를 인정하기에는 부족하다는 이유로 피고인에 대하여 무죄를 선고한 원심판결을 수긍한 사례. (대법원 2005. 4. 15. 선고 2004도1246 판결)

3. 이용행위

상대방의 궁박상태를 이익을 취득하기 위한 기회로 삼는 행위를 말한다.

4. 현저히 부당한 이익

행위당시의 구체적 사정을 종합하여 객관적으로 판단할 때 급부와 반대급부가 사회통념상 지나치게 불균형한 경우를 말한다.

판례 알박기와 부당이득죄

개발사업 등이 추진되는 사업부지 중 일부의 매매와 관련된 이른바 '알박기' 사건에서 부당이득죄의 성립 여부가 문제되는 경우, 그 범죄의 성립을 인정하기 위해서는 ① 피고인이 피해자의 개발사업 등이 추진되는 상황을 미리 알고 그 사업부지 내의 부동산을 매수한 경우이거나 ② 피해자에게 협조할 듯한 태도를 보여 사업을 추진하도록 한 후에 협조를 거부하는 경우 등과 같이, 피해자가 궁박한 상태에 빠지게 된 데에 피고인이 적극적으로 원인을 제공하였거나 상당한 책임을 부담하는 정도에 이르러야 한다. 이러한 정도에 이르지 않은 상태에서 단지 개발사업 등이 추진되기 오래 전부터 사업부지 내의 부동산을 소유하여 온 피고인이 이를 매도하라는 피해자의 제안을 거부하다가 수용하는 과정에서 큰 이득을 취하였다는 사정만으로 함부로 부당이득죄의 성립을 인정해서는 안 된다. (대법원 2009. 1. 15. 선고 2008도8577 판결, 대법원 2010. 5. 27. 선고 2010도778 판결) **표준**

판례 알이 되어버려 시행사에 주변 부지의 평당 매매가보다 약 2.4배 이상 비싼 금액에 매도 – 부당이득죄 × (대법원 2010. 5. 27. 선고 2010도778 판결) **표준**

동지 알이 되어버려 인근 토지 시가의 40배 넘는 대금을 받고 매도 – 부당이득죄 ×
아파트 건축사업이 추진되기 수년 전부터 사업부지 내 일부 부동산을 소유하여 온 피고인이 사업자의 매도 제안을 거부하다가 인근 토지 시가의 40배가 넘는 대금을 받고 매도한 사안에서, 부당이득죄의 성립을 부정한 사례 (대법원 2009. 1. 15. 선고 2008도8577 판결)

동지 알이 되어버려 종전보다 1.5~3배 가량 높은 대금을 받고 매도 – 부당이득죄 ×
아파트 신축사업이 추진되기 수년 전 사업부지 중 일부 토지를 취득하여 거주 또는 영업장소로 사용하던 피고인이 이를 사업자에게 매도하면서 시가 상승 등을 이유로 대금의 증액을 요구하여 종전보다 1.5 내지 3배가량 높은 대금을 받은 사안에서, 부당이득죄의 성립을 부정한 사례 (대법원 2009. 1. 15. 선고 2008도1246 판결)

비교 공동주택신축사업 계획을 미리 알고 알을 박아 2배 이상으로 매도 – 부당이득죄 ○
甲건설회사의 공동주택신축사업 계획을 미리 알고 있던 乙이 사업부지 내의 토지소유자 丙을 회유하여 甲과 맺은 토지매매 약정을 깨고 자신에게 이를 매도 및 이전등기하게 한 다음 이를 甲에게 재매도하면서 2배 이상의 매매대금과 양도소득세를 부담시킨 사안에서, 위 토지가 전체 사업부지 내에서 갖는 중요성, 乙의 자력, 甲의 사업진행정도 등을 고려할 때 부당이득죄가 성립한다고 한 사례 (대법원 2008. 5. 29. 선고 2008도2612 판결)

Ⅶ 상습사기죄

제351조(상습범) 상습으로 제347조 내지 전조의 죄를 범한 자는 그 죄에 정한 형의 2분의 1까지 가중한다.	
例規 제351조 상습(제347조 내지 제350조의2 각 죄명)	미수 ○

관련 판례를 살펴본다.

판례 상습성 – 이종의 수법에 의한 사기범행을 포괄하는 사기의 습벽도 포함
상습사기죄에 있어서의 상습성이라 함은 반복하여 사기행위를 하는 습벽으로서 행위자의 속성을 말하고, 여기서 말하는 사기행위의 습벽은 행위자의 사기습벽의 발현으로 인정되는 한 동종의 수법에 의한

사기범행의 습벽만을 의미하는 것이 아니라 이종의 수법에 의한 사기범행을 포괄하는 사기의 습벽도 포함한다. (대법원 2000. 2. 11. 선고 99도4797 판결)

05 공갈의 죄

I 공갈죄

제350조(공갈) ① 사람을 공갈하여 재물의 교부를 받거나 재산상의 이익을 취득한 자는 10년 이하의 징역 또는 2천만원 이하의 벌금에 처한다.
② 전항의 방법으로 제삼자로 하여금 재물의 교부를 받게 하거나 재산상의 이익을 취득하게 한 때에도 전항의 형과 같다.

例規 제350조 공갈	미수 ○

🔍 **핵심단어**

• ① 폭행·협박 ② 외포심 야기 ③ 처분행위 ④ 재물·재산상이익 취득
• 폭행·협박은 ① 사람의 의사결정 자유 제한 ② 의사실행 자유 방해할 정도

이득액이 5억원 이상인 경우, 특정경제범죄 가중처벌 등에 관한 법률이 적용된다.[93]

2인 이상이 공동하여 공갈죄를 범한 경우, 폭력행위 등 처벌에 관한 법률이 적용된다.[94]

---

93 **특정경제범죄 가중처벌 등에 관한 법률 제3조(특정재산범죄의 가중처벌)** ①「형법」제347조(사기), 제347조의2(컴퓨터등 사용사기), 제350조(공갈), 제350조의2(특수공갈), 제351조(제347조, 제347조의2, 제350조 및 제350조의2의 상습범만 해당한다), 제355조(횡령·배임) 또는 제356조(업무상의 횡령과 배임)의 죄를 범한 사람은 그 범죄행위로 인하여 취득하거나 제3자로 하여금 취득하게 한 재물 또는 재산상 이익의 가액(이하 이 조에서 "이득액"이라 한다)이 5억원 이상일 때에는 다음 각 호의 구분에 따라 가중처벌한다.
1. 이득액이 50억원 이상일 때: 무기 또는 5년 이상의 징역
2. 이득액이 5억원 이상 50억원 미만일 때: 3년 이상의 유기징역
94 **폭력행위 등 처벌에 관한 법률 제2조(폭행 등)** ② 2명 이상이 공동하여 다음 각 호의 죄를 범한 사람은「형법」각 해당 조항에서 정한 형의 2분의 1까지 가중한다. 1.「형법」제260조제1항(폭행), 제283조제1항(협박), 제319조(주거침입, 퇴거불응) 또는 제366조(재물손괴 등)의 죄 2.「형법」제260조제2항(존속폭행), 제276조제1항(체포, 감금), 제283조제2항(존속협박) 또는 제324조제1항(강요)의 죄 3.「형법」제257조제1항(상해)·제2항(존속상해), 제276조제2항(존속체포, 존속감금) 또는 제350조(공갈)의 죄

공갈죄는 상대방의 처분행위를 요하는 범죄로 사기죄와 유사하다. 간단히 표로 비교하고 시작하자.

	사기	공갈
객체	재물·재산상 이익	
친족상도례	○	
행위	기망행위	폭행·협박
피해자	착오 야기 → 처분행위	외포심 야기 → 처분행위

1. 객체: 재물·재산상 이익

판례 채무변제·채권양도 등을 약속받는 것 – 공갈죄(이익) ○

공갈죄는 사람을 공갈하여 재물의 교부를 받거나 재산상의 이익을 취득함으로써 성립하고, 채무의 변제 또는 채권양도 등을 약속받는 것도 여기의 재산상의 이익에 해당한다. (대법원 2010. 12. 9. 선고 2010도10187 판결)

판례 피고인은 룸싸롱에서 접대부 甲에게 나체쑈를 하게 한 후 지배인 乙에게 '내가 기자인데 나체쑈를 경찰에 고발하겠다'고 말한 후 겁을 먹은 甲을 여관으로 데려가 간음 – 공갈죄(이익) ×

공갈죄는 재산범으로서 그 객체인 재산상 이익은 경제적 이익이 있는 것을 말하는 것인바, 일반적으로 부녀와의 정부 그 자체는 이를 경제적으로 평가할 수 없는 것이므로 부녀를 공갈하여 정교를 맺었다고 하여도 특단의 사정이 없는 한 이로써 재산상 이익을 갈취한 것이라고 볼 수는 없는 것이며, 부녀가 주점접대부라 할지라도 피고인과 매음을 전제로 정교를 맺은 것이 아닌 이상 피고인이 매음대가의 지급을 면하였다고 볼 여지가 없으니 공갈죄가 성립하지 아니한다. (대법원 1983. 2. 8. 선고 82도2714 판결)

비교 뇌물은 일체의 유형·무형의 이익을 포함하며 성적 욕구의 충족도 포함 (대법원 2014. 1. 29. 선고 2013도13937 판결)

비교 성행위의 대가(매음료)를 지급할 것처럼 기망한 후 지급하지 않음 – 사기죄(이익) ○ (대법원 2001. 10. 23. 선고 2001도2991 판결) **표준**

해설 위 판례의 사실관계 내에서 다른 죄를 검토해보자. ① 강간죄의 폭행·협박에 이르렀다고 보기 어렵다. ② 심신미약자이거나 업무상 피보호자가 아닌 한 '성인'에 대한 위계·위력 간음죄는 처벌 규정이 없다. ③ 이에 성교의 댓가를 재산상 이익으로 보아 공갈죄로 기소하였으나 무죄가 내려졌다. 생각건대 ④ 예비적으로 **협박죄**를 기소해두었다면 유죄가 인정되었을 것이다.

판례 甲이 乙의 돈을 절취한 후 다른 금전과 섞이지 않게 따로 쇼핑백에 넣어 집에 숨겨두었는데 乙의 지시를 받은 피고인이 丙과 함께 甲을 협박하여 쇼핑백에 있던 돈을 교부받음 – 폭처법 공동공갈죄(객체) ×

피고인 등이 甲에게서 되찾은 돈은 절취 대상인 당해 금전이라고 구체적으로 특정할 수 있어 객관적으로 甲의 다른 재산과 구분됨이 명백하므로 이를 타인인 甲의 재물이라고 볼 수 없고, 따라서 비록 피고인 등이 甲을 공갈하여 돈을 교부받았더라도 타인의 재물을 갈취한 행위로서 공갈죄가 성립된다고 볼 수 없는데도, 이와 달리 보아 유죄를 인정한 원심판결에 공갈죄의 대상인 타인의 재물 등에 관한 법리오해의 위법이 있다고 한 사례. (대법원 2012. 8. 30. 선고 2012도6157 판결)

해설 타죄 성부를 생각해보자. '자기 물건'에 대해 성립할 수 있는 범죄로 권리행사방해죄와 점유강취죄가 있다. ① **권리행사방해죄**는 자기물건을 '취거'한 경우 성립하는데 피해자의 교부행위가 있었던 이상 취거에 해당하지 않는다. ② **점유강취죄**는 강도와 같은 수준의 폭행·협박 요구되는데 이에 이른다고 보기 어렵다. ③ 다만 **협박죄**는 성립할 것이다. 판시사항 중 "공갈하여 이 사건 금전을 교부받았다고 하더라도, 그 수단이 된 행위로 별도의 범죄가 성립될 수 있음은 별론으로 하고" 부분에 주목한다. 파기환송심 역시 폭처법 공동협박죄가 성립한다고 결론지었다.

2. 폭행·협박

폭행·협박의 기본개념과 관련된 판례를 살펴본다.

판례 칠성파 두목 甲을 소재로 영화를 만들던 중 분쟁이 발생했는데 甲은 감독 乙을 통해 제작자·투자자인 丙·丁에게 재물 교부를 요구하고 응하지 아니할 시 위험이 있을 수 있다 전함 - 공갈죄(협박) ○
공갈죄의 수단으로서 해악의 고지는 반드시 명시의 방법에 의할 것을 요하지 아니하며 언어나 거동 등에 의하여 상대방으로 하여금 어떠한 해악을 입을 수 있을 것이라는 인식을 갖게 하는 것이면 족하고, 또한 직접적이 아니더라도 피공갈자 이외의 제3자를 통해서 간접적으로 할 수도 있으며, 행위자가 그의 직업, 지위, 불량한 성행, 경력 등에 기하여 불법한 위세를 이용하여 재물의 교부나 재산상 이익을 요구하고 상대방으로 하여금 그 요구에 응하지 아니할 때에는 부당한 불이익을 초래할 위험이 있을 수 있다는 위구심을 야기하게 하는 경우에도 해악의 고지가 된다.
피해자들이 제작·투자한 영화의 소재로 삼은 폭력조직의 두목 또는 조직원이 피해자들에게 그 영화의 감독을 통해 조직폭력배의 불량한 성행, 경력 등을 이용하여 재물의 교부를 요구하고 피해자들로 하여금 그 요구에 응하지 아니할 때에는 부당한 불이익을 초래할 위험이 있을 수 있다는 위구심을 야기하게 하였고, 피해자들도 돈을 요구하는 상대방이 자신들이 영화의 소재로 삼았던 폭력조직의 두목 또는 조직원이므로 이에 응하지 않을 경우 자신들이 받을 불이익을 두려워하거나 또는 곤경에 빠진 위 영화감독을 위해서라도 돈을 지급하지 않을 수 없다고 판단하여 마지못해 돈을 준 경우, 공갈죄의 성립을 긍정한 사례. (대법원 2005. 7. 15. 선고 2004도1565 판결)

판례 甲이 주점의 종업원을 폭행·협박하여 겁을 먹은 종업원으로부터 주류 제공 받음 - 공갈죄 ○
공갈죄에 있어서 공갈의 상대방은 재산상의 피해자와 동일함을 요하지는 아니하나, 공갈의 목적이 된 재물 기타 재산상의 이익을 처분할 수 있는 사실상 또는 법률상의 권한을 갖거나 그러한 지위에 있음을 요한다.
주점의 종업원에게 신체에 위해를 가할 듯한 태도를 보여 이에 겁을 먹은 위 종업원으로부터 주류를 제공받은 경우에 있어 위 종업원은 주류에 대한 사실상의 처분권자이므로 공갈죄의 피해자에 해당된다

고 보아 공갈죄가 성립한다고 한 원심의 판단을 수긍한 사례. (대법원 2005. 9. 29. 선고 2005도4738 판결) **표준**

[판례] 정신병원에 입원해 있는 남편의 퇴원 여부를 결정할 수 있는 아내가 남편의 지속적 퇴원 요구를 거절한 상태에서 재산 이전을 요구 – 공갈죄(협박) ○

피해자의 정신병원에서의 퇴원 요구를 거절해 온 피해자의 배우자가 피해자에 대하여 재산이전 요구를 한 경우, 그 배우자가 재산이전 요구에 응하지 않으면 퇴원시켜 주지 않겠다고 말한 바 없더라도 이는 암묵적 의사표시로서 공갈죄의 수단인 해악의 고지에 해당하고 이러한 해악의 고지가 권리의 실현수단 으로 사용되었더라도 그 수단방법이 사회통념상 허용되는 정도나 범위를 넘는 것으로서 공갈죄를 구성한다. (대법원 2001. 2. 23. 선고 2000도4415 판결)

[판례] 종업원 甲이 주인 乙을 협박하여 그 업소에 취직하여 근로하지 않고 월급만 받은 경우 – 공갈죄 (협박) ○

종업원이 주인을 협박하여 그 업소에 취직을 하여 그 주인으로부터 월급 상당액을 교부받은 경우 그 종업원이 주인에게 종업원으로서 상당한 근로를 제공한 바가 없다면 이는 갈취행위로 보아야 한다. (대법원 1991. 10. 11. 선고 91도1755 판결)

[판례] 甲이 乙·丙에게 '조상천도제를 지내지 아니하면 좋지 않은 일이 생긴다'고 고지하여 그 비용 명목으로 각각 79만 원, 83만 원을 교부받음 – 공갈죄(협박) × (대법원 2002. 2. 8. 선고 2000도3245 판결)

공갈죄의 수단으로써의 협박은 객관적으로 사람의 의사결정의 자유를 제한하거나 의사실행의 자유를 방해할 정도로 겁을 먹게 할 만한 해악을 고지하는 것을 말하고, 그 해악에는 인위적인 것뿐만 아니라 천재지변 또는 신력이나 길흉화복에 관한 것도 포함될 수 있으나, 다만 천재지변 또는 신력이나 길흉화 복을 해악으로 고지하는 경우에는 상대방으로 하여금 행위자 자신이 그 천재지변 또는 신력이나 길흉화 복을 사실상 지배하거나 그에 영향을 미칠 수 있는 것으로 믿게 하는 명시적 또는 묵시적 행위가 있어야 공갈죄가 성립한다.
조상천도제를 지내지 아니하면 좋지 않은 일이 생긴다는 취지의 해악의 고지는 길흉화복이나 천재지변 의 예고로서 행위자에 의하여 직접, 간접적으로 좌우될 수 없는 것이고 가해자가 현실적으로 특정되어 있지도 않으며 해악의 발생가능성이 합리적으로 예견될 수 있는 것이 아니므로 협박으로 평가될 수 없 다고 한 사례. (대법원 2002. 2. 8. 선고 2000도3245 판결)
참고 검사는 다른 피해자들에게 조상천도제 비용을 받은 부분에 대해서는 '사기죄'로 기소하였는데 이 역시 무죄가 선고되었다.
[비교] (무속인도 아닌) 甲이 乙에게 '기도로 귀신을 쫓아 아내의 병을 낫게 하겠다'고 하며 장기간 1억 889 만 원을 받음 – 사기죄(기망) ○ (대법원 2017. 11. 9. 선고 2016도12460 판결)

폭행·협박의 정도는 사람의 의사결정 자유를 제한하거나, 의사실행 자유를 방해할 정도면 충분하다. 상대방의 반항을 억압하거나 항거불능하게 할 정도의 폭행·협박을 사용했다면 강도죄가 성립한다.

판례 공갈죄의 폭행·협박은 ① 사람의 의사결정 자유 제한 ② 의사실행 자유 방해할 정도

강요죄나 공갈죄의 수단인 협박은 사람의 의사결정의 자유를 제한하거나 의사실행의 자유를 방해할 정도로 겁을 먹게 할 만한 해악을 고지하는 것을 말함. (대법원 2013. 4. 11. 선고 2010도13774 판결) **표준**

판례 시민운동가인 피고인이 甲社가 특정 신문들에 광고 편중한다는 이유로 기자회견을 통해 甲社에 대한 불매운동을 선언하고, 甲社에게 타 신문들에 대한 동등한 광고 집행을 요구하여 甲社로 하여금 ① 타 신문들에 광고를 게재하고 광고료를 지급하게 하고 ② 특정 신문에 대한 광고중단을 요구하였으나 甲社의 거절로 실패에 그치고 ③ 甲社 홈페이지에 '甲社는 앞으로 동등한 광고 집행 하겠다'는 팝업창을 띄우게 함 – ① 공갈죄 ○ ② 강요미수죄 ○ ③ 강요죄 ○

피고인이, 甲 주식회사가 특정 신문들에 광고를 편중했다는 이유로 기자회견을 열어 甲 회사에 대하여 불매운동을 하겠다고 하면서 특정 신문들에 대한 광고를 중단할 것과 다른 신문들에 대해서도 특정 신문들과 동등하게 광고를 집행할 것을 요구하고 甲 회사 인터넷 홈페이지에 '甲 회사는 앞으로 특정 언론사에 편중하지 않고 동등한 광고 집행을 하겠다'는 내용의 팝업창을 띄우게 한 사안에서, 불매운동의 목적, 그 조직과정 및 규모, 대상 기업으로 甲 회사 하나만을 선정한 경위, 기자회견을 통해 공표한 불매운동의 방법 및 대상 제품, 甲 회사 직원에게 고지한 요구사항의 구체적인 내용, 위 공표나 고지행위 당시의 상황, 그에 대한 甲 회사 경영진의 반응, 위 요구사항에 응하지 않을 경우 甲 회사에 예상되는 피해의 심각성 등 제반 사정을 고려할 때, 피고인의 행위는 甲 회사의 의사결정권자로 하여금 그 요구를 수용하지 아니할 경우 불매운동이 지속되어 영업에 타격을 입게 될 것이라는 겁을 먹게 하여 의사결정 및 의사실행의 자유를 침해한 것으로 강요죄나 공갈죄의 수단으로서의 협박에 해당한다. (대법원 2013. 4. 11. 선고 2010도13774 판결) **표준**

공갈행위에 관한 나머지 판례를 살펴본다.

판례 방송기자인 피고인이 건설회사 경영주에게 아파트 공사하자에 관해 보도할 것 같은 태도를 보임으로써 무마조로 200만 원을 받음 – 공갈죄 ○

방송기자인 피고인이 피해자에게 피해자 경영의 건설회사가 건축한 아파트의 진입도로미비 등 공사하자에 관하여 방송으로 계속 보도할 것 같은 태도를 보임으로써 피해자가 위 방송으로 말미암아 그의 아파트 건축사업이 큰 타격을 받고 자신이 경영하는 회사의 신용에 커다란 손실을 입게 될 것을 우려하여 방송을 하지 말아 달라는 취지로 돈 2,000,000원을 피고인에게 교부한 경우 공갈죄의 구성요건이 충족되고 또 인과관계도 인정된다고 할 것이다. (대법원 1991. 5. 28. 선고 91도80 판결)

판례 신문사 사주 및 광고국장이 부실공사 관련보도 자제를 요청하는 건설업체 대표이사에게 '사과광고를 싣지 않으면 기사가 계속 게재될 것 같다'며 기자들의 분위기를 전달하고 과다한 광고료 받음 – 폭처법 공동공갈죄 ○

신문의 부실공사 관련 기사에 대한 해당 건설업체의 반박광고가 있었음에도 재차 부실공사 관련 기사가

나가는 등 그 신문사 기자들과 그 건설업체 대표이사의 감정이 악화되어 있는 상태에서, 그 신문사 사주 및 광고국장이 보도자제를 요청하는 그 건설업체 대표이사에게 자사 신문에 사과광고를 싣지 않으면 그 건설업체의 신용을 해치는 기사가 계속 게재될 것 같다는 기자들의 분위기를 전달하는 방식으로 사과광고를 게재토록 하면서 과다한 광고료를 받은 행위가 공갈죄의 구성요건에 해당한다. (대법원 1997. 2. 14. 선고 96도1959 판결)

판례 甲이 乙의 유혹으로 간통관계를 가진 후 이를 미끼로 乙 협박하여 금원 교부받음 – 공갈죄 ○
피고인과 고소인의 연령이 각 16세, 32세인 점 및 한집에 여러 사람이 취침한다는 점으로 미루어 피고인이 고소인을 강간한 것이 아니라 피해자의 유혹으로 간통관계를 갖게되었다 하더라도, 이를 미끼로 협박하여 금원을 교부받은 이상 피고인의 위 소위는 공갈죄를 구성한다. (대법원 1984. 5. 9. 선고 84도573 판결)

판례 지역신문 발행인이 시정에 관한 비판기사·사설 보도 후 공무원에게 광고의뢰·직보배정을 타 신문사와 같은 수준으로 높여달라 요청 – 공갈죄 ×
신문사 경영자가 자신이 발행하는 신문의 구독을 요청 또는 권유하는 것은 신문 부수의 확장을 위한 일상적인 업무의 범위 내에 속하는 것으로서, 특단의 사정이 없는 한, 사회통념상 용인되는 행위라고 보아야 할 것이므로, 언론사 종사자가 취재원에 대하여 불리한 기사의 보도 여부를 놓고 광고 게재나 신문구독을 요구한 행위가 공갈죄의 수단으로서 해악의 고지에 해당되는지 여부는 그러한 요구를 한 자와 요구를 받은 자 사이의 관계와 지위, 언론사의 사회적 영향력, 당사자의 의도와 추구하고자 하는 경제적 이익의 내용, 그러한 요구에 이른 전후 경위, 당사자가 그 과정에서 보인 태도, 관련 기사 내용과 그 기사가 상대방의 이해관계에 미치는 영향력의 크기, 불리한 기사와 요구한 금품 사이의 견련성 정도, 불이익을 시사한 구체적인 언동의 존부와 그 내용 등을 두루 심사하여 이를 신중하게 판단하여야 한다. … (중략) … 협박이 되려면 이와 아울러 위 요청을 들어주지 아니할 경우 비난기사 등을 통하여 상대방에게 불이익을 가하겠다는 언질이나 태도를 나타내어 상대방에게 해악을 가할 것을 고지하였어야 하는데, 이 점에 관한 구체적인 내용과 증거가 없다. (대법원 2002. 12. 10. 선고 2001도7095 판결)

판례 가출자의 소재를 알려주는 조건으로 그 가족에게 보험가입 요구 – 공갈죄 ×
가출자의 가족에 대하여 가출자의 소재를 알려주는 조건으로 보험가입을 요구한 피고인의 소위는 가출자를 찾으려고 하는 그 가족들의 안타까운 심정을 이용하여 보험가입을 권유 내지 요구하는 언동으로 도의상 비난할 수 있을지언정 그로 인하여 가족들에 새로운 외포심을 일으키게 되거나 외포심이 더하여진다고는 볼 수 없으므로 이를 공갈죄에 있어서의 협박이라고 단정할 수 없고 원심이 적절하게 판시하고 있는 바와 같이 이미 그 가족들이 처해있는 궁박상태를 이용하려는데 불과하다. (대법원 1976. 4. 27. 선고 75도2818 판결)

해설 거칠게 해석하자면 강간죄 – 준강간죄의 구도와 비슷하다. 이미 발생한 궁박상태를 이용한 공갈행위는 사람의 심신상실·미약을 이용하는 '준공갈죄'가 없는 이상 불가벌이다.

판례 甲이 남대문시장내 소방도로를 무단점용하여 노점상을 하던 중 乙이 자리를 빌려달라고 사정하여 乙에게 일부를 내어주고 금원을 교부받음 – 공갈죄 ×
피고인이 소방도로를 무단점용하고 있어 자리세 등을 지급받을 정당한 권원이 없었다 하더라도 피해자가 이를 알면서 피고인과 자리세를 지급하기로 약정하여 이를 지급하여 온 이상 피고인이 소방도로 무단점용으로 인한 도로법상의 처벌을 받는 것은 별론으로 하되 공갈죄로 문의할 수는 없다. (대법원 1985. 5. 14. 선고 84도2289 판결)

> **판례** 토지매도인 甲이 매매대금을 지급받기 위하여 매수인 乙을 상대로 토지에 관한 소유권이전등기 말소청구소송을 제기하고 대금을 변제받지 못하면 소송을 취하하지 아니하고 예고등기도 말소하지 않겠다고 알림 – 공갈죄 ✕
>
> 민사소송에 있어 부당한 제소나 그 소송의 유지가 있다 하더라도 상대방은 이에 응소하여 방어권을 충분히 행사할 수 있는 것이고 소의 취하는 상대방이 이를 강제할 수 없는 것이므로, 토지매도인이 그 매매대금을 지급받기 위하여 매수인을 상대로 하여 당해토지에 관한 소유권이전등기말소청구소송을 제기하고 위 대금을 변제받지 못하면 위 소송을 취하하지 아니하고 예고등기도 말소하지 않겠다는 취지를 알렸다고 하여 이를 지목하여 공갈행위라고 단정할 수는 없다. (대법원 1989. 2. 28. 선고 87도690 판결)

3. 외포심의 야기

폭행·협박이라는 공갈행위로 인하여 피공갈자에게 외포심이 야기되어야 한다.

4. 처분행위

앞서 살펴본 사기죄와 같다. 관련 판례를 살펴본다.

> **판례** 택시요금 지급을 면할 목적으로 택시기사를 때리고 달아남 – 공갈죄 ✕
>
> 재산상 이익의 취득으로 인한 공갈죄가 성립하려면 폭행 또는 협박과 같은 공갈행위로 인하여 피공갈자가 재산상 이익을 공여하는 처분행위가 있어야 한다. 물론 그러한 처분행위는 반드시 작위에 한하지 아니하고 부작위로도 족하여서, 피공갈자가 외포심을 일으켜 묵인하고 있는 동안에 공갈자가 직접 재산상의 이익을 탈취한 경우에도 공갈죄가 성립할 수 있다. 그러나 폭행의 상대방이 위와 같은 의미에서의 처분행위를 한 바 없고, 단지 행위자가 법적으로 의무 있는 재산상 이익의 공여를 면하기 위하여 상대방을 폭행하고 현장에서 도주함으로써 상대방이 행위자로부터 원래라면 얻을 수 있었던 재산상 이익의 실현에 장애가 발생한 것에 불과하다면, 그 행위자에게 공갈죄의 죄책을 물을 수 없다.
>
> 피고인이 피해자가 운전하는 택시를 타고 간 후 최초의 장소에 이르러 택시요금의 지급을 면할 목적으로 다른 장소에 가자고 하였다면서 택시에서 내린 다음 택시요금 지급을 요구하는 피해자를 때리고 달아나자, 피해자가 피고인이 말한 다른 장소까지 쫓아가 기다리다 그곳에서 피고인을 발견하고 택시요금 지급을 요구하였는데 피고인이 다시 피해자의 얼굴 등을 주먹으로 때리고 달아난 사안에서, 피해자가 피고인에게 계속해서 택시요금의 지급을 요구하였으나 피고인이 이를 면하고자 피해자를 폭행하고 달아났을 뿐, 피해자가 폭행을 당하여 외포심을 일으켜 수동적·소극적으로라도 피고인이 택시요금 지급을 면하는 것을 용인하여 이익을 공여하는 처분행위를 하였다고 할 수 없다. (대법원 2012. 1. 27. 선고 2011도16044 판결) **표준**

5. 재물을 교부받거나 재산상 이익을 취득

기본 개념은 앞서 살펴본 사기죄와 같다. 재물을 교부받거나 재산상 이익을 취득하여야 기수가 인정된다. 기수·미수 관련 판례를 살펴본다.

> **[판례]** 부동산에 대한 공갈 기수시기 – ① 소유권이전등기 경료시 or ② 인도시
>
> 부동산에 대한 공갈죄는 그 부동산에 관하여 소유권이전등기를 경료받거나 또는 인도를 받은 때에 기수로 되는 것이고, 소유권이전등기에 필요한 서류를 교부 받은 때에 기수로 되어 그 범행이 완료되는 것은 아니다. (대법원 1992. 9. 14. 선고 92도1506 판결)
>
> **해설** ① 부동산 소유권이전등기에 필요한 서류를 교부받은 때는 '미수'에 불과하다 할 것이다. ② 부동산에 대한 소송사기의 기수시기는 등기시가 아니라 '승소판결 확정시'라는 점과 비교하자.
>
> **[판례]** 자동차에 대한 공갈 기수시기 – 자동차 인도시
>
> 자동차를 갈취하는 공갈죄에 있어서 자동차에 대한 소유권이전등록을 받기 전이라고 하더라도 자동차를 현실로 인도받은 때에 공갈죄의 기수가 된다. (대법원 2001. 6. 15. 선고 2001도1884 판결)
>
> **[판례]** 피해자를 공갈하여 예금구좌에 돈을 입금케 함 – 공갈죄(기수) ○
>
> 피해자들을 공갈하여 피해자들로 하여금 지정한 예금구좌에 돈을 입금케한 이상, 위 돈은 범인이 자유로히 처분할 수 있는 상태에 놓인 것으로서 공갈죄는 이미 기수에 이르렀다 할 것이다. (대법원 1985. 9. 24. 선고 85도1687 판결)
>
> **[판례]** 甲이 피해자 乙의 고용인 丙을 통하여 乙에게 '丁에게 50만 원을 주지 않으면 乙 경영 기업체의 탈세사실을 국세청 등에게 고발하겠다'는 말을 전하였으나 재물 등을 교부받지는 않음 – 공갈미수죄 ○ (대법원 1969. 7. 29. 선고 69도984 판결)

6. 기타

가. 위법성

권리자가 권리실현의 수단으로 공갈행위를 하였어도, 사회통념상 허용되는 범위를 넘어서 상대방을 외포하게 하여 재물·재산상 이익을 취득한 경우에도 공갈죄가 성립한다.

> **[판례]** 공갈을 통한 권리행사 – 사회통념상 권리행사의 수단으로 용인할 수 없는 정도라면 공갈죄 성립
>
> 해악의 고지가 비록 정당한 권리의 실현 수단으로 사용된 경우라 하여도 그 권리실현의 수단·방법이 사회통념상 허용되는 정도나 범위를 넘는다면 공갈죄의 실행에 착수한 것으로 보아야 한다. 여기서 어떠한 행위가 구체적으로 사회통념상 허용되는 정도나 범위를 넘는지는 그 행위의 주관적인 측면과 객관적인 측면, 즉 추구한 목적과 선택한 수단을 전체적으로 종합하여 판단한다. (대법원 2019. 2. 14. 선고

2018도19493 판결) **표준**

판례 甲이 회사 운영에 어려움이 있다는 걸 알게 된 거래처 乙·丙이 금형 이관 절차를 검토하자, 甲이 합법적인 갈등 해결을 시도하지 않고 곧바로 '손실비용 등을 지급하지 않으면 생산라인을 중단하여 손해를 끼치겠다'고 협박 – 공갈죄(위법) ○ (대법원 2019. 2. 14. 선고 2018도19493 판결) **표준**

판례 임대차계약 해제에 따른 원상회복·손해배상청구권을 가진 甲이 乙의 공사 현장사무실에서 다른 일행 3인과 합세하여 과격한 언사와 함께 집기를 손괴하고 건물 창문에 피해자 신용 해치는 불온한 내용을 기재하는 등의 행위 – 공갈죄(위법) ○ (대법원 1995. 3. 10. 선고 94도2422 판결)

판례 매수인 甲이 매도인 乙의 기망에 의하여 부동산을 비싸게 매수하자, 甲이 계약취소 등의 절차를 거치지 않고 전매차익을 받아낼 의도로 乙을 협박하여 돈을 받음 – 공갈죄(위법) ○ (대법원 1991. 9. 24. 선고 91도1824 판결)

판례 채권 발생 여부가 불분명한 수급인 甲이 권리행사를 빙자하여 도급인 乙에게 비리를 고발하겠다 협박하고, 사무실을 무단점거하고, 직원을 폭행하여 8천만 원 받음 – 공갈죄(위법) ○ (대법원 1991. 12. 13. 선고 91도2127 판결) **표준**

판례 교통사고 피해자 甲이 손해배상청구권을 행사하는 과정에서, 사고차량 운전사가 바뀐 것을 알고 과다한 금원을 요구하고, 응하지 않으면 신고할 듯한 태도를 보여 350만 원 받음 – 공갈죄(위법) ○ (대법원 1990. 3. 27. 선고 89도2036 판결)

판례 甲이 乙社의 丙이 100억 원을 횡령하였다는 취지로 형사고소, 가처분신청, 수시방문으로 乙社의 업무에 적지 않은 방해를 주고 있는 상황에서 중단을 대가로 금전을 요구하고 요구를 받아들이지 않을 경우 계속하여 위 행위 이어갈 태도를 보임 – 공갈미수죄(위법) ○ (대법원 2007. 10. 11. 선고 2007도6406 판결)

판례 국가안전기획부 직원 甲이 아들 담임선생님 乙 부탁을 받고 乙의 채무자 丙에게 채무변제를 독촉하며 '범법행위로 처벌받을 수도 있으니 속히 변제하는 것이 좋다'라고 말함 – 공갈죄(위법) ×
甲이 피해자 丙에게 자기의 신분을 밝히며 피해자 丙의 아파트 분양알선행위가 범법행위로서 처벌받을 수도 있으니 피고인 乙에 대한 채무를 속히 변제하는 것이 좋다라고 다소 위협적으로 들릴 수 있는 말을 하였다 하더라도 이는 피해자 丙이 이미 지급을 약속한 금원의 조속한 이행을 촉구하기 위하여 행하여진 것으로서 그것이 사회통념상 허용되는 범위를 넘어선 것이라고 단정하기는 어려울 뿐만 아니라, 피고인들이 피해자 丙을 협박하여 재물을 갈취하기로 모의하였다거나 피해자 병이 피고인 甲으로부터 협박당하여 외포심을 일으켜서 이 사건 약속어음 공정증서를 교부한 것이라고 볼 수도 없다 할 것이다. (대법원 1993. 12. 24. 선고 93도2339 판결)

판례 매수인 甲이 매도인 乙의 대리인 丙에게 '매매건물을 명도하거나 명도소송비용 내놓지 않으면 고소하여 구속시키겠다'고 말함 – 공갈죄(위법) ×
피해자 丙이 공소외 乙을 대리하여 동인 소유의 여관을 피고인 甲에게 매도하고 피고인 甲으로부터 계약금과 잔대금 일부를 수령하였는데 그 후 위 乙이 많은 부채로 도피해 버리고 동인의 채권자들이 채무

변제를 요구하면서 위 여관을 점거하여 피고인 甲에게 여관을 명도하기가 어렵게 되자 피고인 甲은 피해자에게 여관을 명도해 주던가 명도소송비용을 내놓지 않으면 고소하여 구속시키겠다고 말한 경우 피고인 甲이 매도인 乙의 대리인인 위 피해자丙에게 위 여관의 명도 또는 명도소송비용을 요구한 것은 매수인으로서 정당한 권리행사라 할 것이며 위와 같이 다소 위협적인 말을 하였다고 하여도 이는 사회통념상 용인될 정도의 것으로서 협박으로 볼 수 없다. (대법원 1984. 6. 26. 선고 84도648 판결)

판례 공사업자 甲이 피해자 乙에게 공사한 건물의 대장상 평수보다 실제 평수가 많으니, 실제 평수를 기준으로 공사금을 지급해 줄 것을 요구하며, 응하지 않으면 구청장에게 진정하여 평수 불일치를 밝히겠다고 함 – 공갈죄(위법) ×

대장상의 평수를 기준으로 공사대금이 지급되어 손해가 많으니 그 실제상의 공사평수에 의한 공사대금을 지급하라는 것이고 그렇지 않으면 구청장에게 진정을 하여서라도 대장상의 건물평수의 부족함을 밝히겠다는 내용의 의사표시로 보고, 그 정도의 의사표시는 사회상규에 어긋나지 아니하며 협박을 하여 부당한 이득을 얻으려는 의사가 있었다고 볼 수 없다. (대법원 1979. 10. 30. 선고 79도1660 판결)

판례 甲이 그 소유건물에 인접한 대지 위에 건축허가조건에 위반되게 건물을 신축, 사용하는 乙로부터 일조권 침해 등으로 인한 손해배상에 관한 합의금을 받음 – 공갈죄(위법) × (대법원 1990. 8. 14. 선고 90도114 판결)

판례 甲이 乙로부터 준강간상해 피해를 입게 되었다고 형사고소하였으나 불송치(혐의없음) 결정 되었는데, 甲이 乙을 고소하기 전에 乙에게 "합의금 5천만 원을 주면 조용히 끝내겠다. 남친인 丙이 너를 어떻게 할지 모른다. 丙이 칼을 품고 다닌다. 칼부림이 난다. 술 먹으면 눈깔 돌아가는 것이다."라고 말한 경우-공갈미수죄(위법) ×

무고죄의 판단에서 성폭행 등의 피해를 입었다는 신고사실에 관하여 불기소처분이나 무죄판결이 내려졌다고 하여 신고 내용을 허위라고 단정하여서는 아니 된다는 법리는 공갈죄 성립과 관련하여 정당한 권리 실현의 수단 내지 방법에 해당하는지 여부를 판단할 때에도 동일한 기준으로 적용되어야 한다. 따라서 성폭력 피해를 입었다고 주장하는 사람이 특정인을 가해자로 지목하며 합의금을 주지 않으면 불이익을 끼칠 것과 같은 언동을 하고 나아가 그 사람을 수사기관에 고소한 경우, 가해자로 지목된 사람(피고소인)의 성폭력범죄 성립이 증명되지 않는다고 하여 바로 성폭력 피해를 입었다고 주장하는 사람이 합의금과 관련하여 한 위와 같은 언동이나 고소행위가 정당한 권리자에 의하여 권리실행의 수단으로서 사용된 것이 아니라고 쉽사리 단정하여서는 안 된다. 나아가 고소인의 그러한 언행이 공갈죄를 구성하는 해악의 고지에 당연히 해당하게 되는 것은 아니다. (대법원 2024. 11. 14. 선고 2024도3794 판결)

나. 죄수 등

판례 공갈행위의 수단으로 상해행위가 가해짐 – ① 공갈죄 ○ ② 상해죄 ○ (상상적 경합)

공갈죄에 있어서 공갈행위의 수단으로 상해행위가 행하여진 경우에는 공갈죄와 별도로 상해죄가 성립하고, 이들 죄는 상상적 경합 관계에 있다고 할 것이다. (대법원 2008. 1. 24. 선고 2007도9580 판결)

판례 공무원이 직무처리 의사 없이 타인 공갈하여 재물 교부 – ① 공갈죄 ○ ② 뇌물수수 ✕

공무원이 직무집행의 의사 없이 또는 직무처리와 대가적 관계없이 타인을 공갈하여 재물을 교부하게 한 경우에는 공갈죄만이 성립하고, 이러한 경우 재물의 교부자가 공무원의 해악의 고지로 인하여 외포의 결과 금품을 제공한 것이라면 그는 공갈죄의 피해자가 될 것이고 뇌물공여죄는 성립될 수 없다고 하여야 할 것이다. (대법원 1994. 12. 22. 선고 94도2528 판결)

판례 甲이 투자금 회수를 위해 ① 乙을 강요하여 물품대금 횡령하였다는 자인서를 받아낸 뒤 ② 이를 근거로 돈을 갈취함 – ①·② 모두 포함하여 하나의 공갈죄 ○

피고인이 투자금의 회수를 위해 피해자를 강요하여 물품대금을 횡령하였다는 자인서를 받아낸 뒤 이를 근거로 돈을 갈취한 경우, 피고인의 주된 범의가 피해자로부터 돈을 갈취하는 데에 있었던 것이라면 피고인은 단일한 공갈의 범의하에 갈취의 방법으로 일단 자인서를 작성케 한 후 이를 근거로 계속하여 갈취행위를 한 것으로 보아야 할 것이므로 위 행위는 포함하여 공갈죄 일죄만을 구성한다고 보아야 한다. (대법원 1985. 6. 25. 선고 84도2083 판결)

비교 피고인이 피해자를 협박하여 법률상 의무 없는 진술서를 작성케 함 – 강요죄 ○ (대법원 1974. 5. 14. 선고 73도2578 판결)

Ⅱ 특수공갈죄

제350조의2(특수공갈) 단체 또는 다중의 위력을 보이거나 위험한 물건을 휴대하여 제350조의 죄를 범한 자는 1년 이상 15년 이하의 징역에 처한다.

例規 제350조의2 특수공갈	미수 ○

🔍 **핵심단어**
- ① 단체·다중의 위력 ② 공갈죄
- ① 위험한 물건 ② 휴대 ③ 공갈죄

2인 이상이 공동하여 공갈한 경우, 폭력행위 등 처벌에 관한 법률이 적용된다. 형법상 특수공갈·폭처법위반(공동공갈) 모두 친족상도례가 적용됨에 유의하자.

III 상습공갈죄

제351조(상습범) 상습으로 제347조 내지 전조의 죄를 범한 자는 그 죄에 정한 형의 2분의 1까지 가중한다.	
例規 제351조 상습(제347조 내지 제350조의2 각 죄명)	미수 ○

---

06 횡령의 죄

I 횡령죄

제355조(횡령, 배임) ① 타인의 재물을 보관하는 자가 그 재물을 횡령하거나 그 반환을 거부한 때에는 5년 이하의 징역 또는 1천500만원 이하의 벌금에 처한다.	
例規 제355조 ① 횡령	미수 ○

> 🔍 **핵심단어**
> • ① 타인재물 ② 위탁관계에 의한 보관자 ③ 횡령(반환거부)
> • 부동산 보관자 = 점유자 ×, 제3자에게 유효하게 처분할 수 있는 권능 ○
> • 자동차 보관자 = 명의자 ×, 현실적인 점유자 ○
> • 위탁관계란 ① 법률 ② 계약 ③ 조리 ④ 신의성실 원칙에 의해서 발생할 수 있음.

이득액이 5억원 이상인 경우, 특정경제범죄 가중처벌 등에 관한 법률이 적용된다.[95]

---

95 특정경제범죄 가중처벌 등에 관한 법률 제3조(특정재산범죄의 가중처벌) ① 「형법」 제347조(사기), 제347조의2(컴퓨터등 사용사기), 제350조(공갈), 제350조의2(특수공갈), 제351조(제347조, 제347조의2, 제350조 및 제350조의2의 상습범만 해당한다), 제355조(횡령·배임) 또는 제356조(업무상의 횡령과 배임)의 죄를 범한 사람은 그 범죄행위로 인하여 취득하거나 제3자로 하여금 취득하게 한 재물 또는 재산상 이익의 가액(이하 이 조에서 "이득액"이라 한다)이 5억원 이상일 때에는 다음 각 호의 구분에 따라 가중처벌한다.
1. 이득액이 50억원 이상일 때: 무기 또는 5년 이상의 징역
2. 이득액이 5억원 이상 50억원 미만일 때: 3년 이상의 유기징역

1. 주체: 타인 재물 보관자

가. 부동산 보관

부동산에 대한 보관자의 지위는 '점유'가 아니라 그 부동산을 '유효하게 처분할 수 있는 권능'의 존부를 기준으로 판단한다. 판례는 ① 등기부상의 명의인이거나 ② 부동산의 실제 관리·지배자로서 처분가능한 지위에 있는 자에 대하여 보관자 지위를 인정한다. 다만 ① 등기부상의 명의인 유형 중 상당수를 차지했던 '(양자 간) 명의신탁의 수탁자'의 경우, 2016도18761 전합 판결에 따라 이제는 보관자 지위가 부정된다는 점에 유의해야 한다.

[판례] 부동산 보관자 - ① 점유자 × ② 제3자에게 유효하게 처분할 수 있는 권능을 가진 자 ○
횡령죄에 있어서 부동산을 보관하는 자라 함은 동산의 경우와는 달리 그 부동산에 대한 점유를 기준으로 할 것이 아니고 그 부동산을 제3자에게 유효하게 처분할 수 있는 권능의 유무를 기준으로 하여 결정하여야 할 것이다. (대법원 1989. 12. 8. 선고 89도1220 판결)

[비교] 1인 회사의 주주가 회사 소유 부동산 처분 - 배임죄 ○
배임죄는 재산상 이익을 객체로 하는 범죄이므로, 1인 회사의 주주가 자신의 개인채무를 담보하기 위하여 회사 소유의 부동산에 대하여 근저당권설정등기를 마쳐 주어 배임죄가 성립한 이후에 그 부동산에 대하여 새로운 담보권을 설정해 주는 행위는 선순위 근저당권의 담보가치를 공제한 나머지 담보가치 상당의 재산상 이익을 침해하는 행위로서 별도의 배임죄가 성립한다. (대법원 2005. 10. 28. 선고 2005도4915 판결)

[해설] 회사의 경영자·1인 주주가 회사 소유 부동산을 처분하는 경우 '횡령죄'가 아니라 '배임죄'가 성립한다.

[판례] 부동산 보관자 - ① 등기명의인 ② 실제로 타인의 부동산 관리·지배
부동산의 보관은 원칙으로 등기부상의 소유명의인에 대하여 인정되지만 등기부상의 명의인이 아니라도 소유자의 위임에 의거해서 실제로 타인의 부동산을 관리, 지배하면 그 부동산의 보관자라 할 수 있다. (대법원 1993. 3. 9. 선고 92도2999 판결)

[판례] 미등기건물의 관리를 위임받은 자가 ① 임의로 건물을 자신의 명의로 보존등기하고 ② 근저당권설정등기를 마침 - ① 횡령죄(보관) ○ ② 횡령죄 ×
부동산의 보관은 원칙으로 등기부상의 소유명의인에 대하여 인정되지만 등기부상의 명의인이 아니라도 소유자의 위임에 의거해서 실제로 타인의 부동산을 관리, 지배하면 그 부동산의 보관자라 할 수 있고, 이 사건의 경우와 같은 미등기의 건물에 대하여는 위탁관계에 의하여 현실로 부동산을 관리 지배하는 자가 보관자라고 할 수 있다.
미등기건물의 관리를 위임받아 보관하고 있는 자가 임의로 건물에 대하여 자신의 명의로 보존등기를 하거나 동시에 근저당권설정등기를 마치는 것은 객관적으로 불법영득의 의사를 외부에 발현시키는 행위로서 횡령죄에 해당하고, ① 피해자의 승낙 없이 건물을 자신의 명의로 보존등기를 한 때 이미 횡령죄는 완성되었다 할 것이므로, ② 횡령행위의 완성 후 근저당권설정등기를 한 행위는 피해자에 대한 새로운 법익의 침해를 수반하지 않는 불가벌적 사후행위로서 별도의 횡령죄를 구성하지 않는다. (대법원 1993. 3. 9. 선고 92도2999 판결)

판례 미등기건물 소유자인 피해자가 甲社에 건축허가명의를 수탁하였는데 甲社의 실질적 경영자인 피고인이 甲社 명의로 소유권보존등기 마친 후 임의처분 – 횡령죄(보관) ○

소유권보존등기가 되어있지 않은 이 사건 건물이 실제로 피해자가 재료의 주요부분과 노력을 제공하여 건축한 피해자의 소유로서 건축허가명의만을 갑회사에게 신탁한 경우에 있어서, 건축허가 관계서류에 의하여 작성된 건축물관리대장(또는 가옥대장)의 등본에 의하여 자기 또는 피상속인이 그 대장에 소유자로서 등록되어 있는 것을 증명하는 자가 미등기건물의 소유권보존등기를 신청할 수 있도록 되어 있는 부동산등기법 제131조 제1호, 건축법시행규칙 제6조 등의 규정내용에 비추어볼때 갑회사의 실질적인 경영자인 피고인은 건축허가명의자인 갑회사의 명의로 소유권보존등기를 하여 대외적으로 유효하게 위 건물을 처분할 수 있는 지위에 있는 자이어서 타인의 부동산인 위 건물을 보관하는 자에 해당한다고 보아야 할 것이다. (대법원 1990. 3. 23. 선고 89도1911 판결)

판례 甲은 乙종중 회장으로부터 담보대출을 받아달라는 부탁과 함께 乙종중 소유 부동산의 등기를 이전받은 것을 기화로 ① 그 부동산을 담보로 금원을 대출하여 임의사용하고 ② 개인채무 담보위한 근저당권 설정함 – ①·② 횡령죄(보관) ○ (대법원 2005. 6. 24. 선고 2005도2413 판결)

판례 등기부상 소유명의인의 '배우자'로서 소유명의인의 위임에 의하여 그 부동산의 실질적인 지배·관리권 및 대외적인 처분권을 갖고 있는 자 – 횡령죄(보관) ○ (대법원 2010. 1. 28. 선고 2009도1884 판결)

참고 중간생략등기형 명의신탁 사안으로서 2014도6992 전합 판결에 의하여 폐기되었다. 다만 부동산 '보관'을 이해하는 용도로만 살펴본다.

판례 명의수탁자인 祖父가 사망하면 父가, 父가 사망하면 子가 명의수탁자로서의 지위를 포괄승계하여 횡령죄의 보관자 지위 ○ (대법원 1996. 1. 23. 선고 95도784 판결)

비교 명의수탁자가 자기명의로의 등기를 생략한 채 그 子에 대해 등기를 하여 주고 사망한 경우, 子의 보관자 지위 × (대법원 1987. 2. 10. 선고 86도2349 판결)

참고 2016도18761 전합 판결 前 사건이다. 부동산 '보관'을 이해하는 용도로만 살펴본다.

판례 피상속인 甲이 사망하자 상속인 乙·丙·丁 중 乙이 상속재산인 부동산을 점유하던 것을 기화로 부동산을 임의처분 – 횡령죄(보관) ×

부동산을 공동으로 상속한 자들 중 1인이 부동산을 혼자 점유하던 중 다른 공동상속인의 상속지분을 임의로 처분하여도 그에게는 그 처분권능이 없어 횡령죄가 성립하지 아니한다. (대법원 2000. 4. 11. 선고 2000도565 판결)

비교 피상속인 甲이 사망하자 상속인 乙·丙·丁 중 乙이 상속재산인 임야를 보관하고 있던것을 기화로 丙·丁으로부터 매도 후 분배 또는 소유권이전등기를 요구받고도 반환을 거부 – 횡령죄(보관) ○

공동상속인 중 1인이 상속재산인 임야를 보관 중 다른 상속인들로부터 매도후 분배 또는 소유권이전등기를 요구받고도 그 반환을 거부한 경우 이때 이미 횡령죄가 성립하고, 그 후 그 임야에 관하여 다시 제3자 앞으로 근저당권설정등기를 경료해 준 행위는 불가벌적 사후행위로서 별도의 횡령죄를 구성하지 않는다고 한 사례. (대법원 2010. 2. 25. 선고 2010도93 판결)

해설 위 판례와 비교판례의 대법원 판시만 보아서는 구별하기 어렵다. 다만 원심(및 파기환송심)을 살펴보면, ① 위 판례의 경우 처분 당시 등기부상 소유자로 乙·丙·丁의 지분등기가 이루어져 있었던 것으로 보인다. 따라서 乙은 등기명의인이 아니므로 보관자가 아니다. ② 반면 비교판례의 경우 처분 당시 등기부상 소유자가 乙이었으므로, 乙은 등기명의인으로서 보관자이다.

> **[판례]** 임야의 진정한 소유자와는 전혀 무관하게 신탁자로부터 임야 지분을 명의신탁받아 지분이전등기를 경료한 수탁자가 신탁받은 지분을 임의로 처분 – 횡령죄(보관) ×
>
> 소유자와 수탁자 사이에 위 임야 지분에 관한 법률상 또는 사실상의 위탁신임관계가 성립하였다고 할 수 없고, 또한 어차피 원인무효인 소유권이전등기의 명의자에 불과하여 위 임야 지분을 제3자에게 유효하게 처분할 수 있는 권능을 갖지 아니한 수탁자로서는 위 임야 지분을 보관하는 자의 지위에 있다고도 할 수 없으므로, 그 처분행위가 신탁자에 대해서나 또는 소유자에 대하여 위 임야 지분을 횡령한 것으로 된다고 할 수 없다. (대법원 2007. 5. 31. 선고 2007도1082 판결)
>
> **[동지]** 타인 소유 토지에 관하여 허위의 보증서·확인서를 발급받아 '부동산소유권 이전등기 등에 관한 특별조치법'에 따른 소유권이전등기를 임의로 마친 사람이 그 앞으로 원인무효의 소유권이전등기가 되어 있음을 이용하여 토지소유자에게 지급될 보상금을 수령함–횡령죄(보관) × (대법원 2021. 6. 30. 2018도18010 판결)
>
> **[비교]** ① 乙소유 토지에 관하여 소유권이전등기 경료 없이 경작관리권만 위임받아 점유해 온 甲이 허위 보증서·확인서를 발급받아 소유권이전등기를 임의로 경료한 뒤, 토지에 관해 지급된 보상금을 임의소비 ② 乙소유 토지의 일부지분을 명의신탁 받은 甲이 그 지분에 관하여 수령한 수용보상금을 임의소비 – ① 횡령죄(보관) × ② 횡령죄(보관) ○ (대법원 1987. 2. 10. 선고 86도1607 판결)
>
> **참고** 2016도18761 전합 판결 前 사건이다. 부동산 '보관'을 이해하는 용도로만 살펴본다.

> **[판례]** 구분소유자 전원의 '공유'에 속하는 공용부분인 지하주차장 일부를 공유자 중 1인이 독점임대하고 임차료를 수령하여 임의 사용 – 횡령죄(보관) ×
>
> 부동산에 관한 횡령죄에 있어서 타인의 재물을 보관하는 자의 지위는 동산의 경우와는 달리 부동산에 대한 점유의 여부가 아니라 부동산을 제3자에게 유효하게 처분할 수 있는 권능의 유무에 따라 결정하여야 하므로, 부동산의 공유자 중 1인이 다른 공유자의 지분을 임의로 처분하거나 임대하여도 그에게는 그 처분권능이 없어 횡령죄가 성립하지 아니한다. (대법원 2004. 5. 27. 선고 2003도6988 판결)

나. 동산 보관

동산의 보관자 지위는 '재산죄 총론 中 형법상 점유'에서 상당 부분 살펴보았다. 이하에서는 남은 판례를 살펴본다.

> **[판례]** 동산 보관의 의미
>
> 횡령죄에서의 재물의 보관은 재물에 대한 사실상 또는 법률상 지배력이 있는 상태를 의미하므로 그 보관이 위탁관계에 기인하여야 할 것임은 물론이나, 그것이 반드시 사용대차, 임대차, 위임 등의 계약에 의하여 설정되어야 하는 것은 아니고, 사무관리, 관습, 조리, 신의칙에 의해서도 성립한다. (대법원 2013. 12. 12. 선고 2012도16315 판결)

[판례] 甲이 乙로부터 금전을 위탁받아 보관방법으로 금융기관에 甲 자신의 명의로 예치하였다가 이를 인출하여 임의소비 – 횡령죄(보관) ○ (대법원 2015. 2. 12. 선고 2014도11244 판결)

[판례] 회사로부터 수표발행 권한을 위임받은 甲이 업무상의 임무에 위배하여 자기 사용 목적으로 수표를 발행하고 그 수표를 이용하여 거래은행으로부터 회사의 예금 인출 – 횡령죄(보관) ○ (대법원 1983. 9. 13. 선고 82도75 판결)

[판례] 피고인이 甲社 경영권을 인수한 후 甲社 소유 예금을 인출하여 피고인의 甲社 인수를 위한 대출금 변제에 사용 – 횡령죄(보관) ○ (대법원 2011. 3. 24. 선고 2010도17396 판결)

[판례] 부동산 과반수지분권 가진 공유자 甲·乙이 일방적으로 사용·수익 사항 결정하고 이에 따른 임대수익을 분배하며 피해자를 제외함 – 횡령죄(보관) ✕

공유자 사이에 공유물을 사용·수익할 구체적 방법을 정하는 것은 공유물의 관리에 관한 사항으로서 민법 제265조에 따라 공유자의 지분의 과반수로써 결정하는 것이고, 공유물에 관하여 과반수 공유지분을 가진 자는 공유자 사이에 공유물의 관리방법에 관하여 협의가 미리 없었다 하더라도 공유물의 관리에 관한 사항을 단독으로 결정할 수 있으므로 공유토지에 관하여 과반수지분권을 가진 자가 그 공유토지의 특정된 한 부분을 배타적으로 사용·수익할 것을 정하는 것은 공유물의 관리방법으로서 적법하다. … (중략) … 이 사건 지분 상당액은 위 방법에 따라 배분받은 다른 공유자들에게 귀속되는 것일 뿐, 피해자에게 곧바로 귀속된다고 보기 어려우므로(다만, 이로 인하여 피해자의 공유 지분이 침해당하였다면 다른 공유자들 상대로 부당이득반환을 구할 수 있을 뿐이다), 결국 피고인들이 피해자를 위하여 이 사건 지분 상당액을 보관하는 지위에 있었다고 볼 수 없다. (대법원 2009. 6. 11. 선고 2009도2461 판결)

[판례] 부동산 매수인 甲이 ① 매도인 乙로부터 매매대금 완납 전에 매매목적물을 담보로 금전을 차용하는 것을 허락받고, 그 대신 ② 매도인 乙에게 차용금액 일부를 매매대금으로 우선 교부하기로 약정하였음에도 그 전부를 임의소비 – 횡령죄(보관) ✕

부동산 매수인이 매매대금의 완납 전에 그 매매목적물을 담보로 하여 금전을 차용함에 있어 매도인의 승낙을 받는 한편 매도인과 사이에 그 차용금액의 일부는 매도인에게 매매대금으로 우선 교부하여 주기로 약정한 다음 금전을 차용하여 이를 전부 임의로 소비한 경우에 매도인과 매수인 사이의 위의 약정은 매매잔대금의 지급방법의 하나를 정한 것에 불과한 것이므로, 이로써 매수인이 대금완납 시까지 매도인을 위하여 위 매매목적물을 관리하거나 담보 제공하여 차용한 금전을 보관하여야 하는 지위에 있다고 볼 수 없고, 매수인이 차용금액의 일부를 매도인에게 지급하지 아니하였다고 하더라도 이는 단순한 민사상의 채무불이행에 지나지 아니할 뿐 횡령죄는 성립하지 아니한다. (대법원 2005. 9. 29. 선고 2005도4809 판결)

[동지] 부동산 매수인 甲이 ① 매도인 乙에게 일단 계약금만 지급하고 甲 앞으로 소유권이전등기를 경료받고, 잔금은 甲의 책임 아래 각종 허가를 받으면 부동산을 담보로 대출을 받아 지급하되, 허가를 받지 못하면 원상회복해 주기로 하였음에도 ② 甲은 등기를 받은 직후 위 토지에 근저당권을 설정하여 자금을 융통하여 임의소비 – 배임죄(사무) ✕ (대법원 2011. 4. 28. 선고 2011도3247 판결)

[판례] 乙로부터 액면을 보충·할인하여 달라는 의뢰를 받고 백지 약속어음을 교부받은 甲이 보충 범위를 넘어서 보충한 뒤 사용 – 횡령죄(보관) ✕

보충권의 한도를 넘어 보충을 한 경우에는 발행인의 서명날인 있는 기존의 약속어음 용지를 이용하여 새로운 별개의 약속어음을 발행한 것에 해당하여 이러한 보충권의 남용행위로 인하여 생겨난 새로운 약속어음에 대하여는 발행인과의 관계에서 보관자의 지위에 있다 할 수 없으므로, 설사 그 약속어음을 자신의 채무변제조로 제3자에게 교부하여 임의로 사용하였다고 하더라도, 발행인으로 하여금 제3자에 대하여 어음상의 채무를 부담하는 손해를 입게 한 데에 대한 배임죄가 성립될 수 있음은 별론으로 하고, 보관자의 지위에 있음을 전제로 횡령죄가 성립될 수는 없다. (대법원 1995. 1. 20. 선고 94도2760 판결)

참고 ① 배임죄 ○ ② 유가증권 위조 및 동행사죄 ○

자동차의 보관자 지위가 문제된다. 구 판례는 등록이 필요한 자동차의 보관자 지위는 점유 여부가 아니라 등록에 의하여 차량을 제3자에게 법률상 유효하게 처분할 수 있는 권능 유무에 따라 판단하여야 한다고 보았다. 즉 자동차를 부동산에 준하여 본 것이다. 그러나 이후 판례를 변경하여 등록명의가 없더라도 차량을 점유하고 있으면 보관자 지위가 인정된다고 보았다.

판례 자동차 보관자 지위 – ① 명의자 × ② 자동차 현실 보관 ○

소유권의 취득에 등록이 필요한 타인 소유의 차량을 인도받아 보관하고 있는 사람이 이를 사실상 처분하면 횡령죄가 성립하며, 보관 위임자나 보관자가 차량의 등록명의자일 필요는 없다. (대법원 2015. 6. 25. 선고 2015도1944 전원합의체 판결) **표준**

판례 ① 지입회사 乙社는 그 명의 차량에 대한 운행관리권을 지입차주 甲에게 위임하였는데 甲이 임의처분 ② 지입회사 乙社는 그 명의 차량에 대한 운행관리권을 A社에 위임하였는데 A社의 대표이사인 丙이 위 차량을 보관하다가 사실상 처분 – ① 甲 횡령죄(보관) ○ ② 丙 횡령죄(보관) ○

지입회사에 소유권이 있는 차량에 대하여 ① 지입회사에서 운행관리권을 위임받은 지입차주가 지입회사의 승낙 없이 보관 중인 차량을 사실상 처분하거나 ② 지입차주에게서 차량 보관을 위임받은 사람이 지입차주의 승낙 없이 보관 중인 차량을 사실상 처분한 경우에도 마찬가지로 적용된다. (대법원 2015. 6. 25. 선고 2015도1944 전원합의체 판결)

해설 ① 지입차주 A社의 대표이사 丙은 '지입차주로부터 보관을 위임받은 자'이다. ② 丙으로부터 차량을 구입한 丁에게는 장물취득죄가 인정되었다.

판례 자동차 매수인이 매도인으로부터 승낙을 받고 이전등록 전 이를 사용하다가 차량반환 요구를 거부 – 횡령죄 × (대법원 2023. 6. 1. 선고 2023도1096 판결)

참고 ① 매수인의 지위에서 차량을 양도받아 사용한 것일 뿐 피해자와의 '위탁관계'를 전제로 차량을 보관하였다고 보기 어렵고, ② 피해자가 등록명의 이전과 무관하게 사용을 승낙한 것으로 볼 여지가 있고, ③ 대내적 관계에서는 이 사건 차량의 등록명의와 무관하게 그 소유권을 피고인 측에서 보유하는 것으로 정한 것으로 볼 여지가 크다는 이유를 제시하였다.

다. 위탁관계

횡령죄의 본질은 신임관계에 대한 배신에 있기에 '위탁관계에 의한' 보관일 것을 요한다. 위탁관계에 근거하지 않은 보관자의 경우, 영득하여도 횡령죄가 불성립하고 점유이탈물횡령죄만이 문제된다.

판례 위탁관계란 ① 법률 ② 계약 ③ 조리 ④ 신의성실 원칙에 의해서 발생할 수 있으며 법률상 관계에 한하지 않고 사실상 관계로도 충분함

횡령죄의 주체는 타인의 재물을 보관하는 자라야 하고, 여기에서 보관이란 위탁관계에 의하여 재물을 점유하는 것을 뜻하므로 횡령죄가 성립하기 위하여는 재물의 보관자와 재물의 소유자(또는 기타의 본권자) 사이에 위탁관계가 있어야 한다. 이러한 위탁관계는 사실상의 관계에 있으면 충분하고 피고인이 반드시 민사상 계약의 당사자일 필요는 없다. 위탁관계는 사용대차·임대차·위임·임치 등의 계약에 의하여 발생하는 것이 보통이지만 이에 한하지 않고 사무관리와 같은 법률의 규정, 관습이나 조리 또는 신의성실의 원칙에 의해서도 발생할 수 있다. 그러나 횡령죄의 본질이 위탁받은 타인의 재물을 불법으로 영득하는 데 있음에 비추어 볼 때 그 위탁관계는 횡령죄로 보호할 만한 가치가 있는 것으로 한정된다. 위탁관계가 있는지 여부는 재물의 보관자와 소유자 사이의 관계, 재물을 보관하게 된 경위 등에 비추어 볼 때 보관자에게 재물의 보관 상태를 그대로 유지하여야 할 의무를 부과하여 그 보관 상태를 형사법적으로 보호할 필요가 있는지 등을 고려하여 규범적으로 판단하여야 한다. (대법원 2018. 7. 19. 선고 2017도17494 전원합의체 판결) **표준**

판례 甲이 자기 계좌로 착오 송금된 乙의 돈을 인출하여 소비 – 횡령죄(위탁) ○

어떤 예금계좌에 돈이 착오로 잘못 송금되어 입금된 경우에는 그 예금주와 송금인 사이에 신의칙상 보관관계가 성립한다고 할 것이므로, 피고인이 송금 절차의 착오로 인하여 피고인 명의의 은행 계좌에 입금된 돈을 임의로 인출하여 소비한 행위는 횡령죄에 해당한다. (대법원 2010. 12. 9. 선고 2010도891 판결) **표준**

비교 피고인이 알 수 없는 경위로 피해자의 비트코인을 자신의 계정으로 이체 받은 후 자신의 다른 계정으로 이체 – 배임죄 × (대법원 2021. 12. 16. 선고 2020도9789 판결)

판례 甲은 丙에게 통장을 양도하고, 丙이 丁에게 보이스피싱 사기를 범하여 丁이 甲의 통장으로 돈을 입금하였는데 (단, 甲은 통장양도를 금지한 전자금융거래법을 위반하였을 뿐 사기의 공동정범·방조범은 아니었음) 이때 甲이 이를 인출하여 사용 – ① 丁에 대한 횡령죄 ○ ② 丙에 대한 횡령죄 × (대법원 2018. 7. 19. 선고 2017도17494 전원합의체 판결) **표준**

송금의뢰인이 다른 사람의 예금계좌에 자금을 송금·이체한 경우 특별한 사정이 없는 한 송금의뢰인과 계좌명의인 사이에 그 원인이 되는 법률관계가 존재하는지 여부에 관계없이 계좌명의인(수취인)과 수취은행 사이에는 그 자금에 대하여 예금계약이 성립하고, 계좌명의인은 수취은행에 대하여 그 금액 상당의 예금채권을 취득한다. 이때 송금의뢰인과 계좌명의인 사이에 송금·이체의 원인이 된 법률관계가 존재하지 않음에도 송금·이체에 의하여 계좌명의인이 그 금액 상당의 예금채권을 취득한 경우 계좌명의인은 송금의뢰인에게 그 금액 상당의 돈을 반환하여야 한다. 이와 같이 계좌명의인이 송금·이체의 원인

이 되는 법률관계가 존재하지 않음에도 계좌이체에 의하여 취득한 예금채권 상당의 돈은 송금의뢰인에게 반환하여야 할 성격의 것이므로, 계좌명의인은 그와 같이 송금·이체된 돈에 대하여 송금의뢰인을 위하여 보관하는 지위에 있다고 보아야 한다. 따라서 계좌명의인이 그와 같이 송금·이체된 돈을 그대로 보관하지 않고 영득할 의사로 인출하면 횡령죄가 성립한다.

이러한 법리는 계좌명의인이 개설한 예금계좌가 전기통신금융사기 범행에 이용되어 그 계좌에 피해자가 사기피해금을 송금·이체한 경우에도 마찬가지로 적용된다. 계좌명의인은 피해자와 사이에 아무런 법률관계 없이 송금·이체된 사기피해금 상당의 돈을 피해자에게 반환하여야 하므로, 피해자를 위하여 사기피해금을 보관하는 지위에 있다고 보아야 하고, 만약 계좌명의인이 그 돈을 영득할 의사로 인출하면 피해자에 대한 횡령죄가 성립한다.

이때 계좌명의인이 사기의 공범이라면 자신이 가담한 범행의 결과 피해금을 보관하게 된 것일 뿐이어서 피해자와 사이에 위탁관계가 없고, 그가 송금·이체된 돈을 인출하더라도 이는 자신이 저지른 사기범행의 실행행위에 지나지 아니하여 새로운 법익을 침해한다고 볼 수 없으므로 사기죄 외에 별도로 횡령죄를 구성하지 않는다.

한편 계좌명의인의 인출행위는 전기통신금융사기의 범인에 대한 관계에서는 횡령죄가 되지 않는다. ① 계좌명의인이 전기통신금융사기의 범인에게 예금계좌에 연결된 접근매체를 양도하였다 하더라도 은행에 대하여 여전히 예금계약의 당사자로서 예금반환청구권을 가지는 이상 그 계좌에 송금·이체된 돈이 그 접근매체를 교부받은 사람에게 귀속되었다고 볼 수는 없다. … (중략) … ② 또한 계좌명의인과 전기통신금융사기의 범인 사이의 관계는 횡령죄로 보호할 만한 가치가 있는 위탁관계가 아니다. … (중략) … 계좌명의인과 사기범 사이의 관계를 횡령죄로 보호하는 것은 그 범행으로 송금·이체된 돈을 사기범에게 귀속시키는 결과가 되어 옳지 않다. (대법원 2018. 7. 19. 선고 2017도17494 전원합의체 판결, 대법원 2019. 4. 3. 선고 2018도7955 판결)

해설 다음의 표로 정리할 수 있다.

행위	행위자의 신분	횡령죄 성부
피해자 송금 현금 인출	사기 공동정범·방조범	사기피해자에 대한 횡령 ×
	단순 접근매체 양도 (전자금융거래법위반 ○, 사기죄 ×)	사기피해자에 대한 횡령 ○
		보이스피싱범에 대한 횡령 ×

판례 임차인 乙이 이사 하는데 임대인 甲이 방해하여 임차공장 내에 물건을 그대로 두고 나오자 임대인 甲이 이를 임의매각·반환거부 – 횡령죄(위탁) ○ (대법원 1985. 4. 9. 선고 84도300 판결)

판례 채권자 乙은 채무자 甲이 채무총액에 관한 지불각서를 쓸 것으로 믿고 채무자 甲에게 액면금 등을 확인할 수 있도록 가계수표들을 교부하였는데, 합의가 결렬되고 채무자 甲은 지불각서를 써주지 아니하였음에도 불구하고 가계수표 반환거부 – 횡령죄(위탁) ○ (대법원 1996. 5. 14. 선고 96도410 판결)

판례 보석가게 주인 甲은 손님이 요구하는 다이아몬드가 자신의 가게에 구비되어 있지 않자, 乙의 보석가게에서 이를 빌려왔으나 판매에 실패하였음에도 다이아몬드 반환 거부 – 횡령죄(위탁) ○ (대법원 2002. 3. 29. 선고 2001도6550 판결)

판례 피상속인 乙은 A社(가족회사)에 대하여 100만 원 채권을 가지고 있었고 乙이 사망하자 상속인 甲·丙은 위 금전채권을 50만원 씩 나누어 상속받게 되었는데, A社 대표이사였던 甲은 회사계좌에서 위 채권 변제명목으로 100만 원을 인출함. – ① 甲 채권명목 50만 원 부분 – A社에 대한 횡령죄 × ② 丙 채권명목 50만 원 부분 – A社에 대한 횡령죄 ○

채무자 법인의 대표이사인 피고인을 비롯한 공동상속인들이 피상속인의 채무자 법인에 대한 대여금채권을 공동상속한 경우, 피고인이 다른 공동상속인들로부터 위 대여금채권의 변제수령에 관한 권한을 위임받은 바가 없음에도 단독으로 피상속인의 채무자 법인에 대한 채권을 변제받는 것으로 회계처리하면서 채무자 법인의 자금을 인출하였다면, 그 인출금액 중 피고인의 상속분을 초과하는 부분에 대하여는 권한 없이 채무자 법인 소유의 금원을 인출한 것이어서 채무자 법인에 대한 업무상횡령죄가 성립한다 할 것이고, 피고인이 위와 같이 인출한 금원에 대하여 다른 공동상속인들과 사이에 어떠한 위탁관계를 맺고 있다고 할 수 없으므로 다른 공동상속인들을 위하여 위 인출금원을 보관하는 자의 지위에 있다고 할 수 없다. (대법원 2006. 6. 30. 선고 2005도5338 판결)

판례 의료인 아닌 甲, 乙, 丙이 불법으로 병원을 설립·운영하기로 약정하였는데 甲이 그 동업자금을 임의소비함 – 횡령죄(위탁) ×

재물의 위탁행위가 범죄의 실행행위나 준비행위 등과 같이 범죄 실현의 수단으로서 이루어진 경우 그 행위 자체가 처벌 대상인지와 상관없이 그러한 행위를 통해 형성된 위탁관계는 횡령죄로 보호할 만한 가치 있는 신임에 의한 것이 아니라고 봄이 타당하다. (대법원 2022. 6. 30. 선고 2017도21286 판결)

라. 불법원인급여와 횡령죄

불법원인급여란 불법한 원인으로 재물을 급여하였기에 급여자가 그 재물의 반환을 청구할 수 없는 경우를 말한다(민법 제746조 본문). 급여자가 반환청구할 수 없는 불법원인급여물을 수익자가 횡령한 경우에는 횡령죄가 성립하지 않는다.

판례 불법원인급여로 취득한 물건(불법원인급여물)에 대한 횡령죄 ×

민법 제746조가 불법의 원인으로 인하여 재산을 급여한 때에는 그 이익의 반환을 청구하지 못한다고 규정한 뜻은, 그러한 급여를 한 사람은 원인행위가 법률상 무효임을 내세워 상대방에게 부당이득반환청구를 할 수 없음은 물론 급여한 물건의 소유권이 자기에게 있다고 하여 소유권에 기한 반환청구도 할 수 없다는 데 있으므로, 결국 그 물건의 소유권은 급여를 받은 상대방에게 귀속된다. (대법원 2017. 4. 26. 선고 2016도18035 판결)

판례 피고인이 甲으로부터 수표를 현금으로 교환해주면 대가를 주겠다는 제안을 받고, 수표가 사기범행 범죄수익 등이라는 사실 알면서도 교부받아 현금으로 교환한 후 임의 사용 – 횡령죄 ×

피고인이 갑으로부터 범죄수익 등의 은닉범행 등을 위해 교부받은 수표는 불법의 원인으로 급여한 물건에 해당하여 소유권이 피고인에게 귀속되고, 따라서 피고인이 그중 교환하지 못한 수표와 이미 교환한 현금을 임의로 소비하였더라도 횡령죄가 성립하지 않는다. (대법원 2017. 4. 26. 선고 2016도18035 판결)

동지 甲이 乙·丙으로부터 丁 등의 사기 범죄수익 교부받아 계좌에 입금하여 보관 중 임의 사용 - 횡령죄 × (대법원 2017. 4. 26. 선고 2017도1270 판결)

판례 조합장 甲이 조합으로부터 공무원에게 뇌물로 전달하여 달라고 교부받은 금원 임의 사용 - 횡령 죄 × (대법원 1988. 9. 20. 선고 86도628 판결)

동지 甲이 乙로부터 제3자에 대한 배임증재 목적으로 전달하여 달라고 교부받은 금원 임의 사용 - 횡령죄 × (대법원 1999. 6. 11. 선고 99도275 판결)

판례 甲·乙은 성매매알선을 동업하기로 하였고 甲은 乙에게 동업계약에 따라 성매매의 권유 등 수단 으로 이용되는 선불금 등 명목으로 사업자금 제공하였는데, 乙이 임의 사용 - 횡령죄 × (대법원 2013. 8. 14. 선고 2013도321 판결)

불법원인급여임에도 불구하고 예외적으로 급여자의 반환청구가 허용되는 경우(민법 제746조 단 서), 불법원인급여물에 대한 횡령죄가 인정된다.

판례 포주 甲이 윤락녀 乙의 화대를 보관하고 추후에 절반씩 분배하기로 하였음에도 임의 소비 - 횡령 ○ 민법 제746조에 의하면, 불법의 원인으로 인한 급여가 있고, 그 불법원인이 급여자에게 있는 경우에는 수익자에게 불법원인이 있는지 여부, 수익자의 불법원인의 정도, 그 불법성이 급여자의 그것보다 큰지 여부를 막론하고 급여자는 불법원인급여의 반환을 구할 수 없는 것이 원칙이나, 수익자의 불법성이 급 여자의 그것보다 현저히 큰 데 반하여 급여자의 불법성은 미약한 경우에도 급여자의 반환청구가 허용되 지 않는다면 공평에 반하고 신의성실의 원칙에도 어긋나므로, 이러한 경우에는 민법 제746조 본문의 적용이 배제되어 급여자의 반환청구는 허용된다.
포주가 윤락녀와 사이에 윤락녀가 받은 화대를 포주가 보관하였다가 절반씩 분배하기로 약정하고도 보관 중인 화대를 임의로 소비한 경우, 포주와 윤락녀의 사회적 지위, 약정에 이르게 된 경위와 약정의 구체적 내용, 급여의 성격 등을 종합해 볼 때 포주의 불법성이 윤락녀의 불법성보다 현저히 크므로 화대의 소유권 이 여전히 윤락녀에게 속한다는 이유로 횡령죄를 구성한다. (대법원 1999. 9. 17. 선고 98도2036 판결)

불법원인급여물에 해당하는지 여부가 문제된 판례들을 살펴본다.

판례 A병원 소속 수녀 甲이 약국장·약제부장으로 근무하며, A병원에 의약품을 납품하는 제약회사들 로부터 매출액의 5%~20%의 금원을 기부금 명목으로 교부 받아 병원에 입금하던 업무에 종사하던 중, 기부금 1,360만 원을 임의소비함 - A병원에 대한 횡령죄 ○
피고인이 병원을 대신하여 제약회사들로부터 의약품을 공급받는 대가로 그 의약품 매출액에 비례하여 기부금 명목의 금원을 제공받은 다음 병원을 위하여 보관하여 왔던 것뿐이라면, 다른 특별한 사정이 없 는 한 이를 두고 선량한 풍속 기타 사회질서에 반하는 행위로서 불법원인급여에 해당한다고 보기는 어려우므로, 위 병원이 병원을 대신하여 위 제약회사들로부터 위와 같은 금원을 제공받아 보관하고 있던 피고인에 대해 그 반환을 구하지 못한다고 할 수는 없다. (대법원 2008. 10. 9. 선고 2007도2511 판결)

[판례] 변호사인 피고인은 甲과 '에스크로 및 자문 계약'을 체결하였는데, 그 내용은 甲이 피고인에게 '금전'을 송금하면 피고인이 甲이 지정하는 외국환거래 회사를 통해 乙社에 전달하고 그 과정에서 변호사로서 자문업무를 수행하는 것이었는데(이 '금전'은 甲의 사기 범죄수익이었으나 피고인은 알지 못했음), 피고인이 이 '금전'을 임의소비함 – 횡령죄 ○

피고인이 갑과, 갑이 해외투자처인 을 회사에 투자하고자 하는 자들로부터 사기 및 유사수신행위의 규제에 관한 법률 위반 범행으로 모집한 투자금을 피고인에게 송금하면 피고인이 이를 갑이 지정하는 외국환거래 회사를 통하여 을 회사에 전달하고, 변호사로서 그 전달과정에 부수되는 자문업무를 수행하는 것을 내용으로 하는 '에스크로(Escrow) 및 자문 계약'을 체결한 후 계약에 따라 갑으로부터 50억 원을 송금받아 보관하던 중 20억여 원을 임의로 소비하여 횡령하였다고 하여 특정경제범죄 가중처벌 등에 관한 법률 위반으로 기소된 사안에서, 갑이 피고인에게 투자금을 교부한 원인이 된 위 계약이 범죄수익은닉의 규제 및 처벌 등에 관한 법률(이하 '범죄수익은닉규제법'이라 한다) 위반을 내용으로 한다고 보기 어렵고, 계약 당시 피고인이 투자금이 범죄수익금이라는 사실이나 불법적인 해외 송금 사실을 알았거나 이를 알면서도 협조하기로 하였다고 보기 어려우며, 피고인은 범죄수익은닉규제법 위반, 갑의 사기와 유사수신행위의 규제에 관한 법률 위반 범행에 대한 방조, 외환거래법 위반 등의 혐의로 기소되지도 않았다는 이유로, 갑의 피고인에 대한 투자금의 교부가 불법원인급여에 해당하지 않는다. (대법원 2017. 10. 31. 선고 2017도11931 판결)

2. 객체: 보관하는 타인소유 재물

가. 타인 소유(회사소유·공동소유)

타인이 소유하는 재물이어야 한다. 회사재산은 물론이고, 공동소유물 역시 타인의 재물이다. 대표적으로 공유물, 교회재산, 동업재산(조합재산)은 타인소유이다. 유형별로 나누어 살펴본다.

우선 회사재산에 관한 판례를 살펴본다.

[판례] 회사의 주주, 대표이사 등 사실상 사무처리자의 회사 자금 임의 소비 – 횡령죄 ○
주식회사의 주주나 대표이사 또는 그에 준하여 회사 자금의 보관이나 운용에 관한 사실상의 사무를 처리하는 자가 자기 또는 제3자의 이익을 해할 목적으로 회사 자금을 사적인 용도로 임의 처분하였다면 횡령죄가 성립한다. (대법원 2005. 8. 19. 선고 2005도3045 판결, 대법원 2010. 5. 27. 선고 2010도3399 판결, 대법원 2019. 12. 24. 선고 2019도9773 판결)

[판례] 1인 회사 주주 甲이 회사 자금을 임의로 처분 – 횡령죄 ○
주식회사의 주식이 사실상 1인 주주에 귀속하는 1인 회사에 있어서도 회사와 주주는 분명히 별개의 인격이어서 1인 회사의 재산이 곧바로 그 1인 주주의 소유라고 볼 수 없으므로, 사실상 1인 주주라고 하더라도 회사의 자금을 임의로 처분한 행위는 횡령죄를 구성한다. (대법원 2010. 4. 29. 선고 2007도6553

판결, 대법원 1995. 3. 14. 선고 95도59 판결)

(동지) 출자자가 2인인 유한회사의 대표사원 甲이 다른 사원 乙의 승낙을 얻고 회사 재산을 임의 소비 – 횡령
죄 ○ (대법원 1986. 9. 9. 선고 86도280 판결)

(판례) 회사 대표이사 甲이 이자·변제기 약정 없고, 이사회 결의 등 적법한 절차를 거치지 않고, 회사를
위한 지출 이외의 용도로 거액의 회사 자금을 가지급금 등의 명목으로 인출·사용 – 횡령죄 ○
회사의 대표이사가 회사를 위한 지출 이외의 용도로 거액의 회사 자금을 가지급금 등의 명목으로 인출,
사용하면서 이자나 변제기의 약정이 없음은 물론 이사회 결의 등 적법한 절차도 거치지 아니하는 것은
통상 용인될 수 있는 범위를 벗어나 대표이사의 지위를 이용하여 회사 자금을 사적인 용도로 임의로
대여, 처분하는 것과 다름없어 횡령죄를 구성한다. (대법원 2014. 12. 24. 선고 2014도11263 판결, 대법
원 2017. 4. 13. 선고 2017도953 판결, 대법원 2010. 5. 27. 선고 2010도3399 판결, 대법원 2006. 4.
27. 선고 2003도135 판결)

(판례) 甲은 A社 주주 乙로부터 A社 주식 및 경영권을 인수하기로 하였는데, 甲·乙 등은 공모하여 인
수자금 마련을 위해 사채업자 丙으로부터 대출 받되 그 담보 등 명목으로 A社 계좌에서 82억 상당의
자기앞수표를 인출하여 교부함 – 횡령죄 ○
회사 소유 재산을 주주나 대표이사가 제3자의 자금 조달을 위하여 담보로 제공하는 등 사적인 용도로
임의 처분하였다면 그 처분에 관하여 주주총회나 이사회의 결의가 있었는지 여부와는 관계없이 횡령죄
의 죄책을 면할 수는 없다. (대법원 2012. 6. 28. 선고 2012도2628 판결)

(판례) 甲社 대표이사 A와 대주주 B는 공모하여 甲社 등 피해 회사가 납품하는 물품을 마치 피해 회사
의 자회사로서 서류상으로만 존재하는 乙社 등이 납품하는 것처럼 서류를 꾸며 피해 회사가 지급받아야
할 납품대금을 자회사 乙社 명의의 계좌로 지급받아 급여 등의 명목으로 임의로 사용 – 횡령죄 ○
법인격 부인 또는 남용 법리는 회사가 법인격을 남용했다고 볼 수 있는 예외적인 경우에 회사에 법인격
이 있더라도 이를 무시하고 그 뒤에 있는 배후자에게 책임을 추궁하는 것이므로, 피고인들이 피해 회사
의 자회사 계좌를 이용하여 피해 회사의 납품대금을 횡령한 사건에서 법인격 부인 여부에 따라 횡령죄
의 성립이 좌우되는 것은 아니다. (대법원 2019. 12. 24. 선고 2019도9773 판결)

(판례) 사용자 甲이 피용자 乙이 제공한 입사보증금을 임의 소비 – 횡령죄 ×
소위 입사보증금은 고용계약과 관련하여 피용자가 장래 부담하게 될지도 모르는 손해배상 채무의 담보
로서 제공되는 신원보증금으로서 일단 그 소유권은 사용자에게 이전되는 것이니 사용자가 이를 소비하
여도 횡령죄를 구성하지 아니한다. (대법원 1979. 6. 12. 선고 79도656 판결)

(판례) 고문위촉·급여지급에 대한 횡령죄 판단기준
회사 운영자나 대표 등이 그 내부 절차를 거쳐 고문 등을 위촉하고 급여를 지급한 행위가 업무상횡령으
로 인정되기 위해서는 ① 그와 같이 고문 등을 위촉할 필요성이나 정당성이 명백히 결여되거나 ② 그
지급되는 급여가 합리적인 수준을 현저히 벗어나는 경우이어야 한다. 그리고 그에 해당하는지를 판단하
기 위해서는 고문 등으로 위촉된 자의 업무수행능력뿐만 아니라, 고문 등의 위촉 경위와 동기, 고문 등
으로 위촉된 자와 회사의 관계, 그가 회사 발전에 기여한 내용 및 정도, 고문 등으로 위촉되어 담당하기
로 한 업무의 내용 및 중요성, 회사 규모와 당시의 경제적 상황, 고문 등의 위촉으로 인하여 회사가

얻을 것으로 예상되는 유·무형의 이익, 관련 업계의 관행 등을 종합적으로 고려하여 판단하여야 한다. (대법원 2013. 6. 27. 선고 2012도4848 판결) **표준**

이어서 공유물에 관한 판례를 살펴본다.

> **판례** 공유자 중 1인인 甲이 공유물 매각대금을 정산하기 전 임의소비 – 횡령죄 ○
> 공유물의 매각대금도 정산하기까지는 각 공유자의 공유에 귀속한다고 할 것이므로 공유자 1인이 그 매각대금을 임의로 소비하였다면 횡령죄가 성립된다. (대법원 1983. 8. 23. 선고 80도1161 판결)
> **동지** 甲·乙이 임대목적물을 공동으로 임대하였는데, 甲이 임대보증금 잔금을 정산하기 전 임의소비 – 횡령죄 ○ (대법원 2001. 10. 30 선고 2001도2095 판결)
>
> **판례** 甲·乙·丙·丁은 복권을 나누어 가지며 그들 사이에 당첨금을 공유하기로 묵시적 합의하였는데 甲이 실제 당첨되자 분배를 거부함 – 횡령죄 ○
> 피고인 甲이 2천 원을 내어 피해자를 통하여 구입한 복권 4장을 피고인과 피해자를 포함한 4명이 한 장씩 나누어 그 당첨 여부를 확인하는 결과 피해자 등 2명이 긁어 확인한 복권 2장이 1천 원씩에 당첨되자 이를 다시 복권 4장으로 교환하여 같은 4명이 각자 한 장씩 골라잡아 그 당첨 여부를 확인한 결과 피해자 등 2명이 긁어 확인한 복권 2장이 2천만 원씩에 당첨되었다면 당첨금 공유의 묵시적 합의 인정된다. (대법원 2000. 11. 10. 선고 2000도4335 판결)

이어서 동업재산에 관한 판례를 살펴본다.

> **판례** 동업에 50% 지분을 가진 甲이 6억원 상당의 동업재산을 임의처분 – 특경법 횡령죄 ○
> 동업자 사이에 손익분배의 정산이 되지 아니하였다면 동업자의 한 사람이 임의로 동업자들의 합유에 속하는 동업재산을 처분할 권한이 없는 것이므로, 동업자의 한 사람이 동업재산을 보관 중 임의로 횡령하였다면 지분비율에 관계없이 임의로 횡령한 금액 전부에 대하여 횡령죄의 죄책을 부담한다. (대법원 2000. 11. 10. 선고 2000도3013 판결, 대법원 2009. 10. 15. 선고 2009도7423 판결, 대법원 2011. 6. 10. 선고 2010도17684 판결, 대법원 1982. 9. 28. 선고 81도2777 판결)
>
> **비교** 프렌차이즈 계약을 맺은 가맹점주 甲이 물품판매 대금 임의 소비 – 횡령죄 ✕
> 피고인이 본사와 맺은 가맹점계약은 독립된 상인간에 일방이 타방의 상호, 상표 등의 영업표지를 이용하고 그 영업에 관하여 일정한 통제를 받으며 이에 대한 대가를 타방에 지급하기로 하는 특수한 계약 형태인 이른바 '프랜차이즈 계약'으로서 그 기본적인 성격은 각각 독립된 상인으로서의 본사 및 가맹점주 간의 계약기간 동안의 계속적인 물품공급계약이고, 본사의 경우 실제로는 가맹점의 영업활동에 관여함이 없이 경영기술지도, 상품대여의 대가로 결과적으로 매출액의 일정 비율을 보장받는 것에 지나지 아니하여 본사와 가맹점이 독립하여 공동경영하고, 그 사이에서 손익분배가 공동으로 이루어진다고 할 수 없으므로 이러한 가맹점 계약을 동업계약 관계로는 볼 수 없다. (대법원 1998. 4. 14. 선고 98도292 판결)

[판례] 甲·乙이 분담하여 출연한 돈을 '동업 이외의 특정 목적'을 위하여 공동명의로 예치해둠으로써 목적 달성 전에는 단독 인출할 수 없도록 하고자 공동명의로 예금 개설하였는데, 甲이 이를 인출하여 임의소비 – 횡령죄 ○

은행에 공동명의로 예금을 하고 은행에 대하여 그 권리를 함께 행사하기로 한 경우에 만일 동업자금을 공동명의로 예금한 경우라면 채권의 준합유관계에 있다고 볼 것이나, 공동명의 예금채권자들 각자가 분담하여 출연한 돈을 동업 이외의 특정 목적을 위하여 공동명의로 예치해 둠으로써 그 목적이 달성되기 전에는 공동명의 예금채권자가 단독으로 예금을 인출할 수 없도록 방지·감시하고자 하는 등의 목적으로 공동명의로 예금을 개설한 경우라면 하나의 예금채권이 분량적으로 분할되어 각 공동명의 예금채권자들에게 귀속된다. 이 사건 예금은 하나의 예금채권이 분량적으로 분할되어 각 공동명의 예금채권자들에게 귀속된다고 할 것이므로, 피고인 1은 이 사건 예금을 법률상으로 지배·처분할 수 있는 지위에 있고, 따라서 횡령죄에서의 보관자에 해당한다. (대법원 2008. 12. 11. 선고 2008도8279 판결)

참고 다만 이 사건의 경우, 甲의 횡령행위(반환거부)에 대한 불법영득의사가 인정되지 않아 무죄가 선고되었다.

[판례] 부동산 입찰절차에서 수인이 대금을 분담하되 그 중 1인인 甲 명의로 낙찰받기로 약정하여 그에 따라 낙찰이 이루어졌음에도 甲이 임의 처분 – 횡령죄 ✕

부동산 입찰절차에서 수인이 대금을 분담하되 그 중 1인 명의로 낙찰받기로 약정하여 그에 따라 낙찰이 이루어진 경우, 그 입찰절차에서 낙찰인의 지위에 서게 되는 사람은 어디까지나 그 명의인이므로 입찰 목적부동산의 소유권은 경락대금을 실질적으로 부담한 자가 누구인가와 상관없이 그 명의인이 취득한다 할 것이므로 그 부동산은 횡령죄의 객체인 타인의 재물이라고 볼 수 없어 명의인이 이를 임의로 처분하더라도 횡령죄를 구성하지 않는다. (대법원 2000. 9. 8. 선고 2000도258 판결)

참고 이 약정을 이 사건 대지에 관한 명의신탁약정으로 본다고 하더라도 부동산실권리자명의등기에관한법률 제4조 제1항, 제2항, 제2조 제1호의 규정에 비추어 그 약정은 무효이다.

[판례] 익명조합원 乙이 영업을 위하여 출자한 금전을 영업자 甲이 임의 소비 – 횡령죄 ✕

익명조합원이 영업을 위하여 출자한 금전 기타의 재산은 상대방인 영업자의 재산으로 되는 것이므로 영업자가 그 영업의 이익금을 함부로 자기용도에 소비하였다 하여도 횡령죄가 되지 아니한다. (대법원 1971. 12. 28. 선고 71도2032 판결)

[판례] 피고인이 甲과 토지 매수 및 전매 후 이익금을 정산하기로 약정하였고 甲이 조달한 돈 등을 합하여 토지를 매수하고 등기는 피고인 등 명의로 두었는데, 피고인은 토지를 제3자에게 임의매도하였음에도 甲에게 이익금 반환 거부함 – 횡령죄 ✕

甲이 토지의 매수 및 전매를 피고인에게 전적으로 일임하고 그 과정에 전혀 관여하지 아니한 사정 등에 비추어, 비록 甲이 토지의 전매차익을 얻을 목적으로 일정 금원을 출자하였더라도 이후 업무감시권 등에 근거하여 업무집행에 관여한 적이 전혀 없을 뿐만 아니라 피고인이 아무런 제한 없이 재산을 처분할 수 있었음이 분명하므로 피고인과 甲의 약정은 조합 또는 내적 조합에 해당하는 것이 아니라 '익명조합과 유사한 무명계약'에 해당한다. (대법원 2011. 11. 24. 선고 2010도5014 판결)

참고 계약의 내용, 구체적인 업무집행 형태 등을 고려하여 동업(조합)이 아니라 익명조합과 유사한 무명계약에 해당한다고 보았다.

타인소유에 관한 나머지 판례를 살펴본다.

（판례） 사단법인의 지부·지회 임원이 지부·지회가 보관하는 재산을 임의 처분 – 횡령죄 ○

사단법인의 지부나 지회가 독립된 별개의 법인격이나 권리주체가 아니라 사단법인에 소속된 하부조직에 불과하다면, 사단법인의 지부나 지회가 사단법인과는 별도의 독립채산제 방식으로 운영되고 있다고 하더라도 그 지부나 지회가 보관하고 있는 재산은 사단법인의 소유일 뿐 법인격도 없고 권리주체도 아닌 지부나 지회의 소유가 되는 것은 아니다. (대법원 2012. 1. 27. 선고 2010도10739 판결)

（판례） 회사 대표이사인 甲이 5명의 근로자들의 급여에서 국민연금 보험료 중 근로자 기여금을 공제한 금원을 보관하던 중 회사 운영 자금으로 임의 사용 – 횡령죄 ○

구 국민연금법 및 동법 시행령에 의하여 사용자는 매월 임금에서 국민연금 보험료 중 근로자가 부담할 기여금을 원천공제하여 근로자를 위하여 보관하고, 국민연금관리공단에 위 보험료를 납부하여야 할 업무상 임무를 부담하게 되며, 사용자가 이에 위배하여 근로자의 임금에서 원천공제한 기여금을 위 공단에 납부하지 아니하고, 나아가 이를 개인적 용도로 소비하였다면 업무상횡령죄의 책임을 면할 수 없다. (대법원 2011. 2. 10. 선고 2010도13284 판결)

（판례） 대표이사 甲이 적법하게 수령할 권한 있는 보수를 타인 명의로 수령하여 임의소비 – 횡령죄 ×

주식회사의 대표이사가 적법하게 수령할 권한이 있는 보수가 압류당할 우려가 있자 이를 피하기 위하여 비록 실제 근무하지 않는 근로자의 임금 명목으로 보수를 조성하여 타인의 명의로 이를 수령하였다 하더라도 그 수령과 동시에 그 금원에 대한 소유권을 취득하였다고 보아야 할 것이므로, 위 보수를 소비하는 것은 자신의 재물을 소비한 것에 불과하고, 이를 가지고 타인의 재물을 보관하는 자가 그 재물을 횡령한 경우에 해당한다고 볼 수 없다. (대법원 2003. 10. 10. 선고 2003도3516 판결)

（판례） 집행채무자가 제3채무자로부터 피압류채권을 임의변제 받아 임의소비 – 횡령죄 ×

집행채무자가 제3채무자에 대하여 가지는 금전채권에 관하여 압류 및 추심명령이 행하여져서 제3채무자는 집행채무자에게 그 채권금을 지급하는 것이, 집행채무자는 이를 수령하는 것이 각 금지된다고 하더라도(민사집행법 제227조 제1항 참조), 제3채무자가 위와 같은 금지에도 불구하고 피압류채무를 스스로 변제하였거나 또는 그에 관하여 민법 제487조에 기한 변제공탁을 하였다면, 집행채무자가 그로써 수령한 금전은 자기 채권에 관한 원래의 이행으로 또는 변제공탁 등과 같이 변제에 갈음하는 방법을 통하여 취득한 것으로서 역시 그의 소유에 속한다고 할 것이고, 그가 단지 집행채권자 또는 제3채무자의 금전을 '보관'하는 관계에 있다고 할 수 없다. 따라서 집행채무자가 그 금전을 집행채권자에게 반환하는 것을 거부하였다고 하여 그에게 횡령의 죄책을 물을 수는 없다. 이는 제3채무자가 원래 민사집행법 제248조에서 정하는 집행공탁을 하여야 할 것을 착오로 변제공탁을 하였다고 해서 달리 볼 수 없다. (대법원 2012. 1. 12. 선고 2011도12604 판결)

（동지） 질권설정자가 제3채무자에게서 질권의 목적인 채권을 임의변제 받아 임의소비 – 배임죄 ×

타인에 대한 채무의 담보로 제3채무자에 대한 채권에 대하여 권리질권을 설정한 경우 질권설정자는 질권자의 동의 없이 질권의 목적된 권리를 소멸하게 하거나 질권자의 이익을 해하는 변경을 할 수 없다(민법 제352조). 또한 질권설정자가 제3채무자에게 질권설정의 사실을 통지하거나 제3채무자가 이를 승낙한 때에는 제3채무

CHAPTER 05 재산에 대한 죄 **661**

자가 질권자의 동의 없이 질권의 목적인 채무를 변제하더라도 이로써 질권자에게 대항할 수 없고, 질권자는 여전히 제3채무자에 대하여 직접 채무의 변제를 청구하거나 변제할 금액의 공탁을 청구할 수 있다(민법 제353조 제2항, 제3항). 그러므로 이러한 경우 질권설정자가 질권의 목적인 채권의 변제를 받았다고 하여 질권자에 대한 관계에서 타인의 사무를 처리하는 자로서 임무에 위배하는 행위를 하여 질권자에게 손해를 가하거나 손해 발생의 위험을 초래하였다고 할 수 없고, 배임죄가 성립하지도 않는다. (대법원 2016. 4. 29. 선고 2015도5665 판결) **표준**

해설 ① 채권자가 압류·추심명령을 해둔 이상 채무자는 피압류채권을 임의로 처분할 수 없다(처분금지효). 이에 따라 채무자·제3채무자는 그들 사이의 변제가 유효하다고 채권자에게 주장할 수 없다. 채권자는 채무자에게 '임의변제 받은 금전을 임의소비한 건 횡령죄야'라고 고소할 게 아니라, '너희끼리의 임의변제는 나에게 없던 일이지'라 말하며 압류·추심명령을 바탕으로 제3채무자에 대하여 추심금 청구소송을 제기하면 그만이다. ② 채권양도인이 채무자에게 양도사실을 통지한 이후에 채무자로부터 변제받은 금전을 임의소비한 경우, 채권양수인에 대한 횡령죄·배임죄가 불성립하는 것과 유사하다.

나. 할부판매·위탁판매

할부판매의 경우, 대금 완납시까지 소유권이 매도인에게 유보된다. 매수인이 대금완납 전 처분하면 횡령죄가 성립한다.

판례 甲이 乙社로부터 소유권유보부매매로 금형을 매수한 뒤 이를 점유 중 임의 처분 – 횡령죄 ○ 동산의 매매계약을 체결하면서 이른바 소유권유보의 특약을 한 경우, 특별한 사정이 없는 한 매도인은 대금이 모두 지급될 때까지 매수인뿐만 아니라 제3자에 대하여도 유보된 목적물의 소유권을 주장할 수 있다. (대법원 2007. 6. 1. 선고 2006도8400 판결)

비교 (등기·등록 요구되는 동산에 대해서는 소유권유보부매매 인정 안 됨) 매도인 甲이 동산을 매도하면서 소유권을 유보한 채 매수인 乙 앞으로 등록을 마쳤는데, 甲이 乙 점유 중인 동산을 취거 – 절도죄 ○ (대법원 2010. 2. 25. 선고 2009도5064 판결)

위탁판매의 경우, 위탁물의 소유권은 위탁자에게 있고 판매대금도 수령과 동시에 위탁자 소유로 귀속된다. 위탁매매인이 이를 임의소비하면 횡령죄가 성립한다.

판례 금은방 운영하는 피고인이 甲이 맡긴 금을 사고파는 방법으로 운용하고 일정한 이익금을 지급하는 한편, 甲의 요청이 있으면 언제든지 금과 현금을 반환하기로 약정하였는데, 이를 점유하던 중 임의 사용 – 횡령죄 ○

위탁매매에 있어서 위탁품의 소유권은 위임자에게 있고 그 판매대금은 이를 수령함과 동시에 위탁자에게 귀속한다 할 것이므로, 특별한 사정이 없는 한 위탁매매인이 위탁품이나 그 판매대금을 임의로 사용·소비한 때에는 횡령죄가 성립한다. (대법원 2013. 3. 28. 선고 2012도16191 판결) **표준**

판례 甲은 乙로부터 乙의 자금으로 토지매입·전매를 반복하여 이익을 창출하는 방식의 토지매매거래

를 포괄적으로 위탁받아 1년간 총 53회에 걸쳐 토지매매를 하였는데, 여러 사정을 종합하여 보면 甲을 단순 위탁판매인이라 볼 수 없고 둘 간에 이익 분배약정이 있을 것으로 추단되므로, 甲의 위탁물 판매와 이에 대한 소비가 있었다는 사정만으로 그 전액에 대한 횡령죄를 인정할 수 없음 (비용 정산관계에 대한 추가 심리 요구하며 유죄 원심 파기)

통상 위탁판매의 경우에 위탁판매인이 위탁물을 매매하고 수령한 금원은 위탁자의 소유에 속하여 위탁판매인이 함부로 이를 소비하거나 인도를 거부하는 때에는 횡령죄가 성립한다고 할 것이나, 위탁판매인과 위탁자간에 판매대금에서 각종 비용이나 수수료 등을 공제한 이익을 분배하기로 하는 등 그 대금처분에 관하여 특별한 약정이 있는 경우에는 이에 관한 정산관계가 밝혀지지 않는 한 위탁물을 판매하여 이를 소비하거나 인도를 거부 하였다 하여 곧바로 횡령죄가 성립한다고는 할 수 없다. (대법원 1990. 3. 27. 선고 89도813 판결)

다. 목적·용도를 정하여 위탁한 금전

목적·용도를 정하여 위탁한 금전을 임의소비하면 횡령죄가 성립한다.

[판례] 목적·용도를 정하여 위탁한 금전의 소유권자 – 위탁자
목적, 용도를 정하여 위탁한 금전은 정해진 목적, 용도에 사용할 때까지는 이에 대한 소유권이 위탁자에게 유보되어 있는 것으로 보아야 한다. (대법원 1995. 10. 12. 선고 94도2076 판결)

[판례] 마을 이장이 경로당 화장실 개·보수 공사비로 업무상 보관중이던 돈을 타 용도로 사용 – 횡령죄 ○ (대법원 2010. 9. 30. 선고 2010도7012 판결)

[판례] 임대인인 회사의 대표이사가 임차인으로부터 수도요금 등 납부 목적으로 위탁받은 돈을 은행대출이자 용도 등으로 임의소비 – 횡령죄 ○ (대법원 2008. 10. 9. 선고 2008도3787 판결)

[판례] 집합건물의 관리회사가 구분소유자들로부터 특별수선충당금의 명목으로 금원을 납부받아 보관하던 중 이를 일반경비로 사용 – 횡령죄 ○ (대법원 2004. 5. 27. 선고 2003도6988 판결)

[판례] 甲은 乙로부터 환전하여 달라는 부탁과 함께 돈을 교부받자, 이를 甲의 乙에 대한 채권에 상계충당 – 횡령죄 ○ (대법원 1997. 9. 26. 선고 97도1520 판결)

[판례] 甲이 교회신축공사를 감독하면서 乙교회로부터 레미콘대금 지급 명목으로 금원을 받았음에도 甲의 乙에 대한 채권에 상계충당 – 횡령죄 ○ (대법원 1989. 1. 31. 선고 88도1992 판결)

[판례] 골프회원권 매매중개업체 운영자 甲이 골프장회원권 매수의뢰와 함께 입금받은 돈 4억원을 회사 통장에 입금하여 일시적으로 다른 회원권의 매입대금 등으로 임의소비 – 횡령죄 ×
목적과 용도를 정하여 위탁한 금전은 정해진 목적과 용도에 사용할 때까지는 이에 대한 소유권이 위탁자에게 유보되어 있다고 보아야 할 것이나, 특별히 그 금전의 특정성이 요구되지 않는 경우 수탁자가 위탁의 취지에 반하지 않고 필요한 시기에 다른 금전으로 대체시킬 수 있는 상태에 있는 한 이를 일시

사용하더라도 횡령죄를 구성한다고 할 수 없고, 수탁자가 그 위탁의 취지에 반하여 다른 용도에 소비할 때 비로소 횡령죄를 구성한다.

골프회원권 매매중개업체를 운영하는 자가 매수의뢰와 함께 입금받아 보관하던 금원을 일시적으로 다른 회원권의 매입대금 등으로 임의로 소비한 사안에서, 위 매입대금은 그 목적과 용도를 정하여 위탁된 금전으로서 골프회원권 매입시까지 그 소유권이 위탁자에게 유보되어 있으나, 다른 회사자금과 함께 보관된 이상 그 특정성을 인정하기 어렵고, 피고인의 불법영득의사를 추단할 수 없으므로 횡령죄를 구성하지 아니한다고 한 사례 (대법원 2008. 3. 14. 선고 2007도7568 판결)

참고 가장 핵심적인 논거는 '금전의 특정성'이 인정되지 않는다는 것이다. 이를 뒷받침하는 보조근거로는 ① 피고인 회사에는 30여 명의 딜러가 각자 매입대금으로 받은 돈을 모두 회사 통장에 입금하고 필요한 곳에 공동으로 사용하는 방식으로 운영되었던 점 ② 회원권을 매입하여 주기로 한 시기까지 피고인 회사 법인통장에 적어도 위탁받은 금액(4억원) 이상의 잔고가 있었던 점 ③ 그 시기로부터 2달여 후엔 매매대금 전액 반환한 점이 있다.

판례 피고인들이 보험을 유치하면서 보험회사로부터 받은 시책비 중 일부를 임의 사용 – 횡령죄 ✕

보험회사는 영업활동을 독려·지원하기 위해서 일정한 보험상품에 관해 모집수당 이외에 추가로 시책비를 지급하였는데, 공식적으로 지급되는 시책비의 경우는, 매월 해당 보험상품에 대하여 모집수당 지급률과 함께 시책비 지급률이 공시되고 시책비에 대하여 개인적으로 소득세를 납부하여야 하며 시책비가 실제 어디에 어떻게 사용되었는지에 관하여 회사에 전혀 보고되지 않고 회사에서도 확인하지 않으며 … (중략) … 그렇다면 위 피고인들이 소비한 금전은 모두 통상적인 실적급여로서의 성격을 가진 시책비에 해당하여 그 목적이나 용도가 특정되어 위탁된 금전이라고 보기 어렵다고 할 것이다. (대법원 2006. 3. 9. 선고 2003도6733 판결)

라. 금전의 수수를 수반하는 사무처리 위임

금전의 수수를 수반하는 사무처리를 위임받은 자가 제3자로부터 수령한 금전을 임의 소비하면 횡령죄가 성립한다. 판례는 이 경우에도 목적·용도를 정하여 위탁된 금전과 마찬가지로 소유권이 위임자에게 유보된다고 본다.

판례 금전수수를 수반하는 사무처리 수임자가 제3자로부터 수령한 금전의 소유자 – 위임자

금전의 수수를 수반하는 사무처리를 위임받은 사람이 그 행위에 기하여 위임자를 위하여 제3자로부터 수령한 금전은, 목적이나 용도를 한정하여 위탁된 금전과 마찬가지로, 달리 특별한 사정이 없는 한 그 수령과 동시에 위임자의 소유에 속하고, 위임을 받은 사람은 이를 위임자를 위하여 보관하는 관계에 있다고 보아야 한다. 따라서 위임을 받은 사람이 위 금전을 그 위임의 취지대로 사용하지 아니하고 마음대로 자신의 위임자에 대한 채권에 상계충당하는 것은 상계정산하기로 하였다는 특별한 약정이 없는 한 당초 위임한 취지에 반하므로 횡령죄를 구성한다. (대법원 2017. 11. 29. 선고 2015도18253 판결)

비교 금전수수를 수반하는 사무처리 수임자와 위임자 사이에 정산절차 남아있는 경우, 위임자를 소유자라 단정할 수 없음.

수령한 금전이 사무처리의 위임에 따라 위임자를 위하여 수령한 것인지 여부는 수령의 원인이 된 법률관계의 성질과 당사자의 의사에 의하여 판단되어야 하며, 만일 당사자 사이에 별도의 채권, 채무가 존재하여 수령한 금전에 관한 정산절차가 남아 있는 등 위임자에게 반환하여야 할 금액을 쉽게 확정할 수 없는 사정이 있다면, 이러한 경우에는 수령한 금전의 소유권을 바로 위임자의 소유로 귀속시키기로 하는 약정이 있었다고 쉽사리 단정하여서는 안 된다. (대법원 2005. 11. 10. 선고 2005도3627 판결)

판례 甲은 乙로부터 대출 위임을 받아 대출을 받은 뒤 대출금 일부 소비 – 횡령죄 ○ (대법원 1996. 6. 14. 선고 96도106 판결)

판례 甲이 乙로부터 부동산 매도 사무 위임받아 제3자로부터 수령한 매매계약금을 자신의 乙에 대한 채권에 충당한다는 명목으로 반환 거부 – 횡령죄 ○ (대법원 2004. 3. 12. 선고 2004도134 판결)

동지 甲이 乙로부터 부동산 매도 사무 위임받아 제3자로부터 수령한 매도대금을 임의 소비 – 횡령죄 ○ (대법원 2003. 9. 26. 선고 2003도3394 판결)

판례 甲이 乙로부터 당좌수표 할인을 의뢰받아 ① 丙을 기망하여 당좌수표를 할인받은 후 ② 그 할인금을 임의소비 – ① 사기죄 ○ ② 횡령죄 ○ (실체적 경합)

위탁자로부터 당좌수표 할인을 의뢰받은 피고인이 제3자를 기망하여 당좌수표를 할인받은 다음 그 할인금을 임의소비한 경우, 제3자에 대한 사기죄와 별도로 위탁자에 대한 횡령죄가 성립한다. (대법원 1998. 4. 10. 선고 97도3057 판결)

판례 甲이 乙社와 '공탁금을 수령하여 그 중 4,100만 원을 乙社에게 반환한다'고 약정하였는데 이후 배당절차에서 甲 명의로 금원을 수령하였음에도 불구하고 4,100만 원 지급 거부 – 횡령죄 ×

금전의 수수를 수반하는 사무처리를 위임받은 자가 그 행위에 기하여 위임자를 위하여 제3자로부터 수령한 금전이라고 하더라도 이것이 위임자의 소유에 속하지 아니한 경우라면, 그 반환을 거부하는 수임자를 횡령죄로 처벌할 수 없는 것이다. (대법원 2007. 7. 26. 선고 2007도1840 판결)

참고 배당절차에서 甲 자신의 명의로 금원을 수령한 이상 이는 甲의 소유에 속한다 보았다.

마. 채권양도

판례 채권자 甲이 채권을 乙에게 양도하였음에도 채무자 丙에게 통지 아니한 상태에서, 丙으로부터 채무를 변제받아 그 금전을 임의소비함(건물의 임차인인 甲이 임대인 丙에 대한 임대차보증금반환채권을 乙에게 양도하였는데도 丙에게 채권양도 통지를 하지 않고 丙으로부터 남아 있던 임대차보증금을 반환받아 보관하던 중 개인적인 용도로 사용) – 乙에 대한 횡령죄 ×

채권양도인이 채무자에게 채권양도 통지를 하는 등으로 채권양도의 대항요건을 갖추어 주지 않은 채 채무자로부터 채권을 추심하여 금전을 수령한 경우, 특별한 사정이 없는 한 금전의 소유권은 채권양수인이 아니라 채권양도인에게 귀속하고 채권양도인이 채권양수인을 위하여 양도 채권의 보전에 관한 사무를 처리하는 신임관계가 존재한다고 볼 수 없다. 따라서 채권양도인이 위와 같이 양도한 채권을 추심하여 수령한 금전에 관하여 채권양수인을 위해 보관하는 자의 지위에 있다고 볼 수 없으므로, 채권양도인이 위 금전을 임의로 처분하더라도 횡령죄는 성립하지 않는다. 구체적인 이유는 다음과 같다(이하

판례를 요약한다).

① 채권 자체와 채권의 목적물인 금전은 엄연히 구별되므로, 채권양도에 따라 채권이 이전되었다는 사정만으로 채권의 목적물인 금전의 소유권까지 당연히 채권양수인에게 귀속한다고 볼 수 없다. ② 채권양수인은 채권양도계약에 따라 채권을 이전받았을 뿐이고, 채권양도인에게 채권의 추심이나 수령을 위임하거나 채권의 목적물인 금전을 위탁한 적이 없다. 따라서 채권양도인이 채권양수인의 위임, 위탁에 따라 금전을 수령하였다고 볼 수 없다. ③ 세 당사자의 법률관계와 의사를 고려하더라도 이와 같다. 채무자가 채권양도인에게 금전을 지급한 것은 자신의 채권자인 채권양도인에게 금전의 소유권을 이전함으로써 유효한 변제를 하여 채권을 소멸시킬 의사에 따른 것이고, 채권양도인 역시 자신이 금전의 소유권을 취득할 의사로 수령한 것이 분명하다. 채권양수인의 의사는 자신이 채권을 온전히 이전받아 행사할 수 있도록 대항요건을 갖추어 달라는 것이지, 채권양도인으로 하여금 대신 채권을 추심하거나 금전을 수령해 달라는 것이 아니다. ④ 채권양도인은 채권양수인과 사이에 채권양도계약에 따른 채권·채무관계에 있을 뿐이고, 채권양수인을 위하여 타인의 사무를 처리하는 자의 지위에 있다고 볼 수 없다. 채권양도인은 채무자에게 채권양도 통지 등을 함으로써 채권양수인이 채무자에 대한 대항요건을 갖추도록 할 계약상 채무를 지는데, 이는 일반적인 권리이전계약에 따른 급부의무에 지나지 않고, 채권양수인을 위하여 어떠한 재산상 사무를 대행한다고 볼 수 없다. 채권양도인이 채권을 이중매도하거나 유효한 변제를 받는 행위는 자신의 채무를 불이행한 것에 지나지 않는다. ⑤ 최근 10여 년 동안 판례의 흐름을 보면, 대법원은 타인의 재산을 보호 또는 관리하는 것이 전형적·본질적 내용이 아닌 통상의 계약관계에서 배임죄나 횡령죄의 성립을 부정해 왔다. 종전 판례를 유지하게 되면 대법원 선례와의 관계에서 해결하기 어려운 형사처벌의 불균형이 발생한다. (대법원 2022. 6. 23. 선고 2017도3829 전원합의체 판결)

[동지] 채권자 甲이 채권을 乙에게 채권양도담보계약에 따라 양도하였음에도 채무자 丙에게 통지 아니한 상태에서, 丙으로부터 채무를 변제받아 그 금전을 임의소비함 – 乙에 대한 횡령죄 ✕
통상의 채권양도계약은 그 자체가 채권자지위의 이전을 내용으로 하는 주된 계약이고, 그 당사자 사이의 본질적 관계는 양수인이 채권자지위를 온전히 확보하여 채무자로부터 유효하게 채권의 변제를 받는 것이다. 그런데 채권 양도담보계약은 피담보채권의 발생을 위한 계약(예컨대 금전소비대차계약 등)의 종된 계약으로, 채권양도담보계약에 따라 채무자가 부담하는 위와 같은 의무는 담보목적을 달성하기 위한 것에 불과하고, 그 당사자 사이의 본질적이고 주된 관계는 피담보채권의 실현이다. 이처럼 채권 양도담보계약의 목적이나 본질적 내용을 통상의 채권양도계약과 같이 볼 수는 없다. … (중략) … 그러므로 채무자가 제3채무자에게 채권양도 통지를 하지 않은 채 자신이 사용할 의도로 제3채무자로부터 변제를 받아 변제금을 수령한 경우, 이는 단순한 민사상 채무불이행에 해당할 뿐, 채무자가 채권자와의 위탁신임관계에 의하여 채무자를 위해 위 변제금을 보관하는 지위에 있다고 볼 수 없고, 채무자가 이를 임의로 소비하더라도 횡령죄는 성립하지 않는다. (대법원 2021. 2. 25. 선고 2020도12927 판결)

[판례] 채권자 甲이 乙에게 채권을 양도하고 채무자 丙에게 양도통지한 상태에서, 丙으로부터 채무를 변제받아 그 금전을 임의소비함 – 배임죄 ✕
피고인이 피해자에 대한 채무변제로서 공소외 갑에 대한 임대보증금 수령채권 200만 원을 양도하고 그 대항요건까지 구비하여 주었다면 그 후 피고인과 공소외 갑이 위 임대보증금을 감액하기로 약정하고 그 잔액보증금 마저 수령하였다 하더라도 위 채권양도는 여전히 유효한 것이라 할 것이고 피해자의 위 채권이 그에 따라 소멸하는 것은 아니라 할 것이므로 피고인은 피해자의 사무를 처리하는 자의 지위에 있다 할 수 없을 것이니, 이 경우, 피고인에게는 배임죄가 성립되지 아니한다. (대법원 1984. 11. 13.

선고 84도698 판결)

판례 (구 판례) 채권자 甲이 乙에게서 돈을 빌리면서 담보 명목으로 丙에 대한 채권을 양도하였는데, 甲은 丙에게 채권양도 통지를 하기 전에 丙을 추심하여 변제 받은 금전을 임의 소비 – ① (채권양도의 진정성이 인정된다면) 乙에 대한 횡령죄 ○ ② (당초부터 채권을 추심하여 빼돌릴 생각이었다면) 乙에 대한 사기죄 ○ (횡령죄와 사기죄는 비양립적 관계)

피고인 甲이 피해자 乙에게서 돈을 빌리면서 담보 명목으로 丙에 대한 채권을 양도하였는데도 丙에게 채권양도 통지를 하기 전에 이를 추심하여 임의로 소비한 사안에서, 차용금 편취의 점과 담보로 양도한 채권을 추심하여 임의 소비한 횡령의 점은 양도된 채권의 가치, 채권양도에 관한 피고인의 진정성 등의 사정에 따라 비양립적인 관계라 할 것이어서, 이러한 사정을 심리하여 피고인의 위 일련의 행위가 그 중 어느 죄에 해당하는지를 가렸어야 할 것인데도, 사기죄 및 횡령죄를 모두 인정한 원심판단에 법리오해 및 심리미진의 위법이 있다. … (중략) … ① 위 공사대금 채권의 양도에 관한 피고인의 진정성이 인정되는 경우라면, 피고인에게 위 차용금에 대한 편취범의를 인정하기는 어려우므로 피고인에게 사기죄의 책임을 물을 수 없다. 다만 피고인은 위 공사대금 채권의 양도인의 지위에서 양수인인 피해자를 위하여 보관하여야 하는데도 추심한 채권을 임의로 소비한 행위에 대하여 횡령죄의 책임만 지게 될 것이다. 반면에 ② 피고인이 피해자로부터 돈을 빌리기 위해 피해자가 요구하는 대로 차용금에 대한 담보 명목으로 위 공사대금 채권을 양도하는 형식만 갖추었을 뿐, 당초부터 위 공사대금 채권을 추심하여 빼돌릴 생각을 가지고 있었던 경우라면, 차용금 편취에 관한 사기죄는 성립하지만, 위 공사대금 채권을 양도한 후 공사대금을 수령하여 임의 소비한 행위는 금전 차용 후 담보로 제공한 양도채권을 추심받아 이를 빼돌리려는 사기범행의 실행행위에 포함된 것으로 봄이 상당하므로 사기죄와 별도로 횡령죄는 성립되지 않는다고 할 것이다. (대법원 2011. 5. 13. 선고 2011도1442 판결)

해설 위 2017도3829 전합 판결(채권양도인이 채권양도 후 통지하지 아니한 상태에서 채무 변제받아 금전 소비한 경우, 횡령죄가 성립하지 않음)에 의하여 변경될 것으로 보인다. 하지만 '비양립적 관계'에 대한 판결이 희소한 만큼 그 개념을 이해하는 데에 한하여만 활용하자.

바. 자동차 지입계약

판례 乙이 甲으로부터 차량을 매수하여 甲을 통하여 지입회사에 지입하여 두었으나 그 권리관계에 문제가 발생하자, 甲이 乙과 합의하여 이를 처분한 다음 그 대금으로 압류되어 있는 다른 차량을 찾아서 乙에게 넘겨주기로 약정하였는데, 甲이 그 매각대금을 임의소비 – 횡령죄 ○ (대법원 2003. 6. 24. 선고 2003도1741 판결)

참고 甲은 금전의 수수를 수반하는 사무처리를 위임받은 자에 해당함.

판례 기사 甲이 운송회사 乙로부터 월급을 받으면서 운송수입금(사납금)은 일단 전부 乙에 납입하고 월 단위로 정산받는 계약이 체결된 상태에서, 사납금을 임의 소비 – 횡령죄 ○

운송회사와 소속 근로자 사이에 근로자가 운송회사로부터 일정액의 급여를 받으면서 당일 운송수입금을 전부 운송회사에 납입하되, 운송회사는 근로자가 납입한 운송수입금을 월 단위로 정산하여 그 운송수입금이 월간 운송수입금 기준액인 사납금을 초과하는 경우에는 그 초과금액에 대하여 운송회사와 근로자에게 일정 비율로 배분하여 정산하고, 사납금에 미달되는 경우에는 그 부족금액에 대하여 근로자의 급여에서 공제하여 정산하기로 하는 약정이 체결되었다면, 근로자가 사납금 초과 수입금을 개인 자신에게 직접 귀속시키는 경우와는 달리, 근로자가 애초 거둔 운송수입금 전액은 운송회사의 관리와 지배 아래 있다고 봄이 상당하므로 근로자가 운송수입금을 임의로 소비하였다면 횡령죄를 구성한다. 이는 근로자가 운송회사에 대하여 사납금을 초과하는 운송수입금의 일부를 배분받을 권리를 가지고 있다고 하더라도 다른 특별한 사정이 없는 한 다를 바 없다고 할 것이다. (대법원 2014. 4. 30. 선고 2013도8799 판결)

[판례] 지입차주들이 납입한 지입료를 지입회사가 항목 유용함 – 횡령죄 ✕
지입차주들이 차량위탁관리료와 산업재해보상보험료 및 제세공과금을 합한 일정 금액을 일괄하여 납입하는 지입료는 일단 지입회사의 소유로 되어 회사가 그 지입료 등을 가지고 그 운영비와 전체 차량의 제세공과금 및 보험료에 충당할 수 있는 것이므로 지입차주들이 낸 보험료나 세금을 회사가 항목유용하였다 하더라도 횡령죄가 되지 아니한다. (대법원 1997. 9. 5. 선고 97도1592 판결)

사. 담보로 제공한 수표·어음

[판례] 채권자 甲이 채무자 乙로부터 채권 지급 담보 명목으로 수표를 교부받아 소지하던 중 임의로 제3자에게 빌려줌 – 횡령죄 ✕
채권자가 그 채권의 지급을 담보하기 위하여 채무자로부터 수표를 발행·교부받아 이를 소지한 경우에는, 단순히 보관의 위탁관계에 따라 수표를 소지하고 있는 경우와는 달리 그 수표상의 권리가 채권자에게 유효하게 귀속되고, 채권자와 채무자 사이의 수표 반환에 관한 약정은 원인관계상의 인적 항변사유에 불과하므로, 채권자는 횡령죄의 주체인 타인의 재물을 보관하는 자의 지위에 있다고 볼 수 없다. (대법원 2000. 2. 11. 선고 99도4979 판결)

[동지] 매도인 甲이 매수인 乙로부터 매매잔대금 지급 담보 명목으로 약속어음을 교부받아 소지하던 중 임의로 처분 – 횡령죄 ✕ (대법원 1988. 1. 19. 선고 87도2078 판결)

[비교] 甲이 乙로부터 약속어음 할인을 위임받아 이를 소지하던 중 자신의 채무변제에 충당 – 횡령죄 ○
약속어음을 할인을 위하여 교부받은 수탁자는 위탁의 취지에 따라 보관하는 것에 불과하므로, 위탁된 약속어음을 수탁자가 자신의 채무변제에 충당하였다면 이와 같은 수탁자의 행위는 위탁의 취지에 반하는 것으로서 횡령죄를 구성한다. (대법원 2004. 5. 28. 선고 2003도7509 판결)

아. 부동산 명의신탁

부동산 명의신탁과 수탁자의 죄책은 다음과 같이 정리할 수 있다. 지금부터 명의신탁자를 甲, 명의수탁자를 乙, 매도인을 丙이라 한다.

유형	乙의 죄책	논거
Ⓐ 유효인 양자명의신탁	甲에 대한 횡령죄 ○	타인재물 보관자 ○ (위탁신임관계 ○)
Ⓑ 무효인 양자명의신탁	甲에 대한 횡령죄 ×	타인재물 보관자 × (위탁신임관계 ×)
Ⓒ 중간생략등기형 명의신탁	甲에 대한 횡령죄 ×	타인재물 보관자 × (소유자 丙·위탁신임관계 ×)
계약명의신탁 Ⓓ 丙선의	甲에 대한 횡령죄·배임죄 ×	① 타인재물 보관자 × (소유자 乙·위탁신임관계 ×) ② 타인사무 처리자 ×
계약명의신탁 Ⓔ 丙악의	甲에 대한 횡령죄·배임죄 ×	① 타인재물 보관자 × (소유자 丙·위탁신임관계 ×) ② 타인사무 처리자 ×
계약명의신탁 Ⓔ 丙악의	丙에 대한 횡령죄·배임죄 ×	① 타인재물 보관자 × (위탁신임관계 ×) ② 타인사무 처리자 ×

이하에서는 관련 판례를 살펴본다. Ⓐ 유효인 양자명의신탁의 경우, 앞서 살펴본 부동산 보관자의 횡령 법리에 따라 횡령죄가 성립한다. Ⓑ 무효인 양자명의신탁의 경우, 대법원은 아래 2016도 18761 전합 판결을 통해 기존의 견해를 변경하여 횡령죄가 성립하지 않는다고 보았다.

판례 Ⓐ 유효인 양자명의신탁 – 신탁자에 대한 횡령죄 ○

종중소유의 부동산을 명의신탁 받아 소유권등기를 거친 사람이 이를 임의로 처분하면 횡령죄가 성립한다. (대법원 1971. 6. 22. 선고 71도740 전원합의체 판결)

참고 부동산실명법 제8조를 참고한다.[96]

판례 Ⓑ 무효인 양자명의신탁 – 신탁자에 대한 횡령죄 ×

횡령죄의 본질이 신임관계에 기초하여 위탁된 타인의 물건을 위법하게 영득하는 데 있음에 비추어 볼 때 위탁관계는 횡령죄로 보호할 만한 가치 있는 신임에 의한 것으로 한정함이 타당하다. … (중략) … 부동산실명법에 의하면, 누구든지 부동산에 관한 물권을 명의신탁약정에 따라 명의수탁자의 명의로 등기하여서는 아니 되고(제3조 제1항), 명의신탁약정과 그에 따른 등기로 이루어진 부동산에 관한 물

---

96 **부동산 실권리자명의 등기에 관한 법률 제8조(종중, 배우자 및 종교단체에 대한 특례)** 다음 각 호의 어느 하나에 해당하는 경우로서 조세 포탈, 강제집행의 면탈(免脫) 또는 법령상 제한의 회피를 목적으로 하지 아니하는 경우에는 제4조부터 제7조까지 및 제12조제1항부터 제3항까지를 적용하지 아니한다. 1. 종중(宗中)이 보유한 부동산에 관한 물권을 종중(종중과 그 대표자를 같이 표시하여 등기한 경우를 포함한다) 외의 자의 명의로 등기한 경우 2. 배우자 명의로 부동산에 관한 물권을 등기한 경우 3. 종교단체의 명의로 그 산하 조직이 보유한 부동산에 관한 물권을 등기한 경우

권변동은 무효가 되며(제4조 제1항, 제2항 본문), 명의신탁약정에 따른 명의수탁자 명의의 등기를 금지하도록 규정한 부동산실명법 제3조 제1항을 위반한 경우 명의신탁자와 명의수탁자 쌍방은 형사처벌된다 (제7조).

이러한 부동산실명법의 명의신탁관계에 대한 규율 내용 및 태도 등에 비추어 보면, 부동산실명법에 위반하여 명의신탁자가 그 소유인 부동산의 등기명의를 명의수탁자에게 이전하는 이른바 양자간 명의신탁의 경우, 계약인 명의신탁약정과 그에 부수한 위임약정, 명의신탁약정을 전제로 한 명의신탁 부동산 및 그 처분대금 반환약정은 모두 무효이다. 나아가 명의신탁자와 명의수탁자 사이에 무효인 명의신탁약정 등에 기초하여 존재한다고 주장될 수 있는 사실상의 위탁관계라는 것은 부동산실명법에 반하여 범죄를 구성하는 불법적인 관계에 지나지 아니할 뿐 이를 형법상 보호할 만한 가치 있는 신임에 의한 것이라고 할 수 없다.

명의수탁자가 명의신탁자에 대하여 소유권이전등기말소의무를 부담하게 되나, 위 소유권이전등기는 처음부터 원인무효여서 명의수탁자는 명의신탁자가 소유권에 기한 방해배제청구로 말소를 구하는 것에 대하여 상대방으로서 응할 처지에 있음에 불과하다. 명의수탁자가 제3자와 한 처분행위가 부동산실명법 제4조 제3항에 따라 유효하게 될 가능성이 있다고 하더라도 이는 거래 상대방인 제3자를 보호하기 위하여 명의신탁약정의 무효에 대한 예외를 설정한 취지일 뿐 명의신탁자와 명의수탁자 사이에 위 처분행위를 유효하게 만드는 어떠한 위탁관계가 존재함을 전제한 것이라고는 볼 수 없다. 따라서 말소등기의무의 존재나 명의수탁자에 의한 유효한 처분가능성을 들어 명의수탁자가 명의신탁자에 대한 관계에서 '타인의 재물을 보관하는 자'의 지위에 있다고 볼 수도 없다.

그러므로 부동산실명법에 위반한 양자간 명의신탁의 경우 명의수탁자가 신탁받은 부동산을 임의로 처분하여도 명의신탁자에 대한 관계에서 횡령죄가 성립하지 아니한다. (대법원 2021. 2. 18. 선고 2016도 18761 전원합의체 판결)

🔍 **핵심단어**

- 위탁관계는 보호할 만한 가치 있는 신임에 의한 것
- 부실법에 따라 명의신탁약정 무효·등기 무효·당사자 형사처벌 대상
- 부실법에 반한 불법관계는 형법상 보호할 가치 있는 신임 아님
- 수탁자에게 재물 보관자 지위 인정 안 되므로 횡령 불성립

판례 ⓒ 중간생략등기형 명의신탁 – 신탁자에 대한 횡령죄 ✕

횡령죄에서 보관이란 위탁관계에 의하여 재물을 점유하는 것을 뜻하므로 횡령죄가 성립하기 위하여는 재물의 보관자와 재물의 소유자(또는 기타의 본권자) 사이에 법률상 또는 사실상의 위탁신임관계가 존재하여야 한다. 이러한 위탁신임관계는 사용대차·임대차·위임 등의 계약에 의하여서뿐만 아니라 사무관리·관습·조리·신의칙 등에 의해서도 성립될 수 있으나, 횡령죄의 본질이 신임관계에 기초하여 위탁된 타인의 물건을 위법하게 영득하는 데 있음에 비추어 볼 때 위탁신임관계는 횡령죄로 보호할 만한 가치 있는 신임에 의한 것으로 한정함이 타당하다.

그런데 부동산을 매수한 명의신탁자가 자신의 명의로 소유권이전등기를 하지 아니하고 명의수탁자와 맺은 명의신탁약정에 따라 매도인에게서 바로 명의수탁자에게 중간생략의 소유권이전등기를 마친 경우, 부동산 실권리자명의 등기에 관한 법률(이하 '부동산실명법'이라 한다) 제4조 제2항 본문에 의하여 명의수

탁자 명의의 소유권이전등기는 무효이고, 신탁부동산의 소유권은 매도인이 그대로 보유하게 된다. 따라서 명의신탁자로서는 매도인에 대한 소유권이전등기청구권을 가질 뿐 신탁부동산의 소유권을 가지지 아니하고, 명의수탁자 역시 명의신탁자에 대하여 직접 신탁부동산의 소유권을 이전할 의무를 부담하지는 아니하므로, 신탁부동산의 소유자도 아닌 명의신탁자에 대한 관계에서 명의수탁자가 횡령죄에서 말하는 '타인의 재물을 보관하는 자'의 지위에 있다고 볼 수는 없다. 명의신탁자가 매매계약의 당사자로서 매도인을 대위하여 신탁부동산을 이전받아 취득할 수 있는 권리 기타 법적 가능성을 가지고 있기는 하지만, 명의신탁자가 이러한 권리 등을 보유하였음을 이유로 명의신탁자를 사실상 또는 실질적 소유권자로 보아 민사상 소유권이론과 달리 횡령죄가 보호하는 신탁부동산의 소유자라고 평가할 수는 없다. 명의수탁자에 대한 관계에서 명의신탁자를 사실상 또는 실질적 소유권자라고 형법적으로 평가하는 것은 부동산실명법이 명의신탁약정을 무효로 하고 있음에도 불구하고 무효인 명의신탁약정에 따른 소유권의 상대적 귀속을 인정하는 것과 다름이 없어서 부동산실명법의 규정과 취지에 명백히 반하여 허용될 수 없다.

그리고 부동산에 관한 소유권과 그 밖의 물권을 실체적 권리관계와 일치하도록 실권리자 명의로 등기하게 함으로써 부동산등기제도를 악용한 투기·탈세·탈법행위 등 반사회적 행위를 방지하고 부동산 거래의 정상화와 부동산 가격의 안정을 도모하여 국민경제의 건전한 발전에 이바지함을 목적으로 하고 있는 부동산실명법의 입법 취지와 아울러, 명의신탁약정에 따른 명의수탁자 명의의 등기를 금지하고 이를 위반한 명의신탁자와 명의수탁자 쌍방을 형사처벌까지 하고 있는 부동산실명법의 명의신탁관계에 대한 규율 내용 및 태도 등에 비추어 볼 때, 명의신탁자와 명의수탁자 사이에 위탁신임관계를 근거지우는 계약인 명의신탁약정 또는 이에 부수한 위임약정이 무효임에도 불구하고 횡령죄 성립을 위한 사무관리·관습·조리·신의칙에 기초한 위탁신임관계가 있다고 할 수는 없다. 또한 명의신탁자와 명의수탁자 사이에 존재한다고 주장될 수 있는 사실상의 위탁관계라는 것도 부동산실명법에 반하여 범죄를 구성하는 불법적인 관계에 지나지 아니할 뿐 이를 형법상 보호할 만한 가치 있는 신임에 의한 것이라고 할 수 없다.

그러므로 중간생략등기형 명의신탁을 한 경우, 명의신탁자는 신탁부동산의 소유권을 가지지 아니하고, 명의신탁자와 명의수탁자 사이에 위탁신임관계를 인정할 수도 없다. 따라서 명의수탁자가 명의신탁자의 재물을 보관하는 자라고 할 수 없으므로, 명의수탁자가 신탁받은 부동산을 임의로 처분하여도 명의신탁자에 대한 관계에서 횡령죄가 성립하지 아니한다. (대법원 2016. 5. 19. 선고 2014도6992 전원합의체 판결, 대법원 2016. 5. 26. 선고 2015도89 판결) **표준**

🔍 **핵심단어**
- 위탁관계는 보호할 만한 가치 있는 신임에 의한 것
- 중생등형 명의신탁은 부실법에 따라 명의신탁약정 무효, 등기 무효, 당사자 형사처벌 대상 → 소유자는 丙
- 부실법에 반한 불법관계는 형법상 보호할 가치 있는 신임 아님
- 수탁자에게 재물 보관자 지위 인정 안 되므로 횡령 불성립

판례 ⓓ 매도인 선의 계약명의신탁 – 신탁자에 대한 횡령죄 ✕

횡령죄는 타인의 재물을 보관하는 자가 그 재물을 횡령하는 경우에 성립하는 범죄인바, 부동산실권리자명의등기에관한법률 제2조 제1호 및 제4조의 규정에 의하면, 신탁자와 수탁자가 명의신탁 약정을 맺고, 이에 따라 수탁자가 당사자가 되어 명의신탁 약정이 있다는 사실을 알지 못하는 소유자와 사이에서 부동산에 관한 매매계약을 체결한 후 그 매매계약에 기하여 당해 부동산의 소유권이전등기를 수탁자 명의

로 경료한 경우에는, 그 소유권이전등기에 의한 당해 부동산에 관한 물권변동은 유효하고, 한편 신탁자와 수탁자 사이의 명의신탁 약정은 무효이므로, 결국 수탁자는 전소유자인 매도인뿐만 아니라 신탁자에 대한 관계에서도 유효하게 당해 부동산의 소유권을 취득한 것으로 보아야 할 것이고, 따라서 그 수탁자는 타인의 재물을 보관하는 자라고 볼 수 없다. (대법원 2000. 3. 24. 선고 98도4347 판결, 대법원 2016. 8. 24. 선고 2014도6740 판결) **표준**

동지 ⓓ 매도인 선의의 계약명의신탁 – 신탁자에 대한 배임죄 ✕

신탁자와 수탁자가 명의신탁약정을 맺고, 그에 따라 수탁자가 당사자가 되어 명의신탁약정이 있다는 사실을 알지 못하는 소유자와 사이에서 부동산에 관한 매매계약을 체결한 계약명의신탁에 있어, 수탁자는 신탁자에 대한 관계에서도 신탁 부동산의 소유권을 완전히 취득하고 단지 신탁자에 대하여 명의신탁약정의 무효로 인한 부당이득 반환의무만을 부담할 뿐인바, 그와 같은 부당이득 반환의무는 명의신탁약정의 무효로 인하여 수탁자가 신탁자에 대하여 부담하는 통상의 채무에 불과할 뿐 아니라 신탁자와 수탁자 간의 명의신탁약정이 무효인 이상, 특별한 사정이 없는 한 신탁자와 수탁자 간에 명의신탁약정과 함께 이루어진 부동산 매입의 위임 약정 역시 무효라고 할 것이므로, 수탁자가 신탁자와의 신임관계에 기하여 신탁자를 위하여 신탁 부동산을 관리한다거나 신탁자의 허락 없이 이를 처분하여서는 아니되는 의무를 부담하는 등으로 타인의 사무를 처리하는 자의 지위에 있다고 볼 수 없다. (대법원 2008. 3. 27. 선고 2008도455 판결, 대법원 2001. 9. 25. 선고 2001도2722 판결, 대법원 2004. 4. 27. 선고 2003도6994 판결)

🔍 **핵심단어**

1. 신탁자에 대한 횡령죄
   - 매도인 선의의 계약명의신탁은 부실법 따라 등기 유효 → 乙이 완전한 소유권 취득
   - 수탁자에게 재물 보관자 지위 인정 안 되므로 횡령 불성립
2. 신탁자에 대한 배임죄
   - 부당이득 반환의무는 자기사무이지 타인사무라 볼 수 없음

판례 ⓔ 매도인 악의의 계약명의신탁 – ① 신탁자에 대한 횡령죄 ✕ · 배임죄 ✕ ② 매도인에 대한 횡령죄 ✕ · 배임죄 ✕

명의신탁자와 명의수탁자가 이른바 계약명의신탁 약정을 맺고 명의수탁자가 당사자가 되어 명의신탁약정이 있다는 사실을 알고 있는 소유자와 부동산에 관한 매매계약을 체결한 후 매매계약에 따라 부동산의 소유권이전등기를 명의수탁자 명의로 마친 경우에는 부동산 실권리자명의 등기에 관한 법률(이하 '부동산실명법'이라 한다) 제4조 제2항 본문에 의하여 수탁자 명의의 소유권이전등기는 무효이고 부동산의 소유권은 매도인이 그대로 보유하게 되므로, 명의수탁자는 부동산 취득을 위한 계약의 당사자도 아닌 명의신탁자에 대한 관계에서 횡령죄에서 '타인의 재물을 보관하는 자'의 지위에 있다고 볼 수 없고, 또한 명의수탁자가 명의신탁자에 대하여 매매대금 등을 부당이득으로 반환할 의무를 부담한다고 하더라도 이를 두고 배임죄에서 '타인의 사무를 처리하는 자'의 지위에 있다고 보기도 어렵다. 한편 위 경우 명의수탁자는 매도인에 대하여 소유권이전등기말소의무를 부담하게 되나, 위 소유권이전등기는 처음부터 원인무효여서 명의수탁자는 매도인이 소유권에 기한 방해배제청구로 말소를 구하는 것에 대하여 상대방으로서 응할 처지에 있음에 불과하고, 그가 제3자와 한 처분행위가 부동산실명법 제4조 제3항에 따라 유효하게 될 가능성이 있다고 하더라도 이는 거래 상대방인 제3자를 보호하기 위하여 명의신탁약정의 무효에 대한 예외를 설정한 취지일 뿐 매도인과 명의수탁자 사이에 위 처분행위를 유효하게 만드는 어떠한 신임관계가 존재함을 전제한 것이라고는 볼 수 없으므로, 말소등기의무의 존재나 명의수탁

자에 의한 유효한 처분가능성을 들어 명의수탁자가 매도인에 대한 관계에서 횡령죄에서 '타인의 재물을 보관하는 자' 또는 배임죄에서 '타인의 사무를 처리하는 자'의 지위에 있다고 볼 수도 없다. (대법원 2012. 11. 29. 선고 2011도7361 판결)

🔍 **핵심단어**

1. 신탁자에 대한 횡령죄
   - 위탁관계는 보호할 만한 가치 있는 신임에 의한 것
   - 매도인 악의의 계약명의신탁은 부실법에 따라 명의신탁약정 무효, 등기 무효, 당사자 형사처벌 대상 → 소유자는 여전히 丙
   - 부실법에 반한 불법관계는 형법상 보호할 가치 있는 신임 아님
   - 수탁자에게 재물 보관자 지위 인정 안 되므로 횡령 불성립
2. 신탁자에 대한 배임죄
   - 매매대금 반환의무는 자기사무이지 타인사무라 볼 수 없음
3. 매도인에 대한 횡령·배임죄
   - 말소등기의무·유효한 처분가능성만으로는 보관자 지위·사무처리자 지위 인정될 수 없음

판례 계약명의신탁에서 매매계약이 해제되어 수탁자 乙이 매도인 丙으로부터 매매대금을 반환받아 이를 임의 소비 – 甲에 대한 횡령죄 × (대법원 2007. 3. 29. 선고 2007도766 판결, 대법원 2012. 11. 29. 선고 2011도7361 판결)

참고 부당이득반환의무는 통상의 채무에 불과하여 수탁자에게 타인재물 보관자 지위를 인정할 수 없다.

이른바 '상호명의신탁'에 관한 판례를 살펴본다.

판례 甲이 B토지 등기부의 1/3 공유지분을 제3자에게 매각 – 횡령죄 ○

A + B + C토지 (분할 前) 등기부		실제		A토지 등기부	B토지 등기부	C토지 등기부
甲	1/3 공유지분	A토지	→	甲 1/3 공유지분	甲 1/3 공유지분	甲 1/3 공유지분
乙	1/3 공유지분	B토지		乙 1/3 공유지분	乙 1/3 공유지분	乙 1/3 공유지분
丙	1/3 공유지분	C토지		丙 1/3 공유지분	丙 1/3 공유지분	丙 1/3 공유지분

구분소유적 공유관계에서 각 공유자 상호 간에는 각자의 특정 구분부분을 자유롭게 처분함에 서로 동의하고 있다고 볼 수 있으므로, 공유자 각자는 자신의 특정 구분부분을 단독으로 처분하고 이에 해당하는 공유지분등기를 자유로이 이전할 수 있는데, 이는 공유지분등기가 내부적으로 공유자 각자의 특정 구분부분을 표상하기 때문이다. 그러나 구분소유하고 있는 특정 구분부분별로 독립한 필지로 분할되는 경우에는 특별한 사정이 없는 한 각자의 특정 구분부분에 해당하는 필지가 아닌 나머지 각 필지에 전사된 공유자 명의의 공유지분등기는 더 이상 당해 공유자의 특정 구분부분에 해당하는 필지를 표상하는 등기

라고 볼 수 없고, 각 공유자 상호 간에 상호명의신탁관계만이 존속하므로, 각 공유자는 나머지 각 필지 위에 전사된 자신 명의의 공유지분에 관하여 다른 공유자에 대한 관계에서 그 공유지분을 보관하는 자의 지위에 있다. (대법원 2014. 12. 24. 선고 2011도11084 판결)

해설 '무효인 양자명의신탁'을 무죄라 본 판결에 따라서 이 판결도 변경되는 것 아닌지 의문이 있을 수 있다. 하지만 무효인 양자명의신탁과 달리 구분소유적 공유를 위한 명의신탁은 부동산실명법 제2조 1호 나목에 따라 유효하다.[97] 따라서 구분소유적 공유가 해소되어 발생하는 명의신탁을 기화로 삼아 타인의 부동산을 처분하는 행위는 여전히 횡령죄가 성립한다고 보아야 한다.

자. 부동산 양도담보·매도담보

부동산 양도담보·매도담보는 판례를 정리하기 가장 어려운 쟁점 중 하나이다. 이하에서는 양도담보의 개념과 가등기담보 등에 관한 법률의 요건·효과를 살펴보고 판례를 차근차근 정리한다.[98]

💬 **중요쟁점: 부동산 양도담보(매도담보)와 가등기담보법**[99]

1. 부동산 양도담보란?

양도담보란 채권담보 목적으로 물건의 소유권 등을 채권자에게 이전하고, 채무자가 그 채무를 이행하지 않는 경우 채권자가 그 목적물로부터 우선 변제를 받고, 채무자가 채무를 이행하면 목적물을 채무자에게 반환하는 담보형태이다. 부동산 양도담보의 효력에 관하여 ① 대외적 소유권은 채권자에게 이전되고 대내적 소유권은 채무자에게 남는다는 '신탁적 소유권 양도설' ② 채권자는 양도담보권이라는 담보권을 취득할 뿐이라는 '담보물권설' ③ 구분설이 대립한다.

2. 가등기담보법이란?

(의의) 가등기담보법은 1984. 1. 1. 시행된 법률로서 채무자가 자신이 빌린 돈보다 더 비싼 물건으로 대물변제할 것을 미리 예약한 경우, 채무자를 보다 두텁게 보호하기 위하여 제정되었다. 가등기담

---

97 **부동산 실권리자명의 등기에 관한 법률 제2조(정의)** 이 법에서 사용하는 용어의 뜻은 다음과 같다.

1. "명의신탁약정"(名義信託約定)이란 부동산에 관한 소유권이나 그 밖의 물권(이하 "부동산에 관한 물권"이라 한다)을 보유한 자 또는 사실상 취득하거나 취득하려고 하는 자[이하 "실권리자"(實權利者)라 한다]가 타인과의 사이에서 대내적으로는 실권리자가 부동산에 관한 물권을 보유하거나 보유하기로 하고 그에 관한 등기(가등기를 포함한다. 이하 같다)는 그 타인의 명의로 하기로 하는 약정[위임·위탁매매의 형식에 의하거나 추인(追認)에 의한 경우를 포함한다]을 말한다. 다만, 다음 각 목의 경우는 제외한다.
   나. 부동산의 위치와 면적을 특정하여 2인 이상이 구분소유하기로 하는 약정을 하고 그 구분소유자의 공유로 등기하는 경우

98 판례를 정리하며 박동률, "가등기담보법 시행과 부동산 양도담보권자의 처분행위의 죄책", 법학논고 제32집, 경북대학교 법학연구원, 2010, 357-388쪽; 이상태, "양도담보목적물의 처분과 형법상 죄책", 일감법학 제32호, 건국대학교 법학연구소, 2015, 77-119쪽을 참고하였다.

99 이하에서는 '형사판례'를 이해하기 위해 필요한 정도로만 부동산 양도담보·매도담보·가등기담보법을 살펴본다. 축약·생략된 서술로서 민법의 관점에서는 부족함이 많다.

보법은 기본적으로 '어떻게 채권자의 권리남용으로부터 채무자를 보호할 수 있을까?'의 문제의식을 바탕으로 설계되었다.

(요건) 가등기담보법이 적용되기 위해서는 ① 피담보채무가 금전소비대차 또는 준소비대차에 기한 차용금반환채무여야 한다(공사대금채무는 이에 해당하지 않는다). ② 채무자가 채무를 이행하지 않은 경우 물건으로 변제한다는 내용의 대물변제 예약·매매예약이 있어야 한다. ③ 예약 당시의 부동산 시가가 피담보채무액을 초과하여야 한다. ④ 채권자 명의의 가등기 또는 본등기가 경료되어야 한다. 이러한 요건을 갖추면 양도담보·매도담보·가등기담보의 종류를 불문하고 가등기담보법이 적용된다.

(효과) 가등기담보법이 적용되는 경우 어떤 효과가 발생할까. 가등기담보법이 적용되지 않는 양도담보의 경우, 채권자가 일단 부동산을 처분하여 그 매각대금으로 변제충당한 후 나머지 금액을 채무자에게 반환하는 **'처분정산'**이 허용된다(따라서 변제기가 도과한 이후 채권자가 부동산을 임의로 처분하여도 배임죄가 성립하지 않는 것이다).

이에 반하여 가등기담보법은 채권자가 부동산 가액에서 채권원리금을 공제한 나머지 금액(청산금)을 채무자에게 우선 지급하여야만 비로소 부동산 소유권을 취득하는 **'귀속정산'**만을 허용한다(따라서 변제기가 도과하여도 채권자가 부동산을 임의로 처분하면 배임죄가 성립한다).[100] **귀속정산** 하에서 채권자는 변제기가 지났다고 곧바로 부동산을 처분해서는 안 되며, 가등기담보법이 정하는 정산절차를 따라야 한다. 정산절차는 구체적으로 ① 채권자의 채무자에 대한 담보권실행통지 ② 청산기간 경과 ③ 채권자의 청산금 지급 ④ (가등기의 경우) 본등기 경료의 절차로 이루어진다.

이처럼 가등기담보법은 일정한 요건을 갖춘 담보거래에 대하여 담보권 실행의 방법으로 **'처분정산'** 대신 **'귀속정산'**을 채택함으로써 채무자 보호를 강화한다.

3. 판례

가등기담보법이 적용되지 않는 양도담보의 경우, 대외적 소유권은 채권자에게, 대내적 소유권은 채무자에게 인정된다는 취지로 판시하여 ① 신탁적 소유권 양도설을 취한다.[101]

가등기담보법이 적용되는 양도담보의 경우, 채권자는 소유권 이전의 형식과는 무관하게 양도담보권이라는 담보권을 취득할 뿐이라는 취지로 판시하여 ② 담보물권설을 취한다.[102]

부동산 양도담보에서 채권자·채무자의 형사책임에 관한 판례들을 표로 정리한다. '가담법 ○'는 가담법이 적용되는 경우를, '가담법 ×'는 가담법이 적용되지 않는 경우를 말한다. ○·×를 따로 기재하지 않은 부분은 적용 여부 불문 판례의 결론이 같다는 뜻이다. 채무자(양도담보설정자)의 임의처분의 경우, 종래 판례는 배임죄를 인정하였으나, 최근 2019도14340 전합 판결은 배임죄가 성립하지 않는다고 판시하며 기존 입장을 변경하였다.

---

100 가등기담보법 제4조 제2항은 "채권자는 담보목적부동산에 관하여 이미 소유권이전등기를 마친 경우에는 청산기간이 지난 후 청산금을 채무자등에게 지급한 때에 담보목적부동산의 소유권을 취득하며, 담보가등기를 마친 경우에는 청산기간이 지나야 그 가등기에 따른 본등기를 청구할 수 있다."고 규정한다.

101 대법원 2002. 4. 26. 선고 2000다16350 판결, 대법원 2001. 6. 26. 선고 99다47501 판결, 대법원 2002. 7. 12. 선고 2002다19254 판결.

102 대법원 1988. 4. 25. 선고 87다카2696, 2697 판결, 대법원 1991. 11. 8. 선고 91다21770 판결, 대법원 1996. 6. 28. 선고 96다9218 판결, 대법원 2007. 5. 11. 선고 2006다6836 판결.

	부동산 양도담보	
	변제기 前 임의처분	변제기 後
채권자 (양도담보권자)	배임[103 · 104]	1. 정산절차 前 임의처분 (⊃ 염가처분) ① 가담법 × – 무죄[105] (예외[106]) ② 가담법 ○ – 배임[107] 2. 채권 소멸 후 임의처분: 배임[108] 3. 정산의무 불이행: 무죄[109]
	부동산 양도담보 – 소유권이전등기 前 임의처분[110]	
채무자 (양도담보설정자)	무죄[111]	

4. 보론 – 부동산 매도담보

가등기담보법이 시행되기 前까지는 양도담보와 매도담보의 구별 실익이 컸다. 양도담보의 경우, 신탁적 소유권 이전설에 따라 대외적 소유자가 채권자, 대내적 소유자가 채무자로 나뉘어지는 것에 반해, 매도담보의 경우, 채권자가 대내·외적 소유자의 지위에 있었기 때문이다. 하지만 가등기담보법에 따라 양도담보·매도담보를 불문하고 처분정산은 불허되고 귀속정산만이 허용되기에 이러한 구별의 실익이 상당 부분 옅어졌다. 이하에서는 간략히 매도담보 채권자·채무자의 죄책을 살펴본다.

① 채무자(매도담보설정자)의 임의처분은 양도담보설정자의 임의처분에 관한 2019도14340 판결

---

103 가등기담보법 시행 前의 경우, 대법원 1976. 9. 14. 선고 76도2069 판결. 시행 後의 경우, 대법원 1992. 7. 14. 선고 92도753 판결, 대법원 1989. 11. 28. 선고 89도1309 판결, 대법원 2007. 1. 25. 선고 2005도7559 판결.

104 2019도14340 전합 판결 등의 취지에 비추어보아 이제는 채권자의 배임죄 성립도 장담하기 어렵다. 그러나 아직 판례의 변경이 명시적으로 이루어지지 않은 이상, '수험적으로는' 위 표와 같이 정리하는 것으로 한다. 현재 이 부분에 대한 배임죄 성부는 그야말로 혼돈에서 혼돈으로 흐르고 있는 양상이다.

105 배임죄 불성립에 관하여 대법원 1982. 9. 28. 선고 82도1621 판결, 대법원 1985. 9. 10. 선고 85도1210 판결, 대법원 1983. 2. 22. 선고 82도2945 판결. 횡령죄 불성립에 관하여 대법원 1979. 7. 10. 선고 79도1125 판결. 가등기담보법 시행 前 염가처분에 관한 판례로는 대법원 1985. 11. 26. 선고 85도1493 전원합의체 판결, 대법원 1989. 10. 24. 선고 87도126 판결, 대법원 1997. 12. 23. 선고 97도2430 판결(가등기담보법 시행 後이나 피담보채무가 공사대금채무이므로 가등기담보법이 적용되지 않는 경우).

106 다만 예외적으로 양도담보권자가 채권변제와는 아무 관계도 없이 제3자의 채무를 위하여 근저당권을 설정해 준 경우, 배임죄를 인정한 대법원 1977. 5. 24. 선고 76도4180 판결이 있다.

107 대법원 2002. 6. 28. 선고 2002도1703 판결(미공간).

108 가등기담보법 시행 前의 경우, 대법원 1979. 6. 12. 선고 79도205 판결. 시행 後의 경우, 1988. 12. 13. 선고 88도184 판결, 대법원 1990. 8. 10. 선고 90도414 판결.

109 가등기담보법 시행 前의 경우, 대법원 1985. 11. 26. 선고 85도1493 전원합의체 판결. 시행 後의 경우, 대법원 1992. 7. 14. 선고 92도279 판결.

110 소유권이전등기 後 채무자가 처분하는 경우는 상정하기 어렵다. 소유권이전등기가 이미 채권자 앞으로 경료된 이상 채무자가 처분할 수 없기 때문이다.

111 대법원 2020. 6. 18. 선고 2019도14340 전원합의체 판결.

의 취지에 따라 무죄가 선고될 것으로 보인다. ② 채권자(매도담보권자)의 경우, 변제기 前 처분에 대해서는 배임죄가 인정되었다.[112] 변제기 後 처분의 경우, 가등기담보법이 적용되는 이상 양도담보와 결론이 같다.

이하에서는 판례들을 간략히 살펴본다.

[판례] 부동산 양도담보권자의 변제기 前 임의처분 – (가담법 불문) 배임죄 ○
채권의 담보를 목적으로 부동산의 소유권이전등기를 경료받은 채권자는 채무자가 변제기일까지 그 채무를 변제하면 채무자에게 그 소유 명의를 환원하여 주기 위하여 그 소유권이전등기를 이행할 의무가 있으므로 그 변제기일 이전에 그 임무에 위배하여 이를 제3자에게 처분하였다면 변제기일까지 채무자의 변제가 없었다 하더라도 배임죄는 성립된다. (대법원 1992. 7. 14. 선고 92도753 판결)

[동지] 부동산 매도담보권자의 변제기 前 임의처분 – 배임죄 ○
채권의 담보를 목적으로 부동산의 소유권이전등기를 마친 채권자는 채무자가 변제기일까지 그 채무를 변제하면 채무자에게 그 소유명의를 환원하여 주기 위하여 그 소유권이전등기를 이행할 의무가 있으므로, 그 변제기일 이전에 그 임무에 위배하여 제3자에게 근저당권을 경료하여 주었다면 변제기일까지 채무자의 채무변제가 없었다고 하더라도 배임죄는 성립되고, 그와 같은 법리는 채무자에게 환매권을 주는 형식을 취하였다고 하여 다를 바가 없다. (대법원 1995. 5. 12. 선고 95도283 판결)

[해설] 위 판례에 대하여, 가담법 적용 여부 불문하고 대내적 소유자는 양도담보설정자이므로, 양도담보권자는 타인 재물을 보관하는 자로서 횡령죄가 성립한다는 비판이 있다. 그러나 판례는 양도담보권자를 '설정자 소유 부동산을 보관하고 있는 자'로 보지 않고 '정상변제시 소유명의 환원의무를 부담하는 타인 사무처리자'라고 평가하고 있다.

[판례] 부동산 양도담보권자의 변제기 後 정산절차 前 임의처분 – (가담법 ×) 배임죄 ×
약한 의미의 양도담보에 있어서 양도담보권자가 변제기 경과후 제3자 앞으로 근저당권을 설정하고 금원을 차용하여 양도담보채권의 변제에 충당하고 그 잔액을 채무자에게 정산한다 하여도 당사자의 의사에 반한다고 볼 특별한 사정이 없는 한 하나의 담보권실행방법으로 위법하지 않고 이와 같은 채권추심을 위한 담보권설정이 있는 경우에 원래의 채무자는 이해관계 있는 자로서 자신의 채무범위내에서 채권자가 차용한 금원의 원리금을 변제하고 담보목적물을 회수할 수 있음은 물론, 채권자도 담보목적물을 다시 환가처분하거나 평가처분한 후 정산하여 자신의 제3채권자에 대한 채무자로서의 지위에서 벗어날 수 있다. (대법원 1982. 9. 28. 선고 82도1621 판결)

[동지] 부동산 양도담보권자의 변제기 後 정산절차 前 임의처분 – (가담법 ×) 횡령죄 ×
담보로 제공된 부동산을 담보권의 실행으로 타에 매도한 것은 횡령죄로 문의할 수 없다. (대법원 1979. 7. 10. 선고 79도1125 판결)

[동지] 부동산 양도담보권자의 변제기 後 정산절차 前 '염가'처분 – (가담법 ×) 배임죄 ×
담보권자가 변제기 경과 후에 담보권을 실행하기 위하여 담보목적물을 처분하는 행위는 담보계약에 따라 담

---

112 대법원 1995. 5. 12. 선고 95도283 판결

보권자에게 주어진 권능이어서 자기의 사무처리에 속하는 것이지 타인인 채무자의 사무처리에 속하는 것이라고 할 수 없으므로, 담보권자가 담보권을 실행하기 위하여 담보목적물을 처분함에 있어 시가에 따른 적절한 처분을 하여야 할 의무는 담보계약상의 민사채무일 뿐 그와 같은 형법상의 의무가 있는 것은 아니므로 그에 위반한 경우 배임죄가 성립된다고 할 수 없다. (대법원 1997. 12. 23. 선고 97도2430 판결)

해설 ① 가등기담보법 시행 前에는 처분정산이 인정되었기 때문에 변제기가 지난 이상 채권자(양도담보권자)가 자유로이 처분할 수 있었다. 다만 예외적으로 채권자(양도담보권자)가 채권변제와는 아무런 관계도 없이 제3자의 채무를 위하여 근저당권을 설정해 준 경우 채무자에 대한 배임죄가 성립한다(76도4180 판결). ② 일부 논문에서는 97도2430 판결을 '가등기담보법 시행 이후에도 불구하고 염가처분을 무죄로 인정한 사안'이라 소개하고 있다. 그러나 가등기담보법은 피담보채무가 금전소비대차 및 준소비대차인 경우에만 적용되는데, 이 사건의 피담보채무는 '공사대금채무'이므로 가등기담보법이 적용되지 않는 사안이다. 만일 가등기담보법이 적용된다면 변제기 後 정산절차 前 임의처분에 해당하므로 배임죄가 성립할 것이다(2002도1703 판결).

판례 부동산 양도담보권자의 변제기 後 정산절차 前 임의처분 – (가담법 ○) 배임 ○

채권자가 채권담보의 목적으로 부동산에 가등기를 경료하였다가 그 후 변제기까지 변제를 받지 못하게 되어 그 가등기에 기한 소유권이전의 본등기를 경료한 경우에는 당사자들이 달리 특별한 약정을 하지 아니한 한 그 본등기도 채권담보의 목적으로 경료된 것으로서 정산절차를 예정하고 있는 이른바 약한 의미의 양도담보가 된 것으로 보아야 할 것이고, 약한 의미의 양도담보가 이루어진 경우에는 채무의 변제기가 도과된 후라고 하더라도 채권자가 담보권을 실행하여 정산절차를 마치기 전에는 채무자는 언제든지 채무를 변제하고 채권자에게 가등기 및 가등기에 기한 본등기의 말소를 청구할 수 있는 것이며, 양도담보권자가 변제기 후에 담보권실행을 위하여 담보물을 정당한 가격으로 타에 처분하거나 자기가 그 소유권을 인수하려면 그 대금으로써 피담보채권의 원리금을 충당하고 잔액이 있으면 이를 채무자에게 반환하는 등의 정산을 필하지 않은 상태에서는 아직 그 피담보채권이 소멸되었다고는 볼 수 없다. 이 사건 부동산에 대한 피고인 명의의 가등기에 기한 본등기는 정산절차가 필요한 약한 의미의 양도담보라고 인정한 다음, 피고인이 이 사건 부동산에 관한 정산절차를 거치기 이전에 을에게 이 사건 부동산에 관하여 가등기를 설정한 행위는 배임죄를 구성한다고 판단한 원심은 정당하다. [대법원 2002. 6. 28. 선고 2002도1703 판결(미공간)]

해설 가등기담보법은 오로지 귀속정산만을 인정하고 있기에 법에서 정한 엄격한 정산절차를 지켜야하고, 청산기간 중 또는 청산금 지급 전에 함부로 담보물을 처분한 이상 배임죄가 성립한다.

판례 부동산 양도담보권자의 변제기 後 채권소멸에도 불구하고 임의처분 – (가담법 불문) 배임죄 ○

담보목적으로 피고인 명의로 가등기가 경료된 피해자 소유의 부동산에 대하여 피해자의 아들로부터 채무가 변제 공탁된 사실을 통고받고서도 피고인 앞으로 본등기를 경료함과 동시에 제3자 앞으로 가등기를 경료하여 준 경우에는 배임죄가 성립된다. (대법원 1990. 8. 10. 선고 90도414 판결)

동지 부동산 양도담보권자의 변제기 後 채권소멸에도 불구하고 임의처분 – (가담법 불문) 배임 ○

채무자가 채권자로부터 금원을 차용하면서 담보를 제공한 부동산 위에 채권자가 은행으로부터 금원을 차용하고서 설정한 저당권에 기하여 임의경매절차가 진행되고 있는 동안에 위 채무자가 차용원리금을 변제공탁한 것을 채권자가 아무런 이의도 없이 이를 수령하고서도 위 경매절차에 대하여 손을 쓰지 아니하는 바람에 타인에게 경락되게 하고 그 부동산의 경락잔금까지 받아간 경우라면, 비록 채권자가 민사법상 이의의 유보없는 공탁금수령의 법률상의 효과에 대한 정확한 지식이 없었다 하더라도 금전소비대차거래에 있어서 이자제한법의 존재가 공지의 사실로 되어 있는 거래계의 실정에 비추어 막연하게나마 자기의 행위에 대한 위법의 인식이 있었다고 보지 못할바 아니므로 위 채권자의 미필적 고의는 인정할 수 있다. (대법원 1988. 12. 13. 선고 88도184 판결)

판례 부동산 양도담보권자의 정산의무 불이행 – (가담법 불문) 배임죄 ×

양도담보가 처분정산형의 경우이건 귀속정산형의 경우이건 간에 담보권자가 변제기 경과후에 담보권을 실행하여 그 환가대금 또는 평가액을 채권원리금과 담보권 실행비용 등의 변제에 충당하고 환가대금 또는 평가액의 나머지가 있어 이를 담보제공자에게 반환할 의무는 담보계약에 따라 부담하는 자신의 정산의무이므로 그 의무를 이행하는 사무는 곧 자기의 사무처리에 속하는 것이라 할 것이고 이를 부동산매매에 있어서의 매도인의 등기의무와 같이 타인인 채무자의 사무처리에 속하는 것이라고 볼 수는 없어 그 정산의무를 이행하지 아니한 소위는 배임죄를 구성하지 않는다. (대법원 1985. 11. 26. 선고 85도1493 전원합의체 판결)

판례 부동산 양도담보권자의 정산의무 불이행 – (가담법 불문) 횡령죄 ×

양도담보권자와 채무자 사이에 변제할 채무액에 관하여 다툼이 있었다면 채무가 잔존한 것으로 믿고 담보부동산을 처분한 양도담보권자에게 위 부동산에 관한 횡령의 범의가 있다고 볼 수 없고, 그가 담보부동산을 처분한 후 정산의무를 이행하지 아니한 것만으로는 범죄행위가 되지 아니한다. (대법원 1992. 7. 14. 선고 92도279 판결)

판례 부동산 양도담보설정자의 소유권이전등기 前 임의처분 – 배임죄 ×

채무자가 금전채무를 담보하기 위한 저당권설정계약에 따라 채권자에게 그 소유의 부동산에 관하여 저당권을 설정할 의무를 부담하게 되었다고 하더라도, 이를 들어 채무자가 통상의 계약에서 이루어지는 이익대립관계를 넘어서 채권자와의 신임관계에 기초하여 채권자의 사무를 맡아 처리하는 것으로 볼 수 없다. … (중략) … 따라서 채무자가 제3자에게 먼저 담보물에 관한 저당권을 설정하거나 담보물을 양도하는 등으로 담보가치를 감소 또는 상실시켜 채권자의 채권실현에 위험을 초래하더라도 배임죄가 성립한다고 할 수 없다.

위와 같은 법리는, 채무자가 금전채무에 대한 담보로 부동산에 관하여 양도담보설정계약을 체결하고 이에 따라 채권자에게 소유권이전등기를 해 줄 의무가 있음에도 제3자에게 그 부동산을 처분한 경우에도 적용된다. (대법원 2020. 6. 18. 선고 2019도14340 전원합의체 판결)

차. 동산 양도담보 · 매도담보

부동산 양도담보 · 매도담보보다 어렵지는 않지만 출제빈도는 더 높은 중요 쟁점이다. 이하에서는 동산 양도담보 · 매도담보의 개념과 판례의 경향을 정리한다.

💬 중요쟁점: 동산 양도담보·매도담보

1. 기본개념 (신탁적 소유권설)

	동산 양도담보	동산 매도담보
소유자	대외적 소유자: **채권자** 대내적 소유자: **채무자**	**채권자**
점유자	점유개정 방식으로 인도하여 **채무자**가 계속하여 직접 점유	

2. 판례[113]

	동산 양도담보 (內 채무자·外 채권자)	
	변제기 前	변제기 後
채권자 (양도담보권자)	횡령 ○[114]	(담보권 행사) 절도 ×[115] (담보권 초과) 횡령 ○[116]
채무자 (양도담보설정자)	배임 ×[117]	배임 ×[118]
	동산 매도담보 (채권자 소유)	
	변제기 前	변제기 後
채권자 (매도담보권자)	권리행사방해[119]	(담보권 행사) 무죄[120]
채무자 (매도담보설정자)	횡령 ○[121]	횡령 ○[122]

계속해서 동산 양도담보 판례를 검토한다.

---

113 어두운 음영으로 처리한 부분은 판례를 발견할 수 없다. 빈 자리에 사견을 채워 넣었으니 참고만 하고 넘어가자.
114 대법원 1989. 4. 11. 선고 88도906 판결
115 대법원 2008. 11. 27. 선고 2006도4263 판결
116 대법원 2007. 6. 14. 선고 2005도7880 판결
117 대법원 2020. 2. 20. 선고 2019도9756 전원합의체 판결, 대법원 2020. 3. 27. 선고 2018도14596 판결
118 변제기 前 임의처분과 달리 평가될 이유가 없다.
119 매도담보권자는 이미 소유권을 취득한 자이지만, 담보물을 채무자(매도담보설정자)가 점유하고 있는 이상, 타인이 점유하는 자기 물건을 취거한 것으로 평가되어 권리행사방해가 성립될 수 있다.
120 매도담보권자는 이미 소유권을 취득한 자로서, 변제기가 도과하였음에도 변제가 이루어지지 않았다면, 정당한 담보권의 행사로서 담보물을 처분할 수 있을 것이다.
121 대법원 1962. 2. 8. 선고 4294형상470 판결
122 변제기 前 임의처분과 달리 평가될 이유가 없다.

[판례] 동산 양도담보권자가 변제기 前 보관 중 임의처분 – 횡령죄 ○

채무자가 채무이행의 담보를 위하여 동산에 관한 양도담보계약을 체결하고 점유개정의 방법으로 여전히 그 동산을 점유하는 경우 그 계약이 채무의 담보를 위하여 양도의 형식을 취하였을 뿐이고 실질은 채무의 담보와 담보권실행의 청산절차를 주된 내용으로 하는 것이라면 별단의 사정이 없는 한 그 동산의 소유권은 여전히 채무자에게 남아 있고, 채권자는 단지 양도담보물권을 취득하는 데 지나지 않으므로 그 동산을 다른 사유에 의하여 보관하게 된 채권자는 타인 소유의 물건을 보관하는 자로서 횡령죄의 주체가 될 수 있다. (대법원 1989. 4. 11. 선고 88도906 판결)

[해설] 일반적인 양도담보·매도담보의 경우, 채무자가 직접 점유를 계속하기 때문에 위 사건처럼 채권자가 점유하는 경우는 드물다. 채권자가 일시적인 점유 중에 처분한 사건이다.

[판례] 동산 양도담보권자가 변제기 後 담보권 범위 벗어나서 임의처분 – 횡령죄 ○

금전을 대여하면서 채무자로부터 그 담보로 동산을 교부받은 담보권자는 그 담보권의 범위 내에서 담보권을 행사할 수 있을 것인데, 담보권자가 담보목적물을 보관하고 있음을 기화로 실제의 피담보채권 이외에 자신의 제3자에 대한 기존의 채권까지 변제받을 의도로, 채무자인 담보제공자와의 소비대차 및 담보설정관계를 부정하고 그 담보목적물이 자신과 제3자 사이의 소비대차 및 담보설정계약에 따라 제공된 것으로서 실제의 피담보채권 외에 제3자에 대한 기존의 채권까지도 피담보채권에 포함되는 것이라고 주장하면서 그것까지 포함하여 변제가 이루어지지 아니할 경우 반환하지 않을 것임을 표명하다가 타인에게 담보목적물을 매각하거나 담보로 제공하여 피담보채무 이외의 채권까지도 변제충당한 경우에는 정당한 담보권의 행사라고 볼 수 없고, 위탁의 취지에 반하여 자기 또는 제3자의 이익을 위하여 권한 없이 그 재물을 자기의 소유인 것 같이 처분하는 것으로서 불법영득의 의사가 인정된다. (대법원 2007. 6. 14. 선고 2005도7880 판결)

[비교] 변제기를 도과한 동산양도담보에서, 양도담보권자가 담보목적물을 매도하고 목적물반환청구권을 양도하여 제3자(매수인)로 하여금 목적물을 취거하게 한 경우 – 절도죄 ✕

금전채무를 담보하기 위하여 채무자가 그 소유의 동산을 채권자에게 양도하되 점유개정에 의하여 채무자가 이를 계속 점유하기로 한 경우, 특별한 사정이 없는 한 동산의 소유권은 신탁적으로 이전되고, 채권자와 채무자 사이의 대내적 관계에서 채무자는 의연히 소유권을 보유하나 대외적인 관계에 있어서 채무자는 동산의 소유권을 이미 채권자에게 양도한 무권리자가 된다. 따라서 동산에 관하여 양도담보계약이 이루어지고 채권자가 점유개정의 방법으로 인도를 받았다면, 그 정산절차를 마치기 전이라도 양도담보권자인 채권자는 제3자에 대한 관계에 있어서는 담보목적물의 소유자로서 그 권리를 행사할 수 있다.

한편, 양도담보권자인 채권자가 제3자에게 담보목적물인 동산을 매각한 경우, 제3자는 채권자와 채무자 사이의 정산절차 종결 여부와 관계없이 양도담보 목적물을 인도받음으로써 소유권을 취득하게 되고, 양도담보의 설정자가 담보목적물을 점유하고 있는 경우에는 그 목적물의 인도는 채권자로부터 목적물반환청구권을 양도받는 방법으로도 가능하다. 채권자가 양도담보 목적물을 위와 같은 방법으로 제3자에게 처분하여 그 목적물의 소유권을 취득하게 한 다음 그 제3자로 하여금 그 목적물을 취거하게 한 경우, 그 제3자로서는 자기의 소유물을 취거한 것에 불과하므로, 채권자의 이 같은 행위는 절도죄를 구성하지 않는다. (대법원 2008. 11. 27. 선고 2006도4263 판결)

[해설] 동산 양도담보권자가 정당한 담보권 행사 범위 내에서 물건을 임의로 처분한 경우, 횡령죄(및 절도죄의 간접정범)가 성립하지 않는다고 보아야 한다. 동산 양도담보의 경우 처분정산이 허용되기 때문에 양도담보권자는 변제기가 도과한 이상, 담보물을 정당한 범위 내에서 처분한 후 변제에 충당할 수 있고, 남는 금액이

있으면 이를 정산하여 줄 민사상 의무만 부담할 뿐이다. 따라서 2005도7880 판결 법리는 담보권의 범위를 벗어난 경우에 한하여 적용된다고 이해하여야 한다.[123]

판례 동산 양도담보설정자의 목적물 임의처분 – 배임죄 ✕

배임죄에서 '타인의 사무를 처리하는 자'라고 하려면, 타인의 재산관리에 관한 사무의 전부 또는 일부를 타인을 위하여 대행하는 경우와 같이 당사자 관계의 전형적·본질적 내용이 통상의 계약에서의 이익대립관계를 넘어서 그들 사이의 신임관계에 기초하여 타인의 재산을 보호 또는 관리하는 데에 있어야 한다. 이익대립관계에 있는 통상의 계약관계에서 채무자의 성실한 급부이행에 의해 상대방이 계약상 권리의 만족 내지 채권의 실현이라는 이익을 얻게 되는 관계에 있다거나, 계약을 이행함에 있어 상대방을 보호하거나 배려할 부수적인 의무가 있다는 것만으로는 채무자를 타인의 사무를 처리하는 자라고 할 수 없고, 위임 등과 같이 계약의 전형적·본질적인 급부의 내용이 상대방의 재산상 사무를 일정한 권한을 가지고 맡아 처리하는 경우에 해당하여야 한다. 채무자가 금전채무를 담보하기 위하여 그 소유의 동산을 채권자에게 양도담보로 제공함으로써 채권자인 양도담보권자에 대하여 담보물의 담보가치를 유지·보전할 의무 내지 담보물을 타에 처분하거나 멸실, 훼손하는 등으로 담보권 실행에 지장을 초래하는 행위를 하지 않을 의무를 부담하게 되었더라도, 이를 들어 채무자가 통상의 계약에서의 이익대립관계를 넘어서 채권자와의 신임관계에 기초하여 채권자의 사무를 맡아 처리하는 것으로 볼 수 없다. 따라서 채무자를 배임죄의 주체인 '타인의 사무를 처리하는 자'에 해당한다고 할 수 없고, 그가 담보물을 제3자에게 처분하는 등으로 담보가치를 감소 또는 상실시켜 채권자의 담보권 실행이나 이를 통한 채권실현에 위험을 초래하더라도 배임죄가 성립한다고 할 수 없다. 위와 같은 법리는, 채무자가 동산에 관하여 양도담보설정계약을 체결하여 이를 채권자에게 양도할 의무가 있음에도 제3자에게 처분한 경우에도 적용되고, 주식에 관하여 양도담보설정계약을 체결한 채무자가 제3자에게 해당 주식을 처분한 사안에도 마찬가지로 적용된다. (대법원 2020. 2. 20. 선고 2019도9756 전원합의체 판결) **표준**

참고 동산 양도담보설정자의 목적물 임의처분 – 횡령죄 ✕

동산양도담보의 경우에는 대내적으로 그 목적물의 소유권은 여전히 채무자에게 남아 있고 채권자에게는 담보의 목적범위내에서만 그 권리가 이전되는 것으로 볼 것이므로 채무자가 그 채무의 변제를 위하여 이를 처분하거나 그 보관장소를 옮겼다 하여도 그 행위 자체를 횡령이라고 볼 수 없다. (대법원 1983. 8. 23. 선고 80도1545 판결)

판례 동산 양도담보설정자가 제3자에게 점유개정 방식으로 양도담보 설정하여 준 경우(이중 양도담보 제공) – 배임죄 ✕

피고인이 그 소유의 이 사건 에어콘 등을 피해자에게 양도담보로 제공하고 점유개정의 방법으로 점유하

---

123 손봉기, "동산 담보권자가 담보권의 범위를 벗어나서 담보물의 반환을 거부하거나 처분한 경우 횡령죄를 구성하는지 여부(형법 제355조 제1항)", 대법원판례해설 제70호, 법원도서관, 2007, 245-257쪽에 따르면, 대법원 2005도7880 판결의 법리는 동산양도담보·동산질권을 불문하고 동산 담보권자가 담보권 범위를 벗어나서 담보물을 처분한 경우에 모두 적용된다. 위 판결의 경우, 사실관계를 엄밀히 따져보면 목적물(도자기)에 대한 소유권 이전이 이루어지지 않아 동산양도담보가 아니라 동산질권이라 평가될 여지도 있다. 그러나 ① 질권의 경우 유질계약의 금지조항이 있는 관계로 실질적인 법적 규율에 차이가 없다는 점 ② 동산양도담보에서도 대내적 소유권은 여전히 채무자에게 남아있다는 점 등을 고려할 때 이 사실관계를 동산양도담보·동산질권 중 무엇이라 평가해도 결론이 같다.

고 있다가 다시 이를 제3자에게 양도담보로 제공하고 역시 점유개정의 방법으로 점유를 계속한 경우 뒤의 양도담보권자인 제3자는 처음의 담보권자인 피해자에 대하여 배타적으로 자기의 담보권을 주장할 수 없으므로 위와 같이 이중으로 양도담보제공이 된 것만으로는 처음의 양도담보권자에게 담보권의 상실이나 담보가치의 감소 등 손해가 발생한 것으로 볼 수 없으니 배임죄를 구성하지 않는다. (대법원 1990. 2. 13. 선고 89도1931 판결)

해설 ① 위 2019도9756 전원합의체 판결 前, 즉 동산 양도담보설정자의 목적물 임의처분 행위가 배임죄에 해당한다고 보던 시기의 판례이다. 손해가 없어 배임죄가 불성립한다고 보았다. 이제는 이와 더불어 '타인 사무처리자'에 해당하지도 않는다. ② 이 경우 제2양도담보권자에 대한 사기죄가 성립할 수 있다.

판례 점유개정 방식으로 이중의 양도담보 설정계약을 체결한 양도담보설정자가 목적물인 동산을 임의로 처분한 경우, 2차 양도담보 채권자에 대한 배임죄 ✕
금전채무를 담보하기 위하여 채무자가 그 소유의 동산을 채권자에게 양도하되 점유개정에 의하여 채무자가 이를 계속 점유하기로 한 경우 특별한 사정이 없는 한 동산의 소유권은 신탁적으로 이전됨에 불과하여 채권자와 채무자 사이의 대내적 관계에서 채무자는 의연히 소유권을 보유하나 대외적인 관계에 있어서 채무자는 동산의 소유권을 이미 채권자에게 양도한 무권리자가 되는 것이어서 다시 다른 채권자와 사이에 양도담보 설정계약을 체결하고 점유개정의 방법으로 인도를 하더라도 선의취득이 인정되지 않는 한 나중에 설정계약을 체결한 채권자는 양도담보권을 취득할 수 없는데, 현실의 인도가 아닌 점유개정으로는 선의취득이 인정되지 아니하므로, 결국 뒤의 채권자는 양도담보권을 취득할 수 없고, 따라서 이와 같이 채무자가 그 소유의 동산에 대하여 점유개정의 방식으로 채권자들에게 이중의 양도담보 설정계약을 체결한 후 양도담보 설정자가 목적물을 임의로 제3자에게 처분하였다면 양도담보권자라 할 수 없는 뒤의 채권자에 대한 관계에서는, 설정자인 채무자가 타인의 사무를 처리하는 자에 해당한다고 할 수 없어 배임죄가 성립하지 않는다. (대법원 2004. 6. 25. 선고 2004도1751 판결)

해설 위 2019도9756 전원합의체 판결 前, 즉 동산 양도담보설정자의 목적물 임의처분 행위가 배임죄에 해당한다고 보던 시기의 판례이다. 이제는 '타인사무처리자'에 해당하지 않기에 1차·2차 양도담보 채권자 모두에 대한 배임죄가 성립하지 않는다.

판례 동산 매도담보설정자의 목적물 임의처분 – 횡령죄 ○ (대법원 1962. 2. 8. 선고 4294형상470 판결)

3. 행위: 횡령·반환거부

가. 횡령

횡령이란 타인의 재물을 보관하는 자가 그 재물에 대한 불법영득의사를 객관적으로 인식할 수 있는 방법으로 표현하는 행위를 말한다.

판례 甲이 丙 은행에 공장저당권을 설정해주면서 자신이 보관하던 피해자 乙의 소유물을 자신의 소유인 것처럼 저당권 범위에 포함시킴 – 횡령죄 ○
횡령죄는 다른 사람의 재물에 관한 소유권 등 본권을 그 보호법익으로 하고 본권이 침해될 위험성이 있으면 그 침해의 결과가 발생되지 아니하더라도 성립하는 이른바 위태범이므로, 다른 사람의 재물을 보관하는 사람이 그 사람의 동의 없이 함부로 이를 담보로 제공하는 행위는 불법영득의 의사를 표현하는 횡령행위로서 사법(私法)상 그 담보제공행위가 무효이거나 그 재물에 대한 소유권이 침해되는 결과가 발생하는지 여부에 관계없이 횡령죄를 구성한다. (대법원 2002. 11. 13. 선고 2002도2219 판결)

비교 甲이 공장저당법에 따라 공장재단을 구성하는 기계를 타인에게 양도담보로 제공 – 횡령죄 ×

공장저당법에 따라 공장재단을 구성하는 기계를 타인에게 양도담보로 제공하였다 하여도 공장저당법의 강행성에 비추어 위 양도는 무효이므로 양도인이 위 기계에 대하여 다시 근저당권을 설정한 행위는 횡령죄를 구성하지 아니한다. (대법원 1978. 11. 28. 선고 75도2713 판결)

해설 많은 교과서에서 비교판례를 다루고 있지만, 비교판례의 판시사항·판결요지는 오류가 분명하다고 한다.[124]

판례 타인 금전 관리자인 甲이 공사업자 乙과 계약금액 부풀려 계약 후 과다 지급된 금액을 되돌려 받기로 약정한 다음, 그에 따라 실행 후 과다 지급된 금액 수수 – 횡령죄 ○

타인을 위하여 금전 등을 보관·관리하는 자가 개인적 용도로 사용할 자금을 마련하기 위하여, 적정한 금액보다 과다하게 부풀린 금액으로 공사계약을 체결하기로 공사업자 등과 사전에 약정하고 그에 따라 과다 지급된 공사대금 중의 일부를 공사업자로부터 되돌려 받는 행위는 그 타인에 대한 관계에서 과다하게 부풀려 지급된 공사대금 상당액의 횡령이 된다. (대법원 2015. 12. 10. 선고 2013도13444 판결)

동지 수의계약 체결하는 공무원 甲이 공사업자 乙과 계약금액 부풀려 계약 후 과다 지급된 금액을 되돌려 받기로 약정한 다음, 그에 따라 실행 후 과다 지급된 금액 수수 – ① 뇌물수수죄 × ② 횡령죄 ○ (대법원 2007. 10. 12. 선고 2005도7112 판결)

판례 회사 이사 甲이 회사 자금으로 뇌물을 공여하거나 부정한 청탁하고 배임증재 – ① 횡령죄 ○ ② 뇌물공여죄 또는 배임증재죄 ○ (실체적 경합)

회사의 이사 등이 업무상의 임무에 위배하여 보관 중인 회사의 자금으로 뇌물을 공여하였다면 이는 오로지 회사의 이익을 도모할 목적이라기보다는 뇌물공여 상대방의 이익을 도모할 목적이나 기타 다른 목적으로 행하여진 것이라고 보아야 하므로, 그 이사 등은 회사에 대하여 업무상횡령죄의 죄책을 면하지 못한다. (대법원 2013. 4. 25. 선고 2011도9238 판결, 대법원 2010. 5. 13. 선고 2009도13463 판결)

동지 회사 대표이사 甲이 회사 재산 처분하여 그 대금을 정치자금으로 기부하였는데, 회사이익을 도모할 목적보다는 후보자 개인의 이익 도모할 목적·기타 다른 목적이 인정된 경우 – ① 횡령죄 ○ ② 정치자금법위반 ○ (실체적 경합) (대법원 2005. 5. 26. 선고 2003도5519 판결, 대법원 1999. 6. 25. 선고 99도1141 판결)

판례 양식어업면허권자 甲이 어업면허권을 양도한 후에도 면허권이 자기 앞으로 되어 있음을 기화로 어업권손실보상금을 수령하여 임의 소비 – 횡령죄 ○ (대법원 1993. 8. 24. 선고 93도1578 판결)

---

124 이동신, "공장저당권설정자 등이 그 목적물을 임의로 처분한 경우 공장저당권자에 대하여 배임죄가 성립하는지 여부", 대법원판례해설 제48호, 법원도서관, 2004, 484–497쪽에 따르면, 대법원 재판연구관 이동신 판사는 대법원판례의 상고이유서·원심판결·대법원판결을 모두 검토한 후 "위 판례의 법리는 공장재단을 구성하고 있는 기계의 양도 등 처분행위가 사법상 무효라는 데에 그치고 있으며, 나아가 위 판결요지와 같이 그 처분행위가 사법상 무효이므로 그 처분행위가 횡령죄를 구성하지 않는다는 취지도 아니"라고 밝혔다.

[판례] 소속대 사병식당 취사반장 甲이 사병급식용 고기 임의 처분 – 횡령죄 ○ (대법원 1982. 3. 23. 선고 81도2455 판결)

[판례] A社가 실제로는 자기주식 취득하면서 상법상 규제를 회피하기 위하여 乙명의를 빌려 丙으로부터 대출을 받고 乙명의로 A社 주식을 취득하였는데, A社 대표이사 甲은 가지급금 형식으로 회사 자금 인출하여 丙에게 채무를 변제함 – 횡령죄 ✕

회사가 신주를 발행하여 실제로는 타인으로부터 제3자 명의로 자금을 빌려 자기의 계산으로 신주를 인수하면서도 제3자 명의를 차용한 경우, 이는 상법 등에서 허용하지 않는 자기주식의 취득에 해당하므로 회사의 신주인수행위는 무효라고 보아야 할 것이지만, 신주인수대금의 납입을 위하여 회사가 제3자 명의로 금원을 차용한 행위의 효력은 부정할 수가 없고 그 차용원리금의 상환의무는 회사가 부담한다고 보아야 하므로, 회사의 대표이사가 가지급금의 형식으로 회사의 자금을 인출하여 위 차용원리금 채무의 변제에 사용하였다고 하더라도 이는 업무상횡령죄에 해당한다고 볼 수 없다고 한 사례. (대법원 2005. 2. 18. 선고 2002도2822 판결)

단체비용으로 변호사 비용을 지출한 사건들을 모아서 살펴본다.

[판례] 단체비용으로 지출할 수 있는 변호사 비용 – ① 단체가 당사자 ② 분쟁에 대한 실질적 이해관계는 단체에 있으나 법적 이유로 대표자 개인이 당사자 ③ 대표자로서 행한 직무행위로 분쟁 발생한 경우
원칙적으로 단체의 비용으로 지출할 수 있는 변호사 선임료는 ① 단체 자체가 소송당사자가 된 경우에 한하므로 단체의 대표자 개인이 당사자가 된 민·형사사건의 변호사 비용은 단체의 비용으로 지출할 수 없고, 예외적으로 ② 분쟁에 대한 실질적인 이해관계는 단체에게 있으나 법적인 이유로 그 대표자의 지위에 있는 개인이 소송 기타 법적 절차의 당사자가 되었다거나 ③ 대표자로서 단체를 위해 적법하게 행한 직무행위 또는 대표자의 지위에 있음으로 말미암아 의무적으로 행한 행위 등과 관련하여 분쟁이 발생한 경우와 같이, 당해 법적 분쟁이 단체와 업무적인 관련이 깊고 당시의 제반 사정에 비추어 단체의 이익을 위하여 소송을 수행하거나 고소에 대응하여야 할 특별한 필요성이 있는 경우에 한하여 단체의 비용으로 변호사 선임료를 지출할 수 있다.
반대로 법인 자체가 소송당사자가 된 경우에는 원칙적으로 그 소송의 수행이 법인의 업무수행이라고 볼 수 있으므로 그 변호사 선임료를 법인의 비용으로 지출할 수 있을 것이나, 그 소송에서 법인이 형식적으로 소송당사자가 되어 있을 뿐 실질적인 당사자가 따로 있고 법인으로서는 그 소송의 결과에 있어서 별다른 이해관계가 없다고 볼 특별한 사정이 있는 경우에는, 그 소송의 수행이 법인의 업무수행이라고 볼 수 없어 법인의 비용으로 이를 위한 변호사 선임료를 지출할 수 없다고 할 것이다. (대법원 2008. 6. 26. 선고 2007도9679 판결)
참고 회사 대표이사 甲이 회사의 자금으로, 甲 본인이 당사자일 뿐만 아니라 자신의 경영권을 방어하기 위한 목적으로 신주를 발행하는 과정에서 저지른 배임행위에 대한 '신주 의결권행사금지 가처분' 사건에 관한 변호사 비용을 지출 – 횡령죄 ○

판례 ① 재건축조합장 甲이 조합의 비용으로 개인 명의 손해배상소송 위한 변호사 선임비용 지출 ② 재건축조합장 甲이 조합의 비용으로 개인 위법행위 관련 형사사건 변호사 선임비용 지출 – ①·② 횡령죄 ○

위 형사사건의 변호사 선임료를 지출함에 있어 이사 및 대의원회의 승인을 받았다 하여도 재건축조합의 업무집행과 무관한 조합장 개인의 형사사건을 위하여 변호사 선임료를 지출하는 것이 위법한 이상 위 승인은 내재적 한계를 벗어나는 것으로서 횡령죄의 성립에 영향을 미치지 아니한다. (대법원 2006. 10. 26. 선고 2004도6280 판결)

판례 법인 구성원이 관계법령 위반하여 형사재판을 받는데 그 변호사비용을 법인자금으로 지급함 – 횡령죄 ○

법인의 구성원은 적법한 방법으로 그 법인을 위한 업무를 수행하여야 하므로, 법인의 구성원이 업무수행에 있어 관계 법령을 위반함으로써 형사재판을 받게 되었다면 그의 개인적인 변호사비용을 법인자금으로 지급한다는 것은 횡령에 해당하며, 그 변호사비용을 법인이 부담하는 것이 관례라고 하여도 그러한 행위가 사회상규에 어긋나지 않는다고 할 만큼 사회적으로 용인되어 보편화된 관례라고 할 수 없다. (대법원 2003. 5. 30. 선고 2002도235 판결)

동지 대표이사가 회사를 위한 탈세행위로 형사재판을 받는데, 그에 관한 변호사비용, 정신적·육체적 손해에 대한 보상금을 요양비·퇴직위로금 명목으로 주주총회결의를 거쳐 회사자금으로 지급함 – 횡령죄 ○ (대법원 1990. 2. 23. 선고 89도2466 판결)

판례 집합건물 입주자대표회의 회장·대표자인 甲·乙·丙은 입주자대표회의비로 자신들의 형사사건 변호사 선임비용을 지급하였는데 ① 피고인 甲에 대한 형사소송은 타 입주자대표들의 자격·기존 입주자대표회의가 처리해 온 업무 효력 등과 연관되어 있고 ② 피고인 乙에 대한 형사소송은 개인적인 위법행위임 – ① 횡령죄 × ② 횡령죄 ○ (대법원 2011. 9. 29. 선고 2011도4677 판결)

판례 법인의 대표자 甲이 법인 경비로 이사직무집행정지가처분결정을 당한 이사 乙의 소송비용을 지급함 – 횡령죄 ×

법인의 이사를 상대로 한 이사직무집행정지가처분결정이 된 경우, 당해 법인의 업무를 수행하는 이사의 직무집행이 정지당함으로써 사실상 법인의 업무수행에 지장을 받게 될 것은 명백하므로 법인으로서는 그 이사 자격의 부존재가 객관적으로 명백하여 항쟁의 여지가 없는 경우가 아닌 한 위 가처분에 대항하여 항쟁할 필요가 있다고 할 것이고, 이와 같이 필요한 한도 내에서 법인의 대표자가 법인 경비에서 당해 가처분 사건의 피신청인인 이사의 소송비용을 지급하더라도 이는 법인의 업무수행을 위하여 필요한 비용을 지급한 것에 해당하고, 법인의 경비를 횡령한 것이라고는 볼 수 없다. (대법원 2003. 5. 30. 선고 2003도1174 판결, 대법원 2009. 3. 12. 선고 2008도10826 판결)

판례 상가관리운영위원회의 운영위원장 甲이 그에 대하여 제기된 직무집행정지가처분 신청에 대응하기 위한 변호사 선임료를 상가 관리비에서 지급함 – 횡령죄 × (대법원 2019. 5. 30. 선고 2016도5816 판결)

나. 반환거부

보관하고 있는 재물에 대하여 소유자의 권리를 배제하는 의사표시로서 불법영득의사를 표현하는 것을 말한다.

> **판례** '반환거부' – ① 소유자의 권리를 배제하는 의사표시 ② 횡령행위와 동등한 정도 ③ 정당한 이유 없을 것
> '반환의 거부'란 보관물에 대하여 소유자의 권리를 배제하는 의사표시를 하는 행위를 뜻하므로, '반환의 거부'가 횡령죄를 구성하려면 타인의 재물을 보관하는 자가 단순히 반환을 거부한 사실만으로는 부족하고 반환거부의 이유와 주관적인 의사들을 종합하여 반환거부행위가 횡령행위와 같다고 볼 수 있을 정도이어야 한다. 횡령죄에서 불법영득의 의사는 타인의 재물을 보관하는 자가 그 취지에 반하여 정당한 권원 없이 스스로 소유권자와 같이 이를 처분하는 의사를 말하므로 비록 반환을 거부하였더라도 반환거부에 정당한 이유가 있다면 불법영득의 의사가 있다고 할 수 없다. (대법원 2022. 12. 29. 선고 2021도 2088 판결)

> **판례** 실질적으로 乙이 단독운영하던 사업장이어서 그 사업장의 재산은 乙의 단독 소유임에도 甲이 익명조합관계의 영업자의 지위에 있다고 주장하며 사업장의 재산 반환거부 – 횡령죄(반환거부) ○ (대법원 2009. 4. 23. 선고 2007도9924 판결)

> **판례** 주류업체 甲社의 이사인 피고인은 피해자 상대로 대금청구 소송을 제기하였는데, 피해자는 甲社에 착오송금한 뒤 피고인에게 그 사정을 문자로 고지하였고, 피고인은 자신이 주장하는 채권액을 임의로 상계정산한 뒤 나머지 금액만을 반환함 – 횡령죄(반환거부) × (대법원 2022. 12. 29. 선고 2021도 2088 판결)
> **참고** 甲社가 피해자에 대하여 반환거부 금액에 상응하는 채권을 보유하고 있었다는 점이 핵심 무죄 이유이다.

다. 기수·미수

횡령죄의 기수시점에 관하여 ① 불법영득의사가 객관적으로 인식될 수 있도록 외부에 표현되었을 때 기수가 된다는 표현설과 ② 처분행위로 인하여 불법영득의사가 실현되었을 때 기수가 된다는 실현설이 대립하고, 판례는 일관되지 아니하다.

> **판례** 감정평가법인 지사에서 근무하는 감정평가사들이 접대비 명목 등으로 임의로 나누어 사용할 목적으로 법인을 위하여 보관 중이던 돈의 일부를 비자금으로 조성 – 횡령죄 기수 ○ (대법원 2010. 5. 13. 선고 2009도1373 판결)

> **판례** 동업계약에 기해 식재된 수목을 관리·보관하던 동업자 일방 甲이 다른 동업자 乙의 허락 없이 제3자에게 매도하기로 계약 체결 후 계약금을 수령·소비함 – 횡령미수죄 ○ (대법원 2012. 8. 17. 선고

2011도9113 판결) **표준**

참고 부동산 이중매매 배임죄 착수 시기는 제2매수인으로부터 중도금을 받은 때이다.

기수 이후의 사정으로서 범죄 성립에 영향을 미치지 않는 경우를 살펴본다.

판례 대표이사 甲이 회사에 귀속된 대출금 임의사용 후 개인자금으로 대출금 상환 - 횡령죄 기수 ○

횡령죄에 있어서 '불법영득의 의사'라 함은 자기 또는 제3자의 이익을 꾀할 목적으로 임무에 위배하여 보관하는 타인의 재물을 자기의 소유인 경우와 같이 처분을 하는 의사를 말하고, 사후에 이를 반환하거나 변상 또는 보전하려는 의사가 있다고 하여 불법영득의사의 존재가 부정되지 아니한다. (대법원 2010. 5. 27. 선고 2010도369 판결, 대법원 2010. 5. 27. 선고 2010도3399 판결, 대법원 2012. 6. 14. 선고 2010도9871 판결)

동지 대표이사 甲이 자신의 다른 횡령사실 감추고자 가공의 공사대금 지급한 것처럼 허위로 회계처리하며 그 대금에 대한 부가가치세 명목으로 회사 자금을 임의 지출한 후 지출액 상당을 매입세액으로 환급받아 회사에 다시 입금 - 횡령죄 기수 ○ (대법원 2012. 1. 27. 선고 2011도14247 판결)

판례 甲이 이미 乙의 금전을 횡령한 후에 자신이 乙에 대한 금전채권을 가지고 있음을 주장하며 이를 자동채권으로 하여 횡령액에 관해 상계 의사표시를 함 - 횡령죄 기수 ○

일단 불법영득의 의사로써 업무상 보관중인 타인의 금전을 횡령하여 범죄가 성립한 이상 횡령의 범행을 한 자가 물건의 소유자에 대하여 별도의 금전채권을 가지고 있음을 주장하고 이를 자동채권으로 하여 그 대등액에서 횡령액에 관하여 상계의 의사표시를 한다고 하더라도 이미 성립한 업무상횡령죄에 무슨 영향이 있는 것은 아니다. (대법원 1995. 3. 14. 선고 95도59 판결)

횡령액 산정과 관련한 판례를 살펴본다.

판례 특경법 이득액 ① 단순일죄·포괄일죄 - 합산 ○ ② 실체적·상상적 경합 - 합산 ×

특정경제범죄 가중처벌 등에 관한 법률 제3조 제1항에 정한 이득액은 단순일죄의 이득액이나 혹은 포괄일죄가 성립되는 경우의 이득액의 합산액을 의미하는 것이지 경합범으로 처벌될 수죄에 있어서 그 이득액을 합한 금액을 말한다고 볼 수는 없음. (대법원 2011. 2. 24. 선고 2010도13801 판결)

판례 甲이 乙의 부동산을 보관 중 제3자에게 근저당권을 설정해 준 경우 - 횡령액은 부동산을 담보로 제공한 피담보채무액 내지 그 채권최고액

피고인이 근저당권설정등기를 마치는 방법으로 위 각 부동산을 횡령하여 취득한 구체적인 이득액은 위 각 부동산의 시가 상당액에서 위 범행 전에 설정된 피담보채무액을 공제한 잔액이 아니라 위 각 부동산을 담보로 제공한 피담보채무액 내지 그 채권최고액이라고 보아야 한다. (대법원 2013. 5. 9. 선고 2013도2857 판결)

해설 원심은 부동산의 시가에서 이미 설정되어 있던 근저당권을 뺀 가액 전부가 횡령액이라 보았다. 그러나 이 사건 횡령은 부동산의 잔존 경제적 가치를 매각의 형태로 모두 횡령한 것이 아니라, 그 중 일부인 담보가치를 횡령한 것이기 때문에 담보가치만을 계산하여 횡령액이라 보아야 한다.

판례 동업에 50% 지분을 가진 甲이 6억 원 상당의 동업재산을 임의처분한 경우, 횡령액은 6억원 전부 동업자의 한 사람이 동업재산을 보관 중 임의로 횡령하였다면 지분비율에 관계없이 임의로 횡령한 금액 전부에 대하여 횡령죄의 죄책을 부담한다. (대법원 2000. 11. 10. 선고 2000도3013 판결, 대법원 2009. 10. 15. 선고 2009도7423 판결, 대법원 2011. 6. 10. 선고 2010도17684 판결, 대법원 1982. 9. 28. 선고 81도2777 판결)

참고 甲의 지분비율에 해당하는 3억원을 공제하지 않는다.

판례 타인 금전 관리자인 甲이 공사업자 乙과 계약금액 부풀려 계약 후 과다 지급된 금액을 되돌려 받기로 약정한 다음 그에 따라 실행 후 과다 지급된 금액 수수한 경우, 횡령액은 과다하게 부풀려 지급된 공사대금 상당액

타인을 위하여 금전 등을 보관·관리하는 자가 개인적 용도로 사용할 자금을 마련하기 위하여, 적정한 금액보다 과다하게 부풀린 금액으로 공사계약을 체결하기로 공사업자 등과 사전에 약정하고 그에 따라 과다 지급된 공사대금 중의 일부를 공사업자로부터 되돌려 받는 행위는 그 타인에 대한 관계에서 과다하게 부풀려 지급된 공사대금 상당액의 횡령이 된다. (대법원 2015. 12. 10. 선고 2013도13444 판결)

4. 기타

가. 고의·불법영득의사

1) 의의

고의란 자기가 보관하는 타인의 재물을 횡령한다는 사실에 대한 인식·의사를 말한다. 불법영득의사란 자기 또는 제3자의 이익을 위하여 보관하고 있는 타인의 재물을 자기의 소유인 것과 같이 사실상·법률상 처분하려는 의사를 말한다.

판례 극장 경영자 甲이 입장료와 문화예술진흥기금을 함께 받았음에도 (입장권에는 '입장료에 문화예술진흥기금이 포함되어 있습니다.'라고 안내문구 표시되어 있었음) 위 기금을 별도로 관리하지 않고, 자신의 예금통장에 혼합보관하면서 임의소비 – 횡령죄 ○ (대법원 1997. 3. 28. 선고 96도3155 판결)

참고 甲은 한국문화예술진흥원을 위하여 그 기금을 보관하고 있는 자의 지위에 있다.

판례 피고인이 甲과 함께 소주방에서 술을 마시다가 서로 몸싸움을 하는 과정에서 甲이 떨어뜨리고 간 휴대전화를 소주방 업주로부터 건네받아 보관하던 중 甲의 휴대전화를 임의로 사용 – 횡령죄 ×
피해자의 휴대전화를 보관하면서 임의로 사용한 것만으로는 불법영득의 의사가 있었다고 단정하기 어

렵다. (대법원 2014. 3. 13. 선고 2012도5346 판결)

판례 A社에 대하여 개인적인 채권을 가지고 있는 A社 대표이사 甲이 회사 소유 금전으로 자신의 채권에 변제충당 – 횡령죄 ×

자신의 채권 변제에 충당하는 행위는 회사와 이사의 이해가 충돌하는 자기거래행위에 해당하지 않는 것이므로, 대표이사가 이사회의 승인 등의 절차 없이 그와 같이 자신의 회사에 대한 채권을 변제하였더라도, 이는 대표이사의 권한 내에서 한 회사 채무의 이행행위로서 유효하고, 따라서 불법영득의 의사가 인정되지 아니하여 횡령죄의 죄책을 물을 수 없다. (대법원 2002. 7. 26. 선고 2001도5459 판결, 대법원 1999. 2. 23. 선고 98도2296 판결)

비교 A社에 대하여 가수금 채권을 가지고 있는 A社 대표이사 甲이 회사 소유 금전 개인용도 임의소비 (甲은 채권변제라 주장하였으나 인정되지 않음) – 횡령죄 ○

회사의 대표이사가 업무상 보관중인 금전이 회사장부상 위 대표이사의 가수금으로 처리되어 있다 하더라도 위 대표이사가 회사소유의 자금인 위 금전을 개인용도에 임의 소비하였다면 이는 업무상횡령죄를 구성한다 할 것이고, 위 대표이사가 불법영득의 의사로써 업무상 보관중인 회사의 금전을 횡령하여 범죄가 성립한 이상 회사에 대하여 별도의 가수금채권을 가지고 있다는 사정만으로 금전을 사용할 당시 이미 성립한 업무상횡령죄에 무슨 영향이 있는 것은 아니다. (대법원 2006. 6. 16. 선고 2004도7585 판결)

2) 비자금

판례 '비자금 조성'과 횡령 → 법인과 무관·개인적 착복할 목적의 '조성' = 횡령죄 ○
단, ① 단순 장부상 분식, ② 법인운영자금 조달수단 위한 비자금 '조성' = 횡령죄 ×

업무상횡령죄가 성립하기 위하여는 자기 또는 제3자의 이익을 꾀할 목적으로 업무상 임무에 위배하여 자신이 보관하는 타인의 재물을 자기의 소유인 것 같이 사실상 또는 법률상 처분하는 의사를 의미하는 불법영득의 의사가 있어야 한다. 법인의 운영자 또는 관리자가 법인의 자금을 이용하여 비자금을 조성하였다고 하더라도 ① 그것이 당해 비자금의 소유자인 법인 이외의 제3자가 이를 발견하기 곤란하게 하기 위한 장부상의 분식에 불과하거나 ② 법인의 운영에 필요한 자금을 조달하는 수단으로 인정되는 경우에는 불법영득의 의사를 인정하기 어렵다. 다만 법인의 운영자 또는 관리자가 법인을 위한 목적이 아니라 법인과는 아무런 관련이 없거나 개인적인 용도로 착복할 목적으로 법인의 자금을 빼내어 별도로 비자금을 조성하였다면 그 조성행위 자체로써 불법영득의 의사가 실현된 것으로 볼 수 있을 것인바, 이때 그 행위자에게 법인의 자금을 빼내어 착복할 목적이 있었는지 여부는 그 법인의 성격과 비자금의 조성 동기, 방법, 규모, 기간, 비자금의 보관방법 및 실제 사용용도 등 제반 사정을 종합적으로 고려하여 판단하여야 한다. (대법원 2010. 12. 9. 선고 2010도11015 판결, 대법원 2015. 2. 26. 선고 2014도15182 판결, 대법원 1999. 9. 17. 선고 99도2889 판결)

해설 비자금과 횡령죄
비자금은 ① 조성하고 ② 보관한 후 ③ 사용한다. 횡령죄의 관점에서는 ① 조성행위가 횡령죄(기수)를 구성하는지 ③ 사용행위가 횡령죄(기수)를 구성하는지가 문제된다.
첫째, 비자금 '조성'만으로도 횡령죄(기수)가 인정되는가? 원칙적으로는 인정되지 않을 것이다. 일단 비자금이 회사의 관리 아래 있기에 불법영득의사가 외부적으로 표현되었다고 보기 어렵다. 조성만으로 횡령죄가 인정되기 위해서는 법인과 무관하게 개인적 용도로 착복할 목적으로 조성하여야 한다(이와 달리 ① 단순 장부상 분식 ② 법인운영자금 조달수단 위한 비자금 조성으로는 횡령죄가 불성립한다).

둘째, 조성된 비자금의 '사용'이 횡령인가? 대법원은 2007도4784 판결에서 "해당 비자금 사용의 주된 목적이 피고인들의 개인적인 용도에 사용하기 위한 것이라고 볼 수 있는지 여부 내지 불법영득의사의 존재를 인정할 수 있는지 여부에 대하여 판단하여야 할 것이다"라고 한다. 즉 비자금을 개인적 용도로 사용하면 횡령이고, 회사 경영상의 필요에 의해 사용하면 횡령이 아니라는 것이다. 이상의 논의를 아래 표로 정리한다.

비자금	횡령죄(기수) 성립	횡령죄 불성립
조성행위	개인적 착복 목적	① 단순 장부상 분식 ② 법인운영자금 조달 목적
사용행위	개인적 용도 사용	법인 운영 목적 사용

판례 비자금으로 피고인·제3자인 다른 계열사 이익을 위하여 사용 = 조성 자체 횡령죄 ○

피고인이 피해 회사 자금을 인출하여 부외자금을 조성한 뒤 자기 또는 제3자인 다른 계열사들의 이익을 위하여 사용한 사안에서, 이는 피해 회사의 자금을 자기의 소유 자금인 것처럼 처분할 의사로 부외자금을 조성한 것으로 보이므로 피고인의 불법영득의사가 인정되고, 계열회사 전부가 피고인의 1인회사라고 하더라도 달리 볼 수 없다. (대법원 2011. 2. 10. 선고 2010도12920 판결)

동지 감정평가법인 지사에서 근무하는 감정평가사들이 접대비 명목 등으로 임의로 나누어 사용할 목적으로 법인을 위하여 보관 중이던 돈의 일부를 비자금으로 조성 – 횡령죄 기수 ○ (대법원 2010. 5. 13. 선고 2009도1373 판결)

판례 비자금 '사용'행위에 대한 불법영득의사 판단

피고인들이 보관, 관리하고 있던 회사의 비자금이 인출, 사용되었음에도 피고인들이 그 행방이나 사용처를 제대로 설명하지 못하거나, 피고인들이 주장하는 사용처에 사용된 자금이 그 비자금과는 다른 자금으로 충당된 것으로 드러나는 등 피고인들이 주장하는 사용처에 비자금이 사용되었다는 점을 인정할 수 있는 자료가 부족하고 오히려 피고인들이 비자금을 개인적인 용도에 사용하였다는 점에 대한 신빙성 있는 자료가 많은 경우 등에는 피고인들이 그 돈을 불법영득의 의사로써 횡령한 것이라고 추단할 수 있을 것이다. 하지만, 이와 달리 피고인들이 불법영득의사의 존재를 인정하기 어려운 사유를 들어 비자금의 행방이나 사용처에 대한 설명을 하고 있고 이에 부합하는 자료도 있다면, 피고인들이 그 보관, 관리하고 있던 비자금을 일단 타 용도로 소비한 다음 그만한 돈을 별도로 입금 또는 반환한 것이라는 등의 사정이 인정되지 아니하는 한, 함부로 보관, 관리하고 있던 비자금을 불법영득의사로 인출하여 횡령하였다고 인정할 수는 없다.

또한, 이 사건과 같이 피고인들이 회사의 비자금을 사용한 사실은 인정하면서도 그 비자금을 회사를 위하여 인출, 사용하였다고 주장하면서 불법영득의사의 존재를 부인하는 경우, 피고인들이 주장하는 비자금의 사용이 회사의 운영과정에서 통상적으로 발생하는 비용에 대한 지출(부담)로서 회사가 그 비용을 부담하는 것이 상당하다고 볼 수 있는지 여부, 비자금 사용의 구체적인 시기, 대상, 범위, 금액 등에 대한 결정이 객관적, 합리적으로 적정하게 이루어졌는지 여부(다만, 일반적인 비자금의 조성과정이나 비자금의 성격 등에 비추어 볼 때, 비자금 사용에 관하여 회사 내부규정이 존재하지 않거나 이사회 결의

등을 거치지 않았다고 하더라도, 그러한 사정만으로 바로 피고인들의 불법영득의사의 존재가 인정된다고 할 것은 아니다) 등을 비롯하여 그 비자금을 사용하게 된 시기, 경위, 결과 등을 종합적으로 고려하여, 해당 비자금 사용의 주된 목적이 피고인들의 개인적인 용도에 사용하기 위한 것이라고 볼 수 있는지 여부 내지 불법영득의사의 존재를 인정할 수 있는지 여부에 대하여 판단하여야 할 것이다. (대법원 2009. 2. 26. 선고 2007도4784 판결, 대법원 2010. 6. 24. 선고 2007도5899 판결, 대법원 2017. 5. 30. 선고 2016도9027 판결) **표준**

[판례] 회사 대표이사 甲이 회사 금원 인출하여 사용 → 인출사유·사용처에 관하여 납득할 만한 증빙자료·합리적인 설명 제시하지 못한다면 불법영득의사 추단 가능 (대법원 2013. 6. 27. 선고 2013도2510 판결, 대법원 2009. 12. 24. 선고 2008도11967 판결, 대법원 2015. 1. 15. 선고 2014도9691 판결)

3) 용도 전용

예산을 집행할 지위에 있는 자가 예산을 전용한 경우, ① 위법한 목적으로 예산을 유용한 경우 ② 예산의 용도가 엄격하게 제한되어 있는 경우에 불법영득의사가 인정된다.

[판례] ① 위법목적 예산 유용 ② 용도가 엄격제한된 예산 유용 - 불법영득의사 ○

예산을 집행할 직책에 있는 자가 자기 자신의 이익을 위한 것이 아니고 경비부족을 메우기 위하여 예산을 전용한 경우라면, ① 그 예산의 항목유용 자체가 위법한 목적이 있다거나 ② 예산의 용도가 엄격하게 제한되어 있는 경우는 별론으로 하고 그것이 본래 책정되거나 영달되어 있어야 할 필요경비이기 때문에 일정한 절차를 거치면 그 지출이 허용될 수 있었던 때에는 그 간격을 메우기 위한 유용이 있었다는 것만으로 바로 그 유용자에게 불법영득의 의사가 있었다고 단정할 수는 없다. (대법원 2002. 11. 26. 선고 2002도5130 판결)

참고 출장비를 교부받아 보관 중 사무실 비품 구입비·직원 회식비 등 사무실 운영비로 사용 - 횡령죄 ×

[판례] 단체의 경비부족을 메우기 위해 용도가 엄격하게 제한된 보조금을 전용 - 횡령죄 ○ (대법원 2018. 10. 4. 선고 2016도16388 판결)

[동지] 장흥군 사회단체보조금 지원에 관한 조례상의 보조금 전용 - 횡령죄 ○ (대법원 2010. 9. 30. 선고 2010도987 판결)

[동지] 초·중등교육법에 정한 학교발전기금으로 기부된 금원 전용 - 횡령죄 ○ (대법원 2014. 3. 13. 선고 2012도6336 판결)

[동지] 집합건물 관리회사가 구분소유자들로부터 납부받은 특별수선충당금 명목 금원 전용 - 횡령죄 ○ (대법원 2004. 5. 27. 선고 2003도6988 판결)

[동지] 주상복합상가의 매수인들로부터 납부받은 우수상인유치비 명목 금원 전용 - 횡령죄 ○ (대법원 2002. 8. 23. 선고 2002도366 판결)

[판례] 甲 노동조합이 乙 사용자단체로부터 조합원 출퇴근 편의를 위한 통근차량 구입·유지에 사용하도록 용도제한된 자금을 수령하여 甲 조합의 '차량유지비' 특별회계로 운용하며 조합간부 등에 대한 유류비로 지급 - 횡령죄 ○ (대법원 2007. 2. 22. 선고 2006도2238 판결)

(판례) 동화은행장 甲이 은행의 업무추진비로 ① 은행 주주 대부분이 이북5도 관련단체 또는 개인이라는 이유로 이북5도의 전·현직 도지사 등에게 판공비 등 지급하고 ② 은행의 임원·간부 직원에게 명절 무렵의 수고비 명목의 돈을 지급함 – 횡령죄 ○ (대법원 1994. 9. 9. 선고 94도619 판결)

(판례) 사립학교법상 교비회계자금을 다른 용도에 사용 – 횡령죄 ○ (대법원 2014. 8. 28. 선고 2014도6286 판결, 대법원 2002. 5. 10. 선고 2001도1779 판결, 대법원 2000. 12. 8. 선고 99도214 판결)

참고 A학교의 교비회계자금을 같은 학교법인에 속하는 B 학교의 교비회계에 사용하여도 횡령죄가 성립한다.

(판례) 학교법인 이사장인 피고인이 대학 건물을 정관 기타 규정상 근거 없이 주거용으로 사용하다가 인테리어 공사 등 대금을 교비회계자금으로 지출 – 횡령죄 ○ (대법원 2012. 5. 10. 선고 2011도12408 판결)

(비교) 피고인이 甲 사립학교 경영자 乙과 공모하여 학생 등이 납부한 수업료 등을 교비회계가 아닌 다른 회계에 임의사용 – 횡령죄 ✕
피고인이 甲 사립학교 경영자 乙과 공모하여 학생이나 학부모가 납부한 수업료 기타 납부금을 교비회계 아닌 다른 회계에 임의로 사용하였다고 하여 특정경제범죄 가중처벌 등에 관한 법률 위반(횡령)으로 기소된 사안에서, 甲 학교는 사인(私人)인 乙 등이 설립하여 운영하는 학교로서 수업료 등으로 조성된 교비는 특별한 사정이 없는 한 甲 학교의 설치·경영자인 乙 등의 소유에 속하므로, 피고인이 乙과 공모하여 이를 임의로 사용하였더라도 사립학교법 위반죄가 성립하는 것 외에 따로 횡령죄가 성립하지 않는다고 본 원심판단을 수긍한 사례. (대법원 2012. 5. 10. 선고 2011도12408 판결)

(판례) 사립학교에서 국가보조금 전용하여 학교법인의 수익용 자산 취득비용으로 지출 – 횡령죄 ○ (대법원 2004. 12. 24. 선고 2003도4570 판결, 대법원 2010. 3. 11. 선고 2009도6482 판결)

(판례) 학교법인 이사장 甲이 대학 산학협력단이 용도특정하여 교부받은 보조금 중 3억 원을 대학 교비계좌로 송금하여 교직원 급여 등으로 사용 – 횡령죄 ○ (대법원 2011. 10. 13. 선고 2009도13751 판결) **표준**

(판례) 원래 교비회계자금으로 지출할 수 있는 항목에 관한 차입금을 교비회계자금으로 상환 – 횡령죄 ✕
사립학교에 있어서 학교교육에 직접 필요한 시설, 설비를 위한 경비 등과 같이 원래 교비회계에 속하는 자금으로 지출할 수 있는 항목에 관한 차입금을 상환하기 위하여 교비회계 자금을 지출한 경우, 이러한 차입금 상환행위에 관하여 교비회계 자금을 임의로 횡령하고자 하는 불법영득의 의사가 있다고 보기는 어렵고, 만일 그 행위자가 이러한 차입을 하거나 지출을 하는 과정에서 사립학교법의 관련 규정을 제대로 준수하지 아니하였다면 이에 대하여 사립학교법에 따른 형사적 제재 등이 부과될 수 있을 뿐이다. (대법원 2006. 4. 28. 선고 2005도4085 판결)

(판례) 법인 대표자 甲이 기업들로부터 기부받은 장학기금을 이사회 동의 거쳐 법인의 임대차보증금·타 사업자금으로 사용 – 횡령죄 ✕
대표자가 단체를 위하여 자금을 지출하면서 법령의 규정 또는 단체 내부 규정으로 그 자금의 용도가 엄격하게 제한된 것이 아닐 뿐 아니라 그 자금을 집행하기 위한 단체 내부의 정상적인 절차를 거쳤다면, 본래 사용될 이외의 목적으로 자금을 지출하였다는 사정만으로 그 지출행위에 불법영득의사가 있었다

고 단정할 수 없다. (대법원 2013. 2. 15. 선고 2011도13606 판결)

> **판례** 법인 대표자 甲이 법인 예비비 전용하여 기관운영판공비·회의비 등 사용 – 횡령죄 ×
>
> 예비비는 그 성격상 용도가 엄격하게 제한되어 있지도 아니하고 위 활동자금의 전용에 관하여도 공동위원들과 양해가 되어 있었으므로 이러한 전용지출이 이사회에 상정될 경우 통과될 수 있었다고 보이는데다가 달리 피고인이 특별판공비 등을 가장하여 사적으로 유용하였다고 인정할 자료도 없다. (대법원 2002. 2. 5. 선고 2001도5439 판결)

> **판례** 甲 아파트 입주자대표회장인 피고인이 일반 관리비와 별도로 적립·관리되는 특별수선충당금을 구분소유자·입주민들의 포괄적인 동의를 얻어 ① 아파트 구조진단 견적비 ② 시공사인 乙社에 대한 손배청구소송 변호사 선임료로 사용 – 횡령죄 ×
>
> 갑 아파트의 입주자대표회의 회장인 피고인이, 일반 관리비와 별도로 입주자대표회의 명의 계좌에 적립·관리되는 특별수선충당금을 아파트 구조진단 견적비 및 시공사인 을 주식회사에 대한 손해배상청구소송의 변호사 선임료로 사용함으로써 아파트 관리규약에 의하여 정하여진 용도 외에 사용하였다고 하여 업무상횡령으로 기소된 사안에서, 특별수선충당금은 갑 아파트의 주요시설 교체 및 보수를 위하여 별도로 적립한 자금으로 원칙적으로 그 범위 내에서 사용하도록 용도가 제한된 자금이나, 당시에는 특별수선충당금의 용도 외 사용이 관리규약에 의해서만 제한되고 있었던 점, 피고인이 구분소유자들 또는 입주민들로부터 포괄적인 동의를 얻어 특별수선충당금을 위탁의 취지에 부합하는 용도에 사용한 것으로 볼 여지가 있는 점 등 제반 사정을 종합하면, 피고인이 특별수선충당금을 위와 같이 지출한 것이 위탁의 취지에 반하여 자기 또는 제3자의 이익을 위하여 자기의 소유인 것처럼 처분하였다고 단정하기 어렵다. (대법원 2017. 2. 15. 선고 2013도14777 판결)

4) 가장납입

가장납입의 경우 ① 상법상 가장납입죄와 ② 공정증서원본불실기재 및 동행사죄가 성립한다.[125] 회사의 자본금에는 아무런 변동이 없기에, ① 회사 돈을 임의로 유용한다는 불법영득의사가 없어 횡령죄가 불성립하고 ② 회사에 재산상 손해가 발생하지 않아 배임죄가 성립하지 않는다.

> **판례** 甲社의 실질적 경영자인 피고인이 乙로부터 돈을 빌려 甲社 설립 또는 증자절차에서 주금을 납입하고 설립등기·증자등기를 마친 후 주금 해당액을 곧바로 인출하여 乙에 대한 채무 변제 – ① 상법상 가장납입죄 ○ ② 공정증서원본불실기재 및 동행사죄 ○ ③ 횡령죄 ×
>
> 주식회사의 설립업무 또는 증자업무를 담당한 자와 주식인수인이 사전 공모하여 주금납입취급은행 이외의 제3자로부터 납입금에 해당하는 금액을 차입하여 주금을 납입하고 납입취급은행으로부터 납입금

---

125 **상법 제628조(납입가장죄등)** ① 제622조제1항에 게기한 자가 납입 또는 현물출자의 이행을 가장하는 행위를 한 때에는 5년 이하의 징역 또는 1천500만원 이하의 벌금에 처한다. ② 제1항의 행위에 응하거나 이를 중개한 자도 제1항과 같다.

보관증명서를 교부받아 회사의 설립등기절차 또는 증자등기절차를 마친 직후 이를 인출하여 위 차용금채무의 변제에 사용하는 경우, 위와 같은 행위는 실질적으로 회사의 자본을 증가시키는 것이 아니고 등기를 위하여 납입을 가장하는 편법에 불과하여 주금의 납입 및 인출의 전 과정에서 회사의 자본금에는 실제 아무런 변동이 없다고 보아야 한다. 따라서 그들에게 회사의 돈을 임의로 유용한다는 불법영득의 의사가 있다고 보기 어렵고, 회사 자본이 실질적으로 증가됨을 전제로 한 업무상횡령죄가 성립한다고 할 수 없다. (대법원 2011. 9. 8. 선고 2011도7262 판결, 대법원 2004. 6. 17. 선고 2003도7645 전원합의체 판결, 대법원 2013. 4. 11. 선고 2012도15585 판결) **표준**

동지 가장납입 – 배임죄 ×
실질적으로 회사의 자본을 증가시키는 것이 아니고 등기를 위하여 납입을 가장하는 편법에 불과하여 주금의 납입 및 인출의 전 과정에서 회사의 자본금에는 실제 아무런 변동이 없다고 보아야 할 것이므로 그들에게 불법이득의 의사가 있다거나 회사에 재산상 손해가 발생한다고 볼 수는 없으므로, 업무상배임죄가 성립한다고 할 수 없다. (대법원 2005. 4. 29. 선고 2005도856 판결)

판례 회사의 이사 甲은 ① 회사의 사무처리자 ○ ② 회사 주주의 사무처리자 × 이므로 甲의 가장납입행위는 회사 주주들에 대한 업무상 배임죄 × (대법원 2004. 5. 13. 선고 2002도7340 판결)

판례 전환사채 가장납입 – 배임죄 ○
전환사채는 발행 당시에는 사채의 성질을 갖는 것으로서 사채권자가 전환권을 행사한 때에 비로소 주식으로 전환된다. 전환사채의 발행업무를 담당하는 사람과 전환사채 인수인이 사전 공모하여 제3자에게서 전환사채 인수대금에 해당하는 금액을 차용하여 전환사채 인수대금을 납입하고 전환사채 발행절차를 마친 직후 인출하여 차용금채무의 변제에 사용하는 등 실질적으로 전환사채 인수대금이 납입되지 않았음에도 전환사채를 발행한 경우에, 전환사채의 발행이 주식 발행의 목적을 달성하기 위한 수단으로 이루어졌고 실제로 목적대로 곧 전환권이 행사되어 주식이 발행됨에 따라 실질적으로 신주인수대금의 납입을 가장하는 편법에 불과하다고 평가될 수 있는 등의 특별한 사정이 없는 한, 전환사채의 발행업무를 담당하는 사람은 회사에 대하여 전환사채 인수대금이 모두 납입되어 실질적으로 회사에 귀속되도록 조치할 업무상의 임무를 위반하여, 전환사채 인수인이 인수대금을 납입하지 않고서도 전환사채를 취득하게 하여 인수대금 상당의 이득을 얻게 하고, 회사가 사채상환의무를 부담하면서도 그에 상응하여 취득하여야 할 인수대금 상당의 금전을 취득하지 못하게 하여 같은 금액 상당의 손해를 입게 하였으므로, 업무상배임죄의 죄책을 진다. (대법원 2015. 12. 10. 선고 2012도235 판결) **표준**

동지 신주인수권부사채 가장납입–배임죄 ○ (대법원 2022. 6. 30. 선고 2022도3784 판결)

해설 ① 전환사채의 전환이 확정적으로 예견되었고 ② 실제 발행 직후에 전환되어 실질적으로는 일반 주식이 발행된 것으로 볼 수 있다면 가장납입 일반 법리에 따라 무죄이다. 그러나 그런 사정이 없다면 전환사채 가장납입은 받은 돈 없이 회사 채무만 발생시키는 행위이므로 배임죄가 성립한다.

판례 피고인이 甲에게 '각 5,000만 원씩 출자하여 회사를 설립하되, 우선 자본금 1억 원에 대한 잔고증명은 甲의 돈으로 발급받고 회사가 설립되면 바로 출자금 5,000만 원을 납부하겠다'고 하여 甲으로 하여금 5,000만 원을 투자하게 하고 甲 명의의 은행계좌의 예금잔고증명서(1억 원)를 제출하여 乙社를 설립하게 한 후 그 주식 10,000주(1주의 금액 5,000원, 합계 5,000만 원)를 취득함 – 사기죄 ×
피고인과 갑은 을 회사를 설립하면서 각 발기인으로서 10,000주씩을 인수한 것으로 볼 여지가 있어 피고인이 갑으로부터 을 회사 주식 10,000주를 취득한 것이 아니므로 갑을 피해자로 볼 수 없고, 갑의 예금잔고증명서를 이용하여 주금을 가장납입하였다면 피고인은 을 회사에 주금 상당의 체당금 반환책임을 부담할 뿐이어서 갑에 대한 사기죄가 성립한다고 보기 어렵다. (대법원 2018. 2. 8. 선고 2017도19799 판결)

나. 공범관계

횡령죄의 주체인 보관자가 처분행위로서 횡령하는 경우, 처분의 상대방을 횡령죄의 공동정범·교사범·방조범으로 의율할 수 있는지 문제된다. 판례는 처분의 상대방이 "횡령에 적극 가담"한 경우에 한하여 죄책을 인정한다. 단순 악의에 불과한 경우 죄책을 부정한다.

> [판례] 횡령범의 횡령행위를 주선하고, 처분행위를 적극 종용한 경우 공동정범 성립
> 주식회사의 재산을 임의로 처분하려는 대표이사의 횡령행위를 주선하고 그 처분행위를 적극적으로 종용한 경우에는 대표이사의 횡령행위에 가담한 공동정범의 죄책을 면할 수 없다. (대법원 2005. 8. 19. 선고 2005도3045 판결)
>
> [판례] 채무자 乙이 보관중인 타인 물건으로 채권자 甲에게 담보제공하였고(乙 횡령죄 ○), 甲이 이를 알고 있었음 – 횡령죄 공범 ×
> 채권자가 채무자로부터 채권확보를 위하여 담보물을 제공받을 때 그 물건이 채무자가 보관중인 타인의 물건임을 알았다고 하여도 그것만으로 채권자가 채무자의 불법영득행위인 횡령행위에 공모가담한 것으로 단정할 수 없다. (대법원 1992. 9. 8. 선고 92도1396 판결)
>
> [동지] 부동산 명의수탁자 乙이 부동산을 甲에게 임의 처분하였고(乙 횡령죄 ○), 甲은 이를 알고 있었음 – 횡령죄 공범 ×
> 부동산의 등기명의수탁자가 명의신탁자의 승낙없이 이를 제3자에게 양도 또는 담보제공함으로써 횡령죄가 성립하는 경우에 그것을 양수하거나 담보제공받는 자는 비록 그와 같은 사정을 알고 있다 하더라도 처음부터 수탁자와 짜고 이를 불법영득하기로 공모하지 아니한 이상 그 횡령죄의 공동정범이 될 수 없다. (대법원 1985. 6. 25. 선고 85도1077 판결)

다. 죄수 등

1) 죄수

횡령죄의 죄수는 위탁관계의 수를 기준으로 결정한다. ① 1인으로부터 위탁받은 수인 소유의 재물을 횡령한 경우, 위탁관계는 1개이므로 1개의 횡령죄만 성립한다. ② 1개의 행위로 수인으로부터 위탁받은 재물을 횡령한 경우, 수 개의 횡령죄의 상상적 경합이 된다. ③ 수 개의 행위로 수인으로부터 위탁받은 재물을 횡령한 경우, 수 개의 횡령죄의 실체적 경합이 된다.

판례 甲이 A회사로부터 렌탈한 물건과 B회사로부터 렌탈한 물건을 성명불상자에게 일괄처분 – ① A 회사에 대한 횡령죄 ② B회사에 대한 횡령죄 (상상적 경합)

여러 개의 위탁관계에 의하여 보관하던 여러 개의 재물을 1개의 행위에 의하여 횡령한 경우 위탁관계별로 수개의 횡령죄가 성립하고, 그 사이에는 상상적 경합의 관계가 있는 것으로 보아야 한다. (대법원 2013. 10. 31. 선고 2013도10020 판결)

비교 甲은 피해자 乙(101호)·丙(102호)·丁(103호)에게 소유권이전등기절차를 이행하여 주어야 할 임무가 있음에도, 戊 앞으로 101호, 102호, 103호의 소유권이전등기를 근접한 시기에 각각 경료하여 줌 – 乙·丙·丁에 대한 각 배임죄(실체적 경합) (대법원 1994. 5. 13. 선고 93도3358 판결, 대법원 1993. 6. 22. 선고 93도743 판결)

해설 위 횡령은 1개의 처분행위인 데 반하여 위 배임은 수 개의 배신행위(등기이전)이다.

판례 상공회의소 회장인 甲이 전무이사·경리부장에게 지시하여 약 70일 사이에 4회에 걸쳐 총 14억 원을 횡령 – 포괄일죄 ○ (대법원 2006. 6. 2. 선고 2005도3431 판결)

비교 甲社가 여러 공공기관들로부터 각각 다른 시기에 각각 다른 내용의 협약을 체결하여 정부과제사업 9건을 부여받고 각 과제별로 정부출연금을 교부받았는데, 이를 횡령 – 포괄일죄 ×

甲 주식회사가 지식경제부 산하 여러 기관들과 각각 다른 시기에 서로 다른 내용의 협약을 체결하여 정부과제사업 9건을 부여받고 각 과제별로 정부출연금을 교부받는데 甲 회사의 대표이사 또는 자금담당 임원으로 정부출연금을 보관하는 지위에 있는 피고인들이 위탁 취지에 반하여 자금을 처분한 사안에서, 위와 같은 개별 협약 및 정부출연금 위탁관계를 하나로 묶어 주는 포괄적인 법률관계가 존재하는 등 특별한 사정이 없는 한 甲 회사와 위 기관들 사이에는 각 과제별로 별개의 정부출연금 위탁관계가 성립한다고 보는 것이 타당하고, 피고인들의 행위는 과제별로 별개인 위탁신임관계를 침해한 것으로서 그로 인한 피해법익이 단일하다고 할 수 없을 뿐만 아니라 범의의 단일성도 인정되기 어렵다는 이유로, 이와 달리 정부출연금이 전부 동일한 위탁관계에 기초한 것이라는 전제에서 피고인들의 범행이 포괄하여 1개의 업무상횡령죄에 해당하고 횡령금액의 합계액이 5억 원 이상이므로 특정경제범죄 가중처벌 등에 관한 법률 제3조 제1항 제2호를 적용하여 가중처벌할 수 있다고 본 원심의 조치에 포괄일죄의 성립요건에 관한 법리오해의 위법이 있다. (대법원 2011. 7. 28. 선고 2009도8265 판결)

불가벌적 사후행위에 관한 판례를 살펴보자.

판례 甲 종친회 회장 乙이 위조한 甲 종친회 규약 등을 공탁관에게 제출하여 甲 종친회가 피공탁자로 공탁된 수용보상금을 출급받아 편취한 경우(사기죄 ○), 뒤이어 수용보상금 반환을 거부한 행위 – 甲 종친회에 대한 횡령죄 × (대법원 2015. 9. 10. 선고 2015도8592 판결)

비교 대표이사 甲이 회사 상가분양 사업 수행하며 수분양자들을 기망하여 분양대금을 편취한 경우(사기죄 ○), 뒤이어 분양대금을 임의로 소비한 행위 – 회사에 대한 횡령죄 ○ (대법원 2005. 4. 29. 선고 2005도741 판결)

판례 부동산 명의수탁자 甲이 ① 근저당권설정등기를 경료해준 후 ② 같은 부동산에 또 다시 별개의 근저당권을 설정하거나 그 부동산을 매각한 경우 – ①·② 횡령죄 ○ (실체적 경합)

횡령죄는 다른 사람의 재물에 관한 소유권 등 본권을 보호법익으로 하고 법익침해의 위험이 있으면 침해의 결과가 발생되지 아니하더라도 성립하는 위험범이다. 그리고 일단 특정한 처분행위(이를 '선행 처분행위'라 한다)로 인하여 법익침해의 위험이 발생함으로써 횡령죄가 기수에 이른 후 종국적인 법익침해의 결과가 발생하기 전에 새로운 처분행위(이를 '후행 처분행위'라 한다)가 이루어졌을 때, 후행 처분행위가 선행 처분행위에 의하여 발생한 위험을 현실적인 법익침해로 완성하는 수단에 불과하거나 그 과정에서 당연히 예상될 수 있는 것으로서 새로운 위험을 추가하는 것이 아니라면 후행 처분행위에 의해 발생한 위험은 선행 처분행위에 의하여 이미 성립된 횡령죄에 의해 평가된 위험에 포함되는 것이므로 후행 처분행위는 이른바 불가벌적 사후행위에 해당한다. 그러나 후행 처분행위가 이를 넘어서서, 선행 처분행위로 예상할 수 없는 새로운 위험을 추가함으로써 법익침해에 대한 위험을 증가시키거나 선행 처분행위와는 무관한 방법으로 법익침해의 결과를 발생시키는 경우라면, 이는 선행 처분행위에 의하여 이미 성립된 횡령죄에 의해 평가된 위험의 범위를 벗어나는 것이므로 특별한 사정이 없는 한 별도로 횡령죄를 구성한다고 보아야 한다.

따라서 타인의 부동산을 보관 중인 자가 불법영득의사를 가지고 그 부동산에 근저당권설정등기를 경료함으로써 일단 횡령행위가 기수에 이르렀다 하더라도 그 후 같은 부동산에 별개의 근저당권을 설정하여 새로운 법익침해의 위험을 추가함으로써 법익침해의 위험을 증가시키거나 해당 부동산을 매각함으로써 기존의 근저당권과 관계없이 법익침해의 결과를 발생시켰다면, 이는 당초의 근저당권 실행을 위한 임의경매에 의한 매각 등 그 근저당권으로 인해 당연히 예상될 수 있는 범위를 넘어 새로운 법익침해의 위험을 추가시키거나 법익침해의 결과를 발생시킨 것이므로 특별한 사정이 없는 한 불가벌적 사후행위로 볼 수 없고, 별도로 횡령죄를 구성한다. (대법원 2013. 2. 21. 선고 2010도10500 전원합의체 판결, 대법원 2015. 1. 29. 선고 2014도12022 판결) **표준**

동지 명의수탁자 甲이 ① 부동산 일부에 대한 토지수용보상금 중 일부를 소비하고, ② 이어 수용되지 않은 나머지 부동산 전체에 대한 반환을 거부한 경우 – ①·② 횡령죄 ○ (실체적 경합) (대법원 2001. 11. 27. 선고 2000도3463 판결)

비교 乙을 위하여 임야를 보관하고 있는 甲이 ① 乙의 반환요구를 확정적으로 거부한 이후 ② 제3자에게 근저당권설정등기를 경료해 줌 – ① 횡령죄 ○ ② 횡령죄 ✕
공동상속인 중 1인이 상속재산인 임야를 보관 중 다른 상속인들로부터 매도후 분배 또는 소유권이전등기를 요구받고도 그 반환을 거부한 경우 이때 이미 횡령죄가 성립하고, 그 후 그 임야에 관하여 다시 제3자 앞으로 근저당권설정등기를 경료해 준 행위는 불가벌적 사후행위로서 별도의 횡령죄를 구성하지 않는다. (대법원 2010. 2. 25. 선고 2010도93 판결)

비교 乙을 위하여 임야를 보관하고 있는 甲이 ① 乙의 부동산을 임의로 매각한 후, ② 그 매각대금을 이용하여 다른 토지를 취득하였다가 이를 임의처분 – ① 횡령죄 ○ ② 횡령죄 ✕ (대법원 2006. 10. 13. 선고 2006도4034 판결)

해설 위 판례·동지판례의 경우, 해당 부동산에 ① 횡령행위를 저지른 후에도 경제적 가치가 잔존해 있는 상황에서 ② 추가적인 횡령행위를 통해 남은 경제적 가치를 영득하였기에, ①·② 행위에 대하여 각각 횡령죄가 성립하고 둘은 실체적 경합관계에 놓인다. 반면 비교판례의 경우, 이미 ① 행위로 인하여 부동산 '전체'를 횡령한 것이고, ② 행위는 이미 횡령한 부동산에 대한 처분행위로서 불가벌적 사후행위이다.

판례 갈취한 재물을 처분 – 횡령죄 ✕
형법 제355조 제1항의 횡령죄는 불법영득의 의사없이 목적물의 점유를 시작한 경우라야 하고 타인을 공갈하여 재물을 교부케 한 경우에는 공갈죄를 구성하는 외에 그것을 소비하고 타에 처분하였다 하더라도 횡령죄를 구성하지는 않는다. (대법원 1986. 2. 11. 선고 85도2513 판결)

2) 타죄와의 관계

타인소유·자기점유물을 기망행위로 영득한 경우, 횡령죄만 성립한다.

> **판례** 甲은 乙로부터 토지 매도를 위임받고 그 토지를 丙에게 60만원에 매도하였음에도, 乙에게 30만원에 매도했다며 30만원 만을 교부함 - ① 사기죄 ✕ ② 횡령죄 ○
> 자기가 점유하는 타인의 재물을 횡령하기 위하여 기망수단을 쓴 경우에는 피기망자에 의한 재산처분행위가 없으므로 일반적으로 횡령죄만 성립되고 사기죄는 성립되지 아니한다. (대법원 1980. 12. 9. 선고 80도1177 판결, 대법원 1987. 12. 22. 선고 87도2168 판결)
> **비교** 신용협동조합 전무가 담당 직원을 기망하여 예금인출금 등 명목으로 금원을 교부받음 - ① 배임죄 ○ ② 사기죄 ○ (상상적 경합) (대법원 2002. 7. 18. 선고 2002도669 전원합의체 판결) **표준**

장물의 보관을 위탁받은 자(장물보관죄 ○)가 횡령한 경우, 횡령죄가 성립하지 않는다. ① 보관을 위탁한 자(예컨대, 절도범)에 대한 횡령죄가 성립하지 않음은 물론, ② 소유자에 대한 횡령죄 역시 성립하지 않는다.

> **판례** 장물보관자의 임의처분 - ① 위탁자에 대한 횡령죄 ✕ ② 소유자에 대한 횡령죄 ✕
> 절도범인으로부터 장물보관의뢰를 받은 자가 그 정을 알면서 이를 인도받아 보관하고 있다가 임의처분하였다 하여도 장물보관죄가 성립되는 때에는 이미 그 소유자의 소유물추구권을 침해하였으므로 그 후의 횡령행위는 불가벌적 사후행위에 불과하여 별도로 횡령죄가 성립하지 않는다. (대법원 2004. 4. 9. 선고 2003도8219 판결, 대법원 1976. 11. 23. 선고 76도3067 판결)
> **해설** ① 불법원인급여물에 대한 횡령죄가 성립하지 않기에 위탁자에 대한 횡령죄 불성립하고 ② 장물보관죄를 범함으로써 소유자의 소유물추구권을 침해한 이상, 임의처분은 불가벌적 사후행위에 불과하여 소유자에 대한 횡령죄 불성립한다(한발 더 나아가서 생각해보면 처분의 상대방에 대한 사기죄는 성립할 것이다).

횡령죄와 강제집행면탈죄가 문제된 사안을 살펴본다.

> **판례** 회사 대표 甲이 계열사 소유 자금을 빼돌려 자기 자금과 구분없이 안방에 보관 - ① 횡령죄 ○ ② 강제집행면탈죄 ✕
> 수개의 회사 소유 자금을 지분 비율을 알 수 없는 상태로 구분없이 함께 보관하던 사람이 그 자금 중 일부를 횡령한 경우, 수개의 회사는 횡령된 자금에 대하여 지분 비율을 알 수 없는 공동 소유자의 지위

에 있다고 할 것이니 수개의 회사는 모두 횡령죄의 피해자에 해당한다.

회사 대표가 계열회사들 소유 자금 중 일부를 임의로 빼돌려 자기 소유 자금과 구분없이 거주지 안방에 보관한 행위는 계열회사들에 대한 횡령행위의 일부를 구성하는 것일 뿐이고 나아가 이를 일률적으로 회사 대표 개인의 채권자들에 대한 강제집행면탈행위로서의 은닉행위로 평가할 수는 없다. (대법원 2007. 6. 1. 선고 2006도1813 판결)

Ⅱ 업무상횡령죄

제356조(업무상의 횡령과 배임) 업무상의 임무에 위배하여 제355조의 죄를 범한 자는 10년 이하의 징역 또는 3천만원 이하의 벌금에 처한다.	
例規 제356조 업무상(횡령, 배임)	미수 ○

업무상 횡령죄의 기본적인 법리는 앞서 살펴본 횡령과 같다. 이하에서는 업무 해당성이 문제된 판례를 하나 살펴본다.

> 판례 등기부상 대표이사직을 사임하였으나 계속하여 사실상 대표이사로 일해온 자 – 업무상 횡령죄 ○
> 형법 제356조 소정의 "업무"는 직업 혹은 직무라는 말과 같아 법령, 계약에 의한 것 뿐만 아니라, 관례를 쫓거나 사실상이거나를 묻지 않고 같은 행위를 반복할 지위에 따른 사무를 가리킨다. 피고인이 등기부상으로 공소외 회사의 대표이사를 사임한 후에도 계속하여 사실상 대표이사 업무를 행하여 왔고 회사원들도 피고인을 대표이사의 일을 하는 사람으로 상대해 왔다면 피고인은 위 회사 소유 금전을 보관할 업무상의 지위에 있었다고 할 것이다. (대법원 1982. 1. 12. 선고 80도1970 판결)

Ⅲ 점유이탈물횡령죄

제360조(점유이탈물횡령) ① 유실물, 표류물 또는 타인의 점유를 이탈한 재물을 횡령한 자는 1년 이하의 징역이나 300만원 이하의 벌금 또는 과료에 처한다. ② 매장물을 횡령한 자도 전항의 형과 같다.	
例規 제360조 ① 점유이탈물횡령 ② 매장물횡령	미수 ×

- ① 유실물·표류물·타인점유이탈물 ② 횡령
- ① 매장물 ② 횡령

  점유이탈물이란 점유자의 의사에 의하지 않고 그 점유를 벗어난 타인소유 재물을 말한다. 유실물이란 분실물을, 표류물이란 점유를 이탈하여 바다 등에 떠서 흘러 다니는 물건을 말한다. 유실물, 표류물, 매장물 모두 점유이탈물의 예시이다.

  이하에서는 점유이탈물횡령죄에 관한 판례를 몇 가지 살펴본다.

판례 당구장 내 유실물을 취거함 – 절도죄(타인점유) ○ (대법원 1988. 4. 25. 선고 88도409 판결)

동지 피씨방 내 유실물을 취거함 – 절도죄(타인점유) ○ (대법원 2007. 3. 15. 선고 2006도9338 판결)

비교 지하철 차내 유실물을 취거함 – 점유이탈물횡령죄 ○ (대법원 1999. 11. 26. 선고 99도3963 판결)

비교 고속버스 차내 유실물을 취거함 – 점유이탈물횡령죄 ○ (대법원 1993. 3. 16. 선고 92도3170 판결)

판례 자전거를 습득한 甲이 소유자가 나타날 때까지 보관을 선언하고 수일간 보관 – 점유이탈물횡령죄 ✕
자전차를 습득하여 소유자가 나타날 때까지 보관을 선언하고 수일간 보관한 경우에는 영득의 의사가 없었다고 보는 것이 타당할 것이다. (대법원 1957. 7. 12. 선고 4290형상104 판결)

---

07 배임의 죄

Ⅰ 배임죄 최신판례 등 검토

1. 배임죄 최신판례 정리

본격적으로 배임죄를 살펴보기에 앞서 배임죄에 관한 최신판례를 모두 모아 살펴본다.

💬 중요쟁점: 배임죄의 최신 동향 – 채무자의 담보물 보전의무를 중심으로

1. 담보권설정자인 채무자의 임의 처분(ⒶⒷⒸⒹ)

  채무자가 양도담보권·저당권 등 담보권을 설정해 주기로 약정하였거나, 담보권을 설정해준 상태

에서 목적물을 임의처분한 4가지 경우를 ⒶⒷⒸⒹ로 분류할 수 있다. 판례는 공통적으로 담보권 설정자가 목적물을 임의 처분하여도 배임죄가 성립하지 않는다 보았다. ⒶⒷⒸⒹ 판례 모두 거의 같은 논거를 설시한다.

Ⓐ·Ⓑ에 대해서는 주의를 요한다. 판례는 저당권의 목적물인 자동차(건설기계)를 처분하는 경우 배임죄가 불성립한다고 보지만, 그 목적물이 자기소유이며 행위태양이 취거·손괴·은닉에 해당할 경우에는 권리행사방해죄가 성립한다고 본다. 이에 따라 실무에서는 이미 배임죄로 기소된 사건들의 사실관계를 검토하여 권리행사방해죄로 공소장을 변경하여 공소유지에 임하고 있다. 이러한 상황은 '배임죄의 해석상 축소'와 '권리행사방해죄의 조문적 견고함'의 충돌이라고 설명할 수 있는데, 자세한 내용은 후술한다.

2. 매도자(소유권이전의무 부담하는 채무자)의 임의 처분(㉮㉯)

매매계약을 체결하여 소유권이전의무를 부담하는 자가 목적물을 임의처분한 경우를 ㉮ ㉯로 분류할 수 있다. 판례는 동산의 소유권을 이전하여 주기로 한 자의 임의처분의 경우("동산 이중매매"), 배임죄가 성립하지 않는다고 보았다. 이에 반하여 부동산의 소유권을 이전하여 주기로 한 자의 임의처분의 경우("부동산 이중매매"[126]), 배임죄가 성립한다고 보았다. 법리적인 논거보다는 정책적인 논거가 주된 근거가 되었다.

이하에서는 ⒶⒷⒸⒹ ㉮㉯를 표로 정리한 뒤, 개별 판례를 살펴본다.

채무자의 임의 처분		목적물	결론
	동산	Ⓐ 양도담보 목적물인 동산	배임 ×[127] (단, 권리행사방해 검토 要)
		Ⓑ 저당권 목적물인 자동차(건설기계)	배임 ×[128] (단, 권리행사방해 검토 要[129])
		㉮ 소유권 이전해주기로 한 동산("이중매매")	배임 ×[130]
	부동산	Ⓒ 양도담보 목적물인 부동산	배임 ×[131]
		Ⓓ 저당권 목적물인 부동산("이중저당")	배임 ×[132]
		㉯ 소유권 이전해주기로 한 부동산("이중매매")	배임 ○[133]

---

126 "이중매매"·"이중저당" 이라는 표현은 지나치게 함축적인 나머지 오해를 야기할 수 있다. 부동산의 소유권을 이전시켜주기로 하고 제1매수인으로부터 중도금을 받은 자가 제3자에게 저당권을 설정해주는 경우, ㉯ 영역에 속하고 배임죄가 성립한다. 그런데 이중"매매"라는 용어로 인하여 저당권설정행위가 ㉯에 속하지 않는 것 아닌지 의문을 가져올 수도 있다. 이중저당도 마찬가지이다. 저당권을 설정해주기로 하고 제3자에게 부동산을 매도하는 경우, Ⓓ 영역에 속하고 배임죄가 불성립한다. 이러한 오독가능성으로 인해 "이중매매"는 '부동산 소유권이전등기의무를 부담하는 자의 부동산 임의 처분', "이중저당"은 '부동산 저당권등기설정의무를 부담하는 자의 부동산 임의 처분'이라고 표현하는 것이 조금 더 정확하다고 생각한다. 서술의 편의상 "이중매매"·"이중저당"이라는 표현을 사용하지만 독자의 주의를 요한다.

127 대법원 2020. 2. 20. 선고 2019도9756 전원합의체 판결, 대법원 2020. 3. 27. 선고 2018도14596 판결

128 대법원 2020. 10. 22. 선고 2020도6258 전원합의체 판결, 대법원 2020. 3. 27. 선고 2018도14596 판결

129 대법원 2021. 1. 14. 선고 2020도14735 판결, 대법원 2016. 11. 10. 선고 2016도13734 판결

판례 Ⓐ Ⓑ Ⓒ Ⓓ 공통 논거 - 타인사무 처리자 ×

'타인의 사무를 처리하는 자'라고 하려면, 타인의 재산관리에 관한 사무의 전부 또는 일부를 타인을 위하여 대행하는 경우와 같이 당사자 관계의 전형적·본질적 내용이 통상의 계약에서의 이익대립관계를 넘어서 그들 사이의 신임관계에 기초하여 타인의 재산을 보호 또는 관리하는 데에 있어야 한다. 이익대립관계에 있는 통상의 계약관계에서 채무자의 성실한 급부이행에 의해 상대방이 계약상 권리의 만족 내지 채권의 실현이라는 이익을 얻게 되는 관계에 있다거나, 계약을 이행함에 있어 상대방을 보호하거나 배려할 부수적인 의무가 있다는 것만으로는 채무자를 타인의 사무를 처리하는 자라고 할 수 없고, 위임 등과 같이 계약의 전형적·본질적인 급부의 내용이 상대방의 재산상 사무를 일정한 권한을 가지고 맡아 처리하는 경우에 해당하여야 한다. (대법원 2020. 2. 20. 선고 2019도9756 전원합의체 판결)

채무자가 저당권설정계약에 따라 채권자에 대하여 부담하는 저당권을 설정할 의무는 계약에 따라 부담하게 된 채무자 자신의 의무이다. 채무자가 위와 같은 의무를 이행하는 것은 채무자 자신의 사무에 해당할 뿐이므로, 채무자를 채권자에 대한 관계에서 '타인의 사무를 처리하는 자'라고 할 수 없다. 따라서 채무자가 제3자에게 먼저 담보물에 관한 저당권을 설정하거나 담보물을 양도하는 등으로 담보가치를 감소 또는 상실시켜 채권자의 채권실현에 위험을 초래하더라도 배임죄가 성립한다고 할 수 없다. (대법원 2020. 6. 18. 선고 2019도14340 전원합의체 판결)

🔍 **핵심단어**

(Ⓐ Ⓑ Ⓒ Ⓓ 공통)

- 타인사무처리자란 ① 당사자 관계의 전형적·본질적 내용이 위임 등과 같이 타인 재산의 보호·관리에 있어야 함. ② 통상계약에서의 이익대립관계에 그치는 경우, 타인사무처리자 아님.
- 담보물을 손상·감소·멸실시키지 않을 의무, 담보가치 유지의무, 담보권 실행 협조의무, 저당권을 설정할 의무 등은 통상계약의 이익대립관계에 따른 자기사무에 불과하고 채권자의 재산을 보호·관리할 의무라 볼 수 없음.
- 사건의 경우, 채무자는 ' ━ ━ ━ 의무'를 위반한 것에 불과하여 채권자의 사무를 처리하는 자라 볼 수 없음.

이하에서는 Ⓐ Ⓑ Ⓒ Ⓓ 판례를 차례로 살펴본다. 앞서 '공통논거'로 살펴보았듯 Ⓐ Ⓑ Ⓒ Ⓓ 판례의 판시사항은 거의 대동소이하다. 겹치는 부분은 과감히 생략한다.

판례 Ⓐ 동산 양도담보설정자의 목적물 임의처분 - 배임죄 ×

채무자가 금전채무를 담보하기 위하여 그 소유의 동산을 채권자에게 양도담보로 제공함으로써 채권자

---

130 대법원 2011. 1. 20. 선고 2008도10479 전원합의체 판결, 대법원 2020. 10. 22. 선고 2020도6258 전원합의체 판결
131 대법원 2020. 6. 18. 선고 2019도14340 전원합의체 판결
132 대법원 2020. 6. 18. 선고 2019도14340 전원합의체 판결
133 대법원 2018. 5. 17. 선고 2017도4027 전원합의체 판결

인 양도담보권자에 대하여 담보물의 담보가치를 유지·보전할 의무 내지 담보물을 타에 처분하거나 멸실, 훼손하는 등으로 담보권 실행에 지장을 초래하는 행위를 하지 않을 의무를 부담하게 되었더라도, 이를 들어 채무자가 통상의 계약에서의 이익대립관계를 넘어서 채권자와의 신임관계에 기초하여 채권자의 사무를 맡아 처리하는 것으로 볼 수 없다. 따라서 채무자를 배임죄의 주체인 '타인의 사무를 처리하는 자'에 해당한다고 할 수 없고, 그가 담보물을 제3자에게 처분하는 등으로 담보가치를 감소 또는 상실시켜 채권자의 담보권 실행이나 이를 통한 채권실현에 위험을 초래하더라도 배임죄가 성립한다고 할 수 없다. 위와 같은 법리는, 채무자가 동산에 관하여 양도담보설정계약을 체결하여 이를 채권자에게 양도할 의무가 있음에도 제3자에게 처분한 경우에도 적용되고, 주식에 관하여 양도담보설정계약을 체결한 채무자가 제3자에게 해당 주식을 처분한 사안에도 마찬가지로 적용된다. (대법원 2020. 2. 20. 선고 2019도9756 전원합의체 판결)

[동지] 채무자가 동산·채권 등의 담보에 관한 법률(동산채권담보법)에 따른 담보로 제공한 목적물 임의처분 – 배임죄 × (대법원 2020. 8. 27. 선고 2019도14770 전원합의체 판결)

[동지] 채무자가 자동차 등 권리이전에 등기·등록을 요하는 동산을 양도담보로 제공하였음에도 불구하고 등기·등록으로 나아가지 않고 목적물 임의처분 – 배임죄 × (대법원 2022. 12. 22. 선고 2020도8682 전원합의체 판결)

[해설] 단 이러한 경우에도 담보설정자의 행위가 자기물건을 취거·은닉·손괴한 경우로 평가된다면 권리행사방해죄가 성립할 수 있다. 몇 개의 하급심에서 이러한 취지의 판시가 발견된다. 자세한 내용은 아래 ⑧ 판결에 대한 해설에서 살펴보자.

[판례] ⑧ 저당권설정자의 자동차(건설기계) 임의처분 – 배임죄 ×

채무자가 금전채무를 담보하기 위하여 '자동차 등 특정동산 저당법' 등에 따라 그 소유의 동산에 관하여 채권자에게 저당권을 설정해 주기로 약정하거나 저당권을 설정한 경우에도 마찬가지이다. 채무자가 저당권설정계약에 따라 부담하는 의무, 즉 동산을 담보로 제공할 의무, 담보물의 담보가치를 유지·보전하거나 담보물을 손상, 감소 또는 멸실시키지 않을 소극적 의무, 담보권 실행 시 채권자나 그가 지정하는 자에게 담보물을 현실로 인도할 의무와 같이 채권자의 담보권 실행에 협조할 의무 등은 모두 저당권설정계약에 따라 부담하게 된 채무자 자신의 급부의무이다. 또한 저당권설정계약은 피담보채권의 발생을 위한 계약에 종된 계약으로, 피담보채무가 소멸하면 저당권설정계약상의 권리의무도 소멸하게 된다. 저당권설정계약에 따라 채무자가 부담하는 의무는 담보목적의 달성, 즉 채무불이행 시 담보권 실행을 통한 채권의 실현을 위한 것이므로 저당권설정계약의 체결이나 저당권 설정 전후를 불문하고 당사자 관계의 전형적·본질적 내용은 여전히 금전채권의 실현 내지 피담보채무의 변제에 있다. … (중략) … 그러므로 채무자가 담보물을 제3자에게 처분하는 등으로 담보가치를 감소 또는 상실시켜 채권자의 담보권 실행이나 이를 통한 채권실현에 위험을 초래하더라도 배임죄가 성립하지 아니한다. 위와 같은 법리는, 금전채무를 담보하기 위하여 '공장 및 광업재단 저당법'에 따라 저당권이 설정된 동산을 채무자가 제3자에게 임의로 처분한 사안에도 마찬가지로 적용된다. (대법원 2020. 10. 22. 선고 2020도6258 전원합의체 판결)

[비교] ⑧ 저당권설정자의 자동차(건설기계) 임의처분 – 권리행사방해죄(은닉) ○

형법 제323조의 권리행사방해죄는 타인의 점유 또는 권리의 목적이 된 자기의 물건 또는 전자기록 등 특수매체기록을 취거, 은닉 또는 손괴하여 타인의 권리행사를 방해함으로써 성립한다. 여기서 '은닉'이란 타인의 점유 또는 권리의 목적이 된 자기 물건 등의 소재를 발견하기 불가능하게 하거나 또는 현저히 곤란한 상태에 두는 것을 말하고, 그로 인하여 권리행사가 방해될 우려가 있는 상태에 이르면 권리행사방해죄가 성립하고 현실로 권리행사가 방해되었을 것까지 필요로 하는 것은 아니다.

검사는 2018. 12. 21. 피고인들이 이 사건 건물과 기계·기구에 근저당권을 설정하고도 담보유지의무를 위반하여, 이 사건 건물을 철거 및 멸실등기 하고, 이 사건 기계·기구를 양도한 행위를 배임의 점으로 공소제기하였다가 2019. 9. 25. 권리행사방해의 점으로 공소장변경을 신청하여 허가되었다.

… (중략) … 피고인들이 근저당권이 설정된 이 사건 건물을 철거한 뒤 멸실등기를 마치고, 이 사건 기계·기구를 양도함으로써 피해자의 권리의 목적이 된 피고인들의 물건을 손괴 또는 은닉하여 피해자의 권리행사를 방해하였다고 보아 유죄로 판단하였다. … (중략) … 상고를 모두 기각한다. (대법원 2021. 1. 14. 선고 2020도14735 판결)

[비교] ⓑ 저당권설정자의 자동차(건설기계) 임의처분 – 권리행사방해죄(은닉) ○

피고인이 차량을 구입하면서 피해자로부터 차량 매수대금을 차용하고 담보로 차량에 피해자 명의의 저당권을 설정해 주었는데, 그 후 대부업자로부터 돈을 차용하면서 차량을 대부업자에게 담보로 제공하여 이른바 '대포차'로 유통되게 한 사안에서, 피고인이 피해자의 권리의 목적이 된 피고인의 물건을 은닉하여 권리행사를 방해하였다. (대법원 2016. 11. 10. 선고 2016도13734 판결) **표준**

[비교] ⓑ 저당권설정자가 공장근저당권 설정한 기계를 다른 장소로 옮김 – 권리행사방해죄(은닉) ○ (대법원 1994. 9. 27. 선고 94도1439 판결)

해설 ⒶⒷⒸⒹ 등 최근 대법원 판례의 경향은 일관된다. 담보권(양도담보권·저당권)을 설정한 채무자의 목적물 임의처분은 민사책임의 영역이지 형사책임의 영역이 아니라는 것이다(대법원은 꾸준히 민사분쟁의 비범죄화를 지향하였다). 그런데 비교판례처럼 담보권의 목적이 된 자기물건의 처분행위를 '은닉'으로 평가하여 권리행사방해죄로 의율하는 것이 타당한지 의문이다.

甲이 乙에게 자동차 저당권을 설정해주었음에도 불구하고, 이를 대포차업자에게 무등록 현금판매하여 자동차를 찾을 수 없고 乙의 담보권 행사가 불가능해졌다고 가정하자. 이때 甲의 ① 권리행사방해죄와 ② 배임죄 성부가 문제된다. ① 자동차가 甲의 소유인 경우 이러한 행위는 '은닉'으로 평가되어 권리행사방해죄가 성립한다. 그러나 甲이 자동차를 자신의 어머니에게 명의신탁한 상태라면 甲은 자동차의 (대외적) 소유자가 아니기에 권리행사방해죄가 성립하지 않는다. ② 구 판례는 이 경우, 甲이 '담보가치를 실질적으로 상실'시켰다는 이유로 배임죄를 인정하였다(대법원 2010도11665 판결). 그러나 이제는 같은 사실관계에서 '담보가치 유지의무는 자기사무에 불과'하다는 이유로 배임죄가 성립하지 않는다.[134] 즉 자동차가 자기 명의이면 권리행사방해죄 성립, 타인 명의이면 무죄인 것이다.

위 행위의 불법성의 본질은 담보권설정자의 담보권 행사를 불가능하게 만들었다는 점에 있지 자동차 명의와는 무관하다. 대법원이 이러한 본질에 대해서 무죄라는 법적 결단을 내린 이상, 권리행사방해죄의 해석에도 이러한 법적 결단이 반영되어야 한다. 배임죄의 해석상 축소(ⒶⒷⒸⒹ)와 권리행사방해죄의 조문적 견고함의 충돌로 야기되는 구체적 타당성의 상실을 막아야 한다. 권리행사방해죄의 '은닉'을 축소해석함으로써 ⒶⒷⒸⒹ 판례와 균형을 맞추는 것이 대안으로 고려되어야 한다.

[판례] ⓒ 양도담보 설정해주기로 한 부동산 임의처분 – 배임죄 ×

ⓓ 저당권을 설정해주기로 한 부동산 임의처분 ("부동산 이중저당") – 배임죄 ×

(ⓓ 부분) 채무자가 저당권설정계약에 따라 채권자에 대하여 부담하는 저당권을 설정할 의무는 계약에

---

134 대법원 2020. 10. 22. 선고 2020도6258 전원합의체 판결은 명시적으로 대법원 2012. 9. 13. 선고 2010도11665 판결을 변경하였다.

따라 부담하게 된 채무자 자신의 의무이다. 채무자가 위와 같은 의무를 이행하는 것은 채무자 자신의 사무에 해당할 뿐이므로, 채무자를 채권자에 대한 관계에서 '타인의 사무를 처리하는 자'라고 할 수 없다. 따라서 채무자가 제3자에게 먼저 담보물에 관한 저당권을 설정하거나 담보물을 양도하는 등으로 담보가 치를 감소 또는 상실시켜 채권자의 채권실현에 위험을 초래하더라도 배임죄가 성립한다고 할 수 없다. (ⓒ 부분) 위와 같은 법리는, 채무자가 금전채무에 대한 담보로 부동산에 관하여 양도담보설정계약을 체결하고 이에 따라 채권자에게 소유권이전등기를 해 줄 의무가 있음에도 제3자에게 그 부동산을 처분한 경우에도 적용된다. (대법원 2020. 6. 18. 선고 2019도14340 전원합의체 판결)

[동지] ⓓ 담보신탁계약에 따라 토지에 신탁등기를 설정해주기로 한 상황에서 그 토지 위의 건물 임의처분 – 배임죄 ✕

피고인이 갑 새마을금고로부터 특정 토지 위에 건물을 신축하는 데 필요한 공사자금 10억 원을 대출받으면서 이를 담보하기 위하여 을 신탁회사를 수탁자, 갑 금고를 우선수익자, 피고인을 위탁자 겸 수익자로 한 담보신 탁계약 및 자금관리대리사무계약을 체결하였고 계약 내용에 따라 건물이 준공된 후 을 회사에 신탁등기를 이행하여 갑 금고의 우선수익권을 보장할 임무가 있음에도 이에 위배하여 병 앞으로 건물의 소유권보존등기 를 마쳐줌으로써 갑 금고에 재산상 손해를 가하였다고 하여 특정경제범죄 가중처벌 등에 관한 법률 위반(배 임)으로 기소된 사안에서, 피고인이 을 회사, 갑 금고와 체결한 담보신탁계약의 신탁 대상 부동산은 토지이고, 건물에 대해서는 위 계약에 따라 신탁등기가 이루어지는 것이 아니라 향후 건물이 준공되어 소유권보존등기 까지 마친 후 을 회사를 수탁자로, 갑 금고를 우선수익자로 한 담보신탁계약 등을 체결하고 그에 따른 등기절 차 등을 이행하기로 약정한 것에 불과한 점, 건물에 관하여 추가 담보신탁하기로 약정한 것은 갑 금고가 피고 인에 대한 대출금 채권의 변제를 확보하기 위함이고, 갑 금고의 주된 관심은 건물에 대한 신탁등기 이행 여부 가 아닌, 대출금 채권의 회수에 있다고 봄이 타당한 점, 피고인은 갑 금고와의 관계에서 향후 건물이 준공되 면 을 회사와 건물에 대한 담보신탁계약, 자금관리대리사무계약 등을 체결하고, 그에 따라 신탁등기절차를 이행하여 갑 금고에 우선수익권을 보장할 민사상 의무를 부담함에 불과하고, '갑 금고의 우선수익권'은 계약 당사자인 피고인, 갑 금고, 을 회사 등이 약정한 바에 따라 각자의 의무를 성실히 이행하면 그 결과로서 보장 될 뿐인 점을 종합하면, 결국 피고인이 통상의 계약에서의 이익대립관계를 넘어서 갑 금고와의 신임관계에 기초하여 갑 금고의 우선수익권을 보호 또는 관리하는 등 그의 사무를 처리하는 자의 지위에 있다고 보기 어려우므로 배임죄에서의 '타인의 사무를 처리하는 자'에 해당하지 않는다. (대법원 2020. 4. 29. 선고 2014도 9907 판결)

이하에서는 ⓐⓑⓒⓓ 판례에 의하여 명시적으로 변경되었거나, 그 취지상 변경범위에 속하는 것으로 보이는 판례들을 살펴본다.

[판례] (구 판례) 담보설정자 甲이 공장저당법에 의하여 공장저당권이 설정된 공장기계를 임의 처분한 경우, 배임죄가 성립한다고 보았음

채무 담보를 위하여 채권자에게 동산에 관하여 저당권 또는 공장저당권을 설정한 채무자가 타인의 사무 를 처리하는 자에 해당함을 전제로 채무자가 담보목적물을 처분한 경우 배임죄가 성립한다. (대법원 2003. 7. 11. 선고 2003도67 판결)

[해설] 대법원 2020. 10. 22. 선고 2020도6258 전원합의체 판결이 명시적으로 변경 (배임 불성립)

판례 (구 판례) 피고인이 자신의 모(母) 명의를 빌려 자동차를 매수하면서 피해자 甲 주식회사에서 필요한 자금을 대출받고 자동차에 저당권을 설정하였는데, 저당권자인 甲 회사의 동의 없이 이를 성명불상의 제3자에게 양도담보로 제공한 경우, 배임죄가 성립한다고 보았음 (대법원 2012. 9. 13. 선고 2010도11665 판결)

해설 대법원 2020. 10. 22. 선고 2020도6258 전원합의체 판결이 명시적으로 변경 (배임 불성립)

판례 (구 판례) 진흥영농조합법인(신탁자)으로부터 과수원 명의신탁을 받은 수탁자인 피고인이 피해자로부터 금원을 차용하며 과수원에 근저당권등기를 설정해준 상태에서, 과수원 내 나무를 굴취한 경우, 배임죄가 성립한다고 보았음 (대법원 2007. 1. 11. 선고 2006도4215 판결)

해설 대법원 2020. 10. 22. 선고 2020도6258 전원합의체 판결의 변경범위에 속할 것으로 보인다. 검사는 피고인을 ① 권리행사방해죄(주위적 공소사실) ② 배임죄(예비적 공소사실)로 기소하였다. 법원은 ① 명의신탁약정·피고인 등기는 무효이므로 피고인이 과수원과 나무의 (대외적) 소유권자라 볼 수 없어 무죄라 보았다. 다만 ② 담보가치를 상실시켰기에 배임죄가 성립한다고 보았다.
이 판결은 두 가지 점에서 주목할 만하다. ① 자동차 명의신탁은 유효하기 때문에 수탁자가 대외적 소유자가 되지만 무효인 부동산 명의신탁의 경우 그렇지 않다는 점 ② 이제는 판례가 변경되어 배임죄가 성립하지 않는다는 점이다.

판례 (구 판례) 피고인이 돈을 빌리며 골프회원권을 담보로 제공하였으나 이를 제3자에게 임의 처분한 경우, 배임죄가 성립한다고 보았음.
회원 가입 시에 일정 금액을 예탁하였다가 탈퇴 등의 경우에 예탁금을 반환받는 이른바 예탁금 회원제로 운영되는 골프장의 회원권을 다른 채무에 대한 담보 목적으로 양도한 경우, 회원권은 양도인과 양수인 사이에서는 동일성을 유지한 채 양도인으로부터 양수인에게 이전하고, 양도인은 양수인에게 귀속된 회원권을 보전하기 위하여 채무자인 골프장 운영 회사에 채권양도 통지를 하거나 채권양도 승낙(필요한 경우에는 명의개서까지)을 받음으로써 양수인으로 하여금 채무자에 대한 대항요건을 갖출 수 있도록 해 줄 의무를 부담하므로, 회원권 양도의 당사자 사이에서는 양도인은 양수인을 위하여 회원권 보전에 관한 사무를 처리하는 자라고 할 것이다.
피고인이 甲에게서 돈을 차용하면서 피고인 소유의 골프회원권을 담보로 제공한 후 이를 제3자에게 임의로 매도한 사안에서, 피고인과 甲 사이에 골프회원권에 관하여 유효하게 담보계약이 체결되어 피고인이 담보물인 골프회원권을 담보 목적에 맞게 보관·관리할 의무를 부담함으로써 甲의 사무를 처리하는 자의 지위에 있다고 보아 피고인에 대하여 배임죄를 인정한 원심판단을 정당하다고 한 사례. (대법원 2012. 2. 23. 선고 2011도16385 판결)

해설 위 판례는 최신판례의 변경범위에 속할 것으로 보인다. ① 골프회원권은 동산·부동산과 달리 채권이나, 채권에 한하여 담보유지의무를 타인사무로 볼 특별한 이유가 없다. ② 채권양도(담보)계약과 횡령죄에 관한 2017도3829 판결, 2020도12927 판결도 이에 부합한다.

이하에서는 ㉮ ㉯ 판례를 살펴본다.

[판례] ㉮ 소유권을 이전하여 주기로 한 동산 임의처분("동산 이중매매") – 배임죄 ×

매매와 같이 당사자 일방이 재산권을 상대방에게 이전할 것을 약정하고 상대방이 그 대금을 지급할 것을 약정함으로써 그 효력이 생기는 계약의 경우(민법 제563조), 쌍방이 그 계약의 내용에 좇은 이행을 하여야 할 채무는 특별한 사정이 없는 한 '자기의 사무'에 해당하는 것이 원칙이다.

매매의 목적물이 동산일 경우, 매도인은 매수인에게 계약에 정한 바에 따라 그 목적물인 동산을 인도함으로써 계약의 이행을 완료하게 되고 그때 매수인은 매매목적물에 대한 권리를 취득하게 되는 것이므로, 매도인에게 자기의 사무인 동산인도채무 외에 별도로 매수인의 재산의 보호 내지 관리 행위에 협력할 의무가 있다고 할 수 없다. 동산매매계약에서의 매도인은 매수인에 대하여 그의 사무를 처리하는 지위에 있지 아니하므로, 매도인이 목적물을 매수인에게 인도하지 아니하고 이를 타에 처분하였다 하더라도 형법상 배임죄가 성립하는 것은 아니다.

피고인이 '인쇄기'를 甲에게 양도하기로 하고 계약금 및 중도금을 수령하였음에도 이를 자신의 채권자 乙에게 기존 채무 변제에 갈음하여 양도함으로써 재산상 이익을 취득하고 甲에게 동액 상당의 손해를 입혔다는 배임의 공소사실에 대하여, 피고인은 甲에 대하여 그의 사무를 처리하는 지위에 있지 않다는 이유로 무죄를 선고한 원심판단을 수긍한 사례. (대법원 2011. 1. 20. 선고 2008도10479 전원합의체 판결)

[동지] ㉮ 소유권을 이전하여 주기로 한 자동차 임의처분 – 배임죄 ×

위와 같은 법리는 권리이전에 등기·등록을 요하는 동산에 대한 매매계약에서도 동일하게 적용되므로, 자동차 등의 매도인은 매수인에 대하여 그의 사무를 처리하는 지위에 있지 아니하여, 매도인이 매수인에게 소유권이전등록을 하지 아니하고 타에 처분하였다고 하더라도 마찬가지로 배임죄가 성립하지 아니한다. (대법원 2020. 10. 22. 선고 2020도6258 전원합의체 판결)

[판례] ㉯ 소유권을 이전하여 주기로 한 부동산 임의처분("부동산 이중매매") – 배임죄 ○

부동산 매매계약에서 계약금만 지급된 단계에서는 어느 당사자나 계약금을 포기하거나 그 배액을 상환함으로써 자유롭게 계약의 구속력에서 벗어날 수 있다. 그러나 중도금이 지급되는 등 계약이 본격적으로 이행되는 단계에 이른 때에는 계약이 취소되거나 해제되지 않는 한 매도인은 매수인에게 부동산의 소유권을 이전해 줄 의무에서 벗어날 수 없다. 따라서 이러한 단계에 이른 때에 매도인은 매수인에 대하여 매수인의 재산보전에 협력하여 재산적 이익을 보호·관리할 신임관계에 있게 된다. 그때부터 매도인은 배임죄에서 말하는 '타인의 사무를 처리하는 자'에 해당한다고 보아야 한다. 그러한 지위에 있는 매도인이 매수인에게 계약 내용에 따라 부동산의 소유권을 이전해 주기 전에 그 부동산을 제3자에게 처분하고 제3자 앞으로 그 처분에 따른 등기를 마쳐 준 행위는 매수인의 부동산 취득 또는 보전에 지장을 초래하는 행위이다. 이는 매수인과의 신임관계를 저버리는 행위로서 배임죄가 성립한다.

그 이유는 다음과 같다(이하 판례를 요약함). ① 계약관계에 있는 당사자 사이에 어느 정도의 신뢰가 형성되었을 때 형사법에 의해 보호받는 신임관계가 발생한다고 볼 것인지, 어떠한 형태의 신뢰위반 행위를 가벌적인 임무위배행위로 인정할 것인지는 계약의 내용과 이행의 정도, 그에 따른 계약의 구속력 정도, 거래 관행, 신임관계의 유형과 내용, 신뢰위반의 정도 등을 종합적으로 고려하여 타인의 재산상 이익 보호가 신임관계의 전형적·본질적 내용이 되었는지, 해당 행위가 형사법의 개입이 정당화될 정도의 배신적인 행위인지 등에 따라 규범적으로 판단해야 한다. ② 우리나라에서 부동산이 경제생활에서 차지하는 비중이나 이를 목적으로 한 거래의 사회경제적 의미는 매우 크다. ③ 부동산 매매대금은 통상

계약금, 중도금, 잔금으로 나뉘어 지급된다. 매수인이 매도인에게 중도금을 지급하면 당사자가 임의로 계약을 해제할 수 없는 구속력이 발생한다(민법 제565조 참조). 그런데 매수인이 매도인에게 매매대금 의 상당부분에 이르는 계약금과 중도금까지 지급하더라도 매도인의 이중매매를 방지할 보편적이고 충 분한 수단은 마련되어 있지 않다. ④ 대법원은 오래전부터 부동산 이중매매 사건에서, 매도인은 매수인 앞으로 소유권이전등기를 마칠 때까지 협력할 의무가 있고, 매도인이 중도금을 지급받은 이후 목적부동 산을 제3자에게 이중으로 양도하면 배임죄가 성립한다고 일관되게 판결함으로써 그러한 판례를 확립하 여 왔다. 이러한 판례 법리는 부동산 이중매매를 억제하고 매수인을 보호하는 역할을 충실히 수행하여 왔고, 현재 우리의 부동산 매매거래 현실에 비추어 보더라도 여전히 타당하다. (대법원 2018. 5. 17. 선 고 2017도4027 전원합의체 판결) **표준**

동지 부동산 교환계약이 본격적으로 이행되는 단계에 이르렀음에도 임의 처분 – 배임죄 ○
이러한 법리는 부동산 교환계약에 있어서도 달리 볼 수 없다. 즉, 사회통념 내지 신의칙에 비추어 매매계약에 서 중도금이 지급된 것과 마찬가지로 교환계약이 본격적으로 이행되는 단계에 이른 때에는 그 의무를 이행 받은 당사자는 상대방의 재산보전에 협력하여 재산적 이익을 보호·관리할 신임관계에 있게 된다. (대법원 2018. 10. 4. 선고 2016도11337 판결)

동지 서면에 의해 부동산 증여계약이 체결되었음에도 임의 처분 – 배임죄 ○
이러한 법리는 서면에 의한 부동산 증여계약에도 마찬가지로 적용된다. 서면으로 부동산 증여의 의사를 표시 한 증여자는 계약이 취소되거나 해제되지 않는 한 수증자에게 목적부동산의 소유권을 이전할 의무에서 벗어 날 수 없다. 그러한 증여자는 '타인의 사무를 처리하는 자'에 해당한다. (대법원 2018. 12. 13. 선고 2016도 19308 판결)

비교 서면에 의하지 아니한 부동산 증여계약이 체결되었음에도 임의 처분 – 배임죄 ×
서면에 의하지 아니한 증여계약이 행하여진 경우 당사자는 그 증여가 이행되기 전까지는 언제든지 이를 해제 할 수 있으므로 증여자가 구두의 증여계약에 따라 수증자에 대하여 증여 목적물의 소유권을 이전하여 줄 의무 를 부담한다고 하더라도 그 증여자는 수증자의 사무를 처리하는 자의 지위에 있다고 할 수 없다. (대법원 2005. 12. 9. 선고 2005도5962 판결)

판례 ㉯ 소유권을 이전하여 주기로 한 부동산에 대하여 제1매수인에게 가등기를 설정해준 상태에서 제2매수인에게 임의처분 – 배임죄 ○
매도인이 매수인에게 계약 내용에 따라 부동산의 소유권을 이전해 주기 전에 그 부동산을 제3자에게 처분하고 제3자 앞으로 그 처분에 따른 등기를 마쳐 준 행위는 매수인의 부동산 취득 또는 보전에 지장 을 초래하는 행위이다. 이는 매수인과의 신임관계를 저버리는 행위로서 배임죄가 성립한다. 그리고 매 도인이 매수인에게 순위보전의 효력이 있는 가등기를 마쳐 주었더라도 이는 향후 매수인에게 손해를 회복할 수 있는 방안을 마련하여 준 것일 뿐 그 자체로 물권변동의 효력이 있는 것은 아니어서 매도인으 로서는 소유권을 이전하여 줄 의무에서 벗어날 수 없으므로, 그와 같은 가등기로 인하여 매수인의 재산 보전에 협력하여 재산적 이익을 보호·관리할 신임관계의 전형적·본질적 내용이 변경된다고 할 수 없 다. (대법원 2020. 5. 14. 선고 2019도16228 판결)

참고 원심은 제1매수인에게 가등기를 설정해준 이상, 제2매수인에 대한 이중매매는 무죄라고 보았으나 파기 당했다. '제1매수인이 가등기를 보유한 이상 본등기를 경료하면 그만 아닌가?'라고 생각하면 안 된다.

끝으로 채권·주권발행 전 주식 등에 대한 판례를 살펴본다.

> **판례** 채권양도담보계약을 체결한 채무자가 담보 목적 채권에 관한 대항요건을 갖추어 주기 전에 이를 이중으로 양도하고 제3채무자에게 그 채권양도통지를 함 – 배임죄 ×
>
> 채권양도담보계약에 따라 채무자가 부담하는 '담보 목적 채권의 담보가치를 유지·보전할 의무' 등은 담보 목적을 달성하기 위한 것에 불과하며, 채권양도담보계약의 체결에도 불구하고 당사자 관계의 전형적·본질적 내용은 여전히 피담보채권인 금전채권의 실현에 있다. 따라서 채무자가 채권양도담보계약에 따라 부담하는 '담보 목적 채권의 담보가치를 유지·보전할 의무'를 이행하는 것은 채무자 자신의 사무에 해당한다. (대법원 2021. 7. 15. 선고 2015도5184 판결)
>
> **동지** 주권발행 전 주식 양도인이 확정일자 있는 증서에 의한 양도통지(승낙) 전에 임의 처분 – 배임죄 ×
>
> 주권발행 전 주식의 양도는 양도인과 양수인의 의사표시만으로 효력이 발생한다. 그 주식 양수인은 특별한 사정이 없는 한 양도인의 협력을 받을 필요 없이 단독으로 자신이 주식을 양수한 사실을 증명함으로써 회사에 대하여 명의개서를 청구할 수 있다. 따라서 양도인이 양수인으로 하여금 회사 이외의 제3자에게 대항할 수 있도록 확정일자 있는 증서에 의한 양도통지 또는 승낙을 갖추어 주어야 할 채무를 부담한다 하더라도 이는 자기의 사무라고 보아야 하고, 이를 양수인과의 신임관계에 기초하여 양수인의 사무를 맡아 처리하는 것으로 볼 수 없다. (대법원 2020. 6. 4. 선고 2015도6057 판결)
>
> **동지** 전세보증금반환채권에 관하여 채권양도담보계약을 체결한 채무자가 양도담보에 관한 대항요건을 갖추어 주기 전에 제3자에게 전세권근저당권을 설정하여 줌 – 배임죄 × (대법원 2021. 7. 15. 선고 2020도3514 판결)
>
> **동지** 채권자 甲이 채권을 乙에게 채권양도담보계약에 따라 양도하였음에도 채무자 丙에게 통지 아니한 상태에서, 丙으로부터 채무를 변제받아 그 금전을 임의소비함 – 乙에 대한 횡령죄 × (대법원 2021. 2. 25. 선고 2020도12927 판결)
>
> **동지** 채권자 甲이 채권을 乙에게 양도하였음에도 채무자 丙에게 통지 아니한 상태에서, 丙으로부터 채무를 변제받아 그 금전을 임의소비함 – 乙에 대한 횡령죄 × (대법원 2022. 6. 23. 선고 2017도3829 전원합의체 판결)

지금까지 배임죄와 관련된 최신판례를 살펴보았다. 부동산 이중매매와 관련된 남은 판례를 이곳에서 모두 정리하고 배임죄로 넘어가자.

2. 부동산 이중매매

> 📝 **중요쟁점: 부동산 이중매매**
>
> 매도인 甲이 제1매수인 乙에게 자기의 부동산을 매도하였으나 아직 소유권이전등기를 경료하여 주지 않은 상태에서, 이를 다시 제2매수인 丙에게 임의로 처분하는 경우를 말한다. 임의 처분에는 제2매수인 丙에 대한 매도 뿐만 아니라, 제3자에게 담보를 설정하여 주는 행위도 포함된다(따라서 이중"매매"라는 용어에 매몰되어서는 안 된다).

	타인사무 발생시기	착수시기	기수시기
甲의 배임죄	제1매수인 중도금 수령	제2매수인 중도금 수령	제2매수인에게 소유권이전등기경료

가. 매도인의 배임죄

1) 타인사무 발생시기

매도인이 제1매수인으로부터 중도금을 수령한 때에 타인사무처리자로서의 지위가 인정된다. 다만 예외적으로 ① 계약이 무효이거나 취소된 경우 ② 중도금이 지급되었지만 매도인에게 해제권이 유보된 경우에는 타인사무처리자 지위가 인정되지 않는다.

판례 매도인이 제1매수인으로부터 '중도금' 수령 – 타인사무 ○

부동산매도인이 매수인으로부터 계약금과 중도금까지 수령한 이상 특단의 약정이 없다면 잔금수령과 동시에 매수인 명의로의 소유권이전등기에 협력할 임무가 있으므로 이를 다시 제3자에게 처분함으로써 제1차 매수인에게 잔대금수령과 상환으로 소유권이전등기절차를 이행하는 것이 불가능하게 되었다면 배임죄의 책임을 면할 수 없다. (대법원 1988. 12. 13. 선고 88도750 판결)

동지 매도인이 계약금·중도금에 갈음하여 양수인 소유 부동산을 이전받기로 하고 소유권이전등기소요서류를 모두 교부 받음 – 타인사무 ○

소유권이전등기소요서류를 모두 교부받았다면 양도인이 비록 그 부동산에 관하여 자기앞으로 소유권이전등기를 마치지 않은 상태였다 하더라도 그 이전등기에 필요한 서류를 모두 교부받은 이상 양도인 앞으로의 소유권이전등기는 그 실행여부만이 남아있는 것이고 이는 오로지 양도인의 의사와 행위에 의하여 좌우될 사항이어서 그 상태는 사회통념 내지 신의칙에 비추어 계약금 및 중도금을 이행받은 경우와 마찬가지라고 봄이 상당하다. (대법원 1986. 10. 28. 선고 86도936 판결)

판례 매도인이 제1매수인으로부터 '계약금' 수령 – 타인사무 ×

매도인이 매수인에게 부동산을 매도하고 계약금만을 수수한 상태에서 매수인이 잔대금의 지급을 거절한 이상 매도인으로서는 이행을 최고할 필요없이 매매계약을 해제할 수 있는 지위에 있었으므로 위 매도인을 타인의 사무를 처리하는 자라고 볼 수 없다. (대법원 1984. 5. 15. 선고 84도315 판결)

판례 토지거래허가구역 내 토지를 매도한 甲이 토지거래허가 받기도 전에 임의처분 – 배임죄(타인사무) ×

국토이용관리법 제21조의2에 의하여 지정된 토지의 거래계약 허가구역 안에 있는 토지의 매매에 관하여 같은 법 제21조의3 제1항에 의한 토지거래허가를 받은 바 없으므로, 그 매매계약은 채권적 효력도 없는 것이어서 매도인에게 매수인에 대한 소유권이전등기에 협력할 의무가 생겼다고 볼 수 없으므로 매도인을 배임죄의 주체인 타인의 사무를 처리하는 자에 해당한다고 할 수 없고, 허가구역 안에 있는 토지의 거래당사자 사이에 그 허가를 받도록 서로 협력할 의무가 있다고 하더라도 이는 아직 타인의 사무로 볼 수는 없다. (대법원 1996. 2. 9. 선고 95도2891 판결, 대법원 1996. 8. 23. 선고 96도1514 판결)

피고인은 토지거래허가구역 내 토지를 부동산 매매업자 甲에게 매도하면서 매수인 명의는 甲 운영 회사 직원으로 하고, 소유권이전등기는 甲이 지정하는 자에게 하기로 하였는데, 피고인은 甲으로부터 대금을 지급받았음에도 위 토지가 허가구역 지정에서 해제되자 임의처분 – 배임죄(타인사무) ✕

토지거래허가에 필요한 거주요건을 갖추지 못한 甲이 허가요건을 갖춘 丙 명의로 허가를 받으려는 의사로 위와 같이 토지매매계약을 체결한 이상, 이와 같은 행위는 처음부터 토지거래허가를 잠탈한 경우에 해당하고, 따라서 위 계약은 처음 체결된 때부터 확정적으로 무효이므로 피고인의 행위가 배임죄를 구성한다고 보기 어렵다. (대법원 2011. 6. 30. 선고 2011도614 판결)

판례 甲은 농지개혁법상 농지를 취득할 수 없는 乙에게 농지를 매도한 후(무효), 제3자에게 이중양도 – 배임죄(타인사무) ✕ (대법원 1979. 3. 27. 선고 79도141 판결)

판례 甲은 부동산을 乙에게 매도하였으나 민법상 하자있는 의사표시를 이유로 이를 취소한 후 제3자에게 매도 – 배임죄(타인사무) ✕

부동산매매계약을 계약의 중요부분에 착오가 있었다거나 기망에 의한 것임을 이유로 취소한 다음 다시 타인에게 매매 또는 임대했다 하더라도 그 경우 매도인을 매수인의 사무를 처리하는 자의 지위에 있다고 할 수 없고, 또 설사 그 계약이 적법히 취소되지 아니하였다 하더라도 매도인의 위 매매 또는 임대행위가 위 계약이 적법하게 취소된 것으로 믿고 행한 것이라면 배임의 범의를 인정할 수 없다. (대법원 1986. 12. 9. 선고 86도1671 판결)

(부동산 매매와 달리) 아파트 수분양권 매매의 경우, 매도인에게 타인사무처리자 지위가 인정되지 않는다.

판례 피고인들이 대리인을 통해 피해자에게 아파트 수분양권을 매도하는 계약을 체결하였음에도 농협으로부터 대출을 받으면서 위 수분양권에 근거하여 취득하게 될 아파트를 담보로 제공하는 후취담보약정을 체결 – 배임미수죄(타인사무) ✕

특별한 사정이 없는 한 수분양권 매도인이 수분양권 매매계약에 따라 매수인에게 수분양권을 이전할 의무는 자신의 사무에 해당할 뿐이므로, 매수인에 대한 관계에서 '타인의 사무를 처리하는 자'라고 할 수 없다. 그러므로 수분양권 매도인이 위와 같은 의무를 이행하지 아니하고 수분양권 또는 이에 근거하여 향후 소유권을 취득하게 될 목적물을 미리 제3자에게 처분하였다고 하더라도 형법상 배임죄가 성립하는 것은 아니다. (대법원 2021. 7. 8. 선고 2014도12104 판결)

2) 착수시기
제2매수인으로부터 중도금을 수령한 때에 착수가 인정된다.

> **판례** 매도인이 제2매수인으로부터 '중도금' 수령 – 배임미수죄(착수) ○

매도인이 다시 제3자와 사이에 매매계약을 체결하고 계약금과 중도금까지 수령한 것은 제1차 매수인에 대한 소유권이전등기 협력임무의 위배와 밀접한 행위로서 배임죄의 실행착수라고 보아야 할 것이다. (대법원 1983. 10. 11. 선고 83도2057 판결)

> **판례** 매도인이 제2매수인으로부터 '계약금' 수령 – 배임미수죄(착수) ×

피고인이 제1차 매수인으로부터 계약금 및 중도금 명목의 금원을 교부받은 후 제2차 매수인에게 부동산을 매도하기로 하고 계약금만을 지급받은 뒤 더 이상의 계약 이행에 나아가지 않았다면 배임죄의 실행의 착수가 있었다고 볼 수 없다. (대법원 2003. 3. 25. 선고 2002도7134 판결)

3) 기수시기

제2매수인에게 소유권이전등기를 마친 때 기수가 인정된다.

> **판례** 매도인이 제2매수인에게 소유권이전등기 경료 – 배임죄(기수) ○

부동산의 매도인이 매수인 앞으로의 소유권이전등기에 협력할 의무가 있음에도 불구하고 같은 부동산을 위 매수인 이외의 자에게 2중으로 매도하여 그 소유권이전등기를 마친 경우에는 1차 매수인에 대한 소유권이전등기의무는 이행불능이 되고 이로써 1차 매수인에게 그 부동산의 소유권을 취득할 수 없는 손해가 발생하는 것이므로 부동산의 2중매매에 있어서 배임죄의 기수시기는 2차 매수인 앞으로 소유권이전등기를 마친 때라고 할 것이다. (대법원 1984. 11. 27. 선고 83도1946 판결)

> **판례** 매도인이 제2매수인으로부터 계약금 수령하고 소유권이전청구권 보전을 위한 가등기를 경료 – 배임죄(기수) ○

부동산의 매도인으로서 매수인에 대하여 그 앞으로의 소유권이전등기절차에 협력할 의무 있는 자가 그 임무에 위배하여 같은 부동산을 매수인 이외의 제3자에게 이중으로 매도하고 제3자 앞으로 소유권이전청구권 보전을 위한 가등기를 마쳐 주었다면, 이는 매수인에게 손해발생의 위험을 초래하는 행위로서 배임죄를 구성한다. (대법원 2008. 7. 10. 선고 2008도3766 판결)

4) 매도인의 담보설정행위

제2매수인에게 부동산을 매도하는 것 뿐만 아니라, 제3자에게 담보를 설정하여 주는 행위도 배임에 해당한다.

> **판례** 부동산 매도인 甲이 매수인 乙로부터 중도금을 수령한 상태에서 제3자로부터 금원을 차용하고 근저당권 설정해줌 – 배임죄 ○ (대법원 1998. 2. 10. 선고 97도2919 판결)

> **판례** 아파트 건축공사의 시행사가 수분양자들에게 소유권 이전 등기절차를 이행하지 않은 채 분양계

약서에 기재된 대출한도금액을 초과한 근저당권설정등기를 경료 – 배임죄 ○ (대법원 2009. 5. 28. 선고 2009도2086 판결)

5) 매도인이 제1매수인에게 소유권이전등기 경료한 경우

판례 부동산을 이중매도한 甲이 제2매수인 丙이 아닌 제1매수인 乙에게 소이등 경료 – 제2매수인 丙에 대한 배임죄 ×

부동산을 이중으로 매도한 경우에 매도인이 선매수인에게 소유권이전의무를 이행하였다고 하여 후매수인에 대한 관계에서 그가 임무를 위법하게 위배한 것이라고 할 수 없다. (대법원 1977. 10. 11. 선고 77도1116 판결)

판례 아파트 건축분양회사가 수분양자들에게 소유권이전등기절차를 이행하지 않은 채 분양 전 금융기관과 체결한 근저당권설정계약에 따라 근저당권설정등기를 경료 – 수분양자들에 대한 배임죄 × (대법원 2009. 2. 26. 선고 2008도11722 판결)

나. 기타

1) 제2매수인의 형사책임

제2매수인에게 배임죄가 성립할 수 있을까? 판례는 ① '단순 악의'만으로는 공범을 부정하고 ② 매도인의 배임에 '적극 가담'한 경우에 한하여 공동정범·교사범·방조범을 인정한다.

판례 제2매수인의 배임죄 – ① 악의·소극 편승 – × ② 교사·적극 가담 – ○

업무상배임죄의 실행으로 인하여 이익을 얻게 되는 수익자 또는 그와 밀접한 관련이 있는 제3자를 배임의 실행행위자와 공동정범으로 인정하기 위해서는 ① 실행행위자의 행위가 피해자인 본인에 대한 배임행위에 해당한다는 것을 알면서도 소극적으로 그 배임행위에 편승하여 이익을 취득한 것만으로는 부족하고, ② 실행행위자의 배임행위를 교사하거나 또는 배임행위의 전 과정에 관여하는 등으로 배임행위에 적극 가담할 것을 필요로 한다고 하는 점은 논지가 주장하는 바와 같다. (대법원 1975. 6. 10. 선고 74도2455 판결, 1990. 6. 8. 선고 89도1417 판결)

판례 점포 임차인 甲은 임대인 乙이 이미 그 점포를 매도한 사실을 알면서도 ① 임대차 계약상 특약인 "점포를 매도할 경우 우선적으로 임차인에게 매도한다"를 구실로 자신에게 매도하라 요구하고 ② 일방적으로 매매대금을 결정하여 공탁하고 ③ 乙과 공모하여 甲 명의로 소유권이전등기 경료 – 배임죄 공동정범 ○ (대법원 1983. 7. 12. 선고 82도180 판결)

제2매수인에게 장물취득죄가 성립할 수 있을까? 부동산은 영득한 재물이 아니라, 배임죄에 제공된(활용된) 수단에 불과하므로 장물취득죄가 성립할 수 없다.

> **판례** 제2매수인의 장물취득죄 – ×
> 장물이라 함은 재산권상의 침해를 가져 올 위법행위로 인하여 영득한 물건으로서 피해자가 반환청구권을 가지는 것을 말하고 이중매매의 경우에는 부동산소유자가 배임행위로 인하여 영득한 것은 재산상의 이익이고 위 배임범죄에 제공된 대지는 범죄로 인하여 영득한 것 자체는 아니므로 그 취득자 또는 전득자에게 대하여 배임죄의 가공여부를 논함은 별문제로 하고 장물취득죄로 처단할 수 없다. (대법원 1975. 12. 9. 선고 74도2804 판결)

2) 무허가 건물 이중매매

> **판례** 무허가건물 이중양도 ① 착수 – 제2매수인 중도금 수령 ② 기수 – 제2매수인 현실인도
> 무허가건물대장은 무허가건물의 정비에 관한 행정상의 사무처리의 편의를 위하여 작성 비치되는 것으로써 그 대장에의 기재에 의하여 무허가건물에 관한 권리의 변동이 초래되거나 공시되는 효과가 생기는 것이 아니므로 무허가건물대장에 소유자로 등재되었다는 사정만으로는 그 무허가건물에 대한 소유권 기타의 권리를 취득하거나 권리자로 추정되는 효력은 없다 할 것이나, 무허가건물의 양도인은 특별한 사정이 없는 한 대금수령과 동시에 양수인에게 그 건물을 인도할 의무가 있다 할 것이고, 무허가건물의 양수인은 양도인으로부터 무허가건물을 인도받아 점유함으로써 소유권에 준하는 사용·수익 처분의 포괄적인 권능을 가지게 되므로, 이와 같이 양수인에게 무허가건물을 인도할 의무를 부담하는 양도인이 중도금 또는 잔금까지 수령한 상태에서 양수인의 의사에 반하여 제3자에게 그 무허가건물을 이중으로 양도하고 중도금까지 수령하였다면 이는 양수인에 대한 관계에서 임무위배행위로서 배임죄의 실행의 착수가 있었다고 할 것이고, 더 나아가 제3자로부터 잔금을 수령하고 무허가건물을 인도하였다면 이는 배임죄의 기수에 해당한다. (대법원 2005. 10. 28. 선고 2005도5713 판결)

> **판례** 무허가건물대장상 '명의변경'은 무허가건물 이중양도의 착수·기수에 영향 없음
> 미등기가옥을 (갑)에게 매도한 후 이를 타에 처분하려고 가옥대장의 피고인 소유명의를 피고인의 처 명의로 변경한 행위만으로는 피고인의 처에게 재산상 이익을 주거나 (갑)에게 재산상 손해를 가하였다고 할 수 없으므로 위 행위는 아직 배임죄의 구성요건에 해당되는 행위에 착수하였다고 볼 수 없다. (대법원 1969. 7. 8. 선고 69도760 판결)

3) 권리의 이중양도

> **판례** 주류제조면허권 이중양도 – 배임죄 ○ (대법원 1984. 5. 9. 선고 83도3084 판결)

> **판례** 토석채취권 이중양도 – 배임죄 ○ (대법원 1979. 7. 10. 선고 79도961 판결)

> **판례** 점포임차권 이중양도 – 배임죄 ✕
>
> 점포임차권양도계약을 체결한 후 계약금과 중도금까지 지급받았다 하더라도 잔금을 수령함과 동시에 양수인에게 점포를 명도하여 줄 양도인의 의무는 위 양도계약에 따르는 민사상의 채무에 지나지 아니하여 이를 타인의 사무로 볼 수 없으므로 비록 양도인이 위 임차권을 이중으로 양도하였다 하더라도 배임죄를 구성하지 않는다. (대법원 1986. 9. 23. 선고 86도811 판결, 대법원 1990. 9. 25. 선고 90도1216 판결)

Ⅱ 배임죄

> **제355조(횡령, 배임)** ② 타인의 사무를 처리하는 자가 그 임무에 위배하는 행위로써 재산상의 이익을 취득하거나 제삼자로 하여금 이를 취득하게 하여 본인에게 손해를 가한 때에도 전항의 형과 같다.

例規 제355조 ② 배임	미수 ○

🔍 **핵심단어**

• ① 타인사무처리자 ② 배임행위 ③ 자기·제3자 재산상 이익 취득 ④ 본인 재산상 손해
• 타인사무처리자란 ① 당사자 관계 전형적·본질적 내용 ② 타인 재산 보호·관리
• 배임행위란 ① 본인과의 신임관계 ② 배신하는 일체의 행위
• 재산상 손해란 ① 현실적 손해 ② 재산상 실해발생 위험 ③ 법률적 판단 ✕ ④ 경제적 관점 ○

이득액이 5억원 이상인 경우, 특정경제범죄 가중처벌 등에 관한 법률이 적용된다.[135]

1. 주체: 타인 사무 처리자

가. 사무의 타인성·재산관련성

타인의 재산을 보호·관리하여야 할 의무가 주된 의무로서 신임관계의 전형적·본질적 내용을 이

---

135 **특정경제범죄 가중처벌 등에 관한 법률 제3조(특정재산범죄의 가중처벌)** ① 「형법」 제347조(사기), 제347조의2 (컴퓨터등 사용사기), 제350조(공갈), 제350조의2(특수공갈), 제351조(제347조, 제347조의2, 제350조 및 제350조의2의 상습범만 해당한다), 제355조(횡령·배임) 또는 제356조(업무상의 횡령과 배임)의 죄를 범한 사람은 그 범죄행위로 인하여 취득하거나 제3자로 하여금 취득하게 한 재물 또는 재산상 이익의 가액(이하 이 조에서 "이득액" 이라 한다)이 5억원 이상일 때에는 다음 각 호의 구분에 따라 가중처벌한다.
　　1. 이득액이 50억원 이상일 때: 무기 또는 5년 이상의 징역
　　2. 이득액이 5억원 이상 50억원 미만일 때: 3년 이상의 유기징역

루어야 한다. 단순한 계약이행 의무는 타인사무라 볼 수 없다. 인정례를 먼저 살펴본다.

판례 타인 사무 처리자 – ① 타인 재산 보호·관리 의무 ○ ② 단순한 채무자 ×

'타인의 사무를 처리하는 자'라고 하려면 두 당사자의 관계의 본질적 내용이 단순한 채권관계상의 의무를 넘어서 그들 간의 신임관계에 기초하여 타인의 재산을 보호 내지 관리하는 데 있어야 한다. (대법원 2009. 2. 26. 선고 2008도11722 판결)

타인의 사무라 함은 신임관계에 기초를 둔 타인의 재산의 보호 내지 관리의무가 있을 것을 그 본질적 내용으로 하는 것으로 ① 타인의 재산관리에 관한 사무를 대행하는 경우, 예컨대 위임, 고용 등의 계약상 타인의 재산의 관리 보전의 임무를 부담하는데 본인을 위하여 일정한 권한을 행사하는 경우, ② 등기협력의무와 같이 매매, 담보권설정등 자기의 거래를 완성하기 위한 자기의 사무인 동시에 상대방의 재산보전에 협력할 의무가 있는 경우 따위를 말한다고 할 것이다. (대법원 1983. 2. 8. 선고 81도3137 판결)

타인사무처리자는 고유의 권한으로서 그 처리를 하는 자에 한하지 않고 그 자의 보조기관으로서 직접 또는 간접으로 그 처리에 관한 사무를 담당하는 자도 포함한다. (대법원 2007. 6. 1. 선고 2005도9288 판결)

해설 타인사무는 타인 재산을 보호·관리하여야 할 의무가 있는 자를 말한다. 이를 ① 대행사무 ② 협력사무로 구체화할 수 있는데, 최근 판례의 경향은 ②의 범위를 대폭 축소하고 있다.

판례 직무발명에 대한 특허출원권 등을 사용자 등에게 승계하는 약정을 한 종업원 甲이 직무발명 완성 후 이를 사용자 등에게 알리지 않고 제3자에게 권리 양도 – 배임죄 ○

직무발명에 대한 특허를 받을 수 있는 권리 등을 사용자 등에게 승계한다는 취지를 정한 약정 또는 근무규정의 적용을 받는 종업원 등은 사용자 등이 이를 승계하지 아니하기로 확정되기 전까지는 임의로 위와 같은 승계 약정 또는 근무규정의 구속에서 벗어날 수 없는 상태에 있는 것이어서, 종업원 등이 그 발명의 내용에 관한 비밀을 유지한 채 사용자 등의 특허권 등 권리의 취득에 협력하여야 할 의무는 자기 사무의 처리라는 측면과 아울러 상대방의 재산보전에 협력하는 타인 사무의 처리라는 성격을 동시에 가지게 되므로, 이러한 경우 종업원 등은 배임죄의 주체인 '타인의 사무를 처리하는 자'의 지위에 있다고 할 것이다. 따라서 위와 같은 지위에 있는 종업원 등이 임무를 위반하여 직무발명을 완성하고도 그 사실을 사용자 등에게 알리지 않은 채 그 발명에 대한 특허를 받을 수 있는 권리를 제3자에게 이중으로 양도하여 제3자가 특허권 등록까지 마치도록 하는 등으로 그 발명의 내용이 공개되도록 하였다면, 이는 사용자 등에게 손해를 가하는 행위로서 배임죄를 구성한다. (대법원 2012. 11. 15. 선고 2012도6676 판결)

비교 직무발명에 대한 특허출원권 등을 사용자에게 승계하는 약정을 하지 않은 종업원 甲이 직무발명 완성 후 특허출원인 명의를 甲 명의로 변경하여 출원함 – 배임죄 × (대법원 2011. 7. 28. 선고 2010도12834 판결)

비교 甲社 직원인 피고인이 대표이사 乙 등이 직무발명한 시스템의 특허출원을 하면서 임의로 발명자란에 자기 이름 추가로 기재하여 공동발명자로 등재함 – 배임죄 ×

발명자에 해당하는지는 특허출원서 발명자란 기재 여부와 관계없이 실질적으로 정해지므로 피고인의 행위만으로 곧바로 甲 회사의 특허권 자체나 그와 관련된 권리관계에 어떠한 영향을 미친다고 볼 수 없다. (대법원 2011. 12. 13. 선고 2011도10525 판결)

해설 발명진흥법은 '직무발명'에 대하여 특허 등을 받을 수 있는 권리는 원칙적으로 발명자인 종업원 등에게 귀속하도록 하고, 예외적으로 사용자 등이 권리를 승계한 경우 이에 관한 권리를 가지도록 규정한다.

판례 VAN 사업자인 甲社와 계약을 맺고 그 대리점으로서 가맹점 관리업무 등을 수행하는 乙社 대표이사인 피고인이 甲社의 가맹점을 타 경쟁업체 가맹점으로 임의 전환 – 배임죄 ○

甲 회사가 보유하는 가맹점은 甲 회사의 수익과 직결되는 재산적 가치를 지니고 있어 피고인이 甲 회사를 대신하여 가맹점을 모집·유지 및 관리하는 것은 본래 甲 회사의 사무로서 피고인에 대한 인적 신임관계에 기하여 그 처리가 피고인에게 위탁된 것이고, 이는 단지 피고인 자신의 사무만에 그치지 아니하고 甲 회사의 재산적 이익을 보호 내지 관리하는 것을 본질적 내용으로 하며, 그 업무가 피고인 자신의 계약상 의무를 이행하고 甲 회사로부터 더 많은 수수료 이익을 취득하기 위한 피고인 자신의 사무의 성격을 일부 가지고 있다고 하여 달리 볼 것이 아니므로, 피고인은 甲 회사와 신임관계에 기하여 甲 회사의 가맹점 관리업무를 대행하는 '타인의 사무를 처리하는 자'의 지위에 있다. (대법원 2012. 5. 10. 선고 2010도3532 판결)

판례 증권회사 직원 甲이 고객 乙의 매수주문 없이 고객예탁금으로 무단 매수하였는데 시세하락으로 손해 발생 – 배임죄 ○

고객의 주문이 없이 무단 매매를 행하여 고객의 계좌에 손해를 가하지 아니하여야 할 의무를 부담하는 자로서, 고객과의 신임관계에 기초를 두고 고객의 재산관리에 관한 사무를 대행하는 타인의 사무를 처리할 지위에 있다. (대법원 1995. 11. 21. 선고 94도1598 판결)

참고 원심은 자기·제3자의 재산상 이득의 의사로 행위한 것이 아니라 보아 무죄 판결하였으나, 대법원은 주식매수를 통해 증권회사가 수수료를 취득하였기에 불법이득의사가 인정된다고 보았다.

판례 피해자 乙이 피고인 甲에게 나중에 국유지 불하를 받아달라고 하면서 乙 명의로 국유재산대부계약이 체결된 토지 등의 관리를 부탁하였는데 甲이 국유재산대부계약상의 권리 포기 – 배임죄 ○

피해자가 피고인에게 나중에 국유지 불하를 받아달라고 하면서 피해자 명의로 국유재산대부계약이 체결된 토지 등의 관리를 부탁하였다면 이는 국유재산을 불하받아 주는 사무처리 및 이와 관련된 사무처리를 위임한 것이라고 볼 수 있고, 이러한 위임관계가 단순한 민사상 채무를 부담하는 경우에 그치는 것이 아니라, 위임계약에 따라 타인의 재산관리에 관한 사무를 대행하는 관계라고 보아, 배임죄에 있어서 '타인의 사무'에 해당한다. (대법원 2005. 3. 25. 선고 2004도6890 판결)

판례 미성년자와 친생자관계가 없으나 호적상 친모로 등재되어 있는 甲이 미성년자의 상속재산 처분에 관여하였는데, 미성년자에게 불리한 방식으로 사무처리함 – 배임죄 ○

'타인의 사무를 처리하는 자'란 타인과의 대내관계에서 신의성실의 원칙에 비추어 그 사무를 처리할 신임관계가 존재한다고 인정되는 자를 의미하고, 반드시 제3자에 대한 대외관계에서 그 사무에 관한 대리권이 존재할 것을 요하지 않으며, 나아가 업무상 배임죄에서 업무의 근거는 법령, 계약, 관습의 어느 것에 의하건 묻지 않고, 사실상의 것도 포함한다. (대법원 2002. 6. 14. 선고 2001도3534 판결)

판례 지입회사의 대표이사가 지입차주의 동의 없이 지입차량에 대하여 저당권을 설정하고 대출받음 – 배임죄 ○

이른바 지입제는 자동차운송사업면허 등을 가진 운송사업자와 실질적으로 자동차를 소유하고 있는 차주 간의 계약으로 외부적으로는 자동차를 운송사업자 명의로 등록하여 운송사업자에게 귀속시키고 내부적으로는 각 차주들이 독립된 관리 및 계산으로 영업을 하며 운송사업자에 대하여는 지입료를 지불하는 운송사업형태를 말한다.

따라서 지입차주가 자신이 실질적으로 소유하거나 처분권한을 가지는 자동차에 관하여 지입회사와 지입계약을 체결함으로써 지입회사에 그 자동차의 소유권등록 명의를 신탁하고 운송사업용 자동차로서 등록 및 그 유지 관련 사무의 대행을 위임한 경우에는, 특별한 사정이 없는 한 지입회사 측이 지입차주의 실질적 재산인 지입차량에 관한 재산상 사무를 일정한 권한을 가지고 맡아 처리하는 것으로서 당사자 관계의 전형적·본질적 내용이 통상의 계약에서의 이익대립관계를 넘어서 그들 사이의 신임관계에 기초하여 타인의 재산을 보호 또는 관리하는 데에 있으므로, 지입회사 운영자는 지입차주와의 관계에서 '타인의 사무를 처리하는 자'의 지위에 있다. (대법원 2021. 6. 24. 선고 2018도14365 판결)

> 비교 지입회사의 대표이사가 지입차주들로부터 '지입회사에 대한 할부대금을 완납하기 전에 지입받은 지입차량'에 대하여 근저당권을 설정함 – 배임죄 ×
>
> 지입차주가 지입회사로부터 할부로 지입회사 소유의 자동차를 매수하면서 해당 자동차에 관하여 지입계약을 체결한 경우에는 특별한 사정이 없는 한 지입차주가 그 할부대금을 완납하기 전까지는 지입차량을 지입차주의 실질적 재산이라고 보기 어려우므로, 지입계약이 체결되었다는 사실만으로 곧바로 지입회사 운영자가 지입차주와의 관계에서 지입차량에 관한 재산상 사무를 맡아 처리하는 '타인의 사무를 처리하는 자'의 지위에 있다고 보기 어렵다. (대법원 2024. 11. 14. 선고 2024도13000 판결)

부정례를 살펴본다. 앞서 최신 판례의 경향과 마찬가지로, 채무자가 담보물 보전의무를 위반한 경우 타인사무처리자 지위가 부정된다.

> 판례 채무자인 피고인이 채권자 甲에게 차용금을 변제 못할 경우 부동산 유증상속분을 대물변제하기로 약정하였음에도(대물변제예약) 이를 임의처분 – 배임죄 ×
>
> 피고인이 대물변제예약에 따라 甲에게 부동산의 소유권이전등기를 마쳐 줄 의무는 민사상 채무에 불과할 뿐 타인의 사무라고 할 수 없어 피고인이 '타인의 사무를 처리하는 자'의 지위에 있다고 볼 수 없다. … (중략) … 채무자가 대물변제예약에 따라 부동산에 관한 소유권을 이전해 줄 의무는 예약 당시에 확정적으로 발생하는 것이 아니라 채무자가 차용금을 제때에 반환하지 못하여 채권자가 예약완결권을 행사한 후에야 비로소 문제가 되고, 채무자는 예약완결권 행사 이후라도 얼마든지 금전채무를 변제하여 당해 부동산에 관한 소유권이전등기절차를 이행할 의무를 소멸시키고 의무에서 벗어날 수 있다. (대법원 2014. 8. 21. 선고 2014도3363 전원합의체 판결) 표준

> 판례 채무자 甲이 채권자 乙에게 채무변제를 위하여 담보로 임차권 등의 권리를 제공하였음에도 불구하고, 임차권을 제3자에게 임의로 양도하는 등 임의 처분 – 배임죄 × (대법원 2015. 3. 26. 선고 2015도1301 판결)

> 해설 담보설정자의 담보유지의무는 자기사무라는 최신 판례 경향과 일치한다.

> 판례 시행사 甲社가 시공사 乙社에게 건축공사 도급계약을 맡기면서 공사대금 지급방법으로 분양수입금을 甲社·乙社의 공동명의 예금계좌로만 수령하고 이로부터 공사대금을 지급하기로 하였음에도, 甲社가 이를 어기고 분양수입금을 공동명의 예금계좌에 입금하지 않고 임의 사용 – 배임죄 ×
>
> 위 특약은 시행사의 수급인인 시공사에 대한 공사대금 채무의 변제를 확보하는 방편으로 약정한 것에

불과할 뿐이고, 위 아파트의 수분양자로부터 분양수입금을 수령할 권한 자체는 여전히 시행사에 있으며, 그 분양수입금으로 시공사에 공사대금을 지급하는 사무는 시행사 자신의 사무에 속하는 것이므로, 시행사의 위 행위는 시공사에 대한 단순한 민사상의 채무불이행에 불과할 뿐 배임죄를 구성한다고 볼 수 없다고 한 사례. (대법원 2008. 3. 13. 선고 2008도373 판결)

판례 건물주 甲이 공사업자 乙에게 공사대금 채무변제 방법으로 건물 사용수익권을 부여하는 약정을 하였음에도, 제3자에게 건물을 매도함 – 배임죄 ×

피고인이 피해자에게 건물 사용권을 부여하고 피해자에 의한 임대보증금과 임대로 수익행위를 인용해야 할 소극적 의무를 부담함에 그치는 경우에는 피고인 본인의 사무로 인정될지언정 피해자인 타인의 사무에 해당한다고 볼 수 없다. (대법원 1982. 9. 14. 선고 80도1816 판결)

동지 건물주 甲이 공사업자 乙에게 공사대금 채무변제 방법으로 분양권위임계약을 체결하였음에도, 제3자에게 건물을 매도함 – 배임죄 × (대법원 1987. 4. 28. 선고 86도2490 판결)

판례 부동산 매수인 甲이 ① 매도인 乙에게 일단 계약금만 지급하고 甲 앞으로 소유권이전등기를 경료받고, 잔금은 甲의 책임 아래 각종 허가를 받으면 부동산을 담보로 대출을 받아 지급하되, 허가를 받지 못하면 원상회복해 주기로 하였음에도, ② 甲은 등기를 받은 직후 위 토지에 근저당권을 설정하여 자금을 융통하여 임의 소비 – 배임죄 ×

대금의 지급은 당사자 사이의 신임관계에 기하여 매수인에게 위탁된 매도인의 사무가 아니라 애초부터 매수인 자신의 사무라고 할 것이다. 또한 매도인이 대금을 모두 지급받지 못한 상태에서 매수인 앞으로 목적물에 관한 소유권이전등기를 경료하였다면, 이는 법이 동시이행의 항변권 등으로 마련한 대금 수령의 보장을 매도인이 자신의 의사에 기하여 포기한 것으로서, 다른 특별한 사정이 없는 한 대금을 받지 못하는 위험을 스스로 인수한 것으로 평가된다. 그리고 그와 같이 미리 부동산을 이전받은 매수인이 이를 담보로 제공하여 매매대금 지급을 위한 자금을 마련하고 이를 매도인에게 제공함으로써 잔금을 지급하기로 당사자 사이에 약정하였다고 하더라도, 이는 기본적으로 매수인이 매매대금의 재원을 마련하는 방편에 관한 것이고, 그 성실한 이행에 의하여 매도인이 대금을 모두 받게 되는 이익을 얻는다는 것만으로 매수인이 신임관계에 기하여 매도인의 사무를 처리하는 것이 된다고 할 수 없다. (대법원 2011. 4. 28. 선고 2011도3247 판결)

동지 부동산 매수인 甲이 ① 매도인 乙로부터 매매대금 완납 전에 매매목적물을 담보로 금전을 차용하는 것을 허락받고, 그 대신 ② 매도인 乙에게 차용금액 일부를 매매대금으로 우선 교부하기로 약정하였음에도 그 전부를 임의 소비 – 횡령죄 × (대법원 2005. 9. 29. 선고 2005도4809 판결)

판례 임대인 피고인이 임차인 甲과 아파트 임대차계약 체결하면서 자신이 소유권을 취득하는 즉시 甲에게 알려 전입신고·확정일자 받아 1순위 근저당권자 다음의 대항력을 취득할 수 있도록 하기로 약정하였음에도, 이후 소유권 취득 사실을 고지하지 않고 2·3순위 근저당권을 설정하여 줌 – 배임죄 ×

① 일반적으로 임차인이 전입신고를 하고 확정일자를 받는 것은 임대인의 도움 없이 임차인이 일방적으로 할 수 있는 점, ② 이 사건의 경우 … (중략) … 피고인이 소유권 취득 사실을 고지하지 않은 상태에서 피해자가 전입신고를 하기는 어려웠던 사정은 있으나, 그렇다고 하여 피고인과 피해자 관계의 본질적 내용이 단순한 채권관계상의 의무를 넘어서 피고인과 피해자 간의 신임관계에 기초하여 피해자의 재산을 보호 내지 관리하는 데 있다고까지 보기는 어렵다. (대법원 2015. 11. 26. 선고 2015도

4976 판결)

판례 금융기관 임직원 甲이 예금주 乙의 계좌에서 임의로 5,000만 원 인출 – 배임죄 ×

보통예금은 은행 등 법률이 정하는 금융기관을 수치인으로 하는 금전의 소비임치 계약으로서, 그 예금 계좌에 입금된 금전의 소유권은 금융기관에 이전되고, 예금주는 그 예금계좌를 통한 예금반환채권을 취득하는 것이므로, 금융기관의 임직원은 예금주로부터 예금계좌를 통한 적법한 예금반환 청구가 있으면 이에 응할 의무가 있을 뿐 예금주와의 사이에서 그의 재산관리에 관한 사무를 처리하는 자의 지위에 있다고 할 수 없다. (대법원 2008. 4. 24. 선고 2008도1408 판결, 대법원 2017. 8. 24. 선고 2017도7489 판결) **표준**

참고 은행직원이 고객예금을 관리하는 것은 은행의 소유인 금원에 대한 은행의 업무에 관한 것이지 예금주인 고객의 사무를 처리하는 것이 아니다.

판례 회사의 이사 甲은 ① 회사의 사무처리자 ○ ② 회사 주주의 사무처리자 × 이므로 甲의 가장납입행위는 회사 주주들에 대한 업무상 배임죄 × (대법원 2004. 5. 13. 선고 2002도7340 판결)

동지 청산회사의 청산인 甲은 청산회사의 사무처리자 ○ 채권자의 사무처리자 × (대법원 1990. 5. 25. 선고 90도6 판결)

판례 근저당권설정자 甲이 등기관계 서류를 위조하여 근저당권 등기를 임의로 말소 – ① 배임죄 × ② 사문서위조 및 동행사죄 ○ ③ 공정증서원본불실기재 및 동행사죄 ○

근저당권설정자는 근저당권자를 위하여 근저당권설정등기를 경료하여 줌으로써 근저당권설정계약상의 의무를 이행한 것이 되고 그후 위 근저당권설정등기를 임의로 말소하여서 안되는 것은 물권인 근저당권의 대세적 효력의 당연한 귀결로서 근저당권설정자를 포함한 모든 사람이 부담하는 의무이고 근저당권설정자가 그 설정계약에 따라 근저당권자의 재산의 관리보호를 위하여 특별히 부담하는 의무는 아니므로 근저당권설정자가 등기관계서류를 위조하여 근저당권설정등기를 말소하였다 하더라도 이는 문서에 관한 범죄를 구성할 뿐이고 달리 배임죄를 구성한다고 할 수 없다. (대법원 1987. 8. 18. 선고 87도201 판결, 대법원 2007. 8. 24. 선고 2007도3408 판결)

비교 甲 조합 대출업무 담당자인 피고인이 처·모친 명의로 甲 조합으로부터 대출을 받으며 처·모친 소유의 토지를 담보로 제공함. 이후 피고인은 관련 서류를 위조하여 위 토지에 설정된 근저당권설정등기를 말소해버림 – ① 甲 조합에 대한 배임죄 ○ ② 사문서위조 및 동행사죄 ○ ③ 공정증서원본불실기재 및 동행사죄 ○

원심이 인정한 바와 같이 피해자 조합의 대출업무 등을 담당하던 피고인이 위임장과 해지증서를 위조하여 피해자 조합의 근저당권설정등기를 말소한 것이라면, 그 등기 말소로 피해자 조합은 당장 위 근저당권을 피담보채권과 함께 처분한다거나 피담보채권 회수를 위한 경매 신청을 할 수 없는 등 자산으로서의 근저당권을 운용·처분하지 못해 사실상 담보를 상실한 것과 다를 바 없는 손해가 발생하였다고 할 것이고, 피해자 조합이 위 말소된 근저당권설정등기의 회복등기를 구할 수 있다고 하여 달리 볼 것은 아니다. (대법원 2014. 6. 12. 선고 2014도2578 판결)

해설 일견 비슷한 행위태양으로 보이지만 피해자가 완전히 다르다. 판례사건의 경우, 근저당권설정자는 '근 저당권자'로부터 어떠한 임무를 부여받지 않아 타인 사무처리자라 볼 수 없다. 반면 **비교사건**의 경우, 피고인은 직원으로서 甲조합에 대하여 "대출금 변제 시까지는 담보로 제공된 토지의 근저당권설정등기를 해지하지 아니하고 이를 유지하여야 할 업무상 임무"가 인정되어 타인 사무처리자라 볼 수 있다. 대법원 판례는 재산상 손해에 중심을 두고 설시하지만 원심과 함께 검토한 결과, 두 사건의 본질적 차이는 타인사무처리자 인정

여부에 있다.

판례 甲이 월부상환 중인 자동차를 乙에게 매도하며, 자동차등록 명의는 甲에게 둔 상태로 할부금을 완불하여 乙에게 아무런 손해를 주지 않기로 약정하였음에도, 할부금을 완불하지 아니함 – 배임죄 ✕ (대법원 1983. 11. 8. 선고 83도2496 판결)

판례 골프시설의 운영자가 일반회원들을 위한 회원의 날을 없애고, 일반회원들 중에서 주말예약에 대하여 우선권이 있는 특별회원을 모집한 행위 – 배임죄 ✕
일반회원들에 대한 회원가입계약에 따른 민사상의 채무를 불이행한 것에 불과하고, 골프시설의 운영자가 일반회원들의 골프회원권이라는 재산관리에 관한 사무를 대행하거나 그 재산의 보전행위에 협력하는 지위에 있다고 할 수는 없다. (대법원 2003. 9. 26. 선고 2003도763 판결)

판례 피고인이 알 수 없는 경위로 피해자의 비트코인을 자신의 계정으로 이체 받은 후 자신의 다른 계정으로 이체 – 배임죄 ✕
가상자산은 국가에 의해 통제받지 않고 블록체인 등 암호화된 분산원장에 의하여 부여된 경제적인 가치가 디지털로 표상된 정보로서 재산상 이익에 해당한다. 가상자산은 보관되었던 전자지갑의 주소만을 확인할 수 있을 뿐 그 주소를 사용하는 사람의 인적사항을 알 수 없고, 거래 내역이 분산 기록되어 있어 다른 계좌로 보낼 때 당사자 이외의 다른 사람이 참여해야 하는 등 일반적인 자산과는 구별되는 특징이 있다. 이와 같은 가상자산에 대해서는 현재까지 관련 법률에 따라 법정화폐에 준하는 규제가 이루어지지 않는 등 법정화폐와 동일하게 취급되고 있지 않고 그 거래에 위험이 수반되므로, 형법을 적용하면서 법정화폐와 동일하게 보호해야 하는 것은 아니다.
원인불명으로 재산상 이익인 가상자산을 이체 받은 자가 가상자산을 사용·처분한 경우 이를 형사처벌하는 명문의 규정이 없는 현재의 상황에서 착오송금 시 횡령죄 성립을 긍정한 판례를 유추하여 신의칙을 근거로 피고인을 배임죄로 처벌하는 것은 죄형법정주의에 반한다. 이 사건 비트코인이 법률상 원인관계 없이 피해자로부터 피고인 명의의 전자지갑으로 이체되었더라도 피고인이 신임관계에 기초하여 피해자의 사무를 맡아 처리하는 것으로 볼 수 없는 이상, 피고인을 피해자에 대한 관계에서 '타인의 사무를 처리하는 자'에 해당한다고 할 수 없다. (대법원 2021. 12. 16. 선고 2020도9789 판결)
참고 비트코인은 '재물'에 해당하지 않으므로 횡령죄도 성립하지 않는다고 보았다.

이하에서는 '계주'의 배임죄 성부에 관한 판례를 살펴본다. 계주 사건은 특히 타인사무처리자 쟁점과 관련이 있다.

판례 계주의 배임죄 – ① 계가 유효하고 ② 계금 징수하였음에도 ③ 계금 지급 않아야 함
계주가 계원들로부터 계불입금을 징수하게 되면 그 계불입금은 실질적으로 낙찰계원에 대한 계금지급을 위하여 계주에게 위탁된 금원의 성격을 지니고 따라서 계주는 이를 낙찰·지급받을 계원과의 사이에서 단순한 채권관계를 넘어 신의칙상 그 계금지급을 위하여 위 계불입금을 보호 내지 관리하여야 하는 신임관계에 들어서게 되므로, 이에 기초한 계주의 계금지급의무는 배임죄에서 말하는 타인의 사무에

해당한다. (대법원 2009. 8. 20. 선고 2009도3143 판결)

판례 계주 甲이 계원들로부터 월불입금을 모두 징수하였음에도 낙찰계원에게 계금 지급하지 아니함 – 배임죄 ○ (대법원 1987. 2. 24. 선고 86도1744 판결)

판례 계주 甲이 계원의 이름을 모용하여 계금을 낙찰받아 그 계금을 임의소비 – 배임죄 ○
낙찰계에 있어서와 같이 계주가 계원의 위임을 받아 계불입금을 납부받고 입찰을 시행하여 낙찰계원에게 계금을 급부할 임무가 있는 경우에 그 임무에 위배하여 계주가 마음대로 계원의 이름을 모용하여 낙찰받아 그 계금을 자의로 소비한 때에는 배임죄가 성립되고 그 경우 피해자는 계원전체이고 피해액은 계주가 이득한 금액이다. (대법원 1986. 7. 22. 선고 86도230 판결)

판례 계주 甲이 계가 정상적으로 운영되고 있음에도 성실한 계원 乙에게 파계되었다고 거짓말하여 乙이 계에 참여하지 못하게 함 – 배임죄 ○
낙찰계에 있어서 계원이 계약내용의 가장 기본적인 요소인 계불입금 지급의무를 성실하게 이행하여 왔다면 계주는 계가 파계되었다는 등의 특별한 사정이 없는 한 그 계원에 대하여 계에 참석하여 낙찰받아 계금을 탈 수 있는 기회를 제공하여야 할 임무가 있다고 할 것이므로 계가 정상적으로 운영되고 있음에도 불구하고 계주가 그 동안 성실하게 계불입금을 지급하여 온 계원에게 계가 깨졌다는 등의 거짓말을 하여 그 계원이 계에 참석하여 낙찰받아 계금을 탈 수 있는 기회를 박탈하여 손해를 가하였다면 계주의 위와 같은 임무위배는 그 계원에 대한 관계에 있어서 배임죄를 구성한다. (대법원 1995. 9. 29. 선고 95도1176 판결)

판례 계주가 낙찰계를 조직·운영하다가 9회차 곗날에 계원들로부터 계불입금 징수하지 아니하고 잠적하여 파계가 됨 – 배임죄 ×
계주가 계원들로부터 계불입금을 징수하지 아니하였다면 그러한 상태에서 부담하는 계금지급의무는 위와 같은 신임관계에 이르지 아니한 단순한 채권관계상의 의무에 불과하여 타인의 사무에 속하지 아니하고, 이는 계주가 계원들과의 약정을 위반하여 계불입금을 징수하지 아니한 경우라 하여 달리 볼 수 없다. (대법원 2009. 8. 20. 선고 2009도3143 판결)

판례 계주가 파계된 사실을 숨기고 계원들로부터 계금을 징수함 – ① 배임죄 × ② 사기죄 ○
계가 파계된 후에 있어서는 계불입금의 청산의무는 있을지언정 계 존속을 전제로 한 위와 같은 계금지급의무는 인정할 여지가 없는 것이므로 계주가 파계후에 계원들로부터 계가 존속하는 것처럼 계금을 징수하는 것이 계원들과 사이에 사기죄가 성립함은 별론으로 하고 위와 같이 징수한 금원을 계불입금의 청산금이 아니라 계 존속을 전제로 한 계금으로서 계원에게 지급할 업무상 임무가 있다고 볼 수 없다. (대법원 1982. 11. 9. 선고 82도2093 판결)

나. 사무처리의 근거

법령·계약은 물론 관습·사무관리에 따른 사실상의 신임관계도 인정된다.

사무처리 근거는 ① 법령 ② 계약 ③ 관습 ④ 사무관리를 포괄함

타인의 사무를 처리하는 자라 함은 타인과의 대내관계에 있어서 신의성실의 원칙에 비추어 그 사무를 처리할 신임관계가 존재한다고 인정되는 자를 의미하고 반드시 제3자에 대한 대외관계에서 그 사무에 관한 권한이 존재할 것을 요하지 않으며, 또 그 사무가 포괄적 위탁사무일 것을 요하는 것도 아니고, 사무처리의 근거, 즉 신임관계의 발생근거는 법령의 규정, 법률행위, 관습 또는 사무관리에 의하여도 발생할 수 있으므로, 법적인 권한이 소멸된 후에 사무를 처리하거나 그 사무처리자가 그 직에서 해임된 후 사무인계 전에 사무를 처리한 경우도 배임죄에 있어서의 사무를 처리하는 경우에 해당한다. (대법원 1999. 6. 22. 선고 99도1095 판결)

판례 단체의 대표 甲은 자신이 해임되고 후임 대표가 선출되었는데도 업무 인계를 거부하던 중, 단체를 상대로 제기된 소송의 소장부본·변론기일소환장을 송달받고도 이를 단체에 알리지 않고 스스로 응소하지도 않아 의제자백 패소확정판결을 받음 – 배임죄 ○ (대법원 1999. 6. 22. 선고 99도1095 판결)

판례 甲이 내연의 처 乙에게 불륜관계 지속대가로 부동산 소이등경료해주기로 약정하였으나 이행하지 않음 – 배임죄 ×

위 부동산 증여계약은 선량한 풍속과 사회질서에 반하는 것으로 무효이어서 위 증여로 인한 소유권이전등기의무가 인정되지 아니하는 이상 동인이 타인의 사무를 처리하는 자에 해당한다고 볼 수 없다. (대법원 1986. 9. 9. 선고 86도1382 판결)

2. 객체: 재산상 이익

재산죄 일반과 같다.

3. 행위: 배임행위·재산상 이익 취득·본인에게 손해를 가함

가. 배임행위

1) 의의

배임행위란 법률·계약·신의칙에 따라 당연히 할 것으로 기대되는 행위를 하지 않거나, 당연히 하지 않아야 할 것으로 기대되는 행위를 함으로써 신임관계를 저버리는 행위를 말한다.

판례 배임행위 – 본인과의 신임관계를 배신하는 일체의 행위

임무에 위배하는 행위라 함은 처리하는 사무의 내용, 성질 등 구체적 상황에 비추어 법률의 규정, 계약의 내용 혹은 신의칙상 당연히 할 것으로 기대되는 행위를 하지 않거나 당연히 하지 않아야 할 것으로 기대하는 행위를 함으로써 본인과 사이의 신임관계를 저버리는 일체의 행위를 포함하는 것으로 그러한 행위가 법률상 유효한가 여부는 따져볼 필요가 없고, 행위자가 가사 본인을 위한다는 의사를 가지고 행위

를 하였다고 하더라도 그 목적과 취지가 법령이나 사회상규에 위반된 위법한 행위로서 용인할 수 없는 경우에는 그 행위의 결과가 일부 본인을 위하는 측면이 있다고 하더라도 이는 본인과의 신임관계를 저버리는 행위로서 배임죄의 성립을 인정함에 영향이 없다. (대법원 2002. 7. 22. 선고 2002도1696 판결)

2) 회사 이사 등의 행위

판례 회사의 이사가 채무변제능력 상실자에게 회사자금 무담보 대여 – 배임죄 ○

회사의 이사 등이 타인에게 회사자금을 대여함에 있어 타인이 이미 채무변제능력을 상실하여 그에게 자금을 대여할 경우 회사에 손해가 발생하리라는 정을 충분히 알면서 이에 나아갔거나, 충분한 담보를 제공받는 등 상당하고도 합리적인 채권회수조치를 취하지 아니한 채 만연히 대여해 주었다면, 그와 같은 자금대여는 타인에게 이익을 얻게 하고 회사에 손해를 가하는 행위로서 회사에 대하여 배임행위가 되고, 회사의 이사는 단순히 그것이 경영상의 판단이라는 이유만으로 배임죄의 죄책을 면할 수 없으며, 이러한 이치는 타인이 자금지원 회사의 계열회사라 하여 달라지지 않는다. (대법원 2017. 11. 9. 선고 2015도12633 판결, 대법원 2000. 3. 14. 선고 99도4923 판결, 대법원 2004. 7. 8. 선고 2002도661 판결)

비교 회사의 이사가 채무초과 상태에 있는 자에게 회사자금 대여 – 배임죄 ×

그 타인이 이미 채무변제능력을 상실 … (중략) … 회사에 대한 배임행위가 된다고 할 것이나, 그 타인이 채무초과 상태에 있더라도 그러한 이유만으로는 자금대여나 연대보증 또는 담보제공이 곧 회사에 대하여 배임행위가 된다고 단정할 수 없다. (대법원 2014. 11. 27. 선고 2013도2858 판결, 대법원 2004. 6. 24. 선고 2004도520 판결)

판례 회사의 대표이사 甲이 임무에 위배하여 회사로 하여금 다른 사업자와 용역계약을 체결하게 하면서 부당하게 과다한 용역비를 정하여 지급 – 배임죄 ○

지급한 용역비와 적정한 수준의 용역비 사이의 차액 상당의 손해를 회사에 가하였다. (대법원 2018. 2. 13. 선고 2017도17627 판결)

판례 회사의 대표이사이자 실질적 1인주주인 甲이 회사의 재무구조가 열악함에도 개인적 연고가 있고 회사와는 연관이 없는 제3자 乙에게 회사의 자산으로 거액을 기부 – 배임죄 ○ (대법원 1983. 12. 13. 선고 83도2330 전원합의체 판결, 대법원 2005. 6. 10. 선고 2005도946 판결, 대법원 2011. 3. 10. 선고 2008도6335 판결)

판례 甲社 대표이사인 피고인이 甲社 소유 건물을 임대하고 교부받은 임대보증금 중 일부를 (甲社와는 무관한) 자신의 乙社에 대한 체불임금채권에 충당함 – 배임죄 ○ (대법원 2008. 7. 24. 선고 2008도287 판결)

판례 甲社 대표이사인 피고인이 乙社 대표이사 丙과 포괄적 주식교환계약 체결하면서 허위자료를 이용하여 甲社 주식가치가 과대평가되도록 주식교환비율을 정한 뒤, 乙社 대표이사로 취임한 후 위 계약에 따라 주식교환을 실시함 – 乙社에 대한 배임죄 ○ (대법원 2012. 11. 15. 선고 2010도11382 판결)

판례 甲社 대표이사가 시세차익을 얻을 의도로 시가보다 현저히 낮은 금액을 전환가격으로 한 전환사채를 발행하고 이를 제3자 이름으로 인수한 후 전환권을 행사하여 인수한 주식 중 일부를 직원들에게 전환가격 상당에 나누어 줌 – 배임죄 ○

전환사채의 발행·인수로써 주식 시가와 전환가격의 차액 상당의 재산상의 이익을 취득하고 법인에게 손해를 가한 업무상배임죄가 성립하였다. (대법원 2001. 9. 28. 선고 2001도3191 판결)

[판례] 회사 대표이사의 배임행위는 이사회·주주총회 결의로 정당화되지 아니함

대표이사가 임무에 배임하는 행위를 함으로써 주주 또는 회사 채권자에게 손해가 될 행위를 하였다면 그 회사의 이사회 또는 주주총회의 결의가 있었다고 하여 그 배임행위가 정당화될 수는 없다. (대법원 2005. 10. 28. 선고 2005도4915 판결)

[판례] 甲社 이사들이 甲社 운영 골프장을 이용하며 회사내규에 따라 비용을 면제받음 – 배임죄 × (대법원 2009. 2. 26. 선고 2008도522 판결)

[판례] 甲社 기존 주주들에게 시가보다 낮은 가격에 지분비율대로 신주인수권을 부여하였는데 기존 주주들이 그 인수를 포기하자, 甲社 이사 등이 실권주를 시가보다 낮은 가격 그대로 제3자에게 배정 – 배임죄 × (대법원 2009. 5. 29. 선고 2007도4949 전원합의체 판결)

[참고] 삼성그룹 승계 사건으로 회사법에서 깊이 있게 다룬다.

3) 기업간 자금지원·보증행위

기업 총수의 계열사 간 자금지원 행위가 배임죄로 기소되는 경우, 경영판단원칙을 근거로 배임죄의 고의를 부정하는 경우가 많다. 이하에서는 ① 경영판단원칙 일반론을 익히고 ② 기업간 자금지원·보증행위에 관한 판례를 살펴본다.[136]

[판례] 경영판단원칙 – ① 사익 취할 의도 없이 ② 최대 정보 수집하여 ③ 기업 이익 위한 결정 내렸으나 ④ 예측 빗나가 손해 발생 → 배임 고의 조각

경영상의 판단과 관련하여 기업의 경영자에게 배임의 고의가 있었는지 여부를 판단함에 있어서도 일반적인 업무상배임죄에서의 고의의 증명방법과 마찬가지의 법리가 적용되어야 함은 물론이지만, 기업의 경영에는 원천적으로 위험이 내재하고 있어서 ① 경영자가 아무런 개인적 이익을 취할 의도 없이 선의에 기하여 ② 가능한 범위 내에서 수집된 정보를 바탕으로 ③ 기업의 이익에 합치된다는 믿음을 가지고 신중하게 결정을 내린다 하더라도 ④ 그 예측이 빗나가 기업에 손해가 발생하는 경우가 있을 수 있으므로, 이러한 경우까지 고의에 관한 해석기준을 완화하여 업무상배임죄의 형사책임을 묻는다면 이는 죄형법정주의의 원칙에 위배됨은 물론이고 정책적인 차원에서 보아도 영업이익의 원천인 기업가 정신을 위축시키는 결과를 낳게 되어 당해 기업뿐 아니라 사회적으로도 큰 손실이 될 것이다. 따라서 현행 형법상의 배임죄가 위태범이라는 법리를 부인할 수 없을지라도, 문제된 경영상의 판단에 이르게 된 경위와

---

136 이론적으로는 '기업간 자금지원·보증행위'는 배임행위에서, '경영판단원칙'은 고의에서 다루는 게 맞다. 그러나 이 둘은 실질적으로는 하나의 쟁점이므로 한 번에 다루어야 한다.

동기, 판단대상인 사업의 내용, 기업이 처한 경제적 상황, 손실발생과 이익획득의 개연성 등 제반 사정에 비추어 자기 또는 제3자가 재산상 이익을 취득한다는 인식과 본인에게 손해를 가한다는 인식하에 이루어진 의도적 행위임이 인정되는 경우에 한하여 배임죄의 고의를 인정하는 엄격한 해석기준은 유지되어야 하고, 이러한 인식이 없음에도 단순히 본인에게 손해가 발생하였다는 결과만으로 책임을 묻거나 주의의무를 소홀히 한 과실이 있다고 보아 책임을 물을 수는 없다. (대법원 2014. 11. 27. 선고 2013도2858 판결, 대법원 2004. 7. 22. 선고 2002도4229 판결, 대법원 2010. 1. 14. 선고 2007도10415 판결, 대법원 2019. 6. 13. 선고 2018도20655 판결) **표준**

동지 동일 기업집단의 타 계열사에 대한 지원행위과 경영판단원칙

동일한 기업집단에 속한 계열회사 사이의 지원행위가 합리적인 경영판단의 재량 범위 내에서 행하여진 것인지를 판단하기 위해서는 앞서 본 여러 사정들과 아울러, 지원을 주고받는 계열회사들이 자본과 영업 등 실체적인 측면에서 결합되어 공동이익과 시너지 효과를 추구하는 관계에 있는지, 이러한 계열회사들 사이의 지원행위가 지원하는 계열회사를 포함하여 기업집단에 속한 계열회사들의 공동이익을 도모하기 위한 것으로서 특정인 또는 특정회사만의 이익을 위한 것은 아닌지, 지원 계열회사의 선정 및 지원 규모 등이 당해 계열회사의 의사나 지원 능력 등을 충분히 고려하여 객관적이고 합리적으로 결정된 것인지, 구체적인 지원행위가 정상적이고 합법적인 방법으로 시행된 것인지, 지원을 하는 계열회사에 지원행위로 인한 부담이나 위험에 상응하는 적절한 보상을 객관적으로 기대할 수 있는 상황이었는지 등까지 충분히 고려하여야 한다. 위와 같은 사정들을 종합하여 볼 때 문제 된 계열회사 사이의 지원행위가 합리적인 경영판단의 재량 범위 내에서 행하여진 것이라고 인정된다면 이러한 행위는 본인에게 손해를 가한다는 인식하의 의도적 행위라고 인정하기 어렵다. (대법원 2017. 11. 9. 선고 2015도12633 판결)

판례 甲社 대표이사인 피고인이 가족회사 乙社·丙社를 운영하면서 甲社로 하여금 ① 乙社의 대출금 채무에 대한 연대보증을 하게 하고 ② 乙社의 신축될 건물을 미리 임차하여 임대차보증금을 선지급하도록 하고 ③ 丙社의 대출금 채무에 대한 연대보증을 하게 함 – 배임죄 ○ (대법원 2015. 11. 26. 선고 2014도17180 판결) **표준**

판례 甲社 대표이사인 피고인들이, 자력으로는 거액의 채무를 변제할 수 없는 상황에 처한 乙社가 대출받아 기존채무 변제에 사용하지 않고 (이익실현 불확실·원금손실 우려 있는) 주식투자에 사용한다는 사실을 알면서도 甲社의 예금을 담보로 제공 – 배임죄 ○ (대법원 2010. 11. 25. 선고 2009도9144 판결)

판례 甲社 대표이사인 피고인이 前총수가 부담하여야 할 원천징수소득세 납부를 위하여 다른 계열사인 乙社에 회사자금 대여 – 배임죄 ○ (대법원 2010. 10. 28. 선고 2009도1149 판결)

판례 甲社 대표이사·이사인 피고인들이 ① 甲社가 골프장 건설 사업을 진행중인 비상장사 乙社의 주식 전부를 보유하고 ② 甲社가 乙社를 위하여 수백억 원의 채무보증을 한 상태에서 → 乙社 주식 전부를 그룹 회장인 대표이사와 그룹 계열사들에 주당 1원으로 매도 – 배임죄 ○

당시 乙회사의 채무 상태는 부채가 자산을 근소하게 초과하고 있었다 하더라도 회원권이 분양되기 전에는 수입을 기대할 수 없는 골프장 사업의 특성상 이는 당연한 것이고 향후 골프장 사업계획을 실행하여 수익을 내고 기업의 가치도 상승할 가능성이 충분하므로, 위 주식 매도행위는 甲회사에 주식의 내재된 가치를 포기하면서 신용위험만을 부담시키는 것으로서 甲회사에 주식의 적정한 거래가격과 매도가격의 차액 상당에 해당하는 손해를 가한 배임행위에 해당한다. (대법원 2008. 5. 15. 선고 2005도7911 판결)

판례 대기업 회장인 피고인이 경영상 판단이라는 이유로 甲社의 자금으로 재무구조가 상당히 불량한 乙社 발행 신주를 액면가격으로 인수 – 배임죄 ○ (대법원 2004. 6. 24. 선고 2004도520 판결)

판례 대기업 회장이 정치적으로 난처한 상황을 벗어나기 위하여 자회사·협력회사 등으로 하여금 특정 회사 주식을 매입수량·시기·가격을 미리 정하여 매입하게 함 – 배임죄 ○ (대법원 2007. 3. 15. 선고 2004도5742 판결)

판례 회사 이사인 피고인이 타인 발행 약속어음에 회사 명의로 배서할 경우, 그 타인이 어음금 지급능력 없어 회사에 손해가 발생하리라는 점 예견하면서도 배서함 – 배임죄 ○ (대법원 2000. 5. 26. 선고 99도2781 판결)

4) 담보물 처분행위

앞서 우리는 배임죄 최신 판례를 정리하며 채무자의 담보물 보전의무는 타인사무가 아닌 자기사무에 속한다는 점을 살펴보았다. 이어서 채무자의 담보물 처분행위를 유죄로 판단한 판례들이 판례변경 범위에 속한다는 점도 살펴보았다. 이곳에서는 남은 판례를 살펴본다.

판례 질권설정자가 제3채무자에게서 질권의 목적인 채권을 임의변제 받아 임의소비 – 배임죄 ✕
타인에 대한 채무의 담보로 제3채무자에 대한 채권에 대하여 권리질권을 설정한 경우 질권설정자는 질권자의 동의 없이 질권의 목적된 권리를 소멸하게 하거나 질권자의 이익을 해하는 변경을 할 수 없다(민법 제352조). 또한 질권설정자가 제3채무자에게 질권설정의 사실을 통지하거나 제3채무자가 이를 승낙한 때에는 제3채무자가 질권자의 동의 없이 질권의 목적인 채무를 변제하더라도 이로써 질권자에게 대항할 수 없고, 질권자는 여전히 제3채무자에 대하여 직접 채무의 변제를 청구하거나 변제할 금액의 공탁을 청구할 수 있다(민법 제353조 제2항, 제3항). 그러므로 이러한 경우 질권설정자가 질권의 목적인 채권의 변제를 받았다고 하여 질권자에 대한 관계에서 타인의 사무를 처리하는 자로서 임무에 위배하는 행위를 하여 질권자에게 손해를 가하거나 손해 발생의 위험을 초래하였다고 할 수 없고, 배임죄가 성립하지도 않는다. (대법원 2016. 4. 29. 선고 2015도5665 판결)
동지 집행채무자가 제3채무자로부터 피압류채권을 임의변제 받아 임의소비 – 횡령죄 ✕ (대법원 2012. 1. 12. 선고 2011도12604 판결)

5) 금융기관의 부당대출행위

이하에서는 금융기관 임직원의 부당대출행위에 대한 배임죄 판례를 살펴본다.

판례 금융기관이 거래처에 대출금을 실제로 교부하며 다만 이를 기존 대출금의 원리금으로 상환하도록 약정만 한 경우 – 배임죄 ○
금융기관이 실제로 거래처에 대출금을 새로 교부한 경우에는 거래처가 그 대출금을 임의로 처분할 수 없다거나 그 밖에 어떠한 이유로든 그 대출금이 기존 대출금의 원리금으로 상환될 수밖에 없다는 등의 특별한 사정이 없는 한 비록 새로운 대출금이 기존 대출금의 원리금으로 상환되도록 약정되어 있다고 하더라도 그 대출과 동시에 이미 손해발생의 위험은 발생하였다고 보아야 할 것이므로 업무상배임죄가 성립한다. (대법원 2003. 10. 10. 선고 2003도3516 판결)

[비교] 금융기관이 기존 대출금에 변제충당하기 위하여 형식상 신규대출을 한 것처럼 서류상 정리를 한 경우 – 배임죄 ×

금융기관이 거래처의 기존 대출금에 대한 원리금에 충당하기 위하여 거래처에 신규대출을 함에 있어 형식상 신규대출을 한 것처럼 서류상 정리를 하였을 뿐 실제로 거래처에 대출금을 새로 교부한 것이 아니라면 그로 인하여 금융기관에 어떤 새로운 손해가 발생하는 것은 아니라고 할 것이므로 따로 업무상배임죄가 성립된다고 볼 수 없다. (대법원 2000. 6. 27. 선고 2000도1155 판결)

[비교] 금융기관의 대출이 자금 이동 없는 서류상의 채무자 변경에 불과한 경우 – 배임죄 ×

회사가 행한 대출의 실질이 자금 이동 없는 서류상의 채무자 변경에 불과하고 실질적인 담보력에 변화가 없어 이로 인하여 대출 채권을 회수하지 못할 위험이 발생하였거나 발생할 염려가 생긴 것이 아니라면 그 대출행위는 배임죄를 구성한다고 볼 수 없다. (대법원 2007. 6. 1. 선고 2006도1813 판결)

[판례] 상호저축은행 임원인 피고인들이 은행의 실질적 최대주주 甲의 지시에 따라 담보미확보 · 대출심사 미시행에도 불구하고 부실대출을 실행하였고, 甲에게 실제로 귀속된 그 대출금은 ① 특정인에게 지급 ② 새로운 투자처에 제공 ③ 기존 대출금 변제충당 목적으로 위 은행에 다시 입금하는 용도로 사용됨 – 배임죄 ○

배임죄에서 '재산상 손해를 가한 때'라 함은 현실적인 손해를 가한 경우 뿐만 아니라 재산상 실해 발생의 위험을 초래한 경우도 포함되고, 일단 손해의 위험을 발생시킨 이상 사후에 담보를 취득하였거나 피해가 회복되었다고 하여도 배임죄의 성립에 영향을 주는 것이 아니다. 피고인들이 판시 각 부실대출을 실행함으로써 피해 은행으로 하여금 판시 각 대출금 상당의 손해를 입게 하였다고 판단한 조치 및 그 손해액에서 사후에 변제된 대출원리금을 공제하지 아니한 조치 등은 모두 정당하고, 거기에 상고이유로 주장하는 바와 같은 법리오해 등의 위법이 없다. (대법원 2010. 1. 28. 선고 2009도10730 판결)

[판례] 수협 직원인 피고인이 수산업 경영개선자금을 ① 부적격자에게 대출하거나 ② 적격자에게 대출하더라도 그 지원한도를 초과하여 대출하는 행위 – 배임죄 ○

충분한 담보가 제공되어 대출금의 회수가 보장된다고 하더라도, 결국 특정 목적을 위하여 조성된 위 경영개선자금의 감소를 초래하여 위 자금이 본래의 목적을 위하여 사용됨을 저해하는 것이므로, 해수어류수협은 위와 같은 경영개선자금의 부당대출로 인하여 재산상의 손해를 입었다. (대법원 2007. 4. 27. 선고 2007도1038 판결)

[동지] 한국농어촌공사 직원이 농지관리기금을 ① 지원대상에 해당하지 아니하는 농지를 매입하는 데 사용하거나 ② 지원요건을 갖추지 아니한 농업인에게 부당지원 – 배임죄 ○ (대법원 2015. 8. 13. 선고 2014도5713 판결)

[판례] 기한 연장 당시에는 대출금을 모두 회수할 수 있는 상태에서, 기한을 연장해 주면 대출금을 회수할 수 없을 것이라는 사정을 알고도 기한을 연장해 준 경우 – 배임죄 ○ (대법원 1999. 7. 9. 선고 99도1864 판결)

[판례] 저축은행 임직원인 피고인이 영업정지 임박 상태에서 특정 고액 예금채권자들에게 영업정지 예정사실 알려주어 예금 인출하도록 함 – 배임죄 ○ (대법원 2013. 1. 24. 선고 2012도10629 판결)

참고 나아가 이러한 행위는 저축은행에 파견되어 있는 금융감독원 감독관에 대한 위계에 의한 업무방해죄를 구성한다고 보았다.

판례 새마을금고 임·직원인 피고인들이 새마을금고법상 동일인 대출한도 제한규정을 위반하여 초과 대출 – 배임죄 × (새마을금고법위반죄 ○)

새마을금고법 제66조 제2항 제1호에서는 새마을금고의 임·직원이 위 규정에 위반하여 동일인 대출한도를 초과하여 대출한 때에는 형사처벌하도록 규정하고 있다. 동일인 대출한도 제한규정은 새마을금고 자체의 적정한 운영을 위하여 마련된 것이지 대출채무자의 신용도를 평가해서 대출채권의 회수가능성을 직접적으로 고려하여 만들어진 것은 아니므로 동일인 대출한도를 초과하였다는 사실만으로 곧바로 대출채권을 회수하지 못하게 될 위험이 생겼다고 볼 수 없다. (대법원 2008. 6. 19. 선고 2006도4876 전원합의체 판결)

판례 배임행위를 범하며 대출금·약속어음 할인금에서 선이자 공제한 경우 → 이득액은 대출금·약속 어음 액면금 전액 (선이자 공제 ×)

금융기관이 금원을 대출함에 있어 대출금 중 선이자를 공제한 나머지만 교부하거나 약속어음을 할인함에 있어 만기까지의 선이자를 공제한 경우 금융기관으로서는 대출금채무의 변제기나 약속어음의 만기에 선이자로 공제한 금원을 포함한 대출금 전액이나 약속어음 액면금 상당액을 취득할 것이 기대된다 할 것이므로 배임행위로 인하여 금융기관이 입는 손해는 선이자를 공제한 금액이 아니라 선이자로 공제한 금원을 포함한 대출금 전액이거나 약속어음 액면금 상당액으로 보아야 하고, 이러한 법리는 투신사가 회사채 등을 할인하여 매입하는 경우라고 달리 볼 것은 아니다. (대법원 2004. 7. 9. 선고 2004도810 판결)

비교 어음·수표 할인에 의한 사기에서 편취액 – ① 어음 액면금 × ② 실제 수령한 현금 ○ (대법원 2009. 7. 23. 선고 2009도2384 판결, 대법원 1998. 12. 9. 선고 98도3282 판결)

판례 부실대출 이득액 – 대출금 전액 ○ (담보물 초과액 × · 회수불능액 ×)

부실대출에 의한 업무상배임죄가 성립하는 경우에는 담보물의 가치를 초과하여 대출한 금액이나 실제로 회수가 불가능하게 된 금액만을 손해액으로 볼 것은 아니고, 재산상 권리의 실행이 불가능하게 될 염려가 있거나 손해발생의 위험이 있는 대출금 전액을 손해액으로 보아야 한다. (대법원 2000. 3. 24. 선고 2000도28 판결, 대법원 2013. 10. 17. 선고 2013도6826 판결)

판례 부당대출의 경우, ① 신규 대출금의 일부가 기존 대출금의 이자·신규 대출금의 이자 지급에 사용되었더라도 손해액에 포함되고 ② 대출수수료 등과 같이 대출과 관련하여 발생하는 필요비 역시 손해액에 포함됨 (대법원 2007. 1. 12. 선고 2006도6464 판결)

6) 영업비밀 반출·누설행위

판례 영업비밀 유출 배임죄 기수시기 – ① 유출시 or ② 퇴사시 (이후 공범 가담 불가)

회사직원이 재직 중에 영업비밀 또는 영업상 주요한 자산을 경쟁업체에 유출하거나 스스로의 이익을 위하여 이용할 목적으로 무단으로 반출하였다면 타인의 사무를 처리하는 자로서 업무상의 임무에 위배하여 유출 또는 반출한 것이어서 유출 또는 반출 시에 업무상배임죄의 기수가 된다. 또한 회사직원이 영업비밀 등을 적법하게 반출하여 반출행위가 업무상배임죄에 해당하지 않는 경우라도, 퇴사 시에 영업비밀 등을 회사에 반환하거나 폐기할 의무가 있음에도 경쟁업체에 유출하거나 스스로의 이익을 위하여 이용할 목적으로 이를 반환하거나 폐기하지 아니하였다면, 이러한 행위 역시 퇴사 시에 업무상배임죄의 기수가 된다. 그러나 회사직원이 퇴사한 후에는 특별한 사정이 없는 한 퇴사한 회사직원은 더 이상 업무상배임죄에서 타인의 사무를 처리하는 자의 지위에 있다고 볼 수 없고, 위와 같이 반환하거나 폐기하지 아니한 영업비밀 등을 경쟁업체에 유출하거나 스스로의 이익을 위하여 이용하더라도 이는 이미 성립한 업무상배임 행위의 실행행위에 지나지 아니하므로, 그 유출 내지 이용행위가 부정경쟁방지 및 영업비밀보호에 관한 법률 위반(영업비밀누설등)죄에 해당하는지는 별론으로 하더라도, 따로 업무상배임죄를 구성할 여지는 없다. 그리고 위와 같이 퇴사한 회사직원에 대하여 타인의 사무를 처리하는 자의 지위를 인정할 수 없는 이상 제3자가 위와 같은 유출 내지 이용행위에 공모·가담하였더라도 타인의 사무를 처리하는 자의 지위에 있다는 등의 사정이 없는 한 업무상배임죄의 공범 역시 성립할 수 없다. (대법원 2017. 6. 29. 선고 2017도3808 판결)

[판례] 甲은 A社에서 이전에 적법하게 반출한 영업비밀을 퇴사할 당시 반환·폐기하지 않았는데, 이후 甲은 乙과 공모하여 乙의 회사를 위한 소스코드를 만들었음 – ① 甲 – 배임죄 ○·부정경쟁방지법위반 ○ ② 乙 – 배임죄 ×·부정경쟁방지법위반 ○ (대법원 2017. 6. 29. 선고 2017도3808 판결)

[해설] 甲·乙의 행위는 구 부정경쟁방지법 제18조 제2항에 해당한다.[137] 다만 甲의 배임죄는 퇴사시에 기수가 되므로 乙이 퇴사 이후에 가담할 수 없다.

[판례] 회사 직원의 무단 자료 반출행위가 업무상배임죄가 되기 위해서는, 그 자료가 반드시 영업비밀에 해당할 필요까지는 없지만, ① 적어도 그 자료가 불특정 다수인에게 공개되어 있지 않아 보유자를 통하지 아니하고는 이를 통상 입수할 수 없고, ② 그 보유자가 자료의 취득이나 개발을 위해 상당한 시간, 노력 및 비용을 들인 것으로서, ③ 그 자료의 사용을 통해 경쟁상의 이익을 얻을 수 있는 정도의 영업상 주요한 자산에는 해당하여야 함 (대법원 2022. 6. 30. 선고 2018도4794 판결)

---

137 舊 부정경쟁방지 및 영업비밀보호에 관한 법률(제15580호) 제18조(벌칙) ② 부정한 이익을 얻거나 영업비밀 보유자에게 손해를 입힐 목적으로 그 영업비밀을 취득·사용하거나 제3자에게 누설한 자는 5년 이하의 징역 또는 5천만원 이하의 벌금에 처한다. 다만, 벌금형에 처하는 경우 위반행위로 인한 재산상 이득액의 10배에 해당하는 금액이 5천만원을 초과하면 그 재산상 이득액의 2배 이상 10배 이하의 벌금에 처한다.
現 부정경쟁방지 및 영업비밀보호에 관한 법률 제18조(벌칙) ① 영업비밀을 외국에서 사용하거나 외국에서 사용될 것임을 알면서도 다음 각 호의 어느 하나에 해당하는 행위를 한 자는 15년 이하의 징역 또는 15억원 이하의 벌금에 처한다. 다만, 벌금형에 처하는 경우 위반행위로 인한 재산상 이득액의 10배에 해당하는 금액이 15억원을 초과하면 그 재산상 이득액의 2배 이상 10배 이하의 벌금에 처한다.
1. 부정한 이익을 얻거나 영업비밀 보유자에 손해를 입힐 목적으로 한 다음 각 목의 어느 하나에 해당하는 행위
가. 영업비밀을 취득·사용하거나 제3자에게 누설하는 행위
나. 영업비밀을 지정된 장소 밖으로 무단으로 유출하는 행위
다. 영업비밀 보유자로부터 영업비밀을 삭제하거나 반환할 것을 요구받고도 이를 계속 보유하는 행위

7) 기타

> **판례** 공무원이 대통령의 퇴임 후 사용할 사저부지·경호부지를 매수하는 사무처리하며, 복수의 감정평가업자의 감정결과를 굳이 무시하면서 인근 부동산업자들·인터넷·지인을 출처로 한 불확실한 정보를 기반으로 상대적으로 사저부지 가격을 낮게 평가하고 경호부지 가격을 높게 평가하여 매수대금을 배분 (대통령 일가에 이익이 됨) – 배임죄 ○
>
> 공무원이 그 임무에 위배되는 행위로써 제3자로 하여금 재산상의 이익을 취득하게 하여 국가에 손해를 가한 경우에 업무상배임죄가 성립한다. (대법원 2013. 9. 27. 선고 2013도6835 판결) **표준**

> **판례** 마을 인근 공사 회사로부터 피해보상 예치금을 받아 보관하던 마을 이장 甲이 탄핵으로 사임한 후에도 후임 이장에게 이를 인계하지 않고 계속 보관하다가 예치금 반환기간이 종료되자 마을 주민들의 동의 없이 회사에 반환 – 배임죄 ○ (대법원 2009. 2. 12. 선고 2008도10915 판결)

> **판례** 교회 목사가 개인 비리·부정을 무마·처리하기 위하여 공금 사용 – 배임죄 ○ (대법원 2006. 4. 28. 선고 2005도756 판결)

> **판례** 대학교수가 판공비 지출용 법인신용카드를 업무와 무관하게 개인적 용도에 사용 – 배임죄 ○ (대법원 2006. 5. 26. 선고 2003도8095 판결)

> **동지** 회사 임원이 공적 업무수행을 위해서만 사용이 가능한 법인카드를 개인 용도로 계속적, 반복적으로 사용 – 배임죄 ○ (대법원 2014. 2. 21. 선고 2011도8870 판결)

> **판례** 재개발조합의 조합장이 법무사가 제시한 수수료액이 적정한 것인지 조사하여 보지 않고, 그 금액이 과다함에도 불구하고 이를 낮추려는 시도조차 하지 않은 채 이를 그대로 받아들여 용역계약을 체결 – 배임죄 ○ (대법원 1997. 6. 13. 선고 97도618 판결)

배임죄는 부작위에 의해서도 성립할 수 있다.

> **판례** 배임죄는 부작위에 의해서도 성립할 수 있음
>
> 업무상배임죄는 타인과의 신뢰관계에서 일정한 임무에 따라 사무를 처리할 법적 의무가 있는 자가 그 상황에서 당연히 할 것이 법적으로 요구되는 행위를 하지 않는 부작위에 의해서도 성립할 수 있다. 그러한 부작위를 실행의 착수로 볼 수 있기 위해서는 작위의무가 이행되지 않으면 사무처리의 임무를 부여한 사람이 재산권을 행사할 수 없으리라고 객관적으로 예견되는 등으로 구성요건적 결과 발생의 위험이 구체화한 상황에서 부작위가 이루어져야 한다. 그리고 행위자는 부작위 당시 자신에게 주어진 임무를 위반한다는 점과 그 부작위로 인해 손해가 발생할 위험이 있다는 점을 인식하였어야 한다. (대법원 2021. 5. 27. 선고 2020도15529 판결)
>
> **참고** 시행사 대표이사인 피고인 甲은 환지방식에 의한 도시개발사업을 추진하던 피해자 조합을 위해 환지계획수립 등의 업무를 수행하였는데, 2011. 8. 30.경 실시계획 변경인가에 따른 일부 환지예정지가 '차폐형'에

서 '개방형'으로 변경되어 경제적 가치가 상승하였음에도 불구하고 환지예정지에 대한 재감정, 환지계획변경 등의 후속 조치를 취하지 아니한 채 2011. 12. 31.경 퇴사함 – 배임미수죄 ×

나. 본인에게 재산상 손해 발생

1) 의의

배임행위로 인하여 본인에게 재산상의 손해가 발생하여야 한다.

[판례] 재산상의 손해 – ① 현실적 손해 발생 ○ ② 재산상 실해발생 위험 ○ 판단기준 – ① 법률적 판단 × ② 경제적 관점 ○

배임죄에 있어 재산상의 손해를 가한 때라 함은 ① 현실적인 손해를 가한 경우뿐만 아니라 ② 재산상 실해 발생의 위험을 초래한 경우도 포함되고, 재산상 손해의 유무에 대한 판단은 본인의 전 재산 상태와의 관계에서 ① 법률적 판단에 의하지 아니하고 ② 경제적 관점에서 파악하여야 하며, 따라서 법률적 판단에 의하여 당해 배임행위가 무효라 하더라도 경제적 관점에서 파악하여 배임행위로 인하여 본인에게 현실적인 손해를 가하였거나 재산상 실해 발생의 위험을 초래한 경우에는 재산상의 손해를 가한 때에 해당되어 배임죄를 구성한다. (대법원 2012. 2. 23. 선고 2011도15857 판결)

[판례] 재산상 실해발생 위험 – ① 구체적인 위험 ○ ② 막연한 가능성 ×

재산상 실해 발생의 위험이란 본인에게 손해가 발생할 막연한 위험이 있는 것만으로는 부족하고 경제적인 관점에서 보아 본인에게 손해가 발생한 것과 같은 정도로 구체적인 위험이 있는 경우를 의미한다. 따라서 재산상 실해 발생의 위험은 ① 구체적·현실적인 위험이 야기된 정도에 이르러야 하고 ② 단지 막연한 가능성이 있다는 정도로는 부족하다. (대법원 2015. 9. 10. 선고 2015도6745 판결, 대법원 2017. 10. 12. 선고 2017도6151 판결) **표준**

[판례] 소극적 손해도 재산상 손해에 포함

객관적으로 보아 취득할 것이 충분히 기대되는데도 임무위배행위로 말미암아 이익을 얻지 못한 경우, 즉 소극적 손해를 야기한 경우도 포함된다. (대법원 2013. 4. 26. 선고 2011도6798 판결) **표준**

참고 甲이 운영하는 乙社의 부사장인 피고인이 영업활동을 하며 계약을 乙社에 귀속시키기로 약정하고도, 乙社에 알리지 않고 피고인 자신이 乙社 대표인 것처럼 가장하거나 피고인이 별도로 설립한 丙社 명의로 금형제작·납품계약을 체결한 경우 – 배임죄 ○ (乙社의 손해는 금형제작·납품계약 체결기회가 박탈됨으로써 발생하므로, 원칙적으로 계약을 체결한 때를 기준으로 금형제작·납품계약 대금에 기초하여 산정하여야 하며, 계약대금 중에서 사후적으로 발생되는 미수금이나 계약 해지로 받지 못하게 되는 나머지 계약대금 등은 특별한 사정이 없는 한 계약 대금에서 공제할 것이 아니다.)

[판례] ① 재산상 손해 발생이 인정된다면 손해액이 구체적으로 명백하게 산정되지 않았더라도 배임죄의 성립에는 영향이 없음 ② 다만 발생된 손해액을 구체적으로 산정하여 인정하는 경우 이를 잘못 산정하는 것은 위법함 (대법원 2018. 7. 11. 선고 2015도12692 판결)

[비교] 재산상 손해의 발생 여부가 충분히 증명되지 않았음에도 가볍게 액수 미상의 손해가 발생하였다고

인정함으로써 배임죄의 성립을 인정하는 것은 허용될 수 없음 (대법원 2018. 2. 13. 선고 2017도17627 판결)

2) 재산상 손해(현실적 손해)

판례는 재산상 손해에는 ① 현실적 손해와 ② 재산상 실해발생의 위험이 모두 포함된다고 판시하였다. 이하에서는 ① 현실적 손해와 관련된 판례를 살펴본 뒤, 항을 바꾸어 ② 재산상 실해발생 위험과 관련된 판례를 살펴본다.

판례 회사 대표이사 甲이 회사로 하여금 다른 회사 주식을 고가로 매수하게 함 – 배임죄(손해) ○
회사의 대표이사 등이 그 임무에 위배하여 주식을 고가로 매수함으로 인하여 회사에 가한 손해액은, 그 주식이 회사의 경영권을 행사할 수 있는 이른바 경영권 프리미엄을 지니고 있어 그 가치를 평가하여 주식의 적정가액 산정에 가산하여야 하는 특별한 사정이 없는 한, 통상 그 주식의 실제 매수대금과 그 주식의 적정가액 사이의 차액 상당이라고 봄이 타당하다. 주식의 실질가치가 0인 회사가 발행하는 신주를 액면가격으로 인수하는 경우 그로 인한 손해액은 그 신주 인수대금 전액 상당으로 보아야 할 것이다. (대법원 2012. 6. 28. 선고 2012도2623 판결, 대법원 2014. 2. 27. 선고 2013도12155 판결)

판례 회사 대표이사 甲이 원료를 할인가격으로 구매할 수 있었음에도 납품이익을 자신이 취득할 의도로 납품업자에게 가공의 납품업체를 만들게 하고 그로부터 비할인가격에 납품받음 – 배임죄(손해) ○
회사에 필요한 물품을 납품받음에 있어 할인된 가격으로 납품가격을 정할 수 있었음에도 납품과정에서 자신이 이익을 취득할 의도로 납품업자에게 가공의 납품업체를 만들게 한 뒤 그 납품업체로부터 할인되지 않은 가격으로 납품을 받았다면 이는 회사와의 신임관계를 저버리는 행위로서 임무에 위배하는 행위라고 할 것이다. 다만, 구체적 사정에 비추어 할인받을 수 있는 가격을 특정할 수 없는 등의 특별한 사정이 있다면 이사가 취득한 이익 전체를 회사에 발생한 재산상 손해액이라고 할 수는 없고, 회사에는 가액을 산정할 수 없는 손해가 발생하였다. (대법원 2009. 10. 15. 선고 2009도5655 판결)

판례 담보제공형 LBO – 배임죄(손해) ○
LBO(Leveraged Buyout) 방식의 기업인수 과정에서, 인수자가 제3자가 주채무자인 대출금 채무에 대하여 아무런 대가 없이 피인수회사의 재산을 담보로 제공하였다면, 설사 주채무자인 제3자가 대출원리금 상당의 정리채권 등을 담보로 제공하고 있었다고 하더라도, 피인수회사로서는 이로 인하여 그 담보가치 상당의 재산상 손해를 입었다고 할 것이다. (대법원 2008. 2. 28. 선고 2007도5987 판결)

해설 LBO(차입매수 기업인수)와 배임죄에 관해 간략히 표로 정리한다.[138] LBO와 배임죄는 회사법(특히 이사의 의무)과 깊이 얽혀 시험에 자주 출제되지는 않는다. 다만 일부 판례를 통해 'LBO = 배임 유죄'라고 오해하여서는 안 된다. 위 사건은 담보제공형에 해당한다.

---

138 LBO에 대해서 심화 학습을 원하는 분들께는 다음의 논문을 추천한다. 천경훈, "LBO 판결의 회사법적 의미 – 이사는 누구의 이익을 보호해야 하는가?", 저스티스 통권 제127호, 2011, 204 – 246쪽.

유형	의의	판례
담보제공형	인수자가 인수자금 차입하여 피인수회사의 경영권 취득한 뒤, 피인수회사의 자산을 차입금의 담보로 제공	주로 배임죄 ○[139]
환급형	인수자가 인수자금 차입하여 피인수회사의 경영권 취득한 뒤, 피인수회사로 하여금 유상감자·이익배당 실시케 하는 방법으로 차입금 상환	주로 배임죄 ×[140]
합병형	① 인수자가 SPC를 설립한 후, ② SPC로 하여금 인수자금을 차입하여 피인수회사의 주식 취득케 한 뒤, ③ SPC가 소유한 피인수회사의 주식을 차입금의 담보로 제공한 뒤, ④ SPC와 피인수회사를 합병함.	배임죄 △[141]

[판례] 일반경쟁입찰에 의하여 체결하여야 할 공사도급계약을 수의계약에 의하여 체결하였는데, 적정한 공사대금의 수준을 준수한 경우 – 배임죄(손해) ×

일반경쟁입찰에 의하여 체결하여야 할 공사도급계약을 수의계약에 의하여 체결하였다 하더라도 수의계약에 의한 공사대금이 적정한 공사대금의 수준을 벗어나 부당하게 과대하여 일반경쟁입찰에 의하여 공사도급계약을 체결할 경우 예상되는 공사대금의 범위를 벗어난 것이 아니라면 재산상의 손해를 가한 때에 해당한다고 할 수 없다. (대법원 2005. 3. 25. 선고 2004도5731 판결)

3) 재산상 실해발생 위험

이어서 재산상 실해발생 위험과 관련된 판례를 살펴본다.

[판례] 재단법인 불교방송 이사장 직무대리인 甲이 후원회 기부금을 정상 회계처리 하지 않고 자신과 친분관계에 있는 신도에게 확실한 담보 제공받지 않은 채 대여하였는데 후에 변제받음 – 배임죄(실해) ○

만연히 이 사건 금원을 대여한 것은 위 재단에 재산상 실해 발생의 위험을 초래한 것으로 보지 않을 수 없다. 그리고 이와 같이 위험을 초래한 이상 위 이현오가 이자금을 제때에 불입하였다거나 나중에 원금을 상환하였다는 사정은 배임죄의 성립 여부에 영향을 주지 못한다. (대법원 2000. 12. 8. 선고 99도3338 판결)

[판례] 신용금고 대표이사인 피고인이 예금이 실제로 입금되지 아니하였음에도 입금전표·거래원장을 작성하고 전산입력까지 마친 후 예금통장을 명의자들에게 교부함 – 배임죄(실해) ○

설사 신용금고와 위 명의자들간에 민사상의 예금계약이 적법하게 체결된 것이 아니어서 신용금고에게 예금반환채무가 발생한 것은 아니라고 하더라도, 그 허위의 예금은 신용금고로부터 언제든지 인출될 수 있는 상태에 있게 됨으로써 이미 신용금고에게 재산상 실해 발생의 위험을 초래하였다. (대법원 1996. 9. 6. 선고 96도1606 판결)

---

[139] 대표적으로 대법원 2006. 11. 9. 선고 2004도7027 판결(신한 LBO 사건)

[140] 대표적으로 대법원 2013. 6. 13. 선고 2011도524 판결(대선주조 LBO 사건)

[141] 대표적으로 대법원 2010. 4. 15. 선고 2009도6634 판결(한일합섬 LBO 사건)

[판례] 피보증인이 변제자력이 없어 결국 보증인이 채무를 이행하게 될 우려가 있는 상황에서, 보증인이 피보증인에게 ① 신규로 자금을 제공하거나 ② 신규로 자금을 차용하는 피보증인에게 담보를 제공하면서 → 신규자금이 기보증채무 변제에 사용되도록 하지 아니함 – 배임죄(실해) ○

보증인으로서는 결국 기보증채무와 별도로 새로 손해를 발생시킬 위험을 초래한 것이라고 볼 수밖에 없다. (대법원 2004. 7. 9. 선고 2004도810 판결)

[비교] 피보증인이 변제자력이 없어 결국 보증인이 채무를 이행하게 될 우려가 있는 상황에서, 보증인이 피보증인에게 ① 신규로 자금을 제공하거나 ② 신규로 자금을 차용하는 피보증인에게 담보를 제공하면서 → 신규자금이 기보증채무 변제에 사용되도록 함 – 배임죄(실해) ✕

보증인으로서는 기보증채무와 별도로 새로 손해를 발생시킬 위험을 초래한 것이라고 볼 수 없다. (대법원 2013. 9. 26. 선고 2013도5214 판결)

[판례] 甲社는 도시개발사업의 시행자인 乙조합으로부터 기성금 명목으로 체비지를 지급받은 다음 이를 다시 丙에게 매도하였는데, 乙조합장인 피고인이 환지처분 전 체비지대장에 소유권 취득자로 등재된 甲社와 丙의 명의를 임의로 말소함 – 배임죄(실해) ✕

丙이 매매계약에 따라 취득한 권리를 행사하는 것은 체비지대장의 기재 여부와는 무관하므로 체비지대장상 취득자 란의 丙 명의가 말소되었더라도 丙의 甲社에 대한 권리가 침해되거나 재산상 실해 발생의 위험이 있다고 볼 수 없다. (대법원 2022. 10. 14. 선고 2018도13604 판결)

[판례] 배임행위가 ① 재산상 손실과 ② 손실 보상할 만한 이익 동시 발생시킴 – 배임죄(실해) ✕

재산상의 손실을 야기한 임무위배행위가 동시에 그 손실을 보상할 만한 재산상의 이익을 준 경우, 예컨대 그 배임행위로 인한 급부와 반대급부가 상응하고 다른 재산상 손해(현실적인 손해 또는 재산상 실해 발생의 위험)도 없는 때에는 전체적 재산가치의 감소, 즉 재산상 손해가 있다고 할 수 없다. (대법원 2005. 4. 15. 선고 2004도7053 판결, 대법원 2011. 4. 28. 선고 2009도14268 판결)

[참고] 甲社의 대표이사인 피고인 등은 甲社의 선박·어획물의 가치를 부풀려 회사채무 대물변제 목적으로 채권자에게 양도하였는데, ① 회사 유일재산을 적법한 절차를 거치지 아니하고 타에 양도하였다는 점에서 손해·실해발생 위험이 문제되나 ② 적극 재산이 감소하는 것보다 더 큰 채무가 감소하였다고 볼 여지 있으므로 손해 인정되지 않는다.

4) 대표권 남용행위와 배임죄

가) 대표권 남용행위

(의의) 대표권 남용행위란, 외관상으로는 대표권 범위 내에 속하는 적법한 행위지만, 주관적으로 본인이 아닌 자기·제3자의 이익을 도모할 목적인 행위를 말한다. 판례는 대표권 남용행위에 대해 민법 제107조(비진의의사표시)를 유추적용하여 상대방이 진의를 알았거나, 알 수 있었을 경우에는 무효라 본다.[142·143]

---

142 대법원 2008. 5. 15. 선고 2007다23807 판결 등
143 대표권 남용행위와 비슷한 맥락에서 문제 되는 전단적 대표행위를 살펴본다. 전단적 대표행위, 즉 대표이사가

(쟁점) 상대방이 선의여서 대표권 남용행위가 유효가 되는 경우 배임죄 기수가 성립한다.[144] 그런데 상대방이 악의·과실이어서 대표권 남용행위가 무효가 되는 경우, 배임죄가 성립하는지 문제된다.

(舊 판례) 그동안 대법원은 "대표권 남용행위에 따른 의무부담행위로 인하여 ① 실제로 채무의 이행이 이루어지거나 ② 회사가 민법상 불법행위책임을 부담한다는 등의 특별한 사정이 없는 이상 회사에 현실적인 손해가 발생하였다거나 실해 발생의 위험이 초래되었다고 볼 수 없다"[145]는 일반 법리를 제시한 후, ① 무효임에도 채무를 이행한 경우 ② 거래는 무효이지만 불법행위책임이 인정되어 그에 따른 채무가 발생한 경우에 한하여 배임죄 '기수'를 인정하였고 그 외에는 '현실적인 손해 발생 또는 재산상 실해 발생의 위험이 없'다는 이유로 모두 무죄로 판단하였다. 법원은 배임미수죄 성부 자체를 검토하지 않았다.[146] 이에 대하여 배임미수 처벌조항이 존재함에도 이를 활용하지 않는 것은 "배임미수의 실종"이라는 비판이 제기되었다.[147]

(新 판례) 대법원은 2014도1104 전합 판결에서 "상대방이 대표권남용 사실을 알았거나 알 수 있었던 경우 그 의무부담행위는 원칙적으로 회사에 대하여 효력이 없고, 경제적 관점에서 보아도 이러한 사실만으로는 회사에 현실적인 손해가 발생하였다거나 실해 발생의 위험이 초래되었다고 평가하기 어려우므로, 달리 그 의무부담행위로 인하여 실제로 채무의 이행이 이루어졌다거나 회사가 민법상 불법행위책임을 부담하게 되었다는 등의 사정이 없는 이상 배임죄의 기수에 이른 것은 아니다. 그러나 이 경우에도 대표이사로서는 배임의 범의로 임무위배행위를 함으로써 실행에 착수한 것이므로 배임죄의 미수범이 된다."라고 판시하여 대표권 남용행위가 무효인 경우에도 배임미수죄가 성립한다는 법리를 새로이 밝혔다.

(검토) 위 전합판결에 의하여 앞으로는 무효의 대표권남용행위는 배임미수죄가 성립한다고 볼

법률·정관에 의해 주주총회·이사회 결의를 거쳐야만 하는 사항임에도 불구하고 이를 거치지 않고 행한 대표행위의 경우, 종래 대법원은 상대방이 악의·과실인 경우 무효라고 보았다. 그러나 최근 견해를 변경하여 상대방이 악의·중과실인 경우에만 무효라고 보았다(대법원 2021. 2. 18. 선고 2015다45451 전원합의체 판결). 결국 상대방에게 경과실이 있는 전단적 대표행위의 경우, 종래 판례에 따르면 무효이지만 변경 판례에 따르면 유효가 되는 것이다. 배임죄의 재산상 손해 발생 여부와 관련하여 매우 중요한 판례가 될 것이다.

144 대법원 2012. 6. 28. 선고 2012도3782 판결

145 대법원 2012. 2. 9. 선고 2010도176 판결, 대법원 2017. 9. 21. 선고 2014도9960 판결 등

146 이에 대하여 아마도 법원은 "검사가 배임죄 기수로 기소한 이상, 그에 대하여 유·무죄를 판단하면 족할 뿐 배임미수죄에 대한 판단은 직권판단'의무'에 속하지 아니하다. 필요하면 검사가 예비적 공소사실로 배임미수를 추가했어야 한다."고 생각할 것이다.

147 남기정, "대표권 남용과 배임미수", 사법 제38호, 사법발전재단, 2016, 303쪽. 권오성, "대표권 남용과 배임죄", 법학논총 제30권 제4호, 한양대학교 법학연구소, 2013, 193쪽. 홍가혜, "사법상 무효가 되는 대표권 남용행위의 배임성", 법과 정책 제22권 제2호, 제주대학교 법과정책연구소, 2016, 475~476쪽.

것이다. 이에 대하여 위 전합판결이 무효의 대표권남용행위 전부에 적용되는 것이 아니라 어음발행에 한하여 적용된다는 주장이 있을 수 있다. ① 위 전합판결은 대표권 남용행위로 '약속어음'을 발행한 경우, 유통 여부를 불문하고 배임 기수를 인정한 기존 판례를 변경한 것이라는 점 ② 그 밖에 무효인 대표권 남용행위를 무죄라 판단한 판례들을 변경하지 않았다는 점을 근거로 제시할 것이다. 그러나 ① 판결의 문언상 무효인 대표권 남용행위 일반에도 배임미수죄가 성립함이 분명하다는 점 ② 무효인 대표권 남용행위를 무죄로 판단한 기존 판결들은 배임 기수로 기소된 사안에 대해서 배임 기수가 성립하지 않는다고 판단한 것이지, 배임 미수가 성립하지 않는다고 판단한 것은 아니므로 종전 판결을 변경할 필요가 없다는 점에서 타당하지 않다.[148] 위 전합 판결에 대한 여러 평석 역시 무효인 대표권 남용행위는 배임미수죄가 성립하고, 나아가 채무를 이행하였거나 불법행위책임이 성립한 경우에는 배임죄 기수가 성립하는 것이라 본다.[149] 따라서 위 전합 판결에 의하여 "배임미수의 부활"이 이루어졌다고 평가하는 것이 타당하다.

이상의 논의를 아래 표로 정리한다.

	착수시기	상대방 악의·과실 (무효)		상대방 선의 (유효)
대표권남용행위	임무위배행위	Ⓐ 채무부담 무효	Ⓑ 채무이행 또는 불법행위책임	Ⓒ 채무부담 유효
어음발행	어음발행행위	약속어음발행	제3자 유통	약속어음발행
판례	착수 ○	미수	기수	기수

이어서 관련 판례를 살펴본다.

[판례] 대표권 남용행위로 약속어음 발행 ① 발행시 배임미수 ○ ② 유통시 배임기수 ○
타인의 사무를 처리하는 자가 배임의 범의로, 즉 임무에 위배하는 행위를 한다는 점과 이로 인하여 자기 또는 제3자가 이익을 취득하여 본인에게 손해를 가한다는 점에 대한 인식이나 의사를 가지고 임무에 위배한 행위를 개시한 때 배임죄의 실행에 착수한 것이고, 이러한 행위로 인하여 자기 또는 제3자가

---

148 이현석, "대표권남용에 의한 약속어음 발행행위가 법률상 무효인 경우 배임죄의 기수시점", 사법 제42호, 사법발전재단, 2017, 436쪽.

149 김신, "채무부담행위와 배임죄의 손해", 법조 제68권 제1호, 법조협회, 2019, 115-116쪽; 이현석, "대표권남용에 의한 약속어음 발행행위가 법률상 무효인 경우 배임죄의 기수시점", 사법 제42호, 사법발전재단, 2017, 435-436쪽과 더불어 이상원 교수님의 최신판례 강의안도 이에 부합한다.

이익을 취득하여 본인에게 손해를 가한 때 기수에 이른다.

주식회사의 대표이사가 대표권을 남용하는 등 그 임무에 위배하여 회사 명의로 의무를 부담하는 행위를 하더라도 일단 회사의 행위로서 유효하고, 다만 상대방이 대표이사의 진의를 알았거나 알 수 있었을 때에는 회사에 대하여 무효가 된다. 따라서 상대방이 대표권남용 사실을 알았거나 알 수 있었던 경우 그 의무부담행위는 원칙적으로 회사에 대하여 효력이 없고, 경제적 관점에서 보아도 이러한 사실만으로는 회사에 현실적인 손해가 발생하였다거나 실해 발생의 위험이 초래되었다고 평가하기 어려우므로, 달리 그 의무부담행위로 인하여 실제로 채무의 이행이 이루어졌다거나 회사가 민법상 불법행위책임을 부담하게 되었다는 등의 사정이 없는 이상 배임죄의 기수에 이른 것은 아니다. 그러나 이 경우에도 대표이사로서는 배임의 범의로 임무위배행위를 함으로써 실행에 착수한 것이므로 배임죄의 미수범이 된다. 그리고 상대방이 대표권남용 사실을 알지 못하였다는 등의 사정이 있어 그 의무부담행위가 회사에 대하여 유효한 경우에는 회사의 채무가 발생하고 회사는 그 채무를 이행할 의무를 부담하므로, 이러한 채무의 발생은 그 자체로 현실적인 손해 또는 재산상 실해 발생의 위험이라고 할 것이어서 그 채무가 현실적으로 이행되기 전이라도 배임죄의 기수에 이르렀다고 보아야 한다.

주식회사의 대표이사가 대표권을 남용하는 등 그 임무에 위배하여 약속어음 발행을 한 행위가 배임죄에 해당하는지도 원칙적으로 위에서 살펴본 의무부담행위와 마찬가지로 보아야 한다. 다만 약속어음 발행의 경우 어음법상 발행인은 종전의 소지인에 대한 인적 관계로 인한 항변으로써 소지인에게 대항하지 못하므로(어음법 제17조, 제77조), 어음발행이 무효라 하더라도 그 어음이 실제로 제3자에게 유통되었다면 회사로서는 어음채무를 부담할 위험이 구체적·현실적으로 발생하였다고 보아야 하고, 따라서 그 어음채무가 실제로 이행되기 전이라도 배임죄의 기수범이 된다. 그러나 약속어음 발행이 무효일 뿐만 아니라 그 어음이 유통되지도 않았다면 회사는 어음발행의 상대방에게 어음채무를 부담하지 않기 때문에 특별한 사정이 없는 한 회사에 현실적으로 손해가 발생하였다거나 실해 발생의 위험이 발생하였다고도 볼 수 없으므로, 이때에는 배임죄의 기수범이 아니라 배임미수죄로 처벌하여야 한다.

갑 주식회사 대표이사인 피고인이, 자신이 별도로 대표이사를 맡고 있던 을 주식회사의 병 은행에 대한 대출금채무를 담보하기 위해 병 은행에 갑 회사 명의로 액면금 29억 9,000만 원의 약속어음을 발행하여 줌으로써 병 은행에 재산상 이익을 취득하게 하고 갑 회사에 손해를 가하였다고 하여 특정경제범죄 가중처벌 등에 관한 법률 위반(배임)으로 기소된 사안에서, 피고인이 대표권을 남용하여 약속어음을 발행하였고 당시 상대방인 병 은행이 그러한 사실을 알았거나 알 수 있었던 때에 해당하여 그 발행행위가 갑 회사에 대하여 효력이 없다면, 그로 인해 갑 회사가 실제로 약속어음금을 지급하였거나 민사상 손해배상책임 등을 부담하거나 약속어음이 실제로 제3자에게 유통되었다는 등의 특별한 사정이 없는 한 피고인의 약속어음 발행행위로 인해 갑 회사에 현실적인 손해나 재산상 실해 발생의 위험이 초래되었다고 볼 수 없는데도, 이에 대한 심리 없이 약속어음 발행행위가 배임죄의 기수에 이르렀음을 전제로 공소사실을 유죄로 판단한 원심판결에 배임죄의 재산상 손해 요건 및 기수시기 등에 관한 법리오해의 잘못이 있다고 한 사례. (대법원 2017. 7. 20. 선고 2014도1104 전원합의체 판결) **표준**

이어서 위 전합판결 '이전' 판례를 포함한 대표권 남용행위 관련 판례를 살펴본다. 위에서 정리한 표에 따라 판례를 Ⓐ Ⓑ Ⓒ로 분류한다. Ⓑ Ⓒ 영역은 위 전합판결에 영향을 받지 않는다. Ⓐ 영역은 구 판례에 따르면 무죄이나 위 전합판결에 따라 배임미수죄로 보는 것이 타당하다.

판례 ⓒ 회사 대표이사 甲이 개인채무 담보 위하여 자회사로 하여금 연대보증을 하도록 함 (채권자 선의무과실) - 배임죄 기수 ○ (대법원 2012. 6. 28. 선고 2012도3782 판결)

판례 Ⓑ 甲社 대표이사인 피고인이 개인 용도로 父인 乙로부터 2억 원을 차용하면서 甲社 명의의 차용증을 작성·교부하고 甲社 명의 액면금 2억 원의 약속어음을 발행하여 공증하여 주었는데, 乙이 약속어음 공정증서에 기하여 甲社의 丙에 대한 채권 중 2억원에 대하여 압류·전부명령 받은 다음 이에 기하여 丙으로부터 1억 2,300만 원을 지급받음 (乙 악의) - 배임죄 기수 ○ (대법원 2017. 9. 21. 선고 2014도9960 판결) **표준**

판례 Ⓑ 丙社 대표이사 甲이 회사 인수자금을 지원해 준 乙을 위하여 丙社로 하여금 丁이 乙에 대해 부담하던 채무에 대한 연대보증을 하게 하고, 연대보증에 기한 강제집행에 대해 이의를 제기하지 않기로 하는 약정을 체결하여, 실제로 乙이 丙社에 대하여 추심함 (乙 악의) - 甲 배임죄 기수 ○ (대법원 2013. 4. 11. 선고 2012도15890 판결)

참고 乙은 甲의 배임행위 전 과정에 적극적으로 가담한 사실이 인정되었다.

판례 Ⓑ 甲社 실질경영자인 피고인이 개인사업체가 甲社에 수목을 매도하였다는 내용의 허위계약 체결 후 개인사업체의 甲社에 대한 매매대금 채권과 甲社의 피고인에 대한 채권을 상계처리함 - 배임죄 기수 ○ (대법원 2012. 2. 23. 선고 2011도15857 판결)

판례 Ⓑ 甲社의 실질경영자인 피고인이 乙社 대표이사와 공모하여 허위매매 방식으로 甲社 소유 아파트 55세대의 소유권이전등기를 乙社에 마쳐줌 (乙 악의) - 배임죄 기수 ○

위와 같이 공소외 2 회사 앞으로의 소유권이전등기가 마쳐짐으로써 피해 회사에 재산상 손해가 발생한 이상 이후 공소외 2 회사 명의의 위 소유권이전등기가 합의해제를 원인으로 말소되었다고 하여 이미 성립한 배임죄에 영향을 미칠 수 없다. (대법원 2017. 10. 26. 선고 2013도6896 판결)

판례 Ⓐ 甲社 대표이사가 대표권 남용하여 회사 명의로 약속어음을 발행하고 그에 관하여 공정증서를 작성한 뒤 그 상대방이 이를 근거로 피해자 회사의 채권에 관하여 채권압류 및 추심명령을 받았으나 그 상대방이 대표이사의 진의를 알았거나 알 수 있었으며 어음이 유통되지도 않은 경우 - 배임죄 미수 ○ (대법원 2020. 4. 9. 선고 2019도17016 판결)

비교 Ⓑ 위 판례와 유사한 사실관계이나, 상대방이 채권압류 및 추심명령을 기반으로 강제집행을 실시하여 실제로 채권을 추심하고 그 신고까지 마친 경우 - 배임죄 기수 ○ (대법원 2022. 1. 27. 선고 2021도8833 판결)

판례 Ⓐ 甲社 실질경영자인 피고인이 乙에 대한 개인채무 담보하기 위하여 甲社 소유 부동산에 乙 명의 근저당권설정등기 경료 (乙 악의) - 무죄

근저당권 설정행위는 대표권 남용행위로서 무효이므로 甲 회사는 乙에 대하여 무효인 근저당권에 기한 채무는 물론 사용자책임이나 법인의 불법행위 등에 따른 손해배상의무도 부담할 여지가 없고, 근저당권이 그 후 해지를 원인으로 말소되어, 피고인의 근저당권 설정행위로 말미암아 甲 회사에 재산상 손해가 발생하였다거나 재산상 실해 발생의 위험이 초래된 것으로 볼 수 없다. (대법원 2012. 2. 23. 선고 2011도15857 판결)

해설 위 전합판결에 따라 향후 배임미수죄가 성립할 것으로 보인다.

'등기경료'에 대하여 ① 채무가 이행되었으므로 배임기수가 성립한다고 본 판례(2013도6896판결)도 있고 ② 등기는 무효이므로 채무가 이행되었다고 볼 수 없어 배임기수가 성립하지 않는다고 보는 판례(위 판례)도 있어 일관되지 않는다. 이를 일관되게 설명하는 문헌 역시 발견할 수 없었다. 다만 이제는 전합 판결에 따라 등기경료 사안은 '최소한 배임미수죄'가 성립한다고 정리할 수 있다.

생각건대 ① 재산상 손해는 법률적 관점이 아니라 경제적 관점에서 평가하여야 한다는 점, ② 등기말소청구권에 기한 말소등기가 이루어지기 전까지 본인은 부동산의 소유권을 온전히 행사하지 못하는 데에 반하여 상대방은 외관상 소유권을 취득하는데 이는 경제적 이익에 해당한다는 점에서 배임죄 기수가 성립한다고 봄이 타당하다.

[판례] Ⓐ 회사 대표이사인 피고인이 개인채무 변제를 위해 회사 명의 차용증 작성 (상대방 악의) – 무죄 (대법원 2010. 5. 27. 선고 2010도1490 판결)

해설 위 전합판결에 따라 향후 **배임미수죄**가 성립할 것으로 보인다.

[판례] Ⓐ 회사 대표이사가 개인 차용금 채무에 관하여 개인 명의로 작성된 차용증에 추가로 회사의 법인 인감 날인 (상대방 악의) – 무죄 (대법원 2004. 4. 9. 선고 2004도771 판결)

해설 위 전합판결에 따라 향후 **배임미수죄**가 성립할 것으로 보인다.

나) 대표권 남용행위 외 법률상 무효행위

대표권 남용행위 외 법률상 무효행위(전단적 대표행위·무권대표 등)의 경우에도 ① 채무가 이행되거나 ② 불법행위책임 등이 발생하면 배임죄 기수가 된다. 그런데 위 전합 판결의 '배임미수 부활' 법리에 따라 채무부담이 무효인 경우에도 배임미수죄가 성립하는지 문제된다.

위 전합판결 이후에 선고된 무권대리에 대한 대법원 판결은 여전히 '배임미수 실종' 상태에 있다(무죄). 따라서 수험적으로는 위 전합 판결의 '배임미수 부활' 법리는 일단 대표권 남용행위에 한하여 적용되고, 그 외의 무효인 법률행위에는 적용되지 않는다고 봄이 안전할 것이다(추후 무권대리에 관해서도 '배임미수 부활' 판시가 나올 것이라 예상한다). 이하에서는 기타 무효인 법률행위를 살펴본다.

[판례] 甲社 직원인 피고인이 거래상대방인 乙에게 사료 공급하면서 甲社 내부결재를 거치지 않고 임의로 할인하여 줌 – 무죄

갑 회사의 을 측을 상대로 한 물품대금 소송의 제1심에서 갑 회사가 승소하였지만 상대방의 항소로 항소심에 계속 중인 이상 사용자책임 등을 부담할 가능성을 완전히 배제하기 어렵다는 등의 원심이 설시한 사정만으로는 갑 회사에 재산상 실해가 발생할 가능성이 생겼다고 말할 수는 있어도 나아가 그 실해 발생의 위험이 구체적·현실적인 정도에 이르렀다고 보기 어려운데도, 피고인의 행위가 갑 회사의 재산 상태에 구체적으로 어떠한 영향을 미쳤는지, 위 물품대금 소송의 제1심판결에도 불구하고 갑 회사가 사용자책임을 부담한다고 볼 만한 사정이 있는지 등을 면밀히 심리하여 갑 회사에 현실적인 손해가 발생하거나 실해 발생의 위험이 생겼다고 볼 수 있는지를 판단하지 아니한 채 공소사실을 유죄로 판단한 원심판결에 배임죄의 재산상 손해 요건에 관한 법리를 오해하여 필요한 심리를 다하지 아니한 잘못이

있다. (대법원 2017. 10. 12. 선고 2017도6151 판결)

해설 2014도1104 전합판결 선고 이후에 선고된 판결이다. ① 직원의 할인행위가 무효이고 ② 사용자책임이 발생하지 않는다면 (대표권 남용행위였다면) Ⓐ (배임미수죄) 영역으로 분류할 수 있으나, 대법원은 '배임미수'에 관해서는 언급하지 않은 채 원심을 파기할 뿐이다.

판례 甲 은행 지점장인 피고인이 물품대금지급보증서를 발급한 후 乙社의 거래처인 丙社에 건네줌 (丙 악의) – 무죄 (대법원 2015. 9. 10. 선고 2015도6745 판결) **표준**

판례 배임행위로 스톡옵션을 부여한 경우 종료시점 – ① 계약시점 × ② 신주발행시점 ○
甲 주식회사 대표이사인 피고인이 주주총회 의사록을 허위로 작성하고 이를 근거로 피고인을 비롯한 임직원들과 주식매수선택권부여계약을 체결함으로써 甲 회사에 재산상 손해를 가하였다고 하며 특정경제범죄 가중처벌 등에 관한 법률 위반(배임)으로 기소된 사안에서, 상법과 정관에 위배되어 법률상 무효인 계약을 체결한 것만으로는 업무상배임죄 구성요건이 완성되거나 범행이 종료되었다고 볼 수 없고, 임직원들이 이후 계약에 기초하여 甲 회사에 주식매수선택권을 행사하고, 피고인이 이에 호응하여 주식의 실질가치에 미달하는 금액만을 받고 신주를 발행해 줌으로써 비로소 甲 회사에 현실적 손해가 발생하거나 그러한 실해 발생의 위험이 초래되었다고 볼 수 있으므로, 피고인에 대한 업무상배임죄는 피고인이 의도한 배임행위가 모두 실행된 때로서 최종적으로 주식매수선택권이 행사되고 그에 따라 신주가 발행된 시점에 종료되었다. (대법원 2011. 11. 24. 선고 2010도11394 판결)

해설 ① 계약시점을 범행종료시점으로 보아 공소시효 도과로 면소판결한 원심을 파기하고, 신주발행시점을 범행종료시점으로 보아 배임죄 기수가 인정된다는 취지이다. ② 이 사건은 채무부담행위(스톡옵션부여)가 무효이지만 실제로 채무가 이행된 경우(신주발행)로 볼 수 있다.

5) 손해액 산정

판례 이득액 – ① 불법영득대상이 된 재산상 이익 합계액 ○ ② 궁극적인 이득 실현액 ×
특정경제범죄 가중처벌 등에 관한 법률 제3조 제1항의 '이득액'이란 거기에 열거된 범죄행위로 취득하거나 제3자로 하여금 취득하게 한 불법영득의 대상이 된 재물이나 재산상 이익의 가액의 합계액이지 궁극적으로 그와 같은 이득이 실현되었는지 여부는 영향이 없다. (대법원 2007. 4. 19. 선고 2005도7288 전원합의체 판결)

판례 재산상 이익의 가액을 산정할 수 없는 경우 – 특경법 적용 × (형법상 배임죄만 ○)
업무상배임으로 취득한 재산상 이익이 있더라도 가액을 구체적으로 산정할 수 없는 경우에는, 재산상 이익의 가액을 기준으로 가중 처벌하는 특정경제범죄법 제3조를 적용할 수 없다. (대법원 2001. 11. 13. 선고 2001도3531 판결)

판례 배임행위를 범하며 대출금·약속어음 할인금에서 선이자 공제한 경우 → 이득액은 대출금·약속어음 액면금 전액 (선이자 공제 ×) (대법원 2004. 7. 9. 선고 2004도810 판결)

판례 부동산 매도인이 매수인 앞으로 소이등 마쳐주기 전에 제3자로부터 금원을 차용하고 그 담보로 근저당권 설정해준 경우 – 근저당권 설정 당시의 부동산 교환가치 중 근저당권에 이용되어 상실된 담보가치 상당액 (대법원 2018. 7. 11. 선고 2015도12692 판결)

판례 부실대출 이득액 – 대출금 전액 ○ (담보물 초과액 × · 회수불능액 ×) (대법원 2000. 3. 24. 선고 2000도28 판결, 대법원 2013. 10. 17. 선고 2013도6826 판결)

판례 부당대출의 경우, ① 신규 대출금의 일부가 기존 대출금의 이자 · 신규 대출금의 이자 지급에 사용되었더라도 손해액에 포함되고 ② 대출수수료 등과 같이 대출과 관련하여 발생하는 필요비 역시 손해액에 포함됨 (대법원 2007. 1. 12. 선고 2006도6464 판결)

판례 부동산 이중매매 이득액 = 시가 – (근저당권) 채권최고액 내 피담보채무액 – (압류) 집행채권액 – (가압류) 피보전채권액

특정가법 제3조 제1항 제1호의 적용을 전제로 하여 이중매매의 대상이 된 부동산의 가액을 산정함에 있어서는, 그 부동산에 아무런 부담이 없는 때에는 그 부동산의 시가 상당액이 곧 그 가액이라고 볼 것이지만, 그 부동산에 근저당권설정등기가 경료되어 있거나 압류 또는 가압류 등이 이루어져 있는 때에는 특별한 사정이 없는 한 아무런 부담이 없는 상태에서의 그 부동산의 시가 상당액에서 근저당권의 채권최고액 범위 내에서의 피담보채권액, 압류에 걸린 집행채권액, 가압류에 걸린 청구금액 범위 내에서의 피보전채권액 등을 뺀 실제의 교환가치를 그 부동산의 가액으로 보아야 할 것이다. (대법원 2011. 6. 30. 선고 2011도1651 판결)

판례 수 개의 부동산이 공동담보로 제공된 경우 공동담보가 된 각 부동산의 피담보채권에 대한 담보가치 상당액은 그 공동담보가 된 부동산의 가격 비율에 의하여 산정 (대법원 2011. 1. 13. 선고 2009도10541 판결, 대법원 2018. 7. 11. 선고 2015도12692 판결)

6) 재산상 이익 취득

배임행위로 본인에게 손해를 가하였다 할지라도 행위자 · 제3자가 재산상 이익을 취득한 사실이 없다면 배임죄가 성립하지 않는다.

판례 배임행위로 본인에게 손해 발생해도 행위자 · 제3자 이익 취득 없으면 배임죄 ×
업무상 배임죄는 본인에게 재산상의 손해를 가하는 외에 배임행위로 인하여 행위자 스스로 재산상의 이익을 취득하거나 제3자로 하여금 재산상의 이익을 취득하게 할 것을 요건으로 하므로, 본인에게 손해를 가하였다고 하더라도 행위자 또는 제3자가 재산상 이익을 취득한 사실이 없다면 배임죄가 성립할 수 없다. (대법원 2009. 6. 25. 선고 2008도3792 판결)

판례 입주자대표회의 회장 甲이 열 사용요금 납부를 위한 지출결의서 날인 거부하여 입주자들이 공급업체에 연체료를 부담 – 배임죄(이익) ×
연체료는 금전채무 불이행으로 인한 손해배상에 해당하므로, 공급업체가 연체료를 지급받았다는 사실

만으로 공급업체가 그에 해당하는 재산상의 이익을 취득하게 된 것으로 단정하기 어렵고, 나아가 공급업체가 열 사용요금 연체로 인하여 실제로는 아무런 손해를 입지 않았거나 연체료 액수보다 적은 손해를 입었다는 등의 특별한 사정이 인정되는 경우에 한하여 비로소 연체료 내지 연체료 금액에서 실제 손해액을 공제한 차액에 해당하는 재산상의 이익을 취득한 것으로 볼 수 있을 뿐이다. (대법원 2009. 6. 25. 선고 2008도3792 판결)

참고 ① 甲은 배임행위로 손해만 가하였을 뿐 이익 취득하지 않았고 ② 공급업체는 지연손해금을 배상받았을 뿐 이익 취득하지 않았다.

판례 피고인이 피해 회사가 지정한 할인율보다 더 높은 할인율을 적용하여 제품을 시장가대로 판매하여 거래처가 구입 – 배임죄(이익) ×

피고인이 피해 회사의 승낙 없이 임의로 지정 할인율보다 더 높은 할인율을 적용하여 회사가 지정한 가격보다 낮은 가격으로 제품을 판매하는 이른바 '덤핑판매'로 제3자인 거래처에 재산상의 이익이 발생하였는지 여부는 경제적 관점에서 실질적으로 판단하여야 할 것인바, 피고인이 피해 회사가 정한 할인율 제한을 위반하였다 하더라도 시장에서 거래되는 가격에 따라 제품을 판매하였다면 지정 할인율에 의한 제품가격과 실제 판매시 적용된 할인율에 의한 제품가격의 차액 상당을 거래처가 얻은 재산상의 이익이라고 볼 수는 없다. (대법원 2009. 12. 24. 선고 2007도2484 판결)

판례 甲社 영업팀장인 피고인이 체인점들에 대한 전매입고 금액을 삭제하여 전산상 甲社의 체인점들에 대한 외상대금채권이 줄어든 것으로 처리하는 전산조작행위 – 배임죄(이익) ×

피고인의 전산조작행위로 인하여 회사의 체인점들에 대한 외상대금채권 행사가 사실상 불가능해지거나 또는 현저히 곤란해진 것이 아니라면, 해당 체인점의 점주들이 그에 상응하는 재산상 이익을 취득하였다고 보기도 어려울 것이다. 따라서 원심으로서는 회사의 전산망 이외에 전표, 매출원장 등 외상대금채권의 존재와 액수를 확인할 방법이 있는지 여부, 위 전산조작행위에 따른 데이터손상의 내용과 정도, 삭제된 전매입고의 금액은 기술적으로 용이하게 복구가 가능한지, 가능하다면 이에 소요되는 시간은 어느 정도인지 등을 자세히 심리하여, 위 전산조작행위로 말미암아 회사의 외상대금채권 행사가 사실상 불가능해졌거나 또는 현저히 곤란해졌는지 여부를 확정한 다음, 그에 따라 회사에게 재산상 실해발생의 위험이 생겼는지 및 체인점들이 재산상 이익을 취득하였는지 여부를 가려서 업무상 배임죄의 기수에 이르렀는지 여부를 판단하여야 함에도, 이에 관한 별다른 심리 없이 전산상 외상대금채권이 자동 차감된다는 사정만으로 만연히 회사의 외상매출금채권이 감소될 우려가 생겼다고 판단하여 이 사건 업무상 배임의 공소사실을 유죄로 인정한 잘못이 있다. (대법원 2006. 7. 27. 선고 2006도3145 판결)

참고 비록 피고인의 행위로 전산상 외상대금채권이 줄어든 것처럼 보이지만, 전표·매출원장 등을 통해 채권을 행사할 수 있다면, 이러한 전산조작만으로는 배임의 이익취득이 인정될 수 없다.

판례 甲社를 대표하여 기계 제작·설치 계약 이행의 업무를 처리하는 피고인이 고의로 기계 제작 의무를 이행하지 않아 계약이 해제됨으로써 상대방이 보증보험회사로부터 선급금반환 및 위약금 명목의 보험금 수령 – 배임죄(이익) × (대법원 2007. 7. 26. 선고 2005도6439 판결)

판례 새마을금고 임직원인 피고인이 새마을금고의 여유자금 운영에 관한 규정을 위반하여 금융기관으로부터 금융상품을 매입하여, 새마을금고는 원금손실위험이 있는 금융상품을 취득하고, 금융기관은 수수료를 취득함 – 배임죄(이익) ×

업무상배임죄는 업무상 타인의 사무를 처리하는 자가 임무에 위배하는 행위를 하고 그러한 임무위배행위로 인하여 재산상의 이익을 취득하거나 제3자로 하여금 이를 취득하게 하여 본인에게 재산상의 손해를 가한 때 성립한다. 여기서 '재산상 이익 취득'과 '재산상 손해 발생'은 대등한 범죄성립요건이고, 이는 서로 대응하여 병렬적으로 규정되어 있다(형법 제356조, 제355조 제2항). 따라서 임무위배행위로 인하여 여러 재산상 이익과 손해가 발생하더라도 재산상 이익과 손해 사이에 서로 대응하는 관계에 있는 등 일정한 관련성이 인정되어야 업무상배임죄가 성립한다. … (중략) … 피고인의 위와 같은 임무위배행위로 인하여 본인인 공소외 1 새마을금고에 발생한 액수 불상의 재산상 손해와 공소외 3 주식회사 등 금융기관이 취득한 수수료 상당의 이익 사이에는 앞서 본 바와 같은 관련성이 있다고 볼 수 없다. (대법원 2021. 11. 25. 선고 2016도3452 판결)

동지 사단법인의 이사장이 사단법인의 甲 금융기관 정기예금을 중도해지하고 乙 금융기관의 새로운 정기예금에 가입함 – 배임죄(이익) X (대법원 2022. 8. 25. 선고 2022도3717 판결)

4. 기타

가. 고의·불법이득의사

배임의 고의 중 경영판단원칙은 앞서 "기업간 자금지원·보증행위" 항에서 살펴보았다. 이하에서는 배임 고의 일반을 살펴본다.

판례 배임의 고의 – ① 임무 위배 ② 본인 손해 ③ 자기·제3자 이익취득에 대한 각 의사

업무상배임죄의 고의가 인정되려면, 업무상 타인의 사무를 처리하는 자가 본인에게 재산상의 손해를 가한다는 의사가 있어야 하고, 자기 또는 제3자에게 재산상의 이득을 주려는 의사가 있어야 할 뿐만 아니라, 그의 행위가 임무에 위배된다는 인식이 있어야 할 것인바, 피고인이 피해자 본인의 이익을 위한다는 의사도 가지고 있었다 하더라도 이는 부수적일 뿐이고 이득 또는 가해의 의사가 주된 것임이 판명되면 배임죄의 고의가 있었다고 보아야 한다. (대법원 2006. 11. 9. 선고 2004도7027 판결, 대법원 2007. 3. 15. 선고 2004도5742 판결)

판례 부동산 매매계약이 해제된 것이라고 합리적으로 믿은 매도인이 제3자에게 부동산 매도 – 배임죄 (고의) ×

매도인이 부동산을 매도한 후 그 매매계약을 해제하고 이를 다시 제3자에게 매도한 경우에 그 매매계약의 해제가 해제요건을 갖추지 못하여 부적법하더라도 매도인이 그 해제가 적법한 것으로 믿고 그 믿음에 정당한 이유가 있다면 매도인에게 배임죄의 범의를 인정할 수 없는 것이지만 피고인이 들고 있는 계약해제사유가 적법한 것이 아니고 피고인이 이를 적법한 해제사유로 믿었거나 그 믿음에 정당한 사유가 있었다고 보여지지 아니하는 경우 피고인에게 배임의 범의가 있었다고 할 것이다. (대법원 1990. 11. 13. 선고 90도153 판결, 대법원 2007. 3. 29. 선고 2006도6674 판결)

참고 예컨대 매수인이 매매계약 체결 이후에 '시세를 다시 알아보니 대금이 너무 높다. 깎아달라.'는 요구를 수차례 하며 잔금 지급을 거부하는 등 매수인의 계약 파기 의사가 엿보여 매도인이 제3자에게 매각한 경우 고의가 인정되지 않는다. (검찰실무 기록)

> **판례** 퇴사한 전직 동료의 편의를 위하여 회사 컴퓨터에 저장된 개인 파일 등을 복사해 줌 – 배임죄(고의) × (대법원 2009. 5. 28. 선고 2008도5706 판결)

나. 공범관계

배임행위(배임적 거래)의 상대방을 배임죄의 공동정범·교사범·방조범으로 의율할 수 있는지 문제된다. 판례는 처분의 상대방이 "적극 가담"한 경우에 한하여 죄책을 인정한다. 단순 악의에 불과한 경우 죄책을 부정한다.

> **판례** 배임죄 공동정범 – ① 악의로는 부족 ② 교사·전과정 관여 등 적극가담 필요
> 업무상배임죄의 실행으로 인하여 이익을 얻게 되는 수익자 또는 그와 밀접한 관련이 있는 제3자를 배임의 실행행위자와 공동정범으로 인정하기 위하여는 실행행위자의 행위가 피해자 본인에 대한 ① 배임행위에 해당한다는 것을 알면서도 소극적으로 그 배임행위에 편승하여 이익을 취득한 것만으로는 부족하고, ② 실행행위자의 배임행위를 교사하거나 또는 배임행위의 전(全) 과정에 관여하는 등으로 배임행위에 적극 가담할 것을 필요로 한다. (대법원 2007. 4. 12. 선고 2007도1033 판결, 대법원 2012. 6. 28. 선고 2012도3643 판결)
> **동지** 배임행위의 거래상대방의 공범성립 – ① 악의로는 부족 ② 적극가담 필요
> 거래상대방의 대향적 행위의 존재를 필요로 하는 유형의 배임죄에 있어서 거래상대방으로서는 기본적으로 배임행위의 실행행위자와는 별개의 이해관계를 가지고 반대편에서 독자적으로 거래에 임한다는 점을 감안할 때, ② 거래상대방이 배임행위를 교사하거나 그 배임행위의 전 과정에 관여하는 등으로 배임행위에 적극가담함으로써 그 실행행위자와의 계약이 반사회적 법률행위에 해당하여 무효로 되는 경우 배임죄의 교사범 또는 공동정범이 될 수 있음은 별론으로 하고, 관여의 정도가 거기에까지 이르지 아니하여 법질서 전체적인 관점에서 살펴볼 때 사회적 상당성을 갖춘 경우에 있어서는 ① 비록 정범의 행위가 배임행위에 해당한다는 점을 알고 거래에 임하였다는 사정이 있어 외견상 방조행위로 평가될 수 있는 행위가 있었다 할지라도 범죄를 구성할 정도의 위법성은 없다고 봄이 상당하다. (대법원 2005. 10. 28. 선고 2005도4915 판결)

> **판례** 丙社 대표이사 甲이 회사 인수자금을 지원해 준 乙을 위하여 丙社로 하여금 丁이 乙에 대해 부담하던 채무에 대한 연대보증을 하게 하고, 연대보증에 기한 강제집행에 대해 이의를 제기하지 않기로 하는 약정을 체결하여, 실제로 乙이 丙社에 대하여 추심함 (乙 악의) – ① 甲 배임죄(기수) ○ ② 乙 배임죄(공동정범) ○ (대법원 2013. 4. 11. 선고 2012도15890 판결)
> **참고** 乙은 甲의 배임행위 전 과정에 적극적으로 가담한 사실이 인정되었다.

> **판례** 乙은 A로부터 특허권을 명의신탁 받아 관리하던 甲에게 특허권 이전을 제의한 후, 양수대금을 1,000만 원으로 정하여 양도양수계약을 체결하고 특허권 전부이전등록을 받음과 동시에 甲에게 1,000만 원 지급 – ① 甲 배임죄 ○·배임수재죄 × ② 乙 배임죄 ×·배임증재죄 ×
> 乙이 이 사건 특허권이 甲의 소유가 아니라는 사정을 알 수 있었던 상황에서 甲에게 특허권을 이전하라고 제의하였다고 하더라도, 배임행위의 실행행위자인 甲과는 별개의 이해관계를 가지고 대향적 지위에서 독자적으로 거래하면서 자신의 이익을 위하여 이 사건 특허권을 이전받은 것으로 보이고, 원심이 든 사정만으로 乙이 배임의 의사가 없었던 甲에게 배임의 결의를 하게 하여 교사하였다거나 배임행위의 전 과정에 관여하는 등 배임행위에 적극 가담하였다고 단정하기 어렵다.

배임수재죄 및 배임증재죄에서 공여 또는 취득하는 재물 또는 재산상 이익은 부정한 청탁에 대한 대가 또는 사례여야 한다. 따라서 거래상대방의 대향적 행위의 존재를 필요로 하는 유형의 배임죄에서 그 거래상대방이 양수대금 등 그 해당 거래에 따른 계약상 의무를 이행하고 배임행위의 실행행위자가 이를 이행받은 것을 두고 부정한 청탁에 대한 대가로 수수하였다고 쉽게 단정하여서는 아니 된다. (대법원 2016. 10. 13. 선고 2014도17211 판결)

[판례] 1인 회사 주주가 개인적 거래에 수반하여 회사 소유 부동산을 담보로 제공하는데, 이를 상대방이 알면서도 가등기 설정을 요구하고 경료받음 – 배임죄 공동정범·방조범 ✕ (대법원 2005. 10. 28. 선고 2005도4915 판결)

다. 죄수 등

1) 죄수

배임죄는 배임행위로 인하여 깨어진 신임관계의 수를 기준으로 죄수를 결정한다.

[판례] 수 개의 배임이 피해법익 단일·태양 동일·단일한 범의의 일련의 행위 – 포괄일죄
수 개의 업무상 배임행위가 있더라도 피해법익이 단일하고 범죄의 태양이 동일할 뿐만 아니라 그 수 개의 배임행위가 단일한 범의에 기한 일련의 행위라고 볼 수 있는 경우에는 그 수 개의 배임행위는 포괄하여 일죄를 구성한다. (대법원 2009. 7. 23. 선고 2007도541 판결)

[판례] 대출한도 넘는 부실대출 – 한도금액 범위 내에서 한 개의 배임죄
대출에 있어서 부실한 담보를 받고 대출한도 거래약정 또는 여신한도 거래약정을 체결하면 그 때에 그 한도금액 범위 내에서 한 개의 배임죄가 성립한다고 볼 것이며 그 한도금액을 여러 번에 걸쳐 나누어 인출하였다고 하여 그 여러 번의 인출행위를 포괄하여 배임죄의 일죄가 성립한다고 볼 것은 아니다. (대법원 2001. 2. 9. 선고 2000도5000 판결)

[판례] 甲은 피해자 乙(101호)·丙(102호)·丁(103호)에게 소유권이전등기절차를 이행하여 주어야 할 임무가 있음에도, 戊 앞으로 101호, 102호, 103호의 소유권이전등기를 근접한 시기에 각각 경료하여 줌 – 乙·丙·丁에 대한 각 배임죄(실체적 경합)
아파트의 각 세대를 분양받은 각 피해자에 대하여 소유권이전등기절차를 이행하여 주어야 할 업무상의 임무가 있었다면, 각 피해자의 보호법익은 독립된 것이므로, 범의가 단일하고 제3자 앞으로 각 소유권이 전등기 및 근저당권설정등기를 한 각 행위시기가 근접하여 있으며 피해자들이 모두 위 회사로부터 소유권이전등기를 받을 동일한 권리를 가진 자라고 하여도, 각 공소사실이 포괄일죄의 관계에 있다고는 할 수 없고 피해자별로 독립한 수개의 업무상 배임죄의 관계에 있다. (대법원 1994. 5. 13. 선고 93도3358 판결, 대법원 1993. 6. 22. 선고 93도743 판결)

[비교] 甲이 A회사로부터 렌탈한 물건과 B회사로부터 렌탈한 물건을 성명불상자에게 일괄해 처분 – ① A회사에 대한 횡령죄 ② B회사에 대한 횡령죄 (상상적 경합) (대법원 2013. 10. 31. 선고 2013도10020 판결)
해설 위 횡령은 1개의 처분행위인 데 반하여 위 배임은 수 개의 배신행위(등기이전)이다.

판례 1인 회사 주주 甲이 회사 부동산에 ① 근저당권설정등기를 경료해준 후, ② 같은 부동산에 또다시 별개의 근저당권을 설정 – ①·② 배임죄 실체적 경합

배임죄는 재산상 이익을 객체로 하는 범죄이므로, 1인 회사의 주주가 자신의 개인채무를 담보하기 위하여 회사 소유의 부동산에 대하여 근저당권설정등기를 마쳐 주어 배임죄가 성립한 이후에 그 부동산에 대하여 새로운 담보권을 설정해 주는 행위는 선순위 근저당권의 담보가치를 공제한 나머지 담보가치 상당의 재산상 이익을 침해하는 행위로서 별도의 배임죄가 성립한다. (대법원 2005. 10. 28. 선고 2005도4915 판결)

2) 타죄와의 관계

판례 신용협동조합 전무가 담당 직원을 기망하여 예금인출금 등 명목으로 금원을 교부받음 – ① 배임죄 ○ ② 사기죄 ○ (상상적 경합)

업무상배임행위에 사기행위가 수반된 때의 죄수 관계에 관하여 보면, 사기죄는 사람을 기망하여 재물의 교부를 받거나 재산상의 이익을 취득하는 것을 구성요건으로 하는 범죄로서 임무위배를 그 구성요소로 하지 아니하고 사기죄의 관념에 임무위배 행위가 당연히 포함된다고 할 수도 없으며, 업무상배임죄는 업무상 타인의 사무를 처리하는 자가 그 업무상의 임무에 위배하는 행위로써 재산상의 이익을 취득하거나 제3자로 하여금 이를 취득하게 하여 본인에게 손해를 가하는 것을 구성요건으로 하는 범죄로서 기망적 요소를 구성요건의 일부로 하는 것이 아니어서 양 죄는 그 구성요건을 달리하는 별개의 범죄이고 형법상으로도 각각 별개의 장(章)에 규정되어 있어, 1개의 행위에 관하여 사기죄와 업무상배임죄의 각 구성요건이 모두 구비된 때에는 양 죄를 법조경합 관계로 볼 것이 아니라 상상적 경합관계로 봄이 상당하다. (대법원 2002. 7. 18. 선고 2002도669 전원합의체 판결) **표준**

비교 타인재물보관자가 본인을 기망하여 재물을 취득 – ① 사기죄 × ② 횡령죄 ○

자기가 점유하는 타인의 재물을 횡령하기 위하여 기망수단을 쓴 경우에는 피기망자에 의한 재산처분행위가 없으므로 일반적으로 횡령죄만 성립되고 사기죄는 성립되지 아니한다. (대법원 1980. 12. 9. 선고 80도1177 판결)

판례 ① A社의 사무처리자 甲은 A社가 펀드운영사인 B社에 지급하여야 할 펀드출자금을 선지급하도록 하였고 ② 그 이후 甲은 B社의 펀드출자금을 보관하는 乙과 공모하여 펀드출자금을 임의 인출하여 임의 사용 – 甲 ① 배임죄 ○ ② 횡령죄 ○ (실체적 경합)

회사에 대한 관계에서 타인의 사무를 처리하는 자가 임무에 위배하는 행위로써 회사로 하여금 회사가 펀드 운영사에 지급하여야 할 펀드출자금을 정해진 시점보다 선지급하도록 하여 배임죄를 범한 다음, 그와 같이 선지급된 펀드출자금을 보관하는 자와 공모하여 펀드출자금을 임의로 인출한 후 자신의 투자금으로 사용하기 위하여 임의로 송금하도록 한 행위는 펀드출자금 선지급으로 인한 배임죄와는 다른 새로운 보호법익을 침해하는 행위로서 배임 범행의 불가벌적 사후행위가 되는 것이 아니라 별죄로서 횡령죄를 구성한다고 보아야 한다. (대법원 2014. 12. 11. 선고 2014도10036 판결)

해설 ①행위는 甲의 A社에 대한 배임죄에 해당한다. ②행위는 乙의 B社에 대한 횡령죄에 해당하는데, 이 과정에 甲이 적극가담하여 공동정범이 된 것이다. 따라서 두 행위는 피해자를 달리하고 보호법익을 달리하기에 실체적 경합 관계에 있다.

판례 甲社 대표이사·실질적 운영자인 피고인들이 ① 자신들이 乙에 대해 부담하는 개인채무 지급을 위하여 甲社로 하여금 약속어음을 공동발행·채무의 연대보증을 하게 한 후 ② 실제로 甲社를 위하여 보관 중인 돈을 실제로 임의 인출하여 채무 변제 – ① 배임죄 ○ ② 횡령죄 ○ (실체적 경합)

배임죄와 횡령죄의 구성요건적 차이에 비추어 보면, 회사에 대한 관계에서 타인의 사무를 처리하는 자가 임무에 위배하는 행위로써 회사로 하여금 자신의 채무에 관하여 연대보증채무를 부담하게 함으로써 배임죄가 성립한 다음, 회사의 금전을 보관하는 자의 지위에서 그 소유자인 회사의 이익을 위한 것이 아니라 자신의 채무를 변제하려는 의사를 가지고 회사의 자금을 자기의 소유인 경우와 같이 임의로 인출한 후 개인채무의 변제에 사용한 행위는 연대보증채무 부담으로 인한 배임죄와 다른 새로운 보호법익을 침해하는 행위로서 배임 범행의 불가벌적 사후행위가 되는 것이 아니라 별죄인 횡령죄를 구성한다고 보아야 하며, 횡령행위로 인출한 자금이 선행 임무위배행위로 인하여 회사가 부담하게 된 연대보증채무의 변제에 사용되었다 하더라도 달리 볼 것은 아니다. (대법원 2011. 4. 14. 선고 2011도277 판결)

비교 甲社 대표이사인 피고인이 ① 자신의 채권자 乙에게 개인채무 담보를 위하여 甲社명의 정기예금에 질권을 설정하여 주었는데 ② 乙이 차용금과 정기예금의 변제기가 모두 도래한 이후 피고인의 동의 하에 정기예금에서 甲社 자금을 인출함 – ① 배임죄 ○ ② 횡령죄 ×

민법 제353조에 의하면 질권자는 질권의 목적이 된 채권을 직접 청구할 수 있으므로, 피고인의 예금인출동의행위는 이미 배임행위로써 이루어진 질권설정행위의 사후조처에 불과하여 새로운 법익의 침해를 수반하지 않는 이른바 불가벌적 사후행위에 해당하고, 별도의 횡령죄를 구성하지 않는데도, 이와 달리 피고인에 대하여 질권설정으로 인한 배임죄와 별도로 예금인출로 인한 횡령죄까지 성립한다고 본 원심판결에 불가벌적 사후행위에 관한 법리오해의 위법이 있다. (대법원 2012. 11. 29. 선고 2012도10980 판결) **표준**

판례 건물관리인 甲이 건물주 乙로부터 월세임대차계약 체결업무를 위임받고도 임차인 丙·丁을 속여 전세임대차계약을 체결하고 보증금을 편취함 – ① 배임죄 ○ ② 사기죄 ○ (실체적 경합)

건물관리인이 건물주로부터 월세임대차계약 체결업무를 위임받고도 임차인들을 속여 전세임대차계약을 체결하고 그 보증금을 편취한 경우, 사기죄와 별도로 업무상배임죄가 성립하고 두 죄가 실체적 경합범의 관계에 있다. (대법원 2010. 11. 11. 선고 2010도10690 판결)

해설 甲의 행위는 ① 건물주 乙에 대한 배신행위로서 배임죄가 성립하고, ② 丙·丁에 대한 사기죄가 성립하고, 이 둘 간에 피해자·보호법익이 다르기에 실체적 경합이 성립한다.

판례 피고인이 ① 甲에게 부동산 근저당권 설정하여 줄 의사가 없음에도 근저당권설정을 약정하여 금원을 편취한 이후 ② 근저당권을 설정해주지 않고 제3자에게 임의 처분 – ① 사기죄 ○ ② 배임죄 ○ (실체적 경합)

부동산에 피해자 명의의 근저당권을 설정하여 줄 의사가 없음에도 피해자를 속이고 근저당권설정을 약정하여 금원을 편취한 경우라 할지라도, 이러한 약정은 사기 등을 이유로 취소되지 않는 한 여전히 유효하여 피해자 명의의 근저당권설정등기를 하여 줄 임무가 발생하는 것이고, 그럼에도 불구하고 임무에 위배하여 그 부동산에 관하여 제3자 명의로 근저당권설정등기를 마친 경우, 이러한 배임행위는 금원을 편취한 사기죄와는 전혀 다른 새로운 보호법익을 침해하는 행위로서 사기 범행의 불가벌적 사후행위가 되는 것이 아니라 별죄를 구성한다. (대법원 2008. 3. 27. 선고 2007도9328 판결)

비교 부동산 소유권자인 피고인이 ① 가등기권리자 甲에게 아파트에 관한 소유권이전청구권가등기를 말소시켜 주면 대출은행 변경 후 다시 가등기 설정해 주겠다고 속여 가등기를 말소받은 이후 ② 다시 가등기를

설정해주지 않고 제3자에게 임의 처분 - ① 사기죄 ○ ② 배임죄 ✕

아파트 소유권자인 피고인이 가등기권리자 갑에게 아파트에 관한 소유권이전청구권가등기를 말소해 주면 대출은행을 변경한 후 곧바로 다시 가등기를 설정해 주겠다고 속여 가등기를 말소하게 하여 재산상 이익을 편취하고, 가등기를 회복해 줄 임무에 위배하여 아파트에 제3자 명의로 근저당권 및 전세권설정등기를 마침으로써 갑에게 손해를 가하였다고 하여 사기 및 배임으로 기소된 사안에서, 사기죄를 인정하는 이상 비양립적 관계에 있는 배임죄는 별도로 성립하지 않는다고 본 원심판단이 정당하다고 한 사례 (대법원 2017. 2. 15. 선고 2016도15226 판결)

해설 위 판례는 이중저당 사안으로 이제는 배임 불성립으로 변경되었으나 '죄수론'의 관점에서 일독의 가치가 있다. 위 판례에 대한 평석은 대법원의 죄수 판단이 위 판례에서 비교판례로 변경된 것이라 평가한다.[150] 동의한다. 다만 변호사시험에 두 판례가 모두 출제되고 있으므로 각각을 암기하자.

판례 회사 명의의 합의서를 임의로 작성·교부 - ① 사문서위조 및 동행사죄 ○ ② 배임죄 ○ (상상적 경합)
회사 명의의 합의서를 임의로 작성·교부한 행위에 대하여 약식명령이 확정된 사문서위조 및 그 행사죄의 범죄사실과 그로 인하여 회사에 재산상 손해를 가하였다는 업무상 배임의 공소사실은 그 객관적 사실관계가 하나의 행위이므로 1개의 행위가 수개의 죄에 해당하는 경우로서 형법 제40조에 정해진 상상적 경합관계에 있다. (대법원 2009. 4. 9. 선고 2008도5634 판결)

Ⅲ 업무상배임죄

제356조(업무상의 횡령과 배임) 업무상의 임무에 위배하여 제355조의 죄를 범한 자는 10년 이하의 징역 또는 3천만원 이하의 벌금에 처한다.	
例規 제356조 업무상(횡령, 배임)	미수 ○

업무상 배임죄의 기본적인 법리는 앞서 살펴본 배임과 같다.

Ⅳ 배임수재죄

제357조(배임수증재) ① 타인의 사무를 처리하는 자가 그 임무에 관하여 부정한 청탁을 받고 재물 또는 재산상의 이익을 취득하거나 제3자로 하여금 이를 취득하게 한 때에는 5년 이하의 징역 또는 1천만원 이하의 벌금에 처한다.

---

150 김재봉, "사기죄와 배임죄의 죄수·경합 관계 - 대법원 2017. 2. 15. 선고 2016도15226 판결 -", 법조 제67권 제3호, 법조협회, 2018, 855-888쪽.

② 제1항의 재물 또는 재산상 이익을 공여한 자는 2년 이하의 징역 또는 500만원 이하의 벌금에 처한다.

③ 범인 또는 그 사정을 아는 제3자가 취득한 제1항의 재물은 몰수한다. 그 재물을 몰수하기 불가능하거나 재산상의 이익을 취득한 때에는 그 가액을 추징한다.

例規 제357조 ① 배임수재 ② 배임증재	미수 ○

> **핵심단어**
>
> • ① 타인사무처리자 ② 임무관련 ③ 부정청탁 ④ 자기·제3자의 재물·재산상 이익 취득
> • 타인사무처리자란 ① 타인과 대내관계에 있어서 ② 사무처리할 신임관계 있는 자
> • 임무관련이란 ① 본래의 사무 ② 그와 밀접관계에 있는 사무
> • 부정한 청탁이란 ① 사회상규·신의성실 원칙에 반하는 ② 명시적·묵시적 청탁

1. 주체: 타인 사무 처리자

배임죄의 타인사무는 '재산 관리·보호 의무'가 주된 의무인 신임관계인 것과 달리 배임수재죄의 타인사무는 재산상 사무에 제한되지 않는다.

> **판례** 타인사무처리자 – 타인과 대내관계에 있어서 사무처리할 신임관계가 인정되는 자
>
> 배임수재죄의 주체로서 타인의 사무를 처리하는 자라 함은 타인과의 대내관계에 있어서 신의성실의 원칙에 비추어 그 사무를 처리할 신임관계가 존재한다고 인정되는 자를 의미하고, 반드시 제3자에 대한 대외관계에서 그 사무에 관한 권한이 존재할 것을 요하지 않으며, 또 그 사무가 포괄적 위탁사무일 것을 요하는 것도 아니고, 사무처리의 근거, 즉 신임관계의 발생근거는 법령의 규정, 법률행위, 관습 또는 사무관리에 의하여도 발생할 수 있다. (대법원 2003. 2. 26. 선고 2002도6834 판결)

> **판례** 시·도 화물자동차운송사업협회 대표자인 피고인들이 甲으로부터 전국화물자동차운송사업연합회 회장 선거에서 자신을 지지해달라는 취지의 부정한 청탁을 받고 돈을 수수 – 배임수재죄(타인사무) ○
>
> 구 화물자동차 운수사업법(2008. 2. 29. 법률 제8852호로 개정되기 전의 것) 제33조 제1항, 제2항, 제9항, 제35조 제1항 및 연합회와 지역협회 각 정관규정 등에 의하면, 각 지역협회 대표자가 연합회 총회에서 총회의 구성원이 되어 회장 선출에 관한 선거권 내지 의결권을 행사하는 것은 연합회 회원인 각 지역협회 업무집행기관으로서 권한을 행사하는 것에 불과하므로, 이러한 대표자의 권한행사는 자기의 사무를 처리하는 것이 아니라 타인인 '지역협회'의 사무를 처리하는 것으로 보아야 한다. (대법원 2011. 8. 25. 선고 2009도5618 판결)

> **비교** 지역별 수산업협동조합 총대인 피고인이 조합장선거와 관련하여 금품수수 – 배임수재죄(타인사무) ×
>
> 지역별 수산업협동조합의 총대는 조합의 의결기관인 총회의 구성원일 뿐 임원이나 기타 업무집행기관이 아니며 선출지역 조합원의 지시나 간섭을 받지 않고 스스로의 권한으로 총회에서 임원선거에 참여하고 의결권을 행사하는 등 자주적으로 업무를 수행하는 것이므로 총회에서의 의결권 또는 선거권의 행사는 자기의 사무이

고 이를 선거구역 조합원이나 조합의 사무라고 할 수 없는 것이고, 따라서 총대가 조합장선거에 출마한 후보자들로부터 자신을 지지하여 달라는 부탁과 함께 금원을 교부받았더라도 배임수재죄로 처벌할 수 없다. (대법원 1990. 2. 27. 선고 89도970 판결)

[판례] 감정평가법인의 지점을 독립채산제로 운영하는 자가 위 법인의 명의로 감정평가업무를 수주하여 그 업무를 처리한 경우 – 배임수재죄(타인사무) ○ (대법원 2004. 10. 27. 선고 2003도7340 판결)

[판례] 타인사무처리자가 ① 부정청탁 → ② 타인사무처리자 사직 → ③ 재물수수 – 배임수재죄(타인사무) ○ 형법 제357조 제1항의 배임수재죄는 타인의 사무를 처리하는 자의 청렴성을 보호법익으로 하는 것으로, 그 임무에 관하여 부정한 청탁을 받고 재물을 수수함으로써 성립하고 반드시 수재 당시에도 그와 관련된 임무를 현실적으로 담당하고 있음을 그 요건으로 하는 것은 아니므로, 타인의 사무를 처리하는 자가 그 임무에 관하여 부정한 청탁을 받은 이상 그 후 사직으로 인하여 그 직무를 담당하지 아니하게 된 상태에서 재물을 수수하게 되었다 하더라도, 그 재물 등의 수수가 부정한 청탁과 관련하여 이루어진 것이라면 배임수재죄가 성립한다. (대법원 1997. 10. 24. 선고 97도2042 판결)

[동지] 타인사무처리자가 ① 부정청탁 → ② 사무분담 변경 → ③ 재물수수 – 배임수재죄(타인사무) ○ (대법원 1987. 4. 28. 선고 87도414 판결)

[판례] (비담당) 타인사무처리자가 ① 부정청탁 + ② 재물수수 → ③ 해당 임무 담당 – 배임수재죄(타인사무) ○ 타인의 사무를 처리하는 자가 그 신임관계에 기한 사무의 범위에 속한 것으로서 장래에 담당할 것이 합리적으로 기대되는 임무에 관하여 부정한 청탁을 받고 재물 또는 재산상 이익을 취득한 후 그 청탁에 관한 임무를 현실적으로 담당하게 되었다면 이로써 타인의 사무를 처리하는 자의 청렴성은 훼손되는 것이어서 배임수재죄의 성립을 인정할 수 있다. (대법원 2013. 10. 11. 선고 2012도13719 판결, 대법원 2010. 4. 15. 선고 2009도4791 판결) **표준**

해설 2009도4791 판결의 사실관계를 요약한다. SBS 예능국 프로듀서인 피고인이 연예기획사 사장 乙 등으로부터 ① 소속 연예인의 출연·MV 방영을 청탁받고 ② 시세차익이 예상되는 주식 매수기회를 제공받고 ③ 실제로 이후에 그 임무를 담당하여 부정행위를 함.
2012도13719 판결의 사실관계를 요약한다. 평가위원 위촉이 '사실상 확정된 상태'인 피고인이 피평가대상자들로부터 ① 평가 2일 전에 '잘 부탁한다'는 청탁받고 ③ 실제 평가위원이 되어 부정행위를 하고 ② 평가 4일 후에 2,700만 원을 건네받음(②③의 시간선후가 법리 설시와는 다르다). 이 판결의 핵심은 평가위원 위촉이 사실상 확정된 상태인 자는 '타인사무처리자'에 해당한다는 점이다. 아래의 비교판례인 2009도12878 판결의 사실관계와 이 점에서 구별된다.

[비교] 무관한 자가 ① 부정청탁 + ② 재물수수 → ③ 타인사무처리자 지위 취득 – 배임수재죄(타인사무) × 타인의 사무를 처리하는 자의 지위를 취득하기 전에 부정한 청탁을 받은 행위를 처벌하는 별도의 구성요건이 존재하지 않는 이상, 타인의 사무처리자의 지위를 취득하기 전에 부정한 청탁을 받은 경우에 배임수재죄로는 처벌할 수 없다.
시(市)에서 발주한 도시형폐기물종합처리시설 건설사업의 기본설계 적격심의 및 평가위원으로서 그 임무와 관련하여 부정한 청탁을 받고 재물을 취득하였다는 공소사실에 대하여, 청탁을 받을 당시에 위 건설사업에 관한 사무를 처리하는 지위에 있었다고 인정되지 아니하는 이상 배임수재죄로 처벌할 수는 없다. (대법원 2010. 7. 22. 선고 2009도12878 판결)

2. 객체: 재물·재산상 이익

앞서 살펴본 것과 같다.

3. 행위

가. 임무관련성

위임받은 본래의 사무 뿐만 아니라 그와 밀접한 관계 있는 범위 내의 사무를 포함한다.

> **[판례]** 임무관련성 - ① 본래의 사무 ② 그와 밀접관계에 있는 사무
> '임무에 관하여'라 함은 타인의 사무를 처리하는 자가 위탁받은 사무를 말하는 것이나, 이는 그 위탁관계로 인한 ① 본래의 사무뿐만 아니라 ② 그와 밀접한 관계가 있는 범위 내의 사무도 포함된다. (대법원 2010. 9. 9. 선고 2009도10681 판결)

> **[판례]** 노동조합과는 별개의 사업장 내 단체인 이른바 '현장조직'의 간부가 회사 측으로부터 부정한 청탁을 받고 두 차례에 걸쳐 합계 5,000만 원을 받음 - 배임수재죄(임무) ○
> 위 현장조직은 현장 활동가들이 중심이 되어 조직한 자발적·비공식적 단체로서, … (중략) … 피고인이 그 간부로 있는 현장조직인 기아자동차 민주노동자회는 위 회사 내에 존재하는 여러 현장조직들 중 가장 유력하고 대표적인 조직이고, … (중략) … 특히 이 사건에서 문제된 단체교섭절차에서 그 영향력을 확장하고 그 의견을 관철하고 있으므로, 위와 같은 여러 사업 및 활동을 총괄하고 이를 추진하는 사무를 처리해 온 피고인이 노동조합 활동이나 위 현장조직 소속 대의원 내지 교섭위원들에 대하여 사실상의 영향력을 행사하는 것을 단순히 친분관계를 이용하여 평소 알고 지내던 노조원들에게 부탁을 한 것이라거나 조합원 내지 소속 회원으로서 지지를 표방하거나 사업에 참여하는 등의 개인적 차원의 활동을 한 것이라고 볼 수는 없어 위 청탁의 '임무관련성'을 충분히 인정할 수 있음에도, 이와 판단을 달리한 원심판결에 법리오해의 위법이 있다고 한 사례. (대법원 2010. 9. 9. 선고 2009도10681 판결)

> **[판례]** A 한의학대학원생들이 지도교수들을 통하여 B 한의학대학원 교수인 피고인에게 "학위논문 작성에 필요한 실험대행 및 논문의 주요부분 작성 등 편의를 제공하여 문제없이 학위를 취득하게 해 달라"는 청탁을 하고 금품을 교부 - 배임수재죄(임무) ✕
> 위 청탁은 부정한 청탁에 해당하지만, 타 대학 대학원생들에 대한 논문지도 및 심사업무가 피고인의 업무라고 할 수 없으며, 피고인이 대학원생들 지도교수들의 배임수재행위에 공모하였다고 보기도 어렵다. (대법원 2008. 3. 27. 선고 2006도3504 판결)

> **[비교]** 대작 논문을 석사학위논문 심사에 제출한 경우 - 위계 업무방해죄 ○
> 단순히 통계처리와 분석, 또는 외국자료의 번역과 타자만을 타인에게 의뢰한 것이 아니라 전체 논문의 초안작성을 의뢰하고, 그에 따라 작성된 논문의 내용에 약간의 수정만을 가하여 제출하였음이 인정되므로 업무방해죄가 인정된다. (대법원 1996. 7. 30. 선고 94도2708 판결)

> **해설** 판례사건의 피고인을 위계 업무방해죄로 기소하였으면 어땠을까 아쉬움이 남는다. 원심판결을 살피면 피고인은 71회에 걸쳐 대학원생들로부터 돈을 받고 실험을 대행해주고, 그 실험결과를 논문의 주요부분으로

사용할 수 있도록 정리하여 대학원생들에게 제공하는 등 논문을 '대작'하였다고 평가할 만하다.

> **[판례]** 대학 편입학업무를 담당하지 않는 교수 甲이 乙로부터 편입학과 관련한 부정청탁을 받고 금품 수수 – 배임수재죄(임무) ×
>
> 대학 편입학업무를 담당하지 아니한 피고인 甲이 피고인 乙로부터 편입학과 관련한 부정한 청탁을 받고 금품을 수수하였다 하더라도 편입학업무를 담당한 교무처장 등이 피고인 甲이 부정한 청탁을 받았음을 알았거나 스스로 부정한 청탁을 받지 않은 경우, 피고인 甲을 배임수재로, 피고인 乙을 배임증재로 처벌할 수 없다. (대법원 1999. 1. 15. 선고 98도663 판결)

나. 부정한 청탁

부정한 청탁은 사회상규·신의성실 원칙에 반하는 부탁을 말한다. 인정례를 먼저 살핀다.

> **[판례]** 부정한 청탁 – 사회상규·신의성실 원칙에 반하는 명시적·묵시적 청탁
>
> 배임수재죄에 있어서의 '부정한 청탁'이라 함은 청탁이 사회상규와 신의성실의 원칙에 반하는 것을 말하고, 이를 판단함에 있어서는 청탁의 내용, 이에 관련되어 취득한 재물이나 재산상 이익의 종류·액수 및 형식, 재산상 이익 제공의 방법과 태양, 보호법익인 거래의 청렴성 등을 종합적으로 고찰하여야 하며, 그 청탁이 반드시 명시적일 필요는 없고 묵시적으로 이루어지더라도 무방하다. (대법원 2005. 1. 14. 선고 2004도6646 판결, 대법원 2008. 12. 24. 선고 2008도9602 판결)

> **[판례]** 회원제 골프장 예약업무 담당자 甲이 부킹대행업자 乙의 청탁에 따라 회원에게 제공해야 하는 주말부킹권을 부킹대행업자에게 판매하고 금품 수수 – 배임수재죄(부정) ○ (대법원 2008. 12. 11. 선고 2008도6987 판결)

> **[판례]** 대학병원 의사인 피고인들이 의약품 사용·향후 의약품 납품의 대가로 제약회사 등으로부터 명절 선물·골프 접대 받음 – 배임수재죄(부정) ○ (대법원 2011. 8. 18. 선고 2010도10290 판결)

> **[판례]** 대학교수인 피고인이 특정출판사 교재 채택하여 달라는 청탁 받고 교재 판매대금의 일정비율에 해당하는 금원 수수 – 배임수재죄(부정) ○ (대법원 1996. 10. 11. 선고 95도2090 판결)

> **[판례]** M&A 계획이 있는 피인수회사 이사로 취임한 甲이 인수회사에 피인수회사 매각업무 관련 정보를 제공하고 인수회사 대표이사로부터 재산상 이익 취득 – 배임수재죄(부정) ○ (대법원 2010. 4. 15. 선고 2009도6634 판결)
>
> **[참고]** 일부 금원은 인수회사의 비자금에서 지급된 점 등에 비추어 정보제공 등으로 인수를 도와달라는 취지의 묵시적 청탁이 있었다고 추인함이 상당하다.

> **[판례]** 방송프로듀서인 피고인이 가수들·매니저들로부터 담당 프로그램에 특정가수 노래만 자주 방송하여 달라는 청탁을 받고 금원 수수 – 배임수재죄(부정) ○ (대법원 1991. 1. 15. 선고 90도2257 판결)
>
> **[참고]** 가수들·매니저들은 배임증재로 기소되지 않은 것으로 보인다.

[판례] 기자가 국가산업단지 내 기업체들로부터 부정적인 기사 자제해 달라는 취지의 묵시적 청탁 받고 적정 광고비의 1.5~4.5배 이르는 광고비 받음 – 배임수재죄(부정) ○ (대법원 2014. 5. 16. 선고 2012도11259 판결)

[판례] 신문사 논설주간이었던 피고인이 기업인으로부터 우호적인 내용의 칼럼, 사설에 대한 사례 및 향후에도 계속적으로 우호적인 여론 형성에 도움을 달라는 취지의 부정한 청탁의 대가로 제공하는 것임을 알면서도 약 4,000만 원 상당의 유럽여행 경비 등을 제공받음 – 배임수재죄(부정) ○ (대법원 2024. 3. 12. 선고 2020도1263 판결)

[판례] 공사 도급 회사의 현장감독이 수급인으로부터 공사시공에 하자가 있더라도 묵인하여 달라는 취지의 청탁을 받고 금원 수수 – 배임수재죄(부정) ○ (대법원 1991. 11. 26. 선고 91도2418 판결)

[판례] 재건축조합 총무가 시공사로부터 업무추진비 명목으로 다액의 금원을 수수함 – 배임수재죄(부정) ○ 피고인과 동구건설 사이에 부정한 청탁이 명시적으로 있었음을 인정할 명백한 증거가 없다고 하더라도, 동구건설이 시공사의 지위를 계속 유지하고 재건축공사를 진행함에 있어 시공사에게 유리한 쪽으로 편의를 보아 달라는 취지의 묵시적인 청탁은 있었다고 추인함이 상당하다. (대법원 2008. 12. 24. 선고 2008도9602 판결)

이어서 부정례를 살핀다. 인정례와 달리 쉽게 납득되지 않는 판례도 있으니 유의하자.

[판례] 학교법인 이사장 甲이 학교법인 운영권을 양도하고 양수인 乙로부터 그가 지정하는 자를 학교법인 임원으로 선임해주는 대가로 양도대금을 받음 – 배임수재죄(부정) ✕

사립학교법 제20조 제1항, 제2항, 제20조의2, 제20조의3, 제28조 제1항, 제47조, 제73조 제2호의 내용과 취지 등을 종합적으로 고려하여 보면, 학교법인 운영권의 유상 양도를 금지·처벌하는 입법자의 명시적 결단이 없는 이상 학교법인 운영권의 양도 및 그 양도대금의 수수 등으로 인하여 향후 학교법인의 기본재산에 악영향을 미칠 수 있다거나 학교법인의 건전한 운영에 지장을 초래할 수 있다는 추상적 위험성만으로 운영권 양도계약에 따른 양도대금 수수행위를 형사처벌하는 것은 죄형법정주의나 형벌법규 명확성의 원칙에 반하는 것으로서 허용될 수 없다. 따라서 학교법인의 이사장 또는 사립학교경영자가 학교법인 운영권을 양도하고 양수인으로부터 양수인 측을 학교법인의 임원으로 선임해 주는 대가로 양도대금을 받기로 하는 내용의 '청탁'을 받았다 하더라도, 그 청탁의 내용이 당해 학교법인의 설립 목적과 다른 목적으로 기본재산을 매수하여 사용하려는 것으로서 학교법인의 존립에 중대한 위협을 초래할 것임이 명백하다는 등의 특별한 사정이 없는 한, 그 청탁이 사회상규 또는 신의성실의 원칙에 반하는 것을 내용으로 하는 것이라고 할 수 없으므로 이를 배임수재죄의 구성요건인 '부정한 청탁'에 해당한다고 할 수 없고, 나아가 학교법인의 이사장 또는 사립학교경영자가 자신들이 출연한 재산을 회수하기 위하여 양도대금을 받았다거나 당해 학교법인이 국가 또는 지방자치단체로부터 일정한 보조금을 지원받아 왔다는 등의 사정은 위와 같은 결론에 영향을 미칠 수 없다. (대법원 2014. 1. 23. 선고 2013도11735 판결)

해설 거래계에서 학교법인 양도는 ① 양수인이 계약금·중도금을 지급하면 ② 양도인이 양수인이 지정하는 자를 이사로 선임하고 ③ 양수인이 잔금을 지급하는 방식으로 이루어진다(최근에는 분쟁을 사전에 방지하고 자 에스크로 방식도 활용하는 것으로 알려짐). 이러한 거래 관행을 배임수증재죄로 처벌할 수 없다.

판례 공인회계사인 피고인이 甲社 부사장 乙로부터 '합병에 필요한 甲社의 주식가치를 높게 평가해 달라'는 청탁을 받고 금품 수수 – 배임수재죄(부정) × (대법원 2011. 9. 29. 선고 2011도4397 판결)

해설 대법원 판시만으로는 이유를 알 수 없다. 원심인 서울고등법원 2011. 3. 25. 선고 2011노337 판결의 핵심 논거를 요약한다. ① 우회상장이 이루어지는 경우 공인회계사가 관련 자료를 근거로 산정한 합병비율의 범위를 합병에 실질적인 이해관계가 있는 비상장회사에게 알려주고 그 범위 내에서 회사의 의견을 반영하여 합병비율을 정하는 것이 이례적인 실무례라 할 수 없다. ② 이 사건의 경우, 피고인이 乙에게 6.5~8이라고 범위를 알려주고 그 범위 내에서 甲社의 의견을 반영하였다고 하더라도 이를 부정한 청탁이라고 할 수 없다.

판례 피고인의 계약해제 통보를 받은 업체의 대표로부터 계약관계를 유지시켜 달라는 부탁을 받고 금품 수수 – 배임수재죄(부정) ×

여기에 부정한 청탁이라 함은 사회상규 또는 신의·성실의 원칙에 반하는 것을 내용으로 하는 청탁을 말하므로, 계약관계를 유지시켜 기존권리를 확보하기 위한 부탁행위는 부정한 청탁이라 할 수 없으므로, 계약관계를 유지시켜 달라는 부탁을 받고 사례금명목으로 금원을 교부받은 행위는 배임수재죄에 해당하지 아니한다. (대법원 1985. 10. 22. 선고 85도465 판결)

판례 단순히 규정이 허용하는 범위 내에서 최대한 선처를 바란다는 내용의 청탁을 받고 금품 수수 – 배임수재죄(부정) × (대법원 1982. 9. 28. 선고 82도1656 판결)

판례 증재자가 유류부정처분 대금을 나누어 준 것이 단지 환심을 사두어 후일 범행이 발각되더라도 이를 누설하지 않게끔 하기 위한 것인 경우 – 배임수재죄(부정) × (대법원 1983. 12. 27. 선고 83도2472 판결)

다. 재물·재산상 이익 취득

부정한 청탁과 관련하여 재물·재산상 이익을 현실적으로 수령하여야 한다. 자기 뿐만 아니라 제3자로 하여금 재물·이익을 취득하게 한 경우도 본죄가 성립한다.

구 형법은 타인사무처리자가 직접 재물·재산상 이익을 취득한 경우에 한하여 배임수재죄를 인정하였으나, 2016. 5. 29. 개정된 형법은 재물이나 재산상 이익을 본인이 아닌 제3자에게 제공하도록 한 경우에도 인정한다.

형법 [시행 2016. 1. 6] [법률 제13719호, 2016. 1. 6, 일부개정]	형법 [시행 2016. 5. 29] [법률 제14178호, 2016. 5. 29, 일부개정]
제357조(배임수증재) ① 타인의 사무를 처리하는 자가 그 임무에 관하여 부정한 청탁을 받고 재물 또는 재산상의 이익을 취득한 자는 5년 이하의 징역 또는 1천만원 이하의 벌금에 처한다.	제357조(배임수증재) ① 타인의 사무를 처리하는 자가 그 임무에 관하여 부정한 청탁을 받고 재물 또는 재산상의 이익을 취득하거나 제3자로 하여금 이를 취득하게 한 때에는 5년 이하의 징역 또는 1천만원 이하의 벌금에 처한다.

이하에서는 관련 판례를 살펴본다.

판례 배임수재죄 성립하려면 부정한 청탁과 관련하여 재물·재산상 이익 취득해야 함

배임수재죄는 타인의 사무를 처리하는 자가 그 임무에 관하여 부정한 청탁을 받고 이에 응하여 재물을 취득함으로써 성립하는 것이고 재물을 공여하는 자가 부정한 청탁을 하였다 하더라도 그 청탁을 받아들임이 없이 그 청탁과는 관계없이 금품을 받은 경우에는 배임수재죄는 성립하지 아니한다. (대법원 1982. 7. 13. 선고 82도874 판결)

판례 백화점·면세점 입점업체 선정 업무 총괄하는 피고인이 입점업체들로부터 추가입점·매장이동 등 편의를 제공해달라는 청탁을 받고 피고인의 딸·피고인이 지배하는 회사를 통하여 매장수익금 수수 – 배임수재죄(취득) ○

다른 사람이 재물 또는 재산상 이익을 취득한 때에도 그 다른 사람이 부정한 청탁을 받은 자의 사자 또는 대리인으로서 재물 또는 재산상 이익을 취득한 경우나 그 밖에 평소 부정한 청탁을 받은 자가 그 다른 사람의 생활비 등을 부담하고 있었다거나 혹은 그 다른 사람에 대하여 채무를 부담하고 있었다는 등의 사정이 있어 그 다른 사람이 재물 또는 재산상 이익을 받음으로써 부정한 청탁을 받은 자가 그만큼 지출을 면하게 되는 경우 등 사회통념상 그 다른 사람이 재물 또는 재산상 이익을 받은 것을 부정한 청탁을 받은 자가 직접 받은 것과 같이 평가할 수 있는 관계가 있다면 위 죄가 성립할 수 있다. (대법원 2017. 12. 7. 선고 2017도12129 판결)

동지 구 병역법상 산업기능요원 지정업체 A社 대표이사인 피고인이 병역의무자를 형식적으로 A社 산업기능 요원으로 편입시킨 뒤, 다른 회사에서 근무하도록 해 달라는 청탁을 받고 그 대가로 A社 계좌로 금품 수수 – 배임수재죄(취득) ○ (대법원 2009. 3. 12. 선고 2008도1321 판결)

참고 ① 위 판례와 ② 동지판례는 모두 타인사무처리자가 직접 수령한 것과 동일하다고 평가된 경우이다. 따라서 개정 前 형법에 따르더라도 처벌된다.

판례 공사 발주처 A의 입찰 업무를 처리하는 甲이 공사업자 乙과 공모하여 부정한 방법으로 낙찰한 가를 알아낸 다음 乙에게 알려주어 A가 乙을 낙찰자로 선정하도록 하고 乙로부터 금품 수수 – ① 배임 수재죄 × ② 사기죄 ○ (택일관계)

돈의 성격을 ① 타인의 업무에 관한 부정한 청탁의 대가로 볼 것인지, 아니면 ② 공동의 사기 범행에 따라 편취한 것으로 볼 것인지는 돈을 공여하고 수수한 당사자들의 의사, 공사계약 자체의 내용 및 성

격, 계약금액과 수수된 금액 사이의 비율, 수수된 돈 자체의 액수, 계약이행을 통해 공사업자가 취득할 수 있는 적정한 이익, 공사업자가 발주처에서 공사대금 등을 지급받은 시기와 공범인 입찰 업무를 처리하는 자에게 돈을 교부한 시간적 간격, 공사업자가 공범에게 교부한 돈이 발주처에서 지급받은 바로 그 돈인지 여부, 수수한 장소 및 방법 등을 종합적으로 고려하여 객관적으로 평가하여 판단해야 한다. … (중략) … 甲·乙 등이 행한 기망행위의 내용은 A공사로 하여금 최종 낙찰한가가 비밀이 유지된 절차에서 결정된 가격일 뿐만 아니라 입찰자가 투찰한 입찰금액 또한 부정한 행위 없이 임의로 선택된 가격이라는 것을 믿게 하는 것 … (중략) … 甲·乙 등의 공소사실과 같은 기망행위로 인한 A공사의 처분행위는 乙의 회사를 낙찰자로 결정하여 그와 공사계약을 체결하는 것 자체이고, 이러한 처분행위로 인하여 甲·乙 등이 편취한 것은 '발주처와 공사계약을 체결한 계약당사자의 지위'라는 액수 미상의 재산상 이익으로 봄이 타당하다. … (중략) … 乙이 甲 등에게 교부한 돈은 공범들 상호 간의 이익분배에 불과하여 피고인에게 별도로 배임증재죄가 성립하지 않는다. (대법원 2016. 5. 24. 선고 2015도18795 판결)

'제3자'의 범위에 관한 판례를 살펴본다.

[판례] 신문사 기자들이 홍보성 기사를 작성해달라는 청탁을 받고 소속 신문사 계좌로 금원을 입금 받음 – 배임수재죄(취득) ✕
'광고'와 '언론 보도'는 그 내용의 공정성, 객관성 등에 대한 공공의 신뢰에 있어 확연한 차이가 있고, '광고'는 '언론 보도'의 범주에 포함되지 않는다. 신문·인터넷신문의 편집인 및 인터넷뉴스서비스의 기사배열책임자는 독자가 기사와 광고를 혼동하지 아니하도록 명확하게 구분하여 편집하여야 하며(신문 등의 진흥에 관한 법률 제6조 제3항), 신문사 등이 광고주로부터 홍보자료 등을 전달받아 실질은 광고이지만 기사의 형식을 빌린 이른바 '기사형 광고'를 게재하는 경우에는, 독자가 광고임을 전제로 정보의 가치를 합리적으로 판단할 수 있도록 그것이 광고임을 표시하여야 하고, 언론 보도로 오인할 수 있는 형태로 게재하여서는 안 된다.
그러므로 보도의 대상이 되는 자가 언론사 소속 기자에게 소위 '유료 기사' 게재를 청탁하는 행위는 사실상 '광고'를 '언론 보도'인 것처럼 가장하여 달라는 것으로서 언론 보도의 공정성 및 객관성에 대한 공공의 신뢰를 저버리는 것이므로, 배임수재죄의 부정한 청탁에 해당한다. 설령 '유료 기사'의 내용이 객관적 사실과 부합하더라도, 언론 보도를 금전적 거래의 대상으로 삼은 이상 그 자체로 부정한 청탁에 해당한다. … (중략) …
개정 형법 제357조의 보호법익 및 체계적 위치, 개정 경위, 법문의 문언 등을 종합하여 볼 때, 개정 형법이 적용되는 경우에도 '제3자'에는 다른 특별한 사정이 없는 한 사무처리를 위임한 타인은 포함되지 않는다고 봄이 타당하다. 그러나 배임수재죄의 행위주체가 재물 또는 재산상 이익을 취득하였는지는 증거에 의하여 인정된 사실에 대한 규범적 평가의 문제이다(대법원 2017. 12. 7. 선고 2017도12129 판결 등 참조). 부정한 청탁에 따른 재물이나 재산상 이익이 외형상 사무처리를 위임한 타인에게 지급된 것으로 보이더라도 사회통념상 그 타인이 재물 또는 재산상 이익을 받은 것을 부정한 청탁을 받은 사람이 직접 받은 것과 동일하게 평가할 수 있는 경우에는 배임수재죄가 성립될 수 있다. (대법원 2021. 9. 30. 선고 2019도17102 판결, 대법원 2021. 9. 30. 선고 2020도2641 판결)

해설 ① '부정한 청탁'에 해당하지만 '제3자로 하여금 취득'에 해당하지 않아 무죄라는 것이다. 만일 신문사 기자들이 청탁의 대가로 개인적 이익을 취득하였다면 배임수재죄가 당연히 성립한다. ② '배임'수재의 불법성의 본질은 본인(사무위임자)에 대한 배신에 있다. 본인(사무위임자)에게 이익이 귀속되도록 한 이상 배임수재죄가 불성립한다.

판례 조합 이사장이 조합이 주관하는 축제의 기획사를 선정하는 과정에서 최종 기획사로 선정된 회사로부터 조합운영비 지급을 약속받고, 축제가 끝난 후 조합운영비 명목으로 현금 3,000만 원을 교부받아 조합운영비로 사용 – 배임수재죄(취득) ×

피고인은 개인적인 이익을 위해서가 아니라 조합의 이사장으로서 위 제1심 공동피고인 3으로부터 조합운영비 지원금 명목으로 금 3,000만 원을 받아 조합의 운영경비로 사용하도록 한 것이어서 이를 '타인의 사무를 처리하는 자가 그 임무에 위배하여 부정한 청탁을 받고 재물 또는 재산상 이익을 취득'한 경우에 해당한다고는 할 수 없다. (대법원 2008. 4. 24. 선고 2006도1202 판결)

해설 위 판례의 경우, 조합 이사장이 직접 수재하였다고 평가하기 어렵기에 개정 前 형법에 따르면 배임수재죄가 불성립한다. 개정 後 형법을 적용하면 조합을 '제3자'로 보아 배임수재죄가 성립할까? '제3자'에는 사무처리를 위임한 자는 포함되지 않으므로 불성립한다.

배임수재죄의 기수·미수에 대해 알아보자. 수뢰죄는 조문에서 "뇌물을 수수·요구·약속"을 구성요건으로 정하고 있다. 이에 반해 배임수재죄는 조문에서 "취득"만을 규정한 채 미수범을 처벌할 뿐이다. 따라서 요구·약속한 경우 배임수재미수로 의율할 수 있다.

	수뢰죄(제129조)	배임수재죄(제357조)
수수	뇌물수수(기수)	배임수재 기수
요구	뇌물요구(기수)	배임수재 미수
약속	뇌물약속(기수)	배임수재 미수

배임수재 기수는 재물·재산상 이익을 취득한 때에 성립하고, 나아가 청탁에 따른 부정행위를 할 필요는 없다. 이하에서는 관련 판례를 살펴본다.

판례 배임수재 기수시점 – ① 재물·재산상 이익 취득 ○ ② 부정행위·배임행위 ×

배임수재죄는 타인의 사무를 처리하는 자가 그 임무에 관하여 부정한 청탁을 받고 재물 또는 재산상의 이익을 취득한 경우에 성립하고, ① 재물 또는 이익의 취득만으로 바로 기수에 이르며, ② 그 청탁에 상응하는 부정행위 내지 배임행위에 나아갈 것이 요구되지 아니한다. (대법원 2010. 9. 9. 선고 2009도10681 판결)

판례 수재자가 현금카드·신용카드를 교부받아 소지 – 예금된 돈에 대한 배임수재죄 기수 ○

타인의 사무를 처리하는 자가 증재자(증재자)로부터 돈이 입금된 계좌의 예금통장이나 이를 인출할 수 있는 현금카드나 신용카드를 교부받아 이를 소지하면서 언제든지 위 예금통장 등을 이용하여 예금된 돈을 인출할 수 있어 예금통장의 돈을 자신이 지배하고 입금된 돈에 대한 실질적인 사용권한과 처분권한을 가지고 있는 것으로 평가될 수 있다면, 예금된 돈을 취득한 것으로 보아야 한다. (대법원 2017. 12. 5. 선고 2017도11564 판결) **표준**

[판례] 증재자가 수재자에게 골프장 회원권 공여 의사표시를 하고 피고인이 이를 승낙하였지만 명의변경이 아직 이루어지지 않은 경우 - 배임수재죄 기수 × (대법원 1999. 1. 29. 선고 98도4182 판결)

해설 배임수재 미수가 성립하는 것은 아닌지 의문이 든다. 실무상 검사가 기수로 기소한 경우, 미수는 법원의 직권심판 가능범위에 속하지만 직권심판의무까지 인정되는 것은 아니므로, 법원은 기수가 인정되지 않는다는 이유로 무죄를 선고하는 경우가 많다. 이 사건의 경우, 검사가 ① 공소유지 중 예비적 공소사실로 미수를 추가하거나, ② 미수에 대한 직권심판을 요청하였다면 무죄가 아닌 미수가 인정될 수도 있었다고 생각한다.

4. 기타

가. 고의 등

고의와 불법영득·이득의사가 요구된다.

[판례] 피고인이 증재자로부터 받은 100만 원 짜리 수표 150매를 소외인을 통하여 은행에 맡기면서 '누가 자기에게 일시 보관시킨 건데 곧 찾아 갈 돈이니 맡아달라'고 말하고 이후 증재자에게 자발적으로 반환 - 배임수재죄(불법영득) × (대법원 1984. 3. 13. 선고 83도1986 판결)

나. 죄수 등

[판례] 회원제 골프장 예약업무 담당자 甲이 부킹대행업자 乙·丙으로부터 수 차례에 걸쳐 부정한 청탁과 금품을 수수한 뒤, 주말부킹권을 판매함 - ① 乙로부터 수재한 배임수재죄들은 포괄일죄 관계, ② 丙으로부터 수재한 배임수재죄들은 포괄일죄 관계에 있고, ①과 ②는 실체적 경합 관계에 있음

타인의 사무를 처리하는 자가 동일인으로부터 그 직무에 관하여 부정한 청탁을 받고 여러 차례에 걸쳐 금품을 수수한 경우, 그것이 단일하고도 계속된 범의 아래 일정기간 반복하여 이루어진 것이고 그 피해법익도 동일한 때에는 이를 포괄일죄로 보아야 한다. 다만, 여러 사람으로부터 각각 부정한 청탁을 받고 그들로부터 각각 금품을 수수한 경우에는 비록 그 청탁이 동종의 것이라고 하더라도 단일하고 계속된 범의 아래 이루어진 범행으로 보기 어려워 그 전체를 포괄일죄로 볼 수 없다. (대법원 2008. 12. 11. 선고 2008도6987 판결)

해설 위 요약과 같은 사실관계가 검찰실무 기록에 출제된 바 있다. 甲이 과거 乙로부터 수재한 배임수재죄 일부에 관한 유죄확정판결이 있는 경우, 이는 乙로부터 수재한 나머지 배임수재죄부분에는 기판력이 미치지만, 丙으로부터 수재한 배임수재죄 부분에는 기판력이 미치지 아니한다.

다. 몰수·추징

범인·정을 아는 제3자가 취득한 재물은 몰수하고, 몰수하기 불가능하거나 재산상 이익을 취득한 때에는 가액을 추징한다. 즉, 필요적 몰수·추징이다(제357조 제3항).

판례 금품에 ① 부정청탁 대가 + ② 그 외의 행위에 대한 사례가 불가분 결합 → 전부 몰수·추징

배임수증재죄에 있어서 타인의 업무를 처리하는 자에게 공여한 금품에 부정한 청탁의 대가로서의 성질과 그 외의 행위에 대한 사례로서의 성질이 불가분적으로 결합되어 있는 경우에는 그 전부가 불가분적으로 부정한 청탁의 대가로서의 성질을 갖는 것으로 보아야 한다. (대법원 2019. 6. 13. 선고 2018도20655 판결)

판례 수재자가 증재자로부터 받은 재물을 그대로 가지고 있다가 증재자에게 반환 – 증재자로부터 몰수·추징 (대법원 2017. 4. 7. 선고 2016도18104 판결)

판례 수재자가 예정된 취지에 따라 타인에게 교부 – 수재자로부터 몰수·추징 ✕
수재자가 증재자의 이익을 위하여 사용 – 수재자로부터 몰수·추징 ○

범인이 취득한 재물 또는 재산상의 이익을 그 받은 취지에 따라 타인에게 교부한 경우에는 그 부분 이익은 실질적으로 범인에게 귀속된 것이 아니어서 이를 범인으로부터 몰수하거나 그 가액을 추징할 수 없다. 범인이 취득한 재물 또는 재산상의 이익을 증재자의 이익을 위하여 사용한 경우라도 이를 처음부터 예정되어 있던 취지에 따라 타인에게 그대로 전달한 것이 아니라 그 세부적인 사용이 범인의 독자적 권한에 속해 있던 것을 사용한 경우에는 범인이 받은 금액 전부를 추징해야 할 것이다. (대법원 2008. 3. 13. 선고 2006도3615 판결)

V 배임증재죄

제357조(배임수증재) ① 타인의 사무를 처리하는 자가 그 임무에 관하여 부정한 청탁을 받고 재물 또는 재산상의 이익을 취득하거나 제3자로 하여금 이를 취득하게 한 때에는 5년 이하의 징역 또는 1천만원 이하의 벌금에 처한다.

② 제1항의 재물 또는 재산상 이익을 공여한 자는 2년 이하의 징역 또는 500만원 이하의 벌금에 처한다.

③ 범인 또는 그 사정을 아는 제3자가 취득한 제1항의 재물은 몰수한다. 그 재물을 몰수하기 불가능하거나 재산상의 이익을 취득한 때에는 그 가액을 추징한다.

例規 제357조 ① 배임수재 ② 배임증재	미수 ○

배임수재죄와 기본적인 법리는 동일하다. 금품 등을 수수한 자에게 배임수재죄가 인정되면, 이를 공여한 자에게 배임증재죄가 인정되는 것이 보통이다. 그러나 예외적으로 수재자에게 부정한 청탁이지만 증재자에게는 부정한 청탁이 아니라고 본 판례들이 있다. 이하에서는 이러한 예외적인 판례를 살펴본다.

[판례] 동일한 청탁이어도 ① 수재자에게는 부정한 청탁이 ② 증재자에게는 정당한 청탁이 될 수 있음
형법 제357조 제1항의 배임수재죄와 같은 조 제2항의 배임증재죄는 통상 필요적 공범의 관계에 있기는 하나 이것은 반드시 수재자와 증재자가 같이 처벌받아야 하는 것을 의미하는 것은 아니고 증재자에게는 정당한 업무에 속하는 청탁이라도 수재자에게는 부정한 청탁이 될 수도 있는 것이다. (대법원 1991. 1. 15. 선고 90도2257 판결)

[참고] 방송프로듀서인 피고인이 가수들·매니저들로부터 담당 프로그램에 특정가수 노래만 자주 방송하여 달라는 청탁을 받고 금원 수수한 사건으로서 피고인에게 배임수재죄가 인정되었다. 이에 반하여 증재자인 가수들·매니저들은 기소되지 않은 것으로 보인다.

[판례] 甲社를 사실상 관리하는 乙이 甲社가 매수한 토지에 대해 처분금지가처분등기를 마쳐두었는데, 그 토지를 매수하려는 丙으로부터 가처분 취하해 달라는 청탁을 받고 금품 수수 - ① 乙 배임수재죄 ○ ② 丙 배임증재죄 ×
乙이 받은 돈은 부정한 청탁의 대가임이 분명하고 乙에게 부정한 청탁에 대한 인식이 없었다고 볼 수 없어 배임수재죄가 성립하나, 반면 丙은 사업의 더 큰 손실을 피하기 위하여 가처분 취하의 대가로 乙이 지정하는 계좌로 돈을 송금한 점, 丙으로서는 위 돈이 궁극적으로 甲 회사에 귀속될 것인지 乙에게 귀속될 것인지에 관한 분명한 인식이 있었다고 볼 수 없는 점 등 제반 사정에 비추어, 丙이 가처분 취하의 대가로 돈을 교부한 행위는 사회상규에 위배되지 아니하여 배임증재죄를 구성할 정도의 위법성은 없다. (대법원 2011. 10. 27. 선고 2010도7624 판결) **표준**

08 장물의 죄

I 장물죄

> 제362조(장물의 취득, 알선 등) ① 장물을 취득, 양도, 운반 또는 보관한 자는 7년 이하의 징역 또는 1천
> 500만원 이하의 벌금에 처한다.
> ② 전항의 행위를 알선한 자도 전항의 형과 같다.
> 제365조(친족간의 범행) ① 전3조의 죄를 범한 자와 피해자간에 제328조제1항, 제2항의 신분관계가 있는
> 때에는 동조의 규정을 준용한다.
> ② 전3조의 죄를 범한 자와 본범간에 제328조제1항의 신분관계가 있는 때에는 그 형을 감경 또는 면제
> 한다. 단, 신분관계가 없는 공범에 대하여는 예외로 한다.

例規 제362조 ① 장물(취득, 양도, 운반, 보관) ② 장물알선	미수 ×

🔍 **핵심단어**

- ① 본범의 정범 아닌 자 ② 장물 ③ 취득·양도·운반·보관·알선
- 본범의 교사범·종범은 장물죄 주체성 ○
- 장물이란 ① 영득죄에 의해 취득된 ② 재물

1. 주체: 본범의 정범을 제외한 자

장물죄는 타인이 불법하게 영득한 재물의 처분에 관여하는 범죄이기에 본범의 정범(공동정범, 간접정범, 합동범)을 제외한 모든 자가 본죄의 주체가 된다. 판례는 본범의 공범(교사범·종범)은 본죄의 주체가 될 수 있다고 본다. 이 경우 본범에 대한 공범과 장물죄도 실체적 경합관계에 있다.

> 판례 장물죄의 주체 – 본범의 정범(공동정범·간접정범·합동범)이 아닌 자
> 장물죄는 타인(본범)이 불법하게 영득한 재물의 처분에 관여하는 범죄이므로 자기의 범죄에 의하여 영
> 득한 물건에 대하여는 성립하지 아니하고 이는 불가벌적 사후행위에 해당하나 여기에서 자기의 범죄라
> 함은 정범자(공동정범과 합동범을 포함한다)에 한정되는 것이므로 평소 본범과 공동하여 수차 상습으로
> 절도등 범행을 자행함으로써 실질적인 범죄집단을 이루고 있었다 하더라도, 당해 범죄행위의 정범자(공
> 동정범이나 합동범)로 되지 아니한 이상 이를 자기의 범죄라고 할 수 없고 따라서 그 장물의 취득을
> 불가벌적 사후행위라고 할 수 없다. (대법원 1986. 9. 9. 선고 86도1273 판결)
> 동지 특수강도의 범행을 모의한 이상 범행의 실행에 가담하지 아니하고, 공모자들이 강취해 온 장물의 처분
> 을 알선만하였다 하더라도, 특수강도의 공동정범이 된다 할 것이므로 장물알선죄로 의율할 것이 아니다. (대

법원 1983. 2. 22. 선고 82도3103, 82감도666 판결)

> **판례** 횡령을 교사하고 그 물건 취득 – ① 횡령교사죄 ○ ② 장물취득죄 ○ (실체적 경합)
>
> 횡령 교사를 한 후 그 횡령한 물건을 취득한 때에는 횡령교사죄와 장물취득죄의 경합범이 성립된다. (대법원 1969. 6. 24. 선고 69도692 판결)

2. 객체: 장물

장물은 재물임을 요한다. 재산상 이익·권리는 재물이 아니다. 따라서 재산상 이익을 객체로 하는 배임죄·컴퓨터등사용사기죄의 범인으로부터 받은 물건은 어떠한 경우에도 장물이 될 수 없다.

가. 장물의 재물성

> **판례** 장물이란 영득죄에 의하여 취득된 재물을 말함
>
> 장물이라 함은 재산죄인 범죄행위에 의하여 영득된 물건을 말하는 것으로서 절도, 강도, 사기, 공갈, 횡령 등 영득죄에 의하여 취득된 물건이어야 한다. (대법원 2004. 12. 9. 선고 2004도5904 판결)

> **판례** 甲이 횡령행위로 그 정을 아는 乙에게 금원을 지급함 – 乙 장물취득죄 ○
>
> 甲이 회사 자금으로 乙에게 주식매각 대금조로 금원을 지급한 경우, 그 금원은 단순히 횡령행위에 제공된 물건이 아니라 횡령행위에 의하여 영득된 장물에 해당한다고 할 것이고, 나아가 설령 甲이 乙에게 금원을 교부한 행위 자체가 횡령행위라고 하더라도 이러한 경우 甲의 업무상횡령죄가 기수에 달하는 것과 동시에 그 금원은 장물이 된다. (대법원 2004. 12. 9. 선고 2004도5904 판결)

> **판례** 자동차 수입업자인 甲은 자동차 리스이용자 乙 등이 임의처분한 자동차를 그 정을 알면서도 취득하였고, 이를 그 정을 모르는 丙에게 판매하였음 – 甲 ① 장물취득죄 ○ ② 사기죄 ○ (실체적 경합)
>
> 대한민국 국민 또는 외국인이 미국 캘리포니아주에서 미국 리스회사와 미국 캘리포니아주의 법에 따라 차량 이용에 관한 리스계약을 체결하면서 준거법에 관하여는 별도로 약정하지 아니하였는데, 이후 자동차수입업자인 피고인이 리스기간 중 위 리스이용자들이 임의로 처분한 리스계약의 목적물인 차량들을 수입한 사안에서, 국제사법에 따라 위 리스계약에 적용될 준거법인 미국 캘리포니아주의 법에 의하면, 위 차량들의 소유권은 리스회사에 속하고, 리스이용자는 일정 기간 차량의 점유·사용의 권한을 이전받을 뿐이어서(미국 캘리포니아주 상법 제10103조 제a항 제10호도 참조), 리스이용자들은 리스회사에 대한 관계에서 위 차량들에 관한 보관자로서의 지위에 있으므로, 위 차량들을 임의로 처분한 행위는 형법상 횡령죄의 구성요건에 해당하는 위법한 행위로 평가되고 이에 의하여 영득된 위 차량들은 장물에 해당한다는 이유로, 피고인에게 장물취득죄를 인정한 원심판단의 결론은 정당하다.
>
> 한편 장물을 취득한 후 마치 장물이 아닌 것처럼 매수인을 기망하여 이를 매도하는 경우 매수인에 대한 기망행위는 새로운 법익의 침해로 보아야 하므로, 위와 같은 기망행위가 장물취득 범행의 불가벌적 사후행위가 되는 것은 아니다. 원심이 같은 취지에서 이 사건 장물취득죄와 사기죄를 형법 제37조의 경합범관계에 있는 것으로 본 것은 정당하다. (대법원 2011. 4. 28. 선고 2010도15350 판결) **표준**

판례 甲이 컴사기로 예금채권을 취득하고 이를 현금인출하여 乙에게 교부 – 乙 장물취득죄(장물) ×

甲이 권한 없이 인터넷뱅킹으로 타인의 예금계좌에서 자신의 예금계좌로 돈을 이체한 후 그 중 일부를 인출하여 그 정을 아는 乙에게 교부한 경우, 甲이 컴퓨터등사용사기죄에 의하여 취득한 예금채권은 재물이 아니라 재산상 이익이므로, 그가 자신의 예금계좌에서 돈을 인출하였더라도 장물을 금융기관에 예치하였다가 인출한 것으로 볼 수 없다. (대법원 2004. 4. 16. 선고 2004도353 판결) **표준**

판례 부동산 이중매매의 목적물인 부동산 취득 – 장물취득죄(장물) ×

형법상 장물죄의 객체인 장물이라 함은 재산권상의 침해를 가져 올 위법행위로 인하여 영득한 물건으로서 피해자가 반환청구권을 가지는 것을 말하고 본건 대지에 관하여 매수인 "갑"에게 소유권 이전등기를 하여 줄 임무가 있는 소유자가 그 임무에 위반하여 이를 "을"에게 매도하고 소유권이전등기를 경유하여 준 경우에는 위 부동산소유자가 배임행위로 인하여 영득한 것은 재산상의 이익이고 위 배임범죄에 제공된 대지는 범죄로 인하여 영득한 것 자체는 아니므로 그 취득자 또는 전득자에게 대하여 배임죄의 가공여부를 논함은 별문제로 하고 장물취득죄로 처단할 수 없다. (대법원 1975. 12. 9. 선고 74도2804 판결)
해설 부동산은 배임행위에 제공된(활용된) 수단에 불과하다.

판례 재산범죄가 아닌 행정형법위반의 목적물인 임산물을 운반 – 장물운반죄(장물) ×

장물이라함은 절도, 강도, 사기, 공갈, 횡령등 재산죄인 범죄행위에 의하여 영득된 물건을 말하는 것이므로 산림법 93조 소정의 절취한 임산물이 아니고 임산물단속에 관한 법률위반죄에 의하여 생긴 임산물은 재산범죄적 행위에 의한 것이 아니기 때문에 장물이 될 수 없다. (대법원 1975. 9. 23. 선고 74도1804 판결)
참고 입목을 벌채하고자 하는 자임에도 관계 당국으로부터의 허가를 받지 아니하고 산림안에서 임목을 벌채하여 임산물단속에 관한 법률위반죄가 인정된 사건이다.

나. 장물의 동일성

장물은 본범이 영득한 재물 그 자체이거나 적어도 그것과 물질적 동일성이 인정되어야 한다.

판례 장물인 현금·자기앞수표를 금융기관에 예치하였다가 현금 인출하여 피고인에게 교부 – 장물취득죄(장물) ○

장물이라 함은 재산범죄로 인하여 취득한 물건 그 자체를 말하고, 그 장물의 처분대가는 장물성을 상실하는 것이지만, 금전은 고도의 대체성을 가지고 있어 다른 종류의 통화와 쉽게 교환할 수 있고, 그 금전 자체는 별다른 의미가 없고 금액에 의하여 표시되는 금전적 가치가 거래상 의미를 가지고 유통되고 있는 점에 비추어 볼 때, 장물인 현금을 금융기관에 예금의 형태로 보관하였다가 이를 반환받기 위하여 동일한 액수의 현금을 인출한 경우에 예금계약의 성질상 인출된 현금은 당초의 현금과 물리적인 동일성은 상실되었지만 액수에 의하여 표시되는 금전적 가치에는 아무런 변동이 없으므로 장물로서의 성질은 그대로 유지된다고 봄이 상당하고, 자기앞수표도 그 액면금을 즉시 지급받을 수 있는 등 현금에 대신하는 기능을 가지고 거래상 현금과 동일하게 취급되고 있는 점에서 금전의 경우와 동일하게 보아야 한다. (대법원 2000. 3. 10. 선고 98도2579 판결) **표준**

비교 뇌물에 대한 몰수·추징에 있어서 '예금'은 수뢰자의 처분으로 평가된다. 즉 수뢰자가 뇌물로 받은 현금을 은행에 예금하고, 나중에 그 액수를 증뢰자에 반환한 경우, 몰수·추징의 상대방은 수뢰자가 된다. (대법원 1996. 10. 25. 선고 96도2022 판결)

판례 甲이 시계를 훔친 뒤 이를 전당포에 맡기며 받은 전당표를 乙에게 교부 – 장물취득죄(장물) ×
장물을 전당잡힌 전당표는 그것이 장물 그 자체라고 볼 수 없음은 물론 그 장물과 동일성이 있는 변형된 물건이라고 볼 수도 없는 것이다. (대법원 1973. 3. 13. 선고 73도58 판결)

판례 장물을 팔아서 얻은 돈 – 장물 × (대법원 1972. 6. 13. 선고 72도971 판결)

다. 장물성의 상실

재산범죄로 인하여 영득한 재물을 본범·제3자가 하자 없이 소유권을 취득한 경우 위법한 재산상태가 소멸하므로 장물성은 상실된다. 대표적으로 ① 본범이 대외관계에서 유효한 처분권한을 가진 상태에서 처분한 경우 ② 제3자가 선의취득한 경우가 있다.

판례 부동산 명의수탁자가 피고인에게 부동산 임의처분 – 장물취득죄 ×
신탁행위에 있어서는 수탁자가 외부관계에 대하여 소유자로 간주되므로 이를 취득한 제3자는 수탁자가 신탁자의 승낙없이 매각하는 정을 알고 있는 여부에 불구하고 장물취득죄가 성립하지 아니한다. (대법원 1979. 11. 27. 선고 79도2410 판결)

해설 부동산 명의신탁은 횡령죄 불성립이라는 최근 전합 판결에 따라 이제는 애초부터 횡령이 성립하지 않는다. 다만 장물죄의 법리를 익히는 범위 안에서 이해하자.

3. 행위

가. 취득

취득이란 장물에 대한 점유를 이전받음으로써 사실상의 처분권을 획득하는 것을 말한다. 장물의 취득은 '본범으로부터 위 장물에 대한 점유를 이전받는 형식'으로 이루어져야 한다. 아래 판례를 살펴본다.

판례 장물 '취득'과 '보관'의 차이는 사실상 처분권 획득 여부에 있음
장물취득죄에서 '취득'이라고 함은 점유를 이전받음으로써 그 장물에 대하여 사실상의 처분권을 획득하는 것을 의미하는 것이므로, 단순히 보수를 받고 본범을 위하여 장물을 일시 사용하거나 그와 같이 사용할 목적으로 장물을 건네받은 것만으로는 장물을 취득한 것으로 볼 수 없다. (대법원 2003. 5. 13. 선고 2003도1366 판결)

판례 리조트 직원 甲은 탑승권 발매기를 임의조작하여 출력된 탑승권을 취득해 그 정을 아는 乙에게 판매 – ① 甲 유가증권위조죄 ○·절도죄 ○ (실체적 경합) ② 乙 장물취득죄 ○

유가증권도 그것이 정상적으로 발행된 것은 물론 비록 작성권한 없는 자에 의하여 위조된 것이라고 하더라도 절차에 따라 몰수되기까지는 그 소지자의 점유를 보호하여야 한다는 점에서 형법상 재물로서 절도죄의 객체가 된다.

리프트탑승권 발매기를 전산조작하여 위조한 탑승권을 발매기에서 뜯어 간 행위는 탑승권 위조행위와 위조탑승권 절취행위가 결합된 것이라는 이유로, 위조탑승권의 장물성을 인정한 사례. (대법원 1998. 11. 24. 선고 98도2967 판결) **표준**

판례 피고인은 사기범행에 이용되리라는 사정을 알면서도 자신의 계좌를 甲에게 양도하였고, 甲은 乙을 속여 현금을 위 계좌로 송금받았는데, 피고인이 그 중 일부를 인출 – 피고인 ① 사기방조죄 ○ ② 전자금융거래법위반 ○ ③ 장물취득죄 ×

장물취득죄에서 '취득'이라 함은 장물의 점유를 이전받음으로써 그 장물에 대하여 사실상 처분권을 획득하는 것을 의미하는데, 이 사건의 경우 본범의 사기행위는 피고인이 예금계좌를 개설하여 본범에게 양도한 방조행위가 가공되어 본범에게 편취금이 귀속되는 과정 없이 피고인이 피해자로부터 피고인의 예금계좌로 돈을 송금받아 취득함으로써 종료되는 것이고, 그 후 피고인이 자신의 예금계좌에서 위 돈을 인출하였다 하더라도 이는 예금명의자로서 은행에 예금반환을 청구한 결과일 뿐 본범으로부터 위 돈에 대한 점유를 이전받아 사실상 처분권을 획득한 것은 아니므로, 피고인의 위와 같은 인출행위를 장물취득죄로 벌할 수는 없다. (대법원 2010. 12. 9. 선고 2010도6256 판결) **표준**

해설 ① 피고인은 사기의 '방조범'이므로 장물죄 주체성이 인정된다. 계좌로 송금된 '현금' 역시 재물이기에 객체성이 인정된다. 남은 건 '취득'이다. 만일 사기 정범인 甲이 계좌에서 현금을 인출하여 피고인에게 교부하였다면 피고인에게 장물취득죄가 인정된다. 그러나 甲이라는 본범으로부터 이전받은 것이 아니라 스스로 임의 인출하였기 때문에 '취득'에 해당하지 않는다. ② 甲에게 횡령죄가 성립하는지 의문이 들 수 있다. 甲이 사기방조범인 이상 사기 피해자에 대한 횡령죄가 성립하지 않는다. 만약 甲이 사기방조범이 아니라 단순히 통장을 양도한 자에 불과하였다면(전자금융거래법위반), 피해자에 대한 횡령죄가 성립한다(2017도17494 전합 판결 참조).

나. 양도

장물인 정을 알지 못하고 취득한 후에 그 정을 알면서 제3자에게 인도하는 것을 말한다.

판례 피고인이 도난차량인 미등록 수입자동차를 취득하여 신규등록을 마친 후 위 자동차가 장물일지도 모른다고 생각하면서 이를 양도 – 장물양도죄 ○ (대법원 2011. 5. 13. 선고 2009도3552 판결)

다. 운반

장물의 소재를 장소적으로 이전하는 것을 말한다.

판례 피고인이 본범이 절취한 차량이라는 정을 알면서도 본범 등이 강도를 하기 위해 차량을 운전해 달라는 부탁을 받고 운전을 해 줌 – ① 장물운반죄 ○ ② 강도예비죄 ○

본범자와 공동하여 장물을 운반한 경우에 본범자는 장물죄에 해당하지 않으나 그 외의 자의 행위는 장물운반죄를 구성하므로, 피고인이 본범이 절취한 차량이라는 정을 알면서도 본범 등으로부터 그들이 위 차량을 이용하여 강도를 하려 함에 있어 차량을 운전해 달라는 부탁을 받고 위 차량을 운전해 준 경우, 피고인은 강도예비와 아울러 장물운반의 고의를 가지고 위와 같은 행위를 하였다고 봄이 상당하다. (대법원 1999. 3. 26. 선고 98도3030 판결)

참고 강도대상을 물색하다가 검문 중이던 경찰에 체포됨

비교 피고인이 타인이 절취·운전하는 차량이라는 점을 알면서도 뒷좌석 탑승 – 장물운반죄 × (대법원 1983. 9. 13. 선고 83도1146 판결)

라. 보관

장물에 대한 점유를 이전받는다는 점에서 취득과 동일하나, 사실상의 처분권을 획득하는 것이 아니라 단순히 보관하는 것이라는 점에서 취득과 구별된다.

마. 알선

장물의 취득·양도·운반·보관을 매개·주선하는 것을 말한다.

판례 장물의 매도를 부탁받은 피고인이 장물인 정을 알면서도 매매를 중개하고 매수인에게 전달하려다가 체포 – 장물알선죄 ○

장물알선죄에서 '알선'이란 장물을 취득·양도·운반·보관하려는 당사자 사이에 서서 이를 중개하거나 편의를 도모하는 것을 의미한다. 따라서 장물인 정을 알면서, 장물을 취득·양도·운반·보관하려는 당사자 사이에 서서 서로를 연결하여 장물의 취득·양도·운반·보관행위를 중개하거나 편의를 도모하였다면, 그 알선에 의하여 당사자 사이에 실제로 장물의 취득·양도·운반·보관에 관한 계약이 성립하지 아니하였거나 장물의 점유가 현실적으로 이전되지 아니한 경우라도 장물알선죄가 성립한다. (대법원 2009. 4. 23. 선고 2009도1203 판결) **표준**

참고 장물알선죄 기수시기 – ① 취득·양도·운반·보관의 중개·편의도모시점 ○ ② 알선에 의한 계약성립시·장물의 점유이전시 ×

4. 기타

가. 고의

장물이라는 점에 대한 인식이 있어야 한다. 관련 판례를 살펴본다.

판례 장물죄의 고의

장물죄의 고의는 범인이 장물이라는 정을 알면 족하고 그 본범의 범행을 구체적으로 알아야 하는 것이 아니며 또 그 인식은 미필적 인식으로 족하다. (대법원 1969. 1. 21. 선고 68도1474 판결)

판례 매수인이 매매계약체결시에는 장물의 정을 몰랐더라도 인도받을 때에는 그 정을 알고 인도 받은 경우 – 장물취득죄(고의) ○ (대법원 1960. 2. 17. 선고 4292형상496 판결)

장물취득 당시에는 장물임을 인식하지 못하였으나 후에 인식한 경우에 대해 살펴본다.

판례 장물취득 당시에는 장물임을 인식 못하였으나 후에 인식한 경우

① 장물취득죄는 취득 당시 장물인 정을 알면서 재물을 취득하여야 성립하는 것이므로 피고인이 재물을 인도받은 후에 비로소 장물이 아닌가 하는 의구심을 가졌다고 하여 그 재물수수행위가 장물취득죄를 구성한다고 할 수 없다. ② 장물인 정을 모르고 장물을 보관하였다가 그 후에 장물인 정을 알게 된 경우 그 정을 알고서도 이를 계속하여 보관하는 행위는 장물죄를 구성하는 것이나 ③ 이 경우에도 점유할 권한이 있는 때에는 이를 계속하여 보관하더라도 장물보관죄가 성립한다고 할 수 없다. (대법원 2006. 10. 13. 선고 2004도6084 판결) **표준**

해설 위 법리를 시간 순으로 ① → ② → ③으로 정리해 볼 수 있다.

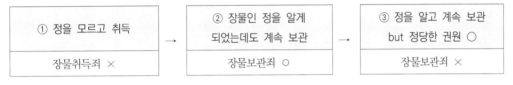

판례 전당포영업자 甲은 ① 장물인 정을 모르고 보석들을 인도받음 ② 이후 장물일지도 모른다고 의심이 들어 소유권포기각서를 받음 ③ 대여금채권의 담보로 보석들을 전당잡은 상태이므로 계속 보관하였음 – ① 장물취득 × ② 장물취득 × ③ 장물보관 × (대법원 2006. 10. 13. 선고 2004도6084 판결) **표준**

해설 ① 장물취득 불성립은 명백하다. ② 소유권포기각서를 받은 행위는 금전관계를 정산하고 전당물에 대한 소유권을 완전히 취득하기 위한 것이라기보다는 담보를 확실히 하기 위한 것으로 보이므로, 이러한 행위를 별개의 취득행위라고 볼 여지가 없다고 한다. ③ 정당한 담보권에 기한 점유이므로 장물보관이 성립하지 않는다. → 위 판례 해설의 ③에 해당한다.

판례 甲은 乙이 분실신고된 수표라며 맡긴 100만 원 짜리 수표 2장을 보관하던 중, 은행에 문의한 결과 도난수표임을 알게 되었음에도 불구하고 반환하지 않고 계속 보관 – 장물보관죄 ○ (대법원 1987. 10. 13. 선고 87도1633 판결)

참고 위 판례 해설의 ②에 해당함

판례 甲은 乙에게 100,000원을 대여하면서 그 담보조로 乙의 가계수표 6매를 교부 받은 후에야 수표가 장물인 점을 알았으나 계속 보관 – 장물보관 × (대법원 1986. 1. 21. 선고 85도2472 판결)

나. 죄수 등

> **판례** 장물보관자의 임의처분 – ① 위탁자에 대한 횡령죄 ×, ② 소유자에 대한 횡령죄 ×
>
> 절도범인으로부터 장물보관의뢰를 받은 자가 그 정을 알면서 이를 인도받아 보관하고 있다가 임의처분하였다 하여도 장물보관죄가 성립되는 때에는 이미 그 소유자의 소유물추구권을 침해하였으므로 그 후의 횡령행위는 불가벌적 사후행위에 불과하여 별도로 횡령죄가 성립하지 않는다. (대법원 2004. 4. 9. 선고 2003도8219 판결, 대법원 1976. 11. 23. 선고 76도3067 판결)
>
> **해설** ① 불법원인급여물에 대한 횡령죄가 성립하지 않기에 위탁자에 대한 횡령죄 불성립, ② 장물보관죄를 범함으로써 소유자의 소유물추구권을 침해한 이상, 임의처분은 불가벌적 사후행위에 불과하여 소유자에 대한 횡령죄 불성립(한발 더 나아가서 생각해보면 처분의 상대방에 대한 사기죄는 성립할 것이다).
>
> **판례** 장물죄로 취득한 자기앞수표를 현금 대신 교부하여 사용 – 사기죄 × (대법원 1993. 11. 23. 선고 93도213 판결)
>
> **비교** 절취한 장물을 자기 소유인 것처럼 제3자에게 담보로 제공하고 돈 받음 – 사기죄 ○ (대법원 1980. 11. 25. 선고 80도2310 판결)

다. 친족상도례

장물죄의 친족상도례는 다음과 같이 정리할 수 있다.

	친족의 범위	법적 효과	법적 성격
장물범과 피해자	직계혈족, 배우자, 동거친족, 동거가족 또는 그 배우자간	형면제판결 (檢: 공소권없음) ★헌법불합치 (적용중지)	인적 처벌조각사유
	그 외의 친족 =(8촌 이내 혈족 +4촌 이내 인척)	공소기각판결 (檢: 공소권없음)	상대적 친고죄 → 소추조건
장물범과 본범	직계혈족, 배우자, 동거친족, 동거가족 또는 그 배우자간	형의 필요적 감면	면제 – 인적처벌조각사유 감경 – 책임감경사유

Ⅱ 상습장물죄

제363조(상습범) ① 상습으로 전조의 죄를 범한 자는 1년 이상 10년 이하의 징역에 처한다.
　② 제1항의 경우에는 10년 이하의 자격정지 또는 1천500만원 이하의 벌금을 병과할 수 있다.

例規 제363조 상습(제362조 각 죄명)	미수 ×

상습으로 장물을 취득·양도·운반·보관·알선한 경우 성립한다.

[판례] 장물취득죄는 상습장물알선죄와 포괄일죄 관계 (대법원 1975. 1. 14. 선고 73도1848 판결)

Ⅲ 업무상과실·중과실장물죄

제364조(업무상과실, 중과실) 업무상과실 또는 중대한 과실로 인하여 제362조의 죄를 범한 자는 1년 이하의 금고 또는 500만원 이하의 벌금에 처한다.

例規 제364조 (업무상, 중)과실장물(취득, 양도, 운반, 보관, 알선)	미수 ×

🔍 **핵심단어**
• ① 업무상 (중)과실 ② 본범의 정범 아닌자 ③ 장물 ④ 취득·양도·운반·보관·알선

단순 과실의 경우 처벌하지 않지만, 업무상과실·중과실이 있는 경우 처벌한다.

[판례] 20세가 롤렉스 시계를 전당포에 맡긴 경우, 실제 소유관계·전당물 출처·전당잡으려는 동기에 대한 확인의무 ○ → 단순히 주민등록증만 확인 → 업무상과실장물취득죄 ○
전당포주가 물품을 전당잡고자 할 때는 전당물주의 주소, 성명, 직업, 연령과 그 물품의 출처, 특징 및 전당잡히려는 동기, 그 신분에 상응한 소지인지의 여부 등을 알아 보아야 할 업무상의 주의의무가 있다 할 것이고 이를 게을리 하여 장물인 정을 모르고 전당잡은 경우에는 비록 주민등록증을 확인하였다 하여도 그 사실만으로는 업무상 과실장물취득의 죄책을 면할 수 없다. (대법원 1985. 2. 26. 선고 84도2732, 84감도429 판결)
[비교] 5~6년간 한 동네에 살고 2회 가량 비디오 전당잡고 후에 찾았던 경험이 있는 자가 72만 원 상당의 비디오를 전당포에 맡긴 경우, 실제 소유관계·전당물 출처·전당잡으려는 동기에 대한 확인의무 × → 주민등

록증 제시받아 주민번호 등 신상 기재 → 업무상과실장물취득 ×

전당포 경영자가 전당물을 입질받음에 있어 소유관계를 묻고 주민등록증을 제시받아 전당물대장에 주소, 성명, 직업, 주민등록번호, 연령등을 기재하였다면 특별한 사정이 없는 한 전당포 경영자로서의 주의의무를 다한 것이고 더 나아가 입질물품이 실제로 상대방의 소유인지의 여부 또는 전당물의 출처, 전당잡히려는 동기등을 확인하여야 할 주의의무까지는 없다. (대법원 1987. 2. 24. 선고 86도2077 판결)

해설 위 판례와 비교판례의 판시사항만 보면 확인의무 존부에 대하여 판례가 엇갈리는 것처럼 보인다. 그러나 비교판례는 "위 판례는 장물인지의 여부를 의심할만한 특별한 사정이 있는 경우에 대한 것으로서 본건과는 사안을 달리하여 적절한 선례로 볼 수 없다"라고 언급한다. 즉 ① 장물 의심 사정이 있는 경우에는 위 판례처럼 실제 소유관계 등 확인의무가 인정되고, ② 장물 의심 사정이 없는 경우에는 비교 판례처럼 실제 소유관계 등 확인의무가 부정된다는 것이다. 두 판례는 사안을 달리하므로 엇갈린 법리라고 보기 어렵다.

09 손괴의 죄

I 손괴죄

제366조(재물손괴등) 타인의 재물, 문서 또는 전자기록등 특수매체기록을 손괴 또는 은닉 기타 방법으로 기 효용을 해한 자는 3년 이하의 징역 또는 700만원 이하의 벌금에 처한다.

제368조(중손괴) ① 전2조의 죄를 범하여 사람의 생명 또는 신체에 대하여 위험을 발생하게 한 때에는 1년 이상 10년 이하의 징역에 처한다.

② 제366조 또는 제367조의 죄를 범하여 사람을 상해에 이르게 한 때에는 1년 이상의 유기징역에 처한다. 사망에 이르게 한 때에는 3년 이상의 유기징역에 처한다.

例規 제366조 (재물, 문서, 전자기록등)(손괴, 은닉) 　　　제368조 ① 중손괴 ② (제366조, 제367조 각 죄명)(치상, 치사)	미수 ○ (제366조에 한하여)

🔍 **핵심단어**

• ① 타인 재물·문서·전자기록등 특수매체기록 ② 손괴·은닉·기타방법 ③ 효용 해함
• 효용을 해함이란 사실상·감정상 본래 사용목적에 제공할 수 없게 하는 상태로 만듦

몇 가지 쟁점을 짚고 넘어가자. ① 공용물·공용서류를 손괴한 경우 본죄가 아닌 공용물건손상죄·공용서류손상죄 등이 성립한다(제141조 제1항). ② 교통방해의 죄 中 '자동차등파괴죄'에서 '파

괴'는 손괴를 훌쩍 뛰어넘는 개념이다(제187조).[151]

검찰실무에 기출된 쟁점을 약간 변형하여 확인하자.

[문제 1] 甲은 음주운전을 하던 중 경찰 검문소를 발견하였다. 甲은 '경찰공무원 乙이 다쳐도 어쩔 수 없다'는 마음을 먹고 검문소를 향해 엑셀을 밟았다. 甲은 차량으로 ① 乙을 충격하여 전치 3주의 상해를 입게 하였고, ② 뒤이어 경찰차를 들이받아 100만 원의 수리 비용이 발생케 한 뒤 검문소를 벗어나 도주하였다.

경찰은 수사 결과 ① 특수상해죄 ② 특수손괴죄 기소의견으로 송치하였다. 이때 검사는 甲을 어떠한 죄명으로 기소하여야 하는가?

해설 정답은 ① 특수공무집행방해치상죄 ② 특수공용물건손상죄

[문제 2] 甲과 乙은 각자의 자동차를 운전하던 중 시비가 붙었다. 甲과 乙이 각자의 자동차에서 내려 말다툼을 하던 중 甲은 화가 난다는 이유로, 乙의 자동차 본네트 위로 올라가 발을 구르는 방식으로 자동차의 본네트가 구겨지도록 만들었다.

경찰은 수사 결과 자동차파괴(제187조) 기소의견으로 송치하였다. 이때 검사는 甲을 어떠한 죄명으로 기소하여야 하는가?

해설 정답은 손괴이다. ① 자동차파괴죄는 '사람의 현존하는' 자동차를 파괴한 경우 성립한다. 乙이 자동차에서 내린 이상 현존이라 볼 수 없다. ② 자동차파괴에서 '파괴'란 교통기관으로서의 기능의 전부·일부를 불가능하게 할 정도로 그 중요부분을 훼손하는 것을 말한다. 따라서 이 사건처럼 본네트가 구겨지도록 만들어진 행위는 손괴에 불과하고 파괴에 이르지는 못한다.

판례 '파괴' – 손괴를 넘어 전복, 매몰, 추락 수준의 교통기관으로서의 기능 파손

형법이 제187조를 교통방해의 죄 중 하나로서 그 법정형을 높게 정하는 한편 미수, 예비·음모까지도 처벌 대상으로 삼고 있는 사정에 덧붙여 '파괴' 외에 다른 구성요건 행위인 전복, 매몰, 추락 행위가 일반적으로 상당한 정도의 손괴를 수반할 것이 당연히 예상되는 사정 등을 고려해 볼 때, 형법 제187조에서 정한 '파괴'란 다른 구성요건 행위인 전복, 매몰, 추락 등과 같은 수준으로 인정할 수 있을 만큼 교통기관으로서의 기능·용법의 전부나 일부를 불가능하게 할 정도의 파손을 의미하고, 그 정도에 이르지 아니하는 단순한 손괴는 포함되지 않는다. (대법원 2009. 4. 23. 선고 2008도11921 판결) **표준**

---

1. 객체: 타인 소유 재물·문서·전자기록등 특수매체기록

먼저 재물에 관한 판례를 살펴본다.

---

151 **형법 제187조(기차 등의 전복 등)** 사람의 현존하는 기차, 전차, 자동차, 선박 또는 항공기를 전복, 매몰, 추락 또는 파괴한 자는 무기 또는 3년 이상의 징역에 처한다.

> **판례** 재건축사업으로 철거예정이고 그 입주자들이 모두 이사하여 아무도 거주하지 않은 채 비어 있는 아파트 철거 – 손괴죄(재물) ○
>
> 객관적 성상이 본래 사용목적인 주거용으로 쓰일 수 없는 상태라거나 재물로서의 이용가치나 효용이 없는 물건이라고도 할 수 없어 재물손괴죄의 객체가 된다. (대법원 2007. 9. 20. 선고 2007도5207 판결)

> **판례** 부패하였으나 식초제조 등 다른 용도로 사용할 수 있는 포도주 원액 손괴 – 손괴죄(재물) ○ (대법원 1979. 7. 24. 선고 78도2138 판결)

문서에 관한 판례를 살펴본다.

> **판례** 작성명의인 표시 없으나 내용·형식·필적 등으로 명의인을 알 수 있고, 별개의 계산수식만 기재되어 있으나 그것만으로 내용을 객관적으로 이해하기 충분한 계산서 손괴 – 손괴죄(문서) ○ (대법원 1985. 10. 22. 선고 85도1677 판결)

> **판례** 경리장부를 이기하는 과정에서 누계가 잘못된 부분을 찢음 – 손괴죄(문서) ×
>
> 손괴죄의 객체인 문서란 거기에 표시된 내용이 적어도 법률상 또는 사회생활상 중요한 사항에 관한 것이어야 하는 바, 이미 작성되어 있던 장부의 기재를 새로운 장부로 이기하는 과정에서 누계 등을 잘못 기재하다가 그 부분을 찢어버리고 계속하여 종전장부의 기재내용을 모두 이기하였다면 그 당시 새로운 경리장부는 아직 작성중에 있어서 손괴죄의 객체가 되는 문서로서의 경리장부가 아니라 할 것이고, 또 그 찢어버린 부분이 진실된 증빙내용을 기재한 것이었다는 등의 특별한 사정이 없는 한 그 이기과정에서 잘못 기재되어 찢어버린 부분 그 자체가 손괴죄의 객체가 되는 재산적 이용가치 내지 효용이 있는 재물이라고도 볼 수 없다. (대법원 1989. 10. 24. 선고 88도1296 판결)

타인소유에 관한 판례를 살펴본다.

> **판례** 甲이 乙에게 허위내용의 확인서를 써서 교부한 뒤, 乙의 의사에 반해 손괴 – 손괴죄 ○
>
> 확인서가 소유자의 의사에 반하여 손괴된 것이라면 그 확인서가 피고인 명의로 작성된 것이고 또 그것이 진실에 반하는 허위내용을 기재한 것이라 하더라도 피고인은 문서손괴의 죄책을 면할 수 없다. (대법원 1982. 12. 28. 선고 82도1807 판결)

> **판례** 甲이 乙로부터 전세금을 받으며 영수증을 작성·교부 하였는데, 乙에게 전세금을 반환하겠다고 말하며 위 영수증을 다시 교부받고 전세금 반환 전에 이를 손괴 – 손괴죄 ○
>
> 문서손괴죄의 객체는 타인소유의 문서이며 피고인 자신의 점유하에 있는 문서라 할지라도 타인소유인 이상 이를 손괴하는 행위는 문서손괴죄에 해당한다. (대법원 1984. 12. 26. 선고 84도2290 판결)

판례 甲의 토지 위에 乙이 농작물을 경작하였는데 甲이 이를 갈아버림 – 甲 손괴죄 ○

타인소유의 토지에 사용수익의 권한없이 농작물을 경작한 경우에 그 농작물의 소유권은 경작한 사람에게 귀속된다. (대법원 1970. 3. 10. 선고 70도82 판결)

비교 甲의 토지 위에 乙이 권원 없이 감나무를 식재한 뒤 乙이 감을 수확함 – 乙 절도죄 ○ (대법원 1998. 4. 24. 선고 97도3425 판결)

판례 피고인이 토지소유자인 乙로부터 명시적·묵시적으로 승낙·동의를 받고 토지에 수목 5그루를 식재하였는데, 이후 乙은 甲에게 토지를 판매하였고, 피고인은 전기톱으로 수목을 절단함 – 특수재물손괴 ✕

제반 사정에 비추어 피고인이 수목을 식재할 당시 토지의 전 소유자 을로부터 명시적 또는 묵시적으로 승낙·동의를 받았거나 적어도 토지 중 수목이 식재된 부분에 관하여는 무상으로 사용할 것을 허락받았을 가능성을 배제하기 어렵고, 이는 민법 제256조에서 부동산에의 부합의 예외사유로 정한 '권원'에 해당한다고 볼 수 있어 수목은 토지에 부합하는 것이 아니라 이를 식재한 피고인에게 소유권이 귀속된다. (대법원 2023. 11. 16. 선고 2023도11885 판결)

2. 행위: 손괴·은닉·기타 방법으로 효용을 해함

① 손괴란 재물 등에 직접 유형력을 행사하여 소유자의 이익에 반하는 상태변화를 야기하는 행위를 말한다. ② 은닉은 재물 등의 소재를 불명케 하여 그 발견을 곤란·불능케 하는 행위를 말한다. ③ 기타 방법이란 손괴·은닉 외에 재물 등의 이용가치나 효용을 해하는 일체의 행위를 말한다. 효용을 해함의 의미를 아래 판례로 살펴보자.

판례 효용을 해함 – 사실상·감정상 본래 사용목적에 제공할 수 없는 상태로 만드는 것

재물의 효용을 해한다고 함은 사실상으로나 감정상으로 그 재물을 본래의 사용목적에 제공할 수 없게 하는 상태로 만드는 것을 말하며, 일시적으로 그 재물을 이용할 수 없는 상태로 만드는 것도 여기에 포함된다. 특히, 건조물의 벽면에 낙서를 하거나 게시물을 부착하는 행위 또는 오물을 투척하는 행위 등이 그 건조물의 효용을 해하는 것에 해당하는지 여부는, 당해 건조물의 용도와 기능, 그 행위가 건조물의 채광·통풍·조망 등에 미치는 영향과 건조물의 미관을 해치는 정도, 건조물 이용자들이 느끼는 불쾌감이나 저항감, 원상회복의 난이도와 거기에 드는 비용, 그 행위의 목적과 시간적 계속성, 행위 당시의 상황 등 제반 사정을 종합하여 사회통념에 따라 판단하여야 한다. (대법원 2007. 6. 28. 선고 2007도2590 판결) **표준**

참고 ① 래커 스프레이로 회사 외벽·1층 벽면·식당 계단 천장과 벽면에 "자본똥개, 원직복직, 결사투쟁"등의 내용으로 낙서를 하여 341만 원 상당의 제거비용 발생 ② 회사 건물에 계란 수십개를 투척 – ① 손괴죄 ○ ② 손괴죄 ✕

비교 환경운동가인 피고인들이 甲 기업이 광고목적으로 설치한 조형물에 녹색 수성 스프레이 4개를 뿌렸으나, 수성 스프레이를 분사한 직후 물과 스펀지로 조형물을 세척하고, 일부 스프레이가 잔존하였으나 그 범위가 제한적이었으며, 위 행위가 기후위기를 알리는 표현의 수단으로 이루어진 경우 – 손괴죄 ✕ (대법원 2024.

5. 30. 선고 2023도5885 판결)

판례 피고인이 평소 굴착기를 주차하던 공간에 차를 대놓았다는 이유로 차량 주변에 콘크리트, 굴삭기 부품 등을 갖다놓아 차량이 18시간 동안 움직일 수 없도록 함 – 손괴죄 ○

피고인이 피해 차량의 앞뒤에 쉽게 제거하기 어려운 철근콘크리트 구조물 등을 바짝 붙여 놓은 행위는 피해 차량에 대한 유형력의 행사로 보기에 충분하다. 비록 피고인의 행위로 피해 차량 자체에 물리적 훼손이나 기능적 효용의 멸실 내지 감소가 발생하지 않았다고 하더라도, 피해자가 피고인이 놓아 둔 위 구조물로 인하여 피해 차량을 운행할 수 없게 됨으로써 일시적으로 본래의 사용목적에 이용할 수 없게 된 이상, 차량 본래의 효용을 해한 경우에 해당한다고 봄이 타당하다. (대법원 2021. 5. 7. 선고 2019도13764 판결)

비교 주부가 개인적 용무로 고속버스터미널 근처 건물 주차장에 주차하였는데, 주차장 관리인인 피고인이 차량 앞 범퍼와 손수레 사이를 쇠사슬로 묶어 둠 – 업무방해죄(업무) × (대법원 2017. 11. 9. 선고 2014도3270 판결)

판례 피고인이 타인 소유 토지에 권원 없이 건물을 신축함 – 손괴죄 ×

피고인의 행위는 이미 대지화된 토지에 건물을 새로 지어 부지로서 사용·수익함으로써 그 소유자로 하여금 효용을 누리지 못하게 한 것일 뿐 토지의 효용을 해하지 않았으므로, 재물손괴죄가 성립하지 않는다. (대법원 2022. 11. 30. 선고 2022도1410 판결)

손괴에 관한 판례를 살펴본다.

판례 자동문을 자동으로 작동하지 않고 수동으로만 개폐가 가능하게 하여 자동잠금장치로서 역할을 할 수 없도록 함 – 손괴죄 ○

손괴 또는 은닉 기타 방법으로 그 효용을 해하는 경우에는 물질적인 파괴행위로 물건 등을 본래의 목적에 사용할 수 없는 상태로 만드는 경우뿐만 아니라 일시적으로 물건 등의 구체적 역할을 할 수 없는 상태로 만들어 효용을 떨어뜨리는 경우도 포함된다. (대법원 2016. 11. 25. 선고 2016도9219 판결)

판례 타인 소유의 광고용 간판을 백색페인트로 도색하여 광고문안을 지워버림 – 손괴죄 ○ (대법원 1991. 10. 22. 선고 91도2090 판결)

판례 판결에 의하여 명도받은 토지의 경계에 설치해 놓은 철조망과 경고판을 치워 버림으로써 울타리로서의 역할을 해함 – 손괴죄 ○ (대법원 1982. 7. 13. 선고 82도1057 판결)

판례 우물에 연결하고 땅속에 묻어서 수도관적 역할을 하고 있는 고무호오스중 약 1.5미터를 발굴하여 우물가에 제쳐 놓음으로써 물이 통하지 못하게 함 – 손괴죄 ○ (대법원 1971. 1. 26. 선고 70도2378 판결)

판례 쓰레기 자동집하시설 건립 반대를 위한 비상대책위원회 위원장이자 입주자인 甲이 아파트 관리사무소장 乙이 아파트 엘리베이터 벽면에 게시한 "○○시청 ○○신도시 생활쓰레기 자동집하시설 공사 반대 탄원에 따른 회신 문서" 1부를 임의로 제거함 – 손괴죄 ×

문서손괴죄는 문서의 소유자가 문서를 소유하면서 사용하는 것을 보호하려는 것이므로, 어느 문서에 대한 종래의 사용상태가 문서 소유자의 의사에 반하여 또는 문서 소유자의 의사와 무관하게 이루어진 경우에 단순히 종래의 사용상태를 제거하거나 변경시키는 것에 불과하고 손괴, 은닉하는 등으로 새로이 문서 소유자의 문서 사용에 지장을 초래하지 않는 경우에는 문서의 효용, 즉 문서 소유자의 문서에 대한 사용가치를 일시적으로도 해하였다고 할 수 없어서 문서손괴죄가 성립하지 아니한다. (대법원 2015. 11. 27. 선고 2014도13083 판결)

참고 ① 위 문서는 甲 외 452인의 입주자가 제기한 민원에 대한 회신문으로서 이들의 공유임 ② 乙은 이들의 동의 없이 게시하였음 → 乙이 이 사건 회신 문서를 엘리베이터 벽면에 게시한 것은 그 소유자인 민원 제기 입주자들의 의사에 반하는 것으로 보일 뿐이다.

판례 피고인이 자신의 집에 인접한 대지를 임차한 다음 마당으로 사용 중 생활하수 등을 처리하기 위하여 지름 약 3미터, 깊이 약 80센티미터의 구덩이를 파고 거기에 깨어진 콘크리트조각 50개 가량을 집어 넣음 – 대지에 대한 손괴죄 × (대법원 1989. 1. 31. 선고 88도1592 판결)

판례 甲社 직원인 피고인들이 ① 유색 페인트와 래커 스프레이를 이용하여 甲社 소유의 도로 바닥에 직접 문구를 기재하거나 ② 도로 위에 놓인 현수막 천에 문구를 기재하여 페인트가 바닥으로 배어 나와 도로에 배게 함 – 손괴죄 ×

위 도로는 갑 회사의 임원과 근로자들 및 거래처 관계자들이 이용하는 도로로 산업 현장에 위치한 위 도로의 주된 용도와 기능은 사람과 자동차 등이 통행하는 데 있고, 미관은 그다지 중요한 작용을 하지 않는 곳으로 보이는 점, 피고인들이 도로 바닥에 기재한 여러 문구들 때문에 도로를 이용하는 사람들과 자동차 등이 통행하는 것 자체가 물리적으로 불가능하게 되지는 않은 점, 갑 회사의 정문 입구에 있는 과속방지턱 등을 포함하여 도로 위에 상당한 크기로 기재된 위 문구의 글자들이 차량운전자 등의 통행과 안전에 실질적인 지장을 초래하였다고 보기 어려운 점, 도로 바닥에 기재된 문구에 갑 회사 임원들의 실명과 그에 대한 모욕적인 내용 등이 여럿 포함되어 있지만, 도로의 이용자들이 이 부분 도로를 통행할 때 그 문구로 인하여 불쾌감, 저항감을 느껴 이를 본래의 사용 목적대로 사용할 수 없을 정도에 이르렀다고 보기 부족한 점, 도로 바닥에 페인트와 래커 스프레이로 쓰여 있는 여러 문구는 아스팔트 접착용 도료로 덧칠하는 등의 방법으로 원상회복되었는데, 그다지 많은 시간과 큰 비용이 들었다고 보이지 않는 점 등을 종합하면, 피고인들이 위와 같은 방법으로 도로 바닥에 여러 문구를 써놓은 행위가 위 도로의 효용을 해하는 정도에 이른 것이라고 보기 어렵다. (대법원 2020. 3. 27. 선고 2017도20455 판결)

은닉에 관한 판례를 살펴본다.

판례 甲이 홍보를 위해 광고판(홍보용 배너·거치대)을 1층 로비에 설치했는데, 피고인이 乙에게 지시하여 위 광고판을 그 장소에서 제거하여 컨테이너로 된 창고로 옮겨 놓아 갑이 사용할 수 없도록 함 – 손괴죄(은닉) ○

물질적인 형태의 변경이나 멸실, 감손을 초래하지 않은 채 그대로 옮겼더라도 위 광고판은 본래적 역할을 할 수 없는 상태로 되었으므로 피고인의 행위는 재물손괴죄에서의 재물의 효용을 해하는 행위에 해당한다. (대법원 2018. 7. 24. 선고 2017도18807 판결)

판례 회사의 경리사무 처리상 필요불가결한 매출계산서, 매출명세서 등의 반환을 거부함으로써 그 문서들을 일시적으로 그와 같은 용도에 사용할 수 없게 함 – 손괴죄(은닉) ○ (대법원 1971. 11. 23. 선고 71도1576 판결)

참고 매출계산서 100매철 21권 및 매출명세서 17장을 피고인의 집에 반출한 후 은닉하였다.

판례 피고인이 피해자를 좀더 호젓한 곳으로 데리고 가기 위하여 피해자의 가방을 빼앗고 따라 오라고 하였는데 피해자가 따라 오지 아니하고 그냥 돌아갔기 때문에 위 가방을 돌려 주기 위하여 부근 일대를 돌아다니면서 피해자를 찾아 나섬 – 손괴죄(은닉) × (대법원 1992. 7. 28. 선고 92도1345 판결)

3. 기타

가. 고의

고의는 요구되나 불법영득의사는 필요 없다.

판례 재물손괴의 고의 – ① 소유자 의사에 반하여 ② 재물 효용 상실의 인식
재물손괴의 범의를 인정함에 있어서는 반드시 계획적인 손괴의 의도가 있거나 물건의 손괴를 적극적으로 희망하여야 하는 것은 아니고, 소유자의 의사에 반하여 재물의 효용을 상실케 하는 데 대한 인식이 있으면 된다. (대법원 1993. 12. 7. 선고 93도2701 판결)

판례 피고인이 경락받은 저온창고를 개조하기 위하여 그 안에 시설되어 있는 타인의 자재를 철거를 최고하는 등의 적법한 절차 없이 철거함 – 손괴죄(고의) ○ (대법원 1990. 5. 22. 선고 90도700 판결)

판례 임차인이 가재도구를 그대로 둔 채 귀향하여 임대인의 모인 피고인이 임차인의 승낙없이 가재도구를 옥상에 옮겨놓으면서 비닐장판·비닐천 등을 덮어씌워 비가 스며들지 않게끔 하고 또한 다른 사람이 열지 못하도록 종이를 바르는 등 조치를 취하였음 – 손괴죄(고의) × (대법원 1983. 5. 10. 선고 83도595 판결)

판례 甲 소유였다가 乙 명의로 이전되었으나 권리관계에 다툼이 생긴 토지상에서 甲이 버스공용터미널을 운영하고 있는데 乙이 甲의 영업을 방해하기 위하여 철조망을 설치하려 하자 甲이 위 철조망을 놓여있던 곳으로부터 약 200 내지 300미터 가량 떨어진 甲 소유의 다른 토지 위에 옮김 – 손괴죄(고의) × (대법원 1990. 9. 25. 선고 90도1591 판결)

나. 위법성

정당행위·피해자 승낙 등에 따른 위법성조각이 문제된 판례들을 살펴본다.

판례 재건축조합의 규약이나 정관에 '조합은 사업의 시행으로서 그 구역 내의 건축물을 철거할 수 있다', '조합원은 그 철거에 응할 의무가 있다'는 취지의 규정이 있고, 조합원이 재건축조합에 가입하면서 '조합 정관에 규정된 모든 내용에 동의한다'는 취지의 동의서를 제출하였는데, 재건축조합이 법적 절차에 의하지 아니한 채 자력으로 건축물 철거함 – 손괴죄(위법) ○

조합원은 이로써 조합의 건축물 철거를 위한 명도의 의무를 부담하겠다는 의사를 표시한 것일 뿐이므로, 조합원이 그 의무이행을 거절할 경우 재건축조합은 명도청구소송 등 법적 절차를 통하여 그 의무이행을 구하여야 함이 당연하고, 조합원이 위와 같은 동의서를 제출한 것을 '조합원이 스스로 건축물을 명도하지 아니하는 경우 재건축조합이 법적 절차에 의하지 아니한 채 자력으로 건축물을 철거하는 것'에 대해서까지 사전 승낙한 것이라고 볼 수는 없다. (대법원 2007. 9. 20. 선고 2007도5207 판결)

판례 피고인이 甲에게 단순히 잠시 빌려준 피고인 발행 약속어음을 甲이 乙에게 배서양도하여 乙이 소지하게 되자 피고인이 이를 찢어버림 – 손괴죄(위법) ○ (대법원 1975. 5. 27. 선고 74도3559 제2부판결)

판례 재건축사업으로 철거가 예정되어 있는 아파트를 가집행선고부 판결(1심)을 받아 철거한 행위 – 손괴죄(위법) ✕

재건축사업은 재건축지역 내에 있는 주택의 철거를 전제로 하는 것이어서, 조합원은 주택 부분의 철거를 포함한 일체의 처분권을 조합에 일임하였다고 보아야 할 뿐만 아니라, 원심판결 이유 및 기록에 의하면 이 사건 조합의 정관에 "조합은 재건축을 위한 사업계획승인을 받은 이튿날부터 사업시행지구 안의 건축물 또는 공작물 등을 철거할 수 있다"고 규정하고 있는 사실, 이 사건 조합이 조합원인 피해자들을 상대로 이 사건 각 아파트에 관한 소유권이전등기 및 인도 청구소송을 제기하여 제1심에서 이 사건 각 아파트에 관한 소유권이전등기절차를 이행하고 조합목적 달성을 위한 건물 철거를 위하여 이 사건 각 아파트를 인도하라는 취지의 가집행선고부 판결이 내려졌으며 위 판결은 이후 항소 및 상고가 기각되어 확정된 사실, 이 사건 조합의 조합장인 피고인 1, 부조합장인 피고인 2는 위 소송의 항소심 계속 중 제1심판결에 기하여 이 사건 각 아파트에 관한 부동산인도집행을 완료한 후 재건축 시공사에 이 사건 각 아파트의 철거를 요청하였고, 재건축 시공사의 현장소장들인 피고인 3, 4가 다시 철거전문업체에 철거지시를 하여 그 직원들인 피고인 5, 6이 이 사건 각 아파트를 철거하기에 이른 사실을 알 수 있고, 나아가 이 사건 조합이 이 사건 각 아파트를 철거하기 전에 관할구청장에게 그 신고를 하지 않았다 하더라도 이는 건축법에 따른 제재대상이 되는 것은 별론으로 하고 형법상 재물손괴죄의 성립 여부에는 영향을 미칠 수 없다고 할 것인바, 이와 같은 사정을 종합하면 피고인들이 위 가집행선고부 판결을 받아 이 사건 각 아파트를 철거한 것은 형법 제20조에 정한 정당행위라 할 것이니 이 사건 공소사실은 범죄로 되지 아니하는 경우에 해당한다 할 것이다. (대법원 2010. 2. 25. 선고 2009도8473 판결) **표준**

참고 항소심 진행중임에도 가집행선고부 판결에 기하여 건물을 철거해 손괴죄로 기소되었으나, 항소심·상고심에서도 피고인이 모두 승소한 점 등이 고려되어 정당행위가 인정되었다.

판례 일부 동대표들이 제안한 피고인에 대한 회장해임 안건이 절차와 규정에 맞지 않음을 이유로 거절되자 관리소장이 위 동대표들의 요구에 따라 회장인 피고인의 반대에도 불구하고 해당 안건을 포함한 입주자대표회의의 소집을 알리는 이 사건 공고문을 게시하였고 피고인이 이를 제거함 – 손괴죄(위법) ✕ (대법원 2021. 12. 30. 선고 2021도9680 판결)

> **참고** 정당행위가 인정되었다.

다. 죄수 등

문서손괴죄와 문서변조·유가증권변조죄를 구별해야 한다. 작성권한이 없는 자가 문서 등의 내용을 변경하면 사문서·공문서·유가증권의 변조죄가 성립한다(각 변조죄의 법정형이 문서손괴죄에 비하여 높다). 그러나 작성권한이 있는 자가 타인 소유의 문서 등의 내용을 변경하면 문서손괴죄가 성립한다.

	작성권한 ○	작성권한 ×
자기소유	불벌	변조죄
타인소유	문서손괴죄	변조죄

> **판례** 타인(타기관)에 접수되어 있는 자기명의의 문서를 함부로 무효화 – 손괴죄 ○
>
> 비록 자기명의의 문서라 할지라도 이미 타인(타기관)에 접수되어 있는 문서에 대하여 함부로 이를 무효화시켜 그 용도에 사용하지 못하게 하였다면 일응 형법상의 문서손괴죄를 구성한다 할 것이므로 그러한 내용의 범죄될 사실을 허위로 기재하여 수사기관에 고소한 이상 무고죄의 죄책을 면할 수 없다. (대법원 1987. 4. 14. 선고 87도177 판결) **표준**
>
> **판례** 약속어음의 발행인이 소지인에게 어음의 액면·지급기일을 개서하여 주겠다고 어음을 교부받은 후 수취인란에 타인의 이름을 추가로 기입하여 어음배서의 연속성을 상실하게 함 – 손괴죄 ○ (대법원 1985. 2. 26. 선고 84도2802 판결)
>
> **비교** 작성권한 없는 자가 견질용으로 받은 수표의 배서란에 타인 이름 등을 임의로 기재 – 유가증권(기재)변조죄 ○ (대법원 2019. 11. 28. 선고 2019도12022 판결)
>
> **판례** 약속어음 수취인이 차용금의 지급담보를 위하여 은행에 약속어음을 보관시켰는데, 은행지점장이 발행인의 부탁을 받고 약속어음의 지급기일란의 일자를 지움 – 손괴죄 ○ (대법원 1982. 7. 27. 선고 82도223 판결)
>
> **판례** 甲이 乙에게 허위내용의 확인서를 작성·교부한 뒤, 乙의 의사에 반하여 이를 찢음 – 손괴죄 ○ (대법원 1982. 12. 28. 선고 82도1807 판결)

Ⅱ   특수손괴죄

제369조(특수손괴) ① 단체 또는 다중의 위력을 보이거나 위험한 물건을 휴대하여 제366조의 죄를 범한 때에는 5년 이하의 징역 또는 1천만원 이하의 벌금에 처한다. ② 제1항의 방법으로 제367조의 죄를 범한 때에는 1년 이상의 유기징역 또는 2천만원 이하의 벌금에 처한다.	
例規 제369조 ① 특수(재물, 문서, 전자기록등)(손괴, 은닉) ② 특수공익건조물파괴	미수 ○

> 🔍 **핵심단어**
> • ① 단체·다중의 위력 ② 재물손괴죄
> • ① 위험한 물건 ② 휴대 ③ 재물손괴죄

2인 이상이 공동하여 손괴한 경우, 폭력행위 등 처벌에 관한 법률이 적용된다.[152]
특수손괴죄의 기본적인 법리는 앞서 특수폭행죄 부분에서 살펴본 것과 같다.

Ⅲ   경계침범죄

제370조(경계침범) 경계표를 손괴, 이동 또는 제거하거나 기타 방법으로 토지의 경계를 인식 불능하게 한 자는 3년 이하의 징역 또는 500만원 이하의 벌금에 처한다.	
例規 제370조 경계침범	미수 ×

> 🔍 **핵심단어**
> • ① 경계표 ② 손괴·이동·제거·기타 방법 ③ 토지 경계를 인식 불능케 함

경계침범죄에 관한 판례를 살펴본다. 경계침범죄는 미수 처벌 규정이 없으므로, 계표를 손괴하였으나 토지경계의 인식불능을 초래하지 않은 경우 불가벌이다.

---

152 폭력행위 등 처벌에 관한 법률 제2조(폭행 등) ② 2명 이상이 공동하여 다음 각 호의 죄를 범한 사람은 「형법」 각 해당 조항에서 정한 형의 2분의 1까지 가중한다. 1. 「형법」 제260조제1항(폭행), 제283조제1항(협박), 제319조(주거침입, 퇴거불응) 또는 제366조(재물손괴 등)의 죄 2. 「형법」 제260조제2항(존속폭행), 제276조제1항(체포, 감금), 제283조제2항(존속협박) 또는 제324조제1항(강요)의 죄 3. 「형법」 제257조제1항(상해)·제2항(존속상해), 제276조제2항(존속체포, 존속감금) 또는 제350조(공갈)의 죄

판례 경계 – ① 법률상 정당한 경계 × ② 사실상 경계 ○
사실상 경계 – ① 일반적 승인 ② 이해관계인들의 명시적·묵시적 합의

경계침범죄는 토지의 경계에 관한 권리관계의 안정을 확보하여 사권을 보호하고 사회질서를 유지하려는 데 그 목적이 있는 것으로서, 단순히 경계표를 손괴, 이동 또는 제거하는 것만으로는 부족하고 위와 같은 행위나 기타 방법으로 토지의 경계를 인식불능하게 함으로써 비로소 성립된다 할 것인데, 여기에서 말하는 경계는 ① 법률상의 정당한 경계인지 여부와는 상관없이 ② 종래부터 경계로서 일반적으로 승인되어 왔거나 이해관계인들의 명시적 또는 묵시적 합의가 존재하는 등 어느 정도 객관적으로 통용되어 오던 사실상의 경계를 의미한다 할 것이므로, 설령 법률상의 정당한 경계를 침범하는 행위가 있었다 하더라도 그로 말미암아 위와 같은 토지의 사실상 경계에 대한 인식불능의 결과가 발생하지 않는 한 경계침범죄가 성립하지 아니한다 할 것이다. (대법원 2010. 9. 9. 선고 2008도8973 판결) **표준**

판례 토지 경계에 다툼이 있던 중 경계선 부근의 조형소나무 등을 뽑아내고 그 부근을 굴착함 – 경계침범죄 ○ (대법원 2007. 12. 28. 선고 2007도9181 판결)

판례 피고인 토지와 국유지의 경계선을 표시하는 언덕 위의 포플라·아카시아나무 약 30본을 뽑아버리고 국유지를 깎아내려 석축을 쌓음 – 경계침범죄 ○ (대법원 1980. 10. 27. 선고 80도225 판결)

판례 기존경계가 진실한 권리상태와 불일치한다는 이유로 乙이 기존경계를 무시하고 일방적으로 경계측량을 하여 그 위에 계표를 설치하자 甲이 뽑아버림 – 甲 경계침범죄 ×

비록 실체상의 경계선에 부합되지 않는 경계표라 할지라도 그것이 종전부터 일반적으로 승인되어 왔다거나 이해관계인들의 명시적 또는 묵시적 합의에 의하여 정하여진 것이라면 그와 같은 경계표는 위 법조 소정의 계표에 해당된다 할 것이고 반대로 기존경계가 진실한 권리상태와 맞지 않는다는 이유로 당사자의 어느 한쪽이 기존경계를 무시하고 일방적으로 경계측량을 하여 이를 실체권리관계에 맞는 경계라고 주장하면서 그 위에 계표를 설치하더라도 이와 같은 경계표는 위 법조에서 말하는 계표에 해당되지 않는다. (대법원 1986. 12. 9. 선고 86도1492 판결)

판례 甲과 乙 소유의 토지는 경계구분이 되어 있지 않았는데, 甲이 乙 소유의 인접한 토지를 침범하여 나무를 심고 도랑을 파냄 – 경계침범죄 × (대법원 2010. 9. 9. 선고 2008도8973 판결)
참고 애초에 토지 경계구분이 되어 있지 않았던 이상 '경계를 인식 불능케' 하지 아니하였다.

판례 자신이 주장하는 경계를 보다 확실히 하고자 기왕에 건립되어 있던 담벽의 연장선상에 추가로 담벽을 설치함 – 경계침범죄 × (대법원 1992. 12. 8. 선고 92도1682 판결)
참고 기존의 (사실상의) 경계에 대한 인식불능의 결과를 초래하지 아니하였다.

판례 甲은 이웃 乙이 담벽 아래에 보일러를 설치하려고 하자 그 담벽을 완전히 철거하지는 않고 약 50cm의 높이만 둔 채 새로이 지적공사의 측량대로 그 20cm 밖으로 새로운 담장을 설치함 – 경계침범죄 × (대법원 1991. 9. 10. 선고 91도856 판결)
참고 기존 담벽에 의한 경계는 남아 있고 토지경계를 인식하는 데에 아무런 영향이 없다.

판례 건물의 1층과 2층 사이에 있는 처마가 피해자 소유의 가옥 지붕 위로 나온 경우 – 경계침범죄 × (대법원 1984. 2. 28. 선고 83도1533 판결)

10 권리행사를 방해하는 죄

Ⅰ 권리행사방해죄

> **제323조(권리행사방해)** 타인의 점유 또는 권리의 목적이 된 자기의 물건 또는 전자기록등 특수매체기록을 취거, 은닉 또는 손괴하여 타인의 권리행사를 방해한 자는 5년 이하의 징역 또는 700만원 이하의 벌금에 처한다.

例規 제323조 권리행사방해	미수 ×

> 🔍 **핵심단어**
> • ① 타인의 점유·권리의 목적 ② 자기소유 물건 등 ③ 취거·은닉·손괴 ④ 권리행사방해
> • 점유란 ① 권원에 기한 점유 ② 권원으로 개시하였으나 사후 권원 상실한 점유 ③ 권원 존부가 외관상 명백하지 않아 법정절차로 밝혀질 때까지의 점유 ④ 잠정적으로 보호할 가치 있는 점유

1. 객체: 타인의 점유·권리의 목적이 된 자기 물건 등

가. 타인 점유의 목적

점유란 사실상 지배를 말한다. '타인의 점유'는 반드시 점유할 권원에 기한 점유에 한정되지 않으며 잠정적으로 보호할 가치 있는 점유를 포함하는 넓은 개념이다. 그러나 범죄로 인하여 취득한 점유까지를 포함하지는 않는다. 아래 판례를 통해 그 의미를 살펴보자.

> **판례** '점유' - ① 점유할 권원에 기한 점유 ② 적법한 권원으로 개시하였으나 사후 권원 상실한 점유 ③ 권원 존부가 외관상 명백하지 않아 법정절차를 통하여 권원의 존부가 밝혀질 때까지의 점유 ④ 잠정적으로 보호할 가치 있는 점유 모두 포함 (⑤ 절도범인의 점유 ×)
> 권리행사방해죄에서의 보호대상인 타인의 점유는 반드시 ① 점유할 권원에 기한 점유만을 의미하는 것은 아니고, ② 일단 적법한 권원에 기하여 점유를 개시하였으나 사후에 점유 권원을 상실한 경우의 점유, ③ 점유 권원의 존부가 외관상 명백하지 아니하여 법정절차를 통하여 권원의 존부가 밝혀질 때까지의 점유, ④ 권원에 기하여 점유를 개시한 것은 아니나 동시이행항변권 등으로 대항할 수 있는 점유 등과 같이 법정절차를 통한 분쟁 해결시까지 잠정적으로 보호할 가치 있는 점유는 모두 포함된다고 볼 것이고, 다만 ⑤ 절도범인의 점유와 같이 점유할 권리 없는 자의 점유임이 외관상 명백한 경우는 포함되지 아니한다. (대법원 2006. 3. 23. 선고 2005도4455 판결)

판례 피고인이 소유자인 처와 함께 甲社가 유치권 행사를 위하여 점유하고 있던 주택의 출입문 용접을 해제하고 들어가 거주함 – 권행방죄(타인점유) ○ (대법원 2011. 5. 13. 선고 2011도2368 판결)

참고 ① 피해자의 점유는 점유할 권원인 유치권에 기한 점유이다.

판례 甲은 乙에게 건물을 임대하였는데 계약만료 후에도 乙이 퇴거하지 않자, 甲은 乙이 거주하고 있는 방의 천정 및 마루바닥 판자를 뜯어냄 – 권행방죄(타인점유) ○ (대법원 1977. 9. 13. 선고 77도1672 판결)

참고 ② 피해자의 점유는 적법한 권원에 기하여 개시되었으나 사후에 권원을 상실한 경우에 해당한다.

판례 렌트카회사 공동대표이사 중 1인인 甲이 회사 차량을 개인채무 담보 목적으로 丙에게 넘겨주었는데 다른 공동대표이사 乙이 이를 몰래 취거 – 권행방죄(타인점유) ○[153] (대법원 2006. 3. 23. 선고 2005도4455 판결)

참고 ③ 피해자의 점유는 법정절차를 통하여 점유 권원의 존부가 밝혀짐으로써 분쟁이 해결될 때까지 잠정적으로 보호할 가치 있는 점유에 포함된다.

판례 무효인 경매절차에서 경매목적물을 경락받아 이를 점유하고 있는 낙찰자의 점유 침해 – 권행방죄(타인점유) ○ (대법원 2003. 11. 28. 선고 2003도4257 판결)

참고 소유자가 무효인 경매의 낙찰자의 점유를 취거·손괴·은닉의 방법으로 침해한 사건이다. 낙찰자의 소유자에 대한 소유권이전등기 말소의무와 소유자의 낙찰자에 대한 배당금 반환의무는 동시이행 관계에 있기에 ④ 피해자의 점유는 동시이행항변권 등으로 대항할 수 있는 점유에 해당한다.

판례 甲은 乙로부터 도둑맞은 가마솥을 乙의 집 마당에서 그의 허락 없이 가져옴 – 권행방죄(타인점유) × (대법원 1994. 11. 11. 선고 94도343 판결)

참고 ⑤ 정당한 점유권을 갖지 아니하는 절도범인의 점유는 권리행사방해죄의 점유에 해당하지 않는다.

나. 타인 권리의 목적

권리의 목적이란 타인의 제한물권·점유를 수반하지 아니하는 채권의 목적이 되어 있는 것을 말한다. 다만 단순한 채권채무관계는 이에 포함되지 않는다.

판례 피해자 甲이 벌채한 원목을 소유자 乙이 점유하던 중 임의로 매도하여 그 원목에 대한 甲의 인도청구권이 침해 – 乙 권행방죄(권리목적) ○

피고인과 갑 간에 '갑이 임야의 입목을 벌채하는 등의 공사를 완료하면 피고인은 갑에게 그 벌채한 원목을 인도한다'는 계약이 성립되고 갑이 위 계약상 의무를 모두 이행하였더라도 그것만으로 위 원목의 소유권이 바로 갑에게 귀속되는 것이 아니라 별도로 그 소유자인 피고인이 갑에게 위 원목에 관한 소유권이전의 의사표시를 하고 이를 인도함으로써 비로소 그 소유권이전의 효력이 생기는 것이므로, 아직 피고인

---

[153] 위 사실관계만 두고 보면 당연히 권리행사방해죄가 성립해야 한다. 그러나 뜬금없는 요소로 인하여 무죄가 선고되었다. 乙이 자동차를 취거하던 당시 렌트카회사가 차량에 대한 명의등록 절차를 마치지 않아 미등록 상태였던 것이다. 따라서 '자기소유'가 탈락되어 무죄가 선고되었다. 이 부분은 읽고 잊는 것으로 하자.

이 갑에게 위 원목에 관한 소유권이전의 의사표시를 하고 이를 인도하지 아니한 채 이를 타인에게 매도한 행위는 자기 소유 물건의 처분행위에 불과하여 절도죄를 구성하지 아니한다. … (중략) … 권리행사방해죄의 구성요건 중 타인의 '권리'란 반드시 제한물권만을 의미하는 것이 아니라 물건에 대하여 점유를 수반하지 아니하는 채권도 이에 포함된다. 피해자가 이 사건 원목에 대한 인도청구권을 가지고 있었다면 이 사건 원목은 피해자의 권리의 목적이 된 물건이라고 볼 여지가 있을 터인데도, 원심은 피해자와 피고인 간의 위와 같은 계약체결 사실을 살피지 아니한 채 이 사건 원목이 권리행사방해죄의 객체에 해당하지 아니한다고 판단하였으니 … (중략) … 파기한다. (대법원 1991. 4. 26. 선고 90도1958 판결)

판례 차량대여회사가 월납입금 미납되자 대여한 차량을 실력으로 회수함 – 권행방죄(권리목적) ○ (대법원 1989. 7. 25. 선고 88도410 판결)

참고 회사측이 법적 절차에 의하지 아니하고 실력을 행사하는 등 일방적으로 차량 등을 회수하여야만 될 급박한 필요성이 없어서 정당행위 아니다.

판례 가압류된 건물 소유자가 채권자 승낙 없이 건물을 파괴·철거함 – 권행방죄(권리목적) ○ (1960. 9. 14. 선고 4292형상537 판결)

다. 자기소유

자기소유 물건이 아니면 본죄가 성립하지 않는다. 앞서 "자동차 명의신탁과 절도"에서 살펴보았듯, 판례는 지입계약만으로는 자동차 명의신탁을 인정하지 않는다. 따라서 명의자인 지입회사가 대내외적 소유자이며 지입차주는 (대내적) 소유자가 아니다.

판례 '자기소유' 아니면 권리행사방해죄 불성립

취거, 은닉 또는 손괴한 물건이 자기의 물건이 아니라면 권리행사방해죄가 성립할 수 없다. 물건의 소유자가 아닌 사람은 형법 제33조 본문에 따라 소유자의 권리행사방해 범행에 가담한 경우에 한하여 그의 공범이 될 수 있을 뿐이다. 그러나 권리행사방해죄의 공범으로 기소된 물건의 소유자에게 고의가 없는 등으로 범죄가 성립하지 않는다면 공동정범이 성립할 여지가 없다. (대법원 2017. 5. 30. 선고 2017도4578 판결) **표준**

판례 (차량지입) 지입회사 대표이사인 피고인이 직무집행행위로서 지입차주가 점유하던 차량을 취거 – 권행방죄(자기소유) ○

주식회사의 대표이사가 대표이사의 지위에 기하여 그 직무집행행위로서 타인이 점유하는 위 회사의 물건을 취거한 경우에는, 위 행위는 위 회사의 대표기관으로서의 행위라고 평가되므로, 위 회사의 물건도 권리행사방해죄에 있어서의 "자기의 물건"이라고 보아야 할 것이다. (대법원 1992. 1. 21. 선고 91도1170 판결)

동지 (차량지입) 운수(지입)회사 직원인 피고인이 회사 대표 등과 공모하여 지입차주인 피해자들이 점유하는 차량·번호판을 지입료 등 연체 이유로 무단 취거 – 권행방죄(자기소유) ○ (대법원 2010. 10. 14. 선고 2008도6578 판결) **표준**

동지 법인의 대표기관이 아닌 대리인이나 지배인이 (대표기관과 공모 없이 한 행위라도) 그 직무권한 범위

내에서 직무에 관하여 타인이 점유하는 법인의 물건을 취거 – 권행방죄(자기소유) ○ (대법원 2005. 1. 14. 선고 2004도8134 판결, 대법원 2020. 9. 24. 선고 2020도9801 판결)

【비교】 甲社의 부사장·과점주주인 피고인이 甲社 명의로 된 선박을 취거 – 권행방죄(자기소유) × (대법원 1984. 6. 26. 선고 83도2413 판결)

【해설】 비교판례의 경우 ① 피고인이 대표이사 아니므로 대표권 없다는 점 ② 직무집행행위가 아니라는 점에서 위 판례와 다르다.

【판례】 (차량지입) 지입차주 甲이 乙社에게 택시를 지입하여 운행하던 중 乙社의 요구로 택시를 회사 차고지에 입고하였다가 乙社 승낙 없이 가져감 – 권행방죄(자기소유) ×

피고인이 택시를 회사에 지입하여 운행하였다고 하더라도, 피고인이 회사와 사이에 위 택시의 소유권을 피고인이 보유하기로 약정하였다는 등의 특별한 사정이 없는 한, 위 택시는 그 등록명의자인 회사의 소유이고 피고인의 소유는 아니라고 할 것이므로 회사의 요구로 위 택시를 회사 차고지에 입고하였다가 회사의 승낙을 받지 않고 이를 가져간 피고인의 행위는 권리행사방해죄에 해당하지 않는다. (대법원 2003. 5. 30. 선고 2000도5767 판결)

【동지】 피고인이 굴삭기를 A社에 지입하여 중기등록원부에 A사 소유권등록이 되어 있는 상태에서 굴삭기를 취거함 – 권행방죄(자기소유) × (대법원 1985. 9. 10. 선고 85도899 판결)

【판례】 甲이 乙에게 丙 명의의 차량을 담보로 제공한 이후 乙의 승낙 없이 차량 보조키를 이용하여 운전하여 감 – 권행방죄(자기소유) × (대법원 2005. 11. 10. 선고 2005도6604 판결)

【판례】 피고인이 중간생략등기형 명의신탁·계약명의신탁 방식으로 처에게 등기명의를 신탁하여 놓은 점포에 자물쇠를 채워 제3자인 점포의 임차인을 출입하지 못하게 함 – 권행방죄(자기소유) ×

부동산 실권리자명의 등기에 관한 법률 제8조는 배우자 명의로 부동산에 관한 물권을 등기한 경우에 조세포탈, 강제집행의 면탈 또는 법령상 제한의 회피를 목적으로 하지 아니한 때에는 제4조 내지 제7조 및 제12조 제1항, 제2항의 규정을 적용하지 아니한다고 규정하고 있는바, 만일 명의신탁자가 그러한 목적으로 명의신탁을 함으로써 명의신탁이 무효로 되는 경우에는 말할 것도 없고, 그러한 목적이 없어서 유효한 명의신탁이 되는 경우에도 제3자인 부동산의 임차인에 대한 관계에서는 명의신탁자는 소유자가 될 수 없으므로, 어느 모로 보나 신탁한 부동산이 권리행사방해죄에서 말하는 '자기의 물건'이라 할 수 없다. (대법원 2005. 9. 9. 선고 2005도626 판결)

【해설】 ① 부동산 명의신탁 유·무효를 불문하고 신탁자는 (대외적) 소유자가 될 수 없다. ② 이 사건의 경우 위력에 의한 업무방해죄가 인정되었다.

【판례】 피고인이 甲社가 유치권을 행사 중인 건물을 강제경매를 통하여 자신의 아들 乙 명의로 매수한 후, 건물 잠금장치 변경하고 점유를 침탈하여 甲社 유치권 행사 방해 – 권행방죄(자기소유) ×

부동산경매절차에서 부동산을 매수하려는 사람이 타인과의 명의신탁약정 아래 타인 명의로 매각허가결정을 받아 자신의 부담으로 매수대금을 완납한 때에는 경매목적 부동산의 소유권은 매수대금의 부담 여부와는 관계없이 그 명의인이 취득하게 되므로, 피고인이 위 건물에 대한 갑 회사의 점유를 침탈하였더라도 피고인의 물건에 대한 타인의 권리행사를 방해한 것으로 볼 수 없다. (대법원 2019. 12. 27. 선고 2019도14623 판결)

【참고】 다만 건조물침입죄가 인정된 것으로 보인다.

2. 행위: 취거·은닉·손괴하여 타인 권리행사를 방해

① 취거란 점유자 의사에 반하여 점유자의 사실상 지배를 배제하고 자기·제3자의 사실상의 지배하에 옮기는 것으로서, 절도죄의 절취와 같은 개념이다. ② 은닉은 재물 등의 소재를 불명케 하여 그 발견을 곤란·불능케 하는 행위를 말한다. ③ 손괴란 재물 등에 직접 유형력을 행사하여 소유자의 이익에 반하는 상태변화를 야기하는 행위를 말한다.

[판례] 피고인이 자기 명의 차량에 저당권을 설정하였음에도 불구하고 대부업자에 차량을 담보로 제공하여 대포차로 유통 – 권행방죄(은닉) ○ (대법원 2016. 11. 10. 선고 2016도13734 판결) **표준**

[동지] 피고인이 공장근저당권이 설정된 선반기계 등을 이중담보로 제공하기 위하여 다른 장소로 옮김 – 권행방죄(은닉) ○ (대법원 1994. 9. 27. 선고 94도1439 판결)

참고 배임죄 최신판례 부분에서 살펴본 판례들이다.

[판례] 피고인들이 공모하여 렌트카 회사인 甲社를 설립한 다음 乙社 등의 명의로 저당권등록이 되어있는 차량들을 사들여 甲社 소유의 영업용 차량으로 등록 후 자동차대여사업자등록 취소처분을 받아 차량등록을 직권말소시켜 저당권 등이 소멸되게 함 – 권행방죄(은닉) ○

렌트카 사업자등록만 하였을 뿐 실제로는 영업을 하지 아니함에도 차량 구입자들 또는 지입차주들로 하여금 차량을 관리·처분하도록 함으로써 차량들의 소재를 파악할 수 없게 하였고, 나아가 자동차대여사업자등록이 취소되어 차량들에 대한 저당권등록마저 직권말소되도록 하였으므로, 이러한 행위는 그 자체로 저당권자인 을 회사 등으로 하여금 자동차등록원부에 기초하여 저당권의 목적이 된 자동차의 소재를 파악하는 것을 현저하게 곤란하게 하거나 불가능하게 하는 행위에 해당한다. (대법원 2017. 5. 17. 선고 2017도2230 판결)

[판례] 채무자인 甲은 채권자 乙에게 채무담보 목적으로 맥콜을 제공하였고 乙은 이를 丙 등에게 보관시키고 있었는데, 甲은 맥콜을 되찾기 위해서 "맥콜은 丁으로부터 교부받은 것이고 이를 丁에게 반환한다"는 내용의 반환서를 작성해 주어 丁이 丙 등에게 이를 제시하여 丙으로부터 교부받아 감 – 권행방죄(취거) ×

취거라 함은 타인의 점유 또는 권리의 목적이 된 자기의 물건을 그 점유자의 의사에 반하여 그 점유자의 점유로부터 자기 또는 제3자의 점유로 옮기는 것을 말하므로 점유자의 의사나 그의 하자있는 의사에 기하여 점유가 이전된 경우에는 여기에서 말하는 취거로 볼 수는 없다. (대법원 1988. 2. 23. 선고 87도1952 판결)

참고 자기 소유물이므로 사기죄도 성립하지 않을 것이다.

기타 판례를 살펴본다.

> **판례** 수인의 권리의 목적이 된 자기소유 물건을 취거, 은닉, 손괴하면 권리자별로 성립한 각 권리행사방해죄의 상상적 경합이 인정되고, 이때 친족상도례가 문제된다면 각 권리자(피해자)별로 그 여부를 각각 살펴야 함 (대법원 2022. 5. 12. 선고 2021도16876 판결)

Ⅱ 강제집행면탈죄

> **제327조(강제집행면탈)** 강제집행을 면할 목적으로 재산을 은닉, 손괴, 허위양도 또는 허위의 채무를 부담하여 채권자를 해한 자는 3년 이하의 징역 또는 1천만원 이하의 벌금에 처한다.

例規 제327조 강제집행면탈	미수 ×

> 🔍 **핵심단어**
> - ① 채권자의 채권의 존재 ② 강제집행 받을 위험 상태 ③ 강제집행 면할 목적 ④ 재산 ⑤ 은닉·손괴·허위양도·허위채무부담 ⑥ 채권자를 해할 위험
> - 강제집행 받을 위험 상태란, 채권자의 ① 민사소송 ② 가압류 ③ 가처분 할 기세

강제집행면탈죄는 민사집행의 세계에서 이루어지는 범죄이다. 이하 판례에서는 민사집행에 관한 풍부한 해설을 남기고자 노력했다.

1. 상황

가. 채권자의 채권의 존재

채권자의 채권이 존재하지 않으면 본죄가 성립하지 않는다.

> **판례** 채권자가 민사소송에서 승소확정판결을 받기 전에 당해 채권을 제3자에게 양도하였으나 채무자가 이를 항변하지 않아 그대로 승소확정판결이 내려졌는데, 채무자가 확정판결에 기한 강제집행 면하고자 재산 허위양도 – 강집면죄(채권) ○
> 채권자가 민사소송에서 승소확정판결을 받기 전에 당해 채권을 제3자에게 양도한 사안에서, 양도 전 수개의 가압류가 경합하고 있었고 채무자가 민사소송에서 채권이 양도되었다는 항변을 제출하지 않아 승소판결이 되었다면, 강제집행면탈죄의 성립요건인 '채권의 존재'를 인정할 수 있다. (대법원 2008. 5. 8. 선고 2008도198 판결)

> **판례** 조건부채권을 피보전권리로 하는 보전처분을 면하고자 허위양도 등 – 강집면죄(채권) ○
> 집행할 채권이 조건부 채권이라 하여도 그 채권자는 이를 피보전권리로 하여 보전처분을 함에는 법률상

아무런 장해도 없다 할 것이니 이와 같은 보전처분을 면할 목적으로 형법 제327조 소정의 행위를 한 이상 강제집행면탈죄는 성립되며 그 후 그 조건의 불성취로 채권이 소멸되었다 하여도 일단 성립한 범죄에는 영향을 미칠 수 없다고 해석함이 상당하다. (대법원 1984. 6. 12. 선고 82도1544 판결)

참고 다만 이 사건의 경우 은닉·손괴 등 행위성이 부정되었다. 해당 부분에서 후술한다.

판례 ① 채권자의 채권 발생 → ② 채무자의 허위양도 등 면탈행위 → ③ 채무자의 상계 의사표시 (② 이전에 상계적상 인정됨) – 강집면죄(채권) ✕

상계의 의사표시가 있는 경우에는 각 채무는 상계할 수 있는 때에 소급하여 대등액에 관하여 소멸한 것으로 보게 된다. 따라서 상계로 인하여 소멸한 것으로 보게 되는 채권에 관하여는 상계의 효력이 발생하는 시점 이후에는 채권의 존재가 인정되지 않으므로 강제집행면탈죄가 성립하지 않는다. (대법원 2012. 8. 30. 선고 2011도2252 판결)

해설 이미 ② 강제집행 면탈행위를 한 이후라도 ③ 상계의사표시를 통해 ② 면탈행위 이전의 시점에서 채권자의 채권을 소멸시키면 강제집행면탈죄가 불성립한다.[154]

이 사건 사실관계를 살펴본다. ① 乙社는 甲에 대한 채권을 피보전권리로 하여 甲 명의 주유소 매출채권을 가압류하였다. ② 그런데 甲의 남편인 피고인은 甲 명의 주유소의 신용카드 결제를, 별도로 운영하는 다른 주유소의 신용카드 결제 단말기로 처리함으로써 甲 명의 주유소의 매출채권을 다른 주유소의 매출채권으로 바꾸는 수법으로 재산을 은닉하였다. ③ 乙社가 甲을 상대로 민사소송을 제기하였으나 甲이 임대차보증금 반환채권으로 상계한다는 주장을 하여 乙社의 청구가 기각된 판결이 확정되었다. 그렇다면 상계의 의사표시에 따라 乙社의 채권 등은 채권 발생일에 임대차보증금 반환채권과 대등액으로 상계되어 소멸되었으므로 피고인의 ② 행위 당시 乙 회사의 채권의 존재가 인정되지 아니하여 강제집행면탈죄가 성립하지 않는다. 다만 피고인이 다른 신용카드가맹점의 명의로 거래를 한 부분에 대해서는 여신전문금융업법위반이 인정되었다.[155]

나. 강제집행 받을 위험 상태

민사소송에 의한 강제집행·가압류·가처분 등의 집행을 받을 구체적 염려가 있어야 한다. 채권자가 이행청구의 소 또는 그 보전을 위한 가압류·가처분신청을 제기하거나 제기할 기세를 보인 경우에도 이러한 상태가 인정된다.

---

154 민법에 따라 상계적상 시점에 채권이 소멸한다는 점은 이해하나, 형법의 질서에서 이미 발생한 불법까지 소멸한다는 점은 납득하기 어렵다. 소급하여 소멸한 것은 채권이지 불법이 아니다. 횡령·배임죄에서도 횡령행위·배임행위로 위험을 발생시킨 이상 사후 변제가 있었다 할지라도 불법을 소멸시키지 못한다.

155 **여신전문금융업법 제19조(가맹점의 준수사항)** ⑤ 신용카드가맹점은 다음 각 호의 어느 하나에 해당하는 행위를 하여서는 아니 된다. 다만, 결제대행업체의 경우에는 제1호·제4호 및 제5호를 적용하지 아니하고, 수납대행가맹점의 경우에는 제3호·제5호(제2조제5호의2에 따라 대행하는 행위에 한한다)를 적용하지 아니한다.
  3. 다른 신용카드가맹점의 명의(名義)를 사용하여 신용카드로 거래하는 행위
  제70조(벌칙) ③ 다음 각 호의 어느 하나에 해당하는 자는 3년 이하의 징역 또는 2천만원 이하의 벌금에 처한다.
  3. 제19조제5항제3호를 위반하여 다른 신용카드가맹점의 명의를 사용하여 신용카드로 거래한 자

> **판례** 강제집행을 받을 위험 상태 – 민사소송 제기·가압류·가처분의 신청을 할 기세
>
> 채무자가 현실적으로 민사소송법에 의한 강제집행 또는 가압류, 가처분의 집행을 받을 우려가 있는 객관적인 상태 즉 적어도 채권자가 민사소송을 제기하거나 가압류, 가처분의 신청을 할 기세를 보이고 있는 상태에서, 채무자가 강제집행을 면탈할 목적으로, 재산을 은닉, 손괴, 허위양도하거나 허위의 채무를 부담하여 채권자를 해할 위험이 있는 경우에 성립한다. (대법원 1998. 9. 8. 선고 98도1949 판결)
>
> **판례** 약 18억 원의 채무초과 상태에 있는 피고인 발행의 약속어음이 부도난 상태에서 재산 허위양도 – 강집면죄(상태) ○ (대법원 1999. 2. 9. 선고 96도3141 판결)
>
> **판례** ① 피고인이 발행한 약속어음 지급기일 前이며 ② 어음 부도도 있기 전이며 ③ 어음소지인 등으로부터 채무변제 독촉을 받기 전이며 ④ 채권자들이 법적 절차를 취하기 위한 준비를 하기도 前에 피고인이 그 형에게 허위로 채무를 진 것처럼 하여 부동산에 가등기 설정해 줌 – 강집면죄(상태) × (대법원 1979. 9. 11. 선고 79도436 판결)

강제집행은 민사집행법상의 강제집행이나 가압류·가처분만을 의미하고, 강제집행에는 금전채권 강제집행 외에 소유권이전등기의 강제집행도 포함된다. 반면 ① 담보권실행 등을 위한 경매 ② 벌금·몰수 등의 형사재판의 집행 ③ 국세징수법에 의한 체납처분은 본죄의 강제집행에 포함되지 않는다.

> **판례** 강집면죄의 '강제집행' – ① 민사집행법상 강제경매 ○ ② 민사집행법상 임의경매 ×
>
> 형법 제327조의 강제집행면탈죄가 적용되는 강제집행은 ① 민사집행법 제2편의 적용 대상인 '강제집행' 또는 가압류·가처분 등의 집행을 가리키는 것이고, ② 민사집행법 제3편의 적용 대상인 '담보권 실행 등을 위한 경매'를 면탈할 목적으로 재산을 은닉하는 등의 행위는 위 죄의 규율 대상에 포함되지 않는다. (대법원 2015. 3. 26. 선고 2014도14909 판결)
>
> **동지** 강제집행은 민사집행법의 적용대상인 강제집행 또는 가압류·가처분 등의 집행을 가리키는 것이므로, 국세징수법에 의한 체납처분을 면탈할 목적으로 재산을 은닉하는 등의 행위는 위 죄의 규율대상에 포함되지 않음. (대법원 2012. 4. 26. 선고 2010도5693 판결)
>
> **해설** 민사집행법 제2편에 따른 경매를 '강제경매', 제3편에 따른 경매를 '임의경매'라 한다. 둘 간의 가장 큰 차이는 '집행권원의 필요' 여부이다. 강제경매를 하려면 집행권원이 필요하다. 즉 ① 확정판결 ② 가집행선고부 판결 ③ 확정된 지급명령 ④ 강제집행 승낙 취지가 기재된 공정증서가 필요하다. 임의경매는 이미 설정한 저당권·근저당권·전세권 등의 담보권을 그저 실행하여 진행하는 경매이기 때문에 별도의 집행권원이 필요치 않다. 판례로 돌아가자. 본죄의 구성요건이 "강제집행"인 이상 임의경매까지 포함시킬 수는 없다는 것이다. 그렇다면 누군가 채권을 들고 ① 가압류·가처분이라는 보전처분을 제기하려고 할 때 ② 그 채권으로 민사소송을 제기하려고 할 때 ③ 승소확정판결을 받은 자가 부동산 등을 강제경매에 넘기려고 할 때에 재산을 빼돌리면 본죄가 성립한다. 이에 반해 ① 이미 설정되어 있는 저당권을 실행하여 부동산이나 자동차 등을 임의경매에 넘기려고 할 때 ② 또는 임의경매에 넘긴 상태에서 재산을 빼돌리면 본죄가 성립하지 않는다.

판례 A토지의 소유명의자는 甲이나 그 등기는 원인무효이고 丙이 실제 소유자인데, 丙으로부터 소유권이전등기 말소청구를 당할 것을 두려워한 甲은 ① 乙과 공모하여 乙 명의로 허위 가등기를 경료해두었다가 ② 丙이 부동산에 대한 처분금지가처분을 하자 이를 면탈하고자 ③ 乙 명의의 본등기를 경료하였음 – 甲·乙 강집면죄(상태) ○

"강제집행"에는 광의의 강제집행인 의사의 진술에 갈음하는 판결의 강제집행도 포함되고, 강제집행면탈죄의 성립요건으로서의 채권자의 권리와 행위의 객체인 재산은 국가의 강제집행권이 발동될 수 있으면 충분하다. (대법원 2015. 9. 15. 선고 2015도9883 판결)

동지 강제집행면탈죄에서 말하는 강제집행이란 소위 광의의 강제집행인 소유권이전등기 절차이행의 청구소의 제기도 포함된다. (대법원 1983. 10. 25. 선고 82도808 판결)

해설 "의사의 진술에 갈음하는 판결의 강제집행"은 무엇일까? 예를 들자. 乙이 甲에게 부동산을 증여하였는데 소유권이전등기를 경료해주지 않는다. 甲은 민사소송을 해서라도 부동산 등기를 얻어내고 싶다. 이때 甲은 소장의 청구취지에 이렇게 적는다. "피고는 원고에게 별지목록기재 부동산에 관하여 2021. 4. 3. 증여를 원인으로 한 소유권이전등기절차를 이행하라" 법원은 甲 승소판결의 주문에 이 청구취지를 그대로 적는다. 이때 이 판결문이 바로 '피고의 의사의 진술을 갈음하는(명한) 판결'이다.[156] 본래 소유권이전등기는 甲과 乙이 합치된 의사를 표시함으로써 경료하는 것인데, 이제 乙의 의사는 판결문으로서 확보되었으므로 甲은 단독으로 소유권이전등기를 경료할 수 있다. 그런데 만약 乙이 이 판결의 집행(소유권이전등기)을 피하고자 부동산을 허위양도하면 강제집행면탈죄가 성립한다.

2. 목적: 강제집행 면탈

고의 이외에 강제집행을 면탈하고자 하는 목적이 필요하다.

3. 객체: 재산

재산은 자기의 재산을 말하는 것이므로 타인의 재산에 대해서는 본죄 불성립한다.

판례 계약명의신탁에 따라 수탁자에게 부동산 소유권이전등기가 경료되었는데 신탁자가 강제집행 면탈하고자 그 부동산을 빼돌림 – 강집면죄(재산) × (대법원 2009. 5. 14. 선고 2007도2168 판결)

재산은 민사집행법상 강제집행의 대상이 될 수 있는 것이어야 한다.

---

156 민사집행법 제263조를 읽으면 이해에 도움이 된다. 제263조는 당연히 "제2편 강제집행"에 들어있다.
　　민사집행법 제263조(의사표시의무의 집행) ① 채무자가 권리관계의 성립을 인낙한 때에는 그 조서로, 의사의 진술을 명한 판결이 확정된 때에는 그 판결로 권리관계의 성립을 인낙하거나 의사를 진술한 것으로 본다.

[판례] 재산 – 민사집행법(민사소송법)에 의한 강제집행·보전처분이 가능한 권리 포함

강제집행면탈죄에 있어서 재산에는 동산·부동산뿐만 아니라 재산적 가치가 있어 민사소송법에 의한 강제집행 또는 보전처분이 가능한 특허 내지 실용신안 등을 받을 수 있는 권리도 포함된다. (대법원 2001. 11. 27. 선고 2001도4759 판결)

[참고] 피고인이 ① 피고인 명의로 등록된 특허권과 실용신안권 ② 피고인 명의로 특허출원 및 실용신안출원된 각 지적재산권을 허위양도 – 강집면죄(재산) ○

[판례] 부동산 경매절차에서 배당받을 배당금지급채권을 은닉함 – 강집면죄(재산) ○

피해자 甲은 乙의 채권자로서 乙이 丙 소유 부동산 경매사건에서 지급받을 배당금 채권의 일부에 가압류를 해 두었는데, 乙 사망 후 피고인과 丙, 乙의 상속인 등이 공모하여 丙의 乙에 대한 채무가 완제된 것처럼 허위의 채무완제확인서를 작성하여 법원에 제출하는 등의 방법으로 매각허가결정된 丙 소유 부동산의 경매를 취소하였다는 내용으로 기소된 사안에서, 乙의 상속인들이 丙 소유 부동산의 경매절차에서 배당받을 배당금지급채권은 강제집행면탈죄의 객체인 '재산'에 해당하고, 피고인 등이 丙의 乙에 대한 채권이 완제된 것처럼 가장하여 乙의 상속인 등을 상대로 청구이의의 소를 제기하고 그 판결에 기하여 강제집행정지 및 경매취소에 이르게 한 행위는 소유관계를 불명하게 하는 방법에 의한 '재산의 은닉'에 해당한다. (대법원 2011. 7. 28. 선고 2011도6115 판결)

[참고] 배당금지급채권에 대하여 가압류만 되어있을 뿐, 압류 및 전부명령을 받아 강제집행을 완료한 것도 아니기에, 허위의 채무완제확인서를 작출하여 경매를 취소한 이 사건은 은닉에 해당한다.

[판례] 의료법에 의하여 적법하게 개설되지 않은 의료기관의 국민건강보험공단에 대한 요양급여 대상채권 허위양도 – 강집면죄(재산) ×

의료법에 의하여 적법하게 개설되지 아니한 의료기관에서 요양급여가 행하여졌다면 해당 의료기관은 국민건강보험법상 요양급여비용을 청구할 수 있는 요양기관에 해당되지 아니하여 해당 요양급여비용 전부를 청구할 수 없고, 해당 의료기관의 채권자로서도 위 요양급여비용 채권을 대상으로 하여 강제집행 또는 보전처분의 방법으로 채권의 만족을 얻을 수 없는 것이므로, 결국 위와 같은 채권은 강제집행면탈죄의 객체가 되지 아니한다. (대법원 2017. 4. 26. 선고 2016도19982 판결)

[판례] 지하 4층·지상 12층으로 건축허가 받았으나 지상 8층까지 골조공사가 완료된 건물의 건축주 명의를 허위로 변경 – 강집면죄(재산) ×

甲 주식회사 대표이사 등인 피고인들이 공모하여 회사 채권자들의 강제집행을 면탈할 목적으로 甲 회사가 시공 중인 건물에 관한 건축주 명의를 甲 회사에서 乙 주식회사로 변경하였다는 내용으로 기소된 사안에서, 위 건물은 지하 4층, 지상 12층으로 건축허가를 받았으나 피고인들이 건축주 명의를 변경한 당시에는 지상 8층까지 골조공사가 완료된 채 공사가 중단되었던 사정에 비추어 민사집행법상 강제집행이나 보전처분의 대상이 될 수 있다고 단정하기 어렵다. (대법원 2014. 10. 27. 선고 2014도9442 판결)

[판례] 보전처분 단계에서의 가압류채권자의 지위 상실케 함 – 강집면죄(재산) ×

강제집행면탈죄의 객체는 채무자의 재산 중에서 채권자가 민사집행법상 강제집행 또는 보전처분의 대상으로 삼을 수 있는 것만을 의미하므로, '보전처분 단계에서의 가압류채권자의 지위' 자체는 원칙적으로 민사집행법상 강제집행 또는 보전처분의 대상이 될 수 없어 강제집행면탈죄의 객체에 해당한다고

볼 수 없고, 이는 가압류채무자가 가압류해방금을 공탁한 경우에도 마찬가지이다. 채무자가 가압류채권자의 지위에 있으면서 가압류집행해제를 신청함으로써 그 지위를 상실하는 행위는 형법 제327조에서 정한 '은닉, 손괴, 허위양도 또는 허위채무부담' 등 강제집행면탈행위의 어느 유형에도 포함되지 않는 것이므로, 이러한 행위를 처벌대상으로 삼을 수 없다. (대법원 2008. 9. 11. 선고 2006도8721 판결)

4. 행위

은닉·손괴·허위양도·허위 채무부담한 경우 본죄가 성립한다. 은닉에 관한 판례를 먼저 살펴본다.

판례 피고인이 회사의 어음 채권자들의 가압류 등을 피하기 위하여 회사의 예금계좌에 입금된 회사 자금을 인출하여 제3자 명의의 다른 계좌로 송금 – 강집면죄(은닉) ○ (대법원 2005. 10. 13. 선고 2005도4522 판결)

판례 피고인이 사업장의 유체동산에 대한 강제집행 면탈할 목적으로 사업자 등록의 사업자 명의를 변경함이 없이 사업장에서 사용하는 금전등록기의 사업자 이름만 변경 – 강집면죄(은닉) ○
재산의 '은닉'이라 함은 강제집행을 실시하는 자에 대하여 재산의 발견을 불능 또는 곤란케 하는 것을 말하는 것으로서, 재산의 소재를 불명케 하는 경우는 물론 그 소유관계를 불명하게 하는 경우도 포함하나, 재산의 소유관계를 불명하게 하는 데 반드시 공부상의 소유자 명의를 변경하거나 폐업 신고 후 다른 사람 명의로 새로 사업자 등록을 할 것까지 요하는 것은 아니고, 강제집행면탈죄의 성립에 있어서는 채권자가 현실적으로 실제로 손해를 입을 것을 요하는 것이 아니라 채권자가 손해를 입을 위험성만 있으면 족하다. (대법원 2003. 10. 9. 선고 2003도3387 판결)

비교 피고인 甲은 자신이 운영하는 A社 명의로 사업자등록을 하여 식당을 운영하고 있었는데, 식당의 유체동산에 대한 강제집행 면탈할 목적으로, 乙 명의로 추가 사업자등록을 한 후, A社 명의의 사업자등록 폐업신고함 – 강집면죄(은닉) ×
채무자가 제3자 명의로 되어 있던 사업자등록을 또 다른 제3자 명의로 변경하였다는 사정만으로는 그 변경이 채권자의 입장에서 볼 때 사업장 내 유체동산에 관한 소유관계를 종전보다 더 불명하게 하여 채권자에게 손해를 입게 할 위험성을 야기한다고 단정할 수 없다. (대법원 2014. 6. 12. 선고 2012도2732 판결)

해설 유체동산 강제집행단계에서 채권자는 그 동산이 채무자의 소유임을 입증하여야 한다. 그렇다면 기존의 채무자 명의를 제3자 명의로 변경하는 것은 채권자에게 위험을 발생시키는 은닉행위로 평가할 수 있는데 반하여, 기존의 제3자 명의를 또 다른 제3자 명의로 변경하는 것은 은닉행위라 평가하기 어렵다. 판례사건은 채권자가 A社에 대한 집행력 있는 공정증서정본을 가지고 있었는데 금전등록기의 사업자 이름을 A社 대표이사 甲에서 제3자인 乙로 변경한 사건이다. 이와 달리 비교사건은 채권자가 甲에 대한 채권을 가지고 있었는데 사업자등록 명의를 제3자인 A社에서 또 다른 제3자인 乙로 변경한 사건이다.

판례 채권자인 피고인이 자신의 채권담보 목적으로 채무자 소유의 선박들에 관하여 가등기를 경료하여 두었다가, 채무자와 공모하여 위 선박들을 가압류한 다른 채권자들의 강제집행을 불가능하게 할 목적으로, 정확한 청산절차도 거치지 않은 채 의제자백판결을 통하여 선순위 가등기권자인 피고인 앞으로 본등기를 경료함으로써 가등기 이후에 경료된 가압류등기 등을 모두 직권말소하게 하였음 – 강집면죄(은

닉) ○ (대법원 2000. 7. 28. 선고 98도4558 판결)

해설 채권자인 피고인이 먼저 가등기를 통해 재산을 동결한 것은 사실이다. 만약 피고인이 정당한 청산절차를 거쳐 그 선박에 대하여 본등기를 경료하여 그 뒤에 붙은 가압류들을 말소시켰다면 정당한 권리행사라 할 것이다. 그러나 채무자와 공모하여 가등기 선취를 기화로 후행 가압류를 말소하기 위한 본등기를 경료하면 '은닉'에 해당하여 본죄가 성립한다.

판례 채무자는 자신 소유의 유체동산이 채권자에 의하여 압류되었음에도 불구하고, 채무자 母의 소유인 것처럼 사칭하며 母의 명의로 제3자 이의의 소를 제기하고 집행정지결정을 받아 집행을 저지시킴 – 강집면죄(은닉) ○

강제집행면탈죄에 있어서 재산의 은닉이라 함은 재산의 소유관계를 불명케 하는 행위도 포함하는 것이므로, 채권자에 의하여 압류된 채무자 소유의 유체동산을 채무자의 모 소유인 것으로 사칭하면서 모의 명의로 제3자이의의 소를 제기하고, 집행정지결정을 받아 그 집행을 저지하였다면 이는 재산을 은닉한 경우에 해당한다. (대법원 1992. 12. 8. 선고 92도1653 판결)

해설 제3자 이의의 소란 무엇일까? 예를 들자. 乙은 친구 甲의 집에 놀러갔다. 그곳에서 乙의 노트북으로 함께 영화를 보고 있던 중, 甲의 채권자들이 집행관과 함께 들이닥쳐 동산에 대한 강제집행을 하기 시작했다. 집행관이 乙의 노트북을 보며 '甲님의 노트북으로 보이므로 압류합니다.'라고 하며 빨간 딱지를 붙이려 할 때, 乙은 무엇을 할 수 있을까? 이때 乙은 제3자 이의의 소를 제기하며 '나는 판결문에 써있는 채무자가 아니고, 이 노트북은 제 소유입니다.'라고 주장하여 강제집행을 배제할 수 있다.[157] 이제 다시 판례를 읽어보자.

허위양도에 관한 판례를 살펴본다. 진실한 양도인 경우에는 강제집행을 면탈할 목적이 있고 채권자의 불이익을 초래하였더라도 본죄가 성립하지 않는다.

판례 진실한 양도 – 강제집행면탈죄 ×

허위양도라 함은 진실한 양도가 아님에도 불구하고 표면상 진실한 양도인 것처럼 가장하여 재산의 명의를 변경하는 것을 말하므로 진실한 양도라면 그것이 강제집행을 면탈할 목적으로 된 것으로서 채권자를 해할 우려가 있는 행위라고 할지라도 위 허위양도에는 해당하지 않는다. (대법원 1983. 9. 27. 선고 83도1869 판결)

판례 부동산 명의수탁자가 강제집행 당할 위험에 처하자 신탁자가 명의신탁을 해지하고 타인에게 명의신탁함 – 강집면죄(허위양도) ×

교회의 목사인 피고인 및 공소외 (갑)의 공동명의로 신탁된 교회소유의 대지가 위 (갑)의 사업실패로 그 채권자들로부터 강제집행의 우려가 있자 교회건축위원회에서 피고인 및 (갑)에 대한 명의신탁을 해지한 후 다른 재직회 임원인 공소외 (을)등 5명 앞으로 명의신탁하기로 결정하고 이에 따라 매매를 원인

---

157 **민사집행법 제48조(제3자이의의 소)** ① 제3자가 강제집행의 목적물에 대하여 소유권이 있다고 주장하거나 목적물의 양도나 인도를 막을 수 있는 권리가 있다고 주장하는 때에는 채권자를 상대로 그 강제집행에 대한 이의의 소를 제기할 수 있다. 다만, 채무자가 그 이의를 다투는 때에는 채무자를 공동피고로 할 수 있다.

으로 하여 경료된 소유권이전등기는 신탁자의 신탁재산에 대한 정당한 권리행사이고 강제집행면탈죄의 구성요건인 허위양도에 해당하지 아니한다. (대법원 1983. 7. 26. 선고 82도1524 판결)

참고 애초에 수탁자의 재산이라고 볼 수 없어 본죄가 불성립한다는 해석도 가능할 것이다.

허위 채무부담에 관한 판례를 살펴본다. 진실한 채무부담인 경우에는 본죄가 성립하지 않는다.

판례 피고인이 강제집행 면탈코자 허위채무 부담하고 근저당권설정등기 경료해줌 – 강집면죄(허위부담) ○ (대법원 1990. 3. 23. 선고 89도2506 판결)

판례 이혼을 요구하는 처로부터 재산분할청구권에 근거한 가압류 등 강제집행을 받을 우려가 있자 남편인 피고인이 허위의 채무를 부담하고 부동산에 소유권이전청구권보전 가등기를 경료해줌 – 강집면죄(허위부담) ○ (대법원 2008. 6. 26. 선고 2008도3184 판결)

판례 피고인이 乙에게 3,000만 원의 돈을 차용하였다는 허위 내용의 차용증을 작성하여 주고 부동산에 乙 앞으로 소유권이전청구권보전 가등기를 경료함 – 강집면죄(허위부담) ○ (대법원 1996. 1. 26. 선고 95도2526 판결)

판례 甲이 乙에게 허위의 채무를 부담하는 내용의 채무변제계약 공정증서를 작성해주고 乙이 이에 터 잡아 채권압류 및 추심명령을 받은 경우 – 강집면죄(허위부담) ○

강제집행면탈죄는 현실적으로 민사집행법에 의한 강제집행 또는 가압류, 가처분의 집행을 받을 우려가 있는 객관적인 상태, 즉 채권자가 본안 또는 보전소송을 제기하거나 제기할 태세를 보이고 있는 상태에서 주관적으로 강제집행을 면탈하려는 목적으로 재산을 은닉, 손괴, 허위양도하거나 허위의 채무를 부담하여 채권자를 해칠 위험이 있으면 성립한다. 반드시 채권자를 해치는 결과가 야기되거나 행위자가 어떤 이득을 얻어야 범죄가 성립하는 것은 아니다. 허위의 채무를 부담하는 내용의 채무변제계약 공정증서를 작성하고 이에 터 잡아 채권압류 및 추심명령을 받은 경우에는 강제집행면탈죄가 성립한다. (대법원 2018. 6. 15. 선고 2016도847 판결)

판례 진실한 채무 담보 위한 근저당권 설정 – 강집면죄(허위부담) ×

피고인이 장래에 발생할 특정의 조건부채권을 담보하기 위한 방편으로 부동산에 대하여 근저당권을 설정한 것이라면, 특별한 사정이 없는 한 이는 장래 발생할 진실한 채무를 담보하기 위한 것으로서, 피고인의 위 행위를 가리켜 강제집행면탈죄 소정의 '허위의 채무를 부담'하는 경우에 해당한다고 할 수 없다. (대법원 1996. 10. 25. 선고 96도1531 판결)

은닉·손괴·허위양도·허위채무부담 어디에도 속하지 않아 본죄가 불성립한 판례를 살펴보자.

> **판례** 채권자가 채무자에 대한 채무명의에 기하여 제3채무자에 대한 매매잔대금채권에 관하여 압류 및 전부명령을 받고 그 명령이 제3채무자에게 송달되자 제3채무자의 子인 피고인이 채무자와 공모하여 위 잔대금이 전부명령 송달 전에 전액 지급된 것처럼 허위영수증을 발행함 – 강집면죄 ×
> 피고인이 채무자로부터 허위영수증을 수취한 것이 제3채무자에 대한 전부명령의 송달로 위 잔대금채권에 대한 집행이 완료된 후라면 이로써는 동채권에 대한 채권자의 강제집행을 방해하였다고는 볼 수 없고 또 위 영수증의 발행 및 그 수취행위는 제3채무자의 재산에 대한 형법 제327조 소정의 어느 행위에도 해당되지 않는다 할 것이므로 강제집행면탈죄는 성립되지 아니한다. (대법원 1984. 6. 12. 선고 82도1544 판결)
>
> **해설** 금전채권 압류 및 전부명령은 피압류채권을 채무자에서 채권자로 이전(취득)시키는 법원의 명령이다. 즉 압류 및 전부명령이 제3채무자에게 송달되는 때 채권은 채권자에게 이전된다. 이미 채권자 앞으로 채권이 이전된 이상(강제집행이 완료된 이상), 제3채무자와 채무자가 어떤 작당 모의를 하더라도 강제집행(압류 및 전부명령)에 영향을 주지 않는다. 이 사건의 경우, 압류 및 전부명령의 제3채무자에 대한 송달이 8. 30.에 이루어졌는데, 채무자(피고인)의 허위영수증 작출은 9. 5. 이루어졌다.

5. 채권자를 해할 위험

채권자를 해할 위험성이 있으면 충분하고 현실적으로 채권자를 해할 것은 요하지 않는다. 인정례를 먼저 살펴본다.

> **판례** 채무자인 피고인이 채권자 甲의 강제집행 면탈할 목적으로 제3채무자 乙에 대한 채권을 丙에게 허위양도한 경우, 위험 판단기준
> 채무자인 피고인이 채권자 甲의 가압류집행을 면탈할 목적으로 제3채무자 乙에 대한 채권을 丙에게 허위양도하였다고 하여 강제집행면탈로 기소된 사안에서, 가압류결정 정본이 제3채무자에게 송달된 날짜와 피고인이 채권을 양도한 날짜가 동일하므로 가압류결정 정본이 乙에게 송달되기 전에 채권을 허위로 양도하였다면 강제집행면탈죄가 성립한다. (대법원 2012. 6. 28. 선고 2012도3999 판결)
>
> **해설** 채권자가 채권에 대한 강제집행에 들어가자, 채무자가 그 채권을 허위양도한다. 어느 시점에 채권을 허위양도해야 위험이 발생했다고 볼 수 있을까? 판례는 ② 결정문 송달 이전에 ④ 채권양도가 이루어지면 위험이 발생했다고 본다(원심은 ② 결정문 송달이 ⑧ 양도통지 송달보다만 빨리 도달하면 법적으로 강제집행이 우선하므로 ②와 ⑧를 비교하여야 한다는 취지로 보았으나 파기).
>
> **채권자의 강제집행** –   ① 가압류 결정   ② **결정문 송달**
>   **vs**
> **채무자의 허위 채권양도** –   ④ **채권양도**   ⑧ 양도통지 송달

> **판례** 강제집행 면탈 목적으로 채무자가 제3채무자에 대한 채권을 허위 양도한 경우, 강제집행면탈죄의 공소시효 기산점 – 제3채무자에게 채권양도의 통지가 행해진 때 (대법원 2011. 10. 13. 선고 2011도6855 판결)

[판례] 채무자인 피고인이 허위채무를 부담하고 근저당권설정등기를 경료해주었는데, 근저당권이 설정된 부동산 외에 약간의 다른 재산이 있는 경우 – 강집면죄(위험) ○

피고인이 주장하는 바와 같이 이 사건 부동산외에 약간의 다른 재산이 있다고 하더라도 원심판시와 같이 강제집행을 면할 목적으로 허위채무를 부담하고 근저당권설정등기를 경료하여 줌으로써 채권자인 공소외 황태상을 해하였다고 인정되는 이상 강제집행면탈죄가 성립된다. (대법원 1990. 3. 23. 선고 89 도2506 판결)

[동지] 채무자에게 허위채무를 공제한 후에도 약간의 다른 재산이 남는 경우 – 강집면죄(위험) ○ (대법원 2008. 4. 24. 선고 2007도4585 판결)

[비교] 피고인이 자신을 상대로 사실혼관계해소 청구소송을 제기한 甲에 대한 채무를 면탈하려고 피고인 명의 아파트를 담보로 대출을 받아 그 중 대부분을 타인 명의 계좌로 입금하여 은닉하였으나, 甲의 위자료채권액(4,000만 원)을 훨씬 상회하는 다른 재산이 있었던 경우 – 강집면죄(위험) × (대법원 2011. 9. 8. 선고 2011도5165 판결)

[판례] 채무자가 허위양도한 부동산에 그 시가액보다 다액의 피담보채무가 있었던 경우 – 강집면죄(위험) ○

강제집행면탈죄는 이른바 위태범으로서 강제집행을 당할 구체적인 위험이 있는 상태에서 재산을 은닉, 손괴, 허위양도 또는 허위의 채무를 부담하면 바로 성립하는 것이고, 반드시 채권자를 해하는 결과가 야기되거나 이로 인하여 행위자가 어떤 이득을 취하여야 범죄가 성립하는 것은 아니며, 허위양도한 부동산의 시가액보다 그 부동산에 의하여 담보된 채무액이 더 많다고 하여 그 허위양도로 인하여 채권자를 해할 위험이 없다고 할 수 없다. (대법원 1999. 2. 12. 선고 98도2474 판결)

참고 깡통부동산이더라도 시가상승의 위험이 인정된다.

이어서 부정례를 살펴본다.

[판례] 가압류 후에 목적물의 소유권을 취득한 제3취득자가 다른 사람에 대한 허위의 채무에 기하여 근저당권설정등기 등을 경료 – 가압류채권자에 대한 강집면죄(위험) ×

가압류에는 처분금지적 효력이 있으므로 가압류 후에 목적물의 소유권을 취득한 제3취득자 또는 그 제3취득자에 대한 채권자는 그 소유권 또는 채권으로써 가압류권자에게 대항할 수 없다. 따라서 가압류 후에 목적물의 소유권을 취득한 제3취득자가 다른 사람에 대한 허위의 채무에 기하여 근저당권설정등기 등을 경료하더라도 이로써 가압류채권자의 법률상 지위에 어떤 영향을 미치지 않으므로, 강제집행면탈죄에 해당하지 아니한다. (대법원 2008. 5. 29. 선고 2008도2476 판결)

해설 부동산 가압류의 처분금지효란 무엇일까? 거칠게 말하면 재산을 '동결' 시키는 것이다. 그렇다고 부동산 소유자가 부동산을 법적으로 처분할 수 없다는 뜻은 아니다. 가압류에 위반한 처분행위라도 당사자 사이에는 유효하고 단지 가압류채권자에 대하여서는 주장할 수 없다는 뜻이다(개별상대효설). 사례로 설명한다. 채권자 乙은 채무자 甲의 부동산에 가압류를 설정하였다. 채무자 甲은 제3자 丙에게 부동산을 매도하고 소유권이전등기를 경료해주었다. 채권자 乙은 채무자 甲이 끝내 채무를 변제하지 않자 민사소송을 제기하여 승소한 뒤 확정판결을 집행권원으로 삼아 부동산을 압류하고 경매로 나아간다. 이때 丙이 손을 들며 '이거 내 부동산이고 내가 채무자도 아닌데 왜 경매합니까?'라고 말할 수 있을까? 없다. 채권자 乙은 자신이 가압류를 한

시점의 소유관계를 동결시켰기 때문에, 그 시점의 소유자인 甲에 대한 채권으로 부동산을 경매에 넘길 수 있는 것이다. 丙이 불쌍하진 않나? 丙은 가압류 등기를 보고도 부동산을 매수함으로써 위험을 부담한 자이고, 정 부동산을 지키고 싶으면 자신이 乙에게 (대위)변제하고 경매를 막을 수도 있다. 가압류의 처분금지효와 강제집행면탈죄에 관한 두 문제를 풀어보자.

[문제 1] 채권자 乙이 채무자 甲의 부동산을 가압류하였다. 그런데 甲이 허위로 채무를 부담하고 丙에게 근저당권설정등기를 경료한 경우, 甲에게 강제집행면탈죄가 성립하는가? (검찰실무 기출)

해설 성립한다. 가압류는 처분금지효는 갖지만 우선변제효를 갖지 못한다. 丙은 가압류 이후에 근저당권을 설정하였기 때문에 처분금지효에 따라 乙에게 우선변제효를 주장할 수는 없다(일반채권자로 취급될 뿐이다). 그러나 乙은 (우선변제효 없는) 가압류를 설정한 자에 불과하기에 뒤이어 일반채권자들이 등장하는 것까지 막아 세울 힘은 없다. 따라서 가압류 뒤로 근저당권설정자나 또 다른 일반채권자가 생기면 채권자평등원칙에 따라 1/N로 안분배당이 이루어진다.[158] 乙의 피보전채권이 1천만 원, 丙의 근저당권 피담보채무가 1천만 원이고, 甲 부동산 경매에 따른 낙찰대금이 1천만 원이라 하자. 丙이 없었더라면 乙이 1천만 원을 모두 가져가는데, 이제는 자신과 평등한 채권자인 丙이 있으므로 1/2 안분배당이 이루어져 5백만 원밖에 받지 못한다. 따라서 甲에게는 강제집행면탈죄가 성립한다.

[문제 2] 채권자 乙이 채무자 甲의 부동산을 가압류하였다. 甲은 부동산을 丙에게 매도하였다. 그런데 丙이 乙의 강제집행을 면탈하고자 허위로 채무를 부담하고 丁에게 근저당권설정등기를 경료한 경우, 丙에게 강제집행면탈죄가 성립하는가? (대법원 2008. 5. 29. 선고 2008도2476 판결)

해설 성립하지 않는다. 가압류는 처분금지효를 갖기에 가압류 이후에 부동산을 취득한 제3취득자인 丙·제3취득자의 채권자인 丁은 乙에게 대항할 수 없다.[159] 즉 乙의 피보전채권이 1천만원, 丁의 근저당권 피담보채무가 1천만원인데, 부동산 낙찰대금이 1천만원이라고 하면, 乙은 1천만원을 모두 배당받는다. 따라서 丙에게는 강제집행면탈죄가 성립하지 않는다.

판례 토지소유자(채권자)가 건물소유자(채무자)에 대하여 '건물철거·인도청구권'을 가지고 있었는데, 채무자가 강제집행을 면탈코자 허위채무를 부담하고 건물에 근저당권설정등기를 경료 – 강집면죄(위험) ✕

채권자의 채권이 금전채권이 아니라 토지 소유자로서 그 지상 건물의 소유자에 대하여 가지는 건물철거 및 토지인도청구권인 경우라면, 채무자인 건물 소유자가 제3자에게 허위의 금전채무를 부담하면서 이를 피담보채무로 하여 건물에 관하여 근저당권설정등기를 경료하였다는 것만으로는 직접적으로 토지 소유자의 건물철거 및 토지인도청구권에 기한 강제집행을 불능케 하는 사유에 해당한다고 할 수 없으므로 건물 소유자에게 강제집행면탈죄가 성립한다고 할 수 없고, 이는 건물 소유자가 토지 임차인으로서 임대인인 토지 소유자에 대하여 민법 제643조의 건물매수청구권을 행사함으로써 건물 소유자와 토지 소

---

158 대법원 1994. 11. 29.자 94마417 결정에 따르면 가압류채권자와 근저당권자 및 근저당권설정등기 후 강제경매신청을 한 압류채권자 사이의 배당관계에 있어서, 근저당권자는 선순위 가압류채권자에 대하여는 우선변제권을 주장할 수 없으므로 1차로 채권액에 따른 안분비례에 의하여 평등배당을 받은 다음, 후순위 경매신청압류채권자에 대하여는 우선변제권이 인정되므로 경매신청압류채권자가 받을 배당액으로부터 자기의 채권액을 만족시킬 때까지 이를 흡수하여 배당받을 수 있다.

159 대법원 2005. 7. 29. 선고 2003다40637 판결에 따르면 가압류 후 목적물이 제3취득자에게 양도된 경우 그 양도 전에 목적물을 압류 또는 가압류한 채권자들은 집행절차에서 매각대금 중 처분금지적 효력이 미치는 범위의 금액(가압류 결정 당시의 청구금액의 한도 안에서 가압류 목적물의 교환가치)에 관하여 우선적으로 배당받고, 남는 것이 있으면 목적물을 양수한 제3취득자의 채권자에게 내어준다.

유자 사이에 건물에 관한 매매관계가 성립하여 토지 소유자가 건물 소유자에 대하여 건물에 관한 소유권이전등기 및 명도청구권을 가지게 된 후에 건물 소유자가 제3자에게 허위의 금전채무를 부담하면서 이를 피담보채무로 하여 건물에 관하여 근저당권설정등기를 경료한 경우에도 마찬가지이다. (대법원 2008. 6. 12. 선고 2008도2279 판결)

동지 피고인이 피해자들의 건물에 대한 '명도청구권' 행사될 것으로 예상되자 허위채무 부담하고 가등기 경료 – 강집면죄(위험) × (대법원 1984. 2. 14. 선고 83도708 판결)

해설 건물에 설정된 근저당권설정등기(가등기)는 토지소유자(채권자)의 건물철거·인도청구권(명도청구권) 행사에 장애가 되지 못한다.

판례 채무자가 압류금지채권의 목적물의 수령계좌를 압류되어 있는 A은행 계좌에서 압류되어 있지 않은 B은행 계좌로 변경하여 수령함 – 강집면죄(위험) ×

압류금지채권의 목적물이 채무자의 예금계좌에 입금된 경우에는 그 예금채권에 대하여 더 이상 압류금지의 효력이 미치지 아니하므로 그 예금은 압류금지채권에 해당하지 않지만, 압류금지채권의 목적물이 채무자의 예금계좌에 입금되기 전까지는 여전히 강제집행 또는 보전처분의 대상이 될 수 없으므로, 압류금지채권의 목적물을 수령하는 데 사용하던 기존 예금계좌가 채권자에 의해 압류된 채무자가 압류되지 않은 다른 예금계좌를 통하여 그 목적물을 수령하더라도 강제집행이 임박한 채권자의 권리를 침해할 위험이 있는 행위라고 볼 수 없어 강제집행면탈죄가 성립하지 않는다. (대법원 2017. 8. 18. 선고 2017도6229 판결)

해설 압류금지채권이 ① 입금된 후에는 강제집행면탈의 대상이 되지만 ② 입금 전에는 강제집행면탈의 대상이 아니므로 ② 입금 전에 계좌를 변경한 것은 위험을 초래하지 아니하다는 것이다. '입금' 전후를 기준으로 죄 성부가 달라지는 것은 상식에 반한다는 의문이 제기된다.
그러나 압류금지채권의 ① 입금된 후라도 채무자는 민사집행법 제246조 제2항을 통해 (강제집행면탈을 저지르지 않고도) 적법하게 채권자를 막아세울 수 있다. 압류금지채권에는 급여채권의 2분의 1에 해당하는 금액, 법령에 규정된 부양료·유족부조료 등이 있다. 이런 채권들까지 압류하면 채무자가 도무지 살 수 없으니 압류를 금지한 것이다. 나쁜 채권자는 이렇게 생각한다. "급여'채권'을 압류 못 하는 건 맞는데 급여가 예금계좌에 입금된 이후에 그 예금계좌를 압류하면 되겠구나!" 이를 막고자 민사집행법 제246조 제2항은 법원은 채무자의 신청에 따라 압류금지채권의 목적물 부분에 대해서는 반드시 압류명령을 취소하여야 한다고 규정한다. 즉 은행 계좌를 압류하고 있더라도 그곳으로 압류금지채권의 목적물이 입금되면 채무자의 신청에 따라 그 목적물 금액 만큼에 대해서는 압류가 취소되고, 채무자는 이를 사용할 수 있는 것이다.[160]
즉 이 사건 채무자는 민사집행법 제246조 제2항을 통해 채권자를 막아 세울 수 있는데 괜한 계좌변경을 하여

---

160 **민사집행법 제246조(압류금지채권)** ① 다음 각호의 채권은 압류하지 못한다.
  1. 법령에 규정된 부양료 및 유족부조료(遺族扶助料)
  4. 급료·연금·봉급·상여금·퇴직연금, 그 밖에 이와 비슷한 성질을 가진 급여채권의 2분의 1에 해당하는 금액. 다만, 그 금액이 국민기초생활보장법에 의한 최저생계비를 감안하여 대통령령이 정하는 금액에 미치지 못하는 경우 또는 표준적인 가구의 생계비를 감안하여 대통령령이 정하는 금액을 초과하는 경우에는 각각 당해 대통령령이 정하는 금액으로 한다.
  8. 채무자의 1월간 생계유지에 필요한 예금(적금·부금·예탁금과 우편대체를 포함한다). 다만, 그 금액은「국민기초생활 보장법」에 따른 최저생계비, 제195조제3호에서 정한 금액 등을 고려하여 대통령령으로 정한다.
  ② 법원은 제1항제1호부터 제7호까지에 규정된 종류의 금원이 금융기관에 개설된 채무자의 계좌에 이체되는 경우 채무자의 신청에 따라 그에 해당하는 부분의 압류명령을 취소하여야 한다.

강제집행면탈죄로 기소된 것이다.

6. 기타

가. 죄수 등

죄수·타죄와의 관계를 살펴본다.

[판례] 1개의 행위로 복수의 강제집행 면탈 – 상상적 경합

채권자들에 의한 복수의 강제집행이 예상되는 경우 재산을 은닉 또는 허위양도함으로써 채권자들을 해하였다면 채권자별로 각각 강제집행면탈죄가 성립하고, 상호 상상적 경합범의 관계에 있다. (대법원 2011. 12. 8. 선고 2010도4129 판결)

[판례] ① 허위의 담보가등기 → ② 가등기 양도 및 본등기 경료 – ①·② 강제집행면탈죄 (실체적 경합)

채무자가 ① 자신의 부동산에 甲명의로 허위의 금전채권에 기한 담보가등기를 설정하고 ② 이를 乙에게 양도하여 乙명의의 본등기를 경료하게 한 사안에서, ① 甲명의 담보가등기 설정행위로 강제집행면탈죄가 성립한다고 하여 ② 그 후 乙명의로 이루어진 가등기 양도 및 본등기 경료행위가 불가벌적 사후행위가 되는 것은 아니다. (대법원 2008. 5. 8. 선고 2008도198 판결)

[판례] 타인 재물 보관자가 보관하고 있는 재물을 영득할 의사로 은닉하였으나 그의 채권자들의 강제집행을 면탈하는 결과를 가져온 경우 – ① 횡령죄 ○ ② 강제집행면탈죄 × (대법원 2000. 9. 8. 선고 2000도1447 판결)

참고 회사의 자금을 변칙회계 후 차명계좌로 입금한 사건이다.

형법
사용
설명서

Study guide: Criminal law

형법사용설명서

PART

02

사회적 법익에 대한 죄

공공의 안전과 평온에 대한 죄

01 │ 공안을 해하는 죄

Ⅰ 범죄단체 등 조직죄

> **제114조(범죄단체 등의 조직)** 사형, 무기 또는 장기 4년 이상의 징역에 해당하는 범죄를 목적으로 하는
> 단체 또는 집단을 조직하거나 이에 가입 또는 그 구성원으로 활동한 사람은 그 목적한 죄에 정한 형으
> 로 처벌한다. 다만, 형을 감경할 수 있다.

例規 제114조 범죄단체(조직, 가입, 활동)	미수 ×

🔍 핵심단어
• ① 범죄단체·범죄집단 ② 조직·가입·활동

① 최근 보이스피싱에 대한 엄정대응 기조에 따라 위 죄가 적극 활용되고 있다. 대법원은 2016
도122 판결에서 최초로 보이스피싱 조직을 '범죄단체'로 인정한 이후, 2017도8600 판결 등에서도
그러한 기조를 유지하고 있다. ② 이른바 조직폭력배 등에 대해서는 폭처법 제4조 제1항이 활용된
다.[161] 관련 판례를 살펴본다.

> **판례** 범죄단체 – ① 특정 다수인의 범죄수행이라는 공동목적 ② 계속적 결합체 ③ 최소한의 통솔체제
> 범죄집단 – ① 특정 다수인의 범죄수행이라는 공동목적 ② 계속적 결합체 ③ 조직적 구조
> 형법 제114조 제1항 소정의 '범죄를 목적으로 하는 단체'라 함은 ① 특정다수인이 일정한 범죄를 수행한
> 다는 공동목적 아래 이루어진 ② 계속적인 결합체로서 단순한 다중의 집합과는 달라 ③ 단체를 주도하

---

161 **폭력행위 등 처벌에 관한 법률 제4조(단체 등의 구성·활동)** ① 이 법에 규정된 범죄를 목적으로 하는 단체 또는
집단을 구성하거나 그러한 단체 또는 집단에 가입하거나 그 구성원으로 활동한 사람은 다음 각 호의 구분에 따라
처벌한다. 1. 수괴(首魁): 사형, 무기 또는 10년 이상의 징역 2. 간부: 무기 또는 7년 이상의 징역 3. 수괴·간부
외의 사람: 2년 이상의 유기징역

는 최소한의 통솔체제를 갖추고 있어야 함을 요하는바, 피고인들이 각기 소매치기의 범죄를 목적으로 그 실행행위를 분담하기로 약정하였으나 위에서 본 계속적이고 통솔체제를 갖춘 단체를 조직하였거나 그와 같은 단체에 가입하였다고 볼 증거가 없다는 이유로 무죄를 선고한 조치는 정당하다. (대법원 1981. 11. 24. 선고 81도2608 판결) **표준**

형법 제114조에서 정한 '범죄를 목적으로 하는 집단'이란 ① 특정 다수인이 사형, 무기 또는 장기 4년 이상의 범죄를 수행한다는 공동목적 아래 ② 구성원들이 정해진 역할 분담에 따라 행동함으로써 범죄를 반복적으로 실행할 수 있는 조직체계를 갖춘 계속적인 결합체를 의미한다. '범죄단체'에서 요구되는 '최소한의 통솔체계'를 갖출 필요는 없지만, 범죄의 계획과 실행을 용이하게 할 정도의 조직적 구조를 갖추어야 한다. (대법원 2020. 8. 20. 선고 2019도16263 판결)

폭력행위등처벌에관한법률 제4조 소정의 범죄단체는 ① 같은 법 소정의 범죄를 한다는 공동목적하에 특정 다수인에 의하여 이루어진 ② 계속적이고도 ③ 최소한의 통솔체제를 갖춘 조직화된 결합체를 의미한다 할 것이므로, 특정 다수인에 의하여 이루어진 계속적이고 통솔체제를 갖춘 조직화된 결합체라 하더라도 그 구성원이 같은 법 소정의 범죄에 대한 공동목적을 갖고 있지 아니하는 한 그 단체를 같은 법 소정의 범죄단체로 볼 수는 없다. (대법원 2004. 7. 8. 선고 2004도2009 판결) **표준**

폭력행위등처벌에관한법률 제4조에 규정된 … (중략) … 범죄집단이라 함은 범죄단체와 같이 계속적일 필요는 없으나 ① 다수자가 동시에 동일 장소에 집합되어 있고 ② 그 조직의 형태가 위 법에서 정한 수괴, 간부, 가입자를 구분할 수 있는 정도의 결합체를 의미한다. (대법원 1991. 12. 24. 선고 91도2397 판결) **참고** '형법상 범죄집단'과 '폭처법상 범죄집단'의 요건에 약간의 차이가 발견된다.

판례 범죄단체조직죄는 목적한 범죄의 실행여부와는 무관함

형법 제114조 소정 범죄단체조직죄는 범죄를 목적으로 하는 단체를 조직함으로써 성립하는 것이고 그 후 목적한 범죄의 실행행위를 하였는가 여부는 위 죄의 성립에 영향이 없다. (대법원 1975. 9. 23. 선고 75도2321 판결) **표준**

판례 범죄단체의 구성 · 가입 · 활동 – 포괄일죄

폭력행위 등 처벌에 관한 법률 제4조 제1항은 그 법에 규정된 범죄행위를 목적으로 하는 단체를 구성하거나 이에 가입하는 행위 또는 구성원으로 활동하는 행위를 처벌하도록 정하고 있는데, 이는 구체적인 범죄행위의 실행 여부를 불문하고 범죄행위에 대한 예비 · 음모의 성격이 있는 범죄단체의 생성 및 존속 자체를 막으려는 데 입법 취지가 있다. 또한 위 조항에서 말하는 범죄단체 구성원으로서의 활동이란 범죄단체의 내부 규율 및 통솔 체계에 따른 조직적 · 집단적 의사 결정에 기초하여 행하는 범죄단체의 존속 · 유지를 지향하는 적극적인 행위를 일컫는다.

그런데 범죄단체의 구성이나 가입은 범죄행위의 실행 여부와 관계없이 범죄단체 구성원으로서의 활동을 예정하는 것이고, 범죄단체 구성원으로서의 활동은 범죄단체의 구성이나 가입을 당연히 전제로 하는 것이므로, 양자는 모두 범죄단체의 생성 및 존속 · 유지를 도모하는, 범죄행위에 대한 일련의 예비 · 음모 과정에 해당한다는 점에서 범의의 단일성과 계속성을 인정할 수 있을 뿐만 아니라 피해법익도 다르지 않다. 따라서 범죄단체를 구성하거나 이에 가입한 자가 더 나아가 구성원으로 활동하는 경우, 이는 포괄일죄의 관계에 있다. (대법원 2015. 9. 10. 선고 2015도7081 판결) **표준**

[판례] ① 보이스피싱 범죄단체 가입·활동죄 ② 사기죄 – 법조경합의 관계 ×

피고인이 보이스피싱 사기 범죄단체에 가입한 후 사기범죄의 피해자들로부터 돈을 편취하는 등 그 구성원으로서 활동하였다는 내용의 공소사실이 유죄로 인정된 사안에서, 범죄단체 가입행위 또는 범죄단체 구성원으로서 활동하는 행위와 사기행위는 각각 별개의 범죄구성요건을 충족하는 독립된 행위이고 서로 보호법익도 달라 법조경합 관계로 목적된 범죄인 사기죄만 성립하는 것은 아니다. (대법원 2017. 10. 26. 선고 2017도8600 판결) **표준**

[판례] ① 폭처법상 범죄집단활동죄 ② 폭처법상 공동강요죄의 관계 – 실체적 경합 ○

범죄단체 등에 소속된 조직원이 저지른 폭력행위 등 처벌에 관한 법률(이하 '폭력행위처벌법'이라 한다) 위반(단체 등의 공동강요)죄 등의 개별적 범행과 폭력행위처벌법 위반(단체 등의 활동)죄는 범행의 목적이나 행위 등 측면에서 일부 중첩되는 부분이 있더라도, 일반적으로 구성요건을 달리하는 별개의 범죄로서 범행의 상대방, 범행 수단 내지 방법, 결과 등이 다를 뿐만 아니라 그 보호법익이 일치한다고 볼 수 없다. 또한 폭력행위처벌법 위반(단체 등의 구성·활동)죄와 위 개별적 범행은 특별한 사정이 없는 한 법률상 1개의 행위로 평가되는 경우로 보기 어려워 상상적 경합이 아닌 실체적 경합관계에 있다고 보아야 한다. (대법원 2022. 9. 7. 선고 2022도6993 판결)

[동지] 범죄단체 조직·가입·활동죄와 해당 범죄단체가 목적한 개별 범죄의 죄수관계 – 실체적 경합 ○ (대법원 2020. 12. 24. 선고 2020도10814 판결)

해설 ① 범죄단체조직죄(또는 범죄단체가입죄)와 범죄단체활동죄의 죄수 관계에 대하여, 판례는 (통일되지는 않지만 대체로) 포괄일죄로 보고 있다. 생각건대 범죄단체 조직·가입 행위는 그 자체로 범죄단체 구성원으로서의 활동을 예정한다는 점에서 포괄일죄로 이해하는 것이 타당하다. 한편, ② 범죄단체조직죄 등과 목적 범죄의 죄수의 경우, (2017도8600 판결과 같이 상상적 경합이라고 판단한 원심을 수긍한 판례도 있기는 하지만[162]) 2022도6993 판결, 2020도10814 판결과 같이 실체적 경합이라고 본 판례가 주류인 것으로 판단된다.

Ⅱ 공무원자격사칭죄

제118조(공무원자격의 사칭) 공무원의 자격을 사칭하여 그 직권을 행사한 자는 3년 이하의 징역 또는 700만원 이하의 벌금에 처한다.

例規 제118조 공무원자격사칭	미수 ×

🔍 **핵심단어**

• ① 공무원 자격 사칭 ② 직권행사

---

162 하담미, "보이스피싱 조직의 범죄단체 의율에 관한 제문제 – 대법원 2017. 10. 26. 선고 2017도8600 판결을 중심으로", 형사법의 신동향 제58호, 대검찰청, 2018, 352-355쪽.

관련 판례를 살펴본다.

판례 공무원 자격사칭죄 – 사칭하는 공무원의 직권 범위 내에서 직권을 행사해야 함

공무원자격사칭죄가 성립하려면 어떤 직권을 행사할 수 있는 권한을 가진 공무원임을 사칭하고 그 직권을 행사한 사실이 있어야 하는바, 피고인들이 그들이 위임받은 채권을 용이하게 추심하는 방편으로 합동수사반원임을 사칭하고 협박한 사실이 있다고 하여도 위 채권의 추심행위는 개인적인 업무이지 합동수사반의 수사업무의 범위에는 속하지 아니하므로 이를 공무원자격사칭죄로 처벌할 수 없다. (대법원 1981. 9. 8. 선고 81도1955 판결) **표준**

---

02 | 폭발물에 관한 죄

I 폭발물사용죄

제119조(폭발물 사용) ① 폭발물을 사용하여 사람의 생명, 신체 또는 재산을 해하거나 그 밖에 공공의 안전을 문란하게 한 자는 사형, 무기 또는 7년 이상의 징역에 처한다.

例規 제119조 ① 폭발물사용	미수 ○ 예비·음모·선동 ○

🔍 **핵심단어**

• ① 폭발물 사용 ② 생명·신체·재산 해하거나 기타 공공 안전 문란케 함

관련 판례를 살펴본다.

판례 폭발물의 의미

형법 제119조 제1항에서 규정한 폭발물사용죄는 폭발물을 사용하여 공안을 문란하게 함으로써 성립하는 공공위험범죄로서 개인의 생명, 신체 등과 아울러 공공의 안전과 평온을 보호법익으로 하는 것이고, 법정형이 사형, 무기 또는 7년 이상의 징역으로 범죄의 행위 태양에 해당하는 생명, 신체 또는 재산을 해하는 경우에 성립하는 살인죄, 상해죄, 재물손괴죄 등의 범죄를 비롯한 유사한 다른 범죄에 비하여 매우 무겁게 설정되어 있을 뿐 아니라, 형법은 제172조에서 '폭발성 있는 물건을 파열시켜 사람의 생명, 신체 또는 재산에 대하여 위험을 발생시킨 자'를 처벌하는 폭발성물건파열죄를 별도로 규정하고 있는데

그 법정형은 1년 이상의 유기징역으로 되어 있다. 이와 같은 여러 사정을 종합해 보면, 폭발물사용죄에서 말하는 폭발물이란 폭발작용의 위력이나 파편의 비산 등으로 사람의 생명, 신체, 재산 및 공공의 안전이나 평온에 직접적이고 구체적인 위험을 초래할 수 있는 정도의 강한 파괴력을 가지는 물건을 의미한다. 따라서 어떠한 물건이 형법 제119조에 규정된 폭발물에 해당하는지는 폭발작용 자체의 위력이 공안을 문란하게 할 수 있는 정도로 고도의 폭발성능을 가지고 있는지에 따라 엄격하게 판단하여야 한다. 피고인이 자신이 제작한 폭발물을 배낭에 담아 고속버스터미널 등의 물품보관함 안에 넣어 두고 폭발하게 함으로써 공안을 문란하게 하였다고 하여 폭발물사용으로 기소된 사안에서, 피고인이 제작한 물건의 구조, 그것이 설치된 장소 및 폭발 당시의 상황 등에 비추어, 위 물건은 폭발작용 자체에 의하여 공공의 안전을 문란하게 하거나 사람의 생명, 신체 또는 재산을 해할 정도의 성능이 없거나, 사람의 신체 또는 재산을 경미하게 손상시킬 수 있는 정도에 그쳐 사회의 안전과 평온에 직접적이고 구체적인 위험을 초래하여 공공의 안전을 문란하게 하기에는 현저히 부족한 정도의 파괴력과 위험성만을 가진 물건이므로 형법 제172조 제1항에 규정된 '폭발성 있는 물건'에는 해당될 여지가 있으나 이를 형법 제119조 제1항에 규정된 '폭발물'에 해당한다고 볼 수는 없는데도, 위 제작물이 폭발물에 해당한다고 보아 폭발물사용죄가 성립한다고 한 원심판결에 법리오해의 위법이 있다고 한 사례. (대법원 2012. 4. 26. 선고 2011도17254 판결) **표준**

참고 형법 제172조(폭발성물건파열) ① 보일러, 고압가스 기타 폭발성있는 물건을 파열시켜 사람의 생명, 신체 또는 재산에 대하여 위험을 발생시킨 자는 1년 이상의 유기징역에 처한다. ② 제1항의 죄를 범하여 사람을 상해에 이르게 한 때에는 무기 또는 3년 이상의 징역에 처한다. 사망에 이르게 한 때에는 무기 또는 5년 이상의 징역에 처한다.

판례 살인·상해·재물손괴는 폭발물사용죄에 흡수

형법 제119조 소정의 폭발물사용죄는 폭발물을 사용하여 사람의 생명, 신체 또는 재산을 해하거나 기타 공안을 문란케 하는 죄로서 단순히 폭발물을 사용하여 사람의 생명, 신체 또는 재산을 해하거나 기타 공안을 문란케 하는 죄로서 단순히 폭발물을 사용하는 행위로서는 본죄가 성립하지 않고 폭발물을 사용하여 사람의 생명, 신체 또는 재산을 해하거나 기타 공안을 문란케 하는 결과가 발생하여야 비로소 본죄가 성립되는 만큼 폭발물을 사용하여 살인, 상해 또는 재물손괴등의 결과가 발생하였을 때에는 살인, 상해, 재물손괴등의 행위는 모두 폭발물사용죄에 흡수되는 법조 경합관계에 있다. (서울고등법원 1973. 4. 20. 선고 73노179 제3형사부판결) **표준**

비교 살인죄와 폭발물사용죄는 상상적 경합

형법 119조 1항 소정의 폭발물사용죄는 폭발물을 사용하여 사람의 생명, 신체, 재산을 해하는 행위가 있으면 그 자체가 공안문란행위라 할 것이며 이로서 동죄의 구성요건에 해당하는 것이라고 봄이 상당하다 할 것이므로 사람을 살해할 목적으로 방실에서 다이나마이트를 폭발케하여 사람에게 상해를 입히고 나아가 가재를 손괴하였다면 살인미수죄 이외에 폭발물사용죄가 성립된다. (서울고등법원 1972. 2. 1. 선고 71노901 제1형사부판결) **표준**

해설 형법표준판례연구의 판례선정이유를 그대로 옮긴다. "고의로 폭발물을 사용하여 살인 등을 한 경우의 죄수관계에 대한 상반된 하급심의 판단을 소개함으로써 폭발물 사용죄와 그 목적한 범죄의 죄수관계를 판단하게 하려고 선정하였다."고 한다.[163]

---

163 법학전문대학원협의회(한국형사법학회), 변호사시험의 자격시험을 위한 형법표준판례연구 〈표준판례 543선〉, 348쪽.

03 방화와 실화의 죄

방화죄는 보호정도에 따라 추상적 위험범·구체적 위험범으로 나누어 볼 수 있다. 구별실익으로는 ① 미수·예비음모 처벌 여부 ② "공공의 위험 발생"의 요건 여부가 있다.

죄명			성격	실익
① 현주건조물 방화죄		제164조	추상적 위험범	① 미수·예비음모 처벌 ○ ② "공공의 위험" – 요건 ×
② 공용건조물 방화죄		제165조		
일반건조물 방화죄	③ 타인소유	제166조 제1항	구체적 위험범	① 미수·예비음모 처벌 × ② "공공의 위험" – 요건 ○
	④ 자기소유	제166조 제2항		
일반물건 방화죄	⑤ 타인소유	제167조 제1항		
	⑥ 자기소유	제167조 제2항		

I 현주건조물 등 방화죄·현주건조물 등 방화치사상죄

제164조(현주건조물 등 방화) ① 불을 놓아 사람이 주거로 사용하거나 사람이 현존하는 건조물, 기차, 전차, 자동차, 선박, 항공기 또는 지하채굴시설을 불태운 자는 무기 또는 3년 이상의 징역에 처한다. ② 제1항의 죄를 지어 사람을 상해에 이르게 한 경우에는 무기 또는 5년 이상의 징역에 처한다. 사망에 이르게 한 경우에는 사형, 무기 또는 7년 이상의 징역에 처한다.

例規 제164조 ① (현주, 현존)(건조물, 기차, 전차, 자동차, 선박, 항공기, 광갱)방화 ② (제1항 각 죄명)(치상, 치사)	미수 ○ 예비·음모 ○ (②항 제외)

🔍 **핵심단어**
- ① 사람이 주거사용·현존 ② 건조물 등 ③ 방화 ④ 소훼 (⑤ 상해·사망에 이름)
- 착수시기는 ① 목적물에 불 붙이거나 ② 매개물에 불 붙인 때
- 기수시기는 ① 독립연소시 ○ ② 중요부분 효용상실시 ×

1. 객체

가. 사람이 주거로 사용·사람이 현존

'사람'은 범인 이외의 모든 자연인을 말한다. 따라서 범인이 혼자 사는 집에 방화하거나, 범인이 혼자 존재하는 집에 방화한 경우, 본죄가 성립하지 않는다. 그러나 범인의 가족·동거인은 '사람'에 포함되므로, 처와 함께 사는 집에 방화한 경우 본죄가 성립한다. 이 요건이 탈락하면 (무죄가 아니라) 일반건조물등방화죄(제166조)를 검토하여야 한다.

나. 건조물 등

건조물·기차·전차·자동차·선박·항공기·지하채굴시설이 객체가 된다. 자기소유·타인소유는 불문한다.

[판례] 방화죄의 객체인 건조물 – ① 사람이 내부에 기거·출입할 수 있는 공작물로서 ② 사실상 기거·취침에 사용할 수 있는 정도는 되어야 함

건조물이란 토지에 정착되고 벽 또는 기둥과 지붕 또는 천장으로 구성되어 사람이 내부에 기거하거나 출입할 수 있는 공작물을 말하고, 반드시 사람의 주거용이어야 하는 것은 아니라도 사람이 사실상 기거·취침에 사용할 수 있는 정도는 되어야 한다. (대법원 2013. 12. 12. 선고 2013도3950 판결) **표준**

---

2. 행위

현행 형법상 구성요건은 "① 불을 놓아 … ② 불태운 자"이지만, 구 형법상 구성요건은 "① 불을 놓아 … ② 소훼한 자"였다. 이하에서는 ①을 방화라, ②를 소훼라 칭하고 분설한다.

가. 방화

목적물을 소훼하기 위하여 불을 놓는 일체의 행위를 말한다. ① 목적물에 불을 붙인 경우는 당연하고 ② 매개물에 불을 붙인 경우에도 착수가 인정된다.

[판례] 방화죄 착수 – ① 목적물에 불 붙임 ○ ② 매개물에 불 붙임 ○

매개물을 통한 점화에 의하여 건조물을 소훼함을 내용으로 하는 형태의 방화죄의 경우에, 범인이 그 ① 매개물에 불을 켜서 붙였거나 또는 ② 범인의 행위로 인하여 매개물에 불이 붙게 됨으로써 연소작용이 계속될 수 있는 상태에 이르렀다면, 그것이 곧바로 진화되는 등의 사정으로 인하여 목적물인 건조물 자체에는 불이 옮겨 붙지 못하였다고 하더라도, 방화죄의 실행의 착수가 있었다고 보아야 할 것이다. (대법원 2002. 3. 26. 선고 2001도6641 판결) **표준**

판례 피고인이 방화의 의사로 뿌린 휘발유가 주택 주변과 피해자의 몸에 살포되어 있는 사정을 알면서도 라이터를 켜 불꽃을 일으킴으로써 피해자의 몸에 불을 붙임 – 현존건조물방화치상죄(착수) ○ (대법원 2002. 3. 26. 선고 2001도6641 판결)

참고 현존건조물방화미수죄를 범하여 피해자에게 상해를 입혔기에 현존건조물방화치상죄가 인정되었다.

판례 선박에 휘발유를 살포하고 라이터를 꺼내어 점화하려 하였으나 점화하지 못한 경우 – 일반선박방화미수죄(착수) ×

피고인이 아직 방화목적물 내지 그 도화 물체에 점화하지 아니한 이상 이를 즉시 방화의 착수로 논란하지 못할지니 원심이 이를 예비행위로 논란한 것은 정당하다. (대법원 1960. 7. 21. 선고 4293형상213 판결)

참고 일반선박방화예비죄가 인정되었다.

나. 소훼

화력에 의한 목적물의 손괴를 말한다. 어느 정도의 손괴가 일어나야 소훼로 인정되어 방화죄 기수가 성립하는지 문제된다. ① 독립연소설 ② 효용상실설 등이 대립하나 판례는 ①을 취한다.

판례 방화죄 기수 – ① 독립연소시 ○ ② 중요부분 효용상실시 ×

방화죄는 화력이 매개물을 떠나 ① 스스로 연소할 수 있는 상태에 이르렀을 때에 기수가 되고 반드시 ② 목적물의 중요부분이 소실하여 그 본래의 효용을 상실한 때라야만 기수가 되는 것이 아니라고 할 것이다. (대법원 1961. 5. 15. 선고 61형상89 판결, 대법원 1970. 3. 24. 선고 70도330 판결) **표준**

판례 피해자의 사체 위에 옷가지 등을 올려놓고 불을 붙인 천조각을 던져서 그 불길이 방안을 태우면서 천정에까지 옮겨붙음 – 현주건조물방화죄 기수 ○

현주건조물방화죄는 화력이 매개물을 떠나 목적물인 건조물 스스로 연소할 수 있는 상태에 이름으로써 기수가 된다. 설령 그 불이 완전연소에 이르지 못하고 도중에 진화되었다고 하더라도, 일단 천정에 옮겨붙은 이상 그 때에 이미 현주건조물방화죄는 기수에 이르렀다고 할 것이다. (대법원 2007. 3. 16. 선고 2006도9164 판결)

3. 중한 결과

학습의 편의상 현주건조물 등 방화치사·상도 이곳에서 함께 살펴본다. 중한 결과로서 사람을 상해·사망에 이르게 하여야 한다.

4. 기타

가. 고의

방화의 고의가 부정된 판례를 살펴본다.

> 판례 피고인이 동거녀와 헤어지기로 작정하고, 홧김에 죽은 동생의 유품으로 보관하던 서적 등을 불태우려 마음먹고, 이를 뒷마당에 내어놓고 불을 질렀는데 동거녀 소유의 가옥으로 불이 번짐 – 현주건조물방화죄(고의) × (대법원 1984. 7. 24. 선고 84도1245 판결)

나. 죄수 등

현주건조물방화치사상죄는 부진정결과적 가중범이다. 따라서 중한 결과에 대한 고의범에 대하여 결과적 가중범에 정한 형보다 더 무겁게 처벌하는 규정이 있는 경우에는 두 죄가 상상적 경합관계에 있다(ex 강도살인죄). 다만 고의범에 대하여 더 무겁게 처벌하는 규정이 없는 경우에는 결과적 가중범만 성립한다(ex 살인죄). 관련 판례를 살펴본다.

> 판례 직계존속을 살해할 목적으로 방화하여 사망 – ① 현주건조물방화치사죄 ○ ② 존속살해죄 ○ (상상적 경합)
>
> 형법 제164조 후단이 규정하는 현주건조물방화치사상죄는 그 전단이 규정하는 죄에 대한 일종의 가중처벌 규정으로서 과실이 있는 경우뿐만 아니라, 고의가 있는 경우에도 포함된다고 볼 것이므로 사람을 살해할 목적으로 현주건조물에 방화하여 사망에 이르게 한 경우에는 현주건조물방화치사죄로 의율하여야 하고 이와 더불어 살인죄와의 상상적경합범으로 의율할 것은 아니며, 다만 존속살인죄와 현주건조물방화치사죄는 상상적경합범 관계에 있으므로, 법정형이 중한 존속살인죄로 의율함이 타당하다. (대법원 1996. 4. 26. 선고 96도485 판결) 표준
>
> 동지 사람을 살해할 목적으로 방화하여 사망 – ① 현주건조물방화치사죄 ○ ② 살인죄 × (대법원 1996. 4. 26. 선고 96도485 판결) 표준
>
> 동지 재물을 강취한 후 살해할 목적으로 방화하여 사망 – ① 현주건조물방화치사죄 ○ ② 강도살인죄 ○ (상상적 경합) (대법원 1998. 12. 8. 선고 98도3416 판결) 표준
>
> 비교 피고인은 피해자들의 집에 찾아가 甲·乙·丙·丁 중 甲·乙을 방망이로 머리를 때려 실신시키고 휘발유를 뿌린 후 불을 질렀는데, 甲·乙은 기절한 상태였으므로 그대로 사망하였고, 丙·丁은 불타는 집에서 빠져나오려고 하였으나 피고인이 문을 막아 사망 – 피해자 甲·乙에 대해서는 ① 현주건조물방화치사죄만이 성립함. 피해자 丙·丁에 대해서는 ① 현주건조물방화죄 ○ ② 살인죄 ○ (실체적경합)
>
> 살인죄는 일신전속적인 개인적 법익을 보호하는 범죄이므로, 이 사건에서와 같이 불을 놓은 집에서 빠져나오려는 피해자들을 막아 소사케 한 행위는 1개의 행위가 수개의 죄명에 해당하는 경우라고 볼 수 없고, 위 방화행위와 살인행위는 법률상 별개의 범의에 의하여 별개의 법익을 해하는 별개의 행위라고 할 것이니, 현주건조

물방화죄와 살인죄는 실체적 경합관계에 있다. (대법원 1983. 1. 18. 선고 82도2341 판결) **표준**

해설 위 판례·동지판례·비교판례 중 피해자 甲·乙에 대한 부분은, 1개의 행위라고 평가할 수 있어(방화행위와 살인행위가 겹치기 때문에) 양 죄의 상상적 경합 (또는 현주건조물방화치사죄만 성립)이 인정될 수 있다. 그러나 비교판례 중 피해자 丙·丁에 대한 부분은 방화행위와 문을 가로 막은 살인행위가 전혀 겹치지 않으며 별개의 범의를 가진 행위이기 때문에 실체적 경합이 인정된 것이다.

Ⅱ 공용건조물 등 방화죄

제165조(공용건조물 등 방화) 불을 놓아 공용(公用)으로 사용하거나 공익을 위해 사용하는 건조물, 기차, 전차, 자동차, 선박, 항공기 또는 지하채굴시설을 불태운 자는 무기 또는 3년 이상의 징역에 처한다.		
例規 제165조 (공용, 공익)(건조물, 기차, 전차, 자동차, 선박, 항공기, 광갱)방화		미수 ○ 예비·음모 ○

> 🔍 **핵심단어**
> • ① 공용·공익에 공하는 ② 건조물 등 ③ 방화 ④ 소훼

공용·공익건조물일지라도 사람이 주거로 사용하거나 현존하는 경우에는 현주건조물 등 방화죄의 객체가 된다.

Ⅲ 일반건조물 등 방화죄

제166조(일반건조물 등 방화) ① 불을 놓아 제164조와 제165조에 기재한 외의 건조물, 기차, 전차, 자동차, 선박, 항공기 또는 지하채굴시설을 불태운 자는 2년 이상의 유기징역에 처한다. ② 자기 소유인 제1항의 물건을 불태워 공공의 위험을 발생하게 한 자는 7년 이하의 징역 또는 1천만 원 이하의 벌금에 처한다.		
例規 제166조 ① 일반(건조물, 기차, 전차, 자동차, 선박, 항공기, 광갱)방화 ② 자기소유(건조물, 기차, 전차, 자동차, 선박, 항공기, 광갱)방화		미수 ○ 예비·음모 ○ (②항 제외)

① 사람이 주거로 사용하거나 현존하지 않고 ② 공용·공익에 공하지 않는 건조물 등이 본죄의 객체가 된다.

본죄는 타인소유와 자기소유를 구분하여 처벌한다. 한 가지 주의할 점은 자기의 소유에 속하는 물건이라도 압류 기타 강제처분을 받거나 타인의 권리·보험의 목적물이 된 때에는 타인의 물건으로 간주한다는 점이다.[164]

┌─
│ 판례 피고인은 지붕·문짝·창문 없고 담장·일부 벽체가 붕괴된 폐가의 내부와 외부에 쓰레기를 모아 놓고 태워 불길이 폐가 주변 수목 4~5그루를 태우고 폐가의 벽을 일부 그을리게 함 – 일반건조물방화죄 × (대법원 2013. 12. 12. 선고 2013도3950 판결) 표준
│
│ 해설 ① 위 폐가의 경우 '사람이 사실상 기거·취침에 사용할 수 있는 정도'에 이르지 아니하여 건조물이라 볼 수 없고 '물건'에 해당한다. ② 목적물이 독립연소될 정도로 소훼되었다고 볼 수 없으므로 일반물건방화죄의 기수가 인정되지 않는다. 매개물 점화에 따른 미수 성부가 문제될 수 있으나 일반물건방화죄는 미수범 처벌 규정이 없다. → 무죄
└─

Ⅳ 일반물건방화죄

┌─
│ 제167조(일반물건 방화) ① 불을 놓아 제164조부터 제166조까지에 기재한 외의 물건을 불태워 공공의 위험을 발생하게 한 자는 1년 이상 10년 이하의 징역에 처한다.
│   ② 제1항의 물건이 자기 소유인 경우에는 3년 이하의 징역 또는 700만원 이하의 벌금에 처한다.
├─
│ 例規 제167조 ① 일반물건방화 ② 자기소유일반물건방화 | 미수 ×
├─
│ 🔍 핵심단어
│ • ① 자기소유·타인소유 물건 ② 방화 ③ 소훼 ④ 공공위험
└─

---

164 형법 제176조(타인의 권리대상이 된 자기의 물건) 자기의 소유에 속하는 물건이라도 압류 기타 강제처분을 받거나 타인의 권리 또는 보험의 목적물이 된 때에는 본장의 규정의 적용에 있어서 타인의 물건으로 간주한다.

본죄의 객체는 앞서 살펴본 방화죄들의 객체에서 탈락하는 물건들을 모두 포괄한다.

본죄는 타인소유와 자기소유를 구분하여 처벌한다. 한 가지 주의할 점은 자기의 소유에 속하는 물건이라도 압류 기타 강제처분을 받거나 타인의 권리·보험의 목적물이 된 때에는 타인의 물건으로 간주한다는 점이다.[165]

판례 노상에서 전봇대 주변에 놓인 재활용품과 쓰레기 등에 불을 놓아 소훼 – 자기소유일반물건방화죄 ○

노상에서 전봇대 주변에 놓인 재활용품과 쓰레기 등에 불을 놓아 소훼한 사안에서, 그 재활용품과 쓰레기 등은 '무주물'로서 형법 제167조 제2항에 정한 '자기 소유의 물건'에 준하는 것으로 보아야 하므로, 여기에 불을 붙인 후 불상의 가연물을 집어넣어 그 화염을 키움으로써 전선을 비롯한 주변의 가연물에 손상을 입히거나 바람에 의하여 다른 곳으로 불이 옮아붙을 수 있는 공공의 위험을 발생하게 하였다면, 일반물건방화죄가 성립한다. (대법원 2009. 10. 15. 선고 2009도7421 판결) **표준**

참고 '무주물'은 자기소유로 본다는 점에 유의하자.

V 연소죄

제168조(연소) ① 제166조제2항 또는 전조제2항의 죄를 범하여 제164조, 제165조 또는 제166조제1항에 기재한 물건에 연소한 때에는 1년 이상 10년 이하의 징역에 처한다.

② 전조제2항의 죄를 범하여 전조제1항에 기재한 물건에 연소한 때에는 5년 이하의 징역에 처한다.

例規 제168조 방화연소	미수 ×

자기소유 일반건조물·일반물건방화죄의 결과적 가중범이다. 아래 표로 조문을 정리한다.

---

165 **형법 제176조(타인의 권리대상이 된 자기의 물건)** 자기의 소유에 속하는 물건이라도 압류 기타 강제처분을 받거나 타인의 권리 또는 보험의 목적물이 된 때에는 본장의 규정의 적용에 있어서 타인의 물건으로 간주한다.

	기본범죄	중한결과
제1항	자기소유 일반건조물 등 방화죄 (제166조 제2항)	현주건조물 등 방화죄 (제164조)
		공용건조물 등 방화죄 (제165조)
	자기소유 일반물건 방화죄 (제167조 제2항)	타인소유 일반건조물 등 방화죄 (제166조 제1항)
제2항	자기소유 일반물건 방화죄 (제167조 제2항)	타인소유 일반물건 방화죄 (제167조 제1항)

Ⅵ 실화죄 등

제170조(실화) ① 과실로 제164조 또는 제165조에 기재한 물건 또는 타인 소유인 제166조에 기재한 물건을 불태운 자는 1천500만원 이하의 벌금에 처한다.

② 과실로 자기 소유인 제166조의 물건 또는 제167조에 기재한 물건을 불태워 공공의 위험을 발생하게 한 자도 제1항의 형에 처한다.

제171조(업무상실화, 중실화) 업무상과실 또는 중대한 과실로 인하여 제170조의 죄를 범한 자는 3년 이하의 금고 또는 2천만원 이하의 벌금에 처한다.

例規 제170조 실화 제171조 (업무상, 중)실화	미수 ×

아래의 표로 조문을 정리한다. 방화죄의 구체적 위험범-추상적 위험범 구분이 그대로 투영된다.

객체			행위	결과
① 현주건조물 방화죄		제164조	과실로 불태움	제170조 제1항 실화 ○
② 공용건조물 방화죄		제165조		
일반건조물 방화죄	③ 타인소유	제166조 제1항		
	④ 자기소유	제166조 제2항	과실로 불태움 +공공위험 ○	제170조 제2항 실화 ○
일반물건 방화죄	⑤ 타인소유	제167조 제1항		
	⑥ 자기소유	제167조 제2항		

관련 판례를 살펴본다.

[판례] 구 형법 제170조 제2항 해석의 문제

형법 제170조 제2항에서 말하는 '자기의 소유에 속하는 제166조 또는 제167조에 기재한 물건'이라 함은 '자기의 소유에 속하는 제166조에 기재한 물건 또는 자기의 소유에 속하든, 타인의 소유에 속하든 불문하고 제167조에 기재한 물건'을 의미하는 것이라고 해석하여야 한다. (대법원 1994. 12. 20.자 94모32 전원합의체 결정) **표준**

해설 위 전합결정의 취지를 반영하여 형법 제170조 제2항은 "자기 소유인 166조의 물건 또는 제167조에 기재한 물건"으로 개정되었다.

[판례] 중과실 – 아주 작은 주의만 기울였더라면 화재가 발생할 것을 예견하여 회피할 수 있었음에도 불구하고 부주의로 이를 예견하지 못하고 방치한 경우

연탄아궁이로부터 80센티미터 떨어진 곳에 쌓아둔 스폰지요, 솜 등이 연탄아궁이 쪽으로 넘어지면서 화재현장에 의한 화재가 발생한 경우라고 하더라도 그 스폰지요, 솜 등을 쌓아두는 방법이나 상태 등에 관하여 아주 작은 주의만 기울였더라면 스폰지요나 솜 등이 넘어지고 또 그로 인하여 화재가 발생할 것을 예견하여 회피할 수 있었음에도 불구하고 부주의로 이를 예견하지 못하고 스폰지와 솜 등을 쉽게 넘어질 수 있는 상태로 쌓아둔 채 방치하였기 때문에 화재가 발생한 것으로 판단되어야만, "중대한 과실"로 인하여 화재가 발생한 것으로 볼 수 있다. … (중략) … 피고인이 쌓아둔 스폰지요, 솜 등이 연탄아궁이 쪽으로 넘어졌기 때문에 이 사건 화재가 발생한 것이라고 하더라도, 사회통념상 피고인의 중대한 과실로 인하여 화재가 발생한 것이라고 평가하기도 어렵다. (대법원 1989. 1. 17. 선고 88도643 판결) **표준**

[판례] 보일러로부터 5 내지 10센티미터쯤의 거리에 가연물질을 그대로 두고 신문지를 구겨서 보일러의 공기조절구를 살짝 막아놓은 채 그 자리를 떠나버려 불남 – 중실화죄 ○ (대법원 1988. 8. 23. 선고 88도855 판결)

[판례] 성냥불이 꺼진 것을 확인하지 아니한 채 플라스틱 휴지통에 던져 화재 발생 – 중과실 ○ (대법원 1993. 7. 27. 선고 93도135 판결)

[판례] 甲, 乙이 분리수거장 방향으로 각각 담배꽁초를 던져 버리고 현장을 떠난 후 화재가 발생한 경우 – 甲, 乙 각자의 실화죄 ○

형법이 금지하고 있는 법익침해의 결과발생을 방지할 법적인 작위의무를 지고 있는 자가 그 의무를 이행함으로써 결과발생을 쉽게 방지할 수 있는데도 결과발생을 용인하고 방관한 채 의무를 이행하지 아니한 것이 범죄의 실행행위로 평가될 만한 것이라면 부작위범으로 처벌할 수 있다. 실화죄에 있어서 공동의 과실이 경합되어 화재가 발생한 경우 적어도 각 과실이 화재의 발생에 대하여 하나의 조건이 된 이상은 그 공동적 원인을 제공한 사람들은 각자 실화죄의 책임을 면할 수 없다.

피고인들이 분리수거장 방향으로 담배꽁초를 던져 버리고 현장을 떠난 후 화재가 발생하여 각각 실화죄로 기소된 사안에서, 피고인들 각자 본인 및 상대방이 버린 담배꽁초 불씨가 살아 있는지를 확인하고 이를 완전히 제거하는 등 화재를 미리 방지할 주의의무가 있음에도 이를 게을리 한 채 만연히 현장을 떠난 과실이 인정되고 이러한 피고인들 각자의 과실이 경합하여 위 화재를 일으켰다고 보아, 피고인들 각자의 실화죄 책임을 인정한 원심판결을 수긍한 사례. (대법원 2023. 3. 9. 선고 2022도16120 판결)

04 일수와 수리에 관한 죄

Ⅰ 수리방해죄

제184조(수리방해) 둑을 무너뜨리거나 수문을 파괴하거나 그 밖의 방법으로 수리(水利)를 방해한 자는 5년 이하의 징역 또는 700만원 이하의 벌금에 처한다.

例規 제184조 수리방해	미수 ×

관련 판례를 살펴본다.

> **판례** 수리방해죄의 성립 요건
>
> 형법 제184조는 '제방을 결궤(決潰, 무너뜨림)하거나 수문을 파괴하거나 기타 방법으로 수리를 방해'하는 것을 구성요건으로 하여 수리방해죄를 규정하고 있는바 여기서 수리(水利)라 함은, 관개용·목축용·발전이나 수차 등의 동력용·상수도의 원천용 등 널리 물이라는 천연자원을 사람의 생활에 유익하게 사용하는 것을 가리키고(다만, 형법 제185조의 교통방해죄 또는 형법 제195조의 수도불통죄의 경우 등 다른 규정에 의하여 보호되는 형태의 물의 이용은 제외될 것이다), 수리를 방해한다 함은 제방을 무너뜨리거나 수문을 파괴하는 등 위 조문에 예시된 것을 포함하여 저수시설, 유수로(流水路)나 송·인수시설 또는 이들에 부설된 여러 수리용 장치를 손괴·변경하거나 효용을 해침으로써 수리에 지장을 일으키는 행위를 가리키며, 나아가 수리방해죄는 타인의 수리권을 보호법익으로 하므로 수리방해죄가 성립하기 위하여는 법령, 계약 또는 관습 등에 의하여 타인의 권리에 속한다고 인정될 수 있는 물의 이용을 방해하는 것이어야 한다. (대법원 2001. 6. 26. 선고 2001도404 판결) **표준**

> **판례** 수리권의 근거
>
> 몽리민들이 계속하여 20년 이상 평온 공연하게 본건 유지의 물을 사용하여 소유농지를 경작하여 왔다면 그 유지의 물을 사용할 권리가 있다고 할 것이므로 그 권리를 침해하는 행위는 수리방해죄를 구성한다 할 것이다. 몽리민들이 1944년경부터 계속하여 20년 이상 평온, 공연하게 본건 유지의 물을 사용하여 소유 농지를 경작하여 왔다면 본법 부칙 제2조, 본조, 본법 제245조 제1항, 제291조, 제292조 등에 의하여 지역권취득기간의 경과로 유지소유자에 대하여 그 저주 관계에 이용할 수 있는 권리를 취득하였다 하여 용수지역권에 관한 등기를 청구할 수 있다. (대법원 1968. 2. 20. 선고 67도1677 판결) **표준**

05 교통방해의 죄

I 일반교통방해죄 · 교통방해치사상죄

> **제185조(일반교통방해)** 육로, 수로 또는 교량을 손괴 또는 불통하게 하거나 기타 방법으로 교통을 방해한 자는 10년 이하의 징역 또는 1천500만원 이하의 벌금에 처한다.
>
> **제188조(교통방해치사상)** 제185조 내지 제187조의 죄를 범하여 사람을 상해에 이르게 한 때에는 무기 또는 3년 이상의 징역에 처한다. 사망에 이르게 한 때에는 무기 또는 5년 이상의 징역에 처한다.

例規 제185조 일반교통방해 　　제188조 (제185조 내지 제187조 각 죄명)(치상, 치사)	미수 ○

🔍 **핵심단어**
• ① 육로 · 수로 · 교량 ② 손괴 · 불통 · 기타 방법 ③ 교통방해 (④ 상해 · 사망에 이름)

1. 객체: 육로 · 수로 · 교량

관련 판례를 살펴본다.

> **판례** 육로 – ① 일반 공중의 왕래에 공용된 장소 ② 불특정 다수인 · 차마 통행 공공성
>
> 형법 제185조는 일반교통방해죄에 관하여 "육로, 수로 또는 교량을 손괴 또는 불통하게 하거나 기타 방법으로 교통을 방해한 자는 10년 이하의 징역 또는 1천 500만 원 이하의 벌금에 처한다."라고 정하고 있다. 일반교통방해죄는 일반 공중의 교통안전을 보호법익으로 하는 범죄로서 육로 등을 손괴 또는 불통하게 하는 경우뿐만 아니라 그 밖의 방법으로 교통을 방해하여 통행을 불가능하게 하거나 현저하게 곤란하게 하는 일체의 행위를 처벌하는 것을 목적으로 한다. 그리고 여기에서 '육로'라 함은 일반 공중의 왕래에 공용된 장소, 즉 특정인에 한하지 않고 불특정 다수인 또는 차마가 자유롭게 통행할 수 있는 공공성을 지닌 장소를 말한다. (대법원 2019. 4. 23. 선고 2017도1056 판결) **표준**
>
> '육로'라 함은 사실상 일반공중의 왕래에 공용되는 육상의 통로를 널리 일컫는 것으로서 그 부지의 소유관계나 통행권리관계 또는 통행인의 많고 적음 등을 가리지 않는다. (대법원 2002. 4. 26. 선고 2001도6903 판결)

> **판례** 불특정 다수인의 통행로로 이용되어 오던 도로의 토지 일부의 소유자가 도로의 중간에 바위를 두거나 이를 파헤침 – 일반교통방해죄(육로) ○ (대법원 2002. 4. 26. 선고 2001도6903 판결)

농가의 영농을 위한 경운기·리어카 등의 통행을 위한 농로로 개설되었으나 그 도로가 사실상 일반 공중의 왕래에 공용되는 도로가 되어 차량이 왕래하는데 이를 방해 – 일반교통방해죄(육로) ○ (대법원 1995. 9. 15. 선고 95도1475 판결)

판례 주민들에 의하여 공로로 통하는 유일한 통행로로 이용되어 온 폭 2m의 골목길을 자신의 소유라는 이유로 폭 50 내지 75cm 가량만 남겨두고 담장을 설치 – 일반교통방해죄(육로) ○ (대법원 1994. 11. 4. 선고 94도2112 판결)

판례 공로에 출입할 수 있는 다른 도로가 있는 상태에서 토지 소유자로부터 일시적인 사용승낙을 받아 통행하거나 토지 소유자가 개인적으로 사용하면서 부수적으로 타인의 통행을 묵인한 장소에 불과한 도로에서 방해 – 일반교통방해죄(육로) × (대법원 2017. 4. 7. 선고 2016도12563 판결)

판례 목장 소유자가 목장운영을 위해 목장용지 내에 임도를 개설하고 차량 출입을 통제하면서 인근 주민들의 일부 통행을 부수적으로 묵인하다가 이를 방해 – 일반교통방해죄(육로) × (대법원 2007. 10. 11. 선고 2005도7573 판결)

판례 토지의 소유자가 자신의 토지의 한쪽 부분을 일시 공터로 두었을 때 인근주민들이 위 토지의 동서쪽에 있는 도로에 이르는 지름길로 일시 이용하였는데 이를 방해 – 일반교통방해죄(육로) × (대법원 1984. 11. 13. 선고 84도2192 판결)

2. 행위

가. 손괴·불통·기타 방법

① 손괴란 교통시설물에 직접 유형력을 행사하여 물리적으로 훼손하거나 효용 감소시키는 행위를 말한다. ② 불통이란 장애물을 사용하여 통행을 방해하는 행위를 말한다. ③ 기타 방법이란 교통방해가 초래될 수 있는 일체의 방법을 말한다.

판례 쇠파이프구조물을 설치하거나 화물차로 도로를 가로막음 – 일반교통방해죄(불통) ○ (대법원 2005. 10. 28. 선고 2004도7545 판결)

나. 교통방해

교통을 불가능하게 하거나 현저히 곤란하게 하는 것을 말한다. 이러한 상태가 발생하면 기수가 되고, 현실적 방해결과는 요하지 않는다(추상적 위험범).

[판례] 일반교통방해죄 기수시기 - 추상적 위험범

일반교통방해죄는 이른바 추상적 위험범으로서 교통이 불가능하거나 또는 현저히 곤란한 상태가 발생하면 바로 기수가 되고 교통방해의 결과가 현실적으로 발생하여야 하는 것은 아니다. (대법원 2007. 12. 14. 선고 2006도4662 판결)

참고 피고인이 왕복 4차로의 도로 중 편도 3개 차로 쪽에 차량 2, 3대와 간이테이블 수십개를 이용하여 길가쪽 2개 차로를 차지하는 포장마차를 설치하고 영업행위 - 일반교통방해죄(방해) ○

[판례] 피고인의 가옥 앞 도로가 폐기물 운반 차량의 통행로로 이용되어 가옥 일부에 균열 등이 발생하자 ① 위 도로에 트랙터를 세워두거나 철책 펜스를 설치하거나 ② 위 차량들의 앞을 가로막고 앉아서 통행을 일시적으로 방해 - ① 방해 ○ ② 방해 ×

피고인이 이 사건 도로를 가로막고 앉아서 위 차량의 통행을 일시적으로 방해한 행위가 교통을 방해하여 통행을 불가능하게 하거나 현저하게 곤란하게 하는 행위라고 보기는 어렵다. (대법원 2009. 1. 30. 선고 2008도10560 판결)

집회·시위와 관련된 판례를 살펴본다.

[판례] 신고집회와 일반교통방해죄 - ① 신고된 범위를 현저히 일탈하거나 ② 조건을 중대하게 위반하여 교통을 방해한 경우에 성립

적법한 신고를 마치고 도로에서 집회나 시위를 하는 경우 도로의 교통이 어느 정도 제한될 수밖에 없으므로, 그 집회 또는 시위가 신고된 범위 내에서 행해졌거나 신고된 내용과 다소 다르게 행해졌어도 신고된 범위를 현저히 일탈하지 않는 경우에는, 그로 인하여 도로의 교통이 방해를 받았다고 하더라도 특별한 사정이 없는 한 형법 제185조의 일반교통방해죄가 성립한다고 볼 수 없다. 그러나 그 집회 또는 시위가 ① 당초 신고된 범위를 현저히 일탈하거나 ② 구 집회 및 시위에 관한 법률(2007. 5. 11. 법률 제8424호로 전문 개정되기 전의 것) 제12조에 의한 조건을 중대하게 위반하여 도로 교통을 방해함으로써 통행을 불가능하게 하거나 현저하게 곤란하게 하는 경우에는 일반교통방해죄가 성립한다. (대법원 2008. 11. 13. 선고 2006도755 판결)

참고 교통의 흐름이 차단된 상태에서도 암묵적·순차적 공모 등 인정되면 일반교통방해죄 성립할 수 있음

일반교통방해죄는 이른바 추상적 위험범으로서 교통이 불가능하거나 또는 현저히 곤란한 상태가 발생하면 바로 기수가 되고 교통방해의 결과가 현실적으로 발생하여야 하는 것은 아니다. 또한 일반교통방해죄에서 교통방해 행위는 계속범의 성질을 가지는 것이어서 교통방해의 상태가 계속되는 한 가벌적인 위법상태는 계속 존재한다. 따라서 ① 신고 범위를 현저히 벗어나거나 ② 집회 및 시위에 관한 법률 제12조에 따른 조건을 중대하게 위반함으로써 교통방해를 유발한 집회에 참가한 경우, 참가 당시 이미 다른 참가자들에 의해 교통의 흐름이 차단된 상태였더라도 교통방해를 유발한 다른 참가자들과 암묵적·순차적으로 공모하여 교통방해의 위법상태를 지속시켰다고 평가할 수 있다면 일반교통방해죄가 성립한다. (대법원 2018. 1. 24. 선고 2017도11408 판결)

참고 다만 동지판례는 피고인에게 암묵적·순차적 공모 등에 따른 공모공동정범 죄책을 물을 수 없다고 보았다.

판례 미신고집회와 일반교통방해죄 – ① 참가자가 집회·시위에서 교통방해를 유발하는 직접적인 행위를 하거나 ② 참가자에게 공모공동정범이 성립할 정도의 본질적 기여한 경우에 성립

집회 및 시위에 관한 법률에 따른 신고 없이 이루어진 집회에 참석한 참가자들이 차로 위를 행진하는 등으로 도로 교통을 방해함으로써 통행을 불가능하게 하거나 현저하게 곤란하게 하는 경우에 일반교통방해죄가 성립한다. 그러나 이 경우에도 참가자 모두에게 당연히 일반교통방해죄가 성립하는 것은 아니고, ① 실제로 참가자가 집회·시위에 가담하여 교통방해를 유발하는 직접적인 행위를 하였거나, 참가자의 참가 경위나 관여 정도 등에 비추어 ② 참가자에게 공모공동정범의 죄책을 물을 수 있는 경우라야 일반교통방해죄가 성립한다.

일반교통방해죄는 이른바 추상적 위험범으로서 교통이 불가능하거나 또는 현저히 곤란한 상태가 발생하면 바로 기수가 되고 교통방해의 결과가 현실적으로 발생하여야 하는 것은 아니다. 또한 일반교통방해죄에서 교통방해 행위는 계속범의 성질을 가지는 것이어서 교통방해의 상태가 계속되는 한 위법상태는 계속 존재한다. 따라서 교통방해를 유발한 집회에 참가한 경우 참가 당시 이미 다른 참가자들에 의해 교통의 흐름이 차단된 상태였더라도 교통방해를 유발한 다른 참가자들과 암묵적·순차적으로 공모하여 교통방해의 위법상태를 지속시켰다고 평가할 수 있다면 일반교통방해죄가 성립한다. (대법원 2018. 5. 11. 선고 2017도9146 판결) **표준**

판례 피고인이 서울광장에서 개최된 미신고 집회에 참석한 뒤 다른 집회 참가자들과 함께 질서유지선을 넘어 방송차량을 따라 도로 전 차로를 점거하면서 행진하고, 행진을 제지하는 경찰과 대치하면서 도로에서 머물다가 귀가 – 일반교통방해죄(방해) ○

피고인은 다른 집회 참가자들과 함께 경찰이 공공질서 유지 등을 위하여 설정한 질서유지선을 넘어 도로 전 차로를 점거한 채 행진하였으므로 집회 참가자들 사이에 서로의 행위를 인식하며 암묵적·순차적으로 의사의 결합이 이루어졌다고 볼 수 있어, 피고인은 갑 집회의 위법성을 인식한 상태에서 이를 수용하여 도로 점거 등 교통을 방해하는 직접적 행위를 하였다고 보이는 점, 갑 집회 참가자들이 도로를 점거함으로써 차량의 통행이 전면적으로 제한되는 상태가 계속되었으므로 도로 점거행위는 직접적인 교통방해 행위에 해당하거나 교통방해의 위법상태를 지속시켰다고 평가할 수 있는 점, 갑 집회·시위의 내용과 진행 상황, 집회 참가자들이 질서유지선을 넘어 도로를 점거한 채 행진하는 등 구체적인 행위 모습, 도로 점거의 지속시간, 피고인이 다른 집회 참가자들과 함께 도로 점거를 계속한 점 등에 비추어 위 범행에 대한 본질적 기여를 통한 기능적 행위지배가 있다고 볼 수 있는 점을 종합하면, 피고인은 일반교통방해죄의 공모공동정범으로서 책임이 있다. (대법원 2018. 5. 11. 선고 2017도9146 판결)

3. 중한 결과

학습의 편의상 교통방해치사상죄도 이곳에서 함께 살펴본다. 중한 결과로서 사람을 상해·사망에 이르게 하여야 한다.

822 PART 02 사회적 법익에 대한 죄

판례 피고인이 고속도로 2차로를 따라 자동차를 운전하다가 1차로를 진행하던 甲의 차량 앞에 급하게 끼어든 후 곧바로 정차하여, 甲의 차량 및 이를 뒤따르던 차량 두 대는 급정차하였으나, 그 뒤를 따라오던 乙의 차량이 앞의 차량들을 연쇄적으로 추돌케 하여 乙을 사망에 이르게 하고 나머지 차량 운전자 등 피해자들에게 상해를 입힘 – 일반교통방해치사상죄 ○

형법 제188조에 규정된 교통방해에 의한 치사상죄는 결과적 가중범이므로, 위 죄가 성립하려면 교통방해 행위와 사상(死傷)의 결과 사이에 상당인과관계가 있어야 하고 행위 시에 결과의 발생을 예견할 수 있어야 한다. 그리고 교통방해 행위가 피해자의 사상이라는 결과를 발생하게 한 유일하거나 직접적인 원인이 된 경우만이 아니라, 그 행위와 결과 사이에 피해자나 제3자의 과실 등 다른 사실이 개재된 때에도 그와 같은 사실이 통상 예견될 수 있는 것이라면 상당인과관계를 인정할 수 있다. (대법원 2014. 7. 24. 선고 2014도6206 판결) **표준**

해설 향후 검찰실무 기록 출제 가능성이 있다. (특수)폭행치사·(특수)상해치사 등으로 송치될 가능성이 높다. ① 피고인이 '고의'로 (甲이 아닌) 후행하는 '乙'에게 직접적인 유형력을 행사하였다고 보기 어려운 점 ② 폭행치사·상해치사보다 일반교통방해치사의 법정형이 높다는 점을 고려하여 위 죄로 의율하여야 한다.

Ⅱ 업무상과실·중과실교통방해죄

제189조(과실, 업무상과실, 중과실) ① 과실로 인하여 제185조 내지 제187조의 죄를 범한 자는 1천만원 이하의 벌금에 처한다.
② 업무상과실 또는 중대한 과실로 인하여 제185조 내지 제187조의 죄를 범한 자는 3년 이하의 금고 또는 2천만원 이하의 벌금에 처한다.

例規 제189조 ① 과실(제185조 내지 제187조 각 죄명) ② (업무상, 중)과실(제185조 내지 제187조 각 죄명)	미수 ×

관련 판례를 살펴본다.

판례 성수대교 사건의 각 단계별 관련자 – ① 업무상과실치사상죄 ② 업무상과실일반교통방해죄 ③ 업무상과실자동차추락죄의 공동정범(과실범의 공동정범) ○ (대법원 1997. 11. 28. 선고 97도1740 판결) **표준**
참고 업무상과실치사상죄 부분에서 자세히 살펴보았다.

판례 업무상과실기차추락죄 인정례
열차 기관사는 운전개시 전 차장으로부터 차장실의 공기압력계 점검결과 등을 무전으로 수신하는 등으로 열차의 제동장치 이상 유무를 확인하여야 할 업무상 주의의무가 있음에도 불구하고 이를 게을리 하였다 하여 업무상 과실을 인정한 사례. (대법원 1991. 11. 12. 선고 91도1278 판결) **표준**

공공의 신용에 대한 죄

I   내국통화 위조·변조죄

제207조(통화의 위조 등) ① 행사할 목적으로 통용하는 대한민국의 화폐, 지폐 또는 은행권을 위조 또는 변조한 자는 무기 또는 2년 이상의 징역에 처한다.	
例規 제207조 ① 통화(위조, 변조)	미수 ○ 예비·음모 ○

핵심단어

- ① 행사목적 ② 내국통화 ③ 위조·변조
- 위조란 통화의 발행권한이 없는 자가 진정한 통화의 외관을 가지는 물건을 만드는 것
- 변조란 진정한 통화에 가공하여 그 가치를 변경하는 것

1. 객체: 내국통화

본죄의 객체는 '통용하는 대한민국의 통화'이다. ① '통용'이란 법률에 의하여 강제통용력이 인정되는 것을 말한다. ② '통화'란 국가 또는 발행권한이 부여된 기관에 의해 발행된 가격이 표시된 지불수단으로서 강제통용력이 인정된 것을 말한다.

2. 행위

가. 위조

통화의 발행권한이 없는 자가 진정한 통화의 외관을 가지는 물건을 만드는 것을 말한다. 위조는 일반인이 진화로 오인할 정도의 외관을 갖추는 정도로 이루어져야 한다.

> **판례** 한국은행 10,000원권을 흑백 전자복사기로 복사 – 통화위조죄 ✕
>
> 위조통화행사죄의 객체인 위조통화는 객관적으로 보아 일반인으로 하여금 진정통화로 오신케 할 정도에 이른 것이면 족하고 그 위조의 정도가 반드시 진물에 흡사하여야 한다거나 누구든지 쉽게 그 진부를 식별하기가 불가능한 정도의 것일 필요는 없으나, 이 사건 위조지폐인 한국은행 10,000원권과 같이 전자복사기로 복사하여 그 크기와 모양 및 앞뒤로 복사되어 있는 점은 진정한 통화와 유사하나 그 복사된 정도가 조잡하여 정밀하지 못하고 진정한 통화의 색채를 갖추지 못하고 흑백으로만 되어 있어 객관적으로 이를 진정한 것으로 오인할 염려가 전혀 없는 정도의 것인 경우에는 위조통화행사죄의 객체가 될 수 없다. (대법원 1985. 4. 23. 선고 85도570 판결) **표준**

> **판례** 한국은행권 10원짜리 주화의 표면에 하얀 약칠을 하여 100원짜리 주화와 유사한 색채를 갖도록 색채의 변경 – 통화위조죄 ✕
>
> 피고인의 이와 같은 색채의 변경사실만으로서는 일반인으로 하여금 진정한 통화로 오신케 할 정도의 새로운 화폐를 만들어 낸 것이라고 보기 어렵다. (대법원 1979. 8. 28. 선고 79도639 판결) **표준**

나. 변조

진정한 통화에 가공하여 그 가치를 변경시키는 것을 말한다. 변조는 일반인이 기존의 진화와 다른 진화로 오인할 정도의 외관을 갖추는 정도로 이루어져야 한다.

> **판례** 일본의 자동판매기 등에 투입하여 일본의 500¥짜리 주화처럼 사용하기 위하여 한국은행발행 500원짜리 주화의 표면 일부를 깎아내어 손상 – 통화변조죄 ✕
>
> 피고인들이 한국은행발행 500원짜리 주화의 표면 일부를 깎아내어 손상을 가하였지만 그 크기와 모양 및 대부분의 문양이 그대로 남아 있어, 이로써 기존의 500원짜리 주화의 명목가치나 실질가치가 변경되었다거나, 객관적으로 보아 일반인으로 하여금 일본국의 500¥짜리 주화로 오신케 할 정도의 새로운 화폐를 만들어 낸 것이라고 볼 수 없고, 일본국의 자동판매기 등이 위와 같이 가공된 주화를 일본국의 500¥짜리 주화로 오인한다는 사정만을 들어 그 명목가치가 일본국의 500¥으로 변경되었다거나 일반인으로 하여금 일본국의 500¥짜리 주화로 오신케 할 정도에 이르렀다고 볼 수도 없다. (대법원 2002. 1. 11. 선고 2000도3950 판결) **표준**

> **판례** 발행년도가 1995년인 진정한 미화 1달러·2달러를 희귀화폐로 만들기 위하여 ① 발행연도 1995를 1928로 고치고 ② 발행번호 ③ 미국 재무부 상징 문양 ④ 재무부장관 사인 등을 지운 후 다시 가공함 – 외국통화변조죄 ✕
>
> 위와 같은 정도의 가공행위만으로는 기존 통화의 명목가치나 실질가치가 변경되었다거나 객관적으로 보아 일반인으로 하여금 기존 통화와 다른 진정한 화폐로 오신하게 할 정도의 새로운 물건을 만들어 낸 것으로 보기는 어렵다고 할 것이다. (대법원 2004. 3. 26. 선고 2003도5640 판결)
>
> **참고** 성명불상자가 위와 같이 변조한 외국통화를 피고인이 취득하고 행사하였다고 하여 변조외국통화취득죄·변조외국통화행사죄가 문제된 사건이다. 이해를 돕고자 '외국통화변조죄 ✕'로 요약하였다.

3. 행사할 목적

주관적 구성요건으로서 고의 이외에 행사할 목적이 있어야 한다. 행사할 목적이란 위조·변조한 통화를 진화로서 유통하게 하려는 목적을 말한다.

> **[판례]** 채무자인 피고인이 채권자에게 신용력을 보여줄 생각으로 모텔 안에서 ① 칼라복사기로 5만 원권의 앞면을 여러 장 복사하고 ② 일부는 칼로 5만 원권 크기로 잘랐으나 ③ 이후 이것들을 구겨 쓰레기통에 버림 – 통화위조죄(목적) ×
>
> '행사할 목적'이란 유가증권위조의 경우와 달리, 위조, 변조한 통화를 진정한 통화로서 유통에 놓겠다는 목적을 말하므로, 자신의 신용력을 증명하기 위하여 타인에게 보일 목적으로 통화를 위조한 경우에는 행사할 목적이 있다고 할 수 없다. (대법원 2012. 3. 29. 선고 2011도7704 판결) **표준**
>
> **해설** 대법원과 원심을 종합하면, 이 사건은 ① '행사할 목적'이 없다는 점 ② 5만 원권의 외관을 갖춘 것이라고 볼 수 없다는 점에서 무죄이다.

Ⅱ   내국유통 외국통화 위조·변조죄

제207조(통화의 위조 등) ② 행사할 목적으로 내국에서 유통하는 외국의 화폐, 지폐 또는 은행권을 위조 또는 변조한 자는 1년 이상의 유기징역에 처한다.	
例規 제207조 ②, ③ 외국통화(위조, 변조)	미수 ○ 예비·음모 ○

> 🔍 **핵심단어**
> • ① 행사목적 ② 내국유통 외국통화 ③ 위조·변조

내국통화 위조·변조죄와 객체만을 달리한다. 본죄의 객체는 내국에서 유통하는 외국의 화폐·지폐·은행권이다.

> **[판례]** 스위스 화폐로서 1998년까지 통용되었으나 현재는 통용되지 않고 다만 스위스 은행에서 신권과의 교환이 가능한 진폐(眞幣) 위조 – 외국통화위조죄(객체) ×
>
> 형법 제207조 제2항 소정의 내국에서 '유통하는'이란, 같은 조 제1항, 제3항 소정의 '통용하는'과 달리, 강제통용력이 없이 사실상 거래 대가의 지급수단이 되고 있는 상태를 가리킨다. (대법원 2003. 1. 10.

선고 2002도3340 판결) **표준**

해설 대법원은 ① 스위스 은행에서 신권으로 교환 가능하다는 점 ② 국내은행에서 환전 가능하다는 점 ③ 이태원 등 일부 지역에서 외국인 관광객이 지급수단으로 사용할 여지가 있다는 점은 인정되나, 이 사건 진폐는 '지급수단'이 아니라 외국환매매거래의 대상으로서 '상품'의 성격을 지닌다고 판시하였다. 따라서 국내에서 '유통하는'·'화폐'라고 볼 수 없다.

Ⅲ 외국통용 외국통화 위조·변조죄

제207조(통화의 위조 등) ③ 행사할 목적으로 외국에서 통용하는 외국의 화폐, 지폐 또는 은행권을 위조 또는 변조한 자는 10년 이하의 징역에 처한다.	
例規 제207조 ②, ③ 외국통화(위조, 변조)	미수 ○ 예비·음모 ○

🔍 **핵심단어**
• ① 행사목적 ② 외국통용 외국통화 ③ 위조·변조

내국통화 위조·변조죄와 객체만을 달리한다. 본죄의 객체는 외국에서 통용하는 외국의 화폐·지폐·은행권이다.

판례 미국에서 발행된 적이 없이 단지 관광용 기념상품으로 제조·판매되고 있는 미합중국 100만 달러 지폐(액면상 한화 12억 상당)와 과거에 발행되어 은행 사이에서 유통되다가 현재는 발행되지 않고 있으나 화폐수집가나 재벌들이 이를 보유하여 오고 있는 미합중국 10만 달러 지폐(액면상 한화 1억 상당)가 위조되었다는 정을 알면서도 취득 – 위조외국통화취득죄(객체) ✕

외국에서 통용한다고 함은 그 외국에서 강제통용력을 가지는 것을 의미하는 것이므로 외국에서 통용하지 아니하는 즉, 강제통용력을 가지지 아니하는 지폐는 그것이 비록 일반인의 관점에서 통용할 것이라고 오인할 가능성이 있다고 하더라도 위 형법 제207조 제3항에서 정한 외국에서 통용하는 외국의 지폐에 해당한다고 할 수 없고, 만일 그와 달리 위 형법 제207조 제3항의 외국에서 통용하는 지폐에 일반인의 관점에서 통용할 것이라고 오인할 가능성이 있는 지폐까지 포함시키면 이는 위 처벌조항을 문언상의 가능한 의미의 범위를 넘어서까지 유추해석 내지 확장해석하여 적용하는 것이 되어 죄형법정주의의 원칙에 어긋나는 것으로 허용되지 않는다. (대법원 2004. 5. 14. 선고 2003도3487 판결) **표준**

참고 피고인이 직접 위조한 것이 아니기에 취득죄만이 문제되었다. 객체는 동일하기에 이곳에서 살펴본다.

해설 외국통화위조죄가 성립하려면, 일단 '강제통용력을 지니는 통화'처럼 보이는 무언가를 만들어내야 한다. 즉 '강제통용력이 있는 10달러 지폐로 오인할 정도의 외관을 갖추는 물건'을 만들면 외국통화위조죄가 성립한다. 이와 달리 '강제통용력은 없으나 일반인으로 하여금 강제통용력이 있을지도 모른다고 오인할 정도의 물건'을 만들면 외국통화위조죄가 불성립한다. "오인가능성"의 객체가 무엇인지를 정확히 이해해야 한다.

[판례] 영국 중앙은행은 10만파운드화 권종을 발행·유통시킨 사실이 없음에도, 이 사건 10만파운드화는 5파운드화 권종을 스캐너 등을 사용하여 10만 파운드화로 위조된 것이고, 이에는 5파운드화 특유의 도안·영국 중앙은행이 소지자에게 10만 파운드를 지급할 것을 약속하는 내용과 함께 이 은행 "CHIEF CASHIER"의 서명이 인쇄되어 있음 – ① 위조외국통화행사죄 × ② 위조사문서행사죄 또는 위조사도화행사죄 ○

한편 형법상 통화에 관한 죄는 문서에 관한 죄에 대하여 특별관계에 있으므로 통화에 관한 죄가 성립하는 때에는 문서에 관한 죄는 별도로 성립하지 않는다. 그러나 위조된 외국의 화폐, 지폐 또는 은행권이 강제통용력을 가지지 않는 경우에는 형법 제207조 제3항에서 정한 '외국에서 통용하는 외국의 화폐 등'에 해당하지 않고, 나아가 그 화폐 등이 국내에서 사실상 거래 대가의 지급수단이 되고 있지 않는 경우에는 형법 제207조 제2항에서 정한 '내국에서 유통하는 외국의 화폐 등'에도 해당하지 않으므로, 그 화폐 등을 행사하더라도 형법 제207조 제4항에서 정한 위조통화행사죄를 구성하지 않는다고 할 것이고, 따라서 이러한 경우에는 형법 제234조에서 정한 위조사문서행사죄 또는 위조사도화행사죄로 의율할 수 있다고 보아야 한다.

위 사실관계를 앞서 본 법리에 비추어 보면, 위 10만 파운드화는 형법 제207조 제3항에서 정한 외국에서 통용하는 외국의 화폐 등이나 형법 제207조 제2항에서 정한 국내에서 유통하는 외국의 화폐 등에 해당하지 않으므로, 피고인이 이를 행사하였다고 하더라도 형법 제207조 제4항에서 정한 위조통화행사죄를 구성하지 않는다고 할 것이고, 한편 비록 위 10만 파운드화가 영국 지폐의 외관을 갖고 있다고 하더라도, 영국 중앙은행 "CHIEF CASHIER"의 의사의 표현으로서 그 내용이 법률상 또는 사회생활상 의미 있는 사항에 관한 증거가 될 수 있는 것이므로, 형법상 문서에 관한 죄의 객체인 '문서 또는 도화'에 해당한다고 할 것이다. 따라서 피고인이 이 부분 공소사실 기재와 같이 위 10만 파운드화를 행사한 행위는 위조사문서행사죄 또는 위조사도화행사죄로 의율할 수 있다고 보아야 한다. (대법원 2013. 12. 12. 선고 2012도2249 판결)

참고 ① 피고인이 직접 위조한 것이 아니기에 행사죄만이 쟁점이 되었다. ② 2003도3487 판결에 대한 해설이 여기에서도 그대로 적용된다. ③ 파기환송심은 '위조사도화행사죄'로 결론지었다.

Ⅳ 위조·변조통화 행사 등 죄

제207조(통화의 위조 등) ④ 위조 또는 변조한 전3항 기재의 통화를 행사하거나 행사할 목적으로 수입 또는 수출한 자는 그 위조 또는 변조의 각 죄에 정한 형에 처한다.

例規 제207조 ④ (위조, 변조)(통화, 외국통화)(행사, 수입, 수출)	미수 ○

1. 객체: 위조·변조한 내국통화·외국통화

위조·변조한 ① 내국통화 ② 내국유통 외국통화 ③ 외국통용 외국통화이다. 즉 제207조 제1항 내지 제3항의 죄의 객체에 해당하여야 본죄의 객체가 된다. 애초에 위조·변조가 인정되지 않는 통화라면 본죄의 객체가 될 수 없다.

> **판례** 일만원권 지폐의 앞·뒷면을 (흑백) 복사기로 복사하여 비슷한 크기로 자른 뒤 야간에 택시 안에서 사용 – 통화위조 및 동행사죄 ×
> 통화위조죄와 위조통화행사죄의 객체인 위조통화는 그 통화과정에서 일반인이 진정한 통화로 오인할 정도의 외관을 갖추어야 할 것이므로, 한국은행발행 일만원권 지폐의 앞.뒷면을 전자복사기로 복사하여 비슷한 크기로 자른 정도의 것은 객관적으로 진정한 통화로 오인할 정도에 이르지 못하여 통화위조죄 및 위조통화행사죄의 객체가 될 수 없다. (대법원 1986. 3. 25. 선고 86도255 판결) **표준**

2. 행위: 행사·수입·수출

행사란 위조·변조한 통화를 진정한 통화처럼 거래·유통에 제공하는 것을 말한다. 수입은 외국에서 국내로 반입, 수출은 국내에서 국외로 반출하는 것을 말한다.

> **판례** 피고인은 ① 이라크 화폐가 위조된 화폐임을 알면서도 취득하였고 ② 이를 위조화폐라는 정을 알고 있는 乙이 유통시키리라는 것을 예상·인식하면서도 乙에게 교부하였음 – ① 위조외국통화취득죄 ○ ② 위조외국통화행사죄 ○
> 위조통화임을 알고 있는 자에게 그 위조통화를 교부한 경우에 피교부자가 이를 유통시키리라는 것을 예상 내지 인식하면서 교부하였다면, 그 교부행위 자체가 통화에 대한 공공의 신용 또는 거래의 안전을 해할 위험이 있으므로 위조통화행사죄가 성립한다. (대법원 2003. 1. 10. 선고 2002도3340 판결)

죄수에 관한 판례를 하나 살펴본다. 판례는 위조통화행사죄와 사기죄를 상상적 경합이 아닌 실체적 경합으로 본다.

> **판례** 위조통화를 행사하여 재물을 영득 – ① 위조통화행사죄 ○ ② 사기죄 ○ (실체적 경합)
>
> 통화위조죄에 관한 규정은 공공의 거래상의 신용 및 안전을 보호하는 공공적인 법익을 보호함을 목적으로 하고 있고, 사기죄는 개인의 재산법익에 대한 죄이어서 양죄는 그 보호법익을 달리하고 있으므로 위조통화를 행사하여 재물을 불법영득한 때에는 위조통화행사죄와 사기죄의 양죄가 성립된다. (대법원 1979. 7. 10. 선고 79도840 판결)
>
> **해설** 판례는 위조유가증권행사죄와 사기죄 역시 실체적 경합으로 본다. 일응 1개의 행위가 아닌지 의문이지만, 양 죄의 보호법익이 크게 다르다는 점을 강조한 것으로 이해한다.

Ⅴ 위조·변조통화 취득죄

제208조(위조통화의 취득) 행사할 목적으로 위조 또는 변조한 제207조 기재의 통화를 취득한 자는 5년 이하의 징역 또는 1천500만원 이하의 벌금에 처한다.	
例規 제208조 (위조, 변조)(통화, 외국통화)취득	미수 ○

> 🔍 **핵심단어**
>
> • ① 행사목적 ② 위조·변조된 내국통화·외국통화 ③ 취득

앞에서 이미 관련된 판례를 살펴보았다.

Ⅵ 통화위조·변조 예비·음모죄

제213조(예비, 음모) 제207조제1항 내지 제3항의 죄를 범할 목적으로 예비 또는 음모한 자는 5년 이하의 징역에 처한다. 단, 그 목적한 죄의 실행에 이르기 전에 자수한 때에는 그 형을 감경 또는 면제한다.
例規 제213조 (제207조제1항 내지 제3항 각 죄명)(예비, 음모)

① 내국통화 위조·변조죄 ② 내국유통 외국통화 위조·변조죄 ③ 외국통용 외국통화 위조·변조죄를 범할 목적으로 예비 또는 음모함으로써 성립하는 범죄이다.

Ⅶ 기타

제210조(위조통화 취득 후의 지정행사) 제207조에 기재한 통화를 취득한 후 그 사정을 알고 행사한 자는 2년 이하의 징역 또는 500만원 이하의 벌금에 처한다.

제211조(통화유사물의 제조 등) ① 판매할 목적으로 내국 또는 외국에서 통용하거나 유통하는 화폐, 지폐 또는 은행권에 유사한 물건을 제조, 수입 또는 수출한 자는 3년 이하의 징역 또는 700만원 이하의 벌금에 처한다.
② 전항의 물건을 판매한 자도 전항의 형과 같다.

例規 제210조 (위조, 변조)(통화, 외국통화)지정행사	제210조 미수 ×
제211조 ① 통화유사물(제조, 수입, 수출) ② 통화유사물판매	제211조 미수 ○

02 유가증권·인지와 우표에 관한 죄

Ⅰ 유가증권 위조·변조죄

제214조(유가증권의 위조 등) ① 행사할 목적으로 대한민국 또는 외국의 공채증서 기타 유가증권을 위조 또는 변조한 자는 10년 이하의 징역에 처한다.

例規 제214조 유가증권(위조, 변조)	미수 ○
	예비·음모 ○

> 🔍 **핵심단어**
> • ① 행사목적 ② 유가증권 ③ 위조·변조
> • 유가증권이란 ① 재산권이 증권에 화체 ② 권리의 행사·처분에 증권의 점유 필요한 증권
> • 위조란 ① 유가증권을 작성할 권한이 없는 자가 ② 타인명의를 사칭하여 유가증권을 발행
> • 위조의 정도는 ① 일반인으로 하여금 ② 진정한 유가증권으로 오신케 할 정도의 외관
> • 변조란 ① 진정하게 성립된 타인명의의 유가증권 ② 권한 없이 동일성을 해하지 않는 범위에서 변경

수표를 위조한 경우, 부정수표단속법 제5조가 적용된다.[166] 부정수표단속법 제5조는 행사할 목적을 요건으로 요구하지 않으며, 유가증권위·변조죄에 비하여 법정형이 높다는 특징이 있다. 부정수표단속법은 수표발행의 위조·변조만을 규정하고 ① 행사죄 ② 기재의 위조·변조는 규정하지 않는다. 따라서 ① 수표를 위조하고 행사하는 경우에는 부정수표단속법위반과 위조유가증권행사죄(형법 제217조)가 성립한다는 점 ② 수표의 기재를 위조·변조하는 경우에는 유가증권 기재의 위조·변조죄(형법 제214조)가 성립한다는 점에 유의하자.

1. 객체: 유가증권

대한민국 또는 외국의 공채증서 기타 유가증권이 본죄의 객체가 된다.

> **판례** 유가증권 – ① 재산권이 증권에 화체 ② 권리의 행사·처분에 증권의 점유 필요
> 형법 제214조의 유가증권이란 증권상에 표시된 재산상의 권리의 행사와 처분에 그 증권의 점유를 필요로 하는 것을 총칭하는 것으로서 ① 재산권이 증권에 화체된다는 것과 ② 그 권리의 행사와 처분에 증권의 점유를 필요로 한다는 두 가지 요소를 갖추면 족하지 반드시 유통성을 가질 필요는 없고, 또한 위 유가증권은 일반인이 진정한 것으로 오신할 정도의 형식과 외관을 갖추고 있으면 되므로 증권이 비록 문방구 약속어음 용지를 이용하여 작성되었다고 하더라도 그 전체적인 형식·내용에 비추어 일반인이 진정한 것으로 오신할 정도의 약속어음 요건을 갖추고 있으면 당연히 형법상 유가증권에 해당한다. (대법원 2001. 8. 24. 선고 2001도2832 판결, 대법원 1995. 3. 14. 선고 95도20 판결) **표준**

관련 판례를 살펴보자.

---

166 **부정수표단속법 제5조(위조·변조자의 형사책임)** 수표를 위조하거나 변조한 자는 1년 이상의 유기징역과 수표금액의 10배 이하의 벌금에 처한다.

판례 수표요건을 결하여 실체법상 무효이나, 수표의 외관이 일반인으로 하여금 진정한 수표라고 신용하게 할 정도인 경우 – 부정수표단속법위반(객체) ○ (대법원 1973. 6. 12. 선고 72도1796 판결)

판례 사자·허무인 명의의 유가증권 위조 – 유가증권위조죄(객체) ○

약속어음과 같이 유통성을 가진 유가증권의 위조는 일반거래의 신용을 해하게 될 위험성이 매우 크다는 점에서 적어도 행사할 목적으로 외형상 일반인으로 하여금 진정하게 작성된 유가증권이라고 오신케 할 수 있을 정도로 작성된 것이라면 그 발행명의인이 가령 실재하지 않은 사자 또는 허무인이라 하더라도 그 위조죄가 성립된다고 해석함이 상당하다.

그리고 사자 명의로 된 약속어음을 작성함에 있어 사망자의 처로부터 사망자의 인장을 교부받아 생존 당시 작성한 것처럼 약속어음의 발행일자를 그 명의자의 생존 중의 일자로 소급하여 작성한 때에는 발행명의인의 승낙이 있었다고 볼 수 없다. (대법원 2011. 7. 14. 선고 2010도1025 판결, 대법원 1971. 7. 27. 선고 71도905 판결) **표준**

참고 피고인이 사망한 甲의 처로부터 甲의 인장을 교부받아, 甲의 명의로 발행일자를 사망일자 이전의 일자로 약속어음을 작성함 – 유가증권위조죄(객체) ○

판례 직장소비조합이 소속조합원에게 직번(구좌번호)·구입상품명 등을 기재하여 신용카드를 교부하였는데, 조합원은 이를 사용할 때 일시·금액 등을 기입·제시하여 조합과 할부판매 약정을 한 상점에서 상품을 신용구입 한 후, 그 상점을 통하여 조합에 이를 제출시켜 일정기간마다 정산하여 조합원으로부터 수금하는 방식인데, 피고인이 위 신용카드를 점원에게 제시하여 금액란을 정정기재하게 함 – 유가증권변조죄(객체) ○

위 카드에 의해서만 신용구매의 권리를 행사할 수 있는 점에 있어서 재산권이 증권에 화체되었다고 볼 수 있으니 유가증권이라고 볼 것이다. 신용카드를 제시받은 상점 점원이 그 카드의 금액란을 정정기재하였다 하더라도 그것이 카드소지인이 위 점원에게 자신이 위 금액을 정정기재 할 수 있는 권리가 있는 양 기망하여 이루어졌다면 이는 간접정범에 의한 유가증권변조로 봄이 상당하다. (대법원 1984. 11. 27. 선고 84도1862 판결) **표준**

비교 신용카드업자가 발행한 신용카드 – 유가증권 ×

신용카드업자가 발행한 신용카드는 이를 소지함으로써 신용구매가 가능하고 금융의 편의를 받을 수 있다는 점에서 경제적 가치가 있다 하더라도, 그 자체에 경제적 가치가 화체되어 있거나 특정의 재산권을 표창하는 유가증권이라고 볼 수 없다. (대법원 1999. 7. 9. 선고 99도857 판결)

참고 신용카드업자가 발행한 신용카드를 위·변조하는 경우 여신전문금융업법위반이 인정된다.[167]

판례 선불식 전화카드를 위조 – 유가증권위조죄(객체) ○

공중전화카드는 그 표면에 전체 통화가능 금액과 발행인이 문자로 기재되어 있고, 자기(磁氣)기록 부분에는 당해 카드의 진정성에 관한 정보와 잔여 통화가능 금액에 관한 정보가 전자적 방법으로 기록되어 있어, 사용자가 카드식 공중전화기의 카드 투입구에 공중전화카드를 투입하면 공중전화기에 내장된 장

---

167 **여신전문금융업법 제70조(벌칙)** ① 다음 각 호의 어느 하나에 해당하는 자는 7년 이하의 징역 또는 5천만원 이하의 벌금에 처한다. 1. 신용카드등을 위조하거나 변조한 자

치에 의하여 그 자기정보가 해독되어 당해 카드가 발행인에 의하여 진정하게 발행된 것임이 확인된 경우 잔여 통화가능 금액이 공중전화기에 표시됨과 아울러 그 금액에 상당하는 통화를 할 수 있도록 공중전화기를 작동하게 하는 것이어서, 공중전화카드는 문자로 기재된 부분과 자기기록 부분이 일체로써 공중전화 서비스를 제공받을 수 있는 재산상의 권리를 화체하고 있고, 이를 카드식 공중전화기의 카드 투입구에 투입함으로써 그 권리를 행사하는 것으로 볼 수 있으므로, 공중전화카드는 형법 제214조의 유가증권에 해당한다. 따라서 폐공중전화카드의 자기기록 부분에 전자정보를 기록하여 사용가능한 공중전화카드를 만든 행위는 유가증권위조죄에 해당한다. (대법원 1998. 2. 27. 선고 97도2483 판결) 표준

[비교] 카드에 적혀있는 카드일련번호를 전화기에 입력하여 사용하는 국제전화카드에 은박코팅을 다시 붙여 새 카드인 것처럼 바꿔치기함 – 유가증권위조죄(객체) ✕
국제전화카드는 그 소지자가 공중전화기 등에 카드를 넣어 그 카드 자체에 내장된 금액을 사용하여 국제전화 서비스를 이용하는 것이 아니라, 카드 뒷면의 은박코팅을 벗기면 드러나는 카드일련번호를 전화기에 입력함으로써 카드일련번호에 의해 전산상 관리되는 통화가능금액을 사용하여 국제전화서비스를 이용하는 것이다. (대법원 2011. 11. 10. 선고 2011도9620 판결)

[비교] 전화카드(후불식 전화카드)를 절취하여 전화통화에 이용 – 사문서부정행사죄 ○ (대법원 2002. 6. 25. 선고 2002도461 판결)

[판례] 주식회사 엘칸토의 영업소에서 그 취급상품을 그 금액의 한도 내에서 구매할 수 있는 할부구매 전표를 위조 – 유가증권위조죄 ○ (대법원 1995. 3. 14. 선고 95도20 판결) 표준

2. 행위

가. 위조

위조란 유가증권을 작성할 권한이 없는 자가 타인명의를 사칭하여 유가증권을 발행하는 것이다. 위조의 정도는 일반인으로 하여금 진정한 유가증권으로 오신케 할 정도의 외관을 갖추면 된다. 인정례를 먼저 살펴본다.

[판례] 찢어서 폐지로 된 타인발행 명의의 약속어음 파지면을 조합하여 어음의 외형을 갖춤 – 유가증권 위조죄 ○ (대법원 1976. 1. 27. 선고 74도3442 판결)

[판례] 약속어음 액면금액란에 백지보충권의 범위를 초월하여 발행액 기입 – 유가증권위조죄 ○
약속어음의 액면금액란에 자의로 합의된 금액의 한도를 엄청나게 넘는 금액을 기입하는 것은 백지 보충권의 범위를 초월하여 서명날인 있는 약속어음용지를 이용한 새로운 약속어음의 발행에 해당되는 것으로서 그 소위가 유가증권 위조죄를 구성한다. (대법원 1972. 6. 13. 선고 72도897 판결) 표준

[판례] 위조된 백지어음이란 정을 알고 이를 구입하여 백지인 액면란에 금액 기입 – 유가증권위조죄 ○
타인이 위조한 액면과 지급기일이 백지로 된 약속어음을 구입하여 행사의 목적으로 백지인 액면란에

금액을 기입하여 그 위조어음을 완성하는 행위는 백지어음 형태의 위조행위와는 별개의 유가증권위조 죄를 구성한다. (대법원 1982. 6. 22. 선고 82도677 판결)

비교 甲이 백지 약속어음의 액면란을 부당 보충하여 위조한 후 乙이 甲과 공모하여 금액란을 임의로 변경－乙 유가증권변조죄 × (대법원 2008. 12. 24. 선고 2008도9494 판결)

해설 '위조'는 애초에 진정하게 성립된 문서를 전제로 하지 않는다. 반면 '변조'는 애초에 진정하게 성립된 문서를 전제로 이를 변경한 경우에 한하여 성립한다.

판례 대표이사의 날인이 없어 주권이 상법상 무효이지만 ① 발행인인 대표이사의 기명 ② 그 밖의 주권의 기명 등 기재요건을 모두 구비 ③ 회사의 사인 날인－유가증권위조죄 ○

일반인으로 하여금 일견 유효한 주권으로 오신시킬 정도의 외관을 갖추었으므로 형법 제214조 소정의 유가증권에 해당한다. (대법원 1974. 12. 24. 선고 74도294 판결)

비교 약속어음에 발행인의 날인 대신 발행인 아닌 피고인의 무인만이 있으며 그 작성방식에 비추어 보아도 형식 과 외관을 갖춘 약속어음이라 보기 어려운 경우－유가증권위조죄 × (대법원 1992. 6. 23. 선고 92도976 판결)

비교 피고인이 위조한 것이라는 가계수표에 발행인의 날인이 없음－부정수표단속법위반 × (대법원 1985. 9. 10. 선고 85도1501 판결)

참고 '발행인의 날인'이 가장 중요하다.

이어서 부정례를 살펴본다.

판례 甲이 A社에 대한 채권 확보를 위해 A社 공동대표이사 乙과 공모하여 약속어음을 작성하였는데, 발행인 성명란에 "A社 대표이사 丙"이라 기재하고 丙 옆에 A社 주식회사의 법인인감을 날인함－유가증 권위조죄 ×

주식회사의 대표이사가 그 대표 자격을 표시하는 방식으로 작성한 문서에 표현된 의사 또는 관념이 귀 속되는 주체는 대표이사 개인이 아닌 주식회사이므로 그 문서의 명의자는 주식회사라고 보아야 한다. 따라서 위와 같은 문서 작성행위가 위조에 해당하는지는 그 작성자가 주식회사 명의의 문서를 적법하게 작성할 권한이 있는지에 따라 판단하여야 하고, 문서에 대표이사로 표시되어 있는 사람으로부터 그 문 서 작성에 관하여 위임 또는 승낙을 받았는지에 따라 판단할 것은 아니다.

원래 주식회사의 적법한 대표이사는 회사의 영업에 관하여 재판상 또는 재판외의 모든 행위를 할 권한 이 있으므로, 대표이사가 직접 주식회사 명의의 문서를 작성하는 행위는 자격모용사문서작성 또는 위조 에 해당하지 않는 것이 원칙이다. 이는 그 문서의 내용이 진실에 반하는 허위이거나 대표권을 남용하여 자기 또는 제3자의 이익을 도모할 목적으로 작성된 경우에도 마찬가지이다. 이러한 법리는 주식회사의 대표이사가 대표 자격을 표시하는 방식으로 약속어음 등 유가증권을 작성하는 경우에도 마찬가지로 적 용된다. (대법원 2015. 11. 27. 선고 2014도17894 판결) **표준**

해설 약속어음의 명의인을 ① A社(문서명의인 기준)로 본다면 乙은 대표이사로서 A社의 명의로 약속어음 을 작성할 권한이 있기에 위조가 아니다. ② 丙(작성명의인 기준)이라 본다면 위조가 될 것이다. 판례는 위와 같이 ①이라 보았다.

회사의 대표이사가 은행과의 당좌거래 약정이 되어 있는 종전 대표이사 명의를 변경함이 없이 그의 명의를 사용하여 회사의 수표를 발행 – 유가증권위조죄 × (대법원 1975. 9. 23. 선고 74도1684 판결)

해설 약속어음의 명의인은 (작성명의인인) 종전 대표이사가 아니라 (문서명의인인) 회사이고 피고인에게는 작성권한 있다.

판례 피고인이 父 사망 후 父의 이름을 거래상 자기표시 명칭으로 사용하여 왔는데, 父 명의로 어음발행 – 유가증권위조죄 ×

어음에 기재되어야 할 어음행위자의 명칭은 반드시 어음행위자의 본명에 한하는 것은 아니고 상호, 별명 그 밖의 거래상 본인을 가리키는 것으로 인식되는 칭호라면 어느 것이나 다 가능하다고 볼 것이므로 비록 그 칭호가 타인의 명칭이라도 통상 그 명칭은 자기를 표시하는 것으로 거래상 사용하여 그것이 그 행위자를 지칭하는 것으로 인식되어 온 경우에는 그것을 어음상으로도 자기를 표시하는 칭호로 사용할 수 있다 할 것이므로 피고인이 그 망부의 사망 후 그의 명의를 거래상 자기를 표시하는 명칭으로 사용하여 온 경우에는 피고인에 의한 망부 명의의 어음발행은 피고인 자신의 어음행위라고 볼 것이고 이를 가리켜 타인의 명의를 모용하여 어음을 위조한 것이라고 할 수 없다. (대법원 1982. 9. 28. 선고 82도296 판결) **표준**

동지 피고인이 사업을 하며 2년간 '김정우'라는 가명을 사용해왔는데, 가계수표에 본명이 아닌 '김정우'로 배서함 – 유가증권위조죄 × (대법원 1996. 5. 10. 선고 96도527 판결)

나. 변조

변조란 이미 진정하게 성립된 타인명의의 유가증권의 내용에 권한 없이 증권의 동일성을 해하지 않는 범위에서 변경을 가하는 것을 말한다.

몇 가지 쟁점을 살펴본다. ① 변조는 이미 진정하게 성립한 유가증권을 변경하는 것이므로, 이미 위조된 유가증권을 변경하는 행위는 변조가 아니다 ② 변조는 타인명의 유가증권을 변경하는 것이므로, 타인소유 자기명의 유가증권을 변경하면 허위유가증권작성죄 또는 문서손괴죄가 문제될 뿐 변조가 아니다. ③ 변조는 동일성이 유지되는 범위에서 변경을 가하는 것이다. 유가증권의 금액 변경행위는 변조이다. 이와 달리 유가증권의 명의를 변경하는 행위, 백지어음의 보충권 범위를 넘어 보충하는 행위는 위조이다.

판례 이미 타인에 의하여 위조된 약속어음의 기재사항을 권한 없이 변경 – 유가증권변조죄 ×
변조라 함은 진정으로 성립된 유가증권의 내용에 권한 없는 자가 그 유가증권의 동일성을 해하지 않는 한도에서 변경을 가하는 것을 말하므로, 이미 타인에 의하여 위조된 약속어음의 기재사항을 권한 없이 변경하였다고 하더라도 유가증권변조죄는 성립하지 아니한다.
약속어음의 액면금액을 권한 없이 변경하는 것은 유가증권변조에 해당할 뿐 유가증권위조는 아니므로,

약속어음의 액면금액을 권한 없이 변경하는 행위가 당초의 위조와는 별개의 새로운 유가증권위조로 된다고 할 수 없다. (대법원 2006. 1. 26. 선고 2005도4764 판결) **표준**

동지 이미 타인에 의하여 변조된 유가증권의 기재사항을 권한 없이 변경 – 유가증권변조죄 ×

권한 없는 자에 의해 변조된 부분은 진정하게 성립된 부분이라 할 수 없다. 따라서 유가증권의 내용 중 권한 없는 자에 의하여 이미 변조된 부분을 다시 권한 없이 변경하였다고 하더라도 유가증권변조죄는 성립하지 않는다고 할 것이다. (대법원 2012. 9. 27. 선고 2010도15206 판결, 대법원 2020. 6. 4. 판결 2020도3809 판결) **표준**

판례 甲이 백지 약속어음의 액면란을 부당 보충하여 위조한 후, 乙이 甲과 공모하여 금액란을 임의로 변경 – 乙 유가증권변조죄 × (대법원 2008. 12. 24. 선고 2008도9494 판결)

판례 발행인으로부터 어음금액이 백지인 약속어음의 할인을 위임받은 자가 위임 범위 내에서 어음금액을 기재한 후 어음할인을 받으려고 하다가 그 목적을 이루지 못하자 약속어음을 원상태로 발행인에게 반환하기 위하여 어음금액의 기재를 삭제 – 유가증권변조죄 ×

유통되지 아니한 당해 약속어음을 원상태대로 발행인에게 반환하기 위하여 어음금액의 기재를 삭제하는 것은 그 권한 범위 내에 속한다. (대법원 2006. 1. 13. 선고 2005도6267 판결)

판례 회사의 대표이사로서 주권작성에 관한 일반적인 권한을 가지고 있는 자가 대표권을 남용하여 자기 또는 제3자의 이익을 도모할 목적으로 그 대표 명의의 주권의 기재사항에 변경을 가함 – 유가증권변조죄 × (대법원 1980. 4. 22. 선고 79도3034 판결)

해설 재산범죄와 위조·변조죄의 보호법익은 다르다. ① 대표권을 남용하여 자기·제3자가 이익을 취하고 본인에게 손해를 발생시켰다면 배임죄가 나서고 ② 유가증권에 허위사항을 기재하면 허위작성죄가 나서면 될 일이지 ③ 위조·변조죄가 나설 일이 아니다.

판례 타인이 소유하는 자기명의 유가증권을 무단히 변경 – 유가증권변조죄 ×

타인에게 속한 자기명의의 유가증권에 무단히 변경을 가하였다 하더라도 그것이 문서손괴죄나 허위유가증권작성죄에 해당되는 경우가 있음은 별론으로 하고 유가증권변조죄를 구성하는 것은 아니다. (대법원 1978. 11. 14. 선고 78도1904 판결)

3. 죄수 등

관련 판례를 살펴본다.

판례 약속어음 2매 위조 – 실체적 경합

유가증권위조죄의 죄수는 원칙적으로 위조된 유가증권의 매수를 기준으로 정할 것이므로, 약속어음 2매의 위조행위는 포괄일죄가 아니라 경합범이다. (대법원 1983. 4. 12. 선고 82도2938 판결)

Ⅱ 기재의 위조·변조죄

> 제214조(유가증권의 위조 등) ② 행사할 목적으로 유가증권의 권리의무에 관한 기재를 위조 또는 변조한 자도 전항의 형과 같다.

例規 제214조 유가증권(위조, 변조)	미수 ○ 예비·음모 ○

🔍 **핵심단어**
- ① 행사목적 ② 유가증권의 권리의무 기재 ③ 위조·변조

기본적 증권행위인 발행이 진정하게 성립한 후 부수적 증권행위인 배서·인수·보증을 위조·변조한 경우에 성립한다. 본죄가 성립하는 경우에도 공소장 예규에 따라 죄명은 '유가증권위조·유가증권변조'가 된다. 이하에서는 구분을 위해 기재위조·기재변조라 칭한다.

판례 수표의 배서를 위조·변조 – ① 부정수표단속법위반 × ② 기재위조·변조죄 ○
부정수표 단속법 제5조에서 처벌하는 행위는 수표의 발행에 관한 위조·변조를 말하고, 수표의 배서를 위조·변조한 경우에는 수표의 권리의무에 관한 기재를 위조·변조한 것으로서, 형법 제214조 제2항에 해당하는지 여부는 별론으로 하고 구 부정수표 단속법 제5조에는 해당하지 않는다. (대법원 2019. 11. 28. 선고 2019도12022 판결)
해설 수표의 발행에 관한 위조·변조의 경우 부정수표단속법이 적용되지만, 수표의 기재에 관한 위조·변조의 경우 본죄가 적용된다는 것이다.

판례 명의대여자의 승낙 없이 제1의 명의임차인으로부터 영업권을 매수한 제2의 명의임차인이 명의대여자의 명의로 어음을 배서 – 기재위조죄 ○ (대법원 1984. 2. 28. 선고 83도3284 판결)

판례 어음의 발행인이 약속어음을 회수한 후 지급일자를 임의로 변경 – 기재변조죄 ○
어음발행인이라 하더라도 어음상에 권리의무를 가진 자가 있는 경우에는 이러한 자의 동의를 받지 아니하고 어음의 기재 내용에 변경을 가하였다면 이는 유가증권의 권리의무에 관한 기재를 변조한 것에 해당한다. (대법원 2003. 1. 10. 선고 2001도6553 판결)

Ⅲ 자격모용에 의한 유가증권작성죄

> **제215조(자격모용에 의한 유가증권의 작성)** 행사할 목적으로 타인의 자격을 모용하여 유가증권을 작성하거나 유가증권의 권리 또는 의무에 관한 사항을 기재한 자는 10년 이하의 징역에 처한다.

例規 제215조 자격모용유가증권(작성, 기재)	미수 ○ 예비·음모 ○

🔍 **핵심단어**

- ① 행사목적 ② 유가증권 ③ 타인자격 모용하여 작성
- 자격모용이란 ① 대리권·대표권이 없는 자가 ② 타인의 대리인·대표자로서의 자격을 사칭하여 유가증권을 작성

타인의 자격모용이란 대리권·대표권이 없는 자가 타인의 대리인·대표자로서의 자격을 사칭하여 유가증권을 작성하는 것을 말한다. 예를 들어 김갑동이 ① 유가증권에 '삼성전자 회장 이재용'이라고 기재하면 유가증권 위조죄가 성립하는데 ② '삼성전자 회장 김갑동'이라고 기재하면 자격모용유가증권작성죄가 성립한다. 관련 판례를 살펴본다.

> **判例** 직무집행정지가처분결정을 받은 대표이사가 대표이사 명의의 유가증권을 작성 – 자격모용유가증권작성죄 ○
>
> 대표이사 직무집행정지가처분결정은 대표이사의 직무집행만을 정지시킬 뿐 대표이사의 자격까지 박탈하는 것은 아니나 가처분결정이 송달되어 일절의 직무집행이 정지됨으로써 직무집행의 권한이 없게 된 대표이사가 그 권한밖의 일인 대표이사 명의의 유가증권을 작성 행사하는 행위가 회사업무의 중단을 막기 위한 긴급한 인수인계 행위라 하더라도 합법적인 권한행사라 할 수 없으므로 이는 자격모용유가증권작성 및 동 행사죄에 해당한다. (대법원 1987. 8. 18. 선고 87도145 판결)

> **判例** 前 대표이사가 現 대표이사 승낙을 얻어 이전부터 사용하여 오던 자기 명의로 된 회사 대표이사 명판을 이용하여 약속어음 발행 – 자격모용유가증권작성죄 ○
>
> 주식회사 대표이사로 재직하던 피고인이 대표이사가 타인으로 변경되었음에도 불구하고 이전부터 사용하여 오던 피고인 명의로 된 위 회사 대표이사의 명판을 이용하여 여전히 피고인을 위 회사의 대표이사로 표시하여 약속어음을 발행, 행사하였다면, 설사 약속어음을 작성, 행사함에 있어 후임 대표이사의 승낙을 얻었다거나 위 회사의 실질적인 대표이사로서의 권한을 행사하는 피고인이 은행과의 당좌계약을 변경하는데에 시일이 걸려 잠정적으로 전임 대표이사인 그의 명판을 사용한 것이라 하더라도 이는 합법적인 대표이사로서의 권한 행사라 할 수 없어 자격모용유가증권작성 및 동행사죄에 해당한다. (대법원 1991. 2. 26. 선고 90도577 판결) **표준**

[비교] 前 대표이사가 재직시에 발행한 약속어음의 발행명의인과 일치시키기 위하여 現 대표이사의 승낙을 받아 그 회사명의 위 약속어음에 대한 지급각서를 작성("대표이사 피고인"이라 서명함) – 자격모용사문서작성죄 ✕ 피고인이 위 회사명의의 본건 각서를 작성함에 있어서 그 작성할 권한 있는 자의 승락을 받아 작성하였다면 이는 진정한 문서로서 타인의 자격을 모용하여 문서를 작성하였다고 볼 수 없을 것이다. (대법원 1975. 11. 25. 선고 75도2067 판결)

해설 두 사건 모두 前 대표이사가 現 대표이사인 것처럼 유가증권·사문서를 작성한 사안이다. 2006도 2016 판결에서 대법원은 주식회사 대표이사는 자신의 권한을 타인에게 포괄적으로 위임할 수 없으며, 그러한 위임을 받은 자가 문서를 작성하면 자격모용사문서작성·위조에 해당한다고 보았다. 그렇다면 ① 위 판례는 포괄적 위임에 해당하므로(무효이므로) 자격모용유가증권작성죄가 성립하고 ② 비교판례는 개별적 위임에 해당하므로(유효이므로) 작성권한이 인정된 것이라 해석할 수 있다.[168]

Ⅳ 허위유가증권작성죄

제216조(허위유가증권의 작성 등) 행사할 목적으로 허위의 유가증권을 작성하거나 유가증권에 허위사항을 기재한 자는 7년 이하의 징역 또는 3천만원 이하의 벌금에 처한다.	
例規 제216조 허위유가증권작성, 유가증권허위기재	미수 ○

🔍 **핵심단어**
• ① 행사목적 ② 유가증권 ③ 허위작성

허위작성의 의미를 살펴보자. 유가증권을 작성(기재)할 권한이 있는 자가 허위의 유가증권을 작성하거나 유가증권에 허위사항을 기재하는 것을 말한다. 작성권한이 없는 자라면 (법정형이 더 높은) 위조죄·자격모용죄가 성립할 것이기에, 본죄는 작성권한이 있는 명의인·대표이사·수임인 등이 주체가 된다.

허위작성은 유가증권의 효력에 영향을 미칠 기재사항에 관하여 진실에 반한 기재를 하는 행위를 말하는 것이므로, 효력에 영향이 없는 사항을 허위기재한 경우에는 본죄 불성립한다. 관련 판례를 살펴보자.

---

168 다음과 같은 경청할 만한 비판도 있다. ① 대표이사는 권한을 다른 사람에게 개별적·구체적으로 위임할 수 있지만 어디까지나 대표이사인 자신을 작성명의자로 하여 작성권한을 위임할 수 있는 것이지, 다른 사람에게 대표이사 자격을 사용할 수 있는 권한을 부여할 수 없으며, ② 이에 따라 위 판례·비교판례 모두 자격모용작성에 해당한다는 견해이다. 박동률 "자격모용문서등작성죄와 관련된 몇 가지 문제점", 법학논고 제31집, 경북대학교 법학연구원, 2009, 482−487쪽.

판례 주권발행 권한을 위임받은 자가 발행일자를 소급하여 기재 – 허위유가증권작성죄 ○

허위유가증권의 작성이란 유가증권의 효력에 영향을 미칠 기재사항에 관하여 진실에 반한 기재를 하는 모든 행위를 말하는 것으로 비록 주권발행의 권한을 위임받았다고 하더라도 행사의 목적으로 발행일자를 소급 기재하여 그 기재일자에 발행된 것처럼 허위내용을 기재한 때는 허위유가증권작성죄를 구성한다. (대법원 1974. 1. 15. 선고 73도2041 판결)

판례 약속어음작성권자의 승낙 내지 위임을 받아 약속어음을 발행함에 있어서 발행인 명의 아래 피고인의 인장을 날인하여 약속어음을 발행 교부 – 허위유가증권작성죄 ○

약속어음 작성권자의 승낙 내지 위임을 받아 약속어음을 작성함에 있어서 발행인 명의 아래 진실에 반하는 내용인 피고인의 인장을 날인하여 일견 유효한 듯한 약속어음의 발행은 형법 216조 전단 소정의 허위유가증권작성죄 및 동 행사가 성립한다. (대법원 1975. 6. 10. 선고 74도2594 판결)

참고 피고인이 작성권한자인 공소의 김영근의 승낙 내지 위임을 받아 이 사건 약속어음을 작성함에 있어서 발행인 김영근 명의 아래 진실에 반하는 내용인 피고인의 인장을 날인하여 일견유효한 듯한 약속어음을 발행함 – 허위유가증권작성죄 ○

판례 선하증권 기재의 화물을 인수하거나 확인하지도 아니하고, 선적할 선편조차 예약하거나 확보하지도 않은 상태에서 수출면장만을 확인한 채 실제로 선적한 사실이 없는 화물을 선적하였다는 내용의 선하증권을 발행 – 허위유가증권작성죄 ○ (대법원 1995. 9. 29. 선고 95도803 판결)

판례 피고인이 허위작성행위 자체에는 직접관여하지 않았으나 타인에게 그 작성을 부탁하여 의사연락이 되고 그 타인으로 하여금 작성케 함 – 허위유가증권작성죄 ○

유가증권의 허위작성행위 자체에는 직접관여한 바 없다 하더라도 타인에게 그 작성을 부탁하여 의사연락이 되고 그 타인으로 하여금 범행을 하게 하였다면 공모공동정범에 의한 허위작성죄가 성립한다. 허위의 선하증권을 발행하여 타인에게 교부하여 줌으로써 그 타인으로 하여금 이를 행사하여 그 선하증권상의 물품대금을 지급받게 한 소위는 허위 유가증권행사죄와 사기죄의 공동정범을 인정하기에 충분하다. (대법원 1985. 8. 20. 선고 83도2575 판결)

판례 피고인이 실재하지 아니한 유령회사의 대표라 기재하고 자기명의의 인장을 찍어서 회사명의의 약속어음을 발행 – 허위유가증권작성죄 ○ (대법원 1970. 12. 29. 선고 70도2389 판결)

이어서 부정례를 살펴본다.

판례 은행을 통하여 지급이 이루어지는 약속어음의 발행인이 그 발행을 위하여 은행에 신고된 것이 아닌 발행인의 다른 인장을 날인 – 허위유가증권작성죄 ×

은행을 통하여 지급이 이루어지는 약속어음의 발행인이 그 발행을 위하여 은행에 신고된 것이 아닌 발행인의 다른 인장을 날인하였다 하더라도 그것이 발행인의 인장인 이상 그 어음의 효력에는 아무런 영향이 없으므로 허위유가증권작성죄가 성립하지 아니한다. (대법원 2000. 5. 30. 선고 2000도883 판결) **표준**

어음배서인이 자신의 주소를 허위기재 함 – 허위유가증권작성죄 ✕

배서인의 주소기재는 배서의 요건이 아니므로 약속어음 배서인의 주소를 허위로 기재하였다고 하더라도 그것이 배서인의 인적 동일성을 해하여 배서인이 누구인지를 알 수 없는 경우가 아닌 한 약속어음상의 권리관계에 아무런 영향을 미치지 않는다. (대법원 1986. 6. 24. 선고 84도547 판결)

자기앞수표의 발행인이 수표의뢰인으로부터 수표자금을 입금받지 아니한 채 자기앞수표를 발행 – 허위유가증권작성죄 ✕

자기앞수표의 발행인이 수표의뢰인으로부터 수표자금을 입금받지 아니한 채 자기앞수표를 발행하더라도 그 수표의 효력에는 아무런 영향이 없다. (대법원 2005. 10. 27. 선고 2005도4528 판결)

원인채무관계가 부존재함에도 약속어음을 발행함 – 허위유가증권작성죄 ✕

발행된 약속어음은 원인채무의 존부와 관계없이 그 어음상의 문언에 따라 어음상의 권리의무관계가 생기는 것이 약속어음의 무인증권성과 설권증권성의 원리에 비추어 명백하다 할 것이므로 원인채무관계가 존재하지 아니하다는 이유만으로는 약속어음의 발행행위를 허위유가증권작성죄로 문의할 수는 없다. (대법원 1977. 5. 24. 선고 76도4132 판결)

Ⅴ 위조 등 유가증권 행사·수입·수출죄

제217조(위조유가증권 등의 행사 등) 위조, 변조, 작성 또는 허위기재한 전3조 기재의 유가증권을 행사하거나 행사할 목적으로 수입 또는 수출한 자는 10년 이하의 징역에 처한다.	
例規 제217조 (위조유가증권, 변조유가증권, 자격모용작성유가증권, 자격모용기재유가증권, 허위작성유가증권, 허위기재유가증권)(행사, 수입, 수출)	미수 ○

🔍 핵심단어
• ① 위조·변조·자격모용작성·허위작성 유가증권 ② 행사

앞서 위조·변조·자격모용작성·허위작성 관련 판례에서 '행사죄'는 따로 언급하지 않았다. 위조 등이 인정되고 이를 행사하면 당연히 행사죄가 성립한다. 사실관계에서 행사죄까지 한꺼번에 정리하려 하다 보면 오히려 더 중요한 쟁점인 위조 등이 흐릿해진다.

1. 객체: 위조·변조·자격모용작성·허위작성된 유가증권

위조·변조·자격모용작성·허위작성된 유가증권이다. 애초에 위조 등이 인정되지 않는 유가증권이라면 본죄의 객체가 될 수 없다.

판례 피고인은 ① 甲으로부터 미리 받아놓은 백지 약속어음에 발행일·금액·수취인을 함부로 기재한 후 ② 甲을 상대로 제기한 소송에 위 약속어음을 복사한 사본을 첨부하여 제출함 – ① 유가증권위조죄 ○ ② 위조유가증권행사죄 ×

위조유가증권행사죄에 있어서의 유가증권이라 함은 위조된 유가증권의 원본을 말하는 것이지 전자복사기 등을 사용하여 기계적으로 복사한 사본은 이에 해당하지 않는다. (대법원 1998. 2. 13. 선고 97도2922 판결)

동지 허위작성된 선하증권의 팩스(모사전송기) 사본을 행사 – 허위작성유가증권행사죄 ×

허위작성유가증권행사죄 또는 위조유가증권행사죄에 있어서의 유가증권이라 함은 허위작성 또는 위조된 유가증권의 원본을 말하는 것이지 전자복사기 등을 사용하여 기계적으로 복사한 사본은 이에 해당하지 않는다. (대법원 2007. 2. 8. 선고 2006도8480 판결) **표준**

동지 위조된 선하증권 사본 행사 – 위조유가증권행사죄 × (대법원 2010. 5. 13. 선고 2008도10678 판결) **표준**

비교 위조된 매매계약서를 피고인으로부터 교부받은 변호사가 복사본을 작성하여 원본과 동일한 문서임을 인증한 다음 소장에 첨부하여 법원에 제출 – 위조사문서행사죄 ○ (대법원 1988. 1. 19. 선고 87도1217 판결)

해설 위조문서행사죄의 경우 사본을 행사하여도 죄가 성립한다(형법 제237조의2).

2. 행위: 행사·수입·수출

행사란 위조 등이 된 유가증권을 진정하게 작성되고 진실한 내용의 유가증권처럼 사용하는 것을 말한다.

판례 허위작성 유가증권 피교부자가 이를 유통시킬 것을 알고도 교부 – 허위작성유가증권행사죄 ○

허위작성된 유가증권을 피교부자가 그것을 유통하게 한다는 사실을 인식하고 교부한 때에는 허위작성유가증권행사죄에 해당하고, 행사할 의사가 분명한 자에게 교부하여 그가 이를 행사한 때에는 허위작성유가증권행사죄의 공동정범이 성립된다. (대법원 1995. 9. 29. 선고 95도803 판결)

판례 악의의 피교부자가 이를 유통시킬 것임을 알고도 교부 – 위조유가증권행사죄 ○

위조유가증권행사죄의 처벌목적은 유가증권의 유통질서를 보호하고자 함에 있는 만큼 단순히 문서의 신용성을 보호하고자 하는 위조, 공·사문서행사죄의 경우와는 달리 교부자가 진정 또는 진실한 유가증권인 것처럼, 위조유가증권을 행사하였을 때 뿐만 아니라 위조유가증권임을 알고 있는 자에게 교부하였더라도 피교부자가 이를 유통시킬 것임을 인식하고 교부하였다면 그 교부행위 그 자체가 유가증권의 유통질서를 해할 우려가 있어 처벌의 이유와 필요성이 충분히 있다고 할 것이므로 위조유가증권행사죄가 성립한다. (대법원 1983. 6. 14. 선고 81도2492 판결)

판례 피고인과 甲은 甲이 피고인으로부터 돈을 빌리는 것처럼 丙을 속이기로 공모하고, 피고인이 甲·丙이 있는 자리에서 위조된 수표가 들어 있는 봉투를 乙을 통해 甲에게 교부하였는데, 甲은 위조된 수표를 봉투에서 꺼내거나 丙에게 보여주지 않음 – 위조유가증권행사죄 ×

위조유가증권의 교부자와 피교부자가 서로 유가증권위조를 공모하였거나 위조유가증권을 타에 행사하여 그 이익을 나누어 가질 것을 공모한 공범의 관계에 있다면, 그들 사이의 위조유가증권 교부행위는 그들 이외의 자에게 행사함으로써 범죄를 실현하기 위한 전단계의 행위에 불과한 것으로서 위조유가증권은 아직 범인들의 수중에 있다고 볼 것이지 행사되었다고 볼 수는 없다. (대법원 2010. 12. 9. 선고 2010도12553 판결) **표준**

Ⅵ 인지·우표 위조·변조죄 등

제218조(인지·우표의 위조등) ① 행사할 목적으로 대한민국 또는 외국의 인지, 우표 기타 우편요금을 표시하는 증표를 위조 또는 변조한 자는 10년 이하의 징역에 처한다.

② 위조 또는 변조된 대한민국 또는 외국의 인지, 우표 기타 우편요금을 표시하는 증표를 행사하거나 행사할 목적으로 수입 또는 수출한 자도 제1항의 형과 같다.

제219조(위조인지·우표등의 취득) 행사할 목적으로 위조 또는 변조한 대한민국 또는 외국의 인지, 우표 기타 우편요금을 표시하는 증표를 취득한 자는 3년 이하의 징역 또는 1천만원 이하의 벌금에 처한다.

제221조(소인말소) 행사할 목적으로 대한민국 또는 외국의 인지, 우표 기타 우편요금을 표시하는 증표의 소인 기타 사용의 표지를 말소한 자는 1년 이하의 징역 또는 300만원 이하의 벌금에 처한다.

제222조(인지·우표유사물의 제조 등) ① 판매할 목적으로 대한민국 또는 외국의 공채증서, 인지, 우표 기타 우편요금을 표시하는 증표와 유사한 물건을 제조, 수입 또는 수출한 자는 2년 이하의 징역 또는 500만원 이하의 벌금에 처한다.

② 전항의 물건을 판매한 자도 전항의 형과 같다.

例規 제218조 ① (인지, 우표, 우편요금증표)(위조, 변조)[169]
　　　　　② (위조, 변조)(인지, 우표, 우편요금증표)(행사, 수입, 수출)[170]
　　　제219조 (위조, 변조)(인지, 우표, 우편요금증표)취득[171]
　　　제221조 (인지, 우표, 우편요금증표)소인말소[172]
　　　제222조 ① (공채증서, 인지, 우표, 우편요금증표)유사물(제조, 수입, 수출)[173]
　　　　　② (공채증서, 인지, 우표, 우편요금증표)유사물판매[174]

인지·우표에 관한 죄는 판례가 많지 않아 조문을 확인하는 것으로 충분하다.

---

169 미수 ○, 예비·음모 ○
170 미수 ○
171 미수 ○
172 미수 ×
173 미수 ○
174 미수 ○

> **판례** 피고인은 ① 위조우표임을 알고도 이를 매수한 뒤 ② 웃돈을 얹어서 우표를 수집하는 사람에게 매도함 – ① 위조우표취득죄 ○ ② 위조우표행사죄 ○
>
> 위조우표취득죄 및 위조우표행사죄에 관한 형법 제219조 및 제218조 제2항 소정의 "행사"라 함은 위조된 대한민국 또는 외국의 우표를 진정한 우표로서 사용하는 것으로 반드시 우편요금의 납부용으로 사용하는 것에 한정되지 않고 우표수집의 대상으로서 매매하는 경우도 이에 해당된다. (대법원 1989. 4. 11. 선고 88도1105 판결) **표준**

03 문서에 관한 죄

Ⅰ 총설

1. 본질

문서에 관한 죄의 본질에 관한 견해 대립이 있다. ① 형식주의는 본죄의 보호대상은 성립의 진정이므로 작성명의가 허위이면 이를 처벌해야 한다는 입법주의다. 이 견해는 '유형위조' 즉 문서를 작성할 권한이 없는 자가 타인의 명의를 사칭하여 타인명의의 문서를 작성하는 행위를 처벌해야 한다고 본다. ② 실질주의는 본죄의 보호대상은 내용의 진실이므로 문서의 내용을 허위로 작성하는 행위를 처벌해야 한다는 입법주의다. 이 견해는 '무형위조' 즉 문서를 작성할 권한이 있는 자가 진실에 반하는 내용의 문서를 작성하는 행위를 처벌해야 한다고 본다.

우리 형법은 유형위조는 '위조'라, 무형위조는 '작성'이라 표현한다. 형법은 형식주의를 원칙으로 하여 유형위조는 문서종류를 불문하고 모두 처벌하고, 예외적으로 실질주의를 인정하여 무형위조는 공문서·진단서의 경우에 한하여 처벌한다. 특히 허위사문서작성은 처벌하지 않는다는 점에 유의하여야 한다.

	이론	형법	처벌의 범위
유형위조	형식주의	위조	① 공문서위조죄 ② 사문서위조죄
무형위조	실질주의	작성	① 허위공문서작성죄 ② 공정증서원본부실기재죄 ③ 허위진단서등작성죄 (·허위사문서작성죄 ×)

관련 판례를 살펴본다.

판례 피고인들이 회의록에 참석한 바 없는 소외인이 참석하여 사회까지 한 것으로 기재 – 사문서위조죄 ×

피고인들이 작성한 회의록에다 참석한 바 없는 소외인이 참석하여 사회까지 한 것으로 기재한 부분은 사문서의 무형위조에 해당할 뿐이어서 사문서의 유형위조만을 처벌하는 현행 형법하에서는 죄가 되지 아니한다. (대법원 1984. 4. 24. 선고 83도2645 판결)

판례 대리인이 본인 명의로 토지매매계약서를 작성하면서 매매대금을 실제보다 높게 기재 – 사문서위조죄 ×

매수인으로부터 매도인과의 토지매매계약체결에 관하여 포괄적 권한을 위임받은 자는 위임자 명의로 토지매매계약서를 작성할 적법한 권한이 있다 할 것이므로 매수인으로부터 그 권한을 위임받은 피고인이 실제 매수가격 보다 높은 가격을 매매대금으로 기재하여 매수인 명의의 매매계약서를 작성하였다 하여도 그것은 작성권한 있는 자가 허위내용의 문서를 작성한 것일 뿐 사문서위조죄가 성립될 수는 없다. (대법원 1984. 7. 10. 선고 84도1146 판결)

비교 7천 5백만 원 차용권한을 위임받으면서 명의인으로부터 작성해 받은 대출신청서 및 영수증의 백지로 된 금액란에 1억 5천만 원을 기재 – 사문서위조죄 ○

위탁된 권한을 초월하여 위탁자 명의의 문서를 작성하거나 위탁자의 서명날인이 정당하게 성립한 때라 하더라도 그 서명날인자의 의사에 반하는 문서를 작성한 경우에는 사문서위조죄가 성립한다 할 것이므로 피고인이 공소외 (갑)으로부터 금 75,000,000원의 차용 위탁을 받고 백지의 대출신청서 및 영수증에 동인의 날인을 받은 연후에 차용금액을 금 150,000,000원으로 기입하여 공소외 (갑) 명의의 대출신청서 및 영수증을 작성하였다면 문서위조죄가 성립한다. (대법원 1982. 10. 12. 선고 82도2023 판결)

판례 이사회 출석·의결에 관한 권한을 위임하고 불참한 이사들이 이사회에 참석하여 의결권을 행사한 것처럼 이사회회의록을 작성 – 사문서위조죄 ×

이사회를 개최함에 있어 공소외 이사들이 그 참석 및 의결권의 행사에 관한 권한을 피고인에게 위임하였다면 그 이사들이 실제로 이사회에 참석하지도 않았는데 마치 참석하여 의결권을 행사한 것처럼 피고인이 이사회 회의록에 기재하였다 하더라도 이는 이른바 사문서의 무형위조에 해당할 따름이어서 처벌 대상이 되지 아니한다. (대법원 1985. 10. 22. 선고 85도1732 판결)

판례 이사장이 이사회 회의록에 적힌 이사의 서명거부사유와 그에 대한 서명을 임의로 삭제 – 사문서변조죄 ○

이사회 회의록에 관한 이사의 서명권한에는 서명거부사유를 기재하고 그에 대해 서명할 권한이 포함된다. 이사가 이사회 회의록에 서명함에 있어 이사장이나 다른 이사들의 동의를 받을 필요가 없는 이상 서명거부사유를 기재하고 그에 대한 서명을 함에 있어서도 이사장 등의 동의가 필요 없다고 보아야 한다. 따라서 이사가 이사회 회의록에 서명 대신 서명거부사유를 기재하고 그에 대한 서명을 하면, 특별한 사정이 없는 한 그 내용은 이사회 회의록의 일부가 되고, 이사회 회의록의 작성권한자인 이사장이라 하더라도 임의로 이를 삭제한 경우에는 이사회 회의록 내용에 변경을 가하여 새로운 증명력을 가져오게 되므로 사문서변조에 해당한다. (대법원 2018. 9. 13. 선고 2016도20954 판결)

> **해설** ① 문서 작성권한자의 작성권한에 한계를 인정하였다는 해석 또는 ② 서명거부사유를 기재한 이사에게도 해당 부분에 대한 작성권한이 있다는 해석 (③ 더 나아가 그 부분에 한하여 별개의 문서가 성립한다는 해석)이 모두 가능하다. 위 법리는 이 판례에서 처음 등장한 뒤 아직 한 번도 인용된 적이 없고 관련 평석도 없다. 후속 판결을 기다린다.

2. 문서

가. 개념

문서의 개념요소는 3가지로 분설할 수 있다. ① 계속적 기능 − 문자 또는 가독적 부호로 물체상에 계속적으로 기재된 의사·관념의 표시가 있어야 한다. ② 증명적 기능 − 내용이 법률상, 사회생활상 주요사항에 관한 증거로 될 수 있는 것이어야 한다. ③ 보장적 기능 − 이러한 의사·관념을 표시한 주체 즉 명의인의 표시가 있어야 한다. 이하에서는 문서에 관한 판례들을 3가지 요소로 분류하여 살펴본다.

> **판례** 문서 − ① 문자 또는 가독적 부호로 물체상에 계속적 기재 ② 의사·관념 표시 ③ 법률상·사회생활상 주요사항에 관한 증거
> 형법상 문서에 관한 죄에 있어서 문서란, ① 문자 또는 이에 대신할 수 있는 가독적 부호로 계속적으로 물체 상에 기재된 ② 의사 또는 관념의 표시인 원본 또는 이와 사회적 기능, 신용성 등을 동시할 수 있는 기계적 방법에 의한 복사본으로서 ③ 그 내용이 법률상, 사회생활상 주요 사항에 관한 증거로 될 수 있는 것을 말한다. (대법원 2006. 1. 26. 선고 2004도788 판결)

1) 계속적 기능

계속적 기능에서 가장 중요한 쟁점 중 하나가 '이미지 파일(JPG, PDF 등)'의 문서 해당성이다. 아래 판례와 해설을 통해 한 번에 정리한다.

> **판례** 컴퓨터 모니터 화면에 띄워진 이미지 − 문서 ×
> 컴퓨터 모니터 화면에 나타나는 이미지는 이미지 파일을 보기 위한 프로그램을 실행할 경우에 그때마다 전자적 반응을 일으켜 화면에 나타나는 것에 지나지 않아서 계속적으로 화면에 고정된 것으로는 볼 수 없으므로, 형법상 문서에 관한 죄에 있어서의 문서에는 해당되지 않는다. (대법원 2010. 7. 15. 선고 2010도6068 판결) **표준**
> **동지** 컴퓨터 스캔 작업을 통하여 만들어진 이미지 파일 − 문서 ×
> 피고인이 컴퓨터 스캔 작업을 통하여 만들어낸 공인중개사 자격증의 이미지 파일은 전자기록으로서 전자기록장치에 전자적 형태로서 고정되어 계속성이 있다고 볼 수는 있으나, 그러한 형태는 그 자체로서 시각적 방법

에 의해 이해할 수 있는 것이 아니어서 이를 형법상 문서에 관한 죄에 있어서의 '문서'로 보기 어렵다. (대법원 2008. 4. 10. 선고 2008도1013 판결)

해설 스캔한 컴퓨터 이미지 또는 이미지 파일이 출제되는 경우 위 판례·동지판례의 논거를 각각 써주는 것이 좋다.

문서위조죄·행사죄가 성립하기 위해서는 '문서 현물'을 위조하여야 한다. 한컴·포토샵 등으로 위조문서를 만들고 이를 '출력'하면 그 시점에 '문서 현물'이 탄생하므로 위조죄가 성립한다. 그러나 한컴·포토샵으로 허위 문서를 만들고 이를 HWP·jpg 파일로 저장하면 아직 '문서 현물'이 탄생하지 않았기에 위조죄 및 (위조죄를 전제로 한) 행사죄가 성립하지 않아 무죄이다. 이하에서는 관련 판례의 사실관계를 정리한다. 판사의 입장에서 하나만 집요하게 묻자. "문서 위조(변조)했다는데 그래서 그 현물 어딨어?"

판례 피고인이 HWP 프로그램을 이용하여 대한승마협회장 명의 공문을 임의 작성하여 이를 이메일·카톡으로 甲에게 송부 – 무죄 (대법원 2018. 5. 15. 선고 2017도19499 판결)

판례 피고인이 포토샵으로 국립대학교 교무처장 명의 '졸업증명서 파일' 만듦 – 무죄 (대법원 2010. 7. 15. 선고 2010도6068 판결) **표준**

판례 피고인이 업무용 컴퓨터에 저장된 '경영정상화 이행계획서 파일'을 모니터에 띄워 권한 없이 그 내용을 수정 – 무죄 (대법원 2017. 12. 5. 선고 2014도14924 판결)

판례 피고인이 자신의 이름과 나이를 속이는 용도로 사용할 목적으로 주민등록증의 이름·주민등록번호란에 글자를 오려붙인 후 이를 컴퓨터 스캔 장치를 이용하여 이미지 파일로 만들어 컴퓨터 모니터에 띄우는 한편 타인에게 이미지 파일을 이메일로 전송 – 무죄 (대법원 2007. 11. 29. 선고 2007도7480 판결)

참고 위조된 '현물'이 탄생했는가? 아니다. 주민등록증의 이름·주민등록번호란에 글자를 오려붙인 상태만으로는 객관적으로 일반인으로 하여금 진실된 문서라고 오인케 할 만한 수준에 한참 이르지 못한다. 위조된 현물이 없다.

판례 피고인이 사무실전세계약서 원본을 스캐너로 복사하여 컴퓨터 화면에 띄운 후 포토샵으로 그 보증금액란을 공란으로 만든 다음 프린터로 출력하여 검정색 볼펜으로 보증금액을 3천만원으로 작성하고 이를 다시 팩스로 송부함 – 사문서변조 및 동행사죄 ○ (대법원 2011. 11. 10. 선고 2011도10468 판결)

참고 공란으로 고친 계약서를 출력하고 3천만 원을 기입하는 순간 변조된 문서 현물이 탄생하였다.

판례 피고인이 (현물인) 가입신청서를 위조한 후 이를 스캔한 이미지 파일을 제3자에게 이메일로 전송함 – 사문서위조 및 동행사죄 ○

위조문서행사죄에 있어서 행사라 함은 위조된 문서를 진정한 문서인 것처럼 그 문서의 효용방법에 따라 이를 사용하는 것을 말하고, 위조된 문서를 제시 또는 교부하거나 비치하여 열람할 수 있게 두거나 우편물로 발송하여 도달하게 하는 등 위조된 문서를 진정한 문서인 것처럼 사용하는 한 그 행사의 방법에 제한이 없다. 또한, 위조된 문서 그 자체를 직접 상대방에게 제시하거나 이를 기계적인 방법으로 복사하여 그 복사본을 제시하는 경우는 물론, 이를 모사전송의 방법으로 제시하거나 컴퓨터에 연결된 스캐너 (scanner)로 읽어 들여 이미지화한 다음 이를 전송하여 컴퓨터 화면상에서 보게 하는 경우도 행사에

해당하여 위조문서행사죄가 성립한다. (대법원 2008. 10. 23. 선고 2008도5200 판결)

참고 ① 위조죄는 당연히 성립하고 ② '스캔한 이미지 파일을 메일로 전송한 행위'가 행사죄를 구성하는지가 문제되었다. 판례는 긍정한다.

생략문서가 문서에 해당하는지 여부가 문제된다. 판례는 긍정한다.

판례 세무공무원인 피고인은 수납기관인 농협에서 정상적으로 송부되어 온 것이 아닌 허위의 영수필 통지서에 소인을 압날하여 정상적으로 수납부 정리를 마친 것처럼 만든 후 영수증철에 편철 – 허위공문서작성 및 동행사죄(문서) ○

문서는 사람의 동일성을 표시하기 위하여 사용되는 일정한 상형인 인장이나, 사람의 인격상의 동일성 이외의 사항에 대해서 그 동일성을 증명하기 위한 부호인 기호와는 구분되며, 이른바 생략문서도 그것이 사람 등의 동일성을 나타내는 데에 그치지 않고 그 이외의 사항도 증명, 표시하는 한 인장이나 기호가 아니라 문서로서 취급하여야 한다.

구청 세무계장 명의의 소인을 세금 영수필 통지서에 날인하는 의미는 은행 등 수납기관으로부터 그 수납기관에 세금이 정상적으로 입금되었다는 취지의 영수필 통지서가 송부되어 와서 이에 기하여 수납부 정리까지 마쳤으므로 이제 그 영수필 통지서는 보관하면 된다는 점을 확인함에 있는데, 소인이 가지는 의미가 위와 같은 것이라면 이는 하나의 문서로 보아야 한다. (대법원 1995. 9. 5. 선고 95도1269 판결) **표준**

동지 위탁된 권한을 넘어서 신용장에 허위의 은행 접수인을 날인·교부 – 사문서위조 및 동행사죄(문서) ○

신용장에 날인된 은행의 접수일부인은 사실증명에 관한 사문서에 해당되므로 신용장에 허위의 접수인을 날인한 것은 사문서위조에 해당된다. (대법원 1979. 10. 30. 선고 77도1879 판결)

해설 생략문서는 문장형식은 갖추지 않았지만 그 자체로부터 일정한 관념·의사를 알 수 있어 문서가 된다. 생략문서에는 대표적으로 ① 입장권 ② 신용장에 날인된 접수일부인 ③ 전세계약서의 확정일자 등이 있다.

---

2) 증명적 기능

문서의 내용이 법률상, 사회생활상 주요사항에 관한 증거로 될 수 있는 것이어야 한다.

3) 보장적 기능

문서에 의사·관념을 표시한 주체 즉 명의인의 표시가 있어야 한다.

판례 사자·허무인 명의의 문서 – 문서 ○

문서위조죄는 문서의 진정에 대한 공공의 신용을 그 보호법익으로 하는 것이므로 행사할 목적으로 작성된 문서가 일반인으로 하여금 당해 명의인의 권한 내에서 작성된 문서라고 믿게 할 수 있는 정도의 형식과 외관을 갖추고 있으면 문서위조죄가 성립하는 것이고, 위와 같은 요건을 구비한 이상 그 명의인이

PART 02

실재하지 않는 허무인이거나 또는 문서의 작성일자 전에 이미 사망하였다고 하더라도 그러한 문서 역시 공공의 신용을 해할 위험성이 있으므로 문서위조죄가 성립한다고 봄이 상당하며, 이는 공문서뿐만 아니라 사문서의 경우에도 마찬가지라고 보아야 한다. (대법원 2005. 2. 24. 선고 2002도18 전원합의체 판결) **표준**

참고 피고인이 존재하지 않는 강남한의원 명의의 임상경력증명서 만듦 – 사문서위조죄 ○

동지 피고인이 해산등기 마쳐 법인격 없는 법인 명의 사문서 만듦 – 사문서위조죄 ○ (대법원 2005. 3. 25. 선고 2003도4943 판결)

판례 서류 자체에 의하여 작성명의인을 판별할 수 없는 경우 – 문서 ×

사문서위조죄는 작성권한이 없는 자가 타인의 명의를 모용하여 권리의무 또는 사실증명에 관한 타인의 문서를 위조한 경우에 성립되는 것으로서, 문서에 작성명의인이 명시되어 있지는 아니하더라도, 문서의 내용, 형식, 체제 등에 비추어 그 문서 자체에 의하여 그 작성명의인을 판별할 수 있어야만 사문서위조죄의 객체가 되는 문서로 볼 수 있다. (대법원 1992. 5. 26. 선고 92도353 판결)

참고 새마을금고의 총무부장이 작성한 대의원 피선거권자명단은 그 서류 자체에 의하여 작성명의인을 판별할 수 없는 등의 이유로 문서에 해당하지 않는다.

문서의 보장적 기능을 엄격히 관철시킨다면 문서는 원본일 것을 요할 것이다. 그러나 형법 제237조의2는 복사문서의 문서성을 인정하고 있다.[175]

판례 문서를 위조한 뒤 이를 복사하여 상대방에게 행사한 경우 – 문서위조 및 동행사죄 ○

문서위조 및 동행사죄의 보호법익은 문서자체의 가치가 아니고 문서에 대한 공공의 신용이므로 문서위조죄의 객체가 되는 문서는 반드시 원본에 한한다고 보아야 할 근거는 없고 문서의 사본이라 하더라도 원본과 동일한 의식내용을 보유하고 증명수단으로서 원본과 같은 사회적 기능과 신용을 가지는 것으로 인정된다면 이를 위 문서의 개념에 포함시키는 것이 상당하다 할 것이다.
그러므로 문서의 사본 중에서도 사진기나 복사기등을 사용하여 기계적인 방법에 의하여 원본을 복사한 문서 이른바 복사문서는 사본이라 하더라도 필기의 방법 등에 의한 단순한 사본과는 달리 복사자의 의식이 개재할 여지가 없고, 그 내용에서부터 모양, 형태에 이르기까지 원본을 실제 그대로 재현하여 보여주므로 관계자로 하여금 그와 동일한 원본이 존재하고 있는 것으로 믿게 할 뿐만 아니라 그 내용에 있어서도 원본 그 자체를 대하는 것과 같은 감각적 인식을 가지게 하는 것이고, 나아가 오늘날 일상거래에서 복사문서가 원본에 대신하는 증명수단으로서의 기능이 증대되고 있는 실정에 비추어 볼때 이에 대한 사회적 신용을 보호할 필요가 있다 할 것이므로 위와 같이 사진복사한 문서의 사본은 문서위조 및 동행사죄의 객체인 문서에 해당한다 (대법원 1989. 9. 12. 선고 87도506 전원합의체 판결)

동지 도화의 사본도 도화위조·변조 및 동행사죄의 객체인 도화에 해당함 (대법원 1993. 7. 27. 선고 93도

---

175 **형법 제237조의2(복사문서등)** 이 장의 죄에 있어서 전자복사기, 모사전송기 기타 이와 유사한 기기를 사용하여 복사한 문서 또는 도화의 사본도 문서 또는 도화로 본다.

참고 위조유가증권행사죄의 경우, 원본을 행사하여야 한다는 점과 비교하자.

나. 종류

① 공문서란 공무소·공무원이 그 직무에 관하여 작성한 문서를 말한다. 외국의 공무소·공무원이 작성한 문서는 사문서에 불과하다. ② 사문서란 사인명의로 작성된 문서를 말한다. ③ 복합문서란 1통의 용지에 2개 이상의 종류가 다른 문서가 병존해 있는 것을 말한다.

이하에서는 공문서·사문서의 경계에 있는 사건들을 살펴본다.

판례 공증인 작성의 사서증서 인증서 중 ① 인증기재부분 ② 사서증서의 기재내용 – ① 공문서 ○ ② 사문서 ○

공증인이 공증인법 제57조 제1항의 규정에 의하여 사서증서에 대하여 하는 인증은 당해 사서증서에 나타난 서명 또는 날인이 작성명의인에 의하여 정당하게 성립하였음을 인증하는 것일 뿐 그 사서증서의 기재 내용을 인증하는 것은 아닌바, 사서증서 인증서 중 ① 인증기재 부분은 공문서에 해당한다고 하겠으나, 위와 같은 내용의 인증이 있었다고 하여 ② 사서증서의 기재 내용이 공문서인 인증기재 부분의 내용을 구성하는 것은 아니라고 할 것이므로, 사서증서의 기재 내용을 일부 변조한 행위는 공문서변조죄가 아니라 사문서변조죄에 해당한다. (대법원 2005. 3. 24. 선고 2003도2144 판결)

참고 피고인이 피해자와 사이에 시공비 등 일체의 비용을 피고인이 부담하기로 약정하였음에도 시공비 외 비용은 피해자가 부담한다는 내용으로 인증합의서를 변조하고 피해자를 상대로 소를 제기하면서 이를 소장에 첨부하여 제출 – ① 사문서변조 및 동행사죄 ○ ② 사기미수죄 ○

통지 사서증서 인증서 중 그 촉탁인 또는 촉탁대리인의 출석 여부에 관한 인증기재 부분을 변조하여 행사 – 공문서변조 및 동행사죄 ○ (대법원 1992. 10. 13. 선고 92도1064 판결)

판례 교원실태조사카드 중 교사 명의 부분을 명의자 의사에 반하여 작성 – 공문서위조죄 ×

공립학교 교사가 작성하는 교원의 인적사항과 전출희망사항 등을 기재하는 부분과 학교장이 작성하는 학교장의견란 등으로 구성되어 있는 교원실태조사카아드는 학교장의 작성명의 부분은 공문서라고 할 수 있으나, 작성자가 교사 명의로 된 부분은 개인적으로 전출을 희망하는 의사표시를 한 것에 지나지 아니하여 이것을 가리켜 공무원이 직무상 작성한 공문서라고 할 수는 없을 것이므로 위 카드의 교사 명의 부분을 명의자의 의사에 반하여 작성하였다고 하여도 공문서를 위조한 것이라고 할 수 없다. (대법원 1991. 9. 24. 선고 91도1733 판결)

참고 사문서에 해당하는지 여부는 검토하지 않았다.

판례 인감증명서의 사용용도란의 기재를 고쳐 쓰고 행사함 – 공문서변조 및 동행사죄 ×

인감증명법 제12조 제1항, 동법시행령(2002. 12. 31. 대통령령 제17867호로 개정되기 전의 것) 제13조 등 인감증명의 신청과 인감증명서의 발급에 관한 법령의 규정에 의하면, 인감의 증명을 신청함에 있어서 그 용도가 부동산매도용일 경우에는 부동산매수자란에 매수자의 성명(법인인 경우에는 법인명), 주소 및 주민등록번호를 기재하여 신청하여야 하지만 그 이외의 경우에는 신청 당시 사용용도란을 기재하여야 하는 것은 아니고, 필요한 경우에 신청인이 직접 기재하여 사용하도록 되어 있으며, 사용용도에 따른 인감증명서의 유효기간에 관한 종전의 규정도 삭제되어 유효기간의 차이도 없으므로 인감증명서의 사용용도란의 기재는 증명청인 동장이 작성한 증명문구에 의하여 증명되는 부분과는 아무런 관계가 없다고 할 것이므로, 권한 없는 자가 임의로 인감증명서의 사용용도란의 기재를 고쳐 썼다고 하더라도 공무원 또는 공무소의 문서 내용에 대하여 변경을 가하여 새로운 증명력을 작출한 경우라고 볼 수 없으므로 공문서변조죄나 이를 전제로 하는 변조공문서행사죄가 성립되지는 않는다. (대법원 2004. 8. 20. 선고 2004도2767 판결)

해설 위 판례는 공문서변조 및 동행사죄가 성립하지 않는다고 판단할 뿐, 나아가 사문서변조 및 동행사죄에 대해서는 검토하지 않았다. 이에 대하여 위 행위가 사문서변조에 해당한다는 유력한 견해를 요약한다.[176] ① 사용용도란은 신청인이 직접 기재하여 사용하는 부분으로서 해당 부분에 의해 작성명의자가 드러나지는 않으나 본인 인적사항이 같은 문서 안에 기재되어 있는 등 작성명의자를 알 수 있다는 점 ② 사용용도란에 기재된 내용은 당해 인감증명서가 기재된 사용용도에 사용할 목적으로 발급된다는 독자적인 증명기능이 있다는 점에서 독립된 사문서(생략문서)로 보는 것이 옳고 이를 변조한 행위는 사문서 변조에 해당한다.
이에 반해 위 판례의 사실관계가 출제된 검찰실무 기록의 모범답안은 정답을 '사문서변조 – 기소'가 아닌 '공문서변조 – 혐의없음'으로 보았다. 판례의 결론은 어디까지나 공문서 변조가 불성립한다는 것일 뿐 사문서 변조에 대해서는 판단하지 않았기 때문이다. 생각건대 대법원판례해설이 갖는 무게감 등을 고려하여 사문서변조가 성립한다고 보는 것이 타당하다.

판례 법원이 이혼의사확인서등본 뒤에 이혼신고서를 첨부하고 간인하여 교부하였는데 당사자가 이를 떼어내고 다른 내용의 이혼신고서를 붙여 호적관서에 제출 – 공문서변조 및 동행사죄 ×
구 호적법(2007. 5. 17. 법률 제8435호로 폐지) 제79조 제1항 및 구 호적법 시행규칙(2007. 11. 28. 대법원규칙 제2119호로 폐지) 등을 종합하여 볼 때, 가정법원의 서기관 등이 이혼의사확인서등본을 작성한 뒤 이를 이혼의사확인신청 당사자 쌍방에게 교부하면서 이혼신고서를 확인서등본 뒤에 첨부하여 그 직인을 간인하였다고 하더라도, 그러한 사정만으로 이혼신고서가 공문서인 이혼의사확인서등본의 일부가 되었다고 볼 수 없다. (대법원 2009. 1. 30. 선고 2006도7777 판결)

판례 식당의 주·부식 구입 업무를 담당하는 공무원이 계약 등에 의하여 공무소의 주·부식 구입·검수 업무 등을 담당하는 조리장·영양사 등의 명의를 위조하여 검수결과보고서를 작성 – 공문서위조죄 ×
공소외 2와 공소외 4가 후생계 조리장 및 영양사라는 사실만으로 그 신분이 공무원이거나 공무원으로 의제되는 자에 해당한다고 단정할 수 없으므로 일반인으로 하여금 공무원 또는 공무소의 권한 내에서 작성된 문서라고 믿을 수 있는 형식과 외관을 구비한 문서라고 보기 어렵다. (대법원 2008. 1. 17. 선고 2007도6987 판결) **표준**

참고 사문서에 해당하는지 여부는 검토하지 않았다.

---

176 김홍도, "권한 없는 자가 임의로 인감증명서의 사용용도란의 기재를 고쳐 쓴 경우, 공문서변조죄 및 변조공문서행사죄의 성립 여부(소극)", 대법원판례해설 제53호, 법원도서관, 2005, 420 – 436쪽.

공적인 업무를 수행하는 기관 명의의 문서가 공문서에 해당하는지 여부가 문제된다. 관련 판례를 살펴본다.

> **판례** 형법상 뇌물 관련 범죄에서만 공무원으로 의제되는 영상물등급위원회 임직원이 게임물 등급분류와 관련하여 영상물등급위원장 명의의 접수일부인을 허위로 작성·행사 – 허위공문서작성 및 동행사죄 ✕
>
> 허위공문서작성죄 및 그 행사죄는 "공무원"만이 그 주체가 될 수 있는 신분범이라 할 것이므로, 신분상 공무원이 아님이 분명한 피고인들을 허위공문서작성죄 및 그 행사죄로 처벌하려면 그에 관한 특별규정이 있어야 할 것이고, 그들의 업무가 국가의 사무에 해당한다거나, 그들이 소속된 영상물등급위원회의 행정기관성이 인정된다는 사정만으로는 피고인들을 위 죄로 처벌할 수 없다. (대법원 2009. 3. 26. 선고 2008도93 판결) **표준**

> **판례** 선박안전기술공단이 해양수산부장관의 선박검사업무 등을 대행하는 경우, 공단 임직원이 해양수산부장관을 대행하는 공단 이사장 명의의 선박검사증서를 위조·허위작성 – ① 공문서위조죄 ✕ ② 허위공문서작성죄 ✕
>
> 공문서위조죄나 허위공문서작성죄의 객체인 공문서는 공무원 또는 공무소가 그 직무에 관하여 작성하는 문서이고, 그 행위주체가 공무원과 공무소가 아닌 경우에는 형법 또는 특별법에 의하여 공무원 등으로 의제되는 경우를 제외하고는 계약 등에 의하여 공무와 관련되는 업무를 일부 대행하는 경우가 있더라도 공무원 또는 공무소가 될 수 없다.
>
> 선박안전법 관련 규정을 앞서 본 법리에 비추어 살펴보면, 공단이 선박안전법 제60조 제1항에 따라 해양수산부장관의 선박검사업무 등을 대행하면서 선박검사증서를 발급하더라도 그 업무를 수행하는 공단 임직원을 공문서의 작성 주체인 공무원으로 볼 수는 없다고 할 것이다. 이 경우에 관하여 선박안전법 제82조가 대행검사기관인 공단의 임직원을 형법 제129조 내지 제132조의 적용에 있어 공무원으로 의제하는 것으로 규정한다고 하여 이들이 공문서위조죄나 허위공문서작성죄에서의 공무원으로도 될 수 있다고 보는 것은 형벌법규를 피고인에게 불리하게 지나치게 확장해석하거나 유추해석하는 것이어서 죄형법정주의 원칙에 반한다. 따라서 공단이 해양수산부장관을 대행하여 이사장 명의로 발급하는 선박검사증서는 공무원 또는 공무소가 작성하는 문서라고 볼 수 없으므로 공문서위조죄나 허위공문서작성죄에서의 공문서에 해당하지 아니한다. (대법원 2016. 1. 14. 선고 2015도9133 판결)

> **동지** 화물자동차운송사업협회가 국토해양부장관의 허가사항 변경신고에 관한 업무를 위탁받은 경우, 협회 임직원이 협회 이사장 명의의 대폐차수리통보서를 위조·허위작성 – ① 공문서위조죄 ✕ (사문서위조죄 ○) ② 허위공문서작성죄 ✕ (대법원 2016. 3. 24. 선고 2015도15842 판결)

> **비교** 금융감독원장 명의의 '금융감독원 대출정보내역'이라는 문서를 위조하여 교부 – 공문서위조 및 동행사죄 ○
>
> 금융위원회법 제69조는 금융위원회 위원 또는 증권선물위원회 위원으로서 공무원이 아닌 사람과 금융감독원의 집행간부 및 직원은 형법이나 그 밖의 법률에 따른 벌칙을 적용할 때에는 공무원으로 보고(제1항), 제1항에 따라 공무원으로 보는 직원의 범위는 대통령령으로 정한다(제2항)고 규정하고 있다. 위 규정은 금융위원회법 제37조에서 정한 업무에 종사하는 금융감독원장 등 금융감독원의 집행간부 및 실·국장급 부서의 장 등 금융위원회법 시행령에서 정한 직원에게 공무원과 동일한 책임을 부담시킴과 동시에 그들을 공무원과 동일하

게 보호해 주기 위한 필요에서 모든 벌칙의 적용에 있어서 공무원으로 본다고 해석함이 타당하다. 따라서 금융위원회법 제69조 제1항에서 말하는 벌칙에는 금융감독원장 등 금융감독원의 집행간부 및 위 직원들이 지위를 남용하여 범법행위를 한 경우에 적용할 벌칙만을 말하는 것이 아니라, 제3자가 금융감독원장 등 금융감독원의 집행간부 및 위 직원들에 대하여 범법행위를 한 경우에 적용할 벌칙과 같이 피해자인 금융감독원장 등 금융감독원의 집행간부 및 위 직원들을 보호하기 위한 벌칙도 포함되는 것으로 풀이하여야 한다. 그렇다면 금융위원회법 제29조, 제69조 제1항에서 정한 금융감독원 집행간부인 금융감독원장 명의의 문서를 위조, 행사한 행위는 사문서위조죄, 위조사문서행사죄에 해당하는 것이 아니라 공문서위조죄, 위조공문서행사죄에 해당한다. (대법원 2021. 3. 11. 선고 2020도14666 판결)

참고 위 판례의 경우 사문서위조에 대하여 판단하지는 않았다. 다만 동지판례에서 사문서위조가 인정되었다는 점을 고려할 때에 위 판례 사건에서도 사문서위조는 성립한다고 봄이 타당하다.

3. 도화

도화란 문자 이외의 상형적 부호에 의하여 사람의 관념·의사가 물체에 화체되어 표현된 것을 말한다.

판례 가환지를 표시한 경지정리확정지구 원도(지적도) 변조 – 공도화변조죄 ○
가환지에 관한 경지정리확정지구 원도를 광주시장의 위탁에 의하여 대한지적협회 전라남도지부가 측량 작성하여 전라남도 세정과 지적계 기좌의 검사를 마친 후 광주시에 납품하고 다시 서구청으로 회송되어 온 경우에 위 지적도는 이미 이해관계인의 권리에 관한 사항을 기입한 것으로서 형법 제225조 소정의 공무소가 비치한 도화라고 봄이 상당하다. (대법원 1980. 8. 12. 선고 80도1134 판결)

판례 중국산 가짜 담배를 밀수입하여 판매하면서 그 담뱃갑을 위조 및 행사 – 사도화위조 및 동행사죄 ○
담뱃갑의 표면에 그 담배의 제조회사와 담배의 종류를 구별·확인할 수 있는 특유의 도안이 표시되어 있는 경우에는 일반적으로 그 담뱃갑의 도안을 기초로 특정 제조회사가 제조한 특정한 종류의 담배인지 여부를 판단하게 된다는 점에 비추어서도 그 담뱃갑은 적어도 그 담뱃갑 안에 들어 있는 담배가 특정 제조회사가 제조한 특정한 종류의 담배라는 사실을 증명하는 기능을 하고 있으므로, 그러한 담뱃갑은 문서 등 위조의 대상인 도화에 해당한다. (대법원 2010. 7. 29. 선고 2010도2705 판결)

Ⅱ 사문서위조·변조죄

제231조(사문서등의 위조·변조) 행사할 목적으로 권리·의무 또는 사실증명에 관한 타인의 문서 또는 도화를 위조 또는 변조한 자는 5년 이하의 징역 또는 1천만원 이하의 벌금에 처한다.

例規 제231조 (사문서, 사도화)(위조, 변조)	미수 ○

🔍 **핵심단어**

• ① 행사목적 ② 사문서 ③ 위조·변조
• 사문서란 ① 권리·의무 ② 사실증명에 관한 문서
• 위조란 ① 작성권한이 없는 자가 ② 타인명의를 모용하여 문서를 작성
• 위조의 정도는 ① 일반인으로 하여금 ② 진정한 문서라 오신케 할 정도의 외관
• 변조란 ① 진정하게 성립된 타인명의 문서 ② 권한 없이 동일성을 해하지 않는 범위에서 변경

1. 객체: 사문서 등

권리·의무·사실증명에 관한 타인의 문서·도화가 객체가 된다.

판례 문서의 작성명의자 판단
사문서위조죄의 객체가 되는 문서의 진정한 작성명의자가 누구인지는 문서의 표제나 명칭만으로 이를 판단하여서는 아니 되고, 문서의 형식과 외관은 물론 문서의 종류, 내용, 일반 거래에서 그 문서가 가지는 기능 등 제반 사정을 종합적으로 참작하여 판단하여야 한다. (대법원 2016. 10. 13. 선고 2015도17777 판결) 표준

판례 작가협회 회원이 타인의 명의를 도용하여 협회 교육원장을 비방하는 내용의 호소문을 작성한 후 이를 협회 회원들에게 우편으로 송달 – 사문서위조 및 동행사죄 ○
사문서는 권리·의무 또는 사실증명에 관한 타인의 문서 또는 도화를 가리키고, 권리·의무에 관한 문서라 함은 권리의무의 발생·변경·소멸에 관한 사항이 기재된 것을 말하며, 사실증명에 관한 문서는 권리·의무에 관한 문서 이외의 문서로서 거래상 중요한 사실을 증명하는 문서를 의미한다. 그리고 거래상 중요한 사실을 증명하는 문서는, 법률관계의 발생·존속·변경·소멸의 전후과정을 증명하는 것이 주된 취지인 문서뿐만 아니라 직접적인 법률관계에 단지 간접적으로만 연관된 의사표시 내지 권리·의무의 변동에 사실상으로만 영향을 줄 수 있는 의사표시를 내용으로 하는 문서도 포함될 수 있다. (대법원 2009. 4. 23. 선고 2008도8527 판결, 대법원 2008. 11. 27. 선고 2008도7018 판결) 표준
참고 이 사건 문서는 단순한 정치적 구호나 호소에 그친 것이 아니라 구체적인 요구사항을 적시하고 이를 이행하지 않으면 법적·행정적 책임을 묻겠다는 의사표시를 밝힌 문서로서 사실증명에 관한 문서에 해당한다고 보았다.

[비교] 피고인은 대선을 앞두고 특정 후보자에 대한 지지선언 기자회견을 위하여 1만 명으로부터 서명을 받기 위해 노력했으나 성과가 없자 총 315명의 허무인 명의로 서명부 21장을 작성함 – 사문서위조죄(문서) ×

'거래상 중요한 사실을 증명하는 문서'는 … (중략) … 문서의 주된 취지가 단순히 개인적·집단적 의견의 표현에 불과한 것이어서는 아니 되고, 적어도 실체법 또는 절차법에서 정한 구체적인 권리·의무와의 관련성이 인정되는 경우이어야 한다. (대법원 2024. 1. 4. 선고 2023도1178 판결)

[판례] 협박수단(다이너마이트처럼 보이도록 감싼 폭죽 50여 개)을 담은 택배상자의 발송인란에 타인의 이름·주소를 적은 출력물을 붙인 후 우체국 직원에게 건네줌 – 사문서위조 및 동행사죄 ○

이 사건 출력물은 택배 상자에 들어있는 가짜 폭발물 등을 수신인에게 교부하는 자로서 협박 범행 행위자를 표시하고 수신인이 이를 확인하는 수단이 되는 것이므로, 거래상 중요한 사실을 증명하는 문서나 그 내용이 법률상 또는 사회생활상 의미 있는 사항에 관한 증거가 될 수 있는 것으로서 형법이 정한 사문서에 해당한다고 봄이 타당하다. (대법원 2018. 1. 25. 선고 2017도14992 판결)

[판례] 유효기간이 경과된 국제운전면허증에 사진을 바꾸어 붙임 – 사문서위조죄 ○

문서위조죄는 문서의 진정에 대한 공공의 신용을 그 보호법익으로 하는 것이므로, 피고인이 위조하였다는 국제운전면허증이 그 유효기간을 경과하여 본래의 용법에 따라 사용할 수는 없게 되었다고 하더라도, 이를 행사하는 경우 그 상대방이 유효기간을 쉽게 알 수 없도록 되어 있거나 위 문서 자체가 진정하게 작성된 것으로서 피고인이 명의자로부터 국제운전면허를 받은 것으로 오신하기에 충분한 정도의 형식과 외관을 갖추고 있다면 피고인의 행위는 문서위조죄에 해당한다. (대법원 1998. 4. 10. 선고 98도164, 98감도12 판결) **표준**

2. 행위

가. 위조

작성권한 없는 자가 타인명의를 모용하여 문서를 작성하는 경우를 말한다. 이하에서는 위조의 개념을 ① 작성권한 없는 자 ② 타인명의 모용 ③ 문서작성 ④ 위조의 정도로 분설하여 판례를 살펴본다.

1) 작성권한 없는 자

주식회사의 대표이사는 회사 명의 문서를 작성할 권한이 있다.

[판례] A社 대표이사 甲이 B社 대표이사 乙로부터 포괄적 위임을 받아 두 회사의 업무를 처리하면서 두 회사 명의로 허위 내용의 영수증·세금계산서를 작성하였는데, ① A社 문서에는 "A社 대표이사 丙"(丙은 前 대표이사임), ② B社 문서에 대해서는 "B社 대표이사 乙"이라 기재하여 행사하였음. – ① 사문서위조죄 × ② 사문서위조죄 ○

주식회사의 대표이사가 그 대표 자격을 표시하는 방식으로 작성한 문서에 표현된 의사 또는 관념이 귀속되는 주체는 대표이사 개인이 아닌 주식회사이므로, 그 문서의 명의자는 주식회사이다. 위와 같은 문서 작성행위가 위조에 해당하는지는 그 작성자가 주식회사 명의의 문서를 적법하게 작성할 권한이 있는 지에 따라 판단하여야 하고, 문서에 대표이사로 표시되어 있는 사람으로부터 그 문서 작성에 관하여 위임 또는 승낙을 받았는지에 따라 판단할 것은 아니다.

원래 주식회사의 적법한 대표이사는 회사의 영업에 관하여 재판상 또는 재판외의 모든 행위를 할 권한이 있으므로, 대표이사가 직접 주식회사 명의 문서를 작성하는 행위는 자격모용사문서작성 또는 위조에 해당하지 않는 것이 원칙이다. 이는 그 문서의 내용이 진실에 반하는 허위이거나 대표권을 남용하여 자기 또는 제3자의 이익을 도모할 목적으로 작성된 경우에도 그러하다.

주식회사의 적법한 대표이사라 하더라도 그 권한을 포괄적으로 위임하여 다른 사람으로 하여금 대표이사의 업무를 처리하게 하는 것은 허용되지 않는다. 따라서 대표이사로부터 포괄적으로 권한 행사를 위임받은 사람이 주식회사 명의로 문서를 작성하는 행위는 원칙적으로 권한 없는 사람의 문서 작성행위로서 자격모용사문서작성 또는 위조에 해당하고, 대표이사로부터 개별적·구체적으로 주식회사 명의의 문서 작성에 관하여 위임 또는 승낙을 받은 경우에만 예외적으로 적법하게 주식회사 명의로 문서를 작성할 수 있다.

A회사의 대표이사 甲이 B회사의 대표이사 乙로부터 포괄적 위임을 받아 두 회사의 대표이사 업무를 처리하면서 두 회사 명의로 허위 내용의 영수증과 세금계산서를 작성한 사안에서, B회사 명의 부분은 乙의 개별적·구체적 위임 또는 승낙 없는 행위로서 사문서위조 및 위조사문서행사죄가 성립하지만, A회사 명의 부분은 이미 퇴직한 종전의 대표이사를 승낙 없이 대표이사로 표시하였더라도 이에 해당하지 않는다고 한 사례. (대법원 2008. 11. 27. 선고 2006도2016 판결)

해설 두 문서 모두 명의인은 (문서명의인을 기준으로 하여) ① A社 ② B社가 된다. 甲은 ①에 대해서는 작성권한이 있기 때문에 가사 작성명의인을 前 대표이사인 丙으로 기재하였더라도 위조가 아니다. 그러나 ②에 대해서는 포괄적 위임은 인정되지 않아 작성권한이 없기에 위조가 된다.

판례 주식회사 대표이사가 실질적 운영자 1인 주주의 구체적 위임·승낙 없이 이미 퇴임한 전 대표이사를 대표이사로 표시하여 회사 명의 문서 작성 – 사문서위조죄 ✕

주식회사 대표이사의 대표권은 정관이나 주주총회 또는 이사회 결의 등에 의하여 적법하게 제한할 수 있지만, 회사의 운영을 실질적으로 장악·통제하고 있는 1인 주주가 적법한 대표이사의 권한 행사를 사실상 제한하고 있다는 것만으로는 대표이사의 대표권을 적법하게 제한하였다고 할 수 없으므로, 대표이사가 권한을 행사하는 과정에서 단순히 그 1인 주주의 위임 또는 승낙을 받지 않았다고 하여 그 대표권 행사가 권한을 넘어서는 행위가 되는 것은 아니다. (대법원 2008. 11. 27. 선고 2006도9194 판결)

해설 위 2006도2016 판결의 A社 문서 부분과 같다.

명의인의 승낙·위임이 있는 경우, 그 승낙·위임의 범위 내에서 문서를 작성하는 행위는 위조가 아니다.

판례 명의인의 포괄적 위임에 따라 문서 작성 – 위조·변조 ✕

사문서를 작성함에 있어 그 명의자의 명시적이거나 묵시적인 승낙 또는 위임이 있었다면 사문서위조에 해당한다고 할 수 없다. 특히 문서명의인이 문서작성자에게 사전에 문서 작성과 관련한 사무처리의 권한을 포괄적으로 위임함으로써 문서작성자가 위임된 권한의 범위 내에서 그 사무처리를 위하여 문서명의인 명의의 문서를 작성·행사한 것이라면, 비록 문서작성자가 개개의 문서 작성에 관하여 문서명의인으로부터 승낙을 받지 않았다고 하더라도 특별한 사정이 없는 한 사문서위조 및 위조사문서행사죄는 성립하지 않는다고 할 것이다. (대법원 2011. 4. 28. 선고 2010도15817 판결, 대법원 2015. 6. 11. 선고 2012도1352 판결)

사문서변조죄는 권한 없는 자가 이미 진정하게 성립된 타인 명의의 사문서 내용을 동일성을 해하지 않을 정도로 변경하여 새로운 증명력을 만드는 경우에 성립한다. 그러므로 사문서를 수정할 때 명의자가 명시적이거나 묵시적으로 승낙을 하였다면 사문서변조죄가 성립하지 않고, 행위 당시 명의자가 현실적으로 승낙하지는 않았지만 명의자가 그 사실을 알았다면 당연히 승낙했을 것이라고 추정되는 경우에도 사문서변조죄가 성립하지 않는다. (대법원 2015. 11. 26. 선고 2014도781 판결) **표준**

형법 제239조 제1항의 사인위조죄는 그 명의인의 의사에 반하여 위법하게 행사할 목적으로 권한 없이 타인의 인장을 위조한 경우에 성립하므로, 타인의 인장을 조각할 당시에 그 명의자로부터 명시적이거나 묵시적인 승낙 내지 위임을 받았다면 인장위조죄가 성립하지 않는다고 할 것이다. (대법원 2014. 9. 26. 선고 2014도9213 판결) **표준**

해설 주식회사 대표이사의 대표권 포괄위임이 허용되지 않는 것과 비교하자.

판례 명의인의 추정적 승낙에 따라 문서 작성 – 위조·변조 ×

행위 당시 명의자의 현실적인 승낙은 없었지만 행위 당시의 모든 객관적 사정을 종합하여 명의자가 행위 당시 그 사실을 알았다면 당연히 승낙했을 것이라고 추정되는 경우 역시 사문서의 위·변조죄가 성립하지 않는다. 다만 명의자의 명시적인 승낙이나 동의가 없다는 것을 알고 있으면서도 명의자 이외의 자의 의뢰로 문서를 작성하는 경우 명의자가 문서작성 사실을 알았다면 승낙하였을 것이라고 기대하거나 예측한 것만으로는 그 승낙이 추정된다고 단정할 수 없다. (대법원 2008. 4. 10. 선고 2007도9987 판결) **표준**

비교 사전적 관점에서 (추정적) 승낙 없었다면 사후적 동의로 범죄 치유 불가

사문서위조나 공정증서원본불실기재가 성립한 후, 사후에 피해자의 동의 또는 추인 등의 사정으로 문서에 기재된 대로 효과의 승인을 받거나 등기가 실체적 권리관계에 부합하게 되었다 하더라도 이미 성립한 범죄에는 아무런 영향이 없다. (대법원 2007. 6. 28. 선고 2007도2714 판결, 대법원 1999. 5. 14. 선고 99도202 판결)

판례 연대보증인이 될 것을 허락한 甲 등의 인감도장과 인감증명서를 교부받아 甲 등이 직접 차주가 되는 차용금증서를 작성 후 행사 – 사문서위조 및 동행사죄 ×

피해자들이 일정한도액에 관한 연대보증인이 될 것을 허락하고 이에 필요한 문서를 작성하는데 쓰일 인감도장과 인감증명서(대출보증용)를 채무자에게 건네준 취지는 채권자에 대해 동액상당의 채무를 부담하겠다는 내용의 문서를 작성하도록 허락한 것으로 보아야 할 것이므로 비록 차용금증서에 동 피해자들을 연대보증인으로 하지 않고 직접 차주로 하였을 지라도 그 문서는 정당한 권한에 기하여 그 권한의 범위 안에서 적법하게 작성된 것으로 보아야 한다. (대법원 1984. 10. 10. 선고 84도1566 판결)

판례 피고인이 父 甲으로부터 부동산 매매를 위임받아 이를 매도하였는데, 甲이 갑자기 사망하자 부동산 소유권 이전에 사용할 목적으로 甲이 피고인에게 인감증명서 발급을 위임한다는 취지의 인감증명 위임장 작성 후 행사 – 사문서위조 및 동행사죄 ○

甲의 사망으로 포괄적인 명의사용의 근거가 되는 위임관계 내지 포괄적인 대리관계는 종료된 것으로 보아야 하므로 특별한 사정이 없는 한 피고인은 더 이상 위임받은 사무처리와 관련하여 甲의 명의를 사용하는 것이 허용된다고 볼 수 없고, 피고인이 사망한 甲의 명의를 모용한 인감증명 위임장을 작성하여 인감증명서를 발급받아야 할 급박한 사정이 있었다고 볼 만한 사정도 없으며, 인감증명 위임장은 본래 생존한 사람이 타인에게 인감증명서 발급을 위임한다는 취지의 문서라는 점을 고려하면, 이미 사망한 甲이 '병안 중'이라는 사유로 피고인에게 인감증명서 발급을 위임한다는 취지의 인감증명 위임장이 작성됨으로써 문서에 관한 공공의 신용을 해할 위험성이 발생하였다 할 것이고, 피고인이 명의자 甲이 승낙하였을 것이라고 기대하거나 예측한 것만으로는 사망한 甲의 승낙이 추정된다고 단정할 수 없다. (대법원 2011. 9. 29. 선고 2011도6223 판결)

[비교] A 종중은 이 사건 토지를 매수하려고 하였으나 농지법에 따라 종중 명의로 소유권이전등기를 할 수 없어서 종중의 대표이던 甲에게 명의신탁하여 매수인을 甲으로 표시한 이 사건 매매계약서를 작성하고 이를 바탕으로 소유권이전등기를 마쳤고, A 종중은 토지의 지목이 변경되자 甲으로부터 다시 토지를 증여받아 소유권이전등기를 마쳤는데, 甲이 사망하자 세무서는 위 거래가 상속세 누락에 해당한다고 보아 甲의 처 乙에게 과세를 고지하자, 乙은 세무사인 피고인을 세무대리인으로 선임하였는데, 피고인은 이 사건 매매계약서에 甲이 ○○○씨△△△파 종중을 대리하여 계약을 체결한 것처럼 '○○○씨△△△파 대표'라는 문구를 부기 – 사문서변조 ×
이 사건 매매계약상의 매도인 공소외 3은 원심법원에 '피고인이 이 사건 매매계약서에 이 사건 문구를 기입하는 것에 대하여 당시 자신이 그 사정을 알았다면 당연히 승낙하였을 것이다'라는 취지의 사실확인서를 제출한 점 등을 종합하여 보면, 이 사건 매매계약의 실제 매수인은 이 사건 종중이므로 이 사건 매매계약서의 작성명의인인 망 공소외 1의 상속인들과 공소외 3으로서는 피고인이 이 사건 매매계약서에 이 사건 문구를 기입한다는 것을 그 당시 알았더라면 이를 승낙하였을 것으로 판단된다. (대법원 2015. 11. 26. 선고 2014도781 판결)

[해설] 위 판례의 경우, ① 사자 명의 문서도 사문서위조죄의 객체가 된다는 점 ② 위임관계는 위임인의 사망으로서 종료된다는 점 ③ 사자를 위임인으로 기재한 인감증명 위임장 작성행위는 추정적 승낙이 인정되지 않는다는 점이 모두 쟁점이다.

[판례] ① 평온한 명의신탁 – 포괄위임 ○ (위조 ×) ② 명의신탁 분쟁 – 포괄위임 × (위조 ○)
① 신탁자에게 아무런 부담이 없이 재산이 수탁자에게 명의신탁된 경우에는 그 재산의 처분 기타 권한행사에 있어서는 수탁자가 자신의 명의사용을 포괄적으로 신탁자에게 허용하였다고 봄이 상당하므로, 신탁자가 수탁자 명의로 신탁재산의 처분에 필요한 서류를 작성함에 있어 수탁자로부터 개별적인 승낙을 받지 아니하였다 하더라도 사문서위조·동행사죄가 성립하지 아니하지만, ② 수탁자가 명의신탁 받은 사실을 부인하면서 신탁재산이 수탁자 자신의 소유라고 주장하는 등으로 두 사람 사이에 신탁재산의 소유권에 관하여 다툼이 있는 경우에는 더 이상 신탁자가 그 재산의 처분 등과 관련하여 수탁자의 명의를 사용하는 것이 허용된다고 볼 수 없으며, 이는 수탁자가 명의신탁 받은 사실 자체를 부인하는 것은 아니더라도 신탁자의 신탁재산 처분권한을 다투는 등 신탁재산에 관한 처분이나 기타 권한행사에 있어서 신탁자에게 부여하였던 수탁자 명의사용에 대한 포괄적 허용을 철회한 것으로 볼 만한 사정이 있는 경우에도 마찬가지이다. (대법원 2007. 11. 30. 선고 2007도4812 판결)

[참고] 명의신탁자 甲이 매도인 명의를 수탁자 乙로 하여 제3자와 매매계약 체결하는데, ① 甲이 乙 명의의 처분문서를 작출하였고 ② 제3자에게 수탁자 乙이 매도를 반대하며 절차이행에 협조하기를 거절하고 있다는 사정을 고지 않음 – ① 사문서위조 및 동행사죄 ○ ② 사기죄 ○ (실체적 경합)

[동지] (평온한 명의신탁 상황에서) 주식의 명의신탁자 甲이 명의수탁자를 변경하기 위해 제3자에게 주식을 양도

한 후 수탁자 명의의 증권거래세 과세표준신고서를 작성하여 관할세무서에 제출함 – 사문서위조 및 동행사죄 ✕
신탁자에게 아무런 부담이 지워지지 않은 채 재산이 수탁자에게 명의신탁된 경우 특별한 사정이 없는 한 수탁자는 신탁자에게 자신의 명의사용을 포괄적으로 허용했다고 보는 것이 타당하므로, 사법행위와 공법행위를 구별하여 신탁재산의 처분 등과 관련한 사법상 행위에 대하여만 명의사용을 승낙하였다고 제한할 수는 없고, 특히 명의신탁된 주식의 처분 후 수탁자 명의의 과세표준신고를 하는 것은 법령에 따른 절차로서 신고를 하지 않는다면 오히려 수탁자에게 불이익할 수 있다는 점까지 고려한다면, 명의수탁자가 명의신탁주식의 처분을 허용하였음에도 처분 후 과세표준 등의 신고행위를 위한 명의사용에 대하여는 승낙을 유보하였다고 볼 특별한 사정이 존재하지 않는 한 허용된 범위에 속한다고 보아야 한다. (대법원 2022. 3. 31. 선고 2021도17197 판결)

권한남용의 경우, 권한의 범위 내에서 자기·제3자의 이익을 위해 문서를 작성한 것에 불과하므로 위조가 아니다(자격모용도 아니다). 다만 배임이 문제될 뿐이다. 이에 반하여 위임의 범위를 초과하여 권한을 행사한 경우에는 위조가 인정된다.

판례 ① 권한남용 – 위조 ✕ ② 권한초과 – 위조 ○
문서 작성권한의 위임이 있는 경우라고 하더라도 그 위임을 받은 자가 그 위임받은 권한을 초월하여 문서를 작성한 경우는 사문서위조죄가 성립하고, 단지 위임받은 권한의 범위 내에서 이를 남용하여 문서를 작성한 것에 불과하다면 사문서위조죄가 성립하지 아니한다. (대법원 2006. 9. 28. 선고 2006도1545 판결) **표준**
원래 주식회사의 적법한 대표이사는 회사의 영업에 관하여 재판상 또는 재판외의 모든 행위를 할 권한이 있으므로, 대표이사가 직접 주식회사 명의 문서를 작성하는 행위는 자격모용사문서작성 또는 위조에 해당하지 않는 것이 원칙이다. 이는 그 문서의 내용이 진실에 반하는 허위이거나 대표권을 남용하여 자기 또는 제3자의 이익을 도모할 목적으로 작성된 경우에도 마찬가지이다. (대법원 2008. 12. 24. 선고 2008도7836 판결)

판례 회사의 실질적 경영자가 처음부터 상법상 특별배임죄의 범행에 사용할 목적으로 위 회사에 형식적으로 취임한 대표이사 명의의 문서를 작성 – 사문서위조죄 ○ (대법원 2006. 9. 28. 선고 2006도1545 판결) **표준**

판례 피고인이 회사를 인수하면서 회사 대표이사의 명의를 계속 사용하기로 승낙을 받았는데, 사기범행을 목적으로 실제로는 위 회사에 근무한 바 없는 제3자의 재직증명서 및 근로소득원천징수영수증 등 허위의 문서를 작성 – 사문서위조죄 ○
공소외 1이 명의대여로써 피고인 5에게 위 회사(대표이사 공소외 1) 명의의 문서작성을 승낙한 것은 회사의 정상적인 영업과 관련한 범위 내에서의 문서작성권한만을 위임한 취지라고 보아야 할 것이므로, 실제로는 공소외 주식회사에 근무한 바 없는 제3자 명의를 내세워 대출을 받아 금원을 편취할 목적으로 그 제3자가 위 회사의 직원이며 그 동안 근로소득세를 납부하였다는 내용의 재직증명서 및 근로소득원천징수영수증 등 허위의 문서를 작성한 행위는, 공소외 1로부터 위임된 위 회사 명의의 문서작성권한을 남용한 정도에 그치는 것이 아니라 위임된 권한의 범위를 벗어나는 것으로서 사문서위조죄를 구성한다고 봄이 상당하다. (대법원 2005. 10. 28. 선고 2005도6088 판결)

[판례] 甲이 乙과의 동업계약에 따라 甲의 명의로 변경하기 위하여 乙의 인장이 날인된 백지의 건축주명의변경신청서를 받아 보관하고 있던 중 그 위임의 취지에 반하여 丙 앞으로 건축주명의를 변경하는 건축주명의변경신청서를 작성하여 구청에 제출 – 사문서위조 및 동행사죄 ○ (대법원 1984. 6. 12. 선고 83도2408 판결)

[판례] 주식회사 지배인이 자신을 그 회사의 대표이사로 표시하여 연대보증채무를 부담하는 취지의 회사 명의 차용증을 작성·교부 – 사문서위조 및 동행사죄 ×

주식회사의 지배인은 회사의 영업에 관하여 재판상 또는 재판 외의 모든 행위를 할 권한이 있으므로, 지배인이 직접 주식회사 명의 문서를 작성하는 행위는 위조나 자격모용사문서작성에 해당하지 않는 것이 원칙이고, 이는 그 문서의 내용이 진실에 반하는 허위이거나 권한을 남용하여 자기 또는 제3자의 이익을 도모할 목적으로 작성된 경우에도 마찬가지이다. (대법원 2010. 5. 13. 선고 2010도1040 판결)

[비교] 은행의 지배인이 회사 내부규정 등에 의하여 제한된 권한 범위를 벗어나서 문서를 작성 – 사문서위조 및 동행사죄 ○

회사 내부규정 등에 의하여 각 지배인이 회사를 대리할 수 있는 행위의 종류, 내용, 상대방 등을 한정하여 권한을 제한한 경우에 제한된 권한 범위를 벗어나서 회사 명의의 문서를 작성하였다면, 이는 자기 권한 범위 내에서 권한 행사의 절차와 방식 등을 어긴 경우와 달리 문서위조죄에 해당한다. (대법원 2012. 9. 27. 선고 2012도7467 판결)

참고 위 판례는 지배인의 권한에 제한이 없었던 경우, 비교판례는 제한이 있었던 경우이다.

2) 타인명의 모용

타인의 명의를 사칭하여 타인이 그 의사표시를 한 것처럼 허위로 꾸며야 한다.

[판례] 다방 종업원인 피고인이 다방 업주로부터 선불금을 받고 그 반환을 약속하는 내용의 현금보관증을 작성하면서 가명과 허위의 출생연도를 기재한 후 이를 교부 – 사문서위조 및 동행사죄 ○

실제의 본명 대신 가명이나 위명을 사용하여 사문서를 작성한 경우에 그 문서의 작성명의인과 실제 작성자 사이에 인격의 동일성이 그대로 유지되는 때에는 위조가 되지 않으나, 명의인과 작성자의 인격이 상이할 때에는 위조죄가 성립할 수 있다. (대법원 2010. 11. 11. 선고 2010도1835 판결)

참고 피고인이 실제 나이보다 4살 어린 1954년생으로 가장하였고, 가명과 허위의 주민등록번호를 기재하였고, 상대방은 이를 모르고 있었다는 등을 종합하면 인격이 상이하다고 보았다.

[판례] 甲교회 목사인 피고인이 甲교회를 탈퇴함으로써 대표자 지위 상실하였음에도 甲교회 명의로 甲 소유 부동산을 자신에게 매도하는 내용의 매매계약서 작성·행사 – 사문서위조 및 동행사죄 ○ (대법원 2011. 1. 13. 선고 2010도9725 판결)

[판례] 세금계산서상의 공급자가 임의로 '공급받는 자' 란에 다른 사람을 기재함 – 사문서위조죄 ×

세금계산서는 부가가치세 과세사업자가 재화나 용역을 공급하는 때에 이를 공급받은 자에게 작성·교부하여야 하는 계산서이므로(부가가치세법 제16조 제1항), 그 작성권자는 어디까지나 재화나 용역을 공급하는 공급자라고 보아야 할 것이고, 공급받는 자의 상호, 성명, 주소는 필요적 기재사항이 아닌 임의적 기재사항에 불과하다(부가가치세법 시행령 제53조 제1항). (대법원 2007. 3. 15. 선고 2007도169 판결)

<blockquote>
판례 십지지문 지문대조표 자서란에 제3자의 성명·생년월일·본적을 기재 – 사문서위조 및 동행사죄 ×
십지지문 지문대조표는 수사기관이 피의자의 신원을 특정하고 지문대조조회를 하기 위하여 직무상 작성하는 서류로서 비록 자서란에 피의자로 하여금 스스로 성명 등의 인적사항을 기재하도록 하고 있다 하더라도 이를 사문서로 볼 수는 없다. (대법원 2000. 8. 22. 선고 2000도2393 판결)

비교 주취운전자적발보고서, 주취운전자정황진술보고서의 운전자란에 타인의 성명을 기재하여 경찰관에게 제출 – 사문서위조 및 동행사죄 ○ (대법원 2004. 12. 23. 선고 2004도6483 판결)

비교 피의자신문조서의 진술자란에 제3자의 서명을 기재 – 사서명위조 및 동행사죄 ○ (대법원 2005. 12. 23. 선고 2005도4478 판결)

참고 수험적으로는 결론을 외우는 것이 바르다. 이해를 위해서는 아래 논문을 권한다.[177]
</blockquote>

3) 문서작성

작성자가 명의인의 의사에 반하여 문서를 현실적으로 작출하여야 한다. 방법에는 제한이 없다.

<blockquote>
판례 위조된 문서원본을 전자복사기로 복사하여 그 사본을 만드는 행위 – 사문서위조죄 ○
전자복사기로 복사한 문서의 사본도 문서위조죄 및 동 행사죄의 객체인 문서에 해당하고, 위조된 문서원본을 단순히 전자복사기로 복사하여 그 사본을 만드는 행위도 공공의 신용을 해할 우려가 있는 별개의 문서사본을 창출하는 행위로서 문서위조행위에 해당한다. (대법원 1996. 5. 14. 선고 96도785 판결)

판례 타인의 주민등록증사본의 사진란에 자신의 사진을 붙여 복사하여 행사 – 공문서위조 및 동행사죄 ○
형법 제237조의2에 따라 전자복사기, 모사전송기 기타 이와 유사한 기기를 사용하여 복사한 문서의 사본도 문서원본과 동일한 의미를 가지는 문서로서 이를 다시 복사한 문서의 재사본도 문서위조죄 및 동 행사죄의 객체인 문서에 해당한다 할 것이고, 진정한 문서의 사본을 전자복사기를 이용하여 복사하면서 일부 조작을 가하여 그 사본 내용과 전혀 다르게 만드는 행위는 공공의 신용을 해할 우려가 있는 별개의 문서사본을 창출하는 행위로서 문서위조행위에 해당한다. (대법원 2000. 9. 5. 선고 2000도2855 판결) 표준

동지 타인의 주민등록증에 붙어있는 사진을 떼어내고 피고인의 사진을 붙이고 행사 – 공문서위조 및 동행사죄 ○ (대법원 1991. 9. 10. 선고 91도1610 판결)

비교 주민등록증 비닐커버 위에 주민등록번호를 덧기재하고 투명 테이프를 붙이는 방법으로 주민등록번호를 고침 – 공문서변조죄 ×
변조행위가 공문서 자체에 변경을 가한 것이 아니며 그 변조방법이 조잡하여 공문서에 대한 공공의 위험을 초래할 정도에 이르지 못하였다. (대법원 1997. 3. 28. 선고 97도30 판결)

비교 자신의 이름과 나이를 속이는 용도로 사용할 목적으로 주민등록증의 이름·주민등록번호란에 글자를
</blockquote>

---

177 김대원, "주취운전자적발보고서, 주취운전자정황진술보고서의 운전자란에 타인의 성명을 기재하여 경찰관에게 제출한 경우의 죄책", 대법원판례해설 제53호, 법원도서관, 2005, 437 – 453쪽.

오려붙인 후 이를 컴퓨터 스캔 장치를 이용하여 이미지 파일로 만듦 – 공문서위조죄 × (대법원 2007. 11. 29. 선고 2007도7480 판결)

[판례] 변호사인 피고인이 피고소인 30명을 각 형사고소하기 위하여 20건 또는 10건의 고소장을 개별적으로 수사관서에 제출하면서 각 하나의 고소위임장에만 소속 변호사회에서 발급받은 진정한 경유증표 원본을 첨부한 후 이를 일체로 하여 컬러복사기로 20장 또는 10장의 고소위임장을 각 복사한 다음 고소위임장과 일체로 복사한 경유증표를 고소장에 첨부하여 접수 – 사문서위조 및 동행사죄 ○ '문서가 원본인지 여부'가 중요한 거래에서 문서의 사본을 진정한 원본인 것처럼 행사할 목적으로 다른 조작을 가함이 없이 문서의 원본을 그대로 컬러복사기로 복사한 후 복사한 문서의 사본을 원본인 것처럼 행사한 행위는 사문서위조죄 및 동행사죄에 해당한다. (대법원 2016. 7. 14. 선고 2016도2081 판결) **표준**

4) 위조의 정도

일반인들이 진정문서로 오인할 정도의 형식·외관을 갖추어야 한다.

[판례] 위조의 정도 – 일반인이 진정한 사문서로 오신할 정도의 형식·외관
사문서위조죄는 그 명의자가 진정으로 작성한 문서로 볼 수 있을 정도의 형식과 외관을 갖추어 일반인이 명의자의 진정한 사문서로 오신하기에 충분한 정도이면 성립하는 것이고, 반드시 그 작성명의자의 서명이나 날인이 있어야 하는 것은 아니다. (대법원 2007. 5. 10. 선고 2007도1674 판결)

[판례] 차용증에 권한 없이 연대보증인의 이름과 주민등록번호 및 주소를 기재하였지만 날인은 하지 않은 경우 – 사문서위조죄 ○ (대법원 2007. 5. 10. 선고 2007도1674 판결)

[판례] 피고인이 다른 서류에 찍혀 있던 甲의 직인을 칼로 오려내어 풀로 붙인 후 이를 복사하는 방법으로 甲 명의의 추천서와 경력증명서를 작출하고 이를 행사 – 사문서위조 및 동행사죄 ○ (대법원 2011. 2. 10. 선고 2010도8361 판결)

[판례] 사문서의 작성명의자의 인장이 압날되지 아니하고 주민등록번호가 기재되지 않았지만, 일반인으로 하여금 그 작성명의자가 진정하게 작성한 사문서로 믿기에 충분할 정도의 형식과 외관을 갖춤 – 사문서위조죄 ○ (대법원 1989. 8. 8. 선고 88도2209 판결)

[판례] 건설시행업자인 피고인이 매매계약동의서를 컴퓨터 및 필기구를 이용하여 작성하였지만 ① 동의 당사자들의 성명 및 주소만 기재되어 있을 뿐 날인은 없었고 ② 다른 토지 소유자들의 매매동의를 얻어 날인까지 받은 매매계약동의서와 함께 제시됨으로써 위 매매계약동의서의 소유자들은 확정적으로 매매계약에 동의하지 않았다는 사실을 쉽게 구별·확인가능한 경우 – 사문서위조죄 × (대법원 2009. 5. 14. 선고 2009도5 판결)

[판례] 피고인이 입금확인서를 작출하였는데 ① 수기로 기재된 부분이 전혀 없이 컴퓨터 활자로만 작성되고 ② 공동 작성명의자 중 피고인 이름 다음에는 날인이 되어 있으나 공소외인의 이름 다음에는 날인

이 되어 있지 않은 경우 – 사문서위조죄 ×

그 기재와 같은 정도만으로는 공소외인이 작성한 진정한 문서로 오신하기에 충분한 정도의 외관과 형식을 갖춘 완성된 문서라고 보기에 부족하다. (대법원 2006. 9. 14. 선고 2005도2518 판결)

[판례] 작성명의자의 승낙이나 위임이 없이 그 명의를 모용하여 토지사용에 관한 책임각서 등을 작성하면서 작성명의자의 서명이나 날인은 하지 않고 다만 피고인이 자신의 이름으로 보증인란에 서명·날인함 – 사문서위조죄 × (대법원 1997. 12. 26. 선고 95도2221 판결)

나. 변조

권한 없는 자가 이미 진정하게 성립된 타인명의의 문서내용에 동일성을 해하지 않을 정도의 변경을 가하는 것을 말한다.

[판례] 문서에 2인 이상의 작성명의인이 있는 때에 그 명의자의 한사람이 타명의자와 합의없이 그 문서의 내용을 변경 – 사문서변조죄 ○ (대법원 1977. 7. 12. 선고 77도1736 판결)

[판례] '건물 임시관리단집회 투표지대장'에 일련번호 16번까지 투표지를 받은 사람들의 기명 및 서명이 기재되어 있고, 투표 후 확인업무 담당자인 甲, 乙이 그 하단 공백 부분에 서명하였는데, 피고인이 일련번호 17번란에 자신의 이름을 기명하고 서명 – 사문서변조죄 ○

甲·乙이 서명을 마친 투표지대장은 개별투표자 및 그 총인원수를 증명하는 기능을 가진 甲·乙 명의의 독립적인 문서로도 완성되었다고 할 것이고, 그 후에 피고인이 임의로 17번란에 기명하고 서명한 것은 위와 같이 완성된 문서의 동일성을 해한 것이어서 사문서변조죄가 성립한다. (대법원 2010. 1. 28. 선고 2009도9997 판결)

[판례] 변경 내용이 객관적 진실에 합치되나 새로운 증명력 발생 – 사문서변조죄 ○

변경 내용이 비록 객관적인 진실에 합치하는 것이라 하더라도, 이는 그 영수증에 새로운 증명력을 가져오게 한 것임이 분명하므로, 사문서변조죄의 구성요건을 충족한다고 보아야 한다. (대법원 1995. 2. 24. 선고 94도2092 판결)

[참고] 공소외 망인이 피고인으로부터 어음 1장을 발행교부받으면서 그 증빙으로 작성하여 준 영수증에 그 망인이 "위 어음은 한국주택은행 이리지점의 융자에 따른 할부금 및 연체이자를 불입하기 위해 받은 것이다"는 사실내용을 기재하여 두었을 뿐이어서, 그 문면 자체만으로는 당초 그 어음 수수에 의한 변제목적이 된 해당 은행융자금 상환채무가 구체적으로 어떠한 채무를 가리키는지의 점이 분명치 않은 경우, 피고인이 나중에 관련 민사소송에서 그 어음을 그 계쟁 부동산을 담보물로 한 은행융자금채무의 상환을 위하여 교부받은 것이라는 주장사실을 입증하는 데 사용할 목적으로 당시 보관중이던 그 영수증 위의 "할부금"이라는 기재부분 옆에다 그 작성명의인인 망인의 승낙 없이 임의로 그 계쟁 부동산을 지칭하는 표시로서 "733 – 19번지"라고 써 넣음

[비교] 甲 작성의 박진우 앞으로 된 영수증에 피고인이 자신의 일상거래상 통용되는 가명인 "박진우"라는 옆에 자신의 실명인 "규탁"을 기입 – 변조 ×

피고인이 "박진우"라는 기재 옆에 "규탁"이라고 기입하였다고 하여도 이는 위 영수증의 내용에 영향을 미쳤다고 보여지지 아니하고, 따라서 새로운 증명력을 가한 것이 아니므로 사문서 변조죄를 구성하지 아니한다. (대

법원 1981. 10. 27. 선고 81도2055 판결)

> **판례** 변경 내용이 명의인에게 유리한 경우 – 사문서변조죄 ○
>
> 사문서변조에 있어서 그 변조 당시 명의인의 명시적, 묵시적 승락없이 한 것이면 변조된 문서가 명의인에게 유리하여 결과적으로 그 의사에 합치한다 하더라도 사문서변조죄의 구성요건을 충족한다. (대법원 1985. 1. 22. 선고 84도2422 판결) **표준**

> **판례** 이사장이 이사회 회의록에 적힌 이사의 서명거부사유와 그에 대한 서명을 임의로 삭제 – 사문서변조죄 ○ (대법원 2018. 9. 13. 선고 2016도20954 판결)
>
> **참고** 총설 부분에서 자세히 살펴보았다.

3. 행사할 목적

> **판례** 행사할 목적 – 미필적 인식으로 족함
>
> 문서변조죄에 있어서 행사할 목적이란 변조된 문서를 진정한 문서인 것처럼 사용할 목적을 말하는 것으로 적극적 의욕이나 확정적 인식을 요하지 아니하고 미필적 인식이 있으면 족하다. (대법원 2006. 1. 26. 선고 2004도788 판결) **표준**

4. 죄수

> **판례** 2인 이상 연명 문서 위조 – 명의자의 수대로 위조죄 ○ (상상적 경합)
>
> 문서에 2인 이상의 작성명의인이 있을 때에는 각 명의자 마다 1개의 문서가 성립되므로 2인 이상의 연명으로 된 문서를 위조한 때에는 작성명의인의 수대로 수개의 문서위조죄가 성립하고 또 그 연명문서를 위조하는 행위는 자연적 관찰이나 사회통념상 하나의 행위라 할 것이어서 위 수개의 문서위조죄는 형법 제40조가 규정하는 상상적 경합범에 해당한다. (대법원 1987. 7. 21. 선고 87도564 판결)

Ⅲ 자격모용에 의한 사문서작성죄

제232조(자격모용에 의한 사문서의 작성) 행사할 목적으로 타인의 자격을 모용하여 권리·의무 또는 사실 증명에 관한 문서 또는 도화를 작성한 자는 5년 이하의 징역 또는 1천만원 이하의 벌금에 처한다.

例規 제232조 자격모용(사문서, 사도화)작성	미수 ○

🔍 **핵심단어**

- ① 행사목적 ② 사문서 ③ 타인자격 모용하여 작성
- 자격모용이란 ① 대리권·대표권이 없는 자가 ② 타인의 대리인·대표자로서의 자격을 사칭하여 작성

타인의 자격모용이란 대리권·대표권이 없는 자가 타인의 대리인·대표자로서의 자격을 사칭하여 사문서를 작성하는 것을 말한다. 관련 판례를 살펴보자.

[판례] 자격 없는 甲이 "○○부동산 대표 甲"이라고 기재하고 행사 – 자격모용사문서작성 및 동행사죄 ○
자격모용에 의한 사문서작성죄는 문서위조죄와 마찬가지로 문서의 진정에 대한 공공의 신용을 그 보호법익으로 하는 것으로서, 행사할 목적으로 타인의 자격을 모용하여 작성된 문서가 일반인으로 하여금 당해 명의인의 권한 내에서 작성된 문서라고 믿게 할 수 있는 정도의 형식과 외관을 갖추고 있으면 성립하는 것이고, 자격모용에 의한 사문서작성죄에서의 '타인'에는 자연인뿐만 아니라 법인, 법인격 없는 단체를 비롯하여 거래관계에서 독립한 사회적 지위를 갖고 활동하고 있는 존재로 취급될 수 있으면 여기에 해당된다. ...(중략)... '○○부동산'이라는 표기는 단순히 상호를 가리키는 것이 아니라 독립한 사회적 지위를 가지고 활동하는 존재로 취급될 수 있으므로 자격모용사문서작성죄의 '명의인'에 해당한다. (대법원 2008. 2. 14. 선고 2007도9606 판결) **표준**

[판례] 피고인이 甲社 소유 오피스텔에 대한 분양대행 권한을 가지게 되었을 뿐 임대할 권한이 없는데도 임차인들과 임대차계약을 체결하면서 甲社가 분양사업을 위해 만든 乙社 명의로 계약서를 작성·교부하였는데, 임대차계약서에는 임대인 성명이 '乙社(피고인)'로 기재되어 대표자 또는 대리인의 자격 표시가 없고 또 피고인의 개인 도장이 찍혀있는 경우 – 자격모용사문서작성 및 동행사죄 ○
대표자 또는 대리인의 자격으로 임대차 등 계약을 하는 경우 그 자격을 표시하는 방법에는 특별한 규정이 없다. 피고인 자신을 위한 행위가 아니고 작성명의인을 위하여 법률행위를 한다는 것을 인식할 수 있을 정도의 표시가 있으면 대표 또는 대리관계의 표시로서 충분하다. ...(중략)... 임대차계약서의 형식과 외관, 작성 경위, 종류, 내용, 거래에서 위 계약서가 가지는 기능 등 여러 가지 사정을 종합하면, 일반인으로서는 임대차계약서가 을 회사의 대표자 또는 대리인의 자격을 가진 피고인에 의해 을 회사 명의로 작성된 문서라고 믿게 할 수 있는 정도의 형식과 외관을 갖추고 있어 피고인의 행위는 자격모용사문서작성과 자격모용작성사문서행사에 해당된다. (대법원 2017. 12. 22. 선고 2017도14560 판결)

참고 자격모용사문서작성 및 동행사죄가 성립함은 물론 나아가 임차인에 대한 사기죄도 성립한다. 만약 피고인이 "乙社 대표이사 피고인"이라 적고 대표이사 직인을 찍었으면 더 깔끔하게 본죄가 인정되었을 것인데, 사실관계가 위와 같아 원심이 무죄판결하는 등 공방이 치열했다.

판례 재건축조합의 조합장이 아닌 사람이 재건축조합 조합장의 직함을 사용하여 재건축사업에 관한 계약서를 작성하였는데, 계약의 상대방이 자격모용사실을 알고 있었고 그 계약서에 조합장의 직인이 아닌 다른 인장을 날인한 경우 – 자격모용사문서작성죄 ○ (대법원 2007. 7. 27. 선고 2006도2330 판결)

동지 피고인 甲이 乙에게 'A社 회장으로 취임할 예정인데 계약금을 주면 철거공사를 주겠다'고 말하고 '민간건설공사표준 도급계약서'를 작성하면서 도급인 'A社', 총괄대표이사 '甲'이라고 적고 A社의 도장이 아니라 당시 甲이 대표로 있던 C社의 인감을 날인함 – 자격모용사문서작성죄 ○ (대법원 2022. 6. 30. 선고 2021도17712 판결)

판례 종중회장인 피고인이 ① 시기에 작성한 종중명의 문서 ② 시기에 작성한 종중명의 문서 – ① 자격모용사문서작성죄 × ② 자격모용사문서작성죄 ○

1995. 2. 28. 대의원총회는 甲을 종중회장으로 선출결의(무효) ↓ ① 시기 1995. 7. 5. 법원의 피고인에 대한 회장 직무집행정지 가처분 ↓ ② 시기 1995. 9. 19. 피고인의 신청에 따라 위 가처분 결정이 취소

종중의 신임 대표자 등이 선임되고 전임 대표자에 대한 직무집행정지가처분결정이 있은 후 위 가처분결정이 취소된 경우, ① 위 선임결의가 무효라면 종전 임원의 위 가처분결정 이전에 작성한 이사회 의사록은 '자격을 모용하여 작성한 문서'가 아니고, 이를 위 가처분결정 이후에 행사하였다고 하더라도 자격모용작성사문서행사죄가 성립하지 않는다. ② 신임 대표자 선임결의가 무효라 하더라도 전임 대표자가 위 가처분결정을 알면서 가처분결정시부터 취소시 사이에 대표자 자격으로 작성한 이사회 의사록 등은 자격을 모용하여 작성한 문서이다. (대법원 2007. 7. 26. 선고 2005도4072 판결)

판례 토지매수권한을 위임받은 대리인이 매도인측 대표자와 공모하여 매매대금 일부를 착복하기로 하고 위임받은 특정 매매금액보다 낮은 금액을 허위로 기재한 매매계약서를 작성 – 자격모용사문서작성죄 × 자격모용 사문서작성죄를 구성하는지 여부는 그 문서를 작성함에 있어 타인의 자격을 모용하였는지 아닌지의 형식에 의하여 결정하여야 하고, 그 문서의 내용이 진실한지 아닌지는 이에 아무런 영향을 미칠 수 없으므로, 타인의 대표자 또는 대리자가 그 대표 또는 대리명의로 문서를 작성할 권한을 가지는 경우에 그 지위를 남용하여 단순히 자기 또는 제3자의 이익을 도모할 목적으로 문서를 작성하였다 하더라도 자격모용 사문서작성죄는 성립하지 아니한다. (대법원 2007. 10. 11. 선고 2007도5838 판결)
참고 대리권 남용 사안이다.

Ⅳ 사전자기록 위작·변작죄

제232조의2(사전자기록위작·변작) 사무처리를 그르치게 할 목적으로 권리·의무 또는 사실증명에 관한 타인의 전자기록등 특수매체기록을 위작 또는 변작한 자는 5년 이하의 징역 또는 1천만원 이하의 벌금에 처한다.

例規 제232조의2 사전자기록등(위작, 변작)	미수 ○

🔍 **핵심단어**

- ① 사무처리 그르치게 할 목적 ② 사전자기록 ③ 위작·변작
- 사전자기록이란 ① 권리·의무·② 사실증명에 관한 타인의 전자기록 등 특수매체기록
- 위작·변작은 ① 권한 없는 자의 입력은 물론 ② 시스템의 설치·운영 주체로부터 개별 입력 권한을 부여받은 사람이 그 권한을 남용하여 허위의 정보를 입력한 경우도 포함
- 사무처리 그르치게 할 목적 – ① 위·변작된 전자기록 사용 ② 시스템 운영주체의 사무처리 잘못되게 함

1. 객체

권리·의무 또는 사실증명에 관한 타인의 전자기록 등 특수매체기록이 객체가 된다.

판례 램에 올려진 전자기록에 허구의 내용을 권한 없이 수정입력 하였으나 원본파일의 변경까지 초래하지 않은 경우 – 사전자기록변작죄 기수 ○

형법 제232조의2의 사전자기록위작·변작죄에서 말하는 권리의무 또는 사실증명에 관한 타인의 전자기록 등 특수매체기록이라 함은 일정한 저장매체에 전자방식이나 자기방식에 의하여 저장된 기록을 의미한다고 할 것인데, 비록 컴퓨터의 기억장치 중 하나인 램(RAM, Random Access Memory)이 임시기억장치 또는 임시저장매체이기는 하지만, 형법이 전자기록위·변작죄를 문서위·변조죄와 따로 처벌하고자 한 입법취지, 저장매체에 따라 생기는 그 매체와 저장된 전자기록 사이의 결합강도와 각 매체별 전자기록의 지속성의 상대적 차이, 전자기록의 계속성과 증명적 기능과의 관계, 본죄의 보호법익과 그 침해행위의 태양 및 가벌성 등에 비추어 볼 때, 위 램에 올려진 전자기록 역시 사전자기록위작·변작죄에서 말하는 전자기록 등 특수매체기록에 해당한다.

램에 올려진 전자기록은 원본파일과 불가분적인 것으로 원본파일의 개념적 연장선상에 있는 것이므로, 비록 원본파일의 변경까지 초래하지는 아니하였더라도 이러한 전자기록에 허구의 내용을 권한 없이 수정입력한 것은 그 자체로 그러한 사전자기록을 변작한 행위의 구성요건에 해당된다고 보아야 할 것이며 그러한 수정입력의 시점에서 사전자기록변작죄의 기수에 이르렀다. (대법원 2003. 10. 9. 선고 2000도4993 판결) 표준

2. 행위: 위작·변작

위작·변작에 ① 유형위조가 포함되는 것은 당연한데 ② 무형위조도 포함되는지 문제된다. 판례는 긍정한다.

> **[판례]** 가상화폐 거래소 운영업체의 대표인 피고인이 거래시스템에서의 거래가 활발히 이뤄지는 것처럼 꾸미기 위하여 여러 개의 차명계정을 생성한 후 그 차명계정에 보유량 정보를 조작 입력하고 실제 거래가 활발히 이뤄지고 있는 것처럼 허위 입력함 – 사전자기록위작죄 ○
>
> 법인이 컴퓨터 등 정보처리장치를 이용하여 전자적 방식에 의한 정보의 생성·처리·저장·출력을 목적으로 전산망 시스템을 구축하여 설치·운영하는 경우 위 시스템을 설치·운영하는 주체는 법인이고, 법인의 임직원은 법인으로부터 정보의 생성·처리·저장·출력의 권한을 위임받아 그 업무를 실행하는 사람에 불과하다. 따라서 법인이 설치·운영하는 전산망 시스템에 제공되어 정보의 생성·처리·저장·출력이 이루어지는 전자기록 등 특수매체기록은 그 법인의 임직원과의 관계에서 '타인'의 전자기록 등 특수매체기록에 해당한다.
>
> 형법 제227조의2의 공전자기록등위작죄는 사무처리를 그르치게 할 목적으로 공무원 또는 공무소의 전자기록 등 특수매체기록을 위작 또는 변작한 경우에 성립한다. 대법원은, 형법 제227조의2에서 위작의 객체로 규정한 전자기록은 그 자체로는 물적 실체를 가진 것이 아니어서 별도의 표시·출력장치를 통하지 아니하고는 보거나 읽을 수 없고, 그 생성 과정에 여러 사람의 의사나 행위가 개재됨은 물론 추가 입력한 정보가 프로그램에 의하여 자동으로 기존의 정보와 결합하여 새로운 전자기록을 작출하는 경우도 적지 않으며, 그 이용 과정을 보아도 그 자체로서 객관적·고정적 의미를 가지면서 독립적으로 쓰이는 것이 아니라 개인 또는 법인이 전자적 방식에 의한 정보의 생성·처리·저장·출력을 목적으로 구축하여 설치·운영하는 시스템에서 쓰임으로써 예정된 증명적 기능을 수행하는 것이므로, ① 위와 같은 시스템을 설치·운영하는 주체와의 관계에서 전자기록의 생성에 관여할 권한이 없는 사람이 전자기록을 작출하거나 전자기록의 생성에 필요한 단위정보의 입력을 하는 경우는 물론 ② 시스템의 설치·운영 주체로부터 각자의 직무 범위에서 개개의 단위정보의 입력 권한을 부여받은 사람이 그 권한을 남용하여 허위의 정보를 입력함으로써 시스템 설치·운영 주체의 의사에 반하는 전자기록을 생성하는 경우도 형법 제227조의2에서 말하는 전자기록의 '위작'에 포함된다고 판시하였다. 위 법리는 형법 제232조의2의 사전자기록등위작죄에서 행위의 태양으로 규정한 '위작'에 대해서도 마찬가지로 적용된다. (대법원 2020. 8. 27. 선고 2019도11294 전원합의체 판결)
>
> **해설** ①은 유형위조로 당연히 위작에 포함된다. ② 무형위조가 위작에 포함되는지 문제된다. 대법원은 그간 공전자기록 위작·변작죄에 있어서 ② 무형위조를 위작에 포함된다고 해석하였는데 이러한 법리를 사전자기록 위작·변작죄에서도 그대로 인정하였다.

3. 사무처리를 그르치게 할 목적

> **판례** 사무처리 그르치게 할 목적 – ① 위·변작된 전자기록 사용 ② 시스템 운영주체의 사무처리 잘못되게 함
>
> 형법 제232조의2는 "사무처리를 그르치게 할 목적으로 권리·의무 또는 사실증명에 관한 타인의 전자기록 등 특수매체기록을 위작 또는 변작한 자는 5년 이하의 징역 또는 1천만 원 이하의 벌금에 처한다"고 규정하고 있는데, 여기에서 전자기록은 그 자체로서 객관적·고정적 의미를 가지면서 독립적으로 쓰이는 것이 아니라 개인 또는 법인이 전자적 방식에 의한 정보의 생성·처리·저장·출력을 목적으로 구축하여 설치·운영하는 시스템에서 쓰임으로써 예정된 증명적 기능을 수행하는 것이므로, "사무처리를 그르치게 할 목적"이란 위작 또는 변작된 전자기록이 사용됨으로써 위와 같은 시스템을 설치·운영하는 주체의 사무처리를 잘못되게 하는 것을 말한다. (대법원 2008. 4. 24. 선고 2008도294 판결) **표준**
>
> **참고** 인터넷 포털사이트에 개설한 카페의 설치·운영 주체로부터 글쓰기 권한을 부여받은 사람이 위 카페에 접속하여 자신의 아이디로 허위내용의 글을 작성·게시 – 사전자기록위작죄(목적) ×

> **판례** 새마을금고 직원이 위 금고의 전 이사장에 대한 채권확보를 위해 금고의 예금 관련 컴퓨터 프로그램에 전 이사장 명의의 예금계좌 비밀번호를 동의 없이 입력하여 위 예금계좌에 입금된 상조금을 위 금고의 가수금계정으로 이체 – 사전자기록위작죄(목적) ×
>
> 위 금고의 내부규정이나 여신거래기본약관의 규정에 비추어 이는 위 금고의 업무에 부합하는 행위로서 피해자의 비밀번호를 임의로 사용한 잘못이 있다고 하더라도 사전자기록위작·변작죄의 '사무처리를 그르치게 할 목적'을 인정할 수 없다. (대법원 2008. 6. 12. 선고 2008도938 판결)

Ⅴ   공문서위조·변조죄

제225조(공문서등의 위조·변조) 행사할 목적으로 공무원 또는 공무소의 문서 또는 도화를 위조 또는 변조한 자는 10년 이하의 징역에 처한다.	
例規 제225조 (공문서, 공도화)(위조, 변조)	미수 ○

> **🔍 핵심단어**
>
> - ① 행사목적 ② 공문서 ③ 위조·변조
> - 공문서란 ① 공무소·공무원이 ② 직무에 관하여 작성한 문서
> - 위조란 ① 작성권한이 없는 자가 ② 타인명의를 모용하여 문서를 작성
> - 위조의 정도는 ① 일반인으로 하여금 ② 진정한 문서라 오신케 할 정도의 외관
> - 변조란 ① 진정하게 성립된 타인명의 문서 ② 권한 없이 동일성을 해하지 않는 범위에서 변경

기본적인 법리는 사문서위조·변조죄 등에서 살펴보았다. 공문서위조죄 관련 판례를 살펴본다.

판례 업무보조자인 공무원이 공문서 용지에 허위내용을 기재하고 작성권자의 위임 취지에 반하여 작성권자의 직인을 날인 – 공문서위조죄 ○

공문서 작성권자로부터 일정한 요건이 구비되었는지 여부를 심사하여 그 요건이 구비되었음이 확인될 경우에 한하여 작성권자의 직인을 사용하여 작성권자 명의의 공문서를 작성하라는 포괄적인 권한을 수여받은 업무보조자인 공무원이, 그 위임의 취지에 반하여 공문서 용지에 허위내용을 기재하고 그 위에 보관하고 있던 작성권자의 직인을 날인하였다면, 그 업무보조자인 공무원에게 공문서위조죄가 성립할 것이고, 그에게 위와 같은 행위를 하도록 지시한 중간결재자인 공무원도 공문서위조죄의 공범으로서의 책임을 면할 수 없다. (대법원 1996. 4. 23. 선고 96도424 판결)

비교 공문서(기안문서)의 작성권한자가 직접 서명하지 않고 피고인에게 지시하여 자기의 서명을 흉내내어 기안문서의 결재란에 대신 서명케 한 경우 – 공문서위조죄 ✕

피고인의 기안문서 작성행위는 작성권자의 지시 또는 승낙에 의한 것으로서 공문서위조죄의 구성요건해당성이 조각된다. (대법원 1983. 5. 24. 선고 82도1426 판결)

판례 중국인인 피고인이 자신이 대표를 맡은 甲 시설운영위원회의 공신력을 확보하기 위하여, ① 주민센터에서 가져온 행정용 봉투의 좌측 상단("보내는 사람 서귀포시 ○○동장")에 甲 위원회 한자 직인과 한글 직인을 날인하고 이를 오려내어, 주민센터에서 발급받은 피고인의 인감증명서 중앙에 있는 '용도'란 부분에 붙이는 방법으로 인감증명서 1매를 작성하고 ② 이를 휴대전화로 촬영한 사진 파일을 갑 위원회에 가입한 입주민들이 참여하는 메신저 단체대화방에 게재함 – 공문서위조 및 동행사죄 ✕

평균 수준의 사리분별력을 갖는 사람이 조금만 주의를 기울여 살펴보면 공무원 또는 공무소의 권한 내에서 작성된 것이 아님을 쉽게 알아볼 수 있을 정도로 공문서로서의 형식과 외관을 갖추지 못한 경우에는 공문서위조죄가 성립하지 않는다. (대법원 2020. 12. 24. 선고 2019도8443 판결)

이어서 공문서변조죄에 관한 판례를 살펴본다.

판례 피고인이 인터넷으로 열람·출력한 등기사항전부증명서 하단의 열람 일시 부분을 수정 테이프로 지우고 복사해 두었다가 타인에게 교부 – 공문서변조 및 동행사죄 ○

등기사항전부증명서의 열람일시는 등기부상 권리관계의 기준 일시를 나타내는 역할을 하는 것으로서 권리관계나 사실관계의 증명에서 중요한 부분에 해당한다. 열람일시의 기재가 있어 그 일시를 기준으로 한 부동산의 권리관계를 증명하는 등기사항전부증명서와 열람일시의 기재가 없어 부동산의 권리관계를 증명하는 기준 시점이 표시되지 않은 등기사항전부증명서 사이에는 증명하는 사실이나 증명력에 분명한 차이가 있다. (대법원 2021. 2. 25. 선고 2018도19043 판결)

판례 최종 결재권자를 보조하여 문서의 기안업무를 담당한 공무원이 이미 결재를 받아 완성된 공문서의 내용을 적법한 절차를 밟지 않고 변경 – 공문서변조죄 ○ (대법원 2017. 6. 8. 선고 2016도5218 판결)

판례 재산세 과세대장의 작성 권한이 있던 자가 인사이동되어 그 권한이 없어진 후 그 기재내용을 변경 – 공문서변조죄 ○ (대법원 1996. 11. 22. 선고 96도1862 판결)

판례 이미 허위로 작성된 공문서를 변경함 – 공문서변조죄 ✕

공문서변조라 함은 권한없이 이미 진정하게 성립된 공무원 또는 공무소명의의 문서내용에 대하여 그 동일성을 해하지 아니할 정도로 변경을 가하는 것을 말한다. (대법원 1986. 11. 11. 선고 86도1984 판결) **표준**

Ⅵ 자격모용에 의한 공문서작성죄

제226조(자격모용에 의한 공문서 등의 작성) 행사할 목적으로 공무원 또는 공무소의 자격을 모용하여 문서 또는 도화를 작성한 자는 10년 이하의 징역에 처한다.	
例規 제226조 자격모용(공문서, 공도화)작성	미수 ○

🔍 **핵심단어**

• ① 행사목적 ② 공문서 ③ 타인자격 모용하여 작성
• 자격모용이란 ① 대리권·대표권이 없는 자가 ② 타인의 대리인·대표자로서의 자격을 사칭하여 작성

기본적인 법리는 자격모용사문서작성죄에서 살펴보았다. 관련 판례를 살펴보자.

판례 피고인이 부동산매매계약서와 영수증을 작성함에 있어 ① 매도인란·영수인란에 "국방부 합참자료실장 이사관 피고인"이라는 이름을 기재하고 그 옆에 피고인의 도장을 압날한 다음 ② 그 상단에 '국방부장관'이라는 고무인을 압날함으로써 마치 위 피고인이 국방부장관으로부터 적법한 문서작성권한을 부여받아 그 문서를 작성할 자격이 있는 것처럼 부동산매매계약서와 영수증을 작성하고 이를 행사 – 자격모용공문서작성 및 동행사죄 ○ (대법원 1993. 7. 27. 선고 93도1435 판결) **표준**

판례 식당의 주·부식 구입 업무를 담당하는 공무원이 주·부식구입요구서의 과장결재란에 권한 없이 자신의 서명을 함 – 자격모용공문서작성죄 ○ (대법원 2008. 1. 17. 선고 2007도6987 판결)

판례 갑 구청장이 을 구청장으로 전보된 후 갑 구청장의 권한에 속하는 건축허가에 관한 기안용지의 결재란에 서명 – 자격모용공문서작성죄 ○ (대법원 1993. 4. 27. 선고 92도2688 판결)

Ⅶ 공전자기록 위작·변작죄

제227조의2(공전자기록위작·변작) 사무처리를 그르치게 할 목적으로 공무원 또는 공무소의 전자기록등 특수매체기록을 위작 또는 변작한 자는 10년 이하의 징역에 처한다.

例規 제227조의2 공전자기록등(위작, 변작)	미수 ○

🔍 **핵심단어**

• ① 사무처리 그르치게 할 목적 ② 공전자기록 ③ 위작·변작
• 공전자기록이란 공무원, 공무소가 직무상 작성권한을 가지는 전자기록
• 위작·변작은 ① 권한 없는 자의 입력은 물론 ② 시스템의 설치·운영 주체로부터 개별 입력 권한을 부여받은 사람이 그 권한을 남용하여 허위의 정보를 입력한 경우도 포함
• 사무처리 그르치게 할 목적–① 위·변작된 전자기록 사용 ② 시스템 운영주체의 사무처리 잘못되게 함

기본적인 법리는 사전자기록 위작·변작죄 등에서 살펴보았다. 관련 판례를 살펴본다.

판례 경찰관이 고소사건을 처리하지 아니하였음에도 경찰범죄정보시스템에 그 사건을 검찰에 송치한 것으로 허위사실을 입력 – 공전자기록위작죄 ○

형법 제227조의2에서 위작의 객체로 규정한 전자기록은, 그 자체로는 물적 실체를 가진 것이 아니어서 별도의 표시·출력장치를 통하지 아니하고는 보거나 읽을 수 없고, 그 생성 과정에 여러 사람의 의사나 행위가 개재됨은 물론 추가 입력한 정보가 프로그램에 의하여 자동으로 기존의 정보와 결합하여 새로운 전자기록을 작출하는 경우도 적지 않으며, 그 이용 과정을 보아도 그 자체로서 객관적·고정적 의미를 가지면서 독립적으로 쓰이는 것이 아니라 개인 또는 법인이 전자적 방식에 의한 정보의 생성·처리·저장·출력을 목적으로 구축하여 설치·운영하는 시스템에서 쓰임으로써 예정된 증명적 기능을 수행하는 것이므로, 위와 같은 시스템을 설치·운영하는 주체와의 관계에서 전자기록의 생성에 관여할 권한이 없는 사람이 전자기록을 작출하거나 전자기록의 생성에 필요한 단위 정보의 입력을 하는 경우는 물론 시스템의 설치·운영 주체로부터 각자의 직무 범위에서 개개의 단위정보의 입력 권한을 부여받은 사람이 그 권한을 남용하여 허위의 정보를 입력함으로써 시스템 설치·운영 주체의 의사에 반하는 전자기록을 생성하는 경우도 형법 제227조의2에서 말하는 전자기록의 '위작'에 포함된다. (대법원 2005. 6. 9. 선고 2004도6132 판결)

참고 무형위조도 위작에 포함된다.

판례 피고인 1과 위 공소외 1이 공모하여 마치 공소외 1이 직접 그 출장을 나간 것처럼 부천시청 행정지식관리시스템에 허위의 정보를 입력하여 출장복명서를 생성한 후 이를 그 정을 모르는 위 시청 도시과장에게 전송 – 공전자기록위작 및 동행사죄 ○ (대법원 2007. 7. 27. 선고 2007도3798 판결)

판례 공군 복지근무지원단 예하 지구대의 부대매점 및 창고관리 부사관인 피고인이 창고 관리병으로 하여금 위 지원단의 업무관리시스템인 복지전산시스템에 자신이 그 전에 이미 횡령한 바 있는 면세주류를 마치 정상적으로 판매한 것처럼 허위로 입력하게 함 – 공전자기록위작죄 ○ (대법원 2010. 7. 8. 선고 2010도3545 판결)

판례 환경부장관이 한국환경공단에 위탁하여 설치·운영하는 전자정보처리프로그램인 '올바로 시스템'에 허위정보 입력 – 공전자기록위작죄 ×

'공무원 또는 공무소의 전자기록'은 공무원 또는 공무소가 직무상 작성할 권한을 가지는 전자기록을 말한다. 따라서 그 행위주체가 공무원과 공무소가 아닌 경우에는 형법 또는 특별법에 의하여 공무원 등으로 의제되는 경우를 제외하고는 계약 등에 의하여 공무와 관련되는 업무를 일부 대행하는 경우가 있더라도 공무원 또는 공무소가 될 수 없다. 형벌법규의 구성요건인 공무원 또는 공무소를 법률의 규정도 없이 확장해석하거나 유추해석하는 것은 죄형법정주의 원칙에 반하기 때문이다.

한국환경공단이 환경부장관의 위탁을 받아 건설폐기물 인계·인수에 관한 내용 등의 전산처리를 위한 전자정보처리프로그램인 올바로시스템을 구축·운영하고 있더라도, 그 업무를 수행하는 한국환경공단 임직원을 공전자기록의 작성권한자인 공무원으로 보거나 한국환경공단을 공무소로 볼 수는 없다. 그리고 한국환경공단법 등이 한국환경공단 임직원을 형법 제129조 내지 제132조의 적용에 있어 공무원으로 본다고 규정한다고 하여 그들 또는 그들이 직무를 행하는 한국환경공단을 형법 제227조의2에 정한 공무원 또는 공무소에 해당한다고 보는 것은 형벌법규를 피고인에게 불리하게 확장해석하거나 유추해석하는 것이어서 죄형법정주의 원칙에 반한다. 이는 한국환경공단 또는 그 임직원이 환경부장관으로부터 위탁받은 업무와 관련하여 직무상 작성한 문서를 공문서로 볼 수 없는 것과 마찬가지이다. (대법원 2020. 3. 12. 선고 2016도19170 판결)

Ⅷ 허위진단서 등 작성죄

제233조(허위진단서등의 작성) 의사, 한의사, 치과의사 또는 조산사가 진단서, 검안서 또는 생사에 관한 증명서를 허위로 작성한 때에는 3년 이하의 징역이나 금고, 7년 이하의 자격정지 또는 3천만원 이하의 벌금에 처한다.	
例規 제233조 허위(진단서, 검안서, 증명서)작성	미수 ○

🔍 핵심단어
• ① 의사·한의사·치과의사·조산사 ② 진단서·검안서·증명서 ③ 허위작성

우리 형법은 원칙적으로 허위사문서작성은 처벌하지 않으나, 예외적으로 허위진단서 등 작성은 처벌한다.

1. 주체: 의사·한의사·치과의사·조산사

> **판례** 의사 아닌 자가 의사 명의의 진단서 작성 – 허위진단서작성죄 × (위조죄 ○)
> 피고인이 국립경찰병원장 명의의 진단서에 직인과 계인을 날인하고 환자의 성명과 병명 및 향후치료소 견을 기재하였다면 비록 진단서 발행번호나 의사의 서명날인이 없더라도 이는 공문서로서 형식과 외관을 구비하였으므로 공문서위조죄가 성립한다. (대법원 1987. 9. 22. 선고 87도1443 판결)

2. 객체: 진단서·검안서·증명서

진단서란 의사 등이 진찰결과에 대한 판단을 표시하여 사람의 건강상태를 증명하기 위하여 작성하는 문서를 말한다.

> **판례** 의사가 진찰결과 알게 된 건강상태를 증명하기 위하여 작성한 소견서를 허위 작성 – 허위진단서작성죄 ○
> 진단서라 함은 의사가 진찰의 결과에 관한 판단을 표시하여 사람의 건강상태를 증명하기 위하여 작성하는 문서를 말하는 것이므로, 비록 그 문서의 명칭이 소견서로 되어 있더라도 그 내용이 의사가 진찰한 결과 알게 된 병명이나 상처의 부위, 정도 또는 치료기간 등의 건강상태를 증명하기 위하여 작성된 것이라면 위 진단서에 해당되는 것이다. (대법원 1990. 3. 27. 선고 89도2083 판결)

> **판례** 의사가 환자의 인적사항, 병명, 입원기간 및 그러한 입원사실을 확인하는 내용이 기재된 '입퇴원 확인서'를 허위로 작성 – 허위진단서작성죄 ×
> '입퇴원 확인서'는 문언의 제목, 내용 등에 비추어 의사의 전문적 지식에 의한 진찰이 없더라도 확인 가능한 환자들의 입원 여부 및 입원기간의 증명이 주된 목적인 서류로서 환자의 건강상태를 증명하기 위한 서류라고 볼 수 없다. (대법원 2013. 12. 12. 선고 2012도3173 판결)

3. 행위: 허위작성

진단서 등에 객관적으로 진실에 반하는 내용을 기재하는 것을 말한다.

> **판례** 의사가 진단서에 단순히 환자의 수형생활 또는 수감생활의 가능 여부에 대한 의견만 기재한 것이 아니라, 그 판단의 근거로 환자에 대한 진단 결과 또는 향후 치료 의견 등을 함께 제시하였고 그와 결합하여 수형생활 또는 수감생활의 가능 여부에 대하여 판단하였는데 이를 허위로 기재함 – 허위진단서작성죄 ○
> 허위진단서 작성에 해당하는 허위의 기재는 사실에 관한 것이건 판단에 관한 것이건 불문하므로, 현재

의 진단명과 증상에 관한 기재뿐만 아니라 현재까지의 진찰 결과로서 발생 가능한 합병증과 향후 치료에 대한 소견을 기재한 경우에도 그로써 환자의 건강상태를 나타내고 있는 이상 허위진단서 작성의 대상이 될 수 있다. (대법원 2017. 11. 9. 선고 2014도15129 판결)

4. 고의

진단서 등의 내용이 허위임을 인식해야 한다.

> **판례** 허위성 인식 – 미필적 인식으로 충분
> 진단서의 내용이 실질상 진실에 반하는 기재여야 할 뿐 아니라 그 내용이 허위라는 의사의 주관적 인식이 필요하며, 그러한 인식은 미필적 인식으로도 충분하다. (대법원 2017. 11. 9. 선고 2014도15129 판결)
>
> **판례** 사체검안의가 빙초산의 성상이나 이를 마시고 사망하는 경우의 소견에 대하여 알지 못함에도 불구하고 변사자가 '약물음독', '빙초산을 먹고 자살하였다.'는 취지로 사체검안서를 작성 – 허위진단서작성죄(고의) ○ (대법원 2001. 6. 29. 선고 2001도1319 판결)
>
> **판례** 의사가 주관적으로 진찰을 소홀히 한다던가 착오를 일으켜 오진한 결과로 객관적으로 진실에 반한 진단서를 작성 – 허위진단서작성죄(고의) ×
> 형법 제233조의 허위진단서작성죄가 성립하기 위하여는 진단서의 내용이 실질상 진실에 반하는 기재여야 할 뿐 아니라 그 내용이 허위라는 의사의 주관적 인식이 필요하고, 의사가 주관적으로 진찰을 소홀히 한다던가 착오를 일으켜 오진한 결과로 객관적으로 진실에 반한 진단서를 작성하였다면 허위진단서작성에 대한 인식이 있다고 할 수 없으므로 허위진단서작성죄가 성립하지 아니한다. (대법원 2006. 3. 23. 선고 2004도3360 판결) **표준**
>
> **판례** 부검 前 사망진단서 기재에 부검 결과와 다른 내용이 기재된 경우-고의를 엄격히 판단
> 의사 등이 사망진단서를 작성할 당시 기재한 사망 원인이나 사망의 종류가 허위인지 여부 또는 의사 등이 그러한 점을 인식하고 있었는지 여부는 임상의학 분야에서 실천되고 있는 의료 수준 및 사망진단서 작성현황에 비추어 사망진단서 작성 당시까지 작성자가 진찰한 환자의 구체적인 증상 및 상태 변화, 시술, 수술 등 진료 경과 등을 종합하여 판단하여야 한다. 특히 부검을 통하지 않고 사망의 의학적 원인을 정확하게 파악하는 데에는 한계가 있으므로, 부검 결과로써 확인된 최종적 사인이 이보다 앞선 시점에 작성된 사망진단서에 기재된 사망 원인과 일치하지 않는다는 사정만으로 사망진단서의 기재가 객관적으로 진실에 반한다거나, 작성자가 그러한 사정을 인식하고 있었다고 함부로 단정하여서는 안 된다. (대법원 2024. 4. 4. 선고 2021도15080 판결)

IX 허위공문서작성죄

제227조(허위공문서작성등) 공무원이 행사할 목적으로 그 직무에 관하여 문서 또는 도화를 허위로 작성하거나 변개한 때에는 7년 이하의 징역 또는 2천만원 이하의 벌금에 처한다.	
例規 제227조 허위(공문서, 공도화)(작성, 변개)	미수 ○

핵심단어
• ① 공무원 ② 행사목적 ③ 공문서 ④ 허위작성

1. 주체: 공무원

직무에 관하여 문서·도화를 작성할 권한이 있는 공무원이 주체가 된다. 공무원이라도 작성권한이 없으면 본죄의 주체가 될 수 없고, 공문서위조죄가 성립한다.

2. 객체: 공문서 등

공문서 또는 공도화가 객체가 된다.

3. 행위: 허위작성 등

공무원이 작성권한 있는 문서·도화에 객관적 진실에 반하는 내용을 기재하는 것을 말한다.

[판례] 공증담당 변호사가 법무사의 직원으로부터 인증촉탁서류를 제출받았을 뿐 법무사가 공증사무실에 출석하여 사서증서의 날인이 당사자 본인의 것임을 확인한 바 없음에도 마치 그러한 확인을 한 것처럼 인증서에 기재 – 허위공문서작성죄 ○ (대법원 2007. 1. 25. 선고 2006도3844 판결) **표준**

[판례] 폐기물처리사업계획이 관계 법령의 규정에 적합하지 아니함을 알면서 적합하다는 내용으로 통보서를 작성 – 허위공문서작성죄 ○

폐기물처리사업계획 적합 통보서는 단순히 폐기물처리사업을 관계 법령에 따라 허가한다는 내용이 아니라, 폐기물처리업을 하려는 자가 폐기물관리법 제26조 제1항에 따라 제출한 폐기물처리사업계획이 폐기물관리법 및 관계 법령의 규정에 적합하다는 사실을 확인하거나 증명하는 것이라 할 것이다. (대법원 2003. 2. 11. 선고 2002도4293 판결)

[동지] 농지취득자격증명 신청인에게 농업경영능력·영농의사가 없음을 알거나 이를 제대로 알지 못하면서도 농지취득자격증명통보서를 작성 – 허위공문서작성죄 ○ (대법원 2007. 1. 25. 선고 2006도3996 판결)

[비교] 건축 담당 공무원이 건축법상의 요건을 갖추지 못하고 설계된 사실을 알면서도 건축허가통보서를 작

성하여 건축허가서의 작성명의인인 군수의 결재를 받아 건축허가서를 작성 – 허위공문서작성죄 ✕

건축허가서는 그 작성명의인인 군수가 건축허가신청에 대하여 이를 관계 법령에 따라 허가한다는 내용에 불과하고 위 건축허가신청서와 그 첨부서류에 기재된 내용(건축물의 건축계획)이 건축법의 규정에 적합하다는 사실을 확인하거나 증명하는 것은 아니라 할 것이다. (대법원 2000. 6. 27. 선고 2000도1858 판결)

[판례] 공무원이 원본과 대조하지 않고 '원본대조필' 확인인을 날인 – 허위공문서작성죄 ○ (대법원 1981. 9. 22. 선고 80도3180 판결)

[판례] 인감증명서 발급업무를 담당하는 공무원이 발급을 신청한 본인이 직접 출두한 바 없음에도 불구하고 본인이 직접 신청하여 발급받은 것처럼 인감증명서에 기재 – 허위공문서작성죄 ○ (대법원 1997. 7. 11. 선고 97도1082 판결, 대법원 1992. 10. 13. 선고 92도2060 판결)

[동지] 인감증명서를 발부하는 공무원이 대리인에 의한 신청임에도 본인이 직접 신청하는 것으로 기재 – 허위공문서작성죄 ○ (대법원 1985. 6. 25. 선고 85도758 판결)

[판례] ① 소유권이전등기와 ② 근저당권설정등기 신청서가 동시에 접수되었음에도 불구하고, 등기공무원이 ① 소유권이전등기만 기입하고 ② 근저당권설정등기는 기입하지 아니한 채 등기부등본을 발급 – 허위공문서작성죄 ○ (대법원 1996. 10. 15. 선고 96도1669 판결)

[판례] 호적공무원이 신고사항이 허위인 것을 알면서 이를 수리하여 호적부에 기재 – 허위공문서작성죄 ○ (대법원 1977. 12. 27. 선고 77도2155 판결)

[판례] 관례에 따라 허위공문서를 작성 – 허위공문서작성죄 ○

광주전매지청 관하 광주전매서장인 피고인이 홍삼판매할당량을 충실히 이행함으로써 국고수입을 늘린다는 일념하에서 법령에 위반하여 지정판매인 이외의 자에게 판매하고 이를 법령상 허용된 절차와 부합시키기 위하여 허위의 공문서인 매도신청서와 영수증을 작성케 하였다면, 설사 그것이 광주전매지청 관하에 일반화된 관례였고, 상급관청이 이를 묵인하였다는 사정이 있다 하더라도 이를 전혀 정상적인 행위라고 하거나 그 목적과 수단의 관계에서 보아 사회적 상당성이 있다고 단정할 수는 없고, 그 법익침해정도가 경미하여 가벌적 위법성이 없다고 할 수도 없다. (대법원 1983. 2. 8. 선고 82도357 판결)

[판례] 도립대학 교수가 특성화사업단장의 지위에서 납품검사와 관련하여 작성한 납품검수조서 및 물품검수내역서를 허위작성 – 허위공문서작성죄 ○ (대법원 2009. 9. 24. 선고 2007도4785 판결)

[판례] 사법경찰관인 피고인이 검사로부터 '교통사고 피해자들로부터 사고 경위에 대해 구체적인 진술을 청취하여 운전자 갑의 도주 여부에 대해 재수사할 것'을 요청받고, 재수사 결과서의 '재수사 결과'란에 피해자들로부터 진술을 청취하지 않았음에도 진술을 듣고 그 진술내용을 적은 것처럼 기재함 – 허위공문서작성죄 ○

재수사 결과서의 작성 경위나 구성형태에 비추어 재수사 결과란의 기재는 피고인이 재수사 요청 취지에 따라 피해자들로부터 구체적인 진술을 듣고 진술내용을 적었음을 의미하는데 피고인은 피해자들로부터 진술을 청취하지 않았고, 특히 피고인은 피해자들이 진술한 바 없는 내용으로 자신의 독자적인 의견이나 추측에 불과한 것을 마치 피해자들로부터 직접 들은 진술인 것처럼 기재하였으므로, 피해자들 진술로 기재된 내용 중 일부가 결과적으로 사실과 부합하는지, 재수사 요청을 받은 사법경찰관이 검사에 의하여 지목된 참고인이나 피의자 등에 대한 재조사 여부와 재조사 방식 등에 대해 재량을 가지는지 등과 무관하게 피고인의 행위는 허위공문서작성죄를 구성한다. (대법원 2023. 3. 30. 선고 2022도6886 판결)

[판례] 당사자로부터 뇌물을 받고 고의로 적용하여서는 안될 조항을 적용하여 과세표준을 결정하고 그 과세표준에 기하여 세액을 산출하였으나, 그 법령적용의 전제가 된 사실관계에 대한 내용은 진실한 경우 – 허위공문서작성죄 ×

허위공문서작성죄란 공문서에 진실에 반하는 기재를 하는 때에 성립하는 범죄이므로, 고의로 법령을 잘못 적용하여 공문서를 작성하였다고 하더라도 그 법령적용의 전제가 된 사실관계에 대한 내용에 거짓이 없다면 허위공문서작성죄가 성립될 수 없다. (대법원 1996. 5. 14. 선고 96도554 판결)

해설 이와 같은 경우에 피고인을 형법 제131조 제1항 소정의 수뢰후부정처사죄로 처벌함은 별론으로 하고 허위공문서작성죄로 처벌할 수는 없다고 보았다.

[판례] 관급공사의 현장감독관인 피고인이, 공사 현장이 아닌 제작 공장에서의 기성검사의 경우 기성검사에서 합격된 자재의 100분의 50 범위 내에서만 기성부분으로 인정할 수 있도록 한 공사계약일반조건과 달리, 자재 제작을 내용을 하는 부분 전부를 기성부분으로 인정하여 이를 바탕으로 산정된 기성고 비율과 기성부분 준공금액을 기재하여 기성검사조서를 작성한 것이 허위공문서작성에 해당된다고 보아 공소제기 되었으나, 이 사건 기성검사조서에 자재의 현장 반입 여부나 제작공장에서의 기성검사 실시 및 합격 여부, 자재의 특성이나 용도, 시장거래 상황 등 위 공사계약일반조건 규정의 적용에 전제가 되는 사실관계에 관하여 아무런 기재가 없고, 산정 경위에 비추어 기재된 기성고 비율과 기성부분 준공금액이 객관적 진실에 반한다고 단정할 수 없으므로 허위공문서작성죄 ×

허위공문서작성죄는 공문서에 진실에 반하는 기재를 하는 때에 성립하는 범죄이므로, 공문서를 작성하는 과정에서 법령 등을 잘못 적용하거나 적용하여야 할 법령 등을 적용하지 아니한 잘못이 있더라도 그 적용의 전제가 된 사실관계에 관하여 거짓된 기재가 없다면 허위공문서작성죄가 성립할 수 없고, 이는 그와 같은 잘못이 공무원의 고의에 기한 것이라도 달리 볼 수 없다. 공문서 작성 과정에서 법령 등을 잘못 적용하였다고 하여 반드시 진실에 반하는 기재를 하여 공문서를 작성하게 되는 것은 아니므로, 공문서 작성 과정에서 법령 등의 적용에 잘못이 있다는 것과 기재된 공문서 내용이 허위인지 여부는 구별되어야 한다. (대법원 2021. 9. 16. 선고 2019도18394 판결)

[판례] 대통령 비서실장인 피고인이 세월호 국정조사 특별위원회의 서면질의에 대하여 '① 비서실에서는 20~30분 단위로 간단없이 유·무선으로 보고를 하였기 때문에, ② 대통령은 직접 대면보고 받는 것 이상으로 상황을 파악하고 있었다고 생각합니다.'라는 내용의 서면답변서를 작성하여 제출함 – 허위공문서작성죄 × (대법원 2022. 8. 19. 선고 2020도9714 판결)

참고 ①은 객관적 사실을 기반으로 하여 기재된 내용으로 허위라고 볼 수 없으며, ②는 피고인의 의견으로서 내용의 진실 여부를 판단할 수 있다거나 문서에 대한 공공의 신용을 위태롭게 할 만한 증명력과 신용력을 갖는다고 볼 수 없다고 보았다.

4. 행사할 목적

고의 이외에 행사할 목적이 있어야 한다. 이하 고의·행사할 목적에 관한 판례를 함께 살펴본다.

> **판례** 피고인들을 비롯한 경찰관들이 피의자들을 현행범으로 체포하거나 현행범인체포서를 작성할 때 체포사유 및 변호인선임권을 고지하였다는 내용의 허위의 현행범인체포서와 확인서를 작성 – 허위공문서작성죄(고의) ○ (대법원 2010. 6. 24. 선고 2008도11226 판결)

> **판례** 불법건축물 단속 업무를 담당하는 청원경찰인 甲이 실제로 현장확인을 하지 않고 동료 청원경찰인 乙에게 원상복구 여부에 대한 현장확인을 부탁한 다음, 乙이 작성한 출장복명서가 진실한 것인지를 제대로 알지도 못하면서, 자신이 직접 현장확인을 하여 보니 원상복구가 완료되었다는 내용의 출장복명서에 서명하여 완성하고 담당공무원에게 제출 – 허위공문서작성죄(고의) ○ (대법원 2013. 10. 24. 선고 2013도5752 판결)

> **비교** 공무원이 여러 차례의 출장반복의 번거로움을 회피하고 민원사무를 신속히 처리한다는 방침에 따라 사전에 출장조사한 다음 출장조사 내용이 변동없다는 확신하에 출장복명서를 작성하고 다만 그 출장일자를 작성일자로 기재 – 허위공문서작성죄(고의) × (대법원 2001. 1. 5. 선고 99도4101 판결)

5. 기타

가. 죄수 등

① 허위공문서작성죄와 직무유기죄의 관계가 문제된다. 직무유기죄에서 살펴보기로 한다. ② 허위공문서작성죄와 허위진단서작성죄의 관계가 문제된다. 아래에서 살펴본다.

> **판례** 공무원인 의사가 공무소의 명의로 허위진단서를 작성 – 허위공문서작성죄 ○ (허위진단서작성죄 ×) 형법이 제225조 내지 제230조에서 공문서에 관한 범죄를 규정하고, 이어 제231조 내지 제236조에서 사문서에 관한 범죄를 규정하고 있는 점 등에 비추어 볼 때 형법 제233조 소정의 허위진단서작성죄의 대상은 공무원이 아닌 의사가 사문서로서 진단서를 작성한 경우에 한정된다. (대법원 2004. 4. 9. 선고 2003도7762 판결) **표준**

나. 간접정범 문제

> 💬 **중요쟁점: 허위공문서작성죄의 간접정범**
> 비공무원이 공무원에게 허위의 내용을 제출함으로써 공무원을 기망하여 허위 내용이 담긴 공문서를 작성하게 한 경우, 비공무원의 죄책이 문제가 된다. 이 문제를 해결하기 위하여 그 인접사례들을 함께 살펴본다.

비공무원 甲		작성권자인 공무원 乙	공문서 작성
Ⓐ	허위 불문 제출	내용 부지	甲 위조 ○ 허공작 ×
Ⓑ	허위 내용 제출	내용 인식	甲 위조 × 허공작 ×
Ⓒ	허위 내용 제출	甲·乙 공모	甲·乙 허공작 공동정범 ○
Ⓓ	허위 내용 제출	甲교사·乙실행	甲 허공작 교사 ○ 乙 허공작 정범 ○
보조공무원 甲		작성권자인 공무원 乙	공문서 작성
Ⓔ	허위 내용 제출	내용 인식	甲 위조 × 허공작 ○

Ⓐ 비공무원 甲이 공무원 乙에게 일정한 내용을 제출하고 乙이 그 내용을 알지 못하도록 기망하여 서명·날인을 받는 경우 공문서위조죄가 성립한다(간접정범). 이 경우 乙은 문서의 기재사항 자체를 인식하지 못하였고 문서의 성립은 진정하지 않기에 허위공문서작성죄는 문제되지 않는다.

Ⓑ 비공무원 甲이 공무원 乙에게 허위 내용을 제출하고 乙이 그 내용을 인식하였으나 허위임은 알지 못한 채 공문서를 작성한 경우, 甲은 불가벌이다. 乙이 기재사항을 인식하고 공문서를 작성한 이상, 문서의 성립은 진정하기에 위조죄 불성립한다. 허위공문서작성죄의 간접정범이 문제될 수 있으나, ① 허위공문서작성죄의 주체는 문언상 '공무원'이기에 甲은 주체에 해당하지 않는다는 점,[178] ② 비공무원이 간접정범 형태로 허위공문서작성죄를 저지르는 유형을 우리 형법은 제228조 공정증서원본불실기재죄에 한하여 처벌하기로 결정했다는 점에서 불성립한다.

Ⓒ 비공무원 甲과 공무원 乙이 공모하여 허위공문서를 작성한 경우, 甲과 乙은 모두 허위공문서작성죄 공동정범의 죄책을 진다. 이 경우 甲은 신분이 없지만 형법 제33조에 따라 공동정범이 인정된다.

Ⓓ 비공무원 甲이 공무원 乙을 교사하여 허위공문서를 작성케 한 경우, 乙은 허위공문서작성죄 정범, 乙은 허위공문서작성죄 교사범의 죄책을 진다. 이 경우 甲은 신분이 없지만 형법 제33조에 따라 교사범이 인정된다.

Ⓔ 보조공무원 甲이 공무원 乙에게 허위 내용을 제출하고 乙이 그 내용을 인식하였으나 허위임은 알지 못한 채 공문서를 작성한 경우, 甲은 허위공문서작성죄 간접정범의 죄책을 진다. Ⓑ사안과 무엇이 다르냐는 의문이 들 수 있지만, 보조공무원의 경우 문서의 명의인은 아니지만 문서를 직접 기안하고 작성한다는 점에서 허공작의 주체("공무원")가 될 수 있다.

판례 Ⓐ 공무원 아닌 자 甲은 공무원 乙이 문서의 내용을 알지 못한 채 서명·날인케 함 – 공문서위조죄 ○ 명의인을 기망하여 문서를 작성케 하는 경우는 서명, 날인이 정당히 성립된 경우에도 기망자는 명의인을 이용하여 서명 날인자의 의사에 반하는 문서를 작성케 하는 것이므로 사문서위조죄가 성립한다. (대법원 2000. 6. 13. 선고 2000도778 판결)[179]

---

178 비신분자는 진정신분범의 정범적격이 없으므로 신분자를 이용한 진정신분범의 간접정범이 될 수 없다.

179 명의인을 이용하여 문서를 위조한 경우 간접정범이 성립할 수 있다. 문서의 성립이 진정하면 문서의 '위조'가 인정될 수 없으므로 ① 명의인이 그 문서의 내용을 모른채 서명·날인하여야만 위조죄의 간접정범이 성립하고, ② 명의인이 그 문서의 내용을 알면서도 서명·날인한 경우에는 (문서의 성립이 진정하므로) 위조죄의 간접정범이 성립할 수 없다.

해설 명의인에게 문서를 제시하며 '당신이 쓴 게 맞습니까?' 물으면 '아니오'라고 답한다. 명의인은 단지 도구로 사용되었을 뿐이기에 위조에 해당한다. 위 판례는 사문서에 관한 판례이지만 공문서에 있어서도 그대로 적용된다.

판례 Ⓐ 보조공무원 甲이 작성권자 乙의 결재를 받지 않고 직인 등을 보관하는 담당자를 기망하여 작성권자의 직인을 날인하도록 하여 공문서를 완성 – 공문서위조죄 ○

결재를 거치지 않고 임의로 작성권자의 직인 등을 부정 사용함으로써 공문서를 완성한 때에는 공문서위조죄가 성립한다. 이는 공문서의 작성권한 없는 사람이 허위공문서를 기안하여 작성권자의 결재를 받지 않고 공문서를 완성한 경우에도 마찬가지이다. 나아가 작성권자의 직인 등을 보관하는 담당자는 일반적으로 작성권자의 결재가 있는 때에 한하여 보관 중인 직인 등을 날인할 수 있을 뿐이다. 이러한 경우 다른 공무원 등이 작성권자의 결재를 받지 않고 직인 등을 보관하는 담당자를 기망하여 작성권자의 직인을 날인하도록 하여 공문서를 완성한 때에도 공문서위조죄가 성립한다. (대법원 2017. 5. 17. 선고 2016도13912 판결) **표준**

해설 Ⓐ 사실관계와 정확히 일치하지는 않으나 법리적으로 동일한 사안이다. 공무원 乙이 내용을 인식하지 못한 채 본인이 서명케 하는 것이나, 직인을 보관하고 있는 자로 하여금 날인케 하는 것이나 본질은 같다.

판례 Ⓑ 비공무원 甲이 공무원 乙에게 허위 내용을 제출하고 乙이 그 내용을 인식하였으나 허위임은 알지 못한 채 공문서를 작성 – 위조 ×

어느 문서의 작성권한을 갖는 공무원이 그 문서의 기재 사항을 인식하고 그 문서를 작성할 의사로써 이에 서명날인하였다면, 설령 그 서명날인이 타인의 기망으로 착오에 빠진 결과 그 문서의 기재사항이 진실에 반함을 알지 못한 데 기인한다고 하여도, 그 문서의 성립은 진정하며 여기에 하등 작성명의를 모용한 사실이 있다고 할 수는 없으므로, 공무원 아닌 자가 관공서에 허위 내용의 증명원을 제출하여 그 내용이 허위인 정을 모르는 담당공무원으로부터 그 증명원 내용과 같은 증명서를 발급받은 경우 공문서위조죄의 간접정범으로 의율할 수는 없다. (대법원 2001. 3. 9. 선고 2000도938 판결, 대법원 2010. 11. 25. 선고 2010도11509 판결)

해설 명의인에게 문서를 제시하며 '당신이 쓴 게 맞습니까?' 물으면 '예'라고 답한다. 그렇기에 위조가 아니다.

판례 Ⓑ 비공무원 甲이 공무원 乙에게 허위 내용을 제출하고 乙이 그 내용을 인식하였으나 허위임은 알지 못한 채 공문서를 작성 – 甲 허위공문서작성죄 × (대법원 1976. 8. 24. 선고 76도151 판결)

판례 Ⓒ 공무원 아닌 자 甲이 공무원 乙과 공동하여 허위공문서를 작성함 – 甲・乙 허위공문서작성죄 ○

공무원이 아닌 자는 형법 제228조의 경우를 제외하고는 허위공문서작성죄의 간접정범으로 처벌할 수 없으나, 공무원이 아닌 자가 공무원과 공동하여 허위공문서작성죄를 범한 때에는 공무원이 아닌 자도 형법 제33조, 제30조에 의하여 허위공문서작성죄의 공동정범이 된다. (대법원 2006. 5. 11. 선고 2006도1663 판결)

판례 Ⓓ 공무원 아닌 자 甲이 공무원 乙을 교사하여 허위공문서를 작성케 함 – 甲 허위공문서작성 교사죄 ○ (乙 허위공문서작성죄 ○)

피고인이 건축물조사 및 가옥대장 정리업무를 담당하는 지방행정서기를 교사하여 무허가 건물을 허가 받은 건축물인 것처럼 가옥대장 등에 등재케하여 허위공문서 등을 작성케 한 사실이 인정된다면, 허위공문서작성죄의 교사범으로 처단한 것은 정당하다. (대법원 1983. 12. 13. 선고 83도1458 판결)

판례 ⓔ 보조공무원 甲이 공무원 乙에게 허위 내용을 제출하고 乙이 그 내용을 인식하였으나 허위임은 알지 못한 채 공문서를 작성 – 甲 허위공문서작성죄 ○

작성권한 있는 공무원의 직무를 보좌하여 공문서를 기안 또는 초안하는 직권이 있는 자가 그 직위를 이용하여 행사할 목적으로 직무상 기안하는 문서에 허위의 내용을 기재하고 허위인 정을 모르는 상사로 하여금 그 초안내용이 진실한 것으로 오신케 하여 서명날인케 함으로써 허위내용의 공문서를 작성토록 하였다면 소위 허위공문서작성죄의 간접정범의 죄책을 면할 수 없다. (대법원 1990. 2. 27. 선고 89도1816 판결)

해설 ⓔ에 해당하는 판례의 사실관계를 간단히 살펴본다.
① 甲은 보령군청의 토목기사로서 수해복구사업 업무 담당 중 허위사실을 기재한 "87. 수해복구사업준공 및 보조금지급"이라는 제목의 공문을 기안하여 그 정을 모르는 군수 乙로 하여금 결재케 함 – 허위공문서작성죄 ○ (대법원 1990. 2. 27. 선고 89도1816 판결)
② 甲은 면의 호적계장으로서 정을 모르는 면장 乙의 결재를 받는 방식으로 허위내용의 호적부를 작성함 – 허위공문서작성죄 ○ (대법원 1990. 10. 30. 선고 90도1912 판결)

비교 보조공무원 甲이 공무원 乙의 결재 없이 공문서에 허위내용을 기재 – 공문서위조죄 ○

형법 제227조가 규정한 허위공문서작성죄는 그 문서를 작성할 권한이 있는 공무원이 허위내용의 공문서를 작성한 경우에 성립하는 것이고 그 공무원을 보조하는 직무에 종사하는 공무원이 작성권한을 가진 공무원의 결재도 받지 아니하고 임의로 허위내용의 공문서를 작성권한자 명의로 작성한 때에는 공문서위조죄가 성립한다고 할 것인바, 면사무소 호적계장이 면장의 결재 없이 호적의 출생년란, 주민등록번호란에 허위내용의 호적정정 기재를 한 경우에는 공문서위조 및 동행사죄를 구성하는 것은 별론으로 하고 형법 제227조가 규정한 허위공문서작성죄에 해당할 수는 없다. (대법원 1990. 10. 12. 선고 90도1790 판결)

판례 ⓔ 공무원 아닌 자인 甲과 보조공무원인 丙이 공모하여 허위의 문서초안을 상사 乙에게 제출하여 결재케 함 – 甲·乙 허위공문서작성죄 간접정범의 공범 ○

공문서의 작성권한이 있는 공무원의 직무를 보좌하는 자가 그 직위를 이용하여 행사할 목적으로 허위의 내용이 기재된 문서 초안을 그 정을 모르는 상사에게 제출하여 결재하도록 하는 등의 방법으로 작성권한이 있는 공무원으로 하여금 허위의 공문서를 작성하게 한 경우에는 간접정범이 성립되고 이와 공모한 자 역시 그 간접정범의 공범으로서의 죄책을 면할 수 없는 것이고, 여기서 말하는 공범은 반드시 공무원의 신분이 있는 자로 한정되는 것은 아니라고 할 것이다. (대법원 1992. 1. 17. 선고 91도2837 판결) **표준**

X 공정증서원본 등 부실기재죄

제228조(공정증서원본 등의 부실기재) ① 공무원에 대하여 허위신고를 하여 공정증서원본 또는 이와 동일한 전자기록등 특수매체기록에 부실의 사실을 기재 또는 기록하게 한 자는 5년 이하의 징역 또는 1천만원 이하의 벌금에 처한다.
② 공무원에 대하여 허위신고를 하여 면허증, 허가증, 등록증 또는 여권에 부실의 사실을 기재하게 한 자는 3년 이하의 징역 또는 700만원 이하의 벌금에 처한다.

例規 제228조 ① (공정증서원본, 공전자기록등)불실기재 ② (면허증, 허가증, 등록증, 여권)불실기재	미수 ○

> 🔍 **핵심단어**
> • ① 공정증서원본 등 ② 공무원에 허위신고 ③ 부실의 사실 기재
> • 공정증서란 ① 공무원이 직무상 작성하는 공문서로서 ② 권리·의무에 관한 사실을 증명
> • 부실사실이란 ① 권리의무관계에 중요한 의미 ② 객관적인 진실에 반함

본죄와 부실기재공정증서원본행사죄의 관계를 먼저 살펴본다. 공정증서원본이 '등기부'인 경우, 부실사실이 기재된 등기부를 등기소에 비치케하면 행사죄가 성립한다. 따라서 등기부에 대한 공정증서원본불실기재죄가 성립하는 경우, 거의 곧바로 비치가 이루어지기에 동행사죄도 대부분 성립한다. 이하에서는 사실관계를 요약할 때에 행사죄를 특별히 언급하지 않는다.

1. 객체: 공정증서원본 등

공정증서원본[180] 또는 이와 동일시되는 전자기록 등 특수매체기록, 면허증, 허가증, 등록증, 여권이 객체가 된다. 공정증서란 공무원이 직무상 작성하는 공문서로서 권리·의무에 관한 사실을 증명하는 효력을 갖는 것을 말한다. 대표적으로 가족관계등록부·부동산등기부·상업등기부가 있다.[181] 관련 판례를 살펴본다.

> **판례** 공증사무 취급이 인가된 합동법률사무소 명의로 작성된 공증에 관한 문서 – 공정증서원본 ○
> 간이절차에 의한 민사분쟁사건처리특례법에 의하여 합동법률사무소 명의로 작성된 공증에 관한 문서는 형법상의 공문서에 해당되고 동 합동법률사무소의 구성원인 변호사에게 허위신고를 하여서 동 합동법률사무소 명의의 공정증서에 불실의 사실을 기재하게한 행위는 형법 228조 1항에 해당된다. (대법원 1977. 8. 23. 선고 74도2715 전원합의체 판결)
> **참고** 합동법률사무소의 사무원인 피고인이 이미 작성된 유언내용의 초안을, 허위의 유언내용의 초안으로 바꿔치기한 후 이를 진정한 공정증서 초안인 것처럼 가장하여 그 정을 모르는 변호사에게 제출하여 그로 하여금 서명 날인케함 – 공정증서원본불실기재죄 ○

> **판례** 토지대장 – 공정증서원본 ✕

---

180 공정증서의 정본은 이에 포함되지 않는다(대법원 2002. 3. 26. 선고 2001도6503 판결).
181 현재 등기실무는 등기사무를 전산정보처리조직을 이용하여 등기부에 등기사항을 기록하는 방식으로 처리하고, 등기부는 전산정보처리조직에 의하여 입력·처리된 등기정보자료를 편성한 것이다. 따라서 공무원에 허위신고하여 등기부에 부실의 사실을 기재케 한 경우, 과거에는 공정증서원본불실기재 등으로 의율하였으나, 이제는 공전자기록등불실기재 등으로 의율해야 한다.

형법 제228조에서 말하는 공정증서란 권리의무에 관한 공정증서만을 가리키는 것이고 사실증명에 관한 것은 이에 포함되지 아니하므로 권리의무에 변동을 주는 효력이 없는 토지대장은 위에서 말하는 공정증서에 해당하지 아니한다. (대법원 1988. 5. 24. 선고 87도2696 판결)

[판례] 사업자등록증 – 공정증서원본 ×

형법 제228조 제2항의 '등록증'은 공무원이 작성한 모든 등록증을 말하는 것이 아니라, 일정한 자격이나 요건을 갖춘 자에게 그 자격이나 요건에 상응한 활동을 할 수 있는 권능 등을 인정하기 위하여 공무원이 작성한 증서를 말한다. 사업자등록증은 단순한 사업사실의 등록을 증명하는 증서에 불과하고 그에 의하여 사업을 할 수 있는 자격이나 요건을 갖추었음을 인정하는 것은 아니라고 할 것이어서 형법 제228조 제1항에 정한 '등록증'에 해당하지 않는다. (대법원 2005. 7. 15. 선고 2003도6934 판결) **표준**

[판례] 법원에 허위 내용의 조정신청서 제출하여 판사로 하여금 '조정조서'에 불실의 사실을 기재케 함 – 공정증서원본불실기재죄 ×

공정증서원본은 그 성질상 허위신고에 의해 불실한 사실이 그대로 기재될 수 있는 공문서이어야 한다고 할 것인바, 민사조정법상 조정신청에 의한 조정제도는 원칙적으로 조정신청인의 신청 취지에 구애됨이 없이 조정담당판사 등이 제반 사정을 고려하여 당사자들에게 상호 양보하여 합의하도록 권유·주선함으로써 화해에 이르게 하는 제도인 점에 비추어, 그 조정절차에서 작성되는 조정조서는 그 성질상 허위신고에 의해 불실한 사실이 그대로 기재될 수 있는 공문서로 볼 수 없어 공정증서원본에 해당하는 것으로 볼 수 없다. (대법원 2010. 6. 10. 선고 2010도3232 판결) **표준**

[판례] 자동차운전면허증 재교부신청서의 사진란에 본인의 사진이 아닌 다른 사람의 사진을 붙여 제출하여 면허증을 발급받음 – 공정증서원본불실기재죄 × (자동차운전면허대장 – 공정증서원본 ×)

자동차운전면허대장은 운전면허 행정사무집행의 편의를 위하여 범칙자, 교통사고유발자의 인적사항·면허번호 등을 기재하거나 운전면허증의 교부 및 재교부 등에 관한 사항을 기재하는 것에 불과하며, 그에 대한 기재를 통해 당해 운전면허 취득자에게 어떠한 권리의무를 부여하거나 변동 또는 상실시키는 효력을 발생하게 하는 것으로 볼 수는 없고, 따라서 자동차운전면허대장은 사실증명에 관한 것에 불과하므로 형법 제228조 제1항에서 말하는 공정증서원본이라고 볼 수 없다. (대법원 2010. 6. 10. 선고 2010도1125 판결)

해설 다만 면허증불실기재죄(제228조 제2항)가 성립할 수 있다. 위 판례 역시 방론으로 "다만 운전면허증에 불실의 사실을 기재하게 한 경우에 한하여 형법 제228조 제2항에 따라 처벌할 수 있는 것이라 할 것"이라고 언급한다.

2. 행위

가. 공무원에 허위신고

공정증서원본 등에 신고사실을 기재·기록할 수 있는 권한을 가진 공무원에게 진실에 반하는 신고를 하여야 한다.

> **판례** 피고인이 그 확정판결의 내용이 진실에 반하는 것임을 알면서 이에 기하여 등기공무원에게 등기신청하여 등기가 이루어짐 – 공정증서원본불실기재죄 ○ (대법원 1996. 5. 31. 선고 95도1967 판결)
>
> **참고** 소송사기로 얻은 확정판결에 기하여 등기를 한 경우, ① 사기죄(기수) 외에도 ② 공정증서원본불실기재 및 동행사죄가 성립한다.
>
> **판례** 중고자동차매매업자인 피고인이 관련법상 차량충당연한 규정에 위배되어 여객자동차운수사업에 충당될 수 없는 차량인 것을 알면서 영업용으로 변경 및 이전등록신청을 하였으나, 구체적 등록내용인 최초등록일 등은 사실대로 기재 – 공정증서원본불실기재죄 ×
>
> 중고자동차매매업자인 피고인이 여객자동차 운수사업법상 차량충당연한 규정에 위배되어 여객자동차 운수사업에 충당될 수 없는 차량인 것을 알면서 영업용으로 변경 및 이전등록신청을 하였으나, 구체적 등록내용인 최초등록일 등은 사실대로 기재한 사안에서, 자동차등록원부상 '영업용으로의 용도변경 및 이전'에 관한 등록정보가 확인·공시하는 내용에 자동차가 영업용으로 용도변경되어 이전되었다는 사실 외에 변경 및 이전등록에 필요한 법령상 자격의 구비 사실까지 포함한다고 볼 법령상의 근거가 없고, 최초등록일 등 등록과 관련된 사실관계에 대한 내용에 거짓이 있다고 볼 수 없는 이상, 피고인이 허위의 신고를 하였다고 할 수 없는데도, 이와 달리 피고인에게 공전자기록등불실기재죄 및 그 행사죄를 인정한 원심판단에 법리오해의 위법이 있다고 한 사례. (대법원 2011. 5. 13. 선고 2011도1415 판결) **표준**
>
> **판례** 위장결혼의 당사자 및 브로커와 공모한 피고인이 허위로 결혼사진을 찍고 혼인신고에 필요한 서류를 준비하여 위장결혼의 당사자에게 건네줌 – 공정증서원본불실기재죄(착수) × (대법원 2009. 9. 24. 선고 2009도4998 판결)
>
> **참고** 당사자에게 건네준 것만으로는 실행의 착수가 인정되지 않는다. 허위신고를 한 때에 실행의 착수가 인정된다. 예비·음모죄 없으므로 불가벌이다.

나. 부실의 사실 기재

중요한 점에 있어서 객관적 진실에 반하는 사실을 기재·기록하게 하는 것을 말한다. 이하에서는 관련 판례를 ① 중요부분의 허위 ② 부존재·무효사유와 취소사유 ③ 통정허위표시 ④ 당사자 간에 의사의 합치가 있는 경우 ⑤ 실체관계 부합으로 분류하여 살펴본다.

1) 중요부분의 허위

> **판례** 부실의 사실 – ① 권리의무관계에 중요한 의미 ② 객관적인 진실에 반함
> '부실의 사실'이란 ① 권리의무관계에 중요한 의미를 갖는 사항이 ② 객관적인 진실에 반하는 것을 말한다. (대법원 2013. 1. 24. 선고 2012도12363 판결)
>
> **판례** 부동산에 관한 종중 명의의 등기에 있어서 허위의 종중대표자 기재 – 공정증서원본불실기재죄 ○
> 종중 소유 부동산은 총회의 결의를 얻어야 유효하게 처분할 수 있다 하더라도 거래 상대방으로서는 부동산등기부상에 표시된 종중 대표자를 신뢰하고 거래하는 것이 일반적이다. (대법원 2006. 1. 13. 선고

2005도4790 판결)

[판례] '가장납입'으로 인하여 발행주식 총수·자본총액 증가한 사실이 허위임을 알면서 증자등기 신청하여 상업등기부원본에 기재·비치케 함 – 공정증서원본불실기재죄 ○ (대법원 2004. 6. 17. 선고 2003도7645 전원합의체 판결, 대법원 2006. 10. 26. 선고 2006도5147 판결)

[비교] 대포통장 유통목적으로 회사를 설립하였으나, 상법이 정하는 회사설립에 필요한 ① 정관을 작성하고 ② 주식 발행·인수가 이루어졌고 ③ 임원을 선임한 경우 – 공정증서원본불실기재죄 ×
피고인이 회사를 정관에 정한 목적대로 운영할 의사는 없었더라도 설립된 회사 명의로 금융기관 계좌를 개설하기 위해 상법상 회사를 설립할 의사는 있었으며, 회사설립에 필요한 정관을 작성하고, 출자 전액의 납입과 이사 등 임원의 취임승낙을 증명하는 정보 등을 첨부정보로 제출한 점, 이와 같은 요건을 갖추고 절차를 밟은 행위가 단지 설립된 회사의 법인격을 범죄 등에 이용하기 위한 방편으로 이행된 측면이 있더라도, 상법상 회사설립절차를 이루는 회사 정관의 작성 자체가 없었다거나 출자의 납입 사실 자체가 부존재한다거나 납입의 효력이 없다고 볼 수 없는 점, 회사설립등기에 임원으로 등재된 사람에게 임원 등재 의사가 인정되는 이상 실제로 직무를 행사할 의사까지는 없었다고 해서 그 사람이 회사의 임원이 아니라거나 회사에 임원이 부존재한다고 볼 수도 없는 점을 종합하면, 피고인이 실제 유한회사를 설립하려는 의사를 가지고 상법이 정하는 유한회사 설립에 필요한 정관 작성, 출자 이행, 임원 선임 등의 절차를 이행함으로써 회사는 상법상 유한회사로 성립하였고, 회사설립행위에 일부 하자가 있었다거나 피고인이 회사설립 당시 정관에 기재된 목적 수행에 필요한 영업의 실질을 갖추거나 영업에 필요한 인적·물적 조직을 갖추지 않았다는 등의 사정만으로는 회사의 성립 자체를 부정하고 회사가 부존재한다고 볼 수 없으므로, 갑 회사 설립등기는 공전자기록 등 불실기재죄에서 말하는 불실의 사실에 해당하지 않는다. (대법원 2020. 3. 26. 선고 2019도7729 판결, 대법원 2020. 2. 27. 선고 2019도9293 판결)

해설 비교판례의 일부 판시부분이 '가장납입'에 대하여 본죄가 성립하지 않는다는 취지로 오독될 여지가 있다. 그러나 ① 위 판례를 변경하지 않았다는 점(전합 아니므로 변경할 수도 없다) ② 원심은 가장납입 부분에 대해서는 유죄를 인정하였고, 비교판례 사실관계 부분에 대해서는 무죄라 보았는데 대법원이 상고기각 한 것이라는 점 등을 고려할 때 두 판례는 영역을 달리한다.

[판례] 피고인들이 허위신고 하여 침사의 자격이 인정될 수 없는 사람들에게 침사자격증에 "침사의 자격을 인정함"이라고 기재케 함 – 면허증불실기재죄 ○ (대법원 1976. 7. 27. 선고 76도1709 판결)

[판례] 부동산등기부에 기재되는 거래가액 허위기재 – 공정증서원본불실기재죄 × (대법원 2013. 1. 24. 선고 2012도12363 판결)

[판례] 피고인 甲은 乙로부터 돈을 빌린 적이 없고 丙이 채무를 연대보증한 사실이 없음에도 불구하고, 乙과 공모하여 허위 차용증을 작성하고 丙 소유 토지에 가압류신청을 하여 등기소 직원으로 하여금 乙을 채권자, 丙을 채무자로 한 가압류등기를 마치게 함 – 공정증서원본불실기재죄 ×
'불실의 사실기재'는 당사자의 허위신고에 의하여 이루어져야 하므로, 법원의 촉탁에 의하여 등기를 마친 경우에는 그 전제절차에 허위적 요소가 있더라도 위 죄가 성립하지 않는다. …(중략)… 가압류등기는 법원이 하는 집행절차의 일환일 뿐 허위신고에 의하여 이루어진 것이 아니므로 토지등기부에 불실의 사실이 기재되었다고 볼 수 없다. (대법원 2022. 1. 13. 선고 2021도11257 판결)

참고 소송사기미수죄도 성립하지 않는다(대법원 1982. 10. 26. 선고 82도1529 판결, 대법원 1988. 9. 13. 선고 88도55 판결).

2) 부존재·무효사유 및 취소사유

> **판례** ① 부존재·무효사유 – 부실 ○ ② 취소사유 – 부실 ✕
>
> ① 공정증서원본에 기재된 사항이 부존재하거나 외관상 존재한다고 하더라도 무효에 해당되는 하자가 있다면 그 기재는 불실기재에 해당하는 것이나, ② 기재된 사항이나 그 원인된 법률행위가 객관적으로 존재하고 다만 거기에 취소사유인 하자가 있을 뿐인 경우 취소되기 전에 공정증서원본에 기재된 이상 그 기재는 공정증서원본의 불실기재에 해당하지는 않는다. (대법원 2018. 6. 19. 선고 2017도21783 판결) **표준**

위 판시에 따르면 부존재·무효사유라면 반드시 부실사실에 해당하여 본죄 성립하여야 할 것이나, 판례는 일관되지 않다. 우선 부존재·무효사유에 관한 기본적인 판례들을 살펴본다.

> **판례** 주식의 소유가 실질적으로 분산되어 있는 주식회사에서 총 주식의 대다수를 소유한 지배주주 1인이 실제의 소집절차와 결의절차를 거치지 아니한 채 주주총회의 결의가 있었던 것처럼 의사록을 허위로 작성하고 변경등기 – 공정증서원본불실기재죄 ○
>
> 설사 1인이 총 주식의 대다수를 가지고 있고 그 지배주주에 의하여 의결이 있었던 것으로 주주총회 의사록이 작성되어 있다 하더라도, 도저히 그 결의가 존재한다고 볼 수 없을 정도로 중대한 하자가 있는 때에 해당하여, 그 주주총회의 결의는 부존재하다고 보아야 한다. (대법원 2018. 6. 19. 선고 2017도21783 판결) **표준**

> **판례** 부동산 매수인이 매도인과 사이에 소유권이전에 관한 물권적 합의가 없는 상태에서, 소유권이전등기신청에 관한 대리권이 없이 단지 소유권이전등기에 필요한 서류를 보관하고 있을 뿐인 법무사를 기망하여 매수인 명의의 소유권이전등기를 신청하게 함 – 공정증서원본불실기재죄 ○ (대법원 2006. 3. 10. 선고 2005도9402 판결)

> **비교** 부동산 매수인과 매도인 사이에 매매계약이 이루어졌고 그 계약금과 대부분의 중도금이 지급되었으며 매도인이 법무사에게 소유권이전등기에 필요한 서류 일체를 맡기고 나중에 잔금지급이 되면 그 등기신청을 하도록 위임하였는데, 매수인이 잔금이 모두 지급된 것처럼 법무사를 기망하고 등기를 신청하게 함 – 공정증서원본불실기재죄 ✕
>
> 법무사의 등기신청 행위에 하자가 있다고 할 수는 있으나(위 신청이 무효라고는 할 수 없다), 위 소유권이전등기의 원인이 되는 법률관계인 매매 내지는 물권적 합의가 객관적으로 존재하지 아니하는 것이라고는 할 수 없다. (대법원 1996. 6. 11. 선고 96도233 판결)

> **해설** 위 판례와 비교판례 모두 '물권적 합의의 유무'에 따라 본죄의 성부를 판단하고 있다. 다만 구체적 사실관계에 따라 물권적 합의 인정 여부가 갈린 것이다.

> **판례** 신주발행에 무효사유 있음에도 신고하여 법인등기부에 기재케 함 – 공정증서원본불실기재죄 ✕
>
> 주식회사의 신주발행의 경우 신주발행에 법률상 무효사유가 존재한다고 하더라도 그 무효는 신주발행무효의 소에 의해서만 주장할 수 있고, 신주발행무효의 판결이 확정되더라도 그 판결은 장래에 대하여

만 효력이 있으므로(상법 제429조, 제431조 제1항), 그 신주발행이 판결로써 무효로 확정되기 이전에 그 신주발행사실을 담당 공무원에게 신고하여 공정증서인 법인등기부에 기재하게 하였다고 하여 그 행위가 공무원에 대하여 허위신고를 한 것이라거나 그 기재가 불실기재에 해당하는 것이라고 할 수는 없다. (대법원 2007. 5. 31. 선고 2006도8488 판결)

참고 신주발행에 무효사유가 있는 경우는 일반적인 '무효'와 사뭇 다르다. 신주발행의 안정성을 보호하기 위함이다.

신고사실에 절차상·내용상 하자가 있어 무효인 경우를 살펴본다.

판례 종중의 대표자가 종중총회의 결의 없이 종중재산인 부동산에 근저당권설정등기를 마침 – 공정증서원본불실기재죄 ○

공정증서원본불실기재죄는 공무원에 대하여 허위신고를 함으로써 공정증서원본에 불실의 사실을 기재하게 하는 경우에 성립하는바, 공정증서원본에 기재된 사항이 부존재하거나 외관상 존재한다고 하더라도 무효에 해당되는 하자가 있다면 그 기재는 불실기재에 해당한다. (대법원 2005. 8. 25. 선고 2005도4910 판결)

동지 이사회의 소집권한자 아닌 자의 소집·소집절차를 위반한 이사회에서 이루어진 종전 대표이사 해임·신임 대표이사 선임 결의는 부적법한 결의로서 효력이 없음에도, 이사회 결의에 따른 대표이사 변경등기가 이루어짐 – 공정증서원본불실기재죄 ○ (대법원 2007. 10. 25. 선고 2006도5719 판결)

동지 교회 분열 후, 일방의 교회가 타방의 교회를 배제한 채 소집·개최한 당회에서 교회 재산인 부동산을 총회유지재단에 증여하기로 하는 내용의 결의를 하고 등기공무원에게 위 결의에 따른 취지의 등기신청을 하여 증여를 원인으로 한 소유권이전등기를 마쳤는데, 위 결의의 소집·결의절차가 부적법한 경우 – 공정증서원본불실기재죄 ○ (대법원 2005. 10. 28. 선고 2005도3772 판결)

비교 재건축조합 임시총회의 소집절차·결의방법이 법령·정관에 위반되어 임원개임결의가 사법상 무효였는데, 실제로 재건축조합의 조합총회에서 그와 같은 내용의 임원개임결의가 이루어졌고 그 결의에 따라 임원변경등기를 마침 – 공정증서원본불실기재죄 ×

불실의 기재라고 함은, 객관적인 진실에 반하여 존재하지 아니하는 사실을 존재하는 것으로 하거나, 존재하는 사실을 존재하지 아니하는 것으로 기재하는 것을 말하므로 민법상의 사단법인의 총회의 결의에 따라 이사 등의 변경등기를 하는 경우에 있어서 그와 같은 행위가 공정증서원본불실기재의 원인이 되는 행위에 해당하는지 여부는 특별한 사정이 없는 한 총회결의의 사법상 효력의 여부와 관계없이 그와 별도로 현실적으로 사원총회에서 그와 같은 내용의 이사 등 변경에 관한 결의가 있었다고 평가할 수 있는지 여부에 따라서 결정하여야 함이 상당하다. (대법원 2004. 10. 15. 선고 2004도3584 판결)

해설 위 판례·동지판례에서는 '무효이므로 본죄가 성립한다'고 하면서도 비교판례에서는 '사법상 무효라고 하더라도 본죄가 성립하지 아니한다'하여 비일관적이다.[182] 수험적으로는 각각의 판례를 받아들이는 방법 밖에 없다.

---

182 고제성, "통정허위표시와 공정증서원본부실기재죄", 형사판례연구 26권, 한국형사판례연구회, 2018, 306쪽과 이강민, "신고사실의 효력과 공정증서원본불실기재죄", 사법 제50호, 사법발전재단, 2019, 311쪽 모두 같은 취지이다.

취소사유에 관한 판례를 살펴본다.

> [판례] 주주총회 소집절차의 하자로 취소사유 있는 주주총회 결의에 따른 감사변경등기 – 공정증서원본불실기재죄 × (대법원 2009. 2. 12. 선고 2008도10248 판결)
>
> [판례] 기망에 의하여 체결된 증여계약에 기하여 소유권이전등기를 경료 – 공정증서원본불실기재죄 × (대법원 2004. 9. 24. 선고 2004도4012 판결)
>
> [판례] 기망에 의하여 이루어진 협의상 이혼의 의사표시에 따라 이혼신고 – 공정증서원본불실기재죄 × (대법원 1997. 1. 24. 선고 95도448 판결)
>
> [판례] 허위에 의한 이혼심판에 따라 이혼신고 – 공정증서원본불실기재죄 ×
> 이혼심판은 형성판결로서 그에 기한 이혼신고는 보고적 신고에 불과하고 피고인이 비록 사위의 방법에 의하여 이혼심판을 받았다 하더라도 그 확정판결이 재심청구에 의하여 취소되지 아니하는 이상 혼인해소의 효력에는 영향이 없다 할 것이므로 그 확정판결에 기한 이혼신고 및 이에 따른 호적부등재와 그 비치행위가 공정증서원본불실기재 및 그 행사죄를 구성한다고 할 수 없다. (대법원 1983. 8. 23. 선고 83도1430 판결)

3) 통정허위표시

통정허위표시에 기하여 공정증서가 작성된 경우를 살펴본다.

> [판례] 실제로는 채권·채무관계가 존재하지 아니함에도 공증인에게 허위신고를 하여 가장된 금전채권에 대하여 집행력이 있는 공정증서원본을 작성·비치케 함 – 공정증서원본불실기재죄 ○ (대법원 2008. 12. 24. 선고 2008도7836 판결, 대법원 2007. 7. 12. 선고 2007도3005 판결)
>
> [동지] 발행인과 수취인 사이에 통정허위표시로서 무효인 어음발행행위를 공증인에게 신고하여 공증인으로 하여금 어음발행행위에 대하여 집행력 있는 어음공정증서원본을 작성·비치케 함 – 공정증서원본불실기재죄 ○
> 발행인과 수취인이 통모하여 진정한 어음채무 부담이나 어음채권 취득에 관한 의사 없이 단지 발행인의 채권자에게서 채권 추심이나 강제집행을 받는 것을 회피하기 위하여 형식적으로만 약속어음의 발행을 가장한 경우 이러한 어음발행행위는 통정허위표시로서 무효이므로, 이와 같이 발행인과 수취인 사이에 통정허위표시로서 무효인 어음발행행위를 공증인에게는 마치 진정한 어음발행행위가 있는 것처럼 허위로 신고함으로써 공증인으로 하여금 어음발행행위에 대하여 집행력 있는 어음공정증서원본을 작성케 하고 이를 비치하게 하였다면, 이러한 행위는 공정증서원본불실기재 및 불실기재공정증서원본행사죄에 해당한다고 보아야 한다. (대법원 2012. 4. 26. 선고 2009도5786 판결)
>
> [비교] 채권양도인 甲이 허위의 채권을 채권양수인 乙에게 양도하면서, 공증인으로 하여금 채권의 양도·양수가 진정으로 이루어짐을 확인하고 채권양도의 법률행위에 관한 공정증서를 작성·비치케 함 – 공정증서원본불실기재죄 ×
> 공증인이 채권양도·양수인의 촉탁에 따라 그들의 진술을 청취하여 채권의 양도·양수가 진정으로 이루어짐을

확인하고 채권양도의 법률행위에 관한 공정증서를 작성한 경우 그 공정증서가 증명하는 사항은 채권양도의 법률행위가 진정으로 이루어졌다는 것일 뿐 그 공정증서가 나아가 양도되는 채권이 진정하게 존재한다는 사실까지 증명하는 것으로 볼 수는 없으므로, 양도인이 허위의 채권에 관하여 그 정을 모르는 양수인과 실제로 채권양도의 법률행위를 한 이상, 공증인에게 그러한 채권양도의 법률행위에 관한 공정증서를 작성하게 하였다고 하더라도 그 공정증서가 증명하는 사항에 관하여는 불실의 사실을 기재하게 하였다고 볼 것은 아니고, 따라서 공정증서원본불실기재죄가 성립한다고 볼 수 없다. (대법원 2004. 1. 27. 선고 2001도5414 판결)

해설 공정증서가 증명하는 사항의 범위에 따라 유·무죄가 갈렸다. 위 판례·동지판례의 공정증서는 채권의 존재를 전제로 집행력까지 부여하기에 불실의 사실이 기재되었다고 볼 수 있다. 반면 비교판례의 공정증서는 채권의 양도가 있었다는 사실만을 증명하므로 불실의 사실이 기재되었다고 보기 어렵다.

통정허위표시에 기하여 부동산 등기를 경료한 경우를 살펴본다.

판례 가장매매(통정허위표시)에 인한 소유권이전등기를 경료 – 공정증서원본불실기재죄 ×
가장매매에 인한 소유권이전등기를 경료하여도 그 당사자간에는 소유권이전등기를 경료시킬 의사는 있었던 것이므로 공정증서원본불실기재 및 동 행사죄는 성립하지 아니한다. (대법원 1972. 3. 28. 선고 71도2417 전원합의체 판결)

동지 등기명의인이 부동산의 진실한 소유자가 아니어서 그 명의 등기가 원인무효임을 알면서 그로부터 가장매수하고 이를 원인으로 소유권이전등기를 경료 – 공정증서원본불실기재죄 ×
피고인이 부동산에 관하여 가장매매를 원인으로 소유권이전등기를 경료하였더라도, 그 당사자 사이에는 소유권이전등기를 경료시킬 의사는 있었다고 할 것이므로 공정증서원본불실기재죄 및 동행사죄는 성립하지 않고, 또한 등기의무자와 등기권리자(피고인)간의 소유권이전등기신청의 합의에 따라 소유권이전등기가 된 이상, 등기의무자 명의의 소유권이전등기가 원인이 무효인 등기로서 피고인이 그 점을 알고 있었다고 하더라도, 특별한 사정이 없는 한 바로 피고인이 등기부에 불실의 사실을 기재하게 하였다고 볼 것은 아니다. (대법원 1991. 9. 24. 선고 91도1164 판결)

동지 증여한 사실이 없음에도 강제집행을 면하기 위하여 증여를 원인으로 한 소유권이전등기를 경료 – 공정증서원본불실기재죄 × (대법원 2011. 7. 14. 선고 2010도1025 판결)

동지 부동산 명의신탁하면서 등기 원인을 매매원인으로 기재 – 공정증서원본불실기재죄 × (대법원 2009. 10. 15. 선고 2009도5780 판결)

비교 실제로는 채권·채무관계가 존재하지 않는데도 허위의 채무를 가장하고 이를 담보한다는 명목으로 허위의 근저당권설정등기를 마침 – 공정증서원본불실기재죄 ○
실제로는 채권·채무관계가 존재하지 않는데도 허위의 채무를 가장하고 이를 담보한다는 명목으로 허위의 근저당권설정등기를 마친 것이라면 등기공무원에게 허위신고를 하여 등기부에 불실의 사실을 기재하게 한 때에 해당하므로 공정증서원본 등의 불실기재죄 및 불실기재공정증서원본 등의 행사죄가 성립한다. (대법원 2017. 2. 15. 선고 2014도2415 판결)

비교 토지거래 허가구역 내 토지에 관하여 실제로는 매매계약을 체결하면서도 처음부터 토지거래허가 잠탈하려는 목적으로 등기원인을 '증여'로 하여 소유권이전등기 경료함 – 공정증서원본불실기재죄 ○
비록 매도인과 매수인 사이에 실제의 원인과 달리 '증여'를 원인으로 한 소유권이전등기를 경료할 의사의 합치가 있더라도, 허위신고를 하여 공정증서원본에 불실의 사실을 기재하게 한 때에 해당한다. (대법원 2007. 11. 30. 선고 2005도9922 판결)

> **해설** ① 통정허위표시(가장매매)에 의하여 부동산 소유권이전등기를 한 경우, 판례는 '당사자간에 의사의 합치가 있다'고 보아 무죄라 본다. ② 그러나 통정허위표시에 의한 근저당권설정은 '실제 채권·채무관계가 부존재'한다는 이유로 유죄라 본다. 이처럼 판례는 ① 가장매매 사안에서는 외관을 중시하여 당사자간 합의가 있으므로 부실사실 아니라고 보고, ② 허위근저당 사안에서는 효력을 중시하여 당사자간 합의가 있더라도 채권·채무가 없으면 부실사실이라고 보는 것이다. 일관되지 않다.[183]
> ③ 또한 등기원인을 가장한 부동산 소유권이전등기를 '당사자간에 의사의 합치가 있다'하여 무죄라 보면서도 토지거래허가 잠탈목적 증여등기는 유죄라 보는 점도 일관되지 않다.

통정허위표시에 기하여 가장혼인(이혼)한 경우를 살펴본다.

> **판례** 가장혼인신고 – 공정증서원본불실기재죄 ○
> 피고인들이 중국 국적의 조선족 여자들과 참다운 부부관계를 설정할 의사 없이 단지 그들의 국내 취업을 위한 입국을 가능하게 할 목적으로 형식상 혼인하기로 한 것이라면, 피고인들과 조선족 여자들 사이에는 혼인의 계출에 관하여는 의사의 합치가 있었으나 참다운 부부관계의 설정을 바라는 효과의사는 없었다고 인정되므로 피고인들의 혼인은 우리 나라의 법에 의하여 혼인으로서의 실질적 성립요건을 갖추지 못하여 그 효력이 없고, 따라서 피고인들이 중국에서 중국의 방식에 따라 혼인식을 거행하였다고 하더라도 우리 나라의 법에 비추어 그 효력이 없는 혼인의 신고를 한 이상 피고인들의 행위는 공정증서원본불실기재 및 동행사 죄의 죄책을 면할 수 없다 (대법원 1996. 11. 22. 선고 96도2049 판결)
>
> **비교** 가장협의이혼신고 – 공정증서원본불실기재죄 ✕
> 피고인들이 해외로 이주할 목적으로 이혼신고를 하였다 하더라도 일시적이나마 이혼할 의사가 있었다고 보여지므로 혼인 및 이혼의 효력발생여부에 있어서 형식주의를 취하는 이상 피고인 등의 이건 이혼신고는 유효하다 할 것이다. (대법원 1976. 9. 14. 선고 76도107 판결)
>
> **해설** 부실 여부를 신고에 대한 의사 합치(외관)가 아닌 혼인·협의이혼의 효력에 따라 판단해보자.[184] 판례는 혼인에 대하여 '실질의사설'을 취하므로 위와 같은 가장혼인은 무효이다.[185] 반면 판례는 협의이혼의 경우, '형식의사설' 또는 '수정의사주의'를 취하므로 위와 같은 가장이혼은 유효하다.[186] 따라서 판례는 가장혼인·이혼의 '효력'을 중심으로 부실사실 해당성을 판단한다고 이해하면 된다.

> **판례** 중국 국적의 피고인이 다른 사람의 인적 사항을 빌려 대한민국 남자와 가장 혼인하여 구 국적법 제3조 제1호에 따라 대한민국 국적을 취득한 것처럼 행세하여 대한민국 국민으로서 다른 사람의 인적 사항이 기재된 대한민국 여권을 발급받아 이를 출입국시 출입국심사 담당공무원에게 제출함 – ① 위계공집방죄 ○ ② 불실기재여권행사죄 ○

---

183 동지로 이강민, "신고사실의 효력과 공정증서원본불실기재죄", 사법 제50호, 사법발전재단, 2019, 308쪽.

184 이하 해설은 고제성, "통정허위표시와 공정증서원본불실기재죄", 형사판례연구 26권, 한국형사판례연구회, 2018, 314-315쪽을 참고함.

185 대법원 1975. 5. 27. 선고 74므62 판결, 대법원 1980. 1. 29. 선고 79므62, 63 판결 등

186 대법원은 협의이혼에 대하여 실체의사설을 취하다가 견해를 바꾸어 형식의사설(대법원 1993. 6. 11. 선고 93므171 판결) 또는 수정의사주의(대법원 1997. 1. 24. 선고 95도448 판결)를 취하여 가장이혼의 효력을 인정한다.

구 국적법(1997. 12. 13. 법률 제5431호로 전부 개정되기 전의 것, 이하 '구 국적법'이라 한다) 제3조 제1호는 대한민국 국적의 법정 취득 사유로 '대한민국 국민의 처가 된 자'를 정하고 있다. 여기서 '대한민국 국민의 처가 된 자'에 해당하려면 대한민국 국민인 남자와 혼인한 배우자로서 당사자 사이에 혼인의 합의, 즉 사회관념상 부부라고 인정되는 정신적·육체적 결합을 생기게 할 의사의 합치가 있어야 한다. 그런데 외국인 여자가 대한민국에 입국하여 취업 등을 하기 위한 방편으로 대한민국 국민인 남자와 혼인신고를 하였더라도 위와 같은 혼인의 합의가 없다면 구 국적법 제3조 제1호에서 정한 '대한민국 국민의 처가 된 자'에 해당하지 않으므로 대한민국 국적을 취득할 수 없다.

구 국적법 제3조 제1호에 따라 대한민국 국적을 취득하지 않았는데도 대한민국 국적을 취득한 것처럼 인적 사항을 기재하여 대한민국 여권을 발급받은 다음 이를 출입국심사 담당공무원에게 제출하였다면 위계로써 출입국심사업무에 관한 정당한 직무를 방해함과 동시에 불실의 사실이 기재된 여권을 행사한 것으로 볼 수 있다. (대법원 2022. 4. 28. 선고 2020도12239 판결, 대법원 2022. 4. 28. 선고 2019도9177 판결)

해설 ① 형법 제228조는 공정증서원본 외에도 이와 동일한 전자기록등 특수매체기록, 면허증, 허가증, 등록증, '여권'을 객체로 한다. ② 여권불실기재죄의 경우, 공소시효가 도과한 것으로 보인다. ③ 가장혼인신고는 무효이므로 이에 기하여 대한민국 국적을 취득할 수 없다. 부존재(무효) 사실을 여권에 기재토록 한 이상 여권불실기재죄가 성립하고, 그 여권을 사용한 이상 동행사죄가 성립한다.

지금까지 통정허위표시와 관련된 판례를 모아 살펴보았다. 그 결과를 표로 정리하면 다음과 같다.[187]

통정허위표시사안		본죄 성립	이유	대표 판결
재산법	가장매매	× (외관 중시)	당사자간 합의 있음	71도2417
	허위근저당권[188]	○ (효력 중시)	채권·채무 없음	2014도2415
	허위공정증서	○ (효력 중시)	채권·채무 없음	2007도3005
신분법	가장혼인	○ (효력 중시)	혼인 효력 없음	96도2049
	가장이혼	× (효력 중시)	이혼 효력 있음	76도107

---

187 이 표는 고제성, "통정허위표시와 공정증서원본부실기재죄", 형사판례연구 26권, 한국형사판례연구회, 2018, 315쪽의 표를 거의 그대로 가져와 사용하였다. 다만 고제성 판사는 허위근저당권 사안 부분은 유·무죄 판례가 상존한다고 기재하였다. 그러나 바로 아래 각주에서 언급하듯이(고제성 판사의 논문 311−312쪽도 동지), 이 부분은 '유죄'로 표시하는 게 타당하다.

188 대법원 2008. 3. 27. 선고 2007도10381 판결이 통정허위표시에 따른 허위근저당권 경료를 무죄라 보았기에, 이 부분에 대해서는 유죄·무죄 판례가 상존한다고 주장할 수도 있다. 그러나 ① 이 판결에 대하여 대법원 2017. 2. 15. 선고 2014도2415 판결은 "대법원 2008. 3. 27. 선고 2007도10381 판결은 근저당권설정등기가 허위라고 할 수 없는 사안에 관한 것으로서 이 사건에 원용하기에 적절하지 아니하다."고 명시한 점, ② 2007도10381 판결 및 그 원심판결 검토 결과, 이 사건 근저당권은 통정허위표시에 따른 것으로 무효라기보다는 오히려 실체관계에

4) 당사자간에 의사의 합치가 있는 경우

통정허위표시는 앞서 살펴보았고, 그 외에 당사자간 의사합치에 관한 판례를 살펴본다.

> **[판례]** 근저당권자와 근저당권설정자간의 합의에 의하여 진정한 채무자 아닌 제3자를 채무자로 등기부 상 등재 – 공정증서원본불실기재죄 ×
>
> 근저당설정등기는 등기권리자인 채권자와 등기의무자인 근저당권설정자와의 합의를 기초로 이루어지는 것이므로 설사 등기의 편의상 진정한 채무자가 아닌 제3자를 채무자로 등기부상 등재케 하였다 하더라도 그것이 계약당사자간의 합의에 의하여 이루어진 것이라면 당사자 사이에 이와 같은 등기를 경료하게 할 의사가 있었던 것이므로 이 경우 공정증서원본불실기재죄는 성립되지 않는다. (대법원 1985. 10. 8. 선고 84도2461 판결)
>
> **[판례]** 1인주주가 절차를 거치지 않고 이사 해임등기 – 공정증서원본불실기재죄 ×
>
> 1인주주회사에 있어서는 그 1인주주의 의사가 바로 주주총회 및 이사회의 결의로서 1인주주는 타인을 이사 등으로 선임하였다 하더라도 언제든지 해임할 수 있다. (대법원 1996. 6. 11. 선고 95도2817 판결)
>
> **[비교]** 1인주주가 ① 이사의 사임서 임의작성 ② 이에 기한 이사 사임등기 – ① 사문서위조 및 동행사죄 ○ ② 공정증서원본불실기재 및 동행사죄 ○
>
> 임원의 사임서나 이에 따른 이사사임등기는 위와 같은 주주총회나 이사회의 결의 또는 1인주주의 의사와는 무관하고 오로지 당해 임원의 의사에 따라야 하는 것이므로 당해 임원의 의사에 기하지 아니한 ① 사임서의 작성이나 이에 기한 ② 등기부의 기재를 하였다면 이는 ① 사문서위조 및 ② 공정증서원본불실기재의 죄책을 면할 수 없다. (대법원 1992. 9. 14. 선고 92도1564 판결)

5) 실체관계 부합

실체권리관계와 일치하는 경우 부실사실에 해당하지 않는다.

> **[판례]** 공동상속인 중의 1인이 다른 공동상속인들과의 합의 없이 법정상속분에 따른 공동상속등기 – 공정증서원본불실기재죄 × (대법원 1995. 11. 7. 선고 95도898 판결)
>
> **[판례]** 명의신탁을 해지하며 당사자들의 합의 없이 매매를 원인으로 한 소유권이전등기를 경료 – 공정증서원본불실기재죄 × (대법원 1980. 12. 9. 선고 80도1323 판결)
>
> **[판례]** 본인 소유의 자동차를 타인에게 명의신탁 하기 위한 것이거나 이른바 권리 이전 과정이 생략된 중간생략의 소유권 이전등록이라도 그러한 소유권 이전등록이 실체적 권리관계에 부합하는 유효한 등록인 경우 – 공정증서원본불실기재죄 × (대법원 2020. 11. 5. 선고 2019도12042 판결)

부합하여 유효한 등기로 보이는 점(고제성 판사의 위 논문 311-312쪽도 동지) 등을 고려할 때에 2007도10381판결은 (통정허위표시이므로 당사자 간 합의가 있어 무죄라는 취지가 아니라) 실체관계에 부합하므로 무죄라는 취지로 이해하는 것이 타당하다.

판례 법령·정관상 요구되는 이사회 결의·소집절차 없이 이루어졌으나 주주 전원이 참석하여 만장일치로 행한 임시주주총회 결의에 따른 등기 – 공정증서원본불실기재죄 × (대법원 2014. 5. 16. 선고 2013도15895 판결)

판례 이미 점유취득시효를 완성한 피고인이 등기명의인이자 사자인 甲을 상대로 소송을 제기하여 의제자백에 의한 승소판결을 받아 자기 앞으로 등기를 경료함 – 공정증서원본불실기재죄 ×

피고인이 그가 점유하고 있는 토지에 대하여 매매를 원인으로 하는 소유권이전등기소송을 제기하여서 의제자백에 의한 승소판결을 받아 경료된 피고인 명의의 소유권이전등기가 비록 절차상의 하자가 있다 하더라도 점유에 의한 소유권취득시효가 완성함으로써 결국 위 소유권이전등기가 실체적 권리관계에 부합하는 유효한 등기라고 한다면 위의 소송에 있어서 피고인에게 위 토지를 편취하려는 범의가 있었다고 볼 수 없고 또한 위와 같이 경료된 등기 역시 불실의 등기라고도 할 수 없다. (대법원 1987. 3. 10. 선고 86도864 판결)

참고 소송사기도 성립하지 않는다.

판례 실체권리부합여부 판단 시점 – 소유권이전등기 경료 당시

소유권이전등기가 절차상 하자가 있거나 등기원인이 실제와 다르다 하더라도 그 등기가 실체적 권리관계에 부합하게 하기 위한 것이거나 실체적 권리관계에 부합하는 유효한 등기인 경우에는 공정증서원본 불실기재 및 동행사죄가 성립되지 않는다고 할 것이나, 이는 소유권이전등기 경료 당시를 기준으로 그 등기가 실체권리관계에 부합하여 유효한 경우에 한정되는 것이다. (대법원 1998. 4. 14. 선고 98도16 판결, 대법원 2001. 11. 9. 선고 2001도3959 판결)

3. 고의

판례 피고인이 자신의 부친이 적법하게 취득한 토지인 것으로 알고 실체관계에 부합하게 하기 위하여 소유권보존등기를 경료 – 공정증서원본불실기재죄(고의) × (대법원 1996. 4. 26. 선고 95도2468 판결)

판례 사망한 남편과 이름이 같은 타인의 소유 부동산에 관하여 피고인 앞으로 상속을 원인으로 한 소유권이전등기를 경료 – 공정증서원본불실기재죄(고의) × (대법원 1995. 4. 28. 선고 94도2679 판결)

XI 위조·변조 등 사문서행사죄

제234조(위조사문서등의 행사) 제231조 내지 제233조의 죄에 의하여 만들어진 문서, 도화 또는 전자기록 등 특수매체기록을 행사한 자는 그 각 죄에 정한 형에 처한다.

例規 제234조 (위조, 변조)(사문서, 사도화)행사, 자격모용작성(사문서, 사도화)행사, (위작, 변작)사전자기록등행사, 허위작성(진단서, 검안서, 증명서)행사	미수 ○

🔍 **핵심단어**

• ① 위조(위작)·변조(변작)·자격모용작성·허위작성 사문서(사전자기록) ② 행사

앞서 위조·변조·자격모용작성·허위작성 관련 판례에서 '행사죄'는 되도록 언급하지 않았다. 위조 등이 인정되고 이를 행사하면 당연히 행사죄는 성립한다. 사실관계에서 행사죄까지 한꺼번에 정리하려 하다 보면 오히려 더 중요한 쟁점인 위조 등이 흐릿해진다.

'행사죄'가 따로 문제된 판례를 살펴본다.

판례 피고인이 (현물인) 가입신청서를 위조한 후 이를 스캔한 이미지 파일을 제3자에게 이메일로 전송함 – 사문서위조 및 동행사죄 ○

위조문서행사죄에 있어서 행사라 함은 위조된 문서를 진정한 문서인 것처럼 그 문서의 효용방법에 따라 이를 사용하는 것을 말하고, 위조된 문서를 제시 또는 교부하거나 비치하여 열람할 수 있게 두거나 우편물로 발송하여 도달하게 하는 등 위조된 문서를 진정한 문서인 것처럼 사용하는 한 그 행사의 방법에 제한이 없다. 또한, 위조된 문서 그 자체를 직접 상대방에게 제시하거나 이를 기계적인 방법으로 복사하여 그 복사본을 제시하는 경우는 물론, 이를 모사전송의 방법으로 제시하거나 컴퓨터에 연결된 스캐너(scanner)로 읽어 들여 이미지화한 다음 이를 전송하여 컴퓨터 화면상에서 보게 하는 경우도 행사에 해당하여 위조문서행사죄가 성립한다.

휴대전화 신규 가입신청서를 위조한 후 이를 스캔한 이미지 파일을 제3자에게 이메일로 전송한 사안에서, 이미지 파일 자체는 문서에 관한 죄의 '문서'에 해당하지 않으나, 이를 전송하여 컴퓨터 화면상으로 보게 한 행위는 이미 위조한 가입신청서를 행사한 것에 해당하므로 위조사문서행사죄가 성립한다. (대법원 2008. 10. 23. 선고 2008도5200 판결)

비교 피고인이 자신의 이름과 나이를 속이는 용도로 사용할 목적으로 주민등록증의 이름·주민등록번호란에 글자를 오려붙인 후 이를 컴퓨터 스캔 장치를 이용하여 이미지 파일로 만들어 컴퓨터 모니터에 띄우는 한편 타인에게 이미지 파일을 이메일로 전송 – 공문서위조 및 동행사죄 × (대법원 2007. 11. 29. 선고 2007도7480 판결)

해설 위 판례는 현물인 가입신청서를 위조하였기에 사문서위조죄는 당연히 성립하고, 스캔 후 이미지 파일 전송이 행사에 해당하는지가 쟁점이 되었다. 이에 반해 비교판례는 애초에 글자를 오려 붙인 정도만으로는 위조에 이르지 못하였기 때문에 그 후에 스캔 후 이미지 파일 전송하여도 행사죄가 성립하지 않는다.

판례 간접정범을 통한 위조문서행사 범행에서 도구로 이용된 자에게 행사 – 행사죄 ○

문서가 위조된 것임을 이미 알고 있는 공범자 등에게 행사하는 경우에는 위조문서행사죄가 성립할 수 없으나, 간접정범을 통한 위조문서행사범행에 있어 도구로 이용된 자라고 하더라고 문서가 위조된 것임을 알지 못하는 자에게 행사한 경우에는 위조문서행사죄가 성립한다.

피고인이 위조·변조한 공문서의 이미지 파일을 甲 등에게 이메일로 송부하여 프린터로 출력하게 함으로써 '행사'하였다는 내용으로 기소되었는데, 甲 등은 출력 당시 위 파일이 위조된 것임을 알지 못한 사안에서, 피고인의 행위가 위조·변조공문서행사죄를 구성한다. (대법원 2012. 2. 23. 선고 2011도14441 판결) **표준**

[판례] 위조한 문서를 모사전송(facsimile, 팩스)의 방법으로 타인에게 제시하는 행위 – 행사죄 ○ (대법원 1994. 3. 22. 선고 94도4 판결)

[판례] 위조문서를 상대방에게 도달시킴 – 행사죄 기수 ○

위조사문서의 행사는 상대방으로 하여금 위조된 문서를 인식할 수 있는 상태에 둠으로써 기수가 되고 상대방이 실제로 그 내용을 인식하여야 하는 것은 아니므로, 위조된 문서를 우송한 경우에는 그 문서가 상대방에게 도달한 때에 기수가 되고 상대방이 실제로 그 문서를 보아야 하는 것은 아니다. (대법원 2005. 1. 28. 선고 2004도4663 판결)

[판례] 문서가 위조, 변조, 허위작성되었다는 정을 아는 공범자 등에게 제시, 교부 – 행사죄 × (대법원 1986. 2. 25. 선고 85도2798 판결)

XII 위조·변조 등 공문서행사죄

제229조(위조등 공문서의 행사) 제225조 내지 제228조의 죄에 의하여 만들어진 문서, 도화, 전자기록등 특수매체기록, 공정증서원본, 면허증, 허가증, 등록증 또는 여권을 행사한 자는 그 각 죄에 정한 형에 처한다.	
例規 제229조 (위조, 변조)(공문서, 공도화)행사, 자격모용작성(공문서, 공도화)행사, 허위(작성, 변개)(공문서, 공도화)행사, (위작, 변작)공전자기록등행사, 불실기재 (공정증서원본, 공전자기록등, 면허증, 허가증, 등록증, 여권)행사	미수 ○

🔍 **핵심단어**
• ① 위조(위작)·변조(변작)·자격모용작성·허위작성 공문서(공전자기록) ② 행사

앞서 위조·변조·자격모용작성·허위작성 관련 판례에서 '행사죄'는 되도록 언급하지 않았다. 위조 등이 인정되고 이를 행사하면 당연히 행사죄는 성립한다. 사실관계에서 행사죄까지 한꺼번에 정리하려 하다 보면 오히려 더 중요한 쟁점인 위조 등이 흐릿해진다.

XIII 사문서부정행사죄

제236조(사문서의 부정행사) 권리·의무 또는 사실증명에 관한 타인의 문서 또는 도화를 부정행사한 자는 1년 이하의 징역이나 금고 또는 300만원 이하의 벌금에 처한다.

例規 제236조 (사문서, 사도화)부정행사	미수 ○

🔍 **핵심단어**

• ① 사문서 ② 부정행사
• 사문서란 ① 사용권한자·용도 특정 ② 권리·의무 ③ 사실증명에 관한 문서
• 부정행사란 사용권한 없는 자가 ① 사용권한 있는 것처럼 ② 본래 용도대로 사용
• 부정행사란 사용권한 있는 자가 정당한 용법에 반하여 사용

---

1. 객체: 사문서

판례 사문서 – ① 사용권한자·용도 특정 ② 권리·의무 ③ 사실증명에 관한 문서
부정행사 – ① 사용권한 없는 자가 있는 것처럼 행사 ② 사용할 권한 있는 자가 정당한 용법에 반해 행사
사문서부정행사죄는 ① 사용권한자와 용도가 특정되어 작성된 ② 권리의무 또는 ③ 사실증명에 관한 타인의 사문서 또는 사도화를 ① 사용권한 없는 자가 사용권한이 있는 것처럼 가장하여 부정한 목적으로 행사하거나 또는 ② 권한 있는 자라도 정당한 용법에 반하여 부정하게 행사하는 경우에 성립한다. (대법원 2007. 3. 30. 선고 2007도629 판결) **표준**

판례 차용증 및 이행각서 – 사문서 ×
실질적인 채권채무관계 없이 당사자 간의 합의로 작성한 '차용증 및 이행각서'는 그 작성명의인들이 자유의사로 작성한 문서로 그 사용권한자가 특정되어 있다고 할 수 없고 또 그 용도도 다양하므로, 설령 피고인이 그 작성명의인들의 의사에 의하지 아니하고 위 '차용증 및 이행각서'상의 채권이 실제로 존재하는 것처럼 그 지급을 구하는 민사소송을 제기하면서 소지하고 있던 위 '차용증 및 이행각서'를 법원에 제출하였다고 하더라도 그것이 사문서부정행사죄에 해당하지 않는다. (대법원 2007. 3. 30. 선고 2007도629 판결)
참고 실질적인 채권채무관계 없이 당사자 간의 합의로 작성한 '차용증 및 이행각서'를 이용하여 대여금청구소송을 제기하면서 이를 법원에 제출 – ① 사기미수죄 ○ ② 사문서부정행사죄 ×

---

2. 행위: 부정행사

부정행사란 ① 사용권한 없는 자가 있는 것처럼 행사하거나 ② 사용할 권한 있는 자가 정당한 용법에 반해 행사하는 것을 말한다.

> **판례** 타인의 전화카드(후불식 전화카드)를 절취하여 전화통화에 이용 – 사문서부정행사죄 ○ (대법원 2002. 6. 25. 선고 2002도461 판결)

> **참고** 자세한 내용은 '편의시설부정이용죄'에서 살펴보았다.

> **판례** 현금보관증이 자기 수중에 있다는 사실 자체를 증명키 위하여 증거로서 법원에 제출 – 사문서부 정행사죄 ✕
> 사문서부정행사죄에 있어서의 부정사용이란 사문서를 사용할 권원없는 자가 그 문서명의자로 가장행세 하여 이를 사용하거나 또는 사용할 권원이 있다 하더라도 문서를 본래의 작성 목적 이외의 다른 사실을 직접 증명하는 용도에 이를 사용하는 것을 말하는 것이므로 현금보관증이 자기 수중에 있다는 사실 자 체를 증명키 위하여 증거로서 법원에 제출하는 행위는 사문서의 부정행사에 해당되지 아니한다. (대법 원 1985. 5. 28. 선고 84도2999 판결)

XIV 공문서부정행사죄

제230조(공문서 등의 부정행사) 공무원 또는 공무소의 문서 또는 도화를 부정행사한 자는 2년 이하의 징역이나 금고 또는 500만원 이하의 벌금에 처한다.	
例規 제230조 (공문서, 공도화)부정행사	미수 ○

> **핵심단어**
> • ① 공문서 ② 부정행사
> • 공문서란 ① 사용권한자·용도 특정 ② 공무소·공무원 ③ 직무에 관하여 작성한 문서
> • 부정행사란 사용권한 없는 자가 ① 사용권한 있는 것처럼 ② 본래 용도대로 사용
> • 부정행사란 사용권한 있는 자가 정당한 용법에 반하여 사용

1. 객체: 공문서

공문서란 ① 사용권한자·용도가 특정된 ② 공무소·공무원이 ③ 직무에 관하여 작성한 문서를 말한다.

> **판례** 공문서 – ① 사용권한자·용도 특정 ② 공무소·공무원 ③ 직무에 관하여 작성한 문서
> 공문서부정행사죄는 사용권한자와 용도가 특정되어 작성된 공문서 또는 공도화를 사용권한 없는 자가 사용권한이 있는 것처럼 가장하여 부정한 목적으로 행사하거나 또는 권한 있는 자라도 정당한 용법에 반하여 부정하게 행사하는 경우에 성립되는 것이다. (대법원 1998. 8. 21. 선고 98도1701 판결) **표준**

부정행사 – ① 사용권한 없는 자가 있는 것처럼 행사 ② 사용할 권한 있는 자가 정당한 용법에 반해 행사

판례 명의자의 의사에 반하여 '인감증명서' 사용 – 공문서부정행사죄 ×

인감증명서와 같이 사용권한자가 특정되어 있지도 않고 그 용도도 다양한 공문서는 그 명의자 아닌 자가 그 명의자의 의사에 반하여 함부로 행사하더라도 문서 본래의 취지에 따른 용도에 합치된다면 공문서등 부정행사죄는 성립되지 않는다. (대법원 1983. 6. 28. 선고 82도1985 판결)

동지 명의자의 의사에 반하여 '등기필증' 사용 – 공문서부정행사죄 × (대법원 1981. 12. 8. 선고 81도1130 판결)

동지 문서상의 피증명인의 의사에 반하여 '신원증명서' 사용 – 공문서부정행사죄 × (대법원 1993. 5. 11. 선고 93도127 판결)

동지 타인의 '주민등록표등본'을 자신의 것인 것처럼 행사 – 공문서부정행사죄 × (대법원 1999. 5. 14. 선고 99도206 판결)

2. 행위: 부정행사

부정행사란 ① 사용권한 없는 자가 있는 것처럼 행사하거나 ② 사용할 권한 있는 자가 정당한 용법에 반해 행사하는 것을 말한다.

	용도 內 사용	용도 外 사용
사용권한 ○	무죄	유죄
사용권한 ×	유죄	무죄

사용권한 있는 자가 용도 내로 사용하여 본죄가 불성립한 판례들을 살펴본다.

판례 甲선박에 의해 발생한 사고를 마치 乙선박에 의해 발생한 것처럼 허위신고를 하면서 그에 대한 검정용 자료로서 乙선박의 선박국적증서와 선박검사증서를 제출 – 공문서부정행사죄 ×

위 각 문서는 당해 선박이 한국선박임을 증명하고, 법률상 항행할 수 있는 자격이 있음을 증명하기 위하여 선박소유자에게 교부되어 사용되는 것이다. 따라서 어떤 선박이 사고를 낸 것처럼 허위로 사고신고를 하면서 그 선박의 선박국적증서와 선박검사증서를 함께 제출하였다고 하더라도, 선박국적증서와 선박검사증서는 위 선박의 국적과 항행할 수 있는 자격을 증명하기 위한 용도로 사용된 것일 뿐 그 본래의 용도를 벗어나 행사된 것으로 보기는 어려우므로, 이와 같은 행위는 공문서부정행사죄에 해당하지 않는다. (대법원 2009. 2. 26. 선고 2008도10851 판결)

참고 다만 ① 허위의 사고 신고를 한 후 검정 비용 및 손해배상액에 상응하는 공제금 등을 편취하였다는 이유로 사기죄가 인정되었다. ② 그밖에 위계에 의한 업무방해죄도 인정되었다.

판례 화해조서 경정결정신청에 대한 기각결정문을 화해조서정본인 것처럼 행사 – 공문서부정행사죄 × (대법원 1984. 2. 28. 선고 82도2851 판결)

사용권한 없는 자가 문서의 본래 용도대로 사용하여 본죄가 성립한 판례들을 살펴본다.

> **판례** 피고인이 경찰로부터 신분증명서의 제시를 요구받고 다른 사람의 운전면허증 제시 – 공문서부정
> 행사죄 ○
> 운전면허증은 운전면허를 받은 사람이 운전면허시험에 합격하여 자동차의 운전이 허락된 사람임을 증
> 명하는 공문서로서, 운전면허증에 표시된 사람이 운전면허시험에 합격한 사람이라는 '자격증명'과 이를
> 지니고 있으면서 내보이는 사람이 바로 그 사람이라는 '동일인증명'의 기능을 동시에 가지고 있다. (대
> 법원 2001. 4. 19. 선고 2000도1985 전원합의체 판결)
>
> **동지** 자동차를 임차하면서 타인의 운전면허증을 자신의 것인 양 자동차 대여업체 직원에게 제시 – 공문서부
> 정행사죄 ○ (대법원 1998. 8. 21. 선고 98도1701 판결)
>
> **판례** 피고인이 甲인양 허위신고하여 피고인의 사진과 지문이 찍힌 甲 명의의 주민등록증을 발급받아
> 소지하다가 검문경찰관에게 이를 제시 – 공문서부정행사죄 ○
> 피고인이 공소외 (갑)인 양 허위신고하여 피고인의 사진과 지문이 찍힌 공소외(갑)명의의 주민등록증을
> 발급받은 이상 주민등록증의 발행목적상 피고인에게 위 주민등록증에 부착된 사진의 인물이 공소외
> (갑)의 신원 상황을 가진 사람이라는 허위사실을 증명하는 용도로 이를 사용할 수 있는 권한이 없다는
> 사실을 인식하고 있었다고도 할 것이므로 이를 검문경찰관에게 제시하여 이러한 허위사실을 증명하는
> 용도로 사용한 것은 공문서 부정행사죄를 구성한다. (대법원 1982. 9. 28. 선고 82도1297 판결)
>
> **해설** 허위발급 부분에 대해서 등록증불실기재죄 등 제228조 제2항 성부를 검토하여야 한다(다만 위 판례
> 의 사건 범행 당시 형법 제228조 제2항의 객체는 '면허장, 감찰, 여권'에 한정되었다).

사용권한 없는 자가 문서의 본래 용도 이외의 용도로 사용하여 본죄가 불성립한 판례들을 살펴
본다.

> **판례** 피고인이 타인의 주민등록증을 위임증명 용도로 사용 – 공문서부정행사죄 ×
> 사용권한자와 용도가 특정되어 있는 공문서를 사용권한 없는 자가 사용한 경우에도 그 공문서 본래의
> 용도에 따른 사용이 아닌 경우에는 형법 제230조의 공문서부정행사죄가 성립되지 아니한다.
> 피고인이 기왕에 습득한 타인의 주민등록증을 피고인 가족의 것이라고 제시하면서 그 주민등록증상의
> 명의 또는 가명으로 이동전화 가입신청을 한 경우, 타인의 주민등록증을 본래의 사용용도인 신분확인용
> 으로 사용한 것이라고 볼 수 없다. (대법원 2003. 2. 26. 선고 2002도4935 판결) **표준**
>
> **판례** 자동차 등의 운전자가 경찰공무원에게 다른 사람의 운전면허증 자체가 아니라 이를 촬영한 이미
> 지파일을 휴대전화 화면 등을 통하여 보여주는 행위 – 공문서부정행사죄 ×
> 자동차 등의 운전자가 운전 중에 도로교통법 제92조 제2항에 따라 경찰공무원으로부터 운전면허증
> 의 제시를 요구받은 경우 운전면허증의 특정된 용법에 따른 행사는 도로교통법 관계 법령에 따라 발급
> 된 운전면허증 자체를 제시하는 것이라고 보아야 한다. (대법원 2019. 12. 12. 선고 2018도2560 판결)

판례 장애인전용주차구역 주차표지가 실효된 이후에도 장애인사용자동차표지를 승용차에 비치한 채 아파트 주차장 중 장애인전용주차구역이 아닌 장소에 승용차를 주차한 행위 – 공문서부정행사죄 ✕

장애인사용자동차표지는 장애인이 이용하는 자동차에 대한 조세감면 등 필요한 지원의 편의를 위하여 장애인이 사용하는 자동차를 대상으로 발급되는 것이고, 장애인전용주차구역 주차표지가 있는 장애인 사용자동차표지는 보행상 장애가 있는 사람이 이용하는 자동차에 대한 지원의 편의를 위하여 발급되는 것이다. 따라서 장애인사용자동차표지를 사용할 권한이 없는 사람이 장애인전용주차구역에 주차하는 등 장애인 사용 자동차에 대한 지원을 받을 것으로 합리적으로 기대되는 상황이 아니라면 단순히 이를 자동차에 비치하였더라도 장애인사용자동차표지를 본래의 용도에 따라 사용했다고 볼 수 없어 공문서부정행사죄가 성립하지 않는다. (대법원 2022. 9. 29. 선고 2021도14514 판결)

04 인장에 관한 죄

I 사인 등 위조·부정사용죄 및 위조사인 등 행사죄

제239조(사인등의 위조, 부정사용) ① 행사할 목적으로 타인의 인장, 서명, 기명 또는 기호를 위조 또는 부정사용한 자는 3년 이하의 징역에 처한다.
② 위조 또는 부정사용한 타인의 인장, 서명, 기명 또는 기호를 행사한 때에도 전항의 형과 같다.

例規 제239조 ① (사인, 사서명, 사기명, 사기호)(위조, 부정사용) ② (위조, 부정사용)(사인, 사서명, 사기명, 사기호)행사	미수 ○

① 인장이란 특정인의 인격과 그 동일성을 증명하기 위하여 사용되는 일정한 상형을 말한다. 인장은 인영과 인과를 모두 포함한다. 인영이란 쉽게 말해 도장을 찍은 자국을, 인과는 인영을 현출하기 위해 필요한 도장 자체를 말한다. ② 서명이란 특정인이 자기를 표시하는 문자로서 자서(自署)인 것을 말한다. ③ 기명이란 특정인이 자기를 표시하는 문자로서 자서 이외의 것을 말한다. ④ 기호란 물건에 압날하여 그 동일성을 증명하는 문자·부호를 말한다. 이하 관련판례를 살펴본다.

판례 피의자신문조서의 진술자란에 제3자의 서명을 기재 – 사서명위조 및 동행사 ○

권한 없는 자가 타인의 서명을 기재하는 경우에는 그 문서가 완성되기 전이라도 일반인으로서는 그 문서에 기재된 타인의 서명을 그 명의인의 진정한 서명으로 오신할 수도 있으므로, 일단 서명이 완성된 이상 문서가 완성되지 아니한 경우에도 서명의 위조죄는 성립할 수 있는 것이다. 수사기관이 수사대상자의 진술을 기재한 후 진술자로 하여금 그의 면전에서 조서의 말미에 서명 등을 하도록 한 후 그 자리에서 바로 회수하는 수사서류의 경우에는, 그 진술자가 그 문서에 서명을 하는 순간 바로 수사기관이 열람할 수 있는 상태에 놓이게 되는 것이므로, 그 진술자가 마치 타인인 양 행세하며 타인의 서명을 기재한 경우 그 서명을 수사기관이 열람하기 전에 즉시 파기하였다는 등의 특별한 사정이 없는 이상 그 서명 기재와 동시에 위조사서명행사죄가 성립하는 것이다. (대법원 2005. 12. 23. 선고 2005도4478 판결, 대법원 2011. 3. 10. 선고 2011도503 판결) **표준**

[판례] 피고인이 음주운전으로 단속되자 동생 甲의 이름을 대며 조사를 받다가 경찰관으로부터 음주운전 단속내역이 입력된 휴대용정보단말기(PDA)에 전자 서명할 것을 요구받자, 甲이라는 성명 옆에 甲의 이름 대신 의미를 알 수 없는 부호를 기재하고 이를 경찰전산망에 전송하게 함 – 사서명위조 및 동행사 ○ (대법원 2020. 12. 30. 선고 2020도14045 판결)

[판례] 아파트 주민대표회 간부들이, 동대표로 당선된 공소외 甲이 사실은 고대를 졸업하지 않았음이 고대 교무처장 명의로 된 학력조회 회보서를 통해 확인되자, 甲의 허위학력 사실을 아파트 주민들에게 공고문 형식으로 알리면서 그 공고문의 신뢰성 제고를 위해 공고문 안에 고대 교무처장 명의의 직인을 오려 붙여 복사하는 방식으로 함께 나타냄 – 사인위조 및 동행사죄 ○

사인위조죄가 성립하기 위해서는 그 인장이 일반인으로 하여금 특정인의 진정한 인장으로 오신하게 할 정도에 이르러야 할 것이고, 일반인이 특정인의 진정한 인장으로 오신하기에 충분한 정도인지 여부는 그 인장의 형식과 외관, 작성경위 등을 고려하여야 할 뿐만 아니라 그 인장이 현출된 문서 등에 있어서의 인장 현출의 필요성, 그 문서 등의 작성경위, 종류, 내용 및 일반거래에 있어서 그 문서 등이 가지는 기능 등도 함께 고려하여 판단하여야 할 것이다. (대법원 2010. 1. 14. 선고 2009도5929 판결)

참고 '인영' 위조도 사인위조죄에 해당한다.

[판례] 향후 명의인의 승낙을 얻어 명의인의 문서를 작성하는 데 사용할 의도로 인장을 조각하였으나 승낙을 얻지 못하여 사용하지 않고 명의인에게 돌려 줌 – 사인위조 ×

타인의 인장을 조각할 당시에는 미처 그 명의인의 승낙을 얻지 아니하였다고 하더라도 인장을 조각하여 그 명의인의 승낙을 얻어 그 명의인의 문서를 작성하는 데 사용할 의도로 인장을 조각하였으나 그 명의인의 승낙을 얻지 못하여 이를 사용하지 아니하고 명의인에게 돌려 주었다면, 특별한 사정이 없는 한 행사의 목적이 있었다고 인정할 수 없다. (대법원 1992. 10. 27. 선고 92도1578 판결) **표준**

[판례] 위조된 도장 자체를 타인에게 교부함 – 위조사인행사 ×

제239조 제2항의 위조인장행사죄에 있어서 행사라 함은 위조된 인장을 진정한 것처럼 용법에 따라 사용하는 행위를 말한다 할 것이므로 ① 위조된 인영을 타인에게 열람할 수 있는 상태에 두든지, ② 인과의 경우에는 날인하여 일반인이 열람할 수 있는 상태에 두면 그것으로 행사가 되는 것이고, 위조된 인과 그 자체를 타인에게 교부한 것만으로는 위조인장행사죄를 구성한다고 할 수 없다. (대법원 1984. 2. 28. 선고 84도90 판결)

Ⅱ 공인 등 위조·부정사용죄 및 위조공인 등 행사죄

제238조(공인 등의 위조, 부정사용) ① 행사할 목적으로 공무원 또는 공무소의 인장, 서명, 기명 또는 기호를 위조 또는 부정사용한 자는 5년 이하의 징역에 처한다.

② 위조 또는 부정사용한 공무원 또는 공무소의 인장, 서명, 기명 또는 기호를 행사한 자도 전항의 형과 같다.

③ 전 2항의 경우에는 7년 이하의 자격정지를 병과할 수 있다.

例規 제238조 ① (공인, 공서명, 공기명, 공기호)(위조, 부정사용) ② (위조, 부정사용)(공인, 공서명, 공기명, 공기호)행사	미수 ○

사인 등 위조·부정사용죄의 기본개념이 그대로 적용된다. 관련 판례를 살펴본다.

[판례] 피고인이 온라인 구매사이트를 통해 ① 검찰 업무표장(🚓) 아래 '검찰 PROSECUTION SERVICE', 그 아래 피고인의 전화번호를 기재한 주차표지판 1개, ② 검찰 업무표장(⦀⦀) 아래 '검찰 PROSECUTION SERVICE', 그 아래 피고인의 차량번호를 표시한 표지판 1개, ③ 검찰 업무표장(⦀⦀) 아래 '검찰 PROSECUTION SERVICE'라고 기재하고 그 아래 '공무수행'이라고 표시한 표지판 1개를 주문하여 배송받은 다음 승용차에 부착하고 다님 – 공기호위조 및 동행사죄 ×

형법상 인장에 관한 죄에서 인장은 사람의 동일성을 표시하기 위하여 사용하는 일정한 상형을 의미하고, 기호는 물건에 압날하여 사람의 인격상 동일성 이외의 일정한 사항을 증명하는 부호를 의미한다. 그리고 형법 제238조의 공기호는 해당 부호를 공무원 또는 공무소가 사용하는 것만으로는 부족하고, 그 부호를 통하여 증명을 하는 사항이 구체적으로 특정되어 있고 해당 사항은 그 부호에 의하여 증명이 이루어질 것이 요구된다.

위 각 표지판에 사용된 검찰 업무표장은 검찰수사, 공판, 형의 집행부터 대외 홍보 등 검찰청의 업무 전반 또는 검찰청 업무와의 관련성을 나타내기 위한 것으로 보일 뿐, 이것이 부착된 차량은 '검찰 공무수행 차량'이라는 것을 증명하는 기능이 있다는 등 이를 통하여 증명을 하는 사항이 구체적으로 특정되어 있다거나 그 사항이 이러한 검찰 업무표장에 의하여 증명된다고 볼 근거가 없고, 일반인들이 위 각 표지판이 부착된 차량을 '검찰 공무수행 차량'으로 오인할 수 있다고 해도 위 각 검찰 업무표장이 위와 같은 증명적 기능을 갖추지 못한 이상, 이를 공기호라고 볼 수 없다. (대법원 2024. 1. 4. 선고 2023도11313 판결)

대표적인 '공기호'인 자동차번호판과 관련된 판례를 살펴보자.

[판례] ① 이미 지니고 있던 자동차번호판을 훔친 차량에 부착하고 ② 그 차량을 운행함 - ① 공기호부정사용죄 ② 부정사용공기호행사죄 (실체적 경합)

공기호인 자동차등록번호판의 부정사용이라 함은 진정하게 만들어진 자동차등록번호판을 권한 없는 자가 사용하든가, 권한 있는 자라도 권한을 남용하여 부당하게 사용하는 행위를 말하는 것이고, 같은 조 제2항에서 규정하고 있는 그 행사죄는 부정사용한 공기호인 자동차등록번호판을 마치 진정한 것처럼 그 용법에 따라 사용하는 행위를 말하는 것으로 그 행위개념을 달리하고 있다.
부정사용한 공기호인 자동차등록번호판의 용법에 따른 사용행위인 행사라 함은 이를 자동차에 부착하여 운행함으로써 일반인으로 하여금 자동차의 동일성에 관한 오인을 불러일으킬 수 있는 상태 즉 그것이 부착된 자동차를 운행함을 의미한다고 할 것이고, 그 운행과는 별도로 부정사용한 자동차등록번호판을 타인에게 제시하는 등 행위가 있어야 그 행사죄가 성립한다고 볼 수 없다. (대법원 1997. 7. 8. 선고 96도3319 판결) **표준**

[동지] 어떤 자동차의 등록번호판을 다른 자동차에 부착하는 것은 그로 말미암아 일반인으로 하여금 자동차의 동일성에 관한 오인을 불러일으키는 행위이므로 그 자체만으로 자동차등록번호판의 부정사용에 해당함 (대법원 2006. 9. 28. 선고 2006도5233 판결) **표준**

[판례] ① 자동차를 절취하고 ② 절취한 자동차의 등록번호판을 떼어내고 ③ 다른 자동차의 번호판을 절취한 자동차에 부착하고 ④ 절취한 자동차를 운행함 - ① 절도죄 ② 자동차관리법위반죄 ③ 공기호부정사용죄 ④ 부정사용공기호행사죄 (실체적 경합)

① 피고인들의 절취행위를 특정범죄 가중처벌 등에 관한 법률 제5조의4 제1항, 형법 제331조 제2항에, ② 자동차등록번호판을 떼어낸 행위를 자동차관리법 제81조 제1호, 제10조 제2항에, ③ 포텐샤 승용차의 번호판을 쏘나타 승용차에 부착함으로써 부정사용한 행위를 형법 제238조 제1항에, ④ 위와 같이 번호판을 부정사용한 자동차를 운행한 행위를 형법 제238조 제2항, 제1항에 각 의율한 다음 이를 실체적 경합범으로 처리하였는바, 자동차를 절취한 후 자동차등록번호판을 떼어내는 행위는 새로운 법익의 침해로 보아야 하므로 위와 같은 번호판을 떼어내는 행위가 절도범행의 불가벌적 사후행위가 되는 것은 아니어서, 이 점에 관한 상고이유의 주장 역시 받아들일 수 없다. (대법원 2007. 9. 6. 선고 2007도4739 판결)

[판례] 자동차등록판 위조 - 공기호위조죄 ○

제238조 제1항에 의하면 행사할 목적으로 공기호인 자동차등록번호판을 위조한 경우에 공기호위조죄가 성립하고, 여기서 '행사할 목적'이란 위조한 자동차등록번호판을 마치 진정한 것처럼 그 용법에 따라 사용할 목적을 말한다. 또한 '위조한 자동차등록번호판을 그 용법에 따라 사용할 목적'이란 위조한 자동차등록번호판을 자동차에 부착하여 운행함으로써 일반인으로 하여금 자동차의 동일성에 관한 오인을 불러일으킬 수 있도록 하는 것을 말한다. (대법원 2016. 4. 29. 선고 2015도1413 판결) **표준**

공중의 건강에 대한 죄

01 음용수에 관한 죄

Ⅰ 수도불통죄

제195조(수도불통) 공중이 먹는 물을 공급하는 수도 그 밖의 시설을 손괴하거나 그 밖의 방법으로 불통 (不通)하게 한 자는 1년 이상 10년 이하의 징역에 처한다.	
例規 제195조 수도불통	미수 ○ 예비·음모 ○

> 🔍 **핵심단어**
> • ① 수도·그 밖의 시설 ② 손괴·그 밖의 방법 ③ 불통

관련 판례를 살펴본다.

> **판례** 적법 여부 불문하고 현실로 공중생활에 음용수 공급하면 '수도'에 해당함
> 비록 적법한 절차를 밟지 아니한 수도라 할지라도 그것이 현실로 공중생활에 필요한 음용수를 공급하고 있는 시설로 되어있는 이상 해시설을 불법하게 손괴하여서 수도를 불통케 하였을때에는 수도불통으로 봄이 타당하다. (대법원 1957. 2. 1. 선고 4289형상317 판결) **표준**
>
> **판례** 수도요금 체납한 자에 대한 사설수도 단수행위 – 수도불통죄(위법) ✕
> 사설수도를 설치한 시장 번영회가 수도요금을 체납한 회원에 대하여 사전 경고까지 하고 한 단수행위에 는 위법성이 있다고 볼 수 없다. (대법원 1977. 11. 22. 선고 77도103 판결) **표준**

사회의 도덕에 대한 죄

Ⅰ 음행매개죄

> 제242조(음행매개) 영리의 목적으로 사람을 매개하여 간음하게 한 자는 3년 이하의 징역 또는 1천500만
> 원 이하의 벌금에 처한다.

例規 제242조 음행매개	미수 ×

🔍 **핵심단어**

• ① 영리목적 ② 음행매개

성매매알선 등 행위의 처벌에 관한 법률[189] · 아동 청소년의 성 보호에 관한 법률[190]에서 관련 행

---

[189] **성매매알선 등 행위의 처벌에 관한 법률 제19조(벌칙)** ① 다음 각 호의 어느 하나에 해당하는 사람은 3년 이하의 징역 또는 3천만원 이하의 벌금에 처한다. 1. 성매매알선 등 행위를 한 사람 2. 성을 파는 행위를 할 사람을 모집한 사람 3. 성을 파는 행위를 하도록 직업을 소개 · 알선한 사람 ② 다음 각 호의 어느 하나에 해당하는 사람은 7년 이하의 징역 또는 7천만원 이하의 벌금에 처한다. 1. 영업으로 성매매알선 등 행위를 한 사람 2. 성을 파는 행위를 할 사람을 모집하고 그 대가를 지급받은 사람 3. 성을 파는 행위를 하도록 직업을 소개 · 알선하고 그 대가를 지급받은 사람

[190] **아동 · 청소년의 성보호에 관한 법률 제15조(알선영업행위 등)** ① 다음 각 호의 어느 하나에 해당하는 자는 7년 이상의 유기징역에 처한다. 1. 아동 · 청소년의 성을 사는 행위의 장소를 제공하는 행위를 업으로 하는 자 2. 아동 · 청소년의 성을 사는 행위를 알선하거나 정보통신망(「정보통신망 이용촉진 및 정보보호 등에 관한 법률」 제2조제1항제1호의 정보통신망을 말한다. 이하 같다)에서 알선정보를 제공하는 행위를 업으로 하는 자 3. 제1호 또는 제2호의 범죄에 사용되는 사실을 알면서 자금 · 토지 또는 건물을 제공한 자 4. 영업으로 아동 · 청소년의 성을 사는 행위의 장소를 제공 · 알선하는 업소에 아동 · 청소년을 고용하도록 한 자 ② 다음 각 호의 어느 하나에 해당하는 자는 7년 이하의 징역 또는 5천만원 이하의 벌금에 처한다. 1. 영업으로 아동 · 청소년의 성을 사는 행위를 하도록 유인 · 권유 또는 강요한 자 2. 아동 · 청소년의 성을 사는 행위의 장소를 제공한 자 3. 아동 · 청소년의 성을 사는 행위를 알선하거나 정보통신망에서 알선정보를 제공한 자 4. 영업으로 제2호 또는 제3호의 행위를 약속한 자 ③ 아동 · 청소년의

위에 대한 처벌 규정을 두고 있다. 관련 판례를 살펴본다.

> **판례** 음행의 상습이 있고 음행에 자진 동의한 미성년자를 매개하여 간음케 함 – 음행매개죄 ○
> 형법 제242조 소정 미성년자에 대한 음행매개죄의 성립에는 그 미성년자가 음행의 상습이 있거나 그
> 음행에 자진 동의한 사실은 하등 영향을 미치는 것이 아니다. (대법원 1955. 7. 8. 선고 4288형상37
> 판결) **표준**

Ⅱ 음화 등 반포·판매·임대·공연전시 등 죄

제243조(음화반포등) 음란한 문서, 도화, 필름 기타 물건을 반포, 판매 또는 임대하거나 공연히 전시 또는 상영한 자는 1년 이하의 징역 또는 500만원 이하의 벌금에 처한다. **제244조(음화제조 등)** 제243조의 행위에 공할 목적으로 음란한 물건을 제조, 소지, 수입 또는 수출한 자는 1년 이하의 징역 또는 500만원 이하의 벌금에 처한다.

例規 제243조 (음화, 음란문서, 음란필름, 음란물건)(반포, 판매, 임대, 전시, 상영) 　　　제244조 (음화, 음란문서, 음란필름, 음란물건)(제조, 소지, 수입, 수출)	미수 ×

🔍 **핵심단어**
- ① 음란 ② 문서·도화·필름 기타 물건 ③ 반포·판매·임대·공연히 전시 및 상영
- 음란이란 ① 일반인 성욕 자극 ② 성적 흥분 유발 ③ 성적 수치심 해함 ④ 성적 도의관념에 반함

정보통신망 이용촉진 및 정보보호 등에 관한 법률은 '음란한 부호·문언·음향·화상·영상을 정보통신망을 통하여 배포·판매·임대하거나 공공연하게 전시하는 경우'를 처벌한다(제44조의7 제1항 제1호, 제74조 제1항 제2호). 컴퓨터 프로그램파일은 형법 제243조의 객체에 해당하지 않으므로,[191] 이 경우 정보통신망법만이 문제된다.

1. 객체: 음란한 문서 등

'음란'의 정의·판단기준·예술성과의 양립여부에 관한 판례를 살펴본다.

성을 사는 행위를 하도록 유인·권유 또는 강요한 자는 5년 이하의 징역 또는 3천만원 이하의 벌금에 처한다.
191 대법원 1999. 2. 24. 선고 98도3140 판결

판례 음란 – ① 일반인 성욕 자극 ② 성적 흥분 유발 ③ 성적 수치심 해함 ④ 성적 도의관념에 반함

'음란'이란 사회통념상 ① 일반 보통인의 성욕을 자극하여 ② 성적 흥분을 유발하고 ③ 정상적인 성적 수치심을 해하여 ④ 성적 도의관념에 반하는 것을 의미한다. 따라서 어떠한 물건을 음란하다고 평가하려면 그 물건을 전체적으로 관찰·평가하여 볼 때 단순히 저속하다거나 문란한 느낌을 주는 정도를 넘어 사람의 존엄성과 가치를 심각하게 훼손·왜곡하였다고 평가할 수 있을 정도로 노골적인 방법에 의하여 성적 부위 등을 적나라하게 표현 또는 묘사하는 것이어야 하고, 음란 여부를 판단함에 있어서는 행위자의 주관적 의도 등이 아니라 그 사회의 평균인의 입장에서 그 시대의 건전한 사회통념에 따라 객관적이고 규범적으로 평가하여야 한다. (대법원 2014. 6. 12. 선고 2013도6345 판결)

형법 제243조의 음화등의반포등죄 및 제244조의 음화등의제조등죄에 규정한 음란한 도화라 함은 일반 보통인의 성욕을 자극하여 성적 흥분을 유발하고 정상적인 성적 수치심을 해하여 성적 도의관념에 반하는 것을 가리키고, 도화의 음란성의 판단에 있어서는 당해 도화의 성에 관한 노골적이고 상세한 표현의 정도와 그 수법, 당해 도화의 구성 또는 예술성 ·사상성 등에 의한 성적 자극의 완화의 정도, 이들의 관점으로부터 당해 도화를 전체로서 보았을 때 주로 독자의 호색적 흥미를 돋우는 것으로 인정되느냐의 여부 등을 검토하는 것이필요하고 이들의 사정을 종합하여 그 시대의 건전한 사회통념에 비추어 그것이 공연히 성욕을 흥분 또는 자극시키고 또한 보통인의 정상적인 성적 수치심을 해하고 선량한 성적 도의관념에 반하는 것이라고 할 수 있는가의 여부를 결정하여야 한다. (대법원 1995. 6. 16. 선고 94도1758 판결) **표준**

어떤 물건이 음란한 물건에 해당하는지 여부는 행위자의 주관적 의도나 반포, 전시 등이 행하여진 상황에 관계없이 그 물건 자체에 관하여 객관적으로 판단하여야 한다. (대법원 2003. 5. 16. 선고 2003도988 판결)

최종적인 판단의 주체는 어디까지나 당해 사건을 담당하는 법관이라 할 것이니, 음란성을 판단함에 있어 법관이 자신의 정서가 아닌 일반 보통인의 정서를 규준으로 하여 이를 판단하면 족한 것이다. (대법원 1995. 2. 10. 선고 94도2266 판결) **표준**

예술성과 음란성은 차원을 달리하는 관념이므로 어느 예술작품에 예술성이 있다고 하여 그 작품의 음란성이 당연히 부정되는 것은 아니라 할 것이다. (대법원 2002. 8. 23. 선고 2002도2889 판결) **표준**

'음란'의 인정 여부에 관한 판례를 살펴본다.

판례 마광수 작가의 소설 "즐거운 사라" – 음란문서제조·판매죄(음란) ○ (대법원 1995. 6. 16. 선고 94도2413 판결)

판례 남성용 자위기구인 모조여성성기 – 음란물건전시죄(음란) ○

이 사건 기구는 사람의 피부에 가까운 느낌을 주는 실리콘을 재질로 사용하여 여성의 음부, 항문, 음모, 허벅지 부위를 실제와 거의 동일한 모습으로 재현하는 한편, 음부 부위는 붉은 색으로, 음모 부위는 검은 색으로 채색하는 등 그 형상 및 색상 등에 있어서 여성의 외음부를 그대로 옮겨놓은 것이나 진배없는

것으로서, 여성 성기를 지나치게 노골적으로 표현함으로써 사회통념상 그것을 보는 것 자체만으로도 성욕을 자극하거나 흥분시킬 수 있고 일반인의 정상적인 성적 수치심을 해치고 선량한 성적 도의관념에 반한다고 하지 않을 수 없다. (대법원 2003. 5. 16. 선고 2003도988 판결)

비교 남성용 자위기구로서 ① 성인 여성의 엉덩이를 본 떠 실제 크기에 가깝게 만들어졌고 피부에 가까운 색의 실리콘을 사용하였고 여성의 성기를 형상화한 부분에 선홍색으로 채색했으나 ② 부분별 크기·비율·채색 등에 비추어 사람보다는 조잡한 인형에 가깝고 여성의 성기를 사실 그대로 표현했다고 보기에는 크게 부족한 경우 – 음란물건전시죄(음란) × (대법원 2014. 7. 24. 선고 2013도9228 판결) 표준

비교 여성용 자위기구·돌출콘돔 – 음란물건판매죄(음란) × (대법원 2000. 10. 13. 선고 2000도3346 판결)

판례 공연윤리위원회의 심의를 마친 영화작품이지만 포스터 등 도화가 그 영화의 예술적 측면이 아닌 선정적 측면을 특히 강조하여 그 표현이 과도하게 성감을 자극 – 음화제조·판매죄(음란) ○
공연윤리위원회의 심의를 마친 영화작품이라 하더라도 이것을 영화관에서 상영하는 것이 아니고 관람객을 유치하기 위하여 영화장면의 일부를 포스타나 스틸사진 등으로 제작하였고, 제작된 포스타 등 도화가 그 영화의 예술적 측면이 아닌 선정적 측면을 특히 강조하여 그 표현이 과도하게 성감을 자극시키고 일반인의 정상적인 성적 정서를 해치는 것이어서 건전한 성풍속이나 성도덕 관념에 반하는 것이라면 그 포스타 등 광고물은 음화에 해당한다. (대법원 1990. 10. 16. 선고 90도1485 판결)

참고 영상물등급위원회에서 18세 관람가로 등급분류 하였다는 사정만으로 그 영화나 비디오물 등의 음란성이 당연히 부정된다거나 영상물등급위원회의 판단에 법원이 기속된다고 볼 수는 없음 (대법원 2008. 3. 13. 선고 2006도3558 판결)

음란한 '물건'에 관한 판례를 살펴본다.

판례 피고인이 성명불상자에게 지인의 얼굴과 나체사진이 합성된 음란한 사진 파일 제작을 의뢰함 – 음화제조교사 ×
형법 제243조(음화반포등)는 음란한 문서, 도화, 필름 기타 물건을 반포, 판매 또는 임대하거나 공연히 전시 또는 상영한 자에 대한 처벌 규정으로서 컴퓨터 프로그램파일은 위 규정에서 규정하고 있는 문서, 도화, 필름 기타 물건에 해당한다고 할 수 없다. 이는 형법 제243조의 행위에 공할 목적으로 음란한 물건을 제조, 소지, 수입 또는 수출한 자를 처벌하는 규정인 형법 제244조(음화제조등)의 '음란한 물건'의 해석에도 그대로 적용된다. (대법원 2023. 12. 14. 선고 2020도1669 판결)

참고 성폭법 제14조의2 시행 이전의 범행이다.

2. 행위: 반포 등

반포·판매·임대하거나 공연히 전시·상영하여야 한다. 전시에 관한 판례를 살펴본다.

> **판례** 인터넷사이트에 집단 성행위 목적의 카페를 운영하는 자가 회원을 모집한 후 특별모임을 빙자하여 집단으로 성행위를 하고 촬영물·사진 등을 카페에 게시 – 정통망법위반(전시) ○ (대법원 2009. 5. 14. 선고 2008도10914 판결)

> **비교** 집 방안에서 자기 친구 두 사람이 보는 앞에서 영사기로 필름 상영 – 음화전시죄(전시) × (대법원 1973. 8. 21. 선고 73도409 판결)

기타 정통망법위반 사건을 간략히 살펴본다.

> **판례** 대량문자메시지 발송사이트를 이용하여 불특정 다수의 휴대전화에 여성의 성기·자위행위·불특정 다수와의 성매매를 포함한 성행위 등을 저속하고 노골적으로 표현·묘사·암시하는 문언이 기재된 문자메시지를 대량 전송 – 정통망법위반 ○ (대법원 2019. 1. 10. 선고 2016도8783 판결)

> **참고** 음란한 문언 배포에 해당한다고 보았다.

> **판례** 토렌트 파일(음란물 영상을 공유하기 위해 생성된 정보이자 토렌트를 통해 공유 대상인 해당 음란물 영상을 전송받는 데에 필요한 정보)을 웹사이트 등에 게시하여 불특정·다수인으로 하여금 무상 다운로드 받게 함 – 정통망법위반 ○
> 음란물 영상의 토렌트 파일을 웹사이트 등에 게시하여 불특정 또는 다수인에게 무상으로 다운로드 받게 하는 행위 또는 그 토렌트 파일을 이용하여 별다른 제한 없이 해당 음란물 영상에 바로 접할 수 있는 상태를 실제로 조성한 행위는 정보통신망법 제74조 제1항 제2호에서 처벌 대상으로 삼고 있는 '같은 법 제44조의7 제1항 제1호를 위반하여 음란한 영상을 배포하거나 공공연하게 전시'한 것과 실질적으로 동일한 결과를 가져온다. 그러므로 위와 같은 행위는 전체적으로 보아 음란한 영상을 배포하거나 공공연하게 전시한다는 구성요건을 충족한다. (대법원 2019. 7. 25. 선고 2019도5283 판결)

Ⅲ   공연음란죄

> **제245조(공연음란)** 공연히 음란한 행위를 한 자는 1년 이하의 징역, 500만원 이하의 벌금, 구류 또는 과료에 처한다.

例規 제245조 공연음란	미수 ×

> 🔍 **핵심단어**
> • ① 공연히 ② 음란한 행위
> • 음란한 행위란 ① 일반인 성욕 자극 ② 성적 흥분 유발 ③ 성적 수치심 해함 ④ 성적 도의관념에 반하는 행위를 말하고 ⑤ 성행위 묘사할 필요 없음

관련 판례를 살펴본다.

판례 음란한 행위 – ① 일반인 성욕 자극 ② 성적 흥분 유발 ③ 성적 수치심 해함 ④ 성적 도의관념에 반하는 행위를 말하고 ⑤ 성행위 묘사할 필요 없음

'음란한 행위'라 함은 ① 일반 보통인의 성욕을 자극하여 ② 성적 흥분을 유발하고 ③ 정상적인 성적 수치심을 해하여 ④ 성적 도의관념에 반하는 행위를 가리키는 것이고, 그 행위가 반드시 ⑤ 성행위를 묘사하거나 성적인 의도를 표출할 것을 요하는 것은 아니다. (대법원 2006. 1. 13. 선고 2005도1264 판결) **표준**

연극공연행위의 음란성의 판단에 있어서는 당해 공연행위의 성에 관한 노골적이고 상세한 묘사·서술의 정도와 그 수법, 묘사·서술이 행위 전체에서 차지하는 비중, 공연행위에 표현된 사상 등과 묘사·서술과의 관련성, 연극작품의 구성이나 전개 또는 예술성·사상성 등에 의한 성적 자극의 완화의 정도, 이들의 관점으로부터 당해 공연행위를 전체로서 보았을 때 주로 관람객들의 호색적 흥미를 돋구는 것으로 인정되느냐 여부 등의 여러 점을 검토하는 것이 필요하고, 이들의 사정을 종합하여 그 시대의 건전한 사회통념에 비추어 그것이 공연히 성욕을 흥분 또는 자극시키고 또한 보통인의 정상적인 성적 수치심을 해하고, 선량한 성적 도의관념에 반하는 것이라고 할 수 있는가 여부에 따라 결정되어야 한다. 연극공연행위의 음란성의 유무는 그 공연행위 자체로서 객관적으로 판단해야 할 것이고, 그 행위자의 주관적인 의사에 따라 좌우되는 것은 아니다. (대법원 1996. 6. 11. 선고 96도980 판결) **표준**

판례 요구르트 홍보를 위하여 전라의 여성 모델들이 일반 관람객·기자 등 수십명이 있는 자리에서, 알몸에 밀가루를 바르고 무대에 나와 분무기로 요구르트를 몸에 뿌려 밀가루를 벗겨내는 방법으로 알몸을 완전히 드러낸 채 음부 및 유방 등이 노출된 상태에서 무대를 돌며 관람객들을 향하여 요구르트를 던짐 – 공연음란죄 ○ (대법원 2006. 1. 13. 선고 2005도1264 판결)

판례 고속도로에서 행패를 부리던 자가 이를 제지하려는 경찰관에 대항하여 공중 앞에서 알몸이 되어 성기노출 – 공연음란죄 ○ (대법원 2000. 12. 22. 선고 2000도4372 판결)

판례 ① 참전비 앞길에서 바지와 팬티를 내리고 성기와 엉덩이를 노출한 채 위 참전비를 바라보고 서 있고 ② 참전비의 한쪽 끝 방향으로 걸어가다가 돌아서서 걷기도 하는 등 위와 같이 노출한 상태에서 참전비 앞에 서 있거나 그 주위를 서성거림. 사건 당시 야간이었으나 참전비 앞길이 어둡진 않았고 다수의 사람들이 통행중이었음 – 공연음란죄 ○ (대법원 2020. 1. 16. 선고 2019도14056 판결)

판례 말다툼을 한 후 항의의 표시로 엉덩이를 노출시킨 – 공연음란죄 ×

경범죄처벌법 제1조 제41호가 '여러 사람의 눈에 뜨이는 곳에서 함부로 알몸을 지나치게 내놓거나 속까지 들여다 보이는 옷을 입거나 또는 가려야 할 곳을 내어 놓아 다른 사람에게 부끄러운 느낌이나 불쾌감을 준 사람'을 처벌하도록 규정하고 있는 점 등에 비추어 볼 때, 신체의 노출행위가 있었다고 하더라도 그 일시와 장소, 노출 부위, 노출 방법·정도, 노출 동기·경위 등 구체적 사정에 비추어, 그것이 일반 보통인의 성욕을 자극하여 성적 흥분을 유발하고 정상적인 성적 수치심을 해하는 것이 아니라 단순히 다른 사람에게 부끄러운 느낌이나 불쾌감을 주는 정도에 불과하다고 인정되는 경우 그와 같은 행위는 경범죄처벌법 제1조 제41호에 해당할지언정, 형법 제245조의 음란행위에 해당한다고 할 수 없다. (대법

원 2004. 3. 12. 선고 2003도6514 판결) **표준**

판례 고의 – 음란성에 대한 인식으로 족함

주관적으로 성욕의 흥분, 만족 등의 성적인 목적이 있어야 성립하는 것은 아니고 그 행위의 음란성에 대한 의미의 인식이 있으면 족하다. (대법원 2004. 3. 12. 선고 2003도6514 판결)

---

02 │ 도박과 복표에 관한 죄

I 도박죄·상습도박죄

> 제246조(도박, 상습도박) ① 도박을 한 사람은 1천만원 이하의 벌금에 처한다. 다만, 일시오락 정도에 불과한 경우에는 예외로 한다.
>
> ② 상습으로 제1항의 죄를 범한 사람은 3년 이하의 징역 또는 2천만원 이하의 벌금에 처한다.

例規 제246조 ① 도박 ② 상습도박	미수 ×

도박이란 당사자가 서로 재물·재산상 이익을 걸고 우연한 승부에 의하여 재물 등의 득실을 결정하는 것을 말한다. 관련 판례를 살펴본다.

판례 편면적 도박(사기도박) – ① 사기 ○ ② 도박 × (피해자별로 각 사기죄의 상상적 경합) (대법원 2011. 1. 13. 선고 2010도9330 판결, 대법원 2015. 10. 29. 선고 2015도10948 판결) **표준**
참고 사기죄 – 기망행위 – 명시적 기망행위 항에서 자세히 살펴보았다.

판례 피고인들이 각자 핸디캡을 정하고(각자 실력에 따라 타수를 미리 조정하고) 홀마다·9홀마다 돈을 걸고 내기골프 – 도박죄 ○
'우연'이란 주관적으로 '당사자에 있어서 확실히 예견 또는 자유로이 지배할 수 없는 사실에 관하여 승패를 결정하는 것'을 말하고, 객관적으로 불확실할 것을 요구하지 아니한다. 따라서, 당사자의 능력이 승패의 결과에 영향을 미친다고 하더라도 다소라도 우연성의 사정에 의하여 영향을 받게 되는 때에는 도박죄가 성립할 수 있다. (대법원 2008. 10. 23. 선고 2006도736 판결) **표준**

판례 외국 카지노에서의 도박 – 도박죄 ○
형법 제3조는 "본법은 대한민국 영역 외에서 죄를 범한 내국인에게 적용한다."라고 하여 형법의 적용범위에 관한 속인주의를 규정하고 있고, 또한 국가 정책적 견지에서 도박죄의 보호법익보다 좀 더 높은 국가이익을 위하여 예외적으로 내국인의 출입을 허용하는 폐광지역 개발 지원에 관한 특별법 등에 따라 카지노에 출입하는 것은 법령에 의한 행위로 위법성이 조각된다고 할 것이나, 도박죄를 처벌하지 않는 외국 카지노에서의 도박이라는 사정만으로 그 위법성이 조각된다고 할 수 없다. (대법원 2017. 4. 13. 선고 2017도953 판결) **표준**

(판례) '사설경마장'에서 마사회가 시행하는 경주를 이용하여 도박 – 도박죄 ○ (대법원 2014. 6. 12. 선고 2013도13231 판결)

(판례) 민화투놀이에 따른 재물의 득실이 승패결정의 흥미를 북돋우기 위한 것이고 그 재물의 경제적 가치가 근소(매회 1인당 100원식 걸어 합께 300원중 100원은 술값으로 적립하고 200원만 승자소유가 되며 20여회만 하였음)하여 건전한 근로의식을 침해하지 않을 정도 – 도박죄(위법) ×
형법 제246조 도박죄를 처벌하는 이유는 정당한 근로에 의하지 아니한 재물의 취득을 처벌함으로써 경제에 관한 건전한 도덕법칙을 보호하기 위한 것인바, 그 처벌은 헌법이 보장하는 국민의 행복추구권이나 사생활의 자유를 침해할 수 없고, 동조의 입법취지가 건전한 근로의식을 배양 보호함에 있다면 일반 서민대중이 여가를 이용하여 평소의 심신의 긴장을 해소하는 오락은 이를 인정함이 국가정책적 입장에서 보더라도 허용된다 할 것으로, 일시 오락에 불과한 도박행위를 처벌하지 아니하는 이유가 여기에 있다. (대법원 1983. 3. 22. 선고 82도2151 판결) **표준**

(판례) 친숙하게 지내온 피고인들이 다방에서 만나 30분 동안 밥값 내기 화투놀이 – 도박죄(위법) × (대법원 1984. 4. 10. 선고 84도194 판결)

타죄와의 관계가 문제된 판례를 살펴본다.

(판례) 도박행위가 공갈죄의 수단이 된 경우 – 도박이 공갈에 흡수 ×
공갈죄와 도박죄는 그 구성요건과 보호법익을 달리하고 있고, 공갈죄의 성립에 일반적·전형적으로 도박행위를 수반하는 것은 아니며, 도박행위가 공갈죄에 비하여 별도로 고려되지 않을 만큼 경미한 것이라고 할 수도 없으므로, 도박행위가 공갈죄의 수단이 되었다 하여 그 도박행위가 공갈죄에 흡수되어 별도의 범죄를 구성하지 않는다고 할 수 없다. (대법원 2014. 3. 13. 선고 2014도212 판결) **표준**

상습도박죄에 관한 판례를 하나 살펴본다.

(판례) 도박의 습벽있는 자가 ① 도박을 하고 ② 도박방조를 한 경우 – 포괄일죄
상습도박의 죄나 상습도박방조의 죄에 있어서의 상습성은 행위의 속성이 아니라 행위자의 속성으로서 도박을 반복해서 거듭하는 습벽을 말하는 것인 바, 도박의 습벽이 있는 자가 타인의 도박을 방조하면 상습도박방조의 죄에 해당하는 것이며, 도박의 습벽이 있는 자가 도박을 하고 또 도박방조를 하였을 경우 상습도박방조의 죄는 무거운 상습도박의 죄에 포괄시켜 1죄로서 처단하여야 한다.
이 사건 1982. 7.30과 7.31의 양일간에 걸친 상습도박의 공소사실에 대하여 피고인이 같은해 12.27 광주

지방법원에서 같은해 8.12부터 8.18까지의 상습도박방조 범행으로 유죄의 재판을 받아 그 재판이 확정되었음을 이유로 면소의 선고를 한 조처는 정당하다. (대법원 1984. 4. 24. 선고 84도195 판결)

해설 검찰실무 기록 기출 쟁점이다. 피의자는 ① 도박장에서 도박을 하려는 자들에게 돈을 빌려주는 이른바 꽁지 행위를 하여 '상습도박방조죄'로 유죄 확정판결을 받은 자인데, ② 그 기판력이 미치는 시적 범위 내에서 직접 도박을 하였다는 범죄사실에 대하여 '상습도박죄' 기소의견으로 송치된 경우, 상습도박방조죄와 상습도박죄는 포괄일죄 관계에 있기 때문에 공소권 없음(면소 사유) 처분해야 한다. 행위태양이 다르기에 포괄일죄라는 점을 떠올리기 어렵다.

Ⅱ 도박장소 등 개설죄

제247조(도박장소 등 개설) 영리의 목적으로 도박을 하는 장소나 공간을 개설한 사람은 5년 이하의 징역 또는 3천만원 이하의 벌금에 처한다.

例規 제247조 (도박장소, 도박공간)개설	미수 ×

🔍 **핵심단어**
- ① 영리목적 ② 도박장소·공간 ③ 개설

관련 판례를 살펴본다.[192]

판례 사설 인터넷 도박사이트를 운영하는 사람이, 먼저 SNS앱에 오픈채팅방을 개설하여 아동·청소년이용음란 동영상을 게시하고 1:1 대화를 통해 불특정 다수를 위 오픈채팅방 회원으로 가입시킨 다음, 그 오픈채팅방에서 도박사이트를 홍보하면서 회원들이 가입 시 입력한 이름, 전화번호 등을 이용하여 전화를 걸어 위 도박사이트 가입을 승인해주는 등의 방법으로 가입을 유도하고 그 도박사이트를 이용하여 도박을 하게 한 경우 – ① 도박공간개설죄 ○ ② 아청법위반(영리목적 아청음란물 공연전시) ○
'영리의 목적'이란 위 법률이 정한 구체적 위반행위를 함에 있어서 재산적 이득을 얻으려는 의사 또는 이윤을 추구하는 의사를 말하며, 이는 널리 경제적인 이익을 취득할 목적을 말하는 것으로서 반드시 아동·청소년이용음란물 배포 등 위반행위의 직접적인 대가가 아니라 위반행위를 통하여 간접적으로 얻게 될 이익을 위한 경우에도 영리의 목적이 인정된다. (대법원 2020. 9. 24. 선고 2020도8978 판결)

판례 인터넷 고스톱게임 사이트를 유료화하는 과정에서 사이트를 홍보하기 위하여 고스톱대회를 개최하면서 참가자들로부터 참가비를 받고 입상자들에게 상금을 지급 – 도박공간개설죄 ○
도박개장죄는 영리의 목적으로 스스로 주재자가 되어 그 지배하에 도박장소를 개설함으로써 성립하는

---

192 도박장소 등 개설죄가 성립하지 않는 경우, 도박방조죄 성부를 검토해야 한다.

것으로서 도박죄와는 별개의 독립된 범죄이고, … (중략) … '영리의 목적'이란 도박개장의 대가로 불법한 재산상의 이익을 얻으려는 의사를 의미하는 것으로, 반드시 도박개장의 직접적 대가가 아니라 도박개장을 통하여 간접적으로 얻게 될 이익을 위한 경우에도 영리의 목적이 인정되고, 또한 현실적으로 그 이익을 얻었을 것을 요하지는 않는다. (대법원 2002. 4. 12. 선고 2001도5802 판결, 대법원 2013. 11. 28. 선고 2012도14725 판결) **표준**

판례 성인피시방 운영자가 손님들로 하여금 컴퓨터에 접속하여 인터넷 도박게임을 하고 게임머니의 충전과 환전을 하도록 하면서 게임머니의 일정 금액을 수수료 명목으로 받음 – 도박공간개설죄 ○ (대법원 2008. 10. 23. 선고 2008도3970 판결) **표준**

판례 유료낚시터를 운영하는 사람이 입장료 명목으로 요금을 받은 후 낚인 물고기에 부착된 시상번호에 따라 경품을 지급 – 도박장소개설죄 ○ (대법원 2009. 2. 26. 선고 2008도10582 판결)

참고 피고인은 물고기 1,700여 마리를 구입한 뒤 그 지느러미에 번호표를 달고, 손님들로부터 시간당 3~5만 원의 요금을 받고 낚시를 하게 한 후, 손님들이 낚은 물고기의 번호가 프로그램상의 시상번호와 일치하는 경울 5천 원~3백만 원 상당의 문화상품권·주유상품권을 지급함 – 도박개장죄 ○

판례 피고인이 가맹점을 모집하여 인터넷 도박게임이 가능하도록 시설 등을 설치하였는데 도박게임 프로그램 가동 중 문제가 발생하여 더 이상의 영업으로 나아가지 못하여 실제로 이용자들이 도박을 한 사실은 없음 – 도박공간개설죄 ○

현실적으로 게임이용자들로부터 돈을 받고 게임머니를 제공하고 게임이용자들이 위 도박게임 사이트에 접속하여 도박을 하여, 위 게임으로 획득한 게임머니를 현금으로 환전해 주는 방법 등으로 게임이용자들과 게임회사 사이에 있어서 재물이 오고 갈 수 있는 상태에 있으면, 게임이용자가 위 도박게임 사이트에 접속하여 실제 게임을 하였는지 여부와 관계없이 도박개장죄는 '기수'에 이른다. (대법원 2009. 12. 10. 선고 2008도5282 판결)

판례 피고인은 '물게임' 사이트의 (합법) 온라인게임에서 통용되는 사이버머니를 구입하고자 하는 사람을 유인하여 돈을 받고 위 게임사이트에 접속하여 일부러 패하는 방법으로 사이버머니를 판매하였는데 '도박개장방조죄'로 기소됨 – 도박개장죄 × (대법원 2007. 11. 29. 선고 2007도8050 판결)

해설 물게임 사이트 개설자는 단순히 정상적인 게임을 개발·제공하고 있었기에 도박개장죄의 정범이 성립하지 않고, 따라서 정범의 도박개장행위가 인정되지 않는 이상 피고인의 도박개장방조죄도 성립하지 않는다.

Ⅲ 복표발매·중개·취득죄

제248조(복표의 발매 등) ① 법령에 의하지 아니한 복표를 발매한 사람은 5년 이하의 징역 또는 3천만원 이하의 벌금에 처한다.
  ② 제1항의 복표발매를 중개한 사람은 3년 이하의 징역 또는 2천만원 이하의 벌금에 처한다.
  ③ 제1항의 복표를 취득한 사람은 1천만원 이하의 벌금에 처한다.

例規 제248조 ① 복표발매 ② 복표발매중개 ③ 복표취득	미수 ×

> **핵심단어**
• ① 법령에 의하지 아니한 복표 ② 발매·중개·취득

관련 판례를 살펴본다.

> **판례** 광고복권 – 복표 ○
> 복표의 개념요소는 ① 특정한 표찰일 것, ② 그 표찰을 발매하여 다수인으로부터 금품을 모을 것, ③ 추첨 등의 우연한 방법에 의하여 그 다수인 중 일부 당첨자에게 재산상의 이익을 주고 다른 참가자에게 손실을 줄 것의 세 가지로 파악할 수 있으며, 이 점에서 경제상의 거래에 부수하는 특수한 이익의 급여 내지 가격할인에 불과한 경품권이나 사은권 등과는 그 성질이 다른 것이지만, 어떠한 표찰이 형법 제248조 소정의 복표에 해당하는지 여부는 그 표찰 자체가 갖는 성질에 의하여 결정되어야 하고, 그 기본적인 성질이 위와 같은 개념요소를 갖추고 있다면, 거기에 광고 등 다른 기능이 일부 가미되어 있는 관계로 당첨되지 않은 참가자의 손실을 그 광고주 등 다른 사업주들이 대신 부담한다고 하더라도, 특별한 사정이 없는 한 복표로서의 성질을 상실하지는 않는다.
> 이른바 '광고복권'은 통상의 경우 이를 홍보 및 판촉의 수단으로 사용하는 사업자들이 당첨되지 않은 참가자들의 손실을 대신 부담하여 주는 것일 뿐, 그 자체로는 추첨 등의 우연한 방법에 의하여 일부 당첨자에게 재산상의 이익을 주고 다른 참가자에게 손실을 주는 복표로서의 성질을 갖추고 있다고 보아 형법 제248조 소정의 복표에 해당한다. (대법원 2003. 12. 26. 선고 2003도5433 판결) **표준**

---

03 신앙에 관한 죄

Ⅰ 장례식 등 방해죄

제158조(장례식등의 방해) 장례식, 제사, 예배 또는 설교를 방해한 자는 3년 이하의 징역 또는 500만원 이하의 벌금에 처한다.

例規 제158조 (장례식, 제사, 예배, 설교)방해	미수 ○

🔍 **핵심단어**

• ① 장례식·제사·예배·설교 ② 방해

관련 판례를 살펴본다.

판례 교인이었던 사람이 교회 현판·나무십자가 등을 떼어 내고 예배당 건물에 들어가 출입문 자물쇠를 교체하여 7개월 동안 교인들의 출입을 막음 – 장례식방해죄 ×

예배방해죄는 공중의 종교생활의 평온과 종교감정을 그 보호법익으로 하는 것이므로, 예배중이거나 예배와 시간적으로 밀접불가분의 관계에 있는 준비단계에서 이를 방해하는 경우에만 성립한다. (대법원 2008. 2. 1. 선고 2007도5296 판결)

해설 위 행위는 교인들의 예배 내지 그와 밀접불가분의 관계에 있는 준비단계를 계속하여 방해한 것으로 볼 수 없다. 다만 재물손괴죄와 건조물침입죄가 성립한다.

판례 前 대통령의 장례식장에서 前 대통령의 측근 정치인이었던 피고인이 現 대통령을 향해 "사죄하라. 어디서 분향을 해"라고 소리치는 등 소란행위 – 장례식방해죄 ×

장례식방해죄는 장례식의 평온과 공중의 추모감정을 보호법익으로 하는 이른바 추상적 위험범으로서 범인의 행위로 인하여 장례식이 현실적으로 저지 내지 방해되었다고 하는 결과의 발생까지 요하지 않고 방해행위의 수단과 방법에도 아무런 제한이 없으며 일시적인 행위라 하더라도 무방하나, 적어도 객관적으로 보아 장례식의 평온한 수행에 지장을 줄 만한 행위를 함으로써 장례식의 절차와 평온을 저해할 위험이 초래될 수 있는 정도는 되어야 비로소 방해행위가 있다고 보아 장례식방해죄가 성립한다고 할 것이다. (대법원 2013. 2. 14. 선고 2010도13450 판결)

Ⅱ 분묘발굴죄

제160조(분묘의 발굴) 분묘를 발굴한 자는 5년 이하의 징역에 처한다.

例規 제160조 분묘발굴	미수 ○

관련 판례를 살펴본다.

판례 분묘를 수호, 봉사하며 관리하고 처분할 권한이 있는 구 민법상 호주상속인이 사체에 대한 종교적, 관습적 양속에 따른 존중의 예를 갖추어 분묘를 발굴하여 납골당에 안치 – 분묘발굴죄(위법) ×

분묘발굴죄는 그 분묘에 대하여 아무런 권한 없는 자나 또는 권한이 있는 자라도 사체에 대한 종교적 양속에 반하여 함부로 이를 발굴하는 경우만을 처벌대상으로 삼는 취지라고 보아야 할 것이므로, 법률상 그 분묘를 수호, 봉사하며 관리하고 처분할 권한이 있는 자 또는 그로부터 정당하게 승낙을 얻은 자가 사체에 대한 종교적, 관습적 양속에 따른 존숭의 예를 갖추어 이를 발굴하는 경우에는 그 행위의 위법성은 조각된다고 할 것이고, 한편 분묘에 대한 봉사, 수호 및 관리, 처분권은 종중이나 그 후손들 모두에게 속하여 있는 것이 아니라 오로지 그 분묘에 관한 호주상속인에게 전속한다. (대법원 2007. 12. 13. 선고 2007도8131 판결) **표준**

Ⅲ 시체 등 손괴·유기·은닉·영득죄

제161조(시체 등의 유기 등) ① 시체, 유골, 유발 또는 관 속에 넣어 둔 물건을 손괴(損壞), 유기, 은닉 또는 영득(領得)한 자는 7년 이하의 징역에 처한다.

例規 제161조 ① (사체, 유골, 유발, 관내장치물)(손괴, 유기, 은닉, 영득)	미수 ○

🔍 **핵심단어**
• ① 시체·유골·유발·관 속의 물건 ② 손괴·유기·은닉·영득

관련 판례를 살펴본다.

[판례] 사람을 살해한 후 범죄의 흔적을 은폐하기 위하여 시체를 다른 장소로 옮김 – ① 살인죄 ○ ② 사체유기죄 ○ (실체적 경합) (대법원 1984. 11. 27. 선고 84도2263 판결)

[비교] 피해자를 끌고가서 인적이 드문 장소에서 살해한 뒤 사체를 그대로 두고 도주 – ① 살인죄 ○ ② 사체은닉죄 × (대법원 1986. 6. 24. 선고 86도891 판결)

[판례] 상해치사 범행 은폐할 목적으로 일반 화장 절차에 따라 피해자의 시신을 화장 – 사체손괴죄 × 사체유기죄는 사자에 대한 사회풍습으로서의 종교적 감정을 그 보호법익으로 하는 것인데 피고인들이 일반화장절차에 따라 피해자의 시신을 위와 같이 화장하여 일반 장제의 의례를 갖추었다면 비록 그것이 자신들의 범행을 은폐할 목적이었다고 하더라도 사자에 대한 종교적 감정을 침해한 것이라고 보기 어렵다. (대법원 1998. 3. 10. 선고 98도51 판결)

Study guide: Criminal law

형법사용설명서

국가의 존립과 권위에 대한 죄

01 내란의 죄

Ⅰ 내란죄

> 제87조(내란) 대한민국 영토의 전부 또는 일부에서 국가권력을 배제하거나 국헌을 문란하게 할 목적으로
> 폭동을 일으킨 자는 다음 각 호의 구분에 따라 처벌한다.
> 1. 우두머리는 사형, 무기징역 또는 무기금고에 처한다.
> 2. 모의에 참여하거나 지휘하거나 그 밖의 중요한 임무에 종사한 자는 사형, 무기 또는 5년 이상의
>   징역이나 금고에 처한다. 살상, 파괴 또는 약탈 행위를 실행한 자도 같다.
> 3. 부화수행(附和隨行)하거나 단순히 폭동에만 관여한 자는 5년 이하의 징역이나 금고에 처한다.
>
> 제88조(내란목적의 살인) 대한민국 영토의 전부 또는 일부에서 국가권력을 배제하거나 국헌을 문란하게
> 할 목적으로 사람을 살해한 자는 사형, 무기징역 또는 무기금고에 처한다.
>
> 제91조(국헌문란의 정의) 본장에서 국헌을 문란할 목적이라 함은 다음 각호의 1에 해당함을 말한다.
> 1. 헌법 또는 법률에 정한 절차에 의하지 아니하고 헌법 또는 법률의 기능을 소멸시키는 것
> 2. 헌법에 의하여 설치된 국가기관을 강압에 의하여 전복 또는 그 권능행사를 불가능하게 하는 것

例規 제87조 1. 내란수괴 2. 내란(모의참여, 중요임무종사, 실행) 3. 내란부화수행 제88조 내란목적살인	미수 ○ 예비·음모·선동·선전 ○

🔍 **핵심단어**
• ① 국토참절·국헌문란 목적 ② 폭동 ③ 수괴·모의참여·중요임무종사·실행·부화수행

관련 판례를 살펴본다.

판례 신군부의 '비상계엄 전국확대조치' – 내란죄(폭동) ○

내란죄의 구성요건인 폭동의 내용으로서의 폭행 또는 협박은 일체의 유형력의 행사나 외포심을 생기게 하는 해악의 고지를 의미하는 최광의의 폭행·협박을 말하는 것으로서, 이를 준비하거나 보조하는 행위를 전체적으로 파악한 개념이며, 그 정도가 한 지방의 평온을 해할 정도의 위력이 있음을 요한다. (대법원 1997. 4. 17. 선고 96도3376 전원합의체 판결) **표준**

판례 1980년 광주시민들의 시위에 대한 진압행위 – 내란죄(국헌문란) ○

광주시민들의 시위는 국헌을 문란하게 하는 내란행위가 아니라 헌정질서를 수호하기 위한 정당한 행위이었음에도 불구하고 이를 난폭하게 진압함으로써, 대통령과 국무위원들에 대하여 보다 강한 위협을 가하여 그들을 외포하게 하였다면, 이 사건 시위진압행위는 피고인들이 헌법기관인 대통령과 국무위원들을 강압하여 그 권능행사를 불가능하게 한 것으로 보아야 하므로 국헌문란에 해당한다. (대법원 1997. 4. 17. 선고 96도3376 전원합의체 판결) **표준**

판례 내란죄 기수 – 한 지방의 평온을 해할 정도의 폭행·협박행위 ○

다수인이 결합하여 위와 같은 목적으로 한 지방의 평온을 해할 정도의 폭행·협박행위를 하면 기수가 되고, 그 목적의 달성 여부는 이와 무관한 것으로 해석된다. (대법원 1997. 4. 17. 선고 96도3376 전원합의체 판결) **표준**

참고 신군부의 내란행위의 종료시기를 비상계엄 해제시로 보았다.

판례 내란죄와 내란목적살인죄의 관계 – ① 폭동행위에 수반한 살인은 내란죄에 흡수 ② 살인이 폭동에 수반한 것이 아니라 그 자체가 의도적으로 실행시 내란목적살인죄 별죄

내란의 실행과정에서 폭동행위에 수반하여 개별적으로 발생한 살인행위는 내란행위의 한 구성요소를 이루는 것이므로 내란행위에 흡수되어 내란목적살인의 별죄를 구성하지 아니하나, 특정인 또는 일정한 범위내의 한정된 집단에 대한 살해가 내란의 와중에 폭동에 수반하여 일어난 것이 아니라 그것 자체가 의도적으로 실행된 경우에는 이러한 살인행위는 내란에 흡수될 수 없고 내란목적살인의 별죄를 구성한다. (대법원 1997. 4. 17. 선고 96도3376 전원합의체 판결) **표준**

참고 광주재진입작전 수행으로 인하여 피해자들을 사망케 한 부분은 내란목적살인죄가 별도로 성립한다고 보았다.

판례 국헌문란 목적의 의미

내란죄에 있어서의 국헌문란의 목적은 현행의 헌법 또는 법률이 정한 정치적 기본조직을 불법으로 파괴하는 것을 말하고 구체적인 국가기관인 자연인만을 살해하거나, 그 계승을 기대하는 것은 이에 해당되지 않으나 반드시 초법규적인 의미는 아니라고 할 것이며, 공산, 군주 또는 독재제도로 변경하여야 하는 것은 더욱 아니고, 그 목적은 엄격한 증명사항에 속하고 직접적임을 요하나 결과발생의 희망, 의욕임을 필요로 한다고 할 수는 없고, 또 확정적 인식임을 요하지 아니하며, 다만 미필적인식이 있으면 족하다 할 것이다. (대법원 1980. 5. 20. 선고 80도306 판결) **표준**

Ⅱ 내란예비·음모·선동·선전죄

> **제90조(예비, 음모, 선동, 선전)** ① 제87조 또는 제88조의 죄를 범할 목적으로 예비 또는 음모한 자는 3년 이상의 유기징역이나 유기금고에 처한다. 단, 그 목적한 죄의 실행에 이르기 전에 자수한 때에는 그 형을 감경 또는 면제한다.

> **例規** 제90조 (내란, 내란목적살인)(예비, 음모, 선동, 선전)

> 🔍 **핵심단어**
> • ① 내란·내란목적살인 ② 예비·음모·선동·선전

관련 판례를 살펴본다.

> **판례** 국회의원 주도 'RO' 사건 – 내란선동죄 ○ · 내란음모죄 × (이하 선동 부분 요약)
> 내란선동이란 내란이 실행되는 것을 목표로 하여 피선동자들에게 내란행위를 결의, 실행하도록 충동하고 격려하는 일체의 행위를 말한다. 내란선동은 주로 언동, 문서, 도화 등에 의한 표현행위의 단계에서 문제되는 것이므로 내란선동죄의 구성요건을 해석함에 있어서는 국민의 기본권인 표현의 자유가 위축되거나 본질이 침해되지 아니하도록 죄형법정주의의 기본정신에 따라 엄격하게 해석하여야 한다. 따라서 내란을 실행시킬 목표를 가지고 있다 하여도 단순히 특정한 정치적 사상이나 추상적인 원리를 옹호하거나 교시하는 것만으로는 내란선동이 될 수 없고, 그 내용이 내란에 이를 수 있을 정도의 폭력적인 행위를 선동하는 것이어야 하고, 나아가 피선동자의 구성 및 성향, 선동자와 피선동자의 관계 등에 비추어 피선동자에게 내란 결의를 유발하거나 증대시킬 위험성이 인정되어야만 내란선동으로 볼 수 있다. 특정 정당 소속의 국회의원 피고인 甲 및 지역위원장 피고인 乙이 공모하여, 이른바 조직원들과 두 차례 회합을 통하여 회합 참석자 130여 명에게 한반도에서 전쟁이 발발하는 등 유사시에 상부 명령이 내려지면 바로 전국 각 권역에서 국가기간시설 파괴 등 폭동을 할 것을 주장함으로써 내란의 죄를 범할 것을 선동하였다는 내용으로 기소된 사안에서, 당시의 한반도 정세, 각 회합의 내용 및 경위, 회합 참석자들의 성향·구성 및 피고인들과 관계, 피고인들의 경력과 범죄전력, 피고인들이 각 회합에서 맡은 역할과 발언 내용, 회합 참석자들의 강연 청취태도 및 발언 등 제반 사정을 종합할 때, 피고인들의 발언은 아직 전쟁 위기가 완전히 해소된 상태가 아니고 북한의 도발이 계속되는 당시의 상황에서 각 회합 참석자들에게 특정 정세를 전쟁 상황으로 인식하고 가까운 장래에 구체적인 내란의 결의를 유발하거나 증대시킬 위험성이 충분하므로, 피고인들의 행위는 그 자체로 위험성이 있는 내란 선동행위에 해당한다. (대법원 2015. 1. 22. 선고 2014도10978 전원합의체 판결) **표준**

> **판례** 국회의원 주도 'RO' 사건 – 내란선동죄 ○ · 내란음모죄 × (이하 음모 부분 요약)
> 2인 이상의 자 사이에 어떠한 폭동행위에 대한 합의가 있는 경우에도 공격의 대상과 목표가 설정되어

있지 않고, 시기와 실행방법이 어떠한지를 알 수 없으면 그것이 '내란'에 관한 음모인지를 알 수 없다. 따라서 내란음모가 성립하였다고 하기 위해서는 개별 범죄행위에 관한 세부적인 합의가 있을 필요는 없으나, 공격의 대상과 목표가 설정되어 있고, 그 밖의 실행계획에 있어서 주요 사항의 윤곽을 공통적으로 인식할 정도의 합의가 있어야 한다.

나아가 합의는 실행행위로 나아간다는 확정적인 의미를 가진 것이어야 하고, 단순히 내란에 관한 생각이나 이론을 논의한 것으로는 부족하다. 또한, 내란음모가 단순히 내란에 관한 생각이나 이론을 논의 내지 표현한 것인지 실행행위로 나아간다는 확정적인 의미를 가진 합의인지를 구분하기가 쉽지 않다는 점을 고려하면, 내란음모죄에 해당하는 합의가 있다고 하기 위해서는 단순히 내란에 관한 범죄결심을 외부에 표시·전달하는 것만으로는 부족하고 객관적으로 내란범죄의 실행을 위한 합의라는 것이 명백히 인정되고, 그러한 합의에 실질적인 위험성이 인정되어야 한다.

특정 정당 소속의 국회의원 피고인 甲 및 지역위원장 피고인 乙을 비롯한 피고인들이, 이른바 조직원들과 회합을 통하여 회합 참석자 130여 명과 한반도에서 전쟁이 발발하는 등 유사시에 상부 명령이 내려지면 바로 전국 각 권역에서 국가기간시설 파괴 등 폭동을 할 것을 통모함으로써 내란의 죄를 범할 목적으로 음모하였다는 내용으로 기소된 사안에서, 당시의 한반도 정세, 회합의 내용 및 경위, 회합 참석자들의 성향·구성 및 피고인들과 관계, 피고인들의 경력과 범죄전력, 피고인들이 회합에서 맡은 역할과 발언 내용, 회합 참석자들의 강연 청취태도 및 발언 등 제반 사정에 비추어 볼 때, 피고인들을 비롯한 회합 참석자들이 전쟁 발발시 대한민국의 체제를 전복하기 위하여 구체적인 물질적 준비방안을 마련하라는 피고인 甲의 발언에 호응하여 선전전, 정보전, 국가기간시설 파괴 등을 논의하기는 하였으나, 1회적인 토론의 정도를 넘어서 내란의 실행행위로 나아가겠다는 확정적인 의사의 합치에 이르렀다고 보기 어려워 형법상 내란음모죄 성립에 필요한 '내란범죄 실행의 합의'를 하였다고 할 수 없다. (대법원 2015. 1. 22. 선고 2014도10978 전원합의체 판결) **표준**

---

02 외환의 죄

I 간첩죄

제98조(간첩) ① 적국을 위하여 간첩하거나 적국의 간첩을 방조한 자는 사형, 무기 또는 7년 이상의 징역에 처한다.

② 군사상의 기밀을 적국에 누설한 자도 전항의 형과 같다.

例規 제98조 ① 간첩, 간첩방조 ② 군사상기밀누설	미수 ○ 예비·음모·선동·선전 ○

• ① 적국을 위하여 ② 간첩
• ① 적국 간첩 ② 방조
• ① 군사상 기밀 ② 적국에 누설

관련 판례를 살펴본다.

판례 간첩이 이미 지득한 사항을 타인에게 보고·누설 – 간첩죄 ✕

형법 제98조 제1항에서 간첩이라 함은 적국에 제보하기 위하여 은밀한 방법으로 우리나라의 군사상은 물론 정치, 경제, 사회, 문화, 사상 등 기밀에 속한 사항 또는 도서, 물건을 탐지·수집하는 것을 말하고, 간첩행위는 기밀에 속한 사항 또는 도서, 물건을 탐지·수집한 때에 기수가 되므로 간첩이 이미 탐지·수집 하여 지득하고 있는 사항을 타인에게 보고·누설하는 행위는 간첩의 사후행위로서 위 조항에 의하여 처단의 대상이 되는 간첩행위 자체라고 할 수 없다. (대법원 2011. 1. 20. 선고 2008재도11 전원합의체 판결) **표준**

판례 적국과 의사연락 없는 편면적 간첩 – 간첩죄 ✕ (다만 국가보안법위반 ○)

북괴의 지령사주 기타의 의사의 연락없이 단편적으로 지득하였던 군사상의 기밀사항을 북괴에 납북된 상태하에서 제보한 행위는 위 법조 소정의 간첩죄에 해당하지 아니하고 다만 반공법 제4조 제1항 소정 의 반국가단체를 이롭게 하는 행위에 해당한다. (대법원 1975. 9. 23. 선고 75도1773 판결)

판례 기밀 – ① 반국가단체에 비밀로 함이 대한민국에 이익이 되는 사실·물건·지식 ② 공지의 사실 아니며 ③ 누설되는 경우 국가 안전 위험 초래하는 실질가치 있는 것

국가보안법 제4조 제1항 제2호 (나)목에 정한 기밀을 해석함에 있어서 그 ① 기밀은 정치, 경제, 사회, 문화 등 각 방면에 관하여 반국가단체에 대하여 비밀로 하거나 확인되지 아니함이 대한민국의 이익이 되는 모든 사실, 물건 또는 지식으로서, 그것들이 국내에서의 적법한 절차 등을 거쳐 ② 이미 일반인에 게 널리 알려진 공지의 사실, 물건 또는 지식에 속하지 아니한 것이어야 하고, 또 그 내용이 누설되는 경우 국가의 안전에 위험을 초래할 우려가 있어 기밀로 보호할 실질가치를 갖춘 것이어야 한다. (대법원 1997. 7. 16. 선고 97도985 전원합의체 판결)

국가보안법 제4조가 반국가단체의 구성원 또는 그 지령을 받은 자의 목적수행 행위를 처벌하는 규정이 므로 그것들이 공지되었다고 하기 위하여는 신문, 방송 등 대중매체나 통신수단 등의 발달 정도, 독자 및 청취의 범위, 공표의 주체 등 여러 사정에 비추어 보아 반국가단체 또는 그 지령을 받은 자가 더 이상 탐지·수집이나 확인·확증의 필요가 없는 것이라고 볼 수 있어야 할 것이고, 누설할 경우 실질적 위험성이 있는지 여부는 그 기밀을 수집할 당시의 대한민국과 북한 또는 기타 반국가단체와의 대치현황 과 안보사항 등이 고려되는 건전한 상식과 사회통념에 따라 판단하여야 할 것이며, 그 기밀이 사소한 것이라 하더라도 누설될 경우 반국가단체에는 이익이 되고 대한민국에는 불이익을 초래할 위험성이 명 백하다면 이에 해당한다 할 것이다. (대법원 2011. 10. 13. 선고 2009도320 판결) **표준**

> **판례** 간첩 목적으로 외국·북한에서 국내로 침투·월남 – 간접미수죄(착수) ○ (대법원 1984. 9. 11. 선고 84도1381 판결)

> **판례** 간첩이 국가기밀을 탐지·수집 – 간첩죄 기수 ○ (대법원 1963. 12. 12. 선고 63도312 판결)

03 국기에 관한 죄

I 국기·국장 모독·비방죄

> 제105조(국기, 국장의 모독) 대한민국을 모욕할 목적으로 국기 또는 국장을 손상, 제거 또는 오욕한 자는 5년 이하의 징역이나 금고, 10년 이하의 자격정지 또는 700만원 이하의 벌금에 처한다.
>
> 제106조(국기, 국장의 비방) 전조의 목적으로 국기 또는 국장을 비방한 자는 1년 이하의 징역이나 금고, 5년 이하의 자격정지 또는 200만원 이하의 벌금에 처한다.

例規 제105조 (국기, 국장)모독 제106조 (국기, 국장)비방	미수 ×

🔍 **핵심단어**
• ① 대한민국 모욕할 목적 ② 국기·국장 ③ 손상·제거·오욕·비방

관련 판례를 살펴본다.

> **판례** 국기모독죄의 위헌 여부 – 합헌
> 대한민국은 독자적 기능을 가지고 일정한 의사를 형성할 수 있는 하나의 국가공동체로서 국민 개인이 가지는 명예·권위와 구별되는 고유의 명예와 권위를 가진다. '대한민국을 모욕'한다는 것은 '국가공동체인 대한민국의 사회적 평가를 저해할 만한 추상적 또는 구체적 판단이나 경멸적 감정을 표현하는 것'을 의미한다. 건전한 상식과 통상적인 법감정을 가진 일반인이라면 심판대상조항이 금지·처벌하는 행위가 무엇인지 예견할 수 있고 그에 따라 자신의 행위를 결정할 수 있으며, 심판대상조항이 지닌 약간의 불명확성은 법관의 통상적·보충적 해석으로 보완될 수 있다. 따라서 심판대상조항은 명확성원칙에 위반되지 않는다.
> 국기는 국가의 역사와 국민성, 이상 등을 응축하고 헌법이 보장하는 질서와 가치를 담아 국가의 정체성

을 표현하는 국가의 대표적 상징물이다. 심판대상조항은 국기를 존중, 보호함으로써 국가의 권위와 체면을 지키고, 국민들이 국기에 대하여 가지는 존중의 감정을 보호하려는 목적에서 입법된 것이다. 심판대상조항은 국기가 가지는 고유의 상징성과 위상을 고려하여 일정한 표현방법을 규제하는 것에 불과하므로, 국기모독 행위를 처벌한다고 하여 이를 정부나 정권, 구체적 국가기관이나 제도에 대한 비판을 허용하지 않거나 이를 곤란하게 하는 것으로 볼 수 없다. 만약 표현의 자유만을 강조하여 국기모독 행위를 금지·처벌하지 않는다면, 국기가 상징하는 국가의 권위와 체면이 훼손되고 국민이 국기에 대하여 가지는 존중의 감정이 손상되며 국민을 극단적 대립과 갈등 상황으로 몰아넣을 수 있다. 국기모독 행위를 경범죄로 취급하거나 형벌 이외의 다른 수단으로 제재하여서는 입법목적을 효과적으로 달성하기 어렵다. 형법 제정 이후 국기모독죄로 기소되거나 처벌된 사례가 거의 없으며, 심판대상조항의 법정형은 법관이 구체적 사정을 고려하여 합리적으로 양형할 수 있도록 규정되어 있다.

그러므로 심판대상조항은 과잉금지원칙에 위배되어 청구인의 표현의 자유를 침해한다고 볼 수 없고, 표현의 자유의 본질적 내용을 침해한다고도 할 수 없다. (헌법재판소 2019. 12. 27. 선고 2016헌바96 전원재판부 결정) **표준**

(판례) 교리상 국기에 대하여 절을 해서는 안 되나 국가를 존중하는 의미에서 가슴에 손을 얹고 주목하는 방법으로 경의를 표할 수 있다고 말함 – 국기비방죄(비방) × (대법원 1975. 5. 13. 선고 74도213 판결) **표준**

국가의 기능에 대한 죄

01 공무원의 직무에 관한 죄

I 직무유기죄

> 제122조(직무유기) 공무원이 정당한 이유없이 그 직무수행을 거부하거나 그 직무를 유기한 때에는 1년 이하의 징역이나 금고 또는 3년 이하의 자격정지에 처한다.

例規 제122조 직무유기	미수 ×

🔍 **핵심단어**
- ① 공무원 ② 직무수행거부·직무유기
- 직무유기란 직무의 의식적 방임·포기·거부

관련 특별법을 살펴본다. ① 특정범죄가중처벌법은 특가법 범죄 수사에 대한 수사 직무 공무원의 직무유기를 '특수직무유기죄'로 가중처벌한다.[193] ② 폭력행위처벌법은 폭처법 범죄 수사에 대한 사법경찰관리의 직무유기를 가중처벌한다.[194]

---

[193] **특정범죄 가중처벌 등에 관한 법률 제15조(특수직무유기)** 범죄 수사의 직무에 종사하는 공무원이 이 법에 규정된 죄를 범한 사람을 인지하고 그 직무를 유기한 경우에는 1년 이상의 유기징역에 처한다.

[194] **폭력행위 등 처벌에 관한 법률 제9조(사법경찰관리의 직무유기)** ① 사법경찰관리(司法警察官吏)로서 이 법에 규정된 죄를 범한 사람을 수사하지 아니하거나 범인을 알면서 체포하지 아니하거나 수사상 정보를 누설하여 범인의 도주를 용이하게 한 사람은 1년 이상의 유기징역에 처한다. ② 뇌물을 수수(收受), 요구 또는 약속하고 제1항의 죄를 범한 사람은 2년 이상의 유기징역에 처한다.

1. 주체: 공무원

> **판례** 병가 중인 공무원 – 직무유기죄(공무원) ✕
>
> 노동조합의 승인 없이 또는 지시에 반하여 일부 조합원의 집단에 의하여 이루어진 쟁의행위가 그 경위와 목적, 태양 등에 비추어 정당행위에 해당하지 아니하고, 그 쟁의행위에 참가한 일부 조합원이 병가 중이어서 직무유기죄의 주체로 될 수는 없다 하더라도 직무유기죄의 주체가 되는 다른 조합원들과의 공범관계가 인정된다는 이유로, 그 쟁의행위에 참가한 조합원들 모두 직무유기죄로 처단되어야 한다고 본 사례(이 사건은 병가중인 철도공무원들이 그렇지 아니한 철도공무원들과 함께 전국철도노동조합의 일부 조합원들로 구성된 임의단체인 전국기관차협의회가 주도한 파업에 참가한 사례임). (대법원 1997. 4. 22. 선고 95도748 판결)
>
> **참고** 병가 중인 공무원은 비신분자로서 본죄의 주체가 될 수 없으나, 신분자인 공무원과 공동정범의 관계에 있는 경우 형법 제33조 본문에 따라 직무유기죄의 공동정범의 죄책을 진다.

2. 행위: 직무유기

직무유기란 정당한 이유 없이 직무를 의식적으로 방임·포기하는 것을 말한다. 직무수행거부란 직무를 능동적으로 수행해야 할 의무가 있는 자가 이를 행하지 않는 것을 말한다. 직무집행이 이루어진 이상 법정 절차를 준수하지 않았거나 내용이 부실하더라도(충근의무를 위반하였더라도) 본죄는 성립하지 않는다.

> **판례** 직무유기 – 직무의 의식적 방임·포기·거부
>
> 직무유기죄는 공무원이 법령·내규 등에 의한 추상적 충근의무를 태만히 하는 일체의 경우에 성립하는 것이 아니라, 직장의 무단이탈이나 직무의 의식적인 포기 등과 같이 국가의 기능을 저해하고 국민에게 피해를 야기시킬 구체적 위험성이 있고 불법과 책임비난의 정도가 높은 법익침해의 경우에 한하여 성립하므로, 어떠한 형태로든 직무집행의 의사로 자신의 직무를 수행한 경우에는 그 직무집행의 내용이 위법한 것으로 평가된다는 점만으로 직무유기죄의 성립을 인정할 것은 아니다. (대법원 2007. 7. 12. 선고 2006도1390 판결)
>
> 직무유기죄가 성립하려면 주관적으로는 직무를 버린다는 인식과 객관적으로는 직무 또는 직장을 벗어나는 행위가 있어야 한다. (대법원 1983. 1. 18. 선고 82도2624 판결)
>
> 형법 제122조에서 정하는 직무유기죄에서 '직무를 유기한 때'란 공무원이 법령, 내규 등에 의한 추상적 성실의무를 태만히 하는 일체의 경우에 성립하는 것이 아니라 직장의 무단이탈, 직무의 의식적인 포기 등과 같이 국가의 기능을 저해하고 국민에게 피해를 야기시킬 가능성이 있는 경우를 가리킨다. 그리하여 일단 직무집행의 의사로 자신의 직무를 수행한 경우에는 그 직무집행의 내용이 위법한 것으로 평가된다는 점만으로 직무유기죄의 성립을 인정할 것은 아니고, 공무원이 태만·분망 또는 착각 등으로 인하

여 직무를 성실히 수행하지 아니한 경우나 형식적으로 또는 소홀히 직무를 수행한 탓으로 적절한 직무수행에 이르지 못한 것에 불과한 경우에도 직무유기죄는 성립하지 아니한다. (대법원 2013. 4. 26. 선고 2012도15257 판결) **표준**

(판례) 기간제 공무원의 무단이탈로 인한 직무유기죄 성부
무단이탈로 인한 직무유기죄 성립 여부는 결근 사유와 기간, 담당하는 직무의 내용과 적시 수행 필요성, 결근으로 직무 수행이 불가능한지, 결근 기간에 국가기능의 저해에 대한 구체적인 위험이 발생하였는지 등을 종합적으로 고려하여 신중하게 판단해야 한다. 특히 근무기간을 정하여 임용된 공무원의 경우에는 근무기간 안에 특정 직무를 마쳐야 하는 특별한 사정이 있는지 등을 고려할 필요가 있다. (대법원 2022. 6. 30. 선고 2021도8361 판결)

참고 기간제 교원(중학교 교사)인 피고인이 기말고사 답안지를 교부받고도 무단결근하고 임기 종료시까지 답안지와 채점결과를 학교 측에 인계하지 않았지만, 학사일정상 피고인의 임기 종료일까지 기말고사 성적 처리에 대한 최종 업무를 종료할 것이 예정되어 있지 않았고, 무단결근에 참작할 사정이 있던 경우 – 직무유기죄 ×

인정례를 살펴본다.

(판례) 경찰관이 벌금미납자로 지명수배되어 있던 甲을 세 차례에 걸쳐 만나고도 그를 검거하여 검찰청에 신병인계하는 등 조치를 취하지 않음 – 직무유기죄 ○ (대법원 2011. 9. 8. 선고 2009도13371 판결)

(판례) 경찰관이 불법체류자의 신병을 출입국관리사무소에 인계하지 않고 훈방하면서 이들의 인적사항조차 기재해 두지 아니함 – 직무유기죄 ○ (대법원 2008. 2. 14. 선고 2005도4202 판결)

(판례) 경찰관이 방치된 오토바이가 있다는 신고를 받거나 순찰중 이를 발견하고 오토바이 상회 운영자에게 연락하여 오토바이를 수거해가도록 하고 그 대가를 받음 – 직무유기죄 ○ (대법원 2002. 5. 17. 선고 2001도6170 판결)

참고 대가를 받은 부분에 대하여 뇌물수수죄가 인정되었다.

(판례) 경찰관들이 ① 현행범체포한 도박혐의자들에게 현행범인체포서 대신에 임의동행동의서를 작성하게 하거나 ② 압수한 일부 도박자금에 관하여 검사의 지휘도 받지 않고 반환하고 ③ 제대로 조사하지 않은 채 석방 – 직무유기죄 ○ (대법원 2010. 6. 24. 선고 2008도11226 판결)

참고 (굳이 이렇게까지 뜯어봐야 하나 생각도 들지만) 위 판례를 조금 더 뜯어본다. 원심은 직무유기 무죄·①에 대한 허위공문서작성죄 무죄(사문서라고 봄)라고 보았다. 대법원은 위 행위는 직무유기에 해당하고 ①역시 허위공문서작성죄에 해당하고, 허위공문서작성죄가 인정되는 이상 직무유기 중 ① 부분은 따로 직무유기를 구성하지 않는다는 취지로 원심을 파기하였다(①을 제외하고도 직무유기죄가 성립하는지 등의 문제는 원심에게 맡겼다).

(판례) 육군 중위가 당직근무를 함에 있어서 ① 훈육관실에서 학군사관후보생 2명과 함께 술을 마시고 ② 내무반에서 학군사관후보생 2명 및 애인 등과 함께 화투놀이를 한 다음 ③ 애인과 자고 난 뒤 교대할 당직근무자에게 당직근무의 인수인계도 하지 아니한 채 퇴근 – 직무유기죄 ○ (대법원 1990. 12. 21. 선고 90도2425 판결)

판례 차량번호판 교부담당직원이 운행정지처분을 받은 자동차에 대해 번호판 재교부 – 직무유기죄 ○ (대법원 1972. 6. 27. 선고 72도969 판결)

판례 세무공무원이 자기 담당구역 내에 거주하는 자에 관한 양도소득세 관계 자료를 다른 공무원이 고의로 은닉하고 있는 사실을 알고도 방치 – 직무유기죄 ○ (대법원 1984. 4. 10. 선고 83도1653 판결)

이어서 부정례를 살펴본다.

판례 교도소 보안과 출정계장·감독교사가 호송교도관 5명을 지휘하여 재소자 25명의 호송계호업무를 수행함에 있어서 호송업무를 대강 지시하고 구체적인 확인·감독을 하지 아니한 잘못으로 집단도주 사고가 발생 – 직무유기죄 × (대법원 1991. 6. 11. 선고 91도96 판결)

참고 출근의무를 위반한 것에 불과하지 고의로 호송계호업무를 포기하거나 직무 또는 직장을 이탈한 것이라고는 볼 수 없다.

판례 경찰관이 직무집행의사로 위법사실을 조사하여 훈방하는 등 어떤 형태로든지 그 직무집행행위를 하였으나 형사사건으로 입건하여 수사하지는 않음 – 직무유기죄 × (대법원 1982. 6. 8. 선고 82도117 판결)

판례 약사 감시원이 무허가 약국개설자를 적발하고 상사에 보고하여 그 지시에 따라 약국을 폐쇄토록 하였으나 수사관서에 고발하지는 않음 – 직무유기죄 × (대법원 1969. 2. 4. 선고 67도184 판결)

판례 전매공무원이 외제담배를 긴급압수한 후 도주한 범칙자를 찾는데 급급한 나머지 압수수색영장을 신청하지 못함 – 직무유기죄 × (대법원 1982. 9. 28. 선고 82도1633 판결)

판례 일직사관을 맡은 군인이 침상에 누워 잠을 잤으나, 침상이 상황실로부터 2m 떨어져 있어 유사시 즉시 깨어 직무수행에 임할 수 있는 상태였음 – 직무유기죄 × (대법원 1984. 3. 27. 선고 83도3260 판결)

판례 경찰서장인 피고인은 관내에서 경찰관이 민간인에게 총기를 무차별 난사하여 수십명을 사상케 (68명 사망 등)한 상황에서 망연 자실하여 정상적인 사고력을 잃고 효과적인 대응책을 전혀 강구하지 못함 – 직무유기죄 ×

직무유기죄가 성립하려면 주관적으로는 직무를 버린다는 인식과 객관적으로는 직무 또는 직장을 벗어나는 행위가 있어야 하고 다만 직무집행에 관하여 태만, 분망, 착각등 일신상 또는 객관적 사정으로 어떤 부당한 결과를 초래한 경우에는 형법상의 직무유기죄는 성립하지 않는다. (대법원 1983. 1. 18. 선고 82도2624 판결)

판례 통고처분·고발 권한이 없는 세무공무원이 그 권한자에게 통고처분이나 고발조치를 건의하지 아니함 – 직무유기죄 × (대법원 1997. 4. 11. 선고 96도2753 판결)

판례 지방자치단체의 교육기관 등의 장이 ① 수사기관 등으로부터 교육공무원의 징계사유를 통보받고도 징계의결 요구를 하지 아니하여 ② 주무부장관으로부터 징계의결 요구를 하라는 직무이행명령을 받았으나 ③ 그에 대한 이의의 소를 제기하였는데, 관련 법령상 '1월 이내에 징계의결 요구'를 하지 않았다는 이유로 직무유기로 기소됨 – 직무유기죄 × (대법원 2013. 6. 27. 선고 2011도797 판결)

참고 지방자치법에 따르면 주무부장관의 직무이행명령을 받은 경우에도 이의가 있으면 대법원에 소를 제기할 수 있다는 점이 불성립 논거의 핵심이다. 만일 징계사유가 명백한데도 이의의 소를 제기하지도 않으면서 징계의결 요구를 하지 않으면 본죄가 성립할 것이다. 위 판례 역시 같은 취지의 설시를 한다.

판례 지방자치단체장이 전국공무원노동조합이 주도한 파업에 참가한 소속 공무원들에 대하여 관할 인사위원회에 징계의결 요구를 하지 아니하고 가담 정도의 경중을 가려 자체 인사위원회에 징계의결 요구를 하거나 훈계처분을 하도록 지시 – 직무유기죄 × (대법원 2007. 7. 12. 선고 2006도1390 판결)

3. 죄수 등

가. 죄수

판례 직무유기죄 – 계속범
직무유기죄는 그 직무를 수행하여야 하는 작위의무의 존재와 그에 대한 위반을 전제로 하고 있는바, 그 작위의무를 수행하지 아니함으로써 구성요건에 해당하는 사실이 있었고 그 후에도 계속하여 그 작위의무를 수행하지 아니하는 위법한 부작위상태가 계속되는 한 가벌적 위법상태는 계속 존재하고 있다고 할 것이며 형법 제122조 후단은 이를 전체적으로 보아 1죄로 처벌하는 취지로 해석되므로 이를 즉시범이라고 할 수 없다. (대법원 1997. 8. 29. 선고 97도675 판결) **표준**

나. 허위공문서작성죄와의 관계

① 공무원이 위법사실을 은폐할 목적으로 허위공문서를 작성한 경우, 허위공문서작성죄만 성립한다. ② 공무원이 위법사실에 대한 은폐목적 없이 허위공문서를 작성한 경우, 허위공문서작성죄와 직무유기죄의 실체적 경합이 된다(①·② 모두 행사가 인정되는 경우, 허위작성공문서행사죄도 성립한다). ①을 먼저 살펴보자.

판례 위법사실 은폐목적 허위공문서 작성 – ① 허위공문서작성죄 ○ ② 직무유기죄 ×
공무원이 어떠한 위법사실을 발견하고도 직무상 의무에 따른 적절한 조치를 취하지 아니하고 위법사실을 적극적으로 은폐할 목적으로 허위공문서를 작성, 행사한 경우에는 직무위배의 위법상태는 허위공문서작성 당시부터 그 속에 포함되는 것으로 작위범인 허위공문서작성, 동행사죄만이 성립하고 부작위범인 직무유기죄는 따로 성립하지 아니한다. (대법원 1999. 12. 24. 선고 99도2240 판결)

판례 경찰관들이 18명의 도박범행을 적발하고도 이를 묵인하여 달라는 부탁을 받고 도박사실을 발견하지 못한 것처럼 근무일지를 허위로 작성하고 파출소장에게 보고 – ① 허위공문서작성죄 ○ ② 직무유

기죄 × (대법원 1999. 12. 24. 선고 99도2240 판결)

판례 예비군 중대장이 예비군대원의 훈련불참사실을 고의로 은폐할 목적으로 당해 예비군대원이 훈련에 참석한 양 허위내용의 학급편성명부를 작성·행사 – ① 허위공문서작성죄 ○ ② 직무유기죄 × (대법원 1982. 12. 28. 선고 82도2210 판결)

판례 공무원이 폐수배출시설 폐쇄명령 불이행 사실을 은폐하는 데 행사할 목적으로 출장복명서의 폐쇄명령 이행사항 확인란을 허위로 작성 – ① 허위공문서작성죄 ○ ② 직무유기죄 × (대법원 2004. 3. 26. 선고 2002도5004 판결)

이어서 ②를 살펴보자.

판례 공무원이 농지전용허가를 하여 주어서는 안 됨을 알면서도 허가하여 줌이 타당하다는 취지의 현장출장복명서 및 심사의견서를 작성하여 결재권자에게 제출 – ① 허위공문서작성죄 ○ ② 직무유기죄 ○ (실체적 경합)
위 복명서 및 심사의견서를 허위작성한 것이 농지일시전용허가를 신청하자 이를 허가하여 주기 위하여 한 것이라면 직접적으로 농지불법전용 사실을 은폐하기 위하여 한 것은 아니므로 위 허위공문서작성, 동행사죄와 직무유기죄는 실체적 경합범의 관계에 있다. (대법원 1993. 12. 24. 선고 92도3334 판결)

끝으로 특가법 직무유기죄와 허위공문서작성죄의 관계를 살펴본다.

판례 특가법 범죄사실 은폐 목적 허위공문서 작성 – ① 허위공문서작성죄 ○ ② 특수직무유기죄 ○ (상상적 경합)[195]
공무원이 그 직무상의 의무에 위배하여 허위공문서를 작성행사한 경우 직무위배의 위법 상태는 허위공문서작성당시부터 그 속에 포함되어 별도로 형법 제122조의 직무유기죄가 성립되지 않는다는 당원 1982.12.28 선고 82도2210 판결은 형법 제122조의 직무유기죄와는 별도의 범죄인 특정범죄가중처벌등에 관한 법률 제15조의 특수직무유기죄에는 적절한 것이 될수 없다 할 것이므로, 사법경찰리 직무취급을 겸하여 산림법위반의 범죄수사에 종사하는 공무원이 특정범죄가중처벌등에 관한 법률위반의 범죄사실을 인지하고도 필요한 조치를 취하지 아니하고 그 범죄사실을 은폐하기 위하여 그 직무에 관한 허위의 공문서를 작성행사하였다면 특정범죄가중처벌등에 관한 법률 제15조의 특수직무유기죄가 성립한다 할 것이다. (대법원 1984. 7. 24. 선고 84도705 판결) 표준
해설 형법상 직무유기죄에 적용되던 법리가 적용되지 않는다. 법정형에서 이유를 찾아본다. (① 〈 ② 〈 ③)
① 형법 제122조(직무유기): 1년 이하의 징역이나 금고·3년 이하의 자격정지

---

195 사법연수원, 형사판례요약집, 2018, 534쪽. 원심은 상상적 경합을 인정하였고 대법원도 상고기각함에 따라 이를 인정하였다.

② 형법 제227조(허위공문서작성등): 7년 이하의 징역·2천만원 이하의 벌금

③ 특가법 제15조(특수직무유기): 1년 이상의 유기징역

다. 작위범과의 관계

직무유기죄는 부작위범이기 때문에 증거인멸죄·범인도피죄 등 작위범과의 관계가 문제된다. 판례는 ① 작위범과 직무유기죄를 함께 기소한 경우에는 '작위범만 성립한다'고 보아 작위범에 대해서만 유죄를 선고하나, ② 직무유기죄만을 기소하는 경우에는 '공소제기권자는 재량에 의하여 작위범에 대해 공소를 제기하지 않고 부작위범에 대해서만 공소를 제기할 수 있다'고 하여 직무유기죄에 대해 유죄를 선고한다.

[판례] 경찰관이 부하직원으로부터 관련법 위반으로 오락실을 단속하여 증거물로 오락기의 변조 기판을 압수하여 사무실에 보관중임을 보고받아 알고 있었음에도 부하직원에게 압수한 변조 기판을 돌려주라고 지시하여 오락실 업주에게 이를 돌려준 경우 – ① 증거인멸죄 ○ ② 직무유기죄 ×

작위범인 증거인멸죄만이 성립하고 부작위범인 직무유기(거부)죄는 따로 성립하지 아니한다. (대법원 2006. 10. 19. 선고 2005도3909 전원합의체 판결)

[판례] 검사로부터 범인을 검거하라는 지시를 받은 경찰관이 범인을 도피케 함 – ① 범인도피죄 ○ ② 직무유기죄 ×

직무위배의 위법상태가 범인도피행위 속에 포함되어 있는 것으로 보아야 할 것이므로, 이와 같은 경우에는 작위범인 범인도피죄만이 성립하고 부작위범인 직무유기죄는 따로 성립하지 아니한다. (대법원 1996. 5. 10. 선고 96도51 판결) **표준**

[판례] 출원에 대한 심사업무를 담당하는 공무원이 출원인의 출원사유가 허위라는 사실을 알면서도 결재권자로 하여금 오인, 착각, 부지를 일으키게 하고 그 오인, 착각, 부지를 이용하여 인·허가처분에 대한 결재를 받아냄 – ① 위계공무집행방해죄 ○ ② 직무유기죄 ×

피고인이, 출원인이 어업허가를 받을 수 없는 자라는 사실을 알면서도 그 직무상의 의무에 따른 적절한 조치를 취하지 않고 오히려 부하직원으로 하여금 어업허가 처리기안문을 작성하게 한 다음 피고인 스스로 중간결재를 하는 등 위계로써 농수산국장의 최종결재를 받았다면, 직무위배의 위법상태가 위계에 의한 공무집행방해행위 속에 포함되어 있는 것이라고 보아야 할 것이므로, 이와 같은 경우에는 작위범인 위계에 의한 공무집행방해죄만이 성립하고 부작위범인 직무유기죄는 따로 성립하지 아니한다. (대법원 1997. 2. 28. 선고 96도2825 판결) **표준**

[판례] 공무원이 범인을 도피케 하였는데 직무유기죄로만 기소 – 직무유기죄 ○

하나의 행위가 부작위범인 직무유기죄와 작위범인 범인도피죄의 구성요건을 동시에 충족하는 경우 공소제기권자는 재량에 의하여 작위범인 범인도피죄로 공소를 제기하지 않고 부작위범인 직무유기죄로만 공소를 제기할 수도 있다. (대법원 1999. 11. 26. 선고 99도1904 판결)

II 피의사실공표죄

> **제126조(피의사실공표)** 검찰, 경찰 그 밖에 범죄수사에 관한 직무를 수행하는 자 또는 이를 감독하거나 보조하는 자가 그 직무를 수행하면서 알게 된 피의사실을 공소제기 전에 공표(公表)한 경우에는 3년 이하의 징역 또는 5년 이하의 자격정지에 처한다.

例規 제126조 피의사실공표	미수 ×

공소제기 후 공표하는 경우 본죄가 성립하지 않는다.

III 공무상비밀누설죄

> **제127조(공무상 비밀의 누설)** 공무원 또는 공무원이었던 자가 법령에 의한 직무상 비밀을 누설한 때에는 2년 이하의 징역이나 금고 또는 5년 이하의 자격정지에 처한다.

例規 제127조 공무상비밀누설	미수 ×

🔍 핵심단어

- ① 공무원(이었던 자) ② 법령에 의한 직무상 비밀 ③ 누설
- 법령에 의한 직무상 비밀 – ① 법령상 비밀에 한하지 않고 ② 정치·군사·외교·경제·사회적 필요에 따라 비밀로 된 사항 ③ 객관적으로 외부에 알리지 않는 것이 상당한 이익인 사항 ④ 실질적으로 비밀로 보호 가치 있는 사항

외교상기밀누설죄(형법 제113조 제2항)도 별도로 존재한다는 점 정도 알아두자.[196 · 197]

---

196 **형법 제113조(외교상기밀의 누설)** ① 외교상의 기밀을 누설한 자는 5년 이하의 징역 또는 1천만원 이하의 벌금에 처한다. ② 누설할 목적으로 외교상의 기밀을 탐지 또는 수집한 자도 전항의 형과 같다.

197 관련 판례를 하나만 살펴본다. 대법원 1995. 12. 5. 선고 94도2379 판결 **표준**
　[1] 형법 제113조 제1항 소정의 외교상의 기밀이라 함은, 외국과의 관계에서 국가가 보지해야 할 기밀로서, 외교정책상 외국에 대하여 비밀로 하거나 확인되지 아니함이 대한민국의 이익이 되는 모든 정보자료를 말한다.
　[2] 외국에 이미 널리 알려져 있는 사항은 특단의 사정이 없는 한 이를 비밀로 하거나 확인되지 아니함이 외교정책상의 이익이 된다고 할 수 없는 것이어서 외교상의 기밀에 해당하지 아니한다.
　[3] 외국언론에 이미 보도된 바 있는 우리 나라의 외교정책이나 활동에 관련된 사항들에 관하여 정부가 이른바 보도지침의 형식으로 국내언론기관의 보도 여부 등을 통제하고 있다는 사실을 알리는 것이 외교상의 기밀을 누설한 경우에 해당하지 않는다고 한 사례.

공무상비밀누설죄에서는 주로 '법령에 의한 직무상 비밀'에 해당하는지 여부가 문제된다. 판례는 '법령에 의한 직무상 비밀'은 법령에서 비밀로 규정되었거나 비밀로 분류 명시된 사항에 한정되지 않는다고 보아, 문언에 비해 이를 넓게 해석한다.

판례 법령에 의한 직무상 비밀 – ① 법령상 비밀에 한하지 않고 ② 정치·군사·외교·경제·사회적 필요에 따라 비밀로 된 사항 ③ 객관적으로 외부에 알려지지 않는 것이 상당한 이익인 사항 ④ 실질적으로 비밀로 보호 가치 있는 사항

형법 제127조는 공무원 또는 공무원이었던 자가 법령에 의한 직무상 비밀을 누설하는 것을 구성요건으로 하고 있고, 동 조에서 '법령에 의한 직무상 비밀'이란 ① 반드시 법령에서 비밀로 규정되었거나 비밀로 분류 명시된 사항에 한정되지 않고, ② 정치·군사·외교·경제·사회적 필요에 따라 비밀로 된 사항은 물론 ③ 정부나 공무소 또는 국민이 객관적, 일반적인 입장에서 외부에 알려지지 않는 것에 상당한 이익이 있는 사항도 포함하나, ④ 실질적으로 그것을 비밀로서 보호할 가치가 있다고 인정할 수 있는 것이어야 한다. 그리고 본죄는 기밀 그 자체를 보호하는 것이 아니라 공무원의 비밀엄수의무의 침해에 의하여 위험하게 되는 이익, 즉 비밀의 누설에 의하여 위협받는 국가의 기능을 보호하기 위한 것이다. (대법원 1996. 5. 10. 선고 95도780 판결, 대법원 2018. 2. 13. 선고 2014도11441 판결, 대법원 1981. 7. 28. 선고 81도1172 판결) **표준**

인정례를 살펴본다.

판례 검찰 고위 간부가 수사가 계속 진행중인 상태에서 해당 사안에 관한 수사책임자의 잠정적인 판단 등 수사팀의 내부 상황을 확인한 뒤 그 내용을 전달 – 공무상비밀누설죄(비밀) ○ (대법원 2007. 6. 14. 선고 2004도5561 판결) **표준**

동지 경찰관이 국회의원 비서관에게 '검사가 수사의 대상, 방법 등에 관하여 경찰을 지휘한 내용을 기재한 수사지휘서의 기재 내용과 이에 관계된 수사상황'을 전달하고 설명 – 공무상비밀누설죄(비밀) ○
수사기관이 특정 사건에 대하여 내사 또는 수사를 진행하고 있는 상태에서 수사지휘서의 내용이 외부에 알려질 경우 피내사자나 피의자 등이 증거자료를 인멸하거나 수사기관에서 파악하고 있는 내용에 맞추어 증거를 준비하는 등 수사기관의 증거 수집 등 범죄수사 기능에 장애가 생길 위험이 있다. 또한 수사지휘서의 내용이 누설된 경로에 따라서는 사건관계인과의 유착 의혹 등으로 수사의 공정성과 신뢰성이 훼손됨으로써 수사의 궁극적인 목적인 적정한 형벌권 실현에 지장이 생길 우려도 있다. 그러므로 수사지휘서의 기재 내용과 이에 관계된 수사상황은 해당 사건에 대한 종국적인 결정을 하기 전까지는 외부에 누설되어서는 안 될 수사기관 내부의 비밀에 해당한다. (대법원 2018. 2. 13. 선고 2014도11441 판결)

동지 경찰관이 피의자가 부인하는 간통죄 고소사건에서 범죄장면을 촬영한 CD와 같은 직접적 증거의 존재 및 제출여부를 피의자에게 알려줌 – 공무상비밀누설죄(비밀) ○
당사자가 부인하는 간통사건에 있어서 간통장면을 촬영한 CD와 같은 직접적 증거의 존재 및 제출 여부는, 그 사실이 당해 사건의 피의자에게 누설될 경우 피의자로 하여금 제출된 증거의 종류 및 증명력 여하에 따라 범행을 부인하거나 관련된 증거의 인멸, 위·변조 등을 시도하게 할 염려가 있다. (대법원 2005. 9. 15. 선고 2005도4843 판결)

비교 수사기관 공무원이 피의자에게 피의사실, 피의자 및 피해자의 각 인적사항, 피해자의 상해 정도, 피의자의 신병처리 지휘내용 등에 관한 내용이 담긴 수사기록을 열람·등사시켜줌 – 공무상비밀누설죄(비밀) ×
위 내용이 공개되는 경우 수사의 보안 또는 기밀을 침해하여 수사의 목적을 방해할 우려가 있거나 개인의 사생활 등 이해관계를 침해할 우려가 있는 개인정보를 담고 있는 것으로 보기에는 부족하고, 달리 위 수사서류가 법령에 의한 직무상의 비밀을 내용으로 하는 문서들이라는 점을 인정할 증거가 없다. (대법원 2003. 6. 13. 선고 2001도1343 판결)

비교 옷값 대납 사건의 내사결과보고서를 유출 – 공무상비밀누설죄(비밀) ×
이 사건 내사결과보고서에는 조사과로부터 조사를 받은 참고인들의 진술요지가 간단히 기재되어 있기는 하나 주된 내용은 연정희가 이형자에게 옷값의 대납을 요구하였다는 첩보내용은 사실무근이라는 것에 불과하여 그 내용에 국가안전보장, 질서유지, 공공복리를 침해하는 요소가 있다고 볼 수 없다. (대법원 2003. 12. 26. 선고 2002도7339 판결)
해설 판례는 서류 자체를 두고 비밀성을 판단하는 것이 아니라, 수사의 보안·기밀을 침해하여 수사의 목적을 방해할 우려가 있는지 여부를 기준으로 비밀성을 판단하고 있다.

판례 대통령 당선인 甲 비서실 소속 공무원이 당시 중국에 파견할 특사단 추천 의원을 정리한 문건을 乙에게 이메일 등으로 전달 – 공무상비밀누설죄(비밀) ○ (대법원 2018. 4. 26. 선고 2018도2624 판결)

판례 공무원이 수해복구 공사계약을 수의계약 방식으로 체결하기로 하면서, 미리 선정된 공사업체에게 공사 예정가격을 알려줌 – 공무상비밀누설죄(비밀) ○ (대법원 2008. 3. 14. 선고 2006도7171 판결)
참고 관계법령에 예정가격 누설금지 규정이 있다.

이어서 부정례를 살펴본다.

판례 구청에서 체납차량 영치 및 공매 등의 업무를 담당하던 공무원이 甲의 부탁을 받고 차적 조회 시스템을 이용하여 범죄 현장 부근에서 경찰의 잠복근무에 이용되고 있던 경찰청 소속 차량의 소유관계에 관한 정보를 알아내 甲에게 알려줌 – 공무상비밀누설죄(비밀) ×
재산의 소유 주체에 관한 정보에 불과한 자동차 소유자에 관한 정보를 정부나 공무소 또는 국민이 객관적, 일반적인 입장에서 외부에 알려지지 않는 것에 상당한 이익이 있는 사항으로서 실질적으로 비밀로 보호할 가치가 있다거나, 그 누설에 의하여 국가의 기능이 위협받는다고 볼 수 없고, 경찰청 소속 차량으로 잠복수사에 이용되는 경우 소속이 외부에 드러나지 말아야 할 사실상의 필요성이 있다는 사정만으로 달리 볼 것이 아니다. (대법원 2012. 3. 15. 선고 2010도14734 판결)

판례 감사원 감사관이 공개한 기업의 비업무용 부동산 보유실태에 관한 감사원 보고서의 내용 – 공무상비밀누설죄(비밀) × (대법원 1996. 5. 10. 선고 95도780 판결) 표준

판례 A법원 형사수석부장판사인 피고인 1이 같은 법원 영장전담판사인 피고인 2, 3 등으로부터 보고받은 정보를 법원행정처 차장에게 보고 – 공무상비밀누설죄(누설) ×
공무원이 직무상 알게 된 비밀을 그 직무와의 관련성 혹은 필요성에 기하여 해당 직무의 집행과 관련 있는 다른 공무원에게 직무집행의 일환으로 전달한 경우에는, 관련 각 공무원의 지위 및 관계, 직무집행

의 목적과 경위, 비밀의 내용과 전달 경위 등 제반 사정에 비추어 비밀을 전달받은 공무원이 이를 그 직무집행과 무관하게 제3자에게 누설할 것으로 예상되는 등 국가기능에 위험이 발생하리라고 볼 만한 특별한 사정이 인정되지 않는 한, 위와 같은 행위가 비밀의 누설에 해당한다고 볼 수 없다.

피고인 1이 공소외인(법원행정처 차장)에게 한 보고는 일선 법원 사법행정업무 담당자가 그 직무수행의 일환으로 법원행정처에 대해 법관 비위 정보를 보고한 행위로서 해당 정보를 전달받은 법원행정처 차장 공소외인이 이를 일반에게 유포하는 등 국가의 수사·재판기능을 저해하는 행위를 할 우려가 있다고 보기 어렵고, … (중략) … 비리 혐의를 받고 있는 해당 법관에 대해 형사재판이 확정되기 전이라도 그 사실관계를 파악하여 … (중략) … 사무분담 변경이나 징계 처분 등 사법행정의 측면에서 요구되는 조치를 신속하면서도 신중하게 검토, 실행할 필요성 하에 해당 사법행정업무를 직·간접적으로 담당하고 그에 관한 비밀엄수의무를 부담하는 자들 사이에 그 직무집행에 필요한 정보를 주고받은 행위로 볼 수 있다. (대법원 2021. 11. 25. 선고 2021도2486 판결)

동지 법원장인 피고인이 소속 법원 기획법관으로 하여금 집행관사무원 비리 사건에 관하여 영장재판 정보가 포함된 보고서를 작성한 후 법원행정처 차장에게 전달하도록 함 – 공무상비밀누설죄 × (대법원 2021. 12. 30. 선고 2021도11924 판결)

Ⅳ 직권남용죄

제123조(직권남용) 공무원이 직권을 남용하여 사람으로 하여금 의무없는 일을 하게 하거나 사람의 권리 행사를 방해한 때에는 5년 이하의 징역, 10년 이하의 자격정지 또는 1천만원 이하의 벌금에 처한다.

例規 제123조 직권남용권리행사방해	미수 ×

🔍 핵심단어
- ① 공무원 ② 직권남용 ③ 권리행사방해·의무없는 일 하게 함
- 직권남용이란 ① 일반적 권한의 불법행사 ② 형식적·외형적 직무집행 ③ 실질은 정당한 권한 외의 행위

1. 주체: 공무원

앞서 살펴본 것과 같다.

2. 행위

가. 직권남용

직권남용이란 공무원이 일반적 권한에 속하는 사항을 불법하게 행사하는 것을 말한다. 즉 형식적·외형적으로는 직무집행으로 보이나 실질은 정당한 권한 외의 행위를 하는 경우를 의미한다.

> **판례** 직권남용 – ① 일반적 권한의 불법행사 ② 형식적·외형적 직무집행 ③ 실질은 정당한 권한 외의 행위
>
> "직권남용"이란 ① 공무원이 그의 일반적 권한에 속하는 사항에 관하여 그것을 불법하게 행사하는 것, ② 즉 형식적, 외형적으로는 직무집행으로 보이나 ③ 그 실질은 정당한 권한 이외의 행위를 하는 경우를 의미하고, 따라서 직권남용은 공무원이 그의 일반적 권한에 속하지 않는 행위를 하는 경우인 지위를 이용한 불법행위와는 구별된다. (대법원 1991. 12. 27. 선고 90도2800 판결)
>
> 어떠한 직무가 공무원의 일반적 권한에 속하는 사항이라고 하기 위해서는 ① 그에 관한 법령상의 근거가 필요하지만, ② 명문이 없는 경우라도 법·제도를 종합적, 실질적으로 관찰해서 그것이 해당 공무원의 직무권한에 속한다고 해석되고, 남용된 경우 상대방으로 하여금 사실상 의무 없는 일을 행하게 하거나 권리를 방해하기에 충분한 것이라고 인정되는 경우에는 직권남용죄에서 말하는 '일반적 권한'에 포함된다고 보아야 한다. (대법원 2011. 7. 28. 선고 2011도1739 판결)
>
> 공무원이 직무와는 상관없이 단순히 개인적인 친분에 근거하여 문화예술 활동에 대한 지원을 권유하거나 협조를 의뢰한 것에 불과한 경우까지 직권남용에 해당한다고 할 수는 없다. (대법원 2009. 1. 30. 선고 2008도6950 판결) **표준**
>
> 일반적 직무권한은 반드시 법률상의 강제력을 수반하는 것임을 요하지 아니한다. (대법원 2004. 5. 27. 선고 2002도6251 판결)

일반적 직무권한의 인정례·부정례를 살펴본다. 개별 사안을 깊이 있게 이해하려면 관련 법령·실질적인 업무관행을 모두 뜯어봐야 한다.[198]

> **판례** 해군본부 법무실장이 국방부 검찰수사관에게 군내 납품비리 수사와 관련한 수사기밀사항을 보고하게 함 – 직권남용죄(권한) ○
>
> 피고인은 해군 검찰업무뿐 아니라 소송, 징계업무 등 법무업무 전반에 관하여 해군참모총장을 보좌하는

---

198 실무상 직권남용죄는 (검사의 입장에서) 유죄를 이끌어내기 참 어려운 범죄이다. 직권남용죄가 인정되려면 ① '일반적 직무권한'에 속하면서도 ② '그 직권을 남용'하는 행위여야 한다. 이 두 가지는 상반되는 가치평가 요소를 내재한다. 필자가 경험한 직권남용죄 사건의 변론은 크게 두 가지 유형으로 분류된다. 첫째, 완전한 권한 초월 행위여서 ① 일반적 직무권한이 탈락한다는 변론 – '피고인은 자신에게 주어진 일반적 직무권한을 터무니없이 초월하여 행위하였으므로 이는 정치적·윤리적 비난의 대상이 될지언정 직권남용죄에 해당하지는 않습니다'는 취지의 변론이다. 이러한 사건에서 검사는 피고인의 행위는 외형상 직무권한에 속하지만 실질은 정당하지 않은, 그야말로 '적당한' 남용행위이지 완전한 초월행위는 아니라고 주장하고, 변호인은 피고인이 완전히 말도 안 되는 짓을 한 것이라 주장을 하는 웃지 못할 광경을 마주한다. 둘째, 정당한 직무상 권한 행사이므로 ② 남용이 아니라는 변론 – '피고인의 행위는 자신의 직무권한을 정당하게 행사한 것이므로 직권의 남용에 해당하지 않습니다'는 취지의 변론이다. 결국 직권남용죄를 효과적으로 입증하려면 ① 피고인에게 주어진 법령상 권한(특히 행정규칙, 예규, 내부 매뉴얼), 실무상 권한(전임자, 상·하급자 등에 대한 참고인 조사)을 정확히 파악한 뒤 피고인의 행위가 그 권한의 영역에서 이루어졌음을 밝히고 ② 나아가 그 행위가 외형적으로는 직무집행이지만 실질적으로는 비리를 은폐하거나, 사익을 취하거나, 제3자에게 이익을 취하게 하거나, 특정인에게 편의를 제공하게 하거나, 어떠한 절차를 건너뛰게 하려는 등의 목적하에 행해졌음을 밝혀야 한다.

자로서 해군 소속 인원의 사법처리와 관련된 중요 사항에 관하여 보고를 받을 일반적인 직무권한이 있으나, 여기서 나아가 국방부 검찰단의 향후 수사 방향에 대한 내용 등 수사기밀사항에 대한 보고를 요구하는 행위는 형식적, 외형적으로는 직무집행으로 보이나 실질은 일반적 직무권한 범위를 넘어 직무의 행사에 가탁한 부당한 행위이다. (대법원 2011. 7. 28. 선고 2011도1739 판결)

참고 해군본부 법무실과 국방부 검찰단은 별개의 조직인데, 해군 법무병과 소속원이 국방부 검찰단에 근무하게 된 것을 기화로 기밀사항 보고를 요구한 사건이다.

판례 대통령 민정수석비서관이 대통령의 근친관리업무에 관련하여 농수산물 도매시장 관리공사 대표이사에게 위 시장 내 일부 시설을 당초 예정한 공개입찰이 아닌 수의계약으로 대통령의 근친에게 임대케 함 – 직권남용죄(권한) ○ (대법원 1992. 3. 10. 선고 92도116 판결)

판례 대통령 민정수석비서관이 수집된 각종 정보에 의거하여 필요한 경우 감사원의 감사활동을 현실적으로 지시하여 오던 중 그러한 직무권한에 가탁하여 감사원의 특정 기관에 대한 감사를 중단케 함 – 직권남용죄(권한) ○ (대법원 1992. 3. 10. 선고 92도116 판결)

판례 국가정보원 방첩국장이 국정원 직원들로 하여금 이른바 '종북좌파'로 규정된 민간인을 사찰케 함 – 직권남용죄(권한) ○

피고인은 국가의 안전보장과 관련된 국외 정보 및 국내 보안정보의 수집·작성 및 배포 등의 업무를 수행하는 국가정보원의 E단장 또는 D국장으로 그 소속 직원을 지휘·감독할 권한이 있었는데, 국가정보원 T을 거쳐 내려온 G의 지시에 따라 이들과 공모하여, 관련 법령에 따라 국가정보원은 물론 D국의 정보수집 대상으로 볼 수 없는 민간인들을 Z 정부의 정책에 반대한다는 이유 등으로 합리적 이유 없이 '종북좌파' 등으로 규정짓고, D국 내 별도의 U팀을 조직하여 이들에 대한 정보를 수집·보고하도록 지시한 것인바, 이러한 피고인의 행위는 형식적, 외형적으로는 국가정보원 D국장으로서의 직무집행으로 보이나, 실질은 정당한 권한 외의 행위를 하는 경우에 해당한다. (대법원 2021. 3. 11. 선고 2019도3596 판결)

비교 국가정보원 국장·기업 담당 정보담당관(IO)이 대기업으로 하여금 보수단체에 자금을 지원케 함 – 직권남용죄(권한) ×

I/O(Intelligence Officer, 정보 담당관)에게는 사기업에 보수단체에 대한 자금지원을 요청할 수 있는 일반적 직무권한이 없다. (대법원 2019. 3. 14. 선고 2018도18646 판결)

참고 국가정보원법상 직권남용죄에 관한 판례이다.

판례 대검찰청 공안부장인 피고인이 고등학교 후배인 한국조폐공사 사장에게 위 공사의 쟁의행위 및 구조조정에 관하여 전화통화 – 직권남용죄(권한) ×

대검찰청 공안부장이 한국조폐공사(이하 '조폐공사'라고 한다) 사장에게 조폐공사의 쟁의행위·경영에 관하여 어떠한 지시나 명령을 할 수 있는 권한을 가지고 있다고 볼 수 없다. (대법원 2005. 4. 15. 선고 2002도3453 판결)

판례 치안본부장이 국립과학수사연구소 법의학1과장에게 고문치사자의 사인에 관하여 기자간담회에 참고할 메모를 그의 의사에 반하여 작성하도록 요구함 – 직권남용죄(권한) ×

위 과장의 메모작성행위가 국립과학수사연구소의 행정업무에 관한 행정상 보고의무라고 할 수 없고 치안본부장이 위 과장에게 메모를 작성토록 한 행위가 그 일반적 권한에 속하는 사항이라고도 볼 수 없다.

(대법원 1991. 12. 27. 선고 90도2800 판결)

판례 국방부 근무지원단장이 국방부 근무지원단 헌병대대에 속한 자로 하여금 해병대 사령관의 비리 사건에 대하여 사실관계를 확인하게 하고 대구지검 포항지청에 내사요청을 하게 함 – 직권남용죄(권한) × (대법원 2014. 12. 24. 선고 2012도4531 판결)

참고 국방부 근무지원단 헌병대대는 관할 사건에 대한 수사권한만 가지고 있고 해병대 사령관에 대한 수사권한, 민간 수사기관에 이에 대한 내사를 요청할 권한이 없다고 보았다.

판례 서울중앙지방법원 형사수석부장판사인 피고인이 같은 법원의 형사재판부에 계속 중인 형사재판에 부당·부적절하게 관여함 – 직권남용죄(권한) ×

피고인의 판시와 같은 행위는 부당하거나 부적절한 재판관여행위에 해당한다. 그러나 피고인의 위와 같은 각 재판관여행위는 법관의 재판권에 관한 것인데, 이에 대하여는 사법행정권자에게 직무감독 등의 사법행정권이 인정되지 않으므로 각 재판관여행위에 관하여 피고인에게 직권남용죄에서 말하는 '일반적 직무권한'이 존재하지 않고, 일반적 직무권한의 범위를 넘는 월권행위에 관하여는 직권남용죄가 성립하지 않는다. 헌법, 법원조직법, 관련 대법원 규칙과 예규를 종합하더라도 피고인에게 재판에 관여할 직무권한을 인정할 수 없다. 결국 각 재판관여행위가 피고인이 서울중앙지방법원 형사수석부장판사로서의 일반적 직무권한에 속하는 사항에 관하여 직권을 행사하는 모습으로 이루어진 것은 아니다. (대법원 2022. 4. 28. 선고 2021도11012 판결)

나. 권리행사방해 · 의무 없는 일을 하게 함

① 권리행사방해란 직권을 남용하여 법령상 인정된 권리를 행사하지 못하게 방해하는 것을 말한다. ② 의무 없는 일을 하게 함이란 직권을 남용하여 법령상 의무 없는 자에게 이를 강요하는 것을 말한다.

판례 권리 – ① 법률상 권리에 한하지 않고 ② 법령상 보호되어야 할 이익까지 포함
직권남용권리행사방해죄에서 말하는 '권리'는 법률에 명기된 권리에 한하지 않고 법령상 보호되어야 할 이익이면 족한 것으로서, 공법상의 권리인지 사법상의 권리인지를 묻지 않는다고 봄이 상당하다. (대법원 2010. 1. 28. 선고 2008도7312 판결)

판례 의무 – ① 법률상 의무 ○ ② 심리적 의무감·도덕적 의무 ×
직권남용죄에서 말하는 "의무"란 ① 법률상 의무를 가리키고, ② 단순한 심리적 의무감 또는 도덕적 의무는 이에 해당하지 아니한다. (대법원 1991. 12. 27. 선고 90도2800 판결)

판례 의무 없는 일에 대한 판단기준
직권남용권리행사방해죄는 단순히 공무원이 직권을 남용하는 행위를 하였다는 것만으로 곧바로 성립하는 것이 아니다. 직권을 남용하여 현실적으로 다른 사람이 법령상 의무 없는 일을 하게 하였거나 다른 사람의 구체적인 권리행사를 방해하는 결과가 발생하여야 하고, 그 결과의 발생은 직권남용 행위로 인

한 것이어야 한다.

'사람으로 하여금 의무 없는 일을 하게 한 것'과 '사람의 권리행사를 방해한 것'은 형법 제123조가 규정하고 있는 객관적 구성요건요소인 '결과'로서 둘 중 어느 하나가 충족되면 직권남용권리행사방해죄가 성립한다. 이는 '공무원이 직권을 남용하여'와 구별되는 별개의 범죄성립요건이다. 따라서 공무원이 한 행위가 직권남용에 해당한다고 하여 그러한 이유만으로 상대방이 한 일이 '의무 없는 일'에 해당한다고 인정할 수는 없다. '의무 없는 일'에 해당하는지는 직권을 남용하였는지와 별도로 상대방이 그러한 일을 할 법령상 의무가 있는지를 살펴 개별적으로 판단하여야 한다. 직권을 남용한 행위가 위법하다는 이유로 곧바로 그에 따른 행위가 의무 없는 일이 된다고 인정하면 '의무 없는 일을 하게 한 때'라는 범죄성립요건의 독자성을 부정하는 결과가 되고, '권리행사를 방해한 때'의 경우와 비교하여 형평에도 어긋나게 된다.

직권남용 행위의 상대방이 일반 사인인 경우 특별한 사정이 없는 한 직권에 대응하여 따라야 할 의무가 없으므로 그에게 어떠한 행위를 하게 하였다면 '의무 없는 일을 하게 한 때'에 해당할 수 있다. 그러나 상대방이 공무원이거나 법령에 따라 일정한 공적 임무를 부여받고 있는 공공기관 등의 임직원인 경우에는 법령에 따라 임무를 수행하는 지위에 있으므로 그가 직권에 대응하여 어떠한 일을 한 것이 의무 없는 일인지 여부는 관계 법령 등의 내용에 따라 개별적으로 판단하여야 한다.

행정조직은 날로 복잡·다양화·전문화되고 있는 현대 행정에 대응하는 한편, 민주주의의 요청을 실현하는 것이어야 한다. 따라서 행정조직은 통일된 계통구조를 갖고 효율적으로 운영될 필요가 있고, 민주적으로 운영되어야 하며, 행정목적을 달성하기 위하여 긴밀한 협동과 합리적인 조정이 필요하다. 그로 인하여 행정기관의 의사결정과 집행은 다양한 준비과정과 검토 및 다른 공무원, 부서 또는 유관기관 등과의 협조를 거쳐 이루어지는 것이 통상적이다. 이러한 협조 또는 의견교환 등은 행정의 효율성을 높이기 위하여 필요하고, 동등한 지위 사이뿐만 아니라 상하기관 사이, 감독기관과 피감독기관 사이에서도 이루어질 수 있다. 이러한 관계에서 일방이 상대방의 요청을 청취하고 자신의 의견을 밝히거나 협조하는 등 요청에 응하는 행위를 하는 것은 특별한 사정이 없는 한 법령상 의무 없는 일이라고 단정할 수 없다. 결국 공무원이 직권을 남용하여 사람으로 하여금 어떠한 일을 하게 한 때에 상대방이 공무원 또는 유관기관의 임직원인 경우에는 그가 한 일이 형식과 내용 등에 있어 직무범위 내에 속하는 사항으로서 법령 그 밖의 관련 규정에 따라 직무수행 과정에서 준수하여야 할 원칙이나 기준, 절차 등을 위반하지 않는다면 특별한 사정이 없는 한 법령상 의무 없는 일을 하게 한 때에 해당한다고 보기 어렵다. (대법원 2020. 1. 30. 선고 2018도2236 전원합의체 판결)

해설 (기소) 대통령비서실장·문체부장관 등이 문체부 공무원을 통하여 한국문화예술위원회·영화진흥위원회·한국출판문화산업진흥원(이하 각각 '예술위', '영진위', '출판진흥원'이라 한다)의 각종 사업에서 좌파 등에 대한 지원배제를 지시함으로써 예술위·영진위·출판진흥원 직원들로 하여금 의무 없는 일을 하게 하였다고 기소됨. 피고인들의 위와 같은 지원배제 지시는 헌법과 법률에 위배되므로 '직권남용'에 해당한다는 것임. **(유죄부분)** 위 지원배제 지시로써 문체부 공무원이 예술위·영진위·출판진흥원 직원들로 하여금 지원배제 방침이 관철될 때까지 사업진행 절차를 중단하는 행위, 지원배제 대상자에게 불리한 사정을 부각시켜 심의위원에게 전달하는 행위, 지원배제 방침을 심의위원에게 전달하면서 지원배제 대상자의 탈락을 종용하는 행위 등을 하게 한 것은 모두 위원들의 독립성을 침해하고 자율적인 절차진행과 운영을 훼손하는 것으로서 예술위·영진위·출판진흥원 직원들이 준수해야 하는 법령상 의무에 위배되므로 '의무 없는 일을 하게 한 때'에 해당함. **(무죄부분)** 예술위·영진위·출판진흥원 직원들로 하여금 문체부 공무원에게 각종 명단을 송부하게 한 행위,

공모사업 진행 중 수시로 심의 진행 상황을 보고하게 한 행위 부분은, 예술위·영진위·출판진흥원은 사업의 적정한 수행에 관하여 문체부의 감독을 받으므로 일반적으로 지원사업의 진행 상황을 보고하는 등 문체부의 지시에 협조할 의무가 있어 의무 없는 일에 해당하지 않음.

이하에서는 권리행사방해·의무 없는 일을 하게 함에 관한 판례를 살펴본다.

판례 상급 경찰관이 직권을 남용하여 부하 경찰관들의 수사를 중단시키거나 사건을 다른 경찰관서로 이첩하게 함 – 직권남용죄(권리방해) ○ (대법원 2010. 1. 28. 선고 2008도7312 판결)

판례 변호사 甲이 위법체포된 피의자 乙과의 접견을 요청하면서 乙이 탑승한 승합차를 막아서자 사법 경찰관인 피고인이 甲을 공무집행방해죄 현행범인으로 체포함 – ① 직권남용죄(권리방해) ○ ② 직권남용체포 ○ (상상적 경합) (대법원 2017. 3. 9. 선고 2013도16162 판결)

해설 이 사건 1심인 수원지방법원 2013. 2. 6. 선고 2011고단328 판결은 범죄사실을 "피고인은 피해자를 공무집행방해의 현행범으로 체포함으로써 직권을 남용하여 사람을 체포함과 '동시에' 직권을 남용하여 변호사인 피해자가 접견교통권을 행사하지 못하도록 하여 피해자의 권리행사를 방해하였다."고 기재하였고 적용법조에 형법 제40조를 포함하였다.

판례 검사가 실제로는 개인적인 목적을 위하여 수용자를 소환하면서도 수사 목적이라는 명분을 내세워 교도관리에게 위 수용자에 대한 소환요구·출석요구 함 – 직권남용죄(의무강요) ○ (대법원 2006. 5. 26. 선고 2005도6966 판결)

판례 대통령비서실 정책실장이 공무원으로 하여금 특별교부세 교부대상이 아닌 특정 사찰의 증·개축 사업을 지원하는 특별교부세 교부신청 및 교부결정을 하게 함 – 직권남용죄(의무강요) ○ (대법원 2009. 1. 30. 선고 2008도6950 판결)

비교 대통령비서실 정책실장이 기업관계자들에게 기업 메세나(Mecenat) 활동의 일환인 미술관 전시회 후원을 요청하여 기업관계자들이 특정 미술관에 후원금을 지급하였으나, 직무와는 상관없이 단순히 개인적인 친분에 근거하여 문화예술 활동에 대한 지원권유·협조의뢰한 것에 불과한 경우 – 직권남용죄(의무강요) × (대법원 2009. 1. 30. 선고 2008도6950 판결)

판례 국방부장관인 피고인이 국방부조사본부장(군 내 경찰청장) 甲으로부터 '사이버사 심리전단장의 정치관여 혐의에 대해 구속영장 신청하고자 한다'는 보고를 받았으나 재검토를 지시하고, 청와대 민정수석실 의견청취(불구속 의견이었음)를 지시하고, 최종적으로 불구속 송치를 지시함 – 직권남용죄(의무강요) × (대법원 2022. 10. 27. 선고 2020도15105 판결)

참고 당시 군사법원법에 따르면 지휘관은 구속영장 신청·청구에 있어 승인권한을 갖는 점 등이 감안되었다.

판례 대통령비서실장 및 정무수석비서관실 소속 공무원들이 2014년~2016년 3년 동안 각 연도별로 전국경제인연합회(전경련)에 특정 정치성향 시민단체들에 대한 자금지원을 요구하여 전경련 부회장 甲으로 하여금 자금지원을 하게 함 – ① 직권남용권리행사방해죄 ○ ② 강요죄 ×
피고인들이 위와 같이 자금지원을 요구한 행위는 대통령비서실장과 정무수석비서관실의 일반적 직무권한에 속하는 사항으로서 직권을 남용한 경우에 해당하고, 갑은 위 직권남용 행위로 인하여 전경련의 해당 보수 시민단체에 대한 자금지원 결정이라는 의무 없는 일을 하였다는 등의 이유로 직권남용권리행사방해죄가 성립한다고 본 원심판단을 수긍하고, 한편 대통령비서실 소속 공무원이 그 지위에 기초하여 어떠한 이익 등의 제공을 요구하였다고 해서 곧바로 그 요구를 해악의 고지라고 평가할 수 없는 점, 요구당시 상대방에게 그 요구에 따르지 않으면 해악에 이를 것이라는 인식을 갖게 하였다고 평가할 만한 언동의 내용과 경위, 요구 당시의 상황, 행위자와 상대방의 성행·경력·상호관계 등에 관한 사정이 나타나 있지 않은 점, 전경련 관계자들이 대통령비서실의 요구를 받고도 그에 따르지 않으면 정책 건의 무산, 전경련 회원사에 대한 인허가 지연 등의 불이익을 받는다고 예상하는 것이 합리적이라고 볼 만한 사정도 제시되지 않은 점 등 여러 사정을 종합하면 피고인들의 위와 같은 자금지원 요구를 강요죄의 성립 요건인 협박, 즉 해악의 고지에 해당한다고 단정할 수 없다. (대법원 2020. 2. 13. 선고 2019도5186 판결)

참고 또한 판례는 ① 각 연도별 자금지원 요구 행위들 사이에서는 범의의 단일성·방법의 동일성을 인정하기 어렵고 ② 각 연도 내에서 행하여진 자금지원 요구와 이에 대한 자금지원 행위들은 포괄일죄를 구성한다고 보았다. 즉 ① 각 연도별 행위는 수 죄인 것이고, ② 각 연도내 행위는 포괄일죄인 것이다.

공무원이 실무 담당자로 하여금 의무없는 일을 하게 한 사례를 따로 살펴본다.

[판례] 공무원의 실무 담당자에 대한 '의무없는 일 하게 함' 판단기준

공무원이 자신의 직무권한에 속하는 사항에 관하여 실무 담당자로 하여금 직무집행을 보조하는 사실행위를 하도록 하더라도 이는 공무원 자신의 직무집행으로 귀결될 뿐이므로 원칙적으로 의무 없는 일을 하게 한 때에 해당한다고 할 수 없다. 그러나 직무집행의 기준과 절차가 법령에 구체적으로 명시되어 있고 실무 담당자에게도 직무집행의 기준을 적용하고 절차에 관여할 고유한 권한과 역할이 부여되어 있다면 실무 담당자로 하여금 그러한 기준과 절차를 위반하여 직무집행을 보조하게 한 경우에는 '의무 없는 일을 하게 한 때'에 해당한다. 공무원의 직무집행을 보조하는 실무 담당자에게 직무집행의 기준을 적용하고 절차에 관여할 고유한 권한과 역할이 부여되어 있는지 여부 및 공무원의 직권남용행위로 인하여 실무 담당자가 한 일이 그러한 기준이나 절차를 위반하여 한 것으로서 법령상 의무 없는 일인지 여부는 관련 법령 등의 내용에 따라 개별적으로 판단하여야 한다. (대법원 2020. 1. 9. 선고 2019도11698 판결, 대법원 2011. 2. 10. 선고 2010도13766 판결) **표준**

[판례] 피고인들은(국정원장 甲을 포함한 고위 간부 乙·丙)은 국정원 지휘부의 하명사항 처리를 위한 '특명팀'을 설치하게 한 후, 실무 담당자들로 하여금 야당 지자체장 A, 승려(민간인) B, 배우 C 등에 대한 동향을 수집하게 하는 등 사찰을 지시하고 그 내용을 정리한 보고서를 작성케 함 – 직권남용죄(의무강요) ○ (대법원 2021. 3. 11. 선고 2020도12583 판결)

해설 국가정보원법상 직권남용권리행사방해죄가 문제된 사건이다.[199] 직권남용죄의 다양한 쟁점이 동시에

---

199 **국가정보원법 제13조(직권 남용의 금지)** 원장·차장·기획조정실장 및 그 밖의 직원은 그 직권을 남용하여 법률에 따른 절차를 거치지 아니하고 사람을 체포 또는 감금하거나 다른 기관·단체 또는 사람으로 하여금 의무 없는

문제되었다. 수험목적상 다음과 같이 간단히 정리하나 반드시 일독을 권한다.[200] ① **일반적 직무권한** ○ - 국정원장 등의 사찰지시는 명목상 그 행위자들인 국정원 직원의 일반적 직무권한에 속하는 사항에 관한 것이다. ② **의무강요** ○ - 국정원 실무 담당자들에게도 각자 자신들이 수행할 정보 수집 및 분석 등 업무에 관하여 그 대상과 방식을 적절하게 선택하는 등으로 직무집행의 기준을 적용하고 절차에 관여할 고유한 권한과 역할이 부여되어 있었다. 이를 위반하여 직무집행을 보조하게 하였기에 '의무 없는 일을 하게 한 때'에 해당한다. ③ **상대방** - 국정원 실무 담당자들은 직권남용의 상대방에 불과할 뿐, 공범이라 볼 수 없다. ④ **죄수(포괄일죄)** - 승려 A에 대한 민간인 사찰 지시 행위들은 동일한 사안에 관한 일련의 직무집행 과정에서 단일하고 계속된 범의로 일정 기간 계속하여 저지른 행위이므로 상대방이 수인이라고 하더라도 포괄일죄가 성립한다.

(동지) 전 청와대 민정수석비서관인 피고인이 국가정보원 국익정보국장과 공모하여 국정원 직원들로 하여금 전 청와대 특별감찰관, 전 평창동계올림픽 조직위원장에 대한 정보를 수집하고 보고서를 작성하도록 함 - 직권남용죄(의무강요) ○ (대법원 2021. 9. 16. 선고 2021도2748 판결)

(동지) 국군기무사령관이 실무 담당자들로 하여금 온라인 여론조작 활동, 인터넷상에서 발간되는 잡지의 제작 및 전송을 하게 함 - 직권남용죄(의무강요) ○ (대법원 2021. 9. 9. 선고 2021도2030 판결)

(판례) 시장 甲이 인사관리업무를 보좌하는 乙과 공동하여, 관련 법령에서 정한 절차에 따라 평정대상 공무원에 대한 평정단위별 서열명부 및 평정순위가 정해졌는데도 평정권자나 실무 담당자 등에게 특정 공무원들에 대한 평정순위 변경을 구체적으로 지시하여 평정단위별 서열명부를 새로 작성하도록 함 - 직권남용죄(의무강요) ○ (대법원 2012. 1. 27. 선고 2010도11884 판결)

(동지) 서울특별시 교육감이 인사담당장학관 등에게 지시하여 승진 또는 자격연수 대상이 될 수 없는 특정 교원들을 승진임용하거나 그 대상자가 되도록 함 - 직권남용죄(의무강요) ○ (대법원 2011. 2. 10. 선고 2010도13766 판결) 표준

(비교) 지방자치단체의 장이 승진후보자명부 방식에 의한 5급 공무원 승진임용 절차에서 인사위원회의 사전심의·의결 결과를 참고하여 승진후보자명부상 후보자들에 대하여 승진임용 여부를 심사하고서 최종적으로 승진대상자를 결정하는 것이 아니라, 미리 승진 후보자명부상 후보자들 중에서 승진대상자를 실질적으로 결정한 다음 그 내용을 인사 위원회 간사, 서기 등을 통해 인사위원회 위원들에게 '승진대상자 추천'이라는 명목으로 제시하여 인사위원회로 하여금 자신이 특정한 후보자들을 승진대상자로 의결하도록 유도하는 행위 - 직권남용죄(의무강요) ×
위 행위는 인사위원회 사전심의 제도의 취지에 부합하지 않는다는 점에서 바람직하지 않다고 볼 수 있지만, 그것만으로는 직권남용권리행사방해죄의 구성요건인 '직권의 남용' 및 '의무 없는 일을 하게 한 경우'로 볼 수 없다. 승진후보자명부에 포함된 후보자들 중에서 승진대상자를 결정할 최종적인 권한은 임용권자에게 있다. 임용권자가 인사위원회의 심의·의결 결과와는 다른 내용으로 승진대상자를 결정하여 승진임용을 하는

일을 하게 하거나 사람의 권리 행사를 방해하여서는 아니 된다.
제22조(직권남용죄) ① 제13조를 위반하여 사람을 체포 또는 감금하거나 다른 기관·단체 또는 사람으로 하여금 의무 없는 일을 하게 하거나 사람의 권리 행사를 방해한 사람은 7년 이하의 징역과 7년 이하의 자격정지에 처한다. ② 제1항에 규정된 죄의 미수범은 처벌한다.

200 직권남용죄 사건에 있어서 어디까지를 공범이라 볼 것인지, 어디부터 직권남용의 상대방이라 볼 것인지 결정하는 일은 쉽지 않다. 특히 상부의 위법한 지시에 따라 하급 실무자들이 열정적으로 임무를 수행하며 단일대오를 형성한 경우, 더욱 그러하다. 직권남용죄로 기소하려면 누군가는 그 지시의 상대방이 되어야 하는데, 상대방으로 보이는 이가 아무도 없어 보인다. 결국, 위법한 지시를 초기부터 능동적으로 기획한 자들까지를 공범으로 보고, 나머지 실무진은 상대방으로 보아야 한다. 실무상 가장 난감한 결정 중 하나이다.

것이 허용되는 이상, 임용권자가 미리 의견을 조율하는 차원에서 승진대상자 선정에 관한 자신의 의견을 인사위원회에 제시하는 것이 위법하다고 볼 수는 없다. (대법원 2020. 12. 10. 선고 2019도17879 판결)

[판례] 대통령비서실 소속 비서관들인 피고인 甲과 피고인 乙이 4·16세월호참사 특별조사위원회 설립준비 관련 업무를 담당하거나 설립팀장으로 지원근무 중이던 해양수산부 소속 공무원들에게 ① '세월호특별조사위 설립준비 추진경위 및 대응방안 문건'을 작성하게 하고, ② 피고인 甲이 소속 비서관실 행정관 또는 해양수산부 공무원들에게 위 위원회의 동향을 파악하여 보고하도록 지시함 – 직권남용죄(의무강요) ○ (대법원 2023. 4. 27. 선고 2020도18296 판결)

[판례] 법무부 검찰국장이 검찰과 검사인사담당 검사로 하여금 부치지청에서 근무하던 경력검사 甲을 다시 부치지청에 배치하는 인사안을 작성하도록 지시함 – 직권남용죄(의무강요) × (대법원 2020. 1. 9. 선고 2019도11698 판결)

참고 경력검사 부치지청 배치제도는 부치지청에서 근무한 경력검사를 차기 전보인사에서 배려한다는 내용에 불과하며 검사인사담당 검사가 검사의 전보인사안을 작성할 때 지켜야 할 일의적·절대적 기준은 아니라고 보았다.

이하에서는 기수·미수에 관한 판례를 살펴본다.

[판례] 본죄 기수 – ① 권리의 행사가 현실적으로 방해 ② 의무 없는 일을 현실적으로 행함
직권남용권리행사방해죄에서 권리행사를 방해한다 함은 법령상 행사할 수 있는 권리의 정당한 행사를 방해하는 것을 말한다고 할 것이므로 이에 해당하려면 구체화된 권리의 현실적인 행사가 방해된 경우라야 할 것이고, 또한 공무원의 직권남용행위가 있었다 할지라도 현실적으로 권리행사의 방해라는 결과가 발생하지 아니하였다면 본죄의 기수를 인정할 수 없다. (대법원 2006. 2. 9. 선고 2003도4599 판결, 대법원 2008. 12. 24. 선고 2007도9287 판결) 표준

해설 본죄는 미수범 처벌규정이 없기에 기수가 인정되지 않으면 무죄가 된다.

[판례] 정보통신부장관이 개인휴대통신 사업자선정과 관련하여 서류심사는 완결된 상태에서 청문심사의 배점방식을 변경함 – 직권남용죄(기수) ×
정보통신부장관이 개인휴대통신 사업자선정과 관련하여 서류심사는 완결된 상태에서 청문심사의 배점방식을 변경함으로써 직권을 남용하였다 하더라도, 이로 인하여 최종 사업권자로 선정되지 못한 경쟁업체가 가진 구체적인 권리의 현실적 행사가 방해되는 결과가 발생하지는 아니하였다. (대법원 2006. 2. 9. 선고 2003도4599 판결)

참고 청문 평가의 배점이 2.2점으로 정하여져 있는 상황에서 에버넷이 이전의 사업계획서의 심사결과에서 엘지텔레콤보다 0.38점 앞서 있었다는 사정만으로는 에버넷이 전기통신사업법상 개인휴대통신사업자로 선정될 수 있는 권리라는 것은 아직 구체화된 권리라고 볼 수 없어서, 결국 에버넷이 가진 구체적인 권리의 현실적 행사가 방해되는 결과가 발생하지는 아니하였다고 보았다.

[판례] 정보경찰이 증거수집을 위하여 甲 정당 지구당 집행위원회 회의장소에 몰래 도청기를 부착하였으나 회의 개최 전에 들켜 뜯김 – 직권남용죄(기수) ×
도청장치를 하였다가 뜯겨서 도청을 못하였다면 회의진행을 도청당하지 아니할 권리(기타 권리)가 침해

된 현실적인 사실은 없다. (대법원 1978. 10. 10. 선고 75도2665 판결) **표준**

참고 통신비밀보호법 제정 前 사건이다. 최근 대법원 전합판례에 따라 이제는 주거침입죄도 성립하지 않는다고 봄이 상당하다.

3. 고의

판례 교도소에서 접견업무를 담당하던 교도관이 접견신청에 대하여 행형법 제18조 제2항 소정의 "필요한 용무"가 있는 때에 해당하지 아니한다고 판단하여 그 접견신청을 거부 – 직권남용죄(고의) ×
단지 접견신청거부행위의 위법성에 대한 인식이 없었던 것에 불과한 것이 아니라 애초부터 직권남용에 대한 범의 자체가 없어 위 범죄를 구성하지 아니한다. (대법원 1993. 7. 26.자 92모29 결정)

V 불법체포·감금죄 및 폭행·가혹행위죄

제124조(불법체포, 불법감금) ① 재판, 검찰, 경찰 기타 인신구속에 관한 직무를 행하는 자 또는 이를 보조하는 자가 그 직권을 남용하여 사람을 체포 또는 감금한 때에는 7년 이하의 징역과 10년 이하의 자격정지에 처한다.

제125조(폭행, 가혹행위) 재판, 검찰, 경찰 그 밖에 인신구속에 관한 직무를 수행하는 자 또는 이를 보조하는 자가 그 직무를 수행하면서 형사피의자나 그 밖의 사람에 대하여 폭행 또는 가혹행위를 한 경우에는 5년 이하의 징역과 10년 이하의 자격정지에 처한다.

例規 제124조 ① 직권남용(체포, 감금) ② (제1항 각 죄명)미수 제125조 독직(폭행, 가혹행위)	제124조 – 미수 ○ 제125조 – 미수 ×

🔍 **핵심단어**
• ① 인신구속 직무를 행하는 자·보조자 ② 직권남용 ③ 체포·감금·폭행·가혹행위

본죄를 범하여 사람을 상해·사망에 이르게 한 경우, 특정범죄가중처벌법에 따라 가중처벌된다.[201] 관련 판례를 살펴본다.

---

201 특정범죄 가중처벌 등에 관한 법률 제4조의2(체포·감금 등의 가중처벌) ①「형법」제124조·제125조에 규정된 죄를 범하여 사람을 상해(傷害)에 이르게 한 경우에는 1년 이상의 유기징역에 처한다. ②「형법」제124조·제125조에 규정된 죄를 범하여 사람을 사망에 이르게 한 경우에는 무기 또는 3년 이상의 징역에 처한다.

판례 불법체포·감금죄(직권남용체포·감금)에서 불법의 의미·판단기준

형사재판에서의 재심은 유죄의 확정판결에 중대한 하자가 있는 경우 피고인의 이익을 위하여 이를 바로 잡기 위한 비상구제절차이다.

형사소송법 제420조 제7호는 재심사유의 하나로서 "원판결, 전심판결 또는 그 판결의 기초된 조사에 관여한 법관, 공소의 제기 또는 그 공소의 기초된 수사에 관여한 검사나 사법경찰관이 그 직무에 관한 죄를 범한 것이 확정판결에 의하여 증명된 때"를 들고 있다. 형법 제124조의 불법체포·감금죄는 위 재심사유가 규정하는 대표적인 직무범죄로서 헌법상 영장주의를 관철하기 위한 것이다. 헌법 제12조 제3항은 영장주의를 천명하고 있는데, 이는 강제처분의 남용으로부터 신체의 자유 등 국민의 기본권을 보장하기 위한 핵심 수단이 된다.

수사기관이 영장주의에 어긋나는 체포·구금을 하여 불법체포·감금의 직무범죄를 범하는 상황은 일반적으로 영장주의에 관한 합헌적 법령을 따르지 아니한 경우에 문제 된다. 이와 달리 영장주의를 배제하는 위헌적 법령이 시행되고 있는 동안 수사기관이 그 법령에 따라 영장 없는 체포·구금을 하였다면 법체계상 그러한 행위를 곧바로 직무범죄로 평가하기는 어렵다. 그러나 이러한 경우에도 영장주의를 배제하는 법령 자체가 위헌이라면 결국 헌법상 영장주의에 위반하여 영장 없는 체포·구금을 한 것이고 그로 인한 국민의 기본권 침해 결과는 수사기관이 직무범죄를 저지른 경우와 다르지 않다. 즉, 수사기관이 영장주의를 배제하는 위헌적 법령에 따라 체포·구금을 한 경우 비록 그것이 형식상 존재하는 당시의 법령에 따른 행위라고 하더라도 그 법령 자체가 위헌이라면 결과적으로 그 수사에 기초한 공소제기에 따른 유죄의 확정판결에는 수사기관이 형법 제124조의 불법체포·감금죄를 범한 경우와 마찬가지의 중대한 하자가 있다고 보아야 한다. (대법원 2018. 5. 2.자 2015모3243 결정) **표준**

판례 집행관이 (민사)강제집행을 함에 있어서 채무자를 집행관실에 감금하고 몸을 수색하여 소지중인 수표를 빼앗음 – 직권남용감금죄 ○ (대법원 1969. 6. 24. 선고 68도1218 판결)

해설 ① 집행관도 본죄의 주체임에 유의하자. ② 교과서·주석서 등은 본죄를 직권남용체포·감금죄의 인정 례로 분류하고 있는데,[202] 판례가 어떤 죄를 유죄로 인정하였는지 정확히 해석하기 어렵다. 전체적인 맥락상 직권남용감금죄와 신체수색죄(제321조)가 성립한다는 취지로 보인다. ③ 판례는 사건 당시 민사소송법 제496조 소정의 강력사용권행사 범위를 벗어났다고 보았다.[203]

판례 사법경찰관이 피해자를 구속하기 위하여 진술조서 등을 허위로 작성한 후 검사와 영장전담판사를 기망하여 구속영장을 발부받아 피해자를 구금함 – 직권남용감금죄 간접정범 ○

감금죄는 간접정범의 형태로도 행하여질 수 있는 것이므로, 인신구속에 관한 직무를 행하는 자 또는

---

202 김대휘·김신, 주석형법 제5판, 한국사법행정학회, 2017, 297쪽.
203 구 민사소송법(법률 제1499호) 제496조(執達吏의 強力使用權) ① 집달리는 집행하기 위하여 필요한 경우에는 채무자의 주거, 창고와 기타 기구를 수색하여 폐쇄한 호비와 기구를 열 수 있다. ② 전항의 경우에 저항을 받을 때에는 집달리는 경찰 또는 국군의 원조를 청구할 수 있다. 단, 국군의 원조는 이를 집행법원에 신청하여야 한다. 현행 민사집행법 제5조(집행관의 강제력 사용) ① 집행관은 집행을 하기 위하여 필요한 경우에는 채무자의 주거·창고 그 밖의 장소를 수색하고, 잠근 문과 기구를 여는 등 적절한 조치를 할 수 있다. ② 제1항의 경우에 저항을 받으면 집행관은 경찰 또는 국군의 원조를 요청할 수 있다. ③ 제2항의 국군의 원조는 법원에 신청하여야 하며, 법원이 국군의 원조를 요청하는 절차는 대법원규칙으로 정한다.

이를 보조하는 자가 피해자를 구속하기 위하여 진술조서 등을 허위로 작성한 후 이를 기록에 첨부하여 구속영장을 신청하고, 진술조서 등이 허위로 작성된 정을 모르는 검사와 영장전담판사를 기망하여 구속영장을 발부받은 후 그 영장에 의하여 피해자를 구금하였다면 형법 제124조 제1항의 직권남용감금죄가 성립한다. (대법원 2006. 5. 25. 선고 2003도3945 판결)

판례 피의자를 임의동행한 경우에도 조사 후 귀가시키지 아니하고 그의 의사에 반하여 경찰서 조사실 또는 보호실 등에 계속 유치함 – 직권남용감금죄 ○ (대법원 1985. 7. 29.자 85모16 결정)

판례 경찰관인 피고인 甲 등이, 경찰관인 피해자 乙을 임의동행 형식으로 경찰서로 연행한 후, 경찰서 안에서 甲 등과 같이 식사도 하게 하고 사무실 안팎을 내왕하게 하였지만, 乙을 경찰서 밖으로 나가지 못하도록 신체의 자유를 유형·무형으로 억압 – 직권남용감금죄 ○ (대법원 1991. 12. 30.자 91모5 결정)

판례 즉결심판 피의자의 정당한 귀가요청을 거절한 채 다음날 즉결심판법정이 열릴 때까지 피의자를 경찰서 보호실에 강제유치시키려고 함으로써 피의자를 경찰서 내 즉결피의자 대기실에 10~20분 동안 있게 함 – 직권남용감금죄 ○ (대법원 1997. 6. 13. 선고 97도877 판결)

참고 나아가 이러한 과정에서 피의자를 보호실에 밀어넣으려는 과정에서 상해를 입게 하였다면 특정범죄가중처벌등에관한법률 제4조의2 제1항 위반죄에 해당한다고 보았다.

판례 경찰관들이 피고인들 5명이 범행을 부인하고 공범·여죄를 자백하지 않는다는 이유로 폭행하고 날개꺾기를 하여 상해에 이르게 함 – 특가법위반 독직폭행 ○

인신구속에 관한 직무를 행하거나 이를 보조하는 자로서 경찰서 강력팀 소속 경찰공무원인 피고인들(5명)이 특수절도 등 각 범죄 혐의로 체포된 형사피의자들을 수사하면서 그들이 범행을 부인하거나 공범 및 여죄를 자백하지 않는다는 등의 이유로 피의자였던 피해자 21명을 폭행하고, 대부분의 피해자들에 대하여 소리를 지르지 못하도록 입에 휴지나 수건 등을 집어넣고 접착테이프로 입과 머리 주위를 감은 후 뒤로 수갑이 채워진 양팔을 위로 꺾어 올려 어깨 부위 등에 고통을 가하는 이른바 '날개꺾기'라는 가혹행위를 하였으며, 그로 인하여 일부 피해자들을 상해에 이르게 한 사안에서, 피고인들 전원에 대하여 유죄를 선고한 사례. (서울남부지방법원 2010. 12. 30. 선고 2010고합331 판결) **표준**

Ⅵ 뇌물죄 총설

1. 서설에서는 가. 수뢰죄 조문 체계를 정리하고, 나. 사례를 통하여 3자 구도 뇌물죄를 정리한다. 다. 뇌물의 요건에서는 모든 뇌물죄에서 공통적으로 문제되는 직무관련성, 대가성, 이익을 정리한다.

1. 서설

가. 수뢰죄 조문 체계

■ 행위태양 및 수뢰시점의 위법성을 기준으로 한 수뢰죄 분류

돈+부정행위	위법성 大		§131① 수뢰후부정처사 ② 부정처사후수뢰 (부정한 행위+퇴직 전)	③ 부정처사후수뢰 (부정한 행위+퇴직 후)
돈	위법성 中	§129② 사전뇌물수수 (+청탁)	§129① 뇌물수수 =§130 제3자뇌물수수 (+부정한 청탁)	
남의 직무+돈	위법성 小		§132 알선뇌물수수	
		임용 前 수수 (위법성 小)	재직 中 수수 (위법성 中)	퇴직 後 수수 (위법성 小)

수뢰에 관한 조문 체계를 정리한다.[204] 죄명은 공소장 예규를 기준으로 적었다. 우리 형법은 수뢰에 관한 죄를 형법 제129조부터 132조까지에 걸쳐서 규정한다. 이들은 '수뢰시점의 위법성(X축)'과 '행위태양의 위법성(Y축)'을 기준으로 분류해볼 수 있다(이하에서는 논의의 편의상 '수수'만을 전제로 서술한다).

'수뢰시점의 위법성(X축)'은 뇌물을 수수한 시점에 따라 임용 前 수수(위법성 小), 재직 中 수수(위법성 中), 퇴직 後 수수(위법성 小)로 나눌 수 있다. '행위태양의 위법성(Y축)'은 직무에 관하여 뇌물을 수수한 것을 넘어서 부정행위까지 저지른 경우(위법성 大), 직무에 관하여 뇌물만 수수한 경우(위법성 中), 자신의 직무가 아닌 타인의 직무에 관하여 뇌물을 수수한 경우(위법성 小)로 나눌 수 있다.

Y축－위법성 中에 속하는 죄들을 먼저 살펴본다. 자기 직무에 관하여 뇌물을 수수한 경우이다. 가장 기본형은 뇌물수수(제129조 제1항)이다. 첫 번째 변형형태로서 제3자뇌물수수(제130조)가 있다. 이는 공무원이 직접 뇌물을 수수한 것이 아니라, 제3자를 통해 뇌물을 수수했다는 점에서 구성요건으로서 '부정한 청탁'이 추가적으로 요구된다. 두 번째 변형형태로서 사전뇌물수수(제129조 제2항)가 있다. 이는 공무원인 자가 뇌물을 수수한 것이 아니라, 공무원이 '될' 자가 뇌물을 수수했다는 점에서 구성요건으로서 '청탁'이 추가적으로 요구된다. 공무원이 직접 받은 것이 아니라, 제3자를 통해서 받거나 과거의 나를 통해서 받았다는 점에서 공무원과의 연결고리인 '(부정한) 청탁'을 요구한다고 이해할 수 있다.

Y축－위법성 大에 속하는 죄들을 살펴본다. 직무에 관하여 뇌물을 수수한 것을 넘어서 부정행위

---

204 보다 자세한 내용에 관하여는 임동민, "뇌물죄 조문체계에 대한 연혁적 고찰－제정형법 입법자의 '단계적 불법성론'을 중심으로－", 형사법연구 제36권 제3호, 한국형사법학회, 2024, 165－202쪽.

까지 저지른 경우이다. 가장 기본형은 수뢰후부정처사(제131조 제1항)이다. 공무원이 ① '행위태양의 위법성 中' 영역의 범죄(제129조 및 제130조)를 저지른 후 ② 부정한 행위까지 한 경우 처벌한다. 첫 번째 변형형태인 부정처사후수뢰(제131조 제2항)는 위 죄와 시간순서만 반대이다. 즉, ① 부정한 행위를 한 후 ② '행위태양의 위법성 中'영역의 범죄를 공무원 재직 중에 저지른 경우 성립한다. 부정처사후수뢰(제131조 제3항)은 ② '행위태양의 위법성 中'영역의 범죄를 저지른 시점이 공무원 퇴직 후라는 점에서 제131조 제2항과 구별된다.

Y축－위법성 小에 속하는 죄들을 살펴본다. 알선뇌물수수(제132조)는 돈을 받았다는 점에서는 행위태양의 위법성 中과 동일하지만, '자신의 직무'가 아닌 '다른 공무원의 직무'에 관하여 돈을 받았다는 점에서 행위태양의 위법성 小로 분류된다.

위 분류가 실제 형법상 법정형에도 들어맞는지 살펴본다. 'Y축－위법성 中' 중 사전뇌물수수(제129조 제2항), 'Y축－위법성 大' 중 부정처사후수뢰(제131조 제3항)'는 동일한 행위태양을 가진 다른 죄들보다 위법성을 한 단계씩 낮추어야 한다. 다른 죄들은 모두 '재직 중 수뢰 (X축－위법성 中)'가 이루어졌지만, 이들 두 죄는 '임용 前(X축－위법성 小)' 혹은 '퇴직 後(X축－위법성 小)'에 수뢰가 이루어졌기 때문이다. 따라서 이 두 죄만 ×축 위법성이 한 단계씩 경하기 때문에 'Y축 위법성'에서 한 급간씩 차감을 해주어야 한다.

그 결과, 아래 종합위법성 표가 도출된다. 종합위법성小 영역은 징역 3년 이하, 종합위법성中 영역은 징역 5년 이하, 종합위법성大 영역은 징역 1년 이상으로 법정형이 설정되어 있다. 즉, 우리 형법상 수뢰죄의 조문 체계는 'Y축－행위태양의 위법성'과 'X축－수뢰시점의 위법성'을 결합하여 '종합위법성'을 도출하고 이에 따라 법정형을 결정하는 체계라고 설명할 수 있다.[205]

■ 종합위법성(법정형)을 기준으로 한 수뢰죄 분류

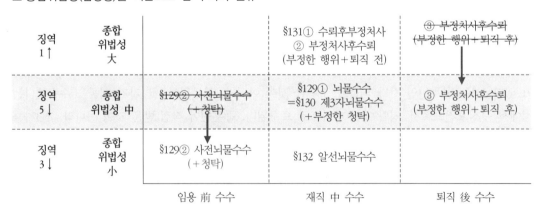

징역 1↑	종합 위법성 大		§131① 수뢰후부정처사 ② 부정처사후수뢰 (부정한 행위＋퇴직 전)	⑨ 부정처사후수뢰 (부정한 행위＋퇴직 후)
징역 5↓	종합 위법성 中	§129② 사전뇌물수수 (＋청탁)	§129① 뇌물수수 ＝§130 제3자뇌물수수 (＋부정한 청탁)	③ 부정처사후수뢰 (부정한 행위＋퇴직 후)
징역 3↓	종합 위법성 小	§129② 사전뇌물수수 (＋청탁)	§132 알선뇌물수수	
		임용 前 수수	재직 中 수수	퇴직 後 수수

205 이러한 설명을 다른 문헌에서 발견하지 못했다.

특정범죄 가중처벌 등에 관한 법률은 위 수뢰죄에 관하여 가중처벌 규정을 두고 있다(증뢰죄에 관하여는 특가법 가중처벌 규정이 적용되지 않는다). 특가법 제2조 제1항 조문에는 형법 제131조가 빠져있지만, 대법원은 판례를 통하여 형법 제131조 역시 특가법 제2조 제1항의 적용대상에 해당된다고 보았다. (대법원 2004. 3. 26. 선고 2003도8077 판결)

특정범죄 가중처벌 등에 관한 법률 제2조(뇌물죄의 가중처벌) ① 「형법」 제129조·제130조 또는 제132조에 규정된 죄를 범한 사람은 그 수수(收受)·요구 또는 약속한 뇌물의 가액(價額)(이하 이 조에서 "수뢰액"이라 한다)에 따라 다음 각 호와 같이 가중처벌한다.
1. 수뢰액이 1억원 이상인 경우에는 무기 또는 10년 이상의 징역에 처한다.
2. 수뢰액이 5천만원 이상 1억원 미만인 경우에는 7년 이상의 유기징역에 처한다.
3. 수뢰액이 3천만원 이상 5천만원 미만인 경우에는 5년 이상의 유기징역에 처한다.
② 「형법」 제129조·제130조 또는 제132조에 규정된 죄를 범한 사람은 그 죄에 대하여 정한 형(제1항의 경우를 포함한다)에 수뢰액의 2배 이상 5배 이하의 벌금을 병과(倂科)한다.

나. 3자 구도 뇌물죄 사례 검토

1) 증뢰자가 (증뢰자와 가까운) 제3자를 이용하여 뇌물을 전달하는 경우 (사례 1)

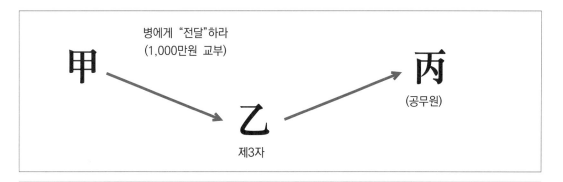

[문제 1] 乙이 실제로 丙에게 1,000만 원을 교부한 경우, 甲·乙·丙의 죄책은?
해설 甲 – 뇌물공여 (제133조 제1항),[206] 乙 – 제3자뇌물취득 (제133조 제2항), 丙 – 뇌물수수 (제129조 제

---

206 제3자 뇌물교부가 성립하는 것은 아닌지 의문이 들 수도 있다. 제3자 뇌물교부는 뇌물공여가 성립하기 전 단계의 예비행위를 처벌하기 위한 죄이므로 뇌물공여가 성립한다고 보는 것이 더 정확하다. ① 서울고등법원 2011. 8. 25. 선고 2010노2943 판결은 "만약 제3자가 증뢰물을 수뢰할 사람에게 실제로 전달하였다면 증뢰자의 경우 제3자 뇌물교부의 범행이 뇌물공여의 범행에 흡수되어 뇌물공여죄만 성립된다고 해석되고, 결국 증뢰자에 대하여 제3자 뇌물교부죄와 뇌물공여죄가 모두 성립하여 경합범으로 가중처벌되는 불이익은 발생하지 않는다."고 보았다. ② 8기 검찰실무2 기말고사 모범답안 역시 이에 부합한다(갑이 을에게 뇌물전달을 부탁하며 금원을 교부하였을 때, 을이 병에게 실제 전달한 부분에 대해서 갑은 '뇌물공여', 을이 병에게 전달하지 않은 부분에 대해서 갑은 '제3자 뇌물교부'의 죄책을 지는 것을 정답으로 하였다). 다만, 일부 교과서 및 판례에서 제3자 뇌물교부와 뇌물공여를

1항). 乙에게 추가로 뇌물공여 (제133조 제1항) 성립하지 않음에 유의한다.

[문제 2] 乙이 丙에게 1,000만 원을 교부하지 않은 경우, 甲·乙·丙의 죄책은?

해설 甲 – 제3자뇌물교부 (제133조 제2항), 乙 – 제3자뇌물취득 (제133조 제2항), 丙 – 무죄. ① 제3자 뇌물교부, 취득은 실제 뇌물이 전달되었을 것을 요건으로 하지 않는다는 점, ② 乙이 1,000만 원을 중간에 가로채도 이는 불법원인급여물에 대한 횡령이기에 횡령죄가 성립하지 않는다는 점에 유의한다.

2) 증뢰자가 (수뢰자와 가까운) 제3자에게 뇌물을 공여한 경우 (사례 2)

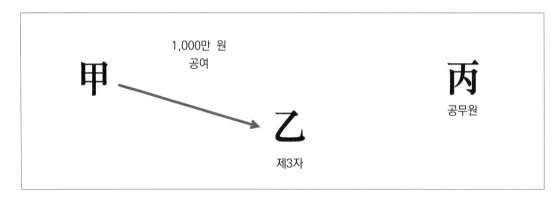

이러한 경우 다음과 같은 순서에 따라 사안을 검토해야 한다. 첫째, 乙과 丙이 공동정범인가? 그렇다면, 乙과 丙은 뇌물수수의 공동정범이다.

> **판례** 기업인 甲이 비공무원(비선실세) 乙에게 말을 공여하였는데 이에 관하여 공무원인 대통령 丙과 비공무원인 乙의 공모 및 실행행위 분담이 인정됨 – 乙·丙 뇌물수수죄 공동정범
>
> 공무원이 아닌 사람(이하 '비공무원'이라 한다)이 공무원과 공동가공의 의사와 이를 기초로 한 기능적 행위지배를 통하여 공무원의 직무에 관하여 뇌물을 수수하는 범죄를 실행하였다면 공무원이 직접 뇌물을 받은 것과 동일하게 평가할 수 있으므로 공무원과 비공무원에게 형법 제129조 제1항에서 정한 뇌물수수죄의 공동정범이 성립한다. … (중략) … 공무원이 뇌물공여자로 하여금 공무원과 뇌물수수죄의 공동정범 관계에 있는 비공무원에게 뇌물을 공여하게 한 경우에는 공동정범의 성질상 공무원 자신에게 뇌물을 공여하게 한 것으로 볼 수 있다. 공무원과 공동정범 관계에 있는 비공무원은 제3자뇌물수수죄에서 말하는 제3자가 될 수 없고, 공무원과 공동정범 관계에 있는 비공무원이 뇌물을 받은 경우에는 공무원과 함께 뇌물수수죄의 공동정범이 성립하고 제3자뇌물수수죄는 성립하지 않는다.
>
> 뇌물수수죄의 공범들 사이에 직무와 관련하여 금품이나 이익을 수수하기로 하는 명시적 또는 암묵적 공모관계가 성립하고 공모 내용에 따라 공범 중 1인이 금품이나 이익을 주고받았다면, 특별한 사정이

혼용하고 있다는 점, 두 죄의 법정형이 동일하다는 점, 위 검찰실무 기말고사에서도 갑의 죄책을 '제3자 뇌물교부'로만 작성하였을 때 부분 점수가 부여되었다는 점 등을 고려할 때 구별의 실익이 클지는 의문이다.

없는 한 이를 주고받은 때 그 금품이나 이익 전부에 관하여 뇌물수수죄의 공동정범이 성립하고, 금품이나 이익의 규모나 정도 등에 대하여 사전에 서로 의사의 연락이 있거나 금품 등의 구체적 금액을 공범이 알아야 공동정범이 성립하는 것은 아니다. 금품이나 이익 전부에 관하여 뇌물수수죄의 공동정범이 성립한 이후에 뇌물이 실제로 공동정범인 공무원 또는 비공무원 중 누구에게 귀속되었는지는 이미 성립한 뇌물수수죄에 영향을 미치지 않는다. 공무원과 비공무원이 사전에 뇌물을 비공무원에게 귀속시키기로 모의하였거나 뇌물의 성질상 비공무원이 사용하거나 소비할 것이라고 하더라도 이러한 사정은 뇌물수수죄의 공동정범이 성립한 이후 뇌물의 처리에 관한 것에 불과하므로 뇌물수수죄가 성립하는 데 영향이 없다. (대법원 2019. 8. 29. 선고 2018도13792 전원합의체 판결) **표준**

둘째, (乙과 丙이 공동정범이 아니라면) 丙이 직접 받은 것과 동일하게 평가할 수 있는가? 그렇다면, 丙에게 뇌물수수죄가 성립한다.

> **판례** 제3자에게 공여하였어도 공무원이 직접 받은 것으로 평가할 수 있는 경우 – 丙 뇌물수수죄 ○
> 공무원이 직접 뇌물을 받지 아니하고 증뢰자로 하여금 다른 사람에게 뇌물을 공여하도록 한 경우에는 그 다른 사람이 공무원의 사자 또는 대리인으로서 뇌물을 받은 경우나 그 밖에 예컨대, 평소 공무원이 그 다른 사람의 생활비 등을 부담하고 있었다거나 혹은 그 다른 사람에 대하여 채무를 부담하고 있었다는 등의 사정이 있어서 그 다른 사람이 뇌물을 받음으로써 공무원은 그만큼 지출을 면하게 되는 경우 등 사회통념상 그 다른 사람이 뇌물을 받은 것을 공무원이 직접 받은 것과 같이 평가할 수 있는 관계가 있는 경우에 한하여 형법 제129조 제1항의 뇌물수수죄가 성립한다. (대법원 2002. 4. 9. 선고 2001도7056 판결)

셋째, (丙이 직접 받은 것이라고 볼 정도의 관계가 아니라면) 丙이 甲으로부터 부정한 청탁을 받았는가? 그렇다면, 丙에게 제3자 뇌물수수죄가 성립한다. 이러한 경우, 드물게 乙에게 제3자 뇌물수수방조죄가 인정되는 경우가 있다.

> **판례** 기업인 甲이 공무원인 대통령 丙에게 승계와 관련한 부정한 청탁을 하고, 비공무원인 ○○재단에 금전을 지급한 경우 – 丙 제3자뇌물수수죄 ○ (대법원 2019. 8. 29. 선고 2018도13792 전원합의체 판결) **표준**
> **참고** 대통령과 위 행위를 공모한 비공무원(비선실세) 丁에게는 제3자뇌물수수죄 공동정범이 인정되었다.

넷째, ① 乙과 丙이 공동정범도 아니고, ② 丙이 직접 받은 것이라 평가하기도 어렵고, ③ 丙이 부정한 청탁을 받지도 않았다면, 甲, 乙, 丙 모두 무죄이다.

> **판례** ① 공무원인 丙이 동국대학교 총장 甲으로 하여금 내연녀인 비공무원 乙을 교수로 임용케 한 사실에 대하여 검사는 뇌물수수 등으로 기소하였는데, 법원은 丙과 乙이 내연관계이기는 하지만, 乙에

대한 교수 임용이 丙이 직접 뇌물을 받은 것이라 평가할 수 없어 뇌물수수죄 불성립한다고 봄 ② 공무원인 丙이 기업관계자들로 하여금 내연녀인 乙이 관련된 미술관에 후원케 한 사실에 대하여 검사는 제3자 뇌물수수 등으로 기소하였는데, 법원은 부정한 청탁이 입증되지 않는다고 보아 제3자 뇌물수수죄 불성립한다고 봄 (대법원 2009. 1. 30. 선고 2008도6950 판결)

해설 乙·丙을 공동정범으로 보기에도 부족하고, 공무원인 丙이 직접 받았다고 보기에도 부족하고, 공무원인 丙이 부정한 청탁을 받았다고 보기에도 부족한 이 사건에서 乙·丙은 무죄이다.

이상의 논의를 아래 표로 정리한다.

증뢰자 甲이 공무원 丙과 가까운 제3자 乙에게 뇌물을 공여한 경우

1. 乙·丙이 공동정범인가?	→ if yes	乙·丙 뇌물수수죄
↓ if no		
2. 丙이 직접 받은 것으로 평가할 수 있는가?	→ if yes	丙 뇌물수수죄 (乙 방조죄 可)
↓ if no		
3. 丙이 甲으로부터 부정한 청탁을 받았는가?	→ if yes	丙 제3자 뇌물수수죄 (乙 방조죄 可)
↓ if no		
4. 위 요건 불충족	→ if yes	乙·丙 무죄

3) 乙이 로비스트인 경우(알선뇌물수수·알선수재·변호사법위반) (사례 3)

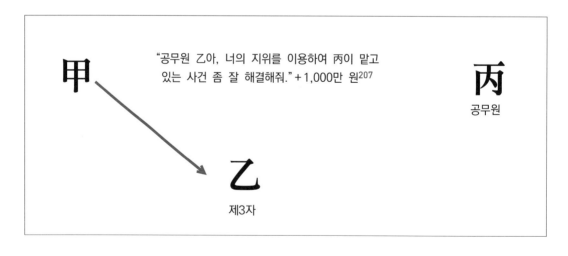

甲 → 乙

"공무원 乙아, 너의 지위를 이용하여 丙이 맡고 있는 사건 좀 잘 해결해줘." + 1,000만 원[207]

丙
공무원

乙
제3자

---

207 알선뇌물수수의 요건인 '공무원인 그 지위를 이용하여'는 다른 공무원 취급사무처리에 법률상 사실상 영향을 줄

[문제 1] 위 사례에서, 甲·乙·丙의 죄책은?

해설 甲 – 뇌물공여 (제133조 제1항), 乙 – 알선뇌물수수 (제132조). 사례 1의 경우, 갑은 을에게 '단순전달' 명목으로 금원을 교부하는 것인데 반하여, 사례 3의 경우 갑은 을에게 '알선행위의 대가'로서 금원을 교부하는 것이다. 즉 사례 3에서 금원의 최종 종착지는 병이 아니라 을이다.[208] 따라서 이 사실관계에 한하면 병에게 죄책이 인정되지는 않는다.

[문제 2] 위 사례에서, 만약 乙이 丙을 설득하고자 500만 원을 뇌물로 교부하였다면?

해설 甲 – 뇌물공여(제133조 제1항), 乙 – 알선뇌물수수(제132조)와 뇌물공여(제133조 제1항)의 실체적 경합[209][210], 丙 – 뇌물수수(제129조 제1항). 위 기본사건(알선뇌물수수)으로서 1차적 위법성이 발생한 것이며, 을이 병에게 뇌물을 공여하는 것은 추가적인 2차적 위법성이 발생하였다고 보아 실체적 경합으로 처단한다.

[문제 3] 위 사례를 변형하여, 만약 乙이 사인이라면?

해설 甲 – 무죄(알선'증'재는 처벌조항 없음), 乙 – 알선수재(특가법 3조) 또는 변호사법위반(변호사법 제111조).[211·212]

수 있는 관계를 말하고, 친구, 친족관계 등 사적관계 이용은 포함되지 아니한다. 만일 공무원이 이러한 사적관계를 이용하여 알선한 경우에는 알선수재로 의율한다. 알선수재의 주체로 공무원이 될 수 있음은 물론이다. – 김대휘·김신, 주석형법 제5판, 한국사법행정학회, 2017, 459 – 460쪽.

208 알선의 의미(금원 단순전달을 위한 교부와 구별): '알선'이란 공무원의 직무에 속하는 일정한 사항에 관하여 당사자의 의사를 공무원 측에 전달하거나 편의를 도모하는 행위 또는 공무원의 직무에 관하여 부탁을 하거나 영향력을 행사하여 당사자가 원하는 방향으로 결정이 이루어지도록 돕는 등의 행위를 의미한다. 이 경우 공무원의 직무는 정당한 직무행위인 경우도 포함되고 알선의 상대방인 공무원이나 직무내용이 구체적으로 특정되어 있을 필요도 없다. 또한 알선의 명목으로 금품을 받았다면 실제로 어떤 구체적인 알선행위를 하였는지와 상관없이 범죄는 성립한다. 그리고 공무원의 직무에 속한 사항의 알선과 수수한 금품 사이에 대가관계가 있는지는 알선의 내용, 알선자와 이익 제공자 사이의 친분관계, 이익의 다과, 이익을 주고받은 경위와 시기 등 여러 사정을 종합하여 결정하되, 알선과 주고받은 금품 사이에 전체적·포괄적으로 대가관계가 있으면 충분하다. 한편 알선자가 받은 금품에 알선행위에 대한 대가로서의 성질과 그 밖의 행위에 대한 대가로서의 성질이 불가분적으로 결합되어 있는 경우에는 그 전부가 불가분적으로 알선행위에 대한 대가로서의 성질을 가진다. (대법원 2017. 1. 12. 선고 2016도15470 판결)

209 김대휘·김신, 주석형법 제5판, 한국사법행정학회, 2017, 473쪽 – "알선수뢰한 금원 중 일부를 공무원에게 증뢰한 경우에는 알선수뢰죄 외에 증뢰죄가 따로 성립하고 양자는 실체적 경합범이 된다(대법원 1967. 1. 31. 선고 66도1581 판결)."

210 을이 갑으로부터, 갑이 학교 이사장으로 취임할 수 있도록 교육부처 담당공무원 등에게 로비활동을 하는 데 필요한 자금을 받기로 약속하고, 자신이 관리하던 갑의 계좌로 금원을 교부받은 후, 교육부 공무원 병에게 미화 5000달러를 승진축하금 형식으로 교부한 사례에서, 을에게는 알선수재 및 뇌물공여 (실체적 경합), 병에게는 뇌물수수죄를 인정한 판례(대법원 2017. 1. 12. 선고 2016도15470 판결).

211 **특정범죄 가중처벌 등에 관한 법률 제3조(알선수재)** 공무원의 직무에 속한 사항의 알선에 관하여 금품이나 이익을 수수·요구 또는 약속한 사람은 5년 이하의 징역 또는 1천만원 이하의 벌금에 처한다.
변호사법 제111조(벌칙) ① 공무원이 취급하는 사건 또는 사무에 관하여 청탁 또는 알선을 한다는 명목으로 금품·향응, 그 밖의 이익을 받거나 받을 것을 약속한 자 또는 제3자에게 이를 공여하게 하거나 공여하게 할 것을 약속한 자는 5년 이하의 징역 또는 1천만원 이하의 벌금에 처한다. 이 경우 벌금과 징역은 병과할 수 있다.

212 알선수재와 변호사법위반은 실질적으로 동일하다(대법원 1983. 3. 8. 선고 82도2873 판결). 다만 제3자에게 알선의 대가를 교부하게 한 경우, 알선수재는 성립할 수 없고, 변호사법위반만이 성립할 수 있다는 점에서 약간의

4) 위 세 사례의 구별

사례 1과 3은 뇌물의 종착지가 乙인지 丙인지에 따라 구별된다. 사례 1에서 甲은 乙을 도구로 활용할 뿐 최종적으로는 丙에게 뇌물을 도달시키고자 한다. 사례 3은 이와 달리, 甲은 乙의 알선행위에 대한 대가로 뇌물을 교부한다. 즉 뇌물의 종착지가 乙이다. 변호사시험 등에서는 이 둘을 구별하기 위하여 사례 1에 대하여는 '전달', 사례 3에 대하여는 '사례금', '알선료', '접대비', '알선하기 위한 비용'이라는 용어를 주로 사용한다.

사례 2와 3은 乙의 지위(역할)에 따라 구별된다. 사례 3은 甲이 乙의 적극적인 알선행위를 기대하고 그 대가로 뇌물을 교부한다. 즉 乙이 로비스트이다. 사례 2는 이와 달리 甲이 乙의 어떠한 (알선)행위를 기대하고 뇌물을 교부한 것이 아니라, 丙의 유리한 직무행위를 기대하고 그와 관련이 있는 乙에게 뇌물을 교부하는 경우이다.

실제 사건은 매우 복잡다단하기에 1, 2, 3 중 어느 하나에 시원하게 해당하지 않는 경우가 많다. 결국 검사가 1, 2, 3 중 어느 길을 택할지 법적으로 평가하고 선택할 문제이다. 검사는 증거를 수집하는 과정에서 '을'이 전달자인지(사례 1), 아니면 '을'이 병과 정치적·경제적·사회적으로 밀접한 관계에 있는지(사례 2), 아니면 '을'이 주도적으로 알선행위를 실행한 로비스트인지를(사례 3) 종합적으로 고려하여 그에 부합하는 증거를 수집해나가야 한다.[213]

다만 수험생의 입장이라면 지금까지 서술된 내용을 이해한 것만으로 매우 충분하다. 변호사시험, 검찰실무에 위 3자 구도를 어렵고 복잡하게 출제하는 것은 현실적으로 어려운 일이라고 예상한다.

2. 뇌물의 요건

뇌물의 의미를 포괄적으로 잘 드러내주는 판례를 하나 살펴본다. 뇌물의 요건을 이하에서 하나하나 상세히 살펴본다.

> **판례** 뇌물의 요건 – ① 직무관련성 ② 대가성 ③ 이익성
> 뇌물죄는 ① 직무집행의 공정과 이에 대한 사회의 신뢰 및 직무행위의 불가매수성을 그 보호법익으로 하고 있고, 직무에 관한 청탁이나 부정한 행위를 필요로 하는 것은 아니므로, 수수한 금품의 뇌물성을

구별실익이 있다.

213 이처럼 수사(증거수집)와 기소(법적평가)는 완전히 분리될 수 있는 개념이 아니다. 증거수집이 모두 종료된 이후에 비로소 법적 평가가 이루어지는 것도 아니다. 검사는 증거를 수집하는 단계에서 스스로 판사가 되어 ① 어떠한 죄명으로 의율해야 유죄가 선고될 수 있는지 끊임없이 자문자답하고 ② 부족한 증거가 무엇이며 더 필요한 증거는 무엇인지 확인하고 ③ 다시 증거수집으로 나아가야 한다. 즉 증거수집과 법적평가는 단선적, 선후적 개념이 아니라 순환적, 복합적 개념이다. 검사는 수사전문가로서 증거를 수집함과 동시에 법률전문가로서 상시적 법적평가를 내릴 수 있어야 한다. 수사와 기소는 완전히 분리될 수 있는 개념이 아니며, 수사기관과 기소기관 역시 분리될 수 없다.

인정하는 데 특별한 청탁이 있어야만 하는 것은 아니다. ② 또한 금품이 직무에 관하여 수수된 것으로 족하고 개개 직무행위와 대가관계에 있을 필요는 없으며, 그 직무행위가 특정된 것일 필요도 없다. ③ 공무원이 그 직무의 대상이 되는 사람으로부터 금품 기타 이익을 받은 때에는 그것이 그 사람이 종전에 공무원으로부터 접대 또는 수수한 것을 갚는 것으로서 사회상규에 비추어 볼 때 의례상 대가에 불과한 것이라고 여겨지거나, 개인적인 친분관계가 있어서 교분상 필요에 의한 것이라고 명백하게 인정할 수 있는 경우 등 특별한 사정이 없는 한 직무와 관련성이 있다고 볼 수 있다. 그리고 공무원의 직무와 관련하여 금품을 주고받았다면 비록 사교적 의례의 형식을 빌려 금품을 주고받았다고 하더라도 그 수수한 금품은 뇌물이 된다. 공무원이 얻는 어떤 이익이 직무와 대가 관계가 있는 부당한 이익으로서 뇌물에 해당하는지 또는 사회상규에 따른 의례상 대가 혹은 개인적 친분관계에 따른 교분상 필요에 의한 것으로서 직무와 관련성이 없는 것인지는 당해 공무원의 직무 내용, 직무와 이익 제공자의 관계, 이익 수수 경위와 시기 등 사정과 아울러 제공된 이익의 종류와 가액도 함께 참작하여 이를 판단하여야 한다. (대법원 2018. 5. 15. 선고 2017도19499 판결) 표준

가. 직무관련성

직무관련성의 의미를 살펴본다.

판례 직무란 ① 법령상 직무 ② 관련 직무 ③ 과거·장래 직무 ④ 일반적 권한의 직무

뇌물죄에서 말하는 '직무'에는 ① 법령에 정하여진 직무뿐만 아니라 ② 그와 관련 있는 직무, ③ 과거에 담당하였거나 장래에 담당할 직무 외에 ④ 사무분장에 따라 현실적으로 담당하지 않는 직무라도 법령상 일반적인 직무권한에 속하는 직무 등 공무원이 그 직위에 따라 공무로 담당할 일체의 직무를 포함한다 (대법원 2003. 6. 13. 선고 2003도1060 판결)

뇌물죄는 직무집행의 공정과 직무행위의 불가매수성을 그 보호법익으로 하고 있으므로, 뇌물성은 의무위반행위의 유무와 청탁의 유무 및 수수시기가 언제인지를 가리지 아니하는 것이고, 따라서 과거에 담당하였거나 장래 담당할 직무 및 사무분장에 따라 현실적으로 담당하지 아니하는 직무라 하더라도 뇌물죄에 있어서의 직무에 해당할 수 있는 것이다. (대법원 1994. 3. 22. 선고 93도2962 판결) 표준

뇌물죄에 있어서의 직무라 함은 공무원이 법령상 관장하는 직무 그 자체뿐만 아니라 그 직무와 밀접한 관계가 있는 행위 또는 관례상이나 사실상 소관하는 직무행위 및 결정권자를 보좌하거나 영향을 줄 수 있는 직무행위도 포함된다. (대법원 1999. 1. 29. 선고 98도3584 판결)

비교 장래에 행사할 직무의 내용이 수수한 이익과 관련된 것임을 확인할 수 없을 정도로 막연하고 추상적인 경우 – 뇌물 × (직무관련성·대가성 ×)

공무원이 장래에 담당할 직무에 대한 대가로 이익을 수수한 경우에도 뇌물수수죄가 성립할 수 있지만, 그 이익을 수수할 당시 장래에 담당할 직무에 속하는 사항이 그 수수한 이익과 관련된 것임을 확인할 수 없을 정도로 막연하고 추상적이거나, 장차 그 수수한 이익과 관련지을 만한 직무권한을 행사할지 자체를 알 수 없다면, 그 이익이 장래에 담당할 직무에 관하여 수수되었다거나 그 대가로 수수되었다고 단정하기 어렵다. (대법원 2017. 12. 22. 선고 2017도12346 판결)

판례 금품에 직무행위에 대한 대가와 직무 외의 행위에 대한 대가가 불가분적으로 결합되어 있는 경우 – 금품 전부가 직무행위에 대한 대가

뇌물죄에서의 수뢰액은 그 많고 적음에 따라 범죄구성요건이 되므로 엄격한 증명의 대상이 된다. 이때 공무원이 수수한 금품에 그 직무행위에 대한 대가로서의 성질과 직무 외의 행위에 대한 대가로서의 성질이 불가분적으로 결합되어 있는 경우에는 그 수수한 금품 전부가 불가분적으로 직무행위에 대한 대가로서의 성질을 가진다. 다만 그 금품의 수수가 수회에 걸쳐 이루어졌고 각 수수 행위별로 직무 관련성 유무를 달리 볼 여지가 있는 경우에는 그 행위마다 직무와의 관련성 여부를 가릴 필요가 있다. 그리고 공무원이 아닌 사람과 공무원이 공모하여 금품을 수수한 경우에도 각 수수자가 수수한 금품별로 직무 관련성 유무를 달리 볼 수 있다면, 각 금품마다 직무와의 관련성을 따져 뇌물성을 인정하는 것이 책임주의 원칙에 부합한다(대법원 2011. 5. 26. 선고 2009도2453 판결, 대법원 2012. 1. 12. 선고 2011도12642 판결, 대법원 2024. 3. 12. 선고 2023도17394 판결).

판례 사교적 의례의 형식을 빌어 금품을 주고 받았어도 뇌물이 될 수 있음
공무원이 그 직무의 대상이 되는 사람으로부터 금품 기타 이익을 받은 때에는 그것이 그 사람이 종전에 공무원으로부터 접대 또는 수수받은 것을 갚는 것으로서 사회상규에 비추어 볼 때에 의례상의 대가에 불과한 것이라고 여겨지거나, 개인적인 친분관계가 있어서 교분상의 필요에 의한 것이라고 명백하게 인정할 수 있는 경우 등 특별한 사정이 없는 한 직무와의 관련성이 없는 것으로 볼 수 없고, 공무원의 직무와 관련하여 금품을 수수하였다면 비록 사교적 의례의 형식을 빌어 금품을 주고 받았다 하더라도 그 수수한 금품은 뇌물이 된다. (대법원 2002. 7. 26. 선고 2001도6721 판결)

직무관련성에 관한 판례를 살펴본다.

판례 시의회 의장이 토지구획정리사업에 대한 시의회의 심의와 관련하여 금원 수수 – 뇌물수수죄 ○ (대법원 1996. 11. 15. 선고 95도1114 판결)

판례 경찰관이 음주운전 피단속자로부터 면허 취소되지 않도록 하여 달라며 금원 수수 – 뇌물수수죄 ○ (대법원 1999. 11. 9. 선고 99도2530 판결)

판례 지방의회 의원들이 지방의회 의장선거와 관련하여 금품 수수 – 뇌물수수죄 ○ (대법원 2002. 5. 10. 선고 2000도2251 판결)

판례 국회 정무위원회 수석전문위원이 소관 기관의 업무에 관한 청탁 받고 금품수수 – 뇌물수수죄 ○ (대법원 2010. 12. 23. 선고 2010도10910 판결)

판례 국회의원이 특정 협회로부터 요청받은 자료를 제공하고 후원금을 받은 경우 – 뇌물수수죄 ○ (대법원 2009. 5. 14. 선고 2008도8852 판결)

판례 문교부 편수국 공무원인 피고인들이 교과서의 내용검토 및 개편 수정작업을 의뢰받고 그에 소요되는 비용을 받은 경우 – 뇌물수수죄 ✕
교과서의 내용검토 및 개편수정은 발행자나 저작자의 책임에 속하는 것이고 이를 문교부 편수국 공무원인 피고인들의 직무에 속한다고 할 수 없으므로 피고인들이 교과서의 내용검토 및 개편수정작업을 의뢰

받고 그에 소요되는 비용을 받았다 하더라도 이를 직무에 관한 뇌물로써 부정하게 수수한 것이라고 볼 수 없다. (대법원 1979. 5. 22. 선고 78도296 판결)

(판례) 법원의 참여주사가 형량을 감경해달라는 청탁과 함께 금품 수수 – 뇌물수수죄 ✕

법원의 참여주사가 공판에 참여하여 양형에 관한 사항의 심리내용을 공판조서에 기재한다고 하더라도 이를 가지고 형사사건의 양형이 참여주사의 직무와 밀접한 관계가 있는 사무라고는 할 수 없으므로 참여주사가 형량을 감경케하여 달라는 청탁과 함께 금품을 수수하였다고 하더라도 뇌물수수죄의 주체가 될 수 없다. (대법원 1980. 10. 14. 선고 80도1373 판결)

(판례) 서울의대 교수가 서울대병원 의사로서의 직무에 관한 금품 수수 – 뇌물수수죄 ✕

서울대학교 의과대학 교수가 서울대학교병원 의사를 겸직하더라도 의사로서의 진료행위의 실질이나 직무성격이 바로 공무로 되거나 당연히 공무적 성격을 띤다고 할 수 없다는 등의 이유로 같은 병원 의사인 피고인에 대한 알선수재의 공소사실에 관하여 무죄를 선고한 원심판결을 수긍한 사례 (대법원 2006. 5. 26. 선고 2005도1904 판결)

(동지) 서울의대 교수가 서울대병원 의사로서의 직무에 관한 금품 수수 – 뇌물수수죄 ✕

서울대학교 의과대학 교수 겸 서울대학교병원 의사가 구치소로 왕진을 나가 진료하고 진단서를 작성해 주거나 법원의 사실조회에 대하여 회신을 해주는 것은 의사로서의 진료업무이지 교육공무원인 서울대학교 의과대학 교수의 직무와 밀접한 관련 있는 행위라고 할 수 없다는 이유로 뇌물수수의 공소사실에 대하여 무죄를 선고한 원심의 조치를 수긍한 사례 (대법원 2006. 6. 15. 선고 2005도1420 판결)

해설 (위 판례) 서울의대 교수가 3,000만원을 수령한 대가로 대장암 수술을 위한 서울대병원 신속 입원을 주선하고 제자인 의사를 주치의로 소개 – 뇌물수수죄 ✕ (피고인은 서울대학교 의과대학 '교수'라는 점에서 교육공무원일뿐, 겸직하고 있는 서울대학교병원 '의사'는 공무원이 아니다. 따라서 진료행위와 관련하여 금품을 수수하였어도 교원의 임무인 교육지도, 학문연구와 직무관련성 인정되지 않는다.)

(판례) 경찰청 정보과에 근무하는 경찰관이 중소기업협동조합중앙회장의 외국인산업연수생에 대한 국내관리업체 선정업무에 관해 금품 수수 – 뇌물수수죄 ✕ (대법원 1999. 6. 11. 선고 99도275 판결)

나. 대가성

(판례) 대가관계는 전체적으로 있으면 족하며 개별 직무행위와의 대가관계 불요함

공무원의 직무와 금원의 수수가 전체적으로 대가관계에 있으면 뇌물수수죄가 성립하고, 특별히 청탁의 유무, 개개의 직무행위의 대가적 관계를 고려할 필요가 없으며, 또한 그 직무행위가 특정된 것일 필요도 없다 할 것이다. (대법원 1997. 12. 26. 선고 97도2609 판결)

공무원이 얻은 어떤 이익이 직무와 대가관계가 있는 부당한 이익으로서 뇌물에 해당하는지 여부는 그 공무원의 직무내용·직무와 이익제공자와의 관계·쌍방간에 특수한 사적 친분관계가 존재하는지 여부·이익의 다과·이익을 수수한 경위와 시기 등 모든 사정을 참작하여 결정되어야 하고, 뇌물죄가 직무집행의 공정과 이에 대한 사회의 신뢰를 그 보호법익으로 하고 있음에 비추어 공무원이 그 이익을 수수하는 것으로 인하여 사회일반으로부터 직무집행의 공정성을 의심받게 되는지 여부도 뇌물죄 성부의 판단 기

준이 되어야 하며, 뇌물죄에서 말하는 직무에는 공무원이 법령상 관장하는 직무 그 자체뿐만 아니라 직무와 밀접한 관계가 있는 행위 또는 관례상이나 사실상 관여하는 직무행위도 포함된다. (대법원 2002. 3. 15. 선고 2001도970 판결) **표준**

다. 이익성

이익의 의미를 살펴본다.

판례 뇌물은 일체의 유형·무형의 이익을 포함하며 성적 욕구의 충족도 포함

뇌물죄에서 뇌물의 내용인 이익이라 함은 금전, 물품 기타의 재산적 이익뿐만 아니라 사람의 수요·욕망을 충족시키기에 족한 일체의 유형·무형의 이익을 포함하며, 제공된 것이 성적 욕구의 충족이라고 하여 달리 볼 것이 아니다. (대법원 2014. 1. 29. 선고 2013도13937 판결)

비교 성행위의 대가(매음료)를 지급할 것처럼 기망한 후 지급하지 않음 – 사기죄(이익) ○ (대법원 2001. 10. 23. 선고 2001도2991 판결) **표준**

이익에 관한 판례를 살펴본다.

판례 조합아파트 가입권에 붙은 프리미엄 – 뇌물 ○ (대법원 1992. 12. 22. 선고 92도1762 판결)

판례 보험계약 체결에 따라 모집수수료 등을 지급받을 수 있는 지위 또는 기회 – 뇌물 ○ (대법원 2014. 10. 15. 선고 2014도8113 판결)

참고 甲 생명보험 주식회사의 보험설계사이자 도시 및 주거환경정비법상 재건축정비사업조합의 조합장인 피고인이, 乙로부터 시공사 선정 등에 도움을 달라는 청탁을 받고 乙로 하여금 甲 회사 보험상품에 대한 보험계약을 체결하게 한 후 그에 대한 보험계약 모집수수료를 교부 받음 – 뇌물수수죄 ○

판례 투기적 사업에 참여할 기회 제공받음 – 뇌물수수죄 ○

공무원이 뇌물로 투기적 사업에 참여할 기회를 제공받은 경우, 뇌물수수죄의 기수 시기는 투기적 사업에 참여하는 행위가 종료된 때로 보아야 하며, 그 행위가 종료된 후 경제사정의 변동 등으로 인하여 당초의 예상과는 달리 그 사업 참여로 인한 아무런 이득을 얻지 못한 경우라도 뇌물수수죄의 성립에는 아무런 영향이 없다. (대법원 1994. 11. 4. 선고 94도129 판결)

판례 자신의 은행대출금채무에 연대보증하게 함 – 뇌물수수죄 ○ (대법원 2001. 1. 5. 선고 2000도4714 판결)

판례 뇌물로 자동차가 제공된 경우, 실질적인 사용·처분권한 있다면 자동차 자체가 뇌물 ○

자동차를 뇌물로 제공한 경우 자동차등록원부에 뇌물수수자가 그 소유자로 등록되지 않았다고 하더라도 자동차의 사실상 소유자로서 자동차에 대한 실질적인 사용 및 처분권한이 있다면 자동차 자체를 뇌

물로 취득한 것으로 보아야 한다. 다만, 피고인에게 뇌물로 제공되었다는 자동차는 리스차량으로 리스회사 명의로 등록되어 있는 점, 피고인이 처분승낙서, 권리확인서 등 원하는 경우 소유권이전을 할 수 있는 서류를 소지하고 있지도 아니한 점, 리스계약상 리스계약이 기간만료 또는 리스료 연체로 종료되어 리스회사에서 위 승용차의 반환을 구하는 경우 피고인은 이에 응할 수밖에 없다고 보이는 점 등에 비추어 볼 때 피고인에게 위 승용차에 대한 실질적 처분권한이 있다고 할 수 없어 자동차 자체를 뇌물로 수수한 것으로 볼 수 없다. (대법원 2006. 5. 26. 선고 2006도735 판결)

[판례] 공무원이 자신의 필요에 의하여 더 비싼 토지를 내어주고, 더 싼 토지를 받는 교환계약 체결함 – 뇌물약속죄 ○

피고인이 그 소유의 갑 토지를 을 토지와 교환한 것과 관련하여 수뢰를 하였다는 공소사실에 대하여, 갑 토지의 시가가 을 토지의 시가보다 비싸다고 하더라도 피고인으로서는 장기간 처분하지 못하던 토지를 처분하는 한편 매수를 희망하던 전원주택지로 향후 개발이 되면 가격이 많이 상승할 토지를 매수하게 되는 무형의 이익을 얻었다고 봄이 상당하다 (대법원 2001. 9. 18. 선고 2000도5438 판결)

[판례] 수의계약 체결하는 공무원 甲이 공사업자 乙과 계약금액 부풀려 계약 후 과다 지급된 금액을 되돌려 받기로 약정한 다음, 그에 따라 실행 후 과다 지급된 금액 수수 – ① 뇌물수수죄 × ② 횡령죄 ○

수의계약을 체결하는 공무원이 공사업자와 계약금액을 부풀려서 계약하고 부풀린 금액을 자신이 되돌려 받기로 사전에 약정한 다음 그에 따라 수수한 돈은 성격상 뇌물이 아니고 횡령금에 해당한다고 한 사례 (대법원 2007. 10. 12. 선고 2005도7112 판결)

[동지] 금융기관 임직원 甲이 대출상대방 乙과 초과 대출한 후 나누어 가질 의도로 실행 후 대가 분배 – ① 뇌물수수죄(특경법 제5조) × ② 배임죄 ○

금융기관 임직원이 대출상대방과 공모하여 임무에 위배하여 담보가치를 초과하는 금원을 대출하여 주고 대출금 중 일부를 되돌려 받기로 한 다음 그에 따라 약정된 금품을 수수하는 경우, 부실대출로 인한 업무상배임죄 외에 별도로 특정경제범죄 가중처벌 등에 관한 법률 위반(수재등)죄가 성립하지 않음. (대법원 2013. 10. 24. 선고 2013도7201 판결)

[동지] 甲이 공사업자 乙과 계약금액 부풀려 계약 후 과다 지급된 금액을 되돌려 받기로 약정한 다음, 그에 따라 실행 후 과다 지급된 금액 수수 – 횡령죄 ○

타인을 위하여 금전 등을 보관·관리하는 자가 개인적 용도로 사용할 자금을 마련하기 위하여, 적정한 금액보다 과다하게 부풀린 금액으로 공사계약을 체결하기로 공사업자 등과 사전에 약정하고 그에 따라 과다 지급된 공사대금 중의 일부를 공사업자로부터 되돌려 받는 행위는 그 타인에 대한 관계에서 과다하게 부풀려 지급된 공사대금 상당액의 횡령이 된다. (대법원 2015. 12. 10. 선고 2013도13444 판결)

[해설] 내부자(타인사무처리자 혹은 보관자)가 외부자와 공모하여 처음부터 초과금을 빼돌릴 생각으로 ① 본인에게 손해를 가하거나 재물을 횡령하고 ② 그 수익금을 분배하는 경우 → ① 횡령죄 또는 배임죄만 성립할 뿐 ② 내부자에게 별도의 뇌물죄(배임수재죄)가 성립하지는 않는다.

[판례] 대통령이 국정원장들에게 국정원 자금(특별사업비)을 횡령하여 교부할 것을 지시하고 국정원장들로부터 횡령된 자금을 교부받은 사건

횡령 범행으로 취득한 돈을 공범자끼리 수수한 행위가 공동정범들 사이의 범행에 의하여 취득한 돈을 공모에 따라 내부적으로 분배한 것에 지나지 않는다면 별도로 그 돈의 수수행위에 관하여 뇌물죄가 성립하는 것은 아니다. 그와 같이 수수한 돈의 성격을 뇌물로 볼 것인지 횡령금의 분배로 볼 것인지 여부

는 돈을 공여하고 수수한 당사자들의 의사, 수수된 돈의 액수, 횡령 범행과 수수 행위의 시간적 간격, 수수한 돈이 횡령한 그 돈인지 여부, 수수한 장소와 방법 등을 종합적으로 고려하여 객관적으로 평가하여 판단하여야 한다. (대법원 2019. 11. 28. 선고 2019도11766 판결)

해설 ① 대통령의 지시에 따라 국정원장들이 특별사업비를 횡령하고 이를 대통령에게 교부 한 33억 원 부분에 대해서는 '횡령금의 분배에 불과'하다고 보아 뇌물수수죄가 부정되었다. ② 국정농단 보도 뒤 위와 같은 특별사업비 교부가 중단되었음에도, 국정원장이 자발적으로 2억 원을 가지고 오고 대통령이 별다른 이의 없이 수령하여 사적으로 사용한 부분에 대해서는 뇌물수수죄가 인정되었다.

판례 금원을 무기한 무이자로 차용한 경우 – 뇌물은 금융이익

공무원이 그 직무에 관하여 금원을 무기한 무이자로 차용한 경우에는 수뢰자가 받은 실질적 이익은 무기한 무이자 차용금의 금융이익 상당이므로 위의 경우에는 그 금융이익이 뇌물이라 할 것이다. (대법원 1976. 9. 28. 선고 75도3607 판결)

동지 공무원이 직무에 관하여 금전을 무이자로 차용한 경우에는 차용 당시에 금융이익 상당의 뇌물을 수수한 것으로 보아야 하므로, 공소시효는 금전을 무이자로 차용한 때로부터 기산함 (대법원 2012. 2. 23. 선고 2011도7282 판결)

판례 향응을 즐긴 경우 – 뇌물은 분할액

피고인이 증뢰자와 함께 향응을 하고 증뢰자가 이에 소요되는 금원을 지출한 경우 이에 관한 피고인의 수뢰액을 인정함에 있어서는 먼저 피고인의 접대에 요한 비용과 증뢰자가 소비한 비용을 가려내어 전자의 수액을 가지고 피고인의 수뢰액으로 하여야 하고 만일 각자에 요한 비용액이 불명일 때에는 이를 평등하게 분할한 액을 가지고 피고인의 수뢰액으로 인정하여야 할 것이고, 피고인이 향응을 제공받는 자리에 피고인 스스로 제3자를 초대하여 함께 접대를 받은 경우에는, 그 제3자가 피고인과는 별도의 지위에서 접대를 받는 공무원이라는 등의 특별한 사정이 없는 한 그 제3자의 접대에 요한 비용도 피고인의 접대에 요한 비용에 포함시켜 피고인의 수뢰액으로 보아야 한다. (대법원 2001. 10. 12. 선고 99도5294 판결)

판례 수인이 공동하여 뇌물수수한 경우 – 수뢰액은 모든 공범이 받은 금액 총합 기준

수인이 공동하여 뇌물수수죄를 범한 경우에 공범자는 자기의 수뢰액뿐만 아니라 다른 공범자의 수뢰액에 대하여도 그 죄책을 면할 수 없는 것이므로, 특정범죄가중처벌등에관한법률 제2조 제1항의 적용 여부를 가리는 수뢰액을 정함에 있어서는 그 공범자 전원의 수뢰액을 합한 금액을 기준으로 하여야 할 것이고, 각 공범자들이 실제로 취득한 금액이나 분배받기로 한 금액을 기준으로 할 것이 아니다. (대법원 1999. 8. 20. 선고 99도1557 판결)

판례 뇌물의 수수(취득)의 의미 – 사실상 처분권으로 족하고 법률상 소유권은 불요함

뇌물죄에서 뇌물의 내용인 이익은 금전, 물품 그 밖의 재산적 이익과 사람의 수요 욕망을 충족시키기에 충분한 일체의 유형·무형의 이익을 포함한다. 뇌물수수죄에서 말하는 '수수'란 받는 것, 즉 뇌물을 취득하는 것이다. 여기에서 취득이란 뇌물에 대한 사실상의 처분권을 획득하는 것을 의미하고, 뇌물인 물건의 법률상 소유권까지 취득하여야 하는 것은 아니다. 뇌물수수자가 법률상 소유권 취득의 요건을 갖추지는 않았더라도 뇌물로 제공된 물건에 대한 점유를 취득하고 뇌물공여자 또는 법률상 소유자로부터

반환을 요구받지 않는 관계에 이른 경우에는 그 물건에 대한 실질적인 사용·처분권한을 갖게 되어 그 물건 자체를 뇌물로 받은 것으로 보아야 한다.

뇌물수수자가 뇌물공여자에 대한 내부관계에서 물건에 대한 실질적인 사용·처분권한을 취득하였으나 뇌물수수 사실을 은닉하거나 뇌물공여자가 계속 그 물건에 대한 비용 등을 부담하기 위하여 소유권 이전의 형식적 요건을 유보하는 경우에는 뇌물공여자와 뇌물수수자 사이에서는 소유권을 이전받은 경우와 다르지 않으므로 그 물건을 뇌물로 받았다고 보아야 한다. 뇌물수수자가 교부받은 물건을 뇌물공여자에게 반환할 것이 아니므로 뇌물수수자에게 영득의 의사도 인정된다. (대법원 2019. 8. 29. 선고 2018도13792 전원합의체 판결) **표준**

참고 대기업 A가 대통령의 비선실세라 불리는 甲에게 말들을 공여하였는데 말들에 대한 소유권이 여전히 A 명의로 되어 있는 경우, 뇌물은 '말들에 대한 사용이익'이 아니라 '말 자체'에 해당한다고 보았다.

Ⅶ 수뢰죄

> **제129조(수뢰, 사전수뢰)** ① 공무원 또는 중재인이 그 직무에 관하여 뇌물을 수수, 요구 또는 약속한 때에는 5년 이하의 징역 또는 10년 이하의 자격정지에 처한다.

例規 제129조 ① 뇌물(수수, 요구, 약속)	미수 ×

🔍 **핵심단어**
- ① 공무원이 ② 직무에 관하여 ③ 대가성 있는 ④ 뇌물을 ⑤ 수수
- 직무란 ① 법령상 직무 ② 관련 직무 ③ 과거·장래 직무 ④ 일반적 권한에 속하는 직무
- 뇌물은 일체의 유·무형의 이익을 포함

이하 뇌물죄의 사실관계는 특별한 언급이 없는 한 공소장 예규에 따른 죄명을 기준으로 요약한다.

1. 주체: 공무원 또는 중재인

공무원·중재인에 관한 판례를 살펴보자.

> **판례** 공무원이란 노무의 내용이 단순한 기계적 육체적인 것에 한정되지 않은 자를 말함.
> 형법 제129조 내지 제132조 및 구 변호사법(2007. 3. 29. 법률 제8321호로 개정되기 전의 것) 제111조에서 정한 '공무원'이란 국가공무원법과 지방공무원법상 공무원 및 다른 법률에 따라 위 규정들을 적용할 때 공무원으로 간주되는 자 외에 법령에 기하여 국가 또는 지방자치단체 및 이에 준하는 공법인의

사무에 종사하는 자로서 노무의 내용이 단순한 기계적·육체적인 것에 한정되어 있지 않은 자를 말한다. (대법원 2011. 3. 10. 선고 2010도14394 판결)

참고 공무집행방해죄의 공무원도 이와 같다.

판례 지방의회 의원 – 공무원 ○

일반적으로 공무원이라 함은 광의로는 국가 또는 공공단체의 공무를 담당하는 일체의 자를 의미하며, 협의로는 국가 또는 공공단체와 공법상 근무관계에 있는 모든 자를 말하는바, 지방자치법 제32조에 의하면 지방의회의원은 명예직으로서 의정활동비와 보조활동비, 회기 중 출석비를 지급받도록 규정하고 있을 뿐 정기적인 급여를 지급받지는 아니하나, 지방공무원법 제2조 제3항에 의하면 특수경력직 공무원 중 정무직 공무원으로 '선거에 의하여 취임하는 자'를 규정하고 있고, 지방자치법 제35조 이하에 의하면 지방의회의원은 여러 가지 공적인 사무를 담당하도록 규정하고 있으며, 공직자윤리법에 의하면 지방의회의원도 공직자로 보아 재산등록 대상자로 규정하고 있는 점 등에 비추어 볼 때, 비록 지방의회의원이 일정한 비용을 지급받을 뿐 정기적인 급여를 지급받지는 아니한다고 하더라도 공무를 담당하고 있는 이상 지방의회의원은 형법상 공무원에 해당한다. (대법원 1997. 3. 11. 선고 96도1258 판결) **표준**

판례 문화재관리국 관리과 운영계 고용원 – 공무원 ○

문화재관리국 관리과 운영계 고용원으로서 문화재관리국 소관 국유재산처분업무를 담당하면서 이 사건에 있어 필지별 재매매계약에 관한 업무 및 그 대금수납업무등을 수행하였음이 명백한 바이니 단순한 기계적 육체적 노무에 종사한 것이라 볼 수 없다. (대법원 1978. 4. 25. 선고 77도3709 판결)

판례 중앙약사심의위원회 소분과위원회의 위원으로 위촉된 자 – 공무원 ○ (대법원 2002. 11. 22. 선고 2000도4593 판결)

판례 시장 또는 구청장의 자문에 응하고 관련사항 심의하는 시·구도시계획위원회 위원 – 공무원 ○ (1997. 6. 13. 선고 96도1703 판결)

판례 임용행위가 무효이더라도 실제로 공무를 수행하고 있었던 자 – 공무원 ○

법령에 기한 임명권자에 의하여 임용되어 공무에 종사하여 온 사람이 나중에 그가 임용결격자이었음이 밝혀져 당초의 임용행위가 무효라고 하더라도, 그가 임용행위라는 외관을 갖추어 실제로 공무를 수행한 이상 공무 수행의 공정과 그에 대한 사회의 신뢰 및 직무행위의 불가매수성은 여전히 보호되어야 한다. 따라서 이러한 사람은 형법 제129조에서 규정한 공무원으로 봄이 타당하고, 그가 그 직무에 관하여 뇌물을 수수한 때에는 수뢰죄로 처벌할 수 있다. (대법원 2014. 3. 27. 선고 2013도11357 판결)

동지 재건축조합 임원의 지위를 상실하였으나 여전히 임원으로 등기된 자 – 공무원 ○

도시 및 주거환경정비법상 정비사업조합의 임원이 조합 임원의 지위를 상실하거나 직무수행권을 상실한 후에도 조합 임원으로 등기되어 있는 상태에서 계속하여 실질적으로 조합 임원으로서 직무를 수행하여 온 경우, 그 조합 임원을 같은 법 제84조에 따라 형법상 뇌물죄의 적용에서 '공무원'으로 보아야 한다. (대법원 2016. 1. 14. 선고 2015도15798 판결)

동지 재건축조합의 전임 조합장 직무대행자가 선임된 상태에서 후임 조합장으로 선임된 자가 실질적으로 조합장 직무를 수행함 – 공무원 ○

전임 조합장의 직무대행자가 선임된 상태에서 적법하게 소집된 총회의 결의에 의하여 후임 조합장으로 선임된 자가 직무대행자로부터 조합 사무를 인계받아 실질적으로 조합장 직무를 수행하였다면, 비록 대표권을 가지지 못한다고 하더라도, 뇌물죄가 적용되는 조합의 임원으로 보아야 한다. (대법원 2010. 12. 23. 선고 2010도13584 판결)

> **판례** 집행관사무소의 사무원이 금품 수수 – 공무원 ✕
>
> 집행관사무소의 사무원은 법원 및 검찰청 9급 이상의 직에 근무한 자 또는 이와 동등 이상의 자격이 있다고 인정되는 자 중에서 소속지방법원장의 허가를 받아 대표집행관이 채용하는 자로서, 법원일반직 공무원에 준하여 보수를 지급받는 한편 근무시간, 휴가 등 복무와 제척사유, 경매물건 등의 매수금지 의무 등에서는 집행관에 관한 법령의 규정이 준용된다는 점에서 형법 제129조 내지 제132조 및 구 변호사법 제111조의 경우 공무원으로 취급되는 집행관의 지위와 비슷한 면이 있기는 하지만, '지방법원에 소속되어 법률이 정하는 바에 따라 재판의 집행, 서류의 송달 그 밖에 법령에 따른 사무에 종사'하는 집행관과 달리 그에게 채용되어 업무를 보조하는 자에 불과할 뿐, 그를 대신하거나 그와 독립하여 집행에 관한 업무를 수행하는 자의 지위에 있지는 않다. 앞서 본 법리와 위 각 법령의 규정, 그리고 피고인에게 불리한 형벌법규의 유추적용은 엄격히 제한되어야 한다는 점 등에 비추어 보면, 집행관사무소의 사무원이 집행관을 보조하여 담당하는 사무의 성질이 국가의 사무에 준하는 측면이 있다는 사정만으로는 형법 제129조 내지 제132조 및 구 변호사법 제111조에서 정한 '공무원'에 해당한다고 보기 어렵다. (대법원 2011. 3. 10. 선고 2010도14394 판결)
>
> **참고** ① 집행관법에 따른 집행관은 공무원으로 볼 수 있지만 ② 집행관사무소의 사무원은 집행관과 달리 그에게 채용되어 업무를 보조하는 자에 불과하므로 공무원으로 볼 수 없다.

> **판례** 공무원이 직무와 관련하여 뇌물수수를 약속하고 퇴직 후 이를 수수 – 뇌물수수죄 ✕ (뇌물약속죄·사후수뢰죄 ○)
>
> 뇌물수수죄는 공무원 또는 중재인이 그 직무에 관하여 뇌물을 수수한 때에 성립하는 것이어서 그 주체는 현재 공무원 또는 중재인의 직에 있는 자에 한정되므로, 공무원이 직무와 관련하여 뇌물수수를 약속하고 퇴직 후 이를 수수하는 경우에는, 뇌물약속과 뇌물수수가 시간적으로 근접하여 연속되어 있다고 하더라도, 뇌물약속죄 및 사후수뢰죄가 성립할 수 있음은 별론으로 하고, 뇌물수수죄는 성립하지 않는다. (대법원 2008. 2. 1. 선고 2007도5190 판결)

증뢰자가 수뢰자가 아닌 제3자에게 뇌물을 공여한 경우, 원칙적으로 뇌물수수죄가 불성립한다. 다만 제3자가 받았더라도 공무원이 직접 받은 것과 동일하게 평가할 수 있는 경우에는 뇌물수수죄가 성립한다. 동일하게 평가할 수 없는 경우에는 제3자뇌물수수죄를 검토하여야 한다.

> **판례** 제3자가 받았더라도 공무원이 직접 받은 것과 동일하게 평가 – 뇌물수수죄 ○
>
> 공무원이 직접 뇌물을 받지 아니하고 증뢰자로 하여금 다른 사람에게 뇌물을 공여하도록 한 경우에는 ① 그 다른 사람이 공무원의 사자 또는 대리인으로서 뇌물을 받은 경우나 그 밖에 예컨대, 평소 ② 공무원이 그 다른 사람의 생활비 등을 부담하고 있었다거나 혹은 ③ 그 다른 사람에 대하여 채무를 부담하고 있었다는 등의 사정이 있어서 그 다른 사람이 뇌물을 받음으로써 공무원은 그만큼 지출을 면하게

되는 경우 등 사회통념상 그 다른 사람이 뇌물을 받은 것을 공무원이 직접 받은 것과 같이 평가할 수 있는 관계가 있는 경우에 한하여 형법 제129조 제1항의 뇌물수수죄가 성립한다. (대법원 2002. 4. 9. 선고 2001도7056 판결)

(판례) 어업지도 등 업무를 담당하는 공무원인 甲은 어촌계장인 乙로부터 "선물을 할 사람이 있으면 새우젓을 보내 주겠다."라는 말을 듣고 이를 승낙한 뒤 새우젓을 보내고자 하는 329명의 명단을 乙에게 보내 주고 乙로 하여금 위 사람들에게 甲의 이름을 적어 마치 甲이 선물하는 것처럼 합계 약 1,100만원 상당의 새우젓을 택배로 발송하게 함 – ① 甲 뇌물수수죄 ○ ② 乙 뇌물공여죄 ○

피고인 乙은 피고인 甲이 지정한 사람들에게 피고인 甲의 이름을 발송인으로 기재하여 배송업체를 통하여 배송업무를 대신하여 주었을 뿐이고, 새우젓을 받은 사람들은 새우젓을 보낸 사람을 피고인 乙이 아닌 피고인 甲으로 인식하였으며, 한편 피고인 乙과 피고인 甲 사이에 새우젓 제공에 관한 의사의 합치가 존재하고 위와 같은 제공방법에 관하여 피고인 甲이 양해하였다고 보이므로, 피고인 乙의 새우젓 출연에 의한 피고인 甲의 영득의사가 실현되어 형법 제129조 제1항의 뇌물공여죄 및 뇌물수수죄가 성립하고, 공여자와 수뢰자 사이에 직접 금품이 수수되지 않았다는 사정만으로 이와 달리 볼 수 없다. (대법원 2020. 9. 24. 선고 2017도12389 판결)

(판례) 공무원이 실질적 경영자인 회사의 계좌로 뇌물을 수수 – 뇌물수수죄 ○ (대법원 2004. 3. 26. 선고 2003도8077 판결, 대법원 2011. 11. 24. 선고 2011도9585 판결)

(판례) 구청장인 피고인이 갑으로 하여금 5억원 상당의 경로당 누각을 구에 기부채납하게 함 – 뇌물수수죄 ×

공무원인 지방자치단체장이 직무에 관하여 부정한 청탁을 받고 지방자치단체에 금품을 제공하게 하였다면 공무원 개인이 금품을 취득한 경우와 동일시할 수는 없고 그 공무원이 단체를 대표하는 지위에 있는 경우에도 마찬가지여서 형법 제130조의 제3자뇌물제공죄가 성립할 수 있으므로, 이와 달리 위 기부채납 재산을 취득한 지방자치단체인 구는 '제3자뇌물제공죄의 제3자'가 될 수 없다고 본 원심판단에 잘못이 있으나, 제반 사정에 비추어 甲 회사의 관계자들이 피고인의 요구를 받고 위 누각을 구에 기부채납한 것이 피고인의 직무와 관련한 부정한 청탁의 대가로 제공된 것이라고 단정할 수 없다는 이유로, 피고인에게 무죄를 선고한 원심판단의 결론은 정당하다. (대법원 2011. 4. 14. 선고 2010도12313 판결)

(참고) ① 구청장과 구를 동일시 할 수 없어 뇌물수수죄 불성립하고 ② 부정한 청탁 없어 제3자 뇌물수수죄 불성립한다.

(판례) 군수인 피고인이 산악회 지부의 고문을 맡고 있었는데, 산악회 지부가 사업자로부터 등반대회 행사용 수건을 교부받음 – 뇌물수수죄 × (대법원 2002. 4. 9. 선고 2001도7056 판결)

(참고) ① 산악회와 군수를 동일시 할 수 없어 뇌물수수죄 불성립하고 ② 제3자 뇌물수수죄에 대해서는 따로 판단하지 않았다.

뇌물죄의 공무원으로 의제되는 자들을 살펴보자. ① 한국은행, 금융감독원 등 대통령령으로 정하는 단체, 기관의 간부직원(특가법 제4조) ② 공공기관의 임직원, 운영위원회의 위원과 임원추천위원회의 위원으로서 공무원이 아닌 사람(공공기관의 운영에 관한 법률 제53조) ③ 추진위원장·조합임원·청산인·전문조합관리인 및 정비사업전문관리업자의 대표자(법인인 경우에는 임원을 말한다)·직원 및 위탁지원자(도시 및 주거환경정비법 제134조) 등이 대표적이다.

> **판례** 법원이 임명한 도시정비법상 조합의 임시이사 – 공무원 ○
> 조합의 임원인 이사가 없거나 도시정비법과 정관이 정한 이사 수에 부족이 있는 때에는 민법 제63조의 규정이 준용되어 법원이 임시이사를 선임할 수 있다. 그런데 법원에 의하여 선임된 임시이사는 원칙적으로 정식이사와 동일한 권한을 가지고, 도시정비법이 조합 총회에서 선임된 이사와 임시이사의 권한을 특별히 달리 정한 규정을 두고 있지도 않다. 이러한 점과 더불어 총회의결사항에 관하여 의결을 거치지 아니하고 임의로 추진한 조합 임원을 처벌하는 규정을 둔 도시정비법의 취지를 함께 살펴보면, 법원이 선임한 임시이사도 도시정비법 제85조 제5호에서 규정한 '조합의 임원'에 해당한다. (대법원 2016. 10. 27. 선고 2016도138 판결)

> **판례** 설립인가취소처분이 내려진 도시정비법상 조합의 경우, 취소 전까지의 조합 임원 – 공무원 ○
> (대법원 2016. 6. 10. 선고 2015도576 판결)
> **참고** 도시정비법상 조합 설립인가의 '취소'는 행정행위의 '철회'에 불과하여 장래효만 있다.

> **판례** 도시정비법상 정비사업전문관리업자의 대표자, 임원, 직원이 아닌 실질적 경영자 – 공무원 ×
> 도시정비법에서 정하는 '정비사업전문관리업자'가 주식회사인 경우 같은 법 제84조에 의하여 공무원으로 의제되는 '임원'은 형법 제129조 내지 제132조에 해당하는 수뢰행위 당시 상업등기부에 대표이사, 이사, 감사로 등기된 사람에 한정된다고 보아야 하며, 설령 실질적 경영자라고 하더라도 해당 주식회사의 임원으로 등기되지 아니한 사람까지 도시정비법 제84조에 의하여 공무원으로 의제되는 정비사업전문관리업자의 '임원'에 해당한다고 해석하는 것은 형벌법규를 피고인에게 불리한 방향으로 지나치게 유추하거나 확장해석하는 것으로서 죄형법정주의의 원칙에 어긋나는 것이어서 허용될 수 없다. (대법원 2014. 1. 23. 선고 2013도9690 판결)

2. 행위: 직무에 관하여 뇌물을 수수, 요구, 약속

① 수수란 뇌물을 취득하는 것을 말한다. ② 요구란 취득의 의사로 상대방에게 뇌물의 공여를 청구하는 것을 말한다. ③ 약속이란 양당사자 사이에 뇌물의 수수를 합의하는 것을 말한다. 먼저 수수에 관한 판례를 살펴본다.

> **판례** 직무관련성·대가성이 인정되는 금품을 수수하였지만 사리를 취하지 않음 – 뇌물수수죄 ○
> 금품을 수수한 장소가 공개된 공사현장이었고 금품을 수수한 공무원이 이를 공사현장 인부들의 식대 또는 동 공사의 홍보비 등으로 소비하였을 뿐 자신의 사리를 취한바 없다 하더라도 그 뇌물성이 부인되지 않는다. (대법원 1985. 5. 14. 선고 83도2050 판결)

[판례] 공무원이 1,000만 원을 의도하고 손가락 1개를 들어 보이며 뇌물을 요구하였는데, 가방 안에 1억 원이 들어있어 액수가 예상한 것보다 너무 많아 후에 이를 반환 – 특가법 뇌물수수죄 ○ (1억 원)

피고인이 먼저 뇌물을 요구하여 증뢰자가 제공하는 돈을 받았다면 피고인에게는 받은 돈 전부에 대한 영득의 의사가 인정된다고 하지 않을 수 없고, 이처럼 영득의 의사로 뇌물을 수령한 이상 그 액수가 피고인이 예상한 것보다 너무 많은 액수여서 후에 이를 반환하였다고 하더라도 뇌물죄의 성립에는 영향이 없다. (대법원 2007. 3. 29. 선고 2006도9182 판결)

[동지] 증뢰자가 믿을 수 없다는 소문을 듣고 후환을 염려하여 반환 – 뇌물수수죄 ○ (대법원 1984. 4. 10. 선고 83도1499 판결)

[참고] ① 뇌물인지 모르고 이를 수수하였다가 뇌물임을 알고 즉시 반환하거나, ② 증뢰자가 일방적으로 뇌물을 두고 가므로 후일 기회를 보아 반환할 의사로 어쩔 수 없이 일시 보관하다가 반환하는 경우에는 영득 의사 없어 뇌물수수죄 불성립한다.

[판례] 함정에 빠뜨릴 의도를 가지고 교부한 금품을 수수한 경우 – 뇌물수수죄 ○

공무원을 함정에 빠뜨릴 의사로 직무와 관련되었다는 형식을 빌려 그 공무원에게 금품을 공여한 경우에도 공무원이 그 금품을 직무와 관련하여 수수한다는 의사를 가지고 받아들이면 뇌물수수죄가 성립한다. (대법원 2008. 3. 13. 선고 2007도10804 판결)

[판례] 甲이 乙을 대신하여 공무원 丙에게 금품을 지급한 다음, 乙로부터 이를 상환받은 경우 – ① 丙 뇌물수수죄 ○ ② 乙 뇌물공여죄 ○

뇌물죄는 공여자의 출연에 의한 수뢰자의 영득의사의 실현으로서, 공여자의 특정은 직무행위와 관련이 있는 이익의 부담 주체라는 관점에서 파악하여야 하므로, 금품이나 재산상 이익 등이 반드시 공여자와 수뢰자 사이에 직접 수수될 필요는 없고, 그 사이에서 제3자가 먼저 공여자를 대신하여 자신의 자금으로 수뢰자에게 지급한 다음 공여자로부터 그 금액을 상환받는 방식으로 수수되었다 할지라도, 공여자와 수뢰자 사이에 금품 제공에 관한 의사의 합치가 존재하고 또한 그러한 지급방법에 관하여 수뢰자가 양해하였다고 인정되는 한, 공여자와 수뢰자 사이에 직접 금품이 수수되지 아니하였다는 사정만으로는 뇌물수수죄의 죄책을 면할 수 없다. (대법원 2008. 6. 12. 선고 2006도8568 판결)

[판례] 정치자금법상 절차를 준수하였어도 직무에 대한 대가로 교부된 금전 수수 – 뇌물수수죄 ○

금품이 정치자금의 명목으로 수수되었고 또한 당시 시행되던 구 정치자금에 관한 법률에 정한 절차를 밟았다 할지라도, 상대방의 지위 및 직무권한, 당해 기부자와 상대방의 종래 교제상황, 기부의 유무나 시기, 상대방, 금액, 빈도 등의 상황과 함께 당해 금품의 액수 및 기부하기에 이른 동기와 경위 등에 비추어 볼 때, 정치인의 정치활동 전반에 대한 지원의 성격을 갖는 것이 아니라 공무원으로서의 정치인의 특정한 구체적 직무행위와 관련하여 제공자에게 유리한 행위를 기대하거나 혹은 그에 대한 사례로서 이루어짐으로써 정치인인 공무원의 직무행위에 대한 대가로서의 실체를 가진다면 뇌물성이 인정된다. (대법원 2008. 6. 12. 선고 2006도8568 판결)

[판례] 불우이웃돕기 성금이나 연극제에 전달할 의사로 금원을 받은 것에 불과한 경우 – × (대법원 2010. 4. 15. 선고 2009도11146 판결)

약속에 관한 판례를 살펴본다.

판례 뇌물약속죄에서 '약속' – 양 당사자 사이의 뇌물수수의 합의

형법 제129조의 구성요건인 뇌물의 '약속'은 양 당사자 사이의 뇌물수수의 합의를 말하고, 여기에서 '합의'란 그 방법에 아무런 제한이 없고 명시적일 필요도 없다. (대법원 2007. 7. 13. 선고 2004도3995 판결)

판례 뇌물이 이익인 경우, 가액이 확정되지 않아도 뇌물약속죄가 성립할 수 있음

뇌물약속죄에 있어서 뇌물의 목적물인 이익은 약속 당시에 현존할 필요는 없고 약속당시에 예기할 수 있는 것이라도 무방하며, 뇌물의 목적물이 이익인 경우에는 그 가액이 확정되어 있지 않아도 뇌물약속죄가 성립하는 데는 영향이 없으므로 공무원이 건축업자로부터 그가 건축할 주택을 공사비 상당액으로 분양받기로 약속한 경우에는 매매시가 중 공사비를 초과하는 액수만큼의 이익을 뇌물로서 약속한 것이 되어 뇌물약속죄가 성립한다. (대법원 1981. 8. 20. 선고 81도698 판결)

참고 공무원 甲은 건축업자 乙로부터 주택 1동을 공사비 상당액만으로 분양받기로 약속하고 건축허가를 해 주었으나 실제로 주택이 준공되지 않은 경우 – 수뢰후부정처사죄 ○ (뇌물약속죄와 부정행위가 모두 인정되므로)

판례 뇌물약속죄의 약속은 양 당사자의 의사표시가 확정적으로 합치하여야 함

뇌물의 '약속'은 양 당사자의 뇌물수수의 합의를 말하고, 여기에서 '합의'란 그 방법에 아무런 제한이 없고 명시적일 필요도 없지만, 장래 공무원의 직무와 관련하여 뇌물을 주고 받겠다는 양 당사자의 의사표시가 확정적으로 합치하여야 한다. (대법원 2012. 11. 15. 선고 2012도9417 판결)

---

3. 죄수 등

뇌물수수 등 수뢰죄에 있어서 포괄일죄 인정 여부는 큰 의미를 갖는다. ① 특가법(3천만 원) 적용에 관하여, 포괄일죄의 경우 수뢰액 전부를 합산하는데, 실체적 경합범의 경우 수뢰액이 죄 별로 나뉜다. ② 공소시효에 관하여, 포괄일죄의 경우 마지막 수수 시점이 기산점이 되는데, 실체적 경합범의 경우 죄 별로 공소시효가 기산된다.

판례 뇌물죄의 포괄일죄 인정된 경우

뇌물을 준 장소와 기간이 일정하지 아니하고 또한 그 전체의 기간이 길다 할지라도 그 범의의 계속성이나 시간적 접속성을 인정하는데 지장이 되지 아니하는 경우에는 포괄적 1죄로 다스림이 정당하다. (대법원 1978. 12. 13. 선고 78도2545 판결)

동지 28회에 걸친 뇌물수수 행위가 그 범행의 일시, 장소, 범행의 동기, 방법 등에 비추어 볼 때 단일한 범의 아래 일정기간 정기적으로 계속된 범행 – 포괄일죄 (대법원 1983. 12. 27. 선고 83도2472 판결)

동지 아파트 보존등기신청 사건을 접수처리함에 있어서 신속히 처리해 달라는 부탁조로 동일인으로부터 약 5개월동안 7회에 걸쳐 금품을 수수 – 포괄일죄 (대법원 1982. 10. 26. 선고 81도1409 판결)

뇌물죄의 공모공동정범의 경우, 원칙적으로 수수한 금품·이익 전부가 뇌물

공범자들 사이에 그 알선 등과 관련하여 금품이나 이익을 수수하기로 명시적 또는 암묵적인 공모관계가 성립하고 그 공모 내용에 따라 공범자 중 1인이 금품이나 이익을 수수하였다면, 사전에 특정 금액 이하로만 받기로 약정하였다든가 수수한 금액이 공모 과정에서 도저히 예상할 수 없는 고액이라는 등과 같은 특별한 사정이 없는 한, 그 수수한 금품이나 이익 전부에 관하여 위 각 죄의 공모공동정범이 성립하는 것이며, 수수할 금품이나 이익의 규모나 정도 등에 대하여 사전에 서로 의사의 연락이 있거나 수수한 금품 등의 구체적 금액을 공범자가 알아야 공모공동정범이 성립하는 것은 아니다. (대법원 2010. 10. 14. 선고 2010도387 판결)

뇌물수수와 타죄와의 관계를 따로 살펴본다.

💬 **중요쟁점: 뇌물수수와 타죄와의 관계**

1. 문제

[문제 1] 경찰관 甲이 수사를 함에 있어 사건무마 명목으로 수사대상자에게 뇌물을 요구하면서 불응시 입건한다고 말하여 乙로부터 금품을 수수한 경우, 甲·乙의 죄책은?

해설 공무원이 직무집행의 의사 없이 또는 직무처리와 대가적 관계없이 타인을 공갈하여 재물을 교부하게 한 경우에는 공갈죄만이 성립하고, 이러한 경우 재물의 교부자가 공무원의 해악의 고지로 인하여 외포의 결과 금품을 제공한 것이라면 그는 공갈죄의 피해자가 될 것이고 뇌물공여죄는 성립될 수 없으므로, ① 甲 – 공갈죄 ○·뇌물수수죄 × ② 乙 – 뇌물공여죄 × (대법원 1969. 7. 22. 선고 69도1166 판결)

[문제 2] 세무공무원 甲이 세무조사 당시 허위의 계산서를 바로잡아 탈루된 세금을 추징할 경우 그 규모가 모두 50억 원에 이를 것이라고 알려준 뒤 세무조사를 받는 회사의 대표이사 乙로부터 금품을 수수한 경우, 甲·乙의 죄책은?

해설 세무공무원에게 회사에 대한 세무조사라는 직무집행의 의사가 있었고, 과다계상된 손금항목에 대한 조사를 하지 않고 이를 묵인하는 조건으로, 다시 말하면 그 직무처리에 대한 대가관계로서 금품을 제공받았으며, 회사의 대표이사는 공무원의 직무행위를 매수하려는 의사에서 금품을 제공하였으므로 ① 甲 – 뇌물수수죄 ○ ② 乙 – 뇌물공여죄 ○ (대법원 1994. 12. 22. 선고 94도2528 판결)

[문제 3] 군인 甲은 총기분실이 사실은 행정착오에 불과하여 옆 중대에 있다는 것을 알고 있음에도 불구하고 총기가 분실된 것으로만 알고 있는 乙에게 '총기를 구입·보충해서 해결해주겠다'고 하며 돈을 교부받은 경우, 甲·乙의 죄책은?

해설 뇌물을 수수함에 있어서 공여자를 기망한 점이 있다 하여도 뇌물수수죄, 뇌물공여죄의 성립에는 영향이 없고(대법원 1985. 2. 8. 선고 84도2625 판결 참조), 이 경우 뇌물을 수수한 공무원에 대하여는 한 개의 행위가 뇌물죄와 사기죄의 각 구성요건에 해당하므로 형법 제40조에 의하여 상상적 경합으로 처단하여야 하므로(대법원 1977. 6. 7. 선고 77도1069 판결, 대법원 2015. 10. 29. 선고 2015도12838 판결) ① 甲 – 뇌물수수죄 ○ 사기죄 ○ (상상적 경합) ② 乙 – 뇌물공여죄 ○

2. 정리

	직무집행 의사 × 공갈의 의사 ○	직무집행 의사 ○ (다소간 강압적)	기망으로 뇌물수수
공무원	공갈죄 ○	뇌물수수 ○	뇌물수수 ○, 사기 ○ (상상적 경합)
공여자	불벌	뇌물공여 ○	뇌물공여 ○

Ⅷ 사전수뢰죄

제129조(수뢰, 사전수뢰) ② 공무원 또는 중재인이 될 자가 그 담당할 직무에 관하여 청탁을 받고 뇌물을 수수, 요구 또는 약속한 후 공무원 또는 중재인이 된 때에는 3년 이하의 징역 또는 7년 이하의 자격정지에 처한다.

例規 제129조 ② 사전뇌물(수수, 요구, 약속)	미수 ×

🔍 **핵심단어**
- ① 공무원이 될 자가 ② 담당할 직무에 관해 ③ 청탁 받고 ④ 대가성 ⑤ 뇌물을 ⑥ 수수
- 공무원이 될 자란 공무원이 될 것이 예정되어 있거나 어느 정도의 개연성을 갖춘 자
- 청탁이란 대가관계로 일정 직무행위를 의뢰하는 것으로, 직무가 부정할 필요는 없음

1. 주체: 공무원 또는 중재인이 될 자

판례 공무원 또는 중재인이 될 자 – 공직 취임의 개연성을 갖춘 자
형법 제129조 제2항에 정한 '공무원 또는 중재인이 될 자'란 공무원채용시험에 합격하여 발령을 대기하고 있는 자 또는 선거에 의해 당선이 확정된 자 등 공무원 또는 중재인이 될 것이 예정되어 있는 자뿐만 아니라 공직취임의 가능성이 확실하지는 않더라도 어느 정도의 개연성을 갖춘 자를 포함한다고 할 것이다. (대법원 2010. 5. 13. 선고 2009도7040 판결)
참고 도시개발조합의 임원인 조합장 또는 상무이사로 선출될 상당한 개연성이 있는 자 – 공무원 또는 중재인이 될 자 ○

2. 행위: 담당할 직무에 관하여 청탁을 받고 뇌물을 수수, 요구, 약속

> **[판례]** 청탁 – 직무행위가 부정할 필요는 없고 대가관계만 있으면 족함
>
> 형법 제129조 제2항의 사전수뢰는 단순수뢰의 경우와는 달리 청탁을 받을 것을 요건으로 하고 있는바, 여기에서 청탁이라 함은 공무원에 대하여 일정한 직무행위를 할 것을 의뢰하는 것을 말하는 것으로서 그 직무행위가 부정한 것인가 하는 점은 묻지 않으며 그 청탁이 반드시 명시적이어야 하는 것도 아니라고 할 것이다. (대법원 1999. 7. 23. 선고 99도1911 판결)

IX 제3자뇌물제공죄

> **제130조(제삼자뇌물제공)** 공무원 또는 중재인이 그 직무에 관하여 부정한 청탁을 받고 제3자에게 뇌물을 공여하게 하거나 공여를 요구 또는 약속한 때에는 5년 이하의 징역 또는 10년 이하의 자격정지에 처한다.

例規 제130조 제3자뇌물(수수, 요구, 약속)	미수 ×

> **🔍 핵심단어**
> - ① 공무원이 ② 직무에 관하여 ③ 부정한 청탁을 받고 ④ 대가성 있는 ⑤ 뇌물을 ⑥ 수수
> - 부정청탁은 ① 위법·부당 직무집행을 내용으로 또는 ② 직무를 대가관계와 결탁시키는 청탁
> - 공무원이 제3자의 생활비를 부담하는 등 공무원이 받은 것으로 평가할 수 있는 경우, 제3자 뇌물수수가 아닌 단순 뇌물수수가 성립.

1. 주체: 공무원 또는 중재인

뇌물수수와 동일하다.

2. 행위

가. 부정한 청탁을 받음

> **[판례]** 부정청탁은 ① 위법·부당 직무집행을 내용, ② 직무집행을 대가관계와 결탁시키는 청탁
>
> 제3자뇌물제공죄에서 '청탁'이란 공무원에 대하여 일정한 직무집행을 하거나 하지 않을 것을 의뢰하는 행위를 말하고, '부정한' 청탁이란 ① 의뢰한 직무집행 자체가 위법하거나 부당한 경우 또는 ② 의뢰한 직무집행 그 자체는 위법하거나 부당하지 아니하지만 당해 직무집행을 어떤 대가관계와 연결시켜 그

직무집행에 관한 대가의 교부를 내용으로 하는 경우 등을 의미한다. 그런데 제3자뇌물제공죄에서 공무원이 '그 직무에 관하여 부정한 청탁을 받을 것'을 요건으로 하는 취지는 처벌의 범위가 불명확해지지 않도록 하기 위한 것으로서, 이러한 부정한 청탁은 명시적 의사표시에 의해서뿐만 아니라 묵시적 의사표시에 의해서도 가능하지만, 묵시적 의사표시에 의한 부정한 청탁이 있다고 하려면 청탁의 대상이 되는 직무집행의 내용과 제3자에게 제공되는 이익이 그 직무집행에 대한 대가라는 점에 대하여 공무원과 이익 제공자 사이에 공통의 인식이나 양해가 있어야 한다. 따라서 그러한 인식이나 양해 없이 막연히 선처하여 줄 것이라는 기대나 직무집행과는 무관한 다른 동기에 의하여 제3자에게 금품을 공여한 경우에는 묵시적 의사표시에 의한 부정한 청탁이 있다고 볼 수 없다. (대법원 2014. 9. 4. 선고 2011도14482 판결, 대법원 2006. 6. 15. 선고 2004도3424 판결) **표준**

이미 발생한 현안뿐만 아니라 장래 발생될 것으로 예상되는 현안도 위와 같은 정도로 특정되면 부정한 청탁의 내용이 될 수 있다. 부정한 청탁은 명시적인 의사표시가 없더라도 청탁의 대상이 되는 직무집행의 내용과 제3자에게 제공되는 금품이 직무집행에 대한 대가라는 점에 대하여 당사자 사이에 공통의 인식이나 양해가 있는 경우에는 묵시적 의사표시로 가능하다. (대법원 2019. 8. 29. 선고 2018도13792 전원합의체 판결) **표준**

판례 공정거래위원회 위원장인 피고인이 이동통신회사가 속한 그룹의 구조조정본부장으로부터 당해 이동통신회사의 기업결합심사에 대하여 선처를 부탁받으면서 특정 사찰에의 시주를 요청하여 시주금을 제공케 한 경우 – 제3자뇌물수수죄(부정청탁) ○

제3자 뇌물공여죄에서는 청탁의 내용이 된 직무 자체가 위법·부당하지 않고 적법하다고 하더라도 '재물을 대가로' 그 업무처리를 부탁하는 경우에는 특별한 사정이 없는 한 이를 부정한 청탁이라고 보아야 할 것이므로, 공소외 1이 피고인에게 (회사명 생략)의 기업결합심사에 대하여 선처를 부탁하면서 그와 관련하여 피고인의 10억 원 시주 요청에 응하였다면, 비록 그 부탁한 직무가 피고인의 재량권한 내에 속한다 하더라도 이는 형법 제130조 소정의 부정한 청탁에 해당한다. (대법원 2006. 6. 15. 선고 2004도3424 판결)

판례 도지사가 관광지구 추가지정 및 관련 절차에 있어서 대가관계 있는 청탁을 받음 – 제3자뇌물수수죄(부정청탁) ○

도지사가 제3자로부터 복지재단 출연금의 형태로 거액을 수수한 행위가 관광지구 추가지정 및 관련 절차의 진행에 있어서 이를 총괄하는 도지사로서의 직무와 관련하여 제3자 뇌물공여죄에서 뜻하는 광의의 부정한 청탁을 매개로 이루어진 것이다. (대법원 2007. 1. 26. 선고 2004도1632 판결)

판례 직무대가성 특정되지 않은 상태에서 막연히 선처를 기대하고 제3자에게 공여 – 제3자뇌물수수죄(부정청탁) ✕

'부정한 청탁'은 명시적인 의사표시에 의한 것은 물론 묵시적인 의사표시에 의한 것도 가능하다. 묵시적인 의사표시에 의한 부정한 청탁이 있다고 하기 위하여는, 당사자 사이에 청탁의 대상이 되는 직무집행의 내용과 제3자에게 제공되는 금품이 그 직무집행에 대한 대가라는 점에 대하여 공통의 인식이나 양해가 존재하여야 하고, 그러한 인식이나 양해 없이 막연히 선처하여 줄 것이라는 기대에 의하거나 직무집행과는 무관한 다른 동기에 의하여 제3자에게 금품을 공여한 경우에는 묵시적인 의사표시에 의한 부정한 청탁이 있다고 보기 어렵다. 공무원이 먼저 제3자에게 금품을 공여할 것을 요구한 경우에도 마찬가지이다. (대법원 2009. 1. 30. 선고 2008도6950 판결)

나. 제3자에게 뇌물을 공여하게 하거나 이를 요구, 약속

① "제3자"는 공무원과 공동정범이 아닌 자이어야 한다. 공동정범이라면 공무원·제3자 모두 뇌물수수죄가 성립한다. ② "제3자"는 제3자에게 뇌물을 공여하는 것이 공무원이 직접 받은 것과 같이 평가할 수 있는 경우로 볼 수 없는 자이어야 한다. 만일 공무원이 직접 받은 것으로 볼 수 있다면 공무원은 뇌물수수죄, 제3자는 그에 대한 방조죄 성부를 검토하면 된다.

판례 이천시 건축 공무원 甲이 이천시에서 아파트 시행사업을 하는 丙에게 인허가 절차가 지연될 수 있다고 말하면서, 용역계약체결의 상대방으로 A社(운영자 乙)만을 소개하고, 丙으로 하여금 A社와 다소 비싼 가격으로 용역계약을 체결케 함 – ① 甲 제3자뇌물수수죄 ○·직권남용죄 ○ (상상적경합) ② 乙 제3자뇌물수수 방조죄 ○

제3자뇌물수수죄에서 제3자란 행위자와 공동정범 이외의 사람을 말하고, 교사자나 방조자도 포함될 수 있다. 그러므로 공무원 또는 중재인이 부정한 청탁을 받고 제3자에게 뇌물을 제공하게 하고 제3자가 그러한 공무원 또는 중재인의 범죄행위를 알면서 방조한 경우에는 그에 대한 별도의 처벌규정이 없더라도 방조범에 관한 형법총칙의 규정이 적용되어 제3자뇌물수수방조죄가 인정될 수 있다.

공무원이 직무관련자에게 제3자와 계약을 체결하도록 요구하여 계약 체결을 하게 한 행위가 제3자뇌물수수죄의 구성요건과 직권남용권리행사방해죄의 구성요건에 모두 해당하는 경우에는, 제3자뇌물수수죄와 직권남용권리행사방해죄가 각각 성립하되, 이는 사회 관념상 하나의 행위가 수 개의 죄에 해당하는 경우이므로 두 죄는 형법 제40조의 상상적 경합관계에 있다. (대법원 2017. 3. 15. 선고 2016도19659 판결) **표준**

참고 만일 공무원과 제3자에게 공모·실행분담이 인정된다면 공무원·제3자는 뇌물수수죄 공동정범이 된다.

판례 시장인 피고인이 甲으로부터 직무에 관한 묵시적 청탁을 받고 甲으로 하여금 乙에게 용역을 도급케 함 – 제3자뇌물수수죄 ○

성남시장이 정자·백궁지구의 도시설계변경 및 건축허가 관련 업무를 처리하며 위 지구에 주상복합아파트 건설사업을 추진하는 甲으로부터 이에 관한 편의를 제공해 달라는 묵시적 청탁을 받고, 위 주상복합아파트의 건축설계용역을 乙업체에게 도급하여 달라고 甲에게 부탁한 사안에서, 제3자 뇌물제공죄의 성립을 인정한 사례 (대법원 2007. 11. 16. 선고 2004도4959 판결)

X   수뢰후부정처사죄

제131조(수뢰후부정처사, 사후수뢰) ① 공무원 또는 중재인이 전2조의 죄를 범하여 부정한 행위를 한 때에는 1년 이상의 유기징역에 처한다.

例規 제131조 ① 수뢰후부정처사	미수 ×

> 🔍 **핵심단어**
> • ① 공무원이 ② 뇌물수수 등을 범하고 ③ 부정한 행위를 한 경우
> • 부정한 행위란 직무에 위배되는 일체의 행위

1. 주체: 공무원 또는 중재인

앞서 살펴본 것과 같다.

2. 행위: 전2조의 죄를 범하여 부정한 행위를 함

부정한 행위란 직무에 위배하는 일체의 행위를 말한다. 위법·부당한 행위, 직권남용행위는 모두 부정한 행위에 포함된다.

[판례] 예비군 중대장이 훈련불참자로부터 금원을 교부받고 허위공문서를 작성·비치 – ① 수뢰후부정처사죄 ○ ② 허위공문서작성 및 동행사죄 ○ (상상적 경합)

예비군 중대장이 그 소속예비군으로부터 금원을 교부받고 그 예비군이 예비군훈련에 불참하였음에도 불구하고 참석한 것처럼 허위내용의 중대학급편성명부를 작성, 행사한 경우라면 수뢰후 부정처사죄 외에 별도로 허위공문서작성 및 동행사죄가 성립하고 이들 죄와 수뢰후 부정처사죄는 각각 상상적 경합관계에 있다고 할 것이다. (대법원 1983. 7. 26. 선고 83도1378 판결)

[판례] 시험정리원이 수뢰 후 시험문제를 알린 경우 – ① 수뢰후부정처사죄 ○ ② 공무상비밀누설죄 ○ (상상적 경합)

시험정리원인 피고인이 공소외 1로부터 돈을 받고 그 직무상 지득한 구술시험 문제를 공소외 1에게 알린 것은 공무상 비밀의 누설인 동시에 형법 제131조 제1항의 부정한 행위를 한 때에 해당한다. (대법원 1970. 6. 30. 선고 70도562 판결)

[판례] 과세규정 불명확하고 선례도 없어 공무원이 수뢰 후 유리한 쪽으로 처분 – 수뢰후부정처사죄 × (뇌물수수죄 ○)

과세 대상에 관한 규정이 명확하지 않고 그에 관한 확립된 선례도 없었던 경우, 공무원이 주식회사로부터 뇌물을 받은 후 관계 법령에 대한 충분한 연구, 검토 없이 위 회사에 유리한 쪽으로 법령을 해석하여 감액처분하였더라도 위 감액처분이 위법하지 않으면 그 공무원이 수뢰 후 '부정한 행위'를 한 것으로서 수뢰후부정처사죄를 범하였다고 볼 수는 없다고 한 사례. (대법원 1995. 12. 12. 선고 95도2320 판결)

죄수에 관한 판례를 살펴본다.

판례 '최후의 부정한 행위 이후의 뇌물수수 행위'도 '최후의 부정한 행위 이전의 뇌물수수행위' 및 '최후의 부정한 행위 이전의 부정한 행위'와 함께 수뢰후부정처사죄의 포괄일죄가 될 수 있음

'형법 제129조 및 제130조의 죄를 범하여'란 반드시 뇌물수수 등의 행위가 완료된 이후에 부정한 행위가 이루어져야 함을 의미하는 것은 아니고, 결합범 또는 결과적 가중범 등에서의 기본행위와 마찬가지로 뇌물수수 등의 행위를 하는 중에 부정한 행위를 한 경우도 포함하는 것으로 보아야 한다. 따라서 단일하고도 계속된 범의 아래 일정 기간 반복하여 일련의 뇌물수수 행위와 부정한 행위가 행하여졌고 그 뇌물수수 행위와 부정한 행위 사이에 인과관계가 인정되며 피해법익도 동일하다면, '최후의 부정한 행위 이후에 저질러진 뇌물수수 행위'도 '최후의 부정한 행위 이전의 뇌물수수 행위' 및 '부정한 행위'와 함께 수뢰후부정처사죄의 포괄일죄로 처벌함이 타당하다. (대법원 2021. 2. 4. 선고 2020도12103 판결)

참고 공무원 甲은 乙로부터 15회에 걸쳐 뇌물을 수수하는 기간 중 부처 내부정보를 제공하는 부정한 행위를 여러 차례 저질렀는데, 마지막 부정한 행위 이후에도 2회에 걸쳐 추가로 뇌물을 수수하였음. – 수뢰후부정처사죄의 포괄일죄(원심은 15회 뇌물수수 및 부정한 행위들에 대해서는 수뢰후부정처사죄를, 그리고 2회 뇌물수수 부분에 대해서는 뇌물수수죄를 각각 적용하였는데 파기되었음).

XI 부정처사후수뢰죄

제131조(수뢰후부정처사, 사후수뢰) ② 공무원 또는 중재인이 그 직무상 부정한 행위를 한 후 뇌물을 수수, 요구 또는 약속하거나 제삼자에게 이를 공여하게 하거나 공여를 요구 또는 약속한 때에도 전항의 형과 같다.

例規 제131조 ②, ③ 부정처사후수뢰	미수 ×

핵심단어
• ① 공무원이 ② 부정한 행위를 한 후 ③ 뇌물수수·요구·약속 등
• 부정한 행위란 직무에 위배되는 일체의 행위

1. 주체: 공무원 또는 중재인

앞서 살펴본 것과 같다.

2. 행위: 직무상 부정행위를 한 후 뇌물을 수수 등 또는 제3자뇌물수수 등

앞서 살펴 본 수뢰후부정처사와 '수뢰'와 '부정행위'의 시간적 선후가 뒤바뀐 죄이다. 즉 ① 부정행위를 한 후 ② 뇌물을 수수, 요구, 약속하거나 제3자에게 공여하게 하거나 이를 요구, 약속하여야 한다. ②의 행위는 재직 중에 이루어져야 하며, 퇴직 후에 이루어진다면 사후수뢰죄가 문제된다(제

131조 제3항).

(판례) 점검확인표시증을 업주에게 교부한 후 그 대가로 금전 수수 – 부정처사후수뢰죄(2항) ○

사단법인 한국컴퓨터산업중앙회의 이사이자 지회장인 피고인이 컴퓨터게임장 업주인 공소외인에게 점검필유기기구확인표시증 50매를 함부로 교부해주고 그 사례로 금 200,000원을 교부받음으로써 직무상 부정한 행위를 한 후 뇌물을 수수하였다는 이 사건 범죄사실을 유죄로 인정하여 처벌한 조치는 정당하다. (대법원 1999. 7. 23. 선고 99도390 판결)

(판례) 입찰업무담당자가 입찰예정가격을 알려주고 20일 후 전별금 명목으로 금전 수수 – 부정처사후수뢰죄(2항) ○ (대법원 1983. 4. 26. 선고 82도2095 판결)

XII 사후수뢰죄

제131조(수뢰후부정처사, 사후수뢰) ③ 공무원 또는 중재인이었던 자가 그 재직 중에 청탁을 받고 직무상 부정한 행위를 한 후 뇌물을 수수, 요구 또는 약속한 때에는 5년 이하의 징역 또는 10년 이하의 자격정지에 처한다.

例規 제131조 ②, ③ 부정처사후수뢰	미수 ×

🔍 **핵심단어**

• ① 공무원 또는 중재인이었던 자 ② 재직 중 청탁 받고 ③ 부정한 행위를 한 후 ④ 뇌물수수·요구·약속
• 부정한 행위란 직무에 위배되는 일체의 행위

---

1. 주체: 공무원 또는 중재인이었던 자

앞서 살펴본 것과 같다.

2. 행위: 재직 중 청탁을 받고 직무상 부정한 행위를 한 후 뇌물 수수 등

재직 중 청탁을 받고 부정행위를 한 후 퇴직한 다음의 수뢰행위를 처벌하는 죄이다.

(판례) 공무원 A가 심의위원으로 직무를 수행하다 심의위원 위촉이 종료된 후, 심의위원 직무에 관하여 금품 수수한 경우 – ① 뇌물수수죄 × ② 부정처사후수뢰죄(3항) ○

공무원이었던 자가 재직 중에 청탁을 받고 직무상 부정한 행위를 한 후 뇌물을 수수, 요구 또는 약속을

한 때에는 제131조 제3항에서 사후수뢰죄로 처벌하도록 규정하고 있으므로, 뇌물의 수수 등을 할 당시 이미 공무원의 지위를 떠난 경우에는 제129조 제1항의 수뢰죄로는 처벌할 수 없고 사후수뢰죄의 요건에 해당할 경우에 한하여 그 죄로 처벌할 수 있을 뿐이다.

국가공무원이 지방자치단체의 업무에 관하여 전문가로서 위원 위촉을 받아 한시적으로 직무를 수행하는 경우와 같이 공무원이 그 고유의 직무와 관련이 없는 일에 관하여 별도의 위촉절차 등을 거쳐 다른 직무를 수행하게 된 경우에는 (지방건설기술심의위원회 위원으로 위촉되어 당해 직무를 수행하였음) 그 위촉이 종료되면 그 위원 등으로서 새로 보유하였던 공무원 지위는 소멸한다고 보아야 하므로, 그 이후에 종전에 위촉받아 수행한 직무에 관하여 금품을 수수하더라도 이는 사후수뢰죄에 해당할 수 있음은 별론으로 하고 일반 수뢰죄로 처벌할 수는 없다. (대법원 2013. 11. 28. 선고 2013도10011 판결)

해설 파기환송심에서 검사는 사후수뢰죄로 예비적 공소를 제기하였으나 '청탁'에 관한 증명이 부족하다는 이유로 무죄가 선고되었다.

XIII 알선수뢰죄

> 제132조(알선수뢰) 공무원이 그 지위를 이용하여 다른 공무원의 직무에 속한 사항의 알선에 관하여 뇌물을 수수, 요구 또는 약속한 때에는 3년 이하의 징역 또는 7년 이하의 자격정지에 처한다.

例規 제132조 알선뇌물(수수, 요구, 약속)	미수 ×

🔍 **핵심단어**
- ① 공무원이 ② 자신 지위를 이용 ③ 타 공무원 직무를 알선 ④ 대가성 ⑤ 뇌물을 ⑥ 수수
- 지위이용이란 사무처리에 법률상, 사실상 영향을 줄 수 있는 공무원이 자신의 지위를 이용

서설에서 다루었듯이 알선수뢰죄에서의 뇌물은 알선의 주체인 공무원에게 최종적으로 귀속될 의사로 지급되는 것이다. 즉 '알선'의 대가로서 지급되는 것이다. 만일 직무를 담당하는 공무원에게 전달할 것을 부탁하면서 금전을 교부한 경우에는 제3자 뇌물교부(취득)만이 문제될 뿐이다. 자세한 내용은 서설 중 3자 구도 부분에서 서술하였다.

1. 주체: 공무원

뇌물수수와 같다.

2. 행위

가. 지위 이용

  알선수뢰죄는 공무원이 자신의 지위를 이용하여 타 공무원의 직무를 알선한 경우에 성립한다. 만일 자신의 '지위'를 이용한 게 아니라면 특가법 제3조의 알선수재 또는 변호사법 제111조 제1항 위반이 성립하는지 여부를 검토하여야 한다.[214]

> **판례** 사무처리에 법률상, 사실상 영향을 줄 수 있는 공무원이 그 지위를 이용하는 것
> 알선수뢰죄는 공무원이 그 지위를 이용하여 다른 공무원의 직무에 속한 사항의 알선에 관하여 뇌물을 수수, 요구 또는 약속하는 것을 그 성립요건으로 하고 있고, 여기서 '공무원이 그 지위를 이용하여'라 함은 ① 친구, 친족관계 등 사적인 관계를 이용하는 경우에는 이에 해당한다고 할 수 없으나, 다른 공무원이 취급하는 사무의 처리에 ② 법률상이거나 사실상으로 영향을 줄 수 있는 관계에 있는 공무원이 그 지위를 이용하는 경우에는 이에 해당하고, 그 사이에 상하관계, 협동관계, 감독권한 등의 ③ 특수한 관계가 있음을 요하지 않는다고 할 것이고, '다른 공무원의 직무에 속한 사항의 알선행위'는 그 공무원의 직무에 속하는 사항에 관한 것이면 되는 것이지 그것이 반드시 부정행위라거나 그 직무에 관하여 결재 권한이나 최종 결정권한을 갖고 있어야 하는 것이 아니다. (대법원 2006. 4. 27. 선고 2006도735 판결)

> **판례** 전에 상사였던 광명세무서장 → 중부지방국세청 조사담당관 – 지위이용 ○ (대법원 1994. 10. 21. 선고 94도852 판결)

> **판례** 전임자였던, 현재 타 세무서의 징세계장 → 남광주세무서 징세계장 – 지위이용 ○ (대법원 1989. 12. 26. 선고 89도2018 판결)

> **판례** 전라북도경찰국 면허계 기능반에 근무한 적이 있는, 현재 진안경찰서 수사계장 → 전라북도 자동차운전면허 발급담당공무원 – 지위이용 ○ (대법원 1995. 1. 12. 선고 94도2687 판결)

> **판례** 토지구획정리사업 담당하는 시청 도시계장 → 현지 답사 온 건설부 공무원 – 지위이용 ○ (대법원 1991. 7. 23. 선고 91도1190 판결)

---

214 '알선뇌물수수'와 '알선수재 및 변호사법위반'의 구별이 문제된다. ① 알선뇌물수수의 주체는 공무원이지만, 알선수재, 변호사법위반은 주체에 제한이 없다는 점, ② 알선뇌물수수는 공무원이 '지위'를 이용한 경우 성립하지만, 알선수재, 변호사법위반은 그러한 요건이 필요하지 않다는 점, ③ 알선뇌물수수의 경우 뇌물공여자도 처벌되지만, 알선수재 등의 경우 교부자는 처벌되지 않는다는 점, ④ 알선뇌물수수의 경우 수수액이 3천만원 이상이면 특가법이 적용되지만, 알선수재, 변호사법위반은 특가법 가중처벌 대상이 아니라는 점에서 차이가 있다.
다수설은 알선수재와 변호사법위반 사이에 구성요건상 실질적 차이가 없고, 알선수재와 변호사법위반이 알선뇌물수수보다 더 완화된 구성요건을 취한다고 본다. 판례 또한 같은 입장으로 해석된다(대법원 1983. 3. 8. 선고 82도2873 판결)
실무상 알선뇌물수수와 알선수재 등의 구별적용이 사실상 플리바게닝의 수단으로 활용된다는 비판이 제기된다. 수사기관이 공여자의 진술을 이끌어내기 위한 수단으로 공무원인 수수자를 알선수재로 의율하고, 공여자의 해당 부분은 입건하지 않거나 기소하지 않는 방식으로 활용한다는 비판이다.

> **판례** 서울시 부시장의 비서관 → 서울시청 관재과 공무원 – 지위이용 ○ (대법원 1989. 11. 14. 선고 89도1700 판결)

> **판례** 국회의원 → 한국마사회장 – 지위이용 ○ (대법원 1990. 8. 10. 선고 90도665 판결)

> **판례** 군교육청 관리과 세무계장이 교육청 관내 초등학교 고용원의 임용에 관해 알선한다는 명목으로 금품수수 – 지위이용 ○ (대법원 1988. 1. 19. 선고 86도1138 판결)

> **판례** 검찰청 수사관(주사) → 같은 검찰청 다른 사무실의 검사 – 지위이용 × (대법원 1982. 6. 8. 선고 82도403 판결)

> **판례** 육군본부 정보작전지원참모부에서 조직진단관으로 근무하는 3급 군무원이 장군진급심사에 관하여 → 육군본부 인사참모부 선발관리실장 – 지위이용 × (대법원 2010. 11. 25. 선고 2010도11460 판결)

> **판례** 군청 건설과 농지계 공무원이 골재채취 허가에 관하여 → 도지사 – 지위이용 × (대법원 1984. 1. 31. 선고 83도3015 판결)

나. 다른 공무원의 직무에 속한 사항의 알선에 관하여 뇌물을 수수, 요구, 약속

'다른 공무원의 직무'에 속한 사항을 알선해야 한다. 다른 공무원의 직무가 실은 자신의 직무와 매우 밀접한 관계에 있거나, 상호관계에 있는 경우에는 (단순)뇌물수수죄가 성립할 수 있다.

알선이란 일정한 사항을 중개하여 당사자 사이에 교섭이 성립하도록 편의를 제공하는 것을 말한다. '정당한 직무행위'를 알선한 경우에도 본 죄가 성립한다. 뇌물죄는 직무행위의 염결성을 보호하기 때문이다.

> **판례** 알선행위는 그 공무원의 직무에 속하는 사항이면 족하지 부정행위일 필요 없음
> "다른 공무원의 직무에 속한 사항의 알선행위"는 그 공무원의 직무에 속하는 사항에 관한 것이면 되는 것이지 그것이 반드시 부정행위라거나 그 직무에 관하여 결재권한이나 최종결정권한을 갖고 있어야 하는 것이 아니다. (대법원 1992. 5. 8. 선고 92도532 판결) **표준**

> **판례** 세금담당 구청 공무원이 유흥주점의 업주에게 '유흥주점 영업과 관련하여 세금문제나 영업허가 등에 관하여 문제가 생기면 다른 담당공무원에게 부탁하여 도움을 줄 테니 그 대가로 1,000만 원을 달라'고 말함 – 알선뇌물요구죄 ○
> 형법 제132조에서 말하는 '다른 공무원의 직무에 속한 사항의 알선에 관하여 뇌물을 요구한다'고 함은, 다른 공무원의 직무에 속한 사항을 알선한다는 명목으로 뇌물을 요구하는 행위로서 반드시 알선의 상대방인 다른 공무원이나 그 직무의 내용이 구체적으로 특정될 필요까지는 없지만, 알선뇌물요구죄가 성립하려면 알선할 사항이 다른 공무원의 직무에 속하는 사항으로서 뇌물요구의 명목이 그 사항의 알선에 관련된 것임이 어느 정도 구체적으로 나타나야 한다. 단지 상대방으로 하여금 뇌물을 요구하는 자에게

잘 보이면 그로부터 어떤 도움을 받을 수 있다거나 손해를 입을 염려가 없다는 정도의 막연한 기대감을 갖게 하는 정도에 불과하고, 뇌물을 요구하는 자 역시 상대방이 그러한 기대감을 가질 것이라고 짐작하면서 뇌물을 요구하였다는 정도의 사정만으로는 알선뇌물요구죄가 성립한다고 볼 수 없다. 한편, 여기서 말하는 알선행위는 장래의 것이라도 무방하므로, 알선뇌물요구죄가 성립하기 위하여는 뇌물을 요구할 당시 반드시 상대방에게 알선에 의하여 해결을 도모하여야 할 현안이 존재하여야 할 필요는 없다. … (중략) … 그 내용 자체로 피고인이 알선할 사항이 다른 공무원의 직무에 속하는 사항임이 명백하며, 뇌물요구의 명목도 그 사항의 알선에 관련된 것임이 구체적으로 나타났다고 보기에 충분하다고 할 것이고, 이를 가리켜 단지 공소외인으로 하여금 피고인에게 잘 보이면 유흥주점의 영업 등에 도움이 될 것이라는 막연한 기대감을 갖게 하는 정도에 불과하다고 볼 수는 없다. (대법원 2009. 7. 23. 선고 2009도3924 판결)

XIV 증뢰죄

제133조(뇌물공여등) ① 제129조 내지 제132조에 기재한 뇌물을 약속, 공여 또는 공여의 의사를 표시한 자는 5년 이하의 징역 또는 2천만원 이하의 벌금에 처한다.

② 전항의 행위에 공할 목적으로 제삼자에게 금품을 교부하거나 그 정을 알면서 교부를 받은 자도 전항의 형과 같다.

例規 제133조 ① 뇌물(공여, 공여약속, 공여의사표시) ② 제3자뇌물(교부, 취득)	미수 ×

제133조 제2항의 죄는 증뢰자가 주로 자신과 가까운 제3자를 이용하여 공무원에게 뇌물을 공여하는 경우에 문제된다. 자세한 내용은 서설 중 3자 구도 부분에서 살펴보았다.

제133조 제1항, 제2항은 특가법 가중처벌의 대상이 아니다.

1. 주체: 제한 없음

판례 제3자뇌물교부, 취득에서 "제3자"의 의미

형법 제133조 제2항은 증뢰자가 뇌물에 공할 목적으로 금품을 제3자에게 교부하거나 또는 그 정을 알면서 교부받는 증뢰물 전달행위를 독립한 구성요건으로 하여 이를 같은 조 제1항의 뇌물공여죄와 같은 형으로 처벌하는 규정으로서 여기에서의 제3자란 행위자와 공동정범 이외의 자를 말한다고 할 것이다. (대법원 2006. 6. 15. 선고 2004도756 판결)

판례 공무원 역시 제3자 뇌물취득죄의 주체가 될 수 있음

본죄의 주체는 비공무원을 예정한 것이나 공무원일지라도 직무와 관계되지 않는 범위 내에서는 본죄의

주체에 해당될 수 있다 할 것이므로, 피고인이 자신의 공무원으로서의 직무와는 무관하게 군의관 등의 직무에 관하여 뇌물에 공할 목적의 금품이라는 정을 알고 이를 전달해준다는 명목으로 취득한 경우라면 제3자뇌물취득죄가 성립된다. (대법원 2002. 6. 14. 선고 2002도1283 판결)

[비교] 전달 목적이 아니라 알선의 대가로 금품 수수 – ① 제3자뇌물취득죄 × ② 변호사법위반 ○
공무원이 취급하는 사건 또는 사무에 관한 청탁을 받고 청탁 상대방인 공무원에게 제공할 금품을 받아 그 공무원에게 단순히 전달한 경우와는 달리, 자기 자신의 이득을 취하기 위하여 공무원이 취급하는 사건 또는 사무에 관하여 청탁한다는 등의 명목으로 금품 등을 교부받으면 그로써 곧 구 변호사법(1996. 12. 12. 법률 제5177호로 개정되기 전의 것) 제90조 제1호 위반죄가 성립되고 이와 같은 경우에는 형법 제133조 제2항 증뢰물전달죄는 성립할 여지가 없다. (대법원 2006. 11. 24. 선고 2005도5567 판결)

[해설] 甲이 알선의 주체로 행위하고 공여자 역시 알선의 대가로 금품을 甲에게 공여하면 알선뇌물수수·알선수재·변호사법위반이 문제되는 것이고, 그게 아니라 甲은 단지 전달책에 불과하고 공여자 역시 전달의 목적으로 금품을 A에게 공여하면 제3자뇌물교부·취득이 문제되는 것이다.

2. 행위

[판례] 수수자가 뇌물수수죄 불성립해도 공여자는 뇌물공여죄 성립할 수 있음.
뇌물공여죄가 성립하기 위하여는 뇌물을 공여하는 행위와 상대방측에서 금전적으로 가치가 있는 그 물품 등을 받아들이는 행위가 필요할 뿐 반드시 상대방측에서 뇌물수수죄가 성립하여야 함을 뜻하는 것은 아니다. (대법원 2006. 2. 24. 선고 2005도4737 판결)

[참고] 甲이 굴비상자에 뇌물을 담아 인천시장인 乙에게 공여하였는데, 乙은 정말 굴비인 줄 알고 받았으나 뇌물임을 인식한 즉시 관청에 신고함 – 甲 뇌물공여죄 ○ 乙 뇌물수수죄 ×

[판례] 새로운 이익을 제공하지 않았다면 기존의 배임증재가 뇌물공여로 전환되지 않음
배임수재자가 배임증재자에게서 그가 무상으로 빌려준 물건을 인도받아 사용하고 있던 중에 공무원이 된 경우, 그 사실을 알게 된 배임증재자가 배임수재자에게 앞으로 물건은 공무원의 직무에 관하여 빌려주는 것이라고 하면서 뇌물공여의 뜻을 밝히고 물건을 계속하여 배임수재자가 사용할 수 있는 상태로 두더라도, 처음에 배임증재로 무상 대여할 당시에 정한 사용기간을 추가로 연장해 주는 등 새로운 이익을 제공한 것으로 평가할 만한 사정이 없다면, 이는 종전에 이미 제공한 이익을 나중에 와서 뇌물로 하겠다는 것에 불과할 뿐 새롭게 뇌물로 제공되는 이익이 없어 뇌물공여죄가 성립하지 않는다. (대법원 2015. 10. 15. 선고 2015도6232 판결)

[참고] 배임수재자 甲이 배임증재자 乙로부터 물건을 무상으로 빌려 사용하던 중 공무원이 되었는데, 乙이 甲에게 물건은 공무원의 직무에 관하여 빌려주는 것이라고 하며 기존의 상태를 그대로 유지시킨 경우 – 기존의 배임수증재 외에 뇌물수수·공여죄 ×

[판례] 공무원에게 전달할 목적으로 뇌물을 건네받은 자는 ① 뇌물을 실제 전달하지 않아도 제3자뇌물취득죄 ○ ② 실제 뇌물을 전달하였어도 이미 성립한 제3자뇌물취득죄 외에 별도의 뇌물공여죄 ×
형법 제133조 제2항은 증뢰자가 뇌물에 공할 목적으로 금품을 제3자에게 교부하거나 또는 그 정을 알면서 교부받는 증뢰물전달행위를 독립한 구성요건으로 하여 이를 같은 조 제1항의 뇌물공여죄와 같은 형

으로 처벌하는 규정으로서, 제3자의 증뢰물전달죄는 제3자가 증뢰자로부터 교부받은 금품을 수뢰할 사람에게 전달하였는지 여부에 관계 없이 제3자가 그 정을 알면서 금품을 교부받음으로써 성립하는 것이며, 나아가 제3자가 그 교부받은 금품을 수뢰할 사람에게 전달하였다고 하여 증뢰물전달죄 외에 별도로 뇌물공여죄가 성립하는 것은 아니다. (대법원 1997. 9. 5. 선고 97도1572 판결, 대법원 2002. 6. 14. 선고 2002도1283 판결)

[동지] 형법 제133조 제2항은 증뢰자가 뇌물에 공할 목적으로 금품을 제3자에게 교부하거나 또는 그 정을 알면서 교부받는 증뢰물 전달행위를 독립한 구성요건으로 하여 이를 같은 조 제1항의 뇌물공여죄와 같은 형으로 처벌하는 규정으로서, 그 중 <u>제3자의 증뢰물 전달죄는 증뢰자나 수뢰자가 아닌 제3자가 증뢰자로부터 수뢰할 사람에게 전달될 금품이라는 정을 알면서 그 금품을 받은 때에 성립한다</u>고 할 것이다. (대법원 2008. 3. 14. 선고 2007도10601 판결)

해설 아래의 연습문제를 풀어보자.

[공통 상황] 甲이 乙에게 1000만원 교부하며 '공무원 丙에게 전달하고 오라'고 지시하였다.

[문제 1] 乙이 丙에게 뇌물을 전달하지 않은 경우, 甲·乙·丙의 죄책은?

해설 ① 甲: 제3자뇌물교부죄 ② 乙: 제3자뇌물취득죄 ③ 丙: 무죄

[문제 2] 乙이 丙에게 실제 뇌물 1000만원을 모두 전달하고 丙이 수수한 경우, 甲·乙·丙의 죄책은?

해설 ① 甲: 뇌물공여죄 ② 乙: 제3자뇌물취득죄 ○ (뇌물공여죄 ×) ③ 丙: 뇌물수수죄

[문제 3] 乙이 丙에게 뇌물을 전달하지 않고, 이를 개인적 용도로 사용한 경우, 甲·乙·丙의 죄책은?

해설 ① 甲: 제3자뇌물교부죄 ② 乙: 제3자뇌물취득죄 ○ (횡령죄 ×) ③ 丙: 무죄

XV 뇌물죄의 몰수·추징

> 제134조(몰수, 추징) 범인 또는 정을 아는 제삼자가 받은 뇌물 또는 뇌물에 공할 금품은 몰수한다. 그를 몰수하기 불능한 때에는 그 가액을 추징한다.

뇌물의 몰수·추징은 필요적이며 법관에게 재량이 인정되지 않는다는 점에서, 제134조는 임의적 몰수·추징을 규정한 제48조에 대한 특칙이다.

특정범죄가중법 제13조는 동법 제3조(알선수재)를 범하여 범인이 취득한 해당재산에 대하여 필요적 몰수·추징 규정을 두고 있다.[215]

---

215 특정범죄 가중처벌 등에 관한 법률 제13조(몰수) 제3조 또는 제12조의 죄를 범하여 범인이 취득한 해당 재산은 몰수하며, 몰수할 수 없을 때에는 그 가액을 추징(追徵)한다.

1. 몰수·추징의 상대방

> **판례** 수뢰자가 뇌물로 받은 돈을 은행예금하고, 나중에 그 액수를 증뢰자에 반환 – 수뢰자
>
> 뇌물로 받은 돈을 은행에 예금한 경우 그 예금행위는 뇌물의 처분행위에 해당하므로 그 후 수뢰자가 같은 액수의 돈을 증뢰자에게 반환하였다 하더라도 이를 뇌물 그 자체의 반환으로 볼 수 없으니 이러한 경우에는 수뢰자로부터 그 가액을 추징하여야 한다. (대법원 1996. 10. 25. 선고 96도2022 판결)
>
> **동지** 수뢰자가 자기앞수표를 받아 소비한 후 그 상당액을 증뢰자에게 반환 – 수뢰자 (대법원 1999. 1. 29. 선고 98도3584 판결)
>
> **비교** 수뢰자가 뇌물을 그대로 보관하였다가 증뢰자에게 반환한 경우 – 증뢰자 (대법원 1984. 2. 28. 선고 83도2783 판결)

> **판례** 제3자 뇌물수수의 경우 – ① 원칙: 제3자 ② 예외: 건네받아 보유한 경우 공무원
>
> 제3자 뇌물수수의 경우에는 범인인 공무원이 제3자로부터 그 뇌물을 건네받아 보유한 때를 제외하고는, 그 공무원으로부터 뇌물의 가액을 추징할 수 없다. (대법원 1997. 4. 17. 선고 96도3376 판결)

> **판례** 피고인이 공무원의 직무에 속한 사항의 알선에 관하여 금품을 받고 그 금품 중의 일부를 받은 취지에 따라 청탁과 관련하여 관계 공무원에게 뇌물로 공여하거나 다른 알선행위자에게 청탁의 명목으로 교부한 경우 – 수뢰자에게 해당 부분 제외한 나머지 금품
>
> 형법 제134조의 규정에 의한 필요적 몰수 또는 추징은, 범인이 취득한 당해 재산을 범인으로부터 박탈하여 범인으로 하여금 부정한 이익을 보유하지 못하게 함에 그 목적이 있는 것으로서, 공무원의 직무에 속한 사항의 알선에 관하여 금품을 받고 그 금품 중의 일부를 받은 취지에 따라 청탁과 관련하여 관계 공무원에게 뇌물로 공여하거나 다른 알선행위자에게 청탁의 명목으로 교부한 경우에는 그 부분의 이익은 실질적으로 범인에게 귀속된 것이 아니어서 이를 제외한 나머지 금품만을 몰수하거나 그 가액을 추징하여야 한다. (대법원 2002. 6. 14. 선고 2002도1283 판결)

> **비교** 수뢰자가 뇌물로 받은 돈을 다른 사람에게 다시 증뢰한 경우 – 수뢰자에게 전액
>
> 피고인들이 뇌물로 받은 돈을 그후 다른사람에게 다시 뇌물로 공여하였다 하더라도 그 수뢰의 주체는 어디까지나 피고인들이고 그 수뢰한 돈을 다른 사람에게 공여한 것은 수뢰한 돈을 소비하는 방법에 지나지 아니하므로 피고인들로부터 그 수뢰액 전부를 각 추징하여야 한다. (대법원 1986. 11. 25. 선고 86도1951 판결)
>
> **비교** 수뢰자가 뇌물을 받는 데에 필요한 경비를 지출한 경우 – 수뢰자에게 전액
>
> 공무원이 뇌물을 받는 데에 필요한 경비를 지출한 경우 그 경비는 뇌물수수의 부수적 비용에 불과하여 뇌물의 가액과 추징액에서 공제할 항목에 해당하지 않는다. 뇌물을 받는 주체가 아닌 자가 수고비로 받은 부분이나 뇌물을 받기 위하여 형식적으로 체결된 용역계약에 따른 비용으로 사용된 부분은 뇌물수수의 부수적 비용에 지나지 않는다. (대법원 2017. 3. 22. 선고 2016도21536 판결, 대법원 1999. 10. 8. 선고 99도1638 판결)

> **판례** 수뢰자가 타인 명의 계좌로 입금받은 경우 – 수뢰자에게 전액
>
> 공무원의 직무에 속한 사항의 알선에 관하여 금품을 받음에 있어 타인의 동의하에 그 타인 명의의 예금계좌로 입금받는 방식을 취하였다고 하더라도 이는 범인이 받은 금품을 관리하는 방법의 하나에 지나지

아니하므로, 그 가액 역시 범인으로부터 추징하지 않으면 안된다고 할 것이다. (대법원 2006. 10. 27. 선고 2006도4659 판결)

2. 대상

판례 공무원이 뇌물을 요구하였으나 상대방이 거부한 경우 – 몰수 불가

몰수는 특정된 물건에 대한 것이고 추징은 본래 몰수할 수 있었음을 전제로 하는 것임에 비추어 뇌물에 공할 금품이 특정되지 않았던 것은 몰수할 수 없고 그 가액을 추징할 수도 없다. (대법원 2015. 10. 29. 선고 2015도12838 판결)

동지 수뢰액 특정이 불가한 경우, 몰수·추징할 수 없음

범죄사실에서 수수한 뇌물의 액수를 특정할 수 없다고 판단한 이상, 추징을 함에 있어서도 그 추징의 대상이 되는 뇌물의 액수를 특정할 수 없는 경우에 해당한다고 보아 추징을 선고하여서는 안 될 것이다. (대법원 2009. 8. 20. 선고 2009도4391 판결)

판례 공무원이 금원을 무기한 무이자로 차용하는 형태로 수뢰한 경우 – 금원 자체 몰수 가능

공무원이 그 직무에 관하여 금원을 무기한 무이자로 차용한 경우에는 수뢰자가 받은 실질적 이익은 무기한 무이자차용금의 금융이익상당이므로 위의 경우에는 그 금융이익이 뇌물이라 할 것이다. 수뢰의 목적이 금전소비비대차계약에 의한 금융이익이어서 그 금융이익이 뇌물이되는 경우 소비대차의 목적인 금원 그 자체는 뇌물이 아니므로 대여로 받은 그 금원 자체는 형법 제134조에 의하여 몰수 또는 추징할 수 없고 이는 범죄행위로 인하여 취득한 물건으로서 피고인 이외의 자의 소유에 속하지 아니하므로 형법 제48조 제1항 제2호에 의하여 몰수할 것이다. (대법원 1976. 9. 28. 선고 75도3607 판결)

비교 공무원이 금원을 무기한 무이자로 차용하는 형태로 수뢰한 경우 – 금융이익 상당액만 추징

형법 제134조의 규정에 의한 필요적 몰수 또는 추징은 같은 법 제129조 내지 133조를 위반한 자에게 제공되거나 공여될 금품 기타 재산상 이익을 박탈하여 그들로 하여금 부정한 이익을 보유하지 못하게 함에 그 목적이 있고, 금품의 무상차용을 통하여 위법한 재산상 이익을 취득한 경우 범인이 받은 부정한 이익은 그로 인한 금융이익 상당액이므로 추징의 대상이 되는 것은 무상으로 대여받은 금품 그 자체가 아니라 위 금융이익 상당액이다. (대법원 2008. 9. 25. 선고 2008도2590 판결)

해설 차용한 금원 자체는 ① 형법 제134조에 의한 몰수·추징의 대상이 될 수는 없고, ② 제48조 제1항 제2호에 의한 몰수 및 제48조 제2항에 따른 추징의 대상이 될 수 있을 뿐이다.

판례 수인이 공동하여 수수한 뇌물을 분배한 경우 – ① 원칙: 각자 실제 분배받은 금품만 ② 예외: 알 수 없을 때에는 평등하게 균분

여러 사람이 공동으로 뇌물을 수수한 경우 그 가액을 추징하려면 실제로 분배받은 금품만을 개별적으로 추징하여야 하고 수수금품을 개별적으로 알 수 없을 때에는 평등하게 추징하여야 한다. (대법원 1993. 10. 12. 선고 93도2056 판결)

판례 향응에 제3자를 초대하여 함께 접대를 받은 경우 – 제3자 접대비용 포함

피고인이 증뢰자와 함께 향응을 하고 증뢰자가 이에 소요되는 금원을 지출한 경우 이에 관한 피고인의

수뢰액을 인정함에 있어서는 먼저 피고인의 접대에 요한 비용과 증뢰자가 소비한 비용을 가려내어 전자의 수액을 가지고 피고인의 수뢰액으로 하여야 하고 만일 각자에 요한 비용액이 불명일 때에는 이를 평등하게 분할한 액을 가지고 피고인의 수뢰액으로 인정하여야 할 것이고, 피고인이 향응을 제공받는 자리에 피고인 스스로 제3자를 초대하여 함께 접대를 받은 경우에는, 그 제3자가 피고인과는 별도의 지위에서 접대를 받는 공무원이라는 등의 특별한 사정이 없는 한 그 제3자의 접대에 요한 비용도 피고인의 접대에 요한 비용에 포함시켜 피고인의 수뢰액으로 보아야 한다. (대법원 2001. 10. 12. 선고 99도5294 판결)

[판례] 수뢰자가 증뢰자로부터 급여의 형식으로 뇌물을 지급받은 경우 – 실제 지급받은 금액

알선수재자가 수수한 알선수재액은 명목상 급여액이 아니라 원천징수된 근로소득세 등을 제외하고 알선수재자가 실제 지급받은 금액으로 보아야 하고, 또한 위 금액만을 특가법 제13조에서 정한 '제3조의 죄를 범하여 범인이 취득한 해당 재산' 또는 특경법 제10조 제2항에서 정한 '제7조의 경우 범인이 받은 금품이나 그 밖의 이익'으로서 몰수·추징하여야 한다. (대법원 2012. 6. 14. 선고 2012도534 판결)

[비교] 수뢰자가 뇌물로 수수한 금품에 관하여 소득신고를 하여 납부한 법인세 – 제외하지 않음 (대법원 2010. 3. 25. 선고 2009도11660 판결)

3. 추징가액 산정시기

[판례] 추징가액은 재판선고시의 가격을 기준으로 함 (대법원 1991. 5. 28. 선고 91도352 판결)

---

02 공무방해에 관한 죄

I 공무집행방해죄

제136조(공무집행방해) ① 직무를 집행하는 공무원에 대하여 폭행 또는 협박한 자는 5년 이하의 징역 또는 1천만원 이하의 벌금에 처한다.

例規 제136조 공무집행방해	미수 ×

- ① 적법한 직무집행 ② 공무원 ③ 폭행·협박
- 직무집행은 ① 직무수행 현실로 행할 때 한하지 않고 ② 직무수행 위하여 근무 중인 상태 포괄
- 적법한 공무집행은 ① 추상적 권한 內 ② 구체적 -권한 內 ③ 요건·방식 준수 ④ 행위 당시의 구체적 상황 기준 판단
- 폭행·협박은 ① 직무집행 방해할 정도여야 하고 ② 개의치 않을 정도로 경미하면 안 됨

1. 객체: 적법한 직무집행하는 공무원

이하에서는 ① 공무원 ② 직무집행의 범위 ③ 직무집행의 적법성으로 나누어 객체에 관한 판례를 살펴본다.

가. 공무원

> [판례] 공무원 – 노무의 내용이 단순한 기계적 육체적인 것에 한정되지 않은 자
>
> 형법상 공무원이라 함은 국가 또는 지방자치단체 및 이에 준하는 공법인의 사무에 종사하는 자로서 그 노무의 내용이 단순한 기계적 육체적인 것에 한정되어 있지 않은 자를 말한다. (대법원 2011. 1. 27. 선고 2010도14484 판결)
>
> 참고 수뢰죄의 공무원도 이와 같다.

> [판례] 국민기초생활보장법상 '자활근로자'로 선정되어 주민자치센터 사회복지담당 공무원의 복지도우미로 근무하던 자를 협박 – 공무집행방해죄(공무원) × (대법원 2011. 1. 27. 선고 2010도14484 판결)

> [판례] 국민권익위원회 운영지원과 소속 기간제근로자로서 청사 안전관리 및 민원인 안내 등의 사무를 담당한 자를 폭행 – 공무집행방해죄(공무원) × (대법원 2015. 5. 29. 선고 2015도3430 판결)
>
> 참고 피해자가 법령의 근거에 기하여 위 사무에 종사한 것이라고 볼 수 없다고 보았다.

나. 직무집행의 범위

> [판례] 직무집행 – ① 직무수행 현실로 행할 때 한하지 않고 ② 직무수행 위하여 근무 중인 상태 포괄
>
> 공무집행방해죄에서 '직무를 집행하는'이라 함은 공무원이 ① 직무수행에 직접 필요한 행위를 현실적으로 행하고 있는 때만을 가리키는 것이 아니라 공무원이 ② 직무수행을 위하여 근무 중인 상태에 있는 때를 포괄하고, 직무의 성질에 따라서는 그 직무수행의 과정을 개별적으로 분리하여 부분적으로 각각의 개시와 종료를 논하는 것이 부적절하고 여러 종류의 행위를 포괄하여 일련의 직무수행으로 파악함이

상당한 경우가 있으며, 나아가 현실적으로 구체적인 업무를 처리하고 있지는 않다 하더라도 자기 자리에 앉아 있는 것만으로도 업무의 집행으로 볼 수 있을 때에는 역시 직무집행 중에 있는 것으로 보아야 하고, 직무 자체의 성질이 부단히 대기하고 있을 것을 필요로 하는 것일 때에는 대기 자체를 곧 직무행위로 보아야 할 경우도 있다. (대법원 2002. 4. 12. 선고 2000도3485 판결)

참고 노사분규 동향을 파악하기 위해 현장에서 대기·준비중이던 근로감독관을 폭행 – 객체 ○

동지 시청 청사 내 주민생활복지과 사무실에 술에 취한 상태로 찾아가 소란을 피우던 피고인을 소속 공무원 갑과 을이 제지하며 밖으로 데리고 나가려 하자, 피고인이 갑과 을의 멱살을 잡고 수회 흔든 다음 휴대전화를 휘둘러 갑의 뺨을 때림 – 공무집행방해죄(공무원) ○ (대법원 2022. 3. 17. 선고 2021도13883 판결)

판례 민원인인 피고인이 야간 당직 근무중인 청원경찰이 불법주차 단속요구에 응하여 현장을 확인만 하고 즉시 단속하지 않는다는 이유로 청원경찰 폭행 – 공무집행방해죄(공무원) ○

야간 당직 근무자는 불법주차 단속권한은 없지만 민원 접수를 받아 다음날 관련 부서에 전달하여 처리하고 있으므로 불법주차 단속업무는 야간 당직 근무자들의 민원업무이자 경비업무로서 공무집행방해죄의 '직무집행'에 해당한다. (대법원 2009. 1. 15. 선고 2008도9919 판결)

판례 불법주차 차량에 불법주차 스티커를 붙였다가 이를 다시 떼어 낸 직후에 있는 주차단속 공무원을 폭행 – 공무집행방해죄(공무원) ○ (대법원 1999. 9. 21. 선고 99도383 판결)

다. 직무집행의 적법성

공무집행방해죄는 공무원의 직무집행이 적법한 경우에 한하여 성립한다. 직무집행의 적법성에 관한 판례를 살펴본다.

판례 적법한 공무집행 – ① 추상적 권한 ② 구체적 권한 ③ 요건·방식 ④ 행위 당시의 구체적 상황

공무집행방해죄는 공무원의 직무집행이 적법한 경우에 한하여 성립하고, 여기서 적법한 공무집행이라고 함은 그 행위가 ① 공무원의 추상적 권한에 속할 뿐 아니라 ② 구체적으로도 그 권한 내에 있어야 하며 또한 ③ 직무행위로서의 요건과 방식을 갖추어야 하고, 공무원의 어떠한 공무집행이 적법한지 여부는 ④ 행위 당시의 구체적 상황에 기하여 객관적·합리적으로 판단하여야 한다. (대법원 2013. 2. 15. 선고 2010도11281 판결, 대법원 2006. 9. 8. 선고 2006도148 판결)

공무집행방해죄는 공무원의 직무집행이 적법한 경우에 한하여 성립하는 것으로, 이러한 적법성이 결여된 직무행위를 하는 공무원에게 대항하여 폭행이나 협박을 가하였다고 하더라도 이를 공무집행방해죄로 다스릴 수는 없다. 이때 적법한 공무집행이라 함은 그 행위가 공무원의 추상적 권한에 속할 뿐 아니라 구체적 직무집행에 관한 법률상 요건과 방식을 갖춘 경우를 가리킨다. (대법원 2011. 5. 26. 선고 2010도10305 판결) 표준

이하에서는 직무집행의 적법성이 인정되어 공무집행방해죄가 성립하는 경우를 살펴본다.

판례 양도인(피고인) 甲이 양수인(피해자) 乙이 운영하는 식당에서 양은그릇 2개를 부딪치며 "이 가게는 내 가게이다. 골든벨 울리니 마음껏 먹어라."고 소리치고 컴퓨터 모니터에 표시된 주문내역 지우려고 소란을 피웠는데, 경찰관이 현행범 체포를 시도하자 폭행 – 공무집행방해죄 ○

공무집행이 적법한지 여부는 행위 당시의 구체적 상황에 기하여 객관적·합리적으로 판단하여야 하고 사후적으로 순수한 객관적 기준에서 판단할 것은 아니다. 마찬가지로 현행범 체포의 적법성은 체포 당시의 구체적 상황을 기초로 객관적으로 판단하여야 하고, 사후에 범인으로 인정되었는지에 의할 것은 아니다. (대법원 2013. 8. 23. 선고 2011도4763 판결)

해설 피해자 업무의 보호가치가 인정되지 않아 피고인에게 업무방해죄가 성립하지 않았다. 그러나 행위 당시를 기준으로 판단하면 현행범체포는 적법했기에 이에 대한 공무집행방해죄는 인정되었다.

판례 피고인이 甲과 주차문제로 언쟁을 벌이던 중 신고로 출동한 경찰관 乙이 甲을 때리려는 피고인을 제지하자 자신만 제지를 당한 데 화가 나서 손으로 乙의 가슴을 밀치고, 피고인을 현행범으로 체포하며 순찰차 뒷좌석에 태우려고 하는 乙의 정강이 부분을 양발로 걷어참 – 공무집행방해죄 ○ (대법원 2018. 3. 29. 선고 2017도21537 판결) **표준**

판례 피고인이 폭행 신고를 받고 출동한 경찰관이 임의동행을 요구하자 모자를 벗겨 머리를 툭툭 치고 뺨을 때리자, 경찰관이 현행범 체포하려 하자 순찰차에 누운 상태에서 경찰관들을 발로 참 – 공무집행방해죄 ○ (대법원 2004. 12. 23 선고 2004도6184 판결)

판례 경찰관들이 미란다 원칙상 고지사항의 일부만 고지하고 신원확인절차를 밟으려는 순간 범인이 유리조각을 쥐고 휘둘러 이를 제압하려는 경찰관들에게 상해를 입힘 – 특수공무집행방해치상죄 ○

미란다 원칙 고지는 체포를 위한 실력행사에 들어가기 이전에 미리 하여야 하는 것이 원칙이나, 달아나는 피의자를 쫓아가 붙들거나 폭력으로 대항하는 피의자를 실력으로 제압하는 경우에는 붙들거나 제압하는 과정에서 하거나, 그것이 여의치 않은 경우에는 일단 붙들거나 제압한 후에 지체 없이 행하여야 한다. (대법원 2007. 11. 29. 선고 2007도7961 판결)

비교 경찰관들이 체포를 위한 실력행사에 나아가기 전에 체포영장을 제시하고 미란다 원칙을 고지할 여유가 있었음에도 애초부터 미란다 원칙을 체포 후에 고지할 생각으로 먼저 체포행위에 나서자 피고인이 경찰관들에게 상해 가함 – 공무집행방해죄 × (대법원 2017. 9. 21. 선고 2017도10866 판결)

판례 피고인은 평소 집에서 심한 고성·욕설·시끄러운 음악 소리 등으로 이웃 주민들로부터 수 회에 걸쳐 112신고가 있어 왔던 사람인데, 피고인의 집이 소란스럽다는 신고를 받고 출동한 경찰관 甲·乙이 인터폰으로 문을 열어달라고 하였으나 욕설을 하였고, 경찰관들이 피고인을 만나기 위해 전기차단기를 내리자 화가 나 식칼을 들고 나와 욕설을 하면서 경찰관들을 향해 찌를 듯이 협박함 – 특수공무집행방해죄 ○

피고인의 행위를 제지하고 수사하는 것은 경찰관의 직무상 권한이자 의무라고 볼 수 있으므로, 위와 같은 상황에서 갑과 을이 피고인의 집으로 통하는 전기를 일시적으로 차단한 것은 피고인을 집 밖으로 나오도록 유도한 것으로서, 피고인의 범죄행위를 진압·예방하고 수사하기 위해 필요하고도 적절한 조치로 보이고, 경찰관 직무집행법 제1조의 목적에 맞게 제2조의 직무 범위 내에서 제6조에서 정한 즉시강제의 요건을 충족한 적법한 직무집행으로 볼 여지가 있다. (대법원 2018. 12. 13. 선고 2016도19417 판결)

판례 검문 중이던 경찰관들이, 자전거 날치기 사건 범인과 흡사한 인상착의의 피고인이 자전거를 타고 다가오는 것을 발견하고 정지를 요구하였으나 멈추지 않아, 앞을 가로막고 검문에 협조해 달라고 하였음에도 불응하고 그대로 전진하자, 따라가서 재차 앞을 막고 검문에 응하라고 요구하였는데, 이에 피고인이 경찰관들 폭행 – 공무집행방해죄 ○ (대법원 2012. 9. 13. 선고 2010도6203 판결)

참고 경찰관직무집행법에 따른 적법한 불심검문에 해당한다고 보았다.

판례 범칙행위 저지른 운전자가 인적사항을 밝히지 아니하고 면허증제시 거부하며 차량을 출발시키자, 의경이 서서히 진행하는 차량의 문틀을 잡고 정지할 것을 요구하였으나 계속 진행하였고, 의경이 매달리자 40m 달림 – 공무집행방해죄 ○ (대법원 1994. 9. 27. 선고 94도886 판결)

비교 운전자가 경찰관의 운전면허증 제시요구에 불응하고 다시 출발하는 과정에서 경찰관이 잡고 있던 운전석 쪽의 열린 유리창 윗부분을 놓지 않은 채 10~15m 정도 진행하다가 차량속도가 빨라지자 더 이상 따라가지 못하고 손을 놓아버림 – 공무집행방해죄 × (대법원 1996. 4. 26. 선고 96도281 판결)

해설 위 판례는 적법 ○ · 폭행 ○이므로 본죄 성립하고, 비교판례는 적법 ○ · 폭행 ×로서 본죄 불성립한다.

판례 경찰관들이 벌금미납 지명수배된 甲에게 형집행장이 발부되어 있음을 고지하고 임의동행 요구하였는데 甲이 경찰관에게 상해 가함 – 공무집행방해죄 ○

사법경찰관리가 벌금형을 받은 사람을 그에 따르는 노역장유치의 집행을 위하여 구인하려면 검사로부터 발부받은 형집행장을 그 상대방에게 제시하여야 하지만(형사소송법 제85조 제1항 참조), 형집행장을 소지하지 아니한 경우에 급속을 요하는 때에는 그 상대방에 대하여 형집행 사유와 형집행장이 발부되었음을 고하고 집행할 수 있다(형사소송법 제85조 제3항 참조). (대법원 2013. 9. 12. 선고 2012도2349 판결)

비교 경찰관들이 벌금미납 지명수배된 甲에게 벌금미납 사실은 고지하였으나 형집행장이 발부된 사실은 고지하지 않고 구인하려 했는데 甲이 경찰관을 폭행 – 공무집행방해죄 × (대법원 2017. 9. 26. 선고 2017도9458 판결)

판례 경찰관이 신분증을 제시하지 않고 불심검문을 하였으나, 검문하는 사람이 경찰관이고 검문하는 이유가 범죄행위에 관한 것임을 피고인이 알고도 상해를 가함 – 공무집행방해죄 ○ (대법원 2014. 12. 11. 선고 2014도7976 판결)

판례 경찰관이 공사현장 출입구 앞 도로 한복판을 점거하고 공사차량의 출입을 방해하던 피고인의 팔과 다리를 잡고 도로 밖으로 옮기려고 하자 폭행 – 공무집행방해죄 ○ (대법원 2013. 9. 26. 선고 2013도643 판결)

판례 피고인이 甲 시청 옆 도로의 보도에서 철야농성을 위해 천막을 설치하던 중 이를 제지하는 甲 시청 소속 공무원들에게 폭행을 가함 – 공무집행방해죄 ○

정당한 사유 없이 보도에 천막을 설치하여 교통에 지장을 끼치는 등 도로법 제45조에 규정된 금지행위를 하는 데 대하여 도로 관리청 소속 공무원이 도로 관리의 목적으로 이를 제지하고 시설물의 설치를 완성하지 못하도록 막는 등의 행위는 도로의 본래 목적을 달성하도록 하기 위한 합리적 상당성이 있는 조치로서 포괄적인 도로관리권의 행사 범주에 속한다. (대법원 2014. 2. 13. 선고 2011도10625 판결)

도심광장인 '서울광장'에서, 행정대집행법이 정한 계고 및 대집행영장에 의한 통지절차를 거치지 아니한 채 위 광장에 무단설치된 천막의 철거대집행을 행하는 공무원들에 대항하여 피고인들이 폭행·협박 – 공무집행방해죄 ×

위 서울광장은 비록 공부상 지목이 도로로 되어 있으나 도로법 제65조 제1항 소정의 행정대집행의 특례규정이 적용되는 도로법상 도로라고 할 수 없으므로 위 철거대집행은 구체적 직무집행에 관한 법률상 요건과 방식을 갖추지 못한 것으로서 적법성이 결여되었다. (대법원 2010. 11. 11. 선고 2009도11523 판결)

판례 지방의회 회의가 적법하게 소집되었고 의원들이 참석·의사진행 하는데 그 회의의 의결사항 중에 지방의회의 권한에 속하지 아니하는 사항이 포함되었던 경우 – 특수공무집행방해죄 ○ (대법원 1998. 5. 12. 선고 98도662 판결)

참고 이를 다중의 위력으로 방해하여 특수공무집행방해죄 성립하였다.

판례 교육인적자원부 장관이 약학대학 학제개편에 관한 공청회를 개최하면서 행정절차법상 통지 절차를 위반하였는데, 이 공청회를 방해함 – 특수공무집행방해죄 ○

공청회 개최 통지 절차 위반은 경미한 흠에 불과하고 이 사건 각 공청회 개최를 형법상 보호대상에서 제외되는 부적법한 직무행위라고 평가할 수 있는 정도는 아니다. (대법원 2007. 10. 12. 선고 2007도6088 판결)

참고 이를 다중의 위력으로 방해하여 특수공무집행방해죄 성립하였다.

판례 피고인들을 포함한 '甲 주식회사 희생자 추모와 해고자 복직을 위한 범국민대책위원회'가 인도를 농성 장소로 불법 점거한 뒤 천막, 분향소 등을 설치하고 농성을 계속하다가 관할 구청이 행정대집행으로 농성 장소에 있던 물건을 치웠음에도 대책위 관계자들이 이에 대한 항의의 일환으로 기자회견 명목의 집회를 개최하려 하자, 출동한 경찰 병력이 농성 장소를 둘러싼 채 대책위 관계자들의 농성 장소 진입을 제지하는 과정에서 피고인들이 경찰관을 밀침 – 공무집행방해죄 ○ (대법원 2021. 10. 14. 선고 2018도2993 판결)

이어서 직무집행의 적법성이 부정되어 공무집행방해죄가 불성립하는 경우를 살펴본다. 직무집행의 적법성이 부정되는 경우, ① 공무집행방해죄의 구성요건이 탈락하고 ② 폭행죄·상해죄의 경우, 정당방위 등 위법성조각사유가 인정되는 경우가 대부분이나, 상당성이 결여된 경우에는 위법성이 인정된다.

판례 피고인이 경찰관의 불심검문을 받아 운전면허증을 교부한 후 경찰관에게 큰 소리로 욕설을 하였는데, 경찰관이 피고인을 모욕죄의 현행범으로 체포하려고 하자 피고인이 반항하면서 경찰관에게 상해를 가함 – ① 공무집행방해죄 × ② 상해죄 ×

피고인은 경찰관의 불심검문에 응하여 이미 운전면허증을 교부한 상태이고, 경찰관뿐 아니라 인근 주민도 욕설을 직접 들었으므로, 피고인이 도망하거나 증거를 인멸할 염려가 있다고 보기는 어렵고, 피고인의 모욕 범행은 불심검문에 항의하는 과정에서 저지른 일시적, 우발적인 행위로서 사안 자체가 경미할 뿐 아니라, 피해자인 경찰관이 범행현장에서 즉시 범인을 체포할 급박한 사정이 있다고 보기도 어려우므로, 경찰관이 피고인을 체포한 행위는 적법한 공무집행이라고 볼 수 없고, 피고인이 체포를 면하려고 반항하는 과정에서 상해를 가한 것은 불법체포로 인한 신체에 대한 현재의 부당한 침해에서 벗어나기 위한 행위로서 정당방위에 해당한다. (대법원 2011. 5. 26. 선고 2011도3682 판결)

판례 검사가 참고인 조사를 받는 줄 알고 자진출석한 변호사사무실 사무장을 합리적 근거 없이 긴급체포하자 그 변호사가 이를 제지하는 과정에서 위 검사에게 상해를 가함 – ① 공무집행방해죄 × ② 상해죄 × (대법원 2006. 9. 8. 선고 2006도148 판결)

판례 교사가 교장실에서 교장을 협박한 뒤 40여분 후 출동한 경찰관들이 서무실에서 동행을 거부하는 그를 현행범 체포하려 하자 경찰관들을 폭행함 – 공무집행방해죄 × (대법원 1991. 9. 24. 선고 91도1314 판결)

판례 경찰관이 임의동행을 요구하며 손목을 잡고 뒤로 꺾어 올리는 등으로 제압하자 거기에서 벗어나려고 몸싸움을 하는 과정에서 경찰관에게 경미한 상해 가함 – ① 공무집행방해죄 × ② 상해죄 × (대법원 1999. 12. 28. 선고 98도138 판결)

판례 음주운전을 종료한 후 40분 이상이 경과한 시점에서 길가에 앉아 있던 운전자를 술냄새가 난다는 점만을 근거로 음주운전의 현행범으로 체포하려 하자 폭행 – 공무집행방해죄 × (대법원 2007. 4. 13. 선고 2007도1249 판결)

판례 피고인이 경찰관의 오만한 단속 태도에 항의하였는데 경찰관이 피고인을 그 의사에 반하여 교통초소로 연행하려 하자 경찰관 폭행 – 공무집행방해죄 × (대법원 1992. 2. 11. 선고 91도2797 판결)

판례 교도관들이 ① 허용된 범위를 넘은 사진·그림에 대하여 수용자인 피고인에게 제거를 지시하였는데 이를 거부하자 ② 조사거실로의 분리수용·검신을 시도하였고 ③ 이에 대하여 피고인이 교도관들을 폭행함 – ①은 적법하나 ②는 위법하기에 ③은 공무집행방해죄 ×

① 교정시설의 소장에 의하여 허용된 범위를 넘어 사진 또는 그림 등을 부착한 수용자에 대하여 교도관이 부착물의 제거를 지시한 행위는 수용자가 복종하여야 할 직무상 지시로서 적법한 직무집행이라고 보아야 한다.

징벌사유에 해당하는 행위를 하였다고 의심할 만한 상당한 이유가 있는 수용자에 대하여 조사가 필요한 경우라 하더라도, 특히 ② 그 수용자에 대한 조사거실에의 분리 수용은 형의 집행 및 수용자의 처우에 관한 법률 제110조 제1항의 각 호에 따라 그 수용자가 증거를 인멸할 우려가 있는 때 또는 다른 사람에게 위해를 끼칠 우려가 있거나 다른 수용자의 위해로부터 보호할 필요가 있는 때에 한하여 인정된다. (대법원 2014. 9. 25. 선고 2013도1198 판결)

참고 피고인에게 증거인멸 우려·위해 우려가 인정되지 않았다.

판례 면사무소 공무원이 자신의 행정사무의 편의를 위한 목적으로 설계도의 제출을 요구하자 폭행 – 공무집행방해죄 × (대법원 1982. 11. 23. 선고 81도1872 판결)

판례 서울에서 열리는 위법한 집회·시위에 참가하고자, 충북 제천시에서 상경하려는 피고인들을 경찰관이 제지하자 피고인들이 경찰관을 상해함 – ① 공무집행방해죄 × ② 상해죄 ○

경찰관직무집행법 제6조 제1항 중 경찰관의 제지에 관한 부분은 범죄의 예방을 위한 경찰 행정상 즉시강제에 관한 근거 조항이다. 행정상 즉시강제는 그 본질상 행정 목적 달성을 위하여 불가피한 한도 내에서 예외적으로 허용되는 것이므로, 위 조항에 의한 경찰관의 제지 조치 역시 그러한 조치가 불가피한 최소한도 내에서만 행사되도록 그 발동·행사 요건을 신중하고 엄격하게 해석하여야 한다. 그러한 해석·적용의 범위 내에서만 우리 헌법상 신체의 자유 등 기본권 보장 조항과 그 정신 및 해석 원칙에 합치될 수 있다. 구 집회 및 시위에 관한 법률에 의하여 금지되어 그 주최 또는 참가행위가 형사처벌의 대상이 되는 위법한 집회·시위가 장차 특정지역에서 개최될 것이 예상된다고 하더라도, 이와 시간적·장소적으로 근접하지 않은 다른 지역에서 그 집회·시위에 참가하기 위하여 출발 또는 이동하는 행위를 함부로 제지하는 것은 경찰관직무집행법 제6조 제1항의 행정상 즉시강제인 경찰관의 제지의 범위를 명백히 넘어 허용될 수 없다. 따라서 이러한 제지 행위는 공무집행방해죄의 보호대상이 되는 공무원의 적법한 직무집행이 아니다. (대법원 2008. 11. 13. 선고 2007도9794 판결)

해설 경찰관 직무집행법 제6조 제1항에 따른 범죄행위 예방조치라고 볼 수 없다. 다만 피고인 중 1인이 배수로 뚜껑으로 경비차량 뒷유리창을 파손하여 경찰관에게 유리조각을 튀기는 방법으로 상해를 가한 부분에 대해서는 상해죄가 인정되었다. 명시적으로 언급하지는 않지만 정당방위(상당성)를 부정하였다고 볼 수 있다.

판례 특정 지역에서의 불법집회에 참가하려는 것을 막기 위하여 시간적·장소적으로 근접하지 않은 다른 지역에서 집회예정장소로 이동하는 것을 제지하자 피고인들이 경찰관 폭행 – ① 특수공무집행방해죄 × ② 폭처법 공동폭행죄 ○ (대법원 2009. 6. 11. 선고 2009도2114 판결)

해설 시위참가자들이 경찰관들의 위법한 제지 행위에 대항하는 과정에서 공동하여 경찰관들에게 PVC파이프를 휘두르거나 진압방패와 채증장비를 빼앗는 등의 폭행행위를 한 부분이 정당행위나 정당방위에 해당하지 아니한다고 보아 폭처법위반 공동폭행죄가 인정되었다.

판례 출입국관리공무원이 관리자의 사전 동의 없이 사업장에 진입하여 불법체류자 단속업무를 개시하자 피고인이 단속을 피하기 위하여 식칼로 공무원의 오른쪽 허벅지를 찔러 상해 – ① 특수공무집행방해죄 × ② 특수상해죄 ○ (대법원 2009. 3. 12. 선고 2008도7156 판결)

해설 공무집행이 적법하지 않아 특수공무집행방해(치상)죄는 성립하지 않는다. 다만 상당성이 결여된 행위이므로 특수상해죄가 성립한다.

2. 행위: 폭행·협박

공무집행방해죄에 있어서의 폭행은 광의의 폭행, 즉 사람에 대한 직접·간접의 유형력 행사를 말한다.

판례 폭행·협박 – ① 직무집행 방해할 정도여야 하고 ② 개의치 않을 정도로 경미하면 안 됨
공무집행방해죄에 있어서의 폭행·협박은 성질상 공무원의 직무집행을 방해할 만한 정도의 것이어야 하

므로, 경미하여 공무원이 개의치 않을 정도의 것이라면 여기의 폭행·협박에는 해당하지 아니한다고 할 것이다. (대법원 2007. 6. 1. 선고 2006도4449 판결)

공무집행방해죄에 있어서의 폭행은 공무를 집행하는 공무원에 대하여 유형력을 행사하는 행위를 말하는 것으로 그 폭행은 공무원에 직접적으로나 간접적으로 하는 것을 포함한다. (대법원 1981. 3. 24. 선고 81도326 판결)

공무집행방해죄에 있어서 협박이라 함은 상대방에게 공포심을 일으킬 목적으로 해악을 고지하는 행위를 의미하는 것으로서 고지하는 해악의 내용이 그 경위, 행위당시의 주위상황, 행위자의 성향, 행위자와 상대방과의 친숙의 정도, 지위 등의 상호관계 등 행위당시의 여러사정을 종합하여 객관적으로 상대방으로 하여금 공포심을 느끼게 하기에 족하면 되고, 상대방이 현실로 공포심을 품게 될 것까지 요구되는 것은 아니며, 다만 그 협박이 경미하여 상대방이 전혀 개의치 않을 정도인 경우에는 협박에 해당하지 않는다. (대법원 1989. 12. 26. 선고 89도1204 판결)

[판례] 경찰관이 공무를 집행하고 있는 파출소 사무실의 바닥에 인분이 들어있는 물통을 집어던지고 책상 위에 있던 재떨이에 인분을 퍼담아 사무실 바닥에 던짐 – 공무집행방해죄(폭행) ○ (대법원 1981. 3. 24. 선고 81도326 판결)

[판례] 수산업협동조합 조합장인 피고인이 수사 중인 해양경찰서 소속 경찰공무원인 甲에게 전화를 걸어 수사에 대한 불만을 표시하고 인사상 불이익을 가하겠다는 취지로 말함 – 공무집행방해죄(협박) ○ (대법원 2011. 2. 10. 선고 2010도15986 판결)

[참고] 피고인은 7년 이상 조합장을 역임하고, 검찰청·해양경찰청 고위 간부들과 친분을 과시하는 지역 유지였다는 점이 반영되었다.

[판례] 폭력행위 등 전과 12범인 피고인이 주민신고로 출동한 경찰로부터 조용히 하라는 주의를 받은 것 뿐인데 그후 새벽에 파출소까지 뒤쫓아가서 "우리 집에 무슨 감정이 있느냐, 이 순사새끼들 죽고 싶으냐" – 공무집행방해죄(협박) ○ (대법원 1989. 12. 26. 선고 89도1204 판결)

[비교] 재소자가 교도관에게 "군산갔다와서 죽여버린다" – 공무집행방해죄(협박) × (대법원 1970. 6. 30. 선고 70도1121 판결)

[판례] 공무원의 직무수행에 대한 비판이나 시정 등을 요구하는 집회·시위 과정에서 음향을 발생시킨 행위도 공무집행방해죄의 폭행이 될 수 있음

공무집행방해죄는 직무를 집행하는 공무원에 대하여 폭행 또는 협박을 함으로써 성립하는 것인데, 여기에서 폭행이라 함은 공무원에 대하여 직접적인 유형력의 행사뿐만 아니라 간접적으로 유형력을 행사하는 행위도 포함하는 것이고, 음향으로 상대방의 청각기관을 직접적으로 자극하여 육체적·정신적 고통을 주는 행위도 유형력의 행사로서 폭행에 해당할 수 있다. (대법원 2009. 10. 29. 선고 2007도3584 판결)

[참고] 원심은 음향발생행위만으로는 공무집행방해죄가 성립할 수 없다고 단정하였다. 대법원은 의사전달수단으로서 합리적 범위를 넘어서 상대방에게 고통을 줄 의도로 음향을 이용하였다면 폭행에 해당하므로 그 여부를 심리하라며 파기하였다.

[판례] 노조원들인 피고인들이 경찰관인 피해자들이 파업투쟁 중인 공장에 진입할 경우에 대비하여 미리 윤활유나 철판 조각을 바닥에 부려 놓아 피해자들이 이에 미끄러져 넘어지고 철판조각에 찔려 다침 –

공무집행방해죄(폭행) × (대법원 2010. 12. 23. 선고 2010도7412 판결)

(판례) 피고인이 임의제출에 응하였는데 기판이 든 박스를 옮기고 있던 의경을 뒤쫓아 가 '이 박스는 압수된 것이 아니다'라고 말하며 의경의 손에 있던 박스를 들고 감 – 공무집행방해죄(폭행) × (대법원 2007. 6. 1. 선고 2006도4449 판결)

참고 경미하여 공무원이 개의치 않을 정도라고 보았다.

(판례) 경찰관의 임의동행을 요구 받은 피고인이 자기집 안방으로 피하여 문을 잠근 후 면도칼로 앞가슴 등을 그어 피를 보이면서 죽어버리겠다한 경우 – 특수공무집행방해죄(폭행·협박) ×

경찰관의 임의동행을 요구받은 피고인이 자기집 안방으로 피하여 문을 잠그었다면 이는 임의동행 요구를 거절한 것이므로 피요구자의 승락을 조건으로 하는 임의동행하려는 직무행위는 끝난 것이고 피고인이 문을 잠근 방안에서 면도칼로 앞가슴 등을 그어 피를 보이면서 자신이 죽어버리겠다고 불온한 언사를 농하였다 하여도 이는 자해자학행위는 될지언정 위 경찰관에 대한 유형력의 행사나 해악의 고지표시가 되는 폭행 또는 협박으로 볼 수 없다. (대법원 1976. 3. 9. 선고 75도3779 판결)

(비교) 피고인이 피해자와 술을 마시던 중 화가 나 횟집 주방에 있던 회칼 2자루를 들고 나와 죽어버리겠다며 자해하려고 함 – 협박죄 ○ (대법원 2011. 1. 27. 선고 2010도14316 판결)

3. 기타

가. 고의

(판례) 공무집행방해 고의 – ① 미필적 고의 ○ ② 직무집행 방해의사 ×

공무집행방해죄에 있어서의 범의는 상대방이 직무를 집행하는 공무원이라는 사실, 그리고 이에 대하여 폭행 또는 협박을 한다는 사실을 인식하는 것을 그 내용으로 하고, 그 인식은 불확정적인 것이라도 소위 미필적 고의가 있다고 보아야 하며, 그 직무집행을 방해할 의사를 필요로 하지 아니하다. (대법원 1995. 1. 24. 선고 94도1949 판결)

(비교) 위계공무집행방해 고의 – 직무집행 방해의사 ○

위계에 의한 공무집행방해의 죄가 성립되려면 자기의 위계행위로 인하여 공무집행을 방해하려는 의사가 있어야 한다. (대법원 1970. 1. 27. 선고 69도2260 판결)

(판례) 의무경찰이 직진하여 오는 택시의 운전자에게 좌회전을 지시하고 불과 30㎝ 앞에서 이유를 설명하고 있다가, 택시 운전자가 신경질적으로 갑자기 좌회전하는 바람에 택시 우측 범퍼로 무릎을 들이받힘 – ① 공무집행방해죄 ○ ② 특수공무집행방해치상죄 ×

택시의 회전반경 등 자동차의 운전에 대하여 충분한 지식과 경험을 가졌다고 볼 수 있는 운전자에게는, 사고 당시 최소한 택시를 일단 후진하였다가 안전하게 진행하거나 의무경찰로 하여금 안전하게 비켜서도록 한 다음 진행하지 아니하고 그대로 좌회전하는 경우 그로부터 불과 30㎝ 앞에서 서 있던 의무경찰을 충격하리라는 사실을 쉽게 알고도 이러한 결과발생을 용인하는 내심의 의사, 즉 미필적 고의가 있었다.

다만 사건의 경위와 정황, 그 의무경찰의 피해가 전치 5일 간의 우슬관절부 경도좌상 정도에 불과한 점 등에 비추어 볼 때, 그와 같은 택시운행으로 인하여 사회통념상 피해자인 의무경찰이나 제3자가 위험성을 느꼈으리라고는 보여지지 아니하므로 그 택시 운전자의 범행을 특수공무집행방해 치상죄로 의율할 수는 없다. (대법원 1995. 1. 24. 선고 94도1949 판결)

나. 죄수 등

판례는 공무원의 수를 기준으로 죄수를 판단한다.

> **판례** 1개의 공무를 집행하는 수인 공무원 동시 폭행 – 공무집행방해 수 죄의 상상적 경합
> 동일한 공무를 집행하는 여럿의 공무원에 대하여 폭행·협박 행위를 한 경우에는 공무를 집행하는 공무원의 수에 따라 여럿의 공무집행방해죄가 성립하고, 위와 같은 폭행·협박 행위가 동일한 장소에서 동일한 기회에 이루어진 것으로서 사회관념상 1개의 행위로 평가되는 경우에는 여럿의 공무집행방해죄는 상상적 경합의 관계에 있다. (대법원 2009. 6. 25. 선고 2009도3505 판결)
> **참고** 공무집행방해죄의 죄수기준에 대해 ① 공무원의 수 기준설과 ② 공무의 수 기준설이 대립하나 판례는 ① 공무원의 수를 기준으로 죄수를 판단한다.
> **판례** 공무를 집행하는 공무원에게 폭행을 가하여 상해를 입게 함 – ① 공무집행방해죄 ② 상해죄 (상상적 경합) (대법원 1999. 9. 21. 선고 99도383 판결)

Ⅱ 위계에 의한 공무집행방해죄

> 제137조(위계에 의한 공무집행방해) 위계로써 공무원의 직무집행을 방해한 자는 5년 이하의 징역 또는 1천만원 이하의 벌금에 처한다.

例規 제137조 위계공무집행방해	미수 ×

> 🔍 **핵심단어**
> • ① 위계 ② 공무집행방해
> • 위계란 ① 행위목적을 달성하기 위하여 ② 오인·착각·부지를 ③ 야기·이용

1. 객체

공무집행방해죄와는 달리 직무집행 중인 공무원, 장래 직무집행이 예상되는 공무원, 직무집행과 관련이 있는 비공무원인 제3자 모두를 객체로 한다. 직무 범위에 관한 판례를 살펴본다.

판례 직무집행 – ① 사경제주체로서의 ② 비권력적 작용도 포함

공무원의 직무집행이란 법령의 위임에 따른 공무원의 적법한 직무집행인 이상 공권력의 행사를 내용으로 하는 권력적 작용뿐만 아니라 사경제주체로서의 활동을 비롯한 비권력적 작용도 포함되는 것으로 봄이 상당하다. (대법원 2003. 12. 26. 선고 2001도6349 판결)

참고 감척어선 입찰자격이 없는 자가 제3자와 공모하여 제3자의 대리인 자격으로 제3자 명의로 입찰에 참가하고, 낙찰받은 후 자신의 자금으로 낙찰대금을 지급하여 감척어선에 대한 실질적 소유권을 취득 – 위계공집방죄 ○

판례 몰수물이 압수되어 있는 상태에서의 검사의 몰수판결 집행업무 – 위계공집방죄 ✕

검사의 몰수판결 집행업무란 몰수를 명한 판결이 확정된 후 검사의 집행지휘에 의하여 몰수집행을 하는 것을 뜻하는 것으로서 몰수물이 압수되어 있는 경우에는 집행지휘만으로 집행이 종료되게 되며, 몰수물이 압수되어 있지 아니한 경우에는 검사가 몰수선고를 받은 자에게 그 제출을 명하고, 이에 불응할 경우 몰수집행명령서를 작성하여 집달관에게 강제집행을 명하는 방법으로 집행하는 것으로 족하므로, 몰수물이 압수되어 있는 이상 검사의 몰수판결 집행업무는 타인의 위계에 의하여 방해당할 수 없는 성질의 업무이다. (대법원 1995. 5. 9. 선고 94도2990 판결)

2. 행위: 위계에 의한 공무집행방해

가. 일반론

위계란 행위자의 목적을 달성하기 위하여 상대방에게 오인·착각·부지를 일으켜 이를 이용하는 일체의 행위를 말한다. 인정례를 먼저 살펴본다.

판례 위계 – ① 행위목적을 달성하기 위하여 ② 오인·착각·부지를 ③ 야기·이용

위계에 의한 공무집행방해죄에 있어서 '위계'란 행위자의 행위목적을 이루기 위하여 상대방에게 오인, 착각, 부지를 일으키게 하여 그 오인, 착각, 부지를 이용하는 것을 말하는 것으로 상대방이 이에 따라 그릇된 행위나 처분을 하였다면 이 죄가 성립한다. (대법원 2008. 3. 13. 선고 2007도7724 판결) **표준**

판례 지방자치단체의 공사입찰에 있어서 허위서류를 제출하여 입찰참가자격을 얻고 낙찰자로 결정되어 계약을 체결 – 위계공집방죄 ○ (대법원 2003. 10. 9. 선고 2000도4993 판결) **표준**

판례 피고인이 마치 그의 형인양 시험감독자를 속이고 원동기장치 자전거운전면허시험에 대리로 응시 – 위계공집방죄 ○ (대법원 1986. 9. 9. 선고 86도1245 판결)

판례 피고인이 시험장소 내에서 시험감독관의 감시의 틈을 타서 시험답안지의 해답이 적힌 쪽지를 다른 응시자에게 전달 – 위계공집방죄 ○ (대법원 1967. 5. 23. 선고 67도650 판결)

판례 자격시험 응시자격 목적으로 사용할 것을 알면서도 사문서 허위작성 해줌 – 위계공집방죄 ○

간호보조원 교육과정이수에 관한 사문서인 수료증명서의 허위작성은 무형위조로서 처벌대상이 되지 아

니하고 피고인들의 행위가 허위작성 및 교부로 끝났다고 하더라도 <u>간호보조원자격시험 응시자격을 증</u>명하는 위 문서의 용도와 그 사용의 결과를 인식하고 공소외인 들로 하여금 사용케 할 의도로 작성교부한 것이고 그들이 위 문서를 진정한 문서인 것처럼 시험관리당국에 제출하여 응시자격을 인정받아 응시함으로써 그 시험관리에 관한 공무집행을 방해하는 상태를 초래하였다면 피고인들은 위 공소외인들과 공무집행방해죄의 공동정범의 죄책을 면할 수 없고, 무형위조의 사후행위로써 처벌의 대상이 되지 않는다고 볼 수 없다. (대법원 1982. 7. 27. 선고 82도1301 판결)

[판례] 피고인이 강제추행을 당했다는 내용으로 허위의 112신고를 하여 범행이 실제로 있었다고 오인한 경찰관들이 현장에 출동하여 수사를 하게 하고, 피고인에게 임시숙소 제공 및 범죄피해자 안전조치를 실시하게 한 경우 – 위계공집방죄 ○

참고 검찰은 위 행위(이하 '1행위')에 더하여, 위 신고가 있은 날부터 한 달 이상 수사를 하게 하여 경찰관들의 직무집행을 방해하였다(이하 '2행위')는 범죄사실에 대하여, 주위적으로 무고 및 위계공무집행방해, 예비적으로 경범죄처벌법위반 제3조 제3항 제2호를 적용하였다. 원심은 주위적 공소사실 중 무고죄 ○, 위계공집방죄 ×, 예비적 공소사실인 경범죄처벌법위반죄 ○라고 판단하였다. 대법원은 '2행위'에 대한 위계공집방죄 ×는 수사기관의 불충분한 수사에 의한 것이므로 수긍할 수 있다고 보았다. 그러나, '1행위'에 대해서는 위계공집방죄 ○이라고 보았다. ① 피고인의 허위 신고는 신속한 출동에 따른 검거조치가 요구되는 점, ② 실제로 경찰은 'code 1 신고'로 분류하였고 4분 만에 경찰관이 도착하였으며 순찰차 총 6대 등을 출동시킨 점, ③ 경찰은 임시숙소 1일 숙박비 지급하고 긴급신변 보호시스템에 등록한 점, ④ 신고 접수 담당 경찰관으로 하여금 긴급히 대응하여야 할 위급한 상황이 발생한 것으로 오인하게 한 점 → 경찰관의 112 신고에 따른 사건처리 업무, 범죄 예방 업무, 범죄피해자 보호 업무에 관한 구체적인 직무집행 방해 ○

[판례] 자격시험 응시자격 목적으로 사용할 것을 알면서도 사문서 허위작성 해줌 – 위계공집방죄 ○
간호보조원 교육과정이수에 관한 사문서인 수료증명서의 허위작성은 무형위조로서 처벌대상이 되지 아니하고 피고인들의 행위가 허위작성 및 교부로 끝났다고 하더라도 <u>간호보조원자격시험 응시자격을 증</u>명하는 위 문서의 용도와 그 사용의 결과를 인식하고 공소외인 들로 하여금 사용케 할 의도로 작성교부한 것이고 그들이 위 문서를 진정한 문서인 것처럼 시험관리당국에 제출하여 응시자격을 인정받아 응시함으로써 그 시험관리에 관한 공무집행을 방해하는 상태를 초래하였다면 피고인들은 위 공소외인들과 공무집행방해죄의 공동정범의 죄책을 면할 수 없고, 무형위조의 사후행위로써 처벌의 대상이 되지 않는다고 볼 수 없다. (대법원 1982. 7. 27. 선고 82도1301 판결)

이어서 부정례를 살펴본다.

[판례] 과속카메라에 촬영되더라도 불빛을 반사시켜 차량 번호판이 식별되지 않도록 하는 기능이 있는 제품('파워매직세이퍼')을 차량 번호판에 뿌린 상태로 차량을 운행 – 위계공집방죄 ×
법령에서 어떤 행위의 금지를 명하면서 이를 위반하는 행위에 대한 벌칙을 두는 한편, 공무원으로 하여금 그 금지규정의 위반 여부를 감시·단속하게 하고 있는 경우 <u>그 공무원에게는 금지규정 위반행위의 유무를 감시하여 확인하고 단속할 권한과 의무가 있다</u> 할 것인데, 만약 어떠한 행위가 공무원이 관계 법령이 정한 바에 따라 금지규정 위반행위의 유무를 충분히 감시하여 확인하고 단속하더라도 이를 발견

하지 못할 정도에 이른 것이라면 이는 위계에 의하여 공무원의 감시·단속업무를 적극적으로 방해한 것으로서 위계에 의한 공무집행방해죄가 성립된다고 할 것이지만, 그와 같은 행위가 이에 이르지 않고 단순히 공무원의 감시·단속을 피하여 금지규정에 위반하는 행위를 한 것에 불과하다면 이는 공무원의 불충분한 감시·단속에 기인한 것이지, 행위자 등의 위계에 의하여 공무원의 감시·단속에 관한 직무가 방해되었다고 할 수 없을 것이어서 위계에 의한 공무집행방해죄가 성립된다고 할 수 없다. (대법원 2010. 4. 15. 선고 2007도8024 판결)

참고 교통단속 경찰공무원이 충실히 직무를 수행하더라도 통상적인 업무처리과정 하에서 사실상 적발이 어려운 위계를 사용하여 그 업무집행을 하지 못하게 한 것으로 보기 어렵다고 보았다.

판례 재소자와 교도관이 공모하여 ① 재소자가 교도관으로부터 담배를 교부받아 흡연한 행위 ② 휴대폰을 교부받아 외부와 통화한 행위 – 위계공집방죄 ✕

법령에서 교도소 수용자에게는 흡연하거나 담배를 소지·수수·교환하거나 허가 없이 전화 등의 방법으로 다른 사람과 연락하는 등의 규율위반행위를 하여서는 아니될 금지의무가 부과되어 있고, 교도관은 수용자의 규율위반행위를 감시, 단속, 적발하여 상관에게 보고하고 징벌에 회부되도록 하여야 할 일반적인 직무상 권한과 의무가 있다고 할 것인바, 구체적이고 현실적으로 감시, 단속업무를 수행하는 교도관에 대하여 위계를 사용하여 그 업무집행을 못하게 한다면 이에 대하여 위계에 의한 공무집행방해죄가 성립한다고 할 것이지만, 수용자가 교도관의 감시, 단속을 피하여 규율위반행위를 하는 것만으로는 단순히 금지규정에 위반되는 행위를 한 것에 지나지 아니할 뿐 이로써 위계에 의한 공무집행방해죄가 성립한다고는 할 수 없고, 수용자가 아닌 자가 교도관의 검사 또는 감시를 피하여 금지물품을 교도소 내로 반입되도록 하였다고 하더라도 교도관에게 교도소 등의 출입자와 반출·입 물품을 단속, 검사하거나 수용자의 거실 또는 신체 등을 검사하여 금지물품 등을 회수하여야 할 권한과 의무가 있는 이상, 그러한 수용자 아닌 자의 행위를 위계에 의한 공무집행방해죄에 해당하는 것으로는 볼 수 없으며, 교도관이 수용자의 규율위반행위를 알면서도 이를 방치하거나 도와주었더라도, 이를 다른 교도관 등에 대한 관계에서 위계에 의한 공무집행방해죄가 성립하는 것으로 볼 수는 없다. (대법원 2003. 11. 13. 선고 2001도7045 판결)

동지 시사프로그램의 프로듀서와 촬영감독이 구치소장의 허가 없이 구치소에 수용 중인 사람을 취재하기 위하여 접견허가를 받은 다음 명함지갑 형태의 녹음·녹화장비를 소지한 채 접견실에 들어가 수용자를 취재 – ① 위계공집방죄 ✕ ② 주거침입죄(침입) ✕ (대법원 2022. 3. 31. 선고 2018도15213 판결, 대법원 2022. 4. 28. 선고 2020도8030 판결)

동지 피고인이 미결수용 중에 이른바 '집사변호사'를 고용한 후 변호인 접견을 가장하여 형사사건 변호활동이 아닌 개인 업무 처리 등을 하게 함 – 위계공집방죄 ✕ (대법원 2022. 6. 30. 선고 2021도244 판결)

비교 변호사가 접견을 핑계로 미결수용자를 위하여 휴대전화와 증권거래용 단말기를 구치소 내로 몰래 반입하여 이용하게 함 – 위계공집방죄 ○ (대법원 2005. 8. 25. 선고 2005도1731 판결)

해설 ① 집사변호사 판례와 ② 휴대전화를 반입한 변호사 판례를 비교한다. 미결수용자와 변호인 간의 접견에는 교도관이 참여하지 못하고 그 내용을 청취 또는 녹취하지 못하며 다만 보이는 거리에서 미결수용자를 관찰할 수 있을 뿐이다(형집행법 제84조 제1항). 변호인이 이러한 접견교통권을 악용하여 교도관의 직무집행을 방해한 경우, 위계공집방 성부가 문제된다. ① 집사변호사 판례의 이유를 살펴본다. 미결수용자의 변호인이 교도관에게 변호인 접견을 신청하는 경우, 미결수용자의 형사사건에 관하여 변호인이 구체적으로 어떠한 변호 활동을 하는지, 실제 변호를 할 의사가 있는지 여부 등은 교도관의 심사대상이 되지 않는다. 따라서 개인적인 업무나 심부름을 위해 접견신청행위를 한 것만으로는 교도관의 직무집행이 방해되지 않는다. ② 휴대전화 반입 판례의 이유를 살펴본다. 변호인인 피고인은 변호인의 휴대전화 등의 휴대를 제재하지 않는 관행을 적극적으로 이용하여 휴대전화와 증권거래용 단말기를 구치소 내로 몰래 반입하였고, 그 과정에서 휴대전화의 핸즈프리를 상의 호주머니 속에 숨긴 다음 수용자와 머리를 맞대고 변호인과 수용자가 상담하는 것처럼 보이게 하거나 가방을 세워 두어 통화모습을 가리는 등의 방법으로 마치 형사사건에 관하여 상담하고 있는 것처럼 가장하였다. 이러한 행위는 교도관들의 통상적인 업무처리 과정에서 사실상 적발이 어려운 위계를 사용하여 접견호실통제 업무를 방해한 것이다.

[판례] 담당 공무원들 모두의 공모 또는 양해 아래 이루어진 부정한 행위 – 위계공집방죄 × (대법원 2015. 2. 26. 선고 2013도13217 판결)

[참고] 업무방해죄 중 "채용비리·입학비리" 부분의 법리를 참고하자

[판례] 민사소송을 제기하면서 피고의 주소를 허위기재하여 소송서류를 허위주소로 송달케 함 – 위계공집방죄 × (대법원 1996. 10. 11. 선고 96도312 판결)

[참고] 소송사기 케이스이다. 법원공무원의 구체적이고 현실적인 직무집행이 방해되었다고 할 수는 없다고 보았다.

[판례] 피고인들이 허위의 매매계약서 및 영수증을 소명자료로 첨부하여 가처분신청을 하여 법원으로부터 유체동산에 대한 가처분결정을 받음 – 위계공집방죄 × (대법원 2012. 4. 26. 선고 2011도17125 판결)

[판례] 국립대학교의 전임교원 공채심사위원인 학과장 甲이 ① 지원자 乙의 부탁을 받고 이미 논문접수가 마감된 학회지에 乙의 논문이 게재되도록 돕고, ② 그 후 연구실적심사의 기준을 강화하자고 제안 – 위계공집방죄 × (대법원 2009. 4. 23. 선고 2007도1554 판결)

[참고] 해당 학과의 전임교원 임용 목적에 부합하는 것으로서 공정한 경우에 해당하므로 위계라 볼 수 없다고 보았다.

[판례] 건물점유자로서 명도집행을 저지할 수 있는 정당한 권능이 있는 자가 그 점유사실을 입증하기 위한 수단으로 임대차계약서 사본을 제시하면서 그 실효된 사실을 고지하지 아니하고 자신이 정당한 임차인인 것처럼 주장 – 위계공집방죄 × (대법원 1984. 1. 31. 선고 83도2290 판결)

[판례] 피고인의 행위가 법원경매업무를 담당하는 집행관의 구체적인 직무집행을 저지하거나 현실적으로 곤란하게 하는 데까지는 이르지 않고 입찰의 공정을 해하는 정도의 행위 – ① 경매·입찰방해죄 ○ ② 위계공집방죄 × (대법원 2000. 3. 24. 선고 2000도102 판결)

[판례] 특정 정당 소속 지방의회의원인 피고인들 등이 지방의회 의장 선거를 앞두고 '甲을 의장으로 추대'하기로 서면합의하고 그 이행을 확보하기 위해 투표용지에 가상의 구획을 설정하고 각 의원별로 기표할 위치를 미리 정하기로 구두합의하는 방법으로 선거를 사실상 기명·공개투표로 치르기로 공모한 다음 그 정을 모르는 임시의장 乙이 선거를 진행할 때 사전공모에 따라 투표하여 단독 출마한 甲이 의장에 당선되도록 함 – 乙의 무기명투표 관리에 관한 위계공집방죄 ×
지방자치법은 제48조 제1항에서 지방의회 의장을 무기명투표로 선거하여야 한다고 규정하나 그 위반행위를 처벌하는 별도 규정을 두고 있지 않으므로, 피고인들 등의 행위가 비밀선거 원칙(무기명투표 원칙)에 위배되는 면이 있음을 근거로 곧 을의 직무집행을 방해한 것으로 평가할 수 없는 점, 지방의회의원들이 사전에 서로 합의한 방식대로 투표행위를 한 것만으로는 무기명투표 원칙에 반하는 전형적인 행위,

즉 투표 과정이나 투표 이후의 단계에서 타인의 투표 내용을 알려는 행위라거나 자신의 투표 내용을 공개하는 것 또는 타인에게 투표의 공개를 요구하는 행위로 평가하기 어려우므로, 위와 같은 서면합의와 구두합의의 실행 자체가 곧바로 '지방의회 의장 선거 과정에서 무기명투표 원칙이 구현되도록 할 임시의장의 직무집행'을 방해하였다고 보기 어려운 점, 위와 같은 합의 수준에서 더 나아가 피고인들 등 사이에 합의에 반하는 투표가 이루어졌는지를 확인할 감표 위원을 누구로 정할 것인지, 투표용지 확인은 언제, 어떤 방법으로 하고, 합의에 반하는 투표를 한 의원에 대해 어떠한 제재를 가할 것인지에 관하여 논의가 이루어졌음을 증명할 증거가 없는 점 등 제반 사정을 종합하면, 피고인들 등이 '지방의회 임시의장의 무기명투표 관리에 관한 직무집행을 방해'하였다고 평가할 사정에 관한 검사의 증명이 없거나 부족하다. (대법원 2021. 4. 29. 선고 2018도18582 판결)

[비교] 甲 정당 소속 지방의회의원인 피고인들 등이 지방의회 의장 선거를 앞두고 乙을 의장으로 선출하기로 합의한 다음, 합의 내용의 이행을 확보하기 위해 피고인별로 미리 정해 둔 투표용지의 가상의 구획 안에 乙의 이름을 각각 기재하는 방법으로 투표하여 乙이 의장으로 당선되게 함 - ① 무기명·비밀투표 권한을 가진 丙 등 공모하지 않은 의원들의 직무집행에 대한 위계공집방죄 ✕, ② 투·개표 업무에 관한 감표위원의 직무집행에 대한 위계공집방죄 ○, ③ 무기명투표 원칙에 따라 의장선거를 진행하는 사무국장의 직무집행에 대한 위계공집방죄 ○

비밀선거 원칙은 선거인의 의사결정이 타인에게 알려지지 않도록 투표 내용의 비밀을 보장함으로써 선거권 행사로 인한 불이익 발생을 방지하기 위한 원칙으로, 투표과정에서 자유로운 의사결정을 보장함으로써 선거의 민주적·절차적 정당성을 확보하는 데 그 취지가 있는 점, 피고인들 등의 행위로 인하여 피고인들을 비롯한 담합한 의원들 내부적으로는 서로 누가 누구에게 투표하였는지를 알 수 있게 되었으나, 공모하지 않은 의원들의 투표 내용까지 공개된다고 보기는 어려운 점, 공모하지 않은 의원들은 본래의 의도대로 투표를 하였을 뿐 피고인들 등의 행위로 인하여 오인, 착각, 부지를 일으켜 그릇된 처분이나 행위를 하였다고 보이지 않는 점, 나아가 지방의회 의원 개인들에게 무기명·비밀투표에 의해 의장선거가 이루어지도록 하여야 할 일반적인 직무상 권한이나 의무가 있다고 볼 만한 근거도 없는 점 등을 종합하면, 공소사실 중 감표위원들과 사무국장에 대한 위계에 의한 공무집행방해죄를 인정한 원심판단은 정당하나, 공모하지 않은 의원들에 대한 위계에 의한 공무집행방해죄를 인정한 원심판단은 받아들이기 어렵다. (대법원 2024. 3. 12. 선고 2023도7760 판결)

[비교] 지방의회 의장 선거의 감표위원인 피고인이 사전에 투표용지에 감표위원 확인 도장을 날인하면서 누가 어떤 후보에게 투표하였는지 구별할 수 있도록 투표용지에 표시하고 그 용지에 의하여 투표가 행해짐 - 의원들의 비밀선거에 의한 의장 선출 직무 및 의장의 투표사무 감독직무에 대한 위계공집방죄 ○

지방의회 의장 선거의 감표위원이 되어 투표용지에 사전에 날인하게 된 것을 기화로 누가 어떤 후보에게 투표를 하였는지 구별할 수 있도록 그 용지에 표시를 하는 행위는 무기명투표의 비밀성을 침해하는 행위로서, 그 후에 그 용지에 의하여 투표가 행하여졌다면 그 자체만으로 의원들의 비밀선거에 의한 의장 선출 직무와 의장의 투표사무 감독직무를 위계로써 방해하는 행위에 해당한다고 할 것이다. 거기서 나아가 의원들이 비밀성이 침해되었음을 알아서 자신들의 소신과 다른 투표를 하게 되어야 비로소 의원들 및 의장의 위 직무의 집행이 방해되었다고 할 것은 아니다. (대법원 2009. 9. 10. 선고 2009도6541 판결)

나. 인·허가를 위한 허위자료제출

허위자료제출에 따라 인·허가처분이 이루어진 경우, ① 행정관청의 불충분한 심사가 주요 원인이라면 위계라 볼 수 없지만, ② 행정관청이 충분히 심사를 하였음에도 허위임을 발견하지 못할 정도라면 위계에 해당한다.

판례 허위자료 제출에 따른 인·허가처분 – ① 행정관청의 불충분한 심사가 주 원인이라면 위계 × ② 행정관청이 충분히 심사하였음에도 발견불가했다면 위계 ○

행정관청이 출원에 의한 인·허가처분을 함에 있어서는 그 출원사유가 사실과 부합하지 아니하는 경우가 있음을 전제로 하여 인·허가할 것인지의 여부를 심사, 결정하는 것이므로 행정관청이 사실을 충분히 확인하지 아니한 채 출원자가 제출한 허위의 출원사유나 허위의 소명자료를 가볍게 믿고 인가 또는 허가를 하였다면 이는 행정관청의 불충분한 심사에 기인한 것으로서 출원자의 위계가 결과 발생의 주된 원인이었다고 할 수 없어 위계에 의한 공무집행방해죄를 구성하지 않는다고 할 것이지만, 출원자가 행정관청에 허위의 출원사유를 주장하면서 이에 부합하는 허위의 소명자료를 첨부하여 제출한 경우 허가관청이 관계 법령이 정한 바에 따라 인·허가요건의 존부 여부에 관하여 나름대로 충분히 심사를 하였으나 출원사유 및 소명자료가 허위임을 발견하지 못하여 인·허가처분을 하게 되었다면 이는 허가관청의 불충분한 심사가 그의 원인이 된 것이 아니라 출원인의 위계행위가 원인이 된 것이어서 위계에 의한 공무집행방해죄가 성립된다. (대법원 2002. 9. 4. 선고 2002도2064 판결)

판례 피고인이 개인택시 운송사업의 양도·양수인가를 받고자 질병이 있는 노숙자들을 양도인으로 위장시켜 허위 진단서 발급받은 후 이를 행정관청에 제출하여 양도·양수인가처분을 받음 – 위계공집방죄 ○
피고인이 개인택시 운송사업면허를 받은 지 5년이 경과되지 아니하여 원칙적으로 개인택시 운송사업을 양도할 수 없는 사람 등과 사이에 마치 그들이 1년 이상의 치료를 요하는 질병으로 인하여 직접 운전할 수 없는 것처럼 가장하여 개인택시 운송사업의 양도·양수인가를 받기로 공모한 후, 질병이 있는 노숙자들로 하여금 그들이 개인택시 운송사업을 양도하려고 하는 사람인 것처럼 위장하여 의사의 진료를 받게 한 다음, 그 정을 모르는 의사로부터 환자가 개인택시 운송사업의 양도인으로 된 허위의 진단서를 발급받아 행정관청에 개인택시 운송사업의 양도·양수 인가신청을 하면서 이를 소명자료로 제출하여 진단서의 기재 내용을 신뢰한 행정관청으로부터 인가처분을 받은 경우, 위계에 의한 공무집행방해죄가 성립한다. (대법원 2002. 9. 4. 선고 2002도2064 판결)

비교 개인택시 운송사업면허 신청서에 허위의 소명자료를 첨부 – 위계공집방죄 × (대법원 1988. 9. 27. 선고 87도2174 판결)

판례 피고인들이 공모하여 허위 물량배정계획서와 일괄 작성한 견적서들을 지방조달청에 제출하여 단체수의계약 체결 – 위계공집방죄 ○ (대법원 2011. 5. 26. 선고 2011도1484 판결)

판례 ① 구 병역법상 지정업체에서 산업기능요원으로 근무할 의사가 없음에도 해당 지정업체의 장과 공모하여 허위내용의 편입신청서를 제출하여 관할관청으로부터 산업기능요원 편입을 승인받고, ② 나아가 관할관청의 실태조사를 회피하기 위하여 허위서류를 작성·제출하는 등의 방법으로 파견근무를 신청하여 관할관청으로부터 파견근무를 승인받음 – 위계공집방죄 ○ (대법원 2009. 3. 12. 선고 2008도1321 판결)

판례 등기신청인이 허위 소명자료 등 제출하여 등기관이 나름대로 충분히 심사를 하였음에도 허위를 발견 못하여 등기 이루어짐 – 위계공집방죄 ○

행정청에 대한 일방적 통고로 효과가 완성되는 '신고'의 경우에는 신고인이 신고서에 허위사실을 기재하거나 허위의 소명자료를 제출하였더라도, 그것만으로는 담당 공무원의 구체적이고 현실적인 직무집행이 방해받았다고 볼 수 없어 특별한 사정이 없는 한 허위 신고가 위계에 의한 공무집행방해죄를 구성한다고 볼 수 없다. 그러나 행정관청이 출원에 의한 인허가처분 여부를 심사하거나 신청을 받아 일정한 자격요건 등을 갖춘 때에 한하여 그에 대한 수용 여부를 결정하는 등의 업무를 하는 경우에는 위 '신고'의 경우와 달리, 출원자나 신청인이 제출한 허위의 소명자료 등에 대하여 담당 공무원이 나름대로 충분히 심사를 하였으나 이를 발견하지 못하여 인허가처분을 하게 되거나 신청을 수리하게 되었다면, 출원자나 신청인의 위계행위가 원인이 되어 행정관청이 그릇된 행위나 처분에 이르게 된 것이어서 위계에 의한 공무집행방해죄가 성립한다.

등기신청은 단순한 '신고'가 아니라 신청에 따른 등기관의 심사 및 처분을 예정하고 있으므로, 등기신청인이 제출한 허위의 소명자료 등에 대하여 등기관이 나름대로 충분히 심사를 하였음에도 이를 발견하지 못하여 등기가 마쳐지게 되었다면 위계에 의한 공무집행방해죄가 성립할 수 있다. 등기관이 등기신청에 대하여 부동산등기법상 등기신청에 필요한 서면이 제출되었는지 및 제출된 서면이 형식적으로 진정한 것인지를 심사할 권한은 갖고 있으나 등기신청이 실체법상의 권리관계와 일치하는지를 심사할 실질적인 심사권한은 없다고 하여 달리 보아야 하는 것은 아니다. (대법원 2016. 1. 28. 선고 2015도17297 판결)

해설 이 사건을 '공정증서원본불실기재죄'로 의율하지 않고 왜 굳이 '위계공집방'으로 돌아왔는지 의문이 들 수 있다. 대법원 판결이 남긴 단서와 원심판결을 따라 사실관계를 좇아보면 이 사건 등기는 실체권리관계에 부합하는 등기로서 '허위사실'에 해당하지 않아 공정증서원본불실기재죄로 의율할 수 없는 사안임을 알 수 있다.[216]

판례 수출입화물방제업체 운영자인 피고인이 국립식물검역소 출장소에 허위의 소독작업결과서가 첨부된 수출식물검사신청서를 제출하여 수출검사합격증명서를 발급받음 – 위계공집방죄 × (대법원 2010. 10. 28. 선고 2008도9590 판결)

참고 구체적 사정을 고려할 때 담당공무원의 불충분한 심사에 기인하였다고 보았다.

다. 수사기관 등에 대한 허위진술·허위증거제출

수사기관에게는 실체적 진실을 밝힐 의무와 이를 위한 강제수사권 등의 강력한 권한이 있다. 따라서 앞에서 살펴본 기준에 비해 더 엄격하게 위계 해당성을 판단한다. 거칠게 정리하자면 Ⓐ 허위진술만으로는 위계에 해당하지 않는다. Ⓑ 허위자백은 위계에는 해당하지 않으나 범인도피죄에 해당한다. Ⓒ 증거인멸은 위계에 해당하지 않는다. 경우에 따라 증거인멸죄 검토가 필요하다. Ⓓ 허위증거 조작·제출은 수사기관이 충실한 수사를 하더라도 허위임을 발견하지 못할 정도라면 위계

---

216 등기의무자인 공소외인이 등기필증을 멸실하였기 때문에 공소외인 소유의 부동산에 관하여 피고인 1 앞으로 소유권이전등기신청을 하기 위해서는 공소외인이 등기소에 출석하거나 변호사 또는 법무사가 등기의무자인 공소외인으로부터 위임을 받아 이를 확인하는 서면을 등기신청서에 첨부하여야 하는데, 피고인 1과 법무사인 피고인 2가 공모하여 등기신청에 필요한 확인서면에 등기의무자인 공소외인의 무인 대신 피고인 1의 무인을 찍어 이를 등기관에게 제출하였고, 이에 따라 등기가 마쳐지게 되었다.

에 해당한다.

판례 ⓐ 허위진술 – 위계공집방죄 ×

수사기관에 대하여 피의자가 허위자백을 하거나 참고인이 허위의 진술을 한 것만으로는 위계에 의한 공무집행방해죄가 성립된다고 할 수 없다. (대법원 1971. 3. 9. 선고 71도186 판결)

판례 ⓑ 허위자백 – 위계공집방죄 × (단 범인도피죄 ○)

수사기관이 범죄사건을 수사함에 있어서는 피의자나 피의자로 자처하는 자 또는 참고인의 진술여하에 불구하고 피의자를 확정하고 그 피의사실을 인정할 만한 객관적인 제반증거를 수집 조사하여야 할 권리와 의무가 있는 것이라고 할 것이므로 피의자나 참고인이 아닌 자가 자발적이고 계획적으로 피의자를 가장하여 수사기관에 대하여 허위사실을 진술하였다 하여 바로 이를 위계에 의한 공무집행방해죄가 성립된다고 할 수 없다. … (중략) … 피고인에 대하여 위 형사피의자인 공동피고인에 대한 범인은닉죄만을 적용하여 처벌을 하고 위계에 의한 공무집행죄에 관하여 무죄를 선고한 제1심판결을 유지하였음은 정당하다. (대법원 1977. 2. 8. 선고 76도3685 판결)

동지 범인 아닌 자가 허위자백 – 범인도피죄 ○

범인 아닌 자가 수사기관에서 범인임을 자처하고 허위사실을 진술하여 진범의 체포와 발견에 지장을 초래하게 한 행위는 범인은닉죄에 해당한다. (대법원 1996. 6. 14. 선고 96도1016 판결)

판례 ⓒ 증거인멸 – 보험회사 임원이 회사 전산시스템에서 관리하고 있던 보험금 출금 관련 데이터가 압수될 상황에 이르게 되자 특정 기간의 위 전산데이터를 삭제 – 위계공집방죄 ×

피의자나 참고인 등이 적극적으로 피의자의 무고함을 입증하는 등의 목적으로 허위의 증거를 조작하여 제출한 것이 아니라 단순히 증거를 감추거나 없애 버린 것만으로는 위계로써 수사기관으로 하여금 오인, 착각, 부지를 일으키게 하였다고 할 수 없다. (대법원 2009. 6. 11. 선고 2008도9437 판결)

참고 삼성 비자금 의혹 관련 특별검사의 임명 등에 관한 법률 제18조 제1항에 정한 '위계에 의한 특별검사 등의 직무방해죄'의 위계에 해당하지 않는다고 보았다.

판례 ⓓ 허위증거 조작·제출 – 음주운전 사고를 낸 자가 형사처벌 면하고자 타인의 혈액을 자신의 혈액인 것처럼 경찰에 제출하여 감정하도록 함 – 위계공집방죄 ○

피의자나 참고인이 피의자의 무고함을 입증하는 등의 목적으로 수사기관에 대하여 허위사실을 진술하거나 허위의 증거를 제출하였다 하더라도, 수사기관이 충분한 수사를 하지 아니한 채 이와 같은 허위의 진술과 증거만으로 잘못된 결론을 내렸다면, 이는 수사기관의 불충분한 수사에 의한 것으로서 피의자 등의 위계에 의하여 수사가 방해되었다고 볼 수 없어 위계에 의한 공무집행방해죄가 성립된다고 할 수 없을 것이나, 피의자나 참고인이 피의자의 무고함을 입증하는 등의 목적으로 적극적으로 허위의 증거를 조작하여 제출하였고 그 증거 조작의 결과 수사기관이 그 진위에 관하여 나름대로 충실한 수사를 하더라도 제출된 증거가 허위임을 발견하지 못하여 잘못된 결론을 내리게 될 정도에 이르렀다면, 이는 위계에 의하여 수사기관의 수사행위를 적극적으로 방해한 것으로서 위계에 의한 공무집행방해죄가 성립된다. (대법원 2003. 7. 25. 선고 2003도1609 판결)

동지 마약범죄 피의자가 타인 소변을 자기 소변인 것처럼 수사기관에 건네 줌 – 위계공집방죄 ○ (대법원

2007. 10. 11. 선고 2007도6101 판결)

[판례] ⑩ 허위증거 조작·제출 – 국가정보원 감찰실장인 피고인 등이 검찰의 압수수색에 대비하여 ①
가짜 사무실을 조성하고 ② 허위 문건을 작출하여 비치하고 ③ 부존재한다거나 국가기밀에 해당한다는
이유로 자료 제출을 거부하여 검찰 공무원들은 압수수색을 할 수 있었던 장소·물건에 대하여 압수수색
을 하지 못하게 함 – 위계공집방죄 ○ (대법원 2019. 3. 14. 선고 2018도18646 판결)

[판례] ⑩ 허위증거 조작·제출 – 피고인이 동양화 1점 등에 대한 뇌물수수죄로 수사를 받자 부하 직원
에게 ① 기증물관리대장 조작을 지시하고 ② 동양화 1점을 정상적인 절차에 따라 기증받아 위 대장에
등재·관리하고 있는 것처럼 허위 진술을 지시하여 ③ 부하 직원이 이에 따라 행동함 – 위계공집방죄
○ (대법원 2011. 2. 10. 선고 2010도15986 판결)

라. 기수·미수

[판례] 위계공무집행방해죄 기수 – 위계에 따라 그릇된 행위·처분이 있어야 함
상대방이 위계에 따라 그릇된 행위나 처분을 하여야만 위 죄가 성립한다. 만약 그러한 행위가 구체적인
직무집행을 저지하거나 현실적으로 곤란하게 하는 데까지는 이르지 않은 경우에는 위계에 의한 공무집
행방해죄로 처벌할 수 없다. (대법원 2017. 4. 27. 선고 2017도2583 판결)
[참고] 피고인이 허위사실이 기재된 귀화허가신청서 ① 제출하여 접수되었고 ② 이후 귀화 허가 받아 국적
취득함. ②를 기수시기로 보아야 하나, 원심은 ①을 기수시기로 보고 공소시효 도과 면소판결하여 파기됨.
[해설] 위계공무집행방해죄는 미수범 처벌 규정이 없어 기수가 인정되지 않으면 무죄이다.

3. 고의

[판례] 위계공무집행방해 고의 – 직무집행 방해의사 ○
위계에 의한 공무집행방해의 죄가 성립되려면 자기의 위계행위로 인하여 공무집행을 방해하려는 의사
가 있어야 한다. (대법원 1970. 1. 27. 선고 69도2260 판결)
[참고] 피고인이 생활에 궁하여 오로지 직장을 구하여 볼 의사로서 허위로 간첩이라 자수 – 위계공집방죄(고의) ✕
[동지] 자가용차를 운전하다가 교통사고를 낸 사람이 경찰관서에 신고함에 있어 가해차량이 자가용일 경우 피
해자와 합의하는데 불리하다고 생각하여 영업용택시를 운전하다가 사고를 내었다고 허위신고 – 위계공집방죄
(고의) ✕ (대법원 1974. 12. 10. 선고 74도2841 판결)
[비교] 공무집행방해 고의 – ① 미필적 고의 ○ ② 직무집행 방해의사 ✕
공무집행방해죄에 있어서의 범의는 상대방이 직무를 집행하는 공무원이라는 사실, 그리고 이에 대하여 폭행
또는 협박을 한다는 사실을 인식하는 것을 그 내용으로 하고, 그 인식은 불확정적인 것이라도 소위 미필적
고의가 있다고 보아야 하며, 그 직무집행을 방해할 의사를 필요로 하지 아니하다. (대법원 1995. 1. 24. 선고
94도1949 판결)

Ⅲ   인권옹호직무방해죄

제139조(인권옹호직무방해) 경찰의 직무를 행하는 자 또는 이를 보조하는 자가 인권옹호에 관한 검사의 직무집행을 방해하거나 그 명령을 준수하지 아니한 때에는 5년 이하의 징역 또는 10년 이하의 자격정지에 처한다.

例規 제139조 인권옹호직무(방해, 명령불준수)	미수 ✕

🔍 **핵심단어**
• ① 경찰의 직무를 행하는 자·보조자 ② 인권옹호 검사 직무집행 ③ 방해·명령 불준수

관련 판례를 살펴본다.

판례 사법경찰관의 긴급체포 승인·구속영장 청구 여부를 심사하던 검사가 긴급체포의 적법성이 의심할 만한 사유가 발견되자 사법경찰관으로 하여금 피의자 인치를 2회에 걸쳐 명하였음에도 이행하지 않음 - ① 인권옹호직무명령불준수죄 ○ ② 직무유기죄 ○ (상상적 경합)

'인권옹호에 관한 검사의 명령'은 사법경찰관리의 직무수행에 의하여 침해될 수 있는 인신 구속 및 체포와 압수수색 등 강제수사를 둘러싼 피의자, 참고인, 기타 관계인에 대하여 헌법이 보장하는 인권 가운데 주로 그들의 신체적 인권에 대한 침해를 방지하고 이를 위해 필요하고도 밀접 불가분의 관련성 있는 검사의 명령 중 '그에 위반할 경우 사법경찰관리를 형사처벌까지 함으로써 준수되도록 해야 할 정도로 인권옹호를 위해 꼭 필요한 검사의 명령'으로 보아야 하고 나아가 법적 근거를 가진 적법한 명령이어야 한다. (대법원 2010. 10. 28. 선고 2008도11999 판결) **표준**

Ⅳ   공무상 봉인 등 표시무효죄

제140조(공무상비밀표시무효) ① 공무원이 그 직무에 관하여 실시한 봉인 또는 압류 기타 강제처분의 표시를 손상 또는 은닉하거나 기타 방법으로 그 효용을 해한 자는 5년 이하의 징역 또는 700만원 이하의 벌금에 처한다.

例規 제140조 ① 공무상(봉인, 표시)(손상, 은닉, 무효)	미수 ○

🔍 **핵심단어**
• ① 공무원 실시 봉인·압류 기타 강제처분 표시 ② 손상·은닉·기타 방법 ③ 효용 해함

본죄는 수험적으로는 중요하지 않다. 다만 민사집행법의 심화쟁점인 '부작위를 명하는 가처분'과 얽혀있어 판례를 이해하기 도무지 쉽지 않다. 이하에서는 주석서와 대법원판례해설 등을 동원하여 기본개념을 서술하고 판례의 유형을 정리한다.

1. 객체: 공무원이 직무에 관하여 실시한 봉인·압류 기타 강제처분의 표시

가. 일반론

① 공무원이 그 직무에 관하여 실시한 ② 봉인 ③ 압류 ④ 기타 강제처분의 ⑤ 표시가 객체가 된다. 기본 개념을 꼼꼼하게 살펴본다.[217] ①은 공무집행방해죄의 공무원·직무집행과 동일하다.

② 봉인이란 물건에 대한 임의처분을 금하기 위하여 개봉금지·열람금지·내용물 발췌금지 등의 의사를 표시하여 그 물건에 실시한 봉함 또는 이와 유사한 물적 설비를 의미한다.

③ 압류란 공무원이 그 직무상 보관할 물건을 자기의 점유로 옮기는 강제처분을 의미한다. 민사집행법상의 유체동산에 대한 압류·가압류, 점유이전금지가처분에서 채무자의 점유를 풀고 집행관의 점유로 옮기는 처분 등이 대표적이다.

④ 기타 강제처분에 대하여 통설과 판례의 입장이 나뉜다. 통설은 이를 압류에 속하지 아니하는 일체의 강제처분을 말한다고 본다. 즉 공무원이 물건을 자기 점유로 옮기지 아니한 채 타인에 대하여 일정한 작위·부작위를 명하는 데 지나지 아니하는 처분이 기타 강제처분에는 해당한다고 본다. 민사집행법에 의한 부동산의 압류·금전채권의 압류도 여기에 속한다고 본다. 그러나 판례는 이와 입장이 다르다. 자세한 내용은 '부작위를 명하는 가처분 위반행위의 공무상표시무효죄 성부'에서 살펴본다.

⑤ 압류 기타 강제처분의 표시란 압류 기타 강제처분을 명시하기 위하여 시행한 표시로서 봉인 이외의 것을 말한다. 유체동산을 압류하여 채무자에게 보관시킬 때 압류된 유체동산임을 명확히 하기 위하여 게시하는 공시서가 이에 해당한다.

관련 판례를 살펴본다.

> **판례** 공무상표시무효죄가 성립하기 위하여는 행위 당시에 강제처분의 표시가 현존할 것을 요함 (대법원 1997. 3. 11. 선고 96도2801 판결)
>
> **판례** 압류된 동산을 처분 – 공무상표시무효죄(객체) ○
> 채권자 갑에 의하여 압류된 피고인 소유 유체동산에 대하여 다시 채권자 을에 의하여 조사절차가 취하

---

217 이하 기본 개념에 대해서는 김대휘·김신, 주석형법 제5판, 한국사법행정학회, 2017, 625–642쪽을 참고하였다.

여진 경우에는 을에 대한 관계에 있어서도 압류의 효력이 미친다고 할 것이니, 피고인이 갑에 대한 채무를 변제하였다하여도 그 압류가 해제되지 아니한 한 압류상태에 있다고 할 것이니 갑에 대한 변제사실만 가지고는 압류의 효력이 없다고 할 수 없고, 이를 처분한 피고인에게 공무상 비밀표시 무효에 관한 범의가 없었다고도 할 수 없다. (대법원 1981. 10. 13. 선고 80도1441 판결)

판례 채권변제합의·집행취소합의 後 가압류해제 前 가압류된 동산을 처분 – 공무상표시무효죄(객체) ○
유체동산 가압류결정에 대하여 그 취소처분이 없는 이상 채권자와 채무자간에 그 채권변제에 관한 합의나 그 집행을 취소하겠다는 합의가 있었다는 것만으로는 가압류결정집행의 효력이 소멸될 수 없다. (대법원 1972. 8. 29. 선고 72도1603 판결)

비교 분쟁이 합의되어 담보취소동의서·항고권포기서를 득한 피고인이 가압류해제 前 가압류된 동산 취거 – 공무상표시무효죄(고의) ✕
채권자가 채무자소유의 동산을 가압류한 후 그 본안사건에 관한 합의가 성립되어 그 가압류물건을 인수하기로 하고 담보취소까지 된 경우에 있어서 가압류취소절차를 거침이 없이 가압류목적물건을 가져간 경우 공무상 비밀표시무효의 범의가 있다고는 할 수 없다. (대법원 1972. 11. 14. 선고 72도1248 판결)
해설 채권자의 가압류 집행해제신청 등에 따른 가압류해제가 있기 전까지는 임의처분해서는 안 된다. 비교판례의 경우 예외적으로 고의가 조각되었으므로 유의하자.

판례 강제처분의 유효성이 유지되는 한 정당·부당을 불문하고 객체 ○
공무원이 그 직권을 남용하여 위법하게 실시한 봉인 또는 압류 기타 강제처분의 표시임이 명백하여 법률상 당연무효 또는 부존재라고 볼 수 있는 경우에는 그 봉인 등의 표시는 공무상표시무효죄의 객체가 되지 아니하여 이를 손상 또는 은닉하거나 기타 방법으로 그 효용을 해한다 하더라도 공무상표시무효죄가 성립하지 아니한다 할 것이지만, 공무원이 실시한 봉인 등의 표시에 절차상 또는 실체상의 하자가 있다고 하더라도 객관적·일반적으로 그것이 공무원이 그 직무에 관하여 실시한 봉인 등으로 인정할 수 있는 상태에 있다면 적법한 절차에 의하여 취소되지 아니하는 한 공무상표시무효죄의 객체로 된다. (대법원 2001. 1. 16. 선고 2000도1757 판결)
참고 유체동산의 가압류집행에 있어 가압류공시서에 다소 흠이 있었으나 전체적으로 살피면 가압류 목적물이 특정되었다고 볼 수 있었던 경우이다.
동지 피고인이 특허권을 침해하였다는 소명이 있다는 이유로 가처분집행이 행하여졌으나 후일 그 본안소송에서 위 특허가 무효라는 취지의 대법원 판결이 선고되어 그 피보전권리의 부존재가 확정된 경우에도 이 특허권은 본죄의 객체가 됨 (대법원 2007. 3. 15. 선고 2007도312 판결)

판례 집행관이 건물명도집행으로서 채무자 겸 소유자의 건물에 대한 점유를 해제하고 이를 채권자에게 인도한 후 채무자의 출입을 봉쇄하기 위하여 출입문을 판자로 막아둔 것을 채무자가 이를 뜯어내고 그 건물에 들어감 – 공무상표시무효죄(객체) ✕
강제집행(건물명도집행)이 완결된 후의 행위로서 채권자들의 점유를 침범하는 것은 별론으로 하고 공무상 표시무효죄에 해당하지는 않는다. (대법원 1985. 7. 23. 선고 85도1092 판결)
참고 이미 강제집행이 종료되었기에 침해된 공무가 없다. 다만 부동산강제집행효용침해죄(제140조의2)는 성립 가능하다.[218] 이 사건은 제140조의2 신설 이전 발생한 사건이다.

나. 부작위를 명하는 가처분 위반행위의 공무상표시무효죄 성부[219]

부동산·동산에 대한 '압류'의 경우, 본죄의 객체가 됨은 분명하다. 그러나 점유이전금지가처분·출입금지가처분 등 부작위를 명하는 가처분 결정이 '기타 강제처분'에 해당하는지 여부가 문제된다.

부작위를 명하는 가처분 결정이란 채무자에 대하여 일정한 행위의 금지를 명하거나 채권자의 행위에 대한 수인의무를 명하는 가처분을 말한다. 이러한 가처분은 Ⓐ 집행관보관명령이 결합된 부작위 가처분결정(ex 동산·부동산에 대한 점유이전금지가처분)과 Ⓑ 단순히 부작위명령만을 부과하는 가처분결정(ex 공사금지가처분·출입금지가처분·점유방해금지가처분·공사방해금지가처분)으로 구분된다.

Ⓐ 집행관보관명령이 결합된 부작위 가처분결정의 경우, 집행관은 채권자·채무자 등의 참여하에 목적물이 집행관의 보관하에 있음을 밝히는 공시를 목적물에 붙이고, 채무자에게 취지를 고지함으로써 집행을 실시한다. 채무자가 집행관보관명령을 위반하는 행위를 하는 경우 본죄가 성립한다는 점은 판례·통설이 일치한다. 판례도 일관된다. 문제는 단순 부작위 가처분결정이다.

Ⓑ 단순히 부작위명령만을 부과하는 가처분결정은 채무자에게 가처분의 내용을 고지함으로써 족하고 원칙적으로 집행이라는 관념이 부존재한다. 즉 별도의 집행행위가 필요 없다. 다만 이를 위반한 경우 대체집행·간접강제의 방법으로 의무를 강제한다. 따라서 단순 부작위 가처분결정을 위반하는 행위를 하는 경우 본죄가 성립하는지 여부에 대해서 ① 소극설 ② 적극설 ③ 절충설이 대립하고 있다(나아가 단순 부작위 가처분결정에 대하여 '공시명령'을 덧붙일 수 있는지에 대한 견해대립까지 합쳐지면 논의는 더욱 복잡해진다). 문제는 대법원 판례가 일관되지 않다는 것이다. 판례는 기존에는 대체로 적극설을 취하였으나, 2006도1819판결을 기점으로 소극설을 채택한 것으로 볼 여지가 있으나, 단정하긴 어렵다.[220]

따라서 지금까지의 논의를 수험적으로 정리하자. 수험생이라면 일단 Ⓐ와 Ⓑ를 구분하여 Ⓐ는 본죄 성립한다, Ⓑ는 본죄 불성립이 원칙이지만 예외적으로 성립한다고 본 판례도 있다 정도로 정리하자. 판례가 명확치 않은 상황에서 우리가 이보다 더 나아갈 길이 없다.

---

218 **형법 제140조의2(부동산강제집행효용침해)** 강제집행으로 명도 또는 인도된 부동산에 침입하거나 기타 방법으로 강제집행의 효용을 해한 자는 5년 이하의 징역 또는 700만원 이하의 벌금에 처한다.

219 이하 해설의 틀과 판례 입장에 대해서는 임영우, "부작위를 명하는 가처분 결정에 따라 집행관이 그 공시서만을 고시한 경우 해당 가처분 위반행위의 공무상표시무효죄 성립 여부(형법 제140조 제1항)", 대법원판례해설 제86호, 법원도서관, 2011, 605−626쪽을 참고하였다.

220 임영우, "부작위를 명하는 가처분 결정에 따라 집행관이 그 공시서만을 고시한 경우 해당 가처분 위반행위의 공무상표시무효죄 성립 여부(형법 제140조 제1항)", 대법원판례해설 제86호, 법원도서관, 2011 , 623−624쪽 역시 대법원의 입장이 "일응 '소극설'을 취하고 있는 것으로 볼 여지가 크다."고 하면서도 "대법원의 입장이 소극설로 정리되었다고 단정하기 어려운 측면도 있다."고 한다.

	예시	구체적 집행행위	본죄 성부	
Ⓐ 집행관보관명령 결합된 부작위 가처분결정	• 동산·부동산에 대한 점유이전금지가처분	집행관 보관명령	성립 ○	
Ⓑ 단순히 부작위명령만을 부과하는 가처분결정	• 공사금지가처분 • 출입금지가처분 • 점유방해금지가처분 • 공사방해금지가처분	無	원칙: 불성립 (구체적 집행행위 ×)[221]	예 외 : 성립[222]

이하 판례를 검토한다.

> **판례** Ⓐ 건물의 점유이전금지가처분 채무자가 그 가처분의 집행 취지가 기재된 고시문이 그 가처분 목적물에 부착된 이후 제3자로 하여금 그 건물 중 일부에서 영업을 할 수 있도록 함-공무상표시무효죄 ○
> 이 사건 점유이전금지가처분 채무자인 피고인은 집행관이 이 사건 건물에 관하여 가처분을 집행하면서 '채무자는 점유를 타에 이전하거나 또는 점유명의를 변경하여서는 아니된다.'는 등의 집행 취지가 기재되어 있는 고시문을 이 사건 건물에 부착한 이후에 제3자로 하여금 이 사건 건물 중 3층에서 카페 영업을 할 수 있도록 이를 무상으로 사용케 하였다는 것인바, 이러한 피고인의 행위는 위 고시문의 효력을 사실상 멸각시키는 행위이다. (대법원 2004. 10. 28. 선고 2003도8238 판결)

> **판례** Ⓐ 직접 점유자에 대한 점유이전금지가처분결정이 집행된 후 그 피신청인인 직접점유자가 가처분 목적물의 간접점유자에게 그 점유를 이전함-공무상표시무효죄 ○ (대법원 1980. 12. 23. 선고 80도1963 판결)

---

[221] 대법원 2008. 12. 24. 선고 2006도1819 판결(실용신안권침해금지가처분결정 위반), 대법원 2010. 4. 29. 선고 2009도5264 판결(영업방해금지가처분결정), 대법원 2010. 5. 13. 선고 2009도11772 판결(업무방해금지가처분결정 위반), 대법원 2010. 5. 27. 선고 2009도1347 판결(업무방해등금지가처분결정 위반), 대법원 2010. 6. 24. 선고 2009도11535 판결(업무방해등금지가처분결정 위반)

[222] 대법원 2008. 2. 28. 선고 2007도10693 판결(영업금지가처분결정 위반), 대법원 2007. 7. 27. 선고 2007도4378 판결(예배방해금지가처분결정 위반), 대법원 2007. 3. 16. 선고 2006도8626 판결(업무방해 및 출입금지가처분결정 위반), 대법원 2006. 4. 14. 선고 2005도8773 판결(영업방해금지가처분결정 위반), 대법원 1971. 3. 23. 선고 70도2688 판결(영업행위금지 및 영업방해금지 가처분결정 위반)이 있다. ① 임영우, 위 논문, 614-615쪽에 따르면, 위 판결들의 판시 내용을 보면, 주로 부작위명령 위반행위가 '기타 방법으로 그 효용을 해하는 행위'에 해당하는지 여부가 주된 쟁점이 되었음을 알 수 있고, 단순 부작위 가처분에 관한 표시가 '기타 강제처분의 표시'에 해당하는지 여부에 대해서는 이를 정면으로 다룬 판결은 없는 것으로 이해된다고 한다. ② 위 판결은 모두 2006도1819판결 이전에 선고된 판결들이다.

판례 ⓑ 집행관이 영업방해금지 가처분결정의 취지를 고시한 공시서를 게시하였을 뿐 어떠한 구체적 집행행위를 하지 않은 상태에서 위 가처분에 의하여 부과된 부작위명령을 피고인이 위반 – 공무상표시무효죄 ✕

공무상표시무효죄는 공무원이 그 직무에 관하여 봉인, 동산의 압류, 부동산의 점유 등과 같은 구체적인 강제처분을 실시하였다는 표시를 손상 또는 은닉하거나 기타 방법으로 그 효용을 해함으로써 성립하는 범죄이다. 따라서 집행관이 법원으로부터 피신청인에 대하여 부작위를 명하는 가처분이 발령되었음을 고시하는 데 그치고 나아가 봉인 또는 물건을 자기의 점유로 옮기는 등의 구체적인 집행행위를 하지 아니하였다면, 단순히 피신청인이 가처분의 부작위명령을 위반하였다는 것만으로는 공무상 표시의 효용을 해하는 행위에 해당하지 아니한다. (대법원 2010. 9. 30. 선고 2010도3364 판결, 대법원 2008. 12. 24. 선고 2006도1819 판결)

해설 2006도1819 판결 이후로 대법원은 소극설을 취했다고 볼 여지가 있다.

판례 ⓑ 집행관이 '채무자는 점유를 타에 이전하거나 또는 점유명의를 변경하여서는 아니된다'는 등의 집행취지가 기재되어 있는 고시문을 부동산에 부착함으로써 채무자인 피고인으로부터 부동산의 점유를 인도받고 현상을 변경하지 아니할 것을 조건으로 하여 피고인에게 그 사용을 허가하였는데 피고인이 사업자등록명의를 변경함 – 공무상표시무효죄 ✕

집행관은 이 사건 가처분결정의 취지가 기재되어 있는 고시문을 이 사건 부동산에 부착함으로써 피고인으로부터 이 사건 부동산의 점유를 인도받고 현상을 변경하지 아니할 것을 조건으로 하여 피고인에게 그 사용을 허가하였다고 할 것이고, 따라서 이 사건 부동산의 '점유'에 대하여는 구체적인 집행행위가 이루어졌다고 볼 수 있다. 반면 원심이 '점유명의'에 해당한다고 본 이 사건 마트의 '사업자등록명의'에 대하여는 집행관의 어떠한 집행행위가 있었다고 볼 증거가 없다. 그렇다면 설령 이 사건 마트의 사업자등록명의가 점유명의에 해당하더라도, 앞서 본 법리에 비추어 살펴보면 피고인이 이 사건 마트의 사업자등록명의를 변경한 것은 구체적인 집행행위가 없는 가처분의 부작위명령을 위반한 것에 불과하여 공무상 표시의 효용을 해하는 행위에 해당한다고 볼 수 없다. (대법원 2016. 5. 12. 선고 2015도20322 판결)

해설 ① 2006도1819 판결 선고 이후 판결이다. ② 점유이전에 대해서는 구체적 집행행위(집행관보관명령)가 인정되지만 점유명의이전에 대해서는 이러한 구체적 집행행위가 인정되지 않는다고 보았다. 점유를 이전시켰다면 본죄 성립한다.

판례 ⓑ 피고인은 출입금지 및 건물건축공사방해금지 가처분결정에 기하여 집달관이 실시한 가처분결정 표시의 효력이 존속하고 있는 동안에 그 효용을 해치는 행위를 함 – 공무상표시무효죄 ○

법원의 가처분결정에 기하여 집달관이 한 강제처분 표시의 효력은 그 가처분 결정이 적법한 절차에 의하여 취소되지 않는 한 지속되는 것이며, 그 가처분 결정이 가령 부당한 것이라 하더라도 그 효력을 부정할 수는 없다. (대법원 1985. 7. 9. 선고 85도1165 판결)

해설 2006도1819 판결 선고 이전 판결이다.

2. 행위: 손상·은닉·기타 방법으로 효용을 해함

관련 판례를 살펴본다.

> **[판례]** 손상·은닉·기타방법으로 ① 표시 자체의 효력을 사실상 감쇄·멸각하면 족하지 ② 법률상 효력
> 상실은 불요
>
> 형법 제140조 제1항이 정한 공무상표시무효죄 중 '공무원이 그 직무에 관하여 실시한 압류 기타 강제처
> 분의 표시를 기타 방법으로 그 효용을 해하는 것'이란 손상 또는 은닉 이외의 방법으로 그 표시 자체의
> 효력을 사실상으로 감쇄 또는 멸각시키는 것을 의미하는 것이지, 그 표시의 근거인 처분의 법률상 효력
> 까지 상실케 한다는 의미는 아니다. (대법원 2018. 7. 11. 선고 2015도5403 판결)

> **[판례]** 채무자가 가압류된 유체동산을 제3자에게 양도하고 그 점유를 이전 – 공무상표시무효죄(효용해
> 함) ○
>
> 집행관이 유체동산을 가압류하면서 이를 채무자에게 보관하도록 한 경우 그 가압류의 효력은 압류된 물
> 건의 처분행위를 금지하는 효력이 있으므로, 채무자가 가압류된 유체동산을 제3자에게 양도하고 그 점유
> 를 이전한 경우, 이는 가압류집행이 금지하는 처분행위로서, 특별한 사정이 없는 한 가압류표시 자체의
> 효력을 사실상으로 감쇄 또는 멸각시키는 행위에 해당한다. 이는 채무자와 양수인이 가압류된 유체동산
> 을 원래 있던 장소에 그대로 두었더라도 마찬가지이다. (대법원 2018. 7. 11. 선고 2015도5403 판결)

> **[판례]** 압류된 동산을 집행관 승인 없이 관할구역 밖으로 옮김 – 공무상표시무효죄(효용해함) ○ (대법
> 원 1992. 5. 26. 선고 91도894 판결)

> **[동지]** 압류물을 채권자나 집달관 몰래 원래의 보관장소로부터 상당한 거리에 있는 다른 장소로 이동시킴 – 공
> 무상표시은닉죄(효용해함) ○ (대법원 1986. 3. 25. 선고 86도69 판결)

> **[판례]** 압류된 골프장시설을 보관하는 회사의 대표이사가 위 압류시설의 사용 및 봉인의 훼손을 방지할
> 수 있는 적절한 조치 없이 골프장을 개장하게 하여 봉인이 훼손되게 함 – 공무상표시무효죄(효용해함)
> ○ (대법원 2005. 7. 22. 선고 2005도3034 판결)

이어서 부정례를 살펴본다. ① 가처분을 받은 자인 특정채무자 외의 자의 가처분위반행위
② 채권자·집행관의 승낙이 있는 가처분위반행위의 경우 효용을 해했다고 볼 수 없다.

> **[판례]** 제3자인 임차인의 온천수사용금지가처분결정 위반 – 공무상표시무효죄(효용해함) ×
>
> 가처분은 가처분 채무자에 대한 부작위 명령을 집행하는 것이므로 가처분의 채무자가 아닌 제3자가 그
> 부작위 명령을 위반한 행위는 그 가처분집행 표시의 효용을 해한 것으로 볼 수 없다.
> 온천수 사용금지 가처분결정이 있기 전부터 온천이용허가권자인 가처분 채무자로부터 이를 양수하고
> 임대차계약의 형식을 빌어 온천수를 이용하여 온 제3자가 위 금지명령을 위반하여 계속 온천수를 사용

한 경우, 위 제3자가 위 가처분 사건 당사자 사이의 권리관계 내용을 잘 알고 있었다거나 그가 실질적으로는 가처분 채무자와 같은 당사자 위치에 있었다는 등의 사정이 있다 하여도 위 위반행위가 공무상표시무효죄를 구성하지 않는다. (대법원 2007. 11. 16. 선고 2007도5539 판결)

[판례] 제3자인 아내의 밭 출입금지가처분결정 위반 – 공무상표시무효죄(효용해함) ✕
남편을 채무자로 한 출입금지가처분 명령의 효력은 그 처에게는 미치지 아니하므로 그 처가 이를 무시하고 출입금지된 밭에 들어가 작업을 한 경우에 공무원이 직무에 관하여 실시한 강제처분표시의 효용을 해한 것이라고는 할 수 없다. (대법원 1979. 2. 13. 선고 77도1455 판결)

[판례] 제3자의 건축공사중지명령가처분 위반 – 공무상표시무효죄(효용해함) ✕
제3자가 법원으로부터 받은 건축공사중지명령의 가처분집행은어디까지나 "갑"회사에 대하여 부작위 명령을 집행한데 불과한 것이므로 위 가처분집행이 완료된 뒤 피고인이 본건 시공중인 건축허가 명의를 자기가 대표이사로 있는 "을"회사로 변경하여 위 가처분집행을 그대로 둔 채 그 건축공사를 계속하였다는 사실자체만으로는 위와 같은 내용의 가처분집행표시의 효용을 해한 것이라고는 할 수 없으므로 형법 140조 1항 소정 공무상표시무효죄가 성립하지 아니한다. (대법원 1976. 7. 27. 선고 74도1896 판결)

[판례] 가처분채권자 승낙 얻고 출입금지가처분 위반 – 공무상표시무효죄(효용해함) ✕
출입금지가처분은 그 성질상 가처분 채권자의 의사에 반하여 건조물 등에 출입하는 것을 금지하는 것이므로 비록 가처분결정이나 그 결정의 집행으로서 집행관이 실시한 고시에 그러한 취지가 명시되어 있지 않다고 하더라도 가처분 채권자의 승낙을 얻어 그 건조물 등에 출입하는 경우에는 출입금지가처분 표시의 효용을 해한 것이라고 할 수 없다. (대법원 2006. 10. 13. 선고 2006도4740 판결)

[판례] 압류채권자 승낙 얻고 집행관 승낙 얻지 못한 채 압류물 이동 – 공무상표시무효죄(효용해함) ✕
집행관이 그 점유를 옮기고 압류표시를 한 다음 채무자에게 보관을 명한 유체동산에 관하여 채무자가 이를 다른 장소로 이동시켜야 할 특별한 사정이 있고, 그 이동에 앞서 채권자에게 이동사실 및 이동장소를 고지하여 승낙을 얻은 때에는 비록 집행관의 승인을 얻지 못한 채 압류물을 이동시켰다 하더라도 형법 제140조 제1항 소정의 '기타의 방법으로 그 효용을 해한' 경우에 해당한다고 할 수 없다. (대법원 2004. 7. 9. 선고 2004도3029 판결)

[판례] 압류된 스크린·영사기를 용법에 따라 종전대로 사용하여 영화상영함 – 공무상표시무효죄(효용해함) ✕
본건과 같은 압류는 채무자로 하여금 그 압류된 물건의 처분을 금지할 뿐이므로 채권자를 해하지 아니하고, 그 압류의 효용을 손상시키지 않은 범위내에서 압류 그대로의 상태하에서 종전과 같은 방법으로 사용할 것을 금지한 것이라고는 할 수 없다. 압류집행을 함에 있어 그 압류물을 종전과 같이 사용할 수 있는 상태대로 압류하여 채무자에게 보관시킨 경우에는 채무자는 압류 그대로의 상태하에서 종전과 같은 방법으로 그 압류물을 사용할 수 있다. (대법원 1969. 6. 24. 선고 69도481 판결)

고의에 관한 판례를 살펴본다.

> **판례** 민사소송법 기타 공법의 부지 – 고의 조각
>
> 민사소송법 기타 공법의 해석을 잘못하여 압류물의 효력이 없어진 것으로 착오하였거나 또는 봉인 등을 손상 또는 효력을 해할 권리가 있다고 오신한 경우에는 형벌법규의 부지와 구별되어 범의를 조각한다고 해석할 것이다. (대법원 1970. 9. 22. 선고 70도1206 판결) **표준**

V 공용서류 등 무효죄

> 제141조(공용서류 등의 무효, 공용물의 파괴) ① 공무소에서 사용하는 서류 기타 물건 또는 전자기록등 특수매체기록을 손상 또는 은닉하거나 기타 방법으로 그 효용을 해한 자는 7년 이하의 징역 또는 1천만원 이하의 벌금에 처한다.

例規 제141조 ① 공용(서류, 물건, 전자기록등)(손상, 은닉, 무효)	미수 ○

> 🔍 **핵심단어**
> • ① 공무소에서 사용 ② 서류·물건·전자기록 등 ③ 손상·은닉·기타 방법 ④ 효용 해함

1. 객체: 공무소에서 사용하는 서류·물건·전자기록 등

'공무소에서 사용하는'이란 공무소에서 공무수행상 비치·보관·점유·이용하는 것을 말한다. '서류'는 공문서·사문서를 불문하고, 정식절차를 밟아 접수·작성되었는지도 불문한다.

> **판례** 공용서류·공용전자기록 – 미완성 문서도 포함
>
> '공무소에서 사용하는 서류 기타 전자기록'에는 ① 공문서로서의 효력이 생기기 이전의 서류라거나, ② 정식의 접수 및 결재 절차를 거치지 않은 문서, ③ 결재 상신 과정에서 반려된 문서 등을 포함하는 것으로, ④ 미완성의 문서라고 하더라도 본죄의 성립에는 영향이 없다. (대법원 2020. 12. 10. 선고 2015도19296 판결)
>
> **판례** 대통령 비서실장 甲과 비서관 乙이 청와대 통합업무관리시스템인 e지원시스템에서, 대통령이 전자서명한 문서관리카드를 인식하지 못하도록 그 기본정보를 삭제함 – 공용전자기록등손상죄 ○ (대법원 2020. 12. 10. 선고 2015도19296 판결)
>
> **판례** 경찰관이 상사에게 정식보고되지 않고 수사기록에 편철되지 아니한 채 보관중이던 진술조서를 휴지통에 폐기 – 공용서류무효죄 ○ (대법원 1982. 10. 12. 선고 82도368 판결)
>
> **참고** 더불어 직무유기도 인정되었다.

판례 피의자로 조사받던 자가 사법경찰관 사무취급이 작성중인 피의자신문조서를 찢음 – 공용서류손상죄 ○

사법경찰관 사무취급이 작성중인 피의자신문조서는 그것이 미완성이고 작성자와 피의자가 서명날인 또는 무인한 것이 아니어서 공문서로서의 효력이 없다고 하더라도 형법 제141조 제1항 소정의 공무소에서 사용하는 서류이다. (대법원 1980. 10. 27. 선고 80도1127 판결)

판례 경찰관이 진술조서를 작성하였음에도 이를 편철하지 않고 숨김 – 공용서류은닉죄 ○

경찰이 작성한 진술조서가 미완성이고 작성자와 진술자가 서명·날인 또는 무인한 것이 아니어서 공문서로서의 효력이 없다고 하더라도 공무소에서 사용하는 서류가 아니라고 할 수는 없다. (대법원 2006. 5. 25. 선고 2003도3945 판결)

판례 세무공무원이 상속세신고서 및 세무서 작성의 부과결정서등을 임의로 반환 – 공용서류무효죄 ○ (대법원 1981. 8. 25. 선고 81도1830 판결)

참고 대가를 받고 위 행위를 하여 뇌물수수도 인정되었다.

판례 피고인이 자신이 작성한 허위내용의 문서가 공용문서로서 면사무소에 비치·보관되어 있는데 이를 찢음 – 공용서류손상죄 ○ (대법원 1972. 9. 26. 선고 72도1132 판결)

판례 형사사건을 조사하던 경찰관이 스스로의 판단에 따라 자신이 보관하던 甲 작성 진술서를 임의로 피고인에게 넘겨주어 피고인이 이를 찢음 – 공용서류손상죄 ×

공용서류무효죄는 공문서나 사문서를 묻지 아니하고 공무소에서 사용 중이거나 사용할 목적으로 보관하는 서류 기타 물건을 그 객체로 하므로, 형사사건을 조사하던 경찰관이 스스로의 판단에 따라 자신이 보관하던 진술서를 임의로 피고인에게 넘겨준 것이라면, 위 진술서의 보관책임자인 경찰관은 장차 이를 공무소에서 사용하지 아니하고 폐기할 의도하에 처분한 것이라고 보아야 할 것이므로, 위 진술서는 더 이상 공무소에서 사용하거나 보관하는 문서가 아닌 것이 되어 공용서류로서의 성질을 상실하였다고 보아야 한다. (대법원 1999. 2. 24. 선고 98도4350 판결)

참고 경찰관은 본죄로 기소되지 않았다. "위 진술서는 중요한 내용도 없을 뿐 아니라 다른 교사들 여러 명이 한 진술 내용과 별 차이도 없으므로 위 진술서는 없더라도 수사에 지장이 없겠다는 생각이 들어 '그렇다면 진술서를 가지고 가서 작성자에게 보여주고 찢어버리라.'고 하면서 이를 피고인에게 건네주었고, 이에 피고인은 위 진술서를 가져와 전원식에게 보여주면서 이를 찢기에 이르렀음을 알 수 있다."고 한다.

2. 행위: 손상·은닉·기타 방법으로 효용을 해함

관련 판례를 살펴본다.

판례 피고인이 면사무소에 비치되어 있는 정상적으로 작동되는 소화기 9대를 가져간 후 분말액과 질소가스를 충전하지도 않은 채 충전대금을 청구하였으나 면사무소 측에서 대금 지급을 거절하자 원래 소화기에 들어 있던 분말액과 질소가스를 빼냄 – 공용물건손상죄 ○ (대법원 2011. 2. 24. 선고 2010도

3. 기타

가. 고의

> **판례** 고의 – 미필적 인식
>
> 공용서류은닉죄에 있어서의 범의란 피고인에게 공무소에서 사용하는 서류라는 사실과 이를 은닉하는 방법으로 그 효용을 해한다는 사실의 인식이 있음으로써 족하다. (대법원 2006. 5. 25. 선고 2003도3945 판결)

나. 죄수 등

타죄와의 관계를 살펴본다.

> **판례** 김포군 공무원인 피고인이 ① 김포군 건설과에 건축허가신청서 및 이에 첨부된 설계도면을 제출하여 동 군에서 보관중이었는데, 건축허가신청서에 첨부된 A 설계도면을 떼내고 전혀 별개의 B 설계도면을 첨부함 ② 김포군수 명의로 발부되어 피고인이 보관중인 건축허가통지서에 첨부된 설계도면을 떼내고 건축사협회의 도서등록 일부인을 건축허가신청 당시인 1972. 11. 7.자로 소급변조하여 새로 작성한 위 B 설계도면을 그 자리에 가철함 – ① 공용서류무효죄 ○ ② 공문서변조죄 ○ (실체적 경합범)
>
> 공용서류무효죄는 공문서나 사문서를 불문하고 공무소에서 사용 또는 보관중인 서류를 정당한 권한없이 그 효용을 해함으로써 성립하므로, 피고인이 군에 보관중인 피고인 명의의 건축허가신청서에 첨부된 설계도면을 떼내고 별개의 설계도면으로 바꿔 넣은 경우 공용서류무효죄가 성립한다.
>
> 건축허가서에 첨부된 설계도면을 떼내고 건축사협회의 도면등록 일부인을 건축허가 신청당시 일자로 소급 변조하여 새로 작성한 설계도면을 그 자리에 가철한 행위는 공문서 변조죄에 해당한다. (대법원 1982. 12. 14. 선고 81도81 판결)

Ⅵ 특수공무방해죄 · 특수공무방해치사상죄

제144조(특수공무방해) ① 단체 또는 다중의 위력을 보이거나 위험한 물건을 휴대하여 제136조, 제138조와 제140조 내지 전조의 죄를 범한 때에는 각조에 정한 형의 2분의 1까지 가중한다.
② 제1항의 죄를 범하여 공무원을 상해에 이르게 한 때에는 3년 이상의 유기징역에 처한다. 사망에 이르게 한 때에는 무기 또는 5년 이상의 징역에 처한다.

例規 제144조 ① 특수(제136조, 제138조, 제140조 내지 제143조 각 죄명) ② (제1항 각 죄명, 다만 제143조 미수의 죄명은 제외한다)(치상, 치사)	미수 ○

🔍 **핵심단어**
- ① 단체·다중의 위력 ② 공무집행방해죄 등 (③ 치상·치사)
- ① 위험한 물건 ② 휴대 ③ 공무집행방해죄 등 (④ 치상·치사)

특수공무집행방해치사상죄는 부진정결과적 가중범이다. 이하 본죄에 관한 판례를 살펴본다.

판례 특수공무집행방해치사상 – 부진정결과적가중범
특수공무방해치사상과 같은 이른바 부진정결과적가중범은 예견가능한 결과를 예견하지 못한 경우뿐만 아니라 그 결과를 예견하거나 고의가 있는 경우까지도 포함하는 것이므로, 공무집행을 방해하는 집단행위의 과정에서 일부 집단원이 고의행위로 살상을 가한 경우에도 다른 집단원에게 그 사상의 결과가 예견가능한 것이었다면 다른 집단원도 그 결과에 대하여 특수공무방해치사상의 책임을 면할 수 없다. (대법원 1990. 6. 26. 선고 90도765 판결)
고의로 중한 결과를 발생케 한 경우에 무겁게 벌하는 구성요건이 따로 마련되어 있는 경우에는 당연히 무겁게 벌하는 구성요건에서 정하는 형으로 처벌하여야 할 것이고, 결과적가중범의 형이 더 무거운 경우에는 결과적가중범에 정한 형으로 처벌할 수 있도록 하여야 할 것이다. 그러므로 기본범죄를 통하여 고의로 중한 결과를 발생케 한 부진정결과적가중범의 경우에 그 중한 결과가 별도의 구성요건에 해당한다면 이는 결과적가중범과 중한 결과에 대한 고의범의 상상적 경합관계에 있다고 보아야 할 것이다. (대법원 1995. 1. 20. 선고 94도2842 판결) 표준

판례 신호위반에 따른 정지 지시를 무시하고 도주하던 사람이 자신을 추격해 온 경찰관의 하차 요구에 불응한 채 계속 도주를 시도하다가 자동차 앞 범퍼로 경찰관을 들이받고, 차 본넷 위에 경찰관을 매달은 채로 그대로 차를 몰고 진행하던 중 인도에 있던 가로수를 들이받아 결국 경찰관을 사망에 이르게 함 – 특수공무집행방해치사죄 ○ (대법원 2008. 2. 28. 선고 2008도3 판결)

03 도주와 범인은닉의 죄

I 도주죄 등

제145조(도주, 집합명령위반) ① 법률에 따라 체포되거나 구금된 자가 도주한 경우에는 1년 이하의 징역에 처한다.

제146조(특수도주) 수용설비 또는 기구를 손괴하거나 사람에게 폭행 또는 협박을 가하거나 2인 이상이 합동하여 전조제1항의 죄를 범한 자는 7년 이하의 징역에 처한다.

例規 제145조 ① 도주 　　　제146조 특수도주	미수 ○

🔍 **핵심단어**

• ① 법률에 따라 체포·구금된 자 ② 도주

관련 판례를 살펴본다.

판례 도주죄 공소시효 – 도주행위 시작시부터 진행

도주죄는 도주상태가 계속되는 것이므로 도주중에는 시효가 진행 안된다는 소론을 채용할 수 없다. (대법원 1979. 8. 31. 선고 79도622 판결)

판례 불법체포된 자가 경찰관들의 관리가 소홀한 틈에 도주함 – 도주죄 ✕

사법경찰관이 피고인을 수사관서까지 동행한 것이 사실상의 강제연행, 즉 불법 체포에 해당하고, 불법 체포로부터 6시간 상당이 경과한 후에 이루어진 긴급체포 또한 위법하므로 피고인이 불법체포된 자로서 형법 제145조 제1항에 정한 '법률에 의하여 체포 또는 구금된 자'가 아니어서 도주죄의 주체가 될 수 없다. (대법원 2006. 7. 6. 선고 2005도6810 판결)

판례 선고기일에 법정구속되어 구속 피고인 대기실에 있던 피고인이 도주하려고 하였으나 법정 내에서 검거됨 – 도주미수죄 ○

법원이 선고기일에 피고인에 대하여 실형을 선고하면서 구속영장을 발부하는 경우 검사가 법정에 재정하여 법원으로부터 구속영장을 전달받아 집행을 지휘하고, 그에 따라 피고인이 피고인 대기실로 인치되었다면 다른 특별한 사정이 없는 한 피고인은 형법 제145조 제1항의 '법률에 의하여 체포 또는 구금된 자'에 해당한다. (대법원 2023. 12. 28. 선고 2020도12586 판결)

Ⅱ　도주원조죄

제147조(도주원조) 법률에 의하여 구금된 자를 탈취하거나 도주하게 한 자는 10년 이하의 징역에 처한다.	
例規 제147조 피구금자(탈취, 도주원조)	미수 ○ 예비·음모 ○

> 🔍 **핵심단어**
> • ① 법률에 의하여 구금된 자 ② 탈취·도주원조

Ⅲ　범인은닉죄

제151조(범인은닉과 친족간의 특례) ① 벌금 이상의 형에 해당하는 죄를 범한 자를 은닉 또는 도피하게 한 자는 3년 이하의 징역 또는 500만원 이하의 벌금에 처한다. ② 친족 또는 동거의 가족이 본인을 위하여 전항의 죄를 범한 때에는 처벌하지 아니한다.	
例規 제151조 범인(은닉, 도피)	미수 ×

> 🔍 **핵심단어**
> • ① 범인 ② 은닉·도피
> • 은닉이란 죄를 범한 자임을 인식하면서 장소를 제공하여 체포를 면하게 함
> • 도피케 함이란 범인에 대한 수사기관의 체포를 곤란 또는 불가능하게 하는 일체의 행위

1. 주체: 범인 이외의 자

범인 자신의 은닉·도피행위는 본죄를 구성하지 않는다.

> **판례** 甲·乙은 공동정범인데 甲이 乙을 도피시킴 – 甲 범인도피죄 ○
> 범인 도피죄에 있어서 공동정범중의 1인이 타 공동정범인을 도피시킴에 대하여 동조 제2항과 같은 불처벌의 특례를 규정한바 없으므로 공동정범중의 1인인 소외 1이 타 공동정범인인 소외 2외1인을 도피시킴은 범인도피죄의 죄책을 면치 못하고 따라서 피고인이 우 소외 1의 도피행위를 용이케 함은 동방조죄를 구성한다고 해석함이 타당하다. (대법원 1958. 1. 14. 선고 4290형상393 판결)
> **해설** 공동정범 중 1인은 범인 이외의 자에 해당한다.

[판례] 甲·乙·丙은 강제집행면탈죄의 공동정범이다. 허위양도인 甲·乙에 대한 고소사건에서 허위양수인 丙은 甲·乙의 교사에 따라 허위진술·허위자료를 제출하였음 – ① 丙 범인도피죄 × ② 甲·乙 범인도피교사죄X

범인도피죄는 타인을 도피하게 하는 경우에 성립할 수 있는데, 여기에서 타인에는 공범도 포함되나 범인 스스로 도피하는 행위는 처벌되지 않는다. 또한 공범 중 1인이 그 범행에 관한 수사절차에서 참고인 또는 피의자로 조사받으면서 자기의 범행을 구성하는 사실관계에 관하여 허위로 진술하고 허위 자료를 제출하는 것은 자신의 범행에 대한 방어권 행사의 범위를 벗어난 것으로 볼 수 없다. 이러한 행위가 다른 공범을 도피하게 하는 결과가 된다고 하더라도 범인도피죄로 처벌할 수 없다. 이때 공범이 이러한 행위를 교사하였더라도 범죄가 될 수 없는 행위를 교사한 것에 불과하여 범인도피교사죄가 성립하지 않는다. (대법원 2018. 8. 1. 선고 2015도20396 판결) **표준**

해설 丙의 허위진술·허위자료는 자기도피에 해당하므로 범인도피죄가 성립하지 않는다. 甲·乙은 丙에게 범죄가 될 수 없는 행위를 교사한 것이므로 교사죄가 성립하지 않는다.

범인이 제3자를 교사하여 자기를 은닉·도피하게 한 경우 범인은닉죄의 교사범으로 처벌할 수 있는지 문제된다. 판례는 방어권 남용으로 볼 수 있을 때에는 범인도피교사죄를 인정한다.

[판례] 범인이 자신을 위하여 타인으로 하여금 허위의 자백을 하게 함 – 범인도피교사죄 ○
범인이 자신을 위하여 타인으로 하여금 허위의 자백을 하게 하여 범인도피죄를 범하게 하는 행위는 방어권의 남용으로 범인도피교사죄에 해당한다. (대법원 2000. 3. 24. 선고 2000도20 판결)

[판례] 피고인은 음주운전 적발되자 지인 甲을 불러 그로 하여금 경찰관인 乙이 피고인에 대한 주취운전자 적발보고서를 작성하거나 재차 음주측정을 하지 못하도록 제지함 – 범인도피교사죄 ○ (대법원 2006. 5. 26. 선고 2005도7528 판결)

[판례] 도피 중이던 甲이 후배인 乙에게 요청하여 ① 대포폰을 개설하여 받고 ② 乙이 운전하는 자동차를 타고 청주시 일대를 이동하여 다님 – 범인도피교사죄 ×
범인 스스로 도피하는 행위는 처벌되지 아니하므로, 범인이 도피를 위하여 타인에게 도움을 요청하는 행위 역시 도피행위의 범주에 속하는 한 처벌되지 아니하며, 범인의 요청에 응하여 범인을 도운 타인의 행위가 범인도피죄에 해당한다고 하더라도 마찬가지이다. 다만 범인이 타인으로 하여금 허위의 자백을 하게 하는 등으로 범인도피죄를 범하게 하는 경우와 같이 그것이 방어권의 남용으로 볼 수 있을 때에는 범인도피교사죄에 해당할 수 있다. 이 경우 방어권의 남용이라고 볼 수 있는지 여부는, 범인을 도피하게 하는 것이라고 지목된 행위의 태양과 내용, 범인과 행위자의 관계, 행위 당시의 구체적인 상황, 형사사법의 작용에 영향을 미칠 수 있는 위험성의 정도 등을 종합하여 판단하여야 한다. (대법원 2014. 4. 10. 선고 2013도12079 판결)

해설 방어권 남용이 부정된 매우 이례적인 판례이다. 실무상 자기의 도피·은닉행위에 제3자를 개입시킨 경우, 방어권 남용은 쉽게 인정된다.

2. 객체: 벌금 이상의 형에 해당하는 죄를 범한 자

'벌금 이상의 형에 해당하는 죄를 범한 자'는 반드시 사후적으로 유죄판결이 내려진 자에 한정되지 않는다. 사전적 관점에서 ① 진범이 아니지만 수사대상이 되어 있는 자 ② 처벌가능성이 있는 자 모두 객체가 된다.

> **판례** 진범이 아닌 자를 도피시킴 – 범인도피죄 ○
> 형법 제151조의 범인도피죄는 수사, 재판 및 형의 집행 등에 관한 국권의 행사를 방해하는 행위를 처벌하려는 것이므로 형법 제151조 제1항에서 정한 '죄를 범한 자'는 범죄의 혐의를 받아 수사대상이 되어 있는 사람이면 그가 진범인지 여부를 묻지 않고 이에 해당한다. (대법원 2014. 3. 27. 선고 2013도152 판결) **표준**
>
> **동지** 진범이 아닌 자를 도피시켰으나 사후적으로 무혐의 석방된 경우 – 범인도피죄 ○ (대법원 1982. 1. 26. 선고 81도1931 판결)
>
> **판례** 종합보험에 가입된 상태에서 교통사고를 일으킨 자를 도피시킴 – 범인도피죄 ○
> 범인에 대하여 적용 가능한 죄가 도로교통법위반죄로부터 교통사고처리특례법위반죄를 거쳐 상해죄에 이르기까지 다양하고, 그 죄들은 모두 벌금 이상의 형을 정하고 있으며 범인에게 적용될 수 있는 죄가 교통사고처리특례법위반죄에 한정된다고 하더라도 자동차종합보험 가입사실만으로 범인의 행위가 형사소추 또는 처벌을 받을 가능성이 없는 경우에 해당한다고 단정할 수 없을 뿐 아니라, 피고인이 수사기관에 적극적으로 범인임을 자처하고 허위사실을 진술함으로써 실제 범인을 도피하게 하였다는 이유로 범인도피죄의 성립을 인정한 사례. (대법원 2000. 11. 24. 선고 2000도4078 판결)

3. 행위: 은닉·도피케 함

은닉이란 장소를 제공하여 범인을 감추어 주는 행위를 말한다. 도피하게 하는 것이란 은닉 이외의 방법으로 수사기관의 발견·체포를 곤란하게 하는 일체의 행위를 말한다.

> **판례** 은닉 – 죄를 범한 자임을 인식하면서 장소를 제공하여 체포를 면하게 함
> 범인은닉죄라 함은 죄를 범한 자임을 인식하면서 장소를 제공하여 체포를 면하게 하는 것만으로 성립한다 할 것이고, 죄를 범한 자에게 장소를 제공한 후 동인에게 일정 기간 동안 경찰에 출두하지 말라고 권유하는 언동을 하여야만 범인은닉죄가 성립하는 것이 아니며, 또 그 권유에 따르지 않을 경우 강제력을 행사하여야만 한다거나, 죄를 범한 자가 은닉자의 말에 복종하는 관계에 있어야만 범인은닉죄가 성립하는 것은 더욱 아니다. (대법원 2002. 10. 11. 선고 2002도3332 판결)

[판례] 도피케 함 – 범인에 대한 수사기관의 체포를 곤란 또는 불가능하게 하는 일체의 행위

범인도피죄에서 '도피하게 하는 행위'는 은닉 이외의 방법으로 범인에 대한 수사, 재판 및 형의 집행 등 형사사법의 작용을 곤란 또는 불가능하게 하는 일체의 행위를 말하는 것으로서 그 수단과 방법에는 어떠한 제한이 없고, 또한 위 죄는 위험범으로서 현실적으로 형사사법의 작용을 방해하는 결과가 초래될 것이 요구되지 아니하지만, 같은 조에 함께 규정되어 있는 은닉행위에 비견될 정도로 수사기관의 발견·체포를 곤란하게 하는 행위 즉 직접 범인을 도피시키는 행위 또는 도피를 직접적으로 용이하게 하는 행위에 한정된다고 해석함이 상당하고, 그 자체로는 도피시키는 것을 직접적인 목적으로 하였다고 보기 어려운 어떤 행위의 결과 간접적으로 범인이 안심하고 도피할 수 있게 한 경우까지 포함되는 것은 아니다. 원래 수사기관은 범죄사건을 수사함에 있어서 피의자나 참고인의 진술 여하에 불구하고 피의자를 확정하고 그 피의사실을 인정할 만한 객관적인 제반 증거를 수집·조사하여야 할 권리와 의무가 있는 것이므로, 참고인이 수사기관에서 범인에 관하여 조사를 받으면서 그가 알고 있는 사실을 묵비하거나 허위로 진술하였다고 하더라도, 그것이 적극적으로 수사기관을 기만하여 착오에 빠지게 함으로써 범인의 발견 또는 체포를 곤란 내지 불가능하게 할 정도의 것이 아니라면 범인도피죄를 구성하지 않는다. (대법원 2003. 2. 14. 선고 2002도5374 판결)

은닉·도피 인정례를 살펴본다.

[판례] 범인 아닌 자가 허위'자백' – 범인도피죄 ○

범인 아닌 자가 수사기관에서 범인임을 자처하고 허위사실을 진술하여 진범의 체포와 발견에 지장을 초래하게 한 행위는 범인은닉죄에 해당한다. (대법원 1996. 6. 14. 선고 96도1016 판결, 대법원 2000. 11. 24. 선고 2000도4078 판결)

[동지] 범인 조작행위 – 범인도피죄 ○

범인으로 혐의를 받아 수사기관으로부터 수사중인 경우에 범인 아닌 다른 자로 하여금 범인으로 가장케 하여 수사를 받도록 함으로서 범인체포에 지장을 초래케하는 행위는 '범인 은닉' 또는 '도피'에 해당된다. (대법원 1967. 5. 23. 선고 67도366 판결)

참고 허위진술을 넘은 허위자백은 원칙적으로 범인도피죄를 구성한다.

[판례] 범인이 기소중지자임을 알고도 범인의 부탁으로 다른 사람의 명의로 대신 임대차계약을 체결해 줌 – 범인도피죄 ○ (대법원 2004. 3. 26. 선고 2003도8226 판결)

[판례] 박종철 고문치사 사건에 가담한 자가 더 있었다는 사실을 알고도 부하 경찰관들에게 거짓 예행연습을 시키거나 범인이 더 있음을 실토하지 않도록 설득하여 사건을 은폐·축소함 – 범인도피죄 ○ (대법원 1995. 12. 26. 선고 93도904 판결)

[판례] 피고인이 살인미수의 피의자 甲을 상피고인 乙에게 연락하여 만나게 해주고 乙로 하여금 甲의 도피를 용이하게 함 – 범인도피죄 ○ (대법원 1990. 12. 26. 선고 90도2439 판결)

이어서 은닉·도피 부정례를 살펴본다.

판례 도로교통법위반으로 체포된 범인이 타인의 성명을 모용한다는 정을 알면서 신원보증인으로서 신원보증서에 자신의 인적 사항을 허위로 기재하여 제출 – 범인도피죄 ×

수사절차에서 작성되는 신원보증서는 체포된 피의자 석방의 필수적인 요건이거나 어떠한 법적 효력이 있는 것은 아니고, 다만 피의사건이 비교적 경미한 경우 피의자와 일정한 관계에 있는 신원보증인이 수사기관에 대하여 피의자의 신분, 직업, 주거 등을 보증하고 향후 수사기관이나 법원의 출석요구에 사실상 협조하겠다는 의사를 표시하는 것으로서 피의자나 신원보증인에게 심리적인 부담을 줌으로써 수사기관이나 재판정에의 출석 또는 형 집행 등 형사사법절차상의 편의를 도모하는 것에 불과하여 보증인에게 법적으로 진실한 서류를 작성·제출할 의무가 부과된 것은 아니므로, 신원보증서를 작성하여 수사기관에 제출하는 보증인이 피의자의 인적 사항을 허위로 기재하였다고 하더라도, 그로써 적극적으로 수사기관을 기망한 결과 피의자를 석방하게 하였다는 등 특별한 사정이 없는 한, 그 행위만으로 범인도피죄가 성립되지 않는다. (대법원 2003. 2. 14. 선고 2002도5374 판결)

해설 몇 가지 판단요소를 더 발굴한다. 범인은 기소중지 되어 있는 별건 적발을 우려해 자신의 인적사항을 허위로 기재한 것인데, ① 피고인은 기소중지 별건 존재 사실을 알지 못했다는 점 ② 피고인은 이미 범인의 석방이 결정된 상태에서 신원보증서를 작성하였다는 점 ③ 피고인이 허위 인적사항을 기재한 이유는 자신에게 올 불이익을 회피하기 위함이지 범인을 돕기 위함은 아니었다는 점 등이 고려되었다.

판례 게임장·오락실·피씨방의 종업원이 자신이 단순히 실제 업주라고 진술 – 범인도피죄 ×

게임산업진흥에 관한 법률 위반, 도박개장 등의 혐의로 수사기관에서 조사받는 피의자가 사실은 게임장·오락실·피씨방 등의 실제 업주가 아니라 그 종업원임에도 불구하고 자신이 실제 업주라고 허위로 진술하였다고 하더라도, 그 자체만으로 범인도피죄를 구성하는 것은 아니다. 다만, 그 피의자가 실제 업주로부터 금전적 이익 등을 제공받기로 하고 단속이 되면 실제 업주를 숨기고 자신이 대신하여 처벌받기로 하는 역할(이른바 '바지사장')을 맡기로 하는 등 수사기관을 착오에 빠뜨리기로 하고, 단순히 실제 업주라고 진술하는 것에서 나아가 게임장 등의 운영 경위, 자금 출처, 게임기 등의 구입 경위, 점포의 임대차계약 체결 경위 등에 관해서까지 적극적으로 허위로 진술하거나 허위 자료를 제시하여 그 결과 수사기관이 실제 업주를 발견 또는 체포하는 것이 곤란 내지 불가능하게 될 정도에까지 이른 것으로 평가되는 경우 등에는 범인도피죄를 구성할 수 있다. (대법원 2010. 1. 28. 선고 2009도10709 판결, 대법원 2013. 1. 10. 선고 2012도13999 판결, 대법원 2010. 2. 11. 선고 2009도12164 판결)

해설 ① 범죄의 세계에서 '허위자백'은 흔한 일이 아니다. 허위자백은 수사기관을 적극적으로 기망하는 행위이므로 원칙적으로 범인도피죄를 구성한다. ② 그러나 게임장·오락실·피씨방의 경우, 바지사장이 허위자백하는 경우가 오히려 일반적이므로 허위자백만으로는 적극적 기망이라 평가하기 어렵다. 따라서 허위자백에서 나아가 범죄경위에 대한 적극적 허위진술, 자료제출까지 이루어져야 범인도피죄가 인정된다.

판례 참고인이 실제 범인이 누군지도 정확하게 모르는 상태에서 수사기관에서 실제 범인이 아닌 어떤 사람을 범인이 아닐지도 모른다고 생각하면서도 그를 범인이라고 지목하는 허위의 진술을 하여 지목된 사람이 구속기소됨 – 범인도피죄 ×

참고인이 수사기관에서 범인에 관하여 조사를 받으면서 그가 알고 있는 사실을 묵비하거나 허위로 진술하였다고 하더라도 그것이 적극적으로 수사기관을 기만하여 착오에 빠지게 함으로써 범인의 발견 또는 체포를 곤란 내지 불가능하게 할 정도의 것이 아니라면 범인도피죄를 구성하지 아니한다.

이 사건에서 참고인에게 적극적으로 실제의 범인을 도피시켜 국가의 형사사법의 작용을 곤란하게 할 의사가 있었다고 볼 수 없어 그 참고인을 범인도피죄로 처벌할 수는 없다. (대법원 1997. 9. 9. 선고 97도1596 판결)

동지 참고인이 수사기관에서 진술을 함에 있어 범인으로 체포된 사람과 동인이 목격한 범인이 동일함에도 불구하고 동일한 사람이 아니라고 허위진술하여 범인이 석방됨 – 범인도피죄 ×

위와 같이 보지 않는다면 참고인은 항상 수사기관에 대하여 진실만을 진술하여야 할 법률상의 의무를 부담하게 되고, 추호라도 범인에게 유리한 허위진술을 하면 모두 처벌받게 되는 결과가 되어 법률에 의한 선서를 한 증인이 허위의 진술을 한 경우에 한하여 위증죄가 성립된다는 형법의 규정취지와 어긋나기 때문이다. (대법원 1987. 2. 10. 선고 85도897 판결)

동지 폭행사건 현장의 참고인이 출동한 경찰관에게 범인의 이름을 알면서도 허무인의 이름을 대면서 구체적인 인적사항에 대한 언급을 피함 – 범인도피죄 × (대법원 2008. 6. 26. 선고 2008도1059 판결)

해설 가장 헷갈릴 만한 판례들이다. 판례는 ① 참고인이 진범을 도피시키려는 의도 아래 범인 아닌 자를 진범이라고 내세워 도피시키는 경우 ② 허위자백하는 경우에 한하여 범인도피죄를 인정한다. 위와 같이 그에 조금씩 못 미치는 경우는 모두 무죄이다.

판례 피고인이 절도사건과 관련하여 사법경찰리로부터 조사받는 과정에서 공범의 이름을 단순히 묵비 – 범인도피죄 × (대법원 1984. 4. 10. 선고 83도3288 판결)

판례 주점 개업식 날 찾아 온 범인에게 '도망다니면서 이렇게 와 주니 고맙다. 항상 몸조심하고 주의하여 다녀라. 열심히 살면서 건강에 조심하라.'고 말함 – 범인도피죄 × (대법원 1992. 6. 12. 선고 92도736 판결)

판례 미국으로 도주한 범인에게 송금하여 달라는 부탁과 함께 자기앞수표를 받아 이를 가명으로 예금하여 둔 채 아직 범인에게 송금하지 아니함 – 범인도피죄 × (대법원 1995. 3. 3. 선고 93도3080 판결)

참고 범인도피의 예비(불가벌)에 불과하다고 보았다.

기수시기에 관한 판례를 살펴본다.

판례 甲이 진범 乙 등의 사기 범행을 자신이 저질렀다는 취지로 허위자백하여 乙을 도피시켰는데, 그 후 甲의 사기 피고사건 변호인으로 선임된 피고인이 甲과 공모하여 진범 乙 등을 은폐하는 허위자백을 유지하게 함 – 범인도피방조죄 ○

범인도피죄는 범인을 도피하게 함으로써 기수에 이르지만, 범인도피행위가 계속되는 동안에는 범죄행위도 계속되고 행위가 끝날 때 비로소 범죄행위가 종료된다. 따라서 공범자의 범인도피행위 도중에 그 범행을 인식하면서 그와 공동의 범의를 가지고 기왕의 범인도피상태를 이용하여 스스로 범인도피행위를 계속한 경우에는 범인도피죄의 공동정범이 성립하고, 이는 공범자의 범행을 방조한 종범의 경우도 마찬가지이다. (대법원 2012. 8. 30. 선고 2012도6027 판결, 대법원 1995. 9. 5. 선고 95도577 판결) **표준**

4. 기타

가. 고의

> [판례] 범인도피죄의 고의
> 범인도피죄에 있어서 벌금 이상의 형에 해당하는 자에 대한 인식은 실제로 벌금 이상의 형에 해당하는 범죄를 범한 자라는 것을 인식함으로써 족하고 그 법정형이 벌금 이상이라는 것까지 알 필요는 없는 것이고 범죄의 구체적인 내용이나 범인의 인적 사항 및 공범이 있는 경우 공범의 구체적 인원수 등까지 알 필요는 없다. (대법원 1995. 12. 26. 선고 93도904 판결)

나. 친족간의 특례

친족 또는 동거가족이 본인을 위하여 범인은닉·도피죄를 범한 때에는 처벌하지 아니한다. 판례는 이를 책임조각사유라 해석한다.

		범위	법적 효과	법적 성격	주문
친족상도례	제328조 제1항	직계혈족, 배우자, 동거친족, 동거가족 또는 그 배우자간	형을 면제 ★헌법불합치 (적용중지)	인적 처벌조각사유	法: 형면제판결 檢: 공소권 없음
	제328조 제2항	그 외의 친족 =(8촌 이내 혈족 +4촌 이내 인척)	고소가 있어야 공소제기 가능	상대적 친고죄 → 소추조건	法: 공소기각판결 檢: 공소권 없음
친족간특례	범인은닉[223] 증거인멸[224] 증인은닉[225]	친족·동거가족	처벌하지 아니함	책임조각사유	法: 무죄 檢: 죄가 안 됨

---

223 형법 제151조 제2항
224 형법 제155조 제4항
225 형법 제155조 제4항

친족간 특례가 적용되는 주체는 '친족·동거가족'인데 사실혼관계에 있는 자는 이에 해당하지 않는다.

> **판례** 사실혼관계 – 친족간 특례 ×
>
> 형법 제151조 제2항 및 제155조 제4항은 친족, 호주 또는 동거의 가족이 본인을 위하여 범인도피죄, 증거인멸죄 등을 범한 때에는 처벌하지 아니한다고 규정하고 있는바, 사실혼관계에 있는 자는 민법 소정의 친족이라 할 수 없어 위 조항에서 말하는 친족에 해당하지 않는다. (대법원 2003. 12. 12. 선고 2003도4533 판결)
>
> **참고** 검찰실무 등 기록형 시험에서 남편 甲이 교통사고를 일으키고 아내 乙이 허위자백하는 사실관계가 빈출되는데 기록 마지막에 가서야 '혼인신고는 하지 않았습니다.'라는 단서가 주어지는 경우가 많다.
>
> **동지** 인지하지 않은 혼외자가 생부(生父)를 도피시킨 경우 – 친족간 특례 ×
>
> 혼인외 출생자의 경우 모자관계는 인지를 요하지 아니하고 법률상의 친자관계가 인정될 수 있지만, 부자관계는 부의 인지에 의하여만 법률상 친자관계가 발생한다. (대법원 2024. 11. 28. 선고 2022도10272 판결)

범인이 친족을 교사·방조하여 자기를 은닉·도피케한 경우, 방어권의 남용에 해당한다면 범인도피교사죄가 성립한다.

> **판례** 무면허사고 낸 甲이 동생 乙로 하여금 허위자백케 함 – ① 甲 범인도피교사죄 ○ ② 乙 범인도피죄 ×
>
> 범인이 자신을 위하여 타인으로 하여금 허위의 자백을 하게 하여 범인도피죄를 범하게 하는 행위는 방어권의 남용으로 범인도피교사죄에 해당하는바, 이 경우 그 타인이 형법 제151조 제2항에 의하여 처벌을 받지 아니하는 친족, 호주 또는 동거 가족에 해당한다 하여 달리 볼 것은 아니다. (대법원 2006. 12. 7. 선고 2005도3707 판결) **표준**

Ⅰ 위증죄

제152조(위증, 모해위증) ① 법률에 의하여 선서한 증인이 허위의 진술을 한 때에는 5년 이하의 징역 또는 1천만원 이하의 벌금에 처한다.

例規 제152조 ① 위증	미수 ×

🔍 **핵심단어**
- ① 법률에 의하여 선서한 증인 ② 허위 진술
- 허위란 자기의 기억에 반하는 사실을 진술
- 진술은 ① 사실에 관한 것이어야 하며 ② 법률적 평가·단순한 의견이면 안 됨

---

1. 주체: 법률에 의하여 선서한 증인

법률에 의하여 선서한 증인이 주체가 된다. 주체에 관한 판례를 살펴본다.

판례 자기의 형사피고사건에 관하여 타인을 교사하여 위증케 함 – 위증교사죄 ○

피고인이 자기의 형사사건에 관하여 허위의 진술을 하는 행위는 피고인의 형사소송에 있어서의 방어권을 인정하는 취지에서 처벌의 대상이 되지 않으나, 법률에 의하여 선서한 증인이 타인의 형사사건에 관하여 위증을 하면 형법 제152조 제1항의 위증죄가 성립되므로 자기의 형사사건에 관하여 타인을 교사하여 위증죄를 범하게 하는 것은 이러한 방어권을 남용하는 것이라고 할 것이어서 교사범의 죄책을 부담케 함이 상당하다. (대법원 2004. 1. 27. 선고 2003도5114 판결) **표준**

판례 공범인 공동피고인이 변론분리 된 상태서 증인으로 선서하고 허위진술 – 위증죄 ○

형사소송법 제148조는 피고인의 자기부죄거부특권을 보장하기 위하여 자기가 유죄판결을 받을 사실이 발로될 염려 있는 증언을 거부할 수 있는 권리를 인정하고 있고, 그와 같은 증언거부권 보장을 위하여 형사소송법 제160조는 재판장이 신문 전에 증언거부권을 고지하여야 한다고 규정하고 있으므로, 소송절차가 분리된 공범인 공동피고인에 대하여 증인적격을 인정하고 그 자신의 범죄사실에 대하여 신문한다 하더라도 피고인으로서의 진술거부권 내지 자기부죄거부특권을 침해한다고 할 수 없다. 따라서 증인신문절차에서 형사소송법 제160조에 정해진 증언거부권이 고지되었음에도 불구하고 위 피고인이 자기의 범죄사실에 대하여 증언거부권을 행사하지 아니한 채 허위로 진술하였다면 위증죄가 성립된다. (대법원 2012. 10. 11. 선고 2012도6848, 2012전도143 판결, 대법원 2024. 2. 29. 선고 2023도7528 판결)

비교 공범인 공동피고인이 변론분리 되지 않은 상태서 증인으로 선서하고 허위진술 – 위증죄 ×

공범인 공동피고인은 당해 소송절차에서는 피고인의 지위에 있으므로 다른 공동피고인에 대한 공소사실에 관하여 증인이 될 수 없으나, 소송절차가 분리되어 피고인의 지위에서 벗어나게 되면 다른 공동피고인에 대한 공소사실에 관하여 증인이 될 수 있다.

게임장의 종업원이 그 운영자와 함께 게임산업진흥에 관한 법률 위반죄의 공범으로 기소되어 공동피고인으로 재판을 받던 중, 운영자에 대한 공소사실에 관한 증인으로 증언한 내용과 관련하여 위증죄로 기소된 사안에서, 소송절차가 분리되지 않은 이상 위 종업원은 증인적격이 없어 위증죄가 성립하지 않는다. (대법원 2008. 6. 26. 선고 2008도3300 판결)

[판례] 구상금 청구소송 당사자인 A社의 대표이사인 피고인이 증인으로 선서하고 허위진술 – 위증죄 ×
민사소송의 당사자는 증인능력이 없으므로 증인으로 선서하고 증언하였다고 하더라도 위증죄의 주체가 될 수 없고, 이러한 법리는 민사소송에서의 당사자인 법인의 대표자의 경우에도 마찬가지로 적용된다. (대법원 2012. 12. 13. 선고 2010도14360 판결, 대법원 1998. 3. 10. 선고 97도1168 판결)

[판례] 심문절차로 진행되는 가처분 신청사건에서 증인으로 선서하고 허위진술 – 위증죄 ×
가처분사건이 변론절차에 의하여 진행될 때에는 제3자를 증인으로 선서하게 하고 증언을 하게 할 수 있으나 심문절차에 의할 경우에는 법률상 명문의 규정도 없고, 또 구 민사소송법(2002. 1. 26. 법률 제6626호로 전문 개정되기 전의 것)의 증인신문에 관한 규정이 준용되지도 아니하므로 선서를 하게 하고 증언을 시킬 수 없다고 할 것이고, 따라서 제3자가 심문절차로 진행되는 가처분 신청사건에서 증인으로 출석하여 선서를 하고 진술함에 있어서 허위의 공술을 하였다고 하더라도 그 선서는 법률상 근거가 없어 무효라고 할 것이므로 위증죄는 성립하지 않는다. (대법원 2003. 7. 25. 선고 2003도180 판결)

[동지] 심문절차로 진행되는 소송비용확정신청사건에서 증인으로 선서하고 허위진술 – 위증죄 ×
제3자가 심문절차로 진행되는 소송비용확정신청사건에서 증인으로 출석하여 선서를 하고 진술함에 있어서 허위의 공술을 하였다고 하더라도 그 선서는 법률상 근거가 없어 무효라고 할 것이므로 위증죄는 성립하지 않는다. (대법원 1995. 4. 11. 선고 95도186 판결)

증언거부권자에 대한 증언거부권 고지에 관한 판례를 모아서 살펴본다.

규정		사실관계			결론
형사소송법	증언거부권 규정 ○[226]	고지 ×	사실상 장애 ○	허위진술	Ⓐ 위증죄 ×
	고지의무 규정 ○[227]	고지 ×	사실상 장애 ×	허위진술	Ⓑ 위증죄 ○
민사소송법	증언거부권 규정 ○[228]	고지 ×	사실상 장애 불문	허위진술	Ⓒ 위증죄 ○
	고지의무 규정 ×				

---

[226] **형사소송법 제148조(근친자의 형사책임과 증언 거부)** 누구든지 자기나 다음 각 호의 어느 하나에 해당하는 자가 형사소추(刑事訴追) 또는 공소제기를 당하거나 유죄판결을 받을 사실이 드러날 염려가 있는 증언을 거부할 수 있다. 1. 친족이거나 친족이었던 사람 2. 법정대리인, 후견감독인
제149조(업무상비밀과 증언거부) 변호사, 변리사, 공증인, 공인회계사, 세무사, 대서업자, 의사, 한의사, 치과의사,

판례 ⓐ 형사절차서 증언거부권 고지하지 않아 사실상 장애 발생하여 허위진술 – 위증죄 ✕

형법 제152조 제1항에서 정한 '법률에 의하여 선서한 증인'이라 함은 '법률에 근거하여 법률이 정한 절차에 따라 유효한 선서를 한 증인'이라는 의미이고, 그 증인신문은 법률이 정한 절차 조항을 준수하여 적법하게 이루어진 경우여야 한다고 볼 것이다.

증인신문절차에서 법률에 규정된 증인 보호를 위한 규정이 지켜진 것으로 인정되지 않은 경우에는 증인이 허위의 진술을 하였다고 하더라도 위증죄의 구성요건인 "법률에 의하여 선서한 증인"에 해당하지 아니한다고 보아 이를 위증죄로 처벌할 수 없는 것이 원칙이다. 다만, … (중략) … 당해 사건에서 증인 보호에 사실상 장애가 초래되었다고 볼 수 없는 경우에까지 예외 없이 위증죄의 성립을 부정할 것은 아니라고 할 것이다.

헌법 제12조 제2항에 정한 불이익 진술의 강요금지 원칙을 구체화한 자기부죄거부특권에 관한 것이거나 기타 증언거부사유가 있음에도 증인이 증언거부권을 고지받지 못함으로 인하여 그 증언거부권을 행사하는 데 사실상 장애가 초래되었다고 볼 수 있는 경우에는 위증죄의 성립을 부정하여야 할 것이다. (대법원 2010. 1. 21. 선고 2008도942 전원합의체 판결) **표준**

참고 甲·乙은 쌍방 상해로 기소되어 공동피고인으로 재판을 받던 중 乙의 상해사건이 변론분리되어 甲이 피해자인 증인이 되었는데, 증언거부권을 고지받지 못한 상태에서 자신은 폭행한 사실이 없다고 허위진술하여 위증죄로 기소된 사안이다. 甲에게는 증언거부권 행사에 사실상 장애가 발생하여 위증죄가 불성립한다.

판례 ⓐ 형사절차서 증언거부권 고지하지 않아 사실상 장애 발생하여 허위진술 – 위증죄 ✕

사촌관계에 있는 甲의 도박 사실 여부에 관하여 증언거부사유가 발생하게 되었는데도 재판장으로부터 증언거부권을 고지받지 못한 상태에서 허위 진술을 하게 된 사안에서, 위증죄의 성립을 부정한 사례. (대법원 2010. 2. 25. 선고 2009도13257 판결)

판례 ⓐ 형사절차서 증언거부권 고지하지 않아 사실상 장애 발생하여 허위진술 – 위증죄 ✕

피고인들이 증·수뢰사건으로 기소되어 공동피고인으로 함께 재판을 받으면서 서로 뇌물을 주고받은 사실이 없다고 다투던 중 증·수뢰의 상대방인 공동피고인에 대한 사건이 변론분리되어 뇌물공여 또는

약사, 약종상, 조산사, 간호사, 종교의 직에 있는 자 또는 이러한 직에 있던 자가 그 업무상 위탁을 받은 관계로 알게 된 사실로서 타인의 비밀에 관한 것은 증언을 거부할 수 있다. 단, 본인의 승낙이 있거나 중대한 공익상 필요있는 때에는 예외로 한다.

227 **형사소송법 제160조(증언거부권의 고지)** 증인이 제148조, 제149조에 해당하는 경우에는 재판장은 신문 전에 증언을 거부할 수 있음을 설명하여야 한다.

228 **민사소송법 제314조(증언거부권)** 증인은 그 증언이 자기나 다음 각호 가운데 어느 하나에 해당하는 사람이 공소제기되거나 유죄판결을 받을 염려가 있는 사항 또는 자기나 그들에게 치욕이 될 사항에 관한 것인 때에는 이를 거부할 수 있다. 1. 증인의 친족 또는 이러한 관계에 있었던 사람 2. 증인의 후견인 또는 증인의 후견을 받는 사람 **제315조(증언거부권)** ① 증인은 다음 각호 가운데 어느 하나에 해당하면 증언을 거부할 수 있다. 1. 변호사·변리사·공증인·공인회계사·세무사·의료인·약사, 그 밖에 법령에 따라 비밀을 지킬 의무가 있는 직책 또는 종교의 직책에 있거나 이러한 직책에 있었던 사람이 직무상 비밀에 속하는 사항에 대하여 신문을 받을 때 2. 기술 또는 직업의 비밀에 속하는 사항에 대하여 신문을 받을 때 ② 증인이 비밀을 지킬 의무가 면제된 경우에는 제1항의 규정을 적용하지 아니한다.

뇌물수수의 증인으로 채택되었는데, 증언거부권을 고지받지 못한 상태에서 자신들의 종전 주장을 되풀이함에 따라 거짓 진술에 이르게 된 사안에서, 피고인들을 위증죄로 처벌할 수 없다. (대법원 2012. 3. 29. 선고 2009도11249 판결)

판례 ⓑ 형사절차서 증언거부권 고지하지 않았지만 사실상 장애 없는데도 허위진술 – 위증죄 ○

전 남편에 대한 도로교통법 위반(음주운전) 사건의 증인으로 법정에 출석한 전처(前妻)가 증언거부권을 고지받지 않은 채 공소사실을 부인하는 전 남편의 변명에 부합하는 내용을 적극적으로 허위 진술한 사안에서, 증인으로 출석하여 증언한 경위와 그 증언 내용, 증언거부권을 고지받았더라도 그와 같이 증언을 하였을 것이라는 취지의 진술 내용 등을 전체적·종합적으로 고려할 때 선서 전에 재판장으로부터 증언거부권을 고지받지 아니하였다 하더라도 이로 인하여 증언거부권이 사실상 침해당한 것으로 평가할 수는 없다는 이유로 위증죄의 성립을 긍정한 사례. (대법원 2010. 2. 25. 선고 2007도6273 판결)

해설 ⓐ 증언거부권을 고지하지 않았다면 사실상 장애를 인정하여 무죄로 가는 게 보통이다. ⓑ 증언거부권을 고지하지 않았지만 고지했어도 위증했을 것이 분명하다는 판단 하에 예외적으로 유죄가 선고된 사안이다.

판례 ⓒ 민사절차서 증언거부권 고지 않았는데 허위진술 – 위증죄 ○

우리 입법자는 1954. 9. 23. 제정 당시부터 증언거부권 및 그 고지 규정을 둔 형사소송법과는 달리 그 후인 1960. 4. 4. 민사소송법을 제정할 때 증언거부권 제도를 두면서도 그 고지 규정을 두지 아니하였고, 2002. 1. 26. 민사소송법을 전부 개정하면서도 같은 입장을 유지하였다. 이러한 입법 경위 및 규정 내용에 비추어 볼 때, 이는 양 절차에 존재하는 목적·적용원리 등의 차이를 염두에 둔 입법적 선택으로 보인다. 더구나 민사소송법은 형사소송법과 달리, '선서거부권 제도'(제324조), '선서면제 제도'(제323조) 등 증인으로 하여금 위증죄의 위험에서 벗어날 수 있도록 하는 이중의 장치를 마련하고 있어 증언거부권 고지 규정을 두지 아니한 것이 입법의 불비라거나 증언거부권 있는 증인의 침묵할 수 있는 권리를 부당하게 침해하는 입법이라고 볼 수도 없다. 그렇다면 민사소송절차에서 재판장이 증인에게 증언거부권을 고지하지 아니하였다 하여 절차위반의 위법이 있다고 할 수 없고, 따라서 적법한 선서절차를 마쳤는데도 허위진술을 한 증인에 대해서는 달리 특별한 사정이 없는 한 위증죄가 성립한다고 보아야 한다. (대법원 2011. 7. 28. 선고 2009도14928 판결)

참고 민사소송절차에 증인으로 출석한 피고인이, 민사소송법 제314조에 따라 증언거부권이 있는데도 재판장으로부터 증언거부권을 고지받지 않은 상태에서 허위의 증언을 한 사건에서 유죄를 인정하였다.

판례 (기타) 증언거부권이 없어 고지하지 않았는데 허위진술 – 위증죄 ○

이미 유죄의 확정판결을 받은 피고인은 공범의 형사사건에서 그 범행에 대한 증언을 거부할 수 없을 뿐만 아니라 나아가 사실대로 증언하여야 하고, 설사 피고인이 자신의 형사사건에서 시종일관 그 범행을 부인하였다 하더라도 이러한 사정은 위증죄에 관한 양형참작사유로 볼 수 있음은 별론으로 하고 이를 이유로 피고인에게 사실대로 진술할 것을 기대할 가능성이 없다고 볼 수는 없다.
자신의 강도상해 범행을 일관되게 부인하였으나 유죄판결이 확정된 피고인이 별건으로 기소된 공범의 형사사건에서 자신의 범행사실을 부인하는 증언을 한 사안에서, 피고인에게 사실대로 진술할 기대가능성이 있으므로 위증죄가 성립한다. (대법원 2008. 10. 23. 선고 2005도10101 판결) 표준

동지 피고인이 마약류관리에 관한 법률 위반(향정)죄로 이미 유죄판결을 받아 확정된 후 별건으로 기소된 공범 甲에 대한 피고사건의 증인으로 출석하여 허위의 진술 – 위증 ○ (대법원 2011. 11. 24. 선고 2011도

2. 행위: 허위의 진술

가. 허위

허위에 관한 판례를 살펴본다.

(판례) 허위 – 자기의 기억에 반하는 사실을 진술하는 것

위증죄에 있어서의 허위의 공술이란 증인이 자기의 기억에 반하는 사실을 진술하는 것을 말하는 것으로서 그 내용이 객관적 사실과 부합한다고 하여도 위증죄의 성립에 장애가 되지 않는다. (대법원 1989. 1. 17. 선고 88도580 판결)

피고인의 기억에 반하는지의 여부를 판단하여야 할 것이고 그 진술이 객관적인 사실과 다르다는 것만으로 곧 기억에 반하는 진술이라고 단정할 수는 없다. (대법원 1985. 3. 12. 선고 84도2918 판결)

허위진술인지 여부는 그 증언의 단편적인 구절에 구애될 것이 아니라 당해 신문절차에 있어서의 증언 전체를 일체로 파악하여 판단하여야 할 것이고, 증언의 전체적 취지가 객관적 사실과 일치되고 그것이 기억에 반하는 공술이 아니라면 사소한 부분에 관하여 기억과 불일치하더라도 그것이 신문취지의 몰이해 또는 착오에 인한 것이라면 위증이 될 수 없다. (대법원 1996. 3. 12. 선고 95도2864 판결)

증언의 의미가 그 자체로 불분명하거나 다의적으로 이해될 수 있는 경우에는 언어의 통상적인 의미와 용법, 문제된 증언이 나오게 된 전후 문맥, 신문의 취지, 증언이 행하여진 경위 등을 종합하여 당해 증언의 의미를 명확히 한 다음 허위성을 판단하여야 한다. (대법원 2001. 12. 27. 선고 2001도5252 판결)

(판례) 피고인은 증언을 하면서 甲이 임야를 관리하였는지 여부를 알지 못하면서 "甲이 그 임야에 대해 사실상 소유자로서 관리하여 온 것이 틀림없다."고 진술하였는데 이는 사실이었음 – 위증죄(허위) ○ (대법원 1989. 1. 17. 선고 88도580 판결)

(판례) 타인으로부터 전해 들은 금품의 전달사실을 마치 증인 자신이 전달한 것처럼 진술 – 위증죄(허위) ○ (대법원 1990. 5. 8. 선고 90도448 판결)

(판례) 증인이 매매확인서의 발급경위·취지·내용에 관하여 사실과 다르게 진술 – 위증죄(허위) ○ (대법원 1987. 10. 13. 선고 87도1501 판결)

(판례) 들어서 알게 된 사실을 목격하여 알게 된 것처럼 진술 – 위증죄(허위) ○ (대법원 1985. 10. 8. 선고 85도783 판결)

(판례) 부동산을 매수한지 20여년이 경과한 뒤여서 그 매도당시의 입회인을 매수당시 입회한 것으로 잘못 기억하고 증언 – 위증죄(허위) × (대법원 1985. 3. 26. 선고 84도1098 판결)

(판례) 피고인이 타인의 계약일에 관하여 실제 계약일과 불과 2일이 차이나게 증언 – 위증죄(허위) × (대법원 1983. 11. 22. 선고 83도2492 판결)

나. 진술

진술이란 증인이 경험한 사실을 그대로 서술하는 것을 말한다. 진술의 대상은 사실에 한정되며 이에 대한 가치판단은 포함되지 않는다.

[판례] 진술 – ① 사실에 관한 것이어야 하며 ② 법률적 평가·단순한 의견이면 안 됨

위증죄는 법률에 의하여 선서한 증인이 사실에 관하여 기억에 반하는 진술을 한 때에 성립하고, 증인의 진술이 경험한 사실에 대한 법률적 평가이거나 단순한 의견에 지나지 아니하는 경우에는 위증죄에서 말하는 허위의 공술이라고 할 수 없으며, 경험한 객관적 사실에 대한 증인 나름의 법률적·주관적 평가나 의견을 부연한 부분에 다소의 오류나 모순이 있더라도 위증죄가 성립하는 것은 아니라고 할 것이다. (대법원 2009. 3. 12. 선고 2008도11007 판결) **표준**

[비교] 사실관계를 법률적 표현을 써서 진술 – 사실에 대한 진술 ○

자기가 지득하지 아니한 어떤 사실관계를 단순히 법률적 표현을 써서 진술한 것이라면 이는 객관적 사실을 토대로 한 증인 나름의 법률적 견해를 진술한 것과는 다르므로 위증죄의 성립을 부인할 수 없다. (대법원 1986. 6. 10. 선고 84도2039 판결)

[판례] 피고인이 요증사실 아닌 사실에 대한 허위 진술 – 위증죄(진술) ○

위증죄는 법률에 의하여 선서한 증인이 허위의 공술을 한 때에 성립하는 것으로서, 그 공술의 내용이 당해 사건의 요증사실에 관한 것인지의 여부나 판결에 영향을 미친 것인지의 여부는 위증죄의 성립과 아무런 관계가 없다. (대법원 1990. 2. 23. 선고 89도1212 판결)

[동지] 피고인이 기본적인 사항이 아닌 지엽적인 사항에 관해 허위 진술 – 위증죄(진술) ○ (대법원 2018. 5. 15. 선고 2017도19499 판결, 대법원 1982. 6. 8. 선고 81도3069 판결)

[판례] 증인이 법정에서 선서 후 증인진술서에 기재된 내용이 사실대로라는 취지의 진술만을 한 경우 – 위증죄(진술) ✕

증인이 법정에서 선서 후 증인진술서에 기재된 구체적인 내용에 관하여 진술함이 없이 단지 그 증인진술서에 기재된 내용이 사실대로라는 취지의 진술만을 한 경우에는 그것이 증인진술서에 기재된 내용 중 특정 사항을 구체적으로 진술한 것과 같이 볼 수 있는 등의 특별한 사정이 없는 한 증인이 그 증인진술서에 기재된 구체적인 내용을 기억하여 반복 진술한 것으로는 볼 수 없으므로, 가사 거기에 기재된 내용에 허위가 있다 하더라도 그 부분에 관하여 법정에서 증언한 것으로 보아 위증죄로 처벌할 수는 없다고 할 것이다. (대법원 2010. 5. 13. 선고 2007도1397 판결)

[동지] 판사가 '증인이 경찰과 검사에게 진술한 내용이 사실이냐'고 묻고 수사기록을 제시하고 그 요지를 고지하였는데 증인인 피고인이 '사실대로 진술하였으며 그 내용도 상위없다'고 답변 – 위증죄(진술) ✕ (대법원 1989. 9. 12. 선고 88도1147 판결)

기수시기에 관한 판례를 살펴본다.

판례 甲이 9회 공판기일에서 증인으로서 허위진술하고 증인신문절차 종료되었는데, 21회 공판기일에 다시 증인으로서 종전의 허위진술 철회 - 위증죄 기수 ○

증인의 증언은 그 전부를 일체로 관찰·판단하는 것이므로 선서한 증인이 일단 기억에 반하는 허위의 진술을 하였더라도 그 신문이 끝나기 전에 그 진술을 철회·시정한 경우 위증이 되지 아니한다고 할 것이나, 증인이 1회 또는 수회의 기일에 걸쳐 이루어진 1개의 증인신문절차에서 허위의 진술을 하고 그 진술이 철회·시정된 바 없이 그대로 증인신문절차가 종료된 경우 그로써 위증죄는 기수에 달하고, 그 후 별도의 증인 신청 및 채택 절차를 거쳐 그 증인이 다시 신문을 받는 과정에서 종전 신문절차에서의 진술을 철회·시정한다 하더라도 그러한 사정은 형법 제153조가 정한 형의 감면사유에 해당할 수 있을 뿐, 이미 종결된 종전 증인신문절차에서 행한 위증죄의 성립에 어떤 영향을 주는 것은 아니다. 위와 같은 법리는 증인이 별도의 증인신문절차에서 새로이 선서를 한 경우뿐만 아니라 종전 증인신문절차에서 한 선서의 효력이 유지됨을 고지 받고 진술한 경우에도 마찬가지로 적용된다.

피고인으로부터 위증의 교사를 받은 甲이 관련사건의 제1심 제9회 공판기일에 증인으로 출석하여 한 허위 진술이 철회·시정된 바 없이 증인신문절차가 그대로 종료되었다가, 그 후 증인으로 다시 신청·채택된 甲이 위 관련사건의 제21회 공판기일에 다시 출석하여 종전 선서의 효력이 유지됨을 고지받고 증언하면서 종전 기일에 한 진술이 허위 진술임을 시인하고 이를 철회하는 취지의 진술을 한 사안에서, 甲의 위증죄는 이미 기수에 이른 것으로 보아야 하고, 그 후 다시 증인으로 신청·채택되어 종전 신문절차에서 한 허위 진술을 철회하였더라도 이미 성립한 위증죄에 영향을 미친다고 볼 수는 없음에도, 이와 달리 본 원심판단에 법리오해의 위법이 있다. (대법원 2010. 9. 30. 선고 2010도7525 판결, 대법원 1993. 12. 7. 선고 93도2510 판결)

동지 증인신문절차가 끝나기 전에 앞선 허위진술을 취소·시정 - 위증죄 기수 × (무죄)

증언의 전체취지에 비추어 원고대리인 신문시에 한 증언을 피고대리인과 재판장 신문시에 취소시정한 것으로 보여진다면 앞의 증언부분만을 따로 떼어 위증이라고 보는 것은 위법하다. (대법원 1984. 3. 27. 선고 83도2853 판결)

3. 기타

가. 고의

판례 증언당시 판사의 신문취지를 오해 내지 착각하고 진술 - 위증죄(고의) × (대법원 1986. 7. 8. 선고 86도1050 판결)

판례 증인이 무엇인가 착오에 빠져 기억에 반한다는 인식 없이 증언 - 위증죄(고의) × (대법원 1991. 5. 10. 선고 89도1748 판결)

나. 죄수

> **판례** 하나의 사건에 관하여 한 번 선서한 증인이 같은 기일에 여러 가지 사실에 관하여 기억에 반하는 허위진술 – 포괄일죄
>
> 하나의 사건에 관하여 한 번 선서한 증인이 같은 기일에 여러 가지 사실에 관하여 기억에 반하는 허위의 진술을 한 경우 이는 하나의 범죄의사에 의하여 계속하여 허위의 진술을 한 것으로서 포괄하여 1개의 위증죄를 구성하는 것이고 각 진술마다 수 개의 위증죄를 구성하는 것이 아니므로, 당해 위증 사건의 허위진술 일자와 같은 날짜에 한 다른 허위진술로 인한 위증 사건에 관한 판결이 확정되었다면, 비록 종전 사건 공소사실에서 허위의 진술이라고 한 부분과 당해 사건 공소사실에서 허위의 진술이라고 한 부분이 다르다 하여도 종전 사건의 확정판결의 기판력은 당해 사건에도 미치게 되어 당해 위증죄 부분은 면소되어 야 한다. (대법원 1998. 4. 14. 선고 97도3340 판결, 대법원 1992. 11. 27. 선고 92도498 판결)

> **판례** 피고인이 같은 심급에서 변론기일을 달리하여 수차 증인으로 나가 최초 한 선서의 효력을 유지 시킨 상태에서 수 개의 허위진술 – 포괄일죄
>
> 행정소송사건의 같은 심급에서 변론기일을 달리하여 수차 증인으로 나가 수 개의 허위진술을 하더라도 최초 한 선서의 효력을 유지시킨 후 증언한 이상 1개의 위증죄를 구성함에 그친다. (대법원 2007. 3. 15. 선고 2006도9463 판결)

> **동지** 피고인이 선서 후 ① 제7차 변론기일에서 허위진술 후 ② 선서의 효력을 유지시킨 채 계속하여 제8차 변론기일에서 허위진술하였는데, ①에 대한 유죄 확정판결이 있었던 경우 – ② 면소
>
> 같은 민사소송사건의 같은 심급에서 변론기일을 달리하여 수차 증인으로 나가 수 개의 허위진술을 하더라도 최초한 선서의 효력을 유지시킨 후 증언한 이상 1개의 위증죄를 구성한다. (대법원 2005. 3. 25. 선고 2005도 60 판결)

다. 자백·자수 특례

위증죄·모해위증죄를 범한 자가 그 진술한 사건의 재판·징계처분이 확정되기 전에 자백·자수 한 때에는 그 형을 감경·면제한다(제153조).

Ⅱ 모해위증죄

> 제152조(위증, 모해위증) ② 형사사건 또는 징계사건에 관하여 피고인, 피의자 또는 징계혐의자를 모해 할 목적으로 전항의 죄를 범한 때에는 10년 이하의 징역에 처한다.

例規 제152조 ② 모해위증	미수 ×

> 🔍 **핵심단어**
> • ① 형사사건·징계사건 ② 모해목적 ③ 위증죄
> • 모해 목적 – 피고인·피의자·징계혐의자에게 형사처분·징계처분을 받게 할 목적

관련 판례를 살펴본다.

판례 모해 목적 – 피고인·피의자·징계혐의자에게 형사처분·징계처분을 받게 할 목적

모해위증죄에 있어서 '모해할 목적'이란 피고인·피의자 또는 징계혐의자를 불리하게 할 목적을 말하고, 허위진술의 대상이 되는 사실에는 공소 범죄사실을 직접, 간접적으로 뒷받침하는 사실은 물론 이와 밀접한 관련이 있는 것으로서 만일 그것이 사실로 받아들여진다면 피고인이 불리한 상황에 처하게 되는 사실도 포함된다. 그리고 이러한 모해의 목적은 허위의 진술을 함으로써 피고인에게 불리하게 될 것이라는 인식이 있으면 충분하고 그 결과의 발생까지 희망할 필요는 없다. (대법원 2007. 12. 27. 선고 2006도3575 판결)

판례 甲이 A를 모해할 목적으로 乙에게 위증을 교사하였는데, 乙은 모해의 목적 없이 위증 – ① 甲 모해위증교사죄 ○ ② 乙 위증죄 ○

형법 제33조 소정의 이른바 신분관계라 함은 남녀의 성별, 내·외국인의 구별, 친족관계, 공무원인 자격과 같은 관계뿐만 아니라 널리 일정한 범죄행위에 관련된 범인의 인적관계인 특수한 지위 또는 상태를 지칭하는 것이다.

형법 제152조 제1항과 제2항은 위증을 한 범인이 형사사건의 피고인 등을 '모해할 목적'을 가지고 있었는가 아니면 그러한 목적이 없었는가 하는 범인의 특수한 상태의 차이에 따라 범인에게 과할 형의 경중을 구별하고 있으므로, 이는 바로 형법 제33조 단서 소정의 "신분관계로 인하여 형의 경중이 있는 경우"에 해당한다고 봄이 상당하다.

피고인이 A를 모해할 목적으로 을에게 위증을 교사한 이상, 가사 정범인 을에게 모해의 목적이 없었다고 하더라도, 형법 제33조 단서의 규정에 의하여 피고인을 모해위증교사죄로 처단할 수 있다.

형법 제31조 제1항은 협의의 공범의 일종인 교사범이 그 성립과 처벌에 있어서 정범에 종속한다는 일반적인 원칙을 선언한 것에 불과하고, 신분관계로 인하여 형의 경중이 있는 경우에 신분이 있는 자가 신분이 없는 자를 교사하여 죄를 범하게 한 때에는 형법 제33조 단서가 형법 제31조 제1항에 우선하여 적용됨으로써 신분이 있는 교사범이 신분이 없는 정범보다 중하게 처벌된다. (대법원 1994. 12. 23. 선고 93도1002 판결) **표준**

해설 모해의 '목적'을 '신분'으로 이해하였다는 점에서 중요판결이다.

Ⅲ 허위감정·통역·번역죄

> **제154조(허위의 감정, 통역, 번역)** 법률에 의하여 선서한 감정인, 통역인 또는 번역인이 허위의 감정, 통역 또는 번역을 한 때에는 전2조의 예에 의한다.

例規 제154조 (허위, 모해허위)(감정, 통역, 번역)	미수 ×

> 🔍 **핵심단어**
> • ① 법률에 의하여 선서한 감정인·통역인·번역인 ② 허위 감정·통역·번역

관련 판례를 살펴본다.

> **[판례]** 하나의 소송사건에서 동일한 선서 하에 이루어진 법원의 감정명령에 따라 감정인이 동일한 감정명령사항에 대하여 수차례에 걸쳐 허위의 감정보고서를 제출 – 포괄일죄
>
> 하나의 소송사건에서 동일한 선서 하에 이루어진 법원의 감정명령에 따라 감정인이 동일한 감정명령사항에 대하여 수차례에 걸쳐 허위의 감정보고서를 제출하는 경우에는 각 감정보고서 제출행위시마다 각기 허위감정죄가 성립한다 할 것이나, 이는 단일한 범의 하에 계속하여 허위의 감정을 한 것으로서 포괄하여 1개의 허위감정죄를 구성한다. (대법원 2000. 11. 28. 선고 2000도1089 판결) **표준**

Ⅳ 증거인멸죄

> **제155조(증거인멸 등과 친족간의 특례)** ① 타인의 형사사건 또는 징계사건에 관한 증거를 인멸, 은닉, 위조 또는 변조하거나 위조 또는 변조한 증거를 사용한 자는 5년 이하의 징역 또는 700만원 이하의 벌금에 처한다.
> ④ 친족 또는 동거의 가족이 본인을 위하여 본조의 죄를 범한 때에는 처벌하지 아니한다.

例規 제155조 ① 증거(인멸, 은닉, 위조, 변조), (위조, 변조)증거사용	미수 ×

> 🔍 **핵심단어**
> • ① 타인의 형사사건·징계사건의 증거 ② 인멸·은닉·위조·변조·위변조증거 사용

1. 객체: 타인의 형사사건·징계사건에 관한 증거

가. 타인성

자기의 형사사건에 관한 증거는 본죄의 객체가 아니다. 공범자의 형사사건에 관한 증거가 객체가 되는지 문제된다. 판례는 자기의 이익을 위하여 증거를 인멸하였다면 다른 공범자나 공범자 아닌 자의 증거를 인멸한 결과가 되더라도 본죄가 불성립한다고 본다.

> **판례** 피고인이 자기 형사사건의 증거이자 동시에 공범의 형사사건의 증거인 정원초과운항확인서(공문서)를 소각 – ① 증거인멸죄 × ② 공용서류손상죄 ○
>
> 증거인멸죄는 타인의 형사사건 또는 징계사건에 관한 증거를 인멸하는 경우에 성립하는 것으로서, 피고인 자신이 직접 형사처분이나 징계처분을 받게 될 것을 두려워한 나머지 자기의 이익을 위하여 그 증거가 될 자료를 인멸하였다면, 그 행위가 동시에 다른 공범자의 형사사건이나 징계사건에 관한 증거를 인멸한 결과가 된다고 하더라도 이를 증거인멸죄로 다스릴 수 없고, 이러한 법리는 그 행위가 피고인의 공범자가 아닌 자의 형사사건이나 징계사건에 관한 증거를 인멸한 결과가 된다고 하더라도 마찬가지이다. (대법원 1995. 9. 29. 선고 94도2608 판결) **표준**

> **판례** ① 피고인 甲이 업무상횡령 혐의로 고발당하자 ② 甲·乙은 공동하여 회계서류를 무단 폐기하였고, ③ 甲은 乙로 하여금 회계서류 무단 폐기가 정당한 것처럼 조합 회의록을 조작하여 수사기관에 제출케 함 – ① 甲 업무상횡령죄 ○ ② 甲·乙 문서손괴죄 공동정범 ○ ③ 乙 증거변조 및 동사용죄 × ③ 甲 간접정범 ×, 교사 ×
>
> 노동조합 지부장인 피고인 甲이 업무상횡령 혐의로 조합원들로부터 고발을 당하자 피고인 乙과 공동하여 조합 회계서류를 무단 폐기한 후 폐기에 정당한 근거가 있는 것처럼 피고인 乙로 하여금 조합 회의록을 조작하여 수사기관에 제출하도록 교사한 사안에서, 회의록의 변조·사용은 피고인들이 공범관계에 있는 문서손괴죄 형사사건에 관한 증거를 변조·사용한 것으로 볼 수 있어 피고인 乙에 대한 증거변조죄 및 변조증거사용죄가 성립하지 않으며, 피교사자인 피고인 乙이 증거변조죄 및 변조증거사용죄로 처벌되지 않은 이상 피고인 甲에 대하여 공범인 교사범은 물론 그 간접정범도 성립하지 않는다고 본 원심판단을 수긍한 사례 (대법원 2011. 7. 14. 선고 2009도13151 판결)
>
> **해설** 다음과 같이 이해하자.

죄	성부	이유
① 甲 횡령죄	○	
② 甲·乙 문서손괴죄	○	
③ 乙 증거변조죄 및 동사용죄	×	② 범죄(문서손괴죄)에 대한 증거를 변조한 것으로서 자기 형사사건에 해당
③ 甲 증거변조 간접정범	×	간접정범도 정범인 이상 자기 형사사건에 대한 증거변조 정범은 처벌 불가
③ 甲 증거변조 교사	×	乙은 자기 형사사건 증거 변조한 자로서 처벌되지 않는 이상, 교사범도 처벌 불가

① 제3자를 교사하여 자기의 형사사건에 관한 증거를 인멸하게 한 경우, 판례는 방어권의 남용에 해당한다면 증거인멸교사죄가 성립한다고 본다. ② 그러나 제3자와 본인이 공동하여 증거를 인멸한 경우, 본인에게는 증거인멸죄가 성립하지 않는다. 하여 실무상 본인인 甲이 '저는 乙을 교사하여 증거를 인멸케 한 것이 아닙니다. 乙과 공동하여 현장에서 저도 함께 증거를 인멸하였습니다. 저도 실행행위를 분담했습니다. 따라서 저는 무죄입니다.'라고 주장하는 경우가 종종 있다.[229]

상황	甲의 죄책	乙의 죄책
본인 甲 → 제3자 乙 교사	甲: 증거인멸교사죄 ○	乙: 증거인멸죄 ○
본인 甲 + 제3자 乙 공동	甲: 증거인멸죄 ×	乙: 증거인멸죄 ○

판례 범인이 방어권 남용하여 타인을 교사하여 자기 형사사건 증거 인멸케 함 – 증거인멸교사죄 ○ 증거은닉죄는 타인의 형사사건이나 징계사건에 관한 증거를 은닉할 때 성립하고 자신의 형사사건에 관한 증거은닉 행위는 형사소송에 있어서 피고인의 방어권을 인정하는 취지와 상충하여 처벌의 대상이 되지 아니하므로 자신의 형사사건에 관한 증거은닉을 위하여 타인에게 도움을 요청하는 행위 역시 원칙적으로 처벌되지 아니하나, 다만 그것이 방어권의 남용이라고 볼 수 있을 때는 증거은닉교사죄로 처벌할 수 있다. 방어권 남용이라고 볼 수 있는지 여부는, 증거를 은닉하게 하는 것이라고 지목된 행위의 태양과 내용, 범인과 행위자의 관계, 행위 당시의 구체적인 상황, 형사사법작용에 영향을 미칠 수 있는 위험성의 정도 등을 종합하여 판단하여야 한다. (대법원 2016. 7. 29. 선고 2016도5596 판결) 표준

판례 피고인이 자신에 대한 형사사건·징계사건의 증거가 될 석유난로를 버리게 함 – 증거은닉죄 ○ (대법원 1982. 4. 27. 선고 82도274 판결)

판례 피고인이 자신에 대한 형사사건에 관한 증거를 타인을 교사하여 인멸케 함 – 증거인멸교사죄 ○ 타인이 타인의 형사사건에 관한 증거를 그 이익을 위하여 인멸하는 행위를 하면 본법 제155조 제1항의 증거인멸죄가 성립되므로 자기의 형사사건에 관한 증거를 인멸하기 위하여 타인을 교사하여 죄를 범하게 한 자에 대하여도 교사범의 죄책을 부담케 함이 상당할 것이다. (대법원 1965. 12. 10. 선고 65도826 전원합의체 판결) 표준

---

229 이러한 법리가 타당한지 의문이다. ① 제3자를 교사하여 자기 형사사건에 관한 증거를 인멸케 하여 증거인멸교사죄가 성립하는 경우, 불법의 핵심은 '방어권 남용'이다. 이는 증거인멸을 스스로 하는 것까지는 방어권 행사이지만 제3자를 불법의 세계로 참여시키는 순간 방어권을 남용한 것이라는 뜻이다. 그렇다면 제3자와 공동하여 증거를 인멸한 행위나 교사시켜 증거를 인멸케 한 행위나 제3자를 관여시켰다는 측면에서는 동일하므로 둘을 달리 취급할 이유가 없다. ② 증거인멸교사죄 성립 법리는 '증거인멸행위에 제3자를 개입시켜서는 안 된다'는 행위규범으로 작동하고 있다. 그런데 단지 정신적으로 교사한 경우에는 처벌되는데, 정신적 공모는 물론 실행행위 분담까지 나아가는 경우에는 불가벌이라는 것은 형평에 맞지 않다. 하여 공동으로 증거인멸한 경우에도 증거인멸교사죄가 성립한다고 봄이 타당하다. 이에 대하여 정범론·공범론 등 총론의 도그마를 이탈했다는 비판이 가능하다. 선택은 독자의 몫이다.

이 사건 안마의자는 정치자금법에 의하여 수수가 금지되는 정치자금에 해당하지 않고, 피고인도 안마의자가 정치활동과 무관하여 아무런 문제가 없다고 생각하고 다른 금품은 증여자에게 반환하면서도 안마의자는 자신의 주거지에 그대로 두었다가, 이 사건 당일에 이르러 혹시라도 문제가 될까 염려하여 乙에게 안마의자를 운반해 달라고 요청하였고 甲에게는 이를 받아 달라고 부탁하였다.

증여자에 대하여 수사가 진행되던 상황이었고, 안마의자가 피고인에게 배송된 자료도 있으며, 통화내역과 CCTV 영상 확인 등을 통하여 피고인의 주거지에 있던 안마의자가 甲의 주거지로 운반된 사정도 조기에 어렵지 않게 드러난 점에 비추어 보면, 피고인이 위와 같이 안마의자를 운반, 보관하게 함으로써 수사에 중대한 장애를 초래하였다고 단정할 수 없다. 또한 피고인이 甲·乙과 안마의자의 출처나 귀속관계 등을 거짓으로 진술하기로 사전에 공모한 사정도 보이지 않는다. (대법원 2016. 7. 29. 선고 2016도5596 판결)

해설 방어권 남용이 부정된 매우 이례적인 판례이다.

판례 피고인이 제3자와 공동하여 증거인멸 – 증거인멸죄 × · 증거인멸교사죄 ×

피고인 자신이 직접 형사처분을 받게 될 것을 두려워한 나머지 자기의 이익을 위하여 그 증거가 될 자료를 은닉하였다면 증거은닉죄에 해당하지 않고, 제3자와 공동하여 그러한 행위를 하였다고 하더라도 마찬가지이다. (대법원 2018. 10. 25. 선고 2015도1000 판결)

나. 형사사건·징계사건에 관한 증거

판례 형사사건 – 수사개시 前도 포함

형법 제155조 제1항의 증거위조죄에서 타인의 형사사건이란 증거위조 행위시에 아직 수사절차가 개시되기 전이라도 장차 형사사건이 될 수 있는 것까지 포함하고, 그 형사사건이 기소되지 아니하거나 무죄가 선고되더라도 증거위조죄의 성립에 영향이 없다. (대법원 2011. 2. 10. 선고 2010도15986 판결)

판례 징계사건 – 국가의 징계사건에 한정되고 사인간의 징계사건은 포함되지 않음 (대법원 2007. 11. 30. 선고 2007도4191 판결)

2. 행위: 인멸·은닉·위조·변조·위변조증거 사용

인멸이란 증거의 가치·효용을 멸실·감소시키는 일체의 행위로서, 물질적 훼손 이외에 현출을 방해하는 행위도 포함된다(대법원 1961. 10. 19. 선고 4294형상347 판결). 은닉이란 증거를 숨기거나 발견을 곤란케 하는 행위를 말한다. 위조란 부진정한 새로운 증거를 작출하는 것을, 변조란 진정한 증거에 가공하여 증거가치를 변경시키는 것을 말한다. 이하에서는 위조에 관한 판례를 살펴본다.

판례 문서의 작성권한자가 작성일을 소급하여 없던 문서를 만들어냄 – 증거위조죄 ○

타인의 형사사건 또는 징계사건에 관한 증거를 위조한 경우에 성립하는 형법 제155조 제1항의 증거위조죄에서 '증거'라 함은 타인의 형사사건 또는 징계사건에 관하여 수사기관이나 법원 또는 징계기관이 국가의 형벌권 또는 징계권의 유무를 확인하는 데 관계있다고 인정되는 일체의 자료를 의미하고, 타인에게 유리한 것이건 불리한 것이건 가리지 아니하며 또 증거가치의 유무 및 정도를 불문하는 것이고, 여기서의 '위조'란 문서에 관한 죄에 있어서의 위조 개념과는 달리 새로운 증거의 창조를 의미하는 것이므로 존재하지 아니한 증거를 이전부터 존재하고 있는 것처럼 작출하는 행위도 증거위조에 해당하며, 증거가 문서의 형식을 갖는 경우 증거위조죄에 있어서의 증거에 해당하는지 여부가 그 작성권한의 유무나 내용의 진실성에 좌우되는 것은 아니다.

타인의 형사사건과 관련하여 수사기관이나 법원에 제출하거나 현출되게 할 의도로 법률행위 당시에는 존재하지 아니하였던 처분문서, 즉 그 외형 및 내용상 법률행위가 그 문서 자체에 의하여 이루어진 것과 같은 외관을 가지는 문서를 사후에 그 작성일을 소급하여 작성하는 것은, 가사 그 작성자에게 해당 문서의 작성권한이 있고, 또 그와 같은 법률행위가 당시에 존재하였다거나 그 법률행위의 내용이 위 문서에 기재된 것과 큰 차이가 없다 하여도 증거위조죄의 구성요건을 충족시키는 것이라고 보아야 하고, 비록 그 내용이 진실하다 하여도 국가의 형사사법기능에 대한 위험이 있다는 점은 부인할 수 없다. (대법원 2007. 6. 28. 선고 2002도3600 판결)

비교 甲의 알선수재 사건 변호인인 피고인은 알선대가로 받은 금원을 모두 반환한 자료를 법원에 제출하여 양형에서 유리한 판단을 받고자, 甲의 계좌에서 공여자 계좌에 수차례 걸쳐 금원을 송금하고 다시 돌려받는 과정을 반복(총 3억 5천만 원)한 후 '송금한 자료만'을 양형자료로 제출 – 증거위조 및 동사용죄 ×

형법 제155조 제1항의 증거위조죄에서 말하는 '증거'란 타인의 형사사건 또는 징계사건에 관하여 수사기관이나 법원 또는 징계기관이 국가의 형벌권 또는 징계권의 유무를 확인하는 데 관계있다고 인정되는 일체의 자료를 뜻한다. 따라서 범죄 또는 징계사유의 성립 여부에 관한 것뿐만 아니라 형 또는 징계의 경중에 관계있는 정상을 인정하는 데 도움이 될 자료까지도 본조가 규정한 증거에 포함된다.

형법 제155조 제1항은 타인의 형사사건 또는 징계사건에 관한 증거를 인멸, 은닉, 위조 또는 변조하거나 위조 또는 변조한 증거를 사용한 자를 처벌하고 있고, 여기서의 '위조'란 문서에 관한 죄의 위조 개념과는 달리 새로운 증거의 창조를 의미한다. 그러나 사실의 증명을 위해 작성된 문서가 그 사실에 관한 내용이나 작성명의 등에 아무런 허위가 없다면 '증거위조'에 해당한다고 볼 수 없다. 설령 사실증명에 관한 문서가 형사사건 또는 징계사건에서 허위의 주장에 관한 증거로 제출되어 그 주장을 뒷받침하게 되더라도 마찬가지이다. 앞서 본 법리에 비추어 보면, 피고인이 제출한 입금확인증 등은 금융기관이 금융거래에 관한 사실을 증명하기 위해 작성한 문서로서 그 내용이나 작성명의 등에 아무런 허위가 없는 이상 이를 증거의 '위조'에 해당한다고 볼 수 없고, 나아가 '위조한 증거를 사용'한 행위에 해당한다고 볼 수도 없다. (대법원 2021. 1. 28. 선고 2020도2642 판결)

판례 ① 참고인의 허위진술 – 증거위조죄 × ② 참고인 작성 허위 사실확인서 – 증거위조죄 × ③ 참고인이 제3자와 대화하면서 허위로 진술한 내용이 담긴 녹음파일·녹취록 – 증거위조죄 ○

참고인이 타인의 형사사건 등에 관하여 제3자와 대화를 하면서 허위로 진술하고 위와 같은 허위 진술이 담긴 대화 내용을 녹음한 녹음파일 또는 이를 녹취한 녹취록은 참고인의 허위진술 자체 또는 참고인 작성의 허위 사실확인서 등과는 달리 그 진술내용만이 증거자료로 되는 것이 아니고 녹음 당시의 현장 음향 및 제3자의 진술 등이 포함되어 있어 그 일체가 증거자료가 된다고 할 것이므로, 이는 증거위조죄에서 말하는 '증거'에 해당한다. 또한 위와 같이 참고인의 허위 진술이 담긴 대화 내용을 녹음한 녹음파일 또는 이를 녹취한 녹취록을 만들어 내는 행위는 무엇보다도 그 녹음의 자연스러움을 뒷받침하는 현장성이 강하여 단순한 허위진술 또는 허위의 사실확인서 등에 비하여 수사기관 등을 그 증거가치를 판단함에 있어 오도할 위험성을 현저히 증대시킨다고 할 것이므로, 이러한 행위는 허위의 증거를 새로이 작출하는 행위로서 증거위조죄에서 말하는 '위조'에도 해당한다고 봄이 상당하다. 따라서 참고인이 타인의 형사사건 등에 관하여 제3자와 대화를 하면서 허위로 진술하고 위와 같은 허위 진술이 담긴 대화 내용을 녹음한 녹음파일 또는 이를 녹취한 녹취록을 만들어 수사기관 등에 제출하는 것은, 참고인이 타인의 형사사건 등에 관하여 수사기관에 허위의 진술을 하거나 이와 다를 바 없는 것으로서 허위의 사실확인서나 진술서를 작성하여 수사기관 등에 제출하는 것과는 달리, 증거위조죄를 구성한다. (대법원 2013. 12. 26. 선고 2013도8085, 2013전도165 판결) **표준**

판례 ① 참고인의 허위진술 – 증거위조죄 × ② 참고인 작성 허위 사실확인서 – 증거위조죄 ×
타인의 형사사건 등에 관한 증거를 위조한다 함은 증거 자체를 위조함을 말하는 것이고, 참고인이 수사기관에서 허위의 진술을 하는 것은 여기에 포함되지 않는다. 한편 참고인이 타인의 형사사건 등에서 직접 진술 또는 증언하는 것을 대신하거나 그 진술 등에 앞서서 허위의 사실확인서나 진술서를 작성하여 수사기관 등에 제출하거나 또는 제3자에게 교부하여 제3자가 이를 제출한 것은 존재하지 않는 문서를 이전부터 존재하고 있는 것처럼 작성하는 등의 방법으로 새로운 증거를 창조한 것이 아닐뿐더러, 참고인이 수사기관에서 허위의 진술을 하는 것과 차이가 없으므로, 증거위조죄를 구성하지 않는다. (대법원 2015. 10. 29. 선고 2015도9010 판결)

3. 기타

가. 고의

판례 대구지하철 화재 후 청소 작업이 진행되자 실종자 유족들이 항의하였는데 대구지하철공사 사장이 이를 중단하거나 수사기관과 협의하지 않음 – 증거위조죄(고의) ×
대구지하철화재 사고 현장을 수습하기 위한 청소 작업이 한참 진행되고 있는 시간 중에 실종자 유족들로부터 이의제기가 있었음에도 대구지하철공사 사장이 즉각 청소 작업을 중단하도록 지시하지 아니하였고 수사기관과 협의하거나 확인하지 아니하였다고 하여 위 사장에게 그러한 청소 작업으로 인하여 증거인멸의 결과가 발생할 가능성을 용인하는 내심의 의사까지 있었다고 단정하기는 어렵다. (대법원 2004. 5. 14. 선고 2004도74 판결) **표준**

나. 친족간의 특례

앞서 범인은닉죄에서 살펴본 것과 같다. 친족 또는 동거가족이 본인을 위하여 증거인멸의 죄를 범한 때에는 처벌하지 아니한다(제155조 제4항).

Ⅴ 증인은닉·도피죄

제155조(증거인멸 등과 친족간의 특례) ② 타인의 형사사건 또는 징계사건에 관한 증인을 은닉 또는 도피하게 한 자도 제1항의 형과 같다.

    ④ 친족 또는 동거의 가족이 본인을 위하여 본조의 죄를 범한 때에는 처벌하지 아니한다.

例規 제155조 ② 증인(은닉, 도피)	미수 ×

> 🔍 **핵심단어**
> • ① 타인의 형사사건·징계사건의 증인 ② 은닉·도피

관련 판례를 살펴본다.

판례 자기 및 공범자에 대한 증인을 도피시킴 – 증인도피죄 ×

증인도피죄는 타인의 형사사건 또는 징계사건에 관한 증인을 은닉·도피하게 한 경우에 성립하는 것으로서, 피고인 자신이 직접 형사처분이나 징계처분을 받게 될 것을 두려워한 나머지 자기의 이익을 위하여 증인이 될 사람을 도피하게 하였다면, 그 행위가 동시에 다른 공범자의 형사사건이나 징계사건에 관한 증인을 도피하게 한 결과가 된다고 하더라도 이를 증인도피죄로 처벌할 수 없다. (대법원 2003. 3. 14. 선고 2002도6134 판결) **표준**

판례 참고인의 허위진술·허위진술 교사 – 증인은닉(교사)죄 ×

단순히 타인의 형사피의사건에 관하여 수사기관에서 허위의 진술을 하거나 허위의 진술을 하도록 교사하는 정도의 행위로서는 타인의 형사사건에 관한 증인을 은닉 또는 도피하게 한 것에 해당되지 아니함은 물론 증거의 현출을 방해하여 증거로서의 효과를 멸실 또는 감소시키는 증거인멸 등의 적극적 행위에 나선 것으로는 볼 수 없다 할 것이므로 위와 같은 행위가 증거를 위조하고 또는 그 위조를 교사한 죄를 구성한다고 볼 수 없다. (대법원 1977. 9. 13. 선고 77도997 판결)

Ⅵ 모해증거인멸죄

제155조(증거인멸 등과 친족간의 특례) ③ 피고인, 피의자 또는 징계혐의자를 모해할 목적으로 전2항의 죄를 범한 자는 10년 이하의 징역에 처한다.

    ④ 친족 또는 동거의 가족이 본인을 위하여 본조의 죄를 범한 때에는 처벌하지 아니한다.

例規 제155조 ③ 모해(제1항, 제2항 각 죄명)	미수 ×

Ⅰ 무고죄

제156조(무고) 타인으로 하여금 형사처분 또는 징계처분을 받게 할 목적으로 공무소 또는 공무원에 대하여 허위의 사실을 신고한 자는 10년 이하의 징역 또는 1천500만원 이하의 벌금에 처한다.	
例規 제156조 무고	미수 ✕

🔍 핵심단어

- ① 타인으로 하여금 형사처분·징계처분 받게 할 목적 ② 공무소·공무원 ③ 허위사실 ④ 신고
- 허위사실이란 ① 객관적 진실에 반하는 사실로서 ② 핵심·중요내용이 허위여야 함

특정범죄 가중처벌 등에 관한 법률에 규정된 범죄에 대하여 무고죄를 범한 사람은 특가법에 따라 가중처벌된다.[230] 무고를 살펴보기에 앞서 특가법 무고 판례를 하나 살펴보자.

> **판례** 특가무고의 대상이 되는 범죄 – ① 특가무고를 제외한 특가법위반 ○ ② 특가무고 ✕
> 특정범죄가중법 제14조의 '이 법에 규정된 죄'에 특정범죄가중법 제14조 자체를 위반한 죄는 포함되지 않는다고 해석함이 타당하다. (대법원 2018. 4. 12. 선고 2017도20241, 2017전도132(병합) 판결)
> **참고** ① 甲은 乙을 차로 치고도 도주하여 특가법위반(도주치상)을 저질렀고 ② 乙은 이에 甲을 특가법위반(도주치상)으로 고소하였는데, ③ 甲은 乙이 허위고소(②)하여 특가무고를 범하였다고 허위고소함 – 甲의 ③행위는 특가무고 ✕ 형법무고 ○

1. 행위: 허위의 사실을 신고

가. 허위의 사실

1) 일반론

객관적 진실에 반하는 사실로서, 그 신고된 사실로 인하여 상대방이 형사처분·징계처분 등을 받게 될 위험이 있는 것을 말한다. 신고자가 신고내용을 허위라고 생각했을지라도 그것이 객관적

---

230 **특정범죄 가중처벌 등에 관한 법률 제14조(무고죄)** 이 법에 규정된 죄에 대하여 「형법」 제156조에 규정된 죄를 범한 사람은 3년 이상의 유기징역에 처한다.

진실에 부합할 경우에는 무고가 아니다(위증과 비교해두자).

[판례] 허위사실 – 객관적 진실에 반하는 사실로서 핵심·중요내용이 허위여야 함

무고죄는 타인으로 하여금 형사처분 등을 받게 할 목적으로 신고한 사실이 객관적 진실에 반하는 허위사실인 경우에 성립되는 범죄로서, 신고자가 그 신고내용을 허위라고 믿었다 하더라도 그것이 객관적으로 진실한 사실에 부합할 때에는 허위사실의 신고에 해당하지 않아 무고죄는 성립하지 않는 것이며, 한편 위 신고한 사실의 허위 여부는 그 범죄의 구성요건과 관련하여 신고사실의 핵심 또는 중요내용이 허위인가에 따라 판단하여 무고죄의 성립 여부를 가려야 한다. (대법원 1991. 10. 11. 선고 91도1950 판결)

무고죄에서의 허위사실 적시의 정도는 수사관서 또는 감독관서에 대하여 수사권 또는 징계권의 발동을 촉구하는 정도의 것이면 충분하고 반드시 범죄구성요건 사실이나 징계요건 사실을 구체적으로 명시하여야 하는 것은 아니다. (대법원 2014. 12. 24. 선고 2012도4531 판결)

신고한 사실이 객관적 진실에 반하는 허위사실이라는 요건은 적극적 증명이 있어야 하고, 신고사실의 진실성을 인정할 수 없다는 소극적 증명만으로 곧 그 신고사실이 객관적 진실에 반하는 허위의 사실이라 단정하여 무고죄의 성립을 인정할 수는 없으며, 신고내용에 일부 객관적 진실에 반하는 내용이 포함되어 있더라도 그것이 범죄의 성부에 영향을 미치는 중요한 부분이 아니고 단지 신고사실의 정황을 과장하는 데 불과하다면 무고죄는 성립하지 않는다. (대법원 2019. 7. 11. 선고 2018도2614 판결) **표준**

객관적 사실관계를 그대로 신고한 이상 그러한 사실관계를 토대로 한 나름대로의 주관적 법률평가를 잘못하고 이를 신고하였다고 하여 그 사실만 가지고 허위의 사실을 신고한 것에 해당한다고 할 수는 없다(대법원 2015. 10. 15. 선고 2014도13516 판결, 대법원 2020. 8. 27. 선고 2020도1842 판결)

허위사실 인정례를 살펴본다.

[판례] 1통의 고소·고발장 중 일부는 허위이고 일부는 진실 – 무고죄(허위) ○

1통의 고소, 고발장에 의하여 수개의 혐의사실을 들어 무고로 고소, 고발한 경우 그중 일부사실은 진실이나 다른 사실은 허위인 때에는 그 허위사실부분만이 독립하여 무고죄를 구성하는 것이고, 위증죄는 진술내용이 당해 사건의 요증사항이 아니거나 재판의 결과에 영향을 미친 바 없더라도 선서한 증인이 그 기억에 반하여 허위의 진술을 한 경우에는 성립되어 그 죄책을 면할 수 없으므로, 위증으로 고소, 고발한 사실 중 위증한 당해사건의 요증사항이 아니고 재판결과에 영향을 미친 바 없는 사실만이 허위라고 인정되더라도 무고죄의 성립에는 영향이 없다. (대법원 1989. 9. 26. 선고 88도1533 판결)

[판례] 피고인이 甲 주식회사에서 리스한 승용차를 乙에게 담보로 제공하고 돈을 차용하면서 약정 기간 내에 갚지 못할 경우 이를 처분하더라도 아무런 이의를 제기하지 않기로 하였는데, 변제기 이후 乙 등이 차량을 처분하자 피고인의 허락 없이 마음대로 처분하였다는 취지(횡령)로 고소 – 무고죄(허위) ○ (대법원 2012. 5. 24. 선고 2011도11500 판결)

판례 경찰관이 甲을 현행범으로 체포하려는 상황에서 乙이 경찰관을 폭행하여 乙을 현행범으로 체포하였는데, 乙이 경찰관의 현행범 체포업무를 방해한 일이 없다며 경찰관을 불법체포로 고소 – 무고죄(허위) ○ (대법원 2009. 1. 30. 선고 2008도8573 판결)

판례 위증을 한 자가 사실대로 증언한 증인을 위증으로 고소 – 무고죄(허위) ○ (대법원 2005. 4. 14. 선고 2003도1080 판결)

판례 피고인이 먼저 '나를 때려 주면 돈을 주겠다'고 하여 甲, 乙이 피고인을 때리고 지갑을 교부받아 그 안에 있던 현금을 가지고 간 것임에도, '甲 등이 나를 폭행하여 돈을 빼앗았다'는 취지로 신고 – 무고죄(허위) ○ (대법원 2010. 4. 29. 선고 2010도2745 판결)

판례 피고인이 甲에게 실제로 돈을 대여한 바 없거나 또는 일부 대여한 돈을 이미 변제받았음에도 불구하고, 마치 돈을 대여하였거나 그로 인한 채권이 여전히 존재하는 것처럼 甲을 고소함 – 무고죄(허위) ○ (대법원 1995. 3. 10. 선고 94도2598 판결)

판례 피고인이 甲에게 위법성조각사유가 있음을 알면서도 '甲이 허위사실을 공표하였다'고 고소 – 무고죄(허위) ○

위법성조각사유가 있음을 알면서도 "피고소인이 허위사실을 공표하였다."고 고소함으로써 결국 적극적으로 위법성조각사유가 적용되지 않는 공직선거및선거부정방지법 제250조의 허위사실공표죄로 처벌되어야 한다고 주장한 것과 같이 보아 무고죄의 성립을 인정한 사례. (대법원 1998. 3. 24. 선고 97도2956 판결)

판례 진정인이 피진정인을 "목포교도소 징벌위원회"로 기재하였지만 그 내용이 징벌위원회 회의록이 허위로 작성되었다는 취지로서 회의록의 작성권한을 갖는 위 징벌위원회위원장을 피진정인으로 특정할 수 있는 경우 – 무고죄(허위) ○

공무원 또는 공무소에 대한 허위 사실의 신고를 무고죄로 처벌하기 위하여는 그 신고에 피무고자의 성명이 표시되어 있지 않더라도 그 신고 내용에 의하여 객관적으로 피무고자를 특정할 수 있으면 족하다. (대법원 2006. 6. 9. 선고 2006도417 판결)

부정례를 살펴본다.

판례 성폭행 피해를 입었다는 신고사실에 대하여 불기소처분·무죄판결이 내려졌다고 하여, 그 자체를 적극적인 근거로 삼아 신고내용을 허위라고 단정하여서는 아니 됨

성폭행이나 성희롱 사건의 피해자가 피해사실을 알리고 문제를 삼는 과정에서 오히려 피해자가 부정적인 여론이나 불이익한 처우 및 신분 노출의 피해 등을 입기도 하여 온 점 등에 비추어 보면, 성폭행 피해자의 대처 양상은 피해자의 성정이나 가해자와의 관계 및 구체적인 상황에 따라 다르게 나타날 수밖에 없다. 따라서 개별적, 구체적인 사건에서 성폭행 등의 피해자가 처하여 있는 특별한 사정을 충분히 고려하지 않은 채 피해자 진술의 증명력을 가볍게 배척하는 것은 정의와 형평의 이념에 입각하여 논리

와 경험의 법칙에 따른 증거판단이라고 볼 수 없다.

위와 같은 법리는, 피해자임을 주장하는 자가 성폭행 등의 피해를 입었다고 신고한 사실에 대하여 증거불충분 등을 이유로 불기소처분되거나 무죄판결이 선고된 경우 반대로 이러한 신고내용이 객관적 사실에 반하여 무고죄가 성립하는지 여부를 판단할 때에도 마찬가지로 고려되어야 한다. 따라서 성폭행 등의 피해를 입었다는 신고사실에 관하여 불기소처분 내지 무죄판결이 내려졌다고 하여, 그 자체를 무고를 하였다는 적극적인 근거로 삼아 신고내용을 허위라고 단정하여서는 아니 됨은 물론, 개별적, 구체적인 사건에서 피해자임을 주장하는 자가 처하였던 특별한 사정을 충분히 고려하지 아니한 채 진정한 피해자라면 마땅히 이렇게 하였을 것이라는 기준을 내세워 성폭행 등의 피해를 입었다는 점 및 신고에 이르게 된 경위 등에 관한 변소를 쉽게 배척하여서는 아니 된다. (대법원 2019. 7. 11. 선고 2018도2614 판결)

[판례] 피고인이 甲과 함께 사기범행을 저질러놓고 甲을 사기죄로 고소함 – 무고죄(허위) ✕
피고인 자신이 상대방의 범행에 공범으로 가담하였음에도 자신의 가담사실을 숨기고 상대방만을 고소한 경우, 피고인의 고소내용이 상대방의 범행 부분에 관한 한 진실에 부합하므로 이를 허위의 사실로 볼 수 없고, 상대방의 범행에 피고인이 공범으로 가담한 사실을 숨겼다고 하여도 그것이 상대방에 대한 관계에서 독립하여 형사처분 등의 대상이 되지 아니할뿐더러 전체적으로 보아 상대방의 범죄사실의 성립 여부에 직접 영향을 줄 정도에 이르지 아니하는 내용에 관계되는 것이므로 무고죄가 성립하지 않는다. (대법원 2008. 8. 21. 선고 2008도3754 판결)

[비교] 피고인이 甲, 乙과 공모하여 은행으로부터 대출금을 편취한 것과는 별도로 甲이 피고인을 기망하여 위 대출금을 편취하였으니 처벌해 달라는 취지로 고소하여 甲에 대해 사기죄로 공소제기 됨 – 무고죄(허위) ○
위 고소는 甲에 대한 관계에서 독립하여 형사처분 등의 대상이 되는 허위사실의 고소로 볼 여지가 있음에도 피고인이 공범이었다는 이유로 무고죄가 성립하지 않는다고 판단한 원심판결에 법리오해의 위법이 있다 (대법원 2010. 2. 25. 선고 2009도1302 판결)

[판례] 구타를 당한 자가 상해를 입었다고 고소 – 무고죄(허위) ✕ (대법원 1973. 12. 26. 선고 73도2771 판결)
참고 고소내용의 정황을 과장한 것에 불과하다고 보았다.

[판례] 강간을 당한 자가 강간으로 입은 것이 아닌 상해까지 포함시켜 강간치상으로 고소 – 무고죄(허위) ✕ (대법원 1983. 1. 18. 선고 82도2170 판결)
참고 고소내용의 정황을 과장한 것에 불과하다고 보았다.

[판례] 폭행을 당하지는 않았지만 다투며 서로 허리띠·옷을 잡고 밀고 당겼던 자가 구타를 당하여 상해를 입었다고 고소 – 무고죄(허위) ✕
폭행을 당하지는 않았더라도 그와 다투는 과정에서 시비가 되어 서로 허리띠나 옷을 잡고 밀고 당기면서 평소에 좋은 상태가 아니던 요추부에 경도의 염좌증세가 생겼을 가능성이 충분히 있다면 피고인의 구타를 당하여 상해를 입었다는 내용의 고소는 다소 과장된 것이라고 볼 수 있을지언정 이를 일컬어 무고죄의 처벌대상인 허위사실을 신고한 것이라고 단정하기는 어렵다. (대법원 1996. 5. 31. 선고 96도771 판결)

판례 신고자가 객관적 사실관계를 사실 그대로 기재하였으나 잘못된 주관적 법률평가를 덧붙여 신고 – 무고죄(허위) ✕

무고죄의 성립에는 타인으로 하여금 형사 및 징계처분을 받게할 목적으로 진실함의 확신없는 사실을 신고함으로써 족하고 신고자가 그 신고사실이 허위라는 것을 확신할 것까지 요하지 아니하나 한편, 신고자가 객관적 사실관계를 사실 그대로 신고한 이상 그 객관적 사실을 토대로 한 나름대로의 주관적 법률평가를 잘못하고 이를 신고하였다 하여 그 사실만을 가지고 허위사실을 신고한 것에 해당하여 무고죄가 성립한다고 할 수 없다. (대법원 1985. 6. 25. 선고 83도3245 판결)

동지 피고인이 甲을 절도로 고소하였는데 절도가 아닌 권리행사방해죄가 인정되는 경우 – 무고죄(허위) ✕ (대법원 1981. 6. 23. 선고 80도1049 판결)

2) 신고사실 자체가 범죄를 구성하지 않는 경우

신고사실이 허위일지라도 그 자체로 범죄를 구성하지 않는 경우에는 무고죄가 성립하지 않는다.

판례 허위사실 – 그 자체로 범죄를 구성하는 사실

타인에게 형사처분을 받게 할 목적으로 '허위의 사실'을 신고한 행위가 무고죄를 구성하기 위해서는 신고된 사실 자체가 형사처분의 원인이 될 수 있는 것이어야 하고, 만약 그 사실 자체가 형사범죄로 구성되지 아니한다면 허위의 사실을 신고하였다 하더라도 무고죄는 성립하지 아니한다. (대법원 2002. 11. 8. 선고 2002도3738 판결, 대법원 2013. 9. 26. 선고 2013도6862 판결)

판례 신고시 그 허위사실이 범죄를 구성하나 이후 판례변경으로 범죄를 구성하지 않게 된 경우 – 무고죄(허위) ○

허위로 신고한 사실이 무고행위 당시 형사처분의 대상이 될 수 있었던 경우에는 국가의 형사사법권의 적정한 행사를 그르치게 할 위험과 부당하게 처벌받지 않을 개인의 법적 안정성이 침해될 위험이 이미 발생하였으므로 무고죄는 기수에 이르고, 이후 그러한 사실이 형사범죄가 되지 않는 것으로 판례가 변경되었더라도 특별한 사정이 없는 한 이미 성립한 무고죄에는 영향을 미치지 않는다. (대법원 2017. 5. 30. 선고 2015도15398 판결)

해설 ① 이 사건 신고(고소) 당시 대법원 판례는 '채권담보로 부동산에 관한 대물변제예약을 체결한 채무자가 대물로 변제하기로 한 부동산을 처분한 경우 배임죄가 성립한다'고 보았음(대법원 2000. 12. 8. 선고 2000도4293 판결 등 참조) ② 피고인은 '피해자가 부동산 대물변제예약 후 임의처분(배임죄) 하였다'고 허위신고하여 무고죄로 기소되었음 ③ 대법원은 2014. 8. 21. 전합판결을 통해 부동산 대물변제예약 후 임의처분의 경우, 배임죄가 성립하지 않는다고 보았다(대법원 2014. 8. 21. 선고 2014도3363 전원합의체 판결). ④ 이에 피고인은 무고죄가 불성립한다고 주장하였으나, 이미 ② 시점을 기준으로 무고죄가 성립하였다고 보았다.

판례 "피고소인이 송이의 채취권을 이중으로 양도하여 손해를 입었으니 엄벌하여 달라" – 무고죄(허위) ✕ (대법원 2007. 4. 13. 선고 2006도558 판결)

참고 횡령죄·배임죄 기타 범죄에 해당되지 않는다.

판례 "매매대금 수령 전에 등기를 넘겨받은 매수인이 대금을 지급하지 않은 채 타에 처분하였으니 처벌해 달라" – 무고죄(허위) × (대법원 1992. 10. 13. 선고 92도1799 판결)

참고 횡령죄·배임죄 기타 범죄에 해당되지 않는다.

판례 고소기간이 경과한 사실을 허위로 신고 – 무고죄(허위) ×

타인으로 하여금 형사처분을 받게 할 목적으로 공무소에 대하여 허위의 사실을 신고하였다고 하더라도, 그 사실이 친고죄로서 그에 대한 고소기간이 경과하여 공소를 제기할 수 없음이 그 신고내용 자체에 의하여 분명한 때에는 당해 국가기관의 직무를 그르치게 할 위험이 없으므로 이러한 경우에는 무고죄가 성립하지 아니한다. (대법원 2018. 7. 11. 선고 2018도1818 판결, 대법원 1998. 4. 14. 선고 98도150 판결)

판례 공소시효가 완성된 범죄사실을 허위로 신고 – 무고죄(허위) ×

타인으로 하여금 형사처분을 받게 할 목적으로 공무소에 대하여 허위사실을 신고하였다고 하더라도, 신고된 범죄사실에 대한 공소시효가 완성되었음이 신고 내용 자체에 의하여 분명한 경우에는 형사처분의 대상이 되지 않는 것이므로 무고죄가 성립하지 아니한다. (대법원 1994. 2. 8. 선고 93도3445 판결)

비교 공소시효가 완성된 범죄사실을 마치 공소시효가 완성되지 않은 것처럼 고소 – 무고죄(허위) ○

객관적으로 고소사실에 대한 공소시효가 완성되었더라도 고소를 제기하면서 마치 공소시효가 완성되지 아니한 것처럼 고소한 경우에는 국가기관의 직무를 그르칠 염려가 있으므로 무고죄를 구성한다. (대법원 1995. 12. 5. 선고 95도1908 판결)

비교 공소시효가 완성된 범죄사실을 마치 공소시효가 완성되지 않은 것처럼 고소 – 무고죄(허위) ○

범행일시를 특정하지 않은 고소장을 제출한 후, 고소보충진술시에 범죄사실의 공소시효가 아직 완성되지 않은 것으로 진술한 피고인이 그 이후 검찰이나 제1심 법정에서 다시 범죄의 공소시효가 완성된 것으로 정정진술한 사안에서, 이미 고소보충진술시에 무고죄가 성립하였다. (대법원 2008. 3. 27. 선고 2007도11153 판결)

3) 차용금 관련 허위신고

판례 ① 용도사기에서 용도를 허위로 고소 – 무고죄(허위) ○ ② 차용사기에서 용도를 허위로 고소 – 무고죄(허위) ×

금원을 대여한 고소인이 차용금을 갚지 않는 차용인을 사기죄로 고소함에 있어서, ① 피고소인이 차용금의 용도를 사실대로 이야기하였더라면 금원을 대여하지 않았을 것인데 차용금의 용도를 속이는 바람에 대여하였다고 주장하는 사안이라면 그 차용금의 실제용도는 사기죄의 성부에 영향을 미치는 것으로서 고소사실의 중요한 부분이 되고 따라서 그 실제용도에 관하여 고소인이 허위로 신고를 할 경우에는 그것만으로도 무고죄에 있어서의 허위의 사실을 신고한 경우에 해당한다 할 것이나, ② 단순히 차용인이 변제의사와 능력의 유무에 관하여 기망하였다는 내용으로 고소한 경우에는 차용금의 용도와 무관하게 다른 자료만으로도 충분히 차용인의 변제의사나 능력의 유무에 관한 기망사실을 인정할 수 있는 경우도 있을 것이므로 그 차용금의 실제 용도에 관하여 사실과 달리 신고하였다 하더라도 그것만으로는 범죄사실의 성부에 영향을 줄 정도의 중요한 부분을 허위로 신고하였다고 할 수 없는 것이고, 이와 같은 법리는 고소인이 차용사기로 고소함에 있어서 묵비하거나 사실과 달리 신고한 차용금의 실제 용도가 도박자금이었다고 하더라도 달리 볼 것은 아니다. (대법원 2004. 12. 9. 선고 2004도2212 판결)

참고 피고인이 차용인을 (차용)사기로 고소함에 있어서 도박자금으로 사용하는 것을 알고 있었던 사실을 밝히지 않음 – 허위 ×

[판례] 용도사기로 고소하며 용도를 허위신고함 – 무고죄(허위) ○

도박자금으로 대여한 금전의 용도에 대하여 허위로 신고한 것이 무고죄의 허위신고에 해당한다. (대법원 2004. 1. 16. 선고 2003도7178 판결)

참고 피고인이 도박자금으로 돈을 빌려주었음에도, '피고소인이 사고가 나서 급해서 그러니 120만원을 빌려주면 다음날 현금서비스를 받아 갚아 주겠다고 거짓말하여 편취당했습니다'라는 취지로 고소함

[판례] 차용사기로 고소하며 용도를 허위신고함 – 무고죄(허위) ×

피고인이 돈을 갚지 않는 甲을 차용금 사기로 고소하면서 대여금의 용도에 관하여 '도박자금'으로 빌려준 사실을 감추고 '내비게이션 구입에 필요한 자금'이라고 허위 기재하고, 대여의 일시·장소도 사실과 달리 기재하여 甲을 무고하였다는 내용으로 기소된 사안에서, 피고인의 고소 내용은 甲이 변제의사와 능력도 없이 차용금 명목으로 돈을 편취하였으니 사기죄로 처벌하여 달라는 것이고, 甲이 차용금의 용도를 속이는 바람에 대여하게 되었다는 취지로 주장한 사실은 없으며, 수사기관으로서는 차용금의 용도와 무관하게 다른 자료들을 토대로 甲이 변제의사나 능력 없이 돈을 차용하였는지를 조사할 수 있는 것이므로, 비록 피고인이 도박자금으로 대여한 사실을 숨긴 채 고소장에 대여금의 용도에 관하여 허위로 기재하고 대여 일시·장소 등 변제의사나 능력의 유무와 관련성이 크지 아니한 사항에 관하여 사실과 달리 기재한 사정만으로는 사기죄 성립 여부에 영향을 줄 정도의 중요한 부분을 허위 신고하였다고 보기 어렵다. (대법원 2011. 9. 8. 선고 2011도3489 판결)

나. 신고

신고는 자진하여 사실을 고지하는 것을 말한다. 즉 신고는 자발성을 요건으로 한다.

[판례] 고소장에 기재되지 않은 사실을 고소보충조서를 받을 때 자진하여 진술 – 무고죄(신고) ○

무고죄에 있어서의 신고는 자발적인 것이어야 하고 수사기관 등의 추문(推問), 즉 수사기관 등이 추궁하여 캐어묻거나 진술을 이끌어내는 과정에서 허위의 진술을 하는 것은 무고죄를 구성하지 않는 것이지만, 당초 고소장에 기재하지 않은 사실을 수사기관에서 고소보충조서를 받을 때 자진하여 진술하였다면 이 진술 부분까지 신고한 것으로 보아야 할 것이다. (대법원 1996. 2. 9. 선고 95도2652 판결)

참고 고소보충조서는 고소장과 함께 고소의 내용을 구성한다.

[판례] 수표발행인인 피고인이 은행에 지급제시된 수표가 위조되었다는 내용의 허위의 신고를 하여 그 정을 모르는 은행 직원이 수사기관에 고발을 함에 따라 수사가 개시되고, 피고인이 경찰에 출석하여 위조자로 특정인을 지목하는 진술을 함 – 무고죄(신고) ○

피고인이 위조 수표에 대한 부정수표단속법 제7조의 고발의무가 있는 은행원을 도구로 이용하여 수사기

관에 고발을 하게 하고 이어 수사기관에 대하여 특정인을 위조자로 지목함으로써 자발적으로 수사기관에 대하여 허위의 사실을 신고한 것으로 평가하여야 한다. (대법원 2005. 12. 22. 선고 2005도3203 판결)

참고 무고죄의 간접정범이다.

판례 甲이 乙의 명의로 고소장을 대리작성·제출 – 甲이 신고의 주체

비록 외관상으로는 타인 명의의 고소장을 대리하여 작성하고 제출하는 형식으로 고소가 이루어진 경우라 하더라도 그 명의자는 고소의 의사가 없이 이름만 빌려준 것에 불과하고 명의자를 대리한 자가 실제 고소의 의사를 가지고 고소행위를 주도한 경우라면 그 명의자를 대리한 자를 신고자로 보아 무고죄의 주체로 인정하여야 할 것이다. (대법원 2007. 3. 30. 선고 2006도6017 판결)

판례 피고인이 검사의 추문에 대답한 부분 – 무고죄(신고) ×

피고인이 수사기관에 한 진정 및 그와 관련된 부분을 수사하기 위한 검사의 추문에 대한 대답으로서 진정내용 이외의 사실에 관하여 한 진술은 피고인의 자발적 진정내용에 해당되지 아니하므로 무고죄를 구성하지 않는다. (대법원 1990. 8. 14. 선고 90도595 판결)

판례 공동피고인 중 1인이 자기범죄로 조사를 받는 과정에서 사법경찰관 및 검사의 심문에 따라 다른 공동피고인의 범죄사실을 허위로 진술 – 무고죄(신고) ×

공동피고인중 1인이 타범죄로 조사를 받는 과정에서 사법경찰관 및 검사의 심문에 따라 다른 공동피고인의 범죄사실을 진술한 경우라면 가사 위 진술내용이 허위라 하더라도 이를 무고라고는 할 수 없다. (대법원 1985. 7. 26.자 85모14 결정)

성명불상자 무고에 관한 판례를 살펴본다.

판례 피고인 甲의 아버지 乙은 골프연습장 운영하며 甲 명의 계좌를 사용하고 있는데, 甲은 乙 몰래 계좌에서 돈을 인출해 유흥비로 사용해놓고는 乙의 의심을 피하고자 경찰서에 '제 통장에서 누가 돈을 빼가고 있어요'라는 내용의 고소장 제출 – 무고죄 ×

특정되지 않은 성명불상자에 대한 무고죄는 성립하지 않는다. 공무원에게 무익한 수고를 끼치는 일은 있어도 심판 자체를 그르치게 할 염려가 없으며 피무고자를 해할 수도 없기 때문이다. (대법원 2022. 9. 29. 선고 2020도11754 판결)

기수시기에 관한 판례를 살펴본다.

판례 피고인이 허위 고소장을 경찰관에게 제출한 뒤 이후에 돌려받음 – 무고죄 기수 ○

피고인이 최초에 작성한 허위내용의 고소장을 경찰관에게 제출하였을 때 이미 허위사실의 신고가 수사기관에 도달되어 무고죄의 기수에 이른 것이라 할 것이므로 그 후에 그 고소장을 되돌려 받았다 하더라도 이는 무고죄의 성립에 아무런 영향이 없다. (대법원 1985. 2. 8. 선고 84도2215 판결)

2. 상대방: 공무소·공무원

허위신고의 상대방은 '공무소·공무원'이다. 판례는 이를 형사처분·징계처분에 대하여 직권행사를 할 수 있는 관서·소속 공무원을 말한다고 해석한다.

> **판례** 공무소·공무원 – 형사처분·징계처분에 직권행사를 할 수 있는 관서·공무원
> '공무소 또는 공무원'이란 형사처분의 경우에는 검사, 사법경찰관리 등 형사소추 또는 수사를 할 권한이 있는 관청과 그 감독기관 또는 그 소속 공무원을 말하고, 징계처분의 경우에는 징계권자 또는 징계권의 발동을 촉구하는 직권을 가진 자와 그 감독기관 또는 그 소속 구성원을 말한다. 따라서 군인에 대한 무고죄의 경우에 공무소 또는 공무원에 대한 신고는 반드시 해당 군인에 대하여 징계처분 또는 형사처분을 심사 결행할 직권 있는 소속 상관에게 직접 하여야 하는 것은 아니지만, 지휘명령 계통이나 수사관할 이첩을 통하여 그런 권한 있는 상관에게 도달되어야 무고죄가 성립한다. (대법원 2014. 12. 24. 선고 2012도4531 판결)

> **판례** 대통령에게 허위사실을 신고 – 무고죄 ○ (대법원 1977. 6. 28. 선고 77도1445 판결)

> **판례** 도지사에게 허위사실을 신고 – 무고죄 ○
> 도지사는 그 산하에 수사기관인 경찰국을 두고 그 직원을 지휘 감독하고 또 관내경찰서장을 지휘 감독하는 지위에 있으므로 형사처분을 받게 할 목적으로 허위사실을 진정의 형식으로 도지사에게 신고하면 그로써 무고죄는 성립한다고 봄이 상당하다. (대법원 1982. 11. 23. 선고 81도2380 판결)
> **참고** 자치경찰제 시행에 따라 이 판례는 다시 현실에 가까워졌다.

> **판례** 국세청장에게 탈세혐의사실에 관한 허위의 진정서 제출 – 무고죄 ○ (대법원 1991. 12. 13. 선고 91도2127 판결)

> **판례** 농업협동조합중앙회·농업협동조합중앙회장에게 허위사실을 신고 – 무고죄 × (대법원 1980. 2. 12. 선고 79도3109 판결)

3. 목적: 타인으로 하여금 형사처분·징계처분 받게 할 목적

가. 타인성

자기 이외의 타인으로 하여금 형사처분·징계처분 받게 할 목적이어야 한다. ① 자기무고의 경우, 무고죄가 성립하지 않는다. ② 그러나 자기무고의 교사·방조행위의 경우, 무고죄의 교사·방조가 성립한다. ③ 자기를 무고해달라는 자로부터 승낙을 받은 자의 무고행위의 경우(승낙무고), 무고죄가 성립한다. 이하에서는 관련 판례를 살펴본다.

사실관계	甲의 죄책 – 자기무고	乙의 죄책 – 승낙무고
甲 → 乙 적극 권유 乙이 甲을 허위고소	무고 공동정범 × (2013도12592) 무고 교사·방조 ○ (2008도4582)	무고 ○ (2005도2712)

판례 자기무고의 공동정범 – 무고죄 ×

형법 제156조에서 정한 무고죄는 타인으로 하여금 형사처분 또는 징계처분을 받게 할 목적으로 허위의 사실을 신고하는 것을 구성요건으로 하는 범죄이다. 자기 자신으로 하여금 형사처분 또는 징계처분을 받게 할 목적으로 허위의 사실을 신고하는 행위, 즉 자기 자신을 무고하는 행위는 무고죄의 구성요건에 해당하지 않아 무고죄가 성립하지 않는다. 따라서 자기 자신을 무고하기로 제3자와 공모하고 이에 따라 무고행위에 가담하였더라도 이는 자기 자신에게는 무고죄의 구성요건에 해당하지 않아 범죄가 성립할 수 없는 행위를 실현하고자 한 것에 지나지 않아 무고죄의 공동정범으로 처벌할 수 없다. (대법원 2017. 4. 26. 선고 2013도12592 판결)

판례 자기무고의 교사·방조범 – 무고교사죄·무고방조죄 ○

형법 제156조의 무고죄는 국가의 형사사법권 또는 징계권의 적정한 행사를 주된 보호법익으로 하는 죄이나, 스스로 본인을 무고하는 자기무고는 무고죄의 구성요건에 해당하지 아니하여 무고죄를 구성하지 않는다. 그러나 피무고자의 교사·방조 하에 제3자가 피무고자에 대한 허위의 사실을 신고한 경우에는 제3자의 행위는 무고죄의 구성요건에 해당하여 무고죄를 구성하므로, 제3자를 교사·방조한 피무고자도 교사·방조범으로서의 죄책을 부담한다. (대법원 2008. 10. 23. 선고 2008도4852 판결)

판례 승낙무고 – 무고죄 ○, 무고의 목적 – 결과발생 희망할 것까지 요하지 않음

무고죄는 국가의 형사사법권 또는 징계권의 적정한 행사를 주된 보호법익으로 하고 다만, 개인의 부당하게 처벌 또는 징계받지 아니할 이익을 부수적으로 보호하는 죄이므로, 설사 무고에 있어서 피무고자의 승낙이 있었다고 하더라도 무고죄의 성립에는 영향을 미치지 못한다 할 것이고, 무고죄에 있어서 형사처분 또는 징계처분을 받게 할 목적은 허위신고를 함에 있어서 다른 사람이 그로 인하여 형사 또는 징계처분을 받게 될 것이라는 인식이 있으면 족한 것이고 그 결과발생을 희망하는 것까지를 요하는 것은 아니므로, 고소인이 고소장을 수사기관에 제출한 이상 그러한 인식은 있었다고 보아야 한다.
피무고자의 승낙을 받아 허위사실을 기재한 고소장을 제출하였다면 피무고자에 대한 형사처분이라는 결과발생을 의욕한 것은 아니라 하더라도 적어도 그러한 결과발생에 대한 미필적인 인식은 있었던 것으로 보아야 한다. (대법원 2005. 9. 30. 선고 2005도2712 판결) **표준**

나. 형사처분·징계처분

형사처분은 형벌·보안처분·보호처분을 포함하고, 징계처분은 공법상의 특별권력관계에 의한 제재를 말한다.

판례 변호사에 대한 대한변협의 징계처분을 받게 하기 위한 허위 신고 – 무고죄 ○

변호사에 대한 징계처분은 형법 제156조에서 정하는 '징계처분'에 포함된다고 봄이 상당하고, 구 변호사법 제97조의2 등 관련 규정에 의하여 그 징계 개시의 신청권이 있는 지방변호사회의 장은 형법 제156조에서 정한 '공무소 또는 공무원'에 포함된다. 피고인이 변호사인 피해자로 하여금 징계처분을 받게 할 목적으로 서울지방변호사회에 위 변호사회 회장을 수취인으로 하는 허위 내용의 진정서를 제출한 사안에서, 무고죄를 인정한 원심판단을 수긍한 사례. (대법원 2010. 11. 25. 선고 2010도10202 판결)

판례 사립학교 교원에 대한 학교법인 등의 징계처분을 받게 하기 위한 허위 신고 – 무고죄 ×

학교법인 등의 사립학교 교원에 대한 인사권의 행사로서 징계 등 불리한 처분은 사법적 법률행위의 성격을 가진다. 사립학교 교원에 대한 학교법인 등의 징계처분은 형법 제156조의 '징계처분'에 포함되지 않는다고 해석함이 옳다. 피고인이 사립대학교 교수인 피해자들로 하여금 징계처분을 받게 할 목적으로 국민권익위원회에서 운영하는 범정부 국민포털인 국민신문고에 민원을 제기한 사안에서, 피해자들은 사립학교 교원이므로 피고인의 행위가 무고죄에 해당하지 않는다. (대법원 2014. 7. 24. 선고 2014도6377 판결) **표준**

4. 기타

가. 고의

판례 고의 – 미필적 인식

무고죄는 타인으로 하여금 형사처분 또는 징계처분을 받게 할 목적으로 공무소 또는 공무원에 대하여 허위의 사실을 신고하는 때에 성립하는 것인데, 여기에서 허위사실의 신고라 함은 신고사실이 객관적 사실에 반한다는 것을 확정적이거나 미필적으로 인식하고 신고하는 것을 말하는 것으로서, 설령 고소사실이 객관적 사실에 반하는 허위의 것이라 할지라도 그 허위성에 대한 인식이 없을 때에는 무고에 대한 고의가 없다 할 것이다. (대법원 2003. 1. 24. 선고 2002도5939 판결) **표준**

객관적 사실과 일치하지 않는 것이라도 신고자가 진실이라고 확신하고 신고하였을 때에는 무고죄가 성립하지 않는다고 할 것이나, 여기에서 진실이라고 확신한다 함은 신고자가 알고 있는 객관적인 사실관계에 의하더라도 신고사실이 허위라거나 또는 허위일 가능성이 있다는 인식을 하지 못하는 경우를 말하는 것이지, 신고자가 알고 있는 객관적 사실관계에 의하여 신고사실이 허위라거나 허위일 가능성이 있다는 인식을 하면서도 이를 무시한 채 무조건 자신의 주장이 옳다고 생각하는 경우까지 포함되는 것은 아니다. (대법원 2000. 7. 4. 선고 2000도1908, 2000감도62 판결)

판례 고소를 당한 사람이 고소인에 대하여 '고소당한 죄의 혐의가 없는 것으로 인정된다면 고소인이 자신을 무고한 것에 해당하므로 고소인을 처벌해 달라'는 내용의 고소장을 제출하였는데 고소당한 범죄가 유죄로 인정됨 – 무고죄(고의) ○ (대법원 2007. 3. 15. 선고 2006도9453 판결)

참고 무고의 무고가 인정되었다.

판례 고소를 한 목적이 상대방을 처벌받도록 하는 데 있지 않고 시비를 가려 달라는 데에 있는 경우 – 무고죄(고의) ○ (대법원 1995. 12. 12. 선고 94도3271 판결)

동지 고소를 한 목적이 피고소인들을 처벌받도록 하는 데에 있지 아니하고 단지 회사 장부상의 비리를 밝혀 정당한 정산을 구하는 데에 있는 경우 – 무고죄(고의) ○ (대법원 1991. 5. 10. 선고 90도2601 판결)

동지 피고인이 국민권익위원회 운영의 국민신문고 홈페이지에 '약사가 무자격자인 종업원으로 하여금 불특정 다수의 환자들에게 의약품을 판매하도록 지시하거나 실제로 자신에게 의약품을 판매하였다'고 민원을 제기함 – 무고죄(고의) ○ (대법원 2022. 6. 30. 선고 2022도3413 판결)

판례 고소인이 고소장을 접수하면서 수사기관의 고소인 출석요구에 응하지 않음으로써 고소가 각하될 것으로 의도하고 있었음 – 무고죄(고의) ○

실제 고소를 한 공소외 2가 고소장을 접수하더라도 수사기관의 고소인 출석요구에 응하지 않음으로써 그 단계에서 수사가 중지되고 고소가 각하될 것으로 의도하고 있었고, 더 나아가 피고소인들에 대한 출석요구와 피의자신문 등의 수사권까지 발동될 것은 의욕하지 않았다고 하더라도 피고인들이 위 공소외 2와 공모하여 공소외 2로 하여금 그러한 허위 사실이 기재된 고소장을 수사기관에 제출하도록 한 이상 피고인들에게는 그 피고소인들이 그로 인하여 형사처분을 받게 될 수도 있다는 점에 대한 인식이 있었다고 보아야 하고, 또 그 고소장 접수 당시에 이미 국가의 형사사법권의 적정한 행사가 저해될 위험도 발생하였다고 보아야 한다. (대법원 2006. 8. 25. 선고 2006도3631 판결)

판례 고소내용이 피고인과 피해자 사이에 있었던 금전거래와 그 거래를 담보하기 위한 기계공구류의 제공 행위를 법률상 평가하기가 어려워서 금전의 편취가 아니면 같은 물품의 횡령 중 어느 하나의 범행에 해당한다고 주장 – 무고죄(고의) × (대법원 1980. 5. 27. 선고 80도819 판결)

판례 고소인이 피고소인의 주관적 의사에 관하여 갖게 된 의심을 일반인의 입장에서 볼 때 충분히 합리적인 근거가 있는 경우 – 무고죄(고의) ×

진실한 객관적인 사실들에 근거하여 고소인이 피고소인의 주관적인 의사에 관하여 갖게 된 의심을 고소장에 기재하였을 경우에 법률 전문가 아닌 일반인의 입장에서 볼 때 그와 같은 의심을 갖는 것이 충분히 합리적인 근거가 있다고 볼 수 있다면, 비록 그 의심이 나중에 진실하지 않는 것으로 밝혀졌다고 하여 곧바로 고소인에게 무고의 미필적 고의가 있었다고 단정하여서는 안 된다. (대법원 1996. 3. 26. 선고 95도2998 판결)

나. 자백·자수의 특례

무고죄를 범한 자가 그 허위사실을 신고한 사건의 재판 또는 징계처분이 확정되기 전에 자백·자수한 때에는 그 형을 감경·면제한다(제157조, 제153조). 관련 판례를 살펴본다.

판례 자백 – ① 허위사실 신고를 자인 ○ ② 신고내용이 객관적 사실에 반한다고 인정 ×
무고죄에 있어서 형의 필요적 감면사유에 해당하는 자백이란 자신의 범죄사실, 즉 타인으로 하여금 형사처분 또는 징계처분을 받게 할 목적으로 공무소 또는 공무원에 대하여 허위의 사실을 신고하였음을 자인하는 것을 말하고, 단순히 그 신고한 내용이 객관적 사실에 반한다고 인정함에 지나지 아니하는 것은 이에 해당하지 아니한다. (대법원 1995. 9. 5. 선고 94도755 판결)

[판례] 무고죄로 기소된 피고인이 ① 자신이 고소한 사건에 대하여 불기소결정을 받고, ② 자신에 대한 무고죄 재판 항소심에서 무고 사실을 인정한 경우, 필요적 감면을 해야 함

형법 제157조, 제153조는 무고죄를 범한 자가 그 신고한 사건의 재판 또는 징계처분이 확정되기 전에 자백 또는 자수한 때에는 그 형을 감경 또는 면제한다고 하여 이러한 재판확정 전의 자백을 필요적 감경 또는 면제사유로 정하고 있다. 위와 같은 자백의 절차에 관해서는 아무런 법령상의 제한이 없으므로 그가 신고한 사건을 다루는 기관에 대한 고백이나 그 사건을 다루는 재판부에 증인으로 다시 출석하여 전에 그가 한 신고가 허위의 사실이었음을 고백하는 것은 물론 무고 사건의 피고인 또는 피의자로서 법원이나 수사기관에서의 신문에 의한 고백 또한 자백의 개념에 포함된다.

형법 제153조에서 정한 '재판이 확정되기 전'에는 피고인의 고소사건 수사 결과 피고인의 무고 혐의가 밝혀져 피고인에 대한 공소가 제기되고 피고소인에 대해서는 불기소결정이 내려져 재판절차가 개시되지 않은 경우도 포함된다. (대법원 2018. 8. 1. 선고 2018도7293 판결) **표준**

판례색인

헌법재판소

저자약력

저자 임동민

[학력 및 경력]
- 연세대학교 정치외교학과 졸업(2012~2016, 최우등졸업)
- 서울대학교 법학전문대학원 졸업(2016~2019, 최우등졸업)
- 서울대학교 대학원 법학과 박사과정 수료(금융규제법)
- 제8회 변호사시험 합격(2019)
- 해군법무관(2019~2022)
- 서울중앙지방검찰청 검사(2022~現)

[연구활동]
- 금융거래의 일체성에 관한 법적 연구 — 다수의 장외파생상품거래에 대한 Credit Suisse international v Stichting Vestia Groep [2014] EWHC 3103(comm) 판결을 중심으로 — (기업법연구 제34권 제4호, 2020)
- 생성형 인공지능(Generative AI) 기술의 규제 방향에 대한 입법론적 고찰 — ChatGPT 등 인공지능 시스템 생성물에 대한 표시·고지의무를 중심으로 — (공저, 형사법의신동향 제80호, 2023)
- 형사공탁의 운용현황 및 개선방안 연구 — 형사공탁 특례제도 도입에 따른 실무상 변화를 중심으로 — (공저, 형사법의신동향 제81호, 2023)
- 가상자산이용자보호법상 불공정거래 규제에 관한 법적 연구 — 해석론상 쟁점 및 2차 입법 필요성을 중심으로 — (형사법의신동향 제83호, 2024)
- 강제집행절차를 통한 소송사기에 관한 연구 — 이른바 '집행사기'의 기망행위 및 재산상 이익을 중심으로 — (저스티스 제204호, 2024)
- 뇌물죄 조문체계에 대한 연혁적 고찰 — 제정형법 입법자의 '단계적 불법성론'을 중심으로 — (형사법연구 제36권 제3호, 2024)
- 제2회 한국형사법학회 신진학술상 수상(수상논문: 뇌물죄 조문체계에 대한 연혁적 고찰)

감수 이상원

- 서울대학교 법학전문대학원 교수(형사법)

이 책에 대한 건의사항을 StudyGuideCL@gmail.com으로 보내주시면 적극 반영하겠습니다.

제4판

형법사용설명서

초판발행	2022년 2월 15일
제2판발행	2023년 1월 10일
제3판발행	2024년 2월 15일
제4판발행	2025년 2월 10일

지은이	임동민
펴낸이	안종만·안상준

편 집	이승현
기획/마케팅	장규식
표지디자인	이영경
제 작	고철민·김원표

펴낸곳	(주) **박영사**
	서울특별시 금천구 가산디지털2로 53, 210호(가산동, 한라시그마밸리)
	등록 1959. 3. 11. 제300-1959-1호(倫)
전 화	02)733-6771
f a x	02)736-4818
e-mail	pys@pybook.co.kr
homepage	www.pybook.co.kr
ISBN	979-11-303-4899-5 93360

정 가	62,000원